DICTIONNAIRE FRANÇAIS

ET

GÉOGRAPHIQUE,

CONTENANT,

OUTRE TOUS LES MOTS DE LA LANGUE FRANÇAISE,
DES SCIENCES ET DES ARTS,

LA NOMENCLATURE

DE TOUTES LES COMMUNES DE FRANCE

ET DES VILLES LES PLUS REMARQUABLES DU MONDE;

L'INDICATION DES PRINCIPAUX ÉTABLISSEMENS PUBLICS, PRÉFECTURES,
SOUS-PRÉFECTURES, COURS, TRIBUNAUX, BIBLIOTHÈQUES, MUSÉES,
BUREAUX D'ENREGISTREMENT ET DE POSTE, ETC.,

ET CELLE NON MOINS INTÉRESSANTE DU GENRE DE PRODUCTION ET DE
COMMERCE DE CHAQUE LOCALITÉ;

PAR M. BABAULT,

AUTEUR DU DICTIONNAIRE DES THÉATRES.

I.

PARIS,

CHEZ L'AUTEUR, RUE DES MARAIS-SAINT-MARTIN, 31,
ET CHEZ ÉDOUARD LEGRAND ET J. BERGOUNIOUX, LIBRAIRES,
QUAI DES AUGUSTINS, 59.

1836.

DICTIONNAIRE FRANÇAIS

ET

GÉOGRAPHIQUE.

IMPRIMERIE DE MADAME POUSSIN,
RUE MIGNON, 2, F.-S.-G.

PRÉFACE.

Quelques écrivains, que je ne veux point qualifier, ont affecté une sorte de mépris pour les Anciens. Hé bien! je le redirai sans cesse, les Grecs et les Romains, dont la gloire semble importuner ces messieurs, ont été et sont encore nos maîtres. Institutions politiques, littérature, sciences, beaux-arts, etc., nous leur devons tout, et c'est à leur école que nous avons appris à parler et à écrire correctement. En vérité, il faut être pourvu d'une furieuse dose d'originalité pour oser prétendre, comme l'a écrit J.-J. Rousseau, que la connaissance des langues grecque et latine, n'est d'aucun prix. J'accorderai volontiers qu'il vaudrait mieux abandonner le grec que de l'étudier superficiellement comme on le fait aujourd'hui ; mais, de ce que cette langue est négligée, s'ensuit-il qu'elle soit inutile? Je ne sais si les paradoxes des écrivains dont je viens de parler ont refroidi le zèle de nos savans : mais il est certain que, de nos jours, les Hellénistes sont rares, et que, sur mille étudians qui sont censés avoir appris la langue d'Homère et de Sophocle, on n'en trouvera pas quatre qui soient familiers avec ces auteurs. S'il en est ainsi, n'est-ce pas une véritable jonglerie que de donner, dans un dictionnaire français, l'étymologie des mots que nous avons empruntés à la langue grecque? A quoi bon ce vain étalage d'érudition?

Quant à la langue latine, monument impérissable de la grandeur romaine, on peut la considérer comme le flambeau qui a répandu la lumière en Europe. C'est dans le vaste domaine de cette langue véritablement classique et mère, que nos aïeux ont trouvé le plan et les matériaux qui ont servi à construire l'édifice à la fois élégant et correct de la langue française qui fait l'objet de ce Dictionnaire. Nous n'avons point à nous occuper de l'origine de ces langues sur lesquelles chacun est libre de hasarder les conjectures qu'il lui plaira. Il nous suffira de constater que, jusqu'au commencement du dix-septième siècle, la nôtre n'offre qu'un langage incorrect, grossier et tout-à-fait inintelligible. Alors apparut sur la scène politique un homme d'état dont le génie puissant donna l'impulsion à notre littérature, le cardinal de Richelieu. Ce ministre se mit à la tête du mouvement, et fonda une académie pour le seconder dans l'exécution du noble projet qu'il avait conçu de donner des lois à la langue française. Mais, il faut le dire, cette langue n'était point assez avancée, pour que le monument qu'il voulait élever à la gloire de son siècle fût durable. C'est à cette cause et non à la paresse ou à l'incapacité des premiers académiciens qu'il faut attribuer le long et laborieux enfantement lexicographique qui valut à ces messieurs un si grand nombre d'épigrammes. Pour donner à nos lecteurs un échantillon des aménités littéraires de ce temps, nous citerons les trois vers suivans qu'on trouve dans une épître de l'abbé de Bois-Robert qui jouissait de la plus grande faveur auprès du cardinal, et qui paraît avoir suggéré à ce ministre l'idée de fonder l'Académie française. Voici ces vers :

> Depuis six mois sur l'F on travaille,
> Et le destin m'aurait fort obligé
> S'il m'avait dit : Tu vivras jusqu'au G.

Que faut-il conclure des épigrammes lancées contre le Dictionnaire de l'Académie à toutes les époques ? C'est qu'on a toujours pensé que ce corps savant n'était pas propre à réaliser l'espoir de son fondateur. En effet, comment concevoir que cent cinquante écrivains qui se succèdent de génération en génération, puissent coordonner leur travail, et qu'il y ait unité de vues dans leurs définitions ? Quoi qu'il en soit, on ne saurait refuser à l'Académie le mérite d'avoir puissamment contribué à la gloire des lettres. Mais c'est au siècle de Louis XIV, aux Despréaux, Racine, Bossuet, Massillon, Fléchier, comme aux savans qui florissaient à cette époque et surtout à la rivalité des jésuites et des jansénistes que la langue française doit ses immenses progrès et son universalité actuelle. Quel prodigieux amas de richesses littéraires dans ce siècle vraiment gigantesque ! Enfans prodigues autant qu'ingrats, nous avons tout gaspillé ; il ne nous reste plus d'un si noble héritage qu'une orgueilleuse pauvreté, que des compilations usées, que des lambeaux vingt fois rapetassés par des fripiers maladroits et sans goût. Ce serait peut-être ici le cas de dérouler le tableau de toutes nos misères ; mais je n'ai ni le temps ni la volonté de ressasser des vérités affligeantes, qui ne peuvent remédier à l'intensité d'un mal dont la source tient aux changemens survenus dans notre organisation morale et politique. C'est bien assez de m'être laissé clouer sur l'ouvrage le plus insipide et le plus ennuyeux qui puisse être infligé à un homme de lettres, pour le guérir de la manie d'écrire, sans me jeter dans une dissertation fastidieuse pour prouver ce que tout le monde sait, c'est-à-dire que depuis un temps que je ne saurais préciser, personne ne s'est occupé du Dictionnaire de la langue française, et que ce travail important a été abandonné à la cupidité des spéculateurs. Je me bornerai donc à expliquer succinctement comment il se fait que je sois devenu tout à coup lexicographe. Le voici. Tout le monde aujourd'hui se croit initié aux secrets de la littérature, des sciences et de l'économie politique. Epris d'une folle ardeur, on s'élance avec fracas dans les carrières les plus épineuses, et tel qui aurait besoin de leçon pour diriger ses affaires domestiques, prétend gouverner l'état et imposer des lois aux nations. Déplorable aveuglement! Qui pourra calmer cette soif de pouvoir et d'or qui dévore les entrailles de la société? Sera-ce l'enseignement? Il est livré au hasard; chaque événement en change la direction. N'est-il pas vrai que les règles et les préceptes du génie et du goût sont des objets de mépris pour nos ardens novateurs, et que la littérature offre l'image du chaos? Que signifient les palmes de la gloire, le sceau de l'immortalité dans un siècle aussi positif que le nôtre? La Bourse, voilà notre Hélicon; c'est là que poètes, savans, magistrats, législateurs vont chercher des inspirations. Dans un tel état de choses, est-il étonnant qu'un compositeur d'imprimerie ait conçu l'idée de nous donner un Dictionnaire, et que plusieurs de ses camarades, séduits comme lui par le succès de divers ouvrages de ce genre, fabriqués à coups de ciseaux dans l'arrière-boutique d'un libraire, aient jugé à propos de s'associer à cette gigantesque entreprise? Toujours est-il que le projet fut conçu, et que ces messieurs vinrent me prier de rédiger un prospectus pour annoncer la publication d'un Dictionnaire français et géographique de leur composition. Naturellement porté à rendre service, je ne crus pas devoir refuser celui-ci. En conséquence, je me hâtai de prendre la plume, et j'écrivis en quelques heures le prospectus en question. Mais lorsque j'en fis lecture à MM. les intéressés, ils trouvèrent qu'il n'était pas assez *marchand*, et me prièrent d'en faire un second qui n'était pas assez politique, puis un troisième qui l'était trop. Néanmoins, comme ma patience était à bout, il fallut se contenter de celui-là dont toutefois je supprimai quelques fragmens. Bientôt, effrayés par la longueur et les difficultés du travail, MM. les compositeurs rompirent en visière à celui d'entre eux qui venait de mettre ma complaisance à une si rude épreuve. Cependant diverses personnes auxquelles je fis part du plan de ce Dictionnaire et du mode de publication adopté dans la réunion des compositeurs, furent unanimement d'avis que, sous le rapport de la spéculation commerciale, l'opération avait de nombreuses chances de succès. Adoptant cette idée, je m'occupai dans l'intérêt du compositeur à lui chercher non seulement des collaborateurs, mais encore une personne aisée qui pût faire les premières avances de son entreprise. En un mot, M. de Wustemberg consentit à faire ces avances qu'on estimait devoir être peu considérables, et M. Paulet se chargea de faire la compilation. Quant à moi, qui avais un pressentiment de ce qui devait résulter de cette association bizarre, et qui craignais à juste titre de me voir forcé de renoncer momentanément à mes travaux littéraires, il fut expressément convenu que je ne continuerais à faire partie de cette société mercantile qu'autant qu'elle me laisserait libre d'une partie de mon temps.

Ainsi, comme il est aisé de le voir, le succès de l'entreprise reposait sur l'expérience d'un compositeur d'imprimerie qui, je dois en convenir, me parut être parfaitement instruit des nouveaux procédés de fabrication. En conséquence, le prospectus que j'avais rédigé pour la société des compositeurs, est envoyé à l'imprimerie, et M. Paulet prend le Dictionnaire sur son compte. Il s'agit maintenant de se mettre à l'œuvre, et de réunir les matériaux nécessaires à la composition de ce dictionnaire. A l'aide d'une paire de ciseaux, ces messieurs eurent bientôt bâclé quelques feuilles de copie qui furent envoyées à l'imprimerie de M. Fain. Cependant le gérant de cette imprimerie, homme qui me parut réunir à une très grande connaissance de son art, une instruction solide et surtout une brusque franchise, crut devoir prendre la peine de venir me voir, et me dit, ce sont ses propres termes : Le travail de ces messieurs ne vaut rien. S'il était continué sur ce plan, ce serait de l'argent perdu, et nous ne pourrions pas l'imprimer, etc., etc. Mais, lui répondis-je, ce travail ne peut pas être absolument mauvais, puisque ceux qui l'ont fait ont pris ce qu'ils ont jugé de meilleur dans les dictionnaires qu'on estime le plus. En un mot, après un assez long entretien sur ce sujet, je me décidai à revoir ce travail, et je ne tardai pas à me convaincre que les défauts qu'on reprochait au nouveau Dictionnaire appartenaient aux anciens. Enfin, après avoir corrigé les deux ou trois feuilles d'impression qui m'avaient été adressées, je les renvoyai à l'imprimeur qui, me dit-on, en parut fort content. En effet, j'avais retouché une foule de mots dont les définitions étaient tout-à-fait incorrectes, pour ne pas dire plus. C'est dans ces entrefaites que le compositeur en question abandonna l'entreprise pour retourner à sa casse. Mais il était trop tard ; déjà M. de Wustemberg avait déboursé ou devait payer une somme assez considérable. La délicatesse ne me permettant pas de laisser ce dernier supporter seul les frais d'une entreprise inconsidérée, je consentis à me charger de la rédaction du Dictionnaire. Dans cette conjoncture, M. le comte Ferdinand de Flers nous ayant offert son concours, nous fîmes avec lui un nouvel acte de société qui fut passé devant Me Nolleval, son notaire, et par cet acte MM. de Flers et de Wustemberg s'obligèrent conjointement et solidairement à faire toutes les avances nécessaires à l'impression et à la publication du Dictionnaire français et géographique. Quelques jours s'écoulent, et déjà la première livraison était imprimée, lorsque notre nouvel associé se trouva tout à coup atteint d'un violent mal de tête qui le força de se mettre au lit. En un mot, après huit jours de souffrances, il nous fut enlevé par un anévrisme au cœur. Triste et nouvel exemple de l'instabilité des choses humaines! Non seulement nous perdons un homme qui nous était devenu cher par la franchise de son caractère et l'élégance de ses manières, mais encore nous allons nous trouver à la merci d'héritiers qui peuvent entraver la publication. Par une sorte de fatalité, ceux-ci ont pour conseil un vieil agent d'affaires qu'on voit incessamment en quête de procès, et qui employa les jours que nous passions à déplorer la perte que nous venions de faire, à dresser ses batteries de telle sorte que nous nous trouvâmes dans l'alternative de soutenir un procès ou de risquer notre travail et nos capitaux au profit des héritiers de Flers. Retranchés derrière un bénéfice d'inventaire, ceux-ci prétendirent qu'ils ne pouvaient transiger avec nous, et, dès lors, pour sortir de cette fausse position, nous fûmes dans la triste nécessité de présenter une requête à M. le président du tribunal de commerce qui, en conformité de l'acte de société dont il a été parlé plus haut, nomma trois arbitres pour prononcer sur les contestations qui nous divisaient. En un mot, après quatre audiences dans lesquelles le fondé de pouvoir des héritiers de Flers épuisa toutes les ressources de la chicane, le tribunal prononça la dissolution de la société, puis ordonna la continuation du Dictionnaire, et condamna nos adversaires à verser entre les mains d'un liquidateur qui fut nommé plus tard, la moitié des sommes qui seraient jugées nécessaires aux frais d'impression et de publication. Maintenant il s'agit de discuter le compte du bénéfice d'inventaire. Parlerai-je de ce nouveau procès? Non. Ce serait abuser de la patience du lecteur que d'entrer dans tous les détails de cette malheureuse affaire. Toujours est-il qu'il fallut près de trois ans pour que M. le marquis de Flers fût entièrement désabusé sur le compte de son conseil. Il me semble que ce peu de mots suffira pour convaincre MM. les souscripteurs qu'il nous était impossible de profiter des avantages de la publicité, et que ce seul motif devait interrompre les livraisons.

Jetons maintenant un coup d'œil rapide sur le Dictionnaire français et géographique dont le premier volume vient d'être enfin terminé. Comme on a pu le voir en lisant ce qui précède, ce n'est pas moi qui ai conçu l'idée de ce Dictionnaire. Jamais il n'était entré dans ma tête que je dusse consumer mon temps à définir des mots. Cette triste perspective eût empoisonné ma vie; mais, quand un concours de circonstances eût triomphé de mes répugnances, et qu'un sort malencontreux m'eût mis dans l'impossibilité de reculer, je résolus de consacrer mes veilles à l'instruction du peuple. Avant de lire des philosophes et des publicistes, il faut connaître la signification des mots, et l'on conviendra sans peine avec moi que, pour acquérir cette connaissance, des livres élémentaires sont beaucoup plus utiles que le Contrat social, et que de vagues théories sur les droits de l'homme. Convaincu de cette vérité, je me mis à l'œuvre avec résignation, et je disposai mon plan de telle sorte que le nouveau Dictionnaire devînt une véritable bibliothèque populaire, et renfermât en deux volumes tous les mots de la langue, des sciences, du commerce, de l'agriculture, des arts et métiers, de jurisprudence, de procédure, de médecine, de chirurgie, de chimie, d'anatomie, d'histoire naturelle, de botanique, etc., la géographie tant ancienne que moderne, et la nomenclature de toutes les communes de France avec les bureaux d'enregistrement et de poste, les principaux établissemens publics et un aperçu des productions de chaque localité. Quant à la langue, je ne tardai pas à m'apercevoir que la tâche qui m'était imposée serait difficile à remplir, et qu'il faudrait plusieurs années d'un travail opiniâtre pour arriver au but que je me proposais d'atteindre; mais l'espoir d'être utile à l'enseignement ranima mon courage. Je m'arme de patience, et me voilà méditant sans cesse sur les définitions établies. Celle-ci est inexacte ou insuffisante; celle-là est obscure ou tout-à-fait inintelligible. Il ne suffit pas, me disais-je, d'entasser des mots et de les ranger par ordre alphabétique; il faut en déterminer le sens et l'acception, autrement vous créez une anarchie intellectuelle sous le règne de laquelle on ne parviendra jamais à se comprendre. En général, certains mots composés offrent une véritable énigme dans tous les Dictionnaires. Pour prouver ce que j'avance, je vais citer quelques exemples pris au hasard. Donatisme, s. m. Hérésie de Donat. Qu'est-ce que c'est que cet hérésiarque? quelle est son hérésie? On n'en dit rien. Molinisme, s. m. Opinion de Molina sur la grâce. Voy. Molinosisme. Arrêtons-nous ici. La doctrine de Molina fut tolérée; celle de Molinos fut condamnée : l'un vécut tranquille, l'autre mourut dans les prisons de l'inquisition. Voyons donc l'explication que vous allez nous donner au mot Molinosisme. Je cherche ce mot, et j'y trouve : Secte du molinisme. Vous voyez bien que vous confondez Molinos avec Molina. Il est évident que la majeure partie des composés tels que ceux que je viens de citer ne présentent qu'une idée incomplète, et qu'il faut donner le simple pour les faire comprendre. Je pourrais multiplier les citations; mais je pense qu'il n'y a pas d'objection sérieuse à craindre. Je n'ai pas besoin non plus, ce me semble, de faire un grand effort pour démontrer que la mythologie est également indispensable à l'intelligence d'une foule de mots scientifiques. Alors, pourquoi reléguer cette science dans un volume séparé, puisqu'elle appartient essentiellement à la littérature, aux arts, à l'astronomie, à l'histoire naturelle, et que nous lui avons emprunté une foule d'expressions figurées? N'est-ce pas une définition bien satisfaisante que celle-ci? Hercule, s. m. Demi-dieu; homme fort et vigoureux; constellation boréale. Je n'irai pas plus loin. Il ne m'appartient pas de faire l'éloge de mon travail; le public en jugera. Ajoutez à cette foule de mots étymologiques la formation de tous les participes actifs que plusieurs Dictionnaires donnent comme des adjectifs, et vous trouverez une addition considérable dans la langue. Mais si vous considérez maintenant que le Dictionnaire français contient de plus la nomenclature de toutes les communes de France et celle des principales villes du monde anciennes et modernes, vous cesserez d'être étonnés qu'un grand nombre de personnes aient pensé qu'il n'était pas possible de renfermer tant de matériaux en deux volumes. Cependant il n'est plus permis aujourd'hui d'élever des doutes sur la dimension de l'ouvrage. En effet, la publication du premier volume qui comprend la lettre H, met fin à toutes les suppositions. Déjà le second est sous presse, et sera publié pour la classe ouvrière, comme le premier, par petites livraisons de trois feuilles. On peut être certain que je vais redoubler d'efforts pour qu'il n'y ait pas de retard dans la publication de ce second volume et que je partage l'impatience des souscripteurs. On m'en croira sans peine, lorsqu'on saura que j'attends la fin de cet ouvrage pour remettre sous presse la seconde édition des Annales dramatiques ou Dictionnaire général des Théâtres dont je suis auteur et seul propriétaire.

DICTIONNAIRE

FRANÇAIS,

CONTENANT

OUTRE TOUS LES MOTS DE LA LANGUE FRANÇAISE,

DES SCIENCES ET DES ARTS,

LA NOMENCLATURE

DE TOUTES LES COMMUNES DE FRANCE;

L'INDICATION DES PRINCIPAUX ÉTABLISSEMENS PUBLICS, PRÉFECTURES, SOUS-PRÉFECTURES, COURS, TRIBUNAUX, BIBLIOTHÈQUES, MUSÉES, BUREAUX DE POSTE ET D'ENREGISTREMENT, etc., etc.,

ET CELLE NON MOINS INTÉRESSANTE DU GENRE DE PRODUCTION ET DE COMMERCE DE CHAQUE LOCALITÉ.

A.

AA

A, s. m. Voyelle, première lettre de l'alphabet. Grand A, petit a. Il ne prend point d's au pluriel : trois a; les a longs. Panse d'a, première partie de l'a. Il n'a pas fait une panse d'a; il n'a rien fait. Il ne sait ni a ni b ; il ne sait rien. Ces phrases sont proverbiales.

A, trois. pers. sing. du prés. de l'ind. du verb. avoir. Il a un joli château, il a du mérite. Il y a, il existe. Il y a des hommes.

À, partic. ou prép., prend l'accent grave. Je parle à mon père; hommage à la vertu. Il remplace les prép. avec, vers, après, dans, environ, etc. Tirer à poudre; je vais à Lyon; pas à pas; vivre à la campagne; deux à trois cents hommes.

A (l'), s. m. Rivière ainsi nommée parce qu'auprès de sa source elle figure une petite île qui a la forme d'un A, se jette dans le Beuvron, non loin de la forêt de Chambord, dép. de Loir-et-Cher. Elle est très-poissonneuse, et fait tourner beaucoup d'usines.

AA (l'), s. m. Rivière dont la source se trouve au-dessus de Rumilly-le-

AAS

Comte, dép. du Pas-de-Calais. Après avoir traversé St.-Omer elle devient navigable, au moyen d'une écluse, et un peu plus bas, à Watten, elle se divise en deux bras, dont le premier, qui se nomme La Colme, se jette dans le canal de Dunkerque. L'autre, qui coule vers la gauche, s'avance vers Gravelines, et se perd dans la Manche, au-dessus de cette ville.

AA ou ãã, s. m. Signifie le mélange, à parties égales, de plusieurs substances. T. de chim. et de méd.

AAISIÉ, E, part. Mis à l'aise. (Vi.)

AAISIER, v. a. Mettre quelqu'un à son aise. (Vi.)

AAR, s. m. Rivière de Suisse.

AARON (St.-), s. m. Com. du dép. des Côtes-du-Nord, cant. de Lamballe, arr. de St.-Brieux. ⚌ Lamballe.

AARON (l'île St.-), s. m. C'est dans cette île qu'a été bâtie la ville de St.-Malo. V. St.-Malo.

AAS, s. m. Com. du dép. des Basses-Pyrénées, cant. de Laruns, arr. d'Oloron. On y trouve des sources d'eaux minérales et thermales, dont on estime la propriété pour la guérison des plaies d'armes à feu. On trouve encore aux environs de ce village des mines de fer, de plomb et des carrières d'ardoises. = Oloron.

AAST, s. m. Com. du dép. des Basses-Pyrénées, cant. de Montaner, arr. de Pau. = Pau.

ABA, s. m. Étoffe de laine fabriquée en Turquie.

ABAB, s. m. Matelot libre levé dans l'empire ottoman.

AB ABRUPTO, expr. latine. Sans préparation, sur-le-champ.

ABACA, s. m. Chanvre, lin des îles Manilles.

ABACO, s. m. V. ABAQUE.

ABAINVILLE, s. f. Com. du dép. de la Meuse, cant. de Gondrecourt, arr. de Commercy. = Gondrecourt.

ABAISSE, s. f. Dessous d'une pièce de pâtisserie.

ABAISSÉ, E, part. Placé plus bas, diminué de hauteur.

ABAISSEMENT, s. m. État de ce qui est abaissé, diminution de hauteur. — Fig. Humiliation volontaire ou forcée.— Se dit aussi de la manière d'opérer la cataracte.

ABAISSER, v. a. Faire aller en bas, diminuer de hauteur. —Fig. Humilier, déconsidérer. — une perpendiculaire, la mener à une ligne d'un point pris hors de cette ligne. Vol abaissé, se dit d'un oiseau dont l'extrémité des ailes est inclinée vers la pointe de l'écu. T. de blas.—v. n. Devenir plus bas. S'—, v. pron. S'avilir, s'humilier : s'abaisser à des prières, s'abaisser devant Dieu.

ABAISSEUR, s. m. Se dit des muscles qui font mouvoir en bas la partie à laquelle ils sont attachés.

ABAJOUE, s. f. ou SALLE. Espèce de poche située entre la joue et la mâchoire de certains animaux.

ABALOURDI, E, part. Dont le moral est affecté, devenu stupide.

ABALOURDIR, v. a. Rendre lourd, stupide. T. fam.

ABANCOURT, s. m. Com. du dép. du Nord, cant. et arr. de Cambrai. = Cambrai.

ABANCOURT, s. m. Com. du dép. de la Seine-Inférieure, cant. de Forges, arr. de Neufchâtel. = Forges.

ABANCOURT, HENNICOURT, s. m. et LA MONTAGNE, s. f. Trois petits villages qui ont été réunis et qui forment une com. du dép. de l'Oise, cant. de Formerie, arr. de Beauvais. = Granvilliers.

ABANDON, s. m. Action d'abandonner, de renoncer; faire l'abandon de ses biens, les céder. — État d'une personne, d'une chose délaissée. — Oubli de soi-même. — Négligence aimable dans les manières, dans le discours. A l'abandon, adv. Tout est à l'abandon.

ABANDONNÉ, E, adj. Désert. — Perdu de débauche, prostitué. Se dit plus particulièrement des femmes.

ABANDONNÉ, E, part. Délaissé, dont on ne s'occupe plus.

ABANDONNEMENT, s. m. Délaissement entier; se dit de la personne qui abandonne et de l'objet abandonné. — Prostitution, dérèglement.

ABANDONNER, v. a. Délaisser totalement, renoncer, livrer. S'—, v. pron. Se livrer, se laisser aller à.

ABANNATION, s. f. Exil d'un an.

ABANO, s. m. Ville d'Italie dans le Padouan.

ABAPTISTON, s. m. Les anciens donnaient ce nom à la couronne du trépan, ou scie circulaire et cylindrique dont on se sert pour opérer.

ABAQUE, s. m. Partie supérieure d'un chapiteau de colonne. — Table de multiplication de Pythagore.

ABARTICULATION, s. f. V. DIARTHROSE.

ABAS, s. m. Poids qui en Perse sert à peser les perles.

ABASOURDI, E, part. Étourdi d'un coup, d'un événement imprévu.

ABASOURDIR, v. n. Étourdir, consterner, accabler. Cette nouvelle m'a tout abasourdi. T. fam.

ABASSI, s. m. Monnaie d'Orient qui vaut 1 f. 60 c. de France.

ABATAGE, s. m. Coupe des arbres, sa peine et ses frais. — Facilité pour abaisser; manœuvre pour retourner une pierre, une poutre.

ABÂTARDI, E, part. Altéré, dégénéré.

ABÂTARDIR, v. a. Altérer, faire dégénérer; fig. S'—, v. pron. Dégénérer: prop. et fig.

ABÂTARDISSEMENT, s. m. Altération.

ABAT-CHAUVÉE, s. f. Laine de médiocre qualité.

ABAT-FAIM, s. m. Énorme morceau de viande. T. fam.

ABAT-FOIN, s. m. Ouverture au-dessus d'un râtelier.

ABATIA, s. f. Plante dicotylédone.

ABATIS, s. m. Objets abattus. — Ailerons, cou de volailles. — Tuerie des bouchers.

ABAT-JOUR, s. m. Fenêtre avec appui en talus pour recevoir le jour d'en haut; ne prend point d's au pl.

ABATTANT, s. m. Sorte de volet

qui se lève ou s'abat suivant le jour qu'on veut donner à une boutique.

ABATTÉE, s. f. Mouvement horizontal que le vent ou un courant imprime à un vaisseau.

ABATTELLEMENT, s. m. Sentence d'interdiction des consuls du Levant contre ceux qui n'exécutent pas leurs marchés.

ABATTEMENT, s. m. Manque de force et d'énergie.

ABATTEUR, s. m. Qui abat.—Se dit fig. et fam. de celui qui fait ou se vante de faire de grandes choses.

ABATTOIR, s. m. Endroit où l'on tue les bestiaux.

ABATTRE, v. a. Mettre à bas, démolir, renverser ; abattre un arbre, un mur.—Abaisser, affaiblir ; expédier beaucoup d'affaires en peu de temps ; fig. Petite pluie abat grand vent. S'—, v. pron. Perdre courage, tomber, s'apaiser ; cet homme semble s'abattre ; ce cheval a été sur le point de s'abattre ; le vent vient de s'abattre.

ABATTU, E, part. Démoli, mis en bas.

ABATTUE, s. f. Travail d'une poêle sur le feu. T. de salines.

ABATTURE, s. f. Action d'abattre des glands.—Au pl. Broussailles que le cerf abat en courant.

ABAT VENT, s. m. Pièce de bois qui sert à garantir du vent. — Paillassons. T. d'hortic.

ABAT-VOIX, s. m. Dessus d'une tribune, d'une chaire.

ABAUCOURT, s. m. Com. du dép. de la Meuse, cant. d'Étain, arr. de Verdun. = Étain.

ABAUCOURT, s. m. Com. du dép. de la Meurthe, cant. de Nomeny, arr. de Nancy. = Pont-à-Mousson.

ABAYER, v. n. V. BAYER.

ABBANS-DESSOUS, s. m. Com. du dép. du Doubs, cant. de Boussières, arr. de Besançon. = Quingey.

ABBANS-DESSUS, s. m. Com. du dép. du Doubs, cant. de Boussières, arr. de Besançon. = Quingey.

ABBARETZ, s. m. Com. du dép. de la Loire-Inférieure, cant. de Nozai, arr. de Châteaubriant. = Nozai.

ABBAS, s. m. Com. du dép. de l'Aveyron, cant. et arr. de Rodez. = Rodez.

ABBASSIDES, s. m. pl. Dynastie arabe.

ABBATIAL, E, adj. Qui appartient à l'abbé, à l'abbesse.

ABBAYE, s. f. Couvent gouverné par un abbé ou par une abbesse.—Les bâtimens de ce couvent.

ABBAYE-DAMPARIS (l'), s. f. Com. du dép. du Jura, cant. et arr. de Dôle. = Dôle.

ABBAYE-SOUS-PLANCY (l'), s. f. Com. du dép. de l'Aube, cant. de Méry-sur-Seine, arr. d'Arcis-sur-Aube. = Méry-sur-Seine.

ABBÉ, s. m. Chef d'une abbaye.—Tout homme qui porte l'habit ecclésiastique.

ABBECOURT, s. m. Com. du dép de l'Aisne, cant. de Chauny, arr. de Laon. = Chauny.

ABBECOURT, s. m. Com. du dép. de l'Oise, cant. de Noailles, arr. de Beauvais. = Noailles.

ABBECOURT, s. m. Village du dép. de Seine-et-Oise, cant. de Poissy, arr. de Versailles. V. ORGEVAL.

ABBENANS, s. m. Com. du dép. du Doubs, cant. de Rougemont, arr. de Baumes. = Baumes.

ABBESSE, s. f. Supérieure d'une abbaye.

ABBEVILLE, s. f. Com. du dép. du Calvados, cant. de Saint-Pierre-sur-Dives, arr. de Lisieux. = Croissanville.

ABBEVILLE, s. f. Com. du dép. de la Moselle, cant. de Conflans, arr. de Briey. = Metz.

ABBEVILLE, s. f. Com. du dép. de Seine-et-Oise, cant. de Méréville, arr. d'Étampes. = Étampes.

ABBEVILLE, s. f. Ville fortifiée du dép. de la Somme, chef-lieu de sous-préf., trib. de 1re inst. et de comm., société d'émulation pour les lettres et les sciences, bibliothèque publique, inspection des forêts, bur. de poste, etc.

Cette ville renferme des manufactures de draps fins, de velours, de serges, de mousselines, de calicots, de basins, etc. On y remarque encore des filatures de laine et des papeteries.

La Somme, qui traverse Abbeville, communique à l'Oise par le canal de Saint-Quentin. Le reflux de la mer élève les eaux de cette rivière d'environ six pieds, et permet d'y conduire des bâtimens de 100 à 150 tonneaux.

ABBEVILLE (canal d'), s. f. V. SAINT-VALERY.

ABBEVILLE-SAINT-LUCIEN, s. f. Com du dép. de l'Oise, cant. de Froissy, arr. de Clermont. = Clermont.

ABBEVILLERS, s. m. Com. du dép. du Doubs, cant. d'Audincourt, arr. de Montbéliard. = Montbéliard.

ABC, s. m. Petit livre contenant l'alphabet. — Premiers élémens d'une science, commencement d'une affaire ; fig.

ABCÉDÉ, E, part.

ABCÉDER, v. n. Tourner en abcès.

ABCÈS, s. m. Tumeur contre nature qui contient du pus.

ABDALAS, s. m. Moine persan.

ABDEST, s. m. Purification légale des Mahométans.

ABDICATION, s. f. Action d'abdiquer; se dit de la personne qui abdique et de la chose abdiquée.

ABDIQUÉ, E, part. Abandonné, cédé, délaissé, en parlant du pouvoir souverain.

ABDIQUER, v. a. Renoncer volontairement à une dignité souveraine.

ABDITOLARVES, s. m. pl. Hyménoptères.

ABDOMEN, s. m. Le bas-ventre.

ABDOMINAL, E. adj. Appartenant à l'abdomen.

ABDOMINAUX, s. m. pl. Poissons à squelette osseux, dont les nageoires sont sous l'abdomen.

ABDOMINOSIOPIE, s. f. Exploration du ventre. T. de méd.

ABDUCTEUR, s. et adj. m. Se dit des muscles qui font mouvoir en dehors les parties auxquelles ils tiennent.

ABDUCTION, s. f. Mouvement qui écarte une partie du corps de son plan.— Sorte d'argumentation. V. ABRUPTION.

ABE, s. m. Habit oriental.

ABÉADAIRE, s. f. Espèce de bident de l'Inde. T. de bot.

ABEC, s. m. Appât, amorce. (Vi.)

ABÉCÉDAIRE, s. m. Ouvrage où l'on apprend à lire. —, pl. Anabaptistes se vouant à l'ignorance. —, adj. Alphabétique.

ABECQUÉ, E, part. Se dit d'un oiseau auquel on a donné la becquée.

ABECQUEMENT, s. m. Action de donner la becquée.

ABECQUER, v. a. Donner la becquée.

ABÉE, s. f. Ouverture par laquelle coule l'eau qui fait tourner la roue d'une usine.

ABEILHAN, s. m. Com. du dép. de l'Hérault, cant. de Servian, arr. de Béziers. = Béziers.

ABEILLAGE ou **ABEILLON**, s. m. Essaim, ruche. — Ancien droit du seigneur sur les abeilles. (Vi.)

ABEILLE, s. f. Genre d'insectes hyménoptères, qui donnent le miel et la cire. — Petite constellation de la partie méridionale du ciel.

ABÉLANIE, s. f. Sorte de coudrier.

ABELCOURT, s. m. Com. du dép. de la Haute-Saône, cant. de Saulx, arr. de Lure. = Vesoul.

ABÉLI, E, part. Paré dans le dessein de plaire. (Vi.)

ABÉLIR, v. a. Se parer, chercher à plaire. (Vi.)

ABÉLISÉ, E, part. Séduit par quelque chose de doux, d'enchanteur.

ABÉLISER, v. a. Charmer, enchanter.

ABEL-MOSC, s. m. Graine de musc, ambrette.

ABÉLONITES, s. m. pl. Sectaires qui, permettant le mariage, en prohibaient les droits.

ABÉNÉVIS, s. m. Concession pour détourner le cours des eaux.

ABENON, s. m. Com. du dép. du Calvados, cant. d'Orbec, arr. de Lizieux. = Orbec.

ABENSE-DE-BAS, s. m. Com. du dép. des Basses-Pyrénées, arr. de Mauléon. = Mauléon.

ABENSE-DE-HAUT, s. m. Com. du dép. des Basses-Pyrénées, cant. de Tardets, arr. de Mauléon. = Mauléon.

ABÉQUITÉ, E, part. Qui s'est sauvé à cheval.

ABÉQUITER, v. a. S'enfuir à cheval.

ABER, s. m. Chute d'un ruisseau.

ABERDEEN, s. m. Ville et prov. d'Écosse.

ABÈRE, s. m. Com. du dép. des Basses-Pyrénées, cant. de Morlaas, arr. de Pau. = Pau.

ABERGEMENT, s. m. Com. du dép. du Jura, cant. de Beaufort, arr. de Lons-le-Saulnier. = Lons-le-Saulnier.

ABERGEMENT, s. m. Com. du dép. de l'Ain, cant. d'Ambérieux, arr. de Belley. = Ambérieux.

ABERGEMENT-LA-RONCE, s. m. Com. du dép. du Jura, cant. et arr. de Dôle. = Dôle.

ABERGEMENT-LE-GRAND, s. m. Com. du dép. de l'Ain, cant. de Brenod, arr. de Nantua. = Nantua.

ABERGEMENT-LE-GRAND, s. m. Com. du dép. du Jura, cant. d'Arbois, arr. de Poligny. = Arbois.

ABERGEMENT-LE-PETIT, s. m. Com. du dép. de l'Ain, cant. de Brenod, arr. de Nantua. = Nantua.

ABERGEMENT-LE-PETIT, s. m. Com. du dép. du Jura, cant. et arr. de Poligny. = Poligny.

ABERGEMENT-LES-MALANGES, s. m. Com. du dép. du Jura, cant. de Gendrey, arr. de Dôle. = Dôle.

ABERGEMENT-LES-THÉSY, s. m. Com. du dép. du Jura, cant. de Salins, arr. de Poligny. = Salins.

ABERGEMENT-SAINT-JEAN, s. m. Com. du dép. du Jura, cant. de Chaussin, arr. de Dôle. = Dôle.

ABERRATION, s. f. Mouvement apparent mais fort léger qu'on observe dans les étoiles fixes. — Fig. Erreur. — Déviation des fluides. T. de méd. —Anomalie. T. de bot.

ABÉTI, E, part. Rude, stupide, hébété.

ABÉTIR, v. a. Rendre stupide, bête. S'—, v. pron. Devenir bête, stupide.

AB HOC ET AB HAC, expr. tirée du latin. A tort et à travers, confusément.

ABHORRÉ, E, part. Pour qui l'on éprouve de l'aversion, qui inspire du dégoût et de l'horreur.

ABHORRER, v. a. Avoir en horreur, en aversion.

ABIANNEUR, s. m. Commissaire pour le séquestre d'un immeuble.

ABIDOS, s. m. Com. du dép. des Basses-Pyrénées, canton de Lagor, arr. d'Orthez. = Orthez.

ABIGEAT, s. m. Vol de troupeaux.

ABILA (montagne d'), s. f. L'une des colonnes d'Hercule.

ABILDGAAR, s. m. Sorte de poisson.

ABILLY, s. m. Com. du dép. d'Indre-et-Loire, cant. de La Haye, arr. de Loches. = La Haye.

ABÎME, s. m. Gouffre très-profond, profondeur immense. — L'enfer. — Fig. Tout ce qui est extrême ou impénétrable à la raison. — Cuve de chandelier. — Milieu de l'écu. T. de blas.

ABÎMÉ, E, part. Précipité. — Gâté, sali.

ABÎMER, v. a. et n. Tomber ou précipiter dans un abîme. — Gâter une chose. — Perdre, ruiner; fig. S'—, v. pron. s'appliquer; s'adonner entièrement à; se ruiner; se perdre. — Se plonger; cet homme s'abîme dans la débauche.

AB INTESTAT, expr. latine. Mourir, —, sans avoir disposé de ses biens.

AB IRATO, expr. latine. En colère; testament *ab irato*.

ABISSINIE, s. f. Roy. d'Afrique.

ABIT (St-.), s. m. Com. du dép. des Basses-Pyrénées, cant. de Nay, arr. de Pau. = Pau.

ABITAIN, s. m. Com. du dép. des Basses-Pyrénées, cant. de Sauveterre, arr. d'Orthez. = Orthez.

ABJAT, s. m. Com. du dép. de la Dordogne, cant. et arr. de Nontron. On y trouve des carrières de granit. = Nontron.

ABJECT, E, adj. Vil, méprisable, bas.

ABJECTION, s. f. Bassesse, abaissement.

ABJURATION, s. f. Action d'abjurer; se dit de la personne qui abjure et de la chose abjurée.

ABJURÉ, E, part. Chose abjurée, opinion, religion à laquelle on a renoncé.

ABJURER, v. a. Renoncer à une doctrine, à une opinion, à sa religion.

ABLACTATION, s. f. Action de sevrer les enfans, sevrage. T. de méd.

ABLAINCOURT, s. m. Com. du dép. de la Somme, cant. de Chaulnes, arr. de Péronne. = Péronne.

ABLAIN-SAINT-NAZAIRE, s. m. Com. du dép. du Pas-de-Calais, cant. de Vimy, arr. d'Arras. = Arras.

ABLAINZEVELLE, s. f. Com. du dép. du Pas-de-Calais, cant. de Croisilles, arr. d'Arras. = Arras.

ABLAIS, s. m. Blé coupé, qui est encore sur le chaume.

ABLANCOURT, s. m. Com. du dép. de la Marne, cant. et arr. de Vitry-le-Français. = Vitry.

ABLANIER, s. m. Arbre de la Guyane.

ABLAQUE, adj. f. Byssus de la pinne marine.

ABLAQUÉATION, s. f. Ouverture faite à la terre autour des arbres pour en exposer la racine à l'action de l'air.

ABLATIF, s. m. Sixième cas dans les langues où les noms se déclinent.

ABLATION, s. f. Action d'enlever une partie malade. T. de chir. — Repos entre deux accès de fièvre. T. de méd.

ABLE, s. m. ou ABLETTE, s. f. Petit poisson plat et mince, qui a le dos vert et le ventre blanc; son écaille sert à la fabrication des fausses perles.

ABLECTES, s. m. pl. Soldats romains d'élite.

ABLÉGAT, s. m. Celui qui fait les fonctions du légat.

ABLÉGATION, s. f. Bannissement auquel les Romains pouvaient condamner leurs enfans.

ABLEIGES, s. f. Com. du dép. de Seine-et-Oise, cant. de Marines, arr. de Pontoise. = Pontoise.

ABLERET, s. m. Sorte de filet carré pour pêcher les ables, ou autres petits poissons.

ABLEUVENETTES (les), s. f. pl. Com. du dép. des Vosges, cant. de Dompaire, arr. de Mirecourt. = Mirecourt.

ABLIS, s. m. Com. du dép. de Seine-et-Oise, cant. de Dourdan, arr. de Rambouillet. = Dourdan.

ABLOIS (St.-Martin d'), s. m. Com. du dép. de la Marne, cant. et arr. d'Épernay. = Épernay. Cette commune fournit des meules pour les moulins à farine.

ABLON, s. m. Com. du dép. de Seine-et-Oise, cant. de Longjumeau, arr. de Corbeil. = Longjumeau. Cette commune, sur la rive gauche de la Seine, que l'on traverse à l'aide d'un bac, offre une espèce d'entrepôt aux marchands de vin de la capitale. On y fabrique des acides minéraux

ABLON, s. m. ABLEVILLE et CREMAUVILLE, s. f. Trois petits villages qui ont été réunis et qui forment une com. du dép. du Calvados, cant. d'Honfleur, arr. de Pont-l'Évêque.=Honfleur.

ABLUANT, E, adj. Qui nettoie, lave. T. de méd.

ABLUÉ, E, part. Se dit d'une écriture ou d'une estampe dont le caractère ou le dessin a été rétabli au moyen d'une préparation chimique.

ABLUER, v. a. Passer légèrement une liqueur préparée avec de la noix de galle sur une ancienne écriture pour la faire revivre. (Vi.)

ABLUTION, s. f. Action de se laver, chez les anciens, avant les sacrifices. — Vin et eau que le prêtre verse sur ses doigts après la communion. — Action de laver, blanchir, nettoyer. T. de méd.

ABNÉGATION, s. f. Renoncement à soi-même, aux biens terrestres, à ses priviléges.

ABNORMAL, E, adj. Qui n'est pas dans l'état naturel, qui dégénère. T. de bot.

ABO, s. m. Ville de Finlande.

ABOI, ABOIEMENT ou ABOIMENT, s. m. Cri du chien quand il aboie.

ABOIS, s. m. pl. Se dit de l'extrémité où le cerf est réduit lorsqu'il est sur ses fins, et fig. d'une personne qui se meurt, d'une place qui ne peut plus se défendre; être aux abois.

ABOLI, E, part. Qui n'est plus d'usage, annulé.

ABOLIR, v. a. Annuler, mettre hors d'usage.

ABOLISSABLE, adj. Qui peut être aboli.

ABOLISSEMENT, s. m. Anéantissement. — Extinction, abrogation.

ABOLITION, s. f. Cassation, annulation d'une loi, d'une peine portée contre un crime. — du pouls, des forces. T. de méd.

ABOLLE, s. m. Casaque militaire d'hiver chez les anciens.

ABOMASUS, s. m. L'un des quatre estomacs des animaux ruminans. Caillette est le terme employé vulgairement.

ABOMINABLE, adj. Qui est en horreur, en aversion, très-mauvais.

ABOMINABLEMENT, adv. D'une manière abominable.

ABOMINATION, s. f. Détestation, horreur, exécration, action abominable, impiété.

ABOMINÉ, E, part. Qui est en horreur, devenu l'objet de l'exécration.

ABOMINER, v. a. Avoir en horreur, exécrer.

ABONCOURT, s. m. Com. du dép. de la Meurthe, cant. et arr. de Château-Salins. = Château-Salins.

ABONCOURT, s. m. Com. du dép. de la Meurthe, cant. de Colombey, arr. de Toul. = Colombey.

ABONCOURT, s. m. Com. du dép. de la Moselle, cant. de Metzervisse, arr. de Thionville. = Thionville.

ABONCOURT, s. m. Com. du dép. de la Haute-Saône, cant. de Combeaufontaine, arr. de Vesoul. = Cintrey.

ABONDAMMENT, adv. En abondance.

ABONDANCE, s. f. Grande quantité. Parler d'abondance, sans préparation.

ABONDANCE (Ste.-), s. f. Com. du dép. de Lot-et-Garonne, cant. et arr. de Marmande. = Marmande.

ABONDANT, s. m. Com. du dép. d'Eure-et-Loire, cant. d'Anet, arr. de Dreux. = Dreux.

ABONDANT, E, adj. Qui produit abondamment, qui abonde. — D'abondant, adv. De plus, en outre. (Vi.)

ABONDÉ, E, part.

ABONDER, v. n. Avoir, être en abondance, en quantité. — en son sens, être fort attaché à son opinion; fig.

ABONNÉ, s. m. Qui a fait un abonnement.

ABONNÉ, E, part. Qui est abonné, pour payer ou par mois ou par année.

ABONNEMENT, s. m. Marché ou convention à prix fixe pour un temps limité.

ABONNER, v. a. et pron. Faire un abonnement pour un autre ou pour soi.

ABONNI, E, part. Devenu plus humble et plus doux de caractère.

ABONNIR, v. a. et n. Rendre ou devenir meilleur. S'—, v. pron. Devenir meilleur.

ABONNISSEMENT, s. m. Amélioration.

ABORD, s. m. Accès, approche; se dit des ports, des côtes, et fig. des personnes. — Arrivée, affluence de monde, de marchandises.—De prime abord, adv. incontinent. D'abord, adv. Aussitôt, avant tout.

ABORDABLE, adj. Qu'on peut aborder, accessible; se dit des personnes et des lieux.

ABORDAGE, s. m. Choc ou jonction de deux vaisseaux, soit dans un combat, soit par accident.

ABORDÉ, E, part. Personne ou chose près de laquelle on est arrivé.

ABORDER, v. a. Joindre un vaisseau; approcher de quelqu'un; traiter une question. —, v. n. Prendre terre, aller à bord.

ABORDEUR, s. m. Qui fait un abordage. T. de mar.

ABORIGÈNES, s. m. pl. Premiers habitans naturels d'un pays, par opposition à ceux qui sont venus s'y établir.

ABORNÉ, E, part. Terrain aborné, qui a des bornes, des limites.

ABORNEMENT, s. m. Action d'aborner ; effet résultant de cette action.

ABORNER, v. a. Mettre des bornes à un terrain.

ABORTIF, IVE, adj. Avorté, venu avant terme, ou qui n'a point acquis la perfection, la maturité. — Qui provoque l'avortement. T. de méd.

ABOS, s. m. Com. du dép. des Basses-Pyrénées, cant. de Lembeye, arr. de Pau. = Pau.

ABOS, s. m. Com. du dép. des Basses-Pyrénées, cant. de Moncin, arr. d'Oloron. = Oloron.

ABOT, s. m. Sorte de ferrure pour retenir les chevaux dans les pâturages.

ABOUCHEMENT, s. m. Conférence, entrevue. — Union de deux vaisseaux, T. d'anat. — Endroit où se joignent deux tubes.

ABOUCHÉ, E, part. Qui a eu une conférence sur une affaire.

ABOUCHER, v. a. Faire trouver, rencontrer des personnes pour conférer sur quelque affaire. S'—, v. pron. Se trouver dans un lieu, pour conférer avec quelqu'un. — S'unir. T. d'anat.

ABOUCHOUCHOU, s. m. Drap de Marseille.

ABOUEMENT ou **ABOUMENT**, s. m. Joints, assemblage, dans les travaux de menuiserie.

ABOUFFÉ, E, part. Qui a perdu la respiration.

ABOUFFER, v. a. et pron. Oter ou perdre la respiration.

ABOUGRI, E, adj. V. Rabougri.

ABOU-HANNÈS ou **PÈRE-JEAN**, s. m. Oiseau d'Égypte, nommé autrefois Ibis.

ABOUKIR, s. m. Forteresse d'Égypte.

ABOUQUÉ, E, part. Un objet déjà salé, sur lequel on a mis du sel nouveau.

ABOUQUEMENT, s. m. Action d'abouquer.

ABOUQUER, v. a. Mettre du sel nouveau sur du vieux.

ABOUT, s. m. Se dit de l'extrémité de toute pièce de bois coupée à l'équerre et façonnée en talus. — Base du cylindre qui broie le papier.

ABOUTÉ, E, adj. Se dit des différentes pièces d'armoiries qui se répondent par les pointes. T. de blas.

ABOUTÉ, E, part. Joint par les deux bouts.

ABOUTER, v. a. Joindre bout à bout. S'—, v. pron. Se joindre par les bouts.

ABOUTI, E, part.

ABOUTIR, v. n. Toucher par un bout. — Fig. Tendre à, se terminer. — Crever, suppurer, en parlant d'un abcès. T. de méd. — S'épanouir, boutonner. T. de bot.

ABOUTISSANS, s. m. pl. Côtés par où une maison et une terre aboutissent à d'autres maisons, etc. — Les dépendances et circonstances d'une affaire ; il s'emploie le plus souvent avec le mot tenans.

ABOUTISSANT, E, adj. Qui aboutit, qui touche.

ABOUTISSEMENT, s. m. Se dit d'un abcès qui aboutit.

AB OVO, expr. latine. Dès le commencement, dès l'origine.

ABOYANT, E, adj. Qui aboie.

ABOYÉ, E, part.

ABOYER, v. n. Japper ; se dit des chiens. — Fig. Crier après, médire. — à la lune, crier inutilement.

ABOYEUR, s. m. Chien qui, sans en approcher, aboie après le sanglier. — Fig. et fam. Médisant, satirique. — Celui qui aspire à. — Crieur des rues.

ABRACADABRA, s. m. Mot cabalistique auquel on attribuait la vertu de guérir les malades qui le portaient écrit autour du cou.

ABRAHAM (St.-), s. m. Com. du dép. du Morbihan, cant. de Malestroit, arr. de Ploërmel. = Ploërmel.

ABRAHAMITES, s. m. pl. Martyrs du culte des images.

ABRANCHES, s. m. pl. 3e. classe des annélides.

ABRANTÈS, s. m. Ville de Portugal, Estramadure.

ABRAQUÉ, E, part. Corde abraquée, tirée par des chevaux.

ABRAQUER, v. a. Hâler, raidir un cordage. T. de mar.

ABRASIN, s. m. Arbre du Japon.

ABRASION, s. f. Irritation, ulcération superficielle. T. de méd.

ABRAXAS, s. m. Amulette, mot mystérieux auquel la superstition attachait de grandes vertus.

ABRÉGÉ, s. m. Extrait, précis, résumé, sommaire. — En abrégé, adv. En peu de mots, en raccourci.

ABRÉGEMENT, s. m. Action d'abréger, raccourcissement.

ABRESCHWILLER, s. m. Com. du dép. de la Meurthe, cant. de Lorquin, arr. de Sarrebourg. Résidence d'un sous-inspecteur des forêts. On y remarque des forges, des verreries et des papeteries. = Sarrebourg.

ABRET, s. m. Com. du dép. de l'Allier, cant. de Cusset, arr. de La Palisse. = Cusset.

ABRETS (les), s. m. pl. Com. du dép. de l'Isère, cant. de Pont-de-Beauvoisin, arr. de la Tour-du-Pin.=Pont-de-Beauvoisin.

ABREUVÉ, E, part. Qui a bu, qui est humecté.

ABREUVER, v. a. Mener à l'abreuvoir, faire boire, en parlant des animaux. — la terre, l'humecter profondément.—quelqu'un de chagrin, lui causer beaucoup de chagrins; fig. S'—, v. pron. — de sang, de larmes.

ABREUVOIR, s. m. Endroit d'une rivière, d'un étang, d'une mare où l'on mène boire les animaux. — à mouches, une grande plaie. T. pop.

ABRÈVETÉ, E, part. Qui a été trompé. (Vi.)

ABRÉVETER, v. a. Tromper, flatter, guetter, surprendre. (Vi.)

ABRÉVIATEUR, s. m. Celui qui abrège l'ouvrage d'un autre.

ABRÉVIATIF, IVE, adj. Qui sert à l'abréviation.

ABRÉVIATION, s. f. Retranchement de quelques lettres dans un mot.—Mot abrégé.

ABRÉVIATIVEMENT, adv. D'une manière abréviative.

ABRÉVIÉ, E, part. Abrégé, diminué, accourci.

ABRÉVIER, v. a. Abréger.

ABREYÉ, E, part. Mis à l'abri.

ABREYER, v. a. Mettre à couvert, à l'abri. T. de mar.

ABRI, s. m. Endroit où l'on peut se mettre à couvert du mauvais temps, et fig. de l'insulte, du danger, de la persécution.—Lieu où les vaisseaux sont en sûreté contre le vent, la tempête. A l'abri, adv. A couvert, et fig. sous la protection.

ABRICOT, s. m. Fruit à noyau dont la peau et la chair tirent sur le jaune.

ABRICOTÉ, s. m. Sorte de dragée faite d'un morceau d'abricot, entouré de sucre.

ABRICOTIER, s. m. Arbre originaire d'Arménie, qui produit les abricots.

ABRIÈS, s. m. Com. du dép. des Hautes-Alpes, cant. d'Aiguilles, arr. de Briançon. = Mont-Dauphin.

ABRIN, s. m. Com. du dép. du Gers, cant. de Valence, arr. de Condom. = Condom.

ABRITÉ, E, part. Mis à l'abri.

ABRITER, v. a. Mettre à l'abri. S'—, v. pron. Se mettre à l'abri.

ABRIVÉ, E, part. Qui a touché le rivage.

ABRIVENT, s. m. Paillasson dont les jardiniers se servent pour mettre leurs plantes à l'abri du vent.

ABRIVER, v. a. et n. Aborder au rivage. T. de mar.

ABROGATION, s. f. Action d'abroger, d'abolir, d'annuler.

ABROGÉ, E, part. Annulé, aboli.

ABROGER, v. a. Annuler, abolir. — une loi, une coutume, un décret. S'—, v. pron. S'abolir.

ABROHANI, s. m. Mousseline très-fine des Indes.

ABROLLES, s. m. pl. Écueils très-dangereux. T. de mar.

ABROME, s. f. Espèce de plantes malvacées.

ABRONIE, s. f. Nyctaginée de Californie.

ABROS, s. m. Vill. du dép. des Basses-Alpes, cant. et arr. de Sistéron. = Sistéron.

ABROTANOÏDE ou **ABROTONOÏDE**, s. m. Madrépore gris, jaunâtre en dehors, et blanchâtre en dedans, qui ressemble à l'aurone femelle.

ABROTONE ou **AURONE**, s. m. Plante fibreuse et odoriférante toujours verte. — mâle, citronelle. — femelle, santoline à feuilles de cyprès.

ABROUTI, E, adj., se dit des bois dont les animaux ont brouté les bourgeons.

ABROUTISSEMENT, s. m. Dégât occasionné par les bestiaux qui broutent les bourgeons des arbres.

ABRUPT, E, adj. Brusque; sans préparation, en parlant du style.

ABRUPTION, s. f. Fracture transversale d'un os avec écart. T. de chir.

ABRUPTI-PINNÉE, adj. Feuille ailée sans impaire.

ABRUPTO (AB OU EX). V. AB ABRUPTO.

ABRUS, s. m. Plante légumineuse dont la graine rouge, avec une tache noire, sert à faire des colliers et des chapelets. T. de bot.

ABRUTI, E, part. Démoralisé, hébété, stupide.

ABRUTIR, v. a. Rendre ou devenir comme une brute, hébéter. S'—, v. pron. Devenir stupide, devenir comme une bête brute.

ABRUTISSEMENT, s. m. Stupidité grossière, état d'une personne abrutie.

ABRUTISSEUR, adj. m. Celui qui abrutit les nations.

ABSCISSE, s. f. Partie de l'axe d'une courbe, comprise entre le sommet de la courbe ou un autre point fixe, et la rencontre d'une ordonnée. T. de géom.

ABSCISSION, s. f. Retranchement d'une partie molle du corps. — de la luette, du prépuce, du clitoris. T. de chir.

ABSCON, s. m Com. du dép. du Nord, cant. de Bouchain, arr. de Valenciennes. =Bouchain.

ABSCONS, E, adj. Caché, secret. (Vi.)

ABSENCE, s. m. Éloignement d'une personne qui n'est point dans le lieu où elle devrait être. — Désordre passager dans les idées. — Distraction, privation, manque ; fig. — d'esprit, de lois.

ABSENT, E, adj. Qui est éloigné de sa demeure ordinaire. — Fig. Inattentif, distrait. —, s. m. Les absens ont toujours tort.

ABSENTÉ, E, part.

ABSENTER (s'), v. pron. S'éloigner momentanément de quelque lieu.

ABSIDE, s. f. Voûte.

ABSIE (l'), s. f. Com. du dép. des Deux-Sèvres, cant. de Montcoutant, arr. de Parthenay. = Parthenay.

ABSINTHE, s. f. Plante médicinale odoriférante, toujours verte et très-amère.

ABSINTHÉ, E, adj. Qui contient de l'absinthe.

ABSOLU, E, adj. Libre, souverain, impérieux, indépendant, tranchant. — L'opposé de relatif. T. didact.

ABSOLUMENT, adv. D'une manière absolue. — Sans régime. T. de gram. — parlant, à en juger en gros.

ABSOLUTION, s. f. Jugement par lequel un accusé est déclaré innocent. — Rémission des péchés par un prêtre dans le sacrement de pénitence.

ABSOLUTISME, s. m. Système d'un gouvernement absolu.

ABSOLUTISTE, s. m. Partisan du pouvoir absolu. —, adj. Homme absolutiste.

ABSOLUTOIRE, adj. Qui porte absolution. Arrêt, bref absolutoire.

ABSORBANT, s. m. Corps qui se laisse pénétrer par un fluide ou un acide. T. de chim.

ABSORBANT, E, adj. Qui a la propriété d'absorber. —Vaisseau absorbant, lymphatique. T. d'anat.

ABSORBÉ, E, part. Englouti, disparu par absorption.

ABSORBER, v. a. Engloutir, faire disparaître. — des sons, des couleurs. — Neutraliser en s'unissant. T. de chim. — Fig. Occuper fortement, consumer entièrement. S'—, v. pron. Se perdre.

ABSORPTION, s. f. Action d'absorber ; ses effets. T. de méd. et de chim.

ABSOUDRE, v. a. Décharger juridiquement un accusé d'un crime. —, remettre les péchés dans le sacrement de pénitence.

ABSOUS ou ABSOUT, E, part. Acquitté d'une accusation.

ABSOUTE, s. f. Absolution publique et solennelle qu'on donne au peuple le Jeudi saint.

ABSTÈME, s. et adj. Qui ne boit point de vin, qui s'abstient de liqueurs fermentées.

ABSTENIR (s'), v. pron. S'empêcher de faire quelque chose, se priver de son usage. — de vin, de parler.

ABSTENTION, s. f. Répudiation de l'héritage par l'héritier testamentaire.

ABSTENU, E, part.

ABSTERGÉ, E, part. Nettoyé.

ABSTERGENT, E, adj. Dissolvant ; se dit des remèdes qui dissolvent les épaississemens. T. de méd.

ABSTERGER, v. a. Nettoyer, fondre, laver, dissoudre. — une plaie, une ulcère, la bile. T. de chir. et de méd.

ABSTERSIF, IVE, adj. Propre à absterger. T. de méd.

ABSTERSION, s. f. Action d'absterger ; effet de l'abstergent. T. de méd.

ABSTINENCE, s. f. Éloignement volontaire de l'usage d'une chose, privation volontaire de certains alimens. Jours d'—, jours maigres.

ABSTINENT, E, adj. Sobre, modéré dans le boire et le manger.

ABSTRACTEUR, s. m. Auteur d'un extrait. (Vi.)

ABSTRACTIF, IVE, adj. Qui sert à exprimer des idées abstraites. T. de gram.

ABSTRACTION, s. f. Opération de l'esprit qui considère séparément des objets unis. Faire abstraction d'une chose, ne pas y avoir égard. —, au pl. Distractions.

ABSTRACTIVEMENT, adv. Par abstraction.

ABSTRAIRE, v. a. Faire abstraction, détacher par la pensée une chose du sujet auquel elle est inhérente.

ABSTRAIT, E, part. et adj. Séparé par l'abstraction. — Trop éloigné des idées communes. — Science abstraite.— Tout occupé d'un objet, et distrait pour le reste. — s. m. V. Concret.

ABSTRAITEMENT, adv. D'une manière abstraite.

ABSTRUS, E, adj. Caché, difficile à pénétrer, enveloppé de ténèbres ; se dit des choses : question abstruse, science abstruse.

ABSURDE, s. m. Absurdité.

ABSURDE, adj. Évidemment contraire à la raison, au sens commun ; se dit aussi des personnes : homme absurde, qui dit habituellement des absurdités.

ABSURDEMENT, adv. D'une manière absurde.

ABSURDITÉ, s. f. Défaut de ce qui est absurde. — Chose absurde.

ABSURDO (ab.), expr. latine. D'après l'absurde.

ABSUS, s. m. Espèce de grosse casse qui croît en Égypte. T. de bot.

ABUISSONNÉ, E, part. Trompé, séduit.

ABUISSONNER, v. a. Abuser, tromper, séduire.

ABULLETÉ, E, part. Qui a donné ou reçu un bulletin. (Vi.)

ABULLETER, v. a. Donner ou recevoir un bulletin. (Vi.)

ABUS, s. m. Usage mauvais, illicite, excessif, que l'on fait d'une chose; illusion, erreur. — Entreprise injuste d'une juridiction sur les droits d'une autre.

ABUSÉ, E, part. Trompé.

ABUSER, v. a. Tromper. — les esprits faibles. —, v. n. Mal user. — de sa force. S'—, v. pron. Se tromper.

ABUSEUR, s. m. Qui abuse, qui trompe. T. fam.

ABUSIF, IVE, adj. Contraire aux règles, à l'usage; se dit d'une procédure, d'un sens donné à un mot.

ABUSIVEMENT, adv. D'une manière abusive, à tort et sans cause.

ABUTA, s. f. Plante ménispermoïde. T. de bot.

ABUTÉ, E, part.

ABUTER, v. n. Jeter des quilles, des palets vers un but, pour voir qui jouera le premier.

ABUTILON ou SIDA, s. m. Plante; genre des malvacées, qui comprend plus de cent espèces.

ABYME, s. m. V. Abîme.

ABYMER, v. a. V. Abîmer.

ABZAC, s. m. Com. du dép. de la Charente, cant. et arr. de Confolens. = Confolens.

ABZAC, s. m. Com. du dép. de la Gironde, cant. de Coutras, arr. de Libourne. = Libourne.

ACABIT, s. m. Qualité bonne ou mauvaise, surtout des fruits. T. fam.

ACACALIS, s. m. Arbrisseau à fleurs papilionacées, qui croît en Egypte.

ACACIA, s. m. Arbre à haute tige du genre Robinier, ayant des branches garnies d'épines, et portant des fleurs blanches ou roses qui viennent en forme de grappe. — Suc concret qu'on obtient des gousses vertes d'une espèce de mimosa. On le prépare en Allemagne avec les prunelles. T. de pharm.

ACACIE, s. f. Sorte de plantes légumineuses, au nombre desquelles on trouve la sensitive.

ACADÉMICIEN, s. m. Sectateur de Platon. — Membre d'une société littéraire nommée académie.

ACADÉMIE, s. f. Lieu près d'Athènes, où s'assemblaient Platon et ses sectateurs. — L'école philosophique qui suivait la doctrine de Platon. — Compagnie de savans, d'artistes, etc. — Lieu où l'on enseigne à monter à cheval, à faire des armes, etc. — Maison de jeu. — Figure entière d'après un homme nu.

ACADÉMIQUE, adj. Se dit de tout ce qui est relatif à une académie.

ACADÉMIQUEMENT, adv. D'une manière académique.

ACADÉMISÉ, E, part. Peint ou sculpté d'après le modèle.

ACADÉMISER, v. a. Peindre ou sculpter d'après le modèle.

ACADÉMISTE, s. m. Qui suit les exercices d'armes, d'équitation, dans une académie.

ACADIE, s. f. Partie de la Nouvelle-Écosse, presqu'île de l'Amérique-Sept.

ACÆNE, s. f. Sorte de pimprenelle. T. de bot.

ACAGNARDÉ, E, part. Accoutumé à la fainéantise.

ACAGNARDER, v. a. Accoutumer à une vie oisive. S'—, v. pron. S'accoutumer à la fainéantise.

ACAINPSIE, s. f. V. Ankylose.

ACAJA, s. m. Fruit du Monbain, prunier des Antilles.

ACAJOU, s. m. Arbre d'Amérique, d'où l'on tire le bois de même nom, qu'on exporte en Europe, et qui offre un placage précieux pour l'ébénisterie, la menuiserie, etc. — à pommes, ou Pommier d'acajou, arbre de moyenne grandeur, d'Afrique et d'Amérique, qui fournit la pomme et la noix de ce nom, dont la coque renferme une huile très-caustique, qui a la propriété de cautériser les verrues.

ACALÈPHES, s. m. pl. V. Zoophytes.

ACALIFOURCHONNÉ, E, adj. Qui est à cheval sur. T. fam.

ACALOT, s. m. Courlis du Mexique, connu aussi sous le nom de corbeau aquatique.

ACAMARCHIS, s. m. pl. Polypes.

ACAMPTE, adj. Corps poli, figure qui ne réfléchit pas la lumière.

ACAMUSÉ, E, adj. Séduit par des flatteries.

ACANACÉ, E, adj. V. Acanthacé.

ACANE, s. m. Bégar, plante de la Dodécandrie.

ACANGE, s. m. Volontaire turc qui vit de butin.

ACANOR, s. m. Fourneau dont se servent les chimistes.

ACANTHABOLE, s. m. Pince pour enlever les esquilles. T. de chir.

ACANTHACÉ, E, adj. Épineux. T. de bot.

ACANTHACÉES, s. f. pl. V. ACANTHOÏDES.

ACANTHE, s. f. Genre de plantes, dont la branche-ursine est une espèce. Sa feuille a servi de modèle pour former le chapiteau corinthien.

ACANTHIE, s. f. Genre d'insectes voisins des punaises.

ACANTHINION, s. m. Espèce de chétodon.

ACANTHOÏDES, s. f. pl. Famille des acanthes. T. de bot.

ACANTHOPHAGE, adj. Qui vit de chardons.

ACANTHOPHIS, s. m. Serpent d'un gris pâle.

ACANTHOPHORE, s. m. Varec. T. de bot.

ACANTHOPODE, s. m. Genre de poissons à nageoires épineuses; espèce de chétodon.

ACANTHOPOME, s. m. Poisson osseux.

ACANTHOPS, s. m. Espèce d'holocentre.

ACANTHOPTÉRYGIEN, s. m. Poisson à nageoires osseuses.

ACANTHURE, s. m. Sorte de vers abdominaux.

ACAPULCO, s. m. Ville du Mexique au temps de la conquête.

ACARA, s. m. Poisson du Brésil.

ACARE, s. m. Ciron.

ACARDE, s. f. Mollusque acéphale bivalve.

ACARIÂTRE, adj. Se dit d'une personne d'une humeur aigre et criarde.

ACARIÂTRETÉ, s. f. Caractère d'une personne acariâtre.

ACARICABA, s. m. Plante du Brésil, dont la racine est aromatique. T. de bot.

ACARIDES ou ACARIDIES, s. f. pl. Insectes chélodontes, vulgairement mites ou tiques.

ACARNAR, s. m. Étoile de la première grandeur.

ACARNE ou ACARNAN, s. m. Chardon à fleur large et jaune. T. de bot. — Sorte de poisson de mer, bleu-blanc, du genre du rouget.

ACARUS, s. m. Ver qui vit dans le fromage.

ACASTE, s. m. Mollusque.

ACATALECTIQUE, s. et adj. Vers complet; catalectique, vers incomplet, qui manque d'une syllabe. V. CATALECTIQUE.

ACATALEPSIE, s. f. Maladie qui détruit l'intelligence. — Doctrine de certains philosophes qui doutaient de tout.

ACATALEPTIQUE, adj. Privé d'intelligence. — s. Sceptique, qui suit le système de l'acatalepsie. — Écolier qui ne comprend pas son maître.

ACAULE ou INTIGÉE, adj. f. Se dit d'une plante sans tige ou qui en a une très-courte.

A CAUSE DE, conj. Parce que.

ACAZÉ, E, part. Qui possède un fief.

ACAZEMENT, s. m. Terme de coutume.

ACAZER, v. a. Donner à titre de fief.

ACCABLANT, E, adj. Qui accable. —Fig. Importun, incommode.

ACCABLÉ, E, part. Qui est abattu, qui a succombé sous le poids, qui n'a pu supporter les revers.

ACCABLEMENT, s. m. État d'une personne accablée par le chagrin, les maladies, etc.—Fig. Surcharge d'affaires.

ACCABLER, v. a. Abattre par la pesanteur, faire succomber sous le poids. —Fig. Surcharger, tourmenter à l'excès.

ACCALMIE ou CALMIE, s. f. Calme d'un moment. T. de mar.

ACCAPARÉ, E, part. Qui a été acheté furtivement pour accroître la disette et vendre plus cher.

ACCAPAREMENT, s. m. Monopole sur les subsistances pour en augmenter le prix.

ACCAPARER, v. a. Acheter une quantité de marchandises, de denrées pour les vendre plus cher. — Fig. S'emparer de quelqu'un, capter sa bienveillance.

ACCAPAREUR, EUSE, adj. Qui accapare.

ACCARATION, s. f. Confrontation de témoins. T. de jurisp.

ACCARÉ, E, part. Confronté.

ACCAREMENT, s. m. Confrontation de coaccusés.

ACCARER, v. a. Confronter.

ACCASTILLAGE, s. m. Le château d'avant et d'arrière d'un vaisseau.

ACCASTILLÉ, E, part. Se dit d'un vaisseau qui a un château sur son avant et un autre sur son arrière.

ACCASTILLER, v. a. Établir un accastillage.

ACCATES (les), s. f. pl. Vill. du dép. des Bouches-du-Rhône, cant. de St.-Sébastien-d'Allauch, arr. de Marseille. = Marseille.

ACCÉDÉ, E, part.

ACCÉDER, v. n. Entrer dans un traité fait par d'autres puissances. — à une proposition.

ACCÉLÉRATEUR, adj. Muscle penniforme attaché par une de ses extrémités aux ligamens interosseux des os pubis, et à l'union des muscles transverses avec les sphincters cutanés de l'anus. T. de chir.

ACCÉLÉRATION, s. f. Augmentation de vitesse. — Prompte expédition.

ACCÉLÉRÉ, E, part. Qui a été exécuté avec promptitude.

ACCÉLÉRER, v. a. Augmenter de vitesse; presser, hâter.

ACCENSE, s. f. Dépendance d'un bien. T. de jurisp.

ACCENSÉ, E, part. Bien —, qui est administré en commun avec un autre.

ACCENSER, v. a. Joindre un bien, un objet d'administration rurale à un autre. — Réunir sous la même division territoriale.

ACCENSES, s. m. pl. Huissiers chargés de convoquer le peuple dans les assemblées publiques à Rome.

ACCENT, s. m. Élévation plus ou moins forte de la voix, sur certaines voyelles. — Prononciation propre à un peuple, à une province. — Petit signe que l'on met sur les voyelles. —, au pl. et poét. Sons.

ACCENTEURS, s. m. pl. Oiseaux qui vivent d'insectes.

ACCENTUATION, s. f. Manière d'accentuer, ses principes, ses règles.

ACCENTUÉ, E, part. Voyelle sur laquelle on a placé un accent.

ACCENTUER, v. a. Mettre des accens sur des voyelles.

ACCEPTABLE, adj. Qui peut être accepté.

ACCEPTANT, E, s. et adj. Qui accepte.

ACCEPTATION, s. f. Action d'accepter, d'agréer. — Condition essentielle à la validité des actes.

ACCEPTÉ, E, part. Agréé, reçu.

ACCEPTER, v. a. Agréer, recevoir. — une lettre de change, promettre de la payer à son échéance.

ACCEPTEUR, s. m. Celui qui accepte une lettre de change.

ACCEPTILATION, s. f. remise d'une créance sans paiement. — Quittance simulée.

ACCEPTION, s. f. Préférence, distinction. — Sens dans lequel un mot est pris.

ACCÈS, s. m. Abord; facilité d'approcher d'un lieu, d'une personne. — Fig. mouvement passager de l'âme. — Mouvement et durée de la fièvre, ou d'une maladie périodique. T. de méd.

ACCESSIBILITÉ, s. f. Facilité d'approcher, d'être approché.

ACCESSIBLE, adj. Dont on peut approcher; se dit également des lieux et des personnes.

ACCESSION, s. f. Action d'accéder; adhésion. — Accroissement.

ACCESSIT, s. m. Mot lat., témoignage de satisfaction à celui qui approche des prix dans un concours.

ACCESSOIRE, adj. Qui n'est que la suite ou l'accompagnement de quelque chose de principal. T. de peint. — En médecine on donne ce nom à différentes parties qui ne semblent exister que pour donner de la force à d'autres, et aider leur action.

ACCESSOIREMENT, adv. D'une manière accessoire, par suite.

ACCIDENCE, s. f. Qualité, état, possibilité d'être de l'accident.

ACCIDENT, s. m. Événement imprévu, cas fortuit; se prend en mauvaise part, quand aucune épithète n'en détermine le sens en bien. — Figure, forme, couleur et ce qui peut être ôté d'un corps, sans que celui-ci cesse d'exister. T. de philos. — Révolution qui détermine une maladie, ou aggrave celle qui existe déjà. — Au pl. fig., couleur, saveur, etc., qui restent après la consécration. Par accident, adv. Par hasard.

ACCIDENTEL, LE, adj. Arrivé par accident, par hasard. — Qui n'est dans un sujet que par accident. T. de philos.

ACCIDENTELLEMENT, adv. Par accident, par hasard.

ACCIOCA, s. f. Herbe qui remplace le thé du Paraguay, au Pérou. T. de bot.

ACCIPENSER, s. m. Poisson reptile.

ACCIPITRES, s. m. pl. Famille ou ordre des oiseaux de proie.

ACCIPITRINS, s. m. pl. Oiseaux de proie.

ACCISE, s f. Taxe anglaise qui se lève sur les boissons.

ACCISME, s. m. Refus simulé d'un objet qu'on désire.

ACCLAMATEUR, s. m. Qui concourt à l'acclamation.

ACCLAMATION, s. f. Cri de joie, d'admiration, d'approbation. — Manière bruyante de donner son suffrage.

ACCLAMPÉ, E, part. Solidifié.

ACCLAMPER, v. a. Solidifier un mât en y ajoutant des pièces de bois sur les côtés. T. de mar.

ACCLIMATÉ, E, part. Accoutumé à la température d'un nouveau climat.

ACCLIMATER, v. a. Accoutumer à un nouveau climat. S'—, v. pron. S'habituer à la température d'un nouveau climat.

ACCOINÇONS, s. m. pl. Morceaux de charpente ajoutés à un toit pour le rendre égal des deux bouts.

ACCOINTABLE, adj. Avec qui l'on peut se lier facilement.

ACCOINTANCE, s. f. Liaison familière. — d'amour, — de cohabitation.

ACCOINTÉ, E, part.

ACCOINTER (s'), v. pron. Se lier inconsidérément. —, faire société avec le premier venu. T. fam.

ACCOISÉ, E. part. Calmé.

ACCOISEMENT, s. m. Calme. T. de méd.

ACCOISER, v. a. Calmer les humeurs, la fièvre. T. de méd.

ACCOLADE, s. f. Embrassement. — Une des cérémonies qui se pratiquaient à la réception des anciens chevaliers. — Trait de plume qui joint plusieurs articles. — de lapereaux, deux lapereaux embrochés et servis ensemble.

ACCOLAGE, s. m. Action d'accoler la vigne à l'échalas.

ACCOLANS, s. m. Com. du dép. du Doubs, cant. de l'Ile-sur-le-Doubs, arr. de Baume. = Ile-sur-le-Doubs.

ACCOLAY, s. m. Com. du dép. de l'Yonne, cant. de Vermanton, arr. d'Auxerre. = Vermanton.

ACCOLÉ, E, part. Embrassé, lié.

ACCOLEMENT, s. m. V. Accotement.

ACCOLER, v. a. Embrasser. — Donner l'accolade. — Joindre par une accolade, lier ensemble.

ACCOLURE, s. f. Paille de seigle dont se servent les jardiniers pour lier leurs légumes.

ACCOMMODABLE, adj. Qui se peut accommoder, en parlant d'un différend, d'une affaire.

ACCOMMODAGE, s. m. Apprêt des viandes. — Arrangement des cheveux; ses frais.

ACCOMMODANT, E, adj. traitable, complaisant.

ACCOMMODATION, s. f. Accord, conciliation de lois opposées. T. de prat.

ACCOMMODÉ, E, part. Ajusté, propre, frisé; en ordre. — Terminé.

ACCOMMODEMENT, s. m. Accord, réconciliation, moyen de se concilier.

ACCOMMODER, v. a. Procurer de la commodité, convenir à, arranger, ajuster. — Préparer des mets. — Réconcilier. — Conformer, faire convenir. — Bien traiter ses chalands, ses hôtes. S'—, v. pron. et réc. Se réconcilier; se conformer à, se servir de, prendre ses aises.

ACCOMPAGNAGE, s. m. Trame des étoffes brodées en or.

ACCOMPAGNATEUR, TRICE, s. Qui accompagne la voix avec quelque instrument.

ACCOMPAGNÉ, E, part. Reconduit, escorté.

ACCOMPAGNEMENT, s. m. Action d'accompagner; ce qui est une suite nécessaire. — Accords d'instrumens qui accompagnent la voix. — Tout ce qui est extérieur à l'écu. T. de blas. — de la cataracte, humeur mucilagineuse qui reste dans la capsule du cristallin après son extraction. T. de chir.

ACCOMPAGNER, v. a. Aller de compagnie, reconduire, escorter, suivre par honneur. — Assortir, ajouter à, convenir. — Faire des accords tandis qu'un autre chante. T. de mus. S'—, v. pron. Se dit d'une personne qui chante et qui fait en même temps des accords sur quelque instrument. S'accompagner de quelqu'un, le mener avec soi.

ACCOMPLI, E, adj. Parfait, excellent.

ACCOMPLI, E, part. Achevé, terminé, exécuté.

ACCOMPLIR, v. a. Achever entièrement, effectuer, exécuter. S'—, v. pron. S'effectuer.

ACCOMPLISSEMENT, s. m. Achèvement, entière exécution.

ACCON, s. m. Bateau plat dont on se sert pour aller sur la vase. T. de mar.

ACCONS, s. m. Com. du dép. de l'Ardèche, cant. du Chaylard, arr. de Tournon. = Le Chaylard.

ACCORAGE, s. m. Action d'étayer. T. de mar.

ACCORD, s. m. Accommodement, consentement, conformité de volontés, bonne intelligence. — Concordance. T. de gram. — Harmonie de sons. D'accord, adv. J'en conviens, j'y consens. —, s. m pl. Conventions avant le mariage.

ACCORDABLE, adj. qui peut s'accorder.

ACCORDAILLES, s. f. pl. Signature des conventions matrimoniales. T. fam.

ACCORDANT, E, adj. qui s'accorde bien. T. de mus.

ACCORDÉ, E, s. Celui, celle qui a signé les accordailles.

ACCORDÉ, E, part. Mis d'accord.

ACCORDER, v. a. Mettre des instrumens d'accord. — Concilier. — Faire convenir suivant les règles. T. de gram. — Concéder. — Reconnaître pour vrai. S'—, v. pron. Se mettre d'accord. — Convenir.

ACCORDEUR, s. m. Celui qui accorde les instrumens de musique.

ACCORDO, s. m. Lyre barberine, genre de basse italienne ayant douze à quinze cordes.

ACCORDOIR, s. m. Outil pour accorder les instrumens de musique.

ACCORE, s. f. État d'un vaisseau en construction. — Pièces de bois dont on se sert pour étayer. — Côte escarpée.

ACCORÉ, E, adj. Étayé, appuyé. T. de mar.

ACCORER, v. a. Étayer. T. de mar.

ACCORNÉ, E, adj. Qui a les cornes d'autre couleur que le corps. T. de blas. — Se dit d'un ouvrage à cornes construit devant une demi-lune. Art mil.

ACCORT, E, adj. Gracieux, doux, complaisant, poli.

ACCORTISE, s. f. Humeur accommodante, complaisante. T. fam.

ACCOSTABLE, adj. Facile à accoster, à aborder. T. fam. — Se dit d'un bâtiment, d'un quai, d'une cale dont l'approche est facile. T. de mar.

ACCOSTE À BORD, adv. Ordre à un petit bâtiment d'approcher. T. de mar.

ACCOSTÉ, E, part. Que l'on a abordé, qui a été abordé.

ACCOSTER, v. a. Aborder quelqu'un pour lui parler. — Ranger un navire le long d'un autre bâtiment, d'un quai. T. de mar. S'—, v. pron. et réc. S'approcher l'un de l'autre. S'— de. Fréquenter, hanter. T. fam.

ACCOTAR, s. m. Pièce du bordage entre les membres.

ACCOTÉ, E, part. Incliné ou couché sur le côté. T. de mar.

ACCOTEMENT, s. m. ou BERME, s. f. Espace qui se trouve entre la chaussée et le fossé qui borde une route. — Frottement. T. d'horl.

ACCOTER, v. a. Appuyer de côté. S'—, v. pron. S'appuyer sur le côté.

ACCOTOIR, s. m. Ce qui sert à s'accoter, accoudoir.

ACCOUCHÉ, E, part. Enfanté.

ACCOUCHÉE, s. f. Femme qui vient de mettre un enfant au monde.

ACCOUCHEMENT, s. m. Action par laquelle la nature se débarrasse du fœtus et du placenta qu'elle contenait pendant la grossesse. T. de chir.

ACCOUCHER, v. n. Enfanter. — v. a. Aider une femme à mettre un enfant au monde. — Mettre un ouvrage au jour. T. fig. et fam.

ACCOUCHEUR, EUSE, s. Celui, celle dont la profession est d'accoucher les femmes. On dit plus communément sage-femme qu'accoucheuse.

ACCOUDÉ, E, part.

ACCOUDER (s'), v. pron. S'appuyer du coude.

ACCOUDOIR, s. m. Appui pour le coude.

ACCOUÉ, E, part. Cerf —, qui a le jarret coupé.

ACCOUER, v. a. Couper le jarret d'un cerf.

ACCOULINS, s. m. pl. Atterrissemens de rivière, dont on se sert pour faire la brique.

ACCOUPLE, s. f. Lien avec lequel on attache deux chiens ensemble.

ACCOUPLÉ, E, part. Joint, réuni.

ACCOUPLEMENT, s. m. Assemblage de deux animaux pour le travail de la génération. — Arrangement des colonnes. T. d'archit.

ACCOUPLER, v. a. Réunir des animaux pour la génération. S'—, v. réc. S'unir.

ACCOURCI, E, part. Qui a été coupé, diminué.

ACCOURCIR, v. a. Diminuer de longueur. S'—, v. pron. Devenir plus court.

ACCOURCISSEMENT, s. m. Diminution de longueur; ne se dit guère que des jours et des chemins.

ACCOURES, s. m. pl. Plaine entre deux bois où des chiens sont placés pour saisir le gibier qui en sort.

ACCOURIR, v. n. Aller avec promptitude vers une personne ou dans un lieu.

ACCOURSE, s. f. Passage de la poupe à la proue. T. de mar.

ACCOURU, E, part.

ACCOUS, s. m. Com. et cant. du dép. des Basses-Pyrénées, arr. d'Oloron. La fontaine d'eau minérale de Suberlaché est surtout remarquable dans ce bourg. = Oloron.

ACCOUTRÉ, E, part. Vêtu d'un costume bizarre.

ACCOUTREMENT, s. m. Ajustement; habillement extraordinaire, ridicule. (Vi.)

ACCOUTRER, v. a. Parer d'habits. S'—, v. pron. S'habiller. T. fam.

ACCOUTUMANCE, s. f. Habitude que l'on contracte.

ACCOUTUMÉ, E, part. Qui a contracté une habitude.

ACCOUTUMER, v. a. Faire prendre une habitude. S'—, v. pron. S'habituer à.

ACCOUVÉ, E, adj. Qui garde le coin du feu; qui est accroupi. T. fam.

ACCOUVÉ, E, part.

ACCOUVER (s'), v. pron. En parlant des oiseaux qui commencent à couver.

ACCRÉDITÉ, E, part. et adj. Qui est estimé, qui a du crédit, qui est reconnu.

ACCRÉDITER, v. a. Recommander. — Donner des pouvoirs à un ambassadeur. — une lettre de crédit à un particulier. — une nouvelle, la répandre en lui donnant de la faveur. S'—, v. pron. Inspirer de la confiance, acquérir de la réputation.

ACCRÉTION, s. f. Augmentation. T. de méd.

ACCROC, s. m. Déchirure, et fam. difficulté, obstacle.

ACCROCHE, s. f. Embarras, difficulté. T. fam.

ACCROCHÉ, E, part. Suspendu, attaché.

ACCROCHEMENT, s. m. Action d'accrocher; son effet. — Vice d'échappement. T. d'horl.

ACCROCHER, v. a. Suspendre, attacher à un crochet. — Arrêter, retarder. — Jeter le grapin. T. de mar. — Attraper par adresse; fig. et fam. S'—, v. pron. S'attacher à. T. fam.

ACCROCHISME, s. m. Lutte en se poussant du bout des doigts.

ACCROIRE, v. n. Faire croire ce qui n'est pas. S'en faire —, présumer trop de soi, s'enorgueillir, se vanter.

ACCROISSEMENT, s. m. Augmentation.

ACCROÎTRE, v. a. Augmenter, rendre plus grand. —, v. n. et pron. Devenir plus grand, s'augmenter. — à, revenir au profit de quelqu'un. T. de pal.

ACCROUPI, E, part. et adj. Se dit des animaux qui sont assis ou ramassés. T. de blas.

ACCROUPIR (s'), v. pron. S'asseoir sur ses talons, sur sa croupe.

ACCROUPISSEMENT, s. m. État d'une personne ou d'un animal accroupi.

ACCRU, E, part. Qui a grandi, qui s'est augmenté.

ACCRUE, s. f. Augmentation que reçoit une terre par la retraite des eaux, ou celle que reçoit une forêt dont le bois s'étend au-delà de sa lisière. — Maille ajoutée à un rang de mailles.

ACCUBE, s. m. Repaire. (Vi.)

ACCUBITEUR, s. m. Qui couche dans l'appartement du prince.

ACCUBITOIRE, s. m. Salle à manger des anciens.

ACCUEIL, s. m. Réception bonne ou mauvaise que nous faisons à qui vient vers nous. Faire accueil, se prend toujours en bonne part.

ACCUEILLI, E, part. Reçu favorablement.

ACCUEILLIR, v. a. Recevoir quelqu'un, lui faire accueil. — Attaquer, surprendre; fig. Être accueilli de la tempête.

ACCUL, s. m. Lieu sans issue. — Piquets enfoncés en terre, pour retenir le canon quand il recule en tirant. — Petite anse dans la mer. — Fond d'un terrier.

ACCULÉ, E, part. Placé dans une position sans issue.

ACCULÉE, adj. f. Se dit des varangues. T. de mar.

ACCULEMENT, s. m. Degré de courbure des varangues d'un navire. T. de mar.

ACCULER, v. a. Pousser en un coin où l'on ne puisse plus reculer. S'—, v. pron. se ranger de manière à n'être pas pris par derrière.

ACCUMULATEUR, s. m. Celui qui accumule.

ACCUMULATION, s. f. Action d'accumuler. — Amas. — de droits, surabondance de droits sur quelque chose.

ACCUMULÉ, E, part. Amassé.

ACCUMULER, v. a. Amasser progressivement, ajouter. — Fig. Crimes sur crimes. S'—, v. pron. S'augmenter.

ACCURBITAIRE, s. m. Espèce de ver ténia.

ACCUSABLE, adj. Qui peut être accusé.

ACCUSATAIRE, ou **ACCUSATOIRE**, adj. Qui contient l'accusation.

ACCUSATEUR, TRICE, s. celui, celle qui accuse. — Fig. L'instrument du crime.

ACCUSATIF, s. m. Quatrième cas dans les langues où les noms se déclinent.

ACCUSATION, s. f. Imputation juridique d'un délit ou d'un crime. — Reproche d'une faute, d'un défaut.

ACCUSÉ, E, s. Inculpé. —, adj. Traduit en justice par accusation.

ACCUSER, v. a. Déférer un délit en justice. — Découvrir, révéler, faire apercevoir, soutenir. — Reprocher un défaut, une faute; se plaindre de: elle accusait, dit Racine, la lenteur du sacrifice. — son jeu, déclarer ce que les règles exigent qu'on déclare. — juste ou faux, être ou n'être pas exact dans un récit. — la réception, donner avis qu'on a reçu. — Faire sentir les formes recouvertes. T. de peint. S'—, v. pron. Se déclarer coupable de.

ACÉMÈTES, s. m. pl. Religieux qui ne dormaient pas, ou qui prétendaient ne pas dormir.

ACENS, s. m. ou **ACENSE**, s. f. Terre tenue à cens.

ACENSÉ, E, part. Donné à cens.

ACENSEMENT, s. m. Action d'acenser.

ACENSER, v. a. Donner à cens.

ACÉPHALE, adj. Qui naît sans cerveau.

ACÉPHALOCYSTE, s. m. Ver intestinal.

ACÉPHALOPHORES, s. et adj. pl. Mollusques, poissons de mer à chair molle.

ACÉRACÉES, s. f. pl. Famille des érables. T. de bot.

ACÉRAIN, adj. m. Qui tient de l'acier.

ACÉRAS, s. m. pl. Plantes orchidées. T. de bot.

ACÉRATES, s. m. pl. Combinaison de l'acide acérique avec ses bases. T. de chim.

ACERBE, adj. D'un goût âpre, sûr. —Rude; fig. Des acerbes. T. de méd.

ACERBITÉ, s. f. Apreté au goût — Qualité de ce qui est acerbe.

ACÈRE, adj. Sans cornes, sans antennes. T. d'entomol.

ACÉRÉ, E, part. Rendu tranchant en y ajoutant de l'acier. — Mordant, piquant; fig. —Astringent. T. de pharm.

ACÉRER, v. a. Revêtir le fer d'une couche d'acier pour le rendre plus dur et plus tranchant.

ACÈRES, s. m. pl. Animaux sans vertèbres.

ACÉREUSE, adj. f. Se dit des feuilles linéaires, acuminées, persistantes. T. de bot.

ACÉRIDE, s. m. Emplâtre dans la composition duquel il n'entre pas de cire.

ACÉRINE, s. f. Poisson qui a de l'analogie avec la perche.

ACÉRINÉES. V. Acéracées.

ACERRE, s. f. Cassolette antique pour brûler des parfums. Chez les Romains, autel sur lequel les parens faisaient fumer l'encens jusqu'au moment des funérailles.

ACERSOCOME, adj. Remarquable par la longueur des cheveux.

ACERTAINÉ, E, part. Certifié. (Vi.)

ACERTAINER, v. a. Certifier. (Vi.)

ACÉRURE, s. f. Morceau d'acier ajouté au fer pour le rendre tranchant.

ACESCENCE, s. f. Disposition à devenir acide.

ACESCENT, E, s. et adj. Qui commence à devenir acide, qui s'aigrit. T. de méd. et de chim.

ACESMÉ, E, part. Embelli. (Vi.)

ACESMER, v. a. Parer, orner, embellir. (Vi.)

ACESMERESSE, s. f. Coiffeuse. (Vi.)

ACESMES ou **ACHESMES**, s. m. pl. Parure de femme. (Vi.)

ACESTRIDE, s. f. Nom des sages-femmes chez les Grecs.

ACÉTABULE, s. m. Sinus d'une coquille. — Mesure romaine. — Espèce de madrépore. — Cavité profonde d'un os qui en reçoit un autre avec lequel il s'articule. T. de méd.

ACÉTABULÉ, É, adj. Qui a la forme d'un acétabule. T. de bot.

ACÉTATE, s. m. Nom générique des sels formés par la combinaison de l'acide acétique, avec une base quelconque. T. de chim.

ACÉTÉ, E, adj. Acide, aigrelet.

ACÉTEUX, EUSE, adj. Qui approche du vinaigre, qui en a le goût.

ACÉTIFICATION, s. f. Conversion du vin en vinaigre. T. de chim.

ACÉTIQUE, adj. Qui possède les propriétés du vinaigre. V. Acide.

ACÉTITE, s. m. V. Acétate.

ACHAÏE, s. f. Contrée de la Grèce au midi de la Macédoine, province du Péloponèse.

ACHAIN, s. m. Com. du dép. de la Moselle, cant. et arr. de Château-Salins. =Château-Salins.

ACHAINE ou **AKÈNE**, s. f. Péricarpe osseux, monosperme, non adhérent à la graine. T. de bot.

ACHAISONNÉ, E, adj. Exigé.

ACHAISONNER, v. a. Exiger.

ACHALANDAGE, s. m. Action d'achalander; son effet.

ACHALANDÉ, E, part. Qui est en réputation, qui est en crédit.

ACHALANDER, v. a. Attirer les pratiques, les chalands.

ACHANACA, s. m. Plante de l'Inde, qui a du rapport avec le chou. T. de bot.

ACHARNÉ, E, part. Qui est irrité contre quelqu'un, qui veut se venger.

ACHARNEMENT, s. m. Opiniâtreté avec laquelle les animaux se disputent leur proie ou se battent ensemble. Il se dit encore des hommes. — Fig. Animosité.

ACHARNER, v. a. Animer, irriter. — Donner aux animaux le goût de la chair. S'—, v. pron. S'attacher avec fureur, se livrer avec passion à.

ACHAT, s. m. Acquisition à prix d'argent. — Chose achetée.

ACHATEL, s. m. Com. du dép. de la Moselle, cant. de Verny, arr. de Metz. =Metz.

ACHE, s. f. Céleri sauvage qui ressemble au persil.

ACHÉE, s. f. Ver de terre dont on se sert pour la pêche, ou pour nourrir les oiseaux.

ACHEM, s. m. Ville et roy. des Indes.

ACHEMENS, s. m. pl. Lambrequins découpés. T. de blas.

ACHEMINÉ, E, part. Qui marche, qui s'exécute. Se dit encore d'un cheval dressé.

ACHEMINEMENT, s. m. Préparation, moyen d'arriver à.

ACHEMINER, v. a. Mettre en train, préparer l'exécution. S'—, v. pron. Se mettre en route, et fig., être en bon train.

ACHENEAU (l'), s. f. Petite riv. du dép. de la Loire-Inférieure qui sort du lac de Grand-Lieu et se jette dans la Loire à Buzai.

ACHEN-ET-ETTING, s. m. Com. du dép. de la Moselle, cant. de Rorbach, arr. de Sarreguemines. = Sarreguemines.

ACHENHEIM, s. m. Com. du dép. du Bas-Rhin, cant. d'Oberhausbergen, arr. de Strasbourg. = Strasbourg.

ACHÈRES, s. f. Com. du dép. du Cher, cant. d'Henrichemont, arr. de Sancerre. = Henrichemont.

ACHÈRES, s. f. Com. du dép. d'Eure-et-Loir, cant. de Châteauneuf, arr. de Dreux. = Châteauneuf.

ACHÈRES, s. f. Com. du dép. de Seine-et-Marne, cant. de la Chapelle, arr. de Fontainebleau. = Fontainebleau.

ACHÈRES, s. f. Com. du dép. de Seine-et-Oise, cant. de Saint-Germain-en-Laye, arr. de Versailles. = Saint-Germain.

ACHÉRON, s. m. Fleuve d'enfer; l'enfer même. T. de myth. — Riv. d'Épire.

ACHÉRONTIQUE, adj. Qui tient de l'Achéron. T. de myth.

ACHERY, s. m. Com. du dép. de l'Aisne, cant. de La Fère, arr. de Laon. = La Fère.

ACHETÉ, E, part. Acquis à prix d'argent.

ACHETER, v. a. Acquérir à prix d'argent. — Obtenir quelque chose avec peine; fig.

ACHETEUR, EUSE, s. Celui, celle qui achète.

ACHEUL (St.-), s. m. Com. du dép. de la Somme, cant. et arr. d'Amiens. Il existe dans ce village une ancienne abbaye qui fut réparée pour l'établissement d'un petit séminaire. L'enseignement, dit-on, y était confié à des Jésuites, qui devinrent bientôt l'objet des plus violentes attaques. Ce qu'il y a de certain, c'est que ce petit séminaire, dont il n'est plus question aujourd'hui, a fourni matière à un grand nombre d'accusations, sur lesquelles il ne nous appartient pas de prononcer. = Amiens.

ACHEUL (St-.), s. m. Com. du dép. de la Somme, cant. de Bernaville, arr. de Doullens. = Doullens.

ACHEUX, s. m. Com. du dép. de la Somme, cant. de Moyenneville, arr. d'Abbeville. = Abbeville.

ACHEUX, s. m. Com. du dép. de la Somme, chef-lieu de cant. et arr. de Doullens. = Doullens.

ACHEVÉ, E, part. Fini, parfait, accompli. Il se prend aussi en mauvaise part : sot, fou achevé.

ACHÈVEMENT, s. m. Fin, accomplissement d'une chose; action d'achever. — Dernier événement, dénouement d'un poème.

ACHEVER, v. a. Finir une chose commencée. — Porter le dernier coup à quelqu'un qui est déjà blessé; fig. — Compléter la ruine; fig. et fam. — v. n. Il a achevé de déjeuner. S'—, v. pron. Se terminer, se finir.

ACHEVILLE, s. f. Com. du dép. du Pas-de-Calais, cant. de Vimy, arr. d'Arras. = Arras.

ACHEY, s. m. Com. du dép. de la Haute-Saône, cant. de Dampierre-sur-Salon, arr. de Gray. = Gray.

ACHIA, ACHIAR ou **ACHAR**, s. m. Rejetons du bambou, confits dans le vinaigre.

ACHICOURT, s. m. Com. du dép. du Pas-de-Calais, cant. et arr. d'Arras. = Arras.

ACHIET-LE-GRAND, s. m. Com. du dép. du Pas-de-Calais, cant. de Bapaume, arr. d'Arras. = Bapaume.

ACHIET-LE-PETIT, s. m. Com. du dép. du Pas-de-Calais, cant. de Bapaume, arr. d'Arras. = Bapaume.

ACHILLE, s. m. Fils de Pelée et de Thétis, héros de *l'Iliade*, poème d'Homère. T. de myth. — Le tendon d'Achille est formé par la réunion des extenseurs du pied. T. de chir.

ACHILLÉE, s. f. Espèce de Jacobée qu'on ordonne dans les affections de l'asthme. — au pl. Fêtes en l'honneur d'Achille.

ACHILLÉES, s. f. pl. Groupe de la famille des corymbifères. T. de bot.

ACHILLÉIDE, s. m. Titre d'un poème de Stace.

ACHIRE, s. m. Poisson sans nageoires pectorales.

ACHIT, s. m. Espèce de vigne sauvage d'Amérique et d'Asie. V. LAMBRUCHE.

ACHLAMYDÉES, s. f. pl. Fleurs nues; plantes qui manquent d'enveloppes florales. T. de bot.

ACHMÉE, s. f. Plante parasite du Nouveau-Monde, de la famille des asperges.

ACHNATHERON, s. f. Agrostide, graminée.

ACHNÉRIE, s. f. Graminée, ériachnée.

ACHNIDE, s. f. Plante chénopodée.

ACHNODONTON, s. m. Genre de graminées.

ACHOAVA, s. m. Plante d'Égypte.

ACHOBBA, s. m. Oiseau d'Égypte, qui ressemble à l'épervier.

ACHOPPEMENT, s. m. Empêchement. Pierre d'achoppement, écueil, obstacle, occasion de faillir, de commettre une erreur.

ACHORES, s. m. pl. Teigne humide. T. de méd.

ACHOUROU, s. m. Laurier d'Amérique, nommé bois d'Inde.

ACHOVAN, s. m. Espèce de camomille.

ACHROMATIQUE, adj. Sans couleur. T. d'opt.

ACHRONIQUE, adj. Se dit d'un astre opposé au soleil, dans son lever ou dans son coucher. T. d'astron.

ACHRONYCHES, s. m. pl. pris adj. Temps achronyches; à minuit, temps de la réunion des quatre planètes supérieures dans le méridien. T. d'astron.

ACHTHÉOGRAPHIE, s. f. Description des poids.

ACHUN, s. m. Com. du dép. de la Nièvre, cant. de Châtillon, arr. de Château-Chinon. = Moulins-Engilbert.

ACHY, s. m. Com. du dép. de l'Oise, cant. de Marseille, arr. de Beauvais. = Granvilliers.

ACICULAIRE, adj. En forme d'aiguilles. T. de bot. et de minéral.

ACIDE, s. m. Substance liquide ou solide ayant une saveur âcre, caustique, brûlante à l'état de concentration, ou simplement aigre et piquante lorsqu'elle est étendue d'eau. Les acides changent en rouge les couleurs bleues végétales. On les distingue en acides oxigénés, oxacides, et acides hydrogénés, hydracides. T. de chim.

ACIDE, adj. Aigre.

ACIDIE, s. m. Ver mollusque acéphale.

ACIDIFÈRE, adj. Qui contient un acide dans sa composition. T. de chim.

ACIDIFIABLE, adj. Qui peut être converti en un acide. T. de chim.

ACIDIFIANT, E, adj. Qui possède la faculté de faire passer un corps à l'état d'acide. T. de chim.

ACIDIFICATION, s. f. Passage d'un corps à l'état acide. T. de chim.

ACIDIFIÉ, E, adj. Qui a été converti en un acide. T. de chim.

ACIDIMÈTRE, s. m. Instrument pour évaluer la force des acides. T. de chim.

ACIDIMÉTRIE, s. f. Mesure de la force des acides. T. de chim.

ACIDITÉ, s. f. Qualité de ce qui est acide.

ACIDULE, s. et adj. Faible, aigre, et acide.

ACIDULÉ, E, part. Rendu légèrement acide, aigre.

ACIDULER, v. a. Rendre légèrement acide.

ACIER, s. m. Fer raffiné et durci par la trempe.—Fer, épée.

ACIÉRÉ, E, part. Converti en acier, en parlant du fer.

ACIÉRER, v. a. Convertir le fer en acier.

ACIÉRIE, s. f. Manufacture d'acier.

ACIGNÉ, s. m. Com. du dép. d'Ille-et-Vilaine, cant. et arr. de Rennes. = Rennes.

ACINACIFORME, adj. Qui a la forme de sabre. T. de bot.

ACINE, s. m. Nom de petites baies.

ACINÉSIE, s. f. Repos du pouls. T. de méd.

ACINIFORME, adj. Qui a la figure d'un grain de raisin, comme les lobules du poumon. On donne particulièrement ce nom à la membrane de l'œil qu'on appelle uvée. T. d'anat.

ACINOS, s. m. Espèce de thym. T. de bot.

ACINTLI, s. m. Oiseau du Mexique.

ACIPE ou ACIPENSÈRE, s. m. Genre de poissons cartilagineux.

ACISANTHÈRE, s. m. Plante salicaire. T. de bot.

ACLADODE, s. m. Arbrisseau du Pérou, saponacé. T. de bot.

ACLASTE, adj. Qui laisse passer la lumière sans la réfléchir.

ACLÉIDIENS, s. m. pl. Animaux qui n'ont point de clavicule.

ACLOU, s. m. Com. du dép. de l'Eure, cant. de Brionne, arr. de Bernay. = Brionne.

ACMELLE, s. m. Plante du genre des spilanthes.

ACNÉ, s. m. Tumeur inflammatoire et dure qui survient au visage. T. de méd.

ACNIDE, s. f. Plante aquatique

ACOHO, s. m. Coq de Madagascar.

ACOLALEN ou ACOLALON, s. m. Insecte d'Afrique.

ACOLI, s. m. Soubuse.

ACOLIN (l'), s. m. Petite rivière du dép. de l'Allier. Elle prend sa source près de Jaligny, arr. de Moulins, et se perd dans la Loire au-dessous de Decize.

ACOLIN, s. m. Caille aquatique; râle du Mexique.

ACOLOGIE, s. f. Connaissance des moyens thérapeutiques. T. de méd.

ACOLYTAT, s. m. Le plus haut des quatre ordres mineurs.

ACOLYTE, s. m. Qui est promu à l'acolytat.

ACOMAS ou ACOMAT, s. m. Arbre d'Amérique.

ACON, s. m. Com. du dép. de l'Eure, cant. de Nonancourt, arr. d'Évreux. = Nonancourt.

ACON, s. m. V. Accon.

ACONIT, s. m. Plante vénéneuse. T. de bot.

ACONITINE, s. f. Principe actif, alcaloïde des aconits. T. de chim.

ACOPE, adj. Se dit des remèdes propres à calmer la lassitude. T. de méd.

ACOPIS, s. m. Pierre précieuse, à taches d'or.

ACOQUINANT, E, adj. Qui acoquine, qui attire, qui séduit. T. fam.

ACOQUINÉ, E, part. Attiré, attaché par habitude. T. fam.

ACOQUINER, v. a. Attirer, attacher en habituant. T. fam. S'—, v. pron. S'abandonner, s'accoutumer, s'attacher.

ACORE (faux), s. m. Iris des marais. T. de méd.

ACORE (vrai), s. m. V. CALAMUS AROMATIQUE.

ACORÉ, E, part. Appuyé. (Vi.)

ACORER, v. a. Appuyer. (Vi.)

AÇORES (les), s. f. pl. C'est ainsi que se nomment neuf petites îles dans l'océan Atlantique.

ACORIE, s. f. Faim insatiable, qu'on ne peut satisfaire. T. de méd.

ACOSMIE, s. f. Irrégularité dans les jours critiques. T. de méd.

ACOSTE, s. m. Petit arbre de la Cochinchine. T. de bot.

ACOTAI, s. m. Instrument appelé communément pied-de-chèvre. T. de papet.

ACOTTOIR, s. m. Égouttoir. T. de papet.

ACOTYLÉDONE, adj. Se dit en parlant des plantes dont l'embryon n'a point de cotylédons. T. de bot.

ACOTYLÉDONIE, s. f. V. CRYPTOGAMIE. Première classe de la méthode naturelle. T. de bot.

ACOUCHI, s. m. Quadrupède de la Guiane.

ACOUSMATE, s. m. Bruit de voix humaines ou d'instrumens qu'on croit entendre dans l'air.

ACOUSMATIQUE, s. et adj. Qui entend sans voir; entendu sans être vu.

ACOUSTICO-MALLÉEN, s. m. Muscle externe de ce qui est nommé le marteau dans l'oreille. T. d'anat.

ACOUSTIQUE, s. f. Théorie des propriétés du son. —, adj. Qui concerne l'ouïe.— Se dit des instrumens qui augmentent le son. Nerf acoustique, qui va à l'oreille.

ACOUTREUR, s. m. Ouvrier qui arrange les trous des filières.

ACQ, s. m. Com. du dép. du Pas-de-Calais, cant. de Vimy, arr. d'Arras.=Arras.

ACQUÉREUR, s. m. Qui acquiert. Le fém. Acquéreuse est peu usité.

ACQUÉRIR, v. a. Se procurer une chose à prix d'argent.—des talens; fig. S'—, v. pron. S'acquérir de l'estime. S'acquérir une personne, se l'attacher.

ACQUÊT, s. m. Bien acquis. T. de jurisp.— Profit, avantage. T. fam.

ACQUÊTÉ, E, part. Acquis, en parlant d'un bien, d'un immeuble.

ACQUÊTER, v. a. Acquérir un bien, un immeuble. T. de jurisp.

ACQUEVILLE, s. f. Com. du dép. du Calvados, cant. de Thury-Harcourt, arr. de Falaise.=Thury-Harcourt.

ACQUEVILLE, s. f. Com. du dép. de la Manche, cant. de Beaumont, arr. de Cherbourg.=Cherbourg.

ACQUIESCÉ, E, part.

ACQUIESCEMENT, s. m. Consentement, adhésion.

ACQUIESCER, v. n. Consentir, adhérer à. — aux volontés de quelqu'un, à une demande, à un jugement; s'y soumettre.

ACQUIGNY, s. m. Com. du dép. de l'Eure, cant. et arr. de Louviers.=Louviers.

ACQUIN, s. m. Com. du dép. du Pas-de-Calais, cant. de Lumbres, arr. de St.-Omer.=St.-Omer.

ACQUIS, E, part. Acheté. —, s. m. Il a de l'acquis, il a de la capacité.

ACQUISITION, s. f. Action d'acheter, l'objet acquis.

ACQUIT, s. m. Acte constatant la libération, quittance, décharge; restitution faite pour acquit de conscience; fig. Par manière d'acquit, avec indifférence. — Au billard, le premier coup joué.

ACQUIT-À-CAUTION, s. m. C'est un laissez-passer délivré par un receveur de contrib. indir. pour la libre circulation des marchandises.

ACQUITTABLE, adj. Qui peut ou doit être acquitté.

ACQUITTÉ, E, part. Payé, libéré d'une obligation, absous.

ACQUITTEMENT, s. m. Action d'acquitter. T. de jurisp.

ACQUITTER, v. a. Rendre quitte, payer, absoudre. S'—, v. pron. Se libérer. — d'un devoir, le remplir; fig.

ACRAIGNE, s. m. Com. du dép. de la Meurthe, cant. de Vezelise, arr. de Nancy.=Vezelise.

ACRASIE, s. f. Intempérance. T. de méd.

ACRATIE, s. f. Inefficacité, impuissance, débilité. T. de méd.

ACRE, s. m. Environ un arpent et demi de terre; 40 ares.

ÂCRE, adj. Piquant, corrosif. — Qui a de l'acrimonie. T. de méd.

ACRE (St.-Jean d'), s. m. Autrefois Ptolémaïs, ville de Syrie, dont Napoléon fut forcé de lever le siège, lors de son expédition d'Égypte.

ACREMENT, s. m. Sorte de peau de Turquie.

ÂCRETÉ, s. f. Qualité de ce qui est âcre. —Âpreté. L'âcreté de son humeur; fig.

ACRIDIENS, s. m. pl. Insectes orthoptères.

ACRIDOPHAGE, s. et adj. C'est ainsi qu'on nomme certains peuples et certains oiseaux qui mangent des sauterelles.

ACRIMONIE, s. f. Se dit en médecine de l'âcreté des humeurs.

ACRIMONIEUX, EUSE, adj. Qui est âcre, piquant, corrosif.

ACRISIE, s. f. Crudité des humeurs. —Terminaison d'une maladie sans crise. T. de méd.

ACRITIQUE, adj. Qui a lieu sans crise. T. de méd.

ACROATIQUE, adj. Secret, caché, réservé. T. de philos.

ACROBATE, s. m. Danseur de corde.

ACROBATICON, s. m. Échelle double pour observer l'ennemi.

ACROBATIQUE, adj. Se dit d'un genre de machines dont les Grecs se servaient pour monter des fardeaux.

ACROCÉRAUNIENS, s. m. pl. Aujourd'hui le mont de la Chimère, dans la Morée.

ACROCHIRISME, s. m. Lutte avec les mains seules.

ACROCHIRISTE, s. m. Lutteur avec les mains.

ACROCHORDE, s. m. Serpent de huit pieds de long de l'île de Java.

ACROCHORDON, s. m. Verrue.

ACROLITHE, adj. f. Se dit d'une statue dont les extrémités sont de pierre.

ACROMIAL, E, adj. Qui appartient à l'acromion.

ACROMION, s. m. Apophyse de l'omoplate qui sert à l'articulation de cet os avec l'épaule. T. de chir.

ACROMPHALION, s. m. Extrémité du cordon ombilical. T. de chir.

ACRONYQUE, adj. V. ACHRONIQUE.

ACROPOSTHIE, s. f. Extrémité de la peau; l'épiderme.

ACROSPERME, s. m. Champignon. T. de bot.

ACROSPIRE, s. m. Nom donné aux germons de l'orge malté.

ACROSTICHE, s. m. et adj. Petite pièce composée d'autant de vers qu'il y a de lettres dans un nom, et dont chaque vers commence par une des lettres de ce nom, prises successivement.

ACROSTIQUE, s. m. Genre de fougères. T. de bot.

ACROTÈRES, s. m. pl. Piédestaux qu'on place d'espace en espace dans les balustrades.

ACROTÉRIASME, s. m. Amputation d'un membre. T. de chir.

À-CROUPTONS, adv. Assis sur les talons. T. fam.

ACTE, s. m. Action, opération; élan d'une âme religieuse, mouvement d'un cœur vertueux. — Tout ce qui se fait devant un officier public; tout écrit portant obligation. — Partie d'un poème dramatique séparée d'une autre partie par un intervalle appelé entr'acte.

ACTÉE, s. f. Plante, genre de renonculacées.

ACTÉON, s. m. Insecte. — Personnage fabuleux qui fut métamorphosé en cerf. T. de myth.

ACTES, s m. pl. Tout ce qui se fait par l'autorité publique. — des apôtres, livre canonique qui contient une partie de l'histoire des apôtres : c'est encore ainsi que fut intitulé un journal rédigé par Rivarol, le marquis de Champcenets, etc., au commencement de la révolution française.

ACTEUR, TRICE, s. Qui joue un rôle dans une pièce de théâtre. — Qui prend part à une affaire; qui est intéressé dans une partie de jeu.

ACTIF, IVE, adj. Qui agit, qui a la faculté, la vertu d'agir. — Fig. vif, diligent. Dettes actives, créances. Voix active et passive, droit d'élire et d'être élu. Se dit des verbes qui expriment une action. T. de gram.

ACTIGÉE, s. f. Champignon.

ACTINE, s. f. Insecte, levis.

ACTINÉE, s. f. Plante corymbifère.

ACTINELLE, s. f. Arbrisseau d'Amérique.

ACTINIE, s. f. Anémone, ou ortie de mer; genre de zoophytes dont les tentacules sont disposées en cercle.

ACTINOCHLOÉ, s. m. Plante graminée.

ACTINOPHILLES, s. m. pl. Plantes du Pérou.

ACTINOTE ou RAYONNANTE, s. f. Minéral amphybole verdâtre. — Belle plante herbacée de la Nouvelle-Hollande.

ACTION, s. f. Opération d'un agent. —Effet, mouvement.—En morale, tout ce qu'on fait.—Combat entre des troupes. —Véhémence, chaleur à dire ou à faire une chose. — Geste, maintien. — Demande en justice, ou droit de former cette demande. — Sujet principal d'une pièce de théâtre, le fond de ce poème. — Somme placée dans une opération de commerce.—de grâces, prières à Dieu.

ACTIONNAIRE, s. Qui a un intérêt dans une opération ou une société de commerce.

ACTIONNÉ, E, adj. et part. Agissant

avec activité. T. fam. — Qui est poursuivi en justice. T. de jurisp.

ACTIONNER, v. a. Intenter une action contre quelqu'un. Exercer des poursuites en justice. S'—, v. pron. Redoubler d'activité.

ACTIVÉ, E, part. Mis en activité, hâté, accéléré.

ACTIVEMENT, adv. D'une manière active. — Dans un sens actif. T. de gram.

ACTIVER, v. a. Mettre en activité, donner de l'activité.

ACTIVITÉ, s. f. Faculté active, vertu d'agir. — Promptitude, diligence, vigueur; fig.

ACTUAIRE, s. m. Navire ancien. T. de mar.

ACTUALITÉ, s. f. Situation présente d'une chose.

ACTUEL, LE, adj. Réel, effectif, présent. — Péché actuel, grâce, intention actuelle, par opposition à péché originel, grâce habituelle, intention virtuelle.

ACTUELLEMENT, adv. Présentement, réellement, effectivement.

ACUBITAIRE, s. m. Réfectoire des anciens. (Vi.)

ACUDIE, s. f. Insecte volant et lumineux.

ACUITÉ, s. f. Ce qui constitue le son aigu. — Le plus haut degré d'intensité des maladies aiguës. T. de méd.

ACUL, s. m. Le fond des parcs du côté de la mer.

ACUMINÉ, E, adj. Rétréci en pointe. T. de bot.

ACUPUNCTURE, s. f. Opération qui se fait en piquant une partie malade avec une aiguille d'or ou d'argent. T. de chir.

ACUT, s. m. Caractère d'imprimerie marqué d'un accent aigu.

ACUTANGLE ou ACUTANGULAIRE, adj. Qui a ses trois angles aigus. T. de géom.

ACUTANGULÉ, E, adj. Dont les angles sont aigus. T. de bot.

ACUTS, s. m. pl. Bouts des forêts.

ACY, s. m. Com. du dép. de l'Aisne, cant. de Braisne, arr. de Soissons. = Braisne.

ACY, s. m. ou ROMANCE, s. f. Com. du dép. des Ardennes, cant. et arr. de Réthel. = Réthel.

ACY-EN-MULTIEN, s. m. Com. du dép. de l'Oise, cant. de Betz, arr. de Senlis. = Senlis.

ADAGE, s. m. Proverbe, maxime.

ADAGIO, s. m. Air d'un mouvement lent. — adv. Lentement.

ADAIGNÉ, E, part. Aimé. (Vi.)

ADAIGNER, v. a. Aimer, complaire, prévenir. (Vi.)

ADAIMONIE, s. f. Agitation, anxiété. T. de méd.

ADAINCOURT, s. m. Com. du dép. de la Moselle, cant. de Faulquemont, arr. de Metz. = St.-Avold.

ADAINVILLE, s. f. Com. du dép. de Seine-et-Oise, cant. de Houdan, arr. de Mantes. = Houdan.

ADAKODIEN, s. m. Plante de l'Inde.

ADAM-LES-PASSAVANT, s. m. Com. du dép. du Doubs, cant. et arr. de Baume. = Baume.

ADAM-LES-VERCEL, s. m. Com. du dép. du Doubs, cant. de Vercel, arr. de Baume. = Besançon.

ADAMANTIN, adj. m. De la nature du diamant.

ADAMANTINE, s. f. V. CORINDON.

ADAMIQUE, adj. Se dit d'une terre apportée par le reflux.

ADAMITES ou ADAMIENS, s. m. pl. Hérétiques qui imitaient la nudité d'Adam, avant le péché.

ADAMSIE, s. f. Plante campanulacée. T. de bot.

ADAMSWILLER, s. m. Com. du dép. du Bas-Rhin, cant. de Drulingen, arr. de Saverne. = Saverne.

ADANE, s. m. Sorte d'esturgeon.

ADAPTATION, s. f. Action d'adapter. Peu usité.

ADAPTÉ, E, part. Ajusté, approprié.

ADAPTER, v. a. Appliquer, faire cadrer, ajuster. S'—, v. pron. S'appliquer.

ADARANA, s. f. Espèce de courlis.

ADARCA, s. f. Toile de coton des Indes.

ADAST, s. m. Com. du dép. des Hautes-Pyrénées, cant. et arr. d'Argelès. = Argelès.

ADATAIS ou ADATIS, s. m. Mousseline des Indes.

ADDITION, s. f. Ce qu'on ajoute. — Ligne, note marginale. T. d'imp. — Nouvelle information. T. de procéd. — Première règle de calcul qui consiste à trouver une grandeur égale à plusieurs autres données.

ADDITIONNÉ, E, part. Ajouté à une chose.

ADDITIONNEL, LE, adj. Qui est ajouté.

ADDITIONNELLEMENT, adv. Par addition.

ADDITIONNER, v. a. Ajouter ensemble plusieurs quantités pour en avoir le total.

ADDUCTEUR, s. et adj. m. Se dit de certains muscles qui font mouvoir en dedans les parties auxquelles ils tiennent.

ADDUCTION, s. f. Action des muscles adducteurs.

ADÉ, s. m. Com. du dép. des Hautes-

Pyrénées, cant. de Lourdes, arr. d'Argelès. = Lourdes.

ADEILLAC, s. m. Com. du dép. de la Haute-Garonne, cant. de Fousseret, arr. de Muret. = Martres.

ADELANGE, s. m. Com. du dép. de la Moselle, cant. de Faulquemont, arr. de Metz. = St.-Avold.

ADELANS, s. m. Com. du dép. de la Haute-Saône, cant. et arr. de Lure. = Lure.

ADÈLE, s. f. Insecte lépidoptère, genre de teignes.

ADÉLOBRANCHES, s. m. pl. Mollusques gastéropodes.

ADÉLOGÈNE, adj. V. Cryptogène.

ADÉLOPODE, adj. Se dit des animaux dont les pieds ne sont pas apparens.

ADELPHES, s. f. pl. Étamines réunies par leurs filets. T. de bot.

ADEMPTION, s. f. Révocation d'un legs, d'une donation, etc. T. de jurisp.

ADÉNANTHES, s. m. pl. Plantes protéoïdes. T. de bot.

ADÈNE, s. m. Arbrisseau grimpant et vénéneux de l'Arabie. Le câprier épineux est l'antidote de ce poison.

ADÉNOCARPES, s. m. pl. Sorte de cytises.

ADÉNODE, s. m. Ganitre de la Cochinchine.

ADÉNOGRAPHIE, s. f. Traité des glandes.

ADÉNOÏDE, adj. Ce mot signifie glanduleux ou glandiforme. On donne cette épithète aux prostates.

ADÉNOLOGIE, s. f. Discours sur les glandes.

ADÉNO-MÉNINGÉE, adj. f. C'est ainsi qu'on nomme une fièvre causée par l'irritation des membranes. T. de méd.

ADÉNO-NERVEUSE, adj. f. Se dit d'une fièvre dans laquelle les glandes et les nerfs sont attaqués. T. de méd.

ADÉNO-PHARYNGIEN, s. et adj. m. Nom de deux petits muscles qui partent de la partie latérale de la glande thyroïde, et qui vont s'unir de chaque côté aux thyro-pharyngiens.

ADENOS, s. m. Coton de marine.

ADÉNOSTYLÉES, s. f. pl. Tribu de la famille des synanthérées. T. de bot.

ADÉNOTOMIE, s. f. Dissection des glandes.

ADENT, s. m. Entaille en forme de dent. T. de menuis.

ADÉPHAGIE, s. f. Appétit vorace. Boulimie est plus usité.

ADEPTE, s. m. Initié aux mystères d'une science, surtout de l'alchimie. Il se prend en mauvaise part.

ADÉQUAT, E, adj. Se dit de la totalité de l'objet d'une science quelconque.

ADERVIELLE, s. f. Com. du dép. des Hautes-Pyrénées, cant. de Bordères, arr. de Bagnères. = Bagnères.

ADEXTRÉ, E, adj. Accompagné à droite. T. de blas.

ADHALÉ, E, part. Qui a poussé son haleine. (Vi.)

ADHALER, v. a. Pousser son haleine. Inus. Selon Domergue, Ahaler.

ADHÉRÉ, E, part.

ADHÉRENCE, s. f. Union d'une chose à une autre. — Attachement à un parti, à une erreur; fig. — Manque de relief. — Soudure, greffe naturelle d'organes végétaux. T. de bot.

ADHÉRENT, s. m. Partisan.

ADHÉRENT, E, adj. Attaché à.— Sans relief.

ADHÉRER, v. n. Tenir à. — Être de l'opinion, du parti de quelqu'un; fig. — Consentir à.

ADHÉSION, s. f. Union, jonction. — Acquiescement, consentement à. — Attraction, aggrégation.

AD HOC, expr. latine. Réponse spéciale.

AD HONORES, expr. latine. Se dit de ce qui a un titre sans fonctions.

ADIANTE, s. f. Plante capillaire. T. de bot.

ADIANTINE, s. f. Pierre sur laquelle on trouve l'adiante imprimée.

ADIAPHORE, s. m. Esprit de tartre.

ADIAPHORISTE, adj. Indifférent, luthérien mitigé.

ADIAPNEUSTIE, s. f. Défaut de transpiration.

ADIARRHÉE, s. f. Suppression de toutes les évacuations.

ADIEU, loc. ellipt. dont on se sert en se quittant pour signifier : Dieu vous garde, etc. — C'est fait de; fig. et fam. —, s. m. Marque d'une séparation douloureuse.

ADIEU-TOUT, s. m. Expression dont se sert le tireur d'or pour indiquer qu'on peut faire marcher le moulinet.

ADIEU-VA, s. m. Avis à l'équipage de se tenir prêt à virer de bord. T. de mar.

ADIMAIN, s. m. Grande brebis d'Afrique, couverte de poils.

ADIMION, s. m. Tulipe rouge et d'un blanc de lait.

ADINERÉ, E, adj. et part. Qui n'offre point de garantie.

ADINERER, v. a. Hypothéquer sur le vent ou la fumée.

ADINFER, s. m. Com. du dép. du Pas-de-Calais, cant. de Beaumetz-les-Loges, arr. d'Arras. = Arras.

ADIPEUX, EUSE, adj. Se dit de tout ce qui a rapport à la graisse. On donne encore ce nom aux vaisseaux sanguins qui se distribuent à la graisse et qui fournissent le sang destiné à la sécrétion de cette humeur.

ADIPOCIRE, s. f. Substance analogue à la graisse.

ADIPSIE, s. f. Défaut de soif, peu usité. T. de méd.

ADIPSOS, s. m. Palmier d'Égypte.

ADIRÉ, E, part. Égaré, perdu.

ADIRER, v. a. Égarer, perdre. — un titre. T. de jurisp.

ADISSAN, s. m. Com. du dép. de l'Hérault, cant. de Montagnac, arr. de Béziers. = Montagnac.

ADITION, s. f. Acceptation d'hérédité. T. de jurisp.

ADIVE, s. m. Chacal privé, petit chien de Barbarie, vorace, rusé.

ADJACENT, E, adj. Contigu, situé auprès.

ADJECTIF, s. et adj. m. Mot qu'on joint à un substantif pour le modifier ou le caractériser.

ADJECTION, s. f. Jonction d'un corps à un autre corps. T. de didact.

ADJECTIVEMENT, adv. En manière d'adjectif.

ADJOINDRE, v. a. Joindre avec, associer à, en parlant des personnes. S'—, v. pron. S'associer à.

ADJOINT, E, part. Joint à. —, s. m. Qui est placé auprès d'un autre pour l'aider dans une fonction, et au besoin le remplacer.

ADJONCTION, s. f. Jonction de juges, de commissaires, etc.

ADJOTS (les), s. m. pl. Com. du dép. de la Charente, cant. et arr. de Ruffec; il s'y fait un grand commerce de marrons qu'on récolte dans le pays, où l'on trouve plusieurs mines de fer. = Ruffec.

ADJUDANT, s. m. Officier ou sous-officier surbordonné à un autre pour l'aider.

ADJUDICATAIRE, s. À qui l'on adjuge une chose.

ADJUDICATEUR, TRICE, s. Celui, celle qui adjuge.

ADJUDICATIF, IVE, adj. Qui adjuge; arrêt adjudicatif.

ADJUDICATION, s. f. Acte de justice par lequel on adjuge de vive voix ou par écrit.

ADJUGÉ, E, part. Objet accordé, vendu par acte de l'autorité judiciaire.

ADJUGER, v. a. Attribuer par autorité de justice.

ADJURATION, s. f. Formule d'exorcisme, action d'adjurer.

ADJURÉ, E, part. Celui ou celle qui au nom de Dieu a reçu l'ordre de dire ou de faire quelque chose.

ADJURER, v. a. Commander, au nom de Dieu, de dire ou de faire une chose. — Fig. Sommer de déclarer.

ADJUTATOIRE ou ADJUTOIRE, s. m. Aide, secours. (Vi.)

ADJUTORY (St.-), s. m. Com. du dép. de la Charente, cant. de Montemboeuf, arr. de Confolens. = La Rochefoucault.

ADJUVANT, adj. Se dit d'un médicament qu'on fait entrer dans une formule pour seconder l'action de celui qu'on regarde comme le plus énergique. T. de méd.

ADMETTRE, v. a. Recevoir dans une société, dans un corps; accorder entrée dans un cercle. — une proposition, la reconnaître comme vraie. — un compte, le trouver juste. — une excuse, se contenter des raisons bonnes ou mauvaises apportées pour la justification.

ADMINICULE, s. m. Ce qui aide à faire preuve. T. de jurisp. — Ce qui facilite le bon effet d'un remède. T. de méd.

ADMINISTRATEUR, TRICE, s. Régisseur des biens d'une communauté, d'un hospice, d'un théâtre. — Fonctionnaire public chargé des intérêts du gouvernement.

ADMINISTRATIF, IVE, adj. Tout ce qui entre dans le domaine de l'administration; acte de l'autorité administrative; corps administratif.

ADMINISTRATION, s. f. Gouvernement, direction d'une affaire, des affaires publiques. — de la justice, son exercice avec autorité publique. — des sacremens, l'action de les conférer.

ADMINISTRATIVEMENT, adv. D'une manière administrative.

ADMINISTRÉ, E, part. Gouverné, régi.

ADMINISTRER, v. a. Gouverner, régir. — la justice, la rendre. — les sacremens, les conférer. — Fournir, produire; administrer des preuves. S'—, v. pron. S'administrer un bon repas, faire un bon dîner. T. fam.

ADMIRABLE, adj. Qui mérite l'admiration, qui est vrai, bon et beau.

ADMIRABLEMENT, adv. D'une manière admirable.

ADMIRATEUR, TRICE, s. Qui admire.

ADMIRATIF, IVE, adj. Qui marque l'admiration. T. de gram.

ADMIRATION, s. f. Action d'admirer. Enthousiasme momentané qui élève et transporte l'âme, à la vue d'une belle action ou d'un beau sentiment. C'est un des principaux ressorts de la tragédie. Corneille en a fait l'âme de son théâtre.

ADMIRÉ, E, part. Considéré avec une agréable surprise ; vu avec admiration.

ADMIRER, v. a. Considérer avec plaisir, avec enthousiasme un objet qui frappe l'imagination et élève la pensée. — Trouver singulier, étrange ; j'admire sa fatuité. S'—, v. pron. Avoir une haute idée de sa personne, de ses moyens.

ADMIROMANE, s. et adj. Qui est toujours à s'extasier, qui admire tout.

ADMIS, E, part. Reçu dans une société, dans un corps.

ADMISSIBILITÉ, s. f. Qualité de ce qui est admissible.

ADMISSIBLE, adj. Valable, recevable, qu'on peut admettre.

ADMISSION, s. f. Action par laquelle on admet, on est admis.

ADMITTATUR, s. m. Expr. latine. Billet donné à celui qui aspire aux ordres, etc., pour attester sa capacité.

ADMONESTEMENT, s. m. Avis, avertissement.

ADMONÉTÉ, s. m. Action d'admonéter, réprimande.

ADMONÉTÉ, E, part. Blâmé, réprimandé.

ADMONÉTER, v. a. Faire une réprimande à huis clos avec défense de récidiver. T. de jurisp.

ADMONITEUR, TRICE, s. Surveillant, qui donne des avis, qui admonète.

ADMONITION, s. f. Action d'admonéter, avertissement.

ADNÉ, E, adj. Immédiatement attaché. — Collé ou soudé latéralement.

ADNOTATION, s. f. Requête répondue par la seule signature du Pape.

ADOLESCENCE, s. f. L'âge entre l'enfance et l'âge viril ; ne se dit guère que des garçons.

ADOLESCENT, E, s. et adj. Jeune homme, jeune fille. T. fam.

ADON, s. m. Com. du dép. des Ardennes, cant. de Chaumont, arr. de Rethel. = Rethel.

ADON, s. m. Com. du dép. du Loiret, cant. de Briare, arr. de Gien. = Briare.

ADONHIRAMITES, s. m. pl. Apprentis, compagnons et maîtres qui, sous la conduite d'Hiram, travaillèrent à la construction du temple élevé par Salomon à la gloire du grand architecte de l'univers. T. de fran. maç.

ADONIDE, s. f. Espèce de renoncule. —, s. m. Jardin de plantes étrangères, avec serres.

ADONIDIE, s. f. Strophes en l'honneur d'Adonis.

ADONIE, s. f. Chant héroïque pour animer les Spartiates à l'instant du combat.

ADONIEN, adj. m. Se dit d'un vers grec ou latin composé d'un dactyle et d'un spondée. On dit aussi Adonique.

ADONIS, s. m. Plante qui approche de la renoncule. — Fils de Cynire, roi de Chypre, et de Myrrha, sa fille ; amant de Vénus, qui abandonna le ciel pour le suivre en tous lieux. Il était de la plus rare beauté.

ADONISÉ, E, part. Mis avec élégance. Paré d'une manière affectée.

ADONISER, v. a. Flatter quelqu'un, le parer avec affectation. S'—, v. pron. Avoir pour soi les attentions les plus délicates, s'ajuster, se regarder avec complaisance.

ADONISTE, s. m. Auteur d'un catalogue de plantes exotiques.

ADONNÉ, E, part.

ADONNER, v. n. Se dit du vent, d'abord plus ou moins contraire, et qui devient plus favorable à la route du navire. T. de mar. S'—, v. pron. S'attacher, se livrer avec passion à, fréquenter. S'adonner à quelqu'un, à l'étude.

ADOPTÉ, E, part. Affilié dans les formes prescrites par les lois, préféré.

ADOPTER, v. a. Prendre, dans les formes prescrites, une personne pour fils ou pour fille. — Regarder comme sien. — Préférer, s'habituer à.

ADOPTIF, IVE, adj. Qui a été adopté suivant les lois.

ADOPTION, s. f. Action d'adopter.

ADORABLE, adj. Digne d'être adoré ; se dit aussi de celle qu'on aime : c'est une femme adorable.

ADORATEUR, TRICE, s. Celui, ou celle qui adore, qui aime avec passion ; amant.

ADORATION, s. f. Action d'adorer ; culte public, cérémonie religieuse. — Hommage rendu au Pape par les cardinaux, après son élection. — Estime.

ADORÉ, E, part. Aimé passionnément.

ADORER, v. a Rendre à la Divinité le culte qui lui est dû. — Rendre de profonds respects en se prosternant. — Aimer, estimer avec passion.

ADORIES, s. f. pl. Insectes, chrysomélines.

ADOS, s. m. Terre élevée en talus le long d'un mur, terrain en pente exposé au midi.

ADOSSÉ, E, part Appuyé contre.

ADOSSER, v. a. Mettre le dos contre

—Appuyer contre; fig.— Mettre sur une même ligne, en sens opposé. T. de peint.

ADOUBÉ, E, part. Réparé.

ADOUBER, v. a. Boucher des trous dans une fontaine, une machine; réparer un navire.—Toucher une pièce pour la ranger, et non pour la jouer. T. des jeux de trictrac et d'échecs.

ADOUCI, s. m. Poliment d'une glace, du fer, de l'acier, de l'or, etc., par le frottement; substance pour polir.

ADOUCI, E, part. Tempéré, rendu plus doux.

ADOUCIR, v. a. Rendre doux, tempérer l'âcreté, corriger les inégalités, la rudesse, calmer, soulager. — Diminuer la rigueur de; fig. — Ménager une liaison, une transition. T. d'art. S'—, v. pron. S'apaiser, devenir plus doux.

ADOUCISSAGE, s. m. Manière de diminuer la vivacité d'une couleur.

ADOUCISSANT, s. et adj. m. Se dit des remèdes dont on se sert dans les cas d'irritation.

ADOUCISSEMENT, s. m. Action d'adoucir, son effet; ce qui est adouci. — Soulagement. — Correctif, expédient pour concilier; fig.

ADOUCISSEUR, s. m. Celui qui adoucit une glace, qui la polit.

ADOUÉ, E, adj. Accouplé, apparié. T. de chasse.

ADOULINS, s. m. Com. du dép. du Gers, cant. de Masseube, arr. de Mirande. = Auch.

ADOUR (l'), s. m. Grande rivière dont la source jaillit du sommet du mont Tourmalit, dép. des Hautes-Pyrénées. Elle s'accroît de trois ruisseaux qui la rejoignent au-dessus de Bagnères-Adour, et ne devient navigable qu'en arrivant à St.-Sever, dép. des Landes. Dans un cours de 70 l., nous n'avons pas besoin de dire qu'elle reçoit un grand nombre d'autres rivières qui vont se perdre avec elle dans l'Océan. Il suffit de constater que des vaisseaux de 30 et 40 pièces de canon peuvent remonter l'Adour jusqu'à Bayonne, où la marée s'élève ordinairement à 3 mètres 25 centi., et que c'est par les eaux de l'Adour qu'arrivent dans cette ville les bois des Pyrénées et des Landes, les goudrons, les grains, etc. Nous devons ajouter que cette rivière exerce souvent de grands ravages à l'époque des moissons par des débordemens qu'occasione la fonte des neiges.

ADOUX, s. m. Pastel qui, dans une cuve commence à donner une teinte azurée.

AD PATRES, expr. latine. Vers ses pères. Il est ad patres; il est mort.

ADRACHNE, s. f. Plante dont les Chinois se servent pour faire du papier.

ADRAGANTE, s. m. Gomme qui transsude de plusieurs astragales du Levant; elle est rafraîchissante, agglutinante, et calme la colique et la toux.

ADRAGANTINE, s. f. Principe immédiat de la gomme adragante. T. de chim. V. Cératine.

ADRECHS (les), s. m. pl. Com. du dép. du Var, cant. de Fayence, arr. de Draguignan.=Draguignan.

AD REM, expr. latine. A la chose, convenablement, catégoriquement.

ADRESSANT, E. adj. Ce qui est adressé, ne se dit guère qu'au fém.; lettres patentes adressantes à.

ADRESSE, s. f. Indication, désignation de vive voix ou par écrit, de la personne à qui l'on veut adresser ou s'adresser, du lieu où l'on veut aller ou envoyer. Bureau d'adresses, lieu d'avis et de demandes.—Mémoire, lettre d'adhésion, de respect à une autorité. — Dextérité d'esprit, de corps, ruse, finesse. — Destination. Ce paquet est parvenu à son adresse.

ADRESSE (Ste.-), s. f. Com. du dép. de la Seine-inférieure, cant. d'Ingouville, arr. du Hâvre. = Le Hâvre.

ADRESSÉ, E, part. Envoyé.

ADRESSER, v. a. Envoyer directement à. —la parole à quelqu'un, lui parler directement. — ses pas vers un lieu, y aller. —, v. n. Toucher où l'on vise. S'—, v. pron. Aller trouver une personne, avoir recours à elle. — Regarder, concerner; cela s'adresse à vous. Cette lettre s'adresse à toi, elle est pour toi.

ADRETS (les), s. m. pl. Com. du dép. de l'Isère, cant. de Goncelin, arr. de Grenoble.=Goncelin.

ADRIATIQUE (mer), adj. Golfe de Venise.

ADRIEN (St.-), s. m. Com. du dép. des Côtes-du-Nord, cant. de Bourbriac, arr. de Guingamp.=Guingamp.

ADRIERS, s. m. Com. du dép. de la Vienne, cant. de l'île Jourdain, arr. de Montmorillon. = L'île Jourdain.

ADROGATION, s. f. Adoption chez les Romains.

ADROIT, E, adj. Qui a de l'adresse, rusé, fin. — Se dit aussi des choses.

ADROITEMENT, adv. Avec adresse, ruse, finesse.

ADSTRICTION, s. f. Resserrement d'estomac.

ADULAIRE, s. m. Ou feldspath très-pur, d'un blanc nacré ou jaunâtre. T. de minéral.

ADULATEUR, TRICE, s. Qui adule, qui flatte bassement.

ADULATIF, IVE, adj. Expression adulatrice.

ADULATION, s. f. Flatterie basse, lâche et intéressée.

ADULÉ, E, part. Caressé, flatté.

ADULER, v. a. Flatter bassement.

ADULTE, s. et adj. Adolescent. Plante adulte, près du terme de son accroissement. T. de bot.

ADULTÉRATION, s. f. Falsification, action d'altérer ce qui est pur. — Altération des monnaies. — Frelaterie des liqueurs.

ADULTÈRE, s. m. Violation de la foi conjugale. — Commerce illégitime entre personnes mariées et non mariées.

ADULTÉRÉ, E, adj. et part. Se dit de qui a violé la foi conjugale. — Vicieux, altéré, mélangé; fig.

ADULTÉRER, v. n. Commettre l'adultère. — Altérer, falsifier des substances. T. de pharm.

ADULTÉRIN, E, adj. Né d'un adultère.

ADURÉ, E, part. Brûlé.

ADURENT, E, adj. Brûlant, caustique.

ADURER, v. a. Brûler.

ADUSTE, adj. Brûlé : sang aduste. T. de méd.

ADUSTION, s. f. Action de brûler. T. de méd. V. Cautérisation.

ADVENTICE, adj. Accidentel, accessoire. T. de philos. Plante adventice, qui croît sans être semée. T. de bot.

ADVENTIF, IVE, adj. Qui se développe dans un organe où sa position n'est pas naturelle. T. de bot. — Se dit encore de ce qui arrive par succession collatérale ou par donation.

ADVENTUREUR, EUSE, adj. Qui court les aventures.

ADVERBE, s. m. Partie du discours, invariable, qui se joint au verbe ou à l'adjectif, et qui en détermine le sens.

ADVERBIAL, E, adj. Qui tient de l'adverbe.

ADVERBIALEMENT, adv. D'une manière adverbiale.

ADVERBIALITÉ, s. f. Signification d'un mot considéré comme adverbe; forme adverbiale.

ADVERSAIRE, s. Antagoniste, qui est opposé, qui est contraire à un autre.

ADVERSATIF, IVE, adj. Se dit des particules qui marquent opposition entre ce qui précède et ce qui suit. T. de gram.

ADVERSE, adj. Opposé, contraire; partie adverse, celle contre laquelle on plaide.

ADVERSITÉ, s. f. Infortune, événement fâcheux. Situation malheureuse, pauvreté.

ADVERTANCE, s. f. Attention, réflexion.

ADYNAMIE, s. f. Prostration, faiblesse musculaire. T. de méd.

ADYNAMIQUE, adj. Fièvre avec prostration de force. — Typhode. T. de méd.

ÆDELITHE, s. f. Zéolithe.

ÆDOÉOGRAPHIE, s. f. Description des parties de la génération. T. de méd.

ÆDOÉOLOGIE, s. f. Traité sur l'usage des parties de la génération. T. de méd.

ÆDOÉOTOMIE, s. f. Dissection des parties de la génération. T. d'anat.

ÆDOPSOPHIE, s. f. Emission de vents par les parties de la génération.

ÆGÉRIE, s. f. Série.

ÆGÉRITE, s. f. Champignon parasite. T. de bot.

ÆGIALIE, s. f. Coléoptère lamellicorne.

ÆGICÈRE, s. f. Mangle. T. de bot.

ÆGILOPS, s. m. Ulcère calleux et profond qui se forme dans l'angle interne des paupières, près du sac lacrymal. T. de méd.

ÆGINÉTIE, s. f. Orobanche de l'Inde, carphale. T. de bot.

ÆGIPHILE ou ÆGIPHYLLE, s. m. Bois de fer, bois cabril, arbrisseau de la Martinique. Genre des verbénacées. T. de bot.

ÆGITHALES, s. m. pl. Oiseaux sylvains.

ÆGITHE, s. m. Coléoptère érotyle.

ÆGITHINE, s. f. Sorte d'oiseaux chanteurs.

ÆGLÉ, s. f. Plante hespéridée. T. de bot.

ÆGLEFIN, s. m. Espèce de gade.

ÆGOCÈRE, s. f. Lépidoptère zygénide.

ÆGOLÉTHRON, s. m. Petit arbuste qui donne la mort aux chèvres.

ÆGOLIENS, s. m. pl. Oiseaux accipitres.

ÆGOLITHRON, s. m. Rosace pontique. T. de bot.

ÆGOPHAGE, adj. Qui mange, à qui l'on immole des chèvres.

ÆGOPODE, s. f. Boucage. T. de bot.

ÆGOPOGON, s. m. Graminée d'Amérique et des Indes orientales. T. de bot.

ÆGUILLAC, s. m. Espèce de squale.

ÆGYLOPS, s. m. Genre de graminées. T. de bot.

ÆGYPTIAL, s. m. Oximel cuivreux, onguent pour les chevaux. T. de méd. vét.

ÆLIE, s. f. Insecte hémiptère.

ÆLISPHACOS, s. m. Sauge officinale. T. de bot.

ÆLURUS, s. m. Civette.
ÆMBARELLA, s. f. Noyer de Ceylan. T. de bot.
ÆMBILLA, s. f. Céanothe asiatique. T. de bot.
ÆMBULLA-ACHILYA, s. f. Espèce d'oxalide. T. de bot.
AÉMÈRE et mieux AHÉMÈRE, adj. Dont le nom et le jour de la naissance sont inconnus, se dit en parlant des saints.
ÆNÉAS. s. m. Cayopollin.
AÉRÉ, E, adj. Qui est en bel air, en grand air.
AÉRÉ, É, part. Rempli d'air.
AÉRER, v. a. Donner de l'air, chasser le mauvais air, mettre en bel air, en grand air.
AÉRIDES, s. f. pl. Plantes orchidées. T. de bot.
AÉRIEN, NE, adj. Qui est d'air, ou dans l'air.
AÉRIFÈRE, adj. Qui sert de passage à l'air, voie aérifère. T. d'anat.
AÉRIFICATION, s. f. Action de changer en air une substance. T. de chim.
AÉRIFORME, adj. Qui a les propriétés physiques de l'air.
AÉRISÉ, E, part. Rendu subtil comme l'air.
AÉRISER, v. a. Rendre subtil comme l'air. T. de chim.
AERNES, s. f. pl. Sorte d'amaranthes.
AÉROGRAPHIE, s. f. Description, théorie de l'air.
AÉROLE, s. f. Pustule pleine d'air, fiole transparente.
AÉROLITHES, s. m. pl. Pierres météoriques ou tombées du ciel.
AÉROLOGIE, s. f. Traité sur l'air et ses propriétés.
AÉROMANCIE, s. f. Divination par le moyen de l'air et ses phénomènes.
AÉROMÈTRE, s. m. Instrument pour mesurer la condensation de l'air.
AÉROMÉTRIE, s. f. Art de mesurer et calculer les propriétés de l'air.
AÉRONAUTE, s. Qui voyage dans les aérostats ou ballons.
AÉROPHANE, adj. f. Se dit d'une pierre transparente à l'air.
AÉROPHOBE, s. Qui craint l'air ou le grand jour. T. de méd.
AÉROPHOBIE, s. f. Crainte de l'air, de l'eau, du souffle. T. de méd.
AÉROPHORE, adj. Se dit de petits vaisseaux des plantes appelés trachées, qui portent l'air dans l'intérieur.

AÉROPHYTES, s. f. pl. Plantes qui vivent dans l'air. T. de bot.
AÉROSPHÈRE, s. f. Atmosphère des planètes, d'éther ou d'air pur.
AÉROSTAT, s. m. Ballon rempli d'un fluide plus léger que l'air, et qui s'y élève.
AÉROSTATHONION, s. m. Baromètre qui indique le poids et la température de l'air.
AÉROSTATION, s. f. Art de faire des aérostats et de les diriger dans l'air.
AÉROSTATIQUE, adj. Qui appartient aux aréostats.
AÉROSTIER, s. m. Celui qui manœuvre un aérostat.
AÉROSTIERS, s. m. pl. Compagnies militaires d'aéronautes qui manœuvrent les aérostats.
AERTÉ, E, part. Se dit d'un cheval arrêté au moyen de la bride.
AERTER, v. a. Arrêter un cheval par le frein, par la bride. (Vi.)
ÆRUA, s. f. Plante à tiges cotonneuses; illécèbre. T. de bot.
ÆRUGINEUX, EUSE, adj. Qui tient de la rouille.
ÆSALE, s. m. Coléoptère lamellicorne.
ÆSCHINOMÈNES, s. m. pl. Genre de plantes légumineuses. T. de bot.
ÆSHNE, s. f. Névroptère libellule.
ÆSTHÈME, s. m. Sensation.
ÆSTHÉSIE, s. f. Sensibilité.
ÆSTHÉTÈRE, s. m. Centre des sensations, sens commun.
ÆTHÉOGAMIE, s. f. Section de la cryptogamie. T. de bot.
ÆTHÉTIQUE, s. f. Théorie des sensations.
ÆTHIOLOGIE, s. f. Traité des causes des maladies.
ÆTITE, s. f. Pierre d'aigle, qu'on prétendait se trouver dans les nids d'aigle; sorte de géode ferrugineuse; fer oxidé.
ÆXTOXICON, s. m. Arbre du Pérou à fruit vénéneux. T. de bot.
AFA, s. m. Village du dép. de la Corse, cant. et arr. d'Ajaccio.=Ajaccio.
AFATRACHE, s. m. Abrisseau de Madagascar, à écorce odorante. T. de bot.
AFÉ, s. m. Polypode de l'Inde. T. de bot.
AFF (l'), s. m. Petite rivière qui sort des forêts de Paimpoint, dép. d'Ille-et-Vilaine, et qui va se jeter dans l'Oust, aux environs de Glenac, dép. du Morbihan.
Cette rivière est navigable, et sert à

transporter les diverses productions du pays qu'elle parcourt, et surtout des fers de fort bonne qualité que fournissent les forges de Paimpoint.

AFFABILITÉ, s. f. Qualité des personnes qui reçoivent et écoutent avec bonté, avec bienveillance.

AFFABLE, adj. Qui est doux, prévenant, honnête.

AFFABLEMENT, adv. Avec affabilité, peu usité.

AFFABULATION, s. f. Sens moral d'une fable, d'un apologue.

AFFADI, E, part. Devenu fade, insipide.

AFFADIR, v. a. Rendre fade, donner du dégoût; au prop. et au fig. S'—, v. pron. Devenir fade.

AFFADISSEMENT, s. m. Effet de la fadeur, d'une louange excesssive.

AFFAIBLI, E, part. Qui a perdu ses forces par degrés.

AFFAIBLIR, v. a. Rendre faible; diminuer l'activité, le crédit, l'autorité; fig. — les monnaies, en diminuer la valeur. S'—, v. pron. Diminuer de force.

AFFAIBLISSANT, E, adj. Qui affaiblit.

AFFAIBLISSEMENT, s. m. Diminution de forces, débilitation.

AFFAIRE, s. f. Chose à faire; tout ce qui est l'objet d'une occupation. — Traité, marché. — Procès, démêlé, embarras. — Action de guerre. — au pl. tout ce qui concerne les intérêts du public ou des particuliers. Avoir affaire de, avoir besoin. Avoir affaire à, ou avec quelqu'un, avoir à traiter avec lui, avoir quelque démêlé avec lui. C'est mon affaire, cela me regarde. Se dit aussi par mépris, par mécontentement. Avoir bien affaire de ces gens, etc.

AFFAIRÉ, E, adj. Qui a beaucoup d'affaires. Se dit aussi par ironie.

AFFAISSÉ, E, part. Accablé, affaibli, attristé.

AFFAISSEMENT, s. m. Abaissement d'une chose par son poids. — Accablement; fig.

AFFAISSER, v. a. Fouler, faire plier. S'—, v. pron. S'abaisser sous le faix. — Fig. Accabler, affaiblir.

AFFAITAGE, s. m. Éducation d'un oiseau de proie.

AFFAITÉ, E, part. Apprivoisé, en parlant d'un oiseau de proie, d'un faucon.

AFFAITEMENT, s. m. Manière d'affaiter.

AFFAITER, v. a. Apprivoiser, dresser un oiseau de proie. — Façonner des peaux. — Réparer un faîte. T. d'archit.

AFFAITEUR, s. m. Celui qui élève, qui dresse un oiseau de proie.

AFFALÉ, E, part. Abaissé. Navire affalé, arrêté sur la côte par défaut de vent, par des courans. T. de mar.

AFFALER, v. a. Abaisser. S'—, v. pron. S'approcher trop d'une côte dont on court risque de ne pouvoir ensuite s'éloigner. T. de mar.

AFFAMÉ, E, adj. et part. Pressé par la faim. — Avide; fig.

AFFAMER, v. a. Retrancher les vivres, causer la faim.

AFFANÉ, E, part. Sardines auxquelles on a présenté l'appât.

AFFANER ou **AFFAMER**, v. a. Présenter l'appât aux sardines pour les prendre.

AFFANURES, s. f. pl. Blé qu'on donne en quelques pays aux moissonneurs et aux batteurs au lieu d'argent.

AFFÉAGÉ, E, part. Donné en fief.

AFFÉAGEMENT, s. m. Action d'afféager.

AFFÉAGER, v. a. Donner en fief.

AFFECTATION, s. f. Singularité étudiée dans les manières ou dans les discours. — Prétention à une vertu, à une qualité; dessein marqué. — Hypothèque.

AFFECTÉ, E, adj. et part. Qui a de l'affectation. — Ému, touché. Style — recherché. — Malade. T. de méd. Équation affectée, dans laquelle la quantité inconnue monte à deux ou plusieurs degrés différens. T. d'alg. — Hypothéqué.

AFFECTER, v. a. Marquer de la prédilection pour. — Rechercher avec passion, avec ambition. — Feindre, faire avec un dessein marqué. — Faire ostentation de. — Faire un usage fréquent et vicieux de. — Destiner à un usage, engager, hypothéquer. — Causer une impression fâcheuse. T. de méd. — Toucher, faire impression; fig. S'—, v. pron. Prendre du chagrin, s'affliger.

AFFECTIF, IVE, adj. Qui touche, qui affecte, qui émeut. T. de théol.

AFFECTION, s. f. Tendresse, amitié, amour, bienveillance. — Impression fâcheuse. T. de méd.

AFFECTIONNÉ, E, part. Aimé avec tendresse, chéri.

AFFECTIONNÉMENT, adv. Avec affection; peu usité.

AFFECTIONNER, v. a. Avoir de l'affection, du penchant pour; aimer, s'intéresser vivement à quelqu'un. S'—, v. pron. S'attacher à.

AFFECTUEUSEMENT, adv. D'une manière affectueuse.

AFFECTUEUX, EUSE, adj. Plein

d'affection; qui marque beaucoup d'affection.

AFFÉRENT, E, adj. Qui revient à chacun des intéressés dans un objet indivis. Portion, part afférente. Vaisseaux afférens, qui apportent les liqueurs aux glandes de même nom. T. d'anat.

AFFERMÉ, E, part. Donné à loyer, à bail.

AFFERMER, v. a. Donner ou prendre à ferme.

AFFERMI, E, part. Consolidé, qui est devenu stable.

AFFERMIR, v. a. Rendre ferme et stable. — Consolider, donner de la consistance à; fig. S'—, v. pron. Devenir ferme; au prop. et au fig.

AFFERMISSEMENT, s. m. Action d'affermir; état d'une chose affermie; au prop. et au fig.

AFFERON, s. m. Virole en cuivre ou en fer-blanc au bout d'un lacet.

AFFÉTÉ, E, adj. Qui a de l'afféterie, trop recherché.

AFFÉTERIE, s. f. Manière recherchée d'agir ou de parler.

AFFETTO ou AFFETTUOSO, adv. Avec une expression tendre, avec lenteur. T. de mus.

AFFEURAGE, s. m. Prix ou cours des denrées. (Vi.)

AFFEURÉ, E, part. Dont le cours est fixé.

AFFEURER, v. a. Taxer les denrées, en fixer le cours. (Vi.)

AFFICHE, s. f. Placard pour avertir le public. — Broche. — Petit engin pour tendre le verveux.

AFFICHÉ, E, part. Qui est collé, placardé.

AFFICHER, v. a. Poser une affiche, un placard. — Donner de la publicité à; fig. — Couper sur la forme des bouts de cuir. S'—, v. pron. Se donner en spectacle; il ne se prend qu'en mauvaise part.

AFFICHEUR, s. m. Qui pose des affiches, qui placarde.

AFFIDÉ, E, s. et adj. A qui l'on se fie. Peu usité au fém.

AFFIDES, s. m. pl. Académiciens à Pavie.

AFFIÉ, E, part. Qui a donné sa confiance.

AFFIER, v. a. Se confier.

AFFIEUX, s. m. Com. du dép. de la Corrèze, cant. de Treignac, arr. de Tulle. = Uzerches.

AFFILE, s. m. Sain-doux que l'on met dans un rouet pour graisser le fil-de-fer.

AFFILÉ, E, part. Qui a le fil.

AFFILER, v. a. Aiguiser, donner le fil. — Alonger mince comme un fil.
— Aligner, mettre en file. Cette femme a la langue bien affilée; elle a beaucoup de babil. T. fam.

AFFILEUR, EUSE, s. Qui affile.

AFFILIATION, s. f. Sorte d'adoption.

AFFILIÉ, E, part. Qui a été admis, agréé.

AFFILIER, v. a. Admettre dans un corps, dans une société. S'—, v. pron. Se faire admettre dans une société, dans un corps.

AFFILOIR, s. m. Pierre dont on se sert pour donner le fil à un outil. — Pince de parcheminier.

AFFILOIRES, s. f. pl. Assortiment de pierres à aiguiser. — Pinces.

AFFINAGE, s. m. Art d'affiner, de purifier les métaux, le sucre, etc.

AFFINÉ, E, part. Qui a été purifié.

AFFINEMENT, s. m. Action d'affiner.

AFFINER, v. a. Purifier, rendre plus fin, moins grossier. — Faire passer à l'affinoir. — Faire la pointe au clou. — Renforcer, affiner un carton. —, v. n. S'éclaircir, en parlant du temps. T. de mar. S'—, v. pron. Devenir plus mince, plus compacte.

AFFINERIE, s. f. Lieu où l'on affine.

AFFINEUR, s. m. Celui qui affine.

AFFINITÉ, s. f. Alliance contractée entre les parens des époux. — Liaison, convenance, rapport. — Attraction moléculaire ou chimique.

AFFINOIR, s. m. Instrument au travers duquel on fait passer le lin ou le chanvre pour l'affiner.

AFFIQUET ou PORTE-AIGUILLE, s. m. Petit bâton creux qui soutient l'aiguille à tricoter. —, au pl. Parures de femmes. T. fam.

AFFIRMATIF, IVE, adj. Qui affirme, qui soutient une chose pour vraie. Décisif, affirmatif.

AFFIRMATION, s. f. Assurance avec serment. — Qualité d'une proposition qui affirme. T. de log.

AFFIRMATIVE, s. f. Proposition qui affirme ou par laquelle on affirme. Prendre l'affirmative, assurer.

AFFIRMATIVEMENT, adv. D'une manière affirmative.

AFFIRMÉ, E, part. Qui est donné comme vrai.

AFFIRMER, v. a. Assurer, soutenir qu'une chose est vraie. — Assurer avec serment. T. de jurisp.

AFFIXE, adj. Attaché à la fin; se dit en hébreu des particules qui se mettent à la fin des mots.

AFFLEURAGE, s. m. Bonne mouture. — Action d'affleurer. — Action de délayer la pâte du papier.

AFFLEURANT, E, adj. Pile à maillet ou, cylindre. T. de papet.

AFFLEURÉ, E, part. Mis de niveau, joint de très-près.

AFFLEUREMENT, s. m. Extrémité d'une veine de houille.

AFFLEURER, v. a. Mettre de niveau deux corps contigus. — Délayer la pâte. — Toucher, être en contact. T. de mar.

AFFLEURIE, s. f. Pâte provenant d'une pile affleurante. On dit aussi affleurée.

AFFLEVILLE, s. f. Com. du dép. de la Moselle, cant. de Conflans, arr. de Briey. = Metz.

AFFLICTIF, IVE, adj. Ne se dit guère que dans cette phrase : peine afflictive, corporelle, infligée par la justice.

AFFLICTION, s. f. Douleur, déplaisir, chagrin, abattement d'esprit. — Malheur, disgrâce ; fig.

AFFLIGÉ, E, part. Qui a de l'affliction. Partie affligée, malade. Affligé de vingt ans, âgé de vingt ans; fig. et fam. —, s. Il faut consoler les affligés.

AFFLIGEANT, E, adj. Qui fait une impression douloureuse, qui attriste. Vous êtes affligeant. T. fam.

AFFLIGER, v. a. Causer de la peine du chagrin, de la douleur. — Fig. Accabler ; la peste afflige ce pays. S'—, v. pron. S'attrister, prendre du chagrin.

AFFLUÉ, E, part.

AFFLUENCE, s. f. Grand concours de monde. — Surabondance de biens, de richesses, d'honneurs; fig.

AFFLUENT, s. m. Rivière qui se jette dans une autre.

AFFLUENT, E, adj. Qui se porte ou qui coule vers.

AFFLUER, v. n. (dans). Se rendre en un même lieu; y arriver en grande quantité. — Abonder, survenir en grand nombre ; fig.

AFFLUX, s. m. Progression plus rapide des liquides vers une partie irritée. T. de méd.

AFFOLÉ, E, part. Qui est passionné, qui aime jusqu'à la folie.

AFFOLÉE, adj. f. Se dit d'une aiguille aimantée lente à prendre sa direction, ou qui a un mouvement d'oscillation. T. de mar.

AFFOLER, v. a. Rendre passionné jusqu'à la folie. S'—; v. pron. Être épris, devenir fou de.

AFFOLI, E, part.

AFFOLIR (s'), v. pron. Devenir plus fou.

AFFORAGE, s. m. Droit seigneurial qui se percevait sur la vente du vin.

AFFORIR, v. a. V. Affeurer.

AFFOUAGE, s. m. Droit de coupe dans une forêt. — Entretien d'une usine en combustibles.

AFFOUAGEMENT, s. m. Dénombrement des feux.

AFFOURAGÉ, E, part. Garni de fourrage.

AFFOURAGEMENT, s. m. Action de donner du fourrage aux bestiaux.

AFFOURAGER, v. a. Donner du fourrage aux bestiaux.

AFFOURCHE, s. f. Ancre d'affourche, qui sert à affourcher les vaisseaux.

AFFOURCHÉ, E, part. Disposé en fourche.

AFFOURCHER, v a. Jeter une ancre à la mer de manière que son câble fasse une espèce de fourche avec celui d'une autre ancre déjà jetée. — Joindre par un double assemblage.

AFFOUX, s. m. Com. du dép. du Rhône, cant. de Tarare, arr. de Villefranche. = Tarare.

AFFRACOURT, s. m. Com. du dép. de la Meurthe, canton d'Haroué, arr. de Nancy. = Nancy.

AFFRAÎCHI, E, part.

AFFRAÎCHIR ou AFFRAÎCHER, v. n. Devenir plus frais, en parlant du vent quand il s'augmente.

AFFRANCHI, s. m. Chez les Romains celui qui, pour récompense de services rendus, ayant été libéré par acte authentique, pouvait disposer de sa personne, acquérir des biens, et même exercer des fonctions publiques.

AFFRANCHI, E, part. Se dit d'un esclave devenu libre. — Déchargé.

AFFRANCHIR, v. a. Mettre en liberté. — Décharger, délivrer, extraire d'un vaisseau, en faisant jouer des pompes, une plus grande quantité d'eau que celle qui s'y introduit par des ouvertures accidentelles. T. de mar. — une lettre, en payer le port. — un héritage, le libérer d'une rente, d'une charge. S'—, v. pron. S'exempter, se délivrer de; s'émanciper.

AFFRANCHISSEMENT, s. m. Action d'affranchir, mise en liberté des anciens esclaves. — Exemption, décharge.

AFFRES, s. f. pl. Frayeur extrême. Les affres de la mort.

AFFRÉTÉ, E, part. Navire pris à louage. T. de mar.

AFFRÈTEMENT, s. m. Convention pour le louage d'un vaisseau, le prix payé pour ce louage. T. de mar.

AFFRÉTER, v. a. Prendre un navire à louage. T. de mar.

AFFRÉTEUR, s. m. Celui qui affrète, qui prend à louage un bâtiment. T. de mar.

AFFREUSEMENT, adv. D'une manière affreuse, horrible, épouvantable.

AFFREUX, EUSE, adj. Qui effraie, qui est horrible. C'est un homme affreux, très-laid ou très-méchant.

AFFRIANDÉ, E, part. Rendu friand.

AFFRIANDER, v. a. Rendre friand. — Attirer par quelque chose d'agréable ou d'utile.

AFFRICHÉ, E, part.

AFFRICHER, v. n. Ne point cultiver une terre, y laisser croître l'herbe. T. d'agric.

AFFRINGUES, s. m. Com. du dép. du Pas-de-Calais, cant. de Lumbres, arr. de Saint-Omer. = Saint-Omer.

AFFRIOLÉ, E, part. Qui a le goût délicat, qui est accoutumé à la friandise.

AFFRIOLER, v. a. Attirer en flattant le goût, accoutumer à la friandise. T. Fam.

AFFRIQUE, s. m. Com. du dép. de l'Aveyron, cant. et arr. d'Espalion. = Espalion.

AFFRIQUE (St-.), s. m. Petite ville du dép. de l'Aveyron, à 188 l. S.-E. de Paris, est le chef-lieu d'un arr. de sous-préf. et d'un cant. Elle possède un trib. de 1re. inst. et de comm., et conséquemment un bur. de poste, d'enregis. et les diverses administrations fiscales qui se trouvent partout.

On fabrique à St.-Affrique de gros draps, des ratines, des molletons, etc. C'est là que les fabriques de Castres et de Carcassonne achètent la plus grande partie des laines qu'elles emploient, et que les amateurs trouvent la meilleure qualité de fromage de Roquefort.

AFFRIQUE (St.-), s. m. Com. du dép. du Tarn., cant. de la Brugnière, arr. de Castres. = Castres.

AFFRITÉ, E, part. Se dit d'une poêle neuve dans laquelle on a fait fondre du beurre.

AFFRITER, v. a. Faire fondre du beurre dans une poêle neuve avant d'en faire usage.

AFFRONT, s. m. Injure, outrage de parole ou de fait.

AFFRONTAILLES, s. f. pl. Limites.

AFFRONTATION, s. f. Confrontation des accusés.

AFFRONTÉ, E, adj. Se dit de deux animaux en regard. T. de blas.

AFFRONTÉ, E, part. Péril affronté, qui a été bravé.

AFFRONTER, v. a. Attaquer avec audace, braver le danger; s'exposer courageusement à. — Tromper. (Vi.)

AFFRONTERIE, s. f. Action d'affronter. — Tromperie. (Vi.)

AFFRONTEUR, EUSE, s. Qui affronte. — Trompeur. (Vi.)

AFFUBLÉ, E, part. Qui est couvert d'un voile ou de quelque vêtement.

AFFUBLEMENT, s. m. Voile, habillement; en général ce qui couvre la tête, le visage et le corps.

AFFUBLER, v. a. Couvrir la tête ou le corps d'un voile. S'—, v. pron. Se couvrir, s'envelopper.

AFFUSION, s. f. Action de verser un liquide chaud ou froid sur un médicament. T. de pharm. — Application d'un liquide sur la peau. T. de méd.

AFFUSTAGE, s. m. Action de rataper un chapeau.

AFFÛT, s. m. Machine pour soutenir et faire mouvoir le canon. T. d'artill. — Lieu où le chasseur se cache. Être à l'affût de, épier l'occasion; fig.

AFFÛTAGE, s. m. Outils de menuisier, action de les aiguiser. — Manière d'affûter un canon, de le pointer. T. d'artil.—Châssis des formes. T. de papet.

AFFÛTÉ, E, part. Aiguisé, garni d'un affût, en parlant d'un canon.

AFFÛTER, v. a. Aiguiser. — un canon, le mettre sur son affût, le pointer.

AFFUTIAUX, s. m. pl. Bagatelles. — Affiquets. — Tous les outils. T. fam.

AFILAGER, s. m. Officier qui préside aux ventes publiques dans Amsterdam.

AFIN, conj. qui marque la fin, le but d'une action; suivie de la particule de, elle veut l'infinitif: afin d'obtenir; suivie de que, elle régit le subjonctif: afin que vous sachiez.

AFIOUME, s. m. Lin du Levant.

AFISTOLÉ, E, part. Orné, embelli d'une manière frivole. (Vi.)

AFISTOLER, v. a. Orner, Embellir. (Vi.)

AFOU-RANOUNOU, s. m. Euphorbe de Ceylan.

AFRICAIN, s. m. Poisson de l'espèce des perches.

AFRICAIN, E, s. et adj. Originaire d'Afrique, qui réside dans cette partie du monde.

AFRICAINE, s. f. Insecte de Barbarie.

AFRIQUE, s. f. Une des quatre parties du monde.

AFROUZA, s. f. Fraisier des Alpes. T. de bot.

AFZÉLIE, s. f. Plante de la Caroline. T. de bot.

AGA, s. m. Commandant d'un corps dans l'armée ottomane; l'aga des janissaires.

AGAÇANT, E, adj. Qui agace, qui excite.

AGACE ou AGASSE, s. f. Pie.

AGACÉ, E, part. Qui éprouve une sensation désagréable ; qui est excité, provoqué.

AGACEMENT, s. m. Irritation nerveuse, occasionée par l'âpreté ou l'acidité d'un fruit.

AGACER, v. a. Causer aux dents une sensation désagréable, comme font les acides. — Provoquer, animer. — Chercher à exciter par des regards, à plaire par des manières attrayantes. S'—, v. réc. S'exciter.

AGACERIE, s. f. Gestes, discours, minauderies qu'emploie une femme pour plaire.

AGACIN, s. m. Cor aux pieds.

AGAGÉERS, s. m. pl. Sauvages très-habiles à chasser l'éléphant.

AGAILLARDI, E, part.

AGAILLARDIR (s'), v. pron. Devenir plus gai, s'exciter à la gaieté.

AGALACTES, s. m. pl. Frères de lait.

AGALACTIE, s. f. Défaut de lait. T. de méd.

AGALANCÉE, s. f. Églantier.

AGALLOCHER, s. m. Arbre petit et noueux de la famille des euphorbiacées, dont le bois, connu sous le nom de bois d'aloès, est très-parfumé. — Résine qui provient de cet arbre.

AGALLOCHITE, s. m. Bois d'aloès pétrifié.

AGALMATHOLITHE, s. m. Nom donné à deux variétés de pierre de lard.

AGALOUSSÈS, s. m. Houx. T. de bot.

AGAME, s. m. Lézard d'Amérique.

AGAME, adj. Privé d'organes sexuels.

AGAMI, s. m. Oiseau de Cayenne ; genre d'échassiers.

AGAMIE, s. f. Section de la cryptogamie. T. de bot.

AGAMIS, s. m. pl. Oiseaux aquatiques, à bec recourbé.

AGANIDE, s. f. Espèce de nautile.

AGANTÉ, E, part. Qui a filé plus de nœuds, qui a gagné de vitesse. T. de mar.

AGANTER, v. a. Gagner de vitesse, atteindre. T. de mar. On dit aussi Enganter.

AGAPANTHE, s. f. Genre des narcisses. T. de bot.

AGAPES, s. f. pl. Repas des premiers chrétiens dans les églises.

AGAPÈTES, s. f. pl. Dans la primitive église, vierges qui vivaient en communauté sans faire de vœux.

AGARIC, s. m. Sorte de champignon qui croît sur les arbres. — Amadouvier dont on fait l'amadou. — minéral, espèce de craie.

AGARICE, s. f. Polypier calcaire.

AGARON, s. m. Coquille du genre volute.

AGAS, s. m. Érable commun.

AGASILLIS ou AGASYLLIS, s. m. Arbrisseau qui produit la gomme ammoniaque.

AGASSAC, s. m. Com. du dép. de la Haute-Garonne, cant. de l'Ile-en-Dodon, arr. de St.-Gaudens. = L'Ile-en-Dodon.

AGASSE, s. f. V. AGACE.

AGASTACHYS, s. m. Arbrisseau, protée. T. de bot.

AGATÆHÉE, s. f. Cinéraire. T. de bot.

AGATE, s. f. Pierre précieuse. — Outil pour brunir l'or. — Onix à couches de couleurs différentes.

AGATHE (Ste.-), s. f. Com. du dép. de la Seine-Inférieure, cant. de Loudinières, arr. de Neufchâtel. = Neufchâtel.

AGATHE-EN-DONSY (Ste.-), s. f. Com. du dép. la Loire, cant. de Néronde, arr. de Roanne. = St.-Simphorien-de-Lay.

AGATHE-LA-BOUTERESSE (Ste.-), s. f. Com. du dép. de la Loire, cant. de Boen, arr. de Montbrison. = Roanne.

AGATHIDIES, s. f. pl. Insectes coléoptères.

AGATHINE, s. f. Perdrix, mollusque céphalé. —, au pl. mollusques gastéropodes.

AGATHIS, s. m. Genre d'ichneumons. — Pin. T. de bot.

AGATHOMÉRIDE, s. f. Plante corymbifère. T. de bot.

AGATHON (St.-), s. m. Com. du dép. du Nord, cant. et arr. de Guimgamp. = Guimgamp.

AGATI, s. m. Genre de plantes légumineuses. — à grandes fleurs, arbre du Malabar.

AGATIFIÉ, E, adj. Converti en agate.

AGATINE, s. f. V. AGATHINE.

AGATIRSE, s. f. Serpule polythalame et siquilaire anguine.

AGATIS, s. m. Dégât fait par des bestiaux.

AGATISÉ, E, adj. et part. Changé en agate.

AGATISER (s'), v. pron. Se changer en agate.

AGAVE, s. f. Genre de coquilles. — Plante d'Amérique, genre de liliacées; narcisses.

AGAY, s. m. Est un petit port de mer du dép. du Var, cant. de Fréjus, arr. de Draguignan ; il est situé à l'embouchure de la rivière qui porte son nom, entre la tour de Darnemont et la redoute d'Agay qui en défendent l'entrée.

AGDE, s. m. Ville du dép. de l'Hérault, chef-lieu de cant. de l'arr. de Béziers, petite place de guerre où l'on remarque le fort Brescou, des magasins, des casernes et des batteries taillées dans le roc. Port fréquenté, qui peut contenir 450 navires de 60 à 200 tonn., et qui est très-avantageusement situé pour le cabotage; grand nombre de tartanes occupées à la pêche. Beau chenal à l'embouchure de l'Hérault, dont l'entrée est défendue par un fort, et qui est accessible par tous les vents, excepté celui du nord. Trib. et Bourse de comm., conseil de prud'hommes-pêcheurs, vice-consulats, bureaux d'enregis. et de poste, etc. Commerce de vins, eaux-de-vie, poissons frais, bois de charpente, cordages, goudrons; entrepôt de sel et de commerce entre l'ouest et le midi de la France; exportation de grains et farines en Espagne, et de vin en Italie, d'où l'on reçoit en échange des huiles et du riz. On évalue la pop. d'Agde à 7,840 habit.

ÂGE, s. m. Durée ordinaire de la vie, son cours, ses différens degrés; bas âge, âge viril. — Temps écoulé depuis la naissance; à l'— de trente ans. — Vieillesse. — Siècle, temps, époque; moyen —. Âge d'or. — d'argent. — d'airain. — de fer. — de la lune, temps écoulé depuis la nouvelle lune.

ÂGÉ, E, adj. Qui a tel âge. — Vieux; il est âgé.

AGÉA, s. m. Com. du dép. du Jura, cant. d'Arinthod, arr. de Lons-le-Saulnier. = Lons-le-Saulnier.

AGEL, s. m. Com. du dép. de l'Hérault, canton de St.-Chinian, arr. de St.-Pons, = St.-Chinian.

AGELASTE, adj. Apathique, froid, qui ne rit jamais.

AGEN, s. m. Com. du dép. de l'Aveyron, cant. de Bozouls, arr. de Rhodez. = Rhodez.

AGEN, s. m. Est une des plus anciennes villes de France, et le chef-lieu du dép. de Lot-et-Garonne. 1er arr. de sous-préf., cour royale, trib. de 1re inst. et de comm., évêché, société d'agriculture, sciences et arts, bibliothèque publique de 11 à 12,000 vol., salle de spectacle, ingénieur en chef des Ponts et Chaussées, direct. de l'enregist. et des domaines, direct. des contrib. dir. et indir. receveur général des finances, bur. de poste, etc. — Avantageusement située sur la Garonne, cette ville est l'entrepôt du comm. de Bordeaux avec Toulouse. Commerce de grains et farines, de vins, eaux-de-vie, prunes d'Agen, draperies, coton filé, toiles d'Agen, huile, savon, chanvre, bestiaux, fer coulé, acier, limes et faulx, etc., manufacture de serges, molletons, toiles peintes, indiennes, etc. La pop. d'Agen est d'environ 12,000 habit. Nous disons environ, parce qu'il est impossible d'être exact dans une pareille évaluation : toutefois, comme beaucoup de personnes peuvent être intéressées à savoir à quoi s'en tenir à cet égard, lorsqu'il s'agira de villes importantes, nous continuerons à donner par approximation la pop. des grandes villes. On compte de Paris à Agen, par Moissac et Montauban, 188 l., et par Lauzerte et Cahors, 174.

AGENCE, s. f. Emploi d'agent, bureau d'affaires.

AGENCÉ, E, part. Ajusté, arrangé, paré.

AGENCEMENT, s. m. Ordre, disposition, enchaînement des groupes d'un tableau; liaison des figures dans un même groupe. T. de peint.

AGENCER, v. a. Ajuster, arranger; mettre en ordre, en parlant des petites choses. S'—, v. pron. S'ajuster, se parer. T. fam.

AGENCOURT, s. m. Com. du dép. de la Côte-d'Or, cant. de Nuits, arr. de Beaune. = Nuits.

AGENDA, s. m. Expr. latine. Petit livret où l'on note ce qu'on doit faire.

AGÉNÉIOSES, s. m. pl. Genre de silures.

AGÈNES, s. m. Végétaux cellulaires. T. de bot.

AGÉNÉSIE, s. f. Impuissance, stérilité, privation du sentiment qui rapproche les sexes.

AGENOIS (l'), s. m. Ce pays, qui forme aujourd'hui la majeure partie du dép. de Lot-et-Garonne, appartenait autrefois à l'ancienne province de Guienne dont Agen était la capitale. Son sol est fertile en blé, vins, chanvre, lin, châtaignes, tabac, garance et généralement en toutes sortes de fruits. Les principales rivières de l'Agenois sont : la Garonne, la Dordogne, le Lot, le Lez et le Dropt.

AGENOUILLÉ, E, part. Qu'on a mis à genoux.

AGENOUILLER, v. a. Faire mettre à genoux. S'—, v. pron. Se mettre à genoux, se poser sur ses genoux.

AGENOUILLOIR, s. m. Petit banc sur lequel on s'agenouille; prie-Dieu.

AGENT, s. m. Tout ce qui agit, opère. — Celui qui conduit, qui fait les affaires d'une société, d'un état, d'un particulier. — de change, entremetteur entre les négocians et les banquiers pour faciliter entre eux le commerce de l'argent, des billets, etc.

AGENVILLE, s. f. Com. du dép. de la Somme, cant. de Bernaville, arr. de Doullens. == Doullens.

AGENVILLERS, s. m. Com. du dép. de la Somme, cant. de Nouvion, arr. d'Abbeville. == Abbeville.

AGÉOMÉTRIE, s. f. Ignorance des élémens de la géométrie.

AGÉRASIE, s. f. Vieillesse vigoureuse. T. de méd.

AGÉRATE, s. f. Plante corymbifère. T. de bot.

AGÉRITE, s. f. Champignon. T. de bot.

AGERU, s. m. Héliotrope des Indes, T. de bot.

AGERVILLE-BAILLEUL, s. m. Village du dép. de la Seine-inférieure, cant. de Goderville, arr. du Havre. == Bolbec.

AGERVILLE-LE-MARTEL, s. m. Hameau du dép. de la Seine-Inférieure, cant. de Valmont, arr. d'Yvetot == Valmont.

AGEUSTIE, s. f. Dégoût, altération du goût. T. de méd.

AGEUX (les), s. m. pl. Com. du dép. de l'Oise, cant. de Liancourt, arr. de Clermont. == Liancourt.

AGEVILLE, s. f. Com. du dép. de la Haute-Marne, cant. de Nogent, arr. de Chaumont. == Chaumont-en-Bassigny.

AGEY, s. m. Com. du dép. de la Côte-d'Or, cant. de Sombernon, arr. de Dijon. == Sombernon.

AGGLOMÉRATION, s. f. Action d'agglomérer, de réunir des parties en masse. — État de ce qui est aggloméré.

AGGLOMÉRÉ, E, adj. Amoncelé, réuni en masse, en peloton.

AGGLOMÉRER (s'), v. pron. Se rassembler par peloton, s'amonceler.

AGGLUTINANT, E, ou AGGLUTINATIF, IVE, adj. Qui rapproche, qui réunit, qui consolide les chairs. T. de méd.

AGGLUTINATION, s. f. Action d'agglutiner, de rapprocher les chairs, d'opérer la cicatrice.

AGGLUTINÉ, E, part. Réuni, rapproché en parlant des chairs. T. de méd.

AGGLUTINER, v. a. Réunir, coller, consolider les chairs. T. de méd.

AGGRAVANT, E, adj. Qui aggrave, qui rend plus grief.

AGGRAVE, s. m. Seconde fulmination solennelle d'un monitoire.

AGGRAVÉ, E, part. Devenu plus grave.

AGGRAVEMENT, s. m. Augmentation d'un mal, ce qui aggrave. T. de méd.

AGGRAVER, v. a. Rendre plus grave, plus grief. — un mal, un crime. S'—, v. pron. Devenir plus grave.

AGGRÉDI, E, part. Attaqué d'action ou de paroles. (Vi.)

AGGRÉDIR, v. a. Attaquer de fait ou de paroles. (Vi.)

AGI, E, part.

AGIAMOGLANS, s. m. pl. Jeunes esclaves enlevés par les Turcs en temps de guerre et adoptés par eux.

AGIAN ou AGIAU, s. m. Pupitre du doreur.

AGIHALID, s. m. Ximénie; sous-arbrisseau de la Haute-Egypte. T. de bot.

AGIL (St.-), s. m. Com. du dép. de Loir-et-Cher, cant. de Mondoubleau, arr. de Vendôme. == Mondoubleau.

AGILE, s. m. Espèce de serpent.

AGILE, adj. Léger, dispos, qui agit, qui se meut avec facilité.

AGILEMENT, adv. Avec agilité.

AGILES, s. m. pl. Loirs, sciuriens.

AGILITÉ, s. f. Légèreté, facilité à agir et à se mouvoir.

AGINCOURT, s. m. Com. du dép. de la Meurthe, cant. et arr. de Nancy. == Nancy.

AGINEI, s. f. Tithymaloïde de la Chine.

AGIO, s. m. Différence de valeur entre l'argent et les papiers publics, etc. — Spéculation sur la hausse et la baisse des papiers publics. — Intérêt d'argent prêté. — Remise sur un paiement anticipé. — Bénéfice du vendeur sur des espèces ou matières d'or et d'argent dont le cours est fixé.

AGIOGRAPHE, s. et adj. Écrivain pieux, légendaire. Il se dit au pl. des livres pieux non canoniques, que l'on nomme apocryphes.

AGIOGRAPHIE, s. f. Traité sur des matières saintes.

AGIOLOGIQUE, adj. Se dit des livres, des écrits qui concernent les saints ou les choses saintes.

AGIOSIMANDRE, s. m. Instrument de bois ou de fer qui supplée aux cloches. Il est encore nommé Agiosidère ou Agiosidire.

AGIOTAGE, s. m. Action d'agioter; trafic sur la hausse ou la baisse des effets publics et des objets de commerce.

AGIOTÉ, E, part.

AGIOTER, v. n. Faire l'agiotage; vendre, acheter à profit des billets, de l'argent.

AGIOTEUR, s. et adj. m. Qui agiote, qui fait l'agiotage; joueur sur la hausse et sur la baisse.

AGIR, v. n. Être en action. — pour, négocier, s'employer pour. — contre, poursuivre en justice. — sur, opérer, produire un effet. — en, se comporter, se conduire. — d'autorité, user de son pouvoir pour. Il s'agit de, il est question de : dans ce sens, il s'agit est impersonnel.

AGISSANT, E, adj. Qui se donne beaucoup de peine, qui agit, qui opère; efficace, actif.

AGITATEUR, s. m. Perturbateur, qui excite à la révolte, qui cherche à soulever le peuple.

AGITATION, s. f. Ébranlement prolongé; mouvement en sens opposés; trouble de l'âme passionnée.

AGITÉ, E, part. Secoué, remué, discuté, troublé.

AGITER, v. a. Remuer en différens sens, mouvoir, secouer. — une question, la discuter. — en parlant des passions, troubler. S'—, v. pron. Se troubler, s'inquiéter.

AGLACTATION, s. f. Suppression du lait chez les nourrices.

AGLAÉ, s. f. Glaïeul à feuilles graminées. T. de bot.

AGLAIAS ou AGLAJA, s. m. Gattilier de la Cochinchine.

AGLAOPE, s. m. Lépidoptère.

AGLATIA, s. f. Fruit égyptien.

AGLOSSE, s. m. Lépidoptère sans trompe.

AGLOSSE, s. m. Sans langue.

AGLOSSIE, s. f. Privation de la langue.

AGLUTITION, s. f. Impossibilité d'avaler. T. de méd.

AGLY (l'), s. m. Rivière du dép. de l'Aude où elle prend sa source, à peu de distance de la métairie de Pastres, se jette dans la Méditerranée au-dessous de St.-Laurent-de-la-Salenque, dép. des Pyrénées-Orientales.

Cette rivière est flottable depuis le confluent de la Boulzanne jusqu'à son embouchure.

AGMÉ, s. m. Com. du dép. de Lot-et-Garonne, cant. et arr. de Marmande. = Marmande.

AGNAC, s. m. Com. du dép. de Lot-et-Garonne, cant. de Lauzun, arr. de Marmande. = Marmande.

AGNACAT, s. m. Arbre d'Amérique ressemblant au poirier.

AGNAN, s. m. Fer dont on se sert pour river les clous des bateaux.

AGNAN (St.), s. m. Com. du dép. de l'Aisne, cant. de Condé, arr. de Château-Thierry. = Château-Thierry.

AGNAN (St.-), s. m. Com. du dép. de l'Eure, cant. et arr. de Pont-Audemer. = Pont-Audemer.

AGNAN (St.-), s. m. Village du cant. de Penne, arr. de Villeneuve, dép. de Lot-et-Garonne. = Villeneuve-d'Agen.

AGNAN (St.-), s. m. Village du dép. de la Moselle, cant. de Pange, arr. de Metz. = Metz.

AGNAN (St.-), s. m. Com. du dép. de la Nièvre, cant. de Montsauche, arr. de Château-Chinon. = Saulieu.

AGNAN (St.-), s. m. Com. du dép. de Saône-et-Loire, cant. de Digoin, arr. de Charolles. = Digoin.

AGNAN (St.-), s. m. Village du dép. du Tarn, cant. de Brassac, arr. de Castres. = Brassac.

AGNAN (St.-), s. m. Com. du dép. du Tarn, cant. et arr. de Lavaur. = Lavaur.

AGNAN (St.-), s. m. Com. du dép. de l'Yonne, cant. de Pont-sur-Yonne, arr. de Sens. = Pont-sur-Yonne.

AGNAN-DE-CERNIÈRE, s. m. Com. du dép. de l'Eure, cant. de Broglie, arr. de Bernay. = Broglie.

AGNAN-DE-COSNE (St.-), s. m. Com. du dép. de la Nièvre, cant. et arr. de Cosne. = Cosne.

AGNAN-DE-CRAMESNIL (St.-), s. m. Com. du dép. du Calvados, cant. de Bourguebus, arr. de Caen. = Caen.

AGNAN-EN-VERCORS (St.-), s. m. Com. du dép. de la Drôme, cant. de la Chapelle-en-Vercors, arr. de Die. = Die.

AGNAN-LE-MALHERBE (St.-), s. m. Com. du dép. du Calvados, cant. de Villers-Bocage, arr. de Caen. = Villers-Bocage.

AGNAN-SUR-ERRE (St.-), s. m. Com. du dép. de l'Orne, cant. de Theil, arr. de Mortagne. = Mortagne.

AGNAN-SUR-SARTHE (St.-), s. m. Com. du dép. de l'Orne, cant. de Courtomer, arr. d'Alençon. = Alençon.

AGNANT ou AIGNANT (St.), s. m. Com. et chef-lieu de cant. du dép. de la Charente-Inférieure, arr. de Marennes, bur. d'enregist. = Rochefort.

AGNANT (St.-), s. m. Com. du dép. de la Creuse, cant. de Crocq, arr. d'Aubusson. = Felletin.

AGNANT (St.-), s. m. Com. du dép. de la Meuse, cant. de St.-Mihiel, arr. de Commercy. = St.-Mihiel.

AGNANTHE, s. f. Plante de la famille des pyrénacées, espèce unique de l'Amérique méridionale. Son bois teint en jaune.

AGNAT, s. m. Se dit d'un collatéral, descendant par mâle d'une même souche masculine.

AGNAT, s. m. Com. du dép. de la Haute-Loire, cant. d'Auzon, arr. de Brioude. — Brioude.

AGNATHES, s. m. pl. Insectes névroptères.

AGNATION, s. f. Qualité des agnats.

AGNATIQUE, adj. Qui est relatif aux agnats.

AGNEAU, s. m. Petit de la brebis qui n'a pas un an. — Homme ou animal fort doux. — pascal, que les Juifs mangeaient à Pâques.

AGNEAUX, s. m. Com. du dép. de la Manche, cant. et arr. de St.-Lô. = St.-Lô.

AGNEL, s. m. Ancienne monnaie d'or de France, sur laquelle était l'empreinte d'un agneau.

AGNELÉ, E, part.

AGNELER, v. n. Mettre bas, en parlant des brebis.

AGNELET, s. m. Petit agneau.

AGNELIERS (les), s. m. pl. Village du dép. des Basses-Alpes, cant. et arr. de Barcelonnette. = Barcelonnette.

AGNELINE, s. f. Se dit de la laine des agneaux.

AGNELINS, s. m. pl. Laine des agneaux qui n'ont pas été tondus. — Peaux avec la laine. — Ancienne monnaie d'or.

AGNEREINS, s. m. Com. du dép. de l'Ain, cant. de St.-Trivier-sur-Mognand, arr. de Trévoux. = Trévoux.

AGNERVILLE, s. f. Com. du dép. du Calvados, cant. de Trévières, arr. de Bayeux. = Bayeux.

AGNÈS, s. f. Nom d'une jeune fille fort ingénue qui figure dans une comédie de Molière. — Innocente.

AGNÈS, s. f. Com. du dép. de la Charente, cant. de Blanzac, arr. d'Angoulême. = Blanzac.

AGNÈS (Ste.-), s. f. Com. du dép. du Jura, cant. de Beaufort, arr. de Lons-le-Saulnier. = Lons-le-Saulnier.

AGNÈS (Ste.-), s. f. Com. du dép. de l'Isère, cant. de Domène, arr. de Grenoble. — Grenoble.

AGNÈS (Ste.-) ou Ste.-ANNE, s. f. Com. du dép. du Doubs, cant. d'Amancey, arr. de Besançon. = Besançon.

AGNET (St.-), s. m. Com. du dép. des Landes, cant. d'Aire, arr. de St.-Séver. = Aire.

AGNETS, s. m. Com. du dép. de l'Oise, cant. et arr. de Clermont. = Clermont-en-Beauvoisis.

AGNEZ-LES-DUISANS, s. m. Com. du dép du Pas-de-Calais, cant. de Beaumetz-les-Loges, arr. d'Arras. = Arras.

AGNICOURT-ET-SECHELLES, s. m. Com. du dép. de l'Aisne, cant. de Marle, arr. de Laon. = Marle.

AGNIELLES, s. f. Com. du dép. des Hautes-Alpes, cant. d'Aspres-les-Veynes, arr. de Gap. = Veynes.

AGNIÈRES, s. m. Com. du dép. des Hautes-Alpes, cant. de St.-Étienne-en-Devolui, arr. de Gap. = Veynes.

AGNIÈRES, s. m. Com. du dép. du Pas-de-Calais, cant. d'Aubigny, arr. de St.-Pol. = Arras.

AGNIÈRES, s. m. Com. du dép. de la Somme, cant. de Poix, arr. d'Amiens. = Poix.

AGNIN, s. m. Com. du dép. de l'Isère, cant. de Roussillon, arr. de Vienne. = Le Péage.

AGNIN, s. m. Com. du dép. de l'Isère, cant. de St.-Jean-de-Bournay, arr. de Vienne. = Bourgoin.

AGNOÈTES ou AGNOITES, s. m. pl. Hérétiques qui nient la science de Dieu.

AGNOS, s. m. Com. du dép. des Basses-Pyrénées, cant. de Ste.-Marie, arr. d'Oloron. = Oloron.

AGNUS, s. m. Cire bénite portant l'empreinte d'un agneau; l'image de cet agneau en broderie.

AGNUS-CASTUS ou VITEX, s. m. Arbuste dont les branches sont flexibles comme celles de l'osier, et dont la semence est rafraîchissante; espèce de gatillier.

AGNY, s. m. Com. du dép. du Pas-de Calais, cant. et arr. d'Arras. = Arras.

AGOGÉ, s. m. Subdivision de l'ancienne mélopée, ou composition du chant.

AGOGRAPHE, s. m. Qui écrit sur l'agriculture.

AGON, s. m. Combat en public; espèce de tournois dans l'antiquité.

AGON, s. m. Com. du dép. de la Manche, cant. de St.-Malo-de-la-Lande, arr. de Coutances. = Coutances. Petit port de mer, fabrique d'hameçons, armemens pour la pêche de la morue, et commerce de sapins du Nord.

AGONAC, s. m. Com. du dép. de la Dordogne, cant. de Brantôme, arr. de Périgueux. = Bourdeille.

AGONATES, s. m. Genre de crustacés.

AGONE, s. m. Qui n'a pas d'angles.

AGONE, s. m. Coléoptère carabique.

AGONÈS, s. m. Com. du dép. de l'Hérault, cant. de Ganges, arr. de Montpellier = Ganges.

AGONGES, s. f. Com. du dép. de l'Allier, cant. de Souvigny, arr. de Moulins. = Souvigny.

AGONI, E, part. Injurié.

AGONIE, s. f. Derniers efforts du malade luttant contre la mort. — Grande peine d'esprit.

AGONIR, v. a. Attaquer avec des paroles injurieuses. Agonir de sottises. T. fam.

AGONISANS, s. m. pl. Prières des agonisans.

AGONISANT, E, adj. Qui est à l'agonie.

AGONISÉ, E, part.

AGONISER, v. n. Être à l'agonie.
AGONISTARQUE, s. m. Chez les anciens celui qui présidait les combats gymnastiques.
AGONISTIQUE, s. m. Missionnaire des donatistes ou sectateurs de Donat.
AGONNAY, s. m. Com. du dép. de la Charente-Inférieure, cant. de St.-Savinien, arr. de St.-Jean-d'Angely. = St.-Savinien.
AGONOSTIQUE, adj. Partie de la gymnastique, qui avait rapport aux combats, chez les anciens.
AGONOTHÈTE, s. m. Président des jeux sacrés chez les Grecs.
AGORANOME, s. m. Magistrat d'Athènes qui était chargé de l'ordre et de la police dans les marchés.
AGORANOMIE, s. f. Police des marchés d'Athènes.
AGOS, s. m. Com. du dép. des Hautes-Pyrénées, cant. et arr. d'Argelès. = Argelès.
AGOUARA, s. m. Mammifère qui a de l'analogie avec le renard.
AGOUCHI, s. m. Espèce d'agouti.
AGOULIN (St.-), s. m. Com. du dép. du Puy-de-Dôme, cant. d'Aigueperse, arr. de Riom. = Aigueperse.
AGOURE DE LIN, s. f. V. Cuscute.
AGOUT, s. m. Rivière du dép. de l'Hérault qui prend sa source au Mont-Carroux et se jette dans le Tarn au-dessous de Rabastens, dép. du Tarn.
AGOUTI, s. m. Quadrupède de l'Amérique méridionale de la grosseur d'un lièvre.
AGRA, s. m. Bois de senteur de la Chine.
AGRA, s. m. Ville et province de l'Indostan.
AGRAFE, s. f. Petit crochet qui entre dans un anneau nommé porte. — Osier tortillé aux bords d'un panier. — Poils courbés en hameçon. — Morceau de fer qui sert à accrocher. — Ornemens qui unissent les parties entre elles.
AGRAFÉ, E, part. Attaché.
AGRAFER, v. a. Attacher au moyen d'une agrafe.
AGRAIRE, adj. Se dit des lois pour le partage des terres chez les Romains.
AGRANDI, E, part. Accru, augmenté, devenu plus grand.
AGRANDIR, v. a. Rendre plus grand, plus étendu; exagérer. S'—, v. pron. Étendre ses possessions, les augmenter.
AGRANDISSEMENT, s. m. Accroissement, augmentation. — de fortune.
AGRASSOL, s. m. Groseillier épineux. T. de bot.
AGRAULE, s. m. Genre de graminée, d'agrostide. T. de bot.
AGRAVÉ, E, adj. Se dit des animaux dont les pieds fatigués sont douloureux.
AGRE, s. m. Insecte bombardier.
AGRÉABLE, s. m. Qui fait l'agréable, qui affecte de belles manières.
AGRÉABLE, adj. Qui plaît.
AGRÉABLEMENT, adv. D'une manière agréable.
AGRÉÉ, E, part. Accueilli, reçu.
AGRÉER, v. a. Accueillir; trouver agréable. — un vaisseau, le garnir de ses agrès. T. de mar. — v. n. Plaire à, être au gré de.
AGRÉEUR, s. m. Celui qui fournit les agrès d'un navire. T. de mar. — Courtier pour les eaux-de-vie. — Ouvrier qui fait passer le fil de fer par la filière.
AGRÉGAT, s. m. Assemblage. T. de didact. — Réunion de substances minérales à l'aide d'un ciment. T. de minéral.
AGRÉGATION, s. f. Admission dans un corps. — Amas de choses incohérentes. T. de philos. — Cohésion. T. de chim.
AGRÉGATIVE, adj. f. Se dit de certaines pilules purgatives.
AGRÉGÉ, s. m. Amas de choses. — en droit, — en médecine, suppléant du professeur.
AGRÉGÉ, E, part. Reçu, admis dans un corps.
AGRÉGÉES, adj. f. pl. Se dit des fleurs qui naissent sur un même point de la tige. T. de bot.
AGRÉGER, v. a. Admettre, recevoir dans un corps.
AGRÉMENT, s. m. Approbation, consentement. — Qualité par laquelle on plaît. — Plaisir, sujet de satisfaction. —, au pl. Ornemens d'habits. — Ornemens qui rendent un chant agréable. T. de mus.
AGRÉNÉ, E, part. Chaloupe agrénée, de laquelle on a retiré l'eau.
AGRÉNER, v. a. Vider l'eau d'une chaloupe, d'un navire. T. de mar.
AGRÈS, s. m. pl. Tout ce qui est nécessaire pour équiper un navire.
AGRÈS, s. m. Village du dép. de l'Aveyron, cant. d'Aubin, arr. de Villefranche. = Rignac.
AGRESSEUR, s. m. Celui qui attaque le premier.
AGRESSION, s. f. Action de l'agresseur, provocation, attaque.
AGRESTE, adj. Rustique, sauvage. — Incivil, grossier; fig. — Qui croît dans les lieux incultes. T. de bot.
AGRÈVE (St.-), s. m. Petite ville du dép. de l'Ardèche, chef-lieu du cant. de

l'arr. de Tournon; bur. d'enregist. = Tournon.

AGREYEUR, s. m. Ouvrier qui fait le fil de fer.

AGRICOLE, adj. Adonné à l'agriculture, qui cultive les champs.

AGRICULTEUR, s. m. Cultivateur.

AGRICULTURE, s. f. Art de cultiver en plein champ.

AGRIE, s. f. Dartre qui corrode la peau.

AGRIER, s. m. Redevance foncière. T. de jurisp.

AGRIFFÉ, E, part.

AGRIFFER (s'), v. pron. S'attacher avec les griffes. T. fam.

AGRIMENSATION, s. f. Action d'arpenter les terres, de les mesurer.

AGRIMENSEUR, s. m. Arpenteur.

AGRIMINISTE, s. m. Passementier qui fait les agrémens pour meubles, etc.

AGRION, s. m. Insecte névroptère. On dit aussi Demoiselle.

AGRIONIES, s. f. pl. Fêtes en l'honneur de Bacchus.

AGRIOPHAGE, s. et adj. Qui se nourrit de bêtes sauvages.

AGRIOTE ou **AGRIOTTE**, s. f. Cerise sauvage.

AGRIPAUME, s. f. Plante labiée cardiaque, T. de bot.

AGRIPENNE, s. m. Oiseau à pennes de la queue en pointes aiguës.

AGRIPHYLLE, s. m. Arbuste corymbifère. T. de bot.

AGRIPPA, s. et adj. m. Enfant qui est venu au monde les pieds devant.

AGRIPPÉ, E, part. Attrapé, saisi, pris.

AGRIPPER, v. a. Saisir, prendre avidemment. T. fam.

AGRIS, s. m. Com. du dép. de la Charente, cant. de La Rochefoucault, arr. d'Angoulême. = La Rochefoucault.

AGRONOME, s. m. Versé dans la théorie de l'agriculture, qui écrit sur l'agriculture.

AGRONOMIE, s. f. Théorie de l'agriculture.

AGRONOMIQUE, adj. Qui a rapport à l'agriculture.

AGROPYLE, s. m. Bézoard qui se trouve dans le corps des chèvres et des chamois.

AGROSTÈME, s. m. Genre de plantes caryophyllées.

AGROSTIDÉE, s. f. Section de la famille des graminées.

AGROSTOGRAPHIE, s. f. Classification et traité concernant les graminées. T. de bot.

AGROUELLES, s. f. pl. Petits vers aquatiques; crevettes des ruisseaux.

AGROUPÉ, E, part. Assemblé, groupé, réuni en groupe.

AGROUPER, v. a. Assembler, mettre en groupe.

AGRUMA, s. m. Prunier sauvage.

AGRYPNIE, s. f. Insomnie. T. de méd.

AGRYPNOCOME, s. m. Insomnie jointe à l'assoupissement. T. de méd.

AGUA, s. m. Crapaud du Brésil.

AGUACATÉ, s. m. Laurier avocat.

AGUAPE, s. m. Genre de nénuphar.

AGUASSIÈRE, s. f. Merle aquatique.

AGUDELLE, s. f. Com. du dép. de la Charente-Inférieure, cant. et arr. de Jonzac. = Jonzac.

AGUERNY, s. m. Village du dép. du Calvados, cant. de Creuilly, arr. de Caen. = Caen.

AGUERRI, E, part. Accoutumé aux fatigues de la guerre, à ses privations, à ses dangers.

AGUERRIR, v. a. Accoutumer à la guerre, à ses fatigues. — Accoutumer à quelque chose qui paraît d'abord pénible ou effrayant; fig. S'—, v. pron. S'accoutumer à la guerre, à ce qui paraît pénible.

AGUESSAC, s. m. Com. du dép. de l'Aveyron, cant. et arr. de Milhau. = Milhau.

AGUET, s. m. Poste. (Vi.)

AGUETS, s. m. pl. Être aux —, épier l'occasion; être aux écoutes pour surprendre ou pour n'être pas surpris.

AGUI, s. m. Cordage disposé de façon qu'un homme peut s'asseoir à l'un de ses bouts. T. de mar.

AGUILCOURT, s. m. Com. du dép. de l'Aisne, cant. de Neufchâtel, arr. de Laon. = Reims.

AGUILLE, s. f. Toile de coton d'Alep.

AGUILLOT, s. m. V. Épissoir.

AGUIN, s. m. Com. du dép. du Gers, cant. et arr. de Lombez. = Lombez.

AGUL, s. m. V. Alhagi.

AGUSTITE, s. f. Chaux phosphatée.

AGUTS, s. m. Com. du dép. du Tarn, cant. de Cuq-Toulza, arr. de Lavaur. = Lavaur.

AGY, s. m. Com. du dép. du Calvados, cant. et arr. de Bayeux. = Bayeux.

AGYMIENS, s. m. pl. Sectaires qui ne voulaient pas de femmes.

AGYRE, s. m. Coléoptère clavicorne.

AGYRTHÉS, s. m. pl. Prêtres de Cybèle. Devins qui disaient la bonne aventure, en récitant des vers d'Homère, de Virgile, etc. T. de myth.

AH! Interjection qui marque la joie, la douleur, etc.

AH-AH, s. m. Fossé profond, sans mur de hauteur. V. Haha.

AHAN, s. m. Espèce de cri que font les gens de peine en travaillant.

AHANÉ, E, part.

AHANER, v. n. Haleter en travaillant.

AHAXE, s. m. Com. du dép. des Basses-Pyrénées, cant. de St-Jean-Pied-de-Port, arr. de Mauléon. = St.-Jean-Pied-de-Port.

AHETZE, s. m. Com. du dép. des Basses-Pyrénées, cant. d'Ustarits, arr. de Bayonne. = Bayonne.

AHEURTÉ, E, part. Qu'on a excité, qu'on a contrarié.

AHEURTEMENT, s. m. Opiniâtreté, obstination.

AHEURTER, v. a. Obstiner une personne. S'—, v. pron. S'obstiner, s'opiniâtrer.

AHÉVILLE, s. f. Com. du dép. des Vosges, cant. de Dompaire, arr. de Mirecourt. = Mirecourt.

AHI ! Interjection qui marque la douleur.

AHOUA, s. m. Plante d'Orient, dont la graine s'emploie dans la composition de certaines couleurs.

AHOUAI, s. m. Arbre d'Asie et d'Amérique, genre d'apocynées. T. de bot.

AHUILLÉ, s. m. Com. du dép. de la Mayenne, cant. et arr. de Laval. = Laval.

AHUN, s. m. Petite ville très-ancienne, dont on fait remonter l'origine jusqu'au temps des Druides, est le chef-lieu de cant. de l'arr. de Guéret, dép. de la Creuse. Bur. d'enregist. et de poste. Ce canton de la Creuse nourrit une très-grande quantité de bestiaux. Le beurre, le lait et le fromage y sont excellens.

AHURI, s. m. Brouillon, étourdi.

AHURI, E, part. Étonné, étourdi, stupéfait.

AHURIR, v. a. Étourdir, interdire.

AHUY, s. m. Com. du dép. de la Côte-d'Or, cant. et arr. de Dijon. = Dijon.

AÏ, s. m. Singe paresseux qu'on nomme encore Unau.

AIANTIES, s. f. pl. Fêtes en l'honneur d'Ajax, héros grec. T. de myth.

AIBES, s. f. Com. du dép. du Nord, cant. de Solre-le-Château, arr. d'Avesne. = Solre-le-Château.

AIBRE, s. f. Com. du dép. du Doubs, cant. et arr. de Montbéliard. = Montbéliard.

AICHE, s. f. Amorce, appât pour la pêche. Ver de terre.

AICHÉ, E, part. Amorcé.

AICHEBA, s. f. Espèce de raie.

AICHER, v. a. Amorcer, en parlant du poisson.

AICIRITS, s. m. Com. du dép. des Basses-Pyrénées, cant. de St.-Palais, arr. de Mauléon. = St.-Palais.

AIDANT, adj. Il ne se dit qu'avec le mot Dieu. —, s. m. pl. Malgré lui et ses aidans.

AIDE, s. m. Qui aide dans une fonction. —-major. — de camp. — de cuisine.

AIDÉ, E, part. Assisté, secouru.

AIDEAU, s. m. Pièce de bois placée de manière à élever la charge au-dessus du limonier ; outil de voiturier.

AIDER, v. a. Assister, secourir. — à quelqu'un, partager sa peine, son travail. — à quelque chose, contribuer à la faire réussir. — à la lettre, suppléer à ce qui n'est pas exprimé. S'—, v. pron. Se donner de la peine, faire usage de.

AIDES, s. f. pl. Anciens subsides sur les boissons ; leur juridiction. — Tout ce dont on se sert pour bien manier un cheval. — Pièce de décharge.

AIDIE, s. f. Chèvrefeuille de la Cochinchine.

AIDLING, s. m. Ville du dép. de la Moselle, cant. de Bouzonville, arr. de Thionville. = Bouzonville.

AIDOÏALOGIE ou AIDOÏAGRAPHIE, s. f. Traité des parties génitales. T. d'anat.

AIDOÏATOMIE, s. f. Dissection des parties génitales. T. d'anat.

AÏE ! Interjection qui marque la douleur. — Cri pour faire marcher un cheval.

AÏEUL, E, s. m. Grand-père, grand-mère. —, au pl. Aïeuls, es.

AÏEUX, s. m. pl. Les ancêtres en général ; ceux qui ont vécu dans les siècles écoulés.

AIFFRES, s. m. Com. du dép. des Deux-Sèvres, cant. de Prahecq, arr. de Niort. = Niort.

AIGAIL, s. m. Rosée sur l'herbe.

AIGALIERS, s. m. Com. du dép. du Gard, cant. et arr. d'Uzès. = Uzès.

AIGAYÉ, E, part. Baigné, lavé. (Vi.)

AIGAYER, v. a. Baigner, laver dans l'eau. (Vi.)

AIGLE, s. m. Le plus fort des oiseaux de proie. — Pupitre d'église. — Espèce de raie. — Fig. Homme d'un génie, d'un talent supérieur. Yeux d'aigle, vifs et perçans. — Petite tumeur qui se forme au blanc de l'œil.

AIGLE, s. f. Enseigne, étendart. — Constellation.

AIGLE (l'), s. m. Ville du dép. de l'Orne, chef-lieu de cant. de l'arr. de Mortagne. Trib. de comm. Bur. d'enregist. et de poste. Cette ville est célèbre par ses fabriques d'épingles, aiguilles à coudre et à tricoter, agrafes, anneaux en cuivre et en fer pour rideaux, fil de fer pour cardes et autres objets de quincaillerie.

AIGLEFIN ou AIGREFIN, s. m. Poisson de la mer du Nord, du genre des gades.

AIGLEMONT, s. m. Com. du dép. des Ardennes, cant. de Charleville, arr. de Mézières. = Charleville.

AIGLE-PIERRE, s. m. Com. du dép. du Jura, cant. de Salins, arr. de Poligny. = Salins.

AIGLETTE, s. f. Jeune aigle sans bec ni serres. T. de blas.

AIGLEVILLE, s. f. Com. du dép. de l'Eure, cant. de Pacy, arr. d'Évreux.= Pacy.

AIGLON, s. m. Petit de l'aigle.

AIGLUN, s. m. Com. du dép. des Basses-Alpes, cant. et arr. de Digne. = Digne.

AIGLUN, s. m. Com. du dép. du Var, cant. de St.-Auban, arr. de Grasse. = Grasse.

AIGLURES, s. f. pl. Taches rousses semées sur le corps d'un oiseau.

AIGNAN (St.-), s. m. Com. du dép. des Ardennes, cant. et arr. de Sédan. = Sédan.

AIGNAN (St.-), s. m. Vill. du dép. de l'Aveyron, cant. de Vezin, arr. de Milhau. = Severac.

AIGNAN (St.-) et SAINT-ÉTIENNE DE VERSILLAT, s. m. Sont deux villages qui ont été réunis et qui forment une com. du dép. de la Creuse, cant. de La Souterraine, arr. de Guéret.=La Souterraine.

AIGNAN, s. m. Petite ville. du dép. du Gers, chef-lieu de cant. de l'arr. de Mirande. = Mirande.

AIGNAN (St.-), s. m. Com. du dép. de la Gironde, cant. de Fronzac, arr. de Libourne. = Libourne.

AIGNAN (St.-), s. m. Com. du dép. de la Loire-Inférieure, cant. de Bouaie, arr. de Nantes. = Nantes.

AIGNAN (St.-), s. m. Petite ville du dép. de Loir-et Cher, chef-lieu de cant. de l'arr. de Blois. Bur. d'enregist. et de poste. C'est des environs de cette petite ville qu'on tire les pierres à fusil.

AIGNAN (St.-), s. m. Com. du dép. de la Mayenne, cant. de Couptrain, arr. de Mayenne. = Pré-en-Paille.

AIGNAN (St.-), s. m. Com. du dép. de la Seine-Inférieure, cant. d'Envermeu, arr. de Dieppe. = Dieppe.

AIGNAN (St.-), s. m. Com. du dép. du Morbihan, cant. de Cléguerec, arr. de Pontivy. = Pontivy.

AIGNAN (St.-), s. m. Com. du dép. de la Sarthe, cant. de Marolles, arr. de Mamers. = Mamers.

AIGNAN (St.), s. m. Com. du dép. de Tarn-et-Garonne, cant. de Saint-Nicolas-de-Lagrave, arr. de Castel-Sarrasin. = Saint-Nicolas-de-Lagrave.

AIGNAN-DES-GUAIS (St.-), s. m. Com. du dép. du Loiret, cant. de Châteauneuf, arr. d'Orléans. = Châteauneuf.

AIGNAN-DES-NOYERS (St.-), s. m. Com. du dép. du Cher, cant. de Sancoins, arr. de Saint-Amand. = Sancoins.

AIGNAN-LE-JAILLARD, s. m. Com. du dép. du Loiret, cant. de Sully, arr. de Gien. = Gien.

AIGNAN-SUR-ROÉ (St.-), s. m. Com. du dép. de la Mayenne, chef-lieu de cant. de l'arr. de Château-Gontier. = Craon.

AIGNAN-SUR-RY, s. m. Com. du dép. de la Seine-Inférieure, cant. de Buchy, arr. de Rouen. = Rouen.

AIGNAY-LE-DUC ou AIGNAY-CÔTE-D'OR, s. m. Petite ville du dép. de la Côte-d'Or, chef-lieu de cant. de l'arr. de Châtillon. Bur. d'enregist. et de poste. Forges, tanneries, manufactures de toiles.

AIGNE, s. m. Com. du dép. de l'Hérault, cant. d'Olonzac, arr. de Saint-Pons. = Azille.

AIGNE (St.-), s. m. Com. du dép. de la Dordogne, cant. de la Linde, arr. de Bergerac.=Bergerac.

AIGNÉ, s. m. Com. du dép. de la Sarthe, cant. et arr. du Mans.=Le Mans.

AIGNES-ET-PUY-PEYROUX, s. m. Com. du dép. de la Charente, cant. de Blanzac, arr. d'Angoulême. = Blanzac.

AIGNEVILLE, s. f. Com. du dép. de la Somme, cant. de Gamaches, arr. d'Abbeville. = Abbeville.

AIGNY, s. m. Com. du dép. de la Marne, cant. et arr. de Châlons. = Châlons.

AIGNY (St.-), s. m. Com. du dép. de l'Indre, cant. et arr. du Blanc. = Le Blanc.

AIGOCÉROS, s. m. Fenugrec. T. de bot.

AIGONNAY, s. m. Com. du dép. des Deux-Sèvres, cant. de Celles, arr. de Melle. = Melle.

AIGRE, adj. Acide, piquant au goût. — Fig. aigu, perçant. Voix aigre. — Rude, fâcheux. Métal —, cassant.

AIGRE, s. f. Petite ville du dép. de la Charente, chef-lieu de cant de l'arr. de Ruffec. Bur. d'enregist. et de poste. On y distille les excellentes eaux-de-vie qu'on nomme de Cognac. Ce sont le vin et ces mêmes eaux-de-vie qui font le principal commerce de cette ville.

AIGRE DE CIDRE, DE LIMON, etc., s. m. Liqueur faite avec du jus de cédrat, ou de citron, ou de limon, etc.

AIGRE-DOUX, OUCE, adj. Se dit des fruits dont le goût tient de l'aigre et du doux; et fig. du style, du ton de voix, etc.

AIGREFEUILLE, s. f. Com. du dép. de la Charente-Inférieure, chef-lieu de cant. de l'arr. de Rochefort. = Rochefort.

AIGREFEUILLE, s. f. Com. du dép. de la Haute-Garonne, cant. de Lanta, arr. de Villefranche. = Caraman.

AIGREFEUILLE, s. f. Com. du dép. de la Loire-Inférieure, chef-lieu de cant. de l'arr. de Nantes. Bur. d'enregist. = Clisson.

AIGREFIN, s. m. Homme adroit et rusé; escroc. T. fam.

AIGRELET, TE, adj. Un peu aigre. — Fig. se dit encore du ton, de la voix, des manières.

AIGREMENT, adv. Avec aigreur.

AIGREMOINE, s. f. Plante rosacée, médicinale. T. de bot.

AIGREMONT, s. m. Com. du dép. du Gard, cant de Lédignan, arr. d'Alais. = Alais.

AIGREMONT, s. m. Com. du dép. de la Haute-Marne, cant. de Bourbonne, arr. de Langres. = Bourbonne.

AIGREMONT, s. m. Com. du dép. de Seine-et-Oise, cant. de St.-Germain-en-Laye; arr. de Versailles. = St.-Germain-en-Laye.

AIGREMONT, s. m. Com. du dép. de l'Yonne, cant. de Chablis, arr. d'Auxerre. = Chablis.

AIGREMORT, s. m. Charbon pulvérisé et tamisé pour la confection des feux d'artifice.

AIGRET, TE, adj. Un peu aigre.

AIGRETTE, s. f. Oiseau blanc huppé du genre du héron. — Ornement de tête. — Léger bouquet de pierres précieuses. — Panache d'un casque, d'un cheval, d'un lit, d'un dais. — Petite touffe de poils ou d'écailles qui surmonte les fruits de plusieurs genres de plantes. T. de bot. — Coquillage du genre des moules. —, au pl. Faisceau de rayons divergens. — électrique, bouquet de rayons produits par l'électricité.

AIGRETTÉ, E, adj. Terminé par une aigrette. T. de bot.

AIGREUR, s. f. Qualité de ce qui est aigre. — Fig. Disposition d'esprit à piquer ou à offenser. —, au pl. Rapports acides des alimens mal digérés. — Taille où l'eau-forte a trop mordu. T. de grav.

AIGRI, E, part. Rendu ou devenu aigre.

AIGRIETTE. s. f. Cerise aigre.

AIGRIR, v. a. Rendre ou devenir aigre, irriter, fâcher. Vous aigrissez son mal. — quelqu'un. S'—, v. pron. Devenir aigre. S'—, v. récip. S'irriter.

AIGRIS, s. m. Pierre précieuse aux yeux de certains peuples d'Afrique.

AIGU, Ë, adj. Qui se termine en pointe ou en tranchant. — Fig. perçant, clair, piquant. Cri aigu, douleur aiguë : maladie aiguë, dont les effets sont prompts, violens, par opposition aux maladies chroniques. T. de méd. — Perçant, élevé, s'oppose à grave. T. de mus. — Accent aigu, qui va de droite à gauche. T. de gram. — Angle aigu, moins ouvert que le droit. T. de géom.

AIGUADE, s. f. Provision d'eau douce pour un vaisseau; endroit propre à faire cette provision.

AIGUAIL, s. m. V. AIGAIL.

AIGUATÉBIA, s. f. Com. du dép. des Pyrénées-Orientales, cant. d'Olette, arr. de Prades. — Prades.

AIGUAYER, v. a. V. AIGAYER.

AIGUEFONDE, s. f. Com. du dép. du Tarn, cant. de Mazamet, arr. de Castres. = Mazamet.

AIGUEMARINE, s. f. Béril des anciens; émeraude vert bleuâtre.

AIGUEPARSES, s. f. Com. du dép. de la Dordogne, canton de Villefranche-de-Belvès, arr. de Sarlat. = Belvès.

AIGUEPERSE, s. f. Petite ville du dép. de Puy-de-Dôme, chef-lieu de cant. de l'arr. de Riom, bur. d'enregist. et de poste.

Près de cette ville, où naquirent le chancelier de l'Hôpital et l'abbé Delille, on trouve une fontaine dont les eaux minérales sortent de terre à gros bouillons et suffoquent les animaux qui en boivent.

AIGUEPERSE, s. f. Com. du dép. du Rhône, cant. de Monsol, arr. de Villefranche. = Villefranche.

AIGUÈSE, s. f. Com. du dép. du Gard, cant. de Pont-St.-Esprit, arr. d'Uzès. = Pont-St.-Esprit.

AIGUES-JUNTES, s. f. pl. Com. du dép. de l'Ariège, cant. de la Bastide, arr. de Foix. = Foix.

AIGUES-MORTES, s. f. pl. Ville du dép. du Gard, chef-lieu de cant. de l'arr. de Nismes, bur. d'enregist. et de poste.

Cette ville, maintenant éloignée d'environ deux lieues de la Méditerranée, conserve une place dans l'histoire. En effet, c'est dans le port d'Aigues-Mortes que saint Louis s'embarqua lors des voyages qu'il fit, l'un en Terre-Sainte, et l'autre en Afrique.

AIGUES-VIVES, s. f. pl. Com. du dép. de l'Ariège, cant. de Mirepoix, arr. de Pamiers. = Mirepoix.

AIGUES-VIVES, s. f. pl. Com. du

dép. de l'Aude, cant. de Peyriac-Minervois, arr. de Carcassonne. = Carcassonne.

AIGUES-VIVES, s. f. pl. Com. du dép. du Gard, cant. de Sommières, arr. de Nismes. Distillation d'eau-de-vie, dont il se fait un débit considérable. = Sommières.

AIGUES-VIVES, s. f. pl. Com. du dép. de la Haute-Garonne, cant. de Mont-Giscard, arr. de Villefranche. = Toulouse.

AIGUES-VIVES, s. f. pl. Com. du dép. de l'Hérault, cant. de St.-Chinian, arr. de St.-Pons. = St.-Chinian.

AIGUES-VIVES, s. f. pl. Village du dép. de Lot-et-Garonne, canton de Monclar, arr. de Villeneuve. = Ste.-Livrade.

AIGUIÈRE, s. f. Vase à anse dont le bec est fort ouvert, et dans lequel on met de l'eau.

AIGUIÉRÉE, s. f. Plein une aiguière.

AIGUILHE, s. f. Com. du dép. de la Haute-Loire, cant. et arr. du Puy. = Le Puy.

AIGUILLADE, s. f. Gaule garnie d'une pointe pour piquer les bœufs.

AIGUILLAT, s. m. Espèce de chien de mer.

AIGUILLE, s. f. Petit instrument de métal pointu d'un bout et percé de l'autre, qui sert à coudre. — Petite verge en fer ou en cuivre qui sert à tricoter. — Petite verge de métal placée sur un cadran de pendule, d'horloge, pour indiquer l'heure. — Pointe d'une pyramide, d'un clocher. — Bateau sur la Garonne. — Poisson du genre du cheval marin. — Outil pour percer la pierre. — de mât, longue pièce de bois qui soutient la mâture d'un vaisseau mis en carène. — aimantée, l'âme de la boussole. — d'essai ou touchaux, alliage d'or et d'argent sous des proportions différentes. — Se dit d'une maladie des oiseaux de proie causée par de petits vers. Fig. Disputer sur la pointe d'une aiguille, sur rien. Chercher une aiguille dans une botte de foin, chercher une chose difficile à trouver. De fil en aiguille, de propos en propos. T. fam.

AIGUILLE (l'), s. f. C'est un fort inaccessible qui est assis sur une montagne du dép. de l'Isère, cant. de Vizille. On le suppose élevé de 2000 toises au-dessus du niveau de la mer.

AIGUILLÉ, E, adj. En forme d'aiguille. T. de bot. et de minéral.

AIGUILLÉ, E, part. Se dit de l'œil qui a subi l'opération de la cataracte.

AIGUILLÉE, s. f. Longueur de fil, de soie, etc., pour travailler à l'aiguille.

AIGUILLER; v. a. Faire l'opération de la cataracte. — la soie, la nettoyer avec des aiguilles.

AIGUILLES (le cap des), s. f. pl. Se trouve au sud de l'Afrique.

AIGUILLES, s. f. Com. et chef-lieu de cant. de l'arr. de Briançon. Bur. d'enregist. = Mont-Dauphin. On y fait une grande quantité de fromages qui sont expédiés pour Marseille, Toulon, Montpellier et Perpignan.

AIGUILLETAGE, s. m. Action d'aiguilleter, son résultat.

AIGUILLETÉ, E, part. Attaché avec des aiguillettes.

AIGUILLETER, v. a. Attacher avec des aiguillettes. — Lier avec le bout d'un cordage nommé aiguillette. T. de mar. — Ferrer des lacets.

AIGUILLETIER, s. m. ouvrier qui ferre les aiguillettes et les lacets.

AIGUILLETTE, s. f. Ruban, cordon ferré par les deux bouts qui sert d'ornemens à la cavalerie d'élite — Morceau de chair coupé en long. — Petit cordage à faire un aiguilletage. — Coquille du genre Bulime. — Nouer l'aiguillette, faire un prétendu maléfice que le peuple croit être un obstacle à la consommation du mariage.

AIGUILLIER, s. m. Étui à aiguilles. — Celui qui fait les aiguilles, les alènes.

AIGUILLIÈRE, s. f. Filet tendu entre deux eaux.

AIGUILLON, s. m. Bâton pointu pour piquer les bœufs et hâter leur marche. — Dard des abeilles, des guêpes, etc. — Piquant des oursins, des hérissons, des poissons. — Pointe qui se trouve sur les tiges et les branches de certains arbres et de certaines plantes, qui n'adhère qu'à l'écorce. — des rosiers, des ronces. — Tout ce qui excite à, donne le désir, l'émulation ; fig.

AIGUILLON, s. m. Petite ville du dép. de Lot-et-Garonne, cant. de Port-Ste.-Marie, arr. d'Agen, bur. de poste. Assiégée en 1346, par Jean, duc de Normandie, cette ville, qui était occupée par les Anglais, fit une grande résistance. On suppose que c'est le premier siège où l'on se soit servi du canon.

AIGUILLON (l'), s. m. Com. du dép. de la Vendée, cant. de Luçon, arr. de Fontenay. = Luçon.

AIGUILLON (l'), s. m. Com. du dép. de la Vendée, cant. de St.-Gilles, arr. des Sables-d'Olonne. = St.-Gilles.

AIGUILLONNÉ, E, part. Muni, armé d'aiguillons. T. de bot., se dit encore des bœufs piqués avec l'aiguillon.

AIGUILLONNER, v. a. Piquer les bœufs avec l'aiguillon. — Exciter, animer ; fig.

AIGUILLOTS, s. m. pl. Gonds à l'aide desquels le gouvernail se trouve attaché à l'étambot. T. de mar.

AIGUILLY, s. m. Com. du dép. de la Loire, cant. de Charlieu, arr. de Roanne. = Roanne.

AIGUINES, s. f. Com. du dép. du Var, cant. d'Aups, arr. de Draguignan. = Aups.

AIGUISÉ, E, part. Rendu tranchant, aigu.

AIGUISEMENT, s. m. Action d'aiguiser.

AIGUISER, v. a. Rendre aigu, pointu, tranchant. — l'épigramme, la rendre plus piquante. — l'appétit, le rendre plus vif. — l'esprit, le rendre plus pénétrant. — ses couteaux, se disposer à se battre. T. fam. S'—, v. pron. Devenir plus tranchant, plus aigu; devenir plus subtil, plus vif.

AIGUISEUR, s. m. Celui qui aiguise.

AIGULIN (St.-), s. m. Com. du dép. de la Charente-Inférieure, cant. de Montguyon, arr. de Jonzac. = Montlieu.

AIGUMENT, adv. Rudement.

AIGURANDE, s. f. Petite ville du dép. de l'Indre, chef-lieu de cant. de l'arr. de La Châtre. Bur. d'enregist. = La Châtre.

AIL, s. m. Nom générique qui comprend l'ognon, l'échalotte; espèce de bulbe d'une odeur très-forte; il fait aulx au pl.

AIL (St.-), s. m. Com. du dép. de la Moselle, cant. et arr. de Briey. = Briey.

AILE, s. f. Partie du corps des oiseaux et de certains insectes. — de moulin à vent, chassis garni de toile. — de bâtiment, les deux parties construites à droite et à gauche du corps principal. — d'une armée, les deux côtés. — Membrane saillante qui enveloppe la semence de certaines plantes. T. de bot. — Parties latérales. T. de méd. — Les deux côtés ou pentes de la chaussée d'un pavé. — Partie de la lardoire où l'on met le lardon. — Deux pièces de bois qui s'attachent transversalement à l'une des poupées du tour. — de mouche, clou pour attacher les lattes. — de fiche, la partie de la fiche que l'on place dans l'entaille du bois des portes et fenêtres pour les ferrer. — Dent d'un pignon, d'une montre, d'une pendule, etc. — du temps, du zéphire, de la renommée, de la victoire. — Être sous l'aile de quelqu'un, sous sa protection, sous son autorité. Voler de ses propres ailes, se passer d'autrui, etc. Ne battre que d'une aile; avoir perdu de sa vigueur, de son crédit. En avoir dans l'aile, être blessé. Tirer pied ou aile, obtenir une partie de ce qui est dû. Rogner les ailes à quelqu'un; diminuer ses revenus, son crédit, son autorité. Perdre la plus belle plume de son aile, perdre une personne ou une chose qui vous était indispensable.

AILE, s. f. Bière anglaise.

AILÉ, E, adj. Qui a des ailes. — Pourvu d'ailes. T. de bot. Vis ailée, qui offre de la prise pour la tourner.

AILERON, s. m. Bout de l'aile des oiseaux. — Petites planches qui font tourner les roues d'une usine. — Nageoires de quelques poissons. Petite aile, support, ais. — Console qui décore une lucarne.

AILETTE, s. f. Cuir cousu à l'empeigne. — Petite pièce cousue au pied d'un bas.

AILHON, s. m. Com. du dép. de l'Ardèche, cant. d'Aubenas, arr. de Privas. = Aubenas.

AILLAC, s. m. Com. du dép. de la Dordogne, cant. de Carlux, arr. de Sarlat. = Sarlat.

AILLADE, s. f. Sauce à l'ail; pain frotté d'ail.

AILLANT, s. m. Com. du dép. de l'Yonne, et chef-lieu de cant. de l'arr. de Joigny, bur. d'enregis. = Joigny.

AILLANT-SUR-MILLERON, s. m. Com. du dép. du Loiret, cant. de Châtillon-sur-Loing, arr. de Montargis. = Châtillon-sur-Loing.

AILLANVILLE, s. f. Com. du dép. de la Haute-Marne, cant. de St.-Blin, arr. de Chaumont. = Andelot.

AILLAS, s. m. Com. du dép. de la Gironde, cant. d'Auros, arr. de Bazas. = Bazas.

AILLE (l'), s. m. Petite rivière qui prend sa source entre Pignans et Gonfaron, dép. du Var, et qui se jette dans l'Argens.

AILLÈRES, s. m. Com. du dép. de la Sarthe, cant. de La Fresnaye, arr. de Mamers. = La Fresnaye.

AILLES, s. m. Com. du dép. de l'Aisne, cant. de Craon, arr. de Laon. = Laon.

AILLEURS, adv. En un autre lieu, autre part. D'ailleurs, d'un autre lieu, d'une autre cause, pour un autre sujet; en outre, de plus.

AILLEUX, s. m. Com. du dép. de la Loire, cant. de Boen, arr. de Montbrison. = Roanne.

AILLEVANS, s. m. Com. du dép. de la Haute-Saône, cant. de Villersexel, arr. de Lure. = Villersexel.

AILLEVILLE, s. f. Com. du dép. de l'Aube, cant. et arr. de Bar-sur-Aube. = Bar-sur-Aube.

AILLEVILLERS, LYAUMONT et **LE POIREMONT**, s. m. Com. du dép.

de la Haute-Saône, cant. de St.-Loup, arr. de Lure. Fabrique de fer-blanc et tréfileries. = Luxeuil.

AILLONCOURT, s. m. Com. du dép. de la Haute-Saône, cant. de Luxeuil, arr. de Lure. = Luxeuil.

AILLY, s. m. Com. du dép. de l'Eure, cant. de Gaillon, arr. de Louviers. = Gaillon.

AILLY, s. m. Com. du dép. du Calvados, cant. de Coulibeuf, arr. de Falaise. = Falaise.

AILLY, s. m. Com. du dép. de la Meuse, cant. de St.-Mihiel, arr. de Commercy. = St.-Mihiel.

AILLY-LE-HAUT-CLOCHER, s. m. Com. du dép. de la Somme, chef-lieu de cant. de l'arr. d'Abbeville, bur. d'enregist. = Abbeville.

AILLY-SUR-NOYE, s. m. Com. et chef-lieu de cant. de l'arr. de Montdidier, dép. de la Somme, bur. d'enregist. = Montdidier.

AILLY-SUR-SOMME, s. m. Com. du dép. de la Somme, cant. de Picquigny, arr. d'Amiens. = Picquigny.

AILURE, s. f. Solive qui entre dans la charpente d'un navire. —, au pl. Bordures des écoutilles. T. de mar.

AIMABLE, adj. Digne d'être aimé; il se dit des personnes et des choses: faire l'aimable, chercher à plaire; dans ce sens il est subst.

AIMABLEMENT, adv. D'une manière aimable.

AIMANT, s. m. Mine de fer qui a la faculté d'attirer à certaine distance le fer, le cobalt et le nickel. — artificiel, Barreau ou aiguille de fer auquel on a communiqué, au moyen d'un aimant naturel, les propriétés magnétiques, et qui, étant suspendu et libre de ses mouvemens, dirige ses extrémités à peu près dans le plan du méridien, c'est-à-dire au nord et au sud. T. de phys.

AIMANT, E, adj. Porté à aimer, enclin à s'attacher.

AIMANTÉ, E, part. A qui l'on a communiqué le magnétisme.

AIMANTER, v. a. Communiquer la propriété de l'aimant.

AIMANTIN, E, adj. Qui tient de l'aimant, magnétique.

AIMARGUES, s. f. Petite ville du dép. du Gard, cant. de Vauvert, arr. de Nismes. = Nismes.

C'est dans les environs de cette ville que saint Louis, lors de son expédition de la Terre-Sainte, rassembla son armée.

AIMÉ, E, part. Pour qui l'on a de l'attachement, de l'affection.

AIMER, v. a. Avoir de l'affection, de l'amour pour quelqu'un, de l'attachement pour une chose. — mieux, préférer. — à, prendre plaisir à. S'—, v. pron. Aimer sa personne. S'— dans un lieu, s'y plaire.

AIMORUS, s. m. V. HIMORRUS.

AIMOSCOPIE, s. f. Inspection du sang. T. de méd.

AIN (l'), s. m. Est une rivière formée par la jonction de plusieurs ruisseaux qui descendent du mont Jura, l'un desquels sort de deux bassins taillés dans le roc. Grossi par ce dernier, l'Ain court à travers des rochers escarpés, se précipite avec fureur, et déroule à l'œil étonné des voyageurs l'une des plus belles cascades de l'Europe. Cette rivière, qui se jette dans le Rhône vis-à-vis la com. d'Authon, transporte à Lyon, à l'aide du flottage qui est considérable, une grande quantité de planches de chêne et de sapin pour la marine.

AIN (dép. de l'), s. m. Chef-lieu, Bourg; cinq arr. de sous-préf. Belley, Bourg, Gex, Nantua et Trevoux. 35 cant., 442 com., pop. 341,700 habit. environ; 13e. conservation forestière, 6e. div. militaire, ressort de la cour royale et de l'académie de Lyon, évêché à Belley, 21e. lég. de gend., 7e. div. des ponts et chaussées, 4e. div. des mines, direct. de l'enregist. et des domaines, 2e. classe. Ce dép. est borné au N. Jura, E. Suisse et Savoie, S. Rhône, qui le sépare de l'Isère, O. Rhône et Saône-et-Loire. Récoltes suffisantes pour la consommation; exporte vins, eaux-de-vie, bœufs, porcs et volailles de Bresse, fort estimées des gastronomes, auxquels ce pays offre encore une grande quantité de gibier, des truites excellentes, des écrevisses et des truffes. Nous ne dirons pas comme tant d'autres, que ce dép. produit du blé, de l'orge, de l'avoine, du sarrasin et du millet, parce que ces sortes de grains se trouvent partout où l'on prend la peine de les cultiver, et que c'est allonger la page sans profit pour le lecteur; mais nous aurons soin d'indiquer les productions rares et particulières aux diverses localités. Ici, par exemple, on élève des vers à soie, et conséquemment on y cultive le mûrier, qui sert à nourrir ce ver. On trouve une pierre d'une qualité supérieure pour la lithographie, nous ne devons pas oublier d'en faire la remarque: mais imprimer une longue et fastidieuse énumération des produits d'un dép., quand on se voit dans la nécessité de se répéter à chaque instant, ce serait s'écarter du but que nous voulons atteindre, l'utilité et l'économie.

Deux fleuves passent dans le dép. de l'Ain, le Rhône et la Saône; ils y sont navigables ainsi que la Bienne. Quant aux autres petites rivières qui ne sont d'aucune importance pour le commerce, il est inutile de les citer ici puisque nous devons en parler au rang qu'elles occupent dans l'ordre alphabétique. Ce qui nous semble encore digne d'intéresser et de fixer l'attention, ce sont les lacs de Filant et de Nantua, la montagne du Jura, les forêts de Montréal et de Seillon, et enfin le canal de Pont-de-Vaux qui communique à la Saône.

AINAC, s. m. Com. du dép. des Basses-Alpes, cant. et arr. de Digne. = Digne.

AINARD, s. m. Ganse qui sert à attacher le filet à la corde.

AINAY, s. m. Village du dép. du Rhône, cant. et arr. de Lyon. = Lyon.

AINAY-LE-CHÂTEAU, s. m. Petite ville du dép. de l'Allier, cant. de Cerilly, arr. de Mont-Luçon. = Cerilly.

AINAY-LE-VIEIL, s. m. Com. du dép. du Cher, cant. de Saulzais-le-Pothier, arr. de St.-Amand. = St.-Amand.

AINCILLE, s. m. Com. du dép. des Basses-Pyrénées, cant. de St.-Jean-Pied-de-Port, arr. de Mauléon. = St.-Jean-Pied-de-Port.

AINCOURT, s. m. Com. du dép. de Seine-et-Oise, cant. de Magny, arr. de Mantes. = Magny.

AINCREVILLE, s. f. Com. du dép. de la Meuse, cant. de Dun, arr. de Montmédy. = Dun.

AINE, s. f. Pli oblique qui sépare la cuisse de l'abdomen. — Peau qui réunit les éclisses dans l'orgue. — Brochette pour enfiler et fumer le hareng.

AÎNÉ, E, s. et adj. Le premier né des enfans, et par extension, personne plus âgée qu'une autre. Branche aînée, branche d'une famille plus ancienne que l'autre ou que les autres.

AÎNESSE, s. f. Priorité d'âge entre frères et sœurs; primogéniture.

AINGEREY, s. m. Com. du dép. de la Meurthe, cant. et arr. de Toul. = Toul.

AINGEVILLE, s. f. Com. du dép. des Vosges, cant. de Bulgnéville, arr. de Neufchâteau. = Neufchâteau.

AINGOULAINCOURT, s. m. Com. du dép. de la Haute-Marne, cant. de Sailly, arr. de Vassy. = Joinville.

AINHARP, s. m. Com. du dép. des Basses-Pyrénées, cant. et arr. de Mauléon. = Mauléon.

AINHICE-MONGELOS, s. m. Com. du dép. des Basses-Pyrénées, cant. de St.-Jean Pied-de-Port, arr. de Mauléon. = St.-Jean-Pied-de-Port.

AINHOUE, s. f. Com. du dép. des Basses-Pyrénées, cant. d'Espelette, arr. de Bayonne. = Bayonne.

AINSI, adv. De cette sorte, de cette manière. — Par conséquent. — De même. — C'est pourquoi.

AINSI QUE, conj. De même que.

AINSI SOIT-IL, adv. Je le souhaite.

AINVAL, s. m. Com. du dép. de la Somme, cant. d'Ailly-sur-Noye, arr. de Montdidier. = Amiens.

AINVELLE, s. f. Com. du dép. de la Haute-Saône, cant. de St.-Loup, arr. de Lure. = Luxeuil.

AINVELLE, s. f. Com. du dép. des Vosges, cant. de La Marche, arr. de Neufchâteau. = La Marche.

AIOLE, s. m. Poisson du genre de l'able.

AIR, s. m. Un des quatre élémens des anciens, fluide sans couleur, élastique, compressible, transparent et invisible, qui enveloppe notre globe; il est composé d'environ 21 parties de gaz oxigène sur 79 de gaz azote. V. GAZ. — Vent, il fait de l'air. — Ressemblance, il a de votre air. — Extérieur d'une personne, air simple, naturel, tranquille, troublé. — Manière, façon; à l'air dont il regarde. — Apparence du caractère, air doux, bon, mauvais, franc. — Suite de tout ce qui compose un chant. Se donner des airs de, affecter les manières de. Par air, par vanité. Prendre l'air, respirer le grand air. — Promesses, contes en l'air, sans fondement.

AIRAIN, s. m. Cuivre rouge combiné avec de l'étain; cloche. — Fig. Canon. Front d'airain, qui ne rougit jamais. Ciel d'airain, sans pluie, ni rosée. Cœur d'airain; dur, impitoyable.

AIRAINES, s. f. Com. du dép. de la Somme, cant. de Molliens-Vidame, arr. d'Amiens. Bur. de poste. Manufacture de toiles à voiles et d'emballage, fabrique d'huile de navette, de lin, de faîne, d'œillets, de noisette, de camomille et de chènevis.

AIRAN, s. m. Com. du dép. du Calvados, cant. de Bourguebus, arr. de Caen. = Caen.

AIRE, s. f. Place unie où l'on bat les grains. — Toute surface plane. — Espace compris entre les murs d'un bâtiment. T. d'archit. — Espace qu'une figure comprend. T. de géom. — Petit bassin, œillettes. — Nid des oiseaux de proie. — Vitesse d'un navire. T. de mar. — de vent, espace marqué dans la boussole pour chacun des trente-deux vents.

AIRE, s. f. Com. du dép. des Ardennes, cant. d'Asfeld, arr. de Rethel. = Rethel.

AIRE, s. f. Ville fortifiée du dép. du Pas-de-Calais, chef-lieu de cant. de l'arr.

de Saint-Omer. Bur. d'enregist. et de poste. Fabrique et commerce d'étoffes de laine, de chapeaux, de savon, de carreaux de faïence d'un agréable vernis, de papiers, de genièvre et de sel raffiné.

AIRE (l'), s. f. Rivière qui prend sa source dans le dép. de la Meuse près de Ligny, et se jette dans l'Aisne au-dessus de Sénuc, dép. des Ardennes.

AIRE (canal d'), s. f. Joint la Lys à la Deule, et communique à Aire par le canal du Neuf-Fossé.

AIRE, s. f. Petite ville fort ancienne du dép. des Landes, chef-lieu de cant. de l'arr. de Saint-Sever. Évêché, petit séminaire. Bur. d'enregist. et de poste.

AIRÉ, E, part.

AIRÉE, s. f. Quantité de gerbes mises en une seule fois dans l'aire. T. d'agric.

AIREL, s. m. Com. du dép. de la Manche, cant. de Saint-Clair, arr. de Saint-Lô. = Saint-Lô.

AIRELLE, s. f. Arbrisseau à baie molle et noirâtre, nommé aussi Mirtille. T. de bot.

AIRER, v. n. Faire son nid, en parlant de quelques oiseaux de proie.

AIRIGNE ou ÉRINE, s. f. Petit crochet dont se servent les anatomistes en disséquant, pour retenir les parties délicates et les écarter d'une situation où elles gênent l'opération.

AIRION, s. m. Com. du dép. de l'Oise, cant. et arr. de Clermont. = Clermont.

AIRON-NOTRE-DAME, s. m. Com. du dép. du Pas-de-Calais, cant. et arr. de Montreuil. = Montreuil.

AIRON-SAINT-WAAST, s. m. Com. du dép. du Pas-de-Calais, cant. et arr. de Montreuil. = Montreuil.

AIROUX, s. m. Com. du dép. de l'Aude, cant. et arr. de Castelnaudary. = Castelnaudary.

AIRURE, s. f. Fin de la veine d'une mine de charbon de terre.

AIRVAULT, s. m. Petite ville du dép. des Deux-Sèvres, chef-lieu de cant. de l'arr. de Parthenay, bur. d'enregist. et de poste.

AIS, s. m. Planche de bois.

AISADE, s. f. V. Aissade.

AISANCE, s. f. Facilité dans tout ce que l'on fait. — Commodités de la vie, fortune; fig. —, au pl. Lieu destiné aux besoins naturels.

AISE, s. f. Contentement, satisfaction, joie, commodité. Être à son aise, avoir de la fortune. A l'aise, adv. Sans peine, commodément.

AISE, adj. Qui est content, qui a de la joie.

AISÉ, E, adj. Facile, commode, dégagé, libre. — Riche : il est à son aise.

AISÉMENT, adv. D'une manière aisée.

AISEREY, s. m. Com. du dép. de la Côte-d'Or, cant. de Genlis, arr. de Dijon. = Genlis.

AISEY et RICHECOURT, s. m. Com. du dép. de la Haute-Saône, cant. de Jussey, arr. de Vesoul. = Jussey.

AISEY-LE-DUC ou AISEY-SUR-SEINE, s. m. Com. du dép. de la Côte-d'Or, cant. et arr. de Châtillon-sur-Seine. = Châtillon-sur-Seine.

AISNE (l'), s. f. Est une rivière dont on trouve la source près de Soulières, dép. de la Meuse, et qui se jette dans l'Oise au-dessus de Compiègne. Elle favorise le transport d'une quantité considérable de marchandises, et particulièrement de combustibles que fournissent les Ardennes. La navigation de cette rivière ne commence qu'à Château-Porcien.

AISNE (dép. de l'), s. f. dont la ville de Laon est le chef-lieu de préf., compte 5 arr. de sous-préf. savoir : Château-Thierry, Laon, St-Quentin, Soissons et Vervins; 37 cant. ou justices de paix, et 548 com. Pop. 489,560 habit. environ. Ressort de la Cour royale et de l'Académie d'Amiens. Diocèse de Soissons, 1re div. militaire, 24e. lég. de gend., 2e. div. des ponts et chaussées, 2e. div. des mines, direct. de l'enregist. et des domaines, 4e. arr. forestier.

Le dép. de l'Aisne est borné par le dép. du Nord, au levant par ceux des Ardennes et de la Marne, et au couchant par ceux de l'Oise et de la Somme.

Il suffit de dire, pour donner une idée de la fertilité du sol, que ce dép. est composé d'une partie de la Brie, de la Picardie et de la Champagne.

Entre autres objets de consommation, nous citerons les artichauts de Laon et les haricots de Soissons, qui se vendent à Paris et qui y sont fort estimés.

On y remarque, particulièrement dans l'arr. de St.-Quentin, des manufactures considérables de toiles de coton, gazes, batistes et linons; des fabriques de fils retors pour dentelles, de schals mérinos et façon cachemires, de tulle et de linge de table, des raffineries de sucre de betteraves, verreries, papeteries, forges, et une superbe manufacture de glaces à St.-Gobin, qu'on dit être la plus belle qui existe en France.

Les rivières navigables de ce dép. sont: l'Aisne, l'Oise, la Marne et l'Ourcq; les canaux de St.-Quentin, de Crozat et de Manicamp.

AISNE ou VESINE, s. f. Com. du dép. de l'Ain, cant. de Bagé-le-Châtel, arr. de Bourg. = Mâcon.

AISONVILLE et BERNOVILLE, s. f. Com. du dép. de l'Aisne, cant. de Guise, arr. de Vervins. = Guise.

AISSADE, s. f. Endroit d'un vaisseau où la poupe commence à se rétrécir, et où sont les radiers. T. de mar.

AISSANTES ou BARDEAUX, m. pl. Planches de bois blanc très-minces, pour couvrir les chaumières.

AISSELIER, s. m. Pièce de bois pour cintrer.

AISSELIÈRE, s. f. Pièce du fond d'une futaille, d'un tonneau.

AISSELLE, s. f. Cavité qui se trouve sous l'articulation du bras avec l'épaule. — Angle formé par la base d'une feuille, d'un rameau avec la partie montante de la tige ou de ses divisions. T. de bot. — De la naissance à la chapelle d'un four. — d'une ancre, angles formés par la vergue et les bras de l'ancre. T. de mar.

AISSETTE, s. f. Petite hache dont se servent certains ouvriers.

AISSEY, s. m. Com. du dép. du Doubs, cant. et arr. de Baume. = Baume.

AISSIEU, s. m. V. ESSIEU.

AISSON, s. m. Petite ancre à quatre branches.

AISTETÈRE, s. m. Point auquel toutes les sensations se rapportent.

AISY, s. m. Com. du dép. de l'Yonne, cant. d'Ancy-le-Franc, arr. de Tonnerre = Ancy-le-Franc.

AISY-SOUS-THIL, s. m. Com. du dép. de la Côte-d'Or, cant. de Precy-sous-Thil, arr. de Semur. = Semur.

AITI, s. m. Com. du dép. de la Corse, cant. de St.-Laurent, arr. de Corte. = Corte.

AITIOLOGIE, s. f. Traité des différentes causes des maladies. T. de méd.

AITONE, s. f. Espèce de joubarbe. T. de bot.

AÎTRE, s. m. Partie de bâtiment ou le bâtiment lui-même.

AIX, s. f. Grande et très-ancienne ville du dép. des Bouches-du-Rhône, ancienne capitale de la Provence, chef-lieu du 2e. arr. de sous-préf., 19e. arr. forestier, 8e. div. des ponts et chaussées, archevêché, cour royale et académie, trib. de 1re. inst. et de comm., bibliothèque publique renfermant 73,000 vol., cabinet d'histoire naturelle et de physique, musée, société des amis des sciences, des lettres, de l'agriculture et des arts, pop. 23,130 habit.

Cette ville, qu'on suppose avoir été fondée par Caïus-Sextius Calvinus, général romain, et qui est célèbre à beaucoup d'autres titres, était le séjour des anciens comtes de Provence, et le rendez-vous de ces spirituels aventuriers qu'on appelait troubadours. On y fabrique, draps, ratines, molletons, indiennes et velours de soie. Distillation d'eaux-de-vie et teintureries en rouge d'Andrinople. Les huiles d'Aix sont les plus délicates et les plus estimées de toutes celles que fournit la Provence ; mais il est fort difficile de s'en procurer qui ne soit pas mélangée.

AIX, s. f. Com. du dép de la Corrèze, cant. d'Eygurande, arr. d'Ussel. = Ussel.

AIX (l'île d'), s. f. Com. du dép. de la Charente, cant. et arr. de Rochefort. = Rochefort.

Cette île, bien fortifiée et défendue par une forteresse, est à l'embouchure de la Charente, entre la terre ferme et l'île d'Oléron. Sa superficie est de 6 lieues carrées. La plupart des habitans sont pêcheurs. C'est dans la rade de l'île d'Aix que les vaisseaux qui partent de Rochefort complètent leur équipement, et mouillent en attendant les vents convenables pour appareiller.

AIX, s. f. Com. du dép. de la Moselle, cant. de Conflans, arr. de Briey. = Metz.

AIX, s. f. Com. du dép de la Drôme, cant. et arr. de Die. = Die.

On trouve dans cette com. deux sources, dont l'eau de l'une est douce et l'autre salée.

AIX, s. f. Com. du dép. du Nord, cant. d'Orchies, arr. de Douai. = Orchies.

AIX-D'ANGILON (les), s. f. pl. Com. du dép. du Cher, chef-lieu de cant. de l'arr. de Bourges, bur. d'enregist. = Bourges.

AIXE, s. f. Petite ville du dép. de la Haute-Vienne, chef-lieu de cant. de l'arr. de Limoges, bur. d'enregist. = Limoges.

AIX-EN-ERGNY, s. f. Com. du dép, du Pas-de-Calais, cant. de Hucqueliers, arr. de Montreuil. = Montreuil.

AIX-EN-OTHE, s. f. Com. du dép. de l'Aube, chef-lieu de cant. de l'arr. de Troyes, bur. d'enregis. = Estissac.

AIX-LAFAYETTE, s. f. Com. du dép. du Puy-de-Dôme, cant. de St.-Germain-l'Herm, arr. d'Ambert. = Ambert.

AIX-NOULETTE, s. f. Com. du dép. du Pas-de-Calais, cant. de Lens, arr. de Béthune. = Lens.

AIZAC, s. m. Com. du dép. de l'Ardèche, cant. d'Entraigues, arr. de Privas. = Aubenas.

AIZANVILLE, s. f. Com. du dép.

de la Haute-Marne, cant. de Château-Vilain, arr. de Chaumont. = Château-Vilain.

AIZE, s. f. Com. du dép. de l'Indre, cant. de Vatan, arr. d'Issoudun. = Vatan.

AIZECOURT-LE-BAS, s. m. Com. du dép. de la Somme, cant. de Roisel, arr. de Péronne. = Péronne.

AIZECOURT-LE-HAUT, s. m. Com. de dép. de la Somme, cant. et arr. de Péronne. = Péronne.

AIZECQ, s. m. Com. du dép. de la Charente, cant. et arr. de Ruffec. = Ruffec.

AIZE-LA-VILLE, s. f. Hameau du dép. du Calvados, cant. de Coulibeuf, arr. de Falaise. = Falaise.

AIZELLES, s. f. Com. du dép. de l'Aisne, cant. de Craon, arr. de Laon. = Laon.

AIZENAY, s. m. Com. du dép. de la Vendée, cant. de Poiré, arr. de Bourbon-Vendée. = Bourbon-Vendée.

AIZIER, s. m. Com. du dép. de l'Eure, cant. de Quillebeuf, arr. de Pont-Audemer. = Pont-Audemer.

AIZY, s. m. Com. du dép. de l'Aisne, cant. de Vailly, arr. de Soissons. = Soissons.

AJAC, s. m. Com. du dép. de l'Aude, cant. et arr. de Limoux. = Limoux.

AJAC, s. m. Com. du dép. de la Dordogne, cant. de Thénon, arr. de Périgueux. = Périgueux.

AJACCIO, s. m. Ville où naquit l'Empereur Napoléon Buonaparte, est une place maritime, et le chef-lieu de préf. du dép. de la Corse, et d'un arr. de sous-préf.; évêché, trib. de 1re. inst. et de comm.; bibliothéque publique de 12,500 vol. Jardin botanique; société d'agriculture; ingénieur des ponts et chaussées; direct. de l'enregist. et des domaines 3e. classe. Direct. des contrib. dir. et indir.; receveur-général des finances, bur. de poste; 7,660 habit. environ.

Le port d'Ajaccio est défendu par une citadelle; il est vaste, commode, et peut abriter une flotte entière. Les vents d'O. y sont seuls à craindre.

Commerce de vins, d'huiles excellentes, et de corail qu'on pêche sur les bancs qui sont dans les environs de l'île.

AJACCIO (golfe d'), s. m. Il est situé sur la côte Occ. de l'île de Corse, entre le cap Muro, au S., et la pointe de Carta, N. Sur les bords de ce golfe, on trouve le vermifuge connu en médecine sous le nom de caroline rouge, ou mousse de Corse.

AJAIN, s. m. Com. du dép. de la Creuse, cant. et arr. de Guéret. = Guéret.

AJAR, s. m. Cardite.

AJICULA, s. m. Arbre du Japon. T. de bot.

AJO, AÏO ou YO, s. m. Narcisse jaune et simple. T. de bot.

AJOL, s. m. Poisson de mer à nageoires épineuses.

AJONC, s. m. Genêt épineux ou jonc marin. T. de bot.

AJONCOURT, s. m. Com. du dép. de la Meurthe, cant. de Delme, arr. de Château-Salins. = Château-Salins.

AJOU, s. m. Com. du dép. de l'Eure, cant. de Beaumesnil, arr. de Bernay. = Beaumont-le-Roger.

AJOURÉ, E, adj. Percé à jour. T. de blas.

AJOURNÉ, E, part. Assigné.

AJOURNEMENT, s. m. Assignation à jour fixe. — Délai.

AJOURNER, v. a. Assigner quelqu'un. — Renvoyer une affaire à jour fixe. — Différer.

AJOUROUB, s. m. Sorte de perroquet vert.

AJOUTAGE, s. m. Chose ajoutée. T. de fond.

AJOUTÉ, E, part. Accru, augmenté, chose à laquelle il a été joint une autre chose.

AJOUTÉE, s. f. Ligne prolongée à laquelle on ajoute. T. de géom. —, adj. f. Se dit de ce qu'on ajoute à un accord parfait, et dont cet accord prend le nom. Sixte ajoutée. T. de mus.

AJOUTER, v. a. Joindre un objet à un autre, augmenter, mettre quelque chose de plus. — foi, croire.

AJOUTOIR, s. m. V. AJOUTAGE.

AJOUVE, s. f. Plante de la Guyane. T. de bot.

AJOUX, s. m. pl. Com. du dép. de l'Ardèche, cant. et arr. de Privas. = Privas.

AJOUX, s. m. pl. Lames de fer qui retiennent les filières.

AJURATIBIRA, s. m. Arbrisseau du Brésil, dont le fruit est rouge. T. de bot.

AJURUCATINGA, s. m. Perroquet du Brésil.

AJURUCURAC, s. m. Sorte de perroquet du Brésil.

AJURUCURUCA, s. m. Perroquet du Brésil.

AJURUPURA, s. m. Perroquet du Brésil.

AJUSTAGE, s. m. Action d'ajuster les monnaies; affinage.

AJUSTE, s. f. Nœud, cordes attachées l'une au bout de l'autre. T. de mar.

AJUSTÉ, E, part. Habillé, paré; orné, concilié.

AJUSTEMENT, s. m. Action d'ajuster quelque chose. — Accommodement, ornement, parure.

AJUSTER, v. a. Rendre juste un poids, une mesure, etc. — Accommoder une chose à une autre, joindre ces choses. — Concilier, mettre d'accord. — Disposer, préparer. — Orner, embellir par des ajustemens. — Faire un ajuste. T. de mar. — Faire exécuter à un cheval les manœuvres qui lui ont été enseignées. —Viser. S'—, v. pron. Se parer, s'— au temps, s'y accommoder.

AJUSTEUR, s. m. Celui qui ajuste les flans des monnaies.

AJUSTOIR, s. m. Balance dans laquelle on pèse les matières d'or et d'argent avant de les convertir en monnaie.

AJUTAGE, s. m. Tuyau en métal soudé à un autre pour former le jet d'une fontaine.

AKANTICONE, s. m., ou AKANTICONITE, s. f. Variété d'épidote, schorl d'un vert noirâtre. T. d'hist. nat.

AKÉESIE, s. m. Arbre d'Afrique. T. de bot.

AKIDE, s. m. Coléoptère lucifuge, qui fuit la lumière. T. d'hist. nat.

AKIS, s. m. Insecte coléoptère. T. d'hist. nat.

AKOLOGIE, s. f. Voy. PHARMACOLOGIE.

AKOUCHY, s. m. Sorte de lapin. T. d'hist. nat.

ALABANDINE, s. f. Pierre précieuse, qui tient le milieu entre le rubis et le grenat. T. d'hist. nat. Voy. ALMANDIN.

ALABASTRIQUE, s. et adj. Art de composer des albâtres artificiels.

ALABASTRITE, s. f. Faux albâtre, pierre gypseuse, blanche et transparente, avec laquelle on fait des vases, des colonnes, etc.

ALACARON, s. m. Insecte venimeux de la Nigritie, qui a la grosseur et les serres de l'écrevisse, et l'aiguillon du scorpion.

ALACOALY, s. m. Agave fétide. T. de bot.

ALACTAGA, s. m. Quadrupède de Tartarie. Voy. GERBOISE. T. d'hist. nat.

ALAFIA, s. m. Sorte d'arbrisseau grimpant et laiteux de l'île de Madagascar. T. de bot.

ALAGNON (l'), s. m. Rivière qui prend sa source auprès de Grieu, dans le mont Cantal, et qui sort de cette montagne avec une telle rapidité qu'on ne pourrait la rendre favorable à la navigation.

ALAGO, s. m. Arbrisseau des îles Philippines. T. de bot.

ALAIGNE, s. f. Com. du dép. de l'Aude, chef-lieu de cant. de l'arr. de Limoux, bur. d'enregist. = Limoux.

ALAINCOURT, s. m. Com. du dép. de l'Aisne, cant. de Moy, arr. de Saint-Quentin. = St.-Quentin.

ALAINCOURT, s. m. Com. du dép. de la Meurthe, cant. de Delme, arr. de Château-Salins. = Château-Salins.

ALAINCOURT, s. m. Com. du dép. de la Haute-Saône, cant. de Vauvillers, arr. de Lure. = Vesoul.

ALAIRAC, s. m. Com. du dép. de l'Aude, cant. de Montréal, arr. de Carcassonne. = Carcassonne.

ALAIS, s. m. Ville du dép. du Gard, chef-lieu de sous-préf. et de cant., trib. de 1re inst. et de comm., société d'agric., biblioth. publique d'environ 3,300 vol., ingénieur des mines, bur. d'enregist. et de poste, direct. des contributions ind. et receveur particulier des finances; pop. 10,250 h. env.

On remarque, près de cette ville, des sources d'eaux minérales, ferrugineuses et vitrioliques. Le vitriol et la couperose, qu'on tire de plusieurs mines, rivalisent avec ce qu'on trouve de plus beau en Angleterre dans ce genre de produits.

Fabrique de bas et de gants de soie, filoselle, serges, ratines; filatures de soie; verreries considérables; usines pour la fabrication de la couperose; sulfate de fer; comm. de vins, olives, soies grèges et ouvrées, rubans de soie, etc.

ALAIS ou ALÈTHES, s. m. Oiseau de proie du Pérou et des Indes-Orientales, très propre à la chasse de la perdrix. T. de fauc.

ALAISE, s. f. Planche ajoutée; alonge d'osier pour fixer une branche. — Petit drap pour garnir le lit d'un malade.

ALAISE, s. f. Com. du dép. du Doubs, cant. d'Amancey, arr. de Besançon. = Ornans.

ALAISÉ, E, part. Poli.

ALAISER, v. a. Polir.

ALALIE, s. f. Privation de la parole. T. de méd.

ALALITE, s. m. Minéral cristallisé. T. d'hist. nat.

ALAMATON, s. f. Prune de Madagascar, qui a des pepins au lieu de noyau. T. de bot.

ALAMBIC, s. m. Appareil dont on se sert pour distiller. Passer à l'—, discuter avec soin, examiner avec la plus scrupuleuse attention. Fig.

ALAMBIQUÉ, E, part. Se dit de l'esprit, fatigué par de trop longues méditations; pensée alambiquée.

ALAMBIQUER, v. a. Fatiguer par des subtilités. S'—, v. pron. Se fatiguer l'imagination en se livrant avec trop d'opiniâtreté à l'examen de choses abstraites; se tourmenter.

ALAN, s. m. Espèce de dogue pour la chasse du sanglier.

ALAN, s. m. Petite ville du dép. de la Haute-Garonne, cant. d'Aurignac, arr. de St.-Gaudens. = Martres.

ALANA, s. f. Tripoli, pierre tendre dont se servent les orfèvres, les lapidaires, etc., pour polir leurs ouvrages.

ALAND, s. m. Ile de la mer Baltique, située à l'entrée du golfe de Bothnie, sur la côte S. O. de Finlande.

ALANDO, s. m. Com. du dép. de la Corse, cant. de Sermano, arr. de Corte. = Corte.

ALANGIS, s. m. On remarque dans ce lieu du dép. des Vosges, canton de Xertigny, arr. d'Epinal, des forges considérables, trois feux d'affinerie et onze martinets.

ALANGUIR (s'), v. pron. Perdre de sa force, de son énergie. T. inus.

ALANGUISSEMENT, s. m. Abattement; action d'alanguir, ses effets.

ALAQUE, s. f. Partie d'un édifice qui sert d'assise à la base d'une colonne. T. d'archit. Voy. PLINTHE et ORLE.

ALAQUECA, s. f. Pierre des Indes qui a la propriété d'arrêter le sang. T. d'hist. nat.

ALARGUÉ, E, part.

ALARGUER, v. n., et s'—, v. pron. Prendre le large, s'éloigner de la côte ou de quelque vaisseau. T. de mar.

ALARIC (canal d'), s. m. Dép. des Hautes-Pyrénées. Ce canal, sur la rive droite de l'Adour, au-dessous de Bagnères, fut construit, en 507, par ordre du roi Alaric. Il se réunit à la petite rivière d'Estreux, avec laquelle il se jette dans l'Adour, au-dessous de Maubourguet. On y remarque une grande quantité d'usines.

ALARMANT, E, adj. Qui effraie, qui épouvante. Sa situation est alarmante.

ALARME, s. f. Cri, signal pour faire courir aux armes : sonner, donner l'alarme. — Emotion causée dans un camp, une place forte, etc., par l'approche de l'ennemi. - Epouvante, frayeur subite. — Pl. et fig. Vives inquiétudes, chagrins que l'âme éprouve dans la crainte d'un danger à venir.

ALARMÉ, E, part. Effrayé, qui est saisi de crainte, d'épouvante.

ALARMER, v. a. Donner l'alarme, inquiéter, effrayer. Fig. S'—, v. pron. S'inquiéter, s'épouvanter.

ALARMISTE, s. m. Propagateur de mauvaises nouvelles; qui répand à dessein des nouvelles alarmantes.

ALATA, s. f. Com. du dép. de la Corse, cant. de Savi, arr. d'Ajaccio. = Ajaccio. On aperçoit de ce village une montagne, nommée Pozzo-di-Borgo, au nord de laquelle existent encore les ruines d'un village saccagé par les Maures.

ALATERNE, s. m. Arbrisseau toujours vert, de la famille des nerpruns. T. de bot.

ALATERNOÏDE, s. m. Espèce d'alaterne. T. de bot.

ALATITE, s. f. Coquillage univalve du genre des pourpres, à lèvre en aile. T. d'hist. nat.

ALATLI, s. m. Espèce de grand martin-pêcheur d'Amérique. T. d'hist. nat.

ALAUSIE (Ste.-), s. f. Com. du dép. du Lot, cant. de Castelnau, arr. de Cahors. = Castelnau.

ALAYRAC, s. m. Com. du dép. de l'Hérault, cant. de Claret, arr. de Montpellier. = Sauve.

ALAYRAC, s. m. Com. du dép. du Tarn, cant. de Cordes, arr. de Gaillac. = Cordes.

ALBACORE, s. m. Voy. SCOMBRE. T. d'hist. nat.

ALBAGNAC, s. m. Village du dép. de l'Aveyron, cant. de Sauveterre, arr. de Rhodez. = Rhodez.

ALBAIN (St.-), s. m. Com. du dép. de Saône-et-Loire, cant. de Lugny, arr. de Mâcon. = St.-Oyen.

ALBAN, s. m. Petite ville du dép. du Tarn, chef-lieu de cant. de l'arr. d'Albi. Bur. d'enregist.; exploitation de mines de fer. = Albi.

ALBAN (St.-), s. m. Com. du dép. de l'Ain, cant. d'Izernore, arr. de Nantua. = Nantua.

ALBAN (St.-), s. m. Com. du dép. des Côtes-du-Nord, cant. de Pleneuf, arr. de St.-Brieuc. = Lamballe.

ALBAN (St.-), s. m. Petite ville du dép. de la Lozère, cant. de Serverette, arr. de Marvejols. = Marvejols.

ALBAN (St.-), s. m. Com. du dép. de la Haute-Garonne, cant. et arr. de Toulouse. = Toulouse.

ALBAN-D'AY (St.-), s. m. Com. du dép. de l'Ardèche, cant. de Satillieu, arr. de Tournon. = Annonay.

ALBAN-DE-VAULX (St.-), s. m. Com. du dép. de l'Isère, cant. de Laverpillière, arr. de Vienne. = Laverpillière.

ALBAN-DU-RHÔNE (St.-), s. m. Com. du dép. de l'Isère, cant. de Roussillon, arr. de Vienne. = Le Péage.

ALBAN-ET-CONGOULE (St.), s. m. Com. du dép. de l'Ardèche, cant. de St.-Etienne-de-Lugdarès, arr. de l'Argentière. = L'Argentière.

ALBANIE, s. f. Province de la Turquie

d'Europe, devenue célèbre par la longue résistance d'Ali, pacha de Janina, contre la Porte, et par la mort de ce pacha.

ALBANIES, s. f. Com. du dép. du Cantal, cant. de Riom, arr. de Mauriac. = Bort.

ALBAN-SUR-SAMPZON (St.-), s. m. Com. du dép. de l'Ardèche, cant. de Joyeuse, arr. de l'Argentière.=Joyeuse.

ALBARA, s. m. Espèce de balisier. T. de bot.

ALBARET, s. m. Com. du dép. de l'Aveyron, cant. de Ste.-Geneviève, arr. d'Espalion. = Mur-de-Barrez.

ALBARET-LE-COMPTAL, s. m. Com. du dép. de la Lozère, cant. de Fournels, arr. de Marvejols. = St.-Chély.

ALBARET-STE.-MARIE, s. m, Com. du dép. de la Lozère, cant. de St.-Chély, arr. de Marvejols. = St.-Chély.

ALBAS, s. m. Com. du dép. de l'Aude, cant. de Durban, arr. de Narbonne. = Sigean.

ALBAS, s. m. Com. du dép. du Lot, cant. de Luzech, arr. de Cahors. = Cahors.

ALBÂTRE, s. f. Pierre blanche et tendre, de la nature du marbre, mais plus transparente; terre calcaire, ou carbonate de chaux. — Extrême blancheur. T. poét.

ALBATROS, s. m. Le plus gros des oiseaux palmipèdes. T. d'hist. nat.

ALBE ou ALBETE, s. m. Poisson d'eau douce.

ALBEFEUILLE et LAGARDE, s. f. Com. du dép. de Tarn-et-Garonne, cant. et arr. de Castel-Sarrasin. = Castel-Sarrasin.

ALBENC (l'), s. m. Com. du dép. de l'Isère, cant. de Vinay, arr. de St.-Marcellin. = St.-Marcellin.

ALBÉOGE, s. f. Espèce de sèche ou sépia, poisson de mer qui donne un suc ou encre noire dont on se sert pour le lavis.

ALBEPIERRE, s. f. Village du dép. du Cantal, cant. et arr. de Murat. = Murat.

ALBÉRA, s. f. Village du dép. des Pyrénées-Orientales, cant. d'Argelès, arr. de Céret. = Collioure.

Le 1er mai 1794, l'armée française, commandée par Dugommier, battit les Espagnols dans les environs de ce village.

ALBÈRE, s. m. Com. du dép. des Pyrénées-Orientales, cant. d'Argelès, arr. de Céret. = Céret.

ALBEREN, s. m. Lavaret, espèce de saumon qu'on trouve dans les lacs de la Suisse.

ALBÈRES, s. f. Montagnes des Pyrénées, à l'extrémité orientale. Elles s'étendent de Bellegarde jusqu'à la limite S. E. du dép. des Pyrénées-Orientales qui regarde l'Espagne.

ALBERGAME DE MER, s. f. Zoophyte marin. T. d'hist. nat.

ALBERGE, s. f. Petite pêche précoce, dont la chair est jaune et ferme.

ALBERGEAGE ou ALBERGEMENT, s. m. Bail emphytéotique. (Vi.)

ALBERGIE, s. f. Hôtellerie, logement. (Vi.)

ALBERGIER, s. m. Arbre qui porte les alberges.

ALBERNUS, s. m. Espèce de camelot du Levant.

ALBERT, s. m. Monnaie d'or flamande.

ALBERT, s. m. Petite ville du dép. de la Somme, chef-lieu de cant. de l'arr. de Péronne. Bur. d'enregist. et de poste.

On remarque, dans un souterrain de cette petite ville, une voûte de pétrifications de roseaux, d'argentines, de mousses et de diverses autres plantes aquatiques.

ALBERTACCE-ET-CALASIMA, s. f. Com. du dép. de la Corse, cant. de Calacuccia, arr. de Corte. = Corte.

ALBERTAS, s. m. Com. du dép. des Bouches-du-Rhône, cant. de Gardanne, arr. d'Aix. = Aix.

ALBERTINE, s. f. Espèce de tulipe. T. de jard. fleur.

ALBERZARIN, s. m. Laine d'Espagne.

ALBESTROFF, s. m. Com. du dép. de la Meurthe, chef-lieu de cant. de l'arr. de Château-Salins. Bur. d'enregist.=Dieuze.

ALBI, s. m. Chef-lieu de préf. du dép. du Tarn, 2e arr. de sous-préf. et cant., cour d'assises, trib. de 1re inst. et de comm., archevêché; biblioth. publique d'environ 10,000 vol.; ingén. en chef des ponts-et-chaussées, ing. des mines; direct. de l'enregist. et des domaines, des contributions directes et indirectes; receveur gén. des finances. Bur. de poste.

Cette ville a été le théâtre de sanglantes catastrophes. Au temps des Sarrasins, la population fut pour ainsi dire détruite. Elle souffrit plus encore au 13e siècle, époque à laquelle il y eut des croisades pour anéantir l'hérésie des Albigeois. Sous le règne de Louis XIV, lors de la révocation de l'édit de Nantes, les protestans d'Albi, comme leurs co-religionnaires qui résidaient en France, furent obligés de s'expatrier pour se soustraire aux persécutions du catholicisme dont, il faut bien en convenir, l'aveugle intolérance a fait germer les révolutions qui se sont opérées en Suède, en Allemagne, en Angleterre et en France, sans préjudice de celles qui peuvent naître encore, tant il est dangereux de heurter les consciences.

On remarque dans Albi l'église métropolitaine, l'hôtel de la préfect. et l'hôpital Saint-Jacques. On y fabrique draps, tricots de laine pour les troupes, linge de table, couvertures de coton, molletons, toiles de lin et de coton, cierges, bougies, etc.; forges et fonderies de boulets. Dist. de Paris, 199 l. par Toulouse. Pop. 11,000 hab.

ALBI (St.-), s. m. Com. du dép. du Tarn, cant. de Mazamet, arr. de Castres. == Mazamet.

ALBIAC, s. m. Com. du dép. de la Haute-Garonne, cant. de Caraman, arr. de Villefranche. == Caraman.

ALBIAC, s. m. Com. du dép. du Lot, cant. de la Capelle, arr. de Figeac. == Figeac.

ALBIAS, s. m. Com. du dép. de Tarn-et-Garonne, cant. de Négrepelisse, arr. de Montauban. == Montauban.

ALBICANTE, s. f. Espèce d'anémone. T. de jard. fleur.

ALBICORE, s. m. Poisson de mer qu'on trouve dans l'Océan. T. d'hist. nat.

ALBIÈRES, s. f. Com. du dép. de l'Aude, cant. de Monthoumet, arr. de Carcassonne. == La Grasse.

ALBIÈS, s. m. Com. du dép. de l'Ariège, cant. des Cabannes, arr. de Foix. == Tarascon.

ALBIGEOIS, s. m. pl. Habitans d'Albi; Manichéens, sectaires qu'on retrouve au temps de Philippe-Auguste.

ALBIGNAC, s. m. Com. du dép. de la Corrèze, cant. de Beynat, arr. de Brive. == Brive.

ALBIGNY, s. m. Com. du dép. du Rhône, cant. de Neuville, arr. de Lyon. == Lyon.

ALBIN (St.-), s. m. Com. du dép. de l'Isère, cant. du Pont-de-Beauvoisin, arr. de Latour-du-Pin. == Pont-de-Beauvoisin.

ALBINE, s. f. Village du dép. du Tarn, com. et cant. de la Bastide, arr. de Castres. == Castres.

ALBINHAC, s. m. Village réuni à la com. de Brommat, dép. de l'Aveyron, cant. de Mur-de-Barrez, arr. d'Espalion. == Mur-de-Barrez.

ALBINOS, s. m. Espèce d'hommes qui, par une bizarrerie de la nature, joignent à tous les caractères qui distinguent les nègres une blancheur blafarde et hideuse.

ALBION, s. f. La Grande-Bretagne, l'Angleterre.

ALBIOSC, s. m. Com. du dép. des Basses-Alpes, cant. de Riez, arr. de Digne. == Riez.

ALBIQUE, s. f. Espèce de craie ou terre blanche, qui a de l'analogie avec la terre sigillée.

ALBITRECCIA, s. f. Com. du dép. de la Corse, cant. de Ste.-Marie, arr. d'Ajaccio. == Ajaccio.

ALBON, s. m. Com. du dép. de la Drôme, cant. de St.-Vallier, arr. de Valence. == St.-Vallier.

ALBORA ou ALBARAS, s. m. Espèce de lèpre qui s'annonce au visage par des taches semblables à la serpigine, et qui se change ensuite en pustules de la nature des dartres farineuses. T. de méd.

ALBORNOZ, s. m. Manteau à capuchon de poil de chèvre.

ALBRAN, s. m. Voy. HALBRAN.

ALBRENÉ, E, part. Voy. HALBRENÉ.

ALBRENER, v. n. Voy. HALBRENER.

ALBRES (les), s. f. pl. Village du dép. de l'Aveyron, cant. d'Asprières, arr. de Villefranche. == Rignac.

ALBUCAS, s. m. pl. Plantes liliacées. T. de bot.

ALBUGINÉ, E, adj. Se dit d'une membrane légère et transparente qui recouvre le globe de l'œil. On donne encore cette épithète à une membrane qui enveloppe chaque testicule. T. de chir.

ALBUGINEUX, EUSE, adj. Qui est de couleur blanche. T. d'anat.

ALBUGO, s. f. Tache blanche à la cornée de l'œil, causée par l'engorgement des vaisseaux lymphatiques. On l'appelle encore taie de l'œil. T. de méd.

ALBUM, s. m. Mot latin qui signifie blanc. — Petit livre magnifiquement relié, que les artistes et les savans portent en voyage pour s'introduire auprès des personnages distingués par leur rang ou leur fortune. Les uns, et c'est le plus grand nombre, se bornent à écrire leur nom; les autres y ajoutent une sentence ou des vers qu'ils sont censés improviser. — Cahier de papier blanc pour écrire ou dessiner. — Græcum, crotte blanche de chien, phosphate de chaux. T. de chim.

ALBUMEN, s. m. Substance sèche ou cornée qui accompagne l'embryon. Voy. PÉRISPERME.

ALBUMINE, s. f. Substance animale, de la nature du blanc d'œuf. T. de chim.

ALBUMINÉ, E, adj. Qui contient de l'albumen. T. de bot.

ALBUMINEUX, EUSE, adj. Qui ressemble au blanc d'œuf.

ALBUNÉE, s. f. Espèce de cancre ou écrevisse de mer. T. d'hist. nat.

ALBURNÉ, s. m. Espèce de centropome ou de perche, poisson d'eau douce. T. d'hist. nat.

ALBUSSAC, s. m. Com. du dép. de la Corrèze, cant. d'Argentat, arr. de Tulle. == Argentat.

ALCA, s. f. Espèce de Pingouin, oiseau de mer qui ne peut voler. T. d'hist. nat.

ALCABEHETY, s. m. Com. du dép. des Basses-Pyrénées, cant. de Tardets, arr. de Mauléon. == Mauléon.

ALCADE, s. m. Fonctionnaire public, qui est à la fois administrateur et juge d'une ville ou d'un village en Espagne.

ALCAEST ou ALCHAEST, s. m. Dissolvant universel qui n'existe que dans la tête des alchimistes.

ALCAÏQUE, adj. Se dit d'un vers grec ou latin, composé de deux pieds et demi, suivis de deux dactyles. T. de poés.

ALCALESCENCE, s. f. Putréfaction, qui produit un alcali volatil. T. de méd.

ALCALESCENT, E, adj. Qui tend à la putréfaction, et devient alcalin. T. de chim.

ALCALI ou ALKALI, s. m. Substance âcre, d'une saveur urineuse, qui verdit plusieurs couleurs végétales bleues ou rouges, dissout la plupart des matières animales, et forme des sels en se combinant avec les acides. — minéral, combinaison de l'oxigène avec les métaux alcalifiables, potasse, soude, etc. — végétal, principe immédiat des végétaux qui jouit de l'alcalicité; morphine, strychnine, etc.

ALCALICITÉ, s. f. Propriété de ce qui est alcalin. T. de chim.

ALCALIFIABLE, adj. Qui peut être converti en alcali. T. de chim.

ALCALIFIANT, adj. Qui produit l'alcali. T. de chim.

ALCALIGÈNE, s. m. Principe des alcalis. —, adj. Alcalifiant, qui engendre les alcalis. T. de chim.

ALCALIN, E, adj. Qui a la propriété des alcalis. T. de chim.

ALCALISATION, s. f. Opération chimique pour extraire l'alcali. T. de chim.

ALCALISÉ, E, part. Se dit d'une substance dont on a séparé la partie acide pour n'y laisser que l'alcaline. T. de chim.

ALCALISER, v. a. Dégager, séparer la partie acide d'un corps de manière à ne laisser dans le récipient que l'alcali. T. de chim.

ALCANA, s. f. Racine de buglose qui sert pour la teinture.

ALCANNA, s. m. Plante du Levant. T. de bot.

ALCANTARA, s. m. Ville d'Espagne, célèbre par l'ordre militaire auquel elle a donné son nom.

ALCARAZAS, s. m. Vase très-poreux, destiné à rafraîchir l'eau.

ALCATRAZ, s. m. Oiseau de mer, petit cormoran. T. d'hist. nat.

ALCAY, s. m. Com. du dép. des Basses-Pyrénées, cant. de Tardets, arr. de Mauléon. = Mauléon.

ALCE ou ALCÉE, s. f. Quadrupède du nord, élan, animal plus gros que le cerf.

ALCÉE, s. f. Plante qui ressemble à la mauve commune, dont elle a la propriété; rose d'Egypte, rose trémière.

ALCHÉRON, s. m. Pierre qui se trouve dans la vésicule qui renferme le fiel du bœuf.

ALCHIMIE, s. f. Erreur de quelques savans auxquels la chimie doit la plus grande partie de ses progrès, et qui, en cherchant les moyens de transmuer les métaux, ont fait des découvertes précieuses pour la science. — Philosophie hermétique.

ALCHIMILLE, s. f. Pied de lion, plante rosacée. T. de bot.

ALCHIMIQUE, adj. Relatif à l'alchimie.

ALCHIMISTE, s. m. Qui travaille au grand œuvre, qui s'occupe d'alchimie.

ALCIDON, s. m. Sorte d'œillet piqueté. T. de jard. fleur.

ALCIETTE-BASCASSAN, s. f. Com. du dép. des Basses-Pyrénées, cant. de St.-Jean-Pied-de-Port, arr. de Mauléon. = St.-Jean-Pied-de-Port.

ALCINE, s. f. Voy. ALSINE.

ALCMANCIEN, adj. m. Se dit d'un vers latin, composé de trois dactyles et une césure.

ALCOHOL, s. m. Poudre très fine, impalpable; esprit-de-vin pur; fluide léger, transparent, pénétrant. T. de chim.

ALCOHOLIQUE, adj. Qui tient de l'alcohol. T. de chim.

ALCOHOLISATION, s. f. Action de pulvériser, de réduire en poudre impalpable. T. de chim.

ALCOHOLISÉ, E, part. Réduit en poudre impalpable, à l'état d'alcohol. T. de chim.

ALCOHOLISER, v. a. Réduire en poudre impalpable, à l'état d'alcohol. T. de chim.

ALCORAN ou CORAN, s. m. Évangile des Mahométans; lois de Mahomet.

ALCORANISTE, adj. Qui suit l'Alcoran, qui en observe les préceptes.

ALCOVE, s. f. Enfoncement pratiqué dans une chambre pour y placer un lit.

ALCOVISTE, s. m. Sorte de sigisbé d'une de ces prudes, dont Molière a peint le travers dans la comédie des Précieuses ridicules.

ALCYON, s. m. Sorte d'oiseaux qui font leur nid au bord de la mer. — Nid qu'on range parmi les alimens les plus délicats en Chine. — Genre de zoophites de mer.

ALCYONIEN, NE, adj. Qui est relatif à l'alcyon. Jours —. Les sept jours qui précèdent et les sept jours qui suivent le solstice d'hiver, durant lesquels, dit-on, l'alcyon fait son nid, la mer étant alors dans le plus grand calme.

ALCYONITE, s. m. Alcyon fossille. T. d'hist. nat.

ALDÉBARAM ou ALDÉBARAN, s. m. Etoile fixe de la première grandeur, dans l'œil du Taureau, près des Hyades. T. d'astr.

ALDÉE, s. f. Nom des bourgs et villages sur la côte de Coromandel. — Plante du Chili dont on se sert pour peindre en noir. T. de bot.

ALDERMAN ou ALDERMANN, s. m. Officier chargé de la police municipale en Angleterre; adjoint au maire.

ALDIN, E, adj. C'est ainsi qu'on appelait autrefois le caractère italique. Édition aldine.

ALDUDES, s. f. Com. du dép. des Basses-Pyrénées, cant. de St.-Etienne, arr. de Mauléon. = St.-Jean-Pied-de-Port.

ALE, s. m. Bière forte. Voy. AILE.

ALÉATOIRE, adj. Qui repose sur un événement incertain. T. de jurisp.

ALEBRANDE ou ALDEBRANDE, s. f. Sarcelle, oiseau aquatique, espèce de petit canard.

ALECHTRE, s. m. Plante rhinantacée qui se trouve au Cap, sur le bord des rivières. T. de bot.

ALECTOIRE ou ALECTORIENNE, s. f. Pierre que l'on disait exister dans l'estomac des vieux coqs.

ALECTOROLOPHOS, s. m. Crête de coq, plante. T. de bot. Voy. PÉDICULAIRE.

ALECTOROMANCIE ou ALECTRYOMANCIE, s. f. Divination par le moyen d'un coq.

ALECTOROPHONÈME, s. m. Chant du coq.

ALECTRIDES, s. m. pl. Gallinacés domestiques. T. d'hist. nat.

ALECTROLOPHOS, s. m. Alliaire, sauge des prés, plante médicinale. T. de bot.

ALÉGATE, s. f. Pince d'émailleur.

ALÈGE, s. m. Mur d'appui sous une fenêtre. T. inus.

ALÈGRE, adj. Voy. ALLÈGRE.

ALEIRON, s. m. Liteau pour hausser les lices, pièce du métier d'étoffe de soie.

ALEMBON, s. m. Com. du dép. du Pas-de-Calais, cant. de Guisne, arr. de Boulogne. = Calais.

ALÉMONT, s. m. Com. du dép. de la Moselle, cant. de Veny, arr. de Metz. = Metz.

ALENÇON, s. m. Chef-lieu de préf. du dép. de l'Orne, du 3e arr. de sous-préf. et de deux cant. ou justices de paix; cour d'assises, trib. de 1re inst. et de comm.; cabinets de physique et d'histoire naturelle; biblioth. publiq., renfermant environ 6,600 vol.; ingénieur en chef des ponts-et-chaussées, direct. de l'enregist., des domaines, des contrib. directes et indirectes; inspection forestière, recev. général des finances et bur. de poste. Pop. 14,000 hab. env.

On trouve, dans les environs de cette ville, des mines de fer, des carrières d'où l'on tire des pierres faciles à polir, et qui sont connues dans le commerce sous le nom de diamans d'Alençon; des fabriques considérables de dentelles ou points d'Alençon; de toiles, bougran, coutil, mousselines, basins, serges, étamines, etc.

Comm. de chevaux normands, plumes et duvet d'oie, cidre, etc.

À L'ENCONTRE, adv. Voy. ENCONTRE.

ALÈNE, s. f. Poinçon de fer pour percer le cuir.

ALÉNÉ, E, adj. Terminé en pointe. T. de bot.

ALENIER, s. m. Fabricant et marchand d'alènes. — Sorte de crible.

ALÉNOIS, s. m. et adj. Sorte de cresson à feuilles découpées.

ALENTEJO, s. m. Province de Portugal, bornée au N. par la province de Beira, à l'E. par l'Espagne, au S. par les Algarves, à l'O. par l'Océan atlantique et l'Estramadure. Cette province, la plus grande du Portugal, est arrosée par le Tage.

À L'ENTOUR, adv. Voy. ENTOUR.

ALENTOURS, s. m. pl. Lieux circonvoisins. — Personnes dont on est habituellement entouré. T. fam.

ALENYA, s. m. Com. du dép. des Pyrénées-Orientales, cant. et arr. de Perpignan. = Perpignan.

ALEP, s. m. Belle et grande ville de Syrie, capitale d'un pachalic de la Turquie d'Asie, était l'entrepôt du commerce d'Asie et d'Afrique. Elle fut pour ainsi dire détruite par un tremblement de terre en 1822.

ALÉPHANGINE, adj. f. Se dit de pilules stomachiques et purgatives. T. de pharm.

ALÉPIDE, s. f. Plante d'Afrique. T. de bot.

ALÉPIDOTE, s. m. Nom des poissons sans écailles. T. d'hist. nat.

ALÉPINE, s. f. Noix de Galle d'Alep. — Etoffe de soie et de laine.

ALÉRION, s. m. Jeune aigle dont les ailes sont étendues, et qui n'a ni bec ni pieds. T. de blas.

ALERTE, adj. Vigilant, vif, prompt, ingambe. — s. f. Alarme qui se répand tout à coup. — interj. Debout! sur vos gardes!

ALES, s. f. Com. du dép. de la Dordogne, cant. de Cadouin, arr. de Bergerac. = Belvès.

ALÉSAGE, s. m. Action d'aléser.

ALÉSÉ, E, part. Calibré, poli. — adj. isolé, suspendu. T. de blas.

ALÉSER, v. a. Calibrer un canon, le forer. — Limer, polir. — Les carreaux, battre légèrement sur l'enclume pour redresser leurs bords. T. de monn.

ALÉSOIR, s. m. Outil pour perforer les canons.

ALESTER (S'), v. pron. Se disposer à partir. T. de mar.

ALESTI, E, part. Débarrassé.

ALESTIR, v. a. et n. Se débarrasser de tout ce qui gêne à la manœuvre. T. de mar.

ALÉSURE, s. f. Métal détaché par l'alésoir.

ALET, s. m. Petite ville du dép. de l'Aude, cant. et arr. de Limoux. = Limoux. On y trouve quatre fontaines d'eaux minérales, trois froides et une chaude. Ces eaux sont fort estimées. Mines de fer et de cuivre dans les environs; forges et clouteries.

ALETHE, s. m. Voy. ALAIS.

ALÈTRES, s. m. pl. Plantes liliacées. T. de bot.

ALETTE, s. f. Côté, jambage, petite aile. T. d'arch.

ALETTE, s. f. Com. du dép. du Pas-de-Calais, cant. de Hucqueliers, arr. de Montreuil. = Montreuil.

ALEU, s. m. Com. du dép. de l'Ariége, cant. de Massat, arr. de St.-Girons. = St.-Girons.

Mines de plomb dans les environs de ce village.

ALEUROMANCE ou ALEUROMANCIE, s. f. Divination au moyen de la farine.

ALEVIN, s. m. Menu poisson qui sert à peupler les étangs.

ALEVINAGE, s. m. Fretin, nom générique de tout petit poisson qui peut servir à l'alevin, et que les pêcheurs rejettent dans l'eau.

ALEVINÉ, E, part. Empoissonné, en parlant d'un étang dans lequel on a jeté de l'alevin.

ALEVINER, v. a. Jeter de l'alevin dans un étang.

ALEVINIER, s. m. Petit étang pour élever de l'alevin. On dit aussi ALVINIER.

ALEVRIT, s. m. Arbre des îles du sud. T. de bot.

ALEXAIN, s. m. Com. du dép. de la Mayenne, cant. et arr. de Mayenne. = Mayenne.

ALEXANDRE, s. m. Fils de Philippe, roi de Macédoine, fut surnommé le Grand, encore bien qu'il fût petit de taille. Il se rendit maître de l'Asie, et vainquit Darius.

ALEXANDRE (St.-), s. m. Com. du dép. du Gard, cant. de Pont-St.-Esprit, arr. d'Uzès. = Pont-St.-Esprit.

ALEXANDRIE, s. f. Ville d'Egypte où débarqua le général Buonaparte lors de son expédition. — Ville fortifiée du Piémont.

ALEXANDRIN, adj. m. Se dit d'un vers français de douze syllabes pour le masculin et de treize pour le féminin.

ALEXANDRINE, s. f. Sorte de musique et de danse. — Pl. Etoffes qui imitent celles qu'on fabrique dans Alexandrie.

ALEXIEN, s. m. Cellite, religieux de l'ordre Saint-Augustin.

ALEXIPHARMAQUE, s. m. et adj. Se dit des médicamens sudorifiques qu'on administre pour atténuer l'effet des poisons. T. de méd.

ALEXIPYRÉTIQUE, s. m. et adj. Fébrifuge. T. de méd.

ALEXITÈRE, s. m. et adj. Médicament alexipharmaque contre la morsure des bêtes venimeuses. T. de méd.

ALEYRAC, s. m. Com. du dép. de la Drôme, cant. de Dieu-le-Fit, arr. de Montélimar. = Dieu-le-Fit.

ALEYRAT, s. m. Com. du dép. de la Corrèze, cant. de Maymac, arr. d'Ussel. = Ussel.

ALEZAN, s. m. Cheval de poil alezan, tirant sur le roux, le fauve.

ALEZAN, E, adj. D'un roux fauve, tirant sur le roux, en parlant des chevaux.

ALÈZE, s. f. Voy. ALAISE.

ALÉZÉ, E, adj. Accourci à l'extrémité. T. de blas.

ALFANE, s. f. Jument, cavale. (Vi.)

ALFANGE, s. f. Laitue qui se plante en avril.

ALFÉNIC ou ALPHŒNIX, s. m. Sucre d'orge blanc et tors. T. de confis.

ALFIER, s. m. Porte-enseigne. (Vi.)

ALFONSIN, s. m. Instrument de chirurgie pour extraire les balles dans les plaies d'armes à feu. On l'appelle encore ALFONTIN. T. de chir.

ALFORT, s. m. Village de la com. de Maisons, cant. de Charenton-le-Pont, arr. de Sceaux, dép. de la Seine. = Charenton.

Ce village est célèbre par son école vétérinaire qui possède un jardin botanique avec un très-beau cabinet d'anatomie comparée.

ALFOS ou ALPHOS, s. m. Espèce de lèpre. C'est la plus bénigne des maladies de peau, et celle qui cède le plus facilement au traitement. T. de méd.

ALGAJOLA, s. f. Petite ville fortifiée

et port de mer du dép. de la Corse, chef-lieu de cant. de l'arr. de Calvi. = Bastia.

ALGALIE, s. f. Sonde d'argent que l'on introduit dans le canal de l'urèthre et qu'on fait pénétrer dans la vessie pour en retirer l'urine. T. de méd.

ALGANON, s. m. Chaîne que portent les galériens lorsqu'ils vont en ville pour travailler.

ALGANS, s. m. Com. du dép. du Tarn, cant. de Cuq-Toulza, arr. de Lavaur. = Lavaur.

ALGARADE, s. f. Sortie brusque et inconvenante contre quelqu'un; scène fâcheuse où les divers acteurs se trouvent presque toujours compromis.

ALGAROT, s. m. Poudre émétique. T. de méd.

ALGARROBALE, s. m. Haricot résineux qui se trouve au Pérou.

ALGARVE, s. f. Province méridionale du Portugal, bornée au N. par l'Alentejo, à l'E. par l'Andalousie, au S. et à l'O. par l'Océan atlantique.

ALGATRANE, s. f. Sorte de poix dont on se sert pour calfater les navires.

ALGAZEL, s. f. Gazelle d'Arabie.

ALGE, s. f. Voy. ALGUE.

ALGÈBRE, s. f. Science du calcul des grandeurs, représentées par les lettres de l'alphabet qui n'en déterminent ni l'espèce ni le nombre. — Chose difficile à comprendre. Fig.

ALGÉBRIQUE, adj. Qui appartient à l'algèbre.

ALGÉBRISER, v. n. Etudier l'algèbre; employer les lettres de l'alphabet pour calculer les propriétés des grandeurs. — Disserter sur des matières algébriques.

ALGÉBRISTE, s. m. Celui qui sait l'algèbre et qui s'occupe de cette science.

ALGEDO, s. f. Accident dans la gonorrhée virulente. T. de méd.

ALGENEB, s. m. Étoile au côté droit de Persée. On dit aussi ALGÉNIB ou ALGÉNIR.

ALGER, s. m. Ville, sur la côte septentrionale d'Afrique, qui défiait depuis des siècles les puissances maritimes de l'Europe, et qui, notamment, avait résisté à Charles-Quint. Naguère elle était la résidence d'un dey qui, sous la suzeraineté de la Porte, commandait à toute cette côte de la Barbarie, et continuait d'imposer des tributs honteux à l'Europe chrétienne. Ce chef de pirates, à l'abri de ses forts hérissés de canon, et protégé par les tempêtes, ayant osé insulter la France dans la personne de son représentant, une armée française de 28 à 30,000 hommes, commandée par le maréchal Bourmont, débarqua sur la côte d'Afrique dans le courant du mois de juin 1830, culbuta 60,000 Arabes, et, peu de jours après, força le dey à implorer la générosité de son vainqueur. Depuis cette mémorable époque, Alger est sous la domination de la France.

ALGÉRIEN, NE, adj. Qui est originaire d'Alger, qui habite cette régence.

ALGÉROTH, s. f. Antimoine et mercure sublimé.

ALGETE, s. f. Plante qui ressemble à l'ail.

ALGIDE, adj. Se dit d'une fièvre intermittente caractérisée par un froid continu. Fièvre algide. T. de méd.

ALGIE, s. f. Douleur. T. de méd.

ALGIRE, s. m. Lézard remarquable par quatre lignes jaunes. T. d'hist. natur.

ALGIS (St.), s. m. Com. du dép. de l'Aisne, cant. et arr. de Vervins. = Vervins.

ALGOLSHEIM, s. m. Com. du dép. du Haut-Rhin, cant. de Neuf-Brisack, arr. de Colmar. = Neuf-Brisack.

ALGONGUIN, E, s. Tribut de l'Amérique septentrionale dans le Canada.

ALGORITHME, s. m. Science des nombres; art de calculer.

ALGRANGE, s. f. Com. du dép. de la Moselle, cant. de Cattenom, arr. de Thionville. = Thionville.

ALGUAZIL, s. m. Gendarme espagnol, exempt, agent de police chargé des arrestations.

ALGUE, s. f. Sorte d'herbe qui végète dans la mer, et que le gros temps jette quelquefois sur ses bords.

ALGUETTE, s. f. Plante aquatique. T. de bot.

ALHAGI ou AGUL, s. m. Plante légumineuse de la Mésopotamie, de la Perse et de l'Arabie. T. de bot.

ALIAIRE, s. f. Voy. ALLIAIRE.

ALIBANIES, s. f. pl. Toiles de coton des Indes.

ALIBI, s. m. Expr. latine. Ailleurs. Invoquer l'—. Prouver qu'on était éloigné du lieu où le crime a été commis.

ALIBIFORAIN, s. m. Propos qui n'a pas de rapport à la chose dont il est question; vaine allégation; mauvaise défaite. T. fam.

ALIBILE, adj. Se dit de tout ce qui est propre à la nutrition. T. de méd.

ALIBORON, s. m. Nom que Lafontaine a donné à un âne qu'il met en scène dans l'une de ses fables. — Ignorant qui se mêle de tout et qui brouille tout.

ALIBOUFIER, s. m. Arbre dont une espèce donne le benjoin et une autre le styrax.

ALICA, s. m. Sorte de froment; aliment composé de graines farineuses. — Boisson faite avec du grain fermenté et mêlé avec le cidre et le poiré.

ALICANTE, s. f. Ville maritime d'Espagne, royaume de Valence. Parmi les vins généreux qui nous viennent d'Espagne, ceux d'Alicante méritent d'être distingués ; on les ordonne pour fortifier l'estomac.

ALICATE ou **BRUXELLES**, s. f. Pince d'émailleur. Voy. ALEGATE.

ALICHAMP, s. m. Com. du dép. du Cher, cant. de Châteauneuf-sur-Cher, arr. de St.-Amand. = Châteauneuf-sur-Cher.

ALICHON, s. m. Ais sur lequel tombe l'eau qui fait tourner la roue d'une usine. Voy. ALLUCHON.

ALICONDE, s. m. Arbre de la Nigritie dont l'écorce préparée est propre à faire du fil.

ALIDADE, s. f. Règle qui tourne sur le centre d'un instrument géométrique ou astronomique avec lequel on mesure les angles.

ALIDOR, s. m. Œillet violet. T. de jard. fleur.

ALIDRE, s. m. Serpent blanc des Indes. T. d'hist. nat.

ALIÉNABLE, adj. Qui peut être aliéné, vendu.

ALIÉNATAIRE, s. Acquéreur ; celui auquel on vend, on aliène.

ALIÉNATEUR, TRICE, s. Celui ou celle qui vend, qui aliène.

ALIÉNATION, s. f. Vente, transport de la propriété d'un fonds de terre, d'une maison, etc. — d'esprit, folie. — des esprits, haine, aversion.

ALIÉNÉ, E, part. Vendu. — s. fou, folle.

ALIÉNER, v. a. Transférer la propriété d'un immeuble, vendre. — les esprits, les affections, les cœurs ; faire perdre l'affection, l'estime, la bienveillance. — l'esprit, rendre fou, fig. S'—, v. pron. Se séparer. (Vi.). S'—, perdre, par sa faute, l'affection de quelqu'un.

ALIÈZE, s. f. Com. du dép. du Jura, cant. d'Orgelet, arr. de Lons-le-Saulnier. = Orgelet.

ALIGNAN-DU-VENT, s. m. Com. du dép. de l'Hérault, cant. de Servian, arr. de Béziers. = Béziers.

ALIGNÉ, E, part. Rangé sur une même ligne.

ALIGNEMENT, s. m. Action d'aligner ; ligne tirée pour y parvenir. — Commandement militaire pour rectifier la ligne.

ALIGNER, v. a. Ranger sur une même ligne, ajuster, rendre régulier. — Couvrir une femelle. T. de vén. S'—, v. pr. Se mettre sur la même ligne. S'—, se battre. T. fam.

ALIGNOIR ou **ALIGNONET**, s. m. Outil d'ardoisier en forme de coin.

ALIGNOLE, s. f. Filet pour le gros poisson ; filet en nasse lestée et frottée. T. de pêch.

ALIHERMONT (Notre-Dame d'), s. m. Com. du dép. de la Seine-Inférieure, cant. d'Envermeu, arr. de Dieppe. = Dieppe.

ALIHERMONT (St-Jacques d'), s. m. Com. du dép. de la Seine-Inférieure, cant. d'Envermeu, arr. de Dieppe. = Dieppe.

ALIHERMONT (St-Nicolas d'), s. m. Com. du dép. de la Seine-Inférieure, cant. d'Envermeu, arr. de Dieppe. = Dieppe.

ALIMELLE, s. m. Testicule d'agneau.

ALIMENT, s. m. Substance nutritive ; tout ce qui sert à entretenir ou à augmenter une chose. Prop. et fig. — Ce qui fomente, perpétue ; l'aliment des discordes civiles. — Pl. Tout ce qu'il faut pour la nourriture et l'entretien de quelqu'un.

ALIMENTAIRE, adj. Destiné pour les alimens. Pension —, pension que les enfans sont tenus de faire à leurs parens.

ALIMENTATION, s. f. Action d'alimenter.

ALIMENTÉ, E, part. Nourri, entretenu.

ALIMENTER, v. a. Nourrir ; fournir les alimens nécessaires ; entretenir. — Fomenter. Alimenter les haines, les discordes civiles, fig.

ALIMENTEUX, EUSE, adj. Qui nourrit. T. de méd.

ALIMOCHE, s. m. Sorte de vautour. T. d'hist. nat.

ALIMUS, s. m. Arbrisseau d'un beau vert dont la fleur ressemble à celle du muguet. T. de bot.

ALINCOURT, s. m. Com. du dép. des Ardennes, cant. de Juniville, arr. de Rethel. = Rethel.

ALINCTHUN et LIANNES, s. m. Com. du dép. du Pas-de-Calais, cant. de Desvres, arr. de Boulogne. = Samer.

ALINÉA, s. m. Commencement d'une suite de phrases, marqué par une ligne rentrante. Ce mot dérive du latin, et ne prend point d's au pl. — Adv. A la ligne.

ALINETTES, s. f. pl. Baguettes pour embrocher les harengs à saurer.

ALIPÈDE, adj. Se dit des chauves-souris et autres petits mammifères ailés. T. d'hist. nat.

ALIPTES, s. m. pl. Ceux qui frottaient d'huile les athlètes, les palefreniers. T. d'antiq.

ALIPTÉRION, s. m. Chez les peuples où les exercices gymnastiques étaient en usage, c'était un appartement où se rendaient les athlètes pour se faire frotter le corps avec de l'huile.

ALIPTIQUE, s. f. Art de frictionner le corps pour conserver la santé, augmenter l'élasticité et la force des muscles, entretenir la fraîcheur du teint. T. d'antiq.

ALIQUANTE, adj. f. Se dit des parties qui ne sont pas contenues dans un tout. Trois est une partie aliquante de sept. T. de math.

ALIQUOTE, s. f. et adj. Se dit d'une partie contenue un certain nombre de fois, sans reste, dans un tout. Quatre est une partie aliquote de douze. T. de math.

ALISE-STE.-REINE, s. f. Com. du dép. de la Côte-d'Or, cant. de Flavigny, arr. de Semur. = Flavigny.
On trouve dans ce village des sources d'eaux minérales assez estimées, et dans les environs plusieurs mines de fer.

ALISIER, s. m. Voy. ALIZIER.

ALISMES, s. m. pl. Nom de plusieurs plantes, telles que le plantin de montagnes, le doronic, etc. T. de bot.

ALISMOÏDES, s. m. pl. Famille des alismes. T. de bot.

ALISSAS, s. m. Com. du dép. de l'Ardèche, cant. et arr. de Privas. = Privas.

ALITE, s. m. Oiseau qui indiquait l'avenir par ses différentes manières de manger.

ALITÉ, E, part. Réduit à garder le lit.

ALITER, v. a. Réduire à garder le lit. — arranger par lits; aliter les anchois. S'—, v. pron. Se mettre, se tenir au lit par maladie.

ALITURGIQUE, adj. Se dit des jours auxquels on ne fait à l'église ni offices ni cérémonies.

ALIX, s. m. Com. du dép. du Rhône, cant. d'Anse, arr. de Villefranche. = Anse.

ALIXAN, s. m. Com. du dép. de la Drôme, cant. de Bourg-du-Péage, arr. de Valence. = Bourg-du-Péage.

ALIZAY, s. m. Com. du dép. de l'Eure, cant. de Pont-de-l'Arche, arr. de Louviers. = Pont-de-l'Arche.

ALIZE, s. f. Petit fruit aigre et rouge.

ALIZÉ, adj. Se dit des vents réguliers qui règnent entre les tropiques.

ALIZIER, s. m. Arbre de nos forêts qui porte l'alize.

ALKEKENGE, s. f. Voy. COQUERET.

ALKEKENGÈRE, s. f. Plante du Pérou à fleurs campaniformes, à fruits vénéneux. T. de bot.

ALKERMÈS, s. m. Préparation pharmaceutique dont le kermès animal est la base.

ALLAGNAT, s. m. Com. du dép. du Puy-de-Dôme, cant. de Rochefort, arr. de Clermont. = Clermont.

ALLAIN-AUX-BŒUFS, s. m. Com. du dép. de la Meurthe, cant. de Colombay, arr. de Toul. = Colombay.

ALLAINES, s. f. Com. du dép. de la Somme, cant. et arr. de Péronne. = Péronne.

ALLAINES, s. f. Com. du dép. d'Eure-et-Loir, cant. de Janville, arr. de Chartres. = Thoury.

ALLAINVILLE, s. f. Com. du dép. d'Eure-et-Loir, cant. et arr. de Dreux. = Dreux.

ALLAINVILLE, s. f. Com. du dép. du Loiret, cant. d'Outarville, arr. de Pithiviers. = Thoury.

ALLAINVILLE et HATTONVILLE, s. f. Com. du dép. de Seine-et-Oise, cant. de Dourdan, arr. de Rambouillet. = Dourdan.

ALLAIRE, s. m. Com. du dép. du Morbihan, chef-lieu de cant. de l'arr. de Vannes. Bur. d'enregist. de Rochefort. = Redon.

ALLAISES, s. f. pl. Barres placées en travers des rivières.

ALLAITE, s. f. Tette de la louve. T. de vén.

ALLAITÉ, E, part. Nourri de lait.

ALLAITEMENT, s. m. Action d'allaiter.

ALLAITER, v. a. Nourrir de son lait.

ALLAMONT, s. m. Com. du dép. de la Moselle, cant. de Conflans, arr. de Briey. = Metz.

ALLAMPS, s. m. Com. du dép. de la Meurthe, cant. de Colombey, arr. de Toul. = Colombey.

ALLAN, s. m. Com. du dép. de la Drôme, cant. et arr. de Montélimar. = Montélimar.
C'est dans ce village, assis sur un mamelon sablonneux assez élevé, qu'ont été plantés les premiers mûriers apportés en France. On y récolte des vins d'une bonne qualité.

ALLANCHE, s. f. Petite ville du dép. du Cantal, chef-lieu de cant. de l'arr. de Murat. Bur. d'enregist. = Murat.

ALLAND'HUY, s. m. Com. du dép. des Ardennes, cant. d'Attigny, arr. de Vouziers. = Attigny.

ALLANT, s. m. Qui va et vient. Il ne se dit guère qu'au pl. Les allans et venans.

ALLANT, E, adj. Alerte, dispos; qui aime à marcher, à courir.

ALLANTE, s. m. Hyménoptère tenthrédine. T. d'hist. nat.

ALLANTOÏDE, s. f. Membrane qui

se trouve entre l'amnios et le chorion dans le placenta de quelques animaux. T. d'anat. comparée.

ALLARMONT, s. m. Com. du dép. des Vosges, cant. de Raon-l'Etape, arr. de St.-Dié. = Raon-l'Etape.

ALLAS-BOCAGE, s. m. Com. du dép. de la Charente-Inférieure, cant. de Mirambeau, arr. de Jonzac.=Mirambeau.

ALLAS-CHAMPAGNE, s. m. Com. du dép. de la Charente-Inférieure, cant. d'Archiac, arr. de Jonzac. = Pons.

ALLAS-DE-BERBIGUIÈRE, s. m. Com. du dép. de la Dordogne, cant. de St.-Cyprien, arr. de Sarlat. = Sarlat.

ALLASIC ou **ALLASIE**, s. m. Grand arbre d'Afrique.

ALLAS-L'ÉVÊQUE, s. m. Com. du dép. de la Dordogne, cant. et arr. de Sarlat. = Sarlat.

ALLASSAC, s. m. Com. du dép. de la Corrèze, cant. de Donzenac, arr. de Brive. = Donzenac.

ALLAUCH, s. m. Com. du dép. des Bouches-du-Rhône, cant. et arr. de Marseille. = Marseille.

On croit que c'est dans ce bourg, bâti sur la pente d'un coteau au bas duquel passe la petite rivière du Jaret, que fut fondée la première colonie grecque qui vint, sous la protection des Marseillais, s'établir sur le territoire des Gaules.

ALLAYÉ, E, part. Voy. Aloyé.

ALLAYER, v. a. Voy. Aloyer.

ALLÉ ou **ÉTÉ**, part. Transporté en un lieu. Allé, désigne qu'une personne n'est pas revenue d'un lieu : Il est allé à Paris. Eté, marque le retour : Vous avez été à la campagne.

ALLEAUME, s. f. Com. du dép. de la Manche, cant. et arr. de Valognes.=Valognes.

ALLEBATE, s. f. Espèce de fauvette.

ALLÉCHÉ, E, part. Attiré par le plaisir.

ALLÉCHEMENT, s. m. Moyen par lequel on allèche; attrait.

ALLÉCHER, v. a. Attirer par le plaisir, séduire.

ALLÉE, s. f. Passage entre deux murs; lieu propre à se promener, qui s'étend en longueur entre deux rangs d'arbres ou de verdure. —, pl. — et venues, pas, démarches qu'on fait pour une affaire.

ALLÉGATEUR, s. m. Celui qui allègue. T. inus.

ALLÉGATION, s. f. Citation d'une autorité, d'une loi, d'un fait. — Proposition mise en avant.

ALLÈGE, s. f. Chaloupe à la suite d'un vaisseau, pour le décharger de ce qu'il a de trop. — Partie de croisée; appui; petit mur peu épais dans une embrasure. — Machine qu'on appelle plus communément chameau. T. d'archit.

ALLÉGÉ, E, part. Rendu plus léger.

ALLÉGEANCE, s. f. Soulagement, adoucissement. Serment d'—, en Angleterre, serment de fidélité au roi.

ALLEGEAS ou **ALLEGIAS**, s. m. Etoffe des Indes.

ALLÉGEMENT, s. m. Diminution de poids. — Soulagement. Fig.

ALLÉGER, v. a. Rendre plus léger, diminuer le poids d'un fardeau. Adoucir le mal, la douleur, fig.; — un vaisseau, diminuer sa charge; — le câble, le filer, t. de mar. — un cheval, le rendre plus léger du devant que du derrière.

ALLÉGI, E, part. Diminué en tous sens.

ALLÉGIR, v. a. Diminuer en tous sens le volume d'un corps. — une planche, une poutre, l'amincir.

ALLÉGORIE, s. f. Figure de rhétorique, métaphore continuée qui sert de comparaison pour faire entendre une chose qu'on ne croit pas pouvoir exprimer. — Image, figure, discours, tableau qui représente ou exprime une chose, et en fait entendre une autre.

ALLÉGORIQUE, adj. Qui appartient à l'allégorie.

ALLÉGORIQUEMENT, adv. D'une manière allégorique.

ALLÉGORISÉ, E, part. Se dit d'une composition à laquelle on a donné un sens allégorique.

ALLÉGORISER, v. a. Donner un sens allégorique à une composition; expliquer selon le sens allégorique; se servir d'allégories.

ALLÉGORISEUR, s. m. Qui fait une allégorie.

ALLÉGORISME, s. m. Métaphore continuée.

ALLÉGORISTE, s. m. Celui qui donne le sens d'une allégorie, qui l'explique.

ALLÈGRE, adj. Vif, gai, dispos, agile. (Vi.)

ALLÈGRE, s. m. Com. du dép. du Gard, cant. de St.-Ambroix, arr. d'Alais. = St.-Ambroix.

ALLÈGRE, s. m. Petite ville du dép. de la Haute-Loire, chef-lieu de cant. de l'arr. du Puy. Bur. d'enregist. à St.-Paulien. = Le Puy.

ALLÈGREMENT, adv. Joyeusement, d'une manière allègre.

ALLÉGRESSE, s. f. Joie qui éclate audehors; expression de la joie publique.

ALLÉGRETTO, adv. Diminutif d'allégro.

ALLÉGRO, s. m. Air vif et gai. — adv. Gaiement, vivement. T. de mus.

ALLÉGUÉ, E, part. Rapporté, mis en avant.

ALLÉGUER, v. a. Citer une autorité, rapporter, mettre en avant; alléguer une loi, des excuses, etc.

ALLEINS, s. m. Com. du dép. des Bouches-du-Rhône, cant. d'Eyguières, arr. d'Arles. = Orgon.

ALLEIRAT, s. m. Com. du dép. de la Creuse, cant. et arr. d'Aubusson. = Aubusson.

ALLELUIA, s. m. Mot hébreu, qui signifie : Louez le Seigneur, et dont les chrétiens se servent pour exprimer leur joie dans les jours de solennités. — Surelle, plante vivace et basse qui fleurit dans les bois au mois d'avril, et se multiplie par rejetons. T. de bot.

ALLEMAGNE, s. f. Grande contrée d'Europe, qui occupe la partie la plus étendue de l'ancienne Germanie, et qui renferme un grand nombre d'Etats réunis en un seul sous le titre de Confédération germanique.

ALLEMAGNE, s. f. Com. du dép. des Basses-Alpes, cant. de Riez, arr. de Digne. = Riez.

ALLEMAGNE, s. f. Com. du dép. du Calvados, cant. et arr. de Caen.=Caen.

ALLEMANCHE, s. f. Com. du dép. de la Marne, cant. d'Anglure, arr. d'Epernay. = Pont-le-Roy.

ALLEMAND, s. m. Né en Allemagne. — la langue allemande; savoir l'allemand. — adj. Qui est d'Allemagne, qui appartient à l'Allemagne.

ALLEMANDE, s. f. Walse ou danse d'Allemagne qui fut exécutée sur la plupart de nos théâtres, et qu'on revoyait toujours avec un nouveau plaisir.

ALLEMANDERIES, s. f. pl. Forges où l'on réduit le fer en forme de barres appelées carrillon. On dit aussi Allemandries, Alemandries et Almandries.

ALLEMAND-ROMBACH (l'), s. m. Com. du dép. du Haut-Rhin, cant. de Ste.-Marie-aux-Mines, arr. de Colmar.= Ste.-Marie-aux-Mines.

ALLEMANDS (les), s. f. pl. Com. du dép. du Doubs, cant. de Montbenoit, arr. de Pontarlier. = Pontarlier.

ALLEMANS (les), s. m. pl. Com. du dép. de la Dordogne, cant. et arr. de Ribérac. = Ribérac.

ALLEMANS (les), s. m. pl. Com. du dép. de l'Ariége, cant. et arr. de Pamiers. = Pamiers.

ALLEMANS (les), s. m. pl. Com. du dép. de Lot-et-Garonne, cant. de Lauzun, arr. de Marmande.=Marmande.

ALLEMANT, s. m. Com. du dép. de l'Aisne, cant. de Vailly, arr. de Soissons. = Soissons.

ALLEMANT, s. m. Com. du dép. de la Marne, cant. de Sézanne, arr. d'Epernay. = Sézanne.

ALLEMANZARRON, s. m. Terre rouge qu'on mêle au tabac, en Espagne.

ALLEMOGNE, s. f. Village dépendant de la com. de Thoiry, dép. de l'Ain, cant. de Ferney, arr. de Gex. = Ferney.

ALLEMOND, s. m. Com. du dép. de l'Isère, cant. de Bourg-d'Oisans, arr. de Grenoble. = Bourg-d'Oisans.
Fonderies considérables pour l'exploitation des mines de plomb.

ALLENAY, s. m. Com. du dép. de la Somme, cant. d'Ault, arr. d'Abbeville. = Eu.

ALLENC, s. m. Com. du dép. de la Lozère, cant. de Blaymard, arr. de Mende. = Mende.

ALLENÇON, s. m. Com. du dép. de Maine-et-Loire, cant. de Thouarcé, arr. d'Angers. = Angers.

ALLENJOIE, s. f. Com. du dép. du Doubs, cant. d'Audincourt, arr. de Montbéliard. = Montbéliard.

ALLENNES-LES-MARAIS, s. f. pl. Com. du dép. du Nord, cant. de Seclin, arr. de Lille. = Lille.

ALLENWILLER, s. m. Com. du dép. du Bas-Rhin, cant. de Marmoutiers, arr. de Saverne. = Saverne.

ALLER, s. m. L'action d'aller. L'— et le venir, l'allée et la venue. Le pis —, le pis qu'il puisse arriver. Il est votre pis-aller, vous aurez recours à lui, ne pouvant mieux faire.

ALLER, v. n. Marcher, se mouvoir, se transporter d'un lieu dans un autre. —Convenir à..., tendre à...—Etre dans un bon ou dans un mauvais état. Comment va votre santé? Comment vont vos affaires? — Convenir à la figure, qui sert à orner, à embellir. Ce chapeau ne vous va pas. — Sous le rapport des mouvemens, aller vite, lentement. — Suivi d'un infinitif, se mettre en mouvement, être sur le point de... Elle va chanter, la nuit va finir. — Suivi d'un part. présent, ne sert qu'à lui donner plus de force : La fièvre va croissant. — aux opinions, aux voix, les recueillir. — par haut et par bas, vomir, aller à la selle. — son chemin, le continuer; et fig. poursuivre son entreprise. — contre, s'opposer, résister. — de pair, être égal, pareil. Il y va de... il s'agit de.... Se laisser — à.... Se livrer à.... S'en —, v. pron. Partir, se dissiper, s'écouler. Mon ami, l'orage, l'heure s'en va. Dans tous les temps composés, la prép. en se met toujours avant le verbe auxil. Ainsi dites : Je m'en suis allé, il s'en serait allé, et non pas : Je me suis en allé, etc. L'impératif va s'écrit sans s; mais si va est suivi de y seulement, il prend une s : Va-s-y.

ALLEREY, s. m. Com. du dép. de la Côte-d'Or, cant. d'Arnay-le-Duc, arr. de Beaune. = Arnay-le-Duc.

ALLEREY, s. m. Com. du dép. de Saône-et-Loire, cant. de Verdun-sur-le-Doubs, arr. de Châlons. = Verdun-sur-le-Doubs.

ALLERIOT, s. m. Com. du dép. de Saône-et-Loire, cant. de St.-Martin-en-Bresse, arr. de Châlons. = Châlons.

ALLERY, s. m. Com. du dép. de la Somme, cant. d'Hallencourt, arr. d'Abbeville. = Abbeville.

ALLES-ET-CAZENEUVE, s. f. Com. du dép. de Lot-et-Garonne, cant. de Ste.-Livrade, arr. de Villeneuve. = Villeneuve.

ALLEU, s. m. Au temps de la féodalité, terre exempte de droits seigneuriaux. — Il s'emploie le plus souvent avec le mot franc ; franc-alleu.

ALLEUDS (les), s. m. pl. Com. du dép. de Maine-et-Loire, cant. de Thouarcé, arr. d'Angers. = Angers.

ALLEUDS (les), s. m. pl. Com. du dép. des Deux-Sèvres, cant. de Sauzé-Vaussais, arr. de Melle. = Sauzé-Vaussais.

ALLEUX (les), s. m. pl. Com. du dép. des Ardennes, cant. de Chesne, arr. de Vouziers. = Vouziers.

ALLEUZE, s. f. Com. du dép. du Cantal, cant. et arr. de St-Flour.=St.-Flour.

ALLEVARD, s. m. Petite ville du dép. de l'Isère, chef-lieu du cant. de l'arr. de Grenoble. Bur. d'enregist. = Goncelin.

Cette petite ville est posée à l'extrême frontière sur un torrent qui descend des montagnes de Sept-Laux. A deux lieues de là, les voyageurs vont contempler les ruines du château où naquit Baillard, le modèle des chevaliers français. Mines de fer et de cuivre ; forges, martinets ; fonderies de fonte pour la fabrication de l'acier et pour les canons de la marine qui sont fondus à Saint-Gervais.

ALLEVURE, s. f. Petite monnaie de Suède.

ALLEX, s. m. Com. du dép. de la Drôme, cant. de Crest, arr. de Die. = Crest.

ALLEYRAS, s. m. Com. du dép. de la Haute-Loire, cant. de Caires, arr. du Puy. = Le Puy.

ALLIACÉ, E, adj. Qui tient de l'ail ; odeur alliacée.

ALLIAGE, s. m. Combinaison de métaux. — Mélange ; fig. — Règle d'—, méthode pour composer et décomposer numériquement un mélange de choses calculables. T. d'arith.

ALLIAIRE, s. f. Plante crucifère, médicinale, qui a l'odeur d'ail, et s'emploie dans les ragoûts.

ALLIANCE, s. f. Mariage. — Parenté, affinité. — Confédération des états ; alliance offensive et défensive. — Union, mélange quelconque ; fig. — Bague de mariage. Ancienne —, alliance de Dieu avec Abraham et les Juifs. Nouvelle —, alliance de J.-C. avec les chrétiens.

ALLIANCELLES, s. f. Com. du dép. de la Marne, cant. d'Heiltz-le-Maurupt, arr. de Vitry-le-Français. = Vitry-le-Français.

ALLIAT, s. m. Com. du dép. de l'Ariége, cant. de Tarascon, arr. de Foix. = Tarascon.

ALLIBAUDIÈRE, s. m. Com. du dép. de l'Aube, cant. et arr. d'Arcis-sur-Aube. = Arcis-sur-Aube.

ALLICHAMP, s. m. Com. du dép. de la Haute-Marne, cant. et arr. de Vassy. = Vassy.

ALLIÉ, s. m. Qui est joint par affinité. — Pl. Peuples confédérés.

ALLIÉ, E, part. Marié.

ALLIEMENT, s. m. Nœud de la corde d'une grue.

ALLIER ou HALLIER, s. m. Filet à prendre les perdrix.

ALLIER, v. a. Unir, marier. — Combiner ensemble les métaux. — Mêler, joindre ; fig. S'—, v. pr. Se marier ; se confédérer ; se combiner ; se mêler en parlant des substances.

ALLIER (l'), s. m. Grande rivière dont la source se trouve dans le dép. de la Lozère, au pied d'un mont voisin du hameau de Chabalier, et qui se jette dans la Loire, au-dessous de Nevers, au bec d'Allier. Elle est flottable près de St.-Arcons, et navigable à Fontanes, près Brioude, dép. de la Haute-Loire. Jusqu'à Mariol, sur un cours d'environ trente lieues, la navigation n'est praticable qu'en descendant pendant les grosses eaux seulement. Les bateaux dont on se sert ne peuvent remonter que très difficilement l'Allier ; on les déchire à Paris, où ils apportent houilles, vins, bouteilles, bois de charpente, de merrain et de chauffage, du charbon et des pierres.

ALLIER (Dép. de l'), s. m. Chef-lieu de préfecture, Moulins. 4 arr. ou sous-préf., Moulins, Montluçon, Gannat et La Palisse. 26 cant. ou just. de paix. 338 com. ; pop. 385,300 hab. environ. Ressort de la cour royale de Riom, évêché de Moulins, 15e div. milit., 6e des ponts-et-chaussées, 3ᵉ des mines, direct. de l'enregist. et des domaines, 2ᵉ classe, 9ᵉ arr. forestier.

Ce dép. confine, au N., à celui de la Nièvre; à l'E., à ceux de Saône-et-Loire et de la Loire; au S.-O., à celui de la Creuse, et, au N.-O., à celui du Cher.

Mines de fer, d'étain, plomb, antimoine, houilles; carrière de marbre, granit, etc. Eaux minérales à Vichy, à Néris, et à Bourbon-l'Archambault.

Manuf. de rubans et de galons; fabrique de porcelaine et de coutellerie; verreries, faïenceries, papeteries; nombreuses forges et taillanderies.

Comm. de vins, bois, merrain, huile de noix, châtaignes, bestiaux, poissons de rivières et d'étangs, dont la majeure partie sert à l'approvisionnement de Paris, et y arrive par l'Allier, la Loire, la Seine et le canal de Briare; quincailleries, fers, charbons, sabotterie, papiers, etc.

L'Allier et la Loire sont les seules rivières navigables de ce département.

ALLIER, s. m. Com. du dép. des Hautes-Pyrénées, cant. et arr. de Tarbes. = Tarbes.

ALLIÈRES, s. f. Com. du dép. de l'Ariége, cant. de la Bastide-de-Seron, arr. de Foix. = Foix.

ALLIÈRES, s. f. Com. du dép. de l'Isère, cant. de Vif, arr. de Grenoble. = Grenoble.

ALLIÈRES, s. f. Village du dép. du Rhône, cant. de St.-Laurent-de-Chamousset, arr. de Lyon. = Lyon.

ALLIÈRES, s. f. Village du dép. du Rhône, cant. de St.-Nizier, arr. de Villefranche. = Villefranche.

ALLIGATOR, s. m. Espèce de crocodile.

ALLIGNY, s. m. Com. du dép. de la Nièvre, cant. et arr. de Cosne. = Cosne.

ALLIGNY, s. m. Com. du dép. de la Nièvre, cant. de Montsauche, arr. de Château-Chinon. = Saulieu.

ALLINEUC, s. m. Com. du dép. des Côtes-du-Nord, cant. d'Uzel, arr. de Loudéac. = Quintin.

ALLINGUE, s. f. Pieu pour assembler les trains de bois sur les rivières.

ALLIONE, s. f. Plante dipsacée. T. de bot.

ALLIOTH, s. m. Étoile de la grande ourse. T. d'astr.

ALLIQUERVILLE, s. f. Com. du dép. de la Seine-Inférieure, cant. de Bolbec, arr. du Hâvre. = Bolbec.

ALLITÉRATION, s. f. Consonnance de mots et répétition affectée des mêmes syllabes. T. de rhét.

ALLIVREMENT, s. m. Inscription sur le cadastre, ses articles, les parties de territoire qu'il contient.

ALLOBROGE, s. m. Habitant de la Savoie. — Rustre, grossier. Fig.

ALLOCATION, s. f. Action de passer un article en compte. T. de comm.

ALLOCUTION, s. f. Harangue des généraux romains à leurs soldats; médaille qui les représente haranguant.

ALLODIAL, E, adj. en franc-alleu.

ALLODIALITÉ, s. f. Qualité de ce qui est allodial.

ALLOIGNY, s. m. Com. du dép. du Cher, cant. de St.-Martin-d'Auxigny, arr. de Bourges. = Bourges.

ALLOIS (les), s. m. pl. Com. du dép. de la Haute-Vienne, cant. de St.-Léonard, arr. de Limoges. = St.-Léonard.

ALLONDANS, s. m. Com. du dép. du Doubs, cant. et arr. de Montbéliard. = Montbéliard.

ALLONDRELLE, s. f. Com. du dép. de la Moselle, cant. de Longuion, arr. de Briey. = Longuion.

ALLONNE, s. f. Com. du dép. de l'Oise, cant. et arr. de Beauvais. = Beauvais.

ALLONNE, s. f. Com. du dép. des Deux-Sèvres, cant. de Secondigny-en-Gatine, arr. de Parthenay. = Parthenay.

ALLONNES, s. f. Com. du dép. d'Eure-et-Loir, cant. de Voves, arr. de Chartres. = Chartres.

ALLONNES, s. f. Com. du dép. de Maine-et-Loire, cant. et arr. de Saumur. = Saumur.

ALLONNES, s. f. Com. du dép. de la Sarthe, cant. et arr. du Mans. = Le Mans.

ALLONS, s. m. Com. du dép. des Basses-Alpes, cant. de St.-André, arr. de Castellanne. = Castellanne.

ALLONS, s. m. Com. du dép. de Lot-et-Garonne, cant. de Houeillès, arr. de Nérac. = Castel-Jaloux.

ALLONVILLE, s. f. Com. du dép. de la Somme, cant. et arr. d'Amiens. = Amiens.

ALLONYME, s. m. Se dit d'un auteur qui prend le nom d'un autre, et d'un ouvrage publié sous un nom supposé.

ALLOPHYLLE, s. m. Arbrisseau de Ceylan à feuilles alternes. T. de bot.

ALLOS, s. m. Com. du dép. des Basses-Alpes, chef-lieu du cant. de l'arr. de Barcelonnette, où se trouvent les bur. d'enregist. et de poste.

ALLOTRIOPHAGIE, s. f. Appétit singulier de malade; goût bizarre, envie de femmes enceintes.

ALLOUABLE, adj. Qu'on peut allouer, accorder, passer en compte.

ALLOUAGNE, s. f. Com. du dép. du

Pas-de-Calais, cant. et arr. de Béthune. = Béthune.

ALLOUE, s. f. Com. du dép. de la Charente, cant. de Champagne-Mouton, arr. de Confolens. = Ruffec.

ALLOUÉ, s. m. Juge dans certaines juridictions. — Compagnon, ouvrier qui ne pouvait devenir maître à l'époque des maîtrises.

ALLOUÉ, E, part. Accordé, passé en compte.

ALLOUER, v. a. Accorder. — Approuver une dépense, la passer en compte.

ALLOUESTRE (St.-), s. m. Com. du dép. du Morbihan, cant. de St.-Jean-Brévelay, arr. de Ploërmel. = Ploërmel.

ALLOUVILLE, s. f. Com. du dép. de la Seine-Inférieure, cant. et arr. d'Yvetot. = Yvetot.

ALLOUY, s. m. Com. du dép. du Cher, cant. de Mehun-sur-Yèvre, arr. de Bourges. = Mehun-sur-Yèvre.

ALLUCHON, s. m. Pointe ou dent qui sert aux rouages des machines.

ALLUETS-LE-ROI, s. m. Com. du dép. de Seine-et-Oise, cant. de Poissy, arr. de Versailles. = Poissy.

ALLUME, s. m. Morceau de bois allumé. Voy. FLAMBART.

ALLUMÉ, E, part. Mis en feu. — adj. Se dit des yeux quand ils sont d'une couleur autre que celle du corps de l'animal. T. de blas.

ALLUMELLE, s. f. Fourneau du charbonnier où le feu commence à prendre.

ALLUMER, v. a. Mettre le feu à un combustible. — du feu, faire du feu. — le feu, les matières préparées pour entretenir le feu. — Faire prendre feu à quelque chose servant à éclairer; allumer la chandelle, une lampe. — Enflammer, exciter. Fig. S'—, v. pr. S'enflammer, au prop. et au fig.

ALLUMETTE, s. f. Brin de bois, de chaume, etc. soufré, pour allumer les chandelles, les bougies, etc.

ALLUMEUR, s. m. Celui qui allume.

ALLURE, s. f. Façon de marcher des chevaux, des bœufs, etc. — Conduite dans les affaires; fig. — Démarche d'une personne. T. fam. — Manière d'aller d'un vaisseau. T. de mar. — Tablier de mégissier.

ALLUSION, s. f. Fig. de rhét. à l'aide de laquelle on fait sentir le rapprochement qui existe entre des personnes ou des choses.

ALLUVION, s. f. Accroissement de terrain qui se fait peu à peu par les terres que les eaux déposent quand elles se retirent ou qu'elles changent de cours.

ALLUY, s. m. Com. du dép. de la Nièvre, cant. de Châtillon, arr. de Château-Chinon. = Moulins-Engilbert.

ALLUYES, s. f. Com. du dép. d'Eure-et-Loir, cant. de Bonneval, arr. de Châteaudun. = Bonneval.

ALLY, s. m. Com. du dép. du Cantal, cant. de Pléaux, arr. de Mauriac. = Mauriac.

ALLY, s. m. Com. du dép. de la Haute-Loire, cant. de la Voûte-Chilhac, arr. de Brioude. = Brioude.

ALMADIE, s, f. Barque d'écorce d'arbres dont se servent les sauvages.

ALMAGESTE, s. m. Recueil d'observations astronomiques.

ALMANACH, s. m. Petit livre qui renferme le calendrier, le lever et le coucher du soleil, des observations astronomiques, des prédictions, etc.

ALMANCE (l'), s. f. Petite rivière du dép. de la Dordogne, qui a sa source près de Villefranche, et se jette dans le Lot.

ALMANDIN, s. m. Espèce de grenat.

ALMARGEN, s. m. Corail.

ALMAYRAC, s. m. Com. du dép. du Tarn, cant. de Pampelune, arr. d'Albi. = Albi.

ALMÉES, s. f. pl. Dans l'Inde, chanteuses et danseuses improvisatrices; Bayadères.

ALMENÊCHES, s. f. Com. du dép. de l'Orne, cant. de Mortrée, arr. d'Argentan. = Argentan.

ALMICANTARAT ou ALMUCANTARAT, s. m. Petit cercle parallèle à l'horizon. Mot arabe.

ALMON, s. m. Com. du dép. de l'Aveyron, cant. d'Aubin, arr. de Villefranche. = Rignac.

ALMONDE ou ALMOUDE, s. f. Mesure pour l'huile en Portugal.

ALMUGÉE ou ALMUGIE, s. f. État de deux planètes qui se regardent du même aspect que leurs signes. T. d'astr.

ALNES, s. f. Com. du dép. du Nord, cant. de Marchiennes, arr. de Douay. = Marchiennes.

ALOÈS, s. m. Arbre des Indes dont le bois est odoriférant; plante dont les feuilles sont soyeuses, et qui ont des propriétés médicinales. — Suc très amer qu'on en tire. Bois d'aloès. Voy. AGALLOCHE.

ALOÉTIQUE, adj. Se dit des remèdes dans la composition desquels entre l'aloès.

ALOGIE, s. f. Impertinence, absurdité. (Vi.)

ALOGNE, s. f. Voy. BOUÉE.

ALOGOTROPHIE, s. f. Nutrition inégale. T. de méd.

ALOI, s. m. Titre que l'or et l'argent

doivent avoir.—Bonne ou mauvaise qualité d'un objet; fig.

ALOÏDE, s. f. Plante à feuilles d'aloës, vulnéraire. T. de bot.

ALOMANCIE, s.; f. Divination au moyen du sel.

ALONGE, s. f. Pièce rapportée à une autre pour rendre celle-ci plus longue. — Tuyau adapté au col d'une cornue. — Nerf garni d'un crochet pour suspendre la viande.

ALONGÉ, E, part. Rendu plus long.

ALONGEMENT, s. m. Augmentation de longueur; action d'étendre, d'alonger.

ALONGER, v. a. Rendre plus long. —Faire durer davantage; fig.— un coup, le porter en étendant le bras. — la courroie, étendre les profits d'un emploi; user avec économie d'un revenu borné. — le parchemin, faire de longues écritures, afin d'augmenter les frais. — un cordage, le tirer fortement à l'aide du cabestan ou l'étendre dans toute sa longueur. S'—, v. pr. S'étendre, grandir, devenir plus long.

ALONGERESSE, s. f. Chenille qui se nourrit de feuilles de sureau.

ALOPÉCIE, s. f. Maladie qui fait tomber le poil et les cheveux.

ALOPÉCURE, s. f. Queue de renard, plante. T. de bot.

ALORS, adv. En ce temps-là; en ce cas. — Que, lorsque.

ALOS, s. m. Com. du dép. de l'Ariège, cant. et arr. de St.-Girons. = St.-Girons.
On trouve dans les environs des mines de fer et des forges.

ALOS, s. m. Com. du dép. des Basses-Pyrénées, cant. de Tardets, arr. de Mauléon. = Mauléon.

ALOS, s. m. Com. du dép. du Tarn, cant. de Castelnau-Montmirail, arr. de Gaillac. = Gaillac.

ALOSE, s. f. Poisson de mer qui remonte les fleuves et dont la chair est très-estimée.

ALOSÉ, E, part. Loué, vanté. (Vi.)

ALOSER, v. a. Louer, vanter. (Vi.)

ALOSIER, s. m. Filet pour prendre les aloses. T. de pêch.

ALOUATE, s. m. Genre de mammifères; sapajou ou petit singe à longue queue; hurleur roux. T. d'hist. nat.

ALOUCHI, s. m. Gomme résineuse, aromatique, qui découle de l'arbre qui produit la canelle blanche dans l'île de Madagascar.

ALOUETTE ou MAUVIETTE, s. f. Oiseau un peu plus gros que le moineau, qui est très matinal, chante agréablement, et fait son nid à terre comme la perdrix. On le prend la nuit avec un traîneau, ou, dans les gelées blanches, avec un miroir. C'est un manger fort délicat qu'on sert sur la table des plus grands seigneurs. — de mer, oiseau qui ressemble au bécasseau. — Espèce de poisson.

ALOURDI, E, part. Rendu ou devenu lourd.

ALOURDIR, v. a. Rendre lourd. S'—, v. pron. Devenir plus lourd.

ALOUVI, E, adj. Insatiable, affamé. T. fam.

ALOXE, s. f. Com. du dép. de la Côte-d'Or, cant. et arr. de Beaune.=Beaune.

ALOYAGE, s. m. Alliage et mélange de métaux.

ALOYAU, s. m. Filet de bœuf, filet mignon. C'est la partie la plus délicate du bœuf.

ALOYÉ, E, part. Allié, mélangé.

ALOYER, v. a. Donner à l'or et à l'argent l'aloi légal. — Faire un alliage de métaux.

ALPAC ou ALPACA, s. m. Lama sauvage dont la laine sert à faire des cordes, des sacs et de grosses étoffes à long poil.

ALPAGATTES, s. m. pl. Souliers de cordes d'alpaca.

ALPAGNE, s. m. Espèce de vigogne à jambes courtes dont la laine est fort estimée.

ALPANT ou ALPAME, s. m. Arbrisseau des Indes dont le suc entre dans la composition des médicamens. T. de bot.

ALPES (les), s. m. pl. Montagnes qui séparent la France de l'Italie, de la Suisse et de l'Allemagne. La chaîne de ces montagnes célèbres part du mont Cassino, près le col de Tende, entre les sources du Tanaro et de la Roya, en Italie; s'avance vers le nord jusqu'au Valais; arrive jusqu'aux sources de la Drave, et s'incline vers le S.-E. en s'étendant en forme de demi-cercle en Illyrie où elle se termine.

ALPES (Dép. des Basses-), s. f. pl. Chef-lieu de préf., Digne. 5 arr. ou sous-préf., Digne, Barcelonnette, Castellane, Forcalquier et Sisteron; 30 cant. ou justices-de-paix, 258 com. Pop., 153,063 hab. envir. Ressort de la cour royale d'Aix; diocèse de Digne; 8e div. milit.; 8e div. des ponts-et-chaussées; 4e div. des mines; dir. de l'enregist. et des domaines, 3e classe; 19e arr. forestier et des douanes, résidence à Digne.

Ce dép. est borné au N. par celui des Hautes-Alpes; à l'E., par le Piémont; au S., par le dép. du Var, et, à l'O., par ceux de Vaucluse, de la Drôme et des Hautes-Alpes.

Les Alpes partagent ce dép. en deux

parties, l'une septentrionale et l'autre méridionale. La première, hérissée de montagnes couvertes de sapins et de rochers, ne produit que du seigle, de l'orge et de l'avoine ; la seconde, au contraire, offre une culture riche et variée. On y voit fleurir les amandiers, les oliviers, les figuiers, les orangers et les citronniers. Dans diverses contrées, la campagne est couverte d'arbres fruitiers; dans quelques autres, on récolte la manne, l'agaric et la térébenthine. Enfin on trouve sur le revers méridional des montagnes un grand nombre de plantes aromatiques.

Le comm. tire de ce département vins de bonne qualité, eaux-de-vie, esprit de vin, huile de noix et d'olive, de la cire, du miel, des fruits excellens, des pruneaux et du sirop de raisin ; gros draps, bonnets gasquets pour le levant, soie, laine et filoselle.

Les principales rivières des Basses-Alpes sont : la Durance, l'Ubaye, le Verdon, la Lasse, la Bléone, la Besse, le Jabran et la Largue.

ALPES (Dép. des Hautes-), s. f. pl. Chef-lieu de préf., Gap. 3 arr. ou sous-préf., Gap, Briançon, Embrun ; 24 cant. ou justices de paix; 189 com.; pop., 125,330 hab. environ. Ressort de la cour royale de Grenoble ; évêché à Gap, ainsi qu'une église consistoriale du culte réformé ; 7e div. milit. ; 8e des ponts-et-chaussées ; 4e div. des mines ; dir. de l'enregist. et des domaines, 3e classe ; 13e arr. forestier.

Ce dép., entièrement couvert de montagnes, est borné au N. et à l'E., par le Piémont ; au S., par le dép. des Basses-Alpes ; à l'O., par la Drôme, et, au N.-O., par l'Isère.

Le sol est peu fertile, et ne fournit dans les vallées qu'une récolte à peine suffisante à l'existence des pauvres habitans ; mais dans la partie méridionale on y moissonne des blés excellens et surtout des pommes de terre fort estimées.

Mines de fer, de plomb et de cuivre ; carrières d'ardoises, plâtre, cristal de roche et craie de Briançon. Manufacture de gros draps ; fabriques de bas de laine à l'aiguille, de Cadis, de chapeaux, de mines de plomb noire, de térébenthine ; travail du cristal de roche et de l'albâtre ; distilleries d'eaux-de-vie ; mégisseries et chamoiseries ; comm. de grains, fruits, manne, vins, fromages, bestiaux, cuirs, laines, térébenthine et autres objets qui se fabriquent dans le pays.

Les principales rivières qu'on y remarque sont : la Durance, le Drac, la Servaisse et la Romanche qui ne sont point navigables.

ALPESTRE, adj. Qui a rapport aux Alpes.

ALPHA, s. m. Première lettre de l'alphabet grec. — Commencement; fig.

ALPHABET, s. m. Les lettres d'une langue. — Petit livre dont on se sert pour enseigner à lire aux enfans.— Principes élémentaires d'une science ; fig.

ALPHABÉTIQUE, adj. Qui a rapport à l'alphabet ; selon l'ordre alphabétique.

ALPHABÉTIQUEMENT, adv. D'une manière alphabétique.

ALPHANESSE ou ALPHANETTE, s. f. ou ALPHANET, s. m. Faucon propre à la chasse du lièvre et de la perdrix, dont on se sert dans les états barbaresques, et particulièrement à Tunis.

ALPHÉE, s. m. Genre de crustacés. T. d'hist. natur.

ALPHÉTA, s. m. Étoile fixe de la couronne septentrionale. T. d'astr.

ALPHINÉE, s. f. Genre de plantes aromatiques de l'Amérique. T. de bot.

ALPHITEDON, s. m. Espèce de fracture où l'os est brisé en petits morceaux semblables à de la farine d'orge. T. de chir.

ALPHONSIN, s. m. Voy. ALFONSIN.

ALPHONSINES, adj. Se dit de tables astronomiques, rédigées par ordre d'Alphonse X, roi de Castille.

ALPHOS, s. m. Voy. ALFOS.

ALPINE, adj. Se dit des plantes qui se trouvent sur les hautes montagnes. T. de bot.

ALPINES (Canal des), s. f. pl., ou BOIS-GELIN, s. m. Ce canal a deux branches, dont l'une se dirige de l'E. au N.-O., et fertilise les plaines d'Orgon, St.-Remy, Barbantanne et Tarascon, où elle communique au Rhône ; l'autre, allant du N. au S., arrose tout le vaste territoire d'Arles.

ALPINIE, s. f. Genre de balisier. T. de bot.

ALPINIEN (St.-), s. m. Com. du dép. de la Creuse, cant. et arr. d'Aubusson. =Aubusson.

ALPION, s. m. Faire un —, doubler sa mise après avoir gagné au jeu.

ALPISTE, s. m. Genre de graminées, dont la graine sert à nourrir les serins. T. de bot.

ALPUECH, s. m. Com. du dép. de l'Aveyron, cant. de Ste.-Geneviève, arr. d'Espalion. = Mur-de-Barrez.

ALQUE, s. m. Voy. PINGOUIN.

ALQUIER, s. m. Mesure portugaise pour les liquides.

ALQUIFOUX, s. m. Galène ou plomb sulfuré.

ALQUINES, s. f. Com. du dép. du

Pas-de-Calais, cant. de Lumbres, arr. de St.-Omer. = St.-Omer.

ALQUITTE, s. f. Tulipe panachée de rouge et de jaune. T. de jard. fleur.

ALRAMECH, s. m. Etoile de la première grandeur, nommée autrement Arcturus. T. d'astr.

ALRANCE, s. m. Village du dép. de l'Aveyron, cant. de Salles-Curan, arr. de Milhau.

ALSACE, s. f. Cette province, qui passa de la domination des Celtes sous celle des Romains, fit partie de la première Germanie et de la Grande-Séquanie. Sous le règne de Clovis, les Francs s'en rendirent maîtres; mais dans la suite elle fut incorporée au royaume d'Austrasie et soumise à l'obéissance de Pepin-le-Bref et de ses successeurs. Sous Lothaire, elle appartenait au royaume de Lorraine; enfin, en 940, la maison d'Autriche s'en empara, et la conserva jusqu'en 1648, époque où elle fut conquise par Louis XIV. Réunie à la France par le traité de Munster, sa possession fut irrévocablement confirmée par le traité de Riswich, en 1697. Voy. les dép. du Haut-Rhin et du Bas-Rhin.

ALSEBRAN, s. m. Genre d'euphorbe à feuille de cyprès; joubarbe des toits. T. de bot. — Électuaire purgatif d'ésule. T. de méd.

ALSINE, s. f. Voy. MORGELINE.

ALSTING-ZINZING, s. m. Com. du dép. de la Moselle, cant. de Forbach, arr. de Sarreguemines. = Forbach.

ALSTROÉMÉRIES, s. f. pl. Genre de plantes du Pérou remarquables par la beauté de leurs fleurs. T. de bot.

ALTAGÈNE, s. f. Com. du dép. de la Corse, cant. de Ste.-Lucie, arr. de Sartène. = Ajaccio.

ALTECKENDORF, s. m. Com. du dép. du Bas-Rhin, cant. de Hochfelden, arr. de Saverne. = Saverne.

ALTÉE, s. f. Voy. ALTHÉA-FRUTEX.

ALTÉNACH, s. m. Com. du dép. du Haut-Rhin, cant. de Dannemarie, arr. de Belfort. = Belfort.

ALTENBACH, s. m. Com. du dép. du Haut-Rhin, cant. de St.-Amarin, arr. de Belfort. = Cernay.

ALTENHEIM, s. m. Com. du dép. du Bas-Rhin, cant. et arr. de Saverne. = Saverne.

ALTENSTAST, s. m. Com. du dép. du Bas-Rhin, cant. et arr. de Weissembourg. = Weissembourg.

ALTÉRABLE, adj. Qui peut être altéré.

ALTÉRANT, E, adj. Qui altère, qui cause la soif. — s. m. Remède dont l'action est insensible, qui modifie les fonctions de l'économie animale d'une manière quelconque. T. de méd.

ALTÉRATIF, IVE, adj. Qui altère. T. de chim.

ALTÉRATION, s. f. Changement en mal; falsification. — Emotion d'esprit. — Refroidissement. — Grande soif. — Diminution considérable dans l'activité de la sève. T. de bot.

ALTERCAS, s. m. Voy. ALTERCATION. T. burl.

ALTERCATION, s. f. Débat, contestation, dispute.

ALTÉRÉ, E, part. Changé en mal; falsifié.

ALTÉRER, v. a. Changer en mal, au physique et au moral. — Causer de la soif. — Dénaturer, falsifier, altérer une liqueur, un métal, etc. — l'amitié, la troubler. Fig. — un discours, en détourner le sens. — les monnaies, les rogner. S'—, v. pron. Se corrompre, se changer en mal.

ALTÈRES, s. f. pl. Vives inquiétudes, passions violentes. (Vi.)

ALTERNANTE, s. f. Plante de la famille des amaranthes. T. de bot.

ALTERNAT, s. m. Action, droit, liberté d'alterner.

ALTERNATIF, IVE, adj. Se dit de deux choses qui se font l'une après l'autre et continuellement. Office —, exercé tour à tour par deux personnes. Proposition —, qui contient deux parties opposées, dont l'une doit nécessairement être admise. T. de log.

ALTERNATION, s. f. Voy. ALTERNAT.

ALTERNATIVE, s. f. Option entre deux choses. — Succession de deux choses qui reviennent l'une après l'autre.

ALTERNATIVEMENT, adv. Tour à tour; l'un après l'autre.

ALTERNE, adj. Se dit des angles que forme une sécante sur deux parallèles, dans une situation opposée par rapport à ces trois lignes. T. de géom. — Se dit des feuilles qui naissent seule à seule, des deux côtés de la tige et de différens points. T. de bot.

ALTERNÉ, E, part. Fait, exercé tour à tour. — adj. Se dit des pièces qui se correspondent. T. de blas.

ALTERNER, v. a. et n. Exercer tour à tour un emploi. — Faire à deux tour à tour. — Varier la culture. T. d'agr.

ALTERQUÉ, E, part. Débattu, contesté. (Vi.)

ALTERQUER, v. a. Débattre, contester. (Vi.)

ALTESSE, s. f. Titre d'honneur qu'on donne aux princes; altesse sérénissime, altesse royale.

ALTHÉA-FRUTEX, s. m. Guimauve en arbrisseau. T. de bot.

ALTHORN, s. m. Com. du dép. de la Moselle, cant. de Bitche, arr. de Sarreguemines. = Bitche.

ALTIANI, s. m. Com. du dép. de la Corse, cant. de Piedicorte, arr. de Corte. = Corte.

ALTIER, s. m. Com. du dép. de la Lozère, cant. de Villefort, arr. de Mende. = Villefranche.

ALTIER, ÈRE, adj. Superbe, fier, impérieux.

ALTIÈREMENT, adv. avec fierté.

ALTILLAC, s. m. Com. du dép. de la Corrèze, cant. de Mercœur, arr. de Tulle. = Argentat.

ALTIMÈTRE, s. m. Instrument pour mesurer la hauteur des objets au-dessus de l'horizon. T. de géom.

ALTIMÉTRIE, s. f. Art de mesurer les hauteurs. T. de géom.

ALTINGAT, s. m. Vert-de-gris. T. d'alchimie.

ALTISE, s. m. Insecte coléoptère sauteur. T. d'hist. nat.

ALTKIRCH, s. m. Petite ville du dép. du Haut-Rhin, chef-lieu de sous-préf. et de cant., trib. de 1re inst., bur. d'enregist., direct. des contrib. indir., recev. part. des finances, bur. de poste.

ALTO, s. m. Sorte de gros violon nommé aussi quinte de viole. T. de mus.

ALTO-BASSO, s. m. Instrument à cordes, carré, que l'on frappe avec des baguettes. T. de mus.

ALTONA, s. f. Ville marit. du royaume de Danemarck, dans le Holstein, sur l'Elbe. Elle est considérable par son commerce, et possède un port spacieux et sûr.

ALTORF, s. m. Com. du dép. du Bas-Rhin, cant. de Molsheim, arr. de Strasbourg. = Molsheim.

ALTRIPPE, s. f. Com. du dép. de la Moselle, cant. de Grostenquin, arr. de Sarreguemines. = St.-Avold.

ALTROFF, s. m. Com. du dép. de la Meurthe, cant. d'Albestroff, arr. de Château-Salins. = Dieuze.

ALTROFF, s. m. Com. du dép. de la Moselle, cant. de Metzervisse, arr. de Thionville. = Thionville.

ALTSTADT, s. m. Village du dép. du Bas-Rhin, cant. et arr. de Weissembourg. Il se trouve à l'extrême frontière, sur la rive droite de la Lauter.

ALTWILLER, s. m. Com. du dép. de la Moselle, cant. de St.-Avold, arr. de Sarreguemines. = St.-Avold.

ALTWILLER, s. m. Com. du dép. du Bas-Rhin, cant. de Saar-Union, arr. de Saverne. = Saverne.

ALTWISSE, s. m. Com. du dép. de la Moselle, cant. de Cattenom, arr. de Thionville. = Thionville.

ALUCITES, s. m. pl. Insectes lépidoptères à longues antennes. T. d'hist. nat.

ALUCO, s. m. Espèce de hibou. T. d'hist. nat.

ALUDE, s. f. Basane colorée dont on se sert pour couvrir les livres.

ALUDEL, s. m. Chapiteau sans fond; vaisseau sublimatoire. T. de chim.

ALUINE, s. f. Voy. ABSINTHE.

ALUME, s. f. Voy. ALLUME.

ALUMELLE, s. f. Lame de couteau. — Lame de tabletier pour gratter. — Soutane sans manches. (Vi.)

ALUMINE, s. f. Terre, argile pure, base de l'alun. T. de chim.

ALUMINEUX, EUSE, adj. Qui est d'alun ou de sa nature.

ALUMINIFÈRE, adj. Qui contient de l'alumine. T. de chim.

ALUMINITE, s. f. Alumine pure.

ALUN, s. m. Sel acidulé formé par la combinaison de l'acide sulfurique avec l'alumine; médicament styptique, astringent. T. de méd.

ALUNAGE, s. m. Action d'aluner; ses effets.

ALUNATION, s. f. Formation de l'alun.

ALUNÉ, E, part. Trempé dans une dissolution d'alun.

ALUNER, v. a. Tremper dans une dissolution d'alun.

ALUNIÈRE, s. f. Fabrique d'alun.

ALURNE, s. m. Insectes coléoptères herbivores. T. d'hist. nat.

ALUYNE, s. f. Voy. ALUINE.

ALUZE, s. f. Com. du dép. de Saône-et-Loire, cant. de Chagny, arr. de Châlons. = Chagny.

ALVARD (St.-), s. m. Com. du dép. de la Creuse, cant. de Crocq, arr. d'Aubusson. = Felletin.

ALVARDE, s. f. Genre de graminées. T. de bot.

ALVÉOLAIRE, adj. Qui appartient aux alvéoles.

ALVÉOLE, s. m. Cellule des abeilles et des guêpes. — Cavité de l'os maxillaire, dans laquelle les racines des dents sont implantées. — Creux intérieur de l'oreille. — Creux des coupes où sont enchâssés les glands, les noisettes, etc.

ALVÉOLÉ, E, adj. Creusé en alvéole; qui ressemble à un alvéole. T. de bot.

ALVÉOLITHE, s. m. Polypier pierreux à rayons. T. d'hist. nat.

ALVÉOLO-LABIAL, s. m. Muscle buccinateur. T. de chir.

ALVÈRE (St.-), s. m. Petite ville du

dép. de la Dordogne, chef-lieu de cant. de l'arr. de Bergerac, bur. d'enregist. = Bugues.

ALVIEZ, s. m. Espèce de pin.

ALVIGNAC, s. m. Com. du dép. du Lot, cant. de Gramat, arr. de Gourdon. = Gramat.

ALVIMARE, s. m. Com. du dép. de la Seine-Inférieure, cant. de Fauville, arr. d'Yvetot. = Fauville.

ALVIN, E, adj. Du bas-ventre. Déjection, — évacuation par bas. T. de méd.

ALYPE, s. f., ou ALYPON, s. m. Turbith blanc. T. de bot.

ALYRE (St.-), s. m. Com. du dép. du Puy-de-Dôme, canton d'Arlanc, arr. d'Ambert. = Ambert.

ALYRE, s. m. Com. du dép. de l'Allier, cant. de Varennes, arr. de la Palisse. = Varennes.

ALYRE (St.-), s. m. Com. du dép. du Puy-de-Dôme, cant. d'Ardes, arr. d'Issoire. = Ardes.

ALYSELMINTHE, s. m. Ver intestinal. T. d'hist. nat.

ALYSIES, s. m. pl. Hyménoptères ichneumonides. T. d'hist. nat.

ALYSMON, s. m. Adaimonie, anxiété. T. de méd.

ALYSSE, s. m. Plante crucifère que les anciens employaient comme spécifique contre l'hydrophobie. T. de bot.

ALYSSON, s. m. Alysse des montagnes. T. de bot.

ALYTARCHIE, s. m. Charge d'alytarque.

ALYTARQUE, s. m. Dans l'ancienne Grèce, officier qui, dans les jeux publics, commandait aux porte-verges, et leur faisait exécuter les ordres de l'agonothète.

ALZEN, s. m. Com. du dép. de l'Ariége, cant. de la Bastide-de-Seron, arr. de Foix. = Foix.

ALZING, s. m. Com. du dép. de la Moselle, cant. de Bouzonville, arr. de Thionville. = Bouzonville.

ALZON, s. m. Com. du dép. du Gard, chef-lieu de cant. de l'arr. du Vigan, bur. d'enregist. = Le Vigan.

ALZONNE, s. f. Petite ville du dép. de l'Aude, chef-lieu de cant. de l'arr. de Carcassonne, bur. d'enregist. et de poste.

Fabrique de draps fins et de bonnets, façon Tunis; forges et manuf. de faïence.

ALZY, s. m. Com. du dép. de la Corse, cant. de Sermano, arr. de Corte. = Corte.

AMABILISÉ, E, part. Rendu aimable. (Vi.)

AMABILISER, v. a. Rendre aimable. (Vi.)

AMABILITÉ, s. f. Aménité, douceur de caractère. Il est sans pluriel.

AMADES, s. m. pl. Trois listes plates parallèles. T. de blas.

AMADES, s. f. Com. du dép. du Gers, cant. et arr. de Lombez. = Lombez.

AMADIS, s. m. Chevalier errant que don Quichotte citait souvent comme un modèle de courtoisie. — Bout de manche boutonné sur le poignet. — Coquille univalve des Indes.

AMADOTE, s. f. Espèce de poirier ou de poire.

AMADOU, s. m. Mèche d'agaric apprêté qui prend feu à la moindre étincelle.

AMADOU (St.-), s. m. Com. du dép. de l'Ariége, cant. et arr. de Pamiers. = Pamiers.

AMADOUÉ, E, part. Flatté, caressé.

AMADOUEMENT, s. m. Action d'amadouer; effet de cette action.

AMADOUER, v. a. Flatter, caresser pour attirer à soi. T. fam.

AMADOUEUR, s. m. Fabricant d'amadou. — Flatteur. T. fam.

AMADOURI ou AMANDOURI, s. m. Coton d'Egypte.

AMADOUVIER, s. m. Sorte d'agaric qui vient sur le chêne et le bouleau, et dont on fait l'amadou.

AMAGE, s. f. Com. du dép. de la Haute-Saône, cant. de Faucogney, arr. de Lure. = Luxeuil.

AMAGNE, s. m. Com. du dép. des Ardennes, cant. et arr. de Rethel. = Rethel.

AMAGNEY, s. m. Com. du dép. du Doubs, cant. de Marchaux, arr. de Besançon. = Besançon.

AMAIGRI, E, part. Rendu maigre.

AMAIGRIR, v. a. et n. Rendre maigre; maigrir. — Rendre moins épais : amaigrir une solive. S'—, v. pron. Perdre de son embonpoint, de sa graisse. S'—, diminuer en tous sens; sécher, en parlant d'une figure de terre.

AMAIGRISSEMENT, s. m. Diminution plus ou moins rapide des diverses parties du corps qui produit d'abord la maigreur, puis le marasme et l'atrophie. T. de méd.

AMAILLADE ou AMAIRADE, s. m. Filet en tramail. T. de pêch.

AMAILLOUX, s. m. Com. du dép. des Deux-Sèvres, cant. et arr. de Parthenay. = Parthenay.

AMALGAMATION, s. f. Action d'amalgamer, — Union des métaux à l'aide du mercure. T. de chim.

AMALGAME, s. m. Combinaison d'un métal avec le mercure. — Union, mélange. Fig. et fam.

AMALGAMÉ, E, part. Combiné avec le mercure. — Mélangé. Fig. et fam.

AMALGAMER, v. a. Faire un amalgame. — Mêler du mercure avec des métaux fondus pour les unir. T. de chim. — Unir, mélanger. Fig. et fam. S'—, v. pron. S'unir ; au prop. et au fig.

AMAN, s. m. Toile de coton d'Alep. T. de comm.

AMANCE, s. f. Com. du dép. de l'Aube, cant. de Vandeuvre, arr. de Bar-sur-Aube. = Vandeuvre.
La rivière qui prend sa source au-dessus de cette com., dont elle porte le nom, est flottable à bûches perdues, et se jette dans l'Aube.

AMANCE, s. f. Com. du dép. de la Meurthe, cant. et arr. de Nancy. = Nancy.

AMANCE, s. f. Com. du dép. de la Haute-Saône, chef-lieu de cant. de l'arr. de Vesoul, bur. d'enregist. = Vesoul.

AMANCET (St.-), s. m. Com. du dép. du Tarn, cant. de Dourgne, arr. de Castres. = Revel.

AMANCEY, s. m. Com. du dép. du Doubs, chef-lieu de cant. de l'arr. de Besançon, bur. d'enregist. et de poste à Ornans.

AMAND (St.-), s. m. Ville du dép. du Cher, chef-lieu de sous-préf. et de cant., trib. de 1re inst. ; bur. d'enregist. et de poste ; sous-inspect. des forêts ; direct. des contrib. indirectes et recev. part. des finances.
Cette ville est l'une des plus commerçantes du dép. du Cher. On trouve, dans l'arrondissement des forges, des fonderies de canon et des manuf. de porcelaine.

AMAND (St.-), s. m. Com. du dép. de la Creuse, cant. et arr. d'Aubusson. = Aubusson.

AMAND (St.-), s. m. Com. du dép. du Gers, cant. d'Éauze, arr. de Condom. = Condom.

AMAND (St.-), s. m. Com. du dép. de Loir-et-Cher, chef-lieu de cant. de l'arr. de Vendôme, bur. d'enregist. = Vendôme.

AMAND (St.-), s. m. Com. du dép. de la Manche, cant. de Torigny, arr. de St.-Lô. = Torigny.

AMAND (St.-), s. m. Com. du dép. de la Marne, cant. et arr. de Vitry-le-Français. = Vitry-le-Français.

AMAND (St.-), s. m. Com. du dép. de la Meuse, cant. de Ligny, arr. de Bar-le-Duc. = Ligny.

AMAND (St.-), s. m. Petite ville du dép. de la Nièvre, chef-lieu de cant. de l'arr. de Cosne, bur. d'enregist. = Neuvy.

Forges où l'on trouve du fer propre à la fabrication des armes blanches, et généralement de tous les outils aratoires que forgent les taillandiers.

AMAND (St.-), s. m. Ville du dép. du Nord, chef-lieu de 2 cant., l'un à droite et l'autre à gauche de la Scarpe, arr. de Valenciennes. Bur. d'enregist. et de poste. C'est près de cette ville que sont les boues minérales que l'on ordonne pour la guérison des affections catarrhales et rhumastimales. La célébrité de ces eaux remonte à la conquête de la Flandre par Louis XIV.
On y fabrique des dentelles, du café-chicorée, du savon noir, de l'huile, des pipes de terre, etc. Raffineries de sel et distilleries d'eaux-de-vie de grains.
Dans les environs de Saint-Amand on cultive le lin ramé avec lequel on fait les plus belles batistes.

AMAND (St.-), s. m. Com. du dép. du Pas-de-Calais, cant. de Pas, arr. d'Arras. = Doullens.

AMAND-DE-BELVÈS (St.-), s. m. Com. du dép. de la Dordogne, cant. de Belvès, arr. de Sarlat. = Belvès.

AMAND-DE-COLI (St.-), s. m. Com. du dép. de la Dordogne, cant. de Montignac, arr. de Sarlat. = Montignac.

AMAND-DE-LIZERTET, s. m. Village du dép. de l'Aveyron, cant. de St.-Sernin, arr. de St.-Affrique. = St.-Affrique.

AMAND-DE-MAGNASEIX (St.-), s. m. Com. du dép. de la Haute-Vienne, cant. de Château-Ponsac, arr. de Bellac. = Bellac.

AMAND-DE-MONTPEZAT (St.-), s. m. Com. du dép. de Lot-et-Garonne, cant. de Prayssas, arr. d'Agen. = Agen.

AMAND-DES-HAUTES-TERRES (St.-), s. m. Com. du dép. de l'Eure, cant. d'Amfreville, arr. de Louviers. = Louviers.

AMAND-DE-VERGT (St.-), s. m. Com. du dép. de la Dordogne, cant. de Vergt, arr. de Périgueux. = Périgueux.

AMANDE, s. f. Fruit de l'amandier. — Semence renfermée dans un noyau. — Dragée. — Taille en amande. T. d'arch. — Partie de la garde d'une épée. T. de fourbisseur.

AMANDÉ, s. m. Boisson faite avec du lait et des amandes broyées et passées.

AMANDIER, s. m. Arbre qui produit les amandes.

AMANDIN (St.-), s. m. Com. du dép. du Cantal, cant. de Marsenat, arr. de Murat. = Murat.

AMAND-JARTOUDEIX (St.-), s. m. Com. du dép. de la Creuse, cant. et arr. de Bourganeuf. = Bourganeuf.

AMAND-LE-PETIT (St.-), s. m. Com.

du dép. de la Haute-Vienne, cant. d'Eymoutiers, arr. de Limoges. = Limoges.

AMAND-SUR-SEVRE (St.-), s. m. Com. du dép. des Deux-Sèvres, cant. de Châtillon-sur-Sèvre, arr. de Bressuire. = Châtillon-sur-Sèvre.

AMANGE, s. f. Com. du dép. du Jura, cant. de Rochefort, arr. de Dôle. = Dôle.

AMANITE, s. f. Sorte de champignon. T. de bot.

AMANLIS, s. m. Com. du dép. d'Ille-et-Vilaine, cant. de Janzé, arr. de Rennes. = Guerche.

AMANOYER, s. m. Arbre de la Guiane.

AMANS, s. m. Village du dép. de Lot-et-Garonne, cant. d'Astafort, arr. d'Agen.

AMANS, s. m. Village du dép. de Lot-et-Garonne, cant. de Puymirol, arr. d'Agen.

AMANS (St.-), s. m. Com. du dép. de l'Aude, cant. de Belpech, arr. de Castelnaudary. = Castelnaudary.

AMANS (St.-), s. m. Com. du dép. de l'Ariége, cant. et arr. de Pamiers. = Pamiers.

AMANS (St.-), s. m. Com. du dép. de l'Aveyron, chef-lieu de cant. de l'arr. d'Espalion, bur. d'enregist. à Huparlac. = Mur-de-Barrez.

AMANS (St.-), s. m. Village du dép. de l'Aveyron, cant. et arr. de Rodez.

AMANS (St.-), s. m. Com. et chef-lieu de cant. du dép. de la Lozère, arr. de Mende, bur. d'enregist. à Mende. = Mende. Fabriques considérables de serges pour doublures, rideaux de lit, etc.

AMANS (St.-), s. m. Village du dép. de Tarn-et-Garonne, cant. de Caylus, arr. de Montauban.

AMANS (St.-), s. m. Village du dép. de Tarn-et-Garonne, cant. de Molière, arr. de Montauban.

AMANS (St.-), s. m. Com. du dép. de Tarn-et-Garonne, cant. de Montaigut, arr. de Moissac. = Moissac.

AMANS-DE-CONDOURNAC (St.-), s. m. Village du dép. de l'Aveyron, cant. de St.-Bauzeli, arr. de Milhau.

AMANS-DE-PELAGAL (St.-), s. m. Com. du dép. de Tarn-et-Garonne, cant. de Lauzerte, arr. de Moissac.= Lauzerte.

AMANS-DE-RANCE (St.-), s. m. Village du dép. de l'Aveyron, cant. de Vezin, arr. de Milhau.

AMANS-DE-SALMIECH (St.-), s. m. Village du dép. de l'Aveyron, cant. de Cassagnes, arr. de Rodez.

AMANS-DES-MOURIS (St.-), s. m. Village du dép. de l'Hérault, com. de St.-Gervais-Terreforaine, cant. de St.-Gervais, arr. de Béziers.

AMANS-DE-VARÈS (St.-), s. m. Village du dép. de l'Aveyron, cant. de Séverac-le-Château, arr. de Milhau.

AMANS-LA-BASTIDE, s. m. Com. du dép. du Tarn, chef-lieu de cant. de l'arr. de Castres, bur. d'enregist. de Mazamet. = Castres. Filatures de laines; fabriques de drap.

AMANS-VALTORET (St.-), s. m. Com. du dép. du Tarn, cant. de St.-Amans-la-Bastide, arr. de Castres. = Mazamet.

AMANT, E, s. Qui a de l'amour pour une personne d'un autre sexe. — En mauvaise part, qui entretient, avec une personne d'un autre sexe, un commerce de galanterie. — de Flore, zéphyre. T. de myth. — Pl. m. Deux personnes de différens sexes qui s'aiment.

AMANT (St.-), s. m. Com. du dép. de la Charente, cant. de Montmoreau, arr. de Barbezieux. = Blanzac.

AMANT-DE-BOIXE (St.-), s. m. Com. du dép. de la Charente, chef-lieu de cant. de l'arr. d'Angoulême, bur. d'enregist. à Montignac. = Maules.

AMANT-DE-BONNIEURE (St.-), s. m. Com. du dép. de la Charente, cant. de Maules, arr. de Ruffec. = Maules.

AMANT-DE-GRAVE (St.-), s. m. Com. du dép. de la Charente, cant. de Châteauneuf, arr. de Cognac. = Châteauneuf.

AMANT-DE-NOUÈRE (St.-), s. m. Com. du dép. de la Charente, cant. d'Hiersac, arr. d'Angoulême. = Angoulême.

AMANT-ROCHE-SAVINE (St.-), s. m. Com. du dép. du Puy-de-Dôme, chef-lieu de cant. de l'arr. d'Ambert où se trouve le bur. d'enregist. = Ambert. Dans les environs de cette commune, il existe des mines de cuivre et de plomb.

AMANT-TALLENDE (St.-), s. m. Petite ville du dép. du Puy-de-Dôme, chef-lieu de cant. de l'arr. de Clermont, bur. d'enregist. = Clermont.

AMANTY, s. m. Com. du dép. de la Meuse, cant. de Gondrecourt, arr. de Commercy. = Gondrecourt.

AMANVILLERS, s. m. Com. du dép. de la Moselle, cant. et arr. de Metz. = Metz.

AMANZÉ, s. m. Com. du dép. de Saône-et-Loire, cant. de Clayette, arr. de Charolles. = Clayette.

AMARANTACÉES ou AMARANTHACÉES, s. f. pl. Famille de plantes dicotylédones, à étamines hypogynes. T. de bot.

AMARANTE ou AMARANTHE, s. f. Plante dont la fleur est d'un rouge pourpre velouté. — s. m. Bois violet. — Adj. de couleur d'amarante.

AMARANTINE ou AMARANTHINE,

s. f. Genre d'amarante à feuilles d'un rouge blafard ; tulipe panachée pourpre sur un fond blanc. T. de bot.

AMARANTHOÏDES, s. f. pl. Voy. AMARANTACÉES.

AMAREINS, s. m. Com. du dép. de l'Ain, cant. de St.-Trivier-sur-Mognand, arr. de Trévoux. = Trévoux.

AMARENS, s. m. Com. du dép. du Tarn, cant. de Cordes, arr. de Gaillac. = Cordes.

AMARIN (St.-), s. m. Petite ville du dép. du Haut-Rhin, chef-lieu de cant. de l'arr. de Belfort, bur. d'enregist. à Thann. = Thann.

Forges, hauts fourneaux qui fournissent de très bonne fonte pour l'acier; comm. de quincaillerie.

AMARINÉ, E, part. Se dit de l'équipage d'un navire capturé en temps de guerre, sur lequel monte une partie de l'équipage du navire vainqueur.

AMARINER, v. a. Remplacer l'équipage d'un navire capturé par une partie de son propre équipage.—Habituer quelqu'un à la mer, un équipage aux manœuvres. S'—, v. pron. S'habituer à la mer. T. de mar.

AMARQUE, s. f. Voy. BOUÉE.

AMARRAGE, s. m. Ancrage ou mouillage d'un vaisseau; attache de ses agrès avec des cordages; endroit où deux grosses cordes sont jointes par une petite. T. de mar.

AMARRE, s. f. Cordage dont on se sert pour l'amarrage ou pour attacher diverses choses dans un vaisseau. T. de mar. —, pl. Deux morceaux de bois percés au milieu pour y faire passer le bout d'un moulinet. T. d'archit.

AMARRÉ, E, part. Lié avec l'amarre.

AMARRER, v. a. Attacher, lier avec l'amarre. T. de mar.

AMARYLLIS, s. m. Berger dont le nom est célèbre dans les pastorales. — s. f. Plante de la famille des narcisses; sa fleur. T. de bot. — Joli papillon de jour. — Tulipe à trois couleurs, rose, pourpre et blanc.

AMAS, s. m. Assemblage de personnes ou de choses.

AMASEMENS, s. m. pl. Manoirs. (Vi.)

AMASONIE, s. f. Plante herbacée d'Amérique. T. de bot.

AMASSÉ, E, part. Entassé, accumulé.

AMASSER, v. a. Faire un amas, entasser, accumuler, assembler. S'—, v. pron. S'accumuler, se rassembler, s'assembler.

AMASSETE ou AMUSSETTE, s. f. Petit instrument de bois, de fer, etc., dont on se sert pour amasser les couleurs broyées.

AMASSEUR, s. m. Celui qui amasse. (Vi.)

AMATELOTÉ, E, part. Se dit des matelots mis deux à deux pour s'entr'aider.

AMATELOTER, v. a. Mettre des matelots deux à deux pour s'entr'aider dans leur ouvrage, de manière que l'un travaille, tandis que l'autre se repose. S'—, v. réc. S'associer pour le défrichement d'un terrain. T. de mar.

AMATEUR, s. m. Qui a beaucoup de goût, d'attachement pour..—; qui aime les beaux-arts sans les exercer.

AMATHAY-ET-VÉSIGNEUX, s. m. Com. du dép. du Doubs, cant. d'Ornans, arr. de Besançon. = Ornans.

AMATI, E, part. Dépoli.

AMÂTINÉ, E, part. Se dit d'une chienne qui a été couverte par un loup.

AMÂTINER, v. a. Faire couvrir une chienne par un loup.

AMATIR, v. a. Dépolir, ôter l'éclat et le poli à l'or, à l'argent, etc.

AMATOR (St-.), s. m. Com. du dép. du Calvados, cant. et arr. de Bayeux. = Bayeux.

AMATOTE, s. m. Genre de vermiculaires ou tubulaires. T. d'hist. nat.

AMAUROSE, s. f. Cécité produite par la paralysie de la rétine ou du nerf optique. T. de méd.

AMAYÉ-SUR-ORNE, s. m. Com. du dép. du Calvados, cant. d'Evrecy, arr. de Caen. = Caen.

AMAYÉ-SUR-SEULLES, s. m. Com. du dép. du Calvados, cant. de Villers-Bocage, arr. de Caen. = Villers-Bocage.

AMAZONES, s. f. pl. Femmes guerrières de la Cappadoce, sur les bords du fleuve Thermodoon. Ces femmes ne recevaient des hommes dans leur pays qu'une fois dans l'année, encore fallait-il qu'elles eussent tué trois de leurs ennemis pour avoir le privilége de devenir mères. Elles faisaient périr le premier de leurs enfans mâles, et élevaient leurs filles, auxquelles elles brûlaient le sein droit, avec le plus grand soin. Vaincues par Hercule, ce héros donna leur reine Hippolyte à Thésée. T. de myth. — Espèce de perroquet jaune. T. d'hist. nat.

AMAZONES (Riv. des), s. f. pl. Rivière de l'Amérique méridionale, le plus grand des fleuves connus, parcourt 685 l. en droite ligne ; est large d'une l. dans sa partie inférieure; augmente progressivement jusqu'à son embouchure dans l'Océan atlantique, où il a 65 l. de largeur.

AMAZY, s. m. Com. du dép. de la Nièvre, cant. de Tannay, arr. de Clamecy. = Tannay.

AMBACOURT, s. m. Com. du dép. des

Vosges, cant. de Charmes, arr. de Mirecourt. = Charmes.

AMBACT ou AMBACTE, s. m. Territoire d'un seigneur ayant haute et basse justice. T. de droit féodal.

AMBAGES, s. f. pl. Circonlocutions; amas confus de paroles obscures, entortillées. (Vi.)

AMBAÏBA, s. m. Arbre du Brésil et de Saint-Domingue. T. de bot.

AMBALAM, s. m. Arbre qui croît aux Indes. T. de bot.

AMBALARD, s. m. Brouette dont se servent les papetiers pour transporter la pâte. T. de pap.

AMBARE, s. m. Grand arbre des Indes. T. de bot.

AMBARÈS-ET-LAGRAVE, s. m. Petite ville du dép. de la Gironde, cant. de Carbon-Blanc, arr. de Bordeaux. = Bordeaux.

AMBARVALES, s. f. pl. Fêtes, sacrifices en l'honneur de Cérès. T. de myth.

AMBASSADE, s. f. Charge, fonction d'un ambassadeur; sa suite; mission auprès d'un gouvernement. — Message entre particuliers. T. fam.

AMBASSADEUR, s. m. Envoyé d'une puissance, accrédité près d'une autre. — Personne chargée de quelque message. T. fam.

AMBASSADORIAL, E, adj. Qui appartient à l'ambassadeur.

AMBASSADRICE, s. f. Épouse d'un ambassadeur. — Femme chargée d'un message. — T. fam.

AMBAX, s. m. Com. du dép. de la Haute-Garonne, cant. de l'Ile-en-Dodon, arr. de St.-Gaudens.=L'Ile-en-Dodon.

AMBAYRAC, s. m. Com. du dép. de l'Aveyron, cant. de Villeneuve, arr. de Villefranche. = Villefranche.

AMBAZAC, s. m. Com. du dép. de la Haute-Vienne, chef-lieu de cant. de l'arr. de Limoges, où est le bureau d'enregist. = Limoges.

Forges et tréfileries.

AMBE, s. m. Deux numéros liés dans une mise à la loterie, de manière qu'on ne gagne que lorsqu'ils sortent au même tirage.

AMBEL, s. m. Com. du dép. de l'Isère, cant. de Corps, arr. de Grenoble. = Corps.

AMBELANIER, s. m. Petit arbre de la Guiane. T. de bot.

AMBENAY, s. m. Com. du dép. de l'Eure, cant. de Rugles, arr. d'Evreux. = Rugles.

Fabrique d'épingles; papeteries; commerce de toiles.

AMBÉRAC, s. m. Com. du dép. de la Charente, cant. de St.-Amant-de-Boixe, arr. d'Angoulême. = Manles.

AMBÉRIEUX, s. m. Petite ville du dép. de l'Ain, chef-lieu de cant. de l'arr. de Belley; bur. d'enregist. et de poste.

Fabriques de toiles et de draps pour l'habillement des troupes; papeteries.

AMBÉRIEUX, s. m. Com. du dép. de l'Ain, cant. de St.-Trivier-sur-Mognand, arr. de Trévoux. = Trévoux.

Filatures de coton; fabriques de toiles; papeteries, usines.

AMBÉRIEUX, s. m. Com. du dép. du Rhône, cant. d'Anse, arr. de Villefranche. = Anse.

AMBERNAC, s. m. Com. du dép. de la Charente, cant. et arr. de Confolens. = Confolens.

AMBERRE, s. f. Com. du dép. de la Vienne, cant. de Mirebeau, arr. de Poitiers. = Mirebeau.

AMBERT, s. m. Ville du dép. du Puy-de-Dôme, chef-lieu de sous-préfect. et de cant., trib. de 1re inst. et de comm.; bur. d'enregist. et de poste; direct. des contrib. indir., recev. part. des finances.

Fabriques d'étamine pour pavillons, lacets, serges pour tamis, toiles, dentelles, épingles; grand nombre d'usines pour la fabrication des papiers d'impression et gravure; comm. de merceries, étoffes de laine, cartes à jouer, et fromages d'Auvergne.

AMBÈS, s. m. Com. du dép. de la Gironde, cant. de Carbon-Blanc, arr. de Bordeaux. = Bordeaux.

Ce village donne son nom au confluent de la Garonne et de la Dordogne, que l'on appelle le Bec-d'Ambès.

AMBESAS, s. m. Coup de dé qui amène deux as au trictrac.

AMBI, s. m. Instrument de chirurgie inventé par Hippocrate pour réduire les luxations de l'humérus.

AMBIA, s. m. Bitume indien, liquide et jaunâtre.

AMBIALET, s. m. Com. du dép. du Tarn, cant. de Villefranche, arr. d'Albi. = Albi.

AMBIANT, E, adj. Fluide, air qui environne, qui enveloppe. T. de phys.

AMBIDEXTÉRITÉ, s. f. Faculté de l'ambidextre. (Vi.)

AMBIDEXTRE, s. et adj. Qui se sert des deux mains avec une force et une adresse égales.

AMBIEGNA, s. f. Com. du dép. de la Corse, cant. de Sari, arr. d'Ajaccio. = Ajaccio.

AMBIERLE, s. f. Com. du dép. de la Loire, cant. de St.-Haon-le-Châtel, arr. de Roanne. — Roanne.

AMBIÉVILLERS, s. m. Com. du dép.

de la Haute-Saône, cant. de Vauvillers, arr. de Lure. = Vesoul.

AMBIGENE, adj. f. Se dit d'une hyperbole qui a l'une de ses branches infinies inscrite, et l'autre circonscrite à son asymptote. T. de géom.

AMBIGU, s. m. Repas où l'on sert à la fois la viande et les fruits. — Mélange d'objets opposés. Fig.

AMBIGU, E, adj. Douteux, qui présente deux sens différens.

AMBIGUÏTÉ, s. f. Double sens que présente un discours; équivoque.

AMBIGUMENT, adv. D'une manière ambiguë.

AMBILLON, s. m. Com. du dép. d'Indre-et-Loire, cant. de Château-la-Vallière, arr. de Tours. = Tours.

AMBILLON, s. m. Com. du dép. de Maine-et-Loire, cant. de Gennes, arr. de Saumur. = Les Rosiers.

AMBIOPIE, s. f. Vue double.

AMBIS, s. m. Petit quadrupède d'Afrique. T. d'hist. nat.

AMBITÉ, adj. m. Se dit d'un verre mou par défaut de sable, ou qui a perdu sa transparence. T. de verr.

AMBITIEUSEMENT, adv. D'une manière ambitieuse; avec ambition.

AMBITIEUX, EUSE, s. et adj. Qui a de l'ambition.—Trop recherché, en parlant du style.

AMBITION, s. f. Désir immodéré d'acquérir de la gloire, de la puissance, des richesses, etc. — Il se prend en bonne ou mauvaise part, selon le mot. Ambition louable, malheureuse.

AMBITIONNÉ, E, part. Recherché, désiré avec ambition.

AMBITIONNER, v. a. Désirer immodérément; rechercher avec ardeur, avec ambition.

AMBLAGNIEU, s. m. Com. du dép. de l'Isère, cant. de Crémieu, arr. de Latour-du-Pin. = Crémieu.

AMBLAINCOURT, s. m. Com. du dép. de la Meuse, cant. de Triaucourt, arr. de Bar-le-Duc. = Ste.-Ménehould.

AMBLAIN-LES-PREZ, s. m. Village du dép. du Pas-de-Calais, cant. de Vitry, arr. d'Arras.

AMBLAINVILLE, s. f. Com. du dép. de l'Oise, cant. de Méru, arr. de Beauvais. = Méru.

AMBLANS-ET-VELOTTE, s. m. Com. du dép. de la Haute-Saône, cant. et arr. de Lure. = Lure.

AMBLANT, E, adj. Qui va l'amble.

AMBLE, s. m. Allure du cheval entre le pas et le trot.

AMBLENY, s. m. Com. du dép. de l'Aisne, cant. de Vic-sur-Aisne, arr. de Soissons. = Vic-sur-Aisne.

AMBLÉON, s. m. Com. du dép. de l'Ain, cant. de l'Huis, arr. de Belley. = Belley.

AMBLER, v. n. Aller l'amble. (Vi.)

AMBLETEUSE, s. f. Petite ville maritime du dép. du Pas-de-Calais, cant. de Marquise, arr. de Boulogne. = Marquise.

C'est dans le port d'Ambleteuse que Jacques II, roi d'Angleterre, aborda, en 1688, accompagné du duc de Berwick, son fils naturel.

AMBLEUR, s. m. Officier des écuries du roi. — adj. Se dit d'un cerf dont la trace du pied de derrière surpasse la trace du pied de devant. T. de vén.

AMBLEVILLE, s. f. Com. du dép. de la Charente, cant. de Segonzac, arr. de Cognac. = Cognac.

Les vins de cette ville sont fort estimés.

AMBLEVILLE, s. f. Com. du dép. de Seine-et-Oise, cant. de Magny, arr. de Mantes. = Magny.

AMBLIE, s. f. Com. du dép. du Calvados, cant. de Creully, arr. de Caen. = Caen.

AMBLIMONT, s. m. Com. du dép. des Ardennes, cant. de Mouzon, arr. de Sedan. = Mouzon.

AMBLOSIE, s. f. Avortement. T. de méd.

AMBLOTIQUE, adj. Qui fait avorter. T. de méd.

AMBLOY, s. m. Com. du dép. de Loir-et-Cher, cant. de St.-Amand, arr. de Vendôme. = Vendôme.

AMBLY, s. m. Com. du dép. de la Meuse, cant. et arr. de Verdun.=Verdun.

AMBLYGONE, s. m. Angle obtus. — adj. A angles obtus. T. de géom.

AMBLYODE, s. f. Genre de mousse. T. de bot.

AMBLYOPIE, s. f. Obscurcissement de la vue; éblouissement continuel. T. de méd.

AMBOINE, s. f. La plus grande des îles Moluques, offre un sol très fertile, surtout en girofliers. Amboine, la capitale de cette île, est bien construite et très commerçante.

AMBOISE, s. f. Ville du dép. d'Indre-et-Loire, chef-lieu de cant. de l'arr. de Tours. Bur. d'enregist. et de poste.

Charles VIII, fils de Louis XI, naquit au château d'Amboise en 1470, et y mourut, frappé d'apoplexie, en regardant jouer à la paume. C'est dans Amboise que les guerres de religion éclatèrent, et que les disciples de Calvin reçurent la qualification de huguenots.

On remarque près de cette ville, où fut institué l'ordre de Saint-Michel par

Louis XI, le beau château de Chanteloup, et surtout le parc.

Fabriques de draps, étamines, tapis de pied; manufactures de limes et autres objets de quincaillerie; comm. considérable de vins, et entrepôt de pierres à fusil tirées de la carrière de Meusne.

AMBON, s. m. Tribune d'église, jubé. — Arbre des Indes. T. de bot. — Bord cartilagineux qui environne la cavité des os. T. d'anat.—Bordage sur la couverte. T. de mar.

AMBON, s. m. Com. du dép. du Morbihan, cant. de Muzillac, arr. de Vannes. = Muzillac.

AMBONIL, s. m. Com. du dép. de la Drôme, cant. de Loriol, arr. de Valence. = Loriol.

AMBONNAY, s. m. Com. du dép. de la Marne, cant. d'Aï, arr. de Reims. = Epernay.

AMBONVILLE, s. f. Com. du dép. de la Haute-Marne, cant. de Doulevant, arr. de Vassy. = Doulevant.

AMBOUCHOIRS, s. m. pl. Formes sur lesquelles on fait la tige d'une botte, ou dont on se sert pour maintenir les bottes dans leur largeur. — Le bout par lequel on souffle dans un cor.

AMBOURVILLE, s. f. Com. du dép. de la Seine-Inférieure, cant. de Duclair, arr. de Rouen. = Rouen.

AMBOUTI, E, part. Rendu convexe.

AMBOUTIR, v. a. Rendre une pièce de métal convexe, la faire bomber.

AMBOUTISSOIR, s. m. Outil dont se servent les orfèvres et d'autres artisans.

AMBOUTON, s. m. Herbe de Madagascar. T. de bot.

AMBRACAN, s. m. Poisson de mer.

AMBRANLOIRE, s. f. Cheville ou poignée de la charrue. T. d'agr.

AMBRAULT, s. m. Com. du dép. de l'Indre, cant. d'Issoudun et arr. de la même ville. = Issoudun.

AMBRE, s. m. Substance résineuse, odorante et inflammable, qu'on croit être une excrétion des cétacés. — gris, spongieux et odoriférant. — jaune. Voy. SUCCIN. L'ambre, fortement frotté, a la propriété de l'aimant; il attire à lui de légers brins de paille, etc. — Bitume pour le vernis. T. de doreur.

AMBRÉ, E, part. Parfumé d'ambre. — adj. m. Se dit du jaune du succin.

AMBRÉADE, s. f. Faux ambre jaune.

AMBRÉE, s. m. Limaçon amphibie. T. d'hist. nat.

AMBRER, v. a. Parfumer d'ambre.

AMBRES, s. m. Com. du dép. du Tarn, cant. et arr. de Lavaur. = Lavaur.

AMBRESIN, adj. m. Qui tient de l'ambre. (Vi.)

AMBRETTE, s. f. Plante du genre des ketmies dont la fleur sent l'ambre; centaurée musquée. T. de bot. Poire d'—, petite poire qui sent un peu l'ambre.

AMBREUIL (St-.), s. m. Com. du dép. de Saône-et-Loire, cant. de Sennecy-le-Grand, arr. de Châlons. — Sennecy.

AMBREVADE, s. m. Cytise des Indes. T. de bot.

AMBREVILLE, s. f. Village du dép. de la Somme, cant. de Gamaches, arr. d'Abbeville.

AMBRICOURT, s. m. Com. du dép. du Pas-de-Calais, cant. de Fruges, arr. de Montreuil. = Fruges.

AMBRIEF, s. m. Com. du dép. de l'Aisne, cant. d'Oulchy-le-Château, arr. de Soissons. = Oulchy-le-Château.

AMBRIÈRES, s. f. Com. du dép. de la Marne, cant. de St.-Remy-en-Bouzemont, arr. de Vitry-le-Français. = Vitry-le-Français.

AMBRIÈRES, s. f. Petite ville du dép. de la Mayenne, chef-lieu de cant. de l'arr. de Mayenne. Bur. d'enregist.=Mayenne.

AMBRINES, s. f. Com. du dép. du Pas-de-Calais, cant. d'Aubigny, arr. de St.-Pol. = Arras.

AMBRISE, s. f. Tulipe blanche et rouge. T. de jard.-fleur.

AMBROISIE, s. f. Nourriture des dieux. T. de myth. — Mets exquis. Fig. — Espèce d'armoises maritimes; thé du Mexique. T. de bot.

AMBROIX, s. m. Petite ville du dép. du Gard, chef-lieu de cant. de l'arr. d'Alais. Bur. d'enregist. et de poste. Fabriques de bas de filoselle; tanneries et clouteries.

AMBROIX-SUR-ARNON, s. m. Com. du dép. du Cher, cant. de Charost, arr. de Bourges. = Issoudun.

AMBROME, s. f. Plante de la famille des cacaoyers. T. de bot.

AMBRONNAY, s. m. Com. du dép. de l'Ain, cant. d'Ambérieux, arr. de Belley. = Ambérieux.

AMBROSIAQUE, adj. Qui a l'odeur d'ambre.

AMBROSIEN, adj. m. Se dit d'un chant de l'office divin, attribué à saint Ambroise.

AMBROSINIE, s. f. Plante de la famille des gouets. T. de bot.

AMBRUGEAC, s. m. Com. du dép. de la Corrèze, cant. de Meymac, arr. d'Ussel. = Ussel.

AMBRUMESNIL, s. m. Com. du dép. de la Seine-Inférieure, cant. d'Offranville, arr. de Dieppe. = Dieppe.

AMBRUS, s. m. Com. du dép. de Lot-et-Garonne, cant. de Damazan, arr. de Nérac. = Aiguillon.

AMBUBAGE, s. m. Flûte des Syriens.

AMBULACHE, s. m. Membrane qui sert aux zoophytes pour marcher; trous par où sortent ces membranes. T. d'hist. nat.

AMBULANCE, s. f. Hôpital militaire qui suit une armée. T. d'art milit.

AMBULANT, E, adj. Qui marche, qui va, qui n'est pas fixe dans un lieu.

AMBULATOIRE, adj. Qui va et vient. —Changeant; volonté ambulatoire. Fig.

AMBULER, v. n. Se promener. (Vi.)

AMBULIE, s. f. Plante aromatique des Indes. T. de bot.

AMBULON, s. m. Arbre, espèce de cafier.

AMBUTRIX, s. m. Com. du dép. de l'Ain, cant. de Lagnieu, arr. de Belley. = Ambérieux.

AME, s. f. Principe de la vie, l'existence elle-même, c'est-à-dire ce qui, dans un être organisé, constitue une puissance d'action indépendante de l'individu. L'anatomie a des connaissances positives et très étendues sur le corps humain; mais cette infinité de ressorts, ces nerfs, ces fibres d'une délicatesse extrême dont elle nous donne la description, qui les fait mouvoir? On n'en sait rien. Des conjectures, des systèmes, voilà ce que la physiologie nous offre. Eh bien! cet agent jusqu'alors inconnu, ce puissant moteur, n'est-ce pas l'âme? Où est-elle, cette âme? Les uns la voient dans le cerveau, les autres dans le sang, etc. Il serait bien temps d'avouer qu'il y a dans la création des choses qui se trouvent au-delà de notre intelligence. L'immortalité de l'âme est un dogme consolant auquel il serait difficile de ne pas croire, puisque tous les peuples l'admettent. Robespierre lui-même fit inscrire sur les portes de nos églises dévastées : Le peuple français reconnaît l'Etre suprême et l'immortalité de l'âme. — Chose qui donne à une autre le mouvement, l'activité, la vie. —Conscience, cœur, sentiment. —Mobile. Fig. — Petit morceau de bois qu'on met dans un violon pour soutenir la table. —d'un soufflet, cuir qui forme, dans le soufflet, une espèce de soupape. Donner de l'— à un marbre, à un tableau, donner une apparence de vie; avoir l'— sur les lèvres, être près d'expirer; rendre l'—, mourir. —, pl. Pris pour la population, 10,000 âmes, 10,000 habitants.

AMÉ (St-.), s. m. Com. du dép. des Vosges, cant. et arr. de Remiremont. = Remiremont.

AMÉ, E, adj. Aimé. (Vi.) T. de chancellerie.

AMÉCOURT, s. m. Com. du dép. de l'Eure, cant. de Gisors, arr. des Andelys. = Gisors.

AMEIVA, s. m. Lézard de Surinam. T. d'hist. nat.

AMEL, s. m. Com. du dép. de la Meuse, cant. de Spincourt, arr. de Montmédy. = Etain.

AMÉLANCHE, s. f. Fruit de l'amélanchier. T. de bot.

AMÉLANCHIER, s. m. Espèce d'alisier. T. de bot.

AMELÉCOURT, s. m. Com. du dép. de la Meurthe, cant. et arr. de Château-Salins. = Château-Salins.

AMÉLIE, s. f. Agrion, insecte névroptère. T. d'hist. nat.

AMÉLIORATION, s. f. Action d'améliorer; ses effets. —Progrès vers le bien, meilleur état. —Epuration. T. de chim.

AMÉLIORÉ, E, part. Rendu meilleur.

AMÉLIORER, v. a. Rendre meilleur; se dit plus ordinairement d'un fonds de terre. S'—, v. pron. Devenir meilleur.

AMÉLIORISSEMENT, s. m. Amélioration dans l'ordre de Malte.

AMELLE, s. m. Arbuste de la partie méridionale de l'Afrique et de la Jamaïque.

AMÉLOTTES, s. f. pl. Voy. AMOLETTES. T. de mar.

AMEN, s. m. Mot hébreu qu'on trouve à la fin de toutes les oraisons, et qui signifie : Ainsi soit-il. Dire —, consentir. Jusqu'à —, jusqu'à la fin. T. fam.

AMÉNAGE, s. m. Action de transporter; se dit de la voiture qui transporte et des objets transportés.

AMÉNAGÉ, E, part. Se dit des forêts divisées en coupes réglées.

AMÉNAGEMENT, s. m. Action d'aménager.

AMÉNAGER, v. a. Établir dans une forêt l'ordre de succession et l'époque des coupes. T. forestier.

AMENDABLE, adj. Sujet à l'amende; qui peut se corriger, se réparer.

AMENDE, s. f. Peine pécuniaire ordonnée par justice. — honorable, peine infamante qui consiste à faire publiquement l'aveu de son crime et à en demander pardon, et fig., sorte de réparation d'honneur.

AMENDÉ, E, part. Condamné à l'amende.

AMENDEMENT, s. m. Changement en mieux. — Modification apportée à un projet de loi ou ordonnance, etc. — Engrais des terres.

AMENDER, v. a. Condamner à l'amende. — Rendre meilleur. — Modifier, corriger. Amender un projet de loi. —

une terre, y mettre de l'engrais. — v. n. Aller mieux, en parlant d'un malade; devenir meilleur; baisser de prix, en parlant du blé, du vin, etc.; payer l'amende. S'—, v. pron. Se corriger.

AMENDEUIX, s. m. Com. du dép. des Basses-Pyrénées, cant. de St.-Palais, arr. de Mauléon. = St.-Palais.

AMENÉ, E, part. Conduit, mené. — s. m. Mandat d'amener.

AMENER, v. a. Conduire, mener; tirer à soi, faire venir au lieu où l'on est ou dont on parle. — Faire condescendre à, fig. — Mettre en usage, introduire. — Faire venir à propos, être la cause de. — v. n. Baisser pavillon, et se rendre. T. de mar.

AMÉNITÉ, s. m. Agrément, en parlant de l'air, d'un lieu. — Ce qui exprime la douceur de caractère, de langage, de mœurs, etc. Se dit aussi du style.

AMENONCOURT, s. m. Com. du dép. de la Meurthe, cant. de Blamont, arr. de Lunéville. = Blamont.

AMÉNORRHÉE, s. f. Suppression des mois, des règles, des menstrues. T. de méd.

AMENTACÉES, s. f. pl. Plantes à fleurs en chatons, telles que l'orme, le saule, le chêne, etc. T. de bot.

AMENUCOURT et FROCOURT, s. m. Com. du dép. de Seine-et-Oise, cant. de Magny, arr. de Mantes. = Magny.

AMENUISÉ, E, part. Rendu plus menu.

AMENUISER, v. a. Rendre moins épais, plus menu.

AMER, s. m. Fiel de certains animaux, surtout des poissons.

AMER, ÈRE, adj. Qui a de l'amertume. — Douloureux, dur, pénible, piquant. Fig.

AMÈREMENT, adv. Avec amertume, douloureusement.

AMÉRICAIN, E, s. et adj. Né en Amérique; qui est d'Amérique.

AMÉRIMNONS, s. m. pl. Genre de plantes légumineuses. T. de bot.

AMÉRIQUE, s. f. La plus grande des cinq parties du monde; elle est divisée en partie septentrionale et partie méridionale par l'isthme Darien, entre 8° et 9° lat. N. La première, probablement bornée au N. par la Mer polaire, est celle où se trouvent les Etats-Unis, la république fondée par Wasington; la seconde, l'Amérique méridionale, renferme la Colombie, les Guyannes, le Brésil; le Pérou, le Paraguay, Buénos-Ayres, le Chili, etc. L'Amérique s'avançant également des deux côtés de l'équateur, offre tous les climats, toutes les productions animales et végétales des autres parties du monde, soit indigènes, soit exportées. Elle possède des mines d'or, d'argent, de diamant qui sont pour ainsi dire inépuisables. Cristophe Colomb qui la découvrit lui donna le nom d'Indes occidentales, supposant qu'elle faisait partie de l'Inde.

AMERS, s. m. pl. Indices sur la côte, servant à guider les navigateurs. T. de mar.

AMERTUME, s. f. Qualité, saveur rude et désagrable. — Peine d'esprit, affliction. Fig.

AMES, s. f. Com. du dép. du Pas-de-Calais, canton de Norrent-Fontes, arr. de Béthune = Béthune.

AMÉTHISTE ou AMÉTHYSTE, s. m. Oiseau-mouche. — s. f. Pierre précieuse, de couleur violette, tirant sur le pourpre qui, mise au doigt, garantissait de l'ivresse, suivant les anciens.

AMÉTHYSTHÉE, s. f. Plante labiée. T. de bot.

AMETTES, s. f. Com. du dép. du Pas-de-Calais, cant. de Norrent-Fontes, arr. de Béthune. = Béthune.

AMEUBLÉ, E, part. Voy. MEUBLÉ.

AMEUBLEMENT, s. m. Assortiment de meubles qui ornent une chambre ou un appartement.

AMEUBLER, v. a. Voy. MEUBLER.

AMEUBLI, E, part. Rendu de nature mobilière. — Rendu meuble.

AMEUBLIR, v. a. Rendre de nature mobilière. T. de jurisp. — Rendre des terres plus meubles, plus légères. T. d'agric.

AMEUBLISSEMENT, s. m. Action d'ameublir; ses effets.

AMEUGNY, s. m. Com. du dép. de Saône-et-Loire, cant. de St.-Gengoux-le-Royal, arr. de Mâcon. = Buxi.

AMEULONNÉ, E, part. Mis en meule.

AMEULONNER, v. a. Mettre en meule du blé, du foin, etc.

AMEUTÉ, E, part. Formé en meute; attroupé.

AMEUTEMENT, s. m. Action d'ameuter. (Vi.)

AMEUTER, v. a. Former des chiens en meute, pour les faire chasser ensemble. — Attrouper, assembler et animer des gens pour un mauvais dessein. Fig. — Accorder les équipages. T. de mar. S'—, v. pron. Se réunir pour faire une émeute.

AMEUVELLE, s. f. Com. du dép. des Vosges, cant. de Monthureux-sur-Saône, arr. de Mirecourt. = Mirecourt.

AMEUX, s. m. Com. du dép. du Nord, cant. de Marcoing, arr. de Cambrai.

AMEYZIEUX, s. m. Com. du dép. de l'Ain, cant. de Champagny, arr. de Belley. = Belley.

AMFRÉVILLE, s. f. Com. du dép. du

Calvados, cant. de Troarn, arr. de Caen. = Troarn.

AMFRÉVILLE, s. f. Com. du dép. de la Manche, cant. de Ste.-Mère-Eglise, arr. de Valognes. = Ste.-Mère-Eglise.

AMFRÉVILLE, s. f. Com. du dép. de la Seine-Inférieure, cant. de Doudeville, arr. d'Yvetot. = Doudeville.

AMFRÉVILLE-LA-CAMPAGNE, s. f. Com. du dép. de l'Eure, chef-lieu de cant. de l'arr. de Louviers. = Louviers. Bur. d'enregist. à Neubourg. Comm. de toiles et cotons filés.

AMFRÉVILLE-LA-MIVOIE, s. f. Village du dép. de la Seine-Inférieure, cant. de Boos, arr. de Rouen. = Rouen.

AMFRÉVILLE-LES-CHAMPS, s. f. Com. du dép. de l'Eure, cant. d'Écouis, arr. des Andelys. = Andelys.

AMFRÉVILLE-SOUS-LES-MONTS, s. f. Com. du dép. de l'Eure, cant. d'Écouis, arr. des Andelys. = Andelys.

AMFRÉVILLE-SUR-ITON, s. f. Com. du dép. de l'Eure, cant. et arr. de Louviers. = Louviers.

AMFROIPRET, s. m. Com. du dép. du Nord, cant. de Bavay, arr. d'Avesnes. = Bavay.

AMI, E, s. Celui, celle avec qui l'on est lié d'une affection mutuelle.—Qui aime, qui défend une chose. Ami de la vérité. Se dit aussi des animaux et des choses. Le chien est l'ami de l'homme, le vin de l'estomac. Mon ami, mon petit ami. T. de familiarité, de tendresse, et souvent de mépris. — Amant, amante ou maîtresse.—, adj. Propice, favorable; qui sympathise, qui réjouit.

À MI, adv. À moitié, au milieu, à mi-côte.

AMIABLE, adj. Doux, gracieux. — Compositeur, qui accommode un différend par les voies de la douceur. — Se dit aussi des nombres, dont l'un est égal à la somme des parties aliquotes de l'autre, et réciproquement. — A l'—, adv. Sans procès, avec douceur. Vente à l'amiable, où le prix est marqué sur chaque objet.

AMIABLEMENT, adv. D'une manière amiable. (Vi.)

AMIANTACÉ, E, adj. Qui ressemble à l'amiante, qui a quelque rapport avec ce minéral. T. d'hist. nat.

AMIANTE, s. m. Minéral fibreux dont les anciens formaient leur toile incombustible pour envelopper les corps qu'ils brûlaient, et en obtenir les restes sans mélange. T. d'hist. nat.

AMIANTHOÏDE, s. m. Minéral par touffes de filamens. T. d'hist. nat.

AMICAL, E, adj. Qui part de l'amitié; dicté, inspiré par l'amitié. Il ne se dit que des choses, et n'a point de pl. m.

AMICALEMENT, adv. D'une manière amicale, avec amitié.

AMICT, s. m. Linge dont le prêtre se couvre les épaules pour dire la messe.

AMIDON ou AMYDON, s. m. Farine faite sans meule, espèce de fécule tirée des végétaux, surtout du blé, et dont on fait l'empois et la poudre pour les cheveux. — L'un des principes immédiats des végétaux. T. de chim.

AMIDONNERIE, s. f. Fabrique d'amidon.

AMIDONNIER, s. m. Fabricant, marchand d'amidon.

AMIENS, s. m. Chef-lieu de préfect. du dép. de la Somme, du 5e arr. de sous-préfect. et de 4 cant. ou justices de paix; 21e arr. forestier, cour royale, cour d'assises, trib. de 1re inst. et de comm., évêché, académie des sciences; biblioth. publ. de 40,000 vol. environ; cabinets d'hist. nat. et de physique; musée; jardin botanique; ingén. en chef des ponts-et-chaussées; ingén. des mines; direct. de l'enregist. et des domaines, 2e classe; direct. des contrib. direct. et indirect., recev. gén. des finances, bur. de poste. Pop., 42,000 hab. environ. Cette ville est située au milieu d'une riche campagne, sur la Somme; cette rivière y est navigable pour les bâtimens de 35 à 40 tonneaux. C'est dans l'enceinte d'Amiens que fut conclu, en 1802, le traité de paix entre la France et l'Angleterre, traité qui fut bientôt violé par le gouvernement britannique, et qui peut donner la mesure de l'étrange confiance que paraît inspirer à certains anglomanes l'équivoque amitié du cabinet de Saint-James. On croit qu'Amiens fut la résidence de plusieurs empereurs romains. Surprise par les Espagnols, en 1597, elle leur fut enlevée la même année par Henri IV.

Fabriques de draps, velours, casimirs, étamines, alépines, prunelles, rubans de laines, linge de table, sangles, surfais, colle forte, acides minéraux, savons verts, papiers; filatures de lin, de coton et de laine; raffineries d'huiles, teintureries, blanchisseries. Entrepôt considérable d'épiceries, drogueries et teintures.

La cathédrale d'Amiens, construite dans le 13e siècle, est une des plus grandes et des plus belles de France.

AMIESTE ou AMIESTIE, s. f. Toile de coton des Indes.

AMIFONTAINE, s. f. Com. du dép. de l'Aisne, cant. de Neufchâtel, arr. de Laon. = Reims.

AMIGDALITHE, s. f. Pierre qui a la forme d'amande. T. d'hist. nat.

AMIGNARDÉ, E, part. Caressé, traité avec trop de complaisance.

AMIGNARDER, v. a. Caresser, traiter avec complaisance, avec faiblesse.

AMIGNON (l'), s. m. Petite rivière qui a sa source près de Vermand, et qui se jette dans la Somme au-dessous d'Athies.

AMIGNOTÉ, E, part. Flatté. (Vi.)

AMIGNOTER, v. a. Flatter. (Vi.)

AMIGNY, s. m. Com. du dép. de la Manche, cant. de St.-Jean-de-Daye, arr. de St.-Lô. = St.-Lô.

AMIGNY-ROUX, s. m. Com. du dép. de l'Aisne, cant. de Chauny, arr. de Laon. = Chauny.

A-MI-LA, s. m. T. de mus. qui désigne la note la, et donne le ton aux autres instrumens; branches d'acier qui sonnent cette note.

AMILACÉ, E, adj. De la nature de l'amidon.

AMILLY, s. m. Com. du dép. de Seine-et-Marne, cant. de la Ferté-Gaucher, arr. de Coulommiers. = La Ferté-Gaucher.

AMILLY, s. m. Com. du dép. d'Eure-et-Loir, cant. et arr. de Chartres. = Chartres.

AMILLY, s. m. Com. du dép. du Loiret, cant. et arr. de Montargis = Montargis.

AMIMÉTOBIE, s. f. Vie voluptueuse et fort dispendieuse. T. inus.

AMINCI, E, part. Rendu plus mince.

AMINCIR, v. a. Rendre plus mince.— Affaiblir, diminuer. S'—, v. pron. Devenir plus mince.

AMINCISSEMENT, s. m. Diminution d'épaisseur; affaiblissement.

AMINEUR, s. m. Mesureur de sel.

AMINTE (la belle), s. f. Espèce d'œillet. T. de jard.-fleur.

AMIONS, s. m. Com. du dép. de la Loire, cant. de St.-Germain-Laval, arr. de Roanne. = Roanne.

AMIRAL, s. m. Chef suprême des forces navales d'un Etat. — Officier qui commande une flotte, une escadre. — Vaisseau monté par l'amiral; principal vaisseau d'une flotte. — Coquille univalve; papillon de jour. T. d'hist. nat.

AMIRAL, E, adj. Commandé ou monté par l'amiral; vaisseau amiral.

AMIRALE, s. f. Epouse de l'amiral.

AMIRANTE, s. m. Amiral en Espagne.

AMIRAT, s. m. Com. du dép. du Var, cant. de St.-Auban, arr. de Grasse. = Grasse.

AMIRAUTÉ, s. f. Dignité, charge d'amiral. — Son siège et sa juridiction. — Ministère de la marine en Angleterre.

AMIRÉ-JOANNET, s. m. Espèce de poirier; son fruit.

AMIS (Ile des), s. m. pl. Archipel de la mer du Sud, qui renferme environ 150 îles.

AMISSIBILITÉ, s. f. Qualité de ce qui est amissible. (Vi.)

AMISSIBLE, adj. Qu'on peut perdre.

AMITIÉ, s. f. Attachement, affection de deux personnes l'une pour l'autre.— Plaisir, bienveillance, faveur. Faites-moi l'amitié de.—Convenance, accord de couleurs. T. de peint. — Etat du métal manial. T. de mét. — pl. Caresses, paroles obligeantes.

AMMAN, s. m. Chef de canton suisse.

AMMANE, s. f. Espèce de salicaire. T. de bot.

AMMERSCHWIHR, s. m. Petite ville du dép. du Haut-Rhin, cant. de Kaysersberg, arr. de Colmar. = Colmar. Les vins des environs sont estimés.

AMMERTZWILLER, s. m. Com. du dép. du Haut-Rhin, cant. de Dannemarie, arr. de Belfort. = Belfort.

AMMEVILLE, s. f. Com. du dép. du Calvados, cant. de St.-Pierre-sur-Dives, arr. de Lisieux. = Croissanville.

AMMI, s. m. Plante ombellifère et aromatique; sa graine. T. de bot.

AMMITE, s. f. Stalactite, petite concrétion calcaire globuleuse. T. d'hist. nat.

AMMOBATE, s. m. Serpent de Guinée. — pl. Insectes apiaires. T. d'hist. nat.

AMMOCHOSIE, s. f. Voy. INSOLATION.

AMMOCHRYSE, s. f. Pierre précieuse de couleur d'or. T. d'hist. nat.

AMMODYTE, s. m. Poisson apode, anguille de sable; espèce de vipère. T. d'hist. nat.

AMMON ou HAMMON, s. m. Surnom donné à Jupiter. Jupiter-Ammon. T. de myth. Corne d'—. Voy. AMMONITE.

AMMONÉENNES, adj. f. pl. Se dit des lettres sacrées dont se servaient les prêtres d'Egypte, où Jupiter avait un temple.

AMMONIAC, s. m. Sel blanc presque transparent, composé d'acide marin et d'alcali volatil.

AMMONIAC, AQUE, adj. Qui vient d'Ammon, des sables de Lybie, près du temple de Jupiter-Ammon, où se préparaient le sel ammoniac et la gomme ammoniaque. T. de chim.

AMMONIACAL, E, adj. Qui a rapport à l'ammoniaque. T. de chim.

AMMONIACÉ, E, adj. Qui renferme de l'ammoniaque. T. de chim.

AMMONIAQUE, s. f. Alcali volatil, combinaison d'une partie d'azote et de trois d'hydrogène. T. de chim.

AMMONITE, s. f. Coquille en spirale,

fossile et univalve; vers pétrifiés. T. d'hist. nat.

AMMONIURE, s. f. Combinaison métallique de l'ammoniaque.

AMMOPHILE, s. m. Sorte d'insecte armé d'aiguillons. T. d'hist. nat.

AMMOTHÉE, s. f. Arachnide trachéenne. T. d'hist. nat.

AMMYRSINE, s. f. Voy. AMMI. T. de bot.

AMNASTOMATIQUE, s. m. Médicament qui dilate les vaisseaux sanguins. T. de méd.

AMNÉ, s. m. Com. du dép. de la Sarthe, cant. de Loué, arr. du Mans. = Le Mans.

AMNÉSIE, s. f. Diminution, perte momentanée ou totale de la mémoire. T. de méd.

AMNIOMANCIE, s. f. Divination au moyen de l'amnios.

AMNIOS, s. m. Membrane très mince, molle, transparente, qui renferme le cordon ombilical, le fœtus et les eaux dans lesquelles il nage. T. d'anat.

AMNIQUE, adj. Qui a rapport ou qui appartient à l'amnios. T. de méd.

AMNISTIE, s. f. Pardon accordé par le souverain aux rebelles et aux déserteurs.

AMNISTIÉ, E, part. Gracié. — s. et adj. Qui a reçu l'amnistie.

AMNISTIER, v. a. Gracier, pardonner; accorder une amnistie.

AMODIATEUR, s. m. Qui prend une terre à ferme.

AMODIATION, s. f. Bail à ferme.

AMODIÉ, E, part. Affermé.

AMODIER, v. a. Affermer une terre en grain ou en argent.

AMOGABARE, s. f. Milice espagnole qui jouissait d'une grande réputation de bravoure.

AMOINDRI, E, part. Rendu moindre, diminué.

AMOINDRIR, v. a. Rendre moindre, diminuer. — v. n. Diminuer. S'—, v. pron. Devenir moindre.

AMOINDRISSEMENT, s. m. Diminution.

À MOINS DE ou QUE, conj. S'il ne.

AMOISES, s. f. pl. Pièces de bois qui embrassent les sous-faîtes; liens, etc., pour les affermir. T. d'archit.

AMOLAGO, s. m. Sorte de poivre.

AMOLETTES, s. f. pl. Trous où l'on passe les barres du cabestan. T. de mar.

AMOLLI, E, part. Rendu mou.

AMOLLIR, v. a. Rendre mou. — Rendre plus humain. — Détruire l'énergie. Fig. S'—, v. pron. Devenir mou, et fig. efféminer, lâche.

AMOLLISSEMENT, s. m. Action d'amollir; ses effets.

AMOME, s. f. Fruit d'un arbre odoriférant des Indes; drogue qui entre dans la thériaque.

AMOMI, s. m. Espèce de poivre de la Jamaïque.

AMOMIE, s. f. Mûrier blanc. T. de bot.

AMONCELÉ, E, part. Entassé.

AMONCELEMENT, s. m. Amas. T. inus.

AMONCELER, v. a. Entasser, au prop. et au fig. S'—, v. pron. S'entasser, se réunir en masse.

AMONCOURT, s. m. Com. du dép. de la Haute-Saône, cant. de Port-sur-Saône, arr. de Vesoul.=Port-sur-Saône.

AMONDANS, s. m. Com. du dép. du Doubs, cant. d'Amancey, arr. de Besançon. = Ornans.

AMONT, s. m. Se dit de l'oiseau qui se tient dans l'air pour découvrir quelque gibier. D'—, adv. En remontant. Vent d'—, vent d'orient. T. de mar.

AMONT et EFFRENEY, s. m. Com. du dép. de la Haute-Saône, cant. de Faucogney, arr. de Lure. = Luxeuil.

AMORCE, s. f. Appât pour prendre des oiseaux, des poissons, etc. — Poudre que l'on met dans le bassinet d'une arme à feu. — Tout ce qui flatte les sens et l'esprit. Fig.

AMORCÉ, E, part. Garni d'amorce, attiré.

AMORCER, v. a. Garnir d'amorce. — Attirer le gibier, le poisson par l'amorce. — Mettre de la poudre dans le bassinet d'une arme à feu. — Attirer par ce qui flatte les sens et l'esprit. Fig. — Commencer un trou avec l'amorçoir. T. de charp. — Disposer deux morceaux de fer pour les souder ensemble.

AMORÇOIR, s. m. Outil dont on se sert pour commencer des trous dans le bois.

AMOROSO, adv. Tendrement, amoureusement. T. de mus.

AMOROTS, s. m. Com. du dép. des Basses-Pyrénées, cant. de St.-Palais, arr. de Mauléon. = St.-Palais.

AMORPHA, s. m. Plante de la Caroline, espèce d'indigo bâtard. T. de bot.

AMORPHE, adj. Sans forme, irrégulier.

AMORTI, E, part. Rendu plus faible.

AMORTIR, v. a. Rendre plus faible, moins violent, moins ardent, moins vif, etc. — une rente, l'éteindre en remboursant le capital. — Diminuer progressivement la vitesse d'un bâtiment. T. de mar. — v. n. Cesser de flotter. T. de mar. S'—, v. pron. S'affaiblir, s'éteindre. Prop. et fig.

AMORTISSABLE, adj. Qu'on peut amortir ou qui peut être amorti.

AMORTISSEMENT, s. m. Rachat, extinction d'un droit, d'une rente. — Autrefois, faculté accordée aux gens de main-morte de devenir propriétaires. — Ornement qui termine un comble. T. d'archit. — Etat d'un vaisseau qui a cessé de flotter. T. de mar. Caisse d'— dont les fonds servent à amortir les dettes de l'Etat.

AMOU, s. m. Com. du dép. des Landes, chef-lieu de cant. de l'arr. de St.-Sever. Bur. d'enregist. = Orthez.

AMOUILLANTE, adj. f. Se dit d'une vache qui est sur le point de vêler.

AMOUR, s. m. Sentiment vif et tendre qui entraîne un sexe vers l'autre. Dans ce sens, le mot amour est, en poésie, quelquefois féminin au singulier; mais il l'est toujours au pluriel, même en prose. —, vif attachement; amour de la patrie, de la gloire, paternel, filial, des richesses, etc. — Cupidon, fils de Vénus. T. de myth. —, pl. La personne aimée. T. fam. — Tout ce qu'on aime avec passion.

AMOUR (St.-), s. m. Petite ville du dép. du Jura, chef-lieu de cant. de l'arr. de Lons-le-Saulnier, bur. d'enregist. et de poste. On y remarque des fabriques de clous, une marbrerie considérable, des martinets, et enfin des tanneries et corroieries. Les principaux objets de comm. sont : les vins, les chevaux et les bestiaux.

AMOUR (St.-), s. m. Com. du dép. de Saône-et-Loire, cant. de la Chapelle-de-Guinchay, arr. de Mâcon. = Mâcon.

AMOURACHÉ, E, part. Engagé dans de folles amours.

AMOURACHER (S'), v. pron. Se passionner follement pour un objet qui n'est pas digne de fixer votre attention.

AMOURETTE, s. f. Attachement frivole. —, pl. Sortes de gramen; morceaux les plus délicats de la viande.

AMOUREUSEMENT, adv. D'une manière amoureuse, avec amour. — Avec goût, avec plaisir. T. d'art.

AMOUREUX, EUSE, s. Amant. T. fam. —, adj. Qui aime par amour, enclin à l'amour. — Qui a une grande passion pour. Fig. — Qui éprouve, exprime, inspire l'amour.

AMOUREX (St.-), s. m. Com. du dép. du Tarn-et-Garonne, cant. de St.-Nicolas-de-Lagrave, arr. de Castel-Sarrasin. = St.-Nicolas-de-Lagrave.

AMOUR-PROPRE, s. m. Sentiment de préférence exclusive pour soi; trop grand attachement à soi-même, à ses intérêts; opinion trop avantageuse de sa personne et de ses moyens.

AMOVIBILITÉ, s. f. Qualité de ce qui est amovible.

AMOVIBLE, adj. Qui peut être changé, destitué, révoqué au gré d'une autorité supérieure.

AMPA, s. m. Figuier de l'île de Madagascar. T. de bot.

AMPAC, s. m. Gomme de l'Inde.

AMPAN, s. m. Voy. EMPAN.

AMPASTELÉ, E, part. Se dit des draps et des laines auxquels on a donné le bleu de pastel.

AMPASTELER, v. a. Donner aux draps, aux laines, etc., le bleu de pastel. T. de teint.

AMPAZA, s. f. Village du dép. de la Corse, com. d'Azilone, cant. de Ste.-Marie, arr. d'Ajaccio. = Ajaccio.

AMPEILS, s. m. Com. du dép. du Gers, cant. de Valence, arr. de Condom. = Condom.

AMPÉLITE, s. f. Terre bitumineuse, soluble dans l'huile. On la nomme aussi Terre de vigne.

AMPHIARTHROSE, s. f. Articulation mixte, tenant de la diarthrose par sa mobilité et de la synarthrose par sa connexion. T. d'anat.

AMPHIBIE, s. m. adj. Animal qui vit sur la terre et dans l'eau, tel que le castor ou la loutre. Se dit aussi de certaines plantes. — Qui a des professions, des mœurs disparates. Fig. et fam. — s. f. Espèce de baleine.

AMPHIBIOLITHES, s. m. pl. Pétrifications d'animaux amphibies. T. d'hist. nat.

AMPHIBIOLOGIE, s. f. Traité sur les animaux amphibies. T. d'hist. nat.

AMPHIBLESTHROÏDE, s. f. Tunique de l'œil, blanche et glaireuse. T. de chir.

AMPHIBOLE, s. f. Schorl noir, opaque. T. d'hist. nat.

AMPHIBOLOGIE, s. f. Ambiguïté d'une phrase mal construite; discours à double sens.

AMPHIBOLOGIQUE, adj. Ambigu, à double sens, obscur.

AMPHIBOLOGIQUEMENT, adv. D'une manière amphibologique, obscure.

AMPHIBRANCHES, s. f. pl. Espaces autour des glandes, des gencives, qui humectent la trachée-artère et l'estomac. T. d'anat.

AMPHIBRAQUE, s. m. Pied de vers grec ou latin, une longue entre deux brèves. T. de poés.

AMPHICÉPHALE, s. m. Lit qui avait deux chevets opposés l'un à l'autre. T. d'antiq.

AMPHICOME, s. m. Sorte de hanneton. T. d'hist. nat.

AMPHICTYON, s. m. Fils d'Hélénus. C'est lui qui créa dans Athènes le fameux tribunal dont les décrets étaient aussi respectés que les oracles des dieux. T. de myth.

AMPHICTYONIDE, adj. f. Se dit du droit d'amphictyonie qu'avait une ville grecque.

AMPHICTYONIE, s. f. Droit qu'avait une ville grecque d'envoyer un député au conseil des amphictyons ; dignité, assemblée des amphictyons.

AMPHICTYONIQUE, adj. Qui a rapport aux amphictyons.

AMPHICTYONS, s. m. pl. Représentans des villes grecques au conseil général de la nation. T. d'antiq.

AMPHIDÉON, s. m. Orifice de l'utérus. T. d'anat.

AMPHIDIARTHROSE, s. f. Articulation de la mâchoire inférieure. T. d'anat.

AMPHIDROMIE, s. f. Fête pour célébrer la naissance. T. d'antiq.

AMPHIGÈNE, s. m. Grenat blanc. T. d'hist. nat. Voy. LEUCITE.

AMPHIGOURI, s. m. Discours qui n'a ni ordre ni sens.

AMPHIGOURIQUE, adj. Burlesque, obscur.

AMPHIGOURIQUEMENT, adv. Obscurément.

AMPHIHEXAÈDRE, adj. Doublement hexaèdre. T. de géom.

AMPHIMACRE, s. m. Pied de vers grec ou latin, une brève entre deux longues. T. de poés.

AMPHIMELLE, s. m. Habit velu des deux côtés dont se couvraient les anciens Romains.

AMPHIMÉRINE, s. et adj. f. Fièvre dont les accès reviennent chaque jour. T. de méd.

AMPHINOME, s. m. Genre de vers marins des tropiques. T. d'hist. nat.

AMPHIPOGONE, s. f. Sorte de graminée. T. de bot.

AMPHIPOLE, s. m. Magistrat de Syracuse. T. d'antiq.

AMPHIPROSTYLE, s. m. Temple oblong qui était orné de quatre colonnes à chaque bout.

AMPHIPTÈRE, s. m. Serpent à deux ailes, ou dragon ailé. T. de blas.

AMPHIRION, s. m. Espèce de pomacentre, poisson thoracique. T. d'hist. nat.

AMPHIROA, s. m. Genre de polypiers, vers aquatiques. T. d'hist. nat.

AMPHISBÈNE, s. m. Serpent auquel on a supposé deux têtes et qui rampe avec une égale vitesse, quelle que soit l'une de ses extrémités qu'il porte en avant.

AMPHISCIENS, s. et adj. m. pl. Habitans de la zone torride, dont l'ombre se tourne tantôt vers le nord et tantôt vers le midi.

AMPHISILE, s. m. Centrisque, genre de poissons cartilagineux. T. d'hist. nat.

AMPHISMILE, s. m. Scalpel ou bistouri à deux tranchans pour disséquer. T. d'anat.

AMPHISTOME, s. m. Ver intestinal. T. d'hist. nat.

AMPHITHÉÂTRE, s. m. Vaste enceinte avec des gradins, où l'on pouvait assister sans danger aux combats de gladiateurs et de bêtes féroces ; chez nous, la partie d'une salle de spectacle opposée au théâtre. — Lieu destiné tout à la fois aux démonstrations anatomiques, aux opérations chirurgicales, etc. — de gazon ; il est ordinairement pratiqué dans un lieu élevé d'où l'on peut découvrir les beautés de la campagne.

AMPHITHOÉ, s. m. Crustacé isopode. T. d'hist. nat.

AMPHITRITE, s. f. Fille de l'Océan et de Doris, épouse de Neptune. T. de myth. — La mer. —, s. m. pl. Vers marins, à deux rangs de houpes de soie, à grands panaches. T. d'hist. nat.

AMPHITROPE, s. m. Embryon recourbé dans la graine. T. de bot.

AMPHITRYON, s. m. Fils d'Alcée et petit-fils de Persée, s'empara de Thèbes, et épousa Alcmène, fille d'Electryon. Selon Plaute, il commandait les armées de Créon, roi de Thèbes. Toujours est-il que, pendant son absence, Jupiter prit sa figure, s'introduisit dans la couche d'Alcmène, et que, de ce commerce adultère, naquit le grand Hercule. Cette fable a fourni le sujet de deux comédies qui occupent un rang distingué dans les annales dramatiques. La première est de Plaute, poète latin, et la seconde de Molière. — Celui qui tient table ouverte, qui paie pour tout le monde. Fig.

AMPHORE, s. f. Vase antique qui contenait dix-neuf litres environ.

AMPHOTIDE, s. f. Calotte pour le pugilat.

AMPIAC, s. m. Com. du dép. de l'Aveyron, cant. et arr. de Rhodez. = Rhodez.

AMPILLY-LES-BORDES, s. m. Com. du dép. de la Côte-d'Or, cant. de Bagneux-les-Juifs, arr. de Châtillon. = Bagneux-les-Juifs.

AMPILLY-LE-SEC, s. m. Com. du dép. de la Côte-d'Or, cant. et arr. de Châtillon-sur-Seine. = Châtillon-sur-Seine. Forges, haut-fourneau ; batterie de fer.

AMPLAING, s. m. Com. du dép. de l'Ariége, cant. de Tarascou, arr. de Foix. = Tarascon

AMPLE, adj. Long, large; un habit ample. — Etendu, prolixe. Un ample discours. Fig. — Se dit pour expliquer qu'on est pourvu de choses nécessaires. J'ai fait une ample provision de patience.

AMPLEMENT, adv. D'une manière ample.

AMPLEPUIS, s. m. Com. du dép. du Rhône, cant. de Thizy, arr. de Villefranche. = St.-Symphorien-de-Lay.

AMPLEUR, s. f. Largeur d'un habit, d'une étoffe, d'une robe, etc.

AMPLEXICAULE, adj. Se dit d'une feuille, etc., dont la base embrasse la tige. T. de bot.

AMPLIATEUR, s. m. Expéditionnaire, copiste; qui fait une ampliation, une expédition.

AMPLIATIF, IVE, adj. Qui étend, ajoute, augmente; bref ampliatif.

AMPLIATION, s. f. Expédition, copie, double d'un acte. Lettres d'—, qui expliquaient les moyens omis dans une requête. T. de chancell.

AMPLIÉ, E, part. Différé.

AMPLIER, v. a. Différer. Amplier un paiement. T. de jurisp. — Occuper un grand espace. T. de mar.

AMPLIER, s. m. Com. du dép. du Pas-de-Calais, cant. de Pas, arr. d'Arras. = Doullens.

AMPLIFICATEUR, s. m. Hâbleur, qui amplifie, exagère. T. fam.

AMPLIFICATION, s. f. Détails dans lesquels entre un orateur pour développer son sujet. — Devoir d'un écolier sur un sujet donné; exagération. — Augmentation des diamètres d'un objet vu dans une lunette. T. d'opt.

AMPLIFIÉ, E part. Étendu par le discours; exagéré.

AMPLIFIER, v. a. Etendre, augmenter par le discours; exagérer.

AMPLISSIME, adj. superl. Très ample. Titre d'honneur qu'on donnait au recteur de l'université de France.

AMPLITUDE, s. f. Portée horizontale d'un projectile; parabole qu'il décrit. — L'arc de l'horizon compris entre le point du lever et du coucher du soleil et celui où se lève et se couche un astre.

AMPOIGNÉ, s. m. Com. du dép. de la Mayenne, cant. et arr. de Château-Gontier. = Château-Gontier.

AMPONDRE, s. f. Spathe des palmiers.

AMPONVILLE, s. f. Com. du dép. de Seine-et-Marne, cant. de la Chapelle, arr. de Fontainebleau. = Fontainebleau.

AMPOULAOU, s. m. Sorte d'olivier.

AMPOULE, s. f. Vase à gros ventre. — Petite tumeur qui survient à la peau. Sainte—, fiole dans laquelle on conservait l'huile pour le sacre des rois de France.

AMPOULÉ, E, adj. Enflé, en parlant du style.

AMPOULETTE, s. f. Cheville de bois pour boucher la lumière d'une bombe; bois de la fusée. — Horloge de sable des navires. T. de mar.

AMPRIANI, s. m. Com. du dép. de la Corse, cant. de Moita, arr. de Corte. = Bastia.

AMPUGNANI, s. m. Com. du dép. de la Corse, chef-lieu de cant. de l'arr. de Bastia, bur. d'enregist. à Porta. = Bastia.

AMPUIS, s. m. Com. du dép. du Rhône, cant. de Ste.-Colombe, arr. de Lyon. = Vienne.

Ce village, sur la rive droite du Rhône, est abrité au N. par une colline qui produit le vin si renommé de Côte-Rotie.

AMPULEX, s. m. Insecte, porte-aiguillon. T. d'hist. nat.

AMPULLAIRE, s. m. Idole, mollusque céphalé univalve. T. d'hist. nat.

AMPUS, s. m. Com. du dép. des Deux-Sèvres, cant. de Fontenay, arr. de Niort. = Niort.

AMPUSSÉ, E, part. Venu à suppuration.

AMPUSSER, v. a. Faire venir à suppuration. T. de méd.

AMPUTATION, s. f. Action d'amputer, opération cruelle, mais nécessaire quand il est démontré qu'il n'y a pas d'autre moyen de sauver la vie du malade.

AMPUTÉ, E, part. Coupé, retranché.

AMPUTER, v. a. Couper, retrancher un membre. T. de chir.

AMPYX, s. m. Chaîne d'or avec laquelle les anciens liaient les crins d'un cheval sur son front; filet pour retenir les cheveux.

AMSONIE, s. f. Plante à fleurs bleues de la famille des apocynées. T. de bot.

AMSTERDAM, s. m. Ville capitale de la Hollande, et l'une des plus commerçantes du monde, est bâtie sur pilotis, et renferme de très beaux monumens. Elle possède trois théâtres, un institut, un musée et un jardin botanique. Pop., 220,000 hab. environ.

AMULETTE, s. f. Figure ou caractère qu'on porte sur soi; prétendu préservatif ou remède.

AMUNITIONNÉ, E, part. Pourvu de munitions.

AMUNITIONNER, v. a. Pourvoir une place, un camp de munitions.

AMURE, s. f. Cordage qui sert à étendre la voile du côté d'où vient le vent. — Pl. Trous pratiqués dans le plat-bord pour amurer. T. de mar.

AMURÉ, E, part. Se dit des cordages, des voiles qui ont été bandés.

AMURER, v. a. Bander les cordages des voiles ; tendre un coin de la voile. T. de mar.

AMURGUE, s. f. Marc de l'huile d'olive ; dépôt, sédiment de l'huile qu'on tire de ce fruit.

AMUSABLE, adj. Qui peut être amusé. T. inus.

AMUSANT, E, adj. Qui amuse, fait passer le temps agréablement.

AMUSÉ, E, part. Distrait, diverti.

AMUSEMENT, s. m. Ce qui amuse, dissipe l'ennui. —Occupations agréables, diversion. — Paroles trompeuses, promesses fausses.

AMUSER, v. a. Divertir, procurer de l'agrément. — Distraire, arrêter inutilement, faire perdre le temps.— Donner de vaines espérances, tromper par de fausses promesses. Fig. — le tapis, parler beaucoup sans venir au fait. S'—, v. pron. Se divertir, perdre son temps. S'amuser à la moutarde, à des bagatelles, à des choses inutiles. T. fam.

AMUSETTE, s. f. Petit amusement. T. fam. — Sorte d'arme à feu.

AMUSEUR, s. m. Qui divertit, amuse, trompe. T. inus.

AMUSOIRE, s. f. Moyen de distraire, d'arrêter. T. inus.

AMY, s. m. Com. du dép. de l'Oise, cant. de Lassigny, arr. de Compiègne. = Noyon.

AMYGDALES, s. f. pl. Glandes en forme d'amandes, placées dans l'arrière-bouche, sous les demi-arcades latérales de la cloison du palais, l'une à droite, l'autre à gauche de la base de la langue. T. d'anat.

AMYGDALOÏDE, s. f. Nom donné aux roches qui ont quelque ressemblance avec des amandes empâtées.

AMYNTIQUE, adj. m. Se dit d'un emplâtre fortifiant. T. de méd.

AN, s. m. Durée de la révolution de la terre autour du soleil ; douze mois. Le jour de l'—, le premier jour de l'an. Par —, chaque année. L'— du monde, l'an depuis la création. L'— de grâce depuis la naissance de J.-C. Bon —, mal —, compensation faite des mauvaises années avec les bonnes. — Pl. et fig. Vieillesse.

ANA, s. m. Recueil de traits, de pensées, de bons mots, etc. Ménagiana, Sévigniana, Cicéroniana, etc.

ANABAPTISME, s. m. Erreur, hérésie des anabaptistes.

ANABAPTISTES, s. m. pl. Sectaires qui ne baptisent les enfans qu'à l'âge de raison.

ANABAS, s. m. Sorte de kurte, poisson plat sans écailles. T. d'hist. nat.

ANABASE, s. f. Arbrisseau d'Espagne, plante de la famille des arroches. T. de bot. — Couverture fabriquée à Rouen.

ANABASIENS, s. m. pl. Les anciens nommaient ainsi une sorte de courriers.

ANABLEPE, s. m. Espèce de cobite, poisson abdominal. T. d'hist. nat.

ANABROCHISME, s. m. Ancienne opération de chirurgie pour arracher, à l'aide d'un fil de soie, les cils qui croissent en-dedans de la paupière, et irritent le globe de l'œil. T. de chir.

ANABROSE, s. f. Corrosion des parties solides par l'âcreté des humeurs. Voy. DIABROSE. T. de chir.

ANACA, s. f. Perruche du Brésil. T. d'hist. nat.

ANACALIFE ou ANACALIPE, s. m. Myriapode, scolopendre de l'île de Madagascar, insecte dont la piqûre est mortelle. T. d'hist. nat.

ANACALYPTÉRIE, s. f. Fête, célébration du jour où la nouvelle mariée ôtait son voile, et se montrait en public. T. d'antiq.

ANACAMPTIQUE, adj. Qui réfléchit la lumière, les sons ; qui marque réitération. T. d'opt. et d'acoust.

ANACANDAÏA, s. m. Serpent de Surinam. T. d'hist. nat.

ANACANDEF, s. m. Petit serpent de la grosseur d'un tuyau de plume. T. d'hist. nat.

ANACARDE, s. m. Fruit de l'anacardier, qui a du rapport avec celui de l'acajou.

ANACARDIER, s. m. Grand et gros arbre de l'Inde que l'on confond avec l'acajou, et qui produit un fruit qu'on nomme noix d'acajou.

ANACATHARSE, s. f. Purgation par en haut ; expectoration. T. de méd.

ANACATHARSIE, s. f. Secrétion des glandes salivaires ; expectoration abondante. T. de méd.

ANACATHARTIQUE, adj. Qui produit l'expectoration, qui dégage les voies supérieures, qui purge. T. de méd.

ANACÉPHALÉOSE, s. f. Récapitulation, résumé d'un discours ; épilogue.

ANACHARIS, s. m. Plante aquatique du Brésil. T. de bot.

ANACHORÈTE, s. m. Solitaire, ermite qui vit retiré du monde, qui le fuit.

ANACHOSTE, s. f. Sorte d'étoffe de laine croisée.

ANACHRONISME, s. m. Erreur chronologique, interversion dans la date des faits historiques.

ANACLASTIQUE, s. f. Voy. DIOPTRIQUE.

ANACLÉTERIE, s. f. Fête qu'on célébrait à la majorité des rois, dans l'antiquité.

ANACLÉTIQUE, adj. Épithète qu'on donnait chez les Grecs au chant qu'entonnaient les vainqueurs en poursuivant l'ennemi.

ANACLINOPALE, s. f. Combat des athlètes couchés sur le sable.

ANACOIK, s. m. Sorte de haricot d'Amérique; fruit du Dolic d'Egypte. T. de bot.

ANACOLLEMATE, s. m. Topique appliqué sur le front pour arrêter l'hémorragie. —, pl. Agglutinatifs. T. de méd.

ANACOLLÈME, s. m. Topique sur le front. T. de méd.

ANACOLUTHE, s. f. Sorte d'ellipse, par laquelle le correctif d'un mot exprimé est sous-entendu.

ANACOMPTIS, s. m. Arbre de Madagascar. T. de bot.

ANACONDO, s. m. Serpent de Ceylan, d'une force et d'une grandeur prodigieuses. T. d'hist. nat.

ANACRÉON, s. m. Poète grec, le chantre des Amours et des Grâces.

ANACRÉONTIQUE, adj. A la manière d'Anacréon, léger, facile, gracieux.

ANACYCLE, s. m. Plante flosculeuse. T. de bot.

ANACYCLIQUE, adj. On nomme ainsi quatre ou six vers latins dont les mots des deux ou trois premiers se retrouvent dans les derniers, mais placés en sens inverse.

ANADIPLOSE, s. f. Métaphore formée d'un mot qui fait une proposition et en commence une autre.

ANADOSE, s. f. Distribution des sucs nourriciers dans toutes les parties de l'économie animale. T. de méd.

ANADROME, s. m. Métastase, déplacement des matières morbifiques, se dirigeant vers les parties supérieures. T. de méd.—, adj. Se dit du poisson de mer qui remonte dans les fleuves.

ANADYOMÈNE, s. m. Polypier.—Adj. Surnom de Vénus, tiré d'un mot grec, qui signifie: sortir hors de l'eau. Dans un tableau d'Apelles, cette déesse était représentée au moment de sa naissance, sortant du sein de la mer. T. de myth.

ANAGALLIS, s. m. Voy. MOURON.

ANAGÉPHALÉOSE, s. m. Voy. ANACÉPHALÉOSE.

ANAGIRIS, s. m. Arbrisseau légumineux d'Amérique, dont le bois a une odeur forte et désagréable.

ANAGLYPHE, s. m. Ouvrage sculpté en relief. — Portion du quatrième ventricule du cerveau. T. d'anat.

ANAGNOSTE, s. m. Esclave qui était chargé de faire la lecture pendant le repas. T. d'antiq.

ANAGOGIE, s. f. Élévation de l'esprit vers les choses divines; ravissement, extase.

ANAGOGIQUE, adj. Se dit d'une interprétation mystique. T. de théol.

ANAGRAMMATISÉ, E, part. Transposé, en parlant des lettres d'un mot qui en forme un autre.

ANAGRAMMATISER, v. a. Faire des anagrammes.

ANAGRAMMATISTE, s. m. Qui fait des anagrammes.

ANAGRAMME, s. m. Transposition des lettres d'un mot qui en composent un autre; mot retourné.

ANAIS, s. m. Com. du dép. de la Charente-Inférieure, cant. de la Jarrie, arr. de La Rochelle. = La Rochelle.

ANAIS, s. m. Com. du dép. de la Charente, cant. de St.-Amand-de-Boixe, arr. d'Angoulême. = Manles.

ANALABE, s. m. Etole des prêtres grecs. T. d'antiq.

ANALCIME, s. m. Zéolithe cubique et dur. T. d'hist. nat.—, adj. Sans vigueur. T. de phys.

ANALECTES, s. m. pl. Esclaves qui desservaient et faisaient leur profit des restes du repas.—Collection de morceaux de différens auteurs; fragmens choisis d'un auteur.

ANALEME, s. m. Projection orthographique de la sphère sur une surface plane. T. de géom. — Instrument qu'on nomme aussi trigone des signes. T. de gnom.

ANALEPSIE, s. f. Rétablissement des forces après une maladie. T. de méd.

ANALEPTIQUE, s. m. et adj. Restaurant, fortifiant. T. de méd. —, s. f. Partie de l'hygiène.

ANALOGIE, s. f. Rapport, en général; proportion, ressemblance.

ANALOGIQUE, adj. Qui tient à l'analogie; qui a du rapport avec quelque chose.

ANALOGIQUEMENT, adv. D'une manière analogique; par analogie.

ANALOGISME, s. m. Comparaison de rapports, de ressemblances, de proportions; argument de la cause à l'effet.

ANALOGUE, s. m. Qui a des pareils dans la même espèce. — Adj. Qui a de l'analogie, de la similitude avec un autre.

ANALYSE, s. f. Résolution d'un corps, d'une chose dans ses principes; ses élémens. — Art de décomposer les corps. T. de chim. — Résumé d'un discours.— Solution d'un problème par l'algèbre. T. de math. — Méthode analytique par laquelle on va du simple au composé. T.

de log. — Méthode d'enseignement qui consiste à faire subir à chaque mot d'une phrase l'application des règles grammaticales. T. de gram.

ANALYSÉ, E, part. Se dit de ce qui a été développé, résolu.

ANALYSER, v. a. Faire l'analyse d'un ouvrage, en rendre compte. — Décomposer les corps. T. de chim. — Résoudre un problème au moyen de l'algèbre. T. de math.

ANALYSTE, s. m. Qui est versé dans l'analyse.

ANALYTIQUE, adj. Qui tient de l'analyse, qui s'y rapporte.

ANALYTIQUEMENT, adv. Par analyse.

ANAMNÉTIQUE, s. m. Remède qui fortifie la mémoire. —, adj. m. Commémoratif. Se dit d'un signe à l'aide duquel on découvre l'état antérieur. Signe anamnétique. T. de méd.

ANAMORPHIQUE, adj. Renversé. Se dit des cristaux à noyau. T. d'hist. nat.

ANAMORPHOSE, s. f. Tableau qui, vu à différentes distances, représente les objets différemment. — Réunion bizarre de couleurs, de traits, offrant un tableau régulier dans un miroir conique. Projection d'un dessin. T. de peint.

ANAN, s. m. Com. du dép. de la Haute-Garonne, cant. de l'Isle-en-Dodon, arr. de St.-Gaudens. = L'Isle-en-Dodon.

ANANAS, s. m. Plante des tropiques dont le fruit exquis a la forme d'une pomme de pin.

ANANCHITE, s. m. Radiaire échinide, irrégulier. T. d'hist. nat.

ANANS, s. m. Com. du dép. du Jura, cant. de Chaussin, arr. de Dôle. = Dôle.

ANAPESTE, s. m. Pied de vers grec ou latin composé de deux brèves et d'une longue.

ANAPESTIQUE, adj. Se dit des vers de deux brèves et d'une longue.

ANAPÉTIE, s. f. Dilatation des viscères. T. de méd.

ANAPHONÈSE, s. f. C'est ainsi que les anciens nommaient l'exercice du chant.

ANAPHORE, s. f. Répétition. T. de rhét.

ANAPHRODISIE, s. f. Absence de désirs, extinction du sentiment de l'amour. T. de méd.

ANAPHRODITE, adj. Impuissant, qui n'est pas propre à la génération.

ANAPLÉRÉTIQUES, adj. pl. Se dit des remèdes externes pour cicatriser et faire revivre les chairs. T. de chir.

ANAPLÉROSE, s. f. Art de revivifier les chairs. T. de chir.

ANAPNEUSE, s. f. Respiration. T. de méd.

ANARCHICAS, s. m. pl. Poissons à dents incisives. T. d'hist. nat.

ANARCHIE, s. f. État sans chef, sans gouvernement; confusion des pouvoirs, discrédit de l'autorité, mépris des lois, désordre extrême dans la société.

ANARCHIQUE, adj. Qui tient de l'anarchie.

ANARCHISTE, s. m. Partisan de l'anarchie, du désordre; fauteur de troubles. —, adj. Se dit des opinions, des sentimens, etc.

ANARGYRE, s. m. Qui est sans argent.

ANARNAKS, s. m. pl. Genre de testacés. T. d'hist. nat.

ANARRHIQUES, s. m. pl. Poissons ronds, osseux, dans l'espèce desquels on remarque le loup marin. T. d'hist. nat.

ANARRHOPIE, s. f. Tendance du sang à se porter vers la tête. T. de méd.

ANAS, s. m. Pigeon sauvage tel que le ramier.

ANASARQUE, s. f. Enflure œdémateuse du corps. T. de méd.

ANASCOT, s. m. Étoffe d'Amiens.

ANASPASE, s. m. Contraction de l'estomac. T. de méd.

ANASPE, s. m. Insecte coléoptère, mordelle. T. d'hist. nat.

ANASSER, s. m. Plante de la famille des apocyns. T. de bot.

ANASTALTIQUE, adj. Astringent styptique. T. de méd.

ANASTASE, s. f. Changement dans la direction des humeurs, métastase. T. de méd.

ANASTASIE (Ste.-), s. f. Com. du dép. du Puy-de-Dôme, cant. de Besse, arr. d'Issoire. = Besse.

ANASTASIE (Ste.-), s. f. Com. du dép. du Cantal, cant. d'Allanche, arr. de Murat. = Murat.

ANASTASIE (Ste.-), s. f. Com. du dép. du Gard, cant. de St.-Chaptes, arr. d'Uzès. = Uzès.

ANASTASIE (Ste.-), s. f. Com. du dép. du Var, cant. de Roquebrussane, arr. de Brignoles. = Brignoles.

ANASTOMATIQUES, s. et adj. pl. Se dit des remèdes pour empêcher l'engorgement ou la rupture des veines. T. de méd.

ANASTOMÉ, s. m. Oiseau de Pondichéry.

ANASTOMOSE, s. f. Abouchement de deux vaisseaux. T. d'anat. — Embranchement. T. de bot.

ANASTOMOSÉ, E, part.

ANASTOMOSER (S'), v. pron. Se joindre par les extrémités en parlant des veines. T. d'anat.

ANASTROPHE, s. f. Inversion contre l'usage. T. de gram.

ANATASE, s. m. Schorl bleu. T. d'hist. nat.

ANATE, s. f. Sorte de pâte rouge qui se prépare aux Indes orientales, à peu près comme l'indigo; arbrisseau qui la produit. Voy. Rocou.

ANATHÉMATISÉ, E, part. Excommunié, frappé d'anathème.

ANATHÉMATISER, v. a. Excommunier; mettre hors la communion des fidèles, écarter de l'église, priver des sacremens, frapper d'anathème.

ANATHEMATISME, s. m. Canon ou décret portant anathème. T. de théol.

ANATHÈME, s. m. Excommunication de l'église. — Exclusion, malédiction. Fig. —, adj. Pour qui l'on a de l'aversion, de l'horreur. T. de théol.

ANATHÈRE, s. f. Sorte de plante graminée. T. de bot.

ANATIFE, s. f. Coquille multivalve ou conque anatifère. T. d'hist. nat.

ANATIFÈRE, adj. Se dit d'une coquille multivalve qui, suivant un ancien préjugé, portait les œufs du canard et donnait naissance à ses petits. T. d'hist. nat.

ANATIFES, s. m. pl. Poissons brachiopodes. T. d'hist. nat.

ANATINE, s. f. Claudication, habitude de marcher en se dandinant comme les canards.—Coquille bivalve. T. d'hist. nat.

ANATOCISME, s. m. Usure excessive; usure qui consiste à prendre les intérêts des intérêts.

ANATOLE (St.-), s. m. Village du dép. du Tarn, cant. et arr. de Lavaur.

ANATOLIE, s. f. Autrefois l'Asie mineure, est une province de la Turquie asiatique, bornée au N. par la mer Noire, O. et S. par la Méditerranée, et à l'E. par la Caramanie et le pachalik de Sivas. Ce pays est peuplé, riche et commerçant. Smyrne est l'une de ses villes principales.

ANATOLY, s. m. Village du dép. de la Haute-Garonne, cant. de Lanta, arr. de Villefranche.

ANATOME, s. m. Coquille microscopique. T. d'hist. nat.

ANATOMIE, s. f. Principes élémentaires de la constitution physique de l'homme; science de toutes les parties du corps humain; dissection d'un cadavre, d'une plante; art de disséquer; sujet qu'on dissèque ou qui est disséqué. — comparée, rapprochement entre la structure de l'homme et celle des différens animaux. — Analyse minutieuse d'un discours, d'une phrase, etc. Fig.

ANATOMIQUE, adj. Qui est relatif à l'anatomie.

ANATOMIQUEMENT, adv. D'une manière anatomique, suivant l'anatomie.

ANATOMISÉ, E, part. Disséqué; examiné en détail. Fig.

ANATOMISER, v. a. Se livrer aux exercices anatomiques, disséquer. — Examiner en détail; voir avec soin. Fig.

ANATOMISTE, s. m. Versé dans la science de l'anatomie.

ANATRON, s. m. Voy. NATRON.

ANATROPE, s. f. Nausées, vomissement. T. de méd.

ANAUDIE, s. f. Mutisme. T. de méd.

ANAULACES, s. m. pl. Mollusques gastéropodes. T. d'hist. nat.

ANAVINGUE, s. f. Plante de la décandrie. T. de bot.

ANAXYRIDES, s. m. pl. Nom donné par les Grecs à une espèce de pantalon des Barbares.

ANAZE, s. m. Arbre des Indes. T. de bot.

ANBEROQUES, s. f. Village du dép. de l'Aveyron, cant. de Sévérac-le-Château, arr. de Milhau.

ANCE, s. f. Com. du dép. des Basses-Pyrénées, cant. d'Aramits, arr. d'Oloron. = Oloron.

ANCE (L'), s. f. Petite rivière du dép. du Puy-de-Dôme. Elle prend sa source près d'Anthème, et se jette dans la Loire, au-dessus de la com. de Bas, dép. de la Haute-Loire, après avoir parcouru un espace d'environ 12 lieues.

ANCEAUMEVILLE, s. f. Com. du dép. de la Seine-Inférieure, cant. de Clères, arr. de Rouen. = Rouen.

ANCEINS, s. m. Com. du dép. de l'Orne, cant. de la Ferté-Fresnel, arr. d'Argentan. = Argentan.

ANCELLE, s. f. Petite servante.

ANCELLE, s. f. Com. du dép. des Hautes-Alpes, cant. de St.-Bonnet, arr. de Gap. = Gap.

ANCEMONT, s. m. Com. du dép. de la Meuse, cant. de Souilly, arr. de Verdun. = Verdun.

ANCENIS, s. m. Jolie petite ville du dép. de la Loire-Inférieure, chef-lieu de cant. et d'un arr. de sous-préf., trib. de 1re inst., bur. d'enregist. et de poste, direct. des contrib. indir., recev. part. des finances.

Cette ville offre un site très pittoresque sur la rive droite de la Loire, dont l'embouchure est encore à 17 lieues au-delà. Son petit port est très favorable au commerce et à la navigation de l'intérieur. On remarque dans les environs d'Ancenis une exploitation de houille et des forges considérables. Les principaux objets de commerce sont: les vins, les eaux-de-vie, le vinaigre et les bois de construction dont la plus grande partie était employée dans les chantiers du port, où l'on construisait autrefois d'assez gros bâtimens ; mais aujourd'hui le fleuve étant obstrué par des bancs de sable, il n'est plus possible de construire de ces gros navires.

ANCEPS, adj. A deux tranchans. T. de bot.

ANCERVILLE, s. f. Com. du dép. de la Moselle, cant. de Pange, arr. de Metz. = Metz.

ANCERVILLE, s. f. Com. du dép. de la Meuse, chef-lieu de cant. de l'arr. de Bar-le-Duc, bur. d'enregist. = St.-Dizier.

ANCERVILLER, s. m. Com. du dép. de la Meurthe, cant. de Blamont, arr. de Lunéville. = Blamont.

ANCÊTRES, s. m. pl. Ceux de qui l'on descend. — Aïeux, au-dessus du grand-père. — Ceux qui ont vécu avant nous.

ANCETTE, s. f. Bout de corde terminé par un œil. — de boulines, bouts de corde attachés à la ralingue. T. de mar.

ANCEY, s. m. Com. du dép. de la Côte-d'Or, cant. de Sombernon, arr. de Dijon. = Sombernon.

Les vins d'Ancey sont fort estimés en Bourgogne.

ANCHAMPS, s. m. Com. du dép. des Ardennes, cant. de Fumay, arr. de Rocroy. = Fumay.

ANCHAU, s. m. Vase dont on se sert pour détremper la chaux.

ANCHAY, s. m. Com. du dép. du Jura, cant. d'Arinthod, arr. de Lons-le-Saulnier. = Lons-le-Saulnier.

ANCHE, s. f. Petit tuyau de métal, de bois, etc., qu'on adapte à des instrumens à vent. — Demi-tuyau de cuivre qui se met dans les tuyaux d'orgue. — Conduit par lequel la farine tombe dans la huche.

ANCHÉ, s. m. Com. du dép. d'Indre-et-Loire, cant. de l'Isle-Bouchard, arr. de Chinon. = L'Isle-Bouchard.

ANCHÉ, s. m. Com. du dép. de la Vienne, cant. de Couhé, arr. de Civray. = Couhé.

ANCHÉ, E, part. Garni d'anches. —, adj. m. Se dit d'un cimeterre recourbé. T. de blas.

ANCHENONCOURT-ET-CHAZEL, s. m. Com. du dép. de la Haute-Saône, cant. d'Amance, arr. de Vesoul.=Vesoul.

ANCHER, v. a. Garnir d'anches.

ANCHIFLURE, s. f. C'est ainsi que les tonneliers nomment un trou de ver dans une douve, sous un cerceau.

ANCHILOPIE, s. f. Abcès près de l'œil. T. de méd.

ANCHILOPS, s. m. Petit abcès qui survient ordinairement au-dessous de l'angle interne de l'œil. T. de méd.

ANCHOIS, s. m. Petit poisson de mer, sans écailles, qu'on fait mariner dans l'huile, qu'on exporte, et dont on fait des salades fort appétissantes.

ANCHUE, s. f. Trame de l'étoffe.

ANCIEN, s. m. Personnage de l'antiquité. —, pl. Les poètes, les orateurs, les guerriers, en un mot, les hommes qui se sont immortalisés, et dont les noms sont arrivés jusqu'à nous.

ANCIEN, NE, adj. Qui existe depuis long-temps ; l'opposé de moderne, de nouveau.

ANCIENNEMENT, adv. Autrefois.

ANCIENNETÉ, s. f. Antiquité. — Priorité de réception dans une compagnie, un corps, etc.

ANCIENVILLE, s. f. Com. du dép. de l'Aisne, cant. de Villers-Cotterets, arr. de Soissons. = Villers-Cotterets.

ANCIER, s. m. Com. du dép. de la Haute-Saône, cant. et arr. de Gray.=Gray.

ANCIERRE, s. f. Corde qui sert pour le halage des bateaux.

ANCILES, s. m. pl. Boucliers sacrés. Les Romains, encore barbares, et qui, vraisemblablement, furent émerveillés de l'usage de cette arme défensive, la supposaient descendue du ciel.

ANCILLAIRE, adj. Tout ce qui a rapport aux domestiques, qui les concerne. — Se dit aussi de ce qui dispose, prépare à l'analyse. T. de chim.

ANCILLE, s. f. Mollusque céphalé. T. d'hist. nat.

ANCINNES, s. f. Com. du dép. de la Sarthe, cant. de St.-Pater, arr. de Mamers. = Mamers.

ANCIPITÉ, E, adj. A deux bords opposés. T. de bot.

ANCIZAN, s. m. Com. du dép. des Hautes-Pyrénées, cant. d'Arreau, arr. de Bagnères. = Arreau.

Aux environs de ce village, qui se trouve au pied des Pyrénées, on remarque des mines de cuivre, d'ocre jaune et de vert de montagne.

ANCIZAN-DESSUS, s. m. Village du dép. des Hautes-Pyrénées, cant. d'Aucun, arr. d'Argelès. = Argelès.

ANCLON, s. m. Jeu japonais qui consiste à se porter, tour à tour et en cadence, des coups de baguette.

ANCOLIE, s. f. Plante dont la fleur ressemble aux serres de l'aigle, qui croît dans les bois, et qu'on cultive pour sa beauté.

ANÇON, s. m. Armure des anciens.

ANCONE, s. f. Ville maritime d'Italie dans les états du pape. Elle possède un port très commerçant sur la mer Adriatique. Marche d'—, province qui s'étend le long du golfe de Venise, et qui est bornée au S. par une partie des états de Naples.

ANCONE, s. f. Com. du dép. de la Drôme, cant. et arr. de Montélimar. = Montélimar.

ANCONÉ, s. et adj. m. Muscle du coude. T. d'anat.

ANCOURT, s. m. Com. du dép. de la Seine-Inférieure, cant. d'Offranville, arr. de Dieppe. = Dieppe.

ANCOURTEVILLE, s. f. Com. du dép. de la Seine-Inférieure, cant. d'Ourville, arr. d'Yvetot. = Cany.

ANCRAGE, s. m. Action de jeter l'ancre pour s'abriter.

ANCRE, s. f. Machine de fer à double crochet, qu'on jette au fond de l'eau, ou que l'on enfonce sur ses bords pour fixer les navires. — Barres de fer en S ou X pour consolider les murs. T. d'archit. — En Hollande et en Russie, mesure des liquides. — Tout ce qui attache et consolide. Fig.

ANCRÉ, E, part.

ANCRER, v. n. Jeter l'ancre, mouiller. S'—, v. pron. S'établir avec ténacité.

ANCRETIÉVILLE, s. f. Village du dép. de la Seine-Inférieure, cant. d'Yerville, arr. d'Yvetot. = Rouen.

ANCRETTEVILLE-SUR-MER, s. f. Com. du dép. de la Seine-Inférieure, cant. de Valmont, arr. d'Yvetot. = Valmont.

ANCROISINAL, adj. m. Se dit d'une sorte de bandage.

ANCRURE, s. f. Petit pli fait à une étoffe tendue. T. de manuf.

ANCTEVILLE, s. f. Com. du dép. de la Manche, cant. de St.-Malo-de-la-Lande, arr. de Coutances. = Coutances.

ANCTOVILLE, s. f. Com. du dép. du Calvados, cant. de Caumont, arr. de Bayeux. = Balleroy.

ANCTOVILLE, s. f. Com. du dép. de la Manche, cant. de Bréhal, arr. de Coutances. = Coutances.

ANCY, s. m. Com. du dép. du Rhône, cant. de Tarare, arr. de Villefranche. = Tarare.

ANCYLE, s. m. Sorte de lépas fluviatile. T. d'hist. nat.

ANCY-LE-FRANC, s. m. Petite ville du dép. de l'Yonne, chef-lieu de cant. de l'arr. de Tonnerre, bur. d'enregist. et de poste.

Manuf. de faïence, hauts fourneaux, verreries à vitres et à bouteilles.

ANCY-LE-SERVEUX, s. m. Com. du dép. de l'Yonne, cant. d'Ancy-le-Franc, arr. de Tonnerre. = Ancy-le-Franc.

ANCY-LES-SOLOGNE, s. m. Com. du dép. de la Moselle, cant. de Verny, arr. de Metz. = Metz.

ANCYLOBLÉPHARON, s. m. Voy. ANKILOBLÉPHARON.

ANCYLOMELE, s. f. Sonde courbe. T. de chir.

ANCYLOTOME, s. m. Bistouri courbe pour couper le filet de la langue. T. de chir.

ANCYROÏDE, adj. En forme de crochet. T. d'anat.

ANCY-SUR-MOSELLE, s. m. Com. du dép. de la Moselle, cant. de Gorze, arr. de Metz. = Metz.

ANDA, s. m. Arbre du Brésil. T. de bot.

ANDABATE, s. m. Gladiateur qui combattait en aveugle, les yeux bandés.

ANDAILLOTS, s. m. Anneaux dont on se sert pour amarrer la voile mise sur le grand étai. T. de mar.

ANDAIN, s. m. Ce qu'un faucheur abat à chaque coup de faux s'appelle mettre en andain. — Rangée d'avoine, de foin, de luzerne, etc., fauchés. T. d'agric.

ANDAINVILLE, s. f. Com. du dép. de la Somme, cant. d'Oisemont, arr. d'Amiens. = Amiens.

ANDALOUS, E, s. et adj. Qui est d'Andalousie; cheval andalous.

ANDALOUSIE, s. f. Province d'Espagne dont les chevaux sont fort estimés. Ce pays, arrosé par le Guadalquivir et la Guadiana, offre un sol très fertile en céréales, vins et fruits. Il comprend les provinces de Séville, Cordoue et Jaen.

ANDANCE, s. f. Petite ville du dép. de l'Ardèche, cant. de Serrières, arr. de Tournon. = Le Péage.

ANDANTE, s. et adj. m. Air exécuté modérément. — adv. Modérément, lentement. T. de mus.

ANDANTINO, adv. Moins lentement que l'andante. T. de mus.

ANDARD, s. m. Com. du dép. de Maine-et-Loire, cant. et arr. d'Angers. = Angers.

ANDARÈS, s. f. Plante du genre des gatiliers. T. de bot.

ANDARINI, s. m. Pâte de vermicelle réduite en grains.

ANDÉ, s. m. Com. du dép. de l'Eure, cant. et arr. de Louviers. = Louviers.

ANDECHY, s. m. Com. du dép. de la Somme, cant. et arr. de Montdidier. = Montdidier.

ANDEL, s. m. Com. du dép. des Côtes-du-Nord, cant. de Lamballe, arr. de St.-Brieuc. = Lamballe.

ANDELAIN, s. m. Com. du dép. de l'Aisne, cant. de Lafère, arr. de Laon. = Lafère.

ANDELAROCHE, s. f. Com. du dép. de l'Allier, cant. et arr. de La Palisse. = La Palisse.

ANDELARRE, s. f. Com. du dép. de la Haute-Saône, cant. et arr. de Vesoul. = Vesoul.

ANDELARROT, s. m. Com. du dép. de la Haute-Saône, cant. et arr. de Vesoul. = Vesoul.

ANDELAT, s. m. Com. du dép. du Cantal, cant. et arr. de St.-Flour. = St.-Flour.

ANDELIN (St.-), s. m. Com. du dép. de la Nièvre, cant. de Pouilly, arr. de Cosne. = Pouilly.

ANDELLE (l'), s. f. Est une rivière dont la source se trouve à Sergueux, près de Forges-les-Eaux, dép. de la Seine-Inférieure, et qui se jette dans la Seine, au-dessus de Pont-de-l'Arche.

Elle transporte à Rouen, au moyen du flottage, une partie du bois de la forêt de Bray; l'autre partie remonte la Seine jusqu'à Paris, où elle est déposée dans divers chantiers.

ANDELNANS, s. m. Com. du dép. du Haut-Rhin, cant. et arr. de Belfort. = Belfort.

ANDELOT, s. m. Com. du dép. du Jura, cant. de St.-Julien, arr. de Lons-le-Saulnier. = St.-Amour.

ANDELOT, s. m. Com. du dép. du Jura, cant. de Champagnol, arr. de Poligny. = Champagnol.

ANDELOT, s. m. Petite ville du dép. de la Haute-Marne, chef-lieu de cant. de l'arr. de Chaumont, bur. d'enregist. et de poste.

ANDELOT (l'), s. m. Petite rivière qui prend sa source dans le dép. du Puy-de-Dôme, et qui se jette dans l'Allier, après avoir parcouru à peu près 10 lieues de pays.

ANDELU, s. m. Com. du dép. de Seine-et-Oise, cant. et arr. de Mantes. = Mantes.

ANDELYS (les), s. m. pl. Com. formée de deux petites villes, le Grand et le Petit-Andelys sur la rive droite de la Seine, dép. de l'Eure; chef-lieu de cant. et de sous-préf.; trib. de 1re inst., bur. d'enregist. et de poste, inspection des forêts, direct. des contrib. indir. et recev. partic. des finances.

C'est dans l'une de ces deux villes, le Grand-Andely, qu'est mort, en 1552, Antoine de Bourbon, père de Henri IV, par suite d'une blessure grave qu'il avait reçue au siège de Rouen. C'est aussi dans cette ville que naquit le célèbre peintre Nicolas Poussin, à la mémoire duquel on a élevé un monument dans le Petit-Andely. A peu de distance de cette dernière ville, on voit encore les ruines du château Gaillard, forteresse en partie taillée dans le roc, bâtie par Richard-Cœur-de-Lion, sur le sommet d'un rocher escarpé.

Fabriques de draps fins, casimirs, ratines, toiles, pipes de terre; filatures de coton; papeteries, tanneries et mégisseries.

Comm. de laines, bestiaux, toiles et écailles d'ablettes pour la fabrication des perles fausses.

ANDENAC, s. m. Com. du dép. du Gers, cant. de Marciac, arr. de Mirande. = Mirande.

ANDÉOL (St.-), s. m. Com. du dép. de la Lozère, cant. de St.-Germain-de-Calberte, arr. de Florac. = Florac.

ANDÉOL (St.-), s. m. Com. du dép. de la Drôme, cant. et arr. de Die. = Die.

ANDÉOL (St.-), s. m. Com. du dép. de l'Isère, cant. de Monestier-de-Clermont, arr. de Grenoble. = Grenoble.

ANDÉOL (St.-), s. m. Com. du dép. du Rhône, cant. de Givors, arr. de Lyon. = Givors.

ANDÉOL-DE-BERG (St.-), s. m. Com. du dép. de l'Ardèche, cant. de Villeneuve-de-Berg, arr. de Privas. = Villeneuve-de-Berg.

ANDÉOL-DE-BOURLENC (St.-), s. m. Com. du dép. de l'Ardèche, cant. d'Antraigues, arr. de Privas. = Aubenas.

ANDÉOL-DE-FOURCHADE (St.-), s. m. Com. du dép. de l'Ardèche, cant. du Chaylard, arr. de Tournon. = Chaylard.

ANDÉOL-DE-TROUILLAS (St.-), s. m. Com. du dép. du Gard, cant. de St.-Martin-de-Valgalgues, arr. d'Alais. = Alais.

ANDERNAY, s. m. Com. du dép. de la Meuse, cant. de Revigny, arr. de Bar-le-Duc. = Bar-le-Duc.

ANDERNOS, s. m. Com. du dép. de la Gironde, cant. d'Audenge, arr. de Bordeaux. = La Teste-de-Buch.

ANDERNY, s. m. Com. du dép. de la Moselle, cant. d'Audun-le-Roman, arr. de Briey. = Briey.

ANDERS, s. m. pl. Dartres laiteuses auxquelles les veaux sont sujets.

ANDERT, s. m. Com. du dép. de l'Ain, cant. et arr. de Belley. = Belley.

ANDES (les), s. m. Voy. Cordillières (les).

ANDEUX (St.-) ou MONTRIBOIS, s. m. Com. du dép. de la Côte-d'Or, cant. de Saulieu, arr. de Semur. = Saulieu.

ANDEVANNE, s. f. Com. du dép. des Ardennes, cant. de Buzancy, arr. de Vouziers. = Buzancy.

ANDEVILLE, s. f. Com. du dép. d'Eure-et-Loir, cant. de Bonneval, arr. de Châteaudun. = Bonneval.

ANDEVILLE, s. f. Com. du dép. de l'Oise, cant. de Méru, arr. de Beauvais. = Méru.
Fabrique de tabletterie et de bois d'éventails.

ANDIGNÉ, s. m. Com. du dép. de Maine-et-Loire, cant. du Lion-d'Angers, arr. de Ségré. = Le Lion-d'Angers.

ANDILLAC, s. m. Com. du dép. du Tarn, cant. de Castelnau-Montmirail, arr. de Gaillac. = Gaillac.

ANDILLÉ, s. m. Com. du dép. de la Vienne, cant. de la Ville-Dieu, arr. de Poitiers. = Poitiers.

ANDILLY, s. m. Com. du dép. de la Haute-Marne, cant. de Varennes, arr. de Langres. = Bourbonne.

ANDILLY, s. m. Com. du dép. de la Meurthe, cant. de Domèvre, arr. de Toul. = Toul.

ANDILLY, s. m. Com. du dép. de Seine-et-Oise, cant. d'Enghien, arr. de Pontoise. = Enghien.

ANDILLY-LE-MARAIS, s. m. Com. du dép. de la Charente-Inférieure, cant. de Marans, arr. de La Rochelle. = Marans.

ANDIOL (St.-), s. m. Com. du dép. des Bouches-du-Rhône, cant. d'Argon, arr. d'Arles. = Argon.

ANDIRA, s. m. Grand arbre du Brésil. T. de bot.

ANDLAU, s. m. Petite ville du dép. du Bas-Rhin, cant. de Barr, arr. de Schelestadt. = Barr.

ANDLAU (l'), s. m. Petite rivière qui prend sa source au bas de Hochfelden, dép. du Bas-Rhin, et qui se jette dans l'Ill. Elle est flottable à bûches perdues.

ANDOCHE et TRÉCOURT (St.-), s. m. Com. du dép. de la Haute-Saône, cant. de Champlitte, arr. de Gray. = Champlitte.

ANDOINS, s. m. Com. du dép. des Basses-Pyrénées, cant. de Morlaas, arr. de Pau. = Pau.

ANDOLSHEIM, s. m. Com. du dép. du Haut-Rhin, chef-lieu de cant. de l'arr. de Colmar, où est le bur. d'enregist. = Colmar.

ANDON, s. m. Com. du dép. du Var, cant. de St.-Auban, arr. de Grasse. = Grasse.

ANDONVILLE, s. f. Com. du dép. du Loiret, cant. d'Outarville, arr. de Pithiviers. = Thoury.

ANDORNAY, s. m. Com. du dép. de la Haute-Saône, cant. et arr. de Lure.= Lure.

ANDORRE (la vallée d'), s. f., située entre la France et l'Espagne, est un pays neutre qui peut avoir sept lieues du N. au S. et environ autant de l'E. à l'O. On y compte six communautés, Andorre, la vieille Canillo, Encamp, la Massane, Ordino et St.-Julien, lesquelles renferment trente-quatre villages ou hameaux. Ce petit pays, isolé au milieu des montagnes, est gouverné par un conseil composé de vingt-quatre membres nommés à vie. Deux syndics, choisis par ce conseil, convoquent les assemblées, et sont chargés de l'administration des affaires publiques; administration qui ne saurait offrir de grandes difficultés; car, à l'exception des ouvriers employés à l'exploitation des mines de fer et aux forges, tous les habitans sont pasteurs.

ANDOUILLE, s. f. Boyau de porc, rempli avec les boyaux du même animal. — Pâtons adhérens au papier. — de tabac, feuille de tabac roulée en forme d'andouille.

ANDOUILLÉ, s. m. Com. du dép. de la Mayenne, cant. de Chailland, arr. de Laval. = Ernée.
Mines de fer, forges.

ANDOUILLÉ-NEUVILLE, s. m. Com. du dép. d'Ille-et-Vilaine, cant. de St.-Aubin-d'Aubigné, arr. de Rennes. = Rennes.

ANDOUILLER, s. m. Petite corne qui vient au bois du cerf, du daim et du chevreuil. T. de véner.

ANDOUILLETTE, s. f. Petite andouille. — Ce qui en a la forme. Fig.

ANDOUQUE, s. m. Com. du dép. du Tarn, cant. de Valderiès, arr. d'Albi. = Albi.

ANDRACHNÉ, s. m. Plante de la famille des euphorbes. T. de bot.

ANDRATOMIE, s. f. Voy. Anatomie.

ANDRÉ (St.-), s. m. Com. du dép. de l'Aube, cant. et arr. de Troyes.=Troyes.

ANDRÉ (St.-), s. m. Com. du dép. des Basses-Alpes et chef-lieu de cant. de l'arr. de Castellanne, bur. d'enregist. = Castellanne.

ANDRÉ (St.-), s. m. Com. du dép. des Hautes-Alpes, cant. et arr. d'Embrun. = Embrun.

ANDRÉ (St.-), s. m. Com. du dép. de l'Aveyron, cant. de Najac, arr. de Villefranche. = Villefranche.

ANDRÉ (St.-), s. m. Com. du dép. de

la Charente, cant. et arr. de Cognac. On y distille d'excellentes eaux-de-vie. = Cognac.

ANDRÉ (St.-), s. m. Com. du dép. de la Dordogne, cant. et arr. de Sarlat. = Sarlat

ANDRÉ (St.-), s. m. Com. du dép. de l'Eure et chef-lieu de cant. de l'arr. d'Evreux, bur. d'enregist. = Evreux.

ANDRÉ (St.-), s. m. Com. du dép. du Gers, cant. de Samatan, arr. de Lombez. = Lombez.

ANDRÉ (St.-), s. m. Com. du dép. de l'Hérault, cant. de Gignac, arr. de Lodève. = Gignac.

ANDRÉ (St.-), s. m. Com. du dép. des Landes, cant. de St.-Esprit, arr. de Dax. = Bayonne.

ANDRÉ (St.-), s. m. Com. du dép. de la Meuse, cant. de Souilly, arr. de Verdun. = Verdun.

ANDRÉ (St.-), s. m. Com. du dép. de la Nièvre, cant. de Lormes, arr. de Clamecy. = Lormes.

ANDRÉ (St.-), s. m. Com. du dép. du Nord, cant. et arr. de Lille. = Lille.

ANDRÉ (St.-), s. m. Com. du dép. du Puy-de-Dôme, cant. de Randans, arr. de Riom. = Aigueperse.

ANDRÉ (St.-), s. m. Com. du dép. des Pyrénées-Orientales, cant. d'Argelès, arr. de Céret. = Céret.

ANDRÉ (St.-), s. m. Com. du dép. de Saône-et-Loire, cant. de Cluny, arr. de Mâcon. = Cluny.

ANDRÉ (St.-), s. m. Com. du dép. de Saône-et-Loire, cant. de Montret, arr. de Louhans. = Louhans.

ANDRÉ (St.-), s. m. Com. du dép. du Tarn, cant. d'Alban, arr. d'Albi.=Albi.

ANDREA-DI-COLONE (St.-), s. m. Com. du dép. de la Corse, cant. de Servione, arr. de Bastia. = Bastia.

ANDREA-DI-TALLANO (St.-), s. m. Com. du dép. de la Corse, cant. de Ste.-Lucie, arr. de Sartène. = Ajaccio.

ANDREA-D'ORCINO (St.-), s. m. Com. du dép. de la Corse, cant. de Sari, arr. d'Ajaccio. = Ajaccio.

ANDRÉASIE, s. f. Arbuste de la famille des plaqueminiers. T. de bot.

ANDREAU (St.-), s. m. Com. du dép. de la Haute-Garonne, cant. d'Aurignac, arr. de St.-Gaudens. = Martres.

ANDRÉ-AU-BOIS (St.-), s. m. Com. du dép. du Pas-de-Calais, cant. de Campagne, arr. de Montreuil. = Montreuil.

ANDRÉ-CAPIÈZE (St.-), s. m. Com. du dép. de la Lozère, cant. de Villefort, arr. de Mende. = Villefort.

ANDRÉ-D'APCHON (St.-), s. m. Com. du dép. de la Loire, cant. d'Haon-le-Châtel, arr. de Roanne. = Roanne.

ANDRÉ-DE-BAGÉ (St.-), s. m. Com. du dép. de l'Ain, cant. de Bagé-le-Châtel, arr. de Bourg. = Mâcon.

ANDRÉ-DE-BOHON (St.-), s. m. Com. du dép. de la Manche, cant. de Carentan, arr. de St.-Lo. = Carentan.

ANDRÉ-DE-BRIOUSE (St.-), s. m. Com. du dép. de l'Orne, cant. de Briouse, arr. d'Argentan. = Argentan.

ANDRÉ-DE-BUEGES (St.-), s. m. Com. du dép. de l'Hérault, cant. de St.-Martin-de-Londres, arr. de Montpellier. = Ganges.

ANDRÉ-DE-CHALENÇON (St.-), s. m. Com. du dép. de la Haute-Loire, cant. de Bas, arr. d'Yssengeaux.=Monistrol.

ANDRÉ-DE-CORCY (St.-), s. m. Com. du dép. de l'Ain, cant. et arr. de Trévoux. = Trévoux.

ANDRÉ-DE-CRUZIERES (St.-), s. m. Com. du dép. de l'Ardèche, cant. des Vans, arr. de l'Argentière. = Les Vans.

ANDRÉ-DE-CUBZAC (St.-), s. m. Petite ville du dép. de la Gironde, chef-lieu de cant. de l'arr. de Bordeaux, bur. d'enregist. et de poste. Route de Bordeaux à Angoulême, près la rive droite de la Dordogne. Petit port de commerce avec Libourne.

ANDRÉ-DE-DOUBLE (St.-), s. m. Com. du dép. de la Dordogne, cant. de Neuvic, arr. de Ribérac. = Neuvic.

ANDRÉ-DE-FONTENAY (St.-), s. m. Com. du dép. du Calvados, cant. de Bourguebus, arr. de Caen. = Caen.

ANDRÉ-D'HERBETOT (St.-), s. m. Com. du dép. du Calvados, cant. de Blangy, arr. de Pont-l'Evêque. = Pont-l'Evêque.

ANDRÉ-DE-LA-MARCHE (St.-), s. m. Com. du dép. de Maine-et-Loire, cant. de Montfaucon, arr. de Beaupréau. = Beaupréau.

ANDRÉ-DE-LANCISE (St.-), s. m. Com. du dép. de la Lozère, cant. de St.-Germain-de-Calberte, arr. de Florac. = Florac.

ANDRÉ-DE-L'ÉPINE (St.-), s. m. Com. du dép. de la Manche, cant. de St.-Clair, arr. de St.-Lo. = St.-Lo.

ANDRÉ-DE-LIDON (St.-), s. m. Com. du dép. de la Charente-Inférieure, cant. de Gemozac, arr. de Saintes. = Pons.

ANDRÉ-DE-MAYENCOULES (St.-), s. m. Com. du dép. du Gard, cant. de Valleraugues, arr. du Vigan. = Le Vigan.

ANDRÉ-DE-MESSEY (St.-), s. m. Com. du dép. de l'Orne, cant. de St.-Gervais-de-Messey, arr. de Domfront. = Domfront.

ANDRÉ-DE-ROQUEL (St.-), s. m. Com. du dép. de l'Aude, cant. de Lézignan, arr. de Narbonne. = Lézignan.

ANDRÉ-DE-ROQUEPERTUIS (St.-), s. m. Com. du dép. du Gard, cant. de Pont-St.-Esprit, arr. d'Uzès.= Pont-St.-Esprit.

ANDRÉ-DE-ROSANS (St.-), s. m. Com. du dép. des Hautes-Alpes, cant. de Rosans, arr. de Gap. = Serres.

ANDRÉ-DES-EAUX (St.-), s. m. Com. du dép. des Côtes-du-Nord, cant. d'Evran, arr. de Dinan. = Dinan.

ANDRÉ-DES-EAUX (St.-), s. m. Com. du dép. de la Loire-Inférieure, cant. de Guérande, arr. de Savenay. = Guérande.

ANDRÉ-DES-EFFENGEAIS (St.-), s. m. Com. du dép. de l'Ardèche, cant. de St.-Agrève, arr. de Tournon. = Le Chaylard.

ANDRÉ-DE-VALBORGNE (St.-), s. m. Com. du dép. du Gard, chef-lieu de cant. de l'arr. du Vigan, bur. d'enregist. =Le Vigan.

ANDRÉ-DE-VESINE (St.-), s. m. Village du dép. de l'Aveyron, cant. de Peyreleau, arr. de Milhau.

ANDRÉ-D'HUIRIAT (St.-), s. m. Com. du dép. de l'Ain, cant. de Pont-de-Veyle, arr. de Bourg. = Mâcon.

ANDRÉ-D'OLERARGUES (St.-), s. m. Com. du dép. du Gard, cant. de Lussan, arr. d'Uzès. = Uzès.

ANDRÉ-D'ORNAIS (St.-), s. m. Com. du dép. de la Vendée, cant. et arr. de Bourbon-Vendée. = Bourbon-Vendée.

ANDRÉ-DU-BOIS (St.-), s. m. Com. du dép. de la Gironde, cant. de St.-Macaire, arr. de La Réole. = St.-Macaire.

ANDRÉ-DU-GARN (St.-), s. m. Com. du dép. de la Gironde, cant. et arr. de La Réole. = La Réole.

ANDRÉ-EN-ROYANS (St.-), s. m. Com. du dép. de l'Isère, cant. de Pont-en-Royans, arr. de St.-Marcellin. = St.-Marcellin.

ANDRÉ-EN-TERRE-PLEINE (St.-), s. m. Com. du dép. de l'Yonne, cant. de Guillon, arr. d'Avallon. = Avallon.

ANDRÉ-ET-APPELLES (St.-), s. m. Com. du dép. de la Gironde, cant. de Ste.-Foi-la-Grande, arr. de Libourne.= Ste.-Foi-la-Grande.

ANDRÉ-FARIVILLER (St.-), s. m. Com. du dép. de l'Oise, cant. de Froissy, arr. de Clermont. = Clermont.

ANDRÉ-GOULDOIE (St.-), s.m. Com. du dép. de la Vendée, cant. de St.-Fulgent, arr. de Bourbon-Vendée. = St.-Fulgent.

ANDREIN, s. m. Com. du dép. des Basses-Pyrénées, cant. de Sauveterre, arr. d'Orthez. = Orthez.

ANDRÉ-LA-CHAMP (St.-), s. m. Com. du dép. de l'Ardèche, cant. de Joyeuse, arr. de Largentière.= Joyeuse.

ANDRÉ-LA-CÔTE (St.-), s. m. Com. du dép. du Rhône, cant. de Mornant, arr. de Lyon. = Lyon.

ANDRÉ-LA-PALUD (St.-), s. m. Com. du dép. de l'Isère, cant. de Pont-de-Beauvoisin, arr. de Latour-du-Pin. = Pont-de-Beauvoisin.

ANDRÉ-LE-BOUCHOUX (St.-), s. m. Com. du dép. de l'Ain, cant. de Châtillon-les-Dombes, arr. de Trévoux. = Châtillon-les-Dombes.

ANDRÉ-LE-PANOUX (St.-), s. m. Com. du dép. de l'Ain, cant. et arr. de Bourg. = Bourg.

ANDRÉ-LE-PUY (St.-), s. m. Com. du dép. de la Loire, cant. de St.-Galmier, arr. de Montbrison. = Chazelles.

ANDRÈNE, s. m. Insecte hyménoptère. T. d'hist. nat.

ANDRÉOLITHE, s. m. Pierre cruciforme, hyacinthe blanche. Voy. HARMOTOME. T. d'hist. nat.

ANDRES, s. f. Com. du dép. du Pas-de-Calais, cant. de Guisnes, arr. de Boulogne. = Calais.

ANDRESELLES, s. f. Village du dép. du Pas-de-Calais, cant. de Marquise, arr. de Boulogne.

ANDREST, s. m. Com. du dép. des Hautes-Pyrénées, cant. de Vic, arr. de Tarbes. = Vic.

ANDRÉ-SUR-CAILLY (St.-), s. m. Com. du dép. de la Seine-Inférieure, cant. de Clères, arr. de Rouen. = Rouen.

ANDRÉ-SUR-MAREUIL (St.-), s. m. Com. du dép. de la Vendée, cant. de Mareuil, arr. de Bourbon-Vendée. = Bourbon-Vendée.

ANDRÉ-SUR-SÈVRE (St.-), s. m. Com. du dép. des Deux-Sèvres, cant. de Cérizay, arr. de Bressuire. = Bressuire.

ANDRÉSY, s. m. Com. du dép. de Seine-et-Oise, cant. de Poissy, arr. de Versailles. = Poissy.

ANDRÉ-TREIZE-VOIES (St.-), s. m. Com. du dép. de la Vendée, cant. de Roche-Servière, arr. de Bourbon-Vendée. = Bourbon-Vendée.

ANDREUSIE, s. f. Myopore ou pogonie. T. de bot.

ANDREZÉ, s. m. Com. du dép. de

Maine-et-Loire, cant. et arr. de Beaupréau. = Beaupréau.

ANDREZEL, s. m. Com. du dép. de Seine-et-Marne, cant. de Mormant, arr. de Melun. = Mormant.

ANDRIALE, s. f. Sorte de plantes chicoracées. T. de bot.

ANDRIENNE, s. f. C'est ainsi qu'est intitulée la première comédie de Térence, le plus estimé des poètes comiques latins, comédie qui fut traduite et représentée au Théâtre-Français sous le nom de Baron, l'un des comédiens de ce théâtre. — Robe de femme abattue, avec des paremens.

ANDRIES, s. f. Com. du dép. de l'Yonne, cant. de Coulange-sur-Yonne, arr. d'Auxerre. = Coulange.

ANDRINOPLE, s. m. Ville de la Turquie d'Europe, dans la Romélie, à quarante lieues de Constantinople, est peuplée d'environ 100,000 hab., et fait un commerce considérable en soieries, tapis, vins et fruits.

ANDROCÉPHALOÏDE, s. f. Pierre en forme de tête d'homme. T. d'hist. nat.

ANDROCTONE, adj. Qui tue des hommes.

ANDROCYMBION, s. m. Mélanthe, sorte de jonc. T. de bot.

ANDROGYNE, s. m. Hermaphrodite. —, adj. Qui a les deux sexes, mais dans des fleurs séparées. T. de bot.

ANDROGYNETTE, s. f. Voy. LYCOPODE. T. de bot.

ANDROÏDE, s. m. Automate à figure humaine, qui agit et parle.

ANDROMANIE, s. f. Fureur utérine. T. de méd.

ANDROMAQUE, s. f. Epouse d'Hector, le plus vaillant des fils de Priam, qui fut immolé par l'inexorable Achille aux mânes de Patrocle. Après la chute d'Ilion, la veuve d'Hector échut en partage à Pyrrhus, qui l'emmena en Epire, et l'épousa. Elle fut toujours inconsolable de la perte de son premier époux. T. de myth. — Tragédie de Racine. — Veuve éplorée, infortunée. Fig.

ANDROMÈDE, s. f. Fille de Cephée, roi d'Ethiopie, ayant osé le disputer en beauté avec Junon et les Néréides, fut enchaînée par ces dernières sur un rocher sauvage. Persée, monté sur le cheval Pégase, et armé de la tête de Méduse, pétrifia le monstre marin qui voulait la dévorer, la délivra et l'épousa. Cette fable a fourni le sujet d'un fort beau tableau qui fut exposé au Musée. T. de myth. — Constellation, nom de trois étoiles de la seconde grandeur. — Genre d'arbrisseau de la famille des bruyères. T. de bot. — Sorte de coquillage.

ANDRON, s. m. Appartement des hommes, dans l'ancienne Grèce.

ANDRONY, s. m. Com. du dép. de la Gironde, cant. et arr. de Blaye. = Blaye.

ANDROPOGONS, s. m. pl. Genre de plantes graminées. T. de bot.

ANDROSACE, s. m. Espèce de primevère de la famille des lysimachies, plante apéritive, qui croît dans les bois et dans les endroits marécageux. T. de bot.

ANDROSELLE, s. f. Voy. ANDROSACE.

ANDROSÈME, s. f. Espèce de millepertuis. T. de bot.

ANDROTOMIE, s. f. Voy. ANATOMIE.

ANDUZE, s. f. Ville du dép. du Gard, chef-lieu de cant. de l'arr. d'Alais. Trib. de comm., bur. d'enregist. et de poste. On y fabrique la bonneterie de soie, draps, molletons, etc. Les bestiaux qu'on élève dans les montagnes des Cévennes, au pied desquelles cette ville est située, forment une des principales branches de comm.

ÂNE, s. m. Quadrupède de race primitive, à longues oreilles, plus petit que le cheval. — Stupide, ignorant. Fig. — Etau dont se servent certains artisans. — Outil sur lequel on évide les dents d'un peigne. — Coffre dans lequel tombent les rognures des livres.

ANÉANTI, E, part. Réduit au néant.

ANÉANTIR, v. a. Réduire au néant, détruire entièrement. S'—, v. pron. Se dissiper, se détruire. — S'humilier. Fig.

ANÉANTISSEMENT, s. m. Réduction au néant, destruction. — Abaissement, humilité. Fig.

ANECDOTE, s. f. Particularité peu connue, secrète. —, adj. Histoire anecdote de Procope.

ANECDOTIER, s. m. Conteur d'anecdotes; celui qui les recueille. T. fam.

ANECDOTIQUE, adj. Relatif aux anecdotes, qui en contient.

ANÉE, s. f. Charge d'un âne; mesure de grains.

ANÉGYRAPHE, adj. Voy. ANÉPIGRAPHE.

ANÉLECTRIQUE, adj. Qui ne peut être électrisé que par contact. T. de phys.

ANÉMASE, s. f. Maladie dangereuse occasionnée par défaut de sang. T. de méd.

ANÉMIE ou ANÆMIE, s. f. Hémorrhagie considérable telle que les vaisseaux paraissent vides. T. de méd. — Sorte de fougère. T. de bot.

ANÉMOCORDE, s. m. Clavecin à vent qui imite tous les sons.

ANÉMOGRAPHIE, s. f. Traité sur la nature, l'influence, le nombre et la propriété des vents.

ANÉMOMÉTOGRAPHE, s. m. Anémomètre adapté à une pendule, pour indiquer les variations des vents.

ANÉMOMÈTRE, s. m. Instrument pour mesurer la force, la direction et la vitesse des vents. T. de mar.

ANÉMOMÉTRIE, s. f. Art de mesurer, de déterminer la force du vent. T. de mar.

ANÉMONE, s. f. Genre de renonculacées. — des fleuristes, jolie fleur printanière. — pulsatille, coquelourde. — de mer, animal qui ressemble à l'anémone. T. d'hist. nat.

ANÉMOSCOPE, s. m. Espèce de girouette. — Machine qui marque le poids de l'air.

ANÉPIGRAPHE, adj. Sans inscription, sans titre.

ANÉPITHYMIE, s. f. Paralysie des sens; anéantissement des organes fatigués par un exercice violent, par les maladies ou par l'âge; extinction des facultés physiques.

ANÉRAN-CAMORS, s. m. Com. du dép. des Hautes-Pyrénées, cant. de Bordères, arr. de Bagnères. ═ Bagnères.

ANÈRES, s. f. Com. du dép. des Hautes-Pyrénées, cant. de Nestier, arr. de Bagnères. ═ Bagnères.

ÂNERIE, s. f. Erreur grossière, ignorance crasse, absurdité; résultat de la sottise et de la stupidité.

ÂNESSE, s. f. Femelle de l'âne; bourrique.

ANESTHÉSIE, s. f. Insensibilité des papilles nerveuses, absence totale des sensations qu'on éprouve au toucher.

ANET ou ANETH, s. m. Plante ombellifère ressemblant au fenouil. T. de bot.

ANET, s. m. Com. du dép. d'Eure-et-Loir, chef-lieu de cant. de l'arr. de Dreux. Bur. d'enregist. et de poste.

On remarque, dans ce joli village que nos poètes ont célébré, quelques vestiges d'un ancien château que fit bâtir Henri II pour la fameuse Diane de Poitiers, duchesse de Valentinois.

ANÉTIQUES, s. m. pl. Calmans. T. de méd.

ANETZ, s. m. Com. du dép. de la Loire-Inférieure, cant. et arr. d'Ancenis. ═ Ancenis.

ANÉVRISMAL, E, adj. Qui tient de l'anévrisme, qui y est relatif. T. de méd.

ANÉVRISME ou ANÉVROSE, s. m. Tumeur sanguine causée par la dilatation ou par la rupture des tuniques d'une artère. T. de méd.

ANFRACTUEUX, EUSE, adj. Plein de détours, d'inégalités.

ANFRACTUOSITÉ, s. f. Détour, inégalité. —, pl. Cavités sinueuses qui séparent les circonvolutions du cerveau. T. d'anat.

ANFREVILLE, s. f. Village du dép. de la Seine-Inférieure, cant. de Boos, arr. de Rouen.

ANGAIS, s. m. Com. du dép. des Basses-Pyrénées, cant. de Clarac, arr. de Pau. ═ Pau.

ANGAR, s. m. Voy. HANGAR.

ANGARIE, s. f. Obligation d'un navire de charger pour le gouvernement. T. de mar.

ANGE, s. m. Émanation de la Divinité, créature céleste; les bienheureux. Le bon —, l'ange gardien. Le mauvais —, le démon. — Personne très pieuse, enfant fort sage; personne qui réunit toutes les qualités. Fig. Être aux —, être au comble de la joie. Chanter comme un —, fort bien. — Boulet ramé pour couper les agrès des vaisseaux. T. de mar. — de mer, espèce de raie.

ANGÉ, s. m. Com. du dép. de Loir-et-Cher, cant. de Montrichard, arr. de Blois. ═ Blois.

ANGEAC-CHAMPAGNE, s. m. Com. du dép. de la Charente, cant. de Segonzac, arr. de Cognac. ═ Cognac.

ANGEAC-CHARENTE, s. m. Com. du dép. de la Charente, cant. de Châteauneuf, arr. de Cognac. ═ Châteauneuf.

ANGEAU, s. m. Com. du dép. de la Charente, cant. de Manles, arr. de Ruffec. ═ Manles.

ANGECOURT, s. m. Com. du dép. des Ardennes, cant. de Raucourt, arr. de Sedan. ═ Sedan. Fabrique de draps.

ANGEDUC, s. m. Com. du dép. de la Charente, cant. et arr. de Barbézieux. ═ Barbézieux.

ANGE-ET-TORÇAY (St.-), s. m. Com. du dép. d'Eure-et-Loir, cant. de Châteauneuf, arr. de Dreux. ═ Châteauneuf.

ANGÉIOGRAPHIE, ANGIOGRAPHIE ou ANGIOLOGIE, s. f. Description des vaisseaux du corps humain. T. de chir.

ANGÉIOHYDROLOGIE, s. f. Traité des vaisseaux lymphatiques. T. d'anat.

ANGÉIOHYDROTOMIE, s. f. Dissection des vaisseaux lymphatiques. T. d'anat.

ANGÉIOTOMIE ou ANGIOTOMIE, s. f. Signifie, en anatomie, la dissection des vaisseaux, et, en chirurgie, incision des vaisseaux, c'est-à-dire saignée.

ANGEL (St.-), s. m. Com. du dép. de la Corrèze, cant. et arr. d'Ussel. ═ Ussel.

ANGEL (St.-), s. m. Village du dép. du Tarn, cant. de Salvagnac, arr. de Gaillac.

ANGEL (St.-), s. m. Com. du dép. de l'Allier, cant. et arr. de Montluçon. = Montluçon.

ANGEL (St.-), s. m. Com. du dép. de la Dordogne, cant. de Champagnac-de-Belair, arr. de Nontron. = Bourdeille.

ANGEL (St.-), s. m. Com. du dép. du Puy-de-Dôme, cant. de Manzat, arr. de Riom. = Riom.

ANGE-LE-VIEIL (St.-), s. m. Com. du dép. de Seine-et-Marne, cant. de Lorrez, arr. de Fontainebleau. = Fontainebleau.

ANGELIN, s. m. Voy. ANDIRA.

ANGÉLIQUE, s. f. Espèce de guitare. — Plante odorante dont on confit la tige. T. de bot. —, adj. Qui concerne les anges. — Excellent, parfait. Fig.

ANGÉLIQUEMENT, adv. D'une manière angélique.

ANGÉLISÉ, E, part. Assimilé aux anges.

ANGÉLISER, v. a. Assimiler aux anges. —, v. n. Imiter les anges. T. inus.

ANGELITE, s. m. Sectaire adorateur des anges.

ANGELO (St.-), s. m. Com. du dép. de la Corse, chef-lieu de cant. de l'arr. de Calvi. = Bastia.

ANGELOT, s. m. Petit fromage de Normandie. — Monnaie émise sous Philippe de Valois.

ANGELUS, s. m. Mot latin qui signifie ange. — Prière catholique commençant par ces mots : *Angelus Domini*, etc. Sonner l'*Angelus*.

ANGELY, s. m. Com. du dép. de l'Yonne, cant. de l'Ile-sur-le-Serein, arr. d'Avallon. = Avallon.

ANGEOT, s. m. Com. du dép. du Haut-Rhin, cant. de Fontaine, arr. de Belfort. = Belfort.

ANGERS, s. m. Très ancienne ville et chef-lieu de préf. du dép. de Maine-et-Loire ; du 5° arr. de sous-préf. et de 3 cant. Cour royale, trib. de 1re inst. et de comm. ; évêché, institut. des sourds-muets, écoles des arts et métiers, de médecine et de dessin ; biblioth. publ. renfermant environ 30,000 vol., Muséum, cabinets d'hist. nat. et de phys., jardin botan., haras, ingén. en chef des ponts-et-chaussées, ingén. des mines ; direct. de l'enregist. et des domaines 2° classe, bur. d'enregist., sous-inspect. des forêts, direct. des contrib. dir. et indir., recev. génér. des finances, bur. de poste. Pop., environ 30,000 hab.

Le château d'Angers, sur les bords de la Mayenne, est, avec le Champ-de-Mars, ce qu'il y a de plus remarquable dans cette ville. Ce château, entouré de fossés d'une très grande profondeur et flanqué de dix-huit grosses tours en pierres d'ardoises, fut attaqué sans succès par les Vendéens, en 1793. Néanmoins les protestans s'en rendirent maîtres en 1585 ; mais ce fut par surprise, dit-on.

Manufactures de toiles pour la marine ; fabriques de toiles de ménage, calicots, mouchoirs façon des Indes, bas de fil, étamines ; filatures de coton ; raffineries de sucre, etc.

Comm. de grains, vins d'Anjou, liqueurs, eaux-de-vie, vinaigre, huile de lin, chanvre, cire, miel, bougies, pruneaux, ardoise, marbre, chevaux, bœufs et autres bestiaux.

ANGERVILLE, s. f. Com. du dép. du Calvados, cant. de Dives, arr. de Pont-l'Evêque. = Dives.

ANGERVILLE, s. f. Com. du dép. du Loiret, cant. de Puiseaux, arr. de Pithiviers. = Pithiviers.

ANGERVILLE, s. f. Petite ville du dép. de Seine-et-Oise, grande route de Paris à Orléans, cant. de Méréville, arr. d'Etampes, bur. de poste.

ANGERVILLE-BAILLEUL, s. f. Com. du dép. de la Seine-Inférieure, cant. de Godeville, arr. du Hâvre. = Le Hâvre.

ANGERVILLE-LA-CAMPAGNE, s. f. Com. du dép. de l'Eure, cant. et arr. d'Evreux. = Evreux.

ANGERVILLE-LA-MARTEL, s. f. Com. du dép. de la Seine-Inférieure, cant. de Valmont, arr. d'Yvetot. = Yvetot.

ANGERVILLE-LORCHER, s. f. Com. du dép. de la Seine-Inférieure, cant. de Criquetot-l'Esneval, arr. du Hâvre. = Le Hâvre.

ANGERVILLIERS, s. m. Com. du dép. de Seine-et-Oise, cant. de Dourdan, arr. de Rambouillet. = Dourdan.

ANGEVILLE, s. f. Com. du dép. de Tarn-et-Garonne, cant. de St.-Nicolas-de-la-Grave, arr. de Castel-Sarrasin. = St.-Nicolas-de-la-Grave.

ANGEVILLERS, s. m. Com. du dép. de la Moselle, cant. de Cattenom, arr. de Thionville. = Thionville.

ANGEVIN, E, adj. Originaire ou habitant de l'ancienne province d'Anjou.

ANGEY, s. m. Com. du dép. de la Manche, cant. de Sartilly, arr. d'Avranches. = Avranches.

ANGICOURT, s. m. Com. du dép. de l'Oise, cant. de Liancourt, arr. de Clermont. = Liancourt.

ANGIENS, s. m. Com. du dép. de la Seine-Inférieure, cant. de Fontaine, arr. d'Yvetot. = Yvetot.

ANGINE, s. f. Inflammation de la

gorge qui rétrécit le larynx et le pharinx, et empêche de respirer ; esquinancie. T. de méd.

ANGINEUX, EUSE, adj. Qui est relatif à l'angine. T. de méd.

ANGIOSCOPE, s. m. Microscope.

ANGIOSPERME, adj. Se dit des plantes dydinames dont les graines sont renfermées dans une capsule. T. de bot.

ANGIOSPERMIE, s. f. Ordre des plantes angiospermes. T. de bot.

ANGIOTÉNIQUE, adj. Se dit d'une fièvre inflammatoire. T. de méd.

ANGIREY, s. m. Com. du dép. de la Haute-Saône, cant. et arr. de Gray. = Gray.

ANGIROLLE, s. f. Palan de galère. T. de mar.

ANGIVILLER, s. m. Com. du dép. de l'Oise, cant. de St.-Just-en-Chaussée, arr. de Clermont. = St.-Just.

ANGLADE, s. f. Com. du dép. de la Gironde, cant. de St.-Ciers-la-Lande, arr. de Blaye. = Blaye.

ANGLAIS, E, s. et adj. Né en Angleterre, qui est d'Angleterre, d'origine anglaise.

ANGLAISE, s. f. Danse anglaise ; son air. — Sorte de voiture.

ANGLAISÉ, E, part. Se dit d'un cheval écourté, selon la méthode des Anglais.

ANGLAISER, v. a. Couper la queue d'un cheval à la manière anglaise.

ANGLARDS, s. m. Com. du dép. du Cantal, cant. de Salers, arr. de Mauriac. = Mauriac.

ANGLARDS, s. m. Com. du dép. du Cantal, cant. de St.-Flour. = St.-Flour.

ANGLARS, s. m. Com. du dép. de l'Aveyron, cant. d'Estaing, arr. d'Espalion. = Espalion.

ANGLARS, s. m. Com. du dép. de l'Aveyron, cant. de Rignac, arr. de Rodez. = Rignac.

ANGLARS, s. m. Village du dép. du Lot, com. d'Albas, de Luzech, arr. de Cahors. = Castelfranc.

ANGLARS, s. m. Com. du dép. du Lot, cant. de La Capelle, arr. de Figeac. = Figeac.

ANGLE, s. m. Espace entre deux lignes, deux plans qui se coupent; leur rencontre. T. de géom. — visuel, sous lequel les objets sont vus. T. d'opt. — Coin, angle d'un bataillon.

ANGLE, s. m. Petite ville du dép. de la Vienne, cant. de St.-Savin, arr. de Montmorillon, bur. de poste.

ANGLE, s. m. Montagne du dép. du Puy-de-Dôme, au pied de laquelle se trouvent les fontaines d'eaux minérales du Mont-d'Or. Ces eaux, que l'on prend intérieurement, et dans lesquelles on se baigne, sont favorables dans les affections de paralysie, de goutte sciatique et de rhumatisme, etc.

ANGLÉ, E, adj. Se dit d'une croix en sautoir, des angles de laquelle sortent des figures mouvantes. T. de blas.

ANGLEFORT, s. m. Com. du dép. de l'Ain, cant. de Seyssel, arr. de Belley. = Belley.

ANGLEMONT, s. m. Com. du dép. des Vosges, cant. de Rambervillers, arr. d'Epinal. = Rambervillers.

ANGLES, s. m. Com. du dép. de la Charente, cant. de Segonzac, arr. de Cognac. = Cognac.

Ce village est un de ceux où l'on distille les excellentes eaux-de-vie de Cognac.

ANGLES, s. m. Com. du dép. des Basses-Alpes, cant. de St.-André, arr. de Castellanne. = Castellanne.

ANGLES (les), s. m. pl. Com. du dép. de la Corrèze, cant. et arr. de Tulle. = Tulle.

ANGLES (les), s. m. pl. Com. du dép. du Gard, cant. de Villeneuve-d'Avignon, arr. d'Uzès. = Villeneuve-d'Avignon.

ANGLES, s. m. Com. du dép. des Hautes-Pyrénées, cant. de Lourdes, arr. d'Argelès. = Lourdes.

ANGLES, s. m. Com. du dép. des Pyrénées-Orientales, cant. de Mont-Louis, arr. de Prades. = Mont-Louis.

ANGLÈS, s. m. Com. du dép. du Tarn, chef-lieu de cant. de l'arr. de Castres, bur. d'enregist. à Brassac. = Castres.

ANGLES, s. m. Com. du dép. de la Vendée, cant. de Moutiers-les-Mauxfaits, arr. des Sables-d'Olonne. = Les Sables-d'Olonne.

ANGLESQUEVILLE, s. f. Com. du dép. de la Seine-Inférieure, cant. de Criquetot-l'Esneval, arr. du Hâvre. = Le Hâvre.

ANGLESQUEVILLE-SUR-SAANE, s. f. Com. du dép. de la Seine-Inférieure, cant. de Tôtes, arr. de Dieppe. = Tôtes.

ANGLET, s. m. Com. du dép. des Basses-Pyrénées, cant. et arr. de Bayonne. = Bayonne.

Ce pays produit des vins blancs fort estimés.

ANGLET, s. m. Cavité taillée en angle droit entre les bossages. T. d'arch.

ANGLETERRE, s. f. Le plus considérable des trois royaumes de la Grande-Bretagne, borné N. par l'Ecosse, S. par la Manche, E. par la mer d'Allemagne, et O. par l'Océan atlantique. La Tamise est le principal fleuve du royaume, dont Londres est la capitale. La marine et le commerce rendent l'Angleterre l'un des plus riches pays de la terre.

ANGLEUX, EUSE, adj. Se dit des noix difficiles à détacher de leurs coquilles.

ANGLICAN, E, s. Protestant qui suit la religion dominante en Angleterre. —, adj. Qui a rapport à cette religion.

ANGLICANISME, s. m. Religion protestante, dominante en Angleterre.

ANGLICISME, s. m. Locution anglaise.

ANGLIERS, s. m. Com. du dép. de la Charente-Inférieure, cant. de Courçon, arr. de la Rochelle. = La Rochelle.

ANGLIERS, s. m. Com. du dép. de la Vienne, cant. de Montcontour, arr. de Loudun. = Loudun.

ANGLINS (l'), s. m. Cette petite rivière, qui parcourt environ douze lieues, prend sa source dans le dép. de la Creuse, et se perd dans la Gartemple, près Angle.

ANGLOIR, s. m. Instrument pour prendre toutes sortes d'angles; fausse équerre.

ANGLOISCHEVILLE, s. f. Com. du dép. du Calvados, cant. et arr. de Falaise. = Falaise.

ANGLOMANE, s. et adj. Admirateur des Anglais, de leurs préjugés, de leurs modes et de leurs usages.

ANGLOMANIE, s. f. Goût singulier, bizarre, anti-français; ridicule manie d'imiter le ton grossier et la bouffissure de certains Anglais.

ANGLOMANISÉ, E, part.

ANGLOMANISER, v. n. Imiter les Anglais.

ANGLOPHILE, s. Ami des Anglais.

ANGLOPHOBIE, s. f. Horreur pour les Anglais. T. inus.

ANGLURE, s. f. Petite ville et chef-lieu de cant. de l'arr. d'Epernay, dép. de la Marne. Bur. d'enregist. = Pont-le-Roy.

ANGLUS, s. m. Com. du dép. de la Haute-Marne, cant. de Montierender, arr. de Vassy. = Montierender.

ANGLUZELLE, s. f. Com. du dép. de la Marne, cant. de Fère-Champenoise, arr. d'Epernay. = Fère-Champenoise.

ANGOISSE, s. f. Grande affliction d'esprit; suffocation avec palpitation et anxiété. T. de méd. Poire d'—, poire d'un goût très âpre; espèce de bâillon qui se met dans la bouche pour empêcher de crier. Avaler des poires d'—, avoir de cuisans chagrins.

ANGOISSE, s. f. Com. du dép. de la Dordogne, cant. de la Nouaille, arr. de Nontron. = Exideuil.

Forges et hauts fourneaux.

ANGOLA, s. m. Royaume d'Afrique, au midi de l'équateur, borné à l'O. par l'Océan. —, s. et adj. Voy. ANGORA.

ANGOLAN, s. m. Gros arbre du Malabar, toujours vert. T. de bot.

ANGOLT, s. m. Oiseau des Indes qui ressemble un peu à la poule d'eau. T. d'hist. nat.

ANGOMONT, s. m. Com. du dép. de la Meurthe, cant. de Baccarat, arr. de Lunéville. = Baccarat.

ANGON, s. m. Arme des Francs, javelot, demi-pique. — Sorte de crochet pour pêcher les crustacés.

ANGOPHORE, s. m. Arbrisseau voisin des myrtoïdes. T. de bot.

ANGORA, s. f. Ville d'Anatolie dans l'Asie-Mineure; il s'y fait un grand commerce de poil de chèvre. —, s. et adj. Chat, lapin, chèvre, etc., à poil long et soyeux, originaires d'Angora.

ANGOS, s. m. Com. du dép. des Basses-Pyrénées, cant. de Thèze, arr. de Pau. = Pau.

ANGOST, s. m. Com. du dép. des Hautes-Pyrénées, cant. et arr. de Tarbes. = Tarbes.

ANGOULÊME, s. m. Ville célèbre dans l'histoire de nos guerres religieuses, est aujourd'hui le chef-lieu du dép. de la Charente, qui coule au bas de ses murs, du 3e arr. de sous-préf. de ce dép. et de 2 cant. Cour d'assises, trib. de 1re inst. et de comm.; évêché; cabinet d'hist. nat. et de phys.; école de marine; Société d'agricult., sciences et beaux-arts; biblioth. publ. renfermant de 10 à 11,000 vol.; ingén. en chef des ponts-et-chaussées, direct. de l'enregist. et des domaines, 3e classe; direct. des contrib. dir. et indir., recev. gén. des finances, bur. de poste. Popul., 15,300 hab. env.

Fabriques de serges, siamoises et bougies; distilleries considérables d'eaux-de-vie; belles faïenceries, papeteries renommées; raffineries de sucre; manuf. d'armes, fonderie de canons, forges, etc.

Comm. de grains, vins, eaux-de-vie, chanvre, lin, truffes, châtaignes, safran, fer, cuivre, etc.; entrepôt de sel; entrepôt de comm. de Bordeaux et autres villes des dép. méridionaux.

Entre autres monumens, on remarque dans Angoulême la place de Beaulieu, le pont sur la Charente, le Cours, et l'obélisque élevé au milieu du Chemin-Neuf en l'honneur de madame la duchesse d'Angoulême.

ANGOULINS, s. m. Com. du dép. de la Charente-Inférieure, cant. et arr. de la Rochelle. = La Rochelle.

ANGOUMÉ, s. m. Com. du dép. des Landes, cant. et arr. de Dax. = Dax.

ANGOURE, s. f. Genre de plantes cucurbitacées des Antilles. T. de bot.

ANGOUS, s. m. Com. du dép. des Basses-Pyrénées, cant. de Navarrenx, arr. d'Orthez. = Navarrenx.

ANGOUSTRINE, s. f. Com. du dép. des Pyrénées-Orientales, cant. de Saillagousse, arr. de Prades. = Prades.

ANGOVILLE, s. f. Com. du dép. de la Manche, cant. de St.-Pierre-Eglise, arr. de Cherbourg. = Cherbourg.

ANGOVILLE, s. f. Com. du dép. du Calvados, cant. de Dives, arr. de Pont-l'Evêque. = Dives.

ANGOVILLE, s. f. Com. du dép. du Calvados, cant. de Harcourt, arr. de Falaise. = Harcourt.

ANGOVILLE, s. f. Com. du dép. de l'Eure, cant. de Bourgthéroulde, arr. de Pont-Audemer. = Bourgthéroulde.

ANGOVILLE-AU-PLEIN, s. f. Com. du dép. de la Manche, cant. de Ste.-Mère-Eglise, arr. de Valognes. = Ste.-Mère-Eglise.

ANGOVILLE-SUR-AY, s. f. Com. du dép. de la Manche, cant. de Lessay, arr. de Coutances. = Coutances.

ANGRA, s. m. Ville capitale de l'île Tercère, et des Açores.

ANGREC, s. m. Genre de plantes orchidées. T. de bot.

ANGRES-LIÉVIN, s. m. Com. du dép. du Pas-de-Calais, cant. de Lens, arr. de Béthune. = Lens.

ANGRESSE, s. f. Com. du dép des Landes, cant. de Soustons, arr. de Dax.=Dax.

ANGREVILLE, s. f. Com. du dép. de la Seine-Inférieure, cant. d'Envermeu, arr. de Dieppe. = Dieppe.

ANGRIE, s. f. Com. du dép. de Maine-et-Loire, cant. de Candé, arr. de Segré. = Candé.

ANGROIS, s. m. Petit coin pour affermir un marteau avec son manche. T. de mét.

ANGUERNY, s. m. Com. du dép. du Calvados, cant. de Creully, arr. de Caen. = Caen.

ANGUICHURE, s. f. Baudrier qui sert à porter le cor-de-chasse. T. de véner.

ANGUIGENE, s. et adj. Né de serpens.

ANGUILCOURT-ET-LE-SART, s. m. Com. du dép. de l'Aisne, cant. de la Fère, arr. de Laon. = La Fère.

ANGUILLADE, s. f. Coup de peau d'anguille, de mouchoir tortillé, etc.

ANGUILLARD, s. m. Sorte de gobie de la Chine, poisson. T. d'hist. nat.

ANGUILLE, s. f. Poisson d'eau douce, long, en forme de serpent.—Faux pli au drap foulé. — sous roche, chose cachée dans une affaire. T. fam. et prov.

ANGUILLÈRE, s. f. Vivier, coffre, boutique, petit bateau qui forme un réservoir pour le poisson ; pêcherie.

ANGUILLERS, s. m. pl. Canaux à fond de cale pour conduire les eaux à la pompe. T. de mar.

ANGUILLIFORME, adj. Qui a la forme d'une anguille. T. d'hist. nat.

ANGUINÉE, adj. f. Se dit d'une ligne prolongée appelée hyperbole de troisième ordre, à point d'inflexion, coupant l'asymptote. T. de géom.

ANGUIS, s. m. Genre de reptiles de la famille des serpens. T. d'hist. nat.

ANGUISON, s. m. Petite rivière qui sort des sources de l'étang de Ruesse et se jette dans l'Yonne à Marigny. Elle est flottable dans toute l'étendue de son cours.

ANGULAIRE, s. f. Artère qui passe au grand angle de l'œil ; veine qui aboutit à la jugulaire externe. T. d'anat.—, adj. Se dit de tout ce qui a rapport aux angles. Pierre —, fondamentale ; J.-C. Fig.

ANGULAIREMENT, adv. En forme d'angle ; avec des angles.

ANGULÉ, E, adj. Qui est pourvu d'angles. T. de bot.

ANGULEUX, s. m. Sorte de serpent brun, à bandes noires. T. d'hist. nat.

ANGULEUX, EUSE, adj. A plusieurs angles.

ANGULOSE, s. f. Plante du Pérou. T. de bot.

ANGUSTICLAVE, s. m. Sorte de tunique des anciens chevaliers romains. T. d'antiq.

ANGUSTIE, s. f. Resserrement, contraction des vaisseaux du corps humain. — Anxiété des malades. T. de chir. et de méd.

ANGUSTIÉ, E, adj. Etroit, serré. Se dit d'un chemin, d'une route.

ANGVILLIER, s. m. Com. du dép. de la Meurthe, cant. de Fénétrange, arr. de Sarrebourg. = Sarrebourg.

ANGY, s. m. Com. du dép. de l'Oise, cant. de Mouy, arr. de Clermont.=Clermont-en-Beauvoisis.

ANHALT, s. m. Principauté d'Allemagne, enclavée dans la Prusse, forme trois duchés, celui d'Anhalt-Dessau, d'Anhalt-Bernbourg et celui d'Anhalt-Kothen.

ANHAUX, s. m. Com. du dép. des Basses-Pyrénées, cant. de St.-Etienne, arr. de Mauléon.=St.-Jean-Pied-de-Port.

ANHÉLATION, s. f. Courte et fréquente respiration. T. de méd.

ANHÉLÉ, E, part.

ANHÉLER, v. n. Entretenir le feu à un degré de chaleur convenable. T. de verr.

ANHÉLEUX, EUSE, adj. Se dit d'une respiration courte et embarrassée. T. de méd.

ANHIERS, s. m. Com. du dép. du Nord, cant. et arr. de Douai. = Douai.

ANHINGA, s. m. Oiseau palmipède. T. d'hist. nat.

ANI, s. m. Genre d'oiseaux de l'ordre des pies. T. d'hist. nat.

ANIANE, s. f. Petite ville du dép. de l'Hérault, chef-lieu de cant. de l'arr. de Montpellier. Bur. d'enregist. = Gignac.

On y voit encore les ruines d'une abbaye fondée par saint Benoit, sous le règne de Charlemagne. Fabrique de cadis, d'essences, de vert-de-gris et de crême de tartre. Filatures de coton, tanneries, comm. de peaux de chèvres.

ANIBE, s. m. Grand arbre de la Guiane. T. de bot.

ANICHE, s. f. Com. du dép. du Nord, cant. et arr. de Douai. = Douai.

Verrerie, exploitation considérable de houille et forges.

ANICILLO, s. m. Poivre de l'Amérique méridionale.

ANICROCHE, s. f. Obstacle, difficulté, embarras. T. fam.

ANIER, ÈRE, s. Qui élève, vend et conduit les ânes.

ANIÈRES, s. f. Com. du dép. du Jura, cant. d'Orgelet, arr. de Lons-le-Saulnier. = Orgelet.

ANIÈRES, s. f. Com. du dép. des Deux-Sèvres, cant. de Brioux, arr. de Melle. = Melle.

ANIGOSANTHE, s. f. Plante liliacée. T. de bot.

ANIL, s. m. Voy. INDIGO.

ANILLE, s. f. Fer de moulin qui supporte la meule courante. — Filet de la vigne, des pois, etc. —, pl. Béquilles de vieilles femmes.

ANILLE (l'), s. f., est une petite rivière qui sort de la forêt de Vibraye, dép. de la Sarthe, et se jette dans la Braye, près de Besse.

ANILLÉ, E, adj. Qui a des anilles. T. de bot.

ANILO ou **ANILAO**, s. m. Arbre des Philippines. T. de bot.

ANIMADVERSION, s. f. Blâme, improbation; censure verbale.

ANIMAL, s. m. Être animé, organisé et sensible. — Rustre, stupide ou grossier. Fig.

ANIMAL, E, adj. Qui appartient au règne animal; acide animal. — Purement matériel; vie animale. Huiles — tirées des animaux. T. de chim.

ANIMALCULE, s. m. Ver ou insecte microscopique sur l'existence duquel Spallanzani a fait un traité.

ANIMALCULISTE, s. m. Partisan du système des animalcules.

ANIMALISATION, s. f. Changement des alimens en une substance animale.

ANIMALISÉ, E, part. Se dit d'une substance convertie en celle de l'animal.

ANIMALISER, v. a. Changer, convertir une substance en celle de l'animal. — Rabaisser au rang des animaux. Fig S' —, v. pron. Se convertir en matière animale.

ANIMALISME, s. m. Qualité, nature de l'animal.

ANIMALISTE, s. m. Celui qui croit que dans la semence du mâle se trouve formé l'embryon.

ANIMALITÉ, s. f. Ce qui constitue l'animal; son état. T. d'hist. nat.

ANIMATEUR, s. et adj. m. Qui donne la vie, l'âme.

ANIMATION, s. f. Action de l'âme sur le corps.

ANIMÉ, E, part. Qui a reçu la vie, l'existence; œil, physionomie —. Vif et gai. — Qui a du feu, de la couleur, du mouvement, en parlant du style.

ANIMELLES, s. f. pl. Abattis de volailles, issues de viande de boucherie.

ANIMER, v. a. Donner l'âme, la vie; créer un corps, l'organiser. — Encourager, stimuler, exciter. Fig. — Donner du mouvement, de l'action, de la force, de la vivacité aux personnes et aux choses, au discours, au chant, etc. — Iriter contre. S' —, v. pron. et récip. S'exciter, s'encourager.

ANIMISTE, s. m. Qui croit et avec raison que l'âme est la cause du mouvement.

ANIMOCORDE, s. m. Instrument à vent et à cordes.

ANIMOSITÉ, s. f. Haine, avec désir de nuire.

ANINGAÏBA, s. m. Arbre du Brésil qui croit dans les lieux humides. T. de bot.

ANIS, s. m. Plante et graine aromatique. — Dragée faite avec cette graine. — Bois étranger dont on se sert pour la marqueterie.

ANISÉ, E, part. Qui a le goût d'anis; qui est fait avec l'anis.

ANISER, v. a. Donner le goût d'anis; mettre de l'anis, couvrir d'anis.

ANISETTE, s. f. Liqueur faite avec une infusion d'anis. Celle de Bordeaux est la plus estimée.

ANISOCYDE, s. m. Machine en spirale avec laquelle on lançait des flèches. T. d'antiq.

ANISODACTYLES, s. et adj. m. pl. Oiseaux chanteurs. T. d'hist. nat.

ANISODON, s. m. Espèce de squale. T. d'hist. nat.

ANISONYX, s. m. Espèce de hanneton du cap de Bonne-Espérance. T. d'hist. nat.

ANISOTOME, adj. Se dit des calices, des corolles à divisions. T. de bot. —, pl. Coléoptères des mousses. T. d'hist. nat.

ANISSILO, s. f. Plante du Chili. T. de bot.

ANIZY, s. m. Com. du dép. du Calvados, cant. de Creully, arr. de Caen. = Caen.

ANIZY-LE-CHÂTEAU, s. m. Com. du dép. de l'Aisne, chef-lieu de cant. de l'arr. de Laon. Bur. d'enregist. = Chavignon.

ANJEUX, s. m. Com. du dép. de la Haute-Saône, cant. de Vauvilliers, arr. de Lure. = Lure.

ANJOU (l'), s. m. Ancienne province de France qui forme aujourd'hui le dép. de Maine-et-Loire, l'arr. de Château-Gonthier, du dép. de la Mayenne, celui de la Flèche, du dép. de la Sarthe, et partie de l'arr. de Chinon, du dép. d'Indre-et-Loire. Cette province, dont Angers était la capitale, fut érigée en duché-pairie sous Philippe-le-Bel en 1297, et définitivement réunie à la couronne en 1581.

ANJOU, s. m. Com. du dép. de l'Isère, cant. de Roussillon, arr. de Vienne. = Vienne.

ANJOUIN, s. m. Com. du dép. de l'Indre, cant. de St.-Christophe, arr. d'Issoudun. = Issoudun.

ANJOUTEY, s. m. Com. du dép. du Haut-Rhin, cant. de Giromagny, arr. de Belfort. = Belfort.

ANKYLOBLÉPHARON, s. m. Adhérence des paupières à la cornée. T. de chir.

ANKYLOGLOSSE, s. m. Vice du filet de la langue qui occasionne le bégaiement. T. de méd.

ANKYLOMÉRISME, s. m. Union de parties qui devraient être séparées. T. d'anat.

ANKYLOSE, s. f. Privation du mouvement dans l'articulation d'un membre. T. de chir.

ANLA, s. f. Com. du dép. des Hautes-Pyrénées, cant. de Mauléon-Barousse, arr. de Bagnères. = Bagnères.

ANLEZY, s. m. Com. du dép. de la Nièvre, cant. de St.-Benin-d'Azy, arr. de Nevers. = Nevers.

ANLHIAC, s. m. Com. du dép. de la Dordogne, cant. d'Exideuil, arr. de Périgueux. = Exideuil.

ANNABASSE, s. f. Couverture de laine de Hollande.

ANNAL, E, adj. Qui ne dure qu'un an.

ANNALES, s. f. pl. Ouvrage où les faits sont classés année par année ; l'histoire.

ANNALISTE, s. m. Qui écrit ou qui a écrit des annales.

ANNAPPES, s. f. Com. du dép. du Nord, cant. de Lannoy, arr. de Lille. = Lille.

ANNAT, s. m. Com. du dép. de l'Aveyron, cant. d'Estaing, arr. d'Espalion. = Espalion.

ANNATE, s. f. Droit annuel, qui était dû au pape par le concordat de François Ier sur les bulles des évêques et des bénéficiaires.

ANNAY, s. m. Com. du dép. de la Nièvre, cant. et arr. de Cosne. = Cosne.

ANNAY, s. m. Com. du dép. du Pas-de-Calais, cant. de Lens, arr. de Béthune. = Lens.

ANNAY, s. m. Com. du dép. de l'Yonne, cant. de Noyers, arr. de Tonnerre. = Noyers.

ANNAY-LA-CÔTE, s. m. Com. du dép. de l'Yonne, cant. et arr. d'Avallon. = Avallon.

ANNE (Ste.-), s. f. Com. du dép. du Doubs, cant. d'Amancey, arr. de Besançon. = Salins.

ANNE (Ste.-), s. f. Com. du dép. du Gers, cant. de Cologne, arr. de Lombez. = Lombez.

ANNE (Ste.-), s. f. Com. du dép. de la Haute-Vienne, cant. d'Eymoutiers, arr. de Limoges. = Eymoutiers.

ANNE (Ste.-), s. f. Com. du dép. de Loir-et-Cher, cant. et arr. de Vendôme. = Vendôme.

ANNEAU, s. m. Cercle de matière dure qui sert à attacher. — Bague. — Boucle de cheveux. — Se dit des pièces formant, par leur réunion, la partie extérieure de l'abdomen des insectes. — de Saturne, cercle lumineux qui environne cette planète. — solaire, ou horaire, cadran portatif. — astronomique, instrument servant à mesurer la hauteur des astres qui font ombre sur la terre. — à fiche, cheville de fer percée d'un trou, dans lequel passe un anneau de fer. T. de mar.

ANNEBAULT, s. m. Com. du dép. du Calvados, cant. de Dives, arr. de Pont-l'Evêque. = Dives.

ANNEBECQ, s. m. Com. du dép. du Calvados, cant. de St.-Sever, arr. de Vire. = St.-Sever.

ANNE-DE-LA-BOULBÈNE (Ste.-), s. f. Village du dép. de Tarn-et-Garonne, cant. de Montpezas, arr. de Montauban.

ANNE-D'ENTREMONT (Ste.-), s. f. Com. du dép. du Calvados, cant. de Coulibœuf, arr. de Falaise. = Falaise.

ANNÉE, s. f. Durée de la révolution de la terre autour du soleil, révolution qui s'opère en 12 mois, ou 365 jours et quelques heures, lesquelles au bout de 4 ans forment un jour qu'on ajoute au mois de février ; l'année, ainsi composée de 366 jours, est appelée bissextile. — solaire ou civile ; 365 jours. — lunaire, 12 ou 13 révolutions de la lune. — Revenu d'un an : devoir deux années. Les belles —, la jeunesse ; faix des —, la vieillesse. Bonne, mauvaise —, où les récoltes sont abondantes ou mauvaises.

ANNEL, s. m. Com. du dép. de l'Oise, cant. de Ribécourt, arr. de Compiègne. = Ribécourt.

ANNELÉ, s. m. Serpent à anneaux noirs.

ANNELÉ, E, part. Se dit de celui qui a les cheveux bouclés.

ANNELER, v. a. Boucler les cheveux. —Attacher un fil de fer au nez d'un porc pour l'empêcher de fouiller la terre.

ANNELET, s. m. Petit anneau. T. de blas. —, pl. Petits listels adaptés au chapiteau dorique. T. d'arch.

ANNELIDES, s. m. pl. Classe d'animaux invertébrés. T. d'hist. nat.

ANNELLES, s. f. Com. du dép. des Ardennes, cant. de Juniville, arr. de Réthel. = Réthel.

ANNELURE, s. f. Frisure en anneaux, en boucles.

ANNÉOT, s. m. Com. du dép. de l'Yonne, cant. et arr. d'Avallon. = Avallon.

ANNEPONT, s. m. Com. du dép. de la Charente-Inférieure, cant. de St.-Savinien, arr. de St.-Jean-d'Angély. = St.-Savinien.

ANNEQUIN, s. m. Com. du dép. du Pas-de-Calais, cant. de Cambrin, arr. de Béthune. = Béthune.

ANNESLÉE, s. f. Plante vivace de la Chine. T. de bot.

ANNESSE et BEAULIEU, s. f. Com. du dép. de la Dordogne, cant. de St.-Astier, arr. de Périgueux. = Périgueux.

ANNET, s. m. Com. du dép. de Seine-et-Marne, cant. de Claye, arr. de Meaux. = Claye.

ANNEUX, s. m. Com. du dép. du Nord, cant. de Marcoing, arr. de Cambrai. = Cambrai.

ANNEVILLE, s. f. Village du dép. de la Manche, com. de Geffosse, cant. de Marcoing, arr. de Coutances. = Coutances.

ANNEVILLE, s. f. Com. du dép. de la Manche, cant. de Quittebou, arr. de Valognes. = Valognes.

ANNEVILLE, s. f. Com. du dép. de la Haute-Marne, cant. de Vignory, arr. de Chaumont. = Vignory.

ANNEVILLE, s. f. Com. du dép. de la Seine-Inférieure, cant. de Duclair, arr. de Rouen. = Rouen.

ANNEVILLE, s. f. Com. du dép. de la Seine-Inférieure, cant. de Longueville, arr. de Dieppe. = Dieppe.

ANNEXE, s. f. Bien réuni à un autre. Succursale, église qui dépend d'une cure.

ANNEXÉ, E, part. Joint, réuni, attaché.

ANNEXER, v. a. Joindre, réunir, attacher une chose à une autre.

ANNEXION, s. f. Réunion.

ANNEYRON, s. m. Com. du dép. de la Drôme, cant. de St.-Vallier, arr. de Valence. = St.-Vallier.

ANNEZAY, s. m. Com. du dép. de la Charente-Inférieure, cant. de Tonnay-Boutonne, arr. de St.-Jean-d'Angély. = St.-Jean-d'Angély.

ANNEZIN, s. m. Com. du dép. du Pas-de-Calais, cant. et arr. de Béthune. = Béthune.

ANNIHILABLE, adj. Qui peut être annulé.

ANNIHILATION, s. f. Anéantissement.

ANNIHILÉ, E, part. Annulé, anéanti.

ANNIHILER, v. a. Anéantir, annuler.

ANNIVERSAIRE, s. m. Service, fête qu'on célèbre tous les ans. —, adj. Qui se renouvelle le même jour, d'année en année, à la même époque.

ANNŒULIN, s. m. Com. du dép. du Nord, cant. de Seclin, arr. de Lille. = Lille.

ANNOIRE, s. f. Com. du dép. du Jura, cant. de Chemin, arr. de Dôle. = Dôle.

ANNOIS, s. m. Com. du dép. de l'Aisne, cant. de St.-Simon, arr. de St.-Quentin. = St.-Quentin.

ANNOISE, s. f. Herbe de la St.-Jean. Voy. ARMOISE.

ANNOISIN, s. m. Com. du dép. de l'Isère, cant. de Crémieu, arr. de Latour-du-Pin. = Crémieu.

ANNOIX, s. m. Com. du dép. du Cher, cant. de Levet, arr. de Bourges. = Bourges.

ANNOMINATION, s. f. Jeu de mots qui ne roule que sur les noms.

ANNON, s. m. Sorte d'oiseau d'Amérique. T. d'hist. nat.

ANNONAIRE, adj. C'est ainsi qu'on nommait le fournisseur chargé des approvisionnemens de Rome. T. d'antiq.

ANNONAY, s. m. Ville du dép. de l'Ardèche, chef-lieu de cant. de l'arr. de Tournon. Trib. de comm., bur. d'enregist. et de poste.
Fabriques de draps ; filatures de soie et de coton ; blanchisseries de cire ; manufactures de papiers très estimés. Belle pépinière ; récolte abondante de graines de toutes sortes de plantes, que le commerce expédie aux colonies et dans les pays étrangers. L'inventeur des aérostats et du bélier hydraulique, Montgolfier, naquit dans cette ville, où l'on remarque un monument à la mémoire de cet homme célèbre.

ANNONCE, s. f. Publication verbale ou écrite ; action d'annoncer ; journaux d'annonces, petites affiches.

ANNONCÉ, E, part. Publié.

ANNONCER, v. a. Faire savoir, publier, manifester; prédire, avertir de. S'—, v. pron. Décliner son nom à un domestique pour être admis auprès du maître.

ANNONCEUR, s. m. Orateur d'une troupe de comédiens qui, avant la chute du rideau, annonce aux spectateurs les pièces qu'on doit représenter le lendemain.

ANNONCIADE, s. f. Ordre religieux et militaire.

ANNONCIATION, s. f. Mystère de l'incarnation; jour où l'Eglise célèbre ce mystère. Fête de l'annonciation, le 25 mars.

ANNONE, s. f. Les Romains appelaient ainsi leur approvisionnement d'une année.

ANNONVILLE, s. f. Com. du dép. de la Haute-Marne, cant. de Sailly, arr. de Vassy. = Joinville.

ANNOT, s. m. Petite ville du dép. des Basses-Alpes, chef-lieu de cant. de l'arr. de Castellanne. Bur. d'enregist. = Castellanne.

ANNOTATEUR, s. m. Celui qui fait des notes, des remarques.

ANNOTATION, s. f. Remarque sur un livre, sur un écrit. — Inventaire, état de biens saisis. T. de jurisp.

ANNOTÉ, E, part. Remarqué, décrit.

ANNOTER, v. a. Prendre note. — Décrire des biens saisis. T. de jurisp.

ANNOTINE, s. f. Anniversaire de Pâques. T. de liturgie.

ANNOUVILLE, s. f. Com. du dép. de la Seine-Inférieure, cant. de Goderville, arr. du Hâvre. = Le Hâvre.

ANNOUX, s. m. Com. du dép. de l'Yonne, cant. de l'Isle-sur-Serein, arr. d'Avallon. = Avallon.

ANNOVILLE, s. f. Com. du dép. de la Manche, cant. de Mont-Martin-sur-Mer, arr. de Coutances. = Coutances.

ANNUAIRE, s. m. Livre publié chaque année; calendrier.

ANNUALITÉ, s. f. Qualité de ce qui est annuel.

ANNUEL, s. m. Messe des morts, de requiem, qui se dit ordinairement une fois la semaine et pendant un an.

ANNUEL, LE, adj. Qui dure un an; qui se reproduit chaque année.

ANNUELLEMENT, adv. Chaque année.

ANNUITÉ, s. f. Remboursement, d'année en année, d'une portion du capital, avec les intérêts jusqu'à libération entière de l'emprunt.

ANNULABILITÉ, s. f. Qualité de ce qui est annulable.

ANNULABLE, adj. Qui peut être annulé.

ANNULAIRE, s. m. Quatrième doigt de la main qui porte l'anneau nuptial. —, s. f. Sorte de chenille. —, adj. En forme d'anneau. — Se dit d'une éclipse de soleil, qui ne laisse voir du disque de cet astre qu'un anneau lumineux. Voûte —, qui imite les anneaux. T. d'archit.

ANNULATIF, IVE, adj. Qui annulle.

ANNULATION, s. f. Action d'annuler.

ANNULÉ, E, part. Rendu nul, aboli.

ANNULEMENT, s. m. Annulation d'un ordre donné ou d'un signal déjà fait. T. de mar.

ANNULER, v. a. Rendre nul, abolir; casser, annuler un traité, un testament. T. de jurisp.

ANNUS, s. m. Sorte de racine du Pérou. T. de bot.

ANOBLI, E, part. Qui a reçu des titres de noblesse.

ANOBLIR, v. a. Admettre un roturier au rang des nobles; lui donner des titres de noblesse. — Donner de l'élévation, de la noblesse. Fig.

ANOBLISSEMENT, s. m. Action d'anoblir; ses effets.

ANOCHE, s. f. Bonne-dame, ou belle-dame, plante potagère. T. de bot.

ANODE, s. f. Espèce de plante malvacée. T. de bot.

ANODIN, E, s. et adj. Se dit des remèdes doux, calmans; potion —, administrée pour apaiser les douleurs. T. de méd.

ANODINIE, s. f. Suspension momentanée de la douleur. T. de méd.

ANODONT, s. m. Sorte de serpent sans dents. T. d'hist. nat.

ANODONTE, s. f. Coquille bivalve fluviatile. T. d'hist. nat.

ANODONTITES, s. m. pl. Mollusques acéphales. T. d'hist. nat.

ANŒSTHÉSIE, s. f. Absence de sensibilité. T. de méd.

ANOLING, s. m. Arbre des Philippines dont l'écorce tient lieu de savon. T. de bot.

ANOLIS, s. m. Lézards de la petite espèce fort connus aux Antilles. On mange ces lézards, qui sont d'une facile digestion. T. d'hist. nat.

ANOMAL, E, adj. irrégulier en parlant des verbes. S'emploie plus ordinairement en médecine et en botanique; fièvre anomale, pouls anomal. Plantes —, qui ne peuvent être classées.

ANOMALIE, s. f. Irrégularité dans la conjugaison de certains verbes ou dans la déclinaison de certains noms. T. de gramm. — Irrégularité dans les fièvres ou le pouls. T. de méd. —Irrégularité dans l'union ou la désunion de certaines matières. T. de chim. —Distance angulaire d'une planète à son aphélie ou à son apogée. T. d'astr. —Cette expression scientifique est admise aujourd'hui dans ce que l'on est convenu d'appeler le langage parlementaire.

ANOMALISTIQUE, adj. Se dit du temps que met une planète à parcourir son orbite, c'est-à-dire qu'elle revient au point d'où elle est partie. T. d'astr.

ANOMALOPÈDE, adj. Se dit d'un animal dont les cinq doigts sont réunis par une membrane, et dont les pieds sont irréguliers. T. d'hist. nat.

ANOMATHÈQUE, s. f. Voy. GLAÏEUL. T. de bot.

ANOMIE, s. f. Sorte de coquille bivalve, à écailles inégales, du genre des huîtres. —, pl. Coquilles multivalves. T. d'hist. nat.

ANOMIEN, NE, adj. Sans loi.

ANON, s. m. Petit de l'âne. —Sorte de poisson du genre du gade. T. d'hist. nat.

ANONE, s. f. Famille des tulipiers, cachimentiers, etc. T. de bot.

ANONNÉ, E, part. Se dit de l'ânesse qui a mis bas un ânon.

ANONNEMENT, s. m. Action d'ânonner, de balbutier en lisant.

ANONNER, v. a. Mettre bas un ânon, se dit de l'ânesse. —, v. n. Ecorcher les mots, les prononcer en hésitant. T. fam.

ANONYME, s. m. Auteur qui tait son nom par modestie ou par méchanceté ; lâche, misérable qui se cache dans l'ombre pour répandre les poisons de la calomnie. — Petit quadrupède de Libye qui a les oreilles aussi longues que la moitié du corps. —, adj. Sans nom d'auteur. Livre anonyme.

ANONYMEMENT, adv. D'une manière anonyme.

ANONYMIQUE, adj. Qui appartient à l'anonyme.

ANOPLÉTHÉRIUM, s. m. Animal fossile qui n'existe plus, mais dont les ossemens découverts dans les pierres à plâtre des environs de Paris ont été réunis par Cuvier, qui en a créé un nouveau genre de pachydermes.

ANOPTÈRE, s. m. Arbre de la Nouvelle-Hollande. T. de bot.

ANOR, s. m. Com. du dép. du Nord, cant. de Trelon, arr. d'Avesne. = Avesne.

Ce village, situé au milieu des forêts, est à l'extrémité de notre frontière du Nord. On y fabrique beaucoup d'objets de boissellerie, du verre à vitres, et des bouteilles fort recherchées en Champagne pour les vins mousseux. Dans les environs, on compte neuf forges et diverses affineries.

ANORDI, E, part.

ANORDIE, s. f. Tempête causée par le vent du nord. T. de mar.

ANORDIR, v. n. et s'—, v. pron. Approcher du nord. Le vent s'anordit ; il tourne au nord.

ANOREXIE, s. f. Inappétence, dégoût, suite d'une indisposition ou d'une maladie qui vous rend insensible aux aiguillons de la faim. T. de méd.

ANOS, s. m. Com. du dép. des Basses-Pyrénées, cant. de Morlaas, arr. de Pau. = Pau.

ANOSMIE, s. f. Affaiblissement des organes olfactifs, ou perte totale de l'odorat. T. de méd.

ANOST, s. m. Com. du dép. de Saône-et-Loire, cant. de Lucenay, arr. d'Autun. = Lucenay-l'Evêque.

ANOSTOME, s. m. Poisson du genre du salmone. T. d'hist. nat.

ANOULT, s. m. Com. du dép. des Vosges, cant. de Fraize, arr. de St.-Dié. = St.-Dié.

ANOURE, adj. Se dit d'un animal sans queue. T. d'hist. nat.

ANOUX, s. m. Com. du dép. de la Moselle, cant. et arr. de Briey. = Briey.

ANOYE, s. f. Com. du dép. des Basses-Pyrénées, cant. de Lembeye, arr. de Pau. = Pau.

ANPAN, s. m. Coquillage bivalve, remarquable par sa longueur. T. d'hist. nat.

ANQUETIERVILLE, s. f. Com. du dép. de la Seine-Inférieure, cant. de Caudebec, arr. d'Yvetot. = Caudebec.

ANQUITRANADE, s. f. Prélart, grosse toile goudronnée d'une galère. T. de mar.

ANRAMATIQUE, s. f. Plante de l'île de Madagascar, dont la feuille remplie d'eau offre l'image d'un vase garni de son couvercle. T. de bot.

ANREDÈRE, s. f. Arroche de la Jamaïque, plante. T. de bot.

ANROSEY, s. m. Com. du dép. de la Haute-Marne, cant. de la Ferté-sur-Amance, arr. de Langres. = Langres.

ANS, s. m. Village du dép. de la Dordogne, cant. d'Exideuil, arr. de Périgueux. = Périgueux.

Forges et hauts fourneaux. Fabr. de canons et de chaudières à sucre.

ANSAC, s. m. Com. du dép. de la Charente, cant. et arr. de Confolens. = Confolens.

ANSACQ, s. m. Com. du dép. de l'Oise, cant. de Mouy, arr. de Clermont. = Clermont-en-Beauvoisis.

ANSAN, s. m. Com. du dép. du Gers,

cant. de Gimont, arr. d'Auch. == Gimont.

ANSAUVILLE, s. f. Com. du dép. de la Meurthe, cant. de Domèvre, arr. de Toul. == Toul.

ANSAUVILLER-EN-CHAUSSÉE, s. m. Com. du dép. de l'Oise, cant. de Breteuil, arr. de Clermont. == Breteuil.
Fabriques de bas de laine, chapellerie, etc.; comm. de toiles, fil, etc.

ANSE, s. f. Sorte de demi-cercle ajouté à un vase, à un panier, et qui sert à le porter. — Petit golfe peu profond. T. de mar. — de panier, courbure d'une arcade. T. d'archit. — Courbure des vaisseaux et des nerfs dans leurs distributions et leurs anastomoses. T. de chir.

ANSE, s. f. Petite ville du dép. du Rhône, chef-lieu de cant. de l'arr. de Villefranche. Bur. d'enregist. et de poste.

ANSÉ, E, part. Garni d'une anse.

ANSÉATIQUES, adj. f. pl. Villes d'Allemagne qui composaient la fameuse hanse ou ligue formée pour la liberté du commerce. Il ne reste que trois de ces villes : Hambourg, Lubeck et Brême.

ANSER, v. a. Garnir d'une anse. Anser un panier.

ANSERES, s. m. pl. Famille des oiseaux palmipèdes, tels que l'oie, le canard. T. d'hist. nat.

ANSERINE, s. f. Plante de la famille des arroches. T. de bot.

ANSERINETTE, s. f. Petite oie.

ANSERVILLE, s. f. Com. du dép. de l'Oise, cant. de Méru, arr. de Beauvais. == Méru.

ANSETTE, s. f. Petit anneau. T. de mét. —, pl. Bouts de corde en forme d'anse, qui servent d'ourlet aux voiles. T. de mar.

ANSIÈRE, s. f. Filet avec lequel on pêche dans les anses.

ANSIGNAN, s. m. Com. du dép. des Pyrénées-Orientales, cant. de St.-Paul, arr. de Perpignan. == St.-Paul.

ANSOST, s. m. Com. du dép. des Hautes-Pyrénées, cant. de Rabastens, arr. de Tarbes. == Tarbes.

ANSOUIS, s. m. Com. du dép. de Vaucluse, cant. de Pertuis, arr. d'Apt. == Pertuis.

ANSPECT, s. m. Levier dont on se sert pour soulever les canons, etc. T. de mar.

ANSPESSADE, s. m. Soldat faisant les fonctions de caporal. (Vi.)

ANSTAING, s. m. Com. du dép. du Nord, cant. de Launoy, arr. de Lille. == Lille.

ANSTRUDES, s. f. Com. du dép. de l'Yonne, cant. de Guillon, arr. d'Avallon. == Avallon.

ANTA, s. m. Voy. TAPIR.

ANTACÉS, s. m. pl. Poissons qui ont de l'analogie avec l'esturgeon. T. d'hist. nat.

ANTACIDE. Voy. ANTIACIDE. T. de méd.

ANTAGNAC, s. m. Com. du dép. de Lot-et-Garonne, cant. de Bouglon, arr. de Marmande. == Marmande.

ANTAGONISME, s. m. Action de deux muscles sur une même partie, dans une direction contraire. T. de chir. — Rivalité.

ANTAGONISTE, s. m. Concurrent, adversaire; qui est opposé à un autre dans ses prétentions, ses opinions, etc. —, pl. Nom donné par les anatomistes à des muscles qui ont des fonctions contraires. Les fléchisseurs, par exemple, sont les antagonistes des extenseurs, etc. T. de chir.

ANTALE, s. m. Coquillage en forme de tuyau courbé et conique. T. d'hist. nat.

ANTALGIQUE, adj. Anodin, calmant. T. de méd.

ANTAMBA, s. m. Quadrupède de l'île de Madagascar qui ressemble à un léopard. T. d'hist. nat.

ANTAN, s. m. L'an passé, l'année précédente. (Vi.)

ANTANACLASE, s. f. Répétition d'un même mot en sens différent. T. de rhét.

ANTANAGOGE, s. f. Récrimination. T. de rhét.

ANTANAIRE, adj. Se dit des animaux domestiques qui n'ont qu'un an. — Qui n'a pas encore mué. T. de fauc.

ANTANNIER, s. et adj. m. Oiseau qui a plus d'un an. T. de fauc.

ANTAPHRODISIAQUE, s. m. et adj. Voy. ANTIAPHRODISIAQUE.

ANTAPHRODITIQUE, s. m. et adj. Voy. ANTIAPHRODITIQUE.

ANTAPODOSE, s. f. Première partie d'une période. T. inus.

ANTARCTIQUE, adj. Méridional. Pôle —, opposé au pôle arctique. T. de géogr.

ANTARÈS, s. m. Etoile fixe de la première grandeur, dans le cœur du scorpion. T. d'astr.

ANTE, s. f. Pièce de bois attachée aux volans des moulins à vent. T. de charp. —, pl. Pilastres au coin des murs, à l'extrémité des temples. T. d'antiq.

ANTE, s. f. Petite rivière du dép. du Calvados, qui, après un cours d'environ 4 l., se joint à la Dive, auprès de Coulibœuf.

ANTÉCÉDEMMENT, adv. Avant, précédemment.

ANTÉCÉDENCE, s. f. Etat d'une planète qui semble se mouvoir contre l'ordre des signes d'E. en O. T. d'astr.

ANTÉCÉDENT, E, adj. Qui précède dans l'ordre des temps, qui existe auparavant. —, s. m. Premier des deux termes d'un rapport, l'opposé de conséquent. T. de math. — Nom ou prénom qui précède et régit le relatif *qui*. T. de gramm. — Première partie de l'enthymème. T. de log. — Circonstance qui a précédé. T. fam.

ANTÉCESSEUR, s. m. Professeur en droit. (Vi.)

ANTECHAUX, s. m. Com. du dép. du Doubs, cant. de Blâmont, arr. de Montbéliard. = Montbéliard.

ANTECHRIST, s. m. Le démon, l'esprit infernal, l'ennemi du Christ; séducteur qui viendra corrompre les fidèles à la fin du monde.

ANTÉCIENS ou **ANTESCIENS**, s. et adj. m. pl. Antipodes, peuples placés sous le même méridien et à la même distance de l'équateur, les uns vers le nord, les autres vers le midi, et qui ont des ombres opposées. T. de géogr.

ANTÉDILUVIEN, NE, adj. Antérieur au déluge.

ANTÉE, s. m. Fameux géant, fils de Neptune et de la Terre. Il massacrait tous les passans, pour remplir le vœu qu'il avait fait de bâtir un temple à Neptune avec des crânes humains. Hercule le combattit, et le terrassa trois fois inutilement, la Terre lui rendant des forces nouvelles lorsqu'il la touchait. Alors, le héros le suspendit en l'air, et l'étouffa. T. de myth.

ANTELÉE, s. f. Plante de l'île de Java. T. de bot.

ANTEMÉTIQUE, adj. Voy. ANTIÉMÉTIQUE.

ANTÉNAIRE, s. f. Plante corymbifère. T. de bot.—, adj. f. Se dit de deux figures qui occupent le devant d'un monument, et qui forment le sujet principal. Figures antenaires. T. d'arts.

ANTENALE, s. m. Oiseau de mer.

ANTENNE, s. f. Vergue d'une voile latine. T. de mar. —, pl. Filets articulés et mobiles en forme de cornes, que l'on remarque sur la tête de quelques insectes et de quelques crustacés. T. d'hist. nat.

ANTENNISTE, adj. Pourvu d'antennes. T. d'hist. nat.

ANTENNULAIRE, s. m. Polypier. T. d'hist. nat.

ANTENNULE, s. f. Petite antenne. T. d'hist. nat.

ANTÉNOIS, s. m. Agneau, veau, etc., d'un an révolu.

ANTENOLLE, s. f. Petite antenne. T. de mar.

ANTÉNOR, s. m. Prince troyen qui fut accusé d'avoir trahi sa patrie en cachant Ulysse dans sa maison, et qui, après la prise de Troie, passa en Italie, où, dit-on, il fonda la ville de Padoue. T. de myth. —, s. f. Nautile, coquillage à ombilic. T. d'hist. nat.

ANTÉOCCUPATION, s. f. Voy. ANTICIPATION.

ANTÉPÉNULTIÈME, s. et adj. Se dit d'une syllabe qui précède immédiatement la pénultième ou l'avant-dernière.

ANTÉPHIALTIQUE, adj. Qui a la propriété de guérir du cauchemar, en parlant des médicamens. T. de méd.

ANTÉPILEPTIQUE, s. m. et adj. Voy. ANTIÉPILEPTIQUE.

ANTÉPRÉDICAMENS, s. m. pl. Questions préliminaires. T. de log.

ANTÉRIEUR, E, adj. Qui est avant, qui précède.

ANTÉRIEUREMENT, adv. Précédemment.

ANTÉRIORITÉ, s. f. Priorité de temps.

ANTERNONS, s. m. pl. Levées, digues, chaussées pour l'exploitation des marais salans.

ANTERRIEUX, s. m. Com. du dép. du Cantal, cant. de Chaudes-Aigues, arr. de St.-Flour. = Chaudes-Aigues.

ANTES, s. f. Com. du dép. de la Marne, cant. de Dommartin-sur-Yèvre, arr. de Ste.-Ménehould. = Ste.-Ménehould.

ANTESTATURE, s. f. Petit retranchement fait à la hâte avec des gabions. T. d'art. milit.

ANTEUIL, s. m. Com. du dép. du Doubs, cant. de Clerval, arr. de Baume. = L'Ile-sur-le-Doubs.

ANTEZANT, s. m. Com. du dép. de la Charente-Inférieure, cant. et arr. de St.-Jean-d'Angély. = St.-Jean-d'Angély.

ANTHÉ, s. m. Village du dép. de Lot-et-Garonne, cant. de Tournon, arr. de Villeneuve. = Villeneuve.

ANTHÉLITRAGIEN, s. m. Muscle tragien de l'oreille externe. T. d'anat.

ANTHÉLIX, s. m. Eminence qui se trouve au-devant de l'hélix, et qui dépend du cartilage de l'oreille. T. d'anat.

ANTHELMINTIQUE, s. m. et adj. Vermifuge; qui fait mourir les vers. T. de méd.

ANTHELUPT, s. m. Com. du dép. de la Meurthe, cant. et arr. de Lunéville. = Lunéville.

ANTHÈME (St.-), s. m. Com. du dép. du Puy-de-Dôme, chef-lieu de cant. de l'arr. d'Ambert. Bur. d'enregist. = Ambert.

ANTHÉMIDE, s. f. Camomille, plante médicinale. T. de bot.

ANTHENAY, s. m. Com. du dép. de la Marne, cant. de Châtillon, arr. de Reims. = Dormans.

ANTHENY, s. m. Com. du dép. des Ardennes, cant. de Rumigny, arr. de Rocroy. = Rocroy.

ANTHÉPHORA, s. f. Plante graminée. T. de bot.

ANTHERA, s. f. Jaune du milieu de la rose. T. de pharm.

ANTHER, s. f. Capsule qui surmonte le filet de l'étamine et qui renferme le pollen des fleurs. T. de bot.

ANTHÉRIC, s. m. Genre de plantes liliacées. T. de bot.

ANTHÉRIFORME, adj. Qui a la forme d'une anthère.

ANTHÉRINE, s. f. Poisson sur le corps duquel on remarque une ligne argentée. T. d'hist. nat.

ANTHERURE, s. f. Arbrisseau de la Cochinchine. T. de bot.

ANTHÉRYLIE, s. f. Voy. SALICAIRE. T. de bot.

ANTHÈSE, s. f. Epoque où les organes des fleurs sont au terme de leur accroissement. T. de bot.

ANTHEUIL, s. m. Com. du dép. de la Côte-d'Or, cant. de Bligny-sur-Ouche, arr. de Beaune. = Beaune.

ANTHEUIL, s. m. Com. du dép. de l'Oise, cant. de Ressons, arr. de Compiègne. = Compiègne.

ANTHIAS, s. m. Sorte de poisson et d'insecte. T. d'hist. nat.

ANTHIDIE, s. f. Genre d'insectes hyménoptères, du midi de l'Europe et du nord de l'Afrique. T. d'hist. nat.

ANTHIE, s. f. Coléoptère carnassier d'Afrique. T. d'hist. nat.

ANTHIEN, s. m. Com. du dép. de la Nièvre, cant. de Corbigny, arr. de Clamecy. = Corbigny.

ANTHILION, s. m. Hélianthe, plante corymbifère, annuelle. T. de bot.

ANTHIRHÉTIQUE, adj. Contradictoire. T. inus.

ANTHISTÉRIES, s. f. pl. Genre de plantes graminées. T. de bot.

ANTHOCERCIS, s. m. Arbuste de la Nouvelle-Hollande. T. de bot.

ANTHOCÈRE, s. m. Plante de la famille des algues. T. de bot.

ANTHODON, s. m. Arbrisseau grimpant qui croît dans les montagnes des Cordillières. T. de bot.

ANTHOGRAPHIE, s. f. Art d'exprimer ses pensées par le choix et l'arrangement des fleurs, langage ingénieux dont se servent les amans, en Turquie.

ANTHOLIE, s. f. Plante de la famille des campanules. T. de bot.

ANTHOLISE, s. f. Plante de la famille des iris. T. de bot.

ANTHOLITHE, s. m. Phalaris, plante pétrifiée. T. d'hist. nat.

ANTHOLOGIE, s. f. Choix de fleurs ; de poésies, d'épigrammes grecques.

ANTHOLOGUE, s. m. Recueil d'offices grecs. — Auteur d'une anthologie.

ANTHOLOME, s. f. Plante ébénacée. T. de bot.

ANTHOMYSES, s. m. pl. Oiseaux sylvains. T. d'hist. nat.

ANTHON, s. m. Com. du dép. de l'Isère, cant. de Meysieux, arr. de Vienne. = Vienne.

ANTHONOTHE, s. m. Arbrisseau légumineux d'Afrique. T. de bot.

ANTHOPHAGES, s. m. pl. Insectes qui rongent les fleurs. T. d'hist. nat.

ANTHOPHILES, s. m. pl. Insectes qui vivent sur les fleurs. T. d'hist. nat.

ANTHOPHORES, s. m. pl. Genre d'insectes apiaires. T. d'hist. nat.

ANTHOPHYLLITE, s. m. Minéral qui se trouve en Norwège. T. d'hist. nat.

ANTHORE, s. m. Aconit salutaire. T. de bot.

ANTHOSPERME, s. m. Plante rubiacée. T. de bot.

ANTHOT (St.-), s. m. Com. du dép. de la Côte-d'Or, cant. de Sombernon, arr. de Dijon. = Sombernon.

ANTHRACIENS, s. m. pl. Insectes diptères. T. d'hist. nat.

ANTHRACITE, s. m. Minéral dont la base est le carbone mêlé ou combiné avec un peu de silice, d'alumine ou de fer. T. d'hist. nat.

ANTHRACOCE, s. m. Ulcère, carie des os. T. de méd.

ANTHRACONISTRE, s. m. Instrument pour évaluer la quantité d'acide carbonique que renferme l'air.

ANTHRACOSE, s. f. Pustule dure et livide, accompagnée d'une violente inflammation, qui attaque les paupières et les parties voisines. T. de chir.

ANTHRAX, s. m. Charbon, tumeur inflammatoire, gangreneuse, dont le sommet offre un escharre noirâtre, semblable à du charbon. T. de chir. — Papillon diptère. T. d'hist. nat.

ANTHRÈNE, s. f. Joli petit coléoptère. T. d'hist. nat.

ANTHRIBES, s. m. pl. Insectes coléoptères.

ANTHROPOFORME, s. et adj. Se dit des animaux dont la figure a beaucoup d'analogie avec celle de l'homme.

ANTHROPOGÉNIE, s. f. Etude anatomique et physiologique sur les fonctions des organes de la génération chez l'homme. T. d'anat.

ANTHROPOGLYPHITE, s. f. Pétrification représentant quelque partie du corps humain. T. d'hist. nat.

ANTHROPOGRAPHIE, s. f. Description anatomique du corps humain. T. d'anat.

ANTHROPOLOGIE, s. f. Discours figuré de l'Ecriture sainte qui attribue à Dieu des actions et des affections humaines. — Traité sur le corps humain. T. d'anat.

ANTHROPOMANCIE, s. f. Divination en interrogeant les entrailles des victimes humaines.

ANTHROPOMÉTRIE, s. f. Anatomie des formes, des proportions du corps humain.

ANTHROPOMORPHE, adj. Voy. ANTHROPOFORME.

ANTHROPOMORPHISME, s. m. Erreur des anthropomorphites.

ANTHROPOMORPHITE, s. m. Hérétique, partisan de l'anthropologie.

ANTHROPOPATHIE, s. f. Voy. ANTHROPOLOGIE.

ANTHROPOPHAGE, s. et adj. Se dit des peuplades sauvages qui mangent les prisonniers de guerre.

ANTHROPOPHAGIE, s. f. Horrible coutume de manger de la chair humaine.

ANTHROPOSOMATOLOGIE, s. f. Voy. ANTHROPOGRAPHIE.

ANTHROPOSOPHIE, s. f. Science de l'homme; étude morale sur ses habitudes, ses mœurs, sa nature.

ANTHROPOTOMIE, s. f. Dissection anatomique d'un cadavre humain.

ANTHYLLIDE, s. m. Genre de plantes légumineuses. T. de bot.

ANTHYNOPTIQUE, s. m. et adj. Se dit des remèdes qui excitent le système nerveux, comme le café, etc.

ANTHYPOPHORE, s. f. Figure de rhétorique dans laquelle l'orateur réfute ses propres objections.

ANTI. Prép. d'antériorité, d'opposition, qui entre dans la composition d'un grand nombre de mots.

ANTIA, s. m. Espèce de poisson. T. d'hist. nat.

ANTIACIDE, s. m. et adj. Qui neutralise les acides de l'estomac.

ANTIAPHRODISIAQUE ou ANTIAPHRODITIQUE, s. m. et adj. Se dit des remèdes qui calment l'excitabilité des organes de la génération. T. de méd.

ANTIAPOPLECTIQUE, s. m. et adj. Se dit des remèdes destinés à prévenir les attaques d'apoplexie. T. de méd.

ANTIARE, s. m. Grand arbre de Java. T. de bot.

ANTIARTHRITIQUE, s. m. et adj. Voy. ANTIPODAGRIQUE. T. de méd.

ANTIASTHMATIQUE, s. m. et adj. Se dit des remèdes employés pour calmer les quintes de l'asthme. T. de méd.

ANTIBARILLET, s. m. Coquillage terrestre fort rare. T. d'hist. nat.

ANTIBES, s. f. Ville maritime du dép. du Var, chef-lieu de cant. de l'arr. de Grasse, trib. de comm., conseil de prud'hommes-pêcheurs, école d'hydrographie de 4° classe, place de guerre, bur. d'enregist. et de poste.

Cette ville, très ancienne, est dominée par des hauteurs d'où l'on jouit d'un coup d'œil magnifique : on attribue sa fondation aux Marseillais, qui la nommèrent Antipolis. Au temps des Romains, qui l'entourèrent de fortifications, elle offrait, dit-on, une place fort importante. François Ier et Henri IV la firent de nouveau fortifier. Les travaux qui ont été faits depuis l'ont rendue d'un difficile accès, surtout du côté de la mer; aussi fut-elle assiégée sans succès par les Impériaux, en 1746. Le port d'Antibes, abrité par un môle élevé qui l'entoure, ne peut admettre que de petits bâtimens. On remarque encore, dans Antibes, une tour de construction romaine, et quelques fragmens d'anciennes fortifications.

Comm. de poissons salés, vins, huile d'olive, oranges, figues et fruits secs d'une excellente qualité.

ANTIBORIE, s. f. Cadran équinoxial dont se servaient les anciens.

ANTIBRACHIAL, E, adj. Qui appartient à l'avant-bras. T. d'anat.

ANTICACHECTIQUE, s. m. et adj. Se dit des médicamens contre la cachexie, dégénérescence de la cacochymie.

ANTICACOCHYMIQUE, s. m. et adj. Voy. ANTICACHECTIQUE.

ANTICAUSODIQUE ou ANTICAUSOTIQUE, s. m. et adj. Médicament contre le causus, fièvre continue et aiguë, accompagnée d'une soif qui ne peut s'apaiser. T. de méd.

ANTICHAMBRE, s. f. Première pièce d'un appartement.

ANTICHAN-DE-BAROUSSE, s. m. Com. du dép. des Hautes-Pyrénées, cant. de Mauléon-Barousse, arr. de Bagnères. = Montrejeau.

ANTICHORE, s. m. Plante liliacée. T. de bot.

ANTICHRÈSE, s. f. Délégation des revenus d'une propriété, pour servir les intérêts d'un emprunt. T. de jurisp.

ANTICHRÉSISTE, s. m. Contractant dans une antichrèse. T. de jurisp.

ANTICHRÉTIEN, NE, adj. Ennemi du Christ, du christianisme; juif, mahométan, etc.; qui ne pratique pas les vertus chrétiennes.

ANTICHRISTIANISME, s. m. Système contraire au christianisme.

ANTICHTHONE, s. m. et adj. Antipode.

ANTICIPANT, adj. m. Se dit du paroxysme d'une maladie qui vient avant le temps auquel a commencé le précédent. T. de méd.

ANTICIPATION, s. f. Action d'anticiper, de faire quelque chose avant le temps. — Précaution oratoire au moyen de laquelle on réfute d'avance les objections qui pourraient être faites. T. de rhét. — Usurpation sur les biens ou les droits d'autrui. T. de jurisp. — Expédient pour se faire avancer des fonds sur des rentrées. Par —, adv. Par avance.

ANTICIPÉ, E, part. Devancé, qui arrive d'avance, qu'on éprouve avant le temps; joie anticipée.

ANTICIPER, v. a. Prévenir, devancer, en parlant du temps et des choses dont on avance le terme. — un appel, faire assigner l'appelant qui diffère de suivre sur son appel. T. de procéd. — un paiement, payer avant l'échéance. —, v. n. Prévoir; anticiper sur les événemens. — Consommer, dépenser d'avance; anticiper sur ses revenus. — Usurper; anticiper sur le terrain d'autrui.

ANTICŒUR, s. m. Maladie du cheval. T. de méd. vétér.

ANTICONSTITUTIONNAIRE, s. m. et adj. Qui est opposé à la constitution *Unigenitus*.

ANTICONSTITUTIONNEL, LE, s. et adj. Partisan du gouvernement absolu; qui est contraire au régime constitutionnel.

ANTICONSTITUTIONNELLEMENT, adv. D'une manière anticonstitutionnelle.

ANTICONVULSIONNAIRE, s. et adj. Qui méprise les extravagances des convulsionnaires, leur fanatisme.

ANTICOUR, s. f. Voy. AVANT-COUR.

ANTICRÉPUSCULE, s. m. Lumière qui paraît au ciel à l'opposite au moment du crépuscule de l'aurore.

ANTIDACTYLE, s. m. Anapeste. T. de poés.

ANTIDATE, s. f. Date fausse, antérieure au jour où elle a été apposée.

ANTIDATÉ, E, part. Se dit d'un acte, d'un titre sur lequel il a été apposé une date antérieure au jour de sa passation.

ANTIDATER, v. a. Mettre une antidate sur un écrit quelconque; antidater une lettre.

ANTIDESME, s. m. Genre de plantes exotiques, dont les feuilles ont la propriété de neutraliser les poisons. T. de bot.

ANTIDINIQUE, s. m. et adj. Se dit des remèdes qui calment le vertige. T. de méd.

ANTIDOTAIRE, s. m. Recueil d'antidotes.

ANTIDOTE, s. m. Alexipharmaque, alexitère. Remède interne pour se préserver ou se guérir de la peste, et pour arrêter l'effet du poison ou du venin.

ANTIDOTÉ, E, part. Se dit d'une personne à laquelle il a été administré un antidote.

ANTIDOTER, v. a. Donner, administrer, faire prendre un antidote.

ANTIDYSSENTÉRIQUE, s. m. et adj. Se dit des différens remèdes qu'on emploie contre la dyssenterie, tels que le laudanum. T. de méd.

ANTIÉMÉTIQUE, adj. Qui arrête le vomissement, qui neutralise l'effet des vomitifs, des émétiques. T. de méd.

ANTIENNAÈDRE, adj. f. Se dit d'une tourmaline, d'une substance minérale qui présente neuf faces de deux côtés opposés. T. d'hist. nat.

ANTIENNE, s. f. Verset qui se chante avant le psaume. Triste. — Fâcheuse nouvelle. Fig. et fam.

ANTIÉPILEPTIQUE, s. m. et adj. Remède pour prévenir les accès d'épilepsie. T. de méd.

ANTIÉTIQUE ou ANTIHECTIQUE, s. m. et adj. Remède pour calmer la fièvre étique, tels que les bouillons de tortue, de limaçons et autres boissons mucilagineuses; fébrifuge. T. de méd.

ANTIFARCINEUX, s. m. et adj. Remède contre le farcin, maladie du cheval. T. de méd. vétér.

ANTIFÉBRILE, s. m. et adj. Remède contre la fièvre; fébrifuge. T. de méd.

ANTIGALACTIQUE, adj. Se dit des médicamens qu'on ordonne pour calmer la fièvre de lait. T. de méd.

ANTIGÉOMÈTRE, s. m. Ennemi de l'exactitude du calcul; qui critique les mathématiques.

ANTIGNAC, s. m. Village du dép. du Cantal, réuni à la com. de Vignonet, cant. de Saignes, arr. de Mauriac. = Bort.

ANTIGNAC, s. m. Com. du dép. de la Charente-Inférieure, cant de St.-Genis, arr. de Jonzac. = Jonzac.

ANTIGNAC, s. m. Com. du dép. de la

Haute-Garonne, cant. de Bagnères, arr. de St.-Gaudens. = Bagnères-de-Luchon.

ANTIGNY, s. m. Com. du dép. de la Vendée, cant. de la Châtaigneraye, arr. de Fontenay. = La Châtaigneraye.

ANTIGNY, s. m. Com. du dép. de la Vienne, cant. de St.-Savin, arr. de Montmorillon. = St.-Savin.

ANTIGNY-LA-VILLE, s. m. Com. du dép. de la Côte-d'Or, cant. d'Arnay, arr. de Beaune. = Arnay-le-Duc.

ANTIGONE, s. f. Fille d'Œdipe et de Jocaste, héroïne d'un grand nombre de pièces de théâtre, qui, voulant donner la sépulture à son frère Polynice, au mépris des ordres de Créon, fut condamnée pour cet acte de piété à périr de faim dans une prison. T. de myth. = Grue des Indes. T. d'hist. nat.

ANTIGORIUM, s. m. Oxide d'antimoine et d'étain, gros émail dont se servent les faïenciers.

ANTIGOUTTEUX, s. m. et adj. Voy. ANTIPODAGRIQUE.

ANTIGUELOUTAN, s. m. Village du dép. des Basses-Pyrénées, cant. et arr. de Pau. = Pau.

ANTIHÉMORRHOÏDAL, É, adj. Se dit des remèdes employés pour calmer le flux hémorrhoïdal. T. de méd.

ANTIHERPÉTIQUE, adj. Se dit du traitement contre les dartres. T. de méd.

ANTIHYDROPHOBIQUE, s. m. et adj. Le cautère actuel, le feu. T. de méd.

ANTIHYDROPIQUE, s. m. et adj. Remède contre l'hydropisie. T. de méd.

ANTIHYPOCONDRIAQUE, s. m. et adj. Remède contre la maladie hypocondriaque. T. de méd.

ANTIHYSTÉRIQUE, s. m. et adj. Remède contre la passion hystérique et les vapeurs, tels que les narcotiques, etc. T. de méd.

ANTILAITEUX, s. m. et adj. Voy. ANTIGALACTIQUE.

ANTILAMBDA, s. m. Signe qui tenait lieu de guillemets. T. d'impr.

ANTILLES (les), s. f. pl. Archipel de l'Amérique, composé d'un très grand nombre d'îles, et qui s'étend depuis le 28° de latitude N. jusqu'au 8°, et entre le 293° et le 316° de longitude. Ces îles, découvertes par Christophe Colomb, sont ainsi nommées, parce qu'elles sont les premières qu'on rencontre en allant en Amérique. On les divise en grandes et petites Antilles. Les grandes sont : Cuba, les Lucayes, la Jamaïque, St.-Domingue, Porto-Ricco et la Trinité, etc. Les petites appartiennent à diverses puissances européennes. La France y possède la Guadeloupe, la Martinique, Marie-Galante, la Désirade et la partie septentrionale de St.-Martin.

ANTILLY, s. m. Com. du dép. de la Moselle, cant. de Vigy, arr. de Metz. = Metz.

ANTILLY, s. m. Com. du dép. de l'Oise, cant. de Betz, arr. de Senlis. = Senlis.

ANTILOBE, s. m. Partie de l'oreille opposée au lobe. T. d'anat.

ANTILOGARITHME, s. m. Complément du logarithme d'un sinus. T. de math.

ANTILOGIE, s. f. Contradiction dans le discours. T. didact.

ANTILOÏMIQUE, s. m. et adj. Antipestilentiel.

ANTILOPE, s. f. Quadrupède ruminant, gazelle. T. d'hist. nat.

ANTILYSSIQUE, s. m. et adj. Voy. ANTIHYDROPHOBIQUE. T. de méd.

ANTIMÉLANCOLIQUE, s. m. et adj. Voy. ANTIHYPOCONDRIAQUE.

ANTIMENSE, s. f. Nappe d'autel. T. inus.

ANTIMÉPHITIQUE, s. m. et adj. Parfum, sel volatil, vinaigre, etc.

ANTIMÉTABOLE, s. f. Figure de rhétorique qui consiste à répéter les mêmes mots, mais dans un sens opposé.

ANTIMOINE, s. m. Sorte de métal blanc, brillant et fragile. Sulfure d'—, combinaison de ce métal avec le soufre.

ANTIMONARCHIQUE, adj. Républicain.

ANTIMONIAL, E, adj. Qui a rapport à l'antimoine. T. de méd.

ANTIMONIÉ, E, adj. Combiné avec l'antimoine. T. de chim.

ANTIMONIES, s. f. pl. Argumens opposés dans la controverse.

ANTIMORVEUX, s. m. et adj. Remède employé contre la morve, maladie des chevaux, qui offre un des cas redhibitoires. T. de méd. vétér.

ANTIN, s. m. Com. du dép. des Hautes-Pyrénées, cant. de Tric, arr. de Tarbes. = Tric.

ANTINALE, s. m. Sorte d'oiseau de mer. T. d'hist. nat.

ANTINATIONAL, E, adj. Opposé au goût de la nation, à son caractère, à ses usages, à ses mœurs.

ANTINÉPHRÉTIQUE, s. m. et adj. Remède contre les maladies des reins, la colique néphrétique, la pierre, la gravelle, tels que les narcotiques, etc. T. de méd.

ANTINOMIE, s. f. Contradiction réelle ou apparente entre deux lois.

ANTINOMIEN, s. m. Violateur de la

loi, qui la méprise; qui ne reconnaît pas de loi.

ANTINOÜS, s. m. Constellation N. près de la voie lactée, sur l'équateur, sous l'aigle. T. d'astr.

ANTIOCHE (Pertuis d'), s. m. Détroit sur la côte occid. du dép. de la Charente-Inférieure, entre la Rochelle et Rochefort. Il sépare l'île d'Oleron de l'île de Ré.

Ce détroit est célèbre par l'embarcation de l'empereur Napoléon, qui s'y rendit à bord du vaisseau anglais le Belléphon, le 15 juillet 1815, croyant qu'il lui serait permis de se fixer en Angleterre.

ANTIOPE, s. f. Reine des Amazones, fut vaincue par Hercule, qui la donna à Thésée. T. de myth. — Sorte d'insecte. T. d'hist. nat.

ANTIORGASTIQUE, s. m. et adj. Qui est propre à calmer l'effervescence des humeurs. T. de méd.

ANTIPAPE, s. m. Faux pape; concurrent illégitime du pape.

ANTIPARALLÈLE, s. et adj. f. Se dit de lignes qui font, avec deux autres lignes, des sections contraires. T. de géom.

ANTIPARALYTIQUE, s. m. et adj. Remède contre la paralysie. T. de méd.

ANTIPARASTASE, s. f. Figure de rhétorique au moyen de laquelle un accusé cherche à prouver qu'il mérite la louange plutôt que le blâme.

ANTIPASTE, s. m. Pied de vers latin, composé d'un iambe et d'un trochée.

ANTIPATE, s. m. Corail noir; zoophyte. T. d'hist. nat.

ANTIPATHIE, s. f. Aversion naturelle et non raisonnée pour une personne ou une chose; répugnance, éloignement; l'opposé de sympathie. — Opposition désagréable de couleurs. T. de peint.

ANTIPATHIQUE, adj. Opposé, contraire.

ANTIPÉRISTALTIQUE, adj. Se dit d'un mouvement des intestins qui se fait de bas en haut, en opposition avec le mouvement péristaltique, qui s'opère de haut en bas. T. d'anat.

ANTIPÉRISTASE, s. f. Action de deux qualités contraires dont l'une augmente la force de l'autre. Par ex. le froid anime le feu.

ANTIPESTILENTIEL, LE, adj. Se dit de préservatifs tels que vinaigre, chlore et autres préparations chimiques pour écarter les miasmes pestilentiels.

ANTIPHARMAQUE, s. m. et adj. Voy. ALEXIPHARMAQUE. T. de méd.

ANTIPHILOSOPHIE, s. et adj. Ennemi des principes dangereux de quelques sceptiques qui ont prêché l'athéisme, l'immoralité, et ont ébranlé les fondemens de la société.

ANTIPHILOSOPHIQUE, s. et adj. Religieux, moral; opposé à la doctrine révolutionnaire des prétendus philosophes, des réformateurs du dix-huitième siècle.

ANTIPHILOSOPHISTE, s. m. Homme sensé, moral, religieux, ennemi des sophismes dangereux à l'aide desquels on est parvenu à propager le matérialisme et à pervertir l'esprit des peuples.

ANTIPHLOGISTIQUE, s. m. et adj. Qui rafraîchit, qui calme dans les maladies inflammatoires. Remède antiphlogistique. T. de méd.

ANTIPHONIE, s. f. Symphonie de diverses voix ou instrumens à l'octave ou double octave. T. de mus. grecque.

ANTIPHONIER, s. m. Livre d'antiennes notées, de plain-chant.

ANTIPHRASE, s. f. Emploi d'un mot, d'une locution en sens inverse; contre-vérité, ironie.

ANTIPHRASÉ, E, part.

ANTIPHRASER, v. n. Faire des phrases contraires aux règles de la grammaire. T. inus.

ANTIPHTHISIQUE, s. m. et adj. Médicament contre la phthisie. T. de méd.

ANTIPHYSIQUE, adj. Contre nature; goût antiphysique.

ANTIPLEURÉTIQUE, s. m. et adj. Remède contre la pleurésie. T. de méd.

ANTIPODAGRIQUE, s. m. et adj. Remède contre la goutte, et principalement contre la podagre, d'où ils ont tiré leur nom. T. de méd.

ANTIPODAL, E, adj. Qui appartient aux antipodes.

ANTIPODES, s. m. pl. Habitans de la terre qui sont sous des parallèles et des méridiens directement opposés. Aller aux —, bien loin.

ANTIPRAXIE, s. f. Contrariété de fonctions et de tempéramens dans les différentes parties du corps; variété de symptômes dans les hypocondriaques. T. de méd.

ANTIPROSTATES, s. m. pl. Corps glanduleux, placés autour du bulbe de l'urèthre, sous les muscles accélérateurs. T. d'anat.

ANTIPSORIQUE, s. m. et adj. Se dit des médicamens qu'on emploie pour le traitement des maladies de la peau. T. de méd.

ANTIPTOSE, s. f. Position d'un cas pour un autre. T. de gramm.

ANTIPUTRIDE, s. m. et adj. Qui s'oppose à la putridité. Voy. ANTISEPTIQUE. T. de méd.

ANTIPYIQUE, s. m. et adj. Dessicatif,

qui prévient ou empêche la suppuration. T. de méd.

ANTIPYRÉTIQUE, s. m. et adj. Fébrifuge. T. de méd.

ANTIPYROTIQUE, s. m. et adj. Remède contre la brûlure, l'effet des substances caustiques. T. de méd.

ANTIQUAILLE, s. f. Vieillerie, chose usée, de peu de valeur.

ANTIQUAIRE, s. m. Savant qui s'occupe de la découverte et de l'étude des monumens antiques, livres, inscriptions, médailles, etc.

ANTIQUE, s. Monument, statue, médaille, qui ont échappé aux ravages des temps. — Ce qui vient des anciens; copier l'antique. A l'—, adv. A la manière des anciens.—, adj. Fort ancien, par opposition à moderne. — Qui subsiste depuis un temps très éloigné; usages antiques. — Dont la mode est passée depuis long-temps; habit antique.

ANTIQUÉ, E, part. Enjolivé, en parlant de la tranche d'un livre. T. de rel.

ANTIQUER, v. a. Enjoliver la tranche d'un livre. T. de rel.

ANTIQUITÉ, s. f. Ancienneté très reculée; les temps où florissaient les Grecs et les Romains. Monumens, médailles antiques, etc., qui nous restent. En ce sens, il s'emploie au pl.

ANTIRACHITIQUE, s. m. et adj. Remède contre le rachitisme. T. de méd.

ANTIRÉVOLUTIONNAIRE, s. et adj. Contrerévolutionnaire.

ANTIRRHÉTIQUE, s. m. et adj. Se dit d'un ouvrage composé pour en réfuter un autre.

ANTISALLE, s. f. Pièce qui précède la salle. T. inus.

ANTISANTI, s. m. Com. du dép. de la Corse, cant. de Vezzani, arr. de Corte.= Corte.

ANTISATIRE, s. f. Réponse à une satire. T. inus.

ANTISCORBUTIQUE, s. m. et adj. Remède contre les affections scorbutiques. T. de méd.

ANTISCROPHULEUX, EUSE, s. m. et adj. Se dit des remèdes employés contre les scrophules, les écrouelles. T. de méd.

ANTISEPTIQUE, s. m. et adj. Se dit des remèdes appliqués contre la putridité, la gangrène. T. de méd.

ANTISIGMA, s. m. Deux sigma adossés.

ANTISOCIAL, E, adj. Contraire à l'ordre social, aux usages de la société.

ANTISPASE, s. f. Révulsion, changement opéré dans le cours des humeurs. T. de méd.

ANTISPASMODIQUE, s. m. et adj. Remède qui calme les contractions nerveuses et musculaires. T. de méd.

ANTISPASTE, s. m. Pied de vers grec ou latin, composé d'un iambe et d'un chorée. T. de poés.

ANTISPASTIQUE, s. m. et adj. Révulsif; qui détourne les causes de la maladie. T. de méd.

ANTISPODE, s. m. Faux spode, suie métallique. T. de chim.

ANTIST, s. m. Com. du dép. des Hautes-Pyrénées, cant. et arr. de Bagnères. = Bagnères.

ANTISTREPTE, s. f. Roulette sous les pieds d'un lit, d'un fauteuil. T. inus.

ANTISTROPHE, s. f. Seconde stance des chœurs dans les pièces dramatiques des auteurs grecs. — Renversement de deux termes. T. de gramm.

ANTISYPHILITIQUE, s. m. et adj. Remède contre la syphilis, la maladie vénérienne. T. de méd.

ANTITÉTANIQUE, s. m. et adj. Se dit des remèdes employés contre le tétanos. T. de méd.

ANTITHENAR, s. m. Nom donné par les anatomistes à plusieurs muscles adducteurs du pouce et des orteils, par opposition à leurs abducteurs. T. d'anat.

ANTITHERMOPSYCRE, s. m. Double thermomètre pour connaître l'effet du froid et du chaud sur le mercure. T. de phys.

ANTITHÈSE, s. f. Figure de rhétorique qui consiste dans une opposition de mots et de pensées. — Transposition d'un terme, d'une équation, d'un nombre dans un autre. T. de math.

ANTITHÉTAIRE, s. m. Accusé qui se décharge d'un délit à l'aide de récriminations. T. inus.

ANTITHÉTIQUE, adj. Qui renferme une antithèse.

ANTITRAGUE, s. m. Petite éminence cartilagineuse de l'oreille, située au bas de l'anthélix. T. d'anat.

ANTITRINITAIRE, s. m. Sectaire qui nie la trinité.

ANTITROPE, adj. Qui prend une direction contraire. T. de bot.

ANTITYPE, s. m. Figure, type, l'Eucharistie. T. de théol.

ANTIVÉNÉRIEN, NE, adj. Voy. ANTISYPHILITIQUE. T. de méd.

ANTIVERMINEUX, EUSE, adj. Vermifuge. T. de méd.

ANTIZYMIQUE, s. m. et adj. Qui arrête la fermentation. T. de méd.

ANTOGNY, s. m. Com. du dép. d'Indre-et-Loire, cant. de Ste.-Maure, arr. de Chinon. = Ste.-Maure.

ANTOIGNÉ, s. m. Com. du dép. de Maine-et-Loire, cant. de Montreuil, arr. de Saumur. = Montreuil-Bellay.

ANTOIGNÉ, s. m. Com. du dép. de l'Orne, cant. de la Ferté-Macé, arr. de Domfront. = La Ferté-Macé.

ANTOIGNÉ, s. m. Village du dép. de la Vienne, cant. et arr. de Châtellerault.= Châtellerault.

ANTOINE (St.-), s. m. Com. du dép. de la Dordogne, cant. de St.-Pierre-de-Chignac, arr. de Périgueux. = Périgueux.

ANTOINE (St.-), s. m. Com. du dép. du Doubs, cant. de Mouthe, arr. de Pontarlier. = Pontarlier.

ANTOINE (St.-), s. m. Com. du dép. du Gers, cant. de Miradoux, arr. de Lectoure. = Lectoure.

ANTOINE (St.-), s. m. Com. du dép. de la Gironde, cant. de Saint-André-de-Cubzac, arr. de Bordeaux.= St.-André-de-Cubzac.

ANTOINE (St.-), s. m. Com. du dép. de l'Isère, cant. et arr. de St.-Marcellin. = St.-Marcellin.

ANTOINE (St.-), s. m. Com. du dép. d'Indre-et-Loire, cant. de Neuillé-Pont-Pierre, arr. de Tours. = Tours.

ANTOINE (St.-), s. m. Com. du dép. de Lot-et-Garonne, cant. et arr. de Villeneuve. = Villeneuve.

ANTOINE (St.-), s. m. Com. du dép. de la Seine-Inférieure, cant. de Lillebonne, arr. du Hâvre. = Lillebonne.

ANTOINE-DE-L'ISLE (St.-), s. m. Com. du dép. de la Gironde, cant. de Coutras, arr. de Libourne. = Coutras.

ANTOINE-DE-QUEYRET (St.-), s. m. Com. du dép. de la Gironde, cant. de Pellegrue, arr. de la Réole. =La Réole.

ANTOINE-DE-ROCHEFORT (St.-), s. m. Com. du dép. de la Sarthe, cant. de la Ferté, arr. de Mamers. = La Ferté-Bernard.

ANTOING, s. m. Com. du dép. du Puy-de-Dôme, cant. de St.-Germain-Lembron, arr. d'Issoire. = Issoire.

ANTOISÉ, E, part. Mis en pile, en parlant du fumier. T. de jard.

ANTOISER, v. a. Mettre le fumier en pile. T. de jard.

ANTOIT, s. m. Instrument courbe, en fer, pour plier les bordages. T. de mar.

ANTOLFE ou ANTOFLE, s. m. Fruit du giroflier.

ANTONAVES, s. f. Com. du dép. des Hautes-Alpes, cant. de Ribiers, arr. de Gap. = Gap.

ANTONIN (St.-), s. m. Com. du dép. des Bouches-du-Rhône, cant. de Trets, arr. d'Aix. = Aix.

ANTONIN (St.-), s. m. Ville du dép. de Tarn-et-Garonne, chef-lieu de cant. de l'arr. de Montauban. Bur. d'enregist. et de poste.

Cette ville doit son origine à un couvent établi dans ce lieu après le martyre de saint Antonin. Elle fut assiégée et prise par les calvinistes en 1622.

Fab. de cadis, serges, et autres étoffes de laine. Comm. de cuirs, parfums, pruneaux, etc.

ANTONIN (St.-), s. m. Com. du dép. du Gers, cant. de Mauvesin, arr. de Lectoure. =Lectoure.

ANTONIN-DE-SOMMAIRE (St.-), s. m. Com. du dép. de l'Eure, cant. de Rugles, arr. d'Evreux. = Rugles.

ANTONIN-LE-CALME (St.-), s. m. Com. du dép. du Tarn, cant. de Réalmont, arr. d'Albi. = Réalmont.

ANTONIO (St.-), s. m. Com. du dép. de la Corse, cant. de l'Ile-Rousse, arr. de Calvi. = Calvi.

ANTONNE, s. f. Com. du dép. de la Dordogne, cant. de Savignac-les-Eglises, arr. de Périgueux. = Périgueux.

ANTONOMASE, s. f. Figure de rhétorique, qui consiste à mettre un nom commun pour un nom propre, ou bien un nom propre pour un nom commun, comme quand on dit : l'orateur romain, pour Cicéron, etc.

ANTONY, s. m. Com. du dép. de la Seine, cant. et arr. de Sceaux. Bur. de poste.

Manuf. de bougie, lavoirs de laines. Comm. de bois et de plâtre.

ANTONYMIE, s. f. Opposition de mots qui heurtent les idées reçues. Le bon Néron.

ANTORE, s. f. Plante alexipharmaque. T. de bot.

ANTORPE, s. f. Com. du dép. du Jura, cant. de Dampierre, arr. de Dôle. = Dôle.

ANTOXA, s. f. Plante dont la racine est employée contre la morsure des reptiles venimeux; contre-poison.

ANTRAIGUES, s. f. Com. du dép. de l'Ardèche, chef-lieu de cant. de l'arr. de Privas. Bur. d'enregist. d'Aubenas. = Aubenas.

Non loin de ce village, on remarque encore la chaussée des Géans, formée par des colonnes de basaltes, de plus de 300 toises de longueur.

ANTRAIN, s. m. Com. du dép. d'Ille-et-Vilaine, chef-lieu de cant. de l'arr. de Fougères. Bur. d'enregist. et de poste.

Fab. de grosses étoffes de laine.

ANTRANT, s. m. Com. du dép. de la Vienne, cant. de Leigniers-sur-Usseau, arr. de Châtellerault. = Châtellerault.

ANTRAS, s. m. Com. du dép. de l'Ariège, cant. de Castillon, arr. de St.-Girons. = St.-Girons.

ANTRAS, s. m. Com. du dép. du Gers, cant. de Jegun, arr. d'Auch. = Auch.

ANTRE, s. m. Enfoncement profond, obscur; retraite des animaux féroces; repaire de voleurs, de brigands, au milieu des forêts, des montagnes. — maxilaire, cavité de l'os maxillaire. T. d'anat.

ANTRENAS, s. m. Com. du dép. de la Lozère, cant. et arr. de Marvejols. = Marvejols.

ANTRIBE, s. m. Genre d'insectes coléoptères. T. d'hist. nat.

ANTRISQUE, s. m. Plante apéritive. T. de bot.

ANTROPOGLYPHITES, s. f. pl. Voy. ANTHROPOGLYPHITE.

ANTROPOLITHES, s. m. pl. Voy. ANTHROPOGLYPHITE.

ANTROPOLOGIE, s. f. Voy. ANTHROPOLOGIE.

ANTROPOMORPHITE, s. m. Voy. ANTHROPOMORPHITE.

ANTROS, s. m. Petite île du dép. de la Gironde, à l'embouchure du fleuve de ce nom, où se trouve la tour de Cordouan. Voy. CORDOUAN.

ANTRUSTION, s. m. Vassal qui servait volontairement un prince germain dans ses expéditions guerrières.

ANTUGNAC, s. m. Com. du dép. de l'Aude, cant. de Couiza, arr. de Limoux. = Quillan.

ANTULLY, s. m. Com. du dép. de Saône-et-Loire, cant. et arr. d'Autun. = Autun.

ANUÉ, E, part. Se dit du moment favorable où la détente du fusil a été pressée par le doigt pour tirer au vol. T. de vener.

ANUER, v. a. Poser le doigt sur la détente, afin de saisir le moment favorable pour tirer son coup de fusil.

ANUITER (S'), v. pron. Négliger ses affaires durant le jour, de manière à être surpris par la nuit, chemin faisant.

ANUS, s. m. Orifice de l'intestin rectum, le siége, le fondement. T. d'anat.
— Ouverture d'une fleur monopétale à sa base. T. de bot.

ANVERS, s. m. Ville maritime des Pays-Bas. Cette ville, enfoncée dans l'Escaut, à dix-sept lieues de son embouchure, a joué un rôle de la plus haute importance dans les guerres de l'Empire. En effet, l'empereur Napoléon, après avoir creusé le lit du fleuve et agrandi le port, y avait fait construire une flotte, à l'aide de laquelle il voulait conquérir la liberté des mers. Vains projets! Son vaste empire s'écroule; et, un peu plus tard, la Belgique fut réunie au royaume des Pays-Bas. A l'époque de la dernière révolution belge, obligé de céder au torrent révolutionnaire, le roi Guillaume donna l'ordre au général Chassé de s'enfermer dans la citadelle d'Anvers avec une poignée de braves. En vain les protocoles se succèdent; ce roi reste sourd aux injonctions de la conférence de Londres. Alors, cinquante mille Français, flanqués par cent mille Belges, mettent le siége devant cette citadelle indocile, qui ne se rend qu'après avoir été labourée par les projectiles. Chassé capitule, et l'on voit, pour la première fois, une garnison prisonnière de guerre en temps de paix. Le roi Guillaume étant resté maître du fleuve et des forts qui le commandent, il est clair qu'Anvers se trouve dans une position beaucoup plus critique qu'en 1814, et que, quand il plaira au roi de Hollande d'interdire les communications, le commerce de cette ville sera tout-à-fait anéanti. Le port d'Anvers peut contenir environ mille navires. Pop. 62,000. h.

ANVEVILLE, s. f. Com. du dép. de la Seine-Inférieure, cant. d'Ourville, arr. d'Yvetot. = Yvetot.

ANVILLE, s. f. Com. du dép. de la Charente, cant. de Rouillac, arr. d'Angoulême. = Angoulême.

ANVIN, s. m. Com. du dép. du Pas-de-Calais, cant de Leuchin, arr. de St.-Pol. = St.-Pol.

ANXIÉTÉ, s. f. Tourment d'esprit, peine, embarras, sollicitude, perplexité. — Inquiétude, malaise extrême. T. de méd.

ANXIEUSEMENT, adv. avec anxiété.

ANXLOT, s. m. Com. du dép. de la Seine-Inférieure, cant. de Bolbec, arr. du Havre. = Bolbec.

ANY-MARTIN-RIEUX, s. m. Com. du dép. de l'Aisne, cant. d'Aubenton, arr. de Vervins. = Aubenton.

ANZAT-LE-LUGUET, s. m. Com. du dép. du Puy-de-Dôme, cant. d'Ardes, arr. d'Issoire. = Ardes.

ANZELING, s. m. Com. du dép. de la Moselle, cant. de Bouzonville, arr. de Metz. = Bouzonville.

ANZÈME, s. m. Com. du dép. de la Creuse, cant. de St.-Vaury, arr. de Guéret. = Guéret.
On y remarque, sur la Creuse, un pont qui mérite d'être cité par la hardiesse de sa construction.

ANZEX, s. f. Com. du dép. de Lot-et-Garonne, cant. de Castel-Jaloux, arr. de Nérac. = Castel-Jaloux.

ANZIN, s. m. Com. du dép. du Nord,

cant. et arr. de Valenciennes. = Valenciennes.

Verrerie à vitres et à bouteilles.

Cette com. possède des mines de charbon de terre d'une richesse extraordinaire. On extrait la houille de 16 puits, de 300 mètres de profondeur, qui communiquent entre eux par des galeries souterraines. 16,000 ouvriers sont constamment occupés dans ces mines, qui peuvent fournir 4 millions de quintaux de houille par an.

ANZY, s. m. Com. du dép. de Saône-et-Loire, cant. de Marcigny, arr. de Charolles. = Marcigny.

AODON, s. m. Poisson cartilagineux, squale. —, adj. Sans dents apparentes, en parlant des poissons. T. d'hist. nat.

AONIE, s. f. Montagne de la Béotie consacrée aux muses. Vierges d'—, les muses. T. poét.

AORASIE, s. f. Invisibilité, attribut des dieux. T. de myth.

AORISTE, s. m. Prétérit indéfini. T. de gramm. grecque.

AORTE, s. f. Grosse artère qui part du ventricule gauche, et porte le sang dans toutes les parties du corps, à l'exception du poumon. T. d'anat.

AOSTE, s. m. Com. du dép. de la Drôme, cant. de Crest, arr. de Die. = Crest.

Ce village, en général mal bâti, est dans un pays fertile en fruits et en pâturages. Aoste était une des colonies romaines établies sous le règne d'Auguste.

Apprêtage de draps et autres étoffes qui se fabriquent à Crest.

Comm. de grains, vins, fruits, fourrages, etc.

AOSTE-ET-ST.-DISDIER, s. m. Com. du dép. de l'Isère, cant. de Pont-de-Beauvoisin, arr. de la Tour-du-Pin. = Pont-de-Beauvoisin.

AOUGNY, s. m. Com. du dép. de la Marne, cant. de Ville-en-Tardenois, arr. de Reims. = Reims.

AOURY, s. m. Com. du dép. de la Moselle, cant. de Pange, arr. de Metz. = Metz.

AOUSTE, s. f. Com. du dép. des Ardennes, cant. de Rumigny, arr. de Rocroy. = Rocroy.

AOUSTRILLE ou OUTRILLE, s. f. Com. du dép. de l'Indre, cant. et arr. d'Issoudun. = Issoudun.

AOÛT, s. m. Le huitième mois de l'année, le mois d'Auguste, dans lequel est né cet empereur romain. L'—, la moisson. Après l'—, après la moisson.

AOÛT (St.-), s. m. Com. du dép. de l'Indre, cant. et arr. de La Châtre. = La Châtre.

AOÛTÉ, E, part. Mûri par le soleil du mois d'août. T. de jard.

AOÛTER, v. a. Exposer des fruits au soleil d'août pour les faire mûrir. T. de jard.

AOÛTERON, s. m. Moissonneur.

AOUZE, s. f. Com. du dép. des Vosges, cant. de Châtenais, arr. de Neufchâteau. = Neufchâteau.

APACH, s. m. Com. du dép. de la Moselle, cant. de Sierck, arr. de Thionville. = Sierck.

Fabriques de cruchons de grès.

APAGNE, s. m. Déplacement d'un os, etc. T. de chir.

APAGOGIE, s. f. Démonstration d'une proposition par l'absurdité d'une proposition contraire.

APAISÉ, E, part. Pacifié, adouci, calmé.

APAISER, v. a. Ramener la paix, pacifier, adoucir, calmer. S'—, v. pron. S'adoucir, se calmer, se modérer, devenir plus tranquille.

APALACHINE, s. f. Plante d'Amérique. T. de bot.

APALANCHE, s. f. Genre de plantes de la famille des rhamnoïdes. T. de bot.

APALATH, s. m. Plante médicinale qui entre dans la composition des parfums. T. de bot.

APALE, s. m. Insecte coléoptère. T. d'hist. nat.

APALIKE, s. f. Poisson du genre du clupe. T. d'hist. nat.

APANAGE, s. m. Terre donnée par un souverain à ses parens ; dotation pour l'entretien de leur maison, etc., apanage de la maison d'Orléans. — Suite, dépendance. Fig.

APANAGÉ, E, part. Doté d'un apanage.

APANAGER, v. a. Donner un apanage.

APANAGISTE, s. m. Possesseur d'un apanage.

APANTHROPIE, s. f. Voy. MISANTHROPIE.

APAR, s. m. Espèce de mammifère, de tatou à trois bandes. T. d'hist. nat.

APARINE, s. f. Garance, caille-lait, grateron, etc., plantes. T. de bot.

À PART, adv. Séparément.

APARTÉ, s. m. Fiction théâtrale, à l'aide de laquelle un acteur, préoccupé, adresse au public quelques mots, qu'on suppose n'être pas entendus par les acteurs qui sont en scène.

APATES, s. m. pl. Insectes coléoptères. T. d'hist. nat.

APATHIE, s. f. Etat d'engourdissement, d'insensibilité, dans lequel l'âme n'est agitée d'aucune passion, et n'éprouve ni plaisir ni peine.

APATHIQUE, adj. Qui est dans l'apathie, dans un état d'insensibilité; indolent.

APATHISÉ, E, part. Frappé d'apathie.

APATHISER, v. a. Frapper d'apathie. S'—, v. pron. Devenir apathique.

APATITE, s. m. Phosphate calcaire cristallisé. —, s. f. Pierre transparente qui contient de l'acide phosphorique et de la chaux. T. d'hist. nat.

APAW, s. m. Coquille du Sénégal. T. d'hist. nat.

APCHET, s. m. Com. du dép. du Puy-de-Dôme, cant. d'Ardes, arr. d'Issoire. = Ardes.

APCHON, s. m. Com. du dép. du Cantal, cant. de Riom, arr. de Mauriac. = Mauriac.

APÊCHÈME, s. m. Contre-coup. T. de chir.

APEDEUTE, s. m. Ignorant. T. inus.

APEDEUTISME, s. m. Ignorance. T. inus.

APELLES, s. m. Nom du plus grand peintre de l'antiquité; il florissait sous Alexandre-le-Grand.

APENNINS (les) s. m. pl. Chaîne de montagnes qui se détache des Alpes au mont Cassino, et traverse l'Italie centrale jusqu'au détroit de Messine.

APEPSIE, s. f. Maladie qui anéantit les fonctions digestives. Ce mot de la vieille médecine, est un de ceux que Molière a couvert de ridicule dans son Malade imaginaire. T. de méd. (Vi.)

APERCEPTIBILITÉ, s. f. Faculté d'apercevoir, de juger, de comparer les impressions reçues; qualité de ce qui est aperceptible.

APERCEPTIBLE, adj. Qui peut être aperçu, jugé, comparé.

APERCEPTION, s. f. Conscience immédiate; sentiment intérieur, intime, de sa propre conscience. T. didact.

APERCEVABLE, adj. Visible, qui peut être aperçu.

APERCEVANCE, s. f. Faculté morale d'apercevoir. T. inus.

APERCEVOIR, v. a. Commencer à voir; découvrir. — Comprendre, remarquer. S'—, v. pron. Connaître, découvrir, remarquer.

APERCHÉ, E, part. Remarqué, en parlant de l'endroit où les oiseaux ont coutume de se percher. T. de véner.

APERCHER, v. a. Remarquer l'endroit où se perche un oiseau pour passer la nuit. T. de véner.

APERÇOIR, s. m. Plaque de la meule dont se servent les épingliers.

APERÇU, s. m. Coup d'œil; exposé sommaire d'une affaire; estimation approximative.

APERÇU, E, part. Vu, découvert, remarqué.

APÈRE, s. f. Plante graminée. T. de bot.

APÉRÉA, s. m. Quadrupède rongeur du Brésil, qui tient du rat et du lapin. T. d'hist. nat.

APÉRIANTHACÉES, s. f. pl. Famille de plantes qui comprend les zamies et les cycas. T. de bot.

APÉRITIF, IVE, adj. Se dit des médicamens qui ouvrent l'appétit et facilitent les sécrétions. T. de méd.

APÉRITOIRE, s. f. Plaque du tour dont se servent les épingliers pour égaliser les fils et aiguiser la pointe.

APERTEMENT, adv. Manifestement, ouvertement. (Vi.)

APERTISE, s. f. Dextérité, capacité. (Vi.)

APÉTALE, adj. Privé de pétale. T. de bot.

APETISSÉ, E, part. Rendu plus petit; accourci, diminué.

APETISSEMENT, s. m. Diminution apparente de la grandeur des objets éloignés.

APETISSER, v. a. Rendre plus petit, accourcir. —, v. n. Diminuer de grandeur. S'—, v. pron. Devenir plus petit, plus court.

À PEU PRÈS, s. m. Approximation. —, adv. Environ; presque entièrement.

APHÉLIE, s. m. Le point où un corps céleste se trouve dans son plus grand éloignement d'un autre corps. —, adj. Parvenu au point de son aphélie; planète aphélie. T. d'astr.

APHELLAN, s. f. La plus belle étoile des gémeaux. T. d'astr.

APHÉRÈSE, s. f. Suppression de la première syllabe d'un mot. — Amputation. T. de chir.

APHIDIENS, s. m. pl. Famille d'insectes. T. d'hist. nat.

APHIDIVORE, s. et adj. Se dit des insectes qui mangent les pucerons. T. d'hist. nat.

APHIE ou APHIS, s. m. Poisson du genre du cyprin. T. d'hist. nat.

APHILANTHROPIE, s. f. Premier degré de la mélancolie.

APHITÉE, s. f. Plante parasite d'Afrique. T. de bot.

APHODIES, s. m. pl. Insectes coprophages, qui vivent d'excrémens. T. d'hist. nat.

APHONIE, s. f. Extinction de voix. T. de méd.

APHORISME, s. m. Maxime, sentence,

proposition énoncée en peu de mots. Les aphorismes d'Hippocrate.

APHORISTIQUE, adj. Qui tient de l'aphorisme.

APHRACTE, s. m. Navire à un seul rang de rames dont se servaient les anciens.

APHRITES, s. m. pl. Genre de syrphies, d'insectes diptères. T. d'hist. nat.

APHRIZIT, s. m. Tourmaline, substance minérale cristallisée. T. d'hist. nat.

APHRODISIAQUE, adj. Qui excite l'appétit vénérien.

APHRODITE, s. f. Surnom de Vénus. T. de myth.—Genre de vers marins.—, adj. Qui se reproduit sans acte extérieur de génération. T. d'hist. nat.

APHRONATRON, s. m. Sel mural; carbonate de soude. T. d'hist. nat.

APHRONILLE, s. f. Plante dont la racine est diurétique. T. de bot.

APHRONITRE, s. m. Cendre subtile de nitre. T. de chim.

APHTHE, s. m. Ulcère superficiel qui vient dans la bouche. T. de méd.

APHTHEUX, EUSE, adj. Qui est de la nature de l'aphthe. T. de méd.

APHYE, s. m. Poisson du genre du gobie, du cyprin. T. d'hist. nat.

APHYLLE, adj. Qui n'a pas de feuilles. T. de bot.

APHYOSTOME, adj. Qui a la bouche prolongée, difforme. —, s. m. pl. Poissons cartilagineux à branchies operculées, sans membranes, et à nageoires abdominales. T. d'hist. nat.

API, s. m. Espèce d'ache. Pomme d'—, petite pomme rouge et blanche très délicate.

APIAIRES, s. m. pl. Genre d'insectes. T. d'hist. nat.

À PIC, adv. Perpendiculairement.

APICRE, s. m. Aloès. T. de bot.

APILEPSIE, s. f. Apoplexie. T. de méd.

APINAC, s. m. Com. du dép. de la Loire, cant. de St.-Bonnet-le-Château, arr. de Montbrison. = Montbrison.

APINEL, s. m. Plante d'Amérique dont la racine fait fuir les serpens, et les tue, quand ils la mordent. T. de bot.

APION, s. m. Insecte coléoptère. T. d'hist. nat.

APIQUÉ, E, part. Qui se trouve au-dessus de l'ancre, en parlant d'un navire.

APIQUER, v. a. et n. Mettre à pic, dans une direction verticale; se dit d'un vaisseau qui se trouve directement au-dessus de son ancre. T. de mar.

APIROPODES, s. m. pl. Animaux invertébrés. T. d'hist. nat.

APIS, s. m. Fils de Niobé, fit la conquête de l'Egypte, et la gouverna d'une manière si douce, que les peuples le regardaient comme un dieu. On l'adorait sous la figure d'un bœuf. T. de myth.— Abeille, constellation. T. d'astr.

APITOYÉ, E, part. Touché, attendri.

APITOYER, v. a. Exciter la pitié; toucher, attendrir. S'—, v. pron. Se sentir ému de compassion, avoir pitié.

APIUS, s. m. Trypoxylon, insecte hyménoptère. T. d'hist. nat.

APLAIGNÉ, E, part. Se dit d'une pièce de drap parée à l'aide d'un chardon.

APLAIGNER, v. a. Apprêter le drap avec un chardon, le parer. T. de manuf.

APLAIGNEUR, s. m. Ouvrier qui aplaigne le drap. T. de manuf.

APLANÉ, E, part. Cardé, en parlant du drap. T. de manuf.

APLANER, v. a. Faire sortir la laine de l'étoffe avec des cardes. T. de manuf.

APLANEUR, s. m. Ouvrier qui aplane les étoffes. T. de manuf.

APLANI, E, part. Rendu uni; nivelé, égalisé.

APLANIR, v. a. Rendre uni; enlever les inégalités d'une surface; niveler. — une difficulté, la lever, etc. S'—, v. pron. Devenir plus facile.

APLANISSEMENT, s. m. Action d'aplanir, nivellement.

APLANISSEUR, s. m. Ouvrier qui aplanit, qui façonne les draps après la tonte. T. de manuf.

APLATI, E, part. Rendu plat.

APLATIR, v. a. Rendre plat. S'—, v. pron. Devenir plat. S'—, s'abaisser, s'humilier. Fig.

APLATISSEMENT, s. m. Action d'aplatir; état d'un corps aplati. — Effet de la pression d'un corps sur un autre.

APLATISSERIE, s. f. Forge où l'on prépare les barres de fer.

APLATISSEUR, s. m. Celui qui aplatit une chose quelconque.

APLATISSOIR, s. m. Laminoir.

APLATISSOIRES, s. f. pl. Cylindres dont on se sert pour préparer les barres de fer.

APLESTÉ, E, part. Déployé, étendu. Se dit des voiles d'un navire à l'instant de partir. T. de mar.

APLESTER, v. a. Déployer les voiles pour partir. T. de mar.

APLESTIE, s. f. Avidité, insatiabilité. T. inus. de méd.

APLETS, s. m. pl. Filets pour la pêche du hareng.

APLOCÈRES, s. m. pl. Insectes diptères. T. d'hist. nat.

APLOMB, s. m. Ligne verticale, perpendiculaire à l'horizon. Avoir de l'—, se tenir droit et ferme; se conduire avec suite, conséquemment. Fig.

APLOME, s. m. Substance minérale peu connue. T. d'hist. nat.

APLOTOMIE, s. f. Simple incision dans une partie molle. T. de chir.

APLUDÉE, s. f. Genre de plantes graminées. T. de bot.

APLUSTRE, s. m. Ornement de la poupe d'un navire. T. d'antiq.

APLYSIES, s. f. pl. Mollusques gastéropodes. T. d'hist. nat.

APNÉE, s. f. Défaut de respiration. T. de méd.

APOCALBASUM, s. m. Substance résineuse d'euphorbe, dont on se sert en Afrique pour empoisonner les armes. T. d'hist. nat.

APOCALYPSE, s. f. Livre du Nouveau Testament, contenant les révélations de saint Jean. — Chose mystérieuse, cachée. Fig.

APOCALYPTIQUE, adj. Prophétique; qui a rapport à l'apocalypse. — Mystérieux, caché.

APOCATHARTIQUE, adj. Purgatif. T. de méd. inus.

APOCÉNOSE, s. f. Évacuation sanguine, hémorrhagie facile, sans irritation. T. de méd.

APOCHYLIME, s. m. Rob. T. de méd.

APOCO, s. m. Homme inepte et très bavard.

APOCOPE, s. f. Retranchement d'une ou de plusieurs lettres à la fin d'un mot; abréviation. — Fracture avec esquille; abscission, amputation. T. de chir.

APOCRISIAIRE, s. m. Agent, envoyé d'un prince; trésorier d'un monastère; dignité grecque du Bas-Empire; envoyé qui portait les réponses des empereurs.

APOCROUSTIQUE, s. m. et adj. Purgatif; qui chasse les humeurs. T. de méd.

APOCRYPHE, adj. Inconnu, caché, supposé suspect. Histoire —, dont les faits sont suspects. Livre —, que l'Eglise n'admet pas comme canonique.

APOCYN, s. m. Plante dont le fruit renferme de la ouatte; gobe-mouche, arbuste dont la fleur en forme de cloche se ferme et retient les mouches.

APOCYNÉES, s. f. pl. Famille des apocyns; plantes dont le fruit renferme de la ouatte. T. de bot.

APODACRYTIQUE, s. m. et adj. Remède qui a tout à la fois et la propriété de faire couler les larmes et d'en arrêter le cours. T. de méd.

APODE, s. m. Hirondelle de mer. —, adj. Se dit des poissons à squelette osseux, sans nageoires abdominales, et des larves sans pattes de quelques insectes. T. d'hist. nat.

APODECTE, s. m. Receveur des tributs dans l'ancienne Grèce.

APODICTIQUE, adj. Démonstratif, évident. T. de log.

APODIOXIS, s. m. Figure de rhétorique qu'emploie un orateur pour se dispenser de répondre à un argument absurde.

APODIPNE, s. m. Espèce d'actions de grâces que les Grecs chantaient après souper.

APODOPNIQUE, adj. Se dit d'un instrument en forme de pompe, pour introduire de l'air dans les poumons des asphyxiés. T. de chir.

APODOSE, s. f. Second membre d'une période.

APOGÉE, s. m. et adj. L'opposé de périgée; point fixe où une planète arrive à sa plus grande distance de la terre. T. d'astr. — Le plus haut degré où une chose puisse atteindre. Sa gloire est à son apogée. Fig.

APOGON, s. m. Roi des rougets, poisson qu'on trouve dans les parages de l'île de Malte. T. d'hist. nat.

APOGRAPHE, s. m. Copie d'un manuscrit original; l'opposé d'autographe.

APOINTISSÉ, E, part. Rendu pointu. T. fam.

APOINTISSER, v. a. Rendre pointu. T. fam.

APOJOVE, s. m. Point où un satellite de Jupiter se trouve à sa plus grande distance de cet astre. T. d'astr.

APOLINAIRE (St.-), s. m. Com. du dép. de la Côte-d'Or, cant. et arr. de Dijon. = Dijon.

APOLINAIRE (St.-), s. m. Com. du dép. du Rhône, cant. de Tarare, arr. de Villefranche. = Tarare.

APOLINARD (St.-), s. m. Com. du dép. de la Loire, cant. de Pelussin, arr. de St.-Etienne. = St.-Etienne.

APOLLINAIRE, adj. En l'honneur d'Apollon. Jeux apollinaires.

APOLLINAIRE (St.-), s. m. Com. du dép. des Hautes-Alpes, cant. de Savines, arr. d'Embrun. = Embrun.

APOLLINAIRE-DE-RIAS (St.-). Com. du dép. de l'Ardèche, cant. de Vernoux, arr. de Tournon. = Vernoux.

APOLLO, s. m. Sorte de téorbe à vingt cordes.

APOLLON, s. m. Fils de Jupiter et de Latone, frère de Diane. On l'appelait Phœbus au ciel et Apollon sur la terre. Il était le dieu de la poésie, de la médecine, de la musique et des arts, et habitait avec les muses les monts Parnasse, Hélicon et Piérius; les bords de l'Hippocrène et du Permesse, où paissait le cheval Pégase, qui leur servait de monture. On représente ordinairement Apollon sur un char traîné par quatre chevaux, parcourant les douze signes du zodiaque, ou couronné de laurier, tenant en main sa lyre divine. T. de myth. — Enthousiasme poétique, verve, grand poète. — Robe de chambre fort courte. — Grand papillon de jour. T. d'hist. nat.

APOLLONIES, s. f. pl. Fêtes en l'honneur d'Apollon.

APOLOGÉTIQUE, s. m. Apologie. —, adj. Qui contient un éloge, une justification.

APOLOGIE, s. f. Justification verbale ou écrite; tout ce qui concourt à cette justification. — Éloge. Fig.

APOLOGIQUE, adj. Relatif à l'apologie.

APOLOGISTE, s. m. Qui défend, qui justifie; qui fait l'éloge d'une personne.

APOLOGUE, s. m. Fable, fiction, allégorie dont se servaient les esclaves pour faire entendre la vérité à leurs maîtres. Ésope nous a fourni des modèles en ce genre.

APOLTRONNÉ, E, part. Rendu poltron.

APOLTRONNER, v. a. Rendre poltron. S'—, v. pron. Devenir poltron.

APOLTRONNI, E, part. Se dit d'un oiseau de proie qui a l'ongle du pouce coupé. T. de fauc.

APOLTRONNIR, v. a. Couper l'ongle du pouce à un oiseau de proie. T. de fauc.

APOMÉCOMÉTRIE, s. f. Art de mesurer la distance d'un objet éloigné. T. de géom.

APOMYSTOSE ou APOMYTTOSE, s. m. Tremblement de la tête, accompagné d'une respiration bruyante. T. de méd.

APONÉVROGRAPHIE ou APONÉVROLOGIE, s. f. Description des aponévroses. T. d'anat.

APONÉVROSE, s. f. Membrane formée par l'expansion des fibres tendineuses, qui sert d'enveloppe aux muscles. T. d'anat.

APONÉVROTIQUE, adj. Relatif aux aponévroses. T. d'anat.

APONÉVROTOMIE, s. f. Dissection des aponévroses. T. d'anat.

APONOGET ou APONOGÉTON, s. m. Plante aromatique du genre des gouets. T. de bot.

APOPHANE, adj. Se dit d'un cristal dont les facettes indiquent le noyau. T. de minéral.

APOPHLEGMATIQUE, s. et adj. Pituiteux, qui salive abondamment. T. de méd.

APOPHLEGMATISANT, E, adj. Se dit d'un remède qui, par son acrimonie, ouvre les glandes salivaires, et fait évacuer la pituite. T. de méd.

APOPHLEGMATISMES, s. m. pl. Médicamens qui ont la propriété d'attirer la pituite et de la faire évacuer par la bouche. T. de méd.

APOPHORÈTES, s. m. pl. Recueil des épigrammes de Martial. — Cadeaux que se faisaient les Romains pendant les saturnales: étrennes.

APOPHTHEGMATIQUE, adj. Qui tient de l'apophthegme.

APOPHTHEGME, s. m. Pensée d'un personnage remarquable. — Maxime, sentence. On dit d'une personne sentencieuse, qu'elle ne parle que par apophthegmes.

APOPHTHORE, s. f. Fausse-couche, avortement. T. de méd.

APOPHYGE, s. f. Place où la colonne sort de sa base.

APOPHYLLITHE, s. m. Substance minérale qui s'exfolie, et qui produit des reflets qui ont de l'analogie avec ceux de la nacre.

APOPHYSE, s. f. Éminence des os, formée de la substance des os eux-mêmes, mais beaucoup moins grosse qu'eux. Son usage, en général, est de servir aux articulations ou de donner attache aux ligamens et aux tendons des muscles. T. d'anat. — Excroissance. T. de bot.

APOPLECTIQUE, s. m. Attaqué d'apoplexie. —, adj. Qui est menacé d'apoplexie, qui a rapport à cette maladie foudroyante.

APOPLEXIE, s. f. Congestion cérébrale; épanchement qui produit une sorte d'anéantissement, qui asphyxie. T. de méd.

APOPSYCHIE, s. f. Suffocation. T. de méd.

APORE, s. m. Problème difficile à résoudre. T. de géom.

APORIE, s. f. Hésitation, incertitude, doute.

APORRHÉE, s. f. Déperdition du gaz, exhalaisons par les pores. T. de phys.

APOSCEMME, s. m., ou APOSCEPSIE, s. f. Déplacement rapide des humeurs. T. de méd.

APOSCÉPARNISMOS, s. m. Plaie du crâne, avec perte de substance, produite par un instrument tranchant. T. de chir.

APOSIOPÈSE, s. f. Voy. Réticence.

APOSIS, s. f. Diminution de la soif par la cessation ou la diminution de la fièvre. T. de méd.

APOSITIE, s. f. Voy. Anorexie.

APOSTASE, s. m. Abcès par congestion; partie d'un os fracturé. T. de chir.

APOSTASIE, s. f. Renoncement à la religion de ses pères pour en embrasser une autre; désertion d'un parti pour un autre. Fig.

APOSTASIÉ, E, part.

APOSTASIER, v. n. Abandonner sa religion pour une autre. — Quitter un parti pour un autre. Fig.

APOSTAT, s. et adj. m. Qui a renié son dieu, sa religion. — Qui a déserté un parti pour se jeter dans un autre. Fig.

APOSTAXIS, s. f. Hémorrhagie nasale. T. de méd.

APOSTÉ, E, part. Placé, mis dans un poste.

APOSTÈME, s. m. Tumeur purulente, abcès. T. de méd.

APOSTER, v. a. Placer dans un poste pour observer; mettre aux aguets pour épier; corrompre quelqu'un pour l'engager à faire une action condamnable. Il se prend le plus souvent en mauvaise part.

APOSTILLATEUR, s. m. Qui apostille; qui recommande; qui fait des apostilles, des notes, des observations sur un ouvrage.

APOSTILLE, s. f. Annotation marginale sur un écrit. — Recommandation écrite en marge d'une pétition. — Addition au bas d'une lettre; post-scriptum.

APOSTILLÉ, E, part. Se dit d'un ouvrage sur lequel on a mis une apostille, d'une pétition qui a été recommandée.

APOSTILLER, v. a. Mettre une apostille, recommander.

APOSTIS, s. m. Pièce de bois qui se trouve aux deux bandes d'une galère. T. de mar.

APOSTOLAT, s. m. Ministère d'un apôtre; sa durée.

APOSTOLICITÉ, s. f. Conformité de mœurs avec les apôtres, d'opinions avec l'Eglise.

APOSTOLIQUE, s. m. Dévoué aux intérêts de la cour de Rome. —, adj. Qui vient des apôtres; qui émane du pape.

APOSTOLIQUEMENT, adv. A la manière des apôtres.

APOSTOLISÉ, E, part.

APOSTOLISER, v. n. Prêcher pour convertir à la foi catholique.

APOSTOLORUM UNGUENTUM, s. m. Mots latins. Onguent des apôtres. On le nomme ainsi, parce que les drogues qui entrent dans sa composition, sont au nombre de douze.

APOSTROPHE, s. f. Figure de rhétorique dans laquelle l'orateur, entraîné par son sujet, et cessant tout à coup de s'adresser à son auditoire, évoque les ombres et les événemens, les interroge et les interpelle, etc. — Insulte, voie de fait. — Petit signe en forme de virgule dont on se sert pour marquer l'élision d'une voyelle. Ex. l'homme, l'amitié.

APOSTROPHÉ, E, part. Se dit des personnes et des choses qui ont été l'objet d'une apostrophe. Insulté, maltraité de parole ou d'action.

APOSTROPHER, v. a. Adresser brusquement la parole à quelqu'un, insulter, mortifier. — d'un soufflet, souffleter. T. fam.

APOSTUMÉ, E, part.

APOSTUMER, v. n. Se former en apostème, se tourner en abcès.

APOTAPHE, s. et adj. Privé des honneurs de la sépulture.

APOTE, adj. Qui ne boit ni vin, ni liqueur; qui boit avec modération, qui ne fait point d'excès.

APOTÉLESMATIQUE, adj. f. Relatif aux prédictions mensongères des astrologues, qui prétendaient lire l'avenir dans les astres.

APOTHÊME, s. m. Perpendiculaire tirée du centre d'un polygone régulier sur un de ses angles. T. de géom.

APOTHÉOSE, s. f. Cérémonie par laquelle on élevait les héros au rang des dieux; déification. T. de myth. — Honneurs excessifs rendus à la mémoire d'un personnage remarquable; éloge outré. T. iron.

APOTHÈSE, s. f. Opération chirurgicale, réduction d'une fracture; action de replacer avec art les os d'un membre fracturé. T. de chir.

APOTHICAIRE, s. m. Membre d'une communauté qui préparait et administrait les médicamens, d'après l'ordonnance du médecin. Voy. PHARMACIEN.

APOTHICAIRERIE, s. f. Officine pour la préparation des médicamens; boutique d'apothicaire; science de l'apothicaire. Voy. PHARMACIE.

APOTHRAUSE, s. f. Espèce de fracture avec séparation et détachement de quelque esquille de l'os. T. de chir.

APOTOME, s. m. Différence des quantités incommensurables additionnées. T. d'alg. — Ce qui reste d'un ton majeur dont on a retranché un demi-ton. T. de mus.

APÔTRE, s. m. Nom donné aux douze disciples qui furent choisis par J.-C. pour convertir les peuples. Faire le bon —, contrefaire l'homme de bien. Prov. — Pièces de bois appliquées sur les deux côtés de l'étrave. T. de mar.

APOTROPÉENS, adj. C'est ainsi qu'on nommait les dieux, quand on les invoquait, pour détourner les malheurs dont on était menacé. T. de myth.

APOTROPÉES, s. m. pl. Invocation en vers pour apaiser le courroux des dieux. T. de myth.

APOZÈME, s. m. Potion médicinale faite d'une décoction de plusieurs plantes. T. de pharm.

APPARAÎTRE, v. n. Devenir visible; se montrer. — Notifier, faire apparaître, donner communication.

APPARAT, s. m. Pompe, éclat d'un discours, d'une cérémonie. — Ostentation. T. iron. — Dictionnaire élémentaire d'une langue. Lettres d'—, lettres initiales.

APPARAUX, s. m. pl. Agrès, artillerie d'un navire. T. de mar.

APPAREIL, s. m. Apprêts, préparatifs, assemblage d'organes qui concourent à une même fonction. T. d'anat. — Assemblage des choses nécessaires pour faire une opération ou un pansement. T. de chir. — Combinaison d'instrumens pour les expériences. T. de phys. et de chim. — Hauteur d'une pierre taillée; arrangemens pour la coupe et la pose des pierres. T. d'archit. — Apprêts de tout ce qui est nécessaire au carénage d'un navire. T. de mar.

APPAREILLAGE, s. m. Action d'appareiller, de mettre à la voile. T. de mar. — Accouplement des oiseaux.

APPAREILLÉ, E, part. Joint, assemblé; assorti, accouplé; se dit des oiseaux.

APPAREILLÉE, s. f. Voile déployée, présentée au vent. T. de mar.

APPAREILLEMENT, s. m. Assemblage d'animaux domestiques pour travailler ensemble.

APPAREILLER, v. a. Joindre, assembler deux choses pareilles. — Donner les mesures justes pour la taille des pierres, suivant la place qu'elles doivent occuper. T. d'arch. — Mélanger; égaliser; assembler des choses égales. —, v. n. Mettre à la voile. — une ancre, faire les préparatifs pour la lancer à la mer. T. de mar. S'—, v. pron. Se joindre avec son pareil; s'accoupler, en parlant des oiseaux.

APPAREILLEUR, s. m. Celui qui trace les lignes pour la coupe des pierres; qui apprête les bas, les étoffes, les soies, etc. — Outil d'un fabricant de peignes.

APPAREILLEUSE, s. f. Femme qui fait l'infâme métier de débaucher les jeunes filles. T. fam.

APPAREMMENT, adv. Vraisemblablement; sans doute; selon les apparences.

APPARENCE, s. f. Extérieur, ce qui paraît au dehors. — Probabilité, vraisemblance. En —, adv. Selon les apparences; au dehors, à l'extérieur.

APPARENT, E, adj. Visible, clair, manifeste, évident; remarquable, considérable, spécieux.

APPARENTÉ, E, part. et adj. Allié.

APPARENTER, v. a. Adopter par alliance les membres d'une famille étrangère. S'—, v. pron. S'allier à une famille.

APPARESSÉ, E, part. Rendu paresseux.

APPARESSER, v. a. Rendre paresseux. S'—, v. pron. Devenir paresseux.

APPARIÉ, E, part. Assorti, joint, mis ensemble.

APPARIEMENT, s. m. Action d'apparier.

APPARIER, v. a. Assortir, joindre deux choses pareilles. — Mettre ensemble le mâle et la femelle des oiseaux. S'—, v. pron. S'accoupler, en parlant des oiseaux.

APPARIEUR, EUSE, s. Faiseur de mariages, entremetteur; matrimoniomane.

APPARITEUR, s. m. Suisse d'une église; bedeau, dans l'ancienne université.

APPARITION, s. f. Manifestation subite d'un objet invisible de lui-même: apparition d'un spectre, d'un ange, d'une comète. — Visite, séjour d'un moment; faire une apparition. —, pl. Visions.

APPAROIR, v. n. Être évident, manifeste. Il appert par cet acte. T. de jurisp. Ce verbe n'est usité qu'à l'infin. et à la 3e pers. sing. du prés. de l'ind.

APPARONÉ, E, part. Mesuré par les commis-jaugeurs; jaugé.

APPARONER, v. a. Jauger, mesurer.

APPARTEMENT, s. m. Logement composé de plusieurs pièces.

APPARTENANCE, s. f. Dépendance; ce qui appartient à cette ferme est une appartenance du château. —, pl. Les droits, les propriétés de quelqu'un.

APPARTENANT, E, adj. Qui appartient de droit.

APPARTENIR, v. n. Être de droit à quelqu'un. — Avoir rapport. Cela appartient à la grammaire. — Être parent, allié, attaché, domestique. —, v. imp. Convenir, être de droit, de bienséance, etc.

APPARTENU, E, part.

APPARU, E, part.

APPARUTION, s. f. Voy. APPARITION.

APPAS, s. m. pl. Charmes puissans de la vertu, de la gloire, de la beauté, de la volupté; ce qui plaît, attire.

APPÂT, s. m. Pâture pour attirer au piége les oiseaux, les poissons ou d'autres animaux. — Tout ce qui attire, qui engage à faire quelque chose. Fig.

APPÂTÉ, E, part. Attiré avec un appât.

APPÂTER, v. a. Attirer avec un appât. — Donner la becquée à un jeune oiseau, ou à manger à qui ne peut pas se servir de ses mains. T. fam.

APPAUMÉ, E, adj. Se dit d'un écu chargé d'une main qui présente la paume. T. de blas.

APPAUVRI, E, part. Rendu pauvre.

APPAUVRIR, v. a. Réduire à l'état de pauvreté ; rendre pauvre une terre, la cultiver sans engrais, l'épuiser en rapports. — Une langue, détourner les mots de leur véritable acception. S'—, v. pron. Perdre de son bien, de ses revenus, de ses économies.

APPAUVRISSEMENT, s. m. Etat de pauvreté, d'indigence. — du sang, altération de ce fluide.

APPEAU, s. m. Sorte de sifflet au moyen duquel on imite le cri, le chant des oiseaux. — Chanterelle, appelant, oiseau qui, par son chant, attire les autres dans le piége.

APPEL, s. m. Recours à un juge supérieur. — Appellation à haute voix des personnes qui doivent être présentes à une assemblée, à une revue. — Défi, cartel, provocation. Fig. Manière de donner du cor pour animer les chiens. — Attaque par un battement de pied. T. d'escr. — Arbre du Malabar. T. de bot. — Direction d'un cordage tendu. T. de mar.

APPELANT, E, s. et adj. Qui appelle d'un jugement, d'une ordonnance. —, s. m. Oiseau qui sert d'appeau.

APPELÉ, E, part. Nommé.

APPELER, v. a. Nommer, dire le nom d'une personne ou d'une chose. — Faire l'appel, nommer à haute voix. — Se servir de la voix ou du geste pour faire venir quelqu'un. — Se dit non seulement du cri des animaux et du chant des oiseaux, mais encore de toutes choses dont le son avertit de se trouver en un lieu ; la perdrix appelle ses petits ; la cloche appelle au réfectoire ; la trompette appelle au combat. — Epeler, apprendre les lettres de l'alphabet. — Faire venir, envoyer chercher ; appeler le médecin. — Citer, assigner ; appeler en justice. T. de procéd. — Crier, appeler au secours. — Porter, exciter, attirer. Etre appelé à cultiver les arts ; avoir du goût, des dispositions pour en étudier les beautés. —, v. n. Interjeter appel. En — ; ne point acquiescer, ne point consentir ; recouvrer la santé. T. fam. S'—, v. pr. Porter le nom de.

APPELET, s. m. Corde à laquelle on attache des lignes, des hameçons. T. de pêche.

APPELLATIF, adj. m. Se dit d'un nom qui convient à toute une espèce, homme, arbre, etc. T. de gramm.

APPELLATION, s. f. Appel d'un jugement ; action d'épeler.

APPELLE, s. m. Com. du dép. du Tarn, cant. de Puy-Laurens, arr. de Lavaur. = Puy-Laurens.

APPENAI, s. m. Com. du dép. de l'Orne, cant. de Bellême, arr. de Mortagne. = Bellême.

APPENANS, s. m. Com. du dép. du Doubs, cant. de l'Ile-sur-le-Doubs, arr. de Baume. = L'Ile-sur-le-Doubs.

APPENDANCES, s. f. pl. Héritages nouvellement acquis. T. de jurisp.

APPENDICE, s. m. Ce qui tient, ce qui touche à une chose ; supplément qui s'imprime à la fin d'un ouvrage. — Prolongement du pétiole. T. de bot. — Cœcale ou vermiforme, petit intestin long de quatre à cinq pouces, et gros comme le petit doigt, qui s'attache à une petit duplicature du péritoine. —, s. f. pl. — graisseux du colon, excroissances remplies de graisse qui se trouvent à la surface du gros intestin, et surtout du colon. — xiphoïdes, cartilage qui se trouve au bas du sternum, et qui se termine en pointe, comme une épée. T. d'anat.

APPENDICULE, s. f. Petit appendice. T. d'anat.

APPENDICULÉ, E, adj. Se dit d'un pétiole à l'extrémité duquel se trouvent des appendices. T. de bot.

APPENDRE, v. a. Attacher une offrande à la voûte ou aux piliers d'une église ; suspendre.

APPENDU, E, part. Suspendu, se dit des offrandes attachées à une voûte, à des piliers d'église.

APPENTIS, s. m. Petit bâtiment appuyé contre un plus grand, ou contre un mur, et dont le toit n'a de pente que d'un côté.

APPENWIR, s. m. Com. du dép. du Haut-Rhin, cant. de Neuf-Brisack, arr. de Colmar. = Neuf-Brisack.

APPERT (Il), v. impers. Il paraît, il est évident, etc. Voy. APPAROIR.

APPESANTI, E, part. Rendu plus pesant.

APPESANTIR, v. a. Rendre plus pesant, moins propre pour le mouvement, pour l'action. — se dit fig. en parlant de l'esprit. S'—, v. pron. devenir plus lourd, et fig. moins vif. S'— sur un sujet, le méditer, l'approfondir.

APPESANTISSEMENT, s. m. État d'une personne appesantie, soit de corps, soit d'esprit.

APPÉTÉ, E, part. Désiré vivement.

APPÉTENCE, s. f. Action d'appéter. T. de phys.

APPÉTER, v. a. Désirer ardemment par instinct, par besoin naturel, en parlant d'un animal.

APPÉTIBILITÉ, s. f. Faculté d'appéter; qualité de ce qui peut être appété. T. de philos.

APPÉTIBLE, adj. Désirable. T. de didact.

APPÉTIF, IVE, ou **APPÉTITIF, IVE**, adj. Voy. CONCUPISCIBLE.

APPÉTISSANT, E, adj. Qui donne de l'appétit, qui l'excite, qui le réveille.—, qui fait naître des désirs; dans ce sens on dit d'une femme propre et jolie, c'est une femme appétissante.

APPÉTIT, s. m. Désir, ardeur, passion qui a pour objet la satisfaction des sens.—Désir ardent.—Avidité, fig.— des richesses, cupidité.—Besoin de manger. Demeurer sur son —, ne point satisfaire entièrement sa faim. L'— vient en mangeant, plus on a, plus on veut avoir. T. fam. A l'— de, adv. Par envie d'épargner. —, s. m. pl. Petits oignons; se dit encore de divers mets, qui excitent l'appétit en stimulant l'estomac, comme les anchois, les sardines, etc.

APPÉTITION, s. f. Désir immodéré de l'âme. T. de philos.

APPETOT, s. m. Com. du dép. de l'Eure, cant. de Montfort, arr. de Pont-Audemer. = Pont-Audemer.

APPEVILLE, s. f. Com. du dép. de la Manche, cant. de la Haie-du-Puits, arr. de Coutances. = Coutances.

APPEVILLE, dit ANNEBAULT, s. f. Com. du dép. de l'Eure, cant. de Montfort, arr. de Pont-Audemer. = Pont-Audemer.

APPEVILLE-LE-PETIT, s. m. Com. du dép. de la Seine-Inférieure, cant. d'Offranville, arr. de Dieppe. = Dieppe.

APPI, s. m. Com. du dép. de l'Ariège, cant. de Cabannes, arr. de Foix.=Foix.

APPIÉTRI, E, part.

APPIÉTRIR (s'), v. pron. Perdre de son prix, se détériorer. T. de comm.

APPIETTO, s. m. Com. du dép. de la Corse, cant. de Sari, arr. d'Ajaccio. = Ajaccio.

APPILLY, s. m. Com. du dép. de l'Oise, cant. de Noyon, arr. de Compiègne.=Noyon.

APPIOS, s. m. Angélique fausse. T. de bot. —, s. f. Racine d'une sorte d'euphorbe, très purgative.

APPLAUDI, E, part. Félicité, approuvé.

APPLAUDIR, v. a. et n. Battre des mains en signe d'approbation.—Témoigner sa satisfaction d'une manière quelconque, fig. S—, v. pron. S'admirer, se glorifier, se vanter.

APPLAUDISSEMENT, s. m. Vif témoignage de la satisfaction publique qui s'exprime par acclamation, et par des battemens de mains, comme on fait au théâtre.

APPLAUDISSEUR, s. m. Qui applaudit sans discernement, qui fait métier d'applaudir.

APPLICABLE, adj. Destiné à un usage; qui peut ou doit être appliqué à quelque chose.

APPLICATION, s. f. Action d'appliquer une chose à, ou sur une autre; d'adapter un principe, un raisonnement à.—Attention suivie, émulation, assiduité à l'étude.

APPLIQUE, s. f. Ornement appliqué. — Tout ce qui est à coulisse, à charnière. T. d'orfèv.

APPLIQUÉ, E, part. Mis sur un autre, en parlant d'une chose.

APPLIQUÉE, s. f. Ligne droite terminée par une courbe, dont elle coupe le diamètre. T. de géom.

APPLIQUER, v. a. Mettre une chose sur une autre, en sorte qu'elle y adhère; appliquer un sceau, un cachet.— Adapter; appliquer un passage. — Donner, destiner, consacrer; appliquer un soufflet à quelqu'un, une amende aux pauvres.— Placer une ligne dans le périmètre d'une figure. T. de math. S'—, v. pron. S'attribuer, s'approprier, prendre pour soi. S'— à, s'attacher, s'adonner; s'appliquer à son devoir, à l'étude, etc.

APPOIGNY, s. m. Com. du dép. de l'Yonne, cant. et arr. d'Auxerre. = Auxerre.

Cette com. fait un comm. considérable de melons, d'asperges, et en général de légumes excellens.

APPOINT, s. m. Petite monnaie ajoutée pour former le complément d'une somme.

APPOINTAGE, s. m. Action de fouler les cuirs.

APPOINTÉ, s. m. Militaire qui touche une plus forte paye que les autres.

APPOINTÉ, E, part. et adj. Placé pointe contre pointe. T. de blas. — Se dit d'un procès à juger sur rapport. T. de procéd.

APPOINTEMENT, s. m. Règlement en justice sur une affaire, pour parvenir à la juger sur rapport. T. de procéd. —, pl. Émolumens d'une charge, d'un emploi, etc.

APPOINTER, v. a. Régler par un appointement en justice. — Donner des appointemens. — Fouler. T. de mét.

APPOINTEUR, s. m. Juge prévaricateur qui fait appointer pour favoriser une des parties. T. de procéd. — Arbitre qui concilie un différend.

APPOLINARD (St.-), s. m. Com. du dép. de l'Isère, cant. et arr. de Saint-Marcellin. = Saint-Marcellin.

APPOLLINAIRE (St.-), s. m. Com. du dép. des Hautes-Alpes, cant. de Savines, arr. d'Embrun. = Embrun.

APPONDURE, s. f. Perche dont on se sert pour solidifier un train de bois.

APPORT, s. m. Marché; l'apport de Paris. — de pièces; dépôt de pièces. T. de procéd. —, pl. Biens que les époux apportent en communauté.

APPORTAGE, s. m. Travail d'un portefaix; son salaire.

APPORTÉ, E, part. Transporté d'une manière quelconque; porté d'un endroit dans un autre.

APPORTER, v. a. Porter d'un lieu plus ou moins éloigné dans un autre. — Causer, produire. — Alléguer, citer, employer, annoncer.

APPOSÉ, E, part. Mis, appliqué.

APPOSER, v. a. Mettre dessus, appliquer; apposer les scellés, un cachet. — une clause dans un acte, l'y insérer.

APPOSITION, s. f. Action d'apposer. — Jonction de certains corps à d'autres de la même espèce. T. de phys. — Union de deux subst. ex : Auguste, l'empereur romain. T. de gramm. et de rhét.

APPRÉBENDÉ, E, part. Se dit d'une personne assurée d'une prébende.

APPRÉBENDER, v. a. Assurer à une personne la prébende qu'on possède.

APPRÉCIABLE, adj. Qui peut être apprécié, mis à prix. —, pl. Se dit des sons dont on peut trouver l'unisson et calculer l'intervalle. T. de mus.

APPRÉCIATEUR, TRICE, s. Qui apprécie. Le fém. est peu usité.

APPRÉCIATIF, IVE, adj. Qui marque l'appréciation.

APPRÉCIATION, s. f. Évaluation de la valeur d'une chose, du mérite d'un auteur; appréciation d'un livre.

APPRÉCIÉ, E, part. Évalué, mis à prix.

APPRÉCIER, v. a. Évaluer, déterminer le prix d'un objet, l'estimer à sa juste valeur; apprécier le mérite d'un auteur, d'un livre. Fig.

APPRÉHENDÉ, E, part. Craint; arrêté.

APPRÉHENDER, v. a. Avoir peur de quelqu'un, craindre. — au corps, empoigner, arrêter. T. de procéd.

APPRÉHENSIBILITÉ, s. f. Qualité de ce qui peut être appréhendé, saisi.

APPRÉHENSIF, IVE, adj. Timide, peureux, craintif.

APPRÉHENSION, s. f. Peur, crainte que fait naître l'incertitude de l'avenir. — Simple idée, sans jugement. T. de log.

APPRENDRE, v. a. Enseigner ou étudier une science, un art, un métier; acquérir ou communiquer une connaissance quelconque. J'apprends le latin; je lui apprends l'anglais. — Mettre, graver dans sa mémoire. — Être informé de quelque chose. S'—, v. pron. s'habituer, s'exercer à... S'—, v. récip. s'instruire mutuellement.

APPRENTI, E, s. Celui, celle qui apprend un métier sous un maître. — Qui n'est pas instruit, qui n'est pas habile. T. fam.

APPRENTISSAGE, s. m. État, occupation d'un apprenti. — Temps qu'on est convenu de sacrifier pour apprendre un métier. — Essai d'un art, d'une profession qu'on a étudiée. Fig.

APPRÊT, s. m. Préparatif. Pl. — de noces, de fêtes; préparation de tout ce qui est nécessaire à ces sortes de cérémonies. — Assaisonnement des mets, des viandes.

APPRÊTE, s. f. Mouillette. (Vi.)

APPRÊTÉ, E, part. Préparé, mis en état de servir; affecté en parlant des manières.

APPRÊTER, v. a. Préparer, disposer une chose, la mettre en état d'être employée utilement. — un repas, assaisonner les mets, ordonner le service. T. de cuis. — Polir, finir, mettre la dernière main à un ouvrage. T. d'arts et mét. S'—, v. pron. Se préparer, se mettre en mesure de faire quelque chose.

APPRÊTEUR, s. m. Celui qui coupe, qui donne l'apprêt, qui prépare. T. d'arts et mét. — Peintre sur verre.

APPRÊTOIR, s. m. Selle pour râper l'étain.

APPRICCIANI, s. m. Com. du dép. de la Corse, cant. de Vico, arr. d'Ajaccio. = Ajaccio.

APPRIEU, s. m. Com. du dép. de l'Isère, cant. de Lemps, arr. de Latour-du-Pin. = Lemps.

APPRIS, E, part. Étudié, su, enseigné.

APPRIVOISÉ, E, part. Devenu moins farouche, plus confiant, en parlant des oiseaux et de quelques quadrupèdes herbivores naturellement doux.

APPRIVOISEMENT, s. m. Action d'apprivoiser, son résultat.

APPRIVOISER, v. a. Adoucir, habituer les animaux à la société de l'homme. —En parlant de quelqu'un d'une humeur acariâtre, le rendre plus conciliant, plus traitable. S' —, v. pron. Se familiariser. S'— avec le danger, s'y accoutumer; avec le vice, croupir dans la débauche, vivre dans le désordre.

APPROBATEUR, TRICE, s. Celui, celle qui donne son approbation à la conduite ou aux opinions de quelqu'un; qui adopte les principes d'un discours, d'un livre, etc.

APPROBATIF, IVE, adj. Qui approuve, qui marque l'adhésion. Signe approbatif, voix approbative.

APPROBATION, s. f. Action d'approuver; témoignage favorable. — Agrément, adhésion.

APPROBATIVEMENT, adv. D'une manière approbative.

APPROCHANT, adv. A peu près, environ. Il est — de midi; il est près de midi.

APPROCHANT, E, adj. Se dit d'une chose qui a du rapport, de l'analogie, de la ressemblance avec une autre.

APPROCHE, s. f. Action de tout ce qui avance ou paraît s'avancer. Approche de la nuit, du jour, de la mort, de l'ennemi. —, pl. Travaux de siége. T. d'art. milit. — Signes pour rapprocher ou pour écarter les lettres d'un mot. T. de typographie.

APPROCHÉ, E, part. Mis auprès, avancé.

APPROCHER, v. a. Avancer vers un lieu; mettre auprès. — le canon d'une place; se disposer à battre en brèche. — d'un grand personnage, être en crédit auprès de lui, avoir son oreille.—, v. n. Avoir quelque ressemblance avec. S' —, v. pron. S'avancer, devenir proche.

APPROFONDI, E, part. Creusé, devenu plus profond. — Examiné, étudié à fond. Fig.

APPROFONDIR, v. a. Creuser, rendre plus profond. — Analyser, étudier à fond, afin de pénétrer les difficultés d'un sujet, d'une science. Fig.

APPROPRIANCE, s. f. Acte de possession.

APPROPRIATION, s. f. Action de s'approprier. — Union de deux substances par l'addition d'une troisième. T. de chim.

APPROPRIÉ, E, part. Nettoyé, devenu plus propre.

APPROPRIER, v. a. Nettoyer, rendre propre. — Proportionner, ajuster, faire cadrer. Approprier son langage au temps, aux mœurs. S'—, v. pron. Voler, usurper. S'— une succession, spolier ses cohéritiers. S'— une pensée, des vers, commettre un plagiat. S'—, se nettoyer.

APPROUVÉ, E, part. Agréé, consenti.

APPROUVER, v. a. Témoigner son approbation, agréer une chose, reconnaître ouvertement son mérite, son opportunité. — Juger digne d'éloge, d'estime; j'approuve vos démarches, votre conduite. S'—, v. récip. Se donner l'un à l'autre des témoignages d'approbation.

APPROVISIONNÉ, E, part. Fourni de provisions, de subsistances de toutes natures.

APPROVISIONNEMENT, s. m. Amas de vivres, et généralement de tout ce qui est nécessaire à la subsistance d'une ville, d'une armée, d'une flotte.

APPROVISIONNER, v. a. Faire ou fournir des vivres, du fourrage pour l'approvisionnement d'une ville ou d'une place de guerre. S'—, v. pron. Se procurer des provisions.

APPROVISIONNEUR, s. m. Celui qui est chargé de faire ou de fournir un approvisionnement.

APPROXIMATIF, IVE, ad. Qui approche par approximation.

APPROXIMATION, s. f. Évaluation approximative. — Opération par suite de laquelle on parvient à se rapprocher de la valeur d'une quantité cherchée sans la trouver exactement. T. de math. — Action d'approcher de l'exactitude dans les idées, les jugemens. T. didact.

APPROXIMATIVEMENT, adv. Approchant; par approximation.

APPROXIMÉ, E, part. Qui approche, qui est très voisin de...

APPROXIMER, v. a. Approcher, être voisin de... ressembler un peu. Cette proposition n'est pas exacte; elle approxime l'erreur.

APPUI, s. m. Support, soutien; appui des malheureux, de l'état. — Aide, assistance, protection.— Mur à hauteur d' —, sur lequel on peut s'appuyer. — Point fixe; centre de mouvement.

APPUI-MAIN, s. m. Longue baguette garnie d'une petite boule, dont les peintres se servent pour appuyer la main qui tient la brosse ou le pinceau.

APPULSE, s. m. Mouvement d'une planète qui approche de sa conjonction avec un corps céleste. T. d'astr.

APPUYÉ, E, part. Soutenu, aidé, favorisé.

APPUYER, v. a. Soutenir avec un appui. — un mur; construire des piliers pour le redresser. — Aider, protéger, favoriser. —, v. n. Poser, être porté. Le plancher appuie sur les murs. — Peser sur quelque chose. — Insister sur un fait, sur une demande. Fig. S'—, v. pron. Se soutenir, se reposer sur quelqu'un ou sur quelque chose.

APPUYOIR, s. m. Outil de bois pour souder le ferblanc. T. de mét.

ÂPRE, s. m. Serpent; poisson à écailles dures. T. d'hist. nat. — monnaie de Turquie. —, adj. Rude au toucher, au goût; acerbe; raboteux; dur, violent; ardent; avide. Fig. Style —, rocailleux, barbare. Ligne. — Ligne que l'on remarque le long de la partie postérieure du fémur. T. d'anat.

ÂPRE (St.-), s. m. Com. du dép. de la Dordogne, cant. de Montagrier, arr. de Ribérac. = Ribérac.

APRÈLE, s. f. Espèce d'herbe.

ÂPREMENT, adv. D'une manière dure; avec rudesse.

ÂPREMONT, s. m. Com. du dép. des Ardennes, cant. de Grandpré, arr. de Vouziers. = Grandpré.

ÂPREMONT, s. m. Com. du dép. de l'Ain, cant. et arr. de Nantua. = Nantua.

ÂPREMONT, s. m. Com. du dép. de la Meuse, cant. de St.-Mihiel, arr. de Commercy. = St.-Mihiel.

ÂPREMONT, s. m. Com. du dép. de la Haute-Saône, cant. et arr. de Gray. = Gray.

ÂPREMONT, s. m. Com. du dép. de l'Oise, cant. de Creil, arr. de Senlis. = Creil.

ÂPREMONT, s. m. Com. du dép. de la Vendée, cant. de Palluau, arr. des Sables-d'Olonne. = Palluau.

ÂPREMONT-LE-VEUILLIN, s. m. Com. du dép. du Cher, cant. de la Guerche, arr. de St.-Amand. = St.-Amand.

APRÈS, prép. ou adv. de temps, d'ordre et de lieu. — Ensuite; après Pâques. — Sur; deux chats après une souris. — Contre; crier après quelqu'un. — A la poursuite de... Courir après un voleur. — coup, trop tard. Ci-—, dans la suite. D'—, selon, suivant. Etre — une chose; y travailler, s'en occuper; être — quelqu'un, le solliciter; attendre — quelqu'un, l'attendre avec impatience; attendre — une chose, la désirer avec ardeur. —? sorte d'interrogation. Continuez votre récit... —-demain, adv. Le second jour après celui où l'on est.

APRÈS-DÎNER, s. m. ou après-dînée, s. f. Partie du jour, depuis le dîner jusqu'au soir.

APRÈS-MIDI, s. m. Après l'heure de midi; espace de temps depuis midi jusqu'au soir.

APRÈS-SOUPER, s. m. Le temps compris entre le souper et le coucher.

ÂPRETÉ, s. f. Qualité de ce qui est âpre. Ce mot a toutes les significations de son adj. Voy. ÂPRE.

APREZ, s. m. Com. du dép. de la Haute-Marne, cant. de Longeau, arr. de Langres. = Langres.

APRON, s. m. Poisson d'eau douce, espèce de petite perche. T. d'hist. nat.

APROXIT, s. f. Sorte de plante.

APS, s. m. Com. du dép. de l'Ardèche, cant. de Viviers, arr. de Privas. = Viviers.

APSICHET, s. m. Languette saillante qui retient le châssis des glaces des voitures.

APSIDES, s. m. pl. Les deux points de l'orbite d'une planète le plus près et le plus loin du soleil ou de la lune. T. d'astr.

APT, s. m. Ville du dép. de Vaucluse, chef-lieu de cant. et d'un arr. de sous-préf.; trib. de 1re inst.; bur. d'enregist. et de poste; direct. des contrib. indir.; recev. part. des finances.

Cette ville, située dans une vallée large et fertile, sur la rive gauche du Calvon, est ombragée par des coteaux couverts d'oliviers et de vignes. Capitale des Vulgientes; elle fut embellie et agrandie par César, ce qui fait supposer que la portion de murailles qu'on y remarque encore est l'œuvre des Romains. Ce qu'il y a de certain, c'est qu'à l'époque du premier concile d'Arles, Apt était un évêché, et que cet évêché fut supprimé lors de la révolution et n'a point été rétabli. Filatures de soie et de coton; distilleries d'eaux-de-vie; blanchisseries de cire, manuf. de faïence, fabrique de draps et de toiles de coton.

APTE, adj. Propre à quelque chose. — à contracter, idoine. T. de jurisp.

APTÉNODITES, s. m. pl. Oiseaux pêcheurs à ailes courtes et sans pennes. T. d'hist. nat.

APTÈRES, s. et adj. m. pl. Insectes sans ailes. T. d'hist. nat.

APTÉRODICÈRES, s. m. pl. Insectes, aptères à deux antennes. T. d'hist. nat.

APTÉRONOTES, s. m. pl. Espèces de gymnotes, poissons sans nageoires dorsales. T. d'hist. nat.

APTITUDE, s. f. Disposition naturelle à quelque chose ; se dit plus particulièrement en parlant des sciences et des arts. — Capacité, droit. T. de jurisp.

APURÉ, E, part. Se dit d'un compte rendu, terminé.

APUREMENT, s. m. Reddition définitive d'un compte, sa liquidation. T. de fin.

APURER, v. a. Lever les difficultés d'un compte, le rendre net, le terminer, le solder. — Affiner, purifier. T. de dor.

APUS, s. m. pl. Genre de crustacés, n'adhérant au bouclier que par la partie antérieure. T. d'hist. nat.

APUTÉ-JUBA, s. m. Sorte de perroquet à queue longue. T. d'hist. nat.

APYRE, adj. Se dit d'une terre propre à faire les creusets, parce qu'elle résiste au feu le plus violent. T. de chim.

APYRECTIQUE, adj. Sans fièvre. T. de méd.

APYREXIE, s. f. Intermission ou cessation de la fièvre. T. de méd.

AQUADOR, s. m. Poisson volant. T. d'hist. nat.

AQUALICE ou **AQUILICE**, s. m. arbrisseau de l'Inde, espèce de sureau.

AQUARELLE, s. f. Peinture en couleurs à l'eau.

AQUARIENS, s. m. pl. Hérétiques qui n'employaient que de l'eau dans l'eucharistie.

AQUART, s. m. Sorte de solanum. T. de bot.

AQUATILE, adj. Qui naît et vit dans l'eau. Plante aquatile. T. de bot.

AQUA-TINTA, s. f. Gravure qui imite le dessin au lavis.

AQUATIQUE, adj. Marécageux, plein d'eau. — Qui naît et vit dans l'eau.

AQUA-TOPHANA, s. f. Poison violent.

AQUE ou **ACQUE**, s. m. Bateau dont on se sert sur le Rhin.

AQUEDUC, s. m. Canal pour conduire les eaux d'un lieu à un autre. — de Falope, canal osseux, long et étroit, pratiqué dans l'os des tempes. — de Silvius, espèce de conduit qui établit une communication entre le troisième et le quatrième ventricules du cerveau. T. d'anat.

AQUERESTE, s. f. Ouvrière qui met l'appât aux lignes et qui les répare. T. de pêche.

AQUETTE, s. f. Sorte d'eau aromatique dont on fait usage en Italie.

AQUEUX, EUSE, adj. De la nature de l'eau, qui en contient.

AQUILA-ALBA, s. f. Combinaison de chlore et de mercure insoluble ; calomélas. T. de chim.

AQUILAIRE ou **GARO**, s. m. Arbre qui donne le bois d'aigle, parfum très recherché des orientaux. T. de bot.

AQUILIFÈRE, s. m. Porte-aigle, porte-enseigne dans l'armée romaine.

AQUILIN, adj. Courbé en bec d'aigle, ne se dit que du nez.

AQUILIN (St.-), s. m. Com. du dép. de la Dordogne, cant. de Neuvic, arr. de Ribérac, = Neuvic.

AQUILIN (St.-), s. m. Com. du dép. de l'Orne, cant. de Moulins-la-Marche, arr. de Mortagne. = Moulins-la-Marche.

AQUILIN-D'AUGERON (St.-), s. m. Com. du dép. de l'Eure, cant. de Broglie, arr. de Bernay. = Broglie.

AQUILIN-DE-PACY (St.-), s. m. Com. du dép. de l'Eure, cant. de Pacy, arr. d'Evreux. = Pacy-sur-Eure.

AQUILON, s. m. Vent du nord, et poét., tout vent froid et orageux.

AQUILONAIRE, adj. Boréal, septentrional.

AQUIQUI, s. m. Sapajou du Brésil. T. d'hist. nat.

AQUITAINE, s. f. C'est le nom que les Romains donnèrent à l'une des quatre parties des Gaules, située entre la Garonne, l'Océan et les Pyrénées, et qui fut étendue jusqu'à la Loire par Auguste, qui la divisa en trois provinces. Alors Bourges devint la capital de la première Aquitaine, Bordeaux de la seconde et Euse de la troisième. Cette ville ayant été détruite par les Normands, la ville d'Auch, à son tour, fut comptée au nombre des métropoles de l'Aquitaine. Mettant de côté les révolutions qui se sont opérées dans le cours des siècles, nous nous bornerons à dire que cette grande division des Gaules, sous l'empire romain, fut successivement érigée en duché et en royaume, et qu'une partie de l'ancienne Aquitaine formait, au commencement de la révolution, la province de Guienne, qui comprend aujourd'hui les départemens de la Gironde, de la Dordogne, du Lot, de l'Aveyron, de Lot-et-Garonne, du Tarn, des Landes, du Gers et des Hautes-Pyrénées, ainsi qu'une partie des dép. du Tarn-et-Garonne, de l'Ariège et des Basses-Pyrénées.

ARA ou **ARAS**, s. m. Gros perroquet à longue queue. T. d'hist. nat.

ARABAUX, s. m. Com. du dép. de l'Ariége, cant. et arr. de Foix. = Foix.

ARABE, s. m. Né en Arabie.—Langue arabe.—Qui exige son dû avec une extrême rigueur. Fig. —, adj. D'Arabie. Chiffres — : 1, 2, 3, etc., que nous tenons des Arabes.

ARABESQUE, adj. Se dit de certains ornemens d'architecture dans le genre des Arabes. —, s. f. pl. Entrelacement de feuillages et de figures de caprice. T. de peint. et de sculpt.

ARABETTE, s. f. Plante du genre des crucifères.

ARABIE, s. f. C'est une grande presqu'île de l'Asie, bornée au N. par la Syrie, à l'E. par le golfe Persique, au S. par le détroit de Babel-Mandel, et à l'O. par la mer Rouge. On la divise en trois parties, l'Arabie-Pétrée, l'Arabie-Déserte, et l'Arabie-Heureuse.

ARABIQUE, adj. Qui vient de l'Arabie ; gomme arabique.

ARABISÉ, E, part. Se dit d'un mot, d'une expression qui a reçu une terminaison arabe.

ARABISER, v. a. Donner à une expression la physionomie ou la terminaison d'un mot arabe.

ARABISME, s. m. Locution arabe. T. de gramm.

ARABLE, adj. Labourable.

ARABOUTAN, s. m. Grand arbre qui donne le bois de Brésil. T. de bot.

ARACA-MIRI, s. m. Arbuste du Brésil. T. de bot.

ARACARI ou ARACARIS, s. m. Oiseau qui a de l'analogie avec le toucan. T. d'hist. nat.

ARACHIDE, s. f. Plante légumineuse, nommée aussi pistache de terre. T. de bot.

ARACHNÉ, s. f. Habile brodeuse qui fut métamorphosée en araignée par Minerve, pour avoir osé défier cette déesse à broder de la tapisserie. T. de myth.

ARACHNÉIDES ou ARACHNIDES, s. f. pl. Insectes ovipares, dont l'araignée forme le genre le plus nombreux. T. d'hist. nat.

ARACHNÉOLITHES, s. m. pl. Araignées de mer, fossiles. T. d'hist. nat.

ARACHNOÏDE, s. f. Membrane très fine et transparente, entre la dure-mère et la pie-mère. —, adj. Se dit d'une autre membrane très fine qui enveloppe le cristallin. On la nomme encore cristalloïde et capsule du cristallin. T. d'anat.

ARACHNOÏDITE, s. f. Inflammation de l'arachnoïde. T. de méd.

ARACK, s. m. Tafia, liqueur spiritueuse extraite de la canne à sucre ; liqueur faite avec du lait d'ânesse ou de cavale.

ARADA, s. m. ou ARADAVINE, s. f. Tarin, oiseau remarquable par son chant. T. d'hist. nat.

ARADECH, s. m. Voy. AIRELLE.

ARADES, s. m. pl. Insectes hémiptères. T. d'hist. nat.

ARAGNOUET, s. m. Com. du dép. des Hautes-Pyrénées, cant. de Vielle, arr. de Bagnères. = Bagnères.

ARAGON, s. m. Ancien royaume et aujourd'hui province d'Espagne, arrosée par l'Ebre, et dont Sarragosse est la capitale.

ARAGON, s. m. Com. du dép. de l'Aude, cant. d'Alzonne, arr. de Carcassonne. = Alzonne.

ARAGUATO, s. m. Singe roux de l'Orénoque. T. d'hist. nat.

ARAGUES, s. m. Com. du dép. du Gers, cant. de l'Ile-Jourdain, arr. de Lombez. = L'Ile-Jourdain.

ARAIGNE, s. f. Filet mince et de couleur brune, pour la chasse du merle.

ARAIGNÉE, s. f. Insecte très commun et d'espèces très variées, dont la plupart filent et se nourrissent de mouches. Pattes d' —, doigts longs et maigres. T. fam. — Travail souterrain par rameaux. T. d'art. milit. — Partie de l'astrolabe partagée en petites portions de cercle. T. d'astr. — Amas de poulies. T. de mar. — de mer, poisson qui tient du trachine ; coquillage du genre murex. T. d'hist. nat.

ARAIGNEUX, EUSE, adj. Semblable à la toile d'araignée.

ARAILLE (St.-), s. m. Com. du dép. de l'Ariége, cant. de St.-Lizier, arr. de St.-Girons. = St.-Girons.

ARAILLE (St.-), s. m. Com. du dép. de la Haute-Garonne, cant. de Fousseret, arr. de Muret. = Muret.

ARAILLES (St.-), s. m. Com. du dép. du Gers, cant. de Miélan, arr. de Mirande. = Miélan.

ARAILLES (St.-), s. m. Com. du dép. du Gers, cant. de Vic-Fezensac, arr. d'Auch. = Vic-Fezensac.

ARAINES, s. f. pl. Trompettes des anciens.

ARAIRE, s. m. Charrue sans avant-train, propre aux terres légères. —, s. m. pl. Instrumens d'agriculture.

ARALIA ou ARALIE, s. f. Plante du Canada, qui appartient à la famille des vignes. T. de bot.

ARALIACÉES, s. m. pl. Plantes du genre des ombellifères. T. de bot.

ARAMAQUE, s. m. Poisson du genre des pleuronectes. T. d'hist. nat.

ARAMBAGE, s. m. Abordage d'un navire ennemi. T. de mar.

ARAMBÉ, E, part. Accroché pour monter à l'abordage. T. de mar.

ARAMBER, v. a. Accrocher un vaisseau; monter à l'abordage. T. de mar.

ARAMÉ, E, part. Se dit d'une pièce de drap mise sur un rouleau pour l'alonger. T. de manuf.

ARAMER, v. a. Mettre une pièce de drap sur un rouleau pour l'alonger. T. de manuf.

ARAMITZ, s. m. Com. du dép. des Basses-Pyrénées, chef-lieu de cant. de l'arr. d'Oloron. Bur. d'enregist. = Oloron.

ARAMON, s. m. Petite ville du dép. du Gard, chef-lieu de cant. de l'arr. de Nîmes. Bur. d'enregist. à Montfrin. = Avignon.

ARAN (l'), s. m. Rivière qui prend sa source dans le dép. des Basses-Pyrénées, au-dessus de Labastide-Clairence, et qui se jette dans l'Adour, près d'Urt, à quatre lieues de Bayonne.

ARANATA, s. m. Quadrupède des Indes, aussi nommé Mandrill. T. d'hist. nat.

ARANC, s. m. Com. du dép. de l'Ain, cant. d'Hauteville, arr. de Belley. = Belley.

ARANCE, s. f. Com. du dép. des Basses-Pyrénées, cant. de Lagor, arr. d'Orthez. = Orthez.

ARANCOU, s. m. Com. du dép. des Basses-Pyrénées, cant. de Bidache, arr. de Bayonne. = Bayonne.

ARANDAX, s. m. Com. du dép. de l'Ain, cant. de St.-Rambert, arr. de Belley. = St.-Rambert.

ARANDON, s. m. Com. du dép. de l'Isère, cant. de Morestel, arr. de La Tour-du-Pin. = Morestel.

ARANÉE, s. f. Minéral d'argent du Potose. T. d'hist. nat.

ARANÉEUX, EUSE, adj. Couvert de toiles d'araignée.

ARANÉIDES, s. f. pl. Voy. ARACHNÉIDES.

ARANÉOLOGIE, s. f. Traité sur les araignées.

ARANG, s. m. Compagnon lent, paresseux. T. d'imp.

ARANJUEZ, s. m. Château royal très célèbre en Espagne.

ARANTÈLES ou ARANTILES, s. f. pl. Filandres qui se trouvent au pied du cheval et du cerf.

ARANVIELLE et LONDENVIELLE, s. f. Com. du dép. des Hautes-Pyrénées, cant. de Bordères, arr. de Bagnères. = Bagnères.

ARARATH, s. m. Montagne d'Arménie.

ARASÉ, E, part. Mis de niveau. T. de maç.

ARASEMENT, s. m. Pièces égales en hauteur, unies et sans saillies; dernière assise d'un mur; assise d'attente. T. de menuis. et de maç.

ARASER, v. a. Mettre de niveau un mur, un bâtiment. — Couper le bout d'une planche de façon à pouvoir faire des tenons. T. de menuis.

ARASES, s. f. pl. Matériaux qui servent à araser.

ARATE ou AROBE, s. m. Poids de Portugal et d'Espagne, valant environ 14 kil.

ARATICU, s. m. Arbre du Brésil. T. de bot.

ARATOIRE, adj. Qui appartient à l'agriculture, qui la concerne.

ARATRIFORME, adj. Qui a la forme d'une charrue.

ARAUJUZON, s. m. Com. du dép. des Basses-Pyrénées, cant. de Navarreins, arr. d'Orthez. = Navarreins.

ARAULDES, s. f. Com. du dép. de la Haute-Loire, cant. et arr. d'Yssengeaux. = Yssengeaux.

ARAUNA, s. m. Sorte de lutjan, poisson thoracique. T. d'hist. nat.

ARAUX, s. m. Com. du dép. des Basses-Pyrénées, cant. de Navarreins, arr. d'Orthez. = Navarreins.

ARBALESTRILLE, s. f. Instrument de mathématique qui sert à prendre la hauteur des astres. T. de mar.

ARBALÈTE, s. f. Arme de trait; arc d'acier monté sur un fût. — à jalet, avec laquelle on lance de petites boules de terre cuite, ou des balles de plomb. Cheval en —, attelé seul devant les deux chevaux du timon. —, pl. Cordes adaptées aux métiers d'étoffe. T. de manuf.

ARBALÉTRIER, s. m. Soldat qui était armé d'une arbalète. — Pièce de bois qui soutient la couverture d'un bâtiment. T. d'arch.

ARBALÉTRIÈRE, s. f. Poste où combattaient les soldats dans une galère. T. de mar.

ARBANATS, s. m. Com. du dép. de la Gironde, cant. de Podensac, arr. de Bordeaux. = Podensac.

ARBAS, s. m. Com. du dép. de la Haute-Garonne, cant. d'Aspet, arr. de St.-Gaudens. = St.-Gaudens. Verreries, mines de fer, forges à la catalane.

ARBECEY, s. m. Com. du dép. de la Haute-Saône, cant. de Combeau-Fontaine, arr. de Vesoul. = Combeau-Fontaine.

ARBECHAN, s. m. Com. du dép. du Gers, cant. et arr. d'Auch. = Auch.

ARBELAY, s. m. Fer large de quatre pouces et long de treize.

ARBELLARA, s. f. Com. du dép. de la Corse, canton d'Olmeto, arr. de Sartène. = Sartène.

ARBENNE, s. f. Perdrix blanche des Alpes. T. d'hist. nat.

ARBENT, s. m. Petite ville du dép. de l'Ain, cant. d'Oyonax, arr. de Nantua. = Ornans.

ARBÉOST, s. m. Com. du dép. des Hautes-Pyrénées, cant. d'Aucun, arr. d'Argelès. = Argelès.

ARBERATS, s. m. Com. du dép. des Basses-Pyrénées, cant. de St.-Palais, arr. de Mauléon. = St.-Palais.

ARBIGNIEU, s. m. Com. du dép. de l'Ain, cant. et arr. de Belley. = Belley.

ARBIGNY, s. m. Com. du dép. de l'Ain, cant. de Pont-de-Vaux, arr. de Bourg. = Pont-de-Vaux.

ARBIGNY, s. m. Com. du dép. de la Haute-Marne, cant. de Varennes, arr. de Langres. = Bourbonne.

ARBIS, s. m. Com. du dép. de la Gironde, cant. de Targon, arr. de la Réole. = Cadillac.

ARBITRAGE, s. m. Jugement par arbitres. — Comparaison des changes des différentes places.

ARBITRAIRE, s. m. Pouvoir absolu, sans limites; son exercice. —, s. f. Donnée qui ne peut être soumise au calcul. T. de math. —, adj. Qui dépend de la volonté ou du caprice de l'homme; se dit plus ordinairement de ce qui émane de la volonté d'un souverain, d'un juge, et qui est en opposition avec la loi. — Outil à contre-sens, pour les moulures. T. de menuis.

ARBITRAIREMENT, adv. D'une manière arbitraire, despotique.

ARBITRAL, E, adj. Rendu par des arbitres; jugement arbitral.

ARBITRALEMENT, adv. Par arbitres.

ARBITRATEUR, s. m. Conciliateur; qui arrange une affaire à l'amiable. T. de jurisp.

ARBITRATION, s. f. Estimation; liquidation. T. de jurisp.

ARBITRE, s. m. Juge choisi par les parties pour terminer un différend. —, maître absolu. Fig. Libre —, faculté de l'âme pour choisir et se déterminer.

ARBITRÉ, E, part. Estimé, réglé.

ARBITRER, v. a. Estimer, juger, décider en qualité d'arbitre.

ARBITRO, s. m. Com. du dép. de la Corse, cant. de Sermano, arr. de Corte. = Bastia.

ARBLADE-LE-BAS, s. m. Com. du dép. du Gers, cant. de Riscle, arr. de Mirande. = Aire-sur-l'Adour.

ARBLADE-LE-HAUT, s. m. Com. du dép. du Gers, cant. de Nogaro, arr. de Condom. = Nogaro.

ARBOIS, s. m. Ville du dép. du Jura, chef-lieu de cant. de l'arr. de Poligny. Trib. de 1re inst., bur. d'enregist. et de poste.

Cette ville, où naquit le général Pichegru, est située entre deux montagnes couvertes de vignes qui produisent d'excellens vins blancs. Manuf. de faïence, papeterie, tannerie, martinets à fer, nitrière.

ARBOLADE, s. f. Sorte de pâtisserie, de flan.

ARBON, s. m. Com. du dép. de la Haute-Garonne, cant. d'Aspet, arr. de St.-Gaudens. = St.-Gaudens.

ARBONNE, s. f. Com. du dép. des Basses-Pyrénées, cant. d'Ustaritz, arr. de Bayonne. = Bayonne.

ARBONNE, s. f. Com. du dép. de Seine-et-Marne, cant. et arr. de Melun. = Milly.

ARBORADURE, s. f. Manœuvre pour dresser une chèvre, machine propre à soulever des fardeaux. T. d'archit.

ARBORAS, s. m. Com. du dép. de l'Hérault, cant. de Gignac, arr. de Lodève. = Gignac.

ARBORÉ, E, part. Planté haut et droit comme un arbre.

ARBORÉE, adj. f. Se dit d'une tige ligneuse, ferme et nue. T. de bot.

ARBORER, v. a. Planter quelque chose haut et droit comme un arbre; arborer un pavillon, un étendard. — Se déclarer ouvertement pour un parti, une opinion; arborer l'étendard de la révolte.

ARBORESCENT, E, adj. En forme d'arbre.

ARBORI, s. m. Com. du dép. de la Corse, cant. de Vico, arr. d'Ajaccio. = Ajaccio.

ARBORIBONZE, s. m. Bonze errant, prêtre japonais.

ARBORISATION, s. f. Dessin naturel imitant des arbres, des feuillages, sur une pierre cristallisée. T. d'hist. nat.

ARBORISÉ, E, adj. Qui représente des arbres, des feuilles; pierre arborisée.

ARBORISTE, s. m. Qui cultive des arbres; pépiniériste.

ARBOT, s. m. Com. du dép. de la Haute-Marne, cant. d'Auberive, arr. de Langres. = Château-Vilain.

ARBOUANS, s. m. Com. du dép. du Doubs, cant. d'Audincourt, arr. de Montbéliard. = Montbéliard.

ARBOUCAVE, s. f. Com. du dép. des

Landes, cant. de Geaune, arr. de St.-Sever. = St.-Sever.

ARBOUET, s. m. Com. du dép. des Basses-Pyrénées, cant. de St.-Palais, arr. de Mauléon. = St.-Palais.

ARBOUIX, s. m. Com. du dép. des Hautes-Pyrénées, cant. et arr. d'Argelès. = Argelès.

ARBOUSE, s. f. Fruit de l'arbousier.

ARBOUSES, s. f. Com. du dép. de la Nièvre, cant. de Premery, arr. de Cosne. = La Charité.

ARBOUSIER, s. m. Fraisier en arbre, arbrisseau du midi de l'Europe, touffu, toujours vert, qui croît dans les montagnes parmi les pierres.

ARBOUSSE, s. f. Melon d'eau qu'on trouve aux environs d'Astrakan.

ARBRE, s. m. Le plus grand et le plus vivace des végétaux; plante ayant des racines, un tronc, des branches, des feuilles et une écorce; arbre fruitier, nain, en espalier. — Pièce principale, longue et forte. T. de mécan. — généalogique, d'où sortent comme d'un tronc les diverses branches d'une famille. — de la vie, de la science, du bien et du mal; arbre de la croix, où fut attaché J.-C. — Mât des bâtimens à voiles latines qui naviguent sur la Méditerranée. T. de mar. — de Diane, mercure et argent arborisés par l'acide nitreux. — de Saturne, végétation produite par le zinc et le plomb. — de Mars, cristallisation de fer. — de Vénus, cristallisation de cuivre. — à pain, arbre des Philippines, dont le fruit séché tient lieu de pain. T. de bot. — de Judée, arbre à fleurs légumineuses, purpurines. — poison, bohon-hupas, etc. T. de bot.

ARBRES (les), s. m. pl. Com. du dép. du Cantal, cant. de Riom, arr. de Mauriac. = Mauriac.

ARBRE-SEC, s. m. Com. du dép. d'Ille-et-Vilaine, cant. de Rethiers, arr. de Vitré. = la Guerche.

ARBRESLE, s. f. Petite ville du dép. du Rhône, chef-lieu de cant. de l'arr. de Lyon. Bur. d'enregist. et de poste.

ARBRET, s. m. Petit arbre garni de gluaux pour prendre des oiseaux à la pipée.

ARBRISSEAU, s. m. Petit arbre; végétal au-dessous de l'arbre.

ARBUISSONNAS, s. m. Com. du dép. du Rhône, cant. et arr. de Villefranche. = Villefranche.

ARBUS, s. m. Com. du dép. des Basses-Pyrénées, cant. de Lescar, arr. de Pau. = Pau.

ARBUSSOLS, s. m. Com. du dép. des Pyrénées-Orientales, cant. de Sournia, arr. de Prades. = Prades.

ARBUSTE, s. m. Petit arbrisseau; végétal au-dessous de l'arbrisseau.

ARC, s. m. Arme faite de bois ou de fer courbé en demi-cercle, dont on se sert pour lancer des flèches. Avoir plus d'une corde à son —, avoir plus d'un moyen de réussir. — Pièce courbe. T. de mécan. — Cintre. T. d'archit. — Portion de circonférence. T. de géom. — du méridien, portion de ce cercle. T. d'astr.

ARCACHON, s. m. Baie formée par l'Océan sur la côte du dép. de la Gironde. Elle est très fréquentée, surtout par les étrangers, qui viennent y chercher de la résine et du goudron que fournissent en très grande quantité les pays d'alentour. Au reste, cette baie est très favorablement située pour la pêche.

ARCADE, s. f. Ouverture en arc, qui a la forme d'un arc. T. de mécan. — Nom que l'on donne à différentes parties du corps disposées en arc; arcade palmaire, plantaire, sourcilière, temporale ou zigomatique. T. de chir.

ARCADIE, s. f. Ancienne province du Péloponèse, célèbre par le goût de ses habitans pour la peinture et la musique.

ARCAGNAC, s. m. Com. du dép. du Gers, cant. de Saramon, arr. d'Auch. = Auch.

ARÇAIS, s. m. Com. du dép. des Deux-Sèvres, cant. de Fontenay, arr. de Niort. = Niort.

ARCAMONT, s. m. Com. du dép. du Gers, cant. de Jegun, arr. d'Auch. = Auch.

ARCANE, s. m. Opération mystérieuse des alchimistes; remède secret; corallin, oxide de mercure; cuivre mêlé à l'étain pour l'étamage.

ARCANGUES, s. f. Com. du dép. des Basses-Pyrénées, cant. et arr. de Bayonne. = Bayonne.

ARCANHAC, s. m. Com. du dép. de l'Aveyron, cant. de Najac, arr. de Villefranche. = Villefranche.

ARCANSON, s. m. Brai sec; colophane, térébenthine; suc résineux du pin maritime.

ARCANUM DUPLICATUM, s. m. Sulfate de potasse; sel de Duobus.

ARCASSANT, s. m. Drogue médicinale de la Chine.

ARCASSE, s. f. Culasse du navire; moufle de poulie.

ARÇAY, s. m. Com. du dép. du Cher, cant. de Levet, arr. de Bourges. = Châteauneuf.

ARÇAY, s. m. Com. du dép. de la Vienne, cant. et arr. de Loudun. = Loudun.

ARC-BOUTANT, s. m. Pilier en demi-arc qui soutient une voûte. — Principal soutien d'un parti. — Petit mât garni de fer pour repousser un vaisseau ennemi quand il vient à l'abordage; verges qui fixent les moutons d'un carrosse. —, pl. Etais de jumelles, pièces qui les fixent aux patins.

ARC-BOUTÉ, E, part. Soutenu, appuyé.

ARC-BOUTER, v. a. Appuyer, soutenir.

ARC-DE-TRIOMPHE ou ARC TRIOMPHAL, s. m. Monument, espèce de grande porte en arcade, ornée de bas-reliefs et d'inscriptions.

ARC-DOUBLEAU, s. m. Arcade en saillie sur le creux d'une voûte. T. d'arch.

ARCEAU, s. m. Arc d'une voûte; petite arche; anse de cordage. —Demi-cercle pour empêcher le contact des couvertures dans les plaies et les fractures. T. de chir. —, pl. Ornemens de sculpture.

ARCEAU, s. m. Com. du dép. de la Côte-d'Or, cant. de Mirebeau, arr. de Dijon. = Mirebeau.

ARCENANT, s. m. Com. du dép. de la Côte-d'Or, cant. de Nuits, arr. de Beaune. = Nuits.

ARCENAY, s. m. Com. du dép. de la Côte-d'Or, cant. de Précy-sous-Thil, arr. de Semur. = Semur.

ARC-EN-BARROIS, s. m. Petite ville du dép. de la Haute-Marne, chef-lieu de cant. de l'arr. de Chaumont. Bur. d'enregist. et de poste. Forges et hauts Fourneaux.

ARC-EN-CIEL, s. m. Météore en forme d'arc, composé de plusieurs bandes de couleurs, formées par la réfraction des rayons du soleil. — lunaire, météore occasionné par la réfraction des rayons de la lune lorsqu'elle est dans son plein.

ARCENS, s. m. Com. du dép. de l'Ardèche, cant. de St.-Martin-de-Valamas, arr. de Tournon. = Le Chaylard.

ARC-EN-TERRE, s. m. Iris formée sur la terre par la rosée ou la pluie.

ARCES, s. f. Com. du dép. de la Charente-Inférieure, cant. de Cozes, arr. de Saintes. = Cozes.

ARCES, s. f. Com. du dép. de l'Yonne, cant. de Cérisiers, arr. de Joigny. = Sens.

ARC-ET-SENANS, s. m. Com. du dép. du Doubs, cant. de Quingey, arr. de Besançon. = Quingey.

On remarque dans ce village une saline considérable qui reçoit les eaux de la saline de Salins.

ARCEY, s. m. Com. du dép. de la Côte-d'Or, cant. de Sombernon, arr. de Dijon. = Dijon.

ARCEY, s. m. Com. du dép. du Doubs, cant. de l'Isle-sur-le-Doubs, arr. de Baume. = L'Isle-sur-le-Doubs.

ARCHAIL, s. m. Com. du dép. des Basses-Alpes, cant. de la Javie, arr. de Digne. = Digne.

ARCHAINGEAY, s. m. Com. du dép. de la Charente-Inférieure, cant. de St.-Savinien, arr. de St.-Jean-d'Angély. = St.-Savinien.

ARCHAÏSME, s. m. Tour de phrase surannée. (Vi.)

ARCHAL (Fil d'), s. m. Fil de métal.

ARCHANGE, s. m. Ange d'un ordre supérieur.

ARCHANGEL, s. m. Ville de la Russie septentrionale, et capitale du gouvernement de ce nom, est située sur la mer Blanche, et possède un port peu fréquenté aujourd'hui.

Le gouvernement d'Archangel est le plus étendu, mais le moins peuplé de cette partie de la Russie.

ARCHANGÉLIQUE, adj. Qui tient de l'archange. —, s. f. Plante de plusieurs espèces, telles que l'impératoire, le laurier blanc, etc. T. de bot.

ARCHART, s. m. Fruit vert de Perse, qu'on fait confire dans le vinaigre.

ARCHE, s. f. Voûte d'un pont. — de Noé, vaisseau dans lequel ce patriarche se sauva du déluge; société dans laquelle il y a toute sorte de monde. T. fam. — d'alliance, coffre où les Hébreux conservaient les tables de la loi. — Coquille bivalve de mollusques acéphales. T. d'hist. nat.

ARCHÉE, s. f. Principe de la vie, cause efficiente de tout ce qui existe; âme du monde ancien. T. d'alchim.

ARCHEGAYE, s. f. Ancienne machine de guerre.

ARCHELANGE, s. m. Com. du dép. du Jura, cant. de Rochefort, arr. de Dôle. = Dôle.

ARCHELET, s. m. Petit archet d'orfèvre, de tourneur, etc. T. de mét. — Branche de saule pliée en demi-cercle pour monter les verveux. T. de pêch.

ARCHÉOGRAPHE, s. m. Auteur qui écrit sur les monumens antiques.

ARCHÉOGRAPHIE, s. f. Description des monumens antiques.

ARCHÉOLOGIE, s. f. Traité sur les monumens antiques, bas-reliefs, inscriptions, médailles, peintures, etc.

ARCHÉOLOGUE, s. m. Antiquaire, savant qui est versé dans l'archéologie.

ARCHER, s. m. Homme de guerre armé d'un arc. —Autrefois, bas-officier de police et de justice; milice sous Charles VII. — Poisson du genre du chétodon. T. d'hist. nat.

ARCHEROT, s. m. Petit archer; Cupidon dans nos anciennes poésies.

ARCHES, s. f. Com. du dép. des Vosges, cant. et arr. d'Epinal.=Epinal.

ARCHET, s. m. Petit arc tendu par du crin, et qui sert à jouer de la plupart des instrumens à cordes; châssis en arc sur un berceau d'enfans. —, petite scie de lapidaire; arc d'acier pour forer. T. d'arts et mét.

ARCHETTES, s. f. Com. du dép. des Vosges, cant. et arr. d'Epinal. = Epinal.

ARCHÉTYPE, s. m. Principe, modèle. — du monde, idée sur laquelle Dieu l'a crée. — Etalon primitif des poids et mesures des monnaies.

ARCHEVÊCHÉ, s. m. Diocèse d'un archevêque, sa juridiction, son palais.

ARCHEVÊQUE, s. m. Prélat métropolitain qui a des évêques pour suffragans.

ARCHI, prép. dérivée du grec, qu'on joint à un certain nombre de mots pour marquer la supériorité ou l'excès; très, fort grand.

ARCHIAC, s. m. Com. du dép. de la Charente-Inférieure, chef-lieu de cant. de l'arr. de Jonzac. Bur. d'enregist. = Pons.

ARCHIACOLYTE, s. m. Premier acolyte.

ARCHIÂTRE, s. m. Médecin en chef. T. inus.

ARCHIÂTRIE, s. f. Fonctions du premier médecin.

ARCHICAMÉRIER, s. m. Grand officier à la cour de Rome.

ARCHICEMBALO, s. m. Instrument de musique.

ARCHI-CHAMBELLAN, s. m. Grand-chambellan.

ARCHI-CHANCELIER, s. m. Grand-chancelier.

ARCHI-DIACONAT, s. m. Dignité d'archidiacre.

ARCHIDIACONÉ, s. m. Territoire soumis à la juridiction de l'archidiacre.

ARCHIDIACRE, s. m. Premier diacre, prêtre au-dessus des curés, qui a une sorte de juridiction sur une partie du diocèse.

ARCHIDIE, s. f. Petit coquillage du golfe Persique. T. d'hist. nat.

ARCHIDIOCÉSAIN, s. m. Qui dépend d'un archevêché.

ARCHIDUC, s. m. Titre des princes de la maison d'Autriche.

ARCHIDUCAL, E, adj. Qui appartient à un archiduc ou à une archiduchesse.

ARCHIDUCHÉ, s. m. Domaine d'un archiduc.

ARCHIDUCHESSE, s. f. Épouse d'un archiduc, ou princesse revêtue de cette dignité.

ARCHIE, s. f. Principe; règle fondamentale.

ARCHIÉCHANSON, s. m. Grand-échanson.

ARCHIÉPISCOPAL, E, adj. Qui est relatif à l'archevêché, et à l'archevêque.

ARCHIÉPISCOPAT, s. m. Dignité d'archevêque.

ARCHIÉRARQUE, s. m. Le pape, chef de la hiérarchie de l'église.

ARCHIFOL, LE, adj. Tout-à-fait fou.

ARCHIFRIPON, s. m. Indigne fripon.

ARCHIGALLE, s. m. Chef des galles, prêtres de Cybèle; grand-prêtre.

ARCHIGNAC, s. m. Com. du dép. de la Dordogne, cant. de Salignac, arr. de Sarlat.=Sarlat.

ARCHIGNAT, s. m. Com. du dép. de l'Allier, cant. de Huriel, arr. de Mont-Luçon.=Mont-Luçon.

ARCHIGNY, s. m. Com. du dép. de la Vienne, cant. de Vouneuil, arr. de Châtellerault.=Chauvigny.

ARCHIGRELIN, s. m. Cordage composé de plusieurs grelins.

ARCHILOQUE, s. m. Poète grec qui inventa les vers iambiques.

ARCHILOQUIEN, adj. m. Relatif aux vers inventés par Archiloque.

ARCHILUTH, s. m. Téorbe, grand luth pour accompagner.

ARCHIMAGE, s. m. Chef de la religion des Perses.

ARCHIMANDRITAT, s. m. Bénéfice d'un archimandrite.

ARCHIMANDRITE, s. m. Supérieur d'un monastère, abbé régulier.

ARCHIMARÉCHAL, s. m. Dignité de premier maréchal.

ARCHIMIE, s. f. Chimie appliquée aux métaux.

ARCHIMIME, s. m. Maître bouffon.

ARCHIMONASTÈRE, s. m. Monastère, chef-lieu de l'ordre.

ARCHIPATELIN, s. m. Fourbe d'une grande adresse.

ARCHIPEL, s. m. Mer semée d'îles; ces îles.—, la mer Égée.

ARCHIPÉRACITE, s. m. Président de l'Académie juive; interprète des lois.

ARCHIPOMPE, s. f. Retranchement carré à fond de cale pour conserver les pompes. T. de mar.

ARCHIPRESBYTÉRAL, E, adj. Qui concerne l'archiprêtre.

ARCHIPRESBYTÉRAT, s. m. Dignité de l'archiprêtre.

ARCHIPRÊTRE, s. m. Doyen, premier prêtre, curé qui a la prééminence sur les autres.

ARCHIPRÊTRÉ, s. m. Juridiction de l'archiprêtre.

ARCHISYNAGOGUE, s. m. Assesseur du patriarche grec.

ARCHITECTE; s. m. Celui qui fait le plan d'un bâtiment, d'un édifice, et qui préside à l'exécution des travaux dont il fait le devis.

ARCHITECTONIQUE, adj. Qui donne une forme régulière. T. de phys. — Machine pour soulever des fardeaux. —, s. f. Art de construire.

ARCHITECTONOGRAPHE, s. m. Qui décrit un bâtiment.

ARCHITECTONOGRAPHIE, s. f. Description d'un bâtiment.

ARCHITECTURAL, E, ou **ARCHITECTORAL**, E, adj. Qui concerne l'architecture.

ARCHITECTURE, s. f. Art de bâtir, de construire, de distribuer, d'orner les édifices. — Disposition, ordonnance d'un bâtiment. — militaire, art de fortifier les places. — navale, de construire les vaisseaux. Ordres d'— le corinthien, le composite, l'ionique, le dorique et le toscan.

ARCHITRAVE, s. f. Partie de l'entablement au-dessus du chapiteau et au-dessous de la frise. T. d'archit. — Pièce de bois sur les colonnes. T. de mar.

ARCHITRAVÉ, E, adj. Sans frise.

ARCHITRAVÉE, s. f. Entablement sans frise.

ARCHITRÉSORIER, s. f. Grand-trésorier dans l'empire grec. Cette dignité a été renouvelée de nos jours. L'un des trois consuls de la république, Lebrun, fut architrésorier de l'Empire français.

ARCHITRICLIN, s. m. Ordonnateur des festins dans l'antiquité.

ARCHIVES, s. f. pl. Titres, chartres, papiers importans d'une grande famille, d'une administration, d'une communauté; lieu où ces titres sont déposés.

ARCHIVILAIN, s. m. Homme d'une avarice extrême.

ARCHIVIOLE, s. f. Clavecin avec un jeu de viole; basse de viole à manche. T. de mus.

ARCHIVISTE, s. m. Préposé à la conservation des archives.

ARCHIVOLTE, s. f. Bande large en saillie sur un mur, et qui forme l'ornement d'une arcade; arc couronné, architrave cintrée. T. d'arch.

ARCHON, s. m. Com. du dép. de l'Aisne, cant. de Rosoy-sur-Serre, arr. de Laon. = Rosoy-sur-Serre.

ARCHONTAT, s. m. Dignité d'archonte; sa durée.

ARCHONTE, s. m. Magistrat d'Athènes.

ARCHURES, s. f. pl. Pièces de bois cintrées qui entourent les meules d'un moulin.

ARCIER, s. m. Com. du dép. du Doubs, cant. et arr. de Besançon. = Besançon. Papeteries, martinets à cuivre.

ARCILLIÈRES, s. f. pl. Pièces cintrées et tournantes d'un bateau foncet.

ARCINELLE, s. f. Espèce de came, coquillage bivalve. T. d'hist. nat.

ARCINGE, s. m. Com. du dép. de la Loire, cant. de Belmont, arr. de Roanne. = Roanne.

ARCINS, s. m. Com. du dép. de la Gironde, cant. de Castelnau, arr. de Bordeaux. = Bordeaux.

ARCISAC-ADOUR, s. m. Com. du dép. des Hautes-Pyrénées, cant. et arr. de Tarbes. = Tarbes.

ARCIS-LE-PONSART, s. m. Com. du dép. de la Marne, cant. de Fismes, arr. de Reims. = Fismes.

ARCIZAC-EZ-ANGLES, s. m. Com. du dép. des Hautes-Pyrénées, cant. de Lourdes, arr. d'Argelès. = Lourdes.

ARCIZANS-AVANT, s. m. Com. du dép. des Hautes-Pyrénées, cant. et arr. d'Argelès. = Argelès.

ARCIZANS-DESSUS, s. m. Com. du dép. des Hautes-Pyrénées, cant. d'Aucun, arr. d'Argelès. = Argelès.

ARCLAIS, s. m. Com. du dép. du Calvados, cant. de Bény-Bocage, arr. de Vire. = Vire.

ARCO, s. m. Partie de métal dans les cendres.

ARCOMIL, s. f. Com. du dép. de la Lozère; cant. de St.-Chély, arr. de Marvejols. = St.-Chély.

ARCOMPS, s. m. Com. du dép. du Cher, cant. de Saulzais-le-Pothier, arr. de St.-Amand. = St.-Amand.

ARÇON, s. m. Pièce de bois cintrée, principal soutien de la selle. — Instrument en forme d'archet pour préparer le poil. T. de chap. — Sarment de sept à huit yeux laissés sur le cep. T. d'agric. Vider les —, chanceler, tomber de cheval. Fig. Tenir sur les —, être ferme dans ses principes, les défendre avec succès.

ARÇON, s. m. Com. du dép. de la Côte-d'Or, cant. de Mirebeau, arr. de Dijon. = Mirebeau-sur-Bèze.

ARÇON, s. m. Com. du dép. du Doubs, cant. de Montbenoît, arr. de Pontarlier. = Pontarlier.

ARÇON, s. m. Com. du dép. de la Loire, cant. de St.-Haon-le-Châtel, arr. de Roanne. = Roanne.

ARCONCE (l'), s. f. Petite rivière qui

sort d'un étang près de la Guiche, dép. de Saône-et-Loire, et se jette dans la Loire au-dessus de Digoin.

ARCONCEY, s. m. Com. du dép. de la Côte-d'Or, cant. de Pouilly-en-Auxois, arr. de Beaune. = Arnay-le-Duc.

ARCONNAY, s. m. Com. du dép. de la Sarthe, cant. de St.-Pater, arr. de Mamers. = Alençon.

ARÇONNÉ, E, part. Se dit de la laine battue avec l'arçon. T. de chap.

ARÇONNER, v. a. Battre la laine, les bourres avec l'arçon. T. de chap.

ARÇONNEUR, s. m. Ouvrier qui prépare la laine au moyen de l'arçon.

ARCONSAT, s. m. Com. du dép. du Puy-de-Dôme, cant. de St.-Remy, arr. de Thiers. = Thiers.

ARCONS-D'ALLIER (St.-), s. m. Com. du dép. de la Haute-Loire, cant. de Langeac, arr. de Brioude. = Langeac.

ARCONS-DE-BARGES (St.-), s. m. Com. du dép. de la Haute-Loire, cant. de Pradelles, arr. du Puy. = Le Puy.

ARCONVILLE, s. f. Com. du dép. de l'Aube, cant. et arr. de Bar-sur-Aube. = Clairvaux.

ARCOT, s. m. Scorie de cuivre; potin.

ARCOUES, s. f. Com. du dép. du Gers, cant. et arr. de Mirande. = Mirande.

ARCOUSSEL, s. m. Fièvre de lait qu'on nomme ordinairement le poil. T. de méd.

ARC-RAMPANT, s. m. Courbe dont les impostes ne sont pas de niveau. T. d'arch.

ARCS (les), s. m. pl. Com. du dép. du Var, cant. de Lorgues, arr. de Draguignan. = Le Luc. Récolte et comm. d'huile d'olive.

ARC-SOUS-CICON, s. m. Com. du dép. du Doubs, cant. de Montbenoît, arr. de Pontarlier. = Pontarlier.

ARC-SOUS-MONTENOT, s. m. Com. du dép. du Doubs, cant. de Levier, arr. de Pontarlier. = Pontarlier.

ARC-SUR-TILLE, s. m. Com. du dép. de la Côte-d'Or, cant. et arr. de Dijon. = Dijon.

ARCTIER, s. m. Fabricant d'arcs.

ARCTIONE, s. f. Bardane, plante de la famille des cynarocéphales. T. de bot.

ARCTIQUE, adj. Septentrional; pôle arctique.

ARCTITUDE, s. f. Resserrement contre nature. T. d'anat.

ARCTIUM, s. m. Bardane, plante médicinale. T. de bot.

ARCTOPHYLAX, s. m. Le bouvier, constellation. T. d'astr.

ARCTOPITHÈQUE, s. m. Aï ou grand paresseux, singe. T. d'hist. nat.

ARCTOTHÈQUE ou ARCTOTIDE, s. f. Plante corymbifère. T. de bot.

ARCTURUS, s. m. Etoile fixe de la première grandeur dans la constellation du bouvier. T. d'astr.

ARCUATION, s. f. Courbure des os. T. d'anat.

ARCUEIL, s. m. Com. du dép. de la Seine, cant. de Villejuif, arr. de Sceaux, bur. de poste de la banlieue de Paris. On y remarque un aqueduc de 200 toises de longueur sur 22 de hauteur, qui fut construit sur les dessins de la Brosse, par ordre de Marie de Médicis, et qui, par des canaux souterrains, enrichit la capitale des eaux limpides du Rungis. Carrières de pierres de taille et moellons, lavoirs de laine, pépinières.

ARCYRIES, s. f. pl. Espèces de champignons. T. de bot.

ARCY-SAINTE-RESTITUE, s. m. Com. du dép. de l'Aisne, cant. d'Oulchy-le-Château, arr. de Soissons. = Oulchy.

ARCYS-SUR-AUBE, s. m. Petite ville du dép. de l'Aube, chef-lieu de canton et de sous-préf., trib. de 1re inst., dir. des contrib. ind., recev. part. des finances ; bur. d'enregist. et de poste. En 1814, à cette époque désastreuse où la France fut envahie par l'Europe, quelques milliers de braves qui arrivaient en poste de l'armée d'Espagne, arrêtèrent pendant deux jours l'armée ennemie, et défendirent pied à pied la rive gauche de l'Aube où Arcis est situé. Aussi cette ville fut-elle horriblement maltraitée; mais, pendant les quinze années de paix dont nous avons joui, on a vu sortir de ses ruines de jolies habitations. Bonnèterie très estimée, filatures de coton, comm. de grains, de charbon de bois et de planches de sapin ; entrepôt des fers provenant de la vallée de l'Aube, et de boisellerie des Vosges.

ARCY-SUR-CURE, s. m. Com. du dép. de l'Yonne, cant. de Vermenton, arr. d'Auxerre. = Vermenton.

ARDA, s. m. Quadrupède rongeur, gros comme le chat. T. d'hist. nat.

ARDALIDES, s. f. pl. Les Muses, ainsi nommées d'Ardalus, fils de Vulcain, auquel on attribue l'invention de la flûte. T. de myth.

ARDASSES, s. f. pl. Grosses soies de la Perse.

ARDASSINES, s. f. pl. Soies fines du royaume de Perse.

ARDAVALIS, s. m. Orgue hydraulique de l'invention des Hébreux.

ARDÈCHE (l'), s. f. Rivière qui naît dans les Cevennes, non loin des sources de la Loire, reçoit dans son lit plusieurs ruisseaux qui descendent des montagnes et qui viennent se réunir dans le Vivarais. Cette rivière, qui court de cascades en cascades et qui s'élance de cent vingt pieds d'élévation dans un bassin qu'elle a creusé, exerce parfois de grands ravages sur ses bords, au moment de la fonte des neiges. Elle commence à être flottable à buches perdues, au-dessus de Magres, charrie des trains au-dessous du pont d'Aubenas, devient navigable à St.-Martin-d'Ardèche, et se jette dans le Rhône, à peu de distance du pont St.-Esprit.

ARDÈCHE, s. f. Dép. de (l'), chef-lieu de préf. Privas; 3 arr. de sous-préf. Privas, Tournon et Largentière; 31 cant. ou justices de paix, 335 com. Pop. 328,400 hab. environ. Dist. de Paris, 154 l.; Cour royal de Nismes, diocèse de Vivier; 9e div. milit., 7e div. des ponts-et-chaussées, 5e div. des mines, direct. de l'enregist. et des domaines, 3e classe, 18e arr. forestier; 5 églises consistoriales du culte réformé.

Ce dép. est borné au N. par celui de la Loire, à l'E. par celui de la Drôme, au S. par celui du Gard, et à l'O. par ceux de la Lozère et de la Haute-Loire. Les principales rivières qu'on y remarque sont le Rhône, l'Ardèche, la Loire, la Cance, le Doux, l'Eyrieux et le Chassezac.

Au premier rang des produits du sol, on doit placer les vins de Cornas et de St.-Peray. Les marrons qu'on croit être de Lyon et qu'on exporte en très grande quantité, méritent aussi une attention particulière.

Fabriques de draps, de mouchoirs de soie ouvrée; filature et moulinage de soie, filatures de coton; papeteries, tanneries, chamoiseries et mégisseries. Comm. de soie grège et organsins, soie blanche pour tuls et blondes; cuirs, papiers, cotons filés, truffes, marrons et châtaignes sèches pour la marine.

ARDÉE, s. f. Petite ville du Latium, au S. de Rome, était la capitale des Rutules, sur lesquels régnait Turnus, à l'époque où Énée arriva en Italie.

ARDÉE, s. f. Famille des grues, cigognes, hirondelles, etc. T. d'hist. nat.

ARDELAY, s. m. Com. du dép. de la Vendée, cant. des Herbiers, arr. de Bourbon-Vendée. = Les Herbiers.

ARDÉLION, s. m. Personnage officieux qui fait le bon valet; vil flatteur.

ARDELLE, s. f. Liqueur spiritueuse de girofle.

ARDELLES, s. f. Com. du dép. d'Eure-et-Loir, cant. de Châteauneuf, arr. de Dreux. = Châteauneuf.

ARDELU, s. m. Com. du dép. d'Eure-et-Loir, cant. d'Auneau, arr. de Chartres. = Angerville.

ARDEMMENT, adv. Avec ardeur; d'une manière vive, empressée.

ARDENAIS, s. m. Com. du dép. du Cher, cant. de Châtelet, arr. de St.-Amand. = Lignières.

ARDENAY, s. m. Com. du dép. de la Sarthe, cant. de Montfort, arr. du Mans. = Connerré.

ARDENNES (les), s. f. pl. Vaste forêt qui paraît être aussi vieille que le monde, et qui, du temps de César, s'étendait jusqu'au Rhin, commence dans la partie de l'ancienne province du Hainaut, qui appartenait à la France, et qui se trouve comprise aujourd'hui dans le dép. du Nord. Elle traverse la Picardie, la Champagne, le grand duché de Luxembourg, et s'avance jusqu'aux bords de la Moselle, où elle se termine.

ARDENNES, s. f. pl. (le dép. des) Chef-lieu de préf., Mézières; cinq arr. ou sous-préf., Mézières, Rethel, Rocroy, Sédan, Vouziers; 31 cant. ou justices de paix; 537 com. Pop. 281,600 hab. environ. Ressort de la Cour royale et de l'académie de Metz, diocèse de Reims; 2e div. milit., 3e div. des ponts-et-chaussées, 2e div. des mines; direct. de l'enregist. et des domaines, 2e classe, 5e arr. forestier; direct. de la div. des douanes à Charleville; église du culte réformé à Sédan.

Ce dép. est borné au N. par le royaume des Pays-Bas, à l'E. par le dép. de la Meuse, au S. par celui de la Marne, et à l'O. par celui de l'Aisne. Quelques vallées, dans l'intérieur de ce dép., sont assez fertiles en blé, entre autres celle de l'Aisne; mais, en général, le pays est couvert de bois et de pâturages, où l'on élève des chevaux propres au labour et à monter la cavalerie, des moutons ardennais et des chèvres cachemires. Mines de fer considérables; carrières d'ardoises et de marbre; sable pour la fabrication du verre blanc, terre à porcelaine; manufact. d'armes à feu à Charleville, de draps fins à Sédan, de casimir, de castorine, de schals façon cachemire, de fil de laiton, de clous, d'ustensiles de cuisine et autres objets de quincaillerie. Nombreuses forges et hauts-fourneaux; fonderies et batteries de cuivre, verreries, faïenceries, etc.

Les principales rivières sont: la Meuse et l'Aisne, qui sont navigables. On compte de Paris à Mézières, chef-lieu de la préfect., environ 60 l.

ARDENS, s. m. Com. du dép. du Gers, cant. de Vic-Fezensac, arr. d'Auch. = Vic-Fezensac.

ARDENT, s. m. Exhalaisons de matières inflammables, feu follet. — Maladie épidémique qui calcinait le sang; malade atteint de cette maladie. —, pl. Membres de l'académie à Naples.

ARDENT, E, adj. Brûlant, enflammé; soleil, feu ardent. — Passionné, violent, plein de zèle, de ferveur; amour, désir ardent; piété, charité ardente. — au travail, laborieux, infatigable. Chapelle —, remplie de cierges allumés. Chambre —, tribunal qui condamnait les criminels au feu. Poil —, roux. Esprit —, l'esprit de vin, etc.

ARDENTES-SAINT-MARTIN, s. f. Com. du dép. de l'Indre, cant. d'Ardentes-St.-Vincent. arr. de Châteauroux. = Châteauroux.

ARDENTES-SAINT-VINCENT, s. f. Com. du dép. de l'Indre, chef-lieu de cant. de l'arr. de Châteauroux où est le bur. d'enregist. = Châteauroux.

ARDEPT, s. m. Mesure d'Egypte contenant deux setiers.

ARDER ou ARDRE, v. a. Brûler. (Vi.)

ARDES, s. f. Petite ville du dép. du Puy-de-Dôme, chef-lieu de cant. de l'arr. d'Issoire. Bur. d'enregist. et de poste.

ARDEUIL, s. m. Com. du dép. des Ardennes, cant. de Monthois, arr. de Vouziers. = Vouziers.

ARDEUR, s. f. Chaleur vive, extrême. — Zèle, transport, feu de l'imagination; courage. — Difficulté d'uriner occasionnée par une inflammation quelconque. T. de méd. —, pl. Amour.

ARDEVON, s. m. Com. du dép. de la Manche, cant. de Pontorson, arr. d'Avranche. = Pontorson.

ARDIÈGE, s. f. Com. du dép. de la Haute-Garonne, cant. de St.-Bertrand, arr. de St.-Gaudens. = Montrejean.

ARDIER, s. m. Ou ARDIÈRE, s. f. Grosse corde pour tourner le rouleau ou l'ensouple qui se trouve devant le métier. T. de méd.

ARDIÈRE (l'), s. f. Est une petite rivière dont la source se trouve près des Ardillats, dép. du Rhône, et qui se perd dans la Saône, auprès de Belleville, après un cours de quelques lieues.

ARDILLATS (les), s. m. pl. Com. du dép. du Rhône, cant. de Beaujeu, arr. de Villefranche. = Beaujeu.

ARDILLEUX, s. m. Com. du dép. des Deux-Sèvres, cant. de Chef-Boutonne, arr. de Melle. = Chef-Boutonne.

ARDILLIÈRES, s. f. Com. du dép. de la Charente-Inférieure, cant. d'Aigrefeuille, arr. de Rochefort. = Surgères.

ARDILLON, s. m. Pointe enchâssée dans une boucle pour fixer la courroie ou le ruban avec lequel on serre quelque chose. — Pointe. T. d'arts et mét.

ARDILLY, s. m. Com. du dép. des Deux-Sèvres, cant. et arr. de Parthenay. = Parthenay.

ARDIN, s. m. Com. du dép. des Deux-Sèvres, cant. de Coulanges, arr. de Niort. = Niort.

ARDINGOST, s. m. Com. du dép. des Hautes-Pyrénées, cant. d'Arreau, arr. de Bagnères. = Arreau.

ARDISAS, s. m. Com. du dép. du Gers, cant. de Cologne, arr. de Lombez. = L'Ile-Jourdain.

ARDISIES, s. f. pl. Genre de plantes qui appartiennent au tropique. T. de bot.

ARDOISE, s. f. Espèce de schiste de la nature de l'argile, sans transparence, de couleur bleue ou grise, qui se partage en lames minces, plates et unies, avec lesquelles on couvre nos habitations.

ARDOISÉ, E, adj. De couleur d'ardoise.

ARDOISIER, s. m. Manouvrier employé dans les carrières d'ardoises.

ARDOISIÈRE, s. f. Carrière d'où l'on tire l'ardoise.

ARDOIX, s. m. Com. du dép. de l'Ardèche, cant. de Satilieu, arr. de Tournon. = Annonay.

ARDON, s. m. Com. du dép. du Jura, cant. de Champagnole, arr. de Poligny. = Champagnole.

ARDON, s. m. Com. du dép. du Loiret, cant. de la Ferté-St.-Aubin, arr. d'Orléans. = La Ferté-St.-Aubin.

ARDOUR, s. m. Petite rivière du dép. de la Creuse, qui a sa source près de Bénévente, et se jette dans la Gartempe, au-dessous de Folle, dép. de la Haute-Vienne.

ARDOUVAL, s. m. Com. du dép. de la Seine-Inférieure, cant. de Bellencombre, arr. de Dieppe. = St.-Saens.

ARDRE (l'), s. f. Petite rivière qui se jette dans la Veyle, près de Fisme, et prend sa source un peu au-dessus de Nanteuil, dép. de la Marne.

ARDRES (le canal d'), s. f. Construit en 1714; il communique avec le canal de Calais à St.-Omer.

ARDRES, s. f. Petite ville fortifiée du dép. du Pas-de-Calais, chef-lieu de cant. de l'arr. de St.-Omer. Bur. d'enregist. et de poste. En 1520, François Ier et Henri VIII, roi d'Angleterre, eurent une entrevue dans les environs de cette ville. Ces deux souverains étalèrent un telle magnificence que le lieu qui fut témoin des fêtes qu'ils se donnèrent est encore appelé le Champ du Drap-d'Or.

ARDU, E, adj. Escarpé, inaccessible. Question —, difficile à résoudre. (Vi.)

ARDUOSITÉ, s. f. Difficulté. (Vi.)

ARDUS, s. m. Village du dép. de Tarn-et-Garonne, cant. et arr. de Montauban. = Montauban.

ARE, s. m. Nouvelle mesure pour la surface des terres. 100 mètres carrés.

ARÉA, s. f. Maladie qui affecte le cuir chevelu, qui fait tomber les cheveux. T. de méd.

ARÉAGE, s. m. Action de mesurer les terres par ares; arpentage.

AREB, s. m. Monnaie de l'ancien empire mogol.

AREC ou ARÈQUE, s. m. Espèce de palmier qui croit dans les Indes et donne une espèce de cachou. La noix de cet arbre produit une amande que les Indiens croient stomachique et qu'ils mâchent continuellement.

ARÉFACTION, s. m. Dessication des substances qu'on veut pulvériser. T. de pharm.

AREGNO, s. m. Com. du dép. de la Corse, cant. d'Algajola, arr. de Calvi. = Bastia.

AREGON, s. m. Espèce d'onguent que la vieille médecine employait contre la paralysie.

AREIGNOL, s. m. Espèce de filet.

AREINES, s. f. Com. du dép. de Loir-et-Cher, cant. et arr. de Vendôme. = Vendôme.

AREIX, s. m. Village du dép. du Gers, cant. de Montréal, arr. de Condom. = Condom.

AREMBECOURT, s. m. Com. du dép. de l'Aube, cant. de Chavanges, arr. d'Arcys-sur-Aube. = Brienne.

AREN, s. m. Village du dép. des Bouches-du-Rhône, cant. et arr. de Marseille. = Marseille.

AREN, s. m. Com. du dép. des Basses-Pyrénées, cant. de Ste.-Marie, arr. d'Orthez. = Navarreins.

ARÉNATION, s. f. Bain de sable dont les anciens faisaient usage.

ARENDATEURS, s. m. pl. Fermiers, cultivateurs dans les colonies.

ARENDATION, s. f. Bail à ferme.

ARÈNE, s. f. Sable. — Enceinte où combattaient les gladiateurs. — Descendre dans l'—, se présenter au combat. Fig. — Conduit pour l'écoulement des eaux dans une mine.

ARÉNER, v. n. S'affaisser sous le poids; baisser. T. d'arch.

ARÉNEUX, EUSE, adj. Sablonneux. (Vi.)

ARENG, s. m. Palmier des îles Moluques, qui donne, au moyen d'une incision, une liqueur sucrée. T. de bot.

ARENGOSSE, s. f. Com. du dép. des Landes, cant d'Arjuzanx, arr. de Mont-de-Marsan. = Tarbes.

ARÉNICOLE, s. m. Lombric marin, ver de terre à sang rouge, commun sur nos côtes. T. d'hist. nat.

ARÉNIFORME, adj. En forme de sable.

ARÉOLE, s. f. Petite aire, petite surface; cercle coloré qui entoure les mamelons, les yeux, et qu'on remarque souvent autour de la lune.

ARÉOLÉ E, adj. Aplani et marqué d'inégalités peu sensibles, en parlant du calice des fleurs. T. de bot.

ARÉOMÈTRE, s. m. Pèse-liqueurs, instrument pour connaître le poids des fluides. T. de phys.

ARÉOPAGE, s. m. Fameux tribunal d'Athènes. Ce mot signifie colline de Mars, parce que ce fut sur une colline, selon la fable, que Mars comparut devant douze dieux et qu'il fut absous du crime dont on l'accusait. T. de myth. — Assemblée de juges, de magistrats intègres. Fig.

ARÉOPAGITE, s. m. Membre de l'aréopage, juge.

AREOSTATIQUE, adj. En équilibre avec l'air. Machine — Aérostat, ballon qui s'élève dans l'air.

ARÉOSTYLE, s. m. Edifice dont les colonnes sont écartées. T. d'arch.

ARÉOTECTONIQUE, s. f. Partie de l'architecture militaire relative à l'attaque et à la défense des places.

ARÉOTIQUE, adj. Se dit des remèdes sudorifiques qui excitent la transpiration et raréfient les humeurs. T. de méd.

ARÈQUE ou ARÉQUIER, s. m. Espèce de palmier. Voy. Arec. T. de bot.

ARER, v. n. Chasser sur ses ancres. T. de mar.

ARÈRE, s. m. Axe de la roue ou du rouet d'une usine.

ARESCHES, s. f. Com. du dép. du Jura, cant. de Salins, arr. de Poligny. = Salins.

ARESSY, s. m. Com. du dép. des Basses-Pyrénées, cant. et arr. de Pau. = Pau.

ARÊTE, s. f. Partie osseuse et piquante qui forme la charpente du poisson. — Barbe de l'épi. T. de bot. — Ligne de jonction de deux surfaces; côté, partie angulaire, saillante; bord, partie élevée, extrémité. T. d'arts et mét. —, pl. Grappes, tumeurs aux nerfs des jambes du cheval ; queues de chevaux dégarnies de poil. T. de méd. vétér.

ARÉTHUSE, s. f. Compagne de Diane, qui la métamorphosa en fontaine. T. de myth. — Plante de la famille des orchis qu'on trouve au cap de Bonne-Espérance et dans l'Amérique du Nord. T. de bot.

ARÊTIER, s. m. Pièce de bois formant l'arête d'un toit, d'une croupe ; plomb dont elle est ordinairement recouverte. T. de charp.

ARÊTIÈRES, s. f. pl. Enduit de plâtre que les couvreurs mettent aux angles d'un toit.

ARÉTIES, s. f. pl. Genre de lysimachies ou soucis aquatiques. T. de bot.

ARÉTOLOGIE, s. f. Partie de la philosophie qui traite de la vertu.

ARETTE, s. f. Com. du dép. des Basses-Pyrénées, cant. d'Aramitz, arr. d'Oloron. = Oloron.

AREY (St.-), s. m. Com. du dép. de l'Isère, cant. de la Mure, arr. de Grenoble. = la Mure.

ARFEUILLES, s. f. Com. du dép. de l'Allier, cant. et arr. de La Palisse. = La Palisse.

ARFEUILLES-CHÂTAIN, s. f. Com. du dép. de la Creuse, cant. d'Evaux, arr. d'Aubusson. = Chambon.

ARFOUS, s. m. Com. du dép. du Tarn, cant. de Dourgne, arr. de Castres. = Revel.

ARGAGIS, s. m. Bafetas ou toile de coton des Indes. T. de comm.

ARGAGNON, s. m. Com. du dép. des Basses-Pyrénées, cant. de Lagor, arr. d'Orthez. = Orthez.

ARGALA, s. m. Grand héron d'Afrique. T. d'hist. nat.

ARGALI, s. m. Mouflon, bélier sauvage qui habite les forêts de la Sibérie ; souche primitive de la race des moutons. T. d'hist. nat.

ARGAN, s. m. Espèce de sapotille, arbres et arbustes d'Afrique et d'Amérique. T. de bot.

ARGANCHY, s. m. Com. du dép. du Calvados, cant. et arr. de Bayeux. = Bayeux.

ARGANÇON, s. m. Com. du dép. de l'Aube, cant. de Vaudeuvre, arr. de Bar-sur-Aube. = Bar-sur-Aube.

ARGANCY, s. m. Com. du dép. de la Moselle, cant. de Vigy, arr. de Metz. = Metz.

ARGANNEAU, s. m. Anneau de fer à l'extrémité de l'ancre pour attacher le câble. T. de mar.

ARGEIN, s. m. Com. du dép. de l'A-riège, cant. de Castillon, arr. de St.-Girons. = St.-Girons.

ARGELES, s. f. Com. du dép. des Hautes-Pyrénées, cant. et arr. de Bagnères. = Bagnères.

ARGELES, s. m. Petite ville du dép. des Hautes-Pyrénées, chef-lieu de sous-préf. et de cant., trib. de 1re inst. à Lourdes. Bur. d'enregist. et de poste.

ARGELIERS, s. m. Com. du dép. de l'Aude, cant. de Ginestas, arr. de Narbonne. = Narbonne.

ARGELLES, s. m. Petite ville du dép. des Pyrénées-Orientales, chef-lieu de cant. de l'arr. de Céret. Bur. d'enregist. à Collioure. = Collioure. Le 4 oct. 1793, l'armée française battit les Espagnols dans les environs de cette commune.

ARGELLIERS, s. m. Com. du dép. de l'Hérault, cant. d'Aniane, arr. de Montpellier. = Gignac.

ARGELOS, s. m. Com. du dép. des Landes, cant. d'Amou, arr. de St.-Sever. = St.-Sever.

ARGELOS, s. m. Com. du dép. des Basses-Pyrénées, cant. de Thèze, arr. de Pau. = Pau.

ARGELOUZE, s. f. Com. du dép. des Landes, cant. de Sore, arr. de Mont-de-Marsan. = Liposthey.

ARGEMON, s. m. Ulcère du globe de l'œil. T. de chir.

ARGEMONE, s. f. Pavot épineux. T. de bot.

ARGENCES, s. f. Com. du dép. du Calvados, cant. de Troarn, arr. de Caen. Bur. d'enregist. = Croissanville.

ARGENS, s. m. Com. du dép. des Basses-Alpes, cant. de St.-André, arr. de Castellanne. = Castellanne.

ARGENS, s. m. Com. du dép. de l'Aude, cant. de Ginestas, arr. de Narbonne. = Lézignan.

ARGENS (l'), s. m. Rivière du dép. du Var. Cette rivière, que les Romains nommèrent ainsi à cause de la limpidité de ses eaux, a plusieurs sources ; mais la plus considérable est celle qui s'échappe du pied de la montagne de Seillon. Après un cours d'environ 24 lieues, elle se jette dans la Méditerranée, à Fréjus.

ARGENT, s. m. Petite ville du dép. du Cher, chef-lieu de cant. de l'arr. de Sancerre. Bur. d'enregist. à Aubigny. = Aubigny.

ARGENT, s. m. Métal blanc, le plus beau, le plus ductile, le plus fusible et le plus précieux après l'or. — Monnaie en général. — blanc, monnaie d'argent. — courant, espèce ayant cours. — mignon, réservé pour ses fantaisies ;— mort, qui ne produit pas d'intérêt.— trait, qui a passé par la filière. — en bain, entièrement fondu. Avoir le temps et l' —, avoir tout à soi. Y aller bon jeu, bon —, agir sérieusement et de bonne foi. Prendre pour — comptant, croire légèrement, sans réflexion.

ARGENTAL, s. m. Com. du dép. de la Loire, cant. de Bourg-Argental, arr. de St.-Etienne. = Annonay.

ARGENTAN, s. m. Ville du dép. de l'Orne, chef-lieu de sous-préf. et d'un cant., trib. de 1re inst. et de comm., bur. d'enregist. et de poste; conserv. des hypoth.; direct. des contrib. indir.; ingén. ordinaire des ponts-et-chaussées; sous-inspect. des forêts et recev. part. des finances.

Fabriques de toiles de lin, de chanvre et de coton; de dentelles connues sous le nom de point d'Argentan; de serges et d'étamines.

ARGENTAT, s. m. Petite ville du dép. de la Corrèze, chef-lieu de cant. de l'arr. de Tulle. Bur. d'enregist. et de poste. On exploite dans les environs de cette ville, des mines de houille et de plomb.

ARGENT DOUBLE (l'), s. m. Rivière qui sort de la fontaine de la Fougassière, au bas du rocher de Peyramos, arr. de Carcassonne, dép. de l'Aude. Après avoir parcouru environ cinq lieues, elle se jette dans l'Aude, près de la Redorte.

ARGENTÉ, E, part. Recouvert d'argent. —, adj. Qui est d'un blanc aussi brillant que l'argent.

ARGENTER, v. a. Appliquer des feuilles d'argent sur des ouvrages en cuivre, en fer; plaquer. — Mettre en couleur de manière à imiter le brillant de l'argent.

ARGENTELLES, s. f. Com. du dép. de l'Orne, cant. d'Exmes, arr. d'Argentan. = Nonant.

ARGENTENAY, s. m. Com. du dép. de l'Yonne, cant. d'Ancy-le-Franc, arr. de Tonnerre. = Ancy-le-Franc.

ARGENTERIE, s. f. Vaisselle, ustensiles, ornemens et meubles d'argent.

ARGENTEUIL, s. m. Com. considérable du dép. de Seine-et-Oise, chef-lieu de cant. de l'arr. de Versailles, bur. d'enregist. et de poste. Située sur un coteau, non loin de la rive droite de la Seine, cette commune fournit non seulement des fruits et des légumes, mais encore une assez grande quantité de vins qui se consomment dans les nombreuses guinguettes que l'on trouve aux environs de Paris.

ARGENTEUIL, s. m. Com. du dép. de l'Yonne, cant. d'Ancy-le-Franc, arr. de Tonnerre. = Ancy-le-Franc.

ARGENTEUR, s. m. Ouvrier qui applique l'argent sur des ouvrages de diverses matières.

ARGENTEUX, EUSE, adj. Qui thésaurise, qui a beaucoup d'argent.

ARGENTIER, s. m. Officier du garde-meuble qui a l'argenterie sous sa responsabilité, qui distribue l'argent dans la maison des princes et chez les grands.

ARGENTIÈRE (l'), s. m. Com. du dép. des Hautes-Alpes, chef-lieu de cant. de l'arr. de Briançon. Bur. d'enregist. = Briançon.

ARGENTIÈRE, s. m. Com. du dép. de Seine-et-Marne, cant. de Mormant, arr. de Melun. = Guignes.

ARGENTIÈRE (l'), s. m. Voy. LARCENTIÈRE.

ARGENTIFIQUE, adj. Qui change en argent ou qui le produit, selon les alchimistes.

ARGENTIN, E, adj. Qui a le son ou la couleur de l'argent.

ARGENTINE, s. f. Plante vulnéraire, astringente, détersive, dont le dessous des feuilles semble argenté. T. de bot. — Poisson à nageoires abdominales. T. d'hist. nat.

ARGENTINES, s. f. Com. du dép. de la Dordogne, cant. de Mareuil, arr. de Nontron. = Mareuil.

ARGENTOLLES, s. f. Com. du dép. de la Haute-Marne, cant. de Juzennecourt, arr. de Chaumont. = Bar-sur-Aube.

ARGENTON, s. m. Ville du dép. de l'Indre, chef-lieu de cant. de l'arr. de Châteauroux, bur. d'enregist. et de poste. Fabrique de toile, verrerie.

ARGENTON, s. m. Com. du dép. de Lot-et-Garonne, cant. de Bouglon, arr. de Marmande. = Castel-Jaloux.

ARGENTON (l'), s. m. Petite rivière qui sort de deux fontaines, l'Argent et le Thon, près de Therves, dép. des Deux-Sèvres, et se jette dans le Thouet, au-dessus de Montreuil-Belay.

ARGENTON, s. m. Com. du dép. de la Mayenne, cant. de Bierné, arr. de Château-Gonthier. = Château-Gonthier.

ARGENTON-CHÂTEAU, s. m. Com. du dép. des Deux-Sèvres, chef-lieu de cant. de l'arr. de Bressuire. Bur. d'enregist. et de poste.

Ce bourg a beaucoup souffert dans les guerres de la Vendée; mais les souvenirs de tant de désastres n'existent plus que dans la mémoire des anciens habitants. On y fabrique des serges, des étamines et des cadis. Verreries, comm. de chanvre, vins et bois.

ARGENTON-L'ÉGLISE, s. m. Com.

du dép. des Deux-Sèvres, cant. d'Argenton-le-Château, arr. de Bressuire. = Thouars. On y récolte des vins très estimés. Comm. de bestiaux et de farine.

ARGENTRÉ, s. m. Com. du dép. d'Ille-et-Vilaine, chef-lieu de cant. de l'arr. de Vitré. Bur. d'enregist. à la Guerche. = Vitré.

ARGENTRÉ, s. m. Com. du dép. de la Mayenne, chef-lieu de cant. de l'arr. de Laval. Bur. d'enregist. à Soulgé. = Laval.

ARGENTURE, s. f. Action d'argenter; argent très mince appliqué sur un ouvrage.

ARGENVIÈRES, s. f. Com. du dép. du Cher, cant. de Sancergues, arr. de Sancerre. = La Charité.

ARGENVILLIERS, s. m. Com. du dép. d'Eure-et-Loir, cant. et arr. de Nogent-le-Rotrou. = Nogent-le-Rotrou.

ARGERS, s. m. Com. du dép. de la Marne, cant. et arr. de Ste.-Ménehould. = Ste.-Ménehould.

ARGET (l'), s. m. Petite rivière du dép. de l'Ariège, fort recommandable par la quantité et la qualité des truites qu'on y trouve. Après un cours de quelques lieues, elle se jette dans l'Ariège.

ARGET, s. m. Com. du dép. des Basses-Pyrénées, cant. d'Arsacq, arr. d'Orthez. = Orthez.

ARGIEN, NE, s. et adj. Habitant d'Argos. —, qui concerne cette ancienne ville de la Grèce.

ARGIESANS, s. m. Com. du dép. du Haut-Rhin, cant. et arr. de Belfort. = Belfort.

ARGIL, s. m. Com. du dép. de l'Ain, cant. de St.-Rambert, arr. de Belley. = St.-Rambert.

ARGILE, s. f. Glaise, terre pesante, compacte, molle, ductile, de différentes couleurs, qui se délaie dans l'eau, se durcit au feu, et dont l'alumine est la base.

ARGILEUX, EUSE, adj. Qui est d'argile, qui tient de sa nature ou qui en renferme.

ARGILLIÈRES, s. f. Com. du dép. de la Haute-Saône, cant. de Champlitte, arr. de Gray. = Champlitte.

ARGILLIERS, s. m. Com. du dép. du Gard, cant. de Remoulins, arr. d'Uzès. = Uzès.

ARGILLY, s. m. Com. du dép. de la Côte-d'Or, cant. de Nuits, arr. de Beaune. = Nuits.

ARGIREY, s. m. Com. du dép. de la Haute-Saône, cant. de Montbazon, arr. de Vesoul. = Rioz.

ARGITAMNE, s. m. Arbrisseau de la famille des euphorbes. T. de bot.

ARGITHAUNES, s. m. pl. Genre d'euphorbes. T. de bot.

ARGIUSTA et MORICCIO, s. m. Com. du dép. de la Corse, cant. de Petreto et Bicchinaso, arr. de Sartène. = Sartène.

ARGO, s. m. Navire des Argonautes sur lequel monta Jason pour aller à la conquête de la Toison-d'Or. On prétend que c'est le premier bâtiment qui ait été lancé à la mer. T. de myth. — Le Vaisseau, constellation méridionale. T. d'astr.

ARGŒUVRES, s. f. Com. du dép. de la Somme, cant. et arr. d'Amiens. = Amiens.

ARGOL, s. m. Com. du dép. du Finistère, cant. de Crozon, arr. de Châteaulin. = Châteaulin.

ARGON, s. m. Bâton courbé en demi-cercle au moyen d'une ficelle, pour prendre les oiseaux.

ARGONAUTE, s. m. Nautile, coquillage univalve de mer; papillon. T. d'hist. nat. —, pl. Princes grecs qui s'embarquèrent sur le navire Argo, pour aller dans la Colchide y conquérir la Toison-d'Or.

ARGOPHYLE, s. m. Arbrisseau de la Nouvelle-Ecosse qui se rapproche du lierre. T. de bot.

ARGOS, s. m. Ville de l'Achaïe, célèbre par les héros dont elle fut la patrie.

ARGOT, s. m. Langage des voleurs, des filous, qui n'est intelligible que pour les initiés. — Bois au-dessus de l'œil. T. de jard.

ARGOTÉ, E, part. Se dit d'un arbre dont le bois mort a été coupé.

ARGOTER, v. a. Couper l'extrémité des branches mortes, les argots. T. de jard.

ARGOTIER, s. m. Celui qui sait l'argot, qui le parle.

ARGOUDAN, s. m. Coton de la Chine.

ARGOUGES, s. f. Com. du dép. de la Manche, cant. de St.-James, arr. d'Avranches. = St.-James.

ARGOUGES-SUR-AURE, s. f. Com. du dép. du Calvados, cant. de Ryes, arr. de Bayeux. = Bayeux.

ARGOUGES-SUR-MOSLES, s. m. Com. du dép. du Calvados, cant. de Trevières, arr. de Bayeux. = Bayeux.

ARGOULES, s. m. Com. du dép. de la Somme, cant. de Rue, arr. d'Abbeville. = Montreuil.

ARGOULET, s. m. Ancien cavalier armé; soldat armé d'une carabine. — Vaurien, homme sans aveu.

ARGOUSIER, s. m. Espèce d'olivier. T. de bot.

ARGOUSIN, s. m. Conducteur, gardien des forçats.

ARGUE, s. f. Atelier de tireur d'or ; machine pour affermir la filière ; bureau pour la perception des droits de contrôle ; bâtiment de mer. T. de mar.

ARGUÉ, E, part. Accusé de faux, en parlant d'une pièce.

ARGUEIL, s. m. Com. du dép. de la Seine-Inférieure, chef-lieu de cant. de l'arr. de Neufchâtel. Bur. d'enregist. à Gournay. = Gournay.

ARGUEL, s. m. Com. du dép. du Doubs, cant. et arr. de Besançon. = Besançon.

ARGUEL, s. m. Com. du dép. de la Somme, cant. d'Hornoy, arr. d'Amiens. = Aumale.

ARGUENON (l'), s. m. Petite rivière dont la source est située au pied des montagnes du Mené, dép. des Côtes-du-Nord, et qui se jette dans la Manche, à l'anse de Guildo.

ARGUENOS, s. m. Com. du dép. de la Haute-Garonne, cant. d'Aspect, arr. de St.-Gaudens. = St.-Gaudens.

ARGUER, v. a. Reprendre, contredire. (Vi.) — une pièce de faux, s'inscrire contre son authenticité, soutenir, prouver, démontrer qu'elle est fausse. — Filer l'or, l'argent avec l'argue.

ARGULE, s. m. Crustacé, genre de branchiopodes, de cancres. T. d'hist. nat.

ARGUMENT, s. m. Syllogisme, raisonnement par lequel on tire la conséquence d'une ou de deux propositions. — Indice, preuve, conjecture; sujet abrégé, sommaire d'un livre, d'un poëme. — ad hominem, qui tire sa force de la position où se trouve celui auquel on l'adresse. — Quantité d'où dépend une équation; arc qui sert à connaître un arc proportionnel. — annuel, arc de l'écliptique entre le soleil et l'apogée de la lune. T. d'astr.

ARGUMENTANT, s. m. Celui qui soutient une thèse.

ARGUMENTATEUR, s. m. Qui aime à ergoter, à disputer ; qui argumente.

ARGUMENTATION, s. f. Raisonnement, action, manière d'argumenter, de tirer la conséquence d'une proposition.

ARGUMENTÉ, E, part.

ARGUMENTER, v. n.. Raisonner, faire des argumens, tirer des conséquences.

ARGUS, s. m. Fils d'Arestor. Il avait, dit-on, cent yeux, dont cinquante étaient toujours ouverts. T. de myth. — Espion, duègne, homme très clairvoyant. Fig. Yeux d'—, très pénétrans, auxquels rien n'échappe. — Poissons de différentes espèces; faisans de la Chine ; fort jolis papillons qui ont comme des yeux sur les ailes; coquillage du genre des porcelaines ; serpent du Brésil ; mollusques gastéropodes. T. d'hist. nat.

ARGUT-DESSOUS, s. m. Com. du dép. de la Haute-Garonne, cant. de St.-Béat, arr. de St.-Gaudens. = St.-Béat.

ARGUT-DESSUS, s. m. Com. du dép. de la Haute-Garonne, cant. de St.-Béat, arr. de St.-Gaudens. = St.-Béat.

ARGUTIE, s. f. Sophisme, chicane, vaine subtilité d'esprit.

ARGUZE, s. f. Plante exotique de la famille des bourraches. T. de bot.

ARGY, s. m. Com. du dép. de l'Indre, cant. de Buzançais, arr. de Châteauroux. = Buzançais.

ARGYNNE, s. m. Lépidoptère nymphale. T. d'hist. nat.

ARGYRASPIDES, s. m. pl. Soldats d'élite de l'armée d'Alexandre-le-Grand, qui portaient des boucliers d'argent.

ARGYRÉIOSES, s. m. pl. Petits poissons sans écailles, d'un bleu argenté. T. d'hist. nat.

ARGYRITE, s. f. Marcassite d'argent. T. d'hist. nat.

ARGYROCOME, s. f. Comète d'une couleur argentine. — Plante du cap de Bonne-Espérance. T. de bot.

ARGYRO-DAMAS, s. m. Sorte de talc blanc qui est incombustible.

ARGYROGONIE, s. f. Pierre philosophale que les alchimistes n'ont pas encore trouvée.

ARGYROLITHE, s. f. Pierre de couleur d'argent.

ARGYRONETE, s. f. Araignée aquatique. T. d'hist. nat.

ARGYROPÉE, s. f. Art de faire de l'argent. T. d'alchim.

ARHAN, s. m. Com. du dép. des Basses-Pyrénées, cant. de Tardets, arr. de Mauléon. = Mauléon.

ARHAN-SUS, s. m. Com. du dép. des Basses-Pyrénées, cant. d'iholdy, arr. de Mauléon. = St.-Palais.

ARIADNE, s. f. Fille de Minos, roi de Crète. Abandonnée par Thésée dans l'île de Naxos, elle devint prêtresse de Bacchus, qui l'épousa et mit la couronne de cette princesse au nombre des constellations. T. de myth. — Etoile dans la couronne boréale. T. d'astr.

ARIANISME, s. m. Hérésie d'Arius; disciples de cet hérésiarque.

ARIDAS, s. m. Toile de coton des Indes, Lafetas.

ARIDE, adj. Sec, stérile. Terre —, terre ingrate, qui ne rapporte rien.

ARIDITÉ, s. f. Sécheresse, stérilité, au prop. et au fig. —, état d'insensibilité, de dégoût. T. de dévotion.

ARIDURE, s. f. Atrophie, maigreur extrême, consomption d'une partie ou de la totalité du corps. T. de méd.

ARIÉGE, s. f. Trois sources concourent à la formation de cette rivière qu'on nomme Ariége, *Aurigera*, parce qu'elle roule des sables mêlés de paillettes d'or. Elle est flottable et navigable après un cours de 35 à 40 l. environ, et se jette dans la Garonne à Pinsaguel.

ARIÉGE, s. f. (dép. de l'), chef-lieu de préf., Foix; trois arr. de sous-préf., Foix, St.-Girons et Pamiers; 20 cant. ou just. de paix; 337 com. Pop. 247,930 hab. env.; cour royale à Toulouse; église consistoriale réformée au Mas-d'Azil; 10° div. milit., 9° div. des ponts-et-chaussées, 5° div. des mines; direct. de l'enregist. et des domaines, 3° classe, 12° arr. forestier.

Borné au N. par le dép. de la Haute-Garonne, au N.-E. et à l'E. par celui des Pyrénées-Orient., et au S. par les montagnes des Pyrénées qui le séparent de l'Espagne, le dép. de l'Ariége offre, en général, une température fort douce; mais, dans la partie méridionale, on y éprouve, comme dans beaucoup de contrées de l'Espagne, des alternatives de froids rigoureux et de chaleurs excessives. Dans la partie basse, on cultive du froment, du sarrasin, du maïs, etc.; mais dans les montagnes on ne trouve que des bois et des pâturages où l'on voit paître un grand nombre de troupeaux dont la laine fait la richesse du pays. Quoi qu'il en soit, la récolte suffit à la consommation des habitans.

On y remarque des carrières de marbre, d'albâtre, etc.; du gibier d'un très grand prix, entre autres des coqs de bruyères; d'excellens poissons, à la tête desquels se trouve la truite saumonée qu'accompagne toujours l'écrevisse; des bêtes à cornes, des chevaux de belle race, des moutons mérinos et des abeilles, dont l'éducation paraît être fort soignée. On trouve en outre des mines de cuivre, de plomb et d'argent; mais ces mines ne sont pas exploitées.

Fabriques de tresses de laine et de coton, draps, bonnèteries, etc. Forges à la catalanne, martinets, verrerie, faïenceries et papeteries.

On compte trois routes roy. et huit départementales; mais le service des postes n'est monté sur aucune.

Les principales rivières sont: l'Ariége, l'Arise, l'Arget, le Lez et le Salat.

ARIENS, s. m. pl. Sectaires qui niaient la consubstantialité du Verbe; fauteurs de l'hérésie d'Arius.

ARIES, s. f. Com. du dép. des Hautes-Pyrénées, cant. de Castelnau-Magnoac, arr. de Bagnères. = Castelnau-Magnoac.

ARIETTE, s. f. Petit air vif, léger et détaché, à l'instar des Italiens.

ARIFAT, s. m. Com. du dép. du Tarn, cant. de Montredon, arr. de Castres. = Castres.

ARIGNAC, s. m. Com. du dép. de l'Ariége, cant. de Tarascon, arr. de Foix. = Tarascon.

ARIGOT, s. m. Fifre. Boire, chanter à tire l'—, avec force et constance. T. fam.

ARILLE, s. f. Partie charnue d'un fruit, distincte du péricarpe; extension du cordon ombilical; enveloppe de la graine qui n'y adhère que par le style. T. de bot.

ARILLÉE, adj. Graine —, revêtue d'une arille. T. de bot.

ARIMANE, s. m. Mauvais génie. — Dieu adoré chez les Perses: on croit que c'est le même que Pluton. Voy. OROMASE.

ARIMANON, s. m. Jolie perruche à queue courte.

ARIMÉ, E, part. Se dit d'un poinçon ajusté sur l'enclume. T. d'épingl.

ARIMER, v. a. Ajuster le poinçon sur l'enclume. T. d'épingl.

ARINTHOD, s. m. Com. du dép. du Jura, chef-lieu de cant. de l'arr. de Lons-le-Saulnier; bur. d'enregist. = Orgelet.

ARISTARQUE, s. m. C'est ainsi que se nommait le plus célèbre des commentateurs d'Homère. — Critique sévère, mais juste. — Signe, tache dans la lune. T. d'astron.

ARISTÉ, E, adj. Garni d'arêtes. T. de bot.

ARISTÉE BLEUE, s. f. Fleur d'Afrique à longues arêtes. T. de bot.

ARISTIDE, s. f. Genre de graminées.

ARISTOCRATE, s. m. et adj. Ami des priviléges, partisan du gouvernement des nobles.

ARISTOCRATIE, s. f. Gouvernement des nobles, des grands et des riches; la noblesse, les priviléges.

ARISTOCRATIQUE, adj. Qui tient à l'aristocratie, aux priviléges.

ARISTOCRATIQUEMENT, adv. D'une manière oppressive, aristocratique.

ARISTOCRATISÉ, E, part.

ARISTOCRATISER, v. n. Professer des opinions aristocratiques.

ARISTODÉMOCRATIE, s. f. Gouvernement du peuple et des grands.

ARISTODÉMOCRATIQUE, adj. Qui est relatif à la forme du gouvernement de l'aristodémocratie.

ARISTOLOCHES, s. f. pl. Famille de plantes dicotylédones à pétales, à étamines épigynes, dont les racines sont employées en médecine; toutes les aristoloches sont pectorales, histériques, apéritives et alexipharmaques. Elles viennent du Languedoc et de la Provence. T. de bot.

ARISTOLOGIQUE, adj. Qui provoque les lochies.

ARISTOTE, s. m. Philosophe de l'antiquité, précepteur d'Alexandre-le-Grand, auteur de la dialectique.

ARISTOTÉLICIEN, NE, adj. Qui est relatif à la philosophie d'Aristote, qui est conforme à sa doctrine.

ARISTOTÉLIES, s. f. pl. Sorte d'arbrisseaux de la dodécandrie, ou douzième classe des végétaux. T. de bot.

ARISTOTÉLISME, s. m. Philosophie d'Aristote.

ARISTOXÉNIENS, s. m. pl. Musiciens dont l'oreille était tellement exercée qu'il leur suffisait d'entendre un chant pour juger du rapport des sons. T. d'antiq.

ARITHMANCIE, s. f. Divination par les nombres.

ARITHMÉTICIEN, s. m. Qui sait, qui enseigne l'arithmétique.

ARITHMÉTIQUE, s. f. Science des nombres, art de calculer. —, adj: Qui appartient à l'arithmétique, selon ses règles; fondé sur les nombres, sur des quantités.

ARITHMÉTIQUEMENT, adv. Selon l'arithmétique.

ARIUS, s. m. Prêtre ambitieux qui, pour se venger du refus d'un évêché auquel il prétendait, s'avisa de nier la consubstantialité du Verbe, et devint le chef d'une hérésie qui fut condamnée dans plusieurs conciles, et notamment dans celui de Nicée en 325. Voy. ARIANISME.

ARIZE (l'), s. f. Petite rivière du dép. de l'Ariège dont la source se trouve au-dessus de la com. d'Esplas, et qui se jette dans la Garonne, vis-à-vis de la petite ville de Carbones.

ARJAC, s. m. Com. du dép. de l'Aveyron, cant. de Conques, arr. de Rodez. = Rodez.

ARJUZANX, s. m. Com. du dép. des Landes, chef-lieu de cant. de l'arr. de Mont-de-Marsan. Bur. d'enregist. à Labrit. = Tartas.

ARLANC, s. m. Petite ville du dép. du Puy-de-Dôme, chef-lieu de cant. de l'arr. d'Ambert, bur. d'enregist. = Ambert.

Fabriques de blondes, de rubans de fil, de lacets et autres objets de menue mercerie.

ARLAY, s. m. Com. du dép. du Jura, cant. de Bletterans, arr. de Lons-le-Saulnier. = Lons-le-Saulnier.

ARLEBOSC, s. m. Com. du dép. de l'Ardèche, cant. de St.-Félicien, arr. de Tournon. = Tournon.

ARLEMPDES, s. m. Com. du dép. de la Haute-Loire, cant. de Pradelles, arr. du Puy. = Le Puy.

ARLEQUIN, s. m. Personnage de l'ancienne comédie italienne, qu'on voyait encore sur nos théâtres il y a environ vingt ans. — Bateleur, farceur, bouffon dont le vêtement est composé de pièces de diverses couleurs. — Sorte de colibri. T. d'hist. nat.

ARLEQUINADE, s. f. Farce grossière, bouffonnerie à la manière du personnage que représentait Arlequin.

ARLEQUINE, s. f. Danse d'Arlequin.

ARLES, s. f. Ville du dép. des Bouches-du-Rhône qu'on suppose, ainsi que Marseille, avoir été fondée par les Phocéens, qui vinrent s'établir dans les Gaules; est un chef-lieu de sous-préf. et de deux cant. Trib. de comm.; bibliothèque publique, renfermant environ de 3 à 4,000 vol.; musée d'antiquités, école de navigation, bergeries et haras royaux; bur. d'enregist. et de poste; direct. des contrib. indir. et recev. part. des finances. Pop. 19,870 hab. environ. Elle est située sur la rive gauche du Rhône, qui y forme un port à l'abri de tous les vents.

On remarque dans cette ville, qui fut le siège d'une préfecture romaine, et dans laquelle Constantin, qui lui donna son nom, avait établi le siège de son empire, un grand nombre de monumens antiques, entre autres les restes d'un amphithéâtre qui pourrait contenir 30,000 spectateurs; un obélisque d'un seul bloc de granit oriental, de 50 pieds d'élévation et de 5 de diamètre; un aqueduc, des tombeaux antiques, les ruines de deux temples et d'un arc-de-triomphe; la tour de Roland, les catacombes, et enfin les Champs-Élysées, sur une colline à l'extérieur.

Fabrique de chapeaux, filature de soie. Commerce considérable de blé, vins, huiles, morue, chevaux, mulets, bêtes à laine, porcs, etc., saucissons qui occupent un rang distingué chez les marchands de comestibles; cabotage d'une telle activité qu'on y voit continuellement en charge pour Marseille et Toulouse 100 bateaux de 30 à 180 tonneaux. Arles est à 187 l. de Paris.

ARLES, s. f. Petite ville du dép. des

Pyrénées-Orientales, chef-lieu de cant. de l'arr. de Céret, où se trouvent les bur. d'enregist. et de poste.

Eaux minérales et thermales; fonderie de fer et mine de plomb dans les environs.

ARLET, s. m. Com. du dép. de la Haute-Loire, cant. de la Voûte-Chilhac, arr. de Brioude. = Brioude.

ARLEUF, s. m. Com. du dép. de la Nièvre, cant. et arr. de Château-Chinon. = Château-Chinon.

ARLEUX, s. m. Com. du dép. du Nord, chef-lieu de cant. de l'arr. de Douai, bur. d'enregist. = Douai.

C'est dans ce village que naquit le célèbre jurisconsulte Merlin de Douai, membre du Directoire, et ministre de la justice.

ARLEUX-EN-GOHELLE, s. m. Com. du dép. du Pas-de-Calais, cant. de Vimy, arr. d'Arras. = Arras.

ARLOS, s. m. Com. du dép. de la Haute-Garonne, cant. de St.-Béat, arr. de St.-Gaudens. = St.-Béat.

ARLOZ, s. m. Com. du dép. de l'Ain, cant. de Châtillon-de-Michaille, arr. de Nantua. = Châtillon-de-Michaille.

ARMADILLE, s. f. Petite armée navale, flottille légère que l'Espagne entretenait aux Indes pour empêcher les étrangers de commercer avec ses possessions. — Espèce de cloportes. Voy. TATOU. T. d'hist. nat.

ARMAILLÉ, s. m. Com. du dép. de Maine-et-Loire, cant. de Pouancé, arr. de Segré. = Segré.

ARMANCE, s. f. Petite rivière du dép. de l'Aube, qui prend sa source à Chaource, et qui se jette dans l'Armançon, à St.-Florentin, dép. de l'Yonne, est flottable depuis Metz-Robert jusqu'à son embouchure.

ARMANÇON, s. m. Rivière qui sort de la fontaine de Tagny, près Essey, dép. de la Côte-d'Or. Depuis Montigny jusqu'à Brinon, elle est flottable à bûches perdues, et depuis là jusqu'à son embouchure, elle charie des trains de bois. Après un cours d'environ 45 l., elle se jette dans l'Yonne, à la Roche, à 2 l. de Joigny.

ARMANCOURT, s. m Com. du dép. de l'Oise, cant. d'Estrées-St.-Denis, arr. de Compiègne. = Compiègne.

ARMANCOURT, s. m. Com. du dép. de la Somme, cant. de Roye, arr. de Montdidier. = Roye.

ARMAND, s. m. Bouillie composée de pain, de verjus, de miel et d'épices, pour rendre l'appétit aux chevaux. T. de méd. vétér.

ARMARINTHE ou CACHRIS, s. f. Plante vivace, ombellifère. T. de bot.

ARMATEUR, s. m. Négociant qui arme un vaisseau en course; le capitaine du bâtiment; le navire lui-même.

ARMATURE, s. f. Clefs, liens, barres de fer d'une machine, d'un édifice. — Garniture en fer dans le moule d'une statue de bronze; croûte métallique de pierres figurées.

ARMAU, s. m. Com. du dép. des Basses-Pyrénées, cant. de Lembeye, arr. de Pau. = Pau.

ARMAUCOURT, s. m. Com. du dép. de la Meurthe, cant. de Nomeny, arr. de Nancy. = Nancy.

ARMBOUTS-CAPPEL, s. m. Com. du dép. du Nord, cant. de Bergues, arr. de Dunkerque. = Bergues.

ARMBOUTS-CAPPEL-CAPPEL, s. m. Com. du dép. du Nord, cant. et arr. de Dunkerque. = Dunkerque.

ARME, s. f. Tout ce qui est propre à l'attaque comme à la défense, et fig. tout ce qui sert à combattre une erreur, une passion, une opinion, etc. —, pl. Profession militaire; être né pour les armes. Faire ses premières —, sa première campagne. Passer par les —, être fusillé ou fusiller. — blanches, les sabres, les lances, les baïonnettes. — à feu, les fusils, les pistolets. Faire des —, s'exercer à l'escrime. —, les diverses espèces de troupes, artillerie, cavalerie, infanterie, etc. — Entreprises, exploits militaires. — Armoiries, écu, les dessins dont il est chargé. — Epines et aiguilles dont certaines plantes sont pourvues. T. de bot.

ARMÉ, s. m. Poisson du genre du cotte, du silure, dont la tête est armée de beaucoup d'aiguillons. T. d'hist. nat.

ARMÉ, E, part. Qui possède des armes, qui les porte.

ARMEAU, s. m. Com. du dép. de l'Yonne, cant. de Villeneuve-le-Roi, arr. de Joigny. = Villeneuve-le-Roi.

ARMECH ou ARMET, s. m. Nom collectif qui désigne les ancres, les câbles, les grelins, etc. T. de mar.

ARMÉE, s. f. Troupes réunies sous le commandement d'un général. — navale, flotte sous la conduite d'un amiral.

ARMÉE (à main), adv. De vive force, le pistolet au poing.

ARMEJÉ, E, part. Occupé à s'amarrer. T. de mar.

ARMEJER, v. a. Travailler à s'amarrer dans un port. T. de mar.

ARMEL (St.-), s. m. Com. du dép. d'Ille-et-Vilaine, cant. de Château-Giron, arr. de Rennes. = Rennes.

ARMELINE, s. f. Marte-hermine, peau très fine et très blanche de cet animal qu'on trouve en Laponie. T. d'hist. nat.

ARMEMENT, s. m. Préparatifs de guerre, action d'armer; équipement d'un soldat. —, ce qui sert non seulement à garnir d'armes une flotte entière, mais encore toutes les provisions nécessaires pour tenir la mer. T. de mar.

ARMENDARITS, s. m. Com. du dép. des Basses-Pyrénées, cant. d'Iholdy, arr. de Mauléon. = St.-Palais.

ARMÉNIE, s. f. Ancien royaume d'Asie qui s'étendait depuis l'Euphrate jusqu'à la mer Caspienne.

ARMÉNIEN, NE, s. Né en Arménie, habitant de cet ancien royaume. — s. m. La langue arménienne; savoir l'arménien. —, adj. Relatif à l'Arménie; qui concerne ce pays, ses habitans, sa langue. Pierre —, pierre précieuse que l'on rencontre dans les mines de cuivre.

ARMENONVILLE-LES-GATINEAUX, s. f. Com. du dép. d'Eure-et-Loir, cant. de Maintenon, arr. de Chartres. = Maintenon.

ARMENTEULE, s. f. Com. du dép. des Hautes-Pyrénées, cant. de Bordères, arr. de Bagnères. = Arreau.

ARMENTIÈRES, s. f. Com. du dép. de l'Aisne, cant. de Neuilly-St.-Front, arr. de Château-Thierry. = Oulchy.

ARMENTIÈRES, s. f. Com. du dép. de l'Eure, cant. de Verneuil, arr. d'Évreux. = St.-Maurice.

ARMENTIÈRES, s. f. Jolie petite ville du dép. du Nord, chef-lieu de cant. de l'arr. de Lille. Bur. d'enregist. et de poste.

Cette ville est située sur la rive droite de la Lys, et jouit des avantages d'un petit port où l'on charge la brique qui se fait dans les villages des environs. On y remarque en outre des fabriques de toiles, de dentelles, de filets à l'aiguille, indiennes, calicots, savonneries, rafineries de sel, etc.

ARMENTIÈRES, s. f. Com. du dép. de Seine-et-Marne, cant. de Lizy, arr. de Meaux. = Lizy.

ARMENTIEU, s. m. Com. du dép. du Gers, cant. de Marciac, arr. de Mirande. = Plaisance.

ARMER, v. a. Donner des armes. — des troupes, les équiper. — un vaisseau, le fournir d'armes, d'agrès et de provisions nécessaires. —, exciter à combattre, à prendre les armes, à faire la guerre. —, garnir une chose de ce qui lui donne de la force, une poutre de barres de fer, un jardin d'épines, etc. Fig. S'—, v. pron. Prendre les armes dans le dessein d'attaquer ou de se défendre. S'— de courage, de patience, prendre courage. Fig.

ARMES, s. f. Com. du dép. de la Nièvre, cant. et arr. de Clamecy. = Clamecy.

ARMET, s. m. Casque des chevaliers errans; l'armet de Membrin, de Don Quichotte.

ARMILLAC, s. m. Com. du dép. de Lot-et-Garonne, cant. de Lauzun, arr. de Marmande. = Marmande.

ARMILLAIRE, adj. Se dit d'une sphère vide, composée de cercles pour représenter le mouvement des astres. T. d'astr.

ARMILLES, s. f. pl. Petites moulures en anneaux, au chapiteau dorique, sous l'ove; annelets. T. d'arch.

ARMINIANISME, s. m. Hérésie d'Arminius.

ARMINIEN, NE, s. et adj. Sectaires d'Arminius.

ARMINIUS, s. m. Hérésiarque qui soutenait la grâce universelle.

ARMISSAN, s. m. Com. du dép. de l'Aude, cant. de Coursan, arr. de Narbonne. = Narbonne.

ARMISTICE, s. m. Suspension d'armes.

ARMIX, s. m. Com. du dép. de l'Ain, cant. de Virieu-le-Grand, arr. de Belley. = Belley.

ARMOGAN, s. m. Temps favorable à la navigation. T. de mar.

ARMOIRE, s. f. Grand meuble à deux battans pour serrer du linge, des vêtemens, des armes, etc.

ARMOIRIES, s. f. pl. Armes, attributs distinctifs des familles nobles; livre d'—, recueil héraldique. T. de blas.

ARMOISE, s. f. Plante corimbyfère, herbe de la St.-Jean. T. de bot.

ARMOISES (Grandes-), s. f. Com. du dép. des Ardennes, cant. de Chêne, arr. de Vouziers. = Buzancy.

ARMOISES (Petites-), s. f. Com. du dép. des Ardennes, cant. de Chêne, arr. de Vouziers. = Buzancy.

ARMOISIN ou **ARMOSIN**, s. m. Taffetas faible et peu lustré. T. de comm.

ARMON, s. m. Pièce du train où s'attache le timon.

ARMORIAL, s. m. Recueil héraldique.

ARMORIAL, E, adj. Qui concerne les armoiries.

ARMORIÉ, E, part. Décoré d'armoiries.

ARMORIER, v. a. Peindre des armoiries ou les appliquer sur un carrosse, sur une porte, etc.

ARMORIQUE, adj. Province maritime des Gaules, aujourd'hui la Bretagne.

ARMORISTE, s. m. Qui est versé dans les connaissances héraldiques, qui écrit sur le blason ou enseigne cette science. — Fabricant d'armoiries, peintre.

ARMOSELLE, s. f. Plante corymbifère. T. de bot.

ARMOU (St.-), s. m. Com. du dép. des Basses-Pyrénées, cant. de Morlaas, arr. de Pau. = Pau.

ARMOUS-ET-CAU, s. m. Com. du dép. du Gers, cant. de Montesquiou, arr. de Mirande. = Mirande.

ARMURE, s. f. Cuirasse, cuissards, brassards, casques, etc.—, plaques en fer sur l'aimant. —, enveloppe d'une rame de papier; en général tout ce qui défend, garantit, soutient, fortifie.

ARMURIER, s. m. Fabricant et marchand d'armes.

ARNAC, s. m. Com. du dép. de l'Aveyron, cant. de St-Bauzély, arr. de Milhau. = Milhau.

ARNAC, s. m. Com. du dép. du Cantal, canton de la Roquebrou, arr. d'Aurillac. = Aurillac.

ARNAC (St.-), s. m. Com. du dép. des Pyrénées-Orientales, cant. de St.-Paul-de-Fenouillet, arr. de Perpignan. =St.-Paul.

ARNAC-LA-POSTE, s. m. Com. du dép. de la Haute-Vienne, cant. de St.-Sulpice-les-Feuilles, arr. de Bellac. Bur. d'enregist. et de poste.

ARNAC-POMPADOUR, s. m. Com. du dép. de la Corrèze, cant. de Lubersac, arr. de Brive. = Uzerche.

ARNAGE, s. m. Petit port sur la rive gauche de la Sarthe, com. de Pontlieu, cant. et arr. du Mans. = le Mans.

ARNALDISTES, s. m. pl. Sectaires qui niaient l'Eucharistie et l'efficacité du baptême.

ARNANS, s. m. Com. du dép. de l'Ain, cant. de Treffort, arr. de Bourg.= Bourg.

ARNAS, s. m. Com. du dép. du Rhône, cant. et arr. de Villefranche. = Villefranche.

ARNAUD-GUILLEM, s. m. Com. du dép. de la Haute-Garonne, cant. de St.-Martory, arr. de St.-Gaudens. = St.-Martory.

ARNAVE, s. m. Com. du dép. de l'Ariège, cant. de Tarascon, arr. de Foix.= Tarascon.

ARNAVILLE, s. f. Com. du dép. de la Meurthe, cant. de Thiancourt, arr. de Toul. = Pont-à-Mousson.

ARNAY-LE-DUC ou ARNAY-SUR-ARROUX, s. m. Petite ville du dép. de la Côte-d'Or, chef-lieu de cant. de l'arr. de Beaune. Bur. d'enregist. et de poste.
Fabrique de draps, serges, droguets, toiles, etc.

ARNAYON, s. m. Com. du dép. de la Drôme, cant. de la Motte-Chalançon, arr. de Die. = Die.

ARNAY-SOUS-VITTEAUX, s. m. Com. du dép. de la Côte-d'Or, cant. de Vitteaux, arr. de Semur. = Vitteaux.

ARNE, s. m. Com. du dép. du Gers, cant. de Gimont, arr. d'Auch. = Gimont.

ARNÉ, s. m. Com. du dép. des Hautes-Pyrénées, cant. de Castelnau-Magnoac, arr. de Bagnères. = Castelnau-Magnoac.

ARNEGUY, s. m. Com. du dép. des Basses-Pyrénées, cant. de St.-Jean-Pied-de-Port, arr. de Mauléon. = St.-Jean-pied-de-port.

ARNEKE, s. m. Com. du dép. du Nord, cant. de Cassel, arr. d'Hazebrouck. = Cassel.

ARNICA ou ARNIQUE, s. f. Genre de corymbifère, plante de la syngénésie. —, bétoine des montagnes ou tabac des Vosges. T. de bot.

ARNICOURT, s. m. Com. du dép. des Ardennes, cant. et arr. de Rethel.= Rethel.

ARNIÈRES, s. f. Com. du dép. de l'Eure, cant. et arr. d'Evreux. = Evreux.

ARNO, s. m. Grand fleuve de la Toscane, qui prend sa source dans les Apennins, et se jette dans la Méditerranée.

ARNON (l'), s. m. Rivière qui prend sa source dans le dép. de la Creuse, sur les confins des dép. de l'Allier et du Cher, et qui, après un cours d'environ 30 l., se jette dans le Cher, au-dessous de Vierzon.

ARNONCOURT, s. m. Com. du dép. de la Haute-Marne, cant. de Bourbonne, arr. de Langres. = Bourbonne.

ARNONCOURT, s. m. Com. du dép. de la Haute-Marne, cant. de Doulevant, arr. de Vassy. = Vassy.

ARNOS, s. m. Com. du dép. des Basses-Pyrénées, cant. d'Arthez, arr. d'Orthez. = Orthez.

ARNOULT (St.-), s. m. Com. du dép. du Calvados, cant. et arr. de Pont-l'Evêque. = Touques.

ARNOULT (St.-), s. m. Com. du dép. de Loir-et-Cher, cant de Montoire, arr. de Vendôme. = Montoire.

ARNOULT (St.-), s. m. Com. du dép. de l'Oise, cant. de Formerie, arr. de Beauvais. = Granvilliers.

ARNOULT (St.-), s. m. Com. du dép. de la Seine-Inférieure, cant. de Caudebec, arr. d'Yvetot. = Caudebec.

ARNOULT (St.-), s. m. Petite ville du dép. de Seine-et-Oise, cant. de Dourdan, arr. de Rambouillet. = Dourdan. Fabriques de toiles de coton, basins piqués, mousselinettes; filatures de coton, blanchisserie de toile.

ARNOULT-DES-BOIS (St.-), s. m.

Com. du dép. d'Eure-et-Loir, cant. de Courville, arr. de Chartres. = Courville.

ARNOULT-SUR-RY (St.-), s. m. Com. du dép. de la Seine-Inférieure, cant. de Darnetal, arr. de Rouen. = Rouen.

ARNOUVILLE, s. f. Com. du dép. de Seine-et-Oise, cant. de Gonesse, arr. de Pontoise. = Gonesse. On y remarque un fort beau château où Louis XVIII s'arrêta en 1815. Fabriques de mécaniques pour les filatures ; manuf. de vis à bois, limes, outils et quincaillerie.

ARNOUVILLE, s. f. Com. du dép. de Seine-et-Oise, cant. et arr. de Mantes. = Mantes.

AROFFE, s. f. Com. du dép. des Vosges, cant. de Châtenais, arr. de Neufchâteau. = Neufchâteau.

AROGLASSON, s. m. Plantin. T. de bot.

AROÏDES, s. m. pl. Plantes monocotylédones, famille des arums ; pied de veau. T. de bot.

AROMAS, s. m. Com. du dép. du Jura, cant. d'Arinthod, arr. de Lons-le-Saulnier. = Orgelet.

AROMATE, s. m. Nom générique de toute substance odoriférante tirée des végétaux. —, parfum.

AROMATIQUE, adj. De la nature des aromates, qui en a l'odeur.

AROMATISATION, s. f. Mélange d'aromates dans la composition de certaines drogues, pour les rendre supportables à l'odorat.

AROMATISÉ, E, part. Se dit d'une drogue dans la composition de laquelle on a fait entrer des aromates.

AROMATISER, v. a. Mettre des aromates dans quelque chose.

AROMATITE, s. f. Pierre précieuse, bitumineuse, qui ressemble à la myrrhe. T. d'hist. nat.

ARÔME, s. m. Principe odorant d'une plante, d'un fruit.

ARON, s. m. Com. du dép. de la Mayenne, cant. et arr. de Mayenne. = Mayenne. Forges considérables.

ARON (l'), s. m. Petite rivière du dép. de la Nièvre, qui prend sa source dans un étang, près du village de St.-Reverien, et qui est flottable depuis le point où elle reçoit le ruisseau du Montaron jusqu'à son embouchure dans la Loire, un peu plus bas que Decize.

ARONDE, s. f. Hirondelle. (Vi.)—, pièce de bois qui a une entaille en forme de queue d'hirondelle.—, mollusque acéphale qui produit la nacre, la perle. T. d'hist. nat. — ou arondelle, brigantin, pinque, pinasse. T. de mar.

ARONDELAT, s. m. Petit de l'hirondelle.

ARON-ET-SUZAN, s. m. Village du dép. de l'Ariège, cant. de la Bastide-de-Seran, arr. de Foix. = Foix.

ARONIE, s. f. Sorte d'alizier. T. de bot.

ARONISTES, s. m. pl. Prêtres juifs descendans d'Aaron.

AROUE, s. f. Com. du dép. des Basses-Pyrénées, cant. de St.-Palais, arr. de Mauléon. = St.-Palais.

AROUILLE, s. f. Com. du dép. des Landes, cant. de Roquefort, arr. de Mont-de-Marsan. = Roquefort.

AROUNIER, s. m. Arbre légumineux de la Guiane. T. de bot.

AROURE, s. f. Mesure de terre chez les anciens Grecs.

AROUX, s. m. Com. du dép. du Gers, cant. de Miélan, arr. de Mirande. = Miélan.

AROZ, s. m. Com. du dép. de la Haute-Saône, cant. de Scey-sur-Saône, arr. de Vesoul. = Port-sur-Saône.

ARPAGE, s. m. Enfant mort au berceau.

ARPAILLEUR, s. m. Celui qui cherche des paillettes d'or dans le sable des rivières ; celui qui cherche des mines.

ARPAJON, s. m. Petite ville du dép. de Seine-et-Oise, chef-lieu de cant. de l'arr. de Corbeil. Bur. d'enregist. et de poste. Cette ville, qui peut s'enorgueillir d'avoir donné le jour au célèbre Duquesne, l'un de nos plus braves marins, s'appelait Châtres, et figurait sous ce titre dans un noël fameux avec lequel on endormait les enfans. Tanneries et mégisseries ; comm. de grains, farines, veaux, porcs et autres objets de consommation pour l'approvisionnement de Paris.

ARPAJON, s. m. Com. du dép. du Cantal, cant. et arr. d'Aurillac. = Aurillac.

ARPALLIARGUES et AURCILLAC, s. m. Com. du dép. du Gard, cant. et arr. d'Uzès. = Uzès.

ARPARENS, s. m. Com. du dép. du Gers, cant. d'Aignan, arr. de Mirande. = Nogaro.

ARPAVON, s. m. Com. du dép. de la Drôme, cant. et arr. de Nyons. = Nyons.

ARPÉGE, s. m. Leçon et exemple d'arpégement. T. de mus.

ARPÉGÉ, E, part.

ARPÉGEMENT, s. m. Manière de frapper rapidement et successivement tous les sons d'un accord. T. de mus.

ARPÉGER, v. n. Faire une suite d'arpéges. T. de mus.

ARPENANS, s. m. Com. du dép. de la Haute-Saône, cant. et arr. de Lure. = Lure.

ARPENT, s. m. Pièce de terre de 100 perches, environ 51 ares 1/26.

ARPENTAGE, s. m. Art de mesurer les terres par arpens; action d'arpenter.

ARPENTÉ, E, part. Mesuré par arpens.

ARPENTER, v. a. Mesurer une pièce de terre par arpens ou d'après les nouvelles mesures, etc. — Marcher à grands pas. T. fam.

ARPENTEUR, s. m. Géomètre dont la profession est de mesurer les terrains.

ARPHEUILLE, s. f. Com. du dép. du Cher, cant. de Charenton, arr. de St.-Amand. = St.-Amand.

ARPHEUILLES, s. f. Com. du dép. de l'Allier, cant. de Marcillat, arr. de Montluçon. = Montluçon.

ARPHEUILLES, s. f. Com. du dép. de l'Indre, cant. de Châtillon, arr. de Châteauroux. = Châtillon.

ARPHI, s. m. Com. du dép. du Gard, cant. et arr. du Vigan. = le Vigan.

ARQUÉ, s. m. Poisson qui tient du chétodon. T. d'hist. nat.

ARQUÉ, E, part. Courbé en forme d'arc.

ARQUEBUSADE, s. f. Coup d'arquebuse. Eau d'—, eau dont on se servait pour la guérison des plaies d'armes à feu.

ARQUEBUSE, s. f. Ancienne arme à feu et à rouet que l'on bandait avec une clef. — Les arquebusiers; lieu où ceux-ci s'assemblaient pour l'exercice.

ARQUEBUSÉ, E, part. Tué par l'arquebuse.

ACQUEBUSER, v. a. Tuer à coups d'arquebuse.

ARQUEBUSERIE, s. f. Atelier où se fabriquaient les arquebuses. —, fabrique, commerce d'armes à feu.

ARQUEBUSIER, s. m. Soldat qui servait dans le corps de l'arquebuse. —, armurier, fabricant d'armes à feu.

ARQUENAY, s. m. Com. du dép. de la Mayenne, cant. de Meslay, arr. de Laval. = Laval.

ARQUER, v. a. Courber en arc. —, v. n. et s'—, v. pron. Se courber.

ARQUES, s. f. Com. du dép. de l'Aude, cant. de Couisa, arr. de Limoux. = Limoux.

ARQUES, s. f. Com. du dép. de l'Aveyron, cant. de Pont-de-Salers, arr. de Rodez. = Rodez.

ARQUES (les), s. f. pl. Com. du dép. du Lot, cant. de Cazals, arr. de Cahors. = Gourdon.

ARQUES, s. f. Com. du dép. du Pas-de-Calais, cant. et arr. de St.-Omer. = St.-Omer.

ARQUES, s. f. Petite ville du dép. de la Seine-Inférieure, cant. d'Offranville, arr. de Dieppe. = Dieppe.

Cette ville est célèbre par la journée où Henri IV, avec une poignée de braves, battit une armée de 30,000 hommes commandée par le duc de Mayenne. Comm. de chevaux et bestiaux.

ARQUES (l'), s. f. Petite rivière qui prend sa source à Monterollier, dép. de la Seine-Inférieure, et se jette dans l'arrière-port de Dieppe.

ARQUET, s. m. Fil de fer en forme de ressort; châssis de corde. T. de pap.

ARQUETTES, s. f. Com. du dép. de l'Aude, cant. de Lagrasse, arr. de Carcassonne. = Lagrasse.

ARQUÈVES, s. f. Com. du dép. de la Somme, cant. d'Acheux, arr. de Doullens. = Doullens.

ARQUIAN, s. m. Com. du dép. de la Nièvre, cant. de St.-Amand, arr. de Cosne. = Neuvy-sur-Loire.

ARRABLOY, s. m. Com. du dép. du Loiret, cant. et arr. de Gien. = Gien.

ARRACHÉ, E, part. Ôté, enlevé, détaché avec effort.

ARRACHEMENT, s. m. Action d'arracher. —, commencement d'une voûte; pierres en saillie au bout d'un mur. T. d'archit.

ARRACHE-PIED (d'), adv. Sans interruption, sans discontinuer.

ARRACHER, v. a. Détacher, ôter, enlever avec effort. —, soustraire; arracher quelqu'un à la mort. —, tirer adroitement; arracher de l'argent d'une personne; —, obtenir avec peine; arracher un secret, des larmes, fig. S'—, v. pron. Se déchirer, s'—, s'enlever, se tirer quelque chose qui blesse; s'arracher les cheveux. S'—, se retirer avec chagrin, avec peine. S'—, se soustraire à, s'affranchir de.

ARRACHEUR, s. m. Charlatan qui arrache les dents, qui extirpe les cors. Mentir comme un — de dents, mentir effrontément. T. fam.

ARRACHEUSE, s. f. Ouvrière qui épluche les tissus des étoffes. T. de manuf.

ARRACHIS, s. m. Enlèvement du plant des arbres fait en fraude; plant levé à racines nues.

ARRACOURT, s. m. Com. du dép. de la Meurthe, cant. de Vic, arr. de Château-Salins. = Moyenvic.

ARRADON, s. m. Com. du dép. du Morbihan, cant. et arr. de Vannes. = Vannes.

ARRAGON, s. m. Province et ancien royaume d'Espagne.

ARRAGONET, s. m. Com. du dép. des Hautes-Pyrénées, cant. de Vielle, arr. de Bagnères = Arreau.

ARRAGONITE, s. m. Spath calcaire d'Arragon. T. d'hist. nat.

ARRAINCOURT, s. m. Com. du dép. de la Moselle, cant. de Faulquemont, arr. de Metz. = St.-Avold.

ARRAISONNÉ, E, part. Persuadé par une suite de raisonnement. (Vi.)

ARRAISONNER, v. a. Faire des raisonnemens pour persuader quelqu'un, pour lui faire entendre raison. (Vi.) — un vaisseau, prendre des informations sur sa route. T. de mar.

ARRANCOURT, s. m. Com du dép. de Seine-et-Oise, cant. de Méréville, arr. d'Etampes. = Etampes.

ARRANCY, s. m. Com. du dép. de l'Aisne, cant. et arr. de Laon. = Laon.

ARRANCY, s. m. Com. du dép. de la Meuse, cant. de Spincourt, arr. de Montmédy-Longuion. Fabrique de fil de fer; forges et fourneaux. = Longuion.

ARRANGÉ, E, part. Mis en ordre.

ARRANGEMENT, s. m. Ordre, état de ce qui est disposé, arrangé. —, disposition avec ordre; arrangement d'idées, de mots. —, esprit d'ordre dans la dépense, économie. —, conciliation. —, pl. Négociations pour terminer une alliance, pour finir une affaire.

ARRANGER, v. a. Mettre dans un ordre convenable. — une affaire, la terminer. — quelqu'un, le maltraiter. T. fam. S'—, v. pr. et réc. Se mettre dans une posture commode. S'—, se placer en ordre. S'—, se concilier. S'— pour, faire en sorte.

ARRANS, s. m. Com. du dép. de la Côte-d'Or, cant. de Laignes, arr. de Châtillon. = Montbard.

ARRAS, s. m. Com. du dép. de l'Ardèche, cant. et arr. de Tournon. = St.-Vallier.

ARRAS, s. m. Ville du dép. du Pas-de-Calais, place de guerre de 3e. classe, chef-lieu de préf., d'une sous-préf. et de deux cant. Evêché, cour d'assises, trib. de 1re inst. et de comm.; société d'encourag. pour les lettres, sciences et arts; institution des sourds-muets; biblioth. pub., renfermant environ 34,000 vol.; cabinets d'histoire naturelle et de physique; musée, école de dessin, jardin botanique; ingén. en chef des ponts-et-chaussées; ingén. des mines, direct. de l'enregist. et des domaines de 1re classe; bur. d'enregist. et de poste; conserv. des hypoth.; direct. des contrib. dir. et indir., recev. gén. des finances.

Assise au milieu d'une plaine fertile et traversée par la Scarpe qui la partage en deux, cette ville était autrefois une place de guerre du premier ordre; mais elle a perdu de son importance. Ses fortifications, en grande partie, appartiennent à Vauban. La citadelle, qui offre un pentagone alongé, passe pour être l'une des plus fortes de France. Quand Louis XIII s'empara d'Arras en 1640, on trouva sur l'une des portes cette inscription bizarre : Quand les Français prendront Arras, les souris mangeront les chats. Il faut effacer le P, dit un homme d'esprit, au sujet de cette inscription.

Fabriques de bas, dentelles, pipes de terre, savon; filature de coton; raffineries de sucre; fabriques de sucre de betterave; clouteries, tanneries et corroieries. Comm. considérable d'huile de colza, grains, farines, vins, eaux-de-vie, fil, laines, cuirs, etc. Les monumens qui doivent particulièrement fixer l'attention des voyageurs, sont : l'hôtel-de-ville et la cathédrale, la salle de spectacle, la citadelle, la tour du beffroi et les casernes.

ARRAS, s. m. Com. du dép. des Hautes-Pyrénées, cant. d'Aucun, arr. d'Argelès. = Argelès.

On trouve dans les environs des mines de plomb, de zinc et de cuivre.

ARRAST, s. m. Com. du dép. des Hautes-Pyrénées, cant. et arr. de Mauléon. = Mauléon.

ARRAUTE, s. m. Com. du dép. des Basses-Pyrénées, cant. de St.-Palais, arr. de Mauléon. = St.-Palais.

ARRAX (l'), s. m. Petite rivière qui prend sa source dans le dép. du Gard, et se jette dans la Garonne à peu de distance de Valence.

ARRAYE-ET-HAN, s. m. Com. du dép. de la Meurthe, cant. de Nomeny, arr. de Nancy. = Pont-à-Mousson.

ARRAYOU, s. m. Com. du dép. des Hautes-Pyrénées, cant. de Lourdes, arr. d'Argelès. = Lourdes.

ARRAZIGUET, s. m. Com. du dép. des Basses-Pyrénées, cant. d'Arzacq, arr. d'Orthez. = Pau.

ARRE, s. f. Com. du dép. du Gard, cant. et arr. du Vigan. = le Vigan.

ARREAU, s. m. Petite ville du dép. des Hautes-Pyrénées, chef-lieu de cant. de l'arr. de Bagnères; bur. d'enregist. et de poste.

Cette ville est située à l'extrémité de la vallée d'Aure. En 1793, vaincus par les Français, les Espagnols y furent forcés à une retraite précipitée.

Fabriques de gros draps, cordelats et bonneterie de laine; nombreuses scieries hydrauliques.

ARRELLES, s. f. Com. du dép. de l'Aube, cant. des Riceys, arr. de Bar-sur-Seine. = les Riceys.

ARREMON, s. m. Oiseau, espèce de tangara. T. d'hist. nat.

ARRÈNES, s. f. Com. du dép. de la Creuse, cant. de Bénévent, arr. de Bourganeuf. = Chanteloube.

ARRENS, s. m. Com. du dép. des Hautes-Pyrénées, cant. d'Aucun, arr. d'Argelès. = Argelès.
On trouve dans les environs de cette com. des mines de cuivre et de plomb.

ARRENTÉ, E, part. Se dit d'un héritage pris ou donné à rente.

ARRENTEMENT, s. m. Action de donner ou de prendre à rente; bail à rente.

ARRENTER, v. a. Donner ou prendre un héritage, etc., à rente.

ARRENTES-DE-CORCIEUX, s. m. Com. du dép. des Vosges, cant. de Corcieux, arr. de St.-Dié. = Bruyères.

ARRENTIÈRES, s. f. Com. du dép. de l'Aube, cant. et arr. de Bar-sur-Aube. = Bar-sur-Aube.

ARRÉRAGÉ, E, part.

ARRÉRAGER, v. n. Laisser accumuler les arrérages d'une rente. S'—, s'accumuler en parlant des arrérages d'une rente.

ARRÉRAGES, s. m. pl. Ce qui est échu d'une rente, d'un loyer, etc.; intérêt.

ARRESTATION, s. f. Action d'arrêter quelqu'un. —, prise de corps; état de celui qui est arrêté.

ARRÊT, s. m. Com. du dép. de la Somme, cant. de St.-Valery, arr. d'Abbeville. = St.-Valery.

ARRÊT, s. m. Jugement d'une cour souveraine. —, décision de particuliers; fig. —, saisie de personnes ou de biens. —, action du cheval qui s'arrête, du chien qui arrête le gibier. — Pièce du harnais où les chevaliers arrêtaient et appuyaient leur lance. —, petite pièce de la platine d'un fusil qui arrête le ressort. T. d'arqueb. Chien d'—, chien de race qui s'arrête et indique le gibier. —, tout ce qui sert à arrêter, fixer, assujettir. Mettre aux —, défendre de sortir d'un lieu. Garder les —, ne pas quitter ce lieu. Rompre les —, sortir. Lever les —, en révoquer l'ordre. T. d'art milit.

ARRÊTANT, s. m. Pièce de bois pour fixer, arrêter le crochet, etc.

ARRÊTÉ, s. m. Résolution prise dans une assemblée délibérante; résultat des délibérations de cette assemblée. — de compte, règlement définitif d'un compte.

ARRÊTÉ, E, part. Empêché d'avancer; appréhendé au corps, incarcéré, etc.

ARRÊTE-BŒUF, s. m. Espèce de bugrane, plante antiscorbutique dont les longues racines arrêtent la charrue; ses épines acérées sont très dangereuses pour les moissonneurs.

ARRÊTEMENT, s. m. Action d'arrêter une chose; obstacle.

ARRÊTER, v. a. Empêcher de marcher, de se mouvoir, d'agir. —, appréhender au corps, constituer prisonnier; engager pour servir, retenir à son service; s'assurer d'une chose pour son usage, donner des arrhes; rendre stationnaire; empêcher de s'élever, de grossir. —, conclure, déterminer, décider de faire; amuser; convenir. — des poursuites, les faire cesser. —, un compte, le régler. — ses yeux, les fixer; sa pensée, réfléchir, fig. —, v. n. Cesser de marcher, demeurer en un lieu pour peu de temps, tarder. S'—, v. pron. Se fixer, se déterminer à..., s'arrêter à un plan. S'—, avoir égard, faire attention à... s'arrêter à de vaines promesses.

ARRÉTISTE, s. m. Compilateur, commentateur d'arrêts.

ARREUX, s. m. Com. du dép. des Ardennes, cant. de Renwez, arr. de Mézières. = Mézières.

ARRHÉ, E, part. Se dit du gage donné pour s'assurer d'une marchandise.

ARRHEMENT, s. m. Action d'arrher; à-compte donné sur une marchandise achetée.

ARRHER, v. a. S'assurer d'un objet dont on vient de faire le marché en donnant des arrhes.

ARRHES, s. f. pl. Argent avancé pour s'assurer de l'exécution d'un marché. Donner, perdre des arrhes.

ARRIAN, s. m. Vautour des Pyrénées. T. d'hist. nat.

ARRIANCE, s. f. Com. du dép. de la Moselle, cant. de Faulquemont, arr. de Metz. = St.-Avold.

ARRIBANS, s. m. Com. du dép. des Landes, cant. de Hagetmau, arr. de St.-Sever. = St.-Sever.

ARRICAU, s. m. Com. du dép. des Basses-Pyrénées, cant. de Lembeye, arr. de Pau. = Mont-de-Marsan.

ARRIEN, s. m. Com. du dép. des Basses-Pyrénées, cant. de Morlaas, arr. de Pau. = Pau.

ARRIÈRE, s. m. Poupe d'un navire. Vent —, vent en poupe. T. de mar.

ARRIÈRE, interj. Loin d'ici. En —,

adv. En retard. En —, en reculant. En — de quelqu'un, en son absence. —, prép. inséparable d'un mot, opposée à avant. Arrière-garde.

ARRIÉRÉ, s. m. Partie de la dette publique dont le paiement est remis à une époque indéterminée. —, paiement retardé.

ARRIÉRÉ, E, part. Différé.

ARRIÈRE-BAN, s. m. C'était, au temps de la féodalité, une assemblée de gentilshommes, de nobles feudataires.

ARRIÈRE-BEC, s. m. Partie de la pile, sous le pont, du côté d'en bas.

ARRIÈRE-BOUTIQUE, s. f. Boutique derrière la première.

ARRIÈRE-CAUTION, s. f. Caution de la caution.

ARRIÈRE-CHANGE, s. m. Intérêts des intérêts.

ARRIÈRE-CORPS, s. m. Partie d'un bâtiment derrière un autre.

ARRIÈRE-COUR, s. f. Seconde cour; petite cour, servant de dégagement.

ARRIÈRE-FAIX, s. m. Enveloppe du fœtus, délivre, secondines. T. de chir.

ARRIÈRE-FERMIER, s. m. Sous-fermier.

ARRIÈRE-FIEF, s. m. Fief mouvant d'un autre.

ARRIÈRE-FLEUR, s. f. Reste de la fleur des peaux; fleur qui vient après la saison.

ARRIÈRE-GARANT, s. m. Garant du garant.

ARRIÈRE-GARDE, s. f. Réserve d'une armée qui marche la dernière. —, vieux vaisseau servant de corps-de-garde dans un port. T. de mar.

ARRIÈRE-GOÛT, s. m. Goût désagréable que laisse un mets, une boisson.

ARRIÈRE-LIGNE, s. f. Seconde ligne d'une armée, séparée de la première d'environ trois cents pas. T. d'art. mil.

ARRIÈRE-MAIN, s. f. Train de derrière du cheval. — Coup du revers de la raquette, au jeu de paume.

ARRIÈRE-NEVEU, s. m. Fils du neveu ou de la nièce. —, pl. La postérité la plus reculée.

ARRIÈRE-PANAGE, s. m. Temps après l'expiration du panage, pendant lequel il est permis de conduire les bestiaux dans la forêt.

ARRIÈRE-PENSÉE, s. f. Pensée intérieure, vue secrète qui détermine l'action.

ARRIÈRE-PETIT-FILS, s. m. Fils du petit-fils ou de la petite-fille.

ARRIÈRE-POINT, s. m. Point fait d'avant en arrière.

ARRIÉRER, v. a. et n. Différer. Arriérer un paiement. S'—, v. pron. Rester en arrière pour les paiemens; ne pas payer à l'échéance.

ARRIÈRE-SAISON, s. f. L'automne, sa fin. —, le dernier âge de la vie. Fig.

ARRIÈRE-VASSAL, s. m. Qui relève d'un vassal.

ARRIÈRE-VOUSSURE, s. f. Voûte derrière une porte, une fenêtre, ou au-dessus.

ARRIGAS, s. m. Com. du dép. du Gard, cant. d'Alzon, arr. du Vigan. = le Vigan.

ARRIGNY, s. m. Com. du dép. de la Marne, cant. de St.-Remy-en-Bouzemont, arr. de Vitry-le-Français. = Vitry-le-Français.

ARRIMAGE, s. m. Arrangement de la cargaison d'un bâtiment marchand. T. de mar.

ARRIMÉ, E, part. Arrangé, en parlant d'une cargaison.

ARRIMER, v. a. et n. Arranger la cargaison d'un navire de commerce.

ARRIMEUR, s. m. Préposé à l'arrimage dans un port; celui qui arrange la cargaison.

ARRIOLER (s'), v. pron. S'agiter, se soulever. La mer s'arriole, quand le vent change tout à coup et que les vagues amoncelées cèdent à son impétuosité. T. de mar.

ARRISÉ, E, part. Abaissé, amené. T. de mar.

ARRISER, v. a. Abaisser, descendre, amener. T. de mar.

ARRIVAGE, s. m. Arrivée dans le port d'un vaisseau chargé de marchandises; arrivée de marchandises par eau.

ARRIVE, s. m. Com. du dép. des Basses-Pyrénées, cant. de Sauveterre, arr. d'Orthez. = Orthez.

ARRIVÉ, E, part.

ARRIVÉE, s. f. Action d'arriver; venue dans un lieu, dans un temps. —, heure où une chose arrive. —, mouvement de rotation que fait un bâtiment. T. de mar.

ARRIVER, v. n. Approcher de la rive, aborder; parvenir au but de son voyage, au lieu où l'on devait aller. —, réussir. Fig. —, obéir au vent. T. de mar.

ARRO, s. m. Com. du dép. de la Corse, cant. de Sari, arr. d'Ajaccio. = Ajaccio.

ARROCHE, s. f. Genre de chénopodées; plante potagère, rafraîchissante et émolliente. T. de bot.

ARRODETS, s. m. Com. du dép. des

Hautes-Pyrénées, cant. de Labarthe, arr. de Bagnères. = Bagnères.

ARRODETS, s. m. Com. du dép. des Hautes-Pyrénées, cant. de Lourdes, arr. d'Argelès. = Lourdes.

ARROGAMMENT, adv. Avec arrogance.

ARROGANCE, s. f. Suffisance, présomption, orgueil, morgue, insolence, fierté méprisable.

ARROGANT, E, adj. Orgueilleux, fier, insolent, hautain, superbe, impérieux.

ARROGER (s'), v. pron. S'attribuer mal à propos un droit; se donner des airs de supériorité.

ARROI, s. m. Train, équipage. (Vi.) Voy. Désarroi.

ARROMAN (St.-), s. m. Com. du dép. du Gers, cant. de Masseube, arr. de Mirande. = Auch.

ARROMAN (St.-), s. m. Com. du dép. des Hautes-Pyrénées, cant. de Labarthe, arr. de Bagnères. = Tarbes.

ARROMANCHES, s. f. Com. du dép. du Calvados, cant. de Ryes, arr. de Bayeux. = Bayeux.

ARRONDI, E, part. Devenu rond.

ARRONDIR, v. a. Rendre rond. — son bien, augmenter ses domaines. Fig. — une période, lui donner du nombre, de l'harmonie. T. de rhét. —, faire ressortir les formes, faire sentir la rondeur, la saillie. T. de peint. —, faire ressortir les contours avec force, avec grâce. T. de sculp. —, représenter en relief. T. de blas. — un cap, le doubler en décrivant une courbe. — une île, en faire le tour. S'—, v. pron. Ajouter à ses possessions des terres qui se trouvent dans le voisinage.

ARRONDISSEMENT, s. m. Action d'arrondir ou de s'arrondir; son effet. État d'une chose arrondie. —, sous-préfecture; partie d'une ville qui est administrée par un maire et autres officiers municipaux. —, ordre, arrangement d'une phrase, d'une période. T. de rhét.

ARRONDISSEUR, s. m. Ouvrier qui arrondit; couteau de tabletier.

ARRONNES, s. f. Com. du dép. de l'Allier, cant. de Mayet-de-Montagne, arr. de la Palisse. = Cusset.

ARRONVILLE, s. f. Com. du dép. de Seine-et-Oise, cant. de Marines, arr. de Pontoise. = Méru.

ARROS, s. m. Com. du dép. des Basses-Pyrénées, cant. d'Iholdy, arr. de Mauléon. = St.-Jean-Pied-de-Port.

ARROS, s. m. Com. du dép. des Basses-Pyrénées, cant. de Nay, arr. de Pau. = Pau.

ARROS, s. m. Com. du dép. des Basses-Pyrénées, cant. de Ste.-Marie, arr. d'Oloron. = Oloron.

ARROS (l'), s. m. Rivière qui prend sa source près Ste.-Marie, dép. des Hautes-Pyrénées, et qui, après un cours d'environ 20 l., se jette dans l'Adour, à Isoges, dép. du Gers.

ARROSAGE, s. m. Action d'arroser; l'eau qu'on répand. —, eau qu'on jette dans les mortiers pour lier le salpêtre, le soufre et le charbon avec lesquels on fait la poudre à canon. —, canaux d'irrigation.

ARROSÉ, E, part. Imbibé d'eau, humecté, mouillé.

ARROSEMENT, s. m. Action d'arroser. —, mise au jeu, paiement. T. de jeu.

ARROSER, v. a. Répandre de l'eau sur les plantes à l'aide d'un arrosoir, humecter, mouiller. —, couler dans un pays, le traverser, en parlant des rivières. —, ajouter à une première mise de fonds. T. de banq. —, payer une rétribution à des joueurs. T. de jeu.

ARROSION, s. f. Corrosion; action, effet des substances qui corrodent les os.

ARROSOIR, s. m. Vase de fer blanc ou de cuivre dont le conduit, à son extrémité, est percé d'une infinité de trous pour répandre l'eau en forme de rosée. T. de jard. — Genre de testacés univalves. T. d'hist. nat.

ARROU, s. m. Com. du dép. d'Eure-et-Loir, cant. de Cloyes, arr. de Châteaudun. = Châteaudun.

ARROUÈDE, s. f. Com. du dép. du Gers, cant. de Masseube, arr. de Mirande. = Boulogne.

ARROUMA, s. m. Plante de la Guiane avec l'écorce de laquelle on fait des corbeilles. T. de bot.

ARROUMEX (St.-), s. m. Com. du dép. de Tarn-et-Garonne, cant. de St.-Nicolas-de-la-Grave, arr. de Castel-Sarrasin. = St.-Nicolas-de-la-Grave.

ARROUT, s. m. Com. du dép. de l'Ariége, cant. de Castillon, arr. de St.-Girons. = St.-Girons.

ARROUTER (s'), v. pron. Se mettre en route (Vi.).

ARROUX (l'), s. m. Rivière qui a sa source dans l'étang de Mouillon, près Issey, dép. de la Côte-d'Or et se jette dans la Loire, près de l'embouchure du canal du Centre, entre Digoin et Lamotte-St.-Jean. Elle est flottable à Autun, et navigable à Geuguon.

ARROZÈS, s. m. Com. du dép. des Basses-Pyrénées, cant. de Lembeye, arr. de Pau. = Pau.

ARRUDI, E, part.

ARRUDIR, v. n. Devenir rude, grossier, incivil (Vi.).

ARRUGIE, s. f. Conduit pratiqué dans les mines pour l'écoulement des eaux.

ARRY, s. m. Com. du dép. du Calvados, cant. de Villers-Bocage, arr. de Caen. = Villers-Bocage.

ARRY, s. m. Com. du dép. de la Somme, cant. de Rue, arr. d'Abbeville. = Rue.

ARRY, s. m. Com. du dép. de la Moselle, cant. de Gorze, arr. de Metz. = Metz.

ARS, s. m. Com. du dép. de la Charente, cant. et arr. de Cognac.=Cognac.

ARS, s. m. Com. de l'Ile-de-Ré, dép. de la Charente-Inférieure, chef-lieu de cant. de la Rochelle. Bur. d'enregist. à St.-Martin. Syndicat maritime. = St.-Martin-de-Ré.

Située sur la côte occidentale de l'Ile-de-Ré, cette com. jouit des avantages d'un petit port et d'une bonne rade sur les bords de l'Océan.

ARS, s. m. Com. du dép. de la Creuse, cant. de St.-Sulpice-les-Champs, arr. d'Aubusson. = Aubusson.

ARS, s. m. Com. du dép. de l'Ain, cant. et arr. de Trévoux. = Trévoux.

ARS, s. m. Com. du dép. du Puy-de-Dôme, cant. de Montaigut, arr. de Riom. = Montaigut.

ARS, s. m. pl. Membres, veines; jambes du cheval; saigner des quatre ars. (Vi.)

ARS, E, adj. Brûlé. (Vi.)

ARSAC, s. m. Com. du dép. de la Gironde, cant. de Castelnau, arr. de Bordeaux. = Bordeaux.

ARSAGUE, s. f. Com. du dép. des Landes, cant. d'Amou, arr. de St.-Sever. = Orthez.

ARSANS, s. m. Com. du dép. de la Haute-Saône, cant. de Pesmes, arr. de Gray. = Gray.

ARSCHEVILLER, s. m. Com. du dép. de la Meurthe, cant. de Phalsbourg, arr. de Sarrebourg. = Phalsbourg.

ARSCHIN, s. m. Mesure pour auner à la Chine : sept archins font 40 aunes 2 pieds 11 lignes. T. de comm.

ARCHINE, s. f. Mesure d'aunage en Russie. Longueur, 26 pouces 6 lignes 3/10es.

ARSENAL, s. m. Vaste magasin d'armes; édifice où l'on fabrique et tient en réserve toutes sortes d'instrumens de guerre. —, place de guerre bien armée et abondamment pourvue de munitions. — maritime, où l'on renferme tous les objets nécessaires à la marine.

ARSÉNIATE, s. m. Sel formé par la combinaison de l'acide arsenic avec différentes bases. — T. de chim.

ARSENIATÉ, E. adj. Qui est combiné avec l'acide arsenic. T. de chim.

ARSENIC, s. m. Minéral, substance métallique qui se volatilise au feu.—, sel métallique qui devient un poison très violent lorsqu'il est sublimé. Oxide d'—, arsenic pur. T. de chim.

ARSÉNICAL, E, adj. Qui tient de l'arsenic. T. de chim.

ARSÉNIÉ, E, adj. Combiné avec l'arsenic. T. de chim.

ARSÉNIEUX, EUSE, adj. Composé d'arsenic; oxide arsénieux. T. de chim.

ARSÉNIQUE, adj. Arsénical. Acide —, saturé d'oxigène. T. de chim.

ARSÉNITE, s. m. Combinaison de l'oxide d'arsenic avec une base quelconque. T. de chim.

ARSIN, s. m. Bois, forêt où le feu a pris accidentellement.

ARSIS, s. m. Vin trop chaud, trop vigoureux.—, élévation de la voix en commençant un vers. T. de Gramm. — Arbuste de la Cochinchine. T. de bot.

ARS-LAQUENEXY, s. m. Com. du dép. de la Moselle, cant. de Pange, arr. de Metz. = Metz.

ARSONVAL, s. m. Com. du dép. de l'Aube, cant. et arr. de Bar-sur-Aube. = Bar-sur-Aube.

ARS-SUR-MOSELLE, s. m. Com. du dép. de la Moselle, cant. de Gorze, arr. de Metz. = Metz.

Manufacture hydraulique de drap pour l'habillement des troupes.

ARSURE, s. f. Com. du dép. du Jura, cant. de Noseroy, arr. de Poligny. = Champagnoles.

ARSY, s. m. Com. du dép. de l'Oise, cant. d'Estrées-St.-Denis, arr. de Compiègne. = Compiègne.

ART, s. m. Système de connaissances réduit à des règles positives et invariables. —, profession, métier; industrie, habileté; adresse, artifice. Les maîtres de l'—, ceux qui passent pour être les plus instruits, les plus habiles dans un art ou dans une science. Beaux —, pl. La peinture, la sculpture, la musique, l'architecture, etc. — mécaniques, qui dépendent de la main. —, libéraux, où l'esprit a plus de part que la main.

ARTAGNAN, s. m. Com. du dép. des Hautes-Pyrénées, cant. de Vic, arr. de Tarbes. = Vic-en-Bigorre.

ARTAISE-LE-VIVIER, s. m. Com. du dép. des Ardennes, cant. de Raucourt, arr. de Sedan.=Sedan.

ARTAIX, s. m. Com. du dép. de

Saône-et-Loire, cant. de Marcigny, arr. de Charolles. = Marcigny.

ARTALENS, s. m. Com. du dép. des Hautes-Pyrénées, cant. et arr. d'Argelès. = Argelès.

ARTANNES, s. f. Com. du dép. de Maine-et-Loire, cant. et arr. de Saumur. = Saumur.

ARTANNES, s. f. Com. du dép. d'Indre-et-Loire, cant. de Montbazon, arr. de Tours. = Montbazon.

ARTAS, s. m. Com. du dép. de l'Isère, cant. de St.-Jean-de-Bournay, arr. de Vienne. = Bourgoing.

ARTASSENS, s. m. Com. du dép. des Landes, cant. de Grenade, arr. de Mont-de-Marsan. = Grenade-sur-Adour.

ARTÉDIE, s. f. Plante ombellifère du Liban. T. de bot.

ARTEL, s. m. Com. du dép. de la Nièvre, cant. de Prémery, arr. de Cosne. = Nevers.

ARTEMON, s. m. Troisième moufle de la polyspaste, sorte de machine.

ARTEMPS, s. m. Com. du dép. de l'Aisne, cant. de St.-Simon, arr. de St.-Quentin. = St.-Quentin.

ARTENAI, s. m. Com. du dép. du Loiret, chef-lieu de cant. de l'arr. d'Orléans. Bur. de poste. Bur. d'enregist. à Neuville.

ARTENNE, s. f. Oiseau aquatique, palmipède. T. d'hist. natur.

ARTÈRE, s. f. Canal élastique qui conduit le sang du cœur dans toutes les parties du corps. T. d'anat.

ARTÉRIAQUE, adj. Se dit des remèdes contre l'atonie, l'aridité de l'artère. T. d'anat.

ARTÉRIEL, LE, adj. Qui appartient à l'artère; sang artériel. T. d'anat.

ARTÉRIEUX, EUSE, adj. De la nature de l'artère. T. d'anat.

ARTÉRIOGRAPHIE, s. f. Description des artères. T. d'anat.

ARTÉRIOLE, s. f. Petite artère. T. d'anat.

ARTÉRIOLOGIE, s. f. Partie de l'anatomie qui traite des artères. T. d'anat.

ARTÉRIO-PITUITEUX, adj. Se dit d'un vaisseau qui règne le long des fosses nasales. T. d'anat.

ARTÉRIOTOMIE, s. f. Ouverture d'une artère. T. d'anat.

ARTÉSIEN, NE, s. et adj. De l'Artois, ancienne province de France. Puits artésien.

ARTHANITE, s. m. Cyclamen, pain de pourceau, plante qui entre dans la composition d'un onguent employé contre les affections scrophuleuses et squirrheuses.

ARTHEMONAY, s. m. Com. du dép. de la Drôme, cant. de St.-Donat, arr. de Valence. = Valence.

ARTHENAS, s. m. Com. du dép. du Jura, cant. de Beaufort, arr. de Lons-le-Saulnier. = Lons-le-Saulnier.

ARTHÈS, s. m. Com. du dép. du Tarn, cant. et arr. d'Alby. = Alby.

ARTHEZ, s. m. Com. du dép. des Basses-Pyrénées, chef-lieu de cant. de l'arr. d'Orthez. Bur. d'enregist. = Orthez.

ARTHEZ-D'ASSON, s. m. Com. du dép. des Basses-Pyrénées, cant. de Nay, arr. de Pau. = Pau. Forges et martinets.

ARTHEZÉ, s. m. Com. du dép. de la Sarthe, cant. de Malicorne, arr. de la Flèche. = la Flèche.

ARTHEZ-ET-EYRES, s. m. Com. du dép. des Landes, cant. de Villeneuve, arr. de Mont-de-Marsan. = Mont-de-Marsan.

ARTHIES, s. f. Com. du dép. de Seine-et-Oise, cant de Magny, arr. de Mantes. = Magny.

ARTHIEUL, s. m. Com. du dép. de Seine-et-Oise, cant. de Magny, arr. de Mantes. = Magny.

ARTHON, s. m. Com. du dép. de l'Indre, cant. d'Ardentes-St.-Vincent, arr. de Châteauroux. = Châteauroux.

ARTHON, s. m. Com. du dép. de la Loire-Inférieure, cant. de Pornic, arr. de Paimbeuf. = Bourgneuf-en-Retz.

ARTHONAY, s. m. Com. du dép. de l'Yonne, cant. de Cruzy, arr. de Tonnerre. = les Riceys.

ARTHRITE, s. f. Enflure des articulations, la goutte. T. de méd.

ARTHRITIQUE, adj. Se dit de la goutte, maladie qui attaque les articulations, les jointures, et des remèdes que l'on emploie pour calmer les douleurs excessives qu'occasionne cette maladie. T. de méd.

ARTHROCACE, s. f. Carie dans la cavité d'un os; douleur très vive à l'extrémité des os longs. T. de chir.

ARTHROCÉPHALES, adj. et s. m. pl. Famille de crustacés à têtes articulées. T. d'hist. nat.

ARTHRODIE, s. f. Diarthrose planiforme, articulation mobile dans laquelle un condyle est reçu par une cavité glénoïde, de sorte que le mouvement étant borné, la rotation devient impossible. T. d'anat.

ARTHRODYNIE, s. f. Affection chronique des articulations; espèce de rhumatisme. T. de méd.

ARTHRON, s. m. Symphyse, union ou liaison naturelle des os. T. d'anat.

ARTHRONALGIE, s. f. Entorse. T. de chir.

ARTHROPNOSE, s. f. Tumeur blanche aux articulations. T. de chir.

ARTHUN, s. m. Com. du dép. de la Loire, cant. de Boen, arr. de Montbrison. = Montbrison.

ARTICHAUT, s. m. Plante potagère, écailleuse, à grosse tête. — sauvage, cardonnette. — de terre, espèce de topinambour. —, pointe de fer sur une seule tige.

ARTICHAUTIÈRE, s. f. Terrain planté d'artichauts.

ARTICLE, s. m. Jointure des os. —, partie d'un compte, d'un mémoire de fournitures; partie d'une loi, d'un contrat, d'un livre, etc. — de foi, point sur lequel il n'est pas permis de discuter. A l'—de la mort, à l'instant d'expirer.—, pièces qui composent les antennes et les antennules. T. d'hist. nat. —, jointure entre-nœuds. T. de bot. —, particule qui précède les noms, le, la, les, du, des, au, aux. T. de gramm.

ARTICULAIRE, adj. Se dit en général de tout ce qui a rapport aux articulations. Rameau —', artériel, qui vient de l'artère axillaire, fait le tour de l'articulation de l'humérus avec l'omoplate, et y porte le sang. Capsules —, pl. sorte de ligamens qui renferment la liqueur synoviale dans les articulations. T. d'anat.

ARTICULATION, s. f. Prononciation distincte. — Déduction des faits par articles. T. de jurisp. —, union ou connexion de deux os; elle est médiate quand il se trouve un cartilage entre les os articulés; immédiate, quand il n'y en a pas. T. d'anat. — Jonction de parties, bout à bout; gonflement. T. de bot.

ARTICULÉ, E, part. Exprimé nettement, prononcé distinctement, affirmé.

ARTICULER, v. a. Prononcer distinctement les mots, s'exprimer avec clarté. — un fait, l'avancer, l'affirmer, le circonstancier.—, déduire par article. S'—, v. pron. Se joindre, se réunir. T. d'anat.

ARTIEN, s. m. Étudiant en philosophie.

ARTIFICE, s. m. Art, industrie; adresse, finesse, ruse, fraude, déguisement. —, composition de matières inflammables pour les feux d'artifice et pour porter l'incendie dans les places assiégées, etc. —, pl. Machines, bâtimens à roues sur l'eau, bateaux à vapeur.

ARTIFICIEL, LE, adj. Fait avec art, par artifice, le contraire de naturel. —, qui n'existe qu'à l'aide de beaucoup de soins; santé artificielle. Mémoire —, mnémonique, méthode pour classer les faits, pour aider la mémoire. Lignes —, pl. qui représentent les logarithmes des sinus et des tangentes. T. de géom.

ARTIFICIELLEMENT, adv. Avec art, par artifice.

ARTIFICIER, s. m. Artilleur qui fait l'artifice; ouvrier qui fait les feux d'artifice.

ARTIFICIEUSEMENT, adv. D'une manière artificieuse, avec adresse, ruse, fourberie.

ARTIFICIEUX, EUSE, adj. Plein d'artifice, de ruse, de finesse et de fourberie.

ARTIGAZ, s. m. Com. du dép. de l'Ariège, cant. de Fossat, arr. de Pamiers. = Le Maz-d'Azil.

ARTIGNOCS, s. m. Com. du dép. du Var, cant. de Tavernes, arr. de Brignoles. = Brignoles.

ARTIGUE, s. f. Com. du dép. de la Haute-Garonne, cant. de Bagnères-de-Luchon, arr. de St.-Gaudens. = Bagnères-de-Luchon.

ARTIGUEDIEU, s. m. Com. du dép. du Gers, cant. et arr. de Mirande. = Mirande.

ARTIGUELOUTAN, s. m. Com. du dép. des Basses-Pyrénées, cant. et arr. de Pau. = Pau.

ARTIGUELOUVE, s. f. Com. du dép. des Basses-Pyrénées, cant. de Lescar, arr. de Pau. = Pau.

ARTIGUEMY, s. m. Com. du dép. des Hautes-Pyrénées, cant. de Lannemezan, arr. de Bagnères-de-Bigorre. = Bagnères.

ARTIGUES, s. f. Com. du dép. de l'Ariège, cant. de Quérigut, arr. de Foix. = Tarascon.

ARTIGUES, s. f. Com. du dép. de l'Aude, cant. de Roquefort-de-Sault, arr. de Limoux. = Quillan.

ARTIGUES, s. f. Village du dép. de l'Aveyron, cant. d'Aubin, arr. de Villefranche. = Rignac.

ARTIGUES, s. f. Com. du dép. du Gers, cant. et arr. de Mirande. = Mirande.

ARTIGUES, s. f. Com. du dép. de la Gironde, cant. de Carbon-Blanc, arr. de Bordeaux. = Bordeaux.

ARTIGUES, s. f. Village du dép. de Lot-et-Garonne, cant. de Francescas, arr. de Nérac. = Agen.

ARTIGUES, s. f. Village du dép. de Lot-et-Garonne, cant. et arr. d'Agen. = Agen.

ARTIGUES, s. f. Com. du dép. des Hautes-Pyrénées, cant. de Lourdes, arr. d'Argelès. = Lourdes.

ARTIGUES, s. f. Com. du dép. du Var, cant. de Ginasservis, arr. de Brignoles. = Barjols.

ARTILLÉ, E. adj. Garni d'armes, de canons. T. mar.

ARTILLER ou **ARTILLIER**, s. m. Ouvrier d'artillerie.

ARTILLERIE, s. f. Canons, mortiers, obusiers, etc. —, l'arme de l'artillerie en général; régiment, compagnie d'artillerie; l'artillerie de Vincennes; pièce d'—, canon, obusier. T. d'art. milit.

ARTILLEUR, s. m. Soldat d'artillerie, qui manœuvre les pièces d'artillerie.

ARTIMON, s. m. Arbre de poupe, mât de l'arrière. T. de mar.

ARTINS, s. m. Village du dép. de Loir-et-Cher, cant. de Savigny, arr. de Vendôme. = Montoire.

ARTISAN, s. m. Ouvrier dans un art mécanique; celui qui exerce un métier. —, l'auteur ou la cause; l'artisan de sa fortune; de sa ruine. Fig.

ARTISON, s. m. Insecte qui ronge les étoffes, le bois, etc.; on l'appelle aussi artuson, artoison ou arteson.

ARTISONNÉ, E, adj. Se dit du bois rongé par les vers, par des artisons.

ARTISTE, s. m. Peintre, sculpteur, architecte, graveur, et généralement tous ceux qui exercent un art où le génie et la dextérité sont nécessaires. — dramatique, acteur.

ARTISTEMENT, adv. Avec art.

ARTIX, s. m. Com. du dép. de l'Ariège, cant. de Varilhes, arr. de Pamiers. = Pamiers.

ARTIX, s. m. Com. du dép. des Basses-Pyrénées, cant. d'Arthez, arr. d'Orthez. = Orthez.

ARTIX, s. m. Village du dép. du Lot, com. de Sénaillac, cant. de Lauzès, arr. de Cahors. = Cahors.

ARTOIS, s. m. Ancienne province de France, dont Arras était la capitale. —, chien de petite taille.

ARTOLITHE, s. m. Concrétion pierreuse en forme de pain; pain du diable. T. d'hist. nat.

ARTOLONE, s. f. Coquille univalve. T. d'hist. nat.

ARTOLSHEIM, s. m. Com. du dép. du Bas-Rhin, cant. de Marckolsheim, arr. de Schelestadt. = Marckolsheim.

ARTOMELI, s. m. Cataplasme fait avec de la mie de pain et du miel.

ARTONGES, s. f. Com. du dép. de l'Aisne, cant. de Condé, arr. de Château-Thierry. = Montmirail.

ARTONNE, s. f. Petite ville du dép. du Puy-de-Dôme, cant. d'Aigueperse, arr. de Riom. = Aigueperse.

ARTONOMIQUE, adj. Qui concerne l'art de faire le pain, la panification. —, s. f. Taxe du pain.

ARTOPHAGE, s. et adj. Qui vit de pain.

ARTRES, s. f. Com. du dép. du Nord, cant. et arr. de Valenciennes. = Valenciennes.

ART-SUR-MEURTHE, s. m. Com. du dép. de la Meurthe, cant. de St.-Nicolas, arr. de Nancy. = St.-Nicolas-du-Port.

ARTUBY (l'), s. f. Rivière qui sort de la forêt de Mont-Ferrat, dép. du Var, et se jette dans l'Argens. Elle est flottable depuis la Motte jusqu'à son embouchure.

ARTY, s. m. Quamoclite du Malabar, famille des liserons. T. de bot.

ARTZ (l'), s. m. Petite rivière dont la source se trouve au-dessus de Rochefort, arr. de Vannes, dép. du Morbihan, et se jette dans le golfe du Morbihan.

ARTZHEIM, s. m. Com. du dép. du Haut-Rhin, cant. d'Andolsheim, arr. de Colmar. = Neuf-Brisach.

ARUBE, s. m. Arbrisseau de la Guiane. T. de bot.

ARUDY, s. m. Petite ville du dép. des Basses-Pyrénées, chef-lieu de cant. de l'arr. d'Oloron; bur. d'enregist. = Oloron.

Exploitation de carrières de marbre; centre d'un commerce d'échanges entre les habitans des vallées qui y amènent des laines, des bestiaux et autres objets, et qui remportent les choses de première nécessité dont ils sont privés.

ARUE, s. f. Com. du dép. des Landes, cant. de Roquefort, arr. de Mont-de-Marsan. = Roquefort.

ARUM, s. m. Gouet, genre d'aroïdes, pied de veau. T. de bot.

ARUNDINAIRE, s. f. Plante graminée. T. de bot.

ARURE, s. f. Mesure d'arpentage en Égypte; demi-arpent.

ARUSPICE, s. m. Sacrificateur, prêtre romain qui fouillait dans les entrailles palpitantes des victimes de la superstition, pour hasarder des conjectures sur l'avenir, pour tirer des présages.

ARUSPICINE, s. f. Art d'égorger les victimes, de s'enivrer de sang, d'interroger les entrailles des victimes pour tirer des présages.

ARVERT, s. m. Com. du dép. de la Charente-Inférieure, cant. de La Tremblade, arr. de Marennes. = La Tremblade.

ARVIEN, NE, adj. Se dit des plantes qui croissent dans les guérets. T. de bot.

ARVEYRES, s. f. Com. du dép. de la Gironde, cant. et arr. de Libourne. = Libourne.

ARVIEU, s. m. Com. du dép. de l'Aveyron, cant. de Cassagne-Begonhès, arr. de Rodez. = Rodez.

ARVIEUX, s. m. Com. du dép. des Hautes-Alpes, cant. d'Aiguilles, arr. de Briançon. = Mont-Dauphin.

ARVIGNA, s. f. Com. du dép. de l'Ariège, cant. et arr. de Pamiers. = Pamiers.

ARVILLE, s. f. Com du dép. de Loir-et-Cher, cant. de Mondoubleau, arr. de Vendôme. = Mondoubleau.

ARVILLE, s. f. Com. du dép. de Seine-et-Marne, cant. de Château-Landon, arr. de Fontainebleau. = Nemours.

ARVILLERS, s. m. Com. du dép. de la Somme, cant. de Moreuil, arr. de Montdidier. = Montdidier.

ARX, s. m. Com. du dép. des Landes, cant. de Gabarret, arr. de Mont-de-Marsan. = Roquefort.

ARY-ARYTHÉNOÏDIEN, s. m. Muscle situé entre les deux cartilages arythénoïdes auxquels il s'attache.

ARYTHÉNO-ÉPIGLOTTIQUES, adj. Se dit de deux petits muscles qui, partant des cartilages arythénoïdes, vont s'attacher au bord voisin de l'épiglotte. T. d'anat.

ARYTHÉNOÏDES, s. m. pl. Nom de deux petits cartilages irréguliers qui contribuent à la formation de la glotte, et représentent le bec d'une aiguière. T. d'anat.

ARYTHÉNOÏDIEN, NE, adj. Qui a rapport aux arythénoïdes. Muscle —, dont les fibres forment deux paquets qui se croisent et qui servent à rapprocher les cartilages arythénoïdes l'un vers l'autre. Glandes —, pl. Glandes minces, revêtues de la membrane des parties voisines, et qui se trouvent aux environs de la glotte. T. d'anat.

ARZ, s. m. Com. du dép. du Morbihan, située dans une petite île qui se trouve au milieu d'une lagune, cant. et arr. de Vannes. = Vannes.

ARZACQ, s. m. Com. du dép. des Basses-Pyrénées, chef-lieu de cant. de l'arr. d'Orthez; bur. d'enregist. = Orthez.

ARZAL, s. m. Com. du dép. du Morbihan, cant. de Muzillac, arr. de Vannes. = la Roche-Bernard.

ARZANO, s. m. Com. du dép. du Finistère, chef-lieu de cant. de l'arr. de Quimperlé, où se trouve le bur. d'enreg. = Quimperlé.

ARZAY, s. m. Com. du dép. de l'Isère, cant. de la Côte-St.-André, arr. de Vienne. = La Côte-St.-André.

ARZEGAIE, s. f. Sorte de pique contre la cavalerie.

ARZEL, adj. Se dit d'un cheval marqué de blanc aux pieds de derrière, du sabot au boulet.

ARZEMBOUCHY, s. m. Com. du dép. de la Nièvre, cant. de Prémery, arr. de Cosne. = Nevers.

ARZENC, s. m. Com. du dép. de la Lozère, cant. de Châteauneuf, arr. de Mende. = Mende.

ARZENC-D'APCHER, s. m. Com. du dép. de la Lozère, cant. de Fournels, arr. de Marvejols. = St.-Chely.

ARZENS-ET-CORNEILLE, s. m. Com. du dép. de l'Aude, cant. de Montréal, arr. de Carcassonne. = Carcassonne.

ARZILLIÈRES, s. f. Com. du dép. de la Marne, cant. de St.-Remy-en-Bouzemont, arr. de Vitry-le-Français. = Vitry.

ARZON, s. m. Com. du dép. du Morbihan, cant. de Sarzeau, arr. de Vannes. = Vannes.

AS, s. m. Point seul sur une carte ou sur un dé; l'as de pique. —, poids et monnaie des Romains; mesure hollandaise.

ASANGUE, s. m. La lyre, constellation. T. d'astr.

ASAPHAT, s. m. Impetigo, gratelle, petite gale occasionnée par des vers, qu'on nomme acarus. T. de méd.

ASARET, s. m. Asarum ou ararum, genre d'asaroïde, cabaret ou oreille d'homme.

ASARINE, s. f. Plante qui a quelque rapport avec la linaire; elle est apéritive et abstersive. T. de bot.

ASAROÏDES, s. f. pl. Aristoloches, famille de plantes dicotylédones, apétales, à étamines épigynes. T. de bot.

ASASP, s. m. Com. du dép. des Basses-Pyrénées, cant. de Ste.-Marie, arr. d'Oloron. = Oloron.

ASBACH, s. m. Com. du dép. du Bas-Rhin, cant. de Seltz, arr. de Wissembourg. = Lauterbourg.

ASBESTE, s. m. Minéral fibreux dont l'amiante est une variété. T. d'hist. nat. sorte de lin des Pyrénées.

ASCAGNE ou JULE, s. m. Fils unique d'Enée et de Creuse. Il vint en Italie avec son père et fonda la ville d'Albe: c'est un des personnages de l'Enéide, poëme de Virgile. — Espèce de guenon. T. d'hist. nat.

ASCAIN ou ASCUIN, s. m. Com. du dép. des Basses-Pyrénées, cant. de St.-Jean-de-Luz, arr. de Bayonne. = St.-Jean-de-Luz.

ASCALAPHES, s. m. pl. Genre d'insectes névroptères. T. d'hist. nat.

ASCALONITE, s. f. Sorte d'échalote. T. de bot.

ASCARAT, s. m. Com. du dép. des Basses-Pyrénées, cant. de St.-Etienne, arr. de Mauléon. = St-Jean-Pied-de-Port.

ASCARIDES, s. m. pl. Petits vers intestinaux, ronds.

ASCARINE, s. f. Genre d'arbres et d'arbrisseaux des Indes et des îles de la mer du Sud. T. de bot.

ASCENDANCE, s. f. Supériorité. T. inus.

ASCENDANT, s. m. Pouvoir, autorité, empire, supériorité, influence sur l'esprit, la volonté. —, génie, humeur. —, inclination, penchant irrésistible.—, bonheur au jeu. —, point du ciel, signe qui monte sur l'horizon. —, pl. Les ancêtres, ceux dont on descend.

ASCENDANT, E, adj. Qui va en remontant; ligne—, les aïeux; latitude—, d'une planète vers le pôle N. Signes —, qui s'avancent vers le N., entre le zénith et le nadir. Aorte —, ou supérieure, tronc de l'artère qui se dirige vers la tête. T. d'anat. Harmonie —, qui est produite par une suite de quintes en montant. T. de mus. Progressions —, dont tous les termes vont en augmentant. T. de géom.

ASCENSION, s. f. Action de monter, son effet. —, fête commémorative du jour où J.-C. monta au ciel. —, arc compris entre le point équinoxial et celui de l'équateur, au lever d'une étoile. T. d'astr.

ASCENSIONNELLE, adj. f. Différence entre l'ascension droite et l'ascension oblique d'un astre. T. d'astr.

ASCÈTE, s. m. Religieux qui mène une vie contemplative, qui se livre tout entier aux exercices de la piété la plus austère.

ASCÉTIQUE, adj. De la vie spirituelle. —, s. m. Auteur d'un livre qui traite de la vie spirituelle.

ASCHÉMIE, s. f. Le petit chien, constellation. T. d'astr.

ASCHÈRE, s. f. Le grand chien, constellation. T. d'astr.

ASCHÈRES, s. f. Com. du dép. du Loiret, cant. d'Outarville, arr. de Pithiviers. = Neuville-aux-Bois.

ASCIDIE, s. f. Mollusque acéphale. T. d'hist. nat.

ASCIENS, s. m. pl. Habitans de la zône torride, qui n'ont point d'ombre un jour de chaque année, le soleil étant perpendiculaire sur leurs têtes.

ASCIOR, ASOR, ASUR ET HASUR, s. m. Cythare des Hébreux.

ASCIRUM, s. m. Plante, mille pertuis quadrangulaire. T. de bot.

ASCITE, s. f. Hydropisie du bas-ventre. T. de méd. — Poisson du genre du silure. T. d'hist. nat.

ASCITIQUE, adj. Affecté d'hydropisie. T. de méd.

ASCLÉPIADE, adj. se dit d'un vers grec ou latin, composé d'un spondée, de deux coriambes et d'un iambe. —, s. f. Genre d'apocynées. T. de bot.

ASCLÉPIADÉES, s. f. pl. Famille des apocynées. T. de bot.

ASCLÉPIAS, s. m. Plante vulnéraire. T. de bot.

ASCLÉPIES, s. f. Fêtes en l'honneur d'Esculape, Dieu de la médecine.

ASCO, s. m. Com. du dép. de la Corse, cant. de Castifao, arr. de Corte. = Bastia.

ASCOPHORES, s. m. pl. Genre de champignons dont la tête ressemble à une outre. T. de bot.

ASCOU, s. m. Com. du dép de l'Ariège, cant. d'Ax, arr. de Foix. = Tarascon.

ASCOUX, s. m. Com. du dép. du Loiret, cant. et arr. de Pithiviers. = Pithiviers.

ASCQ, s. m. Com. du dép. du Nord, cant. de Lannoy, arr. de Lille. = Lille.

ASCYRE, s. m. Plante, arbuste de la famille des cistes. T. de bot.

ASELLE, s. m. Insecte aquatique, espèce de cloporte. T. d'hist. nat.

ASELLOTES, s. m. pl. Famille d'insectes. T. d'hist. nat.

ASFELD, s. m. Com. du dép. des Ardennes, chef-lieu de cant. de l'arr. de Réthel; bur. d'enregist. = Réthel.

ASFUR, s. m. Espèce de pomacanthe, de poisson. T. d'hist. nat.

ASIARCHAT, s. m. Magistrature sacerdotale à laquelle, dans les villes grecques d'Asie, était attachée la présidence des jeux qu'on y célébrait en commun.

ASIARQUE, s. m. Prêtre ayant la présidence des jeux dans les villes grecques de l'Asie.

ASIATIQUE, adj. Qui appartient à l'Asie, qui est particulier aux peuples d'Asie. Luxe —, excessif. Mœurs —, efféminées.

ASIE, s. f. Partie la plus considérable de l'ancien monde. Elle est bornée au N. par la mer Glaciale, à l'E. par la Grande mer, au S. par la mer des Indes, et à l'O. par l'Afrique, la Méditerranée et l'Europe. Elle se trouve, en y comprenant ses îles méridionales, entre le

10° degré de latitude méridionale et le 76° de latitude septentrionale, entre le 23° de longitude orientale et le 190°. L'Asie se divise en sept parties principales : la Tartarie, la Turquie d'Asie, l'Arabie, la Perse, l'Inde, la Chine et les Iles.

ASILE, s. m..Lieu inviolable où les mauvais sujets, les criminels, et surtout les débiteurs trouvaient un refuge. —, tout lieu où l'on trouve un abri contre les persécutions. —, protecteur, en parlant des personnes et des choses : Vous êtes mon —, vous êtes mon défenseur. —, séjour, habitation, retraite. —, famille d'insectes diptères, vivant de mouches et de papillons. T. d'hist. nat.

ASILIQUES, s. m. pl. Espèces de papillons. T. d'hist. nat.

ASINDULES, s. m. pl. Genre de tipulaires, insectes. T. d'hist. nat.

ASINE, adj. f. Ane, ânesse; bête asine. (Vi.). —, butor. Fig. et fam.

ASITIE, s. f. Diète, abstinence d'aliments solides. T. de méd.

ASLONNE, s. f. Com. du dép. de la Vienne, cant. de la Ville-Dieu, arr. de Poitiers. = Vivonne.

ASMÉ, s. m. Com. du dép. des Basses-Pyrénées, cant. d'Iholdy, arr. de Mauléon. = St.-Palais.

ASNAN, s. m. Com. du dép. de la Nièvre, cant. de Brinon, arr. de Clamecy. = Tannay.

ASNELLES, s. f. Com. du dép. du Calvados, cant. de Ryes, arr. de Bayeux. = Bayeux.

ASNIÈRE, s. f. Com. du dép. de l'Ain, cant. de Bagé-le-Châtel, arr. de Bourg. = Mâcon.

ASNIÈRES, s. f. Com. du dép. de la Côte-d'Or, cant. et arr. de Dijon. = Dijon.

ASNIÈRES, s. f. Com. du dép. du Calvados, cant. d'Isigny, arr. de Bayeux. = Isigny.

ASNIÈRES, s. f. Com. du dép. de la Charente, cant. d'Hiersac, arr. d'Angoulême. = Angoulême.

ASNIÈRES, s. f. Com. du dép. de la Charente-Inférieure, cant. et arr. de St.-Jean-d'Angely. = St.-Jean-d'Angely.

ASNIÈRES, s. f. Com. du dép. de la Sarthe, cant. de Sablé, arr. de la Flèche. = Sablé.

ASNIÈRES, s. f. Joli village sur la rive gauche de la Seine, que l'on traverse à l'aide d'un bac, cant. de Nanterre, arr. de St.-Denis. = Neuilly-sur-Seine.

ASNIÈRES, s. f. Com. du dép. de la Vienne, cant. de l'Ile-Jourdain, arr. de Montmorillon. = l'Ile-Jourdain.

ASNIÈRES, s. f. Com. du dép. de l'Yonne, cant. de Vezelay, arr. d'Avallon. = Vezelay.

ASNIÈRES-EN-MONTAGNE, s. f. Com. du dép. de la Côte-d'Or, cant. de Laignes, arr. de Châtillon. = Montbard.

ASNIÈRES-GARDEFORT, s. f. Com. du dép. du Cher, cant. et arr. de Sancerre. = Sancerre.

ASNIÈRES-SUR-OISE, s. f. Com. du dép. de Seine-et-Oise, cant. de Luzarches, arr. de Pontoise. = Luzarches.

ASNOIS, s. m. Com. du dép. de la Nièvre, cant. de Charroux, arr. de Civray. = Civray.

ASNOIS, s. m. Com. du dép. de la Nièvre, cant. de Tannay, arr. de Clamecy. = Tannay.

ASODES, s. f. Fièvre accompagnée d'anxiété et de dégoût. T. de méd.

ASORRA, s. f. Longue trompette hébraïque.

ASOTE, s. m. Poisson du genre du silure. T. d'hist. nat.

ASPACH, s. m. Com. du dép. de la Meurthe, cant. de Lorquin, arr. de Sarrebourg. = Sarrebourg.

ASPACH, s. m. Com. du dép. du Haut-Rhin, cant. et arr. d'Altkirch. = Altkirch.

ASPACH-LE-BAS, s. m. Com. du dép. du Haut-Rhin, cant. de Cernay, arr. de Belfort. = Cernay.

ASPACH-LE-HAUT, s. m. Com. du dép. du Haut-Rhin, cant. de Thann, arr. de Belfort. = Cernay.

ASPALATH, s. m. Sorte d'arbustes d'Afrique, à fleurs légumineuses. T. de bot.

ASPALAX, s. m. Espèce de rat-taupe. T. d'hist. nat.

ASPARAGOÏDES ou ASPARAGINÉES, s. f. pl. Famille des plantes monocotylédones apétales; muguet, salsepareille, asperge. T. de bot.

ASPARAGOLITHE, s. f. Pierre d'asperge; espèce d'apatite. T. d'hist. nat.

ASPE, s. m. Devidoir pour faire les écheveaux. — Poisson du genre Cyprin. T. d'hist. nat.

ASPE, s. m. Village du dép. des Basses-Pyrénées, arr. d'Oloron. = Oloron. Le 6 septembre 1792, une poignée de Français culbuta six mille Espagnols dans les environs de ce village.

ASPE, s. f. Vallée remarquable du dép. des Basses-Pyrénées, qui s'étend du S. au N. de la montagne d'Aspe à la cime des Pyrénées, jusqu'auprès d'Oloron ; elle fournit beaucoup de bois de construction qui descendent à Bayonne par les gaves d'Oloron. Cette vallée renferme quinze villages qui sont habités par des pasteurs.

ASPE, s. f. Rivière du dép. des Basses-Pyrénées, dont la source se trouve dans ces hautes montagnes près du pic du Midi. Après un cours d'environ 12 lieues, elle se jette dans le gave d'Aspe, qui facilite le transport des bois de construction de la vallée jusqu'à Bayonne.

ASPECT, s. m. Vue d'un objet; cet objet; manière dont il se présente à la vue. —, perspective d'un site, d'un palais, etc. —, les divers rapports sous lesquels on peut considérer une affaire, une entreprise. Fig. —, situation des planètes entre elles. T. d'astr.

ASPERÈS, s. f. Com. du dép. du Gard, cant. de Sommières, arr. de Nismes. = Sommières.

ASPERGE, s. f. Plante potagère à tige en forme d'arbrisseau, dont la graine est rouge et la racine apéritive.

ASPERGÉ, E, part. Arrosé avec un aspersoir.

ASPERGER, v. a. Arroser avec un goupillon.

ASPERGÈS, s. m. Goupillon, aspersoir, avec lequel le prêtre répand l'eau bénite; cérémonie de l'aspersion.

ASPERGILLE, s. f. Espèce de moisissure. T. de bot.

ASPERGOUTE, s. f. Plante rafraîchissante.

ASPÉRITÉ, s. f. Rudesse, qualité de ce qui est raboteux. —, dureté, âpreté. Fig.

ASPERJOC, s. m. Com. du dép. de l'Ardèche, cant. d'Antraigues, arr. de Privas. = Aubenas.

ASPERSION, s. f. Action d'asperger; aspergès. —, projection sur un corps soit d'une poudre, soit d'un liquide. T. de méd.

ASPERSOIR, s. m. Goupillon, aspergès.

ASPÉRULE, s. f. Sorte de plante rubiacée, muguet des bois. T. de bot.

ASPET, s. m. Petite ville du dép. de la Haute-Garonne, chef-lieu de cant. de l'arr. de St.-Gaudens; bur. d'enregist. = St.-Gaudens.
Fabriques de clous, de peignes et de boissellerie; martinets à percer le fer. On y élève une grande quantité de porcs, qu'on vend soit en France, soit en Espagne.

ASPHALITE, s. m. Cinquième vertèbre des lombes. T. d'anat.

ASPHALTE, s. m. Bitume visqueux qui se solidifie à l'air.

ASPHODÈLE, s. m. Plante dont la fleur ressemble à celle du lis, et dont la racine, qui a la forme du navet, est farineuse et nutritive. —, adj. Lis —, jaune blanc, qu'on nomme aussi verge ou bâton de Jacob. T. de bot.

ASPHODÉLOÏDES ou ASPHODELÉES, s. f. pl. Famille des asphodèles. T. de bot.

ASPHYXIE, s. f. Privation subite du pouls, de la respiration, du sentiment et du mouvement.

ASPHYXIÉ, E, part. Frappé d'asphyxie.

ASPHYXIER, v. a. Frapper d'asphyxie. S'—, v. pron. S'exposer à l'action des vapeurs carboniques et autres évaporations délétères, soit à dessein, soit par imprudence. T. de méd.

ASPIC, s. m. Petit serpent très venimeux, variété de la vipère. Langue d'—, bouche qui distille le poison de la calomnie, langue dangereuse. Fig. —. Espèce de lavande d'une odeur très forte dont on tire l'huile d'aspic. —, pièce de canon de douze. T. d'art milit.

ASPICARPON, s. m. Ortie cultivée. T. de bot.

ASPIDION, s. m. Espèce de fougère. T. de bot.

ASPIDISQUE, s. m. Sphincter de l'anus. T. d'anat.

ASPIDOPHORES, s. m. pl. Poissons de l'espèce des cottes, dont le dos et la queue sont recouverts d'une cuirasse écailleuse. On les nomme aussi aspidophoroïdes. T. d'hist. nat.

ASPILIE, s. f. Plante corymbifère. T. de bot.

ASPILOTE, s. f. Pierre précieuse de couleur argentine. T. d'hist. nat.

ASPIN, s. m. Com. du dép. des Hautes-Pyrénées, cant. d'Arreau, arr. de Bagnères. = Arreau.

ASPIN, s. m. Com. du dép. des Hautes-Pyrénées, cant. de Lourdes, arr. d'Argelès. = Lourdes.

ASPIRAN, s. m. Com. du dép. de l'Hérault, cant. de Clermont, arr. de Lodève. = Clermont-Lodève.

ASPIRANT, E, adj. Qui aspire, qui soulève un liquide en l'attirant par le vide; pompe aspirante. —, s. m. Qui aspire à une charge, à entrer dans une corporation, à y être reçu.

ASPIRATION, s. f. Action d'aspirer; désir de parvenir. Fig. — Manière de prononcer en aspirant: la haine, le héros, etc. T. de gramm. —, élévation de l'âme vers Dieu. —. Prolongation du chant d'une note inférieure à la note supérieure. T. de mus. —, action des végétaux aspirant l'air qui les environne. T. de bot.

ASPIRAUX, s. m. pl. Trous de fourneaux recouverts d'une grille.

ASPIRÉ, E, part. Attiré avec la bouche. —, prononcé du gosier. Lettre aspirée. T. de gramm.

ASPIRER, v. a. Attirer l'air avec la bouche, l'opposé d'expirer. —, retenir l'or. T. de dor. —, prononcer du gosier. Ex. : la hardiesse, la haine. — à, v. n. prétendre, désirer ardemment.

ASPIS, s. m. Com. du dép. des Basses-Pyrénées, cant. de Sauveterre, arr. d'Orthez. = Orthez.

ASPISURE, s. m. Poisson du genre du chétodon. T. d'hist. nat.

ASPIURE, s. f. Houille en poudre.

ASPLE ou ASPE, s. m. Sorte de rouet pour dévider la soie.

ASPLÉNIONS, s. m. pl. Sortes de fougères. T. de bot.

ASPRE, s. m. Petite monnaie turque.

ASPRÈDE, s. m. Poisson du genre du silure. T. d'hist. nat.

ASPREMONT, s. m. Com. du dép. des Hautes-Alpes, cant. d'Aspres-les-Veynes, arr. de Gap. = Veynes.

ASPRES-LES-CORPS, s. m. Com. du dép. des Hautes-Alpes, cant. de St.-Firmin, arr. de Gap. = Corps.
Fabriques de faïence.

ASPRES-LES-VEYNES, s. m. Petite ville du dép. des Hautes-Alpes, chef-lieu de cant. de l'arr. de Gap; bur. d'enregist. = Veynes.

ASPRET, s. m. Com. du dép. de la Haute-Garonne, cant. et arr. de St.-Gaudens. = St.-Gaudens.

ASPRIÈRES, s. f. Com. du dép. de l'Aveyron, chef-lieu de cant. de l'arr. de Villefranche; bur. d'enregist. = Rignac.
Mines de zinc et de plomb.

ASQUE, s. m. Com. du dép. des Hautes-Pyrénées, cant. de la Barthe, arr. de Bagnères. = Bagnères.

ASQUES, s. m. Com. du dép. de la Gironde, cant. de Fronsac, arr. de Libourne. = St.-André-de-Cubzac.

ASQUES, s. m. Com. du dép. de Tarn-et-Garonne, cant. de Lavit, arr. de Castel-Sarrasin. = Castel-Sarrasin.

ASQUINS, s. m. Com. du dép. de l'Yonne, cant. de Vézelay, arr. d'Avallon. = Vézelay.

ASSA, s. m. Plante médicinale, suc. — fœtida, plante ombellifère de Perse. —ou merde du diable, gomme-résine, puante, sudorifique, antihystérique, que les Asiatiques emploient pour leurs assaisonnemens, malgré sa mauvaise odeur.

ASSABLÉ, E, part. Rempli de sable.

ASSABLEMENT, s. m. Tas de sable.

ASSABLER, v. a. Ensabler, remplir de sable. S'—, v. pron. Se remplir de sable; demeurer arrêté dans le sable.

ASSAC, s. m. Com. du dép. du Tarn, cant. de Valence, arr. d'Albi. = Albi.

ASSAILLANT, s. m. Qui attaque; agresseur. —, pl. Ceux qui donnent l'assaut à une place.

ASSAILLI, E, part. Attaqué vivement, à l'improviste.

ASSAILLIR, v. a. Attaquer vivement, à l'improviste; se dit fig. des passions.

ASSAINI, E, part. Rendu sain.

ASSAINIR, v. a. Rendre sain, faire disparaître les causes d'insalubrité. S'—, v. pron. Devenir sain. Ce pays s'assainit, on a desséché les marais qui l'environnaient.

ASSAINISSEMENT, s. m. Action d'assainir, ses effets.

ASSAINVILLERS, s. m. Com. du dép. de la Somme, cant. et arr. de Montdidier. = Montdidier.

ASSAIS, s. m. Com. du dép. des Deux-Sèvres, cant. de St.-Loup, arr. de Parthenay. = Airvault.

ASSAISONNÉ, E, part. Epicé.

ASSAISONNER, v. a. Accommoder un mets, l'épicer. — ses discours, les orner, les embellir; dire des choses aimables, gracieuses. Fig.

ASSAISONNEUR, s. m. Celui qui prépare les mets, qui les assaisonne, etc., cuisinier.

ASSAKI, s. f. Titre de la sultane favorite du grand-seigneur, de l'empereur de Turquie.

ASSALI, E, part. Salé.

ASSALIMENT, s. m. Action d'assalir; défense de faire boire les bestiaux dans les marais salans.

ASSALIR, v. a. Saler, donner un goût de sel.

ASSART, s. m. Com. du dép. de la Nièvre, cant. de Brinon, arr. de Clamecy. = Nevers.

ASSAS, s. m. Com. du dép. de l'Hérault, cant. de Castries, arr. de Montpellier. = Montpellier.

ASSASSIN, E, adj. Meurtrier; fer assassin, yeux assassins. T. poét. —, s. m. Celui qui tue ou qui a tué quelqu'un lâchement, par trahison; celui qui cause la mort ou une vive douleur. Fig.

ASSASSINANT, E, adj. Insipide, ennuyeux, fatigant.

ASSASSINAT, s. m. Meurtre commis en trahison, avec préméditation. —, outrage fait à dessein, lâche et noire trahison, actions, discours perfides, calomnieux. Fig.

ASSASSINÉ, E, part. Tué, égorgé; outragé. Fig.

ASSASSINER, v. a. Donner la mort à quelqu'un de dessein prémédité. — Assommer, accabler de coups; maltraiter, outrager. —, causer du chagrin, nuire; fatiguer, importuner, excéder. Fig.

ASSAT, s. m. Com. du dép. des Basses-Pyrénées, cant. et arr. de Pau. = Pau.

ASSATION, s. f. Coction d'un remède, d'un aliment dans son suc, sans addition. T. de pharm.

ASSAUT, s. m. Attaque de vive force pour emporter une ville, lorsque les fortifications, ruinées par les projectiles, offrent de larges brèches. Aller, monter à l'assaut; prendre d'assaut. —, coups du sort, désastres, adversité, tout ce qui met à une violente épreuve. Fig. Faire — d'esprit, de grâces; lutter pour en montrer le plus. —, combat au fleuret; faire assaut.

ASSAY, s. m. Com. du dép. d'Indre-et-Loire, cant. de Richelieu, arr. de Chinon. = Richelieu.

ASSAZOÉ, s. f. Herbe d'Afrique qu'on emploie contre la morsure venimeuse des serpens. T. de bot.

ASSE (l'), s. f. Petite rivière dont la source se trouve au-dessus de Senez, dép. des Basses-Alpes, et qui se jette dans la Durance au-dessous d'Oraison, après un cours d'environ 20 l. Elle est flottable à bûches perdues jusqu'à son embouchure.

ASSÉCHÉ, E, part. Desséché.

ASSÉCHER, v. a. Faire sécher; mettre, laisser à sec. —, v. n. Etre à sec, en parlant d'un rocher que la mer laisse à découvert en se retirant. T. de mar.

ASSÉCUTION, s. f. Obtention d'un bénéfice. T. de droit canon.

ASSÉIEUR, s. m. Autrefois, officier chargé de la confection des rôles et de l'assiette de l'impôt dans un village.

ASSÉ-LE-BÉRANGER, s. m. Com. du dép. de la Mayenne, cant. d'Evron, arr. de Laval. = Evron.

ASSÉ-LE-BOISNE, s. m. Com. du dép. de la Sarthe, cant. de Fresnay, arr. de Mamers. = Fresnay.

ASSÉ-LE-RIBOUL, s. m. Com. du dép. de la Sarthe, cant. de Beaumont, arr. de Mamers. = Beaumont.

ASSEMBLAGE, s. m. Amas, union de choses qu'on joint ensemble; manière, action d'assembler; ses effets. — Jonction de pièces. T. de mét. — Feuilles assemblées ou à assembler; travail de l'assembleur. T. de libr.

ASSEMBLÉ, E, part. Rapproché, mis ensemble.

ASSEMBLÉE, s. f. Réunion de personnes dans un même lieu pour délibérer sur quelque chose; lieu de réunion. — Rendez-vous de chasse. T. de véner. Quartier d'—, où les troupes doivent se réunir. Battre l'—, battre le tambour pour avertir les soldats de s'y rendre.

ASSEMBLER, v. a. Rapprocher divers objets, les réunir, les mettre ensemble. —, convoquer. —, joindre, réunir des pièces de menuiserie, etc.; classer les feuilles imprimées, les ranger dans l'ordre de leur pagination. T. de libr. S'—, v. pron. Se réunir.

ASSEMBLEUR, s. m. Brocheur; celui qui fait l'assemblage de feuilles imprimées. T. de libr.

ASSENAY, s. m. Com. du dép. de l'Aube, cant de Bouilly, arr. de Troyes. = Troyes.

ASSENCIÈRES, s. m. Com. du dép. de l'Aube, cant. de Piney, arr. de Troyes. = Troyes.

ASSÉNÉ, E, part. Se dit d'un coup violent qui a été porté sur la tête de quelqu'un.

ASSÉNER, v. a. Porter un coup violent; asséner un coup de massue.

ASSENONCOURT, s. m. Com. du dép. de la Meurthe, cant. de Réchicourt-le-Château, arr. de Sarrebourg. = Dieuze.

ASSENTI, E, part.

ASSENTIMENT, s. m. Consentement, adhésion volontaire à un acte; approbation intérieure, mais forcée, donnée à ce qui est bon, juste et vrai. —, odeur qui frappe le nez du chien. T. de véner.

ASSENTIR, v. n. Donner son assentiment à une proposition, à une vérité démontrée. — la voie, la goûter. T. de véner.

ASSEOIR, v. a. Mettre sur un siège. —, poser sur une base solide; asseoir un édifice. —, établir, placer; asseoir un camp. —, établir, répartir; asseoir des impôts. — une rente, la placer sur un bien fonds. — un jugement, des prétentions, les fonder sur des motifs. Fig. S'—, v. pron. Se mettre sur un siège; se percher en parlant des oiseaux.

ASSERAC, s. m. Com. du dép. de la Loire-Inférieure, cant. de Herbignac, arr. de Savenai. = Guérande.

ASSERMENTÉ, E, part. Qui a prêté serment.

ASSERMENTER, v. a. Exiger un serment, le faire prêter; lier, obliger, assujettir par un serment. S'—, v. pron. Prêter serment.

ASSERTION, s. f. Proposition qu'on avance et qu'on soutient vraie; affirmation en justice.

ASSERVI, E, part. Devenu esclave; assujetti.

ASSERVIR, v. a. Réduire à la servitude, rendre esclave. — un peuple, le subjuguer, l'opprimer, renverser la liberté; usurper le pouvoir, enchaîner la pensée, corrompre les mœurs et les institutions, disposer à son gré, soit par ruse, soit par violence, de la fortune publique et de la vie des citoyens. —, soumettre à certaines règles. Fig. S' —, v. pron. s'assujettir.

ASSERVISSEMENT, s. m. Servitude, oppression, esclavage, sujétion ; état de ce qui est assujetti.

ASSESSEUR, s. m. Adjoint à un juge; assesseur du juge de paix.

ASSESSORIAL, E, adj. Qui concerne l'assesseur ou ses fonctions.

ASSETTE, s. f. Marteau de couvreur avec une tête d'un côté et un tranchant de l'autre ; petite hache de tourneur.

ASSEVENT, s. m. Com. du dép. du Nord, cant. de Maubeuge, arr. d'Avesne. = Maubeuge.

ASSEVILLERS, s. m. Com. du dép. de la Somme, cant. de Chaulnes, arr. de Péronne. = Péronne.

ASSEZ, adv. Suffisamment, autant qu'il faut.

ASSIDENT, adj. Se dit d'un symptôme qui accompagne la maladie. T. de méd.

ASSIDU, E, adj. Qui est exact à se trouver à son devoir ; qui s'applique sans relâche à l'étude; qui rend des soins continuels à quelqu'un ; en parlant des choses, fréquent, continu, sans interruption ; travail assidu.

ASSIDUITÉ, s. f. Exactitude, application, etc. —, pl. Continuité de soins, de prévenances.

ASSIDÛMENT, adv. Avec assiduité.

ASSIÉGÉ, E, part. Environné, pressé, canonné, bombardé par l'ennemi.

ASSIÉGEANT, E, adj. Qui assiége. —, s. m. pl. Les troupes qui font un siége.

ASSIÉGER, v. a. Mettre le siége devant une place, établir des lignes de circonvallation, couper toute communication, lancer des projectiles dans l'enceinte, etc. — Au passif, être assiégé, se dit de la place et de ses défenseurs. —, par analogie, enfermer, environner. —, importuner par sa présence continuelle. Fig.

ASSIÉGÉS, s. m. pl. Les habitans et la garnison d'une place assiégée renfermés dans l'enceinte.

ASSIENNE, s. f. Pierre spongieuse à veines jaunes. T. d'hist. nat.

ASSIENTE, s. f. Avant l'émancipation de l'Amérique du Sud, compagnie de commerce pour la vente des nègres.

ASSIENTISTE, s. m. Actionnaire, membre de l'assiente.

ASSIER, s. m. Com. du dép. du Lot, cant. de Livernon, arr. de Figeac. = Figeac.

ASSIETTE, s. f. Situation, manière d'être assis, couché, placé ; état de la santé ; disposition de l'esprit. —, situation d'un édifice, d'une ville, d'un camp. —, vaisselle. —, manière d'asseoir les impôts, une rente. —, pavé bien placé ; composition pour préparer un cadre, etc., à recevoir la dorure. T. de dor. —, pièce de laiton sur la tige d'un pignon. T. d'horl.

ASSIETTÉE, s. f. Plein une assiette. T. fam. — Cuve de teinturier; mordant. T. de dor.

ASSIEU, s. m. Com. du dép. de l'Isère, cant. de Roussillon, arr. de Vienne. = le Péage.

ASSIGNABLE, adj. Qui peut être assigné, déterminé avec précision. T. de math.

ASSIGNAN, s. m. Com. du dép. de l'Hérault, cant. de St.-Chinian, arr. de St.-Pons. = St.-Chinian.

ASSIGNAT, s. m. Assignation d'une rente sur une propriété, hypothèque ; billet d'Etat portant intérêt. —, pl. Billets créés en 1789 et démonétisés en 1796.

ASSIGNATION, s. f. Destination de fonds pour un paiement ; constitution de rente sur un héritage ; exploit, citation à comparaître en justice.

ASSIGNÉ, E, part. Affecté, déterminé, fixé ; qui a reçu une assignation.

ASSIGNER, v. a. Indiquer, faire connaître; assigner la cause. —, déterminer, fixer ; assigner des bornes. —, marquer, destiner ; assigner une place. —, affecter un fonds au paiement d'une créance. —, faire une assignation, donner un exploit.

ASSIGNY, s. m. Com. du dép. du Cher, cant. de Vailly, arr. de Sancerre. = Sancerre.

ASSIGNY, s. m. Com. du dép. de la Seine-Inférieure, cant. d'Envermeu, arr. de Dieppe. = Eu.

ASSIMILATION, s. f. Action d'assimiler, de rendre semblable, de comparer. —, transformation de la partie nutritive des alimens en la propre substance de l'être organisé. T. de chir.

ASSIMILÉ, E, part. Devenu semblable, comparé.

ASSIMILER, v. a. Rendre semblable, présenter comme semblable, comparer. S' —, v. pron. Se comparer à.

ASSIMINIER, s. m. Espèce de corossolier de l'Amérique septentrionale. T. de bot.

ASSIMULATION, s. f. Simulation, feinte. T. de rhét.

ASSIONS, s. m. Com. du dép. de l'Ardèche, cant. des Vans, arr. de Largentière. = les Vans.

ASSIS, E, part. Reposé sur un siége; fondé, établi.

ASSISE, s. f. Rang de pierres horizontalement posées. T. d'arch. —, soie étendue sur les aiguilles pour former les mailles d'un bas. T. de bonnet. —, s. f. pl. Séance d'un juge supérieur dans la juridiction d'un inférieur; cour criminelle; session de cette cour; lieu de ses séances; cour d'assises de la Seine. —, En Angleterre, assemblée de juges de paix; jury; juges ambulans, le lieu, le temps de leur séance.

ASSIS-SUR-SERRE, s. m. Com. du dép. de l'Aisne, cant. de Crécy-sur-Serre, arr. de Laon. = Laon.

ASSISTANCE, s. f. Aide, protection, secours; assemblée de personnes, auditoire; présence d'un témoin accompagnant un officier ministériel. T. de jurisp. —, conseil d'un ordre religieux; maison religieuse située en un pays éloigné de la maison principale. L'assistance d'Italie.

ASSISTANT, E, adj. Qui est présent, qui assiste, qui aide. —, prêtre qui aide le célébrant; celui ou celle qui aide le supérieur d'un couvent dans ses fonctions. —, pl. Ceux qui sont présens; témoins.

ASSISTÉ, E, part. Aidé, secouru.

ASSISTER, v. a. Aider, secourir; protéger, seconder. —, accompagner, recorder un officier ministériel dans ses fonctions. Se faire —, se faire recorder, se faire accompagner par des témoins. T. de procéd. —, v. n. Être présent à quelque chose par devoir, par plaisir, par complicité, etc. — Juger avec un autre juge qui préside. S'—, v. récip. S'entr'aider.

ASSO, s. m. Pierre corrosive.

ASSOCIATION, s. f. Action de s'associer; réunion de personnes qui contractent une société pour une opération de commerce ou pour tout autre objet.

ASSOCIÉ, E, part. Reçu dans une société aux opérations de laquelle on est intéressé. —, s. m. Membre d'une association, d'une société de commerce; membre non titulaire d'un corps savant.

ASSOCIER, v. a. Admettre dans une compagnie de commerce pour participer à ses spéculations; donner part, prendre pour collègue, pour collaborateur dans un travail. S'—, v. pron. Entrer dans une société, y placer son argent ou son industrie; prendre pour compagnon, fréquenter, hanter; se lier avec quelqu'un.

ASSODE, s. m. Fièvre dans laquelle le malade exténué est inquiet, démoralisé. T. de méd.

ASSOGUE, s. f. Galion espagnol pour transporter du mercure en Amérique.

ASSOLÉ, E, part. Divisé en soles.

ASSOLEMENT, s. m. Action d'assoler, son effet; division en soles.

ASSOLER, v. a. Diviser en soles, c'est-à-dire en trois parties, de sorte que la terre puisse se reposer une année sur trois.

ASSOMBRI, E, part. Devenu sombre.

ASSOMBRIR, v. a. Rendre sombre. S'—, v. pron. Devenir triste, sombre, taciturne.

ASSOMMANT, E, adj. Ennuyeux, fatigant.

ASSOMMÉ, E, part. Tué d'un coup de massue.

ASSOMMER, v. a. Tuer avec une massue; assommer un bœuf. —, frapper, battre avec excès. —, importuner, affliger, ennuyer, fatiguer. Fig.

ASSOMMEUR, s. m. Garçon boucher qui assomme les bœufs; tapageur, homme à coups de poing, bâtonniste et autres vauriens de cette espèce.

ASSOMMOIR, s. m. Massue; canne plombée, pierre, etc.

ASSOMPTION, s. f. Apothéose de la Sainte-Vierge; fête de l'église catholique. —, mineure d'un syllogisme. T. de log. —, ville du Paraguay, Amérique du sud.

ASSON, s. m. Com. du dép. des Basses-Pyrénées, cant. de Nay, arr. de Pau. = Pau.

Forges, mines de fer et carrières de pierres calcaires dans les environs.

ASSONIE, s. f. Bois de senteur bleu; arbrisseau d'Afrique. T. de bot.

ASSONNANCE, s. f. Ressemblance imparfaite dans la terminaison des mots: exempl.: heure, heur.

ASSONNANT, E, adj. Qui offre à peu près la même consonnance.

ASSONVAL, s. m. Com. du dép. du Pas-de-Calais, cant. de Fauquemberque, arr. de St.-Omer. = Fruges.

ASSORTI, E, part. Assemblé, joint en parlant de personnes ou de choses qui se conviennent.

ASSORTIMENT, s. m. Convenance, union. Assortiment de couleurs. —, assemblage complet de choses qui s'accordent ensemble. Assortiment de diamans, d'étoffes. Livres d'—, livres que les libraires trouvent au besoin chez leurs confrères. T. de libr. —, toutes les lettres d'un corps de caractère. T. de typog.

ASSORTIR, v. a. Joindre ensemble des personnes ou des choses qui se conviennent; fournir de toutes choses convenables; réunir ce qui peut convenir au goût du jour; faire un assortiment. —, v. n. Convenir à... S'—, v. pron. Se convenir. S'—, se procurer les marchandises convenables à un assortiment.

ASSORTISSANT, E, adj. Qui assortit bien, qui convient au goût.

ASSORTISSOIR, s. m. Crible pour les dragées. T. de confis.

ASSORTISSOIRE, s. f. Boîte, caisse qui renferme un assortiment.

ASSOTÉ, E, part.

ASSOTER, v. n. Infatuer d'une passion, rendre sottement amoureux. S'—, v. pron. Se passionner follement, prendre un sot amour.

ASSOUPI, E, part. Disposé au sommeil, endormi à demi.

ASSOUPIR, v. a. Endormir à demi, disposer au sommeil; — la douleur, l'adoucir, la calmer pour un instant. Fig. — les séditions, les haines; retarder leur explosion, les empêcher d'éclater. S'—, v. pron. S'endormir.

ASSOUPISSANT, E, adj. Narcotique, qui assoupit, qui ennuie, qui endort. Discours, ennuyeux. Fig.

ASSOUPISSEMENT, s. m. Etat d'une personne assoupie, sommeil léger. —, indifférence pour ses devoirs et ses intérêts; négligence. Fig.

ASSOUPLI, E, part. Devenu souple.

ASSOUPLIR, v. a. Rendre souple, maniable, ductible, flexible, doux. S'—, v. pron. Devenir souple.

ASSOURDI, E, part. Etourdi, devenu sourd.

ASSOURDIR, v. a. Rendre sourd, étourdir. —, diminuer la lumière et les demi-teintes. T. de peint. S'—, v. pron. Devenir sourd.

ASSOUSTE, s. f. Com. du dép. des Basses-Pyrénées, cant. de Laruns, arr. d'Oloron. = Oloron.

ASSOUVI, E, part. Apaisé en parlant de la faim; rassasié.

ASSOUVIR, v. a. Rassasier, apaiser une faim canine. —, satisfaire un désir ardent, une passion violente; assouvir sa rage, sa vengeance. Fig. S'—, v. pron. Se rassasier; s'assouvir de cruautés, de sang.

ASSOUVISSEMENT, s. m. Action d'assouvir, son effet; état de ce qui est assouvi.

ASSUJETTI, E, part. Arrêté, fixé.

ASSUJETTIR, v. a. Arrêter, fixer une chose de manière qu'elle ne puisse bouger. —, subjuguer, ranger sous sa domination; assujettir une province. Fig. — ses passions; les soumettre à l'empire de la raison. —, astreindre, obliger à...; assujettir à des travaux. En ce sens il est aussi pron. S'assujettir aux caprices de quelqu'un.

ASSUJETTISSANT, E, adj. qui assujettit, qui exige des soins continuels.

ASSUJETTISSEMENT, s. m. Obligation, contrainte de faire une chose; sujétion, soumission, gêne extrême.

ASSURANCE, s. f. Certitude, confiance, forte probabilité; sécurité, sûreté; promesse, nantissement. —, hardiesse; parler avec assurance. —, garantie de pertes éventuelles; assurance maritime; assurance contre l'incendie. Coup d'—, coup de canon pour faire reconnaître le pavillon. T. de mar.

ASSURE, s. f. Fil d'or, d'argent dont on couvre la chaîne de haute-lisse.

ASSURÉ, E, part. Affirmé, attesté; mis d'aplomb, étayé. —, adj. Hardi, sans crainte; air assuré. —, sûr, certain; fixe, invariable. —, s. m. Qui a un contrat d'assurance. T. de mar.

ASSURÉMENT, adv. Certainement.

ASSURER, v. a. Affirmer une chose, l'attester; rendre témoignage. —, étayer, mettre d'aplomb; rendre ferme, sûr, hardi, durable. —, pourvoir à la sûreté, garantir de pertes éventuelles. — son pavillon; le faire reconnaître. S'—, v. pron. Prendre des sûretés, s'informer, vérifier, acquérir une certitude. S'— de quelqu'un; s'assurer de sa protection, de son suffrage. S'— d'un débiteur; le faire arrêter.

ASSUREUR, s. m. Celui qui, moyennant un prix, assure un navire, une maison, une récolte, etc.

ASSURGENT, E, adj. Montant. T. de bot.

ASSWILLER, s. m. Com. du dép. du Bas-Rhin, cant. de Drulingen, arr. de Saverne. = Phalsbourg.

ASTACOÏDES, s. m. pl. Genre de crustacés, écrevisses, crabes, etc. T. d'hist. nat.

ASTACOLITHES ou **ASTACITES**, s. f. pl. Pétrifications de crustacés. T. d'hist. nat.

ASTAFFORT, s. m. Petite ville du dép. de Lot-et-Garonne, chef-lieu de cant. de l'arr. d'Agen, bur. d'enregist. et de poste.

ASTAILLAC, s. m. Com. du dép. de la Corrèze, cant. de Beaulieu, arr. de Brive. = Tulle.

ASTATES, s. m. pl. Genre d'insectes hyménoptères. T. d'hist. nat.

ASTÉ, s. f. Com. du dép. des Hautes-Pyrénées, cant. de Campan, arr. de Bagnères. = Bagnères.

ASTE-BÉON, s. m. Com. du dép. des Basses-Pyrénées, cant. de Laruns, arr. d'Oloron. = Oloron.

ASTÉISME, s. m. Ironie délicate où l'on cache le blâme sous le voile de la louange. T. de rhét.

ASTELLE, s. f. Bandage pour les fractures. Voy. ATTELLE. T de chir.

ASTER s. m., ou ASTÈRE, s. f. Genre de plantes corymbifères à fleurs radiées. T. de bot.

ASTÉRÉOMÈTRE, s. m. Instrument de mathématique, pour déterminer, à l'aide du calcul, le lever et le coucher des astres. T. d'astr.

ASTÉRIE, s. f. Girasol, pierre du soleil, pierre précieuse, sorte d'opale, variété du corindon hyalin; zoophyte échinoderme; insecte; ver, pétrification qui offre l'image d'une étoile. T. d'hist. nat.

ASTÉRISME, s. m. Constellation, assemblage d'étoiles. T. d'astr.

ASTÉRISQUE, s. m. Etoile indiquant un renvoi. T. de typogr. —, ou perle, tache à la cornée de l'œil. T. de chir.

ASTERNAL, E, adj. Qui ne s'articule point avec le sternum; qui ne se joint pas à cet os; côte asternale. T. d'anat.

ASTÉROÏDE, s. f. Plante à fleur radiée. T. de bot. —, s. m. pl. Corps célestes qui tournent autour du soleil dans des orbes elliptiques, et des plans inclinés à l'écliptique. T. d'astr.

ASTÉROPE, s. f. Arbrisseau rosacé de l'île de Madagascar. T. de bot.

ASTÉROTE, s. f. Filet pour la pêche.

ASTET, s. m. Village du dép. de l'Ardèche, cant. de Thueyts, arr. de Largentière. = Aubenas.

ASTHÉNIE, s. f. Perte de forces, débilitation. T. de méd.

ASTHÉNIQUE, adj. Qui a perdu ses forces; infirme, impotent. T. de méd.

ASTHMATIQUE, s. et adj. Qui respire difficilement, qui est affecté d'un asthme. — Poussif, en parlant des chevaux.

ASTHME, s. m. Respiration pénible, avec sifflement et ronflement, sans fièvre; affection spasmodique et périodique des organes. T. de méd.

ASTHMÉ, E, adj. Attaqué de l'asthme. T. de fauc.

ASTIC, s. m. Os dont se servent les cordonniers pour lisser la semelle des souliers.

ASTICOTÉ, E, part. Excité, tourmenté.

ASTICOTER, v. a. Taquiner, contrarier, impatienter pour des vétilles.

ASTIER (St.-), s. m. Com. du dép. de la Dordogne, chef-lieu de cant. de l'arr. de Périgueux, bur. d'enregist. à Grignols. = Neuvic.

ASTIER (St.-), s. m. Com. du dép. de Lot-et-Garonne, cant. de Duras, arr. de Marmande. = Marmande.

ASTILLÉ, s. m. Com. du dép. de la Mayenne, cant. et arr. de Laval. = Laval.

ASTIS, s. m. Com. du dép. des Basses-Pyrénées, cant. de Thèze, arr. de Pau. = Pau.

ASTOIN, s. m. Com. du dép. des Basses-Alpes, cant. de Turriers, arr. de Sisteron. = Sisteron.

ASTOMES, s. m. pl. Hommes sans bouches, peuples fabuleux. T. de myth.

ASTON, s. m. Com. du dép. de l'Ariège, cant. des Cabannes, arr. de Foix. = Tarascon-sur-Ariège.

ASTRAGALE, s. m. Petite moulure ronde autour des chapiteaux des corniches. T. d'archit. — L'un des sept os du tarse entre le tibia et le calcanéum. T. d'anat. — Fausse réglisse; plante légumineuse à racine vulnéraire. T. de bot.

ASTRAGALÉE, s. f. Profil d'une corniche, terminée en bas par un astragale. T. d'archit.

ASTRAGALISME, s. m. Jeu de dés chez les Grecs.

ASTRAGALOÏDE, s. f. Plante du genre de l'astragale. T. de bot.

ASTRAGALOMANCIE, s. f. Divination avec des osselets sur lesquels étaient gravées des figures ou des lettres.

ASTRAKHAN, s. m. Ville de la Russie asiatique sur le Volga, capitale du gouvernement de ce nom, est l'une des plus riches de l'empire. Comm. considérable avec la Perse et l'Inde.

ASTRAL, E, adj. Qui appartient aux astres. Année —, durée de la révolution de la terre autour du soleil; lampe —, lampe suspendue.

ASTRANTE, s. m. Arbre de la Cochinchine. —, s. f. Genre de plantes ombellifères. T. de bot.

ASTRE, s. m. Corps céleste, mais plus particulièrement ceux qui sont lumineux par eux-mêmes. — du jour, le soleil; de la nuit, la lune. — favorable ou ennemi; être né sous une heureuse étoile. —, personnage de la plus haute distinction; beauté éblouissante. Fig.

ASTRÉE, s. f. Fille de Jupiter et de Thémis, la justice; elle habita la terre durant l'âge d'or; mais les crimes des hommes la firent bientôt remonter au ciel, où elle se plaça dans cette partie du zodiaque qu'on appelle le signe de la vierge. T. de myth. — Polype à rayons et étoiles séparées. T. d'hist. nat.

ASTREINDRE, v. a. Contraindre, obliger, assujettir. S'—, v. pron. S'obliger, s'assujettir.

ASTREINT, E, part. Contraint, forcé.

ASTRICTION, s. f. Propriété, effet

d'une substance astringente. T. de méd.

ASTRILD, s. m. Sénégali rayé, oiseau du Sénégal, espèce de moineau. T. d'hist. nat.

ASTRINGENT, E, s. et adj. Styptique, remède qui a la vertu de resserrer, de froncer les fibres, d'arrêter les hémorrhagies, les diarrhées, etc. T. de méd.

ASTROC, s. m. Grosse corde attachée à l'escome. T. de mar.

ASTROCYNOLOGIE, s. f. Traité sur les jours caniculaires et l'influence qu'on leur suppose. T. d'astr.

ASTROIN, s. m. Arbre du Mexique. T. de bot.

ASTROÏTE, s. f. Sorte de madrépore qui offre la figure d'une étoile. T. d'hist. nat.

ASTROLABE, s. m. Instrument pour prendre la hauteur des astres et connaître la latitude des lieux où l'on se trouve. T. d'astr.

ASTROLÂTRIE, s. f. Culte, adoration des astres.

ASTROLÉPAS, s. m. Lépas ou patelle, coquillage univalve dont la base a sept angles. T. d'hist. nat.

ASTROLOGIE, s. f. Science mensongère, art chimérique de lire l'avenir dans les astres.

ASTROLOGIQUE, adj. Qui concerne l'astrologie.

ASTROLOGUE, s. m. Insensé qui croit pouvoir lire l'avenir dans les astres, ou du moins qui cherche à faire croire à ses prédictions mensongères.

ASTRONOME, s. m. Savant versé dans l'astronomie, dont il fait l'objet de ses études; qui connaît le cours et le mouvement des astres, et ne déraisonne pas sur leur influence comme fait l'astrologue.

ASTRONOMIE, s. f. Science du nombre, de la grandeur, de l'ordre et du mouvement des corps célestes. — physique, qui explique les phénomènes célestes.

ASTRONOMIQUE, adj. Qui appartient à l'astronomie.

ASTRONOMIQUEMENT, adv. D'une manière astronomique; suivant les principes de l'astronomie.

ASTROPHYTE, s. f. Étoile de mer, arborescente, zoophyte. T. d'hist. nat.

ASTROPOLE, s. m. Bel œillet brun. T. de fleur.

ASTROSTATIQUE, s. f. Science du calcul du passage et de la distance respective des astres. T. d'astr.

ASTUCE, s. f. Ruse, finesse inspirée par la méchanceté.

ASTUCIEUSEMENT, adv. D'une manière astucieuse.

ASTUCIEUX, EUSE, adj. Qui est de mauvaise foi, qui a de l'astuce.

ASTUGUE, s. f. Com. du dép. des Hautes-Pyrénées, cant. et arr. de Bagnères. = Bagnères.

ASTURIES (les), s. f. pl. Province d'Espagne, dont l'héritier présomptif de la couronne prend le nom. Ses villes principales sont Oviédo et Santillane.

ASTURINE, s. f. Oiseau de proie de Cayenne, genre d'accipitres. T. d'hist. nat.

ASTYNOMES, s. m. pl. Magistrats chargés de la police des villes. T. d'antiq.

ASTYNOMIE, s. f. Police des villes. T. d'antiq.

ASYLE, s. m. Voy. ASILE.

ASYMÉTRIE, s. f. Impossibilité de trouver la racine carrée d'un nombre; défaut de proportion entre les parties d'une chose. T. de math.

ASYMPTOTE, s. et adj. f. Ligne droite dont une courbe s'approche continuellement et à l'infini, sans jamais la toucher. T. de géom.

ASYMPTOTIQUE, adj. De l'asymptote. Espace —, entre une courbe et son asymptote. T. de géom.

ASYNDÉTON, s. m. Figure de rhétorique qui consiste à retrancher les conjonctions copulatives, pour donner plus de rapidité au discours.

ATABALE, s. m. Sorte de tambour dont se servent les Maures.

ATACAMITE, s. m. Cuivre muriaté, pulvérulent. T. de chim.

ATALANTE, s. f. Fille de Schénée. Elle fut recherchée en mariage par plusieurs jeunes princes; mais son père ne voulut l'accorder qu'à celui qui la vaincrait à la course. Conseillé par Vénus, Hippomène eut cet avantage, en jetant dans la carrière des pommes d'or qu'Atalante s'amusait à ramasser. T. de myth. —, papillon qu'on appelle le vulcain. T. d'hist. nat.

ATALANTIE, s. f. Plantes hespéridée. T. de bot.

ATALAPHE, s. f. Espèce de chauve-souris. T. d'hist. nat.

ATAMARAN, s. m. Corossolier à fruits écailleux. T. de bot.

ATANAIRE, adj. Qui a le pennage de l'année précédente. T. de fauc.

ATARAXIE, s. f. Quiétude, calme, tranquillité de l'âme. T. de philos.

ATAUX (St.-Jean d'), s. m. Com. du dép. de la Dordogne, cant. de Neuvic, arr. de Ribérac. = Ribérac.

ATAXIE, s. f. Irrégularité dans les crises de la fièvre. T. de méd.

ATAXIQUE, adj. Anomal, irrégulier. Fièvre —, fièvre maligne; typhus. T. de méd.

ATECNIE, s. f. Impuissance virile. — Défaut d'art.

ATÈLE, s. m. Sorte de singe de l'Amérique méridionale, qu'on appelle singe araignée parce que ses pattes sont longues et minces. T. d'hist. nat. —, s. m. pl. C'est ainsi qu'on désignait, dans Athènes, les citoyens qui étaient exempts d'impôts. T. d'antiq.

ATELIER, s. m. Lieu de travail des artistes; l'atelier d'un peintre, d'un sculpteur. —, tous les ouvriers qui sont au compte d'un seul maître; l'endroit où ils travaillent. —, constellation. T. d'astr.

ATELLANES, s. f. pl. Pièces d'un comique bas, espèces de farces en usage chez les Romains, à l'imitation des satires avec lesquelles on amusait les mangeurs de noix sur le théâtre d'Athènes.

ATELLES (les) s. f. pl. Com. du dép. de l'Orne, cant. de Gacé, arr. d'Argentan. = Gacé.

ATÉMADOULET, s. m. Le premier ministre en Perse.

ATERLUSI, s. m. Aristoloche de l'Inde. T. de bot.

ATERMOIEMENT, s. m. Acte entre un débiteur et ses créanciers pour payer aux termes convenus.

ATERMOYÉ, E, part. Prolongé.

ATERMOYER, v. a. Prendre termes pour payer. S'—, v. pron. Faire un acte avec ses créanciers pour prolonger ses paiemens.

ATHAMANTE, s. f. Plante ombellifère. T. de bot.

ATHANASIE, s. f. Plante corymbifère; antidote des anciens. T. de bot.

ATHANOR, s. m. Fourneau dans lequel on obtient plusieurs degrés de chaleur à la fois. T. de chim.

ATHÉE, s. m. Matérialiste qui nie l'existence de Dieu, qui ne reconnaît pas un être suprême, intelligent, créateur du ciel et de la terre; orgueilleux qui n'admet pas d'esprit supérieur au sien.

ATHÉE, s. f. Com. du dép. de la Côte-d'Or, cant. d'Auxonne, arr. de Dijon. = Auxonne.

ATHÉE, s. f. Com. du dép. d'Indre-et-Loire, cant. de Bleré, arr. de Tours. = Amboise.

ATHÉE, s. f. Com. du dép. de la Mayenne, cant. de Craon, arr. de Château-Gontier. = Craon.

ATHÉISME, s. m. Erreur des athées.

ATHÉISTIQUE, adj. Qui concerne l'athéisme, les athées.

ATHENAY, s. m. Village réuni à la com. de Chemiré-le-Gaudin, arr. du Mans, dép. de la Sarthe. = le Mans.

ATHÉNÉE, s. m. Dans Athènes, c'était un édifice où se réunissaient les poètes, les philosophes et les artistes. Paris offre, sous le même titre, une semblable réunion où les gens de lettres et les savans font des cours publics.

ATHÈNES, s. f. Ville capitale de l'Attique, fondée vers l'an 1556 avant J.-C., par Cécrops, chef d'une colonie égyptienne. Cette ville, que l'on peut considérer comme le berceau des lettres, des arts et de la civilisation, n'est plus qu'un monceau de ruines; mais on la retrouve tout entière dans les chefs-d'œuvre des Sophocle, des Euripide, des Aristophane, etc.; dans son école philosophique, ses grands législateurs, ses orateurs, ses peintres, etc...

ATHÉNIEN, NE, s. et adj. Habitant d'Athènes; qui est relatif à cette ville.

ATHÉNIENNE, s. f. Meuble servant tout à la fois de cassolette, de console, de vase à fleurs, etc.

ATHEREY, s. m. Com. du dép. des Basses-Pyrénées, cant. de Tardets, arr. de Mauléon. = Mauléon.

ATHÉRINE, s. f. Genre de poissons abdominaux qui ont quelque ressemblance avec le hareng. T. d'hist. nat.

ATHERMASIE, s. f. Excès de chaleur; chaleur morbifique. T. de méd.

ATHÉROMATEUX, EUSE, adj. De la nature de l'athérome. T. de méd.

ATHÉROME, s. m. Abcès enkysté renfermant une matière purulente, blanchâtre, semblable à de la bouillie. T. de méd.

ATHESANS, s. m. Com. du dép. de la Haute-Saône, cant. de Villersexel, arr. de Lure. = Lure.

ATHIE, s. f. Com. du dép. de l'Yonne, cant. de l'Ile-sur-le-Sercin, arr. d'Avallon. = Avallon.

ATHIENVILLE, s. f. Com. du dép. de la Meurthe, cant. de Vic, arr. de Château-Salins. = Château-Salins.

ATHIES, s. f. Com. du dép. de l'Aisne, cant. et arr. de Laon. = Laon.

ATHIES, s. f. Com. du dép. du Pas-de-Calais, cant. et arr. d'Arras. = Arras.

ATHIES, s. f. Com. du dép. de la Somme, cant. de Ham, arr. de Péronne. = Péronne.

ATHIE-SUR-MOUTIER-ST.-JEAN, s. f. Com. du dép. de la Côte-d'Or, cant. de Montbard, arr. Semur. = Montbard.

ATHIN, s. m. Com. du dép. du Pas-de-Calais, cant. d'Etaples, arr. de Montreuil. = Montreuil.

ATHIS, s. m. Com. du dép. de la Marne, cant. d'Ecury-sur-Coole, arr. de Châlons-sur-Marne. = Châlons.

ATHIS, s. m. Com. du dép. de l'Orne, chef-lieu de cant. de l'arr. de Domfront, bur. d'enregist. = Condé-sur-Noireau. Fabriques de reps et casimirs.

ATHIS-MONS, s. m. Com. du dép. de Seine-et-Oise, cant. de Longjumeau, arr. de Corbeil. = Houdan.

ATHLÈTE, s. m. Combattant dans les jeux célèbres de la Grèce.—, homme robuste et adroit dans les exercices du corps. — de la foi, martyr. Fig.

ATHLÉTIQUE, s. f. Art des athlètes.—, adj. Qui est relatif aux athlètes. Taille, force athlétique.

ATHLOTÈTE, s. m. Officier qui présidait aux jeux gymniques, aux combats des athlètes. T. d'antiq.

ATHOS, s. m. Com. du dép. des Basses-Pyrénées, cant. de Sauveterre, arr. d'Orthez. = Orthez.

ATHOSE, s. f. Com. du dép. du Doubs, cant. de Vercel, arr. de Baume. = Ornans.

ATHROPHYLLE, s. m. Grand arbre de la Cochinchine. T. de bot.

ATHYRION, s. m. Espèce de fougère. T. de bot.

ATHYMIE, s. f. Abattement, consternation, pusillanimité. T. de méd.

ATICHE, s. f. Bandelette autour du tranchant du haim, ou crochet de l'hameçon. T. de pêch.

ATINTÉ, E, part. Paré avec affectation.

ATINTER, v. a. Parer, orner avec trop d'affectation. S'—, v. pron. Se parer. T. fam.

ATIPOLO, s. m. Grand arbre des Philippines. T. de bot.

ATITARA, s. m. Fagarier hétérophylle. T. de bot.

ATLANTE, s. m. Figure d'homme portant des fardeaux.—, statue qui tient lieu de colonne. T. d'archit.

ATLANTIQUE, adj. Qui concerne l'Océan. Mer, île Atlantique.

ATLAS, s. m. Géant, fils de Jupiter et de Clymène. Il fut chargé de soutenir le ciel sur ses épaules. Persée le changea en montagne en lui montrant la tête de Méduse. T. de myth.—, recueil de cartes géographiques.—, première vertèbre cervicale qui soutient la tête, et est articulée avec elle. T. d'anat.—, chaîne de montagnes d'Afrique.—, beaux papillons de Surinam. T. d'hist. nat. — Étoffe des Indes; espèce de grand papier.

ATLÉ, s. f. Tamaris d'Egypte. T. de bot.

ATMOMÈTRE, s. m. Vase pour calculer l'évaporation de l'eau. On dit encore atmidométographe, atmidomètre.

ATMOSPHÈRE, s. f. Masse d'air qui environne la terre; fluide léger qui enveloppe les planètes. — d'un corps, émanations qui l'environnent, particules très déliées qu'il exhale.

ATMOSPHÉRIQUE, adj. Qui appartient, qui a rapport à l'atmosphère.

ATOA, s. m. Corossolier épineux. T. de bot.

ATOCALT, s. m. Araignée du Mexique, dont la toile est composée de fils jaunes, rouges et noirs. T. d'hist. nat.

ATOCIE, s. f. Stérilité. T. de méd.

ATOLE, s. f. Sorte de bouillie avec la farine de maïs.

ATOMAIRE, s. m. Espèce de varec. T. de bot.

ATOME, s. m. Corpuscule indivisible, insécable, grain de poussière en l'air.—, petitesse des corps relativement à l'immensité de l'univers.—, homme nul par sa petitesse, sa faiblesse. Fig.—, substance simple et indivisible qui ne peut subsister seule. T. de philos.—, le plus petit des animalcules, genre d'insectes. T. d'hist. nat.

ATOMISME, s. m. Physique corpusculaire, système de la création par les atomes.

ATOMISTE, s. m. Partisan des atomes.

ATONIE, s. f. Défaut de ton, faiblesse de tous les organes et particulièrement des muscles. T. de méd.

ATOPO, s. m. Espèce d'euphorbe. T. de bot.

À TORT et À TRAVERS, adv. Inconsidérément.

ATOURNÉ, E, part. Paré.

ATOURNER, v. a. Habiller une dame, la parer.

ATOURS, s. m. pl. Parures de femmes. Dame d'—, qui préside à la toilette d'une reine, d'une princesse, qui l'accompagne.

À TOUT, s. m. Carte favorisée, qui l'emporte sur les autres. T. de jeu.

ATRABILAIRE, s. m. et adj. Mélancolique, personne qu'une humeur noire et aduste rend triste et chagrine; humeur atrabilaire. capsules —, corps glanduleux au-dessus et près des reins. T. d'anat.

ATRABILE, s. f. Bile noire, maladie hypocondriaque. T. de méd.

ATRABILIEUX, EUSE, adj. Qui a

rapport à l'atrabile, qui fait naître cette maladie. T. de méd.

ATRACTOBOLE, s. m. Champignon. T. de bot.

ATRACTOCÈRE, s. m. Insecte qui ronge le bois. T. d'hist. nat.

ATRACTOSOMES, adj. et s. m. pl. Poissons osseux, thoraciques qui ont la forme d'un fuseau. T. d'hist. nat.

ATRACTYLES, s. m. pl. Plantes cinarocéphales. T. de bot.

ATRAGÈNES, s. m. pl. Plantes renonculacées, voisines des clématites. T. de bot.

ATRAMENTAIRE, s. f. Pierre de vitriol, sulfate de fer. T. d'hist. nat.

ATRAPE, s. f. Pince coudée dont se servent les fondeurs en cuivre.

ATRAPHACE, s. f. Plante de la famille des polygonées. T. de bot.

ÂTRE, s. m. Foyer d'une cheminée. —, pierre de grès qui couvre le fond des fours à verre.

ATRÉBATES, s. m. pl. Peuple de la Gaule-Belgique, dont César fait mention dans ses Commentaires.

ATREMPAGE, s. m. ou ATREMPURE, s. f. Action de chauffer graduellement et jusqu'au dernier degré, dans les fours à glace.

ATRÉTISME, s. m. Imperforation, clôture des ouvertures naturelles. T. de méd.

ATRICE, s. f. Tubercule autour de l'anus. T. de chir.

ATRICHIES, s. f. pl. Genre de mousses. T. de bot.

ATRIPLETTE ou ATRIPOTTE, s. f. Fauvette rousse.

ATRIPLICÉES, s. f. pl. Familles de plantes, les arroches et les chénopodées. T. de bot.

ATROCE, adj. Énorme, excessif. Crime, supplice atroce.—, inhumain, cruel, féroce; homme atroce, âme atroce. —, s. m. Serpent blanc, hérissé. T. d'hist. nat.

ATROCEMENT, adv. D'une manière cruelle, avec atrocité.

ATROCITÉ, s. f. Énormité du crime. —, cruauté, action féroce, barbare.

ATROPHIE, s. f. Consomption, dépérissement du corps ou de quelques-unes de ses parties. T. de méd.

ATROPHIÉ, E, adj. Amaigri, qui ne prend plus de nourriture, qui dépérit. T. de méd.

ATROPOS, s. f. L'une des trois parques, celle qui coupe le fil de la vie. T. de myth. — Serpent; sphinx à tête de mo t. T. d'hist. nat.

ATTABLÉ, E, part. Mis à table.

ATTABLER, v. a. Mettre à table, retenir à table. S'—, v. pron. Se mettre à table pour y rester long-temps.

ATTACHANT, E, adj. Qui attache, qui intéresse, qui capte l'attention; lecture attachante.—, assujetissant, qui asservit; emploi attachant, qui ne vous laisse pas un moment de libre.

ATTACHE, s. f. Corde, courroie, tout ce qui sert à lier, à attacher. —, tout ce qui captive l'esprit ou intéresse le cœur; affection, attachement. —, ordonnance pour l'exécution des actes de l'autorité publique. Prendre l'—, prendre les ordres d'un supérieur. Lettres d'—, lettres royales pour l'exécution d'une bulle. Chien d'—, qui est enchaîné durant le jour.—, endroit où vient s'insérer l'extrémité d'un muscle, d'un ligament. T. d'anat. — de diamans, pièces accrochées l'une à l'autre.

ATTACHÉ, E, part. Lié, joint.

ATTACHEMENT, s. m. Sentiment d'amour ou d'amitié, de vive affection. —, dévouement à un parti, aux intérêts qu'il représente. —, sérieuse application au travail, à l'étude.

ATTACHER, v. a. Joindre, lier une chose à une autre. —, inspirer de l'amour, de l'amitié. Fig. —, lier par quelque chose d'aimable, de gracieux, d'obligeant. Fig. —, appliquer, faire dépendre. S'—, v. pron. Se buter à quelque chose, n'en pas démordre; se lier d'amitié; s'appliquer. Fig.

ATTAGAS, s. m. Espèce de francolin. T. d'hist. nat.

ATTAINVILLE, s. f. Com. du dép. de Seine-et-Oise, cant. d'Ecouen, arr. de Pontoise. = Moiselles.

ATTANCOURT, s. m. Com. du dép. de la Haute-Marne, cant. et arr. de Vassy. = Vassy.

Cette com., dans le voisinage de laquelle coule la rivière de la Blaise, a des eaux minérales ferrugineuses qui y attirent beaucoup de monde.

ATTAQUABLE, adj. Qui peut être attaqué.

ATTAQUANS, s. m. pl. Assaillans, qui attaquent.

ATTAQUE, s. f. Action d'attaquer, d'engager un combat.—, assaut, travaux pour s'approcher d'une place assiégée; paroles hasardées pour sonder, disposer; pour piquer; reproche couvert. Fig. — Atteinte d'une maladie. T. de méd.

ATTAQUÉ, E, part. Provoqué, assailli.

ATTAQUER, v. a. Provoquer, être agresseur, assaillir; attaquer l'ennemi, commencer le feu. —, Injurier, apostropher, etc. —, adresser la parole pour faire parler; il s'applique également aux choses, attaquer la réputation, etc. Fig. S'—, v. récip. Se provoquer mutuellement, se heurter, se battre. S'— à, v. pron. Offenser; se prononcer ouvertement contre quelqu'un ou quelque chose.

ATTAQUES (les), s. f. pl. Village du dép. du Pas-de-Calais, cant. de Calais, arr. de Boulogne. = Calais.

ATTARDER (s'), v. pron. Se mettre tard en route.

ATTE, s. m. Araignée sauteuse. T. d'hist. nat.

ATTEINDRE, v. a. Frapper de loin, toucher, attraper, saisir. —, rejoindre quelqu'un chemin faisant, arriver en un lieu; égaler.

ATTEINT, E, part. Frappé, affligé de; accusé, prévenu; atteint d'un coup d'épée, d'une maladie, d'un crime.

ATTEINTE, s. f. Action d'atteindre, coup dont on est atteint; attaque, maladie; coup qu'un cheval se donne ou reçoit.—mortelle, impression vive et douloureuse. —, attaque; atteinte de goutte, de paralysie; porter — aux droits de, les attaquer; donner une — à la bague, la toucher sans l'emporter; hors d'—, hors de la portée du coup. Prop. et fig.

ATTELABLE, s. m. Coléoptère aquatique, à tête de sauterelle et corps d'araignée; genre de coléoptères qui vivent sur les arbres et dont les couleurs sont très brillantes. T. d'hist. nat.

ATTELAGE, s. m. Assemblage de chevaux, de bœufs, pour traîner un carosse, une charrette, une charrue, etc.

ATTELÉ, E, part. Attaché à une voiture.

ATTELER, v. a. Attacher des chevaux, des bœufs à une voiture, à une charrue.

ATTELLE, s. f. Outil du potier de terre pour amincir le vase en le tournant. —, lame flexible de bois, de carton ou de fer blanc, pour la réduction des fractures. T. de chir. —, manche de fer à souder. T. de vitr. —, pl. Ailerons, planches qui servent à monter un collier de cheval.

ATTELLOIRE ou **ATTELOIRE**, s. f. Cheville que l'on enfonce dans les trous pratiqués aux timons des grosses voitures pour arrêter les traits. — Poignée. T. de mét.

ATTEMESNIL, s. m. Com. du dép. de la Seine-Inférieure, cant. d'Ourville, arr. d'Yvetot. = Doudeville.

ATTENANT, E, adj. Contigu, tout proche. —, prép. Joignant, tout contre.

ATTENDANT (en), adv. Cependant, jusqu'à ce que, pendant ce temps-là.

ATTENDRE, v. a. et n. Être dans l'attente, le désir ou la crainte de quelque événement; se promettre, espérer, se tenir comme certain d'un événement, compter sur une promesse. — après, avoir besoin dans le moment. — à la belle saison, jusqu'au printemps. S'— à, v. pron. Être assuré de, compter sur.

ATTENDRI, E, part. Touché, ému, devenu tendre, compatissant.

ATTENDRIR, v. a. Rendre plus tendre, moins dur, plus facile à manger. — Toucher, rendre sensible à la pitié, à l'amour. S'—, v. pron. Devenir plus tendre, plus humain, plus sensible ; s'émouvoir.

ATTENDRISSANT, E, adj. Qui attendrit, qui inspire la tendresse, qui fait naître la pitié, qui excite la compassion.

ATTENDRISSEMENT, s. m. Émotion de l'âme, sentiment de tendresse, de compassion.

ATTENDU, E, part. Se dit des personnes et des choses que l'on attend. —, conj. Eu égard à, vu. — que, vu que, puisque.

ATTENSCHWILLER, s. m. Com. du dép. du Haut-Rhin, cant. d'Huningue, arr. d'Altkirch. = Huningue.

ATTENTAT, s. m. Complot, révolte contre un souverain ou contre les lois ; crime, usurpation.

ATTENTATOIRE, adj. Qui est en opposition avec les lois, qui est contraire à l'autorité d'une juridiction supérieure.

ATTENTE, s. f. État de la personne qui attend, le temps qu'elle emploie; espérance, opinion conçue; il a trompé mon attente. Pierre d'—, pierre en saillie pour lier deux murs ensemble; ouvrage commencé et interrompu. Fig. Toile d'—, toile disposée pour recevoir la peinture. —, pistil du safran.

ATTENTÉ, E, part.

ATTENTER, v. n. Commettre un attentat, conspirer contre les lois, la vie d'un souverain, la liberté des citoyens. — à, porter atteinte; attenter aux droits du peuple, à l'honneur d'une femme.

ATTENTIF, IVE, adj. Qui prête attention à ce qu'il fait, qui s'applique à bien faire. —, qui a des prévenances, des égards. —, s. m. Galant.

ATTENTION, s. f. Application d'esprit. —, pl. Prévenances, soins, égards; on m'a comblé d'attentions.

ATTENTIONNÉ, E, adj. Qui a des égards, des prévenances.

ATTENTIVEMENT, adv. Avec attention, avec application.

ATTÉNUANT, E, adj. Qui diminue la

gravité d'une faute, d'un crime; circonstance atténuante. —, s. m. pl. Atténuatifs, remèdes qui rendent la fluidité aux humeurs. T. de méd.

ATTÉNUATIF, IVE, adj. Atténuant. T. de méd.

ATTÉNUATION, s. f. Affaiblissement, action des remèdes atténuans. T. de méd. — Diminution des charges contre un accusé. T. de jurisp. Action de diviser en très petites parties, pulvérisation. T. de phys.

ATTÉNUÉ, E, part. affaibli, diminué. —, adj. Aminci. T. de bot.

ATTÉNUER, v. a. Affaiblir, diminuer l'embonpoint; inciser, diviser les humeurs, les rendre plus fluides. T. de méd. — Rendre moins grave. T. de jurisp.

ATTÉRAGE, s. m. Endroit d'une côte où un vaisseau peut aborder, prendre terre. T. de mar.

ATTÉRI, E, part.

ATTÉRIR, v. n. Prendre terre, reconnaître la terre, les côtes. T. de mar.

ATTERRÉ, E, part. Mis à terre, abattu, renversé.

ATTERRER, v. a. Jeter, renverser par terre, terrasser. —, abattre la puissance, l'autorité; ruiner entièrement; décourager, accabler, jeter dans l'abattement. Fig. —, rapprocher les meules d'un moulin. —, rompre, briser. T. de phys.

ATTERRISSEMENT, s. m. Terre, sable entraînés par le courant et déposés sur le bord des eaux. T. de mar.

ATTESTATION, s. f. Certificat, témoignage par écrit.

ATTESTÉ, E, part. Certifié.

ATTESTER, v. a. Certifier, témoigner, assurer. —, prendre à témoin. J'en atteste le ciel.

ATTICHES, s. f. Com. du dép. du Nord, cant. de Pont-à-Marcq, arr. de Lille. = Lille.

ATTICHY, s. m. Com. du dép. de l'Oise, chef-lieu de cant. de l'arr. de Compiègne; bur d'enregist. = Vic-sur-Aisne.

ATTICISME, s. m. Délicatesse de goût particulière aux Athéniens; atticisme, dans le langage, dans le style. — Raillerie fine, polie et agréable.

ATTICURGUES, s. f. pl. Colonnes carrées. T. d'archit.

ATTIÉDI, E, part. Devenu tiède.

ATTIÉDIR, v. a. Refroidir ce qui était trop chaud, le rendre tiède. —, rendre moins fervent, diminuer l'ardeur, la vivacité. Fig. S'—, v. pron. Se refroidir, n'avoir plus autant d'ardeur.

ATTIÉDISSEMENT, s. m. Passage du chaud au tiède; tiédeur, diminution d'ardeur dans les sentimens, de ferveur dans la dévotion. Fig.

ATTIFÉ, E, part.

ATTIFER, v. n. Coiffer, habiller, parer avec trop de soin. S'—, v. pron. se coiffer avec affectation.

ATTIFET, s. m. Parure des femmes, ornement pour la coiffure. (Vi.)

ATTIGNAT, s. m. Com. du dép. de l'Ain, cant. de Montrivel, arr. de Bourg. = Bourg.

ATTIGNEVILLE, s. f. Com. du dép. des Vosges, cant. et arr. de Neufchâteau. = Neufchâteau.

ATPIGNY, s. m. Petite ville du dép. des Ardennes, chef-lieu de cant. de l'arr. de Vouziers; bur. d'enregist. et de poste.

ATTIGNY, s. m. Com. du dép. des Vosges, cant. de Darney, arr. de Mirecourt. = Darney.

ATTILLONCOURT, s. m. Com. du dép. de la Meurthe, cant. et arr. de Château-Salins. = Château-Salins.

ATTINTÉ, E, part. Attaché, assujetti, en parlant des objets qui font partie de la cargaison d'un navire. T. de mar.

ATTINTER, v. a. Assujettir, attacher, arrêter, de manière à ce qu'ils ne puissent remuer, les caisses, les futailles et les ballots qui forment la cargaison d'un vaisseau. T. de mar.

ATTIQUE, s. f. Territoire d'Athènes. —, s. m. Petit étage au-dessus des autres, comble, parapet de terrasse, etc. T. d'arch. —, adj. Qui vient des Athéniens; à la manière et selon le goût exquis du peuple d'Athènes. Sel —, raillerie fine, pensée délicate, expression piquante.

ATTIQUEMENT, adv. A la manière attique.

ATTIRABLE, adj. Qui peut être attiré.

ATTIRAGE, s. m. Poids du rouet des fileurs d'or.

ATTIRAIL, s. m. Train, équipages, ustensiles; attirail de guerre, de chasse, de cuisine, etc. —, bagage superflu.

ATTIRANT, E, adj. Qui attire. —, engageant; esprit, charmes attirans. Fig.

ATTIRÉ, E, part. Tiré à soi; gagné, séduit par des flatteries.

ATTIRER, v. a. Tirer à soi. —, obtenir par adresse, gagner par des manières engageantes. Fig. —, occasionner, causer. —, entraîner quelque part pour y satisfaire un besoin. S'—, v. pron. Gagner, obtenir; s'attirer la bienveillance. S'—, encourir; s'attirer le mépris, la haine.

ATTISE, s. f. Bois sous la chaudière. T. de brass.

ATTISÉ, E, part. Rapproché en parlant des tisons.

ATTISER, v. a. Rapprocher les tisons pour les exposer à l'action du feu. —, aigrir les esprits déjà enflammés, exciter, allumer la discorde, la haine. Fig.

ATTISEUR, s. m. Celui qui attise le feu.

ATTISOIR, s. m. Barre à crochet pour attiser.

ATTISONNOIR, s. m. ou ATTISONNOIRE, s. f. Outil pour attiser le feu.

ATTITRÉ, E, part. Se dit d'une personne chargée d'une commission, d'un emploi; témoin —, suborné. Assassin —, aposté.

ATTITRER, v. a. Donner un emploi, une commission; aposter; suborner. — les chiens, les poser dans les relais pour attendre le gibier. T. de véner.

ATTITUDE, s. f. Posture, situation, mouvement du corps; attitude imposante, respectueuse, menaçante, etc.

ATTOLE, s. f. Teinture d'anate, arbrisseau des Indes.

ATTOLES, s. m. pl. Amas d'îles dans un archipel.

ATTOMBISSEUR, s. m. Oiseau dressé pour la chasse du héron. T. de fauc.

ATTON, s. m. Com. du dép. de la Meurthe, cant. de Pont-à-Mousson, arr. de Nancy. = Pont-à-Mousson.

ATTOUCHÉ, E, part.

ATTOUCHEMENT, s. m. Action de toucher; point d'—, où des lignes se touchent. T. de géom.

ATTOUCHER, v. n. Appartenir par consanguinité.

ATTRACTIF, IVE, adj. Qui attire; onguent attractif.

ATTRACTION, s. f. Action d'attirer; état de ce qui est attiré; puissance, force inconnue qui attire. — céleste, tendance des corps célestes à se rapprocher. — chimique, disposition des molécules des corps à s'unir.

ATTRACTIONNAIRE, s. m. Partisan du système de l'attraction.

ATTRACTRICE, adj. f. Se dit de la force d'attraction.

ATTRAIRE, v. a. Attirer, faire venir par l'espoir d'obtenir quelque chose d'agréable. (Vi.)

ATTRAIT, s. m. Penchant, inclination; ce qui attire, captive. —, pl. Beautés, grâces, appas.

ATTRAIT, E, part. Attiré. (Vi.)

ATTRAPE, s. f. Tromperie; apparence trompeuse. T. fam. —, pince. T. de mét. —, cordage qui maintient le vaisseau en carène. T. de mar. —, mouche, s. m. Saillie d'une croisée pour empêcher les mouches de passer. —, petite plante à tiges et branches visqueuses. T. de bot. — niais, ruse grossière.

ATTRAPÉ, E, part. Pris dans une trape, dans un piége.

ATTRAPER, v. a. Prendre sous une trappe, dans un piége. —, atteindre en courant. —, surprendre artificieusement, tromper. —, gagner, attraper un rhume, la fièvre. —, recevoir un coup. —, imiter; attraper les manières d'un autre. — le sens d'une pensée, le découvrir. Fig. — la ressemblance, saisir l'ensemble des traits. T. de peint.

ATTRAPETTE, s. f. Tromperie légère, petite malice.

ATTRAPEUR, s. m. Qui attrape.

ATTRAPOIRE, s. f. Piége, engin pour attraper les animaux. —, tour, finesse, pour attraper, pour tromper. T. inus.

ATTRAY, s. m. Com. du dép. du Loiret, cant. d'Outarville, arr. de Pithiviers. = Neuville-aux-Bois.

ATTRAYANT, E, adj. Qui attire par ses charmes, ses attraits, sa parure; regards, discours attrayans.

ATTREMPAGE, s. m. Voy. ATREMPAGE.

ATTREMPÉ, E, part. Trempé, recuit. —, adj. Se dit d'un oiseau qui n'est ni gras, ni maigre. T. de fauc.

ATTREMPER, v. a. Tremper, recuire, conduire au plus fort degré de feu. (Vi.) —, modérer. Fig.

ATTRIBUÉ, E, part. Attaché, annexé à.

ATTRIBUER, v. a. Attacher, annexer à; attribuer des prérogatives à un emploi. —, rapporter à une personne, à une cause; attribuer un livre, une comédie à un auteur. —, accorder, supposer qu'une personne a telle ou telle qualité. S'—, v. pron. S'approprier.

ATTRIBUT, s. m. Propriété particulière d'une chose; ce qui est propre, particulier à un sujet; symbole, perfection de Dieu. —, ce que l'on affirme ou nie d'un sujet. T. de log. —, le verbe considéré par rapport au sujet. T. de gramm. —, ce qui caractérise une figure. T. de peint.

ATTRIBUTIF, IVE, adj. Qui attribue. T. de jurisp.

ATTRIBUTION, s. f. Chose attribuée; concession d'une prérogative. —, pouvoir donné à des juges en dehors de leur juridiction.

ATTRICOURT, s. m. Com. du dép. de la Haute-Saône, cant. d'Autrey, arr. de Gray. = Gray.

ATTRISTANT, E, adj. Qui afflige, qui attriste.

ATTRISTÉ, E, part. Affligé, plongé dans la tristesse.

ATTRISTER, v. a. Affliger, causer du chagrin, rendre triste. S'—, v. pron. S'affliger.

ATTRITION, s. f. Repentir du péché dans la crainte des peines.—, frottement de deux corps qui s'usent. T. de phys. —, action de frictionner les corps pour y ranimer la chaleur animale; écorchure superficielle. T. de méd.

ATTROUPÉ, E, part. Réuni en troupe, assemblé.

ATTROUPEMENT, s. m. Réunion tumultueuse et illégale.

ATTROUPER, v. a. Former, réunir en troupe. S'—, v. pron. S'assembler tumultueusement.

ATUN, s. m. Espèce de scombre. T. d'hist. nat.

ATUR, s. m. Com. du dép. de la Dordogne, cant. de St.-Pierre-le-Chignac, arr. de Périgueux. = Périgueux.

ATYPE, s. m. Genre d'insectes arachnides. T. d'hist. nat.

ATYS, s. m. Grand singe blanc. T. d'hist. nat.

AU, prép., article. Se met pour à le, datif sing. m.; pl., aux, pour à les.

AUBADE, s. f. Concert donné vers l'aube du jour. — Vacarme, insulte, charivari. Fig.

AUBAGNE, s. m. Petite ville du dép. des Bouches-du-Rhône, chef-lieu de cant. de l'arr. de Marseille, bur. d'enregist. et de poste; fabriques de faïence, papeterie; comm. de vins, de chevaux et de mulets.

AUBAGNE, s. m. Com. du dép. de l'Hérault, cant. et arr. de Lodève. = Lodève.

AUBAIGNAN, s. m. Com. du dép. des Landes, cant. de Hagetmau, arr. de St.-Sever. = St.-Sever.

AUBAIN, s. m. Étranger qui n'est pas naturalisé dans le pays qu'il habite.

AUBAINE, s. f. Droit à la succession d'un étranger. —, avantage inespéré. Bonne aubaine. Fig.

AUBAIS, s. m. Com. du dép. du Gard, cant. de Sommières, arr. de Nismes. = Sommières. Fabriques d'étoffes de soie, coton et filoselle.

AUBAN, s. m. C'était autrefois un privilége, un droit d'ouvrir une boutique.

AUBAN (St.-), s. m. Com. du dép. de la Drôme, cant. du Buis, arr. de Nyons. = le Buis.

AUBAN (St.-), s. m. Com. du dép. du Var, chef-lieu de cant. de l'arr. de Grasse. Bur. d'enregist. à la Gréoline. = Grasse.

AUBAN-D'OZE (St.-), s. m. Com. du dép. des Hautes-Alpes, cant. de Veynes, arr. de Gap. = Veynes.

AUBARÈDE, s. m. Com. du dép. des Hautes-Pyrénées, cant. de Pouyastruc, arr. de Tarbes. = Tarbes.

AUBARESTRIÈRE, s. f. Pièce d'une galère. T. de mar.

AUBAS, s. m. Com. du dép. de la Dordogne, cant. de Montignac, arr. de Sarlat. = Montignac.

AUBAZAT, s. m. Com. du dép. de la Haute-Loire, cant. de la Voute-Chillac, arr. de Brioude. = Langeac.

AUBAZINE, s. f. Com. du dép. de la Corrèze, cant. de Benat, arr. de Brive. = Brive.

AUBE, s. f. La pointe du jour. —, Grande robe de mousseline ou de toile dont le prêtre est revêtu quand il officie. —, planche de bois d'aune sur les jantes d'une roue de moulin. —, après souper, jusqu'au premier quart. T. de mar.

AUBE (l'), s. f. Est une rivière qui prend sa source au-dessus de Pralay, dép. de la Haute-Marne, et qui se jette dans la Seine à Marcilly, dép. de la Marne. Elle est flottable depuis sa naissance jusqu'à Arcis, où elle commence à acquérir de l'importance pour la navigation. A l'aide de ses eaux, les pays qui l'environnent transportent, pour l'approvisionnement de Paris, grains, avoine, seigle, orge, bois de chauffage, charbon de bois, planches de sapin, etc.

AUBE, s. f. (dép. de l'), chef-lieu de préf. à Troyes; cinq arr. ou sous-préf.: Arcis-sur-Aube, Bar-sur-Aube, Bar-sur-Seine, Nogent-sur-Seine et Troyes; 26 cant. ou justices de paix, 452 com.; pop.: 241,750 hab. environ; cour royale de Paris, diocèse de Troyes, 18e div. milit., 3e div. des ponts-et-chaussées, 3e div. des mines, direct. de l'enregist. et des domaines, 3e classe, et du 2e arr. forestier. Il confine N. au dép. de la Marne, E. à celui de la Haute-Marne, S.-E. au dép. de la Côte-d'Or, S.-O. à celui de l'Yonne, et enfin à l'O., au dép. de Seine-et-Marne.

Dans une partie de ce dép., la Champagne-Pouilleuse, le sol y est aride et n'offre qu'une végétation ingrate; mais, dans le S.-E, la terre est fertile et produit abondamment toutes sortes de grains, de fruits, de bois et beaucoup de chanvre. En général, les vins y sont fort bons; mais ceux des Riceys méritent particulièrement d'être distingués. Ces vins ont une qualité précieuse pour les consommateurs; ils ne peuvent souffrir aucun mélange: en un mot, la Seine et l'Aube parcourent de riches prairies qui alimentent beaucoup de bestiaux, et qui fournissent une très grande quantité de foin pour Paris.

Manuf. considérables de bonnèterie, de toiles de coton, basins, calicots, etc., draps ratinés, couvertures de laine, toiles peintes; fabriques de lacets, de rubans de fil, savon noir, cordes à boyau, cordes, blanc de Troyes, verreries, poteries; nombreuses filatures de laine et de coton; amidonneries, rouenneries, papeteries, forges, aciéries; construction de bateaux; comm. de blé, seigle, etc.; de vins, eaux-de-vie de marc, vinaigre, huile à brûler, cire, laine, charcuterie très renommée; de bois de chauffage, de charbon de bois; pierres lithographiques, bonnèteries, et enfin d'une infinité d'autres objets de manufacture.

AUBE, s. f. Com. du dép. de l'Orne, cant. de l'Aigle, arr. de Mortagne. = l'Aigle.

AUBE, s. f. Com. du dép. de la Moselle, cant. de Pange, arr. de Metz. = Metz.

AUBÉGUIMONT, s. m. Com. du dép. de la Seine-Inférieure, cant. d'Aumale, arr. de Neufchâtel. = Aumale.

AUBEINE, s. f. Com. du dép. de la Côte-d'Or, cant. de Bligny-sur-Ouche, arr. de Beaune. = Beaune.

AUBENAGE, s. m. Ancien droit seigneurial.

AUBENAS, s. m. Com. du dép. des Basses-Alpes, cant. de Reillanne, arr. de Forcalquier. = Manosque.

AUBENAS, s. m. Petite ville du dép. de l'Ardèche, chef-lieu de cant. de l'arr. de Privas, trib. de comm., bur. d'enregist. et de poste. Fabriques de draps, soie ouvrée; filatures de soie; comm. de soies grèges, grains, vins, laines, bestiaux, truffes noires, marrons et châtaignes préparés pour les embarquemens.

AUBENASSON, s. m. Com. du dép. de la Drôme, cant. de Saillans, arr. de Die. = Saillans.

AUBENCHEUL-AUBAC, s. m. Com. du dép. du Nord, cant. et arr. de Cambrai. = Cambrai.

AUBENCHEUL-AUX-BOIS, s. m. Com. du dép. de l'Aisne, cant. du Catelet, arr. de St.-Quentin. = le Catelet.

AUBENTON, s. m. Petite ville du dép. de l'Aisne, chef-lieu de cant. de l'arr. de Vervins; bur. d'enregist. et de poste. Filature hydraulique de coton.

AUBEPIERRE, s. f. Com. du dép. de la Haute-Marne, cant. d'Arc-en-Barrois, arr. de Chaumont. = Château-Vilain.

AUBEPIERRE, s. f. Com. du dép. de Seine-et-Marne, cant. de Mormant, arr. de Melun. = Mormant.

AUBEPIN, s. m. Village du dép. du Rhône, cant. de St.-Simphorien-de-Coise, arr. de Lyon. = Lyon.

AUBÉPINE, s. f. Épine blanche, noble épine.—, arbrisseau épineux, à fleurs odorantes et à baies rouges.

AUBERBOSC, s. m. Com. du dép. de la Seine-Inférieure, cant. de Fauville, arr. d'Yvetot. = Fauville.

AUBERCHICOURT, s. m. Com. du dép. du Nord, cant. et arr. de Douai. = Douai.

Fabriques d'outils aratoires, forges, mines de houille très abondantes.

AUBERCOURT, s. m. Com. du dép. de la Somme, cant. de Moreuil, arr. de Montdidier. = Corbie.

AUBÈRE, adj. Se dit de la couleur du cheval, entre le blanc et le bai; cheval pêcher.

AUBERGE, s. f. Maison ouverte aux voyageurs, où l'on mange et loge en payant. —, habitation commune aux chevaliers d'une même langue, ou nation, à l'époque où l'île de Malte était occupée par ces chevaliers. —, maison où l'on reçoit tout le monde. T. fam. —, espèce de pêche.

AUBERGENVILLE, s. f. Com. du dép. de Seine-et-Oise, cant. de Meulan, arr. de Versailles. = Meulan.

AUBERGINE, s. f. Voy. MELONGÈNE.

AUBERGISTE, s. m. Qui tient auberge.

AUBERIVE, s. f. Com. du dép. de la Marne, cant. de Beine, arr. de Reims. = Reims.

AUBERIVE, s. f. Com. du dép. de la Haute-Marne, chef-lieu de cant. de l'arr. de Langres; bur. d'enregist. = Langres. Fabriques de fer forgé, cinq feux de forges.

AUBERIVES, s. f. Com. du dép. de l'Isère, cant. de Roussillon, arr. de Vienne. = le Péage.

AUBERIVES-EN-ROYANS, s. f. Com. du dép. de l'Isère, cant. de Pont-en-Royans, arr. de St.-Marcellin. = Pont-en-Royans.

AUBERMESNIL, s. m. Com. du dép. de la Seine-Inférieure, cant. d'Offranville, arr. de Dieppe. = Dieppe.

AUBERMESNIL, s. m. Com. du dép. de la Seine-Inférieure, cant. de Blagny, arr. de Neufchâtel. = Neufchâtel.

AUBERON, s. m. Petit morceau de fer rivé au moraillon qui entre dans une serrure et au travers duquel passe le pêne pour fermer la porte.

AUBERS, s. m. Com. du dép. du Nord, cant. de la Bassée, arr. de Lille. = la Bassée.

AUBERT (St.-), s. m. Com. du dép. du Nord, cant. de Carmières, arr. de Cambrai. = Cambrai.

AUBERT, s. m. Village du dép. de l'Ariège, cant. et arr. de St.-Girons. = St.-Girons.

AUBERTANS, s. m. Com. du dép. de la Haute-Saône, cant. de Montbazon, arr. de Vezoul. = Rioz.

AUBERTIN, s. m. Com. du dép. des Basses-Pyrénées, cant. de Lasseube, arr. d'Oloron-sur-la-Baize. = Oloron.

AUBERT-SUR-ORNE (St.-), s. m. Com. du dép. de l'Orne, cant. de Putanges, arr. d'Argentan. = Falaise.

AUBERVILLE, s. f. Com. du dép. du Calvados, cant. de Dives, arr. de Pont-l'Évêque. = Dives.

AUBERVILLE-LA-CAMPAGNE, s. f. Com. du dép. de la Seine-Inférieure, cant. de Lillebonne, arr. du Havre. = Lillebonne.

AUBERVILLE-LA-MANUEL, s. f. Com. du dép. de la Seine-Inférieure, cant. de Cany, arr. d'Yvetot. = Cany.

AUBERVILLE-LA-RENAULT, s. f. Com. du dép. de la Seine-Inférieure, cant. de Goderville, arr. du Havre. = Fécamp.

AUBERVILLE-SUR-AULNE, s. f. Com. du dép. de la Seine-Inférieure, cant. d'Envermeu, arr. de Dieppe. = Dieppe.

AUBERVILLE-SUR-YÈRES, s. f. Com. du dép. de la Seine-Inférieure, cant. d'Eu, arr. de Dieppe. = Eu.

AUBERVILLIERS, s. m. Com. du dép. de la Seine, banlieue de Paris, cant. et arr. de Saint-Denis. = la Villette.

AUBESSAGNE, s. m. Com. du dép. des Hautes-Alpes, cant. de St.-Firmin, arr. de Gap. = Corps.

AUBETERRE, s. f. Com. du dép. de l'Aube, cant. et arr. d'Arcis-sur-Aube. = Arcis-sur-Aube.

AUBETERRE, s. f. Petite ville du dép. de la Charente, chef-lieu de cant. de l'arr. de Barbezieux. Bur. d'enregist. = la Graulle. Fabriques de grosses toiles; papeteries.

AUBETTE (l'), s. f. Rivière dont les sources se trouvent aux environs d'Épinay, dép. de la Seine-Inférieure, se divise en plusieurs courans qui se réunissent à Rouen et se jette dans la Seine. Cette rivière, comme toutes celles qui naissent de sources vives, ne gèle jamais; elle fait tourner un assez grand nombre d'usines.

AUBEVILLE, s. f. Com. du dép. de la Charente, cant. de Blanzac, arr. d'Angoulême. = Blanzac.

AUBEVOYE, s. f. Com. du dép. de l'Eure, cant. de Gaillon, arr. de Louviers. = Gaillon.

AUBIAC, s. m. Com. du dép. de Lot-et-Garonne, cant. de la Plume, arr. d'Agen. = Agen.

AUBIAC, s. m. Com. du dép. de la Gironde, cant. et arr. de Bazas. = Bazas.

AUBIAC-ET-VERDELAIS, s. m. Com. du dép. de la Gironde, cant. de St.-Macaire, arr. de la Réole. = St.-Macaire.

AUBIAT, s. m. Com. du dép. du Puy-de-Dôme, cant. d'Aigue-Perse, arr. de Riom. = Aigue-Perse.

AUBIE-ET-ESPESSAS, s. f. Com. du dép. de la Gironde, cant. de St.-André-de-Cubzac, arr. de Bordeaux. = St.-André-de-Cubzac.

AUBIER, s. m. Arbre fort dur qui a quelque rapport avec le cornouiller et dont le fruit a une grappe. —, couche circulaire de bois imparfait entre l'écorce et le bois parfait qu'on nomme le cœur : c'est le passage du liber à l'état de bois.

AUBIÈRE-ET-PERIGNAT, s. m. Com. du dép. du Puy-de-Dôme, cant. et arr. de Clermont-Ferrand. = Clermont.

AUBIERS (les), s. m. pl. Com. du dép. des Deux-Sèvres, cant. de Châtillon-sur-Sèvres, arr. de Bressuire. = Châtillon-sur-Sèvres. Fabrique de toiles fines, mouchoirs de fil et de coton.

AUBIET, s. m. Com. du dép. du Gers, cant. de Gimont, arr. d'Auch. = Gimont.

AUBIFOIN, s. m. Bluet; plante à fleur bleue qui croît dans les blés.

AUBIGNAN, s. m. Com. du dép. de Vaucluse, cant. et arr. de Carpentras. = Carpentras.

AUBIGNAS, s. m. Com. du dép. de l'Ardèche, cant. de Viviers, arr. de Privas. = Viviers.

AUBIGNÉ, s. m. Com. du dép. d'Ille-et-Vilaine, cant. de St.-Aubin-d'Aubigné, arr. de Rennes. = Rennes.

AUBIGNÉ, s. m. Com. du dép. de Maine-et-Loire, cant. de Vihiers, arr. de Saumur. = Vihiers.

AUBIGNÉ, s. m. Com. du dép. des Deux-Sèvres, cant. de Chef-Boutonne, arr. de Melle. = Chef-Boutonne.

AUBIGNÉ, s. m. Com. du dép. de la Sarthe, cant. de Mayet, arr. de la Flèche. = Château-du-Loir.

AUBIGNEY, s. m. Com. du dép. de la

Haute-Saône, cant. de Pesme, arr. de Gray. == Gray.

AUBIGNOSC, s. m. Com. du dép. des Basses-Alpes, cant. de Valonne, arr. de Sisteron. == Sisteron.

AUBIGNY, s. m. Com. du dép. de l'Aisne, cant. de Craone, arr. de Laon. == Laon.

AUBIGNY, s. m. Com. du dép. de l'Allier, cant. de Lurcy-Lévy, arr. de Moulins.==Moulins.

AUBIGNY, s. m. Com. du dép. des Ardennes, cant. de Rumigny, arr. de Rocroy. == Rocroy.

AUBIGNY, s. m. Com. du dép. de l'Aube, cant. de Ramerupt, arr. d'Arcis-sur-Aube. == Arcis-sur-Aube.

AUBIGNY, s. m. Com. du dép. du Calvados, cant. et arr. de Falaise. == Falaise.

AUBIGNY, s. m. Ville du dép. du Cher, chef-lieu de cant. de l'arr. de Sancerre. Bur. d'enregist. et de poste. Verreries; comm. considérable de laines blanches, dites de Sologne, de fil, toiles, cuirs, etc.

AUBIGNY, s. m. Com. du dép. de la Côte-d'Or, cant. de St.-Jean-de-Lône, arr. de Beaune. == St.-Jean-de-Lône.

AUBIGNY, s. m. Com. du dép. d'Indre-et-Loire, cant. de Montrésor, arr. de Loches. == Loches.

AUBIGNY, s. m. Com. du dép. de la Haute-Marne, cant. de Prauthoy, arr. de Langres. == Langres.

AUBIGNY, s. m. Com. du dép. de la Nièvre, cant. de Decize, arr. de Nevers. == Decize.

AUBIGNY, s. m. Com. du dép. de Seine-et-Marne, cant. et arr. de Melun. == Melun.

AUBIGNY, s. m. Com. du dép. du Pas-de-Calais, chef-lieu de cant. de l'arr. de St.-Pol. Bur. d'enregist. == Arras. Filatures de coton; fabriques de calicots.

AUBIGNY, s. m. Com. du dép. des Deux-Sèvres, cant. de Thenezai, arr. de Parthenay. == Parthenay.

AUBIGNY, s. m. Com. du dép. de la Somme, cant. de Corbie, arr. d'Amiens. ==Corbie.

AUBIGNY, s. m. Com. du dép. de la Vendée, cant. et arr. de Bourbon-Vendée. == Bourbon-Vendée.

AUBIGNY-AU-BAC, s. m. Com. du dép. du Nord, cant. d'Arleux, arr. de Douai. == Douai.

AUBIGNY-LA-RONCE, s. m. Com. du dép. de la Côte-d'Or, cant. de Nolay, arr. de Beaune. == Nolay.

AUBIGNY-LES-SOMBERNON, s. m. Com. du dép. de la Côte-d'Or, cant. de Sombernon, arr. de Dijon == Sombernon.

AUBIGNY-VILLAGE, s. m. Com. du dép. du Cher, cant. d'Aubigny-Ville, arr. de Sancerre. == Aubigny-Ville.

AUBILLY, s. m. Com. du dép. de la Marne, cant. de Ville-en-Tardenois, arr. de Reims. == Reims.

AUBIN, s. m. Blanc de l'œuf. — Allure d'un cheval qui tient de l'amble et du galop. T. d'équit.

AUBIN (St.-), s. m. Com. du dép. de l'Allier, cant. de Bourbon-l'Archambault, arr. de Moulins. == Bourbon-l'Archambault.

AUBIN (St.-), s. m. Com. du dép. de l'Aisne, cant. de Coucy-le-Château, arr. de Laon. == Coucy.

AUBIN (St.-), s. m. Com. du dép. de l'Aube, cant. et arr. de Nogent-sur-Seine. == Nogent-sur-Seine.

AUBIN (St.-), s. m. Com. du dép. de l'Aveyron, chef-lieu de cant. de l'arr. de Villefranche. Bur d'enregist. == Rignac. Fabriques d'alun; exploitations de mines de houille.

AUBIN (St.-), s. m. Com. du dép. de la Côte-d'Or, cant. de Nolay, arr. de Beaune. == Nolay.

AUBIN (St.-), s. m. Village du dép. du Gers, cant. de Cologne, arr. de Lombez. ==Lombez.

AUBIN (St.-), s. m. Com. du dép. du Gers, cant. de Nogaro, arr. de Condom. == L'Ile-Jourdain.

AUBIN (St.-), s. m. Com. du dép. de la Gironde, cant. de Blanquefort, arr. de Bordeaux. == Bordeaux.

AUBIN (St.-), s. m. Com. du dép. de la Gironde, cant. de St.-Ciers-Lalande, arr. de Blaye. == Blaye.

AUBIN (St-), s. m. Com. du dép. de l'Indre, cant. et arr. d'Issoudun. == Issoudun.

AUBIN (St.-), s. m. Com. du dép. d'Indre-et-Loire, cant. de Neuvy-le-Roi, arr. de Tours. == Château-du-Loir.

AUBIN (St -), s. m. Com. du dép. du Jura, cant. de Chemin, arr. de Dôle. == Dôle.

AUBIN (St.-), s. m. Com. du dép. des Landes, cant. de Mugron, arr. de St.-Sever. == St.-Sever.

AUBIN (St.-), s. m. Village du dép. du Loiret, cant. de la Ferté-St.-Aubin, arr. d'Orléans. == Orléans.

AUBIN (St.-), s. m. Com. du dép. de Lot-et-Garonne, cant. de Monflanquin, arr. de Villeneuve. ==Monflanquin.

AUBIN (St.-), s. m. Com. du dép. de la Meuse, cant. et arr. de Commercy. == Ligny.

AUBIN (St.-), s. m. Com. du dép. de

la Nièvre, cant. de Tannay, arr. de Clamecy. = Corbigny.

AUBIN (St.-), s. m. Com. du dép. de la Nièvre, cant. de la Charité, arr. de Cosne. = la Charité.

AUBIN (St.-), s. m. Com. du dép. du Nord, cant. et arr. d'Avesne. = Avesne.

AUBIN (St.-), s. m. Com. du dép. du Pas-de-Calais, cant. et arr. de Montreuil. = Montreuil.

AUBIN (St.-), s. m. Com. du dép. des Basses-Pyrénées, cant. de Thèze, arr. de Pau. = Pau.

AUBIN (St.-), s. m. Com. du dép. de Seine-et-Oise, cant. de Palaiseau, arr. de Versailles. = Palaiseau.

AUBIN (St.-), s. m. Com. du dép. de la Vienne, cant. de Moncontour, arr. de Loudun. = Mirebeau.

AUBIN-CHÂTEAUNEUF (St.-), s. m. Com. du dép. de l'Yonne, cant. d'Aillant, arr. de Joigny. = Toucy.

AUBIN-D'APNAY (St.-), s. m. Com. du dép. de l'Orne, cant. de Mêle-sur-Sarthe, arr. d'Alençon. = Mêle.

AUBIN D'ARQUENAY (St.-), s. m. Com. du dép. du Calvados, cant. de Douvres-la-Délivrande, arr. de Caen. = Caen.

AUBIN-D'AUBIGNÉ (St.-), s. m. Com. du dép. d'Ille-et-Vilaine, chef-lieu de cant. de l'arr. de Rennes. Bur. d'enregist. = Rennes.

AUBIN-DE-BAUBIGNE (St.-), s. m. Com. du dép. des Deux-Sèvres, cant. de Châtillon-sur-Sèvres, arr. de Bressuire. = Châtillon-sur-Sèvres.

AUBIN-DE-BLAGNAC (St.-), s. m. Com. du dép. de la Gironde, cant. de Branne, arr. de Libourne. = Libourne.

AUBIN-DE-BONNEVAL (St.-), s. m. Com. du dép. de l'Orne, cant. de Vimoutiers, arr. d'Argentan. = le Sap.

AUBIN-DE-CAHUZAT, (St.-), s. m. Com. du dép. de la Dordogne, cant. d'Eymet, arr. de Bergerac. = Bergerac.

AUBIN-DE-COURTERAIE (St.-), s. m. Com. du dép. de l'Orne, cant. de Bazoche-sur-Hoêne, arr. de Mortagne. = Mortagne.

AUBIN-DE-CRÉTOT (St.-), s. m. Com. du dép. de la Seine-Inférieure, cant. de Caudebec, arr. d'Yvetot. = Caudebec.

AUBIN-D'ECROSVILLE (St.-), s. m. Com. du dép. de l'Eure, cant. de Neubourg, arr. de Louviers. = Neubourg.

AUBIN-DE-LANQUAIS (St.-), s. m. Com. du dép. de la Dordogne, cant. d'Issigeac, arr. de Bergerac. = Bergerac.

AUBIN-DE-LOCQUENAY (St.-), s. m. Com. du dép. de la Sarthe, cant. de Fresnay-le-Vicomte, arr. de Mamers. = Fresnay.

AUBIN-DE-LOSQUE (St.-), s. m. Com. du dép. de la Manche, cant. de St.-Jean-de-Daye, arr. de St.-Lô. = St.-Lô.

AUBIN-DE-LUIGNÉ (St.-), s. m. Com. du dép. de Maine-et-Loire, cant. de Chalonnes, arr. d'Angers. = Angers.

AUBIN-DE-NABIRAT (St.-), s. m. Com. du dép. de la Dordogne, cant. de Domme, arr. de Sarlat. = Sarlat.

AUBIN-DE-QUILLEBEUF (St.-), s. m. Com. du dép. de l'Eure, cant. de Quillebeuf, arr. de Pont-Audemer. = Pont-Audemer.

AUBIN-DES-BOIS (St.-), s. m. Com. du dép. du Calvados, cant. de St.-Sever, arr. de Vire. = St.-Sever.

AUBIN-DES-BOIS (St-.), s. m. Com. du dép. d'Eure-et-Loire, cant. et arr. de Chartres. = Chartres.

AUBIN-DE-SCELLON (St.-), s. m. Com. du dép. de l'Eure, cant. de Thiberville, arr. de Bernay. = Bernay.

AUBIN-DES-CERCUEILS (St.-), s. m. Com. du dép. de la Seine-Inférieure, cant. de St.-Romain-de-Colbosc, arr. du Hâvre. = St.-Romain.

AUBIN-DES-CHÂTEAUX (St.-), s. m. Com. du dép. de la Loire-Inférieure, cant. et arr. de Châteaubriant. = Châteaubriant.

AUBIN-DES-COUDRAIS, s. m. Com. du dép. de la Sarthe, cant. de la Ferté-Bernard, arr. de Mamers. = la Ferté.

AUBIN-DES-GROIS (St.-), s. m. Com. du dép. de l'Orne, cant. de Nocé, arr. de Mortagne. = Bellême.

AUBIN-DES-HAYES (St.-), s. m. Com. du dép. de l'Eure, cant. de Beaumesnil, arr. de Bernay. = Bernay.

AUBIN-DES-LANDES (St.-), s. m. Com. du dép. d'Ille-et-Vilaine, cant. et arr. de Vitré. = Vitré.

AUBIN-DES-ORMEAUX (St.-), s. m. Com. du dép. de la Vendée, cant. de Mortagne, arr. de Bourbon-Vendée. = Mortagne-sur-Sèvres.

AUBIN-DES-PRÉAUX (St.-), s. m. Com. du dép. de la Manche, cant. de Granville, arr. d'Avranches. = Granville.

AUBIN-DE-TERREGATTE (St.-), s. m. Com. du dép. de la Manche, cant. de St.-James, arr. d'Avranches. = St.-James.

AUBIN-DU-CORMIER (St.-), s. m. Petite ville du dép. d'Ille-et-Vilaine, chef-lieu de cant. de l'arr. de Fougères. Bur. d'enregist. et de poste.

AUBIN-DU-DÉSERT (St.-), s. m. Com. du dép. de la Mayenne, cant. de Villaines, arr. de Mayenne. = Villaines.

AUBIN-DU-PAVAIL (St.-), s. m. Com. du dép. d'Ille-et-Vilaine, cant. de Château-Giron, arr. de Rennes. = Rennes.

AUBIN-DU-PAVOIL (St.-), s. m. Com. du dép. de Maine-et-Loire, cant. et arr. de Segré. = Segré.

AUBIN-DU-PERRON (St.-), s. m. Com. du dép. de la Manche, cant. de St.-Sauveur-Lendelin, arr. de Coutances. = Coutances.

AUBIN-DU-PLAIN (St.-), s. m. Com. du dép. des Deux-Sèvres, cant. d'Argenton-Château, arr. de Bressuire. = Argenton-Château.

AUBIN-DU-THENNEY (St.-), s. m. Com. du dép. de l'Eure, cant. de Broglie, arr. de Bernay. = Broglie.

AUBIN-DU-VIEIL-ÉVREUX (St.-), s. m. Com. du dép. de l'Eure, cant. et arr. d'Evreux. = Evreux.

AUBIN-EN-BRAY (St.-), s. m. Com. du dép. de l'Oise, cant. de Coudray-St.-Germer, arr. de Beauvais. = Beauvais.

AUBIN-EN-CHAROLLAIS (St.-), s. m. Com. du dép. de Saône-et-Loire, cant. de Palinges, arr. de Charolles. = Charolles.

AUBINET ou SAINT-AUBINET, s. m. Pont de cordes en travers, sur le plat bord d'un navire marchand. T. de mar.

AUBIN-ET-ANZIN (St.-), s. m. Com. du dép. du Pas-de-Calais, cant. et arr. d'Arras. = Arras.

AUBIN-FOSSE-LOUVAIN (St.-), s. m. Com. du dép. de la Mayenne, cant. de Goron, arr. de Mayenne. = Mayenne.

AUBINGES, s. m. Com. du dép. du Cher, cant. des Aix-d'Angilon, arr. de Bourges. = Henrichemont.

AUBIN-JOUXTE-BOULLENG (St.-), s. m. Com. du dép. de la Seine-Inférieure, cant. d'Elbeuf, arr. de Rouen. = Elbeuf.

AUBIN-LA-CAMPAGNE (St.-), s. m. Com. du dép. de la Seine-Inférieure, cant. de Boos, arr. de Rouen. = Rouen.

AUBIN-LA-CHAPELLE (St.-), s. m. Com. du dép. de la Sarthe, cant. et arr. du Mans. = le Mans.

AUBIN-LA-PLAINE (St.-), s. m. Com. du dép. de la Vendée, cant. de Ste.-Hermine, arr. de Fontenay. = Ste.-Hermine.

AUBIN-LA-RIVIÈRE (St.-), s. m. Com. du dép. de la Seine-Inférieure, cant. de Boos, arr. de Rouen. = Rouen.

AUBIN-LÉBIZAY (St.-), s. m. Com. du dép. du Calvados, cant. de Cambremer, arr. de Pont-l'Évêque. = Dosuley.

AUBIN-LE-CAUF (St.-), s. m. Com. du dép. de la Seine-Inférieure, cant. d'Envermeu, arr. de Dieppe. = Dieppe.

AUBIN-LE-CLOUX (St.-), s. m. Com. du dép. des Deux-Sèvres, cant. de Secondigny en Gâtine, arr. de Parthenay. = Parthenay.

AUBIN-LE-GUICHARD (St.-), s. m. Com. du dép. de l'Eure, cant. de Beaumesnil, arr. de Bernay. = Bernay.

AUBIN-LE-VERTUEUX (St.-), s. m. Com. du dép. de l'Eure, cant. et arr. de Bernay. = Bernay.

AUBIN-MONTENOYE (St.-), s. m. Com. du dép. de la Somme, cant. de Molliens-Vidame, arr. d'Amiens. = Poix.

AUBINOSE, s. f. Village du dép. des Basses-Alpes, cant. de Valonne, arr. de Sisteron. = Sisteron.

AUBIN-RIVIÈRE (St.-), s. m. Com. du dép. de la Somme, cant. d'Oisemont, arr. d'Amiens. = Aumale.

AUBIN-SAINT-WAAST (St.-), s. m. Com. du dép. du Pas-de-Calais, cant. de Hesdin, arr. de Montreuil. = Montreuil.

AUBIN-SOUS-ERQUERY (St.-), s. m. Com. du dép. de l'Oise, cant. et arr. de Clermont. = Clermont.

AUBIN-SUR-ALGOT (St.-), s. m. Com. du dép. du Calvados, cant. de Mézidon, arr. de Lisieux. = Lisieux.

AUBIN-SUR-AUQUAINVILLE (St.-), s. m. Com. du dép. du Calvados, cant. de Livarot, arr. de Lisieux. = Gieux.

AUBIN-SUR-GAILLON (St.-), s. m. Com. du dép. de l'Eure, cant. de Gaillon, arr. de Louviers. = Gaillon.

AUBIN-SUR-ITON (St.-), s. m. Com. du dép. de l'Orne, cant. de l'Aigle, arr. de Mortagne. = l'Aigle.

AUBIN-SUR-LOIRE (St.-), s. m. Com. du dép. de Saône-et-Loire, cant. de Bourbon-Lancy, arr. de Charolles. = Bourbon-Lancy.

AUBIN-SUR-MER (St.-), s. m. Com. du dép. de la Seine-Inférieure, cant. de Fontaine, arr. d'Yvetot. = St.-Valery-en-Caux.

AUBIN-SUR-SCIE (St.-), s. m. Com. du dép. de la Seine-Inférieure, cant. d'Offranville, arr. de Dieppe. = Dieppe.

AUBIN-SUR-YONNE (St.-), s. m. Com. du dép. de l'Yonne, cant. et arr. de Joigny. = Joigny.

AUBLETIE, s. f. Espèce de verveine. T. de bot.

AUBOIS (l'), s. m. Petite rivière qui a sa source au-dessus de Sancoins, dép. du Cher, et qui se jette dans la Loire un peu plus haut que St.-Léger.

AUBONCOURT-ÈS-RIVIÈRES, s. m. Com. du dép. des Ardennes, cant. de Novion, arr. de Rethel. = Rethel.

AUBONCOURT-LES-VAUZELLES, s. m. Com. du dép. des Ardennes, cant. de Novion, arr. de Rethel. = Rethel.

AUBONNE, s. f. Com. du dép. du Doubs, cant. de Montbenoit, arr. de Pontarlier. = Pontarlier.

AUBONS, s. m. Com. du dép. des Basses-Pyrénées, cant. de Garlin, arr. de Pau. = Pau.

AUBORD, s. m. Com. du dép. du Gard, cant. de Vauvert, arr. de Nismes. = Nismes.

AUBOUÉ, s. m. Com. du dép. de la Moselle, cant. et arr. de Briey. = Briey.

AUBOURS, s. m. Espèce d'ébénier des Alpes. T. de bot.

AUBRAC, s. m. Com. du dép. de l'Aveyron, cant. de St.-Chély, arr. d'Espalion. = St.-Chély.

Les montagnes d'Aubrac sont remarquables par la qualité de leurs pâturages. On y engraisse une immense quantité de bestiaux qui servent à l'approvisionnement du Languedoc et de la Provence. Marseille seule en tire 3,000 moutons, 100 bœufs et autant de vaches par semaine.

AUBRES, s. m. Com. du dép. de la Drôme, cant. et arr. de Nyons. = Nyons.

AUBRÉVILLE, s. f. Com. du dép. de la Meuse, cant. de Clermont, arr. de Verdun. = Clermont.

AUBRIVES, s. f. Com. du dép. des Ardennes, cant. de Givet, arr. de Rocroy. = Givet.

AUBROMETZ, s. m. Com. du dép. du Pas-de-Calais, cant. d'Auxi-le-Château, arr. de St.-Pol. = Frévent.

AUBRY, s. m. Com. du dép. du Nord, cant. et arr. de Valenciennes. = Valenciennes.

AUBRY-EN-EXMES, s. m. Com. du dép. de l'Orne, cant. de Trun, arr. d'Argentan. = Argentan.

AUBRY-LE-PAUTHOU, s. m. Com. du dép. de l'Orne, cant. de Vimoutiers, arr. d'Argentan. = le Sap.

AUBURE, s. f. Com. du dép. du Haut-Rhin, cant. de Ste.-Marie-aux-Mines, arr. de Colmar. = Ste.-Marie-aux-Mines.

AUBUSSARGUES, s. m. Com. du dép. du Gard, cant. de St.-Chaptes, arr. d'Uzès. = Uzès.

AUBUSSON, s. m. Ville du dép. de la Creuse, chef-lieu de sous-préf. et de cant.; trib. de 1re inst; conserv. des hypoth.; direct. des contrib. indir.; recev. part. des finances. Bur. d'enregist. et de poste.

Aubusson occupe un rang distingué parmi les villes manufacturières. Si l'on excepte les Gobelins, on ne trouvera dans aucune fabrique de France des tapis aussi beaux que les siens. La finesse du tissu, la correction du dessin et la richesse du coloris captivent l'attention des étrangers, qui recherchent ces beaux tapis avec le plus vif empressement. Fabriques de draps, bouracan, siamoise; filatures hydrauliques de laine et de coton; manufacture royale de tapisseries de haute-lisse, et de tapis à la façon de ceux qui nous viennent de Turquie. Entrepôt de sel pour la consommation des lieux environnans.

AUBUSSON, s. m. Com. du dép. de l'Orne, cant. de Flers, arr. de Domfront. = Condé-sur-Noireau.

AUBUSSON, s. m. Com. du dép. du Puy-de-Dôme, cant. de Courpière, arr. de Thiers. = Thiers.

AUBVILLERS, s. m. Com. du dép. de la Somme, cant. d'Ailly-sur-Noye, arr. de Montdidier. = Montdidier.

AUBY, s. m. Com. du dép. du Nord, cant. et arr. de Douai. = Douai.

AUCALEUC, s. m. Com. du dép. des Côtes-du-Nord, cant. et arr. de Dinan. = Dinan.

AUCAMVILLE, s. f. Com. du dép. de la Haute-Garonne, cant. et arr. de Toulouse. = Toulouse.

AUCANVILLE, s. f. Com. du dép. de Tarn-et-Garonne, cant. de Verdun, arr. de Castel-Sarrasin. = Grisolles.

AUCCAZEIN, s. m. Com. du dép. de l'Ariège, cant. de Castillon, arr. de St.-Girons. = St.-Girons.

AUCEY, s. m. Com. du dép. de la Manche, cant. de Pontorson, arr. d'Avranches. = Pontorson.

AUCH, s. m. Ville et chef-lieu de préf. du dép. du Gers, d'un arr. de sous-préf. et de deux cant. Cour d'assises, trib. de 1re inst. et de comm.; archevêché; société d'agric.; école de dessin; biblioth. publ. renfermant environ 7,700 vol.; ingén. en chef des ponts-et-chaussées; direct. de l'enregist. et des domaines, 3e classe; bur. d'enregist. et de poste; direct. des contrib. dir. et indir.; bureau de garantie des matières d'or et d'argent; recev. gén. des finances; payeur du dép.

Auch est une ville fort ancienne. Crassus, l'un des lieutenans de César, la rangea sous la domination romaine. Depuis elle devint la capitale de l'Armagnac. Parmi les hommes distingués qui sont nés dans son sein, nous devons citer l'un des plus grands diplomates du règne de Henri IV, le fameux cardinal d'Ossat; le duc de Rauquelaure, célèbre par ses bons mots à la cour de Louis XIV; l'amiral Villaret-Joyeuse et le lieutenant-général Dessoles, qui fut ministre de la guerre dans les premières années de la restauration.

Fabriques de cadis, calmandes, d'étoffes de fil et de coton, de crépons et de toiles. Filatures de laine, tanneries et chapelleries. Comm. de vins, d'eaux-de-vie d'Armagnac, de laines, de bois des Pyrénées, de bestiaux, etc. Pop., 10,850 hab. environ. Distance de Paris, 191 l.

AUCHE, s. f. Cavité qui enchâsse la tête de l'épingle dans le métier. T. d'éping.

AUCHEL, s. m. Com. du dép. du Pas-de-Calais, cant. de Norrent-Fontes, arr. de Béthune. = Lillers.

AUCHÉNOPTÈRES, s. m. pl. Poissons osseux jugulaires, à nageoires sous la gorge. T. d'hist. nat.

AUCHONVILLERS, s. m. Com. du dép. de la Somme, cant. d'Albert, arr. de Péronne. = Albert.

AUCHY, s. m. Com. du dép. du Nord, cant. d'Orchies, arr. de Douai. = Orchies.

AUCHY-AU-BOIS, s. m. Com. du dép. du Pas-de-Calais, cant. de Norrent-Fontes, arr. de Béthune. = Aire-sur-la-Lys.

AUCHY-EN-BRAY, s. m. Com. du dép. de l'Oise, cant. de Songeons, arr. de Beauvais. = Gournay.

AUCHY-LA-BASSÉE, s. m. Com. du dép. du Pas-de-Calais, cant. de Cambrin, arr. de Béthune. = la Bassée.

AUCHY-LA-MONTAGNE, s. m. Com. du dép. de l'Oise, cant. de Crèvecœur, arr. de Clermont. = Crèvecœur.

AUCHY-LES-MOINES, s. m. Com. du dép. du Pas-de-Calais, cant. de Parcq, arr. de St.-Pol. Bur. d'enregist. = Hesdin.

AUCUBA, s. m. Arbuste du Japon. T. de bot.

AUCUN, s. m. Com. du dép. des Hautes-Pyrénées, chef-lieu de cant. de l'arr. d'Argelès, où se trouve le bur. d'enregist. = Argelès.

On remarque, dans les environs, des mines de cuivre, de plomb et de zinc.

AUCUN, E, adj. Pas un, nul. Il est toujours précédé ou suivi d'une négation, ou accompagné de la prép. sans. Aucun de vous ne parviendra; je n'en reçois aucun; sans aucun mal. Le pl. est vieux et ne s'emploie plus qu'en style marotique ou de palais.

AUCUNEMENT, adv. Nullement, en aucune manière. —, en style de palais et sans négation, en quelque sorte, à certains égards. Ayant aucunement égard.

AUDACE, s. f. Hardiesse insolente, excessive témérité. —, en bonne part, courage, noble émulation, heureuse témérité.

AUDACIEUSEMENT, adv. Insolemment. —, en bonne part, avec courage, intrépidité.

AUDACIEUX, EUSE, adj. Plein de hardiesse, qui a, qui montre du courage, de l'audace.

AUDAUX, s. m. Com. du dép. des Basses-Pyrénées, cant. de Navarreins, arr. d'Orthez. = Navarreins.

AUDE (l'), s. f. Cette rivière porte le nom d'un étang situé près du village des Angles, dép. des Pyrénées-Orientales. Après avoir reçu dans son cours la petite rivière d'Orbieu et le canal de Narbonne, elle se divise en deux branches; l'une devient navigable et se joint au canal de la Roubine de Narbonne; l'autre, qui conserve le nom de sa source, se jette dans la Méditerranée, près de l'étang de Veudres. L'Aude est flottable depuis Escouloubre jusqu'à son embouchure. La longueur où elle est navigable fait partie du canal du Midi.

AUDE, s. f. (dép. de l'). Chef-lieu de préf., Carcassonne. 4 arr. ou sous-préf.: Carcassonne, Castelnaudary, Limoux et Narbonne. 31 cant. ou just. de paix; 434 com. Pop. 265,990 hab. environ. Cour royale de Montpellier, évêché de Carcassonne, 10e div. milit., 9e des ponts-et-chaussées, 5e div. des mines.; direct. de l'enregist. et des domaines, 3e classe; 12e arr. forestier.

Ce dép. maritime est traversé par le canal du Midi; il est borné au N. par celui du Tarn, au N.-E. par celui de l'Hérault, au S. par le dép. des Pyrénées-Orientales et à l'O. par ceux de l'Ariège et de la Haute-Garonne.

Le sol est généralement fertile en céréales. Les pâturages et les prairies artificielles occupent seules la 10e partie des terres. La vigne fournit des vins rouges de moyenne qualité, mais les vins blancs sont fort estimés, particulièrement la blanquette de Limoux. Les forêts offrent de beaux bois de charpente et de construction. En un mot, le dép. de l'Aude produit au-delà de sa consommation. On y trouve des mines de fer, de cuivre, d'antimoine, de cobalt, de manganèse, de jais et de houille; des carrières de marbre statuaire et autres, de pierres de taille, de plâtre, d'ardoise et de terre vitriolique. Manufact. de draps et de couvertures de laine; fabriques de verdet, de jais ouvré, de bonnets gasquets pour le Levant; filatures hydrauliques de laine, de soie, de coton; forges à la Catelane; martinets, battoirs et fonderies de cuivre; papeteries. Les principaux objets de comm. sont: les grains et farines, les vins et eaux-de-vie, l'huile d'olive, le miel de Narbonne, les manches de fouets dits Perpignan et les laines.

AU-DEÇÀ, prép. En-deçà, de ce côté-ci.

AUDEJOS, s. m. Com. du dép. des Basses-Pyrénées, cant. d'Arthez, arr. d'Orthez. = Orthez.

AU-DELÀ, prép. Par-delà, de l'autre côté.

AUDELANGE, s. m. Com. du dép. du Jura, cant. de Rochefort, arr. de Dôle. = Dôle.

AUDELONCOURT, s. m. Com. du dép. de la Haute-Marne, cant. de Clefmont, arr. de Chaumont. = Bourmont.

AUDEMBEZT, s. m. Com. du dép. du Pas-de-Calais, cant. de Marquise, arr. de Boulogne. = Marquise.

AUDENCOURT, s. m. Com. du dép. du Nord, cant. de Clary, arr. de Cambrai. = le Cateau.

AUDENGE, s. m. Com. du dép. de la Gironde, chef-lieu de cant. de l'arr. de Bordeaux. Bur. d'enregist. à la Teste-de-Buch. = la Teste-de-Buch.

AUDERVILLE, s. f. Com. du dép. de la Manche, cant. de Beaumont, arr. de Cherbourg. = Cherbourg.

AUDES, s. f. Village du dép. de l'Allier, cant. de Hérisson, arr. de Montluçon. = Hérisson.

AUDEUX, s. m. Com. du dép. du Doubs, chef-lieu de cant. de l'arr. de Besançon. Bur. d'enregist. à Recologne. = Besançon.

AU-DEVANT, prép. A la rencontre. Aller —, faire des avances. Aller — du mal, le prévenir. Fig.

AUDEVILLE, s. f. Com. du dép. du Loiret, cant. de Malesherbes, arr. de Pithiviers. = Pithiviers.

AUDIENCE, s. f. Attention donnée à celui qui parle. —, temps qu'un ministre accorde à ceux qui demandent justice ou sollicitent des faveurs. —, séance des juges ; lieu de la séance, l'auditoire.

AUDIENCIER, s. et adj. Huissier qui appelle les causes. T. de jurisp. Grand —, officier de la chancellerie qui fait le rapport des lettres de grâce, de noblesse, etc.

AUDIERNE, s. f. Petite ville maritime du dép. du Finistère, cant. de Pontcroix, arr. de Quimper. = Pontcroix.
Cette ville sur l'Océan, au fond de la baie qui porte son nom, possède un petit port, avec un bon havre.

AUDIGNAC, s. m. Com. du dép. de l'Ariège, cant. et arr. de St.-Girons. = St.-Girons.

AUDIGNICOURT, s. m. Com. du dép. de l'Aisne, cant. de Coucy-le-Château, arr. de Laon. = Noyon.

AUDIGNIES, s. f. Com. du dép. du Nord, cant. de Bavay, arr. d'Avesnes. = Bavay.

AUDIGNON, s. m. Com. du dép. des Landes, cant. et arr. de St.-Sever. = St.-Sever.

AUDIGNY, s. m. Com. du dép. de l'Aisne, cant. de Guise, arr. de Vervins. = Guise.

AUDIGNY-LES-FERMES, s. m. Com. du dép. de l'Aisne, cant. de Wassigny, arr. de Vervins. = Guise.

AUDINCOURT, s. m. Com. du dép. du Doubs, chef-lieu de cant. de l'arr. de Montbéliard, où se trouve le bur. d'enregist. = Montbéliard. Fabriques considérables de fer-blanc et de percale ; filatures de coton ; haut-fourneau, forges, martinets, laminoirs et platinerie.

AUDINCTHUN, s. m. Com. du dép. du Pas-de-Calais, cant. de Fauquemberque, arr. de St.-Omer. = Fruges.

AUDINGHEM, s. m. Com. du dép. du Pas-de-Calais, cant. de Marquise, arr. de Boulogne. = Marquise.

AUDIRACQ, s. m. Com. du dép. des Basses-Pyrénées, cant. de Lembeye, arr. de Pau. = Pau.

AUDITEUR, s. m. Disciple ; celui qui écoute un discours dans une assemblée. — Elève en administration, en jurisprudence ; auditeur au conseil d'état ; juge auditeur.

AUDITIF, IVE, adj. Qui appartient, qui sert à l'organe de l'ouïe. Nerf auditif, conduit auditif. T. d'anat.

AUDITION, s. f. Action d'entendre des témoins, d'examiner un compte. — Action d'ouïr.

AUDITOIRE, s. m. Lieu où l'on plaide dans les justices inférieures ; assemblée qui écoute un orateur.

AUDON, s. m. Com. du dép. des Landes, cant. de Tartas, arr. de St.-Sever. = Tartas.

AUDOUVILLE, s. f. Com. du dép. de la Manche, cant. de Ste.-Mère-Eglise, arr. de Valognes. = Carentan.

AUDREHEM, s. m. Com. du dép. du Pas-de-Calais, cant. d'Ardres, arr. de St.-Omer. = Ardres.

AUDRESSEIN, s. m. Com. du dép. de l'Ariège, cant. de Castillon, arr. de St.-Girons. = St.-Girons.

AUDRESSELLES, s. f. Com. du dép. du Pas-de-Calais, cant. de Marquise, arr. de Boulogne. = Marquise.

AUDRIEU, s. m. Com. du dép. du Calvados, cant. de Tilly-sur-Seulles, arr. de Caen. = Tilly-sur-Seulles.

AUDRIX, s. m. Com. du dép. de la Dordogne, cant. de St.-Cyprien-et-Lussas, arr. de Sarlat. = le Bugue.

AUDRUICK, s. m. Com. du dép. du Pas-de-Calais, chef-lieu de cant. de l'arr. de St.-Omer. Bur. d'enregist. = Ardres.

AUDUN-LE-ROMAN, s. m. Com. du dép. de la Moselle, chef-lieu de cant. de l'arr. de Briey. Bur. d'enregist. = Briey. Manufacture d'armes et de canons de fusil.

AUDUN-LE-TICHE, s. m. Com. du dép. de la Moselle, cant. d'Audun-le-Roman, arr. de Briey. = Longwy.

AUDWILLER, s. m. Com. du dép. de la Moselle, cant. de Sarralbe, arr. de Sarreguemines. = Sarrewerden.

AUENHEIM, s. m. Com. du dép. du Bas-Rhin, cant. de Bischwiller, arr. de Strasbourg. = Strasbourg.

AUFFARGIS, s. m. Com. du dép. de Seine-et-Oise, cant. et arr. de Rambouillet. = Rambouillet.

AUFFAY, s. m. Com. du dép. de la Seine-Inférieure, cant. de Tôtes, arr. de Dieppe. = Tôtes.

AUFFERVILLE, s. f. Com. du dép. de Seine-et-Marne, cant. de Château-Landon, arr. de Fontainebleau. = Nemours.

AUFFREVILLE-ET-BRASSEUIL, s. f. Com. du dép. de Seine-et-Oise, cant. et arr. de Mantes. = Mantes.

AUFFRIQUE-ET-NOGENT, s. f. Com. du dép. de l'Aisne, cant. de Coucy-le-Château, arr. de Laon. = Coucy.

AUFLANCE, s. f. Com. du dép. des Ardennes, cant. de Carignan, arr. de Sedan. = Carignan.

AUGA, s. m. Com. du dép. des Basses-Pyrénées, cant. de Thèze, arr. de Pau. = Pau.

AUGAN, s. m. Com. du dép. du Morbihan, cant. de Guer, arr. de Ploermel. = Ploermel.

AUGE, s. f. Pierre ou pièce de bois creuse pour donner à boire et à manger aux bestiaux. —, vaisseau de bois pour gâcher le plâtre; huche; canal, rigole qui conduit l'eau sur la roue d'un moulin. —, lieu qui reçoit les balles dans un jeu de paume. —, le dessous de la ganache ou mâchoire inférieure du cheval.

AUGE (l'), s. f. Petite rivière qui prend sa source à Sezanne, dép. de la Marne, et qui se jette dans l'Aube, au-dessus d'Anglure.

AUGE (Vallée d'), s. f. Dép. du Calvados, arr. de Pont-l'Evêque et de Lisieux. Cette vallée, arrosée par la Touque, est très fertile; elle est surtout remarquable par ses excellens pâturages, dans lesquels on élève une très grande quantité de bestiaux et particulièrement les beaux chevaux de race normande. On y exploite plusieurs salines qui fournissent de très bon sel.

AUGE, s. f. Com. du dép. des Ardennes, cant. de Signy-le-Petit, arr. de Rocroy. = Auban.

AUGE, s. f. Com. du dép. de la Charente, cant. de Rouillac, arr. d'Angoulême. = Angoulême.

AUGE, s. f. Com. du dép. du Jura, cant. de Clairvaux, arr. de Lons-le-Saulnier. = Lons-le-Saulnier.

AUGE, s. f. Com. du dép. de la Creuse, cant. de Chambon, arr. de Boussac. = Chambon.

AUGÉ, s. m. Com. du dép. des Deux-Sèvres, cant. de St.-Maixent arr. de Niort. = St.-Maixent.

AUGÉ (St.-Martin-d'), s. m. Com. du dép. des Deux-Sèvres, cant. de Beauvoir, arr. de Niort. = Niort.

AUGÉ, E, part. Creusé en auget.

AUGEA, s. m. Com. du dép. du Jura, cant. de Beaufort, arr. de Lons-le-Saulnier. = Lons-le-Saulnier.

AUGÉE, s. f. Plein l'auge d'un maçon.

AUGELOT, s. m. Petite pelle de vigneron.—, pl. Pelles, bassins pour le sel; cuillers pour l'écumer. T. de sal.

AUGER, v. a. Creuser en auget.

AUGERANS, s. m. Com. du dép. du Jura, cant. de Montbarrey, arr. de Dôle. = Dôle.

AUGÈRES, s. f. Com. du dép. de la Creuse, cant. de Bénévent, arr. de Bourganeuf. = Guéret.

AUGEROLLES, s. f. Com. du dép. du Puy-de-Dôme, cant. de Courpière, arr. de Thiers. = Thiers.

AUGERS, s. m. Com. du dép. de Seine-et-Marne, cant. de Villiers-St.-Georges, arr. de Provins. = Provins.

AUGER-ST.-VINCENT, s. m. Com. du dép. de l'Oise, cant. de Crépy, arr. de Senlis. = Crépy.

AUGÉS, s. m. Com. du dép. des Basses-Alpes, cant. de Peyruis, arr. de Forcalquier. = Forcalquier.

AUGET, s. m. Petite auge pour les oiseaux. —, bassin de gouttières, lambourde pour porter un parement. — Petit canal pour le saucisson, fusée incendiaire. T. d'art milit. —. Bout de la trémie. T. de menuis. —, pl. Petits vases attachés aux roues hydrauliques.

AUGEVILLE, s. f. Com. du dép. de la Haute-Marne, cant. de Donjeux, arr. de Vassy. = Joinville.

AUGICOURT, s. m. Com. du dép. de la Haute-Saône, cant. de Combeaufontaine, arr. de Vesoul. = Jussey.

AUGIE, s. f. Arbre qui, au moyen d'une incision, donne le vernis de la Chine.

AUGINIAC, s. m. Com. du dép. de la Dordogne, cant. et arr. de Nontron. = Nontron.

AUGIREIN, s. m. Com. du dép. de l'Ariège, cant. de Castillon, arr. de St.-Girons. = St.-Girons.

AUGISEY, s. m. Com. du dép. du Jura, cant. de Beaufort, arr. de Lons-le-Saulnier. = Lons-le-Saulnier.

AUGITE, s. f. Pierre précieuse d'un vert pâle; schorl des volcans. T. d'hist. nat.

AUGMENT, s. m. Supplément au douaire; augment de dot. T. de jurisp. — syllabique, addition d'une syllabe. — temporel, alongement d'une voyelle. T. de gramm. grecque.

AUGMENTATEUR, s. m. Qui fait des additions au livre d'un autre.

AUGMENTATIF, IVE, adj. Se dit des particules, des terminaisons qui augmentent le sens des mots; bien, très, fort.

AUGMENTATION, s. f. Accroissement par addition d'une chose à une autre de même nature.

AUGMENTÉ, E, part. Accru, agrandi.

AUGMENTER, v. a. Accroître, agrandir par addition. — un employé, ajouter à son traitement. —, v. n. Croître en qualité ou en quantité; augmenter en bien, en honneur. S'—, v. pron. S'accroître.

AUGMIGNON, s. m. Petite rivière du dép. de l'Aisne, qui se jette dans la Somme au-dessus de Péronne.

AUGMONTEL, s. m. Com. du dép. du Tarn, cant. de Mazamet, arr. de Castres. = Castres.

AUGNAT, s. m. Com. du dép. du Puy-de-Dôme, cant. d'Ardes, arr. d'Issoire. = Ardes.

AUGNAX, s. m. Com. du dép. du Gers, cant. et arr. d'Auch. = Auch.

AUGNE, s. f. Com. du dép. de la Haute-Vienne, cant. d'Eymoutiers, arr. de Limoges. = Eymoutiers.

AUGNY, s. m. Com. du dép. de la Moselle, cant. et arr. de Metz. = Metz.

AUGSBOURG, s. m. Ville importante et très commerçante du royaume de Bavière, dans le cercle de Souabe. Berceau du luthéranisme. Entrepôt commercial considérable.

AUGUAISE, s. f. Com. du dép. de l'Orne, cant. de Moulins-la-Marche, arr. de Mortagne. = Moulins-la-Marche.

AUGURAL, E, adj. Qui appartient à l'augure.

AUGURE, s. m. Magistrat romain qui tirait des présages en consultant le vol, le chant et l'appétit des oiseaux. —, tout ce qui semble annoncer, présager quelque chose. Oiseau de bon ou de mauvais —, celui dont l'arrivée annonce une bonne ou une mauvaise nouvelle.

AUGURÉ, E, part. Conjecturé, présagé.

AUGURER, v. a. et n. Tirer un augure; présager, conjecturer; j'en augure bien ou mal.

AUGUSTAT, s. m. Dignité à Rome au temps d'Auguste.

AUGUSTE, s. m. Empereur romain, petit-fils de Julie, sœur de César. —, adj. Grand, respectable, vénérable; auguste personnage.

AUGUSTEMENT, adv. D'une manière auguste. T. inus.

AUGUSTIN, s. m. L'un des pères de l'Eglise; religieux, moine. — (St.-), format de carton de 18 pouces sur 24; caractère entre le cicéro et le gros-texte. T. de typog.

AUGUSTIN (St.-), s. m. Com. du dép. de la Charente-Inférieure, cant. de la Tremblade, arr. de Marennes. = la Tremblade.

AUGUSTIN (St.-), s. m. Com. du dép. de Seine-et-Marne, cant. et arr. de Coulommiers. = Coulommiers.

AUGUSTIN (St.-), s. m. Com. du dép. de la Corrèze, cant. de Corrèze, arr. de Tulle. = Tulle.

AUGUSTIN-DES-BOIS (St.-), s. m. Com. du dép. de Maine-et-Loire, cant. de Louroux-Béconnais, arr. d'Angers. = St.-Georges-sur-Loire.

AUGUSTINE, s. f. Religieuse de la règle de St.-Augustin. —, sorte de chaufferette.

AUGUSTURA, s. m. Arbre d'Abyssinie, dont l'écorce remplace le quinquina.

AUGY, s. m. Com. du dép. l'Yonne, cant. et arr. d'Auxerre. = Auxerre.

AUGY, s. m. Com. du dép. de l'Aisne, cant. de Braisne, arr. de Soissons. = Braisne.

AUGY, s. m. Com. du dép. de l'Allier, cant. de Lurcy-Lévy, arr. de Moulins. = St.-Pierre-le-Moutier.

AUGY-SUR-AUBOIS, s. m. Com. du dép. du Cher, cant. de Sancoins, arr. de St.-Amand. = Sancoins.

AUJAC, s. m. Com. du dép. de la Charente-Inférieure, cant. de St.-Hilaire, arr. de St.-Jean-d'Angely. = St.-Jean-d'Angely.

AUJAC, s. m. Com. du dép. du Gard, cant. de Génolhac, arr. d'Alais. = Génolhac.

AUJAN, s. m. Com. du dép. du Gers, cant. de Masseube, arr. de Mirande. = Auch.

AUJARGUES, s. f. Com. du dép. du Gard, cant. de Sommières, arr. de Nismes. = Sommières.

AUJEURES, s. m. Com. du dép. de la Haute-Marne, cant. de Longeau, arr. de Langres. = Langres.

AUJOLS, s. m. Com. du dép. du Lot, cant. de Lalbenque, arr. de Cahors. = Cahors.

AUJON (l'), s. m. Petite rivière qui sort d'une fontaine près du village de Crilley, dép. de la Haute-Marne. Elle se jette dans l'Aube, au-dessous de Clairvaux, dép. de l'Aube, après un cours d'environ quinze lieues. Cette rivière est flottable à bûches perdues au bas du pont de St.-Loup, et peut charrier des trains au-dessous de Pont-la-Ville.

AUJOURD'HUI, adv. Le jour où l'on est; le temps présent; le siècle où l'on vit.

AULACIE, s. f. Arbrisseau de la Cochinchine. T. de bot.

AULAGES, s. f. Com. du dép. de la Seine-Inférieure, cant. et arr. de Neufchâtel. = Neufchâtel.

AULAIE (St.-), s. m. Com. du dép. de la Charente, cant. et arr. de Barbezieux. = Barbezieux.

AULAINES, s. f. Com. du dép. de la Sarthe, cant. de Bonnétable, arr. de Mamers. = Bonnétable.

AULAIRE (St.-), s. m. Com. du dép. de la Corrèze, cant. d'Ayen, arr. de Brive. = Brive.

AULAN, s. m. Com. du dép. de la Drôme, cant. de Séderon, arr. de Nyons. = le Buis.

AULAS, s. m. Com. du dép. du Gard, cant. et arr. du Vigan. = le Vigan.

AULAYE (Ste.-), s. f. Com. du dép. de la Dordogne, cant. de Velines, arr. de Bergerac. = Bergerac.

AULAYE (Ste.-), s. f. Petite ville du dép. de la Dordogne, chef-lieu de cant. de l'arr. de Ribérac. Bur. d'enregist. = Ribérac.

AULDE (St.-), s. m. Com. du dép. de Seine-et-Marne, cant. de la Ferté-sous-Jouarre, arr. de Meaux. = la Ferté-sous-Jouarre.

AULDES, s. m. Com. du dép. de l'Allier, cant. de Hérisson, arr. de Montluçon. = Montluçon.

AULÉDIQUE, s. f. Jeu de flûte pour accompagner la voix chez les anciens.

AULENE et MONACCIA, s. f. Com. du dép. de la Corse, cant. de Serra, arr. de Sartène. = Ajaccio.

AULÈTE, s. m. Joueur de flûte.

AULÉTIQUE, s. f. Art de jouer de la flûte.

AULHAT, s. m. Com. du dép. du Puy-de-Dôme, cant. et arr. d'Issoire. = Issoire.

AULIN, s. m. Com. du dép. du Gers, cant. de Saramon, arr. d'Auch. = Auch.

AULIQUE, s. f. Thèse de théologie pour le doctorat. —, espèce de couleuvre. T. d'hist. nat. —, adj. Conseil —, tribunal suprême de l'empire germanique.

AULITRIDE, s. f. Courtisane qui jouait de la flûte pour égayer les repas dans l'antiquité.

AULNAI-LA-RIVIÈRE, s. m. Com. du dép. du Loiret, cant. de Puiseaux, arr. de Pithiviers. = Pithiviers.

AULNAT, s. m. Petit village qui fait partie de la com. de Malintrat, dép. du Puy-de-Dôme, cant. et arr. de Clermont-Ferrand. = Clermont.

AULNAY, s. m. Com. du dép. de l'Aube, cant. de Chavanges, arr. d'Arcis-sur-Aube. = Brienne.

AULNAY, s. m. Com. du dép. de l'Eure, cant. et arr. d'Evreux. = Evreux.

AULNAY, s. m. Com. du dép. de Seine-et-Oise, cant. de Meulan, arr. de Versailles. = Maule.

AULNAY, s. m. Com. du dép. de la Seine-Inférieure, cant. de Duclair, arr. de Rouen. = Barentin.

AULNAY-AUX-PLANCHES, s. m. Com. du dép. de la Marne, cant. de Vertus, arr. de Châlons. = Vertus.

AULNAY-LAITRE, s. m. Com. du dép. de la Marne, cant. et arr. de Vitry-le-Français. = Vitry-le-Français.

AULNAY-LES-BONDI, s. m. Com. du dép. de Seine-et-Oise, cant. de Gonesse, arr. de Pontoise. = le Bourget.

AULNAY-SUR-MARNE, s. m. Com. du dép. de la Marne, cant. d'Ecury-sur-Coole, arr. de Châlons. = Châlons.

AULNE, s. f. Rivière dont la source se trouve à une lieue de Guerlesquin, arr. de Morlaix, dép. du Finistère, et qui se jette dans la rade de Brest. Elle est navigable à l'aide des marées, depuis le moulin de Châteaulin jusqu'à son embouchure.

AULNEAUX (les), s. m. pl. Com. du dép. de la Sarthe, cant. de la Fresnaye, arr. de Mamers. = Mamers.

AULNIZEUX, s. m. Com. du dép. de la Marne, cant. de Vertus, arr. de Châlons. = Vertus.

AULNOIS, s. m. Com. du dép. de l'Aisne, cant. et arr. de Laon. = Laon.

AULNOIS, s. m. Com. du dép. de la Meurthe, cant. de Delme, arr. de Château-Salins. = Château-Salins.

AULNOIS, s. m. Com. du dép. des

Vosges, cant. de Bulguéville, arr. de Neufchâteau. = Neufchâteau.

AULNOIS-EN-PERTOIS, s. m. Com. du dép. de la Meuse, cant. d'Ancerville, arr. de Bar-le-Duc. = St-Dizier.

AULNOIS-SOUS-VERTUSEY, s. m. Com. du dép. de la Meuse, cant. et arr. de Commercy. = Commercy.

AULNOY, s. m. Com. du dép. de la Haute-Marne, cant. d'Auberive, arr. de Langres. = Château-Vilain.

AULNOY, s. m. Com. du dép. du Nord, cant. et arr. de Valenciennes. = Valenciennes.

Fabrique de café-chicorée et de clous.

AULNOY, s. m. Com. du dép. de Seine-et-Marne, cant. et arr. de Coulommiers. = Coulommiers.

AULNOYE, s. f. Com. du dép. du Nord, cant. de Berlaimont, arr. d'Avesne. = Avesne.

AULON, s. m. Com. du dép. de la Creuse, cant. de Bénévent, arr. de Bourganeuf. = Bourganeuf.

AULON, s. m. Com. du dép. de la Haute-Garonne, cant. d'Aurignac, arr. de St.-Gaudens. = Martres.

AULON, s. m. Com. du dép. des Hautes-Pyrénées, cant. d'Arreau, arr. de Bagnères. = Arreau.

AULOS, s. m. Com. du dép. de l'Ariège, cant. des Cabannes, arr. de Foix. = Tarascon.

AULOSTOMES, s. m. pl. Genre de poissons qui ont le museau alongé. T. d'hist. nat.

AULT, s. m. Com. du dép. de la Somme, chef-lieu de cant. de l'arr. d'Abbeville. Bur. d'enregist. = Eu.

Cette com., située sur le bord de la Manche, est peut-être celle qui fournit le plus de poisson frais pour l'approvisionnement de Paris. Fabriques de serrurerie et quincaillerie; filatures de coton.

AULUS, s. m. Com. du dép. de l'Ariège, cant. d'Oust, arr. de St.-Girons. = St.-Girons.

On trouve dans les environs beaucoup de mines de fer, de zinc et d'argent.

AULX-LES-CROMARY, s. m. Com. du dép. de la Haute-Saône, cant. de Rioz, arr. de Vesoul. = Rioz.

AUMAGNE, s. f. Com. du dép. de la Charente-Inférieure, cant. de St.-Hilaire, arr. de St-Jean-d'Angely. = St.-Jean-d'Angely.

AUMAILLADE, s. f. Filets en tramail pour pêcher les sèches et les barbues. T. de pêch.

AUMAILLES, adj. f. pl. Se dit des bêtes à cornes, bœufs, vaches, etc. T. d'eaux et for.

AUMALE, s. f. Petite ville du dép. de la Seine-Inférieure, chef-lieu de cant. de l'arr. de Neufchâtel. Bur. d'enregist. et de poste.

Cette ville a été le théâtre d'un événement mémorable durant les guerres de la ligue. En effet, Henri IV y fut blessé d'un coup d'arquebuse, et le plus brave comme le meilleur des rois fut en danger de perdre la vie. Pour perpétuer le souvenir de ce grand événement, deux colonnes furent érigées aux extrémités du pont de la Bresle, qui passe dans Aumale. Ce monument est un de ceux qui seront toujours respectés.

Fabriques de gros draps, serges, blondes; filatures hydrauliques de laine; faïenceries, tanneries, moulins à foulons.

AUMANCE (l'), s. f. Petite rivière dont on remarque la source à une lieue de Montmarault, dép. de l'Allier, et qui se jette dans le Cher, près de Méaulne, après avoir parcouru environ 12 l. de pays. Elle est flottable depuis Cosne jusqu'à son embouchure.

AUMÂTRE, s. m. Com. du dép. de la Somme, cant. d'Oisemont, arr. d'Amiens. = Abbeville.

AUMÉE, s. f. Grande maille du tramail du hallier. —, pl. Nappes à grandes mailles.

AUMELAS, s. m. Com. du dép. de l'Hérault, cant. de Gignac, arr. de Lodève. = Gignac.

AUMENANCOURT-LE-GRAND, s. m. Com. du dép. de la Marne, cant. de Bourgogne, arr. de Reims. = Reims.

AUMENANCOURT-LE-PETIT, s. m. Com. du dép. de la Marne, cant. de Bourgogne, arr. de Reims. = Reims.

AUMENSAN, s. m. Com. du dép. du Gers, cant. de Valence, arr. de Condom. = Vic-Fezensac.

AUMERVAL, s. m. Com. du dép. du Pas-de-Calais, cant. de Heuchin, arr. de St.-Pol. = St.-Pol.

AUMES, s. f. Com. du dép. de l'Hérault, cant. de Montagnac, arr. de Béziers. = Montagnac.

AUMESSAS, s. m. Com. du dép. du Gard, cant. d'Alzon, arr. du Vigan. = le Vigan.

AUMETZ, s. m. Com. du dép. de la Moselle, cant. d'Audun-le-Roman, arr. de Briey. = Longwy.

AUMEVILLE, s. f. Com. du dép. de la Manche, cant. de Quettehou, arr. de Valognes. = St.-Vaast.

AUMÔNE, s. f. Ce qu'on donne aux pauvres par charité.

AUMÔNÉ, E, part. Qui a reçu l'aumône.

AUMÔNÉE, s. f. Pain donné aux pauvres. T. inus.

AUMÔNER, v. a. Donner l'aumône, faire la charité.

AUMÔNERIE, s. f. Bénéfice claustral pour la distribution des aumônes; charge d'aumônier; la grande-aumônerie de France; la dignité de grand-aumônier.

AUMÔNIER, s. m. Prêtre attaché à un prince, à un régiment, à un vaisseau, pour distribuer des aumônes et dire la messe, etc.

AUMÔNIER, ÈRE, adj. Qui est charitable, qui fait souvent l'aumône.

AUMONT, s. m. Com. du dép. du Jura, cant. et arr. de Poligny. = Poligny.

AUMONT, s. m. Com. du dép. de la Lozère, chef-lieu de cant. de l'arr. de Marvejols. Bur. d'enregist. = St.-Chély.

AUMONT, s. m. Com. du dép. de l'Oise, cant. et arr. de Senlis. = Senlis.

AUMONT, s. m. Com. du dép. de la Somme, cant. d'Hornoy, arr. d'Amiens. = Poix.

AUMONTZEY, s. m. Com. du dép. des Vosges, cant. de Corcieux, arr. de St.-Dié. = St.-Dié.

AUMUR, s. m. Com. du dép. du Jura, cant. de Chemin, arr. de Dôle. = Dôle.

AUMUSSE ou AUMUCE, s. f. Fourrure que portent au bras les chanoines, les chantres, et dont ils se servent pour se couvrir la tête.

AUNAC, s. m. Com. du dép. de l'Aveyron, cant. de St.-Chély, arr. d'Espalion. = Espalion.

AUNAC, s. m. Com. du dép. de la Charente, cant. de Manles, arr. de Ruffec. = Manles.

AUNAGE, s. m. Mesurage à l'aune; ce qui est mesuré à l'aune.

AUNAIE, s. f. Lieu planté d'aunes.

AUNAI-LES-BOIS, s. m. Com. du dép. de l'Orne, cant. de Mêle-sur-Sarthe, arr. d'Alençon. = Mêle.

AUNAT, s. m. Com. du dép. de l'Aude, cant. de Belcaire, arr. de Limoux. = Quillan.

AUNAY, s. m. Com. du dép. du Calvados, chef-lieu de cant. de l'arr. de Vire. Bur. d'enregist. et de poste.
Filatures hydrauliques de coton; fabriques de calicots, basins et mousselinettes. Comm. considérable de moutons et de suif.

AUNAY, s. m. Com. du dép. de la Charente-Inférieure, chef-lieu de cant. de l'arr. de St.-Jean-d'Angely. Bur. d'enregist. et de poste.

AUNAY, s. m. Com. du dép. de la Nièvre, cant. de Châtillon, arr. de Château-Chinon. = Moulins-Engilbert.

AUNAY, s. m. Com. du dép. de la Vienne, cant. de Montcontour, arr. de Loudun. = Loudun.

AUNAY-SOUS-CRÉCY, s. m. Com. du dép. d'Eure-et-Loir, cant. et arr. de Dreux. = Dreux.
Fabriques de toiles et de mouchoirs; filatures de coton.

AUNAY-SUR-AUNEAU, s. m. Com. du dép. d'Eure-et-Loir, cant. d'Auneau, arr. de Chartres. = Gallardon.

AUNE, s. f. Ancienne mesure, aujourd'hui remplacée par le mètre. A Paris, elle était de 44 pouces. —, bâton, etc., servant à auner; étoffe mesurée sur l'aune. Mesurer à l'—, juger du mérite par la taille. Juger à son —, juger d'autrui par soi. Tout le long de l'—, adv. Excessivement.

AUNE ou AULNE, s. m. Arbre de la famille des amentacées, à bois blanc et tendre, qui croît dans les lieux humides. — noir, bourdaine.

AUNÉ, E, part. Mesuré à l'aune.

AUNEAU, s. m. Com. du dép. d'Eure-et-Loir, chef-lieu de cant. de l'arr. de Chartres. Bur. d'enregist. = Gallardon.
Fabriques de bas, bonnets et tricots de laine. Comm. de grains et bestiaux.

AUNÉE ou ENULA CAMPANA, s. f. Plante du genre des asters, béchique, diurétique, sudorifique, apéritive, que l'on emploie dans le claveau, maladie des brebis.

AUNER, v. a. Mesurer à l'aune.

AUNETTE, s. f. Jeune plantation d'aunes.

AUNEUIL, s. m. Com. du dép. de l'Oise, chef-lieu de cant. de l'arr. de Beauvais. Bur. d'enregist. = Beauvais.

AUNEUR, s. m. Préposé qui était chargé d'inspecter l'aunage. —, celui qui mesure à l'aune.

AUNIS, s. m. Ancienne province de France, qui forme aujourd'hui la partie N. O. du dép. de la Charente-Inférieure.

AUNIX (St.-), s. m. Com. du dép. du Gers, cant. de Plaisance, arr. de Mirande. = Plaisance.

AUNOU-LE-FAUCON, s. m. Com. du dép. de l'Orne, cant. et arr. d'Argentan. = Argentan.

AUNOU-SUR-ORNE, s. m. Com. du

dép. de l'Orne, cant. de Sécz, arr. d'Alençon. = Sécz.

AUPARAVANT, adv. Premièrement, avant toutes choses. Cet adv. marque priorité de temps, et s'emploie sans régime.

AUPILLON, s. m. Village du dép. des Basses-Alpes, cant. et arr. de Barcelonnette. = Barcelonnette.

AU PIS-ALLER, adv. En mettant les choses au pire état.

AUPPEGARD, s. m. Com. du dép. de la Seine-Inférieure, cant. de Bacqueville, arr. de Dieppe. = Bacqueville.

AUPRE (St.-), s. m. Com. du dép. de l'Isère, cant. de Voiron, arr. de Grenoble. = Voiron.

AUPRÈS, prép. et adv. de lieu. Tout proche, à côté de quelqu'un. —, marque la servitude ou la faveur; être auprès d'un grand; être bien auprès d'un ministre. —de, prép. comparative, en comparaison de, au prix de.

AUPS, s. m. Ville du dép. du Gard, chef-lieu de cant. de l'arr. de Draguignan. Bur. d'enregist. et de poste.

AUQUAINVILLE, s. f. Com. du dép. du Calvados, cant. de Livarot, arr. de Lisieux. = Lisieux.

AUQUEMESNIL, s. m. Com. du dép. de la Seine-Inférieure, cant. d'Envermeu, arr. de Dieppe. = Dieppe.

AURADÉ, s. m. Com. du dép. du Gers, cant. de l'Isle-Jourdain, arr. de Lombez. = l'Isle-Jourdain.

AURADOU, s. m. Com. du dép. de Lot-et-Garonne, cant. de Penne, arr. de Villeneuve. = Villeneuve.

AURAGNE, s. m. Com. du dép. de la Haute-Garonne, cant. de Nailloux, arr. de Villefranche. = Villefranche.

AURAY, s. m. Bloc de pierre, pièce de bois ou canon pour amarrer. T. de mar.

AURAY, s. m. Petite rivière qui s'échappe d'une source qu'on trouve à l'O. du village de Plaudren, dép. du Morbihan. Elle se jette dans le golfe du Morbihan, où elle est navigable pour les petits bâtimens à l'aide des marées.

AURAY, s. m. Petite ville maritime du dép. du Morbihan, chef-lieu de cant de l'arr. de Lorient. Bur. d'enregist. et de poste. Située au confluent des rivières d'Auray et de Vannes, cette ville offre aux navigateurs un port sûr et de facile accès. C'est dans une bataille livrée aux environs d'Auray que Duguesclin fut fait prisonnier en 1364.

Fabriques de dentelles; filatures de coton; comm. de grains, vins, beurre, miel, fruits, sel, sardines, draps, toiles, chevaux et bestiaux. Petit cabotage.

AURE, s. f. Com. du dép. des Ardennes, cant. de Monthois, arr. de Vouziers. = Vouziers.

AURE, s. f. Petite rivière qui a sa source près du village de Caumont, arr. de Bayeux, dép. du Calvados, et qui se jette dans la Drôme, au-dessus de Pont-en-Bassin.

AURE (l'), s. f. Petite rivière qui prend sa source au Val d'Aure, dép. du Calvados, et qui se jette dans la Vire. Elle est navigable depuis Trevières jusqu'à son embouchure.

AUREC, s. m. Petite ville du dép. de la Haute-Loire, cant. de St.-Didier-la-Séauve, arr. d'Issingeaux. = Monistrol.

AUREIL, s. m. Village du dép. du Lot, cant. de Castelnau, arr. de Cahors. = Cahors.

AUREIL, s. m. Com. du dép. de la Haute-Vienne, cant. et arr. de Limoges. = Limoges.

AUREILHAN, s. m. Com. du dép. des Landes, cant. de Mimizan, arr. de Mont-de-Marsan. = Lipostey.

AUREILHAN, s. m. Com. du dép. des Hautes-Pyrénées, cant. et arr. de Tarbes. = Tarbes.

AUREILLE, s. f. Com. du dép. des Bouches-du-Rhône, cant. d'Eyguières, arr. d'Arles. = Orgon.

AUREILLON, s. m. Partie du métier pour les étoffes de soie. T. de manuf.

AUREL, s. m. Com. du dép. de la Drôme, cant. de Saillans, arr. de Die. = Saillans.

AUREL, s. m. Com. du dép. de Vaucluse, cant. de Sault, arr. de Carpentras. = Apt.

Située près du Mont-de-Ventoux, cette com., qui possède des eaux minérales, est très fréquentée.

AURÉLIE, s. f. Chrysalide. T. d'hist. nat. —, inule glutineuse. T. de bot.

AURELLE, s. f. Com. du dép. de l'Aveyron, cant. de St.-Geniez, arr. d'Espalion. = St.-Geniez.

AURENCE (Ste.-), s. f. Com. du dép. du Gers, cant. de Miélan, arr. de Mirande. = Miélan.

AURENQUE, s. m. Com. du dép. du Gers, cant. de Fleurance, arr. de Lectoure. = Fleurance.

ANRENSAN, s. m. Com. du dép. du Gers, cant. de Riscle, arr. de Mirande. = Aire-sur-l'Adour.

AURENSAN, s. m. Com. du dép. des Hautes-Pyrénées, cant. et arr. de Tarbes. = Tarbes.

AURENT, s. m. Com. du dép. des Basses-Alpes, cant. d'Entrevaux, arr. de Castellane. = Entrevaux.

AURÉOLE, s. f. Cercle lumineux dont les peintres entourent la tête des saints. —, degré de gloire qui distingue les saints dans le ciel. —, espèce de bruant de Sibérie. T. d'hist. nat.

AUREVILLE, s. f. Com. du dép. de la Haute-Garonne, cant. de Castanet, arr. de Toulouse. = Toulouse.

AURIABAT, s. m. Com. du dép. des Hautes-Pyrénées, cant. de Maubourguet, arr. de Tarbes. = Tarbes.

AURIAC, s. m. Com. du dép. de l'Aude, cant. de Monthoumet, arr. de Carcassonne. = Carcassonne.

AURIAC, s. m. Com. du dép. de l'Aveyron, cant. de Cassagnes-Bégonhès, arr. de Rodez. = Rodez.

AURIAC, s. m. Com. du dép. du Cantal, cant. de Massiac, arr. de St.-Flour. = Massiac.

AURIAC, s. m. Com. du dép. de la Corrèze, cant. de Servières, arr. de Tulle. = Argentat.

AURIAC, s. m. Com. du dép. de la Dordogne, cant. de Montignac, arr. de Sarlat. = Montignac.

AURIAC, s. m. Com. du dép. de la Dordogne, cant. de Verteillac, arr. de Ribérac. = Mareuil.

AURIAC, s. m. Petite ville du dép. de la Haute-Garonne, cant. de Caraman, arr. de Villefranche. = Caraman.

AURIAC, s. m. Village réuni à la com. de Scissan, cant. et arr. d'Auch. = Mirande.

AURIAC, s. m. Village du dép. des Basses-Pyrénées, cant. de Garlin, arr. de Pau. = Pau.

AURIAC, s. m. Com. du dép. de Lot-et-Garonne, cant. de Duras, arr. de Marmande. = Marmande.

AURIAC, s. m. Com. du dép. du Var, cant. de Barjols, arr. de Brignolles. = Barjols.

AURIAT, s. m. Com. du dép. de la Creuse, cant. et arr. de Bourganeuf. = Bourganeuf.

AURIBAIL, s. m. Com. du dép. de la Haute-Garonne, cant. d'Auterive, arr. de Muret. = Auterive.

AURIBEAU, s. m. Com. du dép. des Basses-Alpes, cant. et arr. de Digne. = Digne.

AURIBEAU, s. m. Com. du dép. du Var, cant. et arr. de Grasse. = Grasse.

AURIBEAU, s. m. Com. du dép. de Vaucluse, cant. et arr. d'Apt. = Apt.

AURICE, s. f. Com. du dép. des Landes, cant. et arr. de St.-Sever. = St.-Sever.

AURICULAIRE, adj. Qui concerne l'oreille. Témoin —, qui a entendu. Doigt —, le petit doigt. Remède —, pour les oreilles. T. de méd. —, s. f. Espèce de champignon. T. de bot.

AURICULE, s. f. Pavillon de l'oreille. T. d'anat. —, oreille de Midas, genre de testacés univalves. T. d'hist. nat. —, oreille d'ours. T. de bot.

AURICULÉ, E, adj. Se dit d'une feuille qui, à sa base, a deux lobes séparés du disque. T. de bot.

AURIÉBAT, s. m. Com. du dép. du Gers, cant. et arr. de Lombez. = Lombez.

AURIFÈRE, adj. Qui fournit de l'or.

AURIFIQUE, adj. Se dit des métaux auxquels les alchimistes supposent la vertu de produire de l'or, de se changer en or. T. d'alchim.

AURIGA, s. m. Bandage pour les fractures des côtes. T. de chir. —, quatrième lobe du foie. T. d'anat.

AURIGNAC, s. m. Petite ville du dép. de la Haute-Garonne, chef-lieu de cant. de l'arr. de St.-Gaudens. Bur. d'enregist. = Martres.
Comm. de laines, cuirs et bestiaux.

AURILLAC, s. m. Ville et chef-lieu de préf. du dép. du Cantal, d'un arr., de sous-préf. et de deux cant.; cour d'assises, trib. de 1re inst. et de comm.; 11e div. des ponts-et-chaussées, ingén. en chef; direct. de l'enregist. et des domaines, 3e classe; conserv. des hypoth.; sous-insp. des forêts; direct. des contrib. dir. et indir.; recev. génér. des finances; payeur du dép.; bur. d'enregist. et de poste.
Cette ville, située à l'extrémité d'une vallée pittoresque, est arrosée par la Jordanne. Elle est très bien bâtie; ses rues sont larges et arrosées par des ruisseaux d'eau courante.
Fabriques de papier commun et de dentelles, de tapisserie de haute et basse lisse; d'orfévrerie, de chaudronnerie et ustensiles de cuisine; martinets de cuivre.
Commerce considérable de chevaux, mulets, bestiaux, fromages, chaudronnerie; dépôt royal d'étalons. Pop., 9,576 hab.; dist. de Paris, 138 l. par Limoges, 129 par Clermont.

AURILLARD, s. m. Voy. OREILLARD.

AURILLERIE, s. f. Ancien impôt sur les mouches à miel.

AURIMONT, s. m. Com. du dép. du Gers, cant. de Saramon, arr. d'Auch. = Gimont.

AURIN, s. m. Com. du dép. de la Haute-Garonne, cant. de Lanta, arr. de Villefranche. = Caraman.

AURIN (St.-), s. m. Com. du dép. de la Somme, cant. de Roye, arr. de Montdidier. = Roye.

AURIOL, s. m. Com. du dép. des Bouches-du-Rhône, cant. de Roquevaire, arr. de Marseille. = Roquevaire.

Martinets de cuivre; comm. de grains, mulets, porcs, charbon de terre, provenant des mines qui se trouvent dans les environs; fab. considérables de briques et de carreaux rouges pour les appartemens.

AURIOLES, s. f. Com. du dép. de l'Ardèche, cant. de Joyeuse, arr. de Largentière. = Joyeuse.

AURIOLES, s. f. Com. du dép. de la Gironde, cant. de Pellegrue, arr. de la Réole. = Monségur.

AURIONS, s. m. Com. du dép. des Basses-Pyrénées, cant. de Garlin, arr. de Pau. = Pau.

AURIPEAU, s. m. Clinquant, cuivre jaune en feuilles minces.

AURIPLE, s. m. Com. du dép. de la Drôme, cant. de Crest, arr. de Die. = Crest.

AURIQUE, adj. f. Se dit des voiles dont l'un des côtés est attaché au mât. T. de mar.

AURIS, s. m. Com. du dép. de l'Isère, cant. du Bourg-d'Oisans, arr. de Grenoble. = le Bourg-d'Oisans.

AURISLAGE, s. m. Voy. AURILLERIE.

AURITE, s. m. Poisson du genre du Labre. T. d'hist. nat.

AUROCHS, s. m. Taureau sauvage. T. d'hist. nat.

AUROIR-ET-AUBIGNY, s. m. Com. du dép. de l'Aisne, cant. de Vermand, arr. de St.-Quentin. = Ham.

AURON, s. m. Rivière dont la principale source se trouve aux environs de Cérilly. dép. de l'Allier, traverse Bourges où elle prend le nom d'Yèvre, et se jette dans le Cher, après un cours de 24 lieues.

AURONE, s. f. Plante vivace de la famille des absinthes dont elle a la propriéte. T. de bot.

AURONS, s. m. Com. du dép. des Bouches-du-Rhône, cant. de Salon, arr. d'Aix. = Lambesc.

AURORE, s. f. Fille de Titan et de la terre; c'est cette déesse qui préside à la naissance du jour. T. de myth. —, lumière qui précède le lever du soleil. —, le levant. —, commencement; l'aurore de la vie, fig. Couleur —, jaune doré. — polaire, boréale ou australe, phénomène lumineux et électrique vers le pôle N. T. d'astr. —, joli papillon de jour qui a sur les ailes une tache couleur safran. T. d'hist. nat. —, cardamine, plante crucifère. T. de bot.

AUROS, s. m. Com. du dép. de la Gironde, chef-lieu de cant. de l'arr. de Bazas. Bur. d'enregist. à Longon. = Bazas.

AUROUER, s. m. Com. du dép. de l'Allier, cant. et arr. de Moulins. = Moulins.

AUROUX, s. m. Com. du dép. de la Lozère, cant. de Langogne, arr. de Mende. = Langogne.

AURULEO, s. m. Centaurée solsticiale. T. de bot.

AURUM-MUSIVUM, s. m. Composition d'étain et de soufre pour fortifier les appareils électriques.

AUSANCE (l'), s. f. Petite rivière qui se forme dans le dép. de la Vendée, et se jette dans l'Océan, au-dessous de la com. de St.-Martin.

AUSCULTATION, s. f. Action d'écouter.

AUSPICE, s. m. Présage tiré d'après le vol des oiseaux, leur chant, leur appétit. —, pl. Protection, appui; sous les auspices d'un prince, sous d'heureux ou de fâcheux auspices. Fig.

AUSPICINE, s. f. Art des auspices, des augures.

AUSSAC, s. m. Com. du dép. de la Charente, cant. de St.-Amand-de-Boixe, arr. d'Angoulême. = Manles.

AUSSAC, s. m. Com. du dép. du Tarn, cant. de Cadalen, arr. de Gaillac. = Gaillac.

AUSSAC, s. m. Village du dép. de Lot-et-Garonne, cant. de la Française, arr. de Montauban. = Montauban.

AUSSAT, s. m. Com. du dép. du Gers, cant. de Miélan, arr. de Mirande. = Miélan.

AUSSEING, s. m. Com. du dép. de la Haute-Garonne, cant. de Salies, arr. de St.-Gaudens. = St.-Gaudens.

AUSSEVIELLE, s. f. Com. du dép. des Basses-Pyrénées, cant. de Lescars, arr. de Pau. = Pau.

AUSSI, conj. et adv. De même, pareillement. —, c'est pourquoi, à cause de cela; aussi dit-on que. —, de plus; ajoutez aussi cela. —, autant; aussi sage que brave. — bien, exp. adv., aussi bien on vous attendait. — bien que, de même que. — peu que; pas plus que.

AUSSIÈRE, s. f. Grosse corde composée de trois torons. T. de mar. —, bordure des filets.

AUSSITÔT, adv. Dans le moment, à l'instant même; aussitôt pris, aussitôt pendu. — que, dès que.

AUSSON, s. m. Com. du dép. de la Haute-Garonne, cant. de Montrejeau, arr. de St.-Gaudens. = St.-Gaudens.

AUSSONCE, s. f. Com. du dép. des Ardennes, cant. de Juniville, arr. de Rethel. = Reims.

AUSSONNE, s. f. Com. du dép. de la Haute-Garonne, cant. de Grenade, arr. de Toulouse. = Toulouse.

AUSSOS, s. m. Com. du dép. du Gers, cant. de Masseube, arr. de Mirande. = Auch.

AUSSURUCQ, s. m. Com. du dép. des Basses-Pyrénées, cant. et arr. de Mauléon. = Mauléon.

AUSTER, s. m. Vent très chaud du midi.

AUSTÈRE, adj. Rigide, sévère ; homme, vertu austère. —, rigoureux, qui mortifie le corps, les sens, l'esprit. —, dur, sec, âpre, astringent ; saveur, goût austère. —, vrai, correct, sans ornemens. T. de beaux-arts.

AUSTÈREMENT, adv. Avec austérité.

AUSTÉRITÉ, s. f. Mortification des sens et de l'esprit ; sévérité, rigidité. —, âpreté, en parlant de certaines saveurs.

AUSTERLITZ, s. m. Village de la Moravie, à jamais célèbre dans nos annales militaires par la victoire que remporta l'empereur Napoléon sur les armées combinées d'Autriche et de Russie en 1806.

AUSTRAL, E, adj. Méridional. Terres australes.

AUSTREBERTE (Ste.-), s. f. Com. du dép. de la Seine-Inférieure, cant. de Pavilly, arr. de Rouen. = Barentin.

AUSTREBERTHE (Ste.-), s. f. Com. du dép. du Pas-de-Calais, cant. d'Hesdin, arr. de Montreuil. = Hesdin.

AUSTREMOINE (St.-), s. m. Village du dép. de l'Aveyron, cant. de Marcillac, arr. de Rodez. = Rodez.

AUSTREMOINE (St.-), s. m. Com. du dép. de la Haute-Loire, cant. de la route Chilhac, arr. de Brioude. = Brioude.

AUTAINVILLE, s. f. Com. du dép. de Loir-et-Cher, cant. de Marchénoir, arr. de Blois. = Beaugency.

AUTAN, s. m. Vent du midi. Il n'est reçu qu'en poésie, au pl.

AUTANT, adv. qui marque l'égalité, la quantité, la comparaison. Autant d'eau que de vin, autant de pris autant de mort, s'il en faut faire autant. — que, selon que ; autant qu'on en peut juger, — marque encore la comparaison et la quantité. Autant que dix. D'—, de la pareille ; d'—, en partie ; cela vous acquittera d'autant. D'—, beaucoup. D'— que, parce que. Qu'— que, selon que. D'— mieux, d'— moins, d'— plus, termes de comparaison.

AUTARCIE, s. f. Sobriété, tempérance, contentement de son état, de sa santé. T. de méd.

AUTECHAUX - ET - LAVREVILLE, s. m. Com. du dép. du Doubs, cant. de Blamont, arr. de Montbéliard. = Baume.

AUTEL, s. m. Table pour les sacrifices. —, la religion chrétienne ; défenseur de l'autel. —, la messe. S'approcher de l'—, communier. Elever — contre —, schisme dans l'église. — du four, son devant. —, constellation sud. T. d'astr. —, pl. La religion d'un pays ; relever les autels. Mériter des —, être digne des plus grands honneurs.

AUTELS (les), s. m. pl. Com. du dép. de l'Aisne, cant. de Rosoy-sur-Serre, arr. de Laon. = Rosoy-sur-Serre.

AUTELS (les), s. m. pl. Com. du dép. du Calvados, cant. de Livarot, arr. de Lisieux. = Vimoutier.

AUTELS-SAINT-ÉLOY (les), s. m. pl. Com. du dép. d'Eure-et-Loir, cant. d'Authon, arr. de Nogent-le-Rotrou. = Brou.

AUTELS-TUBŒUFS (les), s. m. pl. Com. du dép. d'Eure-et-Loir, cant. d'Authon, arr. de Nogent-le-Rotrou. = Nogent.

AUTERIVE, s. f. Com. du dép. de Tarn-et-Garonne, cant. de Beaumont, arr. de Castel-Sarrasin. = Beaumont.

AUTERRIVE, s. f. Com. du dép. du Gers, cant. et arr. d'Auch. = Auch.

AUTERRIVE, s. f. Com. du dép. des Basses-Pyrénées, cant. de Salies, arr. d'Orthez. = Orthez.

AUTERRIVE et YCHAUSSAS, s. f. Petite ville du dép. de la Haute-Garonne, chef-lieu de cant. de l'arr. de Muret ; Bur. d'enregist. et de poste.
Fabriques de draps pour l'habillement des troupes.

AUTET, s. m. Com. du dép. de la Haute-Saône, cant. de Dampierre-sur-Salon, arr. de Gray. = Gray.

AUTEUIL, s. m. Com. du dép. de l'Oise, cant. d'Auneuil, arr. de Beauvais. = Beauvais.

AUTEUIL, s. m. Com. du dép. de la Seine, cant. de Neuilly, arr. de St.-Denis. Poste de la banlieue de Paris.
Ce joli village fut habité par Lafontaine, Molière, et surtout par Boileau, qui l'a immortalisé dans l'une de ses épitres. Il est assis sur une colline qui borde la rive droite de la Seine, entre le bois de Boulogne et la grande route de Paris à St.-Cloud. On y remarque de jolies maisons de campagne, et devant la porte de l'église, dans une étroite enceinte, la pyramide élevée en l'honneur du chancelier d'Aguesseau.
Fabriques de savon, toiles peintes, carton, brosseries, distilleries, lavoir de laines.

AUTEUIL, s. m. Com. du dép. de Seine-et-Oise, cant. de Montfort-l'Amaury, arr. de Rambouillet. = Montfort-l'Amaury.

Fabriques de savon, brasseries, distilleries. Comm. de bois, vins et laines.

AUTEUR, s. m. Créateur, inventeur, qui produit, qui est la première cause de quelque chose; homme de lettres qui a composé un livre, un ouvrage d'imagination; en ce cas il est des deux genres; femme auteur. —, livre classique, Salluste, Cicéron, etc. ou d'érudition. —, vendeur, celui qui a transmis un droit. —, pl. Ceux dont on descend, les ancêtres.

AUTEVIELLE, s. f. Com. du dép. des Basses-Pyrénées, cant. de Sauveterre, arr. d'Orthez. = Orthez.

AUTEYRAC, s. m. Com. du dép. de la Haute-Loire, cant. de Langeac, arr. de Brioude. = Langeac.

AUTHE, s. f. Com. du dép. des Ardennes, cant. de Chesne, arr. de Vouziers. = Buzancy.

AUTHENAY, s. m. Com. du dép. de l'Eure, cant. de Damville, arr. d'Évreux. = Damville.

AUTHENTICITÉ, s. f. Qualité de ce qui est authentique.

AUTHENTIQUE, adj. Revêtu de toutes les formes légales; célèbre, solennel, qui fait autorité; notoire, qui fait preuve; copie certifiée, légalisée; nouvelle dont on ne peut douter. —, s. f. pl. Certaines lois du droit romain; les authentiques de Justinien.

AUTHENTIQUEMENT, adv. D'une manière authentique.

AUTHEUIL, s. m. Com. du dép. de l'Eure, cant. de Gaillon, arr. de Louviers. = Gaillon.

AUTHEUIL, s. m. Com. du dép. d'Eure-et-Loir, cant. de Cloyes, arr. de Châteaudun. = Cloyes.

AUTHEUIL, s. m. Com. du dép. de l'Orne, cant. de Tourouvre, arr. de Mortagne. = Mortagne.

AUTHEUIL-EN-VALOIS, s. m. Com. du dép. de l'Oise, cant. de Betz, arr. de Senlis. = la Ferté-Milon.

AUTHEUX, s. m. Com. du dép. de la Somme, cant. de Bernaville, arr. de Doullens. = Doullens.

AUTHEVERNES, s. f. Com. du dép. de l'Eure, cant. de Gisors, arr. des Andelys. = Tillier-en-Vexin.

AUTHEZAT-LA-SAUVELAT, s. m. Com. du dép. du Puy-de-Dôme, cant. de Leyre-Mouton, arr. de Clermont-Ferrand. = Clermont.

AUTHIE, s. f. Petite rivière dont on trouve la source à une l. environ de la com. d'Authie, et qui se jette dans la Manche. Elle est navigable, au moyen des marées, depuis Nampont jusqu'à son embouchure.

AUTHIE, s. f. Com. du dép. du Calvados, cant. de Tilly-sur-Seulles, arr. de Caen. = Caen.

AUTHIES, s. f. Com. du dép. de la Somme, cant. d'Acheux, arr. de Doullens. = Doullens.

Filatures hydrauliques de coton; fabr. de toutes sortes de clous.

AUTHIEULE, s. f. Com. du dép. de la Somme, cant. et arr. de Doullens. = Doullens.

AUTHIEUX (les), s. m. pl. Com. du dép. de l'Eure, cant. de St.-André, arr. d'Évreux. = Evreux.

AUTHIEUX-DU-PUITS (les), s. m. pl. Com. du dép. de l'Orne, cant. de Merleraut, arr. d'Argentan. = Nonant.

AUTHIEUX-EN-HOULME (les), s. m. pl. Com. du dép. de l'Orne, cant. de Briouze, arr. d'Argentan. = Argentan.

AUTHIEUX-PAPILLONS (les), s. m. pl. Com. du dép. du Calvados, cant. de Mézidon, arr. de Lisieux. = Croissanville.

AUTHIEUX-ST.-ADRIEN-DU-BOSC-THÉROULDE (les), s. m. pl. Com. du dép. de la Seine-Inférieure, cant. de Clères, arr. de Rouen. = Tôtes.

AUTHIEUX-SUR-BUCHY (les), s. m. pl. Com. du dép. de la Seine-Inférieure, cant. de Buchy, arr. de Rouen. = Buchy.

AUTHIEUX-SUR-CALONNE (les), s. m. pl. Com. du dép. du Calvados, cant. de Blangy, arr. de Pont-l'Évêque. = Pont-l'Évêque.

AUTHIEUX-SUR-CLÈRES (les), s. m. pl. Com. du dép. de la Seine-Inférieure, cant. de Clères, arr. de Rouen. = Rouen.

AUTHIEUX-SUR-CORBON (les), s. m. pl. Com. du dép. du Calvados, cant. de Cambremer, arr. de Pont-l'Évêque. = Croissanville.

AUTHIEUX-SUR-LE-PORT-SAINT-OUEN (les), s. m. pl. Com. du dép. de la Seine-Inférieure, cant. de Boos, arr. de Rouen. = Rouen.

AUTHION (l'), s. m. Rivière qui se forme dans les étangs d'Hommes et de Rillé, dép. d'Indre-et-Loire, et qui se jette dans la Loire au-dessus du pont de Cé.

AUTHIOU, s. m. Com. du dép. de la Nièvre, cant. de Brinon, arr. de Clamecy. = Varzy.

AUTHOISON, s. m. Com. du dép. de la Haute-Saône, cant. de Montbozon, arr. de Vesoul. = Rioz.

AUTHON, s. m. Petite ville du dép. d'Eure-et-Loir, chef-lieu de cant. de l'arr. de Nogent-le-Rotrou. Bur. d'enregist. = Nogent-le-Rotrou.

Fabriques de serges, droguets et étamines.

AUTHON, s. m. Com. du dép. de Loir-et-Cher, cant. de St.-Amand, arr. de Vendôme. = Châteauroux.

AUTHON, s. m. Com. du dép. des Basses-Alpes, cant. et arr. de Sisteron. = Sisteron.

AUTHON, s. m. Com. du dép. de la Charente-Inférieure, cant. de St.-Hilaire, arr. de St.-Jean-d'Angely. = St.-Jean-d'Angely.

AUTHON, s. m. Com. du dép. de Seine-et-Oise, cant. de Dourdan, arr. de Rambouillet. = Dourdan.

AUTHOREILLE, s. f. Com. du dép. de la Haute-Saône, cant. de Gy, arr. de Gray. = Gy.

AUTHOU, s. m. Com. du dép. de l'Eure, cant. de Montfort, arr. de Pont-Audemer. = Pont-Audemer.

AUTHOUILLET, s. m. Com. du dép. de l'Eure, cant. de Gaillon, arr. de Louviers. = Gaillon.

AUTHUILE, s. f. Com. du dép. de la Somme, cant. d'Albert, arr. de Péronne. = Albert.

AUTHUME, s. f. Com. du dép. du Jura, cant. de Rochefort, arr. de Dôle. = Dôle.

AUTHUMES, s. f. Com. du dép. de Saône-et-Loire, cant. de Pierre, arr. de Louhans. = Verdun-sur-Saône.

AUTHUN, s. m. Village du dép. de l'Aveyron, cant. de St.-Amand, arr. d'Espalion. = Mur-de-Barez.

AUTICHAMP, s. m. Com. du dép. de la Drôme, cant. de Crest, arr. de Die. = Crest.

AUTICHAN, s. m. Com. du dép. de la Haute-Garonne, cant. de St.-Bertrand, arr. de St.-Gaudens. = St.-Béat.

AUTIÈGES, s. f. Com. du dép. de Lot-et-Garonne, cant. de Francescas, arr. de Nérac. = Nérac.

AUTIGNAC, s. m. Com. du dép. de l'Hérault, cant. de Murviel, arr. de Béziers. = Béziers.

AUTIGNY, s. m. Com. du dép. de la Seine-Inférieure, cant. de Fontaine, arr. d'Yvetot. = St.-Valery.

AUTIGNY-LA-TOUR, s. m. Com. du dép. des Vosges, cant. de Coussey, arr. de Neufchâteau. = Neufchâteau.

AUTIGNY-LE-GRAND, s. m. Com. du dép. de la Haute-Marne, cant. de Joinville, arr. de Vassy. = Joinville.

AUTIGNY-LE-PETIT, s. m. Com. du dép. de la Haute-Marne, cant. de Joinville, arr. de Vassy. = Joinville.

AUTINGUES, s. f. Com. du dép. du Pas-de-Calais, cant. d'Ardres, arr. de St.-Omer. = Ardres.

AUTISE (l'), s. f. Petite rivière dont la principale source est près d'Ardin, dép. des Deux-Sèvres, et qui se perd dans la Sèvre niortaise, un peu au-dessous de Maillé, dép. de la Vendée.

AUTMONTZEY, s. m. Com. du dép. des Vosges, cant. de Corcieux, arr. de St.-Dié. = Bruyères.

AUTOCÉPHALE, s. m. Évêque grec, indépendant du patriarche.

AUTOCHTHONES, s. m. pl. Aborigènes, premiers habitans d'une contrée.

AUTOCRATE, TRICE, s. Souverain absolu, le czar, l'empereur de Russie; l'épouse de l'autocrate, l'impératrice de Russie.

AUTOCRATIE, s. f. Gouvernement absolu d'un seul.

AUTO-DA-FÉ, s. m. Acte de foi —, jugement de l'inquisition; exécution solennelle de ce jugement.

AUTOGRAPHE, adj. Écrit de la main de l'auteur.

AUTOGRAPHIE, s. f. Connaissance des ouvrages autographes.

AUTOIRE, s. m. Com. du dép. du Lot, cant. de St.-Céré, arr. de Figeac. = St.-Céré.

AUTOMALITÉ, s. f. Immobilité de l'automate.

AUTOMATE, s. m. Machine à ressorts qui imite le mouvement des corps animés. —, personne stupide. Fig.

AUTOMATIQUE, adj. Qui a rapport à l'automate. Mouvement —, mouvement machinal auquel la volonté n'a point de part.

AUTOMATIQUEMENT, adv. D'une manière automatique. T. de phys.

AUTOMATISME, s. m. Mouvement machinal auquel l'âme participe involontairement. —, état des bêtes.

AUTOMNAL, adj. De l'automne, qui croît, qui vient dans cette saison. Point — ou équinoxial, point de l'écliptique où le soleil descend sous l'équateur. —, s. m. Pinson de Surinam. T. d'hist. nat.

AUTOMNE, s. m. et f. Saison de l'année entre l'été et l'hiver. —, âge qui précède la vieillesse. Fig.

AUTONE (l'), s. f. Petite rivière dont on trouve la source près de Villers-Coterets, et qui va grossir l'Oise, près de Verberie. Elle est flottable depuis Villers-Coterets jusqu'à son embouchure.

AUTONOME, adj. C'est ainsi que se nommaient les villes grecques qui se gouvernaient par leurs propres lois.

AUTONOMIE, s. f. État des villes grecques indépendantes.

AUTOPSIE, s. f. Ouverture d'un cadavre pour reconnaître les causes de la mort. T. d'anat. —, vision intuitive, contemplation de la divinité; initiation à ce mystère.

AUTORISATION, s. f. Procuration, action par laquelle on autorise; permission.

AUTORISÉ, E, part. Fondé de pouvoir; qui est chargé de dire ou de faire une chose.

AUTORISER, v. a. Donner procuration; appuyer de son pouvoir, de son crédit. S'—, v. pron. Prendre sur soi d'agir; s'appuyer sur une autorité, sur un raisonnement, pour se permettre de faire ou de dire quelque chose.

AUTORITÉ, s. f. Puissance légitime, lois, gouvernement, magistrats.—, crédit, considération; opinion d'un auteur, d'une personne illustre; auteur d'une nouvelle. D'—, adv. D'une manière tranchante, impérieuse. De son — privée, sans droit.

AUTOUILLET, s. m. Com. du dép. de Seine-et-Oise, cant. de Montfort-l'Amaury, arr. de Rambouillet. = Montfort-l'Amaury.

AUTOUR, prép. Aux environs, auprès. —Marque attachement, assiduité; il est toujours autour des belles. —, adv. Ici —, ici près. T. fam. Tout —, de tous côtés.

AUTOUR, s. m. Oiseau de proie, plus grand que l'épervier et qui lui ressemble. —, Écorce du Levant qui entre dans la composition du carmin.

AUTOURSERIE, s. f. Art d'élever et de dresser des autours.

AUTOURSIER, s. m. Qui élève et dresse les autours.

AUTRAC, s. m. Com. du dép. de la Haute-Loire, cant. de Blesle, arr. de Brioude. = Massiac.

AUTRANS, s. m. Com. du dép. de l'Isère, cant. de Villard-de-Lans, arr. de Grenoble. = Grenoble.

AU TRAVERS ou À TRAVERS, prép. Au milieu, par le milieu.

AUTRE, adj. et pron. rel. Marque distinction et différence; ne prenez pas l'un pour l'autre. —, personne ou chose indéterminée; un autre vous l'apprendra. —, égalité; l'un dans l'autre. —, compensation; l'un portant l'autre. —, conformité, ressemblance; c'est un autre vous-même. —, meilleur; c'est bien une autre affaire. L'un et l'—, tous les deux. A d'—! vous ne m'en ferez point accroire. T. fam.

AUTRÈCHE, s. f. Com. du dép. d'Indre-et-Loire, cant. de Château-Renault, arr. de Tours.=Château-Renault.

AUTRÈCHE, s. f. Com. du dép. de l'Oise, cant. d'Attichy, arr. de Compiègne. = Vic-sur-Aisne.

AUTRECOURT, s. m. Com. du dép. des Ardennes, cant. de Mouzon, arr. de Sedan. = Mouzon.

AUTRECOURT, s. m. Com. du dép. de la Meuse, cant. de Triaucourt, arr. de Bar-le-Duc. Bur d'enregist. = Clermont.

AUTREFOIS, adv. Anciennement, au temps passé.

AUTREMENCOURT, s. m. Com. du dép. de l'Aisne, cant. de Marle, arr. de Laon. = Marle.

AUTREMENT, adv. D'une autre manière; agissez autrement. —, sinon; finissez, autrement je me fâche. Pas —, pas trop, guère. T. fam.

AUTRE PART, adv. Ailleurs. D'—, d'ailleurs, de plus.

AUTREPIERRE, s. f. Com. du dép. de la Meurthe, cant. de Blamont, arr. de Lunéville. = Blamont.

AUTREPPES, s. m. Com. du dép. de l'Aisne, cant. et arr. de Vervins. = Vervins.

AUTRETOT, s. m. Com. du dép. de la Seine-Inférieure, cant. et arr. d'Yvetot. = Yvetot.

AUTREVILLE, s. f. Com. du dép. de la Haute-Marne, cant. de Juzennecourt, arr. de Chaumont. = Chaumont.

AUTREVILLE, s. f. Com. du dép. de la Meuse, cant. de Stenay, arr. de Montmédy. = Mouzon.

AUTREVILLE, s. f. Com. du dép. de la Meurthe, cant. de Pont-à-Mousson, arr. de Nancy. = Pont-à-Mousson.

AUTREVILLE, s. f. Com. du dép. des Vosges, cant. de Coussey, arr. de Neufchâteau. = Neufchâteau.

AUTREY, s. m. Com. du dép. de la Meurthe, cant. de Vézelise, arr. de Nancy. = Vézelise.

AUTREY, s. m. Com. du dép. de la Haute-Saône, chef-lieu de cant. de l'arr. de Gray, où est le bur. d'enregist. = Gray.

Forges, hauts-fourneaux.

AUTREY, s. m. Com. du dép. des Vosges, cant. de Rambervilliers, arr. d'Épinal. = Rambervilliers.

AUTREY-LES-CERRE, s. m. Com. du dép. de la Haute-Saône, cant. de Noroy-le-Bourg, arr. de Vesoul. = Vesoul.

AUTREY-LEVAY, s. m. Com. du dép. de la Haute-Saône, cant. de Villersexel, arr. de Lure. = Vesoul.

AUTRICHE, s. f. Grand cercle d'Allemagne qui comprend les états héréditaires de la maison d'Autriche, et dont Vienne est la capitale.

AUTRICHIEN, NE, s. et adj. Originaire d'Autriche; qui appartient aux états autrichiens.

AUTRICOURT, s. m. Com. du dép. de la Côte-d'Or, cant. de Montigny-sur-Aube, arr. de Châtillon. = Mussy-l'Evêque.

AUTRUCHE, s. f. Le plus grand de tous les oiseaux, remarquable par la petitesse de sa tête, la longueur de son cou et de ses jambes. Quant aux ailes de cet oiseau, elles ne lui servent qu'à prendre le vent pour courir plus vite. L'autruche est tellement vorace, qu'elle avale le fer et les cailloux; aussi dit-on d'un grand mangeur, qu'il a un estomac d'autruche. —, homme grand, lourd, stupide. Fig.

AUTRUCHE, s. f. Com. du dép. des Ardennes, cant. du Chêne, arr. de Vouziers. = Buzancy.

AUTRUI, s. m., ne prend ni pl. ni art. Autre. Le bien d'—, le bien d'un autre ou des autres.

AUTRUY, s. m. Com. du dép. du Loiret, cant. d'Outarville, arr. de Pithiviers. = Angerville.

AUTRY, s. m. Com. du dép. des Ardennes, cant. de Monthois, arr. de Vouziers. = Vouziers.

AUTRY, s. m. Com. du dép. du Loiret, cant. de Châtillon-sur-Loire, arr. de Gien. = Gien.

AUTRY-ISSARD, s. m. Com. du dép. de l'Allier, cant. de Souvigny, arr. de Moulins. = Souvigny.

AUTUN, s. m. Ville du dép. de Saône-et-Loire, chef-lieu de sous-préf. et d'un cant. Evêché, trib. de 1re inst. et de comm.; société d'agric., sciences et arts; biblioth. publique; collection de tableaux; école de dessin; salle de spectacle; ingén. ordinaire des ponts-et-chaussées; conserv. des hypoth.; inspect. des forêts; direct. des contrib. indirect., recev. part. des finances; bur. d'enregist. et de poste. Pop. 9,936 hab. 73 l. de Paris.

Cette ville, qu'on croit avoir été fondée par les Phocéens, et qui était une des places les plus considérables de la Gaule, fut assiégée et saccagée par Tetricus. Constantin la fit rebâtir; elle fut encore une fois ruinée par les Sarrasins. Enfin, les Normands en firent un amas de décombres en 888. Quoi qu'il en soit, on y voit encore quelques monumens qui semblent appartenir à la grandeur romaine. Le prince de Talleyrand-Périgord, aujourd'hui notre ambassadeur à Londres, était évêque d'Autun à l'époque de la révolution de 89.

Fabriques de tapis de pied, affûts de canon, caissons; usines pour la perforation des canons; forges.

Comm. de grains, vins, bois, chanvres, chevaux et bestiaux.

AUTY, s. m. Com. du dép. de Tarn-et-Garonne, cant. de Molières, arr. de Montauban. = Castelnau-de-Magnoac.

AUVE, s. f. Com. du dép. de la Marne, cant. de Dammartin-sur-Yèvres, arr. de Ste.-Ménéhould. = Ste.-Ménéhould.

AUVENT (St.-), s. m. Com. du dép. de la Haute-Vienne, cant. de St.-Laurent-sur-Gorri, arr. de Rochechouart. = St.-Junien.

AUVENT, s. m. Petit toit en saillie pour garantir de la pluie.

AUVERGNAT, s. et adj. Habitant de l'Auvergne.

AUVERGNE, s. f. Ancienne province du royaume de France, qui forme aujourd'hui les dép. du Cantal et du Puy-de-Dôme, et l'arr. de Brioude, dép. de la Haute-Loire.

AUVERGNY, s. m. Com. du dép. de l'Eure, cant. de Rugles, arr. d'Evreux. = Rugles.

AUVERNAT, s. m. Sorte de raisin; gros vin d'Orléans.

AUVERNEAUX, s. m. Com. du dép. de Seine-et-Oise, cant. et arr. de Corbeil. = Ponthierry.

AUVERNE-GRAND, s. m. Com. du dép. de la Loire-Inférieure, cant. de Moisdon, arr. de Châteaubriant. = Châteaubriant.

AUVERNÉ-PETIT, s. m. Com. du dép. de la Loire-Inférieure, cant. de St.-Julien-de-Vouvantes, arr. de Châteaubriant. = Châteaubriant.

AUVERS, s. m. Com. du dép. de la Manche, cant. de Carentan, arr. de St.-Lô. = Carentan.

AUVERS, s. m. Com. du dép. de Seine-et-Oise, cant. de la Ferté-Aleps, arr. d'Etampes. = Etrechy.

AUVERSE, s. f. Com. du dép. de Maine-et-Loire, cant. de Noyant, arr. de Baugé. = Baugé.

AUVERS-ET-BUTRY, s. m. Com. du dép. de Seine-et-Oise, cant. et arr. de Pontoise. = Beaumont.

AUVERS-LE-HAMEAU, s. m. Com. du dép. de la Sarthe, cant. de Sablé, arr. de la Flèche. = Sablé.

AUVERS-SOUS-MONTFAUCON, s. m. Com. du dép. de la Sarthe, cant. de Loué, arr. du Mans. = le Mans.

AUVESQUE, s. m. Sorte de cidre très estimé.

AUVET-ET-LA-CHAPELLOTTE, s. m. Com. du dép. de la Haute-Saône, cant. d'Autrey, arr. de Gray. = Gray.

AUVILLAR, s. m. Petite ville du dép. de Tarn-et-Garonne, chef-lieu de cant.

de l'arr. de Moissac. Bur. d'enregist. = Valence-d'Agen.

AUVILLARS, s. m. Com. du dép. du Calvados, cant. de Cambremer, arr. de Pont-l'Evêque. = Pont-l'Evêque.

AUVILLARS-SUR-SAÔNE, s. m. Com. du dép. de la Côte-d'Or, cant. de Seurre, arr. de Beaune. = Seurre.

AUVILLER, s. m. Com. du dép. de l'Oise, cant. de Mouy, arr. de Clermont-en-Beauvoisis. = Clermont.

AUVILLERS-LES-FORGES, s. m. Com. du dép. des Ardennes, cant. de Signy-le-Petit, arr. de Rocroy. = Mezières.

AUVILLE-SUR-LEVEY, s. f. Com. du dép. de la Manche, cant. de Carentan, arr. de St.-Lô. = Carentan.

AUVILLIERS, s. m. Com. du dép. du Loiret, cant. de Bellegarde, arr. de Montargis. = Bois-Commun.

AUVILLIERS, s. m. Com. du dép. de la Seine-Inférieure, cant. et arr. de Neufchâtel. = Neufchâtel.

AUX, prép. art., datif pl. Voy. Au.

AUXAIS, s. m. Com. du dép. de la Manche, cant. de Carentan, arr. de St.-Lô. = Carentan.

AUXANGES, s. m. Com. du dép. du Jura, cant. de Gendrey, arr. de Dôle. = Dôle.

AUXANT, s. m. Com. du dép. de la Côte-d'Or, cant. de Bligny-sur-Ouche, arr. de Beaune. = Beaune.

AUXELLES-BAS, s. f. Com. du dép. du Haut-Rhin, cant. de Giromagny, arr. de Belfort. = Belfort.

AUXELLES-HAUT, s. f. Com. du dép. du Haut-Rhin, cant. de Giromagny, arr. de Belfort. = Belfort. On trouve dans les environs des mines de cuivre, d'argent et de plomb.

AUXERRE, s. f. Ville très ancienne, qui est aujourd'hui le chef-lieu du dép. de l'Yonne, d'un arr. de sous-préf. et de deux cant. Cour d'assises, trib. de 1re inst. et de comm.; société d'agric.; cabinet d'histoire naturelle et de physique; biblioth. publique d'environ 14,000 vol.; dépôt d'étalons; salle de spectacle; direct. de l'enregist. et des domaines, 2e classe; conserv. des hypoth., inspect. des forêts, direct. des contrib. dir. et indir.; recev. gén. des finances, payeur du dép.; bur. d'enregist. et de poste. Pop. 12,350 h. environ.

Cette ville, assise sur une colline qui s'incline vers la rive gauche de l'Yonne, est environnée de riches coteaux qui produisent de fort bons vins, parmi lesquels on distingue ceux de Migraine et de la Chênette.

L'origine d'Auxerre se perd dans la nuit des temps; elle était déjà célèbre à l'époque de la conquête des Gaules par les Romains, sous le nom d'*Antissiodorum*. Elle fut saccagée par les Huns, les Sarrasins, les Anglais, les Normands et les calvinistes. Avant sa réunion au duché de Bourgogne, et depuis à la couronne de France, elle était la résidence des comtes de l'Auxerrois. Sa cathédrale renferme les tombeaux d'Amyot et de Colbert.

Fabriques de gros draps, couvertures de laine, chapellerie, cordes à violon, futailles et faïence; comm. de vins, chanvres, cuirs, fer, acier, bois de chauffage, cercles, feuillettes, ocre, blanc d'Espagne, etc.

AUXERROIS, s. m. Ancienne province de France. —, E, s. et adj. Habitant d'Auxerre.

AUXESE, s. f. Exagération, figure de rhétorique.

AUX-ET-LANNEFRANCON, s. m. Com. du dép. du Gers, cant. de Miélan, arr. de Mirande. = Miélan.

AUXEY-LE-GRAND, s. m. Com. du dép. de la Côte-d'Or, cant. et arr. de Beaune. = Beaune.

AUXI, s. m. Laine filée en Picardie.

AUXILIAIRE, adj. Qui secourt, qui aide; troupe auxiliaire. Verbe —, qui forme les temps des autres verbes, comme être et avoir. T. de gramm. —, se dit d'un remède qui augmente l'activité d'un autre. T. de méd.

AUXILLOU, s. m. Com. du dép. du Tarn, cant. de Mazamet, arr. de Castres. = Mazamet.

AUXON, s. m. Com. du dép. de l'Aube, cant. d'Ervy, arr. de Troyes. = Ervy.

AUXON-DESSOUS, s. m. Com. du dép. du Doubs, cant. d'Audeux, arr. de Besançon. = Besançon.

AUXON-DESSUS, s. m. Com. du dép. du Doubs, cant. d'Audeux, arr. de Besançon. = Besançon.

AUXONE, s. f. Village du dép. de la Charente, cant. et arr. d'Angoulême. = Angoulême.

AUXON-ET-GRESSOUX, s. m. Com. du dép. de la Haute-Saône, cant. de Port-sur-Saône, arr. de Vesoul. = Vesoul.

AUXONNE, s. f. Jolie ville du dép. de la Côte-d'Or, sur la rive gauche de la Saône, chef-lieu de cant. de l'arr. de Dijon. Trib. de comm.; place de guerre de 4e classe; biblioth. publ. d'environ 3,000 vol.; bur. d'enregist. et de poste.

Fabriques de serges, draps, mousselines, clous; arsenal de construction d'artillerie; fonderie royale. Comm. de grains et farines, de vins et eau-de-vie, fil, toiles, mercerie et quincaillerie.

AUXY, s. m. Com. du dép. du Loiret, cant. de Beaune, arr. de Pithiviers. = Pithiviers.

AUXY, s. m. Com. du dép. de Saône-et-Loire, cant. et arr. d'Autun. = Autun.

AUXY-LE-CHÂTEAU, s. m. Ville du dép. du Pas-de-Calais, chef-lieu de cant. de l'arr. de St.-Pol. Bur. d'enregist. et de poste.

AUZAC, s. m. Village du dép. de la Gironde, com. de Cours, cant. de Grignols, arr. de Bazas. = Bazas.

AUZAC, s. m. Village du dép. du Lot, cant. et arr. de Gourdon. = Gourdon.

AUZAINVILLIERS, s. m. Com. du dép. des Vosges, cant. de Bulgnéville, arr. de Neufchâteau. = Neufchâteau.

AUZAIS, s. m. Com. du dép. de la Vendée, cant. et arr. de Fontenay-le-Comte. = Fontenay.

AUZANCE (l'), s. f. Petite rivière du dép. des Deux-Sèvres, qui se jette dans le Clain, au-dessous de Chasseneuil.

AUZANCES, s. f. Petite ville du dép. de la Creuse, chef-lieu de cant. de l'arr. d'Aubusson. Bur. d'enregist. et de poste. Comm. de chanvre, fil, toiles, laines, plumes et cuirs.

AUZAS, s. m. Com. du dép. de la Haute-Garonne, cant. de St.-Martory, arr. de St.-Gaudens. = St.-Martory.

AUZAT, s. m. Com. du dép. de l'Ariège, cant. de Vicdessos, arr. de Foix. = Tarascon.

AUZAT-SUR-ALLIER, s. m. Com. du dép. du Puy-de-Dôme, cant. de Jumeaux, arr. d'Issoire. = Issoire.
Verreries à bouteilles; mines de houille.

AUZEBOSC, s. m. Com. du dép. de la Seine-Inférieure, cant. et arr. d'Yvetot. = Yvetot.

AUZÉCOURT, s. m. Com. du dép. de la Meuse, cant. de Vaubecourt, arr. de Bar-le-Duc. = Bar-le-Duc.

AUZELLES, s. f. Com. du dép. du Puy-de-Dôme, cant. de Cunlhat, arr. d'Ambert. = Ambert.

AUZERS, s. m. Com. du dép. du Cantal, cant. et arr. de Mauriac. = Mauriac.

AUZET, s. m. Com. du dép. des Basses-Alpes, cant. de Seyne, arr. de Digne. = Seyne.

AUZEVILLE, s. f. Com. du dép. de la Haute-Garonne, cant. de Castanet, arr. de Toulouse. = Toulouse.

AUZEVILLE, s. f. Com. du dép. de la Meuse, cant. de Clermont-Argonne, arr. de Verdun. = Clermont.

AUZIELLE, s. f. Com. du dép. de la Haute-Garonne, cant. de Castanet, arr. de Toulouse. = Toulouse.

AUZIL, s. m. Com. du dép. de la Haute-Garonne, cant. de Castanet, arr. de Toulouse. = Toulouse.

AUZILS, s. m. Com. du dép. de l'Aveyron, cant. de Rignac, arr. de Rodez. = Rignac.

AUZOMÈTRE, s. m. Instrument pour connaître la force des lunettes.

AUZON, s. m. Com. du dép. de l'Aube, cant. de Piney, arr. de Troyes. = Troyes.

AUZON, s. m. Petite ville du dép. de la Haute-Loire, chef-lieu de cant. de l'arr. de Brioude. Bur. d'enregist. = Brioude.
Mine de houille très productive.

AUZON, s. m. Village du dép. du Gard, cant. de St.-Ambroix, arr. d'Alais. = Alais.

AUZON (l'), s. m. Petite rivière du dép. de Vaucluse, dont la source se trouve près de Flassan, arr. de Carpentras. Elle se perd dans la Sorgues, au-dessus de Bédarides.

AUZOUER, s. m. Com. du dép. d'Indre-et-Loire, cant. de Château-Renault, arr. de Tours. = Château-Renault.

AUZOUVILLE-LESNEVAL, s. f. Com. du dép. de la Seine-Inférieure, cant. d'Yerville, arr. d'Yvetot. = Yvetot.

AUZOUVILLE-SUR-FAUVILLE, s. f. Com. du dép. de la Seine-Inférieure, cant. de Fauville, arr. d'Yvetot = Yvetot.

AUZOUVILLE-SUR-RY, s. f. Com. du dép. de la Seine-Inférieure, cant. de Darnetal, arr. de Rouen. = Rouen.

AUZOUVILLE-SUR-SAANE, s. f. Com. du dép. de la Seine-Inférieure, cant. de Bacqueville, arr. de Dieppe. = Yvetot.

AUZY, s. m. Com. du dép. de Saône-et-Loire, cant. de Marcigny, arr. de Charolles. = Marcigny.

AVACHIR (s'), v. pron. Devenir mou, lâche, sans vigueur. Il se dit des étoffes, du cuir, et trivialement d'une femme qui prend trop d'embonpoint.

AVAGE, s. m. C'était autrefois un droit que prélevait le bourreau sur les denrées vendues au marché.

AVAILLES, s. f. Com. du dép. d'Ille-et-Vilaine, cant. de la Guerche, arr. de Vitré. = la Guerche.

AVAILLES, s. f. Com. du dép. de la Vienne, cant. de Vouneuil, arr. de Châtellerault. = Châtellerault.

AVAILLES, s. f. Com. du dép. de la Vienne, chef-lieu de cant. de l'arr. de Civray. Bur. d'enregist. à Charroux. = L'Ile-sur-Jourdain.
Eaux minérales qui ont quelque rapport avec celles de Forges. Comm. de vins et de pierres meulières.

AVAILLES-SUR-CHIZÉ, s. f. Com. du dép. des Deux-Sèvres, cant. de Brioux, arr. de Melle. = Melle.

AVAILLES-THOUARSAIS, s. f. Com. du dép. des Deux-Sèvres, cant. d'Airvault, arr. de Parthenay. = Airvault.

AVAL, s. m. Garantie de paiement, caution, endossement. T. de comm. —, adv. Par en bas, en descendant. Vent d'—, vent du couchant, opposé au cours de l'eau.

AVALAGE, s. m. Action de faire descendre un bateau sur une rivière; route que suit ce bateau. T. de mar. —, action de descendre le vin dans les caves. T. de tonnel.

AVALAISON, s. f. Chûte impétueuse d'un torrent formé par la pluie; amas de pierres qu'il laisse sur ses rivages. —, changement subit du vent. T. de mar.

AVALANCHE, s. f. Masse de neige qui se détache des montagnes. On dit aussi avalange, lavanche et lavange.

AVALANT, E, adj. Qui descend, qui suit le cours de l'eau. T. de mar.

AVALASSE, s. f. Torrent, chute impétueuse de pluie.

AVALATS (les), s. m. pl. Com. du dép. du Tarn, cant. de Villefranche, arr. d'Albi. = Albi. On y récolte de bons vins; papeterie.

AVALÉ, E, part. Se dit des aliments qu'on a fait descendre dans l'estomac. —, adj. Qui pend, qui descend un peu bas; joue avalée.

AVALÉE, s. f. Ce que peut contenir un métier; la quantité d'étoffe entre la perche et le faudet; levée. T. de manuf.

AVALER, v. a. Faire descendre les aliments dans l'estomac. — des yeux, convoiter. — le morceau, se soumettre avec répugnance. — des couleuvres, le calice, recevoir des mortifications. T. fig. et fam. — une branche, la couper. T. de jardin. — du vin dans la cave, l'y descendre. T. de tonnel. —, v. n. Descendre, suivre le courant. T. de mar. S'—, v. pron. Descendre trop bas. S'—, avoir l'avalure. T. d'oisel.

AVALETTE, s. f. Morceau de bois du libouret, sorte de ligne. T. de pêch.

AVALEUR, s. m. Celui qui avale avec avidité, glouton; fanfaron. T. fam.

AVALIES, s. f. pl. Laines de moutons tués.

AVALLON, s. m. Ville du dép. de l'Yonne, chef-lieu de sous-préf. et d'un cant. Trib. de 1re inst. et de comm.; conserv. des hypoth.; sous-inspect. des forêts; direct. des contrib. indir.; recev. part. des finances; bur. d'enregist. et de poste.
Cette ville est située à la sortie d'une jolie vallée dont les coteaux sont fertiles en fort bons vins; elle est bien bâtie; ses rues sont larges et propres. Le portail de l'église, l'hôpital et la salle de spectacle sont dignes d'attention. Fabriques de grosses draperies, merrains, feuillettes; papeteries.
Comm. de grains, vins, bois pour l'approvisionnement de Paris, laines, chevaux et bestiaux.

AVALOIRE, s. f. Grand gosier. T. fam. —, partie du harnais sur la croupe du cheval. —, outil de chapelier; digue pour prendre des saumons. T. de pêch.

AVALON, s. m. Com. du dép. de l'Isère, cant. de Goncelin, arr. de Grenoble. = Goncelin.

AVALURE, s. f. Bourrelet, défectuosité du sabot d'un cheval. —, maladie des oiseaux.

AVANCE, s. f. Espace de chemin que l'on a devant quelqu'un; ce qui est déjà fait ou préparé d'un ouvrage; paiement effectué avant terme. —, saillie, tout ce qui déborde. T. d'archit. —, pl. Premières démarches pour concilier ou se réconcilier. D'—, ou par —, adv. Par anticipation, avant le temps.

AVANCE (l'), s. f. Petite rivière du dép. de Lot-et-Garonne. Elle a sa source dans une contrée sablonneuse et couverte de pins, au-dessus de Pindères, arr. de Nérac, et se jette dans la Garonne, au-dessous de Marmande.

AVANCÉ, E, part. Qui est en avant. — en âge, vieux; saison —, saison précoce; ouvrage —, qui est en avant des autres et sert à leur défense. T. d'art milit.

AVANCEMENT, s. m. Progrès en général; il se dit des personnes et des choses. —, établissement de fortune. — d'hoirie, ce qu'on donne d'avance à son héritier. Voy. HOIRIE.

AVANCER, v. a. Porter, pousser en avant; avancer la table. —, ne pas différer, avancer son départ, — une pendule, la faire aller plus vite, la mettre à l'heure. —, faire des progrès; procurer de l'avancement; payer d'avance; prêter, fournir à crédit. —, accélérer la végétation; la chaleur avance les fruits. —, mettre en avant, poser un principe. —, v. n. Aller en avant, anticiper, sortir de l'alignement. —, aller trop vite; votre pendule avance. —, approcher de quelqu'un ou de quelque chose, faire du ou des progrès, croître, arriver au but, vers la fin ou la perfection. S'—, v. pron. Se mettre en avant, aller en avant, marcher à la fortune, faire des progrès, des propositions; s'engager, s'obliger.

AVANCEUR, s. m. Ouvrier qui donne le quatrième tirage à l'or. T. de tir. d'or.

AVANÇON, s. m. Com. du dép. des Hautes-Alpes, cant. de la Batie-Neuve, arr. de Gap. = Gap.

AVANÇON, s. m. Com. du dép. des Ardennes, cant. de Château, arr. de Rethel. = Rethel.

AVANEY, s. m. Village du dép. de la Moselle, cant. de Vigy, arr. de Metz. = Metz.

AVANIE, s. f. Affront fait de gaieté de cœur, insulte, mauvais traitement. —, vexations qu'exerçaient les Turcs envers les chrétiens pour les rançonner.

AVANNE, s. f. Com. du dép. du Doubs, cant. de Boussières, arr. de Besançon. = Besançon.

AVANO, s. m. Filet à mailles serrées pour la pêche des crevettes et des sardines.

AVANT, prép. Marque priorité de temps, de lieu et d'ordre. —, marque antériorité; avant-bras. —, adv. Marque le mouvement, les progrès, la profondeur. En —, adv. de lieu et de temps, au-delà du lieu où l'on est; en avant, en arrière. Aller, pousser en —, mépriser les obstacles. Mettre en —, avancer une chose susceptible de controverse. — de, — que, conj. qui veulent l'une l'infinitif, et l'autre le subjonctif. Avant de travailler, avant qu'il travaille.

AVANT, s. m. Com. du dép. de l'Aube, cant. de Marcilly-le-Hayer, arr. de Troyes. = Troyes.

AVANT, s. m. Com. du dép. de l'Aube, cant. de Ramerupt, arr. d'Arcis-sur-Aube. = Arcis-sur-Aube.

AVANTAGE, s. m. Ce qui est utile, profitable ou favorable. —, supériorité sur quelqu'un. —, addition à la portion héréditaire, donation d'un mari à sa femme, préciput. —, les points que cède un joueur habile; facilité pour le succès. A son —, d'une manière qui fasse ressortir les charmes, l'esprit; à l'—de, au profit de. —, supériorité dans la marche du vaisseau. T. de mar.

AVANTAGÉ, E, part. Qui a reçu ou qui doit recevoir plus que les autres.

AVANTAGER, v. a. Donner à quelqu'un plus qu'aux autres, le favoriser.

AVANTAGEUSEMENT, adv. D'une manière avantageuse.

AVANTAGEUX, EUSE, adj. Qui produit, qui procure de l'avantage. —, utile, profitable. Taille —, grande et noble. Couleur, parure —, qui sied bien. —, s. m. Présomptueux, trop confiant, trop vain; qui cherche à prendre, qui prend ses avantages et profite de tout au jeu.

AVANT-BEC, s. m. Angle des piles d'un pont de pierre.

AVANT-BRAS, s. m. Partie du bras depuis le coude jusqu'au poignet. —, partie du métier à bas.

AVANT-CALE, s. f. Prolongement vers la mer de la cale d'un vaisseau en construction. T. de mar.

AVANT-CHEMIN, s. m. Chemin couvert qui s'avance jusqu'au pied du glacis. T. d'art milit.

AVANT-CŒUR, s. m. Creux de l'estomac. T. d'anat. —, tumeur au poitrail du cheval. T. de méd. vétér.

AVANT-CORPS, s. m. Partie d'un bâtiment en saillie; tout ce qui excède le nu de l'architecture. T. d'arch.

AVANT-COUR, s. f. Première cour d'une maison.

AVANT-COUREUR, s. m. Celui qui précède quelqu'un et annonce son arrivée. —, tout ce qui précède et annonce une chose, un événement qui doit bientôt arriver.

AVANT-COURRIÈRE, s. f. L'aurore est l'avant-courrière du jour, du soleil. T. poét.

AVANT-DERNIER, ÈRE, adj. Pénultième, qui précède immédiatement le dernier.

AVANT-DUC, s. m. Pilotage pour établir un pont.

AVANT-FAIRE-DROIT, s. m. Jugement interlocutoire.

AVANT-FOSSÉ, s. m. Fossé autour de la contrescarpe, au pied du glacis. T. d'art milit.

AVANT-GARDE, s. f. Première ligne, ou division d'une armée, d'une flotte en marche ou en bataille. —, extrémité d'un port la plus voisine de la grande mer. T. de mar.

AVANT-GOÛT, s. m. Goût qu'on a par avance d'une chose agréable.

AVANT-HIER, s. m. Le jour qui précédait hier.

AVANTIN, s. m. Petit sarment, crossette, bois de vigne.

AVANT-JOUR, s. m. Avant le lever du soleil.

AVANT-LOGIS, s. m. Premier logis

en avant du corps principal d'une maison.

AVANT-MAIN, s. f. La tête, le cou, les épaules du cheval, beau poitrail. T. d'équit. —, coup du devant d'une raquette ou d'un battoir. T. de jeu de paume. —, le dedans de la main.

AVANT-MUR, s. m. Mur devant un autre; fortification avancée.

AVANTON, s. m. Com. du dép. de la Vienne, cant. de Neuville, arr. de Poitiers. = Poitiers.

AVANT-PART, s. f. Préciput.

AVANT-PÊCHE, s. f. Petite pêche précoce.

AVANT-PIED, s. m. Métatarse, la seconde partie entre le tarse et les orteils. T. d'anat. —, le dessus du soulier. T. de cordonn.

AVANT-PIEU, s. m. Bout de poutre carré, placé sur le pieu qu'on veut enfoncer; pince de fer; fer pointu pour faire un trou où puissent entrer les échalas.

AVANT-PORT, s. m. Espace de mer qui précède un port. T. de mar.

AVANT-POSTE, s. m. Poste le plus avancé, le plus près de l'ennemi.

AVANT-PROPOS, s. m. Préface d'un livre, introduction; préliminaire d'un récit, d'une narration, d'un discours.

AVANT-QUART, s. m. Coup avant l'heure, la demie ou le quart; cloche qui le sonne.

AVANT-SCÈNE, s. f. Chez les Grecs et les Romains, la partie du théâtre où jouaient les acteurs; aujourd'hui, partie du théâtre entre la toile et l'orchestre.

AVANT-TOIT, s. m. Toit en saillie.

AVANT-TRAIN, s. m. Les roues de devant et le timon d'un carrosse, de l'affût d'un canon.

AVANT-VEILLE, s. f. Jour qui se trouve immédiatement avant la veille; surveille.

AVAPESSA, s. f. Com. du dép. de la Corse, cant. d'Algajola, arr. de Calvi. = Bastia.

AVARAY, s. m. Com. du dép. de Loir-et-Cher, cant. de Mer, arr. de Blois. = Mer.

AVARE, s. m. Vilain, qui entasse écus sur écus, qui aime l'argent avec passion, qui ne fait aucune dépense. —, celui qui épargne, qui ménage des choses utiles; dans ce sens, il se prend en bonne part. Être avare de son temps. — de louanges, louer difficilement, etc.

AVAREMENT, adv. avec avarice.

AVARICE, s. f. Désir immodéré d'amasser des richesses, de thésauriser, d'enfouir son or; lésinerie, vilenie.

AVARICIEUX, EUSE, adj. Qui n'aime pas à donner, qui donne rarement et peu.

AVARIE, s. f. Dommage qu'a éprouvé un vaisseau ou son chargement durant qu'il était en mer. —, droit de mouillage, frais extraordinaires pour la cargaison et le navire. T. de mar.

AVARIÉ, E, adj. Gâté, endommagé en mer. T. de mar.

AVASTE, interj. Arrêtez-vous; c'est assez. T. de mar.

AVAUGOURD (St.-), s. m. Com. du dép. de la Vendée, cant. de Moutiers-les-Maux-Faits, arr. des Sables-d'Olonnes. = Avrillé.

À-VAU-L'EAU, adv. Au cours de l'eau. L'entreprise est —; elle n'a pas eu de succès.

AVAUX, s. m. Com. du dép. des Ardennes, cant. d'Asfeld, arr. de Rethel. = Reims.

AVÉ (St.), s. m. Com. du dép. du Morbihan, cant. et arr. de Vannes. = Vannes.

AVÉ ou **AVÉ MARIA**, s. m. Mots latins, ne prend pas d's au pl. Salutation de l'ange à la Sainte-Vierge; invocation à la Sainte-Vierge pendant un sermon. —, grain de chapelet sur lequel on dit un avé; temps de dire cet avé.

AVEC, prép. Ensemble, conjointement; avec moi, l'un avec l'autre. —, contre; se battre avec quelqu'un. —, s'emploie familièrement sans régime; prenez cet or, et partez avec. —, indique la cause matérielle ou instrumentale; le pain se fait avec la farine; tuer avec un fusil. —, désigne la manière de faire une chose; avec prudence, avec plaisir. D'—, marque la séparation, la distinction; séparer l'ivraie d'avec le bon grain, discerner l'ami d'avec le flatteur. Avecque est vieux, et n'est plus admis qu'en poésie.

AVEINDRE, v. a. Tirer une chose d'un lieu où elle est. T. fam.

AVEINE, s. f. Voy. AVOINE.

AVEINHEIM, s. m. Com. du dép. du Bas-Rhin, cant. de Truchtersheim, arr. de Strasbourg. = Strasbourg.

AVEINT, E, part. Se dit d'une chose retirée d'un endroit où elle était renfermée.

AVEIZE, s. f. Com. du dép. du Rhône, cant. de St.-Symphorien-sur-Coise, arr. de Lyon. = Chazelles.

AVEIZIEUX, s. m. Com. du dép. de la Loire, cant. de Chazelles-sur-Lyon, arr. de Montbrison. = Chazelles.

AVEJAN, s. m. Village du dép. des Hautes-Pyrénées, cant. de Bordères, arr. de Bagnères. = Arreau.

AVELANÈDE, s. f. Cosse du gland pour passer les cuirs. T. de tann.

AVELANGES, s. f. Com. du dép. de la Côte-d'Or, cant. d'Is-sur-Tille, arr. de Dijon. = Is-sur-Tille.

AVELESGE, s. m. Com. du dép. de la Somme, cant. de Molliens-Vidame, arr. d'Amiens. = Airaine.

AVELIN, s. m. Com. du dép. du Nord, cant. de Pont-à-Marcq, arr. de Lille. = Lille.

AVELINE, s. f. Grosse noisette violette. —, coquille terrestre de l'île d'Amboine.

AVELINIER, s. m. Arbre qui porte les avelines; variété du noisetier.

AVELON (l'), s. m. Petite rivière dont on trouve la source au-dessus du village de Blancours, arr. de Beauvais, où elle se jette dans le Therain.

AVELUY, s. m. Com. du dép. de la Somme, cant. d'Albert, arr. de Péronne. = Albert.

AVÉNAGE, s. m. Redevance en avoine.

AVENANT, E, adj. Agréable, qui plaît, qui a bon air, bonne grâce; jeune personne avenante, gracieuse. —, arrivant; avenant le décès, la part avenante à chacun. T. de procéd. A l'—, adv. A proportion. T. fam.

AVENAS, s. m. Com. du dép. du Rhône, cant. de Beaujeu, arr. de Villefranche. = Beaujeu.

AVENAY, s. m. Com. du dép. du Calvados, cant. d'Évrecy, arr. de Caen. = Caen.

AVENAY, s. m. Petite ville du dép. de la Marne, cant. d'Ay, arr. de Reims. = Epernay.
Comm. d'excellens vins de Champagne.

AVÈNE, s. f. Com. du dép. de l'Hérault, cant. de Lunas, arr. de Lodève. = Lodève.
On y remarque un établissement d'eaux minérales et thermales dont on estime la propriété pour la guérison des maladies de la peau. Cet établissement se trouve dans un vallon près de l'Orb, et est entouré de montagnes.

AVENELLES, s. f. Village du dép. de l'Orne, cant. d'Exmes, arr. d'Argentan. = Argentan.

AVÉNEMENT, s. m. Venue, arrivée; à l'avénement du Messie. — Élévation à une dignité suprême; avénement au trône, au pontificat.

AVÉNERIE, s. f. Terre ensemencée d'avoine.

AVENERON ou **AVERON**, s. m. Folle avoine.

AVENE-VINAS, s. f. Village du dép. de l'Hérault, cant. de Lunas, arr. de Lodève. = Lodève.

AVENEY, s. m. Com. du dép. du Doubs, cant. de Boussières, arr. de Besançon. = Besançon.

AVENIÈRES, s. f. Com. du dép. de la Mayenne, cant. et arr. de Laval. = Laval.

AVENIÈRES (les), s. f. pl. Com. du dép. de l'Isère, cant. de Morestel, arr. de la Tour-du-Pin. = Morestel.

AVENIR, s. m. Le temps à venir, qui doit succéder à celui où nous vivons. —, la postérité. —, assignation à jour fixe; donner à venir. T. de procéd. A l'—, adv. Désormais. —, adj. Qui doit venir; succession avenir ou à venir; temps —, le futur. T. de gramm.

AVENIR, v. n. et imp. Arriver. S'il avient, s'il avenait, il avint. Ne s'emploie qu'à ces temps et à l'infinitif.

AVENSAC, s. m. Com. du dép. du Gers, cant. de Mauvesin, arr. de Lectoure. = Gimont.

AVENSAN, s. m. Com. du dép. de la Gironde, cant. de Castelnau, arr. de Bordeaux. = Bordeaux.

AVENT, s. m. Temps avant Noël pour se préparer à la solennité de cette fête. Prêcher l'avent; les avents de Noël.

AVENTIGNAN, s. m. Com. du dép. des Hautes-Pyrénées, cant. de Nestier, arr. de Bagnères. = Montréjeau.

AVENTIN (St.-), s. m. Com. du dép. de la Haute-Garonne, cant. de Bagnères-de-Luchon, arr. de St.-Gaudens. = Bagnères.

AVENTURE, s. f. Accident, événement inopiné; leur récit. —, hasard, entreprise extraordinaire ou galante; courir après les aventures. T. fam. Mal d'—, qui vient aux doigts avec inflammation et abcès. Dire la bonne —, prédire par la chiromancie ce qui doit arriver. A l'—, adv. au hasard. Mettre à la grosse —, placer sur un vaisseau sans s'être fait assurer. T. de mar. D'—, par hasard.

AVENTURÉ, E, part. Hasardé, mis à l'aventure.

AVENTURER, v. a. Mettre à l'aventure, hasarder; aventurer son bien, son argent. S'—, v. pron. S'exposer.

AVENTUREUX, EUSE, adj. Entreprenant, qui s'aventure, qui met au hasard.

AVENTURIER, ÈRE, s. Qui court les aventures; intrigant, homme sans aveu qui ne vit que d'intrigues; séducteur qui fait la cour à toutes les femmes sans amour pour aucune d'elles; pirate, flibustier; volontaire, soldat de fortune. —, actionnaire dans l'entreprise d'une colonie. —, adj. Se dit d'un vaisseau qui trafique sans permission.

AVENTURINE, s. f. Sorte de quartz qui, sur un fonds jaune ou brun, demi-transparent, semble offrir des paillettes d'or; stalactite de feld-spath. —, composition de verre ou émail et laiton fondus ensemble, parsemée de points brillans; poudre d'or sous du vernis.

AVENU, E, part. N'est employé qu'avec la négative : non —, nul, anéanti, comme si la chose n'était pas arrivée.

AVENUE, s. f. Passage, endroit par où l'on arrive; longue allée d'arbres; l'avenue de St.-Cloud. —, accès. Fig.

AVERAGE, s. m. Année moyenne. T. de comm.

AVERAN, s. m. Com. du dép. des Hautes-Pyrénées, cant. d'Ossun, arr. de Tarbes. = Tarbes.

AVERANO, s. m. Cotinga, espèce de merle de la grosseur du pigeon. T. d'hist. nat.

AVERDOING, s. m. Com. du dép. du Pas-de-Calais, cant. d'Aubigny, arr. de St.-Pol. = St.-Pol.

AVERDON, s. m. Com. du dép. de Loir-et-Cher, cant. d'Herbault, arr. de Blois. = Blois.

AVÉRÉ, E, part. Prouvé, constaté.

AVÉRER, v. a. Vérifier et prouver la vérité d'une chose; s'assurer d'un fait.

AVERMES, s. f. Com. du dép. de l'Allier, cant. et arr. de Moulins. = Moulins.

AVERNE, s. m. Marais dans la Campanie d'où il sortait des exhalaisons tellement infectes qu'on les croyait vomies par les enfers. T. de myth. —, l'enfer. T. poét. —, lac du royaume de Naples.

AVERNES, s. f. Com. du dép. de Seine-et-Oise, cant. de Marines, arr. de Pontoise. = Meulan.

AVERNES-SAINT-GOURGON, s. f. Com. du dép. de l'Orne, cant. de Vimoutiers, arr. d'Argentan. = Nonant.

AVERNES-SOUS-EXMES, s. f. Com. du dép. de l'Orne, cant. d'Exmes, arr. d'Argentan. = le Sap.

AVERON, s. m. Com. du dép. du Gers, cant. d'Aignan, arr. de Mirande. = Mirande.

AVERSE, s. f. Pluie subite et abondante. —, adv. Abondamment; il pleut à verse.

AVERSION, s. f. Répugnance naturelle, dégoût pour certaines choses ou certains alimens; haine, antipathie.

AVERTI, E, part. Informé, prévenu. —, s. m. Avis; un bon averti en vaut deux.

AVERTIN, s. m. Affection cérébrale qui rend emporté, furieux; celui qui est attaqué de cette maladie. T. de méd. —, vertigo, maladie des bestiaux. T. de méd. véter. —, tournis, maladie des moutons. T. d'agric.

AVERTIN (St.-), s. m. Com. du dép. d'Indre-et-Loire, cant. et arr. de Tours. = Tours.

AVERTINEUX, EUSE, adj. Attaqué de l'avertin. (Vi.)

AVERTIR, v. a. Donner avis, informer de, instruire. — un cheval, lui faire sentir le mors ou lui donner de l'éperon pour le réveiller. T. d'équit.

AVERTISSEMENT, s. m. Avis, conseil. —, invitation aux contribuables de payer l'impôt; sommation de payer cet impôt. —, espèce de préface. —, pièces pour l'instruction d'un procès, écritures ou résumé de pièces. T. de procéd. —, lattes en forme de croix suspendues au bout d'une corde. T. de couvr.

AVERTISSEUR, s. m. Officier qui avertit de l'arrivée du roi.

AVERTON, s. m. Com. du dép. de la Mayenne, cant. de Villaines, arr. de Mayenne. = le Ribay. Papeteries.

AVESNE-CHAUSSOY, s. m. Com. du dép. de la Somme, cant. d'Oisemont, arr. d'Amiens. = Montreuil.

AVESNELLES, s. f. Com. du dép. du Nord, cant. et arr. d'Avesnes. = Avesnes.

AVESNES, s. m. Petite ville fortifiée du dép. du Nord, chef-lieu de sous-préf. et de deux cant.; trib. de 1re inst.; société d'agric.; conserv. des hypoth.; sous-insp. des forêts; direct. des contrib. indir.; bur. d'enregist. et de poste.

Cette ville, fondée dans le courant du 11e siècle, appartenait aux comtes de Hainaut et de Hollande. Louis XI la prit et passa tous les habitans au fil de l'épée, à l'exception de 17 notables. En 1559, les Espagnols s'en emparèrent. Enfin elle fut cédée à la France par le traité des Pyrénées. Les Russes s'en rendirent maîtres en 1814, et les Prussiens en 1815, après deux jours de siége; mais ils n'y trouvèrent que des décombres, l'explosion d'une poudrière ayant détruit la presque totalité de la ville, qui a été reconstruite en moins d'un an.

Fabriques de bonneteries de laine, de genièvre et de savon vert; raffineries de sel, tanneries; dans les environs, mines de fer, forges, hauts-fourneaux, clouteries et verreries.

Comm. de grains, houblons, bestiaux, fromages de Marolles, quincaillerie, toiles, cuirs, charbon de terre, bois de charpente et de cendres fossiles.

AVESNES, s. m. Com. du dép. du Pas-de-Calais, cant. de Hucqueliers, arr. de Montreuil. = Fruges.

AVESNES, s. m. Com. du dép. de la Sarthe, cant. de Marolles, arr. de Mamers. = Mamers.

AVESNES, s. m. Com. du dép. de la Seine-Inférieure, cant. d'Envermeu, arr. de Dieppe. =Gournay-en-Bray.

AVESNES, s. m. Com. du dép. de la Seine-Inférieure, cant. de Gournay, arr. de Neufchâtel. = Eu.

AVESNES-LE-COMTE, s. m. Com. du dép. du Pas-de-Calais, chef-lieu de cant. de l'arr. de St.-Pol. Bur. d'enregist. = Arras.

AVESNES-LE-SEC, s. m. Com. du dép. du Nord, cant. de Bouchain, arr. de Valenciennes. = Bouchain.

AVESNES-LEZ-AUBERT, s. m. Com. du dép. du Nord, cant. de Carnières, arr. de Cambrai. = Cambrai. Fabriques de batistes.

AVESNES-LEZ-BAPAUME, s. m. Com. du dép. du Pas-de-Calais, cant. de Bapaume, arr. d'Arras. = Bapaume.

AVESSAC, s. m. Com. du dép. de la Loire-Inférieure, cant. de St.-Nicolas-de-Redon, arr. de Savenai. = Redon.

AVESSÉ, s. m. Com. du dép. de la Sarthe, cant. de Brûlon, arr. de la Flèche. = Sablé.

AVET, s. m. Espèce de sapin.

AVEU, s. m. Reconnaissance d'avoir dit ou fait quelque chose. —, approbation, consentement, agrément d'un supérieur. —, opinion et témoignage rendu. —, foi et hommage d'un vassal envers son seigneur. Homme sans —, vagabond.

AVEUÉ ou AVUÉ, part. Gardé à vue; suivi de l'œil en parlant du gibier. T. de fauc.

AVEUER ou AVUER, v. a. Garder à vue, suivre le gibier de l'œil. T. de fauc.

AVEUGLE, s. et adj. Privé de la vue. —, celui dont la passion égare le jugement; la passion elle-même. —, sans esprit, sans discernement, sans jugement. Obéissance —, entière. Vase —, sans ouverture. T. de chim. Trou —, la quatrième cavité de l'oreille. T. d'anat. A l'—, adv. En aveugle, aveuglément, sans réflexion, sans intelligence.

AVEUGLÉ, E, part. Privé de la vue; ébloui.

AVEUGLEMENT, s. m. Cécité, privation de la vue. —, trouble, obscurcissement de la raison, illusion, égarement, erreur.

AVEUGLÉMENT, adv. Sans examen, sans réflexion, inconsidérément.

AVEUGLER, v. a. Priver de la vue, rendre aveugle; éblouir. — une casemate; en démonter le canon. T. d'art milit. — une voie d'eau, boucher provisoirement l'ouverture. T. de ma·. S'—, v. pron. Se tromper soi-même; ne pas faire usage de ses lumières, de son jugement.

AVEUGLETTE (à l'), adv. à tâtons, sans lumière.

AVEUX, s. m. Com. du dép. des Hautes-Pyrénées, cant. de Mauléon-Barousse, arr. de Bagnères. = Montrejean.

AVEYRON (l'), s. m. Rivière qui prend naissance dans la fontaine de Veyron, près de Sévérac-le-Château; après un cours d'environ 55 l., elle se jette dans le Tarn, entre Montauban et Moissac. L'Aveyron est très rapide et sujet à des débordemens; il commence à être navigable à Negrepelisse.

AVEYRON dép. de (l'), s. m. Chef-lieu de préf., Rodez; 5 arr. de sous-préf., Milhau, St.-Affrique, Rodez, Villefranche, Espalion. 42 cant. ou just. de paix, 552 com. Pop. 350,000 hab. environ. Cour royale de Montpellier; 9e div. milit.; 11e div. des ponts-et-chaussées; 5e div. des mines; direct. de l'enregist. et des domaines, 3e classe; 18e arr. forestier; évêché à Rodez; église consistoriale du culte réformé à St.-Affrique.

Ce dép. est borné au N. par le dép. du Cantal, à l'E. par ceux de la Lozère et du Gard, au S. par ceux de l'Hérault et du Tarn, et enfin à l'O. par celui du Lot.

Le sol de ce dép. est peu fertile et ne produit qu'un peu de blé, du seigle, de l'avoine et du maïs. Le N. est hérissé de montagnes volcaniques; mais on trouve dans ces montagnes des mines de charbon de terre d'une richesse prodigieuse; ailleurs, on découvre une immense étendue de landes et de bruyères tout-à-fait stériles; néanmoins on y élève une très grande quantité de brebis dont la chair et le lainage sont estimés. C'est avec le lait de ces brebis qu'on fabrique le fromage de Roquefort. Il est aisé de conclure de ce qui précède, que les récoltes sont insuffisantes à la consommation des habitans. Au reste, voici un léger aperçu des productions de ce dép. Outre les céréales, on y trouve plus de vingt variétés de châtaignes, des truffes, des champignons, des amandes, des prunes, du vin de médiocre qualité, du grand et du petit gibier, de bons poissons, entre autres des truites et des écrevisses, des bœufs, des moutons, plus de 500,000 chèvres, des porcs gras, bestiaux, chevaux, mulets, etc. Mines de houille, de fer, de cuivre, de plomb sulfuré et d'antimoine; carrière de marbre; établissement d'eaux minérales à Creissac, Silvanès et Camarès.

Manuf. de cadis, burats et autres étoffes de laine; fabriques de tricots de laine, toiles de coton, gants, verdet, sulfate de fer; nombreuses filatures de laine, de coton et de soie; forges, batteries de cuivre rouge, papeteries, mégisseries et chamoiseries.

Les principales rivières du dép. de l'Aveyron sont le Tarn et le Lot, qui sont navigables.

AVEZAC, s. m. Village du dép. de la Haute-Garonne, cant. de Boulogne, arr. de St.-Gaudens. = Boulogne.

AVEZAC, s. m. Com. du dép. des Hautes-Pyrénées, cant. de Labarthe, arr. de Bagnères. = Tarbes.

AVEZAC, s. m. Com. du dép. du Tarn, cant. et arr. de Lavaur. = Lavaur.

AVEZAN, s. m. Com. du dép. du Gers, cant. de St.-Clar, arr. de Lectoure. = St.-Clar.

AVEZAU, s. m. Village du dép. des Hautes-Pyrénées, cant. de Bordères, arr. de Bagnères. = Arreau.

AVÈZE, s. m. Com. du dép. du Gard, cant. et arr. du Vigan. = le Vigan.

AVÈZE, s. m. Com. du dép. du Puy-de-Dôme, cant. de Tauves, arr. d'Issoire. = Tauves.

AVEZÉ, s. m. Com. du dép. de la Sarthe, cant. de la Ferté, arr. de Mamers. = Sablé.

AVI, s. m. Action de la chaleur qui blanchit la chapelle du four.

AVI, E, part. Rabattu. T. de chaudr.

AVICENNE, s. f. Plante de la famille des gatiliers. T. de bot.

AVICEPTOLOGIE, s. f. Traité sur l'art et les différentes manières de prendre les oiseaux.

AVICTUAILLEMENT, s. m. Voy. AVITAILLEMENT.

AVICULE, s. f. Testacé bivalve. T. d'hist. nat.

AVID-DE-SOULÈGE (St.-), s. m. Com. du dép. de la Gironde, cant. de Ste.-Foi-la-Grande, arr. de Libourne. = Ste-Foi.

AVID-DU-MOIRON (St.-), s. m. Com. du dép. de la Gironde, cant. de Ste.-Foi-la-Grande, arr. de Libourne. = Ste.-Foi.

AVIDE, adj. Qui a un désir immodéré de manger, de boire. —, avec un régime, qui désire ardemment; avide d'honneurs, de gloire, de richesses. —, homme très intéressé. Fig.

AVIDEMENT, adv. Avec avidité.

AVIDITÉ, s. f. Désir ardent, insatiable, immodéré, au propre et au fig.

AVIGNON, s. m. Com. du dép. du Jura, cant. et arr. de St.-Claude. = St.-Claude.

AVIGNON, s. m. Ville et chef-lieu du dép. de Vaucluse, d'un arr. de sous-préf.; de deux cant. et d'un évêché; trib. de 1re inst. et de comm.; chambre et bourse de comm.; société d'agric.; biblioth. publique de 26 à 27,000 vol., cabinet d'histoire naturelle, musée, jardin botan., école de dessin; société littéraire; ing. en chef des ponts-et-chaussées; direct. de l'enregist. et des domaines, 3e classe; inspect. des forêts; direct. des contrib. dir. et indir.; bureau de garantie pour les matières d'or et d'argent; recev. gén. des finances, payeur du dép.; bur. d'enregist. et de poste. Pop. 31,280 hab. environ.

Entraînée par le torrent, cette ville, qui faisait partie du domaine de l'Église, secoua le joug du pape, et fut admise, par décret de l'assemblée constituante, à faire partie du royaume; elle fut cédée à la France par le traité de Tolentino en 1797.

Elle s'enorgueillit d'avoir vu naître le brave Crillon, la belle Laure, immortalisée par Pétrarque, et le célèbre Vernet, chef de la famille des grands peintres dont on admire les chefs-d'œuvre en Europe.

Fabriques d'indiennes, d'étoffes de soie, de cordes pour les instruments de musique; filature de soie et de coton; teintureries en soie, laine et coton; papeteries; fonderies de canon; laminoirs pour le cuivre; moulins à garance; fonderies de caractères d'imprimerie, de grelots, de sonnettes et autres objets.

Comm. considérable de grains et de légumes pour le bas Dauphiné, la Provence et le Languedoc; de vins et eaux-de-vie, fer en barres, soies écrues, garances, denrées coloniales, cuirs tannés, mulets et bestiaux.

Les monuments les plus remarquables d'Avignon sont: la cathédrale, le palais, anciennement habité par les papes, et l'hôtel Crillon, d'une architecture gothique. Distance de Paris, 178 l.

AVIGNONET, s. m. Petite ville du dép. de la Haute-Garonne, cant. et arr. de Villefranche. = Villefranche.

AVIGNONET, s. m. Com. du dép. de l'Isère, cant. de Monestier-de-Clermont, arr. de Grenoble. = Grenoble.

AVILI, E, part. Devenu vil, abject, méprisable.

AVILIR, v. a. Rendre vil, abject, méprisable. —, déprécier; avilir une marchandise. S'—, v. pron. Se dégrader, faire quelque chose de vil, de méprisable.

AVILISSANT, E, adj. Qui avilit.

AVILISSEMENT, s. m. Etat d'une personne ou d'une chose avilie.

AVILISSEUR, s. m. Qui cherche à mépriser, à avilir.

AVILLER, s. m. Com. du dép. de la Meuse, cant. de Fresne-en-Vœvre, arr. de Verdun. = St.-Mihiel.

AVILLERS, s. m. Com. du dép. de la Moselle, cant. d'Audun-le-Roman, arr. de Briey. = Briey.

AVILLERS, s. m. Com. du dép. des Vosges, cant. de Charmes, arr. de Mirecourt. = Mirecourt.

AVILLEY, s. m. Com. du dép. du Doubs, cant. de Rougemont, arr. de Baume. = Baume.

AVILLONNER, v. a. Donner des serres de derrière, en parlant des oiseaux de proie. T. de fauc.

AVILLONS, s. m. pl. Serres de derrière des oiseaux de proie. T. de fauc.

AVINÉ, E, part. Imbibé de vin. —, adj. Ivrogne, qui boit beaucoup, qui s'enivre.

AVINER, v. a. Imbiber de vin; aviner une cuve, un tonneau.

AVION, s. m. Com. du dép. du Pas-de-Calais, cant. de Vimy, arr. d'Arras. = Lens.

AVIOTH, s. m. Com. du dép. de la Meuse, cant. et arr. de Montmédy. = Montmédy.

AVIR, v. a. Rabattre les bords d'une pièce pour l'assembler. T. de chaudron.

AVIRAISON, s. f. Détour de l'eau dans les salines.

AVIRÉ, s. m. Com. du dép. de Maine-et-Loire, cant. et arr. de Segré. = Segré.

AVIREY-LINGEY, s. m. Com. du dép. de l'Aube, cant. des Riceys, arr. de Bar-sur-Seine. = les Riceys.

AVIRON, s. m. Sorte de rame de batelier. —, pelle de bois pour les suifs. —, pattes de quelques insectes aquatiques. T. d'hist. nat.

AVIRON, s. m. Com. du dép. de l'Eure, cant. et arr. d'Evreux. = Evreux.

AVIRONNÉ, E, part. Poussé avec l'aviron.

AVIRONNER, v. a. Pousser, faire avancer avec l'aviron.

AVIRONNERIE, s. f. Fabrique d'avirons.

AVIRONNIER, s. m. Ouvrier qui fait des avirons.

AVIS, s. m. Opinion, sentiment; dire son avis. —, délibération, moyen proposé, conseil, avertissement. — au lecteur, avertissement placé en tête d'un ouvrage littéraire. —, événement qui doit servir d'instruction, faire mettre sur ses gardes. Aller aux —, aux opinions.

AVISÉ, E, part. Qui a reçu avis. Adj. prudent, circonspect.

AVISER, v. a. Donner avis, prévenir. (Vi.) —, apercevoir de loin. —, v. n. Faire attention, réfléchir à ce que l'on doit faire, prendre garde. S'—, v. pron. Inventer, trouver quelque expédient; oser; s'ingérer, avoir l'idée, la fantaisie de.

AVISO, s. m.; pl. Avisos. Bâtiment léger pour porter les dépêches.

AVISSE, s. f. Fer, cuivre à vis.

AVISURE, s. f. Rebord pour avir. T. de chaudron.

AVIT (St.-), s. m. Com. du dép. de la Charente, cant. de Chalais, arr. de Barbézieux. = la Graule.

AVIT (St.-), s. m. Com. du dép. d'Eure-et-Loir, cant. de Brou, arr. de Châteaudun. = Illiers.

AVIT (St.-), s. m. Com. du dép. du Gers, cant. et arr. de Lectoure. = Lectoure.

AVIT (St.-), s. m. Com. du dép. des Landes, cant. et arr. de Mont-de-Marsan. = Mont-de-Marsan.

AVIT (St.-), s. m. Com. du dép. de Loir-et-Cher, cant. de Montdoubleau, arr. de Vendôme. = Montdoubleau.

AVIT (St.-), s. m. Com. du dép. de Lot-et-Garonne, cant. de Seyches, arr. de Marmande. = Marmande.

AVIT (St.-), s. m. Com. du dép. du Puy-de-Dôme, cant. de Pont-au-Mur, arr. de Riom. = Clermont.

AVIT (St.-), s. m. Com. du dép. du Tarn, cant. de Dourgne, arr. de Castres. = Revel.

AVIT (St.-), s. m. Village du dép. de Tarn-et-Garonne, cant. de Lauzerte, arr. de Moissac. = Lauzerte.

AVIT (St.-), s. m. Village du dép. de Tarn-et-Garonne, cant. et arr. de Moissac. = Moissac.

AVITAILLÉ, E, part. Pourvu de subsistances.

AVITAILLEMENT, s. m. Approvisionnement de vivres dans une place de guerre, dans un camp, sur une flotte.

AVITAILLER, v. a. Fournir de vivres une place de guerre, un camp.

AVITAILLEUR, s. m. Fournisseur chargé de l'avitaillement.

AVIT-DE-FUMANDIÈRES (St.-), s. m. Com. du dép. de la Dordogne, cant. de Vélines, arr. de Bergerac. = Castillon.

AVIT-DE-TARDES (St.-), s. m. Com. du dép. de la Creuse, cant. et arr. d'Aubusson. = Aubusson.

AVIT-DE-TIZAC (St.-), s. m. Com. du dép. de la Dordogne, cant. de Vélines, arr. de Bergerac. = Ste.-Foi.

AVIT-DE-VIALART (St.-), s. m. Com. du dép. de la Dordogne, cant. du Bugue, arr. de Sarlat. = le Bugue.

AVIT-LE-PAUVRE, (St.-), s. m. Com. du dép. de la Creuse, cant. de St.-Sulpice-les-Champs, arr. d'Aubusson. = Aubusson.

AVIT-RIVIÈRE (St.-), s. m. Com. du dép. de la Dordogne, cant. de Cadouin, arr. de Bergerac. = Montpazier.

AVIT-SEIGNEUR (St.-), s. m. Com. du dép. de la Dordogne, cant. de Beaumont, arr. de Bergerac. = Bergerac.

AVIVAGE, s. m. Première façon qu'on donne à la feuille d'étain pour recevoir le vif-argent.

AVIVÉ, E, part. Devenu plus vif, plus éclatant.

AVIVER, v. a. Donner de la vivacité, de l'éclat, du brillant aux couleurs, aux métaux. S'—, v. pron. Prendre la vie ; recevoir la vie, l'éclat.

AVIVES, s. f. pl. Glandes voisines de la ganache du cheval ; maladie des glandes. T. de méd. vétér.

AVIVOIR, s. m. Outil pour étendre l'or. T. de dor.

AVIZE, s. f. Petite ville du dép. de la Marne, chef-lieu de cant. de l'arr. d'Epernay, où est le bur. d'enregist. = Epernay.
Comm. de vins de Champagne mousseux et autres.

AVOCASSER, v. n. Exercer la profession d'avocat avec peu de dignité ; courir les audiences, plaider pour tous et partout.

AVOCASSERIE, s. f. Action d'avocasser.

AVOCAT, s. m. Orateur, défenseur de la veuve et de l'orphelin, homme probe, légiste désintéressé. — général, du roi, officier du parquet, fonctionnaire amovible qui, après la plaidoirie des avocats, prend la parole et donne ses conclusions dans l'intérêt général. — consultant, savant jurisconsulte, homme sévère dans ses mœurs, impassible dans ses jugemens, qui examine les questions de droit, délibère, rédige et signe ses avis pour éclairer la justice.

AVOCATIER, s. m. Bel arbre fruitier d'Amérique à fleurs rosacées. T. de bot.

AVOCATOIRE, adj. Se dit d'une lettre par laquelle un souverain revendique un de ses sujets passé sous une domination étrangère.

AVOCETTE, s. f. Oiseau aquatique palmipède de la grosseur du pigeon. T. d'hist. nat.

AVOCOURT, s. m. Com. du dép. de la Meuse, cant. de Varennes, arr. de Verdun. = Varennes. Fabriques de faïence commune et de poterie ; papeteries.

AVOINE, s. f. Sorte de grain long, pointu, qui sert à la nourriture des chevaux.

AVOINE, s. f. Com. du dép. d'Indre-et-Loire, cant. et arr. de Chinon. = Chinon.

AVOINERIE, s. f. Terre ensemencée d'avoine.

AVOINES, s. f. Com. du dép. de l'Orne, cant. d'Ecouché, arr. d'Argentan. = Argentan.

AVOIR, v. a. Posséder d'une manière quelconque ; avoir des richesses, une propriété. —, être doué de ; avoir de l'esprit, du talent. —, être affligé d'une maladie ; avoir la goutte, la pierre. —, éprouver ; avoir du plaisir, du chagrin ; dans ce sens il se joint à une foule de mots souvent employés sans articles. Avoir faim, soif, froid, chaud, etc. — à, suivi d'un infinitif, marque le devoir, la disposition, la volonté, le désir, l'espérance de faire ce que le verbe exprime ; avoir à sortir, à parler à quelqu'un. En — à, en vouloir. —, v. imp. S'emploie pour exister. Il y a ; il existe. —, il s'emploie encore pour être. Il y a à craindre ; il est à craindre. —, v. auxiliaire. Forme les temps composés de la plupart des autres verbes. —, s. m. Ce qu'on possède de bien ; l'opposé de dette ou de doit. T. de comm.

AVOIRA, s. m. Palmier épineux de Guinée d'où l'on tire l'huile de palmier. T. de bot.

AVOISINÉ, E, part.

AVOISINER, v. n. Etre voisin ; se dit de la proximité d'un lieu, d'un bâtiment.

AVOIZE, s. f. Com. du dép. de la Sarthe, cant. de Sablé, arr. de la Flèche. = Sablé. Papeteries, comm. de fer, bois et ardoises.

AVOLO (St.-), s. m. Petite ville du dép. de la Moselle, chef-lieu de cant. de l'arr. de Sarreguemines. Bur. d'enregist. et de poste.
Fabriques de draps, chamoiseries ; commerce de draps et merceries.

AVOLSHEIM, s. m. Com. du dép. du Bas-Rhin, cant. de Molsheim, arr. de Strasbourg. = Molsheim.

AVON, s. m. Com. du dép. d'Indre-et-Loire, cant. de l'Ile-Bouchard, arr. de Chinon. = l'Ile-Bouchard.

AVON, s. m. Com. du dép. de Seine-et-Marne, cant. et arr. de Fontainebleau. = Fontainebleau.

AVON, s. m. Com. du dép. des Deux-Sèvres, cant. de la Mothe-St.-Héraye, arr. de Melle. = la Mothe-St.-Héraye.

AVONDANCES, s. f. Com. du dép. du Pas-de-Calais, cant. de Fruges, arr. de Montreuil. = Fruges.

AVON-LAPÈZE, s. m. Com. du dép. de l'Aube, cant. de Marcilly-le-Hayer, arr. de Nogent-sur-Seine. = Nogent.

AVORD, s. m. Com. du dép. du Cher, cant. de Baugy, arr. de Bourges. = Bourges.

AVORTÉ, E, adj. Maigre, d'une nature imparfaite, qui n'a pu venir à maturité. —, qui n'a point réussi; affaire avortée.

AVORTEMENT, s. m. Fausse couche, accouchement avant terme, qui se fait dans les six premiers mois de la grossesse.

AVORTER, v. n. Faire une fausse couche; accoucher avant la maturité du fœtus. T. de chir. Se dit plus particulièrement des femelles des animaux. —, en parlant des fruits, ne pas mûrir. —, échouer dans une entreprise. Fig.

AVORTON, s. m. Enfant ou animal né avant terme; fruit qui n'a pu parvenir à sa maturité. —, se dit d'un enfant chétif, d'un ouvrage dont le plan est vicieux et le style négligé.

AVOSNE, s. f. Com. du dép. de la Côte-d'Or, cant. de Vitteaux, arr. de Sémur. = Vitteaux,

AVOT, s. m. Com. du dép. de la Côte-d'Or, cant. de Grancey-le-Château, arr. de Dijon. = Is-sur-Tille.

AVOUDREY, s. m. Com. du dép. du Doubs, cant. de Vérul, arr. de Baume. = Besançon.

AVOUÉ, s. m. Seigneur qui soutenait les droits d'une église. —, procureur, officier ministériel spécialement chargé de tout ce qui est relatif à la procédure.

AVOUÉ E, part. Confessé; approuvé, autorisé.

AVOUER, v. a. Confesser, déclarer, reconnaître qu'une chose est vraie. —, approuver, autoriser. — un enfant, un livre; s'en déclarer le père, l'auteur. S'—, v. pron. Se reconnaître, se confesser; s'avouer vaincu. S'— de quelqu'un, se réclamer, s'autoriser de lui.

AVOYER, s. m. Premier magistrat suisse.

AVRAINVILLE, s. f. Com. du dép. de la Haute-Marne, cant. de Chevillon, arr. de Vassy. = Vassy.

AVRAINVILLE, s. f. Com. du dép. de la Meurthe, cant. de Domèvre, arr. de Toul. = Toul.

AVRAINVILLE, s. f. Com. du dép. de Seine-et-Oise, cant. d'Arpajon, arr. de Corbeil. = Arpajon.

AVRAINVILLE, s. f. Com. du dép. des Vosges, cant. de Charmes, arr. de Mirecourt. = Charmes.

AVRANCHES, s. f. Ville du dép. de la Manche, chef-lieu de sous-préf. et d'un cant.; trib. de 1re inst.; biblioth. publique; conserv. des hypoth.; direct. des contrib. indir.; ingén. des ponts-et-chaussées; recev. part. des finances; bur. d'enregist. et de poste.

Cette ville est située sur un coteau élevé, à peu de distance de la mer. Les Bretons en ayant dépossédé Jean-sans-Terre en 1203, la ruinèrent. St.-Louis la fit fortifier. Les Anglais s'en emparèrent, et la conservèrent jusqu'en 1450. Enfin elle tomba entre les mains des calvinistes qui y furent vaincus par les catholiques.

Cette ville se glorifie à juste titre d'avoir donné le jour à deux hommes célèbres dans l'histoire de nos armes, le général Valhubert, et de Launay, fondeur de la colonne de la place Vendôme.

Fabriques de blondes, dentelles, bougies; blanchisseries de cire.

Comm. de bestiaux et de beurre de première qualité.

AVRANCHIN, s. f. Petite contrée de la province de Normandie, dont Avranches était la capitale.

AVRANVILLE, s. f. Com. du dép. des Vosges, cant. de Coussey, arr. de Neufchâteau. = Neufchâteau.

AVRE (l'), s. m. Rivière dont la source se trouve dans la com. d'Avricourt, dép. de l'Oise, et qui se jette dans la Somme, à trois quarts de lieues d'Amiens. Elle est navigable depuis Moreuil jusqu'à son embouchure.

AVRE (l'), s. m. Rivière qui a sa source près du village de Tourouvre, dép. de l'Orne, et qui se jette dans l'Eure au-dessous de Montreuil, aux confins des dép. de l'Eure et d'Eure-et-Loir.

AVRECHY, s. m. Com. du dép. de l'Oise, cant. et arr. de Clermont. = St.-Just.

AVRECOURT, s. m. Com. du dép. de la Haute-Marne, cant. de Montigny, arr. de Langres. = Montigny-le-Roi.

AVRÉE, s. f. Com. du dép. de la Nièvre, cant. de Luzy, arr. de Château-Chinon. = Luzy.

AVREMESNIL, s. m. Com. du dép. de la Seine-Inférieure, cant. de Bacqueville, arr. de Dieppe. = Bacqueville.

AVREUIL, s. m. Com. du dép. de l'Aube, cant. de Chaource, arr. de Bar-sur-Seine. = Ervy.

AVRICOURT, s. m. Com. du dép de l'Oise, cant. de Lassigny, arr. de Compiègne. = Roye.

AVRICOURT, s. m. Com. du dép. de la Meurthe, cant. de Réchicourt-le-Château, arr. de Sarrebourg. = Blamont.

AVRIGNEY, s. m. Com. du dép. de la Haute-Saône, cant. de Pesme, arr. de Gray. = Marnay.

AVRIGNY, s. m. Com. du dép. de l'Oise, cant. et arr. de Clermont.=Pont-Ste.-Maxence.

AVRIL, s. m. Quatrième mois de l'année. Poisson d'—, maquereau; celui qui fait l'infâme métier de prostituer les femmes. T. inus. —, attrape; courses inutiles. T. fam.

AVRIL, s. m. Com. du dép. de la Moselle, cant. et arr. de Briey.=Briey.

AVRILLÉ, s. m. Com. du dép. d'Indre-et-Loire, cant. de Langeais, arr. de Chinon. =Langeais.

AVRILLÉ, s. m. Com. du dép. de Maine-et-Loire, cant. et arr. d'Angers. = Angers.

AVRILLÉ, s. m. Com. du dép. de la Vendée, cant. de Talmont, arr. des Sables-d'Olonne. Bur. de poste.

AVRILLET, s. m. Sorte de blé qui se sème en avril. T. d'agric.

AVRILLI, s. m. Com. du dép. de l'Orne, cant. et arr. de Domfront. =Domfront.

AVRILLY, s. m. Com. du dép. de l'Allier, cant. du Donjon, arr. de la Palisse. = le Donjon.

AVRILLY, s. m. Com. du dép. de l'Eure, cant. de Damville, arr. d'Evreux. =Damville.

AVRIL-SUR-LOIRE, s. m. Com. du dép. de la Nièvre, cant. de Decize, arr. de Nevers.=Decize.

AVROLLES, s. f. Com. du dép. de l'Yonne, cant. de St.-Florentin, arr. d'Auxerre. = St.-Florentin.

AVROULT, s. m. Village du dép. du Pas-de-Calais, arr. de Montreuil. = Fruges.

AVY, s. m. Com. du dép. de la Charente-Inférieure, cant. de Pons, arr. de Saintes. = Pons.

AVWOINGT, s. m. Com. du dép. du Nord, cant. et arr. de Cambrai.= Cambrai.

AX, s. m. Petite ville du dép. de l'Ariège, chef-lieu de cant. de l'arr. de Foix. Bur. d'enregist. et de poste. Cette ville, au pied des Pyrénées, possède de nombreuses sources d'eaux minérales et thermales qui lui donnent une grande importance. Ces eaux, dont le calorique varie depuis 18 jusqu'à 60°, sont très estimées pour la guérison des affections rhumatismales; elles servent en outre à blanchir les laines.

AXAT, s. m. Com. du dép. de l'Aude, cant. de Roquefort-de-Sault, arr. de Limoux. = Quillan.

AXE, s. m. Ligne droite qui passe par le centre d'un corps rond, et sur laquelle il tourne. — du monde, d'une planète, de la terre, ligne qu'on suppose passer par leur centre. — d'une courbe, ligne qui la divise en deux parties égales et semblables. T. de géom. —, seconde vertèbre cervicale. T. d'anat. —, arbre, tige principale. T. d'art. —, filet qui sert de support. T. de bot.

AXIA, s. f. Arbrisseau rampant de la Cochinchine. T. de bot.

AXIAT, s. m. Com. du dép. de l'Ariège, cant. de Cabannes, arr. de Foix. = Tarascon.

AXIE, s. f. Crustacé, sorte de homard. T. d'hist. nat.

AXIFUGE, adj. Qui s'éloigne d'un axe; force axifuge.

AXILE, adj. Attaché à l'axe; graine axile. T. de bot.

AXILLAIRE, adj. Qui appartient à l'aisselle; veine, artère, glande axillaire. T. d'anat. —, qui naît dans l'angle; formé par la réunion d'une branche avec la tige, entre un pétiole et le rameau. T. de bot.

AXINITE, s. f. Schorl violet, pierre à cristaux en prismes quadrangulaires, aplatie en forme de hache.

AXINOMANCIE, s. f. Divination par le moyen d'une hache.

AXIOME, s. m. Proposition générale, reçue et incontestable dans une science; vérité qui n'a pas besoin de démonstration; axiome de droit.

AXIOMÈTRE ou AXOMÈTRE, s. m. Machine qui indique la position de la barre du gouvernail. T. de mar.

AXIPÈTE, adj. Qui s'approche de l'axe; force axipète.

AXIS, s. m. Quadrupède ruminant qui a le bois du cerf, la forme du daim et le corps tacheté de blanc. T. d'hist. nat.

AXOÏDE, s. f. Deuxième vertèbre cervicale. T. d'anat.

AXONES, s. f. pl. Lois de Solon.

AXONGE, s. f. Graisse de porc, saindoux, suif; écume, sel de verre.

AY (l'), s. m. Petite rivière qu'on voit naître aux environs de Coutances, et qui se jette dans la Manche, au havre de St.-Germain.

AY (St.-), s. m. Com. du dép. du Loiret, cant. de Meung-sur-Loire, arr. d'Orléans. = Meung.

AY ou AÏ, s. m. Jolie petite ville du dép. de la Marne, chef-lieu de cant. de l'arr. de Reims. = Epernay.

Cette ville, située au bas d'un coteau, sur le bord de la Marne, possède le plus riche vignoble de toute la Champagne. En effet, le vin blanc mousseux d'Aï jouit de la plus haute renommée dans toute l'Europe. Plusieurs de nos poètes, dans leurs chansons bachiques, ont célébré la générosité de ce vin, qui, mieux que les eaux de l'Hippocrène, sut leur inspirer des vers.

AY, s. m. Com. du dép. de la Moselle, cant. de Vigy, arr. de Metz. = Metz.

AYANT-CAUSE, s. m. Héritier, représentant. T. de jurisp.

AYAT, s. m. Com. du dép. du Puy-de-Dôme, cant. de St.-Gervais, arr. de Riom. = Montaigu.

C'est dans ce village que naquit le général Desaix, mort à Marengo, après avoir ramené la victoire dans nos rangs.

AYDAT, s. m. Com. du dép. du Puy-de-Dôme, cant. de St.-Amand-Taillende, arr. de Clermont-Ferrand. = Clermont.

AYDES (les), s. m. pl. Village réuni à la com. de Saran, dép. du Loiret, cant. et arr. d'Orléans. = Orléans.

AYDIE, s. f. Com. du dép. des Basses-Pyrénées, cant. de Garlin, arr. de Pau. = Pau.

AYDIUS, s. m. Com. du dép. des Basses-Pyrénées, cant. d'Accous, arr. d'Oloron. = Oloron.

AYDOILES, s. f. Com. du dép. des Vosges, cant. de Bruyères, arr. d'Epinal. = Epinal.

AYE-AYE, s. m. Espèce d'écureuil très paresseux.

AYEN, s. m. Petite ville du dép. de la Corrèze, chef-lieu de cant. de l'arr. de Brive. Bur. d'enregist. à Objat. = Brive.

Il existe dans les environs de cette com. des mines de cuivre, et une mine d'argent qui renferme aussi de l'antimoine et du plomb.

AYENCOURT, s. m. Com. du dép. de la Somme, cant. et arr. de Montdidier. = Montdidier.

AYENE, s. f. Plante malvacée d'Amérique. T. de bot.

AYET, s. m. Village du dép. de l'Ariège, cant. de Castillon, arr. de St.-Girons. = St.-Girons.

AYETTE, s. f. Com. du dép. du Pas-de-Calais, cant. de Croisilles, arr. d'Arras. = Bapaume.

AYGUEBÈRE, s. m. Com. du dép. du Gers, cant. de l'Isle-Jourdain, arr. de Lombez. = l'Isle-Jourdain.

AYGUEMORTE, s. f. Com. du dép. de la Gironde, cant. de Labrède, arr. de Bordeaux. = Castres.

AYGUESMORTES, s. f. Com. du dép. du Gers, cant. de Mauvezin, arr. de Lectoure. = Fleurance.

AYGUETINTE, s. f. Com. du dép. du Gers, cant. de Valence, arr. de Condom. = Condom.

AYHÉ, s. m. Com. du dép. de la Charente-Inférieure, cant. et arr. de la Rochelle. = la Rochelle.

AYHERRE, s. f. Com. du dép. des Basses-Pyrénées, cant. de la Bastide-de-Clairence, arr. de Bayonne. = St.-Palais.

AYLANTE, s. m. Faux vernis du Japon. —, grand arbre des Indes.

AYMERIES, s. f. Com. du dép. du Nord, cant. de Berlaincourt, arr. d'Avesnes. = Avesnes.

AYNAC, s. m. Com. du dép. du Lot, cant. de la Capelle, arr. de Figeac. = Gramat.

AYNANS (les), s. m. pl. Com. du dép. de la Haute-Saône, cant. et arr. de Lure. = Lure.

AYNAT, s. m. Com. du dép. de l'Ariège, cant. de Tarascon, arr. de Foix. = Tarascon.

AYNÉ, s. m. Com. du dép. des Hautes-Pyrénées, cant. de Lourdes, arr. d'Argelès. = Lourdes.

AYNET, s. m. Instrument de pêche; baguette pour enfiler le hareng à saurer.

AYRA, s. m. Espèce de renard de la Guiane. T. d'hist. nat.

AYRENS, s. m. Com. du dép. du Cantal, cant. de la Roquebron, arr. d'Aurillac. = Aurillac.

AYRI, s. m. Grand palmier épineux du Brésil. T. de bot.

AYRINHAC, s. m. Village du dép. de l'Aveyron, cant. de Laissac, arr. de Milhau. = Milhau.

AYRON, s. m. Com. du dép. de la Vienne, cant. de Vouillé, arr. de Poitiers. = Poitiers.

AYROS, s. m. Com. du dép. des Hautes-Pyrénées, cant. et arr. d'Argelès. = Argelès.

AYROUX, s. m. Com. du dép. de la Vienne, cant. de Gençay, arr. de Civray. = Vivonne.

AYSSÈNE-BROQUIEZ, s. f. Com. du dép. de l'Aveyron, cant. de St.-Rome-du-Tarn, arr. de St.-Affrique. = St.-Affrique.

AYSSÈNE-L'ABBESSE, s. f. Com. du

dép. de l'Aveyron, cant. de St.-Rome-du-Tarn, arr. de St.-Affrique. = St.-Affrique.

AYSSIATS-MONTEZIC, s. m. Com. du dép. de l'Aveyron, cant. de St.-Amant, arr. d'Espalion. = Mur-de-Barrez.

AYTRE, s. m. Com. du dép. de la Charente-Inférieure, cant. et arr. de la Rochelle. = la Rochelle.

AYTUA, s. m. Com. du dép. des Pyrénées-Orientales, cant. d'Olette, arr. de Prades. = Prades.

AYVELLES-LES-GRANDES, s. f. pl. Com. du dép. des Ardennes, cant. de Flize, arr. de Mézières. = Mézières.

AYVELLES-LES-PETITES, s. f. pl. Com. du dép. des Ardennes, cant. de Flize, arr. de Mézières. = Mézières.

AYZAC, s. m. Com. du dép. des Hautes-Pyrénées, cant. et arr. d'Argelès. = Argelès.

AYZIEU, s. m. Com. du dép. du Gers, cant. de Cazaubon, arr. de Condom. = Nogaro.

AZALÉE, s. f. Espèce de bruyère. T. de bot.

AZAMALGAN, s. m. Jeune garçon étranger admis au sérail pour remplir les fonctions les plus rudes et les plus viles.

AZANNES et SOUS-MAZANNES, s. f. Com. du dép. de la Meuse, cant. de Damvillers, arr. de Montmédy. = Damvillers.

AZANS, s. m. Com. du dép. du Jura, cant. et arr. de Dôle. = Dôle.

AZAPHIE, s. f. Enrouement, extinction de voix. T. de méd.

AZARINIS, s. m. Pierre médicinale de Cananor.

AZAS, s. m. Com. du dép. de la Haute-Garonne, cant. de Montastruc, arr. de Toulouse. = Toulouse.

AZAT, s. m. Com. du dép. de la Creuse, cant. de Bénévent, arr. de Bourganeuf. = Guéret.

AZAT-LE-RIS, s. m. Com. du dép. de la Haute-Vienne, cant. du Dorat, arr. de Bellac. = le Dorat.

AZAY, s. m. Com. du dép. de Loir-et-Cher, cant. de Savigny, arr. de Vendôme. = Vendôme.

AZAY-BRÛLÉ, s. m. Com. du dép. des Deux-Sèvres, cant. de St.-Maixent, arr. de Niort. = St.-Maixent.

AZAY-LE-FERRON, s. m. Com. du dép. de l'Indre, cant. de Mézières-en-Brennes, arr. du Blanc. = Preuilly.

AZAY-LE-RIDEAU, s. m. Petite ville du dép. d'Indre-et-Loire, chef-lieu de cant. de l'arr. de Chinon. Bur. d'enregist. et de poste.
Fabriques d'étamines et de toiles.

AZAY-SUR-CHER, s. m. Com. du dép. d'Indre-et-Loire, cant. de Bléré, arr. de Tours. = Tours.

AZAY-SUR-INDRE, s. m. Com. du dép. d'Indre-et-Loire, cant. et arr. de Loches. = Loches.

AZAY-SUR-THOUET, s. m. Com. du dép. des Deux-Sèvres, cant. de Secondigny-en-Gâtine, arr. de Parthenay. = Parthenay.

AZE, s. m. Âne. T. inus.

AZÉ, s. m. Com. du dép. de la Mayenne, cant. et arr. de Château-Gontier. = Château-Gontier.
Fabriques de toiles et de cotonnades.

AZÉ, s. m. Com. du dép. de Saône-et-Loire, cant. de Lugny, arr. de Mâcon. = Cluny.

AZEBRO, s. m. Cheval d'Ethiopie. T. d'hist. nat.

AZÉDARAC, s. m. Arbrisseau méliacé à fleurs roses dont le fruit vénéneux tue les chiens et les poux ; acacia d'Egypte, faux sycomore ; lilas des Indes. T. de bot.

AZELOT, s. m. Com. du dép. de la Meurthe, cant. de St.-Nicolas, arr. de Nancy. = St.-Nicolas.

AZÉRABLES, s. f. Com. du dép. de la Creuse, cant. de la Souterraine, arr. de Guéret. = St.-Benoît-du-Sault.

AZERAC, s. m. Com. du dép. de la Dordogne, cant. de Thenon, arr. de Périgueux. = Périgueux.

AZERAILLES, s. f. Com. du dép. de la Meurthe, cant. de Baccarat, arr. de Lunéville. = Baccarat.

AZERAT, s. m. Com. du dép. de la Haute-Loire, cant. d'Auzon, arr. de Brioude. = Brioude.

AZERBÉ, s. m. Muscade sauvage. T. de bot.

AZEREIX, s. m. Com. du dép. des Hautes-Pyrénées, cant. d'Ossun, arr. de Tarbes. = Tarbes.

AZERGUE (l'), s. f. Petite rivière qui prend sa source près de Chenelette, arr. de Villefranche-du-Rhône. Elle se jette dans la Saône, vis-à-vis de Trévoux.

AZEROLE, s. f. Petite cerise rouge et acide.

AZEROLIER, s. m. Espèce de merisier qui porte l'azerole.

AZET, s. m. Com. du dép. des Hautes-Pyrénées, cant. de Vielle, arr. de Bagnères. = Arreau.

AZEVILLE, s. f. Com. du dép. de la Manche, cant. de Montebourg, arr. de Valognes. = Montebourg.

AZI, s. m. Présure de petit lait et de vinaigre.

AZIERS, s. m. pl. Genres de plantes rubiacées de la Guiane. T. de bot.

AZIGOS, s. m. Troisième rameau du tronc de la veine-cave. T. d'anat.

AZILLANET, s. m. Com. du dép. de l'Hérault, cant. d'Olonzac, arr. de St.-Pons. = Azille.

AZILLE, s. f. Petite ville du dép. de l'Aude, cant. de Peyriat-Minervois, arr. de Carcassonne. Bur. de poste.
Comm. considérable de cuirs.

AZILONE-ET-AMPAZAT, s. f. Com. du dép. de la Corse, cant. de Ste.-Marie, arr. d'Ajaccio. = Ajaccio.

AZIMUT, s. m. Cercle qui coupe l'horizon et le point vertical ; angle compris entre le méridien et le cercle vertical ; ce cercle. — magnétique, mesure de la déclinaison de l'aiguille aimantée.

AZIMUTAL, adj. Qui mesure ou qui représente les azimuts. Compas —, par lequel on connaît les variations de la boussole.

AZINCOURT, s. m. Com. du dép. du Pas-de-Calais, cant. du Parcq, arr. de St.-Pol. = Fruges.
En 1415, le 25 octobre, Henri V, roi d'Angleterre, y défit complètement l'armée de Charles VI, roi de France. Le connétable de France et quatre princes tombèrent sur le champ de bataille. Cette journée désastreuse forme une des pages les plus tristes de notre histoire.

AZOLETTE, s. f. Com. du dép. du Rhône, cant. de Monsols, arr. de Villefranche. = Beaujeu.

AZOLLE, s. f. Plante de la famille des naïades. T. de bot.

AZORELLE, s. f. Plante ombellifère. T. de bot.

AZOTE, s. m. et adj. Partie de l'air atmosphérique qui n'entretient ni la respiration des animaux, ni la combustion des corps ; base de l'acide nitrique, de l'ammoniaque et des substances animales.

AZOTH, s. m. Principe des métaux ; mercure. T. de chim.

AZOU (l'), s. m. Petite rivière qui se forme au-dessous de Loubressac, dép. du Lot, et qui se perd dans la Dordogne, à la Cave.

AZOUDANGE, s. m. Com. du dép. de la Meurthe, cant. de Réchicourt-le-Château, arr. de Sarrebourg. = Dieuze.

AZOUFE, s. m. Quadrupède carnassier d'Afrique. T. d'hist. nat.

AZUN, s. m. Jolie vallée du dép. des Hautes-Pyrénées qui renferme dix villages assez populeux. On y récolte peu de blé ; mais elle produit beaucoup de lin et de millet.
Cette vallée offre de riches pâturages où l'on engraisse diverses sortes de bestiaux.

AZUR, s. m. Cobalt, minéral bleu, bleu de ciel. — de cuivre, beau bleu que donne le carbonate de cuivre. Ciel d'—, sans nuages. T. poét. — Email bleu. T. de blas.

AZUR, s. m. Com. du dép. des Landes, cant. de Soustons, arr. de Dax. = Dax.

AZURÉ, E, part. Se dit d'un objet sur lequel on a mis une ou plusieurs couches d'azur. —, adj. De couleur d'azur. La voûte —, le ciel ; la plaine —, la mer. T. poét. —, s. m. Lézard bleu ; gobe-mouche bleu ; poisson du genre du cyprin. T. d'hist. nat.

AZURER, v. a. Mettre sur quelque chose une ou plusieurs couches d'azur.

AZURIN, s. m. Merle de la Guiane, espèce de fourmillier. T. d'hist. nat.

AZUROUX, s. m. Bruant bleu du Canada. T. d'hist. nat.

AZY, s. m. Com. du dép. du Cher, cant. de Sancergues, arr. de Sancerre. = Villequiers.

AZY-BONNEIL, s. m. Com. du dép. de l'Aisne, cant. et arr. de Château-Thierry. = Château-Thierry.

AZY-LE-VIF, s. m. Com. du dép. de la Nièvre, cant. de St.-Pierre-le-Moutier, arr. de Nevers. = St.-Pierre-le-Moutier.

AZYME, adj. Sans levain. Pain —, pain sans levain que les Juifs mangeaient à leur pâque. —, s. m. Genre d'arbustes de l'Inde, toujours verts. T. de bot.

AZYMITE, s. m. Qui se sert de pain azyme, qui communie avec ce pain.

AZZANA-ET-SCANAFA-GHIACCANA, s. f. Com. du dép. de la Corse, cant. de Salice, arr. d'Ajaccio. = Ajaccio.

B.

B, s. m. Seconde lettre de l'alphabet, première des consonnes. Marqué au —, borgne, boiteux, bossu et malin.

BAADEN, s. m. Petite ville d'Autriche, célèbre par ses eaux minérales.

BAAL, s. m. Faux Dieu.

BAALITE, s. m. Adorateur de Baal.

BAALON, s. m. Com. du dép. de la Meuse, cant. de Stenay, arr. de Montmédy. = Stenay.

BAALONS, s. m. Com. du dép. des Ardennes, cant. d'Omont, arr. de Mézières. = Mézières.

BAAZAS, s. m. Espèce de guitare à

quatre cordes, instrument dont se servent quelques peuplades de l'Amérique.

BABEL, s. m. Mot emprunté de l'hébreu; confusion. C'est la tour de —, c'est une telle confusion de langage et d'opinion qu'il est impossible de s'entendre.

BABEL (St.-), s. m. Com. du dép. du Puy-de-Dôme, cant. et arr. d'Issoire. = Issoire.

BABELA, s. f. Espèce d'acacia. T. de bot.

BABEURRE, s. m. Lait de beurre, liqueur séreuse, résidu de lait converti en beurre.

BABIANE, s. f. Antholyses, glaïeuls, ixies. T. de bot.

BABICHE, s. f. Petite chienne.

BABICHON, s. m. Petit chien.

BABIL, s. m. Caquet, excessive superfluité de paroles. T. de méd. — Intempérance de langue, habitude de parler sans réflexion.

BABILLARD, E, s. et adj. Qui a du babil, qui parle sans réflexion, indiscret. —, chien qui jappe hors des voies. T. de véner. —, s. m. Poisson du genre du pleuronecte.

BABILLARDE, s. f. Espèce de fauvette.

BABILLEMENT, s. m. Babil. T. de méd.

BABILLER, v. n. Avoir du babil, caqueter, parler beaucoup et sans réflexion. Il se dit aussi de la corneille dont le cri est rauque et fatigant; du limier qui aboie à contre-temps. T. de véner.

BABINE, s. f. Lèvre des animaux, des vaches, des singes.

BABIOLE, s. f. Joujou d'enfant; enfantillage, chose puérile.

BABION, s. m. Petit singe.

BABIROUSSA, s. m. Cochon-cerf, faux sanglier des Indes-Orientales, remarquable par la finesse de ses jambes et par sa légèreté.

BABŒUF, s. m. Com. du dép. de l'Oise, cant. de Noyon, arr. de Compiègne. = Noyon.

BABORD, s. m. Côté gauche d'un navire en partant de la poupe. —, vaisseau à bordage bas. T. de mar.

BABOUCARD, s. m. Martin-pêcheur du Sénégal.

BABOUCHE, s. f. Sorte de pantoufle du Levant; mule, chaussure de chambre.

BABOUIN, s. m. Famille de gros singes, mandrille, ouanderon, papion, qui ont la queue courte, la face alongée et le museau large. —, figure grotesque dans un corps-de-garde; enfant badin et étourdi. T. fam. —, pl. La bouche, les lèvres; boutons qui viennent aux lèvres. T. fam.

BABOUINER, v. a. Faire le bouffon.

BABY, s. m. Com. du dép. de Seine-et-Marne, cant. de Bray, arr. de Provins. = Bray.

BABYLONE, s. f. Ville sur l'Euphrate, qui fut fondée par Bélus ou Babylon, son fils. Elle est célèbre dans l'Ecriture sainte. C'est là que les Juifs passèrent le temps de leur captivité qui dura soixante-dix ans.

BABYLONIEN, NE, s. et adj. De Babylone. —, mode babylonien qui exprime la joie. T. de mus. arabe.

BAC, s. m. Grand bateau plat pour passer la rivière à l'aide d'un câble tendu d'un bord à l'autre; passer le bac. Bac, grand baquet de brasserie; grande cuve de pierre, petit bassin de fontaine.

BACALAS ou BACALALE, s. m. Pièce de bois clouée sur la poupe. T. de mar.

BACALIAU, s. m. Merluche, morue sèche.

BACASIE, s. f. Genre d'arbrisseaux corymbifères. T. de bot.

BACASSAS, s. m. Sorte de pirogue. T. de mar.

BACCALAURÉAT, s. m. Premier degré pour parvenir au doctorat.

BACCARAT, s. m. Petite ville du dép. de la Meurthe, chef-lieu de cant. de l'arr. de Lunéville. Bur. d'enregist. et de poste. Fabrique de cristaux qui occupe une très grande quantité d'ouvriers, et dont les produits se distinguent par la beauté de la matière et l'élégance des formes. Forges.

BACCARÉOLS, s. m. Daim de l'Indostan. T. d'hist. nat.

BACCAURÉE, s. f. Arbrisseau de la Cochinchine. T. de bot.

BACCHANAL, s. m. Grand bruit, tapage. T. fam.

BACCHANALE, s. f. Tableau représentant une danse de bacchantes et de satyres; cette danse. —, débauche, orgie. —, pl. Fêtes en l'honneur de Bacchus, où l'on se livrait à toutes sortes de débauches.

BACCHANALISER, v. n. Faire la débauche, boire, s'enivrer. —, faire du tapage.

BACCHANTE, s. f. Prêtresse de Bacchus. —, femme emportée, furieuse. Fig. —, papillon brun qui vole par bonds. T. d'hist. nat. —, genre de plantes corymbifères d'Afrique et des deux Indes. T. de bot. —, pl. Femmes qui suivirent Bacchus à la conquête des Indes, et qui, dans les bacchanales, couraient çà et là, vêtues de peaux de tigres, échevelées et faisant des hurlemens effroyables. T. de myth.

BACCHAS, s. m. Lie de jus de citron.

BACCHIE, s. f. Enluminure de la trogne d'un buveur; rougeur fixe du visage chez les ivrognes; face apoplectique.

BACCHINÉS, s. f. pl. Plantes légumineuses des Indes. T. de bot.

BACCHIONITES, s. m. pl. Philosophes qui méprisaient les choses de ce monde.

BACCHIQUE, s. m. Pied de vers grec ou latin, une brève et deux longues.

BACCHUS, s. m. Fils de Jupiter et de Sémelé, fut, comme Hercule, en butte à la haine de Junon. Après avoir fait la conquête des Indes, il passa en Égypte, où il enseigna l'agriculture aux hommes, planta le premier la vigne, et fut adoré comme le dieu du vin. On le représentait couvert d'une peau de bouc, tantôt assis sur un tonneau, tantôt sur un char traîné par des tigres et autres bêtes féroces, tenant une coupe d'une main et de l'autre un thyrse. T. de myth.

BACCIFÈRE, adj. Il se dit d'un fruit qui porte des baies. T. de bot.

BACCIFORME, adj. Qui a la forme d'une baie. T. de bot.

BACCILLAIRE, s. f. Zoophyte. T. d'hist. nat.

BACCON, s. m. Com. du dép. du Loiret, cant. de Meung, arr. d'Orléans. = Meung.

BACH, s. m. Com. du dép. du Lot, cant. de Halbenque, arr. de Cahors. = Cahors.

BACHA, s. m. Dignité dans l'empire Ottoman, pacha. —, oiseau de proie d'Afrique. T. d'hist. nat.

BACHANT, s. m. Com. du dép. du Nord, cant. de Berlaimont, arr. d'Avesnes. = Maubeuge.

BACHAS, s. m. Com. du dép. de la Haute-Garonne, cant. d'Aurignac, arr. de St.-Gaudens. = Martres.

BACHASSON, s. m. Caisse qui fournit l'eau aux piles. T. de papet.

BACHAT, s. m. Cavité sous le pilon. —, longue gouttière. T. de papet.

BÂCHE, s. f. Grosse toile dont on couvre les charrettes, les bateaux, pour garantir les marchandises de la pluie; cuvette de bois; abri artificiel. —, fruit du latanier. T. de bot. —, filets que l'on traîne ou que l'on tend dans l'eau. T. de pêch. — s. m. Palmier de la Guiane. T. de bot.

BÂCHÉ, E, part. Couvert avec une bâche.

BACHELETTE, s. f. Jeune et jolie fille; gente bachelette. (Vi.)

BACHELIER, s. m. Qui est promu au baccalauréat. Autrefois, jeune homme à marier; amant. —, chevalier du second ordre, gentilhomme servant. T. de cheval.

BACHEN, s. m. Com. du dép. des Landes, cant. d'Aire-sur-l'Adour, arr. de St.-Sever. = Aire.

BÂCHER, v. a. Couvrir une voiture, des marchandises avec une bâche.

BACHIQUE, adj. Qui est relatif à Bacchus, aux réunions de buveurs; fête, chanson bachique.

BACHIVILLIERS, s. m. Com. du dép. de l'Oise, cant. de Chaumont-en-Beauvoisis, arr. de Beauvais. = Chaumont.

BACHOLLE, s. f. Casserole de cuivre. T. de papet.

BACHOS, s. m. Com. du dép. de la Haute-Garonne, cant. de St.-Béat, arr. de St.-Gaudens. = St.-Béat.

BACHOT, s. m. Petit bateau, benne.

BACHOTAGE, s. m. Conduite d'un bachot.

BACHOTEUR, s. m. Batelier à la disposition du public, pour traverser une rivière moyennant rétribution.

BACHOTTE, s. f. Sorte de baquet pour transporter du poisson vivant sur le dos d'un cheval.

BACHOU, s. m. ou BACHOUE, s. f. Vase en bois, hotte pour transporter l'eau, les raisins, etc.

BACHY, s. m. Com. du dép. du Nord, cant. de Cysoing, arr. de Lille. = Lille.

BACILE, s. m. ou BACILLE, s. f. Perce-pierre ou crête-marine, plante dont on confit la fleur dans le vinaigre.

BACILLY, s. m. Com. du dép. de la Manche, cant. de Sartilly, arr. d'Avranches. = Avranches.

BACINET, s. m. Espèce de Renoncule. Voy. BASSINET.

BACKELYS, s. m. Bœuf à bosse que l'on remarque chez les Hottentots.

BACKGAMMON, s. m. Jeu de toutes tables, espèce de trictrac.

BÂCLAGE, s. m. Arrangement de bateaux qui arrivent dans un port pour la vente des cargaisons; droit qui se paie aux préposés; fermeture d'un port, d'une rivière, au moyen de chaînes, de hérissons.

BÂCLÉ, E, part. Fermé avec une barre; rangé en parlant d'un bateau en chargement. Rivière —, gelée; affaire —, affaire terminée. T. fam.

BÂCLER, v. a. Fermer avec une barre une porte, une fenêtre; ranger un bateau pour le charger ou décharger. — un port, le fermer avec des chaînes. — une affaire, l'expédier à la hâte.

BACON, s. m. Com. du dép. de la Lozère, cant. de St.-Chély, arr. de Marvejols. = St.-Chély.

BACONE, s. f. Arbuste rubiacé. T. de bot.

BACONNES, s. f. Com. du dép. de la Marne, cant. de Verzy, arr. de Reims. = Reims.

BACONNIÈRE (la), s. f. Com. du dép. de la Mayenne, cant. de Chailland, arr. de Laval. = Ernée.

BACOPE-AQUATIQUE, s. f. Herbe pour les brûlures; espèce de lysimachie. T. de bot.

BACOUEL, s. m. Com. du dép. de la Somme, cant. de Conty, arr. d'Amiens. = Amiens.

BACOURT, s. m. Com. du dép. de la Meurthe, cant. de Delme, arr. de Château-Salins. = Château-Salins.

BACOVE, s. f. Fruit du bananier. T. de bot.

BACQUEPUIS, s. m. Com. du dép. de l'Eure, cant. et arr. d'Evreux. = Evreux.

BACQUEVILLE, s. f. Com. du dép. de l'Eure, cant. d'Ecouis, arr. des Andelys. = Ecouis.

BACQUEVILLE, s. f. Com. du dép. de la Seine-Inférieure, chef-lieu de cant. de l'arr. de Dieppe. Bur. d'enregist. et de poste.

Fabriques de serges, coutils et toiles à matelas.

BACTRÉOLE, s. f. Rognure de feuilles d'or.

BACTRIS, s. m. pl. Genre de palmiers d'Amérique. T. de bot.

BACULE, s. f. Croupière. (Vi.)

BACULOMÉTRIE, s. f. Art de mesurer avec des bâtons.

BADAIL, s. m. Filet emmanché que l'on traîne au fond de l'eau; drague. T. de pêch.

BADAILHAC, s. m. Com. du dép. du Cantal, cant. de Vic-sur-Cère, arr. d'Aurillac. = Vic.

BADAJOZ, s. m. Ville du royaume d'Espagne, capitale de l'Estramadure.

BADAMIER ou BADANIER, s. m. Arbre de la famille des chalefs, qui donne le benjoin, la laque. T. de bot.

BADAROUX, s. m. Com. du dép. de la Lozère, cant. et arr. de Mende. = Mende.

BADAUD, s. m. Benêt, nigaud; niais qui croit tout, admire tout, s'amuse de tout, perd son temps à satisfaire une vaine curiosité.

BADAUDAGE, s. m. Action, discours d'un badaud. —, niaiserie.

BADAUDER, v. n. Niaiser, perdre son temps.

BADAUDERIE, s. f. Voy. BADAUDAGE.

BADAUDISME, s. m. Ridicule du badaud.

BADE, s. f. Ouverture de compas. T. de charp.

BADE (grand-duché de), s. m. Ce duché forme un des états de la confédération germanique. —, ville de ce duché, qui possède un établissement d'eaux minérales.

BADÉ, s. m. Poisson du genre du pleuronecte. T. d'hist. nat.

BADEFOL, s. m. Com. du dép. de la Dordogne, cant. de Cadouin, arr. de Bergerac. = Bergerac.

BADEFOL-D'ANS, s. m. Com. du dép. de la Dordogne, cant. de Hautefort, arr. de Périgueux. = Excideuil.

BADELAIRE, s. m. Epée courte et recourbée. T. de blas.

BADEN, s. m. Com. du dép. du Morbihan, cant. et arr. de Vannes. = Vannes.

BADENS, s. m. Com. du dép. de l'Aude, cant. de Capendu, arr. de Carcassonne. = Carcassonne.

BADERNE, s. f. Petit cordage tressé; grosse tresse pour garantir les câbles. T. de mar.

BADEVELLE, s. f. Com. du dép. du Doubs, cant. d'Audincourt, arr. de Montbéliard. = Montbéliard.

Ebauches de mouvemens de pendule à la mécanique; fabrique d'acier fondu.

BADI, s. m. Petit poignard des Javanais.

BADIAN, s. m. et BADIANE, s. f. Anis de la Chine; arbuste aromatique dont le fruit est employé en médecine et le bois pour la marqueterie. T. de bot.

BADIGEON, s. m. Couleur jaune ou blanche dont on enduit les murs.

BADIGEONNÉ, E, part. Enduit de la couleur dont se servent les badigeonneurs.

BADIGEONNER, v. a. Peindre ou plutôt brosser un bâtiment avec du badigeon, remplir les cavités avec du badigeon.

BADIGEONNEUR, s. m. Ouvrier qui badigeonne.

BADIN, E, adj. Enjoué, plaisant, folâtre. —, facile, léger. T. de grav.

BADINAGE, s. m. Action de badiner, de plaisanter. —, chose aisée, bagatelle. —, manière aimable, gracieuse, de dire ou de faire quelque chose; galanterie, enjouement dans le discours, dans le style.

BADINANT, s. et adj. m. Cheval surnuméraire dans un attelage.

BADINE, s. f. Petite canne, petite baguette; espèce de fouet. —, pincette légère.

BADINÉ, E, part. Plaisanté, persiflé.

BADINÉMENT, adv. D'un air badin.

BADINER, v. a. Plaisanter quelqu'un, le persifler. T. fam. —, folâtrer. —, v. n. Faire le badin.—, se jouer; écrire, parler d'une manière agréable, fine et plaisante. —, voltiger, en parlant de la toilette des dames; ce voile badine.

BADINERIE, s. f. Bagatelle, frivolité.

BADMÉNIL-AUX-BOIS, s. m. Com. du dép. des Vosges, cant. de Châtel, arr. d'Epinal. = Rambervillers.

BADONVILLER, s. m. Petite ville du dép. de la Meurthe, cant. de Baccarat, arr. de Lunéville. = Blamont. Fabriques de tissus de coton et de faïence; manufactures considérables d'alènes et de poinçons.

BADONVILLIERS, s. m. Com. du dép. de la Meuse, cant. de Gondrecourt, arr. de Commercy, = Vaucouleurs.

BADUCKE, s. m. Câprier des Indes. T. de bot.

BAERENDORF, s. m. Com. du dép. du Bas-Rhin, cant. de Drulingen, arr. de Saverne. = Sarrebourg.

BAF, s. m. Jumart du taureau et de la jument.

BAFETAS, s. m. Toile de coton des Indes.

BAFFE (la), s. f. Com. du dép. des Vosges, cant. et arr. d'Epinal. = Epinal.

BAFOUÉ, E, part. Vexé, persiflé, joué; qui a été l'objet du mépris.

BAFOUER, v. a. Railler, vexer, traiter avec mépris.

BÂFRE, s. f. Action de manger; repas copieux, abondant. T. fam.

BÂFRÉ, E, part. Mangé avidement, goulument.

BÂFRER, v. a. Manger goulument, avec excès. T. fam.

BÂFRERIE, s. f. Goinfrerie, bâfre. T. fam.

BÂFREUR, s. m. Goinfre, glouton, qui mange avec avidité.

BAGACE, s. f. Canne à sucre passée au moulin.

BAGADAIS, s. m. Sorte de pigeon à morelles sur le bec. —, oiseaux collurions. T. d'hist. nat.

BAGAGE, s. m. Equipage de voyage ou de guerre; plier —, déloger furtivement; mourir. Fig.

BAGARDS, s. m. Com. du dép. du Gard, cant. d'Anduze, arr. d'Alais. = Anduze.

BAGARRE, s. f. Embarras de voitures, bruit, tumulte, mêlée. L'homme prudent évite la bagarre.

BAGAS, s. m. Com. du dép. de la Gironde, cant. et arr. de la Réole. = la Réole.

BAGASSE, s. f. Tige d'indigo retirée de la cuve, marc de raisin, etc., à la sortie du pressoir; franges, falbalas et autres affiquets usés. —, femme de mauvaise vie, prostituée. T. fam.

BAGASSIER, s. m. Grand arbre de la Guiane dont le fruit, qui a la forme et la grosseur d'une orange, est fort agréable à manger. T. de bot.

BAGAT, s. m. Com. du dép. du Lot, cant. de Moncuq, arr. de Cahors. = Cahors.

BAGATELLE, s. f. Chose de peu de valeur, peu utile, qui ne mérite pas qu'on s'en occupe; chose frivole, sans importance. —, opuscule, petite brochure. —, galanterie; s'amuser à la bagatelle, à conter fleurettes.

BAGAUD, s. m. Rebelle, révolté.

BAGDAD, s. m. Ville capitale d'un pachalic de ce nom dans l'Irack-Arabie, l'ancienne Chaldée. Cette ville, située sur le Tigre, était la résidence des anciens califes. C'est dans ses environs qu'était Babylone, dont on ne peut plus retrouver les ruines.

BAGÉ-LA-VILLE, s. m. Petite ville du dép. de l'Ain, cant. de Bagé-le-Châtel, arr. de Bourg. = Mâcon.

BAGÉ-LE-CHÂTEL, s. m. Petite ville du dép. de l'Ain, chef-lieu de cant. de l'arr. de Bourg. Bur. d'enregist. = Mâcon.
Comm. de bestiaux et de volailles.

BAGERT, s. m. Com. du dép. de l'Ariège, cant. de Ste.-Croix, arr. de St.-Girons. = St.-Girons.

BAGES, s. f. Village du dép. de l'Aude, cant. et arr. de Narbonne. = Narbonne.

BAGES, s. f. Com. du dép. des Pyrénées-Orientales, cant. de Thuir, arr. de Perpignan. = Perpignan.

BAGIRY, s. m. Com. du dép. de la Haute-Garonne, cant. de St.-Bertrand, arr. de St.-Gaudens. = St.-Béat.

BAGLAFECHT, s. m. Oiseau, gros-bec d'Abyssinie. T. d'hist. nat.

BAGNARS, s. m. Com. du dép. de l'Aveyron, cant. de St.-Amans, arr. d'Espalion. = Mur-de-Barrez.

BAGNE, s. m. Prison dans laquelle sont renfermés les forçats. —, tonneau pour la terre à pot, après avoir été tamisée.

BAGNEAUX, s. m. Com. du dép. de Seine-et-Marne, cant. de Nemours, arr. de Fontainebleau. = Nemours.

BAGNEAUX, s. m. Com. du dép. de l'Yonne, cant. de Villeneuve-l'Archevêque, arr. de Sens. = Villeneuve-l'Archevêque.

BAGNÈRES, s. f. Jolie petite ville du dép. des Hautes-Pyrénées, chef-lieu de sous-préf. et d'un cant.; trib. de 1re inst. et de comm.; conservat. des hypoth.; direct. des contrib. indir.; recev. partic. des finances; salle de spectacle; bur. d'enregist. et de poste.

Cette ville est fort agréablement située. Dans les temps heureux on y voit accourir une foule d'étrangers pour y prendre les eaux, dont la chaleur varie de 18 à 40 degrés; ces eaux sont apéritives, diurétiques et légèrement purgatives.

Fabriques de cadis, raz, étamines, tricots, crêpes et papiers à sucre, etc.

On remarque à Bagnères la promenade de Coutous, l'établissement de Frescati, dans lequel se trouvent réunis une salle de bal, des jeux, un cabinet de lecture, des restaurans, des bains et de fort beaux appartemens.

BAGNÈRES-DE-LUCHON, s. f. Ville du dép. de la Haute-Garonne, chef-lieu de cant. de l'arr. de St.-Gaudens; sous-inspect. des forêts; bur. d'enregist. et de poste. Cette ville, comme la précédente, possède des eaux minérales et thermales; mais elles sont moins en crédit que les premières. On les prend intérieurement, en bains et en douches, et souvent avec succès dans les affections rhumatismales, de goutte sciatique, et surtout dans les maladies de la peau.

Fabriques de chocolats; mine de cuivre; comm. de thé et de plantes médicinales des Pyrénées.

BAGNEUX, s. m. Com. du dép. de l'Aisne, cant. de Vic-sur-Aisne, arr. de Soissons. = Vic-sur-Aisne.

BAGNEUX, s. m. Com. du dép. de l'Allier, cant. et arr. de Moulins. = Moulins.

BAGNEUX, s. m. Com. du dép. de l'Indre, cant. de St.-Christophe, arr. d'Issoudun. = Valençay.

BAGNEUX, s. m. Com. du dép. de Maine-et-Loire, cant. et arr. de Saumur. = Saumur.

BAGNEUX, s. m. Com. du dép. de la Marne, cant. d'Anglure, arr. d'Epernay. = Méry-sur-Seine.

BAGNEUX, s. m. Com. du dép. de la Meurthe, cant. de Colombey, arr. de Toul. = Colombey.

BAGNEUX, s. m. Com. du dép. de la Seine, cant. et arr. de Sceaux. = Montrouge.

BAGNEUX, s. m. Com. du dép. des Deux-Sèvres, cant. de Thouars, arr. de Bressuire. = Thouars.

BAGNEUX-LAFOSSE, s. m. Com. du dép. de l'Aube, cant. des Riceys, arr. de Bar-sur-Seine. = les Riceys. Ce village possède des coteaux qui produisent de fort bons vins.

BAGNOLES, s. m. Com. du dép. de l'Aude, cant. de Conques, arr. de Carcassonne. = Carcassonne.

BAGNOLES, s. m. Village du dép. de l'Orne, dépendant de la com. de Tessé, cant. de Juvigny, arr. de Domfront. = la Ferté-Macé.

Ce village offre des bains d'eaux minérales et thermales, sulfureuses et ferrugineuses. Hauts-fourneaux et fonderies.

BAGNOLET, s. m. Com. du dép. de la Seine, cant. de Pantin, arr. de St.-Denis. = Montreuil.

Fabriques de carton et de bougies; exploitation considérable de carrières à plâtre.

BAGNOLET, s. m. Toile goudronnée sur les bittes. T. de mar.

BAGNOLETTE, s. f. Ancienne coiffure de femme.

BAGNOLS, s. m. Petite ville du dép. du Gard, chef-lieu de cant. de l'arr. d'Uzès. Bur. d'enregist. et de poste. Patrie de Rivarol et du comte de Barruel-Beauvert.

Fabriques d'organsins, de draps, serges, filoselle; distilleries d'eaux-de-vie; tanneries. Comm. de vins, soie, huile, etc.

BAGNOLS, s. m. Com. du dép. de la Lozère, cant. de Blaymard, arr. de Mende. = Mende.

Ce village possède des eaux sulfureuses qui y attirent beaucoup de malades. Fabriques de serges et de cadis.

BAGNOLS, s. m. Com. du dép. du Puy-de-Dôme, cant. de la Tour, arr. d'Issoire. = Tauves.

BAGNOLS, s. m. Com. du dép. du Rhône, cant. du Bois-d'Oingt, arr. de Villefranche. = Anse.

BAGNOLS, s. m. Com. du dép. du Var, cant. de Fréjus, arr. de Draguignan. = Fréjus.

BAGNOLS-DE-MARAUDE, s. m. Com. du dép. des Pyrénées-Orientales, cant. et arr. de Céret. = Céret.

Ce village est situé sur la frontière

d'Espagne, au fond d'un petit golfe formé par la Méditerranée.

BAGNOT, s. m. Com. du dép. de la Côte-d'Or, cant. de Seurre, arr. de Beaune. = Seurre.

BAGUE, s. f. Anneau d'or ou de tout autre métal d'un moindre prix. — au doigt, maison de campagne, terre, dont les produits sont insignifians et qui n'offre que de l'agrément. —, anneau suspendu que l'on enlève avec un bout de la lance dans les jeux de bagues; emporter la bague.

BAGUÉ, E, part. Cousu à grands points.

BAGUENAUDE, s. f. Fruit du baguenaudier commun, ou faux séné, renfermé dans une gousse en forme de vessie, qui éclate quand on la presse.

BAGUENAUDER, v. n. Faire crever des baguenaudes; s'amuser à des niaiseries, des bagatelles. Fig. et fam.

BAGUENAUDIER, s. m. Arbrisseau à fleurs papilionacées; celui qui baguenaude; espèce de jeu d'enfant.

BAGUER, v. a. Coudre à grands points, arrêter les parties qui composent un habit ou une robe pour l'essayer. —, donner des bagues et joyaux à sa future. (Vi.)

BAGUER-MORVAN, s. m. Com. du dép. d'Ille-et-Vilaine, cant. de Dol, arr. de St.-Malo. = Dol.

BAGUER-PICAN, s. m. Com. du dép. d'Ille-et-Vilaine, cant. de Dol, arr. de St.-Malo. = Dol.

BAGUETTE, s. f. Branche de coudrier, d'osier ou de jonc, mince et longue; verge de bois, de fer ou de baleine, pour bourrer un fusil; verge attachée à une fusée pour la faire monter en ligne droite; bâton pour battre le tambour. —, moulure ronde imitant une baguette. T. d'archit. Commander à la —, impérieusement. Fig. Passer par les —, par les verges.

BAGUIER, s. m. Ecrin, petit coffre pour serrer les bagues.

BAH! interj. Exprime l'étonnement, le doute, la négation, le mépris, le dédain.

BAHAIS, s. m. Com. du dép. de la Manche, cant. de St.-Jean-de-Daye, arr. de St.-Lo. = St.-Lo.

BAHO, s. m. Com. du dép. des Pyrénées-Orientales, cant. et arr. de Perpignan. = Perpignan.

BAHUS-JUZAN, s. m. Village du dép. des Landes, cant. et arr. de St.-Sever. = St.-Sever.

BAHUS-SOUBIRAN, s. m. Com. du des Landes, cant. d'Aire, arr. de St.-Sever. = Aire-sur-l'Adour.

BAHUT, s. m. Coffre couvert de cuir et de clous dont le couvercle est voûté; vieux coffre. —, profil bombé de l'appui d'un quai. T. d'archit. —, forme bombée d'une couche. T. de jardin.

BAHUTIER, s. m. Fabricant de bahuts, de malles; layetier.

BAI, E, adj. Rouge brun; cheval bai, jument baie.

BAIDAR, s. m. Canot russe couvert en cuir, dont on se sert au Kamtschatka.

BAIE, s. f. Rade, petit golfe, bras de mer entre deux terres. —, fruit charnu ou pulpeux qui renferme la semence. T. de bot. —, ouverture dans un mur pour y pratiquer une fenêtre, une porte, etc. T. d'archit. —, bourde, cassade, facétie.

BAIÉ, E, adj. En forme de baie, ou baciforme. T. de bot.

BAIGNAULT, s. m. Com. du dép. de Loir-et-Cher, cant. de Selommes, arr. de Vendôme. = Blois.

BAIGNE, s. m. Com. du dép. de la Haute-Saône, cant. de Scey-sur-Saône, arr. de Vesoul. = Vesoul.

BAIGNÉ, E, part. Qui a été mis dans un bain.

BAIGNEAUX, s. m. Com. du dép. d'Eure-et-Loir, cant. d'Orgères, arr. de Châteaudun. = Artenay.

BAIGNEAUX, s. m. Com. du dép. de la Gironde, cant. de Targon, arr. de la Réole. = Cadillac.

BAIGNER, v. a. Mettre dans le bain, jeter dans l'eau. —, couler auprès de; la Seine baigne les murs de Paris; la mer baigne les côtes de Normandie. —, arroser, mouiller; baigner son lit de pleurs. —, v. n. Etre plongé, tremper long-temps dans un fluide. Se —, v. pron. Prendre un bain, se jeter dans l'eau pour s'y livrer au plaisir de la natation ou pour se laver. Se — dans le sang, les larmes; se plaire à répandre le sang, à faire verser des larmes.

BAIGNES, s. f. Com. du dép. de la Charente, chef-lieu de cant. de l'arr. de Barbézieux. Bur. d'enregist.=la Graule. Comm. considérable de bœufs et de porcs pour l'approvisionnement de Bordeaux.

BAIGNEUR, EUSE, s. Celui, celle qui se baigne, ou qui tient des bains publics.

BAIGNEUX-LES-JUIFS, s. m. Com. du dép. de la Côte-d'Or, chef-lieu de cant. de l'arr. de Châtillon. Bur. d'enregist. et de poste.

BAIGNEVILLE, s. f. Com. du dép. de la Seine-Inférieure, cant. de Goderville, arr. du Havre. = Fécamp.

BAIGNOIR, s. m. Lieu où l'on va se baigner.

BAIGNOIRE, s. f. Vaisseau oblong pour prendre des bains; bain d'étuviste; poêle d'hongroyeur.

BAIGNOLLET, s. m. Com. du dép. d'Eure-et-Loir, cant. de Voves, arr. de Chartres. = Bonneval.

BAIGORRY, s. m. Vallée du dép. des Basses-Pyrénées, arr. de Mauléon. Cette vallée, d'environ 5 l. de long sur 4 de large, renferme plusieurs villages. On y remarque des mines de cuivre très abondantes, des fonderies, et autres ateliers nécessaires à l'exploitation de ces mines.

BAIGTS, s. m. Com. du dép. des Landes, cant. de Mugron, arr. de St.-Sever. = St.-Sever.

BAIGTS, s. m. Com. du dép. des Basses-Pyrénées, cant. et arr. d'Orthez. = Orthez.

BAÏKALITE, s. f. Espèce de grammatite. T. d'hist. nat.

BAIL, s. m. Location; contrat par lequel on cède la jouissance d'une maison, d'une propriété, pour un temps déterminé, moyennant un prix payable à certaine époque de l'année; bail à loyer, à rente, à vie. — emphytéotique, à longues années.

BAILE, s. m. Titre que prenait l'ambassadeur de la république de Venise à la Porte; autrefois, juge royal.

BAILLARD, s. m. Brancard de teinturier pour égoutter les soies.

BAILLARGE, s. m. Sorte de blé.

BAILLARGUES-ET-COLOMBIERS, s. f. Com. du dép. de l'Hérault, cant. de Castries, arr. de Montpellier. = Montpellier.

BAILLASBATS, s. m. Com. du dép. du Gers, cant. et arr. de Lombez. = Lombez.

BAILLE, s. f. Moitié d'un tonneau en forme de baquet.

BAILLÉ, s. m. Com. du dép. d'Ille-et-Vilaine, cant. de St.-Brice, arr. de Fougères. = St.-Aubin-du-Cormier.

BAILLÉ, E, part. Donné à bail.

BAILLEAU-LE-PIN, s. m. Com. du dép. d'Eure-et-Loir, cant. d'Illiers, arr. de Chartres. = Chartres.

BAILLEAU-L'ÉVÊQUE, s. m. Com. du dép. d'Eure-et-Loir, cant. et arr. de Chartres. = Chartres.

BAILLEAU-SOUS-GALLARDON, s. m. Com. du dép. d'Eure-et-Loir, cant. de Maintenon, arr. de Chartres. = Gallardon.

BAILLE-BLÉ, s. m. Tringle qui fait tomber le blé sur la meule d'un moulin à farine.

BÂILLEMENT, s. m. Action de bâiller; hiatus. T. de gramm.

BÂILLER, v. n. Ouvrir involontairement la bouche. —, s'entr'ouvrir, être mal joint. — aux corneilles, regarder la bouche béante.

BAILLER, v. a. Donner, livrer. Vous me la baillez belle, vous voulez m'en faire accroire. T. fam.

BAILLÈRE, s. f. Plante corymbifère. T. de bot.

BAILLET, adj. Se dit d'un cheval à poil roux, tirant sur le blanc.

BAILLET, s. m. Com. du dép. de Seine-et-Oise, cant. d'Ecouen, arr. de Pontoise. = Moisselles.

BAILLEUL, s. m. Agent, gouverneur. —, opérateur qui réduit les fractures. (Vi.)

BAILLEUL, s. m. Com. du dép. de l'Eure, cant. de St.-André, arr. d'Evreux. = Evreux.

BAILLEUL, s. m. Ville du dép. du Nord, chef-lieu de deux cant. de l'arr. de Hazebrouck. Bur. d'enregist. et de poste.

Fabriques de draps, ratines, dentelles, linge de table, faïence, savon noir; huileries et genièvreries.

BAILLEUL, s. m. Com. du dép. de l'Orne, cant. de Trun, arr. d'Argentan. = Argentan.

BAILLEUL (le), s. m. Com. du dép. de la Sarthe, cant. de Malicorne, arr. de la Flèche. = la Flèche.

BAILLEUL, s. m. Com. du dép. de la Seine-Inférieure, cant. de Londinières, arr. de Neufchâtel. = Neufchâtel.

BAILLEUL, s. m. Com. du dép. de la Somme, cant. de Hallencourt, arr. d'Abbeville. = Abbeville.

BAILLEUL-AUX-CORNOUAILLES, s. m. Com. du dép. du Pas-de-Calais, cant. d'Aubigny, arr. de St.-Pol. = St.-Pol.

BAILLEUL-LA-VALLÉE, s. m. Com. du dép. de l'Eure, cant. de Cormeilles, arr. de Pont-Audemer. = Lieurey.

BAILLEUL-LE-SOC, s. m. Com. du dép. de l'Oise, cant. et arr. de Clermont. = Pont-Ste.-Maixence.

BAILLEUL-LES-PERNES, s. m. Com. du dép. du Pas-de-Calais, cant. de Heuchin, arr. de St.-Pol. = St.-Pol.

BAILLEUL-SUR-BERTHOULT, s. m. Com. du dép. du Pas-de-Calais, cant. de Vimy, arr. d'Arras. = Arras.

BAILLEUL-SUR-THERAIN, s. m. Com. du dép. de l'Oise, cant. de Niviller, arr. de Beauvais. = Beauvais.

BÂILLEUR, s. m. Celui qui est sujet à bâiller.

BAILLEUR, s. m. Celui qui donne à bail; s. f. Bailleresse.

BAILLEUX-LES-FISMES, s. m. Com.

du dép. de la Marne, cant. de Fismes, arr. de Reims. = Fismes.

BAILLEUX-SOUS-CHÂTILLON, s. m. Com. du dép. de la Marne, cant. de Châtillon, arr. de Reims. = Dormans.

BAILLEVAL, s. m. Com. du dép. de l'Oise, cant. de Liancourt, arr. de Clermont. = Liancourt.

BAILLI, s. m. Officier royal d'épée qui commandait l'arrière-ban, et au nom duquel on rendait la justice dans un certain ressort. —, officier royal de robe longue dont les appels ressortissaient au parlement. —, juge seigneurial; titre de dignité dans l'ancien ordre de Malte, au-dessus de celui de commandeur. —, magistrat en Suisse et en Allemagne.

BAILLIAGE, s. m. Tribunal; sa juridiction; maison où le bailli rendait la justice.

BAILLIVE, s. f. L'épouse du bailli.

BÂILLON, s. m. Objet qu'on met dans la bouche pour empêcher de crier, ou dans la gueule pour empêcher de mordre.

BÂILLONNÉ, E, part. Se dit de quelqu'un auquel on a mis un bâillon dans la bouche.

BÂILLONNER, v. a. Mettre un bâillon; imposer silence. Fig. On veut bâillonner la presse. — une porte, la bâcler.

BAILLOQUE, s. f. Plume d'autruche blanche et brune.

BAILLŒULMONT, s. m. Com. du dép. du Pas-de-Calais, cant. de Beaumetz-les-Loges, arr. d'Arras. = Arras.

BAILLŒULVAL, s. m. Com. du dép. du Pas-de-Calais, cant. de Beaumetz-les-Loges, arr. d'Arras. = Arras.

BAILLOLET, s. m. Com. du dép. de la Seine-Inférieure, cant. de Londinières, arr. de Neufchâtel. = Neufchâtel.

BAILLOU, s. m. Com. du dép. de Loir-et-Cher, cant. de Montdoubleau, arr. de Vendôme. = Montdoubleau.

BAILLY, s. m. Com. du dép. de l'Oise, cant. de Ribécourt, arr. de Compiègne. = Ribécourt.

BAILLY, s. m. Com. du dép. de Seine-et-Oise, cant. de Marly-le-Roi, arr. de Versailles. = Versailles.

BAILLY, s. m. Village du dép. de l'Yonne, cant. et arr. d'Auxerre. = Auxerre.

BAILLY-AUX-FORGES, s. m. Com. du dép. de la Haute-Marne, cant. et arr. de Vassy. = Vassy.

BAILLY-CARROIS, s. m. Com. du dép. de Seine-et-Marne, cant. de Mormans, arr. de Melun. = Nangis.

BAILLY-EN-CHAMPAGNE, s. m. Com. du dép. de la Seine-Inférieure, cant. de Londinières, arr. de Neufchâtel. = Neufchâtel.

BAILLY-EN-RIVIÈRE, s. m. Com. du dép. de la Seine-Inférieure, cant. d'Envermeu, arr. de Dieppe. = Dieppe.

BAILLY-LE-FRANC, s. m. Com. du dép. de l'Aube, cant de Chavanges, arr. d'Arcis-sur-Aube. = Brienne.

BAILLY-ROMAINVILLIERS, s. m. Com. du dép. de Seine-et-Marne, cant. de Crécy, arr. de Meaux. = Lagny.

BAIN, s. m. Eau ou autre liquide dans lequel on se baigne; bain chaud, froid. —, baignoire; eau de bain; lieu où l'on prend ce bain. —, cuve de teinturier remplie d'eau et de drogues; métal dans un état de fusion parfaite. —, ce dans quoi l'on plonge un vaisseau pour distiller. T. de chim. — de vapeur, vapeur qui s'exhale d'un mélange de plantes et de liqueurs en ébullition. T. de méd. — marie, eau bouillante dans laquelle on plonge un vase qui contient un mets qu'on veut faire chauffer doucement. —, pl. Eaux minérales, sulfureuses, ferrugineuses, qui ont des propriétés salutaires; les bains de Bourbonne, de Bagnères, etc.

BAIN, s. m. Com. du dép. d'Ille-et-Vilaine, chef-lieu de cant. de l'arr. de Redon. Bur. d'enregist. et de poste.

Fabriques de serges et d'étoffes de laine.

BAINCTUN, s. m. Com. du dép. du Pas-de-Calais, cant. et arr. de Boulogne. = Boulogne.

BAINGHEN, s. m. Com. du dép. du Pas-de-Calais, cant. de Desvres, arr. de Boulogne. = Samer.

BAINS, s. m. Com. du dép. d'Ille-et-Vilaine, cant. et arr. de Redon. = Redon.

BAINS, s. m. Com. du dép. de la Haute-Loire, cant. de Solignac-sur-Loire, arr. du Puy. = le Puy.

BAINS (les), s. m. pl. Com. du dép. des Pyrénées-Orientales, cant. d'Arles, arr. de Céret. = Arles-sur-Tech.

Ce village est situé auprès du fort les Bains, qui commande la route de Perpignan à Campredon. Au pied du fort, où réside un officier d'artillerie, se trouvent trois sources d'eaux thermales qui sont très fréquentées dans la belle saison. On suppose que le bassin où l'on se baigne est l'ouvrage des Romains.

Forges à la Catalane.

BAINS, s. m. Com. du dép. des Vosges, chef-lieu de cant. de l'arr. d'Epinal. Bur. d'enregist. et de poste.

Cette com., comme la précédente, possède des eaux minérales et thermales favorables dans les affections rhumatismales.

Fabriques considérables de fer-blanc; forges, aciéries et tréfileries de fer et d'acier.

BAINS-DE-RENNES (les), s. m. pl. Com. du dép. de l'Aude, cant. de Couiza, arr. de Limoux. = Limoux.

On y trouve cinq sources d'eaux minérales et thermales, des débris de monumens, des urnes, des médailles et autres objets d'antiquité qui semblent indiquer que ces bains ont été originairement établis par les Romains.

BAINS-DU-MONT-D'OR, s. m. Com. du dép. du Puy-de-Dôme, cant. de Besse, arr. d'Issoire. = Clermont.

BAINVILLE, s. f. Com. du dép. des Vosges, cant. de Dompaire, arr. de Mirecourt. = Mirecourt.

BAINVILLE-AUX-MIROIRS, s. f. Com. du dép. de la Meurthe, cant. d'Haroué, arr. de Nancy. = Charmes.

BAINVILLE-SUR-MADON, s. f. Com. du dép. de la Meurthe, cant. et arr. de Toul. = Nancy.

BAÏONNETTE, s. f. Voy. BAYONNETTE.

BAÏOQUE ou BAJOQUE, s. f. Petite monnaie d'Italie qui vaut 5 cent., un sou.

BAÏRAM ou BEÏRAM, s. f. Fête solennelle des Turcs à la fin du ramadan.

BAIRAN-ET-LE-MONT-DIEU, s. m. Com. du dép. des Ardennes, cant. de Raucourt, arr. de Sedan. = Sedan. Haut-fourneau, fonderies et laminoirs; forges.

BAIS, s. m. Com. du dép. d'Ille-et-Vilaine, cant. de la Guerche, arr. de Vitré. = la Guerche.

BAIS, s. m. Com. du dép. de la Mayenne, chef-lieu de cant. de l'arr. de Mayenne. Bur. d'enregist. à Vilaine. = Mayenne.

BAISE (la), s. f. Rivière qui descend d'un plateau au-dessus de la com. de Lannemezan, arr. d'Oloron. Elle se jette dans la Garonne, vis-à-vis d'Aiguillon, après un cours d'environ 40 l.

Sa navigation commence à Nérac, ville du dép. de Lot-et-Garonne.

BAISE (la), s. f. Petite rivière dont la source se trouve près de Bèze, dép. de la Côte-d'Or, et qui se jette dans la Saône, au-dessous de Pontarlier.

BAISÉ, E, part. Embrassé; qui a reçu un ou plusieurs baisers.

BAISE-MAIN, s. m. Hommage que le vassal rendait à son seigneur en lui baisant la main. —, pl. Complimens, recommandations. (Vi.) A belles —, avec soumission et supplication.

BAISEMENT, s. m. Action de baiser la mule du pape, sa pantoufle.

BAISER, v. a. Appliquer ses lèvres sur le visage en signe d'affection, de tendresse; embrasser; il se dit aussi des choses que l'on baise en signe de vénération; baiser les reliques. — les mains, saluer. — le derrière de la vieille, ne pas prendre un point au jeu. T. fam. Se —, v. récip. Se donner un baiser, des baisers; s'embrasser. Se —, se toucher, se joindre, en parlant des choses.

BAISER, s. m. Action de celui qui baise, qui embrasse, qui donne l'accolade. — de Judas, de traître.

BAISEUR, EUSE, s. Celui, celle qui se plaît ou qui a l'habitude de donner des baisers.

BAISIEUX, s. m. Com. du dép. du Nord, cant. de Lannoy, arr. de Lille. = Lille.

BAISOTTÉ, E, part. Qui a reçu beaucoup de petits baisers. T. fam.

BAISOTTER, v. a. Baiser, donner de petits baisers. T. fam.

BAISSE, s. f. dépréciation du papier monnaie, des effets publics ou de commerce. Jouer à la —, jouer, spéculer sur la diminution des papiers publics.

BAISSÉ, E, part. Abaissé, diminué, mis plus bas.

BAISSER, v. a. Abaisser, diminuer de hauteur, mettre, rendre plus bas. — la voix, parler plus bas. — l'oreille, se décourager. — pavillon, céder, déférer. Fig. —, v. n. Devenir plus bas; les eaux baissent. —, aller en diminuant, décroître; les jours baissent. Se —, v. pron. Se courber.

BAISSEY, s. m. Com. du dép. de la Haute-Marne, cant. de Longeau, arr. de Langres. = Langres.

BAISSIER, s. m. Joueur à la baisse. T. d'agiot.

BAISSIÈRE, s. f. Reste du vin trouble et de mauvaise qualité qui se trouve sur la lie.

BAISSOIRS, s. m. pl. Réservoirs d'eau de salines.

BAISURE, s. f. Endroit du pain qui touchait à un autre dans le four, et qui est moins cuit.

BAIVES, s. f. Com. du dép. du Nord, cant. de Trélon, arr. d'Avesnes. = Avesnes.

BAIX, s. m. Com. du dép. de l'Ardèche, cant. de Chomérac, arr. de Privas. = Privas.

BAIXAS, s. m. Com. du dép. des Pyrénées-Orientales, cant. de Rivesaltes, arr. de Perpignan. = Perpignan.

BAIZIEUX, s. m. Com. du dép. de la Somme, cant. de Corbie, arr. d'Amiens. = Albert.

BAIZIL (le), s. m. Com. du dép. de la Marne, cant. de Montmort, arr. d'Epernay. = Epernay.

BAJAMONT, s. m. Com. du dép. de Lot-et-Garonne, cant. et arr. d'Agen. = Agen.

BAJANDE, s. f. Com. du dép. des Pyrénées-Orientales, cant. de Saillagousse, arr. de Prades. = Mont-Louis.

BAJASAGO, s. m. Plante de l'Inde. T. de bot.

BAJEUX, s. m. Com. du dép. du Pas-de-Calais, cant. d'Aubigny, arr. de St.-Pol. = Arras.

BAJOIRE, s. f. Médaille, monnaie empreinte de deux têtes en profil.

BAJONNETTE, s. f. Com. du dép. du Gers, cant. de Mauvesin, arr. de Lectoure. = Fleurance.

BAJOU, s. m. La plus haute des planches du gouvernail d'un bateau foncet, le plus grand des bateaux de rivière.

BAJOUE, s. f. Partie de la tête d'un porc, depuis l'œil jusqu'à la mâchoire. —, grosse joue flasque et pendante. T. fam. —, éminence au tire-plomb, rouet pour tirer le plomb. T. de vitr.

BAJOYÈRES, s. f. pl. Murs latéraux d'une écluse. T. d'hydraul.

BAKKA, s. m. Chanvre de l'Inde. T. de bot.

BAKKA-MUNA, s. m. Oiseau de proie de l'île de Ceylan, du genre des chats-huans.

BAL, s. m. Réunion joyeuse de jeunes gens qui dansent ou regardent danser ; la salle de danse; bal masqué, champêtre. Donner le —, maltraiter. T. fam. Mettre le — en train, commencer une affaire, la guerre, etc.

BALACET, s. m. Com. du dép. de l'Ariège, cant. de Castillon, arr. de St.-Girons. = St.-Girons.

BALADIN, s. m. Bouffon, ignoble farceur.

BALADINAGE, s. m. Grossière plaisanterie, niaiseries bouffonnes.

BALADOU, s. m. Village du dép. du Lot, com. de Creysse, cant. de Martel, arr. de Gourdon. = Martel.

BALAFA, ou BALAFO et BALARD, s. m. Instrument de musique garni de calebasses, espèce de claquebois dont jouent les nègres.

BALAFRE, s. f. Longue et profonde cicatrice au visage.

BALAFRÉ, E, part. Qui a reçu un ou plusieurs balafres.

BALAFRER, v. a. Appliquer un coup de sabre, faire une ou plusieurs halafres.

BALAGNAS, s. m. Com. du dép. des Hautes-Pyrénées, cant. et arr. d'Argelès. = Argelès.

BALAGNY-SUR-AUNETTE, s. m. Com. du dép. de l'Oise, cant. et arr. de Senlis. = Senlis.

BALAGNY-SUR-THÉRAIN, s. m. Com. du dép. de l'Oise, cant. de Neuilly-en-Thel, arr. de Senlis. = Clermont.

BALAGUÈRES, s. f. Com. du dép. de l'Ariège, cant. de Castillon, arr. de St.-Girons. = St.-Girons.

BALAGUIER, s. m. Com. du dép. de l'Aveyron, cant. d'Asprières, arr. de Villefranche. = Rignac.

BALAGUIER, s. m. Com. du dép. de l'Aveyron, cant. de St.-Sernin, arr. de St.-Affrique. = St.-Sernin.

BALAI, s. m. Petit faisceau de bouleau, de bruyère, de crin, emmanché, pour nettoyer les appartemens, les rues. Rôtir le —, faire la débauche, s'abandonner au libertinage. —, instrument de chirurgie pour débarrasser l'œsophage. T. de chir. —, espèce de pinceau pour peindre sur verre. —, la queue de l'oiseau. T. de fauc. —, la queue du chien. T. de vèner.

BALAIEMENT, s. m. Action de balayer.

BALAIS, adj. m. Rubis de couleur de vin paillet.

BALAISEAUX, s. m. Com. du dép. du Jura, cant. de Chaussin, arr. de Dôle. = Dôle.

BALAIVES, s. f. Com. du dép. des Ardennes, cant. de Flize, arr. de Mézières. = Mézières.

BALAN, s. m. Com. du dép. des Ardennes, cant. et arr. de Sedan. = Sedan.

BALAN, s. m. Com. du dép. des Ardennes, cant. de Montluel, arr. de Trévoux. = Montluel.

BALAN, s. m. Com. du dép. de la Charente-Inférieure, cant. de Matha, arr. de St.-Jean-d'Angely. = St-Jean-d'Angely.

BALANCE, s. f. Instrument pour peser, composé d'un arbre, d'un fléau et de deux bassins pour recevoir, l'un les poids et l'autre la marchandise. —, ce qui sert à peser, à comparer ; les raisons pour et contre. —, incertitude, irrésolution ; être en balance. Mettre dans la —, examiner le pour et le contre, comparer. — Etat final de compte, solde de compte. —, l'un des signes du zodiaque.

BALANCE (l'île de la), s. f. Cette île est située dans l'Océan, sur la côte occidentale du dép. du Finistère, arr. de Brest, à une lieue d'Ouessant, et à 4 N.-O. de la pointe St.-Mathieu.

BALANCÉ, E, part. Tenu en équilibre, examiné, pesé, comparé. —, s. m. Pas que l'on fait en se balançant. T. de danse.

BALANCEMENT, s. m. Action de se balancer ; mouvement alternatif d'un corps qui balance. — Hésitation. Fig. —, tremblement. T. de mus.

BALANCER, v. a. Tenir en équilibre, faire mouvoir en balançant. —, examiner, peser le pour et le contre. —, tenir en suspens, rendre incertain. Fig. —, compenser ; balancer la perte et le gain. —, v. n. Etre en suspens, irrésolu, hésiter. —, pencher tantôt d'un côté, tantôt de l'autre. Se —, v. pron. Se pencher en marchant, tantôt à droite, tantôt à gauche ; monter sur une balançoire que l'on met en mouvement soi-même ou que d'autres font aller et venir au moyen de cordages. Se —, planer dans les airs sans que l'œil puisse apercevoir le mouvement des ailes, en parlant d'un oiseau de proie. T. de fauc.

BALANCIER, s. m. Moteur dont l'oscillation avance ou retarde la marche d'une pendule ; machine pour frapper la monnaie et pour estamper. —, mécanicien qui fabrique des balances ; marchand qui en fait commerce. —, long bâton dont se servent les danseurs de corde pour se tenir en équilibre. —, anneau pour suspendre une boussole, un compas. —, librament, filet mobile et très mince aux ailes des insectes diptères. T. d'hist. nat.

BALANCINE, s. f. Cordage attaché aux extrémités d'une vergue pour lui faire prendre une position horizontale ou inclinée. — de chaloupe, cordage qui soutient le gui.

BALANÇOIRE, s. f. Pièce de bois en équilibre sur un point d'appui élevé et sur chacun des bouts de laquelle les amateurs se mettent à cheval pour se balancer ; corde attachée à deux arbres pour se balancer.

BALANÇONS, s. m. pl. Bois de sapin débités en détail.

BALANCOURT, s. m. Com. du dép. de Seine-et-Oise, cant. et arr. de Corbeil.= la Ferté-Aleps.

BALANDRAS ou **BALANDRAN**, s. m. Espèce de capote de militaire ; casaque de campagne. (Vi.)

BALANDRE, s. f. Bâtiment de transport. T. de mar.

BALANES, s. m. pl. Glands de mer, genre de mollusques acéphales, multivalves. T. d'hist. nat.

BALANITE, s. f. Gland de mer fossile. Pl. Mollusques acéphales. T. d'hist. nat.

BALANOD, s. m. Com. du dép. du Jura, cant. de St.-Amour, arr. de Lons-le-Saulnier. = St.-Amour.

BALANSUN, s. m. Com. du dép. des Basses-Pyrénées, cant. et arr. d'Orthez. = Orthez.

BALANT, s. m. Partie de la corde qui n'est point tendue, hâlée. T. de mar.

BALANUS, s. m. Tête du pénis, le gland. T. d'anat.

BALANZAC, s. m. Com. du dép. de la Charente-Inférieure, cant. de Saujon, arr. de Saintes. = Saujon.

BALAOU, s. m. Espèce de goëlette, navire dont on se sert aux Antilles. T. de mar. —, petit poisson d'Amérique. T. d'hist. nat.

BALARUC-LES-BAINS, s. m. Com. du dép. de l'Hérault, cant. de Frontignan, arr. de Montpellier. = Montpellier.
Cette com. possède des eaux thermales qui y attirent beaucoup de monde dans la saison des bains. Ces eaux, dont la température varie de 42 à 43°, sont stomachiques et toniques ; elles sont surtout efficaces dans les affections rhumatismales et dans les douleurs occasionnées par d'anciennes blessures.

BALASÉE, s. f. Toile de coton qu'on fabrique à Surate.

BALASSE, s. f. Couette, lit de plume ou de balle d'avoine.

BALASSOR, s. m. Belle étoffe des Indes, fabriquée avec l'écorce d'arbres.

BALAST, s. m. Lest pour tenir le navire en équilibre. T. de mar.

BALASTRIS, s. m. pl. Drap d'or de Venise.

BALATAS, s. m. Grand arbre de la Guiane. T. de bot.

BALATRE, s. m. Com. du dép. de la Somme, cant. de Roye, arr. de Montdidier. = Roye.

BALAUSTE, s. f. Fruit ou fleurs doubles du grenadier sauvage.

BALAUSTIER, s. m. Grenadier sauvage.

BALAYAGE, s. m. Action de balayer ; son effet.

BALAYÉ, E, part. Nettoyé avec un balai.

BALAYER, v. a. Enlever les ordures à l'aide d'un balai, nettoyer ; balayer un escalier, une chambre. —, dissiper, chasser, mettre en fuite ; balayer la campagne, chasser l'ennemi. — les pirates, en purger les mers. T. de mar.

BALAYEUR, EUSE, s. Celui, celle qui balaie, qui est chargé du balayage ; balayeur des rues.

BALAYSSAGUES, s. f. Com. du dép. de Lot-et-Garonne, cant. de Duras, arr. de Marmande. = Marmande.

BALAYURES, s. f. pl. Ordures ramassées avec le balai. — de mer, ce qu'elle jette sur le rivage.

BALAZÉ, s. m. Com. du dép. d'Ille-et-Vilaine, cant. et arr. de Vitré. = Vitré.

BALAZUC, s. m. Com. du dép. de l'Ardèche, cant. de Vallon, arr. de Largentière. = Largentière.

BALBIGNY, s. m. Com. du dép. de la Loire, cant. de Néronde, arr. de Roanne. = St.-Symphorien-de-Lay.

BALBIN, s. m. Com. du dép. de l'Isère, cant. de la Côte-St.-André, arr. de Vienne. = la Côte-St.-André.

BALBUSARD ou BALBUZARD, s. m. Oiseau de proie, aigle-pêcheur, corbeau-pêcheur.

BALBUTIÉ, E, part. Bredouillé, embrouillé.

BALBUTIEMENT, s. m. Action de balbutier, prononciation vicieuse.

BALBUTIER, v. a. Bredouiller, exprimer d'une manière inintelligible; balbutier un compliment. —, v. n. Prononcer en hésitant, articuler avec peine; parler confusément et sans connaissance. Fig.

BALCON, s. m. Saillie avec balustrade sur la façade d'une maison; prolongement de la galerie jusqu'à l'avant-scène dans une salle de spectacle. —, pl. Galeries couvertes à l'arrière du vaisseau. T. de mar.

BALDAQUIN, s. m. Ciel de lit, sorte de dais au-dessus d'un lit, d'un trône, d'un catafalque, d'un autel. —, ouvrage à colonnes au-dessus d'un autel. T. d'arch.

BALDENHEIM, s. m. Com. du dép. du Bas-Rhin, cant. de Marckolsheim, arr. de Schelestat. = Marckolsheim.

BALDERSHEIM, s. m. Com. du dép. du Haut-Rhin, cant. d'Habsheim, arr. d'Altkirch. = Mulhausen.

BALDOUR, s. m. Com. du dép. de l'Aveyron, cant. de Ste.-Geneviève, arr. d'Espalion. = Espalion.

BÂLE, s. m. Ville capitale d'un cant. de la Suisse qui confine à la France et à la Souabe.

BALEINAS, s. m. Le membre d'une baleine mâle. T. d'hist. nat.

BALEINE, s. f. Le plus gros des poissons de mer, cétacé mammifère qui atteint jusqu'à 30 et 40 mètres de longueur; fanons de ce cétacé qui servent à divers usages; baleine de corset, de parapluie. —, constellation australe près des poissons. T. d'ast.

BALEINE (la), s. f. Com. du dép. de la Manche, cant. de Gavray, arr. de Coutances. = Coutances.

BALEINÉ, E, adj. Se dit d'un corset garni de baleines.

BALEINEAU, s. m. Petit d'une baleine.

BALEINIER, s. m. Vaisseau employé à la pêche de la baleine. T. de mar.

BALEINOPTÈRES, s. m. pl. Genre de testacés. T. d'hist. nat.

BALEIX, s. m. Com. du dép. des Basses-Pyrénées, cant. de Montaner, arr. de Pau. = Vic.

BALESME, s. m. Com. du dép. d'Indre-et-Loire, cant. de la Haye, arr. de Loches. = la Haye-Descartes.

BALESMES, s. m. Com. du dép. de la Haute-Marne, cant. et arr. de Langres. = Langres.

BALESTA, s. m. Com. du dép. de la Haute-Garonne, cant. de Montrejeau, de St.-Gaudens. = St.-Gaudens.

BALESTON, s. m. Perche qui traverse une voile pour la tenir déployée; livarde.

BALESTRILLE, s. f. Voy. ARBALESTRILLE.

BALÈVRE, s. f. Lèvre inférieure; barbure de métal. —, saillie, ce qui excède d'une pierre près d'un joint dans le parement d'un mur. T. d'archit.

BALGAU, s. m. Com. du dép. du Haut-Rhin, cant. de Neufbrisack, arr. de Colmar. = Neufbrisack.

BALHAM, s. m. Com. du dép. des Ardennes, cant. d'Asfeld, arr. de Rethel. = Rethel.

BALI, s. m. Serpent à points bruns; poisson. T. d'hist. nat. — ou balie, s. f. Langue savante des Siamois, des Brames; sanscrit.

BALIARD, s. m. Village du dép. de l'Ariège, cant. de St.-Lizier, arr. de St.-Girons. = St.-Lizier.

BALICASSE, s. m. Choucas des Philippines, espèce de corbeau dont le chant est agréable. T. d'hist. nat.

BALIGNAC, s. m. Com. du dép. de Tarn-et-Garonne, cant. de Lavit, arr. de Castel-Sarrasin. = St.-Nicolas de la Grave.

BALIGNICOURT, s. m. Com. du dép. de l'Aube, cant. de Chavanges, arr. d'Arcis-sur-Aube. = Brieune.

BALIN, s. m. Grand drap qu'on étend dans une grange pour recevoir le grain qu'on nettoie en le jetant dans l'aire avec une pelle.

BALINE, s. f. Grosse étoffe de laine pour emballage.

BALINES, s. f. Com. du dép. de l'Eure, cant. de Verneuil, arr. d'Evreux. = Verneuil.

BALINGHEM, s. m. Com. du dép. du Pas-de-Calais, cant. d'Ardres, arr. de St.-Omer. = Ardres.

BALIRAC, s. m. Com. du dép. des Basses-Pyrénées, cant. de Garlin, arr. de Pau. = Pau.

BALIROS, s. m. Com. du dép. des Basses-Pyrénées, cant. de Nay, arr. de Pau. = Pau.

BALISAGE, s. m. Nettoiement d'une rivière.

BALISCORNE ou BASSICONDE, s. f. poids de fer sur la caisse d'un soufflet de forge.

BALISE, s. f. Marque pour indiquer les écueils dans le voisinage des côtes. —, Chemin pour le halage.

BALISÉ, E, part. Garni de balises, d'indications pour éviter les écueils.

BALISER, v. a. Placer des balises, mettre des pieux ou des tonneaux pour indiquer les écueils.

BALISEUR, s. m. Inspecteur de la navigation chargé de veiller à ce que les riverains n'empiètent pas sur le chemin de halage.

BALISIER, s. m. Genre de plantes des Indes, dont la canne d'Inde est une espèce. Les racines de ces plantes, naturalisées en France, sont détersives et diurétiques. T. de bot.

BALISTAIRE, s. m. Chez les Grecs et les Romains, conservateur des armes de guerre.

BALISTE, s. f. Machine de guerre pour lancer des pierres dans l'antiquité. —, genre de poissons cartilagineux. T. d'hist. nat.

BALISTIQUE, s. f. Art de calculer le jet d'un projectile, la courbe que doit décrire une bombe, un obus, etc.

BALIVAGE, s. m. Choix et marque des baliveaux à conserver. T. d'eaux et for.

BALIVEAU, s. m. Jeune arbre réservé dans la coupe d'un taillis ; chêne au-dessous de quarante ans. T. d'eaux et for.

BALIVERNE, s. f. Sornette, discours frivole. T. fam.

BALIVERNER, v. n. S'occuper de balivernes.

BALIZAC, s. m. Com. du dép. de la Gironde, cant. de St.-Symphorien, arr. de Bazas. = Bazas.

BALKANS, s. m. pl. Montagnes de la Turquie d'Europe qui séparent la Romélie de la Servie et de la Bulgarie. Ces montagnes, que les Turcs considéraient comme un boulevart inexpugnable, furent franchies par les Russes dans la dernière guerre.

BALLADE, s. f. Ancienne pièce de poésie française composée de trois couplets et d'un envoi terminé par un refrain. —, chanson de danse. T. fam.

BALLAN, s. m. Poisson du genre du labre. T. d'hist. nat.

BALLAN, s. m. Com. du dép. d'Indre-et-Loire, cant. de Montbazon, arr. de Tours. = Tours.

BALLANT, adj. Pendant ; aller les bras ballans.

BALLARIN, s. m. Espèce de faucon.

BALLAY, s. m. Com. du dép. des Ardennes, cant. et arr. de Vouziers. = Vouziers.

BALLBRONN, s. m. Com. du dép. du Bas-Rhin, cant. de Vasselonne, arr. de Strasbourg. = Molsheim.

BALLE, s. f. Pelote ronde ; petite boule élastique pour jouer à la paume. —, boule de plomb pour charger les armes à feu ; boulet. —, paquet de marchandises, lié et enveloppé. —, coffret de mercelots. Marchandises de —, de peu de valeur. — d'avoine, pellicule qui enveloppe ce grain. —, tampon pour distribuer l'encre sur la forme. T. d'imprimerie. — à feu, sorte de bombe de carton pour incendier ; motte de terre à potier.

BALLE À QUEUE, s. f. Boulet garni d'une queue de fer que l'on fait chauffer pour liquéfier le brai.

BALLEDENT, s. m. Com. du dép. de la Haute-Vienne, cant. de Château-Ponsac, arr. de Bellac. = Bellac.

BALLÉE, s. f. Com. du dép. de la Mayenne, cant. de Grez, arr. de Château-Gontier. = Château-Gontier.

BALLER, v. n. Danser. (Vi.) —, aller les bras ballans, marcher en les abandonnant au mouvement du corps.

BALLERAY, s. m. Com. du dép. de la Nièvre, cant. de Pougues, arr. de Nevers. = Nevers.

BALLEROY, s. m. Com. du dép. du Calvados, chef-lieu de cant. de l'arr. de Bayeux. Bur. d'enregist. et de poste. Fabriques de dentelles. Forges et mines de fer dans les environs.

BALLERSDORFF, s. m. Com. du dép. du Haut-Rhin, cant. et arr. d'Altkirch. = Altkirch.

BALLESTAVY, s. m. Com. du dép. des Pyrénées-Orientales, cant. de Vinça, arr. de Prades. = Perpignan.

BALLET, s. m. Composition théâtrale, danse figurée, exécutée par plusieurs personnes qui représentent par leurs pas et leurs gestes, au son des instrumens et de la voix, une action naturelle ou merveilleuse. — historique, dont le sujet est tiré de l'histoire. — fabuleux, emprunté à la fable.

BALLEVILLE, s. f. Com. du dép. des Vosges, cant. de Châtenois, arr. de Neufchâteau. = Neufchâteau.

BALLINVILLIERS, s. m. Com. du dép. de Seine-et-Oise, cant. de Longjumeau, arr. de Corbeil. = Longjumeau.

BALLON, s. m. Vessie remplie d'air et couverte de cuir pour jouer; aérostat. —, vaisseau à rames dont on se sert dans le royaume de Siam; gros matras servant de récipient. T. de chim.

BALLON, s. m. Com. du dép. de la Charente-Inférieure, cant. d'Aigrefeuille, arr. de Rochefort. = Surgères.

BALLON, s. m. Petite ville du dép. de la Sarthe, chef-lieu de cant. de l'arr. du Mans. Bur. d'enregist. = Beaumont-le-Vicomte.

Comm. de toiles et d'étamines.

BALLONIER, s. m. Fabricant d'aérostats; aéronaute.

BALLONS, s. m. Com. du dép. de la Drôme, cant. de Séderon, arr. de Nyons. = le Buis.

BALLORE, s. m. Com. du dép. de Saône-et-Loire, cant. de Guiche, arr. de Charolles. = St.-Bonnet-de-Joux.

BALLOT, s. m. Gros paquet de marchandises couvert d'une toile d'emballage. Je lui ai donné son —, je lui ai dit son fait. Fig. et fam.

BALLOTS, s. m. Com. du dép. de la Mayenne, cant. de St.-Aignan, arr. de Château-Gontier. = Craon.

BALLOTTADE, s. f. Saut d'un cheval, jetant les pieds en l'air. T. d'équit.

BALLOTTAGE, s. m. Action de ballotter les suffrages entre deux candidats qui ont obtenu le plus de voix; scrutin de ballottage.

BALLOTTE, s. f. Boule pour le scrutin. —, plante labiée odorante et résolutive. T. de bot. —, pl. Hottes, vaisseaux en bois pour la vendange.

BALLOTTÉ, E, part. Joué, trompé.

BALLOTTEMENT, s. m. Action de ballotter.

BALLOTTER, v. a. Tromper quelqu'un, le jouer, l'éconduire, le renvoyer de l'un à l'autre. —, v. n. Donner, compter des ballottes pour le scrutin; aller aux suffrages. —, peloter en attendant partie. T. de jeu de paume. —, mettre en ballots.

BALLOTTIN, s. m. Petit ballot; enfant qui ramasse les balles à la paume.

BALLOY, s. m. Com. du dép. de Seine-et-Marne, cant. de Bray, arr. de Provins. = Bray.

BALMA-ET-ST.-MARTIN, s. f. Com. du dép. de la Haute-Garonne, cant. et arr. de Toulouse. = Toulouse.

BALME (la), s. f. Com. du dép. de l'Ain, cant. d'Izernore, arr. de Nantua. = Cerdon. Verrerie.

BALME (la), s. f. Com. du dép. de l'Isère, cant. de Crémieu, arr. de la Tour-du-Pin. = Crémieu.

BALME D'EPY (la), s. f. Com. du dép. du Jura, cant. de St.-Julien, arr. de Lons-le-Saulnier. = St.-Amour.

BALMELLES, s. f. Com. du dép. de la Lozère, cant. de Villefort, arr. de Mende. = Villefort.

BALMES, s. f. Com. du dép. de la Lozère, cant. de Barre, arr. de Florac. = Florac.

BALNÉABLE, adj. Propre aux bains. T. inus.

BALNOT-LA-GRANGE, s. m. Com. du dép. de l'Aube, cant. de Chaource, arr. de Bar-sur-Seine. = Chaource.

BALNOT-SUR-LAIGNES, s. m. Com. du dép. de l'Aube, cant. des Riceys, arr. de Bar-sur-Seine. = Les Riceys.

Cette comm., sur la rive gauche de la Laignes, est renommée par l'excellente qualité de ses vins.

BALOGNA, s. f. Com. du dép. de la Corse, cant. de Vico, arr. d'Ajaccio. = Ajaccio.

BALOIRE, s. f. Longue pièce de bois qui détermine la forme du vaisseau. T. de mar.

BALOISE, s. f. Tulipe de trois couleurs, rouge, colombin et blanc. T. de fleur.

BALOT, s. m. Com. du dép. de la Côte-d'Or, cant. de Laignes, arr. de Châtillon. = Laignes.

BALOTIN, s. m. Oranger dont le fruit ressemble au citron. T. de bot.

BALOULON, s. m. Bananier. T. de bot.

BALOURD, s. m. Homme grossier, stupide; butor.

BALOURDISE, s. f. Caractère du balourd; grossièreté, sottise, chose dite ou faite maladroitement.

BALSAC, s. m. Com. du dép. de l'Aveyron, cant. de Marsillac, arr. de Rodez. = Rodez.

BALSAMELŒON, s. m. Huile balsamique; baume par excellence.

BALSAMIER, s. m. Genre d'arbres exotiques de la famille des térébinthacées, à suc résineux et balsamique, dont une espèce donne le baume de la Mecque ou de Judée. T. de bot.

BALSAMINE, s. f. Plante cultivée dans les jardins, sorte de géranium.

BALSAMIQUE, adj. Parfumé; qui tient du baume, qui en a les propriétés.

BALSAMITE, s. f. Genre de plantes corymbifères.

BALSAMUM, s. m. Arbre dont on tire le baume.

BALSCHWILLER, s. m. Com. du dép. du haut-Rhin, cant. de Dannemarie, arr. de Belfort. = Belfort.

BALSE, s. f. Radeau de roseaux secs du Pérou. T. de mar.

BALSIÉGES, s. f. Com. du dép. de la Lozère, cant. et arr. de Mende. = Mende. Fabrique de serge et de cadis.

BALTIMORE, s. m. Ville maritime très commerçante de l'Amérique septentrionale. —, oiseau siffleur d'Amérique. T. d'hist. nat. Plante corymbifère du Maryland. T. de bot.

BALTRACAN, s. m. Herbe de Tartarie. T. de bot.

BALTZENHEIM, s. m. Com. du dép. du Haut-Rhin, cant. d'Andolsheim, arr. de Colmar. = Neufbrisack.

BALUETTES, s. f. pl. Baguettes ajustées aux bordures d'un filet. T. de pêch.

BALUSTRADE, s. f. Assemblage de balustres servant d'ornement et de clôture. —, clôture à jour et à hauteur d'appui. T. d'archit.

BALUSTRE, s. m. Petit pilier qui sert d'appui; balustrade.

BALUSTRÉ, E, part. Orné d'une balustrade.

BALUSTRER, v. a. Orner de balustrades.

BALUX, s. m. Sable dans lequel on trouve de l'or.

BALVANE, s. f. Leurre fait en forme de tétras, pour attraper cet oiseau.

BALZAC, s. m. Com. du dép. de la Charente, cant. et arr. d'Angoulême. = Angoulême.

BALZAN, adj. m. Se dit d'un cheval noir ou bai, ayant les pieds blancs.

BALZANE, s. f. Marque blanche au pied d'un cheval.

BAMBECQUE, s. f. Com. du dép. du Nord, cant. de Hondschoote, arr. de Dunkerque. = Bergues.

BAMBIAIE, s. m. Oiseau de Cuba. T. d'hist. nat.

BAMBIDERSTROFF, s. m. Com. du dép. de la Moselle, cant. de Faulquemont, arr. de Metz. = Metz.

BAMBIN, s. m. Petit enfant. T. fam.

BAMBLE, s. f. Espèce de grive fort petite.

BAMBOCHADE, s. f. Petit croquis dans le genre grotesque; composition de sujets populaires. T. de peint.

BAMBOCHE, s. f. Grande marionnette; personne de petite taille; canne à nœuds; bois de bambou. —, pl. Fredaines; faire des bambochies. T. fam.

BAMBOCHEUR, s. m. Débauché, libertin, qui fait des fredaines.

BAMBOU, s. m. Genre de graminées des deux Indes, dans la famille desquelles on remarque un arbre qui s'élève à plus de soixante pieds. La moelle des nouvelles pousses de cet arbre est sucrée; il en découle une liqueur qui se durcit au soleil, et qui offre un véritable sucre. —, canne faite avec les jeunes tiges de cet arbre.

BAMBOURS, s. m. pl. Abeilles de l'île de Ceylan. T. d'hist. nat.

BAMIER, s. m. Plante d'Egypte à gousses pyramidales. T. de bot.

BAN, s. m. Annonce d'un mariage, d'une vente publique, de vendanges, etc. —, convocation de la noblesse à l'époque de la féodalité. —, exil, bannissement; garder, rompre son ban. Mettre au — de l'empire, prononcer la déchéance.

BANAL, E, adj. Qui sert, qui est à tout le monde. Four, moulin —, où les vassaux étaient obligés de faire cuire leur pain et moudre leur grain.

BANALITÉ, s. f. Droit en vertu duquel un seigneur forçait ses vassaux à se servir de son moulin et de son four.

BANANE, s. f. Fruit du bananier. T. de bot.

BANANIER, s. m. Figuier d'Adam, arbre des Indes, dont le fruit est très recherché. La feuille de cet arbre est d'une grandeur extraordinaire. T. de bot.

BANANISTE, s. m. Oiseau d'Amérique. T. d'hist. nat.

BANANIVORE, s. m. Oiseau qui se nourrit de bananes. T. d'hist. nat.

BANARE, s. m. Petit arbre de la Guiane. T. de bot.

BANASSAC, s. m. Com. du dép. de la Lozère, cant. de la Canourgue, arr. de Marvéjols. = la Canourgue.

BANAT, s. m. Com. du dép. de l'Ariège, cant. de Tarascon, arr. de Foix. = Tarascon.

BANC, s. m. Siége de bois ou de pierre dans les jardins, les promenades, etc. — d'église, banc entouré de menuiserie; écueil, roche, amas de sable. T. de mar. —, pl. Etre, se mettre sur les —, faire ses classes, fréquenter les cours. Fig. — d'Hippocrate, machine pour réduire les luxations.

BANCAL, E, adj. Qui a les jambes tournées en dehors ou en dedans.

BANC-ANGLARS, s. m. Com. du dép. de l'Aveyron, cant. de Layssac, arr. de Milhau. = Rignac.

BANCAS, s. m. Palmier des Philippines. T. de bot.

BANCASSE, s. f. Caisson servant de lit et de banc. T. de mar.

BANCELLE, s. f. Petit banc long et étroit.

BANCHE, s. f. Fond de roches tendres et unies dans la mer; pierre tendre et feuilletée; glaise durcie par la mer. —, planche qui sert de moule au pisé.

BANCHÉE, s. f. Matières employées en une fois dans le pisé.

BANCHROFT, s. m. Oiseau mouche de la Guiane. T. d'hist. nat.

BANCHUS, s. m. Insecte hyménoptère. T. d'hist. nat.

BANCIGNY, s. m. Com. du dép. de l'Aisne, cant. et arr. de Vervins. = Vervins.

BANCKSIES, s. f. pl. Plante de la famille des protées. T. de bot.

BANCO, s. m. Mot emprunté à la langue italienne, banque.

BANCOURT, s. m. Com. du dép. du Pas-de-Calais, cant. de Bapaume, arr. d'Arras. = Bapaume.

BANCROCHE, adj. Qui a les jambes tortues. T. fam.

BANDAGE, s. m. Bandes de linge, de cuir, d'acier pour fixer les applications, bander les plaies et les fractures, contenir les hernies; art, manière de bander les plaies. T. de chir. —, garniture de fer autour des roues de voitures.

BANDAGISTE, s. m. Chirurgien herniaire qui fait des bandages pour contenir les hernies.

BANDE, s. f. Morceau de toile, d'étoffe, de cuir, de papier, etc.; lien plat et large de fer, de cuivre pour bander; les côtés du billard. —, troupe, autrefois l'infanterie; les vieilles bandes. —, compagnie; faire bande à part. — joyeuse, réunion de personnes qui se livrent à la gaieté. —, tout ce qui en a la forme. T. d'arts et mét. —, morceau de toile coupée en long, sans ourlet ni lisière, pour lier et bander quelque partie du corps. — roulée à un chef, roulée par un bout; à deux chefs, par les deux bouts. T. de chir. —, côté du navire; être à la bande. T. de mar. — blanche, petite tortue. — d'argent, poisson du genre du clupe. — noire, serpent esculape à bande noire entre les yeux. T. d'hist. nat.

BANDÉ, E, part. Tendu, lié, serré.

BANDEAU, s. m. Bande qui ceint le front, qui couvre les yeux. —, royal, diadème. Avoir un — sur les yeux, être aveuglé par la passion. Fig. —, architrave ou moulure. T. d'archit. —, bande mince. T. de mét.

BANDÉE, s. f. Publication, annonce des vendanges.

BANDÈGE, s. m. Petite table à rebords sans pieds.

BANDELETTE, s. f. Petite bande; moulure, ornement d'architecture. —, pl. Bandeau sacré dont on ornait le front du sacrificateur et celui des victimes.

BANDER, v. a. Lier, serrer avec une bande. —, tendre; bander un arc, un fusil, un pistolet, les mettre en état de tirer. —, assembler les voussoirs. T. d'archit. —, v. n. Etre tendu. Se —, v. pron. S'opposer, se raidir, se soulever contre. Fig.

BANDEREAU, s. m. Cordon auquel est attachée la trompette.

BANDERET, s. m. Chef de troupe. (Vi.)

BANDEROLE, s. f. Espèce d'étendard, d'enseigne, pour ornement.

BAN-DE-SAPT, s. m. Com. du dép. des Vosges, cant. de Senones, arr. de St.-Dié. = St.-Dié.

BAN-DE-VIVIERS, s. m. Com. du dép. de la Moselle, cant. de Longuion, arr. de Briey. = Longuion.

BANDIAT, s. m. Rivière du dép. de la Haute-Vienne, qui a sa source au village de la Chapelle, et qui se perd dans la Tardoire, au-dessous de la Rochefoucauld.

BANDIÈRE, s. f. Bannière. Front de —, front d'une armée en ligne ayant ses drapeaux en tête. (Vi.)

BANDINGUES, s. m. pl. Lignes en tête d'un filet. T. de pêch.

BANDINS, s. m. pl. Lieu où l'on s'appuie quand on est debout sur la poupe d'un navire. T. de mar.

BANDIT, s. m. Vagabond, voleur, homme sans aveu. —, libertin, vaurien.

BANDOIR, s. m. Roue ou poulie pour bander les cordages. T. de mar. Bâton qui passe dans la noix du bandage. T. de mét.

BANDOLS, s. m. Com. du dép. du Var, cant. d'Ollioules, arr. de Toulon. = le Beausset.

Ce village, sur la Méditerranée, jouit des avantages d'un petit port qui paraît être assez fréquenté.

BANDORE, s. f. Luth russe, instrument de musique à cordes.

BANDOULIER, s. m. Brigand embusqué dans les montagnes pour détrousser les voyageurs; gueux, fripon. T. fam.

BANDOULIÈRE, s. f. Bande de cuir pour porter le fusil, le mousqueton; espèce de baudrier avec une plaque. Donner la —, recevoir garde-chasse. —, poisson, espèce de labre, de chétodon. T. d'hist. nat.

BANDRY (St.-), s. m. Com. du dép.

de l'Aisne, cant. de Vic-sur-Aisne, arr. de Soissons. = Soissons.

BANDURE, s. f. Plante d'Amérique, espèce de gentiane qui donne une liqueur rafraîchissante et fort agréable à boire. T. de bot.

BANEINS, s. m. Com. du dép. de l'Ain, cant. de St.-Trivier-sur-Magnand, arr. de Trévoux. = Châtillon-en-Chalaronne.

BANEUIL, s. m. Com. du dép. de la Dordogne, cant. de Lalinde, arr. de Bergerac. = Bergerac.

BANG, s. m. Arbre d'Afrique dont le fruit sert à faire une espèce de vin rouge. T. de bot. —, forte dose d'opium prise dans les alimens et qui rend furieux.

BANGOR, s. m. Com. du dép. du Morbihan, cant. de Belle-Isle-en-Mer, arr. de Lorient. = Belle-Isle-en-Mer.

BANGUE ou BANQUE, s. f. Chanvre dont les Indiens mâchent et fument les feuilles; sa graine est enivrante et fait naître des accès de gaieté.

BANHARS, s. m. Village du dép. de l'Aveyron, cant. de St.-Amand-des-Capts, arr. d'Espalion. = Mur-de-Barrez.

BANIANS, s. m. pl. Idolâtres indiens qui croient à la métempsycose.

BANIÈRES, s. f. Com. du dép. du Tarn, cant. et arr. de Lavaur. = Lavaur.

BANIOS, s. m. Com. du dép. des Hautes-Pyrénées, cant. et arr. de Bagnères. = Bagnères.

BANISE, s. f. Com. du dép. de la Creuse, cant. de St.-Sulpice-les-Champs, arr. d'Aubusson. = Aubusson.

BANISTÈRE, s. m. Espèce de malpighie. T. de bot.

BANITAN, s. m. Racine médicinale des îles Philippines.

BANIZEAU, s. m. Com. du dép. de la Charente-Inférieure, cant. de Matha, arr. de St.-Jean-d'Angely. = St.-Jean-d'Angely.

BANLIEUE, s. f. Pays qui environnent une ville et qui en dépendent; étendue d'une juridiction.

BANNALEC, s. m. Com. du dép. du Finistère, chef-lieu de cant. de l'arr. de Quimperlé. Bur. d'enregist. = Quimperlé.

BANNANS, s. m. Com. du dép. du Doubs, cant. et arr. de Pontarlier. = Pontarlier.

BANNASSE, s. f. Civière. T. de sal.

BANNATE, s. f. Panier de fabricant de savon pour passer les graisses.

BANNAY, s. m. Com. du dép. du Cher, cant. et arr. de Sancerre. = Sancerre.

BANNAY, s. m. Com. du dép. de la Marne, cant. de Montmort, arr. d'Epernay. = Sézanne.

BANNAY, s. m. Com. du dép. de la Moselle, cant. de Boulay, arr. de Metz. = Boulay.

BANNE, s. f. Grande toile tendue sur un bateau, une voiture, devant une boutique, etc., pour couvrir les marchandises et les garantir du soleil; grande manne faite avec des branchages; tombereau à fond mobile.

BANNE, s. f. Com. du dép. de l'Ardèche, cant. des Vans, arr. de l'Argentière. = les Vans.

BANNÉ, E, part. Couvert d'une banne.

BANNEAU, s. m. Petite banne, mesure de liquides, hotte de vendangeur.

BANNEGON, s. m. Com. du dép. du Cher, cant. de Charenton, arr. de St.-Amand. = St.-Amand.

BANNER, v. a. Couvrir d'une banne.

BANNERET, s. et adj. Seigneur qui avait droit de porter une bannière quand il allait à la guerre. T. de féod.

BANNES, s. f. Village réuni à la com. de St.-Vincent, dép. du Lot, cant. de St.-Céré, arr. de Figeac. = St.-Céré.

BANNES, s. f. Com. du dép. de la Marne, cant. de la Fère-Champenoise, arr. d'Epernay. = la Fère-Champenoise.

BANNES, s. f. Com. du dép. de la Haute-Marne, cant. de Neuilly, arr. de Langres. = Langres.

BANNES, s. f. Com. du dép. de la Mayenne, cant. de Meslay, arr. de Laval. = Sablé.

BANNES, s. f. Village dépendant de la com. de Dissé, cant. de Château-du-Loir, arr. de St.-Calais, dép. de la Sarthe. = Château-du-Loir.

BANNETON, s. m. Coffre percé pour conserver le poisson dans l'eau; panier d'osier garni de toile pour faire lever la pâte. T. de boul.

BANNETTE, s. f. Panier, corbeille d'osier; peaux en paquets. T. de four.

BANNEVILLE-LA-CAMPAGNE, s. f. Com. du dép. du Calvados, cant. de Troarn, arr. de Caen. = Troarn.

BANNEVILLE-SUR-AJON, s. f. Com. du dép. du Calvados, cant. de Villers-Bocage, arr. de Caen. = Aulnay-sur-Odon.

BANNI, E, part. Condamné au bannissement; qui est banni, qui est en exil.

BANNIÈRE, s. f. Enseigne, drapeau, étendard. Se ranger sous la — d'un prince, se mettre au nombre de ses défenseurs. Fig. —, image de la vierge ou d'un saint que l'on porte dans les processions solennelles. Aller avec la croix et la —, faire les plus grands honneurs.

BANNIR, v. a. Condamner à sortir d'un état, à vivre éloigné de sa patrie; chasser d'un pays; éloigner de soi, en parlant des choses. Fig. —, écarter, exclure. Se —, v. pron. Se retirer de la société, s'éloigner d'un lieu dans l'intention de n'y plus revenir.

BANNISSABLE, adj. Qui doit être banni, qui mérite de l'être.

BANNISSEMENT, s. m. Jugement qui bannit, son exécution; état du condamné, du banni.

BANNOGNE, s. f. Com. du dép. des Ardennes, cant. de Château, arr. de Rethel. = Rethel.

BANNONCOURT, s. m. Com. du dép. de la Meuse, cant. de Pierrefitte, arr. de Commercy. = St-Mihiel.

BANNOST, s. m. Com. du dép. de Seine-et-Marne, cant. de Nangis, arr. de Provins. = Provins.

BANON, s. m. Com. du dép. des Basses-Alpes, chef-lieu de cant. de l'arr. de Forcalquier. Bur. d'enregist. = Forcalquier.

BANOS, s. m. Com. du dép. des Landes, cant. et arr. de St.-Sever. = St.-Sever.

BANQUE, s. f. Commerce d'argent, négociation de billets, de lettres de change tirées d'une place sur l'autre; domicile du banquier. —, caisse publique. — de jeu, mise de fonds de l'entrepreneur autorisé à tenir le jeu. —, paie des ouvriers, la note de ce qui est dû à chacun. —, banc de tabletier, tablette, billot.

BANQUÉ, adj. Se dit d'un navire partant pour la pêche de la morue au banc de Terre-Neuve.

BANQUEREAU, s. m. Petit banc de mer. (Vi.)

BANQUEROUTE, s. f. Cessation de paiemens, faillite, abandon de ses biens à ses créanciers. — frauduleuse, banqueroute qui donne lieu à des poursuites de la part du ministère public, et qui vous prive du bénéfice de cession. T. de jurisp. comm. Faire —, ne pas tenir sa promesse. Fig. —, défaut dans la tonte du drap. T. de manuf.

BANQUEROUTIER, ÈRE, s. Celui, celle qui a fait banqueroute.

BANQUET, s. m. Festin splendide, repas de corps. — maçonnique, banquet qui se fait en loge, et où les frères seuls sont admis en payant. Sacré —, la communion. —, branche de la bride au-dessous de l'œil. T. d'éperonn.

BANQUETER, v. n. Faire un banquet, faire bombance. T. fam. inus.

BANQUETTE, s. f. Petit banc; sorte de banc rembourré; banquette de spectacle. —, petite élévation derrière un parapet. T. de fortif. —, trottoir du parapet d'un quai, d'un pont. —, appui de pierre dans les fenêtres. T. d'archit.

BANQUIER, s. m. Capitaliste qui fait la banque, qui négocie les effets de commerce. —, celui qui tient le jeu contre les pontes.

BANQUISE, s. f. Amas de glaces dans les mers du Nord. T. de mar.

BANQUISTE, s. m. Saltimbanque qui court de place en place, de ville en ville, pour amuser le public et lui attraper son argent.

BANS, s. m. pl. Chenil, litière où se couchent les chiens de chasse. T. de vén.

BANS, s. m. Com. du dép. du Jura, cant. de Montbarrey, arr. de Dôle. = Dôle.

BAN-SAINT-MARTIN, s. m. Com. du dép. de la Moselle, cant. et arr. de Metz. = Metz.

BAN-SAINT-PIERRE, s. m. Com. du dép. de la Moselle, cant. de Pange, arr. de Metz. = Metz.

BANSAT, s. m. Com. du dép. du Puy-de-Dôme, cant. de Sauxillanges, arr. d'Issoire. = Issoire.

BANSE, s. f. Grande manne carrée pour le transport des marchandises.

BAN-SUR-MEURTHE, s. m. Com. du dép. des Vosges, cant. de Fraize, arr. de St.-Dié. = St.-Dié.

BANTAME, s. f. Poule de l'île de Java. T. d'hist. nat.

BANTANGE, s. m. Com. du dép de Saône-et-Loire, cant. de Montpont, arr. de Louhans. = Louhans.

BANTEUX, s. m. Com. du dép. du Nord, cant. de Marcoing, arr. de Cambrai. = Cambrai.

BANTHELU, s. m. Com. du dép. de Seine-et-Oise, cant. de Magny, arr. de Mantes. = Magny.

BANTHEVILLE, s. f. Com. du dép. de la Meuse, cant. de Montfaucon, arr. de Montmédy. = Dun.

BANTIALE, s. f. Plante parasite des îles Moluques. T. de bot.

BANTIGNY, s. m. Com. du dép. du Nord, cant. et arr. de Cambrai. = Cambrai.

BANTOUZEL, s. m. Com. du dép. du Nord, cant. de Marcoing, arr. de Cambrai. = Cambrai.

BANTZENHEIM, s. m. Com. du dép. du Haut-Rhin, cant. de Habsheim, arr. d'Altkirch. = Ensisheim.

BANVILLARD, s. m. Com. du dép. du Haut-Rhin, cant. et arr. de Belfort. = Belfort.

BANVILLE, s. f. Com. du dép. du Calvados, cant. de Ryes, arr. de Bayeux. = Bayeux.

BANVIN, s. m. Droit exclusif qu'avait un seigneur de vendre dans sa paroisse le vin de sa récolte pendant un certain temps de l'année.

BANVOU, s. m. Com. du dép. de l'Orne, cant. de St.-Gervais-de-Messey, arr. de Domfront. = Domfront.

BANYULS-DES-ASPRES, s. m. Com. du dép. des Pyrénées-Orientales, cant. et arr. de Céret. = Collioure.

BANYULS-SUR-MER, s. m. Com. du dép. des Pyrénées-Orientales, cant. d'Argelès, arr. de Céret. = Céret.

BAOBAB, s. m. Le plus grand des végétaux connus, arbre d'Afrique qui vit, dit-on, des milliers d'années, qui a trente pieds de diamètre, des branches horizontales de soixante pieds de long, et des fleurs de quatorze pouces sur six de large. Son fruit, qu'on nomme pain de singe, a dix-huit pouces de long. T. de bot.

BAON, s. m. Com. du dép. de l'Yonne, cant. de Creuzy, arr. de Tonnerre. = Tonnerre.

BAONS-LE-COMTE, s. m. Com. du dép. de la Seine-Inférieure, cant. d'Yerville, arr. d'Yvetot. = Yvetot.

BAPAUME, s. m. Etat d'un vaisseau en calme plat ou dégréé. T. de mar.

BAPAUME, s. f. Ville fortifiée du dép. du Pas-de-Calais, chef-lieu de cant. de l'arr. d'Arras. Bur. d'enregist. et de poste. Fabriques de batistes, linons, basins, perkales, calicots; savonneries, raffineries de sel.

BAPTÊME, s. m. Le premier des sept sacremens et celui qui vous donne le titre de chrétien; paroles sacramentelles prononcées en versant de l'eau sur la tête. —, consécration; baptême d'une cloche, d'un vaisseau. — de sang, le martyr. — du tropique, cérémonie ridicule qui consiste à jeter des seaux d'eau sur ceux qui n'ont point encore passé sous la ligne.

BAPTISÉ, E, part. Qui a reçu le baptême; à qui l'on a conféré ce sacrement.

BAPTISER, v. a. Administrer le baptême, conférer le sacrement par lequel on est admis dans la communion des fidèles. —, consacrer, bénir; baptiser une cloche. — quelqu'un, lui donner un sobriquet. — le vin, y mettre de l'eau.

BAPTISMAL, E, adj. Qui appartient au baptême.

BAPTISTAIRE ou BAPTISTÈRE, adj. Se dit du registre sur lequel sont inscrits les actes constatant le baptême; extrait baptistaire. —, s. m. Petite église pour baptiser.

BAQUET, s. m. Petit cuvier.

BAQUETÉ, E, part. Se dit de l'eau qui a été retirée d'un bateau à l'aide d'une pelle.

BAQUETER, v. a. Enlever l'eau d'un bateau, d'un ruisseau avec une pelle; arroser à la pelle. T. d'hort.

BAQUETURES, s. f. pl. Ce qui tombe dans le baquet ou sur le comptoir quand on met le vin en bouteilles.

BAQUIER, s. m. Arbre à coton; coton. T. de bot.

BAQUOIS, s. m. Genre de plantes voisines des ananas et des palmiers. T. de bot.

BAR ou BARD, s. m. Espèce de civière avec une caisse pour porter le ciment.

BAR, s. m. Petite rivière qui prend sa source à Buzancy, arr. de Vouziers, dép. des Ardennes, et qui se jette dans la Meuse après 18 l. de cours : cette rivière est navigable à Malmy, et flottable en sortant de Tannay.

BAR, s. m. Com. du dép. de la Corrèze, cant. de Corrèze, arr. de Tulle. = Tulle.

BAR, s. m. Com. du dép. du Var, chef-lieu de cant. de l'arr. de Grasse, où se trouve le bur. d'enregist. = Grasse.

BARACÉ, s. m. Com. du dép. de Maine-et-Loire, cant. de Durtal, arr. de Baugé. = Durtal.

BARADAS, s. m. Bel œillet rouge-brun. T. de fleur.

BARAGOUIN, s. m. Langage corrompu et inintelligible.

BARAGOUINÉ, E, part. Prononcé d'une manière inintelligible.

BARAGOUINER, v. a. Ecorcher une langue, la parler mal; baragouiner le français, l'anglais. —, v. n. Prononcer d'une manière vicieuse, inintelligible.

BARAGOUINEUR, EUSE, s. Celui, celle qui fait d'inutiles efforts pour parler une langue étrangère; qui prononce mal.

BARAIGNE, s. f. Com. du dép. de l'Aude, cant. de Salles, arr. de Castelnaudary. = Castelnaudary.

BARAING (St.-), s. m. Com. du dép. du Jura, cant. de Chaussin, arr. de Dôle. = Dôle.

BARAIZE, s. f. Com. du dép. de l'Indre, cant. d'Eguzon, arr. de la Châtre. = Argenton.

BARALIPTON, s. m. Argument. T. de log.

BARALLE, s. f. Com. du dép. du Pas-de-Calais, cant. de Marquion, arr. d'Arras. = Cambrai.

BARALLOTS, s. m. pl. Hérétiques d'Italie qui, comme les St.-Simoniens, mettaient tout en commun, biens, femmes et enfans.

BARANCOUAN, s. m. Com. du dép. des Hautes-Pyrénées, cant. d'Arreau, arr. de Bagnères. = Arreau.

BARANDAGE, s. m. Sorte de pêche défendue.

BARANGE, s. m. officier du Bas-Empire, dépositaire des clefs d'une ville où résidait l'empereur; mur de fourneau qui sépare la braise. T. de saline.

BARANGUES ou VARANGIENS, s. m. pl. Anglais formant la garde des empereurs grecs.

BARAQUE, s. f. Hutte en planches que construisent les soldats pour se mettre à couvert; petite boutique de marchands forains. —, atelier où l'on est mal payé; maison où les domestiques sont mal nourris; maison peu solide; réduit.

BARAQUÉ, E, part. Campé, logé dans une baraque.

BARAQUE-DE-GEVREY (la), s. f. Ville du dép. de la Côte-d'Or, cant. de Gevrey, arr. de Dijon. Bur. de Poste.

BARAQUER, v. a. Faire des baraques pour se mettre à couvert, pour camper. Se —, v. pron. Se construire une baraque.

BARAQUETTE, s. f. Catarrhe épidémique. T. de méd. —, poulie. T. de mar.

BARAQUILLE, s. f. Pâtisserie garnie de farce de perdrix, poulardes, ris de veau et truffes. T. de cuis.

BARASTRE, s. m. Com. du dép. du Pas-de-Calais, cant. de Bertincourt, arr. d'Arras. = Bapaume.

BARAT, s. m. Fraude, malversation. T. de mar.

BARATAS, s. m. Espèce de rat. T. d'hist. nat.

BARATE, s. f. Sangle croisée sur la misaine pour la fortifier contre le vent. T. de mar.

BARATHRE, s. m. Gouffre, abîme.

BARATIER, s. m. Com. du dép. des Hautes-Alpes, cant. et arr. d'Embrun. = Embrun.

BARATTE, s. f. Vase en bois pour faire le beurre, espèce de baril étroit par le haut, où s'adapte un couvercle au milieu duquel est un trou rond pour passer le bat-à-beurre.

BARATTÉ, E, part. Agité, battu, en parlant du beurre.

BARATTER, v. a. Agiter, battre la crème dans une baratte pour faire du beurre.

BARATTERIE, s. f. Indication d'une fausse route. Voy. BARAT. T. de mar.

BARBACANE, s. f. Ouverture dans un mur pour l'écoulement des eaux; meurtrière. T. d'archit.

BARBACHEN, s. m. Com. du dép. des Hautes-Pyrénées, cant. de Rabasteus, arr. de Tarbes. = Tarbes.

BARBACOLE, s. m. Jeu de hasard. hoca, pharaon.

BARBACOU, s. m. Coucou noir de l'île de Cayenne. T. d'hist. nat.

BARBAGGIO, s. m. Com. du dép. de la Corse, cant. de St.-Florent, arr. de Bastia. = Bastia.

BARBAIRA, s. m. Com. du dép. de l'Aude, cant. de Capendu, arr. de Carcassonne. = Carcassonne.

BARBAIZE, s. m. Com. du dép. des Ardennes, cant. de Signy-l'Abbaye, arr. de Mézières. = Launois.

BARBANT (St.-), s. m. Com. du dép. de la Haute-Vienne, cant. de Mézières, arr. de Bellac. = Bellac.

BARBARASSE, s. f. Petite corde en spirale autour d'un grelin. T. de mar.

BARBARE, adj. Cruel, inhumain, sanguinaire. —, grossier, ignorant, sans mœurs ni politesse. Fig. —, contraire aux règles de la grammaire, à la prosodie, à l'usage, au goût; style barbare. —, s. m. pl. Peuples qui ne sont point encore civilisés; étrangers qui ne parlaient ni le grec ni le latin. T. d'hist. anc.

BARBAREMENT, adv. D'une manière barbare, cruelle.

BARBARESQUE, s. m. Espèce d'écureuil d'Afrique. —, pl. Peuples de la côte septentrionale d'Afrique. —, adj. Qui concerne les peuples barbares, et ceux qui habitent la Barbarie.

BARBARIE, s. f. Cruauté, inhumanité; défaut d'usage, de politesse, ignorance, grossièreté. — de langage, de style, impropriété d'expression, dureté, bizarrerie dans la manière d'écrire et de rendre sa pensée. —, partie la plus septentrionale de l'Afrique, comprenant le pays de Barca, les royaumes de Tripoli, de Tunis, d'Alger, et l'empire de Maroc. T. de géog.

BARBARIGAIRE ou BARBARICAIRE, s. m. Brodeur en tapisserie, qui exécute des dessins avec l'or et la soie; qui fait la figure.

BARBARINS, s. m. Poissons du genre du silure; petits barbeaux, surmulets. T. d'hist. nat.

BARBARISER, v. n. Offenser la langue, pécher contre les règles de la grammaire. (Vi.)

BARBARISME, s. m. Faute contre les règles et la pureté de la langue; emploi de mots forgés au hasard, incorrects, inusités, pris dans un mauvais sens, mal associés; locution vicieuse.

BARBAROU, s. m. Raisin de Barbarie.

BARBAS, s. m. Village du dép. de Lot-et-Garonne, cant. de Villaréal, arr. de Villeneuve. = Montflanquin.

BARBAS, s. m. Com. du dép. de la Meurthe, cant. de Blamont, arr. de Lunéville. = Blamont.

BARBASTE, s. m. Com. du dép. de Lot-et-Garonne, cant. de Lavardac, arr. de Nérac. = Nérac.

BARBASTELLE, s. f. Espèce de chauve-souris. T. d'hist. nat.

BARBATRE, s. m. Com. du dép. de la Vendée, cant. et dans l'île de Noirmoutiers, arr. des Sables-d'Olonne. = Noirmoutiers.

BARBAY-SEROUX, s. m. Com. du dép. des Vosges, cant. de Corcieux, arr. de St.-Dié. = Bruyères.

BARBAZAN, s. m. Com. du dép. de la Haute-Garonne, cant. de St.-Bertrand, arr. de St.-Gaudens. = Montrejean.

BARBAZAN-DEBAS, s. m. Com. du dép. des Hautes-Pyrénées, cant. et arr. de Tarbes. = Tarbes.

BARBAZAN-DESSUS, s. m. Com. du dép. des Hautes-Pyrénées, cant. de Tournay, arr. de Tarbes. = Tarbes.

BARBE, s. f. Poil qui couvre le menton et les parties qui l'avoisinent. Jeune —, jeune homme. Rire dans sa —, être content sans le faire paraître. Faire la —, être plus habile. A la —, en dépit de. —, longs poils de certains animaux; fanons de baleine; filets de l'épi, de la plume; duvet de certaines moisissures. —, bande de linon, de mousseline, de dentelle, qui garnit un bonnet. —, filets, poils; grains de limaille. T. d'arts et mét. —, maladie des chevaux; excroissances de chair. T. de méd. vétér. —, rayons d'une comète. —, s. m. et adj. Cheval de Barbarie.

BARBE (Ste.-), s. f. Com. du dép. de la Moselle, cant. de Vigy, arr. de Metz. = Metz.

BARBE (Ste.-), s. f. Com. du dép. des Vosges, cant. de Rambervilliers, arr. d'Epinal. = Rambervilliers.

BARBÉ, adj. Barbu, à barbe d'un émail différent. T. de blas.

BARBEAU, s. m. Poisson d'eau douce du genre du cyprin; insecte; petite plante à fleur bleue ou blanche, bluet.

BARBECHAT, s. m. Village du dép. de la Loire-Inférieure, cant. de Loroux, arr. de Nantes. = Nantes.

BARBE-DE-BOUC, s. f. Plante laiteuse de deux espèces, à fleurs jaunes et à fleurs purpurines; salsifis ordinaire et sauvage. T. de bot.

BARBE-DE-CAPUCIN, s. m. Chicorée sauvage qui a poussé dans une cave.

BARBE-DE-CHÈVRE, s. f. Plante à petites fleurs blanches. T. de bot.

BARBE-DE-JUPITER, s. f. Sous-arbrisseau à fleurs légumineuses. T. de bot.

BARBE-DE-RENARD, s. f. Arbrisseau épineux qui donne la gomme adragante, gomme du Levant. T. de bot.

BARBE-ESPAGNOLE, s. f. Espèce de caragate. T. de bot.

BARBÉIER, v. n. Se dit du vent lorsqu'il rase la voile. T. de mar.

BARBELÉ, E, adj. Denté, garni de poils, de pointes; flèche barbelée.

BARBELET, s. m. Outil pour la fabrication des hameçons.

BARBEN (le), s. m. Com. du dép. des Bouches-du-Rhône, cant. de Salon, arr. d'Aix. = Lambesc.

BARBENTANE, s. m. Com. du dép. des Bouches-du-Rhône, cant. de Château-Renard, arr. d'Arles. = Avignon.

BARBEREY-ST.-SULPICE, s. m. Com. du dép. de l'Aube, cant. et arr. de Troyes. = Troyes.

BARBERIE, s. f. Boutique de barbier, de perruquier; art de raser, de couper les cheveux. (Vi.)

BARBERIER, s. m. Com. du dép. de l'Allier, cant. de Chantelle-le-Château, arr. de Gannat. = St.-Pourçain.

BARBERIES, s. f. Com. du dép. de l'Oise, cant. et arr. de Senlis. = Senlis.

BARBEROUGE, s. m. Village du dép. de la Manche, cant. et arr. de Mortain. = Mortain. Fonderie considérable qui emploie 400 ouvriers. Fabriques de casseroles, poêles, platines pour les moulins à papier, roues pour les mécaniques, lest et projectiles de tous calibres.

BARBERY, s. m. Com. du dép. du Calvados, cant. de Bretteville-sur-Laize, arr. de Falaise. = Caen.

BARBE-SUR-GAILLON, s. f. Com. du dép. de l'Eure, cant. de Gaillon, arr. de Louviers. = Gaillon.

BARBET, TE, s. Chien à poil long et frisé, qui va dans l'eau; crotté comme un barbet. —, pl. Contrebandiers, brigands qui ont leur refuge dans les Alpes et les Pyrénées, non loin des frontières.

BARBETTE, s. f. Guimpe d'une religieuse; plate-forme d'où l'on tire le canon à découvert. T. d'artill. —, batterie d'un navire sans encaissement. T. de mar.

BARBEVILLE, s. f. Com. du dép. du

Calvados, cant. et arr. de Bayeux. = Bayeux.

BARBEY, s. m. Com. du dép. de Seine-et-Marne, cant. de Montereau, arr. de Fontainebleau. = Villeneuve-la-Guyard.

BARBEZIÈRES, s. f. Com. du dép. de la Charente, cant. d'Aigre, arr. de Ruffec. = Aigre.

BARBEZIEUX, s. m. Petite ville du dép. de la Charente, chef-lieu de sous-préf. et de cant.; trib. de 1re inst.; conserv. des hypoth.; direct. des contrib. indir.; recev. part. des finances; bur. d'enregist. et de poste.
Cette ville, bâtie sur la pente d'une colline, est située dans une contrée fertile en vins de très bonne qualité. Comm. de toiles, grains, truffes, bestiaux, volailles et chapons truffés.

BARBICHON, s. m. Petit barbet.

BARBICONI ou BARBICAN, s. m. Oiseau qui tient du barbu et du toucan. T. d'hist. nat.

BARBIER, s. m. Celui qui fait profession de raser, de couper la barbe. —, autrefois, apprenti chirurgien; aujourd'hui, mauvais chirurgien.

BARBIÈRES, s. f. Com. du dép. de la Drôme, cant. de Bourg-du-Péage, arr. de Valence. = Romans.

BARBIFIÉ, E, part. Rasé.

BARBIFIER, v. a. Raser, faire la barbe.

BARBILLE, s. f. Filament au flanc des monnaies.

BARBILLON, s. m. Petit barbeau; petit poisson à moustaches; ses moustaches. —, languette de l'hameçon. T. de pêch. —, pl. Barbes, maladie de la langue des oiseaux, des chevaux et des bœufs.

BARBILLONNÉ, E, part. Relevé, en parlant de la languette d'un hameçon.

BARBILLONNER, v. a. Relever la languette d'un hameçon.

BARBIREY-SUR-OUCHE, s. m. Com. du dép. de la Côte-d'Or, cant. de Sombernon, arr. de Dijon. = Sombernon.

BARBITON, s. m. Espèce de lyre des anciens.

BARBON, s. m. Vieillard. T. de mép.; vieillard sévère. —, plante graminée, chiendent, etc. T. de bot.

BARBONNE, s. f. Poisson de mer qui ressemble à la perche. T. d'hist. nat.

BARBONNE, s. f. Com. du dép. de la Marne, cant. de Sézanne, arr. d'Epernay. = Sézanne.

BARBONVAL, s. m. Com. du dép. de l'Aisne, cant. de Braisne, arr. de Soissons. = Fismc.

BARBONVILLE, s. f. Com. du dép. de la Meurthe, cant. de Bayon, arr. de Lunéville. = Lunéville.

BARBOT, s. m. Barbier qui rase les forçats.

BARBOTAN, s. m. Village du dép. du Gers, com. et cant. de Cazaubon, arr. de Condom. = Condom.
On trouve dans ce village des bains d'eaux thermales qui jouissent d'une assez grande faveur.

BARBOTE, s. f. Poisson d'eau douce, loche franche.

BARBOTER, v. n. Fouiller dans l'eau bourbeuse avec le bec, comme font les canards et autres oiseaux aquatiques; agiter l'eau avec ses mains; marcher dans la boue, s'y crotter.

BARBOTEUR, s. m. Canard de basse-cour.

BARBOTEUSE, s. f. Raccrocheuse, fille publique; prostituée qui court les rues. T. fam.

BARBOTINE, s. f. Pâte de porcelaine délayée; partie fine de l'argile colorée. —, plante vermifuge; sommité de l'absinthe de Judée. T. de bot.

BARBOUILLAGE, s. m. Mauvaise écriture; peinture grossière. —, discours, écrit embarrassé, embrouillé, décousu, sans suite.

BARBOUILLÉ, E, part. Sali, gâté.

BARBOUILLÉE, s. f. Se moquer de la —, dire des absurdités; se moquer de tout après le succès. Ne se dit qu'en ce sens.

BARBOUILLER, v. a. Salir, gâter; peindre grossièrement à la brosse; parler, prononcer, raconter ou expliquer mal. —, composer à la hâte et sans goût. Fig. Imprimer malproprement et mal. T. d'imp. Se —, v. pron. Se brouiller dans un récit, manquer de mémoire, balbutier. —, se compromettre, gâter sa réputation. Fig.

BARBOUILLEUR, s. m. Peintre d'enseigne, peintre à la grosse brosse. —, bavard inintelligible; mauvais écrivain, mauvais auteur.

BARBOUTE, s. f. Moscouade, sucre brûlé chargé de sirop; gros grain de sucre à refondre. T. de raffin.

BARBOUX, s. m. Com. du dép. du Doubs, cant. de Russey, arr. de Montbéliard. = Morteau.

BARBU, s. m. Espèce de chien de mer. —, oiseaux gallinacés. T. d'hist. nat.

BARBU, E, adj. Qui a de la barbe.

BARBUE, s. f. Poisson de mer du genre du turbot; espèce de donzelle. —, marcotte, sarment qui a sa racine; nielle sauvage.

BARBUISE, s. f. Com. du dép. de

l'Aube, cant. de Villenauxe, arr. de Nogent-sur-Seine. = Villenauxe.

BARBULE, s. f. Arbrisseau odorant de la Chine. T. de bot.

BARBUQUET, s. m. Gale, écorchure des lèvres.

BARBURE, s. f. Balèvre, inégalité. T. de fondeur.

BARBY, s. m. Com. du dép. des Ardennes, cant. et arr. de Rethel. — Rethel.

BARBYLE, s. m. Arbre de la Jamaïque. T. de bot.

BARC, s. m. Com. du dép. de l'Eure, cant. de Beaumont-le-Roger, arr. de Bernay. = Beaumont.

BARCA, s. f. Pays situé à l'extrémité orientale de l'Afrique, et qui confine à l'Egypte. —, jaquier, plante de la famille des figuiers. T. de bot.

BARCADE, s. f. Troupe de chevaux pour embarquer. T. de mar.

BARCALLAO ou BARLIAU, s. m. Espèce de morue.

BARCALON, s. m. Titre du premier ministre du roi de Siam.

BARCAMAN, s. m. Turbith des Arabes. T. de bot.

BARCAROLLE, s. f. Chanson des gondoliers de Venise; danse.

BARCE, s. f., ou BARCEL, s. m. Espèce de canon. T. de mar.

BARCELONNE, s. f. Ville maritime d'Espagne, capitale de la Catalogne.

BARCELONNE, s. f. Com. du dép. de la Drôme, cant. de Chabeuil, arr. de Valence. = Valence.

BARCELONNE, s. f. Com. du dép. du Gers, cant. de Riscle, arr. de Mirande. = Aire-sur-Adour.

BARCELONNETTE, s. f. Petite ville du dép. des Basses-Alpes, dans la vallée de Barcelonnette, chef-lieu de sous-préfect. et de cant.; trib. de 1ʳᵉ instance; recev. particulier des finances; conserv. des hypothèques; direct. des contrib. indir.; bur. d'enregist. et de poste.
Cette ville, qui fut long-temps un sujet d'hostilités entre la France et la Savoie, fut enfin cédée à la France, ainsi que la vallée de Barcelonnette, par le traité d'Utrecht, en 1713.
Fabrique de cadis et de grosse draperie; foulons pour l'apprêt des draps; comm. assez considérable de moutons. Dist. de Paris, 134 l.

BARCELONNETTE (la vallée de), s. f. Cette vallée, traversée par l'Ubaye, est riche en pâturages; elle appartient définitivement à la France depuis 1713.

BARCELONNETTE, s. f. Berceau, lit d'enfant.

BARCHAIN, s. m. Com. du dép. de la Meurthe, cant. et arr. de Sarrebourg. = Sarrebourg.

BARCILLONNETTE, s. f. Com. du dép. des Hautes-Alpes, chef-lieu de cant. de l'arr. de Gap. Bur. d'enregist. à Ventavon. = Gap.

BARCUGNAN, s. m. Com. du dép. du Gers, cant. de Miélan, arr. de Mirande. = Miélan.

BARCUS, s. m. Com. du dép. des Basses-Pyrénées, cant. et arr. de Mauléon. = Mauléon.

BARCY, s. m. Com. du dép. de Seine-et-Marne, cant. de Lizy, arr. de Meaux. = Meaux.

BARD, s. m. Poutre élevée pour scier de long; poisson courbé et adossé. T. de blason. —, civière.

BARD (St.-), s. m. Com. du dép. de la Loire, cant. et arr. de Montbrison. = Montbrison.

BARD (St.-), s. m. Com. du dép. de la Creuse, cant. de Crocq, arr. d'Aubusson. = Felletin.

BARDAIS, s. m. Com. du dép. de l'Allier, cant. de Cérilly, arr. de Montluçon. = Cérilly.

BARDANE, s. f. Glouteron, genre de plantes cynarocéphales dont la racine est un excellent sudorifique.

BARDARIOTES, s. m. pl. Soldats qui faisaient partie de la garde des empereurs grecs.

BARDE, s. m. Poëte et prêtre celte ou gaulois qui célébraient les hauts faits des guerriers. —, s. f. Armure en lames de fer qui couvrait le cheval. —, tranche de lard mince dont on recouvre les volailles qu'on fait rôtir.

BARDE (la), s. f. Com. du dép. de la Charente-Inférieure, cant. de Montguyon, arr. de Jonzac. = Montlieu.

BARDÉ, E, part. Armé, couvert de bardes; bardé de fer.

BARDEAU, s. m. Petites planches de bois blanc pour couvrir les toits; merrain débité en long; vieille douve. —, mulet provenant du cheval et de l'ânesse. —, casseau de décharge. T. d'imp.

BARDÉES, s. f. pl. Eau qu'on jette dans le cuvier pour laver les terres et en extraire le salpêtre. T. de salp.

BARDELLE, s. f. Selle de grosse toile remplie de bourre. —, pl. Bras du banc du verrier.

BARDENAC, s. m. Com. du dép. de la Charente, cant. de Chalais, arr. de Barbezieux. = Graulle.

BARDENOCHE, s. f. Sorte d'étoffe.

BARDER, v. a. Armer, couvrir un cheval de bardes, de lames de fer. —, charger du bois sur un bard, sur une civière. —, couvrir une volaille de tranches de lard.

BARDEUR, s. m. Qui porte du bois sur un bard.

BARDIGUES, s. f. Com. du dép. de Tarn-et-Garonne, cant. de Lavit, arr. de Castel-Sarrasin. = Valence-d'Agen.

BARDIS, s. m. Cloison à fond de cale, pour charger des blés. —, batardeau au bord d'un vaisseau penché. T. de mar.

BARDIT, s. m. Chant guerrier des Germains.

BARD-LES-EPOISSES, s. m. Com. du dép. de la Côte-d'Or, cant. et arr. de Semur. = Semur.

BARD-LES-PESMES, s. m. Com. du dép. de la Haute-Saône, cant. de Pesmes, arr. de Gray. = Gray.

BARDON, s. m. Village du dép. du Loiret, cant. de Meung, arr. d'Orléans. = Meung.

BARDOS, s. m. Com. du dép. des Basses-Pyrénées, cant. de Bidache, arr. de Bayonne. = Bayonne.

BARDOT, s. m. Petit mulet qui porte le muletier et les provisions. —, dupe qui fait le travail des autres, et dont l'excessive complaisance est un sujet de plaisanterie.

BARDOTIERS ou BARDOTTIERS, s. m. pl. Genre de Sapotilliers. T. de bot.

BARDOU, s. m. Lourdaud. (Vi.)

BARDOU, s. m. Com. du dép. de la Dordogne, cant. d'Issigeac, arr. de Bergerac. = Bergerac.

BARDOUVILLE, s. f. Com. du dép. de la Seine-Inférieure, cant. de Duclair, arr. de Rouen. = Bourg-Achard.

BARDOUX (St.-), s. m. Village du dép. de la Drôme, com. de Clérieux, cant. de Romans, arr. de Valence. = Romans.

BAREFOULS, s. m. pl. Étoffes, pagnes, morceaux de toile dont les nègres se font une ceinture.

BARÈGES, s. m. Village dépendant de la com. de Sère-Barèges, dép. des Hautes-Pyrénées, cant. de Luz, arr. d'Argelès. Bur. de poste.
Les eaux de Barèges ont une telle réputation que ce serait abuser que d'entretenir le lecteur de leurs propriétés. Dans la saison des bains, ce village, qui se trouve au milieu des Pyrénées, et qui n'est habitable que pendant environ cinq mois durant l'année, offre une réunion de 7 à 800 personnes, sans compter les militaires qui y ont une caserne.

BAREILLES, s. m. Com. du dép. des Hautes-Pyrénées, cant. de Bordères, arr. de Bagnères. = Arreau.

BAREMBACH, s. m. Com. du dép. des Vosges, cant. de Schirmek, arr. de St.-Dié. = Raon-l'Etape.

BAREN, s. m. Com. du dép. de la Haute-Garonne, cant. de St.-Béat, arr. de St.-Gaudens. = St.-Béat.

BARENTHAL, s. m. Village du dép. de la Moselle, cant. de Bitche, arr. de Sarreguemines. = Bitche. Forges, aciéries, fabriques de tôle.

BARENTIN, s. m. Com. du dép. de la Seine-Inférieure, cant. de Pavilly, arr. de Rouen. Bur. de poste. Fabriques de siamoises et de toiles de coton ; papeteries.

BARENTON, s. m. Petite ville du dép. de la Manche, chef-lieu de cant. de l'arr. de Mortain où se tient le bur. d'enregist. = Mortain.

BARENTON-BUGNY, s. m. Com. du dép. de l'Aisne, cant. de Crécy-sur-Serre, arr. de Laon. = Laon.

BARENTON-CEL, s. m. Com. du dép. de l'Aisne, cant. de Crécy-sur-Serre, arr. de Laon. = Laon.

BARENTON-SUR-SERRE, s. m. Com. du dép. de l'Aisne, cant. de Crécy-sur-Serre, arr. de Laon. = Laon.

BARER, v. n. Balancer sur les voies. T. de véner.

BARESIA, s. m. Com. du dép. du Jura, cant. de Clairvaux, arr. de Lons-le-Saulnier. = Lons-le-Saulnier.

BARET, s. m. Cri de l'éléphant ou du rhinocéros.

BAR-ET-BOR, s. m. Com. du dép. de l'Aveyron, cant. de Najac, arr. de Villefranche. = Villefranche.

BARETTALLI, s. m. Com. du dép. de la Corse, cant. de Luri, arr. de Bastia. = Bastia.

BARETTE, s. f. Pièce pour maintenir le barillet. T. d'horl.

BARFLEUR, s. m. Com. du dép. de la Manche, cant. de Quettehou, arr. de Valognes. Bur. de poste.
C'est dans le port de cette com., qui était alors une ville considérable, que Guillaume-le-Conquérant rassembla l'expédition avec laquelle il fit la conquête de l'Angleterre.

BARGACHE, s. m. Espèce de moucheron.

BARGE, s. f. Petit bateau plat à voiles et à rames ; meule de foin ; tas de menu bois, —, oiseau aquatique de passage qui ressemble au courlis. T. d'hist. nat.

BARGE, s. f. Com. du dép. de la Côte-d'Or, cant. de Gevrey, arr. de Dijon. = la Baraque-de-Gevrey.

BARGELACH, s. m. Oiseau de Tar-

taric, de la grosseur du faucon. T. d'hist. nat.

BARGÈME, s. m. Com. du dép. du Var, cant. de Comps, arr. de Draguignan. = Draguignan.

BARGEMON, s. m. Com. du dép. du Var, cant. de Callas, arr. de Draguignan. = Draguignan. C'est dans ce village que naquit Moreri, auteur du dictionnaire historique.

BARGES, s. f. Com. du dép. de la Haute-Loire, cant. de Pradelle, arr. du Puy. = le Puy.

BARGES, s. f. Com. du dép. de l'Orne, cant. d'Exmes, arr. d'Argentan. = Nonant.

BARGES, s. f. Com. du dép. de la Haute-Saône, cant. de Jussey, arr. de Vesoul. = Jussey.

BARGNY, s. m. Com. du dép. de l'Oise, cant. de Betz, arr. de Senlis. = Crespy.

BARGUELONNE (la), s. f. Rivière qui prend naissance près du village de Terry, dép. du Lot, et qui se jette dans la Garonne, après un cours d'environ 12 l.

BARGUÈS, s. f. Com. du dép. des Landes, cant. et arr. de Mont-de-Marsan. = Mont-de-Marsan.

BARGUETTE, s. f. Sorte de bateau pour passer les chevaux.

BARGUIGNAGE, s. m. Irrésolution.

BARGUIGNER, v. n. Hésiter à conclure une affaire, un marché.

BARGUIGNEUR, EUSE, s. Irrésolu, qui barguine, qui hésite.

BARICOÏTE, s. f. Surdité. T. de méd.

BARICOT, s. m. Fruit du baricotier ; boisson que l'on fait avec ce fruit.

BARICOTIER, s. m. Arbre très élevé de l'île de Madagascar. T. de bot.

BARIE, s. f. Com. du dép. de la Gironde, cant. d'Auros, arr. de Bazas. = la Réole.

BARIGEL ou BARISEL, s. m. Chef des sbires, archers, agens de police, en Italie.

BARIGUE, s. f. Nasse conique.

BARIL, s. m. Petit tonneau, son contenu ; mesure. — foudroyant, machine infernale, petit tonneau plein d'artifice.

BARILLAGE, s. m. Mise de vin en bouteilles. —, tous les barils que renferme un navire. T. de mar.

BARILLAR, s. m. Officier de galère chargé des liquides.

BARILLE, s. f. Plante des Indes dont on tire la soude d'Alicante ; soude de Valence.

BARRILLET, s. m. Petit baril. —, boîte cylindrique qui renferme le grand ressort d'une montre ou d'une pendule. T. d'horl. —, corps de pompe dans lequel se met le piston. T. d'hydraul.—, cavité derrière le tambour de l'oreille. T. d'anat.

BARILLON, s. m. Petit baril à l'extrémité d'un bâton ; pèse liqueur.

BARILS (les), s. m. pl. Com. du dép. de l'Eure, cant. de Verneuil, arr. d'Évreux. = Verneuil.

BARINQUE, s. m. Com. du dép. des Basses-Pyrénées, cant. de Morlaas, arr. de Pau. = Pau.

BARIOLAGE, s. m. Réunion bizarre de couleurs.

BARIOLÉ, E, part. Bigarré.

BARIOLER, v. a. Employer des couleurs qui ne s'accordent point, peindre sans principe, sans goût ; bigarrer.

BARIOLURE, s. f. Moucheture.

BARIOME, s. f. Plante des îles Moluques. T. de bot.

BARIQUAUT, s. m. Petite futaille.

BARISIS, s. m. Com. du dép. de l'Aisne, cant. de Coucy-le-Château, arr. de Laon. = Coucy-le-Château.

BARITE ou BARYTE ou BAROTE, s. f. La plus pesante des bases salifiables, terreuses et alcalines. T. de chim.

BARIZEY, s. m. Com. du dép. de Saône-et-Loire, cant. de Givry, arr. de Châlons-sur-Saône. = Châlons.

BARIZEY-AU-PLEIN, s. m. Com. du dép. de la Meurthe, cant. de Colombey, arr. de Toul. = Colombey.

BARIZEY-LA-CÔTE, s. m. Com. du dép. de la Meurthe, cant. de Colombey, arr. de Toul. = Colombey.

BARJAC, s. m. Com. du dép. de l'Ariège, cant. de Ste.-Croix, arr. de St.-Girons. = St.-Girons.

BARJAC, s. m. Petite ville du dép. du Gard, chef-lieu de cant. de l'arr. d'Alais. Bur. d'enregist. à St.-Ambroix ; bur. de poste.

BARJAC, s. m. Com. du dép. de la Lozère, cant. de Chanac, arr. de Marvejols. = Mende. Fabriques de serges et de cadis.

BARJOLS, s. m. Petite ville du dép. du Var, chef-lieu de cant. de l'arr. de Brignoles. Bur. d'enregist. et de poste ; distillerie d'eaux-de-vie ; filatures de soie ; papeteries ; huile fort estimée.

BARJON, s. m. Com. du dép. de la Côte-d'Or, cant. de Grancey-le-Château, arr. de Dijon. = Is-sur-Tille.

BARJONVILLE, s. f. Com. du dép. d'Eure-et-Loir, cant. et arr. de Chartres. = Chartres.

BAR-LE-DUC ou **BAR-SUR-ORNAIN**, s. m. Ville et chef-lieu de préf. du dép. de la Meuse, d'un arr. de sous-préf. et d'un cant. Trib. de 1re inst. et de comm.; société d'agric. et des arts; biblioth. publique; ingén. en chef des ponts-et-chaussées; direct. de l'enregist. et des domaines, 2e classe; conserv. des hypoth.; inspect. des forêts; direct. des contrib. dir. et indir.; bur. de garantie des matières d'or et d'argent; recev. général des finances, payeur du dép.; bur. d'enregist. et de poste; pop., 12,320 h. environ.

Cette ville est traversée par l'Ornain, qui la divise en haute et basse ville. Dans cette dernière, qui est la plus agréable, il existe un port pour le flottage des planches de chêne et de sapin qui viennent des Vosges, et pour le chargement des fers que fournissent les forges des environs.

L'un des plus grands capitaines de notre temps, le maréchal Oudinot, est né à Bar-le-duc, ainsi que le général Excelmans.

Fabriques de cotonnades, de toiles de coton, de bonnèterie; étoffes de laine, indiennes, mouchoirs de couleur; filatures de coton; teintures en rouge d'Andrinople; forges dans les environs. Comm. de rouenneries, de confitures de groseilles très délicates, de vins, fers, bois, cuirs, planches de chêne et de sapin dont la majeure partie est expédiée pour Paris. Dist. de cette ville, 63 l.

BAR-LE-RÉGULIER, s. m. Com. du dép. de la Côte-d'Or, cant. de Liernais, arr. de Beaune. = Lucenay.

BARLERIA, s. m. Plante d'Amérique. T. de bot.

BARLES, s. f. Com. du dép. des Basses-Alpes, cant. de Seyne, arr. de Digne. = Seyne.

BARLEST, s. m. Com. du dép. des Hautes-Pyrénées, cant. de St.-Pé, arr. d'Argelès. = Lourdes.

BARLEUX, s. m. Com. du dép. de la Somme, cant. et arr. de Péronne. = Péronne.

BAR-LEZ-BUZANCY, s. m. Com. du dép. des Ardennes, cant. de Buzancy, arr. de Vouziers. = Buzancy.

BARLIEU, s. m. Com. du dép. du Cher, cant. de Vailly, arr. de Sancerre. = Aubigny.

BARLIN, s. m. Nœud à l'extrémité de la soie.

BARLIN, s. m. Com. du dép. du Pas-de-Calais, cant. de Houdain, arr. de Béthune. = Béthune.

BARLONG, UE, adj. D'une manière ridicule, disproportionnée, en parlant des habits. —, plus long que large. T. d'arch.

BARLOTIÈRE, s. f. Traverse en fer des châssis de verre. T. de vitr.

BARLY, s. m. Com. du dép. du Pas-de-Calais, cant. d'Avesnes-le-Comte, arr. de St.-Pol. = Arras.

BARLY, s. m. Com. du dép. de la Somme, cant. de Bernaville, arr. de Doullens. = Doullens.

BARMAINVILLE, s. f. Com. du dép. d'Eure-et-Loir, cant. de Janville, arr. de Chartres. = Angerville.

BARNABÉ (St.-), s. m. Com. du dép. des Côtes-du-Nord, cant. de la Chèze, arr. de Loudéac. = Loudéac.

BARNABITE, s. m. Moine religieux de la congrégation de saint Paul.

BARNABOTE, s. m. Noble Vénitien sans fortune et sans crédit.

BARNAC-DEBAT, s. m. Village du dép. des Hautes-Pyrénées, cant. et arr. de Tarbes. = Tarbes.

BARNACHE, s. f. Sorte d'oie de mer; oiseau de passage. T. d'hist. nat.

BARNADÈSES, s. f. pl. Genre de plantes composées. T. de bot.

BARNAGE, s. m. Les grands seigneurs de la cour. (Vi.)

BARNAVE, s. m. Com. du dép. de la Drôme, cant. de Luc-en-Diois, arr. de Die. = Die.

BARNAY, s. m. Com. du dép. de Saône-et-Loire, cant. de Lucenay-l'Evêque, arr. d'Autun. = Lucenay-l'Evêque.

BARNEVILLE, s. f. Com. du dép. du Calvados, cant. de Honfleur, arr. de Pont-l'Evêque. = Honfleur.

BARNEVILLE, s. f. Com. du dép. de l'Eure, cant. de Routot, arr. de Pont-Audemer. = Bourg-Achard.

BARNEVILLE, s. f. Com. du dép. de la Manche, chef-lieu de cant. de l'arr. de Valognes. Bur. d'enregist. à Briquebec. = Valognes.

Ce village possède un petit port sur la Manche, au fond du havre de Carteret.

BARNFIARD, s. m. Oiseau aquatique des Indes. T. d'hist. nat.

BAROCHE, s. f. Com. du dép. du Haut-Rhin, cant. de la Poutroy, arr. de Colmar. = Colmar.

BAROCHE (la), s. f. Com. du dép. de l'Orne, cant. de Juvigny, arr. de Domfront. = Domfront.

BAROCHÉ, E, part. Se dit de la couleur qu'un peintre a fait jaillir du contour sur le fond.

BAROCHE-GONDOUIN, s. f. Com. du dép. de la Mayenne, cant. de Lassay, arr. de Mayenne. = le Ribay.

BAROCHER, v. a. Faire jaillir de la couleur du contour sur le fond. T. de peint.

BAROCO, s. m. Argument. T. de log.

BAROMESNIL, s. m. Com. du dép. de la Seine-Inférieure, cant. d'Eu, arr. de Dieppe. = Eu.

BAROMÉTOGRAPHE ou BAROMÉTROGRAPHE, s. m. Baromètre adopté à une pendule.

BAROMÈTRE, s. m. Instrument qui indique les variations de l'atmosphère, la pluie et le beau temps.

BAROMÉTRIQUE, adj. Qui appartient au baromètre.

BARON, s. m. Titre de noblesse au-dessous de celui de comte; qui possédait une baronnie.

BARON, s. m. Com. du dép. du Calvados, cant. d'Evrecy, arr. de Caen. = Caen.

BARON, s. m. Com. du dép. de la Gironde, cant. de Branne, arr. de Libourne. = Libourne.

BARON, s. m. Com. du dép. de l'Oise, cant. de Nanteuil-le-Haudouin, arr. de Senlis. = Nanteuil.

BARON, s. m. Com. du dép. de Saône-et-Loire, cant. et arr. de Charolles. = Charolles.

BARON-EN-CAMARGUE (le), s. m. Village du dép. des Bouches-du-Rhône, cant. et arr. d'Arles. = Arles.

BARONNAGE, s. m. Qualité de baron. T. burl.

BARONNE, s. f. L'épouse d'un baron; sa veuve.

BARONNET, s. m. Titre entre le chevalier et le baron, en Angleterre.

BARONNIE, s. f. Terre d'un baron.

BARONVILLE, s. f. Com. du dép. de la Moselle, cant. de Grostenquin, arr. de Sarreguemines. = St.-Avold.

BAROQUE, adj. Se dit des perles qui ne sont pas parfaitement rondes. —, fantasque, bizarre, d'une humeur inégale; esprit baroque.

BAROSANÈME, s. m. Machine pour connaître la force et la pesanteur du vent.

BAROSCOPE, s. m. Baromètre.

BAROTIERS, s. m. pl. Voituriers. (Vi.)

BAROTIN, s. m. Petit barreau. T. de mar.

BAROTS, s. m. pl. Poutres qui soutiennent les ponts. T. de mar.

BAROTTE, s. f. Vaisseau cerclé pour la vendange. T. de tonnel.

BAROU, s. m. Com. du dép. du Calvados, cant. de Coulibœuf, arr. de Falaise. = Falaise.

BAROULON, s. m. Balister. T. de bot.

BAROUTOU, s. m. Tourterelle de Cayenne. T. d'hist. nat.

BAROVILLE, s. f. Com. du dép. de l'Aube, cant. et arr. de Bar-sur-Aube. = Bar-sur-Aube.

BARP (le), s. m. Com. du dép. de la Gironde, cant. de Belin, arr. de Bordeaux. = Bordeaux.

BARQUE, s. f. Petit bateau. Bien mener sa —, diriger ses affaires avec discernement, avec fruit. Fig. — à Caron, nacelle dans laquelle les âmes passaient le Styx pour entrer aux enfers. Passer la —, mourir.

BARQUÉE, s. f. Mesure déterminée et de convention. T. de mar.

BARQUEROLLE ou BARQUETTE, s. f. Petit bâtiment sans mât pour le cabotage. —, sorte de pâtisserie; espèce d'armoire.

BARQUES, s. f. Com. du dép. de la Seine-Inférieure, cant. d'Aumale, arr. de Neufchâtel. = Aumale.

BARQUET, s. m. Com. du dép. de l'Eure, cant. de Beaumont-le-Roger, arr. de Bernay. = Beaumont.

BARR, s. m. Ville fortifiée du dép. du Bas-Rhin, chef-lieu de cant. de l'arr. de Schelestat. Bur. d'enregist. et de poste. Fabr. de toiles, bonneterie, savon, brosses de crin; filature de coton; teinturerie en rouge d'Andrinople. Comm. de grains, vins et bestiaux.

BARRAGE, s. m. Péage sur les voitures et les bêtes de somme pour l'entretien des routes. —, linge ouvré. T. de comm.

BARRAGER, s. m. Préposé aux droits de barrage, receveur du droit de péage.

BARRAIS, s. m. Com. du dép. de l'Allier, cant. et arr. de la Palisse. = la Palisse.

BARRAN, s. m. Com. du dép. du Gers, cant. et arr. d'Auch. = Auch.

BARRAN-ABBATIAL, s. m. Com. du dép. du Gers, cant. de Saramon, arr. d'Auch. = Auch.

BARRAS, s. m. Voy. GALIPOT. T. d'hist. nat.

BARRAS, s. m. Com du dép. des Basses-Alpes, cant. et arr. de Digne. = Digne.

BARRAUTE, s. f. Com. du dép. des Basses-Pyrénées, cant. de Sauveterre, arr. d'Orthez. = Orthez.

BARRAUX, s. m. Com. du dép. de l'Isère, cant. du Touret, arr. de Grenoble. = le Touret.

Ce village est défendu par un fort sur

la rive droite de l'Isère, à peu de distance de la frontière de Savoie. Ce fort, commande la grande route de Chambéry à Grenoble.

BARRE (la), s. f. Com. du dép. de l'Eure, cant. de Beaumesnil, arr. de Bernay. = Conches

BARRE (la), s. f. Com. du dép. du Jura, cant. de Dampierre, arr. de Dôle. = Dôle.

BARRE, s. f. Petite ville du dép. de la Lozère, chef-lieu de cant. de l'arr. de Florac. Bur. d'enregist. = Florac.

BARRE (la), s. f. Com. du dép. de la Haute-Saône, cant. de Montbozon, arr. de Vesoul. = Rioz.

BARRE (la), s. f. Village du dép. du Tarn, cant. de Marat, arr. de Castres. = la Caune.

BARRE, s. f. Pièce de fer, de bois, longue et étroite. —, trait de plume pour effacer ou pour souligner. —, barrière dans l'intérieur d'un tribunal pour séparer les juges de l'auditoire. T. de jurisp. —, pièce en travers d'un tonneau pour solidifier le fond. T. de tonnel. —, banc de sable; flux d'une rivière à la marée montante. T. de mar. —, mesure d'aunage en Espagne. —, pl. Jeux d'écoliers, courant à perdre haleine pour franchir le but; jouer aux barres. Avoir — sur quelqu'un, avoir l'avantage sur lui. —, partie de la mâchoire du cheval sur laquelle le mors appuie; partie la plus haute des gencives; pièce de bois ronde pour séparer les chevaux. T. d'équit.

BARRÉ, s. m. Poisson du genre du silure. T. d'hist. nat.

BARRÉ, E, part. Fermé avec une barre.

BARREAU, s. m. Sorte de barre grosse et courte servant de clôture. —, corps des avocats; enceinte qui leur est réservée dans les audiences; le — de Paris, la majorité des avocats représentés par le bâtonnier et les principaux membres de l'ordre, élus par leurs collègues.

BARRÉ-BANDÉ, adj. Se dit d'un écu chargé de barres et de bandes. T. de blas.

BARRE-CLAIRIN (la), s. f. Com. du dép. des Deux-Sèvres, cant. de Chenay, arr. de Melle. = Melle.

BARRE-DE-MONT (le), s. f. Village du dép. de la Vendée, cant. de Beauvoir, arr. des Sables-d'Olonne. = Beauvoir.

BARRE-DE-SEMILLY (la), s. f. Com. du dép. de la Manche, cant et arr. de St.-Lô. = St.-Lô.

BARRÉE, adj. Se dit de la vergue qui sert à étendre la voile du perroquet. T. de mar. Se dit encore des femmes chez lesquelles le prolongement de la symphyse du pubis est excessif; d'une dent molaire dont les racines s'écartent.

BARRÊME, s. m. Com. du dép. des Basses-Alpes, chef-lieu de cant. de l'arr. de Digne. Bur. d'enregist. = Castellanne.

BARREMENT, s. m. Action de barrer les veines d'un cheval, de les cautériser. T. de méd. vétér.

BARRER, v. a. Fermer par derrière avec une barre; garnir, fortifier d'une barre. —, raturer. — le chemin, fermer, défendre le passage. —, mettre obstacle à l'avancement de quelqu'un. Fig. — les veines d'un cheval, les cautériser, les fermer avec le feu.

BARRET, s. m. Com. du dép. de la Charente, cant. et arr. de Barbezieux. = Barbezieux.

BARRETAINE, s. f. Com. du dép. du Jura, cant. et arr. de Poligny. = Poligny.

BARRET-DE-LIOURE, s. m. Com. du dép. de la Drôme, cant. de Sederon, arr. de Nyons. = le Buis.

BARRET-LE-BAS, s. m. Com. du dép. des Hautes-Alpes, cant. de Ribiers, arr. de Gap. = Serre.

BARRET-LE-HAUT, s. m. Com. du dép. des Hautes-Alpes, cant. de Ribiers, arr. de Gap. = Serre.

BARRETONNE, s. f. Bonnet du grand maître de l'ordre de Malte.

BARRETTE, s. f. Petite barre; bonnet rouge des cardinaux. J'ai parlé à sa —, j'ai parlé à son éminence. —, bonnet de l'ancien doge et des nobles de Venise.

BARREUR, s. m. Chien courant pour la chasse du chevreuil. T. de véner.

BARRIAC, s. m. Village du dép. de l'Aveyron, cant. de Bozouls, arr. de Rodez. = Rodez.

BARRIAC, s. m. Com. du dép. du Cantal, cant. de Pléaux, arr. de Mauriac. = Mauriac.

BARRICADE, s. f. Retranchement fait à la hâte avec des pavés, des chariots, des arbres, etc. La journée des barricades.

BARRICADÉ, E, part. Fermé avec des barricades.

BARRICADER, v. a. Fermer avec des barricades; obstruer les rues. — une fenêtre, une porte; les fermer de manière à ce qu'on ne puisse pas entrer sans les briser. Se —, v. pron. Fermer sa porte avec des verroux, des barres de fer, des meubles, etc. —, s'enfermer pour ne recevoir personne.

BARRICOURT, s. m. Com. du dép. des Ardennes, cant. de Buzancy, arr. de Vouziers. = Buzancy.

BARRIER, s. m. Ouvrier qui tourne la barre du balancier. T. de monn.

BARRIÈRE, s. f. Pièce de bois fermant un passage; enceinte des joutes et des tournois; porte d'une ville où les préposés sont en permanence pour percevoir les droits d'entrée. —, tout ce qui sert de borne et de défense. —, empêchement, obstacle. Fig. — virginale, hymen. T. d'anat.

BARRILLAT, s. m. Garçon tonnelier qui travaille aux futailles. T. de mar.

BARRINEUF, s. m. Village appartenant à la com. de Fougax, dép. de l'Ariège, cant. de Lavelanet, arr. de Foix. = Foix.

BARRIQUE, s. f. Gros tonneau; personne d'une grosseur extraordinaire. T. fam. —, nasse pour pêcher la lamproie. T. de pêch.

BARRO, s. m. Com. du dép. de la Charente, cant. et arr. de Ruffec. = Ruffec.

BARROIR, s. m. Tarrière longue et étroite. T. de tonnel.

BARRON, s. m. Com. du dép. du Gard, cant. de St.-Chaptes, arr. d'Uzès. = Uzès.

BARROTÉ, E, part. Rempli de marchandise, se dit de la cale d'un navire.

BARROTER, v. a. et n. Remplir entièrement la cale de marchandises. T. de mar.

BARROU, s. m. Com. du dép. d'Indre-et-Loire, cant. de Pressigny-le-Grand, arr. de Loches. = la Haye.

BARROUX (le), s. m. Com. du dép. de Vaucluse, cant. de Malaucène, arr. d'Orange. = Carpentras.

BARRURE, s. f. Barre du corps du luth.

BARRUTINES, s. f. pl. Soies de Perse.

BARRY, s. m. Com. du dép. des Hautes-Pyrénées, cant. d'Ossun, arr. de Tarbes. = Tarbes.

BARRY-D'ESLEMADE, s. m. Com. du dép. de Tarn-et-Garonne, cant. et arr. de Castel-Sarrasin. = Montauban.

BARS, s. m. Village du dép. des Basses-Alpes, cant. de Valensolle, arr. de Digne. = Digne.

BARS, s. m. Village appartenant à la com. de Ste.-Croix, dép. de l'Aveyron, cant. de Mur-de-Barrez, arr. d'Espalion = Mur-de-Barrez.

BARS, s. m. Com. du dép. du Gers, cant. de Montesquiou, arr. de Mirande. = Mirande.

BARS, s. m. Com. du dép. de la Dordogne, cant. de Thenon, arr. de Périgueux. = Périgueux.

BARSAC, s. m. Com. du dép. de la Drôme, cant. et arr. de Die. = Die.

BARSAC, s. m. Com. du dép. de la Gironde, cant. de Podensac, arr. de Bordeaux. = Podensac.

BARSANGES, s. f. Com. du dép. de la Corrèze, cant. de Bugeat, arr. d'Ussel. = Ussel.

BARSE (la), s. f. Petite rivière qui prend naissance à Vandeuvre, arr. de Bar-sur-Aube, et qui se jette dans un bras de la Seine, près de Foicy, un peu au-dessus de Troyes. Cette rivière est flottable depuis Moustier-Amey jusqu'à son embouchure.

BARSES, s. f. pl. Boîtes d'étain dans lesquelles arrive le thé de la Chine.

BARST, s. m. Com. du dép. de la Moselle, cant. de St.-Avold, arr. de Sarreguemines. = St.-Avold.

BAR-SUR-AUBE, s. m. Ville du dép. de l'Aube, chef-lieu d'une sous-préf. et d'un cant.; trib. de 1re inst.; conserv. des hypoth.; direct. des contrib. indir.; recev. part. des finances; bur. d'enregist. et de poste.

Bar-sur-Aube est une des plus anciennes villes de France. On croit qu'elle fut fondée par des habitans de Florence, qui venaient d'échapper à la barbarie d'Attila. En 1814, le maréchal Mortier battit une division de l'armée autrichienne sous les murs de cette ville.

Fabriques d'eaux-de-vie, vinaigre, et de toutes sortes de liqueurs; comm. de blés, vins, bois, chanvres et laines.

BAR-SUR-SEINE, s. m. Petite ville du dép. de l'Aube, chef-lieu de sous-préf. et de cant.; trib. de 1re inst.; conserv. des hypoth.; inspect. des forêts; direct. des contrib. indir.; recev. part. des finances; bur. d'enregist. et de poste.

Cette ville est située sur la rive gauche de la Seine, et environnée de coteaux couverts de vignes dont le vin est estimé.

Distilleries d'eaux-de-vie; papeteries. Comm. de grains, vins, eaux-de-vie, chanvres, bois, laines et cuirs.

BART, s. m. Com. du dép. du Doubs, cant. et arr. de Montbéliard. = Montbéliard.

BARTAVELLE, s. f. Grosse perdrix rouge du midi de l'Europe.

BARTENHEIM, s. m. Com. du dép. du Haut-Rhin, cant. de Landser, arr. d'Altkirch. = Huningue.

BARTHE, s. m. Com. du dép. des Hautes-Pyrénées, cant. de Castelnau-Magnoac, arr. de Bagnères. = Tarbes.

BARTHE-CAGNARD, s. m. Com. du dép. du Gers, cant. de Riscle, arr. de Mirande. = Nogaro.

BARTHÉLEMY (St.-), s. m. Village

du dép. des Basses-Alpes, appartenant à la com. de Méolans, cant. de Lauzet, arr. de Barcelonnette. = Barcelonnette.

BARTHÉLEMY (St.-), s. m. Com. du dép. de la Dordogne, cant. de Bussière-Badil, arr. de Nontron. = Nontron.

BARTHÉLEMY (St.-), s. m. Com. du dép. de la Dordogne, cant. de Montpont, arr. de Ribérac. = Montpont.

BARTHÉLEMY (St.-), s. m. Com. du dép. de l'Isère, cant. de Beaurepaire, arr. de Vienne. = Beaurepaire.

BARTHÉLEMY (St.-), s. m. Com. du dép. de l'Isère, cant. de Vizille, arr. de Grenoble. = Grenoble.

On remarque près de cette com. une fontaine dont l'eau est sans cesse en ébullition, quoiqu'elle reste à la température de l'atmosphère. Les terres qui environnent cette source exhalent des gaz qui s'enflamment à l'approche du feu. Souvent même, après les pluies d'été, ces gaz s'enflamment naturellement.

BARTHÉLEMY (St.-), s. m. Com. du dép. des Landes, cant. de St.-Esprit, arr. de Dax. = St.-Sever.

BARTHÉLEMY (St.-), s. m. Com. du dép. de Lot-et-Garonne, cant. de Seiches, arr. de Marmande. = Port-Ste.-Marie.

BARTHÉLEMY (St.-), s. m. Com. du dép. de Maine-et-Loire, cant. et arr. d'Angers. = Angers.

BARTHÉLEMY (St.-), s. m. Com. du dép. de la Manche, cant. et arr. de Mortain. = Mortain.

BARTHÉLEMY (St.-), s. m. Com. du dép. de la Haute-Saône, cant. de Mélisey, arr. de Lure. = Lure.

BARTHÉLEMY (St.-), s. m. Com. du dép. de Seine-et-Marne, cant. de la Ferté-Gaucher, arr. de Coulommiers. = la Ferté.

BARTHÉLEMY (St.-), s. m. Com. du dép. de la Seine-Inférieure, cant. de Montivilliers, arr. du Havre. = Montivilliers.

BARTHÉLEMY (St.-), s. m. Com. du dép. de la Drôme, cant. de St.-Vallier, arr. de Valence. = St.-Vallier.

BARTHÉLEMY-DU-PRADEAU, s. m. Village du dép. du Gers, cant. et arr. de Condom. = Condom.

BARTHÉLEMY-LE-MIEL (St.-), s. m. Com. du dép. de l'Ardèche, cant. du Chaylard, arr. de Tournon. = le Chaylard.

BARTHÉLEMY-LE-PIN (St.-), s. m. Com. du dép. de l'Ardèche, cant. de la Mastre, arr. de Tournon. = Tournon.

BARTHÉLEMY-LE-PLEIN (St.-), s. m. Com. du dép. de l'Ardèche, cant. et arr. de Tournon. = Tournon.

BARTHÉLEMY-LESTRA (St.-), s. m. Com. du dép. de la Loire, cant. de Feurs, arr. de Montbrison. = Feurs.

BARTHERANS, s. m. Com. du dép. du Doubs, cant. de Quingey, arr. de Besançon. = Quingey.

BARTHES (les), s. f. pl. Com. du dép. de Tarn-et-Garonne, cant. et arr. de Castel-Sarrasin. = Castel-Sarrasin.

BARTRES, s. f. Com. du dép. des Hautes-Pyrénées, cant. de Lourdes, arr. d'Argelès. = Lourdes.

BARTSIES, s. f. pl. Genre de plantes rhinantacées. T. de bot.

BARUL, s. m. Mesure pour le poivre, 54 livres.

BARVILLE, s. f. Com. du dép. de l'Eure, cant. de Thiberville, arr. de Bernay. = Bernay.

BARVILLE, s. f. Com. du dép. du Loiret, cant. de Beaune, arr. de Pithiviers. = Boynes.

BARVILLE, s. f. Com. du dép. de la Meurthe, cant. de Lorquin, arr. de Sarrebourg. = Sarrebourg.

BARVILLE, s. f. Com. du dép. de l'Orne, cant. de Pervenchères, arr. de Mortagne. = le Mêle.

BARVILLE, s. f. Com. du dép. de la Seine-Inférieure, cant. de Cany, arr. d'Yvetot. = Cany.

BARVILLE, s. f. Com. du dép. des Vosges, cant. et arr. de Neufchâteau. = Neufchâteau.

BARYPHONIE, s. f. Difficulté de parler, d'articuler; affaiblissement de la voix. T. de méd.

BARYTE, s. f. Voy. BARITE.

BARYTON, s. m. Voix entre la taille et la basse-taille; espèce de viole. T. de mus. —, adj. Se dit des verbes grecs qui ont l'accent grave sur la dernière syllabe.

BARZAN, s. m. Com. du dép. de la Charente-Inférieure, cant. de Cozes, arr. de Saintes. = Cozes.

BARZUN, s. m. Com. du dép. des Basses-Pyrénées, cant. de Pontacq, arr. de Pau. = Pau.

BARZY, s. m. Com. du dép. de l'Aisne, cant. de Condé, arr. de Château-Thierry. = Dormans.

BARZY, s. m. Com. du dép. de l'Aisne, cant. de Nouvion, arr. de Vervins. = Guise.

BAS, s. m. Chausse qui part du pied jusqu'au-dessus du genou, et qui prend la forme de la jambe; bas de fil, de laine, de coton, de soie, etc. —, la partie inférieure; le bas du pavé. Il y a du haut et du —; il y a des inégalités, des changemens, soit en bien, soit en mal. Le tonneau est en —; il est presque vide.

BAS, adv. Doucement, à voix basse. Être —, être dangereusement malade. Fig. Mettre — les armes, les déposer; mettre —, faire des petits, en parlant de la femelle des animaux. Mettre pavillon —, se rendre. A —, par terre. Il est à —, il est ruiné. Sauter à — du lit, se lever brusquement. A —! exclamation de mépris, de haine et de fureur. Traiter du haut en —, avec fierté, insolence, mépris. Fig. Par —, au rez-de-chaussée. Là —, ici —, le premier se dit du lieu où l'on n'est pas, et le second du lieu où l'on est. Rien d'heureux ici —, dans ce monde.

BAS, SE, adj. Peu élevé, peu profond. —, inférieur, de moindre qualité ou prix; basse classe, bas or. —, vil, méprisable, sans courage, sans grandeur d'âme. Pensée, expression basse. Style —, sans élévation, sans noblesse.

BAS, s. m. Com. du dép. de la Haute-Loire, chef-lieu de cant. de l'arr. d'Yssingeaux. Bur. d'enregist. = Monistrol. Fabriques de rubans, dentelles et blondes.

BAS ou BATZ (île de), s. m. Se trouve près de la côte septentrionale du dép. du Finistère, cant. de St.-Pol-de-Léon, arr. de Morlaix. = St.-Pol-de-Léon. Cette île renferme trois villages, Carn, Goualen et Porsenëoc. La plupart des habitans étant employés dans la marine, ce sont les femmes qui cultivent la terre.

BASAAL, s. m. Arbuste toujours vert qui croit au Malabar. T. de bot.

BASAL, s. m. Plante polypétalée. T. de bot.

BASALTE, s. m. Sorte de marbre noir, fusible; lave très dure.

BASANE, s. f. Peau de mouton préparée avec laquelle on relie la majeure partie des livres.

BASANÉ, E, adj. Noirâtre, hâlé, de couleur de basane.

BAS-BORDAIS, s. m. Celui qui sert à babord. T. de mar.

BASCONS, s. m. Com. du dép. des Landes, cant. de Grenade-sur-l'Adour, arr. de Mont-de-Marsan. = Grenade.

BASCOUS, s. m. Com. du dép. du Gers, cant. d'Auze, arr. de Condom. = Condom.

BASCOUS, s. m. Com. du dép. du Gers, cant. et arr. de Mirande. = Mirande.

BASCULE, s. f. Machine dont un des bouts s'élève quand on pèse sur l'autre; contrepoids pour mouvoir un pont-levis; levier dont le point d'appui est au juste milieu. —, jeu d'enfans qui se balancent sur une bascule. —, bateau à coffret pour conserver le poisson. T. de pêch. En —, en équilibre. Système de — ou de juste milieu; système qui consiste à se tenir en équilibre entre les partis, en combattant alternativement l'un par l'autre.

BAS-DE-CASSE, s. m. La partie inférieure d'une casse. T. d'imp.

BAS-DESSUS, s. m. Voix plus basse que le dessus. T. de mus.

BASE, s. f. Tout ce qui soutient un corps posé sur une chose. —, principe, fondement, appui. Fig. —, côté d'un triangle opposé au sommet; surface sur laquelle on conçoit un cône, etc., appuyé. T. de géom. —, ce qui soutient le fût d'une colonne. T. d'archit. —, principal traitement. T. de méd. —, substance qui, combinée avec un acide, forme un sel. T. de chim. —, extrémité inférieure d'une partie quelconque. T. de bot.

BASÉ, E, part. Assis sur une base, sur un principe.

BASEL, s. m. Arbuste de l'Inde. T. de bot.

BASELLE, s. f. Genre de plantes exotiques, espèce d'arroche. T. de bot.

BASER, v. a. Asseoir sur une base, sur un principe. Se —, v. pron. Se fonder sur.

BAS-ET-LEZAT, s. m. Com. du dép. du Puy-de-Dôme, cant. de Randan, arr. de Riom. = Aigueperse.

BAS-FOND, s. m. Terrain bas et enfoncé; fond de mer où il y a peu d'eau. T. de mar.

BASIÈGE, s. m. Petite ville du dép. de la Haute-Garonne, cant. de Montgiscard, arr. de Villefranche. Bur. de poste.

BASILAIRE, s. f. Artère formée par l'union des deux artères vertébrales. —, adj. Se dit de la plupart des parties qui composent la base du crâne. T. d'anat. —, fixé à la base. T. de bot.

BASILIC, s. m. Serpent fabuleux dont le regard tue. —, espèce de lézard des Indes. T. d'hist. nat. —, genre de plantes labiées et odoriférantes. T. de bot. —, étoile fixe du Lion. T. d'astr.

BASILICAIRE, s. m. Prêtre qui assistait le pape ou un évêque.

BASILICON, s. m. Onguent suppuratif. T. de pharm.

BASILIQUE, s. f. Grande église avec dôme, église principale; la basilique de St.-Pierre, à Rome. —, veine qui rapporte le sang de l'avant-bras et du bras dans la veine axillaire; c'est une de celles qu'on ouvre dans la saignée du bras. T. de chir. —, pl. Lois romaines de l'empereur Basile.

BASIN, s. m. Toile de coton croisée, unie et à côtes.

BASIO-CÉRATO-GLOSSE, s. m. Muscle qui s'insère à la corne de l'os hyoïde. T. d'anat.

BASIOGLOSSE, s. m. Muscle abaisseur de la langue. T. d'anat.

BASIO-PHARYNGIEN, s. et adj. Muscle se prolongeant de la base de l'os hyoïde au pharynx. T. d'anat.

BASISTAN, BESESTAN ou BESISTAN, s. m. Quartier marchand des Turcs où sont leurs boutiques.

BAS-JUSTICIER, s. m. Seigneur qui avait droit de basse justice.

BASLEMONT, s. m. Com. du dép. des Vosges, cant. de Darney, arr. de Mirecourt. = Darney.

BASLIEUX, s. m. Com. du dép. de la Moselle, cant. de Longwy, arr. de Briey. = Longwy.

BASLY, s. m. Com. du dép. du Calvados, cant. de Creully, arr. de Caen. = Caen.

BAS-MÉTIER, s. m. Petit métier que l'on met sur les genoux.

BAS-MOULE, s. et adj. Enfant né du commerce d'un Français avec une Grecque.

BASOCHE, s. f. Juridiction qu'exerçaient les clercs de procureurs au parlement de Paris.

BASOQUE (la), s. f. Com. du dép. de l'Orne, cant. de Flers, arr. de Domfront. = Tinchebrai.

BASQUE, s. m. La langue des Basques. —, s. et adj. Né en Biscaye.

BASQUE, s. f. Pan d'un habit, d'une redingote.

BASQUES (les), s. m. pl. Peuples dont le pays faisait partie de l'ancienne Gascogne; ils sont pasteurs et guerriers, aiment la liberté jusqu'à l'idolâtrie, et ne contractent jamais aucune alliance avec des étrangers. C'est ainsi qu'ils ont conservé la noblesse de leur sang et la pureté de mœurs qui semble appartenir à un autre âge. En un mot, les Basques sont vifs, braves, laborieux et d'une agilité extraordinaire. Il court comme un —, il court d'une vitesse extrême.

BAS-RELIEF, s. m. Sculpture qui a peu de saillie.

BASSAC, s. m. Com. du dép. de la Charente, cant. de Jarnac, arr. de Cognac. = Jarnac.

BASSAN, s. m. Com. du dép. de l'Hérault, cant. et arr. de Béziers. = Béziers.

BASSANELLO, s. m. Espèce de hautbois vénitien.

BASSANNE, s. f. Com. du dép. de la Gironde, cant. d'Auros, arr. de Bazas. = la Réole.

BASSAUCOURT, s. m. Com. du dép. de la Meuse, cant. de Vigneulles, arr. de Commercy. = St.-Mihiel.

BASSE, s. f. La partie la plus basse en musique; le musicien qui la chante; l'instrument qui la joue. — continue, fondement des parties. — contrainte, qui revient après des mesures. T. de mus. —, endroit de la mer où l'eau a peu de profondeur. T. de mar. —, espèce de persègue. T. d'hist. nat. —, mesure de sel, 70 livres.

BASSÉ, E, part. Détrempé avec de la colle. T. de manuf.

BASSE-CONTRE, s. f. Basse; musicien, instrument.

BASSE-COUR, s. f. Cour d'une maison de campagne où sont les écuries et les étables, le poulailler, etc.

BASSE-DE-VIOLE, s. f. Instrument de musique. — de violon, gros violon.

BASSÉE (la), s. f. Petite ville du dép. du Nord, chef-lieu de cant. de l'arr. de Lille. Bur. d'enregist. et de poste. Fabriques d'amidon, de savon noir, d'huiles et de poterie de terre; filatures de laine et de coton; distillerie d'eaux-de-vie de grains; raffineries de sel. Comm. considérable de grains, graines oléagineuses, huiles, charbons de terre, vins, eaux-de-vie, toiles, bestiaux; tourbes, etc.

BASSÉE (canal de la), s. f. Ce canal est une dérivation de la Deule prise au bac de Beauvin et va jusqu'à la ville de la Bassée; il doit se prolonger jusqu'à Aire et joindre le canal de Neuf-Fossé.

BASSE-ÉTOFFE, s. f. Mélange de plomb et d'étain.

BASSE-FOSSE, s. f. Espèce de cave, cachot sous terre, où le jour ne pénètre pas.

BASSE-GOULAINE, s. f. Com. du dép. de la Loire-Inférieure, cant. de Vertou, arr. de Nantes. = Nantes.

BASSE-GOUTTE, s. f. Droit d'égout sur l'héritage voisin.

BASSE-JUSTICE, s. f. Juridiction qui connaissait des délits de simple police.

BASSE-LISSE, s. f. Tapisserie dont les chaînes sont horizontales.

BASSE-LISSIER, s. m. Ouvrier en basse-lisse.

BASSEMBERG, s. m Com. du dép. du Bas-Rhin, cant. de Villé, arr. de Schélestat. = Schélestat.

BASSEMENT, adv. Avec bassesse, d'une manière vile.

BASSENVILLE, s. f. Com. du dép. du Calvados, cant. de Dives, arr. de Pont-l'Évêque. = Dozuley.

BASSENS, s. m. Com. du dép. de la

Gironde, cant. de Carbonblanc, arr. de Bordeaux. = Bordeaux.

BASSER, v. a. Détremper la chaîne avec la colle pour rendre les fils glissans. T. de manuf.

BASSERCLES, s. f. Com. du dép. des Landes, cant. d'Amou, arr. de St.-Sever. = St.-Sever.

BASSES, s. f. pl. Banc de sable, rochers cachés sous l'eau. T. de mar.

BASSES, s. f. Com. du dép. de la Vienne, cant. et arr. de Loudun. = Loudun.

BASSESSE, s. f. Sentiment, action, manière vile, méprisable, contraire à la délicatesse, à l'honneur. Se dit du discours, du style, de la naissance, etc.

BASSE-SUR-LE-RUPT, s. f. Com. du dép. des Vosges, cant. de Saulxures, arr. de Remiremont. = Remiremont.

BASSES-VOILES, s. f. pl. La grande voile et celles de misaine et d'artimon. T. de mar.

BASSET, s. m. Chien pour chasser au bois à jambes courtes, tortues ou droites. —, petit homme à cuisses et à jambes courtes. T. fam.

BASSE-TAILLE, s. f. Partie de basse qui se chante, se joue; voix, chant entre la basse et la taille. T. de mus. —, bas-relief plat. T. de sculpt.

BASSE-TERRE, s. f. Côte sous le vent. T. de mar.

BASSETTE, s. f. Sorte de jeu de cartes.

BASSE-TURBE, s. f. Basse de clarinette à trois octaves et demie pleines. T. de mus.

BASSEUX, s. m. Com. du dép. du Pas-de-Calais, cant. de Beaumetz-les-Loges, arr. d'Arras. = Arras.

BASSE-VAIVRE (la), s. f. Com. du dép. de la Haute-Saône, cant. de Jussey, arr. de Vesoul. = Jussey.

BASSEVELLE, s. f. Com. du dép. de Seine-et-Marne, cant. de la Ferté-sous-Jouarre, arr. de Meaux. = la Ferté-sous-Jouarre.

BASSI-COLICA, s. m. Médicament fait avec du miel et des aromates. T. de pharm.

BASSICOT, s. m. Haquet, caisse de charpente pour charrier les pierres qu'on tire des ardoisières.

BASSIERS, s. m. pl. Amas de sable dans les rivières.

BASSIGNAC, s. m. Com. du dép. du Cantal, cant. de Saignes, arr. de Mauriac. = Bort.

BASSIGNAC-LE-BAS, s. m. Com. du dép. de la Corrèze, cant. de Mercœur, arr. de Tulle. = Tulle.

BASSIGNAC-LE-HAUT, s. m. Com. du dép. de la Corrèze, cant. de Servière, arr. de Tulle. = Argentat.

BASSIGNEY, s. m. Com. du dép. de la Haute-Saône, cant. de Vauvillers, arr. de Lure. = Vesoul.

BASSIGNY, s. m. Ce pays, dont Chaumont était la capitale, était compris dans la Champagne, et forme aujourd'hui la majeure partie du dép. de la Haute-Marne.

BASSILE, s. f. Plante dont la feuille ressemble à celle du pourpier. T. de bot.

BASSILLAC, s. m. Com. du dép. de la Dordogne, cant. de St.-Pierre-le-Chignac, arr. de Périgueux. = Périgueux.

BASSILLON, s. m. Com. du dép. des Basses-Pyrénées, cant. de Lembeye, arr. de Pau. = Pau.

BASSIN, s. m. Grand plat rond ou ovale; ce qu'il contient. —, plat des balances; pièces d'eau dans un jardin; sorte de port de mer; pierre qui reçoit les eaux d'une fontaine; belle plaine entourée de montagnes. —, cavité au bas de l'abdomen, formée par la réunion de plusieurs os et destinée à contenir la vessie et les organes internes de la génération. T. de chir. —, ce qui est rond et creux. T. d'arts et mét. Cracher au —, contribuer à la dépense. T. fam.

BASSINAGE, s. m. Droit sur le sel.

BASSINE, s. f. Sorte de bassin large et profond dont se servent les pharmaciens, les confiseurs, etc., pour leurs manipulations.

BASSINÉ, E, part. Chauffé avec une bassinoire.

BASSINER, v. a. Chauffer un lit avec une bassinoire. —, fomenter en mouillant avec un liquide; bassiner une plaie. —, arroser légèrement. T. de jard. Se —, v. pron. Humecter; se bassiner les yeux.

BASSINET, s. m. Petit bassin; pièce de la batterie d'un fusil où l'on met l'amorce; chapeau en fer des anciens hommes d'armes. —, sac membraneux destiné à recevoir l'urine filtrée dans la substance propre des reins. T. d'anat. —, nom de la renoncule bulbeuse. T. de bot.

BASSING, s. m. Com. du dép. de la Meurthe, cant. de St.-Dieuze, arr. de Château-Salins. = Dieuze.

BASSIN-OCULAIRE, s. m. Instrument de chirurgie.

BASSINOIRE, s. f. Sorte de bassin en métal pour chauffer le lit, soit avec de la braise, soit avec de l'eau chaude.

BASSINOT, s. m. Diablotin, voleur; petit bassin au fond d'un reposoir.

BASSIOT, s. m. Petit baquet en bois dont se servent les distillateurs.

BASSOLES-AULERS, s. f. Com. du dép. de l'Aisne, cant. d'Anizy-le-Château, arr. de Laon. = Coucy.

BASSOMPIERRE, s. m. Com. du dép. de la Moselle, cant. d'Audun-le-Roman, arr. de Briey. = Thionville.

BASSON, s. m. Instrument à vent, basse du haut-bois; musicien qui joue de cet instrument. T. de mus.

BASSONCOURT, s. m. Com. du dép. de la Haute-Marne, cant. de Clefmont, arr. de Chaumont. = Montigny-le-Roi.

BASSORA, s. f. Ville de l'Irack-Arabie, au confluent de l'Euphrate et du Tigre. Elle est très commerçante et possède un port très fréquenté.

BASSOU, s. m. Com. du dép. de l'Yonne, cant. et arr. de Joigny. Bur. de poste.

BASSOUES, s. f. Com. du dép. du Gers, cant. de Montesquiou, arr. de Mirande. = Mirande.

BASSOVE, s. f. Plante herbacée de la Guiane. T. de bot.

BASSU, s. m. Com. du dép. de la Marne, cant. de Heiltz-le-Maurupt, arr. de Vitry. = Vitry-le-Français.

BASSUET, s. m. Com. du dép. de la Marne, cant. de Heiltz-le-Maurupt, arr. de Vitry-le-Français. = Vitry.

BASSURELS, s. m. Com. du dép. de la Lozère, cant. de Barre, arr. de Florac. = Florac.

BASSUSSARY, s. m. Com. du dép. des Basses-Pyrénées, cant. et arr. de Bayonne. = Bayonne.

BASTAN (gave de), s. m. Est un torrent qui se précipite des montagnes, roule à travers la vallée de Barèges, et court se jeter dans le Gave de Pau, à Luz.

BASTANES, s. f. Com. du dép. des Basses-Pyrénées, cant. de Navarreins, arr. d'Orthez. = Navarreins.

BASTANOUS, s. m. Com. du dép. du Gers, cant. de Miélan, arr. de Mirande. = Miélan.

BASTANT, E, adj. Suffisant. (Vi.)

BASTARÈCHE, s. f. Cabriolet adapté au-devant d'une voiture.

BASTE, s. m. As de trèfle au jeu de l'hombre; — s. f. Etoffe d'écorce. — interj., marque le doute, le mépris d'une menace. T. inus.

BASTELICA, s. f. Com. du dép. de la Corse, chef-lieu de cant. de l'arr. d'Ajaccio. Bur. d'enregist. = Ajaccio.

BASTENNES, s. f. Com. du dép. des Landes, cant. d'Amou, arr. de St.-Sever. = Dax.

BASTERNE, s. f. Char gaulois attelé de bœufs; litière fermée des dames romaines.

BASTI, E, part. Formé avec de la laine, en parlant d'un chapeau.

BASTIA, s. f. Ville maritime du dép. de la Corse, chef-lieu d'un arr. de sous-préf. et de deux cant.; 17ᵉ division militaire; 17ᵉ légion de gendarmerie; 21ᵉ arr. forestier; place de guerre de première classe; trib. de 1ʳᵉ inst. de comm.; biblioth. publique; ingén. en chef et ordinaire des ponts-et-chaussées; ingén. des mines; conserv. des hypoth.; recev. partic. des finances; écoles d'artillerie et d'hydrographie; bur. d'enregist. et de poste. Pop. 9,530 h. environ. Cette ville est située sur le penchant d'une montagne, au sommet de laquelle on remarque la citadelle et des habitations fort élégantes. Le port, protégé par cette citadelle et par plusieurs autres petits forts, ne peut recevoir dans son bassin que de légers bâtimens. Pêche de corail et de poisson sur les côtes; fabrique de savon, liqueurs et cire; comm. de vins, huiles, cuirs et poil de chèvre.

BASTIAN, s. m. Battant, frayon de moulin.

BASTIDE, s. f. Maison de campagne des Provençaux.

BASTIDE (la), s. f. Village du dép. de l'Ardèche, cant. d'Antraigues, arr. de Privas. = Antraigues.

BASTIDE (la), s. f. Village du dép. de l'Aude, cant. de Belpech, arr. de Castelnaudary. = Castelnaudary.

BASTIDE (la), s. f. Village du dép. de l'Aveyron, cant. de St.-Chély, arr. d'Espalion. = Espalion.

BASTIDE (la), s. f. Village qui fait partie de la com. et du cant. de Mur-de-Barrez, dép. de l'Aveyron, arr. d'Espalion. = Mur-de-Barrez.

BASTIDE (la), s. f. Village du dép. de la Lozère, cant. de Bleymard, arr. de Mende. = Mende.

BASTIDE (la), s. f. Com. du dép. des Pyrénées-Orientales, cant. d'Arles, arr. de Céret. = Arles.

BASTIDE (la), s. f. Com. du dép. du Var, cant. de Comps, arr. de Draguignan. = Draguignan.

BASTIDE-BEAUVOIR (la), s. f. Com. du dép. de la Haute-Garonne, cant. de Montgiscard, arr. de Villefranche. = Villefranche.

BASTIDE-CAPDÉNAC (la), s. f. Com. du dép. de l'Aveyron, cant. et arr. de Villefranche. = Villefranche.

BASTIDE-D'ANJOU (la), s. f. Com. du dép. de l'Aude, cant. et arr. de Castelnaudary. = Castelnaudary.

BASTIDE-DE-BESPLAS (la), s. f. Com. du dép. de l'Ariège, cant. du Maz-d'Azil, arr. de Pamiers. = Rieux.

BASTIDE-DE-BOUSIGNAC (la), s. f. Com. du dép. de l'Ariège, cant. de Mirepoix, arr. de Pamiers. = Mirepoix.

BASTIDE-DE-FONDS (la), s. f. Com. du dép. de l'Aveyron, cant. de Cornus, arr. de St.-Affrique. = St.-Affrique.

BASTIDE-DE-LORDAT (la), s. f. Com. du dép. de l'Ariège, cant. de Saverdun, arr. de Pamiers. = Pamiers.

BASTIDE-D'ENGRAS (la), s. f. Com. du dép. du Gard, cant. de Lussan, arr. d'Uzès. = Uzès.

BASTIDE-DE-SERON (la), s. f. Petite ville du dép. de l'Ariège, chef-lieu de cant. de l'arr. de Foix. Bur. d'enregist. = Foix. Forges.

BASTIDE-DES-JOURDANS, s. f. Com. du dép. de Vaucluse, cant. de Pertuis, arr. d'Apt. = le Pertuis.

BASTIDE-DE-VIRAC (la), s. f. Com. du dép. de l'Ardèche, cant. de Vallon, arr. de Largentière. = Largentière.

BASTIDE-DU-SALAT (la), s. f. Com. du dép. de l'Ariège, cant. de St.-Lizier, arr. de St.-Girons. = St.-Girons.

BASTIDE-DU-TEMPLE (la), s. f. Com. du dép. de Tarn-et-Garonne, cant. et arr. de Castel-Sarrasin. = Castel-Sarrasin.

BASTIDE-EN-VAL (la), s. f. Com. du dép. de l'Aude, cant. de la Grasse, arr. de Carcassonne. = la Grasse.

BASTIDE-ESPARBAIRENQ (la), s. f. Com. du dép. de l'Aude, cant. de Mas-Cabardès, arr. de Carcassonne. = Carcassonne.

BASTIDE-L'ÉVÊQUE (la), s. f. Com. du dép. de l'Aveyron, cant. de Rieupeyroux, arr. de Villefranche. = Villefranche.

BASTIDE-LOUQUIÉ (la), s. f. Com. du dép. de l'Aveyron, cant. de Ste.-Geneviève, arr. d'Espalion. = Mur-de-Barrez.

BASTIDE-NANTEL (la), s. f. Com. du dép. de l'Aveyron, cant. et arr. de Villefranche. = Villefranche.

BASTIDE-PRADINAS (la), s. f. Com. du dép. de l'Aveyron, cant. et arr. de St.-Affrique. = St.-Affrique.

BASTIDE-ST.-PIERRE (la), s. f. Com. du dép. de Tarn-et-Garonne, cant. de Grisolles, arr. de Castel-Sarrasin. = Grisolles.

BASTIDE-SUR-L'HERS (la), s. f. Com. du dép. de l'Ariège, cant. de Mirepoix, arr. de Pamiers. = Mirepoix. Forges et martinets; mines de jais.

BASTIDE-TEULAT (la), s. f. Com. du dép. de l'Aveyron, cant. de St.-Sernin, arr. de St.-Affrique. = St.-Sernin.

BASTIDONNE (la), s. f. Com. du dép. du Var, cant. de Barjols, arr. de Brignolles. = Barjols.

BASTIDONNE, s. f. Com. du dép. de Vaucluse, cant. de Pertuis, arr. d'Apt. = Pertuis.

BASTIL (le), s. m. Com. du dép. du Lot, cant. de Gramat, arr. de Gourdon. = Gramat.

BASTILLE, s. f. Château fort qui fut détruit le 14 juillet 1789. L'emplacement de ce château, à l'entrée du faub. St.-Antoine, à Paris. —, prison d'état dans laquelle on renferme illégalement des prisonniers de haute importance, qui y sont claquemurés.

BASTILLÉ, E, adj. A créneaux renversés. T. de blas.

BASTINGAGE, s. m. Action de bastinguer; ce qui sert pour bastinguer.

BASTINGUE, s. f. Toile matelassée autour du plat bord pour se mettre à l'abri du feu, et pour cacher à l'ennemi ce qui se passe sur le pont. T. de mar.

BASTINGUER (se), v. pron. Tendre les bastingues.

BASTION, s. m. Ouvrage avancé à deux flancs et deux faces. T. de fortif.

BASTIONNÉ, E, adj. Qui tient du bastion, qui est défendu par des bastions.

BASTIR, v. a. Former le chapeau avec des capadis, avec de la laine. T. de chapel.

BASTONNADE, s. f. Coups de bâton.

BASTONNÉ, E, part. Qui a reçu des coups de bâton.

BASTONNER, v. a. Donner la bastonnade.

BASTRINGUE, s. m. Bal de guinguette. T. fam.

BASTUDE, s. f. Filet de pêche pour les étangs salés.

BAS-VENTRE, s. m. Abdomen, grande cavité qui renferme les intestins. T. d'anat.

BASVILLE, s. f. Com. du dép. de la Creuse, cant. de Crocq, arr. d'Aubusson. = Felletin.

BASVILLE, s. f. Com. du dép. de l'Eure, cant. de Bourgthéroulde, arr. de Pont-Audemer. = Bourgthéroulde.

BAT, s. m. Queue de poisson.

BÂT, s. m. Selle grossièrement faite pour les bêtes de somme. —, esclavage; pourvu que je porte mon bât, disait Esope. Cheval de —, grossier, lourdaud.

BAT-À-BEURRE, s. m. Petit morceau de bois rond et plat garni d'un manche pour battre le beurre.

BAT-A-BOURRE, s. m. Outil pour battre la bourre.

BATACLAN, s. m. Attirail, cohue qui embarrasse.

BATADOIR, s. m. Banc pour laver les langes.

BÂTAGE, s. m. Droit que prélevait le seigneur sur les bêtes de somme, sur celles qui portaient le bât.

BATAIL, s. m. Battant de cloche. T. de blas.

BATAILLE, s. f. Action générale entre deux armées : livrer, gagner, perdre bataille. Corps de —, le centre, partie de l'armée qui est entre les deux ailes. — navale, action générale entre deux flottes. Cheval de —, ce sur quoi l'on compte le plus. Il est resté maître du champ de —, il a eu l'avantage dans la discussion. —, sorte de jeu de cartes ; jouer à la bataille.

BATAILLE (la), s. f. Com. du dép. des Deux-Sèvres, cant. de Chef-Boutonne, arr. de Melle. == Chef-Boutonne.

BATAILLÉ, adj. Se dit d'une cloche avec le batail d'une autre couleur. T. de blas.

BATAILLER, v. n. Livrer bataille. (Vi.) —, contester, disputer. T. fam.

BATAILLEUR, s. m. Ferrailleur, qui aime à batailler, à se battre. T. fam.

BATAILLIÈRE, s. f. Corde qui fait jouer le traquet d'un moulin.

BATAILLON, s. m. Corps d'infanterie d'environ huit cents hommes, qui fait partie d'un régiment, et qui est commandé par un lieutenant-colonel. — carré, qui fait feu des quatre côtés.

BATALOGUE, s. m. Auteur fatigant, ennuyeux, insipide. (Vi.)

BATANOMES, s. f. pl. Toiles du Caire. T. de comm.

BATARA, s. m. Genre d'oiseaux sylvains d'Afrique et d'Amérique qui se rapprochent des fourmilliers. T. de bot.

BÂTARD, E, adj. Enfant naturel, illégitime, né hors mariage. —, se dit d'animaux nés d'espèces différentes, de fruits sauvages, et en général de choses de différentes natures. Porte —, qui n'est ni petite, ni grande. Ecriture —, entre la ronde et la coulée. —, s. m. Ver rouge pour amorcer. T. de pêch. —, s. f. Sorte d'écriture, pièce d'artillerie, sorte de lime ; pain de sucre brut ; grande voile de galère. T. de mar.

BATARDEAU, s. m. Digue pour détourner le cours de l'eau. —, échafaud de planches sur les bords d'un navire au radoub. T. de mar.

BATARDIER, s. m. Sorte de crible.

BATARDIÈRE, s. f. Pépinière d'arbres greffés.

BÂTARDISE, s. f. Etat, qualité de l'enfant naturel.

BATATE, s. f. Rave d'Afrique.

BATATE ou PATATE, s. f. Sorte de rave, de pomme de terre. Voy. PATATE.

BATAULE, s. f. Beurre de bambou.

BATAVE, s. et adj. Ancien nom des Hollandais qu'on a donné à la république de Hollande, qui n'a duré qu'un instant. —, Hollandais, qui concerne la Hollande. —, gros pigeon à long cou.

BATAVIA, s. f. Batavie, ville très commerçante, très riche, qui appartient au royaume de Hollande dans l'île de Java. Cette ville est le centre de tout le commerce que les Hollandais font dans l'Inde.

BATAVIE, s. f. Ancien nom de la Hollande.

BATAYOLES, s. f. pl. Garde fou. T. de mar.

BÂTE, s. f. Partie polie et luisante d'un corps d'épée ; plaque d'étain ; grand cercle d'une boîte de montre. T. d'horl. —, bord élevé d'une tabatière.

BÂTÉ, E, part. Se dit d'une bête de somme à laquelle on a mis un bât sur le dos. Ane —, lourdaud, homme grossier, stupide.

BATEAU, s. m. Barque de rivière ; son contenu ; bateau de blé, de vin. —, le corps d'un carrosse. T. de carross.

BATEAU-MÈRE, s. m. Bateau principal pour remonter le sel.

BATEAU-PORTE, s. m. Bateau qui sert de porte, qui est en travers pour barrer le passage.

BATÉE, s. f. Quantité quelconque de terre pétrie en une fois. T. de manuf.

BATELAGE, s. m. Conduite d'un bateau, transport de marchandise par bateaux. —, tour de bateleur.

BATELÉ, E, part. Conduit, en parlant d'un bateau.

BATELÉE, s. f. Charge d'un bateau ; multitude de curieux rassemblés autour d'un bateleur.

BATELER, v. a. Conduire un bateau.

BATELET, s. m. Petit bateau.

BATELEUR, s. m. Saltimbanque, acteur en plein vent, qui fait et dit des niaiseries pour amuser la multitude ; danseur de corde, joueur de gobelets. —, oiseau de proie d'Afrique. T. d'hist nat.

BATELIER, s. m. Marinier qui a la conduite d'un bateau, qui fait métier de conduire des bateaux.

BATELLEMENT, s. m. Double et dernier rang de tuiles, extrémité, égout du toit. T. de couvr.

BÂTER, v. a. Mettre un bât sur le dos d'un âne, d'un mulet, etc.

BATERESSE, s. f. Com. du dép. de la Vienne, cant. de Vivonne, arr. de Poitiers. = Vivonne.

BATERNAY, s. m. Com. du dép. de la Drôme, cant. de St.-Donat, arr. de Valence. = Romans.

BATH, s. m. Ville d'Angleterre, célèbre par ses eaux minérales et par la société qui s'y rassemble dans la belle saison.

BATHELEMONT, s. m. Com. du dép. de la Meurthe, cant. de Vic, arr. de Château-Salins. = Dieuze.

BÂTI, s. m. Couture à grands points pour essayer une robe. T. de coutur. —, châssis d'une machine à fendre les roues. T. d'horl. —, assemblage de pièces; fond préparé pour le placage. T. de menuis.

BÂTI, E, part. Edifié, construit.

BÂTIE-CREMESIN (la), s. f. Com. du dép. de la Drôme, cant. de Luc-en-Diois, arr. de Die. = Die.

BÂTIE-D'ANDAURE (la), s. f. Com. du dép. de l'Ardèche, cant. de St.-Agrève, arr. de Tournon. = le Chaylard.

BÂTIE-DES-FONDS (la), s. f. Com. du dép. de la Drôme, cant. de Luc-en-Diois, arr. de Die. = Die.

BÂTIE-DIVISIN (la), s. f. Com. du dép. de l'Isère, cant. de St.-Geoire, arr. de la Tour-du-Pin. = Pont-de-Beauvoisin.

BÂTIE-MONTGASCON (la), s. f. Com. du dép. de l'Isère, cant. de Pont-de-Beauvoisin, arr. de la Tour-du-Pin. = Pont-de-Beauvoisin.

BÂTIE-MONTSALÉON (la), s. f. Com. du dép. des Hautes-Alpes, cant. de Serres, arr. de Gap. = Serres.

BÂTIE-NEUVE (la), s. f. Com. du dép. des Hautes-Alpes, chef-lieu de cant. de l'arr. de Gap, où est le bur. d'enregist. = Gap.

BÂTIER, s. m. Bourrelier, qui fait des bâts.

BÂTIE-ROLLAND (la), s. f. Com. du dép. de la Drôme, cant. de Marsanne, arr. de Montélimar. = Montélimar.

BÂTIES (les), s. f. pl. Com. du dép. de la Haute-Saône, cant. de Fresnes-St.-Mamès, arr. de Gray. = Gray.

BÂTIE-VERDUN (la), s. f. Com. du dép. de la Drôme, cant. du Buis, arr. de Nyons. = le Buis.

BÂTIE-VIEILLE (la), s. f. Com. du dép. des Hautes-Alpes, cant. de la Bâtie-Neuve, arr. de Gap. = Gap.

BATIFODAGE, s. m. Plafond de terre grasse et de boue. T. de maçon.

BATIFOLAGE, s. m. Action de jouer, de batifoler. T. fam.

BATIFOLER, v. n. Badiner, jouer comme des enfans. T. fam.

BATIGNOLLES (les), s. f. pl. Ce joli village, qui fut comme improvisé dans un temps heureux, se trouve au nord de Paris, près de la barrière de Clichy, cant. de Neuilly, arr. de St.-Denis. = Banlieue de Paris.

BATILLI, s. m. Com. du dép. de l'Orne, cant. d'Ecouché, arr. d'Argentan. = Argentan.

BATILLY, s. m. Com. du dép. du Loiret, cant. de Beaune, arr. de Pithiviers. = Bois-Commun.

BATILLY, s. m. Com. du dép. du Loiret, cant. de Briare, arr. de Gien. = Bonny.

BATILLY, s. m. Com. du dép. de la Moselle, cant. et arr. de Briey. = Briey.

BÂTIMENT, s. m. Edifice, quel qu'il soit. —, navire en général. T. de mar. — de graduation, espèce de hangar pour fabriquer le sel.

BÂTINE ou TORCHE, s. f. La plus simple des selles pour les bêtes de somme.

BATIPORTES, s. m. pl. Bordages de planches de chêne pour empêcher l'eau de pénétrer dans la cale.

BÂTIR, v. a. Édifier, construire un bâtiment. —, établir, disposer, agencer. Fig. —, coudre à grands points. T. de coutur. —, façonner. T. de chap. — un navire, exécuter sa construction. T. de mar. —, faire bâtir. Louis XIV a bâti Versailles. — en l'air, faire de vains projets.

BATIS, s. m. Poisson du genre des raies. T. d'hist. nat. —, arbrisseau des Antilles. T. de bot.

BÂTISSE, s. f. État ou entreprise de maçonnerie, d'un bâtiment.

BÂTISSEUR, s. m. Particulier qui a la manie de faire bâtir; mauvais architecte.

BATISSOIR, s. m. Cercle de fer pour réunir les douves. T. de tonnel.

BATISTE, s. f. Toile de lin très fine.

BATITURES, s. f. pl. Parcelles métalliques faiblement oxidées qui se détachent du métal que l'on forge.

BÂTON, s. m. Morceau de bois long et maniable; tout ce qui en a la forme; bâton de cire, de sucre d'orge, de commandement, de maréchal de France. — de vieillesse, celui qui sert d'appui à un vieillard. Fig. Mener le — haut, avec sévérité, avec dureté. A — rompu, à diverses reprises. Tour du —, profit éventuel et souvent illicite d'un emploi. Sortir le — blanc à la main, sans fortune. —, mesure pour la base des colonnes; moulures; gros anneau en saillie. T. d'archit.

BÂTONNÉ, E, part. Qui a reçu des coups de bâton; rayé, biffé.

BATONNÉE, s. f. La quantité d'eau fournie par un seul coup de piston. T. de mar.

BÂTONNER, v. a. Donner des coups de bâton. —, rayer, biffer; bâtonner un billet de commerce, faire deux bâtons en croix sur la signature.

BÂTONNET, s. m. Petit bâton aminci par les deux bouts, qui sert à un jeu d'enfant.

BÂTONNIER, s. m. Celui qui possède temporairement le bâton d'une confrérie; président de l'ordre des avocats.

BÂTONNISTE, s. m. Celui qui enseigne à jouer du bâton; celui qui sait en jouer.

BÂTOURNÉ, E, part. Ajusté, égalisé en parlant des douves d'un tonneau. T. de tonnel.

BÂTOURNER, v. a. Mesurer des douves, les ajuster, les égaliser. T. de tonnel.

BATRACHITE, s. f. Pierre verte, creuse, au milieu de laquelle on aperçoit un œil.

BATRACHOÏDES, s. m. pl. Poissons jugulaires, osseux. T. d'hist. nat.

BATRACHOMYOMACHIE, s. f. Combat des grenouilles et des rats, poème burlesque d'Homère.

BATRACHUS, s. m. Tumeur inflammatoire sur la langue. T. de méd.

BATRACIENS, s. m. pl. Ordre de reptiles, quadrupèdes ovipares, comprenant les genres grenouille, crapaud, rainette et salamandre. T. d'hist. nat.

BATS, s. m. Com. du dép. des Landes, cant. de Geaune, arr. de St.-Sever. = St.-Sever.

BATSÈRE, s. m. Com. du dép. des Hautes-Pyrénées, cant de la Barthe, arr. de Bagnères. = Bagnères.

BATTAGE, s. m. Action de battre le blé; le temps qu'on y emploie.

BATTANT, s. m. Long marteau suspendu au milieu d'une cloche, et qui la fait sonner en l'agitant; —, chacun des deux côtés d'une porte; pièce avec laquelle s'assemblent les traverses. T. de menuis. —, partie flottante d'une voile. T. de mar. —, pl. Les valves d'une coquille. T. d'hist. nat.

BATTANT, E, adj. Qui bat, qui travaille; métier —, en activité; porte —, qui se referme d'elle-même. Mener tambour —, mener sévèrement, maltraiter.

BATTANT-L'ŒIL, s. m. Coiffure de femme; bonnet négligé du matin.

BATTE, s. f. Plateau emmanché pour battre et aplanir la terre; banc de blanchisseur; masse pour battre le plâtre; sabre de bois d'arlequin; — à beurre. Voy. BAT-A-BEURRE.

BATTÉE, s. f. Ce qu'un relieur, un papetier bat de papier en une fois.

BATTE-FEUX, s. m. pl. Briquets non limés.

BATTEMENT, s. m. Action de battre; mouvement, palpitation du cœur, du pouls, des artères; — des mains, applaudissement.

BATTENANS, s. m. Com. du dép. du Doubs, cant. de Maiche, arr. de Montbéliard. = Montbéliard.

BATTENANS, s. m. Com. du dép. du Doubs, cant. de Marchaux, arr. de Besançon. = Besançon.

BATTENHEIM, s. m. Com. du dép. du Haut-Rhin, cant. de Habsheim, arr. d'Altkirch. = Ensisheim.

BATTERANS, s. m. Com. du dép. de la Haute-Saône, cant. et arr. de Gray. = Gray.

BATTERIE, s. f. Querelle de manans où l'on en vient aux mains, où l'on échange force gourmades, où l'on poche les yeux de son antagoniste. —, pièces de canon en position pour tirer; —, couvre-feu sur lequel frappe le chien d'un fusil; manière de battre le tambour. — de cuisine, ustensiles de cuisine. —, mesure que l'on adopte, moyen employé pour la réussite d'une affaire; dresser ses batteries en conséquence, en changer quand on rencontre des obstacles. Fig.

BATTEUR, s. m. Vaurien, mauvais sujet qui aime à se battre, qui est toujours prêt à frapper. — en grange, manouvrier qui bat le grain avec un fléau, l'or, le plâtre, etc. — de pavé, fainéant, vagabond. — d'estrade, cavalier détaché qui marche à la découverte.

BATTEXEY, s. m. Com. du dép. des Vosges, cant. de Charmes, arr. de Mirecourt. = Charmes.

BATTIGNY, s. m. Com. du dép. de la Meurthe, cant. de Colombey, arr. de Toul. = Colombey.

BATTIN, s. m. Jonc d'Espagne. T. de bot.

BATTITURE, s. f. Partie qui se sépare de la substance qu'on agite. T. de pharm. Voy. BATITURES.

BATTOIR, s. m. Palette emmanchée pour battre le linge, pour jouer à la paume.

BATTOIRE, s. f. Baratte, vase conique pour battre la crème et faire le beurre.

BATTOLOGIE, s. f. Redite, redondance. T. de gramm.

BATTORÉE, s. f. Comptoir des villes anséatiques dans les pays étrangers.

BATTRE, v. a. Frapper, donner des coups dans l'intention de faire du mal. — l'ennemi, le vaincre. — en brèche, tirer pour démolir les murs. —, frapper avec divers instrumens; battre un habit, le blé, le tambour. — les cartes, les mêler. — des œufs, les brouiller. — monnaie, la fabriquer. — la campagne, aller à la découverte; déraisonner. Fig. —, v. n. Se mouvoir, s'agiter, palpiter; le cœur bat, il palpite; le cœur lui bat, il tremble, il a peur. — des mains, applaudir. — froid, faire un mauvais accueil. — en retraite, se retirer; vieillir. Fig. Se —, v. pron. Combattre, se frapper, se porter des coups.

BATTU, E, part. Frappé, maltraité. Chemin —, frayé. — des vents, tourmenté par la tempête. Avoir les yeux —, fatigués, bouffis. —, s. m. pl. Ceux qui sont battus; les — paient l'amende; ceux qui ont souffert sont encore blâmés. T. prov.

BATTUE, s. f. Troupe de gens qui parcourent la plaine ou la forêt pour faire lever le gibier, et le diriger sur les chasseurs qui sont en embuscade. T. de véner.

BATTURE, s. f. Sorte de dorure composée avec du miel, de l'eau de colle et du vinaigre; mordant composé d'huile, de cire et de térébenthine. T. de dor. —, pl. Bancs de sable, roches à fleur d'eau. T. de mar.

BATUT (le), s. m. Com. du dép. de l'Aveyron, cant. de St.-Amans, arr. d'Espalion. = Mur-de-Barrez.

BATZ, s. m. Com. du dép. de la Loire-Inférieure, cant. du Croisic, arr. de Savenay. = Guérande.

Ce village se trouve au milieu de marais salans, et possède un petit port favorablement situé pour la pêche.

BATZ, s. m. Com. du dép. de Lot-et-Garonne, cant. de Francescas, arr. de Nérac. = Nérac.

BATZENDORF, s. m. Com. du dép. du Bas-Rhin, cant. de Haguenau, arr. de Strasbourg. = Haguenau.

BAU ou **BARROT**, s. m. Solive mise en travers d'un navire pour soutenir le bordage. T. de mar.

BAUBI, s. m. Chien de chasse anglais, dressé pour le lièvre, le renard et le sanglier. T. de véner.

BAUBIGNY, s. m. Com. du dép. de la Manche, cant. de Barneville, arr. de Valognes. = Valognes.

BAUBIGNY, s. m. Com. du dép. de la Seine, cant. de Pantin, arr. de St.-Denis. = Bondy.

BAUCELS, s. m. Com. du dép. de l'Hérault, cant. de Ganges, arr. de Montpellier. = Ganges.

BAUCHE ou **BAUGE**, s. f. Enduit sur les murs.

BAUCHERY, s. m. Com. du dép. de Seine-et-Marne, cant. de Villiers-St.-Georges, arr. de Provins. = Provins.

BAUD, s. m. Chien courant originaire de Barbarie, qui chasse le cerf.

BAUD, s. m. Petite ville du dép. du Morbihan, chef-lieu de cant. de l'arr. de Pontivy. Bur. d'enregist. = Pontivy.

BAUDEL (St.-), s. m. Com. du dép. du Cher, cant. de Linières, arr. de St.-Amand. = Linières. Forges et hauts-fourneaux.

BAUDELLE (St.), s. m. Com. du dép. de la Mayenne, cant. et arr. de Mayenne. = Mayenne.

BAUDEMENT, s. m. Com. du dép. de la Marne, cant. d'Anglure, arr. d'Épernay. = Pont-le-Roi.

BAUDEMONT, s. m. Com. du dép. de l'Eure, cant. d'Écos, arr. des Andelys. = Vernon.

BAUDEMONT, s. m. Com. du dép. de Saône-et-Loire, cant. de la Clayette, arr. de Charolles. = la Clayette.

BAUDES, s. f. pl. Parties attachées aux filets des madragues.

BAUDET, s. m. Âne. —, homme ignorant, stupide. Fig. —, pl. Tréteaux des scieurs de long.

BAUDI, E, part. Se dit des chiens de chasse et des oiseaux qu'on a excités en donnant du cor.

BAUDIGNAN, s. m. Com. du dép. des Landes, cant. de Gabarret, arr. de Mont-de-Marsan. = Roquefort.

BAUDIGNECOURT, s. m. Com. du dép. de la Meuse, cant. de Gondrecourt, arr. de Commercy. = Gondrecourt.

BAUDIGNIES, s. f. Com. du dép. du Nord, cant. du Quesnoy, arr. d'Avesnes. = le Quesnoy.

BAUDILLE (St.-), s. m. Com. du dép. de l'Isère, cant. de Crémieu, arr. de la Tour-du-Pin. = Crémieu.

BAUDILLE-ET-DEPET (St.-), s. m. Com. du dép. de l'Isère, cant. de Mens, arr. de Grenoble. = Mens.

BAUDINAR, s. m. Com. du dép. du Var, cant. d'Aups, arr. de Draguignan. = Aups.

BAUDIR, v. a. Exciter les chiens de chasse et les oiseaux à l'aide du cor et de la voix. T. de véner.

BAUDISSERITE, s. f. Magnésie carbonatée. T. d'hist. nat.

BAUDONCOURT, s. m. Com. du dép. de la Haute-Saône, cant. de Luxeuil, arr. de Lure. = Luxeuil.

BAUDONVILLIERS, s. m. Com. du dép. de la Meuse, cant. d'Ancerville, arr. de Bar-le-Duc. = St.-Dizier.

BAUDOSE, s. f. Vieil instrument de musique à cordes dont on se servait sous le règne de Charlemagne.

BAUDRE, s. m. Com. du dép. de la Meurthe, cant. et arr. de St.-Lô. = St.-Lô.

BAUDRECOURT, s. m. Com. du dép. de la Meurthe, cant. de Delme, arr. de Château-Salins. = Château-Salins.

BAUDRECOURT, s. m. Com. du dép. de la Haute-Marne, cant. de Doulevant, arr. de Vassy. = Doulevant.

BAUDREIX, s. m. Com. du dép. des Basses-Pyrénées, cant. de Clarac, arr. de Pau. = Pau.

BAUDREMONT, s. m. Com. du dép. de la Meuse, cant. de Pierrefite, arr. de Commercy. = St.-Mihiel.

BAUDRES-ET-BALZÊME, s. m. Com. du dép. de l'Indre, cant. de Levroux, arr. de Châteauroux. = Levroux.

BAUDREVILLE, s. f. Com. du dép. de la Manche, cant. de la Haye-du-Puits, arr. de Coutances. = Périers.

BAUDREVILLE, s. f. Com. du dép. d'Eure-et-Loir, cant. de Janville, arr. de Chartres. = Angerville.

BAUDRIBOSC, s. m. Com. du dép. de la Seine-Inférieure, cant. de Doudeville, arr. d'Yvetot. = Doudeville.

BAUDRICOURT, s. m. Com. du dép. des Vosges, cant. et arr. de Mirecourt. = Mirecourt.

BAUDRICOURT-ET-OPPY, s. m. Com. du dép. du Pas-de-Calais, cant. d'Avesnes-le-Comte, arr. de St.-Pol. = Arras.

BAUDRIER, s. m. Large bande en écharpe avec laquelle on porte l'épée; cuir de vache pour la semelle des escarpins.

BAUDROIE, s. f. Poisson à évent près des nageoires; espèce de lophie. T. d'hist. nat.

BAUDRUCHE, s. f. Voy. BODRUCHE.

BAUDUEN, s. m. Com. du dép. du Var, cant. d'Aups, arr. de Draguignan. = Aups.

BAUDUMENT, s. m. Com. du dép. des Basses-Alpes, cant. de Volonne, arr. de Sisteron. = Sisteron.

BAUÈRE, s. f. Joli arbrisseau à fleurs roses. T. de bot.

BAUFFE, s. f. Grosse corde garnie d'hameçons.

BAUGE, s. f. Endroit marécageux où se retirent les sangliers, où ils se couchent; mortier de terre grasse et de paille. — Maison, lit. Fig.

BAUGÉ, s. m. Petite ville du dép. de Maine-et-Loire, chef-lieu d'un arr. de sous-préf. et d'un cant.; trib. de 1re inst.; conserv. des hypothèques; direct. des contrib. indir.; bur. d'enregist. et de poste.

Fabriques d'étoffes de laines, toiles communes et ouvrages en corne. Comm. de bois de charpente et de bestiaux.

BAUGÉ-LE-VIEIL, s. m. Com. du dép. de Maine-et-Loire, cant. et arr. de Baugé. = Baugé.

BAUGUE, s. f. Herbe qui croît dans les étangs salés; espèce d'algue.

BAUGY, s. m. Com. du dép. du Cher, chef-lieu de cant. de l'arr. de Bourges. Bur. d'enregist. = Villequiers.

BAUGY, s. m. Com. du dép. de l'Oise, cant. de Ressons, arr. de Compiègne. = Compiègne.

BAUGY, s. m. Com. du dép. de Saône-et-Loire, cant. de Marcigny, arr. de Charolles. = Marcigny.

BAUHINE, s. f. Plante légumineuse. T. de bot.

BAULAY, s. m. Com. du dép. de la Haute-Saône, cant. d'Amance, arr. de Vesoul. = Vesoul.

BAULD (St.-), s. m. Com. du dép. d'Indre-et-Loire, cant. et arr. de Loches. = Loches.

BAULE, s. m. Com. du dép. du Loiret, cant. de Beaugency, arr. d'Orléans. = Meung-sur-Loire.

BAULENS, s. m. Com. du dép. de Lot-et-Garonne, cant. de Francescas, arr. de Nérac. = Nérac.

BAULIZE (St.-), s. m. Com. du dép. de l'Aveyron, cant. de Cornus, arr. de St.-Affrique. = St.-Affrique.

BAULNE, s. m. Com. du dép. de l'Aisne, cant. de Condé, arr. de Château-Thierry. = Château-Thierry.

BAULNE, s. m. Com. du dép. de Seine-et-Oise, cant. de la Ferté-Aleps, arr. d'Etampes. = la Ferté-Aleps.

BAULNY, s. m. Com. du dép. de la Meuse, cant. de Varennes, arr. de Verdun. = Verdun.

BAULON, s. m. Com. du dép. d'Ille-et-Vilaine, cant. de Guichen, arr. de Redon. = Plélan.

BAULOU, s. m. Com. du dép. de l'Ariège, cant. et arr. de Foix. = Foix.

BAUME, s. m. Herbe odoriférante, espèce de menthe. —, liqueur, suc odorant qui découle de certains arbres; onguent, pâte, qui ont des propriétés balsamiques, vulnéraires. —, résine unie à l'acide benzoïque. T. de chim. —, soulagement, consolation. Fig.

BAUME, s. f. Com. du dép. du Jura, cant. de Voiteur, arr. de Lons-le-Saulnier. == Lons-le-Saulnier.

BAUME (la Ste.-), s. f. Montagne du dép. du Var, com. de Nans, cant. de St.-Maximin, arr. de Brignolles.

On remarque sur le sommet de cette montagne une grotte où l'on prétend que sainte Madeleine passa les trente dernières années de sa vie. Cette tradition a engagé plusieurs personnages distingués, entre autres Louis XIV, à visiter cette grotte vénérable.

BAUME-CORNILLIANNE, s. f. Com. du dép. de la Drôme, cant. de Chabeuil, arr. de Valence. == Valence.

BAUME-LA-ROCHE, s. f. Com. du dép. de la Côte-d'Or, cant. de Sombernon, arr. de Dijon. == Sombernon.

BAUME-LES-DAMES, s. f. Petite ville du dép. du Doubs, chef-lieu de sous-préf. et de cant. Trib. de 1re inst.; biblioth. publique; conserv. des hypoth.; direct. des contrib. indir. ; recev. part. des finances ; bur. d'enregist. et de poste. Taillanderies, forges, verreries, papeteries. Aux environs, mines de fer et de charbon de terre ; carrières de marbre et d'ardoise; comm. de bestiaux.

BAUMELLE (la), s. f. Village dépendant de la com. d'Allos, dép. des Basses-Alpes, cant. d'Allos, arr. de Barcelonnette. == Barcelonnette.

BAUMETTES, s. f. Com. du dép. de Vaucluse, cant. de Gordes, arr. d'Apt. == Apt.

BAUMIER, s. m. Arbre d'où découle le baume, à suc résineux, coloré, odoriférant. T. de bot.

BAUNÉ, s. m. Com. du dép. de Maine-et-Loire, cant. de Seiches, arr. de Beaugé. == Beaufort.

BAUPTE, s. m. Com. du dép. de la Manche, cant. de Périers, arr. de Coutances. == Carentan.

BAUQUE, s. f. Algue que l'on fauche dans les étangs salés pour servir de litière et pour emballer.

BAUQUIÈRE, s. f. Bordage de tribord à babord. T. de mar.

BAUQUIN, s. m. L'embouchure de la canne pour souffler le verre. T. de verr.

BAURECH, s. m. Com. du dép. de la Gironde, cant. de Créon, arr. de Bordeaux. == Castres.

BAURIÈRES, s. f. Com. du dép. de la Drôme, cant. de Luc-en-Diois, arr. de Die. == Die.

BAUSSAINE (la), s. f. Com. du dép. d'Ille-et-Vilaine, cant. de Tinténiac, arr. de St.-Malo. == St.-Malo.

BAUSSANT (St.-), s. m. Com. du dép. de la Meurthe, cant. de Thiaucourt, arr. de Toul. == Toul.

BAUTEVILLE, s. f. Com. du dép. de la Haute-Garonne, cant. et arr. de Villefranche. == Villefranche.

BAUTHEMONT, s. m. Com. du dép. des Ardennes, cant. de Novion, arr. de Rethel. == Rethel.

BAUVILLE, s. f. Com. du dép. de la Haute-Garonne, cant. de Caraman, arr. de Villefranche. == Villefranche.

BAUVILLE-LA-CITÉ, s. f. Com. du dép. de la Seine-Inférieure, cant. de Doudeville, arr. d'Yvetot. == Doudeville.

BAUVIN, s. m. Com. du dép. du Nord, cant. de Seclin, arr. de Lille. == Carvin.

BAUX (les), s. m. pl. Petite ville du dép. des Bouches-du-Rhône, cant. de St.-Remy, arr. d'Arles. == St.-Remy.

Cette ville est bâtie sur un rocher qui n'est accessible que d'un seul côté.

Comm. d'huile d'olives.

BAUX-DE-BRETEUIL, s. m. Com. du dép. de l'Eure, cant. de Breteuil, arr. d'Évreux. == Breteuil.

BAUX-STE.-CROIX (les), s. m. pl. Com. du dép. de l'Eure, cant. et arr. d'Évreux. == Evreux.

BAUZAC (St.-), s. m. Com. du dép. de la Haute-Loire, cant. de Monistrol-sur-Loire, arr. d'Yssingeaux. == Monistrol.

BAUZEIL (St.-), s. m. Com. du dép. de l'Ariège, cant. de Varilles, arr. de Foix. == Foix.

BAUZELLE, s. f. Com. du dép. de la Haute-Garonne, cant. et arr. de Toulouse. == Toulouse.

BAUZELY (St.-), s. m. Com. du dép. de l'Aveyron, chef-lieu de cant. de l'arr. de Milhau. Bur. d'enregist. == Milhau.

BAUZELY (St.-), s. m. Com. du dép. du Gard, cant. de St.-Mamert, arr. de Nismes. == Nismes.

BAUZEMONT, s. m. Com. du dép. de la Meurthe, cant. et arr. de Lunéville. == Lunéville.

BAUZILE (St.-), s. m. Com. du dép. de l'Ardèche, cant. de Chomérac, arr. de Privas. == Privas.

BAUZILLE-DE-LA-SILVE (St.-), s. m. Com. du dép. de l'Hérault, cant. de Gignac, arr. de Lodève. == Gignac.

BAUZILLE-DE-MONTMEL (St.-), s. m. Com. du dép. de l'Hérault, cant. de Matelles, arr. de Montpellier. == Montpellier.

BAUZILLE-DE-PUTOIS, s. m. Com. du dép. de l'Hérault, cant. de Ganges, arr. de Montpellier. == Ganges.

BAUZY, s. m. Com. du dép. de Loiret-Cher, cant. de Bracieux, arr. de Blois. = Blois.

BAVANG ou BARVANG, s. m. Grand arbre des îles Moluques qui répand une odeur d'ail. T. de bot.

BAVANS, s. m. Com. du dép. du Doubs, cant. et arr. de Montbéliard. = Montbéliard.

BAVARD, E, adj. Qui parle sans discrétion et sans mesure. T. fam.

BAVARDAGE, s. m. Action de bavarder; discours, propos insignifians. T. fam.

BAVARDER, v. n. Parler sans cesse, commettre des indiscrétions, dire des choses insignifiantes pour le plaisir de babiller.

BAVARDERIE, s. f. Caractère du bavard; bavardage.

BAVARDIN, E, s. Babillard. (Vi.)

BAVAROIS, E, s. et adj. De la Bavière, qui concerne ce royaume. —, né en Bavière, habitant de ce pays. —, s. f. Infusion de thé avec du sirop de capillaire et du lait.

BAVAY, s. m. Petite ville du dép. du Nord, chef-lieu de cant. de l'arr. d'Avesnes. Bur. d'enregist. et de poste. Cette ville est sur notre frontière du Nord. Fabriques d'instrumens aratoires, platines de fer, pelles, poêles à frire, clous, etc.; bonneterie, fonderies de fer et de cuivre.

Comm. de grains, eaux-de-vie et bestiaux.

BAVE, s. f. Salive qui découle de la bouche. —, écume de certains animaux; liqueur visqueuse du limaçon.

BAVE (la), s. f. Petite rivière du dép. du Lot. Elle prend naissance au-dessous de Gorses, cant. de la Tronquière, arr. de Figeac, et se perd dans la Dordogne.

BAVELINCOURT, s. m. Com. du dép. de la Somme, cant. de Villers-Bocage, arr. d'Amiens. = Amiens.

BAVENT, s. m. Com. du dép. du Calvados, cant. de Troarn, arr. de Caen. = Troarn.

BAVER, v. n. Jeter de la bave; ne pas couler droit. T. de plomb.

BAVERANS, s. m. Com. du dép. du Jura, cant. de Rochefort, arr. de Dôle. = Dôle.

BAVETTE, s. f. Petit tablier qu'on met aux enfans pour garantir leurs vêtemens de la sécrétion des glandes salivaires, à l'époque de la dentition. Etre encore à la —, être encore trop jeune. — Bande de plomb sur les toits. T. de couvr.

BAVEUSE, s. f. Espèce de blennie, poisson de mer rempli de bave. T. d'hist. nat.

BAVEUX, EUSE, adj. Qui salive beaucoup, qui bave en parlant, qui bredouille. Omelette —, peu cuite.

BAVIÈRE, s. f. Royaume d'Allemagne dont Munich est la capitale, et qui fait partie de la Confédération germanique. —, cornette de taffetas dont on décorait l'armet.

BAVILLIERS, s. m. Com. du dép. du Haut-Rhin, cant. et arr. de Belfort. = Belfort.

BAVINCHOVE, s. m. Com. du dép. du Nord, cant. de Cassel, arr. d'Hazebrouck. = Cassel.

BAVINCOURT, s. m. Com. du dép. du Pas-de-Calais, cant. de St.-Pol, arr. d'Arras. = Arras.

BAVOCHÉ, E, adj. Mal imprimé. —, qui n'est pas net et pur; trait bavoché, lettre bavochée. T. de grav.

BAVOCHER, v. n. Imprimer sans netteté, maculer. —, tracer, former des contours qui ne sont pas nets. T. de grav.

BAVOCHURE, s. f. Défaut de ce qui est bavoché.

BAVOIS, s. m. Tableau offrant l'évaluation des droits seigneuriaux.

BAVOLET, s. m. Coiffe pendante sur le dos que portaient autrefois les paysannes.

BAVURE, s. f. Trace que laissent les joints des différentes pièces d'un moule. T. de fond.

BAX, s. m. Com. du dép. de la Haute-Garonne, cant. de Rieux, arr. de Muret. = Rieux.

BAXANA, s. m. Arbre de l'Inde qui passe pour un excellent antidote, et dont, selon d'autres, l'ombre seule est mortelle.

BAY, s. m. Com. du dép. des Ardennes, cant. de Rumigny, arr. de Rocroy. = Aubenton.

BAY, s. m. Com. du dép. de la Haute-Marne, cant. d'Auberive, arr. de Langres. = Langres.

BAY, s. m. Com. du dép. de la Haute-Saône, cant. de Marnay, arr. de Gray. = Marnay.

BAYAC, s. m. Com. du dép. de la Dordogne, cant. de Beaumont, arr. de Bergerac. = Bergerac.

Papeteries.

BAYADE, s. f. Variété d'orge qui se sème au printemps. T. d'agric.

BAYADÈRE, s. f. Courtisane indienne qui chante et danse devant les pagodes.

BAYARD, s. m. Instrument pour porter des fardeaux.

BAYAS, s. m. Com. du dép. de la Gironde, cant. de Guitre, arr. de Libourne. = Coutras.

BAYASSE, s. f. Village dépendant de la com. de Fours, dép. des Basses-Alpes, cant. et arr. de Barcelonnette. = Barcelonnette.

BAYATTE, s. f. Poisson du Nil, du genre du silure. T. d'hist. nat.

BAYE, s. f. Com. du dép. du Finistère, cant. et arr. de Quimperlé. = Quimperlé.

BAYE (la), s. f. Village du dép. du Lot, cant. de Salviac, arr. de Gourdon. = Gourdon.

BAYE, s. f. Com. du dép. de la Marne, cant. de Montmort, arr. d'Epernay. = Epernay.

BAYECOURT, s. m. Com. du dép. des Vosges, cant. de Châtel, arr. d'Epinal. = Epinal.

BAYEL, s. m. Com. du dép. de l'Aube, cant. et arr. de Bar-sur-Aube. = Clairvaux.

BAYENCOURT, s. m. Com. du dép. de la Somme, cant. d'Acheux, arr. de Doullens. = Albert.

BAYENGHEM-LES-EPERLECQ, s. m. Com. du dép. du Pas-de-Calais, cant. d'Ardres, arr. de St.-Omer. = Ardres.

BAYENGHEM - LES - SENINGHEM, s. m. Com. du dép. du Pas-de-Calais, cant. de Lombres, arr. de St.-Omer. = St.-Omer.

BAYER, v. n. Regarder niaisement, la bouche ouverte; bayer aux corneilles. T. fam.

BAYERS, s. m. Com. du dép. de la Charente, cant. de Manles, arr. de Ruffec. = Manles.

BAYET, s. m. Com. du dép. de l'Allier, cant. de St.-Pourçain, arr. de Gannat. = St.-Pourçain.

BAYEUR, s. m. Celui qui baye, qui regarde avec stupidité.

BAYEUX, s. m. Ville du dép. du Calvados, chef-lieu de sous-préf. et de cant.; évêché; trib. de 1re inst. et de comm.; biblioth. publique; ingén. ord. des ponts-et-chaussées; conserv. des hypoth.; direct. des contrib. indir.; recev. part. des finances; bur. d'enregist. et de poste. Pop. 10,060 hab. environ.

Cette ville est située au milieu d'un pays riche en pâturages, dans lesquels on fait beaucoup d'élèves. Son origine remonte à l'antiquité la plus reculée. Les druides y établirent une école qui devint célèbre. La cathédrale, d'architecture gothique, offre un très beau portail; mais ce sont particulièrement trois clochers, d'une élévation et d'une hardiesse extraordinaires, qui méritent de fixer les regards. On conserve dans cette cathédrale une tapisserie faite par la reine Mathilde, sur laquelle sont représentés les exploits de Guillaume-le-Conquérant.

Fab. de draps, percales, calicots, toiles, dentelles, blondes, tulles de fil, linge de table, serges, etc.; papeteries. Comm. de beurre, laines, chanvres, quincaillerie, mercerie, bœufs, chevaux et poulains.

BAYNES, s. f. Com. du dép. du Calvados, cant. de Balleroy, arr. de Bayeux. = Balleroy.

BAYON, s. m. Com. du dép. de la Gironde, cant. de Bourg, arr. de Blaye. = Bourg.

BAYON, s. m. Petite ville du dép. de la Meurthe, chef-lieu de cant. de l'arr. de Lunéville. Bur. d'enregist. = Nancy.

BAYONNE, s. f. Ville maritime et place de guerre de premier rang, chef-lieu de sous-préf. et de deux cant.; évêché; trib. de 1re inst. et de comm.; direct. des douanes; hôtel des monnaies; école d'hydrographie; ingén. ord. des Ponts-et-chaussées; conserv. des hypoth.; sous-inspect. des forêts; direct. des contrib. indir.; bur. de garantie des matières d'or et d'argent; bourse de comm.; recev. particulier des finances; bur. d'enregist. et de poste. Pop., 13,500 h. environ.

Cette ville est avantageusement située et assez bien bâtie. L'air y est pur et la vie fort agréable. Le vin surtout est excellent. Le port de Bayonne est très sûr; mais il est de difficile accès pour les gros bâtimens. Les fortifications, élevées par Vauban, ont été considérablement augmentées depuis la révolution. C'est dans cette ville que fut inventée la bayonnette.

Fab. de chocolat estimé et de crème de tartre, de liqueurs et d'eaux-de-vie d'Andaye; verrerie considérable, raffinerie de sucre; chantiers de construction pour la marine royale; armement pour la pêche de la baleine et de la morue; grand et petit cabotage pour les colonies.

Comm. de drogueries, vins, eaux-de-vie, jambons, laines, toiles, draperies, planches de sapin, résine, goudron; entrepôt de denrées coloniales; exportations considérables pour l'Espagne. Dist. de Paris, 204 l.

BAYONNETTE, s. f. Arme qui fut inventée à Bayonne pour adapter au bout du fusil au moyen d'une douille.

BAYONS, s. m. Com. du dép. des Basses-Alpes, cant. de Turriers, arr. de Sisteron. = Sisteron.

BAYONVILLE, s. f. Com. du dép. des Ardennes, cant. de Buzancy, arr. de Vouziers. = Buzancy.

BAYONVILLE, s. f. Com. du dép. de la Meurthe, cant. de Thiaucourt, arr. de Toul. = Pont-à-Mousson.

BAYONVILLERS, s. m. Com. du dép.

de la Somme, cant. de Rosières, arr. de Montdidier. = Corbie.

BAZAC, s. m. Toile de coton très fine de Syrie.

BAZAC, s. m. Com. du dép. de la Charente, cant. de Chalais, arr. de Barbézieux. = la Graulle.

BAZAIGE, s. m. Com. du dép. de l'Indre, cant. d'Eguzon, arr. de la Châtre. = Argenton.

BAZAILLES, s. f. Com. du dép. de la Moselle, cant. de Longwy, arr. de Briey. = Longwy.

BAZAINVILLE, s. f. Com. du dép. de Seine-et-Oise, cant. de Houdan, arr. de Mantes. = Houdan.

BAZANCOURT, s. m. Com. du dép. de la Marne, cant. de Bourgogne, arr. de Reims. = Reims.

BAZANCOURT, s. m. Com. du dép. de l'Oise, cant. de Songeons, arr. de Beauvais. = Songeons.

BAZAR, s. m. Marché public; lieu où sont renfermés les esclaves dans l'Orient.

BAZARNES, s. f. Com. du dép. de l'Yonne, cant. de Vermenton, arr. d'Auxerre. = Auxerre.

BAZAS, s. m. Ville du dép. de la Gironde, chef-lieu de sous-préfect. et de cant.; tit. de 1re inst.; ingén. des ponts-et-chaussées; conserv. des hypoth.; direct. des contrib. indir.; recev. part. des finances; bur. d'enregist. et de poste.
Fabr. de droguets; faïenceries, verrerie à bouteilles, salpêtrière royale; comm. de grains, bestiaux, bois de chauffage et de construction.

BAZAT, s. m. Coton de Leyde.

BAZAUCHES, s. f. Com. du dép. de la Charente-Inférieure, cant. de Matha, arr. de St.-Jean-d'Angely. = St.-Jean-d'Angely.

BAZEGNEY, s. m. Com. du dép. des Vosges, cant. de Dompaire, arr. de Mirecourt. = Mirecourt.

BAZEILLE (Ste.), s. f. Com. du dép. de Lot-et-Garonne, cant. et arr. de Marmande. = Marmande.

BAZEILLES, s. f. Com. du dép. des Ardennes, cant. et arr. de Sedan. = Sedan.
Fab. de draps, de tôles et de fer laminé; filature de laine; forges, martinets.

BAZEILLES, s. f. Com. du dép. de la Meuse, cant. et arr. de Montmédy. = Montmédy.

BAZELAT, s. m. Com. du dép. de la Creuse, cant. de la Souterraine, arr. de Guéret. = St.-Benoît-du-Sault.

BAZEMONT, s. m. Com. du dép. de Seine-et-Oise, cant. de Meulan, arr. de Versailles. = Meulan.

BAZENS, s. m. Com. du dép. de Lot-et-Garonne, cant. de Port-Ste.-Marie, arr. d'Agen. = Port-Ste.-Marie.

BAZENTIN, s. m. Com. du dép. de la Somme, cant. d'Albert, arr. de Péronne. = Albert.

BAZENVILLE, s. f. Com. du dép. du Calvados, cant. de Ryes, arr. de Bayeux. = Bayeux.

BAZET, s. m. Com. du dép. des Hautes-Pyrénées, cant. et arr. de Tarbes. = Tarbes.

BAZEUGE (la), s. f. Com. du dép. de la Haute-Vienne, cant. du Dorat, arr. de Bellac. = le Dorat.

BAZIAN, s. m. Com. du dép. du Gers, cant. de Vic-Fezensac, arr. d'Auch. = Vic-Fezensac.

BAZICOURT, s. m. Com. du dép. de l'Oise, cant. de Liancourt, arr. de Clermont. = Pont-Ste.-Maxence.

BAZIEN, s. m. Com. du dép. des Vosges, cant. de Rambervillers, arr. d'Epinal. = Rambervillers.

BAZILE (St.-), s. m. Com. du dép. de l'Ardèche, cant. de la Mastre, arr. de Tournon. = Tournon.

BAZILE (St.-), s. m. Com. du dép. du Calvados, cant. de Livarot, arr. de Lisieux. = Vimoutiers.

BAZILE (St.-), s. m. Com. du dép. de la Corrèze, cant. de Meyssac, arr. de Brive. = Brive.

BAZILE (St.-), s. m. Com. du dép. de la Corrèze, cant. de la Roche-Canillac, arr. de Tulle. = Tulle.

BAZILE (St.-), s. m. Com. du dép. de la Haute-Vienne, cant. d'Oradour-sur-Vayres, arr. de Rochechouart. = Rochechouart.

BAZILLAC, s. m. Com. du dép. des Hautes-Pyrénées, cant. de Rabastens, arr. de Tarbes. = Tarbes.

BAZINCOURT, s. m. Com. du dép. de l'Eure, cant. de Gisors, arr. des Andelys. = Gisors.

BAZINCOURT, s. m. Com. du dép. de la Meuse, cant. d'Ancerville, arr. de Bar-le-Duc. = Bar-le-Duc.

BAZINGHEN, s. m. Com. du dép. du Pas-de-Calais, cant. de Marquise, arr. de Boulogne. = Marquise.

BAZINVAL, s. m. Com. du dép. de la Seine-Inférieure, cant. de Blangy, arr. de Neufchâtel. = Blangy.

BAZOCHE-GOUET (la), s. f. Com. du dép. d'Eure-et-Loir, cant. d'Authon, arr. de Nogent-le-Rotrou. = Nogent.

BAZOCHES, s. f. Com. du dép. de l'Aisne, cant. de Braisne, arr. de Soissons. = Fismes.

BAZOCHES, s. f. Com. du dép. du Loiret, cant. de Courtenay, arr. de Montargis. = Cheroy.

BAZOCHES, s. f. Com. du dép. de la Nièvre, cant. de Lormes, arr. de Clamecy. = Lormes.

BAZOCHES, s. f. Com. du dép. de Seine-et-Marne, cant. de Bray, arr. de Provins. = Bray.

BAZOCHES, s. f. Com. du dép. de Seine-et-Oise, cant. de Montfort-l'Amaury, arr. de Rambouillet. = Montfort-l'Amaury.

BAZOCHES-EN-DUNOIS, s. f. Com. du dép. d'Eure-et-Loir, cant. d'Orgères, arr. de Châteaudun. = Thoury.

BAZOCHES-EN-HOULME, s. f. Com. du dép. de l'Orne, cant. de Putanges, arr. d'Argentan. = Falaise.

BAZOCHES-EN-PAILLERS, s. f. Com. du dép. de la Vendée, cant. de St.-Fulgent, arr. de Bourbon-Vendée. = St.-Fulgent.

BAZOCHES-LES-GALLERANDES, s. f. Com. du dép. du Loiret, cant. d'Outarville, arr. de Pithiviers. = Neuville-aux-Bois.

BAZOCHES-LES-HAUTES, s. f. Com. du dép. d'Eure-et-Loir, cant. d'Orgères, arr. de Châteaudun. = Thoury.

BAZOCHES-MONTPINÇON, s. f. Com. du dép. de la Mayenne, cant. et arr. de Mayenne. = Mayenne.

BAZOCHES-SUR-HOÉNE, s. f. Com. du dép. de l'Orne, chef-lieu de cant. de l'arr. de Mortagne, où se tient le bur. d'enregist. = Mortagne.

BAZOGE (la), s. f. Com. du dép. de la Manche, cant. de Juvigny, arr. de Mortain. = Mortain.

BAZOGE (la), s. f. Com. du dép. de la Sarthe, cant. et arr. du Mans. = le Mans.

BAZOGE-EN-PAREDS, s. f. Com. du dép. de la Vendée, cant. de la Châtaigneraye, arr. de Fontenai-le-Comte. = la Châtaigneraye.

BAZOILLES, s. f. Com. du dép. des Vosges, cant. et arr. de Neufchâteau. = Neufchâteau.

Forges et hauts-fourneaux.

BAZOILLES-ET-MÉNIL, s. f. Com. du dép. des Vosges, cant. de Vittel, arr. de Mirecourt. = Mirecourt.

BAZOLLES, s. f. Com. du dép. de la Nièvre, cant. de Châtillon, arr. de Château-Chinon. = Moulins-Engilbert.

BAZOMESNIL, s. m. Village qui fait partie de la com. de Sévis, dép. de la Seine-Inférieure, cant. d'Eu, arr. de Dieppe. = Tôtes.

BAZONCOURT, s. m. Com. du dép. de la Moselle, cant. de Pange, arr. de Metz. = Metz.

BAZOQUES, s. f. Com. du dép. de l'Eure, cant. de Thiberville, arr. de Bernay. = Bernay.

BAZOQUES (la), s. f. Com. du dép. du Calvados, cant. de Balleroy, arr. de Bayeux. = Balleroy.

BAZORDAN, s. m. Com. du dép. des Hautes-Pyrénées, cant. de Castelnau-Magnoac, arr. de Bagnères. = Castelnau-Magnoac.

BAZOUGE-DE-CHEMERÉ, s. f. Com. du dép. de la Mayenne, cant. de Meslay, arr. de Laval. = Laval.

BAZOUGE-DES-ALLEUX, s. f. Com. du dép. de la Mayenne, cant. et arr. de Mayenne. = Mayenne.

BAZOUGERS, s. m. Com. du dép. de la Mayenne, cant. de Meslay, arr. de Laval. = Laval.

BAZOUGES, s. f. Com. du dép. de la Mayenne, cant. et arr. de Château-Gontier. = Château-Gontier.

BAZOUGES, s. f. Com. du dép. de la Sarthe, cant. et arr. de la Flèche. = la Flèche.

BAZOUGES-DU-DÉSERT, s. f. Com. du dép. d'Ille-et-Vilaine, cant. de Louvigné-du-Désert, arr. de Fougères. = Fougères.

Fabriques de papier.

BAZOUGES-LA-PÉROUSE, s. f. Com. du dép. d'Ille-et-Vilaine, cant. d'Antrain, arr. de Fougères. = Antrain.

BAZOUGES-SOUS-HÉDÉ, s. f. Com. du dép. d'Ille-et-Vilaine, cant. de Hédé, arr. de Rennes. = Hédé.

BAZUEL, s. m. Com. du dép. du Nord, cant. du Catteau, arr. de Cambrai. = le Catteau.

BAZUGUES, s. f. Com. du dép. du Gers, cant. et arr. de Mirande. = Mirande.

BAZUS, s. m. Com. du dép. de la Haute-Garonne, cant. de Montastruc, arr. de Toulouse. = Toulouse.

BAZUS, s. m. Com. du dép. des Hautes-Pyrénées, cant. d'Arreau, arr. de Bagnères. = Arreau.

BAZUS, s. m. Com. du dép. des Hautes-Pyrénées, cant. de la Barthe, arr. de Bagnères. = Bagnères.

BAZZO, s. m. Pièce de deux sous d'Allemagne.

BDELLE, s. f. Insecte, genre d'arachnides. T. d'hist. nat.

BDÉLIUM, s. m. Arbre des Indes et d'Arabie qui produit une gomme dont on fait usage dans les affections de poitrine. T. de bot.

BÉAGE (le), s. m. Com. du dép. de

l'Ardèche, cant. de Montpezat, arr. de Largentière. = Thueyts.

BÉALCOURT, s. m. Com. du dép. de la Somme, cant. de Bernaville, arr. de Doullens. = Auxy-le-Château.

BÉALENCOURT, s. m. Com. du dép. du Pas-de-Calais, cant. de Parcq, arr. de St.-Pol. = Hesdin.

BÉANT, E, adj. Très ouvert, qui offre une grande ouverture; gouffre béant, bouche béante.

BÉARD, s. m. Com. du dép. de la Nièvre, cant. de Decize, arr. de Nevers, = Decize.

BÉARN, s. m. Ancienne province de France, qui forme maintenant la plus grande partie du dép. des Basses-Pyrénées. C'est le berceau d'Henri IV, le plus brave et le plus Français de tous nos rois.

BÉARS, s. m. Com. du dép. du Lot, cant. de St.-Géry, arr. de Cahors. = Cahors.

BÉAT (St.-), s. m. Petite ville du dép. de la Haute-Garonne, chef-lieu de cant. de l'arr. de St.-Gaudens. Bur. d'enregist. et de poste.

Fab. de chapeaux; exploitation de carrières de marbre de différentes couleurs. Comm. de chevaux et mulets pour l'Espagne.

BÉAT, E, s. et adj. Dévot, ou plutôt tartufe qui se couvre du masque d'une dévotion outrée. —, celui qui est exempt de jouer et de payer sa part du repas.

BÉATIFICATION, s. f. Acte par lequel le pape reconnaît qu'une personne a vécu et est morte dans un état de sainteté, et qu'elle est digne d'être admise au rang des bienheureux. —, phénomène électrique semblable à l'auréole lumineuse qui environne la tête des saints. T. de phys.

BÉATIFIÉ, E, part. Sanctifié, mis au rang des bienheureux.

BÉATIFIER, v. a. Sanctifier, mettre au nombre des bienheureux.

BÉATIFIQUE, adj. Qui rend bienheureux. Vision — dont jouissent les élus.

BÉATILLES, s. f. pl. Friandises qu'on met dans les pâtés, les ragoûts, truffes, ris de veau, crêtes et rognons de coqs, etc.

BÉATITUDE, s. f. Bonheur, félicité éternelle dont jouissent les bienheureux; béatitude céleste.

BEAU, BEL, BELLE, adj. Qui a de la beauté. Se dit de tout ce qui flatte la vue et l'oreille, de ce qui intéresse le cœur et qui plaît à l'imagination, par la beauté, l'élégance et la régularité des formes. —, agréable, grand, excellent en son genre; beau site, belle forêt, beau poëme. —, bon, favorable; belle affaire, belle occasion. —, bienséant, digne d'éloges; belle conduite, belle action. —, digne d'admiration; belle mort. T. ironiq. Il a fait une — équipée, une étourderie. Voilà de — raisonnemens; de mauvais raisonnemens. Vous me la baillez —, vous vous moquez de moi. — s'emploie comme particule explétive: un beau matin, à beaux deniers comptans, etc. —, s. m. Tout ce qui est excellent, parfait, admirable dans son genre; le beau idéal. —, adv. Indique des efforts inutiles. Il a — faire. Tout —! interj. Doucement, arrêtez! En —, sous un bel aspect, une apparence favorable.

BEAUBEC-LA-VILLE, s. m. Com. du dép. de la Seine-Inférieure, cant. de Forges, arr. de Neufchâtel. = Forges.

BEAUBERY, s. m. Com. du dép. de Saône-et-Loire, cant. de St.-Bonnet-de-Joux, arr. de Charolles. = St.-Bonnet-de-Joux.

BEAUBIGNY, s. m. Com. du dép. de la Côte-d'Or, cant. de Nolay, arr. de Beaune. = Nolay.

BEAUBRAY, s. m. Com. du dép. de l'Eure, cant. de Conches, arr. d'Evreux. = Conches.

BEAUCAIRE, s. m. Jolie ville du dép. du Gard, chef-lieu de cant. de l'arr. de Nismes. Bur. d'enregist. et de poste. Pop. 9,933 hab. Dist. de Paris, 183 l.

Beaucaire, par ses établissemens publics et sa population, est une ville fort ordinaire, comme on peut en juger; mais, sous le rapport du commerce, c'est la place la plus considérable de France, et peut-être de l'Europe. La foire de Beaucaire est assez célèbre pour qu'il soit inutile d'en parler; il suffit de dire que cette foire se tient chaque année du 22 au 28 juillet, et que, pendant environ un mois, Beaucaire est le rendez-vous de tous les marchands de la terre. Les marchandises y arrivent par le Rhône, sur des navires marchands, et par le canal du Midi. C'est vraisemblablement la facilité qu'ont ces navires de remonter le Rhône qui a fait choisir cette petite ville pour l'entrepôt général du comm. de toute la France avec l'Espagne, les côtes d'Afrique et d'Asie, le Levant et l'Italie. On évalue à près de 100,000 le nombre des étrangers qui y viennent avant, durant et après la foire, et à 18 ou 20,000,000 de francs les affaires qui s'y négocient.

Fab. de tricots, cadis; tanneries et corroieries; comm. de grains, vins, merrains, etc.

BEAUCAIRE (canal de); s. m. Canal

qui communique à la Méditerranée par le grau d'Aigues-Mortes, par les canaux de la Radelle, de Silvéréal et du Bourgidou, qui établissent les communications du Grand Rhône, près de Beaucaire, et du Petit-Rhône, près du fort Silvéréal, jusqu'au port de Cette, et jusqu'à l'Océan par le canal du Midi et la Garonne. Ce canal puise ses eaux dans le Rhône, près Beaucaire, passe à St-Gilles, et se termine à Aigues-Mortes.

BEAUCAIRE, s. m. Com. du dép. du Gers, cant. de Valence, arr. de Condom. = Condom.

BEAUCAMP, s. m. Com. du dép. de la Seine-Inférieure, cant. de St.-Romain-de-Colbosc, arr. du Havre. = St.-Romain-de-Colbosc.

BEAUCAMPS, s. m. Com. du dép. du Nord, cant. de Haubourdin, arr. de Lille. = Lille.

BEAUCAMPS-LE-JEUNE, s. m. Com. du dép. de la Somme, cant. d'Hornoy, arr. d'Amiens. = Aumale.

BEAUCAMPS-LE-VIEUX, s. m. Com. du dép. de la Somme, cant. d'Hornoy, arr. d'Amiens. = Aumale.

BEAUCE (la), s. f. Ce pays, qui faisait partie de l'Orléanais, se trouve aujourd'hui renfermé dans les dép. d'Eure-et-Loir et de Loir-et-Cher. C'est une vaste plaine qui ne produit que du froment; mais ses récoltes sont tellement abondantes qu'on peut considérer ce pays comme le plus important de la France sous les rapports agricoles.

BEAUCÉ, s. m. Com. du dép. d'Ille-et-Vilaine, cant. et arr. de Fougères. = Fougères.

BEAUCEN, s. m. Com. du dép. des Hautes-Pyrénées, cant. et arr. d'Argelès. = Argelès.

BEAUCERON, E, s. Né en Beauce, qui habite la Beauce.

BEAUCHAMPS, s. m. Com. du dép. du Loiret, cant. de Bellegarde, arr. de Montargis. = Lorrise.

BEAUCHAMPS, s. m. Com. du dép. de la Manche, cant. de la Haye-Pesnel, arr. d'Avranches. = Granville.

BEAUCHAMPS, s. m. Com. du dép. de la Somme, cant. de Gamaches, arr. d'Abbeville. = Eu.

BEAUCHARMOY, s. m. Com. du dép. de la Haute-Marne, cant. de Bourbonne, arr. de Langres. = Bourbonne.

BEAUCHASTEL, s. m. Com. du dép. de l'Ardèche, cant. de la Voulte, arr. de Privas. = la Voulte.

BEAUCHE, s. f. Com. du dép. d'Eure-et-Loir, cant. de Brezolles, arr. de Dreux. = Verne.

BEAUCHEMIN, s. m. Com. du dép. du Jura, cant. de Chemin, arr. de Dôle. = Dôle.

BEAUCHEMIN, s. m. Com. du dép. de la Haute-Marne, cant. et arr. de Langres. = Langres.

BEAUCHÊNE, s. m. Com. du dép. de Loir-et-Cher, cant. de Montdoubleau, arr. de Vendôme. = Montdoubleau.

BEAUCHÊNE, s. m. Com. du dép. de l'Orne, cant. de Tinchebray, arr. de Domfront. = Tinchebray.

BEAUCLAIR, s. m. Com. du dép. de la Meuse, cant. de Stenay, arr. de Montmédy. = Stenay.

BEAUCOUDRAY, s. m. Com. du dép. de la Manche, cant. de Tessy, arr. de St-Lô. = Thorigny.

BEAUCOUP, adv. de quantité, de temps, l'opposé de peu. En grand nombre, extrêmement, long-temps; beaucoup de monde, parler, marcher beaucoup. —, joint à un comparatif ajoute à sa signification : beaucoup moins studieux, beaucoup plus savant. —, s., en parlant de ce qui est avantageux, c'est beaucoup que de savoir lire et écrire.

BEAUCOURT, s. m. Com. du dép. du Haut-Rhin, cant. de Delle, arr. de Belfort. = Delle.

Fab. considérable de vis en bois.

BEAUCOURT, s. m. Com. du dép. de la Somme, cant. d'Albert, arr. de Péronne. = Albert.

BEAUCOURT, s. m. Com. du dép. de la Somme, cant. de Moreuil, arr. de Montdidier. = Montdidier.

BEAUCOURT, s. m. Com. du dép. de la Somme, cant. de Villers-Bocage, arr. d'Amiens. = Corbie.

BEAUCOUZÉ, s. m. Com. du dép. de Maine-et-Loire, cant. et arr. d'Angers. = Angers.

BEAUCRIER, s. m. Sorte de raisin.

BEAUCROISSANT, s. m. Com. du dép. de l'Isère, cant. de Rives, arr. de St.-Marcellin. = Rives.

BEAUDEAN, s. m. Com. du dép. des Hautes-Pyrénées, cant. de Campan, arr. de Bagnères. = Bagnères.

BEAUDÉDUIT, s. m. Com. du dép. de l'Oise, cant. de Granvilliers, arr. de Beauvais. = Granvilliers.

BEAUDRIÈRES, s. f. Com. du dép. de Saône-et-Loire, cant. de St-Germain-du-Plain, arr. de Châlons-sur-Saône. = Châlons.

BEAUFAY, s. m. Com. du dép. de l'Orne, cant. de l'Aigle, arr. de Mortagne. = l'Aigle.

BEAUFAY, s. m. Com. du dép. de la Sarthe, cant. de Ballon, arr. du Mans. = Bonnétable.

BEAUFICEL, s. m. Com. du dép. de l'Eure, cant. de Lions, arr. des Andelys. = Lions-la-Forêt.

BEAUFICEL, s. m. Com. du dép. de la Manche, cant. de Sourdeval, arr. de Mortain. = Sourdeval.

BEAU-FILS, s. m. Fils de gens mariés en secondes noces; gendre. —, élégant, homme à prétentions, fat. T. fam.

BEAUFIN, s. m. Com. du dép. de l'Isère, cant. de Corps, arr. de Grenoble. = Corps.

BEAUFORT, s. m. Com. du dép. de la Drôme, cant. de Crest, arr. de Die. = Crest.

BEAUFORT, s. m. Com. du dép. de la Haute-Garonne, cant. de Rieumes, arr. de Muret. = St.-Lys.

BEAUFORT, s. m. Com. du dép. de l'Hérault, cant. d'Olonzac, arr. de St.-Pons. = Azille.

BEAUFORT, s. m. Com. du dép. de l'Isère, cant. de Roybon, arr. de St.-Marcellin. = Beaurepaire.

BEAUFORT, s. m. Com. du dép. du Jura, chef-lieu de cant. de l'arr. de Lons-le-Saunier. Bur. d'enregist. = Lons-le-Saulnier.

BEAUFORT, s. m. Petite ville du dép. de Maine-et-Loire, chef-lieu de cant. de l'arr. de Beaugé. Bur. d'enregist. et de poste.
Manuf. royale de toiles à voiles; comm. de grains, vins, huiles, noix, fruits, pruneaux, chanvre, etc.

BEAUFORT, s. m. Com. du dép. de la Meuse, cant. de Stenay, arr. de Montmédy. = Stenay.
Forges et hauts-fourneaux.

BEAUFORT, s. m. Com. du dép. du Nord, cant. de Maubeuge, arr. d'Avesnes. = Maubeuge.

BEAUFORT, s. m. Com. du dép. du Pas-de-Calais, cant. d'Avesnes-le-Comte, arr. de St.-Pol. = Arras.

BEAUFORT, s. m. Com. du dép. de la Somme, cant. de Rosières, arr. de Montdidier. = Lihons.

BEAUFORTIE, s. f. Arbrisseau de la Nouvelle-Hollande. T. de bot.

BEAUFOU, s. m. Com. du dép. de la Vendée, cant. du Poiré, arr. de Bourbon-Vendée. = Bourbon-Vendée.

BEAUFOUR, s. m. Com. du dép. du Calvados, cant. de Cambremer, arr. de Pont-l'Évêque. = Dozuley.

BEAU-FRAIS, s. m. Vent modéré et favorable à la marche. T. de mar.

BEAUFREMONT, s. m. Com. du dép. des Vosges, cant. et arr. de Neufchâteau. = Neufchâteau.

BEAU-FRÈRE, s. m. Frère du mari ou de la femme; mari de la belle-sœur.

BEAUFRESNE, s. m. Com. du dép. de la Seine-Inférieure, cant. d'Aumale, arr. de Neufchâtel. = Aumale.

BEAUGAS, s. m. Com. du dép. de Lot-et-Garonne, cant. de Cancon, arr. de Villeneuve-d'Agen. = Villeneuve-d'Agen.

BEAUGEAY, s. m. Com. du dép de la Charente-Inférieure, cant. de St.-Agnant, arr. de Marennes. = Rochefort.

BEAUGENCY, s. m. Petite ville du dép. du Loiret, chef-lieu de cant. de l'arr. d'Orléans. Bur. d'enregist. et de poste.
Parmi les vignobles que l'on aperçoit sur les bords de la Loire, celui de Beaugency tient le premier rang. Philippe Ier ayant encouru l'excommunication de l'église, un concile fut convoqué dans cette ville, en l'an 1100, pour absoudre ce roi. Un autre concile s'y tint encore pour casser le mariage de Louis VII avec Éléonore de Guienne, qui épousa un roi d'Angleterre.
Fab. de serges drapées; distilleries d'eau-de-vie; usines; comm. de grains, farines, vins, eaux-de-vie.

BEAUGIES, s. f. Com. du dép. de l'Oise, cant. de Guiscard, arr. de Compiègne. = Compiègne.

BEAUHARNAISE, s. f. Arbrisseau du Pérou, de la famille des guttifères. T. de bot.

BEAUJEU, s. m. Com. du dép. des Basses-Alpes, cant. de la Javie, arr. de Digne. = Digne.

BEAUJEU, s. m. Petite ville du dép. du Rhône, chef-lieu de cant. de l'arr. de Villefranche. Bur. d'enregist. et de poste.
Comm. de blé, vins, cuirs, fers, tonneaux et papiers.

BEAUJOLAIS, s. m. Petit pays qui appartenait autrefois à la province du Lyonnais, et dont maintenant une partie est renfermée dans le dép. du Rhône, et l'autre dans celui de la Loire.

BEAULANDAIS, s. m. Com. du dép. de l'Orne, cant. de Juvigny, arr. de Domfront. = Domfront.

BEAULAT, s. m. Com. du dép. du Gers, cant. de Plaisance, arr. de Mirande. = Plaisance.

BEAULENCOURT, s. m. Com. du dép. du Pas-de-Calais, cant. de Bapaume, arr. d'Arras. = Bapaume.

BEAULIEU, s. m. Com. du dép. de l'Ardèche, cant. de Joyeuse, arr. de Largentière. = Joyeuse.

BEAULIEU, s. m. Com. du dép. des Ardennes, cant. de Signy-le-Petit, arr. de Rocroy. = Mouzon.

BEAULIEU, s. m. Com. du dép. du Calvados, cant. de Bény-Bocage, arr. de Vire. = Vire.

BEAULIEU, s. m. Com. du dép. du Cantal, cant. de Champs, arr. de Mauriac. = Bort.

BEAULIEU, s. m. Com. du dép. de la Charente, cant. de St.-Claud, arr. de Confolens. = St.-Claud.

BEAULIEU, s. m. Petite ville du dép. de la Corrèze, chef-lieu de cant. de l'arr. de Brives. Bur. d'enregist. = Tulle. Comm. de vins; mine de plomb.

BEAULIEU, s. m. Com. du dép. de la Côte-d'Or, cant. d'Aignay-le-Duc, arr. de Châtillon. = Aignay-le-Duc.

BEAULIEU, s. m. Com. du dép. de l'Hérault, cant. de Castries, arr. de Montpellier. = Montpellier.

BEAULIEU, s. m. Com. du dép. de l'Indre, cant. de St.-Benoît-du-Sault, arr. du Blanc. = St.-Benoît-du-Sault.

BEAULIEU, s. m. Com. du dép. d'Indre-et-Loire, cant. et arr. de Loches. = Loches.

BEAULIEU, s. m. Com. du dép. de la Haute-Loire, cant. de Vorey, arr. du Puy. = le Puy.

BEAULIEU, s. m. Com. du dép. du Loiret, cant. de Châtillon-sur-Loire, arr. de Gien. = Bonny.

BEAULIEU, s. m. Com. du dép. de Maine-et-Loire, cant. de Thouarcé, arr. de Saumur. = Brissac.

BEAULIEU, s. m. Com. du dép. de la Haute-Marne, cant. de Varennes, arr. de Langres. = Fay-Billot.

BEAULIEU, s. m. Com. du dép. de la Mayenne, cant. de Loiron, arr. de Laval. = Laval.

BEAULIEU, s. m. Com. du dép. de la Meuse, cant. de Triaucourt, arr. de Bar-le-Duc. = Clermont-en-Argonne.

BEAULIEU, s. m. Com. du dép. de la Nièvre, cant. de Brinon, arr. de Clamecy. = Varzy.

BEAULIEU, s. m. Com. du dép. de l'Oise, cant. de Lassigny, arr. de Compiègne. = Noyon.

BEAULIEU, s. m. Com. du dép. de l'Orne, cant. de Tourouvre, arr. de Mortagne. = St.-Maurice.

BEAULIEU, s. m. Com. du dép. du Puy-de-Dôme, cant. de St.-Germain-Lembron, arr. d'Issoire. = Issoire.

BEAULIEU-CLOULAS, s. m. Com. du dép. de la Charente, cant. de la Valette, arr. d'Angoulême. = Angoulême.

BEAULIEU-SOUS-BOURBON-VENDÉE, s. m. Com. du dép. de la Vendée, cant. de la Motte-Achard, arr. des Sables-d'Olonne. = la Motte-Achard.

BEAULIEU-SOUS-BRESSUIRE, s. m. Com. du dép. des Deux-Sèvres, cant. et arr. de Bressuire. = Bressuire.

BEAULIEU-SOUS-PARTHENAY, s. m. Com. du dép. des Deux-Sèvres, cant. de Mazières, arr. de Parthenay. = Parthenay.

BEAULIEU-SUR-MAREUIL, s. m. Com. du dép. de la Vendée, cant. de Mareuil, arr. de Bourbon-Vendée. = Fontenay-le-Comte.

BAULNE-ET-CHIVY, s. f. Com. du dép. de l'Aisne, cant. de Craone, arr. de Laon. = Laon.

BEAULON, s. m. Com. du dép. de l'Allier, cant. de Chevagnes, arr. de Moulins. = Moulins.

BEAUMAIS, s. m. Com. du dép. du Calvados, cant. de Coulibœuf, arr. de Falaise. = Falaise.

BEAUMARCHÉS, s. m. Com. du dép. du Gers, cant. de Plaisance, arr. de Mirande. = Plaisance.

BEAUMARIS, s. m. Espèce de squale. T. d'hist. nat.

BEAUMARQUET, s. m. Espèce de pinson du S.-O. de l'Afrique, dont le plumage est fort beau. T. d'hist. nat.

BEAUMAT, s. m. Village du dép. du Lot, com. de Vaillac, cant. de la Bastide, arr. de Gourdon. = Gourdon.

BEAUME (la), s. f. Village du dép. des Basses-Alpes, cant. et arr. de Sisteron. = Sisteron.

BEAUME (la), s. f. Village du dép. des Basses-Alpes, cant. de St.-André, arr. de Castellanne. = Castellanne.

BEAUME (la), s. f. Village du dép. des Basses-Alpes, cant. et arr. de Castellanne. = Castellanne.

BEAUME (la), s. f. Com. du dép. des Hautes-Alpes, cant. d'Aspres, arr. de Gap. = Veyne.

BEAUME (la haute), s. f. Com. du dép. des Hautes-Alpes, cant. d'Aspres, arr. de Gap. = Veyne.

BEAUME (la), s. f. Com. du dép. de l'Ardèche, cant. de Joyeuse, arr. de Largentière. = Joyeuse.

BEAUME, s. m. Com. du dép. de l'Aisne, cant. d'Aubenton, arr. de Vervins. = Aubenton.

BEAUME-DE-TRANSY, s. f. Com. du dép. de la Drôme, cant. de Pierrelatte, arr. de Montélimar. = Pierrelatte.

BEAUME-D'HOSTUN, s. f. Com. du

dép. de la Drôme, cant. de Bourg-du-Péage, arr. de Valence. = Valence.

BEAUMÉNIL, s. m. Com. du dép. des Vosges, cant. de Bruyères, arr. d'Epinal. = Bruyères.

BEAUMERIE-SAINT-MARTIN, s. f. Com. du dép. du Pas-de-Calais, cant. et arr. de Montreuil-sur-Mer. = Montreuil.

BEAUMES, s. f. Com. du dép. de Vaucluse, chef-lieu de cant. de l'arr. d'Orange. Bur. d'enregist. à Malaucène. = Carpentras.

BEAUMESNIL, s. m. Com. du dép. du Calvados, cant. de St.-Sever, arr. de Vire. = Vire.

BEAUMESNIL, s. m. Com. du dép. de l'Eure, chef-lieu de cant. de l'arr. de Bernay. Bur. d'enregist. = Beaumont-le-Roger.

BEAUME-SUR-VÉORE (la), s. f. Com. du dép. de la Drôme, cant. de Chabeuil, arr. de Valence. = Valence.

BEAUMETZ, s. m. Com. du dép. de la Seine-Inférieure, cant. d'Offranville, arr. de Dieppe. = Dieppe.

BEAUMETZ, s. m. Com. du dép. de la Somme, cant. de Bernaville, arr. de Doullens. = Doullens.

BEAUMETZ-LES-AIRE, s. m. Com. du dép. du Pas-de-Calais, cant. de Fauquemberque, arr. de St.-Omer. = Fruges.

BEAUMETZ-LES-CAMBRAI, s. m. Com. du dép. du Pas-de-Calais, cant. de Bertincourt, arr. d'Arras. = Bapaume.

BEAUMETZ-LES-LOGES, s. m. Com. du dép. du Pas-de-Calais, chef-lieu de cant. de l'arr. d'Arras. Bur. d'enregist. = Arras.

BEAUMOND, s. m. Com. du dép. de la Corrèze, cant. de Sailhac, arr. de Tulle. = Tulle.

BEAUMONT, s. m. Com. du dép. de l'Ardèche, cant. de Valgorge, arr. de Largentière. = Largentière.

BEAUMONT, s. m. Com. du dép. des Ardennes, cant. de Mouzon, arr. de Sedan. = Mouzon.

BEAUMONT, s. m. Com. du dép. du Calvados, cant. et arr. de Pont-l'Evêque. = Pont-l'Evêque.

BEAUMONT, s. m. Com. du dép. de la Dordogne, chef-lieu de cant. de l'arr. de Bergerac. Bur. d'enregist. = Bergerac.
Forge et haut-fourneau.

BEAUMONT, s. m. Com. du dép. de la Drôme, cant. de Luc-en-Diois, arr. de Die. = Die.

BEAUMONT, s. m. Com. du dép. de la Drôme, cant. et arr. de Valence. = Valence.

BEAUMONT, s. m. Com. du dép. du Gers, cant. et arr. de Condom. = Condom.

BEAUMONT, s. m. Com. du dép. de la Haute-Loire, cant. et arr. de Brioude. = Brioude.

BEAUMONT, s. m. Com. du dép. de la Manche, chef-lieu de cant. de l'arr. de Cherbourg, où se tient le bur. d'enregist. = Cherbourg.

BEAUMONT, s. m. Com. du dép. de la Marne, cant. de Verzy, arr. de Reims. = Reims.

BEAUMONT, s. m. Com. du dép. de la Meuse, cant. de Charny, arr. de Verdun. = Verdun.

BEAUMONT, s. m. Com. du dép. de la Meurthe, cant. de Domèvre, arr. de Toul. = Pont-à-Mousson.

BEAUMONT, s. m. Com. du dép. du Nord, cant. du Catteau, arr. de Cambrai. = le Catteau.

BEAUMONT, s. m. Com. du dép. du Pas-de-Calais, cant. de Vimy, arr. d'Arras. = Douai.

BEAUMONT, s. m. Petite ville du dép. du Puy-de-Dôme, cant. et arr. de Clermont-Ferrand. = Clermont.

BEAUMONT, s. m. Com. du dép. du Puy-de-Dôme, cant. de Randan, arr. de Riom. = Maringues.

BEAUMONT, s. m. Com. du dép. de Seine-et-Marne, cant. de Château-Landon, arr. de Fontainebleau. = Pithiviers.

BEAUMONT, s. m. Com. du dép. de la Somme, cant. d'Albert, arr. de Péronne. = Albert.

BEAUMONT, s. m. Petite ville du dép. de Tarn-et-Garonne, chef-lieu de cant. de l'arr. de Castel-Sarrasin. Bur. d'enregist. et de poste.
Fabrique de gros draps.

BEAUMONT, s. m. Com. du dép. de Vaucluse, cant. de Malaucène, arr. d'Orange. = Carpentras.

BEAUMONT, s. m. Com. du dép. de Vaucluse, cant. de Pertuis, arr. d'Apt. = Pertuis.

BEAUMONT, s. m. Com. du dép. de la Vienne, cant. de Vouneuil, arr. de Châtellerault. = Châtellerault.

BEAUMONT, s. m. Com. du dép. de la Haute-Vienne, cant. d'Eymoutiers, arr. de Limoges. = Eymoutiers.

BEAUMONT, s. m. Com. du dép. de l'Yonne, cant. de Saignelay, arr. d'Auxerre. = Auxerre.

BEAUMONTEL, s. m. Com. du dép. de l'Eure, cant. de Beaumont-le-Roger, arr. de Bernay. = Beaumont.

BEAUMONT-EN-BEINE, s. m. Com. du dép. de l'Aisne, cant. de Chauny, arr. de Laon. = Chauny.

BEAUMONT-ET-RIBONNET, s. m. Com. du dép. de la Haute-Garonne, cant. d'Auterrive, arr. de Muret. = Muret.

BEAUMONT-LA-CHÂTRE, s. m. Com. du dép. de la Sarthe, cant. de la Chartre, arr. de St.-Calais. = la Chartre.

BEAUMONT-LA-FERRIÈRE, s. m. Com. du dép. de la Nièvre, cant. de la Charité, arr. de Cosne. = la Charité.

Fab. de fer-blanc; forges, fonderie, aciérie; manuf. d'ancres pour la marine.

BEAUMONT-LA-RONCE, s. m. Com. du dép. d'Indre-et-Loire, cant. de Neuillé-Pont-Pierre, arr. de Tours. = Neuvy-le-Roi.

BEAUMONT-LE-CHARTIF, s. m. Com. du dép. d'Eure-et-Loir, cant. d'Authon, arr. de Nogent-le-Rotrou. = Nogent.

BEAUMONT-LE-HARENG, s. m. Com. du dép. de la Seine-Inférieure, cant. de Bellencombre, arr. de Dieppe. = St.-Saens.

BEAUMONT-LE-ROGER, s. m. Petite ville du dép. de l'Eure, chef-lieu de cant. de l'arr. de Bernay. Bur. d'enregistre. et de poste.

Fab. de draps, façon Louviers, molletons, toiles de lin; blanchisseries, verrerie à vitres et à bouteilles.

BEAUMONT-LES-NONAINS, s. m. Com. du dép. de l'Oise, cant. d'Auneuil, arr. de Beauvais. = Chaumont-en-Vexin.

BEAUMONT-LES-TOURS, s. m. Com. du dép. d'Indre-et-Loire, cant. et arr. de Tours. = Tours.

BEAUMONT-MONTEUX, s. m. Com. du dép. de la Drôme, cant. de Tain, arr. de Valence. = Tain.

BEAUMONT-PIED-DE-BŒUF, s. m. Com. du dép. de la Mayenne, cant. de Grez, arr. de Château-Gontier. = Château-Gontier.

BEAUMONT-PIED-DE-BŒUF, s. m. Com. du dép. de la Sarthe, cant. de Château-du-Loir, arr. de St.-Calais. = Château-du-Loir.

BEAUMONT-SUR-BUCHY, s. m. Com. du dép. de la Seine-Inférieure, cant. de St.-Saens, arr. de Neufchâtel. = Rouen.

BEAUMONT-SUR-GRONE, s. m. Com. du dép. de Saône-et-Loire, cant. de Sennecey-le-Grand, arr. de Châlons. = Sennecey.

BEAUMONT-SUR-OISE, s. m. Petite ville du dép. de Seine-et-Oise, cant. de l'Ile-Adam, arr. de Pontoise. Bur. d'enregist. et de poste.

Fab. de passementeries; verreries; comm. de farines, chevaux et bestiaux.

BEAUMONT-SUR-SARDOLLES, s. m. Com. du dép. de la Nièvre, cant. de St.-Benin-d'Azy, arr. de Nevers. = Decize.

BEAUMONT-SUR-SARTHE ou le VICOMTE, s. m. Petite ville du dép. de la Sarthe, chef-lieu de cant. de l'arr. de Mamers. Bur. d'enregist. et de poste.

Fab. de serges, étamines, droguets, toiles; comm. de grains et volailles.

BEAUMONT-SUR-VINGEANNE, s. m. Com. du dép. de la Côte-d'Or, cant. de Mirebeau, arr. de Dijon. = Mirebeau.

BEAUMONT-VÉRON, s. m. Com. du dép. d'Indre-et-Loire, cant. et arr. de Chinon. = Chinon.

BEAUMONT-VILLAGE, s. m. Com. du dép. d'Indre-et-Loire, cant. de Montrésor, arr. de Loches. = Loches.

BEAUMOTTE-LES-MONTBOZON, s. m. Com. du dép. de la Haute-Saône, cant. de Montbozon, arr. de Vesoul. = Rioz.

BEAUMOTTE-LES-PIN, s. m. Com. du dép. de la Haute-Saône, cant. de Marnay, arr. de Gray. = Marnay.

BEAUNAY, s. m. Com. du dép. de la Marne, cant. de Montmort, arr. d'Epernay. = Epernay.

BEAUNAY, s. m. Com. du dép. de la Seine-Inférieure, cant. de Tôtes, arr. de Dieppe. = Tôtes.

BEAUNE, s. m. Com. du dép de l'Allier, cant. de Montmarault, arr. de Montluçon. = Montmarault.

BEAUNE, s. m. Ville du dép. de la Côte-d'Or, chef-lieu de sous-préf. et de deux cant.; trib. de 1re inst. et de comm.; société d'agric.; biblioth. publ.; conserv. des hypoth.; insp. des forêts; direct. des contrib. indir.; recev. part. des finances; bur. d'enregist. et de poste.

Cette ville est agréablement située, bien bâtie et fort propre.

Les vins de Beaune, au nombre desquels on doit ranger le Pomard et le Volney, jouissent d'une réputation méritée, non seulement en France, mais encore dans toute l'Europe. Mais si ce n'était pas assez de ces excellens vins pour conserver à ce pays une sorte de prééminence en Bourgogne, il nous suffira de dire que c'est dans cette ville qu'est né l'immortel auteur de *la Métromanie*, le célèbre Piron.

Fab. de draps, serges, huile, vinaigre, etc. Comm. considérable de vins de Bourgogne de première qualité qu'on expédie pour la plupart des villes de France et pour une grande partie du nord de l'Europe ; de grains, bestiaux, grosse draperie et coutellerie.

BEAUNE, s. m. Com. du dép. de la Haute-Loire, cant. de Craponne, arr. du Puy. = Craponne.

BEAUNE, s. m. Com. du dép. du Loiret, chef-lieu de cant. de l'arr. de Pithiviers. Bur. d'enregist. à Bois-Commun. = Bois-Commun. Comm. de miel, cire et safran.

BEAUNE, s. m. Com. du dép. de la Haute-Vienne, cant. d'Ambazac, arr. de Limoges. = Limoges.

BEAUNOTTE, s. m. Com. du dép. de la Côte-d'Or, cant. d'Aignay-le-Duc, arr. de Châtillon. = Aignay-le-Duc.

BEAU-PARTIR, s. m. Partir sans difficulté. T. de manége.

BEAU-PÈRE, s. m. Second ou troisième mari de la mère ; celui dont on a épousé le fils ou la fille.

BEAUPONT, s. m. Com. du dép. de l'Ain, cant. de Coligny, arr. de Bourg. = St.-Amour.

BEAUPOUYET, s. m. Com. du dép. de la Dordogne, cant. de Mussidan, arr. de Ribérac. = Mussidan.

BEAUPRÉ, s. m. Mât couché sur l'éperon à la proue. Petit —, mât sur la hune de beaupré. T. de mar.

BEAUPRÉAU, s. m. Petite ville du dép. de Maine-et-Loire, chef-lieu de souspréf. et de cant. ; trib. de 1re inst. ; conserv. des hypoth. ; direct. des contrib. indir. ; recev. part. des finances ; bur. d'enregist. et de poste.

Fab. de toiles, flanelles, étoffes de laine; teintureries, tanneries, etc.

BEAUPUITS, s. m. Com. du dép. de l'Oise, cant. de St.-Just-en-Chaussée, arr. de Clermont. = St.-Just.

BEAUPUY, s. m. Com. du dép. du Gers, cant. de l'Ile-Jourdain, arr. de Lombez. = l'Ile-Jourdain.

BEAUPUY, s. m. Com. du dép. de Lot-et-Garonne, cant. et arr. de Marmande. = Marmande.

BEAUPUY, s. m. Com. du dép. de Tarn-et-Garonne, cant. de Verdun, arr. de Castel-Sarrasin. = Grisolles.

BEAUQUAY, s. m. Com. du dép. du Calvados, cant. d'Aunay, arr. de Vire. = Aunay.

BEAUQUESNE, s. m. Com. du dép. de la Somme, cant. et arr. de Doullens. = Doullens.

BEAURAIN, s. m. Village du dép. de l'Aisne, com. de Flavigny-le-Grand, cant. de Guise, arr. de Vervins. = Guise.

BEAURAIN, s. m. Com. du dép. du Nord, cant. de Solesmes, arr. de Cambrai. = le Quesnoy.

BEAURAINS, s. m. Com. du dép. de l'Oise, cant. de Noyou, arr. de Compiègne. = Noyon.

BEAURAINS, s. m. Com. du dép. du Pas-de-Calais, cant. et arr. d'Arras. = Arras.

BEAURAINVILLE, s. f. Com. du dép. du Pas-de-Calais, cant. de Campagne, arr. de Montreuil. = Hesdin.

BEAURECUEIL, s. m. Com. du dép. des Bouches-du-Rhône, cant. de Trets, arr. d'Aix. = Aix.

BEAUREGARD, s. m. Com. du dép. de l'Ain, cant. et arr. de Trévoux. = Trévoux.

BEAUREGARD, s. m. Com. du dép. de la Dordogne, cant. de Terrasson, arr. de Sarlat. = Terrasson.

BEAUREGARD, s. m. Com. du dép. de la Drôme, cant. de Bourg-du-Péage, arr. de Valence. = Romans.

BEAUREGARD, s. m. Com. du dép. du Lot, cant. de Limogne, arr. de Cahors. = Cahors.

BEAUREGARD, s. m. Com. du dép. du Puy-de-Dôme, cant. de Vertaizon, arr. de Clermont. = Lezoux.

BEAUREGARD-ET-BESSAC, s. m. Com. du dép. de la Dordogne, cant. de Villamblard, arr. de Bergerac. = Bergerac.

BEAUREGARD-VANDON, s. m. Com. du dép. du Puy-de-Dôme, cant. de Combronde, arr. de Riom. = Riom.

BEAUREPAIRE, s. m. Com. du dép. de l'Isère, chef-lieu de cant. de l'arr. de Vienne. Bur. d'enregist. et de poste. Fab. de draps et de ratines ; tanneries, moulins à farine et à foulon.

BEAUREPAIRE, s. m. Com. du dép. du Nord, cant. et arr. d'Avesnes. = Avesnes.

BEAUREPAIRE, s. m. Com. du dép. de l'Oise, cant. de Pont-Ste.-Maxence, arr. de Senlis. = Pont-Ste.-Maxence.

BEAUREPAIRE, s. m. Com. du dép. de Saône-et-Loire, chef-lieu de cant. de l'arr. de Louhans. Bur. d'enregist. = Louhans.

BEAUREPAIRE, s. m. Com. du dép. de la Seine-Inférieure, cant. de Criquetot-l'Esneval, arr. du Havre. = Montivilliers.

BEAUREPAIRE, s. m. Com. du dép. de la Vendée, cant. des Herbiers, arr. de Bourbon-Vendée. = les Herbiers.

BEAUREPOS, s. m. Village du dép. de la Dordogne, cant. de Carlux, arr. de Sarlat. = Sarlat.

BEAU-REVOIR, s. m. Il se dit du limier sur la voie, faisant les plus grands efforts pour rompre le cordeau auquel il est attaché et s'élancer sur la bête; empreinte du pied de la bête sur un terrain humide. T. de véner.

BEAUREVOIR, s. m. Com. du dép. de l'Aisne, cant. du Catelet, arr. de St.-Quentin. = Fismes.

BEAURIEUX, s. m. Com. du dép. de l'Aisne, cant. de Craone, arr. de Laon. = Solré-le-Château.

BEAURIEUX, s. m. Com. du dép. du Nord, cant. de Solré-le-Château, arr. d'Avesnes. = Mucidan.

BEAURONNE-ET-FAYE, s. f. Com. du dép. de la Dordogne, cant. de Neuvic, arr. de Ribérac. = St.-Vallier.

BEAU-SEMBLANT, s. m. Feinte.

BEAUSEMBLANT, s. m. Com. du dép. de la Drôme, cant. de St.-Vallier, arr. de Valence. = St.-Vallier.

BEAUSSAC, s. m. Com. du dép. de la Dordogne, cant. de Mareuil, arr. de Nontron. = Gramat.

BEAUSSAULT, s. m. Com. du dép. de la Seine-Inférieure, cant. de Forges-les-Eaux, arr. de Neufchâtel. = Forges.

BEAUSSAY, s. m. Com. du dép. des Deux-Sèvres, cant. de Celles, arr. de Melle. = Melle.

BEAUSSE, s. f. Com. du dép. de Maine-et-Loire, cant. de St.-Florent-le-Vieil, arr. de Beaupréau. = Beaupréau.

BEAUSSERÉ, s. m. Com. du dép. de l'Oise, cant. de Chaumont, arr. de Beauvais. = Mareuil.

BEAUSSET (le), s. m. Com. du dép. du Var, chef-lieu de cant. de l'arr. de Toulon. Bur. d'enregist. et de poste. Comm. de blé, vins, eaux-de-vie, huile d'olive, savon, draps, chapeaux, cuirs, verrerie, etc.

BEAUSSET (le), s. m. Com. du dép. de Vaucluse, cant. de Pernes, arr. de Carpentras. = Carpentras.

BEAUSSIET, s. m. Com. du dép. des Landes, cant. et arr. de Mont-de-Marsan. = Mont-de-Marsan.

BEAUTÉ, s. f. Belle et juste proportion dans la forme des corps, avec un mélange agréable de couleurs; qualité de ce qui rend une chose aimable et agréable à la vue, à l'esprit. —, belle femme. —, pl. Réunion de belles choses; Paris offre mille beautés.

BEAUTEIL, s. m. Com. du dép. de Seine-et-Marne, cant. et arr. de Coulommiers. = Coulommiers.

BEAUTIRAN, s. m. Com. du dép. de la Gironde, cant. de Labrède, arr. de Bordeaux. = Castres.

BEAUTORT, s. m. Com. du dép. de l'Aisne, cant. de la Fère, arr. de Laon. = la Fère.

BEAUTOT, s. m. Com. du dép. de la Seine-Inférieure, cant. de Pavilly, arr. de Rouen. = Rouen.

BEAUTURE, s. f. Disposition au beau temps. T. de mar.

BEAUVAIN, s. m. Com. du dép. de l'Orne, cant. de Carrouges, arr. d'Alençon. = la Ferté-Macé.

BEAUVAIS, s. m. Com. du dép. de la Charente-Inférieure, cant. de Matha, arr. de St.-Jean-d'Angely. = St.-Jean-d'Angely.

BEAUVAIS, s. m. Ville et chef-lieu de préf. du dép. de l'Oise, d'un arr., de sous-préf. et de deux cant. Evêché; cour d'assises; trib. de 1re inst. et de comm.; chambre consultative des manuf.; société d'agric.; biblioth. publique; cabinet d'histoire naturelle; salle de spectacle; ingén. en chef et ordin. des ponts-et-chaussées; direct. de l'enregist. et des domaines; conserv. des hypoth.; inspect. des forêts; direct. des contrib. dir. et indir.; bur. de garantie des matières d'or et d'argent; recev. gén. des finances; payeur du dép.; bur. d'enregist. et de poste. Pop. 12,865 h. environ.

Cette ville est une de celles dont l'origine est inconnue. Les Romains la nommèrent Césaromagus; mais on est réduit à des conjectures sur les événemens antérieurs à 471, époque à laquelle Beauvais fut pris par Chilpéric. Assiégé par les Anglais en 1443, ces éternels ennemis de la France, qui déjà pénétraient par l'une des portes, furent repoussés, grâce à l'intrépidité de Jean Lignières. Plus tard, en 1473, Charles-le-Téméraire, à la tête de 80,000 hommes, voulut s'en emparer; alors cette ville fut sauvée de nouveau par les dames, sous la conduite de la fameuse Jeanne-Hachette, qui déploya dans cette circonstance un courage vraiment héroïque.

Fabriques de draps fins, casimirs, ratines, molletons, flanelles, espagnolettes, serges, indiennes, châles, dentelles noires; tapis de pieds; produits chimiques, etc. Comm. de grains, vins, eaux-de-vie, bois, marbre, chevaux, bestiaux, etc.

On remarque dans Beauvais l'hôtel-de-ville, et surtout la cathédrale, dont le chœur est un chef-d'œuvre d'architecture gothique.

BEAUVAIS, s. m. Com. du dép. du Tarn, cant. de Salvaignac, arr. de Gaillac. = Tarbes.

BEAUVAISIN, E, s. et adj. Habitant de Beauvais.

BEAUVAL, s. m. Com. du dép. de la

Somme, cant. et arr. de Doullens. = Doullens.

BEAUVEAU, BEVEAU ou BIVEAU, s. m. Fausse équerre à branches mobiles, instrument de mathématiques; équerre stable à branches immobiles.

BEAUVEAU, s. m. Com. du dép. de Maine-et-Loire, cant. de Seiches, arr. de Baugé. = Baugé.

BEAUVÈNE, s. m. Village du dép. de l'Ardèche, cant. de St.-Pierreville, arr. de Privas. = Privas.

BEAUVERNOIS, s. m. Com. du dép. de Saône-et-Loire, cant. de Pierre, arr. de Louhans. = Verdun-sur-Saône.

BEAUVEZET, s. m. Com. du dép. des Basses-Alpes, cant. de Colmars, arr. de Castellanne. = Digne.

BEAUVILLE, s. f. Com. du dép. de Lot-et-Garonne, chef-lieu de cant. de l'arr. d'Agen. Bur. d'enregist. = Agen.

BEAUVILLIERS, s. m. Com. du dép. d'Eure-et-Loir, cant. de Voves, arr. de Chartres. = Chartres.

BEAUVILLIERS, s. m. Com. du dép. de Loir-et-Cher, cant. de Marchénoir, arr. de Blois. = Blois.

BEAUVILLIERS, s. m. Com. du dép. de l'Yonne, cant. de Quarré-les-Tombes, arr. d'Avallon. = Rouvray.

BEAUVOIR, s. m. Com. du dép. de l'Aube, cant. des Riceys, arr. de Bar-sur-Seine. = les Riceys.

BEAUVOIR, s. m. Com. du dép. de l'Isère, cant. de St.-Jean-de-Bournay, arr. de Vienne. = Bourgoin.

BEAUVOIR, s. m. Com. du dép. de la Manche, cant. de Pontorson, arr. d'Avranches. = Pontorson.

BEAUVOIR, s. m. Com. du dép. de l'Oise, cant. de Breteuil, arr. de Clermont. = Breteuil-sur-Noye.

BEAUVOIR, s. m. Com. du dép. de la Sarthe, cant. de la Fresnay, arr. de Mamers. = Mamers.

BEAUVOIR, s. m. Com. du dép. de Seine-et-Marne, cant. de Mormant, arr. de Melun. = Guignes.

BEAUVOIR, s. m. Com. du dép. de l'Yonne, cant. de Toucy, arr. d'Auxerre. = Toucy.

BEAUVOIR-EN-LIONS, s. m. Com. du dép. de la Seine-Inférieure, cant. d'Argueil, arr. de Neufchâtel. = Gournay.

BEAUVOIR-RIVIÈRE, s. m. Com. du dép. de la Somme, cant. de Bernaville, arr. de Doullens. = Auxy-le-Château.

BEAUVOIR-SUR-MER, s. m. Petite ville du dép. de la Vendée, chef-lieu de cant. de l'arr. des Sables-d'Olonne. Bur. d'enregist. et de poste. Comm. de blé, sels, bestiaux, bois de chauffage et de construction.

BEAUVOIR-SUR-NIORT, s. m. Com. du dép. des Deux-Sèvres, chef-lieu de cant. de l'arr. de Niort. Bur. d'enregist. à Mauzé. = Niort.

BEAUVOIS, s. m. Com. du dép. de l'Aisne, cant. de Vermand, arr. de St.-Quentin. = Ham.

BEAUVOIS, s. m. Com. du dép. du Nord, cant. de Carnières, arr. de Cambrai. = Cambrai.

BEAUVOIS, s. m. Com. du dép. du Pas-de-Calais, cant. et arr. de St.-Pol. = St.-Pol.

BEAUVOISIN, s. m. Com. du dép. de la Drôme, cant. du Buis, arr. de Nyons. = le Buis.

BEAUVOISIN, s. m. Com. du dép. du Gard, cant. de Gilles, arr. de Nismes. = Nismes.

BEAUVOISIN, s. m. Com. du dép. du Jura, cant. de Chaussin, arr. de Dôle. = Dôle.

BEAUVOISIS, s. m. Petite contrée qui faisait partie de la province de Picardie, et dont Beauvais était la métropole.

BEAUVOTTE, s. f. Charançon, insecte qui ronge le blé; allucites des grains. T. d'hist. nat.

BEAUVRIER, s. m. Sorte de raisin.

BEAUX-JEUX, PIERRE-JEUX ET SAINT-VALLIER, s. m. Com. du dép. de la Haute-Saône, cant. de Fresne-St.-Mamès, arr. de Gray. = Gray. Forge et haut-fourneau.

BEAUZÉE, s. f. Com. du dép. de la Meuse, cant. de Triaucourt, arr. de Bar-le-Duc. = Verdun-sur-Meuse.

BEAUZEL (St.-), s. m. Com. du dép. de Tarn-et-Garonne, cant. de Montaigut, arr. de Moissac. = Lauzerte.

BEAUZILE (St.-), s. m. Com. du dép. de la Lozère, cant. et arr. de Mende. = Mende.

BEAUZILE (St.-), s. m. Com. du dép. du Tarn, cant. de Castelnau-Montmirail, arr. de Gaillac. = Cordes.

BEAUZIRE (St.-), s. m. Com. du dép. de la Haute-Loire, cant. et arr. de Brioude. = Brioude.

BEAUZIRE (St.-), s. m. Com. du dép. du Puy-de-Dôme, cant. d'Ennezat, arr. de Riom. = Riom.

BEBÉ, s. m. Mormyre, poisson du Nil. T. d'hist. nat.

BEBEC, s. m. Com. du dép. de la Seine-Inférieure, cant. de Caudebec, arr. d'Yvetot. = Caudebec.

BEBING, s. m. Com. du dép. de la Meurthe, cant. et arr. de Sarrebourg. = Sarrebourg.

BEBLENHEIM, s. m. Com. du dép. du Haut-Rhin, cant. de Kaisersberg, arr. de Colmar. = Colmar.

BEBRE (la), s. f. Petite rivière qui se forme près de St.-Priest-la-Prugne, arr. de Roanne, et qui se jette dans la Loire au-dessous de Diou.

BEBY, s. m. Toile de coton du Levant. T. de comm.

BEC, s. m. Partie de la tête d'un oiseau qui lui tient lieu de bouche, et qui est composée de deux mandibules de corne. —, tout ce qui a la forme d'un bec; pointe, outil; angle saillant de la pile d'un pont.—, pointe de terre au confluent de deux rivières ; le bec d'Ambès. Coup de —, trait de médisance. Faire le —, souffler ce qu'il faut dire. Avoir bon —, parler facilement, médire; Blanc —, jeune homme qui n'a pas encore de barbe. Tenir le — dans l'eau, amuser avec des paroles. Donner sur le —, frapper sur le visage. — à —, adv. Nez à nez. — alongé, poisson du genre du chétodon. T. d'hist. nat.

BEC (Notre-Dame-du-), s. m. Com. du dép. de la Seine-Inférieure, cant. de Montivilliers, arr. du Havre. = Montivilliers.

BÉCARD, s. m. Espèce d'oiseau qui a un long bec recourbé à son extrémité. T. d'hist. nat.

BÉCARDE, s. f. Pie grièche de Cayenne. T. d'hist. nat.

BÉCARRE, s. m. Caractère de musique qui ramène à son ton naturel une note haussée ou baissée d'un demi-ton. —, adj. Rétabli dans son ton naturel. Note bécarre. T. de mus.

BÉCASSE, s. f. Oiseau de passage à long bec, dont le plumage est d'un roux noir cendré. —, poisson de mer du genre du centrisque. —, outil de vannier; sorte de balance de forges.

BÉCASSE ou BARCARA, s. f. Barque espagnole non pontée, à voile carrée. T. de mar.

BÉCASSEAU, s. m. Petite bécassine ; espèce de vanneau.

BÉCASSINE, s. f. Oiseau de passage à long bec, dont le plumage ressemble à celui de la bécasse. Au printemps, son cri est semblable au bêlement d'un mouton.

BEC-AU-CAUCHOIS, s. m. Com. du dép. de la Seine-Inférieure, cant. de Valmont, arr. d'Yvetot. = Valmont.

BECCABUNGA, s. m. Espèce de véronique. T. de bot.

BECCADE, s. f. Action de manger. T. de fauc.

BECCARD ou BÉCARD, s. m. Femelle du saumon.

BECCAS, s. m. Com. du dép. du Gers, cant. de Marciac, arr. de Mirande. = Mirande.

BEC-COURBÉ, s. m. Oiseau aquatique ; outil de calfat.

BEC-CROCHE, s. m. Oiseau de la grosseur d'un chapon qui se nourrit d'écrevisses. T. d'hist. nat.

BEC-CROISÉ, s. m. Espèce de gros bec, genre d'oiseaux dont les mandibules sont courbées et croisées. T. d'hist. nat.

BEC-D'ÂNE, s. m. Outil de charpentier pour faire des mortaises; burin à deux biseaux.

BEC-DE-CANNE, s. m. Clou à crochet ; crochet, outil, poignée de serrure. —, pincette coudée qui représente un bec de canard, propre à tirer les balles et autres corps étrangers engagés dans les plaies. T. de chir.

BEC-DE-CIGOGNE, s. m. Voy. GERANIUM.

BEC-DE-CORBIN, s. m. Instrument de chirurgie, pince pour retirer des blessures les balles et autres corps étrangers. T. de chir. —, canne à bec ; crochet de chapelier, etc. Espèce de hallebarde d'une compagnie des gardes qui se nommaient becs-de-corbin.

BEC-DE-CUILLER, s. m. Prolongement osseux au fond de la caisse du tambour de l'oreille. T. d'anat.

BEC-DE-CYGNE, s. m. Instrument de chirurgie qui s'ouvre à vis pour dilater une plaie, tandis qu'on en retire les corps étrangers avec une pince, etc. T. de chir.

BEC-DE-GRUE, s. m. Pincette pour retirer les esquilles d'os fracturés, les balles, etc. T. de chir.

BEC-DE-HACHE, s. m. Voy. PIED-ROUGE.

BEC-DE-LÉZARD, s. m. Instrument de chirurgie, espèce de pincettes ou de tire-balle. T. de chir.

BEC-DE-LIÈVRE, s. m. Solution de continuité, séparation à la lèvre supérieure, et quelquefois à la lèvre inférieure, qui la rend semblable à celle du lièvre : cette difformité est naturelle ou accidentelle ; on la fait disparaître au moyen d'une opération peu dangereuse, quand on est sain et bien constitué. T. de chir.

BEC-DE-MORTAGNE, s. m. Com. du dép. de la Seine-Inférieure, cant. de Goderville, arr. du Havre. = Fécamp.

BEC-DE-PERROQUET, s. m. Espèce de tenailles propres à retirer les corps étrangers qui s'opposent à la réunion des plaies. T. de chir.

BEC-D'OISEAU, s. m. Quadrupède de la Nouvelle-Hollande qui, au lieu de mâchoires et de dents, a un bec semblable à celui de l'oie. —, sorte de raisin.

BÉCELEUF, s. m. Com. du dép. des Deux-Sèvres, cant. de Coulonges, arr. de Niort. = Niort.

BEC-EN-CISEAUX, s. m. Oiseau aquatique d'Amérique qui plonge son bec dans l'eau en volant.

BEC-EN-POINÇON, s. m. Oiseau du Paraguay.

BEC-FIGUE, s. m. Oiseau gros comme la linotte, vivant de figues et d'insectes, qui est très délicat à manger.

BEC-FIN, s. m. Famille d'oiseaux, la fauvette, le rossignol, le roitelet. T. d'hist. nat.

BÉCHAMP, s. m. Com. du dép. de la Moselle, cant. de Conflans, arr. de Briey. = Briey.

BECHARU, s. m. Oiseau de passage aquatique, rouge.

BEC-HAUCHANT, s. m. Oiseau aquatique. T. d'hist. nat.

BÊCHE, s. f. Outil de jardinage dont le fer emmanché est large et tranchant de manière à pouvoir couper la terre et la labourer; insecte, coupe-bourgeon.

BÊCHÉ, E, part. Labouré.

BEC-HELLOUIN (le), s. m. Com. du dép. de l'Eure, cant. de Brionne, arr. de Bernay. = Brionne.

Dépôt d'étalons, haras; comm. de chevaux et bestiaux.

BÊCHER, v. a. Couper et retourner la terre avec la bêche; labourer avec la bêche.

BÉCHEREL, s. m. Petite ville du dép. d'Ille-et-Vilaine, chef-lieu de cant. de l'arr. de Montfort. Bur. d'enregist. et de poste.

Comm. de grains, lin et fil retord dit de Bretagne.

BÉCHERESSE, s. f. Com. du dép. de la Charente, cant. de Blanzac, arr. d'Angoulême. = Blanzac.

BÉCHET, s. m. sorte de chameau.

BÉCHIQUE, adj. Pectoral, qui calme l'irritation de poitrine, qui facilite l'expectoration. T. de méd.

BÉCHOTTÉ, E, part. Légèrement bêché.

BÉCHOTTER, v. a. Biner, donner un léger labour avec la bêche.

BÉCHY, s. m. Com. du dép. de la Moselle, cant. de Pange, arr. de Metz. = Metz.

BEC-JAUNE, s. m. Jeune oiseau qui n'est pas en âge de s'apparier. T. de fauc.

BECKERHOLTZ, s. m. Com. du dép. de la Moselle, cant. de Bouzonville, arr. de Thionville. = Bouzonville.

BECON, s. m. Com. du dép. de Maine-et-Loire, cant. du Louroux-Beconnais, arr. d'Angers. = Angers.

BECONNE, s. f. Com. du dép. de la Drôme, cant. de Dieu-le-Fit, arr. de Montélimar. = Dieu-le-Fit.

BÉCONQUILLE, s. f. Racine vomitive d'Amérique.

BECOURT, s. m. Com. du dép. du Pas-de-Calais, cant. de Hucqueliers, arr. de Montreuil. = Samer.

BECOURT-BECORDEL, s. m. Com. du dép. de la Somme, cant. d'Albert, arr. de Péronne. = Albert.

BEC-OUVERT, s. m. Espèce de héron. T. d'hist. nat.

BECQUÉE, s. f. Ce que peut contenir de nourriture le bec d'un oiseau; ce qu'il porte à ses petits d'une seule fois.

BECQUETÉ, E, part. Qui a reçu des coups de bec.

BECQUETER, v. a. Donner des coups de bec. Se —, v. pron. Se battre ou se caresser avec le bec.

BECQUETEUR, s. m. Espèce d'hirondelle de mer.

BECQUIGNY, s. m. Com. du dép. de l'Aisne, cant. de Bohain, arr. de St.-Quentin. = St.-Quentin.

BECQUIGNY, s. m. Com. du dép. de la Somme, cant. et arr. de Montdidier. = Montdidier.

BECQUILLON, s. m. Bec des jeunes oiseaux de proie. T. de fauc.

BECQUINCOURT, s. m. Com. du dép. de la Somme, cant. de Bray, arr. de Péronne. = Péronne.

BEC-ROND, s. m. Bouvreuil à gros bec. T. d'hist. nat.

BEC-SCIE, s. m. Oiseau aquatique de la Louisiane. T. d'hist. nat.

BEC-THOMAS, s. m. Com. du dép. de l'Eure, cant. d'Amfreville, arr. de Louviers. = Elbeuf.

BÉCUANT, s. m. Délit, côté de pierres en pente. T. d'ardois.

BÉCULS, s. m. pl. Echafaudage, pièces qui le soutiennent. T. d'ardois.

BECUNE, s. f. Poisson de mer qui ressemble au brochet dont il a la voracité. T. d'hist. nat.

BÉDAINE, s. f. Gros ventre. T. fam.

BÉDARIDES, s. f. Com. du dép. de Vaucluse, chef-lieu de cant. de l'arr. d'Avignon, où se trouve le bur. d'enregist. = Avignon.

Ce pays est riche en pâturages.

BÉDARIEUX, s. m. Petite ville du dép. de l'Hérault, chef-lieu de cant. de l'arr. de Béziers. Bur. d'enregist. et de poste.

Fab. de draps, d'étoffes de laine, de

bas de laine et de coton; savon, huile d'olive, papeteries, verrerie, fonderie de cuivre. Comm. de vins et eaux-de-vie.

BEDAUDE, s. f. Chenille épineuse de deux couleurs. T. d'hist. nat.

BEDDES, s. f. Com. du dép. du Cher, cant. de Château-Meillant, arr. de St.-Amand- = Château-Meillant.

BEDEAU, s. m. Espèce de factotum d'une église, portant une grande robe et une baguette, marque distinctive de ses fonctions.

BEDECHAN, s. m. Com. du dép. du Gers, cant. de Saramon, arr. d'Auch. = Gimont.

BEDÉE, s. f. Com. du dép. d'Ille-et-Vilaine, cant. et arr. de Montfort. = Montfort.

BÉDÉGAR, s. m. Eponge de l'églantier; gale chevelue du rosier; épine sauvage. T. de bot.

BEDEILLAC, s. m. Com. du dép. de l'Ariège, cant. de Tarascon, arr. de Foix. = Tarascon.

BEDEILLE, s. f. Com. du dép. de l'Ariège, cant. de Ste.-Croix, arr. de St.-Girons. = St.-Girons.

BEDEILLE, s. f. Com. du dép. des Basses-Pyrénées, cant. de Montaner, arr. de Pau. = Pau.

BEDEJUN, s. m. Com. du dép. des Basses-Alpes, cant. de Barrême, arr. de Digne. = Digne.

BEDELIN, s. m. Coton du Levant.

BEDENAC, s. m. Com. du dép. de la Charente-Inférieure, cant. de Montlieu, arr. de Jonzac. = Montlieu.

BEDON, s. m. Homme gros et gras; tambour de basque. (Vi.)

BEDOS-ET-PEYRALBE, s, m. Com. du dép. de l'Aveyron, cant. et arr. de St.-Affrique. = St.-Affrique.

BEDOUÈS, s. m. Com. du dép. de la Lozère, cant. et arr. de Florac.=Florac.

BÉDOUIN, s. m. Com. du dép. de Vaucluse, cant. de Mormoiron, arr. de Carpentras. = Carpentras.

BÉDOUINS, s. m. pl. Arabes du désert, peuplades d'hommes cruels et féroces qui attaquent les caravanes pour les piller.

BEDOUS, s. m. Com. du dép. des Basses-Pyrénées, cant. d'Accous, arr. d'Oloron. = Oloron.

BEDUER, s. m. Com. du dép. du Lot, cant. et arr. de Figeac. = Figeac.

BÉÉ, adj. Béante, ouverte. Tonneau à gueule —, tonneau défoncé par un bout.

BÉELZEBUTH, s. m. Singe atèle d'Amérique. T. d'hist. nat.

BÉENEL, s. m. Arbre du Malabar, toujours vert. T. de bot.

BÉER, v. n. Voy. BAYER.

BE-FA-SI, s. m. Qui distingue le ton du si. T. de mus.

BEFEY, s. m. Com. du dép. de la Moselle, cant. de Vigy, arr. de Metz. = Metz.

BEFFERY, s. m. Com. du dép. de Lot-et-Garonne, cant. de Lauzun, arr. de Marmande. = Marmande.

BEFFES, s. m. Com. du dép. du Cher, cant. de Sancergues, arr. de Sancerre. = la Charité.

BEFFIA, s. m. Com. du dép. du Jura, cant. d'Orgelet, arr. de Lons-le-Saulnier. = Orgelet.

BEFFROI, s. m. Tour, clocher où l'on veille nuit et jour pour voir ce qui se passe dans une ville et ses environs, et sonner l'alarme en cas d'incendie, etc. —, cloche, charpente qui soutient cette cloche. —, espèce de grive de la Guiane. T. d'hist. nat.

BEFU-ET-MORTHOMME, s. m. Com. du dép. des Ardennes, cant. de Grandpré, arr. de Vouziers. = Grandpré.

BEGAAR, s. m. Com. du dép. des Landes, cant. de Tartas, arr. de St.-Sever. = Tartas.

BEGADAN, s. m. Com. du dép. de la Gironde, cant. et arr. de Lesparre. = Lesparre.

BÉGAIEMENT, s. m. Vice de l'organe de la parole, de la langue, qui fait que l'on hésite en prononçant les mots ou qu'on les précipite trop; qu'on articule difficilement, et qu'on ne peut prononcer certaines lettres, comme l'r et le ch.

BEGANNE, s. m. Com. du dép. du Morbihan, cant. d'Allaire, arr. de Vannes. = Redon.

BEGARD, s. m. Com. du dép. des Côtes-du-Nord, chef-lieu de cant. de l'arr. de Guingamp. Bur. d'enregist. à Pontrieux. = Guingamp.

BÉGAYÉ, E, part. Balbutié.

BÉGAYER, v. a. Balbutier, prononcer en hésitant; bégayer un compliment. —, v. n. Prononcer avec peine, hésiter sur la prononciation des syllabes d'un mot, et n'articuler qu'après une sorte d'effort. Se dit encore d'un enfant qui commence à épeler.

BEGLES, s. f. Com. du dép. de la Gironde, cant. et arr. de Bordeaux.=Bordeaux.

BEGNÉCOURT, s. m. Com. du dép. des Vosges, cant. de Dompaire, arr. de Mirecourt. = Mirecourt.

BEGNY, s. m. Com. du dép. des Ardennes, cant. de Chaumont, arr. de Réthel. = Réthel.

BEGOLE, s. f. Com. du dép. des Hautes-Pyrénées, cant. de Tournay, arr. de Tarbes. = Tarbes.

BÉGONE, s. f. Oseille sauvage; genre de plantes exotiques à fleurs incomplètes. T. de bot.

BEGON-SANGUIÈRE, s. m. Com. du dép. de l'Aveyron, cant. de Requista, arr. de Rodez. = Rodez.

BEGOUX, s. m. Village du dép. du Lot, com., cant. et arr. de Cahors. = Cahors.

BEGROLLES, s. f. Village dépendant de la com. de Mai, dép. de Maine-et-Loire, cant. et arr. de Beaupréau. = Beaupréau.

BÉGU, E, adj. Qui marque après avoir passé l'âge, en parlant des chevaux.

BÈGUE, adj. Qui bégaie.

BÈGUES, s. m. Com. du dép. de l'Allier, cant. et arr. de Gannat. = Gannat.

BÉGUETTES, s. f. pl. Petites pinces de serrurier.

BÉGUEULE, s. f. Mijaurée qui fait la prude. T. de mép.

BÉGUEULERIE, s. f. Affectation de sagesse; actions, manières d'une bégueule.

BEGUEY, s. m. Com. du dép. de la Gironde, cant. de Cadillac, arr. de Bordeaux. = Cadillac.

BÉGUIN, s. m. Coiffe d'enfant qui s'attache sous le menton au moyen d'une bride.

BÉGUINAGE, s. m. Communauté de béguines.

BÉGUINE, s. f. Bigote, dévote qui affecte une grande rigidité, qui condamne des peccadilles. T. de mép. —, pl. Religieuses du royaume des Pays-Bas, où elles sont en très grand nombre dans la plupart des villes. Leurs vœux sont temporaires.

BEGUIOS, s. m. Com. du dép. des Basses-Pyrénées, cant. de St.-Palais, arr. de Mauléon. = St.-Palais.

BEGUM, s. f. Titre honorifique des princesses de l'Indostan.

BÉHAGNIES, s. f. Com. du dép. du Pas-de-Calais, cant. de Bapaume, arr. d'Arras. = Bapaume.

BÉHARDIÈRE (la), s. f. Com. du dép. de l'Orne, cant. de Tourouvre, arr. de Mortagne. = St.-Maurice.

BÉHASQUE, s. m. Com. du dép. des Basses-Pyrénées, cant. de St.-Palais, arr. de Mauléon. = St.-Palais.

BÉHAUNE, s. f. Village du dép. des Basses-Pyrénées, cant. d'Iholdy, arr. de Mauléon. = St.-Palais.

BÉHÉMOTH, s. m. L'hippopotame ou cheval marin; le rhinocéros.

BÉHEN, BÉCHEN ou BEN, s. m. Plante du Liban, alexitère, à racines cardiaques. T. de bot.

BÉHEN, s. m. Com. du dép. de la Somme, cant. de Moyenneville, arr. d'Abbeville. = Abbeville.

BÉHÉRICOURT, s. m. Com. du dép. de l'Oise, cant. de Noyon, arr. de Compiègne. = Noyon.

BÉHEUCOURT, s. m. Com. du dép. de la Somme, cant. de Villers-Bocage, arr. d'Amiens. = Corbie.

BEHLENHEIM, s. m. Com. du dép. du Bas-Rhin, cant. de Truchtersheim, arr. de Strasbourg. = Strasbourg.

BEHONNE, s. f. Com. du dép. de la Meuse, cant. de Vavincourt, arr. de Bar-le-Duc. = Bar-le-Duc.

BEHORLEGUY, s. m. Com. du dép. des Basses-Pyrénées, cant. de St.-Jean-Pied-de-Port, arr. de Mauléon. = St.-Jean-Pied-de-Port.

BEHOURD, s. m. Exercice militaire avec des lances émoussées et des boucliers.

BEHOUST, s. m. Com. du dép. de Seine-et-Oise, cant. de Montfort-l'Amaury, arr. de Rambouillet. = la Queue.

BEHRÉE, s. m. Espèce de faucon de l'Inde. T. d'hist. nat.

BEHREN, s. m. Com. du dép. de la Moselle, cant. de Forbach, arr. de Sarreguemines. = Forbach.

BEHRENTHAL, s. m. Com. du dép. de la Moselle, cant. de Bitche, arr. de Sarreguemines. = Bitche.

BEHUARD, s. m. Com. du dép. de Maine-et-Loire, cant. de St.-Georges-sur-Loire, arr. d'Angers. = Angers.

BEIGE, s. f. Laine en suint, sans préparation; serge de laine telle qu'elle sort de la toison. —, adj. Laine beige.

BEIGNET, s. m. Tranche de fruit entouré de pâte frite à la poêle.

BEIGNON, s. m. Com. du dép. du Morbihan, cant. de Guer, arr. de Ploërmel. = Plélan.

BEILLÉ, s. m. Com. du dép. de la Sarthe, cant. de Tuffé, arr. de Mamers. = Conneré.

BEINE, s. f. Com. du dép. de la Marne, chef-lieu de cant. de l'arr. de Reims. Bur. d'enregist. à Pont-Faverger. = Reims.

BEINE, s. f. Com. du dép. de l'Yonne, cant. de Chablis, arr. d'Auxerre. = Chablis.

BEINE-ET-ST.-GEORGES, s. f. Com.

du dép. du Jura, cant. et arr. de Lons-le-Saulnier. = Lons-le-Saulnier.

BEINHEIM, s. m. Petite ville du dép. du Bas-Rhin, cant. de Seltz, arr. de Weissembourg. = Lauterbourg.

BEIRE-LE-CHÂTEL, s. m. Com. du dép. de la Côte-d'Or, cant. de Mirebeau, arr. de Dijon. = Dijon.

BEIRE-LE-FORT, s. m. Com. du dép. de la Côte-d'Or, cant. de Genlis, arr. de Dijon. = Genlis.

BEISSAT, s. m. Com. du dép. de la Creuse, cant. de la Courtine, arr. d'Aubusson. = Felletin.

BÉJAR, s. m. Plante rhodoracée. T. de bot.

BÉJARIE, s. f. Arbrisseau de la famille des rosages. T. de bot.

BÉJAUNE, s. m. Jeune oiseau de proie dont le bec est encore jaune, et qui n'est pas encore propre à la chasse. —, jeune homme sot et niais. —, Sottise, ineptie; niaiserie, ânerie. Je lui ai fait voir son béjaune. T. fam.

BEL, adj. Voy. BEAU. Quand l'adj. beau se rencontre devant un mot qui commence par une voyelle ou par une h non aspirée, on dit bel pour éviter l'hiatus. Beau garçon, bel homme, beau printemps, bel automne. — âge, grand âge; le — âge, la jeunesse. — et beau, adv. Tout-à-fait, entièrement.

BÉLABRE, s. m. Petite ville du dép. de l'Indre, chef-lieu de cant. de l'arr. du Blanc. Bur. d'enregist. = le Blanc.

BELADAMBOC, s. m. Liseron vivace du Malabar. T. de bot.

BELAIR, s. m. Village du dép. des Ardennes, cant. de Charleville, arr. de Mézières. = Charleville.

BELAME, s. m. Poisson du genre du clupe. T. d'hist. nat.

BELAMIE, s. f. Tunique de moine.

BELANDRE, s. f. Petit bâtiment de transport dont on se sert dans les rades et les rivières. T. de mar.

BELAN-SUR-OURCE, s. m. Com. du dép. de la Côte-d'Or, cant. de Montigny-sur-Aube, arr. de Châtillon-sur-Seine. = Châtillon.

BÊLANT, E, adj. Qui bêle; agneau bêlant.

BELARGA, s. m. Com. du dép. de l'Hérault, cant. de Gignac, arr. de Lodève. = Gignac.

BELASSES, s. m. pl. Grandes jarres dont on fait des radeaux pour naviguer sur le Nil.

BELAY, s. m. Com. du dép. du Lot, cant. de Luzech, arr. de Cahors. = Castelfranc.

BELBERAUD, s. m. Com. du dép. de la Haute-Garonne, cant. de Montgiscard, arr. de Villefranche. = Villefranche.

BELBEUF, s. m. Com. du dép. de la Seine-Inférieure, cant. de Boos, arr. de Rouen. = Rouen.

BELBÈZE, s. f. Com. du dép. de la Haute-Garonne, cant. de Montgiscard, arr. de Villefranche. = Villefranche.

BELBÈZE, s. f. Com. du dép. de la Haute-Garonne, cant. de Salies, arr. de St.-Gaudens. = Toulouse.

BELCAIRE, s. m. Com. du dép. de l'Aude, chef-lieu de cant. de l'arr. de Limoux. Bur. d'enregist. = Quillan.

BELCASTEL, s. m. Com. du dép. de l'Aveyron, cant. de Rignac, arr. de Rodez. = Rignac.

BELCASTEL, s. m. Com. du dép. du Tarn, cant. et arr. de Lavaur. = Lavaur.

BELCASTEL-ET-BUC, s. m. Com. du dép. de l'Aude, cant. de St.-Hilaire, arr. de Limoux. = Limoux.

BELCHITE, s. f. Laine d'Espagne.

BELCODÈNE, s. f. Com. du dép. des Bouches-du-Rhône, cant. de Roquevaire, arr. de Marseille. = Roquevaire.

BELEDIN, s. m. Coton filé du Levant d'une qualité inférieure.

BÉLÉDINES, s. f. pl. Espèce de soie.

BELÉE, s. f. Corde lestée, garnie d'hameçons.

BELELACS, s. m. pl. Etoffes de soie du Bengale.

BÊLEMENT, s. m. Cri des brebis et des chèvres.

BELEMNITE, s. f. Fossile calcaire en forme de dard; pierre de lynx; pierre de foudre. T. d'hist. nat.

BÊLER, v. n. Crier, faire des bêlemens.

BEL-ESPRIT, s. m. Celui qui fait parade de son savoir, qui affecte de l'esprit ou qui affiche celui qu'il a; écrivain très superficiel. —, adj. Qui fait de l'esprit; homme, femme bel-esprit.

BELESTA, s. m. Com. du dép. de l'Ariège, cant. de Lavelanet, arr. de Foix. = Mirepoix.

BELESTA, s. m. Com. du dép. de la Haute-Garonne, cant. de Revel, arr. de Villefranche. = Villefranche.

BELETTE, s. f. Bête puante, petit animal carnassier, long, roux, à museau pointu, très vif, très agile, qui se nourrit d'oiseaux, de volailles, et surtout recherche avec avidité les œufs de pigeon et de poule. —, poisson du genre de la blennie.

BELEYMAS, s. m. Com. du dép. de la Dordogne, cant. de Villamblard, arr. de Bergerac. = Bergerac.

BELFAHY, s. m. Com. du dép. de la

Haute-Saône, cant. de Melisey, arr. de Lure. = Lure.

BELFAYS, s. m. Com. du dép. du Doubs, cant. de Maiche, arr. de Montbéliard. = St.-Hippolyte-sur-le-Doubs.

BELFLOU, s. m. Com. du dép. de l'Aude, cant. de Salles, arr. de Castelnaudary. = Castelnaudary.

BELFONDS, s. m. Com. du dép. de l'Orne, cant. de Sées, arr. d'Alençon. = Sées.

BELFORT, s. m. Com. du dép. de l'Aude, cant. de Belcaire, arr. de Limoux. = Quillan.

BELFORT, s. m. Com. du dép. du Lot, cant. d'Albenque, arr. de Cahors. = Cahors.

BELFORT, s. m. Ville fortifiée du dép. du Haut-Rhin, chef-lieu de sous-préf. et de cant. Trib. de 1re inst. et de comm.; biblioth. publique; conserv. des hypoth.; inspect. des forêts; direct. des contrib. indir.; recev. part. des finances; bur. d'enregist. et de poste.

Cette ville a soutenu plusieurs siéges. Sa citadelle, assise sur un rocher, domine toutes les approches de la place.

Fab. d'horlogerie, cierges, bougies, chapeaux, fil de fer, fer-blanc; papeteries, forges, moulin à poudre. Comm. de grains, vins, eaux-de-vie, kirchwasser, fer, cuivre, horlogerie et quincaillerie.

BELGE, s. et adj. Habitant de la Belgique, qui est né dans ce pays. — , pl. Peuples de l'ancienne Gaule, qui occupaient une partie des Pays-Bas et de la Lorraine.

BELGEARD, s. m. Com. du dép. de la Mayenne, cant. et arr. de Mayenne. = Mayenne.

BELGENTIER, s. m. Com. du dép. du Var, cant. de Solliès-Pont, arr. de Toulon. = Cuers.

Fab. d'étoffes de laine, papeteries; comm. d'olives.

BELGIQUE, s. f. Pays-Bas autrichiens qui furent conquis par les armées républicaines et réunis à la France, à laquelle ils appartinrent jusqu'en 1814 : à cette époque, ils firent partie du royaume des Pays-Bas. La Belgique forme aujourd'hui, et jusqu'à nouvel ordre, un royaume à part.

BELGODÈRE, s. m. Com. du dép. de la Corse, chef-lieu de cant. de l'arr. de Calvi. Bur. d'enregist. à l'île Rousse. = Bastia.

BELGRADE, s. f. Ville capitale de la Servie, située au confluent de la Save et du Danube.

BELHADE, s. f. Com. du dép. des Landes, cant. de Pissos, arr. de Mont-de-Marsan. = Lipostey.

BELHOMERT, s. m. Com. du dép. d'Eure-et-Loir, cant. de la Loupe, arr. de Nogent-le-Rotrou. = Champrond.

BELHOTEL, s. m. Com. du dép. de l'Orne, cant. d'Exmes, arr. d'Argentan. = Vimoutiers.

BELIER, s. m. Mâle de la brebis. —, pièce de bois garnie de fer avec laquelle on enfonce des pieux, pour le pilotis. —, poutre armée de fer, d'airain, dont se servaient les anciens pour abattre les murailles. —, premier signe du zodiaque.

BELIÈRE, s. f. Gros anneau auquel est attaché le battant d'une cloche. —, anneau pour suspendre un lustre.

BELIET, s. m. Com. du dép. de la Gironde, cant. de Belin, arr. de Bordeaux. = Bordeaux.

BÉLIEU, s. m. Com. du dép. du Doubs, cant. de Russey, arr. de Montbéliard. = Morteau.

BELIGNAT, s. m. Com. du dép. de l'Ain, cant. d'Oyonnax, arr. de Nantua. = Nantua.

BELIGNIEUX, s. m. Com. du dép. de l'Ain, cant. de Montluel, arr. de Trévoux. = Montluel.

BELIGNY, s. m. Com. du dép. du Rhône, cant. et arr. de Villefranche. = Villefranche.

BELIN, s. m. Com. du dép. de la Gironde, chef-lieu de cant. de l'arr. de Bordeaux. Bur. d'enregist. = Bordeaux.

Hauts-fourneaux, forges et aciérie.

BÉLINUM, s. m. Céleri cultivé. T. de bot.

BÉLIS, s. m. Com. du dép. des Landes, cant. de Labrit, arr. de Mont-de-Marsan. = Mont-de-Marsan.

BELÎTRE, s. m. Lâche coquin, homme vil, gueux.

BELLAC, s. m. Petite ville du dép. de la Haute-Vienne, chef-lieu de sous-préf. et de cant., trib. de 1re inst.; conserv. des hypoth.; bur. d'enregist. et de poste.

Fab. de draps, toiles, couvertures; papeteries, fonderies. Comm. de vins, châtaignes, bois de chêne, cuirs et peaux de veaux.

BELLA-DONA, s. f. Belle-dame, plante à baies vénéneuses, dont le suc offre un fort bon cosmétique. —, papillon très beau.

BELLAFAIRE, s. f. Com. du dép. des Basses-Alpes, cant. de Turriers, arr. de Sisteron. = Sisteron.

BELLAGINES, s. f. pl. Recueil des lois des Goths.

BELLAING, s. m. Com. du dép. du

Nord, cant. et arr. de Valenciennes. = Valenciennes.

BELLANCOURT, s. m. Com. du dép. de la Somme, cant. et arr. d'Abbeville. = Abbeville.

BELLANGE, s. m. Com. du dép. de la Meurthe, cant. et arr. de Château-Salins. = Château-Salins.

BELLÂTRE, s. m. et adj. Qui a une beauté fade; dont la beauté est fardée, équivoque.

BELLAVILLIERS, s. m. Com. du dép. de l'Orne, cant. de Pervenchères, arr. de Mortagne. = Bellême.

BELLAY (le), s. m. Com. du dép. de la Marne, cant. de Dommartin-sur-Yèvre, arr. de Ste.-Ménéhould. = Châlons-sur-Marne.

BELLAY (le), s. m. Com. du dép. de Seine-et-Oise, cant. de Marines, arr. de Pontoise. = Magny.

BELLE, s. f. Femme grande, bien faite, qui joint aux agrémens d'une jolie figure une tournure gracieuse et des manières élégantes. —, maîtresse, jeune personne à laquelle on fait la cour, fraîche, gentille, qui n'est pas trop cruelle. De plus —, adv. De nouveau, encore mieux, avec une nouvelle ardeur. Voy. BEAU.

BELLE ou EMBELLE, s. f. Partie du pont d'en haut; perche qui sert à soutenir les bannes sur les bateaux. T. de mar.

BELLEAU, s. m. Com. du dép. de la Meurthe, cant. de Nomeny, arr. de Nancy. = Pont-à-Mousson.

BELLEAU-ET-TORCY, s. m. Com. du dép. de l'Aisne, cant. et arr. de Château-Thierry. = Château-Thierry.

BELLEBAT, s. m. Com. du dép. de la Gironde, cant. de Targon, arr. de la Réole. Bur. d'enregist. = Cadillac.

BELLEBRUNE, s. f. Com. du dép. du Pas-de-Calais, cant. de Desvres, arr. de Boulogne. = Boulogne.

BELLECHASSAGNE, s. f. Com. du dép. de la Corrèze, cant. de Sornac, arr. d'Ussel. = Ussel.

BELLECHAUME, s. f. Com. du dép. de l'Yonne, cant. de Brienon, arr. de Joigny. = Brienon.

BELLECIN, s. m. Com. du dép. du Jura, cant. d'Orgelet, arr. de Lons-le-Saulnier. = Orgelet.

BELLECOMBE, s. f. Com. du dép. de la Drôme, cant. du Buis, arr. de Nyons. = le Buis.

BELLECOMBE, s. f. Village du dép. de l'Isère, cant. du Touvet, arr. de Grenoble. = le Touvet.

BELLECOMBE, s. f. Com. du dép. du Jura, cant. de Bouchoux, arr. de St.-Claude. = St.-Claude.

BELLE-DAME, s. f. Morelle, amaryllis à fleur rose. Voy. BELLA-DONA. T. de bot.

BELLE-DE-JOUR, s. f. Espèce de convolvulus à fleurs bleues et blanches; sorte de lys jaune. Voy. HÉMÉROCALE. T. de bot.

BELLE-DE-NUIT, s. f. Plante à racine très purgative; jalap.

BELLE-ÉGLISE, s. f. Com. du dép. de l'Oise, cant. de Neuilly-en-Thelle, arr. de Senlis. = Chambly.

BELLE-ET-BONNE, s. f. Espèce de poire. —, nom que Voltaire donnait à sa nièce, qui épousa le marquis de Villette.

BELLE-ET-HOULLEFORT, s. f. Com. du dép. du Pas-de-Calais, cant. de Desvres, arr. de Boulogne. = Boulogne.

BELLE-FEUILLE, s. f. Phyllis, plante. T. de bot.

BELLE-FILLE, s. f. Bru; celle dont on a épousé le père ou la mère en secondes noces.

BELLEFOND, s. m. Com. du dép. de la Côte-d'Or, cant. et arr. de Dijon. = Dijon.

BELLEFOND, s. m. Com. du dép. de la Gironde, cant. de Tardon, arr. de la Réole. = Cardillac.

BELLEFONS, s. m. Com. du dép. de la Vienne, cant. de Vouneuil, arr. de Châtellerault. = Chauvigny.

BELLEFONTAINE, s. f. Com. du dép. du Jura, cant. de Morez, arr. de St.-Claude. = Morez. Fabriques d'horlogerie, montres, tournebroches.

BELLEFONTAINE, s. f. Com. du dép. de la Manche, cant. de Juvigny, arr. de Mortain. = Mortain.

BELLEFONTAINE, s. f. Com. du dép. de Seine-et-Oise, cant. de Luzarches, arr. de Pontoise. = Luzarches.

BELLEFONTAINE, s. f. Com. du dép. des Vosges, cant. de Plombières, arr. de Remiremont. = Plombières. Fabrique de coutellerie.

BELLEFONTAINE-VILLECOMTE, s. f. Village du dép. de la Côte-d'Or, cant. d'Is-sur-Tille, arr. de Dijon. = Is-sur-Tille.

BELLEFOSSE, s. f. Com. du dép. du Bas-Rhin, cant. de Villé, arr. de Schélestadt. = Molsheim.

BELLEFOSSE, s. f. Com. du dép. de la Seine-Inférieure, cant. et arr. d'Yvetot. = Yvetot.

BELLEGARDE, s. f. Com. du dép. de l'Aude, cant. d'Alaigne, arr. de Limoux. = Limoux.

BELLEGARDE, s. f. Petite ville du

dép. de la Creuse, chef-lieu de cant. de l'arr. d'Aubusson. Bur. d'enregist. = Aubusson.
Comm. de bestiaux, toiles et cuirs.

BELLEGARDE, s. f. Com. du dép. de la Drôme, cant. de la Motte-Chalençon, arr. de Die. = Die.

BELLEGARDE, s. f. Com. du dép. du Gard, cant. de Beaucaire, arr. de Nismes. = Beaucaire.

BELLEGARDE, s. f. Com. du dép. de la Haute-Garonne, cant. de Cadours, arr. de Toulouse. = l'Ile-Jourdain.

BELLEGARDE, s. f. Com. du dép. du Gers, cant. de Masseube, arr. de Mirande. = Auch.

BELLEGARDE, s. f. Com. du dép. de la Loire, cant. de St.-Galmier, arr. de Montbrison. = Chazelles.

BELLEGARDE, s. f. Com. du dép. du Loiret, chef-lieu de cant. de l'arr. de Montargis. Bur. d'enregist. = Bois-Commun.

BELLEGARDE, s. f. Com. du dép. du Tarn, cant. de Villefranche, arr. d'Albi. = Albi.

BELLEGARDE, s. f. Com. et place de guerre du dép. des Pyrénées-Orientales, cant. et arr. de Céret. = Céret.
Cette place est située sur le sommet d'une montagne au-dessus et entre les cols de Perthus et de Panissas; elle est fort importante par sa position sur la frontière de Catalogne et près de Figuères.

BELLEGARDE-ET-POUSSIEU, s. f. Com. du dép. de l'Isère, cant. de Beaurepaire, arr. de Vienne. = Beaurepaire.

BELLE-HERBE, s. f. Com. du dép. du Doubs, cant. de Maiche, arr. de Montbéliard. = St.-Hippolyte-sur-le-Doubs.

BELLE-ISLE-EN-MER, s. f. Cette île, dans laquelle se trouvent six com., est située dans l'océan Atlantique, à 3 l. de Quiberon; elle est environnée de rochers et défendue par une citadelle. La terre est fertile et produit de très bon blé; mais sa plus grande richesse sont ses pâturages, où l'on élève de 7 à 800 chevaux chaque année. 150 chaloupes y sont continuellement employées à la pêche, qui est fort bonne dans ces parages.
L'île a 4 l. de long, 2 de large et environ 10 de circonférence. On y trouve deux petits ports d'échouage et un bon mouillage. Comm. de chevaux, bestiaux, sel, sardines et poisson frais.

BELLE-ISLE-EN-TERRE, s. f. Petite ville du dép. des Côtes-du-Nord, chef-lieu de cant. de l'arr. de Guingamp. Bur. d'enregist. et de poste. Forges et hauts-fourneaux; papeterie.

BELLEMAGNY, s. m. Com. du dép. du Haut-Rhin, cant. de Fontaine, arr. de Belfort. = Belfort.

BELLEMARE, s. f. Village du dép. de la Seine-Inférieure, com. de Catellier, arr. de Dieppe. Bur. de Poste.

BELLÊME, s. f. Petite ville du dép. de l'Orne, chef-lieu de cant. de l'arr. de Mortagne. Bur. d'enregist. et de poste. Fab. de cretonnes, linge de table, canevas; papeterie. Comm. de grains, chevaux et bestiaux.

BELLEMENT, adv. Doucement, modérément. T. fam.

BELLE-MÈRE, s. f. Mère du mari ou de la femme; seconde épouse du père.

BELLENAVE, s. f. Com. du dép. de l'Allier, cant. d'Ebreuil, arr. de Gannat. = Gannat.

BELLENCOMBRE, s. f. Com. du dép. de la Seine-Inférieure, chef-lieu de cant. de l'arr. de Dieppe. Bur. d'enregist. à Grandes-Ventes. = St.-Saens.

BELLENEUVE, s. f. Com. du dép. de la Côte-d'Or, cant. de Mirebeau-sur-Bèze, arr. de Dijon. = Mirebeau.

BELLENGLISE, s. f. Com. du dép. de l'Aisne, cant. du Câtelet, arr. de St.-Quentin. = St.-Quentin.

BELLENGREVILLE, s. f. Com. du dép. du Calvados, cant. de Bourgubus, arr. de Caen. = Caen.

BELLENGREVILLE, s. f. Com. du dép. de la Seine-Inférieure, cant. d'Envermeu, arr. de Dieppe. = Dieppe.

BELLENOT-SOUS-ORIGNY, s. m. Com. du dép. de la Côte-d'Or, cant. d'Aignay-le-Duc, arr. de Châtillon. = Aignay-le-Duc.

BELLENOT-SOUS-POUILLY, s. m. Com. du dép. de la Côte-d'Or, cant. de Pouilly, arr. de Beaune. = Sombernon.

BELLENOUE, s. f. Com. du dép. de la Vendée, cant. de Mareuil, arr. de Bourbon-Vendée. = Luçon.

BELLERAY, s. m. Com. du dép. de la Meuse, cant. et arr. de Verdun. = Verdun.

BELLEROCHE, s. f. Com. du dép. de la Loire, cant. de Belmont, arr. de Roanne. = Roanne.

BELLEROPHE, s. m. Nautile, coquillage dont l'ouverture est fort évasée. T. d'hist. nat.

BELLÉROPHON, s. m. Fils de Glaucus, roi d'Epire. Monté sur le cheval Pégase, il combattit la Chimère et défit ce monstre. Il dompta les Solymes, les Amazones, les Lyciens, et sortit triomphant de tous les périls qu'on lui suscita. T. de myth.

BELLESERRE, s. f. Com. du dép. de

la Haute-Garonne, cant. de Cadours, arr. de Toulouse. == Toulouse.

BELLESERRE, s. f. Com. du dép. du Tarn, cant. de Dourgne, arr. de Castres. == Revel.

BELLE-SŒUR, s. f. Celle dont on a épousé le frère ou la sœur ; femme du frère, du beau-frère.

BELLESTA, s. m. Com. du dép. des Pyrénées-Orientales, cant. de la Tour, arr. de Perpignan. == Perpignan.

BELLEU, s. m. Com. du dép. de l'Aisne, cant. et arr. de Soissons.== Soissons.

BELLEUSE, s. f. Com. du dép. de la Somme, cant. de Conty, arr. d'Amiens. Grandvilliers.

BELLEVALIE, s. f. Plante voisine des jacinthes. T. de bot.

BELLEVESVRE, s. f. Com. du dép. de Saône-et-Loire, cant. de Pierre, arr. de Louhans. == Verdun-sur-Saône.

BELLEVILLE, s. f. Com. du dép. des Ardennes, cant. du Chesne, arr. de Vouziers. == Buzancy.

BELLEVILLE, s. f. Com. du dép. du Cher, cant. de Léré, arr. de Sancerre. == Neuvy-sur-Loire.

BELLEVILLE, s. f. Com. du dép. de la Meuse, cant. de Charny, arr. de Verdun. == Verdun.

BELLEVILLE, s. f. Com. du dép. de la Meurthe, cant. de Pont-à-Mousson, arr. de Nancy. == Pont-à-Mousson.

BELLEVILLE, s. f. Jolie petite ville du dép. du Rhône, chef-lieu de cant. de l'arr. de Villefranche. Bur. d'enregist. et de poste. Fab. de mousselines et toiles de coton. Entrepôt des vins du pays que l'on expédie pour Paris.

BELLEVILLE, s. f. Com. du dép. de la Seine, cant. de Pantin, arr. de St.-Denis. Bur. d'enregist. == Banlieue de Paris.

Ce village est bâti en amphithéâtre : arrivé sur la hauteur, on découvre Paris tous ses environs autant que la vue peut s'étendre. Les logemens, le vin et la viande y étant meilleur marché que dans l'intérieur de la ville, un grand nombre de fabricans s'y sont établis depuis quelques années, de sorte qu'aujourd'hui Belleville offre une foule d'objets de fabrique.

BELLEVILLE, s. f. Com. du dép. des Deux-Sèvres, cant. de Beauvoir, arr. de Niort. == Niort.

BELLEVILLE, s. f. Com. du dép. de la Vendée, cant. de Poiré, arr. de Bourbon-Vendée. == Bourbon-Vendée.

BELLEVILLE-EN-CAUX, s. f. Com. du dép. de la Seine-Inférieure, cant. de Tôtes, arr. de Dieppe. == Tôtes.

BELLEVILLE-SUR-MER, s. f. Com. du dép. de la Seine-Inférieure, cant. d'Affranville, arr. de Dieppe. == Dieppe.

BELLEY, s. m. Ville du dép. de l'Aisne, chef-lieu de sous-préf. et de cant.; évêché ; trib. de 1re inst.; biblioth. publique ; société d'agric. ; conserv. des hypothèques ; sous-inspect. des forêts ; direct. des contrib. indir. ; recev. part. des finances. Bur. d'enregist. et de poste.

Cette ville s'enorgueillit d'avoir vu naître l'un des plus grands chirurgiens de nos jours, le célèbre Richerand, auteur d'une physiologie et de plusieurs autres ouvrages qui se distinguent par la pureté et l'élégance du style.

Fab. de mousselines et d'indiennes ; exploitation de carrières de pierres lithographiques, les meilleures qui soient en France. Comm. de bestiaux.

BELLEYDOUX, s. m. Com. du dép. de l'Ain, cant. d'Oyonnax, arr. de Nantua. ==Nantua.

BELLICOURT, s. m. Com. du dép. de l'Aisne, cant. du Catelet, arr. de St.-Quentin. == le Catelet.

BELLICULE, s. m. Ombilic marin. T. d'hist. nat.

BELLIE, s. f. Plante corymbifère. T. de bot.

BELLIÈRE (la), s. f. Com. du dép. de l'Orne, cant. de Mortrée, arr. d'Argentan. == Mortrée.

BELLIERE (la), s. f. Com. du dép. de la Seine-Inférieure, cant. de Forges, arr. de Neufchâtel. == Forges.

BELLIGÉRANT, E, adj. Qui fait la guerre, qui est en guerre ; puissances belligérantes.

BELLIGNÉ, s. m. Com. du dép. de la Loire-Inférieure, cant. de Varades, arr. d'Ancenis. == Varades.

BELLIGNIES, s. f. Com. du dép. du Nord, cant. de Bavay, arr. d'Avesnes. == Bavay.

BELLIOLE (la), s. f. Com. du dép. de l'Yonne, cant. de Cheroy, arr. de Sens. == Cheroy.

BELLIQUEUX, EUSE, adj. Guerrier, martial, vaillant. Les Français sont belliqueux.

BELLISSIME, s. f. Sorte de poire ; sorte de tulipe. T. de bot. —, adj. Très beau. T. fam.

BELLOC, s. m. Com. du dép. de l'Ariège, cant. de Mirepoix, arr. de Pamiers. == Mirepoix.

BELLOC-MIRANDE, s. m. Com. du dép. du Gers, cant. et arr. de Mirande. ==Mirande.

BELLOC-PLAISANCE, s. m. Com. du dép. du Gers, cant. de Plaisance, arr. de Mirande. == Plaisance.

BELLOCQ, s. m. Com. du dép. des Basses-Pyrénées, cant. de Salie, arr. d'Orthez. = Orthez.

BELLON, s. m. Grand cuvier du pressoir. —, arbrisseau de St.-Domingue. T. de bot. —, colique occasionnée par la mine de plomb. T. de méd.

BELLON, s. m. Com. du dép. du Calvados, cant. de Livarot, arr. de Lisieux. = Lisieux.

BELLON, s. m. Com. du dép. de la Charente, cant. d'Aubeterre, arr. de Barbezieux. = la Graulle.

BELLONNE, s. f. Com. du dép. du Pas-de-Calais, cant. de Vitry, arr. d'Arras. = Douay.

BELLOT, s. m. Com. du dép. de Seine-et-Marne, cant. de Rebais, arr. de Coulommiers. = Rebais.

BELLOT, TE, adj. Gentil. Se dit des enfans. T. fam.

BELLOU-EN-HOULME, s. m. Com. du dép. de l'Orne, cant. de St.-Gervais-de-Messei, arr. de Domfront. = Domfront.

BELLOUET, s. m. Com. du dép. du Calvados, cant. de Livarot, arr. de Lisieux. = Lisieux.

BELLOU-LE-TRICHARD, s. m. Com. du dép. de l'Orne, cant. de Theil, arr. de Mortagne. = Bellême.

BELLOU-SUR-HUINE, s. m. Com. du dép. de l'Orne, cant. de Rémalard, arr. de Mortagne. = Rémalard.

BELLOY, s. m. Com. du dép. de l'Oise, cant. de Ressons, arr. de Compiègne. = Compiègne.

BELLOY, s. m. Com. du dép de Seine-et-Oise, cant. de Luzarches, arr. de Pontoise. = Luzarches.

BELLOY, s. m. Com. du dép. de la Somme, cant. de Chaulnes, arr. de Péronne. = Péronne.

BELLOY-SAINT-LÉONARD, s. m. Com. du dép. de la Somme, cant. de Hornoy, arr. d'Amiens. = Poix.

BELLOY-SUR-SOMME, s. m. Com. du dép. de la Somme, cant. de Pecquigny, arr. d'Amiens. = Pecquigny.

BELLUGE, s. m. Grand esturgeon. T. d'hist. nat.

BELLUIRE, s. f. Com. du dép. de la Charente-Inférieure, cant. de Pons, arr. de Saintes. = Pons.

BELMESNIL, s. m. Com. du dép. de la Seine-Inférieure, cant. de Longueville, arr. de Dieppe. = Bacqueville.

BELMONT, s. m. Com. du dép. de l'Ain, cant. de Virieu-le-Grand, arr. de Belley. = Belley.

BELMONT, s. m. Com. du dép. de l'Aveyron, chef-lieu de cant. de l'arr. de St.-Affrique. Bur. d'enregist. à St.-Sernin. = St.-Affrique.

BELMONT, s. m. Com. du dép. du Doubs, cant. de Vercel, arr. de Baume-les-Dames. = Baume.

BELMONT, s. m. Com. du dép. du Gers, cant. et arr. de Condom. = Condom.

BELMONT, s. m. Com. du dép. du Gers, cant. de Vic-Fezensac, arr. d'Auch. = Vic-Fezensac.

BELMONT, s. m. Com. du dép. de l'Isère, cant. de Lemps, arr. de Latour-du-Pin. = Lemps.

BELMONT, s. m. Com. du dép. du Jura, cant. de Montbarrey, arr. de Dôle. = Dôle.

BELMONT, s. m. Com. du dép. de la Loire, chef-lieu de cant. de l'arr. de Roanne. Bur. d'enregist. à Charlieu. = Roanne.

BELMONT, s. m. Com. du dép. du Lot, cant. de Bretenoux, arr. de Figeac. = St.-Céré.

BELMONT, s. m. Com. du dép. du Lot, cant. de Lalbenque, arr. de Cahors. = Cahors.

BELMONT, s. m. Com. du dép. du Bas-Rhin, cant. de Villé, arr. de Schélestadt. = Schélestadt.

BELMONT, s. m. Com. du dép. du Rhône, cant. d'Anse, arr. de Villefranche. = Anse.

BELMONT, s. m. Com. du dép. de la Haute-Saône, cant. de Luxeuil, arr. de Lure. = Luxeuil.

BELMONT, s. m. Com. du dép. des Vosges, cant. de Brouvelieures, arr. de St.-Dié. = Darney.

BELMONT, s. m. Com. du dép. des Vosges, cant. de Monthureux, arr. de Mirecourt. = Bruyères.

BELMONTET, s. m. Com. du dép. du Lot, cant. de Moncuq, arr. de Cahors. = Cahors.

BELMONTET, s. m. Com. du dép. de Tarn-et-Garonne, cant. de Montclar, arr. de Montauban. = Montauban.

BELMONT-SUR-VAIR, s. m. Com. du dép. des Vosges, cant. de Bulgnéville, arr. de Neufchâteau. = Neufchâteau.

BELNAU, s. m. Espèce de tombereau.

BÉLO, s. m. Arbre des îles Moluques propre à faire des pieux pour les viviers. T. de bot.

BELOMANCIE, s. f. Divination par l'examen des flèches.

BELONCHAMP, s. m. Com. du dép. de la Haute-Saône, cant. de Mélisey, arr. de Lure. = Lure.

BELONE, s. f. Poisson de mer. — ou orphie, poisson du genre de l'ésoce. T. d'hist. nat.

BELOUSE, s. f. Pièce d'étain montée sur le tour. T. de pot. d'étain. Voy. BLOUSE.

BEL-OUTIL, s. m. Petite enclume d'orfèvre.

BELPECH, s. m. Petite ville du dép. de l'Aude, chef-lieu de cant. de l'arr. de Castelnaudary. Bur. d'enregist. = Castelnaudary.

BELPECH, s. m. Village du dép. de Tarn-et-Garonne, cant. de la Francaise, arr. de Montauban. = Montauban.

BELPECH ou BEAUPUY, s. m. Com. du dép. de la Haute-Garonne, cant. et arr. de Toulouse. = St.-Martory.

BELRAIN, s. m. Com. du dép. de la Meuse, cant. de Pierrefitte, arr. de Commercy. = St.-Mihiel.

BELREGARD, s. m. Com. du dép. de l'Aveyron, cant. de Ste.-Geneviève, arr. d'Espalion. = Mur-de-Barrez.

BELRUPT, s. m. Com. du dép. de la Meuse, cant. et arr. de Verdun. = Verdun.

BELRUPT, s. m. Com. du dép. des Vosges, cant. de Darnay, arr. de Mirecourt. = Darnay.

BELUGA, s. m. Espèce de dauphin blanc. T. d'hist. nat.

BELUGAS, s. m. Poisson des mers du Nord, amphibie. T. d'hist. nat.

BELULQUE, s. m. Instrument pour extraire les dards.

BÉLUS, s. m. Com. du dép. des Landes, cant. de Peyrehorade, arr. de Dax. = Dax.

BELUSTEAU, s. m. Lutte, les doigts des lutteurs étant entrelacés.

BELUTTA, s. m. Arbre du Malabar. T. de bot.

BELVAL, s. m. Com. du dép. des Ardennes, cant. et arr. de Mézières. = Mézières.

BELVAL, s. m. Com. du dép. de la Manche, cant. de Cérisy-la-Salle, arr. de Coutances. = Coutances.

BELVAL, s. m. Com. du dép. de la Marne, cant. de Châtillon, arr. de Reims. = Dormans.

BELVAL, s. m. Com. du dép. de la Marne, cant. de Dommartin, arr. de Ste.-Ménéhould. = Ste.-Ménéhould.

BELVAL, s. m. Com. du dép. des Vosges, cant. de Senones, arr. de St.-Dié. = Raon-l'Etape.

BELVÉDER, s. m. Terrasse, pavillon sur le faîte d'une maison où l'œil découvre une grande étendue de pays, où la vue ne rencontre plus d'obstacles.

BELVÉDÈRE, s. f. Belle à voir, plante qui ressemble à la linaire. T. de bot.

BELVEDÈRE, s. m. Com. du dép. de la Corse, cant. et arr. de Sartène. = Ajaccio.

BELVÈS, s. m. Petite ville du dép. de la Dordogne, chef-lieu de cant. de l'arr. de Sarlat. Bur. d'enregist. et de poste. Fab. et vente considerable d'huile de noix.

BELVÈS, s. m. Com. du dép. de la Gironde, cant. de Castillon, arr. de Libourne. = Castillon.

BELVEZE, s. m. Com. du dép. de l'Aude, cant. d'Alaigue, arr. de Limoux. = Limoux.

BELVEZE, s. m. Com. du dép. de Tarn-et-Garonne, cant. de Beaumont, arr. de Castel-Sarrasin. = Castel-Sarrasin.

BELVEZE, s. m. Com. du dép. de Tarn-et-Garonne, cant. de Lauzerte, arr. de Moissac. = Lauzerte.

BELVEZET, s. m. Com. du dép. du Gard, cant. de Lussan, arr. d'Uzès. = Uzès.

BELVEZET, s. m. Com. du dép. de la Lozère, cant. de Blaymard, arr. de Mende. = Mende.

BELVIASNES, s. f. Com. du dép. de l'Aude, cant. de Quillan, arr. de Limoux. = Limoux.

BELVIS, s. m. Com. du dép. de l'Aude, cant. de Belcaire, arr. de Limoux. = Quillan.

BELVOIR, s. m. Com. du dép. du Doubs, cant. de Clerval, arr. de Baume. = Baume.

BELZ, s. m. Com. du dép. du Morbihan, chef-lieu de cant. de l'arr. de Lorient. Bur. d'enregist. à Auray. = Auray.

BELZÉBUT, s. m. Le diable. —, espèce de sapajou, petit singe. T. d'hist. nat.

BELZOF, s. m. Arbre du royaume de Siam qui donne le benjoin. T. de bot.

BEMBÈCES, s. m. pl. Hyménoptères qui différent des guêpes par la tête. T. d'hist. nat.

BEMBICILES, s. m. pl. Insectes hyménoptères. T. d'hist. nat.

BEMBIDIONS, s. m. pl. Petits coléoptères qui fréquentent les rives sablonneuses et courent très vite. T. d'hist. nat.

BÉMÉCOURT, s. m. Com. du dép. de l'Eure, cant. de Breteuil, arr. d'Evreux. = Verneuil. Fabr. de clous et de quincaillerie.

BÉMOL, s. m. Caractère en forme de b qu'on met devant une note pour la baisser d'un demi-ton. T. de mus.

BÉMOLISÉ, E, part. Marqué d'un bémol.

BÉMOLISER, v. a. Marquer d'un bémol. T. de mus.

BEN ou BEHEN, s. m. Bonduc, arbre de l'Inde dont la noix fournit une huile inodore qu'on emploie dans la parfumerie. T. de bot.

BENAC, s. m. Com. du dép. de l'Ariège, cant. et arr. de Foix. = Foix.

BENAC, s. m. Com. du dép. des Hautes-Pyrénées, cant. d'Ossun, arr. de Tarbes. = Tarbes.

BENAGUES, s. f. Com. du dép. de l'Ariège, cant. et arr. de Pamiers. = Pamiers.

BENAIS, s. m. Com. du dép. d'Indre-et-Loire, cant. de Bourgueil, arr. de Chinon. = Bourgueil.

BENAIX, s. m. Com. du dép. de l'Ariège, cant. de Lavelanet, arr. de Foix. = Mirepoix.

BEN-ALBUM, s. m. Plante alexitère. T. de bot.

BÉNAMÉNIL, s. m. Com. du dép. de la Meurthe, cant. et arr. de Lunéville. = Lunéville.

BÉNAR, s. m. Gros chariot à quatre roues.

BÉNARDE, s. f. et adj. Serrure qui s'ouvre des deux côtés.

BENARI, s. m. C'est ainsi qu'on nomme l'ortolan dans le Languedoc.

BENARVILLE, s. f. Com. du dép. de la Seine-Inférieure, cant. de Goderville, arr. du Havre. = Fauville.

BENASSAY, s. m. Com. du dép. de la Vienne, cant. de Vouillé, arr. de Poitiers. = Lusignan.

BENASTRE, s. m. Petit parc de clayonnages ouverts. T. de pêch.

BÉNATAGE, s. m. Fonction, ouvrage des bénatiers. T. de sal.

BÉNATE, s. f. ou BÉNATON, s. m. Caisse d'osier qui contient douze pains de sel. T. de sal.

BÉNATE (la), s. f. Com. du dép. de la Charente-Inférieure, cant. et arr. de St.-Jean-d'Angely. = St.-Jean-d'Angely.

BÉNATE (la), s. f. Com. du dép. de la Loire-Inférieure, cant. de Légé, arr. de Nantes. = Machecoul.

BENATIER, s. m. Ouvrier qui fait des bénates. T. de sal.

BÉNATON, s. m. Panier d'osier. T. de sal.

BÉNAUT, s. m. Baquet cerclé ayant deux mains de bois. T. de tonnel.

BENAUVILLE, s. f. Com. du dép. du Calvados, cant. de Bourguebus, arr. de Caen. = Croissanville.

BENAVEN, s. m. Village du dép. de l'Aveyron, cant. de Ste.-Geneviève, arr. d'Espalion. = Espalion.

BENAY, s. m. Com. du dép. de l'Aisne, cant. de Moy, arr. de St.-Quentin. = St.-Quentin.

BENAYES, s. f. Com. du dép. de la Corrèze, cant. de Lubersac, arr. de Brives. = Uzerches.

BENDORFF, s. m. Com. du dép. du Haut-Rhin, cant. de Ferrette, arr. d'Altkirch. = Huningue.

BENECHE (la), s. f. Village du dép. de Tarn-et-Garonne, cant. de Caussade, arr. de Montauban. = Montauban.

BÉNÉDICITÉ, s. m. Mot latin, prière avant le repas pour implorer la bénédiction du ciel.

BÉNÉDICTE, s. m. Electuaire purgatif doux. —, s. f. Electuaire préparé; bénédicte laxative. T. de pharm.

BÉNÉDICTIN, E, s. Religieux et religieuse de l'ordre de St.-Benoît

BÉNÉDICTION, s. f. Action de bénir; donner ou recevoir la bénédiction. —, prières du pape, d'un évêque, d'un prêtre pour implorer la bénédiction du ciel en faveur des assistans. —, grâce, faveur du ciel; action de grâces. —, vœu pour la prospérité d'une personne. —, exprime la charité, la piété; c'est une maison de bénédiction. — nuptiale, la consécration du mariage par l'église.

BÉNÉDICTIONNAIRE, s. m. Livre d'église renfermant les diverses prières qu'on adresse au ciel pour les bénédictions.

BÉNÉFICE, s. m. Profit, avantage; privilége accordé par le prince ou par les lois; titre et revenu d'un ecclésiastique; sa résidence; situation des biens du titulaire; son église. — d'âge, émancipation. — d'inventaire, faculté accordée à l'héritier de n'accepter une succession qu'après avoir pris connaissance de l'actif et du passif. — de nature, évacuation favorable. T. de méd. Croire par — d'inventaire, autant qu'on y trouve son avantage. T. fam.

BÉNÉFICIAIRE, adj. Qualité d'un héritier sous bénéfice d'inventaire; héritier bénéficiaire.

BÉNÉFICIAL, E, adj. Qui concerne les bénéfices ecclésiastiques.

BÉNÉFICIATURE, s. f. Bénéfice de chantre.

BÉNÉFICIER, s. m. Possesseur d'un bénéfice.

BÉNÉFICIER, v. n. Faire des bénéfices; tirer du profit. —, v. a. Exploiter, travailler le minerai. T. de minér.

BÉNÉJACQ, s. m. Com. du dép. des Basses-Pyrénées, cant. de Clarac, arr. de Pau. = Pau.

BÉNERVILLE, s. f. Com. du dép. du Calvados, cant. et arr. de Pont-l'Evêque. = Touques.

BENESSE, s. f. Com. du dép. des Landes, cant. et arr. de Dax. = Dax.

BENESSE-MARENNE, s. f. Com. du

dép. des Landes, cant. de St.-Vincent-de-Tyros, arr. de Dax. = Dax.

BENEST, s. m. Com. du dép. de la Charente, cant. de Champagne-Mouton, arr. de Confolens. = Confolens.

BENESTROFF, s. m. Com. du dép. de la Meurthe, cant. d'Albestroff, arr. de Château-Salins. = Dieuze.

BENÊT, s. et adj. Niais, sot.

BENET, s. m. Com. du dép. de la Vendée, cant. de Maillezais, arr. de Fontenay-le-Comte. = Fontenay.

BENEUVRE, s. f. Com. du dép. de la Côte-d'Or, cant. de Recey-sur-Ource, arr. de Châtillon. = Aignay.

BÉNÉVENT, s. m. Petite ville du dép. de la Creuse, chef-lieu de cant. de l'arr. de Bourganeuf. Bur. d'enregist. = la Souterraine.

BÉNÉVENT-ET-CHARBILLAC, s. m. Com. du dép. des Hautes-Alpes, cant. de St.-Bonnet, arr. de Gap. = Gap.

BÉNÉVILLE, s. f. Com. du dép. de la Seine-Inférieure, cant. de Doudeville, arr. d'Yvetot. = Doudeville.

BÉNÉVOLE, adj. Bienveillant, qui est favorablement disposé; auditeur bénévole.

BENEY, s. m. Com. du dép. de la Meuse, cant. de Vigneulles, arr. de Commercy. = Pont-à-Mousson.

BENEZET, s. m. Com. du dép. du Gard, cant. de Lédignan, arr. d'Alais. = Nismes.

BENFELD, s. m. Petite ville du dép. du Bas-Rhin, chef-lieu de cant. de l'arr. de Schélestadt. Bur. d'enregist. et de poste. Filature de coton; fab. de taillanderie et poterie de terre; comm. de grains, tabacs, chanvres, cuirs, etc.

BENGALE, s. m. Ancien royaume de l'Inde dont la majeure partie appartient maintenant à l'Angleterre.

BENGALI, s. m. Pinson d'Asie et d'Afrique, gris sur le dos et bleu sous le ventre. T. d'hist. nat. —, plante du Brésil. T. de bot.

BENGY-SUR-CRAON, s. m. Com. du dép. du Cher, cant. de Baugy, arr. de Bourges. = Villequiers.

BÉNIBEL, s. m. Mercure hermétique des alchimistes.

BÉNIFONTAINE, s. f. Com. du dép. du Pas-de-Calais, cant. de Lens, arr. de Béthune. = Lens.

BÉNIGNE (St.-), s. m. Com. du dép. de l'Ain, cant. de Pont-de-Vaux, arr. de Bourg. = Pont-de-Vaux.

BÉNIGNEMENT, adv. Avec douceur, avec indulgence.

BÉNIGNITÉ, s. f. Bonté, indulgence.

BÉNIN, BÉNIGNE, adj. Doux, humain; favorable, propice. Remède. —, doux. Mari —, commode, facile.

BENIN (St.-), s. m. Com. du dép. de l'Allier, cant. de Cérilly, arr. de Montluçon. = Cérilly.

BENIN (St.-), s. m. Com. du dép. du Calvados, cant. de Thury-Harcourt, arr. de Falaise. = Harcourt.

BENIN (St.-) s. m. Com. du dép. du Nord, cant. du Catteau, arr. de Cambrai. = le Catteau.

BENIN-D'AZY (St.-), s. m. Com. du dép. de la Nièvre, chef-lieu de cant. de l'arr. de Nevers. Bur. d'enregist. = Nevers. Forges et hauts-fourneaux.

BENIN-DES-BOIS (St.-), s. m. Com. du dép. de la Nièvre, cant. de St.-Saulge, arr. de Nevers. = St.-Saulge.

BENING-LES-RORBACH, s. m. Com. du dép. de la Moselle, cant. de Rorbach, arr. de Sarreguemines. = Sarreguemines.

BÉNIR, v. a. Consacrer au culte; bénir une église, une cloche. —, prier pour obtenir la bénédiction du ciel; bénir des drapeaux, un vaisseau. —, donner sa bénédiction; bénir ses enfans. —, rendre grâces, bénir le ciel, le remercier de ses bontés. —, faire des vœux : que le ciel vous bénisse !

BÉNISSONS-DIEU, s. m. Village du dép. de la Loire, cant. et arr. de Roanne. = Roanne.

BÉNIT, E ou BÉNI, E, adj. Consacré à l'église, au culte; pain bénit, eau bénite. Eau — de cour, flagornerie, grimaces, protestations de courtisans.

BÉNITIER, s. m. Grand vase rempli d'eau bénite à l'entrée d'une église. —, grosse coquille bivalve; coquille de la famille des peignes. —, pl. Genre de mollusques acéphales. T. d'hist. nat.

BENIVAI, s. m. Com. du dép. de la Drôme, cant. du Buis, arr. de Nyons. = le Buis.

BENJAMIN, s. m. Enfant chéri, préféré; le plus jeune des frères, comme dans la famille de Jacob.

BENJOIN, s. m. Gomme aromatique qui découle, par incision, d'une espèce d'aliboufier.

BENNE ou BANE, s. f. Hotte de vendangeur. —, espace clos pour arrêter le poisson quand la mer se retire, ou quand on vide les étangs.

BENNECOURT, s. m. Com. du dép. de Seine-et-Oise, cant. de Bonnières, arr. de Mantes. = Bonnières.

BENNEREY, s. m. Com. du dép. du Calvados, cant. d'Orbec, arr. de Lisieux. = Orbec.

BENNETOT, s. m. Com. du dép. de la Seine-Inférieure, cant. de Fauville, arr. d'Yvetot. = Fauville.

BENNEY, s. m. Com. du dép. de la Meurthe, cant. de Haroué, arr. de Nancy. = Nancy.

BENNI, s. m. Espèce de barbeau qu'on pêche dans le Nil. T. d'hist. nat.

BENNWIHR, s. m. Com. du dép. du Haut-Rhin, cant. de Kaiserberg, arr. de Colmar. = Colmar.

BENOISEY, s. m. Com. du dép. de la Côte-d'Or, cant. de Montbard, arr. de Semur. = Montbard.

BENOIST (St.-), s. m. Com. du dép. de la Vienne, cant. et arr. de Poitiers. = Poitiers.

BENOIST (St.-), s. m. Com. du dép. de l'Ain, cant. de Huis, arr. de Belley. = Belley.

BENOIST (St.), s. m. Com. du dép. de l'Aube, cant. de Chalabre, arr. de Limoux. = Limoux.

BENOIST (St.-), s. m. Com. du dép. de la Drôme, cant. de Saillans, arr. de Die. = Saillans.

BENOIST (St.-), s. m. Com. du dép. d'Indre-et-Loire, cant. d'Azay-le-Rideau, arr. de Chinon. = Chinon.

BENOIST (St.-), s. m. Com. du dép. de la Vendée, cant. de Moutiers-les-Maux-Faits, arr. des Sables-d'Olonne. = Avrillé.

BENOIST (St.-), s. m. Com. du dép. des Vosges, cant. de Rambervillers, arr. d'Epinal. = Rambervillers.

BENOIT (St.-), s. m. Com. du dép. des Basses-Alpes, cant. d'Annot, arr. de de Castellane. = Entrevaux.

BENOIT (St.-), s. m. Com. du dép. de la Meuse, cant. de Vigneulles, arr. de Commercy. = St.-Mihiel.

BENOÎT-DE-CRAMAUX, s. m. Com. du dép. du Tarn, cant. de Monestiés, arr. d'Albi. = Albi.

BENOÎT - DE - FRÉDEFOND, s. m. Com. du dép. du Tarn, cant. de Réalmont, arr. d'Albi. = Albi.

BENOÎT-DE-MOISSAC (St.-), s. m. Village du dép. de Tarn-et-Garonne, cant. et arr. de Moissac. = Moissac.

BENOÎT-DES-OMBRES (St.-), s. m. Com. du dép. de l'Eure, cant. de St.-Georges-du-Vièvre, arr. de Pont-Audemer. = Pont-Audemer.

BENOÎT-DES-ONDES (St.-), s. m. Com. du dép. d'Ille-et-Vilaine, cant. de Cancale, arr. de St.-Malo. = Dol.

BENOÎT-D'HERBETOT (St.-), s. m. Com. du dép. du Calvados, cant. de Blangy, arr. de Pont-l'Evêque. = Pont-l'Evêque.

BENOÎT-DU-SAULT (St.-), s. m. Petite ville du dép. de l'Indre, chef-lieu de cant. de l'arr. du Blanc. Bur. d'enregist. et de poste. Forges.

BENOÎTE, s. f. Plante rosacée dont la vieille médecine faisait usage dans les fièvres intermittentes. T. de bot.

BENOÎTE-VAUX, s. m. Com. du dép. de la Meuse, cant. de Pierrefitte, arr. de Commercy. = St.-Mihiel.

BENOÎT-SUR-LOIRE (St.-), s. m. Com. du départ. du Loiret, cant. d'Auzouer-sur-Loire, arr. de Gien. = Châteauneuf-sur-Loire.

BENOÎT-SUR-SEINE (St.-), s. m. Com. du dép. de l'Aube, cant. et arr. de Troyes. = Troyes.

BENOÎT-SUR-VANNE (St.-), s. m. Com. du dép. de l'Aube, cant. d'Aix-en-Othe, arr. de Troyes. = Villeneuve-l'Archevêque.

BENOÎTVILLE, s. f. Com. du dép. de la Manche, cant. de Pieux, arr. de Cherbourg. = Cherbourg.

BENON, s. m. Com. du dép. de la Charente-Inférieure, cant. de Courçon, arr. de la Rochelle. = Surgères.

BENONCE, s. f. Com. du dép. de l'Ain, cant. de Huis, arr. de Belley. = Ambérieux.

BENOST, s. m. Com. du dép. de l'Ain, cant. de Montluel, arr. de Trévoux. = Montluel.

BENOUVILLE, s. f. Com. du dép. de la Seine-Inférieure, cant. de Criquetot-l'Esneval, arr. du Havre. = Tôtes.

BENOUVILLE, s. f. Com. du dép. du Calvados, cant. de Douvres, arr. de Caen. = Caen.

BENOUVILLE-SAINT-PIERRE, s. f. Com. du dép. de la Seine-Inférieure, cant. de Tôtes, arr. de Dieppe. = Tôtes.

BENQUE, s. f. Com. du dép. de la Haute-Garonne, cant. d'Aurignac, arr. de St.-Gaudens. = Martres.

BENQUÉ, s. m. Com. du dép. des Hautes-Pyrénées, cant. de Lannemezan, arr. de Bagnères-de-Bigorre. = Bagnères.

BENQUE-DESSUS-ET-DESSOUS, s. f. Com. du dép. de la Haute-Garonne, cant. de Bagnères-de-Luchon, arr. de St.-Gaudens. = Bagnères-de-Luchon.

BENQUET, s. m. Com. du dép. des Landes, cant. de Grenade, arr. de Mont-de-Marsan. = Grenade-sur-l'Adour.

BENTAYOU, s. m. Com. du dép. des Basses-Pyrénées, cant. de Montaner, arr. de Pau. = Vic-en-Bigorre.

BENUSSE, s. f. Com. du dép. du Doubs, cant. de Boussières, arr. de Besançon. = St.-Vyt.

BÉNY, s. m. Com. du dép. de l'Ain, cant. de Coligny, arr. du Bourg. — St.-Amour.

BÉNY-BOCAGE, s. m. Com. du dép. du Calvados, chef-lieu de cant. de l'arr. de Vire, où se trouve le bur. d'enregist. = Vire.

BÉNY-SUR-MER, s. m. Com. du dép. du Calvados, cant. de Creully, arr. de Caen. = Caen.

BENZOATE, s. m. Sel formé par l'union de l'acide benzoïque avec une base. T. de chim.

BENZOÏQUE, adj. Se dit de l'acide qu'on retire du benjoin.

BÉOLE, s. f. Plante voisine des jovellanes. T. de bot.

BÉON, s. m. Com. du dép. de l'Ain, cant. de Champagne, arr. de Belley. — Belley.

BÉON, s. m. Com. du dép. de l'Yonne, cant. et arr. de Joigny. = Joigny.

BÉOST, s. m. Com. du dép. des Basses-Pyrénées, cant. de Laruns, arr. d'Oloron. = Oloron.

BÉOTARQUE, s. m. Magistrat des Béotiens.

BÉOTIE, s. f. Contrée de la Grèce au N. de l'Attique.

BÉQUET, s. m. Petit bec, petite pièce à un soulier. —, petit papier ajouté au cartonnage d'une frisquette. T. d'imp.

BÉQUETTES, s. f. pl. Tenailles, pinces.

BÉQUILLARD, s. m. Vieillard qui se sert de béquilles.

BÉQUILLE, s. f. Bâton surmonté d'une traverse garnie d'un coussinet sur lequel s'appuient les amputés et les boiteux. —, binette. T. de jard.

BÉQUILLÉ, E, part. Labouré.

BÉQUILLER, v. a. Faire un léger labour dans un petit espace de jardin. T. de jard. —, v. n. Se servir de béquilles.

BÉQUILLON, s. m. Sarcloir. T. de jard. —, petite feuille qui se termine en pointe. T. de fleur. —, bec. T. de fauc.

BEQUIN, s. m. Village du dép. de Lot-et-Garonne, cant. de Lavardac, arr. de Nérac. = Nérac.

BEQUOT, s. m. Bécasseau, petite bécassine.

BERAIN (St.-), s. m. Com. du dép. de la Haute-Loire, cant. de Langeac, arr. de Brioude. = Langeac.

BERAIN-SOUS-SANVIGNE (St.-) s. m. Com. du dép. de Saône-et-Loire, cant. de Montcenis, arr. d'Autun. = Montcenis.

BERAIN-SUR-D'HENNE, s. m. Com. du dép. de Saône-et-Loire, cant. de Givry, arr. de Châlons. = Châlons.

BERAMS, s. m. pl. Grosses toiles de coton.

BERANDIE (la), s. f. Village appartenant à la com. de Pradines, cant. et arr. de Cahors, dép. du Lot. = Cahors.

BÉRANE, s. f. Toile de coton de Surate.

BERARDIÈRE (la), s. f. On trouve dans cet endroit du dép. de la Loire, cant. et arr. de St.-Etienne, une fabrique considérable d'acier fondu et raffiné, et des mines de houille dans les environs. = St.-Étienne.

BERARDIES, s. f. pl. Genre de plantes composées. T. de bot.

BERAT, s. m. Com. du dép. de la Haute-Garonne, cant. de Carbonne, arr. de Muret. = Noé.

BERAUT, s. m. Com. du dép. du Gers, cant. et arr. de Condom. = Condom.

BERBÉRIDÉES, s. f. pl. Famille de plantes dicotylédones, polypétales, à étamines hypogynes. T. de bot.

BERBERIS, s. m. Epine-vinette. T. de bot.

BERBERUST, s. m. Com. du dép. des Hautes-Pyrénées, cant. de Lourdes, arr. d'Argelès. = Lourdes.

BERBESIT, s. m. Com. du dép. de la Haute-Loire, cant. de la Chaise-Dieu, arr. de Brioude. = Brioude.

BERBIGUIÈRE, s. f. Com. du dép. de la Dordogne, cant. de St.-Cyprien, arr. de Sarlat. = Sarlat.

BERCAIL, s. m. Bergerie. —, le sein de l'église. Ramener au — une brebis égarée, convertir.

BERCE, s. m. Petit oiseau des bois. —, s. f. Genre de plantes ombellifères. T. de bot.

BERCÉ, E, part. Amusé, endormi.

BERCEAU, s. m. Petit lit d'enfant qui repose sur deux pieds arrondis en forme de croissant, ce qui le rend aisé à bercer. —, origine d'une chose, lieu où elle a commencé; la Grèce est le berceau des lettres et des arts. —, voûte en treillage. T. de jard. —, voûte en plein ceintre. T. d'archit. —, outil pour grener. T. de grav.

BERCELLES, s. f. pl. Pincettes d'émailleur pour tirer l'émail à la lampe.

BERCENAY-EN-OTHE, s. m. Com. du dép. de l'Aube, cant. d'Estissac, arr. de Troyes. = Estissac.

BERCENAY-LE-HAYER, s. m. Com. du dép. de l'Aube, cant. de Marcilly-le-Hayer, arr. de Nogent-sur-Seine. = Nogent.

BERCER, v. a. Agiter doucement le berceau d'un enfant pour l'endormir. —, faire de vaines promesses, amuser, endormir. Se —, v. pron. Se repaître d'un fol espoir ; bâtir des châteaux en Espagne.

BERCHE, s. f. Petite pièce de canon de fonte. T. de mar.

BERCHE, s. m. Com. du dép. du Doubs, cant. de Pont-de-Roide, arr. de Montbéliard. = Montbéliard.

BERCHÈRES-LA-MAINGOT, s. f. Com. du dép. d'Eure-et-Loir, cant. et arr. de Chartres. = Chartres.

BERCHÈRES-L'EVÊQUE, s. f. Com. du dép. d'Eure-et-Loir, cant. et arr. de Chartres. = Chartres.

BERCHÈRES-SUR-VEGRE, s. f. Com. du dép. d'Eure-et-Loir, cant. d'Anet, arr. de Dreux. = Houdan.

BERCK, s. m. Com. du dép. du Pas-de-Calais, cant. et arr. de Montreuil-sur-Mer. = Montreuil.

BERCLOUX, s. m. Com. du dép. de la Charente-Inférieure, cant. de St.-Hilaire, arr. de St.-Jean-d'Angely. = St.-Jean-d'Angely.

BERCY, s. m. Com. du dép. de la Seine, cant. de Charenton, arr. de Sceaux. Bur. de poste.
Cette com. touche aux murs de la capitale. Elle se compose du petit Bercy, du port de Bercy, de la Râpée, de la Grande-Pinte et de la vallée de Fécamp. C'est le plus considérable des entrepôts de vins, d'eaux-de-vie et d'huiles qui existent aux environs de Paris.

BERDHUIS, s. m. Com. du dép. de l'Orne, cant. de Nocé, arr. de Mortagne. = Rémalard.

BÈRE (la), s. f. Petite rivière qui se forme au-dessus de St.-Jean-de-Barrou, dép. de l'Aude, et qui se jette dans l'étang de Sigean.

BÈRE (la), s. f. Petite rivière qui prend naissance près d'Alayrac, dép. de la Drôme, et qui se perd dans le Rhône, au-dessous de Donzère.

BÈRE, s. f. Village du dép. de la Lozère, cant. de Fournels, arr. de Marvejols. = Marvejols.

BEREINS, s. m. Com. du dép. de l'Ain, cant. de St.-Trivier-sur-Mognan, arr. de Trévoux. = Châtillon-en-Chalaronne.

BEREIZIAT, s. m. Com. du dép. de l'Ain, cant. de Montrevel, arr. de Bourg. = Pont-de-Vaux.

BÉRENGEVILLE, s. f. Com. du dép. de l'Eure, cant. de Neubourg, arr. de Louviers. = Evreux.

BÉRENGEVILLE-LA-RIVIÈRE, s. f. Com. du dép. de l'Eure, cant. et arr. d'Evreux. = Evreux.

BÉRENTZWILLER, s. m. Com. du dép. du Haut-Rhin, cant. et arr. d'Altkirch. = Altkirch.

BERENX, s. m. Com. du dép. des Basses-Pyrénées, cant. de Salies, arr. d'Orthez. = Orthez.

BERERENX, s. m. Com. du dép. des Basses-Pyrénées, cant. de Navarreins, arr. d'Orthez. = Navarreins.

BERFAY, s. m. Com. du dép. de la Sarthe, cant. de Vibraye, arr. de St.-Calais. = St.-Calais.

BERG, s. m. Com. du dép. de la Moselle, cant. de Cattenom, arr. de Thionville. = Thionville.

BERG, s. m. Com. du dép. du Bas-Rhin, cant. de Drulingen, arr. de Saverne. = Sarrewerden.

BERGAME, s. f. Ville d'Italie dans les états de Venise, célèbre par ses fabriques de tapisseries. —, tapisserie sortie de ces fabriques.

BERGAMOTE, s. f. Sorte de poire fondante; orange dont l'odeur est fort agréable. —, citronnier.

BERGANTY-ET-LAPEYRE, s. m. Com. du dép. du Lot, cant. de St.-Géry, arr. de Cahors. = Cahors.

BERGBIETEN, s. m. Com. du dép. du Bas-Rhin, cant. de Wasselonne, arr. de Strasbourg. = Molsheim.

BERGE, s. f. Bord escarpé d'une rivière, d'un fossé. —, rocher à pic sur l'eau ; chaloupe étroite. T. de mar.

BERGER, s. m. Pasteur qui garde les moutons, qui les soigne et les défend contre le loup. —, amant. Heure du —, favorable aux rendez-vous.

BERGERAC, s. m. Ville du dép. de la Dordogne, chef-lieu de sous-préf. et d'un cant.; trib. de 1re inst. et de comm. ; ingén. ord. des ponts-et-chaussées ; conserv. des hypoth. ; direct. des contrib. indir. ; recev. part. des finances ; bur. d'enregist. et de poste. Pop., 8,412 h.
Cette ville est située sur la Dordogne, au milieu d'une plaine agréable et fertile. Elle est généralement bien bâtie. On trouve dans ses environs un grand nombre de forges.
Fab. d'étamines, serges, faïence, chapeaux, ustensiles, etc. ; manufacture d'armes, papeterie, forges, fonderies ; martinets à cuivre ; distillerie d'eau-de-vie. Distance de Paris, 133 l.

BERGÈRE, s. f. Jeune fille qui garde un petit troupeau, et particulièrement des agneaux. —, amante, maîtresse.

Fig. —, grand fauteuil très commode pour la sieste; coiffure de femme.

BERGÈRES, s. f. Com. du dép. de l'Aube, cant. et arr. de Bar-sur-Aube. = Bar-sur-Aube.

BERGÈRES-LES-VERTUS, s. f. Com. du dép. de la Marne, cant. de Vertus, arr. de Châlons. = Vertus.

BERGÈRES-SOUS-MONTMIRAIL, s. f. Com. du dép. de la Marne, cant. de Montmirail, arr. d'Epernay. = Montmirail.

BERGERETTE, s. f. Jeune et jolie bergère; vin mêlé avec du miel.

BERGERIE, s. f. Lieu où l'on enferme les moutons. —, pl. Poésies pastorales. Les bergeries de Racan.

BERGERONNETTE, s. f. Espèce de hochequeue, petit oiseau noir et blanc très familier, qui suit ordinairement les troupeaux. T. d'hist. nat. —, petite bergère. (Vi.)

BERGEROT, s. m. Petit berger. T. inus.

BERGESSERIN, s. m. Com. du dép. de Saône-et-Loire, cant de Cluny, arr. de Mâcon. = Cluny.

BERGETE, s. f. Com. du dép. du Gers, cant. d'Aignan, arr. de Mirande. = Nogaro.

BERGFORELLE, s. f. Poisson du genre du salmone. T. d'hist. nat.

BERGHEIM, s. m. Petite ville du dép. du Haut-Rhin, cant. de Ribeauvillé, arr. de Colmar. = Schélestadt.

BERGHOLTZ, s. m. Com. du dép. du Haut-Rhin, cant. de Guebwiller, arr. de Colmar. = Rouffac.

BERGHOLTZ-ZELL, s. m. Com. du dép. du Haut-Rhin, cant. de Guebwiller, arr. de Colmar. = Rouffac.

BERGICOURT, s. m. Com. du dép. de la Somme, cant. de Poix, arr. d'Amiens. = Poix.

BERGIE, s. f. Plante caryophyllée. T. de bot.

BERGLAX, s. m. Poisson à longue queue. T. d'hist. nat.

BERGNICOURT, s. m. Com. du dép. des Ardennes, cant. d'Asfeld, arr. de Rethel. = Rethel.

BERGONNE, s. f. Com. du dép. du Puy-de-Dôme, cant. et arr. d'Issoire. = Issoire.

BERGOT, s. m. Nasse dont on se sert pour pêcher dans la Garonne. T. de pêch.

BERGOUEY, s. m. Com. du dép. des Landes, cant. de Mugron, arr. de St.-Sever. = St.-Sever.

BERGOUEY, s. m. Com. du dép. des Basses-Pyrénées, cant. de Bidache, arr. de Bayonne. = St.-Palais.

BERGSNYLTRE, s. m. Poisson du genre du labre. T. d'hist. nat.

BERGUENEUSE, s. f. Com. du dép. du Bas-Rhin, cant. de Heuchin, arr. de St.-Pol. = St.-Pol.

BERGUES, s. f. Com. du dép. de l'Aisne, cant. de Nouvion, arr. de Vervins. = Guise.

BERGUES, s. f. Jolie et forte ville du dép. du Nord, chef-lieu de cant. de l'arr. de Dunkerque. Bur. d'enregist. et de poste.

Située à la jonction des canaux de Dunkerque et de la haute et basse Colme, cette ville est très commerçante, et possède un port commode sur le canal de son nom, qui conduit directement à la mer, et qui peut porter des navires de 2 à 300 tonneaux.

Fab. de poterie, savon noir, tabac; raffinerie de sucre; distillerie d'eaux-de-vie de grains; constructions de bateaux. Comm. de grains, vins, bestiaux, beurre et fromage.

BERGUES (Canal de), s. f. Ce canal communique à la mer au moyen d'une grande écluse à l'embouchure du port de Dunkerque, et d'un autre au petit port d'Hondschoote.

BERGUETTE, s. f. Com. du dép. du Pas-de-Calais, cant. de Norrent-Fontes, arr. de Béthune. = Aire-sur-Lys.

BERHET, s. m. Com. du dép. des Côtes-du-Nord, cant. de la Roche-Derrien, arr. de Lannion. = Lannion.

BÉRIBÉRI, s. m. Affection spasmodique, aux Indes orientales, par suite de laquelle les malades accroupis imitent le mouvement de la brebis. T. de méd.

BERICHOT, s. m. Sorte de moineau. T. d'hist. nat.

BERIG, s. m. Com. du dép. de la Moselle, cant. de Grostenquin, arr. de Sarreguemines. = St.-Avold.

BERIGNY, s. m. Com. du dép. de la Manche, cant. de St.-Clair, arr. de St.-Lô. = St.-Lô.

BÉRIL, s. m. Pierre précieuse; aigue-marine.

BÉRILLISTIQUE, s. f. Divination par les miroirs.

BÉRIS, s. m. Insecte, genre de diptères. T. d'hist. nat.

BERJOU, s. m. Com. du dép. de l'Orne, cant. d'Athis, arr. de Domfront. = Condé-sur-Noireau.

BERLAIMONT, s. m. Com. du dép. du Nord, chef-lieu de cant. de l'arr. d'Avesnes. Bur. d'enregist. = Avesnes.

Fab. de café-chicorée; clous, boissellerie. Comm. de bestiaux.

BERLAN, s. m. Village du dép. du Tarn, cant. de Montredon, arr. de Castres. = Castres.

BERLANCOURT, s. m. Com. du dép. de l'Aisne, cant. de Sains, arr. de Vervins. = Marle.

BERLANCOURT, s. m. Com. du dép. de l'Oise, cant. de Guiscard, arr. de Compiègne. = Guiscard.

BERLATS, s. m. Com. du dép. du Tarn, cant. de Lacaune, arr. de Castres. = Lacaune.

BERLE, s. f. Genre de plantes ombellifères. T. de bot.

BERLENCOURT-ET-CAUROY, s. m. Com. du dép. du Pas-de-Calais, cant. d'Avesnes-le-Comte, arr. de St.-Pol. = Frévent.

BERLES, s. f. Com. du dép. du Pas-de-Calais, cant. d'Aubigny, arr. de St.-Pol. = Arras.

BERLES-AU-BOIS, s. f. Com. du dép. du Pas-de-Calais, cant. de Beaumetz, arr. d'Arras. = Arras.

BERLIÈRE (la), s. f. Com. du dép. des Ardennes, cant. de Buzancy, arr. de Vouziers. = Buzancy.

BERLIÈRE, s. f. Com. du dép. de l'Oise, cant. de Lassigny, arr. de Compiègne. = Roye.

BERLIN, s. m. Ville capitale de la Prusse, où le roi fait sa résidence. Cette ville, sur la Sprée, dans l'électorat de Brandebourg, est l'une des plus peuplées et des plus florissantes de l'Allemagne.

BERLINE, s. f. Carrosse à quatre roues et deux brancards pour voyager en poste.

BERLINGEN, s. m. Com. du dép. de la Meurthe, cant. de Phalsbourg, arr. de Sarrebourg. = Phalsbourg.

BERLINGOT, s. m. Berline coupée.

BERLISE, s. f. Com. du dép. de l'Aisne, cant. de Rosoy-sur-Serre, arr. de Laon. = Montcornet.

BERLISE, s. f. Com. du dép. de la Moselle, cant. de Pange, arr. de Metz. = Metz.

BERLOQUE, s. f. Batterie de tambour pour avertir les hommes de corvée chargés de nettoyer les casernes; battre la berloque. T. fam.

BERLOU, s. m. Com. du dép. de l'Hérault, cant. d'Olargues, arr. de St.-Pons. = St.-Chinian.

BERLUE, s. f. Eblouissement passager. Avoir la —, voir mal, juger de travers. T. fam.

BERLURETTE, s. f. Espèce de colin-maillard.

BERME, s. f. Chemin étroit entre le pied du rempart et le fossé, entre une chaussée et le bord d'un canal. —, tonneau d'amidonnier. Voy. ACCOTEMENT.

BERMERAIN, s. m. Com. du dép. du Nord, cant. de Solesme, arr. de Cambrai. = le Quesnoy.

BERMERICOURT, s. m. Com. du dép. de la Marne, cant. de Bourgogne, arr. de Reims. = Reims.

BERMERIES, s. f. Com. du dép. du Nord, cant. de Bavay, arr. d'Avesnes. = Bavay.

BERMERING, s. m. Com. du dép. de la Meurthe, cant. d'Albestroff, arr. de Château-Salins. = Dieuze.

BERMICOURT, s. m. Com. du dép. du Pas-de-Calais, cant. et arr. de St.-Pol. = St.-Pol.

BERMIER, s. m. Ouvrier qui tire la muire, eau avec laquelle on fait le sel. T. de sal.

BERMONT, s. m. Com. du dép. du Haut-Rhin, cant. et arr. de Belfort. = Belfort.

BERMONVILLE, s. f. Com. du dép. de la Seine-Inférieure, cant. de Fauville, arr. d'Yvetot. = Fauville.

BERMUDES (les), s. f. pl. Iles de l'Amérique septentrionale, situées à l'orient de la Caroline. Ces îles appartiennent aux Anglais.

BERMUDIENNE, s. f. Plante des Bermudes, de la famille des iris, à belle fleur en lis. T. de bot.

BERNABLE, adj. Qui mérite d'être berné, raillé.

BERNAC, s. m. Com. du dép. de la Charente, cant. de Villefagnan, arr. de Ruffec. = Ruffec.

BERNAC, s. m. Com. du dép. de Lot-et-Garonne, cant. de Duras, arr. de Marmande. = Marmande.

BERNAC, s. m. Com. du dép. du Tarn, cant. et arr. de Gaillac. = Gaillac.

BERNAC-DEBAS, s. m. Com. du dép. des Hautes-Pyrénées, cant. et arr. de Tarbes. = Tarbes.

BERNAC-DESSUS, s. m. Com. du dép. des Hautes-Pyrénées, cant. et arr. de Tarbes. = Tarbes.

BERNACHE ou BERNACLE, s. f. Espèce de canard du Nord. —, coquillage de cinq pièces; conque anatifère. T. d'hist. nat.

BERNADETS, s. m. Com. du dép. des Basses-Pyrénées, cant. de Morlaas, arr. de Pau. = Pau.

BERNADETS-DEBAS, s. m. Com. du dép. des Hautes-Pyrénées, cant. de Tric, arr. de Tarbes. = Tric.

BERNADETS-DESSUS, s. m. Com. du dép. des Hautes-Pyrénées, cant. de Tournay, arr. de Tarbes. = Tarbes.

BERNAI-SUR-ORNE, s. m. Com. du dép. de l'Orne, cant. d'Ecouché, arr. d'Argentan. = Argentan.

BERNAPRÉ, s. m. Com. du dép. de la Somme, cant. d'Oisemont, arr. d'Amiens. = Aumale.

BERNARD (St.-), s. m. Montagne des Alpes, divisée en grand et petit St.-Bernard.

Ce mont est célèbre par le passage de l'armée française.

BERNARD (St.-), s. m. Com. du dép. de l'Ain, cant. et arr. de Trévoux. = Trévoux.

BERNARD (St.-), s. m. Com. du dép. de la Côte-d'Or, cant. de Nuits, arr. de Beaune. = Nuits.

BERNARD (St.-), s. m. Com. du dép. de l'Isère, cant. du Touvet, arr. de Grenoble. = le Touvet.

BERNARD (St.-), s. m. Com. du dép. de la Moselle, cant. de Bouzonville, arr. de Thionville. = Bouzonville.

BERNARD (le), s. m. Com. du dép. de la Vendée, cant. de Talmont, arr. des Sables-d'Olonne. = Avrillé.

BERNARDIÈRE, s. f. Sorte de poire.

BERNARDIÈRE (la), s. f. Com. du dép. de la Vendée, cant. de Montaigu, arr. de Bourbon-Vendée. = Clisson.

BERNARDIN, E, s. Religieux de St.-Benoît, de la réforme de St.-Bernard.

BERNARD-L'HERMITE, s. m. Espèce de cancre, qui vit retiré dans une coquille vide.

BERNARDSWILLER, s. m. Com. du dép. du Bas-Rhin, cant. d'Obernai, arr. de Schélestadt. = Strasbourg.

BERNARDSWILLER, s. m. Com. du dép. du Bas-Rhin, cant. de Barre, arr. de Schélestadt. = Barre.

BERNÂTRE, s. m. Com. du dép. de la Somme, cant. de Bernaville, arr. de Doullens. = Auxy-le-Château.

BERNAUDOIR, s. m. Grand panier pour laver la laine.

BERNAVILLE, s. f. Com. du dép. de la Somme, chef-lieu de cant. de l'arr. de Doullens, où se tient le bur. d'enregist. = Doullens.

BERNAY, s. m. Com. du dép. de la Charente-Inférieure, cant. de Loulay, arr. de St.-Jean-d'Angely. = St.-Jean-d'Angely.

BERNAY, s. m. Ville du dép. de l'Eure, chef-lieu de sous-préf. et de cant.; trib. de 1re inst. et de comm.; société d'agric.; conserv. des hypoth.; direct. des contrib. indir.; recev. part. des finances; bur. d'enregist. et de poste.

Fab. de draps, flanelles, toiles, rubans de fil; forges, verreries, papeteries. Comm. de grains, cidre, chevaux, bestiaux, cuirs, fer, papiers, etc.

BERNAY, s. m. Com. du dép. de la Sarthe, cant. de Coulie, arr. du Mans. = Sillé-le-Guillaume.

BERNAY, s. m. Com. du dép. de Seine-et-Marne, cant. de Rosoy, arr. de Coulommiers. = Rosoy-en-Brie.

BERNAY, s. m. Com. du dép. de la Somme, cant. de Rue, arr. d'Abbeville. Bur. de poste.

Comm. de bestiaux, cire, toile et beurre.

BERNDORFF, s. m. Village du dép. du Bas-Rhin, cant. de Drulingen, arr. de Saverne. = Saverne.

BERNE, s. f. Ville et capitale de l'un des cantons de la Suisse.

BERNE, s. f. Jeu de caserne où quatre personnes, tenant les quatre coins d'une couverture, font sauter en l'air celui qui a mérité d'être ainsi berné. —, raillerie. Fig. Mettre en —, plier le pavillon en faisceau. T. de mar.

BERNÉ, E, part. Persiflé, raillé.

BERNÉ, s. m. Com. du dép. du Morbihan, cant. du Faouet, arr. de Pontivy. = le Faouet.

BERNECOURT, s. m. Com. du dép. de la Meurthe, cant. de Domèvre, arr. de Toul. = Pont-à-Mousson.

BERNÈDE, s. m. Com. du dép. du Gers, cant. de Riscle, arr. de Mirande. = Aire-sur-l'Adour.

BERNEGOUE (St. Martin de), s. m. Com. du dép. des Deux-Sèvres, cant. de Prahecq, arr. de Niort. = Niort.

BERNEMENT, s. m. Action de berner.

BERNER, v. a. Faire sauter en l'air sur une couverture; persifler, ridiculiser. Fig.

BERNES, s. f. Com. du dép. de Seine-et-Oise, cant. de l'Ile-Adam, arr. de Pontoise. = Pontoise.

BERNES, s. f. Com. du dép. de la Somme, cant. de Roisel, arr. de Péronne. = Péronne.

BERNESQ, s. m. Com. du dép. du Calvados, cant. de Trévières, arr. de Bayeux. = Bayeux.

BERNET, s. m. Com. du dép. du Gers, cant. de Masseube, arr. de Mirande. = Castelnau-Magnoac.

BERNEUIL, s. m. Com. du dép. de la Charente, cant. et arr. de Barbézieux. = Barbézieux.

BERNEUIL, s. m. Com. du dép. de

la Charente-Inférieure, cant. de Gimozac, arr. de Saintes. = Pons.

BERNEUIL, s. m. Com. du dép. de la Somme, cant. de Domart, arr. de Doullens. = Doullens.

BERNEUIL, s. m. Com. du dép. de la Haute-Vienne, cant. de Nantiat, arr. de Bellac. = Bellac.

BERNEUIL, s. m. Com. du dép. de l'Oise, cant. d'Auneuil, arr. de Beauvais. = Beauvais.

BERNEUIL-SUR-AISNE, s. m. Com. du dép. de l'Oise, cant. d'Attichy, arr. de Compiègne. = Compiègne.

BERNEUR, s. m. Celui qui berne.

BERNEVAL-LE-GRAND, s. m. Com. du dép. de la Seine-Inférieure, cant. d'Offranville, arr. de Dieppe. = Dieppe.

BERNEVILLE, s. f. Com. du dép. du Pas-de-Calais, cant. de Beaumetz, arr. d'Arras. = Arras.

BERNICLES, s. f. pl. Sornettes. (Vi.) —, adv. Rien. T. fam.

BERNIENVILLE, s. f. Com. du dép. de l'Eure, cant. et arr. d'Evreux. = Evreux.

BERNIÈRE, s. f. Com. du dép. de la Seine-Inférieure, cant. de Bolbec, arr. du Havre. = Bolbec.

BERNIÈRES, s. f. Com. du dép. du Calvados, cant. de Coulibœuf, arr. de Falaise. = Croissanville.

BERNIÈRES, s. f. Com. du dép. de l'Eure, cant. de Gaillon, arr. de Louviers. = Gaillon.

BERNIÈRES-BOCAGE, s. f. Com. du dép. du Calvados, cant. de Balleroy, arr. de Bayeux. = Telly-sur-Seule.

BERNIÈRES-LE-PATRY, s. f. Com. du dép. du Calvados, cant. de Vassy, arr. de Vire. = Condé-sur-Noireau.

BERNIÈRES-SUR-MER, s. f. Com. du dép. du Calvados, cant. de Douvres, arr. de Caen. = Caen.

BERNIESQUE, s. et adj. A la manière du Berni, poète italien, style approchant du burlesque, mais plus soigné.

BERNIEULLES, s. f. Com. du dép. du Pas-de-Calais, cant. d'Etaples, arr. de Montreuil. = Montreuil.

BERNIN, s. m. Com. du dép. de l'Isère, cant. et arr. de Grenoble. = Grenoble.

BERNIQUET, s. m. Bahut pour mettre le son. Etre au —, être à la besace. T. fam,

BERNIS, s. m. Com. du dép. du Gard, cant. de Vauvert, arr. de Nismes. = Nismes.

BERNOLSHEIM, s. m. Com. du dép. du Bas-Rhin, cant. de Brumath, arr. de Strasbourg. = Strasbourg.

BERNON, s. m. Com. du dép. de l'Aube, cant. de Chaource, arr. de Bar-sur-Seine. = Ervy.

BERNOS, s. m. Com. du dép. de la Gironde, cant. et arr. de Bazas. = Bazas.

BERNOT, s. m. Com. du dép. de l'Aisne, cant. de Guise, arr. de Vervins. = Origny-Ste.-Benoîte.

BERNOUIL, s. m. Com. du dép. de l'Yonne, cant. de Flogny, arr. de Tonnerre. = Tonnerre.

BERNOUS, s. m. Manteau à capuchon.

BERNOUVILLE, s. f. Com. du dép. de l'Eure, cant. de Gisors, arr. des Andelys. = Gisors.

BERNOVILLE, s. f. Village qui fait partie de la com. d'Aisonville, cant. de Guise, arr. de Vervins, dép. de l'Aisne. = Guise.

BERNWILLER, s. m. Com. du dép. du Haut-Rhin, cant. de Cernay, arr. de Belfort. = Cernay.

BERNY, s. m. Com. du dép. de la Somme, cant. d'Ailly-sur-Noye, arr. de Montdidier. = Amiens.

BERNY, s. m. Com. du dép. de la Somme, cant. de Chaulnes, arr. de Péronne. = Péronne.

BERNY-RIVIÈRE, s. m. Com. du dép. de l'Aisne, cant. de Vic-sur-Aisne, arr. de Soissons. = Vic-sur-Aisne.

BEROÉ, s. m. Ver marin; famille des zoophytes mous, ciliés. T. d'hist. nat.

BERON, s. m. Endroit du sommier par où coule le cidre.

BEROU-LA-MULOTTIÈRE, s. m. Com. du dép. d'Eure-et-Loir, cant. de Brezolles, arr. de Dreux. = Tillières-sur-Avre. Papeterie renommée.

BERRAC, s. m. Com. du dép. du Gers, cant. et arr. de Lectoure. = Lectoure.

BERRAUTE, s. f. Com. du dép. des Basses-Pyrénées, cant. de St.-Palais, arr. de Mauléon. = St.-Palais.

BERRE, s. f. Petite ville du dép. des Bouches-du-Rhône, chef-lieu de cant. de l'arr. d'Aix. Bur. d'enregist. à St.-Chamas. = Aix.

Fab. de soude; comm. considérable de sel, amandes, figues et huile d'olive de première qualité.

BERRE (Etang de), s. f. Golfe qui se trouve derrière la ville de Martigues, et qui communique à la Méditerranée par les canaux de Martigues et de la Tour-de-Bouc.

BERRELLES, s. f. Com. du dép. du Nord, cant. de Solré-le-Château, arr. d'Avesnes. = Solré-le-Château.

BERRI, s. m. Ancienne province de France qui compose aujourd'hui les dép. de l'Indre et du Cher, à l'exception de l'arr. de St.-Amand, qui appartient au Bourbonnais. Cette province fut l'apanage d'un fils de France depuis le roi Jean jusqu'à l'époque où le dernier de ce nom fut assassiné.

BERRIAC, s. m. Com. du dép. de l'Aude, cant. et arr. de Carcassonne. = Carcassonne.

BERRIAS, s. m. Com. du dép. de l'Ardèche, cant. des Vans, arr. de Largentière. = les Vans.

BERRIC, s. m. Com. du dép. du Morbihan, cant. de Questembert, arr. de Vannes. = Muzillac.

BERRICHON, E, s. Né dans le Berri, habitant du Berri.

BERRIEN, s. m. Com. du dép. du Finistère, cant. de Huelgoat, arr. de Châteaulin. = Carhaix.

BERRIEUX, s. m. Com. du dép. de l'Aisne, cant. de Craone, arr. de Laon. = Laon.

BERROGAIN-LARUNS, s. m. Com. du dép. des Basses-Pyrénées, cant. et arr. de Mauléon. = Mauléon.

BERRWILLER, s. m. Com. du dép. du Haut-Rhin, cant. de Soultz, arr. de Colmar. = Rouffach.

BERRY-AU-BAC, s. m. Com. du dép. de l'Aisne, cant. de Neufchâtel, arr. de Laon. = Reims.

BERRY-MARMAGNE, s. m. Com. du dép. du Cher, cant. de Mehun-sur-Yèvre, arr. de Bourges. = Bourges.

BERRY-SAINT-CHRISTOPHE, s. m. Village du dép. de l'Aisne, cant. de Vic-sur-Aisne, arr. de Soissons. = Vic-sur-Aisne.

BERS, s. m. Electuaire narcotique. T. de pharm.

BERSAC (le), s. m. Com. du dép. des Hautes-Alpes, cant. de Serres, arr. de Gap. = Serres.

BERSAC (petit), s. m. Com. du dép. de la Dordogne, cant. et arr. de Ribérac. = Ribérac.

BERSAC, s. m. Com. du dép. de la Haute-Vienne, cant. de Bessines, arr. de Bellac. = Chanteloube.

BERSAILLIN, s. m. Com. du dép. du Jura, cant. et arr. de Poligny. = Sellières.

BERSÉE, s. f. Com. du dép. du Nord, cant. de Pont-à-Marcq, arr. de Lille. = Orchies.

BERSILLIES, s. f. Com. du dép. du Nord, cant. de Maubeuge, arr. d'Avesnes. = Maubeuge.

BERSON, s. m. Com. du dép. de la Gironde, cant. et arr. de Blaye. = Blaye.

BERSTETT, s. m. Com. du dép. du Bas-Rhin, cant. de Truchtersheim, arr. de Strasbourg. = Strasbourg.

BERSTHEIM, s. m. Com. du dép. du Bas-Rhin, cant. de Hagueneau, arr. de Strasbourg. = Hagueneau.

BERT, s. m. Com. du dép. de l'Allier, cant. de Jaligny, arr. de la Palisse. = la Palisse.

BERTAMBOISE, s. f. Greffe en biseau.

BERTANGLES, s. f. Com. du dép. de la Somme, cant. de Villers-Bocage, arr. d'Amiens. = Amiens.

BERTAUCOURT-EPOURDON, s. m. Com. du dép. de l'Aisne, cant. de la Fère, arr. de Laon. = la Fère.

BERTAUDÉ, E, part. Tondu inégalement.

BERTAUDER, v. a. Tondre inégalement.

BERTAVELLE, s. f. Nasse de jonc à Gênes.

BERTEAUCOURT, s. m. Com. du dép. de la Somme, cant. de Domart, arr. de Doullens. = Flixecourt.

BERTEAUCOURT, s. m. Com. du dép. de la Somme, cant. de Moreuil, arr. de Montdidier. — Amiens.

BERTHEAUVILLE, s. f. Com. du dép. de la Seine-Inférieure, cant. de Cany, arr. d'Yvetot. = Cany.

BERTHECOURT, s. m. Com. du dép. de l'Oise, cant. de Noailles, arr. de Beauvais. = Noailles.

BERTEGON, s. m. Com. du dép. de la Vienne, cant. de Montz, arr. de Loudun. = Richelieu.

BERTHELANGE, s. m. Com. du dép. du Doubs, cant. d'Audeux, arr. de Besançon. = St.-Vyt.

BERTHELEVILLE, s. f. Com. du dép. de la Meuse, cant. de Gondrecourt, arr. de Commercy. = Gondrecourt.

BERTHELMING, s. m. Com. du dép. de la Meurthe, cant. de Fénétrange, arr. de Sarrebourg. = Sarrebourg.

BERTHELOT, s. m. Eperon des bâtimens sur la Méditerranée.

BERTHEN, s. m. Com. du dép. du Nord, cant. de Bailleul, arr. d'Hazebrouck. = Bailleul.

BERTHENAY, s. m. Com. du dép. d'Indre-et-Loire, cant. et arr. de Tours. = Tours.

BERTHENICOURT, s. m. Com. du dép. de l'Aisne, cant. de Moy, arr. de St.-Quentin. = St.-Quentin.

BERTHENOUVILLE, s. f. Com. du

dép. de l'Eure, cant. d'Ecos, arr. des Andelys. = le Tilliers-en-Vexin.

BERTHENOUX (la), s. f. Com. du dép. de l'Indre, cant. et arr. de la Châtre. = la Châtre.

BERTHÈS, s. m. Com. du dép. de la Gironde, cant. d'Auros, arr. de Bazas. = Bazas.

BERTHEVIN (St.-), s. m. Com. du dép. de la Mayenne, cant. et arr. de Laval. = Laval.

BERTHEVIN-LA-TANNIÈRE (St.-), s. m. Com. du dép. de la Mayenne, cant. de Landivy, arr. de Mayenne. = Ernée.

BERTHIÈRE, s. f. Plante rubiacée. T. de bot.

BERTHOLINE, s. f. Com. du dép. de l'Aveyron, cant. de Layssac, arr. de Milhau. = Sévérac.

BERTHOLLETIE, s. f. Grand arbre du Brésil. T. de bot.

BERTHONVILLIERS, s. m. Com. du dép. d'Eure-et-Loire, cant. d'Authon, arr. de Nogent-le-Rotrou. = Nogent-le-Rotrou.

BERTHOUVILLE, s. f. Com. du dép. de l'Eure, cant. de Brionne, arr. de Bernay. = Brionne.

BERTICOURT, s. m. Com. du dép. de l'Aisne, cant. de Neufchâtel, arr. de Laon. = Reims.

BERTIGNAT, s. m. Com. du dép. du Puy-de-Dôme, cant. de St.-Amand-Roche-Savine, arr. d'Ambert. = Ambert.

BERTIGNOLLES, s. f. Com. du dép. de l'Aube, cant. d'Essoye, arr. de Bar-sur-Seine. = Bar-sur-Seine.

BERTINCOURT, s. m. Com. du dép. du Pas-de-Calais, chef-lieu de cant. de l'arr. d'Arras. Bur. d'enregist. à Bapaume. = Bapaume.

BERTIS-DE-BIRON, s. m. Com. du dép. de la Dordogne, cant. de Montpazier, arr. de Bergerac. = Montpazier.

BERTOIS, s. m. Anse de Bassicot.

BERTONCOURT, s. m. Com. du dép. des Ardennes, cant. et arr. de Rethel. = Rethel.

BERTONNEAU, s. m. Turbot. T. d'hist. nat.

BERTRAMBOIS, s. m. Com. du dép. de la Meurthe, cant. de Lorquin, arr. de Sarrebourg. = Blamont.

BERTRAMEIX, s. m. Com. du dép. de la Moselle, cant. d'Audun-le-Roman, arr. de Briey. = Briey.

BERTRANCOURT, s. m. Com. du dép. de la Somme, cant. d'Acheux, arr. de Doullens. = Albert.

BERTRAND-DE-COMINGES (St.-), s. m. Petite ville du dép. de la Haute-Garonne, chef-lieu de cant. de l'arr. de St.-Gaudens. Bur. d'enregist. à Montrejeau. = St.-Gaudens.

On trouve dans les environs de cette ville une mine de cristal de roche, deux mines de cuivre, et une carrière de marbre.

BERTRANGE, s. m. Com. du dép. de la Moselle, cant. de Metzervisse, arr. de Thionville. = Thionville.

BERTRE, s. m. Com. du dép. du Tarn, cant. de Puylaurens, arr. de Lavaur. = Puylaurens.

BERTREN, s. m. Com. du dép. des Hautes-Pyrénées, cant. de Mauléon-Barousse, arr. de Bagnères. = Montrejeau.

BERTREVILLE, s. f. Com. du dép. de la Seine-Inférieure, cant. de Cany, arr. d'Yvetot. = Cany.

BERTREVILLE, s. f. Com. du dép. de la Seine-Inférieure, cant. de Longueville, arr. de Dieppe. = Dieppe.

BERTRIC, s. m. Com. du dép. de la Dordogne, cant. de Verteillac, arr. de Ribérac. = Ribérac.

BERTRICHAMPS, s. m. Com. du dép. de la Meurthe, cant. de Baccarat, arr. de Lunéville. = Baccarat.

BERTRIMONT, s. m. Com. du dép. de la Seine-Inférieure, cant. de Tôtes, arr. de Dieppe. = Tôtes.

BERTRIMOUTIER, s. m. Com. du dép. des Vosges, cant. et arr. de St.-Dié. = St.-Dié.

BERTRING, s. m. Com. du dép. de la Moselle, cant. de Grostenquin, arr. de Sarreguemines. = St.-Avold.

BERTRY, s. m. Com. du dép. du Nord, cant. de Clary, arr. de Cambrai. = le Catteau.

BÉRU, s. m. Com. du dép. de la Marne, cant. de Beine, arr. de Reims. = Reims.

BÉRU, s. m. Com. du dép. de la Sarthe, cant. de St.-Pater, arr. de Mamers. = Alençon.

BÉRU, s. m. Com. du dép. de l'Yonne, cant. et arr. de Tonnerre. = Tonnerre.

BÉRUBLEAU, s. m. Cendre verte; ver de terre.

BERUGES, s. f. Com. du dép. de la Vienne, cant. de Vouillé, arr. de Poitiers. = Poitiers.

BERULLE, s. f. Com. du dép. de l'Aube, cant. d'Aix-en-Othe, arr. de Troyes. = Villeneuve-l'Archevêque.

BÉRUSE, s. f. Sorte d'étoffe de Lyon.

BERVILLE, s. f. Com. du dép. du Calvados, cant. de St.-Pierre-sur-Dives, arr. de Lisieux. = Croissanville.

BERVILLE, s. f. Com. du dép. de

l'Eure, cant. de Beaumont, arr. de Bernay. = Beaumont-le-Roger.

BERVILLE, s. f. Com. du dép. de Seine-et-Oise, cant. de Marines, arr. de Pontoise. = Pontoise.

BERVILLE, s. f. Com. du dép. de la Seine-Inférieure, cant. de Duclair, arr. de Rouen. = Rouen.

BERVILLE, s. f. Com. du dép. de la Seine-Inférieure, cant. de Doudeville, arr. d'Yvetot. = Doudeville.

BERVILLE-EN-ROMOIS, s. f. Com. du dép. de l'Eure, cant. de Bourgtheroulde, arr. de Pont-Audemer.=Bourg-théroulde.

BERVILLE-SUR-MER, s. f. Com. du dép. de l'Eure, cant. de Beuzeville, arr. de Pont-Audemer. = Pont-Audemer.

BERWEILLER, s. m. Com. du dép. de la Moselle, cant. de Bouzonville, arr. de Thionville. = Bouzonville.

BÉRYTION, s. m. Collyre pour l'inflammation des yeux; pastille contre la dyssenterie. T. de pharm.

BERZÉ-LA-VILLE, s. m. Com. du dép. de Saône-et-Loire, cant. et arr. de Mâcon. = Mâcon.

BERZÉ-LE-CHÂTEL, s. m. Com. du dép. de Saône-et-Loire, cant. de Cluny, arr. de Mâcon. = Cluny.

BERZEME, s. m. Com. du dép. de l'Ardèche, cant. de Villeneuve-de-Berg, arr. de Privas. = Villeneuve-de-Berg.

BERZIEUX, s. m. Com. du dép. de la Marne, cant. de Ville-sur-Tourbe, arr. de Ste.-Ménéhould.=Ste.-Ménéhould.

BERZY, s. m. Com. du dép. de l'Aisne, cant. et arr. de Soissons. = Soissons.

BÉS (le), s. m. Com. du dép. du Tarn, cant. de Brassac, arr. de Castres. = Brassac.

BESACE, s. f. Sac de mendiant qui s'ouvre par le milieu. Être à la —, être ruiné. Réduit à la —, à la mendicité.

BESACE (la), s. f. Com. du dép. des Ardennes, cant. de Rocourt, arr. de Sedan.=Sedan.

BESACIER, s. m. Celui qui porte la besace. T. iron.

BESAIGRE, adj. Se dit du vin qui s'aigrit en approchant du bas de la pièce.

BESAIGUE ou BIS-AIGUE, s. f. Outil de charpentier à deux tranchans, l'un pour équarrir, et l'autre pour les mortaises. —, outil de vitrier.

BESAIN, s. m. Com. du dép. du Jura, cant. et arr. de Poligny.=Poligny.

BESANÇON, s. m. Ville du dép. du Doubs, place de guerre de premier ordre, chef-lieu d'une préf., d'une sous-préf. et de deux cant.; 6e div. militaire; 5e div. des ponts-et-chaussées; cour royale; trib. de 1re inst. et de comm.; archevêché, académie des sciences, belles-lettres et arts; sociétés de méd. et d'agr.; écoles de médecine et d'artillerie; institution des sourds-muets; biblioth. publique; cabinet d'histoire naturelle, musée; ingén. en chef des ponts-et-chaussées; direct. de l'enregist. et des domaines, 3e classe; conserv. des hypoth.; inspect. des forêts; direct. des contrib. dir. et indir.; bur. de garantie des matières d'or et d'argent; recev. des finances; payeur du dép.; bureau d'enregist. et de poste. Pop., 28,800 h. environ.

Cette grande, belle et forte ville, située à l'extrémité d'une vallée que baigne le Doubs, est entourée de hautes montagnes sur lesquelles on remarque plusieurs forts. La citadelle, bâtie sur un rocher, est considérée comme l'une des plus fortes qui existent en Europe. Besançon appartient à la France depuis 1668, époque à laquelle Louis XIV vint l'assiéger en personne, et se rendit maître de cette place importante. Elle fut définitivement réunie à la France, ainsi que la Franche-Comté par le traité de Nimègue.

Manuf. d'armes; fab. considérables d'horlogerie et de mouvemens de montres, de draps, toiles, mousselines; bonnèterie, toiles peintes, gants, quincaillerie, épingles, brosses, liqueurs, moutarde; raffinerie de poudre et de salpêtre; brasseries renommées; tanneries et chamoiseries. Comm. d'épicerie, de vins, eaux-de-vie, draperie, soierie, limes, fer, tôle, fer laminé, clous d'épingle, fil de fer, charbon de terre.

On remarque dans Besançon l'hôtel de ville et surtout l'hôtel de la préf.; des fontaines publiques, l'hôpital, l'ancien palais du cardinal de Granville, la cathédrale, monument d'architecture gothique, les casernes, l'arc de triomphe et quelques débris d'antiquité. Distance de Paris, 98 l.

BESANGE-LA-PETITE, s. f. Com. du dép. de la Meurthe, cant. de Vic, arr. de Château-Salins. = Château-Salins.

BESANT ou BEZANT, s. m. Monnaie d'or du Bas-Empire; pièce d'or ou d'argent. T. de blas.

BESANTÉ, E, adj. Se dit d'un écu chargé de besans. T. de blas.

BESAYES, s. f. Village du dép. de la Drôme, com. de Charpey, cant. de Bourg-du-Péage, arr. de Valence. = Romans.

BESBEDENNE, s. f. Village du dép.

de l'Aveyron, cant. de St.-Amans-des-Copts, arr. d'Espalion. = Espalion.

BESCAT, s. m. Com. du dép. des Basses-Pyrénées, cant. d'Arudy, arr. d'Oloron. = Oloron.

BESET, s. m. Deux as amenés du même coup. T. de jeu de trictrac.

BESI, s. m. Nom de plusieurs sortes de poires.

BESICLES, s. f. pl. Lunettes à deux branches ; masque à deux verres; fausses lunettes.

BÉSIGNAN, s. m. Com. du dép. de la Drôme, cant. du Buis, arr. de Nyons. = le Buis.

BESIMÈME, s. f. Bourgeon séminiforme. T. de bot.

BESINGRAN, s. m. Com. du dép. des Basses-Pyrénées, cant. de Lagor, arr. d'Orthez. = Orthez.

BESLÉ, s. m. Village du dép. de la Loire-Inférieure, cant. de Guémené, arr. de Savenay. = Savenay.

BESLÈRE, s. f. Plante personnée de la Guiane. T. de bot.

BESLIÈRE (la), s. f. Com. du dép. de la Manche, cant. de la Haye-Pesnel, arr. d'Avranches. = Granville.

BESLON, s. m. Com. du dép. de la Manche, cant. de Percy, arr. de St.-Lô. = Villedieu.

BESMÉ, s. m. Com. du dép. de l'Aisne, cant. de Coucy-le-Château, arr. de Laon. = Noyon.

BESMONT, s. m. Com. du dép. de l'Aisne, cant. d'Aubenton, arr. de Vervins. = Aubenton.

BESMONT, s. m. Com. du dép. de l'Oise, cant. de Crépy, arr. de Senlis. = Crépy.

BESNANS, s. m. Com. du dép. de la Haute-Saône, cant. de Montbozon, arr. de Vesoul. = Vesoul.

BESNÉ, s. m. Com. du dép. de la Loire-Inférieure, cant. de Pont-Château, arr. de Savenay. = Nantes.

BESNEVILLE, s. f. Com. du dép. de la Manche, cant. de St.-Sauveur-le-Vicomte, arr. de Valognes. = Valognes.

BESNY-ET-LOIZY, s. m. Com. du dép. de l'Aisne, cant. et arr. de Laon. = Laon.

BESOCHE, s. f. Hoyau dont se servent les pépiniéristes.

BESOGNE, s. f. Ouvrage, travail; effet du travail, son résultat. —, affaire embarrassante. Fig. Plus de bruit que de —, plus de paroles que d'effets. Tailler de la —, causer de l'embarras. Aller vite en —, agir précipitamment. T. fam.

BESOGNER, v. n. Faire beaucoup de besogne. (Vi.)

BESOGNEUX, EUSE, adj. Pauvre, dans le besoin. (Vi.)

BESOIN, s. m. Manque de choses nécessaires. —, pauvreté, indigence; être dans le besoin. Avoir — de quelque chose, en manquer ; j'ai besoin d'argent. Au —, s'il est nécessaire. —, nécessité naturelle; sortir pour un besoin.

BESOLE (la), s. f. Com. du dép. de l'Aude, cant. et arr. de Limoux. = Limoux.

BESOLET, s. m. Oiseau de passage qu'on trouve aux environs de Genève.

BESSAC, s. m. Com. du dép. de la Charente, cant. de Montmoreau, arr. de Barbézieux. = Barbézieux.

BESSAIS, s. m. Com. du dép. de la Vendée, cant. de Mareuil, arr. de Bourbon-Vendée. = Luçon.

BESSAIS, s. m. Com. du dép. du Cher, cant. de Charenton, arr. de St.-Amand. = St.-Amand.

BESSAMOREL, s. m. Com. du dép. de la Haute-Loire, cant. et arr. d'Yssengeaux. = Yssengeaux.

BESSAN, s. m. Com. du dép. de l'Hérault, cant. d'Agde, arr. de Béziers. = Agde.

BESSANCOURT, s. m. Com. du dép. de Seine-et-Oise, cant. d'Enghien, arr. de Pontoise. = Pontoise.

BESSAS, s. m. Com. du dép. de l'Ardèche, cant. de Vallon, arr. de Largentière. = Largentière.

BESSAY, s. m. Com. du dép. de l'Allier, cant. de Neuilly-le-Réal, arr. de Moulins. = Moulins.

BESSE (la), s. f. Com. du dép. de l'Aveyron, cant. de St.-Bauzély, arr. de Milhau. = Milhau.

BESSE, s. f. Com. du dép. de la Dordogne, cant. de Villefranche-de-Belvès, arr. de Sarlat. = Belvès.

BESSE, s. f. Com. du dép. de l'Isère, cant. de Bourg-d'Oisans, arr. de Grenoble. = Bourg-d'Oisans.

BESSE, s. f. Petite ville du dép. du Puy-de-Dôme, chef-lieu de cant. de l'arr. d'Issoire. Bur. d'enregist. et de poste.

Comm. de bestiaux, fromages, lin, etc.

BESSE, s. f. Com. du dép. du Var, chef-lieu de cant. de l'arr. de Brignolles. Bur. d'enregist. à Pignan. = Brignolles.

BESSÉ, s. m. Com. du dép. de la Sarthe, cant. et arr. de St.-Calais. = St.-Calais.

Fab. de cotonnade et de siamoise; teintureries, papeteries.

BESSÉ, s. m. Com. du dép. de la Charente, cant. d'Aigre, arr. de Ruffec. = Aigre.

BESSÉ, s. m. Com. du dép. de Maine-et-Loire, cant. de Gennes, arr. de Saumur. = les Rosiers.

BESSEDE-DE-SAULT, s. m. Com. du dép. de l'Aude, cant. de Roquefort-de-Sault, arr. de Limoux. = Quillan.

BESSENAY, s. m. Com. du dép. du Rhône, cant. de l'Arbresle, arr. de Lyon. = l'Arbresle.
Le terroir de cette com. produit des vins de fort bonne qualité.

BESSENOITS (la), s. f. Com. du dép. de l'Aveyron, cant. d'Aubin, arr. de Villefranche. = Rignac.

BESSENS, s. m. Com. du dép. de Tarn-et-Garonne, cant. de Grisolles, arr. de Castel-Sarrasin. = Grisolles.

BESSERVE, s. f. Com. du dép. du Puy-de-Dôme, cant. de St.-Gervais, arr. de Riom. = Montaigu.

BESSET, s. m. Com. du dép. de l'Ariège, cant. de Mirepoix, arr. de Pamiers. = Mirepoix.

BESSEY, s. m. Com. du dép. de la Loire, cant. de Pélussin, arr. de St.-Etienne. = Condrieu.

BESSEY-EN-CHAUME, s. m. Com. du dép. de la Côte-d'Or, cant. de Bligny-sur-Ouche, arr. de Beaune. = Beaune.

BESSEY-LA-COUR, s. m. Com. du dép. de la Côte-d'Or, cant. de Bligny-sur-Ouche, arr. de Beaune. = Beaune.

BESSEY-LES-CITEAUX, s. m. Com. du dép. de la Côte-d'Or, cant. de Genlis, arr. de Dijon. = St.-Jean-de-Losne.

BESSEYRE-SAINT-MARY (la), s. f. Com du dép. de la Haute-Loire, cant. de Pinols, arr. de Brioude. = Langeac.

BESSI, s. m. Grand arbre des îles Moluques. T. de bot.

BESSIÈRES, s. f. Com. du dép. de la Haute-Garonne, cant. de Montastruc, arr. de Toulouse. = Toulouse.

BESSINE, s. f. Com. du dép. des Deux-Sèvres, cant. de Fontenay, arr. de Niort. = Niort.

BESSINES, s. f. Com. du dép. de la Haute-Vienne, chef-lieu de cant. de l'arr. de Bellac. Bur. d'enregist. = Morterolles.

BESSINS, s. m. Com. du dép. de l'Isère, cant. et arr. de St.-Marcellin. = St.-Marcellin.

BESSON, E, adj. Jumeau, l'un des enfans d'une même couche. (Vi.)

BESSON, s. m. Com. du dép. de l'Allier, cant. de Souvigny, arr. de Moulins. = Souvigny.

BESSONCOURT, s. m. Com. du dép. du Haut-Rhin, cant. de Fontaines, arr. de Belfort. = Belfort.

BESSONIES, s. f. Village du dép. du Lot, cant. de la Tronquière, arr. de Figeac. = Figeac.

BESSONS, s. m. Com. du dép. de la Lozère, cant. de St.-Chély, arr. de Marvejols. = St.-Chély.

BESSUÉJOULS, s. m. Com. du dép. de l'Aveyron, cant. et arr. d'Espalion. = Espalion.

BESSY, s. m. Com. du dép. de l'Aube, cant. de Méry-sur-Seine, arr. d'Arcis-sur-Aube. = Arcis-sur-Aube.

BESSY, s. m. Com. du dép. de l'Yonne, cant. de Vermenton, arr. d'Auxerre. = Vermenton.

BESTE ou BETTE, s. f. Vase de grès pour la distillation des eaux-fortes.

BESTIAC, s. m. Com. du dép. de l'Ariège, cant. des Cabanes, arr. de Foix. = Tarascon.

BESTIAIRE, s. m. Gladiateur qui combattait contre les bêtes féroces dans le cirque.

BESTIAL, E, adj. Qui tient de la bête.

BESTIALEMENT, adv. En vraie bête.

BESTIALITÉ, s. f. Commerce avec les bêtes; crime de bestialité.

BESTIASSE, s. f. Pécore, bête, dépourvu d'intelligence. T. fam.

BESTIAUX, s. m. pl. Voy. BÉTAIL.

BESTIOLE, s. f. Petite bête. —, jeune fille sans intelligence. Fig. et fam.

BESTION, s. m. Petite bête, insecte. —, tapisserie représentant des animaux. —, pointe de l'éperon d'un vaisseau à l'avant des porte-vergues. T. de mar.

BÉTA, s. m. Très bête, très sot. T. fam.

BÉTAIL, s. m. Nom collectif de tous les animaux qui servent à l'agriculture et à la nourriture de l'homme. Le pl. bestiaux, est pris dans le même sens.

BETAILLE, s. f. Com. du dép. du Lot, cant. de Vairac, arr. de Gourdon. = Martel.

BÉTANCOURT, s. m. Com. du dép. de l'Oise, cant. de Crépy, arr. de Senlis. = Crépy.

BÉTAUCOURT, s. m. Com. du dép. de la Haute-Saône, cant. de Jussey, arr. de Vesoul. = Jussey.

BÉTAULE, s. f. Beurre de bambou.

BETBEZE, s. f. Com. du dép. des Hautes-Pyrénées, cant. de Castelnau-Magnoac, arr. de Bagnères. = Castelnau-Magnoac.

BETBEZER, s. m. Com. du dép. des Landes, cant. de Gabarret, arr. de Mont-de-Marsan. = Roquefort.

BETCAVE, s. f. Com. du dép. du Gers, cant. et arr. de Lombez. = Lombez.

BETCHAT, s. m. Com. du dép. de l'Ariège, cant. de St.-Lizier, arr. de St. Girons. = St.-Girons.

BÊTE, s. f. et adj. Animal irraisonnable. — fauve, cerf, daim, chevreuil. — noire, le sanglier. — puante, renard, blaireau, putois, fouine. — de somme, cheval, mulet, âne, chameau. —, en parlant d'une personne, stupide, sans esprit; être bête, faire la bête. Fig. C'est ma —, c'est quelqu'un que je ne puis souffrir, que je déteste. Prendre du poil de la —, chercher le remède dans la cause du mal. —, jeu de cartes; jouer à la bête.

BETEILLE, s. f. Com. du dép. de l'Aveyron, cant. de Najac, arr. de Villefranche. = Villefranche.

BETEL, s. m. Plante des Indes, espèce de convolvulus dont les Indiens mâchent continuellement les feuilles, qui sont antiscorbutiques. T. de bot.

BÊTEMENT, adv. Stupidement, sottement.

BÉTÊTE, s. f. Com. du dép. de la Creuse, cant. de Châtelus, arr. de Boussac. = Boussac.

BÉTHANCOURT, s. m. Com. du dép. de l'Aisne, cant. de Chauny, arr. de Laon. = Chauny.

BÉTHELINVILLE, s. f. Com. du dép. de la Meuse, cant. de Charny, arr. de Verdun. = Verdun.

BÉTHEMONT, s. m. Com. du dép. de Seine-et-Oise, cant. d'Enghien, arr. de Pontoise. = Moisselles.

BÉTHENCOURT, s. m. Com. du dép. du Nord, cant. de Carnières, arr. de Cambrai. = Cambrai.

BÉTHENCOURT, s. m. Com. du dép. de la Somme, cant. de Nesle, arr. de Péronne. = Nesle.

BÉTHENCOURT-ST.-NICOLAS, s. m. Com. du dép. de l'Oise, cant. de Liancourt, arr. de Clermont. = Clermont.

BÉTHENCOURT-SUR-MER, s. m. Com. du dép. de la Somme, cant. d'Ault, arr. d'Abbeville. = Abbeville.

BÉTHENIVILLE, s. f. Com. du dép. de la Marne, cant. de Beine, arr. de Reims. = Reims.

BETHENY, s. m. Com. du dép. de la Haute-Marne, cant. et arr. de Reims.= Reims.

BÉTHINCOURT, s. m. Com. du dép. de la Meuse, cant. de Charny, arr. de Verdun. = Verdun.

BÉTHINES, s. f. Com. du dép. de la Vienne, cant. de St.-Savin, arr. de Montmorillon. = St.-Savin.

BÉTHISY-SAINT-MARTIN, s. m. Com. du dép. de l'Oise, cant. de Crépy, arr. de Senlis. = Verberie.

BÉTHISY-SAINT-PIERRE, s. m. Com. du dép. de l'Oise, cant. de Crépy, arr. de Senlis. = Verberie.

BÉTHLEHEM, s. m. Ville de Syrie où naquit J.-C., à trois lieues de Jérusalem.

BETHMALE, s. f. Com. du dép. de l'Ariège, cant. de Castillon, arr. de St.-Girons. = St.-Girons.

BÉTHON, s. m. Com. du dép. de la Marne, cant. d'Esternay, arr. d'Épernay. = Villenoxe.

BETHON, s. m. Com. du dép. de la Sarthe, cant. de St.-Pater, arr. de Mamers. = Alençon.

BÉTHONCOURT, s. m. Com. du dép. du Doubs, cant. d'Audincourt, arr. de Montbéliard. = Montbéliard.

BÉTHONSART, s. m. Com. du dép. du Pas-de-Calais, cant. d'Aubigny, arr. de St.-Pol. = Arras.

BÉTHONVILLIER, s. m. Com. du dép. du Haut-Rhin, cant. de Fontaine, arr. de Belfort. = Belfort.

BÉTHUNE (la), s. f. Rivière qui prend naissance près de Gaillefontaine, arr. de Neufchâtel, dép. de la Seine-Inférieure, et qui se jette dans la rivière d'Arques.

BÉTHUNE, s. f. Ville fortifiée du dép. du Pas-de-Calais, chef-lieu de sous-préf. et de cant., place de guerre de 2° rang; trib. de 1re inst.; conserv. des hypoth.; direct. des contrib. indir.; recev. part. des finances; bur. d'enregist. et de poste. Pop. 6,830 hab. environ.

Cette ville est assise sur un roc, au bas duquel coulent la rivière de Bett et le canal de Law. Tombée au pouvoir des Français en 1645, elle resta en leur possession jusqu'en 1710, époque à laquelle les alliés s'en emparèrent; mais quatre ans après, en 1714, elle fut cédée à la France par la paix d'Utrecht.

Fab. de draps et de toiles; distilleries de genièvre; moulins à farines et pour la trituration des graines oléagineuses; raffineries de sel; fab. de savon. Comm. de grains, vins, eaux-de-vie, huile, fromages estimés, toiles, poteries.

BÉTIGNICOURT, s. m. Com. du dép. de l'Aube, cant. de Brienne-le-Château, arr. de Bar-sur-Aube. = Brienne.

BÉTILLE, s. f. Sorte de mousseline des Indes.

BETIRAC, s. m. Village du dép. de l'Aveyron, cant. de St.-Sernin, arr. de St.-Affrique. = St.-Sernin.

BÊTISE, s. f. Défaut d'intelligence,

ignorance crasse, stupidité, sottise; action, discours d'un sot.

BETLION, s. m. Bec de l'éperon. T. de mar.

BÉTMONT, s. m. Com. du dép. des Hautes-Pyrénées, cant. de Trie, arr. de Tarbes. = Trie.

BÉTOINE, s. f. Plante annuelle, sternutatoire, apéritive, résolutive, vulnéraire, à racine purgative. T. de bot.

BÉTOIRES, s. m. pl. Trous ou puits dans les champs pour absorber les eaux de pluie.

BÉTON, s. m. Sorte de mortier qu'on jette dans les fondations d'un bâtiment et qui s'y pétrifie. —, lait troublé après l'accouchement.

BÉTON-BAZOCHES, s. m. Com. du dép. de Seine-et-Marne, cant. de Villiers-St.-Georges, arr. de Provins.= Provins.

BÉTONCOURT-LES-BROTTES, s. m. Com. du dép. de la Haute-Saône, cant. de Saulx, arr. de Lure. = Luxeuil.

BÉTONCOURT-LES-MÉNÉTRIERS, s. m. Com. du dép. de la Haute-Saône, cant. de Vitrey, arr. de Vesoul. = Cintrey.

BÉTONCOURT-SAINT-PANCRAS, s. m. Com. du dép. de la Haute-Saône, cant. de Vauvilliers, arr. de Lure. = Vesoul.

BÉTONCOURT-SUR-MANEC, s. m. Com. du dép. de la Haute-Saône, cant. de Vitrey, arr. de Vesoul. = Jussey.

BETOUS, s. m. Com. du dép. du Gers, cant. de Nogaro, arr. de Condom. = Nogaro.

BETPLAN, s. m. Com. du dép. du Gers, cant. de Miélan, arr. de Mirande. = Miélan.

BETPOUEY, s. m. Com. du dép. des Hautes-Pyrénées, cant. de Castelnau-Magnoac, arr. de Bagnères. = Castelnau-Magnoac.

BETPOUEY, s. m. Com. du dép. des Hautes-Pyrénées, cant. de Luz, arr. d'Argelès. = Argelès.

BETRACQ, s. m. Com. du dép. des Basses-Pyrénées, cant. de Lembeye, arr. de Pau. = Pau.

BETTAINCOURT, s. m. Com. du dép. de la Haute-Marne, cant. de Donjeux, arr. de Vassy. = Andelot. Forges et hauts-fourneaux.

BETTAINVILLE, s. f. Com. du dép. de la Moselle, cant. de Metzervisse, arr. de Thionville. = Thionville.

BETTANCOURT, s. m. Com. du dép. de la Marne, cant. de Heiltz-le-Maurupt, arr. de Vitry-le-Français. = Vitry.

BETTANCOURT, s. m. Com. du dép. de la Haute-Marne, cant. de St.-Dizier, arr. de Vassy. = St.-Dizier.

BETTANGE, s. m. Com. du dép. de la Moselle, cant. de Boulay, arr. de Metz. = Boulay.

BETTBORN, s. m. Com. du dép. de la Meurthe, cant. de Fénétrange, arr. de Sarrebourg. = Sarrebourg.

BETTE, s. f. Poirée, plante potagère, espèce d'arroche à feuilles émollientes.

BETTEGNEY-SAINT-BRICE, s. m. Com. du dép. des Vosges, cant. de Dompaire, arr. de Mirecourt. = Mirecourt.

BETTE-MARINE, s. f. Bateau pêcheur dont on se sert sur les côtes de la Provence.

BETTEMBOS, s. m. Com. du dép. de la Somme, cant. de Poix, arr. d'Amiens. = Poix.

BETTENCOURT-RIVIÈRE, s. m. Com. du dép. de la Somme, cant. de Molliens-Vidame, arr. d'Amiens. = Airaines.

BETTENCOURT-SAINT-OUIN, s. m. Com. du dép. de la Somme, cant. de Picquigny, arr. d'Amiens. = Flixecourt.

BETTENDORFF, s. m. Com. du dép. du Haut-Rhin, cant. de Hirsingue, arr. d'Altkirch. = Altkirch.

BETTERAVE, s. f. Bette à grosses racines de rave; betterave rouge, blanche. Sucre de —, extrait de cette plante.

BETTES, s. f. Com. du dép. des Hautes-Pyrénées, cant. de Lannemezan, arr. de Bagnères. = Bagnères.

BETTEVILLE, s. f. Com. du dép. de la Seine-Inférieure, cant. de Pavilly, arr. de Rouen. = Rouen.

BETTIGNIES, s. f. Com. du dép. du Nord, cant. de Maubeuge, arr. d'Avesnes. = Maubeuge.

BETTING, s. m. Com. du dép. de la Moselle, cant. de Sierck, arr. de Thionville. = Bouzonville.

BETTING-LES-SAINT-AVOLD, s. m. Com. du dép. de la Moselle, cant. de St.-Avold, arr. de Sarreguemines. = St.-Avold.

BETTLACH, s. m. Com. du dép. du Haut-Rhin, cant. de Ferrette, arr. d'Altkirch. = Altkirch.

BETTON, s. m. Com. du dép. d'Ille-et-Vilaine, cant. et arr. de Rennes. = Rennes.

BETTONCOURT, s. m. Com. du dép. de la Haute-Marne, cant. de Poissons, arr. de Vassy. = Joinville.

BETTONCOURT, s. m. Com. du dép. des Vosges, cant. de Charmes, arr. de Mirecourt. = Mirecourt.

BETTRECHIES, s. f. Com. du dép. du Nord, cant. de Bavay, arr. d'Avesnes. = Bavay.

BETTWILLER, s. m. Com. du dép. de la Moselle, cant. de Rorbach, arr. de Sarreguemines. = Bitche.

BETTWILLER, s. m. Com. du dép. du Bas-Rhin, cant. de Drulingen, arr. de Saverne. = Sarrewerden.

BETUNE, s. f. Demie-fortune, carrosse à un cheval.

BETUSES, s. f. pl. Tonneaux à demi-ouverts qui servent au transport du poisson vivant.

BETYLE, s. m. Pierre dont on faisait les anciennes idoles.

BETZ, s. m. Com. du dép. de l'Oise, chef-lieu de cant. de l'arr. de Senlis. Bur. d'enregist. = Crépy.

BETZ, s. m. Com. du dép. d'Indre-et-Loire, cant. de Pressigny-le-Grand, arr. de Loches. = Loches.

BEUGIN, s. m. Com. du dép. du Pas-de-Calais, cant. de Houdain, arr. de Béthune. = Béthune.

BEUGLEMENT, s. m. Cri, mugissement du taureau, du bœuf, de la vache.

BEUGLER, v. n. Mugir, meugler, jeter des beuglemens. —, jeter de hauts cris. T. fam.

BEUGNATRE, s. m. Com. du dép. du Pas-de-Calais, cant. de Bapaume, arr. d'Arras. = Bapaume.

BEUGNÉ (St.-Maixent de), s. m. Com. du dép. des Deux-Sèvres, cant. de Coulonges, arr. de Niort. = Niort.

BEUGNÉ, s. m. Com. du dép. de la Vendée, cant. de Ste.-Hermine, arr. de Fontenay. = Ste.-Hermine.

BEUGNEUX, s. m. Com. du dép. de l'Aisne, cant. d'Oulchy-le-Château, arr. de Soissons. = Oulchy.

BEUGNIES, s. f. Com. du dép. du Nord, cant. et arr. d'Avesnes. = Avesnes.

BEUGNON, s. m. Com. du dép. des Deux-Sèvres, cant. de Coulonges, arr. de Niort. = Niort.

BEUGNON, s. m. Com. du dép. de l'Yonne, cant. de Flogny, arr. de Tonnerre. = St.-Florentin.

BEUGNY, s. m. Com. du dép. du Pas-de-Calais, cant. de Bertincourt, arr. d'Arras. = Bapaume.

BEUIL, s. m. Com. du dép. d'Indre-et-Loire, cant. de Neuvy-le-Roi, arr. de Tours. = Neuvy-le-Roi.

BEUIL (St.-), s. m. Com. du dép. de l'Isère, cant. de St.-Geoire, arr. de la Tour-du-Pin. = Pont-de-Beauvoisin.

BEULAY, s. m. Com. du dép. des Vosges, cant. et arr. de St.-Dié. = St.-Dié.

BEULOTTE-SAINT-LAURENT, s. f. Com. du dép. de la Haute-Saône, cant. de Faucogney, arr. de Luxeuil. = Luxeuil.

BEUREY, s. m. Com. du dép. de l'Aube, cant. d'Essoye, arr. de Bar-sur-Seine. = Bar-sur-Seine.

BEUREY, s. m. Com. du dép. de la Meuse, cant. de Revigny, arr. de Bar-le-Duc. = Bar-le-Duc.

BEUREY-BEAUGAY, s. m. Com. du dép. de la Côte-d'Or, cant. de Pouilly-en-Auxois, arr. de Beaune. = Arnay-le-Duc.

BEURIÈRES, s. f. Com. du dép. du Puy-de-Dôme, cant. d'Arlanc, arr. d'Ambert. = Ambert.

BEURLAY, s. m. Com. du dép. de la Charente-Inférieure, cant. de St.-Porchaire, arr. de Saintes. = Tonnay.

BEURRE, s. m. La plus délicate, la plus abondante et la plus précieuse de toutes les substances grasses qui entrent dans la préparation des alimens; beurre frais, salé, fondu. — noir, fondu et noirci dans la poêle. Lait de —, lait qui reste dans la baratte quand le beurre est enlevé. Promettre plus de — que de pain, abuser par de belles promesses. Yeux pochés au — noir, meurtris par les coups. —, nom impropre de plusieurs muriates. T. de chim.

BEURRE, s. m. Com. du dép. du Doubs, cant. et arr. de Besançon. = Besançon.

Forges et martinets.

BEURRÉ, s. m. Sorte de poire fondante.

BEURRÉ, E, part. Se dit d'une préparation dans laquelle on a mis du beurre.

BEURRÉE, s. f. Tranche de pain sur laquelle on a étendu du beurre.

BEURRER, v. a. Mettre du beurre dans de la pâte, sur du pain; faire tremper dans du beurre.

BEURRIER, ÈRE, s. Marchand de beurre.

BEURVILLE, s. f. Com. du dép. de la Haute-Marne, cant. de Doulevant, arr. de Vassy. = Doulevant.

BEURY (St.-), s. m. Com. du dép. de la Côte-d'Or, cant. de Vitteaux, arr. de Semur. = Vitteaux.

BEUSTE, s. m. Com. du dép. des Basses-Pyrénées, cant. de Clarac, arr. de Pau. = Pau.

BEUTAL, s. m. Com. du dép. du Doubs, cant. et arr. de Montbéliard. = Montbéliard.

BEUTIN, s. m. Com. du dép. du Pas-de-Calais, cant. d'Etaples, arr. de Montreuil. = Montreuil.

BEUVANGE - SOUS - JUSTEMONT, s. m. Com. du dép. de la Moselle, cant. et arr. de Thionville. = Thionville.

BEUVANGE - SOUS - ST. - MICHEL, s. m. Com. du dép. de la Moselle, cant. et arr. de Thionville. = Thionville.

BEUVANTE, s. f. Droit que se réserve le propriétaire d'un navire donné à fret.

BEUVARDES, s. f. Com. du dép. de l'Aisne, cant. de Fère-en-Tardenois, arr. de Château-Thierry. = Fère-en-Tardenois.

BEUVE - AUX - CHAMPS (Ste.-), s. f. Com. du dép. de la Seine-Inférieure, cant. de Blangy, arr. de Neufchâtel. = Neufchâtel.

BEUVE - EN - RIVIÈRE (Ste.-), s. f. Com. du dép. de la Seine-Inférieure, cant. et arr. de Neufchâtel. = Neufchâtel.

BEUVEILLE, s. f. Com. du dép. de la Moselle, cant. de Longuion, arr. de Briey. = Longuion.

BEUVEZIN, s. m. Com. du dép. de la Meurthe, cant. de Colombey, arr. de Toul. = Vézelize.

BEUVILLE, s. f. Com. du dép. du Calvados, cant. de Douvres-la-Délivrande, arr. de Caen. = Caen.

BEUVILLIERS, s. m. Com. du dép. de la Moselle, cant. d'Audun-le-Roman, arr. de Briey. = Briey.

BEUVILLIERS, s. m. Com. du dép. du Calvados, cant. et arr. de Lisieux. = Lisieux.

BEUVOTTER, v. n. Boire peu et souvent, avec délectation.

BEUVRAGES, s. m. Com. du dép. du Nord, cant. et arr. de Valenciennes. = Valenciennes. Fab. de clous et de genièvre.

BEUVRAIGNES, s. f. Com. du dép. de la Somme, cant. de Roye, arr. de Montdidier. = Roye.

BEUVREQUEN, s. m. Com. du dép. du Pas-de-Calais, cant. de Marquise, arr. de Boulogne. = Marquise.

BEUVREUIL, s. m. Com. du dép. de la Seine-Inférieure, cant. de Gournay; arr. de Neufchâtel. = Gournay.

BEUVREY, s. m. Com. du dép. du Nord, cant. d'Orchies, arr. de Douai. = Orchies.

BEUVRIGNY, s. m. Com. du dép. de la Manche, cant. de Tessy, arr. de St.-Lô. = Torigny.

BEUVRINES, s. f. pl. Grosses toiles d'étoupes de chanvre ou de lin.

BEUVRON, s. m. Com. du dép. du Calvados, cant. de Cambremer, arr. de Pont-l'Evêque. = Croissanville.

BEUVRON, s. m. Com. du dép. de la Nièvre, cant. de Brinon, arr. de Clamecy. = Tannay.

BEUVRON (le), s. m. Rivière qui sort de la fontaine des Ombreaux, arr. de Clamecy, dép. de la Nièvre, et qui se perd dans l'Yonne, où elle apporte, à bûches perdues, environ 60,000 stères de bois pour l'approvisionnement de Paris.

BEUVRON (le), s. m. Petite rivière qui naît près de Châtillon-sur-Loire, dép. du Loiret, et qui se jette dans la Loire, après un cours d'environ 22 l.

BEUVRONNE (la), s. f. Est une petite rivière qui se jette dans le canal de l'Ourcq, près de Claye, arr. de Meaux, dép. de Seine-et-Marne.

BEUVRY, s. m. Com. du dép. du Pas-de-Calais, cant. de Cambrin, arr. de Béthune. Bur. d'enregist. = Béthune.

BEUX, s. m. Com. du dép. de la Moselle, cant. de Pange, arr. de Metz. = Metz.

BEUXE, s. f. Com. du dép. de la Vienne, cant. et arr. de Loudun. = Loudun.

BEUZEC-CAP-SIZUN, s. m. Com. du dép. du Finistère, cant. de Pont-Croix, arr. de Quimper. = Pont-Croix.

BEUZEC-CONQ, s. m. Com. du dép. du Finistère, cant. de Concarneau, arr. de Quimper. = Concarneau.

BEUZEVAL, s. m. Com. du dép. du Calvados, cant. de Dives, arr. de Pont-l'Evêque. = Dives.

BEUZEVILLE, s. f. Com. du dép. de l'Eure, chef-lieu de cant. de l'arr. de Pont-Audemer. Bur. d'enregist.=Pont-Audemer.

BEUZEVILLE-AU-PLEIN, s. f. Com. du dép. de la Manche, cant. de Ste.-Mère-Eglise, arr. de Valognes. = Ste.-Mère-Eglise.

BEUZEVILLE-LA-BASTILLE, s. f. Com. du dép. de la Manche, cant. de Ste.-Mère-Eglise, arr. de Valognes. = Carentan.

BEUZEVILLE-LA-GRENIER, s. f. Com. du dép. de la Seine-Inférieure, cant. de Bolbec, arr. du Havre. = Bolbec.

BEUZEVILLE-LA-GUERARD, s. f. Com. du dép. de la Seine-Inférieure, cant. d'Ourville, arr. d'Yvetot. = Fauville.

BEUZEVILLE-SUR-LE-VEY, s.f. Com. du dép. de la Manche, cant. de Carentan, arr. de St.-Lô. = Carentan.

BEUZEVILLETTE, s. f. Com. du dép.

de la Seine-Inférieure, cant. de Bolbec, arr. du Hâvre. = Bolbec.

BEVEAU, s. m. Voy. Beauveau.

BEVENAIS, s. m. Com. du dép. de l'Isère, cant. de Lemps, arr. de la Tour-du-Pin. = le Grand-Lemps.

BEVERNE, s. f. Com. du dép. de la Haute-Saône, cant. de Héricourt, arr. de Lure. = Lure.

BEVEUGE, s. m. Com. du dép. de la Haute-Saône, cant. de Villersexel, arr. de Lure. = Vesoul.

BEVILLE-LA-GAILLARDE, s. f. Village du dép. de la Seine-Inférieure cant. de Tôtes, arr. de Dieppe. = Tôtes.

BEVILLE-LE-COMTE, s. f. Com. du dép. d'Eure-et-Loir, cant. d'Auneau, arr. de Chartres. = Chartres.

BEVILLERS, s. m. Com. du dép. du Nord, cant. de Carnières, arr. de Cambrai. = Cambrai.

BEVIN, s. m. Village du dép. des Ardennes, cant. de Fumay, arr. de Rocroy. = Fumay.

BEVONS, s. m. Com. du dép. des Basses-Alpes, cant. de Noyers, arr. de Sisteron. = Sisteron.

BÉVUE, s. f. Méprise, erreur par ignorance ou par inadvertance.

BÉVY, s. m. Com. du dép. de la Côte-d'Or, cant. de Gevrey, arr. de Dijon. = Nuits.

BEY, s. m. Gouverneur d'une province ou d'une ville dans l'empire Ottoman.

BEY, s. m. Com. du dép. de la Meurthe, cant. de Nomeny, arr. de Nancy. = Nancy.

BEY, s. m. Com. du dép. de Saône-et-Loire, cant. de St.-Martin-en-Bresse, arr. de Châlons-sur-Saône. = Châlons.

BEYCHAC-ET-CHAILLAC, s. m. Com. du dép. de la Gironde, cant. de Carbon-Blanc, arr. de Bordeaux. = Bordeaux.

BEYLONQUE, s. m. Com. du dép. des Landes, cant. de Tartas, arr. de St.-Sever. = Tartas.

BEYNAC, s. m. Com. du dép. de la Dordogne, cant. et arr. de Sarlat. = Sarlat.

BEYNAC, s. m. Com. du dép. de la Haute-Vienne, cant. d'Aixe, arr. de Limoges. = Limoges.

BEYNAT, s. m. Com. du dép. de la Corrèze, chef-lieu de cant. de l'arr. de Brive, où se trouve le bur. d'enregist. = Brive.

BEYNES, s. f. Com. du dép. des Basses-Alpes, cant. de Mézel, arr. de Digne. = Digne.

BEYNES, s. f. Com. du dép. de Seine-et-Oise, cant. de Montfort-l'Amaury, arr. de Rambouillet. = Neauphle.

BEYNOST, s. m. Com. du dép. de l'Ain, cant. de Montluel, arr. de Trévoux. = Montluel.

BEYRÈDE, s. f. Com. du dép. des Hautes-Pyrénées, cant. d'Arreau, arr. de Bagnères. = Arreau.

BEYREN, s. m. Com. du dép. de la Moselle, cant. de Catenom, arr. de Thionville. = Thionville.

BEYRIE, s. f. Com. du dép. des Basses-Pyrénées, cant. de Lescar, arr. de Pau. = Pau.

BEYRIE, s. f. Com. du dép. des Basses-Pyrénées, cant. de St.-Palais, arr. de Mauléon. = St.-Palais.

BEYRIES, s. f. Com. du dép. des Landes, cant. d'Amou, arr. de St.-Sever. = St.-Sever.

BEYRIEUX, s. m. Com. du dép. de l'Ain, cant. et arr. de Belley. = Belley.

BEYSSAC, s. m. Com. du dép. de la Corrèze, cant. de Lubersac, arr. de Brive. = Uzerches.

BEYSSAC-ET-TRENQUELS, s. m. Com. du dép. du Lot, cant. de Vayrac, arr. de Gourdon. = Martel.

BEYSSENAC, s. m. Com. du dép. de la Corrèze, cant. de Lubersac, arr. de Brive. = Uzerches.

BEZ, s. m. Stalactite saline. T. d'hist. nat.

BEZ, s. m. Com. du dép. de l'Aveyron, cant. d'Asprières, arr. de Villefranche. = Villefranche.

BEZ (le), s. m. Petite rivière qui descend de la montagne de Toussiers, dép. de la Drôme, et qui, après un cours de 7 l., va se perdre dans la Drôme.

BEZ (le), s. m. Village du dép. des Hautes-Alpes, cant. de Monestier, arr. de Briançon. = Briançon.

BEZAC, s. m. Com. du dép. de l'Ariège, cant. et arr. de Pamiers. = Pamiers.

BEZACOUL, s. m. Com. du dép. du Tarn, cant. d'Alban, arr. d'Albi. = Albi.

BEZAGETTE, s. f. Com. du dép. de l'Indre, cant. de Neuvy-St.-Sépulcre, arr. de la Châtre. = Argenton-sur-Creuse.

BEZALLES, s. f. Com. du dép. de Seine-et-Marne, cant. de Nangis, arr. de de Provins. = Provins.

BEZANCOURT, s. m. Com. du dép. de la Seine-Inférieure, cant. de Gournay, arr. de Neufchâtel. = Gournay-en-Bray.

BEZANGE-LA-GRANDE, s. f. Com. du dép. de la Meurthe, cant. de Vic, arr. de Château-Salins. = Château-Salins.

BEZANNES, s. f. Com. du dép. de la Marne, cant. et arr. de Reims. = Reims.

BEZANS, s. m. pl. Toiles de coton du Bengale.

BEZAUDUN, s. m. Com. du dép. de la Drôme, cant. de Bourdeaux, arr. de Die. = Crest.

BEZAUDUN, s. m. Com. du dép. du Var, cant. de Barjols, arr. de Brignoles. = Barjols.

BEZAUDUN, s. m. Com. du dép. du Var, cant. de Coursegoules, arr. de Grasse. = Vence.

BEZAUMONT, s. m. Com. du dép. de la Meurthe, cant. de Pont-à-Mousson, arr. de Nancy. = Pont-à-Mousson.

BÈZE, s. f. Com. du dép. de la Côte-d'Or, cant de Mirebeau, arr. de Dijon. = Mirebeau.

Fab. de limes, de fer et d'acier laminé; acier fin; mines de fer.

BEZEAU, s. m. Pièce de bois coupée obliquement. T. de charp.

BEZENAC, s. m. Com. du dép. de la Dordogne, cant. de St.-Cyprien, arr. de Sarlat. = Sarlat.

BEZERIL, s. m. Com. du dép. du Gers, cant. de Samathan, arr. de Lombez. = Lombez.

BEZESTAN, s. m. Marché, halle couverte, en Turquie.

BEZ-ET-ESPARON, s. m. Com. du dép. du Gard, cant. et arr. du Vigan. = le Vigan.

BEZETTA, s. m. Crépon fin du Levant.

BEZIER, s. m. Poirier sauvage.

BÉZIERS, s. m. Grande et très ancienne ville du dép. de l'Hérault, chef-lieu de sous-préf. et de deux cant.; trib. de 1re inst. et de comm.; société d'agric.; biblioth. publique; conserv. des hypoth.; direc. des contrib. indir.; recev. part. des finances; bur. d'enregist. et de poste. Pop. 16,515 hab. environ.

Cette ville était autrefois, l'une des plus considérables du Languedoc et le siège d'un évêché. Les Vandales, au 5e siècle, les Sarrasins, en 720, et Charles Martel, en 737, la saccagèrent tour à tour; mais c'est surtout en 1209, à l'époque de la croisade contre les Albigeois, qu'il faut déplorer le sort des malheureux habitans de Béziers. Tous furent passés au fil de l'épée par Simon de Montfort qui, à la tête d'une armée de fanatiques, venait de s'emparer de leur ville; et, comme si ce n'était assez de tant d'horreurs, les croisés, après s'être gorgés de sang et de butin, y mirent le feu, et n'y laissèrent qu'un monceau de cendres.

Fab. de draps, bas de soie, gants, eaux-de-vie, liqueurs, confitures, produits chimiques, verdets; verreries, papeteries, etc.

Comm. de vert-de-gris, laines, vins muscats, eaux-de-vie, esprit-de-vin, huile, soude, amandes, fruits, etc.

Distance de Paris, 217 l. par Montpellier, et 185 par Lodève, Mende et Clermont.

BEZING, s. m. Com. du dép. des Basses-Pyrénées, cant. de Clarac, arr. de Pau. = Pau.

BEZINGHEIM, s. m. Com. du dép. du Pas-de-Calais, cant. de Hucqueliers, arr. de Montreuil. = Samer.

BEZINS-ET-GARREAU, s. m. Com. du dép. de la Haute-Garonne, cant. de St.-Béat, arr. de St.-Gaudens. = St.-Béat.

BÉZOARD, s. m. Calcul animal, concrétion pierreuse dans le corps de certains animaux. — fossile ou minéral, bézoard factice, espèce d'antimoine. T. d'hist. nat.

BÉZOARDIQUES ou BÉSOARTIQUES, s. et adj. pl. Remèdes cordiaux et alexipharmaques, dans la composition desquels entre le bézoard ou d'autres substances qu'on suppose en avoir la vertu. T. de méd.

BEZOLLES, s. f. Com. du dép. du Gers, cant. de Valence, arr. de Condom. = Condom.

BEZONNE, s. f. Village du dép. de l'Aveyron, cant. de Bozouls, arr. de Rodez. = Rodez.

BEZONS, s. m. Com. du dép. de Seine-et-Oise, cant. d'Argenteuil, arr. de Versailles. = Argenteuil.

BEZONVAUX, s. m. Com. du dép. de la Meuse, cant. de Charny, arr. de Verdun. = Verdun.

BEZOUCE, s. f. Com. du dép. du Gard, cant. de Marguerittes, arr. de Nismes. = Nismes.

BEZOUOTTE, s. f. Com. du dép. de la Côte-d'Or, cant. de Mirebeau, arr. de Dijon. = Mirebeau.

Hauts-fourneaux, forges.

BEZUES, s. f. Com. du dép. du Gers, cant. de Masseube, arr. de Mirande. = Auch.

BEZU-LA-FORÊT, s. m. Com. du dép. de l'Eure, cant. de Lyons, arr. des Andelys. = Lyons-la-Forêt.

BEZU-LE-GUÉRY, s. m. Com. du dép. de l'Aisne, cant. de Charly, arr. de Château-Thierry. = Charly.

BEZU-LE-LONG, s. m. Com. du dép. de l'Eure, cant. de Gisors, arr. des Andelys. = Gisors.

BEZU-LES-FÈVES, s. m. Com. du dép. de l'Aisne, cant. et arr. de Château-Thierry. = Château-Thierry.

BEZU-ST.-GERMAIN, s. m. Com. du

dép. de l'Aisne, cant. et arr. de Château-Thierry. = Château-Thierry.

BIAC-HAUT, s. m. Com. du dép. de l'Aveyron, cant. de Ste.-Geneviève, arr. d'Espalion. = Mur-de-Barrez.

BIACHES, s. f. Com. du dép. de la Somme, cant. et arr. de Péronne. = Péronne.

BIACHE-SAINT-WAAST, s. f. Com. du dép. du Pas-de-Calais, cant. de Vitry, arr. d'Arras. = Arras.

BIAC-MONTAGNE, s. m. Com. du dép. de l'Aveyron, cant. de Ste.-Geneviève, arr. d'Espalion. = Mur-de-Barrez.

BIAIS, s. m. Ligne oblique; travers. —, manière détournée, indirecte pour réussir dans une affaire. Fig. Trouver un —, trouver un moyen d'arrangement. De —, adv. Obliquement, de travers.

BIAISÉ, E, part. Détourné, en parlant du sens d'un discours.

BIAISEMENT, s. m. Manière d'agir en biaisant. —, détour pour tromper. Fig.

BIAISER, v. a. Détourner un peu le sens d'un discours. —, v. n. Etre, aller de biais. —, prendre un biais, un moyen détourné, user de supercheries, agir de mauvaise foi.

BIAISEUR, s. m. Homme de mauvaise foi qui cherche des détours, qui biaise.

BIAMBONÉES, s. f. pl. Étoffes d'écorce qu'on fabrique dans l'Inde.

BIANE, s. f. Com. du dép. du Gers, cant. et arr. d'Auch. = Auch.

BIANS, s. m. Com. du dép. du Doubs, cant. de Lévier, arr. de Pontarlier. = Pontarlier.

BIARDS (les), s. m. pl. Com. du dép. de la Manche, cant. d'Isigny, arr. de Mortain. = St.-Hilaire.

BIARIS, s. m. Sorte de baleine. T. d'hist. nat.

BIARNE, s. f. Com. du dép. du Jura, cant. et arr. de Dôle. = Dôle.

BIARQUE, s. m. Intendant qui était chargé des subsistances sous le règne des empereurs grecs.

BIARRE, s. f. Com. du dép. de la Somme, cant. de Roye, arr. de Montdidier. = Nesle.

BIARRITS, s. m. Com. du dép. des Basses-Pyrénées, cant. et arr. de Bayonne. = Bayonne.

BIARROTTE, s. f. Com. du dép. des Landes, cant. de St.-Esprit, arr. de Dax. = Bayonne.

BIARS, s. m. Com. du dép. du Lot, cant. de Bretenoux, arr. de Figeac. = St.-Céré.

BIAS, s. m. Com. du dép. des Landes, cant. de Mimizan, arr. de Mont-de-Marsan. = Lipostey.

BIAS, s. m. Village du dép. de Lot-et-Garonne, cant. et arr. de Villeneuve-d'Agen. = Villeneuve.

BIASSE, s. f. Soie crue du Levant.

BIATORE, s. f. Genre de lichens. T. de bot.

BIAUDOS, s. m. Com. du dép. des Landes, cant. de St.-Esprit, arr. de Dax. = Bayonne.

BIBACITÉ, s. f. Passion de boire, de s'enivrer; ivrognerie. T. inus.

BIBAUX, s. m. pl. Pétaux, mendians, brigands armés de piques.

BIBBI, s. m. Palmier d'Amérique dont le bois est noir. T. de bot.

BIBE, s. m. Poisson du genre du gade. T. d'hist. nat.

BIBERON, E, s. Celui, celle qui aime à boire, qui se grise. —, petit vase à bec ou à tuyau avec lequel on fait boire les enfans.

BIBERSKIRICH, s. m. Com. du dép. de la Meurthe, cant. et arr. de Sarrebourg. = Sarrebourg.

BIBICHE, s. f. Com. du dép. de la Moselle, cant. de Bouzonville, arr. de Thionville. = Bouzonville.

BIBIONS, s. m. pl. Insectes diptères. T. d'hist. nat.

BIBLE, s. f. L'Ecriture Sainte, l'Ancien et le Nouveau Testament. —, sorte de carton; machine pour lancer les pierres.

BIBLING, s. m. Com. du dép. de la Moselle, cant. de Bouzonville, arr. de Thionville. = St.-Avold.

BIBLIOGNOSTIE, s. f. Science des livres.

BIBLIOGRAPHE, s. m. Savant profondément versé dans la connaissance des livres, des éditions, dont il fait des catalogues.

BIBLIOGRAPHIE, s. f. Science du bibliographe.

BIBLIOGRAPHIQUE, adj. Qui appartient à la bibliographie.

BIBLIOLATHE, s. et adj. Qui possède une très belle bibliothèque sans connaître aucun des livres qu'elle renferme.

BIBLIOLITHE, s. f. Pierre lamelleuse qui porte l'empreinte de feuilles. T. d'hist. nat.

BIBLIOMANCIE, s. f. Divination à l'aide de la bible.

BIBLIOMANE, s. m. Bouquineur qui a la manie d'acheter des livres pour les entasser dans une bibliothèque.

BIBLIOMANIE, s. f. Manie d'acheter des livres, d'avoir une bibliothèque.

BIBLIOPÉE, s. f. Art de compiler, de faire un livre. T. inus.

BIBLIOPHILE, s. m. Amateur de livres, de bibliothèques.

BIBLIOPOLE, s. m. Libraire, marchand de livres.

BIBLIOTAPHE, s. m. Égoïste qui possède des livres rares qu'il ne communique à personne, qui enfouit ses livres.

BIBLIOTHÉCAIRE, s. m. Conservateur d'une bibliothèque.

BIBLIOTHÈQUE, s. f. Lieu plus ou moins vaste où les livres se trouvent rangés en ordre dans des armoires; réunion, catalogue raisonné de livres, d'ouvrages de même nature; bibliothèque des pères de l'église, etc. — vivante, homme savant. Fig.

BIBLIQUE, adj. Conforme à la bible, métaphorique, comme son style. Société —, société qui publie la bible dans toutes les langues.

BIBLISTES, s. m. pl. Ceux qui n'admettent que le texte pur de la bible.

BIBLIUGUIANCIE, s. f. Art de restaurer les livres endommagés. T. inus.

BIBLIZHEIM, s. m. Com. du dép. du Bas-Rhin, cant. de Wœrt-sur-Sauer, arr. de Wissembourg. == Haguenau.

BIBOST, s. m. Com. du dép. du Rhône, cant. de l'Arbresle, arr. de Lyon. == l'Arbresle.

BIBUS, s. m. Rien, bagatelle, chose de nulle valeur.

BICA, s. f. Poisson que l'on pêche aux environs des côtes de Biscaye.

BICAPSULAIRE, adj. A deux capsules. T. de bot.

BICCHISANO, s. m. Village du dép. de la Corse, cant. de Taravô, arr. de Sartène. == Ajaccio.

BICEPS, s. m. pl. Muscles qui ont deux attaches ou deux têtes à l'une de leurs extrémités; biceps de l'avant-bras, de la jambe. Ce dernier est un des principaux fléchisseurs de la jambe.

BICÊTRE, s. m. Ancien château situé dans la com. de Gentilly, cant. de Villejuif, arr. de Sceaux. Ce château immense fut fondé en 1290 par un évêque de Paris pour en faire un hôpital. Aujourd'hui, il renferme une maison de force et un hospice pour les vieillards, les indigens et les aliénés. On y trouve en outre de vastes ateliers pour le poli des glaces; des fabriques de boutons, de souliers, de gibernes; des filatures de laine, etc. —, malheur, disgrâce, infortune. Fig. T. inus.

BICHANCOURT, s. m. Com. du dép. de l'Aisne, cant. de Coucy-le-Château, arr. de Laon. == Chauny.

BICHE, s. f. La femelle du cerf. —, insecte coléoptère; poisson. T. d'hist. nat.

BICHERIES, s. f. pl. Bordages des galères. T. de mar.

BICHES, s. f. Com. du dép. de la Nièvre, cant. de Châtillon, arr. de Château-Chinon. == Moulins-Engilbert.

BICHET, s. m. Mesure de grains, environ un minot de Paris; son contenu; un bichet de blé.

BICHETAGE, s. m. Ancien droit sur la vente du grain qu'on prélevait dans les marchés.

BICHETTE, s. f. Haveneau, filet monté sur deux cerceaux ou deux perches courbées. T. de pêch.

BICHO ou BICHIOS, s. m. Petit ver sous la peau.

BICHON, NE, s. Petit chien à longs poils dont le nez est fort court.

BICHOT, s. m. Ancienne mesure de grains.

BICKENHOLTZ, s. m. Com. du dép. de la Meurthe, cant. de Fénétrange, arr. de Sarrebourg. == Sarrebourg.

BICONJUGUÉE, adj. f. Se dit d'une feuille dont le pétiole commun se divise en deux rameaux, chacun de deux folioles. T. de bot.

BICOQ ou PIED-DE-CHÈVRE, s. m. Troisième pied de la chèvre. T. de charp.

BICOQUE, s. f. Petite maison, petite ville. —, petite place de guerre mal fortifiée. T. d'art milit.

BICORNES, s. f. pl. Famille des plantes dicotylédones, monopétales, à corolle périgyne. T. de bot.

BICORNIS, s. m. Muscle extenseur du bras. T. d'anat.

BICORNU, E, adj. Garni de deux pointes. T. de bot.

BICOTYLÉDONE, adj. A deux lobes; semence bicotylédone.

BICQUELEY, s. m. Com. du dép. de la Meurthe, cant. et arr. de Toul. == Toul.

BICUSPIDÉE, adj. f. Fendue en deux au sommet; feuille bicuspidée. T. de bot.

BIDACHE, s. f. Petite ville du dép. des Basses-Pyrénées, chef-lieu de cant. de l'arr. de Bayonne. Bur. d'enregist. à la Bastide de Clairence. == Bayonne.

BIDARRAY, s. m. Com. du dép. des Basses-Pyrénées, cant. de St.-Etienne, arr. de Mauléon. == St.-Jean-Pied-de-Port.

BIDART, s. m. Com. du dép. des Basses-Pyrénées, cant. de St.-Jean-de-Luz, arr. de Bayonne. == St.-Jean-de-Luz.

BIDAUCT, s. m. Suie de cheminée employée par les teinturiers.

BIDENT, s. m. Genre de plantes corymbifères. T. de bot.

BIDENTÉ, E, adj. Se dit d'un calice dont le bord a deux dents. T. de bot.

BIDEREN, s. m. Com. du dép. des Basses-Pyrénées, cant. de Sauveterre, arr. d'Orthez. = Orthez.

BIDESTROFF, s. m. Com. du dép. de la Meurthe, cant. de Dieuze, arr. de Château-Salins. = Dieuze.

BIDET, s. m. Petit cheval de selle; meuble de toilette; outil de cirier.

BIDI-BIDI, s. m. Petit rat d'Amérique. T. d'hist. nat.

BIDING, s. m. Com. du dép. de la Moselle, cant. de Grostenquin, arr. de Sarreguemines. = St-Avold.

BIDON, s. m. Broc d'environ cinq pintes; vase où les soldats mettent leur eau; balle alongée; filandre sur le fer.

BIDON, s. m. Com. du dép. de l'Ardèche, cant. de Bourg-St.-Andéol, arr. de Privas. = Bourg-St.-Andéol.

BIDORIS, s. m. Monture des officiers d'infanterie.

BIDOS, s. m. Com. du dép. des Basses-Pyrénées, cant. et arr. d'Oloron. = Oloron.

BIDOUZE (la), s. f. Petite rivière qui sort des Pyrénées, à trois lieues de St.-Jean-Pied-de-Port, arr. de Mauléon, et qui se perd dans l'Adour, après avoir parcouru environ 18 l. Elle est navigable à la faveur de la marée, et sert particulièrement à transporter des pierres de taille des carrières de Came et de Bidache à Bayonne.

BIÉCHARIE, s. m. ou **BICHARRIÈRE**, s. f. Tramail pour la pêche du saumon et de l'alose. T. de pêch.

BIÉCOURT, s. m. Com. du dép. des Vosges, cant. et arr. de Mirecourt. = Mirecourt.

BIEDERTHAL, s. m. Com. du dép. du Haut-Rhin, cant. de Ferrette, arr. d'Altkirch. = Huningue.

BIÉ-EN-BELIN (St.-), s. m. Com. du dép. de la Sarthe, cant. d'Ecommoy, arr. du Mans. = Ecommoy.

BIEF, s. m. Voy. Biez.

BIEF, s. m. Com. du dép. du Doubs, cant. de St.-Hippolyte, arr. de Montbéliard. = St.-Hippolyte-sur-le-Doubs.

BIEF-DES-MAISONS, s. m. Com. du dép. du Jura, cant. de Planches, arr. de Poligny. = Champagnole.

BIEF-DU-FOURG, s. m. Com. du dép. du Jura, cant. de Nozeroy, arr. de Poligny. = Champagnole.

BIEF-MORIN, s. m. Com. du dép. du Jura, cant. et arr. de Poligny. = Poligny.

BIEFVILLIERS-LES-BAPAUME, s. m. Com. du dép. du Pas-de-Calais, cant. de Bapaume, arr. d'Arras. = Bapaume.

BIELLE ou **BOMBELLE**, s. f. Pièce tournante dans l'œil d'une manivelle; perche de la bascule d'une forge. T. de mét.

BIELLE, s. f. Com. du dép. des Basses-Pyrénées, cant. d'Arudy, arr. d'Oloron. = Oloron. Carrières de marbre; mines de cuivre.

BIELLEVILLE, s. f. Com. du dép. de la Seine-Inférieure, cant. de Bolbec, arr. du Havre. = Bolbec.

BIEN, s. m. L'opposé du mal; ce qui est vrai, juste, utile, avantageux, convenable, louable, estimable. —, probité, vertu; homme de bien. — public, ce qui tourne au profit de la société. —, pl. Ce qu'on possède en meubles et immeubles. —, adv. Marque un certain degré de perfection et d'utilité; il écrit bien; il est bien sage; ses affaires vont bien. —, beaucoup, fort; être bien content. —, environ; il y a bien deux heures. —, d'accord; je le veux bien. — faire, produire un bon effet. Etre —, être riche, à son aise. Etre — avec quelqu'un; en être bien reçu. —, exclam. Bien! très bien! En —, d'une manière avantageuse.

BIEN-AIMÉ, E, s. et adj. Chéri, préféré. Elle attend son —, son amant.

BIEN-AISE, s. et adj. Bien content, bien joyeux, satisfait.

BIENCOURT, s. m. Com. du dép. de la Meuse, cant. de Moutier-sur-Saulx, arr. de Bar-le-Duc. = Ligny.

BIENCOURT, s. m. Com. du dép. de la Somme, cant. de Gamaches, arr. d'Abbeville. = Abbeville.

BIEN-DIRE, s. m. Discours maniéré, éloquence déplacée. T. iron. L'art de —, la rhétorique.

BIEN-DISANT, s. m. Qui s'exprime bien, avec élégance, avec grâce et facilité. T. inus.

BIEN-ÊTRE, s. m. Fortune aisée, situation tranquille, satisfaisante; situation agréable de corps et d'esprit.

BIENFAIRE, v. n. S'acquitter de son devoir; réussir dans ce qu'on fait; pratiquer la vertu, la charité; faire de bonnes œuvres.

BIENFAISANCE, s. f. Penchant à obliger ses semblables, à leur faire du bien; douce habitude de répandre des bienfaits et des consolations.

BIENFAISANT, E, adj. Qui est naturellement porté à obliger ; qui aime à faire, qui fait du bien; qui se plaît à offrir des libéralités, des consolations.

BIENFAIT, s. m. Bien qu'on fait à quelqu'un; faveur, bon office, grâce, plaisir.

BIENFAITEUR, TRICE, s. Celui, celle qui a rendu service à quelqu'un, qui lui a fait du bien.

BIEN-FONDS, s. m. Immeuble.

BIENHEUREUX, EUSE, s. et adj. Fort heureux. — béatifié, saint; les bienheureux.

BIEN LOIN, conj. Au lieu de; tant s'en faut que. — de, prép. exprime l'opposition. Bien loin de vous louer, je vous blâme.

BIENNAIS, s. m. Com. du dép. de la Seine-Inférieure, cant. de Tôtes, arr. de Dieppe. = Tôtes.

BIENNAL, E, adj. Qui dure deux ans.

BIENNAT, s. m. Village du dép. de la Haute-Vienne, cant. et arr. de Rochechouart. = Rochechouart.

BIENNE (la), s. f. Petite rivière qui prend sa source à Bellefontaine, arr. de St.-Claude, dép. du Jura, et qui se jette dans l'Ain après un cours d'environ 12 l. Elle commence à être flottable au-dessus de St.-Claude et navigable à Dortan.

BIEN QUE, conj. Encore que, quoique, si bien que, de telle sorte que.

BIENSÉAMMENT, adv. Avec bienséance.

BIENSÉANCE, s. f. Convenance des actions et des discours avec la religion, les mœurs, les usages, les temps, les lieux, les personnes et les modes, le sexe et l'âge, etc. —, art de placer à propos tout ce qu'on fait et tout ce qu'on dit. Etre à la —, à la convenance.

BIENSÉANT, E, adj. Conforme à la bienséance ; ce qu'il sied bien de dire et de faire.

BIENTENANT, E, adj. Qui possède ; détempteur des biens d'une succession.

BIENTENUE, s. f. Possession.

BIENTÔT, adv. Dans peu de temps.

BIENVEILLANCE, s. f. Inclination à vouloir du bien aux autres; bonne volonté, disposition favorable envers un inférieur.

BIENVEILLANT, E, adj. Qui a de la bienveillance pour quelqu'un ; qui désire lui faire du bien.

BIENVENU, E, s. et adj. Bien reçu ; vu d'un œil favorable.

BIENVENUE, s. f. Heureuse arrivée. —, entrée dans un corps; payer sa bienvenue.

BIENVILLE, s. f. Com. du dép. de la Haute-Marne, cant. de Chevillon, arr. de Vassy. = St.-Dizier. Hauts-fourneaux, forges et affineries.

BIENVILLE, s. f. Com. du dép. de l'Oise, cant. et arr. de Compiègne. = Compiègne.

BIENVILLE-LA-PETITE, s. f. Com. du dép. de la Meurthe, cant. et arr. de Lunéville. = Lunéville.

BIENVILLIERS-AU-BOIS, s. m. Com. du dép. du Pas-de-Calais, cant. de Pas, arr. d'Arras. = Arras. Fab. de batistes et d'huile.

BIÈRE, s. f. Boisson faite avec de l'orge et du houblon. —, de mars, brassée au mois de mars. —, Cercueil. Enseigne à —, mauvais tableau, croûte, T. fam. —, fonds de forêt, pays couvert de bois.

BIERGES, s. f. Com. du dép. de la Marne, cant. des Vertus, arr. de Châlons. = Vertus.

BIERKNE ou BIERNE, s. f. Poisson du genre du cyprin. T. d'hist. nat.

BIERMES, s. f. Com. du dép. des Ardennes, cant. et arr. de Rethel. = Rethel.

BIERMONT, s. m. Com. du dép. de l'Oise, cant. de Ressons, arr. de Compiègne. = Compiègne.

BIERNE, s. m. Com. du dép. du Nord ; cant. de Bergues, arr. de Dunkerque. = Bergues.

BIERNÉ, s. m. Com. du dép. de la Mayenne, chef-lieu de cant. de l'arr. de Château-Gonthier. Bur. d'enregist. à Grez-en-Bouère. = Château-Gonthier.

BIERNES, s. f. Com. du dép. de la Haute-Marne, cant. de Juzennecourt, arr. de Chaumont. = Bar-sur-Aube.

BIERRE-LES-SEMUR, s. f. Com. du dép. de la Côte-d'Or, cant. de Précy-sous-Thil, arr. de Semur. = Semur.

BIERVILLE, s. f. Com. du dép. de la Seine-Inférieure, cant. de Buchy, arr. de Rouen. = Rouen.

BIESHEIM, s. m. Com. du dép. du Haut-Rhin, cant. de Neufbrisack, arr. de Colmar. = Neufbrisack.

BIESLES, s. f. Com. du dép. de la Haute-Marne, cant. de Nogent, arr. de Chaumont. = Chaumont. Fab. de poêles et autres ustensiles de ménage, en fer battu.

BIETTENHEIM, s. m. Com. du dép. du Bas-Rhin, cant. de Brumath, arr. de Strasbourg. = Strasbourg.

BIEUJAC, s. m. Com. du dép. de la Gironde, cant. de Langon, arr. de Bazas. = Langon.

BIEUXY, s. m. Com. du dép. de l'Aisne,

cant. de Vic-sur-Aisne, arr. de Soissons. = Soissons.

BIEUZY, s. m. Com. du dép. du Morbihan, cant. de Baud, arr. de Pontivy. = Pontivy.

BIÉVILLE, s. f. Com. du dép. du Calvados, cant. de Douvres-la-Délivrande, arr. de Caen. = Caen.

BIÉVILLE, s. f. Com. du dép. du Calvados, cant. de Mézidon, arr. de Lisieux. = Croissanville.

BIÉVILLE, s. f. Com. du dép. de la Manche, cant. de Torigny, arr. de St.-Lô. = St.-Lô.

BIÈVRE, s. m. Quadrupède, sorte de castor d'Europe. T. d'hist. nat. —, oiseau. Voy. HARLE.

BIÈVRE, s. f. Com. du dép. de l'Aisne, cant. et arr. de Laon. = Laon.

BIÈVRE, s. f. Com. du dép. de Seine-et-Oise, cant. de Palaiseau, arr. de Versailles. = Palaiseau. Manuf. d'indienne.

BIÈVRE (la), s. f. Petite rivière qui prend naissance entre St.-Cyr et le parc de Versailles, traverse Buc, Jouy et Bièvre, où elle fait mouvoir les diverses usines établies dans les manuf. d'indiennes, arrive à Gentilly, où elle prend le nom de rivière des Gobelins, et se jette dans la Seine au-dessous de l'hôpital de la Salpêtrière, après un cours d'environ 7 l.

BIÈVRES, s. f. Com. du dép. des Ardennes, cant. de Carignan, arr. de Sedan. = Carignan.

BIEZ, s. m. Canal étroit, auge qui conduit l'eau sur la roue d'un moulin en-dessus.

BIFÈRE, adj. Qui fleurit deux fois l'année.

BIFEUILLE, s. f. Zoophyte blanc, en rosettes. T. d'hist. nat.

BIFFAGE, s. m. Examen d'un compte; rature.

BIFFE, s. f. Pierre fausse.

BIFFÉ, E, part. Rayé, effacé.

BIFFER, v. a. Rayer, effacer; examiner un compte et rayer les articles au fur et à mesure de leur vérification.

BIFIDE, adj. Découpé profondément en deux. T. de bot.

BIFLORE, adj. Qui porte deux fleurs ou des fleurs deux à deux. T. de bot.

BIFONTAINE, s. f. Com. du dép. des Vosges, cant. de Brouvelieures, arr. de St.-Dié. = Bruyères.

BIFORME, adj. de deux formes.

BIFTECK, s. m. Tranche de bœuf rôti, sous laquelle on met du beurre et des pommes de terre.

BIFURCATION, s. f. Division d'un vaisseau en deux branches. T. d'anat.

BIFURQUÉ, E, adj. Qui se divise en deux fourches. T. d'anat.

BIFURQUER (se), v. pron. Se diviser en deux. T. d'anat.

BIGAILLE, s. f. Les insectes volatiles.

BIGAME, s. et adj. Marié à deux personnes vivantes en même temps; qui a commis le crime de bigamie.

BIGAMIE, s. f. Mariage avec deux personnes existantes en même temps; crime du bigame.

BIGANON, s. m. Com. du dép. des Landes, cant. de Pissos, arr. de Mont-de-Marsan. = Lipostey.

BIGANOS, s. m. Com. du dép. de la Gironde, cant. d'Audenge, arr. de Bordeaux. = La Tête-de-Buch.

BIGARADE, s. f. Grosse orange sûre et grenue dont la peau est bigarrée.

BIGARADIER ou AMER, s. m. Sorte d'oranger qui produit les bigarades. T. de bot.

BIGAROQUE, s. f. Com. du dép. de la Dordogne, cant. de St.-Cyprien, arr. de Sarlat. = Sarlat.

BIGARRÉ, E, part. Se dit de couleurs mal assorties. —, s. m. Espèce de chétodon. T. d'hist. nat.

BIGARREAU, s. m. Grosse cerise en cœur, à chair ferme, blanche et rouge, qui est fort indigeste, et dans la plupart desquelles on trouve des vers.

BIGARREAUTIER, s. m. Espèce de cerisier qui produit les bigarreaux.

BIGARRER, v. a. Rassembler des couleurs tranchantes et mal assorties.

BIGARRURE, s. f. Variété de couleurs tranchantes, de personnes, d'expressions, de pensées mal assorties.

BIGE, s. m. Char à deux chevaux dont se servaient les anciens.

BIGEARREYNS, s. m. Filet, espèce de demi-folle. T. de pêch.

BIGÉMINÉES, adj. pl. Se dit des feuilles dont le pétiole soutient deux folioles, et des fleurs deux à deux sur un même pédoncule. T. de bot.

BIGÉRIQUE, s. m. Manteau d'une étoffe de laine velue.

BIGLE, s. m. Chien anglais pour la chasse du lièvre et du lapin. T. de vénér. —, adj. Qui a les yeux tournés en dedans ou en dehors; qui louche.

BIGLER, v. n. Loucher.

BIGNAC, s. m. Com. du dép. de la Charente, cant. de Rouillac, arr. d'Angoulême. = Angoulême.

BIGNAN, s. m. Com. du dép. du Morbihan, cant. de St.-Jean-Brevelay, arr. de Ploërmel. = Ploërmel.

BIGNAY, s. m. Com. du dép. de la Charente-Inférieure, cant. et arr. de St.-Jean-d'Angely. = St.-Jean-d'Angely.

BIGNE, s. f. Bosse au front par suite d'une chute ou d'un coup. (Vi.)

BIGNE, s. f. Com. du dép. du Calvados, cant. d'Aunay-sur-Odon, arr. de Vire. = Aunay.

BIGNICOURT, s. m. Com. du dép. des Ardennes, cant. de Juniville, arr. de Rethel. = Rethel.

BIGNICOURT-SUR-MARNE, s. m. Com. du dép. de la Marne, cant. et arr. de Vitry-le-Français. = Vitry.

BIGNICOURT-SUR-SAULX, s. m. Com. du dép. de la Marne, cant. de Thiéblemont, arr. de Vitry-le-Français. = Vitry.

BIGNON (le), s. m. Com. du dép. de la Loire-Inférieure, cant. d'Aigrefeuille, arr. de Nantes. = Nantes.

BIGNON (le), s. m. Com. du dép. de la Mayenne, cant. de Meslay, arr. de Laval. = Laval.

BIGNONE, s. f. Genre d'arbres et d'arbustes d'Afrique et des Deux-Indes. T. de bot.

BIGNOGNÉES, s. f. pl. et adj. Famille des plantes dicotylédones, monopétales, à corolle hypogyne. T. de bot.

BIGNOUX, s. m. Com. du dép. de la Vienne, cant. de St.-Julien, arr. de Poitiers. = Poitiers.

BIGORNE, s. f. Enclume à deux bouts qui se terminent en pointe. —, banc de corroyeur; outil de calfat. T. de mar.

BIGORNÉ, E, part. Arrondi sur la bigorne.

BIGORNEAU, s. m. Petite bigorne.

BIGORNER, v. a. Arrondir sur la bigorne; fouler les peaux à la bigorne.

BIGORNO, s. m. Com. du dép. de la Corse, cant. de Campitello, arr. de Bastia. = Bastia.

BIGORRE (le), s. m. Ce pays faisait partie de la ci-devant province de Gascogne, et forme maintenant la presque totalité du dép. des Hautes-Pyrénées.

BIGOT, E, s. et adj. Tartufe, faux dévot; dévot outré et superstitieux. —, s. m. Bois troué pour passer les cordages. T. de mar.

BIGOTELLE ou BIGOTÈRE, s. f. Bourse de cuir dans laquelle on enfermait la barbe après l'avoir peignée.

BIGOTERIE, s. f. Dévotion outrée et superstitieuse; fausse piété, hypocrisie.

BIGOTISME, s. m. Caractère du bigot.

BIGOTTIÈRE (la), s. f. Com. du dép. de la Mayenne, cant. de Chailland, arr. de Laval. = Ernée.

BIGUÉ, E, part. Changé, troqué au jeu.

BIGUER, v. a. Changer, troquer au jeu.

BIGUES, s. f. pl. Pièces de bois passées dans les sabords pour soulever le bâtiment; soutiens de bois des machines à mâter. T. de mar.

BIGUGLIA, s. f. Com. du dép. de la Corse, cant. de Borgo, arr. de Bastia. = Bastia.

BIHAÏ, s. m. Plante marécageuse qui ressemble au bananier. T. de bot.

BIHL, s. m. Com. du dép. de la Meurthe, cant. et arr. de Sarrebourg. = Sarrebourg.

BIHOREAU, s. m. Corbeau de nuit; oiseau aquatique du genre du héron. T. d'hist. nat.

BIHUCOURT, s. m. Com. du dép. du Pas-de-Calais, cant. de Bapaume, arr. d'Arras. = Bapaume.

BIHY (St.-), s. m. Com. du dép. des Côtes-du-Nord, cant. de Quintin, arr. de St.-Brieuc. = Quintin.

BIJON, s. m. Baume résineux des pins et des sapins.

BIJOU, s. m. Petite chose jolie, bien faite, servant à la parure d'une élégante, ou à l'ornement d'un appartement de petite maîtresse; maison, appartement jolis. —, pl. Petits ouvrages en or, bagues, montres, peignes, diamans montés, etc.

BIJOUTERIE, s. f. Fabrique, commerce de bijoux.

BIJOUTIER, s. m. Fabricant, marchand de bijoux.

BIJUGUÉES, adj. f. pl. Se dit des feuilles composées de quatre folioles, deux à deux, sur un pétiole commun. T. de bot.

BILAN, s. m. Etat de l'actif et du passif d'une maison de commerce; balance dans la tenue des livres; compte de trois mois. Déposer son —, faire faillite.

BILATÉRAL, E, adj. Qui lie les deux parties. Contrat —, synallagmatique. T. de jurisp.

BILATÉRALEMENT, adv. Des deux parties, des deux côtés.

BILAZAIS, s. m. Com. du dép. des Deux-Sèvres, cant. de Thouars, arr. de Bressuire. = Thouars.

BILBAO, s. m. Ville d'Espagne, riche et commerçante, capitale de la Biscaye.

BILBOQUET, s. m. Petit instrument de jeu, évasé par un bout et pointu de l'autre, pour recevoir une boule percée au milieu. —, petite figure mobile toujours debout. —, homme léger, frivole. Fig. Nom de divers outils. —, petit ouvrage. T. d'impr.

BILE, s. f. Liqueur résineuse et sulfureuse de couleur jaune, amère au goût et délayée d'un peu de sérosité, qui se sépare dans le foie pour servir à la digestion des alimens et à la sécrétion du chile. T. de chir. —, colère. Fig. S'échauffer la —, se mettre en colère.

BILHERE, s. f. Com. du dép. des Basses-Pyrénées, cant. de Lescar, arr. de Pau. = Pau.

BILHÈRES, s. f. Com. du dép. des Basses-Pyrénées, cant. d'Arudy, arr. d'Oloron. = Oloron.

BILIA, s. f. Com. du dép. de la Corse, cant. et arr. de Sartène. = Ajaccio.

BILIAIRE, adj. Se dit de tout ce qui appartient à la bile. Conduits —, propres à la vésicule du fiel. Pores —, petits canaux excréteurs qui partent des follicules glanduleuses du foie et se ramifient ensuite pour former le conduit hépatique. T. de chir.

BILIEUX, EUSE, adj. Qui abonde en bile. —, colérique; tempérament bilieux. Fig.

BILIMBI, s. m. Arbre du Malabar toujours garni de fleurs et de fruits. T. de bot.

BILL, s. m. Projet de loi du parlement d'Angleterre.

BILLAC, s. m. Com. du dép. de la Corrèze, cant. de Beaulieu, arr. de Brive. = Tulle.

BILLANCELLE, s. f. Com. du dép. d'Eure-et-Loir, cant. de Courville, arr. de Chartres. = Courville.

BILLANCOURT, s. m. Com. du dép. de la Somme, cant. de Roye, arr. de Montdidier. = Nesle.

BILLANGES (les), s. m. Com. du dép. de la Haute-Vienne, cant. d'Ambazac, arr. de Limoges. = St.-Léonard.

BILLARD, s. m. Jeu de combinaison et d'adresse qui se joue avec des boules d'ivoire sur une table recouverte d'un tapis de drap vert et garnie de bandes qui offrent six blouses, deux au milieu et une à chaque coin. Table de jeu; lieu où elle est posée. —, fer qui fixe la raquette. —, masse de fer emmanchée pour enfoncer des coins de fer. T. de mar.

BILLARDÉ, E, part. Enfoncé. T. de mar.

BILLARDER, v. a. Enfoncer des coins, des cercles de fer le long d'un mât. T. de mar. —, v. n. Toucher deux fois sa bille ou pousser les deux billes à la fois quand elles sont trop près l'une de l'autre. —, jeter ses jambes de devant en dehors. T. d'équit.

BILLARDIÈRE, s. f. Genre de plantes ligneuses et grimpantes de la Nouvelle-Hollande. T. de bot.

BILLAUX (les), s. m. Com. du dép. de la Gironde, cant. et arr. de Libourne. = Libourne.

BILLE, s. f. Boule d'ivoire pour jouer au billard. Coler la —, la mettre sous la bande. —, gros bâton pour serrer les ballots, tordre les peaux. —, tronc d'arbre non travaillé; bille d'acajou. —, morceau d'acier carré. —, petite boule de pierre avec laquelle s'amusent les écoliers. —, corde nouée au bout. T. de mar.

BILLÉ, s. m. Com. du dép. d'Ille-et-Vilaine, cant. et arr. de Fougères. = Fougères.

BILLÉ, E, part. Serré avec la bille, en parlant d'un ballot.

BILLEBARRÉ, E, part. Bigarré.

BILLEBARRER, v. a. Bigarrer par un mélange bizarre de diverses couleurs.

BILLEBAUDE, s. f. Désordre, confusion. Feu de —, à volonté. T. d'exercice milit. A la —, adv. Sans ordre et en confusion.

BILLECUL, s. m. Com. du dép. du Jura, cant. de Nozeroy, arr. de Poligny. = Champagnole.

BILLER, v. a. Serrer un ballot avec la bille, tordre des peaux avec la bille. —, atteler des chevaux deux à deux avec une bille pour héler un bateau; faire tourner une pièce de charpente; attacher une corde au moyen d'un bâton, d'une bille. T. de mar.

BILLÈRE, s. f. Com. du dép. de la Haute-Garonne, cant. de Bagnères-de-Luchon, arr. de St.-Gaudens. = Bagnères-de-Luchon.

BILLET, s. m. Petite lettre missive où l'on se dispense des formules ordinaires. — doux, lettre d'amour. —, annonce manuscrite ou imprimée; billet de mariage, d'enterrement. —, marque pour entrer dans une réunion; billet de spectacle. —, promesse sous-seing privé; effet public, de banque, de commerce; rouleau de papier pour tirer à la loterie ou au sort.

BILLETÉ, E, part. Étiqueté. —, adj. Chargé de billettes. T. de blas.

BILLETER, v. a. Attacher des étiquettes, étiqueter.

BILLETIER, s. m. Commis qui expédie les billettes, les acquits.

BILLETTE, s. f. Acquit. T. de comm. —, petit baril servant d'enseigne; bois pour le four à glaces; instrument de tondeur de draps; rouleau de potier. —, pièce de bois. T. de mar. —, figure carrée dans l'écu. T. de blas.

BILLEVESÉE, s. f. Balle enflée, remplie de vent, bulle de savon. —, idée folle, projet chimérique, discours frivole, conte vain et ridicule.

BILLEY, s. m. Com. du dép. de la Côte-d'Or, cant. d'Auxonne, arr. de Dijon. = Auxonne.

BILLEZOIS, s. m. Com. du dép. de l'Allier, cant. et arr. de la Palisse. = la Palisse.

BILLIAT, s. m. Com. du dép. de l'Ain, cant. de Châtillon-de-Michaille, arr. de Nantua. = Châtillon-de-Michaille.

BILLIERS, s. m. Com. du dép. du Morbihan, cant. de Muzillac, arr. de Vannes. = Muzillac.

BILLIEU, s. m. Village réuni à la com. de Charavines, dép. de l'Isère, cant. de Virieu, arr. de la Tour-du-Pin. = Virieu.

BILLIO, s. m. Com. du dép. du Morbihan, cant. de St.-Jean-Brévelay, arr. de Ploërmel. = Josselin.

BILLION, s. m. Mille millions, milliard. T. d'arith.

BILLOM, s. m. Ville fort ancienne du dép. du Puy-de-Dôme, chef-lieu de cant. de l'arr. de Clermont. Trib. de comm.; bur. d'enregist. et de poste.
Cette ville est bâtie sur une élévation entre deux montagnes, dans la partie la plus fertile de la Limagne. Fab. de fil de Bretagne et de poterie vernissée; comm. de grains, chanvre, huile de noix, etc.

BILLON, s. m. Monnaie de cuivre pur ou mêlé d'argent; monnaie défectueuse ou qui n'a plus cours; verge de vigne taillée de trois ou quatre doigts. —, sillon en dos. —, petite racine; poudre de garance. —, pièces de bois de sapin équarries. T. de mar.

BILLONNAGE, s. m. Altération de la monnaie.

BILLONNEMENT, s. m. Action de billonner, d'altérer la monnaie.

BILLONNER, v. n. Substituer de mauvaise monnaie à la bonne, l'altérer; ramasser le billon, l'émettre, et généralement faire un commerce illicite sur la monnaie. —, labourer en billon. T. d'agric.

BILLONNEUR, s. m. Rogneur et distributeur de monnaie illicite.

BILLOT, s. m. Tronçon de bois dur, gros et court, qui sert à couper les viandes dans une cuisine, etc. —, morceau de bois pendu au cou d'un chien de berger pour l'empêcher de courir; clavette d'orgue; gros livre; souricière.

BILLOTÉE, s. f. Vente du poisson par lots.

BILLY, s. m. Petite ville du dép. de l'Allier, cant. de Varennes, arr. de la Palisse. = St.-Gérard.

BILLY, s. m. Com. du dép. du Calvados, cant. de Bourguebus, arr. de Caen. = Croissanville.

BILLY, s. m. Com. du dép. de Loir-et-Cher, cant. de Selles-sur-Cher, arr. de Romorantin. = Selles-sur-Cher.

BILLY, s. m. Petite ville du dép. de la Nièvre, cant. et arr. de Clamecy. = Clamecy.

BILLY-BERCLAU, s. m. Com. du dép. du Pas-de-Calais, cant. de Cambrin, arr. de Béthune. = la Bassée.

BILLY-CHEVANNE, s. m. Com. du dép. de la Nièvre, cant. de St.-Benin-d'Azy, arr. de Nevers. = Nevers.

BILLY-LE-GRAND, s. m. Com. du dép. de la Marne, cant. de Suippes, arr. de Châlons-sur-Marne. = Châlons.

BILLY-LES-CHANCEAUX, s. m. Com. du dép. de la Côte-d'Or, cant. de Baigneux-les-Juifs, arr. de Châtillon. = St.-Seine.

BILLY-MONTIGNY, s. m. Com. du dép. du Pas-de-Calais, cant. de Lens, arr. de Béthune. = Lens.

BILLY-SOUS-LES-CÔTES, s. m. Com. du dép. de la Meuse, cant. de Vigneulles, arr. de Commercy. = St.-Mihiel.

BILLY-SOUS-MANGIENNE, s. m. Com. du dép. de la Meuse, cant. de Spincourt, arr. de Montmédy. = Etain.

BILLY-SUR-AISNE, s. m. Com. du dép. de l'Aisne, cant. et arr. de Soissons. = Soissons.

BILLY-SUR-OURCQ, s. m. Com. du dép. de l'Aisne, cant. d'Oulchy-le-Château, arr. de Soissons. = Oulchy.

BILOBÉ, E, adj. A deux lobes. T. de bot.

BILOCULAIRE, adj. A deux loges. Se dit des fruits. T. de bot.

BILQUES, s. f. Com. du dép. du Pas-de-Calais, cant. et arr. de St.-Omer. = St.-Omer.

BILTZENHEIM, s. m. Com. du dép. du Haut-Rhin, cant. d'Ensisheim, arr. de Colmar. = Ruffach.

BILWISHEIM, s. m. Com. du dép. du Bas-Rhin, cant. de Brumath, arr. de Strasbourg. = Strasbourg.

BIMACULÉ, s. m. Chétodon, insecte. T. d'hist. nat.

BIMANE, s. m. L'homme. T. d'hist. nat.

BIMAUVE, s. f. Espèce de guimauve, d'althéa. T. de bot.

BIMBELÉ, s. m. Fausse linotte de

St.-Domingue, du genre fauvette. T. d'hist. nat.

BIMBELOT, s. m. Jouet d'enfant.

BIMBELOTERIE, s. f. Fabrique et magasin de jouets d'enfans.

BIMBELOTIER, s. m. Fabricant de jouets.

BIMÉDIAL, E, adj. Ligne totale formée de la réunion de deux autres lignes commensurables en puissance seulement. T. de géom.

BIMILLIARD, s. m. Deux milliards.

BIMONT, s. m. Com. du dép. du Pas-de-Calais, cant. de Hucqueliers, arr. de Montreuil-sur-Mer. = Montreuil.

BINAGE, s. m. Second labour; action de biner. —, action du prêtre qui dit deux fois la messe en un même jour.

BINAIRE, adj. Composé de deux unités. Arithmétique. —, qui n'emploie que deux chiffres, le 1 et le o.

BINANS, s. m. Com. du dép. du Jura, cant. de Conliège, arr. de Lons-le-Saulnier. = Lons-le-Saulnier.

BINARD, s. m. Gros chariot à quatre roues d'égale hauteur, pour les lourds fardeaux.

BINARVILLE, s. f. Com. du dép. de la Marne, cant. de Ville-sur-Tourbe, arr. de Ste.-Ménéhould. = Ste.-Ménéhould.

BINAS, s. m. Com. du dép. de Loir-et-Cher, cant. d'Ouzouer, arr. de Blois. = Beaugency.

BINDELY, s. m. Petit passement, soie et argent.

BINDERNHEIM, s. m. Com. du dép. du Bas-Rhin, cant. de Marckolsheim, arr. de Schélestadt. = Marckolsheim.

BINÉ, E, part. Labouré une seconde fois.

BINÉE, adj. f. Se dit d'une feuille à deux folioles sur un pétiole commun. T. de bot.

BINEMENT, s. m. Seconde façon qu'on donne à la terre dans l'intervalle des mars aux blés.

BINER, v. a. Donner un second labour aux terres, aux vignes. —, v. n. Dire deux fois la messe en un même jour; desservir une succursale.

BINET, s. m. Petit chandelier qui sert à brûler les bouts de chandelle; ressort dans la bobêche.

BINETTE, s. f. Instrument de jardinage pour labourer les terres meubles.

BINGES, s. f. Com. du dép. de la Côte-d'Or, cant. de Pontaillier-sur-Saône, arr. de Dijon. = Pontaillier.

BINIC, s. m. Com. du dép. des Côtes-du-Nord, cant. d'Etables, arr. de St.-Brieuc. = St.-Brieuc.

Cette com. possède un petit port où il se fait quelques armemens pour la pêche de la morue.

BINIVILLE, s. f. Com. du dép. de la Manche, cant. de St.-Sauveur-le-Vicomte, arr. de Valognes. = Valognes.

BINNI, s. m. Poisson du Nil du genre du cyprin. T. d'hist. nat.

BINOCHON, s. m. Outil de jardinage pour sarcler l'oignon.

BINOCLE, s. m. Lunette, télescope pour voir des deux yeux à la fois. —, sorte de bandage. — crustacé, pou des poissons. T. d'hist. nat.

BINOCULAIRE, adj. Qui sert aux deux yeux.

BINOME, s. m. Quantité composée de deux termes unis par deux signes : $a + b$; $c - d$.

BINOS, s. m. Com. du dép. de la Haute-Garonne, cant. de St.-Béat, arr. de St.-Gaudens. = St.-Béat.

BINSON, s. m. Com. du dép. de la Marne, cant. de Châtillon, arr. de Reims. = Dormans.

BINSON (le port à), s. m. Village du dép. de la Marne, cant. de Dormans, arr. d'Epernay. = Dormans.

BINTAMBARU, s. m. Plante du Malabar, liseron. T. de bot.

BINTOCO, s. m. Petit arbre des îles Manilles de la famille des térébinthacées. T. de bot.

BINUBE, s. Celui, celle qui a contracté deux mariages.

BIO, s. m. Com. du dép. du Lot, cant. de St.-Céré, arr. de Figeac. = Gramat.

BIOCOLYTE, s. m. Officier de police dans l'empire grec.

BIOGRAPHE, s. m. Auteur d'un abrégé historique de la vie des hommes remarquables par les services rendus à l'état, aux lettres, aux sciences et aux arts.

BIOGRAPHIE, s. f. Histoire ou abrégé historique de la vie des hommes illustres; la biographie de Michaut, la biographie des contemporains.

BIOGRAPHIQUE, adj. Qui est relatif à la biographie; notice biographique.

BIOL, s. m. Com. du dép. de l'Isère cant. de Lemps, arr. de la Tour-du-Pin. = Virieu.

BIOLÉE (la), s. f. Com. du dép. du Jura, cant. de Beaufort, arr. de Lons-le-Saulnier. = Lons-le-Saulnier.

BIOLLET, s. m. Com. du dép. du Puy-de-Dôme, cant. de St.-Gervais, arr. de Riom. = Montaigu.

BION, s. m. Outil de verrier pour inciser la bosse. T. de verr.

BION, s. m. Com. du dép. de la Manche, cant. et arr. de Mortain. = Mortain.

BIONCOURT, s. m. Com. du dép. de la Meurthe, cant. et arr. de Château-Salins. = Château-Salins.

BIONDELLA, s. f. Espèce de centaurée. T. de bot.

BIONVILLE, s. f. Com. du dép. de la Meurthe, cant. de Baccarat, arr. de Lunéville. = Blamont.

BIONVILLE, s. f. Com. du dép. de la Moselle, cant. de Boulay, arr. de Metz. = Boulay.

BIOT, s. m. Village du dép. du Tarn, cant. de Brassac, arr. de Castres. = Brassac.

BIOT, s. m. Com. du dép. du Var, cant. d'Antibes, arr. de Grasse. = Antibes.

BIOULE, s. f. Com. du dép. de Tarn-et-Garonne, cant. de Negrepelisse, arr. de Montauban. = Montauban.

BIOUSSAC, s. m. Com. du dép. de la Charente, cant. et arr. de Ruffec. = Ruffec.

BIOZAT, s. m. Com. du dép. de l'Allier, cant. et arr. de Gannat. = Gannat.

BIPARTI, E, adj. Fendu au-delà du milieu ; feuille bipartie. T. de bot.

BIPARTIBLE, adj. Qui peut être spontanément divisé en deux parties. T. de bot.

BIPARTI-LOBÉE, adj. f. Se dit d'une feuille à scissure obtuse. T. de bot.

BIPÉDAL, E, adj. Long de deux pieds.

BIPÈDE, adj. Qui a deux pieds, qui marche sur deux pieds tel que l'homme. —, genre de reptiles à deux pattes.

BIPENNE, s. f. Hache à deux tranchans. T. d'antiq.

BIPHORE, s. m. Ver marin très transparent et phosphorique. —, pl. Mollusques acéphales. T. d'hist. nat.

BIPINNATIFIDE, adj. Se dit des feuilles dont les lanières elles-mêmes sont pinnatifides, imparfaitement découpées. T. de bot.

BIPINNÉ, E, adj. Se dit d'une feuille dont le pétiole en soutient d'autres. T. de bot.

BIQUADRATIQUE, adj. Puissance du quatrième degré; carré —, carré. T. d'alg.

BIQUE, s. f. Femelle du bouc ; chèvre qui a mis bas, qui allaite.

BIQUET, s. m. Chevreau, petit d'une chèvre. —, trébuchet pour peser l'or. T. de monn.

BIQUETÉ, E, part. Pesé.

BIQUETER, v. a. Peser avec un trébuchet, avec un biquet. —, v. n. Mettre bas en parlant de la chèvre.

BIQUINTILE, adj. Se dit de l'aspect de deux planètes éloignées de cent quarante-quatre degrés. T. d'astr.

BIRAC, s. m. Com. du dép. de la Charente, cant. de Châteauneuf-sur-Cher, arr. de Cognac. = Châteauneuf.

BIRAC, s. m. Com. du dép. de Lot-et-Garonne, cant. et arr. de Marmande. = Marmande.

BIRAC, s. m. Com. du dép. de la Gironde, cant. et arr. de Bazas. = Bazas.

BIRAMBROT, s. m. Sorte de soupe avec de la bière, du sucre, de la muscade, du beurre et du pain.

BIRAN, s. m. Com. du dép. du Gers, cant. de Jegun, arr. d'Auch. = Auch.

BIRAS, s. m. Com. du dép. de la Dordogne, cant. de Brantôme, arr. de Périgueux. = Bourdeilles.

BIRE ou BURE, s. f. Espèce de nasse en osier, qui a la forme d'une bouteille. T. de pêch.

BIRÈME, s. f. Navire à deux rangs de rames de chaque côté. T. d'antiq. —, barque à deux rames.

BIRIATOU, s. m. Com. du dép. des Basses-Pyrénées, cant. de St.-Jean-de-Luz, arr. de Bayonne. = St.-Jean-de-Luz.

BIRIBI, s. m. Jeu de hasard avec des boules et un tableau numéroté.

BIRIEUX, s. m. Com. du dép. de l'Ain, cant. de Meximieux, arr. de Trévoux. = Meximieux.

BIRKENWALD, s. m. Com. du dép. du Bas-Rhin, cant. de Marmoutier, arr. de Saverne. = Saverne.

BIRLENBACH, s. m. Com. du dép. du Bas-Rhin, cant. de Soultz-sous-Forêts, arr. de Wissembourg. = Wissembourg.

BIRLOIR, s. m. Tourniquet pour tenir levé un châssis de fenêtre.

BIRMINGHAM, s. m. Ville manufacturière d'Angleterre dans le comté de Warwick.

BIRON, s. m. Com. du dép. de la Charente-Inférieure, cant. de Pons, arr. de Saintes. = Pons.

BIRON, s. m. Com. du dép. de la Dordogne, cant. de Montpazier, arr. de Bergerac. = Montpazier.

BIRON (Notre-Dame-de-), s. m. Com. du dép. de la Dordogne, cant. de Montpazier, arr. de Bergerac. = Montpazier.

BIRON, s. m. Com. du dép. des Basses-Pyrénées, cant. de Lagor, arr. d'Orthez. = Orthez.

BIROTINE, s. f. Sorte de soie du Levant.

BIROUCHE, s. f. Voiture légère pour la chasse.

BIRRETTE, s. f. Bonnet des novices jésuites.

BIRRHE, s. m. Insecte coléoptère. T. d'hist. nat.

BIS, adv. latin. Deux fois. —, interj. Bis! Bis! encore une fois; ce couplet a eu les honneurs du bis, il a été redemandé à chaque représentation.

BIS, E, adj. Brun; pain bis, pâte bise. —, olivâtre; cette femme est jolie, mais elle a la peau bise. Fig.

BISAGE, s. m. Procédé d'un marchand pour cacher les défauts de sa marchandise. —, teinture d'une autre couleur que la première. T. de teint.

BISAÏEUL, E, s. Père, mère de l'aïeul ou de l'aïeule.

BISAIGUE, s. f. Outil de bois pour polir la semelle. T. de cord.

BISAILLE, s. f. La farine bise. —, pigeons bisets.

BISANNUEL, LE, adj. Qui dure deux ans. T. de bot.

BISARME, s. f. Espèce d'arme offensive.

BISBILLE, s. f. Petite querelle; discussion futile.

BIS-BLANC, adj. Demi-blanc; pain bis-blanc.

BISCAÏEN, s. m. Gros et long fusil de rempart qui porte fort loin; la balle en fer avec laquelle on charge ce fusil.

BIS-CAPIT, s. m. Mots latins. Double emploi dans un compte. T. de banq.

BISCARROSSE, s. m. Com. du dép. des Landes, cant. de Parentis-en-Borne, arr. de Mont-de-Marsan. = Liposley.

BISCAY, s. m. Com. du dép. des Basses-Pyrénées, cant. de St.-Palais, arr. de Mauléon. = St.-Palais.

BISCAYE, s. f. Province d'Espagne voisine de la France, l'une des trois provinces basques.

BISCAYENNE, s. f. Petite chaloupe à rames. T. de mar.

BISCHÉ, adj. Se dit d'un œuf couvé et fracturé avant l'éclosion.

BISCHHEIM, s. m. Com. du dép. du Bas-Rhin, cant. d'Oberhausbergen, arr. de Strasbourg. = Strasbourg.

BISCHHOLTZ, s. m. Com. du dép. du Bas-Rhin, cant. de Bouxwiller, arr. de Saverne. = Saverne.

BISCHOFFSHEIM, s. m. Com. du dép. du Bas-Rhin, cant. de Rosheim, arr. de Haguenau. = Strasbourg.

BISCHWILLER, s. m. Petite ville du dép. du Bas-Rhin, chef-lieu de cant. de l'arr. de Strasbourg. Bur. d'enregist. et de poste.
Fab. de gros draps, coutils, toiles, poteries; taillanderies, blanchisseries de toile. Comm. de vins, garance et tabac.

BISCHWIR, s. m. Com. du dép. du Haut-Rhin, cant. d'Andolsheim, arr. de Colmar. = Colmar.

BISCORNU, E, adj. Mal fait, mal bâti, d'une forme irrégulière; esprit, ouvrage biscornu.

BISCOTIN, s. m. Sorte de petit biscuit dur et rond, composé avec de la farine, du sucre, du blanc d'œuf et de l'eau de fleur d'orange.

BISCUIT, s. m. Pain cuit deux fois pour la marine; pâtisserie de farine, sucre et œufs. —, porcelaine cuite deux fois et laissée dans son blanc mat; pâte de porcelaine. —, caillou dans la pierre à chaux; sorte de lampion de cire.

BIS-DORÉ, s. et adj. Pigeon brun à bec et cou doré.

BISE, s. f. Vent du nord. —, poisson de mer semblable au thon. T. d'hist. nat.

BISÉ, E, part. Reteint; étoffe bisée.

BISEAU, s. m. Extrémité d'un diamant, taillée en pente, etc.; ce qui fixe la pierre dans le chaton d'une bague; outil de menuisier et de tourneur. —, bois en talus pour serrer les pages. T. d'imp.

BISEIGLE, s. f. Voy. BISAIGUE.

BISEL, s. m. Com. du dép. du Haut-Rhin, cant. d'Hirsingue, arr. d'Altkirch. = Altkirch.

BISE-NISTOS, s. f. Com. du dép. des Hautes-Pyrénées, cant. de Nestier, arr. de Bagnères. = Montrejeau.

BISER, v. a. Reteindre et repasser une étoffe. —, v. n. Devenir bis; dégénérer. T. d'agric.

BIS-ERGOT, s. m. Espèce de perdrix, de francolin du Sénégal. T. d'hist. nat.

BISET, s. m. Pigeon fuyard. —, garde national sans uniforme. T. fam. —, adj. Noirâtre; caillou biset.

BISETTE, s. f. Petite dentelle de peu de valeur.

BISETTIÈRE, s. f. Ouvrière en dentelle qui fait de la bisette.

BISEUR, s. m. Teinturier du petit teint.

BISEXE, adj. Hermaphrodite, qui est des deux sexes. T. de bot.

BISINCHI, s. m. Com. du dép. de la Corse, cant. de Morosaglia, arr. de Corte. = Bastia.

BISLÉE, s. f. Com. du dép. de la Meuse, cant. de St.-Mihiel, arr. de Commercy. = St.-Mihiel.

BISLINGUA, s. m. Voy. Houx.

BISMUTH, s. m. Marcassite d'étain; étain de glace; demi-métal, blanc-jaunâtre, en lames, fusible, qui donne le blanc de fard combiné avec l'acide nitreux. T. de min.

BISON, s. m. Race de gros bœufs à bosse, la plupart sauvages, qu'on trouve en Asie, en Afrique et en Amérique. T. d'hist. nat. —, buffle. T. de blas.

BISOUARD, s. m. Sorte de colporteur.

BISPÉNIENS, s. m. pl. Ordre de reptiles comprenant les ophidiens et les sauriens, les serpens et les lézards. T. d'hist. nat.

BISPING, s. m. Com. du dép. de la Meurthe, cant. de Fénétrange, arr. de Sarrebourg. = Dieuze.

BISQUAIN, s. m. Peau de mouton préparée avec sa laine.

BISQUE, s. f. Avantage de quinze au jeu de paume. Prendre sa —, son avantage. Fig. et fam. —, potage très recherché de coulis d'écrevisses avec ris de veau, champignons, truffes, etc.

BISQUER, v. n. Pester, fumer, avoir du dépit, de l'humeur, du regret. T. fam.

BISQUIÈRE, s. f. Gardeuse de bisques. T. inus.

BISSAC, s. m. Double sac, sorte de besace.

BISSE, s. f. Sorte de serpent. T. d'hist. nat.

BISSECTION, s. f. Division en deux parties. T. de géom.

BISSER, s. m. Com. du dép. du Bas-Rhin, cant. de Saar-Union, arr. de Saverne. = Sarrewerden.

BISSEUIL, s. m. Com. du dép. de la Marne, cant. d'Ay, arr. de Reims. = Epernay.

BISSEXTE, s. m. Jour ajouté au mois de février tous les quatre ans.

BISSEXTIL, E, adj. Où se rencontre le bissexte; année bissextile.

BISSEY-LA-CÔTE, s. m. Com. du dép. de la Côte-d'Or, cant. de Montigny-sur-Aube, arr. de Châtillon. = Châtillon.

BISSEY-LA-PIERRE, s. m. Com. du dép. de la Côte-d'Or, cant. de Laignes, arr. de Châtillon. = Laignes.

BISSEY-SOUS-CRUCHAUD, s. m. Com. du dép. de Saône-et-Loire, cant. de Buxy, arr. de Châlons. = Buxy.

BISSEZECLE, s. m. Com. du dép. du Nord, cant. de Bergues, arr. de Dunkerque. = Bergues.

BISSIA, s. m. Com. du dép. du Jura, cant. de Clairvaux, arr. de Lons-le-Saulnier. = Lons-le-Saulnier.

BISSIÈRES, s. f. Com. du dép. du Calvados, cant. de Mézidon, arr. de Lisieux. = Croissanville.

BISSOLITHE, s. f. Substance minérale soyeuse; moisissure de pierre. T. d'hist. nat.

BISSUS, s. m. Poil de nacre; filamens d'une espèce de soie brune de la pinne-marine. T. d'hist. nat. —, plante cryptogame de la famille des algues. T. de bot.

BISSY-LA-MÂCONNAISE, s. m. Com. du dép. de Saône-et-Loire, cant. de Lagny, arr. de Mâcon. = St.-Oyen.

BISSY-SOUS-FLEY, s. m. Com. du dép. de Saône-et-Loire, cant. de Buxy, arr. de Châlons. = Buxy.

BISSY-SOUS-UXELLES, s. m. Com. du dép. de Saône-et-Loire, cant. de St.-Gengoux-le-Royal, arr. de Mâcon. = Buxy.

BISTEN-IM-LOCH, s. m. Com. du dép. de la Moselle, cant. de Boulay, arr. de Metz. = St.-Avold.

BISTOQUET, s. m. Grosse queue de billard à masse et bout aplati, qu'on est forcé de prendre pour ne pas manquer de touche, ou billarder.

BISTORTE, s. f. Plante à racines tortues et repliées, qui est astringente, vulnéraire et alexipharmaque. T. de bot.

BISTOURI, s. m. Instrument tranchant pour faire des incisions; bistouri droit, courbe, boutonné, herniaire. T. de chir.

BISTOURNÉ, E, part. Tourné en sens contraire.

BISTOURNER, v. a. Tourner en un sens contraire qui défigure l'objet. —, tordre les testicules d'un cheval, d'un agneau pour l'empêcher d'engendrer.—, contourner, défigurer. T. fam.

BISTRE, s. m. Suie cuite et détrempée pour le lavis; suie liquide.

BISTROFF, s. m. Com. du dép. de la Moselle, cant. de Grostenquin, arr. de Sarreguemines. = St.-Avold.

BISULCE ou **BISULQUE**, adj. Fendu en deux, se dit des quadrupèdes à pieds fourchus.

BITAFRES, s. m. pl. Oiseaux de proie d'Afrique. T. d'hist. nat.

BITCHE, s. f. Ville fortifiée du dép. de la Moselle, chef-lieu de cant. de l'arr. de Sarreguemines; place de guerre de 4° rang; bur. d'enregist et de poste. Cette ville, bâtie au pied des Vosges, est dominée par une citadelle très forte. Fabriques de porcelaine, de faïence et de poterie. Comm. de bestiaux.

BITCHEMARE, s. m. Poisson de la Cochinchine. T. d'hist. nat.

BITERNÉ, E, adj. Se dit d'une feuille, d'une fleur dont le pétiole a trois rameaux terminés chacun par une foliole. T. d'hist. nat.

BITESTACÉS, s. m. pl. Ostracins, crustacés, entomostracés, renfermés entre deux valves calcaires ou cornées. T. d'hist. nat.

BITHAINE-ET-LEVAL, s. f. Com. du dép. de la Haute-Saône, cant. de Saulx, arr. de Lure. = Lure.

BITI, s. m. Grand arbre du Malabar, toujours vert. T. de bot.

BITOMES, s. m. pl. Insectes xilophages, qui rongent le bois. T. d'hist. nat.

BITORD, s. m. Menue corde à deux fils; fil retors en deux brins. T. de mar.

BITROPOGONS, s. m. pl. Genre de plantes labiées. T. de bot.

BITRY, s. m. Com. du dép. de la Nièvre, cant. de St.-Amand, arr. de Cosne. = Neuvy-sur-Loire.

BITRY, s. m. Com. du dép. de l'Oise, cant. d'Attichy, arr. de Compiègne. = Vic-sur-Aisne.

BITSCHOFFEN, s. m. Com. du dép. du Bas-Rhin, cant. de Niederbronn, arr. de Wissembourg. = Wissembourg.

BITSCHWILLER, s. m. Com. du dép. du Haut-Rhin, cant. de Thann, arr. de Belfort. = Cernay.
Forges, martinets, hauts-fourneaux; fonte douce, propre aux mécaniques des filatures; usine hydraulique où se fabriquent ustensiles de cuisine, fil d'acier, vis de presses et de balanciers, cylindres canelés, rouleaux en fer et en cuivre, arbres de manége, noix de broches, et broches à filer.

BITTAQUES, s. m. pl. Genre d'insectes névroptères. T. d'hist. nat.

BITTE, s. f. Pièce du devant d'un bateau foncet. —, pl. Pièces de bois pour amarrer. T. de mar.

BITTÉ, E, part. Roulé autour des bittes. T. de mar.

BITTER, v. a. Rouler le câble autour des bittes. T. de mar.

BITTON, s. m. Petite bitte, pièce de bois pour amarrer; pièce d'un bateau foncet. T. de mar.

BITUME, s. m. Matière liquide, épaisse noire, inflammable; limon gras, visqueux, adhérent; huile animale ou végétale altérée par les acides.

BITUMINÉ, E, part. Enduit de bitume.

BITUMINER, v. a. Enduire de bitume.

BITUMINEUX, EUSE, adj. De la nature du bitume, qui en renferme, qui a ses propriétés.

BITURE, s. f. Partie d'un câble pour amarrer. T. de mar.

BIVALVE, s. m. Coquillage à deux coquilles jointes par une charnière. — adj. Qui a deux valves; fruit bivalve. T. de bot.

BIVEAU, s. m. Voy. BEAUVEAU.

BIVENTER, s. m. Muscle de la mâchoire inférieure. T. d'anat.

BIVÈS, s. m. Com. du dép. du Gers, cant. de St.-Clar, arr. de Lectoure. = Lectoure.

BIVIAIRE, adj. Se dit d'un endroit où deux chemins se réunissent.

BIVIAL, E, adj. Qui se partage en deux, en parlant d'une route.

BIVIERS, s. m. Com. du dép. de l'Isère, cant. et arr. de Grenoble. = Grenoble.

BIVILLE, s. f. Com. du dép. de la Manche, cant. de Beaumont, arr. de Cherbourg. = Cherbourg.

BIVILLE-LA-BAIGNARDE, s. f. Com. du dép. de la Seine-Inférieure, cant. de Tôtes, arr. de Dieppe. = Tôtes.

BIVILLE-LA-MARTEL, s. f. Com. du dép. de la Seine-Inférieure, cant. de Valmont, arr. d'Yvetot. = Valmont.

BIVILLE-LA-RIVIÈRE, s. f. Com. du dép. de la Seine-Inférieure, cant. de Bacqueville, arr. de Dieppe. = Bacqueville.

BIVILLE-SUR-MER, s. f. Com. du dép. de la Seine-Inférieure, cant. d'Envermeu, arr. de Dieppe. = Eu.

BIVILLIERS, s. m. Com. du dép. de l'Orne, cant. de Tourouvre, arr. de Mortagne. = Mortagne.

BIVOIE, s. f. Chemin fourchu.

BIVOUAC, s. m. Campement d'une armée en présence de l'ennemi, où chacun s'abrite comme il peut, où le soldat est exposé à l'intempérie des saisons. —, poste avancé pour la sûreté du camp.

BIVOUAQUER, v. n. Passer la nuit au bivouac, en plein air, sans abri.

BIZAAM ou CHAT-BIZAAM, s. m. Espèce de chat d'Amérique du genre des civettes, animal très carnassier. T. d'hist. nat.

BIZANET, s. m. Com. du dép. de l'Aude, cant. et arr. de Narbonne. = Narbonne.

BIZANOS, s. m. Com. du dép. des Basses-Pyrénées, cant. et arr. de Pau. = Pau.

BIZARRE, adj. Singulier, extraordinaire; fantasque, capricieux, extravagant.

BIZARREMENT, adv. D'une manière bizarre.

BIZARRERIE, s. f. Caprice, humeur, procédé extraordinaire, légèreté, inconstance, singularité excessive.

BIZART, s. m. Oiseau de passage. T. d'hist. nat.

BIZE, s. f. Com. du dép. de l'Aude, cant. de Ginetas, arr. de Narbonne. = Narbonne.

Vins excellens. Fabriques de draps pour le Levant; mines d'alun et de houille.

BIZE, s. f. Com. du dép. de la Haute-Marne, cant. de la Ferté-sur-Amance, arr. de Langres. = le Fay-Billot.

BIZÉ, s. m. Outil de bois pour régler la trépointe d'un soulier. T. de cordon.

BIZENEUILLE, s. f. Com. du dép. de l'Allier, cant. de Hérisson, arr. de Montluçon. = Montluçon.

BIZIAT, s. m. Com. du dép. de l'Ain, cant. de Châtillon-les-Dombes, arr. de Trévoux. = Châtillon-en-Chalaronne.

BIZING, s. m. Com. du dép. de la Moselle, cant. de Sierck, arr. de Thionville. = Sierck.

BIZONNES, s. f. Com. du dép. de l'Isère, cant. de Lemps, arr. de la Tour-du-Pin. = Lemps.

BIZOT, s. m. Com. du dép. du Doubs, cant. de Russey, arr. de Montbéliard. = Morteau.

BIZOU, s. m. Com. du dép. de l'Orne, cant. de Longni, arr. de Mortagne. = Longni.

BIZOUS, s. m. Com. du dép. des Hautes-Pyrénées, cant. de Nestier, arr. de Bagnères. = Montrejeau.

BLAC, s. m. Espèce de Milan d'Afrique. T. d'hist. nat.

BLACARVILLE, s. f. Com. du dép. de l'Eure, cant. et arr. de Pont-Audemer. = Pont-Audemer.

BLACÉ, s. m. Com. du dép. du Rhône, cant. et arr. de Villefranche. = Villefranche.

BLACHÈRE (la), s. f. Com. du dép. de l'Ardèche, cant. de Joyeuse, arr. de Largentière. = Joyeuse.

BLACOURT, s. m. Com. du dép. de l'Oise, cant. de Coudray-St.-Germer, arr. de Beauvais. = Beauvais.

BLACY, s. m. Com. du dép. de la Marne, cant. et arr. de Vitry-le-Français. = Vitry-le-Français.

BLACY, s. m. Com. du dép. de l'Yonne, cant. de l'Ile-sur-le-Serein, arr. d'Avallon. = Avallon.

BLADE ou BLAGUE, s. f. Poche de pélican ou vessie de porc pour mettre du tabac à fumer.

BLAESHEIM, s. m. Com. du dép. du Bas-Rhin, cant. de Geispolsheim, arr. de Strasbourg. = Strasbourg.

BLAFARD, E, adj. Qui est d'un blanc terne, d'une pâleur cadavéreuse; couleur, lumière blafarde.

BLAGRE, s. m. Faucon d'Afrique, espèce d'aigle. T. d'hist. nat.

BLAGNY, s. m. Com. du dép. des Ardennes, cant. de Carignan, arr. de Sedan. = Carignan.

BLAGNY-SUR-VINGEANNE, s. m. Com. du dép. de la Côte-d'Or, cant. de Mirebeau-sur-Bèze, arr. de Dijon. = Mirebeau.

BLAIGNAC, s. m. Com. du dép. de la Gironde, cant. et arr. de la Réole. = la Réole.

BLAIGNAN, s. m. Com. du dép. de la Gironde, cant. et arr. de Lesparre. = Lesparre.

BLAIN, s. m. Petite ville du dép. de la Loire-Inférieure, chef-lieu de cant. de l'arr. de Savenay. Bur. d'enregist. = Nozay.

Comm. de laines et de bestiaux.

BLAINCOURT, s. m. Com. du dép. de l'Aube, cant. de Brienne-le-Château, arr. de Bar-sur-Aube. = Brienne.

BLAINVILLE, s. f. Com. du dép. du Calvados, cant. de Douvres-la-Délivrande, arr. de Caen. = Caen.

BLAINVILLE, s. f. Com. du dép. de la Manche, cant. de St.-Malo-de-la-Lande, arr. de Coutances. = Coutances.

BLAINVILLE-SUR-L'EAU, s. f. Com. du dép. de la Meurthe, cant. de Bayon, arr. de Lunéville. = Lunéville.

BLAINVILLE-SUR-RY-ET-ST.-ARNOULD, s. f. Com. du dép. de la Seine-Inférieure, cant. de Buchy, arr. de Rouen. = Rouen.

BLAIREAU, s. m. Animal sauvage qui est très carnassier, et tellement gras qu'il reste la plupart du temps dans son terrier. —, brosse à barbe avec le poil de cet animal; pinceau pour les vernisseurs et les doreurs.

BLAIREVILLE, s. f. Com. du dép. du Pas-de-Calais, cant. de Beaumetz, arr. d'Arras. = Arras.

BLAIRIE, s. f. Droit sur les pâturages. —, espèce de bruyère. T. de bot.

BLAIRIER, s. m. Canard sauvage. T. d'hist. nat.

BLAISE (la), s. f. Petite rivière qui prend naissance au-dessus de Juzennecourt, arr. de Chaumont, dép. de la Haute-Marne, et qui se jette dans la Marne après un cours d'environ 15 l.

BLAISE (la), s. f. Petite rivière qui prend sa source au-dessus de Senonches, dép. d'Eure-et-Loir, et qui se jette dans l'Eure après 10 l. de cours.

BLAISE, s. m. Com. du dép. de la Haute-Marne, cant. de Vignory, arr. de Chaumont. = Doulevant.

BLAISE (St.-), s. m. Village du dép. de Tarn-et-Garonne, cant. de Montclar, arr. de Montauban. = Montauban.

BLAISE-DE-BUIS (St.-), s. m. Com.

du dép. de l'Isère, cant. de Rives, arr. de St.-Marcellin. = Rives.

BLAISE-LA-ROCHE (St.-), s. m. Com. du dép. des Vosges, cant. de Saales, arr. de St.-Dié. = St.-Dié.

BLAISOIS (le), s. m. Ce pays faisait partie de l'Orléanais; il forme maintenant la majeure partie du dép. de Loir-et-Cher.

BLAISON, s. m. Com. du dép. de Maine-et-Loire, cant. des Ponts-de-Cé, arr. d'Angers. = Brissac.

BLAIZE, s. f. Com. du dép. des Ardennes, cant. et arr. de Vouziers. = Vouziers.

BLAIZE-SOUS-ARZILLIÈRES, s. f. Com. du dép. de la Marne, cant. de St.-Remy-en-Bouzemont, arr. de Vitry-le-Français. = Vitry.

BLAIZE-SOUS-HAUTEVILLE, s. f. Com. du dép. de la Marne, cant. de St.-Remy-en-Bouzemont, arr. de Vitry-le-Français. = Vitry.

BLAIZY-BAS, s. m. Com. du dép. de la Côte-d'Or, cant. de Sombernon, arr. de Dijon. = Sombernon.

BLAIZY-HAUT, s. m. Com. du dép. de la Côte-d'Or, cant. de Sombernon, arr. de Dijon. = Sombernon.

BLAJAN, s. m. Com. du dép. de la Haute-Garonne, cant. de Boulogne, arr. de St.-Gaudens. = Boulogne.

BLAJOUX, s. m. Village du dép. de la Lozère, cant. de Barre, arr. de Florac. = Florac.

BLALAY, s. m. Com. du dép. de la Vienne, cant. de Neuville, arr. de Poitiers. = Mirebeau.

BLÂMABLE, adj. Répréhensible, qui doit être blâmé, qui mérite de l'être.

BLÂME, s. m. Sentiment ou discours par lequel on blâme; réprimande infamante adressée par un juge.

BLÂMÉ, E, part. Condamné, désapprouvé.

BLAMECOURT, s. m. Com. du dép. de Seine-et-Oise, cant. de Magny, arr. de Mantes. = Magny.

BLÂMER, v. a. Condamner, désapprouver; reprendre, réprimander.

BLAMONT, s. m. Petite ville du dép. du Doubs, chef-lieu de cant. de l'arr. de Montbéliard. Bur. d'enregist. à Pont-de-Roide. = l'Ile-sur-le-Doubs.

Fab. de canons de fusil, forges, tréfileries, papeteries.

BLAMONT, s. m. Petite ville du dép. de la Meurthe, chef-lieu de cant. de l'arr. de Lunéville. Bur. d'enregist. et de poste.

Fab. de faïence; filature de laine.

BLANC, s. m. La couleur blanche, par opposition à noir; homme blanc, par opposition à nègre, à mulâtre. —, sorte de fard; première farine de gruau. —, maladie des chevaux. —, marque blanche à un but; tirer au blanc. — de l'œil, la cornée. — de volaille, la chair de l'estomac quand elle est cuite. Saigner à —, tirer autant de sang qu'il est possible. —, espace entre les lignes. T. d'impr. En —, adv. Sans écriture. De but en —, adv. Inconsidérément, sans réflexion.

BLANC, s. m. Com. du dép. de l'Aveyron, cant. de Camarès, arr. de St.-Affrique. = St.-Affrique.

BLANC (le), s. m. Petite ville du dép. de l'Indre, chef-lieu de sous-préf. et d'un cant. Trib. de 1re inst.; conserv. des hypoth.; direct. des contrib. indir.; recev. part. des finances; bur. d'enregist. et de poste.

Fab. de gros draps et de poterie de terre; filature de laine; forges dans les environs. Comm. de vins, poissons, fer, bois et merrain.

BLANC, s. m. Com. du dép. du Tarn, cant. de Puy-Laurens, arr. de Lavaur. = Puy-Laurens.

BLANC, CHE, adj. Qui tient plus ou moins de la couleur de la neige. —, lavé, lessivé; linge blanc. —, pâle, décoloré; être blanc de colère. —, qui a plus de rapport avec la couleur blanche qu'une autre chose de même espèce; vin blanc, poivre blanc. —, pur, innocent, sans défaut, sans taches. Donner carte —, donner plein pouvoir. Vers —, non rimés. Cordage —, qui n'a pas été goudronné. T. de mar.

BLANCAFORT, s. m. Com. du dép. du Cher, cant. d'Argent, arr. de Sancerre. = Aubigny.

BLANCARD (St.-), s. m. Com. du dép. du Gers, cant. de Masseube, arr. de Mirande. = Boulogne.

BLANC-BEC, s. m. Jeune homme sans expérience.

BLANC-BOURGEOIS, s. m. Farine de gruau.

BLANC-DE BALEINE, s. m. Cervelle de baleine; cosmétique.

BLANC-D'ESPAGNE, s. m. Bismuth dissout par l'acide nitreux et précipité par l'eau; craie très friable.

BLANC-EN-BOURRE, s. m. Enduit de terre, de chaux, mêlé de bourre.

BLANC-ÉTOC ou BLANC-ÊTRE, s. m. Action de raser un bois, de le couper sans y laisser des baliveaux. T. d'eaux et for.

BLANCEY, s. m. Com. du dép. de la Côte-d'Or, cant. de Pouilly-en-Auxois, arr. de Beaune. = Vitteaux.

BLANC-FOSSÉ, s. m. Com. du dép. de l'Oise, cant. de Crevecœur, arr. de Clermont. = Breteuil.

BLANCHAILLE, s. f. Petits poissons à frire, fretin.

BLANCHARD, s. m. Espèce d'aigle d'Afrique.

BLANCHARDS, s. m. pl. Toiles blanches de Normandie, toiles de lin.

BLANCHÂTRE, adj. Tirant sur le blanc. —, s. m. Serpent blanchâtre, tacheté. T. d'hist. nat.

BLANCHE, s. f. Femme blanche, par opposition à négresse. —, note qui vaut deux noires. T. de mus.

BLANCHE-COIFFE, s. f. Oiseau de l'espèce du geai, que l'on trouve à Cayenne. T. d'hist. nat.

BLANCHE-ÉGLISE, s. f. Com. du dép. de la Meurthe, cant. de Dieuze, arr. de Château-Salins. = Dieuze.

BLANCHE-FONTAINE, s. f. Com. du dép. du Doubs, cant. de Maîche, arr. de Montbéliard. = St.-Hyppolite-sur-le-Doubs.

BLANCHE-FOSSE, s. f. Com. du dép. des Ardennes, cant. de Rumigny, arr. de Rocroy. = Aubenton.

BLANCHEMENT, adv. En linge blanc, lessivé.

BLANCHER, s. m. Tanneur de petits cuirs.

BLANCHERIE, s. f. Voy. BLANCHISSERIE.

BLANCHERUPT, s. m. Com. du dép. du Bas-Rhin, cant. de Villé, arr. de Schélestadt. = Molsheim.

BLANCHET, s. m. Gilet de laine blanche, chemise de laine. —, morceau de drap de laine sous le tympan. T. d'impr. Drap blanc pour filtrer; poisson du genre du silure, du salmone; serpent nuancé de rose. T. d'hist. nat.

BLANCHEUR, s. f. La couleur blanche.

BLANCHEVILLE, s. f. Com. du dép. de la Haute-Marne, cant. d'Andelot, arr. de Chaumont. = Andelot.

BLANCHI, E, part. Lavé, lessivé.

BLANCHIMENT, s. m. Action de blanchir la toile, le linge de ménage; ses effets; atelier où l'on blanchit. —, eau forte adoucie pour blanchir la vaisselle plate, l'or, l'argent; cette opération.

BLANCHIR, v. a. Rendre blanc; laver, lessiver le linge. —, justifier quelqu'un, établir son innocence. —, donner de l'éclat au métal, le nettoyer, etc. T. d'arts et mét. —, v. n. Devenir blanc; nos cheveux blanchissent. — dans une carrière, y vieillir; — sous le harnais, sous les armes. —, effleurer, se dit d'une balle qui fausse les armes. Se —, v. pron. Se justifier.

BLANCHISSAGE, s. m. Action de lessiver le linge; son résultat.

BLANCHISSANT, E, adj. Qui blanchit, qui paraît blanc. Se dit des flots ou des nuages.

BLANCHISSERIE, s. f. Etablissement où l'on blanchit les toiles, la cire, le fer pour le fer-blanc.

BLANCHISSEUR, EUSE, s. Entrepreneur de blanchissage; qui blanchit ou fait blanchir le linge.

BLANC-JAUNE, s. m. Poisson du genre du salmone. T. d'hist. nat.

BLANC-MANGER, s. m. Ragoût de blancs de poulets avec des amandes, du lait, du riz, du sucre et de l'eau de rose.

BLANC-MANTEAU, s. m. Moine bénédictin; église des Blancs-Manteaux.

BLANC-MESNIL (le), s. m. Com. du dép. de Seine-et-Oise, cant. de Gonesse, arr. de Pontoise. = le Bourget.

BLANC-MESNIL, s. m. Com. du dép. de la Seine-Inférieure, cant. d'Offranville, arr. de Dieppe. = Dieppe.

BLANC-NEZ, s. m. Guenon noire-brune à nez blanc. T. d'hist. nat.

BLANC-PENDARD, s. m. Pie-grièche grise. T. d'hist. nat.

BLANC-RAISIN, s. m. Blanc de rhazis, onguent de cire, d'huile et de céruse. T. de pharm.

BLANC-SEING, s. m. Papier timbré au bas duquel on appose sa signature, que l'on ne devrait jamais confier à qui que ce soit, tant on a d'exemples de l'abus qu'on en peut faire.

BLANDAINVILLE, s. f. Com. du dép. d'Eure-et-Loir, cant. d'Illiers, arr. de Chartres. = Illiers.

BLANDANS, s. m. Com. du dép. du Jura, cant. de Voiteur, arr. de Lons-le-Saulnier. = Poligny.

BLANDAS, s. m. Com. du dép. du Gard, cant. d'Alzon, arr. du Vigan. = le Vigan.

BLANDÈQUES, s. f. Com. du dép. du Pas-de-Calais, cant. et arr. de St.-Omer. = St.-Omer. Manufacture de fer-blanc et fabriques de toiles.

BLANDEY, s. m. Com. du dép. de l'Eure, cant. de Damville, arr. d'Evreux. = Damville.

BLANDICES, s. f. pl. Caresses intéressées; basses flatteries pour capter la confiance d'un riche vieillard ou d'un fils de famille tout neuf.

BLANDIN, s. m. Com. du dép. de l'Isère, cant. de Virieu, arr. de la Tour-du-Pin. = Virieu.

BLANDINE (Ste.-), s. f. Com. du dép. de l'Isère, cant. et arr. de la Tour-du-Pin. = la Tour-du-Pin.

BLANDINE (Ste.-), s. f. Com. du dép. des Deux-Sèvres, cant. de Celles, arr. de Melle. = Melle.

BLANDOUET, s. m. Com. du dép. de la Mayenne, cant. de Ste.-Suzanne, arr. de Laval. = Evron.

BLANDY, s. m. Com. du dép. de Seine-et-Marne, cant. du Châtelet, arr. de Melun. = Melun.

BLANDY, s. m. Com. du dép. de Seine-et-Oise, cant. de Méréville, arr. d'Etampes. = Etampes.

BLANGERMONT, s. m. Com. du dép. du Pas-de-Calais, cant. et arr. de St.-Pol. = Frevent.

BLANGERVAL, s. m. Com. du dép. du Pas-de-Calais, cant. et arr. de St.-Pol. = Frevent.

BLANGY, s. m. Com. du dép. du Calvados, chef-lieu de cant. de l'arr. de Pont-l'Evêque. Bur. d'enregist. = Pont-l'Evêque.

BLANGY, s. m. Com. du dép. du Pas-de-Calais, cant. du Parcq, arr. de St.-Pol. = Hesdin.

BLANGY, s. m. Com. du dép. de la Seine-Inférieure, chef-lieu de cant. de l'arr. de Neufchâtel. Bur. d'enregist. et de poste.
Fab. de toiles à voiles, blanchisseries de toiles, tanneries considérables. Comm. de bestiaux.

BLANGY-SOUS-POIX, s. m. Com. du dép. de la Somme, cant. de Poix, arr. d'Amiens. = Poix.

BLANGY-TRONVILLE, s. m. Com. du dép. de la Somme, cant. de Sains, arr. d'Amiens. = Amiens.

BLANNAVES, s. f. Com. du dép. du Gard, cant. de St.-Martin-de-Valgalgues, arr. d'Alais. = Alais.

BLANNAY, s. m. Com. du dép. de l'Yonne, cant. de Vézelay, arr. d'Avallon. = Vézelay.

BLANOT, s. m. Com. du dép. de Saône-et-Loire, cant. de Cluny, arr. de Mâcon. = Cluny.

BLANOT, s. m. Com. du dép. de la Côte-d'Or, cant. de Liernais, arr. de Beaune. = Saulieu.

BLANQUE, s. f. Jeu de hasard, espèce de loterie avec un feuillet numéroté et l'autre blanc, que l'on perce avec une épingle pour piquer les numéros gagnans.

BLANQUEFORT, s. m. Com. du dép. du Gers, cant. de Gimont, arr. d'Auch. = Gimont.

BLANQUEFORT, s. m. Com. du dép. de la Gironde, chef-lieu de cant. de l'arr. de Bordeaux. Bur. d'enregist. = Bordeaux.

BLANQUEFORT, s. m. Com. du dép. de Lot-et-Garonne, cant. de Fumel, arr. de Villeneuve. = Fumel.

BLANQUETTE, s. f. Petite poire d'été; petit vin blanc de Limoux; chasselas doré; émincée de veau rôti, avec des jaunes d'œufs pour liaison de la sauce.

BLANZAC, s. m. Petite ville du dép. de la Charente, chef-lieu de cant. de l'arr. d'Angoulême. Bur. d'enregist. et de poste.
Ce pays est fertile en grains et en vins.

BLANZAC, s. m. Com. du dép. de la Charente-Inférieure, cant. de Matha, arr. de St-Jean-d'Angely. = St.-Jean-d'Angely.

BLANZAC, s. m. Com. du dép. de la Haute-Loire, cant. de St.-Paulien, arr. du Puy. = le Puy.

BLANZAC, s. m. Com. du dép. de la Haute-Vienne, cant. et arr. de Bellac. = Bellac.

BLANZAGUET, s. m. Com. du dép. de la Charente, cant. de la Valette, arr. d'Angoulême. = Angoulême.

BLANZAIS, s. m. Com. du dép. de la Vienne, cant. et arr. de Civray. = Civray.

BLANZAT, s. m. Com. du dép. du Puy-de-Dôme, cant. et arr. de Clermont. = Clermont.

BLANZAY, s. m. Com. du dép. de la Charente-Inférieure, cant. d'Aunay, arr. de St.-Jean-d'Angely. = Aunay.

BLANZÉE, s. f. Com. du dép. de la Meuse, cant. d'Etain, arr. de Verdun. = Verdun.

BLANZY, s. m. Com. du dép. des Ardennes, cant. d'Asfeld, arr. de Rethel. = Rethel.

BLANZY, s. m. Com. du dép. de Saône-et-Loire, cant. de Montcénis, arr. d'Autun. = Montcénis.

BLANZY-LES-FISMES, s. m. Com. du dép. de l'Aisne, cant. de Braisne, arr. de Soissons. = Fismes.

BLAPS, s. m. Insecte coléoptère. T. d'hist. nat.

BLAQUE, s. f. Vessie de bœuf ou de porc dans laquelle on met le tabac à fumer. Voy. BLADE.

BLAQUERERIE, s. f. Village du dép. de l'Aveyron, cant. de Peyreleau, arr. de Milhau. = Milhau.

BLAQUEVILLE, s. f. Com. du dép. de la Seine-Inférieure, cant. de Pavilly, arr. de Rouen. = Rouen.

BLAQUIÈRE (la), s. f. Com. du dép. de l'Hérault, cant. et arr. de Lodève. = Lodève.

BLARGIES, s. f. Com. du dép. de

l'Oise, cant. de Formerie, arr. de Beauvais. = Grandvilliers.

BLARIANS, s. m. Com. du dép. du Doubs, cant. de Marchaux, arr. de Besançon. = Besançon.

BLARINGHEM, s. m. Com. du dép. du Nord, cant. et arr. de Hazebrouck. = Aire-sur-la-Lys.

BLARS, s. m. Com. du dép. du Lot, cant. de Lauzès, arr. de Cahors. = Cahors.

BLARU, s. m. Com. du dép. de Seine-et-Oise, cant. de Bonnières, arr. de Mantes. = Vernon.

BLASÉ, E, part. Émoussé, usé.

BLASER, v. a. Émousser, user le tempérament, la sensibilité, se dit de l'âme, fig. Se —, v. pron. S'user par la débauche, par des excès.

BLASIE, s. f. Plante cryptogame. T. de bot.

BLASON, s. m. Art héraldique; science des armoiries; assemblage de ce qui compose l'écu.

BLASONNÉ, E, part. Armorié.

BLASONNER, v. a. Peindre, expliquer, déchiffrer les armoiries. —, médire, critiquer. Fig.

BLASONNEUR, s. m. Peintre en armoiries; qui explique les allégories qu'offrent les armoiries. — Médisant, flatteur. Fig.

BLASPHÉMATEUR, s. m. Calomniateur, impie, pour qui rien n'est sacré, qui offense la religion et la Divinité, le ciel et la terre, les vivans et les morts.

BLASPHÉMATOIRE, adj. Qui renferme des blasphêmes, des outrages.

BLASPHÈME, s. m. Discours impie; outrage à la Divinité, à la religion, aux saints, aux grands hommes.

BLASPHÉMÉ, E, part. Outragé, insulté.

BLASPHÉMER, v. a. et n. Outrager par ses discours ce qu'il y a de plus saint, de plus vénérable; proférer des blasphêmes.

BLASSAC, s. m. Com. du dép. de la Haute-Loire, cant. de la Voûte-Chillac, arr. de Brioude. = Brioude.

BLASTE, s. m. Petit arbre qu'on trouve dans les forêts de la Cochinchine. T. de bot.

BLÂTIER, s. m. Petit marchand de blé, qui achète le grain des particuliers pour le vendre au marché.

BLÂTRÉ, E, part. Se dit des grains auxquels on a fait subir une préparation.

BLÂTRER, v. a. Donner au grain une belle apparence par des préparations.

BLATTE, s. f. Genre d'insectes orthoptères, coureurs, lucifuges qui rongent les cuirs et les comestibles. T. d'hist. nat.

BLATTI, s. m. Espèce de myrte du Malabar. T. de bot.

BLAUCAU, s. m. village du dép. du Tarn, cant. de Montredon, arr. de Castres. = Castres.

BLAUDE ou BLOUSE, s. f. Sorte de surtout de toile.

BLAUDEIX, s. m. Com. du dép. de la Creuse, cant. de Jarnages, arr. de Boussac. = Gouzon.

BLAUVAC, s. m. Com. du dép. de Vaucluse, cant. de Mormoiron, arr. de Carpentras. = Carpentras.

BLAUZAC, s. m. Com. du dép. de l'Aveyron, cant. de Salvetat, arr. de Rodez. = Rodez.

BLAUZAC, s. m. Com. du dép. du Gard, cant. et arr. d'Uzès. = Uzès.

BLAUZAGUET, s. m. Village du dép. du Lot, cant. de Souillac, arr. de Gourdon. = Souillac.

BLAVEPEYRE, s. m. Com. du dép. de la Creuse, cant. d'Auzances, arr. d'Aubusson. = Auzances.

BLAVET (le), s. m. Rivière qui sort de l'étang de Blavet, com. de Botoha, arr. de Guingamp, dép. des Côtes-du-Nord. Elle se jette dans l'Océan au Port-Louis, après environ 30 l. de cours.

BLAVIGNAC, s. m. Com. du dép. de la Lozère, cant. de St.-Chély, arr. de Marvejols. = St.-Chély. Fab. de Serges et de cadis.

BLAVINCOURT, s. m. Com. du dép. du Pas-de-Calais, cant. d'Avesnes-le-Comte, arr. de St.-Pol. = Arras.

BLAY, s. m. Com. du dép. du Calvados, cant. de Trevières, arr. de Bayeux. = Bayeux.

BLAYE, s. f. Ville fortifiée du dép. de la Gironde, chef-lieu de sous-préf. et de cant. Place de guerre de 4e classe; trib. de 1re inst. et de comm.; conserv. des hypoth.; recev. partic. des finances; direct. des cont. indir.; bur. d'enregist. et de poste.

Cette ville, sur la rive droite de la Gironde, qui offre une rade très étendue, est dans une situation agréable et très avantageuse pour le comm.; elle est défendue par la citadelle, le fort Médoc et plusieurs autres ouvrages dont les feux croisés rendent le passage de la rivière presque impossible. Quoi qu'il en soit, cette place était tout-à-fait insignifiante. Depuis, elle a acquis de l'importance par la captivité de la duchesse de Berry.

Fabr. de toiles, droguets, serges; distilleries d'eaux-de-vie, verrerie, faïencerie, construction de bâtimens pour le cabotage; comm. de vins, eaux-de-vie, huiles, savon, résine, noix, bois de charpente, merrain; entrepôt de vins de Médoc et de Montuzet. Dist. de Paris, 143 l.

BLAYE, s. f. Com. du dép. du Tarn, cant. de Monestiés, arr. d'Albi. = Albi.

BLAYMARD, s. m. Com. du dép. de la Lozère, chef-lieu de cant. de l'arr. de Mende. Bur. d'enregist. = Mende. Fab. de serges et de cadis.

BLAYMONT, s. m. Com. du dép. de Lot et Garonne, cant. de Beauville, arr. d'Agen. = Agen.

BLAZIERT, s. m. Com. du dép. du Gers, cant. de Valence, arr. de Condom. = Condom.

BLAZIMONT, s. m. Com. du dép. de la Gironde, cant. de Sauveterre, arr. de la Réole. — Castillon.

BLÉ ou BLED, s. m. Froment, plante graminée dont on tire les plus belles farines pour faire la pâtisserie et le pain blanc; blé en herbe, épié. Grand —, froment et seigle. Petit —, orge et avoine; — méteil, froment et seigle; — de mars, semé au printemps; — barbu, à épi carré et barbu; — noir, sarrasin; — de Turquie, maïs; — de vache, Melampirum.

BLÈCHE, s. m. et adj. Homme efféminé, mou, sans caractère.

BLÉCHIR, v. n. Devenir mou, efféminé.

BLECHNE, s. f. Espèce de fougère. T. de bot.

BLECHROPYRE, s. f. Fièvre nerveuse, lente. T. de méd.

BLÉCOURT, s. m. Com. du dép. de la Haute-Marne, cant. de Joinville, arr. de Vassy. = Joinville.

BLÉCOURT, s. m. Com. du dép. du Nord, cant. et arr. de Cambrai. = Cambrai.

BLÉGIERS, s. m. Com. du dép. des Basses-Alpes, cant. de la Javie, arr. de Digne. = Digne.

BLEIGNY-LE-CARREAU, s. m. Com. du dép. de l'Yonne, cant. de Ligny, arr. d'Auxerre. = Auxerre.

BLEIME, s. f. inflammation du sabot. T. de méd. vétér.

BLÊME, adj. Très pâle; figure blême.

BLÉMEREY, s. m. Com. du dép. de la Meurthe, cant. de Blamont, arr. de Lunéville. = Blamont.

BLEMEREY, s. m. Com. du dép. des Vosges, cant. et arr. de Mirecourt. = Mirecourt.

BLÉMIR, v. n. Pâlir, devenir blême.

BLÉMISSEMENT, s. m. Pâleur.

BLENDE, s. f. Substance minérale, mine de zinc, sulfure de zinc, zinc sulfuré. T. d'hist. nat.

BLENEAU, s. m. Petite ville du dép. de l'Yonne, chef-lieu de cant. de l'arr. de Joigny. Bur. d'enregist. à Champigneulles. = St.-Fargeau. Comm. de bois à brûler.

BLENNE, s. m. ou BLENNIE, s. f. Genre de poissons jugulaires. T. d'hist. nat.

BLENNES, s. f. Com. du dép. de Seine-et-Marne, cant. de Lorrez, arr. de Fontainebleau. = Cheroy.

BLENNORRHAGIE, s. f. Affection vénérienne; inflammation dans le canal de l'urètre, écoulement. T. de méd.

BLENNORRHÉE, s. f. Écoulement; dernier degré de la blennorrhagie. T. de méd.

BLENOD-AUX-OIGNONS, s. m. Com. du dép. de la Meurthe, cant. et arr. de Toul. = Toul.

BLENOD-LES-PONT-À-MOUSSON, s. m. Com. du dép. de la Meurthe, cant. de Pont-à-Mousson, arr. de Nancy. = Pont-à-Mousson.

BLÉONE (la), s. f. Rivière dont la source se trouve au bas des montagnes de Prads, arr. de Digne, dép. des Basses-Alpes, et qui se jette dans la Durance, près de Malijay, après avoir traversé environ 15 l. de pays.

BLÉPHARIQUE, adj. Se dit des collyres pour calmer l'irritation de la paupière. T. de méd.

BLÉPHAROPTHALMIE ou BLÉPHAROTIS, s. f. Inflammation des paupières, ophtalmie. T. de méd.

BLÉPHAROPTOSE, s. f. ou BLÉPHAROPTRE, s. m. Relâchement ou chute de la paupière supérieure; éraillement. T. de méd.

BLÉPHAROXISTE, s. m. Scarificateur, bistouri pour scarifier les paupières. T. de chir.

BLÉQUIN, s. m. Com. du dép. du Pas-de-Calais, cant. de Lumbres, arr. de St.-Omer. = St.-Omer.

BLÉRANCOURDELLE, s. f. Com. du dép. de l'Aisne, cant. de Coucy-le-Château, arr. de Laon. = Noyon. Fab. de toiles à voiles.

BLÉRANCOURT, s. m. Com. du dép. de l'Aisne, cant. de Coucy-le-Château, arr. de Laon. = Noyon.

BLERCOURT, s. m. Com. du dép. de la Meuse, cant. de Souilly, arr. de Verdun. = Verdun.

BLÉRÉ, s. m. Petite ville du dép. d'Indre-et-Loire, chef-lieu de cant. de l'arr. de Tours. Bur. d'enregist. = Amboise. Entrepôt considérable de bois et de marchandises qui viennent du Bourbonnais et du Berri.

BLÉRUAIS, s. m. Com. du dép. d'Ille-et-Vilaine, cant. de Méen, arr. de Monfort. = Montfort.

BLÉSITÉ, s. f. Grasseyement.

BLESLE, s. f. Petite ville du dép. de la Haute-Loire, chef-lieu de cant. de l'arr. de Brioude. Bur. d'enregist. = Massiac.

BLESME, s. m. Com. du dép. de la Marne, cant. de Tiéblemont, arr. de Vitry-le-Français. = Vitry.

BLESMES, s. m. Com. du dép. de l'Aisne, cant. et arr. de Château-Thierry. = Château-Thierry.

BLESSAC, s. m. Com. du dép. de la Creuse, cant. et arr. d'Aubusson. = Aubusson.

BLESSANT, E, adj. Offensant; qui blesse l'amour-propre, qui choque.

BLESSÉ, E, part. Atteint d'un coup de feu; qui a reçu une ou plusieurs blessures. Se dit surtout des hommes mis hors de combat dans une bataille. —, offensé. Fig. —, s. m. Soldat blessé; les morts et les blessés.

BLESSER, v. a. Porter un coup, faire une plaie, une contusion, une fracture. —, faire du tort à quelqu'un; blesser ses intérêts. —, attaquer, offenser, choquer, nuire, incommoder, déplaire. —, être contraire aux usages reçus; blesser les convenances. — le cœur, inspirer de l'amour. Se —, v. pron. Se faire du mal à soi-même, accoucher avant terme. Se —, v. récip. Se porter réciproquement des coups.

BLESSEY, s. m. Com. du dép. de la Côte-d'Or, cant. de Flavigny, arr. de Semur. = St.-Seine.

BLESSONVILLE, s. f. Com. du dép. de la Haute-Marne, cant. de Château-Vilain, arr. de Chaumont. = Château-Vilain.

BLESSURE, s. f. Plaie, lésion, solution de continuité, contusion, fracture; blessure légère, mortelle. —, tort, dommage. —, tout ce qui offense l'honneur; douloureuse impression sur l'esprit et le cœur. Fig.

BLESSY, s. m. Com. du dép. du Pas-de-Calais, cant. de Norrent-Fontes, arr. de Béthune. = Aire-sur-la-Lys.

BLESTRISME, s. m. Malaise, crampe, inquiétude dans toutes les parties du corps. T. de méd.

BLET, s. m. Com. du dép. du Cher, cant. de Nérondes, arr. de St.-Amand. = Sancoins.

BLET, TE, adj. Mou. Poire —, poire molle. —, s. f. Plante potagère, émolliente, rafraîchissante. T. de bot.

BLETTANGE, s. m. Com. du dép. de la Moselle, cant. de Metzervisse, arr. de Thionville. = Thionville.

BLETTERANS, s. m. Petite ville du dép. du Jura, chef-lieu de cant. de l'arr. de Lons-le-Saulnier. Bur. d'enregist. = Lons-le-Saulnier.

BLETTON, s. m. Ciment composé de chaux et de gravier.

BLEU, s. m. La couleur bleue. —, de montagne, minéral bleuâtre, poreux et fragile; terre colorée par un oxre cuivreux. — de Prusse naturel, prussiate de potasse, alliage de fer et d'alcali minéral avec le principe inflammable. — de Prusse artificiel, dissolution de fer par un acide et l'alcali fixe végétal: — vin; mettre un poisson au —, le faire cuire dans le vin. —, poisson du genre des chiens de mer. T. d'hist. nat. — de marine, terrain gras, bleu, impénétrable à l'eau.

BLEU, E, adj. De couleur d'azur, d'un ciel sans nuage.

BLEUÂTRE, adj. Tirant sur le bleu. —, s. m. Sorte de poisson. T. d'hist. nat.

BLEUI, E, part. Rendu bleu.

BLEUIR, v. a. Rendre bleu. —, v. n. Devenir bleu.

BLEUISSOIR, s. m. Outil d'horloger, lame d'acier pour donner le recuit. Voy. REVENOIR.

BLEURVILLE, s. f. Com. du dép. des Vosges, cant. de Monthureux, arr. de Mirecourt. = Darney.

BLEURY, s. m. Com. du dép. d'Eure-et-Loir, cant. de Maintenon, arr. de Chartres. = Gallardon.

BLEVAINCOURT, s. m. Com. du dép. des Vosges, cant. de la Marche, arr. de Neufchâteau. = la Marche.

BLÈVES, s. f. Com. du dép. de la Sarthe, cant. de la Fresnaye, arr. de Mamers. = Mamers.

BLÉVILLE, s. f. Com. du dép. de la Seine-Inférieure, cant. d'Ingouville, arr. du Havre. = le Havre.

BLEVY, s. m. Com. du dép. d'Eure-et-Loir, cant. de Châteauneuf, arr. de Dreux. = Châteauneuf.

BLEYS, s. m. Village du dép. du Tarn, cant. de Cordes, arr. de Gaillac. = Cordes.

BLEYSSOL (le), s. m. Com. du dép. de l'Aveyron, cant. de Rieupeyroux, arr. de Villefranche. = Villefranche.

BLÉZIGNAC, s. m. Com. du dép. de la Gironde, cant. de Créon, arr. de Bordeaux. = Bordeaux.

BLÉZY, s. m. Com. du dép. de la Haute-Marne, cant. de Juzennecourt, arr. de Chaumont. = Chaumont.

BLICOURT, s. m. Com. du dép. de l'Oise, cant. de Marseille, arr. de Beauvais. = Granvilliers.

BLIENSCHWILLER, s. m. Com. du dép. du Bas-Rhin, cant. de Barr, arr. de Schélestadt. = Schélestadt.

BLIESBRUKEN, s. m. Com. du dép. de la Moselle, cant. et arr. de Sarreguemines. = Sarreguemines.

BLIESEBERZING, s. m. Com. du dép. de la Moselle, cant. et arr. de Sarreguemines. = Sarreguemines.

BLIESGUERSCHWILLER, s. m. Com. du dép. de la Moselle, cant. et arr. de Sarreguemines. = Sarreguemines.

BLIESSCHWEYEN, s. m. Com. du dép. de la Moselle, cant. et arr. de Sarreguemines. = Sarreguemines.

BLIEUX, s. m. Com. du dép. des Basses-Alpes, cant. de Senez, arr. de Castellanne. = Castellanne.

BLIGNICOURT, s. m. Com. du dép. de l'Aube, cant. de Brienne-le-Château, arr. de Bar-sur-Aube. = Brienne.

BLIGNY, s. m. Com. du dép. de l'Aube, cant. de Vendœuvre, arr. de Bar-sur-Aube. = Bar-sur-Aube. Manuf. de verre blanc, carafes, vases, etc.

BLIGNY, s. m. Com. du dép. de la Marne, cant. de Ville-en-Tardenois, arr. de Reims. = Reims.

BLIGNY-EN-OTHE, s. m. Com. du dép. de l'Yonne, cant. de Brienon, arr. de Joigny. = Brienon.

BLIGNY-LE-SEC, s. m. Com. du dép. de la Côte-d'Or, cant. de St.-Seine, arr. de Dijon. = St.-Seine.

BLIGNY-SOUS-BEAUNE, s. m. Com. du dép. de la Côte-d'Or, cant. et arr. de Beaune. = Beaune.

BLIGNY-SUR-OUCHE, s. m. Com. du dép. de la Côte-d'Or, chef-lieu de cant. de l'arr. de Beaune. Bur. d'enregistr. = Beaune.

BLIMONT, s. m. Com. du dép. de la Somme, cant. de St.-Valery, arr. d'Abbeville. = St.-Valery.

BLIN, s. m. Pièce de bois pour assembler les pièces d'un mât. T. de mar. —, pièce de l'ourdissoir pour assembler les soies.

BLIN (St.-), s. m. Com. du dép. de la Haute-Marne, chef-lieu de cant. de l'arr. de Chaumont. Bur. d'enregist. = Andelot.

BLINCOURT, s. m. Com. du dép. de l'Oise, cant. et arr. de Clermont. = Pont-Ste.-Maxence.

BLINCOURT-LES-PRÉCY, s. m. Com. du dép. de l'Oise, cant. de Creil, arr. de Senlis. = Chantilly.

BLINDAGE, s. m. Construction en charpente pour garantir de l'effet des projectiles.

BLINDÉ, E, part. Fortifié, mis à l'abri de la bombe.

BLINDER, v. a. Etablir un blindage sur des fortifications pour les garantir de la bombe. Se —, v. pron. Couvrir ses retranchemens, ses fortifications de charpentes, de fascines et de terre. Se —, garnir le flanc d'un vaisseau de vieux cordages pour amortir le boulet. T. de mar.

BLINDES, s. f. pl. Arbres, pièces de charpente, fascines, fumier, terre pour construire un blindage. —, tronçons de vieux câbles. T. de mar.

BLINGEL, s. m. Com. du dép. du Pas-de-Calais, cant. de Parcq, arr. de St.-Pol. = Hesdin.

BLIQUETUIT-NOTRE-DAME, s. m. Com. du dép. de la Seine-Inférieure, cant. de Caudebec, arr. d'Yvetot. = Caudebec.

BLIQUETUIT-ST.-NICOLAS, s. m. Com. du dép. de la Seine-Inférieure, cant. de Caudebec, arr. d'Yvetot. = Caudebec.

BLIS-ET-BORN, s. m. Com. du dép. de la Dordogne, cant. de St.-Pierre-de-Chignac, arr. de Périgueux. = Périgueux.

BLISMES, s. f. Com. du dép. de la Nièvre, cant. et arr. de Château-Chinon. = Château-Chinon.

BLOC, s. m. Amas, assemblage de marchandises. Vendre en —, vendre en gros, tout à la fois. —, morceau informe de pierre, de marbre; le billot du sculpteur. —, sorte de presse de tabletier; chouquet, billot de plomb. En —, adv. Sans compter.

BLOCAGE, s. m. Lettre renversée mise à la place d'une autre qui manque dans la casse. T. d'impr. — ou blocaille, s. f. Petits moellons, pierrailles pour remplir les vides. T. de maç.

BLOCHET, s. m. Pièce de bois sur les sablures des croupes. T. de charp.

BLOCUS, s. m. Interruption de toute communication avec un pays, avec une ville; blocus de la Hollande. —, situation d'une ville en état de blocus; action de cerner une place assiégée, d'en défendre l'approche; disposition des assiégeans, leurs campemens. —, défense d'entrer dans un port, d'aborder sur une côte. T. de mar.

BLODELSHEIM, s. m. Com. du dép. du Haut-Rhin, cant. d'Ensisheim, arr. de Colmar. = Neuf-Brisach.

BLOIS, s. m. Com. du dép. du Jura, cant. de Voiteur, arr. de Lons-le-Saulnier. = Poligny.

BLOIS, s. m. Ville et chef-lieu de préf. du dép. de Loir-et-Cher, d'une sous-préf. et de deux cant. Cour d'assises, trib. de 1re inst. et de comm.; bibliothèque publique; évêché; ingénieur en chef. et ord. des ponts-et-chaussées; direct. de l'enregist. et des domaines, 3e classe; conserv. des hypoth.; direct. des contrib. dir. et indir.; bur. de garantie de matières d'or et d'argent; recev. général des finances; payeur du dép.; bur. d'enregist. et de poste. Pop. 11,340 hab. environ.

Cette ville, bâtie sur le penchant d'un coteau au pied duquel coule la Loire, est dans une des plus belles et des plus riches contrées de la France. Elle est fort ancienne, comme l'atteste un acqueduc taillé dans le roc par les Romains; cet aqueduc traverse la ville et favorise l'écoulement des eaux qui se précipitent des montagnes dans les temps d'orage. Le meilleur et le plus juste de nos rois, Louis XII, surnommé le père du peuple, est né dans Blois. Deux grands événemens ajoutent à l'importance historique de cette ville : en 1577, et plus tard, en 1588, les états généraux y furent convoqués. En 1814, l'impératrice Marie-Louise, nommée régente par décret de l'empereur, transporta momentanément le siége du gouvernement à Blois, où elle fut accompagnée par les ministres; c'est de Blois que sont datés les derniers actes de la régence.

Comm. de vins, eaux-de-vie, vinaigre très estimé; draps, papiers, faïence, bois à brûler, etc. Pépinière départementale; dépôt d'étalon.

L'hôtel de la préf. et l'ancien château des comtes de Blois, sont, avec l'aqueduc dont nous avons parlé, ce qu'il y a de plus remarquable à Blois.

BLOMAC, s. m. Com. du dép. de l'Aude, cant. de Peyriac-Minervois, arr. de Carcassonne. = Carcassonne.

BLOMARD, s. m. Com. du dép. de l'Allier, cant. de Montmaraut, arr. de Montluçon. = Montmaraut.

BLOMBAY, s. m. Com. du dép. des Ardennes, cant. et arr. de Rocroi. = Mézières.

BLOND, E, adj. d'une couleur entre le rouge et le châtain clair; cheveux blonds, barbe blonde. —, s. m. La couleur blonde. — ardent, tirant sur le roux. —, personne qui a les cheveux blonds. —, maîtresse. T. fam. —, sorte de dentelle; blonde de fil, de soie.

BLOND, s. m. Com. du dép. de la Haute-Vienne, cant. et arr. de Bellac. = Bellac.

BLONDEFONTAINE, s. f. Com. du dép. de la Haute-Saône, cant. du Jussey, arr. de Vesoul. = Jussey.

BLONDIER, s. m. Fabricant de blonde.

BLONDIN, E, adj. Qui a les cheveux blonds. —, s. m. Jeune fat qui fait le beau; jeune galant.

BLONDIR, v. n. Devenir blond; jaunir, en parlant des moissons. Fig.

BLONDISSANT, E, adj. Jaunissant; les moissons blondissantes. T. fig. et poét.

BLONDOIEMENT, s. m. Action de devenir blond. T. inus.

BLONDOYER, v. n. Blondir. T. inus.

BLONVILLE, s. f. Com. du dép. du Calvados, cant. de Dives, arr. de Pont-l'Évêque. = Touques.

BLOQUÉ, E, part. Cerné, assiégé.

BLOQUER, v. a. et n. Cerner, assiéger, faire un blocus. —, renverser une lettre pour la mettre à la place d'une autre quand les sortes manquent. T. d'impr. —, pousser vivement dans la blouse. T. de jeu de bill. —, construire sans alignement; remplir les vides de pierrailles. T. de maç. —, garnir de bourre et de goudron. T. de mar. —, se soutenir sans battre de l'aile. T. de fauc.

BLOSSEVILLE, s. f. Com. du dép. de la Seine-Inférieure, cant. de St.-Valery-en-Caux, arr. d'Yvetot. = St.-Valery. Fabriques d'indiennes et de mécaniques pour les filatures.

BLOSSEVILLE, s. f. Com. du dép. de la Manche, cant. de Ste.-Mère-Eglise, arr. de Valognes. = Carentan.

BLOSSEVILLE-BON-SECOURS, s. f. Com. du dép. de la Seine-Inférieure, cant. de Boos, arr. de Rouen. = Rouen.

BLOSSIR (se), v. pron. Devenir trop mur, mollir en parlant des fruits. T. inus.

BLOSSISSEMENT, s. m. Etat des poires trop mûres, des nèfles qui mûrissent.

BLOT, s. m. Instrument pour mesurer la marche d'un navire. T. de mar. —, perchoir. T. de fauc.

BLOT-L'ÉGLISE, s. m. Com. du dép. du Puy-de-Dôme, cant. de Menat, arr. de Riom. = Montaigu.

BLOTTIR (se), v. pron. Se tapir, s'accroupir, se rapetisser, se ramasser pour se cacher.

BLOTZHEIM, s. m. Com. du dép. du Haut-Rhin, cant. de Huningue, arr. d'Altkirch. = Huningue.

BLOU, s. m. Com. du dép. de Maine-et-Loire, cant. de Longné, arr. de Beaugé. = Saumur.

BLOUSE, s. f. Blaude, surtout de toile; robe en forme de blouse. —, chacun des six trous d'un billard. —, pièce qui sert de moule. T. de potier d'étain.

BLOUSÉ, E, part. Entré dans la blouse. —, trompé. Fig.

BLOUSER, v. a. Faire entrer une bille dans la blouse ; tromper. Fig. Se —, v. pron. Mettre sa bille dans la blouse ; se tromper. Fig.

BLOUSSE, s. f. Laine courte qu'on ne peut carder.

BLOUSSON, s. m. Com. du dép. du Gers, cant. de Marciac, arr. de Mirande. = Mirande.

BLOUTIÈRE (la), s. f. Com. du dép. de la Manche, cant. de Villedieu, arr. d'Avranches. =Villedieu.

BLUET ou **BARBEAU,** s. m. Aubifoin, jacée des blés ; casse-lunette, plante des blés à fleur bleue. —, espèce de tangara de la Guiane et du Brésil ; serpent bleu et blanc. T. d'hist. nat.

BLUETTE, s. f. Petite étincelle. —, légère brochure, petit vaudeville, petit ouvrage sans prétention ; saillie, badinage d'esprit. Fig.

BLUMEREY, s. m. Com. du dép. de la Haute-Marne, cant. de Doulevant, arr. de Vassy. =Doulevant.

BLUSSANGEAUX, s. m. Com. du dép. du Doubs, cant. de l'Ile-sur-le-Doubs, arr. de Baume. = L'Ile-sur-le-Doubs.

BLUSSANS, s. m. Com. du dép. du Doubs, cant. de l'Ile-sur-le-Doux, arr. de Baume. = l'Ile-sur-le-Doubs.

BLUTAGE, s. m. Action de bluter ; son résultat.

BLUTÉ, E, part. Sassé, tamisé.

BLUTEAU, s. m. Espèce de sac oblong, en serge, qui est monté sur deux petits cercles, pour sasser le blé en sortant de la meule, et séparer le son de la farine. — ou Blutoir, laine pour essuyer les cuirs.

BLUTER, v. a. Sasser le blé moulu, séparer la farine du son.

BLUTERIE, s. f. Huche dans laquelle s'agitent les bluteaux.

BLYE, s. f. Com. du dép. du Jura, cant. de Conliège, arr. de Lons-le-Saulnier.=Lons-le-Saulnier.

BO (le), s. m. Com. du dép. du Calvados, cant. de Thury-Harcourt, arr. de Fontaine. =Harcourt.

BOA, s. m. Genre de reptiles sans venin, le plus grand et le plus fort de tous les serpens. T. d'hist. nat.

BOAFLES, s. f. Com. du dép. de la Seine-Inférieure, cant. d'Aumale, arr. de Neufchâtel. =Neufchâtel.

BOAST, s. m. Com. du dép. des Basses-Pyrénées, cant. de Lembeye, arr. de Pau.=Pau.

BOBA, s. m. Arbre des îles Moluques. T. de bot.

BOBAQUE ou **BOBAK,** s. m. Petit quadrupède du Nord, espèce de marmotte. T. d'hist. nat.

BOBART, s. m. Plante graminée des Indes. T. de bot.

BOBÈCHE, s. f. Partie du chandelier, cylindre creux dans lequel on met la chandelle. —, acier qui forme le tranchant du rasoir.

BOBELIN, s. m. Ancienne chaussure.

BOBILLE, s. f. Cylindre de bois, creux, avec un axe en fer. T. d'épingl.

BOBINE, s. f. Sorte de fuseau sur lequel on devide du fil, du coton, de la soie.

BOBINÉ, E, part. Devidé en bobines.

BOBINER, v. a. Devider sur une bobine.

BOBINEUSE, s. f. Ouvrière qui devide le fil, qui garnit les bobines. T. de manuf.

BOBINIÈRE, s. f. Partie supérieure du moulin à filer l'or.

BOBITAL, s. m. Com. du dép. des Côtes-du-Nord, cant. et arr. de Dinan. = Dinan.

BOBO, s. m. Petit mal d'un enfant, petite douleur.

BOBOS, s. m. Boa des îles Manilles. T. d'hist. nat.

BOCAGE (le), s. m. Com. du dép. de la Seine-Inférieure, cant. de Clères, arr. de Rouen. = Rouen.

BOCAGE, s. m. Bosquet, petit bois.

BOCAGE (le), s. m. Ce pays qui dépendait de la province de Normandie est situé entre la Vire et l'Orne, et fait partie du dép. du Calvados.

BOCAGE (le), s. m. Ces champs qui ont si souvent retenti du bruit des armes, font partie du dép. de la Vendée ; ils furent long-temps comme un camp retranché pour les Vendéens qui s'y défendirent avec succès. Le bocage est couvert de bois et sillonné en tous sens par une grande quantité de ruisseaux. La plupart des champs y sont environés de haies vives ; du reste il est riche en pâturages, fournit beaucoup de blé, et même du vin d'assez bonne qualité.

BOCAGER, ÈRE, adj. Couvert de petits bois ; qui aime les bois, qui les habite, qui les fréquente ; nymphe bocagère. T. poét.

BOCAL, s. m. Sorte de gros vase en verre ou en cristal, dont le cou est fort court et l'orifice large.—, boule de cristal remplie d'eau pour porter la lumière sur un point; embouchure d'une trompette.

BOCAMELLE, s. f. Belette de Sardaigne. T. d'hist. nat.

BOCAN, s. m. Danseur.

BOCANNE, s. f. Ancienne danse d'un caractère grave.

BOCARD, s. m. Moulin qui agite des pilons pour broyer la mine. T. de forges.

BOCARDÉ, E, part. Broyé, pulvérisé.

BOCARDER, v. a. Broyer la mine, la réduire en poudre au moyen du Bocard.

BOCARDO, s. m. Sorte d'argument. T. de log.

BOCAS, s. m. Partie intérieure de la trompette.—, toile de coton de surate. T. de comm.

BOCCONE, s. m. Arbrisseau des Antilles, de la famille des papavéracées. T. de bot.

BOCÉ, s. m. Com. du dép. de Maine-et-Loire, cant. et arr. de Baugé. = Baugé.

BOCHET, s. m. Seconde décoction des bois sudorifiques. T. de pharm.

BOCHIR, s. m. Serpent d'Egypte. T. d'hist. nat.

BOCKANGE, s. m. Com. du dép. de la Moselle, cant. de Boulay, arr. de Metz. = Boulay.

BOCO, s. m. Arbre de la Guianne. T. de bot.

BOCOGNANO-ET-AFA, s. m. Com. du dép. de la Corse, chef-lieu de cant. de l'arr. d'Ajaccio. = Ajaccio.

BOCQUEGNEY, s. m. Com. du dép. des Vosges, cant. de Dompaire, arr. de Mirecourt. = Mirecourt.

BOCQUENCÉ, s. m. Com. du dép. de l'Orne, cant. de la Ferté-Frénel, arr. d'Argentan. = l'Aigle.

BODDART, s. m. Poisson du genre du gobie. T. d'hist. nat.

BODÉE, s. f. Banc pour soutenir les outils du verrier.

BODÉO (le), s. m. Com. du dép. des Côtes-du-Nord, cant. de Ploeuc, arr. de St.-Brieuc. = Quintin.

BODIANS, s. m. pl. Poissons thoraciques. T. d'hist. nat.

BODILIS, s. m. Com. du dép. du Finistère, cant. de Landivisiau, arr. de Morlaix. = Landivisiau.

BODINE, s. f. Quille d'un navire. T. de mar.

BODINERIE, s. f. Prêt à la grosse aventure, sur la cargaison d'un navire.

BODINURE, s. f. Petite corde tortillée autour de l'arganeau. T. de mar.

BODRAT, s. m. Sorte d'étoffe d'Egypte.

BODRUCHE, s. f. Sorte de parchemin très fin ; pellicule de boyau de bœuf apprêtée.

BOÉ, s. m. Com. du dép. de Lot-et-Garonne, cant. et arr. d'Agen. = Agen.

BOECÉ, s. m. Com. du dép. de l'Orne, cant. de Bazoche-sur-Hoêne, arr. de Mortagne. = Mortagne.

BŒHMÈRE, s. f. Plante du genre des urticées. T. de bot.

BŒHMYCE, s. m. Genre de lichens. T. de bot.

BOEIL, s. m. Com. du dép. des Basses-Pyrénées, cant. de Clarac, arr. de Pau. = Pau.

BOEILH, s. m. Com. du dép. des Basses-Pyrénées, cant. de Garlin, arr. de Pau. = Pau.

BOEILHO, s. m. Com. du dép. des Basses-Pyrénées, cant. de Garlin, arr. de Pau. = Pau.

BOEN, s. m. Petite ville du dép. de la Loire, chef-lieu de cant. de l'arr. de Montbrison. Bur. d'enregist. = Montbrison. Papeteries. Comm. de blé, vins et bois.

BOERSCH, s. m. Com. du dép. du Bas-Rhin, cant. de Rosheim, arr. de Schélestadt. = Strasbourg.

BOES (St.-), s. m. Com. du dép. des Basses-Pyrénées, cant. et arr. d'Orthez. = Orthez.

BOESCHÈPE, s. m. Com. du dép. du Nord, cant. de Steenvoorde, arr. de Hazebrouck. = Bailleul.

BOESEGHEM, s. m. Com. du dép. du Nord, cant. et arr. d'Hazebrouck. = Aire-sur-la-Lys.

BOESENBIESEN, s. m. Com. du dép. du Bas-Rhin, cant. de Marckolsheim, arr. de Schélestadt. = Schélestadt.

BOËSSE, s. f. Instrument de ciseleur, de sculpteur, pour ébarber les métaux.

BOESSE, s. f. Com. du dép. des Deux-Sèvres, cant. d'Argenton-Château, arr. de Bressuire. = Argenton-Château.

BOËSSÉ, E, part. Ébarbé.

BOESSÉ-LE-SEC, s. m. Com. du dép. de la Sarthe, cant. de Tuffé, arr. de Mamers. = la Ferté-Bernard.

BOËSSER, v. a. Ebarber les métaux, gratter, nettoyer la ciselure avec la boësse.

BOESSES, s. f. Com. du dép. du Loiret, cant. de Puiseaux, arr. de Pithiviers. = Pithiviers.

BŒUF, s. m. Taureau châtré ; sa chair. —, homme lourd, gros, gras et bête. — à la mode, morceau de bœuf cuit dans son jus. T. de cuis.

BŒURS, s. m. Com. du dép. de l'Yonne, cant. de Cérisiers, arr. de Joigny. = Villeneuve-l'Archevêque.

BOFFLES, s. m. Com. du dép. du Pas-de-Calais, cant. d'Auxy-le-Château, arr. de St.-Pol. = Auxy-le-Château.

BOFFRES, s. m. Com. du dép. de l'Ardèche, cant. de Vernoux, arr. de Tournon. = Vernoux.

BOGARMITES, s. m. pl. Hérétiques qui nient l'enfer, et qui se confient en la miséricorde de Dieu.

BOGHEI, s. m. Espèce de cabriolet découvert.

BOGNY-LEZ-MURTIN, s. m. Com. du dép. des Ardennes, cant. de Renwez, arr. de Mézières. = Mézières.

BOGOMILES, s. m. pl. Secte de Manichéens établie en Grèce au douzième siècle.

BOGUE, s. m. Poisson du genre du spare. T. d'hist. nat. —, enveloppe de la châtaigne. T. de bot.

BOGY, s. m. Com. du dép. de l'Ardèche, cant. de Serrières, arr. de Tournon. = Annonay.

BOHAIN, s. m. Petite ville du dép. de l'Aisne, chef-lieu de cant. de l'arr. de St.-Quentin. Bur. d'enregist. = St.-Quentin. Fab. d'horloges, de schalls et de tissus façon cachemire; comm. de bestiaux.

BOHAIN (le), s. m. Petite rivière du dép. de la Haute-Saône qui se jette dans l'Oignon après environ 10 l. de cours.

BOHAIRE (St.-), s. m. Com. du dép. de Loir-et-Cher, cant. et arr. de Blois. = Blois.

BOHAL, s. m. Com. du dép. du Morbihan, cant. de Questembert, arr. de Vannes = Ploërmel.

BOHALLE (la), s. f. Com. du dép. de Maine-et-Loire, cant. des Ponts-de-Cé, arr. d'Angers. = Angers.

BOHARS, s. m. Com. du dép. du Finistère, cant. et arr. de Brest. = Brest.

BOHAZ, s. m. Com. du dép. de l'Ain, cant. de Césériat, arr. de Bourg. = Bourg-en-Bresse.

BOHÉ ou BOU, s. m. Thé de la Chine.

BOHÈME, s. f. Ancien royaume qui appartient aujourd'hui à l'empire d'Autriche. Ce pays est situé entre la Bavière, l'Autriche et la Hongrie.

BOHÉMIEN, NE, s. et adj. Habitant de la Bohême; qui concerne ce pays. —, vagabond qui dit la bonne aventure et vole adroitement. Vie de —, errante. Maison de —, maison de rapine et de prostitution.

BOHÉMILLON, s. m. Petit bohémien, petit voleur.

BOHON-UPAS, s. m. Arbre du Japon, dont la gomme est, dit-on, un poison très subtil. T. de bot.

BOÏARD, s. m. Seigneur, sénateur russe; parent du vaivode de Transylvanie. —, civière à bras pour transporter la morue.

BOICUABA, s. m. Serpent du Pérou. T. d'hist. nat.

BOICUPECANGA, s. m. Serpent du Brésil. T. d'hist. nat.

BOIE, s. f. Etoffe d'Amiens.

BOIER ou BOYER, s. m. Grosse chaloupe hollandaise. T. de mar.

BOIGA, s. m. Serpent vert-doré, noir. T. d'hist. nat.

BOIGNEVILLE, s. f. Com. du dép. de Seine-et-Oise, cant. de Milly, arr. d'Etampes. = Milly.

BOIGNY, s. m. Com. du dép. du Loiret, cant. et arr. d'Orléans. = Orléans.

BOIGUACA, s. m. Serpent du Brésil et d'Afrique. T. d'hist. nat.

BOIL (St.-), s. m. Com. du dép. de Saône-et-Loire, cant. de Buxy, arr. de Châlons. = Buxy.

BOIL (St.-), s. m. Com. du dép. de la Meurthe, cant. de Bayon, arr. de Lunéville. = Lunéville.

BOINVILLE, s. f. Com. du dép. de la Meuse, cant. d'Etain, arr. de Verdun. = Etain.

BOINVILLE, s. f. Com. du dép. de Seine-et-Oise, cant. et arr. de Mantes. = Mantes.

BOINVILLE-LE-GAILLARD, s. m. Com. du dép. de Seine-et-Oise, cant. de Dourdan, arr. de Rambouillet. = Dourdan.

BOINVILLERS, s. m. Com. du dép. de Seine-et-Oise, cant. et arr. de Mantes. = Mantes.

BOIQUIRA, s. m. Espèce de serpent à sonnettes. T. d'hist. nat.

BOIRE, v. a. Avaler un liquide, se désaltérer; boire de l'eau, du vin. —, s'enivrer. — un affront, endurer avec patience. Fig. —, se pénétrer, s'imbiber; ce papier boit. —, v. n. Avoir l'habitude de boire, de s'enivrer. —, tenir lâche. T. de couturière.

BOIRE, s. m. La boisson, la liqueur qu'on boit; le boire des Normands est le cidre, celui des Bourguignons le vin.

BOIRIN, s. m. Cordage qui tient la bouée. T. de mar.

BOIRY-BECQUERELLE, s. m. Com. du dép. du Pas-de-Calais, cant. de Croisilles, arr. d'Arras. = Arras.

BOIRY-NOTRE-DAME, s. m. Com. du dép. du Pas-de-Calais, cant. de Vitry, arr. d'Arras. = Arras.

BOIRY-STE.-RICTRUDE, s. m. Com. du dép. du Pas-de-Calais, cant. de Beaumetz, arr. d'Arras. = Arras.

BOIRY-ST.-MARTIN, s. m. Com.

du dép. du Pas-de-Calais, cant. de Beaumetz, arr. d'Arras. = Arras.

BOIS, s. m. La substance dure et compacte des arbres. —, lieu planté d'arbres ; les bois, les forêts. —, cornes des bêtes sauvages : le bois d'un cerf. —, ce qui est fait de bois, ce qui est en bois. — mort, séché sur pied. Mort —, de peu de valeur pour être employé. — chablis, abattu par l'ouragan. — canard, qui reste au fond de l'eau. Mal de —, maladie des bêtes à cornes. Trouver visage de —, trouver la porte fermée. La faim chasse le loup du —, la misère donne du courage, inspire de l'audace. On voit alors de quel bois se chauffent ceux que la faim fait sortir.

BOIS (St.-), s. m. Com. du dép. de l'Ain, cant. et arr. de Belley. = Belley.

BOIS, s. m. Com. du dép. de la Charente-Inférieure, cant. de St.-Genis, arr. de Jonzac. = St.-Genis.

BOIS (le), s. m. Com. du dép. de la Charente-Inférieure, cant. de St.-Martin-île-de-Ré, arr. de la Rochelle. = St.-Martin-de-Ré.

BOISAGE, s. m. Action de boiser ; le bois employé pour la boiserie.

BOIS-ARNAULT, s. m. Com. du dép. de l'Eure, cant. de Rugles, arr. d'Evreux. = Rugles.
Fab. d'épingles.

BOIS-AUZERAY, s. m. Com. du dép. de l'Eure, cant. de Rugles, arr. d'Evreux. = Rugles.

BOIS-BACHAS ou BOIS-À-CALEÇONS, s. m. Arbrisseau légumineux d'Amérique. T. de bot.

BOIS-BENATRE, s. m. Com. du dép. du Calvados, cant. de St.-Sever, arr. de Vire. = Vire.

BOIS-BENOIT, s. m. Gros arbre des Antilles. T. de bot.

BOIS-BERGUES, s. m. Com. du dép. de la Somme, cant. de Bernaville, arr. de Doullens. = Doullens.

BOIS-BERNARD, s. m. Com. du dép. du Pas-de-Calais, cant. de Vimy, arr. d'Arras. = Douai.

BOIS-BRETEAU, s. m. Village du dép. de la Charente, cant. de Brossac, arr. de Barbezieux. = Barbezieux.

BOIS-CACA, s. m. Arbre rosacé d'Amérique. T. de bot.

BOIS-CAÏPION, s. m. Arbre de St.-Domingue. T. de bot.

BOIS-CAPUCIN, s. m. Arbre de Cayenne. T. de bot.

BOIS-CITRON ou de CHANDELLE, s. m. Arbre résineux d'Amérique qui sent le citron. T. de bot.

BOIS-COMMUN, s. m. Petite ville du dép. du Loiret, cant. de Beaune, arr. de Pithiviers. Bur. d'enregist. et de poste.

BOIS D'AIGLE ou d'ALOÉS, s. m. Le calambac, le tambac. T. de bot.

BOIS D'AINON, s. m. Arbre de St.-Domingue. T. de bot.

BOIS-D'AJEUX, s. m. Com. du dép. de l'Oise, cant. d'Estrées-St.-Denis, arr. de Compiègne. = Verberie.

BOIS-D'AMONT, s. m. Com. du dép. du Jura, cant. de Morez, arr. de St.-Claude. = Morez.
Fab. de clous, épingles, planches, échalas, caisses et cabinets d'horloges en bois peint. Filature de lin.

BOIS-D'ARCY, s. m. Com. du dép. de l'Yonne, cant. de Vermenton, arr. d'Auxerre. = Vermenton.

BOIS-D'ARCY, s. m. Com. du dép. de Seine-et-Oise, cant. et arr. de Versailles. = Versailles.

BOIS DE BRÉSIL, s. m. Arbre à bois rouge dont on se sert pour la teinture. T. de bot.

BOIS DE CAMPÊCHE, s. m. Grand arbre résineux, dont le bois sert à teindre en rouge et en violet. T. de bot.

BOIS-DE-CENÉ, s. m. Com. du dép. de la Vendée, cant. de Challans, arr. des Sables-d'Olonne. = Challans.

BOIS DE CHAMBRE, s. m. Arbre d'Amérique dont la tige sert d'amadou. T. de bot.

BOIS-DE-CHAMP, s. m. Com. du dép. des Vosges, cant. de Brouvelieures, arr. de St.-Dié. = Bruyères

BOIS DE FER, s. m. Arbre d'Amérique dont le bois est fort dur. T. de bot.

BOIS DE FRÉDOCHE, s. m. Arbre de St.-Domingue. T. de bot.

BOIS-DE-GAND, s. m. Com. du dép. du Jura, cant. de Chaumergy, arr. de Dôle. = Sellières.

BOIS-DE-LA-PIERRE (le), s. m. Com. du dép. de la Haute-Garonne, cant. de Carbonne, arr. de Muret. = Noé.

BOIS DE LETTRES, s. m. Arbre de la Guiane à bois rouge ou jaune, moucheté. T. de bot.

BOIS-D'ENNEBOURG, s. m. Com. du dép. de la Seine-Inférieure, cant. de Darnetal, arr. de Rouen. = Rouen.

BOIS DE PALIXANDRE ou VIOLET, s. m. Arbre des Indes, à bois odorant, qui sert pour le placage. T. de bot.

BOIS DE ROSE, s. m. Arbre de Chypre, de Rhodes, dont le bois sent la rose. T. de bot.

BOIS DE STE.-LUCIE ou MAHABEL, s. m. Espèce de cerisier à grappes, dont le bois est odorant. T. de bot.

BOIS-DES-DAMES, s. m. Com. du dép. des Ardennes, cant. de Buzancy, arr. de Vouziers. = Buzancy.

BOIS DE SERINGA, s. m. Caoutchouc qui fournit la gomme élastique. T. de bot.

BOIS DE SOIE ou RAMIER, s. m. Arbre tiliacé d'Amérique, à feuilles soyeuses. T. de bot.

BOIS-DINGHEM, s. m. Com. du dép. du Pas-de-Calais, cant. de Lumbres, arr. de St.-Omer. = St.-Omer.

BOIS-D'OINGT (le) s. m. Petite ville du dép. du Rhône, chef-lieu de cant. de l'arr. de Villefranche. Bur. d'enregist. = Tarare.

BOISDON, s. m. Com. du dép. de Seine-et-Marne, cant. de Nangis, arr. de Provins. = Nangis.

BOISÉ, E, part. Couvert de bois; terre boisée. —, garni de menuiserie; chambre boisée.

BOISEMENT, s. m. Plantation de bois.

BOISEMONT, s. m. Com. du dép. de l'Eure, cant. et arr. des Andelys. = les Andelys.

BOISEMONT, s. m. Com. du dép. de Seine-et-Oise, cant. et arr. de Pontoise. = Pontoise.

BOIS-EN-PASSAIS (le), s. m. Com. du dép. de l'Orne, cant. de Passais, arr. de Domfront. = Domfront.

BOISER, v. a. Planter du bois, garnir de bois.

BOISERIE, s. f. Menuiserie qui recouvre les murs d'une chambre.

BOISEUX, EUSE, adj. Ligneux, qui tient du bois, qui est de sa nature.

BOIS-GASSON, s. m. Com. du dép. d'Eure-et-Loir, cant. de Cloyes, arr. de Châteaudun. = Cloyes.

BOIS-GAUTHIER, s. m. Com. du dép. de la Seine-Inférieure, cant. d'Argueil, arr. de Neufchâtel. = Rouen.

BOIS-GERVILLY, s. m. Com. du dép d'Ille-et-Vilaine, cant. de Montauban, arr. de Montfort. = Montauban.

BOIS-GUILBERT, s. m. Com. du dép. de la Seine-Inférieure, cant. de Buchy, arr. de Rouen. = Rouen.

BOIS-GUILLAUME, s. m. Com. du dép. de la Seine-Inférieure, cant. de Darnetal, arr. de Rouen. = Rouen.

BOIS-HELLAIN (le), s. m. Com. du dép. de l'Eure, cant. de Cormeilles, arr. de Pont-Audemer. = Pont-Audemer.

BOIS-HÉROULT, s. m. Com. du dép. de la Seine-Inférieure, cant. de Buchy, arr. de Rouen. = Buchy.

BOIS-HERPIN, s. m. Com. du dép. de Seine-et-Oise, cant. de Méréville, arr. d'Etampes. = Etampes.

BOIS-HIMONT, s. m. Com. du dép. de la Seine-Inférieure, cant. et arr. d'Yvetot. = Yvetot.

BOIS-HUBERT (le), s. m. Com. du dép. de l'Eure, cant. et arr. d'Evreux. = Conches.

BOIS-HULLIN, s. m. Com. du dép. de la Seine-Inférieure, cant. de Longueville, arr. de Dieppe. = Rouen.

BOISILIER, s. m. Coupeur de bois. T. de mar.

BOIS IMMORTEL, s. m. Erythrine. T. de bot.

BOIS IVRANT, s. m. Plante légumineuse. T. de bot.

BOIS-JEAN, s. m. Com. du dép. du Pas-de-Calais, cant. de Campagne, arr. de Montreuil-sur-Mer. = Montreuil.

BOIS-LA-VILLE, s. m. Com. du dép. du Doubs, cant. et arr. de Baume. = Baume.

BOISLE (le), s. m. Com. du dép. de la Somme, cant. de Crécy, arr. d'Abbeville. = Abbeville.

BOIS-LE-DUC, s. m. Ville fortifiée des Pays-Bas, chef-lieu du Brabant septentrional.

BOIS-LE-ROI, s. m. Com. du dép. de Seine-et-Marne, cant. et arr. de Fontainebleau. = Melun.

BOIS-LE-ROI (le), s. m. Com. du dép. de l'Eure, cant. de St.-André, arr. d'Evreux. = Pacy-sur-Eure.

BOIS-LES-PARGNY, s. m. Com. du dép. de l'Aisne, cant. de Crécy-sur-Serre, arr. de Laon. = Laon.

BOISLEUX-AU-MONT, s. m. Com. du dép. du Pas-de-Calais, cant. de Croisilles, arr. d'Arras. = Arras.

BOISLEUX-ST.-MARC, s. m. Com. du dép. du Pas-de-Calais, cant. de Croisilles, arr. d'Arras. = Arras.

BOIS-L'ÉVÊQUE, s. m. Com. du dép. de la Seine-Inférieure, cant. de Darnetal, arr. de Rouen. = Rouen.

BOIS-MAILLARD (le), s. m. Com. du dép. de l'Eure, cant. de Rugles, arr. d'Evreux. = Rugles.

BOISMÉ, s. m. Com. du dép. des Deux-Sèvres, cant. et arr. de Bressuire. = Bressuire.

BOISMONT, s. m. Com. du dép. de la Moselle, cant. de Longwy, arr. de Briey. = Longwy.

BOISMONT, s. m. Com. du dép. de la Somme, cant. de St.-Valery-sur-Somme, arr. d'Abbeville. = St.-Valery.

BOISMORAND, s. m. Com. du dép. du Loiret, cant. et arr. de Gien. = Nogent-sur-Vernisson.

BOISMURIE, s. f. Com. du dép. du Doubs, cant. d'Andeux, arr. de Besançon. = St.-Vyt.

BOISNEY, s. m. Com. du dép. de l'Eure, cant. de Brionne, arr. de Bernay. = Brionne.

BOIS-NORMAND (le), s. m. Com. du dép. de l'Eure, cant. et arr. d'Evreux. = Conches.

BOIS-NORMAND (le), s. m. Com. du dép. de l'Eure, cant. de Rugles, arr. d'Évreux. = Conches.

BOIS-NOUVEL, s. m. Com. du dép. de l'Eure, cant. de Rugles, arr. d'Evreux. = Rugles.

BOIS-PENTHOU, s. m. Com. du dép. de l'Eure, cant. de Rugles, arr. d'Évreux. = Rugles.

BOIS-PUANT, s. m. Anagiris, cornouiller. T. de bot.

BOISRAULT, s. m. Com. du dép. de la Somme, cant. d'Hornoy, arr. d'Amiens. = Poix.

BOISREDON, s. m. Com. du dép. de la Charente-Inférieure, cant. de Mirambeau, arr. de Jonzac. = Mirambeau.

BOIS-ROBERT, s. m. Com. du dép. de la Seine-Inférieure, cant. de Longueville, arr. de Dieppe. = Rouen.

BOIS-ROBERT-LA-BROSSE, s. m. Com. du dép. de Seine-et-Oise, cant. et arr. de Mantes. = Mantes.

BOIS-ROGER, s. m. Com. du dép. de la Manche, cant. de St.-Malo-de-la-Lande, arr. de Coutances. = Coutances.

BOIS-STE.-MARIE, s. m. Com. du dép. de Saône-et-Loire, cant. de la Clayette, arr. de Charolles. = la Clayette.

BOIS-SANGLANT, s. m. Grand arbre d'Amérique dont le bois est rouge. T. de bot.

BOISSAY, s. m. Com. du dép. de la Seine-Inférieure, cant. de Buchy, arr. de Rouen. = Rouen.

BOISSAY, s. m. Com. du dép. de la Seine-Inférieure, cant. de Londinières, arr. de Neufchâtel. = Neufchâtel.

BOISSE (la), s. f. Com. du dép. de l'Ain, cant. de Montluel, arr. de Trévoux. = Montluel.

BOISSE, s. f. Com. du dép. de l'Aveyron, cant. d'Aubin, arr. de Villefranche. = Rignac.

BOISSE, s. f. Com. du dép. de la Dordogne, cant. d'Issigeac, arr. de Bergerac. = Bergerac.

BOISSE, s. f. Village du dép. du Lot, com. de Ste.-Alauzie, cant. de Castelnau, arr. de Cahors. = Castelnau.

BOISSEAU, s. m. Mesure pour les grains, le sel; son contenu. Mettre la lumière sous le —, laisser les talens à l'écart. —, cylindre de terre cuite; boîte de cuivre dans laquelle tourne la clef du robinet.

BOISSEAU, s. m. Com. du dép. de Loir-et-Cher, cant. de Marchénoir, arr. de Blois. = Blois.

BOISSEAUX, s. m. Com. du dép. du Loiret, cant. d'Outarville, arr. de Pithiviers. = Angerville.

BOISSÈDE, s. f. Com. du dép. de la Haute-Garonne, cant. de l'Ile-en-Dodon, arr. de St.-Gaudens. = l'Ile-en-Dodon.

BOISSEL, s. m. Village du dép. du Tarn, cant. et arr. de Gaillac. = Gaillac.

BOISSÉ-LA-LONDE, s. m. Com. du dép. de l'Orne, cant. de Mortrée, arr. d'Argentan. = Mortrée.

BOISSELÉE, s. f. Contenu d'un boisseau. — de terre, ce qu'il en faut pour y semer un boisseau de grain.

BOISSELERIE, s. f. Fabrique de boisseaux, de minots et autres mesures; boutique de boisselier.

BOISSELIER, s. m. Fabricant et marchand de boisseaux et autres ustensiles de bois.

BOISSERON, s. m. Com. du dép. de l'Hérault, cant. de Lunel, arr. de Montpellier. = Sommières.

BOISSET, s. m. Com. du dép. du Cantal, cant. de Maurs, arr. d'Aurillac. = Maurs.

BOISSET, s. m. Com. du dép. de l'Hérault, cant. et arr. de St.-Pons. = St.-Pons.

BOISSET, s. m. Com. du dép. du Jura, cant. de Salins, arr. de Poligny. = Salins.

BOISSET, s. m. Com. du dép. de la Haute-Loire, cant. de Bas, arr. d'Yssingeaux. = Craponne.

BOISSET (Notre-Dame de), s. f. Com. du dép. de l'Eure, cant. de Pacy-sur-Eure, arr. d'Evreux. = Pacy.

BOISSET-ET-GAUJAC, s. m. Com. du dép. du Gard, cant. d'Anduze, arr. d'Alais. = Anduze.

BOISSET-LES-MONTROND, s. m. Com. du dép. de la Loire, cant. de St.-Rambert, arr. de Montbrison. = Montbrison.

BOISSETS, s. m. Com. du dép. de Seine-et-Oise, cant. de Houdan, arr. de Mantes. = Houdan.

BOISSET-ST.-PRIEST, s. m. Com. du dép. de la Loire, cant. de St.-Jean-Soleymieu, arr. de Montbrison. = Montbrison.

BOISSETTE, s. f. Com. du dép. de Seine-et-Marne, cant. et arr. de Melun. = Melun.

BOISSEUIL, s. m. Com. du dép. de la Dordogne, cant. de Hautefort, arr. de Périgueux. = Exideuil.

BOISSEUIL, s. m. Com. du dép. de la Haute-Vienne, cant. de Pierre-Buffière, arr. de Limoges. = Limoges.

BOISSEY, s. m. Com. du dép. de

l'Ain, cant. de Pont-de-Vaux, arr. de Bourg. = Pont-de-Vaux.

BOISSEY, s. m. Com. du dép. du Calvados, cant. de St.-Pierre-sur-Dives, arr. de Lisieux. = Croissanville.

BOISSEY-LE-CHÂTELET, s. m. Com. du dép. de l'Eure, cant. de Bourgthéroulde, arr. de Pont-Audemer. = Bourgthéroulde.

BOISSEZON, s. m. Com. du dép. du Tarn, cant. de Mazamet, arr. de Castres. = Castres.

BOISSIA, s. m. Com. du dép. du Jura, cant. de Clairvaux, arr. de Lons-le-Saulnier. = Lons-le-Saulnier.

BOISSIÈRE (la), s. f. Com. du dép. de l'Eure, cant. de St.-André, arr. d'Évreux. = Evreux.

BOISSIÈRE (la), s. f. Com. du dép. du Jura, cant. d'Arinthod, arr. de Lons-le-Saulnier. = Lons-le-Saulnier.

BOISSIÈRE (la), s. f. Com. du dép. de la Loire-Inférieure, cant. du Lorou, arr. de Nantes. = Nantes.

BOISSIÈRE (la), s. f. Com. du dép. de l'Hérault, cant. d'Aniane, arr. de Montpellier. = Gignac.

BOISSIÈRE (la), s. f. Com. du dép. de Maine-et-Loire, cant. de Montrevault, arr. de Beaupréau. = Saumur.

BOISSIÈRE (la), s. f. Com. du dép. de la Mayenne, cant. de Craon, arr. de Château-Gonthier. = Craon.

BOISSIÈRE (la), s. f. Com. du dép. de l'Oise, cant. de Noailles, arr. de Beauvais. = Noailles.
Fab. de tabletteries, cornes de lanternes, brosses à dent, etc.

BOISSIÈRE (la), s. f. Com. du dép. de Seine-et-Marne, cant. et arr. de Coulommiers. = Rozoy-en-Brie.

BOISSIÈRE (la), s. f. Com. du dép. de Seine-et-Oise, cant. et arr. de Rambouillet. = Rambouillet.

BOISSIÈRE (la), s. f. Com. du dép. de la Vendée, cant. de Montaigu, arr. de Bourbon-Vendée. = Montaigu.

BOISSIÈRE-DES-LANDES, s. f. Com. du dép. de la Vendée, cant. de Moutiers-les-Maux-Faits, arr. des Sables-d'Olonne. = Avrillé.

BOISSIÈRE-EN-GATINE (la), s. f. Com. du dép. des Deux-Sèvres, cant. de Mazières, arr. de Parthenay. = Parthenay.

BOISSIÈRE-LA-PETITE, s. f. Com. du dép. des Deux-Sèvres, cant. de Châtillon-sur-Sèvres, arr. de Bressuire. = Châtillon-sur-Sèvres.

BOISSIÈRES, s. f. Com. du dép. du Gard, cant. de Sommières, arr. de Nismes. = Calvisson.

BOISSIÈRES, s. f. Com. du dép. du Lot, cant. de Catus, arr. de Cahors. = Cahors.

BOISSIÈRE-THOUARSAISE (la), s. f. Com. du dép. des Deux-Sèvres, cant. et arr. de Parthenay. = Parthenay.

BOISSIERRETTES, s. f. Village du dép. du Lot, cant. de Cazals, arr. de Cahors. = Cahors.

BOISSI-MAUGIS, s. m. Com. du dép. de l'Orne, cant. de Rémalard, arr. de Mortagne. = Rémalard.

BOISSISE-LA-BERTRAND, s. f. Com. du dép. de Seine-et-Marne, cant. et arr. de Melun. = Melun.

BOISSISE-LE-ROI, s. f. Com. du dép. de Seine-et-Marne, cant. et arr. de Melun. = Ponthierry.

BOISSON, s. f. Liqueur à boire, le vin, le cidre, la bierre, etc. —râpée, vin de marc.

BOISSY, s. m. Com. du dép. de la Marne, cant. de Montmirail, arr. d'Epernay. = Montmirail.

BOISSY-AUX-CAILLES, s. m. Com. du dép. de Seine-et-Marne, cant. de la Chapelle, arr. de Fontainebleau. = Malesherbes.

BOISSY-DE-LAMBERVILLE, s. m. Com. du dép. de l'Eure, cant. de Thiberville, arr. de Bernay. = Bernay.

BOISSY-EN-DROUAIS, s. m. Com. du dép. d'Eure-et-Loir, cant. et arr. de Dreux. = Dreux.

BOISSY-ET-FRENOY-LES-GOMBRIES, s. m. Com. du dép. de l'Oise, cant. de Nanteuil-le-Haudouin, arr. de Senlis. = Nanteuil.

BOISSY-L'AILLERIE, s. m. Com. du dép. de Seine-et-Oise, cant. et arr. de Pontoise. = Pontoise.

BOISSY-LA-RIVIÈRE, s. m. Com. du dép. de Seine-et-Oise, cant. de Méréville, arr. d'Etampes. = Etampes.

BOISSY-LE-BOIS, s. m. Com. du dép. de l'Oise, cant. de Chaumont-en-Vexin, arr. de Beauvais. = Chaumont.

BOISSY-LE-CHÂTEL, s. m. Com. du dép. de Seine-et-Marne, cant. et arr. de Coulommiers. = Coulommiers.

BOISSY-LE-CUTTÉ, s. m. Com. du dép. de Seine-et-Oise, cant. de la Ferté-Aleps, arr. d'Etampes. = la Ferté.

BOISSY-LE-SEC, s. m. Com. du dép. d'Eure-et-Loir, cant. de la Ferté-Vidame, arr. de Dreux. = Verneuil.

BOISSY-LE-SEC, s. m. Com. du dép. de Seine-et-Oise, cant. et arr. d'Etampes. = Etampes.

BOISSY-MAUVOISIN, s. m. Com. du dép. de Seine-et-Oise, cant. de Bonnières, arr. de Mantes. = Rosny.

BOISSY-ST.-LÉGER, s. m. Com. du dép. de Seine-et-Oise, chef-lieu de cant. de l'arr. de Corbeil. Bur. d'enregist. et de poste.

BOISSY-SANS-AVOIR, s. m. Com. du dép. de Seine-et-Oise, cant. de Montfort-l'Amaury, arr. de Rambouillet. = Montfort-l'Amaury.

BOISSY-SOUS-ST.-YON, s. m. Com. du dép. de Seine-et-Oise, cant. de Dourdan, arr. de Rambouillet. = Arpajon.

BOISSY-SUR-DAMVILLE, s. m. Com. du dép. de l'Eure, cant. de Damville, arr. d'Evreux. = Damville.

BOIS-TAPIRÉ, s. m. Grand arbre de Cayenne. T. de bot.

BOISTRUDAN, s. m. Com. du dép. d'Ille-et-Vilaine, cant. de Janzé, arr. de Rennes. = Guerche.

BOISVILLE-LA-ST.-PÈRE, s. f. Com. du dép. d'Eure-et-Loir, cant. de Voves, arr. de Chartres. = Chartres.

BOISVILLETTE, s. f. Com. du dép. d'Eure-et-Loir, cant. d'Illiers, arr. de Chartres. = Chartres.

BOISYVON, s. m. Com. du dép. de la Manche, cant. de St.-Poix, arr. de Mortain. = Villedieu.

BOÎTE, s. f. Sorte de coffret de bois mince, de carton, d'argent, d'or; son contenu; boîte de bonbons. —, ce qui emboîte, partie creuse. T. de méd. —, tabatière. —, petit mortier d'artillerie. —, état du vin bon à boire.

BOÎTEMENT, s. m. ou BOÎTERIE, s. f. Irrégularité dans la marche d'un animal.

BOÎTER, v. n. Clocher, ne pas marcher droit, d'un pas égal. — tout bas, fléchir du côté malade.

BOÎTEUX, EUSE, adj. Qui boîte. —, qui vacille, en parlant des choses. Schall —, qui n'a qu'une bordure.

BOÎTIER, s. m. Coffret à onguent. T. de chir.

BOITILLON, s. m. Panneau. T. de meunier.

BOITRON, s. m. Com. du dép. de l'Orne, cant. de Mêle-sur-Sarthe, arr. d'Alençon. = Sées.

BOITRON, s. m. Com. du dép. de Seine-et-Marne, cant. de Rebais, arr. de Coulommiers. = Rebais.

BOITTE, s. f. Appât pour la morue. T. de pêch.

BOJOBI, s. m. Serpent vert, affreux, venimeux. T. d'hist. nat.

BOKAS, s. f. pl. Toiles de coton de Surate.

BOKEI, s. m. Sorte de voiture légère; cabriolet. Voy. Bogey.

BOKKING, s. et adj. Se dit du hareng salé et fumé, du hareng sauré.

BOL, s. m. Terre grasse, friable, miscible à l'eau. — d'Arménie, concrétion grossière de la terre végétale réduite en limon. —, pilule. — alimentaire, masse que forment les alimens après la mastication. T. de méd. —, espèce de tasse; son contenu; un bol de ponche ou de punch.

BOLAIRE, adj. Se dit du bol, terre argileuse, douce et onctueuse, qui se divise aisément dans l'eau.

BOLANDOZ, s. m. Com. du dép. du Doubs, cant. d'Amancey, arr. de Besançon. = Ornans.

BOLAZEC, s. m. Com. du dép. du Finistère, cant. de Huelgoat, arr. de Châteaulin. = Carhaix.

BOLBEC, s. m. Petite ville du dép. de la Seine-Inférieure, chef-lieu de cant. de l'arr. du Havre. Bur. d'enregist. et de poste.

Fab. d'étoffes de laine, toiles de coton et de lin, siamoises, indiennes, dentelles, velours de coton, coutil; filature de coton, etc.

Comm. considérable de grains, chanvre, laine, soude, chevaux et bestiaux; entrepôt de toiles dites de cretonne.

BOLDU, s. m. Espèce de laurier du Pérou. T. de bot.

BOLER, s. m. Com. du dép. de la Moselle, cant. de Cattenom, arr. de Thionville. = Thionville.

BOLET, s. m. Champignon à chapeau sessile ou pédiculeux, poreux en dessous. T. de bot.

BOLÉTITE, s. f. Pierre argileuse, cendrée, qui ressemble à une morille. T. de bot.

BOLIDES, s. f. pl. Météorolithes.

BOLLÈNE, s. f. Petite ville du dép. de Vaucluse, chef-lieu de cant. de l'arr. d'Orange. Bur. d'enregist. = Pont-St.-Esprit.

BOLLEVILLE, s. f. Com. du dép. de la Manche, cant. de la Haye-du-Puits, arr. de Coutances. = Périers.

BOLLEVILLE, s. f. Com. du dép. de la Seine-Inférieure, cant. de Bolbec, arr. du Havre. = Bolbec.

BOLLEZÈLE, s. f. Com. du dép. du Nord, cant. de Wormhout, arr. de Dunkerque. = Wormhout.

BOLLWILLER, s. m. Com. du dép. du Haut-Rhin, cant. de Soultz, arr. de Colmar. = Ensisheim.

Filatures de coton, fab. de toiles de coton.

BOLOGNE, s. f. Com. du dép. de la

Haute-Marne, cant. de Vignory, arr. de Chaumont. = Chaumont.
Mines de fer, forges et haut-fourneau.
BOLOZON, s. m. Com. du dép. de l'Ain, cant. d'Izernore, arr. de Nantua. = Nantua.
BOLQUÈRE, s. f. Com. du dép. des Pyrénées-Orientales, cant. de Mont-Louis, arr. de Prades. = Mont-Louis.
BOLSENHEIM, s. m. Com. du dép. du Bas-Rhin, cant. d'Erstein, arr. de Schélestadt. = Benfeld.
BOLTONE, s. f. Genre de plantes corymbifères de l'Amérique du nord. T. de bot.
BOLZAS, s. m. Coutil des Indes.
BOM ou BOMA, s. m. Grand serpent d'Angola et du Brésil. T. d'hist. nat.
BOMBAKIN, s. m. Etoffe de laine et de soie.
BOMBANCE, s. f. Chère copieuse, extraordinaire.
BOMBARDE, s. f. Ancienne machine de guerre pour lancer des pierres; gros canon; gueule d'un four à briques; jeu très bruyant de l'orgue, instrument à vent. —, ancienne barque; galiote à bombes. T. de mar.
BOMBARDÉ, E, part. Se dit d'une ville dans laquelle on a jeté des bombes.
BOMBARDEMENT, s. m. Action de bombarder; le bombardement d'Anvers.
BOMBARDER, v. a. Lancer des bombes.
BOMBARDIER, s. m. Cannonier qui manœuvre le mortier, qui lance des bombes. —, espèce de bupreste qui fait explosion par l'anus. T. d'hist. nat.
BOMBASIN, s. m. Sorte d'étoffe de soie; futaine à deux envers.
BOMBAX, s. m. Fromager, arbrisseau. T. de bot.
BOMBAY, s. m. Ville de l'Indostan, sur la côte méridionale de l'île du même nom, est l'un des comptoirs anglais dans l'Inde. Cette ville fait un commerce considérable avec l'Asie, l'Europe et l'Amérique. Pop., 150,000 hab. environ.
BOMBE, s. f. Projectile; grosse boule de fer, creuse et remplie de poudre, qu'on lance au moyen d'un mortier, et qui éclate en tombant. —, complot, machination sur le point d'éclater; malheur imprévu.
BOMBÉ, E, part. Courbé à la surface, à l'extérieur.
BOMBEMENT, s. m. Etat de ce qui est bombé; convexité, curvité, renflement. —, Bourdonnement d'oreille. T. de méd.
BOMBER, v. a. Courber à la surface, rendre convexe. —, v. n. Etre, devenir convexe.
BOMBIATE, s. m. Sel formé par l'union de l'acide bombique avec différentes bases. T. de chim.
BOMBICES, s. m. pl. Diptères, lépidoptères. T. d'hist. nat.
BOMBILLES, s. m. pl. Diptères très agiles qui pompent le suc des fleurs en voltigeant au-dessus. T. d'hist. nat.
BOMBIQUE, adj. Se dit de l'acide que l'on retire du ver à soie. T. de chim.
BOMBON, s. m. Com. du dép. de Seine-et-Marne, cant. de Mormant, arr. de Melun. = Mormant.
BOMBU ou BOHUMBU, s. m. Arbre de Ceylan, espèce de laurier. T. de bot.
BOMBYX, s. m. Long chalumeau de roseau. —, insecte lépidoptère.
BOME, s. f. Grande voile d'un bac; voile à guy. T. de mar.
BOMER (St.-), s. m. Com. du dép. de l'Orne, cant. et arr. de Domfront. = Domfront.
BOMER (St.-), s. m. Com. du dép. d'Eure-et-Loir, cant. d'Authon, arr. de Nogent-le-Rotrou. = Nogent.
BOMERIE, s. f. Prêt d'argent sur un vaisseau, sans garantie de l'emprunteur en cas de naufrage. T. de mar. Voy. Bodinerie.
BOMMES, s. f. Com. du dép. de la Gironde, cant. de Langon, arr. de Bazas. = Langon.
BOMMIERS, s. m. Com. du dép. de l'Indre, cant. et arr. d'Issoudun. = Issoudun.
BOMPAIRE, s. m. Com. du dép. des Vosges, cant. et arr. de St.-Dié. = St.-Dié.
BOMPAS, s. m. Com. du dép. des Pyrénées-Orientales, cant. et arr. de Perpignan. = Perpignan.
BOMY, s. m. Com. du dép. du Pas-de-Calais, cant. de Fauquemberque, arr. de St.-Omer. = Fruges.
BON, NE, adj. Qui a de la bonté; qui a les qualités qui conviennent à sa nature, à sa destination; qui produit son effet; bon remède. Dieu est —, il est clément, miséricordieux. Cet homme est —, il est indulgent, humain, simple, facile à vivre. —, excellent, irrésistible; de bonnes preuves. —, ingénieux, plaisant, subtil; bon mot, bonne réponse. —, utile, avantageux; vigoureux, robuste, etc. Trouver —, approuver. Il fait — ici; on y est bien traité. Cet adj. a une foule de significations qui sont déterminées par le sens des substantifs qu'il modifie. —, s. m. Bonnes qualités. —, ce qu'il y a d'important, d'avanta-

geux ; le bon de notre affaire est que l'oppression doit avoir un terme. —, avantage, gain, profit, reste ; assurance, garantie ; faire bon d'une somme prêtée. —, promesse de payer, espèce de mandat. —, pl. Les gens de bien. —, adv. Bien. Sentir —, répandre une odeur agréable. Tenir —, tenir ferme. Tout de —, sérieusement, réellement. —, interj. Tant mieux, c'est bien.

BON (St.-), s. m. Com. du dép. de la Marne, cant. d'Esternay, arr. d'Epernay. = Sézanne.

BONA, s. f. Com. du dép. de la Nièvre, cant. de St.-Saulge, arr. de Nevers. = Nevers.

BONABAN, s. m. Com. du dép. d'Ille-et-Vilaine, cant. de St.-Servan, arr. de St.-Malo. = Châteauneuf.

BONAC, s. m. Com. du dép. de l'Ariège, cant. de Castillon, arr. de St.-Girons. = St.-Girons.

BONACE, s. f. Calme, tranquillité de la mer. T. de mar.

BONAGUIL, s. m. Com. du dép. de Lot-et-Garonne, cant. de Fumel, arr. de Villeneuve. = Fumel.

BONAPARTE (Napoléon), s. m. Soldat couronné qui, pendant vingt ans, fit retentir le monde du bruit de ses exploits ; qui, trahi par la fortune, ne trouva, au lieu d'amis, que des ingrats et des traîtres ; homme prodigieux dont la mémoire, entourée des monumens de son génie, attend le jugement de la postérité.

BONAPARTISME, s. m. Admiration tardive ; vœux stériles, intempestifs ; regrets superflus ; parti puissant qui s'est suicidé en 1830.

BONAPARTISTE, s. m. Partisan de Bonaparte, du régime impérial quand l'Empire avait cessé d'exister.

BONARD, s. m. Ouverture des arches. T. de verr.

BONAS, s. m. Com. du dép. du Gers, cant. de Valence, arr. de Condom. = Condom.

BONASSE, adj. Crédule, simple, sans malice, sans esprit.

BONBALON, s. m. Trompette des nègres.

BONBANC, s. m. Pierre très blanche qu'on tire des carrières qui sont aux environs de Paris.

BONBOILLON, s. m. Com. du dép. de la Haute-Saône, cant. de Marnay, arr. de Gray. = Marnay.

BONBON, s. m. Dragées de toutes formes, de toutes couleurs : friandise d'enfant.

BONBONNIÈRE, s. f. Jolie petite boîte dans laquelle on met les bonbons ; jolie petite maison. Fig.

BONCÉ, s. m. Com. du dép. d'Eure-et-Loir, cant. de Voves, arr. de Chartres. = Chartres.

BONCHAMP, s. m. Com. du dép. de la Mayenne, cant. d'Argentré, arr. de Laval. = Laval.

BON-CHRÉTIEN, s. m. Sorte de poire, excellent fruit.

BONCORE, s. m. Sorte de narcisse. T. de bot.

BONCOURT, s. m. Com. du dép. de l'Aisne, cant. de Sissonne, arr. de Laon. = Laon.

BONCOURT, s. m. Com. du dép. de l'Eure, cant. de Pacy, arr. d'Evreux. = Evreux.

BONCOURT, s. m. Com. du dép. d'Eure-et-Loir, cant. d'Anet, arr. de Dreux. = Dreux.

BONCOURT, s. m. Com. du dép. de la Meuse, cant. et arr. de Commercy. = Commercy. Forges et fonderies.

BONCOURT, s. m. Com. du dép. de la Moselle, cant. de Conflans, arr. de Briey. = Metz.

BONCOURT, s. m. Com. du dép. du Pas-de-Calais, cant. de Fauquemberque, arr. de St.-Omer. = Fruges.

BONCOURT-LE-BOIS, s. m. Com. du dép. de la Côte-d'Or, cant. de Nuits, arr. de Beaune. = Nuits.

BOND, s. m. Rejaillissement, saut d'un corps élastique ; saut de certains animaux. Fig. Prendre la balle au —, saisir l'occasion. Faire faux —, manquer à sa parole. Fig. et fam.

BONDA, s. m. Le plus gros des arbres d'Afrique. T. de bot.

BONDAROI, s. m. Com. du dép. du Loiret, cant. et arr. de Pithiviers. = Pithiviers.

BONDE, s. f. Vanne qu'on ouvre pour faire écouler l'eau d'un étang qu'on veut pêcher. —, trou par lequel on emplit les tonneaux ; tampon de bois qui sert à boucher ce trou. Lâcher la — à son indignation, lui donner un libre cours. T. fam.

BONDÉ, E, part. Bouché. —, tout plein ; tonneau, navire bondé.

BONDER, v. a. Boucher un tonneau avec une bonde.

BONDEVAL, s. m. Com. du dép. du Doubs, cant. de Blamont, arr. de Montbéliard. = Montbéliard.

BONDEVILLE, s. f. Com. du dép. de la Seine-Inférieure, cant. de Doudeville, arr. d'Yvetot. = Doudeville.

BONDEVILLE-NOTRE-DAME, s. f.

Com. du dép. de la Seine-Inférieure, cant. de Maromnes, arr. de Rouen. = Rouen.

BONDEVILLE-SUR-FÉCAMP, s. f. Com. du dép. de la Seine-Inférieure, cant. de Valmont, arr. d'Yvetot. = Fécamp.

BON DIEU, s. m. Gros coin dont se servent les scieurs de long.

BONDIGOUS, s. m. Village du dép. de la Haute-Garonne, cant. de Villemur, arr. de Toulouse. = Toulouse.

BONDIR, v. n. Faire un ou plusieurs bonds. Faire — le cœur, causer une extrême répugnance. Fig. et fam.

BONDISSANT, E, adj. Qui bondit; agneau bondissant.

BONDISSEMENT, s. m. Action de bondir; bondissement du cœur, des agneaux, etc.

BONDON, s. m. Bouchon de bois pour fermer la bonde d'un tonneau.

BONDONNÉ, E, part. Fermé avec un bondon.

BONDONNER, v. a. Boucher une futaille avec un bondon; percer la douve au milieu de laquelle se trouve le bondon.

BONDONNIÈRE, s. f. Espèce de tarrière pour ouvrir la bonde, pour faire le trou du bondon.

BONDONS, s. m. Com. du dép. de la Lozère, cant. et arr. de Florac. = Florac.

BONDOUFLE, s. m. Com. du dép. de Seine-et-Oise, cant. et arr. de Corbeil. = Corbeil.

BONDRÉE, s. f. Oiseau de proie qui ressemble à la buse.

BONDREZY, s. m. Com. du dép. de la Moselle, cant. d'Audun-le-Roman, arr. de Briey. = Briey.

BONDUC ou CHICOT, s. m. Plante légumineuse d'Amérique à longues feuilles; arbre légumineux des Indes. T. de bot.

BONDUES, s. f. Com. du dép. du Nord, cant. de Turcoing, arr. de Lille. = Lille.

BONDY, s. m. Com. du dép. de la Seine, cant. de Pantin, arr. de St.-Denis. Bur. de poste.

BON-ENCONTRE, s. m. Com. du dép. du Lot-et-Garonne, cant. et arr. d'Agen. = Agen.

BONGARES, s. m. pl. Genre de serpens. T. d'hist. nat.

BONGEAU ou BONJEAU, s. m. Deux bottes de lin en branche pour faire rouir.

BONGHEAT, s. m. Com. du dép. du Puy-de-Dôme, cant. de Billom, arr. de Clermont. = Billom.

BON-HENRY, s. m. Épinard sauvage dont le suc des feuilles opère la cicatrisation des plaies. T. de bot.

BONHEUR, s. m. Satisfaction intérieure, tranquillité d'âme que procure la sagesse unie à la modération, contentement de son sort, quel qu'il soit; le vrai bonheur est incompatible avec l'ambition. —, événement heureux, succès non interrompu dans ses entreprises, prospérité, aisance, fortune. Par —, adv. Heureusement.

BONHOMIE, s. f. Agréable simplicité de mœurs, de manières; bonté naturelle. —, propos, action simple d'un bonhomme, d'une bonne femme.

BONHOMME, s. m. Homme bon, simple, crédule, facile à tromper; le bonhomme Lafontaine, notre immortel fabuliste. —, vieillard.

BONHOMME, s. m. Com. du dép. du Haut-Rhin, cant. de la Poutroye, arr. de Colmar. = Colmar.

Martinet; fab. d'instrumens aratoires.

BONI, s. m. Profit; excédant de la recette sur la dépense. T. de banq.

BONICHON, s. m. Trou des fours de verrerie qui communique aux lunettes des arches à pot. T. de verr.

BONIER, s. m. Mesure de terre en Belgique.

BONIFACIO, s. m. Ville maritime du dép. de la Corse, place de guerre de 2e ordre, chef-lieu de cant. de l'arr. de Sartène. Bur. d'enregist. et de poste. Cette ville, située à l'extrémité méridionale de l'île de Corse, possède un port qui peut admettre les plus gros vaisseaux; mais il est difficile d'y arriver. Pêche de corail; comm. de vin et d'huile.

BONIFICATION, s. f. Amélioration, augmentation de valeur, de produit.

BONIFIÉ, E, part. Amélioré.

BONIFIER, v. a. Améliorer; rendre plus fertile, plus productif. —, v. n. Faire bon, dédommager des pertes. Se —, v. pron. S'améliorer.

BONITE, s. f. Espèce de scombre, poisson de mer de la couleur et beaucoup plus gros que le maquereau. T. d'hist. nat.

BONJOUR, s. m. Salut du matin.

BONLIER, s. m. Com. du dép. de l'Oise, cant. de Nivillers, arr. de Beauvais. = Beauvais.

BONLIEU, s. m. Com. du dép. de la Drôme, cant. de Marsanne, arr. de Montélimart. = Montélimart. Filature de soie.

BONLOC, s. m. Com. du dép. des Basses-Pyrénées, cant. de Hasparren, arr. de Bayonne. = Bayonne.

BON MOT, s. m. Repartie fine, piquante ; facétie.

BONNAC, s. m. Com. du dép. de l'Ariège, cant. et arr. de Pamiers. = Pamiers.

BONNAC, s. m. Com. du dép. du Cantal, cant. de Massiac, arr. de St.-Flour. = Massiac. Fab. de toiles.

BONNAC, s. m. Com. du dép. de la Haute-Vienne, cant. d'Ambazac, arr. de Limoges. = Limoges.

BONNAL, s. m. Com. du dép. du Doubs, cant. de Rougemont, arr. de Baume. = Vesoul.

BONNARD, s. m. Com. du dép. de l'Yonne, cant. et arr. de Joigny. = Bassou.

BONNAT, s. m. Com. du dép. de la Creuse, chef-lieu de cant. de l'arr. de Guéret. Bur. d'enregist. = Guéret.

BONNAUD, s. m. Com. du dép. du Jura, cant. de Beaufort, arr. de Lons-le-Saulnier. = Lons-le-Saulnier.

BONNAY, s. m. Com. du dép. du Doubs, cant. de Marchaux, arr. de Besançon. = Besançon.

BONNAY, s. m. Com. du dép. de Saône-et-Loire, cant. de St.-Gengoux-le-Royal, arr. de Mâcon. = Buxy.

BONNAY, s. m. Com. du dép. de la Somme, cant. de Corbie, arr. d'Amiens. = Corbie.

BONNE, s. f. Servante qui a soin des enfans, qui les promène et leur fait des contes.

BONNEAU, s. m. Liége flottant pour indiquer l'endroit où une ancre est mouillée. T. de mar.

BONNE AVENTURE, s. f. Evénement heureux. —, vaines prédictions dont s'accommodent les chambrières amoureuses et les joueurs de loterie.

BONNEBOSQ, s. m. Com. du dép. du Calvados, cant. de Cambremer, arr. de Pont-l'Evêque. = Pont-l'Evêque.

BONNECOURT, s. m. Com. du dép. de la Haute-Marne, cant. de Neuilly, arr. de Langres. = Montigny-le-Roi.

BONNE-DAME, s. f. Espèce d'arroche, plante potagère. T. de bot. Voy. ARROCHE.

BONNÉE, s. f. Com. du dép. du Loiret, cant. d'Ouzouer-sur-Loire, arr. de Gien. = Gien.

BONNE-FOI, s. f. Com. du dép. de l'Orne, cant. de Moulins-la-Marche, arr. de Mortagne. = Moulins-la-Marche.

BONNE FOIS (une), adv. Sérieusement.

BONNEFON, s. m. Com. du dép. de la Corrèze, cant. de Bugeat, arr. d'Ussel. = Ussel.

BONNEFON, s. m. Com. du dép. de l'Aveyron, cant. de St.-Chély, arr. d'Espalion. = Espalion.

BONNEFONT, s. m. Com. du dép. des Hautes-Pyrénées, cant. de Trie, arr. de Tarbes. = Trie.

BONNE FORTUNE, s. f. Avantage inattendu. —, faveur d'une femme ; homme à bonnes fortunes.

BONNEGARDE, s. f. Com. du dép. des Landes, cant. d'Amou, arr. de St.-Sever. = St.-Sever.

BONNE-GRACE, s. f. Lés d'étoffes qui accompagnent les grands rideaux.

BONNEIL, s. m. Com. du dép. de l'Aisne, cant. et arr. de Château-Thierry. = Château-Thierry.

BONNELLES, s. f. Com. du dép. de Seine-et-Oise, cant. de Dourdan, arr. de Rambouillet. = Limours.

BONNEMAIN, s. f. Com. du dép. d'Ille-et-Vilaine, cant. de Combourg, arr. de St.-Malo. = Combourg.

BONNEMAISON, s. f. Com. du dép. du Calvados, cant. de Villers-Bocage, arr. de Caen. = Auvray-sur-Odon.

BONNEMAZON, s. m. Com. du dép. des Hautes-Pyrénées, cant. de Lannemezan, arr. de Bagnères-de-Bigorre. = Bagnères.

BONNEMENT, adv. De bonne foi, naïvement, avec simplicité. Pas —, pas précisément.

BONNENCONTRE, s. m. Com. du dép. de la Côte-d'Or, cant. de Seurre, arr. de Beaune. = Seurre.

BONNE-ŒUVRE, s. f. Com. du dép. de la Loire-Inférieure, cant. de St.-Mars-la-Jaille, arr. d'Ancenis. = Ancenis.

BONNES, s. f. Com. du dép. de l'Aisne, cant. de Neuilly-St.-Front, arr. de Château-Thierry. = Neuilly-St.-Front.

BONNES, s. f. Com. du dép. de la Charente, cant. d'Aubeterre, arr. de Barbézieux. = Barbézieux.

BONNES, s. f. Com. du dép. de la Vienne, cant. de St.-Julien, arr. de Poitiers. = Chauvigny.

BONNES-NOUVELLES, s. f. Village du dép. de Lot-et-Garonne, cant. de Montflanquin, arr. de Villeneuve. = Montflanquin.

BONNET, s. m. Vêtement de tête ; tout ce qui couvre la partie supérieure de la tête. Gros —, personnage important. — de travers, humeur. Prendre sous son —, inventer, mentir. Avoir la tête près du —, se fâcher aisément.

Deux têtes dans un —, deux personnes toujours d'accord, toujours du même avis. —, tout ce qui couvre la partie supérieure d'un instrument, d'une machine. T. d'arts et mét. —, second estomac des animaux ruminans. T. d'hist. nat.

BONNET (St.-), s. m. Com. du dép. de la Corrèze, cant. de Bort, arr. d'Ussel. = Bort.

BONNET (St.-), s. m. Com. du dép. du Gard, cant. d'Aramon, arr. de Nismes. = Nismes.

BONNET (St.-), s. m. Com. du dép. du Gard, cant. de la Salle, arr. du Vigan. = St.-Hippolyte-du-Fort.

BONNET (St.-), s. m. Village du dép. du Lot, com. de Gignac, cant. de Souillac, arr. de Gourdon. = Cressensac.

BONNET (St.-), s. m. Com. du dép. des Hautes-Alpes, chef-lieu de cant. de l'arr. de Gap. Bur. d'enregist. = Gap.

BONNET (St.-), s. m. Com. du dép. du Cantal, cant. de Marsenat, arr. de Murat. = Murat.

BONNET (St.-), s. m. Com. du dép. de la Charente, cant. et arr. de Barbézieux. = Barbézieux.

BONNET (St.-), s. m. Com. du dép. de la Charente-Inférieure, cant. de Mirambeau, arr. de Jonzac. = Mirambeau.

BONNET (St.-), s. m. Com. du dép. de la Lozère, cant. de Grandrieu, arr. de Mende. = Marvejols.

BONNET, s. m. Com. du dép. de la Meuse, cant. de Gondrecourt, arr. de Commercy. = Gondrecourt.

BONNET (St.-), s. m. Village du dép. du Puy-de-Dôme, cant. de Veyre, arr. de Clermont. = Clermont.

BONNET (St.-), s. m. Com. du dép. du Puy-de-Dôme, cant. et arr. de Riom. = Riom.

BONNÉTABLE, s. f. Petite ville du dép. de la Sarthe, chef-lieu de cant. de l'arr. de Mamers. Bur. d'enregist. et de poste. Fabriques d'étamines, calicots, siamoises et mouchoirs de coton. Comm. de grains, porcs et bestiaux.

BONNETADE, s. f. Coup de bonnet, salut, révérence. T. inus.

BONNETAGE, s. m. Papier qui couvre l'amorce d'un artifice.

BONNÉTAGE, s. m. Com. du dép. du Doubs, cant. de Russey, arr. de Montbéliard. = St.-Hippolyte-sur-le-Doubs.

BONNET-AIGUEPERSE-ET-COMBRET (St.-), s. m. Com. du dép. de la Haute-Vienne, cant. de Pierre-Buffière, arr. de Limoges. = Pierre-Buffière.

BONNETAN, s. m. Com. du dép. de la Gironde, cant. de Créon, arr. de Bordeaux. = Bordeaux.

BONNET-À-PRÊTRE, s. m. Tenaille double, vis-à-vis d'un bastion.

BONNET CARRÉ, s. m. Bonnet de prêtre. —, foret à quatre ailes.

BONNET CHINOIS, s. m. Instrument de musique militaire. —, espèce de guenon, variété du malbrouck; coquille. T. d'hist. nat.

BONNET-DE-BELLAC (St.-), s. m. Com. du dép. de la Haute-Vienne, cant. et arr. de Bellac. = Bellac.

BONNET-DE-BELLONAVE (St.-), s. m. Com. du dép. de l'Allier, cant. d'Ebreuil, arr. de Gannat. = Gannat.

BONNET-DE-CHAVANNES (St.-), s. m. Com. du dép. de l'Isère, cant. et arr. de St.-Marcellin. = St.-Marcellin.

BONNET-DE-CHIRAC (St.-), s. m. Com. du dép. de la Lozère, cant. et arr. de Marvejols. = Marvejols.

BONNET-DE-CRAY (St.-), s. m. Com. du dép. de Saône-et-Loire, cant. de Semur-en-Brionnais, arr. de Charolles. = Marcigny.

BONNET-DE-FOUR (St.-), s. m. Com. du dép. de l'Allier, cant. de Montmarault, arr. de Montluçon. = Montmarault.

BONNET-DE-GALAURE (St.-), s. m. Village du dép. de la Drôme, cant. de St.-Vallier, arr. de Valence. = St.-Vallier.

BONNET-DE-JOUX (St.-), s. m. Com. du dép. de Saône-et-Loire, chef-lieu de cant. de l'arr. de Charolles. Bur. d'enregist. et de poste.

BONNET-DE-NEPTUNE, s. m. Fongipore arrondi; espèce d'éponge qui lui ressemble. T. d'hist. nat.

BONNET-DE-PRÊTRE, s. m. Fusain, arbrisseau de la famille des nerpruns. T. de bot.

BONNET-DE-ROCHEFORT (St.-), s. m. Com. du dép. de l'Allier, cant. et arr. de Gannat. = Gannat.

BONNET-DE-SALERS (St.-), s. m. Com. du dép. du Cantal, cant. de Salers, arr. de Mauriac. = Murat.

BONNET-DES-BRUYÈRES, s. m. Com. du dép. du Rhône, cant. de Monsol, arr. de Villefranche. = Beaujeu.

BONNET-DES-QUARTS (St.-), s. m. Com. du dép. de la Loire, cant. de la Pacaudière, arr. de Roanne. = la Pacaudière.

BONNET-DE-VALCLÉRIEUX (St.-), s. m. Com. du dép. de la Drôme, cant. du Grand-Serre, arr. de Valence. = Romans.

BONNET-DE-VIEILLE-VIGNE (St.-), s. m. Com. du dép. de Saône-et-Loire, cant. de Palinges, arr. de Charolles. = Charolles.

BONNETÉ, E, part. Flatté, amadoué. T. fam.

BONNET-ELVERT, s. m. Com. du dép. de la Corrèze, cant. d'Argentat, arr. de Tulle. = Argentat.

BONNET-EN-BRESSE (St.-), s. m. Com. du dép. de Saône-et-Loire, cant. de Pierre, arr. de Louhans. = Verdun-sur-Saône.

BONNETER, v. a. Flatter bassement, faire des salamalecs pour amadouer quelqu'un. T. fam.

BONNETERIE, s. f. Fabrique et magasin de bas, de bonnets, etc.

BONNETERRE, s. f. Village du dép. de l'Aveyron, cant. de Campagnac, arr. de Milhau. = Milhau.

BONNETEUR, s. m. Filou qui par ses politesses cherche à séduire les gens pour les escroquer. T. fam.

BONNETIER, ERE, s. Fabricant, marchand de bas, de bonnets, etc.

BONNET-LA-RIVIÈRE (St.-), s. m. Com. du dép. de la Corrèze, cant. de Juillac, arr. de Brive. = Brive.

BONNET-LE-BOURG (St.-), s. m. Com. du dép. du Puy-de-Dôme, cant. de St.-Germain-l'Herm, arr. d'Ambert. = Ambert.

BONNET-LE-CHASTEL (St.-), s. m. Com. du dép. du Puy-de-Dôme, cant. de St.-Germain-l'Herm, arr. d'Ambert. = Ambert.

BONNET-LE-CHÂTEAU (St.-), s. m. Petite ville du dép. de la Loire, chef-lieu de cant. de l'arr. de Montbrison. Bur. d'enregist. = Montbrison.
Fabriques de coutellerie et serrurerie; comm. de grains et de bois pour bateaux.

BONNET-LE-COURREAUX (St.-), s. m. Com. du dép. de la Loire, cant. de St.-Georges-en-Couzan, arr. de Montbrison. = Montbrison.

BONNET-LE-DÉSERT, s. m. Com. du dép. de l'Allier, cant. de Cérilly, arr. de Montluçon. = Cérilly.

BONNET-LE-FROID, s. m. Com. du dép. de la Haute-Loire, cant. de Montfaucon, arr. d'Yssingeaux. = Yssingeaux.

BONNET-L'ENFANTIER (St.-), s. m. Com. du dép. de la Corrèze, cant. de Vigeois, arr. de Brive. = Uzerche.

BONNET-LE-PAUVRE (St.-), s. m. Com. du dép. de la Corrèze, cant. de Mercœur, arr. de Tulle. = Argentat.

BONNET-LE-PAUVRE (St.-), s. m. Com. du dép. de la Corrèze, cant. et arr. de Tulle. = Tulle.

BONNET-LES-OULES (St.-), s. m. Com. du dép. de la Loire, cant. de St.-Galmier, arr. de Montbrison. = Chazelle.

BONNET-LE-TRONCY (St.-), s. m. Com. du dép. du Rhône, cant. de St.-Nizier-d'Azergues, arr. de Villefranche. = St.-Symphorien-de-Lay.

BONNET-PRÈS-CHAURIAT (St.-), s. m. Com. du dép. du Puy-de-Dôme, cant. de Vertaizon, arr. de Clermont-Ferrand. = Clermont.

BONNET-PRÈS-ORCIVAL (St.-), s. m. Com. du dép. du Puy de-Dôme, cant. de Rochefort, arr. de Clermont-Ferrand. = Clermont.

BONNET ROUGE, s. m. Bonnet de laine rouge dont se coiffaient les sans-culottes dans les comités de surveillance en 1793.

BONNETTE, s. f. Ouvrage à deux faces formant un angle saillant avec parapet et palissade. T. de fortif. —, petites voiles pour ajouter aux grandes, lorsqu'il n'y a pas de vent. T. de mar.

BONNET-VERT, s. m. Bonnet qu'on obligeait les banqueroutiers de porter, aux termes de l'ordonnance de 1673.

BONNEUIL, s. m. Com. du dép. de la Charente, cant. de Châteauneuf-sur-Charente, arr. de Cognac. = Châteauneuf.

BONNEUIL, s. m. Com. du dép. de l'Indre, cant. de St.-Benoît-du-Sault, arr. du Blanc. = St.-Benoît.

BONNEUIL, s. m. Com. du dép. de l'Oise, cant. de Breteuil-sur-Noie, arr. de Clermont. = Breteuil.

BONNEUIL, s. m. Com. du dép. de la Seine, cant. de Charenton-le-Pont, arr. de Sceaux. = Charenton.

BONNEUIL, s. m. Com. du dép. de Seine-et-Oise, cant. de Gonesse, arr. de Pontoise. = Gonesse.

BONNEUIL-AUX-MONGES, s. m. Com. du dép. des Deux-Sèvres, cant. de Chenay, arr. de Melle. = Couhé.

BONNEUIL-EN-VALOIS, s. m. Com. du dép. de l'Oise, cant. de Crépy, arr. de Senlis. = Breteuil.

BONNEUIL-MATOURS, s. m. Com. du dép. de la Vienne, cant. de Vouneuil, arr. de Châtellerault. = Châtellerault.

BONNEVAL, s. m. Com. du dép. de la Drôme, cant. de Châtillon, arr. de Die. = Die.

BONNEVAL, s. m. Jolie petite ville du dép. d'Eure-et-Loir, chef-lieu de cant. de l'arr. de Châteaudun. Bur. d'enregist. et de poste.

Manufacture de tapis de pieds, d'étoffes de laine et de toiles peintes; comm. de grains, farines et bestiaux.

BONNEVAL, s. m. Com. du dép. de la Haute-Loire, cant. de la Chaise-Dieu, arr. de Brioude. = Craponne.

BONNEVAL, s. m. Village du dép. de Lot-et-Garonne, cant. de Penne, arr. de Villeneuve-d'Agen. = Villeneuve.

BONNEVAL, s. m. Village du dép. du Tarn, cant. de Villefranche, arr. d'Albi. = Albi.

BONNEVAUX, s. m. Com. du dép. du Doubs, cant. de Mouthe, arr. de Pontarlier. = Pontarlier.

BONNEVAUX, s. m. Com. du dép. du Doubs, cant. d'Ornans, arr. de Besançon. = Ornans.

BONNEVAUX, s. m. Com. du dép. de Loir-et-Cher, cant. de Savigny, arr. de Vendôme. = Montoire.

BONNEVAUX-ET-HYVERNE, s. m. Com. du dép. du Gard, cant. de Genolhac, arr. d'Alais. = Genolhac.

BONNEVENT-ET-VELLOREILLE-LES-OISELAY, s. m. Com. du dép. de la Haute-Saône, cant. de Gy, arr. de Gray. = Gy.

BONNEVIALE, s. f. Com. du dép. de l'Aveyron, cant. de Pont-de-Salars, arr. de Rodez. = Rodez.

BONNEVILLE, s. f. Com. du dép. de la Charente, cant. de Rouillac, arr. d'Angoulême. = Rouillac.

BONNEVILLE, s. f. Com. du dép. de la Dordogne, cant. de Vélines, arr. de Bergerac. = Bergerac.

BONNEVILLE (la), s. f. Com. du dép. de l'Eure, cant. de Conches, arr. d'Évreux. = Évreux.

Forges et hauts-fourneaux.

BONNEVILLE, s. f. Com. du dép. de Loir-et-Cher, cant. de Neung-sur-Beuvron, arr. de Romorantin. = Beaugency.

BONNEVILLE (la), s. f. Com. du dép. de la Manche, cant. de St.-Sauveur-le-Vicomte, arr. de Valognes. = Valognes.

BONNEVILLE, s. f. Com. du dép. de la Somme, cant. de Domart, arr. de Doullens. = Doullens.

BONNEVILLE-LA-LOUVET, s. f. Com. du dép. du Calvados, cant. de Blangy, arr. de Pont-l'Évêque. = Pont-l'Évêque.

BONNEVILLE-SUR-LE-BEC, s. f. Com. du dép. de l'Eure, cant. de Montfort, arr. de Pont-Audemer. = Bourgthéroulde.

BONNEVILLE-SUR-TOUQUES, s. f. Com. du dép. du Calvados, cant. et arr. de Pont-l'Évêque. = Pont-l'Évêque.

BONNE-VOGLIE, s. m. Volontaire sur une galère. T. de mar. De —, adv. De bonne volonté.

BONNIÈRES, s. f. Com. du dép. de l'Oise, cant. de Marseille-le-Petit, arr. de Beauvais. = Marseille.

BONNIÈRES, s. f. Com. du dép. du Pas-de-Calais, cant. d'Auxy-le-Château, arr. de St.-Pol. = Frévent.

BONNIÈRES, s. f. Com. du dép. de Seine-et-Oise, chef-lieu de cant. de l'arr. de Mantes. Bur. d'enregist. et de poste.

BONNIEUX, s. m. Petite ville du dép. de Vaucluse, chef-lieu de cant. de l'arr. d'Apt. Bur. d'enregist. = Apt.

BONNINGUES-LES-ARDRES, s. f. Com. du dép. du Pas-de-Calais, cant. d'Ardres, arr. de St.-Omer. = Ardres.

BONNINGUES-LES-CALAIS, s. f. Com. du dép. du Pas-de-Calais, cant. de Calais, arr. de Boulogne. = Calais.

BONNŒUIL, s. m. Com. du dép. du Calvados, cant. et arr. de Falaise. = Harcourt.

BONNOT (St.-), s. m. Com. du dép. de la Nièvre, cant. de Prémery, arr. de Cosne. = Nevers.

BONNUT, s. m. Com. du dép. des Basses-Pyrénées, cant. et arr. d'Orthez. = Orthez.

BONNY, s. m. Petite ville du dép. du Loiret, cant. de Briare, arr. de Gien. Bur. de poste.

BONPAS, s. m. Com. du dép. de l'Ariège, cant. de Tarascon, arr. de Foix. = Tarascon.

BONPLANDIE, s. f. Grand arbre de l'Amérique du sud auquel on a donné ce nom en l'honneur de Bonpland, célèbre naturaliste. T. de bot.

BONREPAUX, s. m. Village du dép. de l'Ariège, com. de Prat, cant. de St.-Lizier, arr. de St.-Girons. = St.-Girons.

BONREPAUX, s. m. Com. du dép. de la Haute-Garonne, cant. de Verfeil, arr. de Toulouse. = Toulouse.

BONREPOS, s. m. Com. du dép. de la Haute-Garonne, cant. de St.-Lis, arr. de Muret. = St.-Lis.

BONS, s. m. Com. du dép. du Calvados, cant. et arr. de Falaise. = Falaise.

BONSE, s. m. Prêtre japonais et chinois.

BONSELLE, s. f. Prêtresse chinoise.

BON SENS, s. m. Sens commun; plus ou moins grande portion d'intelligence, de lumières et de jugement qui revient à chacun.

BONS-MOULINS, s. m. Com. du dép. de l'Orne, cant. de Moulins-la-Marche, arr. de Mortagne. = Moulins-la-Marche.

BONSOIR, s. m. Salut du soir.

BONSON, s. m. Com. du dép. de la Loire, cant. de St.-Rambert, arr. de Montbrison. = St.-Etienne.

BONTALON, s. m. Tambour de nègres.

BONTANT, s. m. Couverture de coton que l'on fabrique à Canton, le seul port de la Chine fréquenté par les Européens.

BONTÉ, s. f. Qualité de ce qui est bon; ce qui fait qu'une chose est bonne dans son genre; inclination à faire le bien, à obliger. —, ce qui se fait par honnêteté; vous avez eu la bonté de me répondre. —, impérativ. Ayez la — de m'entendre; je le veux! —, trop grande facilité; la bonté du peuple le rendra toujours la dupe des intrigans. —, pl. Complaisances d'une femme.

BONTOUR, s. m. Evolution d'un vaisseau pour empêcher que les câbles ne se croisent. T. de mar.

BONVILLER, s. m. Com. du dép. de l'Oise, cant. de Breteuil-sur-Noie, arr. de Clermont. = Breteuil.

BONVILLER, s. m. Com. du dép. de la Meurthe, cant. et arr. de Lunéville. = Lunéville.

BONVILLERS, s. m. Com. du dép. de la Moselle, cant. d'Audun-le-Roman, arr. de Briey. = Briey.

BONVILLET, s. m. Com. du dép. des Vosges, cant. de Darney, arr. de Mirecourt. = Darney.

BONY, s. m. Com. du dép. de l'Aisne, cant. du Câtelet, arr. de St.-Quentin. = le Câtelet.

BONZAC, s. m. Com. du dép. de la Gironde, cant. de Guîtres, arr. de Libourne. = Coutras.

BONZÉE, s. f. Com. du dép. de la Meuse, cant. de Fresnes-en-Woëvres, arr. de Verdun. = Verdun.

BOO, s. m. Canne à sucre du Japon. T. de bot.

BOOBOOK, s. m. Chouette de la Nouvelle-Hollande. T. d'hist. nat.

BOOFTZHEIM, s. m. Com. du dép. du Bas-Rhin, cant. de Benfeld, arr. de Schélestadt. = Benfeld.

BOOPE, s. m. Sorte de thon du Brésil. T. d'hist. nat.

BOOS, s. m. Com. du dép. des Landes, cant. de Tartas, arr. de St.-Sever. = Tartas.

BOOS, s. m. Com. du dép. de la Seine-Inférieure, chef-lieu de cant. de l'arr. de Rouen. Bur. d'enregist. = Rouen.

BOO-SILHEN, s. m. Com. du dép. des Hautes-Pyrénées, cant. et arr. d'Argelès. = Argelès.

BOOTE, s. m. Tonneau pour les vins de Xérès. —, chaloupe construite dans les ports de la Baltique. T. de mar.

BOOTÈS, s. m. Le bouvier, constellation. T. d'astr.

BOOTIE, s. f. Plante légumineuse. T. de bot.

BOOTZHEIM, s. m. Com. du dép. du Bas-Rhin, cant. de Marckolsheim, arr. de Schélestadt. = Marckolsheim.

BOPYRE, s. m. Genre de crustacés plats. T. d'hist. nat.

BOQUEHO, s. m. Com. du dép. des Côtes-du-Nord, cant. de Châtelaudren, arr. de St.-Brieuc. = Châtelaudren.

BOQUET, s. m. ou ECOPE, s. f. Sorte de pelle dont on se sert dans les salines.

BOQUILLON, s. m. Bûcheron (Vi.)

BORACIQUE, adj. Tiré du Borax. T. de chim.

BORACITE, s. f. Sel pierreux, formé par l'acide boracique, la chaux et la magnésie. T. de chim.

BORAGINÉE, adj. f. De la famille des bourraches; plante boraginée. T. de bot.

BORAN, s. m. Com. du dép. de l'Oise, cant. de Neuilly-en-Thelle, arr. de Senlis. = Beaumont.

BORASSEAU, s. m. Boîte qui contient du borax.

BORATE, s. m. Combinaison de l'acide boracique avec différentes bases. T. de chim.

BORATÉ, adj. Combiné avec l'acide boracique. T. de chim.

BORAX, s. m. Substance saline, combinaison de l'acide boracique avec la soude. Ce sel est médicinal et sert à fondre les métaux.

BORBORYGME ou BORBORISME, s. m. Bruit produit dans les intestins par les gaz; flatuosités. T. de méd.

BORCE, s. f. Com. du dép. des Basses-Pyrénées, cant. d'Accous, arr. d'Oloron. = Oloron.

BORCQ-SUR-AIRVAULT, s. m. Com. du dép. des Deux-Sèvres, cant. d'Airvault, arr. de Parthenay. = Airvault.

BORD, s. m. Extrémité d'une chose, ce qui la termine. —, rive, rivage. —, navire; recevoir sur son bord. —, ruban pour border. —, lisière, pourtour; sur le bord du bois, du parterre. T. de bot. —, bordée. T. de mar. —, pl. Les extrémités d'un plat, d'un chapeau. Les sombres —, le Styx, l'enfer. T. de mythol. — à —, adv. Qui touche les bords.

BORD, s. m. Com. du dép. de la Creuse, cant. et arr. de Boussac. = Boussac.

BORDAGE, s. m. Revêtement extérieur d'un vaisseau en planches plus ou moins épaisses. T. de mar.

BORDAILLE, s. f. Planche pour les bordages; partie d'un bateau, voisine des rebords. T. de mar.

BORDANT, s. m. ou BORDURE, s. f. Côté inférieur d'une voile. T. de mar.

BORDAT, s. m. Petite étoffe fabriquée en Egypte.

BORDAYER, v. n. Louvoyer, courir des bordées. T. de mar.

BORDÉ, E, part. Mis, placé au bord; garni d'un bord. —, s. m. Galon d'or ou d'argent pour border. —, labre, espèce de poisson. T. d'hist. nat.

BORDEAUX, s. m. Grande, belle et très ancienne ville maritime de France, chef-lieu de préf. du dép. de la Gironde, d'une sous-préf. et de six cant., de la 11ᵉ div. militaire, de la 10ᵉ div. des ponts-et-chaussées, et du 16ᵉ arr. forestier. Cour royale, trib. de 1ʳᵉ inst. et de comm.; chambre et bourse de comm.; archevêché; hôtel des monnaies; bur. de garantie des matières d'or et d'argent; académie des sciences, belles-lettres et arts; écoles de médecine, d'hydrographie, et de navigation de 1ʳᵉ classe; école de dessin et de peinture; institution des sourds-muets; biblioth. publique; musée, cabinet d'histoire naturelle; observatoire; jardin botanique; syndicat maritime; consulats étrangers; ingénieur en chef des ponts-et-chaussées; direct. de l'enregist. et des domaines, 1ʳᵉ classe; conserv. des hypoth.; direct. des douanes; direct. des contrib. dir. et indir.; recev. général des finances; payeur du dép.; bur. d'enregist. et de poste. Pop. 93,550 hab. environ.

Cette ville est l'une des plus riches et des plus commerçantes de la France. Elle est située sur la rive gauche de la Garonne. Son port, qui peut renfermer plus de 1,000 navires, et qui d'ailleurs est sûr et commode, forme un quart de cercle d'environ une lieue. En un mot sa rivière qui, d'un côté, le met en communication avec la Méditerranée par le canal du Midi, et de l'autre avec l'Océan, rend Bordeaux le centre d'un comm. immense avec toutes les parties du monde. Il nous suffira de dire que cette ville est d'une antiquité tellement reculée, qu'on ne saurait assigner l'époque de sa fondation, et qu'elle fut sous les Romains la Métropole de la 2ᵉ Aquitaine.

Parmi les hommes célèbres qui sont nés dans cette ville, on doit distinguer Montesquieu, l'auteur de l'Esprit des lois; Berquin, homme de lettres; l'avocat Desèze, l'un des courageux défenseurs de Louis XVI; l'ex-ministre de l'intérieur, Laîné, et le général Nansouty.

Fabriques de toiles, indiennes, mousselines, tissus de coton étoffes de laine, gants de peau, bonneterie, cartes à jouer, tonneaux, bougies, savon, produits chimiques, liqueurs, anisette renommée; distilleries d'eaux-de-vie; raffineries de sucre; brasseries, vinaigreries, verreries à bouteilles, faïenceries, corderies pour la marine, chantiers pour la construction des navires; manufacture royale de tabacs; raffinerie de poudre; comm. considérable de blés, farines, vins de Bordeaux, eaux-de-vie, esprits de vin, chanvre, lin, résine, goudron, térébenthine, liége, huiles, savons, cuirs, comestibles, quincaillerie, marchandises coloniales, etc. Entrepôt de sels; exportation et importation avec l'Europe entière, les colonies d'Amérique et les Indes; armemens pour la pêche de la baleine et de la morue.

Tout le monde sait que les vins de Bordeaux sont d'une qualité supérieure, et qu'ils offrent une source inépuisable de richesses. Les plus estimés parmi ces vins, qui peuvent traverser les mers, sont ceux de Médoc, de Haut-Bryon et de Grave. Dans les meilleures qualités de Médoc, on distingue ceux de Lafite, la Tour et Château-Margaux, et dans les vins de Grave, ceux du Haut-Bryon, du Haut-Talence, de Mérignac, Peslac, Laugon et Villenave.

Il existe dans Bordeaux une foule de monumens remarquables; mais nous devons fixer l'attention sur le grand théâtre, bâti sous Louis XVI, monument qui l'emporte par son ordonnance, sa coupe et son architecture, sur tout ce que la capitale possède de plus beau en ce genre. Le pont qui réunit les deux rives de la Garonne, mérite aussi d'être remarqué; il se compose de 17 arches, et offre une longueur de 554 mètres. Bordeaux est à 153 l. de Paris.

BORDEAUX, s. m. Com. du dép. du Loiret, cant. de Beaune, arr. de Pithiviers. = Bois-Commun.

BORDEAUX, s. m. Com. du dép. de la Seine-Inférieure, cant. de Criquetot, arr. du Havre. = Fécamp.

BORDÉE, s. f. Décharge de tous les canons d'un côté du vaisseau; tirer une bordée. —, marche du vaisseau en louvoyant; courir la bordée.

BORDEL, s. m. Lieu de débauche, de prostitution. T. grossier, ignoble.

BORDELAIS, E, s. et adj. De Bordeaux.

BORDELIÈRE, s. f. Poisson de lac et de rivière du genre des brèmes, qu'on trouve en Savoie. T. d'hist. nat.

BORDEMENT, s. m. Action de border. —, filet autour de la plaque; emploi des émaux à plat. T. de peinture en émail.

BORDENEAU, s. m. Coulisse de l'écluse des salines. T. de sal.

BORD-EN-SCIE, s. m. Tortue. T. d'hist. nat.

BORDER, v. a. Garnir le bord; border un chapeau. —, placer au bord; border une route d'arbres. — un lit, enfoncer les draps et la couverture entre le bois de lit et les matelas. —, mettre au bord par ordre ou suite; garnir, orner le bord; mettre un bord. T. d'arts et mét. —, mettre le bordage. — les côtes, cotoyer; un vaisseau, le suivre; une voile, l'attacher par le bas. T. de mar.

BORDEREAU, s. m. Mémoire contenant plusieurs articles formant une somme; livret de commis.

BORDÈRES, s. f. Com. du dép. des Landes, cant. de Grenade, arr. de Mont-de-Marsan. = Grenade.

BORDÈRES, s. f. Com. du dép. des Basses-Pyrénées, cant. de Clarac, arr. de Pau. = Pau.

BORDÈRES, s. f. Com. du dép. des Hautes-Pyrénées, chef-lieu de cant. de l'arr. de Bagnères. Bur. d'enregist. à Arreau. = Arreau.

BORDÈRES, s. f. Com. du dép. des Hautes-Pyrénées, cant. et arr. de Tarbes. = Tarbes.

BORDES, s. f. Com. du dép. de l'Ariège, cant. de Castillon, arr. de St.-Girons. = St.-Girons.

BORDES (les), s. f. pl. Com. du dép. de l'Ariège, cant. du Mas-d'Azil, arr. de Pamiers. = le Mas-d'Azil.

BORDES (les), s. f. pl. Com. du dép. de l'Aube, cant. de Bouilly, arr. de Troyes. = Troyes.

BORDES, s. f. Com. du dép. de la Haute-Garonne, cant. de Montrejeau, arr. de St.-Gaudens. = Montrejeau.

BORDES (les), s. f. pl. Com. du dép. du Loiret, cant. d'Ouzouer-sur-Loire, arr. de Gien. = Gien.

BORDES, s. f. Com. du dép. des Basses-Pyrénées, cant. de Clarac, arr. de Pau. = Pau.

BORDES, s. f. Com. du dép. des Basses-Pyrénées, cant. de Lembeye, arr. de Pau. = Pau.

BORDES, s. f. Com. du dép. des Hautes-Pyrénées, cant. et arr. d'Argelès. = Argelès.

BORDES, s. f. Com. du dép. des Hautes-Pyrénées, cant. de Tournay, arr. de Tarbes. = Tarbes.

BORDES (les), s. f. pl. Com. du dép. de Saône-et-Loire, cant. de Verdun-sur-le-Doubs, arr. de Châlons. = Verdun-sur-le-Doubs.

BORDES (les), s. f. pl. Com. du dép. de l'Yonne, cant. de Villeneuve-le-Roi, arr. de Joigny. = Villeneuve-le-Roi.

BORDIER, s. et adj. Vaisseau à bords inégaux. T. de mar. —, propriétaire d'un champ sur le bord d'un chemin.

BORDIÈRE, s. f. Champ situé près d'une ville.

BORDIGUE, s. f. Enceinte de claies sur le bord de la mer pour prendre du poisson; l'espace qu'elle renferme. T. de pêche.

BORDOYÉ, E, part. Couché à plat sur un métal. T. de peint. en émail.

BORDOYER, v. a. Coucher l'émail à plat sur un métal garni d'un bord. T. de peint. en émail.

BORDS, s. m. Com. du dép. de la Charente-Inférieure, cant. de St.-Savinien, arr. de St.-Jean-d'Angely. = St.-Savinien.

BORDURE, s. f. Ce qui borde et sert d'ornement, cadre. —, brisure autour de l'écu. T. de blas. —, côté inférieur d'une voile déployée. T. de mar.

BORÉAL, E, adj. Septentrional.

BORÉE, s. m. Fils d'Astréus et d'Héribée. S'étant transformé en cheval, il engendra, pour en faire hommage à Dardanus, douze poulains d'une telle vitesse qu'ils couraient sur les épis sans les rompre, et sur la surface de la mer sans enfoncer. T. de myth. —, vent du nord. —, papillon de jour. T. d'hist. nat.

BORÉE, s. f. Com. du dép. de l'Ardèche, cant. de St.-Martin de Valamas, arr. de Tournon. = le Chailard.

BOREL (la), s. f. Com. du dép. de la Drôme, cant. de Sederon, arr. de Nyons. = le Buis.

BORESSE-ET-MARTRON, s. f. Com. du dép. de la Charente-Inférieure, cant. de Montguyon, arr. de Jonzac. = Montlieu.

BOREST, s. m. Com. du dép. de l'Oise, cant. de Nanteuil, arr. de Senlis. = Senlis.

BOREY, s. m. Com. du dép. de la Haute-Saône, cant. de Noroy-le-Bourg, arr. de Vesoul. = Vesoul.

BORGNE, s. et adj. Qui a perdu un œil. Lieu, maison —, obscure. Cabaret —, peu fréquenté. Compte —, mal fait. Sein —, sans mamelon. Cœcum —, cavité dans laquelle on remarque une entrée sans sortie. T. de chir.

BORGNESSE, s. f. Fille ou femme borgne. T. fam.

BORGO, s. m. Com. du dép. de la Corse, chef-lieu de cant. de l'arr. de Bastia. = Bastia.

BORI, s. m. Jujubier des Indes. T. de bot.

BORIN, s. m. Fauvette passerinette. T. d'hist. nat. —, pl. Ouvriers des mines de charbon.

BORIQUE, s. et adj. Combinaison de l'oxigène avec le bore; acide du borax. T. de chim.

BORMES, s. f. Com. du dép. du Var, cant. de Collobrières, arr. de Toulon. = Hyères.

BORN, s. m. Village du dép. de l'Aveyron, cant. de St.-Geniez, arr. d'Espalion. = St.-Geniez.

BORN (le), s. m. Com. du dép de la Haute-Garonne, cant. de Villemur, arr. de Toulouse. = Fronton.

BORN, s. m. Village du dép. de Lot-et-Garonne, cant. de Villeréal, arr. de Villeneuve-d'Agen. = Villeneuve.

BORN, s. m. Com. du dép. de la Lozère, cant. et arr. de Mende. = Mende.

BORNAC, s. m. Village du dép. du Cantal, cant. de Massiac, arr. de St.-Flour. = Massiac.

BORNAGE, s. m. Plantation de bornes. T. de procéd.

BORNANBUSC, s. m. Com. du dép. de la Seine-Inférieure, cant. de Goderville, arr. du Havre. = Bolbec.

BORNAY, s. m. Com. du dép. du Jura, cant. et arr. de Lons-le-Saulnier. = Lons-le-Saulnier.

BORN-DE-CHAMPS, s. m. Com. du dép. de la Dordogne, cant. de Beaumont, arr. de Bergerac. = Bergerac.

BORNE, s. f. Pierre qui fixe les limites entre deux champs. —, pierre qu'on pose devant une maison pour la garantir du choc des voitures; pierre sur une route pour indiquer les distances. —, limite, fin, terme. Fig. —, pl. Limites d'un pays, et fig. d'une chose; passer les bornes.

BORNE, s. f. Com. du dép. de l'Ardèche, cant. de St.-Etienne-de-Lugdarès, arr. de Largentière. = Langogne.

BORNE (la), s. f. Com. du dép. de la Creuse, cant. et arr. d'Aubusson. = Aubusson.

BORNE, s. f. Com. du dép. de la Haute-Loire, cant. de St.-Paulien, arr. du Puy. = le Puy.

BORNÉ, E, part. Garni de bornes; limité. —, qui a des bornes, de peu d'étendue; moyens bornés. Vue —, courte. Homme, esprit —, sans instruction, sans lumière.

BORNEL, s. m. Com. du dép. de l'Oise, cant. de Méru, arr. de Beauvais. = Méru.

BORNER, v. a. Poser des bornes. —, terminer, limiter; la Belgique borne la France au nord. —, mettre un terme, une fin. —, modérer; borner son ambition. Se —, v. pron. Se contenter de, se modérer.

BORNET, s. m. Com. du dép. de la Creuse, cant. et arr. de Boussac. = Boussac.

BORNOYÉ, E, part. Planté en ligne droite.

BORNOYER, v. a. Regarder d'un seul œil en fermant l'autre, pour aligner. —, planter des jalons en ligne droite.

BORNOYEUR, s. m. Celui qui aligne, qui plante des jalons.

BORNY, s. m. Com. du dép. de la Moselle, cant. et arr. de Metz. = Metz.

BORON, s. m. Com. du dép. du Haut-Rhin, cant. de Delle, arr. de Belfort. = Delle.

BORONIE, s. f. Plante rutacée de la Nouvelle-Hollande. T. de bot.

BOROZAIL, s.m. Maladie des Africains, espèce de gonorrhée, causée par l'usage immodéré du coït. T. de méd.

BORRE, s. f. Com. du dép. du Nord, cant. et arr. d'Hazebrouck. = Hazebrouck.

BORRÈZE, s. f. Com. du dép. de la Dordogne, cant. de Salignac, arr. de Sarlat. = Sarlat.

BORROU, s. m. Arbre des Indes dont l'écorce est purgative. T. de bot.

BORS, s. m. Com. du dép. de la Charente, cant. de Baignes, arr. de Barbezieux. = Blanzac.

BORS, s. m. Com. du dép. de la Charente, cant. de Montmoreau, arr. de Barbezieux. = Barbezieux.

BORT, s. m. Petite ville du dép. de la Corrèze, chef-lieu de cant. de l'arr. d'Ussel. Bur. d'enregist. et de poste. C'est dans cette petite ville que naquit Marmontel. Exploitation de houille; comm. considérable de toiles.

BORT, s. m. Com. du dép. du Puy-de-Dôme, cant. de Billom, arr. de Clermont. = Lezoux.

BORTINGLE, s. m. Hausse au bord d'un navire trop chargé. T. de mar.

BORVILLE, s. f. Com. du dép. de la Meurthe, cant. de Bayon, arr. de Lunéville. = Lunéville.

BORYE, s. f. Plante joncoïde de la Nouvelle-Hollande. T. de bot.

BOSAN, s. m. Breuvage fait avec une décoction de millet.

BOSAS, s. m. Com. du dép. de l'Ardèche, cant. de St.-Félicien, arr. de Tournon. = Tournon.

BOS-BENARD-COMMIN, s. m. Com. du dép. de l'Eure, cant. de Bourgthéroulde, arr. de Pont-Audemer. = Pont-Audemer.

BOS-BENARD-CRESCY, s. m. Com. du dép. de l'Eure, cant. de Bourgthéroulde, arr. de Pont-Audemer. = Bourg-Achard.

BOSBOK ou BOSCH-BOCK, s. m. Espèce particulière d'antilope. T. d'hist. nat.

BOSC (le), s. m. Com. du dép. de l'Ariège, cant. et arr. de Foix. = Foix.

BOSC (le), s. m. Com. du dép. de l'Hérault, caut. et arr. de Lodève. = Lodève.

BOSCADOULE, s. f. Com. du dép. de l'Aveyron, cant. de la Salvetat, arr. de Rodez. = Rodez.

BOSCAMENANT, s. m. Com. du dép. de la Charente-Inférieure, cant. de Montguyon, arr. de Jonzac. = Montlieu.

BOSC-ASSELIN, s. m. Com. du dép. de la Seine-Inférieure, cant. d'Argueil, arr. de Neufchâtel. = Rouen.

BOSC-BERENGER, s. m. Com. du dép. de la Seine-Inférieure, cant. de St.-Saens, arr. de Neufchâtel. = St.-Saens.

BOSC-BORDEL (le), s. m. Com. du dép. de la Seine-Inférieure, cant. de Buchy, arr. de Rouen. = Buchy.

BOSC-ÉDELINE (le), s. m. Com. du dép. de la Seine-Inférieure, cant. de Buchy, arr. de Rouen. = Buchy.

BOSC-GEFFROY, s. m. Com. du dép. de la Seine-Inférieure, cant. de Londinières, arr. de Neufchâtel. = Neufchâtel.

BOSC-GUERARD (le), s. m. Com. du dép. de la Seine-Inférieure, cant. de Clères, arr. de Rouen. = Rouen.

BOSCHERVILLE, s. f. Com. du dép. de l'Eure, cant. de Bourgthéroulde, arr. de Pont-Audemer. = Bourgthéroulde.

BOSC-HYON, s. m. Com. du dép. de la Seine-Inférieure, cant. de Gournay, arr. de Neufchâtel. = Gournay.

BOSCIE, s. f. Arbuste d'Afrique. T. de bot.

BOSC-LE-HARD, s. m. Com. du dép. de la Seine-Inférieure, cant. de Bellencombre, arr. de Dieppe. = St.-Saens.

BOSC-LOIRAS (le), s. m. Village du dép. de l'Hérault, cant. et arr. de Lodève. = Lodève.

BOSC-MESNIL, s. m. Com. du dép. de la Seine-Inférieure, cant. de St.-Saens, arr. de Neufchâtel. = St.-Saens.

BOSC-RENOULT (le), s. m. Com. du dép. de l'Eure, cant. de Beaumesnil, arr. de Bernay. = Bernay.

BOSC-RENOULT (le), s. m. Com. du dép. de l'Eure, cant. de Bourgthéroulde, arr. de Pont-Audemer. = Bourgthéroulde.

BOSC-RENOULT (le), s. m. Com. du dép. de l'Orne, cant. de Vimoutiers, arr. d'Argentan. = le Sap.

BOSC-ROGER (le), s. m. Com. du dép. de l'Eure, cant. de Bourgthéroulde, arr. de Pont-Audemer. = Bourgthéroulde.

BOSC-ROGER (le), s. m. Com. du dép. de la Seine-Inférieure, cant. de Buchy, arr. de Rouen. = Buchy.

BOSC-SALELLES (le), s. m. Village du dép. de l'Hérault, cant. et arr. de Lodève. = Lodève.

BOSDARROS, s. m. Com. du dép. des Basses-Pyrénées, cant. et arr. de Pau. = Pau.

BOSE, s. f. Genre de plantes chénopodées. T. de bot.

BOSEL, s. m. Tore, membre rond, base des colonnes. T. d'archit.

BOSGOUET (le), s. m. Com. du dép. de l'Eure, cant. de Routot, arr. de Pont-Audemer. = Bourg-Achard.

BOSJEAN, s. m. Com. du dép. de Saône-et-Loire, cant. de St.-Germain-du-Bois, arr. de Louhans. = Louhans.

BOSMIE, s. f. Com. du dép. de la Haute-Vienne, cant. d'Aixe, arr. de Limoges. = Limoges.

BOSMONT-ST.-PIERREMONT, s. m. Com. du dép. de l'Aisne, cant. de Marle, arr. de Laon. = Marle.

BOSMOREAU, s. m. Com. du dép. de la Creuse, cant. et arr. de Bourganeuf. = Bourganeuf.

BOSMOREL (le), s. m. Com. du dép. de l'Eure, cant. de Broglie, arr. de Bernay. = Broglie.

BOSNIE (la), s. f. Province la plus occidentale de la Turquie européenne.

BOSNORMAND (le), s. m. Com. du dép. de l'Eure, cant. de Bourgthéroulde, arr. de Pont-Audemer. = Bourgthéroulde.

BOSPHORE, s. m. Canal qu'un bœuf peut passer à la nage; détroit qui sépare deux continens et communique à deux mers. — de Thrace ou canal de Constantinople, détroit qui sépare l'Europe de l'Asie, et communique de la mer de Marmara à la mer Noire.

BOSQUEL, s. m. Com. du dép. de la Somme, cant. de Conty, arr. d'Amiens. = Breteuil.

BOSQUENTIN, s. m. Com. du dép. de l'Eure, cant. de Lyons, arr. des Andelys. = Lyons-la-Forêt.

BOSQUET, s. m. Petit bois, petite touffe de bois.

BOSROBERT (le), s. m. Com. du dép. de l'Eure, cant. de Brionne, arr. de Bernay. = Broglie.

BOSROCOURT, s. m. Com. du dép. de la Seine-Inférieure, cant. d'Eu, arr. de Dieppe. = Eu.

BOS-ROGER, s. m. Com. du dép. de la Creuse, cant. de Bellegarde, arr. d'Aubusson. = Aubusson.

BOSROGER (le), s. m. Com. du dép. de l'Eure, cant. d'Ecos, arr. des Andelys. = Bourgthéroulde.

BOSROGER-SUR-EURE, s. m. Com. du dép. de l'Eure, cant. de Pacy, arr. d'Evreux. = Pacy-sur-Eure.

BOSSAGE, s. m. Saillie étant ou devant être sculptée; ceintre de bois. T. d'arch.

BOSSANCOURT, s. m. Com. du dép. de l'Aube, cant. de Vãndeuvre, arr. de Bar-sur-Aube. = Bar-sur-Aube.

BOSSAY, s. m. Com. du dép. d'Indre-et-Loire, cant. de Preuilly, arr. de Loches. = Preuilly.

BOSSE, s. f. Gibbosité, difformité naturelle ou accidentelle formée par un vice de conformation de l'épine du dos ou des os de la poitrine. T. de chir. —, éminence naturelle sur le dos du chameau. —, enflure par suite de contusion. T. de chir. —, élévation dans tout ce qui doit être plat. —, figure en relief. Donner dans la —, être dupe. Ne chercher que plaies et —, se dit des chirurgiens et de ceux qui excitent des querelles. —, boule de verre soufflé. T. de verr. Ronde —, statue, par opposition à bas-relief. —, bouteille pleine d'artifice. —, pl. Cordes avec des nœuds au bout. T. de mar.

BOSSE (la), s. f. Com. du dép. du Doubs, cant. de Russey, arr. de Montbéliard. = Morteau.

BOSSE (la), s. f. Com. du dép. d'Ille-et-Vilaine, cant. du Sel, arr. de Redon. = Bain.

BOSSE (la), s. f. Com. du dép. de Loir-et-Cher, cant. d'Ouzouer-le-Marché, arr. de Blois. = Blois.

BOSSE (la), s. f. Com. du dép. de l'Oise, cant. de Coudray-St.-Germer, arr. de Beauvais. = Chaumont-en-Vexin.

BOSSE (la), s. f. Com. du dép. de la Sarthe, cant. de Tuffé, arr. de Mamers. = Bonnétable.

BOSSÉ, E, part. Se dit de l'ancre mis sur ses bossoirs. T. de mar.

BOSSÉE, s. f. Com. du dép. d'Indre-et-Loire, cant. de Ligueil, arr. de Loches. = Ste.-Maure.

BOSSELAGE, s. m. Travail en relief, en bosse, sur la vaisselle, sur l'argenterie.

BOSSELÉ, E, part. Travaillé en bosse. —, adj. f. Se dit d'une feuille bombée comme celle du chou. T. de bot.

BOSSELER, v. a. Travailler en bosse; bossuer la vaisselle. T. d'orfév.

BOSSELSHAUSEN, s. m. Com. du dép. du Bas-Rhin, cant. de Bouxwiller, arr. de Saverne. = Saverne.

BOSSELURE, s. f. Ciselure sur les feuilles. T. de bot. —, imitation de la bosselure des feuilles. T. d'orfév.

BOSSEMAN, s. m. Second contre-maître. T. de mar.

BOSSENDORF, s. m. Com. du dép. du Bas-Rhin, cant. de Hochfelden, arr. de Saverne. = Saverne.

BOSSER, v. a. Mettre l'ancre sur ses bossoirs; appliquer les bosses sur la manœuvre pour la retenir. T. de mar.

BOSSERVILLE, s. f. Village du dép. de la Meurthe, cant. de St.-Nicolas, arr. de Nancy. = Nancy. Manuf. de toiles peintes.

BOSSET, s. m. Com. du dép. de la Dordogne, cant. de la Force, arr. de Bergerac. = Bergerac.

BOSSETIER, s. m. Fondeur en bosses, grelots et bossettes. —, celui qui souffle la boule. T. de verr.

BOSSETTE, s. f. Ornement en bosse aux deux côtés du mors d'une bride; pièce de cuir sur les yeux des mulets.

BOSSEVAL-ET-BRIANCOURT, s. m. Com. du dép. des Ardennes, cant. et arr. de Sedan. = Sedan.

BOSSIÉE, s. f. Arbrisseau légumineux de la Nouvelle-Hollande. T. de bot.

BOSSIER, s. m. Qui fait les bosses. T. de sal. —, bossetier. T. de verr.

BOSSIÈRE (la), s. f. Com. du dép. du Calvados, cant. et arr. de Lisieux. = Lisieux.

BOSSIEU, s. m. Com. du dép. de l'Isère, cant. de la Côte-St.-André, arr. de Vienne. = la Côte-St.-André.

BOSSOIRS ou BOSSEURS, s. m. pl. Poutres qui soutiennent l'ancre quand elle est levée. T. de mar.

BOSSOLANT, s. m. Huissier de la chambre du pape.

BOSSU, E, s. et adj. Celui, celle qui

a une bosse. —, inégal, montueux. Fig. —, s. m. Poisson du genre du salmone. T. d'hist. nat.

BOSSUÉ, E, part. Se dit des bosses faites à la vaisselle.

BOSSUEL, s. m. Tulipe, la seule qui soit odoriférante. T. de fleur.

BOSSUER, v. a. Faire par maladresse ou par accident des bosses à la vaisselle.

BOSSUÉTIQUE, adj. De Bossuet, évêque de Meaux, le plus grand des orateurs dont la chaire s'honore. —, éloquent, élevé, sublime comme le style de ce grand homme.

BOSSUGNAN, s. m. Com. du dép. de la Gironde, cant. de Pujols, arr. de Libourne. = Castillon.

BOSSUS-LEZ-RUMIGNY, s. m. Com. du dép. des Ardennes, cant. de Rumigny, arr. de Rocroy. = Aubenton.

BOSSUS-LEZ-WALCOURT, s. m. Village du dép. du Nord, cant. de Solre-le-Château, arr. d'Avesne. = Solre-le-Château.

BOSSY, s. m. Arbre d'Afrique dont le fruit ressemble à une prune alongée. T. de bot.

BOST, s. m. Com. du dép. de l'Allier, cant. de Cusset, arr. de la Palisse. = Cusset.

BOSTANGI, s. m. Jardinier turc. — bachi, intendant des jardins du sultan.

BOSTENS, s. m. Com. du dép. des Landes, cant. et arr. de Mont-de-Marsan. = Mont-de-Marsan.

BOSTON, s. m. Ville grande et commerçante des Etats-Unis d'Amérique, capitale de l'état de Massachuset. C'est dans cette ville, qui possède un très beau port, que commença l'insurrection américaine. —, jeu de cartes qui nous a été apporté d'Amérique.

BOSTRICHE, s. m. Xilophage, coléoptère de bois mort. T. d'hist. nat.

BOSTRICHINS, s. m. pl. Insectes xilophages. T. d'hist. nat.

BOSTRYCHE, s. m. Espèce de gobie, poisson de la Chine. T. d'hist. nat.

BOSTRYCHITE, s. f. Pierre figurée qui ressemble à la chevelure d'une femme. T. d'hist. nat.

BOSTRYCHOÏDE, s. m. Poisson qui a de l'analogie avec le bostryche. T. d'hist. nat.

BOSVILLE, s. f. Com. du dép. de la Seine-Inférieure, cant. de Cany, arr. d'Yvetot. = Cany.

BOSWELLIA-THURIFÈRE, s. m. Arbre de l'Arabie qui produit le véritable encens. T. de bot.

BOT, s. et adj. Contrefait; personne qui a le pied bot. —, s. m. Chaloupe;

gros bateau flamand; petit navire sans pont des Indes orientales. T. de mar.

BOTAL, adj. m. Se dit d'un trou ovale situé dans la cloison qui sépare les deux oreillettes du cœur, entre lesquelles il établit une libre communication dans le fœtus. T. d'anat.

BOTANICON, s. m. Catalogue et description succincte des plantes d'une contrée. T. de bot.

BOTANIQUE, s. f. Partie de l'histoire naturelle touchant le règne végétal; science qui traite des plantes et de leurs propriétés, comme êtres naturels. —, adj. Jardin —, jardin qui offre une réunion considérable de plantes pour faciliter l'étude de la science.

BOTANISER, v. n. Herboriser, chercher des plantes.

BOTANISEUR, s. m. Herboriseur, qui cherche des plantes.

BOTANISTE, s. m. Professeur de botanique, savant qui connaît la botanique, qui enseigne cette partie intéressante de l'histoire naturelle.

BOTANOLOGIE, s. f. Histoire des plantes; traité raisonné sur leur nature et leur propriété.

BOTANOMANCIE, s. f. Divination, art de prédire par les végétaux.

BOTANOPHILE, s. Qui aime la botanique.

BOTANS, s. m. Com. du dép. du Haut-Rhin, cant. et arr. de Belfort. = Belfort.

BOTHOA, s. m. Com. du dép. des Côtes-du-Nord, chef-lieu de cant. de l'arr. de Guingamp. Bur. d'enregist. à St.-Nicolas. = Rostrenen.

BOTHRION, s. m. Sorte d'ulcère qui attaque particulièrement la cornée, la ronge et la corrode. T. de chir.

BOTICHE, s. f. Vase du Chili contenant trente-deux pintes de vin.

BOTRIE, s. f. Arbrisseau grimpant des Indes orientales. T. de bot.

BOTRYS, s. m. Espèce de patte-d'oie, plante antihystérique. T. de bot.

BOTRYTE ou BOTRYOÏDE, s. f. Cadmie brûlée offrant l'image d'une grappe de raisin. T. d'hist. nat.

BOTSORHEL, s. m. Com. du dép. du Finistère, cant. de Plouigneau, arr. de Morlaix. = Morlaix.

BOTTE, s. f. Réunion de choses de même ou de diverse nature, liées ensemble; botte d'asperges, botte d'allumettes. —, chaussure plus ou moins élevée, plus ou moins forte; sorte de tonneau; manche; longe; collier de limier; marchepied de voiture; forces pour tondre les droguets. — Coup de fleuret; parer une botte. T. d'escr. Porter une — à quelqu'un, lui emprunter de l'argent; faire une objection pressante; desservir. Fig. A propos de —, sans sujet. Avoir du foin dans ses —, avoir de la fortune, des propriétés, de l'argent. —, pl. Terre qui s'amasse aux souliers dans les temps de pluie.

BOTTÉ, E, part. Chaussé; qui a mis ses bottes.

BOTTELAGE, s. m. Action de botteler.

BOTTELÉ, E, part. Lié en bottes.

BOTTELER, v. a. Lier le foin en bottes.

BOTTELEUR, s. m. Qui met le foin en bottes.

BOTTER, v. a. Faire ou mettre des bottes. Se —, v. pron. Mettre ses bottes.

BOTTEREAUX (les), s. m. pl. Com. du dép. de l'Eure, cant. de Rugles, arr. d'Evreux. = Rugles.

BOTTIER, s. m. Cordonnier qui fait des bottes.

BOTTINE, s. f. Petite botte.

BOTZ, s. m. Com. du dép. de Maine-et-Loire, cant. de St.-Florent-le-Vieil, arr. de Beaupréau. = Beaupréau.

BOU, s. m. Com. du dép. du Loiret, cant. et arr. d'Orléans. = Orléans.

BOUAFFLE, s. m. Com. du dép. de Seine-et-Oise, cant. de Meulan, arr. de Versailles. = Meulan.

BOUAFLES, s. m. Com. du dép. de l'Eure, cant. et arr. des Andelys. = les Andelys.

BOUAFLES, s. m. Com. du dép. de la Seine-Inférieure, cant. d'Aumale, arr. de Neufchâtel. = Aumale.

BOUAIE, s. f. Com. du dép. de la Loire-Inférieure, chef-lieu de cant. de l'arr. de Nantes. Bur. d'enregist. à Pont-Rousseau. = Nantes.

BOUARD, s. m. Marteau pour bouer. T. de monn.

BOUATI-AMER, s. m. Petit arbre des Indes, dont toutes les parties sont amères. T. de bot.

BOUAU, s. m. Village du dép. des Landes, cant. de Gabarret, arr. de Mont-de-Marsan. = Roquefort.

BOUBACH, s. m. Quadrupède du Nord, espèce de marmotte. T. d'hist. nat.

BOUBERS, s. m. Com. du dép. du Pas-de-Calais, cant. d'Auxy-le-Château, arr. de St.-Pol. = Auxy-le-Château.

BOUBERS-LES-HESMOND, s. m. Com. du dép. du Pas-de-Calais, cant. de Campagne, arr. de Montreuil. = Hesdin.

BOUBIE, s. f. Oiseau qu'on nomme le fou. T. d'hist. nat.

BOUBIERS, s. m. Com. du dép. de l'Oise, cant. de Chaumont-en-Vexin, arr. de Beauvais. = Chaumont.

BOUBIL, s. m. Oiseau aquatique d'Amérique; oiseau chinois du genre du merle. T. d'hist. nat.

BOUBON, s. m. Com. du dép. de la Haute-Vienne, cant. d'Oradour-sur-Vayres, arr. de Rochechouart. = Chalus.

BOUC, s. m. Mâle de la chèvre; sa peau. Peau de —, outre dans laquelle on met du vin, de l'huile, etc. Puer comme un —, sentir très mauvais. — émissaire, espion que les Juifs chassaient dans le désert après l'avoir chargé de malédictions. —, l'âne de la fable, celui à qui l'on impute tous les torts. Fig. — Poulie garnie de cornes de fer. T. de sal. — Poisson, mâle de la mendole. T. d'hist. nat.

BOUC, s. m. Village du dép. des Bouches-du-Rhône, cant. de Gardanne, arr. d'Aix. = Martigues.

Ce village se trouve dans une petite île de la Méditerranée, non loin de la côte. On y remarque une grosse tour et un petit port à l'embouchure du canal qui communique avec Arles.

BOUCAGE, s. m. Genre de plantes ombellifères dont une espèce fournit la graine d'anis. T. de bot.

BOUCAGNÈRE-ET-MONTARABÉ, s. m. Com. du dép. du Gers, cant. et arr. d'Auch. = Auch.

BOUCAN, s. m. Lieu où l'on fume la viande; gril pour boucaner; hutte en claies où l'on enfume la cassave; grille de bois pour cet usage. —, lieu de débauche, où l'on fait du tapage. T. fam. —, adj. vieux, vermoulu; bois boucan.

BOUCANÉ, E, part. Enfumé.

BOUCANER, v. a. Enfumer la viande, la faire sécher à la fumée. —, v. n. Aller à la chasse des bœufs sauvages; faire beaucoup de fumée. —, faire du tapage, vexer. T. fam.

BOUCANIER, s. m. Chasseur qui poursuit les bœufs sauvages; son fusil très long.

BOUCARD (le), s. m. Com. du dép. du Cher, cant. de Vailly, arr. de Sancerre. = Sancerre.

BOUCARDE, s. f. Cœur de bœuf, coquille bivalve. T. d'hist. nat.

BOUCARDITE, s. f. Sorte de coquillage bivalve. T. d'hist. nat.

BOUCARÈS, s. m. Raisin noir de Bourgogne.

BOUCARO, s. m. Terre rougeâtre d'Espagne, propre à faire de la poterie.

BOUCASSIN, s. m. Sorte de futaine ; toile de coton gommée ; bougran.

BOUCASSINÉ, E, adj. Qui imite le boucassin.

BOUCAUT, s. m. Tonneau de moyenne grandeur pour serrer des marchandises.

BOUCÉ, s. m. Com. du dép. de l'Allier, cant. de Varennes, arr. de la Palisse. = Varennes-sur-l'Allier.

BOUCÉ, s. m. Com. du dép. de l'Orne, cant. d'Ecouché, arr. d'Argentan. = Argentan.
Forges et hauts-fourneaux.

BOUCEY, s. m. Com. du dép. de la Manche, cant. de Pontorson, arr. d'Avranches. = Pontorson.

BOUCHAGE, s. m. Terre détrempée pour la coulée. T. de forg.

BOUCHAGE (le), s. m. Com. du dép. de la Charente, cant. de Champagne-Mouton, arr. de Confolens. = Ruffec.

BOUCHAGE (le), s. m. Com. du dép. de l'Isère, cant. de Morestel, arr. de la Tour-du-Pin. = la Tour-du-Pin.

BOUCHAIN, s. m. Ville fortifiée du dép. du Nord, chef-lieu de cant. de l'arr. de Valenciennes. Bur. d'enregist. et de poste.
Cette ville, située sur l'Escaut, peut, au moyen des écluses, inonder tous ses environs ; elle fut conquise par Louis XIV, en 1670.
Raffineries de sel ; comm. de bestiaux.

BOUCHALOT, s. m. Com. du dép. de la Haute-Garonne, cant. de St.-Martory, arr. de St-Gaudens. = St.-Gaudens.

BOUCHAMP, s. m. Com. du dép. de la Mayenne, cant. de Craon, arr. de Château-Gontier. = Craon.

BOUCHARD (le), s. m. Com. du dép. de l'Allier, cant. du Donjon, arr. de la Palisse. = le Donjon.

BOUCHARDE, s. f. Ciseau de sculpteur.

BOUCHAUX (le), s. m. Com. du dép. du Jura, cant. et arr. de Poligny. = Sellières.

BOUCHAVESNES, s. f. Com. du dép. de la Somme, cant. et arr. de Péronne. = Péronne.

BOUCHE, s. f. Ouverture transversale placée entre le nez et le menton, comprenant toutes les parties internes et externes qui entrent dans son organisation, les lèvres, les joues, les mâchoires, les gencives, les dents, le palais, sa cloison, la luette, les amygdales, la langue, la membrane qui tapisse sa cavité, les tuyaux dont cette membrane est garnie, et les glandes dont ils sont les canaux excréteurs. T. d'anat. Avoir la — mauvaise ; avoir la langue chargée, sèche, amère. Faire la petite —, manger ou parler peu. Prendre sur sa —, s'imposer des privations. Bonne —, bonne chère ; espérance flatteuse, pensée agréable. Fig. —, personne à nourrir. Renvoyer les — inutiles, renvoyer les enfans, les vieillards, les femmes qui ne peuvent pas combattre. —, cuisine du souverain. Officiers de —, personnes employées au service de la table. —, ouverture, entrée ; embouchure des fleuves. — à feu, canon ; de —, adv. De vive voix.

BOUCHÉ, E, part. Fermé. —, adj. Borné, sans intelligence ; esprit bouché.

BOUCHÉE, s. f. Plein la bouche. —, petit morceau à manger. Ne faire qu'une — d'un poulet ; le manger avec avidité.

BOUCHELLE, s. f. Entrée de la tour extérieure d'une bourdigue. T. de pêch.

BOUCHEMAINE, s. f. Com. du dép. de Maine-et-Loire, cant. et arr. d'Angers. = Angers.

BOUCHEPORN, s. m. Com. du dép. de la Moselle, cant. de Boulay, arr. de Metz. = Boulay.

BOUCHER, v. a. Fermer une ouverture, une communication ; boucher une bouteille, boucher un chemin. — un trou, payer une dette. Fig. Se —, v. pron. Se fermer ; se boucher le nez, les yeux, les oreilles.

BOUCHER, ÈRE, s. Marchand qui achète les bestiaux, qui les tue, vend de la viande, soit en gros, soit en détail. —, homme sanguinaire ; chirurgien ignorant et maladroit.

BOUCHERIE, s. f. Abattoir où l'on tue les bestiaux ; étal où l'on débite la viande. —, tuerie, carnage, massacre ; ce n'est plus un combat, c'est une boucherie. Fig.

BOUCHES-DU-RHÔNE (dép. des), s. f. pl. Ce dép. est formé d'une partie de la Basse-Provence. Chef-lieu, Marseille ; trois arr. ou sous-préf. ; Marseille, Aix et Arles, 27 cant. ou just. de paix, 106 com. Pop., 326,300 hab. environ ; cour royale à Aix ; deux évêchés, l'un à Aix et l'autre à Marseille ; 8ᵉ div. milit. ; 8ᵉ div. des ponts-et-chaussées ; 4ᵉ div. des mines ; direct. de l'enregist. et des domaines de 1ʳᵉ classe ; 19ᵉ arr. forestier et de la div. sud des douanes, dont la direct. est à Marseille.

Ce dép. est borné au N. par celui de Vaucluse, à l'E. par celui du Var, au S. par la Méditerranée, et à l'O. par le dép. du Gard.

Le climat du dép. des Bouches-du-

Rhône est généralement très chaud; néanmoins, on y est incommodé par un vent excessivement froid, qu'on nomme le mistral. Le sol produit peu de céréales; mais il est d'une richesse extraordinaire en vins, fruits, olives, amandes, prunes, figues, câpres, truffes, tabac, garance, et en toutes sortes de plantes aromatiques, etc. Les pâturages nourrissent beaucoup de chevaux, de bœufs, de mulets et surtout de bêtes à laine, qu'on évalue à près de 700,000. On trouve d'excellens poissons dans cette partie de la Provence, entre autres les sardines, les anchois et le thon qu'on fait mariner, et qu'on sert sur les meilleures tables.

Fab. de savon la plus considérable qui existe en Europe, d'eaux-de-vie, d'huile d'olive exquise, de soude, de garance, de produits chimiques, vinaigres, parfums, essences, draps, cuirs, bonnets gasquets; filature de soie et de coton; raffinerie de sucre et de soufre; verrerie et tannerie. Comm. avec le midi de la France, les échelles du Levant, les côtes d'Afrique, de l'Italie et de l'Espagne, avec tous les ports de l'Océan, de la Méditerranée et de la Baltique, les îles de l'Amérique et l'Inde.

Les principales rivières de ce dép. sont le Rhône, la Durance, le Touloubre, l'Arc, le Néausse et divers canaux.

BOUCHET, s. m. Hypocras, boisson composée d'eau, de sucre et de canelle. —, corde au bout des drèges. T. de pêch.

BOUCHET, s. m. Com. du dép. de la Drôme, cant. de Pierrelatte, arr. de Montélimart. = Pierrelatte.

BOUCHET, s. m. Com. du dép. de Lot-et-Garonne, cant. de Castel-Jaloux, arr. de Nérac. = Castel-Jaloux.

BOUCHET (le), s. m. Com. du dép. de la Vienne, cant. de Monts, arr. de Loudun. = Loudun.

BOUCHE-TROU, s. m. Utilité dans un théâtre, doublure, remplaçant. T. fam.

BOUCHET-SAINT-NICOLAS (le), s. m. Com. du dép. de la Haute-Loire, cant. de Cayres, arr. du Puy. = le Puy.

BOUCHETURE, s. f. Fossé, haie, barrière pour empêcher les bestiaux de passer.

BOUCHEVILLIERS, s. m. Com. du dép. de l'Eure, cant. de Gisors, arr. des Andelys. = Gisors.

BOUCHIER, s. m. Village du dép. des Hautes-Alpes, cant. de l'Argentière, arr. de Briançon. = Briançon.

BOUCHIERS, s. m. Village du dép. des Basses-Alpes, com. et cant. d'Allos, arr. de Barcelonnette. = Barcelonnette.

BOUCHIN, s. m. Endroit d'un navire où sont posées les côtes, pièces de bois qui se réunissent à la quille; la plus grande largeur du navire extérieurement. T. de mar.

BOUCHOIR, s. m. Plaque de tôle, de fer, qui ferme le four.

BOUCHOIR, s. m. Com. du dép. de la Somme, cant. de Rosières, arr. de Montdidier. = Roye.

BOUCHON, s. m. Morceau de liège arrondi pour boucher une bouteille; en général, tout ce qui sert à fermer, tampon de linge, poignée de paille, etc. —, rameau de verdure; enseigne d'un cabaret; le cabaret lui-même.—, grosseur dans les fils du cocon; amas de chenilles. —, laine d'Angleterre en paquet. —, pièce rivée. T. d'horl.

BOUCHON (le), s. m. Com. du dép. de la Meuse, cant. de Montier sur-Saulx, arr. de Bar-le-Duc. = Ligny.

BOUCHON, s. m. Com. du dép. de la Somme, cant. de Picquigny, arr. d'Amiens. = Flixecourt.

BOUCHONNÉ, E, part. Roulé en forme de bouchon, mis en bouchon.

BOUCHONNER, v. a. Rouler en bouchon. —, frotter avec un bouchon de paille; bouchonner un cheval. —, froisser, chiffonner; bouchonner du linge. —, cajoler. T. fam.

BOUCHOT, s. m. Parc, pêcherie sur la grève. T. de pêch.

BOUCHOUX (les), s. m. pl. Com. du dép. du Jura, chef-lieu de cant. de l'arr. de St.-Claude où se trouve le bur. d'enregist. = St.-Claude.

BOUCHY-LE-REPOS, s. m. Com. du dép. de la Marne, cant. d'Esternay, arr. d'Épernay. = Sézanne.

BOUCIEUX-LE-ROI, s. m. Com. du dép. de l'Ardèche, cant. de St.-Félicien, arr. de Tournon. = Tournon.

BOUCLANS, s. m. Com. du dép. du Doubs, cant. de Roulans, arr. de Baume. = Besançon.

BOUCLE, s. f. Petit bijou d'or, d'argent, avec une chape et un ardillon; boucle de soulier, de jarretière, de ceinture, etc. —, tout ce qui en a la forme. —, anneaux que forment les cheveux. —, d'oreilles, bijou qui s'attache aux oreilles. —, anneau qui empêche qu'une cavale ne soit saillie. —, ornement en forme d'anneau. T. d'archit. —, anneau de fer, de bois, de corde. Mettre sous —, en prison. T. de mar. —, chien de mer couvert de tubercules. T. d'hist. nat.

BOUCLÉ, E, part. Attaché avec une boucle. —, s. et adj. Espèce de raie; raie bouclée.

BOUCLEMENT, s. m. Action de boucler une cavale; sorte d'infibulation.

BOUCLER, v. a. Mettre une ou des boucles; attacher avec une boucle. — des cheveux, les friser en anneaux. — une ville, l'investir; un port, en fermer l'entrée. Fig. Se —, v. pron. Mettre ses boucles ou sa boucle.

BOUCLETTES, s. f. pl. Petits anneaux des lisses. T. de passem.

BOUCLIER, s. m. Plaque d'acier ronde ou ovale avec un brassard; arme défensive qu'on portait au bras gauche pour parer les coups. —, défense, défenseur, protecteur. Levée de —, grands préparatifs d'attaque. —, genre de poissons à nageoires cartilagineuses; coléoptère. T. d'hist. nat.

BOUCOIRAN-ET-NOZIÈRES, s. m. Com. du dép. du Gard, cant. de Lédignan, arr. d'Alais. = Nismes.

BOUCON, s. m. Morceau ou breuvage empoisonné. (Vi.)

BOUCONVILLE, s. f. Com. du dép. de l'Aisne, cant. de Craonne, arr. de Laon. = Laon.

BOUCONVILLE, s. f. Com. du dép. des Ardennes, cant. de Monthois, arr. de Vouziers. = Vouziers.

BOUCONVILLE, s. f. Com. du dép. de la Meuse, cant. de St.-Mihiel, arr. de Commercy. = St.-Mihiel.

BOUCONVILLER, s. m. Com. du dép. de l'Oise, cant. de Chaumont-en-Vexin, arr. de Beauvais. = Chaumont.

BOUCOUE, s. f. Com. du dép. des Basses-Pyrénées, cant. d'Arzacq, arr. d'Orthez. = Pau.

BOUCQ, s. m. Com. du dép. de la Meurthe, cant. et arr. de Toul. = Toul.

BOUCRES, s. f. Com. du dép. du Pas-de-Calais, cant. de Guines, arr. de Boulogne. = Calais.

BOUDÉ, E, part. Vu avec indifférence, reçu froidement.

BOUDER, v. a. Faire la mine, recevoir avec une sorte d'indifférence, de dépit amoureux. — contre son ventre, se priver, par caprice ou mauvaise humeur, d'accepter une chose qui vous serait agréable. Se —, v. récip. Se faire la moue.

BOUDERIE, s. f. Action de bouder; situation de celui qui boude; dépit amoureux, caprice, fâcherie d'un moment.

BOUDES, s. f. Com. du dép. du Puy-de-Dôme, cant. de St.-Germain-Lembron, arr. d'Issoire. = Issoire.

BOUDEUR, EUSE, s. et adj. Qui boude, qui prend de l'humeur pour des bagatelles, qui a l'habitude de bouder. —, qui annonce de la mauvaise humeur; air boudeur.

BOUDIN, s. m. Boyau de porc rempli de sang, de panne, avec assaisonnement; ce qui ressemble à cette préparation du charcutier. —, rouleau de tabac. —, gros cordon de la base d'une colonne. T. d'archit. —, peau du prépuce d'un mouton. —, outil à fût; ressort en spirale. T. de mét. —, petit porte-manteau; boucle de cheveux. —, fusée remplie d'artifice. T. de mineur. S'en aller en eau de —, ne pas réussir.

BOUDINADE, s. f. Boudin d'agneau.

BOUDIN-DE-MER, s. m. Mollusque dont l'enveloppe ressemble à un boudin blanc. T. d'hist. nat.

BOUDINE, s. f. Nœud ou bosse du milieu d'un plateau de verre. T. de verr.

BOUDINIER, s. m. Celui qui fait et vend du boudin.

BOUDINIÈRE, s. f. Espèce d'entonnoir pour remplir les boyaux.

BOUDINURE, s. f. Enveloppe de cordages autour d'un câble. T. de mar.

BOUDOIR, s. m. Petit et élégant cabinet d'une jolie femme.

BOUDOU, s. m. Com. du dép. de Tarn-et-Garonne, cant. et arr. de Moissac. = Moissac.

BOUDRAC, s. m. Com. du dép. de la Haute-Garonne, cant. de Montrejeau, arr. de St.-Gaudens. = Montrejeau.

BOUDREVILLE, s. f. Com. du dép. de la Côte-d'Or, cant. de Montigny-sur-Aube, arr. de Châtillon. = Château-Villain. Forges et fonderies.

BOUDY, s. m. Com. du dép. de Lot-et-Garonne, cant. de Cancon, arr. de Villeneuve-d'Agen. = Villeneuve.

BOUE, s. f. Fange des rues, des chemins fréquentés. —, pus d'un abcès. T. de chir. —, lieu, état misérable, honteux; tirer, sortir de la boue. Ame de —, vile et rampante. Bâtir avec de la — et du crachat, avec de mauvais matériaux.

BOUÉ, E, part. Se dit d'un métal auquel on a donné de la ductilité en le frappant avec le bouard.

BOUÉ, s. m. Com. du dép. de l'Aisne, cant. de Nouvion, arr. de Vervins. = la Capelle.

BOUÉE, s. f. Tonneau, chose flottanto pour indiquer les écueils, l'endroit où l'ancre a été jetée. T. de mar.

BOUÉE, s. f. Com. du dép. de la Loire-Inférieure, cant. et arr. de Savenay. = Savenay.

BOUELLE, s. f. Com. du dép. de la Seine-Inférieure, cant. et arr. de Neufchâtel. = Neufchâtel.

BOUEMENT, s. m. Assemblage des champs carrément, les moulures en onglet. T. de menuis.

BOUER, v. a. Donner de la ductilité au métal en frappant avec le bouard. T. de monn.

BOUER, s. m. Com. du dép. de la Sarthe, cant. de Tuffé, arr. de Mamers. = la Ferté-Bernard.

BOUÈRE, s. f. Com. du dép. de la Mayenne, cant. de Grez, arr. de Château-Gontier. = Château-Gontier.

BOUESSAY, s. m. Com. du dép. de la Mayenne, cant. de Grez, arr. de Château-Gontier. = Château-Gontier.

BOUESSE, s. f. Com. du dép. de l'Indre, cant. d'Argenton-sur-Creuse, arr. de Châteauroux. = Argenton.

BOUETÉ, E, part. Amorcé, appâté. T. de pêch.

BOUETER, v. a. Appâter les sardines avec des œufs de morue et de maquereau salé. T. de pêch.

BOUEUR, s. m. Charretier qui enlève les boues; préposé chargé de faire nettoyer les ports. T. de mar.

BOUEUX, EUSE, adj. Rempli de boue. Ancre — ou de toue, la plus petite des ancres. T. de mar.

BOUEX, s. m. Com. du dép. de la Charente, cant. et arr. d'Angoulême. = Angoulême.

BOUFFANT, E, adj. qui bouffe, qui paraît gonflé. —, s. m. Ruban ou bande de gaze que les dames nouent autour du cou.

BOUFFE, s. m. Race de chien à poil long, fin et frisé, qui provient du barbet et du grand épagneul. —, acteur comique de l'opéra italien.

BOUFFÉ, E, part. Soufflé, en parlant des animaux de boucherie.

BOUFFÉE, s. f. Haleinée; bouffée de vin, d'ail. —, éruption subite et passagère de fumée, de chaleur; masse de fumée; coup de vent. —, boutade; accès de fièvre, de dévotion, de colère, etc. Fig.

BOUFFEMONT, s. m. Com. du dép. de Seine-et-Oise, cant. d'Ecouen, arr. de Pontoise. = Ecouen.

BOUFFER, v. a. Souffler un animal qu'on vient de tuer tandis que son corps est encore chaud. —, manger. T. fam. —, v. n. Enfler les joues. T. inus. —,

bomber, se dit surtout des étoffes qui, sans être soutenues, se soulèvent au lieu de s'aplatir.

BOUFFERRÉ, s. m. Com. du dép. de la Vendée, cant. de Montaigu, arr. de Bourbon-Vendée. = Montaigu.

BOUFFETTE, s. f. Houpe du harnais. —, ornement de toilette. —, troisième voile du grand mât de galère. T. de mar.

BOUFFI, E, part. Enflé; visage bouffi; bouffi de colère, d'orgueil. Fig. Style —, boursouflé.

BOUFFIGNEREUX, s. m. Com. du dép. de l'Aisne, cant. de Neufchâtel, arr. de Laon. = Fismes.

BOUFFIR, v. a. Enfler. —, v. n. Devenir enflé.

BOUFFISSURE, s. f. Gonflement des chairs, ou plutôt du tissu cellulaire. T. de chir. — de style, défaut d'un style guindé, ampoulé.

BOUFFLERS, s. m. Com. du dép. de la Somme, cant. de Crécy, arr. d'Abbeville. = Auxy-le-Château.

BOUFFOIR, s. m. Soufflet pour souffler les animaux qu'on vient de tuer à la boucherie.

BOUFFON, s. m. Saltimbanque, jongleur qui fait métier d'amuser la populace par ses grimaces et ses niaiseries; celui qui joue ce rôle ignoble dans la société, qui sert de jouet.

BOUFFON, NE, adj. Facétieux, plaisant; humeur bouffonne.

BOUFFONNER, v. n. Faire ou dire des bouffonneries.

BOUFFONNERIE, s. f. Quolibet assaisonné des plus ridicules grimaces pour faire rire les oisifs.

BOUFFRY, s. m. Com. du dép. de Loir-et-Cher, cant. de Droué, arr. de Vendôme. = la Ville-aux-Clercs.

BOUG, s. m. Fête des lanternes qu'on célèbre au Japon en mémoire des morts.

BOUGAINVILLE, s. f. Com. du dép. de la Somme, cant. de Molliens-Vidame, arr. d'Amiens. = Picquigny.

BOUGARBER, s. m. Com. du dép. des Basses-Pyrénées, cant. de Lescar, arr. de Pau. = Pau.

BOUGE, s. m. Petit réduit, logement sale. —, coquillage qui sert de monnaie aux Indes. —, rebord; renflement, rondeur; ciselet; étamine fine. T. de mét. —, partie la plus élevée du moyeu. T. de charr. —, partie la plus bombée d'une futaille. T. de tonnel. —, arc des baux, convexité. T. de mar.

BOUGÉ-CHAMBALUD, s. m. Com. du dép. de l'Isère, cant. de Roussillon, arr. de Vienne. = le Péage.

BOUGEOIR, s. m. Petit chandelier avec un manche.

BOUGER, v. n. Se mouvoir de sa place. Ce verbe s'emploie ordinairement avec la négative : ne bougez pas ; demeurez là.

BOUGES, s. f. Com. du dép. de l'Indre, cant. de Levroux, arr. de Châteauroux. = Levroux.

BOUGETTE, s. f. Petit sac de cuir, espèce de nécessaire de voyage.

BOUGEY, s. m. Com. du dép. de la Haute-Saône, cant. de Combeaufontaine, arr. de Vesoul. = Jussey.

BOUGIE, s. f. Chandelle de cire. —, petite verge cirée qu'on introduit dans l'urètre pour le dilater. T. de chir. — philosophique, vessie à tuyau, remplie de gaz inflammable. T. de phys.

BOUGIÉ, E, part. Arrêté au moyen de la cire fondue.

BOUGIER, v. a. Arrêter les effilures d'une étoffe avec de la cire fondue.

BOUGIÈRE ou **BUGIÈRE**, s. f. Filet très délié pour la pêche. T. de pêch.

BOUGIVAL, s. m. Com. du dép. de Seine-et-Oise, cant. de Marly, arr. de Versailles. = St.-Germain-en-Laye. Fabriques de blanc, et d'aciers damassés fort estimés.

BOUGLAINVAL, s. m. Com. du dép. d'Eure-et-Loir, cant. de Maintenon, arr. de Chartres. = Maintenon.

BOUGLIGNY, s. m. Com. du dép. de Seine-et-Marne, cant. de Château-Landon, arr. de Fontainebleau. = Château-Landon.

BOUGLON, s. m. Com. du dép. de Lot-et-Garonne, chef-lieu de cant. de l'arr. de Marmande. = Castel-Jaloux.

BOUGNEAU, s. m. Com. du dép. de la Charente-Inférieure, cant. de Pons, arr. de Saintes. = Pons.

BOUGNON, s. m. Com. du dép. de la Haute-Saône, cant. de Port-sur-Saône, arr. de Vesoul. = Vesoul.

BOUGON, s. m. Com. du dép. des Deux-Sèvres, cant. de la Mothe-St.-Héraye, arr. de Melle. = la Mothe-St.-Héraye.

BOUGON, NE, s. Qui bougonne souvent. —, adj. Qui a perdu sa tête ou sa queue ; hareng bougon.

BOUGONNER, v. n. Murmurer sourdement, gronder entre ses dents.

BOUGOUÉ, E, part. Enduit de graisse.

BOUGOUER, v. a. Graisser le corps pour résister à la chaleur, et se préserver des insectes.

BOUGRAN, s. m. Grosse toile gommée qu'on met entre deux étoffes pour les soutenir.

BOUGRANÉE, adj. f. Apprêtée, mise en bougran, toile bougranée.

BOUGUE-ET-HAGOS, s. m. Com. du dép. des Landes, cant. et arr. de Mont-de-Marsan. = Mont-de-Marsan.

BOUGUENAIS, s. m. Com. du dép. de la Loire-Inférieure, cant. de Bouaie, arr. de Nantes. = Nantes.

BOUGY, s. m. Com. du dép. du Calvados, cant. d'Évrecy, arr. de Caen. = Caen.

BOUGY, s. m. Com. du dép. de l'Eure, cant. de Beaumont-le-Roger, arr. de Bernay. = Beaumont.

BOUGY, s. m. Com. du dép. du Loiret, cant. de Neuville-aux-Bois, arr. d'Orléans. = Neuville.

BOUHAN, s. m. Com. du dép. de l'Ariège, cant. des Cabannes, arr. de Foix. = Tarascon-sur-Ariège.

BOUHANS, s. m. Com. du dép. de Saône-et-Loire, cant. de St.-Germain-du-Bois, arr. de Louhans. = Louhans.

BOUHANS-ET-FEURG, s. m. Com. du dép. de la Haute-Saône, cant. d'Autrey, arr. de Gray. = Gray.

BOUHANS-LES-LURE, s. m. Com. du dép. de la Haute-Saône, cant. et arr. de Lure. = Lure.

BOUHANS-LES-MONTBOZON, s. m. Com. du dép. de la Haute-Saône, cant. de Montbozon, arr. de Vesoul. = Vesoul.

BOUHET, s. m. Com. du dép. de la Charente-Inférieure, cant. d'Aigrefeuille, arr. de Rochefort. = Surgères.

BOUHEY, s. m. Com. du dép. de la Côte-d'Or, cant. de Pouilly-en-Montagne, arr. de Beaune. = Sombernon.

BOUHY, s. m. Com. du dép. de la Nièvre, cant. de St.-Amand, arr. de Cosne. = Neuvy-sur-Loire.

BOUIL-D'ARRÉ, s. m. Com. du dép. des Hautes-Pyrénées, cant. de Pouyastruc, arr. de Tarbes. = Tarbes.

BOUILDROUX, s. m. Com. du dép. de la Vendée, cant. de la Châtaigneraye, arr. de Fontenay-le-Comte. = la Châtaigneraye.

BOUILH-DEVANT, s. m. Com. du dép. des Hautes-Pyrénées, cant. de Rabastens, arr. de Tarbes. = Tarbes.

BOUILLAC, s. m. Com. du dép. de l'Aveyron, cant. d'Asprières, arr. de Villefranche. = Rignac.

BOUILLAC, s. m. Com. du dép. de la Dordogne, cant. de Cadouin, arr. de Bergerac. = Belvès.

BOUILLAC, s. m. Com. du dép. de

Tarn-et-Garonne, cant. de Verdun, arr. de Castel-Sarrasin. = Grisolles.

BOUILLAISON, s. f. Fermentation du cidre.

BOUILLANCOURT, s. m. Com. du dép. de la Somme, cant. de Gamaches, arr. d'Abbeville. = Blangy.

BOUILLANCOURT, s. m. Com. du dép. de la Somme, cant. et arr. de Montdidier. = Blangy.

BOUILLANCY, s. m. Com. du dép. de l'Oise, cant. de Betz, arr. de Senlis. = Lizy.

BOUILLAND, s. m. Com. du dép. de la Côte-d'Or, cant. de Bligny-sur-Ouche, arr. de Beaune. = Beaune.

BOUILLANT, E, adj. Qui bout, qui est en ébullition. —, vif, ardent; courage, esprit, sang bouillant. —, s. m. pl. Petits pâtés de hachis de volaille.

BOUILLANT, s. m. Com. du dép. de l'Oise, cant. de Crépy, arr. de Senlis. = Crépy.

BOUILLARD, s. m. Nuage qui annonce du vent ou de la pluie. T. de mar.

BOUILLARGUES, s. f. Com. du dép. du Gard, cant. et arr. de Nismes. = Nismes.

BOUILLAS, s. m. Village du dép. de Lot-et-Garonne, cant. et arr. de Marmande. = Marmande.

BOUILLE, s. f. Marque qu'on mettait sur les étoffes au bureau des fermes. —, mesure de charbon de terre, de braise. T. de sal. —, longue perche pour troubler l'eau. T. de pêch.

BOUILLE (la), s. f. Com. du dép. de la Seine-Inférieure, cant. de Grand-Couronne, arr. de Rouen. = Bourg-Achard.
Manufacture de draps; fabriques de toiles.

BOUILLÉ, s. m. Com. du dép. de la Vendée, cant. de Maillezais, arr. de Fontenay-le-Comte. = Fontenay.

BOUILLÉ, E, part. marqué.

BOUILLEAU, s. m. Gamelle des forçats.

BOUILLÉ-LORET, s. m. Com. du dép. des Deux-Sèvres, cant. d'Argenton-Château, arr. de Bressuire. = Argenton.

BOUILLÉ-MÉNARD, s. m. Com. du dép. de Maine-et-Loire, cant. de Pouancé, arr. de Segré. = Angers.

BOUILLER, v. a. Autrefois marquer les étoffes à la ferme; aujourd'hui c'est à la douane que se fait cette opération du fisc. —, troubler l'eau pour pêcher. T. de pêch.

BOUILLÉ-SAINT-PAUL, s. m. Com. du dép. des Deux-Sèvres, cant. d'Argenton-Château, arr. de Bressuire. = Argenton.

BOUILLEUR ou BRÛLEUR, s. m. Distillateur qui convertit le vin en eau-de-vie, qui fait de l'eau-de-vie avec le marc du raisin.

BOUILLI, s. m. Viande, bœuf bouilli.

BOUILLIE, s. f. Farine délayée dans du lait que l'on fait bouillir jusqu'à ce que ce mélange ait acquis un certain degré de cuisson. Faire de la — pour les chats, ne rien faire de bon, perdre son temps. Fig.

BOUILLIE (la), s. f. Com. du dép. des Côtes-du-Nord, cant. de Matignon, arr. de Dinan. = Plancoët.

BOUILLIR, v. n. Être en ébullition par la force de la chaleur ou de la fermentation, se dit des liquides, du sang, de la viande qu'on fait cuire, et du vase même qui renferme la substance que l'on fait bouillir; le pot bout, la viande bout; le sang lui bout dans les veines.

BOUILLITOIRE, s. m. Vase pour faire bouillir et blanchir le métal avec un mélange d'eau, de sel et de tartre.

BOUILLOIRE, s. f. Vase de cuivre ou de fer-blanc avec anse, pour faire bouillir de l'eau.

BOUILLON, s. m. Bulle qui s'élève d'un liquide agité par le feu, l'air, la fermentation; son mouvement. —, ardeur, impétuosité; premiers transports de colère, de rage. —, décoction de viande assaisonnée; bouillon gras. —, poison. Donner un —, empoisonner. Boire un —, faire une fausse spéculation. —, gros plis ronds; robe à bouillons. —, bulle d'air dans le verre, le métal fondu; fil d'or et d'argent. —, excroissance de chair à la fourchette du cheval. T. de méd. vétér.

BOUILLON, s. m. Com. du dép. du Doubs, cant. de Quingey, arr. de Besançon. = Quingey.

BOUILLON, s. m. Com. du dép. de la Manche, cant. de Granville, arr. d'Avranches. = Granville.

BOUILLON, s. m. Com. du dép. des Basses-Pyrénées, cant. d'Arsacq, arr. d'Orthez. = Orthez.

BOUILLON (le), s. m. Com. du dép. de l'Orne, cant. de Sées, arr. d'Alençon. = Sées.

BOUILLON-BLANC, s. m. Plante agreste, médicinale, à fleur jaune ou rose; molène. T. de bot.

BOUILLONNAC, s. m. Com. du dép. de l'Aude, cant. de Capendu, arr. de Carcassonne. = Carcassonne.

BOUILLONNANT, E, adj. Qui bouillonne.

BOUILLONNÉ, E, part. Garni, orné de bouillons.

BOUILLONNEMENT, s. m. Action d'un liquide bouillonnant.

BOUILLONNER, v. a. Mettre des bouillons à une robe. —, nourrir de bouillon. T. fam. —, v. n. S'élever en bouillons, jeter des bouillons; fermenter, se dit des liquides, des personnes, et fig. du sang.

BOUILLONVILLE, s. f. Com. du dép. de la Meurthe, cant. de Thiaucourt, arr. de Toul. = Pont-à-Mousson.

BOUILLOTTE, s. f. Jeu de cartes, sorte de brelan. —, petite cafetière.

BOUILLY, s. m. Com. du dép. de l'Aube, chef-lieu de cant. de l'arr. de Troyes. Bur. d'enregist. = Troyes.

BOUILLY, s. m. Com. du dép. du Loiret, cant. et arr. de Pithiviers. = Pithiviers.

BOUILLY, s. m. Com. du dép. de la Marne, cant. de Ville-en-Tardenois, arr. de Reims. = Reims.

BOUILLY, s. m. Com. du dép. de l'Yonne, cant. de St.-Florentin, arr. d'Auxerre. = St.-Florentin.

BOUIN, s. m. Paquet d'écheveaux de soie. T. de teint.

BOUIN, s. m. Ile et com. du dép. de la Vendée, cant. de Beauvoir, arr. des Sables-d'Olonne. = Beauvoir.

Cette île, située dans l'Océan, au fond de la baie de Bourgneuf, n'était dans l'origine qu'un simple rocher; elle a aujourd'hui plus de six lieues de circonférence. Le sol y est bon et les marais salans productifs. Exportation de grains, sels, chevaux et bestiaux; importation de vins et de denrées du midi pour la consommation de l'île.

BOUIN, s. m. Com. du dép. du Pas-de-Calais, cant. de Hesdin, arr. de Montreuil. = Hesdin.

BOUIN, s. m. Com. du dép. des Deux-Sèvres, cant. de Chef-Boutonne, arr. de Melle. = Chef-Boutonne.

BOUIS, s. m. Voy. Buis.

BOUISE (St.-), s. m. Com. du dép. du Cher, cant. et arr. de Sancerre. = Sancerre.

BOUISSE, s. m. Com. du dép. de l'Aude, cant. de Monthoumet, arr. de Carcassonne. = la Grasse.

BOUIT, s. m. Com. du dép du Gers, cant. de Nogaro, arr. de Condom. = Nogaro.

BOUIX, s. m. Com. du dép. de la Côte-d'Or, cant. de Laignes, arr. de Châtillon-sur-Seine. = Châtillon.

BOUJAILLES, s. f. Com. du dép. du Doubs, cant. de Levier, arr. de Pontarlier. = Salins.

BOUJAN, s. m. Com. du dép. de l'Hérault, cant. et arr. de Béziers. = Béziers.

BOUJARRON, s. m. Petit vase dans lequel on mesure le vin, l'eau-de-vie qu'on distribue aux hommes d'un équipage. T. de mar. — de mer, espèce de blennie. T. d'hist. nat.

BOUJEONS, s. m. Com. du dép. du Doubs, cant. de Mouthe, arr. de Pontarlier. = Pontarlier.

BOUL, s. m. Village du dép. du Loiret, cant. et arr. d'Orléans. = Orléans.

BOULAGES, s. m. Com. du dép. de l'Aube, cant. de Méry-sur-Seine, arr. d'Arcis-sur-Aube. = Méry-sur-Seine.

BOULAIE, s. f. Lieu planté de bouleaux.

BOULAINCOURT, s. m. Com. du dép. des Vosges, cant. et arr. de Mirecourt. = Mirecourt.

BOULANCOURT, s. m. Com. du dép. de Seine-et-Marne, cant. de la Chapelle, arr. de Fontainebleau. = Montereau.

BOULANGE, s. m. Com. du dép. de la Moselle, cant. d'Audun-le-Roman, arr. de Briey. = Thionville.

BOULANGÉ, E, part. Confectionné, en parlant du pain.

BOULANGER, v. a. Pétrir, chauffer le four, enfourner, retirer du four, faire du pain.

BOULANGER, ÈRE, s. Celui, celle qui fait et vend du pain.

BOULANGERIE, s. f. Fournil, boutique, tout ce qui concerne l'état de boulanger.

BOULAUR, s. m. Com. du dép. du Gers, cant. de Saramon, arr. d'Auch. = Auch.

BOULAY (le), s. m. Com. du dép. d'Indre-et-Loire, cant. de Château-Renault, arr. de Tours. = Château-Renault.

BOULAY, s. m. Com. du dép. du Loiret, cant. et arr. d'Orléans. = Orléans.

BOULAY, s. m. Com. du dép. de la Mayenne, cant. de Pré-en-Pail, arr. de Mayenne. = Pré-en-Pail.

BOULAY, s. m. Petite ville du dép. de la Moselle, chef-lieu de cant. de l'arr. de Metz. Bur. d'enregist. et de poste. Manuf. de draps; filature de coton; fab. de colles fortes, armes blanches, faux, scies, outils, et de toutes sortes de quincaillerie.

BOULAY (la), s. f. Com. du dép. de Saône-et-Loire, cant. de Mesvres, arr. d'Autun. = Toulon-sur-Arroux.

BOULAY, s. m. Com. du dép. de la

Seine-Inférieure, cant. d'Argueil, arr. de Neufchâtel. = Lions-la-Forêt.

BOULAY (le), s. m. Com. du dép. des Vosges, cant. de Bruyères, arr. d'Épinal. = Bruyères.

BOULAZAC, s. m. Com. du dép. de la Dordogne, cant. de St.-Pierre-de-Chignac, arr. de Périgueux. = Périgueux.

BOULBON, s. m. Com. du dép. des Bouches-du-Rhône, cant. de Tarascon, arr. d'Arles. = Tarascon.

BOULBÈNE, s. f. Terre argilo-sablonneuse. T. d'hist. nat.

BOULBOUL, s. m. Pie grièche d'Afrique. T. d'hist. nat.

BOULC, s. m. Com. du dép. de la Drôme, cant. de Châtillon, arr. de Die. = Die.

BOULDURE, s. f. Fosse sous la roue d'un moulin à eau.

BOULE, s. f. Globe, corps rond; tout ce qui en a la forme. Tenir pied à —, être assidu au travail.

BOULEAU, s. m. Arbre dont les branches fluettes servent à faire des balais; bois blanc et facile à travailler de cet arbre, employé pour la boissellerie.

BOULE-D'AMONT, s. f. Com. du dép. des Pyrénées-Orientales, cant. de Vinça, arr. de Prades. = Perpignan.

BOULE-DOGUE, s. m. Espèce de gros chien anglais, à tête forte, ronde et courte.

BOULÉE, s. f. Sédiment du suif fondu. —, pl. Ratissures des caques.

BOULE-ET-VALOIS (la), s. f. Com. du dép. de l'Ardèche, cant. de Valgorge, arr. de Largentière. = Largentière.

BOULER, v. n. Enfler en parlant de la racine des grains, du pain et de la gorge du pigeon.

BOULEREAU, s. m. Espèce de goujon.

BOULESCQ, s. m. Village du dép. de l'Aveyron, cant. de St.-Geniez, arr. d'Espalion. = Espalion.

BOULET, s. m. Boule de fer depuis quatre jusqu'à quarante-huit livres que lance un canon. — rouge, boulet qu'on fait rougir avant de charger le canon. Tirer à — rouge sur quelqu'un, en parler sans ménagement. — Jointure au-dessus du paturon de la jambe du cheval. — de canon, fruit d'un arbre de la Guiane.

BOULETÉ, E, adj. Se dit du cheval dont le boulet est désarticulé.

BOULETERNÈRE, s. f. Com. du dép. des Pyrénées-Orientales, cant. de Vinça, arr. de Prades. = Perpignan.

BOULETTE, s. f. Petite boule de viande hachée dont on garnit les tourtes et autres pâtisseries. — globulaire échinope. T. de bot.

BOULEURS, s. m. Com. du dép. de Seine-et-Marne, cant. de Crécy, arr. de Meaux. = Crécy.

BOULEUSE, s. f. Com. du dép. de la Marne, cant. de Ville-en-Tardenois, arr. de Reims. = Reims.

BOULEUX, s. m. Cheval trapu et robuste, capable de supporter les plus rudes travaux. —, homme d'une médiocre intelligence, mais excellent travailleur; c'est un bon bouleux. Fig. et fam.

BOULEVART, s. m. Rempart; terrain d'un bastion, d'une courtine; promenade plantée d'arbres autour d'une ville. —, place forte qui couvre un pays. Fig.

BOULEVERSÉ, E, part. Renversé, ruiné, abattu.

BOULEVERSEMENT, s. m. Renversement total d'un ordre de choses établi, révolution; secousses qui accompagnent et suivent les grandes commotions sociales. Fig.

BOULEVERSER, v. a. Renverser entièrement, ruiner de fond en comble. —, abattre, mettre sens dessus dessous. — l'esprit, les sens, les affaires, les fortunes, les déranger, les troubler. Fig.

BOULEVUE, (à, ou à la), adv. Vaguement, sans attention.

BOULEY-MORIN (le), s. m. Com. du dép. de l'Eure, cant. et arr. d'Evreux. = Evreux.

BOULI, s. m. Théière dont on se sert dans le royaume de Siam.

BOULIAC, s. m. Com. du dép. de la Gironde, cant. de Carbon-Blanc, arr. de Bordeaux. = Bordeaux.

BOULICHE, s. f. Grand vase de terre. T. de mar.

BOULIÈCHE, s. f. Trahine, grande seine. T. de pêch.

BOULIER, s. m. Pot de terre. T. d'archit. —, filet de pêche dont on se sert à l'embouchure des étangs salés sur les côtes de la Méditerranée. T. de pêch.

BOULIEU, s. m. Com. du dép. de l'Ardèche, cant. d'Annonay, arr. de Tournon. = Annonay.

BOULIGNEUX, s. m. Com. du dép. de l'Ain, cant. de St.-Trivier-sur-Mognand, arr. de Trévoux. = Trévoux.

BOULIGNEY, s. m. Com. du dép. de la Haute-Saône, cant. de Vauvillers, arr. de Lure. = Luxeuil.

BOULIGNY, s. m. Com. du dép. de la

Meuse, cant. de Spincourt, arr. de Montmédy. = Etain.

BOULIGOU, s. m. Sorte de filet à mailles très étroites. T. de pêch.

BOULIMIE, s. f. Faim excessive avec faiblesse et dépérissement. T. de méd.

BOULIN, s. m. Trou dans un colombier où se nichent les pigeons ; pot servant de nid aux pigeons. — , trou dans un mur pour les échafaudages. T. de maç.

BOULIN, s. m. Com. du dép. des Hautes-Pyrénées, cant. de Pouyastruc, arr. de Tarbes. = Tarbes.

BOULINE, s. f. Corde amarrée au milieu de la voile. Aller à la —, de côté, vent de travers. T. de mar.

BOULINÉ, E, part. Volé dans un camp.

BOULINER, v. a. Voler dans un camp. —, v. n. Aller à la bouline, prendre le vent de côté.

BOULINEUR, s. m. Maraudeur, celui qui vole dans un camp.

BOULINGRIN, s. m. Parterre de gazon , tapis de verdure.

BOULINGUE, s. f. Petite voile au haut du mât. T. de mar.

BOULINIER, s. m. Vaisseau qui marche à boulines hâlées. T. de mar.

BOULLARE, s. m. Com. du dép. de l'Oise, cant. de Betz, arr. de Senlis. = Lizy.

BOULLAY - LES - DEUX - ÉGLISES , s. m. Com. du dép. d'Eure-et-Loir, cant. de Châteauneuf, arr. de Dreux. = Dreux.

BOULLAY-MIVOYE (le), s. m. Com. du dép. d'Eure-et-Loir, cant. de Nogent-le-Roi, arr. de Dreux. = Nogent.

BOULLAY - THIERRY (le), s. m. Com. du dép. d'Eure-et-Loir, cant. de Nogent-le-Roi, arr. de Dreux. = Nogent-le-Roi. Fab. de draps, couvertures de laine.

BOULLERET, s. m. Com. du dép. du Cher, cant. de Léré, arr. de Sancerre. = Cosne. Comm. de bestiaux.

BOULLETTES, s. f. pl. Plantes composées. T. de bot.

BOULLEUR, s. m. Pêcheur qui bat l'eau, les roseaux, les herbes pour chasser le poisson. T. de pêch.

BOULLEVILLE, s. f. Com. du dép. de l'Eure, cant. de Beuzeville, arr. de Pont-Audemer. = Pont-Audemer.

BOULOC, s. m. Com. du dép. de la Haute-Garonne, cant. de Fronton, arr. de Toulouse. = Fronton.

BOULOC , s. m. Com. du dép. de Tarn-et-Garonne, cant. de Lauzerte, arr. de Moissac. = Lauzerte.

BOULOGNE, s. f. Com. du dép. de l'Ardèche, cant. d'Aubenas, arr. de Privas. = Aubenas.

BOULOGNE, s. f. Petite ville du dép. de la Haute-Garonne, chef-lieu de cant. de l'arr. de St.-Gaudens. Bur. d'enregist. et de poste.

Comm. de châtaignes, oies et canards salés; fil de fer.

BOULOGNE, s. f. Com. du dép. du Nord, cant. et arr. d'Avesnes. = Avesnes.

BOULOGNE, s. f. Grande et forte ville maritime du dép. du Pas-de-Calais, chef-lieu d'un arr. de sous-préf. et d'un cant.; place de guerre de 2e ordre; trib. de 1re inst. et de comm. ; syndicat maritime ; vice-consulats étrangers ; sociétés d'agric., de comm., des sciences et arts; école d'hydrographie; biblioth. publique; ingén. ordin. des ponts-et-chaussées; conserv. des hypoth. ; inspect. des forêts; direct. des douanes; direct. des contrib. indir. ; recev. part. des finances; bur. d'enregist. et de poste. Pop., 19,314 hab. env.

Cette ville se trouve à l'embouchure de la Lianne, sur le canal de la Manche ou du Pas-de-Calais; son port, formé de deux larges bassins, est d'un accès difficile. Les bâtimens marchands y entrent avec le reflux ; mais les vaisseaux de guerre sont obligés de s'arrêter dans la rade St.-Jean. Boulogne se divise en haute et basse ville. La haute ville, sur le sommet du mont Lambert, est bien bâtie et entourée de remparts élevés d'où l'on jouit d'un coup d'œil magnifique : on aperçoit de là les côtes d'Angleterre. La ville basse, qui n'était autrefois qu'un faubourg, s'est considérablement accrue depuis la restauration : elle possède un joli théâtre et renferme la partie commerçante de la population. Un grand nombre d'Anglais répandent l'aisance dans Boulogne, où ils viennent faire des économies. Ces Anglais préfèrent cette résidence parce qu'ils y sont plus libres que dans leur pays , et que la vie y est plus agréable et moins coûteuse; mais aussi parce que, à la plus légère apparence de changement dans la politique de leur gouvernement, ils peuvent se jeter dans le paquebot et se trouver portés sur le sol britannique en quelques heures. En 1804, Napoléon voulant opérer une descente en Angleterre, avait rassemblé une armée de plus de 100,000 hommes à Boulogne et dans ses environs. Vaine démonstration! la coalition européenne, aux ordres du cabinet de St.-James, le força de renoncer à ce gigantesque projet. Quoi qu'il en soit, l'histoire ne doit pas oublier que c'est dans ce camp que furent distribuées les premières croix d'honneur, et que, pour perpétuer le souvenir de cet événement, l'empereur ordonna l'érection d'une colonne, qui ne fut achevée qu'en 1821, c'est-à-dire sous la restauration; témoignage non équivoque que les Bourbons n'ont jamais répudié la gloire de nos armes.

Fab. de grosses étoffes de laine, de toiles à voiles; filets pour la pêche; faïence et poterie de grès pour les colonies; verreries à bouteilles; corderies; distilleries de genièvre; raffineries de sucre; armement pour la pêche de la morue, du hareng et du maquereau; navigation au long cours; grand et petit cabotage.

Comm. de vins, eaux-de-vie, genièvre, thé, beurre salé, miel, salaisons, dentelles fines, savon, charbon de terre; entrepôt de denrées coloniales, de sel et de genièvre de Hollande.

BOULOGNE, s. f. Com. du dép. de la Seine, cant. de Neuilly, arr. de St.-Denis. = St.-Cloud.
Fab. d'eau de javelle et de cire à cacheter; comm. de fer, bois et charbon.

BOULOGNE, s. f. Com. du dép. de la Vendée, cant. des Essarts, arr. de Bourbon-Vendée. = Bourbon-Vendée.

BOULOGNE (la), s. f. Petite rivière qui prend sa source à la Marsetti, arr. de Bourbon-Vendée, et qui se jette dans le lac de Grand-Lieu, après environ 12 l. de cours. Elle est navigable depuis Besson.

BOULOGNE-LA-GRASSE, s. f. Com. du dép. de l'Oise, cant. de Ressons, arr. de Compiègne. = Montdidier.

BOULOIR, s. m. Instrument pour éteindre la chaux et remuer les peaux, etc. —, vase de cuivre pour dérocher l'orfévrerie. T. d'orfév.

BOULOIRE, s. f. Petite ville du dép. de la Sarthe, chef-lieu de cant. de l'arr. de St.-Calais. Bur. d'enregist. = Connerré.

BOULOIS, s. m. Long morceau d'amadou au moyen duquel on met le feu au saucisson d'une mine.

BOULOIS, s. m. Com. du dép. du Doubs, cant. de Maiche, arr. de Montbéliard. = St.-Hyppolite-sur-le-Doubs.

BOULON, s. m. Cheville de fer à tête ronde percée au bout pour y passer une clavette et arrêter un sommier, une poutre, etc. —, outil pour aplatir les chevilles en dedans des bottes fortes. T. de cordon.

BOULON, s. m. Com. du dép. du Calvados, cant. de Bretteville-sur-Laize, arr. de Falaise. = Harcourt.

BOULONGEON, s. m. Grosses étoffes grises de rebut. T. de papet.

BOULONNAIS (le), s. m. Ce pays dépendait autrefois de la province de Picardie; il forme aujourd'hui l'arr. de Boulogne, dép. du Pas-de-Calais. Malgré le froid, et l'humidité de la température, le sol y est fertile.

BOULONNÉ, E, part. Arrêté au moyen d'un boulon.

BOULONNER, v. a. Arrêter avec un boulon.

BOULOT, s. m. Com. du dép de la Haute-Saône, cant. de Rioz, arr. de Vesoul. = Rioz.

BOULOU, s. m. Com. du dép. des Pyrénées-Orientales, cant. et arr. de Céret. = Céret.

BOULOUNEIX et BELAYGUE, s. m. Com. du dép. de la Dordogne, cant. de Champagnac-de-Bel-Air, arr. de Nontron. = Bourdeilles.

BOULOUZE (la), s. f. Com. du dép. de la Manche, cant. de Ducey, arr. d'Avranches. = Avranches.

BOULT, s. m. Com. du dép. de la Marne, cant. de Bourgogne, arr. de Reims. = Reims.

BOULT, s. m. Com. du dép. de la Haute-Saône, cant. de Rioz, arr. de Vesoul. = Rioz. Papeteries.

BOULVÉ (le) ET SEGOL, s. m. Com. du dép. du Lot, cant. de Moncuq, arr. de Cahors. = Castelfranc.

BOULZANNE, s. f. Petite rivière qui a sa source au pied du roc de l'Escale, dép. de l'Aude. Elle se jette dans la Gly, au-dessous de St.-Pol, après environ 7 l. de cours.

BOULZICOURT, s. m. Com. du dép. des Ardennes, cant. de Flize, arr. de Mézières. = Mézières.

BOUMOURT, s. m. Com. du dép. des Basses-Pyrénées, cant. et arr. d'Orthez. = Orthez.

BOUNIAGUES, s. f. Com. du dép. de la Dordogne, cant. d'Issigeac, arr. de Bergerac. = Bergerac.

BOUPÈRE (le), s. m. Com. du dép. de la Vendée, cant. de Pouzanges, arr. de Fontenay. = Pouzanges.

BOUQUE, s. f. Passage étroit, canal, passe. T. de mar. — et contre-bouque, goulets qui séparent les chambres des bourdigues. T. de pêch.

BOUQUÉ, E, part. Forcé de baiser les verges, en parlant d'un singe.

BOUQUEHAULT, s. m. Com. du dép.

du Pas-de-Calais, cant. de Guines, arr. de Boulogne. = Ardres.

BOUQUELON, s. m. Com. du dép. de l'Eure, cant. de Quillebeuf, arr. de Pont-Audemer. = Pont-Audemer.

BOUQUE-MAISON, s. f. Com. du dép. de la Somme, cant. et arr. de Doullens. = Doullens.

BOUQUEMONT, s. m. Com. du dép. de la Meuse, cant. de Pierrefitte, arr. de Commercy. = St.-Mihiel.

BOUQUENOM, s. m. Petite ville du dép. du Bas-Rhin, qui fait partie de la com. et du cant. de Saar-Union, arr. de Saverne. = Sarrewerden.

BOUQUER, v. a. et n. Baiser les verges de force, en parlant d'un singe ou d'un enfant. —, céder à la force. T. fam.

BOUQUET, s. m. Assemblage de fleurs, de choses liées ou réunies naturellement ensemble ; petite touffe de bois, de plumes, de cheveux. —, parfum du vin. —, paquet d'artifices ; gerbe de fusées qui termine le feu d'artifice ; petite pièce de vers pour une fête. —, fer pour orner. T. de rel. —, pièce qui lie les côtés aux courbes du bateau. T. de charp. —, ou noir museau, maladie des bêtes à laine.

BOUQUET, s. m. Com. du dép. du Gard, cant. de St.-Ambroix, arr. d'Alais. = St.-Ambroix.

BOUQUETIER, s. m. Vase propre à mettre des fleurs ; fleuriste qui fabrique et vend des fleurs artificielles.

BOUQUETIÈRE, s. f. Celle qui fait et vend des bouquets de fleurs naturelles.

BOUQUETIN, s. m. Bouc sauvage qu'on trouve dans les montagnes des Alpes, dans les rochers.

BOUQUETOT, s. m. Com. du dép. de l'Eure, cant. de Routot, arr. de Pont-Audemer. = Bourg-Achard.

BOUQUETOUT, s. m. Filet de pêche, petit bouteux. T. de pêch.

BOUQUEVAL, s. m. Com. du dép. de Seine-et-Oise, cant. d'Ecouen, arr. de Pontoise. = Ecouen.

BOUQUIN, s. m. Vieux bouc, satyre ; mâle du lièvre et du lapin. —, vieux livre dépareillé d'une édition fautive. Vieux —, vieux libertin. T. fam.

BOUQUINER, v. n. Couvrir une hase en parlant du lièvre ou du lapin. —, courir les échoppes, fureter dans les vieux livres pour compléter des éditions dépareillées, pour acheter des bouquins.

BOUQUINERIE, s. f. Echoppe, étalage sur les ponts, sur les boulevarts, sur les places publiques ; vente, acquisition de vieux livres.

BOUQUINEUR, s. m. Bibliomane qui va toujours furetant dans les tas de vieux livres.

BOUQUINISTE, s. m. Brocanteur, petit libraire qui court les ventes pour acheter de vieux livres, qui tient une échoppe, une petite boutique, qui étale au dehors pour vendre aux passans.

BOUR ou BOURMIO, s. m. Soie de Perse.

BOURA, s. f. Etoffe de laine et de soie.

BOURACAN, s. m. Sorte de gros camelot.

BOURACANIER, s. m. Fabricant et marchand de camelot, de bouracan.

BOURANTON, s. m. Com. du dép. de l'Aube, cant. de Lusigny, arr. de Troyes. = Troyes.

BOURAQUE ou BOURAGUE, s. f. Nasse d'osier en forme de souricière. T. de pêch.

BOURASAHA, s. m. Arbuste grimpant de l'île de Madagascar. T. de bot.

BOURBACH-LE-BAS, s. m. Com. du dép. du Haut-Rhin, cant. de Thann, arr. de Belfort. = Thann.

BOURBACH-LE-HAUT, s. m. Com. du dép. du Haut-Rhin, cant. de Thann, arr. de Belfort. = Thann.

BOURBE, s. f. Boue, fange ; fond des eaux stagnantes. —, pus épaissi. T. de chir. —, hôpital de Paris spécialement destiné aux accouchemens.

BOURBEL, s. m. Com. du dép. de la Seine-Inférieure, cant. de Blangy. a. r. de Neufchâtel. = Blangy.

BOURBELIER, s. m. Poitrine du sanglier.

BOURBERAIN, s. m. Com. du dép. de la Côte-d'Or, cant. de Fontaine-Française, arr. de Dijon. = Mirebeau-sur-Bèze.

BOURBEUX, EUSE, adj. Fangeux, plein de boue, de bourbe.

BOURBÉVELLE, s. f. Com. du dép. de la Haute-Saône, cant. de Jussey, arr. de Vesoul. = Jussey.

BOURBIER, s. m. Cloaque, lieu marécageux, plein de bourbe. —, mauvaise affaire ; réceptacle de la crapule. Fig. et fam.

BOURBILLON, s. m. Pus épaissi d'un apostème, d'un javart, etc.

BOURBINCE (la), s. f. Rivière qui sort de l'étang de Montchanain, cant. de Montcénis, dép. de Saône-et-Loire, et qui se jette dans l'Arroux après un cours d'environ 15 l.

BOURBON, s. m. Pièce qui soutient les poêles. T. de sal.

BOURBON (l'île de), s. f. Cette île, située dans l'océan Indien, à l'orient de la grande île de Madagascar, fut découverte, en 1545, par Mascarenhas, navigateur portugais, qui la nomma Mascareigne. Elle est à peu près de figure ovale, plus étendue du levant au couchant que du septentrion au sud, et peut avoir 17 l. de long sur 12 de large. Son circuit est d'environ 40 l. Flacourt en prit possession au nom du roi de France en 1654. La pop. de cette colonie était, en 1817, de 68,891 hab. environ, dont 14,999 blancs, 4,342 nègres libres, et 49,550 noirs.

L'île Ste.-Marie et les établissemens français à Madagascar forment, avec l'île Bourbon, un gouvernement qui fut organisé en vertu d'une ordonnance du roi, en date du 21 août 1825. En conséquence, le commandement et la haute administration furent confiés à un gouverneur, qui est le dépositaire de l'autorité royale dans la colonie. Plus tard, en 1827, l'ordre judiciaire y fut également organisé par une nouvelle ordonnance du roi, qui y créa une cour royale, deux cours d'assises, un tribunal de 1re instance, et six cant. ou justices de paix, dont les chefs-lieux sont : St.-Denis, St.-Paul, St.-Pierre, St.-Benoît, Ste.-Suzanne et St.-Leu. La cour royale et une cour d'assises siégent à St.-Paul; le trib. de 1re inst. et l'autre cour d'assises sont à St.-Denis, qui est le chef-lieu du gouvernement de l'île et de ses dépendances, ainsi que d'un cant. ou just. de paix.

L'île de Madagascar, où la France possède plusieurs établissemens qui, comme nous venons de le dire, dépendent du gouvernement de l'île Bourbon, et qui se trouvent dans le ressort de la cour royale de St.-Paul et du trib. de 1re inst. de St.-Denis, est située dans l'océan Indien, le long des côtes orientales de l'Afrique, dont elle est séparée par le canal de Mozambique. C'est une des plus grandes îles du monde. Sa longueur est de 300 l. et sa largeur de 120. On estime qu'elle a 800 l. de tour.

Enfin l'île Ste.-Marie, qui se trouve à 2 petites l. de Madagascar, est peu considérable par son étendue. Sa longueur du sud au nord est d'environ 11 l., et sa largeur de l'est à l'ouest de 2 l.; mais, sous le rapport commercial, cette île doit être considérée comme l'un des points les plus avantageux du globe, par cela seul qu'elle est voisine de Madagascar, qui, par son étendue, sa richesse et ses différens genres de culture, offre des ressources immenses.

Cette île, comme la partie française de Madagascar, est du ressort de la cour royale de St.-Paul et du trib. de 1re inst. de St.-Denis.

Attaquée par les Anglais, et n'ayant aucune résistance à leur opposer, l'île Bourbon fut forcée de se rendre le 8 juillet 1810; mais elle fut rendue à la France en avril 1815, en exécution du traité de Paris.

Les principales productions de Bourbon sont : le café, le girofle, la muscade, la canelle, le cacao, le coton, le tabac, le froment, le maïs, les ignames, les patates et la vanille. En outre, on y cultive toutes les plantes potagères de l'Europe, ainsi que les arbres à fruits de l'Inde et d'Amérique. Il paraît cependant que les poiriers, les cerisiers et les pruniers n'y réussissent pas. En général, le sol est d'une fertilité extraordinaire, et l'on voit dans de gras pâturages une grande quantité de chevaux, et de gros et menu bétail. Sur quelques points du rivage de l'île, l'ambre gris et le corail s'y trouvent en grande quantité.

Les productions de Madagascar et celles de l'île Ste.-Marie sont : le riz, le sucre, le miel, la cire, la gomme, le tabac, l'indigo, le poivre blanc, le succin, l'ambre gris, etc.

BOURBON, s. m. Village du dép. de Lot-et-Garonne, cant. de Laroque, arr. d'Agen. = Agen.

BOURBON-LANCY, s. m. Petite ville du dép. de Saône-et-Loire, chef-lieu de cant. de l'arr. de Charolles. Bur. d'enregist. et de poste.

Cette petite ville possède des eaux minérales très estimées. Ces eaux sont diurétiques, diaphorétiques et stomachiques. On les administre avec succès dans les maladies de la peau, la paralysie et les rhumatismes. Comm. de bestiaux.

BOURBON-L'ARCHAMBAULT, s. m. Petite ville du dép. de l'Allier, chef-lieu de cant. de l'arr. de Moulins. Bur. d'enregist. et de poste.

Cette ville n'a d'importance que par la propriété de ses eaux minérales et thermales, qui y attirent chaque année beaucoup de malades. Ces eaux, ferrugineuses et gazeuses, sont apéritives, incisives et sudorifiques; elles produisent des effets salutaires dans les affections rhumatismales, les attaques de paralysie, les plaies d'armes à feu et les maladies de la peau.

On remarque à Bourbon-l'Archambault les ruines de l'ancien château de Bourbon, berceau de l'illustre maison qui a si long-temps régné sur la France.

BOURBONNAIS (le), s. m. Ancienne province de France, qui forme maintenant le dép. de l'Allier et l'arr. de St.-Amand, dép. du Cher.

BOURBONNE-LES-BAINS, s. f. Petite ville du dép. de la Haute-Marne, chef-lieu de cant. de l'arr. de Langres. Bur. d'enregist. et de poste.

Les eaux minérales et thermales de Bourbonne occupent un des premiers rangs parmi celles que possède la France. Ces eaux offrent une chaleur de 30 à 40 degrés. Elles sont apéritives, sudorifiques, laxatives, et très favorables dans les maladies des nerfs, les paralysies et les plaies d'armes à feu. Ce qui prouve l'excellence de leurs propriétés dans ce dernier cas, c'est qu'on y a créé, en 1752, un vaste hôpital militaire et deux bassins qui peuvent admettre 200 hommes chacun.

BOURBON-VENDÉE, s. m. Jolie petite ville et chef-lieu de préf. du dép. de la Vendée, d'une sous-préf. et d'un cant.; cour d'assises, trib. de 1re inst.; société d'agric.; biblioth. publique; ingén. en chef des ponts-et-chaussées; direct. de l'enregist. et des domaines, 3e classe; conserv. des hypoth.; direct. des contrib. dir. et indir.; recev. gén. des finances; payeur du dép.; bur. d'enregist. et de poste. Pop. 2,800 hab. env.

Cette ville, bâtie sur l'emplacement de la Roche-sur-Yon, comptait à peine 800 hab. en 1807. Napoléon lui ayant donné son nom, Napoléonville, lui accorda, par décret du 8 août 1808, une somme de trois millions pour la construction des édifices nécessaires à un chef-lieu de préfect.; mais ses belles rues et ses vastes places sont pour ainsi dire désertes, le canal de la Bret, qui devait ouvrir des débouchés au commerce, n'ayant point été exécuté.

Comm. de grains, bois et bestiaux.

BOURBOTTE ou BARBOTTE, s. f. Sorte de poisson. T. d'hist. nat.

BOURBOURG, s. m. Petite ville du dép. du Nord, chef-lieu de cant. de l'arr. de Dunkerque. Bur. d'enregist. et de poste.

Fab. de dentelles, tabac, poterie. Comm. de grains, beurre et bestiaux.

BOURBOURG (canal de), s. m. Ce canal, construit en 1670, est une dérivation de l'Aa, et communique de Dunkerque à Bourbourg.

BOURBOURG-CAMPAGNE, s. m. Com. du dép. du Nord, cant. de Bourbourg, arr. de Dunkerque. = Bourbourg.

BOURBRE (la), s. f. Rivière dont la source se trouve près du village de Burcin, dép. de l'Isère, et qui, après un cours de 12 l., se jette dans le Rhône.

BOURBRIAC, s. m. Com. du dép. des Côtes-du-Nord, chef-lieu de cant. de l'arr. de Guingamp. Bur. d'enregist. = Guingamp.

BOURCÉ, E, part. Retroussé, cargué. T. de mar.

BOURCER, v. a. Carguer les voiles. T. de mar.

BOURCET, s. m. Mât et voile de misaine. T. de mar.

BOURCETTE, s. f. Mâche, herbe que l'on mange en salade.

BOURCHEUIL, s. m. Com. du dép. du Pas-de-Calais, cant. de Carvin, arr. de Béthune. = Carvin.

BOURCIA, s. f. Com. du dép. du Jura, cant. de St.-Julien, arr. de Lons-le-Saulnier. = St.-Amour.

BOURCQ, s. m. Com. du dép. des Ardennes, cant. et arr. de Vouziers. = Vouziers.

BOURDAIGNE, s. f. Espèce de pastel bâtard.

BOURDAINE, s. f. Aune noir du genre du nerprun, grand arbrisseau dont le bois brûlé offre un charbon léger qui entre dans la composition de la poudre à canon.

BOURDAINVILLE, s. f. Com. du dép. de la Seine-Inférieure, cant. d'Yerville, arr. d'Yvetot. = Tôtes.

BOURDALAT, s. m. Com. du dép. des Landes, cant. de Villeneuve, arr. de Mont-de-Marsan. = Mont-de-Marsan.

BOURDALOUE, s. f. Tresse attachée avec une boucle, un nœud, autour de la forme d'un chapeau. —, étoffe, linge ouvré. —, pot-de-chambre oblong.

BOURDE, s. f. Défaite, mensonge. T. fam. —, soude de qualité inférieure. —, voile dont on se sert quand le temps est calme. T. de mar.

BOURDEAUX, s. m. Com. du dép. de la Drôme, chef-lieu de cant. de l'arr. de Die, où est le bur. d'enregist. = Crest.

Fab. de serges; filatures de laine.

BOURDEILLES, s. f. Petite ville du dép. de la Dordogne, cant. de Brantôme, arr. de Périgueux. Bur. de poste.

Fab. de cadis, serges et bonneterie de laine.

BOURDEILLES, s. f. Com. du dép. de la Gironde, cant. et arr. de la Réole. = la Réole.

BOURDEIX (le), s. m. Com. du dép. de la Dordogne, cant. et arr. de Nontron. = Nontron.

BOURDELAI, s. m. Gros raisin de treille.

BOURDENAY, s. m. Com. du dép. de l'Aube, cant. de Marcilly-le-Hayer, arr. de Nogent-sur-Seine. = Nogent.

BOURDER, v. n. Mentir, dire des bourdes, des gosses. T. fam.

BOURDET (le), s. m. Com. du dép. des Deux-Sèvres, cant. de Mauzé, arr. de Niort. = Mauzé.

BOURDETTES, s. f. Com. du dép. des Basses-Pyrénées, cant. de Nay, arr. de Pau. = Pau.

BOURDEUR, EUSE, s. et adj. Menteur, craqueur. T. fam.

BOURDIC, s. m. Com. du dép. du Gard, cant. de St.-Chaptes, arr. d'Uzès. = Uzès.

BOURDIGUE, s. f. Voy. BORDIGUE.

BOURDILLON ou MERRAIN, s. m. Planche de chêne pour faire des douves.

BOURDIN, s. m. Pêche colorée qui mûrit en septembre.

BOURDINE, s. f. Soupe à l'ail.

BOURDON, s. m. Long bâton de pélerin, qu'on représente orné d'une grosse pomme en haut. —, grosse mouche noire et jaune, bruyante, velue. —, grosse cloche; le bourdon de Notre-Dame. —, jeu d'orgue, de musette, de cornemuse. —, omission d'un ou de plusieurs mots. T. d'impr. —, ton servant de basse continue. Faux —, pièce dont les parties se chantent note contre note. T. de mus.

BOURDON, s. m. Com. du dép. de la Somme, cant. de Picquigny, arr. d'Amiens. = Flixecourt.

BOURDONNASSE, s. f. Grosse lance creuse dont on se servait dans les tournois.

BOURDONNAY, s. m. Com. du dép. de la Meurthe, cant. de Vic, arr. de Château-Salins. = Moyenvic.

BOURDONNÉ, s. m. Com. du dép. de Seine-et-Oise, cant. de Houdan, arr. de Mantes. = Houdan.

BOURDONNÉ, E, part. Chanté à voix creuse comme les chantres d'église; murmuré. —, adj. Terminé en pomme comme un bourdon de pélerin. T. de blas. —, ridé, en parlant du papier.

BOURDONNEMENT, s. m. Bruit que font les bourdons et les abeilles quand ils s'approchent de l'oreille. —, bruit vague et confus; sifflement continuel dans les oreilles.

BOURDONNER, v. a. Chanter ou plutôt bredouiller des psaumes, comme font souvent les chantres d'église. —, faire entendre des discours importuns. Fig. —, v. n. Bruire comme les bourdons, faire un bourdonnement.

BOURDONNET, s. m. Rouleau de charpie de figure oblongue, qu'on introduit dans les plaies pour les vider du pus qu'elles renferment. T. de chir.

BOURDONNIER, s. m. Pélerin qui porte un bourdon. —, support de la poutre d'une usine. —, arrondissement en haut du chardonnet. T. de menuis. —, penture dans un gond renversé. T. de serrur.

BOURDONS, s. f. Com. du dép. de la Haute-Marne, cant. d'Andelot, arr. de Chaumont. = Andelot.

BOURÈCHE, s. f. Espèce de bourrelet fixé sur un cordage. T. de mar.

BOURECQ, s. m. Com. du dép. du Pas-de-Calais, cant. de Norrent-Fontes, arr. de Béthune. = Lillers.

BOURESCHES, s. f. Com. du dép. de l'Aisne, cant. et arr. de Château-Thierry. = Château-Thierry.

BOURESSE, s. f. Com. du dép. de la Vienne, cant. de Lussac, arr. de Montmorillon. = l'Ile-Jourdain.

BOURET-SUR-CANCHE, s. m. Com. du dép. du Pas-de-Calais, cant. d'Auxy-le-Château, arr. de St.-Pol. = Frévent.

BOUREUILLES, s. f. Com. du dép. de la Meuse, cant. de Varennes-en-Argonne, arr. de Verdun. = Varennes.

BOUREY, s. m. Com. du dép. de la Manche, cant. de Bréhal, arr. de Coutances. = Coutances.

BOURG, s. m. Gros village où se tient ordinairement un marché.

BOURG, s. m. Ville du dép. de l'Ain, chef-lieu de préf., d'une sous-préf. et d'un cant. Cour d'assises; trib. de 1re inst.; société d'agric. et d'émulation; cabinet de physique; musée; biblioth. publique; ingén. en chef des ponts-et-chaussées; direct. de l'enregist. et des domaines, 2e classe; conserv. des hypoth.; direct. des contrib. dir. et indir.; bur. de garantie des matières d'or et d'argent; recev. gén. des finances; payeur du dép.; inspect. des forêts; bur. d'enregist. et de poste. Pop. 8,500 hab. environ.

Cette ville, sur le penchant d'une colline, près de la Veyle et de la Reyssouse, est généralement bien bâtie; ses rues, assez bien percées, sont ornées de fontaines publiques; ses boulevarts, le Mail et le Bastion offrent des promenades charmantes qui ajoutent à l'agrément d'une situation extrêmement pittoresque. Bourg était connu des Romains sous le nom de Tamnum Burgus. Après avoir cessé de leur appartenir, il fit partie du royaume de Bourgogne, et fut ensuite conquis par les Francs. Les empereurs d'Allemagne en conservèrent la possession jusqu'au onzième siècle, et les ducs de Savoie jusqu'au seizième. Alors, en 1601, il fut cédé à la France par Charles-Emmanuel, duc de Savoie.

Parmi les hommes célèbres que cette

ville se glorifie d'avoir vu naître, nous citerons l'amiral Coligny, Jérôme Lalande, l'un de nos grands astronomes, et Vaugelas, grammairien distingué.

Fab. de draperies, toiles, chapeaux, horlogerie; comm. de toutes sortes de grains, vins, cuirs, pelleteries, poulardes, chevaux et bestiaux.

BOURG (le), s. m. Com. du dép. du Lot, cant. de la Capelle, arr. de Figeac. = Figeac.

BOURG (le), s. m. Village du dép. de l'Aveyron, cant. de Peyreleau, arr. de Milhau. = Milhau.

BOURG, s. m. Com. du dép. de la Haute-Marne, cant. de Longeau, arr. de Langres. = Langres.

BOURG, s. m. Com. du dép. des Hautes-Pyrénées, cant. de Lannemezan, arr. de Bagnères. = Bagnères.

BOURG, s. m. Com. du dép. du Haut-Rhin, cant. de Giromagny, arr. de Belfort. = Belfort.

BOURG-ACHARD (le), s. m. Com. du dép. de l'Eure, cant. de Routot, arr. de Pont-Audemer. Bur. d'enregist. et de poste.

BOURGADE, s. f. Petit bourg.

BOURGADE (la), s. f. Village du dép. de Tarn-et-Garonne, cant. de St.-Nicolas-de-la-Grave, arr. de Castel-Sarrasin. = St.-Nicolas-de-la-Grave.

BOURGALAIS, s. m. Com. du dép. de la Haute-Garonne, cant. de St.-Béat, arr. de St.-Gaudens. = St.-Béat.

BOURGALTROFF, s. m. Com. du dép. de la Meurthe, cant. de Dieuze, arr. de Château-Salins. = Dieuze.

BOURGANEUF, s. m. Petite ville du dép. de la Creuse, chef-lieu de sous-préf. et d'un cant.; trib. de 1re inst.; conserv. des hypoth.; recev. part. des finances; bur. d'enregist. et de poste.

Fab. de papiers d'impression; belle manuf. de porcelaine.

BOURG-ARCHAMBAULT, s. m. Com. du dép. de la Vienne, cant. de Lussac, arr. de Montmorillon. = Montmorillon.

BOURG - ARGENTAL, s. m. Petite ville du dép. de la Loire, chef-lieu de cant. de l'arr. de St.-Etienne. Bur. d'enregist. = Annonay.

Filature de coton; fab. de crêpes.

BOURG-BARRÉ, s. m. Com. du dép. d'Ille-et-Vilaine, cant. et arr. de Rennes. = Rennes.

BOURG-BAUDOIN (le), s. m. Com. du dép. de l'Eure, cant. d'Ecouis, arr. des Andelys. = Ecouis.

BOURG-BLANC (le), s. m. Com. du dép. du Finistère, cant. de Plabennec, arr. de Brest. = Brest.

BOURG-BRUCHE, s. m. Com. du dép. des Vosges, cant. de Saales, arr. de St.-Dié. = St.-Dié.

BOURG-CHARENTE, s. m. Com. du dép. de la Charente, cant. de Segonzac, arr. de Cognac. = Jarnac.

BOURG-DES-COMPTES, s. m. Com. du dép. d'Ille-et-Vilaine, cant. de Guichen, arr. de Redon. = Bain.

BOURG-DE-SIROD, s. m. Com. du dép. du Jura, cant. de Champagnole, arr. de Poligny. = Champagnole.

BOURG-DES-MAISONS, s. m. Com. du dép. de la Dordogne, cant. de Verteillac, arr. de Ribérac. = Bourdeilles.

BOURG-DES-MOUTIERS, s. m. Village du dép. de la Loire-Inférieure, cant. de Bourgneuf, arr. de Paimbœuf. = Bourgneuf.

BOURG-DE-THIZY, s. m. Com. du dép. du Rhône, cant. de Thizy, arr. de Villefranche. = St.-Symphorien-de-Lay.

BOURG-DE-VISA, s. m. Com. du dép. de Tarn-et-Garonne, chef-lieu de cant. de l'arr. de Moissac. Bur. d'enregist. à Lauzerte. = Lauzerte.

BOURG-D'HEM, s. m. Com. du dép. de la Creuse, cant. de Bannat, arr. de Guéret. = Guéret.

BOURG-D'OISANS (le), s. m. Com. du dép. de l'Isère, chef-lieu de cant. de l'arr. de Grenoble; ingén. ordin. des ponts-et-chaussées; bur. d'enregist. et de poste. Fab. de toiles de coton; comm. de chevaux et mulets.

BOURGDOUEIL, s. m. Com. du dép. de la Haute-Garonne, cant. de Bagnères-de-Luchon, arr. de St.-Gaudens. = Bagnères.

BOURG-DU-BOST, s. m. Com. du dép. de la Dordogne, cant. et arr. de Ribérac. = Coutras.

BOURGDUN (le), s. m. Com. du dép. de la Seine-Inférieure, cant. d'Offranville, arr. de Dieppe. = St.-Valery-en-Caux.

BOURG-DU-PÉAGE, s. m. Com. du dép. de la Drôme, chef-lieu de cant. de l'arr. de Valence. Bur. d'enregist. à Romans. = Romans. Fab. de tissus de bourre de soie et filoselle.

BOURG-DYRÉ, s. m. Com. du dép. de Maine-et-Loire, cant. et arr. de Segré. = Segré.

BOURGEAUVILLE, s. f. Com. du dép. du Calvados, cant. de Dives, arr. de Pont-l'Evêque. = Dives.

BOURGEOIS, E, s. Citoyen d'une ville; homme aisé, rentier qui vit de son revenu. —, roturier, par opposition à noble. —, chef d'atelier. —, sorte de rasin. —, propriétaire d'un navire. T. de mar. —, adj. Qui est relatif à la condition des bourgeois. Vin —, qui n'est pas frelaté. Ordinaire —, simple et bon. Caution —, solvable.

BOURGEOISE, s. f. Sorte de tulipe. T. de jard. fleur. —, monnaie d'argent.

BOURGEOISEMENT, adv. D'une manière bourgeoise; en simple bourgeois.

BOURGEOISIE, s. f. La classe des bourgeois, des gens aisés; qualité de bourgeois.

BOURGEON, s. m. Bouton qui renferme les branches, les feuilles et les fruits; jeune pousse de l'année; nouveau jet de la vigne. —, bube au visage. —, pl. Écouailles, laines fines en brin.

BOURGEONNÉ, E, adj. Qui a des bourgeons; nez bourgeonné.

BOURGEONNER, v. n. Pousser des bourgeons; se couvrir de bourgeons.

BOURGES, s. f. Grande, belle et ancienne ville du dép. du Cher, chef-lieu de préf., d'une sous-préf. et d'un cant.; cour royale; trib. de 1re inst. et de comm.; archevêché; société d'agric., sciences et arts; biblioth. publ.: ingén. en chef des ponts-et-chaussées; deux ingén. ordin.; direct. de l'enregist. et des domaines de 3e classe; conserv. des hypoth.; direct. des contrib. dir. et indir.; bur. de garantie des matières d'or et d'argent; direct. d'artillerie; recev. gén. des finances; payeur du dép.; bur. d'enregist. et de poste.

Cette ville est généralement bien bâtie, et se divise en ville nouvelle et ville ancienne; mais elle n'est pas peuplée en raison de son étendue.

Elle était la capitale des *Bituriges*, sous le nom d'*Avaricum*. Jules César s'en rendit maître et, sous Auguste, elle devint la capitale de l'Aquitaine. Ravagée par les Visigots, livrée aux flammes par Chilpéric, elle fut réédifiée par Charlemagne et par Philippe Auguste. C'est à Bourges, où il s'est tenu sept conciles, que la pragmatique sanction fut reconnue par le clergé de France. Ajoutons que Louis XI et Bourdaloue, l'un des plus grands orateurs dont la chaire s'honore, sont nés dans cette ancienne capitale du Berri.

Fab. de draps, couvertures de laine, coutellerie, salpêtre; comm. de graines, chanvres, laines estimées, moutons, bois et arbres fruitiers.

On admire la cathédrale, considérée comme le plus beau monument d'architecture gothique qui existe en Europe. On remarque encore l'hôtel-de-ville qui fut autrefois la maison d'un célèbre négociant nommé Jacques Cœur; l'archevêché, les restes du palais des ducs de Berri, et la salpêtrière. Pop. 19,500 hab. env. Dist. de Paris, 55 l.

BOURGET (le) s. m. Com. du dép. des Basses-Alpes, cant. de Reillanne, arr. de Forcalquier. = Manosque.

BOURGET (le), s. m. Com. du dép. du Jura, cant. d'Orgelet, arr. de Lons-le-Saulnier. = Orgelet.

BOURGET (le), s. m. Com. du dép. de la Seine, cant. de Pantin, arr. de St.-Denis. Bur. de poste.

BOURG-ET-COMIN, s. m. Com. du dép. de l'Aisne, cant. de Craonne, arr. de Laon. = Fismes.

BOURG-ET-LIBORDE, s. m. Petite ville du dép. de la Gironde, chef-lieu de cant. de l'arr. de Blaye. Bur. d'enregist. et de poste.

Cette ville jouit des avantages d'un petit port sur la Dordogne où l'on voit arriver des navires de 3 à 400 tonneaux. Entrepôt et comm. de vins; verrerie à bouteilles.

BOURGFELDEN, s. m. Com. du dép. du Haut-Rhin, cant. de Huningue, arr. d'Altkirch. = Huningue.

BOURG-FIDÈLE, s. m. Com. du dép. des Ardennes, cant. et arr. de Rocroi. = Rocroi.

BOURGHELLES, s. m. Com. du dép. du Nord, cant. de Cysoing, arr. de Lille. = Lille.

BOURGIDOU (canal du), s. m. Ce canal communique d'Aigues-Mortes à celui de Silvéréal.

BOURG-L'ABBAYE, s. m. Com. du dép. du Loiret, cant. et arr. de Pithiviers. = Pithiviers.

BOURG-LA-REINE (le), s. m. Com. du dép. de la Seine, cant. et arr. de Sceaux. Bur. de poste.

Manuf. de faïence; marché considérable de bestiaux pour la boucherie de Paris.

BOURG-LASTIC, s. m. Com. du dép. du Puy-de-Dôme, chef-lieu de cant. de l'arr. de Clermont. Bur. d'enregist. à Herment. = Clermont-Ferrand.

BOURG-LE-COMTE, s. m. Com. du dép. de Saône-et-Loire, cant. de Marcigny, arr. de Charolles. = Marcigny.

BOURG-LE-ROI, s. m. Petite ville du dép. de la Sarthe, cant. de St.-Pater, arr. de Mamers. = Alençon.

BOURG-LES-VALENCE, s. m. Com. du dép. de la Drôme, cant. et arr. de Valence. = Valence.

Manuf. d'indienne; comm. de planches, tuiles, briques, chaux et houille.

BOURG-L'ÉVÊQUE, s. m. Com. du dép. de Maine-et-Loire, cant. de Pouancé, arr. de Segré. = Segré.

BOURGMESTRE, s. m. Premier magistrat d'une ville; magistrat chargé de la police de certaines villes d'Allemagne, de Hollande et de Suisse.

BOURGNAC, s. m. Com. du dép. de la Dordogne, cant. de Mucidan, arr. de Ribérac. = Mucidan.

BOURGNE, s. f. ou **BOURGNON**, s. m. Nasse qu'on pose à l'extrémité des parcs. T. de pêch.

BOURGNEUF, s. m. Com. du dép. de la Charente-Inférieure, cant. de la Jarrie, arr. de la Rochelle. = la Rochelle.

BOURGNEUF, s. m. Petite ville maritime du dép. de la Loire-Inférieure, chef-lieu de cant. de l'arr. de Painbœuf. Bur. d'enregist. à Pornic; bur. de poste.
Elle est située au fond de la baie de Bourgneuf, et possède un petit port où il se fait des chargemens assez considérables de sel. Pêche du poisson frais et d'excellentes huîtres; armemens pour la pêche de la morue; comm. de grains de toutes espèces, vins et eaux-de-vie, sel et bestiaux.

BOURGNEUF (baie de), s. m. Cette baie est formée par l'Océan, sur les côtes du dép. de la Loire-Inférieure et du dép. de la Vendée, et s'étend au N. entre la pointe de St.-Gildas et l'île de Noirmoutiers au S. Elle est entourée d'un grand nombre de villages qui sont habités en majeure partie par des marins habiles autant qu'intrépides.

BOURGNEUF (le), s. m. Com. du dép. du Loiret, cant. de Neuville-aux-Bois, arr. d'Orléans. = Neuville.

BOURGNEUF (le), s. m. Com. du dép. de la Mayenne, cant. de Loiron, arr. de Laval. = Laval.

BOURGNEUF-LE-TOUCHES, s. m. Village du dép. de Saône-et-Loire, com. de Touches, cant. de Givry, arr. de Chalons. Bur. de poste.

BOURGNOUNAC, s. m. Village du dép. du Tarn, com. de Mirandol, cant. de Pampelonne, arr. d'Albi. = Cordes.

BOURGOGNE, s. f. Com. du dép. de la Marne, chef-lieu de cant. de l'arr. de Reims où se trouve le bur. d'enregist. = Reims.

BOURGOGNE (la), s. f. Cette ancienne province était l'une des plus considérables de France; les dép. de l'Ain, de la Côte-d'Or, de Saône-et-Loire et une partie de celui de l'Yonne lui appartenaient. Habitée par les Eduens, les plus célèbres d'entre les Celtes, elle fut comprise par Valens dans la première Lyonnaise. Les Bourguignons, peuples accourus du Nord, s'y établirent au cinquième siècle, et y fondèrent un puissant royaume. Plus tard, érigée en duché, elle fut gouvernée par des ducs dont le dernier, Charles-le-Téméraire, fut tué au siége de Nancy, en 1477, sans avoir laissé d'enfant mâle. Alors Louis XI acquit la Bourgogne à la couronne par réversion, et, depuis, elle n'a pas cessé d'appartenir à la France. Cette province, dont Dijon était la capitale, avait environ 50 l. du N. au S. et 30 de l'E. à l'O. Le sol y est partout de la plus grande fertilité, et ne laisse rien à désirer de ce qui est nécessaire à la vie; mais c'est particulièrement en vins qu'il est d'une richesse prodigieuse. Ces vins jouissent d'une réputation méritée dans toute l'Europe, et le volnay, le meursault, la romanée, le clos-vougeot et le chambertin peuvent le disputer à tout ce qu'il y a de plus vanté dans quelque partie du monde que ce soit.

BOURGOGNE (le canal de), s. f. Il fut commencé en 1775; mais les travaux furent suspendus pendant la révolution. Ce n'est qu'en l'an 9 qu'ils furent repris: ils devaient être achevés en 1832. Ce canal, établissant une communication entre l'Yonne et la Saône, en passant par le centre de la France, forme une jonction entre les deux mers. Arrivant au Rhin par le canal de Monsieur, il offre la ligne de navigation la plus favorable au commerce.

BOURGOIN, s. m. Petite ville du dép. de l'Isère, chef-lieu de cant. de l'arr. de la Tour-du-Pin. Trib. de 1re inst.; conserv. des hypoth.; bur. d'enregist. et de poste.
Manuf. d'indiennes; fab. de calicots et de toiles d'emballage; papeteries; comm. de farines, de chanvres et de laines très recherchées pour leur finesse et leur blancheur.

BOURGON, s. m. Com. du dép. de la Mayenne, cant. de Loiron, arr. de Laval. = Laval.
Mines de fer et forges.

BOURGONCE (la), s. f. Com. du dép. des Vosges, cant. et arr. de St.-Dié. = St.-Dié.

BOURGOUGNAGUE, s. f. Com. du dép. de Lot-et-Garonne, cant. de Lauzun, arr. de Marmande. = Marmande.

BOURG-ST.-ANDÉOL, s. m. Petite ville du dép. de l'Ardèche, chef-lieu de cant. de l'arr. de Privas. Bur. d'enregist. et de poste. Fab. et filatures de soie; comm. de grains, farines, vins, eaux-de-vie et huiles d'olives.

BOURG-ST.-BERNARD, s. m. Com. du dép. de la Haute-Garonne, cant. de Lanta, arr. de Villefranche. = Caraman.

BOURG-ST.-CHRISTOPHE, s. m. Com. du dép. de l'Ain, cant. de Meximieux, arr. de Trévoux. = Meximieux.

BOURG-STE.-MARIE, s. m. Com. du dép. de la Haute-Marne, cant. de Bourmont, arr. de Chaumont. = Bourmont.

BOURG-ST.-LÉONARD (le), s. m. Com. du dép. de l'Orne, cant. d'Exmes, arr. d'Argentan. = Nonant.

BOURG-SOUS-BOURBON-VENDÉE, s. m. Com. du dép. de la Vendée, cant. et arr. de Bourbon-Vendée. = Bourbon-Vendée.

BOURGTHÉROULDE (le), s. m. Com. du dép. de l'Eure, chef-lieu de cant. de l'arr. de Pont-Audemer. Bur. d'enregist. à Bourg-Achard ; bur. de poste.

BOURGUÉBUS, s. m. Com. du dép. du Calvados, chef-lieu de cant. de l'arr. de Caen. Bur. d'enregist. à Argence. = Caen.

BOURGUEIL, s. m. Petite ville du dép. d'Indre-et-Loire, chef-lieu de cant. de l'arr. de Chinon. Bur. d'enregist. et de poste.

La vallée dans laquelle cette ville est située produit de très bons vins ; on y cultive avec succès l'anis, la coriandre et la réglisse. Fab. d'huiles de noix et de chenevis ; comm. de vins, grains, fruits tapés et cuits.

BOURGUENOLLES, s. f. Com. du dép. de la Manche, cant. de Villedieu, arr. d'Avranches. = Villedieu.

BOURGUÉPINE ou BOURG-ÉPINE, s. f. Nerprun.

BOURGUET (le), s. m. Com. du dép. du Var, cant. de Comps, arr. de Draguignan. = Draguignan.

BOURGUIGNON, NE, s. et adj. Qui est de la Bourgogne, qui se récolte dans ce pays.

BOURGUIGNON, s. m. Sorte de raisin qu'on nomme encore boucarès, damas.

BOURGUIGNON, s. m. Com. du dép. de l'Aisne, cant. de Coucy-le-Château, arr. de Laon. = Noyon.

BOURGUIGNON, s. m. Com. du dép. de l'Aube, cant. et arr. de Bar-sur-Seine. = Bar-sur-Seine.

BOURGUIGNON, s. m. Com. du dép. du Doubs, cant. de Pont-de-Roide, arr. de Montbéliard. = Montbéliard. Hauts-fourneaux, forges, martinets, laminoirs.

BOURGUIGNON-LES-CONFLANS, s. m. Com. du dép. de la Haute-Saône, cant. de Vauvilliers, arr. de Lure. = Vesoul.

BOURGUIGNON-LES-LA-CHARITÉ, s. m. Com. du dép. de la Haute-Saône, cant. de Scey-sur-Saône, arr. de Vesoul. = Rioz.

BOURGUIGNON-LES-MOREY, s. m. Com. du dép. de la Haute-Saône, cant. de Vitrey, arr. de Vesoul. = Cintrey.

BOURGUIGNON-SOUS-MONT-BAVIN, s. m. Com. du dép. de l'Aisne, cant. d'Anizy-le-Château, arr. de Laon. = Laon.

BOURGUIGNOTTE, s. f. Ancien casque de fer ; bonnet de militaire rembourré et garni de fer pour garantir la tête des coups de sabre.

BOURG-VILAIN, s. m. Com. du dép. de Saône-et-Loire, cant. de Tramages, arr. de Mâcon. = Mâcon.

BOURI, s. m. Bateau de charge au Bengale.

BOURICOURT, s. m. Com. du dép. de la Seine-Inférieure, cant. de Gournay-en-Bray, arr. de Neufchâtel. = Gournay.

BOURIDEYS, s. m. Com. du dép. de la Gironde, cant. de Villandraut, arr. de Bazas. = Bazas.

BOURIÉGE, s. m. Com. du dép. de l'Aude, cant. et arr. de Limoux. = Limoux.

BOURIGEOLE, s. f. Com. du dép. de l'Aude, cant. et arr. de Limoux. = Limoux.

BOURISP, s. m. Com. du dép. des Hautes-Pyrénées, cant. de Vielle, arr. de Bagnères. = Arreau.

BOURJASOTTE, s. f. Sorte de figue d'un violet obscur. T. de jard.

BOURLENS, s. m. Village du dép. de Lot-et-Garonne, cant. de Tournon, arr. de Villeneuve. = Fumel.

BOURLEUR, s. m. Enjôleur, séducteur. T. inus.

BOURLON-ÉLIMONT, s. m. Com. du dép. du Pas-de-Calais, cant. de Marquion, arr. d'Arras. = Cambrai.

BOURLOTTE, s. f. Soie inférieure de Perse.

BOURME, s. f. Ver blanc pour amorcer le poisson. T. de pêch.

BOURMONT, s. m. Petite ville du dép. de la Haute-Marne, chef-lieu de cant. de l'arr. de Chaumont. Bur. d'enregist. et de poste.

Fab. de coutellerie ; blanchisserie de cire ; comm. de bois, fer, clous et fil de fer.

BOURNAC, s. m. Com. du dép. de Tarn-et-Garonne, cant. de Montaigut, arr. de Moissac. = Lauzerte.

BOURNAC, s. m. Com. du dép. de l'Aveyron, cant. et arr. de St.-Affrique. = St.-Affrique.

BOURNAINVILLE, s. f. Com. du dép.

de l'Eure, cant. de Thiberville, arr. de Bernay. = Bernay.

BOURNAN, s. m. Com. du dép. d'Indre-et-Loire, cant. de Ligueil, arr. de Loches. = Ste.-Maure.

BOURNAN, s. m. Com. du dép. de la Vienne, cant. des Trois-Moutiers, arr. de Loudun. = Loudun.

BOURNAZEL, s. m. Com. du dép. de l'Aveyron, cant. de Rignac, arr. de Rodez. = Rignac.

BOURNAZEL, s. m. Com. du dép. du Tarn, cant. de Cordes, arr. de Gaillac. = Cordes.

BOURNE (la), s. f. Petite rivière du dép. de l'Isère, qui prend naissance près de Lans, et qui se jette dans l'Isère après avoir parcouru environ 7 lieues de pays. Elle est flottable depuis Pont-en-Royans jusqu'à son embouchure.

BOURNEAU, s. m. Com. du dép. de la Vendée, cant. de l'Hermenault, arr. de Fontenay-le-Comte. = Fontenay. Fab. de toiles.

BOURNEL, s. m. Com. du dép. de Lot-et-Garonne, cant. de Villeréal, arr. de Villeneuve. = Montflanquin.

BOURNEVILLE, s. f. Com. du dép. de l'Eure, cant. de Quillebeuf, arr. de Pont-Audemer. = Pont-Audemer.

BOURNEVILLE, s. f. Com. du dép. d'Eure-et-Loir, cant. d'Orgères, arr. de Châteaudun. = Artenay.

BOURNEZEAU, s. m. Com. du dép. de la Vendée, cant. de Chantonnay, arr. de Fontenay-le-Comte. = Ste-Hermine.

BOURNEZEAU, s. m. Com. du dép. de la Vienne, cant. de Mirebeau, arr. de Poitiers. = Mirebeau.

BOURNIQUEL, s. m. Com. du dép. de la Dordogne, cant. de Beaumont, arr. de Bergerac. = Bergerac.

BOURNOIS, s. m. Com. du dép. du Doubs, cant. de l'Ile-sur-le-Doubs, arr. de Baume. = l'Ile-sur-le-Doubs.

BOURNONCLE, s. m. Com. du dép. de la Haute-Loire, cant. et arr. de Brioude. = Brioude.

BOURNONCLES, s. m. Com. du dép. du Cantal, cant. de Ruines, arr. de St.-Flour. = St.-Flour.

BOURNONITE, s. m. Minéral blanchâtre à tissu fibreux. T. d'hist. nat.

BOURNONVILLE, s. f. Com. du dép. du Pas-de-Calais, cant. de Desvres, arr. de Boulogne. = Samer.

BOURNOS, s. m. Com. du dép. des Basses-Pyrénées, cant. de Thèze, arr. de Pau. = Pau.

BOUROGNE, s. f. Com. du dép. du Haut-Rhin, cant. de Delle, arr. de Belfort. = Delle.

BOURON, s. m. Com. du dép. de Seine-et-Marne, cant. de Nemours, arr. de Fontainebleau. = Fontainebleau.

BOURRACHE, s. f. Plante potagère annuelle, diurétique, sudorifique. T. de bot.

BOURRADE, s. f. Coup avec la crosse, le bout d'un fusil ou d'un bâton. — Attaque ou repartie vive dans une discussion. Fig. — Choc qu'éprouve un lièvre atteint par un levrier.

BOURRAGE, s. m. Matière employée pour remplir un vide.

BOURRASQUE, s. f. Grain, trombe, vent impétueux et de courte durée. — Caprice, mauvaise humeur, emportement d'une personne vive, irascible. Fig. et fam. —, accident, mal imprévu et passager; émeute populaire.

BOURRASQUEUX, EUSE, adj. Capricieux, sujet aux bourrasques. T. inus.

BOURRAY, s. m. Com. du dép. de Seine-et-Oise, cant. de la Ferté-Aleps, arr. d'Etampes. = Arpajon.

BOURRE, s. f. Poil que le tanneur abat sur les peaux des animaux à poil ras et qu'il vend aux bourreliers, etc. —, papier qu'on met dans un fusil pour retenir la poudre et le plomb. — de soie, la partie la plus grossière du cocon; filoselle ou fleuret. —, poil de certaines plantes; graine d'anémone, bouton de la fleur. Rouge de —, teinture en garance de poil de chèvre court. —, remplissage dans un livre. Fig. et fam.

BOURRE (canal de), s. f. Ce canal se prolonge depuis le canal de Préaven jusqu'à la Lys, au Sas-de-Merville.

BOURRÉ, s. m. Com. du dép. de Loir-et-Cher, cant. de Montrichard, arr. de Blois. = Montrichard.

BOURRÉ, E, part. Rempli, garni de bourre.

BOURRÉAC, s. m. Com. du dép. des Hautes-Pyrénées, cant. de Lourdes, arr. d'Argelès. = Lourdes.

BOURREAU, s. m. Exécuteur des arrêts de la justice criminelle. —, homme inhumain, cruel. — d'argent, dissipateur. T. fam.

BOURRE DE MARSEILLE, s. f. Etoffe dont la chaîne est de soie et la trame de bourre de soie.

BOURRÉE, s. f. Fagot de branchages. —, danse des Auvergnats; chasse avec le hallier.

BOURRELÉ, E, part. Déchiré, tourmenté; bourrelé de remords.

BOURRÈLEMENT, s. m. Supplice d'une âme tourmentée de remords.

BOURRELER, v. a. Tourmenter, gêner; maltraiter.

BOURRELERIE, s. f. Profession, atelier, commerce de bourrelier.

BOURRELET ou **BOURLET**, s. m. Coussin rond et rembourré, vide par le milieu, qu'on met sur la coiffure d'un enfant. —, rond d'étoffe en haut du chaperon d'un docteur, d'un magistrat. —, nœud qui se forme autour de la greffe des arbres. —, rebord cartilagineux qui se trouve autour de plusieurs cavités articulaires dont il augmente la profondeur. T. d'anat. —, en général, saillie en rond, renflement en forme d'anneau.

BOURRELIER, s. m. Fabricant de harnais

BOURREPAUX, s. m. Com. du dép. des Hautes-Pyrénées, cant. de Galan, arr. de Tarbes. = Trie.

BOURRER, v. a. Remplir, garnir de bourre : mettre de la bourre dans une arme à feu pour fixer la charge. —, porter des coups, frapper, maltraiter ; quereller, réprimander d'une manière brusque. Fig. et fam.

BOURRET, s. m. Com. du dép. de Tarn-et-Garonne, cant. de Verdun, arr. de Castel-Sarrasin. = Montech.

BOURRICHE, s. f. Sorte de panier de forme ovale pour expédier du gibier, de la volaille, du poisson, etc. Les objets que renferme ce panier.

BOURRIERS, s. m. pl. Pailles qui se mêlent dans le blé battu. —, écharnures. T. de corroyeur.

BOURRIOT, s. m. Village du dép. des Landes, cant. de Roquefort, arr. de Mont-de-Marsan. = Roquefort.

BOURRIQUE, s. f. Ânesse. —, Ignorante. Fig. et fam. —, tourniquet ; civière de maçon, de couvreur. T. de mét.

BOURRIQUET, s. m. Ânon. —, tourniquet de mineur ; civière de carrier ; chevalet pour poser l'ardoise ; outil de brodeur. T. de mét.

BOURRIR, v. n. Se dit du bruit que fait la perdrix en prenant son vol.

BOURRON, s. m. Laine en bourre, en paquet.

BOURROU, s. m. Com. du dép. de la Dordogne, cant. de Vergt, arr. de Périgueux. = Neuvic.

BOURROUILLAN, s. m. Com. du dép. du Gers, cant. de Cazaubon, arr. de Condom. = Nogaro.

BOURRU, E, adj. Capricieux, chagrin, bizarre, grondeur, fâcheux, qu'on ne sait quand ni comment aborder. —, qui a de la bourre en parlant des plantes. Vin —, qui n'a pas bouilli. Fil —, inégal.

BOURS, s. m. Com. du dép. du Pas-de-Calais, cant. de Heuchin, arr. de St.-Pol. = St.-Pol.

BOURS, s. m. Com. du dép. des Hautes-Pyrénées, cant. et arr. de Tarbes. = Tarbes.

BOURSAL, s. m. Filet conique qui retient le poisson dans le verveux. T. de pêch.

BOURSAULT, s. m. Com. du dép. de la Marne, cant. de Dormans, arr. d'Epernay. = Epernay.

BOURSAY, s. m. Com. du dép. de Loir-et-Cher, cant. de Droué, arr. de Vendôme. = Montdoublau.

BOURSCHEID, s. m. Com. du dép. de la Meurthe, cant. de Phalsbourg, arr. de Sarrebourg. = Sarrebourg.

BOURSE, s. f. Petit sac en filet, en soie, en cuir, pour mettre l'argent qu'on porte sur soi. —, tout l'argent dont on peut disposer. —, petit sac de taffetas noir dans lequel on enfermait ses cheveux ; poche en filet pour fureter ; place gratuite dans un collége. —, édifice public où se rassemblent les négocians, les agens de change, les banquiers et les agioteurs, les dupes et les fripons. —, en Turquie, cinq cents écus. —, pl. Petits sacs membraneux et musculaires qui renferment les testicules. T. de chir.

BOURSEAU, s. m. Enfaîtement en plomb aux toits couverts d'ardoise ; instrument pour arrondir les tables de plomb. T. de couv.

BOURSERON ou **BOURSON**, s. m. Gousset de culotte.

BOURSET, s. m. Corps flottant qui sert à soutenir et à tirer la drège. T. de pêch.

BOURSETTE, s. f. Bourse à berger ou à pasteur. T. de bot. —, petite partie du sommier d'un orgue.

BOURSEUL, s. m. Com. du dép. des Côtes-du-Nord, cant. de Plancoët, arr. de Dinan. = Plancoët.

BOURSEVILLE, s. f. Com. du dép. de la Somme, cant. d'Ault, arr. d'Abbeville. = Eu.

BOURSIER, s. m. Fabricant et marchand de bourses. —, intendant chargé de la dépense d'une maison. —, privilégié qui est admis dans un collége aux frais de l'état.

BOURSIÈRES, s. f. Com. du dép. de la Haute-Saône, cant. de Scey-sur-Saône, arr. de Vesoul. = Vesoul.

BOURSIES, s. f. Com. du dép. du Nord, cant. de Marcoing, arr. de Cambrai. = Cambrai.

BOURSILLER, v. n. Tirer chacun

une petite somme de sa poche pour contribuer à quelque dépense.

BOURSILLEUR, s. m. Avare, liardeur.

BOURSIN, s. m. Com. du dép. du Pas-de-Calais, cant. de Guines, arr. de Boulogne. = Marquise.

BOURSONNE, s. f. Com. du dép. de l'Oise, cant. de Betz, arr. de Senlis. = la Ferté-Milon.

BOURSOUFLADE, s. f. ou BOURSOUFLAGE, s. m. Enflure de style; vanité ridicule.

BOURSOUFLÉ, E, part. Enflé. —, adj. Gros, bouffi; visage boursouflé. Style —, plein d'enflure. Fig.

BOURSOUFLEMENT, s. m. Augmentation de volume par le feu ou la fermentation. T. de chim.

BOURSOUFLER, v. a. Enfler la peau. — son style, lui donner de l'enflure, le surcharger d'épithètes, de figures outrées.

BOURSOUFLURE, s. f. Enflure de la peau. —, bouffissure de style. Fig.

BOURTH, s. m. Com. du dép. de l'Eure, cant. de Verneuil, arr. d'Evreux. = Verneuil. Forges et hauts-fourneaux; fab. considérables d'épingles.

BOURTHES, s. f. Com. du dép. du Pas-de-Calais, cant. de Hucqueliers, arr. de Montreuil. = Samer.

BOURVILLE, s. f. Com. du dép. de la Seine-Inférieure, cant. de Fontaine, arr. d'Yvetot. = St.-Valery-en-Caux.

BOURY, s. m. Com. du dép. de l'Oise, cant. de Chaumont, arr. de Beauvais. = Gisors.

BOURZOLE, s. f. Village dépendant de la com. et du cant. de Souillac, dép. du Lot, arr. de Gourdon. = Souillac.

BOUSARDS, s. m. pl. Fientes molles; fumées du cerf. T. de véner.

BOUSBACH, s. m. Com. du dép. de la Moselle, cant. de Forbach, arr. de Sarreguemines. = Sarreguemines.

BOUSBECQUE, s. f. Com. du dép. du Nord, cant. de Turcoing, arr. de Lille. = Lille.

BOUSCARDE, s. f. Fauvette grise. T. d'hist. nat.

BOUSCAT (le), s. m. Com. du dép. de la Gironde, cant. et arr. de Bordeaux. = Bordeaux.

BOUSCULÉ, E, part. Renversé, mis sens dessus dessous.

BOUSCULER, v. a. Renverser, mettre sens dessus dessous; pousser en tout sens. T. fam.

BOUSE ou BOUZE, s. f. Fiente de vache, de bœuf, etc.

BOUSIER ou BOUZIER, s. m. Genre d'insectes coléoptères qui vivent de fiente de vache.

BOUSIES, s. f. Com. du dép. du Nord, cant. de Landrecies, arr. d'Avesnes. = Landrecies.

BOUSIGNIES, s. f. Com. du dép. du Nord, cant. de St.-Amand, arr. de Douai. = St.-Amand.

BOUSIGNIES, s. f. Com. du dép. du Nord, cant. de Solre-le-Château, arr. d'Avesnes. = Solre-le-Château.

BOUSILLAGE, s. m. Construction avec un mortier de terre et de chaume. —, ouvrage mal fait et peu solide.

BOUSILLÉ, E, part. Gâté, mal fait.

BOUSILLER, v. a. Travailler sans goût, gâter sa besogne. —, v. n. Construire avec de la boue et du crachat, avec du boussillage.

BOUSILLEUR, s. m. Celui qui fait du bousillage; mauvais ouvrier qui bousille, qui gâte son ouvrage.

BOUSIN, s. m. Voy. BOUZIN.

BOUSQUET, s. m. Com. du dép. de l'Aude, cant. de Roquefort-de-Sault, arr. de Limoux. = Quillan.

BOUSQUET (le), s. m. Com. du dép. de l'Aveyron, cant. de Laguiole, arr. d'Espalion. = Espalion.

BOUSQUET (le), s. m. Village du dép. du Lot, cant. et arr. de Cahors. = Cahors.

BOUSQUET, s. m. Com. du dép. de la Lozère, cant. de Barre; arr. de Florac. = le Pompidou.

BOUSQUIER, v. n. Butiner. T. de mar.

BOUSSAC, s. m. Com. du dép. de l'Aveyron, cant. de Sauveterre, arr. de Rodez. = Rodez.

BOUSSAC, s. m. Petite ville du dép. de la Creuse, chef-lieu de sous-préf. et d'un cant.; recev. partic. des finances; bur. d'enregist. et de poste. Comm. de bestiaux, laines et cuirs.

BOUSSAC (la), s. f. Com. du dép. d'Ille-et-Vilaine, cant. de Pleine-Fougères, arr. de St.-Malo. = Dol.

BOUSSAC, s. m. Com. du dép. du Lot, cant. de Livernon, arr. de Figeac. = Figeac.

BOUSSAC-BOURG, s. m. Com. du dép. de la Creuse, cant. et arr. de Boussac. = Boussac.

BOUSSAGEAU, s. m. Com. du dép. de la Vienne, cant. de St.-Genest-Lencloître, arr. de Châtellerault. = Mirebeau.

BOUSSAGUES, s. f. Com. du dép. de l'Hérault, cant. de Bédarieux, arr. de Béziers. = Bédarieux.

Mines de cuivre, de plomb et de houille.

BOUSSAGUES-MASBLANC, s. m. Village du dép. de l'Hérault, cant. de Bédarieux, arr. de Béziers. = Bédarieux.

BOUSSAGUES-ST.-SIXTE, s. m. Village du dép. de l'Hérault, cant. de Bédarieux, arr. de Béziers. = Bédarieux.

BOUSSAINE, s. f. Village du dép. d'Ille-et-Vilaine, cant. de Tinténiac, arr. de St.-Malo. = St.-Malo.

BOUSSAIS, s. m. Com. du dép. des Deux-Sèvres, cant. d'Airvault, arr. de Parthenay. = Airvault.

BOUSSAN, s. m. Com. du dép. de la Haute-Garonne, cant. d'Aurignac, arr. de St.-Gaudens. = St.-Gaudens.

BOUSSANGE, s. f. Com. du dép. de la Moselle, cant. et arr. de Thionville. = Thionville.

BOUSSARDS, s. m. pl. Harengs après le frai.

BOUSSAY, s. m. Com. du dép. d'Indre-et-Loire, cant. de Preuilly, arr. de Loches. = Preuilly.

BOUSSAY, s. m. Com. du dép. de la Loire-Inférieure, cant. de Clisson, arr. de Nantes. = Clisson.

BOUSSE, s. f. Com. du dép. de la Moselle, cant. de Metzervisse, arr. de Thionville. = Thionville.

BOUSSE, s. f. Com. du dép. de la Sarthe, cant. de Malicorne, arr. de la Flèche. = la Flèche.

BOUSSELANGE, s. m. Com. du dép. de la Côte-d'Or, cant. de Seurre, arr. de Beaune. = Seurre.

BOUSSELARGUES, s. f. Com. du dép. de la Haute-Loire, cant. de Blesle, arr. de Brioude. = Massiac.

BOUSSENAC, s. m. Com. du dép. de l'Ariège, cant. de Massat, arr. de St.-Girons. = St.-Girons.

BOUSSENOIS, s. m. Com. du dép. de la Côte-d'Or, cant. de Selongey, arr. de Dijon. = Selongey.

BOUSSENS, s. m. Com. du dép. de la Haute-Garonne, cant. de Cazères, arr. de Muret. = Martres.

BOUSSERAUCOURT, s. m. Com. du dép. de la Haute-Saône, cant. de Jussey, arr. de Vesoul. = Jussey.

BOUSSÉS, s. m. Com. du dép. de Lot-et-Garonne, cant. de Houeillès, arr. de Nérac. = Nérac.

BOUSSEWILLER, s. m. Com. du dép. de la Moselle, cant. de Volmunster, arr. de Sarreguemines. = Bitche.

BOUSSEY, s. m. Com. du dép. de la Côte-d'Or, cant. de Vitteaux, arr. de Semur. = Vitteaux.

BOUSSEY, s. m. Com. du dép. de l'Eure, cant. de St.-André, arr. d'Evreux. = Pacy-sur-Eure.

BOUSSICOURT, s. m. Com. du dép. de la Somme, cant. et arr. de Montdidier. = Montdidier.

BOUSSIÈRES, s. f. Com. du dép. du Doubs, chef-lieu de cant. de l'arr. de Besançon. Bur. d'enregist. à St.-Vyt. = Quingey.

BOUSSIÈRES, s. f. Com. du dép. du Nord, cant. de Carnières, arr. de Cambrai. = Cambrai.

BOUSSIÈRES, s. f. Com. du dép. du Nord, cant. de Berlaimont, arr. d'Avesnes. = Avesnes.

BOUSSOIR, s. m. Pièce de bois pour lever l'ancre. T. de mar.

BOUSSOIS, s. m. Com. du dép. du Nord, cant. de Maubeuge, arr. d'Avesnes. = Maubeuge.

BOUSSOLE, s. f. Instrument de mathématiques au moyen duquel on peut connaître la distance de tous les lieux de la terre; aiguille aimantée; cadran où sont tracés les vents; boîte qui renferme cet instrument précieux pour la navigation. —, guide, règle, modèle; l'honneur est ma boussole.

BOUSSORP, s. m. Village du dép. de Lot-et-Garonne, cant. de Laroque, arr. d'Agen. = Agen.

BOUSSY-ST.-ANTOINE, s. m. Com. du dép. de Seine-et-Oise, cant. de Boissy-St.-Léger, arr. de Corbeil. = Brie-Comte-Robert.

Filature de laine.

BOUST, s. m. Com. du dép. de la Moselle, cant. de Cattenom, arr. de Thionville. = Thionville.

BOUSTROFF, s. m. Com. du dép. de la Moselle, cant. de Grostenquin, arr. de Sarreguemines. = St.-Avold.

BOUSTROPHÉDON, s. m. Sorte d'écriture de droite à gauche et de gauche à droite sans discontinuer la ligne.

BOUSURE, s. f. Composition pour blanchir les espèces monnoyées.

BOUT, s. m. Extrémité d'un corps ou d'un espace; fin d'un temps, d'un ouvrage, de son argent. —, petite partie d'une chose; bout de table, d'oreille. —, reste d'une chose; bout de fil, de chandelle. —, extrémité de l'étendue, de la durée; le bout du monde. —, dernier terme, dernier instant; être au bout de sa carrière, etc. — d'homme, petit homme. Savoir sur le — du doigt, très bien. A tout — de champ, à tout propos. De — en —, adv. d'une extrémité à l'autre. — à —, les extrémités jointes. D'un — à l'autre, depuis le commencement jusqu'à la fin.

Être à —, dans le dernier embarras. Venir à —, réussir, mettre à la raison, dompter. À — portant ; le bout de l'arme posé pour ainsi dire sur celui qu'on attaque. Au — du compte, après tout. Filer un câble par —, le laisser sortir jusqu'au bout par l'écubier. — au vent, contre le vent. T. de mar.

BOUTADE, s. f. Fougue d'imagination ; saillie d'esprit ou d'humeur. —, pièce de vers inspirée par le caprice, la mauvaise humeur ou la malice. — Danse figurée ; ballet impromptu.

BOUTADEUX, EUSE, adj. Qui a l'esprit vif ; capricieux, fantasque, bizarre, quinteux.

BOUTAGE, s. m. Endroit d'un train de bois où se pose le marinier qui dirige le flottage.

BOUTANCOURT, s. m. Com. du dép. des Ardennes, cant. de Flize, arr. de Mézières = Mézières. Forges et hauts-fourneaux.

BOUTANE, s. f. Etoffe de Montpellier. —, pl. Toiles de coton de Chypre.

BOUTANT, adj., pour Butant. Ne s'emploie qu'avec les mots arc et pilier. Pilier —, pour soutenir. Arc —. Voy. ce mot.

BOUTARGUE, s. f. Saucisse d'œufs de poisson salés, confits dans le vinaigre ; caviar.

BOUTARIE (la), s. f. Com. du dép. du Tarn, cant. de Réalmont, arr. d'Albi. = Castres.

BOUTASSE, s. f. Bordage en chêne qui recouvre les bacalas. T. de mar.

BOUTAVANT, s. m. Com. du dép. du Jura, cant. d'Arinthod, arr. de Lons-le-Saulnier. = Orgelet.

BOUT-À-VENT, s. m. Inspecteur qui fait remplir le vaxel. T. de mar.

BOUT D'AILE, s. m. Extrémité des ailes ; plume du bout de l'aile pour écrire.

BOUT D'ARGENT, D'OR, s. m. Bâton d'argent, d'argent doré. T. de tir. d'or.

BOUT DE L'AN, s. m. Service funèbre un an après la mort.

BOUT DE PETUN ou ANI, s. m. Espèce d'oiseau noir d'Amérique. T. d'hist. nat.

BOUT DE QUIÈVRE, s. m. Grand haveneau à perches croisées. T. de pêch.

BOUT DES PONTS, s. m. Village du dép. d'Indre-et-Loire, cant. d'Amboise, arr. de Tours. = Amboise.

BOUTE, s. f. Tonneau d'eau douce pour la consommation du jour. —, outre pour transporter le vin ; boîte pour les cartes marines. T. de mar.

BOUTÉ, E, part. Posé, mis. (Vi.) —, adj. Se dit d'un cheval qui a les jambes droites et roides depuis le genou jusqu'à la couronne.

BOUTE À PORT, s. m. Préposé pour faire ranger les bateaux qui arrivent. T. de mar.

BOUTÉE, s. f. Ouvrage pour soutenir la poussée d'une voûte, d'une terrasse. T. d'archit.

BOUTE-EN-TRAIN, s. m. Tarin, petit oiseau qui excite les autres à chanter. —, celui qui fait rire les autres, qui les met en train de s'amuser, de chanter, de boire. —, cheval entier qui excite les jumens. T. de haras.

BOUTE-FEU, s. m. Hampe au bout de laquelle est un serpentin garni d'une mèche, pour mettre le feu au canon ; canonnier qui met le feu. —, celui qui met la discorde, qui excite des querelles. Fig.

BOUTE-HORS, s. m. Ancien jeu. jouer au —, chercher à se supplanter. Fig. —, loquacité, facilité à s'exprimer. —, petite vergue pour porter les bonnettes en étai ; petit mât de la machine à mâter ; longue perche armée de crocs. T. de mar.

BOUTEILLAGE, s. m. Ancien droit du seigneur sur la vente des vins en bouteilles.

BOUTEILLE, s. f. Vase à large ventre et à cou étroit pour les liquides ; son contenu ; bouteille de verre. de grès, etc. Aimer la —, aimer à boire. —, ampoule ; bulle d'air sur un fluide. T. de phys. —, variété de la courge. T. de bot. —, pl. Saillie en charpente sur les côtés de l'arrière, servant de latrines. T. de mar.

BOUTEILLE (la), s. f. Com. du dép. de l'Aisne, cant. et arr. de Vervins. = Vervins.

BOUTEILLES, s. f. Com. du dép. de la Dordogne, cant. de Verteillac, arr. de Ribérac. = Ribérac.

BOUTEILLES, s. f. Com. du dép. de la Seine-Inférieure, cant. d'Offranville, arr. de Dieppe. = Dieppe.

BOUTEILLIER, s. m. Celui qui a soin des bouteilles ; pâtre qui trait les vaches.

BOUTE-LOF, s. m. Pièce de bois qui tient les armures de misaine. T. de mar.

BOUTENAC, s. m. Com. du dép. de l'Aude, cant. de Lézignan, arr. de Narbonne. = Lézignan.

BOUTENAC, s. m. Com. du dép. de

la Charente-Inférieure, cant. de Cozes, arr. de Saintes. = Cozes.

BOUTENCOURT, s. m. Com. du dép. de l'Oise, cant. de Chaumont-en-Vexin, arr. de Beauvais. = Chaumont.

BOUTER, v. a. Mettre. (Vi.) —, v. n. Pousser au gras, en parlant du vin; ôter la chair d'une peau; piquer des épingles dans du papier. T. de mét. — lancer, pousser la bête. T. de véner. — de lof, venir au vent, pousser au large. T. de mar.

BOUTEREAU, s. m. Poinçon d'acier pour la tête de l'épingle. T. d'épingl.

BOUTEROLLE, s. f. Garniture de fourreau d'épée. —, outil de lapidaire, d'orfèvre; poinçon de boutonnier; fente de clef; garde qui entre dans cette fente; cercle de fer, etc.; sorte de nasse.

BOUTEROT, s. m. Burin de cloutier.

BOUTEROUE, s. f. Borne, gardefou.

BOUTERVILLIERS, s. m. Com. du dép. de Seine-et-Oise, cant. et arr. d'Etampes. = Etampes.

BOUTE-SELLE, s. m. Signal donné pour seller les chevaux et monter à cheval.

BOUTET (le), s. m. Com. du dép. du Gers, cant. de Vic-Fezensac, arr. d'Auch. = Vic-Fezensac.

BOUTE-TOUT-CUIRE, s. m. Dissipateur, goinfre, qui mange tout. T. fam.

BOUTEUSE, s. f. Ouvrière qui boute les épingles.

BOUTEUX, s. m. Bout de quièvre; truble. T. de pêch.

BOUTEVILLE, s. f. Com. du dép. de la Charente, cant. de Châteauneuf, arr. de Cognac. = Châteauneuf-sur-Charente.

BOUTEVILLE, s. f. Com. du dép. de la Manche, cant. de Ste.-Mère-Eglise, arr. de Valognes. = Carentan.

BOUTHÉON, s. m. Com. du dép. de la Loire, cant. de St.-Galmier, arr. de Montbrison. = Chazelles.

BOUTICLAR, s. m. Bateau dans lequel on transporte et nourrit le poisson.

BOUTIERS, s. m. Com. du dép. de la Charente, cant. et arr. de Cognac. = Cognac.

BOUTIGNY, s. m. Com. du dép. d'Eure-et-Loir, cant. de Nogent-le-Roi, arr. de Dreux. = Houdan.

BOUTIGNY, s. m. Com. du dép. de Seine-et-Marne, cant. de Crécy, arr. de Meaux. = Meaux.

BOUTIGNY, s. m. Com. du dép. de Seine-et-Oise, cant. de la Ferté-Aleps, arr. d'Etampes. = la Ferté.

BOUTILLIER, s. m. Echanson; intendant, dégustateur des vins chez un grand seigneur.

BOUTIQUAGE, s. m. Vente, commerce en boutique. T. fam.

BOUTIQUE, s. f. Local au rez-de-chaussée dans lequel sont exposées des marchandises que l'on vend au public. —, atelier d'un artisan; les ouvriers, les outils. Fermer—, quitter sa profession. —, réservoir en bois pour le poisson.

BOUTIQUIER, s. m. Marchand tenant boutique.

BOUTIS, s. m. Endroit où le sanglier fouille, où il fait des trous avec son boutoir. T. de véner.

BOUTISSE, s. f. Pierre placée dans un mur en long et de face.

BOUTOIR, s. m. Groin de sanglier. Coup de —, trait mordant, propos dur. Fig. et fam. —, outil de maréchal, de corroyeur.

BOUTON, s. m. Bourgeon, germe arrondi qui se forme aux aisselles des feuilles des arbres, et d'où naissent les feuilles ou les fleurs. —, bulbe qui survient à diverses parties du corps : petite tumeur rouge qui est occasionnée par la stagnation des humeurs. —, instrument d'acier ou d'argent qui sert dans l'opération de la taille. — de feu, cautère actuel, instrument qui sert à consumer les exostoses et les caries. T. de chir. —, petit rond de métal ou de bois, recouvert d'étoffe pour attacher ensemble les parties d'un vêtement. —, tout ce qui en a la forme; bouton de serrure, de fleuret. Serrer le —, presser vivement, avec menaces. —, gros nœud au bout d'un cordage. T. de mar.

BOUTONCHÈRE (la), s. f. Village du dép. de Maine-et-Loire, cant. de St.-Florent-le-Vieil, arr. de Beaupréau. = Beaupréau.

BOUTON-D'ARGENT, s. m. Nom de plusieurs plantes dont les fleurs sont blanches et de la forme d'un bouton.

BOUTON DE CULOTTE, s. m. Sorte de radis.

BOUTON DE ROSE, s. m. Coquille du genre bulle. T. d'hist. nat.

BOUTON D'OR, s. m. Plante dont la fleur est d'un beau jaune.

BOUTONNE (la), s. f. Rivière qui prend naissance au pied de l'une des tours de l'ancien château de Malesherbes, près Chef-Boutonne, arr. de Melle, dép. des Deux-Sèvres, et qui se jette dans la Charente au port de Candé, après environ 24 l. de cours.

Elle est navigable depuis le moulin à poudre de St.-Jean-d'Angely jusqu'à son embouchure.

BOUTONNÉ, E, part. Attaché avec des boutons. —, adj. Caché, serré, mystérieux dans ses discours. Fig. et fam.

BOUTONNER, v. a. Passer les boutons dans les boutonnières. —, v. n. Pousser des bourgeons. Se—, v. pron. Mettre ses boutons.

BOUTONNERIE, s. f. Fabrique et magasin de boutons.

BOUTONNIER, s. m. Fabricant et marchand de boutons.

BOUTONNIÈRE, s. f. Entaille pour passer le bouton. —, incision au périnée et à la vessie urinaire. T. de chir.

BOUTRIOT, s. m. Burin de cloutier d'épingles.

BOUT-SAIGNEUX, s. m. Cou de veau ou de mouton, tel qu'on le vend à la boucherie.

BOUTS-RIMÉS, s. m. pl. Rimes données pour y ajouter les idées et les mots propres à en faire des vers.

BOUTTEMONT, s. m. Com. du dép. du Calvados, cant. et arr. de Lisieux. = Lisieux.

BOUTTENCOURT, s. m. Com. du dép. de la Somme, cant. de Gamaches, arr. d'Abbeville. = Blangy.

BOUTURE, s. f. Branche garnie de boutons qu'on coupe et qu'on replante; rejeton. —, eau pour blanchir, lessive. T. d'orfèv.

BOUTX, s. m. Com. du dép. de la Haute-Garonne, cant. de St.-Béat, arr. de St.-Gaudens. = St.-Béat.

BOUVAINCOURT, s. m. Com. du dép. de la Somme, cant. de Gamaches, arr. d'Abbeville. = Eu.

BOUVAINCOURT, s. m. Com. du dép. de la Marne, cant. de Fismes, arr. de Reims. = Fismes.

BOUVANTE, s. f. Village du dép. de la Drôme, cant. de St.-Jean-en-Royans, arr. de Valence. = Romans.

BOUVANTE, s. f. Com. du dép. de la Drôme, cant. de St.-Jean-en-Royans, arr. de Valence. = Romans.

BOUVARD, s. m. Marteau pour frapper les espèces avant l'invention du balancier.

BOUVEAU, s. m. Jeune bœuf.

BOUVÉES, s. f. Com. du dép. du Gers, cant. de Mauvesin, arr. de Lectoure. = Gimont.

BOUVELINGHEM, s. m. Com. du dép. du Pas-de-Calais, cant. de Lumbres, arr. de St.-Omer. = St.-Omer.

BOUVELLEMONT, s. m. Com. du dép. des Ardennes, cant. d'Omont, arr. de Mézières. = Mézières.

BOUVEMENT, s. m. Rabot à moulure pour les doucines. T. de menuis.

BOUVENT, s. m. Com. du dép. de l'Ain, cant. d'Oyonnax, arr. de Nantua. = Nantua.

BOUVERANS, s. m. Com. du dép. du Doubs, cant. et arr. de Pontarlier. = Pontarlier.

BOUVERET, s. m. Bouvreuil d'Afrique.

BOUVERIE, s. f. Etable à bœufs; étable dans un marché public.

BOUVERON, s. m. Espèce de Bouvreuil.

BOUVESSE, s. f. Com. du dép. de l'Isère, cant. de Morestel, arr. de la Tour-du-Pin. = Crémieu.

BOUVET, s. m. Rabot pour faire des rainures. T. de menuis.

BOUVIER, s. m. Celui qui garde, mène et touche les bœufs; rustre, grossier. Fig. —, constellation N., près la grande ourse. T. d'astr.

BOUVIÈRES, s. f. Com. du dép. de la Drôme, cant. de Bourdeaux, arr. de Die. = Crest.

BOUVIGNIES, s. f. Com. du dép. du Nord, cant. de Marchiennes, arr. de Douai. = Marchiennes.

BOUVIGNY, s. m. Com. du dép. de la Meuse, cant. de Spincourt, arr. de Montmédy. = Etain.

BOUVIGNY-BOYEFFLES, s. m. Com. du dép. du Pas-de-Calais, cant. de Houdain, arr. de Béthune. = Béthune.

BOUVILLE, s. f. Com. du dép. d'Eure-et-Loir, cant. de Bonneval, arr. de Châteaudun. = Bonneval.

BOUVILLE, s. f. Com. du dép. de Seine-et-Oise, cant. et arr. d'Etampes. = Dourdan.

BOUVILLE-ET-LES-IFS, s. f. Com. du dép. de la Seine-Inférieure, cant. de Pavilly, arr. de Rouen. = Barentin.

BOUVILLON, s. m. Jeune bœuf.

BOUVINCOURT, s. m. Com. du dép. de la Somme, cant. et arr. de Péronne. = Péronne.

BOUVINES, s. f. Com. du dép. du Nord, cant. de Cysoing, arr. de Lille. = Lille.

Ce village est à jamais célèbre par la victoire qu'y remporta Philippe-Auguste en 1214 sur l'empereur Othon et ses alliés.

BOUVRESSE-ET-BOUTAVENT, s. f. Com. du dép. de l'Oise, cant. de Formerie, arr. de Beauvais. = Granvilliers.

BOUVREUIL, s. m. Espèce de gros bec de la grosseur du moineau, à tête noire, gorge rouge, qui a un chant agréable, et qui est facile à apprivoiser.

BOUVRON, s. m. Com. du dép. de la

Loire-Inférieure, cant. de Blain, arr. de Savenay. = Savenay.

BOUVRON, s. m. Com. du dép. de la Meurthe, cant. et arr. de Toul. = Toul.

BOUXAL, s. m. Com. du dép. du Lot, cant. de la Tronquière, arr. de Figeac. = Figeac.

BOUX-AUX-BOIS, s. m. Com. du dép. des Ardennes, cant. du Chesne, arr. de Vouziers. = Buzancy.

BOUXIÈRE (la), s. f. Com. du dép. d'Ille-et-Vilaine, cant. de Liffré, arr. de Rennes. = St.-Aubin-du-Cormier.

BOUXIÈRES-AU-MONT, s. f. Com. du dép. de la Meurthe, cant. et arr. de Nancy. = Nancy.

BOUXIÈRES-AUX-BOIS, s. f. Com. du dép. des Vosges, cant. de Dompaire, arr. de Mirecourt. = Mirecourt.

BOUXIÈRES-AUX-CHÊNES, s. f. Com. du dép. de la Meurthe, cant. et arr. de Nancy. = Nancy.

BOUXIÈRES-SOUS-FROIDEMONT, s. f. Com. du dép. de la Meurthe, cant. de Pont-à-Mousson, arr. de Nancy. = Pont-à-Mousson.

BOUX-SOUS-SALMAISE, s. m. Com. du dép. de la Côte-d'Or, cant. de Flavigny, arr. de Semur. = Flavigny.

BOUXURULLES, s. f. Com. du dép. des Vosges, cant. de Charmes, arr. de Mirecourt. = Charmes.

BOUXWILLER, s. m. Petite ville du dép. du Bas-Rhin, chef-lieu de cant. de l'arr. de Saverne. Bur. d'enregist. = Saverne.
Fab. de siamoises, futaines, toiles, armes, chaudronnerie; sulfate de fer et d'alumine, ammoniac et autres produits chimiques. Comm. de grains, pommes de terre, graines oléagineuses et fourrages.

BOUXWILLER, s. m. Com. du dép. du Haut-Rhin, cant. de Ferrette, arr. d'Altkirch. = Huningue.

BOUY, s. m. Com. du dép. de l'Aube, cant. de Piney, arr. de Troyes. = Troyes.

BOUY, s. m. Com. du dép. du Cher, cant. de Mehun-sur-Yèvre, arr. de Bourges. = Bourges.

BOUY, s. m. Com. du dép. de la Marne, cant. de Suippes, arr. de Châlons-sur-Marne. = Châlons.

BOUYON, s. m. Com. du dép. du Var, cant. de Coursigoules, arr. de Grasse. = Vence.

BOUYSSON (le), s. m. Com. du dép. du Lot, cant. de la Capelle, arr. de Figeac. = Figeac.

BOUY-SUR-ORVIN, s. m. Com. du dép. de l'Aube, cant. et arr. de Nogent-sur-Seine. = Nogent.

BOUZA ou BOUZAS, s. m. Boisson enivrante d'Egypte composée avec de la farine d'orge fermentée, de l'eau, etc.

BOUZAILLES, s. f. Com. du dép. du Jura, cant. de St.-Laurent, arr. de St.-Claude. = Lons-le-Saulnier.

BOUZAIS, s. m. Com. du dép. du Cher, cant. et arr. de St.-Amand. = St.-Amand.

BOUZANCOURT, s. m. Com. du dép. de la Haute-Marne, cant. de Doulevant, arr. de Vassy. = Doulevant.

BOUZANNE (la), s. f. Petite rivière dont la source se trouve au-dessus d'Aigurandes, dép. de l'Indre, et qui se perd dans la Creuse, un peu plus bas que St.-Gaultier, après 12 l. de cours.

BOUZANVILLE, s. f. Com. du dép. de la Meurthe, cant. de Haroué, arr. de Nancy. = Vézelise.

BOUZARDS, s. m. pl. Voy. BOUSARDS.

BOUZE, s. f. Com. du dép. de la Côte-d'Or, cant. et arr. de Beaune. = Beaune.

BOUZEL, s. m. Com. du dép. du Puy-de-Dôme, cant. de Vertaizon, arr. de Clermont. = Billom.

BOUZEMONT, s. m. Com. du dép. des Vosges, cant. de Dompaire, arr. de Mirecourt. = Mirecourt.

BOUZERON, s. m. Com. du dép. de Saône-et-Loire, cant. de Chagny, arr. de Châlons. = Chagny.

BOUZIC, s. m. Com. du dép. de la Dordogne, cant. de Domme, arr. de Sarlat. = Sarlat.

BOUZIES-BAS, s. m. Village du dép. du Lot, dépendant de la com. et du cant. de St.-Géry, arr. de Cahors. = Cahors.

BOUZIES-HAUT, s. m. Village du dép. du Lot, com. de Béars, cant. de St.-Géry, arr. de Cahors. = Cahors.

BOUZIGNAC, s. m. Com. du dép. de l'Aveyron, cant. et arr. de Rodez. = Rodez.

BOUZIGUES, s. f. Com. du dép. de l'Hérault, cant. de Mèze, arr. de Montpellier. = Mèze.

BOUZILLÉ, s. m. Com. du dép. de Maine-et-Loire, cant. de Champtoceaux, arr. de Beaupréau. = Beaupréau.

BOUZIN, s. m. Masse de glace remplie de sable, d'herbe, de terre; enveloppe tendre des pierres de taille.

BOUZIN, s. m. Com. du dép. de la Haute-Garonne, cant. d'Aurignac, arr. de St.-Gaudens. = Martres.

BOUZINCOURT, s. m. Com. du dép.

de la Somme, cant. d'Albert, arr. de Péronne. = Albert.

BOUZON, s. m. Com. du dép. du Gers, cant. d'Aignan, arr. de Mirande. = Nogaro.

BOUZONVILLE, s. f. Petite ville du dép. de la Moselle, chef-lieu de cant. de l'arr. de Thionville. Bur. d'enregist. et de poste.

Fab. d'ébénisterie, de colle forte et de grosse chapellerie.

BOUZONVILLE, s. f. Com. du dép. de la Moselle, cant. de Conflans, arr. de Briey. = Metz.

BOUZONVILLE-AUX-BOIS, s. f. Com. du dép. du Loiret, cant. et arr. de Pithiviers. = Pithiviers.

BOUZONVILLE-EN-BEAUCE, s. f. Com. du dép. du Loiret, cant. et arr. de Pithiviers. = Pithiviers.

BOUZY, s. m. Com. du dép. du Loiret, cant. de Châteauneuf-sur-Loire, arr. d'Orléans. = Châteauneuf.

BOUZY, s. m. Com. du dép. de la Marne, cant. d'Ay, arr. de Reims. = Epernay.

BOVÉE, s. f. Com. du dép. de la Meuse, cant. de Void, arr. de Commercy. = Void.

BOVELLES, s. f. Com. du dép. de la Somme, cant. de Molliens-Vidame, arr. d'Amiens. = Picquigny.

BOVES, s. f. Com. du dép. de la Somme, cant. de Sains, arr. d'Amiens. = Amiens.

BOVIOLLE, s. f. Com. du dép. de la Meuse, cant. de Void, arr. de Commercy. = Ligny.

BOXÉ, E, part. Battu par un boxeur.

BOXER, v. a. Se battre à coups de poings.

BOXEUR, s. m. Celui qui se bat souvent, qui fait métier de boxer.

BOY (St.-), s. m. Com. du dép. de l'Ain, cant. et arr. de Belley. = Belley.

BOYAU, s. m. Intestin, conduit qui reçoit les alimens à la sortie de l'estomac, et qui, après plusieurs circonvolutions, les porte dans le rectum. —, chacune des lignes droites qui composent les zigzags d'une tranchée; conduit de cuir pour l'eau. Corde à —, corde à violon.

BOYAUDIER, s. m. Celui qui prépare et file les cordes à boyau.

BOYAVAL, s. m. Com. du dép. du Pas-de-Calais, cant. de Heuchin, arr. de St.-Pol. = St.-Pol.

BOYÉ, s. m. Prêtre des peuples encore sauvages d'Amérique.

BOYELLES, s. f. Com. du dép. du Pas-de-Calais, cant. de Croisilles, arr. d'Arras. = Arras.

BOYER, s. m. Chaloupe flamande.

BOYER, s. m. Com. du dép. de la Loire, cant. de Charlieu, arr. de Roanne. = Roanne.

BOYER, s. m. Com. du dép. de Saône-et-Loire, cant. de Sennecey-le-Grand, arr. de Châlons. = Sennecey.

BOYNE, s. f. Village du dép. de l'Aveyron, cant. de Peyreleau, arr. de Milhau. = Milhau.

BOYNES, s. f. Petite ville du dép. du Loiret, cant. et arr. de Pithiviers. Bur. de poste. Comm. de vins, miel, cire, safran et laines.

BOZ, s. m. Com. du dép. de l'Ain, cant. de Pont-de-Vaux, arr. de Bourg. = Pont-de-Vaux.

Comm. de bœufs.

BOZOULS, s. m. Petite ville du dép. de l'Aveyron, chef-lieu de cant. de l'arr. de Rodez, où se trouve le bur. d'enregist. = Rodez.

BRABANÇON, NE, s. et adj. Originaire du Brabant; qui concerne ce pays.

BRABANT, s. m. Ancienne province des Pays-Bas. — méridional, portion de cette ancienne province qui fait aujourd'hui partie de ce qu'on appelle le royaume de Belgique. — Septentrional, autre portion du Brabant qui appartient à la Hollande.

BRABANT, s. m. Com. du dép. de la Meuse, cant. de Revigny, arr. de Bar-le-Duc. = Bar-le-Duc.

BRABANTE, s. f. Toile d'étoupe de lin fabriquée à Gand, Bruges, etc.

BRABANT-EN-ARGONNE, s. m. Com. du dép. de la Meuse, cant. de Clermont-en-Argonne, arr. de Verdun. = Clermont.

BRABANT-SUR-MEUSE, s. m. Com. du dép. de la Meuse, cant. de Montfaucon, arr. de Montmédy. = Verdun-sur-Meuse.

BRABENTES, s. m. pl. Magistrats qui présidaient aux jeux sacrés, dans l'ancienne Grèce.

BRAC, s. m. Espèce de calao d'Afrique. T. d'hist. nat.

BRACELET, s. m. Bijou, ornement que les dames portent au-dessus du poignet. —, cuir dont les doreurs sur métaux se couvrent le bras gauche pour ne pas se blesser en polissant; lingot d'or alongé et roulé.

BRACH, s. m. Com. du dép. de la Gironde, cant. de Castelnau, arr. de Bordeaux. = Bordeaux.

BRACHAY, s. m. Com. du dép. de la

Haute-Marne, cant. de Doulevant, arr. de Vassy. = Doulevant.

BRACHE, s. f. Mesure d'aunage en Allemagne, vingt pouces trois lignes.

BRACHÉLYTRES, s. m. pl. Coléoptères brévipennes. T. d'hist. nat.

BRACHES, s. f. Com. du dép. de la Somme, cant. de Moreuil, arr. de Montdidier. = Montdidier.

BRACHET, s. m. Sorte de chien de chasse.

BRACHEUX, s. m. Com. du dép. de l'Oise, cant. et arr. de Beauvais. = Beauvais.

BRACHIAL, E, adj. Se dit en général de toutce qui a rapport au bras; muscle brachial, artère brachiale.

BRACHIÉ, E, adj. En croix. T. de bot.

BRACHIER, v. a. Voy. BRASSÉIER.

BRACHINE, s. f. Genre d'insectes coléoptères. T. d'hist. nat.

BRACHIO, s. m. Petit de l'ours.

BRACHIOBOLE, s. m. Plante corymbifère. T. de bot.

BRACHION, s. m. Genre de polypes. T. d'hist. nat.

BRACHIOPODES, s. m. pl. Mollusques acéphales à tentacules ciliées. T. d'hist. nat.

BRACHY, s. m. Com. du dép. de la Seine-Inférieure, cant. de Bacqueville, arr. de Dieppe. = Bacqueville.

BRACHYCATALECTIQUE, adj. Se dit d'un vers grec ou latin, auquel il manque un pied à la fin.

BRACHYCÈRE, s. m. Insecte coléoptère qui ressemble au charançon. T. d'hist. nat.

BRACHYÉLITRE, s. m. Plante graminée. T. de bot.

BRACHYGRAPHE, s. m. Sténographe qui écrit par abréviations; abréviateur.

BRACHYGRAPHIE, s. f. Méthode abréviative, sténographie, etc.

BRACHYLOGIE, s. f. Manière de s'exprimer sentencieusement; sentence abrégée.

BRACHYPNÉE, s. f. Respiration courte et difficile. T. de méd.

BRACHYPOTE, s. m. Frénétique. T. de méd.

BRACHYPTÈRES, s. et adj. m. pl. Oiseaux à ailes courtes; oiseaux nageurs, gallinacés, palmipèdes. T. d'hist. nat.

BRACHYSTÈME, s. m. Thym de Virginie. —, pl. Genre de plantes labiées. T. de bot.

BRACHYSTÈRES, s. m. pl. Coléoptères. T. d'hist. nat.

BRACHYSTOCHRONE, s. f. Courbe de la plus prompte descente d'un corps qui tombe, cycloïde.

BRACHYURES, s. m. pl. Crustacés décapodes. T. d'hist. nat.

BRACIEUX, s. m. Com. du dép. de Loir-et-Cher, chef-lieu de cant. de l'arr. de Blois. Bur. d'enregist. et de poste.

BRACMANE, BRAMIN ou BRAMINE, s. m. Prêtre ou philosophe indien.

BRACON, s. m. Potence servant d'appui à une porte d'écluse. —, insecte hyménoptère. T. d'hist. nat.

BRACON, s. m. Com. du dép. du Jura, cant. de Salins, arr. de Poligny. = Salins.

BRACONNER, v. n. Chasser furtivement sur les propriétés d'autrui.

BRACONNIER, s. m. Celui qui fait métier de braconner. —, celui qui, sur ses terres, tue du gibier pour le vendre.

BRACQUETUIT, s. m. Com. du dép. de la Seine-Inférieure, cant. de Tôtes, arr. de Dieppe. = Tôtes.

BRACTÉATE, s. f. Médaille faite avec des feuilles de métal.

BRACTÉE, s. f. Petite feuille qui se trouve à la base des pédoncules, immédiatement au-dessous de la fleur. T. de bot.

BRACTÉIFÈRE, adj. Qui porte des bractées ou petites feuilles.

BRACTÉOLE, s. f. Feuille d'or; rognure; petite lame d'or.

BRADIANCOURT, s. m. Com. du dép. de la Seine-Inférieure, cant. de St.-Saens, arr. de Neufchâtel. = St.-Saens.

BRADLEIA, s. f. plante tithymaloïde. T. de bot.

BRADYPE, s. m. Mammifère tardigrade, paresseux. T. d'hist. nat.

BRADYPEPSIE, s. f. Digestion lente et laborieuse. T. de méd.

BRADYPODE, adj. Qui marche lentement.

BRADYSPERMATISME, s. m. Emission difficile du sperme. T. de méd.

BRAFFAIS, s. m. Com. du dép. de la Manche, cant. de Brecey, arr. d'Avranches. = Villedieu.

BRAGASSARGUES, s. f. Com. du dép. du Gard, cant. de Cuissac, arr. du Vigan. = Sauve.

BRAGAYRAC, s. m. Com. du dép. de la Haute-Garonne, cant. de St.-Lis, arr. de Muret. = S.-Lis.

BRAGEAC, s. m. Com. du dép. du Cantal, cant. de Pléaux, arr. de Mauriac. = Mauriac.

BRAGELOGNE, s. f. Com. du dép. de l'Aube, cant. des Riceys, arr. de Bar-sur-Seine. = les Riceys.

BRAGNY, s. m. Com. du dép. de Saône-et-Loire, cant. de Verdun-sur-le-Doubs, arr. de Châlons. = Paray-le-Monial.

BRAGNY-EN-CHAROLLAIS, s. m. Com. du dép. de Saône-et-Loire, cant. de Palinges, arr. de Charolles. = Verdun-sur-Saône.

BRAGOT, s. m. Pendeur, bout de corde qui tient la poulie d'une galère. T. de mar.

BRAGUE, s. f. Morceau de bois qui cache les éclisses du luth; cordage pour arrêter le recul du canon; bout de cordage auquel sont attachées deux poulies. T. de mar. —, pl. Culottes très amples. (Vi.)

BRAI, s. m. Sorte de goudron, mélange de gomme et de matières résineuses pour calfater. T. de mar. —, piéges, lacets pour attraper les petits oiseaux; escourgeon, orge broyée pour faire de la bière.

BRAIC, s. f. Com. du dép. de l'Ardèche, cant. des Vans, arr. de Largentière. = les Vans.

BRAIE, s. f. Haut de chausse, devant de culotte. (Vi.) Sortir d'une mauvaise affaire les — nettes, s'en tirer heureusement. —, lange, couche. —, peau sur le timpan; frisquette non montée. T. d'impr. —, cuir, toile goudronnée qu'on met au pied d'un mât pour le garantir de l'eau. —, pl. Pièces de bois pour soulager les meules d'un moulin à farine.

BRAILLANS, s. m. Com. du dép. du Doubs, cant. de Marchaux, arr. de Besançon. = Besançon.

BRAILLARD, E, s. et adj. Qui parle haut, beaucoup et toujours mal à propos; qui crie sans sujet.

BRAILLE, s. f. Pelle avec laquelle on remue les harengs salés.

BRAILLÉ, E, part. Remué avec la braille.

BRAILLEMENT, s. m. Cri importun de quelques animaux, du loup et particulièrement du chien.

BRAILLER, v. a. Saler le hareng, le remuer avec la pelle. —, v. n. Parler beaucoup et mal à propos. —, forcer sa voix. T. de mus. —, crier sans voix, en parlant des chiens. T. de vener.

BRAILLEUR, EUSE, s. et adj. Qui braille, qui ne cesse de crier.

BRAILLY, s. m. Com. du dép. de la Somme, cant. de Crécy, arr. d'Abbeville. = Abbeville.

BRAIMENT, s. m. Cri retentissant des ânes.

BRAIN, s. m. Com. du dép. de la Côte-d'Or, cant. de Vitteaux, arr. de Semur. = Vitteaux.

BRAIN, s. m. Com. du dép. d'Ille-et-Vilaine, cant. et arr. de Redon. = Redon.

BRAIN, s. m. Com. du dép. de Maine-et-Loire, cant. et arr. de Saumur. = Saumur.

BRAINE, s. f. Com. du dép. de l'Oise, cant. de Ressons, arr. de Compiègne. = Compiègne.

BRAINS, s. m. Com. du dép. de la Loire-Inférieure, cant. de Bouaie, arr. de Nantes. = Nantes.

BRAINS, s. m. Com. du dép. de la Sarthe, cant. de Loué, arr. du Mans. = le Mans.

BRAINS-SUR-LES-MARCHES, s. m. Com. du dép. de la Mayenne, cant. de St.-Aignan, arr. de Château-Gontier. = Craon.

BRAIN-SUR-D'HEUNE (St.-), s. m. Com. du dép. de Saône-et-Loire, cant. de Givry, arr. de Châlons. = Couches.

BRAIN-SUR-L'AUTHION, s. m. Com. du dép. de Maine-et-Loire, cant. et arr. d'Angers. = Angers.

BRAIN-SUR-LONGUENÉE, s. m. Com. du dép. de Maine-et-Loire, cant. du Lion-d'Angers, arr. de Segré. = le Lion-d'Angers.

BRAINVILLE, s. f. Com. du dép. de la Haute-Marne, cant. de Bourmont, arr. de Chaumont. = Bourmont.

BRAINVILLE, s. f. Com. du dép. de la Moselle, cant. de Conflans, arr. de Briey. = Metz.

BRAINVILLE, s. f. Com. du dép. de la Manche, cant. de St.-Malo-de-la-Lande, arr. de Coutances. = Coutances.

BRAIRE, v. n. Crier, en parlant de l'âne, de manière à vous briser le tympan; hurler, chanter, crier d'une voix glapissante, tonnante comme celle de l'âne.

BRAISE, s. f. Charbon qu'on retire d'un âtre ou d'un four, et qu'on met dans un étouffoir pour l'éteindre.

BRAISÉ, E, part. Cuit sur la braise.

BRAISER, v. a. Faire griller, rôtir sur la braise.

BRAISIER, s. m. Huche où le boulanger met sa braise étouffée.

BRAISIÈRE, s. f. Étouffoir pour éteindre la braise; ustensile de cuisine qui sert à faire cuire sur la braise.

BRAISINE, s. f. Mélange d'argile, de bouse de vache et de boue pour luter les moules. T. de fond.

BRAISNE, s. f. Petite ville du dép. de l'Aisne, chef-lieu de cant. de l'arr. de Soissons. Bur. d'enregist. et de poste. Comm. de bestiaux; dépôt royal d'étalons.

BRAIZE, s. f. Com. du dép. de l'Allier, cant. de Cérilly, arr. de Montluçon. == Cérilly.

BRAK, adj. m. Se dit du hareng à moitié salé.

BRALES, s. f. Com. du dép. de l'Aisne, cant. et arr. de Château-Thierry. == Château-Thierry.

BRALLEVILLE, s. f. Com. du dép. de la Meurthe, cant. de Haroué, arr. de Nancy. == Vézelise.

BRAM, s. m. Com. du dép. de l'Aude, cant. de Fanjeaux, arr. de Castelnaudary. == Castelnaudary.

BRAMER, v. n. Crier en parlant du cerf. T. de vénér.

BRAMETOT, s. m. Com. du dép. de la Seine-Inférieure, cant. de Fontaine, arr. d'Yvetot. == St.-Valery-en-Caux.

BRAMEVAQUE, s. f. Com. du dép. des Hautes-Pyrénées, cant. de Mauléon-Barousse, arr. de Bagnères. == Montrejeau.

BRAMIE, s. f. Plante monopétale des Indes; espèce de personnée. T. de bot.

BRAMONAS, s. m. Village du dép. de la Lozère, cant. et arr. de Mende. == Mende.

BRAN, s. m. Matière fécale. T. bas. — de Judas, tache de rousseur. — de son, sa partie grossière. — de scie, poudre de bois scié.

BRAN, s. m. Com. du dép. de la Charente-Inférieure, cant. de Montendre, arr. de Jonzac. == Montendre.

BRAN (le), s. m. Village du dép. d'Ille-et-Vilaine, cant. de St.-Méen, arr. de Montfort. == Montfort.

BRANCADES, s. f. pl. Chaînes des forçats.

BRANCARD, s. m. Sorte de litière pour transporter les malades et les blessés. —, les limons d'une voiture. —, haquet et autres charriots semblables pour transporter les gros fardeaux.

BRANCARDIER, s. m. Porteur, conducteur d'un brancard.

BRANCEILLE, s. f. Com. du dép. de la Corrèze, cant. de Meyssac, arr. de Brive. == Tulle.

BRANCHAGE, s. m. Nom collectif des branches d'un arbre; toutes les branches.

BRANCHE, s. f. Bois qui naît d'un tronc d'arbre, rameau; ce qui a la forme d'une branche. —, partie d'une chose composée; branche d'un fleuve. —, familles qui sortent d'une même tige; branche aînée, branche cadette; Charles X et les siens, Louis-Philippe d'Orléans et sa descendance. —, diverses parties d'une entreprise, d'une science; branche de commerce, de littérature. — d'araignée, de bouline, de martinet; cordages qui font partie des agrès d'un navire. T. de mar. —, pl. Jambes ou cuisses du clitoris, de la moelle alongée, etc. T. d'anat. —, les deux parties du bois d'un cerf; les deux pièces latérales d'un mors; les deux parties qui forment les ciseaux. Etre comme l'oiseau sur la —, être chancelant, sur le point de tomber. Sauter de — en —, passer d'un propos à l'autre. T. fam.

BRANCHÉ (St.-), s. m. Com. du dép. de l'Yonne, cant. de Quarré-les-Tombes, arr. d'Avallon. == Avallon.

BRANCHÉ, E, part. Pendu, attaché à une branche d'arbre.

BRANCHE-DU-PONT-DE-ST.-MAUR, s. f. Com. du dép. de la Seine, cant. de Charenton-le-Pont, arr. de Sceaux. == Charenton.

BRANCHER, v. a. Pendre, accrocher aux branches d'un arbre un maraudeur, un voleur. T. inus. —, v. n. Se percher en parlant des oiseaux. —, élever des oiseaux de proie. T. de fauc. — mouvoir la branche en rond. T. de verr.

BRANCHES, s. f. Com. du dép. de l'Yonne, cant. d'Aillant, arr. de Joigny. == Bassou.

BRANCHIATE, s. m. Poisson du genre de la lamproie. T. d'hist. nat.

BRANCHIIDES, s. m. pl. Prêtres d'Apollon. T. de myth.

BRANCHIER, adj. m. Qui ne fait que voltiger de branche en branche; jeune oiseau de proie. T. de fauc.

BRANCHIES ou BRONCHIES, s. f. pl. Ouies des poissons. T. d'hist. nat.

BRANCHIODÈLES, s. m. pl. Vers marins à branchies découvertes. T. d'hist. nat.

BRANCHIOGASTRES, s. m. pl. Espèces de crustacés; genre d'insectes. T. d'hist. nat.

BRANCHIOPODES, s. m. pl. Genre de crustacés. T. d'hist. nat.

BRANCHIOSTÈGES, s. m. pl. Poissons dont les branchies sont recouvertes d'une membrane. T. d'hist. nat.

BRANCHS (St.-), s. m. Com. du dép. d'Indre-et-Loire, cant. de Montbazon, arr. de Tours. == Cormery.

BRANCHU, E, adj. Qui a des branches, beaucoup de branches.

BRANCION, s. m. Com. du dép. de Saône-et-Loire, cant. de Tournus, arr. de Mâcon. == Tournus.

BRANCOURT, s. m. Com. du dép. des Vosges, cant. de Coussey, arr. de Neufchâteau. == Neufchâteau.

BRANCOURT, s. m. Com. du dép. de

l'Aisne, cant. de Bohain, arr. de St.-Quentin. = St.-Quentin.

BRANCOURT, s. m. Com. du dép. de l'Aisne, cant. d'Anizy-le-Château, arr. de Laon. = la Fère.

BRANDADE, s. f. Ragoût provençal fait avec de la merluche, et surtout beaucoup d'ail.

BRANDAN (St.-), s. m. Com. du dép. des Côtes-du-Nord, cant. de Quintin, arr. de St.-Brieuc. = Quintin.

BRANDE, s. f. Arbuste qui croît dans les Landes; espèce de bruyère; terre inculte de peu de valeur.

BRANDEBOURG, s. m. Electorat qui fait partie du cercle de la Haute-Saxe, dont Berlin est la capitale. —, boutonnière avec ornement. —, s. f. Sorte de casaque à manches.

BRANDEBOURGEOIS, E, s. et adj. Habitant du Brandebourg; qui est relatif au Brandebourg.

BRANDERIE, s. f. Fabrique où l'on distille les eaux-de-vie de grain.

BRANDERION, s. m. Com. du dép. du Morbihan, cant. de Hennebont, arr. de Lorient. = Hennebont.

BRANDEVILLE, s. f. Com. du dép. de la Meuse, cant. de Damvillers, arr. de Montmédy. = Dun-sur-Meuse.

BRANDEVIN, s. m. Eau-de-vie de grain.

BRANDEVINIER, s. m. Fabricant d'eau-de-vie de grain; vivandier qui vend de l'eau-de-vie dans les camps, dans les casernes.

BRANDI, E, part. Secoué, agité.

BRANDILLÉ, E, part. Agité, balancé.

BRANDILLEMENT, s. m. Mouvement d'une chose qui brandille, d'une personne qui se brandille.

BRANDILLER, v. a. Agiter, secouer de çà, de là. Se —, v. pron. Se balancer.

BRANDILLOIRE, s. f. Balançoire.

BRANDIR, v. a. Secouer, agiter violemment dans sa main; brandir un sabre, une lance. —, arrêter, affermir; brandir un chevron. T. de charp.

BRANDIVY, s. m. Village du dép. du Morbihan, cant. de Grandchamp, arr. de Vannes. = Vannes.

BRANDO, s. m. Com. du dép. de la Corse, chef-lieu de cant. de l'arr. de Bastia. = Bastia.

BRANDON, s. m. Flambeau de paille tortillée, torche; corps enflammé, embrasé, lancé par les matières qui font explosion dans un incendie. — de la discorde, de la guerre; les causes qui font naître la guerre. Fig. —, paille au tour d'un bâton pour indiquer que la récolte est saisie.

BRANDON, s. m. Com. du dép. de Saône-et-Loire, cant. de Matour, arr. de Mâcon. = Mâcon.

BRANDONET, s. m. Village du dép. de l'Aveyron, cant. de Montbazens, arr. de Villefranche. = Villefranche.

BRANDONNÉ, E, part. Saisi.

BRANDONNER, v. a. Saisir une récolte; planter dans le champ saisi des bâtons garnis de paille pour indiquer que les fruits sont sous la main de la justice.

BRANDONVILLIERS, s. m. Com. du dép. de la Marne, cant. de St.-Remy-en-Bouzemont, arr. de Vitry-le-Français. = Vitry.

BRANGES, s. f. Com. du dép. de l'Aisne, cant. d'Oulchy-le-Château, arr. de Soissons. = Fère-en-Tardenois.

BRANGES, s. f. Com. du dép. de Saône-et-Loire, cant. et arr. de Louhans. = Louhans.

BRANGUES, s. f. Com. du dép. de l'Isère, cant. de Morestel, arr. de la Tour-du-Pin. = la Tour-du-Pin.

BRANLANT, E, adj. Qui branle, qui penche tantôt d'un côté, tantôt de l'autre. Château —, maison, personne mal assurée. —, s. m. Croix sans coulant, terminée en pendeloque. T. de bijout.

BRANLE, s. m. Mouvement, oscillation, agitation de ce qui branle; première impulsion donnée à un corps. —, incertitude, irrésolution. Fig. —, premier mouvement pour agir. Donner le —, mettre en —, mettre en train, en mesure d'agir. —, danse gaie, ronde; son air. Mener, diriger le —, entraîner les autres. —, vol d'un oiseau qui tourne en battant des ailes. T. de fauc. —, lit de matelot, hamac. T. de mar.

BRANLÉ, E, part. Agité, remué.

BRANLE-BAS, s. m. Commandement de descendre les hamacs et tout ce qui peut gêner la manœuvre, pour se préparer au combat. T. de mar.

BRANLEMENT, s. m. Mouvement de ce qui branle.

BRANLER, v. a. Agiter, mouvoir; faire aller de çà et de là. —, v. n. Etre agité, pencher de côté et d'autre; les dents lui branlent. Se —, v. pron. S'agiter, se remuer.

BRANLES, s. m. Com. du dép. de Seine-et-Marne, cant. de Château-Landon, arr. de Fontainebleau. = Egreville.

BRANLOIRE, s. f. Planche en bascule; corde pour la mettre en branle. —, chaîne de levier du soufflet de forge; baquet d'épinglier.—, mouvement du héron en se levant de terre pour se mettre en branle. T. de fauc.

BRANNAI, s. m. Com. du dép. de l'Yonne, cant. de Cheroy, arr. de Sens. = Cheroy.

BRANNE, s. f. Com. du dép. du Doubs, cant. de Clerval, arr. de Baume. = Baume.

BRANNE, s. f. Com. du dép. de la Gironde, chef-lieu de cant. de l'arr. de Libourne. Bur. d'enregist. = Libourne.

BRANNENS, s. m. Com. du dép. de la Gironde, cant. d'Auros, arr. de Bazas. = Langon.

BRANS, s. m. Com. du dép. du Jura, cant. de Montmirey, arr. de Dôle. = Dôle.

BRANSAT, s. m. Com. du dép. de l'Allier, cant. de St.-Pourçain, arr. de Gannat. = St.-Pourçain.

BRANSCOURT, s. m. Com. du dép. de la Marne, cant. de Ville-en-Tardenois, arr. de Reims. = Reims.

BRANTES, s. f. Com. du dép. de Vaucluse, cant. de Malaucène, arr. d'Orange. = Carpentras.

BRANTIGNY, s. m. Com. du dép. des Vosges, cant. de Charmes, arr. de Mirecourt. = Charmes.

BRANTÔME, s. m. Petite ville du dép. de la Dordogne, chef-lieu de cant. de l'arr. de Périgueux. Bur. d'enregist. = Bourdeilles.

Fab. de cadis, serges, étamines; bonneterie de coton; filatures de laine.

BRANVILLE, s. f. Com. du dép. du Calvados, cant. de Dives, arr. de Pont-l'Evêque. = Dozuley.

BRANVILLE, s. f. Com. du dép. de la Manche, cant. de Beaumont, arr. de Cherbourg. = Cherbourg.

BRAOSSAT, s. m. Village du dép. de l'Allier, cant. de St.-Pourçain, arr. de Gannat. = St.-Pourçain.

BRAQUE, s. m. Chien de chasse fort étourdi, léger, à poil ras, oreilles pendantes. —, s. et adj. Etourdi; homme braque.

BRAQUÉ, E, part. Dirigé sur un point.

BRAQUEMART, s. m. Epée courte et large qu'on portait le long de la cuisse. —, cimeterre, sabre. T. de mar.

BRAQUEMENT, s. m. Action de braquer; ses effets; situation de ce qui est braqué.

BRAQUEMONT, s. m. Com. du dép. de la Seine-Inférieure, cant. d'Offranville, arr. de Dieppe. = Dieppe.

BRAQUER, v. a. Mettre en position, diriger, tourner d'un certain côté en ajustant, en mirant; braquer un canon, une lunette.

BRAQUES, s. f. pl. Pinces de l'écrevisse.

BRAQUIS, s. m. Com. du dép. de la Meuse, cant. d'Etain, arr. de Verdun. = Etain.

BRAS, s. m. Partie de l'extrémité supérieure du corps comprise entre l'épaule et l'avant-bras, formée par l'humérus. T. d'anat. —, personne; avoir beaucoup de bras à son service. —, puissance; le bras de Dieu. —, vaillance; bras invincible. — séculier; puissance temporelle. Vivre de ses —, de son travail. Recevoir à — ouverts; avec plaisir. Avoir sur ses —, à sa charge. Avoir le — long, avoir beaucoup de crédit. Couper — et jambes, paralyser, ôter tous les moyens d'agir. Se jeter dans les — de quelqu'un, se mettre à sa discrétion, se livrer entièrement à lui. Tendre les —, faire accueil. —, membres de certains animaux qui ont de la ressemblance avec le bras; les bras du singe, du phoque. —, ce qui en a la forme; bras de fauteuil, etc. —, cordage amarré à l'extrémité de la vergue. — de mer, partie de mer entre deux terres voisines et parallèles. T. de mar.

BRAS, s. m. Com. du dép. de la Meuse, cant. de Charny, arr. de Verdun. = Verdun.

BRAS, s. m. Com. du dép. du Var, cant. de Barjols, arr. de Brignoles. = St.-Maximin.

Fab. de draps.

BRASC, s. m. Village du dép. de l'Aveyron, cant. de St.-Sernin, arr. de St.-Affrique. = St.-Sernin.

BRAS-D'ASSE, s. m. Com. du dép. des Basses-Alpes, cant. de Mezel, arr. de Digne. = Digne.

BRASÉ, E, part. Soudé.

BRASER, v. a. Souder des pièces de métal. —, travailler. T. de brass.

BRASIER, s. m. Feu de braise de charbon ardent. —, fourneau rempli de braise pour chauffer les marchands des halles. —, feu d'amour. Fig.

BRASILLÉ, E, part. Grillé sur la braise.

BRASILLER, v. a. Faire griller à la hâte sur la braise. —, v. n. Jeter de la lumière la nuit au clair de lune, et le jour au soleil, en parlant de la mer. T. de mar.

BRASIS, s. m. Com. du dép. du Tarn, cant. de St.-Paul, arr. de Lavaur. = Lavaur.

BRASLON, s. m. Com. du dép. d'Indre-et-Loire, cant. de Richelieu, arr. de Chinon. = Richelieu.

BRASPART, s. m. Com. du dép. du Finistère, cant. de Pleyben, arr. de Châteaulin. = Châteaulin.

BRASQUE ou **BRASSE**, s. f. Mélange d'argile et de charbon pilé, avec lequel on enduit les fourneaux. T. de fond.

BRASSAC, s. m. Com. du dép. de l'Ariège, cant. et arr. de Foix. = Foix.

BRASSAC, s. m. Com. du dép. de la Dordogne, cant. de Montagrier, arr. de Ribérac. = Ribérac.

BRASSAC, s. m. Com. du dép. du Puy-de-Dôme, cant. de Jumeaux, arr. d'Issoire. = Lempdes.

Comm. de bois, vins, ardoises et charbons de terre.

BRASSAC, s. m. Com. du dép. du Tarn, chef-lieu de cant. de l'arr. de Castres. Bur. d'enregist. et de poste.

Fab. de molletons, basins, cotonnades et cordelats.

BRASSAC, s. m. Com. du dép. de Tarn-et-Garonne, cant. de Bourg-de-Visa, arr. de Moissac. = Lauzerte.

BRASSADE, s. f. Sorte de filet à grandes mailles. T. de pêch.

BRASSAGE, s. m. Droit pour les frais de fabrication; façon donnée aux métaux. T. de monn.

BRASSARD, s. m. Partie de l'ancienne armure qui couvrait le bras. —, cuir ou bois dont on se couvre le bras en jouant au balon.

BRASSAVOLE, s. f. Plante orchidée. T. de bot.

BRASSE, s. f. Mesure de la longueur des deux bras étendus, cinq à six pieds environ. —, mesure de la profondeur de l'eau. T. de mar. Pain de —, pesant de 20 à 25 livres.

BRASSÉ, E, part. Remué, mêlé avec les bras.

BRASSÉE, s. f. Ce qu'on peut embrasser, étreindre entre deux bras.

BRASSÉIÉ, E, part. Tendu, en parlant des branles. T. de mar.

BRASSÉIER, v. a. Tendre et détendre les branles, faire la manœuvre des cordages. T. de mar.

BRASSEITTE, s. f. Com. du dép. de la Meuse, cant. de St.-Mihiel, arr. de Commercy. = St.-Mihiel.

BRASSEMPONY, s. m. Com. du dép. des Landes, cant. d'Amou, arr. de St.-Sever. = St.-Sever.

BRASSER, v. a. Remuer, mêler avec les bras, à force de bras, pour incorporer un mélange; faire de la bière, du cidre, etc. —, machiner, tramer, comploter; il se brasse quelque chose en ce moment. —, troubler l'eau pour chasser le poisson dans les filets. T. de pêch. —, faire la manœuvre avec les bras, gouverner les vergues au moyen de cordages. T. de mar.

BRASSERIE, s. f. Lieu où l'on brasse la bière.

BRASSEUR, EUSE, s. Celui qui brasse, fait brasser la bière, et la vend en gros.

BRASSEUSE, s. f. Com. du dép. de l'Oise, cant. de Pont-Ste.-Maxence, arr. de Senlis. = Verberie.

BRASSIAGE, s. m. Mesurage à la brasse; quantité de brasses qui indique la profondeur de l'eau. T. de mar.

BRASSICAIRES, s. m. pl. Lépidoptères du genre piéride, papillons de chou. T. d'hist. nat.

BRASSICOURT, s. m. Cheval dont les jambes sont naturellement arquées.

BRASSIE, s. f. Plante orchidée. T. de bot.

BRASSIÈRE, s. f. Petite camisole pour contenir le corps d'un enfant. Etre en —, dans un état de gêne, de contrainte. T. fam. et fig.

BRASSIN, s. m. Cuve pour brasser la bière; ce qu'elle contient; quantité de bière faite à la fois.

BRASSOIR, s. m. Canne de terre cuite ou de fer pour brasser le métal en fusion.

BRASSOUR, s. m. Petit canal. T. de sal.

BRASSY, s. m. Com. du dép. de la Nièvre, cant. de Lormes, arr. de Clamecy. = Lormes.

BRASSY, s. m. Com. du dép. de la Somme, cant. de Conty, arr. d'Amiens. = Poix.

BRASURE, s. f. Endroit où deux pièces de métal sont soudées.

BRATHITE, s. f. Pierre qui représente les feuilles de la sabine. T. de bot.

BRATIS, s. m. Arbrisseau de la Nouvelle-Grenade. T. de bot.

BRATTE, s. f. Com. du dép. de la Meurthe, cant. de Nomeny, arr. de Nancy. = Nancy.

BRAUCOURT, s. m. Com. du dép. de la Haute-Marne, cant. de Montierender, arr. de Vassy. = Montierender.

BRAUD-ET-ST.-LOUIS-LES-MARAIS, s. m. Com. du dép. de la Gironde, cant. de St.-Ciers-la-Lande, arr. de Blaye. = Blaye.

BRAULTS, s. m. pl. Toiles rayées des Indes.

BRAUN-SPATH, s. m. Spath perlé, variété de la mine de fer. T. d'hist. nat.

BRAUTET, s. m. Fruit de l'acacia ongle-de-chat. T. de bot.

BRAUVILLIERS, s. m. Com. du dép. de la Meuse, cant. de Montier-sur-Saulx, arr. de Bar-le-Duc. = Ligny.

BRAUX, s. m. Com. du dép. des Basses-Alpes, cant. d'Annot, arr. de Castellanne. = Entrevaux.

BRAUX, s. m. Com. du dép. des Ardennes, cant. de Monthermé, arr. de Mézières. = Mézières.

BRAUX, s. m. Com. du dép. de la Côte-d'Or, cant. de Précy-sous-Thil, arr. de Semur. = Vitteaux.

BRAUX, s. m. Com. du dép. de la Haute-Marne, cant. de Château-Vilain, arr. de Chaumont. = Château-Vilain.

BRAUX-STE.-COHIÈRE, s. m. Com. du dép. de la Marne, cant. et arr. de Ste.-Ménéhould. = Ste.-Ménéhould.

BRAUX-ST.-REMY, s. m. Com. du dép. de la Marne, cant. et arr. de Ste.-Ménéhould. = Ste.-Ménéhould.

BRAUX-SOUS-PARS, s. m. Com. du dép. de l'Aube, cant. de Chavanges, arr. d'Arcis-sur-Aube. = Brienne.

BRAVACHE, s. m. Faux brave, fanfaron.

BRAVACHERIE, s. f. Jactance frivole.

BRAVADE, s. f. Menace, défi; action, parole, geste pour braver quelqu'un; fausse bravoure.

BRAVE, s. m. Vaillant, courageux; ferme et de sang-froid au feu. —, paré de beaux habits. —, devant un substantif, honnête, poli, complaisant; brave homme. —, spadassin; il est toujours escorté de braves. T. fam.

BRAVÉ, E, part. Affronté; insulté, nargué.

BRAVEMENT, adv. Avec bravoure, vaillamment. —, habilement, adroitement. T. fam.

BRAVER, v. a. Affronter le danger, la mort. —, regarder avec hauteur, morgue ou mépris; insulter.

BRAVERIE, s. f. Magnificence en habits. (Vi.)

BRAVO, adv. Mot italien. Bien! fort bien! à merveille! —, s. m. pl. Applaudissemens; la pièce fut couverte de bravos.

BRAVOURE, s. f. Valeur éclatante; intrépidité, fermeté d'âme qui fait affronter le danger avec sang-froid. Traits de —, actions d'éclat. Air de —, d'une exécution difficile. T. de mus.

BRAX, s. m. Com. du dép. de la Haute-Garonne, cant. de Léguevin, arr. de Toulouse. = Toulouse.

BRAX, s. m. Com. du dép. de Lot-et-Garonne, cant. de la Plume, arr. d'Agen. = Agen.

BRAY, s. m. Com. du dép. de l'Eure, cant. de Beaumont, arr. de Bernay. = Beaumont-le-Roger. Fab. de basins, finettes, molletons, toiles de coton et cotonnades.

BRAY, s. m. Com. du dép. de l'Oise, cant. de Pont-Ste.-Maxence, arr. de Senlis. = Senlis.

BRAY, s. m. Com. du dép. de Saône-et-Loire, cant. de Lugny, arr. de Mâcon. = Cluny.

BRAYE, s. f. Com. du dép. de l'Aisne, cant. de Vailly, arr. de Soissons. = Vervins.

BRAYE, s. f. Com. du dép. d'Indre-et-Loire, cant. de Richelieu, arr. de Chinon. = le Lude.

BRAYE, s. f. Com. du dép. du Loiret, cant. d'Ouzouer-sur-Loir, arr. de Gien. = Châteauneuf.

BRAYE (la), s. f. Petite rivière dont la source se trouve à St.-Bromes, arr. de Nogent-le-Rotrou, dép. d'Eure-et-Loir, et qui, après avoir arrosé environ 18 l. de pays, se jette dans le Loir, au-dessous de Sougé, dép. de Loir-et-Cher.

BRAYÉ, E, part. Enduit de brai. T. de mar.

BRAYE-EN-LAONNAIS, s. f. Com. du dép. de l'Aisne, cant. de Craonne, arr. de Laon. = Laon.

BRAYE-EN-SINGLAIS, s. m. Com. du dép. du Calvados, cant. de Bretteville-sur-Laize, arr. de Falaise. = Caen.

BRAYE-EN-THIÉRARCHE, s. f. Com. du dép. de l'Aisne, cant. et arr. de Vervins. = Vervins.

BRAYER, v. a. Enduire de brai. T. de mar.

BRAYER, s. m. Morceau de cuir pour soutenir le battant d'une cloche; ceinture de cuir pour porter une bannière, un drapeau. —, cordage pour soulever. T. de mét. —, bandage herniaire dont on ne se sert plus aujourd'hui. —, cul de l'oiseau. T. de fauc.

BRAYES, s. f. pl. Torchons. T. inus.

BRAYE-SUR-MAULNE, s. f. Com. du dép. d'Indre-et-Loire, cant. de Château-la-Vallière, arr. de Tours. = Tours.

BRAY-ET-LU, s. m. Com. du dép. de Seine-et-Oise, cant. de Magny, arr. de Mantes. = Magny.

BRAYETTE, s. f. Fente du devant du haut de chausse; culotte qui s'ouvrait au milieu de la ceinture.

BRAY-LA-CAMPAGNE, s. m. Com. du dép. du Calvados, cant. de Bretteville-sur-Laize, arr. de Falaise. = Caen.

BRAY-LES-MAREUIL, s. m. Com. du dép. de la Somme, cant. et arr. d'Abbeville. = Abbeville.

BRAYNANS, s. m. Com. du dép. du Jura, cant. et arr. de Poligny. = Poligny.

BRAYON, s. m. Piège pour les bêtes puantes.

BRAY-ST.-CHRISTOPHE, s. m. Com. du dép. de l'Aisne, cant. de St.-Simon, arr. de St.-Quentin. = Ham.

BRAY-SUR-SEINE, s. m. Petite ville du dép. de Seine-et-Marne, chef-lieu de cant. de l'arr. de Provins. Bur. d'enregist. et de poste. Comm. de grains, fourrages et poissons.

BRAY-SUR-SOMME, s. m. Petite ville du dép. de la Somme, chef-lieu de cant. de l'arr. de Péronne. Bur. d'enregist. à Albert. = Albert. Comm. de bois et de cidre ; grand nombre de tanneries.

BRAZEY-EN-MORVANT, s. m. Com. du dép. de la Côte-d'Or, cant. de Liernais, arr. de Beaune. = Saulieu.

BRAZEY-EN-PLAINE, s. m. Com. du dép. de la Côte-d'Or, cant. de St.-Jean-de-Losne, arr. de Beaune. = St.-Jean-de-Losne.

BRÉAL, s. m. Com. du dép. d'Ille-et-Vilaine, cant. de Plélan, arr. de Montfort. = Plélan.

BRÉAL, s. m. Com. du dép. d'Ille-et-Vilaine, cant. et arr. de Vitré. = Vitré.

BRÉANÇON, s. m. Com. du dép. de Seine-et-Oise, cant. de Marines, arr. de Pontoise. = Pontoise.

BRÉANE, s. f. Toile de lin que l'on fabrique en Normandie.

BRÉANT, s. m. Voy. BRUANT.

BRÉAU, s. m. Com. du dép. de Seine-et-Marne, cant. de Mormant, arr. de Melun. = Mormant.

BRÉAU-ET-SALAGOSE, s. m. Com. du dép. du Gard, cant. et arr. du Vigan. = le Vigan.

BRÉAUGIES, s. f. Com. du dép. du Nord, cant. de Bavay, arr. d'Avesnes. = Bavay.

BRÉAUTÉ, s. m. Com. du dép. de la Seine-Inférieure, cant. de Goderville, arr. du Havre. = Bolbec.

BRÉBAM, s. m. Com. du dép. de la Marne, cant. de Sompuis ; arr. de Vitry-le-Français. = Vitry.

BRÉBIAGE, s. m. Ancien droit seigneurial sur les brebis.

BREBIÈRES, s. f. Com. du dép. du Pas-de-Calais, cant. de Vitry, arr. d'Arras. = Douai.

BREBIETTE, s. f. Petite brebis. (Vi.)

BREBIS, s. f. Femelle du bélier. —, chrétien sous la direction de son pasteur. Fig. — galeuse, personne dont la société est dangereuse. Repas de —, où l'on ne boit pas. Qui se fait —, le loup le mange ; il ne faut pas être trop bon. Prov.

BREBOTTE, s. f. Com. du dép. du Haut-Rhin, cant. de Delle, arr. de Belfort. = Delle.

BRECÉ, s. m. Com. du dép. d'Ille-et-Vilaine, cant. de Châteaugiron, arr. de Rennes. = Rennes.

BRECÉ, s. m. Com. du dép. de la Mayenne, cant. de Gorron, arr. de Mayenne. = Mayenne.

BRECEY, s. m. Com. du dép. de la Manche, chef-lieu de cant. de l'arr. d'Avranches. Bur. d'enregist. = Sourdeval.

BRECH, s. m. Com. du dép. du Morbihan, cant. de Plavignes, arr. de Lorient. = Auray.

BRECHAINVILLE, s. f. Com. du dép. des Vosges, cant. et arr. de Neufchâteau. = Neufchâteau.

BRÉCHAMPS, s. m. Com. du dép. d'Eure-et-Loir, cant. de Nogent-le-Roi, arr. de Dreux. = Nogent-le-Roi.

BRÉCHAUMONT, s. m. Com. du dép. du Haut-Rhin, cant. de Fontaine, arr. de Belfort. = Belfort.

BRÈCHE, s. f. Ruine, ouverture faite à une clôture, à un mur, à un rempart. Battre en —, battre une muraille avec du canon, pour faire un passage. —, petite fracture au tranchant d'un couteau. —, tort, dommage ; faire une brèche à sa réputation, à sa fortune. Fig. —, sorte de marbre ; mélange de fragmens de roches, unies par un ciment naturel.

BRÈCHE, s. f. Com. du dép. d'Indre-et-Loire, cant. de Château-la-Vallière, arr. de Tours. = Tours.

BRÈCHE-DENT, s. m. Qui a perdu une ou plusieurs incisives.

BRECHET, s. m. Le sternum. T. de chir.

BRÉCHITE, s. m. Fossile voisin des alcyons. T. d'hist. nat.

BRECIN, s. m. Croc de fer. —, armure de misaine. T. de mar.

BRECKLANGE, s. m. Com. du dép. de la Moselle, cant. de Boulay, arr. de Metz. = Boulay.

BRECONCHAUX, s. m. Com. du dép. du Doubs, cant. de Roulans, arr. de Baume. = Baume.

BRECTOUVILLE, s. f. Com. du dép. de la Manche, cant. de Torigny, arr. de St.-Lô. = Torigny.

BRÉCY, s. m. Com. du dép. de l'Aisne, cant. de Fère-en-Tardenois, arr. de Château-Thierry. = Oulchy.

BRÉCY, s. m. Com. du dép. des Ardennes, cant. de Monthois, arr. de Vouziers. = Vouziers.

BRÉCY, s. m. Com. du dép. du Calvados, cant. de Creully, arr. de Caen. = Caen.

BRÉCY, s. m. Com. du dép. du Cher, cant. d'Aix-d'Angilon, arr. de Bourges. = Bourges.

BRÈDE, s. f. Espèce d'amaranthe. T. de bot.

BRÉDEMEYÈRE, s. m. Arbrisseau légumineux de l'Amérique du Sud. T. de bot.

BREDI-BREDA, adv. Avec précipitation.

BREDINDIN, s. m. Petit palan. T. de mar. T. fam.

BREDINS, s. m. pl. Coquillages dont on prend la chair pour amorcer. T. de pêch.

BREDIR, v. n. Coudre ensemble des cuirs, à l'aide de lanières.

BRÉDISSURE, s. f. Couture faite avec des lanières de cuir. —, impossibilité d'ouvrir la bouche, causée par l'adhérence de la partie interne des joues avec les gencives. T. de méd. (Vi.)

BRÉDON, s. m. Com. du dép. du Cantal, cant. et arr. de Murat. = Murat.

BRÉDON, s. m. Com. du dép. de la Charente-Inférieure, cant. de Matha, arr. de St.-Jean-d'Angely. = St.-Jean-d'Angely.

BREDOUILLE, s. f. Marque qui indique qu'on a tous ses points et que l'adversaire n'en a pas; partie double, marque de deux jetons. T. de trictrac. Sortir —, sans avoir réussi. T. fam.

BREDOUILLÉ, E, part. Balbutié. —, adj. Honteux, confus, dupe. T. inus.

BREDOUILLEMENT, s. m. Action de bredouiller.

BREDOUILLER, v. a. et n. Balbutier, parler peu distinctement, sans articuler.

BREDOUILLEUR, EUSE, s. Celui celle qui bredouille.

BRÉE (la) s. f. ou L'ABRAS, s. m. Garniture en fer du manche d'un marteau de forge.

BRÉE, s. f. Com. du dép. de la Mayenne, cant. de Montsurs, arr. de Laval. = Laval.

BRÉEL, s. m. Com. du dép. de l'Orne, cant. d'Athis, arr. de Domfront. = Condé-sur-Noireau.

BREF, s. m. Lettre pastorale du pape; livre de prières, calendrier contenant l'ordre de l'office. —, permission de naviguer, d'acheter des vivres. T. de mar. —, adv. Enfin, en un mot.

BREF, ÈVE, adj. Court, de peu de durée; concis, laconique. —, autrefois petit de taille; Pépin-le-Bref. Note —, qui vaut deux mesures et passe deux fois, plus vite que la précédente. Syllabe —, qui se prononce rapidement.

BRÈGE, s. f. Sorte de tramail ou filet. T. de pêch.

BREGILLE, s. f. Village du dép. du Doubs, cant. et arr. de Besançon. = Besançon.

BRÉGIN, s. m. Filet à mailles étroites qu'on traîne sur le sable. T. de pêch.

BREGMA, s. m. Partie qui s'étend du coronal à l'occipital, et d'un temporal à l'autre. T. d'anat.

BREGNIER, s. m. Com. du dép. de l'Ain, cant. et arr. de Belley. = Belley.

BREGNY, s. m. Village du dép. de l'Oise, cant. de Noyon, arr. de Compiègne. = Noyon.

BREGY, s. m. Com. du dép. de l'Oise, cant. de Betz, arr. de Senlis. = Nanteuil-le-Haudouin.

BREHAIGNE, adj. f. Stérile, en parlant de la femelle d'un animal; brebis brehaigne. Carpe —, sans œufs. —, s. f. Femme stérile. T. fam. (Vi.)

BRÉHAIN, s. m. Com. du dép. de la Meurthe, cant. de Delme, arr. de Château-Salins. = Château-Salins.

BRÉHAIN-LA-COUR, s. m. Com. du dép. de la Moselle, cant. de Longwy, arr. de Briey. = Longwy.

BRÉHAIN-LA-VILLE, s. m. Com. du dép. de la Moselle, cant. de Longwy, arr. de Briey = Longwy.

BRÉHAL, s. m. Com. du dép. de la Manche, chef-lieu de cant. de l'arr. de Coutances. Bur. d'enregist. et de poste.

BRÉHAND, s. m. Com. du dép. des Côtes-du-Nord, cant. de Moncontour, arr. de St.-Brieuc. = Moncontour.

BRÉHAN-LOUDÉAC, s. m. Com. du dép. du Morbihan, cant. de Rohan, arr. de Ploërmel. = Josselin.

BRÉHAT (l'île de), s. m. Com. du dép. des Côtes-du-Nord, cant. de Paimpol, arr. de St.-Brieuc. = Paimpol.

Cette petite île de la Manche a une lieue de long sur un quart de large; elle se trouve vis-à-vis l'embouchure du Trieux, à une demi-lieue de la côte septentrionale du dép. des Côtes-du-Nord. Malgré sa petite étendue, elle possède deux ports et un fort.

BRÉHÉMONT, s. m. Com. du dép. d'Indre-et-Loire, cant. d'Azay-le-Rideau, arr. de Chinon. = Azay-le-Rideau.

BRÉHÉVILLE, s. f. Com. du dép. de la Meuse, cant. de Damvillers, arr. de Montmédy. = Damvillers.

BRÉHIS, s. f. Licorne, quadrupède de Madagascar. T. d'hist. nat.

BREIL, s. m. Com. du dép. de Maine-et-Loire, cant. de Noyant, arr. de Baugé. = Baugé.

BREIL (le), s. m. Com. du dép. de la Sarthe, cant. de Montfort, arr. du Mans. = Connerré.

BREILLE (la), s. f. Com. du dép. de Maine-et-Loire, cant. et arr. de Saumur. = Saumur.

BREILLY, s. m. Com. du dép. de la Somme, cant. de Picquigny, arr. d'Amiens. = Picquigny.

BREINDENBACH, s. m. Com. du dép. de la Moselle, cant. de Volmunster, arr. de Sarreguemines. = Bitche.

BREISTROFF-LA-GRANDE, s. f. Com. du dép. de la Moselle, cant. de Catenom, arr. de Thionville. = Thionville.

BREISTROFF-LA-PETITE, s. f. Com. du dép. de la Moselle, cant. de Metzervisse, arr. de Thionville. = Thionville.

BREITENAU, s. m. Com. du dép. du Bas-Rhin, cant. de Villé, arr. de Schélestadt. = Schélestadt.

BREITENBACH, s. m. Com. du dép. du Bas-Rhin, cant. de Villé, arr. de Schélestadt. = Schélestadt.

BREITENBACH, s. m. Com. du dép. du Haut-Rhin, cant. de Munster, arr. de Colmar. = Colmar.

BRELAN, s. m. Jeu de cartes où l'on donne trois cartes à chaque joueur; maison où l'on joue ce jeu. Avoir —, trois cartes semblables.

BRELANDER, v. n. Fréquenter les maisons de jeu, faire métier de jouer.

BRELANDIER, ÈRE, s. Joueur de profession. T. injur.

BRÉLANDINIER, ÈRE, s. Petit marchand qui étale dans les rues.

BRELÉE, s. f. Fourrage d'hiver pour les moutons.

BRÉLÈS, s. m. Com. du dép. du Finistère, cant. de Ploudalmezeau, arr. de Brest. = Brest.

BRÉLÉVENEZ, s. m. Com. du dép. des Côtes-du-Nord, cant. et arr. de Lannion. = Lannion.

BRELIC-BRELOQUE, adv. Sans ordre, témérairement. T. fam.

BRÉLIDY, s. m. Com. du dép. des Côtes-du-Nord, cant. de Pontrieux, arr. de Guingamp. = Pontrieux.

BRELLE, s. f. Assemblage de pièces de bois en radeau.

BRELOQUE, s. f. Bijou, curiosité de peu de valeur. (Vi.) —, pl. Bijoux suspendus à une chaîne de montre. — ou berloque, batterie de tambour pour les distributions.

BRELOQUET, s. m. Assemblage de plusieurs petits bijoux ou ustensiles, tels qu'étuis, ciseaux, etc.

BRELOUX, s. m. Com. du dép. des Deux-Sèvres, cant. de St.-Maixent, arr. de Niort. = St.-Maixent.

BRELUCHE, s. f. Droguet de fil et de laine.

BRÊME, s. f. Poisson d'eau douce, large et plat, du genre du cyprin.

BRÊME, s. f. L'une des villes anséatiques sur le Veser, capitale du duché de ce nom. Cette ville possède un grand nombre d'établissemens publics, des fabriques, des manufactures, et fait un comm. maritime considérable. Sa pop. est de 37,000 hab. environ.

BRÉMÉNIL, s. m. Com. du dép. de la Meurthe, cant. de Baccarat, arr. de Lunéville. = Blamont.

BRÈMES, s. f. Com. du dép. du Pas-de-Calais, cant. d'Ardres, arr. de St.-Omer. = Ardres.

BREMMELBACH, s. m. Com. du dép. du Bas-Rhin, cant. de Soultz-sous-Forets, arr. de Wissembourg. = Wissembourg.

BREMONCOURT, s. m. Com. du dép. de la Meurthe, cant. de Bayon, arr. de Lunéville. = Nancy.

BREMONDANS, s. m. Com. du dép. du Doubs, cant. de Vercel, arr. de Baume. = Baume.

BRÉMONTIER, s. m. Com. du dép. de la Seine-Inférieure, cant. et arr. de Neufchâtel. = Neufchâtel.

BREMONTIER-LES-ARGUEIL-ET-BELLOZANNE, s. m. Com. du dép. de la Seine-Inférieure, cant. de Gournay, arr. de Neufchâtel. = Gournay.

BREMOY, s. m. Com. du dép. du Calvados, cant. d'Aunay, arr. de Vire. = Aunay-sur-Odon.

BREMUR-ET-VAUROIS, s. m. Com. du dép. de la Côte-d'Or, cant. et arr. de Châtillon-sur-Seine. = Châtillon.

BREN, s. m. Com. du dép. de la Drôme, cant. de St.-Donat, arr. de Valence. = Tain.

BRENAC, s. m. Com. du dép. de l'Aude, cant. de Quillan, arr. de Limoux. = Quillan.

BRENAC, s. m. Village du dép. de l'Aveyron, cant. de Ste.-Geneviève, arr. d'Espalion. = Mur-de-Barrez.

BRENACHE, s. f. Sorte de conque.

BRENAS, s. m. Com. du dép. de l'Hérault, cant. de Lunas, arr. de Lodève. = Clermont-de-Lodève.

BRENAT, s. m. Com. du dép. du Puy-de-Dôme, cant. de Sauxillanges, arr d'Issoire. = Issoire.

BRENAZ, s. m. Com. du dép. de l'Ain, cant. de Champagne, arr. de Belley. = Belley.

BRENÈCHE, s. f. Cidre, poiré nouveau.

BRENELLE, s. f. Com. du dép. de l'Aisne, cant. de Braisne-sur-Vèle, arr. de Soissons. = Braisne.

BRENEUX, EUSE, adj. Sali de bran; chemise breneuse.

BRENIQUET, s. m. Voy. BERNIQUET.

BRENNE, s. f. Etoffe fabriquée à Lyon.

BRENNE (la), s. f. Petite rivière qui prend naissance à Sombernon, dép. de la Côte-d'Or, et qui, après avoir parcouru environ 12 l. de pays, se jette dans l'Armançon au-dessus de Buffon.

BRENNES, s. f. Com. du dép. de la Haute-Marne, cant. de Longeau, arr. de Langres. = Langres.

BRENOD, s. m. Com. du dép. de l'Ain, chef-lieu de cant. de l'arr. de Nantua, où est le bur. d'enregist. = Nantua.

BRENON, s. m. Com. du dép. du Var, cant. de Comps, arr. de Draguignan. = Draguignan.

BRENOUILLE, s. f. Com. du dép. de l'Oise, cant. de Liancourt, arr. de Clermont. = Pont-Ste.-Maxence.

BRENOUX, s. m. Com. du dép. de la Lozère, cant. et arr. de Mende. = Mende.

BRENS, s. m. Com. du dép. de l'Ain, cant. et arr. de Belley. = Belley.

BRENS, s. m. Com. du dép. du Tarn, cant. et arr. de Gaillac. = Gaillac.

BRENTES, s. m. pl. Insectes coléoptères des Antilles du genre du charançon. T. d'hist. nat.

BRENY, s. m. Com. du dép. de l'Aisne, cant. d'Oulchy-le-Château, arr. de Soissons. = Oulchy.

BRÉOLE (la), s. f. Com. du dép. des Basses-Alpes, cant. du Lauzet, arr. de Barcelonnette. = Barcelonnette.

BREQUIN, s. m. Mèche du villebrequin. T. de menuis.

BRÈRES, s. f. Com. du dép. du Doubs, cant. de Quingey, arr. de Besançon. = Quingey.

BRERY, s. m. Com. du dép. du Jura, cant. de Sellières, arr. de Lons-le-Saulnier. = Sellières.

BRÈS (St.), s. m. Com. du dép. du Gard, cant. de St.-Ambroix, arr. d'Alais. = St.-Ambroix.

BRÈS (St.), s. m. Com. du dép. de l'Hérault, cant. de Castries, arr. de Montpellier. = Montpellier.

BRESCHE (la), s. f. Petite rivière qui se forme à Mauregard, dép. de l'Oise, et qui se perd dans l'Oise après dix lieues de cours.

BRÉSEUX, s. m. Com. du dép. du Doubs, cant. de Maiche, arr. de Montbéliard. = St.-Hippolyte-sur-le-Doubs.

BRÉSIL, s. m. Partie de l'Amérique méridionale qui s'avance le plus dans l'Océan, et qui s'approche davantage de l'Afrique. Le Brésil est situé au midi de l'équateur, et, quoique dans la Zône-Torride, l'air y est assez doux. Il faisait partie des possessions portugaises dans l'Amérique, et forme aujourd'hui un royaume séparé. Bois de —, bois rouge pour la teinture.

BRÉSILLAT, s. m. Plante de la famille des balsamiers. T. de bot.

BRÉSILLÉ, E, part. Brisé, rompu par petits morceaux.

BRÉSILLER, v. a. Rompre par petits morceaux. —, teindre avec du bois de Brésil. T. de teint.

BRÉSILLET, s. m. Bois inférieur du Brésil. —, de fernambouc, bois de Brésil. — des Indes, bois de sapan.

BRÉSILLEY, s. m. Com. du dép. de la Haute-Saône, cant. de Pesmes, arr. de Gray. = Gray.

BRÉSILLOT, s. m. Arbrisseau de St.-Domingue dont le bois sert pour la teinture. T. de bot.

BRESLE, s. f. Com. du dép. de la Somme, cant. de Corbie, arr. d'Amiens. = Albert.

BRESLE (la), s. f. Petite rivière dont la source se trouve au-dessus de Blargis, arr. de Beauvais, dép. de l'Oise, et qui, après un cours d'environ 15 l., se perd dans la Manche au Tréport.

BRESLES, s. f. Com. du dép. de l'Oise, cant. de Nivillers, arr. de Beauvais. = Beauvais.

BRESLINGUE, s. f. Espèce de fraisier. T. de bot.

BRESNAY, s. m. Com. du dép. de l'Allier, cant. de Souvigny, arr. de Moulins. = Souvigny.

BRESOLETTES, s. f. Com. du dép. de l'Orne, cant. de Tourouvre, arr. de Mortagne. = St.-Maurice.

BRESQ (St.-), s. m. Com. du dép. du Gers, cant. de Mauvesin, arr. de Lectoure. = Fleurance.

BRESQUE (la), s. f. Rivière qui prend

naissance près de Montmeyan, arr. de Draguignan, dép. du Var, et qui se jette dans l'Argens au-dessous de Clerce, après un cours d'environ 7 l.

BRESSAC, s. m. Com. du dép. de l'Ardèche, cant. de Chomérac, arr. de Privas. = Privas.

BRESSE (la), s. f. Ce pays, qui faisait partie de la province de Bourgogne, est aujourd'hui renfermé dans le dép. de de l'Ain.

BRESSE (la), s. f. Com. du dép. des Vosges, cant. de Saulxures, arr. de Remiremont. = Remiremont.

BRESSEAUX, s. m. pl. Petites lignes attachées à la maîtresse corde. T. de pêch.

BRESSE-SUR-GRONE, s. f. Com. du dép. de Saône-et-Loire, cant. de Sennecey-le-Grand, arr. de Châlons. = Buxy.

BRESSEY-SUR-TILLE, s. m. Com. du dép. de la Côte-d'Or, cant. et arr. de Dijon. = Dijon.

BRESSIEU, s. m. Com. du dép. du Rhône, cant. de St.-Laurent-de-Chamousset, arr. de Lyon. = l'Arbresle.

BRESSIEUX, s. m. Com. du dép. de l'Isère, cant. de St.-Etienne-de-St.-Geoire, arr. de St.-Marcellin. = la Côte-St.-André.

BRESSIN, s. m. Cordage pour hisser, pour amener une vergue, une voile. T. de mar.

BRESSOLES, s. f. Com. du dép. de l'Allier, cant. et arr. de Moulins. = Moulins.

BRESSOLES, s. f. Com. du dép. de l'Ain, cant. de Montluel, arr. de Trévoux. = Montluel.

BRESSOLES, s. f. Com. du dép. de Tarn-et-Garonne, cant. de Montech, arr. de Castel-Sarrasin. = Montauban.

BRESSON (St.-), s. m. Com. du dép. du Gard, cant. de Sumène, arr. du Vigan. = Ganges.

BRESSON, s. m. Com. du dép. de l'Isère, cant. et arr. de Grenoble. = Grenoble.

BRESSON (St.-), s. m. Com. du dép. de la Haute-Saône, cant. de Faucogney, arr. de Lure. = Luxeuil. Très belle papeterie.

BRESSONCOURT, s. m. Com. du dép. de la Haute-Marne, cant. de Sailly, arr. de Vassy. = Joinville.

BRESSOU, s. m. Com. du dép. du Lot, cant. de la Capelle, arr. de Figeac. = Figeac.

BRESSUIRE, s. f. Petite ville du dép. des Deux-Sèvres, chef-lieu de sous-préfect. et d'un cant. Trib. de 1re inst. ; conserv. des hypoth. ; recev. part. des finances ; bur. d'enregist. et de poste. Cette ville fut entièrement consumée par les flammes durant les guerres de la Vendée. Fab. de serges, flanelles, siamoises, basins, toiles et mouchoirs façon cholet ; comm. de grains et bestiaux.

BREST, s. m. Grande et forte ville maritime du dép. du Finistère, chef-lieu d'une sous-préf. et de trois cant. Place de guerre de premier ordre ; trib. de 1re inst. ; trib., chambre et bourse de comm. ; consulats étrangers ; école de navigation de 2e classe ; école spéciale de génie maritime ; écoles de médecine, de chirurgie et de pharmacie ; société d'agric. ; deux biblioth. publiques ; cabinet d'histoire naturelle ; observatoire et jardin botanique de la marine ; bur. d'enregist. ; conserv. des hypoth. ; direct. forest. de la marine ; direct. des douanes et des contrib. indir. ; bur. de garantie des matières d'or et d'argent ; recev. part. des finances ; bur. de poste. Pop. 26,650 hab. environ.

C'est au cardinal de Richelieu que la France doit la fondation de cette ville importante. Ce fut ce grand ministre qui fit creuser et nettoyer le port, et qui commença les vastes travaux qui, continués sous Louis XIV et ses successeurs, ont fait d'un simple bourg la ville la plus intéressante pour notre marine militaire. En effet le port de Brest est un des plus beaux et des plus sûrs de l'Europe ; il est défendu par des batteries formidables et par une ancienne citadelle bâtie sur un rocher escarpé. Seize vaisseaux de ligne et 54 autres bâtimens de guerre, tous à flots, peuvent s'y trouver à l'abri des vents. La rade, qui est considérée comme une des plus belles du monde, a 8 l. de circonférence et 156 brasses d'eau de profondeur à marée basse. 500 vaisseaux de lignes pourraient y mouiller aisément. On n'y peut entrer que par un détroit nommé le Goulet, qui est hérissé de rochers à fleurs d'eau, et qui, de chaque côté, est garni de trois rangées de pièces de canon du plus gros calibre, dont les feux croisés mettent et la rade et le port à l'abri de toute attaque.

Le port, où l'on remarque de très beaux quais et des maisons magnifiques, divise la ville en deux parties : l'une, sur la côte à droite, se nomme Recouvrance ; l'autre, sur la côte opposée, est la véritable ville. En un mot, on voit sur les quais d'immenses magasins qui renferment tout ce qui est nécessaire pour les armemens ; la caserne de la marine, qui peut contenir 5,000 hommes ; le bagne, vaste bâtiment où sont renfermés les forçats; la corderie, l'arsenal et les chantiers de construction.

Armemens pour la pêche de la sardine, du maquereau et de la morue. Comm. de vins, eaux-de-vie, poissons frais et salés, draps, rouenneries, épiceries. Entrepôt de sel. Quoi qu'il en soit, la ville de Brest, par sa situation, est peu favorable au commerce, qui se borne, en temps de paix, à quelques armemens pour la pêche de la morue, et à la vente du poisson frais et des vivres nécessaires aux vaisseaux.

BRESTE, s. f. Chasse à la glu et à l'appât pour attraper de petits oiseaux.

BRESTOT, s. m. Com. du dép. de l'Eure, cant. de Montfort, arr. de Pont-Audemer. = Bourg-Achard.

BRETAGNE, s. f. Com. du dép. du Gers, cant. d'Eauze, arr. de Condom. = Condom.

BRETAGNE, s. f. Com. du dép. de l'Indre, cant. de Levroux, arr. de Châteauroux. = Levroux.

BRETAGNE, s. f. Com. du dép. des Landes, cant. et arr. de Mont-de-Marsan. = Mont-de-Marsan.

BRETAGNE, s. f. Com. du dép. des Basses-Pyrénées, cant. de Morlaas, arr. de Pau. = Pau.

BRETAGNE, s. f. Com. du dép. du Haut-Rhin, cant. de Delle, arr. de Belfort. = Delle.

BRETAGNE (la), s. f. Cette province était l'une des plus considérables de France; elle forme aujourd'hui les dép. d'Ille-et-Vilaine, des Côtes-du-Nord, du Finistère, du Morbihan et de la Loire-Inférieure. Sous l'empire romain, elle faisait partie de la 3e Lyonnaise, et se nommait l'Armorique. Au cinquième siècle, les Angles et les Saxons ayant fait une irruption dans la Grande-Bretagne, les Bretons furent contraints d'abandonner leur patrie, et vinrent se réfugier sur nos bords. C'est de ces malheureux proscrits que la Bretagne tire son nom et son origine. Dans la suite, ce pays fut soumis par les Francs et gouverné par des souverains, qui prirent successivement les titres de rois, ducs et comtes; enfin, elle fut réunie à la France par le mariage de la duchesse Anne de Bretagne avec Charles VIII, en 1495. Les Bretons en général sont connus pour d'excellens marins, surtout ceux de St.-Malo et de Nantes.

BRETAGNOLLES, s. f. Com. du dép. de l'Eure, cant. de St.-André, arr. d'Evreux. = Evreux.

BRÉTAILLER, v. n. Fréquenter les salles d'armes, tirer souvent l'épée.

BRÉTAILLEUR, s. m. Spadassin qui ferraille, qui a toujours l'épée à la main.

BRÉTAUDER, v. a. Couper les oreilles d'un cheval; tondre inégalement un chien; couper les cheveux trop court.

BRETEAU, s. m. Com. du dép. du Loiret, cant. de Briare, arr. de Gien. = Briare.

BRETELLE, s. f. Sangle, courroie pour porter une hotte, etc. —, tissu de fil, de soie, bande de cuir dont les extrémités sont garnies d'élastiques, pour soutenir les pantalons. En avoir jusqu'aux —, être dans de mauvaises affaires.

BRETELLE ou BRETOLIÈRE, s. f. Demi-folle, filet pour prendre les chiens de mer. T. de pêch.

BRETENIÈRE (la), s. f. Com. du dép. du Doubs, cant. de Marchaux, arr. de Besançon. = Baume-les-Dames.

BRETENIÈRE (la), s. f. Com. du dép. du Jura, cant. de Dampierre, arr. de Dôle. = Dôle.

BRETENIÈRES, s. f. Com. du dép. de la Côte-d'Or, cant. de Genlis, arr. de Dijon. = Genlis.

BRETENIÈRES, s. f. Com. du dép. du Jura, cant. de Chaussin, arr. de Dôle. = Dôle.

BRETENOUX, s. m. Petite ville du dép. du Lot, chef-lieu de cant. de l'arr. de Figeac. Bur. d'enregist. à St.-Céré. = St.-Céré.

BRETESSÉ, E, adj. Crenelé haut et bas alternativement. T. de blas.

BRETEUIL, s. m. Com. du dép. d'Ille-et-Vilaine, cant. et arr. de Montfort. = Montfort.

BRETEUIL-SUR-ITON, s. m. Petite ville du dép. de l'Eure, chef-lieu de cant. de l'arr. d'Evreux. Bur. d'enregist. et de poste.

Forges et hauts-fourneaux; fonderie de canons de tous calibres; tauderie; fab. de clous, chaudrons, marmites, projectiles de toute espèce; mines de fer très abondantes dans les environs.

BRETEUIL-SUR-NOIE, s. m. Petite ville du dép. de l'Oise, chef-lieu de cant. de l'arr. de Clermont. Bur. d'enregist. et de poste.

Fab. de souliers pour la troupe, de serges, bas de laine et autres lainages; papeterie, faïenceries et taillanderies; comm. de grains, cidre et bestiaux.

BRETHEL, s. m. Com. du dép. de l'Orne, cant. de Moulins-la-Marche, arr. de Mortagne. = Moulins-la-Marche.

BRETHENAY, s. m. Com. du dép. de

la Haute-Marne, cant. et arr. de Chaumont. = Chaumont.

BRETHON (le), s. m. Com. du dép. de l'Allier, cant. de Hérisson, arr. de Montluçon. = Hérisson.

BRETIGNEY, s. m. Com. du dép. du Doubs, cant. et arr. de Baume-les-Dames. = Baume.

BRETIGNEY, s. m. Com. du dép. du Doubs, cant. et arr. de Montbéliard. = Montbéliard.

BRETIGNOLLE, s. f. Com. du dép. des Deux-Sèvres, cant. de Cérizay, arr. de Bressuire. = Bressuire.

BRETIGNOLLES, s. f. Com. du dép. de l'Orne, cant. de Juvigny, arr. de Domfront. = Domfront.

BRETIGNOLLES, s. f. Com. du dép. de la Vendée, cant. de St.-Gilles-sur-Vic, arr. des Sables-d'Olonne. = St.-Gilles.

BRETIGNY, s. m. Com. du dép. de l'Eure, cant. de Brionne, arr. de Bernay. = Brionne.

BRETIGNY, s. m. Com. du dép. de l'Oise, cant. de Noyon, arr. de Compiègne. = Noyon.

BRETIGNY, s. m. Com. du dép. de Seine-et-Oise, cant. d'Arpajon, arr. de Corbeil. = Linas.

BRETIGNY-LES-NORGES, s. m. Com. du dép. de la Côte-d'Or, cant. et arr. de Dijon. = Dijon.

BRETON, NE, s. et adj. Qui appartient à la Bretagne; originaire de Bretagne. —, coquille blanche et inégale. —, s. f. Sorte de capote.

BRETONCELLES, s. f. Com. du dép. de l'Orne, cant. de Rémalard, arr. de Mortagne. = Rémalard.

BRETONNIE (la), s. f. Com. du dép. de Lot-et-Garonne, cant. de Castelmoron, arr. de Marmande. = Tonneins.

BRETONNIÈRE (la), s. f. Com. du dép. de la Vendée, cant. de Mareuil, arr. de Fontenay-le-Comte. = Luçon.

BRETONVILLERS, s. m. Com. du dép. du Doubs, cant. de Russey, arr. de Montbéliard. = St.-Hippolyte-sur-le-Doubs.

BRETS, s. m. Com. du dép. de la Haute-Garonne, cant. de Grenade, arr. de Toulouse. = Grenade.

BRETTE, s. f. Com. du dép. de la Drôme, cant. de la Motte-Chalançon, arr. de Die. = Saillans.

BRETTE, s. f. Longue rapière; épée. —, morelle des Indes. T. de bot.

BRETTÉ, E, adj. Denté, dentelé; outil bretté.

BRETTELÉ, E, part. Taillé, gratté.

BRETTELER ou BRETTER, v. a. Tailler, gratter avec un outil dentelé.
—, faire paraître égratigné. T. de sculpt.

BRETTEN, s. m. Com. du dép. du Haut-Rhin, cant. de Fontaine, arr. de Belfort. = Belfort.

BRETTER, v. a. et n. Tirer des armes; faire le bretteur, le spadassin; chercher querelle.

BRETTES, s. f. Com. du dép. de la Charente, cant. de Villefagnan, arr. de Ruffec. = Ruffec.

BRETTES, s. f. Com. du dép. de la Sarthe, cant. d'Ecommoy, arr. du Mans. = le Mans.

BRETTESSES, s. f. pl. Rang de créneaux. T. de blas.

BRETTEUR, s. m. Spadassin, qui aime à se battre, à ferrailler.

BRETTEVILLE, s. f. Com. du dép. de la Manche, cant. d'Octeville, arr. de Cherbourg. = Cherbourg.

BRETTEVILLE, s. f. Com. du dép. de la Seine-Inférieure, cant. de Goderville, arr. du Havre. = Fécamp.

BRETTEVILLE-LE-RABET, s. f. Com. du dép. du Calvados, cant. de Bretteville-sur-Laize, arr. de Falaise. = Caen.

BRETTEVILLE-L'ORGUEILLEUSE, s. f. Com. du dép. du Calvados, cant. de Tilly-sur-Seulles, arr. de Caen. = Caen.

BRETTEVILLE-ST.-LAURENT, s. f. Com. du dép. de la Seine-Inférieure, cant. de Doudeville, arr. d'Yvetot. = Dieppe.

BRETTEVILLE-SOUS-TÔTES, s. f. Com. du dép. de la Seine-Inférieure, cant. de Tôtes, arr. de Dieppe. = Tôtes.

BRETTEVILLE-SUR-AY, s. f. Com. du dép. de la Manche, cant. de Lessay, arr. de Coutances. = Périers.

BRETTEVILLE-SUR-BORDEL, s. f. Com. du dép. du Calvados, cant. de Tilly-sur-Seulles, arr. de Caen. = Tilly-sur-Seulles.

BRETTEVILLE-SUR-DIVES, s. f. Com. du dép. du Calvados, cant. de St.-Pierre-sur-Dives, arr. de Lisieux. = Croissanville.

BRETTEVILLE-SUR-LAIZE, s. f. Com. du dép. du Calvados, chef-lieu de cant. de l'arr. de Falaise. Bur. d'enregist. à St.-Silvain. = Caen. Moulin à huile; tannerie renommée.

BRETTEVILLE-SUR-ODON, s. f. Com. du dép. du Calvados, cant. et arr. de Caen. = Caen.

BRETTNACH, s. m. Com. du dép. de la Moselle, cant. de Boulay, arr. de Metz. = Boulay.

BRETTURE, s. f. Dents d'outils pour tracer; leurs traces dans le bois, la pierre, le marbre, etc., dentelure à une truelle.

BREUCHE, s. f. Com. du dép. de la Haute-Saône, cant. de Luxeuil, arr. de Lure. = Luxeuil.

BREUCHIN (le), s. m. Petite rivière qui prend naissance à Breuche, dép. de la Haute-Saône et qui se jette dans la Lanterne à Ormoiche. Elle transporte annuellement environ 150 milliers de merrain pour l'approvisionnement de Lyon.

BREUCHOTTE, s. f. Com. du dép. de la Haute-Saône, cant. de Luxeuil, arr. de Lure. = Luxeuil.

BREUGNON, s. m. Com. du dép. de la Nièvre, cant. et arr. de Clamecy. = Clamecy.

BREUIL, s. m. Taillis, buisson formé de haies pour la retraite du gibier. —, pl. Petits cordages pour carguer les voiles. T. de mar.

BREUIL, s. m. Com. du dép. de l'Aisne, cant. de Vic-sur-Aisne, arr. de Soissons. = Soissons.

BREUIL, s. m. Com. du dép. de la Marne, cant. de Fismes, arr. de Reims. = Fismes.

BREUIL, s. m. Com. du dép. de la Haute-Marne, cant. de Chevillon, arr. de Vassy. = Joinville.

BREUIL (le), s. m. Com. du dép. de la Somme, cant. de Roye, arr. de Montdidier. = Nesle.

BREUIL (le), s. m. Com. du dép. de l'Allier, cant. et arr. de la Palisse. = la Palisse.

BREUIL (le), s. m. Com. du dép. du Calvados, cant. de Trevières, arr. de Bayeux. = Bayeux.

BREUIL (le), s. m. Com. du dép. du Calvados, cant. de Mézidon, arr. de Lisieux. = Croissanville.

BREUIL (le), s. m. Com. du dép. du Calvados, cant. de Blangy, arr. de Pont-l'Evêque. = Pont-l'Evêque.

BREUIL (le), s. m. Com. du dép. de la Dordogne, cant. de Vélines, arr. de Bergerac. = Ste.-Foi.

BREUIL (le), s. m. Com. du dép. de la Marne, cant. de Dormans, arr. d'Epernay. = Dormans.

BREUIL (le), s. m. Com. du dép. du Puy-de-Dôme, cant. de St.-Germain-Lembron, arr. d'Issoire. = Issoire.

BREUIL (le), s. m. Com. du dép. du Rhône, cant. du Bois-d'Oingt, arr. de Villefranche. = l'Arbresle. Martinets à cuivre.

BREUIL (le), s. m. Com. du dép. de Saône-et-Loire, cant. de Montcénis, arr. d'Autun. = Montcénis.

BREUIL (le), s. m. Com. du dép. de Seine-et-Oise, cant. et arr. de Mantes. = Mantes.

BREUILAUFA, s. m. Com. du dép. de la Haute-Vienne, cant. de Nantiat, arr. de Bellac. = Bellac.

BREUIL-BARRET, s. m. Com. du dép. de la Vendée, cant. de la Châtaigneraye, arr. de Fontenay-le-Comte. = la Châtaigneraye.

BREUIL-BERNARD, s. m. Com. du dép. des Deux-Sèvres, cant. de Moncoutant, arr. de Parthenay. = Bressuire.

BREUIL-CHAUSSÉE, s. m. Com. du dép. des Deux-Sèvres, cant. et arr. de Bressuire. = Bressuire.

BREUIL-LA-RÉORTE, s. m. Com. du dép. de la Charente-Inférieure, cant. de Surgères, arr. de Rochefort. = Surgères.

BREUILLAUD, s. m. Com. du dép. de la Charente, cant. d'Aigre, arr. de Ruffec. = Aigre.

BREUILLER, v. n. Carguer les voiles.

BREUILLES, s. f. pl. Entrailles de poissons.

BREUILLES, s. f. Com. du dép. de la Charente-Inférieure, cant. de Loulay, arr. de St.-Jean-d'Angely. = Royan.

BREUIL-LE-SEC, s. m. Com. du dép. de l'Oise, cant. et arr. de Clermont-en-Beauvoisis. = Clermont.

BREUILLET, s. m. Com. du dép. de la Charente-Inférieure, cant. de Royan, arr. de Marennes. = Royan.

BREUILLET, s. m. Com. du dép. de Seine-et-Oise, cant. de Dourdan, arr. de Rambouillet. = Arpajon.

BREUIL-LE-VERT, s. m. Com. du dép. de l'Oise, cant. et arr. de Clermont-en-Beauvoisis. = Clermont.

BREUIL-MAGNÉ, s. m. Com. du dép. de la Charente-Inférieure, cant. et arr. de Rochefort. = Rochefort.

BREUILPONT, s. m. Com. du dép. de l'Eure, cant. de Pacy-sur-Eure, arr. d'Evreux. = Pacy.

BREUIL-ST.-JEAN, s. m. Com. du dép. de la Charente-Inférieure, cant. d'Aigrefeuille, arr. de Rochefort. = Rochefort.

BREUIL-SOUS-ARGENTON-CHÂTEAU, s. m. Com. du dép. des Deux-Sèvres, cant. d'Argenton-Château, arr. de Bressuire. = Argenton.

BREULII, s. m. Com. du dép. de la Dordogne, cant. de Vergt, arr. de Périgueux. = Périgueux.

BREUREY-LES-FAVERNEY, s. m. Com. du dép. de la Haute-Saône, cant. de

Port-sur-Saône, arr. de Vesoul. = Vesoul.

BREUVAGE, s. m. Boisson, liqueur à boire. —, médicament pour les animaux domestiques. —, mélange égal de vin et d'eau. T. de mar.

BREUVANNES, s. f. Com. du dép. de la Haute-Marne, cant. de Clefmont, arr. de Chaumont. = Bourmont.

Mine de fer ; fabrique de couteaux, limes et burins.

BREUVERY, s. m. Com. du dép. de la Marne, cant. d'Ecury-sur-Coole, arr. de Châlons. = Châlons.

BREUVILLE, s. f. Com. du dép. de la Manche, cant. de Briquebec, arr. de Valognes. = Valognes.

BREUX, s. m. Com. du dép. de l'Eure, cant. de Nonancourt, arr. d'Evreux. = Tillières-sur-Avre.

BREUX, s. m. Com. du dép. de la Meuse, cant. et arr. de Montmédy. = Montmédy.

BREUX-ST.-YON, s. m. Com. du dép. de Seine-et-Oise, cant. de Dourdan, arr. de Rambouillet. = Arpajon.

BREVAINVILLE, s. f. Com. du dép. de Loir-et-Cher, cant. de Morée, arr. de Vendôme. = Cloyes.

BRÉVAL, s. m. Com. du dép. de Seine-et-Oise, cant. de Bonnières, arr. de Mantes. = Rosny.

BREVANDS, s. m. Com. du dép. de la Manche, cant. de Carentan, arr. de St.-Lô. = Carentan.

BREVANS, s. m. Com. du dép. du Jura, cant. de Rochefort, arr. de Dôle. = Dôle.

BREVAUX, s. m. Com. du dép. de l'Orne, cant. et arr. d'Argentan. = Argentan.

BRÉVEDENT (le), s. m. Com. du dép. du Calvados, cant. de Blangy, arr. de Pont-l'Evêque. = Pont-l'Evêque.

BRÈVES, s. f. Com. du dép. de la Nièvre, cant. et arr. de Clamecy-sur-l'Yonne. = Clamecy.

BREVET, s. m. Expédition non scellée par laquelle le prince accorde une grâce, un titre. — d'apprentissage, acte par lequel les contractans s'obligent l'un à enseigner et l'autre à apprendre un métier. —, acte dont le notaire ne garde pas minute. — d'invention, brevet accordé à l'auteur d'une découverte pour lui en assurer la jouissance exclusive pendant un certain temps. —, reconnaissance de marchandises chargées sur un vaisseau avec promesse de les rendre à leur destination. T. de mar.

BRÉVETAIRE, s. m. Porteur de brevet en matière bénéficiaire.

BRÉVETÉ, E, part. Qui a obtenu un brevet, un privilége ; qui en est porteur, qui en jouit.

BRÉVETER, v. a. Donner, accorder un brevet.

BREVEUX, s. m. Crochet de fer pour tirer les homards, les crabes d'entre les rochers.

BRÉVIAIRE, s. m. Livre qui contient l'office que doivent dire chaque jour ceux qui sont dans les ordres sacrés.

BRÉVIAIRES (les), s. m. pl. Com. du dép. de Seine-et-Oise, cant. et arr. de Rambouillet. = Rambouillet.

BRÉVIANDE, s. f. Com. du dép. de l'Aube, cant. et arr. de Troyes. = Troyes.

BRÉVIATEUR, s. m. Celui qui écrit les brefs du pape.

BRÉVIÈRE, s. f. Com. du dép. du Calvados, cant. de Livarot, arr. de Lisieux. = Vimoutiers.

BRÉVILLE, s. f. Com. du dép. du Calvados, cant. de Troarn, arr. de Caen. = Troarn.

BRÉVILLE, s. f. Com. du dép. de la Charente, cant. et arr. de Cognac. = Cognac.

BRÉVILLE, s. f. Com. du dép. de la Manche, cant. de Bréhal, arr. de Coutances. = Granville.

BRÉVILLERS, s. m. Com. du dép. du Pas-de-Calais, cant. de Hesdin, arr. de Montreuil. = Hesdin.

BRÉVILLERS, s. m. Com. du dép. de la Haute-Saône, cant. de Héricourt, arr. de Lure. = Belfort.

BRÉVILLERS, s. m. Com. du dép. de la Somme, cant. et arr. de Doullens. = Doullens.

BRÉVILLY, s. m. Com. du dép. des Ardennes, cant. de Mouzon, arr. de Sedan. = Mouzon.

Forges, martinets, fonderie et laminoirs.

BREVIN (St.-), s. m. Com. du dép. de la Loire-Inférieure, cant. et arr. de Paimbœuf. = Paimbœuf.

BRÉVIPÈDES, s. m. pl. Noms collectifs des oiseaux à pieds courts et peu propres à marcher. T. d'hist. nat.

BREVIPENNES, adj. et s. m. pl. Se dit d'un genre de gallinacées qui ont les ailes trop courtes pour le vol, comme l'autruche.

BRÉVIROSTRES, adj. et s. m. pl. Se dit des oiseaux à bec court et gros. T. d'hist. nat.

BRÉVITÉ, s. f. Qualité des voyelles qui ne se prononcent pas ou peu. T. de gramm.

BREVONNE, s. f. Com. du dép. l'Aube, cant. de Piney, arr. de Troyes. = Troyes.

BREXEN-ENOCQ, s. m. Com. du dép. du Pas-de-Calais, cant. d'Etaples, arr. de Montreuil-sur-Mer.= Montreuil.

BREY ET MAISON-DU-BOIS (le), s. m. Com. du dép. du Doubs, cant. de Mouthe, arr. de Pontarlier. = Pontarlier.

BREYNIE, s. f. Plante des îles de la mer du Sud. T. de bot.

BRÉZÉ, s. m. Com. du dép. de Maine-et-Loire, cant. de Montreuil-Bellay, arr. de Saumur. = Montreuil-Bellay.

BREZIERS, s. m. Com. du dép. des Hautes-Alpes, cant. de Chorges, arr. d'Embrun. = Gap.

BRÉZILHAC, s. m. Com. du dép. de l'Aude, cant. d'Alaine, arr. de Limoux. = Limoux.

BRÉZINS, s. m. Com. du dép. de l'Isère, cant. de St.-Etienne-de-St.-Geoirs, arr. de St.-Marcellin. = la côte St.-André.

BREZOLE, s. f. Ragoût de filets de viande de boucherie ou de volaille. T. de cuis.

BREZOLLES, s. f. Com. du dép. d'Eure-et-Loir, chef-lieu de cant. de l'arr. de Dreux. Bur. d'enregist. et de poste.

BREZONS, s. m. Com. du dép. du Cantal, cant. de Pierrefort, arr. de St.-Flour. = St.-Flour.

BRIAC (St.-), s. m. Com. du dép. d'Ille-et-Vilaine, cant. de Pleurtuit, arr. de St.-Malo. = St.-Malo.

BRIAN, s. m. Com. du dép. de Saône-et-Loire, cant. de Semur-en-Brionnais, arr. de Charolles. = Marcigny.

BRIANÇON, s. m. Petite et très ancienne ville du dép. des Hautes-Alpes, place de guerre de 1re classe, chef-lieu de sous-préf. et d'un cant. Trib. de 1re inst.; conserv. des hypoth.; direct. des contrib. indir.; recev. part. des finances; bur. d'enregist. et de poste.

Cette ville se trouve à la jonction de deux vallées, la Durance et la Guisanne; elle passe pour imprenable. Sept forts, dont cinq placés sur la Durance, et qui ne communiquent avec la ville que par un pont d'une grande hardiesse, battent les vallées par lesquelles seules on peut arriver à la place; des souterrains percés dans le roc établissent des communications entre tous ces forts, ce qui permettrait aux assiégés de porter des secours efficaces sur le point qui serait attaqué par l'ennemi. Briançon fut pris en 1590 par le duc de Lesdiguières. C'est la ville de France la plus élevée; sa hauteur est de 1,306 mètres au-dessus du niveau de la mer.

Fab. de cotonnades, faulx, faucilles, peignes pour le chanvre, clous, crayons; filature de coton; fonderie de cuivre et de cloches; comm. de mine de plomb, craie de Briançon, mulets, chevaux, moutons, térébenthine, graine de mélèze, d'eau de lavande, de manne et de sucre résineux de mélèze que l'on récolte dans les montagnes environnantes.

BRIANÇONNET, s. m. Com. du dép. du Var, cant. de St.-Auban, arr. de Grasse. = Grasse.

BRIANTES, s. f. Com. du dép. de l'Indre, cant. et arr. de la Châtre. = la Châtre.

BRIARE, s. m. Petite ville du dép. du Loiret, chef-lieu de cant. de l'arr. de Gien. Bur. d'enregist. et de poste. Comm. de vins, bois, charbon.

BRIARE (le canal de), s. m. A l'aide du canal de Loing, il établit une communication entre la Haute-Loire et la Seine. C'est le premier essai de navigation de cette nature qui ait été exécuté en France. Ce canal, à partir de Briare où il entre dans la Loire, cotoie le ruisseau de Trezée, remonte par Ouzouer, Rogny, Châtillon et Montargis où il rejoint le canal de Loing qui tombe dans la Seine au-dessous de Moret. Chaque année, la navigation du canal de Briare est interrompue du 1er août au 1er novembre.

BRIARE, s. m. Com. du dép. du Loiret, cant. de Puiseaux, arr. de Pithiviers. = Pithiviers.

BRIAS, s. m. Com. du dép. du Pas-de-Calais, cant. et arr. de St.-Pol. = St.-Pol.

BRIASTRE, s. m. Com. du dép. du Nord, cant. de Solesme, arr. de Cambrai. = le Catteau.

BRIATEXTE, s. m. Com du dép. du Tarn, cant. de Graulhet, arr. de Lavaur. = Lavaur.

BRIAUCOURT, s. m. Com. du dép. de la Haute-Marne, cant. d'Andelot, arr. de Chaumont. = Andelot.

BRIAUCOURT, s. m. Com. du dép. de la Haute-Saône, cant. de St.-Loup, arr. de Lure. = Luxeuil.

BRIAUNY, s. m. Com. du dép. de la Côte-d'Or, cant. de Précy-sous-Thil, arr. de Semur. = Semur.

BRIBE, s. f. Gros morceau de pain. —, pl. Restes que les valets serrent pour donner aux mendians. — d'un livre, citations, phrases prises çà et là, sans choix et sans goût.

BRIBERESSE, s. f. Mendiante, gueuse.

BRICE (St.-), s. m. Com. du dép. de la Charente, cant. et arr. de Cognac. = Cognac.
Fabrique d'eau-de-vie de très bonne qualité.

BRICE (St.-), s. m. Com. du dép. d'Ille-et-Vilaine, chef-lieu de cant. de l'arr. de Fougères. Bur. d'enregist. = St.-Malo.
Papeteries assez considérables.

BRICE (St.-), s. m. Com. du dép. de la Gironde, cant. de Sauveterre, arr. de la Réole. = Cadillac.

BRICE (St.-), s. m. Com. du dép. de Lot-et-Garonne, cant. de Port-Ste.-Marie, arr. d'Agen. = Aiguillon.

BRICE (St.-), s. m. Com. du dép. de la Manche, cant. et arr. d'Avranches. = Avranches.

BRICE (St.-), s. m. Com. du dép. de la Marne, cant. et arr. de Reims. = Reims.

BRICE (St.-), s. m. Com. du dép. de la Mayenne, cant. de Grez-en-Bouère, arr. de Château-Gontier. = Sablé.

BRICE (St.-), s. m. Com. du dép. de l'Orne, cant. et arr. de Domfront. = Domfront.

BRICE (St.-), s. m. Com. du dép. de Seine-et-Marne, cant. et arr. de Provins. = Provins.

BRICE (St.-), s. m. Com. du dép. de Seine-et-Oise, cant. d'Ecouen, arr. de Pontoise. = Enghien.

BRICE (St.-), s. m. Com. du dép. de la Haute-Vienne, cant. de St.-Junien, arr. de Rochechouart. = St.-Junien.

BRICE-DE-LANDELLE (St.-), s. m. Com. du dép. de la Manche, cant. de St.-Hilaire-du-Harcouet, arr. de Mortain. = St.-Hilaire.

BRICE-SOUS-RANES (St.-), s. m. Com. du dép. de l'Orne, cant. d'Ecouché, arr. d'Argentan. = Argentan.

BRICK, s. m. Petit navire de guerre. T. de mar.

BRICOLE, s. f. Partie du harnais qui s'attache au poitrail ; espèce d'attelage en cuir pour traîner une voiture à bras ou porter un fardeau. —, à la paume, retour de la balle qui a frappé un mur ; au billard, retour de la bille qui a touché une bande. —, ligne de fond attachée à un pieu. T. de pêch. —, pl. Rets pour prendre des cerfs, des daims. T. de véner. De —, adv. Indirectement.

BRICOLÉ, E, part. Mangé avidement, goulument.

BRICOLER, v. a. Manger goulument en se brûlant et en agitant le morceau dans sa bouche; accommoder, mettre en œuvre. —, v. n. Jouer de bricole au billard ; biaiser, tergiverser. T. fam.

BRICOLIER, s. m. Cheval attelé à une chaise de poste à côté du cheval de brancard.

BRICON, s. m. Com. du dép. de la Haute-Marne, cant. de Château-Vilain, arr. de Chaumont. = Château-Vilain.

BRICONVILLE, s. f. Com. du dép. d'Eure-et-Loir, cant. et arr. de Chartres. = Chartres.

BRICOTEAUX, s. m. pl. Pièces de bois longues et étroites placées sur le devant du métier des tisserands, rubaniers, etc.

BRICOT-LA-VILLE, s. m. Com. du dép. de la Marne, cant. d'Esternay, arr. d'Epernay. = Sézanne.

BRICQUEBEC, s. m. Com. du dép. de la Manche, chef-lieu de cant. de l'arr. de Valogne. Bur. d'enregist. et de poste.

BRICQUEBOSQ, s. m. Com. du dép. de la Manche, cant. de Pieux, arr. de Cherbourg. = Cherbourg.

BRICQUEVILLE, s. f. Com. du dép. du Calvados, cant. de Trévières, arr. de Bayeux. = Bayeux.

BRICQUEVILLE - LA - BLOUETTE, s. f. Com. du dép. de la Manche, cant. et arr. de Coutances. = Coutances.

BRICQUEVILLE - SUR - MER, s. f. Com. du dép. de la Manche, cant. de Bréhal, arr. de Coutances. = Coutances.

BRICY, s. m. Com. du dép. du Loiret, cant. de Patay, arr. d'Orléans. = Orléans.

BRIDE, s. f. Partie du harnais d'un cheval, composée de la têtière, des rênes et du mors. —, cordon, ruban, etc., attaché à un béguin, à un bonnet, à un chapeau de femme. —, points en travers aux deux extrémités d'une boutonnière, aux ouvertures d'une chemise pour les empêcher de se déchirer. —, frein des passions. Fig. —, pl. filamens membraneux qui se trouvent dans le foyer des abcès. —, adhérences qui surviennent dans l'urètre. T. de chir. A toute —, de toutes les jambes du cheval. Aller — en main, avec circonspection. Lâcher la — à, cesser de guider, de donner des conseils. Mettre la — sur le cou, donner la plus grande liberté. Tenir en —, dans le devoir. Tenir la — à quelqu'un, l'empêcher de faire des sottises.

BRIDÉ (le), s. m. Poisson du genre du chétodon, du spare. T. d'hist. nat.

BRIDÉ, E, part. Se dit d'un cheval auquel on vient de mettre la bride.

BRIDER, v. a. Mettre la bride à un cheval ; ceindre, lier, attacher, serrer étroitement. —, lier par une obligation, par un contrat. —, tenir en sujétion, réprimer. Fig. — l'ancre, garnir les pattes avec des planches pour qu'elles entrent moins avant dans le sable. T. de mar.

BRIDOIR, s. m. Mentonnière.

BRIDOLE, s. f. Appareil pour faire plier et ranger les bordages sur les couples. T. de mar.

BRIDON, s. m. Bride légère sans branches; petit mors brisé.

BRIDORE, s. m. Com. du dép. d'Indre-et-Loire, cant. et arr. de Loches. = Loches.

BRIE, s. f. Cette province dépendait autrefois des gouvernemens de Champagne et de l'Ile-de-France ; Méaux en était la capitale. Elle est renfermée aujourd'hui dans les dép. de Seine-et-Marne, de l'Aisne et de la Marne.

La Brie est un pays très fertile en céréales et fournit des fromages très recherchés.

BRIE, s. m. Fromage de Brie. — s. f. Barre de bois pour brier, pour battre la pâte.

BRIE, s. f. Com. du dép. de l'Aisne, cant. de la Fère, arr. de Laon = la Fère.

BRIE, s. f. Com. du dép. de l'Ariège, cant. de Saverdun, arr. de Pamiers. = Saverdun.

BRIE, s. f. Com. du dép. de la Charente, cant. de la Rochefoucauld, arr. d'Angoulême. = la Rochefoucauld.

BRIE, s. f. Com. du dép. de la Charente, cant. et arr. de Barbezieux. = Barbezieux.

BRIE, s. f. Com. du dép. de la Charente, cant. de Chalais, arr. de Barbezieux. = la Graulle.

BRIE, s. f. Com. du dép. d'Ille-et-Vilaine, cant. de Janzé, arr. de Rennes. = la Guerche.

BRIE, s. f. Com. du dép. des Deux-Sèvres, cant. de Thouars, arr. de Bressuire. = Thouars.

BRIE, s. f. Com. du dép. de la Somme, cant. et arr. de Péronne. = Péronne.

BRIÉ, E, part. Battu, en parlant de la pâte.

BRIEC, s. m. Com. du dép. du Finistère, chef-lieu de cant. de l'arr. de Quimper, où se tient le bur. d'enregist. = Quimper.

BRIE-COMTE-ROBERT, s. f. Petite ville du dép. de Seine-et-Marne, chef-lieu de cant. de l'arr. de Melun. Bur. d'enregist. et de poste.

Apprêt de plumes à écrire; pépinières; comm. considérable de grains et de fromages de Brie.

BRIÉ-ET-ANGONNES, s. m. Com. du dép. de l'Isère, cant. de Vizille, arr. de Grenoble. = Vizille.

BRIEF, ÈVE, adj. Bref, brève, de peu de durée. T. de procéd. (Vi.)

BRIEL, s. m. Com. du dép. de l'Aube, cant. et arr. de Bar-sur-Seine. = Bar-sur-Seine.

BRIELLES, s. f. Com. du dép. d'Ille-et-Vilaine, cant. d'Argentré, arr. de Vitré. = la Guerche.

BRIENNE, s. f. Com. du dép. des Ardennes, cant. d'Asfeld, arr. de Rethel. = Reims.

BRIENNE, s. f. Com. du dép. de Saône-et-Loire, cant. de Cuizery, arr. de Louhans. = Louhans.

BRIENNE-LA-VIEILLE, s. f. Com. du dép. de l'Aube, cant. de Brienne-le-Château, arr. de Bar-sur-Aube. = Brienne.

BRIENNE-LE-CHÂTEAU, s. f. Petite ville du dép. de l'Aube, chef-lieu de l'arr. de Bar-sur-Aube; bur. d'enregist. et de poste. Avant la révolution il existait une école militaire à Brienne ; c'est là que Napoléon fit ses premières études. En 1814, le 29 janvier, devenu le plus grand capitaine des temps modernes, ce même Napoléon livrait et gagnait une bataille dans les environs du château qui avait été témoin de ses premiers succès. Mais c'étaient les derniers efforts de son génie ; il devait succomber un peu plus tard, accablé par le nombre de ses ennemis.

Filature de coton, bonneterie; fab. d'huile et de faïence; comm. de grains, chanvre et laine.

BRIENNON, s. m. Com. du dép. de la Loire, cant. et arr. de Roanne. = Roanne.

BRIENNON ou BRINON-L'ARCHEVÊQUE, s. m. Petite ville du dép. de l'Yonne, chef-lieu de cant. de l'arr. de Joigny. Bur. d'enregist. et de poste.

Fab. de gros draps et de serges; filature de laine; comm. considérable de bois et charbon pour l'approvisionnement de Paris.

BRIER, v. a. Battre fortement la pâte avec la brie.

BRIÈRE-LES-SCELLÉS, s. f. Com. du dép. de Seine-et-Oise, cant. et arr. d'Etampes. = Etampes.

BRIÈRES, s. f. Com. du dép. des Ardennes, cant. de Monthois, arr. de Vouziers. = Vouziers.

BRIE-SOUS-ARCHIAC, s. f. Com. du dép. de la Charente-Inférieure, cant. d'Archiac, arr. de Jonzac. = Jonzac.

BRIE-SOUS-MATHA, s. f. Com. du dép. de la Charente-Inférieure, cant. de

Matha, arr. de St.-Jean-d'Angely. = St.-Jean-d'Angely.

BRIE-SOUS-MORTAGNE, s. f. Com. du dép. de la Charente-Inférieure, cant. de Cozes, arr. de Saintes. = Cozes.

BRIEUC (St.-), s. m. Ville maritime du dép. des Côtes-du-Nord, chef-lieu de préf., d'une sous-préf. et de deux cant.; cour d'assises; trib. de 1re inst. et de comm.; évêché; société d'agric.; école d'hydrographie de 4e classe; biblioth. publ.; musée de peinture et de gravure; ingén. en chef et ordin. des ponts-et-chaussées; direct. de l'enregist. et des domaines de 3e classe; conserv. des hypoth.; direct. des contrib. dir. et indir.; bur. de garantie des matières d'or et d'argent; recev. gén. des finances; payeur du dép.; bur. d'enregist. et de poste. Pop. 9,663 hab. environ.
Cette ville est située dans un pays fertile, au fond d'un golfe formé par l'Océan, à l'embouchure de la petite rivière du Gouet. Elle est bien bâtie, possède quatre places publiques et plusieurs édifices dignes d'attention. Son port, vers lequel on voit remonter des navires de 4 à 500 tonneaux, se trouve au village de Legué-St.-Brieuc, à trois quarts de lieue de la mer, dont la ville est séparée par des montagnes.
Fab. de draps, molletons, huile de lin; filature de coton; papeterie; faïenceries. Comm. de grains, lin, chanvre, suif, beurre, miel et bestiaux; armemens pour les colonies et pour la pêche de la morue au banc de Terre-Neuve; cabotage; course de chevaux pour les cinq dép. de la Bretagne.

BRIEU-CANTOINET, s. m. Com. du dép. de l'Aveyron, cant. de Ste.-Geneviève, arr. d'Espalion. = Mur-de-Barrez.

BRIEUC-DE-MAURON (St.-), s. m. Com. du dép. du Morbihan, cant. de Mauron, arr. de Ploërmel. = Ploërmel.

BRIEUC-DES-IFFS (St-), s. m. Com. du dép. d'Ille-et-Vilaine, cant. de Bécherel, arr. de Montfort. = Bécherel.

BRIEUIL, s. m. Com. du dép. des Deux-Sèvres, cant. de Brioux, arr. de Melle. = Melle.

BRIEULLES-SUR-BAR, s. f. Com. du dép. des Ardennes, cant. de Chesne, arr. de Vouziers. = Buzancy.

BRIEULLES-SUR-MEUSE, s. f. Com. du dép. de la Meuse, cant. de Dun, arr. de Montmédy. = Dun-sur-Meuse.

BRIEUX, s. m. Com. du dép. de l'Orne, cant. de Trun, arr. d'Argentan. = Argentan.

BRIÈVEMENT, adv. D'une manière prompte, en peu de mots; succinctement.

BRIÈVETÉ, s. f. Courte durée d'une chose; brièveté de la vie. —, concision, laconisme.

BRIEY, s. m. Petite ville du dép. de la Moselle, chef-lieu de sous-préf. et d'un cant. Trib. de 1re inst.; conserv. des hypoth.; direct. des contrib. indir.; recev. part. des finances; bur. d'enregist. et de poste.
Fab. de gros draps, molletons, droguets, toiles, mouchoirs; tannerie et papeterie.

BRIFAUDÉ, E, part. Qui a reçu le premier peignage, en parlant de la laine.

BRIFAUDER, v. a. Donner le premier peignage aux laines.

BRIFE, s. f. Gros morceau de pain. T. fam.

BRIFÉ, E, part. Mangé goulument.

BRIFER, v. a. Manger avidement, bâfrer. T. fam.

BRIFEUR, s. m. Bâfreur, glouton.

BRIFFONS, s. m. Com. du dép. du Puy-de-Dôme, cant. de Bourg-Lastic, arr. de Clermont-Ferrand. = Clermont.

BRIFIER, s. m. Bande de plomb, partie de l'enfaîtement d'un toit couvert d'ardoises.

BRIGADE, s. f. Petite division d'une compagnie de cavalerie commandée par un brigadier; plusieurs régimens d'infanterie et de cavalerie sous les ordres d'un maréchal-de-camp ou général de brigade.

BRIGADIER, s. m. Sous-officier qui commande une brigade dans la cavalerie. —, celui qui, après le patron, commande l'équipage d'une chaloupe. T. de mar.

BRIGAND, s. m. Détrousseur, voleur de grand chemin, assassin. —, exacteur, concussionnaire. —, pl. Anciens peuples de la Grande-Bretagne.

BRIGANDAGE, s. m. Vol sur les grands chemins, à main armée. —, concussion, exaction, rapine, pillage de la fortune publique, agiotage, déprédation administrative, désordre dans les finances. Fig.

BRIGANDEAU, s. m. Petit brigand, praticien fripon. T. fam.

BRIGANDER, v. n. Vivre en brigand, piller, voler.

BRIGANDINE, s. f. Cotte de mailles, petit haubert.

BRIGANTIN, s. m. Petit navire à voiles et à rames pour la course; bâtiment de bas-bord à trois mâts. T. de mar. —, lit de campagne portatif.

BRIGANTINE, s. f. Voile distinctive

des bâtimens armés en course, des brigantins. T. de mar.

BRIGAUT, s. m. Gros bois neuf à brûler.

BRIGITTE (Ste.-), s. f. Com. du dép. du Morbihan, cant. de Cléguérec, arr. de Pontivy. = Pontivy.

BRIGNAC, s. m. Com. du dép. de la Corrèze, cant. d'Ayen, arr. de Brive. = Brive.

BRIGNAC, s. m. Com. du dép. de l'Hérault, cant. de Clermont, arr. de Lodève. = Clermont.

BRIGNAC, s. m. Com. du dép. du Morbihan, cant. de Mauron, arr. de Ploërmel. = Ploërmel.

BRIGNAIS, s. m. Petite ville du dép. du Rhône, cant. de St.-Genis-Laval, arr. de Lyon. = Lyon. Comm. de bestiaux.

BRIGNANCOURT, s. m. Com. du dép. de Seine-et-Oise, cant. de Marines, arr. de Pontoise. = Pontoise.

BRIGNÉ, s. m. Com. du dép. de Maine-et-Loire, cant. de Doué, arr. de Saumur. = Doué.

BRIGNEMONT, s. m. Com. du dép. de la Haute-Garonne, cant. de Cadours, arr. de Toulouse. = Beaumont.

BRIGNOLES, s. f. Jolie ville du dép. du Var, chef-lieu de sous-préf. et d'un cant.; trib. de 1re inst. et de comm.; société d'agric.; biblioth. publique; ingén. ordin. des ponts-et-chaussées; conserv. des hypoth.; sous-inspect. des forêts; direct. des contrib. indir.; recev. part. des finances; bur. d'enregist. et de poste. Pop. 6,200 hab. environ.

Cette ville, qui se glorifie d'avoir vu naître M. Raynouard, auteur des Templiers, est fort agréablement située au milieu d'un vallon fertile, et est entourée de montagnes couvertes de bois. Elle est assez bien bâtie et possède de belles fontaines qui contribuent beaucoup à la salubrité de l'air.

Fab. de draps, savon, colle forte, bougies; filatures de soie; faïenceries; distilleries d'eaux-de-vie; comm. de vins, eaux-de-vie, liqueurs, huile d'olives, oranges et particulièrement de prunes excellentes connues dans le commerce sous le nom de prunes de Brignoles.

BRIGNOLIE, s. f. Genre de plantes de la famille des ombellifères. T. de bot.

BRIGNOLIER, s. m. Petit arbre de St.-Domingue dont le fruit a la forme d'une olive.

BRIGNON, s. m. Com. du dép. du Gard, cant. de Vézenobres, arr. d'Alais. = Nismes.

BRIGNON (le), s. m. Com. du dép. de la Haute-Loire, cant. de Solignac-sur-Loire, arr. du Puy. = le Puy.

BRIGUE, s. f. Intrigue dans laquelle diverses personnes sont intéressées; démarches vives et secrètes pour obtenir, par surprise, de l'argent, des honneurs, des emplois; cabale, faction, parti.

BRIGUÉ, E, part. Obtenu par la brigue.

BRIGUEIL-LE-CHANTRE, s. m. Com. du dép. de la Vienne, cant. de la Trimouille, arr. de Montmorillon. = Montmorillon.

BRIGUER, v. a. Solliciter vivement et secrètement; tâcher d'obtenir quelque chose par la brigue, par de coupables intrigues.

BRIGUEUL, s. m. Com. du dép. de la Charente, cant. et arr. de Confolens. = St.-Junien.

BRIGUEUR, s. m. Intrigant qui brigue.

BRIIS-SOUS-FORGES, s. m. Com. du dép. de Seine-et-Oise, cant. de Limours, arr. de Rambouillet. = Limours.

BRILLA, s. m. Com. du dép. du Jura, cant. de Moirans, arr. de St.-Claude. = Orgelet.

BRILLAC, s. m. Com. du dép. de la Charente, cant. et arr. de Confolens. = Confolens.

BRILLAMMENT, adv. D'une manière brillante.

BRILLANNE, s. f. Com. du dép. des Basses-Alpes, cant. de Peyruis, arr. de Forcalquier. = Forcalquier.

BRILLANT, E, adj. Qui répand un vif éclat, qui brille. Se dit des pensées, de l'esprit, etc. —, s. m. Diamant à facettes.

BRILLANTÉ, E, part. Taillé en brillant. —, adj. Plein d'ornemens recherchés, de faux éclat; style, ouvrage brillanté.

BRILLANTER, v. a. Tailler un diamant à facettes, en dessus comme en dessous. —, semer de faux brillans. Fig.

BRILLECOURT, s. m. Com. du dép. de l'Aube, cant. de Ramerupt, arr. d'Arcis-sur-Aube. = Arcis-sur-Aube.

BRILLER, v. n. Avoir de l'éclat, jeter une lumière étincelante, reluire. Se dit de la vertu, de la gloire, des productions de l'esprit et de tout ce qui frappe vivement l'imagination. Fig. —, quêter avec ardeur. T. de véner.

BRILLEVAST, s. m. Com. du dép. de la Manche, cant. de St.-Pierre-Eglise, arr. de Cherbourg. = Valognes.

BRILLON, s. m. Com. du dép. de la Meuse, cant. d'Ancerville, arr. de Bar-le-Duc. = Bar-le-Duc.

BRILLON, s. m. Com. du dép. du Nord, cant. de St.-Amand, arr. de Valenciennes. = St.-Amand.

BRIMBAL, s. m. Voy. BRANLE-BAS.

BRIMBALE, s. f. Levier d'une pompe.

BRIMBALÉ, E, part. Agité, secoué.

BRIMBALER, v. a. Agiter, secouer par branle; sonner mal des cloches, les désaccorder. T. fam.

BRIMBORION, s. m. Colifichet, babiole. T. fam.

BRIMEUX, s. m. Com. du dép. du Pas-de-Calais, cant. de Campagne, arr. de Montreuil-sur-Mer. = Montreuil.

BRIMONT, s. m. Village du dép. de Lot-et-Garonne, cant. de Laplume, arr. d'Agen. = Agen.

BRIMONT, s. m. Com. du dép. de la Marne, cant. de Bourgogne, arr. de Reims. = Reims.

BRIN, s. m. Premier jet d'un végétal; scion, tige droite d'un arbre; pièce de bois longue et droite; chose menue, longue et fluette; brin de paille, de fil. Un —, un peu. — à —, adv. Successivement, un brin après l'autre.

BRIN, s. m. Com. du dép. de la Meurthe, cant de Nomeny, arr. de Nancy. = Nancy.

BRINAY, s. m. Com. du dép. du Cher, cant. de Lury, arr. de Bourges. = Vierzon.

BRINAY, s. m. Com. du dép. de la Nièvre, cant. de Châtillon, arr. de Château-Chinon. = Moulins-Engilbert.

BRIN-BLANC, s. m. Colibri de la Guiane. — bleu, colibri du Mexique.

BRINCKHEIM, s. m. Com. du dép. du Haut-Rhin, cant. de Landser, arr. d'Altkirch. = Huningue.

BRIN-D'AMOUR, s. m. Nom vulgaire du mourciller piquant.

BRINDAS, s. m. Com. du dép. du Rhône, cant. de Vaugueray, arr. de Lyon. = Lyon.

BRINDE, s. f. Toast, santé. Faire des —, boire à la santé de quelqu'un. (Vi.)

BRIN-D'ESTOC, s. m. Long bâton ferré des deux bouts.

BRINDILLE, s. f. Petite branche à fruit, longue et grêle. T. de jard.

BRINDONE, s. m. Fruit du mangoustan, arbre des Indes orientales.

BRINGOLO, s. m. Com. du dép. des Côtes-du-Nord, cant. de Plouagat, arr. de Guingamp. = Guingamp.

BRINGUE, s. f. Cheval petit et mal fait. T. de man. —, femme maigre et décharnée, mal bâtie; grande bringue.

T. fam. En —, adv. En pièces, en désordre.

BRINGUES, s. f. Com. du dép. du Lot, cant. de Livernon, arr. de Figeac. = Figeac.

BRINIGHOFFEN, s. m. Com. du dép. du Haut-Rhin, cant. et arr. d'Altkirch. = Altkirch.

BRINON, s. m. Com. du dép. du Cher, cant. d'Argent, arr. de Sancerre. = Aubigny.

BRINON-LES-ALLEMANDS, s. m. Com. du dép. de la Nièvre, chef-lieu de cant. de l'arr. de Clamecy. Bur. d'enregist. = Varzy.

BRINQUEBALLE, s. f. Pièce d'une machine qui maintient les seaux. T. d'ardois.

BRIOCHE, s. f. Sorte de pâtisserie composée avec de la farine, du beurre et des œufs. —, bévue, maladresse. T. fam.

BRIOLLAY, s. m. Com. du dép. de Maine-et-Loire, chef-lieu de cant. de l'arr. d'Angers, où se tient le bur. d'enregist. = Angers.

BRIOLS, s. m. Com. du dép. de l'Aveyron, cant. de Belmont, arr. de St.-Affrique. = St.-Affrique.

BRION, s. m. Mousse qui croît sur l'écorce des arbres, et surtout sur celle des chênes. —, ringeau ou ringeot. T. de mar.

BRION, s. m. Com. du dép. de l'Indre, cant. de Levroux, arr. de Châteauroux. = Levroux.

BRION, s. m. Com. du dép. de l'Isère, cant. de St.-Etienne-de-St.-Geoire, arr. de St. Marcellin. = St.-Marcellin.

BRION, s. m. Com. du dép. de la Lozère, cant. de Fournels, arr. de Marvejols. = St.-Chély. Fab. de cadis et de serges.

BRION, s. m. Com. du dép. de Maine-et-Loire, cant. de Beaufort, arr. de Beaugé. = Beaufort.

BRION, s. m. Com. du dép. de Saône-et-Loire, cant. de Mesvres, arr. d'Autun. = Autun.

BRION, s. m. Com. du dép. des Deux-Sèvres, cant. de Thouars, arr. de Bressuire. = Thouars.

BRION, s. m. Com. du dép. de la Vienne, cant. de Gençay, arr. de Civray. = Vivonne.

BRION, s. m. Com. du dép. de l'Yonne, cant. et arr. de Joigny. = Joigny.

BRIONNE (la), s. f. Com. du dép. de la Creuse, cant. de St.-Vaulry, arr. de Guéret. = Guéret.

BRIONNE, s. f. Petite ville du dép. de

l'Eure, chef-lieu de cant. de l'arr. de Bernay. Bur. d'enregist. et de poste.

BRION-SUR-OURCE, s. m. Com. du dép. de la Côte-d'Or, cant. de Montigny-sur-Aube, arr. de Châtillon-sur-Seine. = Châtillon.

BRIORD, s. m. Com. du dép. de l'Ain, cant. d'Huis, arr. de Belley. = Belley.

BRIOSNE, s. f. Com. du dép. de la Sarthe, cant. de Bonnétable, arr. de Mamers. = Bonnétable.

BRIOST, s. m. Com. du dép. de la Somme, cant. de Nesle, arr. de Péronne. = Péronne.

BRIOT, s. m. Com. du dép. de l'Oise, cant. de Grandvilliers, arr. de Beauvais. = Grandvilliers.

BRIOTTE, s. f. Anémone à peluche. T. de bot.

BRIOU, s. m. Com. du dép. de Loir-et-Cher, cant. de Marchénoir, arr. de Blois. = Beaugency.

BRIOUDE, s. f. Ancienne ville du dép. de la Haute-Loire, chef-lieu de sous-préf. et d'un cant.; trib. de 1re inst. et de comm.; société d'agric.; biblioth. publique; conserv. des hypoth.; direct. des contrib. indir.; recev. part. des finances; bur. d'enregist. et de poste.

Cette ville est agréablement située; mais elle est en général fort mal bâtie. On y remarque l'église gothique de St.-Julien, qui date du neuvième siècle.

BRIOUDE-LA-VIEILLE, s. f. Com. du dép. de la Haute-Loire, cant. et arr. de Brioude. = Brioude.

BRIOUNES, s. f. Com. du dép. de l'Aveyron, cant. d'Estaing, arr. d'Espalion. = Espalion.

BRIOUX, s. m. Com. du dép. des Deux-Sèvres, chef-lieu de cant. de l'arr. de Melle. Bur. d'enregist. à Chizé. = Melle.

BRIOUZE, s. f. Com. du dép. de l'Orne, chef-lieu de cant. de l'arr. d'Argentan. Bur. d'enregist. = Argentan. Fab. et comm. de toiles.

BRIOZ, s. m. Com. du dép. du Jura, cant. de Conliége, arr. de Lons-le-Saulnier. = Lons-le-Saulnier.

BRIQUAILLONS, s. m. pl. Morceaux de brique pour les moules de fondeur. T. de fond.

BRIQUE, s. f. Terre argileuse, pétrie, moulée, séchée ou cuite pour bâtir. —, ce qui en a la forme; brique de savon, d'étain, etc.

BRIQUEMESNIL, s. m. Com. du dép. de la Somme, cant. de Molliens-Vidame, arr. d'Amiens. = Picquigny.

BRIQUENAY, s. m. Com. du dép. des Ardennes, cant. de Buzancy, arr. de Vouziers. = Buzancy.

BRIQUET, s. m. Petit instrument d'acier pour tirer du feu d'un caillou. —, petit sabre d'infanterie. —, petit chien de chasse.

BRIQUETAGE, s. m. Ouvrage de brique ou imitant la brique.

BRIQUETÉ, E, part. Peint en brique. —, adj. Couleur de brique; urine briquetée.

BRIQUETER, v. a. Imiter la brique avec un enduit de plâtre et d'ocre; peindre en brique.

BRIQUETERIE, s. f. Etablissement où l'on fait la brique.

BRIQUETEUR, s. m. Principal ouvrier briquetier.

BRIQUETIER, s. m. Fabricant et marchand de briques.

BRIQUETIÈRE (la), s. f. Com. du dép. de l'Orne, cant. d'Exmes, arr. d'Argentan. = Nonant.

BRIS, s. m. Rupture d'un scellé, fracture d'une porte, d'une prison; évasion de prisonniers. T. de procéd. —, débris de vaisseau brisé sur un écueil, naufrage. —, bande de fer fixant une porte sur ses gonds. T. de blas.

BRIS (St.-), s. m. Petite ville du dép. de l'Yonne, cant. et arr. d'Auxerre. Bur. de poste.

BRISABLE, adj. Qui peut être brisé.

BRISACK (Neuf-) ou NEUF-BRISACK, s. m. Jolie ville du dép. du Haut-Rhin, place de guerre de 1re classe, chef-lieu de cant. de l'arr. de Colmar. Bur. d'enregist. et de poste.

Cette ville, fondée sous Louis XIV, a été fortifiée par Vauban. Elle est à une demi-lieue de la rive gauche du Rhin, en face du Vieux-Brisack, sur le canal de Vauban et sur celui de Monsieur, qui passent dans les glacis de la forteresse, où ils forment une espèce de port.

BRISAMBOURG, s. m. Com. du dép. de la Charente-Inférieure, cant. de St.-Hilaire, arr. de St.-Jean-d'Angely. = St.-Jean-d'Angely.

BRISANT, s. m. Rejaillissement des ondes se heurtant contre un rocher. —, pl. Rochers, écueils à fleur d'eau; vagues qui viennent se briser sur la côte. T. de mar.

BRISCAMBILLE, s. f. Sorte de jeu de cartes à deux.

BRISCOUS, s. m. Com. du dép. des Basses Pyrénées, cant. de la Bastide-de-Clairance, arr. de Bayonne. = Bayonne.

BRIS-DE-BOIS (St.-), s. m. Com. du dép. de la Charente-Inférieure, cant. de Burie, arr. de Saintes. = Saintes.

BRISE, s. f. Petits vents frais et périodiques. T. de mar. —, poutre en bascule. T. de charp.

BRISÉ, E, part. Rompu, mis en pièces. Chevron —, dont la tête est séparée. T. de blas.

BRISE-COU, s. m. Casse-cou, escalier roide, mauvaise échelle, glace, etc. —, cheval rétif, capricieux; le maquignon qui le monte.

BRISÉES, s. f. pl. Branches cassées à l'aide desquelles un chasseur trace son chemin dans un taillis. —, exemples : suivre les —, imiter. Aller sur les — de quelqu'un, entrer en rivalité, en concurrence.

BRISE-GLACE, s. m. Arc-boutant en avant des piles d'un pont, pour rompre les glaces, les séparer.

BRISE-IMAGE, s. m. Iconoclaste.

BRISEMENT, s. m. Fracture. —, choc violent des flots contre un rocher. —, vif repentir, attrition. Fig.

BRISE-MOTTE, s. m. Gros rouleau de bois traîné par un cheval, pour briser les mottes.

BRISE-PIERRE, s. m. Instrument de chirurgie pour briser la pierre dans la vessie. T. de chir.

BRISER, v. a. Rompre et mettre en pièces. —, fatiguer; les cahots d'une charrette brisent le corps. — la laine, la démêler. — ses fers, s'affranchir de la tyrannie. —, rompre un lien d'amour. Fig. —, v. n. Heurter avec violence. T. de mar. —, ajouter une pièce à l'écu. T. de blas. —, rompre l'entretien; brisons là-dessus, n'en parlons plus. Fig. Se —, v. pron. Se casser, être mis en pièces. Se —, se plier, s'alonger, se raccourcir; fenêtre brisée, fusil brisé.

BRISE-RAISON, s. m. Extravagant, qui parle sans suite, qui divague.

BRISE-SCELLÉ, s. m. Voleur qui rompt les scellés, et qui enlève ce qui était renfermé dessous.

BRISEUR, s. m. Celui qui brise, qui rompt; briseur d'images, iconoclaste; ne se dit qu'en ce sens.

BRISE-VENT, s. m. Clôture pour garantir du vent.

BRISIS, s. m. Angle que forme un comble brisé au toit des mansardes. T. d'archit.

BRISOIR, s. m. Outil pour briser le chanvre, la paille.

BRISQUE, s. f. Sorte de jeu de cartes.

BRISSAC, s. m. Com. du dép. de l'Hérault, cant. de Ganges, arr. de Montpellier. = Ganges.

BRISSAC, s. m. Petite ville du dép. de Maine-et-Loire, cant. de Thouarcé, arr. d'Angers. Bur. d'enregist. et de poste.

BRISSARTHE, s. f. Com. du dép. de Maine-et-Loire, cant. de Châteauneuf, arr. de Segré. = Châteauneuf-sur-Sarthe.

BRISSAY-CHOIGNY, s. m. Com. du dép. de l'Aisne, cant. de Moy, arr. de St.-Quentin. = la Fère.

BRISSE ou BRISSUS, s. m. Sorte d'oursin; zoophyte échinoderme. T. d'hist. nat.

BRISSOÏDES, s. m. pl. Oursins fossiles. T. d'hist. nat.

BRISSON (St.-), s. m. Com. du dép. du Loiret, cant. et arr. de Gien. = Gien.

BRISSON (St.-), s. m. Com. du dép. de la Nièvre, cant. de Montsauche, arr. de Château-Chinon. = Saulieu.

BRISSY, s. m. Com. du dép. de l'Aisne, cant. de Moy, arr. de St.-Quentin. = la Fère.

BRISURE, s. f. Partie fracturée, détachée. —, ligne pour couvrir le flanc. T. de fortif. —, pièce ajoutée à l'écu. T. de blas.

BRITANNIQUE, adj. Qui concerne l'Angleterre. Iles —, l'Angleterre, l'Irlande, l'Ecosse et les îles environnantes.

BRITINNIENS, s. m. pl. Ermites d'Italie.

BRIU-BLANC, s. m. Colibri à bec très long. T. d'hist. nat.

BRIVE, s. f. Com. du dép. de la Haute-Loire, cant. et arr. du Puy. = le Puy.

BRIVE-LA-GAILLARDE, s. f. Ville du dép. de la Corrèze, chef-lieu de sous-préf. et d'un cant.; trib de 1re inst. et de comm.; société d'agric.; biblioth. publique; direct. des contrib. indir.; recev. part. des finances; conserv. des hypoth.; bur. d'enregist. et de poste.

Cette ville joint à une très belle situation l'avantage d'être construite solidement et avec goût. Les maisons, toutes en pierre de taille, la distinguent sous ce rapport de la plupart de nos villes. C'est à Brive que sont nés le fameux cardinal Dubois, l'avocat Treilhard, l'un des membres du directoire, et le maréchal Brune, dont la fin déplorable atteste l'aveuglement et la fureur des réactions. Pop. 7,300 hab. environ.

Fab. de draps, étamines, mousselines, gazes, mouchoirs de soie, huile de noix; filatures de coton; distilleries d'eaux-de-vie; blanchisseries de cire. Comm. de bois de construction, vins, marrons, moutarde violette, truffes, dindes truffées, laine, bestiaux et porcs. Dist. de Paris, 125 l.

BRIVÉ (le), s. m. Petite rivière qui sort des marais de St.-Gildas, dép. de la Loire-Inférieure, et qui, après un cours de 12 l., se perd dans la Loire au-dessus de St.-Nazaire. Elle est navigable depuis Pont-du-Château jusqu'à son embouchure.

BRIVES, s. f. Com. du dép. de l'Indre, cant. et arr. d'Issoudun. = Issoudun.

Mine de fer très riche; fonderie.

BRIVES-SUR-CHARENTE, s. f. Com. du dép. de la Charente-Inférieure, cant. de Pons, arr. de Saintes. = Pons.

BRIVEZAC, s. m. Com. du dép. de la Corrèze, cant. de Beaulieu, arr. de Brive. = Tulle.

BRIX, s. m. Com. du dép. de la Manche, cant. et arr. de Valognes. = Valognes.

BRIXEY-AUX-CHANOINES, s. m. Com. du dép. de la Meuse, cant. de Vaucouleurs, arr. de Commercy. = Vaucouleurs.

BRIZAY, s. m. Com. du dép. d'Indre-et-Loire, cant. de l'Ile-Bouchard, arr. de Chinon. = l'Ile-Bouchard.

BRIZE, s. f. Plante graminée, amourette. T. de bot.

BRIZEAUX, s. m. Com. du dép. de la Meuse, cant. de Triaucourt, arr. de Bar-le-Duc. = Ste.-Ménéhould.

BRIZOMANCIE, s. f. Interprétation par les songes.

BROC, s. m. Vase de bois, d'étain ou de terre pour le vin, le cidre, etc. De bric et de —, adv. De çà et de là, d'une manière et d'une autre.

BROC, s. m. Com. du dép. de Maine-et-Loire, cant. de Noyan, arr. de Baugé. = le Lude.

BROC, s. m. Com. du dép. du Var, cant. de Vence, arr. de Grasse. = Vence.

BROC (le), s. m. Com. du dép. du Puy-de-Dôme, cant. et arr. d'Issoire. = Issoire.

BROCANTE, s. f. Perche à laquelle sont attachés des habits, des effets à vendre ou à troquer.

BROCANTÉ, E, part. Acheté, vendu à la brocante.

BROCANTER, v. a. Acheter, vendre, troquer des habits, des bijoux; vendre à la brocante.

BROCANTEUR, EUSE, s. Celui, celle qui brocante; marchand d'habits, de vieux galons, etc.

BROCARD, s. m. Raillerie piquante, épigramme. —, chevreuil à son premier bois. T. de véner.

BROCARDÉ, E, part. Qui a été l'objet des brocards, de la raillerie.

BROCARDER, v. a. Lancer des brocards, piquer quelqu'un par des railleries, des épigrammes.

BROCARDEUR, EUSE, s. Qui fait des propos, lance des brocards.

BROCART, s. m. Etoffe brochée de soie, d'or ou d'argent.

BROCAS, s. m. Com. du dép. des Landes, cant. de Labrit, arr. de Mont-de-Marsan. = Mont-de-Marsan.

BROCATELLE, s. f. Etoffe qui imite le brocart. —, marbre nuancé de diverses couleurs.

BROCHANT, adj. m. Peint, ou passant par dessus, d'un côté de l'écu à l'autre. T. de blas. — sur le tout, par surcroît, de plus, en outre. T. fam.

BROCHE, s. f. Verge de fer pointue pour embrocher et faire rôtir la viande; tout ce qui a la forme d'une broche.—, fer qui sort du milieu d'un carton lorsqu'on tire à la cible; baguette pour enfiler les chandelles, etc.—, outil; cheville, fer délié; petite verge ou barre de fer. T. de mét. —, premier bois du chevreuil; défense du sanglier. T. de véner.

BROCHÉ, E, part. Couvert d'une simple feuille de papier en parlant d'un livre; ébauché, fait à la hâte.

BROCHÉE, s. f. La quantité de viande que l'on peut embrocher à la fois. —, mèches de chandelles enfilées à une broche.

BROCHER, v. a. Plier, coudre les feuilles d'un livre et le couvrir d'une simple feuille de papier. —, passer l'or, la soie de côté et d'autre dans l'étoffe. —, ébaucher, faire à la hâte, écrire, composer avec précipitation. Fig. —, mettre des tuiles en pile sur des lattes. T. de couvr. —, enfoncer des clous avec un brochoir pour ferrer un cheval.

BROCHET, s. m. Poisson d'eau douce très vorace qui croît rapidement, vit très long-temps, et dont la chair est fort estimée.

BROCHETON, s. m. Petit brochet.

BROCHETTE, s. f. Petite broche de fer ou de bois pour assujettir la viande qu'on larde ou qu'on fait rôtir. —, petit bâton pour donner la becquée aux oiseaux. Elever à la —, prodiguer des soins à un enfant. Fig. —, foie gras, riz de veau, etc., enfilés dans de petites broches et rôtis sur le gril. —, petite tringle qui attache la frisquette au châssis du tympan. T. d'impr.

BROCHETTÉ, E, part. Attaché avec des brochettes.

BROCHETTER, v. a. Mettre des brochettes à un morceau de viande, à une volaille qu'on veut faire rôtir. —, mesurer les membres et les bordages d'un vaisseau. T. de mar.

BROCHEUR, EUSE, s. Ouvrier qui

collationne, plie, coud les feuilles, applique la couverture, pose l'étiquette et met le livre en état d'être vendu; qui assemble les feuilles qu'on ne veut pas brocher immédiatement. Voy. ASSEMBLEUR.

BROCHOIR, s. m. Marteau de maréchal pour ferrer les chevaux.

BROCHON, s. m. Com. du dép. de la Côte-d'Or, cant. de Gevrey, arr. de Dijon. = la Baraque.

BROCHURE, s. f. Action de brocher les livres; travail du brocheur; prix de ce travail. —, livre broché; petit ouvrage de circonstance qui ne se vend que broché.

BROCOLI, s. m. Chou d'Italie; chou en fleur, chou-fleur; rejeton de chou; tige de chou. T. de jard.

BROCOTTE, s. f. Partie caseuse et butireuse du petit lait.

BROCOTTE, s. f. Com. du dép. du Calvados, cant. de Cambremer, arr. de Pont-l'Evêque. = Croissanville.

BROCOURT, s. m. Com. du dép. de la Meuse, cant. de Clermont-en-Argonne, arr. de Verdun. = Clermont.

BROCOURT, s. m. Com. du dép. de la Somme, cant. de Hornoy, arr. d'Amiens. = Aumale.

BRODÉ, E, part. Orné, embelli par la broderie.

BRODEQUIN, s. m. Chaussure antique qui couvre le pied et une partie de la jambe. —, demi-botte fendue et lacée par devant. —, cothurne, chaussure d'acteur tragique. —, pl. Question, torture qui consistait à serrer les jambes entre des planches avec des coins. —, petits bas à étriers. T. de manége.

BRODER, v. a. Faire avec l'aiguille, sur une étoffe, des dessins, des figures, des chiffres en relief. —, embellir, amplifier; broder une nouvelle. Fig. —, coudre autour, border.

BRODERIE, s. f. Art de broder; ouvrage du brodeur. —, ornemens, circonstances ajoutées à un discours, au chant, pour l'embellir. —, compartimens en buis, en gazon. T. de jard.

BRODEUR, EUSE, s. Celui, celle qui brode.

BRODOIR, s. m. Petit fuseau ou bobine pour broder.

BROGLIE ou CHAMBROIS, s. m. Com. du dép. de l'Eure, chef-lieu de cant. de l'arr. de Bernay. Bur. d'enregist. et de poste. Fabr. de toiles de lin et de coton.

BROGNARD, s. m. Com. du dép. du Doubs, cant. d'Audincourt, arr. de Montbéliard. = Montbéliard.

BROGNON, s. m. Com. du dép. des Ardennes, cant. de Signy-le-Petit, arr. de Rocroi. = Aubenton.

BROGNON, s. m. Com. du dép. de la Côte-d'Or, cant. et arr. de Dijon. = Dijon.

BROIE, s. f. Macque, brisoir, instrument pour broyer le chanvre. —, espèce de feston. T. de blas.

BROIEMENT ou BROIMENT, s. m. Action de broyer; son résultat; trituration, pulvérisation.

BROIN, s. m. Com. du dép. de la Côte-d'Or, cant. de Seurre, arr. de Beaune. = Seurre.

BROINDON, s. m. Com. du dép. de la Côte-d'Or, cant. de Gevrey, arr. de Dijon. = la Baraque.

BROING (St.-), s. m. Com. du dép. de la Haute-Saône, cant. et arr. de Gray. = Gray.

BROING-LE-BOIS (St.-), s. m. Com. du dép. de la Haute-Marne, cant. de Longeau, arr. de Langres. = Langres.

BROING-LES-FOSSÉS (St.-), s. m. Com. du dép. de la Haute-Marne, cant. de Prauthoy, arr. de Langres. = Langres.

BROIN-LES-MOINES (St.-), s. m. Com. du dép. de la Côte-d'Or, cant. de Recey-sur-Ource, arr. de Châtillon. = Aignay.

BROISSIA, s. m. Com. du dép. du Jura, cant. de St.-Julien, arr. de Lons-le-Saulnier. = St.-Amour.

BROLADRE (St.-), s. m. Com. du dép. d'Ille-et-Vilaine, cant. de Pleine-Fougères, arr. de St.-Malo. = Dol.

BROMATOLOGIE, s. f. Traité des substances alimentaires. T. de méd.

BROMBOS, s. m. Com. du dép. de l'Oise, cant. de Grandvilliers, arr. de Beauvais. = Grandvilliers.

BROME ou DRONE, s. m. Gade des mers du nord. T. d'hist. nat. —, plante graminée. T. de bot.

BROMÉLIACÉES, s. f. pl. Les ananas. T. de bot.

BROMELLES, s. f. Com. du dép. du Loiret, cant. de Puiseaux, arr. de Pithiviers. = Pithiviers.

BROMMAT, s. m. Com. du dép. de l'Aveyron, cant. de Mur-de-Barrez, arr. d'Espalion. = Mur-de-Barrez.

BROMMÉ, s. m. Village dépendant de la com. et du cant. de Mur-de-Barrez, dép. de l'Aveyron, arr. d'Espalion. = Mur-de-Barrez.

BROMOGRAPHIE, s. f. Traité, description des alimens solides. T. de méd.

BROMONT, s. m. Com. du dép. du Puy-de-Dôme, cant. de Pontgibaud, arr. de Riom. = Clermont-Ferrand.

BRON, s. m. Com. du dép. de l'Isère, cant. de Meysieux, arr. de Vienne. = Lyon.

BRONCHADE, s. f. Action de broncher; faux pas d'un cheval.

BRONCHEMENT, s. m. Action de broncher. T. inus.

BRONCHER, v. n. Faire un faux pas. —, faire une faute, faillir. Fig.

BRONCHES, s. f. pl. Conduits cartilagino-membraneux produits par la bifurcation de la trachée artère. T. d'anat.

BRONCHIAL, E, ou BRONCHIQUE, adj. Qui appartient, qui est relatif aux bronches: artères, veines, glandes bronchiales. T. d'anat.

BRONCHITIS, s. f. Inflammation des bronches; angine. T. de méd.

BRONCHOCÈLE, s. f. Goître. T. de méd.

BRONCHOIR, s. m. Instrument pour plier les draps.

BRONCHOTOME, s. m. Instrument de chirurgie pour l'opération de la bronchotomie.

BRONCHOTOMIE, s. f. Incision à la partie antérieure du cou pour mettre les voies aériennes à découvert, et faire pénétrer l'air dans les poumons. T. de chir.

BRONCOURT, s. m. Com. du dép. de la Haute-Marne, cant. de Fay-Billot, arr. de Langres. = Fay-Billot.

BRONTÉE, s. f. ou BRONTÉON, s. m. Grand vase d'airain dans lequel on agitait des cailloux pour imiter le tonnerre. T. d'antiq.

BRONTIAS, s. m. Sulfure de fer. Voy. BATRACHITE.

BRONVAUX, s. m. Com. du dép. de la Moselle, cant. et arr. de Briey. = Briey.

BRONZE, s. m. Mélange de cuivre, d'étain et de zinc; cuivre rouge des médailles. Statue en —, couleur de bronze. —, canon. Cœur de —, très dur. Fig.

BRONZÉ, E, part. Peint en bronze. —, adj. De couleur de bronze.

BRONZER, v. a. Peindre en bronze. —, teindre une peau en noir. Se —, v. pron. Devenir dur comme le bronze.

BROONS, s. m. Com. du dép. des Côtes-du-Nord, chef-lieu de cant. de l'arr. de Dinan. Bur. d'enregist. et de poste.

BROONS-SUR-VILAINE, s. m. Com. du dép. d'Ille-et-Vilaine, cant. de Châteaubourg, arr. de Vitré. = Vitré.

BROQUART, s. m. Bête fauve d'un an. T. de véner.

BROQUE, s. f. Brocoli, tête d'un rejeton. Voy. BROCOLI. — ou broquedent, dent courbée.

BROQUE (la), s. f. Com. du dép. des Vosges, cant. de Schirmeck, arr. de St.-Dié. = Raon.

BROQUÉ, E, part. Accroché à l'hameçon.

BROQUELINES, s. f. pl. Bout des manoques; bottes de feuilles de tabac.

BROQUER, v. a. Accrocher un petit poisson à un hameçon pour servir d'amorce.

BROQUETTE, s. f. Très petit clou à tête.

BROQUIER, s. m. Com. du dép. de l'Oise, cant. de Formerie, arr. de Beauvais. = Grandvilliers.

BROQUIEZ, s. m. Com. du dép. de l'Aveyron, cant. de St.-Rome-du-Tarn, arr. de St.-Affrique. = St.-Affrique.

BROS, s. m. Corps étranger dans les étresses, feuilles collées. T. de pap.

BROSE, s. f. Com. du dép. du Tarn, cant. et arr. de Gaillac. = Gaillac.

BROSME, s. m. Poisson du genre du gade. T. d'hist. nat.

BROSSAC, s. m. Com. du dép. de la Charente, chef-lieu de cant. de l'arr. de Barbezieux. Bur. d'enregist. = la Graulle.

BROSSAILLES, s. f. pl. Voy. BROUSSAILLES.

BROSSAIN, s. m. Com. du dép. de l'Ardèche, cant. de Serrières, arr. de Tournon. = le Péage.

BROSSAY (le), s. m. Com. du dép. de Maine-et-Loire, cant. de Montreuil-Bellay, arr. de Saumur. = Doué.

BROSSE, s. f. Vergette; gros pinceau pour badigeonner. —, pinceau emmanché pour peindre à l'huile.

BROSSÉ, E, part. Nettoyé, frotté avec une brosse. —, s. m. Espèce de bruyère. T. de bot.

BROSSE-MONTCEAUX (la), s. f. Com. du dép. de Seine-et-Marne, cant. de Montereau-Faut-Yonne, arr. de Fontainebleau. = Montereau.

BROSSER, v. a. Vergeter, nettoyer, frotter avec une brosse, une vergette. —, v. n. Traverser les endroits les plus épais d'un bois. T. de véner.

BROSSES, s. f. Com. du dép. de l'Yonne, cant. de Vézelay, arr. d'Avallon. = Vézelay.

BROSSIER, s. m. Fabricant et marchand de brosses.

BROSSURE, s. f. Teinture de peaux à la brosse.

BROSVILLE, s. f. Com. du dép. de l'Eure, cant. et arr. d'Evreux. = Evreux.

BROSWELLE-DENTELÉE, s. f.

Plante de l'Inde qui produit l'encens. T. de bot.

BROTTE, s. f. Com. du dép. de la Haute-Saône, cant. de Dampierre-sur-Salon, arr. de Gray. = Luxeuil.

BROTTE, s. f. Com. du dép. de la Haute-Saône, cant. de Luxeuil, arr. de Lure. = Cintrey.

BROTTEAUX (les), s. m. pl. Com. du dép. du Rhône, cant. de la Guillotière, arr. de Lyon. = Lyon.

BROTTES, s. f. Com. du dép. de la Haute-Marne, cant. et arr. de Chaumont-en-Bassigny. = Chaumont.

BROU, s. m. Petite ville du dép. d'Eure-et-Loir, chef-lieu de cant. de l'arr. de Châteaudun. Bur. d'enregist. et de poste. Fab. d'étamine et de serges; forges et fonderies.

BROU ou BROUT, s. m. Enveloppe verte des noix.

BROU, s. m. Com. du dép. de Seine-et-Marne, cant. de Lagny, arr. de Meaux. = Lagny.

BROUAGE, s. m. Petite ville maritime du dép. de la Charente-Inférieure, cant. et arr. de Marennes, place de guerre du 3ᵉ ordre. = Marennes.

Cette ville, située en face de l'île d'Oleron, sur un chenal formé par le flux et le reflux de l'Océan, possède un port d'une profondeur telle que les vaisseaux peuvent y mouiller en sûreté. Les salines du Brouage sont les plus belles de France; aussi y fait-on un comm. considérable de sel.

BROUAGE (canal de), s. m. Ce canal communique à la Charente, au moyen de laquelle il s'embranche à la Bridoire, au chenal de Brouage. Il fut commencé en 1782, dans l'espoir de le voir contribuer au desséchement des Marais de Rochefort. En 1807, à la faveur de deux écluses, il a été rendu navigable.

BROUAILLES, s. f. pl. Intestins de volailles, de poissons.

BROUAINS, s. m. Com. du dép. de la Manche, cant. de Sourdeval, arr. de Mortain. = Sourdeval.

BROUALLE, s. f. Plante de la famille des scrofulaires. T. de bot.

BROUAS, s. m. Brouillard.

BROUAY, s. m. Com. du dép. du Calvados, cant. de Tilly-sur-Seulles, arr. de Caen. = Tilly-sur-Seulles.

BROUAY, s. m. Com. du dép. du Pas-de-Calais, cant. de Houdain, arr. de Béthune. = Béthune.

BROUCHAUD, s. m. Com. du dép. de la Dordogne, cant. de Thenon, arr. de Périgueux. = Périgueux.

BROUCHY, s. m. Com. du dép. de la Somme, cant. de Ham, arr. de Péronne. = Ham.

BROUCK, s. m. Com. du dép. de la Moselle, cant. de Boulay, arr. de Metz. = Thionville.

BROUCKERQUE, s. m. Com. du dép. du Nord, cant. de Bourbourg, arr. de Dunkerque. = Bourbourg.

BROUDERDORFF, s. m. Com. du dép. de la Meurthe, cant. et arr. de Sarrebourg. = Sarrebourg.

BROUÉ, s. m. Com. du dép. d'Eure-et-Loir, cant. d'Anet, arr. de Dreux. = Houdan.

BROUÉE, s. f. Bruine, brouillard; pluie passagère.

BROUELLES, s. f. Village du dép. du Lot, com. de Maxou, cant. de Catus, arr. de Cahors. = Cahors.

BROUENNE, s. f. Com. du dép. de la Meuse, cant. et arr. de Montmédy. = Montmédy.

BROUET, s. m. Lait sucré; méchant ragoût. — d'andouille, rien. T. fam.

BROUETTE, s. f. Petit tombereau à une roue que l'on pousse devant soi. —, chaise à deux roues traînée par un homme; vinaigrette. T. fam.

BROUETTÉ, E, part. Transporté, traîné avec une brouette.

BROUETTER, v. a. Transporter, traîner dans une brouette.

BROUETTEUR, s. m. Domestique, salarié qui traîne des personnes ou des marchandises dans une brouette.

BROUETTIER, s. m. Terrassier qui transporte des terres dans une brouette à une roue.

BROUGNÉE, s. f. Longue nasse. T. de pêch.

BROUHAHA, s. m. Bruit confus en signe d'applaudissement ou d'improbation. T. fam.

BROUI, s. m. Chalumeau pour souffler sur l'émail la flamme de la lampe.

BROUI, E, part. Brûlé par le soleil levant après une gelée blanche. Se dit des arbres dont les pousses sont frappées par le nord-est.

BROUILLA, s. m. Com. du dép. des Pyrénées-Orientales, cant. de Thuir, arr. de Perpignan. = Perpignan.

BROUILLAMINI, s. m. Désordre, obscurité, confusion. T. fam. —, emplâtre de bol d'Arménie pour panser les chevaux.

BROUILLARD, s. m. Vapeurs épaisses ordinairement froides. —, obscurité dans le discours. Fig. —, registre pour enregistrer les affaires du jour. T. de comm. —, obscurcissement de la vue. —, adj. Papier —, papier gris, qui boit.

BROUILLE, s. f. Brouillerie, querelle. (Vi.)

BROUILLÉ, E, part. Mêlé, mis pêle-mêle. —, adj. Qui n'est pas clair; affaire brouillée. Œufs —, battus.

BROUILLEMENT, s. m. Action de brouiller; mélange, confusion. T. inus.

BROUILLER, v. a. Mettre pêle-mêle, mêler; mettre du désordre dans les affaires, de la confusion dans les choses. —, causer du trouble, des querelles, de la mésintelligence. — la cervelle; troubler l'esprit. — du papier, écrire des choses inutiles, ridicules. Fig. —, v. n. Mettre en désordre. Se —, v. récip. Se fâcher ensemble, cesser d'être amis; se troubler, s'embarrasser dans la conversation. Se —, v. pron. S'obscurcir, se couvrir de nuages; le temps se brouille.

BROUILLERIE, s. f. Mésintelligence, dissension, querelle, dispute.

BROUILLET, s. m. Com. du dép. de la Marne, cant. de Ville-en-Tardenois, arr. de Reims. = Fismes.

BROUILLON, s. m. Brouillard, papier, registre sur lequel on inscrit les affaires journalières qu'on reporte ensuite sur un grand registre; ébauche; papier sur lequel on jette ses premières idées.

BROUILLON, NE, s. et adj. Qui a l'habitude de brouiller ou de s'embrouiller.

BROUILLONNÉ, E, part. Écrit en brouillon.

BROUILLONNER, v. a. Ecrire en brouillon.

BROUINE, s. f. Bruine.

BROUIR, v. a. Se dit du soleil levant qui brûle les blés, les fruits attendris par la gelée blanche, et au passif des fruits brûlés par le soleil.

BROUISSURE, s. f. Dommage causé par la gelée blanche; état d'un arbre broui; effet du vent nord-est.

BROUNE, s. m. Arbrisseau légumineux d'Amérique. T. de bot.

BROUQUEYRAN, s. m. Com. du dép. de la Gironde, cant. d'Auros, arr. de Bazas. = Bazas.

BROUSSAILLES, s. f. pl. Epines, ronces, menus bois qui croissent dans les forêts.

BROUSSE, s. f. Com. du dép. de l'Aveyron, cant. de St.-Rome-du-Tarn, arr. de St.-Affrique. = St.-Affrique. Mine de cuivre.

BROUSSE, s. f. Com. du dép. de la Creuse, cant. d'Auzances, arr. d'Aubusson. = Auzances.

BROUSSE, s. f. Com. du dép. du Puy-de-Dôme, cant. de Cunlhat, arr. d'Ambert. = Ambert.

BROUSSE, s. f. Com. du dép. du Tarn, cant. de Lautrec, arr. de Castres. = Castres.

BROUSSE (la), s. f. Com. du dép. de la Charente-Inférieure, cant. de Matha, arr. de St.-Jean-d'Angely. = St.-Jean-d'Angely.

BROUSSES-ET-VILLARET, s. f. Com. du dép. de l'Aude, cant. de Saissac, arr. de Carcassonne. = Carcassonne.

BROUSSEVAL, s. m. Com. du dép. de la Haute-Marne, cant. et arr. de Vassy. = Vassy. Forges; fonderie de boulets et de biscaïens.

BROUSSEY-EN-BLOIS, s. m. Com. du dép. de la Meuse, cant. de Void, arr. de Commercy. = Void.

BROUSSEY - EN - WOEVRE, s. m. Com. du dép. de la Meuse, cant. de St.-Mihiel, arr. de Commercy. = St.-Mihiel.

BROUSSIN, s. m. Branches chiffonnes en tas. — d'érable, excroissance qui vient à l'érable.

BROUSSONNETIE, s. f. Mûrier à papier, arbre du Japon de la famille des urticées.

BROUSSY-LE-GRAND, s. m. Com. du dép. de la Marne, cant. de Fère-Champenoise, arr. d'Epernay. = Fère-Champenoise.

BROUSSY-LE-PETIT, s. m. Com. du dép. de la Marne, cant. de Sézanne, arr. d'Epernay. = Sézanne.

BROUT, s. m. Jeune pousse des arbres au printemps; action de brouter.

BROUT, s. m. Com. du dép. de l'Allier, cant. d'Escurolles, arr. de Gannat. = Gannat.

BROUTANT, E, adj. Se dit des bêtes qui broutent, de la chèvre, du cerf, etc.

BROUT - DE - NOIX, s. m. Liqueur faite avec l'enveloppe verte de la noix.

BROUTÉ, E, part. Se dit des végétaux mangés sur place par les bêtes fauves.

BROUTER, v. a. Manger les feuilles, les jeunes pousses des végétaux. —, couper, rompre le bout des jeunes branches. T. de jard. —, v. n. Sautiller, en parlant du rabot. T. de menuis.

BROUTIÈRES, s. f. Com. du dép. de la Haute-Marne, cant. de Soissons, arr. de Vassy. = Joinville.

BROUTILLES, s. f. pl. Menues branches avec lesquelles on fait des bourrées. —, petites choses, babioles, rien. Fig. et fam.

BROUVELIEURES, s. f. Com. du dép. des Vosges, chef-lieu de cant. de l'arr. de St.-Dié, où est le bur. d'enregist. = Bruyères.

BROUVILLE, s. f. Com. du dép. de la Meurthe, cant. de Baccarat, arr. de Lunéville. = Baccarat.

BROUVILLER, s. m. Com. du dép. de la Meurthe, cant. de Phalsbourg, arr. de Sarrebourg. = Phalsbourg.

BROUY, s. m. Com. du dép. de Seine-et-Oise, cant. de Milly, arr. d'Etampes. = Etampes.

BROUZET, s. m. Com. du dép. du Gard, cant. de Vézenobres, arr. d'Alais. = Alais.

BROUZET, s. m. Com. du dép. du Gard, cant. de Quissac, arr. du Vigan. = Sauve.

BROUZILS (les), s. m. Com. du dép. de la Vendée, cant. de St.-Fulgent, arr. de Bourbon-Vendée. = Montaigu.

BROVES, s. m. Com. du dép. du Var, cant. de Comps, arr. de Draguignan. = Draguignan.

BROWNÉES, s. f. pl. Genre de plantes légumineuses. T. de bot.

BROXECLE, s. m. Com. du dép. du Nord, cant. de Wormhout, arr. de Dunkerque. = St.-Omer.

BROYE, s. f. Com. du dép. de Saône-et-Loire, cant. de Mesvres, arr. d'Autun. = Autun.

BROYÉ, E, part. Pilé, réduit en poudre.

BROYE-LES-LOUPS-ET-VERFONTAINE, s. f. Com. du dép. de la Haute-Saône, cant. d'Autrey, arr. de Gray. = Gray.

BROYE-LES-PESMES, s. f. Com. du dép. de la Haute-Saône, cant. de Pesmes, arr. de Gray. = Gray.

BROYER, v. a. Piler, réduire en poudre. — le chanvre, le teiller avec la maque après qu'il a été roui, blanchi et séché sur le chaume.

BROYES, s. f. Com. du dép. de la Marne, cant. de Sézanne, arr. d'Epernay. = Sézanne.

BROYES, s. f. Com. du dép. de l'Oise, cant. de Breteuil, arr. de Clermont. = Montdidier.

BROYEUR, s. m. Ouvrier qui broie les couleurs, le chanvre.

BROYON, s. m. Instrument qui sert à broyer; molette pour broyer l'encre d'imprimerie; piége pour prendre les fouines.

BRU, s. f. Belle-fille, femme du fils.

BRU, s. m. Com. du dép. des Vosges, cant. de Rambervillers, arr. d'Epinal. = Rambervillers.

BRUAILLES, s. f. Com. du dép. de Saône-et-Loire, cant. et arr. de Louhans. = Louhans.

BRUANT, s. m. Oiseau vert de la grosseur du moineau. T. d'hist. nat.

BRUAY, s. m. Com. du dép. du Nord, cant. et arr. de Valenciennes. = Valenciennes.

BRUBRU, s. m. Pie grièche d'Afrique. T. d'hist. nat.

BRUC, s. m. Bruyère propre à faire des balais. T. de bot.

BRUC, s. m. Com. du dép. de l'Ardèche, cant. de Thueyts, arr. de Largentière. = Largentière.

BRUC, s. m. Com. du dép. du Tarn, cant. de Réalmont, arr. d'Albi. = Albi.

BRUC, s. m. Com. du dép. d'Ille-et-Vilaine, cant. de Pipriac, arr. de Redon. = Redon.

BRUCAMPS, s. m. Com. du dép. de la Somme, cant. d'Ailly-le-haut-Clocher, arr. d'Abbeville. = Flixecourt.

BRUCÉ, s. m. Arbrisseau d'Abyssinie. T. de bot.

BRUCÉES, s. f. pl. Genre de térébinthacées. T. de bot.

BRUCELLES, s. f. pl. Petites pincettes légères et très flexibles.

BRUCH, s. m. Com. du dép. de Lot-et-Garonne, cant. de Lavardac, arr. de Nérac. = Port-Ste.-Marie.

BRUCHE (canal de la), s. f. Ce canal qui commence près de Soultz, reçoit les eaux de la Monig et de la Bruche, et se jette dans l'Ill, au-dessus de Strasbourg, où il sert à transporter une partie des bois nécessaires au chauffage.

BRUCHE (la), s. f. Rivière qui prend naissance dans l'arr. de St.-Dié, dép. des Voges, et se jette dans l'Ill au-dessus de Strasbourg, après environ 14 l. de cours. Elle est flottable jusqu'à Soultz, où ses eaux sont détournées pour grossir le canal de la Bruche.

BRUCHES, s. m. pl. Coléoptères granivores. T. d'hist. nat.

BRUCHEVILLE, s. f. Com. du dép. de la Manche, cant. de Ste.-Mère-Eglise, arr. de Valognes. = Carentan.

BRUCOLAQUE, s. m. Chez les Grecs modernes, cadavre d'un excommunié.

BRUCOURT, s. m. Com. du dép. du Calvados, cant. de Dives, arr. de Pont-l'Evêque. = Dives.

BRUE, s. f. Com. du dép. du Var, cant. de Barjols, arr. de Brignoles. = Barjols.

BRUEBACH, s. m. Com. du dép. du Haut-Rhin, cant. de Landser, arr. d'Altkirch. = Mulhausen.

BRUÉE, s. f. Evaporation de l'humidité de la pâte. T. de boulang.

BRUEIL, s. m. Com. du dép. de Seine-et-Oise, cant. de Limay, arr. de Mantes. = Mantes.

BRUÉJOULS, s. m. Com. du dép. de l'Aveyron, cant. de Marcillac, arr. de Rodez. = Rodez.

BRUÈRE (la), s. f. Com. du dép. de la Sarthe, cant. du Lude, arr. de la Flèche. = Château-du-Loir.

BRUESME-D'AUFFE, s. m. Cordage de sparterie qui garnit la chute de la voile. T. de mar.

BRUFFIÈRE (la), s. f. Com. du dép. de la Vendée, cant. de Montaigu, arr. de Bourbon-Vendée. = Montaigu.

BRUGAIROLLES, s. f. Com. du dép. de l'Aude, cant. d'Alaigne, arr. de Limoux. = Limoux.

BRUGERON (le), s. m. Com. du dép. du Puy-de-Dôme, cant. d'Olliergues, arr. d'Ambert. = Ambert.

BRUGES, s. f. Ville des Pays-Bas, chef-lieu de la Flandre occidentale. Cette ville possède divers établissemens scientifiques, de nombreuses fabriques et fait un commerce considérable. Pop. 32,500 hab. environ.

BRUGES, s. f. Com. du dép. de la Gironde, cant. et arr. de Bordeaux. = Bordeaux.

BRUGES, s. f. Com. du dép. des Basses-Pyrénées, cant. de Nay, arr. de Pau. = Pau.
Filature de laine; fab. de draps.

BRUGHÉAS, s. m. Com. du dép. de l'Allier, cant. d'Escurolles, arr. de Gannat. = Gannat.

BRUGNAC, s. m. Com. du dép. de Lot-et-Garonne, cant. de Castelmoron, arr. de Marmande. = Clairac.

BRUGNENS, s. m. Com. du dép. du Gers, cant. de Fleurance, arr. de Lectoure. = Fleurance.

BRUGNIÈRE (la), s. f. Com. du dép. du Gard, cant. de Lussan, arr. d'Uzès. = Uzès.

BRUGNON ou BRIGNON, s. m. Sorte de pêche à peau lisse. T. de jard.

BRUGNY, s. m. Com. du dép. de la Marne, cant. d'Avize, arr. d'Epernay. = Epernay.

BRUGUIÈRES, s. f. Com. du dép. de la Haute-Garonne, cant. de Fronton, arr. de Toulouse. = Toulouse.

BRUI, E, part. Se dit d'une étoffe lustrée par la vapeur.

BRUILLE-LES-MARCHIENNES, s. f. Com. du dép. du Nord, cant. de Marchiennes, arr. de Douai. = Marchiennes.

BRUILLE-ST.-AMAND, s. f. Com. du dép. du Nord, cant. de St.-Amand, arr. de Valenciennes. = St.-Amand.

BRUIME, s. f. Corde qui borde la tête du filet. T. de pêch.

BRUINE, s. f. Petite pluie fine et froide qui tombe lentement; brouillard en pluie.

BRUINÉ, adj. m. Gâté par la bruine; blés bruinés.

BRUINER, v. imp. Tomber, en parlant de la bruine.

BRUIR, v. a. Exposer une étoffe à l'action de la vapeur pour l'amortir.

BRUIRE, v. n. Rendre un son vague, confus; se dit du tonnerre, des flots, des feuilles, etc. Ce verbe ne peut être employé qu'à l'inf., aux 3ᵉ pers. de l'imparf. de l'ind. et au part. prés.

BRUIS, s. m. Com. du dép. des Hautes-Alpes, cant. de Rosans, arr. de Gap. = Serre.

BRUISINÉ, E, part. Concassé.

BRUISINER, v. a. Concasser, moudre le grain germé.

BRUISSEMENT, s. m. Bruit vague, confus; bruissement des vagues, des oreilles.

BRUIT, s. m. Assemblage de sons, abstraction faite de toute articulation ou harmonie. —, nouvelle; le bruit court. —, éclat que font certaines choses; cette affaire fait grand bruit. —, démêlé, querelle, murmure, sédition. —, réputation, renommée; le bruit de vos exploits. Beau —, grand tapage. A grand —, d'une manière bruyante, avec ostentation. A petit —, secrètement. Sans —, tout doucement.

BRÛLABLE, adj. Qui mérite d'être jeté au feu; c'est un livre brûlable.

BRULAIN, s. m. Com. du dép. des Deux-Sèvres, cant. de Prahecq, arr. de Niort. = Niort.

BRULAIS (les), s. m. pl. Com. du dép. d'Ille-et-Vilaine, cant. de Maurs, arr. de Redon. = Plélan.

BRULANGE, s. m. Com. du dép. de la Moselle, cant. de Grostenquin, arr. de Sarreguemines. = St.-Avold.

BRÛLANT, E, adj. Qui brûle. —, vif, animé; style brûlant. Fig.

BRULATTE (la), s. f. Com. du dép. de la Mayenne, cant. de Loiron, arr. de Laval. = Laval.

BRÛLÉ, E, part. Consumé, anéanti par les flammes. —, adj. Trop cuit; pain brûlé. Cerveau —, fanatique qui porte tout à l'excès. T. fam. et fig. —, s. m. Odeur; goût de ce qui est brûlé; sentir le brûlé.

BRULÉE, s. f. Coquillage de mer.

BRÛLEMENT, s. m. Action de brûler; ses effets; état de ce qui brûle. T. inus.

BRÛLEQUEUE, s. m. Fer chaud

pour cautériser la queue d'un cheval, après l'avoir coupée.

BRÛLER, v. a. Consumer, anéantir par le feu; brûler une lettre. —, incendier; brûler une ville. —, faire du feu; brûler du bois, de la houille. —, éclairer; brûler de la bougie. —, échauffer excessivement; le soleil brûle. —, détruire, en parlant de l'action du froid sur les végétaux. —, dessécher, en parlant des chaleurs. —, causer de la douleur, du mal par le feu; faire une brûlure. —, se dit de la fièvre, des passions, des désirs. —, suplicier; brûler vif. —, distiller; brûler du vin. — la cervelle, casser la tête d'un coup de pistolet. — une étape, passer outre. —, être consumé par le feu, par des désirs, par l'amour. Fig. —, être possédé d'une violente passion, être très désireux. Se —, v. pron. Se faire une brûlure, se jeter dans les flammes, comme font les veuves dans l'Inde. Se — à la chandelle, se laisser séduire par l'apparence; se fier à son ennemi; causer soi-même sa perte; devenir amoureux sans y penser.

BRÛLERIE, s. f. Laboratoire où l'on brûle les vins pour en faire de l'eau-de-vie. —, supplice du feu.

BRÛLEUR, s. m. Incendiaire. T. inus. — de pieds, chauffeur. — de maisons, homme en guenilles. T. fam.

BRULEY, s. m. Com. du dép. de la Meurthe, cant. et arr. de Toul. = Toul.

BRULLEMAIL, s. m. Com. du dép. de l'Orne, cant. de Courtomer, arr. d'Alençon. = Nonant.

BRULLIOLES, s. f. Com. du dép. du Rhône, cant. de St.-Laurent-de-Chamousset, arr. de Lyon. = l'Arbresle.

BRÛLON, s. m. Com. du dép. de la Sarthe, chef-lieu de cant. de l'arr. de la Flèche. Bur. d'enregist. à Noyen. = Sablé.

BRÛLOT, s. m. Navire rempli de matières inflammables pour incendier les vaisseaux. —, morceau très salé et très poivré. —, polissoir pour les glaces. —, homme ardent, inquiet, boute-feu. Fig. —, baliste. T. d'antiq.

BRÛLURE, s. f. Action du feu suivie de décomposition; la cicatrice. —, maladie des moutons, des arbres fruitiers.

BRUMAIRE, s. m. Deuxième mois de l'année républicaine, moitié d'octobre et de novembre.

BRUMAL, E, adj. Qui vient de l'hiver, qui lui appartient.

BRUMATH, s. m. Petite ville du dép. du Bas-Rhin, chef-lieu de cant. de l'arr. de Strasbourg. Bur. d'enregist. et de poste. Fab. de garance.

BRUMAZAR, s. m. Substance minérale onctueuse, volatile, esprit des métaux. T. d'hist. nat.

BRUME, s. f. Brouillard épais. T. de mar.

BRUMÉE, adj. f. Se dit de la morue couverte d'une poussière brune. T. de pêch.

BRUMETZ, s. m. Com. du dép. de l'Aisne, cant. de Neuilly-St.-Front, arr. de Château-Thierry. = Gandelu.

BRUMEUX, EUSE, adj. Couvert de brumes; ciel brumeux, peu clair.

BRUN, E, adj. Tirant sur le noir; cheveux bruns. —, s. m. Couleur brune; celui qui a les cheveux bruns. C'est un beau —, un jeune homme dont les cheveux sont bruns.

BRUNÂTRE, adj. Tirant sur le brun.

BRUNE, s. f. Femme qui a les cheveux bruns; jolie brune. Sur la —, adv. A la chute du jour.

BRUNE ET BLANCHE, s. f. Pinson de l'Amérique septentrionale.

BRUNELLE, s. f. Plante labiée, vulnéraire. T. de bot.

BRUNELLES, s. f. Com. du dép. d'Eure-et-Loir, cant. et arr. de Nogent-le-Rotrou. = Nogent. Papeteries.

BRUNELLIER, s. m. Arbre du Pérou. T. de bot.

BRUNEMBERT, s. m. Com. du dép. du Pas-de-Calais, cant. de Desvres, arr. de Boulogne. = Samer.

BRUNEMONT, s. m. Com. du dép. du Nord, cant. d'Arleux, arr. de Douai. = Douai.

BRUNET, s. m. Com. du dép. des Basses-Alpes, cant. de Valensolle, arr. de Digne. = Riez.

BRUNET, TE, adj. Diminutif de brun. —, s. m. Jeune homme brun; oiseau du genre de la grive. T. d'hist. nat. —, s. f. Jeune fille brune; jolie brunette. —, chanson d'amour facile à chanter; son air. —, espèce de bécassine.

BRUNEVAL, s. m. Com. du dép. de la Seine-Inférieure, cant. de Criquetot-l'Esneval, arr. du Havre. = Montivilliers.

BRUNHAMEL, s. m. Com. du dép. de l'Aisne, cant. de Rozoy-sur-Serre, arr. de Laon. = Rozoy-sur-Serre.

BRUNI, s. m. Le poli, par opposition au mat. T. d'orfév.

BRUNI, E, part. Peint en brun, poli.

BRUNIQUEL, s. m. Petite ville du dép. de Tarn-et-Garonne, cant. de Monclar, arr. de Montauban. = Montauban. Haut-fourneaux; raffineries de fer, martinets.

BRUNIR, v. a. Rendre brun, de couleur brune; peindre en brun. —, polir, lisser, éclaircir. T. de mét. —, v. n. Devenir brun.

BRUNIS, s. m. Brunissoir; couleur brillante de métal bruni.

BRUNISSAGE, s. m. Action de brunir; ouvrage du brunisseur.

BRUNISSEUR, s. m. Ouvrier qui brunit les ouvrages d'orfévrerie et de bijouterie.

BRUNISSOIR, s. m. Instrument pour brunir, polir les métaux.

BRUNISSURE, s. f. Ouvrage du brunisseur. —, façon donnée aux étoffes pour adoucir et fondre les teintes. T. de teintur. —, poli des bois de cerf.

BRUNNICHIES, s. f. pl. Genre d'oseilles. T. de bot.

BRUNOIR, s. m. Oiseau du genre de la grive. T. d'hist. nat.

BRUNOY, s. m. Com. du dép. de Seine-et-Oise, cant. de Boissy-St.-Léger, arr. de Corbeil. = Villeneuve-St.-Georges.

BRUNSTATT, s. m. Com. du dép. du Haut-Rhin, cant. de Mulhausen, arr. d'Altkirch. = Mulhausen.

BRUNSWICK, s. m. Ville d'Allemagne, capitale du duché de ce nom, est très commerçante, bien bâtie, et possède divers établissemens scientifiques. Résidence du duc de Brunswick, membre de la confédération germanique. Pop. 32,000 hab.

BRUNVILLE (Notre-Dame de), s. f. Com. du dép. de la Seine-Inférieure, cant. d'Envermeu, arr. de Dieppe. = Eu.

BRUNVILLER-LA-MOTHE, s. m. Com. du dép. de l'Oise, cant. de St.-Just-en-Chaussée, arr. de Clermont. = St.-Just.

BRUQUEDALLE, s. f. Com. du dép. de la Seine-Inférieure, cant. d'Argueil, arr. de Neufchâtel. = Rouen.

BRUSC, s. m. Espèce de bruyère. T. de bot.

BRUSCHWICKERSHEIM, s. m. Com. du dép. du Bas-Rhin, cant. d'Oberhausbergen, arr. de Strasbourg. = Strasbourg.

BRUSQUE, adj. Vif, rude et grossier.

BRUSQUE, s. m. Com. du dép. de l'Aveyron, cant. de Camarès, arr. de St.-Affrique. = St.-Affrique. Fabriques de draps.

BRUSQUÉ, E, part. Maltraité, offensé.

BRUSQUEMBILLE ou BRUSCAMBILLE, s. m. Jeu de cartes.

BRUSQUEMENT, adv. d'une manière brusque.

BRUSQUER, v. a: Faire une brusquerie, offenser par des paroles, agir vivement et grossièrement. —, terminer promptement; brusquer une affaire. — une place de guerre; l'emporter d'emblée. —, chauffer un navire pour le caréner. T. de mar.

BRUSQUERIE, s. f. Action, parole brusque; grossièreté, impertinence, rudesse.

BRUSQUET (le), s. m. Com. du dép. des Basses-Alpes, cant. et arr. de Digne. = Digne.

BRUSSAC, s. m. Com. du dép. de l'Aveyron, cant. de Bozouls, arr. de Rodez. = Rodez.

BRUSSEY, s. m. Com. du dép. de la Haute-Saône, cant. de Marnay, arr. de Gray. = Marnay.

BRUSSOLES, s. f. pl. Sorte de ragoût.

BRUSSON, s. m. Com. du dép. de la Marne, cant. de Thiéblemont, arr. de Vitry-le-Français. = Vitry.

BRUSTICO, s. m. Com. du dép. de la Corse, cant. de Piedicorte, arr. de Corte. = Bastia.

BRUSVILLY, s. m. Com. du dép. des Côtes-du-Nord, cant. et arr. de Dinan. = Dinan.

BRUT, E, adj. Âpre, raboteux; qui n'est pas travaillé. Il se dit de tous les objets dans l'état de nature, lorsqu'ils sont dans le cas d'être perfectionnés par l'art, et de toutes les productions artificielles qui n'ont reçu qu'un premier apprêt; diamant, sucre brut. —, qui manque d'usage, de politesse; homme, caractère brut.

BRUTAL, E, adj. Qui tient de la brute; rustre, impertinent, grossier; farouche, inhumain, cruel. —, s. m. Rustre, homme grossier, violent, féroce.

BRUTALEMENT, adv. Avec brutalité.

BRUTALISÉ, E, part. Traité avec une grossièreté révoltante.

BRUTALISER, v. a. Traiter avec grossièreté; maltraiter de parole ou de fait.

BRUTALITÉ, s. f. Vice du brutal; langage, action, passion d'une brute; impertinence, grossièreté; férocité.

BRUTE, s. f. Animal irraisonnable. —, homme qui n'a ni esprit, ni raison. Fig.

BRUTELLES, s. f. Com. du dép. de la Somme, cant. de St.-Valery-sur-Somme, arr. d'Abbeville. = St.-Valery.

BRUTIER, s. m. Buse; espèce de butor. —, oiseau de proie qu'il n'est pas possible de dresser. T. de fauc.

BRUTINET, s. m. Com. du dép. des

Hautes-Alpes, cant. et arr. de Gap. = Gap.

BRUT-INGÉNU, s. m. Diamant naturellement poli.

BRUVILLE, s. f. Com. du dép. de la Moselle, cant. de Conflans, arr. de Briey. = Briey.

BRUX, s. m. Com. du dép. de la Vienne, cant. de Couhé, arr. de Civray. = Couhé.

BRUXELLES, s. f. Aujourd'hui ville et capitale du royaume de Belgique. Cette grande et fort belle ville, sur la Senne, était, avant la révolution française, la résidence du gouverneur des Pays-Bas. Lors de la réunion de ces pays à la France, et jusqu'en 1814, elle devint le chef-lieu du dép. de la Dyle. A l'époque désastreuse du renversement du gigantesque empire de Napoléon, la Belgique ayant été cédée à la Hollande, en dédommagement de ses possessions coloniales que l'Angleterre s'adjugea, Bruxelles, jusqu'en 1830, époque de la dernière révolution, fut l'une des résidences du roi de Hollande et le siége du gouvernement des Pays-Bas.

BRUYA, s. f. Pie-grièche de Madagascar. T. d'hist. nat.

BRUYAMMENT, adv. Avec grand bruit.

BRUYANT, E, adj. Qui fait beaucoup de bruit. Rue —, dans laquelle passent beaucoup de voitures, de crieurs.

BRUYAT (le), s. m. Village du dép. de Tarn-et-Garonne, cant. de Bourg-de-Visa, arr. de Moissac. = Moissac.

BRUYÈRE, s. f. Arbuste à fleurs monopétales qui croît dans les landes, dans les lieux secs et sablonneux.

BRUYÈRE (la), s. f. Com. du dép. de l'Oise, cant. de Liancourt, arr. de Clermont. = Liancourt.

BRUYÈRE (la), s. f. Com. du dép. de la Haute-Saône, cant. de Faucogney, arr. de Lure. = Luxeuil.

BRUYÈRES, s. f. Com. du dép. de l'Aisne, cant. de Fère-en-Tardenois, arr. de Château-Thierry. = Oulchy.

BRUYÈRES, s. f. Com. du dép. de Seine-et-Oise, cant. de l'Ile-Adam, arr. de Pontoise. = Beaumont-sur-Oise.

BRUYÈRES, s. f. Petite ville du dép. des Vosges, chef-lieu de cant. de l'arr. d'Epinal. Bur. d'enregist. et de poste. Comm. considérable de fil, toiles, bestiaux et beurre.

BRUYÈRES-ET-MONTBÉRAULT, s. f. Com. du dép. de l'Aisne, cant. et arr. de Laon. = Laon.

BRUYÈRES-LE-CHÂTEL, s. f. Com. du dép. de Seine-et-Oise, cant. d'Arpajon, arr. de Corbeil. = Arpajon.

BRUYÉREUX, EUSE, adj. Couvert de bruyères.

BRUYS, s. m. Com. du dép. de l'Aisne, cant. de Braisne, arr. de Soissons. = Braisne.

BRUZ, s. m. Com. du dép. d'Ille-et-Vilaine, cant. et arr. de Rennes. = Rennes.

BRY, s. m. Genre de mousses. T. de bot.

BRY, s. m. Com. du dép. du Nord, cant. du Quesnoy, arr. d'Avesnes. = le Quesnoy.

BRYONE, s. f. Plante cucurbitacée. T. de bot.

BRYOPHILLE, s. f. Plante des îles Moluques. T. de bot.

BRY-SUR-MARNE, s. m. Com. du dép. de la Seine, cant. de Charenton-le-Pont, arr. de Sceaux. = Charenton.

BU, E, part. du verbe boire. Avalé; se dit des liquides.

BU, s. m. Com. du dép. d'Eure-et-Loir, cant. d'Anet, arr. de Dreux. = Houdan.

BUADE, s. f. Bride à longues branches droites. T. de man.

BUAIS, s. m. Com. du dép. de la Manche, cant. de Teilleul, arr. de Mortain. = St.-Hilaire.

BUANDERIE, s. f. Blanchisserie, lieu où sont des fourneaux, des cuviers, et tous les ustensiles pour faire la lessive.

BUANDIER, ÈRE, s. Celui, celle qui fait le premier blanchiment des toiles neuves.

BUANES, s. f. Com. du dép. des Landes, cant. d'Aire, arr. de St.-Sever. = Aire-sur-l'Adour.

BUAT (le), s. m. Com. du dép. de l'Orne, cant. de l'Aigle, arr. de Mortagne. = l'Aigle.

BUAT (le), s. m. Com. du dép. de la Manche, cant. d'Isigny, arr. de Mortain. = St.-Hilaire.

BUBALE, s. m. Quadrupède ruminant du genre des antilopes, qui tient à la fois du cerf, de la gazelle et du bœuf. T. d'hist. nat.

BUBE, s. f. Petite élevure sur la peau, pustule.

BUBERTRÉ, s. m. Com. du dép. de l'Orne, cant. de Tourouvre, arr. de Mortagne. = Mortagne.

BUBON, s. m. Tumeur phlegmoneuse qui vient ordinairement aux glandes conglobées des aines, et quelquefois à celles des aisselles et du cou. T. de chir. —, plante ombellifère. T. de bot.

BUBONOCÈLE, s. m. Hernie inguinale, espèce de descente causée par la chute de l'épiploon ou d'un intestin, ou des deux ensemble. T. de chir.

BUBRY, s. m. Com. du dép. du Morbihan, cant. de Plouay, arr. de Lorient. = Lorient.

BUC, s. m. Com. du dép. du Haut-Rhin, cant. et arr. de Belfort. = Belfort.

BUC, s. m. Com. du dép. de Seine-et-Oise, cant. et arr. de Versailles. = Versailles.

On y remarque un superbe aqueduc pour diriger à Versailles les eaux de plusieurs étangs.

BUCAIL, s. m. Blé noir, sarrasin.

BUCAMP, s. m. Com. du dép. de l'Oise, cant. de Froissy, arr. de Clermont. = St.-Just.

BUCARDES, s. f. pl. Mollusques acéphales, testacés bivalves. T. d'hist. nat.

BUCARDITE, s. f. Cœur de bœuf, coquille bivalve devenue fossile.

BUCCAL, E, adj. Qui appartient à la bouche et aux joues; membrane, glande, artère buccale.

BUCCELLAIRE, s. m. Garde des empereurs grecs; petit pain qui pouvait se manger d'une bouchée; fournisseur chargé des subsistances militaires; commensal d'un grand.

BUCCELLATION, s. f. Division en gros morceaux, en bouchées.

BUCCIN, s. m. Genre de coquillages univalves, en trompe, dont l'animal donne la pourpre. T. d'hist. nat.

BUCCINATEUR, s. m. Muscle qui forme une partie considérable des joues, et qui s'attache aux gencives des deux mâchoires. T. de chir.

BUCCINITES, s. f. pl. Buccins fossilles. T. d'hist. nat.

BUCELS, s. m. Com. du dép. du Calvados, cant. de Ballerov, arr. de Bayeux. = Tilly-sur-Seulles.

BUCENTAURE, s. m. Nom de l'un des vaisseaux de la flotte d'Enée, héros de l'Enéide, poëme de Virgile. —, vaisseau que montait le doge de Venise dans la cérémonie où ce doge épousait fictivement la mer.

BUCENTE, s. m. Insecte diptère, voisin des stomoxes. T. d'hist. nat.

BUCÉPHALE, s. m. Nom du cheval d'Alexandre-le-Grand. —, cheval de parade. —, rosse. T. fam.

BUCEY-EN-OTHE, s. m. Com. du dép. de l'Aube, cant. d'Estissac, arr. de Troyes. = Estissac.

BUCEY-LES-GY, s. m. Com. du dép. de la Haute-Saône, cant. de Gy, arr. de Gray. = Gy.

BUCEY-LES-TRAVES, s. m. Com. du dép. de la Haute-Saône, cant. de Scey-sur-Saône, arr. de Vesoul. = Port-sur-Saône.

BUCHANTE, s. f. Espèce de conyze. T. de bot.

BÛCHE, s. f. Pièce de gros bois pour le chauffage. —, homme stupide. Fig. —, flibot, petit navire pour la pêche.

BÛCHÉ, E, part. Coupé, scié à la longueur des bûches.

BUCHELAY, s. m. Com. du dép. de Seine-et-Oise, cant. et arr. de Mantes. = Mantes.

BÛCHER, s. m. Lieu où l'on serre le bois de chauffage. —, pile de bois sur laquelle les anciens brûlaient les corps morts.

BÛCHER, v. a. Scier du bois, faire des bûches. —, tailler, hacher en pièces. T. fam. —, dégrossir le bois. T. de charp. Se —, v. pron. Se battre. T. fam.

BUCHÈRES, s. f. Com. du dép. de l'Aube, cant. de Bouilly, arr. de Troyes. = Troyes.

BÛCHERON, s. m. Ouvrier qui abat le bois dans les forêts, qui en fait des bûches.

BÛCHETTE, s. f. Menu bois que ramassent les pauvres dans les forêts.

BUCHEY, s. m. Com. du dép. de la Haute-Marne, cant. de Juzennecourt, arr. de Chaumont. = Bar-sur-Aube.

BUCHNÈRE, s. f. Plante personnée. T. de bot.

BUCHY, s. m. Com. du dép. de la Moselle, cant. de Verny, arr. de Metz. = Metz.

BUCHY, s. m. Com. du dép. de la Seine-Inférieure, chef-lieu de cant. de l'arr. de Rouen. Bur. d'enregist. et de poste.

Fab. de salpêtre. Comm. de fer, bestiaux et laines.

BUCILLY, s. m. Com. du dép. de l'Aisne, cant. de Hirson, arr. de Vervins. = Vervins.

BUCIOCHE, s. m. Drap de Provence.

BUCK-BÉAN, s. m. Trèfle aquatique qui remplace le houblon pour la bière.

BUCOLIASME, s. m. Chant des bergers de l'ancienne Grèce.

BUCOLIQUE, adj. Se dit des poésies pastorales. —, s. f. pl. — de Virgile, ses Eglogues. —, ramas de choses de peu d'importance.

BUCQUIÈRE (le), s. m. Com. du dép. du Pas-de-Calais, cant. de Bertincourt, arr. d'Arras. = Douai.

BUCQUOY, s. m. Com. du dép. du Pas-de-Calais, cant. de Croisilles, arr. d'Arras. = Bapaume.

BUCRÂNE, s. m. Casque en forme de tête de bœuf; tête de bœuf décharnée.

BUCY-LE-LONG, s. m. Com. du dép. de l'Aisne, cant. de Vailly, arr. de Soissons. = Soissons.

BUCY-LE-ROI, s. m. Com. du dép. du Loiret, cant. d'Artenai, arr. d'Orléans. = Artenai.

BUCY-LES-CERNY, s. m. Com. du dép. de l'Aisne, cant. et arr. de Laon. = Laon.

BUCY-LES-PIERREPONT, s. m. Com. du dép. de l'Aisne, cant. de Sissonne, arr. de Laon. = Laon.

BUCY-ST.-LIPHARD, s. m. Com. du dép. du Loiret, cant. de Patay, arr. d'Orléans. = Orléans.

BUDANGE, s. m. Com. du dép. de la Moselle, cant. de Metzervisse, arr. de Thionville. = Thionville.

BUDANGE-SOUS-JUSTEMONT, s. m. Com. du dép. de la Moselle, cant. et arr. de Thionville. = Thionville.

BUDGET, s. m. État de l'actif et du passif; le budget de l'État, voté par les chambres, payé par le peuple, et dévoré par les abus.

BUDING, s. m. Com. du dép. de la Moselle, cant. de Metzervisse, arr. de Thionville. = Thionville.

BUDLÉIA, s. m. Arbuste de la famille des scrofulaires. T. de bot.

BUDLING, s. m. Com. du dép. de la Moselle, cant. de Metzervisse, arr. de Thionville. = Thionville.

BUDOS, s. m. Com. du dép. de la Gironde, cant. de Podensac, arr. de Bordeaux. = Podensac.

BUÉ, E, part. Lessivé.

BUÉ, s. m. Com. du dép. du Cher, cant. et arr. de Sancerre. = Sancerre.

BUECH (le), s. m. Rivière qui sort des montagnes du dép. de la Drôme, et qui se perd dans la Durance, à Sisteron, dép. des Basses-Alpes, après environ 16 l. de cours. Elle est flottable depuis St.-Julien jusqu'à son embouchure.

BUÉE, s. f. Lessive ; évaporation de la pâte du pain. (Vi.)

BUEIL, s. m. Com. du dép. de l'Eure, cant. de Pacy-sur-Eure, arr. d'Evreux. = Pacy.

BUELLAZ, s. m. Com. du dép. de l'Ain, cant. et arr. de Bourg. = Bourg.

BUÉNOS-AYRES, s. m. Ancienne capitale de la province espagnole du même nom, dans le Paraguay, où coule la rivière de Rio de la Plata. Cette ville est maintenant le siège du gouvernement de la république de Buénos-Ayres.

BUER, v. a. Faire la lessive. T. inus.

BUESWILLER, s. m. Com. du dép. du Bas-Rhin, cant. de Bouxviller, arr. de Saverne. = Saverne.

BUETTWILLER, s. m. Com. du dép. du Haut-Rhin, cant. de Dannemarie, arr. de Belfort. = Belfort.

BUFFARD, s. m. Com. du dép. du Doubs, cant. de Quingey, arr. de Besançon. = Quingey.

BUFFET, s. m. Armoire pour la vaisselle et le linge de table; table de salle à manger, où l'on pose ce qui est utile au service. —, espèce de jet d'eau dans une niche. —, menuiserie qui renferme les orgues. —, petit orgue.

BUFFETÉ, E, part. Percé, en parlant d'un tonneau dont on veut voler le vin.

BUFFETER, v. a. Percer un tonneau pour voler le vin ou le boire furtivement. —, maltraiter, battre. T. inus. —, donner contre la tête, y toucher. T. de fauc.

BUFFETEUR, s. m. Voiturier qui boit le vin ou le vole.

BUFFETIER, s. m. Concierge d'un établissement public, chez lequel on trouve des rafraîchissemens; buffetier du palais, du Louvre. —, écornifleur, parasite. T. inus.

BUFFIÈRES, s. f. Com. du dép. de Saône-et-Loire, cant. de Cluny, arr. de Mâcon. = Cluny.

BUFFIGNÉCOURT, s. m. Com. du dép. de la Haute-Saône, cant. d'Amance, arr. de Vesoul. = Vesoul.

BUFFLE, s. m. Quadrupède ruminant du genre du bœuf; taureau domestique, à cornes différemment courbées; son cuir. Cet animal n'était connu ni des Grecs, ni des Romains; il a été apporté de l'Afrique et des Indes en Europe dans le septième siècle. —, homme lourd, stupide. Fig. —, peau d'élan préparée à l'huile; bande de peau collée pour polir.

BUFFLETERIE, s. f. Partie de l'équipement d'un soldat, bandoulière, ceinturon, etc., en buffle ou en cuir.

BUFFLETIN, s. m. Jeune buffle.

BUFFLONNE, s. f. Femelle du buffle.

BUFFON, s. m. Com. du dép. de la Côte-d'Or, cant. de Montbard, arr. de Semur. = Montbard. On y remarque de très belles forges qui furent établies par l'immortel naturaliste dont ce village porte le nom.

BUFFONE, s. f. Espèce de morgeline. T. de bot.

BUFFONIE, s. f. Plante caryophyllée. T. de bot.

BUFFONITES, s. f. pl. Dents molaires pétrifiées. T. d'hist. nat.

BUGADIÈRE, s. f. Cuvier en maçonnerie pour faire le savon.

BUGALET, s. m. Petit navire ponté servant d'allége. T. de mar.

BUGARACH, s. m. Com. du dép. de l'Aude, cant. de Couiza, arr. de Limoux. = Limoux.

BUGARD, s. m. Com. du dép. des Hautes-Pyrénées, cant. de Trie, arr. de Tarbes. = Trie.

BUGEAT, s. m. Com. du dép. de la Corrèze, chef-lieu de cant. de l'arr. d'Ussel. Bur. d'enregist. à Meymac. = Ussel.

BUGEY (le), s. m. Ce petit pays, qui faisait autrefois partie de la province de Bourgogne, appartient aujourd'hui au dép. de l'Ain, et forme les arr. de Belley et de Nantua.

BUGLE, s. f. Plante labiée, vulnéraire. T. de bot.

BUGLISE, s. f. Com. du dép. de la Seine-Inférieure, cant. de Montivilliers, arr. du Havre. = Montivilliers.

BUGLOSSE, s. f. Plante borraginée, sudorifique. T. de bot.

BUGNAC, s. m. Com. du dép. de la Haute-Garonne, cant. de Lanta, arr. de Villefranche. = Caraman.

BUGNEIN, s. m. Com. du dép. des Basses-Pyrénées, cant. de Navarreins, arr. d'Orthez. = Navarreins.

BUGNICOURT, s. m. Com. du dép. du Nord, cant. d'Arleux, arr. de Douai. = Douai.

BUGNIÈRES, s. f. Com. du dép. de la Haute-Marne, cant. d'Arc-en-Barrois, arr. de Chaumont. = Château-Vilain.

BUGNY, s. m. Com. du dép. du Doubs, cant. de Montbenoit, arr. de Pontarlier. = Pontarlier.

BUGNY-LES-GAMACHES, s. m. Com. du dép. de la Somme, cant. de Gamaches, arr. d'Abbeville. = Abbeville.

BUGRANE, s. f. Arrête-bœuf, plante antiscorbutique. Voy. ARRÊTE-BOEUF. T. de bot.

BUGUE (le), s. m. Com. du dép. de la Dordogne, chef-lieu de cant. de l'arr. de Sarlat. Bur. d'enregist. et de poste. Fab. d'étamines, serges, cadis; comm. de bœufs, porcs et autres bestiaux; entrepôt de vins et de comestibles de tous les cant. voisins de la Vezère, sur les bateaux de laquelle ces diverses marchandises sont transportées à Bordeaux.

BUHL, s. m. Com. du dép. du Bas-Rhin, cant. de Selz, arr. de Wissembourg. = Lauterbourg.
Fab. de Casimir.

BUHL, s. m. Com. du dép. du Haut-Rhin, cant. Guebwiller, arr. de Colmar. = Ruffach.
Filature de laine; fab. de draps fins.

BUHOT, s. m. Fourreau de la pierre à repasser du faucheur. —, pl. Plumes d'oie peintes.

BUHULIEN, s. m. Com. du dép. des Côtes-du-Nord, cant. et arr. de Lannion. = Lannion.

BUHY, s. m. Com. du dép. de Seine-et-Oise, cant. de Magny, arr. de Mantes. = Magny.

BUICOURT, s. m. Com. du dép. de l'Oise, cant. de Songeons, arr. de Beauvais. = Songeons.

BUIGNY-L'ABBÉ, s. m. Com. du dép. de la Somme; cant. d'Ailly-le-Haut-Clocher, arr. d'Abbeville. = Abbeville.

BUIGNY-ST.-MACLOU, s. m. Com. du dép. de la Somme, cant. de Nouvion, arr. d'Abbeville. = Abbeville.

BUIRE, s. f. Vase à liqueurs; pot avec une anse; coquille des Indes.

BUIRE, s. m. Com. du dép. de l'Aisne, cant. de Hirson, arr. de Vervins. = Vervins.

BUIRE, s. m. Com. du dép. de la Somme, cant. et arr. de Péronne. = Péronne.

BUIRE-AU-BOIS, s. m. Com. du dép. du Pas-de-Calais, cant. d'Auxy-le Château, arr. de St.-Pol. = Auxy le-Château.

BUIRE-LE-SEC, s. m. Com. du dép. du Pas-de-Calais, cant. de Campagne, arr. de Montreuil-sur-Mer. = Montreuil.

BUIRE-SOUS-CORBIE, s. m. Com. du dép. de la Somme, cant. d'Albert, arr. de Péronne. = Albert.

BUIRONFOSSE, s. m. Com. du dép. de l'Aisne, cant. de la Capelle, arr. de Vervins. = la Capelle.

BUIS, s. m. Arbrisseau toujours vert, dont la racine fort dure est employée dans un grand nombre d'ouvrages de tabletterie. —, outil pour polir. T. de cordonn.

BUIS (le), s. m. Petite ville du dép. de la Drôme, chef-lieu de cant. de l'arr. de Nyons. Bur. d'enregist. et de poste.
Filature de soie; fab. de chapeaux; comm. de laines, draps et orfèvrerie.

BUIS (le), s. m. Com. du dép. de la Haute-Vienne, cant. de Nantiat, arr. de Bellac. = Bellac.

BUISSAIE ou **BUSSIÈRE**, s. f. Lieu planté de buis.

BUISSARD, s. m. Com. du dép. des Hautes-Alpes, cant. de St.-Bonnet, arr. de Gap. = Gap.

BUISSE, s. f. Morceau de buis sur lequel un tailleur pose les coutures pour les rabattre avec le passe-carreau. —, outil pour bomber les semelles. T. de cordonn.

BUISSE (la), s. m. Com. du dép. de l'Isère, cant. de Voiron, arr. de Grenoble. = Voiron.

BUISSERIE, s. f. Merrain pour la tonnellerie.

BUISSIÈRE (la), s. f. Com. du dép. de l'Isère, cant. du Touvet, arr. de Grenoble. = le Touvet.

BUISSON, s. m. Touffe d'arbrisseaux sauvages, épineux; hallier. —, arbre fruitier nain en forme de buisson. T. de jard.

BUISSON (le), s. m. Com. du dép. du Calvados, cant. de Troarn, arr. de Caen. = Troarn.

BUISSON, s. m. Com. du dép. de la Lozère, cant. et arr. de Marvejols. = Marvejols.

BUISSON, s. m. Com. du dép. de Vaucluse, cant. de Vaison, arr. d'Orange. = Carpentras. Fab. de toiles de lin.

BUISSON (le), s. m. Com. du dép. de la Marne, cant. de Thiéblemont, arr. de Vitry-le-François. = Vitry.

BUISSON-ARDENT ou ARBRE DE MOÏSE, s. m. Pyracante, arbuste à baies couleur de feu, du genre du néflier. T. de bot.

BUISSONCOURT, s. m. Com. du dép. de la Meurthe, cant. de St.-Nicolas-du-Port, arr. de Nancy. = St.-Nicolas.

BUISSONNET, s. m. Petit buisson. T. inus.

BUISSONNEUX, EUSE, adj. Couvert d'épines, de buissons.

BUISSONNIER, s. m. Maître d'écriture qui n'a pas été reçu maître. —, garde de la navigation. T. de mar.

BUISSONNIER, ÈRE, adj. Qui se loge dans les buissons. Lapins —, qui ne se terrent pas. Faire l'école —, n'y pas aller, courir dans les buissons pour chercher des nids. T. fam.

BUISSURES, s. f. pl. Ordures rassemblées par le feu sur une pièce que l'on fait cuire. T. de dor.

BUISSY-BARALLE, s. m. Com. du dép. du Pas-de-Calais, cant. de Marquion, arr. d'Arras. = Cambrai.

BUJALEUF, s. m. Com. du dép. de la Haute-Vienne, cant. d'Eymoutiers, arr. de Limoges. = St.-Léonard.

BUKKU, s. m. Arbrisseau du Cap-de-Bonne-Espérance. T. de bot.

BULAINVILLE, s. f. Com. du dép. de la Meuse, cant. de Triaucourt, arr. de Bar-le-Duc. = Verdun-sur-Meuse.

BULAN, s. m. Com. du dép. des Hautes-Pyrénées, cant. de la Barthe, arr. de Bagnères-de-Bigorre. = Bagnères.

BULBE, s. f. Oignon de plante. — de l'urètre, renflement où commence la partie spongieuse de ce canal, au-dessous de l'arcade des os pubis. T. de chir.

BULBEUX, EUSE, adj. Qui est de la nature des bulbes, qui en provient.

BULBIFÈRE, adj. Se dit d'une plante qui porte hors de terre une ou plusieurs bulbes. T. de bot.

BULBIFORME, adj. Qui a la forme d'une bulbe.

BULBIPARE, adj. A tubercules; polype bulbipare. T. d'hist. nat.

BULBO-CAVERNEUX, s. m. Muscle de l'urètre, accélérateur de l'urine.

BULBOCODE, s. m. Petite plante liliacée, voisine des colchiques. T. de bot.

BULBONACH, s. m. Plante crucifère dont la semence est diurétique; lunaire. T. de bot.

BULCY, s. m. Com. du dép. de la Nièvre, cant. de Pouilly, arr. de Cosne. = Pouilly.

BULÈJE, s. m. Plante de la famille des gatiliers. T. de bot.

BULÉON, s. m. Com. du dép. du Morbihan, cant. de St.-Jean-Brevelay, arr. de Ploërmel. = Josselin.

BULGAN, s. m. Marte zibeline. T. d'hist. nat.

BULGARE, s. et adj. Qui appartient à la Bulgarie.

BULGARIE, s. f. Province septentrionale de la Turquie d'Europe, qui s'étend le long du Danube jusqu'à son embouchure dans la Mer-Noire.

BULGNÉVILLE, s. f. Com. du dép. des Vosges, chef-lieu de cant. de l'arr. de Neufchâteau. Bur. d'enregist. = Neufchâteau. Fab. de souliers de pacotille pour hommes et pour femmes.

BULHON, s. m. Com. du dép. du Puy-de-Dôme, cant. de Lezoux, arr. de Thiers. = Lezoux.

BULIMES, s. m. pl. Mollusques gastéropodes; testacés univalves. T. d'hist. nat.

BULITHE, s. m. Concrétion qui se forme dans le dernier estomac et les intestins du bœuf.

BULLAINVILLE, s. f. Com. du dép. d'Eure-et-Loir, cant. de Bonneval, arr. de Châteaudun. = Bonneval.

BULLAIRE, s. m. Recueil de bulles. T. de liturgie.

BULLE, s. f. Lettre du pape expédiée sur parchemin et scellée. —, constitution de quelques empereurs. — d'or, qui règle la constitution germanique. —, globule d'eau et d'air, de métal, etc. —, petite tumeur remplie de sérosités, qui soulève l'épiderme. —, testacé univalve. T. d'hist. nat.

BULLE, s. f. Com. du dép. du Doubs, cant. de Leviers, arr. de Pontarlier. = Pontarlier.

BULLÉ, E, adj. En forme authentique; muni de bulles. T. de liturgie. —, bosselée en dessus et creusé en dessous; feuille bullée. T. de bot. —, s. f. Genre de vers mollusques. T. d'hist. nat.

BULLECOURT, s. m. Com. du dép. du Pas-de-Calais, cant. de Croisilles, arr. d'Arras. = Arras.

BULLES, s. f. Petite ville du dép. de l'Oise, cant. et arr. de Clermont-en-Beauvoisis. = Clermont. Fab. et comm. de toiles fines, dites mi-hollandes; filature de lin.

BULLETIN, s. m. Petit billet; suffrage par écrit. —, relation manuscrite ou imprimée de la situation d'une armée, d'un malade; certificat de dépôt. — des lois, répertoire où sont déposées et enregistrées les lois pour être ensuite publiées officiellement.

BULLEUSE, adj. f. Bullée; feuille bulleuse. T. de bot.

BULLIARDE, s. f. Tache de la lune. T. d'astr.

BULLICAME, s. m. Eau d'où s'élèvent des bulles d'acide carbonique ou de gaz hydrogène sulfuré. T. d'hist. nat.

BULLIGNY, s. m. Com. du dép. de la Meurthe, cant. et arr. de Toul. = Toul.

BULLION, s. m. Com. du dép. de Seine-et-Oise, cant. de Dourdan, arr. de Rambouillet. = Limours.

BULLOU, s. m. Com. du dép. d'Eure-et-Loir, cant. de Brou, arr. de Châteaudun. = Brou.

BULLY, s. m. Com. du dép. du Calvados, cant. d'Evrecy, arr. de Caen. = Caen.

BULLY, s. m. Com. du dép. de la Loire, cant. de St.-Germain-Laval, arr. de Roanne. = Roanne.

BULLY, s. m. Com. du dép. du Pas-de-Calais, cant. de Lens, arr. de Béthune. = Lens.

BULLY, s. m. Com. du dép. du Rhône, cant. de l'Arbresle, arr. de Lyon. = l'Arbresle.

BULLY, s. m. Com. du dép. de la Seine-Inférieure, cant. et arr. de Neufchâtel. = Neufchâtel.

BULSON, s. m. Com. du dép. des Ardennes, cant. de Raucourt, arr. de Sedan. = Sedan.

BULT, s. m. Com. du dép. des Vosges, cant. de Bruyères, arr. d'Epinal. = Rambervillers.

BULTEAU, s. m. Arbre en boule. T. de jard.

BUMALDE, s. m. Arbrisseau très rameux. T. de bot.

BUN, s. m. Com. du dép. des Hautes-Pyrénées, cant. d'Aucun, arr. d'Argelès. = Argelès.

BUNCEY, s. m. Com. du dép. de la Côte-d'Or, cant. et arr. de Châtillon-sur-Seine. = Châtillon.

BUNE, s. f. Maçonnerie au-dessus du massif d'une forge.

BUNETTE, s. f. Fauvette d'hiver; moineau de haie.

BUNÉVILLE, s. f. Com. du dép. du Pas-de-Calais, cant. et arr. de St-Pol. = Frévent

BUNGALON, s. m. Arbre des Philippines, à suc laiteux. T. de bot.

BUNIAS, s. m. Navet sauvage qui entre dans la composition de la thériaque. T. de bot.

BUNO-BONNEVAUX, s. m. Com. du dép. de Seine-et-Oise, cant. de Milly, arr. d'Etampes. = Milly.

BUNUS, s. m. Com. du dép. des Basses-Pyrénées, cant. d'Iholdy, arr. de Mauléon. = St.-Palais.

BUNZAC, s. m. Com. du dép. de la Charente, cant. de la Rochefoucauld, arr. d'Angoulême. = la Rochefoucauld.

BUONACCORDO, s. m. Epinette italienne, instrument de musique.

BUOUX, s. m. Com. du dép. de Vaucluse, cant. de Bonnieux, arr. d'Apt. = Apt.

BUPHTHALME, s. m. Plante corymbifère. T. de bot.

BUPHTHALMIE, s. f. Augmentation du volume de l'œil. T. de méd.

BUPLÈVRE, s. m. Bec de lièvre, plante ombellifère. T. de bot.

BUPRESTE, s. f. Coléoptère vorace, dangereux; petite araignée rouge qui fait enfler le bœuf quand il l'avale. T. d'hist. nat.

BUQUET, s. m. Instrument pour remuer l'herbe, pour agiter l'indigo dans la cuve.

BUQUETTE, s. f. Echelle des divers diamètres d'un mât. T. de mar.

BURAIL, s. m. Etoffe de laine, espèce de serge ou de ratine.

BURALISTE, s. m. Préposé à un bureau de recette, de loterie.

BURANG, s. m. Figuier des Indes. T. de bot.

BURAT, s. m. Bure grossière.

BURATÉ, E, adj. Qui imite le burat.

BURATINE, s. f. Etoffe à chaîne de soie et trame de laine.

BURBACH, s. m. Com. du dép. du Bas-Rhin, cant. de Drulingen, arr. de Saverne. = Sarrewerden.

BURBANCHE (la), s. f. Com. du dép. de l'Ain, cant. de Virieu-le-Grand, arr. de Belley. = Belley.

BURBE, s. f. Monnaie de cuivre de Tunis.

BURBURES, s. f. Com. du dép. du Pas-de-Calais, cant. de Norrent-Fontes, arr. de Béthune. = Lillers.

BURCHARDE, s. f. Plante vivace de la Nouvelle-Hollande; espèce de joncoïde. T. de bot.

BURCIN, s. m. Com. du dép. de l'Isère, cant. de Lemps, arr. de la Tour-du-Pin. = le Grand-Lemps.

BURCKENWALD, s. m. Com. du dép. du Bas-Rhin, cant. de Marmoutier, arr. de Saverne. = Saverne.

BURCY, s. m. Com. du dép. du Calvados, cant. de Vassy, arr. de Vire. = Vire.

BURCY, s. m. Com. du dép. de Seine-et-Marne, cant. de la Chapelle, arr. de Fontainebleau. = Nemours.

BURDIGNE, s. f. Com. du dép. de la Loire, cant. de Bourg-Argental, arr. de St.-Etienne. = Annonay.

BURE, s. f. Grosse étoffe de laine, bureau, burat. —, puits profond des mines. —, partie supérieure du fourneau des forges.

BURÉ, s. m. Com. du dép. de la Meuse, cant. de Montier-sur-Saulx, arr. de Bar-le-Duc. = Gondrecourt.

BURÉ, s. m. Com. du dép. de la Moselle, cant. d'Audun-le-Roman, arr. de Briey. = Thionville.

BURÉ, s. m. Com. du dép. de l'Orne, cant. de Bazoche-sur-Hoëne, arr. de Mortagne. = Mesle-sur-Sarthe.

BUREAU, s. m. Bure, burat. —, grande table pour écrire, pour serrer des papiers; secrétaire. — d'élection, lieu de l'élection, président, scrutateurs, secrétaires. —, comptoir, lieu de travail, de recette, de distribution; bureau de loterie, d'agent de change; les commis, les employés d'un bureau. Air du —, apparence, résultat probable d'une affaire, opinion présumée des juges.

BUREAUCRATIE, s. f. Influence déplorable des chefs et employés des bureaux; morgue, insolence de certains commis; esprit, régime, train des bureaux.

BUREAUCRATIQUE, adj. Qui concerne les gens de bureau, leur influence dangereuse, leur ton suffisant, leurs manières sèches, etc.

BURÉE, s. f. Com. du dép. de la Dordogne, cant. de Verteillac, arr. de Ribérac. = Ribérac.

BURÉ-EN-VAUX, s. m. Com. du dép. de la Meuse, cant. de Vaucouleurs, arr. de Commercy. = Vaucouleurs.

BURÉ-LA-CÔTE, s. m. Com. du dép. de la Meuse, cant. de Vaucouleurs, arr. de Commercy. = Vaucouleurs.

BURÉ-LA-VILLE, s. m. Com. du dép. de la Moselle, cant. de Longuion, arr. de Briey. = Longuion.

BURELÉ, E, adj. Composé de faces d'émail différent. T. de blas.

BURÈLES, s. f. pl. Faces diminuées en nombre pair. T. de blas.

BURÉ-LES-TEMPLIERS, s. m. Com. du dép. de la Côte-d'Or, cant. de Recey-sur-Ource, arr. de Châtillon. = Aignay.

BURELLES, s. f. Com. du dép. de l'Aisne, cant. et arr. de Vervins. = Vervins.

BURES, s. f. Com. du dép. du Calvados, cant. de Troarn, arr. de Caen. = Troarn.

BURES, s. f. Com. du dép. du Calvados, cant. de Bény-Bocage, arr. de Vire. = Torigny.

BURES, s. f. Com. du dép. de la Meurthe, cant. de Vic, arr. de Château-Salins. = Château-Salins.

BURES, s. f. Com. du dép. de l'Orne, cant. de Courtomer, arr. d'Alençon. = Mesle.

BURES, s. f. Com. du dép. de Seine-et-Oise, cant. de Palaiseau, arr. de Versailles. = Poissy.

BURES, s. f. Com. du dép. de la Seine-Inférieure, cant. de Londinières, arr. de Neufchâtel. = Neufchâtel.

BURET, s. m. Poisson qui donne une teinture pourpre.

BURET, s. m. Com. du dép. de la Mayenne, cant. de Grez-en-Bouère, arr. de Château-Gontier. = Château-Gontier.

BURETTE, s. f. Petite buire; petit vase pour l'huile et le vinaigre; petit vase semblable pour l'eau et le vin, dont on se sert pour le sacrifice de la messe.

BURETTIER, s. m. Enfant de chœur

qui porte les burettes pour la messe, qui verse l'eau et le vin.

BUREY, s. m. Com. du dép. de l'Eure, cant. de Conches, arr. d'Evreux. = Conches.

BURG, s. m. Com. du dép. des Hautes-Pyrénées, cant. de Tournay, arr. de Tarbes. = Tarbes.

BURGALÈSE, s. f. Laine de Burgos.

BURGANDE, s. m. Poisson testacé donnant une teinture écarlate.

BURGANDINE, s. f. Nacre très brillante tirée du Burgau.

BURGARONNE, s. f. Com. du dép. des Basses-Pyrénées, cant. de Sauveterre, arr. d'Orthez. = Orthez.

BURGAU, s. m. Limaçon sabot qui produit la plus belle nacre.

BURGAUD (le), s. m. Com. du dép. de la Haute-Garonne, cant. de Grenade, arr. de Toulouse. = Grenade.

BURGÉ, E, part. Mis en ébullition.

BURGEAGE, s. m. Ebullition du verre fondu au moyen des baguettes de bois vert, qu'on plonge dans la matière.

BURGER, v. a. Mettre le verre en ébullition par l'immersion de baguettes de bois vert.

BURGHEIM, s. m. Com. du dép. du Bas-Rhin, cant. d'Obernai, arr. de Schélestadt. = Barr.

BURGILLE, s. f. Com. du dép. du Doubs, cant. d'Audeux, arr. de Besançon. = Marnay.

BURGNAC, s. m. Com. du dép. de la Haute-Vienne, cant. d'Aixe, arr. de Limoges. = Limoges.

BURGO, s. m. Chien né de l'épagneul et du basset.

BURGONI, s. m. Sensitive, plante de la Guiane. T. de bot.

BURGOS, s. m. Ville d'Espagne, capitale de la Vieille-Castille.

BURGRAVE, s. m. Seigneur d'une ville, d'un château en Allemagne.

BURGRAVIAT, s. m. Dignité de burgrave.

BURGY, s. m. Com. du dép. de Saône-et-Loire, cant. de Lugny, arr. de Mâcon. = St.-Oyen.

BURIE, s. f. Com. du dép. de la Charente-Inférieure, chef-lieu de cant. de l'arr. de Saintes. Bur. d'enregist. = Saintes.

BURIGNA, s. m. Com. du dép. du Jura, cant. d'Arinthod, arr. de Lons-le-Saulnier. = Orgelet.

BURIN, s. m. Instrument d'acier pour graver; l'art de graver. Fig. —, plume de l'historien; le burin de l'histoire. Fig.

BURINÉ, E, part. Gravé.

BURINER, v. a. Travailler au burin, graver. —, écrire l'histoire. Fig.

BURIVILLE, s. f. Com. du dép. de la Meurthe, cant. de Blamont, arr. de Lunéville. = Blamont.

BURLATS, s. m. Com. du dép. du Tarn, cant. de Roquecourbe, arr. de Castres. = Castres.

BURLESQUE, adj. Bouffon, facétieux, risible, extravagant. —, s. m. Style qui travestit en bouffonneries les choses les plus nobles.

BURLESQUEMENT, adv. D'une manière burlesque.

BURLIONCOURT, s. m. Com. du dép. de la Meurthe, cant. et arr. de Château-Salins. = Château-Salins.

BURMANE, s. f. Plante unilobée. T. de bot.

BURNAND, s. m. Com. du dép. de Saône-et-Loire, cant. de St.-Gengoux-le-Royal, arr. de Mâcon. = Buxy.

BURNEVILLERS, s. m. Com. du dép. du Doubs, cant. de St.-Hippolyte, arr. de Montbéliard. = St.-Hippolyte.

BURNHAUPT-LE-BAS, s. m. Com. du dép. du Haut-Rhin, cant. de Cernay, arr. de Belfort. = Cernay.

BURNHAUPT-LE-HAUT, s. m. Com. du dép. du Haut-Rhin, cant. de Cernay, arr. de Belfort. = Cernay.

BURON, s. m. Maisonnette dans les montagnes d'Auvergne où l'on fait le fromage.

BURONNIER, s. m. Pâtre qui habite un buron.

BUROS, s. m. Com. du dép. des Basses-Pyrénées, cant. de Morlaas, arr. de Pau. = Pau.

BUROSSE, s. f. Com. du dép. des Basses-Pyrénées, cant. de Garlin, arr. de Pau. = Pau.

BURREAULX, s. m. pl. Grosse étoffe de laine.

BURSAIRE, s. m. Genre de vers microscopiques, ver amorphe. T. d'hist. nat.

BURSAL, adj. De la bourse. Edit —, pour tirer de l'argent de la bourse du peuple.

BURSARD, s. m. Com. du dép. de l'Orne, cant. de Mesle-sur-Sarthe, arr. d'Alençon. = Sées.

BURTHECOURT-AUX-CHÊNES, s. m. Com. du dép. de la Meurthe, cant. de St.-Nicolas, arr. de Nancy. = St.-Nicolas.

BURTONCOURT, s. m. Com. du dép. de la Moselle, cant. de Vigy, arr. de Metz. = Boulay.

BURY, s. m. Com. du dép. de l'Oise,

cant. de Mouy, arr. de Clermont-en-Beauvoisis. = Clermont.

Fab. de serges.

BURZET, s. m. Com. du dép. de l'Ardèche, chef-lieu de cant. de l'arr. de Largentière. Bur. d'enregist. à Montpezat. = Aubenas.

BURZY, s. m. Com. du dép. de Saône-et-Loire, cant. de St.-Gengoux-le-Royal, arr. de Mâcon. = Joncy.

BUS, s. m. Com. du dép. du Pas-de-Calais, cant. de Bertincourt, arr. d'Arras. = Bapaume.

BUS, s. m. Com. du dép. de la Somme, cant. d'Acheux, arr. de Doullens. = Albert.

BUS, s. m. Com. du dép. de la Somme, cant. et arr. de Montdidier. = Montdidier.

BUSARD, s. m. Oiseau de proie très vorace qui vit d'oiseaux aquatiques et de poissons.

BUSC, s. m. Lame d'acier, de baleine, de bois que l'on met dans un corset. —, assemblage de charpente aux portes d'une écluse. T. d'hydraul.

BUSCA, s. m. Com. du dép. du Gers, cant. et arr. de Condom. = Condom.

BUSCHE, s. f. Monnaie allemande. —, bâtiment anglais, hollandais pour la pêche du hareng.

BUSCHWILLER, s. m. Com. du dép. du Haut-Rhin, cant. de Huningue, arr. d'Altkirch. = Belfort.

BUSCOU, s. m. Com. du dép. de Lot-et-Garonne, cant. de Laplume, arr. d'Agen. = Agen.

BUSE, s. f. Oiseau de proie pesant et stupide, du genre du faucon; bondrée. —, sot, ignorant, stupide. Fig. et fam. —, petit canal qui conduit l'eau sur la roue d'un moulin en dessus; tuyau ou ventouse dans les mines.

BUSERAI, s. m. Busard d'Afrique. T. d'hist. nat.

BUSHEL, s. m. Boisseau anglais, mesure de capacité de 55 livres.

BUSLOUP, s. m. Com. du dép. de Loir-et-Cher, cant. de Morée, arr. de Vendôme. = la Ville-aux-Clercs.

BUSNES, s. f. Com. du dép. du Pas-de-Calais, cant. de Lillers, arr. de Béthune. = Lillers.

BUSON, s. m. Buse de la Guiane.

BUSQUE, s. m. Com. du dép. du Tarn, cant. de Graulhet, arr. de Lavaur. = Lavaur.

BUSQUÉ, E, part. Garni d'un busc.

BUSQUER, v. a. Mettre un busc. —, chercher, tenter fortune. (Vi.) —, revêtir d'un assemblage de charpente. (Vi.)

BUSQUIÈRE, s. f. Endroit du corset où l'on met le busc.

BUSSAC, s. m. Com. du dép. de la Charente-Inférieure, cant. de Montlieu, arr. de Jonzac. = Montlieu.

BUSSAC, s. m. Com. du dép. de la Charente-Inférieure, cant. et arr. de Saintes. = Saintes.

BUSSAC, s. m. Com. du dép. de la Dordogne, cant. de Brantôme, arr. de Périgueux. = Bourdeilles.

BUS-ST.-RÉMY, s. m. Com. du dép. de l'Eure, cant. d'Ecos, arr. des Andelys. = Vernon.

BUSSANG, s. m. Com. du dép. des Vosges, cant. de Ramonchamp, arr. de Remiremont. = Remiremont.

BUSSARD, s. m. Petite futaille d'un muid.

BUSSEAU (le), s. m. Com. du dép. des Deux-Sèvres, cant. de Coulonges, arr. de Niort. = Niort.

BUSSAUT, s. m. Com. du dép. de la Côte-d'Or, cant. d'Aignay-le-Duc, arr. de Châtillon. = Aignay-le-Duc.

BUSSENS-ET-ENGUINCHAULT, s. m. Com. du dép. du Pas-de-Calais, cant. de Hucqueliers, arr. de Montreuil-sur-Mer. = Montreuil.

BUSSÉOL, s. m. Com. du dép. du Puy-de-Dôme, cant. de Vic-le-Comte, arr. de Clermont. = Billom.

BUSSEROLE ou BOUSSEROLE, s. f. Raisin d'ours, arbousier rampant. T. de bot.

BUSSEROLES, s. f. Com. du dép. de la Dordogne, cant. de Bussière-Badil, arr. de Nontron. = Nontron. Forges et martinets.

BUSSEROTTE-ET-MONTENAILLE, s. f. Com. du dép. de la Côte-d'Or, cant. de Grancey-le-Château, arr. de Dijon. = Grancey.

BUSSET, s. m. Com. du dép. de l'Allier, cant. de Cusset, arr. de la Palisse. = Cusset.

BUSSEUIL, s. m. Com. du dép. de Saône-et-Loire, cant. de Paray-le-Monial, arr. de Charolles. = Charolles.

BUSSIARES, s. f. Com. du dép. de l'Aisne, cant. de Neuilly-St.-Front, arr. de Château-Thierry. = Gandelu.

BUSSIÈRE, s. f. Com. du dép. de la Creuse, cant. et arr. de Boussac. = Boussac.

BUSSIÈRE, s. f. Com. du dép. de la Creuse, cant. de St.-Vaulry, arr. de Guéret. = Guéret.

BUSSIÈRE, s. f. Com. du dép. de la Loire, cant. de Néronde, arr. de Roanne. = St.-Symphorien-de-Lay.

BUSSIÈRE (la), s. f. Com. du dép.

du Puy-de-Dôme, cant. d'Aigueperse, arr. de Riom. = Aigueperse.

BUSSIÈRE (la), s. f. Com. du dép. de la Côte-d'Or, cant. de Pouilly, arr. de Beaune. = Sombernon.

BUSSIÈRE (la), s. f. Com. du dép. du Loiret, cant. de Briare, arr. de Gien. = Nogent-sur-Vernisson.

BUSSIÈRE (la), s. f. Com. du dép. de la Vienne, cant. de St.-Savin, arr. de Montmorillon. = Angle.

BUSSIÈRE-BADIL, s. f. Com. du dép. de la Dordogne, chef-lieu de cant. de l'arr. de Nontron. = Nontron.

BUSSIÈRE-BOFFY, s. f. Com. du dép. de la Haute-Vienne, cant. de Mézières, arr. de Bellac. = Bellac.

BUSSIÈRE-GALANT, s. f. Com. du dép. de la Haute-Vienne, cant. de Chalus, arr. de St.-Yrieix. = Chalus.

BUSSIÈRE-LA-GRUE, s. f. Com. du dép. de l'Allier, cant. de Bourbon-l'Archambault, arr. de Moulins. = Bourbon-l'Archambault.

BUSSIÈRE-NOUVELLE, s. f. Com. du dép. de la Creuse, cant. d'Auzance, arr. d'Aubusson. = Auzance.

BUSSIÈRE-POITEVINE, s. f. Petite ville du dép. de la Haute-Vienne, cant. de Mézières, arr. de Bellac. = Bellac.

BUSSIÈRE-RAPY, s. f. Com. du dép. de la Haute-Vienne, cant. de Château-Ponsac, arr. de Bellac. = Monterol.

BUSSIÈRES, s. f. Com. du dép. de l'Aube, cant. d'Essoyes, arr. de Bar-sur-Seine. = Bar-sur-Seine.

BUSSIÈRES, s. f. Com. du dép. de la Côte-d'Or, cant. de Grancey-le-Château, arr. de Dijon. = Is-sur-Tille.

BUSSIÈRES, s. f. Com. du dép. de la Haute-Marne, cant. de Fay-Billot, arr. de Langres. = Fay-Billot.

BUSSIÈRES, s. f. Com. du dép. de la Haute-Saône, cant. de Rioz, arr. de Vesoul. = Rioz.

BUSSIÈRES, s. f. Com. du dép. de Saône-et-Loire, cant. et arr. de Mâcon. = Mâcon.

BUSSIÈRES, s. f. Com. du dép. de Seine-et-Marne, cant. de la Ferté-sous-Jouarre, arr. de Meaux. = la Ferté-sous-Jouarre.

BUSSIÈRES, s. f. Com. du dép. de l'Yonne, cant. de Quarré-les-Tombes, arr. d'Avallon. = Rouvray.

BUSSIÈRES-ET-PRUNS, s. f. Com. du dép. du Puy-de-Dôme, cant. de Pionsat, arr. de Riom. = Aigueperse.

BUSSIÈRES-LES-CLEFMONT, s. f. Com. du dép. de la Haute-Marne, cant. de Clefmont, arr. de Chaumont. = Bourmont.

BUSSIGNY, s. m. Com. du dép. du Nord, cant. de Clary, arr. de Cambrai. = Cambrai.

BUSSOLLES, s. f. Com. du dép. de l'Allier, cant. et arr. de la Palisse. = la Palisse.

BUSSON, s. m. Com. du dép. de la Haute-Marne, cant. de St.-Blin, arr. de Chaumont. = Andelot.

BUSSUNARITS, s. m. Com. du dép. des Basses-Pyrénées, cant. de St.-Jean-Pied-de-Port, arr. de Mauléon. = St.-Jean-Pied-de-Port.

BUSSUREL, s. m. Com. du dép. de la Haute-Saône, cant. de Héricourt, arr. de Lure. = Belfort.

BUSSUS, s. m. Com. du dép. de la Somme, cant. d'Ailly-le-Haut-Clocher, arr. d'Abbeville. = Abbeville.

BUSSUS, s. m. Com. du dép. de la Somme, cant. et arr. de Péronne. = Péronne.

BUSSY, s. m. Com. du dép. du Cher, cant. de Dun-le-Roi, arr. de St.-Amand. = Dun-le-Roi.

BUSSY, s. m. Com. du dép. de l'Oise, cant. de Guiscard, arr. de Compiègne. = Noyon.

BUSSY-ALBIEUX, s. m. Com. du dép. de la Loire, cant. de Boën, arr. de Montbrison. = Roanne.

BUSSY-AUX-BOIS, s. m. Com. du dép. de la Marne, cant. de St.-Remy-en-Bouzemont, arr. de Vitry-le-Français. = Vitry.

BUSSY-EN-OTHE, s. m. Com. du dép. de l'Yonne, cant. de Briennon, arr. de Joigny. = Joigny. Comm. de vins, cidres, raisiné, fruits et bois.

BUSSY-LA-CÔTE, s. m. Com. du dép. de la Meuse, cant. de Revigny, arr. de Bar-le-Duc. = Bar-le-Duc.

BUSSY-LA-PÈLE, s. m. Com. du dép. de la Côte-d'Or, cant. de Sombernon, arr. de Dijon. = Sombernon.

BUSSY-LA-PESLE, s. m. Com. du dép. de la Nièvre, cant. de Brinon, arr. de Clamecy. = Varzy.

BUSSY-LE-CHÂTEAU, s. m. Com. du dép. de la Marne, cant. de Suippes, arr. de Châlons-sur-Marne. = Châlons.

BUSSY-LE-GRAND, s. m. Com. du dép. de la Côte-d'Or, cant. de Flavigny, arr. de Semur. = Flavigny.

BUSSY-LE-REPOS, s. m. Com. du dép. de la Marne, cant. de Heiltz-le-Maurupt, arr. de Vitry-le-Français. = Vitry.

BUSSY-LE-REPOS, s. m. Com. du

dép. de l'Yonne, cant. de Villeneuve-le-Roi, arr. de Joigny. = Villeneuve-le-Roi.

BUSSY-LES-DAOURS, s. m. Com. du dép. de la Somme, cant. de Corbie, arr. d'Amiens. = Corbie.

BUSSY-LES-POIX, s. m. Com. du dép. de la Somme, cant. de Poix, arr. d'Amiens. = Poix.

BUSSY-LETTRÉE, s. m. Com. du dép. de la Marne, cant. d'Écury-sur-Coole, arr. de Châlons-sur-Marne. = Châlons.

BUSSY-ST.-GEORGES, s. m. Com. du dép. de Seine-et-Marne, cant. de Lagny, arr. de Meaux. = Lagny.

BUSSY-ST.-MARTIN, s. m. Com. du dép. de Seine-et-Marne, cant. de Lagny, arr. de Meaux. = Lagny.

BUSSY-VARACHE, s. m. Com. du dép. de la Haute-Vienne, cant. d'Eymoutiers, arr. de Limoges. = Limoges.

BUST, s. m. Com. du dép. du Bas-Rhin, cant. de Drulingen, arr. de Saverne. = Phalsbourg.

BUSTANICO, s. m. Com. du dép. de la Corse, cant. de Sermano, arr. de Corte. = Bastia.

BUSTE, s. m. Statue représentant une tête avec l'estomac, les épaules, sans bras. —, boîte de sapin pour le raisin de Damas.

BUSTINCE-IRIBERRY, s. m. Com. du dép. des Basses-Pyrénées, cant. de St.-Jean-Pied-de-Port, arr. de Mauléon. = St.-Jean-Pied-de-Port.

BUSTUAIRE, s. m. Gladiateur qui combattait pendant les funérailles. T. d'antiq.

BUSY, s. m. Com. du dép. du Doubs, cant. de Boussières, arr. de Besançon. = Besançon.

BUT, s. m. Point où l'on vise, où l'on veut atteindre; fin qu'on se propose. — à —, adv. Sans avantage de part et d'autre. De — en blanc, inconsidérément, brusquement.

BUTAGE, s. m. Ancien droit de corvée.

BUTE, s. f. Outil de maréchal ferrant pour couper la corne des chevaux.

BUTÉ, E, part. Chaussé, en parlant du pied d'un arbre; étayé, en parlant d'un mur. —, s. f. Massif; pierre aux deux extrémités d'un pont pour résister à la poussée des arcades et soutenir la chaussée.

BUTER, v. a. Soutenir un mur avec un pilier, un arc-boutant; chausser le pied d'un arbre, d'une plante, des artichauts. —, marquer légèrement l'arrêt en parlant des chiens de chasse. —, v. n. Frapper au but; tendre à une fin; broncher, trébucher. T. fam. Se —, v. pron. Se fixer, se déterminer, s'entêter, s'opiniâtrer à... Se —, être toujours en opposition.

BUTGNÉVILLE, s. f. Com. du dép. de la Meuse, cant. de Fresnes-en-Wœvre, arr. de Verdun. = Etain.

BUTHIERS, s. m. Com. du dép. de Seine-et-Marne, cant. de la Chapelle, arr. de Fontainebleau. = Malesherbes.

BUTIERS-ET-AVOUAY, s. m. Com. du dép. de la Haute-Saône, cant. de Rioz, arr. de Vesoul. = Rioz.

BUTIN, s. m. Tout ce qu'on prend à l'ennemi, ce que les soldats pillent. —, richesse, profit, argent, hardes, bestiaux. T. fam.

BUTINER, v. n. Faire du butin. — sur les fleurs, se dit poétiq. de l'abeille.

BUTIREUX, EUSE, adj. De la nature du beurre.

BUTOIR, s. m. Couteau de corroyeur.

BUTOME, s. m. Jonc fleuri, plante alismoïde. T. de bot.

BUTOMON, s. m. Rubanier. T. de bot.

BUTONIC, s. m. Grand arbre myrthoïde des Indes. T. de bot.

BUTOR, s. m. Oiseau de proie du genre du héron des marais. —, sot, grossier, stupide, maladroit. Fig.

BUTORDE, s. f. Femme stupide. T. inus.

BUTORDERIE, s. f. Action, propos de butor.

BUTOT, s. m. Com. du dép. de la Seine-Inférieure, cant. de Pavilly, arr. de Rouen. = Rouen.

BUTOT, s. m. Com. du dép. de la Seine-Inférieure, cant. de Cany, arr. d'Yvetot. = Cany.

BUT-SUR-ROUVRES, s. m. Com. du dép. du Calvados, cant. de Bretteville-sur-Laize, arr. de Falaise. = Falaise.

BUTTE, s. f. Petit tertre; motte de terre élevée; petite élévation où l'on place le but pour tirer à la cible. Etre en — aux traits de la caricature; être l'objet de la malice des peintres.

BUTTEAUX, s. m. Com. du dép. de l'Yonne, cant. de Flogny, arr. de Tonnerre. = St.-Florentin.

BUTTEN, s. m. Com. du dép. du Bas-Rhin, cant. de Saar-Union, arr. de Saverne. = Sarrewerden.

BUTTIÈRE, s. et adj. Fusil pour tirer au prix.

BUTTNERE, s. f. Plante malvacée d'Amérique. T. de bot.

BUTTNÉRIACÉES, s. f. pl. Plantes malvacées. T. de bot.

BUTURE, s. f. Grosseur qui survient à l'articulation du pied des chiens de chasse. T. de véner.

BUTYRIN, s. m. Poisson abdominal. T. d'hist. nat.

BUTZ, s. m. Com. du dép. des Ardennes, cant. de Flize, arr. de Mézières. = Mézières.

BUTZ-KOPF, s. m. Cétacé du genre des dauphins. T. d'hist. nat.

BUVABLE, adj. Potable, qui peut-être bu. T. fam.

BUVANDE, s. f. Piquette, petit vin exprimé du marc.

BUVEAU, s. m. Voy. BEAUVEAU.

BUVERCHY, s. m. Com. du dép. de la Somme, cant. de Nesle, arr. de Péronne. = Nesle.

BUVETIER, s. m. Celui qui tient buvette.

BUVETTE, s. f. Endroit où se rafraîchissent les avocats et les plaideurs, où ces messieurs déjeûnent en attendant l'appel de la cause.

BUVEUR, EUSE, s. et adj. Ivrogne; qui boit beaucoup et souvent, qui aime à boire, à s'enivrer. —, muscle adducteur de l'œil. T. d'anat.

BUVIGNIES, s. f. Com. du dép. du Nord, cant. de Bavay, arr. d'Avesnes. = Bavay.

BUVILLY, s. m. Com. du dép. du Jura, cant. et arr. de Poligny. = Poligny.

BUVIN, s. m. Village du dép. de l'Isère, cant. de Morestel, arr. de la Tour-du-Pin. = Morestel.

BUVOTTER, v. n. Boire à petits coups et souvent.

BUXBAUME, s. f. Espèce de mousse du Nord en forme de petit œuf garni de fibres. T. de bot.

BUXERETTE (la), s. f. Com. du dép. de l'Indre, cant. d'Aigurande, arr. de la Châtre. = la Châtre.

BUXEROLLES, s. f. Com. du dép. de la Côte-d'Or, cant. de Recey-sur-Ource, arr. de Châtillon. = Aignay.

BUXEROLLES, s. f. Com. du dép. de la Vienne, cant. de St.-Georges, arr. de Poitiers. = Poitiers.

BUXERULLES, s. f. Com. du dép. de la Meuse, cant. de Vigneulles, arr. de Commercy. = St.-Mihiel.

BUXEUIL, s. m. Com. du dép. de l'Aube, cant. et arr. de Bar-sur-Seine. = Bar-sur-Seine.

BUXEUIL, s. m. Com. du dép. de l'Indre, cant. de Vatan, arr. d'Issoudun. = Valençay.

BUXEUIL, s. m. Com. du dép. de la Vienne, cant. de Dangé, arr. de Châtellerault. = les Ormes.

BUXIERE-LA-GRUE, s. f. Com. du dép. de l'Allier, cant. de Bourbon-l'Archambault, arr. de Moulins. = Bourbon-l'Archambault.

BUXIÈRES, s. f. Com. du dép. de la Meuse, cant. de Vigneulles, arr. de Commercy. = St.-Mihiel.

BUXIÈRES-D'AILLAC, s. f. Com. du dép. de l'Indre, cant. d'Ardentes-St.-Vincent, arr. de Châteauroux. = Châteauroux.

BUXIÈRES-LES-FRONCLES, s. f. Com. du dép. de la Haute-Marne, cant. de Vignory, arr. de Chaumont. = Vignory.

BUXIÈRES-LES-VILLIERS, s. m. Com. du dép. de la Haute-Marne, cant. et arr. de Chaumont-en-Bassigny. = Chaumont.

BUXIÈRES-SOUS-MONTAIGUT, s. f. Com. du dép. du Puy-de-Dôme, cant. de Montaigut, arr. de Riom. = Montaigut.

BUXY, s. m. Com. du dép. de Saône-et-Loire, chef-lieu de cant. de l'arr. de Châlons-sur-Saône. Bur. d'enregist. et de poste.

BUY, s. m. Com. du dép. de la Moselle, cant. de Vigy, arr. de Metz. = Metz.

BUYSSEHEURE, s. m. Com. du dép. du Nord, cant. de Cassel, arr. de Hazebrouck. = Cassel.

BUZAN, s. m. Com. du dép. de l'Ariège, cant. de Castillon, arr. de St.-Girons. = St.-Girons.

BUZANÇAIS, s. m. Petite ville du dép. de l'Indre, chef-lieu de cant. de l'arr. de Châteauroux. Bur. d'enregist. et de poste.

BUZANCY, s. m. Com. du dép. de l'Aisne, cant. d'Oulchy-le-Château, arr. de Soissons. = Soissons.

BUZANCY, s. m. Com. du dép. des Ardennes, chef-lieu de cant. de l'arr. de Vouziers. Bur. d'enregist. et de poste.

BUZE, s. f. Tuyau de soufflet.

BUZET, s. m. Petite ville du dép. de la Haute-Garonne, cant. de Montastruc, arr. de Toulouse. = Tarbes.

BUZET, s. m. Com. du dép. de Lot-et-Garonne, cant. de Damazan, arr. de Nérac. = Aiguillon.

BUZIET, s. m. Com. du dép. des Basses-Pyrénées, cant. et arr. d'Oloron. = Oloron.

BUZIGNARGUES, s. f. Com. du dép. de l'Hérault, cant. de Castries, arr. de Montpellier. = Sommières.

BUZINS, s. m. Com. du dép. de l'Aveyron, cant. de Sévérac-le-Château, arr. de Milhau. = Sévérac.

BUZON, s. m. Com. du dép. des Hautes-Pyrénées, cant. de Rabastens, arr. de Tarbes. = Tarbes.

BUZY, s. m. Com. du dép. de la Meuse, cant. d'Etain, arr. de Verdun. = Etain.

BUZY, s. m. Com. du dép. des Basses-Pyrénées, cant. d'Arudy, arr. d'Oloron. = Oloron.

BY, s. m. Grand fossé qui vient aboutir à la bonde d'un étang dont il reçoit les eaux, quand on le vide pour le pêcher.

BY, s. m. Com. du dép. du Doubs, cant. de Quingey, arr. de Besançon. = Salins.

BYANI, s. m. Poisson d'Egypte, espèce de cyprin. T. d'hist. nat.

BYANS, s. m. Com. du dép. du Doubs, cant. de Boussières, arr. de Besançon. = Belfort.

BYANS, s. m. Com. du dép. de la Haute-Saône, cant. de Héricourt, arr. de Lure. = Belfort.

BYRRHIENS, s. m. pl. Insectes clavicornes. T. d'hist. nat.

BYSSE, s. m. Tissu précieux avec la soie d'un coquillage.

BYSSOLITHE, s. f. Voy. BISSOLITHE.

BYSSONIE, s. f. Voy. BISSONIE.

BYSSUS, s. m. Voy. BISSUS.

BYTURE, s. m. Insecte clavicorne. T. d'hist. nat.

BYZANTIN, E, s. et adj. De Byzance, aujourd'hui Constantinople; du peuple byzantin.

BYZÈNE, s. m. Genre de crustacés. T. d'hist. nat.

C.

C, s. m. Troisième lettre de l'alphabet; deuxième consonne; lettre numérale 100. —, signe de la prolation mineure de la mesure à quatre temps. — barré, signe de la mesure à temps pressés. T. de mus.

ÇA, adv. de lieu. Ici. Viens —, viens ici. —, interj. pour commander, encourager. Çà, dîne-t-on ici? Qui —? qui est-ce? — et là, de côté et d'autre. Par de —, par de là; en deçà, au-delà, de ce côté-ci, de l'autre côté! Comme —, de cette manière, tant bien que mal. Or —, maintenant. En —, jusqu'à présent.

ÇA, pron. Donne-moi —, donne-moi cela, cette chose. T. fam.

CAA-APIA, s. m. Espèce de dorstein, plante de la famille des orties qui croît au Brésil. T. de bot.

CAABLÉ ou CABLÉ, adj. Versé, abattu; bois caablé.

CAACHIRA, s. m. Plante qui produit l'indigo. T. de bot.

CAA-CHYUYO, s. m. Melastome, plante du Brésil, de la famille des salicaires. T. de bot.

CAAIGOURA ou CAAIGORA, s. m. Pécari, espèce de cochon de l'Amérique méridionale. T. d'hist. nat.

CAAMA ou CERF-DU-CAP, s. m. Antilope, gazelle. T. d'hist. nat.

CAA-OPIA, s. m. Millepertuis baccifère, plante du Brésil. T. de bot.

CAA-PEBA, s. m. Aristoloche; banistère anguleuse. T. de bot.

CAA-POMONGA, s. m. Dentelaire, plante grimpante, sainfoin. T. de bot.

CAA-PONGA, s. m. Amaranthine vermiculaire, pourpier velu. T. de bot.

CABAL ou CABAN, s. m. Marchandise qu'on se charge de placer moyennant une remise du tiers ou de moitié du bénéfice.

CABALANT, E, adj. Qui intrigue, qui cabale.

CABALE, s. f. Tradition juive sur l'interprétation allégorique de la Bible. —, intelligence prétendue avec les esprits, les sylphes. —, philosophie hermétique. —, intrigue pour favoriser ou empêcher le succès d'une affaire, pour applaudir ou siffler une pièce de théâtre. —, réunion d'intrigans, de cabaleurs.

CABALER, v. n. Former une cabale; diriger une intrigue pour seconder les efforts d'un parti, pour ruiner la réputation, le crédit, les entreprises d'une personne; pour empêcher de siffler une mauvaise pièce de théâtre ou faire tomber un bon ouvrage, etc. —, tâcher, par d'ignobles et de sourdes menées, de faire réussir un mauvais dessein.

CABALEUR, s. m. Intrigant qui dirige une cabale ou qui en fait partie. —, vil mercenaire, claqueur gagé ou qui tend à l'être, qui vend les billets qu'on lui donne pour applaudir.

CABALEZET, s. m. Basilic ou cœur de lion; étoile fixe. T. d'astr.

CABALHAU, s. m. Plante du Mexique qui sert d'antidote dans les blessures faites par des armes empoisonnées. T. de bot.

CABALISTE, s. m. Savant dans l'art

d'interpréter la Bible suivant la tradition juive.

CABALISTIQUE, adj. Qui est relatif à la tradition juive sur l'interprétation de la Bible; qui appartient à la cabale des Juifs.

CABALLEROS, s. m. Sorte de laine d'Espagne.

CABALLIN, s. m. Substance médicinale tirée de l'aloès vulgaire. T. de méd. vétér.

CABALSAUT, s. m. Village du dép. de Lot-et-Garonne, cant. de Puymirol, arr. d'Agen. = la Magistère.

CABAN, s. m. Capote pour garantir les matelots de la pluie. T. de mar.

CABANAC, s. m. Village du dép. du Lot, com. de Mauroux, cant. de Puy-l'Evêque, arr. de Cahors. = Fumel.

CABANAC, s. m. Com. du dép. de la Haute-Garonne, cant. d'Aspet, arr. de St.-Gaudens. = St.-Gaudens.

CABANAC, s. m. Com. du dép. des Hautes-Pyrénées, cant. de Pouyastruc, arr. de Tarbes. = Tarbes.

CABANAC-ET-VILLAGRAIN, s. m. Com. du dép. de la Gironde, cant. de Labrède, arr. de Bordeaux. = Castres.

CABANAC-LAMOTHE ET SEQUEN-VILLE, s. m. Com. du dép. de la Haute-Garonne, cant. de Cadours, arr. de Toulouse. = Beaumont.

CABANASSE (la), s. f. Com. du dép. des Pyrénées-Orientales, cant. de Mont-Louis, arr. de Prades. = Mont-Louis.

CABANE, s. f. Petite loge d'un berger; petite chaumière. —, sorte de bateau couvert. —, grande cage où l'on met couver les serins. —, petit réduit pratiqué à l'arrière d'un navire et dans lequel couche le pilote. T. de mar.

CABANÉ, E, part. Mis sens dessus dessous, en parlant d'un navire.

CABANER, v. a. Retourner un navire sens dessus dessous. —, v. n. Faire des cabanes. —, chavirer, sombrer. T. de mar. Se —, v. pron. Se loger dans une cabane.

CABANES, s. f. Com. du dép. de l'Aveyron, cant. de Rieupeyroux, arr. de Villefranche. = Villefranche.

CABANES, s. f. Com. du dép. de l'Aveyron, cant. de Sauveterre, arr. de Rodez. = Rodez.

CABANES, s. f. Com. du dép. du Tarn, cant. de St.-Pol, arr. de Lavaur. = Lavaur.

CABANES (les), s. f. pl. Com. du dép. du Tarn, cant. de Cordes, arr. de Gaillac. = Cordes.

CABANES-ET-BARRE, s. f. Com. du dép. du Tarn, cant. de Murat, arr. de Castres. = Lacaune.

CABANIAL (le), s. m. Com. du dép. de la Haute-Garonne, cant. de Caraman, arr. de Villefranche. = Caraman.

CABANNES, s. f. Com. du dép. des Bouches-du-Rhône, cant. d'Orgon, arr. d'Arles. = Orgon.

CABANNES (les), s. f. pl. Com. du dép. de l'Ariège, chef-lieu de cant. de l'arr. de Foix. Bur. d'enregist. à Tarascon. = Tarascon.

Dans les environs, mines d'argent, de fer et de cristal.

CABANON, s. m. Petite cabane, petite hutte où l'on enferme les fous, etc.

CABANS, s. m. Com. du dép. de la Dordogne, cant. de Cadouin, arr. de Bergerac. = le Bugue.

CABARA, s. m. Com. du dép. de la Gironde, cant. de Branne, arr. de Libourne. = Libourne.

CABARÉ, E, part. Transvasé. T. de brass.

CABARÈDE (la), s. f. Village du dép. du Tarn, cant. de St.-Amans, arr. de Castres. — Mazamet.

CABARER, v. a. Jeter l'eau d'un vase dans un autre, transvaser. T. de brass.

CABARET, s. m. Taverne où l'on vend du vin et de l'eau, où l'on va pour boire, chanter, fumer, etc. —, plateau plus ou moins élégant sur lequel on met un assortiment de tasses à thé, à café. —, oiseau de passage, petite linotte qui a le dessus de la tête et la poitrine rouges. T. d'hist. nat. —, oreille d'homme, plante médicinale. T. de bot.

CABARETER, v. n. Courir les cabarets, boire, mener joyeuse vie. T. inus.

CABARETIER, ÈRE, s. Celui ou celle qui tient un cabaret.

CABAS, s. m. Panier de joncs pour mettre des figues, des raisins, etc. —, vieille et mauvaise voiture.

CABAS, s. m. Com. du dép. du Gers, cant. de Masseube, arr. de Mirande. = Boulogne.

CABASSE, s. f. Com. du dép. du Var, cant. de Besse, arr. de Brignoles. = Brignoles.

CABASSET, s. m. Casque ancien; morion. (Vi.)

CABEÇA ou CABESSE, s. f. Soie fine d'Espagne.

CABESTAN, s. m. Machine servant à rouler et dérouler un câble, ne différant du treuil qu'en ce que son axe est vertical au lieu d'être horizontal. T. de mar. —, coquille du genre des harpes. T. d'hist. nat.

CABESTANY, s. m. Com. du dép. des

Pyrénées-Orientales, cant. et arr. de Perpignan. = Perpignan.

CABIAI, s. m. Mammifère rongeur. T. d'hist. nat.

CABIDO ou CAVIDO, s. m. Mesure d'aunage en Portugal. T. de comm.

CABIDOS, s. m. Com. du dép. des Basses-Pyrénées, cant. d'Arzacq, arr. d'Orthez. = Orthez.

CABILLAUD ou CABÉLIAU, s. m. Morue fraîche.

CABILLES, s. f. pl. Tribu d'Arabes des environs d'Alger.

CABILLET, s. m. Outil de paumier pour faire des raquettes.

CABILLOTS, s. m. pl. Bouts de bois des herses, chevilles des chouquets, de la balancine. T. de mar.

CABINET, s. m. Lieu consacré à la méditation, à l'étude, aux entretiens d'affaires. —, buffet à tiroirs; petit réduit; lieu d'aisance. —, lieu couvert de verdure dans un jardin. —, collection de choses rares et précieuses; cabinet de physique, d'histoire naturelle, etc. —, clientelle de gens d'affaires; le cabinet d'un avoué. —, conseil d'un souverain, son ministère; le cabinet de Madrid, de Prusse. — d'orgues, armoire qui les renferme. Homme de —, homme de lettres, diplomate, avocat, notaire, etc.

CABIOU, s. m. Suc épaissi du manioc. T. de bot.

CÂBLE, s. m. Très grosse corde; mesure de 120 brasses. T. de mar.

CÂBLÉ, E, part. Se dit des cordes que l'on réunit ensemble pour faire un câble.

CÂBLEAU ou CÂBLOT, s. m. Petit câble.

CÂBLER, v. a. Assembler et tordre plusieurs cordes de même longueur pour faire un câble.

CÂBLIÈRE, s. f. Pierre percée pour maintenir le filet au fond de l'eau. T. de pêch.

CABOCHE, s. f. Petit clou à grosse tête pour ferrer les chevaux. —, bonne tête, homme plein d'esprit et de jugement. Fig. et fam. —, poisson des rivières de Siam. T. d'hist. nat.

CABOCHON, s. m. Petit clou. —, pierre précieuse, polie sans être taillée. —, espèce de patelle. T. d'hist. nat.

CABOMBE, s. f. Espèce de jonc, plante aquatique de l'île de Cayenne. T. de bot.

CABOSSE, s. f. Gousse renfermant l'amande du cacao.

CABOTAGE, s. m. Navigation le long des côtes. —, connaissance des ports, des rades, des mouillages qui existent le long d'une côte.

CABOTER, v. n. Naviguer le long des côtes.

CABOTEUR, s. m. Marin qui ne s'éloigne pas des côtes. — ou CABOTIER. Petit navire pour le cabotage.

CABOTIN, E, s. Histrion; acteur nomade, bouche-trou.

CABOUDIÈRE ou CABUSIERE, s. f. Sorte de tramail. T. de pêch.

CABOURG, s. m. Com. du dép. du Calvados, cant. de Troarn, arr. de Caen. = Dives.

CABRE, s. f. Chèvre, machine pour enlever les fardeaux; bouton rond d'une galère. —, pl. Pièces sur lesquelles on met l'ensuble. T. de mar.

CABRÉ, E, part. Dressé sur les pieds de derrière, en parlant d'un cheval.

CABRER, v. a. Mettre quelqu'un en colère; effaroucher. Se —, v. pron. Se dresser sur les pieds de derrière, en parlant du cheval. Se —, s'emporter, se mettre en colère, se révolter contre un conseil, une remontrance. Fig.

CABRERETS, s. m. Com. du dép. du Lot, cant. de Lauzès, arr. de Cahors. = Cahors.

CABREROLES, s. f. Com. du dép. de l'Hérault, cant. de Murviel, arr. de Béziers. = Bédarieux.

CABRESPINE, s. f. Com. du dép. de l'Aude, cant. de Peyriac, arr. de Carcassonne. = Carcassonne.

CABRESPINE, s. f. Com. du dép. de l'Aveyron, cant. d'Estaing, arr. d'Espalion. = Espalion.

CABRETTE (la), s. f. Village du dép. du Lot, cant. de Castelnau, arr. de Cahors. = Castelnau.

CABRI ou CABRIL, s. m. Jeune bouc, chevreau. Sauter comme un —, faire continuellement des gambades.

CABRIÈRES, s. f. Com. du dép. du Gard, cant. de Marguerittes, arr. de Nismes. = Nismes.

CABRIÈRES, s. f. Com. du dép. de l'Hérault, cant. de Montagnac, arr. de Béziers. = Pézénas.

CABRIÈRES, s. f. Com. du dép. de Vaucluse, cant. de l'Isle, arr. d'Avignon. = Avignon.

CABRIÈRES-D'AIGUES, s. f. Com. du dép. de Vaucluse, cant. du Pertuis, arr. d'Apt. = le Pertuis.

CABRIÈS, s. m. Com. du dép. des Bouches-du-Rhône, cant. de Gardanne, arr. d'Aix. = Aix.

CABRILLET, s. m. Genre de plantes à fleurs monopétales, comprenant plusieurs espèces d'arbres et d'arbrisseaux de l'Amérique méridionale et des Indes. T. de bot.

CABRIOLE, s. f. Saut léger d'un danseur. —, saut du cheval qui montre ses quatre fers en même temps; saut de chèvre.

CABRIOLER, v. n. Danser, sauter, faire des cabrioles.

CABRIOLET, s. m. Voiture légère à deux roues. —, petit fauteuil léger; forme de cordonnier.

CABRIOLEUR, s. m. Sauteur, faiseur de cabrioles.

CABRIONS, s. m. pl. Cales, pièces de bois qu'on met derrière les affûts des canons pour empêcher le recul. T. de mar.

CABRIS, s. m. pl. Petites chèvres, machines qui soutiennent la tente d'une galère. T. de mar.

CABRIS, s. m. Com. du dép. du Var, cant. de St.-Vallier, arr. de Grasse. = Grasse.

CABRON, s. m. Peau de chevreau, de cabri.

CABRONET, s. m. Petite charrette pour transporter les cannes à sucre au moulin.

CABUGAO, s. m. Citron des îles Manilles.

CABUJA, s. m. Plante d'Amérique dont la feuille épineuse fournit une sorte de filasse. T. de bot.

CABURE, s. m. Chouette à collier du Brésil. T. d'hist. nat.

CABUREIBA, s. m. Arbre qui donne le baume du Pérou. T. de bot.

CABUS ou CAPUS, adj. m. Pommé. Chou —, chou pommé.

CACA, s. m. Matière fécale, chose malpropre, dégoûtante. T. enfantin.

CACABER, v. n. Crier, en parlant de la perdrix rouge.

CACADE, s. f. Imprudence, lâcheté, étourderie; folle entreprise, son mauvais résultat.

CACAGOGUE, adj. Se dit d'un suppositoire posé à l'entrée du rectum pour provoquer les selles. T. de méd.

CACALIE, s. f. Genre de plantes corymbifères. T. de bot.

CACAO, s. m. Amande du fruit du cacaoyer qui fait la base du chocolat.—, cacaoyer.

CACAOYER ou CACAOTIER, s. m. Arbre d'Amérique dont le fruit, roussâtre, a la grosseur d'une concombre, et dont les semences butireuses servent à faire le chocolat.

CACAOYÈRE ou CACAOTIÈRE, s. f. Plant de cacaoyers; lieu où ils sont plantés.

CACARDER, v. n. Crier, en parlant de l'oie.

CACARENS, s. m. Village du dép. du Gers, cant. d'Eauze, arr. de Condom. = Condom.

CACASTOL, s. m. Espèce d'étourneau du Mexique. T. d'hist. nat.

CACHALOT, s. m. Cétacé mammifère qui diffère de la baleine en ce que sa mâchoire inférieure est garnie de dents. La cervelle de ce cétacé donne le blanc de baleine. T. d'hist. nat.

CACHAN, s. m. Com. du dép. du Gers, cant. de Saramon, arr. d'Auch. = Auch.

CACHATIN, s. m. Sorte de gomme laque.

CACHE, s. f. Lieu secret où l'on cache quelque chose. —, monnaie chinoise. — ou CHASSE, filet tendu en palis sur des piquets.

CACHÉ, E, part. Enfermé dans un lieu secret; voilé, couvert; dissimulé.

CACHECTIQUE, adj. Qui jouit d'une mauvaise santé; dont la constitution est délabrée.

CACHE-ENTRÉE, s. f. Pièce qui masque l'entrée d'une serrure.

CACHEMIRE, s. f. Ville de l'Indostan, capitale de la province de ce nom. —, s. m. Schall de laine, tissu précieux de l'Inde, ou qui l'imite. — Ternaux, de la façon de ce fabricant.

CACHEN, s. m. Com. du dép. des Landes, cant. de Roquefort, arr. de Mont-de-Marsan. = Roquefort.

CACHER, v. a. Mettre une personne ou une chose en un lieu où l'on ne puisse ni la voir, ni la découvrir; cacher un ami pour le soustraire à des poursuites mal fondées, cacher un trésor.—, voiler, couvrir; cacher sa gorge. —, dissimuler. Se —, v. pron. Se retirer dans un lieu secret; se couvrir pour n'être pas vu. Se — à quelqu'un, ne pas se laisser voir. Se — de quelqu'un, lui cacher ses actions, ses desseins. Se — de quelque chose, n'en pas convenir.

CACHIÈRE, s. f. Plans inclinés près du four. T. de verr.

CACHERÉE, s. f. Ketmie acide de Pondichéri. T. de bot.

CACHERON, s. m. Ficelle grossièrement faite.

CACHET, s. m. Petit sceau que l'on applique sur la cire qui ferme une lettre; son empreinte. Lettres de —, lettres contenant un ordre secret du roi, et portant l'empreinte de son cachet particulier. —, manière de faire, style. Fig.

CACHETÉ, E, part. Fermé, scellé.

CACHETER, v. a. Mettre son cachet sur une lettre, sur un paquet.

CACHETER (pain à), s. m. Petit rond

de pâte de toutes couleurs qui remplace la cire à cacheter.

CACHETTE, s. f. Petite cache. En —, adv. En secret, à la dérobée.

CACHEXIE, s. f. Marasme, dépérissement, altération des organes causée par la dépravation des humeurs. T. de méd.

CACHI, s. m. Jaquier, arbre du Malabar dont on mange les amandes. T. de bot.

CACHICAME, s. m. Tatou, quadrupède crustacé. T. d'hist. nat.

CACHIMENT, s. m. Fruit du cachimentier. — sauvage, corossolier des marais. T. de bot.

CACHIMENTIER, s. m. Voy. COROSSOLIER.

CACHOLONG, s. m. Variété du quartz agate, calcédoine blanche, agate très dure, blanche, chatoyante. T. d'hist. nat.

CACHONDÉ, s. m. Pâte de cachou, de graine de bangue, de calamus, etc., qui est fort agréable au goût, et corrige les mauvaises exhalaisons de la bouche.

CACHOS, s. m. Espèce de solanum du Pérou. T. de bot.

CACHOT, s. m. Lieu bas et obscur où l'on enferme les grands criminels, et surtout les condamnés qui ne doivent plus avoir de communication avec les autres prisonniers.

CACHOTTE ou CAJOTTE, s. f. Pipe sans talon.

CACHOTTERIE, s. f. Manie de faire un mystère des choses les plus futiles.

CACHOU, s. m. Arbre des Indes, espèce d'acacia dont on extrait une substance résineuse et astringente.

CACHOUTCHOU, s. m. Voy. CAOUTCHOUC.

CACHY, s. m. Com. du dép. de la Somme, cant. de Sains, arr. d'Amiens. = Amiens.

CACIQUE, s. m. Titre des anciens souverains du Mexique. —, oiseau du genre des passereaux. T. d'hist. nat.

CACIS, s. m. Groseillier dont le fruit noir est de la grosseur d'une petite merise; son fruit. —, ratafiat fait avec le jus de ce fruit.

CACOCHOLIE, s. f. Voy. CACOCHYMIE.

CACOCHYLIE, s. f. Mauvaise digestion. T. de méd.

CACOCHYME, adj. Malsain, d'une mauvaise complexion. —, bizarre, bourru, fantasque. Fig.

CACOCHYMIE, s. f. Dépravation des humeurs. T. de méd.

CACODÉMON, s. m. Démon, mauvais génie. T. inus.

CACOETHE, adj. m. Se dit des ulcères invétérés. T. de méd.

CACOGRAPHIE, s. f. Manière d'écrire contraire à l'orthographe.

CACOLIN, s. m. Espèce de caille du Mexique. T. d'hist. nat.

CACOLOGIE, s. f. Locution vicieuse.

CACOLOGUE, s. m. Propos médisant, reproches.

CACOPATHIE, s. f. Affection maligne, maladie aiguë. T. de méd.

CACOPHONIE, s. f. Discordance de voix, de sons, d'instrumens de musique. —, négligence de style, vice d'élocution : son désagréable à l'oreille produit par la rencontre de deux voyelles, de deux syllabes ou de deux mots.

CACOPHRAGIE, s. f. Altération des organes digestifs. T. de méd.

CACOSITIE, s. f. Dégoût des alimens. T. de méd.

CACOSPHYXIE, s. f. Irrégularité du pouls. T. de méd.

CACOTHYMIE, s. f. Disposition vicieuse de l'esprit. T. de méd.

CACOTROPHIE, s. f. Nutrition dépravée. T. de méd.

CACOUCIER, s. m. Espèce de myrte, arbrisseau grimpant de la Guyane. T. de bot.

CACREL-BLANC, s. m. Poisson de la Méditerranée. T. d'hist. nat.

CACTIER, s. m. Melon-chardon, cierge ou raquette, plante de l'Amérique du Sud, à fleurs polypétales, munie d'aiguillons et dépourvue de feuilles. T. de bot.

CACTOÏDES, s. f. pl. Famille des cactiers. T. de bot.

CACTONITE, s. f. Cornaline. T. d'hist. nat.

CADABA, s. m. Plante voisine des capriers. T. de bot.

CADALEN, s. m. Com. du dép. du Tarn, chef-lieu de cant. de l'arr. de Gaillac. Bur. d'enregist. = Gaillac. Comm. de bestiaux.

CADAMAS, s. m. Village du dép. de Tarn-et-Garonne, cant. de Lauzerte, arr. de Moissac. = Lauzerte.

CADAMONI, s. m. Graine de perroquet, drogue.

CADARCET, s. m. Com. du dép. de l'Ariège, cant. de la Bastide-de-Seron, arr. de Foix. = Foix.

CADAREC (St.-), s. m. Com. du dép. du Morbihan, cant. de Guémené, arr. de Pontivy. = Pontivy.

CADARSAC, s. m. Com. du dép. de la Gironde, cant. et arr. de Libourne. = Libourne.

CADASTRAL, E, adj. Qui appartient au cadastre.

CADASTRE, s. m. Inventaire des biens fonds d'un pays, de l'étendue de ces biens, de leur valeur, pour asseoir les impôts fonciers.

CADASTRÉ, E, part. Arpenté, estimé, inscrit au cadastre.

CADASTRER, v. a. Arpenter les propriétés d'un pays, en lever le plan, les désigner par tenans et aboutissans pour les inscrire au cadastre.

CADAUJAC, s. m. Com. du dép. de la Gironde, cant. de Labrède, arr. de Bordeaux. = Bordeaux.

CADAVÉREUX, EUSE, adj. Livide, fétide ; qui tient du cadavre.

CADAVRE, s. m. Corps mort.

CADAYRAC, s. m. Village du dép. de l'Aveyron, com. de Sales-la-Source, cant. de Marcillac, arr. de Rodez. = Rodez.

CADE, s. m. Grand genevrier dont la graine produit une espèce de goudron liquide. —, mesure de capacité, mètre cubique.

CADÉAC, s. m. Com. du dép. des Hautes-Pyrénées, cant. d'Arreau, arr. de Bagnères. = Arreau.

CADEAU, s. m. Grand festin, fête T. inus. —, présent, don. T. fam. —, trait de plume autour des exemples que donne un maître d'écriture à ses écoliers ; lettre initiale dans la cursive.

CADEILHAN, s. m. Com. du dép. du Gers, cant. de St.-Clar, arr. de Lectoure. = St.-Clar.

CADEILHAN, s. m. Com. du dép. des Hautes-Pyrénées, cant. de Vielle, arr. de Bagnères. = Arreau.

CADEILHAR, s. m. Village du dép. de la Haute-Garonne, cant. de Boulogne, arr. de St.-Gaudens. = Boulogne.

CADEILLAN, s. m. Com. du dép. du Gers, cant. et arr. de Lombez. = Lombez.

CADELARI, s. m. Genre de plantes amaranthacées des Indes. T. de bot.

CADELÉ, E, part. Donné en cadeau. T. inus.

CADELER, v. a. Faire des cadeaux. T. inus.

CADELPACHI, s. m. Plante de la côte de Coromandel ; scorsonère. T. de bot.

CADEMENE, s. m. Com. du dép. du Doubs, cant. de Quingey, arr. de Besançon. = Quingey.

CADEN, s. m. Com. du dép. du Morbihan, cant. de Rochefort, arr. de Vannes. = Redon.

CADENAS, s. m. Petite serrure mobile qui se ferme au moyen d'un anneau. —, coffret d'or où l'on serre le couteau et la cuillère des princes.

CADENASSÉ, E, part. Fermé au cadenas.

CADENASSER, v. a. Fermer une porte avec un cadenas.

CADENBRONN, s. m. Com. du dép. de la Moselle, cant. de Forbach, arr. de Sarreguemines. = Forbach.

CADENCE, s. f. Mesure qui règle le mouvement de la danse. —, terminaison d'une phrase harmonique par un repos ; tremblement soutenu du son à la fin d'une mesure. — brisée, qui commence sans tenue. — double, qui emploie toute la note. — préparée, qui commence par une tenue. T. de mus. —, mesure harmonieuse d'un vers, d'une période. T. de litt. —, mouvemens égaux et gracieux du cheval. T. de manège.

CADENCÉ, E, part. Mesuré, réglé, fait en cadence. —, adj. Où la cadence est sensible. Homme —, qui parle, se meut en cadence. Fig.

CADENCER, v. a. et n. Faire des cadences. —, rendre la cadence sensible. T. de mus. —, donner du nombre et de l'harmonie à la prose, aux vers. T. de littér. — ses pas, les régler sur une mesure. T. de danse.

CADENE, s. f. Chaîne des forçats. (Vi.) —, chaîne de fer pour rider les haubans. T. de mar.

CADENET, s. m. Petite ville du dép. de Vaucluse, chef-lieu de cant. de l'arr. d'Apt. Bur. d'enregist. et de poste.

CADENETTE, s. f. Longue tresse de cheveux qui faisait l'ornement de la coiffure des hussards lorsqu'ils portaient la queue.

CADEROUSSE, s. f. Petite ville du dép. de Vaucluse, cant. et arr. d'Orange. = Orange. Education de vers à soie ; filature de soie ; culture de la garance ; comm. de blé.

CADET, TE, s. et adj. Puîné, le plus jeune de deux frères. —, jeune gentilhomme qui servait comme simple soldat, pour apprendre le métier de la guerre.

CADETTE, s. f. Pierre de taille propre à paver ; petite queue de billard.

CADETTÉ, E, part. Pavé avec des cadettes.

CADETTER, v. a. Paver avec des pierres de taille, avec des cadettes.

CADI, s. m. Magistrat turc ; juge.

CADIE, s. f. Arbuste d'Arabie. T. de bot.

CADIÈRE, s. f. Monnaie de France sous Philippe de Valois.

CADIÈRE (la), s. f. Village du dép. du Gard, cant. de St.-Hippolyte, arr. du Vigan. = St.-Hippolyte.

CADIÈRE (la), s. f. Com. du dép. du Var, cant. du Beausset, arr. de Toulon. = le Beausset.

CADIGNAN, s. m. Village du dép. du Gers, cant. d'Eauze, arr. de Condom. = Condom.

CADILESKER ou CADILESQUIER, s. m. Juge militaire en Turquie.

CADILLAC, s. m. Com. du dép. de la Gironde, cant. de Fronsac, arr. de Libourne. = St.-André-de-Cubzac.

Fab. d'instrumens aratoires au moyen d'une usine hydraulique.

CADILLAC, s. m. Petite ville du dép. de la Gironde, chef-lieu de cant. de l'arr. de Bordeaux. Bur. d'enregist. et de poste.

Fab. de bonneterie, barriques, creusets et outils aratoires; comm. et entrepôt de toutes les productions du pays.

CADILLON, s. m. Com. du dép. du Gers, cant. de Riscle, arr. de Mirande. = Aire-sur-l'Adour.

CADILLON, s. m. Com. du dép. des Basses-Pyrénées, cant. de Lembeye, arr. de Pau. = Pau.

CADIS, s. m. Serge de laine de bas prix.

CADISÉ, s. m. Sorte de droguet croisé.

CADITES, s. m. pl. Vertèbres des étoiles de mer, zoophytes.

CADIX, s. m. Ville d'Espagne, dans l'Andalousie. Cette ville, située dans l'île de Léon qui n'est séparée de la terre ferme que par un canal très étroit, possède un des ports les plus fréquentés de l'Europe. Pop. 70,000 hab. environ.

CADIX, s. m. Com. du dép. du Tarn, cant. de Valence, arr. d'Albi. = Albi.

CADMIE, s. f. Minéral fossile ou naturel; calamine pure, ou pierre calaminaire, contenant du zinc, du fer, etc. T. d'hist. nat. —, sublimation métallique ou oxide de zinc qui s'attache aux vaisseaux dans lesquels s'opère la fusion du bronze. T. de chim.

CADOLE, s. f. Loquet d'une porte; espèce de pêne. T. de serr.

CADOU (St-), s. m. Village du dép. du Finistère, cant. de Sizun, arr. de Morlaix. = Morlaix.

CADOUIN, s. m. Com. du dép. de la Dordogne, chef-lieu de cant. de l'arr. de Bergerac. Bur. d'enregist. à Beaumont. = Belvez.

CADOUL-AVEZAC, s. m. Village du dép. du Tarn, cant. et arr. de Lavaur. = Lavaur.

CADOUR-ET-CAYLA, s. m. Com. du dép. de l'Aveyron, cant. de Rieupeyroux, arr. de Villefranche. = Villefranche.

CADOURS, s. m. Com. du dép. de la Haute-Garonne, chef-lieu de cant. de l'arr. de Toulouse. Bur. d'enregist. à Grenade. = l'Ile-en-Jourdain.

CADRAN, s. m. Horloge solaire; surface divisée par heures, etc. —, étau de joaillier pour assujettir les diamans lorsqu'on les taille; sorte de papier; maladie des arbres. —, coquille dont la surface présente une sorte de cadran. T. d'hist. nat.

CADRANÉ, E, adj. Attaqué de la maladie du cadran; arbre cadrané.

CADRANNERIE, s. f. Dépôt des boussoles et autres instrumens nécessaires à la navigation; atelier où se fabriquent ces instrumens.

CADRANURE, s. f. Fente dans le tronc des arbres desséchés.

CADRATURE, s. f. Assemblage des pièces qui font mouvoir les aiguilles du cadran, qui forment la répétition; leur place. T. d'horl.

CADRATURIER, s. m. Ouvrier qui travaille aux cadratures. T. d'horl.

CADRE, s. m. Bordure de bois doré avec ou sans ornemens, pour encadrer une gravure, un tableau; plan d'une composition littéraire. —, châssis portant un matelas. T. de mar.

CADRER, v. n. S'ajuster, convenir, avoir du rapport; la peur cadre mal avec la force.

CADRIEU, s. m. Com. du dép. du Lot, cant. de Cajarc, arr. de Figeac. = Figeac.

CADUC, UQUE, adj. Usé, cassé, vieux, sans force; homme, âge caduc, santé caduque. —, qui menace ruines, est près de s'écrouler; édifice caduc. Legs —, nul. Mal —, épilepsie. Feuille —, qui tombe avant les autres.

CADUCÉATEUR, s. m. Héraut que les Romains chargeaient d'annoncer la paix.

CADUCÉE, s. m. Verge donnée par Apollon à Mercure. Ce dernier, étant sur le mont Cythéron, vit deux serpens qui se battaient, et, pour les séparer, leur jeta sa verge, autour de laquelle les deux reptiles s'enlacèrent, de manière que la partie la plus élevée de leurs corps formait un arc. Depuis ce temps, Mercure la porta comme un symbole de paix, et y ajouta deux ailerons parce qu'il est le dieu de l'éloquence dont la rapidité est figurée par les ailes. T. de myth. —, bâton fleurdelisé des hérauts d'armes.

CADUCITÉ, s. f. Vieillesse débile; état de ce qui est usé, caduc.

CÆCILIE, s. f. Serpent. T. d'hist. nat.

CÆLACHNE, s. m. Plante graminée de la Nouvelle-Hollande. T. de bot.

CAEN, s. m. Grande et belle ville du dép. du Calvados, ancienne capitale de la Basse-Normandie; chef-lieu de préf., d'une sous-préf. et de deux cant.; cour royale; trib. de 1re inst. et de comm.; chambre et bourse de comm.; conseil de prud'hommes; vice-consulats étrangers; académie des sciences, arts et belles-lettres; société de médecine, école de dessin et d'architecture; cours d'histoire naturelle et de botanique; école d'hydrographie du 3me classe; société d'agric. et de comm.; institution des sourds-muets; biblioth. publique; cabinets d'histoire naturelle, de physique et de chimie; jardin botanique; syndicat maritime; ingén. en chef des ponts-et-chaussées; direct. de l'enregist. et des domaines de 1re classe; conserv. des hypoth.; inspect. forest.; direct. des contrib. dir. et indir.; bur. de garantie des matières d'or et d'argent; recev. gén. des finances, payeur du dép.; bur. d'enregist. et de poste. Pop., 38,160 h. environ.

Cette ville se trouve à trois lieues de l'Océan, au confluent de l'Odon et de l'Orne qui est navigable. Ses rues sont larges, bien percées et ornées de belles maisons. Elle possède de jolies promenades et de vastes places publiques. Caen peut se glorifier à juste titre d'avoir vu naître le poëte Malherbe, Segrais, Malfilâtre et le lieutenant-général Decaen.

Fab. de dentelles, draps, casimirs, flanelles, toiles fines, linge de table, tissus de coton, futaines, droguets, blondes, chapeaux de paille, plomb de chasse, porcelaine, faïence, papiers peints, coutellerie, huile, etc. Comm. de grains, vins, eaux-de-vie, cidre, bestiaux, chevaux, volailles, beurre, poisson, fer, acier, quincaillerie, meules et pierres de taille.

CÆSIE, s. f. Asphodèle de la Nouvelle-Hollande. T. de bot.

CÆSIOMORE, s. m. Poisson n'ayant qu'une seule nageoire. T. d'hist. nat.

CAESTRE, s. m. Com. du dép. du Nord, cant. et arr. d'Hazebrouck. = Hazebrouck.

CÆSULIE, s. f. Plante vivace de l'Inde. T. de bot.

CAFARD, E, s. et adj. Bigot, hypocrite, tartufe. Damas —, mêlé de soie et de fleuret.

CAFARDAGE, s. m. Cafardise. T. inus.

CAFARDER, v. n. Affecter la dévotion, faire le cafard.

CAFARDERIE ou CAFARDISE, s. f. Hypocrisie, bigoterie, dévotion grossièrement affectée.

CAFE, s. m. Fève du cafier, plante originaire d'Arabie; café Moka. —, liqueur que l'on prend ordinairement après dîner, et qu'on obtient par infusion ou ébullition de cette fève, brûlée et réduite en poudre. —, lieu public où se vend la liqueur du café, du thé, etc. — français, le pois chiche, le lupin et la chicorée.

CAFÉIER, ÈRE, s. Propriétaire d'une caféirie.

CAFÉIRIE, s. f. Terre plantée de cafiers; établissement où l'on nettoie la fève du café, où l'on exploite cette production.

CAFETAN, s. m. Robe que le sultan envoie à ceux qu'il juge dignes de cette distinction.

CAFETIER, ÈRE, s. Limonadier, marchand qui vend du café et de toutes sortes de liqueurs.

CAFETIÈRE, s. f. Vase pour la préparation de la liqueur du café.

CAFFAS ou CAPS, s. m. Espèce d'emballage de branches de palmier, de cuir, ou de grosse toile.

CAFFE, s. f. Toile bigarrée du Bengale.

CAFFIERS, s. m. Com. du dép. du Pas-de-Calais, cant. de Guisnes, arr. de Boulogne. = Marquise.

CAFFILA, s. f. Caravane d'esclaves dans l'empire du Mogol.

CAFIER ou CAFÉIER, s. m. Arbre qui produit le café, toujours vert, ressemblant au jasmin d'Espagne, et dont le fruit rouge renferme deux demi-fèves.

CAFRE, s. m. Aigle, vautour. T. d'hist. nat. —, pl. Peuple d'Afrique.

CAFRERIE, s. f. Vaste contrée d'Afrique au nord et au midi de l'équateur. On la divise en Cafrerie septentrionale, méridionale et maritime. Ce pays renferme un grand nombre de royaumes; mais la plupart ne le sont que de nom.

CAGE, s. f. Petite loge à jour, d'osier ou de fil de fer, pour nicher des oiseaux. —, loge en fer pour les animaux féroces. —, prison. Fig. et fam. —, les murs d'une maison en construction. —, boîte, filet, treillage en forme de cage; nasse; corps d'un moulin à vent. —, montre d'orfèvre; corps d'une horloge, etc. —, sorte d'échanguette faite en cage. T. de mar. —, oie hybride, espèce d'oie du Chili. T. d'hist. nat.

CAGÉE, s. f. Cage remplie d'oiseaux.

CAGIER, s. m. Marchand d'oiseaux de proie. T. de fauc.

CAGNAC, s. m. Village du dép. du

Lot, cant. de Bretenoux, arr. de Figeac. = St.-Céré.

CAGNAC, s. m. Village du dép. du Lot, cant. de la Bastide, arr. de Gourdon. = Gourdon.

CAGNANO, s. m. Com. du dép. de la Corse, cant. de Luri, arr. de Bastia. = Bastia.

CAGNARD, E, s. et adj. Fainéant, paresseux. —, lâche, poltron. T. fam. —, s. m. Fourneau de cirier. —, lieu plein de vermines où les cagnards vont réchauffer au soleil leurs membres engourdis par la paresse.

CAGNARDER, v. n. Vivre dans la paresse, la fainéantise.

CAGNARDISE, s. f. Fainéantise, paresse; poltronnerie. T. fam.

CAGNES, s. f. Com. du dép. du Var, cant. de Vence, arr. de Grasse. = Antibes.

CAGNEUX, EUSE, adj. Qui a les jambes et les genoux tournés en dedans.

CAGNICOURT, s. m. Com. du dép. du Pas-de-Calais, cant. de Vitry, arr. d'Arras. = Arras.

CAGNONCLE, s. m. Com. du dép. du Nord, cant. et arr. de Cambrai. = Cambrai.

CAGNOT, s. m. Poisson cartilagineux, espèce de chien de mer. — ou CAGNEAU, squale; sa peau. T. d'hist. nat.

CAGNOTTE-ET-CAZORDITTE, s. f. Com. du dép. des Landes, cant. de Pouillon, arr. de Dax. = Dax.

CAGNY, s. m. Com. du dép. du Calvados, cant. de Troarn, arr. de Caen. = Caen.

CAGNY, s. m. Com. du dép. de la Somme, cant. et arr. d'Amiens. = Amiens.

CAGOT, TE, s. et adj. Hypocrite, faux dévot. —, qui annonce l'hypocrisie; air cagot.

CAGOTERIE, s. f. Action, manière d'agir du cagot.

CAGOTISME, s. m. Caractère, esprit, conduite, manière de penser d'un cagot.

CAGOU, s. m. Avare, égoïste qui ne reçoit personne.

CAGOUILLE, s. f. Volute qui sert d'ornement en haut de l'éperon d'un navire. T. de mar.

CAGUE, s. f. Sorte de navire hollandais. T. de mar.

CAGUI, s. m. Singe du Brésil qui a de l'analogie avec le saki; singe à queue de renard. T. d'hist. nat.

CAHAGNES, s. f. Com. du dép. du Calvados, cant. d'Aulnay, arr. de Vire. = Balleroy.

CAHAGNOLES, s. f. Com. du dép. du Calvados, cant. de Balleroy, arr. de Bayeux. = Balleroy.

CAHAIGNES, s. f. Com. du dép. de l'Eure, cant. d'Ecos, arr. des Andelys. = le Tilliers-en-Vexin.

CAHAN, s. m. Com. du dép. de l'Orne, cant. d'Athis, arr. de Domfront. = Condé-sur-Noireau.

CAHIER, s. m. Feuilles de papier réunies et cousues ensemble. —, leçon que dicte un professeur. —, résultat des délibérations d'un corps; cahiers des états généraux. — des charges, conditions auxquelles un adjudicataire doit se soumettre. — de frais, mémoire. —, feuille d'un livre pliée selon le format. T. de broch.

CAHIMITIER, s. m. Arbre d'Amérique de la famille des sapotilliers. T. de bot.

CAHIN-CAHA, s. m. Ecorce amère nouvellement introduite en médecine, qui jouit des propriétés toniques du quinquina. —, adv. Tant bien que mal, de mauvaise grâce. T. fam.

CAHIS, s. m. Mesure espagnole pour les grains, huit boisseaux neuf litrons.

CAHOANE ou CAHOUANE, s. f. Tortue de mer. T. d'hist. nat.

CAHON, s. m. Com. du dép. de la Somme, cant. de Moyenneville, arr. d'Abbeville. = Abbeville.

CAHORS, s. m. Ville du dép. du Lot, chef-lieu de préf., d'une sous-préf. et de deux cant. Cour d'assises; trib. de 1re inst. et de comm.; évêché; chambre consultative des manuf.; société d'agric. et des arts; biblioth. publique; cabinet de physique; ingén. en chef des ponts-et-chaussées; direct. de l'enregist. et des domaines de 3e classe; conserv. des hypoth.: direct. des contrib. dir. et indir.; bur. de garantie des matières d'or et d'argent; recev. gén. des finances; payeur du dép.; bur. d'enregist. et de poste. Pop., 12,420 hab. environ.

Cette ville est dans une situation pittoresque, sur les bords du Lot, au pied et sur le sommet d'un rocher escarpé, et se trouve ainsi divisée en haute et basse ville. Habitée par les Cadurci, qui la nommaient *Divona*, les Romains s'en rendirent maîtres et se plurent à l'embellir. Henri IV s'en empara en 1580; à cette époque, il n'était point encore parvenu au trône de France et n'était que roi de Navarre. Parmi les hommes célèbres que Cahors a vu naître, nous citerons le pape Jean XXII et le poète Clément Marot.

Fab. de gros draps, ratines et dentelles; papeteries. Comm. considérable de vins estimés, d'eaux-de-vie, de truffes, d'huile de noix, porcs, cuirs et papiers.

CAHOT, s. m. Saut d'une carriole roulant dans un chemin pierreux. —, choc inattendu, accident; événement contrariant. Fig. et fam.

CAHOTAGE, s. m. Mouvement causé par les cahots.

CAHOTANT, E, adj. Qui fait sauter, qui cahote.

CAHOTÉ, E, part. Incommodé, fatigué par les cahots.

CAHOTER, v. a. Faire sauter les personnes ou les marchandises qui sont dans une voiture; incommoder, fatiguer par des cahots.

CAHOURS, s. m. Village du dép. de la Somme, cant. et arr. d'Abbeville. = Abbeville.

CAHUS, s. m. Com. du dép. du Lot, cant. de Bretenoux, arr. de Figeac. = St.-Céré.

CAHUSAC, s. m. Com. du dép. du Gers, cant. de Plaisance, arr. de Mirande. = Plaisance.

CAHUTTE, s. f. Petite loge, cabane, maisonnette.

CAHUZAC, s. m. Com. du dép. de l'Aude, cant. de Belpech, arr. de Castelnaudary. = Castelnaudary.

CAHUZAC, s. m. Com. du dép. de Lot-et-Garonne, cant. de Castillonnès, arr. de Villeneuve. = Lauzun.

CAHUZAC, s. m. Com. du dép. du Tarn, cant. de Dourgne, arr. de Castres. = Revel.

CAHUZAC, s. m. Com. du dép. du Tarn, cant. de Castelnau-Montmirail, arr. de Gaillac. = Gaillac.

CAÏC ou CAÏQUE, s. m. Esquif, canot, petite barque; rocher à fleur d'eau. — ou ketch, navire anglais.

CAÏCA, s. m. Perroquet à tête noire, de la Guiane. T. d'hist. nat.

CAICHAX, s. m. Com. du dép. de l'Ariège, cant. de Cabannes, arr. de Foix. = Tarascon.

CAIE, s. f. Caïc, canot d'une galère. T. de mar.

CAIEPUT ou CAJEPUT, s. m. Huile verte et odorante du mélaleuque, emmenagogue employé en Allemagne comme antispasmodique.

CAIEU, s. m. Rejeton d'un oignon à fleur; cette fleur.

CAIGNAC, s. m. Com. du dép. de la Haute-Garonne, cant. de Nailloux, arr. de Villefranche. = Villefranche.

CAILAR (le), s. m. Com. du dép. du Gard, cant. de Vauvert, arr. de Nismes. = Lunel.

CAILHAU, s. m. Com. du dép. de l'Aude, cant. d'Alaigne, arr. de Limoux. = Limoux.

CAILHAVEL, s. m. Com. du dép. de l'Aude, cant. d'Alaigne, arr. de Limoux. = Limoux.

CAILLA, s. m. Com. du dép. de l'Aude, cant. de Roquefort-de-Sault, arr. de Limoux. = Quillan.

CAILLAC, s. m. Com. du dép. du Lot, cant. de Luzech, arr. de Cahors. = Cahors.

CAILLADELLES, s. f. Com. du dép. de Lot-et-Garonne, cant. de Cancon, arr. de Villeneuve. = Villeneuve.

CAILLAVET, s. m. Com. du dép. du Gers, cant. de Vic-Fezensac, arr. d'Auch. = Fezensac.

CAILLE, s. f. Oiseau de passage du genre de la perdrix, mais beaucoup plus petit, qui offre un manger très délicat.

CAILLE, s. f. Com. du dép. du Var, cant. de St.-Auban, arr. de Grasse. = Grasse.

CAILLE (la), s. f. Village du dép. des Ardennes, cant. d'Asfeld, arr. de Rethel. = Rethel.

CAILLÉ, E, part. Coagulé. —, s. m. Lait caillé avec lequel on fait le fromage.

CAILLÉ-BLANC, s. m. Précipité de dissolution d'argent et d'acide marin.

CAILLEBOTIN, s. m. Corbeille de cordonnier.

CAILLEBOTTE, s. f. Masse de lait caillé; vase dans lequel on fait cailler le lait; aubier des bois.

CAILLEBOTTÉ, E, adj. Caillé, coagulé.

CAILLEBOTTIS, s. m. Treillis de bois placé au milieu du vaisseau pour l'aérer.

CAILLE-LAIT, s. m. Plante de la famille des rubiacées dont la racine teint en rouge comme la garance, et dont les sommités fleuries font cailler le lait. T. de bot.

CAILLEMENT, s. m. Etat de ce qui se caille. —, le poil, affection qui produit une sorte d'horripilation chez les femmes fraîchement accouchées. T. de chir.

CAILLER, v. a. Coaguler, figer. Se —, v. pron. Se coaguler, se figer.

CAILLÈRE (la), s. f. Com. du dép. de la Vendée, cant. de Ste.-Hermine, arr. de Fontenay. = Ste.-Hermine.

CAILLETAGE, s. m. Bavardage, pro

pos de caillette, de femme qui se plaît à babiller.

CAILLETEAU, s. m. Jeune caille.

CAILLETER, v. n. Babiller, dire des frivolités, s'entretenir de bagatelles.

CAILLETOT, s. m. Petit turbot fort délicat à manger.

CAILLETTE, s. f. Quatrième ventricule des animaux ruminans qui contient la présure, substance avec laquelle on fait cailler le lait. —, bavarde, babillarde. T. fam.

CAILLEU-TASSART, s. m. Poisson du genre du clupe. T. d'hist. nat.

CAILLEVILLE, s. f. Com. du dép. de la Seine-Inférieure, cant. de St.-Valery, arr. d'Yvetot. = St.-Valery.

CAILLI, s. m. Cresson de fontaine. T. de bot.

CAILLIOUEL-CRÉPIGNY, s. m. Com. du dép. de l'Aisne, cant. de Chauny, arr. de Laon. = Chauny.

CAILLOLS (les), s. m. pl. Village du dép. des Bouches-du-Rhône, cant. et arr. de Marseille. = Marseille.

CAILLOT, s. m. Petite masse de sang caillé. — rosat, poire pierreuse qui a l'odeur de la rose.

CAILLOTIS, s. m. Soude très dure en cailloux.

CAILLOU, s. m. Pierre dure qui étincelle sous le coup d'un briquet; silice. — de Médoc ou du Rhin, pierre blanche et transparente. — d'Egypte, espèce de jaspe. —, outil de fondeur en cuivre.

CAILLOUET, s. m. Com. du dép. de l'Eure, cant. de Pacy-sur-Eure, arr. d'Evreux. = Pacy.

CAILLOUTAGE, s. m. Amas de cailloux, ouvrage en cailloux; peinture imitant des cailloux.

CAILLOUTEUX, EUSE, adj. Rempli de cailloux.

CAILLOUX-SUR-FONTAINES, s. m. Com. du dép. du Rhône, cant. de Neuville, arr. de Lyon. = Lyon.

CAILLY, s. m. Com. du dép. de l'Eure, cant. de Gaillon, arr. de Louviers. = Gaillon.

CAILLY, s. m. Com. du dép. de la Seine-Inférieure, cant. de Clères, arr. de Rouen. Bur. d'enregist. = Rouen.

CAÏMACAN, s. m. Lieutenant du grand-visir.

CAÏMACANI, s. m. Toile fine de Smyrne.

CAÏMAN, s. m. Espèce de crocodile d'Amérique.

CAIMAND, E, s. Gueux, mendiant. T. inus.

CAIMANDER, v. n. Gueuser, mendier. —, solliciter, quêter des apostilles, des recommandations. Fig. et fam.

CAIMANDEUR, EUSE, s. Fâcheux qui va toujours quêtant de l'argent, des faveurs ou des recommandations.

CAÏMITIER, s. m. Genre de plantes de la famille des sapotilles; arbres et arbustes à fruits de l'Amérique méridionale. T. de bot.

CAINE (la), s. f. Com. du dép. du Calvados, cant. d'Evrecy, arr. de Caen. = Caen.

CAINET, s. m. Com. du dép. du Calvados, cant. de Creuilly, arr. de Caen. = Caen.

CAIPON, s. m. Arbre de l'Amérique dont le bois est propre à la charpente.

CAIRANNE, s. m. Com. du dép. de Vaucluse, cant. de Vaison, arr. d'Orange. = Orange.

CAIRE ou **KAIRE**, s. m. Ville capitale de l'Egypte, située à la droite du Nil et à un quart de lieue de ce fleuve. Cette ville, où le pacha fait sa résidence, est le centre de tout le comm. de l'Egypte et de celui que ce pays fait avec l'Europe et les Indes. Pop. 300,000 hab.

CAIRE (le), s. m. Com. du dép. des Basses-Alpes, cant. de la Motte-du-Caire, arr. de Sisteron. = Sisteron.

CAIROLS, s. m. Village du dép. du Cantal, cant. de St.-Mamet, arr. d'Aurillac. = Aurillac.

CAIRON, s. m. Com. du dép. du Calvados, cant. de Creuilly, arr. de Caen. = Caen.

CAISNES, s. f. Com. du dép. de l'Oise, cant. de Noyon, arr. de Compiègne. = Noyon.

CAISSAC, s. m. Village du dép. de l'Aveyron, com. de Testet, cant. de Bozouls, arr. de Rodez. = Rignac.

CAISSE, s. f. Coffre de bois pour serrer des marchandises. —, coffre fort, trésor, bureau où l'on paie. Tenir la —, être dépositaire de l'argent. Livre de —, livre sur lequel on inscrit ce qu'on reçoit et ce qu'on paie. —, tambour; battre la caisse. —, renfoncement où est la rose. T. d'arch. — du tambour, cavité de l'oreille interne, située immédiatement après le tympan. T. d'anat.

CAISSETIN, s. m. Sorte de petite caisse.

CAISSIER, s. m. Employé ou associé d'un banquier qui tient la caisse, qui reçoit et paie les billets, les lettres de change. —, fabricant de caisses, layetier.

CAISSON, s. m. Sorte de grande caisse montée sur des roues, dans laquelle on transporte les gargousses, les munitions, etc. ; petit coffre de voiture. —, coffre à l'arrière du navire. T. de mar.

CAIX, s. m. Village du dép. du Lot, cant. de Luzech, arr. de Cahors. = Cahors.

CAIX, s. m. Com. du dép. de la Somme, cant. de Rosières, arr. de Montdidier. = Corbie.

CAIXAS, s. m. Com. du dép. des Pyrénées-Orientales, cant. de Thuir, arr. de Perpignan. = Perpignan.

CAIXON, s. m. Com. du dép. des Hautes-Pyrénées, cant. de Vic-en-Bigorre, arr. de Tarbes. = Vic.

CAJAN, s. m. Arbre des Indes. T. de bot.

CAJARC, s. m. Petite ville du dép. du Lot, chef-lieu de cant. de l'arr. de Figeac. Bur. d'enregist. = Figeac.

CAJEPUT, s. m. Voy. CAIEPUT.

CAJOLÉ, E, part. Caressé, flatté.

CAJOLER, v. a. Caresser, flatter pour séduire ou pour obtenir quelque faveur. —, aller contre le vent à l'aide du courant. T. de mar. —, v. n. Crier, en parlant des geais.

CAJOLERIE, s. f. Flatterie, complimens intéressés pour séduire.

CAJOLEUR, EUSE, s. Flatteur, enjôleur.

CAJOT, s. m. Cuve où l'on jette les foies de morues pour en extraire l'huile.

CAJU-BARAÉDAN, s. m. Arbre de l'Inde dont la racine est nutritive. T. de bot.

CAJU-FANGA, s. m. Arbre des îles Moluques à suc laiteux. T. de bot.

CAJU-LOBÉ, s. m. Arbre d'Amboine, dans les îles Moluques, dont le bois sert à faire des torches.

CAJU-PALACA, s. m. Grand arbre de l'île d'Amboine. T. de bot.

CAJU-RADIA, s. m. Arbre des îles Moluques dont le bois est très léger. T. de bot.

CAJÚTE, s. f. Lit en forme d'armoire dans un navire. T. de mar.

CAL, s. m. Durillon qui vient aux pieds, aux mains et autres parties du corps exposées aux pressions ; calus qui se forme par la réunion des os fracturés. T. de chir.

CALABA, s. m. Genre de grands arbres de l'Inde dont une espèce donne la gomme tacamaque, ou baume vert. T. de bot.

CALABRE (la), s. f. Grande province d'Italie, dans le royaume de Naples, qui forme la partie méridionale de ce royaume ; elle est séparée de la Sicile par le détroit de Messine. Ce pays, dont le sol est très fertile, est sujet aux tremblemens de terre.

CALABURE, s. m. Arbre de St.-Domingue de la famille de liliacées. T. de bot.

CALAC, s. m. Arbrisseau de l'Inde et de l'Arabie, de la famille des apocyns. T. de bot.

CALACUCCIA, s. f. Com. du dép. de la Corse, chef-lieu de cant. de l'arr. de Corte. = Bastia.

CALADARIS, s. f. Toile de coton du Bengale.

CALADE, s. f. Terrain en pente pour dresser un cheval. T. de man.

CALAGUALA, s. m. Racine sudorifique du Pérou. T. de bot.

CALAIS, s. m. Plaque de tôle pour fixer les lisses du tapis. T. de manuf.

CALAIS, s. m. Ville maritime du dép. du Pas-de-Calais ; place de guerre de 1re classe ; chef-lieu de cant. de l'arr. de Boulogne ; trib. et chambre de comm. ; école de navigation ; société d'agric. ; biblioth. publique ; consulats étrangers ; bur. d'enregist. et de poste. Pop. 9,460 hab. environ.

Cette ville est bien construite ; ses rues sont larges et ornées de belles maisons en briques. Au centre de la place d'armes, où l'on remarque l'hôtel-de-ville, s'élèvent deux tours, dans l'une desquelles est un beffroi, et dans l'autre un phare. Le port, d'où il part chaque jour plusieurs paquebots pour l'Angleterre, est défendu par une citadelle et plusieurs forts. Ce port est petit, peu profond, et ne peut recevoir que de légers bâtimens. En 1347, après une résistance opiniâtre, les habitans de Calais, à la tête desquels on doit placer Eustache de St.-Pierre, se dévouèrent au salut de leurs concitoyens. C'est cet acte de patriotisme qui a fourni à Debelloy le sujet de sa tragédie intitulée : le Siége de Calais. Les Anglais s'emparèrent de cette ville et la gardèrent jusqu'en 1558, époque à laquelle elle leur fut enlevée par le duc de Guise. Trente-huit ans après, elle tomba au pouvoir de l'archiduc Albert d'Autriche ; mais, au bout de deux ans, elle fut rendue à la France par le traité de Vervins. C'est dans le port de Calais que débarqua Louis XVIII à son retour en France, vers la fin d'avril 1814 ; bientôt après, pour perpétuer le souvenir de cet événement, il fut érigé une colonne dont l'aspect peut inspirer de sérieuses réflexions sur l'instabilité des choses humaines.

Fab. de tuls façon anglaise, de bonneterie et savon noir ; raffinerie de sel ; machine à vapeur pour moudre les grains et broyer les substances propres à la fabrication de l'huile; construction de navires et de bateaux à vapeur; comm. de grains, vins, eaux-de-vie, huile, lin, bois, charbon, etc. Pêche de la morue, du hareng et du maquereau; navigation au long cours; cabotage; entrepôt de sel et de genièvre; denrées coloniales et transit. 68 l. environ de Paris.

CALAIS (le canal de) à St.-Omer, s. m. Ce canal reçoit les eaux de la rivière d'Aa et communique avec ceux d'Ardres et de Guines.

CALAIS (St.-), s. m. Ville du dép. de la Sarthe, chef-lieu de sous-préf. et d'un cant. Trib. de 1re inst.; direct. des contrib. indir.; recev. part. des finances; bur. d'enregist. et de poste. Fab. d'étamine, serges, toiles et papiers; comm. de grains, vins, bois, bestiaux et volailles.

CALAIS-DU-DÉSERT (St.-), s. m. Com. du dép. de la Mayenne, cant. de Couptrain, arr. de Mayenne. = Pré-en-Pail.

CALAISIS, s. m. Ce pays, dont Calais était la capitale, faisait partie de la Basse-Picardie. Il est maintenant renfermé dans les arr. de Boulogne et de St.-Omer, dép. du Pas-de-Calais.

CALAISON, s. f. Profondeur d'un navire du premier pont au fond de cale. T. de mar.

CALALOU, s. m. Plante d'Amérique dont le fruit sert à faire des confitures sèches. T. de bot.

CALAMANE, s. f. Com. du dép. du Lot, cant. de Catus, arr. de Cahors. = Cahors.

CALAMANSAY, s. m. Grand arbre des Philippines. T. de bot.

CALAMBA, s. m. Agalloche, bois d'aloès. T. de bot.

CALAMBOUR, s. m. Bois odoriférant des Indes, employé dans la tabletterie.

CALAMÉDON, s. m. Sorte de fracture transversale des os longs, dans laquelle les bouts fracturés représentent l'anche d'une flûte. T. de chir.

CALAMENDRIER, s. m. Petit chêne. T. de bot.

CALAMENT, s. m. Espèce de menthe; genre de mélisse. T. de bot.

CALAMI (le), s. m. Petite rivière qui prend naissance à St.-Maximin, dép. du Var, et qui se jette dans l'Issolle après un cours de 6 l.

CALAMINAIRE, adj. Qui appartient à la calamine. Pierre —, calamine. T. d'hist. nat.

CALAMINE, s. f. Mine de zinc oxidé. T. d'hist. nat.

CALAMISTRÉ, E, part. Frisé, poudré. (Vi.)

CALAMISTRER, v. a. Retaper, friser, poudrer. (Vi.)

CALAMITE, s. f. Pierre d'aimant; boussole qu'on suspendait dans l'eau. —, polypites à tuyaux cylindriques; espèce de crapaud. T. d'hist. nat.

CALAMITÉ, s. f. Fléau, désastre; la famine, la peste, etc., qui frappent indistinctement tout un peuple; malheur public, malheurs réunis sur un ou plusieurs individus.

CALAMITEUX, EUSE, adj. Se dit des temps de calamité publique, de peste, de famine, de guerre civile, etc.

CALAMUS, s. m. Nom de plusieurs plantes odorantes de l'Inde. — verus, roseau aromatique du Levant, digestif, qui entre dans la composition de la thériaque. — scriptorius, quatrième ventricule du cerveau, ainsi nommé par les anatomistes à cause de sa ressemblance avec une plume à écrire. T. de chir.

CALAN, s. m. Com. du dép. du Morbihan, cant. de Plouay, arr. de Lorient. = Hennebon.

CALANDRE, s. f. Espèce de grosse alouette; larve du charançon, insecte qui ronge le blé. —, cylindre pour presser et lustrer les draps. T. de manuf.

CALANDRÉ, E, part. Lustré.

CALANDRER, v. a. Faire passer les draps sous le cylindre pour resserrer les fils, pour lustrer.

CALANDRETTE, s. f. Petite grive des vignes. T. d'hist. nat.

CALANDREUR, s. m. Ouvrier qui calandre.

CALANDRONE, s. f. Chalumeau italien, instrument de musique champêtre à deux clefs. T. de mus.

CALANGUE ou CARANGUE, s. f. Petite baie abritée à l'embouchure d'une rivière. T. de mar.

CALANHEL, s. m. Com. du dép. des Côtes-du-Nord, cant. de Callac, arr. de Guingamp. = Rostrenen.

CALANTIQUE, s. f. Ornement de tête que portaient les Romains. T. d'antiq.

CALAO, s. m. Oiseau dentirostre de l'Afrique et des Indes, qui se nourrit de fruits. T. d'hist. nat.

CALAPPE, s. m. Genre de crustacés, espèce de cancre. T. d'hist. nat.

CALASIE, s. f. Voy. CHALASIE.

CALASIMA, s. f. Village du dép. de

la Corse, cant. de Niolo, arr. de Corte. = Bastia.

CALATHIDE, s. f. Mode d'inflorescence particulier aux scabieuses, aux synanthérées, etc. T. de bot.

CALATISME, s. m. Sorte de danse des anciens.

CALATRAVA, s. f. Ville d'Espagne dans la nouvelle Castille. —, ordre militaire d'Espagne.

CALAVANTÉ, s. m. Com. du dép. des Hautes-Pyrénées, cant. de Tournay, arr. de Tarbes. = Tarbes.

CALAVON (le), s. m. Née dans les montagnes qu'on voit aux environs de Bannon, dép. des Basses-Alpes, cette petite rivière a la rapidité d'un torrent. Après avoir parcouru l'espace d'environ 18 l., elle se précipite dans la Durance au-dessus de Cavaillon. César ayant fait construire plusieurs ponts sur cette rivière, le temps a respecté l'un d'eux qui portait et qui a conservé son nom. Le pont Julien se trouve à une l. d'Apt.

CALAWÉE, s. f. Jaquier, arbre de Sumatra avec l'écorce duquel on fait du fil et de la toile. T. de bot.

CALBAS ou CALEBAS, s. m. Cordage pour amarrer. T. de mar.

CALCAIRE, adj. Qui contient de la chaux, que le feu change en chaux; pierre calcaire.

CALCALANTILE, s. f. Pierre mêlée de cuivre. T. de minér.

CALCAMAR, s. m. Manchot du Brésil, oiseau aquatique dont les ailes sont tellement courtes qu'il ne peut voler. T. d'hist. nat.

CALCANÉO-SOUS-PHALANGETTIEN, s. et adj. Muscle extenseur commun des orteils. T. d'anat.

CALCANÉO-SOUS-PHALANGIEN, s. et adj. Muscle abducteur du petit orteil. T. d'anat.

CALCANÉO-SOUS-PHALANGINIEN, s. et adj. Muscle court fléchisseur des orteils. T. d'anat.

CALCANEUM, s. m. Os du tarse qui forme le talon. T. d'anat.

CALCANTHE, s. m. Voy. CALCOTHAR.

CALCARIFÈRE, adj. Chargé de matières calcaires. T. de minér.

CALCATOGGIO, s. m. Com. du dép. de la Corse, cant. de Sari, arr. d'Ajaccio. = Ajaccio.

CALCE, s. m. Com. du dép. des Pyrénées-Orientales, cant. de Rivesalte, arr. de Perpignan. = Perpignan.

CALCÉDOINE, s. f. Agate blanche ou d'un blanc bleuâtre; pierre fine demi-transparente.

CALCÉDOINEUX, EUSE, adj. Qui a des taches blanches.

CALCÉOLAIRE, s. f. Plante rhinantoïde. T. de bot.

CALCÉOLE, s. f. Mollusque bivalve. T. d'hist. nat.

CALCET, s. m. Assemblage de planches en haut d'un mât pour renfermer les poulies; nom distinctif des mâts qui portent une antenne. T. de mar.

CALCILITHES, s. f. pl. Pierres contenant de la chaux. T. de minér.

CALCIN, s. m. Fragment de verre calciné.

CALCINABLE, adj. Qui peut être calciné.

CALCINATION, s. f. Action de calciner; ses effets.

CALCINÉ, E, part. Oxidé.

CALCINER, v. a. Oxider, réduire un minéral en chaux, en poudre, au moyen du feu. Se —, v. pron. Passer à l'état d'oxide.

CALCIS, s. m. Sorte de faucon de nuit. T. d'hist. nat.

CALCITE ou CHALCITE, s. m. Minéral qui tient de l'airain.

CALCITRAPA, s. m. Chausse-trape, centaurée. T. de bot.

CALCIUM, s. m. Métal qu'on ne trouve qu'à l'état d'oxide et qui est la base de la chaux. T. de chim.

CALCOGRAPHE, s. m. Voy. CHALCOGRAPHE.

CALCOMIER, s. m. Com. du dép. de l'Aveyron, cant. et arr. de Villefranche-de-Rouergue. = Villefranche.

CALCUL, s. m. Compte, supputation. —, balance, estime, appréciation, comparaison. Se tromper dans son —, se méprendre en une chose quelconque.— concrétion pierreuse qui se forme en plusieurs parties du corps humain, particulièrement dans le foie et la vésicule du fiel, dans les reins, les uretères et très souvent dans la vessie urinaire. T. de chir.

CALCULABLE, adj. Qui peut être calculé.

CALCULATEUR, TRICE, s. et adj. Qui calcule.

CALCULATOIRE, adj. Qui est relatif au calcul.

CALCULÉ, E, part. Compté, supputé.

CALCULER, v. a. et n. Compter, supputer; réfléchir, méditer, peser, juger. Fig.

CALCULEUX, EUSE, adj. Graveleux, pierreux, qui a rapport aux calculs ou concrétions animales. —, s. Malade qui est attaqué de la pierre.

CALCULIFRAGE, s. et adj. Qui résout le calcul ; remède qu'on supposait propre à résoudre les pierres. T. de méd.

CALCUTTA ou **FORT WILLIAMS**, s. m. Ville de l'Indostan, capitale de la province du Bengale, est la résidence du gouverneur des possessions anglaises dans l'Inde. Pop. 700,000 hab. environ. Comm. considérable.

CALDARELLO, s. m. Village du dép. de la Corse, cant. de Porto-Vecchio, arr. de Sartène. = Ajaccio.

CALDEGAS, s. m. Com. du dép. des Pyrénées-Orientales, cant. de Saillagousse, arr. de Prades. = Mont-Louis.

CALDERON, s. m. Poète comique espagnol. —, cétacé le plus gros après la baleine. T. d'hist. nat.

CALE, s. f. Support, petite planche pour mettre de niveau. —, terrain en pente, talus servant d'escalier. —, plomb qui fait enfoncer l'hameçon, dont on se sert pour la pêche de la morue. —, abri entre deux pointes de terre, entre des rochers. —, le fond d'un navire. —, punition, châtiment qu'on inflige à un matelot qui, attaché à la vergue d'un grand mât, est précipité plusieurs fois dans la mer. T. de mar.

CALÉ, E, part. Mis de niveau au moyen d'une cale. —, adj. Qui est riche, dans l'aisance. T. fam.

CALÉA, s. m. Plante corymbifère. T. de bot.

CALEBAS, s. m. Cordage pour amener les vergues. T. de mar.

CALEBASSE, s. f. Espèce de courge d'Afrique et des îles. —, bouteille faite d'une courge séchée et vidée. —, espèce de prune.

CALEBASSIER, s. m. Arbre d'Afrique et d'Amérique du genre des cucurbitacées. T. de bot.

CALEBOTIN, s. m. Panier ou fond de chapeau pour serrer le fil ou les alènes. T. de cordon.

CALÈCHE, s. f. Carrosse léger, coupé. —, ancienne coiffure de femme.

CALEÇON, s. m. Vêtement de toile, de futaine, de flanelle qu'on met sous le pantalon.

CALEÇONNIER, s. m. Ouvrier qui fait les caleçons.

CALEÇON-ROUGE, s. m. Couroucou, oiseau d'Amérique qui a le ventre rouge. T. d'hist. nat.

CALÉDONIENS, s. f. pl. Peuples qui habitaient le nord de la Grande-Bretagne, aujourd'hui l'Ecosse.

CALÉFACTION, s. f. Chaleur produite par l'action du feu.

CALE-HAUBAN, s. m. Cordage qui soutient le mât de hune. T. de mar.

CALEMBOURG, s. m. Jeu de mots de mauvais goût, pointe triviale, quolibet, équivoque ridicule à l'aide d'homonymes.

CALEMBREDAINE, s. f. Bourde, vain propos, faux-fuyant. T. fam.

CALEN, s. m. Com. du dép. des Landes, cant. de Sore, arr. de Mont-de-Marsan. = Lipostey.

CALENCAR, s. m. Toile peinte des Indes.

CALENDAIRE, s. m. Registre d'église.

CALENDER, s. m. Religieux mahométan en Turquie, en Perse et dans l'Inde.

CALENDES, s. f. pl. Premier jour du mois chez les Romains. —, assemblée de curés, convoqués par leur évêque. Renvoyer aux — grecques, à un temps qui ne peut arriver, les Grecs n'ayant jamais eu de calendes.

CALENDRIER, s. m. Tableau contenant la nomenclature des mois, des jours et des fêtes de l'année.

CALENTURAS, s. m. Bois très amer des îles Philippines qui a des propriétés fébrifuges. T. de bot.

CALENTURE, s. f. Sorte de délire auquel les navigateurs sont exposés en passant sous les tropiques. T. de méd.

CALENZANA, s. f. Com. du dép. de la Corse, chef-lieu de cant. de l'arr. de Calvi. = Bastia.

CALEPIN, s. m. Souvenir. —, petit livre sur lequel on inscrit les rendez-vous qu'on donne ou qu'on reçoit, des idées fugitives, etc. —, nom d'un vieux dictionnaire polyglotte.

CALER, v. a. Poser une cale sous le pied d'une table, etc., pour la mettre d'aplomb. —, baisser la voile. T. de mar. —, v. n. Baisser pavillon, céder, se soumettre. Fig. —, enfoncer dans l'eau, sombrer. T. de mar.

CÂLER, v. n. Manquer de copie, n'avoir rien à faire. T. d'impr.

CALÈS, s. m. Com. du dép. de la Dordogne, cant. de Cadouin, arr. de Bergerac. = le Buguc.

CALÈS-ET-BONNECOSTE, s. m. Com. du dép. du Lot, cant. de Peyrac, arr. de Gourdon. = Peyrac.

CALEYE, s. f. Plante voisine de l'aréthuse. T. de bot.

CALEZAN, s. m. Arbre du Malabar. T. de bot.

CALEZ-EN-SONNOIS (St.-), s. m. Com. du dép. de la Sarthe, cant. et arr. de Mamers. = Mamers.

CALFAT, s. m. Ouvrier de marine qui calfate; son outil, son ouvrage; étoupes goudronnées. T. de mar. —, oiseau de l'Ile-de-France qui approche du bruant. T. d'hist. nat.

CALFATAGE, s. m. Etoupes goudronnées enfoncées dans les fentes d'un vaisseau. T. de mar.

CALFATÉ, E, part. Enduit de bitume; bouché avec l'étoupe. T. de mar.

CALFATER, v. a. Boucher les fentes d'un vaisseau avec de la poix et des étoupes; enduire de bitume. T. de mar.

CALFATEUR, s. m. Calfat. T. de mar.

CALFATIN, s. m. Valet du calfat ou calfateur. T. de mar.

CALFEUTRAGE, s. m. Ouvrage de celui qui calfeutre.

CALFEUTRÉ, E, part. Bouché avec du papier, du chiffon.

CALFEUTRER, v. a. Mettre des bourrelets autour d'une fenêtre, boucher les fentes avec du papier, du chiffon.

CALIAN, s. m. Com. du dép. du Gers, cant. de Vic-Fezensac, arr. d'Auch. = Vic-Fezensac.

CALIBÉ, E, adj. Voy. Chalybé.

CALYBEY, s. m. Oiseau de paradis de la Guiane. T. d'hist. nat.

CALIBRE, s. m. Diamètre de l'ouverture d'une arme à feu; volume du boulet, de la balle, proportionné à cette ouverture. —, outils d'arts et de métiers pour prendre des mesures. —, espace compris entre les deux platines d'une montre. T. d'horl. —, volume, grosseur. T. d'archit. —, valeur, qualité, état des personnes, des choses comparées; il n'est pas de calibre à se battre. Fig. et fam.

CALIBRÉ, E, part. Mesuré, ajusté au calibre.

CALIBRER, v. a. Passer des boulets dans l'ouverture d'un canon pour les mesurer. —, donner le calibre.

CALIC-CALIC, s. m. Espèce d'écorcheur, petite pie grièche de Madagascar. T. d'hist. nat.

CALICE, s. m. Coupe, vase pour l'eucharistie. —, tristesse, affliction, douleur accablante. Fig. Boire le — jusqu'à la lie, éprouver les plus grands revers. —, enveloppe extérieure, ordinairement verte, de la fleur. T. de bot. —, pl. Espèces d'entonnoirs qui, dans chaque rein, donnent naissance au canal des uretères. T. d'anat.

CALICÉ, E, adj. Environné d'un calice. T. de bot.

CALICÈRE, s. f. Plante vivace du Chili. T. de bot.

CALICINAL, E, adj. Qui appartient au calice. T. de bot.

CALICOT, s. m. Toile de coton moins fine que la percalle.

CALICULE, s. m. Rang de petites écailles à l'extérieur de certains calices. T. de bot. —, petite coupe; gobelet. T. inus.

CALICULÉ, E, adj. Pourvu d'un calicule. T. de bot.

CALIDUC, s. m. Tuyau de chaleur des anciens.

CALIETTE, s. f. Champignon jaune qui pousse au pied du genièvre. T. de bot.

CALIFAT, s. m. Dignité de calife.

CALIFE, s. m. Successeur de Mahomet; titre que portaient des souverains mahométans qui réunissaient les pouvoirs spirituel et temporel.

CALIFORNIE, s. f. Presqu'île de l'Amérique septentrionale, située entre la mer du Sud et un grand golfe nommé mer Vermeille.

CALIFOURCHON (à), adv. Jambe de çà, jambe de là, comme on monte à cheval.

CALIGE, s. f. Chaussure des soldats romains.

CALIGINEUX, EUSE, adj. Sombre, obscur. T. inus.

CALIGNAC, s. m. Com. du dép. de Lot-et-Garonne, cant. et arr. de Nérac. = Nérac.

CALIGNI, s. m. Petit arbre de la Guiane dont les baies sont bonnes à manger. T. de bot.

CALIGNI, s. m. Com. du dép. de l'Orne, cant. de Flers, arr. de Domfront. = Tinchebray.

CALIGO, s. m. Obscurcissement de la vue, espèce de brouillard qui se répand devant les yeux, premier degré de vertige; épaississement de la cornée ou du cristallin. T. de chir.

CALIMBÉ, s. m. Ceinture en toile, seul vêtement des nègres à la Guiane.

CALIN, s. m. Métal chinois, composé de plomb et d'étain, avec lequel les orientaux font des boîtes à thé.

CÂLIN, E, adj. Doucereux et caressant; qui caresse pour obtenir. —, indolent, niais. T. fam.

CÂLINÉ, E, part. Caressé, choyé.

CALINÉE, s. f. Plante voisine des soramies. T. de bot.

CÂLINER, v. a. Choyer, caresser pour obtenir. —, v. n. Vivre dans l'oisiveté. Se —, v. pron. Se choyer, prendre ses aises.

CALIORNE, s. f. Gros cordage de moufle. T. de mar.

CALIPTIQUE, adj. Se dit d'une période de soixante-seize ans, propre à corriger l'erreur du cycle lunaire. T. d'astr.

CALISPERME, s. m. Arbrisseau grimpant de la Cochinchine. T. de bot.

CALISSOIRE, s. f. Poêle en fer pour lustrer les étoffes. T. de manuf.

CALLA, s. m. Brou de noix. T. de bot.

CALLAC, s. m. Com. du dép. des Côtes-du-Nord, chef-lieu de cant. de l'arr. de Guingamp. Bur. d'enregist. = Rostrenen.

CALLADIONS, s. m. pl. Genre d'aroïdes. T. de bot.

CALLALLUH, s. m. Amaranthe qu'on mange dans l'Inde, et qu'on apprête comme des épinards.

CALLAPATIS, s. m. Toile de coton des Indes.

CALLAS, s. m. Petite ville du dép. du Var, chef-lieu de cant. de l'arr. de Draguignan, où est le bur. d'enregist. = Draguignan.

Fab. considérable d'huile d'olive.

CALLE, s. f. Plante unilobée, voisine des genêts. —, plante qui a du rapport avec les gouets. T. de bot.

CALLEUX, EUSE, adj. Qui tient de la nature du cal, des durillons. Corps —, corps longitudinal, blanc, en dos d'âne, lisse et très poli, qui couvre les deux ventricules du cerveau. T. d'anat.

CALLEVILLE, s. f. Com. du dép. de l'Eure, cant. de Brionne, arr. de Bernay. = Brionne.

CALLEVILLE-LES DEUX-ÉGLISES, s. f. Com. du dép. de la Seine-Inférieure, cant. de Tôtes, arr. de Dieppe. = Tôtes.

CALLI, s. m. Plante à suc laiteux. T. de bot.

CALLIAN, s. m. Com. du dép. du Var, cant. de Fayence, arr. de Draguignan. = Draguignan.

Fab. de bouteilles et de verroterie; carrières de marbre blanc; exploitation de houille.

CALLICARPE, s. m. Plante pyrénacée. T. de bot.

CALLICÈRE, s. m. Insecte diptère. T. d'hist. nat.

CALLICTE, s. m. Poisson d'Amérique du genre du silure. T. d'hist. nat.

CALLIDIE, s. f. Genre d'insectes lignivores. T. d'hist. nat.

CALLIGAN, s. m. Toile de coton des Indes.

CALLIGON, s. m. Genre d'arbrisseaux polygonés d'Asie. T. de bot.

CALLIGRAPHE, s. m. Copiste qui mettait au net; expéditionnaire dont l'écriture est belle.

CALLIGRAPHIE, s. f. Art du calligraphe; connaissance, description des anciens manuscrits.

CALLIGRAPHIQUE, adj. Qui a rapport à la calligraphie.

CALLIMUS, s. m. Noyau détaché dans la pierre d'aigle, etc. T. d'hist. nat.

CALLIOMORE, s. m. Genre de poissons jugulaires. T. d'hist. nat.

CALLIONGIS, s. m. Soldat de marine turc.

CALLIONYME, s. m. Genre de poissons jugulaires, uranoscope. T. d'hist. nat.

CALLIOPE, s. f. L'une des neuf muses, celle qui présidait à l'éloquence et à la poésie héroïque. T. de myth.

CALLIPÉDIE, s. f. Extravagance de ceux qui prétendent enseigner l'art de faire de beaux enfans.

CALLISE, s. f. Plante de la famille des joncs. T. de bot.

CALLISTE, s. f. Plante parasite de la Cochinchine. T. de bot.

CALLISTRACHIS ou CALLYSTRACHIS, s. m. Arbrisseau légumineux de la Nouvelle-Hollande. T. de bot.

CALLITRIC, s. m. Plante aquatique. T. de bot.

CALLITRICHE, s. m. Singe vert d'Afrique. T. d'hist. nat.

CALLIXÈNE, s. f. Plante asparagoïde. T. de bot.

CALLOSITÉ, s. f. Petit calus. —, chair blanche, dure et sèche, qui couvre les bords des anciennes plaies, des vieux ulcères. T. de chir.

CALMANDE, s. f. Etoffe de laine lustrée d'un côté.

CALMANT, E, s. et adj. Qui calme les douleurs; remède qui a la propriété de modérer l'action des causes morbifiques. T. de méd.

CALMAR, s. m. Ecritoire, cornet. (Vi.) —, poisson, animal marin du genre des sèches. —, serpent d'Amérique. T. d'hist. nat.

CALME, s. m. Bonace. T. de mar. —, tranquillité, repos. Fig. —, adj. Tranquille, sans agitation; lieu, air calme. Se dit de l'esprit, de la vie, etc. Fig.

CALMÉ, E, part. Apaisé, qui a cessé d'être agité.

CALMEJANE, s. f. Com. du dép. de l'Aveyron, cant. de Salles-Curan, arr. de Milhau. = Milhau.

CALMELLA, s. f. Village du dép. des

Pyrénées-Orientales, cant. et arr. de Céret. = Céret.

CALMELS-ET-LE-VIALA, s. m. Com. du dép. de l'Aveyron, cant. et arr. de St.-Affrique. = St.-Affrique.

CALMER, v. a. Rendre calme, apaiser; calmer les esprits, les factions, etc. Fig. Se —, v. pron. Devenir calme, s'apaiser.

CALMETTE (la), s. f. Com. du dép. du Gard, cant. de St.-Chaptes, arr. d'Uzès. = Nismes.

CALMONT, s. m. Com. du dép. de l'Aveyron, cant. de Cassagnes-Begonhès, arr. de Rodez. = Rodez.

CALMONT, s. m. Com. du dép. de la Haute-Garonne, cant. de Nailloux, arr. de Villefranche. = Auterive.

CALMOUK, s. m. Habitant de la Tartarie russe. —, étoffe de laine.

CALMOUTIER, s. m. Com. du dép. de la Haute-Saône, cant. de Noroy-le-Bourg, arr. de Vesoul. = Vesoul.

CALOBATE, s. m. Insecte diptère. T. d'hist. nat.

CALOBRE, s. f. Blouse de charretier.

CALODENDRON, s. m. Arbre élevé de la famille des zanthoxilées. T. de bot.

CALOGATHIE, s. m. Citoyen d'Athènes, recommandable par sa naissance et son instruction.

CALOGYNE, s. f. Plante annuelle de la Nouvelle-Hollande. T. de bot.

CALOIRE, s. m. Com. du dép. de la Loire, cant. de Chambon, arr. de St.-Etienne. = St.-Etienne.

CALOMEL ou CALOMÉLAS, s. m. Mélange de mercure et de soufre; muriate de mercure doux. T. de pharm.

CALOMÉRIE, s. f. Plante corymbifère. T. de bot.

CALOMNIATEUR, s. m. Lâche, misérable, qui assassine moralement.

CALOMNIE, s. f. Machination infâme; imputation mensongère; attentat à l'honneur, à la réputation; noire perfidie qui a inspiré à Chénier une épître admirable.

CALOMNIÉ, E, part. Attaqué lâchement dans son honneur, sa réputation.

CALOMNIER, v. a. Attaquer la réputation d'autrui à l'aide d'imputations mensongères; répandre les poisons de la calomnie.

CALOMNIEUSEMENT, adv. Avec méchanceté, noirceur, calomnie.

CALOMNIEUX, EUSE, adj. Qui contient des insinuations perfides, des faussetés, des calomnies.

CALONGES, s. f. Com. du dép. de Lot-et-Garonne, cant. du Mas-d'Agénais, arr. de Marmande. = Tonneins.

CALONNE-RICOUART, s. m. Com. du dép. du Pas-de-Calais, cant. de Houdain, arr. de Béthune. = Béthune.

CALONNE-SUR-LA-LYS, s. m. Com. du dép. du Pas-de-Calais, cant. de Lillers, arr. de Béthune. = St.-Venant.

CALORGUEN, s. m. Com. du dép. des Côtes-du-Nord, cant. et arr. de Dinan. = Dinan.

CALORIFÈRE, adj. Qui transmet la chaleur. T. de chim.

CALORIFICATION, s. f. Faculté de produire la chaleur vitale; son effet. T. de chim.

CALORIFIQUE, adj. Qui chauffe.

CALORIMÈTRE, s. m. Instrument qui sert à mesurer le degré de chaleur spécifique des corps. T. de chim.

CALORIMÉTRIE, s. f. Méthode pour se servir du calorifère. T. de chim.

CALORINÈSES, s. f. pl. Maladies causées par l'excès du calorique.

CALORIQUE, s. m. Principe de la chaleur; feu, fluide extrêmement subtil, impondérable, répandu dans tout l'espace. T. de chim.

CALOSONNE, s. m. Genre d'insectes coléoptères. T. d'hist. nat.

CALOT, s. m. Fond de chapeau. Figure à la —, grotesque, dans le genre du peintre Calot.

CALOTERIE (la), s. f. Com. du dép. du Pas-de-Calais, cant. et arr. de Montreuil-sur-Mer. = Montreuil.

CALOTHAMNE, s. m. Arbuste myrtoïde de la Nouvelle-Hollande. T. de bot.

CALOTINE, s. f. Vers badins, satiriques. T. inus.

CALOTROPIS, s. m. Plante de la famille des apocynées. T. de bot.

CALOTS, s. m. pl. Pierres d'ardoisière.

CALOTTE, s. f. Espèce de petit bonnet de cuir verni que les prêtres portent sur le haut de la tête, où se trouve la tonsure. —, soufflet appliqué sur la tête. T. fam. —, emplâtre agglutinatif qu'on employait autrefois dans le traitement de la teigne. — du crâne, sa partie supérieure. — aponévrotique, aponévrose qui s'étend sur le péricrâne et couvre tout le sommet de la tête. T. de chir.

CALOTTIER, s. m. Fabricant et marchand de calottes.

CALOTTIN, s. m. Expression triviale, grossière dont se sert le bas peuple pour désigner un prêtre.

CAL 432 CAL

CALOU, s. m. Liqueur qu'on extrait du cocotier.

CALOYER, ÈRE, s. Religieux grec de l'ordre de saint Basile.

CALP, s. m. Pierre marneuse de couleur noire. T. d'hist. nat.

CALPÉ, s. m. L'une des colonnes d'Hercule; mont d'Espagne au pied duquel est bâti Gibraltar, qui appartient aujourd'hui à l'Angleterre.

CALQUE, s. m. Trait léger d'un dessin qui a été calqué; copie sur un transparent.

CALQUÉ, E, part. Copié.

CALQUER, v. a. Contre-tirer un dessin, le copier trait pour trait. —, imiter. Fig.

CALQUERON, s. m. Sorte de liteau, partie du métier des étoffes en soie. T. de manuf.

CALQUIER, s. m. Satin, taffetas léger des Indes.

CALQUIN, s. m. Espèce d'aigle du Chili.

CALQUOIR, s. m. Poinçon émoussé pour calquer.

CALTHOÏDE, s. f. Othonne dont la fleur ressemble à celle du giroflier. T. de bot.

CALUIRE-ET-CUIRE, s. m. Com. du dép. du Rhône, cant. de Neuville, arr. de Lyon. = Lyon.

CALUMBÉ, s. m. Ménisperme palmé, plante des Indes. T. de bot.

CALUMET, s. m. Pipe des sauvages d'Amérique, dans laquelle les chefs fumaient quand les peuplades faisaient la paix. —, plante de St.-Domingue dont la tige creuse peut faire des tuyaux de pipe. T. de bot.

CALUS, s. m. Substance osseuse qui, dans les os fracturés, naît par la force de la végétation et réunit les parties divisées. T. de chir. —, insensibilité, dureté de cœur formée par une longue habitude de contempler d'un œil sec les misères humaines. Fig. —, gonflement dans les articulations des tiges. T. de bot.

CALVADOS (dép. du), s. m. Ce dép., formé d'une partie de la Basse-Normandie, a pris le nom d'un banc de rochers qui s'étend à l'O. de l'embouchure de l'Orne sur une longueur d'environ 5 à 6 l., sur lequel banc échoua un vaisseau espagnol nommé le Calvados. Chef-lieu de préf., Caen; six arr. ou sous-préf.; Caen, Bayeux, Falaise, Lisieux, Vire et Pont-l'Évêque; 37 cant. ou just. de paix; 890 com.; pop., 500,956 hab. environ. Cour royale à Caen; évêché à Bayeux; 14e div. milit.; 15e div. des ponts-et-chaussées; 2e div. des mines; dir. de l'enregist. et des domaines de 1re classe; 3e arr. forestier.

Ce dép. est borné au N. par la Manche, à l'E. par le dép. de l'Eure, au S. par celui de l'Orne, et à l'O. par celui de la Manche. Son sol est généralement fertile et produit toutes les espèces de céréales; mais il est riche surtout en excellens pâturages où l'on engraisse une très grande quantité de bœufs avec lesquels paissent les vaches qui fournissent les beurres si justement estimés d'Isigny, et les beaux chevaux de race normande qui se distinguent par l'élégance de leurs formes. Les côtes qui ont environ 25 l., depuis Honfleur jusqu'à l'embouchure de la Vire, sont hérissées de rochers à fleur d'eau, et, par cela même, sont d'un difficile accès. On y compte sept petits ports; mais ceux de Honfleur et de Caen sont les seuls qui aient quelque importance. Ces côtes sont très poissonneuses: on évalue à 25,000,000 les huîtres que l'on pêche annuellement dans la rade de Cancale.

Manuf. de toiles cretonnes, bonneterie, dentelles, tul de fil et de blondes de soie, toiles de coton, draps, flanelles, etc. Fab. de couvertures, chapeaux, papiers; acides minéraux, quincaillerie, cuirs, huile, plomb de chasse, etc. Comm. de chevaux, bœufs gras, beurre, volailles excellentes, cidre, miel, eaux-de-vie de cidre, biscuits pour la marine, fromages façon hollande, salaisons, chanvre, fer, dentelles, toiles, bois, houille, etc. Exportation considérable avec l'Europe et les Etats-Unis d'Amérique.

Les principales rivières du dép. du Calvados sont: l'Orne, l'Aure, la Dive, la Touques et la Vic qui y sont navigables.

CALVAIRE, s. m. Nom de la montagne ou fut crucifié le Sauveur. —, élévation sur laquelle est plantée une croix.

CALVANIER, s. m. Homme à tout faire dans une ferme pendant la moisson, qui charge les charrettes, entasse les gerbes dans la grange, etc.

CALVESE, s. f. Com. du dép. de la Corse, cant. de Pétréto et Bicchisano, arr. de Sartène. = Ajaccio.

CALVI, s. m. Ville maritime du dép. de la Corse, chef-lieu de sous-préf. et d'un cant., place de guerre de 2e classe; trib. de 1re inst.; conserv. des hypoth.; recev. part. des finances; bur. d'enregist. et de poste.

Cette ville, assise sur un promontoire élevé, fut prise par les Anglais en 1814, après cinquante-un jours de siége. Son port, que précède une fort belle rade, est défendu par une forteresse. Comm. d'huile d'olive et de vins. Calvi est à 280 l. de Paris.

CALVIAC, s. m. Com. du dép. du Lot, cant. de la Tronquière, arr. de Figeac. = St.-Céré.

CALVIAT, s. m. Com. du dép. de la Dordogne, cant. de Carlux, arr. de Sarlat. = Sarlat.

CALVILLE, s. f. Sorte de pomme.

CALVIN, s. m. Savant hérésiarque qui vivait au seizième siècle, ardent réformateur dont la doctrine diffère de celle de Luther qu'il attaqua dans ses écrits avec une telle fureur, qu'on dit encore aujourd'hui : insolent comme Calvin. Il mourut à Genève, où ses dogmes religieux n'ont pas cessé d'être professés.

CALVINET, s. m. Com. du dép. du Cantal, cant. de Montsalvy, arr. d'Aurillac. = Aurillac.

CALVINHAC, s. m. Com. du dép. du Lot, cant. de Limogne, arr. de Cahors. = Cahors.

CALVINISME, s. m. Doctrine religieuse de Calvin.

CALVINISTE, s. m. Protestant qui professe la religion de Calvin.

CALVISSON, s. m. Petite ville du dép. du Gard, cant. de Sommières, arr. de Nismes. Bur. de poste. Fab. considérables d'eaux-de-vie et de crème de tartre.

CALVITIE, s. f. Espèce d'alopécie, maladie qui fait tomber les cheveux du sommet de la tête. — des paupières, perte des cils qui bordent les paupières. T. de chir.

CALYBÉ, s. m. Sorte d'oiseau de paradis. T. d'hist. nat.

CALYBION, s. m. Fruit qui diffère peu du gland. T. de bot.

CALYBITE, s. et adj. Qui habite une cabane.

CALYCANT, s. m. Plante polypétale, voisine du rosier. T. de bot.

CALYCANTHEMES, s. f. pl. Plantes herbacées. T. de bot.

CALYCOPTÈRE, s. m. Arbrisseau grimpant de Madagascar, gétonie. T. de bot.

CALYGES, s. m. pl. Insectes adhérens au bouclier. T. d'hist. nat.

CALYPLECTE, s. m. Arbre myrtoïde du Pérou. T. de bot.

CALYPSO, s. f. Déesse, fille de l'Océan et de Thétis, dans l'île de laquelle Ulysse fut jeté par une tempête. Elle aima ce héros qui vécut sept ans avec elle. T. de myth. —, plante orchidée. T. de bot.

CALYPTRANTE, s. f. Plante voisine des myrtes. T. de bot.

CALYPTRE, s. m. Coiffe des semences des mousses. T. de bot.

CALYPTRÉ, E, adj. Pourvu d'une coiffe. T. de bot.

CALYTRIX, s. m. Plante de la Nouvelle-Hollande. T. de bot.

CALZAN, s. m. Com. du dép. de l'Ariège, cant. de Varilles, arr. de Pamiers. = Pamiers.

CAMACARI, s. m. Arbre du Brésil, dont la gomme tue les vers. T. de bot.

CAMAGNIOC ou CAMANIOC, s. m. Espèce de manioc qu'on cultive à Cayenne, et qui est doux et salubre.

CAMAÏEU, s. m. Pierre fine de deux couleurs ; pierre figurée. —, tableau d'une seule couleur, gravure imitant le lavis. T. de peint.

CAMAIL, s. m. Petit manteau court avec un capuchon, dont se servent les ecclésiastiques durant l'hiver.—, oiseau, espèce de tangara de la Guiane. T. d'hist. nat.

CAMALANGA, s. f. Cucurbitacée, plante de Sumatra, dont le fruit sert à faire des confitures. T. de bot.

CAMALDULE, s. m. Religieux de l'ordre de St.-Benoit.

CAMALÈS, s. f. Com. du dép. des Hautes-Pyrénées, cant. de Vic-en-Bigorre, arr. de Tarbes. = Vic.

CAMARA, s. m. Calotte du crâne. T. d'anat. —, genre de plantes monopétales ayant de l'analogie avec les verveines. T. de bot. — lucida, chambre claire, prisme, polygone dont une face devient miroir. T. d'opt.

CAMARADE, s. Ami, entre écoliers, compagnons, ouvriers, etc., chez lesquels l'égalité règne. —, quidam. T. de mépr.

CAMARADE, s. m. Com. du dép. de l'Ariège, cant. du Mas-d'Azil, arr. de Pamiers. = le Mas-d'Azil.

CAMARADERIE, s. f. Liaison de camarade.

CAMARD, E, adj. Qui a le nez plat et écrasé.

CAMARÈS, s. m. Petite ville du dép. de l'Aveyron, chef-lieu de cant. de l'arr. de St.-Affrique. Bur. d'enregist. = St.-Affrique.
Sources d'eaux minérales aux environs ; fabr. de cadis ; filature de laine ; comm. de bestiaux.

CAMARET, s. m. Com. maritime du dép. du Finistère, cant. de Crozon, arr. de Châteaulin. = Brest.
Cette com. se trouve à l'extrémité de la presqu'île qui s'avance entre la rade

de Brest au N. et la baie de Douarnenez au S. Les bâtimens de toute grandeur peuvent mouiller devant Camaret.

Pêche et comm. de sardines.

CAMARET, s. m. Com. du dép. de Vaucluse, cant. et arr. d'Orange. = Orange.

CAMARGUE (la), s. f. Est une île très riche du dép. des Bouches-du-Rhône, arr. d'Arles. Cette île est formée par le grand Rhône qui la sépare à l'E. de la plaine de la Crau, par le petit Rhône qui l'entoure au N. et à l'O., et par la Méditerranée qui se présente au S. Sa superficie est évaluée à 50,000 hectares, dont un cinquième sur les bords est cultivé. Elle renferme neuf villages, et près de 350 fermes, avec un assez grand nombre de jolies maisons de campagne.

La Camargue est un vrai pays de cocagne. Le gibier, le poisson, la volaille y pullulent; on y élève annuellement 40,000 agneaux, 3,000 bœufs et autant de chevaux; mais, aussitôt que le printemps arrive, ces nombreux troupeaux, pour éviter les chaleurs, sont obligés d'émigrer et d'aller chercher leur nourriture dans les dép. de l'Isère, de la Drôme et des Hautes-Alpes.

CAMARIGNE ou CAMARINE, s. f. Plante à baies perlées, agréables au goût. T. de bot.

CAMARRE, s. f. Cavesson armé de pointes, fer pour dompter un cheval.

CAMARSAC, s. m. Com. du dép. de la Gironde, cant. de Créon, arr. de Bordeaux. = Bordeaux.

CAMBAGE, s. m. Droit sur la bière; brasserie.

CAMBAYES, s. f. pl. Toiles de coton du Bengale.

CAMBAYRAC, s. m. Com. du dép. du Lot, cant. de Luzech, arr. de Cahors. = Cahors.

CAMBE (la), s. f. Com. du dép. du Calvados, cant. d'Isigny, arr. de Bayeux. = Isigny.

CAMBE (la), s. f. Com. du dép. de l'Orne, cant. de Trun, arr. d'Argentan. = Argentan.

CAMBERNARD, s. m. Com. du dép. de la Haute-Garonne, cant. de St.-Lys, arr. de Muret. = St.-Lys.

CAMBERNON, s. m. Com. du dép. de la Manche, cant. et arr. de Coutances. = Coutances.

CAMBES, s. m. Com. du dép. du Calvados, cant. de Creully, arr. de Caen. = Caen.

CAMBES, s. m. Com. du dép. de la Gironde, cant. de Créon, arr. de Bordeaux. = Bordeaux.

CAMBES, s. m. Com. du dép. de Lot-et-Garonne, cant. de Seyches, arr. de Marmande. = Villeneuve-sur-Lot.

CAMBES, s. m. Com. du dép. du Lot, cant. de Livernon, arr. de Figeac. = Figeac.

CAMBIA, s. f. Com. du dép. de la Corse, cant. de St.-Laurent, arr. de Corte. = Bastia.

CAMBIAC, s. m. Com. du dép. de la Haute-Garonne, cant. de Caraman, arr. de Villefranche. = Caraman.

CAMBIEURE, s. f. Com. du dép. de l'Aude, cant. d'Alaigne, arr. de Limoux. = Limoux.

CAMBING, s. m. Arbre des îles Moluques. T. de bot.

CAMBISTE, s. m. Escompteur de lettres de change, agent de change, banquier.

CAMBIUM, s. m. Substance visqueuse, sève épaissie qui forme chaque année une couche du bois qu'on nomme aubier. T. de bot.

CAMBLAIN-CHÂTELAIN, s. m. Com. du dép. du Pas-de-Calais, cant. de Houdain, arr. de Béthune. = Béthune.

CAMBLANES-ET-MEYNAC, s. f. Com. du dép. de la Gironde, cant. de Créon, arr. de Bordeaux. = Bordeaux.

CAMBLIGNEUL, s. m. Com. du dép. du Pas-de-Calais, cant. d'Aubigny, arr. de St.-Pol. = Arras.

CAMBLIN-L'ABBÉ, s. m. Com. du dép. du Pas-de-Calais, cant. d'Aubigny, arr. de St.-Pol. = Arras.

CAMBLON-CASTELNAU, s. m. Village du dép. des Basses-Pyrénées, cant. de Navarreins, arr. d'Orthez. = Navarreins.

CAMBO, s. m. Com. du dép. du Gard, cant. de St.-Hippolyte, arr. du Vigan. = St.-Hippolyte.

CAMBO, s. m. Com. du dép. des Basses-Pyrénées, cant. d'Espelette, arr. de Bayonne. = Bayonne.

Cette com. offre trois sources d'eaux minérales qui jouissent d'une assez haute réputation. Deux de ces sources sont chaudes et sulfureuses, l'autre est froide, limpide et ferrugineuse.

CAMBOGE, s. m. Arbre de l'Inde qui donne la gomme gutte. T. de bot.

CAMBON (le), s. m. Village du dép. de l'Aveyron, cant. et arr. d'Espalion. = Espalion.

CAMBON, s. m. Com. du dép. du Tarn, cant. de Villefranche, arr. d'Albi. = Albi.

CAMBON, s. m. Com. du dép. du Tarn, cant. de Cuq-Toulza, arr. de Lavaur. = Lavaur.

CAMBON, s. m. Com. du dép. de la Loire-Inférieure, cant. et arr. de Savenai. = Savenai.

CAMBOUIS, s. m. Vieux oing qu'on a mis sur l'essieu d'une voiture, et dont toutes les parties grasses ont été consommées par le frottement et la sécheresse.

CAMBOULAN, s. m. Com. du dép. de l'Aveyron, cant. de Villeneuve, arr. de Villefranche. = Villefranche.

CAMBOULAS, s. m. Com. du dép. de l'Aveyron, cant. de Pont-de-Salars, arr. de Rodez. = Rodez.

CAMBOULAZET, s. m. Com. du dép. de l'Aveyron, cant. de Cassagnes-Bégonhès, arr. de Rodez. = Rodez.

CAMBOULI, s. m. Espèce de mûrier de Pondichéry. T. de bot.

CAMBOULIT, s. m. Com. du dép. du Lot, cant. et arr. de Figeac. = Figeac.

CAMBOUNES, s. m. Com. du dép. du Tarn, cant. de Brassac, arr. de Castres. = Castres.

Fab. de flanelles, molletons, casimirs, cadis et couvertures de laine.

CAMBOUNET, s. m. Com. du dép. du Tarn, cant. de Puy-Laurens, arr. de Lavaur. = Puy-Laurens.

CAMBRAI, s. m. Belle et très ancienne ville du dép. du Nord; place de guerre de 2ᵉ classe; chef-lieu de sous-préf. et de deux cant.; trib. de 1ʳᵉ inst. et de comm.; conseil de prudhommes; évêché; société d'émulation; biblioth. publique; conserv. des hypoth.; direct. des contrib. indir.; recev. part. des finances; bur. d'enregist. et de poste. Pop. 17,031 hab.

Cette ville, près de la source et sur la rive droite de l'Escaut, est généralement bien bâtie et renferme de fort beaux édifices; elle est entourée de fortifications et défendue par une forte citadelle. En 1793, les Autrichiens l'attaquèrent sans succès.

Deux hommes célèbres dans nos fastes militaires, Dumouriez et le maréchal Mortier, sont nés à Cambrai. Le premier, après avoir abandonné son armée, se retira en Angleterre, où il est mort; mais le nom seul de Fénélon répand sur cette ville un éclat que le temps ne saurait ternir. Ce prélat, dont la mémoire sera toujours chère aux amis des lettres, de la tolérance et de l'humanité, y est mort en 1715.

Fab. de batistes, toiles fines, linon, percalle, dentelles, fil retord, savon noir, fécule de pomme de terre, amidon; filature de coton; raffineries de sucre et de sel. Comm. de vins, eaux-de-vie, épiceries, lin, houblon, fer, chevaux, bestiaux, laines et beurre. Entrepôt de houille.

On remarque dans Cambrai, la cathédrale, et le monument élevé à son immortel archevêque.

CAMBRAND, s. m. Village du dép. des Deux-Sèvres, cant. de Cerizay, arr. de Bressuire. = Bressuire.

CAMBRASINES, s. f. pl. Toiles fines de Smyrne et du Caire.

CAMBRE, s. m. Voy. CAMBRURE.

CAMBRÉ, E, part. Courbé en forme d'arc.

CAMBREMENT, s. m. Eboulement de terre dans une carrière. T. d'ardois.

CAMBREMER, s. m. Com. du dép. du Calvados, chef-lieu de cant. de l'arr. de Pont-l'Evêque. Bur. d'enregist. et de poste.

CAMBRER, v. a. Courber en arc, voûter. Se —, v. pron. Se courber.

CAMBRESINE, s. f. Toile de lin de Cambrai.

CAMBRESIS, s. m. Ce petit pays, qui fut cédé à Louis XIV en 1678 par le traité de Nimègue, dépendait de la province de Flandre, et forme aujourd'hui la plus grande partie de l'arr. de Cambrai.

CAMBRIDGE, s. f. Ville d'Angleterre dans le comté du même nom, célèbre par son université.

CAMBRILLON, s. m. Pièce de cuir au talon du soulier. T. de cordonn.

CAMBRIN, s. m. Com. du dép. du Pas-de-Calais, chef-lieu de cant. de l'arr. de Béthune. Bur. d'enregist. à Beuvry. = Béthune.

CAMBRIQUE, s. et adj. Patois du pays de Galles, situé dans la partie occidentale de l'Angleterre.

CAMBRON, s. m. Com. du dép. de la Somme, cant. et arr. d'Abbeville. = Abbeville.

CAMBRONNE, s. f. Com. du dép. de l'Oise, cant. de Ribécourt, arr. de Compiègne. = Ribécourt.

CAMBRONNE-LES-CLERMONT, s. f. Com. du dép. de l'Oise, cant. de Mouy, arr. de Clermont. = Liancourt.

CAMBRURE, s. f. Courbure en forme d'arc.

CAMBURAT, s. m. Com. du dép. du Lot, cant. et arr. de Figeac. = Figeac.

CAMBUSE, s. f. Retranchement dans l'entre-pont pour y placer les provisions de l'équipage. T. de mar.

CAMBUSIER, s. m. Gardien de la cambuse qui distribue les rations à l'équipage. T. de mar.

CAME, s. f. Genre de coquilles bivalves. T. d'hist. nat.

CAME, s. f. Com. du dép. des Basses-

Pyrénées, cant. de Bidache, arr. de Bayonne. = St.-Palais.

CAMÉADE, s. f. Poivre sauvage noir.

CAMÉE, s. f. Pierre de plusieurs couches et de diverses couleurs, sculptée en relief. —, tableau d'une seule couleur. T. de peint.

CAMELAN, s. m. Arbre de l'île d'Amboine, à graines anisées. T. de bot.

CAMELAS, s. m. Com. du dép. des Pyrénées-Orientales, cant. de Thuir, arr. de Perpignan. = Perpignan.

CAMELÉE, s. f. Olivier nain dont le fruit offre un purgatif violent. T. de méd.

CAMÉLÉON, s. m. Reptile, espèce de lézard qui change de couleurs et prend celle des objets qui l'environnent. —, homme inconstant, qui change de discours et de conduite selon les circonstances. —, constellation australe. T. d'astr. —, minéral, oxide de manganèse combiné avec la potasse. T. de chim.

CAMÉLÉONIENS, s. m. pl. Reptiles sauriens. T. d'hist. nat.

CAMÉLÉONTROÏDE, s. f. Plante dont les couleurs changent au soleil. T. de bot.

CAMÉLÉOPARD, s. m. Giraffe, chameau, panthère. —, constellation N. T. d'astr.

CAMELÈS, s. m. Com. du dép. des Pyrénées-Orientales, cant. et arr. de Céret. = Céret.

CAMÉLIFORME, adj. Qui a la forme d'un chameau.

CAMELINE, s. f. Plante crucifère, dont une espèce, cultivée dans le midi, donne une sorte de filasse et de l'huile comme le lin.

CAMELIN-ET-LE-FRESNE, s. m. Com. du dép. de l'Aisne, cant. de Coucy-le-Château, arr. de Laon. = Noyon. Fab. de batistes et de toiles de coton.

CAMELLE (Ste.-), s. f. Com. du dép. de l'Aude, cant. de Salles, arr. de Castelnaudary. = Castelnaudary.

CAMELLIA, s. m. Arbrisseau toujours vert de la Chine et du Japon où il est cultivé pour la beauté de ses fleurs. T. de bot.

CAMELOPODIUM, s. m. Pied de chameau, espèce de marrube. T. de bot.

CAMELOT, s. m. Etoffe de poil de chèvre, laine et soie. — ou CAMELOTIER, marchand de jouets.

CAMELOTÉ, E, part. Fait à l'imitation du camelot. —, adj. Ondé en camelot.

CAMELOTER, v. a. Imiter le camelot.

CAMELOTINE, s. f. Petite étoffe ondée comme le camelot.

CAMELOTTE, s. f. Petite coutellerie; jouets d'enfans; mauvaise compilation; livre de peu de valeur, mal imprimé. T. d'impr.

CAMEMBERT, s. m. Com. du dép. de l'Orne, cant. de Vimoutiers, arr. d'Argentan. = Vimoutiers.

CAMÉRAL, E, adj. Qui appartient aux fonctions du camérier.

CAMÉRALISTIQUE, s. f. Connaissance des matières de finance.

CAMERI, s. m. Arbre de la famille des euphorbes. T. de bot.

CAMÉRIER, s. m. Officier de la chambre du pape. —, genre de plantes apocynées de la Guiane et de l'île de Ceylan. T. de bot.

CAMÉRINE, s. f. Coquille fossile, lenticulaire. T. d'hist. nat.

CAMERISIER, s. m. Chèvre-feuille biflore. T. de bot.

CAMÉRISTE, s. f. Suivante; dame de la chambre d'une princesse en Espagne.

CAMERLINGAT, s. m. Dignité de camerlingue.

CAMERLINGUE, s. m. Cardinal qui préside la chambre apostolique, qui gouverne l'église pendant la vacance du saint-siège.

CAMETOURS, s. m. Com. du dép. de la Manche, cant. de Cérisy-la-Salle, arr. de Coutances. = Coutances.

CAMI, s. m. Village du dép. du Lot, cant. de Luzech, arr. de Cahors. = Cahors.

CAMI, s. m. Village du dép. du Lot, com. et cant. de Peyrac, arr. de Gourdon. = Peyrac.

CAMIAC-ET-ST.-DENIS, s. m. Com. du dép. de la Gironde, cant. de Branne, arr. de Libourne. = Libourne.

CAMICAS, s. m. Com. du dép. du Gers, cant. de Riscle, arr. de Mirande. = Aire-sur-l'Adour.

CAMIERS, s. m. Com. du dép. du Pas-de-Calais, cant. d'Etaples, arr. de Montreuil-sur-Mer. = Montreuil.

CAMION, s. m. Très petite épingle pour attacher la dentelle; haquet; petite tête de chardon.

CAMIONNEUR, s. m. Charretier qui conduit un camion.

CAMIRAN, s. m. Com. du dép. de la Gironde, cant. et arr. de la Réole. = la Réole.

CAMISA, s. f. Vêtement des Caraïbes, des négresses depuis les genoux jusqu'à la ceinture.

CAMISADE, s. f. Attaque de nuit où,

pour se reconnaître, les soldats mettaient leurs chemises par-dessus leurs uniformes.

CAMISARD, s. m. Nom donné aux calvinistes qui prirent les armes dans les Cevennes en 1688.

CAMISOLE, s. f. Déshabillé de femme. —, gilet de force pour contenir les fous, les malades, etc.

CAMLEZ, s. m. Com. du dép. des Côtes-du-Nord, cant. de Tréguier, arr. de Lannion. = Tréguier.

CAMMASES (les), s. f. pl. Com. du dép. du Tarn, cant. de Dourgne, arr. de Castres. = Revel.

CAMME, s. f. Mentonnet de l'arbre; levée. T. de forge.

CAMOEL, s. m. Com. du dép. du Morbihan, cant. de la Roche-Bernard, arr. de Vannes. = la Roche-Bernard.

CAMOÏARD, s. m. Etoffe de poil de chèvre.

CAMOINS, s. m. Village du dép. des Bouches-du-Rhône, cant. et arr. de Marseille. = Marseille.

CAMOMILLE, s. f. Genre de plantes corymbifères comprenant plus de quarante espèces. T. de bot.

CAMON, s. m. Com. du dép. de l'Ariège, cant. de Mirepoix, arr. de Pamiers. = Mirepoix.

CAMON, s. m. Com. du dép. de la Somme, cant. et arr. d'Amiens. = Amiens.

CAMORS, s. m. Com. du dép. du Morbihan, cant. de Pluvigner, arr. de Lorient. = Auray.

CAMOUFLET, s. m. Fumée épaisse qu'on souffle malicieusement au nez de quelqu'un. —, affront, mortification. Fig.

CAMOU-MIXE, s. m. Com. du dép. des Basses-Pyrénées, cant. de St.-Palais, arr. de Mauléon. = Mauléon.

CAMOURLOT, s. m. Vernis; mastic pour enduire les navires, joindre des dalles, des carreaux.

CAMOUS, s. m. Com. du dép. des Hautes-Pyrénées, cant. d'Arreau, arr. de Bagnères. = Arreau.

CAMOU-SOULE, s. m. Com. du dép. des Basses-Pyrénées, cant. de Tardets, arr. de Mauléon. = St.-Palais.

CAMOYARD, s. m. Espèce d'étoffe.

CAMP, s. m. Espace de terrain occupé par une armée qui y séjourne sous des tentes ou des baraques. —, l'armée au camp. — retranché, à couvert des surprises. — volant, troupes légères chargées d'inquiéter l'ennemi; hommes qui n'ont point de fixité dans leurs principes, qui courent par voies et par chemins. Fig. et fam.

CAMPAGNA, s. m. Com. du dép. de l'Aude, cant. de Belcaire, arr. de Limoux. = Narbonne.

CAMPAGNAC, s. m. Com. du dép. de l'Aveyron, chef-lieu de cant. de l'arr. de Milhau. Bur. d'enregist. à Sévérac. = St.-Geniez.

CAMPAGNAC, s. m. Com. du dép. du Tarn, cant. de Castelnau-Montmirail, arr. de Gaillac. = Gaillac.

CAMPAGNAC-LES-QUERCY, s. m. Com. du dép. de la Dordogne, cant. de Villefranche-de-Belvès, arr. de Sarlat. = Sarlat.

CAMPAGNAN, s. m. Com. du dép. de l'Hérault, cant. de Gignac, arr. de Lodève. = Montagnac.

CAMPAGNARD, E, s. et adj. Qui habite la campagne; qui n'a pas d'urbanité, les formes polies que l'on acquiert dans les grandes villes.

CAMPAGNE, s. f. Plaine, grande étendue de pays habitée et cultivée par des campagnards. —, les champs par opposition à la ville. —, jolie habitation dans un village. —, expédition militaire embrassant tous les travaux d'une armée pendant une année; résultats des opérations; entrer en campagne, faire campagne, etc. Pièce de —, petite pièce d'artillerie de facile transport. Battre la —, aller à la découverte, prendre des informations, faire des recherches; déraisonner, être dans le délire. Fig.

CAMPAGNE, s. f. Com. du dép. de l'Ariège, cant. du Mas-d'Azil, arr. de Pamiers. = le Maz-d'Azil.

CAMPAGNE, s. f. Com. du dép. de la Dordogne, cant. du Bugue, arr. de Sarlat. = le Bugue.

CAMPAGNE, s. f. Com. du dép. du Gers, cant. de Cazaubon, arr. de Condom. = Nogaro.

CAMPAGNE, s. f. Com. du dép. de l'Hérault, cant. de Claret, arr. de Montpellier. = Sommières.

CAMPAGNE, s. f. Com. du dép. des Landes, cant. et arr. de Mont-de-Marsan. = Mont-de-Marsan.

CAMPAGNE, s. f. Com. du dép. de l'Oise, cant. de Guiscard, arr. de Compiègne. = Noyon.

CAMPAGNE, s. f. Com. du dép. du Pas-de-Calais, cant. de Guines, arr. de Boulogne. = Ardres.

CAMPAGNE, s. f. Com. du dép. du Pas-de-Calais, cant. et arr. de St.-Omer. = St.-Omer.

CAMPAGNE-LES-BOULONNAIS, s. f. Com. du dép. du Pas-de-Calais, cant. de

Hucqueliers, arr. de Montreuil. = Fruges.

CAMPAGNE-LES-HESDIN, s. f. Com. du dép. du Pas-de-Calais, chef-lieu de cant. de l'arr. de Montreuil-sur-Mer. Bur. d'enregist. = Montreuil.

CAMPAGNE-SUR-AUDE, s. f. Com. du dép. de l'Aude, cant. de Quillan, arr. de Limoux. = Quillan.

Bains d'eaux thermales; filatures de laine.

CAMPAGNOL, s. m. Mammifère qui ronge le blé sur pied, petit animal qui ressemble au mulot. — volant, espèce de chauve-souris. T. d'hist. nat.

CAMPAGNOLES, s. f. Com. du dép. du Calvados, cant. de St.-Sever, arr. de Vire. = Vire.

CAMPAN, s. m. Marbre veiné qu'on tire des environs de Tarbes.

CAMPAN, s. m. Com. du dép. des Hautes-Pyrénées, chef-lieu de cant. de l'arr. de Bagnères, où se tient le bur. d'enregist. = Bagnères.

Cette com. est située dans la belle et riche vallée de Campan sur l'Adour, vallée qui offre un paysage charmant embelli par les eaux. La plupart des maisons y sont bâties en marbre que l'on tire des carrières qui se trouvent dans cette vallée. Fab. d'étoffes de laine; exploitation de carrières de marbre; papeterie. Comm. d'excellent beurre.

CAMPANA, s. f. Com. du dép. de la Corse, cant. de Piedicorte, arr. de Corte. = Bastia.

CAMPANAIRE, adj. Qui est relatif à la fonte des cloches.

CAMPANDRÉ, s. m. Com. du dép. du Calvados, cant. de Villers-Bocage, arr. de Caen. = Aulnay-sur-Odon.

CAMPANE, s. f. Ouvrage de soie, d'or, d'argent filé avec de petits ornemens en forme de cloche. —, chaudière pour le savon. —, corps de chapiteau corinthien et composite; ornement chantourné. T. d'archit. —, narcisse sauvage. T. de bot.

CAMPANELLE ou CAMPANETTE, s. f. Liseron, coquelourde, bulbocode. T. de bot.

CAMPANIFORME, adj. En forme de cloche.

CAMPANILLE, s. f. La partie supérieure d'un dôme; petit dôme à jour, clocher; tour ouverte et légère. T. d'archit.

CAMPANINI, s. m. Marbre de Carrare.

CAMPANNIER, s. m. Sonneur. T. inus.

CAMPANS, s. m. Village du dép. du Tarn, cant. et arr. de Castres. = Castres.

CAMPANULACÉES, s. f. pl. Famille des campanules, comprenant plus de cent trente espèces. T. de bot.

CAMPANULE, s. f. Gantelée, plante laiteuse à fleurs en forme de cloche. T. de bot.

CAMPANULÉ, E, adj. Voy. CAMPANIFORME.

CAMPARAN, s. m. Com. du dép. des Hautes-Pyrénées, cant. de Vielle, arr. de Bagnères. = Arreau.

CAMPE, s. m. Droguet croisé et drapé du Pérou.

CAMPÉ, E, part. Assis dans un camp.

CAMPEAUX, s. m. Com. du dép. du Calvados, cant. de Bény-Bocage, arr. de Vire. = Torigny.

CAMPEAUX, s. m. Com. du dép. de l'Oise, cant. de Formerie, arr. de Beauvais. = Songeons.

CAMPÊCHE, s. m. Ville du Mexique. —, arbre épineux à fleurs légumineuses, dont le bois très dur est employé dans l'ébénisterie et pour la teinture. T. de bot.

CAMPEL, s. m. Com. du dép. d'Ille-et-Vilaine, cant. de Maure, arr. de Redon. = Plélan.

CAMPEMENT, s. m. Action de camper; le camp lui-même.

CAMPÉNÉAC, s. m. Com. du dép. du Morbihan, cant. et arr. de Ploërmel. = Ploërmel.

CAMPER, v. a. Former un camp. —, donner, appliquer; camper un soufflet. Fig. et fam. —, v. n. Faire halte dans un lieu pour y séjourner. Se —, v. pron. Asseoir son camp, se mettre en position; prendre une certaine attitude. T. fam.

CAMPERCHE, s. f. Perche qui soutient les sautereaux de basse-lisse. T. de manuf.

CAMPES, s. f. Com. du dép. du Tarn, cant. de Cordes, arr. de Gaillac. = Cordes.

CAMPESTRE, s. m. Caleçon que portaient les soldats romains.

CAMPESTRE-ET-LUC, s. m. Com. du dép. du Gard, cant. d'Alzon, arr. du Vigan. = le Vigan.

CAMPET-ET-LAMOLÈRE, s. m. Com. du dép. des Landes, cant. et arr. de Mont-de-Marsan. = Mont-de-Marsan.

CAMPHIN-EN-CAREMBAUT, s. m. Com. du dép. du Nord, cant. de Seclin, arr. de Lille. = Carvin..

CAMPHIN-EN-PÉVÈLE, s. m. Com. du dép. du Nord, cant. de Cysoing, arr. de Lille. = Lille.

CAMPHORATE, s. m. Nom générique des sels formés par l'union de l'acide camphorique avec différentes bases. T. de chim.

CAMPHOU, s. m. Thé de la Chine.

CAMPHRE, s. m. Résine végétale, blanche, friable, inflammable et très volatile qui découle du laurier camphrier. T. de bot. —, l'un des principes immédiats des végétaux. T. de chim.

CAMPHRÉ, E, part. Se dit de l'eau-de-vie dans laquelle on a mis du camphre; eau-de-vie camphrée. —, s. f. Plante chénopodée qui a des propriétés médicinales. T. de bot.

CAMPHRER, v. a. Mettre du camphre dans une composition pharmaceutique.

CAMPHRIER, s. m. Laurier du Japon qui produit le camphre. —; buveur d'eau-de-vie. T. fam.

CAMPI, s. m. Com. du dép. de la Corse, cant. de Pietra, arr. de Corte. = Bastia.

CAMPIGNEUL-LES-GRANDES, s. m. Com. du dép. du Pas-de-Calais, cant. et arr. de Montreuil-sur-Mer. = Montreuil.

CAMPIGNEUL-LES-PETITES, s. m. Com. du dép. du Pas-de-Calais, cant. et arr. de Montreuil-sur-Mer. = Montreuil.

CAMPIGNY, s. m. Com. du dép. du Calvados, cant. de Balleroy, arr. de Bayeux. = Bayeux.

CAMPIGNY, s. m. Com. du dép. de l'Eure, cant. et arr. de Pont-Audemer. = Pont-Audemer.

CAMPILE, s. f. Com. du dép. de la Corse, chef-lieu de cant. de l'arr. de Bastia. = Bastia.

CAMPIN, s. m. Village du dép. de la Gironde, cant. de Grignols, arr. de Bazas. = Bazas.

CAMPINE, s. f. Petite poularde fine.

CAMPISTROUS, s. m. Com. du dép. des Hautes-Pyrénées, cant. de Launemezan, arr. de Bagnères. = Bagnères.

CAMPITELLO, s. m. Com. du dép. de la Corse, chef-lieu de cant. de l'arr. de Bastia. = Bastia.

CAMPJAC-LE-BOSC, s. m. Com. du dép. de l'Aveyron, cant. de Naucelle, arr. de Rodez. = St. Affrique.

CAMPLONG, s. m. Com. du dép. de l'Aude, cant. de Lézignan, arr. de Narbonne. = Lézignan.

CAMPLONG, s. m. Com. du dép. de l'Hérault, cant. de Bédarieux, arr. de Béziers. = Bédarieux.

CAMPLONG-ST.-ÉTIENNE-DE-CLEMENSAN, s. m. Village du dép. de l'Hérault, cant. de Bédarieux, arr. de Béziers. = Bédarieux.

CAMPLONG-ST.-ÉTIENNE-DE-MARSAN, s. m. Village du dép. de l'Hérault, cant. de Bédarieux, arr. de Béziers. = Bédarieux.

CAMPNEUSEVILLE, s. f. Com. du dép. de la Seine-Inférieure, cant. de Blangy, arr. de Neufchâtel. = Blangy.

CAMPO, s. m. Laine d'Espagne, de l'Andalousie.

CAMPO, s. m. Com. du dép. de la Corse, cant. de Ste.-Marie, arr. d'Ajaccio. = Ajaccio.

CAMPOME, s. f. Com. du dép. des Pyrénées-Orientales, cant. et arr. de Prades. = Prades.

CAMPOMORO, s. m. Village du dép. de la Corse, cant. d'Olmeto, arr. de Sartène. = Ajaccio.

CAMPOS, s. m. Jour de repos, congé donné à des écoliers. T. fam.

CAMPOTE, s. f. Drap de coton des Indes.

CAMPOURIEZ, s. m. Com. du dép. de l'Aveyron, cant. de St.-Amans, arr. d'Espalion. = Mur-de-Barrez.

CAMPOUSSY, s. m. Com. du dép. des Pyrénées-Orientales, cant. de Sournia, arr. de Prades. = St.-Paul.

CAMPOVECCHIO, s. m. Com. du dép. de la Corse, cant. de Seraggio, arr. de Corte. = Bastia.

CAMP-REMY, s. m. Com. du dép. de l'Oise, cant. de Froissy, arr. de Clermont. = Breteuil.

CAMPROND, s. m. Com. du dép. de la Manche, cant. de St.-Sauveur-Landelin, arr. de Coutances. = Coutances.

CAMPS, s. m. Com. du dép. de l'Aude, cant. de Couiza, arr. de Limoux. = Limoux.

CAMPS, s. m. Com. du dép. de la Corrèze, cant. de Mercœur, arr. de Tulle. = Argentat.

CAMPS, s. m. Com. du dép. de la Gironde, cant. de Coutras, arr. de Libourne. = Coutras.

CAMPS, s. m. Com. du dép. du Var, cant. et arr. de Brignoles. = Brignoles.

CAMPSAS, s. m. Com. du dép. de Tarn-et-Garonne, cant. de Grisolles, arr. de Castel-Sarrasin. = Grisolles.

CAMPSEGRET, s. m. Com. du dép. de la Dordogne, cant. de Villamblard, arr. de Bergerac. = Bergerac.

CAMPS-EN-AMIÉNOIS, s. m. Com. du dép. de la Somme, cant. de Molliens-Vidame, arr. d'Amiens. = Picquigny.

CAMPTORT, s. m. Com. du dép. des Basses-Pyrénées, cant. de Navarreins, arr. d'Orthez. = Navarreins.

CAMPTOURS, s. m. Village du dép. de la Manche, cant. de Cérisy-la-Salle, arr. de Coutances. = Coutances.

CAMPUAC, s. m. Com. du dép. de

l'Aveyron, cant. d'Estaing, arr. d'Espalion. = Espalion.

CAMPUGNAN, s. m. Com. du dép. de la Gironde, cant. et arr. de Blaye. = Blaye.

CAMPULAIE, s. f. Plante pédiculaire. T. de bot.

COMPULOSE, s. f. Plante graminée. T. de bot.

CAMPUZAN, s. m. Com. du dép. des Hautes-Pyrénées, cant. de Castelnau-Magnoac, arr. de Bagnères. = Castelnau-Magnoac.

CAMPYLE, s. m. Arbrisseau grimpant de la Chine. T. de bot.

CAMU, s. m. Com. du dép. des Basses-Pyrénées, cant. de Sauveterre, arr. d'Orthez. = Orthez.

CAMURAT, s. m. Com. du dép. de l'Aude, cant. de Belcaire, arr. de Limoux. = Quillan.

CAMUS, E, s. et adj. Qui a le nez court et plat. —, trompé dans son attente; confus, stupéfait. Fig. —, s. m. Serpent à croix sur la tête. T. d'hist. nat.

CAMUSETTE, s. f. Petite camuse. T. inus.

CANABASSETTE, s. f. Sorte d'étoffe.

CANABIÈRES, s. f. Com. du dép. de l'Aveyron, cant. de Salles-Curan, arr. de Milhau. = Milhau.

CANABIL, s. m. Terre qui a des propriétés médicinales. T. de méd.

CANAC, s. m. Village du dép. de l'Aveyron, cant. de Campagnac, arr. de Milhau. = St.-Geniez.

CANACOPOLE, s. m. Missionnaire qui enseigne le catéchisme dans les Indes.

CANADA, s. m. Province de l'Amérique du Nord. Ce pays, qui fut découvert par les Français en 1504, passa sous la domination anglaise en 1763. Son principal commerce consiste en pelleteries.

CANADE, s. m. Très bel oiseau d'Amérique; poisson du genre du labre. T. d'hist. nat.

CANADET, s. m. Village du dép. des Bouches-du-Rhône, cant. de Peyrolles, arr. d'Aix. = Aix.

CANADIEN, NE, s. et adj. Habitant du Canada; qui concerne ce pays.

CANAILLE, s. f. Vile populace; gens sans mœurs, sans honneur ni probité; petit enfant qui fait du bruit.

CANAL, s. m. Conduit par lequel on fait passer l'eau; pièce d'eau longue et étroite; lit d'une rivière; lit creusé pour la communication de deux fleuves; le canal de Briare, le canal de l'Ourcq, du midi. —, négociation, entremise. Fig. —, partie de mer resserrée entre deux rivages, détroit. —, tuyau creux, concave. T. d'arts et mét. —, partie du chapiteau ionique. T. d'archit. — déférent, canal membraneux qui porte la semence aux vésicules séminales. — veineux, conduit particulier au fœtus, situé à la partie cave du foie. — de l'urètre, conduit de l'urine. T. d'anat. Faire —, faire route en haute mer. T. de mar.

CANALE, s. m. Com. du dép. de la Corse, cant. de Pietra, arr. de Corte. = Bastia.

CANALICULÉ, E, adj. Creusé longitudinalement, en gouttière. T. de bot.

CANALISATION, s. f. Action de faire des canaux; établissement d'un canal.

CANALITES, s. f. pl. Dentales fossiles fortement striées. T. d'hist. nat.

CANALS, s. m. Com. du dép. de Tarn-et-Garonne, cant. de Grisolles, arr. de Castelnaudary. = Grisolles.

CANALS-ET-SOURGUES, s. m. Com. du dép. de l'Aveyron, cant. de Cormes, arr. de St.-Affrique. = St.-Affrique.

CANAMELLE, s. f. Canne à sucre. T. de bot.

CANANG, s. m. Genre de plantes d'Asie et de l'Amérique méridionale, qui comprend des arbres et des arbrisseaux. T. de bot.

CANAP, s. m. Chevalet des bassins. T. de raffinerie.

CANAPÉ, s. m. Long siége à dossier qui peut servir de lit de repos.

CANAPLES, s. f. Com. du dép. de la Somme, cant. de Domart, arr. de Doullens. = Doullens.

CANAPPEVILLE, s. f. Com. du dép. de l'Eure, cant. de Neubourg, arr. de Louviers. = Louviers.

CANAPSA, s. f. Havre-sac.

CANAPVILLE, s. f. Com. du dép. du Calvados, cant. et arr. de Pont-l'Evêque. = Pont-l'Evêque.

CANAPVILLE, s. f. Com. du dép. de l'Orne, cant. de Vimoutiers, arr. d'Argentan. = Vimoutiers.

CANARD, s. m. Oiseau aquatique, palmipède privé et sauvage. —, filet pour prendre les canards sauvages. —, chien barbet. —, navire qui pèse de l'avant. T. de mar. —, adj. Flotté; bois canard.

CANARDÉ, E, part. Atteint d'un coup de canardière.

CANARDER, v. a. Tirer étant à couvert. T. d'art milit. —, v. n. Plonger de l'avant. T. de mar.

CANARDERIE, s. f. Basse-cour où l'on élève des canards.

CANARDIÈRE, s. f. Affût dans un marais pour prendre des canards sauvages; fusil long pour les tirer de loin. —, meurtrière. T. de fortif.

CANARET, s. m. Com. du dép. des Hautes-Pyrénées, cant. de Tournay, arr. de Tarbes. = Tarbes.

CANARI, s. m. Serin des îles Canaries. —, arbre résineux de la famille des balsamiers. T. de bot.

CANARI, s. m. Com. du dép. de la Corse, cant. de Nouza, arr. de Bastia. = Bastia.

CANARIES, s. f. pl. Autrefois les Iles-Fortunées, se trouvent au midi de Madère et forment un groupe de plusieurs îles parmi lesquelles on distingue Palma qui produit d'excellens vins; Ténérif où se trouve l'une des montagnes les plus élevées de la terre, Canarie et l'île de Fer.

CANARIN, s. m. Passereau des Canaries.

CANARINE, s. f. Espèce de Campanule. T. de bot.

CANASSE, s. m. Tabac à fumer.—, s. f. Boîte d'étain dans laquelle est renfermé le thé de la Chine.

CANASTRE, s. m. Sorte de coffre.

CANAULE-ET-ARGENTIÈRES, s. f. Com. du dép. du Gard, cant. de Sauve, arr. du Vigan. = Nismes.

CANAVAGGIA, s. f. Com. du dép. de la Corse, cant. de Castifao, arr. de Corte. = Bastia.

CANAVEILLES, s. f. Com. du dép. des Pyrénées-Orientales, cant. d'Olette, arr. de Prades. = Prades.

CANCALE, s. f. Petite ville maritime du dép. d'Ille-et-Vilaine, chef-lieu de cant. de l'arr. de St.-Malo, où se trouve le bur. d'enregist. = St.-Malo.

Située sur la côte occidentale d'une baie très vaste et d'un accès facile, cette ville possède un port sûr et spacieux où des navires tirant de 16 à 18 pieds d'eau peuvent mouiller sans inconvénient. Le golfe de Cancale offre une source inépuisable de richesses aux pêcheurs. En effet, on trouve dans ces parages une foule de poissons dont le débit est avantageux; mais ce sont surtout les excellentes huîtres de Cancale qui assurent à cette partie de la côte de Bretagne une supériorité incontestable. On expédie une quantité prodigieuse de ces huîtres non seulement à Paris, mais encore en Angleterre, où elles sont appréciées.

CANCAN, s. m. Voy. QUANQUAN.

CANCANIAS, s. m. Etoffe de soie des Indes.

CANCE (la), s. f. Petite rivière dont la source se trouve au village de Satilieu, dép. de l'Ardèche, et qui se jette dans le Rhône au-dessus de St.-Vallier, après un cours de 8 l.

CANCEL, s. m. Partie du chœur la plus voisine du maître autel; lieu où se trouve le sceau.

CANCELLAIRE, s. f. Genre de testacés univalves. T. d'hist. nat.

CANCELLATION, s. f. Annulation, radiation d'un acte. T. de procéd.

CANCELLE, s. m. Petit cancre roux. T. d'hist. nat.

CANCELLÉ, E, part. Annulé, rayé, biffé.

CANCELLER, v. a. Annuler, biffer un acte. T. de procéd.

CANCER, s. m. Tumeur rebelle, dure, inégale, douloureuse, livide ou plombée, environnée de plusieurs vaisseaux gonflés et variqueux. — de Galien, bandage inventé par Galien pour les plaies de tête. T. de chir. —, quatrième signe du zodiaque. T. d'astr.

CANCÉREUX, EUSE, adj. De la nature du cancer.

CANCETILLE, s. f. Garou des bois. T. de bot.

CANCHE, s. f. Plante graminée. T. de bot.

CANCHE (la), s. f. Village du dép. de la Côte-d'Or, cant. d'Arnay-le-Duc, arr. de Beaune. = Arnay-le-Duc.

Forges et hauts-fourneaux; fonderie et fab. de divers ustensiles.

CANCHE (la), s. f. Petite rivière qui prend naissance au-dessus du village d'Estrées, arr. de St.-Pol, et qui se jette dans la Manche, après un cours d'environ 18 l. Cette rivière est navigable au moyen des marées.

CANCHY, s. m. Com. du dép. du Calvados, cant. d'Isigny, arr. de Bayeux. = Isigny.

CANCHY, s. m. Com. du dép. de la Somme, cant. de Nouvion, arr. d'Abbeville. = Abbeville.

CANCON, s. m. Com. du dép. de Lot-et-Garonne, chef-lieu de cant. de l'arr. de Villeneuve. Bur. d'enregist. à Casseneuil. = Villeneuve-d'Agen.

CANCRE, s. m. Ecrevisse de mer, crustacé dont le corps est cordiforme. —, vilain, ladre, fesse-mathieu, avare. Fig. et fam.

CANCRIFORME, adj. Qui ressemble au cancre.

CANCRITES, s. f. pl. Crustacés fossiles. T. d'hist. nat.

CANCROME, s. m. Savacou, oiseau aquatique. T. d'hist. nat.

CANDALE, s. f. Jupe de toile que portent les nègres.

CANDAS, s. m. Village du dép. de l'Aveyron, cant. de St.-Bauzely, arr. de Milhau. = Milhau.

CANDAS, s. m. Com. du dép. de la

Somme, cant. de Bernaville, arr. de Doullens. = Doullens.

CANDÉ, s. m. Com. du dép. de la Charente-Inférieure, cant. de Tonnay-Charente, arr. de Rochefort. = Tonnay-Charente.

CANDÉ, s. m. Com. du dép. de Loir-et-Cher, cant. de Contres, arr. de Blois. = Blois.

CANDÉ, s. m. Petite ville du dép. de Maine-et-Loire, chef-lieu de cant. de l'arr. de Segré. Bur. d'enregist. et de poste.
Fab. de toiles; comm. de grains, maïs, légumes secs, vins, huiles, pruneaux, etc.

CANDELABRE, s. m. Grand chandelier à plusieurs branches. —, couronnement en forme de balustre. T. d'archit.

CANDELBERYS, s. m. Espèce de piment.

CANDELETTE, s. f. Corde garnie d'un crampon pour accrocher l'ancre à sa sortie de l'eau. T. de mar.

CANDES, s. f. Com. du dép. d'Indre-et-Loire, cant. et arr. de Chinon. = Chinon.

CANDEUR, s. f. Innocence de l'âme, simplicité, pureté de mœurs.

CANDI, E, part. Dépuré et cristallisé, en parlant du sucre; sucre candi.

CANDI, s. m. Île de la mer des Indes dont Ceylan est la capitale. —, bateau dont on se sert sur la Seine.

CANDIDAT, s. m. Aspirant qui se présente pour être élu à une dignité, à un grade; candidat à la députation.

CANDIDE, s. m. Papillon blanc, bordé de vert. T. d'hist. nat. —, adj. Rempli de candeur, de simplicité dans les manières, dans les mœurs.

CANDIDEMENT, adv. Avec candeur, avec bonne foi.

CANDIE, s. f. L'ancienne Crète, île de la Méditerranée, la plus grande et la plus méridionale de l'Archipel.

CANDIL, s. m. Mesure du Bengale contenant quatorze boisseaux. T. de comm.

CANDILLARGUES, s. f. Com. du dép. de l'Hérault, cant. de Mauguio, arr. de Montpellier. = Montpellier.

CANDIOTTE, s. f. Anémone à peluche. T. de fleur.

CANDIR, v. a. Faire fondre du sucre, et le laisser sur le feu jusqu'à ce qu'il soit cristallisé. Se —, v. pron. Se durcir, se cristalliser.

CANDOLLÉE ou CANDOLLINE, s. f. Genre de fougères de l'Inde. T. de bot.

CANDOR, s. m. Com. du dép. de l'Oise, cant. de Lassigny, arr. de Compiègne. = Noyon.

CANDRESSE-ET-CAMBRAN, s. f. Com. du dép. des Landes, cant. et arr. de Dax. = Dax.

CANDUMI, s. m. Com. du dép. du Var, cant. de Besse, arr. de Brignoles. = Brignoles.

CANE, s. f. Femelle du canard. Faire la —, céder, manquer de courage. T. fam.

CANECTANCOURT, s. m. Com. du dép. de l'Oise, cant. de Lassigny, arr. de Compiègne. = Noyon.

CANEFICIER, s. m. Voy. CASSIER.

CANÉJAN, s. m. Com. du dép. de la Gironde, cant. de Pessac, arr. de Bordeaux. = Bordeaux.

CANELAS, s. m. Pâtisserie composée de farine, œufs, sucre et citron.

CANENS, s. m. Com. du dép. de la Haute-Garonne, cant. de Montesquieu-Volvest, arr. de Muret. = Rieux.

CANENX-ET-RÉAUT, s. m. Com. du dép. des Landes, cant. de Labrit, arr. de Mont-de-Marsan. = Mont-de-Marsan.

CANEPETIÈRE, s. f. Espèce de petite outarde.

CANÉPHORE, s. f. Jeune fille d'un rang distingué qui portait dans des corbeilles ce qui devait servir à la célébration de certains mystères. T. de myth. —, plante rubiacée de Madagascar. T. de bot.

CANEPIN, s. m. Pelure d'écorce d'arbre qui servait de papier dans l'antiquité. —, épiderme des peaux d'agneau ou de chevreau, parchemin.

CANEQUIN, s. m. Toile blanche de coton des Indes.

CANET, s. m. Com. du dép. de l'Aude, cant. et arr. de Narbonne. = Lézignan.

CANET, s. m. Com. du dép. de l'Aveyron, cant. de Pont-de-Salars, arr. de Rodez. = Rodez.

CANET, s. m. Com. du dép. de l'Hérault, cant. de Clermont, arr. de Lodève. = Clermont.

CANET, s. m. Com. du dép. des Pyrénées-Orientales, cant. et arr. de Perpignan. = Perpignan.

CANET (le), s. m. Village du dép. des Bouches-du-Rhône, cant. et arr. de Marseille. = Marseille.

CANET (le), s. m. Com. du dép. de la Dordogne, cant. de Vélines, arr. de Bergerac. = Ste.-Foy.

CANET-D'OLT, s. m. Com. du dép. de l'Aveyron, cant. de Campagnac, arr. de Milhau. = St.-Geniez.

CANETER, v. n. Marcher en se dandinant comme un canard.

CANETON, s. m. Petit canard.

CANETTE, s. f. Petite cane. —, mesure pour la bière ; fuseau sur lequel on dévide la soie. —, petite cane sans pattes. T. de blas.

CANETTEMONT, s. m. Com. du dép. du Pas-de-Calais, cant. d'Avesnes-le-Comte, arr. de St.-Pol. = Frévent.

CANEVAS, s. m. Grosse toile claire sur laquelle on bâtit la tapisserie. —, plan d'une composition littéraire, musicale, etc.

CANEZAC, s. m. Village du dép. du Tarn, cant. de Monestiés, arr. d'Albi. = Albi.

CANGÉ, s. m. Eau de riz épaisse.

CANGETTE, s. f. Petite serge de Caen.

CANGEY, s. m. Com. du dép. d'Indre-et-Loire, cant. d'Amboise, arr. de Tours. = Amboise.

CANGUE, s. f. Supplice asiatique qui consiste à faire passer la tête et les bras du patient dans les trous d'une masse de bois.

CANIAC, s. m. Com. du dép. du Lot, cant. de la Bastide, arr. de Gourdon. = Gourdon.

CANIAC, s. m. Village du dép. de Tarn-et-Garonne, cant. de Lauzerte, arr. de Moissac. = Lauzerte.

CANIARD, s. m. Goëland varié, oiseau de mer. T. d'hist. nat.

CANICA, s. f. Canelle sauvage de l'île de Cuba. T. de bot.

CANICHE, s. f. Chienne, femelle du barbet.

CANICIDE, s. m. Dissection d'un chien vivant; expérience d'anatomie comparée.

CANICULAIRE, adj. Qui appartient à la canicule.

CANICULE, s. f. Le grand chien, sirius, grande et brillante étoile qui se lève avec le soleil du 24 juillet au 23 août. —, temps où l'on suppose une grande influence à cette étoile. T. d'astr.

CANIDÉ, s. m. Ara bleu, perroquet des Antilles. T. d'hist. nat.

CANIF, s. m. Petite lame d'acier montée sur un manche pour tailler les plumes.

CANIHUEL, s. m. Com. du dép. des Côtes-du-Nord, cant. de Bothoa, arr. de Guingamp. = Rostrenen.

CANILHAC, s. m. Com. du dép. de la Lozère, cant. de la Canourgue, arr. de Marvejols. = la Canourgue.

CANIN, E, adj. Qui tient du chien. Faim —, excessive. Dent —, pointue, incisive.

CANINANA, s. m. Serpent d'Amérique très facile à apprivoiser.

CANIRAM, s. m. Arbre du Malabar dont la racine calme la colique. T. de bot.

CANISY, s. m. Com. du dép. de la Manche, chef-lieu de cant. de l'arr. de St.-Lô. Bur. d'enregist. = St.-Lô. Fab. de draps, toiles et coutils.

CANITIE, s. f. Blancheur prématurée des cheveux.

CANIVEAUX, s. m. pl. Gros pavés qui bordent les rues.

CANJARD ou CRIC, s. m. Poignard des Indiens.

CANLERS, s. m. Com. du dép. du Pas-de-Calais, cant. de Fruges, arr. de Montreuil. = Fruges.

CANLY, s. m. Com. du dép. de l'Oise, cant. d'Estrées-St.-Denis, arr. de Compiègne. = Compiègne.

CANNA, s. m. Espèce de gazelle d'Afrique. T. d'hist. nat.

CANNABINE, s. f. Plante voisine du chanvre. T. de bot.

CANNAC, s. m. Village du dép. du Tarn, cant. de Murat, arr. de Castres. = Castres.

CANNAGE, s. m. Mesurage des étoffes à la canne.

CANNAIE, s. f. Lieu planté de cannes ou de roseaux.

CANNAT (St.-), s. m. Petite ville du dép. des Bouches-du-Rhône, cant. de Lambesc, arr. d'Aix. = Lambesc.

CANNE, s. f. Roseau à nœuds. —, bâton, jonc, etc., pour s'appuyer en marchant. —, mesure de 1 aune 2/3 de Paris. —, tringle, baguette; longue tige de métal creuse pour souffler le verre. — à sucre, espèce de roseau dont la moelle fournit le sucre. — à vent, sarbacane, tube dont on se sert pour tuer des oiseaux.

CANNÉ, E, part. Mesuré avec la canne.

CANNEBERGE, s. f. Airelle des marais. T. de bot.

CANNEHAN, s. m. Com. du dép. de la Seine-Inférieure, cant. d'Eu, arr. de Dieppe. = Eu.

CANNELADE, s. f. Curée dans laquelle on met de la cannelle. T. de fauc.

CANNELAS, s. m. Dragée avec de la cannelle.

CANNELÉ, s. m. Etoffe de soie dont le tissu est semblable à celui du taffetas.

CANNELÉ, E, part. Creusé pour former des cannelures.

CANNELER, v. a. Creuser du bois, de la pierre, faire des cannelures.

CANNELLE, s. f. Seconde écorce du

cannellier, substance odoriférante, cordiale, stomachique, que l'on emploie dans un grand nombre de préparations culinaires. —, robinet de bois, de cuivre, etc., qu'on adapte à un tonneau pour tirer le vin. —, couteau d'épinglier. Mettre en —, briser en pièces, pulvériser. T. fam.

CANNELLE, s. f. Com. du dép. de la Corse, cant. de Sari, arr. d'Ajaccio. = Ajaccio.

CANNELLIER, s. m. Arbre des Indes, espèce de laurier qui produit la cannelle. —, chevalet qui porte les bobines.

CANNELON, s. m. Moule de fer-blanc ou de cuivre pour canneler les biscuits, les fromages, les glaces, etc.

CANNELURE, s. f. Petit canal le long du fût des colonnes, des pilastres, etc. T. d'arch. —, espèce de sillon. T. de bot.

CANNEQUINS, s. m. pl. Toiles de coton de Guinée et du Bengale.

CANNER, v. a. Mesurer avec la canne.

CANNES, s. f. Village du dép. du Gers, cant.et arr.de Condom.=Condom.

CANNES, s. f. Com. du dép. de Seine-et-Marne, cant. de Montereau, arr. de Fontainebleau. = Montereau.

CANNES, s. f. Ville du dép. du Var, chef-lieu de cant. de l'arr. de Grasse. Bur. d'enregist. et de poste.
C'est dans les environs de cette ville que Napoléon débarqua en 1815, à son retour de l'île d'Elbe. Comm. de sardines salées, d'anchois, vins, huiles, oranges, fruits et autres productions du pays.

CANNES-ET-CLAIRAN, s. f. Com. du dép. du Gard, cant. de Cuissac, arr. du Vigan. = Sommières.

CANNESSIÈRES, s. f. Com. du dép. de la Somme, cant. d'Oisemont, arr. d'Amiens. = Abbeville.

CANNET, s. m. Com. du dép. du Gers, cant. de Plaisance, arr. de Mirande. = Plaisance.

CANNETILLE, s. f. Petite lame, fil d'or, d'argent tortillé.

CANNETILLÉ, E, part. Lié avec la cannetille.

CANNETILLER, v. a. Lier avec la cannetille.

CANNET-PRÈS-CANNES (le), s. m. Com. du dép. du Var, cant. de Cannes, arr. de Grasse. = Cannes.

CANNET-PRÈS-LE-LUC (le), s. m. Com. du dép. du Var, cant. du Luc, arr. de Draguignan. = le Luc. Manuf. de cristal et de verre à vitres.

CANNETTE, s. f. Cannelle, robinet de bois.

CANNEVETTE, s. f. Mesure hollandaise pour les liquides.

CANNIBALE, s. m. Antropophage, sauvage qui mange la chair humaine. —, homme sanguinaire, féroce. Fig.

CANNY-SUR-MATZ, s. m. Com. du dép. de l'Oise, cant. de Lassigny, arr. de Compiègne. = Roye.

CANNY-SUR-THERAIN, s. m. Com. du dép. de l'Oise, cant. de Formerie, arr. de Beauvais. = Songeons.

CANOHES, s. f. Com. du dép. des Pyrénées-Orientales, cant. et arr. de Perpignan. = Perpignan.

CANON, s. m. Grosse et longue pièce d'artillerie de divers calibres: canon de campagne, de siège. —, l'artillerie d'une armée, tous ses canons. —, tube des autres armes à feu; canon de fusil, de pistolet. —, caractère d'imprimerie; le gros, le petit canon. —, cylindre, corps d'une seringue; tuyau d'une clef, d'un arrosoir. —, ce qui a la forme d'un canon. T. d'arts et mét. —, partie de la jambe du cheval entre le genou et la seconde articulation. T. de méd. vétér. —, fugue perpétuelle. T. de mus. —, Paroles sacramentelles de la messe, depuis la préface jusqu'à la communion; livre de prières qui se met sur l'autel. — des écritures, catalogue des livres, des saints, des évêques; décision des conciles. —, adj. Se dit du droit ecclésiastique; droit canon.

CANON, s. m. Com. du dép. du Calvados, cant. de Mézidon, arr. de Lisieux. = Croissanville.

CANONIAL, E, adj. Réglé par les canons. Heures —, partie du bréviaire que les prêtres récitent à certaines heures. —, qui a rapport à un chanoine, à un canonicat.

CANONICAT, s. m. Bénéfice de chanoine. —, emploi facile à remplir. Fig.

CANONICITÉ, s. f. Qualité de ce qui est canonique.

CANONIQUE, adj. Conforme aux canons, aux lois ecclésiastiques: Livre —, compris dans le canon des écritures. Droit —, recueil des lois qui règlent la discipline de l'église.

CANONIQUEMENT, adv. Selon les canons. —, en faisant les mêmes notes. T. de mus.

CANONISATION, s. f. Béatification, admission au nombre des saints; cérémonie de l'église dans cette occasion.

CANONISÉ, E, part. Admis au rang des saints.

CANONISER, v. a. Inscrire au catalogue des saints. —, louer avec excès. Fig.

CANONISTE, s. m. Jurisconsulte versé dans le droit canon.

CANONNADE, s. f. Feu d'artillerie qui domine dans l'action.

CANONNÉ, E, part. Battu, renversé à coups de canon.

CANONNER, v. a. Battre à coups de canon. Se —, v. récip. Echanger des coups de canon.

CANONNIER, s. m. Soldat d'artillerie qui connaît la manœuvre du canon et qui sert une pièce.

CANONNIÈRE, s. f. Meurtrière, embrasure d'où l'on tire à couvert. —, tente qui n'a que le toit. —, jouet d'enfant, tube de sureau dans lequel on met des tampons de filasse que l'on chasse avec un piston. —, s. et adj. Chaloupe armée de canons; chaloupe canonnière.

CANOPE, s. f. Etoile de la première grandeur dans l'hémisphère austral. T. d'astr.

CANOT, s. m. Petite chaloupe pour le service d'un grand bâtiment; pirogue, petit bateau d'écorce ou d'un seul tronc d'arbre. —, hibou de l'Amérique septentrionale. T. d'hist. nat.

CANOTIIE, s. m. Arbrisseau du Canada. T. de bot.

CANOTIER, s. m. Matelot qui conduit un canot. T. de mar.

CANOURGUE (la), s. f. Petite ville du dép. de la Lozère, chef-lieu de cant. de l'arr. de Marvejols. Bur. d'enregist. et de poste.

Fabriques de draps, serges, cadis, toiles de coton. Comm. considérable de grains et bestiaux, de coton filé et d'étoffes de laine.

CANOUVILLE, s. f. Com. du dép. de la Seine-Inférieure, cant. de Cany, arr. d'Yvetot. = Cany.

CANQUE, s. f. Toile de coton de la Chine.

CANQUETER, v. n. Crier en parlant du canard.

CANSCHI, s. m. Arbre du Japon dont l'écorce tient lieu de papier. T. de bot.

CANTAAR, s. m. Quintal en Turquie.

CANTABILE, adj. Propre à être chanté. T. de mus. ital.

CANTAING, s. m. Com. du dép. du Nord, cant. de Marcoing, arr. de Cambrai. = Cambrai.

CANTAL (dép. du), s. m. Ce dép., composé d'une partie de la Haute-Auvergne, tire son nom d'une montagne considérable qui s'élève à 984 toises au-dessus du niveau de la mer, et qui se trouve à peu près au centre. Chef-lieu de préf., Aurillac; quatre arr. ou sous-préf., Aurillac, Mauriac, Murat, St.-Flour; 23 cant. ou justices de paix; 270 com. Pop. 262,000 hab. environ. Cour royale à Riom, évêché à St.-Flour; 19° div. militaire, 11° des ponts-et-chaussées, 4° div. des mines; direct. de l'enregist. et des domaines de 3° classe et du 15° arr. forest.

Ce dép. est couvert de montagnes où l'on voit paître de nombreux troupeaux de vaches, avec le lait desquelles on fait une très grande quantité d'énormes fromages. En général, les terres paraissent peu propres à la culture du froment; mais elles produisent beaucoup de seigle, de l'orge, de l'avoine, du sarrasin, des pommes de terre et des châtaignes, dont se nourrissent les habitans. Quoi qu'il en soit, la récolte est insuffisante. Comme nous venons de le dire, cette contrée de l'Auvergne est riche en pâturages, ce qui la dédommage de la pauvreté de ses moissons. En effet, on y élève une grande quantité de bestiaux, bœufs, mulets, ânes, chèvres, porcs, moutons, etc. Enfin, on y trouve beaucoup de gibier et de poisson, des écrevisses, des truites, etc. Mines de cuivre, d'antimoine et de houille; carrières de marbre, de granit, silex, grès, gypse et marne qui sert d'engrais; basaltes, laves, pierres ponces, spath, feld-spath, stéatites, schorls, porphyre, amiante, etc. Etablissemens d'eaux minérales à Aurillac, Chaudes-Aigues, Ste.-Marie et Fontanes. Fonderie et batterie de cuivre, chaudronnerie, papeterie, parcheminerie. Comm. de vins de Cahors, de sel, de fromages, de toiles, de chaudronnerie, de bestiaux, de cuirs et de papiers. Les rivières remarquables sont: la Dordogne, la Rue, l'Arcueil, la Truyère, la Celle, la Cère et l'Alagnon.

CANTAL, s. m. Fromage d'Auvergne.

CANTALABRE, s. m. Chambranle. T. d'arch.

CANTALOUP, s. m. Melon à côte, dont la chair est fort bonne.

CANTANETTES, s. f. pl. Petites ouvertures près du gouvernail pour éclairer le gavon. T. de mar.

CANTARANA (la), s. f. Rivière qui se forme à deux lieues de Thuir, arr. de Perpignan, et qui, après un cours d'environ six lieues, se jette dans le Réart.

CANTATE, s. f. Petit poëme inspiré par la circonstance; stances, paroles et musique.

CANTATELLE, s. f. Petite cantate.

CANTATRICE, s. f. Chanteuse de profession; actrice de l'Opéra.

CANTÉ, s. m. Com. du dép. de l'Ariège, cant. de Saverdun, arr. de Pamiers. = Saverdun.

CANTELEU, s. m. Com. du dép. de la Seine-Inférieure, cant. de Bacqueville, arr. de Dieppe. = Bacqueville.

CANTELEU, s. m. Com. du dép. de la Seine-Inférieure, cant. de Maromme, arr. de Rouen. = Rouen. Comm. de bois et de cidre.

CANTELEUX, s. m. Com. du dép du Pas-de-Calais, cant. d'Auxy-le-Château, arr. de St.-Pol. = Frévent.

CANTELOUP, s. m. Com. du dép. du Calvados, cant. de Troarn, arr. de Caen. = Croissanville.

CANTELOUP, s. m. Com. du dép. de la Manche, cant. de St.-Pierre-Eglise, arr. de Cherbourg. = Valognes.

CANTENAC, s. m. Com. du dép. de la Gironde, cant. de Castelnau, arr. de Bordeaux. = Bordeaux.

CANTENAY-ÉPINARD, s. m. Com. du dép. de Maine-et-Loire, cant. et arr. d'Angers. = Angers.

CANTHARIDE, s. f. Mouche dont les ailes membraneuses sont recouvertes par des étuis d'un vert doré, et qui, séchée et réduite en poudre, offre un caustique qui forme la base des vésicatoires. —, coquille de la mer du Sud. T. d'hist. nat.

CANTHÈNE ou CANTHÈRE, s. m. Poisson du genre du spare. T. d'hist. nat.

CANTHUS, s. m. Creux du bec d'un vase. —, commissure des paupières, les angles. T. d'anat.

CANTIBAI, s. m. Pièce de bois pleine de fentes. T. de charp.

CANTIBAN, s. m. Bois qui n'a de flache que d'un côté. T. de charp.

CANTIERS, s. m. Com. du dép. de l'Eure, cant. d'Ecos, arr. des Andelys. = le Tilliers-en-Vexin.

CANTIGNY, s. m. Com. du dép. de la Somme, cant. et arr. de Montdidier. = Montdidier.

CANTILÈNE, s. f. Chanson, romance.

CANTILLAC, s. m. Com. du dép. de la Dordogne, cant. de Champagnac-de-Belair, arr. de Nontron. = Nontron.

CANTIMARON, s. m. Espèce de radeau dont on se sert pour la pêche sur les côtes de Coromandel. T. de mar.

CANTIN, s. m. Com. du dép. du Nord, cant. d'Arleux, arr. de Douai. = Douai. Forges, fabriques d'instrumens aratoires.

CANTINE, s. f. Coffret de voyage à compartimens pour transporter des bouteilles de liqueurs. —, débit de vin et d'eau-de-vie dans les casernes, dans les camps, etc.

CANTINIER, ÈRE, s. Celui ou celle qui tient la cantine.

CANTIONNAIRE, s. m. Livre de cantiques.

CANTIQUE, s. m. Petit poëme lyrique à la gloire de Dieu. — spirituel, chanson sur des matières de dévotion. — des Cantiques, épithalame mystique de Salomon.

CANTIRAN, s. m. Com. du dép. du Gers, cant. de Nogaro, arr. de Condom. = Nogaro.

CANTOBRE, s. m. Com. du dép. de l'Aveyron, cant. de Nant, arr. de Milhau. = Nant.

CANTOIN-CHANIEZ, s. m. Com. du dép. de l'Aveyron, cant. de Ste.-Geneviève, arr. d'Espalion. = Mur-de-Barrez.

CANTOIS, s. m. Com. du dép. de la Gironde, cant. de Targon, arr. de la Réole. = Cadillac.

CANTON, s. m. Grande ville maritime de la Chine, dont le port est fréquenté par les marchands européens, est la capitale de la province de Quang-tong, à 400 l. S. de Pékin. Comm. considérable en thé, porcelaine, etc.; pop. un million d'hab. environ.

CANTON, s. m. Etendue de pays, comprise entre certaines bornes. —, division d'un arr. de sous-préf. —, chacun des petits états qui composent le corps helvétique.

CANTONADE, s. f. Coin du théâtre. Parler à la —, à un personnage qu'on suppose être dans la coulisse.

CANTONNÉ, E, part. Mis en cantonnement. —, adj. Orné d'une colonne, d'un pilastre à l'encoignure. T. d'arch. Accompagné de figures dans les contours. T. de blas.

CANTONNEMENT, s. m. Logement des troupes dans un canton; action de les cantonner; lieu où elles sont en cantonnement.

CANTONNER, v. a. Mettre des troupes en cantonnement. Se —, v. pron. Se réfugier dans un canton, en parlant du gibier, etc.

CANTONNIÈRE, s. f. Tenture d'un lit qui couvre les colonnes et passe par-dessus les rideaux.

CANTORBÉRY, s. m. Ville de l'Angleterre dans le duché de Kent.

CANTRE, s. m. Partie de l'ourdissoir. T. de manuf. —, deux montans fixés sur une planche. T. de fab. de peignes.

CANTU, s. m. Arbrisseau du Pérou. T. de bot.

CANULE, s. f. Petit tuyau qui s'adapte au canon d'une seringue. —, instrument de chirurgie de différentes formes, qu'on insère dans les plaies ou dans quelques cavités pour donner issue aux matières qui y séjournent, ou pour faciliter l'entrée et la sortie de l'air dans la bronchotomie. T. de chir.

CANUS ou CANUDE, s. m. Poisson du genre du labre. T. d'hist. nat.

CANUT, s. m. Oiseau du Nord qui ressemble au vanneau gris. T. d'hist. nat.

CANVILLE, s. f. Com. du dép. de la Manche, cant. de la Haye-du-Puits, arr. de Coutances. = Périers.

CANVILLE-LES-DEUX-ÉGLISES, s. f. Com. du dép. de la Seine-Inférieure, cant. de Doudeville, arr. d'Yvetot. = Doudeville.

CANY, s. m. Com. du dép. de la Seine-Inférieure, chef-lieu de cant. de l'arr. d'Yvetot. Bur. d'enregist. et de poste. Comm. de grains, de bestiaux, de toiles et d'huiles, à la fabrication desquelles un grand nombre d'usines sont employées, ce pays récoltant beaucoup de graines oléagineuses.

CAORCHES, s. f. Com. du dép. de l'Eure, cant. et arr. de Bernay. = Bernay.

CAOUENNEC, s. m. Com. du dép. des Côtes-du-Nord, cant. et arr. de Lannion. = Lannion.

CAOURS, s. m. Com. du dép. de la Somme, cant. et arr. d'Abbeville. = Abbeville.

CAOUTCHOUC, s. m. Arbre résineux d'Amérique; sa gomme élastique, avec laquelle on fait les sondes. — minéral, bitume élastique.

CAP, s. m. Pointe de terre qui s'avance dans la mer; promontoire. —, éperon, avant du vaisseau, cordage; chef d'escouade de matelots. T. de mar. —, tête. Armé de pied en —, des pieds à la tête. T. fam.

CAPABLE, adj. Qui peut contenir; salle capable de contenir cinquante personnes. —, qui a les qualités requises pour faire quelque chose; qui est habile à contracter. T. de jurisp. —, qui a de l'instruction, de l'esprit, du talent. —, qui peut causer, occasionner; capable de donner la mort. —, susceptible; capable d'héroïsme. —, qui peut se porter aux plus grands excès; capable d'un crime. — de tout, propre à tout entreprendre; et, en mauvaise part, capable de faire tout le mal possible. Air —, air suffisant. —, s. Faire le —, l'habile homme.

CAPABLEMENT, adv. D'une manière capable.

CAPACITÉ, s. f. Largeur et profondeur; étendue d'une chose qui contient, peut contenir; contenant d'un vase, etc. —, intelligence, instruction, habileté, étendue, portée de l'esprit, des talens, des facultés. Fig. —, volume d'un corps, de l'espace qu'il occupe. T. de phys.

CAPADE, s. f. Laine de vigogne. —, pl. Laines et poils préparés pour fabriquer un chapeau. T. de chapel.

CAPARAÇON, s. m. Filet en ficelle ou en soie dont on revêt le cheval pour chasser les mouches, au moyen de cordons pendans qui lui battent les flancs.

CAPARAÇONNÉ, E, part. Couvert d'un caparaçon.

CAPARAÇONNER, v. a. Mettre un caparaçon à un cheval, etc.

CAPBIS, s. m. Com. du dép. des Basses-Pyrénées, cant. de Nay, arr. de Pau. = Pau.

CAPBRETON, s. m. Com. du dép. des Landes, cant. de St.-Vincent-de-Tyros, arr. de Dax. = Bayonne. Fab. considérables de fécule de pommes de terre.

CAP-DE-BONNE-ESPÉRANCE (le), s. m. Cap et ville à l'extrémité méridionale de l'Afrique, dans le pays des Hottentots. Les vaisseaux d'Europe qui vont aux Indes orientales, s'y arrêtent pour prendre des rafraîchissemens. En 1795, les Anglais se sont emparés de cette importante colonie, fondée par les Hollandais en 1600.

CAP-DE-MORE, s. m. Cheval poil rouan, à tête et pieds noirs.

CAPDENAC, s. m. Petite ville du dép. du Lot, cant. et arr. de Figeac. = Figeac.

CAPDROT, s. m. Com. du dép. de la Dordogne, cant. de Montpazier, arr. de Bergerac. = Montpazier.

CAPE, s. f. Ancien manteau à capuchon; vêtement de tête dont les femmes de la campagne se servent pour se garantir de la pluie. —, la grande voile d'un vaisseau. Mettre à la —, n'employer que cette voile. T. de mar.

CAPÉER ou CAPEYER, v. n. Aller la cape, ne se servir que de la grande voile en portant le gouvernail sous le vent, pour laisser aller le vaisseau à la dérive. T. de mar.

CAPELAGE, s. m. Action de capeler; son effet. T. de mar.

CAPELAN, s. m. Prêtre pauvre ou cagot, qui ne sait pas se faire respecter. —, poisson de mer du genre du gade. T. d'hist. nat.

CAPELÉ, E, part. Attaché en parlant des haubans, etc. T. de mar.

CAPELER, v. a. Attacher en haut du mât les haubans, les étais, etc. T. de mar.

CAPELET, s. m. Enflure mobile, indolente, au jarret de derrière du cheval. T. de méd. vétér. —, cannelle giroflée. T. de bot.

CAPELINE, s. f. Petit chapeau dont les femmes du midi se servent pour se garantir du soleil ; bouquet de plumes ; casque de fer. —, bandage simple qu'on emploie dans les amputations du bras, de la jambe et de la cuisse ; autre bandage à deux chefs qu'on nomme bonnet d'Hyppocrate. T. de chir.

CAPELLE, s. f. Com. du dép. de la Moselle, cant. de St.-Avold, arr. de Sarreguemines. = St.-Avold.

CAPELLE, s. f. Com. du dép. du Nord, cant. de Solesmes, arr. de Cambrai. = Cambrai.

CAPELLE, s. f. Com. du dép. du Nord, cant. de Cysoing, arr. de Lille. = Lille.

CAPELLE, s. f. Com. du dép. du Pas-de-Calais, cant. de Hesdin, arr. de Montreuil. = Arras.

CAPELLE (la), s. f. Petite ville du dép. de l'Aisne, chef-lieu de cant. de l'arr. de Vervins. Bur. d'enregist. et de poste. Fab. de fer-blanc.

CAPELLE (la), s. f. Com. du dép. de l'Aveyron, cant. de Rignac, arr. de Rodez. = Rodez.

CAPELLE (la), s. f. Village du dép. du Lot, com. de Cabanac, cant. et arr. de Cahors. = Fumel.

CAPELLE (la), s. f. Com. du dép. de la Lozère, cant. de la Canourgue, arr. de Marvejols. = la Canourgue.

CAPELLE (la), s. f. Village du dép. du Tarn, cant. de Lacaune, arr. de Castres. = Castres.

CAPELLE-BAGNAC (la), s. f. Com. du dép. du Lot, cant. et arr. de Figeac. = Figeac.

CAPELLE-BIRON (la), s. f. Com. du dép. de Lot-et-Garonne, cant. de Monflanquin, arr. de Villeneuve. = Monflanquin.

CAPELLE-BLEYSSE (la), s. f. Com. du dép. de l'Aveyron, cant. de Rieupeyroux, arr. de Villefranche. = Villefranche.

CAPELLE-BONANCE (la), s. f. Com. du dép. de l'Aveyron, cant. de Campagnac, arr. de Milhau. = St.-Geniez.

CAPELLE-BROUCK, s. f. Com. du dép. du Nord, cant. de Bourbourg, arr. de Dunkerque. = Bourbourg.

CAPELLE-DEL-FRAISSE (la), s. f. Com. du dép. du Cantal, cant. de Montsalvy, arr. d'Aurillac. = Aurillac.

CAPELLE-EN-VESIE (la), s. f. Com. du dép. du Cantal, cant. de Montsalvy, arr. d'Aurillac. = Aurillac.

CAPELLE-ET-MASMOLÈNE (la), s. f. Com. du dép. du Gard, cant. et arr. d'Uzès. = Uzès.

CAPELLE-FARCEL (la), s. f. Village du dép. de l'Aveyron, com. de Villefranche - Peyrebrune, cant. de Salles-Curan, arr. de Milhau. = Milhau.

CAPELLE-FERMONT, s. f. Com. du dép. du Pas-de-Calais, cant. d'Aubigny, arr. de St.-Pol. = Hesdin.

CAPELLE-LIVRON (la), s. f. Com. du dép. de Tarn-et-Garonne, cant. de Caylus, arr. de Montauban. = Caylus.

CAPELLE-MAUROUX (la), s. f. Village du dép. du Lot, cant. de Puy-l'Évêque, arr. de Cahors. = Castelfranc.

CAPELLEN, s. m. Village du dép. du Haut-Rhin, cant. de Landser, arr. d'Altkirch. = Mulhausen.

CAPELLE-NEUVE-ÉGLISE (la), s. f. Village du dép. de l'Aveyron, cant. de St.-Amans-des-Copts, arr. d'Espalion. = Mur-de-Barrez.

CAPELLE-STE.-LUCE (la), s. f. Com. du dép. du Tarn, cant. de Cordes, arr. de Gaillac. = Cordes.

CAPELLE-ST.-MARTIN, s. f. Village du dép. de l'Aveyron, cant. et arr. de Rodez. = Rodez.

CAPELLE-SÉGALAR (la), s. f. Com. du dép. du Tarn, cant. de Cordes, arr. de Gaillac. = Cordes.

CAPELLES-LES-GRANDS, s. f. Com. du dép. de l'Eure, cant. de Broglie, arr. de Bernay. = Broglie.

CAPELLE-SUR-LA-LYS, s. f. Com. du dép. du Pas-de-Calais, cant. de Fauquemberque, arr. de St.-Omer. = Fruges.

CAPELLE-VALAGUIER (la), s. f. Com. du dép. de l'Aveyron, cant. de Villeneuve, arr. de Villefranche. = Villefranche.

CAPELLE-VIESCAMPS (la), s. f. Com. du dép. du Cantal, cant. de la Roquebrou, arr. d'Aurillac. = Aurillac.

CAPELUCHE, s. f. Chaperon.

CAPENDU, s. m. Pomme rouge, fort estimée.

CAPENDU, s. m. Com. du dép. de l'Aude, chef-lieu de cant. de l'arr. de Carcassonne où est le bur. d'enregist. = Carcassonne.

CAPENS, s. m. Com. du dép. de la

Haute-Garonne, cant. de Carbonne, arr. de Muret. =Noé.

CAPESTANG, s. m. Com. du dép. de l'Hérault, chef-lieu de cant. de l'arr. de Béziers, où se tient le bur. d'enregist. = Béziers.

CAPÉTIENS, s. m. pl. Successeurs de Hugues Capet, troisième dynastie des rois de France.

CAPI-AGA, s. m. Grand-maître du sérail à Constantinople.

CAPIAN, s. m. Com. du dép. de la Gironde, cant. de Cadillac, arr. de Bordeaux. = Cadillac.

CAPIDE ou CAPÈDE, s. f. Tasse antique à deux anses.

CAPIGI, s. m. Portier du sérail. — bassi, chef des portiers du sérail; exécuteur des firmans ou arrêts de mort.

CAPILLACÉ, E, adj. Qui a la finesse des cheveux. T. de bot.

CAPILLAIRE, s. m. Genre de plantes cryptogames employées en médecine. T. de bot. —, adj. Qui approche de la finesse d'un cheveu; se dit des filets artériels, veineux et des fibres musculaires. T. de chir.

CAPILLAMENT, s. m. Ramification de la partie chevelue des plantes. T. de bot. —, filet de veines, d'artères égalant à peine la grosseur d'un cheveu. T. de chir.

CAPILLARISTE, adj. Qui grisonne, dont les cheveux blanchissent. T. inus.

CAPILLARITÉ, s. f. Qualité des tubes capillaires. T. de phys.

CAPILLATURE, s. f. Voy. CAPILLAMENT.

CAPILLINE, s. f. Genre de champignons. T. de bot.

CAPILOTADE, s. f. Miroton, assaisonnement de viandes déjà cuites. Mettre en —, en pièces, et fig. —, médire, déchirer la réputation d'autrui.

CAPINGHEM, s. m. Com. du dép. du Nord, cant. d'Armentières, arr. de Lille. = Lille.

CAPIOGLAN, s. m. Valet du sérail.

CAPION, s. m. Etrave, étambord. T. de mar.

CAPISCOL, s. m. Doyen, dignité ecclésiastique.

CAPISTRATE, s. m. Ecureuil de la Caroline. T. d'hist. nat.

CAPISTRE, s. m. Affection spasmodique de la mâchoire inférieure. —, bandage pour la tête. T. de chir.

CAPISTRUM, s. m. Partie de la tête des oiseaux qui entoure la base du bec. T. d'hist. nat.

CAPITAINE, s. m. Commandant d'une compagnie d'infanterie ou de cavalerie. —, commandant d'un vaisseau. —, général en chef d'une armée; Napoléon est le plus grand capitaine des temps modernes. —, coquille du genre du cône. — blanc, poisson du genre du spare. — de l'Orénoque, oiseau grenadier. T. d'hist. nat.

CAPITAINERIE, s. f. Office d'une maison royale; capitaine des chasses, sa résidence, sa juridiction.

CAPITAL, s. m. Argent en caisse dont on peut disposer; principal d'une dette, d'une rente. —, l'essentiel, le point important; l'égalité devant la loi est le capital de la révolution française.

CAPITAL, E, adj. Principal; ville capitale. Crime —, qui est puni de mort. Ennemi —, jusqu'à la mort. Péché —, qui expose à la damnation.

CAPITALE, s. f. Ville principale d'un royaume, d'une province. —, lettre majuscule qui se met au commencement d'une phrase, des noms propres, des vers, etc.

CAPITALEMENT, adv. D'une manière capitale. T. inus.

CAPITALISÉ, E, part. Converti en capital.

CAPITALISER, v. a. Vendre un immeuble, le convertir en capital, en argent.

CAPITALISTE, s. m. Banquier qui fait valoir l'argent à la bourse, dans le commerce, etc.

CAPITAN, s. m. Personnage ridicule de nos anciennes comédies; fanfaron, faux brave; le capitan Matamore. —, aristoloche gigantesque. T. de bot.

CAPITANE, s. f. Galère du commandant. T. de mar.

CAPITAN-PACHA, s. m. Grand-amiral turc; pacha de la mer.

CAPITATION, s. f. Impôt personnel; taxe sur la tête des contribuables.

CAPITÉ, E, adj. Qui porte une tête ou qui en a la forme. T. de bot.

CAPITEL, s. m. Lessive de chaux vive et de cendres pour la fabrication du savon.

CAPITEUX, EUSE, adj. Fumeux; qui porte à la tête, qui enivre facilement. Vins —, qui contiennent beaucoup d'alcohol.

CAPITOLE, s. m. Forteresse de Rome bâtie sur un mont qui commandait à toute la ville. Cette forteresse renfermait un temple consacré à Jupiter qui, pour cette raison, fut nommé Jupiter Capitolin.

CAPITON, s. m. Coque, bourre de soie.

CAPITOUL, s. m. Echevin annobli

de la ville de Toulouse, avant la révolution.

CAPITOULAT, s. m. Dignité qui anoblissait celui qui en était revêtu, ce qui fit dire à Piron dans sa Métromanie,

Une action d'éclat
Annoblit bien autant que le capitoulat.

CAPITULAIRE, s. f. Ordonnance des rois de France en matières civile et ecclésiastique. —, adj. Qui appartient à un chapitre de religieux.

CAPITULAIREMENT, adv. En chapitre, en assemblée générale.

CAPITULANT, E, s. et adj. Qui a voix dans un chapitre.

CAPITULATION, s. f. Traité proposé et accepté pour la reddition d'une place de guerre; capitulation honorable, honteuse.

CAPITULE, s. m. Petite leçon à la fin de l'office. T. de liturg. —, assemblage globuleux et terminal de fleurs et de fruits. T. de bot.

CAPITULÉ, E, adj. Ramassé en capitules. T. de bot.

CAPITULER, v. n. Parlementer, transiger, traiter de la reddition d'une ville. —, entrer en négociation, en arrangement. Fig.

CAPIVI, s. m. Baume de copahu.

CAPLAN ou **CAPELAN**, s. m. Petit poisson de mer qui sert d'appât pour la pêche de la morue.

CAPLONG, s. m. Com. du dép. de la Gironde, cant. de Ste.-Foi-la-Grande, arr. de Libourne. = Ste.-Foi-la-Grande.

CAPLONGUE, s. f. Com. du dép. de l'Aveyron, cant. de Cassagnes-Bégonhès, arr. de Rodez. = Rodez.

CAP-MORE, s. m. Espèce d'étourneau du Sénégal. T. d'hist. nat.

CAP-MOUTON, s. m. Billot de bois ferré. T. de mar.

CAPNIE, s. f. Algue, lichen. T. de bot.

CAPNIÉ, s. m. Village du dép. du Lot, cant. de Castelnau, arr. de Cahors. = Castelnau.

CAPNOÏDE, s. f. Espèce de fumeterre. T. de bot.

CAPNOMANCIE, s. f. Divination qui s'opérait en consultant la fumée des sacrifices. T. d'antiq.

CAPNOPHYLLE, s. f. Ciguë d'Afrique. T. de bot.

CAPOC, s. m. Ouate du capoquier.

CAPOLIN, s. m. Espèce de cerisier du Mexique. T. de bot.

CAPON, s. m. Patelin, hypocrite, qui dissimule pour tromper. —, lâche, poltron. T. fam. —, crochet de fer pour lever l'ancre quand le câble est coupé. T. de mar.

CAPONNÉ, E, part. Levé au moyen d'un capon, en parlant d'une ancre. T. de mar.

CAPONNER, v. a. Mettre le capon à une ancre pour la lever. —, v. n. Tricher au jeu. —, faire le bon apôtre, se plier, se soumettre, prendre toutes sortes de formes pour circonvenir quelqu'un. —, refuser une partie d'honneur, saigner du nez, se conduire en lâche. T. fam.

CAPONNIÈRE, s. f. Tranchée d'où les soldats peuvent tirer à couvert. T. d'art milit.

CAPOQUIER, s. m. Arbre des Indes qui donne de la ouate.

CAPORAL, s. m. Le dernier des sous-officiers d'une compagnie d'infanterie.

CAPOSER, v. n. Amarrer le gouvernail, mettre à la cape. T. de mar.

CAPOT, s. m. Sorte de cape; grand manteau. Etre —, au jeu de piquet, ne faire aucune levée. Demeurer —, rester confus en voyant évanouir ses espérances. T. fam. — d'échelle, tambour à l'écoutille de l'arrière pour descendre à la grande chambre. T. de mar.

CAPOTE, s. f. Redingote militaire, habillement des soldats quand ils ne sont point en tenue. —, cape, espèce de mante dont les femmes se couvraient de la tête aux pieds.

CAPOUE, s. f. Ville fortifiée, à sept lieues de Naples, bâtie à trois milles de l'ancienne ville du même nom où se noyèrent dans les délices les soldats d'Annibal. Cette ville ancienne souffrit beaucoup dans la seconde guerre punique pour avoir reçu le général carthaginois dans ses murs.

CAPOULET, s. m. Com. du dép. de l'Ariége, cant de Tarascon, arr. de Foix. = Tarascon.

CAPOULIÈRE, s. f. Nappe, filet à larges mailles.

CAPPA, s. m. Quadrupède un peu plus gros qu'un âne. T. d'hist. nat.

CAPPARIDÉES, s. f. pl. Plantes polypétales voisines du câprier. T. de bot.

CAPPE, s. m. Croûte à la surface du cidre.

CAPPY, s. m. Com. du dép. de la Somme, cant. de Bray, arr. de Péronne. = Albert.

CAPRAIRE, s. f. Plante personnée de l'Amérique méridionale. T. de bot.

CAPRAIS, s. m. Village du dép. du Gers, cant. de Gimont, arr. d'Auch. = Auch.

CAPRAIS (St.-), s. m. Com. du dép.

de l'Allier, cant. de Hérisson, arr. de Montluçon. = Hérisson.

CAPRAIS (St.-), s. m. Com. du dép. du Cher, cant. de Levet, arr. de Bourges. = Bourges.

CAPRAIS (St.-), s. m. Com. du dép. de la Gironde, cant. de St.-Ciers-la-Lande, arr. de Blaye. = Blaye.

CAPRAIS-DE-LERM (St.-), s. m. Com. du dép. de Lot-et-Garonne, cant. de Puymirol, arr. d'Agen. = la Magistère.

CAPRAIS-DE-QUINSAC (St.-), s. m. Com. du dép. de la Gironde, cant. de Créon, arr. de Bordeaux. = Bordeaux.

CAPRAIS-DU-TEMPLE (St.-), s. m. Com. du dép. de Lot-et-Garonne, cant. de Ste.-Livrade, arr. de Villeneuve. = Tonneins.

CAPRAISE (St.-), s. m. Village du dép. du Lot, com. de Fraissinet, cant. de St.-Germain, arr. de Gourdon. = Gourdon.

CAPRAISE-DE-LALINDE (St.-), s. m. Com. du dép. de la Dordogne, cant. de Lalinde, arr. de Bergerac. = Bergerac.

CAPRAISE-D'EYMET (St.-), s. m. Com. du dép. de la Dordogne, cant. d'Eymet, arr. de Bergerac. = Bergerac.

CAPRAZY (St.-), s. m. Com. du dép. de l'Aveyron, cant. de Camarès, arr. de St.-Affrique. = St.-Affrique.

CÂPRE, s. m. Vaisseau corsaire. —, s. f. Bouton du câprier que l'on confit dans le vinaigre; graine de capucine.

CAPRÉOLE, E, adj. Pourvu de vrilles. T. de bot.

CAPRICE, s. m. Fantaisie, bizarrerie. —, boutade, saillie d'esprit, d'imagination. —, amour passager. T. fam. —, ouvrage d'imagination où l'auteur, cédant aux inspirations du moment, oublie pour un instant les règles de son art.

CAPRICIEUSEMENT, adv. Par caprice.

CAPRICIEUX, EUSE, adj. Fantasque, d'humeur inégale, sujet aux caprices.

CAPRICORNE, s. m. Variété du bouquetin. —, genre d'insectes coléoptères à longues antennes. —, signe du zodiaque. T. d'astr. —, le dieu Pan. Craignant le géant Typhon, il se métamorphosa en bouc, et fut mis par Jupiter au nombre des signes du zodiaque. T. de myth.

CÂPRIER, s. m. Arbuste rosacé qui porte les câpres.

CAPRIFICATION, s. f. Procédé des anciens pour hâter la maturité des figues.

CAPRIFIGUIER, s. m. Figuier sauvage dont le fruit servait à la caprification.

CAPRIFOLIACÉES, s. f. pl. Famille des chèvrefeuilles. T. de bot.

CAPRIMULGUE, s. m. Tette-chèvre, oiseau. T. d'hist. nat.

CAPRIPÈDE, adj. A pieds de chèvre.

CAPRISANT, adj. m. Inégal, sautillant, en parlant du pouls. T. de méd.

CAPRON, s. m. Grosse fraise. —, vêtement du novice capucin.

CAPRONNIER, s. m. Fraisier qui produit les caprons.

CAPROS, s. m. Genre de poissons thoraciques. T. d'hist. nat.

CAP-ROUGE, s. m. Petit oiseau des Antilles dont la tête est rouge. T. d'hist. nat. —, figuier. T. de bot.

CAPSE, s. f. Boîte où l'on dépose les votes pour le scrutin. —, mollusque acéphale; zoophyte à tige papyracée. T. d'hist. nat.

CAPSULAIRE, s. m. Genre de vers intestinaux, de vers polypes. T. d'hist. nat. —, adj. Qui a rapport à une capsule. T. de bot. et d'anat.

CAPSULE, s. f. Membrane qui enveloppe les articulations ou certains petits vaisseaux. T. d'anat. —, péricarde sec et creux qui s'ouvre en une ou plusieurs valves. T. de bot. —, vase en forme de calotte qui sert aux évaporations. T. de chim. —, amorce des fusils à piston. T. d'armur.

CAPTAL, s. m. Chef. (Vi.)

CAPTATEUR, s. m. Celui qui, par des moyens frauduleux, surprend une donation, un legs. T. de jurisp.

CAPTATION, s. f. Fraude; insinuation artificieuse; action de capter. T. de jurisp.

CAPTATOIRE, adj. Obtenu par captation. T. de jurisp.

CAPTÉ, E, part. Obtenu par suggestion, par fraude.

CAPTER, v. a. Chercher à obtenir un legs, une donation, en se rendant maître de l'esprit de quelqu'un, en lui prodiguant des caresses mensongères, en l'éloignant de ses héritiers légitimes par des insinuations perfides. — la bienveillance, les suffrages, les obtenir par surprise.

CAPTIEUSEMENT, adv. D'une manière fine, adroite, captieuse.

CAPTIEUX, EUSE, adj. Fin, rusé, adroit, qui tend à tromper, à induire en erreur par de fausses apparences; discours captieux.

CAPTIEUX-ET-ESCAUDES, s. m. Com. du dép. de la Gironde, chef-lieu de cant. de l'arr. de Bazas, où est le bur. d'enregist. = Bazas.

CAPTIF, IVE, s. et adj. Prisonnier de guerre dans les temps barbares; esclave des barbaresques avant la prise d'Alger; prisonnier. Tenir —, dans une extrême sujétion. Fig.

CAPTIVÉ, E, part. Rendu captif, assujetti.

CAPTIVER, v. a. Se rendre maître, rendre captif, assujettir. —, séduire, gagner; captiver l'esprit et le cœur, la bienveillance. Fig. Se —, v. pron. S'assujettir, se gêner beaucoup.

CAPTIVERIE, s. f. Prison des nègres.

CAPTIVITÉ, s. f. Privation de la liberté, esclavage, détention. —, sujétion extrême. Fig.

CAPTURE, s. f. Arrestation, prise de corps; butin fait sur l'ennemi; saisie de marchandises de contrebande.

CAPTURÉ, E, part. Saisi, pris.

CAPTURER, v. a. Prendre, faire capture. —, appréhender au corps, arrêter; saisir, butiner.

CAPUCE, s. m. Capuchon.

CAPUCHON, s. m. Partie de l'habit du religieux qui lui couvre la tête. —, alongement creux et conique à la fleur de la capucine. T. de bot.

CAPUCHONNÉ, E, adj. Couvert d'un capuchon.

CAPUCIN, s. m. Religieux de l'ordre de St.-François. —, faux dévot qui prêche la morale d'une manière affectée et triviale. Fig. et fam.

CAPUCINADE, s. f. Plat discours de morale et de dévotion.

CAPUCINAL, E, adj. A la manière des capucins.

CAPUCINE, s. f. Religieuse de l'ordre de St.-François; poêlon de terre à queue. —, pièce d'un fusil de munition pour assujettir le fût. —, plante potagère dont on fait confire la fleur et la graine. T. de bot.

CAPUCINIÈRE, s. f. Maison de capucins. T. fam.

CAPUK, s. m. Coton très fin, mais trop court pour être filé.

CAPUT MORTUUM, s. m. Mots latins. Voy. TÊTE MORTE.

CAPVAL, s. m. Com. du dép. de la Seine-Inférieure, cant. de Londinières, arr. de Neufchâtel. = Neufchâtel.

CAPVERN, s. m. Com. du dép. des Hautes-Pyrénées, cant. Lannemezan, arr. de Bagnères. = Bagnères.

CAQUAGE, s. m. Préparation pour saler le hareng.

CAQUE, s. f. Sorte de baril pour le hareng. La — sent toujours le hareng, on se ressent toujours de sa première condition. T. fam.

CAQUER, v. a. Voy. ENCAQUER.

CAQUEROLLE, s. f. Pot de cuivre à queue et à trois pieds.

CAQUESANGUE, s. f. Dyssenterie. T. de méd.

CAQUET, s. m. Bavardage fatigant, babil importun. Rabattre le —, imposer silence à un bavard, un insolent. —, pl. Propos impertinens, médisances.

CAQUETAGE, s. m. Comérage, caquets.

CAQUETE, s. f. Baquet plein d'eau dans lequel on met les carpes que l'on porte au marché.

CAQUETER, v. n. Crier comme font les poules quand elles sont à l'instant de pondre. —, babiller. Fig.

CAQUETERIE, s. f. Action de caqueter; caquetage.

CAQUETEUR, EUSE, s. Qui aime à bavarder, à faire des propos, des caquets.

CAQUETOIRE, s. f. Chaise basse dont le dos est fort élevé; causeuse.

CAQUEUR, s. m. Marin, pêcheur qui prépare le hareng, le sale et le met dans la caque.

CAQUEUX, s. m. Petit couteau pour caquer.

CAQUILLE, s. f. Plante crucifère. T. de bot.

CAR, conj. qui indique qu'on va énoncer la raison d'une proposition avancée; à cause que, parce que.

CARA, s. m. Liseron d'Afrique. T. de bot.

CARABACCIUM, s. m. Bois de l'Inde dont l'odeur ressemble à celle du girofle. T. de bot.

CARABAS, s. m. Voy. CHAR-A-BANCS.

CARABE, s. m. Genre d'insectes coléoptères. T. d'hist. nat.

CARABÉ, s. m. Ambre jaune; succin. T. d'hist. nat.

CARABIN, s. m. Carabinier. —, autrefois barbier, frater; élève en chirurgie. —, qui se fourre partout; qui s'avance et recule aussitôt qu'il y a quelque risque à courir.

CARABINADE, s. f. Feu de carabines. —, tour de carabin. T. fam.

CARABINE, s. f. Arme à feu des cavaliers, dont le calibre est cannelé.

CARABINÉ, E, part. Renforcé, cannelé. —, adj. f. Qui a un degré de force extraordinaire; brise carabinée. T. de mar.

CARABINER, v. a. Canneler le canon d'une arme à feu. —, v. n. Combattre à la manière des carabiniers ; jouer en carabin, hasarder un coup. Fig.

CARABINEUR, s. m. Ouvrier qui carabine des canons de fusil.

CARABINIER, s. m. Soldat armé d'une carabine; cavalier.

CARABIQUES, s. m. pl. Insectes coléoptères. T. d'hist. nat.

CARABON, s. m. Arbre de l'Inde dont la graine fournit de l'huile. T. de bot.

CARACAL, s. m. Bête féroce d'Asie et d'Afrique qui ressemble au loup cervier. T. d'hist. nat.

CARACALLE, s. f. Vêtement romain semblable à celui de l'empereur Caracalla.

CARACCARA, s. m. Espèce de faucon des Antilles. —, très beau faisan des Antilles. T. d'hist. nat.

CARACCAS, s. m. Province de la Colombie. — (Léon de), ville et chef-lieu du dép. de Vénézuela, était la capitale de la capitainerie espagnole de ce nom. Cette ville est bien bâtie, très commerçante, et offre une pop. de 20,000 hab.

CARACHE ou CARAG, s. m. Impôt personnel, tribut que les Grecs, avant leur émancipation, les chrétiens et les juifs payaient au grand-seigneur, à l'empereur de Turquie.

CARACHUPA, s. m. Singe du Pérou. T. d'hist. nat.

CARACO, s. m. Quadrupède rongeur de Sibérie, du genre des rats. T. d'hist. nat. —, vêtement de femme, espèce de corsage détaché de la jupe.

CARACOL, s. m. Forme d'un escalier. Escalier en —, en limaçon. T. d'arch.

CARACOLE, s. f. Mouvement en rond, en demi-rond qu'on fait faire à un cheval. T. de man.

CARACOLER, v. n. Faire des caracoles.

CARACOLI, s. m. Alliage d'or, d'argent et de cuivre, parties égales. —, médaille de ce métal, ornement des chefs Caraïbes.

CARACORE, s. f. Espèce de galère longue et étroite dont on se sert aux îles Moluques. T. de mar.

CARACOULER, v. n. Roucouler, en parlant du pigeon.

CARACTÈRE, s. m. Marque, empreinte. —, écriture; fonte, assortiment de lettres pour la composition et l'impression. —, naturel, mœurs, inclination; disposition essentielle de l'âme; ce qui établit une différence entre les hommes, quant aux qualités morales. —, énergie, persévérance, courage. Avoir du —, de la fermeté. —, titre, qualité, pouvoir, dignité; caractère d'ambassadeur. —, effet d'un sacrement; le caractère du baptême. —, cachet; manière d'écrire particulière à un auteur. T. de litt.

CARACTÉRISÉ, E, part. Marqué, distingué.

CARACTÉRISER, v. a. Désigner une personne ou une chose par le caractère qui lui est propre. Se —, v. pron. Montrer ses bonnes ou mauvaises qualités, ce que l'on est.

CARACTÉRISME, s. m. Ressemblance, conformité de quelques parties des fleurs avec quelques autres parties du corps humain. T. de bot.

CARACTÉRISTIQUE, adj. Qui caractérise. Lettre —, commune à tous les dérivés. T. de gramm. —, s. f. Premier chiffre d'un logarithme. T. de math.

CARADEC, s. m. Com. du dép. des Côtes-du-Nord, cant. et arr. de Loudéac. = Loudéac.

CARADEC (St.-), s. m. Com. du dép. du Morbihan, cant. de Guémené, arr. de Pontivy. = le Faouet.

CARADEC (St.-), s. m. Village du dép. du Morbihan, cant. de Hennebon, arr. de Lorient. = Hennebon.

CARAFE, s. f. Vase de verre ou de cristal de différentes formes, qui sert particulièrement à mettre de l'eau.

CARAFON, s. m. Petite carafe. —, vaisseau en bois où l'on met rafraîchir de l'eau, du vin, etc., dans un carafon.

CARAGACH, s. m. Coton du Levant, de Smyrne.

CARAGAN, s. m. Arbrisseau légumineux qu'on trouve dans le nord de l'Europe. T. de bot.

CARAGATE, s. f. Genre de plantes unilobées qui ont de l'analogie avec les ananas. T. de bot.

CARAGIE, s. f. Péage; droit d'entrée et de sortie en Turquie.

CARAGNE, s. f. Résine aromatique produite par un grand arbre d'Amérique qu'on nomme arbre de la folie. T. de bot.

CARAGOUDES, s. f. Com. du dép. de la Haute-Garonne, cant. de Caraman, arr. de Villefranche. = Caraman.

CARAH, s. m. Faucon du Bengale. T. d'hist. nat.

CARAÏBES, s. m. pl. Cannibales, indigènes des Antilles, peuplades qui habitaient les îles de l'Amérique avant que les Européens ne s'en emparassent.

CARAIPÉ, s. m. Arbre de la Guiane. T. de bot.

CARAÏSME, s. m. Secte, doctrine des Caraïtes.

CARAÏTE, s. m. Juif qui s'attache à la lettre de l'Ecriture, et rejette les traditions, le Talmud, etc.

CARAMAN, s. m. Com. du dép. de la Haute-Garonne, chef-lieu de cant. de l'arr. de Villefranche. Bur. d'enregist. et de poste.

CARAMANIE, s. f. Grande province de la Turquie asiatique, bornée N. et O. par l'Anatolie, E. pachalics Marach et Sivas, S. Méditerranée. Cette province est très fertile : on y cultive la vigne et le pavot dont on extrait de l'opium ; salines considérables.

CARAMANY, s. m. Com. du dép. des Pyrénées-Orientales, cant. de Latour, arr. de Perpignan. = Perpignan.

CARAMBOLE, s. f. Bille rouge ; action de caramboler.

CARAMBOLER, v. n. Toucher deux billes avec la sienne.

CARAMBOLIER, s. m. Arbre des Indes ; genre de térébinthacées. T. de bot.

CARAMEL, s. m. Sucre fondu et à moitié brûlé sans mélange de liquides, pour donner de la couleur au bouillon, à l'eau-de-vie, etc.

CARAMOUSSAL ou CARAMOUSSAT, s. m. Vaisseau marchand turc à trois mâts, dont la poupe est fort élevée. T. de mar.

CARANCRE, s. m. Vautour de la Louisiane. T. d'hist. nat.

CARANDIER, s. m. Sorte de palmier. T. de bot.

CARANGUE, s. m. Poisson plat, fort commun aux Antilles. T. d'hist. nat.

CARANGUER, v. n. Agir, aller et venir sans avancer vers le but de son voyage. T. de mar.

CARANGUEUR, s. m. Actif, agissant.

CARANTEC, s. m. Com. du dép. du Finistère, cant. de Taulé, arr. de Morlaix. = Morlaix.

CARANTILLY, s. m. Com. du dép. de la Manche, cant. de Marigny, arr. de St.-Lô. = St.-Lô.

CARANX, s. m. Espèce de scombre. T. d'hist. nat.

CARANXOMORES, s. m. pl. Poissons thoraciques. T. d'hist. nat.

CARAPA, s. m. Grand arbre de la Guiane et des îles Moluques. T. de bot.

CARAPACE, s. f. Ecaille de tortue. T. d'hist. nat.

CARAPAT, s. m. Huile du palmachristi.

CARAPATINE, s. f. Dent fossile de poissons dont la forme est arrondie. T. d'hist. nat.

CARAPE, s. m. Poisson du genre du gymnote. T. d'hist. nat.

CARAPHYLOÏDE, s. f. Pierre figurée. T. d'hist. nat.

CARAPICHE, s. f. Arbrisseau exotique. T. de bot.

CARAPOUCHA, s. f. Plante du Pérou dont la graine cause l'ivresse et le délire. T. de bot.

CARAQUE, s. m. Navire portugais de deux cents tonneaux. — , cacao de la côte de Caraccas. — ou CARAGUE, renard du Brésil.

CARAQUON, s. m. Petit navire. T. de mar.

CARARU, s. m. Amaranthe verte. T. de bot.

CARASSIN, s. m. Poisson du genre du cyprin. T. d'hist. nat.

CARAT, s. m. Poids des diamans, de quatre grains ; titre, degré de pureté de l'or. Ignorant à trente-six —, au plus haut degré. Fig. et fam.

CARATAS, s. m. Caragate, agave, dragonier, etc., plantes. T. de bot.

CARATURE, s. f. Alliage d'or, d'argent et de cuivre pour essayer l'or.

CARAVANE, s. f. Troupe de marchands et de voyageurs qui se réunissent pour passer plus sûrement les déserts du Levant. —, bâtiment marchand allant de conserve. T. de mar. —, courses que faisaient les chevaliers de Malte dans les mers du Levant. Faire ses —, mener une vie déréglée. T. fam.

CARAVANEUR, s. m. Vaisseau du port de Marseille qui voyage dans les mers du Levant.

CARAVANIER, s. m. Chamelier, conducteur des bêtes de somme dans les caravanes.

CARAVANSÉRAIL, s. m. Grande hôtellerie du Levant à la disposition des caravanes.

CARAVANSERASKIER, s. m. Gardien du caravensérail.

CARAVELLE, s. f. Petit navire de vingt à trente tonneaux pour pêcher sur les bancs. —, navire portugais rond et de moyenne grandeur. —, gros bâtiment turc. T. de mar.

CARAYRAC, s. m. Com. du dép. du Lot, cant. de Cajarc, arr. de Figeac. = Figeac.

CARBATINE, s. f. Peau de bête fraîchement écorchée.

CARBAY, s. m. Com. du dép. de Maine-et-Loire, cant. de Pouancé, arr. de Segré. = Segré.

CARBEC-GRESTAIN, s. m. Com. du dép. de l'Eure, cant. de Beuzeville, arr. de Pont-Audemer. = Honfleur.

CARBES, s. f. Com. du dép. du Tarn, cant. de Vielmur, arr. de Castres. = Castres.

CARBET, s. m. Case commune des sauvages des Antilles au milieu de leurs habitations.

CARBONARO, s. m., pl. CARBONARI. Membre de sociétés secrètes, espèce de francs-maçons qui veulent établir la république en Italie.

CARBONATE, s. m. Nom générique des sels neutres formés par la combinaison de l'acide carbonique avec une base quelconque. T. de chim.

CARBONATÉ, E, adj. Se dit d'une combinaison dans laquelle entre le carbonate. T. de chim.

CARBON-BLANC-ET-BASSENS, s. m. Com. du dép. de la Gironde, chef-lieu de cant. de l'arr. de Bordeaux. Bur. d'enregist. = Bordeaux.

CARBONCLE, s. m. Flegmon enflammé. T. de chir. —, rubis. T. d'hist. nat.

CARBONE, s. m. Charbon pur que l'on ne peut décomposer; principe charbonneux. T. de chim.

CARBONÉ, E, adj. Qui tient du carbone pur en dissolution. T. de chim.

CARBONIQUE, adj. Formé par la combinaison du carbone avec l'oxigène. T. de chim.

CARBONISATION, s. f. Réduction du bois en charbon; ses effets.

CARBONISÉ, E, part. Réduit en charbon. T. de chim.

CARBONISER, v. a. Réduire en charbon. T. de chim.

CARBONNADE, s. f. Viande grillée sur le charbon; action de la faire griller.

CARBONNE, s. f. Petite ville du dép. de la Haute-Garonne, chef-lieu de cant. de l'arr. de Muret. Bur. d'enregist. à Rieux. = Noé.
Fab. de draps; comm. d'huiles et de laine.

CARBOUILLON, s. m. Ancien droit des salines.

CARBUCCIA, s. f. Com. du dép. de la Corse, cant. de Bocognano, arr. d'Ajaccio. = Ajaccio.

CARBURE, s. f. Combinaison du carbone non oxygéné avec différentes bases. T. de chim.

CARCAGNY, s. m. Com. du dép. du Calvados, cant. de Tilly-sur-Seulles, arr. de Caen. = Caen.

CARCAILLER, v. n. Chanter, en parlant des cailles.

CARCAISE, s. f. Four à verrerie; fourneau pour les frites des glaces. Voy. CARQUÈSE.

CARCAJOU, s. m. Glouton, animal carnassier du Canada. T. d'hist. nat.

CARCAN, s. m. Collier de fer attaché à un poteau, qu'on met au cou des criminels; chaîne, collier de pierreries.

CARCANIÈRES, s. f. Com. du dép. de l'Ariège, cant. de Quérigut, arr. de Foix. = Tarascon.

CARCANS, s. m. Com. du dép. de la Gironde, cant. de St.-Laurent, arr. de Lesparre. = St.-Laurent.

CARCAPULI, s. m. Arbre qui produit la gomme gutte.

CARCARÈS, s. m. Com. du dép. des Landes, cant. de Tartas, arr. de St.-Sever. = Tartas.

CARCASSE, s. f. Squelette d'un animal. — de poulet, le corps de cette volaille dont on a enlevé les cuisses et les ailes. — de vaisseau, de bâtiment, la charpente. —, personne d'une excessive maigreur. Fig. et fam.

CARCASSONNE, s. f. Grande ville du dép. de l'Aude, chef-lieu de préf., d'une sous-préf. et de deux cant.; 9° div. des ponts-et-chaussées; cour d'assises; trib. de 1re inst. et de comm.; conseil de prud'hommes; chambre et bourse de comm.; syndicat maritime; évêché; société d'agric.; biblioth. publique; école de dessin; cabinet de physique et d'hist. nat.; ingén. en chef des ponts-et-chaussées; direct. de l'enregist. et des domaines de 3e classe; conserv. des hypoth.; inspect. forestière; direct. des contrib. dir. et indir.; bur. de garantie des matières d'or et d'argent; recev. général des finances; payeur du dép.; bur. d'enregist. et de poste. Pop., 17,755 hab. environ.

Cette ville, située sur le penchant d'une colline, est divisée par l'Aude. La ville haute est vieille et mal bâtie; la ville basse, au contraire, offre des rues larges et des maisons régulièrement construites. Le canal du Midi arrive sous ses murs et y forme un beau port. Carcassonne est une des plus anciennes villes de France. A l'époque où César se rendit maître des Gaules, elle était déjà célèbre et tenait un des premiers rangs parmi les places de la Narbonnaise. Tombée au pouvoir des Visigoths, les Sarrasins, qui dominaient en Espagne, vinrent s'en emparer; mais bientôt Charles Martel les rejeta hors de France. Ayant été gouvernée, pendant plusieurs siècles, par des comtes, Raimond de Trincavel, l'un d'eux, céda toutes ses prétentions à Louis IX en 1247.

L'auteur du Philinte de Molière, Fabre-d'Eglantine, dont Thalie a si vivement déploré la perte, naquit à Carcassonne. Chaud partisan de la révolution, il fut l'une de ses plus illustres victimes.

Manuf. considérable de draps pour le Levant et les Indes ; fab. de couvertures de laine, molletons, bas, toiles, savon ; filatures de laine à l'aide de machines hydrauliques ; distilleries d'eaux-de-vie ; papeteries. Comm. de vins, grains, farines, épicerie, quincaillerie, etc.

On remarque l'hôtel-de-ville, la cathédrale, l'hôtel de la préfecture et ses jardins, les halles et la salle de spectacle. Dist. de Paris, 192 l.

CARCASSONNE (le canal de), s. f. Ce canal est un embranchement du canal du Midi, auquel il se réunit au-dessus de l'écluse de Fresquel, après un développement de 7,064 mètres.

CARCEN, s. m. Com. du dép. des Landes, cant. de Tartas, arr. de St.-Sever. = Tartas.

CARCENAC, s. m. Com. du dép. de l'Aveyron, cant. de Cassagnes-Bégonhès, arr. de Rodez. = Rodez.

CARCENAC-PEYRALÈS, s. m. Com. du dép. de l'Aveyron, cant. de Cassagues-Bégonhès, arr. de Rodez. = Rodez.

CARCÉRULE, s. f. Sorte de fruit renfermé dans un péricarpe qui ne s'ouvre pas. T. de bot.

CARCÈS, s. m. Com. du dép. du Var, cant. de Cotignac, arr. de Brignoles. = Brignoles.

CARCHETO, s. m. Com. du dép. de la Corse, cant. de Piedicroce, arr. de Corte. = Bastia.

CARCINOMATEUX, EUSE, adj. Qui tient de la nature du cancer. T. de chir.

CARCINÔME, s. m. Cancer, tumeur cancéreuse. T. de chir.

CARDAILLAC, s. m. Petite ville du dép. du Lot, cant. de la Capelle, arr. de Figeac. = Figeac.

CARDAMINE, s. f. Cresson des prés, plante crucifère. T. de bot.

CARDAMÔME, s. m. Graine aromatique, puissant alexipharmaque et carminatif. T. de bot.

CARDAN, s. m. Com. du dép. de la Gironde, cant. de Cadillac, arr. de Bordeaux. = Cadillac.

CARDASSE, s. f. Raquette ou figuier de l'Inde. T. de bot. —, carde pour la bourre de soie.

CARDE, s. f. Sorte de peigne pour carder la laine. —, côte des feuilles de la bette et d'une sorte d'artichaut. — poirée, variété de la bette.

CARDÉ, E, part. Peigné avec les cardes. —, s. f. La quantité de laine ou de coton cardée d'une seule fois.

CARDEILHAC, s. m. Com. du dép. de la Haute-Garonne, cant. de Boulogne, arr. de St.-Gaudens. = Boulogne.

CARDER, v. a. Peigner avec la carde. — des matelas, les rebattre.

CARDÈRE, s. f. Espèce de scabieuse. T. de bot. —, pl. Tiges de chardon pour peigner le drap.

CARDESSE, s. f. Com. du dép. des Basses-Pyrénées, cant. et arr. d'Oloron. = Oloron.

CARDET, s. m. Com. du dép. du Gard, cant. de Lédignan, arr. d'Alais. = Nismes.

CARDEUR, EUSE, s. Ouvrier qui carde.

CARDIA, s. m. Orifice supérieur de l'estomac. T. d'anat.

CARDIAGRAPHIE, s. f. Description du cœur. T. d'anat.

CARDIAIRE, s. m. Chardon à foulon. —, pl. Vers qui s'engendrent spontanément dans le cœur. T. de chir.

CARDIALGIE, s. f. Douleur à la région supérieure de l'estomac.

CARDIAQUE ou **CARDIAIRE**, adj. Se dit de tout ce qui concerne le cœur, artère, veine ou plexus. —, s. f. Agripaume, plante contre la cardialgie.

CARDIATOMIE, s. f. Dissection du cœur et des parties qui l'avoisinent. T. d'anat.

CARDIER, s. m. Fabricant de cardes.

CARDINAL, s. m. Grand dignitaire de l'église, l'un des soixante-dix prélats qui composent le sacré collége par lequel se fait l'élection du pape. —, nom donné à différens oiseaux dans le plumage desquels la couleur rouge domine. —, beau papillon de jour. T. d'hist. nat.

CARDINAL, E, adj. Principal. —, pl. **CARDINAUX**. Points —, N. S. E. et O. Vents —, qui soufflent de ces points. Nombres —, nombres indéclinables et ne désignant que la quantité, comme un, deux, trois. T. de gramm.

CARDINALAT, s. m. Dignité de cardinal.

CARDINALE, s. f. Coléoptère d'un beau rouge. T. d'hist. nat. —, plante monopétale, écarlate. T. de bot.

CARDINALISÉ, part. Promu à la dignité de cardinal ; fait cardinal.

CARDINALISER, v. a. Faire cardinal.

CARDIOGME, s. m. Voy. CARDIALGIE.

CARDIOSPERME, s. m. Souci des jardins. T. de bot.

CARDITE, s. f. Inflammation du cœur. T. de chir. —, genre de coquilles bivalves. T. d'hist. nat.

CARDITIQUE, adj. Qui concerne le cœur. T. de chir.

CARDO, s. m. Com. du dép. de la Corse, cant. de San-Martino, arr. de Bastia. = Bastia.

CARDON, s.m. Plante vivace, voisine des artichauts, dont on mange les côtes.

CARDONNAC, s. m. Com. du dép. du Tarn, cant. de Cordes, arr. de Gaillac. = Cordes.

CARDONNET, s. m. Village du dép. de Lot-et-Garonne, cant. et arr. d'Agen. = Agen.

CARDONNETTE, s. f. Com. du dép. de la Somme, cant. de Villers-Bocage, arr. d'Amiens. = Amiens.

CARDONNOIS (le), s. m. Com. du dép. de la Somme, cant. et arr. de Montdidier. = Montdidier.

CARDONVILLE, s. f. Com. du dép. du Calvados, cant. d'Isigny, arr. de Bayeux. = Isigny.

CARDROC, s. m. Com. du dép. d'Ille-et-Vilaine, cant. de Bécherel, arr. de Montfort. = Bécherel.

CARDOUZILE, s. f. Sorte d'étoffe de laine.

CAREL, s. m. Com. du dép. du Calvados, cant. de St.-Pierre-sur-Dives, arr. de Lisieux. = Croissanville.

CARELLES, s. f. Com. du dép. de la Mayenne, cant. de Gorron, arr. de Mayenne. = Ernée.

CARÊME, s. m. Les six semaines avant Pâques, pendant lesquelles l'église prescrit de ne point manger de viande. —, jeûne que l'on doit observer durant ce temps; sermons prêchés; recueil de ces sermons; Petit-Carême de Massillon. Arriver comme marée en —, arriver fort à propos.

CARÊME-PRENANT, s. m. Les trois jours gras; mardi gras. —, personne habillée d'une manière extravagante. T. fam. —, pl. Les masques qui courent les rues, les chic-en-lits.

CARÉNAGE, s. m. Radoub d'un navire en carène; le chantier où se fait ce radoub. T. de mar.

CARENCE, s. f. Etat d'indigence; manque ou insuffisance d'effets mobiliers. Procès-verbal de —, acte constatant l'insolvabilité d'un débiteur chez lequel on ne trouve que l'ordonnance, c'est-à-dire le lit du saisi.

CARENCY, s. m. Com. du dép. du Pas-de-Calais, cant. de Vimy, arr. d'Arras. = Arras.

CARÈNE, s. f. Le fond d'un vaisseau qui forme un angle par la rencontre des deux côtés; tout ce qui plonge dans l'eau. Mettre en —, mettre un vaisseau sur le flanc pour y faire des réparations. T. de mar. —, pétale inférieure des fleurs papilionacées; saillie longitudinale sur le dos d'une feuille. T. de bot.

CARENÉ, s. m. Poisson du genre du Silure; serpent à dos d'âne. T. d'hist. nat.

CARÉNÉ, E, part. Mis en carène. —, adj. Qui a la forme d'une carène, qui est en forme de gouttière. T. de bot.

CARÉNER, v. a. Mettre un vaisseau en carène, sur le côté, pour le radouber. T. de mar.

CARENNAC-ET-MANIAGUE, s. m. Com. du dép. du Lot, cant. de Vayrac, arr. de Gourdon. = Martel.

CARENTAN, s. m. Petite ville du dép. de la Manche, chef-lieu de cant. de l'arr. de St.-Lô. Bur. d'enregist. et de poste. Fab. de dentelles et de toiles de coton; comm. de grains, cidre, miel, beurre salé, poisson de mer, chanvre, lin, chevaux et bestiaux.

CARENTOIR, s. m. Com. du dép. du Morbihan, chef-lieu de cant. de l'arr. de Vannes. Bur. d'enregist. à la Gacilly. = Vannes.

CARESSANT, E, adj. Qui est doux, aimant, qui est naturellement porté à faire des caresses.

CARESSE, s. f. Témoignage d'affection, action, parole qui exprime la pureté et la vivacité des sentimens d'une personne pour une autre; douces caresses; perfides caresses.

CARESSÉ, E, part. Qui a reçu des caresses. —, adj. Remarquable par le fini de son exécution. T. d'art.

CARESSER, v. a. Faire des caresses à la personne qu'on aime, lui témoigner par des attentions délicates l'attachement qu'elle vous inspire. — les factions, les flatter tant qu'elles sont debout. — le nu, le faire sentir sous le vêtement. T. de peint.

CARET, s. m. Sorte de tortue de mer dont la chair est bonne à manger; gros fil pour faire des cordages; monnaie arabe.

CARETTE, s. f. Cadre qui entre dans le mécanisme d'un métier à fabriquer les étoffes. T. de manuf.

CAREUC (St.-), s. m. Com. du dép. des Côtes-du-Nord, cant. de Moncontour, arr. de St.-Brieuc. = Moncontour.

CARFANTAIN, s. m. Village du dép. d'Ille-et-Vilaine, com. et cant. de Dol, arr. de St.-Mâlo. = Dol.

CARGADORS, s. m. pl. Courtiers hollandais qui se chargent de procurer le fret ou la cargaison d'un navire.

CARGAISON, s. f. Chargement d'un vaisseau marchand. —, facture des marchandises chargées.

CARGESE, s. f. Com. du dép. de la Corse, cant. de Piana, arr. d'Ajaccio. = Ajaccio.

CARGIACCA, s. f. Com. du dép. de la Corse, cant. de Ste.-Lucie, arr. de Sartène. = Ajaccio.

CARGILIE, s. f. Genre de plantes de la famille des plaqueminiers. T. de bot.

CARGUE, s. f. Cordage pour retrousser et raccourcir les voiles. T. de mar.

CARGUÉ, E, part. Plié, retroussé, se dit des voiles d'un navire. T. de mar.

CARGUER, v. a. Retrousser et raccourcir les voiles au moyen de cordages. —, v. n. Pencher d'un côté en naviguant. T. de mar.

CARGUETTE, s. f. Petite cargue pour dresser l'antenne d'une galère. T. de mar.

CARGUEUR, s. m. Poulie pour hisser le mât de perroquet. T. de mar.

CARHAIX, s. m. Petite ville du dép. du Finistère, chef-lieu de cant. de l'arr. de Châteaulin. Bur. d'enregist. et de poste.

Cette petite ville se glorifie d'avoir vu naître le fameux la Tour-d'Auvergne, l'un des derniers descendans de Turenne. Parti comme remplaçant du fils d'un de ses fermiers, et ne voulant aucun grade, il fut proclamé le premier grenadier de France. Ce brave tomba sur le champ de bataille, à l'affaire de Neubourg, le 28 février 1799. Son cœur, enfermé dans une boîte, fut confié au premier sergent de sa compagnie de grenadiers. Chaque jour, à l'appel, la Tour-d'Auvergne était nommé le premier, et le sergent répondait : Mort au champ d'honneur !

Fab. de chapeaux, papeterie ; comm. en gros, de draps et de toiles.

CARIACOU, s. m. Chevreuil de la Guiane. T. d'hist. nat.

CARIAMA, s. m. Espèce de kamichi, grand oiseau d'Amérique. T. d'hist. nat.

CARIATIDE, s. f. Figure de femme soutenant sur sa tête une corniche. T. d'archit.

CARIATIDIQUE, adj. Qui est relatif aux cariatides. T. d'archit.

CARIBOU, s. m. Renne du Canada, quadrupède très léger, plus petit que la renne d'Europe.

CARICATURE, s. f. Charge d'un peintre ; croquis ou comique ou satirique pour faire rire aux dépens de quelqu'un. —, personne dont la mise, la tournure et les manières sont tout-à-fait ridicules. Fig.

CARICATURER, v. n. Faire des caricatures contre quelqu'un.

CARICOÏDE, s. f. Genre de polypiers fossiles ; pierre coralloïde. T. d'hist. nat.

CARIE, s. f. Solution de continuité dans les os avec perte de substance ; ulcère, grangrène des os. T. de chir.

CARIE, s. f. Province de l'Asie mineure entre la Lycie et l'Ionie.

CARIÉ, E, part. Gâté, ulcéré.

CARIER, v. a. Gâter, pourrir. Se —, v. pron. Se gâter, s'ulcérer.

CARIEUX, EUSE, adj. Qui a rapport à la carie.

CARIFET, s. m. Etoffe de laine.

CARIGNAN, s. m. Petite ville du dép. des Ardennes, chef-lieu de cant. de l'arr. de Sedan. Bur. d'enregist. et de poste.

Fab. de fer-blanc ; comm. de grains et d'étoffes de laine.

CARIGNAN, s. m. Com. du dép. de la Gironde, cant. de Créon, arr. de Bordeaux. = Bordeaux.

CARILLON, s. m. Battement de cloches avec mesure et accord ; les cloches qui forment l'accord. —, horloge qui donne un air immédiatement avant l'heure ; l'air exécuté par l'horloge ou les cloches. —, bruit, tapage. T. fam. A double —, adv. Beaucoup, très fort. T. fam.

CARILLONNÉ, E, part. Fêté, sonné en carillon.

CARILLONNER, v. a. Sonner en carillon ; fêter. Fig.

CARILLONNEUR, s. m. Sonneur qui carillonne. —, petit oiseau de la Guiane du genre des fourmilliers, des grives. Plusieurs de ces oiseaux réunis imitent, dit-on, le carillon de trois cloches de tons différens. T. d'hist. nat.

CARINAIRE, s. f. Coquille univalve. T. d'hist. nat.

CARINDE, s. m. Ara bleu, très beau perroquet d'Amérique. T. d'hist. nat.

CARINE, s. f. Pleureuse dans les funérailles. T. d'antiq.

CARINÉ, E, adj. En forme de gouttière ; feuille carinée. T. de bot.

CARIQUEUSE, adj. f. Se dit d'une tumeur qui ressemble à une figue sauvage. T. de méd.

CARISEL ou CRESEAU, s. m. Sorte de canevas pour faire de la tapisserie.

CARISEY, s. m. Com. du dép. de l'Yonne, cant. de Flogny, arr. de Tonnerre. = Tonnerre.

CARISIEU, s. m. Com. du dép. de l'Isère, cant. de Crémieu, arr. de la Tour-du-Pin. = Crémieu.

CARISTADE, s. f. Aumône; demander la caristade. T. fam.

CARLA, s. m. Toile peinte des Indes.

CARLA-LE-COMTE, s. m. Petite ville du dép. de l'Ariège, cant. du Fossat, arr. de Pamiers. = le Mas-d'Azil.

CARLARET (le), s. m. Com. du dép. de l'Ariège, cant. et arr. de Pamiers. = Pamiers.

CARLAT, s. m. Petite ville du dép. du Cantal, cant. de Vic-sur-Cère, arr. d'Aurillac. = Vic.

CARLAT-DE-ROQUEFORT (le), s. m. Com. du dép. de l'Ariège, cant. de Lavelanet, arr. de Foix. = Rieux.

C'est dans ce village que naquit Bayle, auteur d'un dictionnaire critique très estimé.

CARLENCAS-ET-LÉVAS, s. m. Com. du dép. de l'Hérault, cant. de Bédarieux, arr. de Béziers. = Bédarieux.

CARLEPONT, s. m. Com. du dép. de l'Oise, cant. de Ribécourt, arr. de Compiègne. = Noyon.

CARLETTE, s. f. Ardoise d'Anjou.

CARLIN, s. m. Petit chien, doguin à museau noir; monnaie d'Italie. —, nom de théâtre de Carlo Bertinazzi, célèbre acteur de la comédie italienne, condisciple et ami du pape Clément XIV.

CARLINE, s. f. Plante cinarocéphale, bisannuelle. T. de bot.

CARLING, s. m. Com. du dép. de la Moselle, cant. de St.-Avold, arr. de Sarreguemines. = St.-Avold.

CARLINGUE, s. f. Grosse pièce de bois sur laquelle porte le pied d'un mât. T. de mar.

CARLIPA, s. m. Com. du dép. de l'Aude, cant. et arr. de Castelnaudary. = Castelnaudary.

CARLŒK, s. m. Colle forte faite avec des vessies d'esturgeons.

CARLOVINGIENS, s. m. pl. Race de Charlemagne, deuxième dynastie des rois de France.

CARLSBAD, s. m. Ville de Bohême, à vingt-deux lieues de Prague, est célèbre par ses eaux minérales.

CARLSRUHE, s. f. Ville d'Allemagne, capitale du grand-duché de Bade, à environ quinze lieues de Strasbourg.

CARLUCET, s. m. Com. du dép. de la Dordogne, cant. de Salignac, arr. de Sarlat. = Sarlat.

CARLUCET, s. m. Com. du dép. du Lot, cant. de Gramat, arr. de Gourdon. = Gramat.

CARLUDOVIQUE, s. m. Genre de palmiers du Pérou. T. de bot.

CARLUS, s. m. Com. du dép. du Tarn, cant. et arr. d'Albi. = Albi.

CARLUX, s. m. Com. du dép. de la Dordogne, chef-lieu de cant. de l'arr. de Sarlat, où se tient le bur. d'enregist. = Sarlat.

CARLY, s. m. Com. du dép. du Pas-de-Calais, cant. de Samer, arr. de Boulogne. = Samer.

CARMAGNOLE, s. f. Ville du Piémont. —, veste; chanson, danse, air qui eurent une vogue inconcevable en 1792.

CARMANTINES, s. f. pl. Genre d'acanthoïdes, arbrisseaux d'Asie et d'Amérique. T. de bot.

CARME, s. m. Religieux de l'ordre du Mont-Carmel. —, espèce d'acier. —, pl. Double quatre au jeu de trictrac.

CARMÉLINE, adj. f. Se dit de la seconde espèce de laine qu'on tire du vigogne.

CARMÉLITE, s. f. Religieuse de l'ordre du Mont-Carmel.

CARMES (les), s. m. pl. Village du dép. du Jura, cant. de Salins, arr. de Poligny. = Salins.

CARMIN, s. m. Couleur d'un très beau rouge qu'on tire de la cochenille.

CARMINATIF, IVE, adj. Se dit d'un remède qui dissipe les vents, les flatuosités de l'estomac et des intestins. T. de méd.

CARNAC, s. m. Village du dép. du Lot, com. de Roufiac, cant. de Luzech, arr. de Cahors. = Castelfranc.

CARNAC, s. m. Com. du dép. du Morbihan, cant. de Quiberon, arr. de Lorient. = Auray.

CARNAGE, s. m. Massacre d'hommes accablés par le nombre; horrible boucherie, comme on en voit dans les guerres civiles. —, chair des animaux que dévorent les bêtes féroces, les oiseaux voraces, etc.

CARNAL, s. m. Extrémité inférieure d'une antenne; palan à l'extrémité du mât d'une galère. T. de mar.

CARNAS, s. m. Com. du dép. du Gard, cant. de Quissac, arr. du Vigan. = Sommières.

CARNASSIER, ÈRE, adj. Qui vit de chair crue. —, qui mange beaucoup de viande. —, s. m. pl. Ordre de mammifères qui ont les trois sortes de dents, l'estomac simple et les doigts armés d'ongles chrochus. T. d'hist. nat.

CARNASSIÈRE, s. f. Espèce de sac en filet, pour mettre le gibier qu'on tue en plaine.

CARNATION, s. f. Teint, couleur de la peau d'un homme ou d'une femme ; belle carnation. —, imitation des chairs au moyen du coloris. T. de peint.

CARNAUBA, s. m. Palmier du Brésil. T. de bot.

CARNAVAL, s. m. Temps qui s'écoule entre la fête des rois et le mercredi des cendres. —, divertissemens auxquels on se livre dans ce temps.

CARNE, s. f. Angle extérieur d'une pierre, d'une table.

CARNÉ, E, adj. De couleur de chair vive. T. de fleuriste.

CARNÉ (St.-), s. m. Com. du dép. des Côtes-du-Nord, cant. et arr. de Dinan. = Dinan.

CARNEAU, s. m. Angle de la voile latine vers la proue. T. de mar.

CARNEILLE (la), s. f. Com. du dép. de l'Orne, cant. d'Athis, arr. de Domfront. = Condé.

CARNÈLE, s. f. Bordure autour du cordon d'une pièce de monnaie où se trouve la légende. T. de monn.

CARNELÉ, E, part. Entouré, bordé.

CARNELER, v. a. Faire une bordure autour d'une pièce de monnaie, faire une carnèle.

CARNER, v. n. Devenir couleur de chair. T. de fleur.

CARNET, s. m. Petit livre des dettes actives et passives d'une maison de commerce.

CARNET, s. m. Com. du dép. de la Manche, cant. de St.-James, arr. d'Avranches. = St.-James.

CARNETIN, s. m. Com. du dép. de Seine-et-Marne, cant. de Claye, arr. de Meaux. = Lagny.

CARNEVILLE, s. f. Com. du dép. de la Manche, cant. de St.-Pierre-Église, arr. de Cherbourg. = Cherbourg.

CARNIER, s. m. Carnassière pour mettre le gibier.

CARNIÈRES, s. f. Com. du dép. du Nord, chef-lieu de cant. de l'arr. de Cambrai. Bur. d'enregist. = Cambrai. Fab. de linon ; exploitation de houille.

CARNIFICATION, s. f. Transformation des os en une substance rougeâtre qui a la consistance de la chair. T. de méd.

CARNIFIÉ, E, adj. Changé en chair. T. de méd.

CARNIFIER (se), v. pron. Se transformer en chair. T. de méd.

CARNIFORME, adj. Qui a la forme, l'apparence de la chair.

CARNIN, s. m. Com. du dép. du Nord, cant. de Seclin, arr. de Lille. = Carvin.

CARNIOL, s. m. Com. du dép. des Basses-Alpes, cant. de Banon, arr. de Forcalquier. = Forcalquier.

CARNIVORE, adj. Qui se nourrit de chair. —, s. m. pl. Digitigrades, sous-ordre des animaux carnassiers qui n'ont aucun des pouces séparé, et dont les pieds n'appuient que sur les doigts. T. d'hist. nat.

CARNOET, s. m. Com. du dép. des Côtes-du-Nord, cant. de Callac, arr. de Guingamp. = Carhaix.

CARNOSITÉ, s. f. Chair fongueuse autour d'une plaie. T. de chir.

CARNOULES, s. f. Com. du dép. du Var, cant. de Cuers, arr. de Toulon. = Cuers.

CARNOY, s. m. Com. du dép. de la Somme, cant. de Combles, arr. de Péronne. = Albert.

CARO, s. m. Com. du dép. du Morbihan, cant. de Malestroit, arr. de Ploërmel. = Ploërmel.

CARO, s. m. Com. du dép. des Basses-Pyrénées, cant. de St.-Jean-Pied-de-Port, arr. de Mauléon. = St.-Jean-Pied-de-Port.

CAROGNE, s. f. Charogne, femme acariâtre, méchante et libertine. (Vi. et bas.)

CAROLE, s. f. Com. du dép. du Gers, cant. de Montesquiou, arr. de Mirande. = Mirande.

CAROLINE, s. f. Monnaie d'argent de Suède. —, poisson du genre de l'argentine. T. d'hist. nat.

CAROLINE DU SUD (la), s. f. L'un des états de l'Amérique septentrionale, dont Charlestown est la capitale. Cette ville est très riche et très commerçante. — du Nord, autre état de l'Union américaine.

CAROLLES, s. f. Com. du dép. de la Manche, cant. de Sartilly, arr. d'Avranches. = Granville.

CAROLUS ou **CAROLIN**, s. m. Ancienne monnaie d'or de France, valant dix deniers sous Charles VIII.

CAROMB, s. m. Petite ville du dép. de Vaucluse, cant. et arr. de Carpentras. = Carpentras.

Cette ville est environnée de murs, et défendue par un château-fort. Elle est située dans un pays fertile.

Comm. de vins et huile d'olive.

CARON, s. m. Bande de lard sans maigre. —, fils de l'Érèbe et de la Nuit qui, moyennant une pièce de monnaie, passait les ombres dans une barque sur les bords du Styx et de l'Achéron. T. de myth.

CARONADE, s. f. Canon gros et court, de même calibre que les canons ordinaires, mais plus léger, dont on se sert particulièrement sur mer.

CARONCULE, s. f. Petite éminence charnue ou glanduleuse de deux sortes ; l'une naturelle, comme celle des yeux, des reins et du vagin, et l'autre accidentelle, qui est formée par une excroissance de chair dont la carnosité offre une espèce. T. de chir. —, étourneau de la Nouvelle-Zélande. T. d'hist. nat. —, appendice charnue de quelques plantes. T. de bot.

CARONPHYLLOÏDE, s. f. Pierre qui ressemble à un clou de girofle. T. d'hist. nat.

CAROSSE, s. m. Fruit du carossier. —, instrument de cordier pour câbler. —, logement du capitaine d'une galère. T. de mar.

CAROSSIER, s. m. Palmier d'Afrique. T. de bot.

CAROTIDAL, E, adj. Qui a rapport aux carotides.

CAROTIDES, s. f. pl. et adj. Nom de deux grosses artères, l'une à droite et l'autre à gauche qui, avec les artères vertébrales, fournissent du sang à toutes les parties internes et externes du cou et de la tête. T. d'anat.

CAROTIDIEN, adj. m. Se dit, en général, de tout ce qui tient aux carotides. — externe, trou situé près l'apophyse de l'os temporal. — interne, orifice d'un canal qui s'ouvre dans le crâne, à la pointe du rocher. T. d'anat.

CAROTIQUE, adj. Qui est relatif au carus, affection léthargique. T. de chir.

CAROTTE, s. f. Plante potagère ; racine sucrée dont on fait une très grande consommation dans la cuisine, et qui, comme la betterave, peut fournir du sucre. — de tabac, tabac ficelé.

CAROTTER, v. n. Jouer adroitement, filouter.

CAROTTIER, ÈRE, s. Joueur de profession, qui triche, qui filoute.

CAROUBE ou CAROUGE, s. m. Fruit du caroubier, qui s'emploie comme les jujubes.

CAROUBIER, s. m. Arbre commun dans les pays chauds, dont le fruit est succulent et légèrement purgatif.

CAROUGE, s. f. Oiseau, espèce de loriot d'Amérique. T. d'hist. nat. —, ville de Savoie, à une lieue de Genève.

CAROXYLON, s. m. Plante de la famille des arroches, qui croît au cap de Bonne-Espérance. T. de bot.

CARPAS, s. m. Cotonnier. T. de bot.

CARPASUM, s. m. Plante très vénéneuse. T. de bot.

CARPAT, s. m. Bonnet des Grecs de l'Archipel ; calotte grecque.

CARPE, s. m. Le poignet, partie située entre le métacarpe et l'avant-bras. T. d'anat.

CARPE, s. f. Poisson d'eau douce du genre du cyprin. — pâmée, personne qui feint de se trouver mal.

CARPEAU, s. m. Petite carpe, carpillon ; mâle de la carpe, accidentellement privé de la faculté de se reproduire ; poisson du genre du salmone.

CARPENTRAS, s. m. Ville du dép. de Vaucluse, chef-lieu de sous-préfect. et de deux cant. ; cour d'assises ; trib. de 1re inst. ; biblioth. publique ; société d'économie rurale ; conserv. des hypoth. ; sous-inspect. des forêts ; recev. partic. des finances ; bur. d'enregist. et de poste. Pop., 9,756 hab. environ.

Cette ville est située dans un pays riant et fertile ; en effet, il serait impossible de trouver des campagnes plus riches et plus agréables que celles qui l'environnent. C'était la capitale des *Memini*. Elle passa sous la domination des Romains, qui la nommèrent *Forum Neronis*. Les Goths, les Vandales, les Lombards et les Sarrasins s'en emparèrent tour à tour, et la saccagèrent.

Fab. de savon, d'acides minéraux et de différentes étoffes de coton ; filatures de laine, teintureries, distilleries d'eaux-de-vie, moulins à garance. Comm. de vins, esprits de vin, eaux-de-vie, essences, huile d'olive, fruits, amandes, safran, garance, miel, soie, laine, savon et cuirs.

On remarque, entre autres monumens, l'ancienne cathédrale, le palais de justice, la porte d'Orange, les restes d'un arc de triomphe, et l'aqueduc qui fournit l'eau à quelques fontaines de la ville. Dist. de Paris, 177 l.

CARPÉSIE, s. f. Plante corymbifère voisine des tanaisies. T. de bot.

CARPETTE, s. f. Gros drap rayé, qu'on nomme aussi tapis d'emballage.

CARPHOLOGIE ou CARPOLOGIE, s. f. Mouvement désordonné d'un malade qui roule ses draps, sa couverture, et qui semble vouloir ramasser quelque chose ; symptôme de la fièvre ataxique. T. de méd.

CARPIE, s. f. Hachis de carpes. T. de cuisin.

CARPIEN, NE, adj. Qui appartient au poignet, au carpe. T. d'anat.

CARPIÈRE, s. f. Petit étang où l'on élève et nourrit des carpes.

CARPILLON, s. m. Très petite carpe.

CARPINETO, s. m. Com. du dép. de la Corse, cant. de Piedicroce, arr. de Corte. = Bastia.

CARPION, s. m. Poisson du genre du salmone. T. d'hist. nat.

CARPIQUET, s. m. Com. du dép. du Calvados, cant. de Tilly-sur-Seulles, arr. de Caen. = Caen.

CARPO-BALSAMUM, s. m. Fruit d'une espèce de palmier qu'on croit être celui de la Mecque. T. de bot.

CARPOLITHE, s. m. Fruit pétrifié. T. d'hist. nat.

CARPO-MÉTACARPIEN, s. et adj. Se dit de deux muscles qui appartiennent au carpe et au métacarpe. T. d'anat.

CARPOMORPHYTES, s. m. pl. Pierres qui ressemblent à des fruits T. d'hist. nat.

CARPOPHAGE, s. et adj. Frugivore, qui se nourrit de fruit. T. d'hist. nat.

CARPO-PHALANGIENS, s. m. pl. et adj. Muscles qui appartiennent au carpe et aux premières phalanges. T. d'anat.

CARPO-SUS-PHALANGIEN, s. m. et adj. Muscle qui s'étend du carpe à la face supérieure de la première phalange et au court abducteur du pouce. T. d'anat.

CARPOT, s. m. Portion de la vendange qui revient au propriétaire de la vigne.

CARPTEUR, s. m. Esclave qui découpait les viandes, chez les Romains; espèce d'écuyer tranchant.

CARQUEBUT, s. m. Com. du dép. de la Manche, cant. de Ste.-Mère-Eglise, arr. de Valognes. = Carentan.

CARQUEFOU, s. m. Com. du dép. de la Loire-Inférieure, chef-lieu de cant. de l'arr. de Nantes, où est le bur. d'enregist. = Nantes.

CARQUÈSE, s. m. Four de frite. T. de verr.

CARQUOIS, s. m. Etui dans lequel on met les flèches; le carquois de l'Amour, de Cupidon.

CARRADES, s. f. Village du dép. du Morbihan, cant. de Guémené, arr. de Pontivy. = Pontivy.

CARRANDIER, s. m. Village du dép. de Tarn-et-Garonne, cant. de St.-Antonin, arr. de Montauban. = St.-Antonin.

CARRARE, s. m. Ville d'Italie dans les états du duc de Modène. C'est près de cette ville que se trouve le plus beau marbre des carrières de l'Italie. —, marbre de Carrare.

CARRE, s. f. L'argent qu'on met au jeu, à la bouillotte. —, stature. Belle —, larges épaules. T. fam. —, bout carré, à angle droit. — d'un chapeau, le haut de la forme. — d'un soulier, le bout.

CARRÉ, s. m. Figure, forme carrée. — parfait, dont les quatre côtés sont égaux. — de fleurs, espace en carré planté de fleurs. —, produit d'un nombre multiplié par lui-même. T. d'arith. —, bâti de charpente en traîneau pour les cordiers. —, sorte de papier; carré d'Auvergne. —, bout d'une clef de montre.

CARRÉ, E, part. Tracé, fait carrément. —, adj. Qui a quatre côtés et quatre angles droits. Racine — d'un nombre, nombre qui, multiplié par lui-même, redonne ce nombre. Période —, période à quatre membres, nombreuse et bien soutenue. Fig. Partie —, partie de plaisir entre deux hommes et deux femmes.

CARREAU, s. m. Pavé plat de terre cuite, de pierre, de marbre. —, le sol sur lequel on est posé; jeter, demeurer sur le carreau. —, verre carré, vitre; carreau de vitre. —, carte à jouer, rouge et formant une espèce de carré. Valet de —, homme inutile, méprisé. —, fer pour abattre les coutures. T. de mét. —, engorgement du mésentère, maladie des enfans. T. de méd. —, pl. Le tonnerre, la foudre; les carreaux du ciel. —, ceintes et préceintes. T. de mar.

CARREFOUR, s. m. Endroit où les rues, les chemins se croisent.

CARREGER, v. n. Louvoyer. T. de mar.

CARRELAGE, s. m. Travail du carreleur. —, les carreaux, et ce qu'il en coûte pour les poser.

CARRELÉ, E, part. Se dit d'un plancher garni de carreaux.

CARRELER, v. a. Poser des carreaux sur un plancher, paver avec des carreaux de pierre ou de marbre; raccommoder de vieux souliers. Fig.

CARRELET, s. m. Grosse aiguille carrée pour emballer. —, espèce de pleuronecte, poisson de mer plat, tacheté de rouge.

CARRELETTE, s. f. Lime plate pour polir l'acier.

CARRELEUR, s. m. Compagnon maçon qui pose les carreaux. — de souliers, savetier ambulant.

CARRELIER, s. m. Artisan qui fabrique des carreaux.

CARRELURE, s. f. Ressemelage de bottes, de souliers.

CARRÉMENT, adv. En carré, à angles droits.

CARREPUIS, s. m. Com. du dép. de la Somme, cant. de Roye, arr. de Montdidier. = Roye.

CARRER, v. a. Tracer un carré, rendre carré ; carrer une pierre. —, trouver un carré égal à une surface curviligne. T. de géom. Se —, v. pron. Marcher d'un air fier, arrogant, faire l'homme d'importance, etc. T. fam. —, ouvrir le jeu, faire une forte mise avant d'avoir vu ses cartes. T. de jeu de bouillotte.

CARRÈRE, s. f. Com. du dép. des Basses-Pyrénées, cant. de Thèze, arr. de Pau. = Pau.

CARRESSE, s. f. Com. du dép. des Basses-Pyrénées, cant. de Salies, arr. d'Orthez. = Orthez.

CARRICK, s. m. Redingote, espèce de surtout avec un ou plusieurs collets.

CARRIER, s. m. Entrepreneur qui exploite une carrière ; ouvrier qui tire la pierre des carrières.

CARRIÈRE, s. f. Excavation profonde d'où l'on retire la pierre à l'aide d'une manivelle. —, enceinte pour les courses à pied ou à cheval, etc. —, cours de la vie ; commencer, achever sa carrière. Fig. —, profession ; carrière des lettres, de la magistrature, des armes. Se donner —, s'abandonner à l'impulsion du moment, céder au désir de faire ou de dire quelque chose.

CARRIÈRES-ST.-DENIS, s. f. Com. du dép. de Seine-et-Oise, cant. d'Argenteuil, arr. de Versailles. = Chatou. Exploitation de carrières de pierres.

CARRIÈRES-SOUS-POISSY, s. f. Com. du dép. de Seine-et-Oise, cant. de Poissy, arr. de Versailles. = Poissy.

CARRI-LE-ROUET, s. m. Com. du dép. des Bouches-du-Rhône, cant. de Martigues, arr. d'Aix. = Martigues. Cette com. possède un petit port dans lequel on se livre à la pêche du thon que l'on prend au moyen de madragues.

CARRIOLE, s. f. Petite charrette couverte d'osier ou seulement d'une bâche qui n'est pas suspendue ou qui l'est mal.

CARROS, s. m. Com. du dép. du Var, cant. de Vence, arr. de Grasse. = Vence.

CARROSSE, s. m. Voiture élégante et commode à quatre roues, suspendue, couverte et bien fermée, dans laquelle quatre personnes peuvent tenir à l'aise. —, chambre adossée à d'autres sur la dunette d'un vaisseau. T. de mar.

CARROSSÉE, s. f. Plein un carrosse ; la quantité de personnes que cette voiture peut contenir.

CARROSSIER, s. m. Entrepreneur de voitures qui fait ou fait faire les diverses parties qui entrent dans la fabrication d'un carrosse ; marchand de carrosses.

CARROUGES, s. m. Com. du dép. de l'Orne, chef-lieu de cant. de l'arr. d'Alençon. Bur. d'enregist. et de poste. Mines de fer et forges.

CARROUSEL, s. m. Sorte de tournois où des chevaliers partagés en quadrilles, rivalisaient d'ardeur pour emporter la bague d'un coup de lance ; enceinte réservée à ces jeux guerriers.

CARROUSSE, s. f. Débauche. (Vi.)

CARRURE, s. f. Largeur du dos, aux épaules et au-dessus ; largeur d'un habit ou d'une robe prise en cet endroit.

CARS, s. m. Com. du dép. de la Gironde, cant. et arr. de Blaye. = Blaye.

CARS (les), s. m. pl. Com. du dép. de la Haute-Vienne, cant. de Chalus, arr. de St.-Yrieix. = St.-Yrieix.

CARSAC, s. m. Com. du dép. de la Dordogne, cant. de Carlux, arr. de Sarlat. = Sarlat.

CARSAC, s. m. Com. du dép. de la Dordogne, cant. de Villefranche-de-Longchapt, arr. de Bergerac. = Montpont.

CARSAIE ou CRESEAU, s. m. Etoffe d'Angleterre.

CARSAN, s. m. Com. du dép. du Gard, cant. de Pont-St.-Esprit, arr. d'Uzès. = Pont-St.-Esprit.

CARSIX, s. m. Com. du dép. de l'Eure, cant. et arr. de Bernay. = Bernay.

CARSPACH, s. m. Com. du dép. du Haut-Rhin, cant. et arr. d'Altkirch. = Altkirch.

CARSWILLER, s. m. Com. du dép. de la Moselle, cant. de Sarralbe, arr. de Sarreguemines. = Sarreguemines.

CARTAGÉ, E, part. Façonné pour la quatrième fois en parlant de la vigne.

CARTAGER. v. a. Donner la quatrième façon à la vigne.

CARTAHU, s. m. Cordage pour hisser, passé dans une poulie en haut du mât. T. de mar.

CARTANÈDE, s. m. Village du dép. de Tarn-et-Garonne, cant. de Montpezat, arr. de Montauban. = Montauban.

CARTAUX, s. m. pl. Cartes marines. T. de mar.

CARTAYER, v. n. Marcher à côté de deux ornières en mettant l'une d'elles entre les roues.

CARTE, s. f. Carton. — à jouer, carton fin coupé en carré long, sur lequel sont imprimés des figures et des points depuis l'as jusqu'à dix. —, liste des mets qu'on trouve chez un restaurateur ; note de la dépense du repas. — de visite, petite carte sur laquelle on écrit son nom et qu'on dépose chez le portier. —, grande feuille de papier contenant la géographie du monde ou de l'une de ses parties; cartes géographiques, astronomiques, topographiques, etc. —, notions géographiques, topographiques. Fig. Perdre la —, se troubler, perdre le fil de ses idées. Brouiller les —, semer du trouble, des divisions. Dessous de —, la partie secrète d'une affaire. Jouer — sur table, agir d'une manière ouverte, franche. Connaître la —, être au fait des intrigues d'une coterie. — blanche, pouvoir illimité.

CARTE-GÉOGRAPHIQUE, s. f. Coquillage univalve; papillon de jour qui présente l'image d'une carte géographique. T. d'hist. nat.

CARTEL, s. m. Lettre contenant un appel pour un combat singulier; envoyer un cartel. —, traité d'échange de prisonniers de guerre entre des nations belligérantes. —, boîte de pendule qui s'attache contre le mur; petit mouvement de pendule qui ne sonne pas l'heure.

CARTELADE, s. f. Mesure pour l'arpentage.

CARTELÈGUE, s. m. Com. du dép. de la Gironde, cant. et arr. de Blaye. = Blaye.

CARTELET, s. m. Petite étoffe de laine.

CARTELETTE, s. f. Ardoise fort petite.

CARTELLE, s. f. Manière de débiter le bois par planches. T. de charp. —, grosses planches qui portent les meules d'un moulin. —, peau préparée qui sert de brouillon pour écrire la musique et l'effacer.

CARTERET, s. m. Com. du dép. de la Manche, cant. de Barneville, arr. de Valognes. = Valognes.

CARTERO, s. m. Porte-lettre, petit portefeuille. —, lame de bois qui contient les fils de la chaîne d'un tissu.

CARTERON, s. m. Voy. QUARTERON.

CARTÉSIANISME, s. m. Philosophie de Descartes.

CARTÉSIEN, s. m. Partisan de la philosophie de Descartes.

CARTHAGE, s. f. Ville célèbre d'Afrique, située au fond d'un petit golfe en face de la Sicile, fut détruite par Scipion, l'an 607 de la fondation de Rome. Cette ville, d'origine phénicienne, fut entièrement détruite par les Sarrasins en 698; il n'en reste plus que quelques vestiges aux environs de Tunis.

CARTHAGÈNE, s. f. La nouvelle Carthage, ville maritime d'Espagne, dans le royaume de Murcie, fut fondée par Asdrubal, général carthaginois. Cette ville, très commerçante, possède un beau port, un arsenal et un chantier de construction. Pop. 30,000 hab. env.

CARTHAME, s. m. Safran bâtard, plante annuelle, originaire d'Egypte, à fleurs d'un rouge foncé, dont on tire le rouge végétal; sa graine est purgative.

CARTICASI, s. m. Com. du dép. de la Corse, cant. de St.-Laurent, arr. de Corte. = Bastia.

CARTIER, s. m. Fabricant ou marchand de cartes à jouer; papier qui sert d'enveloppe aux cartes.

CARTIGNIES, s. f. Com. du dép. du Nord, cant. et arr. d'Avesnes. = Avesnes.

CARTIGNY, s. m. Com. du dép. du Calvados, cant. d'Isigny, arr. de Bayeux. = Isigny.

CARTIGNY, s. m. Com. du dép. de la Somme, cant. et arr. de Péronne. = Péronne.

CARTILAGE, s. m. Substance compacte d'une blancheur luisante et polie, surtout aux extrémités des grands os. Moins dure et moins cassante que ces derniers, elle n'en diffère que par sa mollesse. T. de chir.

CARTILAGINEUX, EUSE, adj. De la nature des cartilages, qui en a la consistance, la couleur et les propriétés. T. de chir. Fleurs —, à bourrelet. T. de bot. —, s. m. pl. Poissons dont les parties solides sont des cartilages. T. d'hist. nat.

CARTISANE, s. f. Fil, soie, or ou argent tortillé sur de petits morceaux de carton fin, faisant relief dans les broderies.

CARTOMANCIE, s. f. Art de tirer les cartes, de dire la bonne aventure, de faire des dupes.

CARTOMANCIEN, s. m. imposteur, tireur de cartes.

CARTON, s. m. Feuille épaisse faite avec le papier que ramassent les chiffonniers; papier que l'on colle après l'avoir haché et mis en bouillie. —, boîte en carton de différentes formes pour ranger les papiers dans un cabinet; pour serrer les chapeaux d'hommes et de femmes, etc. —, grand portefeuille en carton pour mettre des dessins. —, feuillet rajouté dans une feuille à laquelle on a été forcé de faire des changemens après l'impression et la publication d'un volume. T. d'impr.

CARTONNÉ, E, part. Couvert d'un carton.

CARTONNER, v. a. Revêtir d'un carton. —, imprimer les changemens que l'auteur a cru devoir faire à son ouvrage; mettre un carton. T. d'impr.

CARTONNERIE, s. f. Manufacture de carton.

CARTONNIER, s. m. Fabricant ou marchand de carton.

CARTONNIÈRES, s. et adj. f. pl. Guêpes dont le nid ressemble à une boîte de carton.

CARTOUCHE, s. m. Ornement de peinture, de sculpture autour des chiffres, des inscriptions. —, s. f. Charge d'un fusil enfermée dans un rouleau de papier. Déchirer la —, l'ouvrir pour amorcer. —, congé d'un militaire. (Vi.)

CARTOUCHIER, s. m. Coffret à cartouches, giberne.

CARTULAIRE, s. m. Recueil de chartres, de titres, d'actes appartenant à une église, à un monastère.

CARUDE, s. m. Poisson du genre du labre. T. d'hist. nat.

CARUS, s. m. Assoupissement profond sans fièvre, affection plus forte que la léthargie, mais plus légère que l'apoplexie, dans laquelle souvent elle finit par dégénérer. T. de méd.

CARVES, s. f. Com. du dép. de la Dordogne, cant. de Belvès, arr. de Sarlat. = Belvès.

CARVI, s. m. Cumin des prés, plante ombellifère, bisannuelle dont la graine est stimulante et vermifuge. T. de bot.

CARVI-FEUILLE, s. m. Selin à feuilles de carvi. T. de bot.

CARVILLE, s. f. Com. du dép. du Calvados, cant. de Bény-Bocage, arr. de Vire. = Vire.

CARVILLE-LA-FOLLETIÈRE, s. f. Com. du dép. de la Seine-Inférieure, cant. de Pavilly, arr. de Rouen. = Barentin.

CARVILLE-POT-DE-FER, s. f. Com. du dép. de la Seine-Inférieure, cant. d'Ourville, arr. d'Yvetot. = Doudeville.

CARVIN-EPINOY, s. m. Com. du dép. du Pas-de-Calais, chef-lieu de cant. de l'arr. de Béthune. Bur. d'enregist. et de poste. Fab. d'amidon.

CARVITES, s. f. pl. Euphorbes. T. de bot.

CARYBDE, s. m. Gouffre dans le détroit de Sicile. Une femme de ce nom ayant volé des bœufs à Hercule, fut foudroyée par Jupiter et changée en ce gouffre, peu éloigné d'un autre appelé Scylla, où l'on entendait des hurlemens affreux. Ces gouffres étaient si près l'un de l'autre, qu'il était très difficile de passer au milieu, ce qui a donné lieu à cette phrase proverbiale : tomber de Carybde en Scylla, d'un péril dans un autre. T. de myth.

CARYOCAR, s. m. Grand arbre d'Amérique. T. de bot.

CARYOCATACTES, s. m. pl. Cassenoix, sitelle, calao des îles Moluques. T. d'hist. nat.

CARYOCOSTIN, s. m. Plante très odorante. T. de bot. —, adj. Electuaire dans la composition duquel entrent le costus et d'autres substances très stimulantes. T. de phar.

CARYOPHYLLÉES, s. f. pl. Plantes dicotylédones, polypétales, à étamines hipogynes; famille des œillets. T. de bot.

CARYOPHYLLIES, s. f. pl. Genre de polypiers. T. d'hist. nat.

CARYOPHYLLOÏDES, s. f. pl. Pétrifications d'œillets. T. d'hist. nat.

CARYOTE, s. f. Palmier des îles Moluques. T. de bot.

CAS, s. m. Evénement, accident, circonstance, occasion. —, matière, sujet; examiner un cas. —, estime; faire peu de cas de quelqu'un. —, fait considéré par rapport aux causes qui l'ont fait naître, aux circonstances qui l'ont accompagné et suivi; cas fortuit, extraordinaire, fâcheux, grave. —, ce qui est convenable; c'est le cas de se plaindre, de gémir. —, matière fécale. T. fam. En tout —, à tout événement, quoi qu'il puisse arriver. Au — que, si. En ce —, les choses étant ainsi. —, désinence des noms déclinables. T. de gramm. —, en matière criminelle, fait, action; cas grave, justifiable. — royaux ou privilégiés; crimes contre la sûreté de l'état, dont les juges royaux seuls pouvaient connaître. — de conscience, question sur ce qui est permis ou défendu par l'église.

CAS, SE, adj. Qui sonne le cassé. (Vi.)

CASABIANCA, s. f. Com. du dép. de la Corse, cant. de Porta, arr. de Bastia. = Bastia.

CASAGLIONE, s. f. Com. du dép. de la Corse, cant. de Sari, arr. d'Ajaccio. = Ajaccio.

CASALABRIVA, s. f. Com. du dép. de la Corse, cant. de Petreto et Bicchisano, arr. de Sartène. = Ajaccio.

CASALTA, s. f. Com. du dép. de la Corse, cant. de Porta, arr. de Bastia. = Bastia.

CASAMACCIOLI, s. m. Com. du dép. de la Corse, cant. de Calacuccia, arr. de Corte. = Bastia.

CASANIER, ÈRE, s. et adj. Qui fuit les embarras de la société, qui se plaît dans l'intérieur de son ménage et n'en sort que rarement. —, ce qui tient à cette disposition d'esprit; vie casanière. —, poltron, fainéant. T. inus.

CASANOVA, s. f. Com. du dép. de la Corse, cant. de Serraggo, arr. de Corte. = Bastia.

CASAQUE, s. f. Redingote de soldat, surtout à larges manches. Tourner —, abandonner un parti pour se jeter dans un autre. Fig. et fam.

CASAQUIN, s. m. Petit casque. —, corsage, espèce du camisole séparée du jupon que les femmes portent encore dans les campagnes.

CASCADE, s. f. Chute d'eau bruyante, torrent qui se précipite de rocher en rocher. —, désordre. Discours rempli de —, inconséquent, sans liaison. Fig. et fam. —, méthode pour résoudre les équations. T. de math.

CASCANES, s. f. pl. Puits auprès d'un rempart pour éventer les mines.

CASCARILLE ou **CASCALOTTE**, s. f. Ecorce d'une espèce de ricin, plante aromatique, fébrifuge que l'on réduit en poudre, et qui se mêle au tabac, auquel elle donne le plus beau noir.

CASCASTEL-ET-VILLENEUVE, s. m. Com. du dép. de l'Aude, cant. de Durban, arr. de Narbonne. = Sigean.

CASE, s. f. Cabane des nègres aux Antilles. —, maison. —, espace ménagé dans un secrétaire ou un bureau pour caser les papiers. —, place marquée par une flèche au jeu de trictrac. —, carré de l'échiquier d'un damier.

CASÉ, E, part. Mis dans des cases; placé, employé.

CASÉATION, s. f. Caillement du lait, sa conversion en fromage.

CASE-DE-PÈNE, s. f. Com. du dép. des Pyrénées-Orientales, cant. de Rivesaltes, arr. de Perpignan. = Perpignan.

CASÉEUX, EUSE, adj. Qui tient de la nature du fromage.

CASEFABRE, s. m. Com. du dép. des Pyrénées-Orientales, cant. de Vinça, arr. de Prades. = Perpignan.

CASÉIFORME, adj. En forme de fromage.

CASEJOURDES, s. f. Village du dép. de l'Aveyron, cant. de Nant, arr. de Milhau. = Nant.

CASEMATE, s. f. Lieu voûté sous la terre pour défendre la courtine et les fossés; puits, rameau pour éventer les mines; plate-forme pour établir une batterie. T. de fortif.

CASEMATÉ, E, adj. Se dit d'un bastion où l'on a pratiqué des casemates. T. de fortif.

CASENEUVE, s. f. Com. du dép. de Vaucluse, cant. et arr. d'Apt. = Apt.

CASER, v. a. Ranger dans des cases. —, placer quelqu'un dans une administration. Fig. — ses idées, les classer, les mettre en ordre dans son imagination. —, v. n. Remplir une case avec deux dames. T. de jeu de trictrac. Se—, v. pron. Se placer; former un établissement.

CASERETTE, s. f. Petit panier d'osier dans lequel on fait égoutter le lait caillé pour faire du fromage.

CASERNE, s. f. Vaste bâtiment pour loger les soldats en garnison.

CASERNÉ, E, part. Logé dans une caserne.

CASERNEMENT, s. m. Action de caserner un régiment, de le pourvoir de couchettes, matelas, linges et autres objets nécessaires.

CASERNER, v. a. et n. Loger dans une caserne; procurer aux soldats tout ce que l'ordonnance leur accorde.

CASERNET, s. m. Registre des maîtres d'équipage. T. de mar.

CASEUX, EUSE, adj. Voy. Caséeux.

CASI, s. m. Chef de la religion mahométane, au Mogol.

CASIASQUIER, s. m. Surintendant de justice dans l'empire turc.

CASIER, s. m. Meuble de bureau qui contient un plus ou moins grand nombre de cases pour serrer des papiers. —, celui qui fait le fromage de parmesan.

CASIÈRE, s. f. Lieu où l'on conserve le fromage de parmesan.

CASILLEUX, adj. m. Se dit du verre qui se casse au lieu de se couper par le diamant.

CASIMIR, s. m. Sorte de drap croisé, très léger.

CASOAR, s. m. Oiseau du genre de l'autruche, un peu moins gros et ayant des jambes plus courtes qu'elle. T. d'hist. nat.

CASPIA, s. m. Espèce de millepertuis. T. de bot.

CASPIENNE (la mer), s. et adj. Grand lac d'Asie qui baigne la Russie au N. et à l'O.; la Tartarie à l'E., et la Perse au S.

CASQUE, s. m. Armure défensive qui couvre la tête d'un cavalier. —, ce qui en a la forme. T. de blas. —, coquille univalve. T. d'hist. nat. —, lèvre supérieure des corolles labiées et personnées. T. de bot.

CASQUÉ ou **BASQUÉ**, s. m. Poisson du genre du silure. T. d'hist. nat.

CASQUÉ, E, adj. Coiffé d'un casque. T. de blas.

CASQUETTE, s. f. Coiffure d'homme

en cuir, feutre, étoffe, etc., ayant ordinairement une visière.

CASSABÉ, s. m. Com. du dép. des Basses-Pyrénées, cant. de Salies, arr. d'Orthez. = Orthez.

CASSADE, s. f. Mensonge pour plaisanter ou pour s'excuser.

CASSAGNABÈRE, s. m. Com. du dép. de la Haute-Garonne, cant. d'Aurignac, arr. de St.-Gaudens. = Martres.

CASSAGNAS, s. m. Com. du dép. de la Lozère, cant. de Barre, arr. de Florac. = Florac.
Mine d'antimoine.

CASSAGNE, s. f. Com. du dép. de la Haute-Garonne, cant. de Salies, arr. de St.-Gaudens. = St.-Martory.
Fabr. de faïence.

CASSAGNES, s. m. Village du dép. du Lot, com. de Pomarède, cant. de Cazals, arr. de Cahors. = Cahors.

CASSAGNES, s. m. Com. du dép. des Pyrénées-Orientales, cant. de Latour, arr. de Perpignan. = Perpignan.

CASSAGNES-BÉGONHÈS, s. m. Com. du dép. de l'Aveyron, chef-lieu de cant. de l'arr. de Rodez. Bur. d'enregist. à Salmiech. = Rodez.

CASSAGNES-COMTAUX, s. m. Com. du dép. de l'Aveyron, cant. de Rignac, arr. de Rodez. = Rignac.

CASSAGNOLES, s. f. Com. du dép. du Gard, cant. de Lédignan, arr. d'Alais. = Alais.

CASSAGNOLLES, s. f. Com. du dép. de l'Hérault, cant. d'Olonzac, arr. de St.-Pons. = Azille.

CASSAIGNE, s. f. Com. du dép. du Gers, cant. et arr. de Condom. = Condom.

CASSAIGNE (la), s. f. Com. du dép. de l'Aude, cant. de Fangeaux, arr. de Castelnaudary. = Castelnaudary.

CASSAIGNES, s. f. Com. du dép. de l'Aude, cant. de Couiza, arr. de Limoux. = Limoux.

CASSAILLE, s. f. Premier labour donné à la terre. T. d'agric.

CASSANIOUSE, s. f. Com. du dép. du Cantal, cant. de Mont-Salvy, arr. d'Aurillac. = Aurillac.

CASSANO, s. m. Com. du dép. de la Corse, cant. de Calenzani, arr. de Calvi. = Bastia.

CASSANT, E, adj. Fragile, qui se casse aisément, qui est sujet à se casser.

CASSANUS, s. m. Com. du dép. de l'Aveyron, cant. d'Asprières, arr. de Villefranche. = Villefranche.

CASSATION, s. f. Réformation d'un jugement, d'une procédure. Cour de —, tribunal suprême qui statue sur les demandes en cassation des jugemens ou arrêts des cours et tribunaux. T. de jurisp.

CASSAVE, s. f. Fécule que produit la racine de manioc.

CASSE, s. f. Dégradation d'un officier. Craindre la —, d'être cassé. Jugement de —, qui prononce la dégradation. T. milit. —, mousseline de Suisse et des Indes. —, vase composé de cendre et d'os pilés pour affiner l'or et l'argent; bassin dans lequel coule le métal fondu. T. d'orf. —, entre-deux des modillons. T. d'archit. —, caisse partagée en petits carrés dont chacun contient tous les caractères d'une même sorte. T. d'impr. —, nom générique des plantes à fleurs légumineuses. —, fruit du caneficier ou cassier dont la pulpe entre dans la préparation de certaines médecines; la casse et le séné. — aromatique, la cannelle. T. de bot.

CASSÉ, E, part. Rompu, brisé. —, adj. Vieux, infirme. Voix —, voix faible et tremblante.

CASSEAU, s. m. Moitié de casse, partagée dans sa longueur. T. d'impr. —, petit étui du fuseau à dentelles; étui.

CASSE-BOUTEILLE, s. m. Récipient de cristal pour faire le vide sous une bouteille.

CASSE-COU, s. m. Endroit dangereux et glissant comme la glace, etc. —, cri du jeu de colin-maillard. —, écuyer qui monte les chevaux jeunes et vicieux; ces chevaux. T. de manége.

CASSE-CROÛTE, s. m. Instrument pour casser et broyer les croûtes.

CASSE-CUL, s. m. Chute sur le derrière; sorte de jeu. T. fam.

CASSEL, s. m. Ville du dép. du Nord, chef-lieu de cant. de l'arr. de Hazebrouck. Bur. d'enregist. et de poste.
Cette ville, qui vit naître Vandamme, l'un de nos plus braves généraux d'avant-garde, était autrefois fortifiée; mais elle a été tant de fois prise, pillée et incendiée, qu'il ne lui reste plus aucune défense.
Fab. de dentelles, chapeaux, bas de laine, de fil et de poterie de terre; raffineries de sel; huileries. Comm. de grains, bestiaux, beurre et volailles.

CASSE-LUNETTE, s. m. Le bluet, plante.

CASSEMARTIN, s. m. Com. du dép. du Gers, cant. de l'Ile-Jourdain, arr. de Lombez. = l'Ile-Jourdain.

CASSEMENT, s. m. Action de casser une branche.

CASSE-MOTTE, s. m. Rouleau pour briser les mottes et aplanir le terrain.

CASSE-MUSEAU, s. m. Choc sur le nez ; sorte de pâtisserie.

CASSEN, s. m. Com. du dép. des Landes, cant. de Montfort, arr. de Dax. = Tartas.

CASSENEUIL, s. m. Ville du dép. de Lot-et-Garonne, cant. de Cancon, arr. de Villeneuve-d'Agen. Bur. d'enregist. = Villeneuve-d'Agen.

CASSE-NOISETTE, s. m. Petit instrument pour casser les noisettes. —, petit oiseau blanc d'Amérique, manakin. T. d'hist. nat.

CASSE-NOIX, s. m. Instrument pour casser les noix ; oiseau d'Europe, espèce de pie grivelée. T. d'hist. nat.

CASSE-NOLE, s. f. Noix de galle pour l'encre et la teinture.

CASSE-PIERRE, s. f. Saxifrage, pariétaire. T. de bot.

CASSER, v. a. Briser, rompre. —, annuler ; casser un jugement. —, licencier, dégrader ; casser un officier. —, affaiblir, débiliter. — aux gages ; renvoyer un domestique. — la tête ; importuner par des cris, faire mal à la tête. —, v. n. Rompre ; la corde cassa. Se —, v. pron. Se rompre, se briser ; s'affaiblir, vieillir. Fig. Se — la tête, se livrer avec trop d'opiniâtreté à l'étude. Se — le cou, se ruiner ; se — le nez, ne pas réussir. Fig.

CASSEROLE, s. f. Ustensile de cuisine à queue, espèce de poêlon de cuivre ou de fer-blanc.

CASSERON, s. m. Poisson volant, calmar. T. d'hist. nat.

CASSÉS (les), s. m. pl. Com. du dép. de l'Aude, cant. et arr. de Castelnaudary. = Castelnaudary.

CASSET, s. m. Village du dép. des Hautes-Alpes, cant. de Monestier, arr. de Briançon. = Briançon.

CASSETÉE, s. f. Plein une cassette.

CASSE-TÊTE, s. m. Tout ce qui exige une grande contention d'esprit ; vin fumeux qui porte à la tête. —, massue, arme des sauvages de l'Amérique. — chinois, espèce de jeu qui consiste à combiner des carrés, des triangles, de manière à former une figure convenue.

CASSETIN, s. m. Compartiment de la casse, petite casse contenant une sorte. T. d'impr.

CASSETTE, s. f. Petit coffre. —, caisse particulière d'un souverain ; pension sur la cassette.

CASSEUIL, s. m. Com. du dép. de la Gironde, cant. et arr. de la Réole. = la Réole.

CASSEUR, s. m. Maladroit qui casse beaucoup de choses. — de raquettes, homme vigoureux. — d'assiettes, tapageur, fier-à-bras. Fig. et fam.

CASSE-VESSIE, s. m. Récipient de cristal pour faire le vide sous une vessie et la crever. T. de phys.

CASSI-ASCHER, s. m. Grand prévôt en Turquie.

CASSICAN, s. m. Oiseau qui tient du toucan et du cassique. T. d'hist. nat.

CASSIDE, s. f. Coléoptère dont le corselet et les élytres s'avancent au-delà du corps. T. d'hist. nat.

CASSIDOINE, s. f. Pierre précieuse irisée, dont les anciens faisaient des vases.

CASSIDULE, s. f. Radiaire échinide. T. d'hist. nat.

CASSIE, s. f. Arbre des Indes à fleurs odorantes, acacia des jardiniers. T. de bot.

CASSIEN (St.-), s. m. Com. du dép. de la Dordogne, cant. de Montpazier, arr. de Bergerac. = Montpazier.

CASSIEN (St.-), s. m. Com. du dép. de l'Isère, cant. de Rives, arr. de St.-Marcellin. = Rives.

CASSIEN (St.-), s. m. Com. du dép. de la Vienne, cant. de Moncontour, arr. de Loudun. = Loudun.

CASSIER, s. m. Armoire, rayon pour ranger les casses. T. d'impr. — ou canéficier, arbre légumineux qui porte la casse. T. de bot.

CASSIGNAS, s. m. Com. du dép. de Lot-et-Garonne, cant. de la Roque-Timbaut, arr. d'Agen. = Agen.

CASSIN, s. m. Châssis au-dessus du métier des tisserands, où sont attachées les poulies pour porter les ficelles qui servent à faire les façons des étoffes.

CASSINE, s. f. Petite maison de campagne ; petite maison isolée dans les champs. —, bicoque, mauvaise maison. T. fam. —, genre de plantes à fleurs polypétales, ayant du rapport avec les fusains. — de la Caroline, thé des Apalaches. T. de bot.

CASSINE (la), s. f. Com. du dép. des Ardennes, cant. d'Omont, arr. de Mézières. = Mézières.

CASSIOPE, s. f. Epouse de Céphée, roi d'Ethiopie et mère d'Andromède. Voy. ANDROMÈDE. T. de myth. —, constellation boréale. T. d'astr.

CASSIPOURIER, s. m. Plante voisine des salicaires. T. de bot.

CASSIQUE, s. m. Espèce de loriot hupé de l'Amérique méridionale. T. d'hist. nat.

CASSIS, s. m. Ville du dép. des Bouches-du-Rhône, cant. de la Ciotat, arr. de Marseille. = la Ciotat.

Cette ville possède un petit port. Comm. de fruits, vins muscats, etc.

CASSIS, s. m. Voy. Cacis.

CASSOLETTE, s. f. Espèce de réchaud dans lequel on fait brûler des parfums; l'odeur qui s'en exhale. —, pot de chambre, mauvaise odeur. T. iron.

CASSOLLE, s. f. Réchaud pour chauffer la colle. T. de papet.

CASSON, s. m. Morceau de cacao cassé. —, pl. Pains informes de sucre fin.

CASSON, s. m. Com. du dép. de la Loire-Inférieure, cant. de Nort, arr. de Châteaubriant. = Nantes.

CASSONADE, s. f. Sucre brut, qui n'est pas raffiné.

CASSOT, s. m. Caisse à compartimens pour le triage des chiffons.

CASSOU, s. m. Village du dép. de Lot-et-Garonne, cant. et arr. d'Agen. = Agen.

CASSUÉJOULS, s. m. Com. du dép. de l'Aveyron, cant. de la Guiole, arr. d'Espalion. = Espalion.

CASSUMUNIAR ou CASMINAR, s. m. Racine des Indes appartenant à une espèce d'amome. T. de bot.

CASSURE, s. f. Fracture, rupture; endroit de la rupture.

CAST, s. m. Com. du dép. du Finistère, cant. et arr. de Châteaulin. = Châteaulin.

CAST (St.-), s. m. Com. du dép. des Côtes-du-Nord, cant. de Matignon, arr. de Dinan. = Plancoët.

CASTAGNAC, s. m. Com. du dép. de la Haute-Garonne, cant. de Montesquieu-Volvert, arr. de Muret. = Rieux.

CASTAGNÈDE, s. m. Com. du dép. de la Haute-Garonne, cant. de Salies, arr. de St.-Gaudens. = St.-Martory.

CASTAGNÈDE, s. m. Com. du dép. des Basses-Pyrénées, cant. de Salies, arr. d'Orthez. = Orthez.

CASTAGNETTE, s. f. Etoffe de soie, laine ou fil. —, pl. Petits morceaux de bois creusés qu'on tient entre les doigts, et qu'on frappe l'un contre l'autre, comme font les écoliers avec des morceaux d'assiettes.

CASTAGNEUX, s. m. Oiseau aquatique, petit plongeon dont le dos est d'un brun châtain. T. d'hist. nat.

CASTAGNOLE, s. f. Morceau de bois ayant deux trous et fixé à la ralingue. T. de mar.

CASTAGNON, s. m. Châtaignier.

CASTAIGNOS, s. m. Com. du dép. des Landes, cant. d'Amou, arr. de St.-Sever. = St.-Sever.

CASTAILLAC, s. m. Village du dép. de l'Aveyron, cant. d'Entraigues, arr. d'Espalion. = Espalion.

CASTANDET, s. m. Com. du dép. des Landes, cant. de Grenade, arr. de Mont-de-Marsan. = Grenade.

CASTANET, s. m. Com. du dép. du Tarn, cant. et arr. de Gaillac. = Albi.

CASTANET, s. m. Com. du dép. de Tarn-et-Garonne, cant. de St.-Antonin, arr. de Montauban. = Caylus.

CASTANET, s. m. Village du dép. de l'Aveyron, réuni à la com. de Castelnau, cant. de Sauveterre, arr. de Rodez. = Rodez.

CASTANET, s. m. Com. du dép. de la Haute-Garonne, chef-lieu de cant. de l'arr. de Toulouse, où est le bur. d'enregist. = Toulouse.

CASTANET-LE-HAUT, s. m. Com. du dép. de l'Hérault, cant. de St.-Gervais, arr. de Béziers. = Bédarieux.

CASTANITE, s. f. Pierre argileuse imitant la châtaigne.

CASTANS, s. m. Com. du dép. de l'Aude, cant. de Peyriac-Minervois, arr. de Carcassonne. = Carcassonne.

CASTANVIELS, s. m. Village du dép. de l'Aude, cant. de Peyriac, arr. de Carcassonne. = Carcassonne.

CASTE, s. f. Tribu d'Indiens. —, classe, condition; la caste des nobles.

CASTÉIDE-CAMI, s. m. Com. du dép. des Basses-Pyrénées, cant. d'Arthez, arr. d'Orthez. = Orthez.

CASTÉIDE-CANDAU, s. m. Com. du dép. des Basses-Pyrénées, cant. d'Arthez, arr. d'Orthez. = Orthez.

CASTÉIDE-DOAT, s. m. Com. du dép. des Basses-Pyrénées, cant. de Montaner, arr. de Pau. = Vic-en-Bigorre.

CASTEILL, s. m. Com. du dép. des Pyrénées-Orientales, cant. et arr. de Prades. = Prades.

CASTEL, s. m. Com. du dép. de la Dordogne, cant. de St.-Cyprien-et-Lussas, arr. de Sarlat. = Sarlat.

CASTEL, s. m. Com. du dép. de la Somme, cant. d'Ailly-sur-Noye, arr. de Montdidier. = Amiens.

CASTELANE, s. f. Sorte de prune verte.

CASTELBAJAC, s. m. Com. du dép. des Hautes-Pyrénées, cant. de Galan, arr. de Tarbes. = Trie.

CASTELBIAGUE, s. m. Com. du dép. de la Haute-Garonne, cant. de Salies, arr. de St.-Gaudens. = St.-Martory.

CASTELCULIER, s. m. Com. du dép.

de Lot-et-Garonne, cant. de Paymirol, arr. d'Agen. = Agen.

CASTEL-FERRUS, s. m. Com. du dép. de Tarn-et-Garonne, cant. de St.-Nicolas-de-la-Grave, arr. de Castel-Sarrasin. = Castel-Sarrasin.

CASTEL-FRANC, s. m. Com. du dép. du Gers, cant. de Miélan, arr. de Mirande. = Miélan.

CASTEL-FRANC, s. m. Com. du dép. du Lot, cant. de Luzech, arr. de Cahors. Bur. de poste.
Comm. de vins, eaux-de-vie, grains, maïs, chanvre, fer, cuivre, etc.

CASTEL-GAILLARD, s. m. Com. du dép. de la Haute-Garonne, cant. de l'Ile-en-Dodon, arr. de St.-Gaudens. = l'Ile-en-Dodon.

CASTEL-GARRIC, s. m. Com. du dép. du Tarn, cant. de Valence, arr. d'Albi. = Albi.

CASTEL-GINEST, s. m. Com. du dép. de la Haute-Garonne, cant. et arr. de Toulouse. = Toulouse.

CASTEL-JALOUX, s. m. Com. du dép. de Lot-et-Garonne, chef-lieu de cant. de l'arr. de Nérac. Bur. d'enregist. et de poste.
Fab. de gros draps; papeteries; martinets pour le cuivre; verrerie. Comm. de vins, miel, cire, cuirs, etc.

CASTEL-JAU, s. m. Com. du dép. de l'Ardèche, cant. des Vans, arr. de Largentière. = les Vans.

CASTELLA, s. f. Com. du dép. de Lot-et-Garonne, cant. de la Roque-Timbaut, arr. d'Agen. = Agen.

CASTELLAN, s. m. Grand sénateur de Pologne.

CASTELLANNE, s. f. Ville du dép. des Basses-Alpes, chef-lieu de sous-préf. et de cant.; trib. de 1re inst.; société d'agric.; conserv. des hypoth.; recev. part. des finances; bur. d'enregist. et de poste.
Fab. de gros draps; comm. de fruits secs et confits, surtout de pruneaux, dits de Castellanne.

CASTELLARD, s. m. Com. du dép. des Basses-Alpes, cant. et arr. de Digne. = Digne.

CASTELLARE-DI-CASINCA, s. m. Com. du dép. de la Corse, cant. de Vescovato, arr. de Bastia. = Bastia.

CASTELLARE-DI-MERCURIO, s. m. Com. du dép. de la Corse, cant. de Sermano, arr. de Corte. = Bastia.

CASTELLET (le), s. m. Com. du dép. des Basses-Alpes, cant. de Mées, arr. de Digne. = Digne.

CASTELLET, s. m. Com. du dép. de Vaucluse, cant. et arr. d'Apt. = Apt.

CASTELLET (le), s. m. Com. du dép. du Var, cant. du Beausset, arr. de Toulon. = le Beausset.

CASTELLET-LES-SAUSSES, s. m. Com. du dép. des Basses-Alpes, cant. d'Entrevaux, arr. de Castellanne. = Entrevaux.

CASTELLET-ST.-CASSIEN, s. m. Com. du dép. des Basses-Alpes, cant. d'Entrevaux, arr. de Castellanne. = Entrevaux.

CASTELMARY, s. m. Com. du dép. de l'Aveyron, cant. de la Salvetat, arr. de Rodez. = Rodez.

CASTELMAUROU, s. m. Petite ville du dép. de la Haute-Garonne, cant. et arr. de Toulouse. = Toulouse.

CASTELMAYRAN, s. m. Petite ville du dép. de Tarn-et-Garonne, cant. de St.-Nicolas-de-la-Grave, arr. de Castel-Sarrasin. = St.-Nicolas-de-la-Grave.

CASTELMORON, s. m. Com. du dép. de la Gironde, cant. de Monségur, arr. de la Réole. = la Réole.

CASTELMORON, s. m. Com. du dép. de Lot-et-Garonne, chef-lieu de cant. de l'arr. de Marmande. Bur. d'enregist. = Clairac.

CASTELMUS, s. m. Com. du dép. de l'Aveyron, cant. de St.-Bauzély, arr. de Milhau. = Milhau.

CASTELNAU, s. m. Com. du dép. de l'Aveyron, cant. et arr. d'Espalion. = Espalion.

CASTELNAU, s. m. Com. du dép. de l'Aveyron, cant. de St.-Bauzély, arr. de Milhau. = Milhau.

CASTELNAU, s. m. Com. du dép. de l'Aveyron, cant. de Sauveterre, arr. de Rodez. = Rodez.

CASTELNAU, s. m. Ville du dép. de la Gironde, chef-lieu de cant. de l'arr. de Bordeaux. Bur. d'enregist. = Bordeaux.

CASTELNAU, s. m. Com. du dép. de l'Hérault, cant. et arr. de Montpellier. = Montpellier.

CASTELNAU, s. m. Village du dép. du Lot, cant. de Bretenoux, arr. de Figeac. = St.-Céré.

CASTELNAU, s. m. Ville du dép. du Lot, chef-lieu de cant. de l'arr. de Cahors. Bur. d'enregist. et de poste.

CASTELNAU-ANGLÈS, s. m. Com. du dép. du Gers, cant. de Montesquiou, arr. de Mirande. = Mirande.

CASTELNAU-BARBARENS, s. m. Com. du dép. du Gers, cant. de Saramon, arr. d'Auch. = Auch.

CASTELNAU-CHALOSSE, s. m. Com. du dép. des Landes, cant. d'Amou, arr. de St.-Sever. = St.-Sever.

CASTELNAUD, s. m. Com. du dép. de la Dordogne, cant. de Domme, arr. de Sarlat. = Sarlat.

CASTELNAUD, s. m. Com. du dép. de Lot-et-Garonne, cant. de Cancon, arr. de Villeneuve. = Villeneuve-d'Agen.

CASTELNAUD, s. m. Com. du dép. de Lot-et-Garonne, cant. de Seyches, arr. de Marmande. = Marmande.

CASTELNAU-D'ARBIEU, s. m. Com. du dép. du Gers, cant. de Fleurance, arr. de Lectoure. = Fleurance.

CASTELNAUDARY, s. m. Grande et très ancienne ville du dép. de l'Aude, chef-lieu de sous-préf. et de deux cant.; trib. de 1re inst. et de comm.; société d'agric.; conserv. des hypoth.; direct. des contrib. indir.; recev. particulier des finances; bur. d'enregist. et de poste. Pop., 10,000 hab. environ.
Cette ville, au bas de laquelle coule le canal du Midi, est bâtie sur l'emplacement de *Sostomagus*, qui fut saccagée par les Goths, et reconstruite sous le nom de *Castrum novum Arianorum*. En 1355, les Anglais incendièrent Castelnaudary; plus tard, en 1632, Gaston d'Orléans y fut vaincu par Louis XIII. Le duc de Montmorency, fait prisonnier dans ce combat, fut jugé par le parlement de Toulouse, qui le condamna à mort et le fit décapiter. Deux hommes remarquables dans nos fastes militaires, les généraux Andréossy et Dejean, sont nés à Castelnaudary.
Fab. de draps, toiles peintes et étoffes de soie; filatures de coton. Comm. de grains et d'excellens melons. Dist. de Paris, 195 l.

CASTELNAU-D'AUDE, s. m. Com. du dép. de l'Aude, cant. de Lésignan, arr. de Narbonne. = Lésignan.

CASTELNAU-D'AUZAN, s. m. Com. du dép. du Gers, cant. de Montréal, arr. de Condom. = Condom.

CASTELNAU-DE-BRASSAC, s. m. Com. du dép. du Tarn, cant. de Brassac, arr. de Castres. = Castres.

CASTELNAU-DE-GUERS, s. m. Com. du dép. de l'Hérault, cant. de Florensac, arr. de Béziers. = Pézénas.

CASTELNAU-DE-LEVI, s. m. Petite ville du dép. du Tarn, cant. et arr. d'Albi. = Albi.

CASTELNAU-D'ESTREFONDS, s. m. Com. du dép. de la Haute-Garonne, cant. de Fronton, arr. de Toulouse. = Fronton.

CASTELNAU-DURBAN, s. m. Com. du dép. de l'Ariège, cant. et arr. de St.-Girons. = St.-Girons.

CASTELNAU-MAGNOAC, s. m. Petite ville du dép. des Hautes-Pyrénées, chef-lieu de cant. de l'arr. de Bagnères. Bur. d'enregist. et de poste. Fab. d'étoffes de laine et de bougies.

CASTELNAU-MONTMIRAIL, s. m. Ville du dép. du Tarn, chef-lieu de cant. de l'arr. de Gaillac. Bur. d'enregist. = Gaillac.

CASTELNAU-PICAMPEAU, s. m. Com. du dép. de la Haute-Garonne, cant. du Fousseret, arr. de Muret. = Martres.

CASTELNAU-RIVIÈRE-BASSE, s. m. Petite ville du dép. des Hautes-Pyrénées, chef-lieu de cant. de l'arr. de Tarbes. Bur. d'enregist. = Tarbes.

CASTELNAU-SUR-LAUVIGNON, s. m. Com. du dép. du Gers, cant. et arr. de Condom. = Condom.

CASTELNAU-TURSAN, s. m. Com. du dép. des Landes, cant. de Geaune, arr. de St.-Sever. = Dax.

CASTELNAU-VALENCE, s. m. Com. du dép. du Gard, cant. de Vézénobres; arr. d'Alais. = Uzès.

CASTELNAVET, s. m. Com. du dép. du Gers, cant. d'Aignan, arr. de Mirande. = Vic-Fézensac.

CASTELNER, s. m. Com. du dép. des Landes, cant. d'Hagetmau, arr. de St.-Sever. = St.-Sever.

CASTELNOU, s. m. Com. du dép. des Pyrénées-Orientales, cant. de Thuir, arr. de Perpignan. = Perpignan.

CASTELOGNE, s. f. Couverture de lit, de laine très fine.

CASTELPERS, s. m. Village réuni à la com. de St.-Just, dép. de l'Aveyron, cant. de Naucelle, arr. de Rodez. = Rodez.

CASTELRENG, s. m. Com. du dép. de l'Aude, cant. et arr. de Limoux. = Limoux.

CASTEL-SAGRAT, s. m. Petite ville du dép. de Tarn-et-Garonne, cant. de Valence, arr. de Moissac. = Valence.

CASTEL-SARRASIN, s. m. Ville du dép. de Tarn-et-Garonne, chef-lieu de sous-préf. et d'un cant., trib. de 1re inst.; conserv. des hypoth.; recev. partic. des finances; bur. d'enregist. et de poste. Fab. de cadis, serges, toiles et étoffes de laine.

CASTEL-SARRASIN, s. m. Com. du dép. des Landes, cant. d'Amou, arr. de St.-Sever. = Orthez.

CASTELTARBE, s. m. Village du dép. des Basses-Pyrénées, cant. et arr. d'Orthez. = Orthez.

CASTELVIEIL, s. m. Com. du dép. de la Gironde, cant. de Sauveterre, arr. de la Réole. = Cadillac.

CASTELVIEILH, s. m. Com. du dép. des Hautes-Pyrénées, cant. de Pouyastruc, arr. de Tarbes. = Tarbes.

CASTERA, s. m. Com. du dép. des Basses-Pyrénées, cant. de Montaner, arr. de Pau. = Vic-en-Bigorre.

CASTERA, s. m. Com. du dép. des Hautes-Pyrénées, cant. de Pouyastruc, arr. de Tarbes. = Tarbes.

CASTERA (le), s. m. Com. du dép. de la Haute-Garonne, cant. de Boulogne, arr. de St.-Gaudens. = Boulogne.

CASTERA (le), s. m. Com. du dép. de la Haute-Garonne, cant. de Cadours, arr. de Toulouse. = l'Ile-en-Jourdain.

CASTERA-BOUZET, s. m. Com. du dép. de Tarn-et-Garonne, cant. de Lavit, arr. de Castel-Sarrasin. = St.-Nicolas-de-la-Grave.

CASTERA-LANUSSE, s. m. Com. du dép. des Hautes-Pyrénées, cant. de Tournay, arr. de Tarbes. = Tarbes.

CASTERA-LECTOUROIS, s. m. Com. du dép. du Gers, cant. et arr. de Lectoure. = Lectoure.

CASTERA-PRÉNERON, s. m. Com. du dép. du Gers, cant. de Vic-Fézensac, arr. d'Auch. = Vic-Fézensac.

CASTERAS, s. m. Com. du dép. de l'Ariège, cant. de Fossat, arr. de Pamiers. = le Mas-d'Azil.

CASTERA-VIVENT, s. m. Com. du dép. du Gers, cant. de Valence, arr. de Condom. = Condom.

Fort bel établissement d'eaux minérales sulfureuses et ferrugineuses.

CASTERETS, s. m. Com. du dép. des Hautes-Pyrénées, cant. de Castelnau-Magnoac, arr. de Bagnères. = Castelnau-Magnoac.

CASTERON, s. m. Com. du dép. du Gers, cant. de St.-Clar, arr. de Lectoure. = St.-Clar.

CASTET, s. m. Village du dép. de l'Ariège, cant. de Massat, arr. de St.-Girons. = St.-Girons.

CASTET, s. m. Com. du dép. des Basses-Pyrénées, cant. d'Arudy, arr. d'Oloron. = Oloron.

CASTET-ARROUY, s. m. Com. du dép. du Gers, cant. de Miradoux, arr. de Lectoure. = Lectoure.

CASTETBON, s. m. Com. du dép. des Basses-Pyrénées, cant. de Sauveterre, arr. d'Orthez. = Orthez.

CASTETIS, s. m. Com. du dép. des Basses-Pyrénées, cant. et arr. d'Orthez. = Orthez.

CASTETNAU, s. m. Com. du dép. des Basses-Pyrénées, cant. de Navarrenx, arr. d'Orthez. = Navarrenx.

CASTETNER, s. m. Com. du dép. des Basses-Pyrénées, cant. de Lagor, arr. d'Orthez. = Orthez.

CASTETPUGON, s. m. Com. du dép. des Basses-Pyrénées, cant. de Garlin, arr. de Pau. = Pau.

CASTETS, s. m. Com. du dép. des Landes, chef-lieu de cant. de l'arr. de Dax, où est le bur. d'enregist. = Dax.

CASTETS-EN-DORTHE, s. m. Com. du dép. de la Gironde, cant. de Langon, arr. de Bazas. = Langon.

CASTEX, s. m. Com. du dép. de l'Ariège, cant. du Mas-d'Azil, arr. de Pamiers. = le Mas-d'Azil.

CASTEX, s. m. Com. du dép. du Gers, cant. de Cazaubon, arr. de Condom. = Lectoure.

CASTEX, s. m. Com. du dép. du Gers, cant. de Miélan, arr. de Mirande. = Lectoure.

CASTIES-ET-LABRANDE, s. m. Com. du dép. de la Haute-Garonne, cant. du Fousseret, arr. de Muret. = Martres.

CASTIFAO, s. m. Com. du dép. de la Corse, chef-lieu de cant. de l'arr. de Corte. Bur. d'enregist. à Moltifao. = Bastia.

CASTIGLIONE, s. m. Com. du dép. de la Corse, cant. d'Omessa, arr. de Corte. = Bastia.

CASTILLAN, s. m. Monnaie d'or d'Espagne.

CASTILLAN, E, s. et adj. Habitant des Castilles; qui appartient à ces deux provinces d'Espagne.

CASTILLE (vieille la), s. f. Province d'Espagne dans laquelle on remarque Burgos et Valladolid. — nouvelle, autre province d'Espagne arrosée par le Tage et la Guadiana, dans laquelle se trouve Madrid, capitale de ce royaume. —, petite querelle, débat.

CASTILLON, s. m. Com. du dép. des Basses-Alpes, cant. et arr. de Castellanne. = Castellanne.

CASTILLON, s. m. Petite ville du dép. de l'Ariège, chef-lieu de cant. de l'arr. de St.-Girons. Bur. d'enregist. = St.-Girons.

CASTILLON, s. m. Com. du dép. du Calvados, cant. de Balleroy, arr. de Bayeux. = Balleroy.

CASTILLON, s. m. Com. du dép. du Calvados, cant. de Mézidon, arr. de Lisieux. = Croissanville.

CASTILLON, s. m. Com. du dép. du Gard, cant. de St.-Ambroix, arr. d'Alais. = St.-Ambroix.

CASTILLON, s. m. Com. du dép. de la Haute-Garonne, cant. et arr. de Toulouse. = Bagnères-de-Luchon.

CASTILLON, s. m. Com. du dép. des Basses-Pyrénées, cant. d'Arthez, arr. d'Orthez. = Orthez.

CASTILLON, s. m. Com. du dép. du Gers, cant. d'Ile-Jourdain, arr. de Lombez. = l'Ile-Jourdain.

CASTILLON, s. m. Com. du dép. des Basses-Pyrénées, cant. de Lembeye, arr. de Pau. = Pau.

CASTILLON, s. m. Com. du dép. des Hautes-Pyrénées, cant. de Lannemezan, arr. de Bagnères. = Bagnères.

CASTILLON-DEBATS, s. m. Com. du dép. du Gers, cant. de Vic-Fézensac, arr. d'Auch. = Vic-Fézensac.

CASTILLON-DE-CASTETS, s.m. Com. du dép. de la Gironde, cant. d'Auros, arr. de Bazas. = Bazas.

CASTILLON-DU-GARD, s. m. Com. du dép. du Gard, cant. de Remoulins, arr. d'Uzès. = Uzès.

CASTILLON-ET-CAPITOURLAN, s. m. Petite ville du dép. de la Gironde, chef-lieu de cant. de l'arr. de Libourne. Bur. d'enregist. et de poste.

CASTILLON-MASSAS, s. m. Com. du dép. du Gers, cant. de Segun, arr. d'Auch. = Auch.

CASTILLONNÈS, s. m. Ville du dép. de Lot-et-Garonne, chef-lieu de cant. de l'arr. de Villeneuve. Bur. d'enregist. et de poste.

CASTILLON-PRÈS-BAGNÈRES-DE-LUCHON, s. m. Com. du dép. de la Haute-Garonne, cant. de Bagnères-de-Luchon, arr. de St.-Gaudens. = Bagnères-de-Luchon.

CASTILLON-PRÈS-ST.-MARTORY, s. m. Com. du dép. de la Haute-Garonne, cant. de St.-Martory, arr. de St.-Gaudens. = St.-Gaudens.

CASTILLY, s. m. Com. du dép. du Calvados, cant. d'Isigny, arr. de Bayeux. = Isigny.

CASTIN, s. m. Com. du dép. du Gers, cant. et arr. d'Auch. = Auch.

CASTIN (St.-), s. m. Com. du dép. des Basses-Pyrénées, cant. de Morlaas, arr. de Pau. = Pau.

CASTINE, s. f. Pierre calcaire qu'on mêle avec la mine de fer qu'on veut faire fondre, pour absorber l'acide sulfurique.

CASTINETA, s. f. Com. du dép. de la Corse, cant. de Morosaglia, arr. de Corte. = Bastia.

CASTIRLA, s. f. Com. du dép. de la Corse, cant. d'Omessa, arr. de Corte. = Bastia.

CASTOR, s. m. Quadrupède rongeur, amphibie à queue plate et écailleuse, qui construit son habitation et vit en société. —, chapeau du poil de cet animal.

CASTOR ET POLLUX, s. m. pl. Fils de Jupiter et de Léda, frères d'Hélène et de Clytemnestre. Ces deux frères s'aimaient si tendrement qu'ils ne se quittaient point. Ils furent métamorphosés en astres et placés dans le zodiaque sous le nom de Gémeaux. T. de myth. —, feu St.-Elme, double gerbe de feu qui paraît dans le haut des mâts après une tempête. T. de mar.

CASTORÉUM, s. m. Matière renfermée dans deux vésicules du castor, et employée en médecine dans les affections spasmodiques. T. de méd.

CASTORINE, s. f. Sorte de drap d'une très grande finesse.

CASTRAMÉTATION, s. f. Campement; art d'asseoir un camp, d'en mesurer les dimensions, chez les anciens.

CASTRAT, s. m. Malheureuse victime de la cupidité d'infâmes parens; homme privé, dès l'enfance, des organes sexuels, afin de lui conserver une voix claire et élevée, ce que les Italiens, chez lesquels se commettait cette horrible mutilation, appellent une voix de soprano.

CASTRATION, s. f. Amputation des testicules.

CASTRENSE, adj. Se dit de la couronne dont les Romains ceignaient le front du guerrier qui, le premier, avait pénétré dans le camp ennemi.

CASTRES, s. m. Com. du dép. de l'Aisne, cant. de St.-Simon, arr. de St.-Quentin. = St.-Quentin.

CASTRES, s. m. Com. du dép. de la Gironde, cant. de Labrède, arr. de Bordeaux. Bur. d'enregist. et de poste.

CASTRES, s. m. Ville du dép. du Tarn, chef-lieu de sous-préf. et d'un cant.; trib. de 1re inst. et de comm.; chambre consultative des manuf.; société d'agric.; biblioth. publ., conserv. des hypoth.; insp. des forêts; direct. des contrib. indir.; recev. part. des finances. Bur. d'enregist. et de poste. Popul. 15,660 hab. environ. Cette ville, fondée en 647, sur l'emplacement d'un camp romain, prit une part active dans nos guerres de religion, où elle combattait pour le protestantisme qu'elle avait embrassé. Deux hommes célèbres dans la littérature, André Dacier, et Sabathier, auteur des Trois Siècles de la Littérature, naquirent à Castres.

Fab. de casimir, draps fins, cuirs de laine, castorines, molletons, flanelles, ratines, couvertures de laine, toiles, savon noir; papeteries; forges et fonderies de cuivre; comm. de draps, liqueurs et confitures. Dist. de Paris 179 l.

CASTRIES, s. f. Com. du dép. de l'Hérault, chef-lieu de cant. de l'arr. de Montpellier. Bur. d'enregist. = Montpellier.

CASTROMÉTRIE, s. f. Art de mesurer le terrain propre à former un camp.

CASUALITÉ, s. f. Caractère de ce qui est éventuel, fortuit.

CASUEL, s. m. Revenu éventuel d'une cure, les baptêmes, les mariages, etc.

CASUEL, LE, adj. Eventuel, fortuit, qui peut arriver ou non. —, fragile, cassant. Parties —, droits de mutation qui revenaient au roi ; bureau où se faisait la perception de ces droits.

CASUELLEMENT, adv. Fortuitement, par hasard. T. inus.

CASUISTE, s. m. Théologien qui prononce sur les cas de conscience.

CASYS, s. m. pl. Prêtres persans.

CATABAUCALISE, s. f. Chanson avec laquelle les Grecs endormaient leurs enfans.

CATABIBAZONE ou **QUEUE DE DRAGON**, s. f. Nœud descendant de la lune. T. d'astr.

CATACAUSTIQUE, s. f. Courbe formée par des rayons réfléchis. T. de math.

CATACHRÈSE, s. f. Métaphore abusive, comme : ferré d'argent ; à cheval sur un âne.

CATACLYSME, s. m. Déluge, inondation. —, bain, douche. T. de méd.

CATACOI, s. Sorte de petite voile. T. de mar.

CATACOMBES, s. f. pl. Cimetière souterrain dans lequel on enterrait les morts et surtout les victimes de l'intolérance païenne, les martyrs. — immenses carrières dont l'entrée est située dans la commune de Montrouge, près Paris, où l'on dépose les ossemens des morts.

CATACOUSTIQUE, s. f. Traité des échos ou sons réfléchis.

CATADIOPTRIQUE, s. f. Traité sur les effets de la lumière, soit réfractée, soit réfléchie.

CATADOUPE ou **CATADUPE**, s. f. Cataracte, chute d'un fleuve.

CATADROME, s. m. Corde sur laquelle on dansait. T. d'antiq.

CATAFALQUE, s. m. Décoration funèbre au milieu d'une église où l'on place le cercueil d'un mort auquel on rend les plus grands honneurs.

CATAGLOTISME, s. m. Baiser sur la bouche.

CATAGMATIQUE, s. et adj. Se dit d'un remède qu'on a cru propre à hâter la formation du calus, après la réduction d'une fracture. T. de chir.

CATAGOGIES, s. f. pl. Fêtes en l'honneur de Vénus, pour célébrer son retour de la Lybie. T. de Myth.

CATAIRE, s. f. Herbe au chat, plante labiée, aromatique. T. de bot.

CATALAN, E, s. et adj. Qui a rapport à la Catalogne ; qui habite cette province d'Espagne.

CATALECTES, s. m. pl. Recueil de morceaux détachés ; fragmens, petites pièces d'auteurs anciens.

CATALECTIQUE, adj. Se dit de vers qui ont une syllabe de moins.

CATALEPSIE, s. f. Espèce d'apoplexie, privation momentanée du sentiment et du mouvement. T. de méd. Etat d'une plante, ou de l'une de ses parties qui reste inclinée. T. de bot.

CATALEPTIQUE, s. et adj. Attaqué de la catalepsie. T. de méd. —, privé d'élasticité. T. de bot.

CATALOGNE (la), s. f. Province orientale du royaume d'Espagne, bornée au N. par les Pyrénées, O. Arragon, S. Valence, E. Méditerranée. Cette province, la plus riche et la plus peuplée de l'Espagne, possède de nombreuses manuf. Barcelonne, sa capitale, fait un comm. marit. très considérable.

CATALOGUE, s. m. Liste, dénombrement avec ordre ; catalogue de livres, de plantes.

CATALOTIQUE ou **CATULOTIQUE**, adj. Cicatrisant ; remède catalotique. T. de méd.

CATALPA, s. m. Arbre à fleurs en grappes, blanches et pourprées, genre de bignonées.

CATANANCE, s. f. Plante laiteuse, médicinale, qui est très commune dans le midi de la France.

CATANE, s. f. Ville de Sicile, la seconde de l'île, est au pied du mont Etna. Plusieurs fois renversée par des tremblemens de terre, elle a toujours été rebâtie avec magnificence, et passe pour l'une des plus belles de l'Europe. Pop. 86,000 hab. envir.

CATAPASME, s. m. Médicament pulvérisé dont on saupoudre quelques parties du corps. T. de méd.

CATAPELTE, s. f. Instrument de supplice formé de deux planches entre lesquelles se trouvait serré le patient.

CATAPHONIQUE, s. f. Voy. CATACOUSTIQUE.

CATAPHORE, s. m. Assoupissement profond. T. de méd.

CATAPHRACTAIRE, s. m. Cavalier armé de toutes pièces.

CATAPHRACTE, s. m. Armure des cataphractaires ; vaisseau de guerre des anciens, long et ponté. —, genre de poissons abdominaux. T. d'hist. nat.

CATAPLASME, s. m. Topique, remède externe d'une consistance molle, en forme de bouillie, que l'on applique soit sur la peau, soit entre deux linges. T. de chir.

CATAPLEXIE, s. f. Engourdissement soudain dans les membres. T. de méd. inus.

CATAPPA, s. f. Badamier benjoin. T. de bot.

CATAPULTE, s. f. Machine de guerre pour lancer des pierres. T. d'antiq.

CATARACTE, s. f. Cécité plus ou moins prononcée par l'opacité du cristallin, ou de sa capsule. —, pl. Chute d'eau d'un grand fleuve qui se précipite avec fracas d'un lieu fort élevé ; les cataractes du Nil. —, grande abondance de pluie, selon la Bible.

CATARACTER (se), v. pron. Se couvrir d'une cataracte. T. de chir.

CATARRHAL, E, adj. Qui appartient au catarrhe. Fièvre —, produite par l'irritation de la membrane muqueuse. T. de méd.

CATARRHE, s. m. Inflammation de la membrane muqueuse, maladie chronique.

CATARRHEUX, EUSE, adj. Sujet au catarrhe, qui en est affecté.

CATASTASE, s. f. Chez les Grecs, c'était la troisième partie du poëme dramatique, dans laquelle les intrigues nouées dans l'épitase se soutenaient, continuaient, augmentaient jusqu'à la catastrophe qui formait le dénouement.

CATASTALTIQUE, adj. Styptique, astringent, répercussif. T. de méd.

CATASTATIQUE, adj. Qui dépend de la constitution physique, du tempérament. T. de méd.

CATASTÉRISMES, s. m. pl. Astérisques, renvois marqués par des étoiles.

CATASTOME, s. m. Embouchure de la flûte antique.

CATASTROPHE, s. f. Péripétie, changement, révolution qui s'opère à la fin de l'action d'un poëme dramatique. —, fin malheureuse, événement funeste ; sanglante catastrophe. —, déplacement de la pupille de l'œil. T. de méd.

CATÉCHÈSE, s. f. Catéchisme, instruction de vive voix.

CATÉCHISÉ, E, part. Instruit des principaux points de la foi.

CATÉCHISER, v. a. Enseigner les principes de la religion, sa doctrine, ses mystères. —, s'efforcer de persuader, exhorter, endoctriner, instruire. Fig.

CATÉCHISME, s. m. Enseignement des principes de la foi, de la doctrine chrétienne ; livre qui renferme cet enseignement ; réunion des enfans qui assistent aux leçons d'un catéchiste pour être admis à la première communion.

Faire le — à quelqu'un ; dicter les réponses qu'il doit faire. Savoir son —, avoir des réponses préparées.

CATÉCHISTE, s. m. Prêtre chargé de faire le catéchisme, d'instruire les enfans dans les principes de la religion catholique.

CATÉCHISTIQUE, adj. En forme de catéchisme.

CATÉCHUMÉNAT, s. m. Durée de l'instruction d'un catéchumène.

CATÉCHUMÈNE, s. m. Personne que l'on instruit pour la disposer à recevoir le baptême.

CATÉGORIE, s. f. Classe dans laquelle les anciens philosophes rangeaient tous les êtres ; les catégories d'Aristote. —, ordre dans lequel on range des choses de différentes espèces, mais de même genre, de même nature.

CATÉGORIQUE, adj. Clair, précis, sans équivoque ; fait à propos, dans l'ordre reçu.

CATÉGORIQUEMENT, adv. Clairement, avec raison, à propos, pertinemment.

CATE-INDIEN, s. m. Arbre dont on extrait une pâte astringente employée en médecine.

CATELET (le), s. m. Petite ville du dép. de l'Aisne, chef-lieu de cant. de l'arr. de St.-Quentin. Bur. d'enregist. et de poste.

CATELIER (le), s. m. Com. du dép. de la Seine-Inférieure, cant. de Longueville, arr. de Dieppe. = Rouen.

CATELON, s. m. Com. du dép. de l'Eure, cant. de Bourgthéroulde, arr. de Pont-Audemer. = Bourg-Achard.

CATENAY, s. m. Com. du dép. de la Seine-Inférieure, cant. de Buchy, arr. de Rouen. = Rouen.

CATENOY, s. m. Com. du dép. de l'Oise, cant. de Liancourt, arr. de Clermont. = Clermont-en-Beauvoisis.

CATÉROLES, s. f. pl. Petits terriers où les lapins font leurs nids et leurs petits.

CATERVE, s. f. Cohue, foule. (Vi.)

CATESBÉE, s. f. Genre d'arbrisseaux rubiacés. T. de bot.

CATHA, s. m. Arbre de l'Arabie. T. de bot.

CATHARMES, s. m. pl. Sacrifices d'expiation dans lesquels on immolait des hommes pour être délivrés de la peste. T. de myth.

CATHARSIE, s. f. Purgation. T. de méd.

CATHARTIQUE, s. et adj. Purgatif. T. de méd.

CATHÉDRALE, s. et adj. f. Église épiscopale.

CATHÉDRANT, s. m. Docteur qui préside à une thèse.

CATHÉMÉRINE, adj. f. Se dit d'une fièvre dont les accès se reproduisent chaque jour. T. de méd.

CATHÉRÈSE, s. f. Affaiblissement, déperdition, exténuation. T. de méd.

CATHÉRÉTIQUE, s. m. et adj. Remède caustique qui consume les chairs fongueuses. T. de chir.

CATHERINE (Ste.-), s. f. Com. du dép. du Pas-de-Calais, cant. et arr. d'Arras. = Arras.

CATHERINE (Ste.-), s. f. Com. du dép. du Puy-de-Dôme, cant. de St.-Germain-l'Herm, arr. d'Ambert. = Ambert.

CATHERINE (Ste.-), s. f. Com. du dép. du Rhône, cant. de Mornant, arr. de Lyon. = Lyon.

CATHERINE (Ste.-), s. f. Village du dép. de Tarn-et-Garonne, cant. et arr. de Moissac. = Moissac.

CATHERINE-DE-FIERBOIS (Ste.-), s. f. Com. du dép. d'Indre-et-Loire, cant. de Ligueil, arr. de Loches. = Ste-Maure.

CATHERVIELLE, s. f. Com. du dép. de la Haute-Garonne, cant. de Bagnères-de-Luchon, arr. de St.-Gaudens. = Bagnères-de-Luchon.

CATHET, s. m. Arbrisseau de la Cochinchine. T. de bot.

CATHÈTE, s. f. Perpendiculaire. T. de géom.

CATHETER, s. m. Algalie, sonde d'argent qu'on introduit dans la vessie, soit pour la vider, soit pour reconnaître le calcul. T. de chir.

CATHÉTÉRISME, s. m. Action de sonder un malade, de remédier aux embarras de la vessie. T. de chir.

CATHEUX, s. m. Com. du dép. de l'Oise, cant. de Crèvecœur, arr. de Clermont. = Crèvecœur.

CATHIÈRES, s. f. Com. du dép. de l'Aveyron, cant. de Réquista, arr. de Rodez. = Rodez.

CATHOLICISME, s. m. Religion catholique, foi entière à ses dogmes.

CATHOLICITÉ, s. f. Doctrine catholique ; pays où l'on professe la religion catholique.

CATHOLICON, s. m. Electuaire purgatif dont on faisait un très grand usage dans l'ancienne médecine.

CATHOLIQUE, s. Celui, celle qui professe la religion catholique. — à gros grains, peu scrupuleux. —, adj. Universel, répandu par toute la terre, se dit de la religion romaine. —, régulier, juste, légal. T. fam. Le roi —, le roi d'Espagne. Fourneau —, propre à toutes sortes d'opérations. T. de chim. Cadran —, qui indique les heures à toute élévation du pôle.

CATHOLIQUEMENT, adv. D'une manière conforme à la foi catholique.

CATI, s. m. Apprêt pour lustrer les étoffes, les affermir.

CATI, E, part. Apprêté, lustré, en parlant du drap.

CATICHES, s. f. pl. Terriers des loutres.

CATIGNY, s. m. Com. du dép. de l'Oise, cant. de Guiscard, arr. de Compiègne. = Noyon.

CATILINA, s. m. Romain d'une naissance illustre, mais abîmé de dettes et couvert de crimes, qui forma le projet d'exterminer les sénateurs et de s'emparer de l'autorité souveraine à l'exemple de Sylla.

CATILINAIRE, s. f. Discours de Cicéron contre Catilina.

CATILLAC, s. m. Genre de poires qui ont la forme d'une calebasse.

CATILLON (le), s. m. Com. du dép. de l'Oise, cant. de St.-Just-en-Chaussée, arr. de Clermont. = St.-Just-en-Chaussée.

CATILLON (le), s. m. Com. du dép. de la Seine-Inférieure, cant. de Forges, arr. de Neufchâtel. = Forges.

CATILLON-DU-TEMPLE, s. m. Com. du dép. de l'Aisne, cant. de Crécy-sur-Serre, arr. de Laon. = la Fère.

CATI-MARUS, s. m. Arbre qu'on trouve dans l'île de Java et aux Philippines. T. de bot.

CATIMINI (en), adv. En cachette. (Vi.)

CATIN, s. m. Bassin dans lequel coule le métal en fusion. —, s. f. Prostituée, fille débauchée. T. fam.

CATIR, v. a. Apprêter du drap, le lustrer.

CATISSEUR, s. m. Ouvrier qui donne le cati aux draps, qui les apprête.

CATISSOIR, s. m. poêle ; petit couteau pour catir.

CATLLAR, s. m. Com. du dép. des Pyrénées-Orientales, cant. et arr. de Prades. = Prades.

CATO-CATHARTIQUE ou **CATOTÉRIQUE**, adj. Vieux mots de médecine synonymes de purgatif.

CATOCHE, s. m. Voy. CATALEPSIE.

CATOCHITE, s. f. Pierre visqueuse de l'île de Corse. T. d'hist. nat.

CATODON, s. m. Cachalot, sorte de baleine qui n'a de dents qu'à la mâchoire inférieure.

CATOGAN, s. m. Ancienne coiffure ; nœud qui tenait les cheveux retroussés près de la tête.

CATON, s. m. Sénateur romain, républicain de mœurs austères qui fut surnommé le censeur. —, homme sage ou qui affecte de l'être, se dit par allusion. —, anneau pour étirer le fil de fer. —, pl. Tringles.

CATONVIELLE, s. f. Com. du dép. du Gers, cant. de Cologne, arr. de Lombez. = Gimont.

CATOPES, s. f. pl. Nageoires abdominales des poissons. T. d'hist. nat.

CATOPTRIQUE, s. f. et adj. Traité sur les effets produits par la réflexion de la lumière. T. de phys.

CATOPTROMANCIE, s. f. Divination au moyen d'un miroir placé derrière la tête d'un enfant qui, comme l'Amour, avait les yeux bandés.

CATORCHITE, s. m. Espèce de vin de figue.

CATTEAU (le), s. m. Petite ville du dép. du Nord, chef-lieu de cant. de l'arr. de Cambrai. Bur. d'enregist. et de poste. Manuf. de draps, percales, batistes; papeteries; brasseries et genièvreries.

CATTEGNIÈRES, s. f. Com. du dép. du Nord, cant. de Carnières, arr. de Cambrai. = Cambrai.

CATTENOM, s. m. Com. du dép. de la Moselle, chef-lieu de cant. de l'arr. de Thionville. Bur. d'enregist. = Thionville.

CATTERI, s. m. Com. du dép. de la Corse, cant. d'Algajola, arr. de Calvi. = Bastia.

CATTEVILLE, s. f. Com. du dép. de la Manche, cant. de St.-Sauveur-le-Vicomte, arr. de Valognes. = Valognes.

CATTILLON, s. m. Com. du dép. du Nord, cant. du Catteau, arr. de Cambrai. = le Catteau.

Comm. de bois de construction.

CATTU-TŒKKA, s. m. Chèvre-feuille du Malabar. T. de bot.

CATULLI-PELA, s. m. Plante liliacée du Malabar. T. de bot.

CATULOTIQUE, adj. Cicatrisant. T. de méd.

CATU-MULLA, s. m. Jasmin du Malabar. T. de bot.

CATURE, s. m. Espèce d'euphorbe. T. de bot.

CATUS, s. m. Com. du dép. du Lot, chef-lieu de cant. de l'arr. de Cahors. Bur. d'enregist. = Cahors.

CATZ, s. m. Com. du dép. de la Manche, cant. de Carentan, arr. de St.-Lô. = Carentan.

CAUBEL, s. m. Com. du dép. de Lot-et-Garonne, cant. de Monclar, arr. de Villeneuve. = Ste.-Livrade.

CAUBERT, s. m. Com. du dép. de la Somme, cant. et arr. d'Abbeville. = Abbeville.

CAUBEYRES, s. m. Com. du dép. de Lot-et-Garonne, cant. de Damazan, arr. de Nérac. = Nérac.

CAUBIAC, s. m. Com. du dép. de la Haute-Garonne, cant. de Cadours, arr. de Toulouse. = Grenade-sur-Garonne.

CAUBIOS, s. m. Com. du dép. des Basses-Pyrénées, cant. de Lescar, arr. de Pau. = Pau.

CAUBON, s. m. Com. du dép. de Lot-et-Garonne, cant. de Seyches, arr. de Marmande. = Marmande.

CAUBOUS, s. m. Com. du dép. de la Haute-Garonne, cant. de Bagnères-de-Luchon, arr. de St.-Gaudens. = St.-Béat.

CAUBOUS, s. m. Com. du dép. des Hautes-Pyrénées, cant. de Castelnau-Magnoac, arr. de Bagnères. = Castelnau-Magnoac.

CAUCALIDE, s. f. Plante annuelle, ombellifère qui croît dans les lieux incultes. T. de bot.

CAUCALIÈRES-CASTRES, s. f. Com. du dép. du Tarn, cant. de Mazamet, arr. de Castres. = Castres.

CAUCALIÈRES-LAVAUR, s. f. Com. du dép. du Tarn, cant. de Mazamet, arr. de Castres. = Mazamet.

CAUCASE, s. m. Chaîne de montagnes d'Asie, dans l'ancien royaume de Colchide où était la toison d'or. Ce fut sur le sommet du Caucase que Prométhée fut enchaîné par ordre de Jupiter. T. de myth.

CAUCHANTE, s. m. Arbrisseau d'Arabie. T. de bot.

CAUCHEMAR, s. m. Sentiment douloureux qu'on croit éprouver à la région épigastrique durant le sommeil; situation pénible qui cesse à l'instant d'un réveil brusque. Donner le —, fatiguer l'attention par d'ennuyeux discours.

CAUCHER, s. m. Livret de papier joseph pour enfermer les feuillets d'or battu dont se servent les doreurs, les éventaillistes, etc.

CAUCHIE (la), s. f. Com. du dép. du Pas-de-Calais, cant. de Beaumetz, arr. d'Arras. = Arras.

CAUCHOIS, E, s. et adj. Habitant du pays de Caux; gros pigeons qui viennent ordinairement de ce pays.

CAUCHY-À-LA-TOUR, s. m. Com. du dép. du Pas-de-Calais, cant. de Norrent-Fontes, arr. de Béthune. = Lillers.

CAUCOURT, s. m. Com. du dép. du Pas-de-Calais, cant. de Houdain, arr. de Béthune. = Béthune.

CAUDAN, s. m. Com. du dép. du Morbihan, cant. de Pontscorff, arr. de Lorient. = Hennebon.

CAUDATAIRE, s. m. Prêtre subalterne qui porte la queue de la robe du pape, d'un cardinal, etc.

CAUDÉ, E, adj. Terminé par un filet. T. de bot. —, à queue; étoile, comète caudée. T. de blas.

CAUDEBEC, s. m. Ville du dép. de la Seine-Inférieure, chef-lieu de cant. de l'arr. d'Yvetot. Bur. d'enregist. et de poste.

Cette petite ville, sur la rive droite de la Seine, y possède un port très commode et très commerçant. Manuf. de toiles à voiles; fab. de savon, de chapeaux, cuirs, amidon; filatures de coton, raffineries de sucre. Comm. de grains, bestiaux, volailles, plumes, ardoises, fer, charbon de terre, etc. —, chapeau de laine inventé à Caudebec.

CAUDEBEC-LÈS-ELBEUF, s. m. Com. du dép. de la Seine-Inférieure, cant. d'Elbeuf, arr. de Rouen. = Elbeuf.

CAUDEBRONDE, s. f. Com. du dép. de l'Aude, cant. de Mas-Cabardès, arr. de Carcassonne. = Carcassonne.

CAUDEC, s. m. Espèce de gobe-mouche. T. d'hist. nat.

CAUDECOSTE, s. f. Com. du dép. de Lot-et-Garonne, cant. d'Astaffort, arr. d'Agen. = la Magistère.

CAUDEMICHE (le), s. m. Com. du dép. du Calvados, cant. de Dives, arr. de Pont-l'Évêque. = Dozuley.

CAUDERAN, s. m. Com. du dép. de la Gironde, cant. et arr. de Bordeaux. = Bordeaux.

CAUDESAIGUES, s. f. Com. du dép. de Tarn-et-Garonne, cant. de Caylus, arr. de Montauban. = Caylus.

CAUDEVAL, s. m. Com. du dép. de l'Aude, cant. de Chalabre, arr. de Limoux. = Limoux.

CAUDEX, s. m. Partie d'une plante qui n'est point ramifiée. T. de bot. —, pharmacopée.

CAUDICIFORME, adj. Sans ramification. T. de bot.

CAUDIÈS, s. f. Com. du dép. des Pyrénées-Orientales, cant. de St.-Paul, arr. de Perpignan. = St.-Paul.

Comm. de laines.

CAUDIÈS, s. f. Com. du dép. des Pyrénées-Orientales, cant. de Mont-Louis, arr. de Prades. = Mont-Louis.

CAUDIMANE, s. et adj. Se dit d'un animal qui peut s'accrocher avec sa queue, comme fait le singe.

CAUDRETTE ou CHAUDIÈRE, s. f. Truble, filet suspendu en balancier. T. de pêch.

CAUDROT, s. m. Com. du dép. de la Gironde, cant. de St.-Macaire, arr. de la Réole. = St.-Macaire.

CAUDRY, s. m. Com. du dép. du Nord, cant. de Clary, arr. de Cambrai. = Cambrai.

CAUFFRY, s. m. Com. du dép. de l'Oise, cant. de Liancourt, arr. de Clermont. = Liancourt.

CAUGÉ, s. m. Com. du dép. de l'Eure, cant. et arr. d'Evreux. = Evreux.

CAUJAC, s. m. Com. du dép. de la Dordogne, cant. de Montpazier, arr. de Bergerac. = Bergerac.

CAUJAC, s. m. Com. du dép. de la Haute-Garonne, cant. de Cintegabelle, arr. de Muret. = Auterive.

CAULE (le), s. m. Com. du dép. de la Seine-Inférieure, cant. de Blangy, arr. de Neufchâtel. = Neufchâtel.

CAULÉDON, s. m. Fracture transversale qui laisse des esquilles ou inégalités aux bouts fracturés de l'os. T. de chir.

CAULESCENTE, adj. f. Se dit d'une plante qui forme une tige, qui s'élève en tige. T. de bot.

CAULICOLES ou TIGETTES, s. f. pl. Petites feuilles qui semblent soutenir le haut du chapiteau corinthien. T. d'arch.

CAULIÈRES, s. f. Com. du dép. de la Somme, cant. de Poix, arr. d'Amiens. = Poix.

CAULINAIRE, adj. Qui appartient à la tige qui naît immédiatement sur elle. T. de bot.

CAULINCOURT, s. m. Com. du dép. de l'Aisne, cant. de Vermand, arr. de St.-Quentin. = Ham.

C'est dans ce village que naquit le général Caulincourt, duc de Vicence.

CAULLERY, s. m. Com. du dép. du Nord, cant. de Clary, arr. de Cambrai. = Cambrai.

CAULNES, s. f. Com. du dép. des Côtes-du-Nord, cant. de St.-Jouan-de-l'Ile, arr. de Dinan. = Broons.

CAUMONT, s. m. Com. du dép. de l'Aisne, cant. de Chauny, arr. de Laon. = Chauny.

CAUMONT, s. m. Com. du dép. de l'Ariège, cant. de St.-Lizier, arr. de St.-Girons. = St.-Girons.

CAUMONT, s. m. Com. du dép. du Calvados, chef-lieu de cant. de l'arr. de Bayeux. Bur. d'enregist. à Balleroy. = Balleroy.

Comm. de volailles, et mines de fer.

CAUMONT, s. m. Com. du dép. du

Calvados, cant. de Thury-Harcourt, arr. de Falaise. = Thury-Harcourt.

CAUMONT, s. m. Com. du dép. de l'Eure, cant. de Routot, arr. de Pont-Audemer. = Bourg-Achard.

On y trouve de belles carrières de pierres de taille.

CAUMONT, s. m. Com. du dép. du Gers, cant. de Riscle, arr. de Mirande. = Nogaro.

CAUMONT, s. m. Com. du dép. de la Gironde, cant. de Pellegrue, arr. de la Réole. = la Réole.

CAUMONT, s. m. Com. du dép. de Lot-et-Garonne, cant. du Mas-d'Agénois, arr. de Marmande. = Marmande.

CAUMONT, s. m. Com. du dép. du Pas-de-Calais, cant. de Hesdin, arr. de Montreuil. = Hesdin.

CAUMONT, s. m. Com. du dép. de Tarn-et-Garonne, cant. de St.-Nicolas-de-la-Grave, arr. de Castel-Sarrasin. = St.-Nicolas-de-la-Grave.

CAUMONT, s. m. Petite ville du dép. de Vaucluse, cant. de Cavaillon, arr. d'Avignon. = Avignon.

Comm. de vins, huile d'olives, fruits secs.

CAUMOUN, s. m. Espèce de chou palmiste de la Guiane. T. de bot.

CAUNA, s. f. Com. du dép. des Landes, cant. et arr. de St.-Sever. = St.-Sever.

CAUNAY, s. m. Com. du dép. des Deux-Sèvres, cant. de Sauzé-Vaussais, arr. de Melle. = Sauzé-Vaussais.

CAUNEILLES, s. f. Com. du dép. des Landes, cant. de Peyrehorade, arr. de Dax. = Dax.

CAUNES, s. f. Petite ville du dép. de l'Aude, cant. de Peyriac-Minervois, arr. de Carcassonne. = Carcassonne.

Exploitation de carrières de marbre. Fab. de chapeaux. Comm. de vins, eaux-de-vie, et bestiaux.

CAUNETTE (la), s. f. Com. du dép. de l'Aude, cant. de Couiza, arr. de Limoux. = Limoux.

CAUNETTE (la), s. f. Com. du dép. de l'Hérault, cant. d'Olonzac, arr. de St.-Pons. = Azille.

CAUNETTES-EN-VAL, s. f. Com. du dép. de l'Aude, cant. de la Grasse, arr. de Carcassonne. = la Grasse.

CAUPÈNE, s. f. Com. du dép. du Gers, cant. de Nogaro, arr. de Condom. = Nogaro.

CAUPENNE, s. f. Com. du dép. des Landes, cant. de Mugron, arr. de St.-Sever. = St.-Sever.

CAURALE, s. m. Espèce de râle, bel oiseau de la Guiane, qu'on nomme aussi petit pan des roses. T. d'hist. nat.

CAUREL, s. m. Com. du dép. des Côtes-du-Nord, cant. de Mur, arr. de Loudéac. = Loudéac.

CAUREL, s. m. Com. du dép. de la Marne, cant. de Bourgogne, arr. de Reims. = Reims.

CAURIS, s. m. Petite coquille univalve qui sert de monnaie en Afrique.

CAURO, s. m. Com. du dép. de la Corse, cant. de Bastellica, arr. d'Ajaccio. = Ajaccio.

CAUROIR, s. m. Com. du dép. du Nord, cant. et arr. de Cambrai. = Cambrai.

CAUROY, s. m. Com. du dép. des Ardennes, cant. de Marchault, arr. de Vouziers. = Vouziers.

CAUROY-LEZ-HERMONVILLE, s. m. Com. du dép. de la Marne, cant. de Bourgogne, arr. de Reims. = Reims.

CAUSAL, E, adj. Voy. CAUSATIF.

CAUSALITÉ, s. f. Qualité, manière d'agir d'une cause. T. didact.

CAUSANT, E, adj. Qui aime à causer.

CAUSATIF, IVE, adj. Qui rend raison de ce qu'on avance; car, parce que.

CAUSATIVEMENT, adv. Par la cause. T. inus.

CAUSE, s. f. Principe, ce qui fait qu'une chose existe; ce qui produit un effet; source, origine. — première, qui agit par elle-même, par sa propre vertu; Dieu est la cause première. — seconde, qui agit par l'impulsion de la cause première. — finale, but de la nature en produisant tel ou tel effet. —, occasion, motif, raison. Se fâcher sans —, sans motif, sans raison. —, intérêt, parti; défendre la cause d'un peuple opprimé. —, procès qui se plaide devant un tribunal; perdre sa cause. A — de, en considération de. A — que, conj. Parce que. Pour —, pour bonne raison. A ces —, en considération de. T. de chancell.

CAUSÉ, E, part. Créé, produit, excité.

CAUSE (le), s. m. Com. du dép. de Tarn-et-Garonne, cant. de Beaumont, arr. de Castel-Sarrasin. = Beaumont.

CAUSE-DE-CLERANS, s. m. Com. du dép. de la Dordogne, cant. de Lalinde, arr. de Bergerac. = Bergerac.

CAUSER, v. a. Produire, exciter, faire naître; causer la guerre. —, v. n. S'entretenir familièrement avec quelqu'un; causer littérature, politique. —, parler inconsidérément; avec malignité; votre avarice est connue; on en cause dans le monde.

CAUSERIE, s. f. Action de causer; babil; propos indiscret. T. fam.

CAUSEUR, EUSE, s. et adj. Qui aime à causer, qui parle beaucoup, indiscret. —, s. f. Petit sopha pour deux personnes.

CAUSSADE, s. f. Com. du dép. des Hautes-Pyrénées, cant. de Maubourguet, arr. de Tarbes. = Tarbes.

CAUSSADE (la), s. f. Village du dép. de Lot-et-Garonne, cant. de Monflanquin, arr. de Villeneuve. = Monflanquin.

CAUSSADE, s. f. Petite ville du dép. de Tarn-et-Garonne, chef-lieu de cant. de l'arr. de Montauban. Bur. d'enregist. et de poste.
Manuf. d'étoffes de laine et de toiles. Comm. de grains, safran, genièvre, truffes, volailles, bestiaux, etc.

CAUSSE, s. m. Com. du dép. de l'Aveyron, cant. d'Estain, arr. d'Espalion. = Espalion.

CAUSSE, s. m. Village du dép. de l'Hérault, cant. de Pézénas, arr. de Béziers. = Pézénas.

CAUSSE-BEGON, s. m. Com. du dép. du Gard, cant. de Trèves, arr. du Vigan. = le Vigan.

CAUSSE-DE-LA-SELLE (le), s. m. Com. du dép. de l'Hérault, cant. de St.-Martin-de-Londres, arr. de Montpellier. = Ganges.

CAUSSE-D'IS (le), s. m. Com. du dép. de l'Aveyron, cant. et arr. de Rodez. = Rodez.

CAUSSENS, s. m. Com. du dép. du Gers, cant. et arr. de Condom. = Condom.

CAUSSES-ET-VEYRAN, s. m. Com. du dép. de l'Hérault, cant. de Murviel, arr. de Béziers. = Béziers.

CAUSSINÉ, adj. m. Déjeté après avoir été travaillé; bois caussiné.

CAUSSINIOJOULS, s. m. Com. du dép. de l'Hérault, cant. de Murviel, arr. de Béziers. = Bédarieux.

CAUSSOLS, s. m. Com. du dép. du Var, cant. du Bar, arr. de Grasse. = Grasse.

CAUSSOU-ET-SABENAC, s. m. Com. du dép. de l'Ariège, cant. de Cabannes, arr. de Foix. = Tarascon.
Mines d'argent, de fer, de cuivre et de plomb.

CAUSTICITÉ, s. f. Qualité de ce qui est caustique, corrosif. —, malignité, penchant à critiquer, à dire ou à écrire des choses mordantes. Fig.

CAUSTIQUE, s. m. et adj. Corrosif, brûlant, qui désorganise les substances animales. —, mordant satyrique; esprit caustique. —, s. f. Courbe sur laquelle se rassemblent les rayons réfléchis par une autre courbe. T. de géom.

CAUSUS, s. m. Fièvre continue et aiguë, accompagnée d'une soif qui ne peut s'éteindre. T. de méd.

CAUT, E, adj. Prudent; rusé. (Vi.)

CAUTÈLE, s. f. Finesse, ruse. (Vi.) —, de précaution; absolution à cautèle. T. de jurisp.

CAUTELEUSEMENT, adv. Avec ruse, finesse.

CAUTELEUX, EUSE, adj. Fin, rusé.

CAUTÈRE, s. m. Corrosif dont on se sert pour consumer les chairs gangrenées ou baveuses, arrêter les hémorrhagies, etc. —, ulcère artificiel qu'on établit au bras, à la jambe, etc., au moyen d'une incision, d'un vésicatoire ou de la potasse caustique, pour détourner les humeurs. — actuel, instrument qu'on fait rougir et qu'on applique sur les parties qu'on veut cautériser. — potentiel, potasse caustique, et en général toute substance caustique.

CAUTÉRÉTIQUE, adj. Voy. CAUSTIQUE.

CAUTERETS, s. m. Com. du dép. des Hautes-Pyrénées, cant. et arr. d'Argelès. = Argelès.
Cette com. est très agréablement située et bien bâtie; elle est traversée par le gave de ce nom qui passe avec rapidité entre deux montagnes resserrées, et forme une cascade naturelle à une petite distance d'un établissement d'eaux minérales et thermales qui varient de 17 à 48 degrés, et se prennent en boissons, en bains et en douches.

CAUTÉRISATION, s. f. Action de brûler les chairs.

CAUTÉRISÉ, E, part. Brûlé soit avec un fer chaud, soit avec un caustique.

CAUTÉRISER, v. a. Brûler avec un cautère.

CAUTION, s. f. Garantie pour sûreté de l'exécution d'une obligation; celui qui s'oblige, qui répond pour un tiers; donner caution. Etre ou se rendre —, assurer, garantir l'authenticité d'un fait. Etre sujet à —, être sujet à dire des mensonges, à faire le mal. Nouvelle sujette à —, incertaine, qui a besoin de confirmation.

CAUTIONNÉ, E, part. Garanti.

CAUTIONNEMENT, s. m. Obligation par laquelle on se rend caution des engagemens pris par un tiers. —, capital déposé, bien qui sert de garantie.

CAUTIONNER, v. a. Se rendre caution, garantir le paiement d'une obligation.

CAUVERVILLE-EN-LIEUVIN, s. f.

Com. du dép. de l'Eure, cant. de Cormeilles, arr. de Pont-Audemer. = Lieurey.

CAUVERVILLE-EN-ROMOIS, s. f. Com. du dép. de l'Eure, cant. de Routot, arr. de Pont-Audemer. = Bourg-Achard.

CAUVICOURT, s. m. Com. du dép. du Calvados, cant. de Bretteville-sur-Laize, arr. de Falaise. = Caen.

CAUVIGNAC, s. m. Com. du dép. de la Gironde, cant. de Grignols, arr. de Bazas. = Bazas.

CAUVIGNY, s. m. Com. du dép. de l'Oise, cant. de Noailles, arr. de Beauvais. = Noailles.

CAUVILLE, s. f. Com. du dép. du Calvados, cant. de Thury-Harcourt, arr. de Falaise. = Thury-Harcourt.

CAUVILLE, s. f. Com. du dép. de la Seine-Inférieure, cant. de Montivilliers, arr. du Havre. = Montivilliers.

CAUX, s. m. Petit pays qui dépendait de la province de Normandie, et dont Caudebec était la capitale ; il forme aujourd'hui la plus grande partie du dép. de la Seine-Inférieure. C'est de ce pays, riche en pâturages, que nous viennent les veaux gras et les moutons de Pré-Salé.

CAUX, s. m. Com. du dép. de l'Hérault, cant. de Pézenas, arr. de Béziers. = Pézenas.

CAUX-ET-SAUZENS, s. m. Com. du dép. de l'Aude, cant. d'Alzonne, arr. de Carcassonne. = Carcassonne.

CAUZAC, s. m. Com. du dép. de Lot-et-Garonne, cant. de Beauville, arr. d'Agen. = Agen.

CAVAGNAC-ET-ST.-PALAVY, s. m. Com. du dép. du Lot, cant. de Vayrac, arr. de Gourdon. = Cressensac.

CAVAGNAN, s. m. Com. du dép. de Lot-et-Garonne, cant. de Bouglon, arr. de Marmande. = Castel-Jaloux.

CAVAGNOLE, s. m. Jeu de hasard, sorte de biribi.

CAVAILLON, s. m. Ville du dép. de Vaucluse, chef-lieu de cant. de l'arr. d'Avignon. Bur. d'enregist. = Avignon.

Cette ville, assise sur les bords délicieux de la Durance, semble être au milieu d'un riche jardin. Elle est très ancienne. On voit encore sur une montagne voisine les ruines de *Cabellio*, nom qu'elle portait avant la domination romaine.

Filatures de soie ; moulins à garance, à huile ; fab. d'ustensiles de cuisine ; culture du mûrier pour la nourriture des vers à soie ; comm. d'huile d'olives, amandes, fruits, soie et garance.

CAVALCADE, s. f. Marche à cheval, avec ordre, dans une cérémonie. —, course, promenade à cheval d'une réunion d'amateurs.

CAVALCADOUR, s. m. Ecuyer qui est chargé de surveiller tout ce qui est relatif aux écuries et aux équipages du roi.

CAVALE, s. f. Jument.

CAVALERIE, s. f. Troupe de soldats à cheval. Grosse —, les carabiniers, les cuirassiers, les dragons. — légère, chasseurs, hussards, lanciers.

CAVALERIE (la), s. f. Petite ville du dép. de l'Aveyron, cant. de Nant, arr. de Milhau. = Nant.

CAVALET, s. m. Couvert de la lunette. T. de verr.

CAVALIER, s. m. Homme monté sur un cheval ; être bon ou mauvais cavalier. —, soldat dans un régiment de cavalerie. —, jeune homme leste et bien fait ; joli cavalier. —, terre élevée pour placer du canon. T. de fortif.

CAVALIER, ÈRE, adj. Aisé, libre, dégagé ; air cavalier. Propos —, trop libre. A la —, adv. Lestement, brusquement.

CAVALIÈREMENT, adv. Librement, lestement ; avec brusquerie, hardiesse, effronterie.

CAVALQUET, s. m. Son de la trompette en traversant les villes. T. d'art milit.

CAVAN, s. m. Com. du dép. des Côtes-du-Nord, cant. de la Roche-Derrien, arr. de Lannion. = Lannion.

CAVANAC, s. m. Com. du dép. de l'Aude, cant. et arr. de Carcassonne. = Carcassonne.

CAVANILLE, s. f. Arbuste grimpant du cap de Bonne-Espérance ; plaqueminier. T. de bot.

CAVARC, s. m. Com. du dép. de Lot-et-Garonne, cant. de Castillonnès, arr. de Villeneuve. = Lauzun.

CAVATINE, s. f. Air court, sans reprise ni seconde partie. T. de mus.

CAVE, s. f. Souterrain voûté dans lequel on range les vins et les liqueurs. —, caisse pour transporter les liqueurs. —, mise au jeu. —, adj. Veine cave, la plus grosse de toutes les veines qui transmet au cœur le sang que les autres lui apportent. Lune —, mois lunaire de vingt-neuf jours.

CAVÉ, E, part. Miné, creusé.

CAVEAU, s. m. Petite cave ; souterrain d'église où l'on dépose les morts.

CAVECÉ, E, adj. Qui a la tête noire ; cheval rouan, cavecé.

CAVÉE, s. f. Chemin creux. T. de véner.

CAVEIRAC, s. m. Com. du dép. du

Gard, cant. de St.-Mamert, arr. de Nismes. = Nismes.

CAVER, v. a. et n. Creuser, miner. —, imprimer en cuir. T. de dor. —, retirer le corps en avançant la tête. T. d'escr. —, faire fonds d'une certaine quantité d'argent. T. de jeu. — au plus fort, égaler la plus forte mise; porter tout à l'extrême. Fig.

CAVERNE, s. f. Antre, grotte, souterrain au milieu des forêts, dans les endroits inaccessibles des rochers. —, retraite de voleurs, de brigands. Fig.

CAVERNEUX, EUSE, s. et adj. Plein de caverne. —, creux. Corps —, muscles qui forment la partie la plus considérable de la verge. T. d'anat.

CAVERNOSITÉ, s. f. Espace vide dans un corps caverneux.

CAVESSINE, s. f. Sorte de cavesson. T. de man.

CAVESSON, s. m. Licol à têtière et muserolle; demi-cercle en fer, qu'on met sur le nez des chevaux pour les dompter. T. de man.

CAVET, s. m. Moulure rentrante en quart de cercle T. d'archit.

CAVIAR ou CAVIAL, s. m. Œufs d'esturgeon salés.

CAVIDOS, s. m. Mesure de longueur en Portugal.

CAVIGNAC, s. m. Com. du dép. de la Gironde, cant. de St.-Savin, arr. de Blaye. = St.-André-de-Cubzac.

CAVIGNY, s. m. Com. du dép. de la Manche, cant. de St.-Jean-de-Daye, arr. de St.-Lô. = St.-Lô.

CAVILLARGUES, s. f. Com. du dép. du Gard, cant. de Bagnols, arr. d'Uzès. = Bagnols.

CAVILLATION, s. f. Sophisme, subtilité, dérision. (Vi.)

CAVILLEMENS, s. m. pl. Fourberies, détours, fraudes. (Vi.)

CAVILLON, s. m. Com. du dép. de la Somme, cant. de Picquigny, arr. d'Amiens. = Picquigny.

CAVILLONE, s. f. Espèce de trigle. T. d'hist. nat.

CAVIN, s. m. Défilé, chemin creux propre à favoriser les approches d'une place. T. d'art milit.

CAVIRAC, s. m. Com. du dép. de l'Aude, cant. de Quillan, arr. de Limoux. = Quillan.

CAVITÉ, s. f. Creux, vide dans un corps solide. —, tout ce qui est creux. T. d'anat.

CAVOVILLE, s. f. Com. du dép. de l'Eure, cant. et arr. de Louviers. = Louviers.

CAVRON-ST.-MARTIN, s. m. Com. du dép. du Pas-de-Calais, cant. de Hesdin, arr. de Montreuil. = Hesdin.

CAYASSE, s. f. Barque égyptienne à voiles et à rames.

CAYENNE, s. f. Ville de France, en Amérique, chef-lieu du dép. de la Guiane. Cette ville, à l'embouchure de la rivière qui lui donne son nom, est très bien fortifiée et possède un port sûr et commode. Pop. 21,000 hab. environ. Voy. GUIANE. —, caserne de matelots; cuisine à terre. T. de mar.

CAYES, s. f. pl. Bancs de sable ou de roches sous l'eau, près des côtes. T. de mar.

CAYEUX, s. m. Com. du dép. de la Somme, cant. de St.-Valery, arr. d'Abbeville. = St.-Valery-sur-Somme.

CAYEUX, s. m. Com. du dép. de la Somme, cant. de Moreuil, arr. de Montdidier. = Corbie.

CAYLA (le), s. m. Com. du dép. de l'Aveyron, cant. de St.-Sernin, arr. de St.-Affrique. = St.-Sernin.

CAYLAR (le), s. m. Petite ville du dép. de l'Hérault, chef-lieu de cant. de l'arr. de Lodève, où est le bur. d'enregist. = Lodève.

CAYLUS, s. m. Petite ville du dép. de Tarn-et-Garonne, chef-lieu de cant. de l'arr. de Montauban. Bur. d'enregist. et de poste. Comm. de grains.

CAYMAN, s. m. Poisson d'Amérique, du genre de l'ésoce. T. d'hist. nat. Voy. CAÏMAN.

CAYMIRI ou SAÏMIRI, s. m. Singe d'Amérique du genre sagouin. T. d'hist. nat.

CAYOPOLLIN, s. m. Petit animal d'Amérique qui tient du sarigue et de la marmose. T. d'hist. nat.

CAYRAC, s. m. Com. du dép. de Tarn-et-Garonne, cant. de Caussade, arr. de Montauban. = Caussade.

CAYRES-ET-CHACORNAC, s. m. Com. du dép. de la Haute-Loire, chef-lieu de cant. de l'arr. du Puy. Bur. d'enregist. à Solignac. = le Puy.

CAYRIECH, s. m. Com. du dép. de Tarn-et-Garonne, cant. de Caussade, arr. de Montauban. = Caussade.

CAYROL, s. m. Com. du dép. de l'Aveyron, cant. d'Estaing, arr. d'Espalion. = Espalion.

CAYROLS, s. m. Com. du dép. du Cantal, cant. de St.-Mamet, arr. d'Aurillac. = Maurs.

CAYRON, s. m. Village du dép. du Gers, cant. de Plaisance, arr. de Mirande. = Plaisance.

CAZAL-DES-BAILLES, s. m. Comdu dép. de l'Ariège, cant. de Mirepoix, arr. de Pamiers. = Mirepoix.

CAZAL-DES-FAURES, s. m. Com. du dép. de l'Ariège, cant. de Mirepoix, arr. de Pamiers. = Mirepoix.

CAZALIS, s. m. Village du dép. de la Gironde, com. de Préchac, cant. de Villandraut, arr. de Bazas. = Bazas.

CAZALIS, s. m. Com. du dép. des Landes, cant. d'Hagetmau, arr. de St.-Sever. = St.-Sever.

CAZALON, s. m. Village du dép. des Landes, cant. d'Hagetmau, arr. de St.-Sever. = St.-Sever.

CAZALRENOUX, s. m. Com. du dép. de l'Aude, cant. de Fangeaux, arr. de Castelnaudary. = Castelnaudary.

CAZALS, s. m. Com. du dép. du Lot, chef-lieu de cant. de l'arr. de Cahors. Bur. d'enregist. = Gourdon.

CAZALS, s. m. Com. du dép. de Tarn-et-Garonne, cant. de Négrepelisse, arr. de Montauban. = St.-Antonin.

CAZANOUS, s. m. Com. du dép. de la Haute-Garonne, cant. d'Aspet; arr. de St.-Gaudens. = St.-Gaudens.

CAZARIL, s. m. Com. du dép. de la Haute-Garonne, cant. de Montrejeau, arr. de St.-Gaudens. = Montrejeau.

CAZARILH, s. m. Com. du dép. des Hautes-Pyrénées, cant. de Mauléon-Barousse, arr. de Bagnères. = Montrejeau.

CAZARIL-LASPÈNES, s. m. Com. du dép. de la Haute-Garonne, cant. de Bagnères-de-Luchon, arr. de St.-Gaudens. = Bagnères-de-Luchon.

CAZATS, s. m. Com. du dép. de la Gironde, cant. et arr. de Bazas. = Bazas.

CAZAUBON, s. m. Com. du dép. du Gers, chef-lieu de cant. de l'arr. de Condom. Bur. d'enregist. = Roquefort. Comm. d'eaux-de-vie.

CAZAUGITAT, s. m. Com. du dép. de la Gironde, cant. de Pellegrue, arr. de la Réole. = la Réole.

CAZAUTETS, s. m. Com. du dép. des Landes, cant. de Geaune, arr. de St.-Sever. = St.-Sever.

CAZAUX, s. m. Com. du dép. de l'Ariège, cant. de Varilles, arr. de Pamiers. = Pamiers.

CAZAUX, s. m. Com. du dép. du Gers, cant. de Samatan, arr. de Lombez. = Mirande.

CAZAUX - D'ANGLÈS (St.-), s. m. Com. du dép. du Gers, cant. de Vic-Fezensac, arr. d'Auch. = Vic-Fezensac.

CAZAUX-DEBAT, s. m. Com. du dép. des Hautes-Pyrénées, cant. de Bordères, arr. de Bagnères. = Arreau.

CAZAUX-DE-LARBOUST, s. m. Com. du dép. de la Haute-Garonne, cant. de Bagnères-de-Luchon, arr. de St.-Gaudens. = Bagnères-de-Luchon.

CAZAUX-LAYRISSE, s. m. Com. du dép. de la Haute-Garonne, cant. de St.-Béat, arr. de St.-Gaudens. = St.-Béat.

CAZAUX - SEILLAN, s. m. Com. du dép. du Gers, cant. de Miélan, arr. de Mirande. = Mirande.

CAZAUX-VILLECOMTAL, s. m. Com. du dép. du Gers, cant. de Marciac, arr. de Mirande. = Miélan.

CAZAVET, s. m. Com. du dép. de l'Ariège, cant. de St.-Lizier, arr. de St.-Girons. = St.-Girons.

CAZELLE, s. f. Bobine de tireur d'or.

CAZELLES, s. f. Com. du dép. du Tarn, cant. de Cordes, arr. de Gaillac. = Cordes.

CAZENAC, s. m. Com. du dép. de la Dordogne, cant. et arr. de Sarlat. = Sarlat.

CAZENAVE, s. f. Com. du dép. de l'Ariège, cant. de Tarascon, arr. de Foix. = Tarascon.

CAZENEUVE, s. f. Com. du dép. de la Haute-Garonne, cant. d'Aurignac, arr. de St.-Gaudens. = Martres.

CAZENEUVE, s. f. Village du dép. du Gers, cant. de Montréal, arr. de Condom. = Condom.

CAZENEUVE, s. f. Village du dép. de Lot-et-Garonne, cant. de Ste.-Livrade, arr. de Villeneuve. = Ste.-Livrade.

CAZÈRES, s. m. Petite ville du dép. de la Haute-Garonne, chef-lieu de cant. de l'arr. de Muret. Bur. d'enregist. = Martres.

Fab. de chapeaux; comm. de bestiaux.

CAZÈRES, s. m. Petite ville du dép. des Landes, cant. de Grenade, arr. de Mont-de-Marsan. = Grenade.

CAZERNET, s. m. Voy. CASERNET.

CAZES, s. f. Village du dép. du Lot, cant. de Puy-l'Evêque, arr. de Cahors. = Castel-Franc.

CAZES-MONTDENARD, s. f. Com. du dép. de Tarn-et-Garonne, cant. de Lauzerte, arr. de Moissac. = Lauzerte.

CAZEVIEILLE, s. f. Com. du dép. de l'Hérault, cant. de Matelles, arr. de Montpellier. = Montpellier.

CAZIDEROQUE, s. m. Village du dép. de Lot-et-Garonne, cant. de Tournon, arr. de Villeneuve. = Fumel.

CAZILHAC, s. m. Com. du dép. de l'Aude, cant. et arr. de Carcassonne. = Carcassonne.

CAZILHAC, s. m. Com. du dép. du

Lot, cant. de Martel, arr. de Gourdon. = Creissensac.

CAZILHAC-BAS, s. m. Com. du dép. de l'Hérault, cant. de Ganges, arr. de Montpellier. = Ganges.

CAZILLAC, s. m. Village du dép. de Tarn-et-Garonne, cant. de Lauzerte, arr. de Moissac. = Lauzerte.

CAZOTTE (la), s. f. Com. du dép. de l'Aveyron, cant. de St.-Rome-du-Tarn, arr. de St.-Affrique. = St.-Affrique.

CAZOU, s. m. Mammifère d'Afrique voisin du blaireau. T. d'hist. nat.

CAZOULES, s. f. Com. du dép. de la Dordogne, cant. de Carlux, arr. de Sarlat. = Sarlat.

CAZOULS-D'HÉRAULT, s. m. Com. du dép. de l'Hérault, cant. de Montagnac, arr. de Béziers. = Pézenas.

CAZOULS-LES-BÉZIERS, s. m. Com. du dép. de l'Hérault, cant. et arr. de Béziers. = Béziers.

CE, CET, m.; CETTE, f.; CES, pl. Pronoms démonstratifs qui désignent les personnes et les choses. On met Ce devant une consonne et Cet devant une voyelle; ce coquin, cet avare. —, pron. subst. La chose dont on parle. — que vous exigez; la chose que vous exigez.— se met souvent devant le verbe être. C'est fait, c'en est fait, c'est bon, etc.

CÉANOTE, s. f. Plante, genre de nerpruns d'Afrique et des Deux-Indes. T. de bot.

CÉANS, adv. Ici dedans. Se dit de la maison où l'on est quand on parle; est-il céans? Le maître de —, le maître de la maison. (Vi.)

CEAUCÉ, s. m. Com. du dép. de l'Orne, cant. de Juvigny, arr. de Domfront. = Domfront.

CEAULCÉ, s. m. Com. du dép. de la Mayenne, cant. d'Ambrières, arr. de Mayenne. = Mayenne.

CEAULMONT, s. m. Com. du dép. de l'Indre, cant. d'Eguzon, arr. de la Châtre. = Argenton-sur-Creuse.

CEAUX, s. m. Com. du dép. de la Manche, cant. de Ducey, arr. d'Avranches. = Avranches.

CEAUX, s. m. Com. du dép. de la Vienne, cant. de Couhé, arr. de Civray. = Couhé.

CEAUX, s. m. Com. du dép. de la Vienne, cant. et arr. de Loudun. = Loudun.

CEAUX-D'ALLÈGRE, s. m. Com. du dép. de la Haute-Loire, cant. d'Allègre, arr. du Puy. = le Puy.

CÉBATHE, s. f. Plante voisine des ignames. T. de bot.

CÉBAZAN, s. m. Com. du dép. de l'Hérault, cant. de St.-Chinian, arr. de St.-Pons. = St.-Chinian.

CÉBAZAT, s. m. Petite ville du dép. du Puy-de-Dôme, cant. et arr. de Clermont. = Clermont-Ferrand.

CÉBIPIRA, s. m. Arbre du Brésil dont l'écorce est amère. T. de bot.

CÉBRION, s. m. Genre d'insectes coléoptères du midi de la France. T. d'hist. nat.

CÉBRIONATES ou CÉBRIONITES, s. m. pl. Famille des insectes coléoptères. T. d'hist. nat.

CECI, pron. démonst. Cette chose-ci.

CÉCIDOMYE, s. f. Genre d'insectes diptères. T. d'hist. nat.

CÉCILE (Ste.-), s. f. Com. du dép. de l'Indre, cant. de St.-Christophe, arr. d'Issoudun. = Valançay.

CÉCILE (Ste.-), s. f. Com. du dép. de la Manche, cant. de Villedieu, arr. d'Avranches. = Villedieu.

CÉCILE (Ste.-), s. f. Com. du dép. de Saône-et-Loire, cant. de Cluny, arr. de Mâcon. = Cluny.

CÉCILE (Ste.-), s. f. Village du dép. de Tarn-et-Garonne, cant. de Montaigut, arr. de Moissac. = Moissac.

CÉCILE (Ste.-), s. f. Com. du dép. de Vaucluse, cant. de Bollène, arr. d'Orange. = Orange.

CÉCILE (Ste.-), s. f. Com. du dép. de la Vendée, cant. des Essarts, arr. de Bourbon-Vendée. = Chantonnay.

CÉCILE-D'ANDORGE (Ste.-), s. f. Com. du dép. du Gard, cant. de Genolhac, arr. d'Alais. = Genolhac.

CÉCILE-DE-LASTOURGES (Ste.-), s. f. Village du dép. du Tarn, cant. de Lautrec, arr. de Castres. = Castres.

CÉCILE-DU-CAYROU (Ste.-), s. f. Com. du dép. du Tarn, cant. de Castelnau-Montmirail, arr. de Gaillac. = Gaillac.

CÉCILIE, s. f. Poisson apode. —, pl. Reptiles ophidiens. T. d'hist. nat.

CÉCITÉ, s. f. État d'une personne aveugle; privation complète de la vue.

CÉDANT, E, adj. Vendeur, qui cède son bien, ses droits.

CÉDÉ, E, part. Vendu, abandonné.

CÉDER, v. a. Quitter, laisser; céder sa place. —, vendre, transporter; céder une propriété, des droits successifs, etc. —, v. n. Succomber, se soumettre, se rendre : il faut céder aux circonstances. —, s'affaisser, en parlant d'une voûte. —, ne plus contester. Le — à quelqu'un, reconnaître sa supériorité.

CÉDILLE, s. f. Petite virgule que l'on met sous le ç pour lui donner le son de l's, comme dans : Français, reçu, leçon.

CEDMA, s. m. Fluxion qui se porte aux articulations, espèce de goutte. T. de méd.

CEDO-NULLI, s. m. Très belle came marbrée, coquillage. T. d'hist. nat.

CÉDRAT, s. m. Espèce de citronnier d'Italie; essence qu'on retire de son fruit.

CÈDRE, s. m. Pin du mont Liban, bel arbre conifère, pyramidal, toujours vert, dont le bois est odoriférant. —, espèce de citron.

CÉDREL ou **CÈDRE ACAJOU**, s. m. Grand et très bel arbre de l'Amérique méridionale. T. de bot.

CÉDRIE, s. f. Résine qui découle du cèdre.

CÉDRINO, s. m. Variété du limon. T. de bot.

CÉDRITE, s. m. Vin de cèdre.

CÉDULE, s. f. Petit billet, obligation sous seing privé au profit d'une personne. (Vi.) —, assignation. — évocatoire, signification tendant à évoquer la connaissance d'une affaire. T. de jurisp.

CEFFIA, s. m. Com. du dép. du Jura, cant. d'Arinthod, arr. de Lons-le-Saulnier. = Orgelet.

CEFFONDS, s. m. Com. du dép. de la Haute-Marne, cant. de Montierender, arr. de Vassy. = Montierender.

CEÏBA ou **SEÏBA**, s. m. Arbre d'Afrique d'une grosseur extraordinaire. T. de bot.

CEIGNAC, s. m. Com. du dép. de l'Aveyron, cant. de Cassagnes-Bégonhès, arr. de Rodez. = Rodez.

CEIGNANT, E, adj. Qui ceint, qui forme une ceinture, qui environne.

CEIGNANTE, s. f. Nom ancien de la douzième et dernière vertèbre dorsale. T. d'anat.

CEIGNY, s. m. Village du dép. de la Côte-d'Or, cant. de Montbard, arr. de Semur. = Montbard.

CEILHES-ET-ROCOZELS, s. m. Com. du dép. de l'Hérault, cant. de Lunas, arr. de Lodève. = Lodève.

CEILLAC, s. m. Com. du dép. des Hautes-Alpes, cant. de Guillestre, arr. d'Embrun. = Mont-Dauphin.

CEULLOUX, s. m. Com. du dép. du Puy-de-Dôme, cant. de St.-Dier, arr. de Clermont. = Billom.

CEINDRE, v. a. Entourer, environner; ceindre une ville de murailles. — le diadème; monter sur le trône, prendre la couronne. — l'épée, la mettre au côté; entrer dans la carrière des armes. Fig. Se —, v. pron. Se serrer avec une ceinture; se ceindre le corps.

CEINT, E, part. Entouré, environné.

CEINTES, s. f. pl. Rebords d'un navire. T. de mar.

CEINTRAGE, s. m. Cordages qui entourent un vaisseau. T. de mar.

CEINTRE, s. m. Gros bourrelet fait avec des cordages. T. de mar.

CEINTRÉ, E, part. Entouré avec un câble, se dit d'un vaisseau. T. de mar.

CEINTRER, v. a. Ceindre un vaisseau, l'entourer de cordages. T. de mar.

CEINTREY, s. m. Com. du dép. de la Meurthe, cant. de Haroué, arr. de Nancy. = Vézelise.

CEINTURE, s. f. Ruban qui sert d'ornement à la toilette des dames. —, cordon, etc., avec lequel on se serre les reins; ceinture d'une culotte, d'une jupe. —, endroit du corps où se met la ceinture. —, ce qui entoure; ceinture de murailles. —, petit liteau en haut d'une colonne. T. d'archit. —dorée, richesses; bonne renommée vaut mieux que ceinture dorée.

CEINTURE D'ARGENT, s. f. Poisson du genre du trichiure. T. d'hist. nat.

CEINTURE DE VÉNUS, s. f. Ligne dans la main.

CEINTURETTE, s. f. Bande de cuir qui entoure le cor de chasse. —, ligature des haubans au faîte du mât d'une galère. T. de mar.

CEINTURIER, s. m. Celui qui fait et vend des ceintures, des ceinturons, des baudriers.

CEINTURON, s. m. Sorte de ceinture à laquelle sont attachés des pendans où l'on passe l'épée.

CEINTURONNIER, s. m. Celui qui fait et vend des ceinturons.

CEIROUX, s. m. Com. du dép. de la Creuse, cant. de Bénévent, arr. de Bourganeuf. = Bourganeuf.

CELA, pron. démonst. Cette chose-là. — seul, de même que Ceci, désigne une chose qu'on tient, qu'on montre. —, opposé à ceci, désigne la chose la plus éloignée; je ne veux pas Ceci, mais Cela.

CÉLADON, s. m. Homme tendre, passionné, amant délicat comme le berger de ce nom qui figure dans le roman de Durfé. —, adj. D'un vert pâle; ruban céladon.

CÉLASTRE, s. m. Espèce de nerprun, arbrisseau qui croît au cap de Bonne-Espérance. T. de bot.

CÉLATE, s. f. Salade, armure de tête. (Vi.)

CÉLATION, s. f. Action de cacher une grossesse, un accouchement. T. de méd.

CÉLÉBRANT, s. m. Prêtre qui officie, qui dit la messe.

CÉLÉBRATION, s. f. Action de célébrer l'office divin, une fête, un mariage.

CÉLÈBRE, adj. Renommé, fameux. Se dit des personnes et des choses.

CÉLÉBRÉ, E, part. Exalté, chanté; chômé, solennisé.

CÉLÉBRER, v. a. Chanter, exalter des hauts faits; célébrer un héros. —, solenniser; célébrer une noce, une fête, avec éclat. — la messe, la dire. — un mariage, le bénir.

CÉLÉBRITÉ, s. f. Solennité d'une fête. —, grande réputation d'un nom, d'un ouvrage, etc. —, publicité; célébrité d'un crime.

CÉLÉ, E, part. Caché.

CÉLER, v. a. Cacher, taire. Se —, v. pron. Se renfermer chez soi, ne recevoir personne.

CÉLERI, s. m. Plante potagère, annuelle, apéritive, dont on mange la racine et les feuilles en salade.

CÉLÉRIFÈRES, s. m. pl. et adj. Voitures publiques, qui furent ainsi nommées par le marquis de Saint-Simon, dont l'établissement était situé sur le quai Voltaire.

CÉLÉRIGRADES, s. m. pl. Rongeurs carabiques. T. d'hist. nat.

CÉLERIN ou HARENGADE, s. m. Espèce de grosse sardine du genre du clupé.

CÉLERIN (St.-), s. m. Com. du dép. de la Sarthe, cant. de Montfort, arr. du Mans. = Bonnétable.

CÉLÉRITÉ, s. f. Diligence, vitesse; promptitude d'exécution.

CÉLESTE, adj. Divin, qui vient de Dieu, qui appartient au séjour des bienheureux. —, excellent, extraordinaire, ravissant; musique céleste. —, qui appartient au ciel; sphère, globe céleste. T. d'astr.

CÉLESTIN, E, s. Moine, religieux de l'ordre de St.-Benoît.

CELETTE (la), s. f. Com. du dép. de la Creuse, cant. de Châtelus, arr. de Boussac. = Boussac.

CELETTE (la), s. f. Com. du dép. du Puy-de-Dôme, cant. de Pionsat, arr. de Riom. = Montaigut.

CELETTE-EN-BERRY (la), s. f. Com. du dép. du Cher, cant. de Saulzais-le-Potier, arr. de St.-Amand. = St.-Amand.

CÉLIAQUE, adj. Qui a rapport aux inflammations du canal intestinal, à la diarrhée; flux céliaque. T. de méd Artère —, trou artériel qui se trouve à la partie antérieure de l'aorte descendante un peu au-dessous du diaphragme. T. d'anat.

CÉLIBAT, s. m. Etat d'une personne qui n'est point mariée.

CÉLIBATAIRE, s. m. Garçon, celui qui vit dans le célibat; vieux célibataire.

CÉLICOLE, s. m. Adorateur du ciel.

CÉLIDÉE, s. f. Anémone à peluche, rose, blanche et incarnat. T. de fleur.

CÉLIDOGRAPHIE, s. f. Description des taches qui se trouvent dans la planète de Vénus. T. d'astr.

CELLAIRE, s. m. Polypier dont les articulations sont garnies de cellules. T. d'hist. nat.

CELLAND (le grand), s. m. Com. du dép. de la Manche, cant. de Brecey, arr. d'Avranches. = Avranches.

CELLAND (le petit), s. m. Com. du dép. de la Manche, cant. de Brecey, arr. d'Avranches. = Avranches.

CELLE, pron. f. Voy. CELUI.

CELLE (la), s. f. Com. du dép. de l'Aisne, cant. de Condé, arr. de Château-Thierry. = Montmirail.

CELLE (la), s. f. Com. du dép. de l'Allier, cant. de Marcillat, arr. de Montluçon. = Montluçon.

CELLE (la), s. f. Com. du dép. de la Creuse, cant. de Dun, arr. de Guéret. = Argenton.

CELLE (la), s. f. Com. du dép. de la Creuse, cant. de Jarnages, arr. de Boussac. = Gouzon.

CELLE (la), s. f. Com. du dép. du Puy-de-Dôme, cant. de Pontaumur, arr. de Riom. = Clermont.

CELLE (la), s. f. Com. du dép. de Seine-et-Marne, cant. et arr. de Coulommiers. = Farmoutiers.

CELLE (la), s. f. Com. du dép. du Var, cant. et arr. de Brignoles. = Brignoles.

CELLÉ (le), s. m. Com. du dép. de Loir-et-Cher, cant. de Savigny, arr. de Vendôme. = Montoire.

CELLÉ (le), s. m. Rivière qui prend naissance dans les bois du Bousquet, dép. du Cantal, et qui se jette dans le Lot, après un cours d'environ 16 l.

CELLE-BARMONTOISE (la), s. f. Com. du dép. de la Creuse, cant. de Crocq, arr. d'Aubusson. = Aubusson.

CELLE-BRUÈRE (la), s. f. Com. du

dép. du Cher, cant. et arr. de St.-Amand. = St.-Amand.

Carrières de pierres de taille.

CELLE-CONDÉ (la), s. f. Com. du dép. du Cher, cant. de Lignières, arr. de St.-Amand. = Lignières.

CELLEFROUIN, s. m. Com. du dép. de la Charente, canton de Manles, arr. de Ruffec. = Manles.

CELLE-LES-CONDÉ, s. f. Com. du dép. de l'Aisne, cant. de Condé, arr. de Château-Thierry. = Château-Thierry.

CELLE-L'ÉVÊCAULT, s. f. Com. du dép. de la Vienne, cant. de Lusignan, arr. de Poitiers. = Lusignan.

CELLÉPORE, s. f. Genre de polypiers. T. d'hist. nat.

CELLERAGE, s. m. Ancien droit seigneurial, impôt sur le vin dans le cellier.

CELLERIE, s. f. Fonction claustrale ; emploi, bénéfice du cellerier.

CELLERIER, ÈRE, s. Religieux ou religieuse qui, dans une communauté, fait toutes les provisions de bouche.

CELLES, s. f. Com. du dép. de l'Ariège, cant. et arr. de Foix. = Foix.

CELLES, s. f. Com. du dép. de l'Aube, cant. de Mussy-sur-Seine, arr. de Bar-sur-Seine. = Bar-sur-Seine.

CELLES, s. f. Com. du dép. du Cantal, cant. et arr. de Murat. = Murat.

CELLES, s. f. Com. du dép. de la Charente-Inférieure, cant. d'Archiac, arr. de Jonzac. = Pons.

CELLES, s. f. Com. du dép. de la Dordogne, cant. de Montagrier, arr. de Ribérac. = Ribérac.

CELLES, s. f. Com. du dép. de l'Hérault, cant. de Clermont. arr. de Lodève. = Clermont.

CELLES, s. f. Com. du dép. de la Haute-Marne, cant. de Varennes, arr. de Langres. = Bourbonne.

CELLES, s. f. Com. du dép. du Puy-de-Dôme, cant. de St.-Remy, arr. de Thiers. = Thiers.

CELLES, s. f. Com. du dép. des Deux-Sèvres, chef-lieu de cant. de l'arr. de Melle. Bur. d'enregist. à Melle. = Melle.

Manuf. de serges et droguets.

CELLES, s. f. Com. du dép. des Vosges, cant. de Raon-l'Etape, arr. de St.-Dié. = Raon-l'Etape.

Comm. de bois.

CELLE-SAINT-CYR (la), s. f. Com. du dép. de l'Yonne, cant. de St.-Julien-du-Sault, arr. de Joigny. = Joigny.

CELLES-SUR-AISNE, s. f. Com. du dép. de l'Aisne, cant. de Vailly, arr. de Soissons. = Soissons.

CELLES-SUR-MORET (la), s. f. Com. du dép. de Seine-et-Marne, cant. de Moret, arr. de Fontainebleau. = Moret.

CELLETTES, s. f. Com. du dép. de la Charente, cant. de Manles, arr. de Ruffec. = Manles.

CELLETTES, s. f. Com. du dép. de Loir-et-Cher, cant. et arr. de Blois. = Blois.

Raffineries de sucre de betteraves.

CELLIER, s. m. Pièce au rez-de-chaussée pour serrer le vin et les provisions de bouche.

CELLIER (le), s. m. Com. du dép. de la Loire-Inférieure, cant. de Ligné, arr. d'Ancenis. = Ancenis.

CELLIER-DU-LUC (le), s. m. Com. du dép. de l'Ardèche, cant. de St.-Etienne-de-Lugdarès, arr. de Largentière. = Langogne.

CELLIEU, s. m. Com. du dép. de la Loire, cant. de Rive-de-Gier, arr. de St.-Etienne. = Rive-de-Gier.

Fab. de clous.

CELLITE, s. m. Ordre religieux.

CELLOVILLE, s. f. Com. du dép. de la Seine-Inférieure, cant. de Boos, arr. de Rouen. = Rouen.

CELLULAIRE, adj. Qui contient une infinité de petites cellules. Tissu —, tissu graisseux qui se trouve dans toutes les parties du corps humain. —, os ethmoïde. T. d'anat. Enveloppe —, première peau sous l'épiderme d'une plante. T. de bot. —, s. m. Genre de zoophytes à cellules. T. d'hist. nat.

CELLULE. s. f. Petite chambre d'un religieux ou d'une religieuse, d'un cardinal au conclave, etc. —, retraite préférée, petit appartement. Fig. — alvéole, cavité de la capsule où sont logées les semences. T. de bot. — du colon, pl. Replis des tuniques de cet intestin assujettis par du tissu cellulaire et par trois fortes bandes ligamenteuses. T. d'anat.

CELLULE, s. f. Com. du dép. du Puy-de-Dôme, cant. et arr. de Riom. = Riom.

CELLULEUX, EUSE, adj. Voy. CELLULAIRE.

CÉLON, s. m. Com. du dép. de l'Indre, cant. d'Argenton, arr. de Châteauroux. = Argenton.

CÉLOSIE, s. f. Passe-velours, famille des amaranthes. T. de bot.

CÉLOTOMIE, s. f. Opération de la hernie inguinale. T. de chir.

CÉLOUX, s. m. Com. du dép. du Cantal, cant. de Ruines, arr. de St.-Flour. = St.-Flour.

CELSIE, s. f. Espèce de solanum. T. de bot.

CELSOY, s. m. Com. du dép. de la

Haute-Marne, cant. de Neuilly, arr. de Langres. = Langres.

CELTES, s. m. pl. Habitants de la Gaule-Transalpine ; les Gaulois.

CELTIQUE, adj. Qui appartient, qui est relatif aux Celtes, aux Gaulois. —, s. m. Langue des Celtes; langue celtique.

CELUI, CELLE ; pl. CEUX, CELLES, pron. démonst. Se dit des personnes et des choses ; celui-ci, celle-ci ; ceux-ci, celles-ci ; celui-là, celle-là, etc.

CELUNE ou SELUNE (la), s. f. Petite rivière dont la source se trouve près de Barenton-du-Harcourt, arr. de Mortain, dép. de la Manche. Elle commence à être navigable à Ducey, et se jette dans la baie du Mont-St.-Michel, après un cours de 12 l.

CÉLY, s. m. Com. du dép. de Seine-et-Marne, cant. et arr. de Melun. = Ponthierry.

CEMBOING, s. m. Com. du dép. de la Haute-Saône, cant. de Jussey, arr. de Vesoul. = Jussey.

CÉMENT, s. m. Mélange de diverses substances pulvérisées qu'on soumet à l'action du feu pour purifier les métaux. T. de chim.

CÉMENTATION, s. f. Réaction du cément sur un corps que l'on soumet à la puissance du feu. T. de chim.

CÉMENTATOIRE, adj. Relatif à la cémentation.

CÉMENTÉ, E, part. Purifié à l'aide du cément.

CÉMENTER, v. a. Purifier les métaux au moyen du feu et des substances qui entrent dans la composition du cément.

CÉMÉTÉRIAL, E, adj. Qui concerne le cimetière, qui y est situé.

CEMPUIS, s. m. Com. du dép. de l'Oise, cant. de Grandvilliers, arr. de Beauvais. = Grandvilliers.

CENAC, s. m. Com. du dép. de l'Aveyron, cant. de Villeneuve, arr. de Villefranche. = Villefranche.

CENAC, s. m. Com. du dép. de la Dordogne, cant. de Domme, arr. de Sarlat. = Sarlat.

CENAC, s. m. Com. du dép. de la Gironde, cant. de Créon, arr. de Bordeaux. = Bordeaux.

CENAC, s. m. Village du dép. du Lot, com. d'Albas, cant. de Luzech, arr. de Cahors. = Castelfranc.

CÉNACLE, s. m. Salle à manger. Ce mot appartient à la Bible.

CENANS, s. m. com. du dép. de la Haute-Saône, cant. de Montbozon, arr. de Vesoul. = Rioz.

CENCHRIS, s. m. Serpent boa. T. d'hist. nat.

CENCHRITE, s. f. Pierre composée de petits grains semblables au millet. T. d'hist. nat.

CENCO, s. m. Couleuvre d'Amérique. T. d'hist. nat.

CENDRAS, s. m. Com. du dép. du Gard, cant. et arr. d'Alais. = Alais.

CENDRE, s. f. Résidu d'un combustible consumé par le feu ; poudre qui reste des matières brûlées. Réduire en —, incendier une ville, une province ; mettre tout à feu et à sang. Feu caché sous la —, passion mal éteinte. —, reste des morts, leur mémoire. Fig. Remuer les — des morts, rechercher leurs actions pour flétrir leur mémoire. —, pl. Le mercredi, premier jour de carême, où l'église distribue les cendres aux fidèles. — gravelées, cendres de mottes faites avec le marc de raisin.

CENDRE (le), s. m. Village du dép. du Puy-de-Dôme, cant. de Vertaizon, arr. de Clermont. = Clermont-Ferrand.

CENDRE, s. m. Serpent couleur de cendre. T. d'hist. nat.

CENDRÉ, E, adj. Couleur de cendre ; blond cendré.

CENDRECOURT, s. m. Com. du dép. de la Haute-Saône, cant. de Jussey, arr. de Vesoul. = Jussey.

CENDRÉE, s. f. Petit plomb pour la chasse ; écume de plomb. —, mélange de pierres à chaux calcinées et de cendres de houille qui sert de ciment, et pour faire des coupelles. — de Tournai, poussière de houille des fours à chaux servant de pouzzolane. — bleue, pierre bleue qu'on tire des mines de cuivre.

CENDREUX, EUSE, adj. Plein de cendre, sali par la cendre. Fer —, fer qui se polit mal.

CENDREY, s. m. Com. du dép. du Doubs, cant. de Marchaux, arr. de Besançon. = Besançon.

CENDRIER, s. m. Partie du fourneau où tombe la cendre. —, celui qui ramasse la cendre et qui la vend.

CENDRIETTE, s. f. Cinéraire. T. de bot.

CENDRIEUX, s. m. Com. du dép. de la Dordogne, cant. de Vergt, arr. de Périgueux. = Périgueux.

CENDRILLARD, s. m. Coucou d'Amérique. T. d'hist. nat.

CENDRILLE, s. f. Alouette d'Afrique. T. d'hist. nat.

CENDRURES, s. f. pl. Petites veines dans l'acier.

CÈNE, s. f. Souper de J.-C. avec ses apôtres la veille de la Passion. —, communion des calvinistes. —, distribution de vivres et d'argent aux pauvres et lavement de leurs pieds par un souverain catholique le Jeudi-Saint.

CENELLE, s. f. Fruit du houx, petit et rouge.

CENERÉ (St.-), s. m. Com. du dép. de la Mayenne, cant. de Montsurs, arr. de Laval. = Laval.

CENERY-LE-GÉRÉ (St.-), s. m. Com. du dép. de l'Orne, cant. et arr. d'Alençon. = Alençon.

CENEVIÈRES, s. f. Com. du dép. du Lot, cant. de Limogne, arr. de Cahors. = Gahors.

CENILLY (Notre-Dame-de-), s. m. Com. du dép. de la Manche, cant de Cérisy-la-Salle, arr. de Coutances. = Coutances.

CÉNIS (le mont), s. m. Cette montagne des Alpes, entre Chambéri et Turin, offrait autrefois un passage très dangereux. Elle est aujourd'hui traversée par une route magnifique qui fut construite en 1805 par ordre de l'empereur Napoléon. On y remarque un hospice célèbre où sont admis les voyageurs.

CÉNISME, s. m. Vice d'élocution, emploi confus de tous les dialectes chez les anciens Grecs.

CENNE-MONESTIES, s. f. Com. du dép. de l'Aude, cant. et arr. de Castelnaudary. = Castelnaudary. Fab. de draps et comm. de bestiaux.

CÉNOBIARQUE, s. m. Supérieur d'une communauté.

CÉNOBIE, s. f. Maison de retraite, couvent de cénobites.

CÉNOBITE, s. m. Ancien moine qui vivait en communauté; l'opposé d'ermite.

CÉNOBITIQUE, adj. Qui appartient aux cénobites.

CÉNOBITOPHILE, s. et adj. Ami des cénobites.

CENON, s. m. Com. du dép. de la Vienne, cant. de Vouneuil, arr. de Châtellerault. = Châtellerault.

CENON-LA-BASTIDE, s. m. Com. du dép. de la Gironde, cant. de Carbon-Blanc, arr. de Bordeaux. = Bordeaux.

CÉNOPTÈRE, s. m. Genre de fougères. T. de bot.

CÉNOTAPHE, s. m. tombeau vide élevé à la mémoire d'un mort.

CÉNOTIQUE, adj. Purgatif violent, drastique. T. de méd.

CENS, s. m. Dans l'ancienne Rome, déclaration des biens, dénombrement des citoyens. —, avant la révolution, redevance qu'on payait aux seigneurs pour des biens fonciers. —, aujourd'hui, quotité d'impôt qu'il faut payer au fisc pour être représenté ou représentant; cens électoral.

CENSAL, s. m. Courtier, agent de change dans le Levant.

CENSAC-LAVAUX, s. m. Com. du dép. de la Haute-Loire, cant. de Paulhaguet, arr. de Brioude. = Brioude.

CENSE, s. f. Ferme, métairie. T. inus.

CENSÉ, E, adj. Réputé, estimé.

CENSEAU, s. m. Com. du dép. du Jura, cant. de Nozeroy, arr. de Poligny. = Champagnole. Comm. de sel, fer, bois de construction et de marine.

CENSEREY, s. m. Com. du dép. de la Côte-d'Or, cant. de Liernais, arr. de Beaune. = Saulieu.

CENSERIE, s. f. Courtage en général, dans le Levant.

CENSEUR, s. m. Magistrat romain qui faisait le dénombrement des citoyens, la répartition des impôts, et veillait à la conservation des bonnes mœurs; Caton le censeur. —, celui qui scrute les actions d'autrui; critique qui juge les ouvrages de littérature. —, délégué de la police qui examine les livres, les pièces de théâtre, et qui, dans son rapport, signale à ses chefs les passages qui lui paraissent répréhensibles et qui peuvent prêter à des allusions.

CENSIER, ÈRE, s. et adj. Registre du cens. Seigneur —, seigneur auquel on payait le cens. —, celui, celle qui tenait une ferme à cens, ou une cense à ferme.

CENSITAIRE, s. m. Tenancier qui devait cens et rente à un seigneur, au temps de la féodalité.

CENSIVE, s. f. Etendue d'un fief, redevance qui y était attachée.

CENSIVEMENT, adv. Avec droit de cens.

CENSUEL, LE, adj. Qui a rapport aux droits seigneuriaux, au cens.

CENSURABLE, adj. Qui peut être censuré, qui mérite de l'être.

CENSURE, s. f. Dans l'ancienne Rome, dignité de censeur. —, action de censurer; correction, répréhension, blâme. —, examen d'un livre par les agens de l'administration; le bureau des censeurs. —, excommunication, suspension, interdiction des fonctions ecclésiastiques.

CENSURÉ, E, part. Critiqué, examiné, mutilé.

CENSURER, v. a. Critiquer un ouvrage, l'examiner pour en faire ressortir les qualités ou les défauts.—, reprendre, blâmer. —, interpréter le sens des mots, fouiller dans la pensée d'un auteur, mutiler un ouvrage.

CENSY, s. m. Com. du dép. de l'Yonne, cant. de Noyers, arr. de Tonnerre. = Tonnerre.

CENT, adj. numéral. Dix fois dix, une centaine ; cent hommes. —, prend un *s* quand il n'est pas suivi d'un autre nom de nombre, trois cents hommes, trois cent vingt.

CENT-ACRES (les), s. m. pl. Com. du dép. de la Seine-Inférieure, cant. de Longueville, arr. de Dieppe. = Rouen.

CENTAINE, s. f. Nombre collectif. Cent unités, un cent. —, brin de fil ou de soie qui lie l'écheveau.

CENTAURE, s. m. Chiron, fils de Saturne et de Philyre, le plus célèbre d'entre les centaures. —, pl. Peuple d'une contrée de la Thessalie ; fils d'Ixion et de la Nue. Ceux-ci étaient des monstres dont la partie supérieure du corps appartenait à l'homme, et dont le surplus tenait du cheval ; ils étaient toujours armés de massues et se servaient de l'arc avec une adresse extraordinaire. T. de myth. —, constellation australe. T. d'astr.

CENTAURÉE, s. f. Genre de céranocéphales. Grande —, plante vulnéraire. Petite —, espèce de gentiane dont les sommités fleuries sont amères, toniques et fébrifuges. T. de bot.

CENTAURELLE, s. f. Plante voisine des gentianes. T. de bot.

CENT-DEAU, s. m. Village du dép. du Lot, cant. et arr. de Figeac. = Figeac.

CENTENAIRE, s. et adj. Qui a cent ans ; qui dure depuis cent ans ; possession centenaire.

CENTENIER, s. m. Centurion, commandant de cent hommes dans l'armée romaine.

CENTENILLE, s. f. Plante de la famille des gentianes ou lysimachies. T. de bot.

CENTÉSIMALE, adj. En cent parties ; division centésimale.

CENTIARE, s. m. Mesure de superficie, centième partie de l'are ou mètre carré.

CENTIÈME, adj. Nombre ordinal de cent ; le centième jour.

CENTIGRADE, adj. Divisé en cent degrés.

CENTIGRAMME, s. m. Centième partie du gramme.

CENTILITRE, s. m. Centième partie du litre.

CENTIME, s. m. Petite monnaie en cuivre, centième partie du franc.

CENTIMÈTRE, s. m. Centième partie du mètre.

CENTINODE, s. f. Plante à nœuds, renouée. T. de bot.

CENTISTÈRE, s. m. Centième partie du stère.

CENTON, s. m. Plagiat ; pièce de poésie composée de vers ou de fragmens de vers pillés çà et là. —, rapsodie, morceaux de poètes divers réunis en un tout suivi. —, habit fait de divers morceaux ; vêtement bigarré, etc.

CENTONISÉ, E, part. Composé de vers ou de morceaux d'emprunt.

CENTONISER, v. a. Faire des centons, s'approprier partie d'un ou de plusieurs ouvrages pour composer une pièce de vers.

CENT-PIEDS, s. m. Serpent de Siam très venimeux. T. d'hist. nat.

CENTRAL, E, adj. Qui est dans le centre ; point central. Feu —, feu que l'on suppose exister au milieu de la terre. Force —, qui se meut autour d'un centre. Administration —, supérieure. École —, du second degré.

CENTRALISATION, s. f. Concentration. —, agglomération de tous les pouvoirs de l'état dans les mains d'un petit nombre d'individus.

CENTRALISÉ, E, part. Concentré.

CENTRALISER, v. a. Concentrer ; s'emparer de tous les pouvoirs de l'état, les mettre sous sa main, comme font les despotes, les réunir autour de soi, au centre de la corruption, etc.

CENTRE, s. m. Point du milieu d'un cercle, d'une sphère, d'une figure en général ; le point où se coupent les diagonales ; point autour duquel les corps se meuvent ; point de tendance, milieu. — de gravité, point par lequel un corps suspendu demeure en équilibre. —, point principal, le plus important ; Paris est le centre de toutes les intrigues, de toutes les révolutions, de toutes les déceptions. Être dans son —, où l'on se plaît, dans sa vraie situation. Fig.

CENTRE (le canal du), s. m. Ce canal établit une communication entre la Saône et la Loire ; il part du premier de ces deux fleuves à Châlons et se jette dans la Loire à Dijon. Ainsi il communique à la Méditerranée en descendant la Saône et le Rhône, puis avec l'Océan en descendant la Loire, et enfin avec la Manche par le canal de Briare et la Seine. Ce canal, commencé en 1784, fut achevé en 1791.

CENTRÉ, E, part. Se dit d'un verre de lunette dont l'épaisseur est au centre.

CENTRER, v. a. Travailler un verre de lunette, de manière que la plus grande épaisseur soit au centre. —, faire passer l'axe optique par le centre objectif. T. d'astr.

CENTRÉS, s. m. Com. du dép. de l'Aveyron, cant. de Naucelle, arr. de Rodez. = Rodez.

CENTRIFUGE, adj. Qui tend à éloigner ou à s'éloigner du centre. T. de phys.

CENTRINE, s. f. Poisson de mer, espèce de squale. T. d'hist. nat.

CENTRIPÈTE, adj. Qui tend à se rapprocher du centre. T. de phys.

CENTRIPÉTENCE, s. f. Tendance vers le centre. T. de phys.

CENTRISQUE, s. m. Genre de poissons à nageoires cartilagineuses. T. d'hist. nat.

CENTROBARIQUE, adj. Se dit d'une méthode à l'aide de laquelle on emploie les centres de gravité pour mesurer une surface ou un solide.

CENTROGASTÈRE ou CENTROPODE, s. m. Poisson thoracique. T. d'hist. nat.

CENTROLOPHE, s. m. Poisson thoracique à crête longitudinale. T. d'hist. nat.

CENTRONOTE ou CENTROPOME, s. m. Pilote, poisson thoracique. T. d'hist. nat.

CENTROPHYLLE, s. m. Carthame, safran bâtard d'Egypte. T. de bot.

CENTROSCOPIE, s. f. Partie de la géométrie; traité des centres et des grandeurs.

CENT-SUISSE, s. m. Soldat de l'ancienne garde du roi; compagnie qui, dans l'origine, n'était composée que de cent hommes recrutés en Suisse et qui, à l'époque des derniers événemens, comptait trois à quatre cents hommes, la plupart Français.

CENTUMVIR, s. m. Magistrat de l'ancienne Rome; juge en matière civile.

CENTUMVIRAL, E, adj. Qui était dans les attributions des centumvirs; qui appartenait à leur juridiction.

CENTUMVIRAT, s. m. Dignité de centumvir.

CENTUPLE, adj. Cent fois autant; rendre au centuple.

CENTUPLÉ, E, part. Rendu cent fois plus grand.

CENTUPLER, v. a. Rendre cent fois plus grand; répéter cent fois.

CENTURI, s. m. Com. du dép. de la Corse, cant. de Rogliano, arr. de Bastia. = Bastia.

CENTURIATEURS, s. m. pl. Luthériens de Magdebourg, auteurs d'une histoire ecclésiastique divisée par siècles.

CENTURIE, s. f. Centaine. —, division par cent, adoptée par les magistrats romains pour faciliter les recensemens du peuple. —, dans l'armée romaine, compagnie d'infanterie composée de cent hommes. —, pl. Prédictions de Nostradamus par centaine de quatrains ou sixains.

CENTURION, s. m. Commandant d'une centurie.

CENTUSSE, s. f. Cent sous de la monnaie romaine; quarante sesterces, 1 fr. 75 centimes.

CENURE, s. m. Hydatide qu'on remarque dans la cervelle des moutons. T. d'hist. nat.

CENVES, s. m. Com. du dép. du Rhône, cant. de Monsol, arr. de Villefranche. = Beaujeu.

CÉOLS (St.-), s. m. Com. du dép. du Cher, cant. d'Aix-d'Angilon, arr. de Bourges. = Henrichemont.

CÉOR, s. m. Village du dép. de l'Aveyron, cant. de Cassagnes, arr. de Rodez. = Rodez.

CEP, s. m. Pied de vigne. —, pl. Liens, chaînes; avoir les ceps aux pieds et aux mains. (Vi.)

CÉPEAU, s. m. Billot sur lequel était fixée la matrice, à l'époque où l'on frappait la monnaie au marteau.

CÉPÉE, s. f. Rejet d'un bois taillis sur une souche.

CEPENDANT, adv. Pendant cela, pendant ce temps-là. —, conj. adversative. Toutefois, néanmoins.

CEPET, s. m. Com. du dép. de l'Aude, cant. et arr. de Limoux. = Limoux.

CÉPHALACANTHE, s. m. Genre de poissons osseux, gastérosté. T. d'hist. nat.

CÉPHALALGIE, s. f. Mal de tête violent, espèce de migraine. T. de méd.

CÉPHALANTHE, s. f. Plante du genre des rubiacées. T. de bot.

CÉPHALARTIQUE, adj. Qui calme les douleurs de tête, qui fait évacuer les sérosités du cerveau. T. de méd.

CÉPHALATOMIE, s. f. Description anatomique de la tête. T. de chir.

CÉPHALE, s. m. Fils de Mercure et mari de Procris, fille d'Erecsthée. Il fut enlevé par l'Aurore, dont il dédaigna les feux. Cette déesse, pour se venger de ses refus, inspira une telle jalousie aux deux époux, qu'ils se tourmentaient sans cesse. Cachée dans un buisson pour épier son mari, Procris fut tuée par Céphale qui croyait atteindre une bête sauvage. T. de myth. —, papillon satyre; poisson tétrodon. T. d'hist. nat.

CÉPHALÉ, adj. m. Qui a une tête; mollusque céphalé. T. d'hist. nat.

CÉPHALÉE, s. f. Céphalalgie chronique,

mal de tête opiniâtre, quelquefois périodique. T. de méd.

CÉPHALIQUE, adj. Qui a rapport, qui appartient à la tête. Veines —, veines du bras que les anciens croyaient avoir une correspondance particulière avec la tête. Grande veine —, qui rapporte le sang de l'avant-bras, et le verse dans la veine axillaire. Petite veine —, qui communique avec la grande, et rapporte le sang dans les sousclavières. T. de chir.

CÉPHALITE, s. f. Inflammation du cerveau et de ses membranes. T. de chir.

CÉPHALOCLE, s. m. Crustacé branchiopode. T. d'hist. nat.

CÉPHALODE, s. m. Cupule des lichens. T. de bot.

CÉPHALOÏDE, adj. Qui a la forme d'une tête. T. de bot.

CÉPHALOMÈTRE, s. m. Espèce de forceps, instrument pour mesurer la tête du fœtus pendant le travail. T. de chir.

CÉPHALO-PHARYNGIENS, s. et adj. m. pl. Muscles qui partent de l'apophyse basilaire de l'os occipital, et qui semblent former la tunique interne du pharynx. T. d'anat.

CÉPHALOPODES, s. m. pl. Mollusques dont la tête est garnie d'appendices qui leur servent de pieds. T. d'hist. nat.

CÉPHALOPTÈRE, s. m. Oiseau du Brésil, dentirostre; raie. T. d'hist. nat.

CÉPHALOSCOPIQUE, adj. Se dit d'une collection de crânes humains pour faire des observations anatomiques, et de l'art d'observer la tête; de la cranologie, système de Gall.

CÉPHALOTES, s. m. pl. Nom donné à des genres de chauve-souris, d'insectes carabiques, de poissons osseux et de plantes. T. d'hist. nat.

CÉPHÉE, s. m. Roi d'Ethiopie, père d'Andromède. T. de myth. Constellation boréale. T. d'astr.

CÉPHÉLIDES, s. m. pl. Genre de rubiacées. T. de bot.

CÉPIE, s. f. Com. du dép. de l'Aude, cant. et arr. de Limoux. = Limoux.

CÉPOI, s. m. Com. du dép. du Loiret, cant. et arr. de Montargis. = Montargis.

CÉPOTE ou **CÉPODE**, s. m. Poisson épineux, thoracique. T. d'hist. nat.

CÉRACÉE, s. f. Sorte de laitage suisse. Voy. BROCOTTE.

CÉRAISTE ou **CÉRESTE**, s. f. Oreille de souris, plante caryophyllée T. de bot.

CÉRAMBIX, s. m. Insecte coléoptère. Voy. CAPRICORNE. T. d'hist. nat.

CÉRAMBYCINS, s. m. pl. Coléoptères longicornes. T. d'hist. nat.

CÉRAMIQUE, s. m. Lieu d'Athènes où, dit-on, il existait une tuilerie, où l'on faisait les funérailles des militaires.

CÉRAN, s. m. Com. du dép. du Gers, cant. de Fleurance, arr. de Lectoure. = Fleurance.

CÉRANS-ET-FOULLETOURTE, s. m. Com. du dép. de la Sarthe, cant. de Pontvallain, arr. de la Flèche. = Foulletourte.

CÉRANTHE, s. m. Genre de plantes caryophyllées. T. de bot.

CÉRANTHÈRE, s. f. Arbrisseau de la côte d'Afrique. T. de bot.

CÉRASTE, s. m. Serpent sur les yeux duquel on remarque une sorte de corne; mollusque testacé. T. d'hist. nat.

CÉRAT, s. m. Sorte d'onguent dessicatif composé d'huile d'olive, de cire blanche et d'eau distillée ou clarifiée. T. de phar.

CÉRATINE, s. f. Genre d'insectes hyménoptères. T. d'hist. nat.

CÉRATIOLE, s. f. Bruyère de la Caroline. T. de bot.

CÉRATION, s. f. Préparation d'un métal pour le mettre en fusion; procédé pour le rendre fusible.

CÉRATOCARPE, s. m. Espèce de plante de la famille des arroches. T. de bot.

CÉRATOCÈLE, s. f. Espèce de hernie de la cornée. T. de méd.

CÉRATOGLOSSE, s. m. Muscle qui s'étend de la corne de l'os hyoïde à la langue. T. d'anat.

CÉRATO-PHARYNGIENS, s. m. pl. et adj. Petits faisceaux musculaires qui font partie de l'hio-pharyngien. T. d'anat.

CÉRATOPHYLLE, s. f. Plante aromatique. T. de bot.

CÉRATOPHYTES, s. m. pl. Genre de polypiers cartilagineux et transparens, comme la corne. T. d'hist. nat.

CÉRATOPOGON, s. m. Genre d'insectes diptères. T. d'hist. nat.

CÉRATO-SPERME, s. m. Plante de la famille des algues. T. de bot.

CÉRATO-STAPHYLIN, s. m. Portion du muscle thyro-staphylin, muscle qui tient à l'os hyoïde et à la luette. T. d'anat.

CÉRATOTOME, s. m. Bistouri pour inciser la cornée, dans l'opération de la cataracte. T. de chir.

CÉRAUNIAS, s. m. Pierre de foudre;

pyrite; sulfure de fer radié dont les anciens garnissaient leurs piques. T. d'hist. nat.

CÉRAUNION, s. m. Signe en croix dont les anciens se servaient pour marquer le trait d'union.

CÉRAUNIUS, s. m. Surnom de Jupiter lançant la foudre.

CÉRAUNOCHRYSON, s. m. Or fulminant.

CÉRAUNOSCOPE, s. m. Prêtre chargé d'observer les phénomènes du tonnerre. T. d'antiq.

CÉRAUNOSCOPION, s. m. Machine de théâtre, espèce de tour d'où Jupiter lançait la foudre.

CERBÈRE, s. m. Chien à trois têtes qui garde la porte des enfers, et dont la surveillance s'endormit au son de la lyre d'Orphée. T. de myth. —, portier brutal, geolier intraitable. —, salpêtre. T. de chim. —, constellation boréale. T. d'astr.

CERBOIS, s. m. Com. du dép. du Cher, cant. de Lury, arr. de Bourges. = Vierzon.

CERCAIRE, s. m. Ver infusoire. T. d'hist. nat.

CERCE, s. f. Courbe d'une voussure, ceintre d'une courbe. T. d'archit.

CERCEAU, s. m. Cercle de bois ou de fer qui sert à relier les tonneaux. —, sorte de filet pour prendre des oiseaux. —, pl. Plumes du bout de l'aile d'un oiseau de proie. T. de fauc.

CERCELLE, s. f. Voy. SARCELLE.

CERCERIS, s. m. Genre d'insectes fouisseurs. T. d'hist. nat.

CERCEUIL ou CERCUEIL (le), s. m. Com. du dép. de l'Orne, cant. de Carrouges, arr. d'Alençon. = Mortrée.

CERCHE, s. f. Trait de quelques figures tracées par des points.

CERCIÉ, s. m. Com. du dép. du Rhône, cant. de Belleville, arr. de Villefranche. = Villefranche-sur-Saône.

CERCLE, s. m. Plan que renferme une ligne courbe dont toutes les parties sont à égale distance du centre. —, circonférence du cercle; cerceau. —, assemblée; tenir un cercle, briller dans les cercles. Faire —, rassembler du monde autour de soi. —, chacun des états qui formaient le corps germanique; le cercle de Bavière, de Souabe, etc. — vicieux, faux raisonnement; suite de mauvaises affaires dont on ne peut sortir. — de réflexion, instrument pour mesurer les hauteurs, les distances, en mer. — entier ou répétiteur, instrument pour mesurer les angles.

CERCLÉ, E, part. Garni de cercles.

CERCLER, v. a. Mettre des cercles à un tonneau, à une cuve.

CERCLES, s. m. Com. du dép. de la Dordogne, cant. de Verteillac, arr. de Ribérac. = Marcuil.

CERCLIER, s. m. Ouvrier qui fait des cerceaux.

CERCODÉE, s. f. Plante de la famille des onagres. T. de bot.

CERCOPE, s. m. Genre d'insectes hémiptères de la famille des cigales. T. d'hist. nat.

CERCOPITHEQUE, s. m. Singe à longue queue. T. d'hist. nat.

CERCOSIS, s. m. Espèce de polype, excroissance de chair qui sort de l'orifice de la matrice, le bouche et le remplit. T. de chir.

CERCOTTE, s. f. Com. du dép. du Loiret, cant. d'Artenay, arr. d'Orléans. = Chevilly.

CERCOUX, s. m. Com. du dép. de la Charente-Inférieure, cant. de Montguyon, arr. de Jonzac. = Montlieu.

CERCUEIL, s. m. Bière, coffre de bois, de plomb, dans lequel on met les morts.

CERCUEIL, s. m. Com. du dép. de la Meurthe, cant. de St.-Nicolas, arr. de Nancy. = St.-Nicolas-du-Port.

CERCURE, s. m. Navire à voiles et à rames dont se servaient les peuples d'Asie. T. d'antiq.

CERCY-LA-TOUR, s. m. Com. du dép. de la Nièvre, cant. de Fours, arr. de Nevers. = Decize.

CERCY-LES-BUCY, s. m. Com. du dép. de l'Aisne, cant. et arr. de Laon. = Laon.

CERDAGNE FRANÇAISE (la), s. f. Petit pays qui dépendait du Roussillon, et qui forme aujourd'hui l'arr. de Prades et une partie de celui de Céret, dép. des Pyrénées-Orientales. Il est couvert de montagnes, et abonde en excellens pâturages.

CERDANE, s. m. Grand arbre du Pérou. T. de bot.

CERDON, s. m. Com. du dép. de l'Ain, cant. de Poncin, arr. de Nantua. Bur. de poste. Filatures de coton, papeteries.

CERDON, s. m. Com. du dép. du Loiret, cant. de Sully, arr. de Gien. = Gien.

CÈRE (la), s. f. Rivière qui se forme au pied du mont Cantal, et qui se jette dans la Dordogne, au-dessous de Girac, dép. du Lot, après un cours d'environ 20 l. Elle est flottable à bûches perdues, depuis l'aval de Cère jusqu'à son embouchure.

CÉRÉ, s. m. Com. du dép. d'Indre-et-Loire, cant. de Bléré, arr. de Tours. = Amboise.

CÉRÉ, s. m. Com. du dép. des Landes, cant. de Labrit, arr. de Mont-de-Marsan. = Mont-de-Marsan.

CÉRÉ (St.-), s. m. Petite ville du dép. du Lot, chef-lieu de cant. de l'arr. de Figeac. Bur. d'enregist. et de poste. Comm. de fil et de chanvre; fab. de toiles; carrières de marbre.

CÉRÉAL, E, adj. Se dit des graines farineuses avec lesquelles on fait ou l'on peut faire du pain.

CÉRÉALES, s. f. pl. Fêtes en l'honneur de Cérès instituées par Triptolème. T. de myth.

CÉRÉBELLEUX, EUSE, adj. Qui appartient au cervelet. T. d'anat.

CÉRÉBRAL, E, adj. Qui appartient au cerveau; fièvre cérébrale. T. de méd.

CÉRÉBREUX, EUSE, adj. Se dit d'une personne dont le cerveau s'enflamme aisément; d'une substance qui ressemble à celle que renferme le cerveau. T. de méd.

CÉRÉBRIFORME, adj. Qui a la forme du cerveau.

CÉRÉBRITES, s. m. pl. Madrépores fossiles offrant l'image d'une cervelle d'homme. T. d'hist. nat.

CÉRÉLÉON, s. m. Cérat, mélange de cire et d'huile. T. de pharm. inus.

CÉRELLES, s. f. Com. du dép. d'Indre-et-Loire, cant. de Neuillé-Pont-Pierre, arr. de Tours. = Tours.

CÉRÉMONIAL, s. m. Usage d'un pays pour les cérémonies religieuses ou d'étiquette; livre qui contient l'ordre de ces cérémonies. —, politesse entre particuliers.

CÉRÉMONIAL, E, adj. Qui est relatif aux cérémonies.

CÉRÉMONIE, s. f. Formes extérieures et régulières d'un culte. —, formalités dans les occasions solennelles. —, témoignage de déférence entre particuliers; manière de recevoir, de traiter; civilités exagérées, importunes. En —, avec appareil. Sans —, sans façon, en ami. —, temps de la cuisson. T. de verr. —, pl. Difficultés; il a bien fait des cérémonies pour avaler sa médecine.

CÉRÉMONIEUX, EUSE, adj. Se dit d'un personnage fatigant qui tient à l'étiquette, qui ne cesse de faire des cérémonies.

CÉRENCES, s. f. Com. du dép. de la Manche, cant. de Bréhal, arr. de Coutances. = Coutances.

CÉRÉOPSIS, s. m. Echassier uncirostre. T. d'hist. nat.

CÉRÈS, s. f. Fille de Saturne et de Cybèle, déesse de l'agriculture. En cherchant sa fille Proserpine que Pluton lui avait enlevée, elle arriva chez Triptolème auquel elle enseigna l'art de labourer la terre, etc. T. de myth. —, le blé, les moissons. T. de haute poésie. —, planète. T. d'astr.

CÉRESTE, s. f. Com. du dép. des Basses-Alpes, cant. de Reillaune, arr. de Forcalquier. = Manosque.

CÉRET, s. m. Petite ville du dép. des Pyrénées-Orientales, chef-lieu de sous-préf. et d'un cant.; trib. de 1re inst.; conserv. des hypoth.; recev. part. des finances; bur. d'enregist. et de poste. Dans les environs de cette ville, où furent posées les limites de la France et de l'Espagne, en 1660, le général Dugommier, après deux jours de combats, les 29 et 30 avril 1794, força 10,000 Espagnols à battre en retraite, quoiqu'il n'eût à leur opposer que 3,000 Français. On remarque à Céret, sur le Tech, un pont d'une seule arche, qui a 144 pieds d'une culée à l'autre. On y voit aussi une très belle fontaine en marbre blanc.

CERF, s. m. Bête fauve, quadrupède ruminant dont la tête est ornée de cornes branchues qu'on nomme bois. Voy. BICHE.

CERF-COCHON, s. m. Quadrupède d'Afrique qui approche du cerf.

CERFEUIL, s. m. Plante potagère, annuelle, ombellifère, dont les feuilles ressemblent à celles du persil.

CERFONTAINE, s. f. Com. du dép. du Nord, cant. de Maubeuge, arr. d'Avesnes. = Maubeuge.

CERF-VOLANT, s. m. Papier tendu sur des baguettes d'osier en forme de cœur, qu'on élève en l'air au moyen d'une ficelle. — ou LUCANE, insecte volant, le plus grand coléoptère de ceux que l'on connaît en France. Voy. ESCARBOT.

CERGY, s. m. Com. du dép. de Seine-et-Oise, cant. et arr. de Pontoise. = Pontoise.

CÉRIACA, s. m. Arbre à fleurs blanches. T. de bot.

CÉRIE, s. f. Genre d'insectes diptères. T. d'hist. nat.

CÉRILLY, s. m. Petite ville du dép. de l'Allier, chef-lieu de cant. de l'arr. de Montluçon. Bur. d'enregist. et de poste. Fab. d'étamines; papeteries.

CÉRILLY, s. m. Com. du dép. de la Côte-d'Or, cant. de Laignes, arr. de Châtillon. = Châtillon.

CÉRILLY, s. m. Com. du dép. de l'Yonne, cant. de Cérisiers, arr. de Joigny. = Villeneuve-l'Archevêque.

CERINTHE ou CERINTHÉE, s. f. Melinet, plante vulnéraire. T. de bot.

CÉRION, s. m. Espèce de teigne. T. de méd. —, plante solanée de la Cochinchine. T. de bot.

CÉRIQUE, s. m. Crabe d'Amérique. T. d'hist. nat.

CERISAIE, s. f. Terrain planté de cerisiers.

CERISE, s. f. Fruit rouge à noyau; couleur de ce fruit. —, excroissance à la fourchette du cheval. T. de méd. vétér.

CERISÉ, s. m. Com. du dép. de l'Orne, cant. et arr. d'Alençon. = Alençon.

CERISE (St.-), s. m. Village du dép. de Tarn-et-Garonne, cant. d'Auvillars, arr. de Moissac. = Valence-d'Agen.

CERISETTE, s. f. Petite prune rouge qui ressemble à une cerise.

CERISI-BELLE-ÉTOILE, s. m. Com. du dép. de l'Orne, cant. de Flers, arr. de Domfront. = Tinchebrai.

CERISIER, s. m. Arbre qui produit la cerise.

CÉRISIERS, s. m. Com. du dép. de l'Yonne, chef-lieu de cant. de l'arr. Joigny. Bur. d'enregist. = Sens.

CÉRISY-BULEUX, s. m. Com. du dép. de la Somme, cant. de Gamaches, arr. d'Abbeville. = Abbeville.

CÉRISY-GAILLY, s. m. Com. du dép. de la Somme, cant. de Bray, arr. de Péronne. = Corbie.

CÉRISY-LA-FORÊT, s. m. Com. du dép. de la Manche, cant. de St.-Clair, arr. de St.-Lô. = St.-Lô.

CÉRISY-LA-SALLE, s. m. Com. du dép. de la Manche, chef-lieu de cant. de l'arr. de Coutances, où est le bur. d'enregist. = Coutances.
Manuf. de toiles, calicots et coutils.

CÉRITE, s. m. Coquille univalve. T. d'hist. nat.

CÉRITES, s. m. pl. Dernières classes des Romains. T. d'antiq.

CÉRIUM, s. m. Substance métallique très cassante, d'un blanc grisâtre. T. de chim. —, nouvelle planète. T. d'astr.

CERIZAI ou CERISIN, s. m. Tarin, serin d'Italie. T. d'hist. nat.

CERIZAY, s. m. Com. du dép. des Deux-Sèvres, chef-lieu de cant. de l'arr. de Bressuire, où l'on trouve le bur. d'enregist. = Bressuire.
Fab. de toiles, tuileries.

CÉRIZIÈRES, s. f. Com. du dép. de la Haute-Marne, cant. de Donjeux, arr. de Vassy. = Vignory.

CÉRIZOLS, s. m. Com. du dép. de l'Ariège, cant. de Ste.-Croix, arr. de St.-Girons. = St.-Girons.

CÉRIZY, s. m. Com. du dép. de l'Aisne, cant. de Moy, arr. de St.-Quentin. = St.-Quentin.

CERLANGUE (la), s. f. Com. du dép. de la Seine-Inférieure, cant. de St.-Romain-de-Colbosc, arr. du Havre. = St.-Romain-de-Colbosc.

CERLEAU (le), s. m. Com. du dép. des Ardennes, cant. de Rumigny, arr. de Rocroi. = Aubenton.

CERNANS, s. m. Com. du dép. du Jura, cant. de Salins, arr. de Poligny. = Salins.

CERNAY, s. m. Com. du dép. du Calvados, cant. d'Orbec, arr. de Lisieux. = Orbec.

CERNAY, s. m. Com. du dép. du Doubs, cant. de Maiche, arr. de Montbéliard. = St.-Hippolyte.

CERNAY, s. m. Com. du dép. d'Eure-et-Loir, cant. d'Illiers, arr. de Chartres. = Courville.

CERNAY, s. m. Com. du dép. de la Marne, cant. de Beine, arr. de Reims. = Reims.

CERNAY, s. m. Petite ville du dép. du Haut-Rhin, chef-lieu de cant. de l'arr. de Belfort. Bur. d'enregist. et de poste.
Manuf. de draps, calicots, toiles peintes; papeteries, fonderie de fonte et de cuivre; fab. d'ustensiles, de fer battu et de mécaniques pour filatures.

CERNAY, s. m. Com. du dép. de la Vienne, cant. de St.-Genest-Leucloître, arr. de Châtellerault. = Châtellerault.

CERNAY-EN-DORMOIS, s. m. Com. du dép. de la Marne, cant. de Ville-sur-Tourbe, arr. de Ste.-Ménéhould. = Ste.-Ménéhould.

CERNAY-LA-VILLE, s. m. Com. du dép. de Seine-et-Oise, cant. de Chevreuse, arr. de Rambouillet. = Chevreuse.

CERNE, s. m. Cercle tracé sur la terre, le sable, etc. —, trou rond au pied d'un arbre. —, cercle livide qui se forme autour d'une plaie, des yeux, quand ils sont battus.

CERNÉ, E, part. Environné, entouré.

CERNEAU, s. m. Moitié de noix verte retirée de sa coquille. Vin de —, vin rosé bon à boire dans la saison des cerneaux.

CERNER, v. a. Faire un cercle autour de quelque chose ; cerner un arbre. —, couper en rond; cerner des noix. —, entourer, environner ; cerner une place de guerre, une armée. —, circonvenir. Se —, v. pron. S'entourer d'un cercle, se dit des yeux.

CERNEUX, s. m. Com. du dép. de Seine-et-Marne, cant. de Villiers-St.-Georges, arr. de Provins. = Provins.

CERNIÉBAUD, s. m. Com. du dép. du Jura, cant. de Nozeroy, arr. de Poligny. = Champagnole.

CERNIN (St.-), s. m. Com. du dép. de la Corrèze, cant. de l'Arche, arr. de Brive. = Brive.

CERNIN (St.-), s. m. Com. du dép. du Cantal, chef-lieu de cant. de l'arr. d'Aurillac. Bur. d'enregist. = Aurillac.

CERNIN (St.-), s. m. Com. du dép. du Lot, cant. de Lauzès, arr. de Cahors. = Castelnau-de-Mont-Ratier.

CERNIN (St.-), s. m. Village du dép. du Lot, cant. de Moncuq, arr. de Cahors. = Cahors.

CERNIN-DE-BIRON (St.-), s. m. Com. du dép. de la Dordogne, cant. de Montpazier, arr. de Bergerac. = Montpazier.

CERNIN-DE-L'HERM (St.-), s. m. Com. du dép. de la Dordogne, cant. de Villefranche-de-Belvès, arr. de Sarlat. = Belvès.

CERNIN-DE-REILLAC (St.-), s. m. Com. du dép. de la Dordogne, cant. du Bugue, arr. de Sarlat. = le Bugue.

CERNION, s. m. Com. du dép. des Ardennes, cant. de Rumigny, arr. de Rocroi. = Mézières.

CERNON, s. m. Com. du dép. du Jura, cant. d'Arinthod, arr. de Lons-le-Saulnier. = Orgelet.

CERNON, s. m. Com. du dép. de la Marne, cant. d'Ecury-sur-Coole, arr. de Châlons. = Châlons-sur-Marne.

CERNOY, s. m. Com. du dép. du Loiret, cant. de Châtillon-sur-Loire, arr. de Gien. = Châtillon-sur-Loire.

CERNOY, s. m. Com. du dép. de l'Oise, cant. de St.-Just-en-Chaussée, arr. de Clermont. = St.-Just-en-Chaussée.

CERNUATEUR, s. m. Espèce de sauteur chez les Romains.

CERNY, s. m. Petite ville du dép. de Seine-et-Oise, cant. de la Ferté-Aleps, arr. d'Etampes. = la Ferté-Aleps.

CERNY-EN-LAONNAIS, s. m. Com. du dép. de l'Aisne, cant. de Craonne, arr. de Laon. = Laon.

CÉROCOME, s. m. Coléoptère assez rare qui ressemble à la cantharide. T. d'hist. nat.

CÉROÈNE ou CIROUÈNE, s. m. Emplâtre résolutif, fortifiant, dans lequel entrent la cire et le vin. T. de phar.

CÉROFÉRAIRE, s. m. Clerc, ecclésiastique tonsuré qui porte le cierge à la procession.

CÉROÏDE, adj. Qui a l'apparence de la cire.

CÉROMANCIE, s. f. Divination au moyen de figures de cire.

CÉROMEL, s. m. Onguent dont le miel et la cire font la base. T. de phar.

CÉRON ou SURON, s. m. Ballot de marchandises couvert d'une peau de bœuf fraîchement dépouillé.

CÉRON, s. m. Com. du dép. de Saône-et-Loire, cant. de Marcigny, arr. de Charolles. = Marcigny.

CÉRONNE (Ste.-), s. f. Com. du dép. de l'Orne, cant. de Bazoche-sur-Hoëne, arr. de Mortagne. = Mortagne.

CÉRONS, s. m. Com. du dép. de la Gironde, cant. de Podensac, arr. de Bordeaux = Podensac.

CÉROPÈGE, s. f. Genre de plantes apocynées de l'Inde et d'Afrique. T. de bot.

CÉROPHORE, s. m. Mammifère à cornes creuses ; antilope, bœuf, chèvre, mouton, etc. T. d'hist. nat.

CÉROPISSE, s. f. Emplâtre de poix et de cire. T. de phar.

CÉROPLASTIQUE, s. f. Art de mouler en cire.

CEROTTE (Ste.-), s. f. Com. du dép. de la Sarthe, cant. et arr. de St.-Calais. = St.-Calais.

CÉROU (le), s. m. Petite rivière qui prend naissance à une l. de Valence, dép. du Tarn, et qui se jette dans l'Aveyron, après un cours d'environ 14 l.

CERQUE, s. m. Insecte clavicorne. T. d'hist. nat.

CERQUEUX, s. m. Com. du dép. du Calvados, cant. d'Orbec, arr. de Lisieux. = Orbec.

CERQUEUX-DE-MAULEVRIER (les), s. m. pl. Com. du dép. de Maine-et-Loire, cant. de Chollet, arr. de Beaupréau. = Chollet.

CERQUEUX-SOUS-PASSAVANT, s. m. Com. du dép. de Maine-et-Loire, cant. de Vihiers, arr. de Saumur. = Vihiers.

CERQUIGNY, s. m. Village du dép. de l'Eure, cant. et arr. de Bernay. = Bernay.

CERRE, s. m. Espèce de chêne.

CERRE-LES-NOROY, s. f. Com. du

dép. de la Haute-Saône, cant. de Noroy-le-Bourg, arr. de Vesoul. = Vesoul.

CERS, s. m. Com. du dép. de l'Hérault, cant. et arr. de Béziers. = Béziers.

CERSAY, s. m. Com. du dép. des Deux-Sèvres, cant. d'Argenton-Château, arr. de Bressuire. = Argenton-Château.

CERSEUIL, s. m. Com. du dép. de l'Aisne, cant. de Braisne, arr. de Soissons. = Braisne.

CERSOT, s. m. Com. du dép. de Saône-et-Loire, cant. de Buxy, arr. de Châlons. = Buxy.

CERT, s. m. Com. du dép. de l'Ariège, cant. et arr. de St.-Girons. = St.-Girons.

CERTAIN, E, adj. Vrai, indubitable; nouvelle certaine. —, assuré; être certain d'une nouvelle. —, préfix, déterminé, jour certain. —, indéterminé, un certain jour. —, s. m. Chose certaine; prendre, quitter le certain pour l'incertain.

CERTAINÉ, E, part. Voy. ACERTAINÉ.

CERTAINEMENT, adv. Assurément, sans aucun doute.

CERTAINER, v. a. Voy. ACERTAINER.

CERTEAU, s. m. Sorte de poire d'automne.

CERTEMERY, s. m. Com. du dép. du Jura, cant. de Villers-Farlay, arr. de Poligny. = Arbois.

CERTES, adv. Certainement, assurément.

CERTIFICAT, s. m. Ecrit faisant foi de quelque chose.

CERTIFICATEUR, s. m. Employé de l'administration judiciaire qui certifie une caution, un billet, des criées, qui atteste la légalité des actes.

CERTIFICATION, s. f. Assurance par écrit, donnée ou reçue.

CERTIFIÉ, E, part. Constaté, assuré.

CERTIFIER, v. a. Témoigner, assurer la vérité d'une chose. — une caution, répondre qu'elle est solvable. — une criée, attester qu'elle a été faite dans les formes légales. T. de procéd.

CERTILLEUX, s. m. Com. du dép. des Vosges, cant. et arr. de Neufchâteau. = Neufchâteau.

CERTITUDE, s. f. Conviction, assurance pleine et entière qu'une chose est vraie. —, stabilité; nulle certitude ici bas.

CÉRUMEN, s. m. Humeur secrétée par les folicules qui garnissent les parois du conduit auditif externe; elle est amère et arrête les insectes qui voudraient pénétrer dans l'oreille. T. de chir.

CÉRUMINEUX, EUSE, adj. Qui tient de la cire.

CÉRUSE, s. f. Oxide de plomb; blanc de céruse.

CERVAISON, s. f. Temps où le cerf est gras et bon à chasser.

CERVEAU, s. m. Viscère contenu dans la capacité du crâne, qui paraît être la source de l'entendement, le siège du sens interne et le réservoir des pensées, comme le terme commun des sensations. —, esprit, jugement. — brûlé, imagination ardente et déréglée. — de mer, sorte de fongipore compacte qui ressemble au cerveau. T. d'hist. nat.

CERVELAS, s. m. Saucisson gros et court rempli de chair hachée, salée et épicée.

CERVELET, s. m. Organe analogue au cerveau, corps medullaire situé dans la partie inférieure et postérieure du crâne. T. d'anat. —, champignon d'Italie. T. de bot.

CERVELLE, s. f. Substance contenue dans la capacité de la tête. Ce mot est générique et comprend le cerveau, le cervelet, la moelle alongée, et même celle de l'épine. T. d'anat. —, esprit, entendement, raison, jugement. Fig. — de palmier, moelle de son tronc.

CERVICAIRES, s. f. pl. Nom de plusieurs sortes de plantes. T. de bot.

CERVICAL, E, adj. Se dit de tout ce qui appartient à la partie postérieure du cou. T. d'anat. — descendant, s. m. et adj. Muscle sacro-lombaire. — postérieur, ligament qui s'étend depuis l'os occipital jusqu'aux dernières vertèbres du cou. —, pl. CERVICAUX. Nom donné aux paires de nerfs qui tirent leur origine de la moelle épinière. T. d'anat.

CERVICO-MASTOÏDIEN, s. et adj. Muscle du cou et de l'apophyse mastoïde. T. d'anat.

CERVICO-SCAPULAIRE, adj. Se dit de l'artère et de la veine cervicales transverses. T. d'anat.

CERVIER, adj. m. Loup cervier. Voy. LYNX.

CERVIÈRE, s. f. Village du dép. des Basses-Alpes, cant. et arr. de Barcelonette. = Barcelonette.

CERVIÈRES, s. f. Com. du dép. des Hautes-Alpes, cant. et arr. de Briançon. = Briançon.

CERVIERES, s. f. Com. du dép. de la Loire, cant. de Noirétable, arr. de Montbrison. = Thiers.

CERVIONE, s. f. Com. du dép. de la Corse, chef-lieu de cant. de l'arr. de Bastia. Bur. d'enregist. = Bastia.

CERVOISE, s. f. Boisson de grains

et d'herbes, dont les anciens faisaient usage.

CERVON, s. m. Com. du dép. de la Nièvre, cant. de Corbigny, arr. de Clamecy. = Corbigny.

CERYCES, s. m. pl. Crieurs publics. T. d'antiq.

CERZAT, s. m. Com. du dép. de la Haute-Loire, cant de Lavoute-Chilhac, arr. de Brioude. = Langeac.

CÉSAIRE (St.-), s. m. Com. du dép. du Var, cant. de St.-Vallier, arr. de Grasse. = Grasse.

CÉSANCEY, s. m. Com. du dép. du Jura, cant. de Beaufort, arr. de Lons-le-Saulnier. = Lons-le-Saulnier.

CÉSAR, s. m. Nom du premier empereur romain qui, ayant renversé la république, fut poignardé par Brutus, au milieu du sénat. —, empereur, grand capitaine ; brave comme un César. Fig. —, s. et adj. Né par suite de l'opération césarienne.

CÉSARIEN, s. m. Officier des empereurs romains. —, pl. Gladiateurs qui combattaient devant les empereurs.

CÉSARIENNE, adj. f. Se dit d'une opération qui consiste à ouvrir le ventre et la matrice pour en retirer le fœtus ; opération ainsi nommée, parce qu'on prétend que César est venu au monde de cette manière, ainsi que Scipion l'Africain et Manlius. T. de chir.

CÉSARVILLE, s. f. Com. du dép. du Loiret, cant. de Malesherbes, arr. de Pithiviers. = Malesherbes.

CESCAU, s. m. Com. du dép. de l'Ariège, cant. de Castillon, arr. de St.-Girons. = St.-Girons.

CESCAU, s. m. Com. du dép. des Basses-Pyrénées, cant. et arr. d'Orthez. = Orthez.

CÉSÉRIAT, s. m. Com. du dép. de l'Ain, chef-lieu de cant. de l'arr. de Bourg, où se trouve le bur. d'enregist. = Bourg.

CESNY-AUX-VIGNES, s. m. Com. du dép. du Calvados, cant. de Bourguébus, arr. de Caen. = Croissanville.

CESNY-EN-CINGLAIS, s. m. Com. du dép. du Calvados, cant. de Thury-Harcourt, arr. de Falaise. = Thury-Harcourt.

CESSAC, s. m. Com. du dép. de la Gironde, cant. de Targon, arr. de la Réole. = Cadillac.

CESSALES, s. f. Com. du dép. de la Haute-Garonne, cant. et arr. de Villefranche. = Villefranche.

CESSANT, E, adj. Qui cesse, Toute affaire — ; avant tout.

CESSATION, s. f. Intermission, discontinuation. — de paiement, faillite.

CESSE, s. f. Discontinuation. Dans ce sens il ne prend point l'article. N'avoir point de —, ne point cesser, n'avoir point de repos. Sans —, adv. Sans interruption, continuellement, toujours.

CESSE (la), s. f. Petite rivière dont on trouve la source au-dessus de Cassaignoles, arr. de St.-Pons, dép. de l'Hérault, et qui se jette dans le canal du Midi, vis-à-vis de l'embranchement de la Roubine de Narbonne.

CESSE, s. f. Village du dép. des Ardennes, cant. de Mouzon, arr. de Sedan. = Stenay.

CESSE, s. f. Com. du dép. de la Meuse, cant. de Stenay, arr. de Montmédy. = Stenay.

CESSÉ, E, part. Interrompu, discontinué.

CESSEINS, s. m. Com. du dép. de l'Ain, cant. de St.-Trivier-sur-Mognand, arr. de Trévoux. = Montmerle.

CESSENON, s. m. Petite ville du dép. de l'Hérault, cant. de St.-Chinian, arr. de St.-Pons. = St.-Chinian. Mine de houille.

CESSENON-PRADES, s. m. Com. du dép. de l'Hérault, cant. de St.-Chinian, arr. de St.-Pons. = St.-Chinian.

CESSER, v. a. et n. Interrompre ; discontinuer. Faire — l'oppression, y mettre un terme.

CESSERAS, s. m. Com. du dép. de l'Hérault, cant. d'Olonzac, arr. de St.-Pons. = Azille.

CESSET, s. m. Com. du dép. de l'Allier, cant. de St.-Pourçain, arr. de Gannat. = St.-Pourçain.

CESSEVILLE, s. f. Com. du dép. de l'Eure, cant. du Neubourg, arr. de Louviers. = le Neubourg.

CESSEY, s. m. Com. du dép. du Doubs, cant. de Quingey, arr. de Besançon. = Quingey.

CESSEY, s. m. Com. du dép. de la Haute-Saône, cant. d'Autrey, arr. de Gray. = Gray.

CESSEY-LES-VITTEAUX, s. m. Com. du dép. de la Côte-d'Or, cant. de Vitteaux, arr. de Saumur. = Vitteaux.

CESSEY-SUR-TILLE, s. m. Com. du dép. de la Côte-d'Or, cant. de Genlis, arr. de Dijon. = Genlis.

CESSIA, s. f. Com. du dép. du Jura, cant. de St.-Amour, arr. de Lons-le-Saulnier. = St.-Amour.

CESSIBLE, adj. Qui peut être cédé. T. de jurisp.

CESSIÈRES, s. f. Com. du dép. de

l'Aisne, cant. d'Anizy-le-Château, arr. de Laon. = Laon.

CESSIEU, s. m. Com. du dép. de l'Isère, cant. et arr. de la Tour-du-Pin. = la Tour-du-Pin.

CESSION, s. f. Vente, transport, démission. —, abandon, faillite; être admis au bénéfice de cession.

CESSIONNAIRE, s. et adj. Celui qui accepte une cession ; débiteur qui fait cession de ses biens à ses créanciers.

CESSITE, s. f. Pierre qui représente des feuilles de lierre.

CESSON, s. m. Village du dép. des Côtes-du-Nord, cant. et arr. de St.-Brieuc. = St.-Brieuc.

CESSON, s. m. Com. du dép. d'Ille-et-Vilaine, cant. et arr. de Rennes. = Rennes.

CESSON, s. m. Com. du dép. de Seine-et-Marne, cant. et arr. de Melun. = Melun.

CESSOY, s. m. Com. du dép. de Seine-et-Marne, cant. de Donnemarie, arr. de Provins. = Donnemarie.

CESSY, s. m. Com. du dép. de l'Ain, cant. et arr. de Gex. = Gex.

CESSY, s. m. Com. du dép. de la Nièvre, cant. de Donzy, arr. de Cosne. = Donzy.

CESTAS, s. m. Com. du dép. de la Gironde, cant. de Pessac, arr. de Bordeaux. = Bordeaux.

CESTAYROLS, s. m. Com. du dép. du Tarn, cant. et arr. de Gaillac. = Gaillac.

CESTE, s. m. Gantelet garni de fer, dont on se servait dans les combats du pugilat. —, ceinture de Vénus où étaient renfermés les attraits, les grâces et les désirs. T. de myth.

CESTIPHORES, s. m. pl. Athlètes qui combattaient avec le ceste.

CESTRAU, s. m. Genre de solannées, arbrisseaux d'Afrique et d'Amérique. T. de bot.

CÉSURE, s. f. Hémistiche, repos à la sixième syllabe du vers alexandrin, et à la quatrième du vers de dix syllabes. —, dans les vers grecs et latins, syllabe qui forme un mot et qui commence un pied.

CET, CETTE, pron. démonst. Voy. CE.

CÉTACÉ, E, s. m. et adj. Mammifères pisciformes qui respirent par des poumons, comme les quadrupèdes, ont la tête énorme, la queue terminée par une nageoire aplatie, la peau lisse, sans écailles ni poils, et deux pattes en forme de nageoires, comme la baleine, le narval, le dauphin, etc. T. d'hist. nat.

CÉTÉRACH, s. m. Plante de la famille des fougères, espèce de capillaire, dont les feuilles infusées offrent un excellent diurétique. T. de bot.

CÉTINE, s. f. Principe immédiat qui, presque seul, constitue le blanc de baleine. T. d'hist. nat.

CÉTOINE, s. m. Genre de coléoptères. T. d'hist. nat.

CÉTOLOGIE, s. f. Description des cétacés.

CETON, s. m. Com. du dép. de l'Orne, cant. du Theil, arr. de Mortagne. = Nogent-le-Rotrou.

CÉTRAIRE, s. m. Genre de lichens. T. de bot.

CETTE, s. f. Ville maritime du dép. de l'Hérault, place de guerre de 4° classe; chef-lieu de cant. de l'arr. de Montpellier; trib. et bourse de comm. ; conseil de prud'hommes-pêcheurs; école d'hydrographie de 3° classe; consulats étrangers; bur. d'enregist. et de poste.

Cette ville, fondée sous le règne de Louis XIV, possède un port sûr, commode et très florissant. Ce port, où les plus gros vaisseaux peuvent mouiller, est défendu par deux forts et une citadelle. Il offre en tout temps un abri sûr aux navigateurs, et peut contenir 150 gros navires, autant de caboteurs, et environ cent bateaux de pêche. En 1789, on a fondé près de Cette, un très bel établissement pour l'exploitation de marais salans, qui fournissent un sel d'une qualité supérieure, sel que l'on considère comme l'un des plus propres à conserver aux chairs et à la marée, leur fraîcheur primitive.

Fab. de verdet, savon vert, sirop et sucre de raisin, eaux-de-vie, parfums, confitures, liqueurs fines très estimées ; construction de navires; exportation considérable par le canal du Midi et la Garonne, pour Bordeaux; et pour Paris, par le Rhône, la Saône, la Loire et le canal de Briare. Entrepôt du commerce du Languedoc; expédition pour tous les ports de l'Europe, l'Amérique, les Indes ; importation des marchandises du Levant et de l'Inde; cabotage, pêche. Pop. 10,000 hab. env. Dist. de Paris, 198 l.

CETTE (Canal de), s. f. Ce canal, qui communique à l'étang de Thau, et par cet étang au canal du Midi, forme le prolongement du port de Cette pour lequel il fut fondé en 1666.

CETTUY, pron. démonstr. Celui-ci. (Vi.) —, ceux, celles, pron. pl. Voy. CELUI.

CEVADILLE, s. f. Petite orge du Sénégal, caustique qui ronge les chairs fongueuses et tue les poux et les punaises. T. de bot.

CEYLAN, s. m. Ile de la mer des

Indes, au S. E. du cap Comorin, presqu'à la pointe de la côte de Coromandel, connue par les anciens sous le nom de Taprobane. C'est de cette île que les Hollandais, maîtres des côtes, tirent la meilleure cannelle que nous ayons en Europe. La capitale est Candy, où réside le roi du pays.

CEYLANITE, s. f. Pléonaste ou schorl, espèce de grenat brun; pierre de Ceylan. T. d'hist. nat.

CEYRAC, s. m. Com. du dép. de l'Aveyron, cant. et arr. d'Espalion. = Espalion.

CEYRAS, s. m. Com. du dép. de l'Hérault, cant. de Clermont, arr. de Lodève. = Clermont-Lodève.

CEYRAT, s. m. Com. du dép. du Puy-de-Dôme, cant. et arr. de Clermont. = Clermont-Ferrand.

CEYRESTE, s. f. Com. du dép. des Bouches-du-Rhône, cant. de la Ciotat, arr. de Marseille. = la Ciotat.

CEYSERIEU, s. m. Com. du dép. de l'Ain, cant. de Virieu-le-Grand, arr. de Belley. = Belley.

CEYSSAC, s. m. Com. du dép. de la Haute-Loire, cant. et arr. du Puy. = le Puy.

CÉYX, s. m. Fils de Lucifer, roi de Trachine. T. de myth. — , martin-pêcheur tridactyle. T. d'hist. nat.

CÉZAC, s. m. Com. du dép. de la Gironde, cant. de St.-Savin, arr. de Blaye. = St.-André-de-Cubsac.

CÉZAC-ET-PECHPEYROUX, s. m. Com. du dép. du Lot, cant. de Castelnau, arr. de Cahors. = Castelnau-de-Mont-Ratier.

CÉZAIRE (St.-), s. m. Com. du dép. de la Charente-Inférieure, cant. de Burie, arr. de Saintes. = Saintes.

CÉZAIRE-DE-GAUZIGNAN (St.-), s. m. Com. du dép. du Gard, cant. de Vézenobres, arr. d'Alais. = Uzès.

CEZAIS, s. m. Com. du dép. de la Vendée, cant. de la Châtaigneraye, arr. de Fontenay-le-Comte. = Fontenay-le-Comte.

CEZAN, s. m. Com. du dép. du Gers, cant. de Fleurance, arr. de Lectoure. = Fleurance.

CÉZAS, s. m. Com. du dép. du Gard, cant. de Sumène, arr. du Vigan. = St.-Hippolyte-du-Fort.

CEZAY, s. m. Com. du dép. de la Loire, cant. de Boën, arr. de Montbrison. = Roanne.

CÈZE (la), s. f. Petite rivière dont on trouve la source près du village de Villefort, arr. de Mende, dép. de la Lozère, et qui se jette dans le Rhône, au-dessus de Caderouse, après un cours d'environ 20 l. Elle roule des paillettes d'or.

CÉZENS, s. m. Com. du dép. du Cantal, cant. de Pierrefort, arr. de St.-Flour. = St.-Flour.

CÉZERT (St.-), s. m. Com. du dép. de la Haute-Garonne, cant. de Grenade, arr. de Toulouse. = Grenade.

CÉZIA, s. f. Com. du dép. du Jura, cant. d'Arinthod, arr. de Lons-le-Saulnier. = Orgelet.

CÉZY, s. m. Com. du dép. de l'Yonne, cant. et arr. de Joigny. = Joigny.

CHA, s. m. Etoffe de soie de la Chine.

CHAALONS-SUR-VESLE, s. m. Com. du dép. de la Marne, cant. de Ville-en-Tardenois, arr. de Reims. = Reims.

CHABANAIS, s. m. Petite ville du dép. de la Charente, chef-lieu de cant. de l'arr. de Confolens. Bur. d'enregist. et de poste.

Comm. de bestiaux, grains, châtaignes et haricots.

CHABASIE, s. f. Minéral terreux qu'on regardait autrefois comme une variété de la zéolithe. T. d'hist. nat.

CHABESTAN, s. m. Com. du dép. des Hautes-Alpes, cant. de Veynes, arr. de Gap. = Veynes.

CHABEUIL, s. m. Petite ville du dép. de la Drôme, chef-lieu de cant. de l'arr. de Valence. Bur. d'enregist. = Valence.

Manuf. de draps communs; mégisseries, papeteries.

CHABIN, s. m. Mulet produit par l'accouplement du bouc et de la brebis.

CHABLÉ, E, part. Attaché. Se dit d'un câble.

CHABLEAU, s. m. Corde à l'aide de laquelle on remonte les bateaux.

CHABLER, v. a. Attacher un câble ou un chableau à une pièce de bois pour la soulever, à un bateau pour le traîner.

CHABLEUR, s. m. Batelier, préposé qui se trouve au passage des rivières pour aider la navigation.

CHABLIS, s. m. Bois abattu dans les forêts par la violence des vents.

CHABLIS, s. m. Petite ville du dép. de l'Yonne, chef-lieu de cant. de l'arr. d'Auxerre. Bur. d'enregist. et de poste. Cette ville, située au milieu d'un riche vignoble, fournit des vins blancs très renommés.

CHABNAM, s. m. Mousseline très fine du Bengale.

CHABONS, s. m. Com. du dép. de l'Isère, cant. de Lemps, arr. de la Tour-du-Pin. = Lemps-le-Grand.

Fab. d'acier.

CHABOT, s. m. Petit poisson d'eau

douce du genre du cotte, dont la tête est grosse et plate.

CHABOTS, s. m. pl. Petits cordages dont se servent les maçons pour échafauder.

CHABOTTES, s. f. Com. du dép. des Hautes-Alpes, cant. de St.-Bonnet, arr. de Gap. = Gap.

CHABOTTONNES, s. f. Com. du dép. des Hautes-Alpes, cant. de St.-Bonnet, arr. de Gap. = Gap.

CHABOURNAY, s. m. Com. du dép. de la Vienne, cant. de Neuville, arr. de Poitiers. = Poitiers.

CHABRAIS (St.-), s. m. Com. du dép. de la Creuse, cant. de Chénérailles, arr. d'Aubusson. = Chénérailles.

CHABRAQUE, s. f. Peau de mouton qui recouvre les selles de la cavalerie légère ; la selle elle-même.

CHABRAT, s. m. Com. du dép. de la Charente, cant. de Chabanais, arr. de Confolens. = Chabanais.

CHABRIGNAC, s. m. Com. du dép. de la Corrèze, cant. de Juillac, arr. de Brive. = Brive.

Exploitation d'une mine de plomb argentifère.

CHABRILLAN, s. m. Com. du dép. de la Drôme, cant. de Crest, arr. de Die.= Crest.

CHABRILLON, s. m. Petit fromage de lait de chèvre qui se fait en Auvergne.

CHABRIS, s. m. Com. du dép. de l'Indre, cant. de St.-Christophe, arr. d'Issoudun. = Selles-sur-Cher.

CHABUISSEAU, s. m. Poisson du genre du cyprin. T. d'hist. nat.

CHACAL, s. m. Bête féroce qui tient du chien et du loup.

CHACAMEL, s. m. Oiseau des Antilles dont le bec et les pieds sont bleuâtres. T. d'hist. nat.

CHACART, s. m. Toile de coton des Indes.

CHACÉ, s. m. Com. du dép. de Maine-et-Loire, cant. et arr. de Saumur. = Saumur.

CHACONNE, s. f. Ruban du col de la chemise ; air de symphonie, avec refrain, sur lequel on adapte des couplets ; danse sur cet air.

CHACORNAC, s. m. Village du dép. de la Haute-Loire, cant. de Cayres, arr. du Puy. = le Puy.

CHACRISE, s. f. Com. du dép. de l'Aisne, cant. d'Oulchy-le-Château, arr. de Soissons. = Soissons.

CHACUN, E, pron. distrib. sans pl. Chaque personne, chaque chose. —, pron. collect. m. Tout le monde.

CHADEC, s. m. Citronnier de la Barbade, île des Antilles.

CHADELEUF, s. m. Com. du dép. du Puy-de-Dôme, cant. de Champeix, arr. d'Issoire. = Issoire.

CHADENAC, s. m. Com. du dép. de la Charente-Inférieure, cant. de Pons, arr. de Saintes. = Pons.

CHADENET, s. m. Com. du dép. de la Lozère, cant. de Blaymart, arr. de Mende. = Mende.

CHADEUIL, s. m. Village du dép. de la Dordogne, cant. de Montagrier, arr. de Ribérac. = Ribérac.

CHADRAC, s. m. Com. du dép. de la Haute-Loire, cant. et arr. du Puy. = le Puy.

CHADRON, s. m. Com. du dép. de la Haute-Loire, cant. du Monastier, arr. du Puy. = le Puy.

CHADURIC, s. m. Com. du dép. de la Charente, cant. de Blanzac, arr. d'Angoulême. = Blanzac.

CHAFÉE, s. f. Son, écorce du froment dont on a exprimé le gluten. T. d'amid.

CHAFERCONÉES, s. f. pl. Toiles peintes des Indes.

CHAFFAL (le), s. m. Com. du dép. de la Drôme, cant. de Chabeuil, arr. de Valence. = Romans.

CHAFFAUT (le), s. m. Com. du dép. des Basses-Alpes, cant. et arr. de Digne. = Digne.

CHAFFOIS, s. m. Com. du dép. du Doubs, cant. et arr. de Pontarlier. = Pontarlier.

CHAFFREY (St.-), s. m. Com. du dép. des Hautes-Alpes, cant. de Monestier, arr. de Briançon. = Briançon.

CHAFOUIN, E, s. et adj. Maigre, petit, qui a la mine basse. T. fam.

CHAFOURÉ, E, part. Barbouillé, défiguré. T. inus.

CHAFOURER, v. a. Défigurer, barbouiller, griffonner. T. inus.

CHAFOUREUR, s. m. Griffonneur. T. inus.

CHAGEY-ET-GENECHIER, s. m. Com. du dép. de la Haute-Saône, cant. de Héricourt, arr. de Lure. = Belfort.

Forges et hauts-fourneaux.

CHAGNI, s. m. Com. du dép. de l'Orne, cant. d'Exmes, arr. d'Argentan. = Nonant.

CHAGNON, s. m. Com. du dép. de la Loire, cant. de Rive-de-Gier, arr. de St.-Etienne. = Rive-de-Gier.

CHAGNY, s. m. Com. du dép. des Ardennes, cant. d'Omont, arr. de Mézières. = Mézières.

Fab. de clous.

CHAGNY, s. m. Com. du dép. de Saône-et-Loire, chef-lieu de cant. de l'arr. de Châlons. Bur. d'enregist. et de poste.
Manuf. de toiles, serges et autres étoffes de laines. Comm. de vins renommés.

CHAGRIN, s. m. Peine, affliction. En ce sens, il a un pl. —, dépit, aigreur, colère. —, sorte de cuir de mulet, d'âne ou de cheval sur la croupe, dont on se servait autrefois pour la reliûre, etc. Peau de —, peau rude et dure.

CHAGRIN, E, adj. Triste, mélancolique ; de mauvaise humeur.

CHAGRINANT, E, adj. Affligeant, qui cause de l'inquiétude, du chagrin.

CHAGRINÉ, E, part. Affligé, attristé. —, adj. Grenu, qui est rude comme la peau de chagrin ; feuille chagrinée.

CHAGRINER, v. a. Affliger, attrister, rendre chagrin, causer du chagrin. Se —, v. pron. Prendre du chagrin, s'attrister. Se —, v. réc. Se faire mutuellement de la peine, du chagrin.

CHAGRINIER, s. m. Ouvrier qui prépare les peaux de chagrin.

CHAHAIGNE, s. m. Com. du dép. de la Sarthe, cant. de la Chartre, arr. de St.-Calais. ⇒ la Chartre-sur-le-Loir.

CHAHAINS, s. m. Com. du dép. de l'Orne, cant. de Carrouges, arr. d'Alençon. ⇒ Carrouges.

CHAIGNAY, s. m. Com. du dép. de la Côte-d'Or, cant. d'Is-sur-Tille, arr. de Dijon. ⇒ Is-sur-Tille.

CHAIGNES, s. f. Com. du dép. de l'Eure, cant. de Pacy, arr. d'Evreux. ⇒ Pacy-sur-Eure.

CHAIGNOT, s. m. Village du dép. de la Côte-d'Or, com. de Varrois, cant. et arr. de Dijon. ⇒ Dijon.

CHAIL, s. m. Com. du dép. des Deux-Sèvres, cant. et arr. de Melle. ⇒ Melle.

CHAILLAC, s. m. Com. du dép. de l'Indre, cant. de St.-Benoît du-Sault, arr. du Blanc. ⇒ St.-Benoît-du-Sault.

CHAILLAC, s. m. Com. du dép. de la Haute-Vienne, cant. de St.-Junien, arr. de Rochechouart. ⇒ Rochechouart.

CHAILLAND, s. m. Com. du dép. de la Mayenne, chef-lieu de cant. de l'arr. de Laval. Bur. d'enregist. à St.-Ouen-du-Toit. ⇒ Ernée.

CHAILLÉ-LES-MARAIS, s. m. Com. du dép. de la Vendée, chef-lieu de cant. de l'arr. de Fontenay-le-Comte. Bur. d'enregist. à Luçon. ⇒ Luçon.
Manuf. de toiles.

CHAILLES, s. f. Com. du dép. de Loir-et-Cher, cant. et arr. de Blois. ⇒ Blois.
Fab. de sucre de betteraves.

CHAILLÉ-SOUS-LES-ORMEAUX, s. m. Com. du dép. de la Vendée, cant. et arr. de Bourbon-Vendée. ⇒ Bourbon-Vendée.

CHAILLEVETTE, s. f. Com. du dép. de la Charente-Inférieure, cant. de la Tremblade, arr. de Marennes. ⇒ la Tremblade.

CHAILLEVOIX, s. f. Com. du dép. de l'Aisne, cant. d'Anizy-le-Château, arr. de Laon. ⇒ Chavignon.

CHAILLEY, s. m. Com. du dép. de l'Yonne, cant. de Brienon, arr. de Joigny. ⇒ St.-Florentin.

CHAILLON, s. m. Com. du dép. de la Meuse, cant. de Vigneulles, arr. de Commercy. ⇒ St.-Mihiel.

CHAILLOT, s. m. Village du dép. des Hautes-Alpes, cant. de St.-Bonnet, arr. de Gap. ⇒ Gap.

CHAILLOT, s. m. Ancien village situé au bout des Champs-Elysées, à peu de distance de la barrière, est maintenant réuni à l'un des faubourgs de Paris. De ce village, bâti en amphithéâtre sur une colline qui borde la rive droite de la Seine, on jouit d'un point de vue magnifique.

CHAILLOUÉ, s. m. Com. du dép. de l'Orne, cant. de Sées, arr. d'Alençon. ⇒ Sées.
Forges et martinets.

CHAILLY, s. m. Com. du dép. de la Côte-d'Or, cant. de Pouilly-en-Auxois, arr. de Beaune. ⇒ Sombernon.

CHAILLY, s. m. Com. du dép. du Loiret, cant. de Lorris, arr. de Montargis. ⇒ Lorris.

CHAILLY, s. m. Com. du dép. de Seine-et-Marne, cant. et arr. de Coulommiers. ⇒ Lagny.

CHAILLY-EN-BIERRE, s. m. Com. du dép. de Seine-et-Marne, cant. et arr. de Melun. Bur. de poste.

CHAILLY-LÈS-ESMÉRY, s. m. Com. du dép. de la Moselle, cant. de Vigy, arr. de Metz. ⇒ Metz.

CHAILLY-SUR-NIED, s. m. Com. du dép. de la Moselle, cant. de Pange, arr. de Metz. ⇒ Metz.

CHAÎNE, s. f. Anneaux entrelacés ; lien. —, servitude, captivité. —, attachement, engagement ; les chaînes de l'amour. Fig. —, troupe de condamnés aux travaux forcés, qui sont en effet chargés de lourdes chaînes. —, ligne de personnes qui se passent des seaux dans un incendie ; faire la chaîne. —, fils tendus sur un métier, dans lesquels passe la navette, la trame. —, mesure d'arpentage. —, pile de pierres de taille qui lient et fortifient un mur. —, continuité ;

chaîne de montagnes. —, enchaînement d'idées, d'occupations, d'événemens. Fig. —, serpent noir bleuâtre. T. d'hist. nat.

CHAÎNÉ, E, adj. Formé de parties attachées bout à bout. T. de bot.

CHAÎNEAU, s. m. Canal de bois ou de plomb.

CHAINÉE-DES-COUPIS, s. f. Com. du dép. du Jura, cant. de Chaussin, arr. de Dôle. = Dôle.

CHAÎNETIER, s. m. Bijoutier qui fabrique la chaîne.

CHAINETTE, s. f. Petite chaîne d'une montre, d'une bride, etc. —, petit tissu; courbe que décrit une chaîne suspendue par ses extrémités; partie du harnais qui soutient le timon. —, gouttière au bas du tympan. T. d'impr.

CHAINGY, s. m. Com. du dép. du Loiret, cant. et arr. d'Orléans. = Orléans.

CHAÎNON, s. m. Anneau d'une chaîne.

CHAINTRÉ, s. m. Com. du dép. de Saône-et-Loire, cant. de la Chapelle-de-Guinchay, arr. de Mâcon. = Mâcon.

CHAINTREAUX, s. m. Com. du dép. de Seine-et-Marne, cant. de Château-Landon, arr. de Fontainebleau. = Egreville.

CHAINTRIX, s. m. Com. du dép. de la Marne, cant. des Vertus, arr. de Châlons. = les Vertus.

CHAIR, s. f. Substance organique du corps animal ou végétal; muscle. —, viande. —, la peau, le teint; chair douce, rude. —, la nature humaine; le verbe s'est fait chair. —, la concupiscence, les sens; l'aiguillon de la chair. —, carnation. T. de peint. — fossile, espèce d'amiante à feuillets épais et solides.

CHAIRE, s. f. Tribune d'église. —, place de professeur; chaire d'anatomie, de physiologie; obtenir une chaire. —, l'éloquence sacrée. —, siége épiscopal. — apostolique, le saint-siège, la papauté. — ou CHAISE CURULE, chaire d'ivoire des magistrats de l'ancienne Rome.

CHAISE, s. f. Siége à dos. — à porteurs, espèce de siége fermé et couvert dans lequel on se fait porter par deux hommes. — de poste, voiture légère à deux roues. — percée, chaise pour aller à la garde-robe. — marine, siége suspendu pour observer. —, bâti en bois où l'on place la grue; table, châssis.

CHAISE (la), s. f. Com. du dép. de l'Aube, cant. de Soulaine, arr. de Bar-sur-Aube. = Brienne.

CHAISE (la), s. f. Com. du dép. de la Charente, cant. et arr. de Barbezieux. = Barbezieux.

CHAISE-BAUDOUIN (la), s. f. Com. du dép. de la Manche, cant. de Brecey, arr. d'Avranches. = Villedieu.

CHAISE-DIEU (la), s. f. Petite ville du dép. de la Haute-Loire, chef-lieu de cant. de l'arr. de Brioude. Bur. d'enregist. = Brioude.
Fab. de dentelles, façon de malines.

CHAISE-DIEU, s. f. Com. du dép. de l'Eure, cant. de Rugles, arr. d'Evreux. = Verneuil.

CHAISE-GIRAUD (la), s. f. Com. du dép. de la Vendée, cant. de St.-Gilles, arr. des Sables-d'Olonne. = St.-Gilles.

CHAIX, s. m. Com. du dép. de la Vendée, cant. et arr. de Fontenay. = Fontenay-le-Comte.

CHAIZE-LE-VICOMTE (la), s. f. Com. du dép. de la Vendée, cant. et arr. de Bourbon-Vendée. = Bourbon-Vendée.

CHALABRE, s. m. Petite ville du dép. de l'Aude, chef-lieu de cant. de l'arr. de Limoux. Chambre consultative des manuf., arts et métiers; bur. d'enregist. = Limoux.
Manuf. de draps et de castorines.

CHALAGNAC, s. m. Com. du dép. de la Dordogne, cant. de Vergt, arr. de Périgueux. = Périgueux.

CHALAIN-D'UZORE, s. m. Com. du dép. de la Loire, cant. et arr. de Montbrison. = Montbrison.

CHALAINES, s. f. Com. du dép. de la Meuse, cant. de Vaucouleurs, arr. de Commercy. = Vaucouleurs.

CHALAIN-LE-COMTAL, s. m. Com. du dép. de la Loire, cant. et arr. de Montbrison. = Montbrison.

CHALAIS, s. m. Com. du dép. de la Charente, chef-lieu de cant. de l'arr. de Barbezieux. Bur. d'enregist. = la Graulle.

CHALAIS, s. m. Com. du dép. de la Dordogne, cant. de Jumilhac-le-Grand, arr. de Nontron. = Thiviers.

CHALAIS, s. m. Com. du dép. de l'Indre, cant. de Belâbre, arr. du Blanc. = le Blanc.

CHALAIS, s. m. Com. du dép. de la Vienne, cant. et arr. de Loudun. = Loudun.

CHALAMIDE, s. f. Pièce de chêne qui soutient le mât d'une galère. T. de mar.

CHALAMONT, s. m. Petite ville du dép. de l'Ain, chef-lieu de cant. de l'arr. de Trévoux. Bur. d'enregist. à Meximieux. = Meximieux.

CHALAMPÉ, s. m. Com. du dép. du Haut-Rhin, cant. de Habsheim, arr. d'Altkirch. = Ensisheim.

CHALANCEY, s. m. Com. du dép. de la Haute-Marne, cant. de Prauthoy, arr. de Langres. = Langres.

CHALANÇON, s. m. Petite ville du dép. de l'Ardèche, cant. de Vernoux, arr. de Tournon. = Vernoux.

CHALANÇON, s. m. Com. du dép. de la Drôme, cant. de la Motte-Chalençon, arr. de Die. = Die.

CHALAND, E, s. Acheteur, pratique d'un marchand. —, bateau plat. —, adj. Blanc et massif; pain chaland.

CHALANDISE, s. f. Habitude d'acheter chez un marchand; concours d'acheteurs, de chalands.

CHALANDRAY, s. m. Com. du dép. de la Vienne, cant. de Vouillé, arr. de Poitiers. = Parthenay.

CHALANDREY, s. m. Com. du dép. de la Manche, cant. d'Isigny, arr. de Mortain. = St.-Hilaire.

CHALANDRY-ÉLAIRE, s. m. Com. du dép. des Ardennes, cant. de Flize, arr. de Mézières. = Mézières.

CHALANGE (le), s. m. Com. du dép. de l'Orne, cant. de Courtomer, arr. d'Alençon. = Sées.

CHALARONNE, s. f. Petite rivière qui prend naissance près de Marlieux, dép. de l'Ain, et qui se jette dans la Saône après un cours d'environ 10 l.

CHALASIE, s. f. Relâchement des fibres. T. de méd.

CHALASSE, s. f. Village du dép. des Landes, cant. d'Amou, arr. de St.-Sever. = Orthez.

CHALASTIQUE, adj. Relâchant. T. de méd.

CHALAUTRE-LA-GRANDE, s. f. Com. du dép. de Seine-et-Marne, cant. de Villiers-St.-Georges, arr. de Provins. = Nogent-sur-Seine.

CHALAUTRE-LA-PETITE, s. f. Com. du dép. de Seine-et-Marne, cant. et arr. de Provins. = Provins.

CHALAUTRE-LA-REPOSTE, s. f. Com. du dép. de Seine-et-Marne, cant. de Donnemarie, arr. de Provins. = Donnemarie.

CHALAUX, s. m. Com. du dép. de la Charente-Inférieure, cant. de Montlieu, arr. de Jonzac. = Montlieu.

CHALAUX, s. m. Com. du dép. de la Nièvre, cant. de Lormes, arr. de Clamecy. = Lormes.

CHALAZÉE, adj. f. Tuberculée. T. de bot.

CHALAZES, s. m. pl. Ligamens qui tiennent le jaune suspendu dans l'œuf. T. d'hist. nat.

CHALCAS, s. m. Plante de la famille des citronniers. T. de bot.

CHALCIDE, s. m. Lézard vert, espèce d'ichneumon. —, insecte hyménoptère.

CHALCIDIQUE, s. f. Grande salle d'un palais. T. d'antiq.

CHALCIDITES, s. m. pl. Famille d'insectes hyménoptères. T. d'hist. nat.

CHALCIS, s. m. Genre d'hyménoptères chalcidites. T. d'hist. nat.

CHALCITE, s. m. Minéral qui a de l'analogie avec l'airain.

CHALCOGRAPHE, s. m. Graveur sur métaux.

CHALCOGRAPHIE, s. f. Art de graver sur les métaux.

CHALCOPYRITE, s. f. Pyrite contenant des parties cuivreuses. T. d'hist. nat.

CHALDAÏQUE, adj. Qui est relatif aux Chaldéens.

CHALDÉE, s. f. Aujourd'hui l'Irack-Arabi, pays qui s'étend jusqu'au golfe Persique.

CHALDÉEN, s. m. Langue chaldaïque. —, ancien habitant de la Chaldée.

CHALE, s. f. Pile de bois. T. de sal.

CHALÉA, s. m. Com. du dép. du Jura, cant. d'Arinthod, arr. de Lons-le-Saulnier. = Orgelet.

CHALEF, s. m. Arbuste de Turquie et du Japon; plante à fleur incomplète. T. de bot.

CHALEINS, s. m. Com. du dép. de l'Ain, cant. de St.-Trivier-sur-Mognand, arr. de Trévoux. = Trévoux.

CHALÈMES (les), s. m. pl. Com. du dép. du Jura, cant. des Planches, arr. de Poligny. = Champagnole.

CHALÉMIE, s. f. Chalumeau de berger, espèce de cornemuse. (Vi.)

CHALENDRY, s. m. Com. du dép. de l'Aisne, cant. de Crécy-sur-Serre, arr. de Laon. = Laon.

CHALET, s. m. Sorte de cabane dans les montagnes de la Suisse, où les pâtres font leurs fromages. —, genre de plantes éléagnoïdes, oliviers. T. de bot.

CHALETTE, s. m. Com. du dép. de l'Aube, cant. de Chavanges, arr. d'Arcis-sur-Aube. = Brienne. Construction de bateaux pour la navigation de l'Aube.

CHALETTE, s. f. Com. du dép. du Loiret, cant. et arr. de Montargis. = Montargis.

CHALEUR, s. f. Effet du calorique; état d'un corps chaud. —, l'opposé de froidure; ardeur du soleil. —, amour des animaux. —, feu, zèle, affection, ardeur, vivacité. Fig.

CHALEUREUX, EUSE, adj. Qui a beaucoup de chaleur naturelle.

CHALEY, s. m. Com. du dép. de l'Ain, cant. de St.-Rambert, arr. de Belley. = St.-Rambert.

CHALEYSSIN, s. m. Village du dép. de l'Isère, cant. de Heyrieux, arr. de Vienne. = Vienne.

CHALÈZE, s. f. Com. du dép. du Doubs, cant. et arr. de Besançon. = Besançon.

CHALEZEULE, s. f. Com. du dép. du Doubs, cant. et arr. de Besançon. = Besançon.

CHALIBÉ, E, adj. Chargé d'acier. T. de chim. —, où il est entré de l'acier. T. de méd.

CHALLIÈRES, s. f. Com. du dép. du Cantal, cant. de Ruines, arr. de St.-Flour. = St.-Flour.

CHALIFERT, s. m. Com. du dép. de Seine-et-Marne, cant. de Lagny, arr. de Meaux. = Lagny.

CHALIGNY, s. m. Com. du dép. de la Meurthe, cant. et arr. de Nancy. = Nancy.

CHALINARGUES, s. f. Com. du dép. du Cantal, cant. et arr. de Murat. = Murat. Comm. de Moutons.

CHALINDREY, s. m. Com. du dép. de la Haute-Marne, cant. de Longeau, arr. de Langres. = Langres.

CHALINGUE, s. f. Petit navire indien. T. de mar.

CHALIT, s. m. Bois de lit. (Vi.)

CHALIVOY-MILON, s. m. Com. du dép. du Cher, cant. de Dun-le-Roi, arr. de St.-Amand. = Dun-le-Roi.

CHALLAIN, s. m. Com. du dép. de Maine-et-Loire, cant. de Candé, arr. de Segré. = Candé.

CHALLANS, s. m. Com. du dép. de la Vendée, chef-lieu de cant. de l'arr. des Sables-d'Olonne. Bur. d'enregist. et de poste.

CHALLEMENT, s. m. Com. du dép. de la Nièvre, cant. de Brinon, arr. de Clamecy. = Tannay.

CHALLERANGE, s. f. Com. du dép. des Ardennes, cant. de Monthois, arr. de Vouziers. = Vouziers.

CHALLES, s. f. Com. du dép. de l'Ain, cant. d'Izernore, arr. de Nantua. = Cerdon.

CHALLES, s. f. Com. du dép. de la Sarthe, cant. et arr. du Mans. = le Mans. Papeterie.

CHALLET, s. m. Com. du dép. d'Eure-et-Loir, cant. et arr. de Chartres. = Chartres.

CHALLEX, s. m. Com. du dép. de l'Ain, cant. de Collonge, arr. de Gex. = Collonge.

CHALLIGNAC, s. m. Com. du dép. de la Charente, cant. et arr. de Barbezieux. = Barbezieux.

CHALLULA, s. m. Poisson sans écailles, des rivières du Pérou. T. d'hist. nat.

CHALMAISON, s. m. Com. du dép. de Seine-et-Marne, cant. de Bray, arr. de Provins. = Bray-sur-Seine.

CHALMAZELLE, s. f. Com. du dép. de la Loire, cant. de St.-Georges-en-Couzan, arr. de Montbrison. = Montbrison.

CHALMESSIN, s. m. Com. du dép. de la Haute-Marne, cant. d'Auberive, arr. de Langres. = Langres.

CHALMOUX, s. m. Com. du dép. de Saône-et-Loire, cant. de Bourbon-Lancy, arr. de Charolles. = Bourbon-Lancy.

CHALOIR, v. n. et imp. Importer. Il ne m'en chaut; peu m'importe, il ne m'importe guère. La troisième pers. du prés. est seule usitée. (Vi.)

CHALON, s. m. Grand filet de pêche que l'on traîne dans les rivières au moyen de deux bateaux. T. de pêch.

CHÂLONNAIS, s. m. Pays qui faisait partie de la province de Bourgogne, et qui compose maintenant les arr. de Louhans, et de Châlons-sur-Saône, dép. de Saône-et-Loire.
Ce pays est fertile en blé, et en vins très estimés.

CHÂLONNAIS, s. m. Pays compris dans l'ancienne province de la Champagne, qui fait aujourd'hui partie de l'arr. de Châlons, Ste.-Ménéhould et Vitry, dép. de la Marne.

CHÂLONNES, s. f. Petite ville du dép. de Maine-et-Loire, chef-lieu de cant. de l'arr. d'Angers. Bur. d'enregist. = Angers.
Manuf. de serges, siamoises, mouchoirs; distilleries d'eaux-de-vie et de liqueurs; comm. de vins.

CHÂLONNES, s. f. Com. du dép. de Maine-et-Loire, cant. de Noyant, arr. de Baugé. = Angers.

CHÂLONS, s. m. Village du dép. de la Drôme, cant. de Romans, arr. de Valence. = Romans.

CHÂLONS, s. m. Com. du dép. de l'Isère, cant. de Beaurepaire, arr. de Vienne. = Beaurepaire.

CHÂLONS, s. m. Com. du dép. de la Mayenne, cant. d'Argentré, arr. de Laval. = Laval.

CHÂLONS-SUR-MARNE, s. m. Ville du dép. de la Marne, chef-lieu de préf., d'une sous-préf. et d'un cant.; 2ᵉ div. milit., 3ᵉ des ponts-et-chaussées; trib. de 1ʳᵉ inst. et de comm.; société d'agric., sciences et arts; école de dessin; école royale des arts et métiers; biblioth. publique; cabinet d'histoire naturelle; jardin bot.; ingén. en chef et ordinaire des ponts-et-chaussées; direct. de l'enregist. et des domaines; conserv. des hypoth.; direct. des contrib. dir. et indir.; bur. de garantie des matières d'or et d'argent; recev. gén. des finances; payeur du dép.; bur. d'enregist. et de poste. Pop. 12,420 hab. environ.

Châlons est avantageusement situé pour le comm. Il était déjà remarquable par son importance au temps des Romains, et se trouvait au nombre des premières villes de la Gaule belgique. A la mort de Henri III, il fut l'un des premiers à se déclarer en faveur de Henri IV. Les habitans de Châlons prirent de nouveau l'initiative en 1814, et, quoique le gouvernement impérial conservât encore quelques chances de succès, ils n'hésitèrent point à donner au comte d'Artois, depuis Charles X, des témoignages non équivoques du plaisir qu'ils avaient à le voir rentrer en France.

Les plaines de la Champagne, au milieu desquelles se trouve Châlons, ont toujours été arrosées du sang des guerriers. C'est dans ces plaines fameuses que Tétricus fut défait par Aurélien, son compétiteur à l'empire; que le farouche Attila, roi des Huns, fut vaincu par Mérovée, Théodoric et Aëtius, en 451, entre les villages de Cuperly et de la Cheppe, où l'on voit encore les retranchemens dans lesquels ce chef de barbares fut attaqué. C'est dans ces mêmes plaines que 8,000 Anglais furent taillés en pièces par les habitans de Châlons, et que l'armée prussienne, commandée par son roi, fut battue par le général Kellermann, le 20 septembre 1792. Enfin, en 1814, après avoir été bombardé par les armées étrangères, Châlons, comme tant d'autres villes, fut occupé par l'ennemi.

Fab. de bonneterie, sangles, cardes, blanc d'Espagne, sacs sans coutures; filature de coton; comm. considérable de grains, chanvre, laine, huile de navette, et de vin de Champagne mousseux et non mousseux qu'on tire d'Ay et des environs d'Epernay.

Châlons offre plusieurs monumens remarquables, entre autres les deux belles flèches de la cathédrale et l'hôtel-deville; mais l'école des arts et métiers est ce qu'il y a de plus intéressant.

CHÂLONS-SUR-SAÔNE, s. m. Ville du dép. de Saône-et-Loire, chef-lieu de sous-préf. et de deux cant.; cour d'assises; trib. de 1ʳᵉ inst. et de comm.; école de dessin; société d'agric.; biblioth. publique; conserv. des hypoth.; inspect. des forêts; direct. des contrib. indir.; recev. part. des finances; bur. d'enregist. et de poste. Pop. 10,600 hab. environ.

Cette ville, sur la rive droite de la Saône et à l'embouchure du canal du centre, est avantageusement placée pour le commerce. Bien bâtie, propre et bien percée, elle offre un aspect très animé.

Châlons existait à l'époque où les Romains vinrent s'emparer des Gaules, et dès-lors, par sa position géographique, il fixa l'attention de César qui établit sur ce point de nombreux magasins de blé pour la subsistance de son armée. Dans les siècles qui s'écoulèrent depuis la décadence de l'empire romain jusqu'aux temps à jamais déplorables de nos guerres de religion, cette ville fut pillée, saccagée, incendiée d'abord par Crocus, ensuite par Attila, par les Vandales, par Chéram, fils de Clotaire, par les Sarrasins et par Lothaire. A peine était-elle sortie de ses ruines, que les Hongrois s'en emparèrent. Enfin, dans le seizième siècle, l'aveugle fanatisme lui fit éprouver de nouveaux désastres.

Le plus célèbre des savans qui suivirent Bonaparte en Egypte, Denon, est né dans cette ville. Fabriques de cristaux et de bonneterie; fonderie de fer; comm. de farines, vins de Bourgogne et du midi, fourrages, bestiaux, laines, bois, charbon, houille, fer, fonte, bitume, etc. Entrepôt considérable pour le nord et le midi de la France. Coche d'eau partant tous les jours de Châlons pour Lyon. Dist. de Paris, 90 l.

CHÂLONVILLARS, s. m. Com. du dép. de la Haute-Saône, cant. de Héricourt, arr. de Lure. = Belfort.

CHALOSSE (la), s. f. Pays, qui était compris dans la Guienne, et fait aujourd'hui partie du dép. des Landes.

CHALO-ST.-MARS, s. m. Com. du dép. de Seine-et-Oise, cant. et arr. d'Etampes. = Etampes.

Tuileries, fours à chaux, et moulins à farine.

CHALOU-MOULINEUX, s. m. Com. du dép. de Seine-et-Oise, cant. de Méréville, arr. d'Etampes. = Angerville.

CHALOUPE, s. f. Léger bâtiment pour le service des navires, sur lesquels on les monte, et d'où on les descend à volonté; mettre la chaloupe à la mer. T. de mar.

CHALP-ET-MONTA, s. m. Village du dép. des Hautes-Alpes, cant. d'Aiguilles, arr. de Briançon. = Briançon.

CHALTRAIT, s. m. Com. du dép. de la Marne, cant. de Montmort, arr. d'Epernay. = Epernay.

CHALUMEAU, s. m. Tuyau de paille, de roseau. —, flûte, flageolet, et en général tous les instrumens à vent dont se servaient les galans bergers d'autrefois.

CHALUMER, v. n. Boire à l'aide d'un chalumeau.

CHALUMET, s. m. Bout de pipe.

CHALUS, s. m. Com. du dép. du Puy-de-Dôme, cant. de St.-Germain-Lembron, arr. d'Issoire. = Issoire.

CHALUS, s. m. Petite ville du dép. de la Haute-Vienne, chef-lieu de cant. de l'arr. de St.-Yrieix. Bur. d'enregist. et de poste. Comm. de chevaux et de mulets.

On remarque au-dessus de cette ville, une vieille tour au pied de laquelle fut blessé mortellement Richard-Cœur-de-Lion, roi d'Angleterre.

CHALUY, s. m. Com. du dép. de la Nièvre, cant. et arr. de Nevers. = Nevers.

CHALVIGNAC, s. m. Com. du dép. du Cantal, cant. et arr. de Mauriac. = Mauriac.

CHALVRAINES, s. f. Com. du dép. de la Haute-Marne, cant. de St.-Blin, arr. de Chaumont. = Bourmont.

Fab. d'épingles, de clous d'épingles et autres objets de petite quincaillerie.

CHAMADE, s. f. Signal donné par les assiégés avec le tambour, la trompette ou un drapeau blanc pour parlementer; battre la chamade. T. d'art milit.

CHAMADELLE, s. f. Com. du dép. de la Gironde, cant. de Coutras, arr. de Libourne. = Libourne.

CHAMÆDRIFOLIA, s. f. Plante dont les feuilles ressemblent à celles du chamædrys. T. de bot.

CHAMÆDRYS, s. m. Germandrée, petit chêne. T. de bot.

CHAMÆFICUS, s. m. Sorte de figuier. T. de bot.

CHAMÆ-GELSEMINUM, s. m. Jasmin de Catalogne. T. de bot.

CHAMÆGENISTA, s. m. Petit genêt. T. de bot.

CHAMÆ-IRIS, s. m. Iris des jardins. T. de bot.

CHAMÆITEA, s. m. Petit saule des Alpes. T. de bot.

CHAMÆJASME, s. m. Houstone à fleurs bleues, stellère de Sibérie. T. de bot.

CHAMÆLARIX, s. m. Petit mélèze. T. de bot.

CHAMÆLINUM, s. m. Petit lin. T. de bot.

CHAMÆMESPILUS, s. m. Néflier nain. T. de bot.

CHAMÆMOLI, s. m. Petite espèce d'ail. T. de bot.

CHAMÆMORUS, s. m. Petit mûrier.

CHAMÆSYCE, s. m. Espèce d'euphorbe. T. de bot.

CHAMAGNE, s. m. Com. du dép. des Vosges, cant. de Charmes, arr. de Mirecourt. = Charmes.

CHAMAGNIEU, s. m. Com. du dép. de l'Isère, cant. de Crémieu, arr. de la Tour-du-Pin. = Crémieu.

CHAMAILLER (se), v. pron. et récip. Se battre pêle-mêle, faire du tapage, disputer avec bruit. T. fam.

CHAMAILLIS, s. m. Mêlée, batterie. T. fam.

CHAMALIÈRES, s. f. Com. du dép. de la Haute-Loire, cant. de Vorey, arr. du Puy. = le Puy.

CHAMALIÈRES-ET-ROYAT, s. f. Com. du dép. du Puy-de-Dôme, cant. et arr. de Clermont. = Clermont-Ferrand. Papeteries.

CHAMALOC, s. m. Com. du dép. de la Drôme, cant. et arr. de Die. = Die.

CHAMAN, s. m. Prêtre indien, gymnosophiste.

CHAMANISME, s. m. Secte des gymnosophistes.

CHAMANT (St.-), s. m. Com. du dép. du Cantal, cant. de Salers, arr. de Mauriac. = St.-Martin-Valméroux.

CHAMANT (St.-), s. m. Com. du dép. de la Corrèze, cant. d'Argentat, arr. de Tulle. = Argentat.

CHAMANT, s. m. Com. du dép. de l'Oise, cant. et arr. de Senlis. = Senlis.

CHAMARAIS, s. m. Arbre des Indes dont le fruit est aigrelet. T. de bot.

CHAMARAND (St.-), s. m. Com. du dép. du Lot., cant. de St.-Germain, arr. de Gourdon. = Gourdon.

CHAMARANDE, s. f. Com. du dép. de Seine-et-Oise, cant. de la Ferté-Aleps, arr. d'Etampes. = Etrechy.

CHAMARANDES, s. f. Com. du dép. de la Haute-Marne, cant. et arr. de Chaumont. = Chaumont-en-Bassigny.

CHAMARET, s. m. Com. du dép. de la Drôme, cant. de Griguan, arr. de Montélimar. = Taulignan.

CHAMARIER, s. m. Dignité ecclésiastique dans le diocèse de Lyon.

CHAMARRAS, s. m. Germandrée aquatique. T. de bot.

CHAMARRÉ, E, part. Orné de broderies; habit chamarré; style — de grec et de latin, rempli de citations grecques et latines.

CHAMARRER, v. a. Orner, garnir de passemens, de broderies de diverses couleurs ; ajuster d'une manière bizarre. —, couvrir, charger ; chamarrer de ridicules. Fig.

CHAMARRURE, s. f. Bigarrure, assemblage bizarre d'ornemens de dentelles, de bijoux, etc.

CHAMAS (St.-), s. m. Petite ville du dép. des Bouches-du-Rhône, cant. d'Istres, arr. d'Aix. Bur. d'enregist. = Salon.

Comm. d'olives, et d'huile très estimée.

CHAMASSY (St.-), s. m. Com. du dép. de la Dordogne, cant. de St.-Cyprien, arr. de Sarlat. = le Bugue.

CHAMBA (la), s. f. Com. du dép. de la Loire, cant. de Noirétable, arr. de Montbrison. = Thiers.

CHAMBAIN, s. m. Com. du dép. de la Côte-d'Or, cant. de Recey-sur-Ource, arr. de Châtillon. = Aignay-le-Duc.

CHAMBEIRE, s. f. Com. du dép. de la Côte-d'Or, cant. de Genlis, arr. de Dijon. = Genlis.

CHAMBELLAGE, s. m. Droit de mutation lors du renouvellement des actes de foi et hommage. T. de droit féod.

CHAMBELLAN, s. m. Officier de la chambre d'un souverain.

CHAMBELLANIE, s. f. Fonction de chambellan.

CHAMBELLAY, s. m. Com. du dép. de Maine-et-Loire, cant. du Lion-d'Angers, arr. de Segré. = le Lion-d'Angers.

CHAMBÉON, s. m. Com. du dép. de la Loire, cant. et arr. de Montbrison. = Feurs.

CHAMBERAUD, s. m. Com. du dép. de la Creuse, cant. de St.-Sulpice-les-Champs, arr. d'Aubusson. = Ahun.

CHAMBERET, s. m. Com. du dép. de la Corrèze, cant. de Treignac, arr. de Tulle. = Uzerches.

CHAMBÉRI, s. m. Ville du royaume de Sardaigne, capitale de la Savoie. Cette ville, au milieu des montagnes, est comme une vaste solitude. J.-J. Rousseau y habitait un petit ermitage.

CHAMBÉRIA, s. f. Com. du dép. du Jura, cant. d'Orgelet, arr. de Lons-le-Saulnier. = Orgelet.

CHAMBEUGLE, s. m. Com. du dép. de l'Yonne, cant. de Charny, arr. de Joigny. = Joigny.

CHAMBEZON, s. m. Com. du dép. de la Haute-Loire, cant. de Blesle, arr. de Brioude. = Lempdes.

CHAM-BIA-TLON, s. m. Grand arbrisseau de la Cochinchine dont l'écorce produit une sorte de filasse avec laquelle on fait des cordages.

CHAMBILLY, s. m. Com. du dép. de Saône-et-Loire, cant. de Marcigny, arr. de Charolles. = Marcigny.

CHAMBLAC (le), s. m. Com. du dép. de l'Eure, cant. de Broglie, arr. de Bernay. = Broglie.

CHAMBLANC, s. m. Com. du dép. de la Côte-d'Or, cant. de Seurre, arr. de Beaune. = Seurre.

CHAMBLAY, s. m. Com. du dép. du Jura, cant. de Villers-Farlay, arr. de Poligny. = Arbois.

CHAMBLE, s. m. Com. du dép. de la Loire, cant. de Montbrison, arr. de St.-Etienne. = St.-Etienne.

CHAMBLET, s. m. Com. du dép. de l'Allier, cant. et arr. de Montluçon. = Montluçon.

CHAMBLEY, s. m. Com. du dép. de la Moselle, cant. de Gorze, arr. de Metz. = Metz.

CHAMBLY, s. m. Com. du dép. du Jura, cant. de Clairvaux, arr. de Lons-le-Saulnier. = Lons-le-Saulnier.

CHAMBLY, s. m. Petite ville du dép. de l'Oise, cant. de Neuilly-en-Thelle, arr. de Senlis. Bur. d'enregist. et de poste.

Fab. de blondes, lacets, ganses, etc. ; tuileries. Comm. de farines.

CHAMBŒUF, s. m. Com. du dép. de la Côte-d'Or, cant. de Gevrey, arr. de Dijon. = la Barraque.

CHAMBŒUF, s. m. Com. du dép. de la Loire, cant. de St.-Galmier, arr. de Montbrison. = Chazelles.

CHAMBOIS, s. m. Com. du dép. de l'Orne, cant. de Trun, arr. d'Argentan. = Argentan.

Manuf. d'étoffes de laine.

CHAMBOLLE, s. f. Com. du dép. de la Côte-d'Or, cant. de Gevrey, arr. de Dijon. = la Barraque.

CHAMBON, s. m. Com. du dép. de la Charente-Inférieure, cant. d'Aigrefeuille, arr. de Rochefort. = Surgères.

CHAMBON, s. m. Com. du dép. du Cher, cant. de Châteauneuf-sur-Cher, arr. de St.-Amand. = Châteauneuf-sur-Cher.

CHAMBON, s. m. Petite ville du dép. de la Creuse, chef-lieu de cant. de l'arr. de Boussac ; trib. de 1re inst. ; conserv. des hypoth. ; bur. d'enregist. et de poste.

Comm. de bestiaux ; tanneries et corroieries.

CHAMBON, s. m. Com. du dép. de l'Indre, cant. de Buzançais, arr. de Châteauroux. = Buzançais.

CHAMBON, s. m. Com. du dép. d'Indre-et-Loire, cant. de Preuilly, arr. de Loches. = Preuilly.

CHAMBON, s. m. Com. du dép. de

Loir-et-Cher, cant. d'Herbault, arr. de Blois. = Blois.

CHAMBON, s. m. Com. du dép. du Puy-de-Dôme, cant. de St.-Germain-l'Herm, arr. d'Ambert. = Ambert.

CHAMBON, s. m. Com. du dép. du Puy-de-Dôme, cant. de Besse, arr. d'Issoire. = Besse.

CHAMBON, s. m. Com. du dép. de la Loire, chef-lieu de cant. de l'arr. de St.-Etienne. Bur. d'enregist. = St.-Etienne.

Fab. de coutellerie, clous, scies; aciéries, fonderies; exploitation de houille.

CHAMBON (le), s. m. Com. du dép. de la Haute-Loire, cant. de Tence, arr. d'Yssingeaux. = Yssingeaux.

CHAMBON, s. m. Com. du dép. du Loiret, cant. de Beaune, arr. de Pithiviers. = Boiscommun.

CHAMBONAS, s. m. Com. du dép. de l'Ardèche, cant. des Vans, arr. de Largentière. = les Vans.

CHAMBON-CAMPAGNE, s. m. Com. du dép. de la Creuse, cant. de Chambon, arr. de Boussac. = Chambon.

CHAMBONNET, s. m. Com. du dép. du Puy-de-Dôme, cant. de St.-Gervais, arr. de Riom. = Montaigut.

CHAMBON-STE.-CROIX, s. m. Com. du dép. de la Creuse, cant. de Bonnat, arr. de Guéret. = Guéret.

CHAMBOR, s. m. Com. du dép. de l'Eure, cant. de Rugles, arr. d'Evreux. = Rugles.

CHAMBORAND, s. m. Com. du dép. de la Creuse, cant. de Grand-Bourg, arr. de Guéret. = la Souterraine.

CHAMBORD, s. m. Com. du dép. de Loir-et-Cher, cant. de Bracieux, arr. de Blois. = St.-Dié-sur-Loir.

On remarque dans cette com. un ancien château royal qui fut commencé en 1523, et ne fut entièrement achevé que sous le règne de Louis XIV. Ce château fut donné par Louis XV au maréchal de Saxe, et par Napoléon au général Berthier, prince de Wagram. Mis en vente en 1820, il fut acheté et payé avec le produit d'une souscription pour être offert, au nom de la France, au duc de Bordeaux.

Manuf. de molletons et de couvertures.

CHAMBORET, s. m. Com. du dép. de la Haute-Vienne, cant. de Nantiat, arr. de Bellac. = Bellac.

CHAMBORIGAUD, s. m. Com. du dép. du Gard, cant. de Génolhac, arr. d'Alais. = Génolhac.

CHAMBORNAY-LES-BELLEVAUX, s. m. Com. du dép. de la Haute-Saône, cant. de Rioz, arr. de Vesoul. = Rioz.

CHAMBORNAY-LES-PIN, s. m. Com. du dép. de la Haute-Saône, cant. de Gy, arr. de Gray. = Marnay.

CHAMBORS, s. m. Com. du dép. de l'Oise, cant. de Chaumont, arr. de Beauvais. = Chaumont-en-Vexin.

CHAMBOST, s. m. Com. du dép. du Rhône, cant. de St.-Laurent-de-Chamousset, arr. de Lyon. = l'Arbresle.

CHAMBOST, s. m. Com. du dép. du Rhône, cant. de St.-Nizier-d'Azergues, arr. de Villefranche. = Villefranche.

CHAMBOUCHARD, s. m. Com. du dép. de la Creuse, cant. d'Evaux, arr. d'Aubusson. = Chambon.

CHAMBOULIVE, s. f. Com. du dép. de la Corrèze, cant. de Seilhac, arr. de Tulle. = Uzerche.

CHAMBOURCY, s. m. Com. du dép. de Seine-et-Oise, cant. de St.-Germain-en-Laye, arr. de Versailles. = Poissy.

CHAMBOURG, s. m. Com. du dép. d'Indre-et-Loire, cant. et arr. de Loches. = Loches.

CHAMBOURIN, s. m. Espèce de pierre avec laquelle on fait des verres de faux cristal.

CHAMBRAGE, s. m. Charpente pour maintenir le mât de beaupré. T. de mar.

CHAMBRANLE, s. m. Ornement d'architecture, de menuiserie, autour des portes, des cheminées, etc.

CHAMBRAY, s. m. Com. du dép. de l'Eure, cant. de Vernon, arr. d'Evreux. = Pacy-sur-Eure.

CHAMBRAY, s. m. Com. du dép. d'Indre-et-Loire, cant. de Monthazon, arr. de Tours. = Montbazon.

CHAMBRE, s. f. Pièce d'un appartement dans laquelle il existe une cheminée, où l'on peut mettre un lit. Garder la —, être indisposé de manière à ne pouvoir sortir. Travailler en —, travailler pour les marchands. —, assemblée des états, des tribunaux; chambre des avoués. — basse, chambre des communes en Angleterre. — haute, chambre des pairs. —, maison du roi; gentilhomme de la chambre. — apostolique, conseil du pape. — ardente, qui jugeait à huis clos les criminels d'état, les empoisonneurs, les hérétiques, etc. — creux, vide, fente. T. de mét. — de l'œil, espace entre la cornée, l'iris et le cristallin. T. d'anat. — noire, boîte qui, placée devant le trou d'un volet, reflète intérieurement l'image des objets extérieurs.

CHAMBRÉ, E, part. Enfermé illégalement, séquestré.

CHAMBRECY, s. m. Com. du dép.

de la Marne, cant. de Ville-en-Tardenois, arr. de Reims. = Reims.

CHAMBRÉE, s. f. Certain nombre de soldats ou d'ouvriers qui logent ensemble dans une chambre. —, produit de la recette d'une salle de spectacle ; les spectateurs.

CHAMBRELAN, s. m. Ouvrier qui travaille en chambre ; locataire qui n'occupe qu'une chambre dans une maison.

CHAMBRER, v. a. Séquestrer, détenir illégalement, tenir en charte privée. —, v. n. Habiter la même chambre, être de la même chambrée.

CHAMBRERIE, s. f. Office de chambrier.

CHAMBRES (les), s. f. pl. Com. du dép. de la Manche, cant. de la Haye-Pesnel, arr. d'Avranches. = Granville.

CHAMBRETAUD, s. m. Com. du dép. de la Vendée, cant. de Mortagne, arr. de Bourbon-Vendée. = les Herbiers.

CHAMBRETTE, s. f. Petite chambre.

CHAMBREY, s. m. Com. du dép. de la Meurthe, cant. et arr. de Château-Salins. = Château-Salins.

CHAMBRIER, s. m. Officier de quelque monastère ou chapitre. —, ancien officier de la maison du roi, intendant de la chambre.

CHAMBRIÈRE, s. f. Servante chargée de tous les soins du ménage. —, long fouet de manége ; support dessous une charrette. —, petit ruban qui tient la quenouille ; chandelier, outil de forge, etc. —, tresse en corde attachée aux haubans. T. de mar.

CHAMBRILLON, s. f. Petite servante.

CHAMBRONCOURT, s. m. Com. du dép. de la Haute-Marne, cant. de St.-Blin, arr. de Chaumont. = Joinville.

CHAMBROUTEL, s. m. Com. du dép. des Deux-Sèvres, cant. et arr. de Bressuire. = Bressuire.

CHAMBRY, s. m. Com. du dép. de l'Aisne, cant. et arr. de Laon. = Laon.

CHAMBRY, s. m. Com. du dép. de Seine-et-Marne, cant. et arr. de Meaux. = Meaux.

CHAM-CHAN, s. m. Arbrisseau de la Chine. T. de bot.

CHAME, s. f. Voy. CAME.

CHAMÉANE, s. m. Com. du dép. du Puy-de-Dôme, cant. de Sauxillanges, arr. d'Issoire. = Issoire.

CHAMEAU, s. m. Quadrupède ruminant, haut de jambes, qui a le cou fort long, la tête petite, et deux bosses sur le dos. —, son poil, sa figure. —, bâtiment hollandais en forme de ponton pour soulever un vaisseau submergé et le mettre à flot.

CHAMECISSE, s. f. Lierre terrestre. T. de bot.

CHAMÉDRYS, s. m. Plante rampante, amère et sudorifique. T. de bot.

CHAMEK ou CHAMECK, s. m. Singe d'Amérique. T. d'hist. nat.

CHAMELET, s. m. Com. du dép. du Rhône, cant. du Bois d'Oingt, arr. de Villefranche. = Villefranche-sur-Saône.

CHAMELIER, s. m. Conducteur de chameaux.

CHAMEROY, s. m. Com. du dép. de la Haute-Marne, cant. d'Auberive, arr. de Langres. = Langres.

CHAMERY, s. m. Com. du dép. de la Marne, cant. de Verzy, arr. de Reims. = Reims.

CHAMES, s. m. Com. du dép. de l'Ardèche, cant. de Vallon, arr. de Largentière. = Barjac.

CHAMESEY, s. m. Com. du dép. du Doubs, cant. de Russey, arr. de Montbéliard. = St.-Hippolyte-sur-le-Doubs.

CHAMESOL, s. m. Com. du dép. du Doubs, cant. de St.-Hippolyte, arr. de Montbéliard. = St.-Hippolyte-sur-le-Doubs.

CHAMESSON, s. m. Com. du dép. de la Côte-d'Or, cant. et arr. de Châtillon-sur-Seine. = Châtillon-sur-Seine.

CHAMEYRAT, s. m. Com. du dép. de la Corrèze, cant. et arr. de Tulle. = Tulle.

CHAMGY, s. m. Com. du dép. de Saône-et-Loire, cant. et arr. de Charolles. = Charolles.

CHAMIGNY, s. m. Com. du dép. de Seine-et-Marne, cant. de la Ferté-sous-Jouarre, arr. de Meaux. = la Ferté-sous-Jouarre.

CHAMILLY, s. m. Com. du dép. de Saône-et-Loire, cant. de Chagny, arr. de Châlons. = Chagny.

CHAMIRE, s. f. Plante voisine de la giroflée, qui croît au cap de Bonne-Espérance. T. de bot.

CHAMITE, s. f. Came pétrifiée. T. d'hist. nat.

CHAM-LON-LA, s. m. Plante de la Chine employée pour la teinture comme l'indigo. T. de bot.

CHAMMES, s. m. Com. du dép. de la Mayenne, cant. de Ste.-Suzanne, arr. de Laval. = Evron.

CHAMOIS, s. m. Espèce d'antilope, chèvre sauvage qui vit dans les Alpes, où l'on voit d'intrépides chasseurs le poursuivre à travers des précipices ; peau corroyée de cet animal. —, couleur, nuance du jaune de l'isabelle.

CHAMOISÉ, E, part. Préparé, en parlant des peaux de chamois.

CHAMOISER, v. a. Préparer les peaux de chamois.

CHAMOISEUR, s. m. Celui qui prépare les peaux de chamois.

CHAMOLE, s. f. Com. du dép. du Jura, cant. et arr. de Poligny. = Poligny.

CHAMOND (St.-), s. m. Ville du dép. de la Loire, chef-lieu de cant. de l'arr. de St.-Etienne. Chambre consultative des manuf.; conseil de prud'hommes; bur. d'enregist. et de poste. Manuf. de rubans, galons, ganses et cordons de soie, etc.; quincaillerie; fonderies et clouteries. Comm. de chevaux et bestiaux.

CHAMOUILLAC, s. m. Com. du dép. de la Charente-Inférieure, cant. de Montrende, arr. de Jonzac. = Montrende.

CHAMOUILLE, s. f. Com. du dép. de l'Aisne, cant. de Craonne, arr. de Laon. = Laon.

CHAMOUILLEY, s. m. Com. du dép. de la Haute-Marne, cant. de St.-Dizier, arr. de Vassy. = St.-Dizier.

CHAMOUX, s. m. Com. du dép. de l'Yonne, cant. de Vézelay, arr. d'Avallon. = Vézelay.

CHAMOY, s. m. Com. du dép. de l'Aube, cant. d'Ervy, arr. de Troyes. = Ervy.
Comm. de vins blancs estimés.

CHAMP, s. m. Pièce de terre labourable; lieu, espace. —, matière, sujet, occasion; vaste champ ouvert à la caricature, à la satire. Fig. — libre, facilité. —, fond sur lequel on peint, on grave. —, toile, cuivre, espace qui reste autour d'un cadre. T. de dor. —, fond de l'écu. T. de blas. Roue de —, roue horizontale dont les dents sont tracées perpendiculairement. T. d'horl. Mettre sur — une pierre, etc., sur le côté le moins large. — de Mars, champ où la jeunesse romaine s'exerçait au maniement des armes. — de Mai, assemblée générale convoquée par les anciens rois de France dans les mois de mars et de mai. — clos, enceinte pour les combats singuliers. — de bataille, étendue de pays où des armées se livrent un combat. —, pl. La campagne. Maison des —, maison de campagne. Etre aux —, être troublé, inquiet, désorienté. Courir les —, être fou. Clef des —, la liberté. Battre aux —, battre le tambour pour se mettre sous les armes, en état de partir. Sur-le —, adv. Tout à coup, sans délai, sur l'heure même. A tout bout de —, à chaque instant, à tout propos. T. fam.

CHAMP, s. m. Com. du dép. de l'Isère, cant. de Vizille, arr. de Grenoble. = Goncelin.

CHAMP, s. m. Com. du dép. de la Loire, cant. et arr. de Montbrison. = Montbrison.

CHAMP (le), s. m. Com. du dép. de l'Isère, cant. de Goncelin, arr. de Grenoble. = Goncelin.

CHAMP (le), s. m. Com. du dép. de la Drôme, cant. de Marsanne, arr. de Montélimar. = Montélimar.

CHAMP (St.-), s. m. Com. du dép. de l'Ain, cant. et arr. de Belley. = Belley.

CHAMPAC, s. m. Arbre des Indes. T. de bot.

CHAMPACAM, s. m. Grand arbre touffu de la presqu'île de Malaca, au-delà du Gange. T. de bot.

CHAMPAGNAC, s. m. Com. du dép. du Cantal, cant. de Saignes, arr. de Mauriac. = Bort.

CHAMPAGNAC, s. m. Com. du dép. de la Charente-Inférieure, cant. et arr. de Jonzac. = Jonzac.

CHAMPAGNAC, s. m. Com. du dép. de la Haute-Loire, cant. d'Auzon, arr. de Brioude. = Brioude.

CHAMPAGNAC, s. m. Com. du dép. de la Haute-Vienne, cant. d'Oradour-sur-Vayres, arr. de Rochechouart. = Chalus.
Fab. d'acier; carrière de serpentine.

CHAMPAGNAC, s. m. Com. du dép. de la Dordogne, chef-lieu de cant. de l'arr. de Nontron. Bur. d'enregist. à Thiviers. = Bourdeille.

CHAMPAGNAC-LA-NOAILLE, s. m. Com. du dép. de la Corrèze, cant. d'Égletons, arr. de Tulle. = Tulle.

CHAMPAGNAC-LA-PRUNE, s. m. Com. du dép. de la Corrèze, cant. de Laroche, arr. de Tulle. = Tulle.

CHAMPAGNAT, s. m. Com. du dép. de la Creuse, cant. de Bellegarde, arr. d'Aubusson. = Aubusson.

CHAMPAGNAT, s. m. Com. du dép. du Puy-de-Dôme, cant. de Jumeaux, arr. d'Issoire. = Issoire.

CHAMPAGNAT, s. m. Com. du dép. de Saône-et-Loire, cant. de Cuizeaux, arr. de Louhans. = St.-Amour.

CHAMPAGNE (la), s. f. Cette province, l'une des plus considérables de France, forme aujourd'hui les dép. des Ardennes et de la Marne, de l'Aube et de la Haute-Marne, à quelques petites portions près qui ont été ajoutées à ces deux derniers dép., et partie des dép. de l'Aisne, de Seine-et-Marne, de l'Yonne, de la Côte-d'Or, de la Haute-Saône, des Vosges et de la Meuse. La Champagne est généralement fertile; elle est surtout renommée par la qualité de ses vins blancs. —, s. m. Vin mousseux. —, cercle de fer pour retenir l'étoffe dans la cuve.

T. de teint. —, tiers inférieur de l'écu. T. de blas.

CHAMPAGNE, s. f. Com. du dép. de l'Ain, chef-lieu de cant. de l'arr. de Belley. Bur. d'enregist. = Belley.

CHAMPAGNE, s. f. Com. du dép. de l'Ardèche cant. de Serrières, arr. de Tournon. = St.-Vallier.

CHAMPAGNE, s. f. Com. du dép. de la Dordogne, cant. de Verteillac, arr. de Ribérac. = Mareuil.

CHAMPAGNE, s. f. Com. du dép. d'Eure-et-Loir, cant. d'Anet, arr. de Dreux. = Houdan.

CHAMPAGNE, s. f. Com. du dép. du Jura, cant. de Villers-Farlay, arr. de Poligny. = Salins.

CHAMPAGNE, s. f. Com. du dép. de la Marne, cant. d'Ecury-sur-Coole, arr. de Châlons. = Châlons-sur-Marne.

CHAMPAGNE, s. f. Com. du dép. de Seine-et-Oise, cant. de l'Ile-Adam, arr. de Pontoise. = Beaumont-sur-Oise.

CHAMPAGNE, s. f. Com. du dép. de la Vendée, cant. de Chaillé-les-Marais, arr. de Fontenay. = Luçon.

CHAMPAGNE, s. m. Com. du dép. de la Sarthe, cant. de Montfort, arr. du Mans. = le Mans.

CHAMPAGNE, s. m. Com. du dép. de Seine-et-Marne, cant. de Moret, arr. de Fontainebleau. = Moret.

CHAMPAGNE-DE-BLANZAC, s. f. Com. du dép. de la Charente, cant. de Blanzac, arr. d'Angoulême. = Blanzac.

CHAMPAGNE-LE-SEC, s. m. Com. du dép. de la Vienne, cant. et arr. de Civray. = Couhé.

CHAMPAGNE-MOUTON, s. m. Petite ville du dép. de la Charente, chef-lieu de cant. de l'arr. de Confolens. Bur. d'enregist. = Ruffec.

CHAMPAGNES, s. f. Com. du dép. du Jura, cant. de St.-Amour, arr. de Lons-le-Saulnier. = St.-Amour.

CHAMPAGNES, s. f. Com. du dép. de la Charente-Inférieure, cant. de St-Aignan, arr. de Marennes. = Rochefort-sur-Mer.

CHAMPAGNE-ST.-HILAIRE, s. f. Com. du dép. de la Vienne, cant. de Gençay, arr. de Civray. = Couhé.

CHAMPAGNE-SUR-VINGEANNE, s. f. Com. du dép. de la Côte-d'Or, cant. de Mirebeau, arr. de Dijon. = Mirebeau-sur-Bèze.

CAMPAGNEY, s. m. Com. du dép. du Doubs, cant. d'Audeux, arr. de Besançon. = Besançon.

CHAMPAGNEY, s. m. Com. du dép. du Jura, cant. de Montmirey, arr. de Dôle. = Gray.

CHAMPAGNEY, s. m. Com. du dép. de la Haute-Saône, chef-lieu de cant. de l'arr. de Lure. Bur. d'enregist. à Lure. = Lure.

Fab. de tissus de coton, de vitriol; verrerie; exploitation de houille.

CHAMPAGNIER, s. m. Com. du dép. de l'Isère, cant. de Vizille, arr. de Grenoble. = Vizille.

CHAMPAGNOLE, s. f. Com. du dép. du Jura, chef-lieu de cant. de l'arr. de Poligny. Bur. d'enregist. et de poste.

Fab. de clous d'épingle; tréfilerie; tanneries. Comm. de fromages du pays.

CHAMPAGNOLLES, s. f. Com. du dép. de la Charente-Inférieure, cant. de St.-Genis, arr. de Jonzac. = St.-Genis.

CHAMPAGNOLOT, s. m. Com. du dép. du Jura, cant. de Montmirey, arr. de Dôle. = Dôle.

CHAMPAGNY, s. m. Com. du dép. de la Côte-d'Or, cant. de St.-Seine, arr. de Dijon. = St.-Seine.

CHAMPAGNY, s. m. Com. du dép. du Jura, cant. de Salins, arr. de Poligny. = Salins.

CHAMPAISSANT, s. m. Com. du dép. de la Sarthe, cant. et arr. de Mamers. = Mamers.

CHAMPALLEMENT, s. m. Com. du dép. de la Nièvre, cant. de Brinon, arr. de Clamecy. = Nevers.

CHAMPAN, s. m. Petit navire dont on se sert à la Chine et au Japon.

CHAMPART, s. m. Droit des anciens seigneurs de prélever une certaine quantité de gerbes dans les champs des censitaires.

CHAMPARTÉ, E, part. Perçu, en parlant du droit de champart.

CHAMPARTEL, LE, adj. Sujet au champart.

CHAMPARTER, v. a. Exercer le droit du seigneur, enlever des gerbes dans un champ grevé d'une redevance.

CHAMPARTERESSE, s. f. Grange du champart.

CHAMPARTEUR, s. m. Préposé du seigneur qui levait le champart; fermier du champart.

CHAMPAUBERT, s. m. Com. du dép. de la Marne, cant. de Montmort, arr. d'Epernay. = Sézanne.

CHAMPAUBERT, s. m. Com. du dép. de la Marne, cant. de St.-Remy-en-Bouzemont, arr. de Vitry. = Montierender.

CHAMP-AUBERT, s. m. Com. du dép. de l'Orne, cant. d'Exmes, arr. d'Argentan. = Nonant.

CHAMPCELLA, s. f. Com. du dép.

des Hautes-Alpes, cant. de Guillestre, arr. d'Embrun. = Mont-Dauphin.

CHAMPCENSET, s. m. Com. du dép. de Seine-et-Marne, cant. de Villiers-St.-Georges, arr. de Provins. = Provins.

CHAMPCERIE, s. f. Com. du dép. de l'Orne, cant. de Putanges, arr. d'Argentan. = Falaise.

CHAMPCERVON, s. m. Com. du dép. de la Manche, cant. de la Haye-Pesnel, arr. d'Avranches. = Granville.

CHAMPCEUIL, s. m. Com. du dép. de Seine-et-Oise, cant. et arr. de Corbeil. = Ponthierry.

CHAMPCEVINEL, s. m. Com. du dép. de la Dordogne, cant. et arr. de Périgueux. = Périgueux.

CHAMPCEVRAIS, s. m. Com. du dép. de l'Yonne, cant. de Bléneau, arr. de Joigny. = Châtillon.

CHAMPCEY, s. m. Com. du dép. de la Manche, cant. de Sartilly, arr. d'Avranches. = Avranches.

CHAMPCLAUSE, s. f. Com. du dép. de la Haute-Loire, cant. de Fay-le-Froid, arr. du Puy. = le Puy.

CHAMPCOUELLES, s. f. Com. du dép. de Seine-et-Marne, cant. de Villiers-St.-Georges, arr. de Provins. = Provins.

CHAMPCOURT, s. m. Com. du dép. de la Haute-Marne, cant. de Vignory, arr. de Chaumont. = Doulevant.

CHAMP-DE-LA-PIERRE (le), s. m. Com. du dép. de l'Orne, cant. de Carrouges, arr. d'Alençon. = Carrouges.

CHAMPDENIERS, s. m. Petite ville du dép. des Deux-Sèvres, chef-lieu de cant. de l'arr. de Niort. Bur. d'enregist. = Niort.
Fab. de chapeaux. Comm. considérable de denrées et de bestiaux.

CHAMPDEUIL, s. m. Com. du dép. de Seine-et-Marne, cant. de Mormant, arr. de Melun. = Guignes.

CHAMPDIEU, s. m. Com. du dép. de la Loire, cant. et arr. de Montbrison. = Montbrison.

CHAMPDIVERS, s. m. Com. du dép. du Jura, cant. de Chemin, arr. de Dôle. = Dôle.

CHAMP-D'OISEAU, s. m. Com. du dép. de la Côte-d'Or, cant. de Montbard, arr. de Semur. = Montbard.

CHAMPDOLENT, s. m. Com. du dép. de la Charente-Inférieure, cant. de St.-Savinien, arr. de St.-Jean-d'Angely. = St.-Savinien.

CHAMPDOLENT (le), s. m. Com. du dép. de l'Eure, cant. de Conches, arr. d'Evreux. = Conches.

CHAMPDOMINEL, s. m. Com. du dép. de l'Eure, cant. de Damville, arr. d'Evreux. = Damville.

CHAMP-D'OR, s. m. Com. du dép. de l'Ain, cant. de Brenod, arr. de Nantua. = Nantua.

CHAMPDOTRE, s. m. Com. du dép. de la Côte-d'Or, cant. d'Auxonne, arr. de Dijon. = Auxonne.

CHAMPDRAY, s. m. Com. du dép. des Vosges, cant. de Corcieux, arr. de St.-Dié. = Bruyères.

CHAMP-DU-BOULT, s. m. Com. du dép. du Calvados, cant. de St.-Sever, arr. de Vire. = Vire.

CHAMPÉ, E, part. Jeté sur la grille, en parlant du bois. T. de sal. —, adj. m. Se dit du champ de l'écu ; champé d'or. T. de blas.

CHAMPEAU, s. m. Com. du dép. de la Dordogne, cant. de Mareuil, arr. de Nontron. = Mareuil.

CHAMPEAUX, s. m. pl. Prairies.

CHAMPEAUX, s. m. Com. du dép. d'Ille-et-Vilaine, cant. et arr. de Vitré. = Vitré.

CHAMPEAUX, s. m. Com. du dép. de la Manche, cant. de Sartilly, arr. d'Avranches. = Avranches.

CHAMPEAUX, s. m. Com. du dép. des Deux-Sèvres, cant. de Champdeniers, arr. de Niort. = Niort.

CHAMPEAUX, s. m. Com. du dép. de la Haute-Vienne, cant. de Mézières, arr. de Bellac. = Bellac.

CHAMPEAUX, s. m. Com. du dép. de Seine-et-Marne, cant. de Mormant, arr. de Melun. = Guignes.

CHAMPEAUX (les), s. m. pl. Com. du dép. de l'Orne, cant. de Vimoutiers, arr. d'Argentan. = Vimoutiers.

CHAMPEAUX-SUR-SARTHE, s. m. Com. du dép. de l'Orne, cant. de Bazoche-sur-Hoëne, arr. de Mortagne. = Mortagne.

CHAMPEIX, s. m. Com. du dép. de la Creuse, cant. et arr. de Boussac. = Boussac.

CHAMPEIX, s. m. Com. du dép. du Puy-de-Dôme, chef-lieu de cant. de l'arr. d'Issoire. Bur. d'enregist. = Issoire.

CHAMPENARD, s. m. Com. du dép. de l'Eure, cant. de Gaillon, arr. de Louviers. = Gaillon.

CHAMPENOISE (la), s. f. Com. du dép de l'Indre, cant. et arr. d'Issoudun. = Issoudun.

CHAMPENOUX, s. m. Com. du dép. de la Meurthe, cant. et arr. de Nancy. = Nancy.

CHAMPÉON, s. m. Com. du dép. de la Mayenne, cant. du Harps, arr. de Mayenne. = Mayenne.

CHAMPER, v. a. Jeter le bois sur la grille. T. de sal.

CHAMPERBOUX, s. m. Village du dép. de la Lozère, cant. de Ste.-Enimie, arr. de Florac. = Mende.

CHAMPETIÈRES, s. f. Com. du dép. du Puy-de-Dôme, cant. et arr. d'Ambert. = Ambert.

CHAMPÊTRE, adj. Agreste, éloigné des villes, des habitations; maison champêtre. —, qui appartient aux champs; vie, musique, plaisirs champêtres.

CHAMPEUR, s. m. Ouvrier qui entretient le feu, qui met le bois sur la grille. T. de sal.

CHAMPEY, s. m. Com. du dép. de la Meurthe, cant. de Pont-à-Mousson, arr. de Nancy. = Pont-à-Mousson.

CHAMPEY, s. m. Com. du dép. de la Haute-Saône, cant. d'Héricourt, arr. de Lure. = Belfort.

CHAMPFLEUR, s. m. Com. du dép. de la Sarthe, cant. de St.-Pater, arr. de Mamers. = Alençon.

CHAMPFLEURY, s. m. Com. du dép. de l'Aube, cant. de Méry-sur-Seine, arr. d'Arcis-sur-Aube. = Fère-Champenoise.

CHAMPFLEURY, s. m. Com. du dép. de la Marne, cant. de Verzy, arr. de Reims. = Reims.

CHAMPFORGUEIL, s. m. Com. du dép. de Saône-et-Loire, cant. et arr. de Châlons. = Châlons-sur-Saône.

CHAMPFREMONT, s. m. Com. du dép. de la Mayenne, cant. de Pré-en-Pail, arr. de Mayenne. = Pré-en-Pail.

CHAMPFROMIER, s. m. Com. du dép. de l'Ain, cant. de Châtillon-de-Michaille, arr. de Nantua. = Châtillon-de-Michaille.

CHAMPGENETEUX, s. m. Com. du dép. de la Mayenne, cant. de Bais, arr. de Mayenne. = Vilaines.

CHAMPGILLON, s. m. Com. du dép. de la Vendée, cant. de Ste-Hermine, arr. de Fontenay. = Ste.-Hermine.

CHAMPGUYON, s. m. Com. du dép. de la Marne, cant. d'Esternay, arr. d'Épernay. = Sézanne.

CHAMP-HAUT, s. m. Com. du dép. de l'Orne, cant. de Merlerault, arr. d'Argentan. = Nonant.

CHAMPHOL, s. m. Com. du dép. d'Eure-et-Loir, cant. et arr. de Chartres. = Chartres.

CHAMPI, s. m. Sorte de papier pour garnir les châssis.

CHAMPIEN, s. m. Com. du dép. de la Somme, cant. de Roye, arr. de Montdidier. = Roye.

CHAMPIER, s. m. Com. du dép. de l'Isère, cant. de la Côte-St.-André, arr. de Vienne. = Bourgoin.

CHAMPIGNÉ, s. m. Com. du dép. de Maine-et-Loire, cant. de Château-Neuf, arr. de Segré. = Château-Neuf-sur-Sarthe.

CHAMPIGNELLES, s. f. Com. du dép. de l'Yonne, cant. de Bléneau, arr. de Joigny. Bur. d'enregist. = St.-Fargeau.

CHAMPIGNEUL, s. m. Com. du dép. des Ardennes, cant. de Flize, arr. de Mézières. = Mézières.

CHAMPIGNEUL, s. m. Com. du dép. des Ardennes, cant. de Grandpré, arr. de Vouziers. = Mézières.

CHAMPIGNEUL, s. m. Com. du dép. de la Marne, cant. d'Ecury-sur-Coole, arr. de Châlons. = Châlons-sur-Marne.

CHAMPIGNEULES, s. f. Com. du dép. de la Meurthe, cant. et arr. de Nancy. = Nancy. Fab. de papier et de carton.

CHAMPIGNEULLES, s. f. Com. du dép. de la Haute-Marne, cant. de Bourmont, arr. de Chaumont. = Bourmont.

CHAMPIGNOL, s. m. Com. du dép. de l'Aube, cant. et arr. de Bar-sur-Aube. = Clairvaux.

CHAMPIGNOLLES, s. f. Com. du dép. de la Côte-d'Or, cant. d'Arnay-le-Duc, arr. de Beaune. = Arnay-le-Duc.

CHAMPIGNOLLES, s. f. Com. du dép. de l'Eure, cant. de Rugles, arr. d'Evreux. = Conches.

CHAMPIGNON, s. m. Plante spongieuse, cryptogame, sans branches ni feuilles, dont plusieurs espèces sont comestibles et beaucoup d'autres vénéneuses. Pousser comme un —, croître très vite. —, excroissance de chair. —, bouton de feu qui se forme au lumignon d'une lampe.

CHAMPIGNONNIÈRE, s. f. Couche de fumier et de terreau pour faire pousser des champignons.

CHAMPIGNY, s. m. Com. du dép. de l'Aube, cant. et arr. d'Arcis-sur-Aube. = Arcis-sur-Aube.

CHAMPIGNY, s. m. Com. du dép. de l'Eure, cant. de St.-André, arr. d'Evreux. = Evreux.

CHAMPIGNY, s. m. Com du dép. d'Indre-et-Loire, cant. de Richelieu, arr. de Chinon. = Chinon.

CHAMPIGNY, s. m. Com. du dép. de Loir-et-Cher, cant. d'Herbault, arr. de Blois. = Blois.

CHAMPIGNY, s. m. Com. du dép. de la Marne, cant. et arr. de Reims. = Reims.

CHAMPIGNY, s. m. Village du dép.

de Seine-et-Marne, cant. de la Ferté-sous-Jouarre, arr. de Meaux. = la Ferté-sous-Jouarre.

CHAMPIGNY, s. m. Com. du dép. de la Seine, cant. de Charenton-le-Pont, arr. de Sceaux. = Banlieue de Paris.

CHAMPIGNY, s. m. Com. du dép. de la Vienne, cant. de Mirebeau, arr. de Poitiers. = Mirebeau.

CHAMPIGNY, s. m. Com. du dép. de l'Yonne, cant. de Pont-sur-Yonne, arr. de Sens. = Villeneuve-la-Guyard.

CHAMPIGNY-LES-LANGRES, s. m. Com. du dép. de la Haute-Marne, cant. et arr. de Langres. = Langres.

CHAMPIGNY-SOUS-VARENNES, s. m. Com. du dép. de la Haute-Marne, cant. de Varennes, arr. de Langres. = Bourbonne.

CHAMPILLET, s. m. Com. du dép. de l'Indre, cant. et arr. de la Châtre. = la Châtre.

CHAMPILLON, s. m. Com. du dép. de la Marne, cant. d'Ay, arr. de Reims. = Epernay.

CHAMPION, s. m. Chevalier qui combattait en champ clos. —, défenseur; brave, vaillant champion. Se dit ironiq.

CHAMPIONNE, s. f. Femme courageuse; femme de moyenne vertu. T. inus.

CHAMPIS, s. m. Com. du dép. de l'Ardèche, cant. de St.-Péray, arr. de Tournon. = St.-Péray.

CHAMPLAN, s. m. Com. du dép. de Seine-et-Oise, cant. de Longjumeau, arr. de Corbeil. = Longjumeau.

CHAMPLAT, s. m. Com. du dép. de la Marne, cant. de Châtillon, arr. de Reims. = Reims.

CHAMPLAY, s. m. Com. du dép. de l'Yonne, cant. et arr. de Joigny. = Joigny.

CHAMPLECY, s. m. Com. du dép. de Saône-et-Loire, cant. et arr. de Charolles. = Charolles.

CHAMP-LE-DUC, s. m. Com. du dép. des Vosges, cant. de Bruyères, arr. d'Épinal. = Bruyères.

CHAMPLEMY, s. m. Petite ville du dép. de la Nièvre, cant. de Prémery, arr. de Cosne. = Nevers.

CHAMP-LEVÉ, E, part. Se dit d'une rainure faite dans la plaque à émailler. T. d'émailleur.

CHAMP-LEVER, v. a. Faire une rainure dans la plaque à émailler. —, surbaisser. T. d'orf. —, creuser et découvrir au burin. T. de grav.

CHAMPLIEU, s. m. Com. du dép. de Saône-et-Loire, cant. de Sennecey-le-Grand, arr. de Châlons. = Sennecey-le-Grand.

CHAMPLIN, s. m. Com. du dép. des Ardennes, cant. de Rumigny, arr. de Rocroi. = Aubenton.

CHAMPLIN, s. m. Com. du dép. de la Nièvre, cant. de Prémery, arr. de Cosne. = Nevers.

CHAMPLITTE-ET-PRÉLOT, s. f. Petite ville du dép. de la Haute-Saône, chef-lieu de cant. de l'arr. de Gray. Bur. d'enregist. et de poste. Manuf. de toiles, droguets, chapeaux; comm. de grains et de vins.

CHAMPLITTE-LA-VILLE, s. f. Com. du dép. de la Haute-Saône, cant. de Champlitte, arr. de Gray. = Champlitte.

CHAMPLIVE, s. f. Com. du dép. du Doubs, cant. de Roulans, arr. de Baume. = Besançon.

CHAMPLON, s. m. Com. du dép. de la Meuse, cant. de Fresnes-en-Wœvre, arr. de Verdun. = Verdun.

CHAMPLOST, s. m. Com. du dép. de l'Yonne, cant. de Brienon, arr. de Joigny. = Brienon.

CHAMPLURE, s. f. Gelée légère qui a endommagé les jeunes pousses; effet de la gelée sur la santé des plantes.

CHAMPMILLON, s. m. Com. du dép. de la Charente, cant. d'Hiersac, arr. d'Angoulême. = Angoulême.

CHAMPMOTEUX, s. m. Com. du dép. de Seine-et-Oise, cant. de Milly, arr. d'Etampes. = Milly.

CHAMPNÉTERY, s. m. Com. du dép. de la Haute-Vienne, cant. de St.-Léonard, arr. de Limoges. = St.-Léonard.

CHAMPNEUVILLE, s. f. Com. du dép. de la Meuse, cant. de Charny, arr. de Verdun. = Verdun.

CHAMPNIER, s. m. Village du dép. de la Dordogne, cant. de Bussière-Badil, arr. de Nontron. = Nontron.

CHAMPNIERS, s. m. Com. du dép. de la Charente, cant. et arr. d'Angoulême. = Angoulême. Moulins à huile; comm. de bestiaux et de safran.

CHAMPNIERS, s. m. Com. du dép. de la Vienne, cant. et arr. de Civray. = Civray.

CHAMPOLÉON, s. m. Com. du dép. des Hautes-Alpes, cant. d'Orcières, arr. d'Embrun. = Gap.

CHAMPOLY, s. m. Com. du dép. de la Loire, cant. de St.-Just-en-Chevalet, arr. de Roanne. = Roanne. Mine de plomb.

CHAMPONNIER, s. m. Cheval qui a les paturons longs, effilés et trop pleins. T. de méd. vétér.

CHAMPOSOULT, s. m. Com. du dép.

de l'Orne, cant. de Vimoutiers, arr. d'Argentan. = Vimoutiers.

CHAMPOUGNY, s. m. Com. du dép. de la Meuse, cant. de Vaucouleurs, arr. de Commercy. = Vaucouleurs.

CHAMPOULET, s. m. Com. du dép. du Loiret, cant. de Briare, arr. de Gien. = Bonny.

CHAMPOUX, s. m. Com. du dép. du Doubs, cant. de Marchaux, arr. de Besançon. = Besançon.

CHAMP-RAPHAËL (le), s. m. Com. du dép. de l'Ardèche, cant. d'Antraigues, arr. de Privas. = Aubenas.

CHAMPRENAULT, s. m. Com. du dép. de la Côte-d'Or, cant. de Vitteaux, arr. de Semur. = Vitteaux.

CHAMPREPUS, s. m Com. du dép. de la Manche, cant. de Villedieu, arr. d'Avranches. = Villedieu.

CHAMPROND, s. m. Com. du dép. de la Sarthe, cant. de Montmirail, arr. de Mamers. = la Ferté-Bernard.

Fab. de poterie; mines de fer.

CHAMPROND-EN-GATINE, s. m. Com. du dép. d'Eure-et-Loir, cant. de la Loupe, arr. de Nogent-le-Rotrou. Bur. de poste.

Comm. de bois.

CHAMPROND-EN-PERCHET, s. m. Com. du dép. d'Eure-et-Loir, cant. et arr. de Nogent-le-Rotrou. = Nogent-le-Rotrou.

CHAMPROUAIX, s. m. Com. du dép. de la Creuse, cant. de Bénévent, arr. de Bourganeuf. = Bourganeuf.

CHAMP-ROUGIER, s. m. Com. du dép. du Jura, cant. et arr. de Poligny.= Sellières.

CHAMPS, s. m. Com. du dép. de l'Aisne, cant. de Coucy-le-Château, arr. de Laon. = Coucy-le-Château.

CHAMPS, s. m. Com. du dép. du Cantal, chef-lieu de cant. de l'arr. de Mauriac. Bur. d'enregist. à Saignes. = Bort.

CHAMPS, s. m. Com. du dép. de la Moselle, cant. de Gorze, arr. de Metz.= Metz.

CHAMPS, s. m. Com. du dép. de l'Orne, cant. de Tourouvre, arr. de Mortagne. = Mortagne.

CHAMPS, s. m. Com. du dép. du Puy-de-Dôme, cant. de Combronde, arr. de Riom. = Aigueperse.

CHAMPS, s. m. Com. du dép. de Seine-et-Marne, cant. de Lagny, arr. de Meaux. = Lagny.

CHAMPS, s. m. Com. du dép. de l'Yonne, cant. et arr. d'Auxerre. = Auxerre.

CHAMPSAC, s. m. Com. du dép. de la Haute-Vienne, cant. d'Aradour-sur-Veyres, arr. de Rochechouart. = Chalus.

CHAMPSANGLARD, s. m. Com. du dép. de la Creuse, cant. de Bonnat, arr. de Guéret. = Guéret.

CHAMPSECRET, s. m. Com. du dép. de l'Orne, cant. et arr. de Domfront. = Domfront.

CHAMPSERU, s. m. Com. du dép. d'Eure-et-Loir, cant. d'Auneau, arr. de Chartres. = Gallardon.

CHAMPSIGNA, s. m. Com. du dép. du Jura, cant. de Clairvaux, arr. de Lons-le-Saulnier. = Lons-le-Saulnier.

CHAMPS-ST.-PÈRE (le), s. m. Com. du dép. de la Vendée, cant. de Moutiers-les-Maux-Faits, arr. des Sables-d'Olonne. = Avrillé.

CHAMP-SUR-BARCE, s. m. Com. du dép. de l'Aube, cant. de Vandeuvres, arr. de Bar-sur-Aube. = Vandeuvres.

CHAMPTERCIER, s. m. Com. du dép. des Basses-Alpes, cant. et arr. de Digne. = Digne.

CHAMPTOCÉ, s. m. Com. du dép. de Maine-et-Loire, cant. de St.-Georges-sur-Loire, arr. d'Angers. = Ingrande.

CHAMPTOCEAUX, s. m. Petite ville du dép. de Maine-et-Loire, chef-lieu de cant. de l'arr. de Beaupréau. Bur. d'enregist. = Ancenis.

CHAMPVALLON, s. m. Com. du dép. de l'Yonne, cant. d'Aillant, arr. de Joigny. = Joigny.

CHAMPVANS, s. m. Com. du dép. du Doubs, cant. et arr. de Baume.=Baume-les-Dames.

CHAMPVANS, s. m. Com. du dép. de la Haute-Saône, cant. et arr. de Gray.= Gray.

CHAMPVANS, s. m. Com. du dép. du Doubs, cant. d'Audeux, arr. de Besançon. = Baume-les-Dames.

CHAMPVANS, s. m. Com. du dép. de la Haute-Saône, cant. et arr. de Gray. = Gray.

CHAMPVAUX, s. m. Com. du dép. du Jura, cant. et arr. de Poligny. = Poligny.

CHAMPVERT, s. m. Com. du dép. de la Nièvre, cant. de Decize, arr. de Nevers. = Decize.

CHAMPVOISY, s. m. Com. du dép. de la Marne, cant. de Dormans, arr. d'Epernay. = Dormans.

CHAMPVOUX, s. m. Com. du dép. de la Nièvre, cant. de la Charité, arr. de Cosne. = la Charité.

CHAMVRES, s. m. Com. du dép. de l'Yonne, cant. et arr. de Joigny. = Joigny.

CHANAC, s. m. Com. du dép. de la Corrèze, cant. et arr. de Tulle. = Tulle.

CHANAC, s. m. Petite ville du dép.

de la Lozère, chef-lieu de cant. de l'arr. de Marvejols, où est le bur. d'enregist. = Mende.
Fab. de cadis et de serges, dites de Mende.

CHANALEILLES, s. f. Com. du dép. de la Haute-Loire, cant. de Saugues, arr. du Puy. = Langeac.

CHANAS, s. m. Com. du dép. de l'Isère, cant. de Roussillon, arr. de Vienne. = le Péage.

CHANAY, s. m. Com. du dép. de l'Ain, cant. de Seyssel, arr. de Belley. = Seyssel.

CHANAY, s. m. Com. du dép. de la Vendée, cant. de Luçon, arr. de Fontenay. = Luçon.

CHANÇAY, s. m. Com. du dép. d'Indre-et-Loire, cant. de Vouvray, arr. de Tours. = Tours.

CHANCE, s. f. Sorte de jeu de dés; point livré aux dés. —, hasard, fortune; événement favorable qui doit résulter d'un ordre de choses. —, désagrément, aventure, malheur; raconter sa triste chance. Fig. et fam. —, pot en cucurbite. T. d'épingl.

CHANCE, s. f. Rivière dont on trouve la source dans les environs de Metz, dép. de la Moselle, et qui se jette dans la Moselle, près de Thionville.

CHANCÉ, s. m. Com. du dép. d'Ille-et-Vilaine, cant. de Châteaugiron, arr. de Rennes. = la Guerche.

CHANCEAUX, s. m. Com. du dép. de la Côte-d'Or, cant. de Flavigny, arr. de Semur. Bur. de poste.

CHANCEAUX, s. m. Com. du dép. d'Indre-et-Loire, cant. et arr. de Loches. = Loches.

CHANCEAUX, s. m. Com. du dép. d'Indre-et-Loire, cant. de Vouvray, arr. de Tours. = Tours.

CHANCEL ou CHANCEAU, s. m. Enceinte grillée. T. d'archit.

CHANCELADE, s. f. Com. du dép. de la Dordogne, cant. et arr. de Périgueux. = Périgueux.

CHANCELAGUE, s. f. Petite centaurée du Chili. T. de bot.

CHANCELANT, E, adj. Qui chancelle, qui vacille. —, irrésolu, mal assuré.

CHANCELER, v. n. N'être pas ferme sur ses pieds, sur sa base; pencher de côté et d'autre comme si l'on était sur le point de tomber; vaciller. —, hésiter, balancer; n'être pas ferme, résolu. Fig.

CHANCELIER, s. m. Le ministre de la justice: en général, celui qui tient un sceau de l'Etat; chancelier du consulat, etc. —, variété du pêcher.

CHANCELIÈRE, s. f. Epouse d'un chancelier. —, petite caisse garnie de fourrure pour tenir les pieds chauds.

CHANCELLEMENT, s. m. Action de chanceler.

CHANCELLERIE, s. f. Hôtel du chancelier; bureaux où sont expédiées les affaires qui concernent les sceaux.

CHANCENAY, s. m. Com. du dép. de la Haute-Marne, cant. de St.-Dizier, arr. de Vassy. = St.-Dizier.

CHANCEUX, EUSE, adj. Qui est heureux dans ses entreprises, qui a du bonheur. —, hasardeux, dont le résultat est incertain; spéculation chanceuse.

CHANCEY, s. m. Com. du dép. de la Haute-Saône, cant. de Pesmes, arr. de Gray. = Marnay.

CHANCI, s. m. Blanc de champignon; fumier moisi dans lequel se trouve le germe du champignon. T. de jard.

CHANCIA, s. f. Com. du dép. du Jura, cant. de Moirans, arr. de St.-Claude. = St.-Claude.

CHANCIQUE, s. f. Dialecte de la Frise orientale, province de la Hollande à l'entrée du Zuiderzée.

CHANCIR, v. n. Moisir. Se —, v. pron. Commencer à moisir.

CHANCISSURE, s. f. Moisissure, assemblage de petits filamens sur les matières qui commencent à se décomposer.

CHANCRE, s. m. Ulcère malin qui ronge les chairs, et qu'on divise en simple, scorbutique et syphilitique. — simple, aphtes. —, tartre qui s'attache aux dents, qui ronge l'émail et les gencives. —, maladie des arbres.

CHANCREUX, EUSE, adj. Qui tient du chancre, de sa malignité.

CHANDEI, s. m. Com. du dép. de l'Orne, cant. de l'Aigle, arr. de Mortagne. = l'Aigle.
Fab. de tôle, tréfilerie de fil de laiton, papeterie.

CHANDELEUR, s. f. Fête de la présentation de J.-C. au temple et de la purification de la Vierge.

CHANDELIER, ÈRE, s. Fabricant de chandelle; ustensile pour mettre la chandelle et la bougie. —, machine pour garantir de la mousqueterie; jet d'eau élevé; poteau qui fait partie d'un pressoir. —, support en bois ou en fer. T. de mar.

CHANDELLE, s. f. Mèche de coton recouverte de suif. —, offrande à Dieu. — romaine, pièce d'artifice. S'éteindre comme une —, mourir de vieillesse. Le jeu n'en vaut pas la —, la dépense excède le profit. Brûler la — par les deux bouts, faire une double dépense. La — brûle; il n'y a pas de temps à perdre.

CHANDIEU, s. m. Com. du dép. de l'Isère, cant. d'Heyrieu, arr. de Vienne. = la Verpillière.

CHANDOLAS, s. m. Com. du dép. de l'Ardèche, cant. de Joyeuse, arr. de Largentière. = Joyeuse.

CHANDON, s. m. Com. du dép. de la Loire, cant. de Charlieu, arr. de Roanne. = Roanne.

CHANÉAC, s. m. Com. du dép. de l'Ardèche, cant. de St.-Martin-de-Valamas, arr. de Tournon. = le Chaylard.

CHANÉE, s. f. Gouttière qui conduit l'eau sur la roue de l'usine. T. de papet.

CHANEINS, s. m. Com. du dép. de l'Ain, cant. de St.-Trivier-sur-Mognand, arr. de Trévoux. = Montmerle.

CHANELETTE, s. f. Gouttière qui va d'une auge à l'autre. T. de papet.

CHANES, s. m. Com. du dép. de Saône-et-Loire, cant. de la Chapelle-de-Guinchay, arr. de Mâcon. = Mâcon.

CHANET, s. m. Com. du dép. du Cantal, cant. d'Allanche, arr. de Murat. = Murat.

CHANFREIN, s. m. Partie de la tête du cheval qui était couverte d'une armure de fer, c'est-à-dire depuis les oreilles jusqu'au nez. —, creux en cône. T. d'horl. —, inclinaison au-dessus d'une corniche ; biseau. T. d'archit.

CHANFREINDRE, v. a. Ebiseler, faire un trou en cône. T. d'horl.

CHANFREINÉ, E, part. Coupé de biais.

CHANFREINER, v. a. Couper de biais, faire un chanfrein.

CHANFREINT, E, part. Ebiselé. T. d'horl.

CHANGE, s. m. Troc d'une chose pour une autre. —, banque; maison d'escompte ; prix de négociation, d'échange de papier ou de monnaies étrangères; agent de change; lettre de change, etc. —, local où les banquiers, les négocians s'assemblent pour savoir le cours. Donner, prendre le —, tromper ou se laisser tromper ; rendre le —, raillerie pour raillerie. —, ruse d'une bête fauve qui en fait lever une autre pour dépister les chiens. T. de véner.

CHANGE, s. m. Com. du dép. de Saône-et-Loire, cant. d'Epinac, arr. d'Autun. = Nolay.

CHANGE (le), s. m. Com. du dép. de la Dordogne, cant. de Savignac-les-Eglises, arr. de Périgueux. = Périgueux.

CHANGÉ, E, part. Troqué, échangé.

CHANGÉ, s. m. Com. du dép. de la Mayenne, cant. et arr. de Laval. = Laval.

CHANGÉ, s. m. Com. du dép. de la Sarthe, cant. et arr. du Mans. = le Mans.

CHANGEANT, E, adj. Mobile, variable, inconstant, qui change aisément; humeur changeante, peuple changeant, couleur changeante.

CHANGEMENT, s. m. Action de changer, mutation, passage d'un état à un autre.

CHANGER, v. a. Céder une chose pour une autre, échanger, troquer. —, convertir une chose en une autre, transmuter, métamorphoser ; changer l'eau en vin, les métaux en or. —, v. n. Quitter une personne ou une chose pour une autre ; changer de gouvernement, de linge; changer d'opinion, d'idées, de conduite, de langage. —, n'être plus le même ; le temps change. —, perdre de sa jeunesse, de sa fraîcheur ; vieillir. Se —, v. pron. Changer de linge quand on est mouillé ; se corriger, prendre un nouveau caractère.

CHANGEUR, s. m. Agent de change, qui fait le change des papiers et des monnaies étrangères.

CHANGEY, s. m. Com. du dép. de la Côte-d'Or, cant. de Recey-sur-Ource, arr. de Châtillon. = Aignay.

CHANGEY, s. m. Com. du dép. de la Haute-Marne, cant. de Neuilly, arr. de Langres. = Langres.

CHANGIS, s. m. Com. du dép. de Seine-et-Marne, cant. de la Ferté-sous-Jouarre, arr. de Meaux. = la Ferté-sous-Jouarre.

CHANGOUN, s. m. Espèce de vautour, oiseau de proie d'Afrique et d'Amérique. T. d'hist. nat.

CHANGY, s. m. Com. du dép. de la Loire, cant. de la Pacaudière, arr. de Roanne. = la Pacaudière.

CHANGY, s. m. Com. du dép. du Loiret, cant. de Lorris, arr. de Montargis. = Nogent-sur-Vernisson.

CHANGY, s. m. Com. du dép. de la Marne, cant. d'Heiltz-le-Maurupt, arr. de Vitry. = Vitry-le-Français.

CHANGY, s. m. Com. du dép. de la Nièvre, cant. de Brinon, arr. de Clamecy. = Varzy.

CHANGY, s. m. Village du dép. de Saône-et-Loire, cant. et arr. de Charolles. = Charolles.

CHANGY-COUST, s. m. Com. du dép. du Cher, cant. de Charenton, arr. de St.-Amand. = St.-Amand.

CHANIAT, s. m. Com. du dép. de la

Haute-Loire, cant. et arr. de Brioude. = Brioude.

CHANIERS, s. m. Com. du dép. de la Charente-Inférieure, cant. et arr. de Saintes. = Saintes.

CHANLATTE, s. f. Chevron, madrier refendu qu'on pose de même sens que les lattes. T. de couvr.

CHANNAY, s. m. Com. du dép. de la Côte-d'Or, cant. de Laignes, arr. de Châtillon. = Laignes.

CHANNAY, s. m. Com. du dép. d'Indre-et-Loire, cant. de Château-la-Vallière, arr. de Chinon. = Langeais.

CHANNE, s. f. Crustacé, variété de l'hépate. T. d'hist. nat.

CHANNES, s. m. Com. du dép. de l'Aube, cant. des Riceys, arr. de Bar-sur-Seine. = les Riceys.

CHANOINE, s. m. Ecclésiastique qui possède un canonicat. Vie de —, vie oisive, douce et tranquille.

CHANOINESSE, s. f. Religieuse de St.-Augustin qui possède une prébende dans un chapitre de filles.

CHANOINIE, s. f. Canonicat. T. inus.

CHANOLLES, s. f. Village du dép. des Basses-Alpes, cant. de la Javie, arr. de Digne. = Digne.

CHANON, s. m. Com. du dép. du Jura, cant. de Moirans, arr. de St.-Claude. = St.-Claude.

CHANONAT, s. m. Com. du dép. du Puy-de-Dôme, cant. de St.-Amand-Tallende, arr. de Clermont.=Clermont-Ferrand.

CHANOS-CURSON, s. m. Com. du dép. de la Drôme, cant. de Tain, arr. de Valence. = Tain.

CHANOUSSE, s. f. Com. du dép. des Hautes-Alpes, cant. de Rosans, arr. de Gap. = Serres.

CHANOY, s. m. Com. du dép. de la Haute-Marne, cant. et arr. de Langres. = Langres.

CHANOZ, s. m. Com. du dép. de l'Ain, cant. de Châtillon-les-Dombes, arr. de Trévoux. = Châtillon-les-Dombes.

CHANSON, s. f. Espèce de petit poëme lyrique fort court, qui roule ordinairement sur des sujets gais, que l'on chante à table avec ses amis pour éloigner l'ennui si l'on est riche, et pour supporter plus doucement la misère et la fatigue si l'on est pauvre; chanson bachique, grivoise, patriotique, etc. —, sornettes, discours frivoles. Fig. N'avoir qu'une —, rabâcher, dire toujours la même chose.

CHANSONNÉ, E, part. Affiché, donné en spectacle.

CHANSONNER, v. a. Faire des chansons contre quelqu'un; publier les faiblesses, les défauts, les ridicules et les vices de certains personnages.

CHANSONNETTE, s. f. Petite chanson, chanson d'amour.

CHANSONNIER, ÈRE, s. Faiseur de chansons. —, recueil de chansons.

CHANT, s. m. Modification de la voix humaine; élévation et inflexion de voix avec modulation. —, air de chanson; manière de chanter. —, ramage des oiseaux; cri du coq et de la cigale. —, division d'un poëme épique; le premier, le deuxième chant de l'Iliade, de l'Enéide, de la Henriade. — royal, ancien poëme français.

CHANTAGE ou **HUAGE**, s. m. Pêche où l'on fait du bruit pour chasser le poisson de dessous les berges et le faire aller dans les filets. T. de pêch.

CHANTAGNA, s. m. Com. du dép. du Jura, cant. d'Orgelet, arr. de Lons-le-Saulnier. = Orgelet.

CHANTANT, E, adj. Gai, facile à chanter. Langue —, dont la prosodie est musicale.

CHANTÉ, E, part. Se dit d'une chanson dont on a fait entendre les paroles et la musique.

CHANTEAU, s. m. Entame d'un grand pain rond; morceau de pain béni destiné à celui qui doit rendre ce pain. —, morceau d'étoffe, le premier de la pièce. —, dernière douve du fond d'un tonneau. T. de tonnel.

CHANTEAU, s. m. Com. du dép. du Loiret, cant. et arr. d'Orléans. = Orléans.

CHANTECOQ, s. m. Com. du dép. du Loiret, cant. de Courtenay, arr. de Montargis. = Courtenay.

CHANTECOQ, s. m. Com. du dép. de la Marne, cant. de St.-Rémy-en-Bouzemont, arr. de Vitry. = Montierender.

CHANTECORPS, s. m. Com. du dép. des Deux-Sèvres, cant. de Ménigoute, arr. de Parthenay. = St.-Maixent.

CHANTEHEUX, s. m. Com. du dép. de la Meurthe, cant. et arr. de Lunéville. = Lunéville.

CHANTEIX, s. m. Com. du dép. de la Corrèze, cant. de Seilhac, arr. de Tulle. = Tulle.

CHANTELAGE, s. m. Droit qu'on payait pour la vente du vin sur le chantier.

CHANTELLE-LE-CHÂTEAU, s. f. Petite ville du dép. de l'Allier, chef-lieu de cant. de l'arr. de Gannat. Bur. d'enregist. = St.-Pourçain.

CHANTELOUBE, s. m. Village réuni

à la com. de Razès, dép. de la Haute-Vienne, cant. de Bessines, arr. de Bellac. Bur. de poste.

CHANTELOUP, s. m. Com. du dép. de l'Eure, cant. de Damville, arr. d'Evreux. = Damville.

CHANTELOUP, s. m. Com. du dép. d'Ille-et-Vilaine, cant. du Sel, arr. de Redon. = Bain.

CHANTELOUP, s. m. Com. du dép. de la Manche, cant. de Bréhal, arr. de Coutances. = Coutances.

CHANTELOUP, s. m. Com. du dép. de Maine-et-Loire, cant. de Chollet, arr. de Beaupréau. = Chollet.

CHANTELOUP, s. m. Com. du dép. de Seine-et-Marne, cant. de Lagny, arr. de Meaux. = Lagny.

CHANTELOUP, s. m. Com. du dép. de Seine-et-Oise, cant. de Poissy, arr. de Versailles. = Arpajon.

CHANTELOUP, s. m. Com. du dép. des Deux-Sèvres, cant. de Montcoutant, arr. de Parthenay. = Bressuire.

CHANTELOUVE, s. f. Com. du dép. de l'Isère, cant. d'Entraigues, arr. de Grenoble. = la Mure.

CHANTEMERLE, s. m. Village du dép. des Hautes-Alpes, cant. de Monestier, arr. de Briançon. = Briançon.

CHANTEMERLE, s. m. Com. du dép. de la Charente-Inférieure, cant. de Tonnay-Boutonne, arr. de St.-Jean-d'Angely. = St.-Jean-d'Angely.

CHANTEMERLE, s. m. Com. du dép. de la Drôme, cant. de Grignan, arr. de Montélimar. = Taulignan.

CHANTEMERLE, s. m. Com. du dép. de la Drôme, cant. de Tain, arr. de Valence. = Tain.

CHANTEMERLE, s. m. Com. du dép. de la Marne, cant. d'Esternay, arr. d'Epernay. = Sézanne.

CHANTENAY, s. m. Com. du dép. de la Loire-Inférieure, cant. et arr. de Nantes. = Nantes.

CHANTENAY, s. m. Com. du dép. de la Nièvre, cant. de St.-Pierre-le-Moutier, arr. de Nevers. = St.-Pierre-le-Moutier.

CHANTENAY, s. m. Com. du dép. de la Sarthe, cant. de Brûlon, arr. de la Flèche. = Sablé.

CHANTEPIE, s. f. Com. du dép. d'Ille-et-Vilaine, cant. et arr. de Rennes. = Rennes.

CHANTEPLEURE, s. f. Entonnoir dont on se sert pour remplir un tonneau. —, tuyau percé de petits trous adapté à l'entonnoir. —, fente dans un mur pour l'écoulement des eaux.

CHANTER, v. a. Moduler des sons avec la voix, varier ses intonations et ses inflexions selon que la note et le goût l'exigent. —, publier, louer, célébrer; chanter Napoléon, exalter son génie, ses prodigieux combats. —, rabâcher, gronder; que nous chantent-ils? —, v. n. Déclamer d'une manière peu naturelle. Pain à —, feuille ronde de pain sans levain pour célébrer la messe et pour cacheter les lettres.

CHANTÉRAC, s. m. Com. du dép. de la Dordogne, cant. de Neuvic, arr. de Ribérac. = Neuvic.

CHANTERELLE, s. f. Corde la plus fine du violon, celle dont le son est le plus aigu. —, perdrix gardée dans une cage pour servir d'appelant. —, bouteille de verre, à fond ouvert et très mince, dont on tire des sons agréables en soufflant dessus; partie de l'arçon du chapelier; petite bobine du tireur d'or. —, champignon jaunâtre, l'un des meilleurs de ceux qui se mangent. T. d'hist. nat.

CHANTES, s. m. Com. du dép. de la Haute-Saône, cant. de Scey-sur-Saône, arr. de Vesoul. = Pont-sur-Saône.

CHANTESSE, s. f. Com. du dép. de l'Isère, cant. de Vinay, arr. de St.-Marcellin. = St.-Marcellin.

CHANTEUGES, s. m. Com. du dép. de la Haute-Loire, cant. de Langeac, arr. de Brioude. = Langeac.

CHANTEUR, s. m. Acteur d'opéra, d'opéra-comique, de vaudeville; qui fait métier de chanter.

CHANTEURS, s. m. pl. Oiseaux anysodactiles. T. d'hist. nat.

CHANTEUSSÉ, s. m. Com. du dép. de Maine-et-Loire, cant. de Châteauneuf, arr. de Segré. = Châteauneuf-sur-Sarthe.

CHANTIER, s. m. Magasin de bois en pile; emplacement où l'on décharge le bois et la pierre pour les travailler. —, pièces de bois sur lesquelles on range les tonneaux dans les caves. Mettre un ouvrage sur le —, le commencer, y travailler.

CHANTIGNOLE, s. f. Pièce de bois qui soutient les pannes d'une charpente; brique pour les âtres.

CHANTILLAC, s. m. Com. du dép. de la Charente, cant. de Baignes, arr. de Barbezieux. = la Graulle.

CHANTILLY, s. m. Com. du dép. de l'Oise, cant. de Creil, arr. de Senlis. Bur. d'enregist. et de poste. Fab. de porcelaine, de blondes, de dentelles, de toiles peintes, de bonneterie, etc.; filature de coton; moulin à laminer le cuivre.

CHANTOME, s. m. Com. du dép. de

l'Indre, cant. d'Eguzon, arr. de la Châtre. = Argenton.

CHANTONNAY, s. m. Com. du dép. de la Haute-Saône, cant. et arr. de Gray. = Gray.

CHANTONNAY, s. m. Com. du dép. de la Vendée, chef-lieu de cant. de l'arr. de Bourbon-Vendée. Bur. d'enregist. et de poste.

CHANTONNÉ, E, part. Chanté bas, à demi-voix. T. fam. —, adj. Défectueux, en parlant du papier.

CHANTONNER, v. a. Fredonner, chanter à demi-voix. T. fam.

CHANTOURNÉ, E, part. Coupé en suivant un profil. —, s. m. Pièce de lit revêtue d'étoffe entre le chevet et le dossier.

CHANTOURNEMENT, s. m. Sinuosité du cintre. T. de menuis.

CHANTOURNER, v. a. Couper, évider en suivant un dessin, un profil. T. d'arts et mét.

CHANTRAINES, s. f. Com. du dép. de la Haute-Marne, cant. d'Andelot, arr. de Chaumont. = Andelot.

CHANTRANS, s. m. Com. du dép. du Doubs, cant. d'Ornans, arr. de Besançon. = Ornans.

CHANTRE, s. m. Gagiste d'une église qui chante au lutrin. —, maître de chapelle, musicien qui dirige le chœur dans une cathédrale. —, poëte; le chantre d'Enée, Virgile; le chantre de Henri, Voltaire. Les — des forêts, les oiseaux. Fig. — pouillot, oiseau des bois. T. d'hist. nat.

CHANTRERIE, s. f. Emploi, fonction, bénéfice du chantre dans une cathédrale.

CHANTREZAC, s. m. Com. du dép. de la Charente, cant. de St.-Claud, arr. de Confolens. = St.-Claud.

CHANTRIGNÉ, s. m. Com. du dép. de la Mayenne, cant. d'Ambrières, arr. de Mayenne. = Mayenne.

CHANU, s. m. Com. du dép. de l'Eure, cant. de Pacy, arr. d'Evreux. = Pacy-sur-Eure.

CHANU, s. m. Com. du dép. de l'Orne, cant. de Tinchebrai, arr. de Domfront. = Tinchebrai.
Fab. de clous.

CHANVILLE, s. f. Com. du dép. de la Moselle, cant. de Pange, arr. de Metz. = Metz.

CHANVRE, s. m. Plante annuelle, mâle, femelle, qui produit le chenevis; filasse qu'on tire de son écorce.

CHANVRIER, s. m. Manouvrier qui habille le chanvre, qui le passe à travers le seran pour l'affiner.

CHANZEAUX, s. m. Com. du dép. de Maine-et-Loire, cant. de Thouarcé, arr. de Saumur. = Brissac.

CHAOMANCIE, s. f. Divination au moyen de l'air. T. d'antiq.

CHAOMPS, s. m. Village du dép. de l'Aisne, cant. de Coucy-le-Château, arr. de Laon. = Coucy-le-Château.

CHAON, s. m. Com. du dép. de Loir-et-Cher, cant. de la Motte-Beuvron, arr. de Romorantin. = la Ferté-St.-Aubin.

CHAOS, s. m. Masse inerte, informe et grossière, confusion des élémens avant la création. —, désordre, confusion de principes, d'idées, etc. Fig.

CHAOULLEY, s. m. Com. du dép. de la Meurthe, cant. de Vézelise, arr. de Nancy. = Vézelise.

CHAOURCE, s. f. Petite ville du dép. de l'Aube, chef-lieu de cant. de l'arr. de Bar-sur-Seine. Bur. d'enregist. et de poste. Filature de laine; comm. de grains, bois, chanvre et bestiaux.

CHAOURSE, s. f. Com. du dép. de l'Aisne, cant. de Rozoy-sur-Serre, arr. de Laon. = Montcornet.

CHAPAIZE, s. f. Com. du dép. de Saône-et-Loire, cant. de St.-Gengoux-le-Royal, arr. de Mâcon. = Buxy.

CHAPAREILLAN, s. m. Com. du dép. de l'Isère, cant. du Touvet, arr. de Grenoble. Bur. de poste.

CHAP-DES-BEAUFORT, s. m. Com. du dép. du Puy-de-Dôme, cant. de Pontgibaud, arr. de Riom. = Clermont-Ferrand.

CHAPDEUIL (le), s. m. Com. du dép. de la Dordogne, cant. de Montagrier, arr. de Ribérac. = Bordeilles.

CHAPE, s. f. Ornement d'église, sorte de manteau qu'on met par-dessus la soutane et l'aube, et qui descend jusqu'aux talons. —, habit de cérémonie des cardinaux; habit de chœur des chanoines durant l'hiver. —, partie de la boucle qui sert à attacher. —, couvercle d'alambic, ou de plats qu'on veut tenir chauds; bout de mitaine de femme; filet; lisière de filets; trou qui reçoit le bout de l'essieu d'une poulie. —, terre, fiente et bourre pour les moules des fondeurs; dessus du fourneau des monnaies; enduit de mortier sur une voûte; ce qui revêt, entoure, garantit. T. de mét. Chercher, trouver — Ichute, quelque chose de désagréable. Disputer, se battre de la — à l'évêque, sur une chose sans intérêt.

CHAPÉ, adj. m. Qui s'ouvre en chape. T. de blas.

CHAPEAU, s. m. Coiffure des hommes et des femmes, d'étoffes et de formes différentes, suivant les goûts du jour, la mode. —, dignité de cardinal. —, homme, par opposition à femme. —, bobine de tireurs d'or; ce qui couvre, termine. T. d'arts et mét. —, marc qui reste au fond d'un alambic. T. de chim. —, pièce de bois dur sur la tête des bittes. T. de mar. —, espèce de truble. T. de pêch. —, trait demi-circulaire, liaison. T. de mus. —, partie supérieure des champignons: T. de bot.

CHAPEAU, s. m. Com. du dép. de l'Allier, cant. de Neuilly-le-Réal, arr. de Moulins. = Moulins.

CHAPEAU-CHINOIS, s. m. Instrument de musique, en forme de chapeau, monté sur un manche, auquel chapeau pendent des grelots et des petites sonnettes.

CHAPEAU-D'ÉVÊQUE, s. m. Plante crucifère qui croit à l'ombre dans les montagnes. T. de bot.

CHAPEAU-ROUX, s. m. Espèce de moineau.

CHAPELAIN, s. m. Bénéficier titulaire d'une chapelle; prêtre qui dit la messe dans une communauté, dans le palais d'un prince. —, aumônier.

CHAPELAINE, s. f. Com. du dép. de la Marne, cant. de Sompuis, arr. de Vitry. = Vitry-le-Français.

CHAPELAUDE (la), s. f. Com. du dép. de l'Allier, cant. d'Huriel, arr. de Montluçon. = Montluçon.

CHAPELÉ, E, part. Enlevé avec une râpe, se dit de la croûte du pain.

CHAPELER, v. a. Enlever la croûte du pain au moyen d'une râpe.

CHAPELET, s. m. Suite de grains enfilés sur chacun desquels on dit des *pater* et des *ave Maria*; ce qui en a la forme. Défiler son —, raconter tout ce qu'on sait. —, sorte de papier; couple d'étrivières garnies d'un étrier chacune; machine hydraulique composée d'une chaîne et de godets. —, pustules autour du front; baguettes ornées de petits grains ronds. T. d'arch.

CHAPELETTE (la), s. f. Com. du dép. de l'Allier, cant. d'Huriel, arr. de Montluçon. = Montluçon.

CHAPELIER, ÈRE, s. Fabricant et marchand de chapeaux.

CHAPELINE, s. f. Ancienne armure de tête.

CHAPELLE, s. f. Petit édifice consacré au culte; petite église dans une communauté ou dans un palais, où l'on dit la messe. —, corps des musiciens d'une chapelle; bénéfice simple; argenterie, ornemens d'une chapelle. —, voûte d'un four; sorte d'alambic. Copies de —, exemplaires d'un ouvrage qu'on prélève dans une imprimerie, et dont le produit est partagé par les ouvriers. T. d'impr. — ardente, appareil funèbre autour d'un cercueil. Jouer à la —, s'occuper sérieusement de choses frivoles; imiter les cérémonies d'église pour s'amuser, comme font les enfans dans l'octave de la Fête-Dieu. —, coffre qui renferme les vases sacrés et les ornemens pour le service divin. Faire —, prendre vent devant. T. de mar.

CHAPELLE (la), s. f. Com. du dép. de l'Ain, cant. de Châtillon-les-Dombes, arr. de Trévoux. = Châtillon-les-Dombes.

CHAPELLE (la), s. f. Com. du dép. de l'Allier, cant. de Cusset, arr. de la Palisse. = Cusset.

CHAPELLE (la), s. f. Com. du dép. de l'Ardèche, cant. d'Aubenas, arr. de Rivas. = Aubenas.

CHAPELLE (la), s. f. Village du dép. de l'Ardèche, cant. de St.-Agrève, arr. de Tournon. = le Chaylard.

CHAPELLE (la), s. f. Com. du dép. de l'Ardèche, cant. de St.-Martin-de-Valamas, arr. de Tournon. = le Chaylard.

CHAPELLE (la), s. f. Com. du dép. des Ardennes, cant. et arr. de Sedan. = Sedan.

CHAPELLE (la), s. f. Com. du dép. de la Charente, cant. et arr. de Barbezieux. = Barbezieux.

CHAPELLE (la), s. f. Com. du dép. de la Charente, cant. de St.-Amant-de-Boixe, arr. d'Angoulême. = Aigre.

CHAPELLE (la), s. f. Com. du dép. de l'Isère, cant. de Roussillon, arr. de Vienne. = le Péage.

CHAPELLE (la), s. f. Com. du dép. du Jura, cant. de Salins, arr. de Poligny. = Arbois.

CHAPELLE (la), s. f. Com. du dép. de la Loire, cant. de Pélussin, arr. de St.-Etienne. = Condrieu.

CHAPELLE (la), s. f. Com. du dép. de Loir-et-Cher, cant. de Doué, arr. de Vendôme. = Vendôme.

CHAPELLE (la), s. f. Com. du dép. de Lot-et-Garonne, cant. de Seyches, arr. de Marmande. = Marmande.

CHAPELLE (la), s. f. Com. du dép. de la Haute-Marne, cant. de Juzennecourt, arr. de Chaumont. = Chaumont-en-Bassigny.

CHAPELLE (la), s. f. Com. du dép. de la Meurthe, cant. de Baccarat, arr. Lunéville. = Baccarat.

CHAPELLE (la), s. f. Com. du dép.

du Morbihan, cant. de Malestroit, arr. de Ploërmel. = Ploërmel.

CHAPELLE (la), s. f. Com. du dép. de la Nièvre, cant. de Varzy, arr. de Clamecy. = Varzy.

CHAPELLE (la), s. f. Com. du dép. du Rhône, cant. de St.-Symphorien-sur-Coise, arr. de Lyon. = Lyon.

CHAPELLE (la), s. f. Com. du dép. de la Seine, cant. et arr. de St.-Denis. = Banlieue de Paris.

CHAPELLE (la), s. f. Com. du dép. de Seine-et-Oise, cant. de Magny, arr. de Mantes. = Mantes.

CHAPELLE (la), s. f. Com. du dép. de la Seine-Inférieure, cant. d'Argueil, arr. de Neufchâtel. = Rouen.

CHAPELLE (la), s. f. Com. du dép. de Tarn-et-Garonne, cant. de Lavit, arr. de Castel-Sarrasin. = St.-Nicolas-de-la-Grave.

CHAPELLE (la), s. f. Com. du dép. des Vosges, cant. de Corcieux, arr. de St.-Dié. = Bruyères.
Mine de sable doré.

CHAPELLE-ACHARD (la), s. f. Com. du dép. de la Vendée, cant. de la Mothe-Achard, arr. des Sables-d'Olonne. — la Mothe-Achard.

CHAPELLE-AGNON (la), s. f. Com. du dép. du Puy-de-Dôme, cant. de Cunlhat, arr. d'Ambert. = Ambert.

CHAPELLE - ALAGNON (la), s. f. Com. du dép. de la Haute-Loire, cant. de Blesle, arr. de Brioude. = Massiac.

CHAPELLE-ANTHENAISE (la), s. f. Com. du dép. de la Mayenne, cant. d'Argentré, arr. de Laval. = Laval.

CHAPELLE - AUBAREIL (la), s. f. Com. du dép. de la Dordogne, cant. de Montignac, arr. de Sarlat. = Montignac.

CHAPELLE-AU-MANS (la), s. f. Com. du dép. de Saône-et-Loire, cant. de Gueugnon, arr. de Charolles. = Bourbon-Lancy.

CHAPELLE-AU-MOINE, s. f. Com. du dép. de l'Orne, cant. de Flers, arr. de Domfront. = Domfront.

CHAPELLE-AU-RIBOUL (la), s. f. Com. du dép. de la Mayenne, cant. du Horps, arr. de Mayenne. = Mayenne.

CHAPELLE-AUX-BOIS (la), s.f. Com. du dép. des Vosges, cant. de Xertigny, arr. d'Epinal. = Bains.

CHAPELLE-AUX-CHASSES (la), s. f. Com. du dép. de l'Allier, cant. de Chevagne, arr. de Moulins. = Moulins.

CHAPELLE-AUX-CHOUX (la), s. f. Com. du dép. de la Sarthe, cant. du Lude, arr. de la Flèche. = le Lude.

CHAPELLE-AUX-FILTZ-MÉENS, s. f. Com. du dép. d'Ille-et-Vilaine, cant. de Tinténiac, arr. de St.-Malo. = Combourg.

CHAPELLE-AUX-LYS (la), s.f. Com. du dép. de la Vendée, cant. de la Châtaigneraye, arr. de Fontenay-le-Comte. = la Châtaigneraye.

CHAPELLE-AUX-NAUX (la), s. f. Com. du dép. d'Indre-et-Loire, cant. d'Azay-le-Rideau arr. de Chinon. = Azay-le-Rideau.

CHAPELLE-AUX-POTS (la), s.f. Com. du dép. de l'Oise, cant. de Coudray-St.-Germer, arr. de Beauvais. = Beauvais.
Fabr. de poterie de terre.

CHAPELLE-AUZAC (la), s. f. Com. du dép. du Lot, cant. de Souillac, arr. de Gourdon. = Souillac.

CHAPELLE-BALOUE (la), s. f. Com. du dép. de la Creuse, cant. de Dun, arr. de Guéret. = Argenton-sur-Creuse.

CHAPELLE-BARREZ (la), s. f. Com. du dép. du Cantal, cant. de Pierrefort, arr. de St.-Flour. = St.-Flour.

CHAPELLE-BASSE-MER, s. f. Com. du dép. de la Loire-Inférieure, cant. du Loroux, arr. de Nantes. = Nantes.

CHAPELLE-BÂTON (la), s. f. Com. du dép. de la Charente-Inférieure, cant. et arr. de St.-Jean-d'Angely. = St.-Jean-d'Angely.

CHAPELLE-BÂTON (la), s. f. Com. du dép. des Deux-Sèvres, cant. de Champdeniers, arr. de Niort. = Niort.

CHAPELLE-BÂTON (la), s. f. Com. du dép. de la Vienne, cant. de Charroux, arr. de Civray. = Civray.

CHAPELLE-BAYVEL (la), s. f. Com. du dép. de l'Eure, cant. de Cormeilles, arr. de Pont-Audemer. = Pont-Audemer.

CHAPELLE - BECQUET (la), s. f. Com. du dép. de l'Eure, cant. de Cormeilles, arr. de Pont-Audemer. = Pont-Audemer.

CHAPELLE-BERTIN (la), s.f. Com. du dép. de la Haute-Loire, cant. de Paulhaguet, arr. de Brioude. = Brioude.

CHAPELLE - BERTRAND (la), s. f. Com. du dép. des Deux-Sèvres, cant. et arr. de Parthenay. = Parthenay.

CHAPELLE-BICHE (la), s. f. Com. du dép. de l'Orne, cant. de Flers, arr. de Domfront. = Tinchebray.

CHAPELLE-BLANCHE (la), s.f. Com. du dép. des Côtes-du-Nord, cant. de St. Jean-de-l'Isle, arr. de Dinan. = Broons.

CHAPELLE-BLANCHE, s. f. Village du dép. d'Indre-et-Loire, cant. de Bourgueil, arr. de Chinon. = Bourgueil.

CHAPELLE - BLANCHE (la), s. f. Com. du dép. d'Indre-et-Loire, cant. de Liguiel, arr. de Loches. = Loches.

CHAPELLE-BOUEXIC (la), s. f. Com. du dép. d'Ille-et-Vilaine, cant. de Maure, arr. de Redon. — Plélan.

CHAPELLE-CÉCELIN (la), s. f. Com. du dép. de la Manche, cant. de St.-Pois, arr. de Mortain. = Villedieu.

CHAPELLE-CHAUSSÉE (la), s. f. Com. du dép. d'Ille-et-Vilaine, cant. de Bécherel, arr. de Montfort. = Bécherel.

CHAPELLE-CRAONNAISE (la), s. f. Com. du dép. de la Mayenne, cant. de Cossé-le-Vivien, arr. de Château-Gontier. = Craon.

CHAPELLE-D'ALAGNON (la), s. f. Com. du dép. du Cantal, cant. et arr. de Murat. = Murat.

CHAPELLE-D'ALIGNE (la), s. f. Com. du dép. de la Sarthe, cant. et arr. de la Flèche. = Durtal.

CHAPELLE-D'ANGILON (la), s. f. Petite ville du dép. du Cher, chef-lieu de cant. de l'arr. de Sancerre. Bur. d'enregist. = Henrichemont.

CHAPELLE-D'AUNAINVILLE (la), s. f. Com. du dép. d'Eure-et-Loir, cant. d'Auneau, arr. de Chartres. = Gallardon.

CHAPELLE-D'AUREC (la), s. f. Com. du dép. de la Haute-Loire, cant. de Monistrol-sur-Loire, arr. d'Yssingeaux. = Monistrol.

CHAPELLE-DE-BRAGNY (la), s. f. Com. du dép. de Saône-et-Loire, cant. de Sennecey-le-Grand, arr. de Châlons. = Sennecey-le-Grand.

CHAPELLE-DE-CASTELNAUD (la), s. f. Com. du dép. de la Dordogne, cant. de Damme, arr. de Sarlat. = Sarlat.

CHAPELLE-DE-GUINCHAY (la), s. f. Com. du dép. de Saône-et-Loire, chef-lieu de cant. de l'arr. de Mâcon. Bur. d'enregist. à Mâcon. = la Maison-Blanche.

CHAPELLE-DE-LA-TOUR (la), s. f. Com. du dép. de l'Isère, cant. et arr. de la Tour-du-Pin. = la Tour-du-Pin.

CHAPELLE-DE-MARDORE (la), s. f. Com. du dép. du Rhône, cant. de Thizy, arr. de Villefranche. = St.-Symphorien-de-Lay.

CHAPELLE-DE-PALLUAU (la), s. f. Com. du dép. de la Vendée, cant. de Palluau, arr. des Sables-d'Olonne. = Palluau.

CHAPELLE-DES-BOIS (la), s. f. Com. du dép. du Doubs, cant. de Mouthe, arr. de Pontarlier. = Pontarlier.

CHAPELLE-DES-FOUGERAIS (la), s. f. Com. du dép. d'Ille-et-Vilaine, cant. et arr. de Rennes. = Rennes.

CHAPELLE-DES-MARAIS (la), s. f. Com. du dép. de la Loire-Inférieure, cant. d'Herbignac, arr. de Savenay. = Nantes.

CHAPELLE-DES-POTS (la), s. f. Com. du dép. de la Charente-Inférieure, cant. et arr. de Saintes. = Saintes.

CHAPELLE-DES-VILLARS (la), s. f. Com. du dép. de Saône-et-Loire, cant. de Buxy, arr. de Châlons. = Buxy.

CHAPELLE-D'HUIN (la), s. f. Com. du dép. du Doubs, cant. de Levier, arr. de Pontarlier. = Pontarlier.

CHAPELLE-DU-BARD (la), s. f. Com. du dép. de l'Isère, cant. d'Allevare, arr. de Grenoble. = Goncelin.

CHAPELLE-DU-BOIS (la), s. f. Com. du dép. de la Sarthe, cant. de la Ferté, arr. de Mamers. = la Ferté-Bernard.

CHAPELLE-DU-BOIS-DES-FAULX (la), s. f. Com. du dép. de l'Eure, cant. et arr. de Louviers. = Louviers.

CHAPELLE-DU-BOURGET (la), s. f. Com. du dép. de la Seine-Inférieure, cant. de Longueville, arr. de Dieppe. = Rouen.

CHAPELLE-DU-FEST (la), s. f. Com. du dép. de la Manche, cant. de Torigny, arr. de St.-Lô. = Torigny.

CHAPELLE-DU-GENAY (la), s. f. Com. du dép. de Maine-et-Loire, cant. et arr. de Beaupréau. = Beaupréau.

CHAPELLE-DU-LOU (la), s. f. Com. du dép. d'Ille-et-Vilaine, cant. de Montauban, arr. de Montfort. = Montauban.

CHAPELLE-DU-MONT-DE-FRANCE (la), s. f. Com. du dép. de Saône-et-Loire, cant. de Matour, arr. de Mâcon. = Mâcon.

CHAPELLE-DU-NOYER (la), s. f. Com. du dép. d'Eure-et-Loir, cant. et arr. de Châteaudun. = Châteaudun.

CHAPELLE-ENCHERY (la), s. f. Com. du dép. de Loir-et-Cher, cant. de Selommes, arr. de Vendôme. = Vendôme.

CHAPELLE-ENGERBOLLE (la), s. f. Com. du dép. du Calvados, cant. de Condé-sur-Noireau, arr. de Vire. = Condé-sur-Noireau.

CHAPELLE-EN-JUGER (la), s. f. Com. du dép. de la Manche, cant. de Marigny, arr. de St.-Lô. = St.-Lô. Fab. de poterie de terre vernissée; tuilerie et briqueterie.

CHAPELLE-EN-LAFAYE (la), s. f. Com. du dép. de la Loire, cant. de St.-Jean-Soleymieux, arr. de Montbrison. = Montbrison.

CHAPELLE-EN-SERVAL (la), s. f. Com. du dép. de l'Oise, cant. et arr. de Senlis. Bur. de poste.

CHAPELLE-EN-VERCORS (la), s. f. Com. du dép. de la Drôme, chef-lieu de cant. de l'arr. de Die. Bur. d'enregist. à Die. = Die.
Fab. de draps; comm. de bois, charbon et bestiaux.

CHAPELLE-ERBRÉE (la), s. f. Com. du dép. d'Ille-et-Vilaine, cant. et arr. de Vitré. = Vitré.

CHAPELLE-FAUCHER (la), s. f. Com. du dép. de la Dordogne, cant. de Champagnac-de-Belair, arr. de Nontron. = Thiviers.

CHAPELLE-FELCOURT (la), s. f. Com. du dép. de la Marne, cant. et arr. de Ste.-Ménéhould. = Ste.-Ménéhould.

CHAPELLE-FORAINVILLERS (la), s. f. Com. du dép. d'Eure-et-Loir, cant. et arr. de Dreux. = Dreux.

CHAPELLE-FORTAIN (la), s. f. Com. du dép. d'Eure-et-Loir, cant. de la Ferté-Vidame, arr. de Dreux. = Verneuil.

CHAPELLE-FOUQUET (la), s. f. Com. du dép. du Calvados, cant. de Coulibœuf, arr. de Falaise. = Falaise.

CHAPELLE-GAUDIN (la), s. f. Com. du dép. des Deux-Sèvres, cant. de St.-Varent, arr. de Bressuire. = Argenton-Château.

CHAPELLE-GAUGUIN (la), s. f. Com. du dép. de la Sarthe, cant. de la Chartre, arr. de St.-Calais. = la Chartre.

CHAPELLE-GAUTHIER (la), s. f. Com. du dép. de l'Eure, cant. de Broglie, arr. de Bernay. = Montreuil.

CHAPELLE-GAUTHIER (la), s. f. Com. du dép. de Seine-et-Marne, cant. de Mormant, arr. de Melun. = Mormant.

CHAPELLE-GENESTE (la), s. f. Com. du dép. de la Haute-Loire, cant. de la Chaise-Dieu, arr. de Brioude. = Brioude.

CHAPELLE-GENEVRAY (la), s. f. Com. du dép. de l'Eure, cant. de Vernon, arr. d'Evreux. = Vernon.

CHAPELLE-GLAIN (la), s. f. Com. du dép. de la Loire-Inférieure, cant. de St.-Julien-de-Vouvantes, arr. de Châteaubriant. = Châteaubriant.

CHAPELLE-GODEFROY (la), s. f. Com. du dép. de l'Aube, cant. et arr. de Nogent-sur-Seine. = Nogent-sur-Seine.

CHAPELLE-GONAGUET (la), s. f. Com. du dép. de la Dordogne, cant. de St.-Astier, arr. de Périgueux. = Neuvic.

CHAPELLE-GRAILLOUSE (la), s. f. Com. du dép. de l'Ardèche, cant. de Coucouron, arr. de Largentière. = Langogne.

CHAPELLE-GRÉSIGNAC (la), s. f. Com. du dép. de la Dordogne, cant. de Verteillac, arr. de Ribérac. = Ribérac.

CHAPELLE-GUILLAUME (la), s. f. Com. du dép. d'Eure-et-Loir, cant. d'Authon, arr. de Nogent-le-Rotrou. = Brou.

CHAPELLE-HAINFRAY (la), s. f. Com. du dép. du Calvados, cant. de Cambremer, arr. de Pont-l'Evêque. = Pont-l'Evêque.

CHAPELLE-HARENG (la), s. f. Com. du dép. de l'Eure, cant. de Thiberville, arr. de Bernay. = Bernay.

CHAPELLE-HAUTE-GRUE (la), s. f. Com. du dép. du Calvados, cant. de Livarot, arr. de Lisieux. = Vimoutiers.

CHAPELLE-HERMIER (la), s. f. Com. du dép. de la Vendée, cant. de la Mothe-Achard, arr. des Sables-d'Olonne. = la Mothe-Achard.

CHAPELLE-HEULIN (la), s. f. Com. du dép. de la Loire-Inférieure, cant. de Vallet, arr. de Nantes. = Clisson.

CHAPELLE-HEUZEBROC (la), s. f. Com. du dép. de la Manche, cant. de Torigny, arr. de St.-Lô. = Torigny.

CHAPELLE-HORTEMALE (la), s. f. Com. du dép. de l'Indre, cant. de Buzançais, arr. de Châteauroux. = Châteauroux.

CHAPELLE-HUGON (la), s. f. Com. du dép. du Cher, cant. de la Guerche, arr. de St.-Amand. = Sancoins.

CHAPELLE-HULLIN (la), s. f. Com. du dép. de Maine-et-Loire, cant. de Pouancé, arr. de Segré. = Segré.

CHAPELLE-HUON (la), s. f. Com. du dép. de la Sarthe, cant. et arr. de St.-Calais. = St.-Calais.

CHAPELLE-IGER (la), s. f. Com. du dép. de Seine-et-Marne, cant. de Rozoy, arr. de Coulommiers. = Rozoy-en-Brie.

CHAPELLE-JANSON (la), s. f. Com. du dép. d'Ille-et-Vilaine, cant. et arr. de Fougères. = Fougères.

CHAPELLE-LA-REINE (la), s. f. Ville du dép. de Seine-et-Marne, chef-lieu de cant. de l'arr. de Fontainebleau. Bur. d'enregist. = Fontainebleau.

CHAPELLE-LARGEAU (la), s. f. Com. du dép. des Deux-Sèvres, cant. de Châtillon-sur-Sèvres, arr. de Bressuire. = Châtillon-sur-Sèvres.
Fab. de droguet et de flanelle.

CHAPELLE-LASSON (la), s. f. Com. du dép. de la Marne, cant. d'Anglure, arr. d'Epernay. = Sézanne.

CHAPELLE-LAUNAI (la), s. f. Com. du dép. de la Loire-Inférieure, cant. et arr. de Savenai. = Savenai.

CHAPELLE-LAURENT (la), s. f.

Com. du dép. du Cantal, cant. de Massiac, arr. de St.-Flour. = Massiac.

CHAPELLE-LES-LUXEUIL (la), s. f. Com. du dép. de la Haute-Saône, cant. de Luxeuil, arr. de Lure. = Luxeuil.

CHAPELLE-MARCOUSSE, s. f. Com. du dép. du Puy-de-Dôme, cant. d'Ardes, arr. d'Issoire. = Ardes.

CHAPELLE-MOCHE (la), s. f. Com. du dép. de la Mayenne, cant. de Lassay, arr. de Mayenne. = Pré-en-Pail.
Fab. de rubans et de filets.

CHAPELLE-MOCHE (la), s. f. Com. du dép. de l'Orne, cant. de Juvigny, arr. de Domfront. = Pré-en-Pail.

CHAPELLE-MOLIÈRE (la), s. f. Com. du dép. de la Vienne, cant. de St.-Julien, arr. de Poitiers. = Chauvigny.

CHAPELLE-MONGENOU, s. f. Com. du dép. de l'Orne, cant. de Gacé, arr. d'Argentan. = Gacé.

CHAPELLE-MONMOREAU (la), s. f. Com. du dép. de la Dordogne, cant. de Champagnac-de-Belair, arr. de Nontron. = Nontron.

CHAPELLE-MONTABOURLET (la), s. f. Com. du dép. de la Dordogne, cant. de Verteillac, arr. de Ribérac. = Mareuil.

CHAPELLE-MONTBRANDEIX (la), s. f. Com. du dép. de la Haute-Vienne, cant. de St.-Mathieu, arr. de Rochechouart. = Chalus.

CHAPELLE-MONTHODON (la), s. f. Com. du dép. de l'Aisne, cant. de Condé, arr. de Château-Thierry. = Château-Thierry.

CHAPELLE-MONTLIGEON (la), s. f. Com. du dép. de l'Orne, cant. et arr. de Mortagne. = Mortagne.

CHAPELLE-MONTLINARD (la), s. f. Com. du dép. du Cher, cant. de Sancergues, arr. de Sancerre. = la Charité.

CHAPELLE-MONTMARTIN (la), s. f. Com. du dép. de Loir-et-Cher, cant. de Mennetous, arr. de Romorantin. = Romorantin.

CHAPELLE-MORET (la), s. f. Com. du dép. de l'Aveyron, cant. de Marcillac, arr. de Rodez. = Rodez.

CHAPELLE-MORTHEMER (la), s. f. Com. du dép. de la Vienne, cant. de Lussac, arr. de Montmorillon. = Chauvigny.

CHAPELLE-NAUDE (la), s. f. Com. du dép. de Saône-et-Loire, cant. et arr. de Louhans. = Louhans.

CHAPELLENIE, s. f. Bénéfice d'un chapelain ; chapelle.

CHAPELLE-ONZERAIN (la), s. f. Com. du dép. du Loiret, cant. de Patay, arr. d'Orléans. = Orléans.

CHAPELLE-POMMIER (la), s. f. Com. du dép. de la Dordogne, cant. de Mareuil, arr. de Nontron. = Mareuil.

CHAPELLE-POUILLOUX, s. f. Com. du dép. des Deux-Sèvres, cant. de Sauzé-Vaussais, arr. de Melle. = Sauzé-Vaussais.

CHAPELLE-PRÈS-SÉES (la), s. f. Com. du dép. de l'Orne, cant. de Sées, arr. d'Alençon. = Sées.

CHAPELLE-RABLAIS (la), s. f. Com. du dép. de Seine-et-Marne, cant. de Nangis, arr. de Provins. = Nangis.

CHAPELLE-RAINSOUIN (la), s. f. Com. du dép. de la Mayenne, cant. de Montsurs, arr. de Laval. = Laval.

CHAPELLERIE, s. f. Fabrique de chapeaux ; boutique de chapelier. —, corps de métier ; chapellerie de Lyon.

CHAPELLE-ROUSSELIN (la), s. f. Com. du dép. de Maine-et-Loire, cant. de Chemillé, arr. de Beaupréau. = Chemillé.

CHAPELLE-ROYALE, s. f. Com. du dép. d'Eure-et-Loir, cant. d'Authon, arr. de Nogent-le-Rotrou. = Brou.

CHAPELLES (les), s. f. pl. Com. du dép. de la Mayenne, cant. de Couptrain, arr. de Mayenne. = le Ribay.

CHAPELLE-ST.-AUBERT (la), s. f. Com. du dép. d'Ille-et-Vilaine, cant. de St.-Aubin-du-Cormier, arr. de Fougères. = St.-Aubin-du-Cormier.

CHAPELLE-STE.-ANNE (la), s. f. Village du dép. d'Ille-et-Vilaine, cant. de Fougeray, arr. de Redon. = Derval.

CHAPELLE-ST.-ÉTIENNE (la), s. f. Com. du dép. des Deux-Sèvres, cant. de Montcoutant, arr. de Parthenay. = Bressuire.

CHAPELLE-ST.-FLORENT (la), s. f. Com. du dép. de Maine-et-Loire, cant. de St.-Florent-le-Vieil, arr. de Beaupréau. = Varade.

CHAPELLE-ST.-FRAY (la), s. f. Com. du dép. de la Sarthe, cant. de Conlie, arr. du Mans. = le Mans.

CHAPELLE-ST.-JEAN (la), s. f. Com. du dép. de la Dordogne, cant. d'Hautefort, arr. de Périgueux. = Terrasson.

CHAPELLE-ST.-LAUD (la), s. f. Com. du dép. de Maine-et-Loire, cant. de Seiches, arr. de Baugé. = Durtal.

CHAPELLE-ST.-LAURENT (la), s. f. Com. du dép. des Deux-Sèvres, cant.

de Montcoutant, arr. de Parthenay. = Bressuire. Fab. de tuiles; comm. de bestiaux.

CHAPELLE-ST.-LAURIAN (la), s. f. Com. du dép. de l'Indre, cant. de Vatan, arr. d'Issoudun. = Vatan.

CHAPELLE-ST.-LUC (la), s. f. Com. du dép. de l'Aube, cant. et arr. de Troyes. = Troyes.

CHAPELLE-ST.-MARTIAL (la), s. f. Com. du dép. de la Creuse, cant. de Pontarion, arr. de Bourganeuf. = Bourganeuf.

CHAPELLE-ST.-MARTIN (la), s. f. Com. du dép. de Loir-et-Cher, cant. de Mer, arr. de Blois. = Mer.

CHAPELLE-ST.-MESMIN (la), s. f. Com. du dép. du Loiret, cant. et arr. d'Orléans. = Orléans.

CHAPELLE-ST.-OUEN, s. f. Com. du dép. de l'Eure, cant. d'Ecos, arr. des Andelys. = Vernon.

CHAPELLE-ST.-PÈRE, s. f. Village du dép. de l'Aube, cant. de Méry-sur-Seine, arr. d'Arcis-sur-Aube. = Méry-sur-Seine.

CHAPELLE-ST.-PIERRE (la), s. f. Com. du dép. de l'Oise, cant. de Noailles, arr. de Beauvais. = Noailles.

CHAPELLE-ST.-QUILLAIN (la), s. f. Com. du dép. de la Haute-Saône, cant. de Gy, arr. de Gray. = Gy.

CHAPELLE-ST.-RÉMY (la), s. f. Com. du dép. de la Sarthe, cant. de Tuffé, arr. de Mamers. = Connerré.

CHAPELLE-ST.-ROBERT (la), s. f. Com. du dép. de la Dordogne, cant. et arr. de Nontron. = Nontron.

CHAPELLE-ST.-SAUVEUR (la), s. f. Com. du dép. de la Loire-Inférieure, cant. de Varades, arr. d'Ancenis. = Varades.

CHAPELLE-ST.-SAUVEUR (la), s. f. Com. du dép. de Saône-et-Loire, cant. de Pierre, arr. de Louhans. = Verdun-sur-Saône.

CHAPELLE-ST.-SÉPULCRE (la), s. f. Com. du dép. du Loiret, cant. de Courtenai, arr. de Montargis. = Montargis.

CHAPELLE-ST.-SULPICE (la), s. f. Com. du dép. de Seine-et-Marne, cant. et arr. de Provins. = Provins.

CHAPELLE-ST.-URSIN (la), s. -f. Com. du dép. du Cher, cant. de Mehun-sur-Yèvre, arr. de Bourges. = Bourges.

CHAPELLES-BOURBON (les), s. f. pl. Com. du dép. de Seine-et-Marne, cant. de Rozoy, arr. de Coulommiers. = Rozoy-en-Brie.

CHAPELLE-SEGUIN (la), s. f. Com. du dép. des Deux-Sèvres, cant. de Montcoutant, arr. de Parthenay. = la Châtaigneraye.

CHAPELLE-SOUEF (la), s f. Com. du dép. de l'Orne, cant. de Bellême, arr. de Mortagne. = Bellême.

CHAPELLE-SOUS-BRANCION (la), s. f. Com. du dép. de Saône-et-Loire, cant. de Tournus, arr. de Mâcon. = Tournus.

CHAPELLE-SOUS-CRÉCY (la), s. f. Com. du dép. de Seine-et-Marne, cant. de Crécy, arr. de Meaux. = Meaux.

CHAPELLE-SOUS-DOUÉ (la), s. f. Com. du dép. de Maine-et-Loire, cant. de Doué, arr. de Saumur. = Doué.

CHAPELLE-SOUS-DUN (la), s. f. Com. du dép. de Saône-et-Loire, cant. de la Clayette, arr. de Charolles. = la Clayette.

CHAPELLE-SOUS-GERBEROY (la), s. f. Com. du dép. de l'Oise, cant. de Songeons, arr. de Beauvais. = Songeons.

CHAPELLE-SOUS-UCHON (la), s. f. Com. du dép. de Saône-et-Loire, cant. de Mesvres, arr. d'Autun. = Autun.

CHAPELLE-SUR-AVEIRON (la), s. f. Com. du dép. du Loiret, cant. de Châtillon-sur-Loing, arr. de Montargis. = Châtillon-sur-Loing.

CHAPELLE-SUR-CHEZY (la), s. f. Com. du dép. de l'Aisne, cant. de Charly, arr. de Château-Thierry. = Charly.

CHAPELLE-SUR-DUN (la), s. f. Com. du dép. de la Seine-Inférieure, cant. de Fontenay, arr. d'Yvetot. = St.-Valery-en-Caux.

CHAPELLE-SUR-ERDRE (la), s. f. Com. du dép. de la Loire-Inférieure, chef-lieu de cant. de l'arr. de Nantes. Bur. d'enregist. = Nantes.

CHAPELLE-SUR-LOIRE (la), s. f. Com. du dép. d'Indre-et-Loire, cant. de Bourgueil, arr. de Chinon. = Chinon.

CHAPELLE-SUR-ORBAIS (la), s. f. Com. du dép. de la Marne, cant. de Mormont, arr. d'Epernay. = Epernay.

CHAPELLE-SUR-OREUSE (la), s. f. Com. du dép. de l'Yonne, cant. de Sergines, arr. de Sens. = Sens.

CHAPELLE-SUR-OUDON (la), s. f. Com. du dép. de Maine-et-Loire, cant. et arr. de Segré. — Segré.

CHAPELLE-SUR-USSON, s. f. Com. du dép. du Puy-de-Dôme, cant. de Jumeaux, arr. d'Issoire. = Issoire.

CHAPELLE-TAILLEFERT (la), s. f.

Com. du dép. de la Creuse, cant. et arr. de Guéret. = Guéret.

CHAPELLE-THÈCLE (la), s. f. Com. du dép. de Saône-et-Loire, cant. de Montpout, arr. de Louhans. = Louhans.

CHAPELLE-THEMER (la), s. f. Com. du dép. de la Vendée, cant. de Ste.-Hermine, arr. de Fontenay. = Ste.-Hermine.

CHAPELLE-THIREUIL (la), s. f. Com. du dép. des Deux-Sèvres, cant. de Coulonges, arr. de Niort. = Niort.

CHAPELLE-THOUARAULT (la), s. f. Com. du dép. d'Ille-et-Vilaine, cant. et arr. de Montfort. = Monfort.

CHAPELLE-URÉE (la), s. f. Com. du dép. de la Manche, cant. de Brecey, arr. d'Avranches. = St.-Hilaire.

CHAPELLE-VALLON, s. f. Com. du dép. de l'Aube, cant. de Méry-sur-Seine, arr. d'Arcis-sur-Aube. = Méry-sur-Seine.

CHAPELLE-VAUPELLETEIGNE (la), s. f. Com. du dép. de l'Yonne, cant. de Ligny-le-Château, arr. d'Auxerre. = Chablis.

CHAPELLE-VENDOMOIS (la), s. f. Com. du dép. de Loir-et-Cher, cant. d'Herbault, arr. de Blois. = Blois.

CHAPELLE-VÉRONGE (la), s. f. Com. du dép. de Seine-et-Marne, cant. de la Ferté-Gaucher, arr. de Coulommiers. = la Ferté-Gaucher.

CHAPELLE-VIEILLE-FORÊT, s. f. Com. du dép. de l'Yonne, cant. de Flogny, arr. de Tonnerre. = Tonnerre.

CHAPELLE-VIEL (la), s. f. Com. du dép. de l'Orne, cant. de Moulins-la-Marche, arr. de Mortagne. = Moulins-la-Marche.

CHAPELLE-VIVIERS (la), s. f. Com. du dép. de la Vienne, cant. de Chauvigny, arr. de Montmorillon. = Chauvigny.

CHAPELLE-VOLAND, s. f. Com. du dép. du Jura, cant. de Bletterans, arr. de Lons-le-Saulnier. = Lons-le-Saulnier.

CHAPELLE-YVON (la), s. f. Com. du dép. du Calvados, cant. d'Orbec, arr. de Lisieux. = Orbec.

CHAPELON, s. m. Com. du dép. du Loiret, cant. de Bellegarde, arr. de Montargis. = Montargis.

CHAPELOTTE, s. f. Com. du dép. du Cher, cant. d'Henrichemont, arr. de Sancerre. = Henrichemont.

CHAPELURE, s. f. Croûte de pain chapelée.

CHAPERON, s. m. Ancienne coiffure d'homme et de femme; bonnet à bourrelet et à queue par derrière; bande de velours que les femmes attachaient à leurs bonnets. —, ornement au dos d'une chape; haut d'un mur de clôture. —, personne âgée qui accompagne une jeune personne. —, dessus d'une potence; dessus d'une presse à imprimer en taille douce. —, coiffe de cuir sur la tête d'un oiseau de proie. T. de fauc. —, mains de passe. T. d'impr.

CHAPERONNÉ, E, part. Couvert d'un chaperon.

CHAPERONNER, v. a. Couvrir d'un chaperon; chaperonner un mur. —, mettre le chaperon à un oiseau de proie, lui couvrir la tête. T. de fauc.

CHAPERONNIER, s. m. Oiseau qui porte aisément le chaperon. T. de fauc.

CHAPET, s. m. Com. du dép. de Seine-et-Oise, cant. de Meulan, arr. de Versailles. = Meulan.

CHAPETONNADE, s. f. Maladie bilieuse, épidémique, accompagnée de vomissemens intenses et de délire, qui attaque les Européens dans les pays chauds. T. de méd.

CHAPIER, s. m. Chantre portant chape; armoire où l'on serre les chapes.

CHAPITEAU, s. m. Partie du haut d'une colonne qui pose sur le fût. T. d'arch. —, corniche ou couronnement des buffets, armoires, etc. T. de menuis. —, partie supérieure d'un alambic; carton en forme d'entonnoir en haut d'une torche; ais joints qui couvrent la lumière d'un canon. T. d'artill. —, partie d'une fleur, d'un fruit, qui a la forme d'un chapiteau. T. de bot.

CHAPITRAL, E, adj. Qui appartient à un chapitre; maison chapitrale.

CHAPITRE, s. m. Division d'un livre, d'un compte; matière, sujet, personne dont on parle. —, corps, assemblée de chanoines, de religieux; assemblée des ordres militaires; lieu de leur réunion. N'avoir pas de voix au —, n'avoir aucun crédit. Fig.

CHAPITRÉ, E, part. Réprimandé en plein chapitre.

CHAPITRER, v. a. Réprimander un chanoine en plein chapitre; tancer, réprimander fortement. Fig.

CHAPLAMBERT, s. m. Com. du dép. du Jura, cant. de Sellières, arr. de Lons-le-Saulnier. = Sellières.

CHAPOIS, s. m. Com. du dép. du Jura, cant. de Champagnole, arr. de Poligny. = Champagnole.

CHAPON, s. m. Coq châtré afin de

l'engraisser; chapon du Maine. —, morceau de pain bouilli qu'on sert sur les potages maigres; croûte de pain frottée d'ail qu'on met dans la salade. —, sarment de l'année, détaché pour servir de plant; peau de bouc sans défaut. Vol du —, autrefois certaine étendue de terre autour d'une maison seigneuriale.

CHAPONNAY, s. m. Com. du dép. de l'Isère, cant. de St.-Symphorien-d'Ozon, arr. de Vienne. = St.-Symphorien-d'Ozon.

CHAPONNÉ, E, part. Châtré.

CHAPONNEAU, s. m. Jeune chapon.

CHAPONNER, v. a. Détacher les rognons du coq au moyen d'une incision; châtrer. —, couper les oreilles. T. de tann.

CHAPONNIÈRE, s. f. Ustensile de cuisine pour faire cuire un chapon; vase pour le servir.

CHAPONOST, s. m. Com. du dép. du Rhône, cant. de St.-Genis-Laval, arr. de Lyon. = Lyon. Fab. de peignes d'acier pour toutes sortes de tissus; carrière de baryte pure.

CHAPOTÉ, E, part. Dégrossi avec une plane.

CHAPOTER, v. a. Dégrossir un morceau de bois avec une plane.

CHAPPE, s. f. Poignée d'un moule.

CHAPPES, s. m. Com. du dép. de l'Allier, cant. de Montmarault, arr. de Montluçon. = Montmarault.

CHAPPES, s. m. Com. du dép. des Ardennes, cant. de Chaumont, arr. de Réthel. = Réthel.

CHAPPES, s. m. Com. du dép. de l'Aube, cant. et arr. de Bar-sur-Seine. = Bar-sur-Seine.

CHAPPES, s. m. Com. du dép. du Puy-de-Dôme, cant. d'Ennezat, arr. de Riom. = Riom.

CHAPTALIE, s. f. Plante corymbifère. T. de bot.

CHAPTELAT, s. m. Com. du dép. de la Haute-Vienne, cant. de Nieul, arr. de Limoges. = Limoges.

CHAPTES (St.-), s. m. Com. du dép. du Gard, chef-lieu de cant. de l'arr. d'Uzès. Bur. d'enregist. = Uzès.

CHAPTUZAT, s. m. Village du dép. du Puy-de-Dôme, cant. d'Aigueperse, arr. de Riom. = Aigueperse.

CHAPUISIÈRE, s. f. Com. du dép. de l'Isère, cant. de Vinay, arr. de St.-Marcellin. = St.-Marcellin.

CHAPUT, s. m. Billot pour tailler l'ardoise.

CHAQUE, pron. distrib., adj. sans pl. précédant toujours le subst. et désignant tout individu d'une même espèce, toute chose d'une même nature, prise individuellement ; chaque homme, chaque chose a son prix.

CHAR, s. m. Voiture à deux roues, dont se servaient les anciens pour les combats, les jeux et les triomphes. —, carrosse magnifique. S'attacher au — du vainqueur, se mettre du côté du plus fort. —, chariot couvert à quatre roues; corps de moulin à papier; mesure de vin.

CHARA, s. f. Constellation sous la queue de la grande ourse. T. d'astr.

CHAR-À-BANCS, s. m. Longue voiture à quatre roues qui a été perfectionnée dans ces derniers temps et à laquelle on a donné le nom latin d'*omnibus*, c'est-à-dire ouverte à tout le monde.

CHARACHER, s. m. Espèce de verveine d'Egypte.

CHARACIAS, s. m. Euphorbe ligneux. T. de bot.

CHARACINS, s. m. pl. Poissons abdominaux. T. d'hist. nat.

CHARADE, s. f. Sorte de logogriphe ou d'énigme, qui consiste à décomposer un mot en plusieurs parties dont chacune forme un mot particulier; chou-fleur, chien-dent, chou-croûte.

CHARADISTE, s. Oisif, personnage ennuyé et ennuyeux qui s'occupe à faire ou à deviner des charades.

CHARADRILLE, s. m. Pluvier, oiseau de passage dont le manger est fort délicat. T. d'hist. nat.

CHARADRIOS, s. m. Oiseau de fauconnerie.

CHARAG, s. m. Voy. CARACHE.

CHARAGNE, s. f. Plante aquatique de la famille des fougères. T. de bot.

CHARAMAIS ou CHARAMAI, s. m. Arbre des Indes dont la feuille ressemble à celle du poirier, et dont la racine est très purgative. T. de bot.

CHARAMEL, s. m. Village du dép. des Basses-Alpes, cant. de Lauzet, arr. de Barcelonnette. = Barcelonnette.

CHARANCIEUX, s. m. Com. du dép. de l'Isère, cant. de St.-Geoire, arr. de la Tour-du-Pin. = Pont-de-Beauvoisin.

CHARANÇON, s. m. Scarabée, insecte qui ronge le blé.

CHARANÇONITES, s. m. pl. Famille d'insectes coléoptères qui comprend les nombreuses espèces de charançons et les attelabes. T. d'hist. nat.

CHARANTENAY, s. m. Com. du dép. de la Haute-Saône, cant. de Fresne-St.-Mamès, arr. de Gray. = Cintrey.

CHARAVINES-EN-BILLIEU, s. f.

Com. du dép. de l'Isère, cant. de Virieu, arr. de la Tour-du-Pin. ☞ Virieu.

CHARBEAU, s. m. Com. du dép. des Ardennes, cant. de Carignan, arr. de Sedan. ☞ Carignan.

CHARBOGNE, s. f. Com. du dép. des Ardennes, cant. d'Attigny, arr. de Vouziers. ☞ Attigny.

CHARBON, s. m. Bois embrasé qui ne jette plus de flamme. —, bois éteint avant son entière combustion et carbonisé pour divers usages, mais particulièrement pour la cuisine. —, maladie des graminées, la carie, la nielle ; sorte de tumeur qui attaque divers animaux. —, furoncle, anthrax, tumeur inflammatoire qui passe à l'état de gangrène presque aussitôt qu'elle se manifeste. T. de chir. — de terre, minéral fossile formé par la décomposition des végétaux mêlés au bitume.

CHARBONIÈRES, s. f. Com. du dép. du Doubs, cant. d'Ornans, arr. de Besançon. ☞ Ornans.

CHARBONNAT-SUR-ARROUX, s. m. Com. du dép. de Saône-et-Loire, cant. de Mesvres, arr. d'Autun. ☞ Toulon-sur-Arroux.

CHARBONNÉ, E, part. Noirci avec du charbon. —, adj. Attaqué du charbon ; avoine charbonnée.

CHARBONNÉE, s. f. Couche de charbon dans un four ; grillade de bœuf ou de porc ; entre-côte rôtie sur le gril.

CHARBONNER, v. a. Noircir avec du charbon ; écrire, dessiner grossièrement ; charbonner les murs de ses vers.

CHARBONNEUX, EUSE, adj. Qui tient du charbon, de l'anthrax. T. de chir.

CHARBONNIER, s. m. Celui qui fait, vend ou porte du charbon. —, fourneau où se fait le charbon ; coffre dans lequel on le serre. — doit être maître dans sa maison ; chacun doit être maître chez soi. Parole de —, parole d'un homme sans détours. —, four où l'on brûle la houille pour en extraire le soufre. —, terre rouge où les cerfs frottent leurs bois. T. de véner. —, bâtiment de transport pour le charbon de terre. —, oiseau aquatique de la force du pigeon ; serpent nageur. T. d'hist. nat.

CHARBONNIÈRE, s. f. Loge des charbonniers dans les forêts ; femme d'un charbonnier qui débite le charbon, qui le vend.

CHARBONNIÈRE, s. f. Com. du dép. du Puy-de-Dôme, cant. de St.-Germain-Lembron, arr. d'Issoire. ☞ Lempdes.

CHARBONNIÈRE, s. f. Com. du dép. de Saône-et-Loire, cant. et arr. de Mâcon. ☞ Mâcon.

CHARBONNIÈRES, s. f. Com. du dép. d'Eure-et-Loir, cant. d'Authon, arr. de Nogent-le-Rotrou. ☞ Nogent-le-Rotrou.

CHARBONNIÈRES, s. f. Com. du dép. du Rhône, cant. de Vaugueray, arr. de Lyon. ☞ Lyon.

CHARBONNIÈRES-LES-VARENNES, s. f. Com. du dép. du Puy-de-Dôme, cant. de Manzat, arr. de Riom. ☞ Riom.

CHARBONNIÈRES-LES-VIEILLES, s. f. Com. du dép. du Puy-de-Dôme, cant. de Manzat, arr. de Riom. ☞ Riom.

CHARBONNY, s. m. Com. du dép. du Jura, cant. de Nozeroy, arr. de Poligny. ☞ Champagnole.

CHARBOUILLÉ, E, part. Noirci par la nielle.

CHARBOUILLER, v. a. Salir le blé, le noircir, en parlant de la nielle.

CHARBUCLE, s. f. Espèce de nielle, maladie des blés, qui les gâte, qui les noircit.

CHARBUY, s. m. Com. du dép. de l'Yonne, cant. et arr. d'Auxerre. ☞ Auxerre.

CHARCANAS, s. f. Etoffe de soie et coton qui se fabrique aux Indes-Orientales.

CHARCE (la), s. f. Com. du dép. de la Drôme, cant. de Remuzat, arr. de Nyons. ☞ Die.

CHARCÉ, s. m. Com. du dép. de Maine-et-Loire, cant. de Thouarcé, arr. d'Angers. ☞ Brissac.

CHARCENNE, s. f. Com. du dép. de la Haute-Saône, cant. de Marnay, arr. de Gray. ☞ Gy.

CHARCHIGNÉ, s. m. Com. du dép. de la Mayenne, cant. du Horps, arr. de Mayenne. ☞ le Ribay.

CHARCHILLA, s. f. Com. du dép. du Jura, cant. de Moirans, arr. de St.-Claude. ☞ St.-Vyt.

CHARCIER, s. m. Com. du dép. du Jura, cant. de St.-Laurent, arr. de St.-Claude. ☞ Lons-le-Saulnier.

CHARCUTÉ, E, part. Se dit d'une volaille mal découpée.

CHARCUTER, v. a. Découper maladroitement une volaille, couper malproprement un rôti servi sur une table. —, taillader, inciser les chairs comme un charcutier, en parlant d'un chirurgien.

CHARCUTERIE, s. f. Boutique, commerce de charcutier.

CHARCUTIER, ÈRE, s. Marchand de comestibles préparés avec la chair de porc.

CHARD, s. m. Com. du dép. de la

Creuse, cant. d'Auzances, arr. d'Aubusson. = Auzances.

CHARDAVON, s. m. Com. du dép. des Basses-Alpes, cant. et arr. de Sisteron. = Sisteron.

CHARDENY, s. m. Com. du dép. des Ardennes, cant. de Machault, arr. de Vouziers. = Vouziers.

CHARDES, s. m. Com. du dép. de la Charente-Inférieure, cant. de Montendre, arr. de Jonzac. = Montendre.

CHARDOGNE, s. f. Com. du dép. de la Meuse, cant. de Vavincourt, arr. de Bar-le-Duc. = Bar-le-Duc.

CHARDON, s. m. Genre de plantes cynarocéphales, dont la tête et les feuilles sont armées d'épines. —, crochet de fer en haut des balustrades; pointes de fer servant de défense à une grille. —, Espèce de raie épineuse. — à foulon, dont la tête sert à peigner la laine.

CHARDONNAY, s. m. Com. du dép. de Saône-et-Loire, cant. de Lugny, arr. de Mâcon. = St.-Oyen.

CHARDONNÉ, E, part. Cardé avec le chardon.

CHARDONNER, v. a. Carder le drap avec un chardon.

CHARDONNERET, s. m. Très joli petit oiseau qui chante agréablement, et qui paraît être très friand de la graine de chardon.

CHARDONNET, s. m. Fort montant de bois aux portes, terminé par un pivot.

CHARDONNETTE ou CARDONNETTE, s. f. Espèce d'artichaut sauvage.

CHARDONNIÈRE, s. f. Champ rempli de chardons.

CHAREIL, s. m. Com. du dép. de l'Allier, cant. de Chantelle-Château, arr. de Gannat. = St.-Pourçain.

CHARENCEY, s. m. Com. du dép. de la Côte-d'Or, cant. de Vitteaux, arr. de Semur. = Vitteaux.

CHARENCIN, s. m. Com. du dép. de l'Ain, cant. de Champagne, arr. de Belley. = Belley.

CHARENCY, s. m. Com. du dép. du Jura, cant. de Nozeroy, arr. de Poligny. = Champagnole.

CHARENCY, s. m. Com. du dép. de la Moselle, cant de Longuion, arr. de Briey. = Longuion.
Fab. de tisseranderie; forges et clouteries.

CHARENS, s. m. Com. du dép. de la Drôme, cant. de Luc-en-Diois, arr. de Die. = Die.

CHARENSAC, s. m. Com. du dép. de la Haute-Loire, cant. et arr. du Puy. = le Puy.

CHARENSAT, s. m. Com. du dép. du Puy-de-Dôme, cant. de St.-Gervais, arr. de Riom. = Montaigut.

CHARENTAY, s. m. Com. du dép. du Rhône, cant. de Belleville, arr. de Villefranche. = Belleville-sur-Saône.

CHARENTE (la), s. f. Fleuve qui prend naissance près de Cheronnac, arr. de Rochechouart, dép. de la Haute-Vienne, et qui se jette dans l'Océan, vis-à-vis de la rade de l'île d'Aix.
Ce fleuve commence à être flottable à Civray, et navigable à Montignac; les navires de 100 tonneaux le remontent jusqu'à Tonnay-Charente, et la marée s'y fait remarquer jusqu'au-dessus de Saintes. La navigation de ce fleuve est particulièrement utile au port de Rochefort.

CHARENTE (dép. de la), s. f. Chef-lieu de préf., Angoulême; 5 arr. ou sous-préf.: Angoulême, Barbezieux, Cognac, Confolens et Ruffec; 29 cant. ou justices de paix: 452 comm.; pop. 353,650 hab. environ. Cour royale à Bordeaux; diocèse d'Angoulême; 12° div. milit.; 12° div. des ponts-et-chaussées; 5° div. des mines; direct. de l'enregist. et des domaines, 3° classe; 10° arr. forestier.
Ce dép. est borné au N. par ceux des Deux-Sèvres et de la Vienne, à l'E. par ceux de la Haute-Vienne et de la Dordogne, et au S.-O. par celui de la Charente-Inférieure.
Le territoire du dép. de la Charente est couvert en partie de bois de châtaigniers, de plaines sablonneuses, de landes et de rochers; néanmoins, les récoltes suffisent à la consommation.
Il produit, outre toutes les céréales ordinaires, maïs, millet, navette, colza, sarrasin, safran; vins estimés pour la distillation, fruits, noix, marrons, châtaignes, truffes dont on retire 2 à 300,000 fr. chaque année, chanvre, bois, gibier de toute espèce, poisson et beaucoup de volailles. Mines de fer et d'antimoine; carrières de pierres de taille; meules à aiguiser, etc.
Manuf. considérable de très beau papier; fab. de faïence; fonderies de fer; batteries de cuivre; nombreuses distilleries d'eaux-de-vie; fonderies de canons de fer pour la marine.
Comm. d'eaux-de-vie de Cognac, la meilleure que l'on connaisse, dont environ 35,000 barriques sont expédiées chaque année en France et à l'étranger; de vins, d'huile de noix, truffes, bois, papiers, savon, sel, marrons, fromages, pâtés et dindes truffés.

CHARENTE-INFÉRIEURE (dép. de la), s. f. Chef-lieu de préf., la Rochelle ; 6 arr. ou sous-préf.: la Rochelle, Jonzac, Marennes, Rochefort, Saintes et St.-Jean-d'Angely ; 39 cant. ou justices de paix ; 506 com. ; pop. 424,150 hab. environ. Cour royale de Poitiers ; évêché à la Rochelle ; 12e div. milit. ; 12e div. des ponts-et-chaussées ; 5e div. des mines ; direct. de l'enregist. et des domaines, 2e classe ; 10e arr. forestier.

Ce dép. est borné au N. par celui de la Vendée, au N.-E. par celui des Deux-Sèvres, à l'E. par celui de la Charente, au S.-O. par le dép. de la Gironde et à l'O. par l'Océan.

Le dép. de la Charente-Inférieure, dans lequel se trouvent les îles d'Oléron, d'Aix et de Ré, un grand nombre de rades et des ports qui offrent la plus grande sûreté, est très commerçant. Son sol est sablonneux, mais fertile ; il produit toutes sortes de grains et beaucoup de vins que l'on convertit en eaux-de-vie qui rivalisent avec celles de Cognac. Quoi qu'il en soit, les récoltes sont insuffisantes. Un grand nombre de chevaux, de bœufs et de moutons paissent dans les prairies qui bordent les rivières et y trouvent un engrais excellent.

Là, comme dans tous les dép. maritimes, le poisson d'eau douce et de mer est une source inépuisable de richesses pour les habitans qui peuvent, à peu de frais, se procurer une nourriture à la fois délicate, saine et solide.

Fab. de grosses draperies, bonneterie, poterie fine et vinaigre ; distilleries d'eaux-de-vie ; raffineries de sucre ; exploitation de marais salans ; parcs pour les huîtres ; pêche de sardines ; manuf. royale de tabacs.

Comm. de vins, eaux-de-vie, vinaigre, sels gris et blancs, denrées coloniales, épicerie, grains, bouteilles, liqueurs fines ; armemens pour la pêche de la morue et pour les colonies ; cabotage.

Les rivières navigables sont : la Gironde, la Charente, la Boutonne, la Sèvre-Niortaise, la Seudre et le canal de Niort à la Rochelle. On compte sur les côtes, douze ports de mer, parmi lesquels celui de Rochefort est au premier rang.

CHARENTE ou TONNAY-CHARENTE, s. f. Petite ville du dép. de la Charente-Inférieure, chef-lieu de cant. de l'arr. de Rochefort. Bur. d'enregist. et de poste.

Cette petite ville, sur la Charente, possède un port où l'on voit remonter des navires de cent tonneaux. Comm. considérable d'eaux-de-vie de Cognac, qu'on exporte à l'étranger ; de grains, vins et sels que produisent les marais salans qui se trouvent dans les environs.

CHARENTENAY, s. m. Com. du dép. de la Charente-Inférieure, cant. de Surgères, arr. de Rochefort. = Surgères.

CHARENTENAY, s. m. Com. du dép. de l'Yonne, cant. de Coulange-la-Vineuse, arr. d'Auxerre. = Coulange-la-Vineuse.

CHARENTILLY, s. m. Com. du dép. d'Indre-et-Loire, cant. de Neuillé-Pont-Pierre, arr. de Tours. = Neuvy-le-Roi.

CHARENTON, s. m. Com. du dép. du Cher, chef-lieu de cant. de l'arr. de St.-Amand. Bur. d'enregist. à St.-Amand. = St.-Amand.

Mine de houille.

CHARENTON-LE-PONT, s. m. Com. du dép. de la Seine, chef-lieu de cant. de l'arr. de Sceaux. Bur. d'enregist. à Vincennes. Bur. de poste.

Fab. de savon vert ; carrières de pierres à bâtir ; comm. de vins.

CHARENTONNAY, s. m. Com. du dép. du Cher, cant. de Sancergues, arr. de Sancerre. = la Charité.

CHARENTONNE (la), s. f. Rivière qui prend naissance dans la forêt de St.-Evrould, arr. de Mortagne, dép. de l'Orne, et qui se jette dans la Rille, après un cours de 13 l.

CHARENTON-ST.-MAURICE, s. m. Com. du dép. de la Seine, cant. de Charenton-le-Pont, arr. de Sceaux. = Charenton-le-Pont.

Fab. de produits chimiques.

On y trouve une vaste maison de santé, destinée à la réclusion des aliénés des deux sexes. Cette maison peut contenir 400 malades.

CHARESIER, s. m. Com. du dép. du Jura, cant. de St.-Laurent, arr. de St.-Claude. = Lons-le-Saulnier.

CHARESTE, s. f. Com. du dép. de l'Isère, cant. de Morestel, arr. de la Tour-du-Pin. = Crémieu.

CHARETTE, s. f. Com. du dép. de Saône-et-Loire, cant. de Pierre, arr. de Louhans. = Verdun-sur-Saône.

CHAREY, s. m. Com. du dép. de la Meurthe, cant. de Thiaucourt, arr. de Toul. = Pont-à-Mousson.

CHARGE, s. f. Poids que porte ou que peut porter à la fois un homme, un cheval, une voiture, un bateau. —, mesure ; charge de blé, de bois. —, ce qui nécessite une dépense ; avoir un grand nombre d'enfans à sa charge. —, imposition. —, obligation, condition onéreuse ; tout ce qui est onéreux. —, emploi, office, dignité ; ordre, commission. —, choc de deux corps de cavalerie; sonner la charge. —, la poudre et le plomb qui forment le coup d'une arme à feu. —, cataplasme pour un cheval. —, caricature, exagération dans un récit. —, mesure; quantité de mine, de charbon, de fondans, qu'on met chaque fois dans le fourneau. T. d'arts et mét. Femme de —, qui a soin du linge, etc. —, pl. Preuves et indices contre un accusé. A la —, adv. A condition.

CHARGÉ, E, part. Qui a, qui porte une charge, un fardeau. — de graisse, qui a trop d'embonpoint. Temps —, couvert de nuages. Couleur —, trop forte. Dés chargé, dés pipé. —, enflé. T. de blas.

CHARGÉ, s. m. Com. du dép. d'Indre-et-Loire, cant. d'Amboise, arr. de Tours. = Amboise.

CHARGEMENT, s. m. Cargaison d'un navire, acte qui la constate; action de charger.

CHARGEOIR, s. m. Cuiller pour charger sans gargousse. T. d'artill. —, selle à trois pieds sur laquelle on pose la hotte pour se charger.

CHARGER, v. a. Mettre une charge, un fardeau sur le dos d'un crocheteur, d'un mulet, etc. — une arme à feu, mettre la charge dans le canon. — un discours, faire trop de citations. — sa mémoire, retenir trop de choses. —, peser sur; charger l'estomac. —, imposer des charges, des conditions onéreuses; charger d'impôts. —, attaquer l'ennemi avec impétuosité; accabler de coups. —, accuser, déposer contre quelqu'un. —, donner ordre, commission; donner le soin, la conduite, la garde, confier. —, exagérer les traits, forcer la couleur. T. de peint. — en registre, enregistrer. —, pousser vers la côte. T. de mar. — un four, un fourneau, y mettre le bois. Se —, v. pron. Se mettre un fardeau sur les épaules; prendre le soin, la conduite d'une affaire; s'obliger, s'engager à faire quelque chose. Se —, s'obscurcir, en parlant du temps.

CHARGEUR, s. m. Artilleur qui charge le canon; homme de peine qui charge une voiture, un vaisseau. —, commissionnaire qui procure la charge aux rouliers; ouvrier qui entretient le fourneau de fonte. —, propriétaire d'une cargaison. T. de comm. mar.

CHARGEURE, s. f. Pièces qui en chargent d'autres. T. de blas.

CHARGEY, s. m. Com. du dép. de la Haute-Saône, cant. d'Autrey, arr. de Gray. = Gray.

CHARGEY-LES-PORT, s. m. Com. du dép. de la Haute-Saône, cant. de Combeau-Fontaine, arr. de Vesoul. = Cintrey.

CHARIEZ, s. m. Com. du dép. de la Haute-Saône, cant. et arr. de Vesoul.= Vesoul.

CHARIGNY, s. m. Com. du dép. de la Côte-d'Or, cant. et arr. de Semur. = Semur.

CHARIOT, s. m. Voiture à quatre roues, propre à charrier, char. —, instrument de cordier; mesure pour les pierres. —, constellation; la grande et la petite ourse. T. d'astr.

CHARITABLE, adj. Qui a de la charité pour son prochain, qui fait l'aumône. —, qui part d'un principe de charité; secours, avis charitable.

CHARITABLEMENT, adv. Avec charité.

CHARITÉ, s. f. L'une des trois vertus théologales; amour de Dieu, de son prochain. —, aumône aux pauvres. —, indulgence, commisération. —, réunion de personnes pieuses pour secourir les pauvres. —, nom de divers hôpitaux fondés par la charité.

CHARITÉ (la), s. f. Ville du dép. de la Nièvre, chef-lieu de cant. de l'arr. de Cosne. Chambre consultative des manuf. Bur. d'enregist. et de poste. Fab. d'ouvrages en émail, d'acier, fer-blanc, fer battu; verrerie considérable. Comm. de grains, de bois à brûler, de bois de marine et de construction. Entrepôt d'ancres pour la marine.

CHARIVARI, s. m. Cris discordans, huées avec accompagnement de poêles, chaudrons, cornets à bouquin, etc., etc., devant la porte d'une veuve âgée qui se remariait. —, querelle, bruit. —, mauvaise musique.

CHARIX, s. m. Com. du dép. de l'Ain, cant. et arr. de Nantua. = Nantua. Fab. de pointes de Paris.

CHARLANDRY, s. m. Village du dép. des Ardennes, cant. de Flize, arr. de Mézières. = Mézières.

CHARLAS, s. m. Com. du dép. de la Haute-Garonne, cant. de Boulogne, arr. de St.-Gaudens. = Boulogne.

CHARLATAN, s. m. Marchand de drogues, d'orviétan, sur les places publiques. —, empirique, médecin ignorant et hâbleur; imposteur, fourbe qui trompe par de belles paroles ou par le faste de ses actions.

CHARLATANER, v. n. Mentir, hâbler; enjôler, amadouer, tromper. T. inus.

CHARLATANERIE, s. f. Action d'un charlatan; jonglerie, imposture, fourberie; manière de tromper le public, de lui attraper son argent.

CHARLATANISME, s. m. Manége d'un charlatan pour faire croire à l'efficacité de ses drogues; menées d'un intrigant, d'un parvenu, pour flatter l'amour-propre des gens dont il veut capter les suffrages, pour fasciner les yeux de la multitude.

CHARLES (St.-), s. m. Com. du dép. de la Mayenne, cant. de Grez, arr. de Château-Gontier. =Château-Gontier.

CHARLESTON, s. m. Ville maritime des Etats-Unis d'Amérique, dans la Caroline du Sud. Elle est très commerçante, et possède de nombreux établissemens scientifiques. Pop., 30,000 hab. envir.

CHARLEVAL, s. m. Com. du dép. des Bouches-du-Rhône, cant. de Lambesc, arr. d'Aix. = Lambesc.

CHARLEVAL, s. m. Com. du dép. de l'Eure, cant. d'Ecouis, arr. des Andelys. = Ecouis.

Manuf. considérables d'indiennes; filatures de coton et de laine; papeteries.

CHARLEVILLE, s. f. Com. du dép. de la Marne, cant. de Montmirail; arr. d'Epernay. = Sézanne.

CHARLEVILLE, s. f. Com. du dép. de la Moselle, cant. de Vigy, arr. de Metz. = Boulay.

CHARLEVILLE, s. f. Ville du dép. des Ardennes, chef-lieu de cant. de l'arr. de Mézières; cour d'assises; trib. de 1re inst. et de comm.; chambre consultative des manuf.; biblioth. publique; cabinet d'histoire naturelle; conserv. des hypoth.; insp. des forêts; direct. des contrib. indir.; bur. d'enregist. et de poste. Manuf. royale d'armes à feu; fab. de savon gras, clouterie, quincaillerie; fonderie de cuivre; comm. de grains, vins, eaux-de-vie, charbon de terre, marbre, ardoises, etc.

CHARLIEU, s. m. Petite ville du dép. de la Loire, chef-lieu de cant. de l'arr. de Roanne. Bur. d'enregist. = Roanne.

Fab. de cotonnades et de toiles; chamoiseries et mégisseries. Comm. de bestiaux.

CHARLY, s. m. Com. du dép. de l'Aisne, chef-lieu de cant. de l'arr. de Château-Thierry. Bur. d'enregist. et de poste.

Fab. de bonneterie, draps et serges croisées; fonderie de cuivre.

CHARLY, s. m. Com. du dép. du Cher, cant. de Nérondes, arr. de St-Amand. = Sancoins.

CHARLY, s. m. Com. du dép. de la Moselle, cant. de Vigy, arr. de Metz. = Metz.

CHARLY, s. m. Com. du dép. du Rhône, cant. de St.-Genis-Laval, arr. de Lyon. = Lyon.

CHARMANT, s. m. Com. du dép. de la Charente, cant. de Lavalette, arr. d'Angoulême. = Angoulême.

CHARMANT, E, adj. Qui plaît, ravit, enchante; qui est rempli d'agrémens, de qualités, de charmes.

CHARMAUVILLERS, s. m. Com. du dép. du Doubs, cant. de Maiche, arr. de Montbéliard. = St.-Hippolyte.

CHARME, s. m. Sortilège, enchantement; assemblage de qualités aimables, d'attraits, de séductions; ascendant qu'exercent sur l'imagination les objets qui la frappent vivement, et qui produisent sur elle l'admiration, l'enthousiasme; sentiment délicieux que fait éprouver ce qui intéresse le cœur, ce qui fait naître de douces sensations; le charme de la poésie, de la musique, de la gloire, de la vertu, etc. —, pl. Appas, attraits. —, genre d'amentacées, arbre de nos forêts, dont le bois très dur offre un excellent chauffage.

CHARME, s. m. Com. du dép. de la Côte-d'Or, cant. de Mirebeau, arr. de Dijon. = Mirebeau.

CHARME (le), s. m. Com. du dép. du Jura, cant. de Sellières, arr. de Lons-le-Saulnier. = Sellières.

CHARME (le), s. m. Com. du dép. du Loiret, cant. de Châtillon-sur-Loing, arr. de Montargis. = Châtillon-sur-Loing.

CHARMÉ, E, part. Se dit des maléfices. Fusil —, dont on arrête l'effet par des moyens secrets. —, enchanté, ravi d'admiration.

CHARMÉ, s. m. Com. du dép. de la Charente, cant. d'Aigre, arr. de Ruffec. = Aigre.

CHARMÉE (la), s. f. Com. du dép. de Saône-et-Loire, cant. et arr. de Châlons. = Châlons.

CHARMEIL, s. m. Com. du dép. de l'Allier, cant. d'Escurolles, arr. de Gannat. = Cusset.

CHARMEL (le), s. m. Com. du dép. de l'Aisne, cant. de Fère-en-Tardenois, arr. de Château-Thierry. = Fère-en-Tardenois.

CHARMENSAC, s. m. Com. du dép. du Cantal, cant. d'Allanche, arr. de Murat. = Massiac.

CHARMENTRAY, s. m. Com. du dép. de Seine-et-Marne, cant. de Claye, arr. de Meaux. = Claye.

CHARMER, v. a. User de sortilège, de charme; produire un effet surnaturel par des évocations diaboliques, des fantasmagories, des enchantemens. —, plaire extrêmement, exciter l'admiration. —, suspendre la douleur, calmer les souffrances.

CHARMES, s. m. Com. du dép. de l'Aisne, cant. de la Fère, arr. de Laon. = la Fère.

CHARMES, s. m. Com. du dép. de l'Allier, cant. et arr. de Gannat. = Gannat.

CHARMES, s. m. Com. du dép. de l'Ardèche, cant. de la Voulte, arr. de Privas. = la Voulte.

CHARMES, s. m. Com. du dép. de la Drôme, cant. de St.-Donat, arr. de Valence. = Romans.

CHARMES, s. m. Com. du dép. de la Haute-Marne, cant. de Neuilly, arr. de Langres. = Langres.

CHARMES ou CHARMES-SUR-MOSELLE, s. m. Petite ville du dép. des Vosges, chef-lieu de cant. de l'arr. de Mirecourt. Bur. d'enregist. et de poste.
Fab. de dentelles; pépinière. Comm. de grains, vins, kirchewasser, cuirs, bois, plâtre, etc.

CHARMES-EN-L'ANGLE, s. m. Com. du dép. de la Haute-Marne, cant. de Doulevant, arr. de Vassy. = Doulevant.

CHARMES-LA-CÔTE, s. m. Com. du dép. de la Meurthe, cant. et arr. de Toul. = Toul.

CHARMES-LA-GRANDE, s. m. Com. du dép. de la Haute-Marne, cant. de Doulevant, arr. de Vassy. = Doulevant.

CHARMES-ST.-VALBERT, s. m. Com. du dép. de la Haute-Saône, cant. de Vitrey, arr. de Vesoul. = Vesoul.

CHARMESSEAUX, s. m. Com. du dép. de l'Aube, cant. de Marcilly-le-Hayer, arr. de Nogent-sur-Seine. = Nogent-sur-Seine.

CHARMEUR, EUSE, s. Qui use de maléfices; qui jette un sort, qui charme; sorcier.

CHARMILLE, s. f. Plant de petits charmes; palissade, haie.

CHARMOIE, s. f. Pépinière de charmes.

CHARMOILLE, s. f. Com. du dép. du Doubs, cant. de Maîche, arr. de Montbéliard. = St.-Hippolyte.

CHARMOILLE, s. f. Com. du dép. de la Haute-Saône, cant. et arr. de Vesoul. = Vesoul.

CHARMOILLES, s. f. Com. du dép. de la Haute-Marne, cant. de Neuilly, arr. de Langres. = Langres.

CHARMOIS, s. m. Com. du dép. de la Meurthe, cant. de Bayon, arr. de Lunéville. = Lunéville.

CHARMOIS, s. m. Com. du dép. du Haut-Rhin, cant. et arr. de Belfort. = Belfort.

CHARMOIS, s. m. Com. du dép. des Vosges, cant. de Xertigny, arr. d'Epinal. = Épinal.

CHARMOIS-LE-ROULLIER, s. m. Com. du dép. des Vosges, cant. de Bruyères, arr. d'Epinal. = Bruyères.

CHARMONT, s. m. Com. du dép. de l'Aube, cant. et arr. d'Arcis-sur-Aube. = Arcis-sur-Aube.
Fab. de cordes et ficelles.

CHARMONT, s. m. Com. du dép. du Loiret, cant. d'Outarville, arr. de Pithiviers. = Angerville.

CHARMONT, s. m. Com. du dép. de la Marne, cant. de Heiltz-le-Maurupt, arr. de Vitry. = Vitry-le-Français.

CHARMONT, s. m. Com. du dép. de Seine-et-Oise, cant. de Magny, arr. de Mantes. = Magny.

CHARMONT, s. m. Com. du dép. du Doubs, cant. d'Audincourt, arr. de Montbéliard. = Montbéliard.

CHARMONTOISE-L'ABBÉ, s. m. Com. du dép. de la Marne, cant. de Dommartin-sur-Yèvre, arr. de Ste.-Ménéhould. = Ste.-Ménéhould.

CHARMONTOIS-LE-ROI, s. m. Com. du dép. de la Marne, cant. de Dommartin-sur-Yèvre, arr. de Ste.-Ménéhould. = Ste.-Ménéhould.

CHARMONT-VIEUX, s. m. Com. du dép. du Doubs, cant. d'Audincourt, arr. de Montbéliard. = Montbéliard.

CHARMOY, s. m. Com. du dép. de l'Aube, cant. de Marcilly-le-Hayer, arr. de Nogent-sur-Seine. = Nogent-sur-Seine.

CHARMOY, s. m. Com. du dép. de la Haute-Marne, cant. du Fay-Billot, arr. de Langres. = le Fay-Billot.

CHARMOY, s. m. Com. du dép. de Saône-et-Loire, cant. de Montcénis, arr. d'Autun. = Montcénis.

CHARMOY, s. m. Com. du dép. de l'Yonne, cant. et arr. de Joigny. = Bassou.

CHARNAGE, s. m. Temps où l'église permet de manger de la viande, de faire gras. (Vi.)

CHARNAIGRE, s. m. Race de chiens qui naissent de l'accouplement du lévrier avec le chien courant.

CHARNAS, s. m. Com. du dép. de l'Ardèche, cant. de Serrières, arr. de Tournon. = le Péage.

CHARNAT, s. m. Com. du dép. du Puy-de-Dôme, cant. de Lezoux, arr. de Thiers. = Maringues.

CHARNAY, s. m. Com. du dép. du

CHARNAY, Doubs, cant. de Quingey, arr. de Besançon. = Quingey.

CHARNAY, s. m. Com. du dép. du Rhône, cant. d'Anse, arr. de Villefranche. = Anse.

CHARNAY, s. m. Com. du dép. de Saône-et-Loire, cant. et arr. de Mâcon. = Mâcon.

CHARNAY-LES-CHÂLONS, s. m. Com. du dép. de Saône-et-Loire, cant. de Verdun-sur-le-Doubs, arr. de Châlons. = Verdun-sur-le-Doubs.

CHARNE (la), s. f. Com. du dép. du Jura, cant. de St.-Laurent, arr. de St.-Claude. = Lons-le-Saulnier.

CHARNÈCLE, s. m. Com. du dép. de l'Isère, cant. de Rives, arr. de St.-Marcellin. = Rives.

CHARNEL, LE, adj. Sensuel, voluptueux, épicurien.

CHARNELLEMENT, adv. Selon la chair, avec sensualité.

CHARNELLES, s. f. Com. du dép. de l'Eure, cant. de Verneuil, arr. d'Evreux. = Verneuil.

CHARNEUX, EUSE, adj. Composé de chair. T. de méd.

CHARNIER, s. m. Cimetière couvert; catacombes où l'on dépose les os des morts; galerie autour d'une église; garde-manger pour les viandes salées; botte d'échalas. —, barrique sur le gaillard, contenant l'eau que l'on distribue journellement à l'équipage. T. de mar.

CHARNIÈRE, s. f. Pièce de métal enclavée et mobile qui fait partie d'une boucle. —, outil de graveur sur pierres. —, place du leurre. T. de fauc.

CHARNIZAY, s. m. Com. du dép. d'Indre-et-Loire, cant. de Preuilly, arr. de Loches. = Preuilly.

CHARNOD, s. m. Com. du dép. du Jura, cant. d'Arinthod, arr. de Lons-le-Saulnier. = Orgelet.

CHARNOIS, s. m. Com. du dép. des Ardennes, cant. de Givet, arr. de Rocroi. = Givet.

CHARNON, s. m. Anneau d'une charnière; anneau soudé à la boîte d'une montre. T. d'horlog.

CHARNOZ, s. m. Com. du dép. de l'Ain, cant. de Meximieux, arr. de Trévoux. = Meximieux.

CHARNU, E, adj. Musculeux, qui est bien fourni de chair, qui a les muscles robustes et bien constitués. T. de chir. —, gros, épais; fruit charnu. T. de bot.

CHARNURE, s. f. La chair de l'homme considérée suivant ses différentes qualités; charnure ferme, molle, bonne, mauvaise.

CHARNY, s. m. Com. du dép. de la Côte-d'Or, cant. de Saulieu, arr. de Semur. = Vitteaux.

CHARNY, s. m. Com. du dép. de la Meuse, chef-lieu de cant. de l'arr. de Verdun où se trouve le bur. d'enregist. = Verdun.

CHARNY, s. m. Com. du dép. de Seine-et-Marne, cant. de Claye, arr. de Meaux. = Claye.

CHARNY, s. m. Com. du dép. de l'Yonne, chef-lieu de cant. de l'arr. de Joigny. Bur. d'enregist. et de poste.
Fab. de draps.

CHARNY-LE-BACHOT, s. m. Com. du dép. de l'Aube, cant. de Méry-sur-Seine, arr. d'Arcis-sur-Aube. = Méry-sur-Seine.

CHAROGNE, s. f. Gouffre de l'enfer d'où s'exhalent des vapeurs méphitiques. T. de myth. Corps d'une bête morte en putréfaction.

CHAROLLAIS, s. m. Petit pays compris autrefois dans la province de Bourgogne, et qui fait aujourd'hui partie du dép. de Saône-et-Loire.

CHAROLLES, s. f. Ville du dép. de Saône-et-Loire, chef-lieu de sous-préf. et d'un cant.; trib. de 1re inst. et de comm.; société d'agric.; conserv. des hypoth.; inspect. des forêts; direct. des contrib. indir.; recev. part. des finances; bur. d'enregist. et de poste.
Fab. de poterie et de creusets.

CHAROLS, s. m. Com. du dép. de la Drôme, cant. de Marsanne, arr. de Montélimar. = Montélimar.

CHARONNE, s. f. Com. du dép. de la Seine, cant. de Pantin, arr. de St.-Denis. Bur. de poste de la banlieue de Paris.
Fab. de papiers peints, d'eau de javelle et de cire à cacheter.

CHARONVILLE, s. f. Com. du dép. d'Eure-et-Loir, cant. de Brou, arr. de Châteaudun. = Illiers.

CHAROST, s. m. Petite ville du dép. du Cher, chef-lieu de cant. de l'arr. de Bourges. Bur. d'enregist. = Issoudun.

CHARPENTE, s. f. Assemblage de pièces de bois taillées et équarries; charpente d'un édifice. —, osseuse, squelette. T. d'anat. —, plan d'un ouvrage de littérature et d'arts. Fig.

CHARPENTÉ, E, part. Taillé, équarri, assemblé.

CHARPENTER, v. a. Tailler, équarrir du bois pour construire une charpente. —, couper grossièrement, taillader; tailler en pièces. Fig.

CHARPENTERIE, s. f. Art de tracer un plan, de faire un devis, de construire la charpente d'un bâtiment. —, chantier de construction; atelier du charpentier.

CHARPENTIER, s. m. Entrepreneur de charpente, artisan qui doit avoir étudié la géométrie et le dessin linéaire, et qui, comme le maître maçon, doit être en état de comprendre et d'exécuter les plans d'un architecte. —, compagnon qui étudie la charpente, qui travaille dans un chantier.

CHARPENTRY, s. m. Com. du dép. de la Meuse, cant. de Varennes, arr. de Verdun. = Varennes.

CHARPEY, s. m. Com. du dép. de la Drôme, cant. de Bourg-du-Péage, arr. de Valence. = Romans.
Fab. d'étoffes de laine; vers à soie.

CHARPI, s. m. Billot pour tailler les douves. T. de tonnel.

CHARPIE, s. f. Vieux linge effilé avec lequel on fait des plumasseaux, des bourdonnets, pour panser les plaies. Viande en —, viande trop cuite, qui n'a plus de consistance. Fig.

CHARPONT, s. m. Com. du dép. d'Eure-et-Loir, cant. et arr. de Dreux. = Dreux.

CHARQUEMONT, s. m. Com. du dép. du Doubs, cant. de Maiche, arr. de Montbéliard. = St.-Hippolyte.

CHARRAIS, s. m. Com. du dép. de la Vienne, cant. de Neuville, arr. de Poitiers. = Poitiers.

CHARRAIX, s. m. Com. du dép. de la Haute-Loire, cant. de Langeac, arr. de Brioude. = Langeac.

CHARRAS, s. m. Com. du dép. de la Charente, cant. de Montbron, arr. d'Angoulême. = la Rochefoucault.

CHARRAS (le canal de), s. m. Situé dans le dép. de la Charente-Inférieure; ce canal, sur la rive droite de la Charente, est un de ceux qui doivent contribuer au desséchement des marais de Rochefort et de ses environs.

CHARRAY, s. m. Com. du dép. d'Eure-et-Loir, cant. de Cloyes, arr. de Châteaudun. = Cloyes.

CHARRE, s. m. Com. du dép. des Basses-Pyrénées, cant. de Navarrenx, arr. d'Orthez. = Navarrenx.

CHARRECEY, s. m. Com. du dép. de Saône-et-Loire, cant. de Givry, arr. de Châlons. = le Bourgneuf.

CHARRÉE, s. f. Cendre qui a servi à faire la lessive. — ou FRIGANE, insecte aquatique à tuyaux.

CHARRETÉE, s. f. La charge d'une charrette; ce qu'elle peut contenir.

CHARRETIER, s. m. Domestique qui conduit une charrette, qui laboure les terres. —, constellation. T. d'astr.

CHARRETIÈRE, adj. f. Par où passent les charrettes; porte charretière.

CHARRETTE, s. f. Voiture à deux roues, garnie de deux limons et d'autant de ridelles.

CHARREY, s. m. Com. du dép. de la Côte-d'Or, cant. et arr. de Châtillon-sur-Seine. = Mussy-l'Evêque.

CHARREY, s. m. Com. du dép. de la Côte-d'Or, cant. de St.-Jean-de-Losne, arr. de Beaune. = St.-Jean-de-Losne.

CHARRIAGE, s. m. Action de charrier; prix de la voiture, du transport.

CHARRIÉ, E, part. Voituré, transporté sur une charrette.

CHARRIER, s. m. Gros drap de toile où l'on met la cendre sur le cuvier pour faire la lessive.

CHARRIER, v. a. Voiturer dans une charrette. —, entraîner; la rivière charrie du sable. — droit, se bien conduire. Fig. et fam. —, v. n. Porter des glaçons; la Seine charrie.

CHARRIÈRE (la), s. f. Com. du dép. des Deux-Sèvres, cant. de Beauvoir, arr. de Niort. = Niort.
Comm. de vins blancs renommés.

CHARRIÈRES, s. f. Com. du dép. de la Creuse, cant. de Royère, arr. de Bourganeuf. = Bourganeuf.

CHARRIN, s. m. Com. du dép. de la Nièvre, cant. de Fours, arr. de Nevers. = Decize.

CHARRITTE-DE-BAS, s. f. Com. du dép. des Basses-Pyrénées, cant. et arr. de Mauléon. = St.-Palais.

CHARRITTE-DE-HAUT, s. f. Com. du dép. des Basses-Pyrénées, cant. de Tardets, arr. de Mauléon. = Mauléon.

CHARRITTE-MIXE, s. f. Com. du dép. des Basses-Pyrénées, cant. de St.-Palais, arr. de Mauléon. = St.-Palais.

CHARROI, s. m. Charriage, action de charrier. —, grande chaloupe pour la pêche de la morue. —, pl. Le train de l'artillerie; les charrois militaires.

CHARRON, s. m. Artisan qui fait des voitures, des charrues, des charrettes, etc.

CHARRON, s. m. Com. du dép. de la Charente-Inférieure, cant. de Marans, arr. de la Rochelle. = Marans.

CHARRON, s. m. Com. du dép. de la Creuse, cant. d'Evaux, arr. d'Aubusson. = Auzances.

CHARRONAGE, s. m. Profession, travail du charron.

CHARROUX, s. m. Com. du dép. de l'Allier, cant. de Chantelle-le-Château, arr. de Gannat. = Gannat. Tanneries; comm. de grains.

CHARROUX, s. m. Petite ville du dép. de la Vienne, chef-lieu de cant. de l'arr. de Civray. Bur. d'enregist. = Civray.

CHARROYÉ, E, part. Charrié, transporté dans une charrette, un chariot.

CHARROYER, v. a. Charrier, transporter des marchandises dans une charrette, etc.

CHARROYEUR, s. m. Charretier; entrepreneur de charrois.

CHARRUE, s. f. Instrument aratoire composé d'un train monté sur deux roues, d'un soc et d'un contre pour ouvrir la terre —, étendue de terre qu'une charrue peut mettre en valeur chaque année. —, outil pour ratisser les allées. T. de jard. — mal attelée, société où il règne peu d'accord. Mettre la — avant les bœufs, mettre avant ce qui doit être après.

CHARS-ET-BERCAGNY, s. m. Com. du dép. de Seine-et-Oise, cant. de Marines, arr. de Pontoise. = Pontoise.

CHARSONVILLE, s. f. Com. du dép. du Loiret, cant. de Meung, arr. d'Orléans. = Beaugency.

CHARTAGNE, s. f. Retranchement caché dans les bois. T. inus.

CHARTAINVILLIERS, s. m. Com. du dép. d'Eure-et-Loir, cant. de Maintenon, arr. de Chartres. = Maintenon.

CHARTE, s. f. Constitution française, monument de la sagesse de Louis XVIII.

CHARTE-PARTIE, s. f. Acte de société pour le commerce maritime.

CHARTEVES, s. f. Com. du dép. de l'Aisne, cant. de Condé, arr. de Château-Thierry. = Château-Thierry.

CHARTIER (St.-), s. m. Petite ville du dép. de l'Indre, cant. et arr. de la Châtre. = la Châtre.

CHARTIL, s. m. Corps de charrette. —, longue charrette dont on se sert pour rentrer les moissons. —, hangar pour les charrettes.

CHARTOGRAPHE, s. m. Auteur de chartes.

CHARTOPHYLAX, s. m. Garde des chartes de l'Église grecque.

CHARTRE, s. f. Prison. (Vi.) — privée, détention arbitraire, sans autorité de justice. —, maladie de langueur des enfans. —, ou mieux CHARTE, titres anciens, lettres-patentes, papiers relatifs à l'histoire; lois constitutionnelles, etc.

CHARTRE (la), s. f. Petite ville du dép. de la Sarthe, chef-lieu de cant. de l'arr. de St.-Calais. Bur. d'enregist. et de poste. Fab. de cuirs; comm. de vins et de bestiaux.

CHARTRENÉ, s. m. Com. du dép. de Maine-et-Loire, cant. et arr. de Baugé. = Baugé.

CHARTRES, s. f. L'une des plus anciennes villes de France, chef-lieu de préf. du dép. d'Eure-et-Loir, d'une sous-préf. et de deux cant.; évêché; cour d'assises; trib. de 1re inst. et de comm.; société d'agric.; école de dessin; biblioth. publ.; cabinets de physique et d'histoire naturelle; ingén. en chef des ponts-et-chaussées; direct. de l'enregist. et des domaines de 2e classe; conserv. des hypoth.; direct. des contrib. dir. et indir.; bur. de garantie des matières d'or et d'argent; recev. gén. des finances; payeur du dép.; bur. d'enregist. et de poste. Pop. 13,700 hab. environ.

Chartres, comme nous l'avons déjà dit, est l'une des plus anciennes villes de France; c'est du moins celle dont l'importance ne pourrait être révoquée en doute. En effet, sous les Gaulois, les Druides y avaient établi le siége de leur religion; et, lorsque les Romains s'en emparèrent, elle était la capitale des Carnutes, peuples les plus puissans de la Gaule Celtique. Livrée aux Anglais, sous le règne de Charles VI, Dunois la leur enleva en 1432. Henri IV lui-même s'en empara en 1591, et, trois ans après, se fit sacrer dans sa cathédrale. C'est dans cette même cathédrale que saint Bernard prêcha la seconde croisade, en 1445.

La ville de Chartres, bâtie en amphithéâtre, se divise en haute et basse ville; ses rues sont étroites et mal percées; mais on y trouve quelques quartiers agréables. En un mot, l'aspect de cette ville, ses deux clochers d'une élévation telle qu'on a été obligé de diminuer la hauteur de l'un d'eux; ses vieux murs, ses rues escarpées et étroites; tout, jusqu'à sa rivière encaissée, annonce sa vénérable antiquité.

Le département d'Eure-et-Loir peut s'enorgueillir d'une foule d'hommes célèbres que nous avons vu briller dans diverses carrières, et qui tous ont fait leurs études à Chartres. Nous citerons, entre autres, Brissot, Pétion, Guillard, Colin-d'Harleville, Chauveau-Lagarde, Dussault, l'intrépide Marceau, général à vingt-quatre ans, et mort au champ d'honneur à vingt-sept; etc. Nous devons ajouter à ces noms modernes, et celui de Philippe Desportes, l'un de nos vieux poëtes français, et celui de Regnier, son neveu, qui a précédé Boileau dans les sentiers épineux de la satire.

Fab. de gros draps et de bonneterie tricotée ; comm. considérable de blés et farines, de bestiaux, de laines, de cuirs et de pâtés renommés.

On remarque à Chartres la cathédrale, construite dans le onzième siècle ; les deux clochers qui la dominent et qui se perdent dans les nues ; le monument érigé à la mémoire de Marceau ; les restes de l'aqueduc de Maintenon, et le jardin botanique.

CHARTRES, s. f. Com. du dép. d'Ille-et-Vilaine, cant. et arr. de Rennes. = Rennes.

CHARTRES (St.-), s. m. Com. du dép. de la Vienne, cant. de Moncontour, arr. de Loudun. = Mirebeau.

CHARTRETTES, s. f. Com. du dép. de Seine-et-Marne, cant. du Châtelet, arr. de Melun. = Melun.

On remarque dans ce village un château que Henri IV fit bâtir pour Gabrielle d'Estrées.

CHARTREUSE, s. f. Religieuse de l'ordre de Saint-Bruno. —, couvent de chartreux. —, petite maison isolée dans la campagne. Fig. —, coquille du genre des hélices. T. d'hist. nat.

CHARTREUX, s. m. Religieux de l'ordre de Saint-Bruno. —, race de chats dont le poil est gris-bleuâtre. —, espèce de champignon. T. de bot.

CHARTRIER, s. m. Lieu où l'on conserve les chartres ; celui qui en est le gardien, le conservateur.

CHARTRIER, s. m. Com. du dép. de la Corrèze, cant. de Larche, arr. de Brive. = Brive.

CHARTRONGES, s. m. Com. du dép. de Seine-et-Marne, cant. de la Ferté-Gaucher, arr. de Coulommiers. = la Ferté-Gaucher.

CHARTULAIRE, s. m. Recueil de Chartres.

CHARTUZAC, s. m. Com. du dép. de la Charente-Inférieure, cant. de Montendre, arr. de Jonzac. = Montendre.

CHARVIEU, s. m. Com. du dép. de l'Isère, cant. de Meyzieu, arr. de Vienne. = Crémieu.

CHARZAIS, s. m. Com. du dép. de la Vendée, cant. et arr. de Fontenay. = Fontenay.

CHAS, s. m. Trou d'une aiguille ; colle d'amidon.

CHAS, s. m. Com. du dép. du Puy-de-Dôme, cant. de Vertaizon, arr. de Clermont. = Billom.

CHASCOLYTRE, s. m. Genre de plantes graminées. T. de bot.

CHASERET, s. m. Petit châssis pour faire du fromage.

CHASEREY, s. m. Com. du dép. de l'Aube, cant. de Chaource, arr. de Bar-sur-Seine. = Chaource.

CHASEY, s. m. Com. du dép. de l'Ain, cant. et arr. de Belley. = Belley.

CHASLARD (le), s. m. Village du dép. de la Haute-Vienne, cant. et arr. de St.-Yrieix. = St.-Yrieix.

CHASNANS, s. m. Com. du dép. du Doubs, cant. de Vercel, arr. de Baume. = Besançon.

CHASNAY, s. m. Com. du dép. de la Nièvre, cant. de la Charité, arr. de Cosne. = la Charité.

CHASNÉ, s. m. Com. du dép. d'Ille-et-Vilaine, cant. de Liffré, arr. de Rennes. = St.-Aubin-du-Cormier.

CHASOT-ET-FONTENELLE, s. m. Com. du dép. du Doubs, cant. de Clerval, arr. de Baume. = Marnay.

CHASPINHAC, s. m. Com. du dép. de la Haute-Loire, cant. et arr. du Puy. = le Puy.

CHASPUSAC, s. m. Com. du dép. de la Haute-Loire, cant. de Loudes, arr. du Puy. = le Puy.

CHASSAGNE, s. f. Com. du dép. du Doubs, cant. d'Ornans, arr. de Besançon. = Ornans.

CHASSAGNE, s. f. Com. du dép. du Puy-de-Dôme, cant. d'Ardes, arr. d'Issoire. = Ardes.

Mine d'antimoine.

CHASSAGNE (la), s. f. Com. du dép. du Jura, cant. de Chaumergy, arr. de Dôle. = Sellières.

CHASSAGNE-LE-HAUT, s. m. Com. du dép. de la Côte-d'Or, cant. de Nolay, arr. de Beaune. = Chagny.

Comm. d'excellens vins de Bourgogne.

CHASSAGNES, s. f. Com. du dép. de l'Ardèche, cant. des Vans, arr. de Largentière. = les Vans.

CHASSAGNES, s. f. Com. du dép. de la Dordogne, cant. et arr. de Ribérac. = Ribérac.

CHASSAGNES, s. f. Com. du dép. de la Haute-Loire, cant. de Paulhaguet, arr. de Brioude. = Brioude.

CHASSAGNY, s. m. Com. du dép. du Rhône, cant. de Givors, arr. de Lyon. = Lyon.

CHASSAL, s. m. Com. du dép. du Jura, cant. et arr. de St.-Claude. = St.-Claude.

CHASSANT, s. m. Com. du dép. d'Eure-et-Loir, cant. de Thiron-Gardais, arr. de Nogent-le-Rotrou. = Brou.

CHASSE, s. f. Coffre où sont enfermées les reliques d'un saint. —, tout ce qui tient une chose enchâssée; monture d'un verre de lunettes; fer qui porte le fléau des balances.

CHASSE, s. f. Action de chasser, de poursuivre le gibier. —, équipage de chasse, les chasseurs, la meute, le gibier tué. —, poursuite. —, lieu où la balle fait son premier bond. T. de jeu de paume. —, marteau, outil pour chasser, enfoncer; facilité du mouvement d'une machine; jeu d'une scie. T. de mét. —, espèce d'auvant au four, maçonnerie qui garantit le verrier de l'action du feu. T. de verr. —, galerie, charge de poudre au fond d'une cartouche. T. de min.

CHASSE, s. f. Village du dép. des Basses-Alpes, cant. de Colmars, arr. de Castellanne. = Colmars.

CHASSÉ, s. m. Pas de contredanse en se portant de côté.

CHASSÉ, E, part. Expulsé, mis dehors; écarté, banni.

CHASSÉ, s. m. Com. du dép. de la Sarthe, cant. de Fresnaye, arr. de Mamers. = Alençon.

CHASSE-AVANT, s. m. Chef d'atelier. —, celui qui excite les autres. Fig.

CHASSE-BONDIEU, s. m. Mailloche pour enfoncer le bondieu, coin des scieurs de long.

CHASSE-BOSSE, s. f. Lysimachie. T. de bot.

CHASSE-CARRÉE, s. f. Marteau à tête carrée.

CHASSE-CHIEN, s. m. Portier. T. de mép.

CHASSE-COUSIN, s. m. Méchant vin; fleuret qui ne fléchit pas. T. d'escr.

CHASSE-FIENTE, s. m. Vautour d'Afrique. T. d'hist. nat.

CHASSE-FLEURÉE, s. f. Planche pour remuer la teinture. T. de teintur.

CHASSEGNÉ, s. m. Com. du dép. de la Manche, cant. de Juvigny, arr. de Mortain. = Mortain.

CHASSEIGNES, s. m. Com. du dép. de la Vienne, cant. et arr. de Loudun. = Loudun.

CHASSELAS, s. m. Sorte de raisin blanc qu'on sert sur la table.

CHASSELAS, s. m. Com. du dép. de Saône-et-Loire, cant. de la Chapelle-de-Guinchay, arr. de Mâcon. = Mâcon.

CHASSELAY, s. m. Com. du dép. de l'Isère, cant. de Vinay, arr. de St.-Marcellin. = St.-Marcellin.

CHASSELAY, s. m. Petite ville du dép. du Rhône, cant. de Limonest, arr. de Lyon. = Lyon.

CHASSE-MARÉE, s. m. Voiturier qui apporte promptement la marée fraîche; grand bateau pour la pêche.

CHASSE-MERDE, s. m. Labre stercoraire. T. d'hist. nat.

CHASSE-MORTE, s. f. Coup perdu. T. fam. et inus.

CHASSE-MOUCHE, s. m. Petit balai pour chasser les mouches. —, filet dont on couvre les chevaux, esparaçon.

CHASSE-MULET, s. m. Garçon meunier.

CHASSEMY, s. m. Com. du dép. de l'Aisne, cant. de Braisne, arr. de Soissons. = Braisne.

CHASSENARD, s. m. Com. du dép. de l'Allier, cant. du Donjon, arr. de la Palisse. = Digoin.

CHASSENAY, s. m. Com. du dép. de l'Aube, cant. d'Essoye, arr. de Bar-sur-Seine. = Bar-sur-Seine.

CHASSENAY, s. m. Com. du dép. de la Nièvre, cant. de Decize, arr. de Nevers. = Decize.

CHASSENEUIL, s. m. Petite ville du dép. de la Charente, cant. de St.-Claud, arr. de Confolens. = la Rochefoucault.

CHASSENEUIL, s. m. Com. du dép. de l'Indre, cant. d'Argenton, arr. de Châteauroux. = Argenton.

CHASSENEUIL, s. m. Com. du dép. de la Vienne, cant. de St.-Georges, arr. de Poitiers. = Poitiers.

CHASSENON, s. m. Com. du dép. de la Charente, cant. de Chabanais, arr. de Confolens. = Chabanais.

CHASSENON, s. m. Com. du dép. de la Vendée, cant. de St.-Hilaire-sur-l'Autise, arr. de Fontenay. = Fontenay.

CHASSE-POIGNÉE, s. m. Outil de fourbisseur.

CHASSE-POINTE, s. m. Broche en équerre pour chasser les clous.

CHASSE-POMMEAU, s. m. Outil de fourbisseur.

CHASSE-PUNAISE, s. f. Espèce de renoncule de Sibérie très puante. T. de bot.

CHASSER, v. a. Expulser, forcer de sortir, mettre à la porte. —, faire en aller; chasser les chiens. —, congédier, renvoyer. —, mener, faire marcher devant soi; chasser les ânes. —, enfoncer; chasser un clou. —, pousser; la poudre chasse le plomb. —, poursuivre; chasser le gibier. —, purger; chasser la bile. —, éloigner, écarter, bannir; chasser le chagrin. —, v. n. Aller à la chasse; poursuivre, tuer du gibier. —, porter loin en parlant des armes à feu. —, mettre beaucoup d'espaces entre les mots. T. d'impr. —, ne pas tenir à l'ancre; chasser sur ses ancres. T. de mar.

CHASSERADEZ, s. m. Com. du dép. de la Lozère, cant. de Blaymard, arr. de Mende. = Villefort.

CHASSERESSE, s. f. Chasseuse. T. poét.

CHASSERICOURT, s. m. Com. du dép. de l'Aube, cant. de Chavanges, arr. d'Arcis-sur-Aube. = Brienne.

CHASSE-RIVET, s. m. Outil de chaudronnier pour river.

CHASSEUR, EUSE, s. Qui chasse habituellement; qui s'est fait un besoin ou un métier de la chasse. —, soldat dans un régiment de cavalerie légère, voltigeur. —, garde-chasse. —, navire léger armé pour la course. T. de mar.

CHASSEY, s. m. Com. du dép. de la Côte-d'Or, cant. et arr. de Semur. = Semur.

CHASSEY, s. m. Com. du dép. du Jura, cant. de Montmirey, arr. de Dôle. = Gray.

CHASSEY, s. m. Com. du dép. de la Meuse, cant. de Gondrecourt, arr. de Commercy. = Gondrecourt.

CHASSEY, s. m. Com. du dép. de Saône-et-Loire, cant. de Chagny, arr. de Châlons. = Chagny.

CHASSEY-LES-MONTBOZON-ET-LA-MAISON-DU-VEAU, s. m. Com. du dép. de la Haute-Saône, cant. de Montbozon, arr. de Vesoul. = Vesoul.

CHASSEY-LES-SCEY, s. m. Com. du dép. de la Haute-Saône, cant. de Scey-sur-Saône, arr. de Vesoul. = Port-sur-Saône.

CHASSEZAT (le), s. m. Petite rivière dont on trouve la source au-dessus du village de Chasseradez, arr. de Mende, dép. de la Lozère, et qui se jette dans l'Ardèche au-dessous de Ruons, après un cours de 8 l.

CHASSIE, s. f. Humeur onctueuse, filtrée par les glandes ciliaires. —, lippitude, maladie produite par l'épaississement de la chassie qui colle les paupières et cause quelquefois de petits ulcères dans cette partie. T. de chir.

CHASSIECQ, s. m. Com. du dép. de la Charente, cant. de Champagne-Mouton, arr. de Confolens. = Ruffec.

CHASSIERS, s. m. Com. du dép. de l'Ardèche, cant. et arr. de Largentière. = Largentière.

CHASSIEU, s. m. Com. du dép. de l'Isère, cant. de Meyzieu, arr. de Vienne. = Lyon.

CHASSIEUX, EUSE, s. et adj. Qui est incommodé de la chassie, de la lippitude.

CHASSIGNELLES, s. f. Com. du dép. de l'Yonne, cant. d'Ancy-le-Franc, arr. de Tonnerre. = Ancy-le-Franc.

CHASSIGNIEU-ET-COLONGE, s. m. Com. du dép. de l'Isère, cant. de Virieu, arr. de la Tour-du-Pin. = Virieu.

CHASSIGNOLES, s. f. Com. du dép. de l'Indre, cant. et arr. de la Châtre. = la Châtre.

CHASSIGNOLES, s. f. Com. du dép. de la Haute-Loire, cant. d'Auzon, arr. de Brioude. = Brioude.
Mines de plomb et d'antimoine.

CHASSIGNY, s. m. Com. du dép. de la Haute-Marne, cant. de Prauthoy, arr. de Langres. = Langres.

CHASSIGNY-SOUS-DUN, s. m. Com. du dép. de Saône-et-Loire, cant. de Chauffailles, arr. de Charolles. = la Clayette.

CHASSILLÉ, s. m. Com. du dép. de la Sarthe, cant. de Loué, arr. du Mans. = le Mans.

CHASSIRON (Tour de), s. m. Tour située à l'extrémité de l'île d'Oléron, près du rocher d'Antioche, dép. de la Charente-Inférieure, sur laquelle il existe un phare à feu fixe.

CHÂSSIS, s. m. Ouvrage de menuiserie formant plusieurs carrés dans lesquels on pose des vitres; tout ce qui enchâsse quelque chose. —, cadre d'un tableau. — dormant, qui ne s'ouvre point. —, carré de fer qui renferme les pages d'une feuille. T. d'impr.

CHASSOIR, s. m. Morceau de bois que les tonneliers promènent sur les cerceaux pour les enfoncer à l'aide d'un maillet.

CHASSOIRE, s. f. Baguette. T. de fauc.

CHASSORS, s. m. Com. du dép. de la Charente, cant. de Jarnac, arr. de Cognac. = Jarnac.
Comm. d'eau-de-vie.

CHASSY, s. m. Com. du dép. du Cher, cant. de Baugy, arr. de Bourges. = Villequiers.

CHASSY, s. m. Com. du dép. de Saône-et-Loire, cant de Gueugnon, arr. de Charolles. = Perrecy.

CHASSY, s. m. Com. du dép. de l'Yonne, cant. d'Aillant, arr. de Joigny. = Joigny.

CHASTANG, s. m. Com. du dép. de la Corrèze, cant. et arr. de Tulle. = Tulle.

CHASTANIER, s. m. Com. du dép. de la Lozère, cant. de Langogne, arr. de Mende. = Langogne.

CHASTE, adj. Qui s'abstient de tout commerce illicite, des plaisirs de la chair.

—, pur, modeste ; éloigné de tout ce qui blesse la pudeur ; oreilles chastes.

CHASTEAUX, s. m. Com. du dép. de la Corrèze, cant. de Larche, arr. de Brive. = Brive.

CHASTEL, s. m. Com. du dép. de la Haute-Loire, cant. de Pinols, arr. de Brioude. = Langeac

CHASTEL ou CHASTEL-MARLAC, s. m. Com. du dép. du Cantal, cant. de Saignes, arr. de Mauriac. = Bort.

CHASTEL-NOUVEL, s. m. Com. du dép. de la Lozère, cant. et arr. de Mende. = Mende.

CHASTEL-SUR-MURAT, s. m. Com. du dép. du Cantal, cant. et arr. de Murat. = Murat.

CHASTEMENT, adv. Avec chasteté.

CHASTENAY, s. m. Com. du dép. de l'Yonne, cant. de Courson, arr. d'Auxerre. = Auxerre.

CHASTENET, s. m. Com. du dép. de la Charente-Inférieure, cant. de Montlieu, arr. de Jonzac. = Montlieu.

CHASTETÉ, s. f. Vertu d'une personne chaste ; continence perpétuelle ; abstinence des plaisirs, d'un amour illicite.

CHASTEUIL, s. m. Com. du dép. des Basses-Alpes, cant. et arr. de Castellanne. = Castellanne.

CHASTREIX, s. m. Com. du dép. du Puy-de-Dôme, cant. de Latour-St.-Pardoux, arr. d'Issoire. = Tauves.

CHASUBLE, s. f. Ornement d'église qu'on met par dessus l'aube.

CHASUBLIER, s. m. Tailleur qui fait des chasubles et autres ornemens d'église.

CHAT, TE, s. Animal domestique qui prend les souris et les rats ; genre de quadrupèdes carnivores qui comprend le lion, le tigre, la panthère, le lynx, etc. Acheter — en poche, acheter sans avoir vu la marchandise. Eveiller le — qui dort, réveiller une affaire assoupie. Vivre comme chien et —, vivre en ennemis. Il n'y a pas de quoi fouetter un —, c'est une bagatelle. —, ardoise dure et fragile ; chevalet de couvreur ; pièce percée, mobile sur l'à-plomb. T. de mét. —, fer armé de griffes qui sert à visiter l'intérieur d'un canon. T. d'artill. —, gros vaisseau dont on se sert dans le Nord. T. de mar. —, poisson du genre du silure. T. d'hist. nat. —, garance de la côte de Coromandel. T. de bot. — pl., folles fleurs, chatons des coudriers, des saules.

CHÂTAIGNE, s. f. Fruit du châtaignier dont l'écorce est d'un rouge brun ; fruit de la liane à bœuf. —, tête de cuir. —, plaque de corne située à la partie inférieure et interne de la jambe du cheval, etc.

CHÂTAIGNÉ, E, adj. Châtain ; chevelure châtaignée.

CHÂTAIGNE D'EAU, s. f. Tribule aquatique. T. de bot.

CHÂTAIGNE DE MER, s. f. Oursin T. de bot.

CHÂTAIGNERAIE, s. f. Terrain planté de châtaigniers.

CHÂTAIGNERAYE (la), s. f. Ville du dép. de la Vendée, chef-lieu de cant. de l'arr. de Fontenay-le-comte. Bur. d'enregist. et de poste.
Fab. de Serges, droguets, toiles ; filatures de coton et papeteries.
Comm. de grains, laines et bestiaux.

CHÂTAIGNIER, s. m. Grand arbre sauvage de la famille des amentacées qui produit les châtaignes.

CHÂTAIN, s. et adj. m. De couleur de châtaigne ; cheveux châtains. — foncé, s'approchant du brun. — clair, tirant sur le blond.

CHÂTAIN, s. m. Village du dép. de la Creuse, com. de Monteil, cant. de Royère, arr. de Bourganeuf. = Bourganeuf.

CHÂTAIN, s. m. Com. du dép. de la Vienne, cant. de Charroux, arr. de Civray. = Civray.

CHÂTAINCOURT, s. m. Com. du dép. d'Eure-et-Loir, cant. de Brezolles, arr. de Dreux. = Brezolles.

CHATAS, s. m. Com. du dép. des Vosges, cant. de Senones, arr. de St.-Dié. = Raon-l'Etape.

CHAT-BIZAAM, s. m. Joli petit quadrupède d'Afrique du genre du chat. T. d'hist. nat.

CHÂTEAU, s. m. Forteresse ; grande maison royale ou de seigneur dans un village. — d'eau, bâtiment qui ne renferme que des réservoirs. — de poupe, ou d'arrière, de proue, ou d'avant ; logement élevé sur la poupe ou la proue d'un navire. T. de mar. Bâtir des — en Espagne, faire des projets en l'air.

CHÂTEAU, s. m. Com. du dép. de Saône-et-Loire, cant. de Cluny, arr. de Mâcon. = Cluny.

CHÂTEAU-ARNOUX, s. m. Com. du dép. des Basses-Alpes, cant. de Volonne, arr. de Sisteron. = Sisteron.

CHÂTEAU-BERNARD, s. m. Com. du dép. de la Charente, cant. et arr. de Cognac. = Cognac.

CHÂTEAU-BERNARD, s. m. Village du dép. de l'Isère, cant. de Monestier-de-Clermont, arr. de Grenoble. = Grenoble.

CHÂTEAUBLEAU, s. m. Com. du dép. de Seine-et-Marne, cant. de Nangis, arr. de Provins. = Nangis.

CHÂTEAUBOURG, s. m. Com. du dép. de l'Ardèche, cant. de St.-Péray, arr. de Tournon. = St.-Péray.

CHÂTEAUBOURG, s. m. Com. du dép. d'Ille-et-Vilaine, chef-lieu de cant. de l'arr. de Vitré. Bur. d'enregist. = Vitré.

CHÂTEAU-BRÉHAIN, s. m. Com. du dép. de la Meurthe, cant. de Delme, arr. de Château-Salins. = Château-Salins.

CHÂTEAUBRIANT, s. m. Petite ville du dép. de la Loire-Inférieure, chef-lieu de sous-préf. et d'un cant.; trib. de 1re inst.; société d'agric.; conserv. des hypoth.; direct. des contrib. indir.; recev. part. des finances. Bur. d'enregist. et de poste.

Fab. d'étoffes de laine, de confitures et de conserve d'angélique; comm. de graines, bois, houille, fers, chevaux et bestiaux.

CHÂTEAU-CHÂLON, s. m. Com. du dép. du Jura, cant. de Voiteur, arr. de Lons-le-Saulnier. = Poligny.

Comm. de vins renommés qui prennent en vieillissant la couleur et le goût du vin de Tokai.

CHÂTEAU-CHERVIX, s. m. Com. du dép. de la Haute-Vienne, cant. de St.-Germain-les-Belles, arr. de St.-Yrieix. = Pierre-Buffière.

CHÂTEAU-CHINON, s. m. Petite ville du dép. de la Nièvre, chef-lieu de sous-préf. et d'un cant.; trib. de 1re inst.; société d'agric.; conserv. des hypoth.; sous-inspect. des forêts; direct. des contrib. indir.; recev. part. des finances. Bur. d'enregist. et de poste.

Fab. de draps; tanneries considérables; comm. de vins, bestiaux, laines, bois, etc.

CHÂTEAU-CHINON-CAMPAGNE, s. m. Com. du dép. de la Nièvre, cant. et arr. de Château-Chinon. = Château-Chinon.

CHÂTEAU-D'ALMENÊCHES (le), s. m. Com. du dép. de l'Orne, cant. de Mortrée, arr. d'Argentan. = Mortrée.

CHÂTEAU-DE-JOUX, s. m. Fort du dép. du Doubs, cant. et arr. de Pontarlier. Ce château, situé sur la pointe d'un rocher baigné par le Doubs, est une place de guerre de 4e classe et la principale défense du territoire français du côté de la Suisse.

CHÂTEAU-DES-PRÉS, s. m. Com. du dép. du Jura, cant. de St.-Laurent, arr. de St.-Claude. = St.-Claude.

CHÂTEAU-D'OLONNE (le), s. m. Com. du dép. de la Vendée, cant. et arr. des Sables-d'Olonne. = les Sables-d'Olonne.

CHÂTEAU-DOUBLE, s. m. Com. du dép. de la Drôme, cant. de Chabeuil, arr. de Valence. = Valence. Papeterie.

CHÂTEAU-DOUBLE, s. m. Com. du dép. du Var, cant. de Callas, arr. de Draguignan. = Draguignan.

CHÂTEAU-DU-LOIR, s. m. Petite ville du dép. de la Sarthe, chef-lieu de cant. de l'arr. de St.-Calais. Bur. d'enregist. et de poste.

Manuf. de toiles à voiles; filatures de coton. Comm. de grains, bois, fruits, chanvre, lin, bestiaux et de vins très renommés.

CHÂTEAUDUN, s. m. Ville du dép. d'Eure-et-Loir, chef-lieu de sous-préf. et d'un cant.; trib. de 1re inst.; société d'agric; biblioth. publique; conserv. des hypoth.; direction des contrib. indir.; recev. part. des finances; bur. d'enregist. et de poste.

Manuf. de couvertures de laine. Comm. de grains, farines, cuirs, laines, bois et bestiaux.

CHÂTEAU-FORT, s. m. Com. du dép. des Basses-Alpes, cant. de la Motte-du-Caire, arr. de Sisteron. = Sisteron.

CHÂTEAU-FORT, s. m. Com. du dép. de Seine-et-Oise, cant. de Palaiseau, arr. de Versailles. = Chevreuse.

Comm. de filasse et de porcs.

CHÂTEAU-FROMAGE, s. m. Com du dép. de la Vendée, cant. et arr. de Bourbon-Vendée. = Bourbon-Vendée.

CHÂTEAU-GAILLARD, s. m. Com. du dép. de l'Ain, cant. d'Ambérieux, arr. de Belley. = Ambérieux.

CHÂTEAU-GARNIER, s. m. Village du dép. des Basses-Alpes, cant. de Colmars, arr. de Castellanne. = Digne.

CHÂTEAU-GARNIER, s. m. Com. du dép. de la Vienne, cant. de Gençay, arr. de Civray. = Civray.

CHÂTEAUGAY, s. m. Com. du dép. du Puy-de-Dôme, cant. et arr. de Riom. = Riom.

CHÂTEAUGIRON, s. m. Com. du dép. d'Ille-et-Vilaine, chef-lieu de cant. de l'arr. de Rennes. Bur. d'enregist. = Rennes.

CHÂTEAU-GOMBERT, s. m. Village du dép. des Bouches-du-Rhône, cant. et arr. de Marseille. = Marseille.

CHÂTEAU-GONTIER, s. m. Ville du dép. de la Mayenne, chef-lieu de sous-préf. et de cant.; trib. de 1re inst.; société d'agric.; conserv. des hypoth.; direct. des contrib. indir.; recev. part. des finances; bur. d'enregist. et de poste.

Fab. de toiles, serges, étamines. Comm. de graines de trèfle, fers, bois, vins, toiles et fil de lin.

CHÂTEAU-GUIBERT, s. m. Com. du dép. de la Vendée, cant. de Mareuil, arr. de Bourbon-Vendée. = Bourbon-Vendée.

CHÂTEAU-ILE-D'OLÉRON (le), s. m. Petite ville fortifiée du dép. de la Charente-Inférieure, chef-lieu de cant. de l'arr. de Marennes, place de guerre de 3ᵉ classe, bur. d'enregist. à St.-Pierre-d'Oléron. = Marennes.

Construction de navires; comm. de vins, eaux-de-vie, sel, grains, etc.

CHÂTEAU-L'ABBAYE, s. m. Com. du dép. du Nord, cant. de St.-Amand, arr. de Valenciennes. = St.-Amand.

CHÂTEAU-LAMBET, s. m. Com. du dép. de la Haute-Saône, cant. de Mélisey, arr. de Lure. = Lure.

CHÂTEAU-LANDON, s. m. Petite ville du dép. de Seine-et-Marne, chef-lieu de cant. de l'arr. de Fontainebleau. Bur. d'enregist. et de poste.

Fab. de blanc d'Espagne; exploitation de carrières de pierres dures qui se polissent comme le marbre; comm. de vins et grains.

CHÂTEAU-L'ARCHER, s. m. Com. du dép. de la Vienne, cant. de Vivonne, arr. de Poitiers. = Vivonne.

CHÂTEAU-LA-VALLIÈRE, s. m. Com. du dép. d'Indre-et-Loire, chef-lieu de cant. de l'arr. de Tours. Bur. d'enregist. = le Lude.

Eaux minérales ferrugineuses; fab. d'essieux et d'instrumens aratoires.

CHÂTEAU-LE-BOIS, s. m. Com. du dép. du Doubs, cant. de Boussières, arr. de Besançon. = St.-Vyt.

CHÂTEAU-L'HERMITAGE, s. m. Com. du dép. de la Sarthe, cant. de Pontvallin, arr. de la Flèche. = Foulletourte.

CHÂTEAULIN, s. m. Petite ville du dép. du Finistère, chef-lieu de sous-préf. et de cant.; trib. de 1ʳᵉ inst.; société d'agric.; biblioth. pub.; conserv. des hypoth.; direct. des contrib. indir.; recev. part. des finances; bur. d'enregist. et de poste.

Cette ville est située sur la rivière de l'Aulne qui y forme un petit port, où remontent des barques de 60 à 80 tonneaux. Pêche de saumons et de sardines; comm. de bestiaux, poissons, fers, plomb et ardoises.

CHÂTEAU-MEILLANT, s. m. Petite ville du dép. du Cher, chef-lieu de cant. de l'arr. de St.-Amand. Bur. d'enregist. et de poste.

Comm. de châtaignes.

CHÂTEAUMUR, s. m. Com. du dép. de la Vendée, cant. de Pouzanges, arr. de Fontenay. = Pouzanges.

CHÂTEAUNEUF, s. m. Com. du dép. des Bouches-du-Rhône, cant. de Martigues, arr. d'Aix. = Aix.

CHÂTEAUNEUF, s. m. Com. du dép. du Cantal, cant. de Riom, arr. de Mauriac. = Bort.

CHÂTEAUNEUF, s. m. Petite ville du dép. de la Charente, chef-lieu de cant. de l'arr. de Cognac. Bur. d'enregist. et de poste.

Comm. de vins, eaux-de-vie, sel et bestiaux.

CHÂTEAUNEUF, s. m. Com. du dép. de la Côte-d'Or, cant. de Pouilly-en-Auxois, arr. de Beaune. = Sombernon.

CHÂTEAUNEUF, s. m. Com. du dép. d'Ille-et-Vilaine, chef-lieu de cant. de l'arr. de St.-Mâlo. Bur. d'enregist. à St.-Servan; bur. de poste.

CHÂTEAUNEUF, s. m. Com. du dép. de la Loire, cant. de Rive-de-Gier, arr. de St.-Etienne. = Rive-de-Gier.

CHÂTEAUNEUF, s. m. Petite ville du dép. de Maine-et-Loire, chef-lieu de cant. de l'arr. de Segré. Bur. d'enregist. et de poste.

Fab. de tuiles; filatures de lin; comm. de vins, lin et ardoises.

CHÂTEAUNEUF, s. m. Com. du dép. de la Nièvre, cant. de Donzy, arr. de Cosne. = Donzy.

CHÂTEAUNEUF, s. m. Com. du dép. du Puy-de-Dôme, cant. de Manzat, arr. de Riom. = Montaigut.

CHÂTEAUNEUF, s. m. Com. du dép. de Saône-et-Loire, cant. de Chauffailles, arr. de Charolles. = la Clayette.

CHÂTEAUNEUF, s. m. Com. du dép. du Var, cant. du Bar, arr. de Grasse. = Grasse.

CHÂTEAUNEUF, s. m. Com. du dép. de la Vendée, cant. de Challans, arr. des Sables-d'Olonne. = Challans.

CHÂTEAUNEUF, s. m. Com. du dép. de la Haute-Vienne, chef-lieu de cant. de l'arr. de Limoges. Bur. d'enregist. = Limoges.

CHÂTEAUNEUF-CALCERNIER, s. m. Com. du dép. de Vaucluse, cant. et arr. d'Orange. = Orange.

CHÂTEAUNEUF-DE-BORDETTE, s. m. Com. du dép. de la Drôme, cant. et arr. de Nyons. = Nyons.

CHÂTEAUNEUF-DE-CHABRE, s. m. Com. du dép. des Hautes-Alpes, cant. de Ribiers, arr. de Gap. = Serres.

CHÂTEAUNEUF-DE-GADAGNE, s. m. Com. du dép. de Vaucluse, cant. de l'Isle, arr. d'Avignon. = Avignon.

CHÂTEAUNEUF-DE-GALAURE, s. m. Com. du dép. de la Drôme, cant. de St.-Vallier, arr. de Valence. = St.-Vallier.

CHÂTEAUNEUF-DE-MAZENC, s. m. Com. du dép. de la Drôme, cant. de Dieu-le-Fit, arr. de Montélimar. = Dieu-le-Fit.

Fab. de poterie de terre; filatures de soie; tuileries.

CHÂTEAUNEUF-DE-RANDON, s. m. Com. du dép. de la Lozère, chef-lieu de cant. de l'arr. de Mende. Bur. d'enregist. = Mende.

C'est devant Châteauneuf-de-Randon que fut tué Duguesclin, qui faisait le siége de cette place, occupée par les Anglais.

CHÂTEAUNEUF-D'ISÈRE, s. m. Com. du dép. de la Drôme, cant. de Bourg-du-Péage, arr. de Valence. = Valence.

Fab. de soie.

CHÂTEAUNEUF-D'OZE, s. m. Com. du dép. des Hautes-Alpes, cant. de Veynes, arr. de Gap. = Veynes.

CHÂTEAUNEUF-DU-FAOU, s. m. Petite ville du dép. du Finistère, chef-lieu de cant. de l'arr. de Châteaulin. Bur. d'enregist. = Châteaulin.

CHÂTEAUNEUF-DU-RHÔNE, s. m. Com. du dép. de la Drôme, cant. et arr. de Montélimar. = Montélimar.

Mines de fer et de houille; carrière de marbre blanc; comm. de vins, eaux-de-vie, soie et cocons.

CHÂTEAUNEUF-EN-THIMERAIS, s. m. Petite ville du dép. d'Eure-et-Loir, chef-lieu de cant. de l'arr. de Dreux. Bur. d'enregist. et de poste.

CHÂTEAUNEUF-LE-ROUGE, s. m. Com. du dép. des Bouches-du-Rhône, cant. de Trets, arr. d'Aix. = Aix.

CHÂTEAUNEUF-LES-MANE, s. m. Village du dép. des Basses-Alpes, cant. et arr. de Forcalquier. = Forcalquier.

CHÂTEAUNEUF-LES-MOUSTIERS, s. m. Com. du dép. des Basses-Alpes, cant. de Moustiers, arr. de Digne. = Riez.

CHÂTEAUNEUF-MIRAVAIL, s. m. Com. du dép. des Basses-Alpes, cant. de Noyers, arr. de Sisteron. = Sisteron.

CHÂTEAUNEUF-SUR-CHER, s. m. Petite ville du dép. du Cher, chef-lieu de cant. de l'arr. de St.-Amand. Bur. d'enregist. et de poste.

Comm. de vins, chevaux et bestiaux.

CHÂTEAUNEUF-SUR-LOIRE, s. m. Com. du dép. du Loiret, chef-lieu de cant. de l'arr. d'Orléans. Bur. d'enregist. et de poste.

Manuf. de serges et de couvertures de laines; raffineries de sucre de betteraves.

CHÂTEAUNEUF-VAL-ST.-DONAT, s. m. Com. du dép. des Basses-Alpes, cant. de Volonne, arr. de Sisteron. = Sisteron.

CHÂTEAU-PONSAC, s. m. Com. du dép. de la Haute-Vienne, chef-lieu de cant. de l'arr. de Bellac. Bur. d'enregist. = Morterol.

CHÂTEAU-PORCIEN, s. m. Petite ville du dép. des Ardennes, chef-lieu de cant. de l'arr. de Réthel. Bur. d'enregist. = Réthel.

Fab. de serges, casimirs, étamines; filatures de laine; comm. de draperie, etc.

CHÂTEAUQUEYRAS, s. m. Village du dép. des Hautes-Alpes, cant. d'Abriez, arr. de Briançon. = Briançon.

CHÂTEAU-REDON, s. m. Com. du dép. des Basses-Alpes, cant. de Mezel, arr. de Digne. = Digne.

CHÂTEAU-REGNAULT, s. m. Petite ville du dép. des Ardennes, cant. de Monthermé, arr. de Mézières. = Mézières.

Comm. d'ardoises.

CHÂTEAU-RENARD, s. m. Com. du dép. des Bouches-du-Rhône, chef-lieu de cant. de l'arr. d'Arles. Bur. d'enregist. = St.-Remy.

Fab. de cadis et de calmouks; comm. de grosses toiles.

CHÂTEAU-RENARD, s. m. Petite ville du dép. du Loiret, chef-lieu de cant. de l'arr. de Montargis. Bur. d'enregist. = Montargis.

Fab. de draps pour l'habillement des troupes; comm. de laine, toile et safran.

CHÂTEAU-RENAUD, s. m. Com. du dép. de Saône-et-Loire, cant. et arr. de Louhans. = Louhans.

CHÂTEAU-RENAULT, s. m. Petite ville du dép. d'Indre-et-Loire, chef-lieu de cant. de l'arr. de Tours. Bur. d'enregist. et de poste.

CHÂTEAU-ROUGE, s. m. Com. du dép. de la Moselle, cant. de Bouzonville, arr. de Thionville. = Bouzonville.

CHÂTEAU-ROUX, s. m. Com. du dép. des Hautes-Alpes, cant. et arr. d'Embrun. = Embrun.

Carrières de pierres de taille.

CHÂTEAUROUX, s. m. Ville du dép. de l'Indre, chef-lieu de préf., d'une sous-préf. et d'un cant.; cour d'assises; trib. de 1re inst. et de comm.; chambre consultative des manuf.; société d'agric., sciences et arts; biblioth. publique; ingén. en chef des ponts-et-chaussées; direct. de l'enregist. et des domaines de 3e classe; conserv. des hypoth.; insp. des forêts; direct. des contrib. dir. et indir.; bur. de garantie des matières d'or et d'argent; recev. gén. des finances; payeur du dép.; bur. d'enregist. et de poste. Pop. 11,000 hab. environ.

Manuf. de draps, de bonneterie; filatures de laine; papeteries, etc.; comm. de grains, fers, laines, volailles, bestiaux, moutons, etc.

CHÂTEAU-SALINS, s. m. Petite ville du dép. de la Meurthe, chef-lieu de sous-préf. et d'un cant.; trib. de 1re inst. à Vic; société d'agric.; direct. des contrib. indir.; recev. part. des finances; bur. d'enregist. et de poste.

Cette ville possède des salines importantes qui sont alimentées par deux sources et qui fournissent par an plus de 220,000 quintaux de sel.

Fab. de bonneterie au tricot et de soude; comm. de grains, vins, bois et safran.

CHÂTEAU-SUR-ALLIER, s. m. Com. du dép. de l'Allier, cant. de Lurcy-Lévy, arr. de Moulins. = St.-Pierre-le-Moutier.

CHÂTEAU-SUR-CHER, s. m. Com. du dép. du Puy-de-Dôme, cant. de Pionsat, arr. de Riom. = Chambon.

CHÂTEAU-SUR-EPTE, s. m. Com. du dép. de l'Eure, cant. d'Ecos, arr. des Andelys. = le Tilliers-en-Vexin.

CHÂTEAU-THÉBAUD, s. m. Com. du dép. de la Loire-Inférieure, cant. de Vertou, arr. de Nantes. = Clisson.

CHÂTEAU-THIERRY, s. m. Ville du dép. de l'Aisne; chef-lieu de sous-préf. et d'un cant.; trib. de 1re inst.: conserv. des hypoth.; direct. des contrib. indir.; recev. part. des finances; bur. d'enregist. et de poste.

Notre immortel fabuliste, le bon Lafontaine est né dans cette ville, où il a été élevé un monument à sa mémoire.

Fab. de toiles; filatures de coton; faïenceries, etc.

CHÂTEAU-VERDUN, s. m. Com. du dép. de l'Ariège, cant. de Cabannes, arr. de Foix. = Tarascon.

CHÂTEAU-VERT, s. m. Com. du dép. du Var, cant. de Cotignac, arr. de Brignoles. = Brignoles.

CHÂTEAU-VIEUX, s. m. Com. du dép. des Hautes-Alpes, cant. de Tallard, arr. de Gap. = Gap.

CHÂTEAU-VIEUX, s. m. Com. du dép. du Doubs, cant. d'Ornans, arr. de Besançon. = Ornans.

CHÂTEAU-VIEUX, s. m. Com. du dép. de Loir-et-Cher, cant. de St.-Aignan, arr. de Blois. = St.-Aignan.

CHÂTEAU-VIEUX, s. m. Com. du dép. du Var, cant. de Comps, arr. de Draguignan. = Draguignan.

CHÂTEAU-VILAIN, s. m. Com. du dép. de l'Isère, cant. de Bourgoin, arr. de la Tour-du-Pin. = Bourgoin.

CHÂTEAU-VILAIN ou VILLE-SUR-AUJON, s. m. Petite ville du dép. de la Haute-Marne, chef-lieu de cant. de l'arr. de Chaumont. Bur. d'enregist. et de poste.

Comm. de chevaux et de bestiaux.

CHÂTEAU-VILLE-VIEILLE, s. m. Com. du dép. des Hautes-Alpes, cant. d'Aiguilles, arr. de Briançon. = Mont-Dauphin.

CHÂTEAU-VOUÉ, s. m. Com. du dép. de la Meurthe, cant. et arr. de Château-Salins. = Château-Salins.

CHATÉE, s. f. Portée d'une chatte. T. fam.

CHÂTEL, s. m. Com. du dép. des Ardennes, cant. de Grand-Pré, arr. de Vouziers. = Grand-Pré.

CHÂTEL, s. m. Petite ville du dép. des Vosges, chef-lieu de cant. de l'arr. d'Epinal. Bur. d'enregist. = Epinal.

CHÂTELAILLON, s. m. Com. du dép. de la Charente-Inférieure, cant. de la Jarrie, arr. de la Rochelle. = la Rochelle.

CHÂTELAIN, E, s. et adj. Commandant d'un château fort. (Vi.) —, qui possédait une terre seigneuriale avec droit de justice; juge d'un seigneur châtelain.

CHÂTELAIN, s. m. Com. du dép. de la Mayenne, cant. de Bierné, arr. de Château-Gontier. = Château-Gontier.

CHÂTELAINE (la), s. f. Com. du dép. du Jura, cant. d'Arbois, arr. de Poligny. = Arbois.

CHÂTELAIS, s. m. Com. du dép. de Maine-et-Loire, cant. et arr. de Segré. = Segré.

CHÂTELANS, s. m. Com. du dép. de l'Isère, cant. de Crémieu, arr. de la Tour-du-Pin. = Crémieu.

CHÂTELARD, s. m. Com. du dép. des Basses-Alpes, cant. et arr. de Barcelonnette. = Barcelonnette.

CHÂTEL-ARNAUD, s. m. Com. du

dép. de la Drôme, cant. de Saillans, arr. de Die. = Saillans.

CHÂTELARS-LA-RIVIÈRE, s. m. Com. du dép. de la Charente, cant. de Montembœuf, arr. de Confolens. = la Rochefoucault.

CHÂTELAT, s. m. Village du dép. de la Haute-Vienne, cant. de Nieul, arr. de Limoges. = Limoges.

CHÂTELAUDREN, s. m. Com. du dép. des Côtes-du-Nord, chef-lieu de cant. de l'arr. de St.-Brieuc. Bur. d'enregist. et de poste.
Fab. de toiles et de chapeaux; comm. de grains, graines de trèfles, vins, eaux-de-vie, chevaux, bestiaux, etc.

CHÂTELAY, s. m. Com. du dép. du Jura, cant. de Mont-Barrey, arr. de Dôle. = Dôle.

CHÂTEL-BLANC, s. m. Com. du dép. du Doubs, cant. de Mouthe, arr. de Pontarlier. = Pontarlier.

CHÂTEL-CENSOIR, s. m. Com. du dép. de l'Yonne, cant. de Vézelay, arr. d'Avallon. = Coulanges.

CHÂTEL-DE-JOUX, s. m. Com. du dép. du Jura, cant. de Moirans, arr. de St.-Claude. = Orgelet.

CHÂTEL-DE-NEUVRE, s. m. Com. du dép. de l'Allier, cant. du Montet, arr. de Moulins. = St.-Pourçain.

CHÂTELDON, s. m. Petite ville du dép. du Puy-de-Dôme, chef-lieu de cant. de l'arr. de Thiers. Bur. d'enregist. = Thiers.
Etablissement d'eaux minérales.

CHÂTELÉ, E, adj. Chargé de châteaux. T. de blas.

CHÂTELET, s. m. Petit château; ne se dit que de deux anciens châteaux de Paris, le grand et le petit Châtelet. —, tribunal où se jugeaient en première instance les affaires civiles et criminelles. —, partie d'un métier de rubanier qui soutient les hautes lisses.

CHÂTELET (le), s. m. Com. du dép. des Ardennes, cant. de Juniville, arr. de Réthel. = Réthel.

CHÂTELET (le), s. m. Com. du dép. des Ardennes, cant. et arr. de Rocroi. = Mézières.

CHÂTELET (le), s. m. Com. du dép. du Cher, chef-lieu de cant. de l'arr. de St.-Amand. Bur. d'enregist. à Château-Meillant. = Lignières.

CHÂTELET, s. m. Com. du dép. de la Creuse, cant. de Chambon, arr. de Boussac. = Chambon.

CHÂTELET (le), s. m. Com. du dép. du Doubs, cant. de Vercel, arr. de Baume. = Ornans.

CHÂTELET (le), s. m. Petite ville du dép. de Seine-et-Marne, chef-lieu de cant. de l'arr. de Melun. Bur. d'enregist. et de poste.

CHÂTELETS (les), s. m. pl. Com. du dép. d'Eure-et-Loir, cant. de Brezolles, arr. de Dreux. = Brezolles.

CHÂTELEY (le), s. m. Com. du dép. du Jura, cant. et arr. de Poligny. = Dôle.

CHÂTEL-GÉRARD, s. m. Com. du dép. de l'Yonne, cant. de Noyers, arr. de Tonnerre. = Noyers.
Comm. de bois et de truffes; fab. de faïence.

CHÂTELGUYON, s. m. Com. du dép. du Puy-de-Dôme, cant. et arr. de Riom. = Riom.

CHÂTELIER (le), s. m. Com. du dép. de la Vendée, cant. de Pouzanges, arr. de Fontenay. = Pouzanges.

CHÂTELLARD, s. m. Com. du dép. de la Creuse, cant. d'Auzances, arr. d'Aubusson. = Auzances.

CHÂTELLENIE, s. f. Seigneurie et juridiction d'un ancien seigneur châtelain.

CHÂTELLENOT, s. m. Com. du dép. de la Côte-d'Or, cant. de Pouilly-en-Auxois, arr. de Beaune. = Arnay-le-Duc.

CHÂTELLERAULT, s. m. Ville du dép. de la Vienne, chef-lieu de sous-préfect. et d'un cant.; trib. de 1re inst. et de comm.; société d'agric.; conserv. des hypoth.; direct. des contrib. indir.; recev. part. des finances; bur. d'enregist. et de poste.
Cette ville est située sur la Vienne qui commence à y être navigable.
Fab. de coutellerie de toute espèce, d'orfèvrerie, quincaillerie, dentelles, et de toiles; manuf. royale d'armes blanches. Comm. de grains, vins, eaux-de-vie, anis vert, chanvre, sel, fers, acier, ardoises, merrains, meules de moulins. Pop., 9,250 hab. env.

CHÂTELLIER (le), s. m. Com. du dép. d'Ille-et-Vilaine, cant. de St.-Brice, arr. de Fougères. = Fougères.

CHÂTELLIER (le), s. m. Com. du dép. de la Marne, cant. de Dommartin-sur-Yèvre, arr. de Ste.-Ménéhould. = Ste.-Ménéhould.

CHÂTELLIER (le), s. m. Com. du dép. de l'Orne, cant. de St.-Gervais-de-Messie, arr. de Domfront. = Domfront.

CHATELLIERS-NOTRE-DAME (les), s. m. pl. Com. du dép. d'Eure-et-Loir, cant. d'Illiers, arr. de Chartres. = Illiers.

CHÂTEL-MONTAGNE, s. m. Com. du dép. de l'Allier, cant. de Mayet-de-Montagne, arr. de la Palisse. = Cusset.

CHÂTEL-MORON, s. m. Com. du dép. de Saône-et-Loire, cant. de Givry, arr. de Châlons. = Châlons-sur-Saône.

CHÂTEL-NEUF, s. m. Com. du dép. du Jura, cant. de Champagnole, arr. de Poligny. = Champagnole.

CHÂTEL-NEUF, s. m. Com. du dép. de la Loire, cant. de St.-Georges-en-Couzan, arr. de Montbrison. = Montbrison.

CHÂTEL-PÉRON, s. m. Com. du dép. de l'Allier, cant. de Jaligny, arr. de la Palisse. = le Donjon.
Mines de fer.

CHÂTEL-RAOULD, s. m. Com. du dép. de la Marne, cant. de St.-Remy-en-Bouzemont, arr. de Vitry. = Vitry-le-Français.

CHÂTEL-ST.-GERMAIN, s. m. Com. du dép. de la Moselle, cant. de Gorze, arr. de Metz. = Metz.

CHÂTELUS, s. m. Com. du dép. de l'Allier, cant. et arr. de la Palisse. = St.-Martin.

CHÂTELUS, s. m. Com. du dép. de la Creuse, chef-lieu de cant. de l'arr. de Boussac. Bur. d'enregist. = Boussac.
Comm. de bestiaux et de volailles.

CHÂTELUS, s. m. Com. du dép. de l'Isère, cant. de Pont-en-Royans, arr. de St.-Marcellin. = Pont-en-Royans.

CHÂTELUS, s. m. Com. du dép. de la Loire, cant. de St.-Galmier, arr. de Montbrison. = Chazelles.

CHÂTELUS-LE-MARCHEIX, s. m. Com. du dép. de la Creuse, cant. de Bénévent, arr. de Bourganeuf. = Bourganeuf.
Comm. de bestiaux.

CHÂTELUX, s. m. Com. du dép. de l'Yonne, cant. de Quarré-les-Tombes, arr. d'Avallon. = Avallon.

CHÂTENAY, s. m. Com. du dép. de l'Ain, cant. de Chalamont, arr. de Trévoux. = Méximieux.

CHÂTENAY, s. m. Com. du dép. d'Eure-et-Loir, cant. d'Auneau, arr. de Chartres. = Angerville.
Fab. de bonneterie en laine; comm. de grains.

CHÂTENAY, s. m. Com. du dép. de l'Isère, cant. de Roybon, arr. de St.-Marcellin. = la Côte-St.-André.

CHÂTENAY, s. m. Com. du dép. de la Seine, cant. et arr. de Sceaux. = Antony.

CHÂTENAY, s. m. Com. du dép. de Seine-et-Marne, cant. de Donnemarie, arr. de Provins. = Donnemarie.

CHÂTENAY, s. m. Com. du dép. de Seine-et-Marne, cant. de Nemours, arr. de Fontainebleau. = Nemours.

CHÂTENAY, s. m. Com. du dép. de Seine-et-Oise, cant. d'Ecouen, arr. de Pontoise. = Louvres.

CHÂTENAY-MACHERON, s. m. Com. du dép. de la Haute-Marne, cant. et arr. de Langres. = Langres.

CHÂTENAY-VAUDIN, s. m. Com. du dép. de la Haute-Marne, cant. et arr. de Langres. = Langres.

CHÂTENET-EN-DOGON (le), s. m. Com. du dép. de la Haute-Vienne, cant. de St.-Léonard, arr. de Limoges. = St.-Léonard.

CHÂTENEY, s. m. Com. du dép. de la Haute-Saône, cant. de Saulx, arr. de Lure. = Vesoul.

CHÂTENOIS, s. m. Com. du dép. du Jura, cant. de Rochefort, arr. de Dôle. = Dôle.

CHÂTENOIS, s. m. Com. du dép. du Bas-Rhin, cant. et arr. de Schélestadt. = Schélestadt.
Fab. de percales, calicots, mousselines, toiles d'emballage; papeterie.

CHÂTENOIS, s. m. Com. du dép. du Haut-Rhin, cant. et arr. de Belfort. = Belfort.

CHÂTENOIS, s. m. Com. du dép. de la Haute-Saône, cant. de Saulx, arr. de Lure. = Vesoul.

CHÂTENOIS, s. m. Com. du dép. des Vosges, chef-lieu de cant. de l'arr. de Neufchâteau. Bur. d'enregist. = Neufchâteau.
Fab. d'orgues, de serinettes et d'instrumens de musique.

CHÂTENOY, s. m. Com. du dép. du Loiret, cant. de Châteauneuf, arr. d'Orléans. = Châteauneuf.

CHÂTENOY-EN-BRESSE, s. m. Com. du dép. de Saône-et-Loire, cant. et arr. de Châlons. = Châlons-sur-Saône.

CHÂTENOY-LE-ROYAL, s. m. Com. du dép. de Saône-et-Loire, cant. et arr. de Châlons. = Châlons-sur-Saône.

CHATEPELEUSE, s. f. Charançon.

CHAT-HUANÉ, E, adj. Qui a le pennage d'un chat-huant. T. de blas.

CHAT-HUANT, s. m. Sorte de hibou, oiseau de nuit qui habite le creux des arbres et vit de souris, de mulots, etc. Pl. Chats-huants.

CHÂTIABLE, adj. Qui doit être châtié.

CHÂTIÉ, E, part. Puni, corrigé.

CHÂTIER, v. a. Corriger, punir, infliger un châtiment. —, polir, retoucher, corriger; châtier ses écrits.

CHÂTIÈRE, s. f. Trou pratiqué aux

portes des greniers pour laisser passage aux chats.

CHATIGNAC, s. m. Com. du dép. de la Charente, cant. de Brossac, arr. de Barbezieux. = la Graulle.

CHATIGNONVILLE, s. f. Com. du dép. de Seine-et-Oise, cant. de Dourdan, arr. de Rambouillet. = Dourdan.

CHÂTILLON, s. m. Com. du dép. de l'Allier, cant. du Montet, arr. de Moulins. = le Montet.

CHÂTILLON, s. m. Com. du dép. des Ardennes, cant. du Chesne, arr. de Vouziers. = Buzancy.

CHÂTILLON, s. m. Com. du dép. du Doubs, cant. de St.-Hippolyte, arr. de Montbéliard. = St.-Hippolyte.

CHÂTILLON, s. m. Com. du dép. de la Drôme, chef-lieu de cant. de l'arr. de Die. Bur. d'enregist. = Die.

Fab. de tuiles, mégisseries; comm. de chanvre.

CHÂTILLON, s. m. Com. du dép. d'Eure-et-Loir, cant. de Cloyes, arr. de Châteaudun. = Châteaudun.

CHÂTILLON, s. m. Com. du dép. du Jura, cant. de Conliége, arr. de Lons-le-Saulnier. = Lons-le-Saulnier.

CHÂTILLON, s. m. Com. du dép. du Loiret, cant. d'Outarville, arr. de Pithiviers. = Pithiviers.

CHÂTILLON, s. m. Com. du dép. de Loir-et-Cher, cant. de St.-Aignan, arr. de Blois. = Selles-sur-Cher.

CHÂTILLON, s. m. Petite ville du dép. du Rhône, cant. du Bois-d'Oingt, arr. de Villefranche. = l'Arbresle.

CHÂTILLON, s. m. Com. du dép. de la Seine, cant. et arr. de Sceaux. = Bourg-la-Reine.

CHÂTILLON, s. m. Com. du dép. de Seine-et-Marne, cant. du Châtelet, arr. de Melun. = le Châtelet.

CHÂTILLON, s. m. Com. du dép. de la Vienne, cant. de Couhé, arr. de Civray. = Couhé.

CHÂTILLON, s. m. Com. du dép. des Vosges, cant. de la Marche, arr. de Neufchâteau. = la Marche.

CHÂTILLON-DE-MICHAILLE, s. m. Com. du dép. de l'Ain, chef-lieu de cant. de l'arr. de Nantua. Bur. d'enregist. et de poste.

CHÂTILLON-EN-BAZOIS, s. m. Com. du dép. de la Nièvre, chef-lieu de cant. de l'arr. de Château-Chinon. Bur. d'enregist. = Moulins-Engilbert.

CHÂTILLON-EN-VENDELAIS, s. m. Com. du dép. d'Ille-et-Vilaine, cant. et arr. de Vitré. = Vitré.

CHÂTILLON-GUYOTTE, s. m. Com. du dép. du Doubs, cant. de Roulans, arr. de Baume. = Besançon.

CHÂTILLON-LA-PALUD, s. m. Com. du dép. de l'Ain, cant. de Chalamant, arr. de Trévoux. = Meximieux.

CHÂTILLON-LE-DÉSERT, s. m. Com. du dép. des Hautes-Alpes, cant. de Veynes, arr. de Gap. = Veynes.

CHÂTILLON-LE-DUC, s. m. Com. du dép. du Doubs, cant. de Marchaux, arr. de Besançon. = Besançon.

CHÂTILLON-LES-DOMBES ou CHÂTILLON-SUR-CHALARONNE, s. m. Petite ville du dép. de l'Ain, chef-lieu de cant. de l'arr. de Trévoux. Bur. d'enregist. et de poste.

Fab. de papiers; comm. de vins.

CHÂTILLON-LES-SONS, s. m. Com. du dép. de l'Aisne, cant. de Marle, arr. de Laon. = Marle.

CHÂTILLON-ST.-JEAN, s. m. Com. du dép. de la Drôme, cant. de Romans, arr. de Valence. = Romans.

CHÂTILLON-SOUS-LES-CÔTES, s. m. Com. du dép. de la Meuse, cant. d'Etain, arr. de Verdun. = Verdun.

CHÂTILLON-SUR-BROUÉ, s. m. Com du dép. de la Marne, cant. de St.-Remy-en-Bouzemont, arr. de Vitry. = Montierender.

CHÂTILLON-SUR-COLMONT, s. m. Com. du dép. de la Mayenne, cant. de Gorron, arr. de Mayenne. = Mayenne.

CHÂTILLON-SUR-INDRE, s. m. Petite ville du dép. de l'Indre, chef-lieu de cant. de l'arr. de Châteauroux. Bur. d'enregist. et de poste.

Cette ville, à laquelle sont réunies les paroisses de St.-Martin, de Verton et de Thoiselay, est dominée par les ruines d'un ancien château fort.

Fab. d'étoffes communes.

CHÂTILLON-SUR-LISON, s. m. Com. du dép. du Doubs, cant. de Quingey, arr. de Besançon. = Quingey.

CHÂTILLON-SUR-LOING, s. m. Petite ville du dép. du Loiret, chef-lieu de cant. de l'arr. de Montargis. Bur. d'enregist. et de poste.

Cette ville est dominée par un ancien château dans lequel est né l'amiral de Coligny, l'une des illustres victimes de la St.-Barthélemy.

CHÂTILLON-SUR-LOIRE, s. m. Petite ville du dép. du Loiret, chef-lieu de cant. de l'arr. de Gien. Bur. d'enregist. = Gien.

CHÂTILLON-SUR-MARNE, s. m. Ville du dép. de la Marne, chef-lieu de cant. de l'arr. de Reims. Bur. d'enregist. = Dormans.

Patrie du pape Urbain II.

CHÂTILLON-SUR-MORAINS, s. m. Com. du dép. de la Marne, cant. d'Esternay, arr. d'Epernay. = Sézanne.

CHÂTILLON-SUR-OISE, s. m. Com. du dép. de l'Aisne, cant. de Moy, arr. de St.-Quentin. = St.-Quentin.

CHÂTILLON-SUR-SEICHE, s. m. Com. du dép. d'Ille-et-Vilaine, cant. et arr. de Rennes. = Rennes.

CHÂTILLON-SUR-SEINE, s. m. Ville du dép. de la Côte-d'Or, chef-lieu de sous-préf. et d'un cant.; trib. de 1re inst. et de comm.; société d'agric.; biblioth. publique; conserv. des hypoth.; direct. des contrib. indir.; recev. part. des finances; bur. d'enregist. et de poste.

Cette ville se trouve au confluent de la Douix et de la Seine, qui la divise en deux parties, dont l'une est appelée Chaumont et l'autre le Bourg. En 1814, il s'y tint un congrès. Patrie du maréchal Marmont, duc de Raguse.

Fab. de toiles, serges, draps et quincaillerie; papeteries. Comm. de bois, fer, laines, pierres de taille, meules à aiguiser, pierres lithographiques, etc.

CHÂTILLON-SUR-SÈVRE ou MAULÉON, s. m. Petite ville du dép. des Deux-Sèvres, chef-lieu de cant. de l'arr. de Bressuire. Bur. d'enregist. et de poste.

Cette petite ville est située sur un des affluens de la Sèvre-Nantaise, qui fertilise de nombreux pâturages, dont les produits sont la principale richesse des habitans. Elle fut entièrement détruite dans les anciennes guerres de religion. De nos jours, dans celles de la Vendée, elle fut prise, reprise et livrée aux flammes. Elle existait du temps des Romains sous le nom de Mauléon, et était défendue par un château-fort.

Fab. de toiles; filature de coton; papeteries. Comm. de bestiaux.

CHÂTILLON-SUR-THOUET, s. m. Com. du dép. des Deux-Sèvres, cant. et arr. de Parthenay. = Parthenay.

CHÂTIMENT, s. m. Punition, correction, peine infligée pour une faute.

CHATIN, s. m. Com. du dép. de la Nièvre, cant. et arr. de Château-Chinon = Château-Chinon.

CHATOIEMENT, s. m. Effet de ce qui chatoie; reflet tantôt blanc, tantôt coloré.

CHATOILLENOT, s. m. Com. du dép. de la Haute-Marne, cant. de Prauthoy, arr. de Langres. = Langres.

CHATON, s. m. Petit chat. —, partie d'une bague dans laquelle on enchâsse une pierre précieuse. —, pl. Assemblage de petites feuilles ou écailles florales, fixées sur un axe commun, grêle et pendant en forme de queue de chat; folles fleurs, chats. T. de bot.

CHATONAY, s. m. Com. du dép. de l'Isère, cant. de St.-Jean-de-Bournay, arr. de Vienne. = Bourgoin.

CHATONNAY, s. m. Com. du dép. du Jura, cant. d'Arinthod, arr. de Lons-le-Saulnier. = Orgelet.

CHATONRUPT, s. m. Com. du dép. de la Haute-Marne, cant. de Joinville, arr. de Vassy. = Joinville.

CHATOU, s. m. Com. du dép. de Seine-et-Oise, cant. de St.-Germain-en-Laye, arr. de Versailles. Bur. de poste.

CHATOUILLE, s. f. Petite lamproie dont on se sert pour appât. T. de pêch.

CHATOUILLÉ, E, part. Titillé.

CHATOUILLEMENT, s. m. Action de chatouiller; effet que produit cette action; sensation vive qui provoque ordinairement un rire convulsif, et cause une sorte de spasme. —, certaine impression douce et passagère.

CHATOUILLER, v. a. Titiller; causer par un léger attouchement une sensation vive qui provoque le rire —, dire des choses agréables, flatter les sens, l'imagination, le cœur. Fig. —, approcher de l'aloi. T. de monn.

CHATOUILLEUX, EUSE, adj. Sensible au chatouillement. —, susceptible, qui s'offense aisément. —, délicat, qu'il faut toucher avec précaution; affaire chatouilleuse.

CHATOYANT, E, adj. Dont la couleur varie suivant la réflexion de la lumière; couleur, pierre, étoffe chatoyante. —, dont les rayons colorés partent d'un point et s'étendent. T. de lapid.

CHATOYER, v. n. Rayonner en dedans et au-dehors. T. de lapid.

CHAT-PARD, s. m. Quadrupède féroce dont la peau est tachetée de noir. Voy. SERVAL. T. d'hist. nat.

CHÂTRE (la), s. f. Ville du dép. de l'Indre, chef-lieu de sous-préf. et d'un cant.; trib. de 1re inst.; conserv. des hypoth.; direct. de contrib. indir.; recev. part. des finances; bur. d'enregist. et de poste.

Cette ville est bâtie sur la pente d'une colline qui domine les bords de la rivière d'Indre. Elle possédait autrefois un château fort, dont il ne reste plus qu'une tour qui sert maintenant de maison d'arrêt.

Manuf. de draps; comm. de laines, peaux de chèvres, plumes, bestiaux, et surtout de châtaignes, dont les récoltes sont abondantes.

CHÂTRÉ, E, part. Privé des parties génitales.

CHÂTRE-L'ANGLIN (la), s. f. Com. du dép. de l'Indre, cant. de St.-Benoît-du-Sault, arr. du Blanc. = St.-Benoît-du-Sault.

CHÂTRER, v. a. Amputer les parties génitales. —, retrancher le superflu, le mauvais ; châtrer un écrit. —, enlever les branches parasites ; châtrer des fraisiers, des melons. T. de jard. — des ruches, ôter une partie des gauffres. — des fagots, retirer quelques bâtons.

CHÂTRES, s. f. Com. du dép. de l'Aube, cant. de Méry-sur-Seine, arr. d'Arcis-sur-Aube. = Méry-sur-Seine.

CHÂTRES, s. f. Com. du dép. de la Dordogne, cant. de Terrasson, arr. de Sarlat. = Terrasson.

CHÂTRES, s. f. Com. du dép. de Loir-et-Cher, cant. de Mennetons, arr. de Romorantin. = Vierzon.

CHÂTRES, s. f. Com. du dép. de la Mayenne, cant. d'Evron, arr. de Laval. = Evron.

CHÂTRES, s. f. Com. du dép. de Seine-et-Marne, cant. de Tournan, arr. de Melun. = Tournan.

CHÂTREUR, s. m. Celui qui châtre, qui fait métier de châtrer les animaux.

CHÂTRICES, s. f. Com. du dép. de la Marne, cant. et arr. de Ste.-Ménéhould. = Ste.-Ménéhould.

CHATTANCOURT, s. m. Com. du dép. de la Meuse, cant. de Charny, arr. de Verdun. = Verdun.

CHATTE, s. f. Espèce de gabarre pour charger et décharger les navires. T. de mar.

CHATTE, s. f. Com. du dép. de l'Isère, cant. et arr. de St.-Marcellin. = St.-Marcellin.

CHATTEMENT, adv. A la manière des petits chats. T. inus.

CHATTEMITE, s. f. Hypocrite qui fait patte de velours, qui affecte, pour mieux vous griffer, un air doux, humble et caressant.

CHATTER, v. n. Faire ses petits, en parlant de la chatte.

CHATUZANGE, s. m. Com. du dép. de la Drôme, cant. de Bourg-du-Péage, arr. de Valence. = Romans.

CHAU (la) s. f. Com. du dép. de la Drôme, cant. de Séderon, arr. de Noyons. = le Buis.

CHAUCHAILLES, s. f. Com. du dép. de la Lozère, cant. de Fournels, arr. de Marvejols. = St.-Chély.

CHAUCHÉ, s. m. Com. du dép. de la Vendée, cant. de St.-Fulgent, arr. de Bourbon-Vendée. = St.-Fulgent.

CHAUCHET (le), s. m. Com. du dép. de la Creuse, cant. de Chénerailles, arr. d'Aubusson. = Chénerailles.

CHAUCHIGNY, s. m. Com. du dép. de l'Aube, cant. de Méry-sur-Seine, arr. d'Arcis-sur-Aube. = Méry-sur-Seine.

CHAUCONIN, s. m. Com. du dép. de Seine-et-Marne, cant. et arr. de Meaux. = Meaux.

CHAUD, s. m. Chaleur. —, adv. Chaudement ; boire, manger chaud. Tout —, adv. Sur-le-champ.

CHAUD, E, adj. Qui possède, qui communique de la chaleur. —, prompt, irascible ; vif, animé, plein de feu. —, récent ; l'événement est encore tout chaud. Tête —, personne violente, qui s'emporte aisément. Chienne —, qui est en amour. Affaire —, combat rude, sanglant. Fièvre —, fièvre violente. Tomber de fièvre en — mal, sortir d'un embarras pour tomber dans un plus grand.

CHAUDARDES, s. m. Com. du dép. de l'Aisne, cant. de Neufchâtel, arr. de Laon. = Fismes.

CHAUDE, s. f. Feu violent de forge, de verrerie, etc. Chaleur vive ; degré de feu ; point de cuisson. A la —, adv. Sur l'heure, dans le premier moment. (Vi.)

CHAUDEAU, s. m. Bouillon ou potage qu'on porte aux mariés, le lendemain de leurs noces.

CHAUDEBONNE, s. f. Com. du dép. de la Drôme, cant. de la Motte-Chalançon, arr. de Die. = Noyons.

CHAUDE-CHASSE, s. f. Poursuite d'un prisonnier évadé.

CHAUDEFONDS, s. m. Com. du dép. de Maine-et-Loire, cant. de Chalonnes, arr. d'Angers. = Angers. Mine de houille, et source d'eau minérale.

CHAUDEFONTAINE, s. f. Com. du dép. de la Marne, cant. et arr. de Ste.-Ménéhould. = Ste.-Ménéhould.

CHAUDEFONTAINE, s. f. Com. du dép. du Doubs, cant. de Marchaux, arr. de Besançon. = Besançon.

CHAUDE-HOIE, s. f. Houille grasse.

CHAUDEMENT, adv. De manière à conserver la chaleur ; se vêtir chaudement. —, avec vivacité, avec ardeur. Fig.

CHAUDENAY, s. m. Com. du dép. de la Haute-Marne, cant. de Fay-Billot, arr. de Langres. = Fay-Billot.

CHAUDENAY, s. m. Com. du dép. de Saône-et-Loire, cant. de Chagny, arr. de Châlons. = Chagny.

CHAUDENAY-LA-VILLE, s. m. Com.

du dép. de la Côte-d'Or, cant. de Bligny-sur-Ouche, arr. de Beaune. = Arnay-le-Duc.

CHAUDENAY - LE - CHÂTEAU ou CHAUDENAY-LA-ROCHE, s. m. Com. du dép. de la Côte-d'Or, cant. de Bligny-sur-Ouche, arr. de Beaune. = Arnay-le-Duc.

CHAUDENEY, s. m. Com. du dép. de la Meurthe, cant. et arr. de Toul. = Toul.

CHAUDEPISSE, s. f. Blennorrhagie.

CHAUDER, v. a. Voy. CHAULER.

CHAUDERET, s. m. Moule pour étendre l'or et l'argent; troisième moule du batteur d'or.

CHAUDERIE, s. f. Caravansérail sur les routes, dans l'Inde.

CHAUDES-AIGUES, s. f. Petite ville du dép. du Cantal, chef-lieu de cant. de l'arr. de St.-Flour. Bur. d'enregist. = St.-Flour.

Cette ville, située dans une gorge, était déjà connue du temps des Romains. Elle était célèbre par ses eaux minérales et thermales dont la température variait de 20 à 69 degrés. Ces eaux, qui sortaient d'une montagne volcanisée, étaient ferrugineuses et déposaient une ocre d'un jaune rougeâtre ; elles ont disparu depuis quelques années. On y trouve aussi des sources d'eaux minérales froides.

Fab. de cadis, bas de laines; comm. de colle-forte.

CHAUDE-SUANTE, s. f. Degré de feu. T. de serrur.

CHAUDEYRAC, s. m. Com. du dép. de la Lozère, cant. de Châteauneuf, arr. de Mende. = Langogne.

CHAUDEYROLLES, s. f. Com. du dép. de la Haute-Loire, cant. de Fay-le-Froid, arr. du Puy. = le Puy.

CHAUDIER, v. n. Entrer en chaleur, en parlant des chiennes. T. de véner.

CHAUDIÈRE, s. f. Grand vase de cuivre ou de fonte pour faire chauffer, bouillir ou cuire quelque chose. —, sorte de filet. T. de pêch.

CHAUDIÈRE (la), s. f. Com. du dép. de la Drôme, cant. de Saillans, arr. de Die. = Saillans.

CHAUDON, s. m. Com. du dép. des Basses-Alpes, cant. de Barrême, arr. de Digne. = Digne.

CHAUDON, s. m. Com. du dép. d'Eure-et-Loir, cant. de Nogent-le-Roy, arr. de Dreux. = Nogent-le-Roy.

CHAUDRÉE, s. f. Quantité de soie à teindre en noir.

CHAUDRET, s. m. Livre de huit cent cinquante feuilles de vélin ou baudruche pour battre l'or.

CHAUDREY, s. m. Com. du dép. de l'Aude, cant. de Ramerupt, arr. d'Arcis-sur-Aube. = Arcis-sur-Aube.

CHAUDRON, s. m. Petite chaudière à anse, vase de cuisine. —, baquet de boyaudier —, pièce de cuivre percée de trous pour empêcher les ordures d'entrer dans la pompe. T. de mar.

CHAUDRON, s. m. Com. du dép. de Maine-et-Loire, cant. de Montrevault, arr. de Beaupréau. = Beaupréau. Papeteries.

CHAUDRON - ET - VEZENAY, s. m. Com. du dép. du Doubs, cant. et arr. de Pontarlier. = Pontarlier.

CHAUDRONNÉE, s. f. Ce que peut contenir un chaudron.

CHAUDRONNERIE, s. f. Fabrique de chaudrons et d'ustensiles de cuisine; boutique de chaudronnier; marchandise qu'elle renferme.

CHAUDRONNIER, ÈRE, s. Fabricant et marchand de chaudrons et d'ustensiles de cuisine.

CHAUDUN, s. m. Com. du dép. de l'Aisne, cant. d'Oulchy-le-Château, arr. de Soissons. = Soissons.

CHAUDUN, s. m. Com. du dép. des Hautes-Alpes, cant. et arr. de Gap. = Gap.

CHAUF, s. m. Soie de Perse.

CHAUFFAGE, s. m. Provision de bois pour se chauffer l'année; droit de couper dans une forêt la quantité de bois nécessaire à la consommation d'une maison.

CHAUFFAILLES, s. f. Com. du dép. de Saône-et-Loire, chef-lieu de cant. de l'arr. de Charolles. Bur. d'enregist. = la Clayette.

Fab. de toiles.

CHAUFFÉ, E, part. Exposé à l'action du feu.

CHAUFFE, s. f. Foyer où se brûle le bois pour la fonte des pièces. T. de fond.

CHAUFFE-CHEMISE, s. m. Grand panier d'osier pour faire sécher le linge promptement au moyen d'un fourneau.

CHAUFFE-CIRE, s. m. Employé à la chancellerie pour chauffer la cire des sceaux.

CHAUFFECOURT, s. m. Com. du dép. des Vosges, cant. et arr. de Mirecourt. = Mirecourt.

CHAUFFE-LIT, s. m. Bassinoire.

CHAUFFE-PIED, s. m. Chaufferette.

CHAUFFER, v. a. Exposer à l'action du feu, donner de la chaleur. — un poste, le canonner vivement. T. d'artil. — un vaisseau, faire dessus un feu clair pour le caréner. T. de mar. —, v. n. Recevoir de la chaleur ; le four chauffe. Se

—, v. pron. Se mettre auprès du feu pour recevoir de la chaleur.

CHAUFFERETTE, s. f. Boîte en bois, doublée de tôle et percée par le haut de plusieurs trous, dans laquelle on met une poêlette remplie de cendre chaude, de poussier de charbon ou de braise, pour se chauffer les pieds.

CHAUFFERIE, s. f. Forge où l'on réduit le fer en barres.

CHAUFFEUR, s. m. Celui qui tire le soufflet. T. de forg. —, brigand qui brûle les pieds pour faire déclarer où se trouve l'argent.

CHAUFFOIR, s. m. Lieu public où l'on se chauffe; poêle pour faire sécher le linge. —, linge de propreté pour les femmes. —, pl. Linges chauds avec lesquels on essuie un malade en sueur.

CHAUFFOUR, s. m. Com. du dép. de la Corrèze, cant. de Meyssac, arr. de Brive. = Brive.

CHAUFFOUR, s. m. Com. du dép. de la Sarthe, cant. et arr. du Mans. = le Mans.

CHAUFFOUR, s. m. Com. du dép. de Seine-et-Oise, cant. et arr. d'Etampes. = Etrechy.

CHAUFFOUR, s. m. Com. du dép. de Seine-et-Oise, cant. de Bonnières, arr. de Mantes. = Bonnières.

CHAUFFOUR-ET-BAILLY, s. m. Com. du dép. de l'Aube, cant. et arr. de Bar-sur-Seine. = Bar-sur-Seine.

CHAUFFOURT, s. m. Com. du dép. de la Haute-Marne, cant. de Montigny, arr. de Langres. = Montigny.

CHAUFFRY, s. m. Com. du dép. de Seine-et-Marne, cant. de Rebais, arr. de Coulommiers. = Rebais.

CHAUFFURE, s. f. Mauvaise qualité du fer ou de l'acier causée par l'excès de feu.

CHAUFOUR, s. m. Four à chaux. (Vi.)

CHAUFOURNIER, s. m. Ouvrier qui fait de la chaux.

CHAUFOURS, s. m. Com. du dép. d'Eure-et-Loir, cant. d'Illiers, arr. de Chartres. = Chartres.

CHAULAGE, s. m. Action de chauler le blé. T. d'agric.

CHAULÉ, E ou **CHAUDÉ, E**, part. Imbibé de chaux.

CHAULER ou **CHAUDER**, v. a. Jeter une eau de chaux sur le blé de semence pour le garantir des insectes et des pigeons. T. d'agric.

CHAULGNES, s. m. Com. du dép. de la Nièvre, cant. de la Charité, arr. de Cosne. = la Charité.

CHAULIAC, s. m. Com. du dép. de la Lozère, cant. de Malzieux, arr. de Marvejols. = St.-Chély.

CHAULIER, s. m. Chaufournier. T. inus.

CHAULME (la), s. f. Com. du dép. du Puy-de-Dôme, cant. de St.-Anthème, arr. d'Ambert. = Ambert.

CHAULNES, s. m. Petite ville du dép. de la Somme, chef-lieu de cant. de l'arr. de Péronne. Bur. d'enregist. = Lions-en-Santerre.
Manuf. de toiles, treillis, batistes et mousselines.

CHAUM, s. m. Com. du dép. de la Haute-Garonne, cant. de St.-Béat, arr. de St.-Gaudens. = St.-Béat.

CHAUMAGE, s. m. Action, temps de couper le chaume.

CHAUMARD, s. m. Com. du dép. de la Nièvre, cant. de Montsauche, arr. de Château-Chinon. = Château-Chinon.

CHAUME, s. m. Tuyau de blé resté sur pied après la moisson; champ où le chaume est encore sur pied. —, tige des graminées. T. de bot.

CHAUME, s. f. Com. du dép. de la Côte-d'Or, cant. de Selongey, arr. de Dijon. = Selongey.

CHAUME, s. f. Com. du dép. de la Côte-d'Or, cant. de Baigneux-les-Juifs, arr. de Châtillon. = Baigneux-les-Juifs.

CHAUME (la), s. f. Com. du dép. de la Charente-Inférieure, cant. de St.-Porchaire, arr. de Saintes. = Rochefort.

CHAUMÉ, E, part. Se dit d'un champ dont on a coupé le chaume.

CHAUMEIL, s. m. Com. du dép. de la Corrèze, cant. de Corrèze, arr. de Tulle. = Tulle.

CHAUMER, v. a. Couper, arracher, ramasser le chaume.

CHAUMERCENNE, s. f. Com. du dép. de la Haute-Saône, cant. de Pesmes, arr. de Gray. = Gray.

CHAUMERÉ, s. m. Com. du dép. d'Ille-et-Vilaine, cant. de Châteaubourg, arr. de Vitré. = Vitré.

CHAUMERGY, s. m. Com. du dép. du Jura, chef-lieu de cant. de l'arr. de Dôle. Bur. d'enregist. à Chaussin. = Sellières.

CHAUMES, s. f. Com. du dép. de Seine-et-Marne, cant. de Tournon, arr. de Melun. Bur. de poste.

CHAUMESNIL, s. m. Com. du dép. de l'Aube, cant. de Soulaines, arr. de Bar-sur-Aube. = Brienne.

CHAUMETTE ou **CHOMETTE**, s. f. Com. du dép. de la Haute-Loire, cant. de Craponne, arr. du Puy. = le Puy.

CHAUMIE, s. f. Village du dép. des

Basses-Alpes, cant. de Colmars, arr. de Castellanne. = Colmars.

CHAUMIER, s. m. Mulon de chaume.

CHAUMIÈRE, s. f. Maison de village couverte en chaume.

CHAUMINE, s. f. Petite chaumière.

CHAUMONT, s. m. Com. du dép. du Cher, cant. de Charenton, arr. de St.-Amand. = Dun-le-Roi.

CHAUMONT, s. m. Com. du dép. du Jura, cant. et arr. de St.-Claude. = St.-Claude.

CHAUMONT, s. m. Com. du dép. de Loir-et-Cher, cant. de Montrichard, arr. de Blois. = Ecure.

CHAUMONT, s. m. Com. du dép. de Maine-et-Loire, cant. de Seiches, arr. de Baugé. = Baugé.

CHAUMONT, s. m. Petite ville du dép. de l'Oise, chef-lieu de cant. de l'arr. de Beauvais. Bur. d'enregist. et de poste.

Fab. de draps, dentelles, éventails; comm. de grains, bois, fourrages.

CHAUMONT, s. m. Com. du dép. de l'Orne, cant. de Gacé, arr. d'Argentan. = Gacé.

CHAUMONT, s. m. Com. du dép. du Puy-de-Dôme, cant. d'Arlanc, arr. d'Ambert. = Ambert.

CHAUMONT, s. m. Com. du dép. de l'Yonne, cant. de Pont-sur-Yonne, arr. de Sens. = Villeneuve-la-Guyard.

CHAUMONT - DEVANT - DAMVILLERS, s. m. Com. du dép. de la Meuse, cant. de Damvillers, arr. de Montmédy. = Damvillers.

CHAUMONTEL, s. m. Com. du dép. de Seine-et-Oise, cant. de Luzarches, arr. de Pontoise. = Luzarches.

CHAUMONT - EN - BASSIGNY, s. m. Ville du dép. de la Haute-Marne, chef-lieu de préf., d'une sous-préf. et d'un cant.; cour d'assises; trib. de 1re inst. et de comm.; société d'agric., sciences et arts; biblioth. publique de 25,000 vol.; ingén. en chef des ponts-et-chaussées; direct. de l'enregist. et des domaines, de 2e classe; conserv. des hypoth.; inspection des forêts; direct. de contrib. dir. et indir.; bur. de garantie des matières d'or et d'argent; recev. gén. des finances; bur. d'enregist. et de poste. Pop., 6,030 hab. environ.

Cette ville, agréablement située sur une montagne, près de la Marne, est bien bâtie. On y remarque l'hôtel-de-ville, d'une construction élégante : le portail de l'église du collège, et l'hôpital. La partie la plus élevée de cette ville est entourée de jolies promenades.

Elle fut fortifiée par Louis XII, François Ier et Henri II; mais il n'en reste plus que quelques ruines. C'est dans cette ville où il se tint un congrès en 1814, que fut décidé le sort de l'empire par les souverains alliés.

Fab. de bas de laine drapés à l'aiguille, de gants de peaux, de draps, serges et droguets; filatures de coton et de laine; raffineries de sucre de betteraves.

Comm. de fers; coutelleries, eaux-de-vie de marc, bougies, chandelles, etc.

CHAUMONT-LA-VILLE, s. m. Com. du dép. de la Haute-Marne, cant. de Bourmont, arr. de Chaumont. = Bourmont.

CHAUMONT-LE-BOIS, s. m. Com. du dép. de la Côte-d'Or, cant. et arr. de Châtillon-sur-Seine. = Châtillon-sur-Seine.

CHAUMONT-PORCIEN, s. m. Petite ville du dép. des Ardennes, chef-lieu de cant. de l'arr. de Réthel. Bur. d'enregist. = Réthel.

Fab. de toiles.

CHAUMONT-ST.-QUENTIN, s. m. Com. du dép. des Ardennes, cant. et arr. de Sedan. = Sedan.

CHAUMONT-SUR-AIRE, s. m. Com. du dép. de la Meuse, cant. de Vaubecourt, arr. de Bar-le-Duc. = Bar-le-Duc.

CHAUMONT-SUR-THARONNE, s. m. Com. du dép. de Loir-et-Cher, cant. de la Motte-Beuvron, arr. de Romorantin. = La Ferté-St.-Aubin. Bur. d'enregist.

Fab. de faïence et de poterie.

CHAUMOT, s. m. Com. du dép. de la Nièvre, cant. de Corbigny, arr. de Clamecy. = Corbigny.

CHAUMOT, s. m. Com. du dép. de l'Yonne, cant. de Villeneuve-le-Roi, arr. de Joigny. = Villeneuve-le-Roi.

CHAUMOUZEY, s. m. Com. du dép. des Vosges, cant. et arr. d'Epinal. = Epinal.

CHAUMUSSAY, s. m. Com. du dép. d'Indre-et-Loire, cant. de Preuilly, arr. de Loches. = Preuilly.

CHAUMUSSE (la), s. f. Com. du dép. du Jura, cant. de St.-Laurent, arr. de St.-Claude. = Morez.

CHAUMUZY, s. m. Com. du dép. de la Marne, cant. de Ville-en-Tardenois, arr. de Reims. = Reims.

CHAUNAC, s. m. Com. du dép. de la Charente-Inférieure, cant. et arr. de Jonzac. = Jonzac.

CHAUNAY, s. m. Com. du dép. de la Vienne, cant. de Couhé, arr. de Civray. = Civray.

CHAUNES, s. m. Village du dép. de l'Aube, cant. des Riceys, arr. de Bar-sur-Seine. = les Riceys.

CHAUNY, s. m. Petite ville du dép. de

l'Aisne, chef-lieu de cant. de l'arr. de Laon. Bur. d'enregist. et de poste.

Fab. de toiles; bonneterie; filature de coton; dépôt des glaces de St.-Gobin. Comm. de grains, cidre, bois, huile, chevaux, etc.

CHAURAY, s. m. Com. du dép. des Deux-Sèvres, cant. et arr. de Niort. = Niort.

CHAURIAT, s. m. Com. du dép. du Puy-de-Dôme, cant. de Vertaizon, arr. de Clermont. = Billom.

CHAUSSADE (la), s. f. Com. du dép. de la Creuse, cant. de Bellegarde, arr. d'Aubusson. = Aubusson.

CHAUSSAGE, s. m. Entretien de la chaussure. (Vi.)

CHAUSSAIRE (la), s. f. Com. du dép. de Maine-et-Loire, cant. de Montrevault, arr. de Beaupréau. = Beaupréau.

CHAUSSAN, s. m. Com. du dép. du Rhône, cant. de Mornant, arr. de Lyon. = Lyon.

CHAUSSANT, E, adj. Qui prête, qui est facile à chausser, qui se chausse aisément.

CHAUSSE, s. f. Bas, souliers. —, chaperon que les docteurs portent sur l'épaule; poche de drap pour clarifier les liqueurs. —, filet d'arrêt en forme de poche. T. de pêch. —, coquillage univalve. T. d'hist. nat. — d'aisance, tuyau des latrines. —, pl. Culotte, caleçon. (Vi.)

CHAUSSÉ, E, part. Qui a mis ses bas, ses souliers. —, adj. L'opposé de chapé. T. de blas.

CHAUSSÉAGE, s. m. Droit de péage sur une chaussée.

CHAUSSÉE, s. f. Chemin élevé dans un lieu bas; levée, digue sur le bord de l'eau. —, espace pavé entre les bermes; sac dans la huche du moulin. —, pièce de la cadrature d'une montre. T. d'horl.

CHAUSSÉE (la), s. f. Com. du dép. de Loir-et-Cher, cant. et arr. de Blois. = Blois.

CHAUSSÉE (la), s. f. Com. du dép. de la Marne, cant. et arr. de Vitry-le-Français. = Châlons.

CHAUSSÉE (la), s. f. Com. du dép. de la Seine-Inférieure, cant. de Longueville, arr. de Dieppe. = Rouen.

CHAUSSÉE (la), s. f. Com. du dép. de la Vienne, cant. et arr. de Loudun. = Loudun.

CHAUSSÉE-DU-BOIS-DE-L'ÉCU (la), s. f. Com. du dép. de l'Oise, cant. de Crèvecoeur, arr. de Clermont. = Crèvecoeur.

CHAUSSÉE-D'YVRY (la), s. f. Com. du dép. d'Eure-et-Loir, cant. d'Anet, arr. de Dreux. = Pacy-sur-Eure.

CHAUSSENAC, s. m. Com. du dép. du Cantal, cant. de Pléaux, arr. de Mauriac. = Mauriac.

CHAUSSENANS, s. m. Com. du dép. du Jura, cant. et arr. de Poligny. = Poligny.

CHAUSSENNE, s. f. Com. du dép. du Doubs, cant. d'Audeux, arr. de Besançon. = Besançon.

CHAUSSE-PIED, s. m. Long morceau de cuir pour chausser plus facilement un soulier; corne qui remplace avantageusement la lanière de cuir.

CHAUSSER, v. a. Mettre des bas, des souliers; faire des bas, des souliers, pour quelqu'un. —, garnir le pied des arbres, les butter. —, v. n. Prêter; ce bas chausse bien, il entre aisément, il va bien. Se —, v. pron. Mettre ses bas, ses souliers, ses bottes. Se — d'une opinion, s'entêter. Fig.

CHAUSSETIER, s. m. Bonnetier; fabricant et marchand de bas, de bonnets. T. inus.

CHAUSSE-TRAPE, s. f. Genre de plantes cynarocéphales. T. de bot. —, pointes de fer qu'on sème par où doit passer la cavalerie ennemie. —, piège pour prendre les renards, les blaireaux, etc.

CHAUSSETTE, s. f. Sorte de bas sans pieds; demi-bas avec pieds pour mettre dans les bottes.

CHAUSSIN, s. m. Com. du dép. du Jura, chef-lieu de cant. de l'arr. de Dôle. Bur. d'enregist. = Dôle.

CHAUSSON, s. m. Chaussure de laine, de coton, de fil, pour le pied seulement. —, sorte de soulier pour la danse et l'escrime. —, tourte de pommes en forme de chausson.

CHAUSSOY-ÉPAGNY, s. m. Com. du dép. de la Somme, cant. d'Ailly-sur-Noye, arr. de Montdidier. = Montdidier.

CHAUSSURE, s. f. Ce qu'on met aux pieds pour se chausser. Trouver — à son pied, trouver ce qui convient, un obstacle, une résistance. T. fam.

CHAUSSY, s. m. Com. du dép. du Loiret, cant. d'Outarville, arr. de Pithiviers. = Thoury.

CHAUSSY, s. m. Com. du dép. de Seine-et-Oise, cant. de Magny, arr. de Mantes. = Magny.

CHAUTAY (le), s. m. Com. du dép. du Cher, cant. de la Guerche, arr. de St.-Amand. = Nevers.

CHAUVAC, s. m. Com. du dép. de la Drôme, cant. de Remusat, arr. de Nyons. = le Buis.

CHAUVE, adj. Qui a peu ou point de cheveux.

CHAUVÉ, s. m. Com. du dép. de la Loire-Inférieure, cant. de St.-Père-en-Retz, arr. de Paimbœuf. = Paimbœuf.

CHAUVENCY-LE-CHÂTEAU, s. m. Com. du dép. de la Meuse, cant. et arr. de Montmédy. = Montmédy.

CHAUVENCY-ST.-HUBERT, s. m. Com. du dép. de la Meuse, cant. et arr. de Montmédy. = Montmédy.

CHAUVE-SOURIS, s. f. Quadrupède vivipare, classé vulgairement parmi les oiseaux avec lesquels il n'a rien de commun que la faculté de voler; cheiroptère à longs doigts, à longues ailes membraneuses. —, poisson du genre de la baudroie. T. d'hist. nat.

CHAUVET, s. m. Village du dép. des Basses-Alpes, cant. de Moustiers, arr. de Digne. = Digne.

CHAUVETÉ, s. f. Etat d'une tête chauve.

CHAUVIGNÉ, s. m. Com. du dép. d'Ille-et-Vilaine, cant. d'Antrain, arr. de Fougères. = Antrain.

CHAUVIGNY, s. m. Com. du dép. de Loir-et-Cher, cant. de Droué, arr. de Vendôme. = Ville-aux-Clercs.

CHAUVIGNY, s. m. Petite ville du dép. de la Vienne, chef-lieu de cant. de l'arr. de Montmorillon. Bur. d'enregist. et de poste.
Fab. de droguets, revêche, camelotine, serges, etc.

CHAUVINCOURT, s. m. Com. du dép. de l'Eure, cant. de Gisors, arr. des Andelys. = Gisors.

CHAUVIR, v. n. Dresser les oreilles. Se dit des chevaux, des mulets et des ânes.

CHAUVIREY-LE-CHÂTEL-ET-CHAUVIREY-LE-VIEIL, s. m. Com. du dép. de la Haute-Saône, cant. de Vitrey, arr. de Vesoul. = Cintrey.

CHAUVONCOURT, s. m. Com. du dép. de la Meuse, cant. de St.-Mihiel, arr. de Commercy. = St.-Mihiel.

CHAUVRY, s. m. Com. du dép. de Seine-et-Oise, cant. d'Enghien, arr. de Pontoise. = Moisselles.

CHAUX, s. f. Terre calcaire alcaline qui se solidifie avec l'eau, et forme un ciment. —, métaux calcinés et décomposés par le feu. T. de chim.

CHAUX, s. f. Com. du dép. de la Côte-d'Or, cant. de Nuits, arr. de Beaune. = Nuits.

CHAUX, s. f. Com. du dép. du Doubs, cant. de St.-Hippolyte, arr. de Montbéliard. = Pontarlier.

CHAUX, s. f. Com. du dép. du Haut-Rhin, cant. de Giromagny, arr. de Belfort. = Belfort.

CHAUX (la), s. f. Com. du dép. du Doubs, cant. de Montbenoît, arr. de Pontarlier. = Pontarlier.

CHAUX (la), s. f. Com. du dép. du Jura, cant. de Chaumergy, arr. de Dôle. = Sellières.

CHAUX (la), s. f. Com. du dép. de l'Orne, cant. de Carrouges, arr. d'Alençon. = Carrouges.

CHAUX (la), s. f. Com. du dép. de Saône-et-Loire, cant. de Pierre, arr. de Louhans. = Louhans.

CHAUX-BERTHOD, s. f. Village du dép. du Jura, cant. de Morez, arr. de St.-Claude. = Morez.

CHAUX-DES-CROTENAY (la), s. f. Com. du dép. du Jura, cant. de Planches, arr. de Poligny. = Champagnole.
Comm. de blé, draperie et bestiaux.

CHAUX-DES-PRÉS (la), s. f. Com. du dép. du Jura, cant. de St.-Laurent, arr. de St.-Claude. = St.-Claude.

CHAUX-DU-DOMBIEF (la), s. f. Com. du dép. du Jura, cant. de St.-Laurent, arr. de St.-Claude. = Lons-le-Saulnier.
Fab. de meubles en bois de sapin.

CHAUX-LA-LOTIÈRE, s. f. Com. du dép. de la Haute-Saône, cant. de Rioz, arr. de Vesoul. = Rioz.

CHAUX-LES-CLERVAL, s. f. Com. du dép. du Doubs, cant. de Clerval, arr. de Baume. = Baume.

CHAUX-LES-PASSAVANT, s. f. Com. du dép. du Doubs, cant. de Vercel, arr. de Baume. = Baume.

CHAUX-LES-PORT, s. f. Com. du dép. de la Haute-Saône, cant. de Port-sur-Saône, arr. de Vesoul. = Port-sur-Saône.

CHAUX-NEUVE (la), s. f. Com. du dép. du Doubs, cant. de Mouthe, arr. de Pontarlier = Pontarlier.
Comm. de fromage.

CHAUX-SUR-CHAMPAGNY, s. f. Com. du dép. du Jura, cant. de Salins, arr. de Poligny. = Salins.

CHAUZON, s. m. Com. du dép. de l'Ardèche, cant. et arr. de Largentière. = Largentière.

CHAVAGNA, s. m. Com. du dép. du Jura, cant. d'Arinthod, arr. de Lons-le-Saulnier. = Orgelet.

CHAVAGNAC, s. m. Com. du dép. du Cantal, cant. et arr. de Murat. = Murat.

CHAVAGNAC, s. m. Com. du dép. de la Dordogne, cant. de Terrasson, arr. de Sarlat. = Terrasson.

CHAVAGNE, s. m. Com. du dép. d'Ille-et-Vilaine, cant. de Mordelles, arr. de Rennes. = Rennes.

CHAVAGNE, s. m. Com. du dép. de

Maine-et-Loire, cant. de Thouarcé, arr. de Saumur. ⇒ Brissac.

CHAVAGNE, s. m. Com. du dép. des Deux-Sèvres, cant. de St.-Maixent, arr. de Niort. = St.-Maixent.

CHAVAGNES-EN-PAILLERS, s. m. Com. du dép. de la Vendée, cant. de St.-Fulgent, arr. de Bourbon-Vendée. = St.-Fulgent.

CHAVAGNES-LES-REDOUX, s. m. Com. du dép. de la Vendée, cant. de Pouzanges, arr. de Fontenay-le-Comte. = Chantonney.

CHAVAGNIEU, s. m. Com. du dép. de l'Isère, cant. de Meyzieu, arr. de Vienne. = Crémieu.

CHAVAIGNES, s. f. Com. du dép. de Maine-et-Loire, cant. de Noyant, arr. de Baugé. = Baugé.

CHAVANAC, s. m. Com. du dép. de la Corrèze, cant. de Sornac, arr. d'Ussel. = Ussel.

CHAVANAS, s. m. Com. du dép. de la Creuse, cant. de St.-Sulpice-les-Champs, arr. d'Aubusson. = Aubusson.

CHAVANAY, s. m. Com. du dép. de la Loire, cant. de Pélussin, arr. de St.-Etienne. = Condrieu.

CHAVANGES, s. m. Com. du dép. de l'Aube, chef-lieu de cant. de l'arr. d'Arcis-sur-Aube. Bur. d'enregist. = Brienne.

CHAVANNATTE, s. f. Com. du dép. du Haut-Rhin, cant. de Dannemarie, arr. de Belfort. = Belfort.

CHAVANNE, s. f. Com. du dép. du Jura, cant. de Sellières, arr. de Lons-le-Saulnier. = Lons-le-Saulnier.

CHAVANNE, s. f. Com. du dép. de la Haute-Saône, cant. d'Héricourt, arr. de Lure. = Belfort.

CHAVANNE, s. f. Com. du dép. de l'Ain, cant. de Treffort, arr. de Bourg. = Bourg.

CHAVANNES, s. f. Com. du dép. du Cher, cant. de Châteauneuf-sur-Cher, arr. de St.-Amand. = Châteauneuf-sur-Cher.

CHAVANNES, s. f. Com. du dép. de la Drôme, cant. de St.-Donat, arr. de Valence. = Tain.

CHAVANNES-LES-GRANDS, s. f. Com. du dép. du Haut-Rhin, cant. de Dannemarie, arr. de Belfort. = Belfort.

CHAVANNES-SUR-L'ÉTANG, s. f. Com. du dép. du Haut-Rhin, cant. de Fontaine, arr. de Belfort. = Belfort.

CHAVANNES-SUR-REYSSOUZE, s. f. Com. du dép. de l'Ain, cant. de Pont-de-Vaux, arr. de Bourg. = Pont-de-Vaux.

CHAVANOS, s. m. Com. du dép. de l'Isère, cant. de Meyzieu, arr. de Vienne. = Crémieu.

CHAVANOUX (le), s. m. Rivière qui se forme près de Monteil-le-Guillaume, cant. de Crocq, arr. d'Aubusson, dép. de la Creuse, et qui se jette dans la Dordogne après un cours d'environ 9 l.; elle est flottable à bûches perdues depuis le pont de la forêt de Chavanon jusqu'à son embouchure.

CHAVARIA, s. m. Oiseau échassier, uncirostre, de l'Amérique méridionale, où il est exercé à défendre la volaille contre les oiseaux de proie.

CHAVAROUX, s. m. Com. du dép. du Puy-de-Dôme, cant. d'Ennezat, arr. de Riom. = Riom.

CHAVATTE (le), s. m. Com. du dép. de la Somme, cant. de Rosières, arr. de Montdidier. = Lihons.

CHAVAYER, s. m. Plante rubiacée. T. de bot.

CHAVEIGNES, s. m. Com. du dép. d'Indre-et-Loire, cant. de Richelieu, arr. de Chinon. = Richelieu.

CHAVELOT, s. m. Com. du dép. des Vosges, cant. de Châtel, arr. d'Epinal. = Epinal.

CHAVENAT, s. m. Com. du dép. de la Charente, cant. de la Valette, arr. d'Angoulême. = Angoulême.

CHAVENAY, s. m. Com. du dép. de Seine-et-Oise, cant. de Marly-le-Roi, arr. de Versailles. = Versailles.

CHAVENCON, s. m. Com. du dép. de l'Oise, cant. de Méru, arr. de Beauvais. = Chaumont-en-Vexin.

CHAVENON, s. m. Com. du dép. de l'Allier, cant. de Montmarault, arr. de Montluçon. = Montmarault.

CHAVERI, s. m. Halle, aux Indes.

CHAVERIA, s. f. Com. du dép. du Jura, cant. d'Orgelet, arr. de Lons-le-Saulnier. = Orgelet.

CHAVEROCHE, s. f. Com. du dép. de l'Allier, cant. de Jaligny, arr. de la Palisse. = la Palisse.

CHAVEROCHE, s. f. Com. du dép. de la Corrèze, cant. et arr. d'Ussel. = Ussel.

CHAVEYRIAT, s. m. Com. du dép. de l'Ain, cant. de Châtillon-les-Dombes, arr. de Trévoux. = Châtillon-les-Dombes.

CHAVIA, s. f. Com. du dép. du Jura, cant. d'Orgelet, arr. de Lons-le-Saulnier. = Orgelet.

CHAVIGNON, s. m. Com. du dép. de l'Aisne, cant. de Vailly, arr. de Soissons. Bur. de poste.

CHAVIGNY, s. m. Com. du dép. de

l'Aisne, cant. et arr. de Soissons. = Soissons.

CHAVIGNY, s. m. Com. du dép. de l'Eure, cant. de St.-André, arr. d'Evreux. = Evreux.

CHAVIGNY, s. m. Com. du dép. de la Meurthe, cant. et arr. de Nancy. = Nancy.

CHAVILLE, s. f. Com. du dép. de Seine-et-Oise, cant. de Sèvres, arr. de Versailles. = Sèvres.
Fab. d'acier et de limes.

CHAVIN, s. m. Com. du dép. de l'Indre, cant. d'Argenton, arr. de Châteauroux. = Argenton.

CHAVIRER, v. n. Renverser en virant de bord. T. de mar.

CHAVONIS, s. m. Mousseline des Indes.

CHAVONNE, s. f. Com. du dép. de l'Aisne, cant. de Vailly, arr. de Soissons. = Soissons.

CHAVORNAY, s. m. Com. du dép. de l'Ain, cant. de Champagne, arr. de Belley. = Belley.

CHAVOST, s. m. Com. du dép. de la Marne, cant. d'Avize, arr. d'Epernay. = Epernay.

CHAVOY, s. m. Com. du dép. de la Manche, cant. et arr. d'Avranches. = Avranches.

CHAY (la), s. f. Com. du dép. de la Charente-Inférieure, cant. de Saujon, arr. de Saintes. = Saujon.

CHAY, s. f. Com. du dép. du Doubs, cant. de Quingey, arr. de Besançon. = Quingey.

CHAYA, s. m. Garance, gaillet. T. de bot.

CHAYGUE, s. f. Vipère d'Asie. T. d'hist. nat.

CHAYLARD (le), s. m. Com. du dép. de l'Ardèche, chef-lieu de cant. de l'arr. de Tournon. Bur. d'enregist. et de poste.

CHAZAY, s. m. Com. du dép. du Rhône, cant. d'Anse, arr. de Villefranche. = Villefranche.

CHAZE (la), s. f. Com. du dép. de la Lozère, cant. d'Aumont, arr. de Marvejols. = St.-Chély.

CHAZEAU, s. m. Com. du dép. de la Loire, cant. de Chambon, arr. de St.-Etienne. = St.-Etienne.

CHAZEAU, s. m. Com. du dép. de l'Ardèche, cant. et arr. de Largentière. = Largentière.

CHAZÉ-HENRY, s. m. Com. du dép. de Maine-et-Loire, cant. de Pouancé, arr. de Segré. = Segré.

CHAZEL, s. m. Com. du dép. de la Meurthe, cant. de Blamont, arr. de Lunéville. = Lunéville.

CHAZELET, s. m. Village du dép. des Hautes-Alpes, cant. de la Grave, arr. de Briançon. = Briançon.

CHAZELET, s. m. Com. du dép. de l'Indre, cant. de St.-Benoît-du-Sault, arr. du Blanc. = St.-Benoît-du-Sault.
Forges aux environs.

CHAZELLE, s. f. Com. du dép. de la Charente, cant. de la Rochefoucault, arr. d'Angoulême. = la Rochefoucault.

CHAZELLE, s. f. Com. du dép. de Saône-et-Loire, cant. de St.-Gengoux-le-Royal, arr. de Mâcon. = Cluny.

CHAZELLES, s. f. Com. du dép. du Cantal, cant. de Ruines, arr. de St.-Flour. = St.-Flour.

CHAZELLES, s. f. Com. du dép. du Jura, cant. de St.-Amour, arr. de Lons-le-Saulnier. = St.-Amour.

CHAZELLES, s. f. Com. du dép. de la Haute-Loire, cant. de Pinols, arr. de Brioude. = Langeac.

CHAZELLES, s. f. Com. du dép. de la Moselle, cant. et arr. de Metz. = Metz.

CHAZELLES-SUR-LAVIEU, s. f. Com. du dép. de la Loire, cant. de St.-Jean-Soleymieux, arr. de Montbrison. = Montbrison.

CHAZELLES-SUR-LYON, s. f. Petite ville du dép. de la Loire, cant. de St.-Galmier, arr. de Montbrison. Bur. de poste.

CHAZELOT, s. m. Com. du dép. du Doubs, cant. de Rougemont, arr. de Baume. = Baume.

CHAZEMAIS, s. m. Com. du dép. de l'Allier, cant. d'Huriel, arr. de Montluçon. = Montluçon.

CHAZÉ-SUR-ARGOS, s. m. Petite ville du dép. de Maine-et-Loire, cant. de Candé, arr. de Segré. = Segré.

CHAZEUIL, s. m. Com. du dép. de la Côte-d'Or, cant. de Selongey, arr. de Dijon. = Selongey.

CHAZEUIL, s. m. Com. du dép. de la Nièvre, cant. de Brinon, arr. de Clamecy. = Varzy.

CHAZEY-SUR-AIN, s. m. Com. du dép. de l'Ain, cant. de Lagnieu, arr. de Belley. = Ambérieux.

CHAZILLY-LE-HAUT, s. m. Com. du dép. de la Côte-d'Or, cant. de Pouilly-en-Auxois, arr. de Beaune. = Arnay-le-Duc.

CHAZOY, s. m. Com. du dép. du Doubs, cant. d'Audeux, arr. de Besançon. = Baume.

CHÉ, s. m. Instrument de musique chinois à vingt-cinq cordes.

CHEBEC, s. m. Petit bâtiment de guerre, à voiles et à rames, dont on fait usage sur la Méditerranée. T. de mar.

CHÉBRAC, s. m. Com. du dép. de la Charente, cant. de St.-Amand-de-Boixe, arr. d'Angoulême. = Angoulême.

CHÉCY, s. m. Com. du dép. du Loiret, cant. et arr. d'Orléans. = Orléans.

CHÉDIGNY, s. m. Com. du dép. d'Indre-et-Loire, cant. et arr. de Loches. = Loches.

CHÉE (la), s. f. Petite rivière du dép. de la Meuse, dont on trouve la source à Seigneulles, cant. de Vavincourt, arr. de Bar-le-Duc, et qui se jette dans la Saulx au-dessus de Vitry-le-Brûlé, après un cours d'environ 13 l. Elle est flottable en trains depuis le point où vient aboutir le canal de Ruvigny, jusqu'à Villers-le-Sec, où s'embranche un petit canal de dérivation de la Chée dans l'Ornain.

CHEF, s. m. Tête d'homme. T. poét. et burlesque. —, celui qui est à la tête d'un corps, d'une armée, qui a le commandement, la supériorité; général d'armée. —, article, point; chef d'accusation. T. de jurisp. —, bandage de tête employé dans la saignée du front; extrémité des bandes. T. de chir. —, première partie ourdie; premier bout d'une pièce d'étoffe; côté à pic d'une carrière; morceau de levain gardé. T. de mét. —, bout de câble amarré à la partie du devant d'un bateau. T. de mar. — de file, le premier d'une file. T. d'exercice milit. De son —, adv. De son autorité, de son propre mouvement; de son côté, en parlant de succession. T. de procéd.

CHEF (St.-), s. m. Com. du dép. de l'Isère, cant. de Bourgoin, arr. de la Tour-du-Pin. = Bourgoin.

CHEF-BOUTONNE, s. m. Com. du dép. des Deux-Sèvres, chef-lieu de cant. de l'arr. de Melle. Bur. d'enregist. et de poste.

Fab. de serges et droguets; faïencerie; comm. de bestiaux.

CHEF-DE-L'EAU, s. m. Com. du dép. de la Seine-Inférieure, cant. de Buchy, arr. de Rouen. = Rouen.

CHEF-D'ŒUVRE, s. m. Ouvrage pour faire preuve de capacité dans le corps de métier où l'on voulait être reçu. —, ouvrage achevé dans un genre quelconque. Fig. —, chose mal faite ou mal dite. T. fam. et iron.

CHEF-DU-PONT, s. m. Com. du dép. de la Manche, cant. de Ste.-Mère-Eglise, arr. de Valognes. = Ste.-Mère-Eglise.

CHEFECIER, s. m. Voy. CHEVECIER.

CHEFFES, s. m. Com. du dép. de Maine-et-Loire, cant. de Briollay, arr. d'Angers. = Châteauneuf-sur-Sarthe.

CHEFFOIS, s. m. Com. du dép. de la Vendée, cant. de la Châtaigneraye, arr. de Fontenay-le-Comte. = la Châtaigneraye.

CHEFFREVILLE, s. f. Com. du dép. du Calvados, cant. de Livarot, arr. de Lisieux. = Lisieux.

CHEF-HAUT, s. m. Com. du dép. des Vosges, cant. et arr. de Mirecourt. = Mirecourt.

CHEF-LIEU, s. m. Lieu principal d'un dép., d'un arr., d'un cant.

CHEFRESNE (le), s. m. Com. du dép. de la Manche, cant. de Percy, arr. de St.-Lô. = Villedieu.

CHEGROS, s. m. Ligneul, espèce de gros fil ciré pour coudre le cuir. T. de mét.

CHÉHÉRY, s. m. Com. du dép. des Ardennes, cant. et arr. de Sedan. = Sedan.

CHÉHÉRY, s. m. Com. du dép. des Ardennes, cant. de Grand-Pré, arr. de Vouziers. = Varennes.

CHEIK ou CHEICK, s. m. Chef de tribu arabe.

CHEILA ou CHEÏDA, s. m. Faucon des Indes.

CHEILADE, s. f. Com. du dép. du Cantal, cant. et arr. de Murat. = Murat.

CHEILINE, s. f. Labre, poisson thoracique. T. d'hist. nat.

CHEILION, s. m. Poisson thoracique très long. T. d'hist. nat.

CHEILLÉ, s. m. Com. du dép. d'Indre-et-Loire, cant. d'Azay-le-Rideau, arr. de Chinon. = Azay-le-Rideau.

CHEILLY, s. m. Com. du dép. de Saône-et-Loire, cant. de Couches, arr. d'Autun. = Couches.

CHEILOCACE, s. m. Maladie des lèvres qui affecte particulièrement les enfans. T. de méd.

CHEILODACTYLE, s. m. Poisson abdominal. T. d'hist. nat.

CHEILODIPTÈRE, s. m. Labre, sciène, genre de poissons thoraciques. T. d'hist. nat.

CHEIN-DESSUS, s. m. Com. du dép. de la Haute-Garonne, cant. d'Aspet, arr. de St.-Gaudens. = St.-Gaudens.

CHEIRANTHOÏDES, s. f. pl. Plantes crucifères. T. de bot.

CHEIROGALEAS, s. m. Genre de mammifères quadrumanes voisins des chats. T. d'hist. nat.

CHEIROPTÈRES, s. m. pl. Mammifères carnassiers dont les membres sont réunis par une membrane qui leur procure la faculté de voler comme les oiseaux ; la chauve-souris.

CHEIROSTEMON, s. m. Arbre de l'Amérique du sud de la famille des malvacées. T. de bot.

CHEIX, s. m. Com. du dép. de la Loire-Inférieure, cant. de Pellerin, arr. de Paimbœuf. = Paimbœuf.

CHELAN, s. m. Com. du dép. du Gers, cant. de Masseube, arr. de Mirande. = Castelnau-Magnoac.

CHELERS, s. m. Com. du dép. du Pas-de-Calais, cant. d'Aubigny, arr. de St.-Pol. = St.-Pol.

CHÉLIDOINE, s. f. Pierre dans l'estomac des hirondelles. T. d'hist. nat. —, plante papaveracée. T. de bot.

CHÉLIDONS, s. m. pl. Famille d'oiseaux anisodactyles, l'hirondelle, le martinet. T. d'hist. nat.

CHÉLIEU, s. m. Com. du dép. de l'Isère, cant. de Virieu, arr. de la Tour-du-Pin. = Virieu.

CHELINGUE, s. f. Sorte de bâtiment plat dont on fait usage sur la côte de Coromandel. T. de mar.

CHELLE (le), s. m. Com du dép. du Pas-de-Calais, cant. de Bertincourt, arr. d'Arras. = Arras.

CHELLE-DEBAT, s. m. Com. du dép. des Hautes-Pyrénées, cant. de Pouyastruc, arr. de Tarbes. = Tarbes.

CHELLE-ESPOU, s. m. Com. du dép. des Hautes-Pyrénées, cant. de Lannemezan, arr. de Bagnères. = Bagnères.

CHELLES, s. m. pl. Toiles de coton de Surate.

CHELLES, s. m. Com. du dép. de l'Oise, cant. d'Attichy, arr. de Compiègne. = Compiègne.

CHELLES, s. m. Com. du dép. de Seine-et-Marne, cant. de Lagny, arr. de Meaux. Bur. de poste.
Sous les rois de la première race, cette com. possédait une maison royale où Chilpéric fut assassiné, en 548.

CHÉLODONTES, s. m. pl. Insectes à mandibules. T. d'hist. nat.

CHÉLONAIRE, s. m. Coléoptère clavicorne. T. d'hist. nat.

CHÉLONE, s. m. Tortue à nageoires. T. d'hist. nat.

CHÉLONIENS, s. m. pl. Reptiles, tortues. T. d'hist. nat.

CHÉLONITE, s. f. Pierre représentant une tortue sans tête. T. d'hist. nat.

CHÉLONOPHAGE, s. et adj. Qui vit de tortues. T. d'hist. nat.

CHELS (St.-), s. m. Com. du dép. du Lot, cant. de Cajarc, arr. de Figeac. = Figeac.

CHELUN, s. m. Com. du dép. d'Ille-et-Vilaine, cant. de la Guerche, arr. de Vitré. = la Guerche.

CHÉLY (St.-), s. m. Com. du dép. de l'Aveyron, chef-lieu de cant. de l'arr. d'Espalion, où se trouve le bur. d'enregist. = Sévérac.
Fab. de cadis et de flanelle ; comm. de bestiaux.

CHÉLY-DU-TARN (St.-), s. m. Com. du dép. de la Lozère, cant. de Ste.-Enimie, arr. de Florac. = Florac.

CHÉLY-FORAIN (St.-), s. m. Com. du dép. de la Lozère, cant. de St.-Chély, arr. de Marvejols. = St.-Chély.

CHÉLY-VILLE (St.-), s. m. Petite ville du dép. de la Lozère, chef-lieu de cant. de l'arr. de Marvejols. Bur. d'enregist. et de poste.
Fab. de toiles à voiles, serges, cadis ; filatures de coton et de laine. Comm. de grains et de bestiaux.

CHEMAUDIN, s. m. Com. du dép. du Doubs, cant. d'Audeux, arr. de Besançon. = Besançon.

CHEMAULT, s. m. Com. du dép. du Loiret, cant. de Beaune, arr. de Pithiviers. = Boiscommun.

CHEMAZÉ, s. m. Com. du dép. de la Mayenne, cant. et arr. de Château-Gontier. = Château-Gontier.

CHEMBALIS, s. m. Cuir du Levant.

CHÈME, s. m. Mesure pour les liquides, douzième du cyathe. T. d'antiq.

CHEMELLIER, s. m. Com. du dép. de Maine-et-Loire, cant. de Gennes, arr. de Saumur. = les Rosiers.

CHEMENOT, s. m. Com. du dép. du Jura, cant. et arr. de Poligny. = Sellières.

CHÉMER, v. n., ou SE CHÉMER, v. pron. Maigrir beaucoup, tomber en étisie. (Vi.)

CHÉMERÉ, s. m. Com. du dép. de la Loire-Inférieure, cant. de Bourgneuf, arr. de Paimbœuf. = Bourgneuf.

CHÉMERÉ-LE-ROI, s. m. Com. du dép. de la Mayenne, cant. de Meslay, arr. de Laval. = Laval.

CHÉMERY, s. m. Com. du dép. des Ardennes, cant. de Raucourt, arr. de Sedan. = Sedan.

CHÉMERY, s. m. Com. du dép. de Loir-et-Cher, cant. de St.-Aignan, arr. de Blois. = Selles-sur-Cher.

CHÉMERY, s. m. Com. du dép. de la Moselle, cant. de Faulquemont, arr. de Metz. = St.-Avold.

CHÉMERY (les Deux-), s. m. Com. du dép. de la Moselle, cant. de Bouzonville, arr. de Thionville. = Bouzonville.

CHEMILLA, s. f. Com. du dép. du

Jura, cant. d'Arinthod, arr. de Lons-le-Saulnier. = Orgelet.

CHEMILLÉ, s. m. Com. du dép. d'Indre-et-Loire, cant. de Neuvy-le-Roi, arr. de Tours. = Neuvy-le-Roi.

CHEMILLÉ, s. m. Com. du dép. de Maine-et-Loire, chef-lieu de cant. de l'arr. de Beaupréau. Bur. d'enregist. et de poste.
Fab. de toiles de toute espèce ; mouchoirs de fil et de Chollet, siamoises, calicots ; filatures de coton ; papeterie.

CHEMILLÉ - SUR - INDROIS, s. m. Com. du dép. d'Indre-et-Loire, cant. de Montrésor, arr. de Loches. = Loches.

CHEMILLY, s. m. Com. du dép. de l'Orne, cant. de Bellême, arr. de Mortagne. = Bellême.

CHEMILLY, s. m. Com. du dép. de l'Allier, cant. de Souvigny, arr. de Moulins. = Moulins.

CHEMILLY, s. m. Com. du dép. de la Haute-Saône, cant. de Scey-sur-Saône, arr. de Vesoul. = Port-sur-Saône.

CHEMILLY-PRÈS-SEIGNELAY, s. m. Com. du dép. de l'Yonne, cant. de Seignelay, arr. d'Auxerre. = Auxerre.

CHEMILLY-SUR-SEREIN, s. m. Com. du dép. de l'Yonne, cant. de Chablis, arr. d'Auxerre. = Chablis.

CHEMIN, s. m. Route qui mène d'un lieu à un autre. —, voie, moyen, expédient pour parvenir à faire quelque chose. Fig. —, progrès ; efforts qui mènent à une fin, qui tendent à un but ; chemin du ciel, de l'honneur, de la gloire. Faire son —, employer son temps utilement, avancer sa fortune, parvenir. — de St.-Jacques, la voie lactée. T. fam. — battu, l'usage. Aller droit son —, agir franchement, sans détours. Faire voir du —, causer de l'embarras, occasionner des démarches. Montrer le —, donner l'exemple. — des écoliers, le plus long. Couper — à un mal, en arrêter les progrès. — faisant, par occasion. Trouver une pierre en son —, rencontrer des obstacles. —, voie d'une scie. T. de mét. —, solives pour débarquer le vin. T. de tonnel. — de rondes, entre le rempart et le mur du corps de la place. — couvert, sur le bord extérieur d'un fossé. T. d'art milit.

CHEMIN, s. m. Com. du dép. du Jura, chef-lieu de cant. de l'arr. de Dôle. Bur. d'enregist. à Tavaux. = Dôle.

CHEMIN (le), s. m. Com. du dép. de la Marne, cant. de Dommartin-sur-Yèvre, arr. de Ste.-Ménéhould. = Ste.-Ménéhould.

CHEMINAS-ET-CINTRES, s. m. Com. du dép. de l'Ardèche, cant. et arr. de Tournon. = Tournon.

CHEMINAUX, s. m. pl. Cheminée portative en terre cuite.

CHEMIN-D'AISEY, s. m. Com. du dép. de la Côte-d'Or, cant. et arr. de Châtillon-sur-Seine. = Châtillon-sur-Seine.

CHEMINÉE, s. f. L'âtre, le tuyau par lequel s'échappe la fumée ; le manteau, ce qui entoure, décore le foyer. Faire quelque chose sous le manteau de la —, faire en cachette, sans observer les formalités.

CHEMINER, v. n. Aller, marcher, faire du chemin. —, aller sans obstacle à ses fins, faire son chemin. — droit, ne point s'écarter de ses devoirs. Fig. et fam.

CHEMINON, s. m. Com. du dép. de la Marne, cant. de Thiéblemont, arr. de Vitry. = Vitry-le-Français.

CHEMINOT, s. m. Com. du dép. de la Moselle, cant. de Verny, arr. de Metz. = Metz.

CHEMIRÉ-EN-CHARNIE et ÉTIVAL-EN-CHARNIE, s. m. Com. du dép. de la Sarthe, cant. de Loué, arr. du Mans. = Sillé-le-Guillaume.

CHEMIRÉ-LE-GAUDIN, ATHENAY et ST.-BENOÎT, s. m. Com. du dép. de la Sarthe, cant. de la Suze, arr. du Mans. = Foulletourte.
Sources d'eaux minérales ferrugineuses.

CHEMIRÉ-SUR-SARTHE, s. m. Com. du dép. de Maine-et-Loire, cant. de Châteauneuf, arr. de Segré. = Châteauneuf.

CHEMISE, s. f. Vêtement de toile, etc., qu'on porte sur la peau ; feuille de papier qui sert d'enveloppe. —, canon de fusil ébauché ; moule fait sur un autre ; parois de fourneau. T. de mét. —, mur de revêtement. T. de fortific.

CHEMISETTE, s. f. Vêtement qui se met sur la chemise.

CHEMOSIS, s. m. Inflammation considérable de la conjonctive, maladie qui cause de vives douleurs dans la tête et dans l'œil. T. de chir.

CHEMY, s. m. Com. du dép. du Nord, cant. de Seclin, arr. de Lille. = Carvin.

CHENAC, s. m. Com. du dép. de la Charente-Inférieure, cant. de Cozes, arr. Saintes. = Saintes.

CHÊNAIE, s. f. Lieu planté de chênes.

CHENAILLERS, s. m. Com. du dép. de la Corrèze, cant. de Beaulieu, arr. de Brive. = Tulle.

CHENAL, s. m. Passage entre des rochers, des bancs, des terres ; courant d'eau bordé de terre ; canal qui peut recevoir un vaisseau ; courant d'eau pour une usine. —, ou Chéneau, canal le long d'un toit.

CHENALER, v. n. Chercher un passage dans un bas-fond. T. de mar.

CHENALOTTE (la), s. f. Com. du dép. du Doubs, cant. de Russey, arr. de Montbéliard. = Morteau.

CHENAPAN, s. m. Vaurien, bandit.

CHENAS, s. m. Com. du dép. du Rhône, cant. de Beaujeu, arr. de Villefranche. = la Maison-Blanche.

CHENAUD, s. m. Com. du dép. de la Dordogne, cant. de St.-Aulaye, arr. de Ribérac. = Ribérac.

CHENAY, s. m. Com. du dép. de la Marne, cant. de Fismes, arr. de Reims. = Reims.

Ce village possède une fontaine d'eau minérale ferrugineuse, dont les habitans font leur boisson ordinaire. Vins renommés; carrières de pierre de taille et de grès.

CHENAY, s. m. Com. du dép. de la Sarthe, cant. de Fresnay, arr. de Mamers. = Alençon.

CHENAY, s. m. Com. du dép. des Deux-Sèvres, chef-lieu de cant. de l'arr. de Melle. Bur. d'enregist. à Melle. = Melle.

CHENAY-LE-CHATEL, s. m. Com. du dép. de Saône-et-Loire, cant. de Marcigny, arr. de Charolles. = Marcigny.

CHÊNE, s. m. Grand arbre qui porte le gland, et qui fournit le meilleur bois de construction et de chauffage. — robre ou rouvre, chêne dont les feuilles sont garnies de duvet. — noir, bignone d'Amérique. — vert, chêne à feuilles de houx.

CHÊNE (le), s. m. Com. du dép. de l'Aube, cant. et arr. d'Arcis-sur-Aube. = Arcis-sur-Aube.

CHÊNE-ARNOULT, s. m. Com. du dép. de l'Yonne, cant. de Charny, arr. de Joigny. = Joigny.

CHÉNEAU, s. m. Jeune chêne.

CHÉNEAU, s. m. Conduit de plomb ou de bois qui porte les eaux du toit dans la gouttière.

CHÊNE-BERNARD, s. m. Com. du dép. du Jura, cant. de Chaussin, arr. de Dôle. = Dôle.

CHENEBIER, s. m. Com. du dép. de la Haute-Saône, cant. d'Héricourt, arr. de Lure. = Belfort.

CHENECEY, s. m. Com. du dép. du Doubs, cant. de Quingey, arr. de Briançon. = Quingey.

CHENECHÉ, s. m. Com. du dép. de la Vienne, cant. de Neuville, arr. de Poitiers. = Poitiers.

CHÊNE-CHENU, s. m. Com. du dép. d'Eure-et-Loir, cant. de Châteauneuf, arr. de Dreux. = Châteauneuf.

CHÊNE-DOUIT, s. m. Com. du dép. de l'Orne, cant. de Putanges, arr. d'Argentan. = Argentan.

CHENEHUTTE - ET - LES - TUFFEAUX, s. m. Com. du dép. de Maine-et-Loire, cant. de Gennes, arr. de Saumur. = Rosiers.

CHENELETTE, s. f. Com. du dép. du Rhône, cant. de St.-Nizier-d'Azergues, arr. de Villefranche. = Beaujeu.

CHÉNÉRAILLES, s. f. Petite ville du dép. de la Creuse, chef-lieu de cant. de l'arr. d'Aubusson. Bur. d'enregist. et de poste.

Cette ville, qui a été fortifiée, a soutenu plusieurs siéges. Comm. de bestiaux.

CHENEREILLE, s. m. Com. du dép. de la Loire, cant. de St.-Jean-Soleymieux, arr. de Montbrison. = Montbrison.

CHENERILLES, s. f. Com. du dép. des Basses-Alpes, cant. de Mées, arr. de Digne. = Digne.

CHÊNE-SEC, s. m. Com. du dép. du Jura, cant. de Chaumergy, arr. de Dôle. = Sellières.

CHÊNE-SECQ, s. m. Com. du dép. de l'Orne, cant. de Briouze, arr. d'Argentan. = Argentan.

CHENET, s. m. Ustensile de cheminée sur lequel on pose le bois.

CHÉNETEAU, s. m. Jeune chêne en baliveau.

CHENEVELLES, s. f. Com. du dép. de la Vienne, cant. de Plumartin, arr. de Châtellerault. = Châtellerault.

CHENEVIÈRE, s. f. Champ semé de chenevis: lieu où croît le chanvre. Epouvantail de —, haillon pour faire peur aux oiseaux; personne laide, mal vêtue; menace, obstacle puéril. Fig. et fam.

CHENEVIÈRES, s. f. Com. du dép. de la Meurthe, cant. et arr. de Lunéville. = Lunéville.

CHENEVIÈRES, s. f. Com. du dép. de la Haute-Vienne, cant. de Chalus, arr. de St.-Yrieix. = Chalus.

CHENEVIS, s. m. Graine de chanvre.

CHENEVOTTE, s. f. Chanvre teillé.

CHENEVOTTER, v. n. Pousser du bois mince comme un brin de chanvre.

CHENEVREY, s. m. Com. du dép. de la Haute-Saône, cant. de Pesmes, arr. de Gray. = Marnay.

CHENEY, s. m. Com. du dép. de l'Yonne, cant. et arr. de Tonnerre. = Tonnerre.

CHENG, s. m. Instrument de musique à vent dont se servent les Chinois.

CHÉNICE ou **CHŒNIQUE**, s. m. Mesure grecque pour les solides, pesant vingt-quatre onces.

CHENICOURT, s. m. Com. du dép. de la Meurthe, cant. de Nomeny, arr. de Nancy. = Pont-à-Mousson.

CHENIÈRES, s. f. Com. du dép. de la Moselle, cant. de Longwy, arr. de Briey. = Longwy.

CHENIERS, s. m. Com. du dép. de la Marne, cant. d'Ecury-sur-Coole, arr. de Châlons. = Châlons.

Ce village possède un beau château environné de magnifiques bois de sapins.

CHÉNIERS, s. m. Com. du dép. de la Creuse, cant. de Bonnat, arr. de Guéret. = Guéret.

CHENIL, s. m. Logement des chiens de chasse; logement sale et vilain. Fig.

CHENILLA, s. f. Com. du dép. du Jura, cant. d'Arinthod, arr. de Lons-le-Saulnier. = Orgelet.

CHENILLE, s. f. Insecte reptile, long, partagé en douze anneaux, ayant de huit à seize pattes, qui ronge les feuilles et les fleurs. —, tissu de soie velouté, imitant la chenille. —, personne fort laide ; laid comme une chenille. —, importun, méchant. C'est une —, c'est un homme dont on ne peut se débarrasser. —, plante rampante qui croît dans les lieux arides. T. de bot.

CHENILLÉ-CHANGÉ, s. m. Com. du dép. de Maine-et-Loire, cant. de Châteauneuf, arr. de Segré. = Châteauneuf-sur-Sarthe.

CHENILLETTE, s. f. Genre de plantes légumineuses. T. de bot.

CHENILMENIL, s. m. Com. du dép. des Vosges, cant. de Bruyères, arr. d'Epinal. = Bruyères.

CHENISQUE, s. m. Tête d'oie à la proue d'un navire. T. d'antiq.

CHENNEBRUN, s. m. Com. du dép. de l'Eure, cant. de Verneuil, arr. d'Evreux. = St.-Maurice.

CHENNEGY, s. m. Com. du dép. de l'Aube, cant. d'Estissac, arr. de Troyes. = Estissac.

CHENNERY - ET - LANDREVILLE, s. m. Com. du dép. des Ardennes, cant. de Buzancy, arr. de Vouziers. = Buzancy.

CHENNEVIÈRES, s. f. Com. du dép. de la Meuse, cant. de Void, arr. de Commercy. = Ligny.

CHENNEVIÈRES, s. f. Com. du dép. de Seine-et-Oise, cant. de Luzarches arr. de Pontoise. = Pontoise.

Fabriques de dentelles.

CHENNEVIÈRES-SUR-MARNE, s. f. Com. du dép. de Seine-et-Oise, cant. de Boissy-St.-Léger, arr. de Corbeil. = Boissy-St.-Léger.

Ce village possède une belle pépinière de rosiers.

CHENNIE, s. f. Insecte coléoptère. T. d'hist. nat.

CHÉNOIS, s. m. Com. du dép. de la Meurthe, cant. de Delme, arr. de Château-Salins. = Château-Salins.

CHÉNOIS (le), s. m. Com. du dép. des Ardennes, cant. et arr. de Sedan. = Sedan.

CHENOISE, s. f. Com. du dép. de Seine-et-Marne, cant. de Nangis, arr. de Provins. = Provins.

CHENOIS-ÈS-RIVIÈRES (le), s. m. Com. du dép. des Ardennes, cant. de Noiron, arr. de Réthel. = Launois.

CHENOMMET, s. m. Com. du dép. de la Charente, cant. de Manles, arr. de Ruffec. = Manles.

CHÉNON, s. m. Pièce de verre longue dont les angles sont arrondis en anneau de chaîne. T. de vitr.

CHENON, s. m. Com. du dép. de la Charente, cant. de Manles, arr. de Ruffec. = Manles.

CHENON, s. m. Com. du dép. de Seine-et-Marne, cant. de Château-Landon, arr. de Fontainebleau. = Château-Landon.

CHENONCEAUX, s. m. Com. du dép. d'Indre-et-Loire, cant. de Bléré, arr. de Tours. = Amboise.

CHENOPODÉES, s. f. pl. Famille de plantes dicotylédones apétales, à étamines pérygines. T. de bot.

CHENOPODIUM, s. m. Nom générique des plantes ansérines. T. de bot.

CHENOVE, s. f. Com. du dép. de la Côte-d'Or, cant. et arr. de Dijon. = Dijon.

Vins excellens et carrières de marbre.

CHENOYE, s. f. Com. du dép. de Saône-et-Loire, cant. de Buxy, arr. de Châlons. = Buxy.

CHENU, s. m. Com. du dép. de la Sarthe, cant. du Lude, arr. de la Flèche. = Château-du-Loir.

CHENU, E, adj. Blanchi par la vieillesse. —, couvert de neige, se dit poétiquement des montagnes, d'un chêne dépouillé de ses feuilles.

CHENUSSON, s. m. Com. du dép. d'Indre-et-Loire, cant. de Château-Renault, arr. de Tours. = Château-Renault.

CHENY, s. m. Com. du dép. de l'Yonne, cant. de Seignelay, arr. d'Auxerre. = Brienon.

CHEPNIERS, s. m. Com. du dép. de la Charente-Inférieure, cant. de Montlieu, arr. de Jonzac. = Montlieu.

CHEPOIX, s. m. Com. du dép. de l'Oise, cant. de Breteuil, arr. de Clermont. = Breteuil.

CHEPPE (la), s. f. Com. du dép. de la Marne, cant. de Suippes, arr. de Châlons. = Châlons-sur-Marne.

CHEPPES, s. f. Com. du dép. de la Marne, cant. d'Ecury-sur-Coole, arr. de Châlons. = Châlons.

CHEPPY, s. m. Com. du dép. de la Meuse, cant. de Varennes, arr. de Verdun. = Varennes.

Forges ; papeteries où se fabriquent des cartons pour les manuf. de draps.

CHEPTAINVILLE, s. f. Com. du dép. de Seine-et-Oise, cant. d'Arpajon, arr. de Corbeil. = Arpajon.

CHEPTEL, s. m. Location de bestiaux dont le profit est partagé entre le propriétaire et le fermier.

CHEPY, s. m. Com. du dép. de la Marne, cant. de Marson, arr. de Châlons. = Châlons.

CHEPY, s. m. Com. du dép. de la Somme, cant. de Moyenneville, arr. d'Abbeville. = Abbeville.

CHER, adv. A haut prix ; vendre cher.

CHER, ÈRE, adj. Qui coûte beaucoup d'argent, se vend à un prix élevé. — , tendrement aimé, qui inspire le plus vif intérêt.

CHER (le), s. m. Rivière dont la source se trouve au hameau du Cher, dép. de la Creuse, et qui se perd dans la Loire après un cours d'environ quatre-vingts lieues. Elle commence à être flottable à Chambouchard, dép. de la Creuse, et navigable à Vierzon, dép. du Cher.

CHER (le), s. m. Petite rivière qui sort des environs de Châteaubriant, dép. de la Loire-Inférieure et qui se jette dans la Vilaine vis-à-vis de Langon.

CHER (dép. du), s. m. Chef-lieu de préf., Bourges ; trois arr. de sous-préf.: Bourges, St.-Amand, Sancerre ; 29 cant. ou justices de paix ; 304 com. ; pop., 248,590 hab. environ. Cour royale à Bourges ; 15e div. milit. ; 6e div. des ponts-et-chaussées ; 3e div. des mines ; dir. de l'enregist. et des domaines, 3e classe ; 9e arr. forestier. Ce dép. est borné au N. par celui du Loiret, à l'E. par celui de la Nièvre, au S. par le dép. de l'Allier et à l'O. par ceux de Loir-et-Cher et de l'Indre.

Le dép. du Cher est en général très bien cultivé et très fertile ; il produit indépendamment de toutes les sortes de céréales, fruits, châtaignes, truffes, lin, chanvre, vins, bois et beaucoup de bestiaux qu'on engraisse dans les pâturages ; du poisson de rivière et d'étang, une très grande quantité de gibier, des abeilles ; des mines de fer, de manganèse, d'ocre et de houille ; des carrières de marbre, de la terre à porcelaine, etc. Manuf. de draps ; filatures de laines ; fabriques de toiles de chanvre, droguet, clous, faïence, porcelaine, etc. Hauts-fourneaux, forges ; fab. d'acier, fer et poterie de fonte. Verreries, papeteries. Les principales rivières de ce dép. sont : le Cher, la Loire et l'Allier, qui sont navigables.

CHER (le), s. m. Com. du dép. de la Charente-Inférieure, cant. d'Aigrefeuille, arr. de Rochefort. = Surgères.

CHÉRAC, s. m. Com. du dép. de la Charente-Inférieure, cant. de Burie, arr. de Saintes. = Saintes.

CHÉRANCÉ, s. m. Com. du dép. de la Mayenne, cant. de Craon, arr. de Château-Gontier. = Craon.

CHÉRANCÉ, s. m. Com. du dép. de la Sarthe, cant. de Beaumont, arr. de Mamers. = Beaumont.

CHÉRAUTE, s. m. Com. du dép. des Basses-Pyrénées, cant. et arr. de Mauléon. = Mauléon.

CHERBONNIÈRES, s. f. Com. du dép. de la Charente-Inférieure, cant. d'Aunay, arr. de Saint-Jean-d'Angely. = Aunay.

CHERBOURG, s. m. Ville du dép. de la Manche, chef-lieu de sous-préf. et d'un cant.; trib. de 1re inst. et de comm.; dir. des douanes ; consulats étrangers ; école d'hydrographie de 2e classe ; conserv. des hypoth. ; direct. de contrib. indir. ; recev. part. des finances. Bur. d'enregist. et de poste. Pop., 17,066 hab. environ.

Cette ville maritime, située à l'extrémité N. de la presqu'île du Cotentin, au fond d'une vaste baie, possède deux ports, l'un militaire et l'autre commercial. Le premier peut contenir cinquante vaisseaux de ligne qui y sont constamment à flot, quelle que soit la marée. La rade est fermée par une digue qui fut commencée sous Louis XVI, et terminée par Napoléon qui la fit fortifier ; de sorte que Cherbourg offre aujourd'hui un très beau port militaire, une rade fermée et un excellent mouillage.

Cherbourg est une ville fort ancienne

dont le port, dès le 10e siècle, était très fréquenté. Ce fut en vain que le prince noir l'attaqua en 1326; mais elle fut prise par les Anglais, en 1418, après trois mois de la plus vigoureuse résistance, et c'est la dernière ville qui restait en leur pouvoir sous Charles VII, en 1450. Ils s'en emparèrent de nouveau en 1758, et détruisirent entièrement et le fort et les fortifications. En 1815, les Prussiens, ayant voulu s'en rendre maîtres, furent obligés de battre en retraite.

Fab. de bonneterie, dentelles, acides minéraux; raffineries de sucre, de sel et de soude; verrerie; construction de navires du premier rang; exploitation de granit; comm. de blé, vins, eaux-de-vie, genièvre de Hollande, cidre, épiceries, salaisons de toute espèce, cire, beurre excellent; bois de construction, fer, acier, charbon de terre, etc.; entrepôt réel et fictif de sel et de denrées coloniales; grand et petit cabotage.

On y remarque les deux ports avec les établissemens qui en dépendent; le monument élevé en mémoire du débarquement du duc de Berry en 1814; l'hôpital de la marine et la salle de spectacle.

CHERCHÉ, E, part. Se dit d'une personne ou d'une chose qui a été l'objet de perquisitions.

CHERCHÉE, s. f. Inconnue, quantité à découvrir. T. de math.

CHERCHE-FICHE, s. m. Outil pour placer, ôter les fiches. T. de serrur.

CHERCHE-POINTE, s. m. Espèce de poinçon. T. de serrur.

CHERCHER, v. a. Faire des perquisitions; se donner du mouvement, de la peine pour trouver quelque chose. —, tâcher d'acquérir, de se procurer; chercher la gloire, la fortune. —, tâcher de découvrir; chercher la vérité. —, tendre à; l'eau cherche à se faire un passage. — à perdre quelqu'un, faire ses efforts pour noircir sa réputation. — à se faire des ennemis; se conduire de manière à s'attirer des inimitiés. — à tromper, essayer de surprendre la confiance. —querelle, provoquer. — son pain, mendier.

CHERCHEUR, EUSE, s. Celui qui cherche. T. iron.

CHERCHEUSE, s. f. Petite lunette attachée au télescope pour découvrir plus facilement les objets. T. d'astr. — d'esprit, jolie comédie de Favart, poète français qui a fait beaucoup d'opéras comiques.

CHERCONÉE, s. f. Etoffe des Indes de soie et coton.

CHÈRE, s. f. Régal, bon repas; qualité, quantité, préparation des mets; accueil. T. fam.

CHÈREMENT, adv. Tendrement. —, à haut prix. Vendre — sa vie, se défendre en désespéré.

CHÉRENCE, s. f. Com. du dép. de Seine-et-Oise, cant. de Magny, arr. de Mantes. = Magny.

CHÉRENCÉ-LE-HÉRON, s. m. Com. du dép. de la Manche, cant. de Villedieu, arr. d'Avranches. = Villedieu.

CHÉRENCÉ-LE-ROUSSEL, s. m. Com. du dép. de la Manche, cant. de Juvigny, arr. de Mortain. = Sourdeval.

CHÉRENG, s. m. Com. du dép. du Nord, cant. de Lannoy, arr. de Lille. = Lille.

CHÈRES (les), s. f. pl. Com. du dép. du Rhône, cant. de Limonest, arr. de Lyon. = Anse.

CHERET, s. m. Com. du dép. de l'Aisne, cant. et arr. de Laon. = Laon.

CHÉRI, E, part. Aimé tendrement.

CHERIC, s. m. Fauvette de l'Ile-de-France. T. d'hist. nat.

CHÉRIENNE, s. f. Com. du dép. du Pas-de-Calais, cant. d'Hesdin, arr. de Montreuil. = Hesdin.

CHERIER, s. m. Com. du dép. de la Loire, cant. de St.-Just-en-Chevalet, arr. de Roanne. = Roanne.

CHÉRIF, s. m. Descendant de Mahomet; prince chez les Arabes et les Maures.

CHÉRIGNÉ, s. m. Com. du dép. des Deux-Sèvres, cant. de Brioux, arr. de Melle. = Chef-Boutonne.

CHÉRIR, v. a. Aimer tendrement; chérir sa mère.

CHÉRIS (les), s. m. pl. Com. du dép. de la Manche, cant. de Ducey, arr. d'Avranches. = Avranches.

CHÉRISAY, s. m. Com. du dép. de la Sarthe, cant. de St.-Pater, arr. de Mamers. = Alençon.

CHÉRISAY, s. m. Com. du dép. de la Moselle, cant. de Verny, arr. de Metz. = Metz.

CHÉRISSABLE, adj. Digne d'être aimé, chéri.

CHÉRIZET, s. m. Com. du dép. de Saône-et-Loire, cant. de Cluny, arr. de Mâcon. = Cluny.

CHÉRIZY, s. m. Com. du dép. d'Eure-et-Loir, cant. et arr. de Dreux. = Dreux.

CHÉRIZY, s. m. Com. du dép. du Pas-de-Calais, cant. de Croisilles, arr. d'Arras. = Arras.

CHERLERIE, s. f. Plante caryophyllée. T. de bot.

CHERLESKER, s. m. Lieutenant général dans l'armée turque.

CHERMIGNAC, s. m. Com. du dép. de la Charente-Inférieure, cant. et arr. de Saintes. = Saintes.

CHERMISEY, s. m. Com. du dép. des Vosges, cant. de Coussey, arr. de Neufchâteau. = Neufchâteau.

CHERMIZY, s. m. Com. du dép. de l'Aisne, cant. de Craonne, arr. de Laon. = Laon.

CHERNITE, s. m. Marbre qui ressemble à l'ivoire. T. d'hist. nat.

CHÉROGRYLLE, s. m. Espèce de hérisson. T. d'hist. nat.

CHERON (St.-), s. m. Com. du dép. de l'Eure, cant. de Pacy, arr. d'Evreux. = Pacy-sur-Eure.

CHERON (St.-), s. m. Com. du dép. de la Marne, cant. de St.-Remy-en-Bouzemont, arr. de Vitry. = Vitry-le-Français.

CHERON (St.-), s. m. Com. du dép. de Seine-et-Oise, cant. de Dourdan, arr. de Rambouillet. = Dourdan.

CHERON-DES-CHAMPS (St.-), s. m. Com. du dép. d'Eure-et-Loir, cant. de Châteauneuf, arr. de Dreux. = Nogent-le-Roi.

CHERON-DU-CHEMIN (St.-), s. m. Com. du dép. d'Eure-et-Loir, cant. d'Auneau, arr. de Chartres. = Gallardon.

CHERONNAC, s. m. Com. du dép. de la Haute-Vienne, cant. et arr. de Rochechouart. = Rochechouart.
Forges, affineries et martinets.

CHERONVILLIERS, s. m. Com. du dép. de l'Eure, cant. de Rugles, arr. d'Evreux. = Rugles.
Fab. d'épingles.

CHÉROY, s. m. Petite ville du dép. de l'Yonne, chef-lieu de cant. de l'arr. de Sens. Bur. d'enregist. et de poste.
Comm. de chevaux, bestiaux et volailles.

CHERQUEMOLLE, s. f. Etoffe des Indes.

CHERRÉ, s. m. Com. du dép. de Maine-et-Loire, cant. de Châteauneuf, arr. de Segré. = Châteauneuf-sur-Sarthe.

CHERRÉ, s. m. Com. du dép. de la Sarthe, cant. de la Ferté, arr. de Mamers. = la Ferté-Bernard.

CHERREAU, s. m. Com. du dép. de la Sarthe, cant. de la Ferté, arr. de Mamers. = la Ferté-Bernard.

CHERRUEIX, s. m. Com. du dép. d'Ille-et-Vilaine, cant. de Dol, arr. de St.-Malo. = Dol.

CHERRY, s. m. Com. du dép. du Cher, cant. de Lury, arr. de Bourges. = Vierzon.

CHERSONÈSE, s. f. Presqu'île, péninsule.

CHERSYDRE, s. m. Serpent amphibie. T. d'hist. nat.

CHERTÉ, s. f. Prix excessif des subsistances.

CHÉRUBIN, s. m. Ange du second chœur de la première hiérarchie.

CHÉRUBIQUE, s. f. Hymne grecque en l'honneur des chérubins.

CHERVAL, s. m. Com. du dép. de la Dordogne, cant. de Verteillac, arr. de Ribérac. = Mareuil.

CHERVEIX, s. m. Com. du dép. de la Dordogne, cant. d'Hautefort, arr. de Périgueux. = Exideuil.

CHERVES, s. m. Com. du dép. de la Charente, cant. et arr. de Cognac. = Cognac.
Comm. de vins et d'eaux-de-vie.

CHERVES, s. m. Com. du dép. de la Charente, cant. de Montembœuf, arr. de Confolens. = la Rochefoucault.

CHERVES, s. m. Com. du dép. de la Vienne, cant. de Mirebeau, arr. de Poitiers. = Mirebeau.

CHERVETTES, s. f. Com. du dép. de la Charente-Inférieure, cant. de Tonnay-Boutonne, arr. de St.-Jean-d'Angely. = St.-Jean-d'Angely.

CHERVEUX, s. m. Com. du dép. des Deux-Sèvres, cant. de St.-Maixent, arr. de Niort. = St.-Maixent.

CHERVEY, s. m. Com. du dép. de l'Aube, cant. d'Essoye, arr. de Bar-sur-Seine. = Bar-sur-Seine.

CHERVILLE, s. f. Com. du dép. de la Marne, cant. d'Ecury-sur-Coole, arr. de Châlons. = Châlons.

CHERVIS ou GIROLE, s. m. Plante potagère dont les racines tuberculeuses sont bonnes à manger.

CHÉRY-CHARTREUVE, s. m. Com. du dép. de l'Aisne, cant. de Braisne, arr. de Soissons. = Fismes.

CHÉRY-DE-SÉVÉRAC (St.-), s. m. Village du dép. de l'Aveyron, cant. de Sévérac-le-Château, arr. de Milhau. = Sévérac-le-Château.

CHÉRY-LES-POUILLY, s. m. Com. du dép. de l'Aisne, cant. de Crécy-sur-Serre, arr. de Laon. = Laon.

CHÉRY-LES-ROZOY, s. m. Com. du dép. de l'Aisne, cant. de Rozoy-sur-Serre, arr. de Laon. = Rozoy-sur-Serre.

CHÈSENEUVE, s. f. Com. du dép. de l'Isère, cant. de la Verpillière, arr. de Vienne. = Bourgoin.

CHESLEY, s. m. Com. du dép. de l'Aube, cant. de Chaource, arr. de Bar-sur-Seine. = Chaource.

CHESNAY (le), s. m. Com. du dép. de Seine-et-Oise, cant. et arr. de Versailles. = Versailles.

CHESNE (le), s. m. Com. du dép. de l'Eure, cant. de Breteuil, arr. d'Evreux. = Verneuil.

CHESNE-DOLLÉ, s. m. Com. du dép. du Calvados, cant. de Vassy, arr. de Vire. = Vire.

CHESNÉE, s. f. Mesure à la chaîne.

CHESNE-LE-POPULEUX, s. m. Com. du dép. des Ardennes, chef-lieu de cant. de l'arr. de Vouziers. Bur. d'enregist. = Vouziers.
Fab. de draps, d'étoffes de laine et d'objets d'acier poli.

CHESSY, s. m. Com. du dép. de l'Aube, cant. d'Ervy, arr. de Troyes. = Ervy.

CHESSY, s. m. Com. du dép. du Rhône, cant. du Bois-d'Oingt, arr. de Villefranche. = l'Arbresle.
Ce village possède une mine de cuivre très considérable. Fonderies et laminoirs pour le cuivre; carrières de pierres à bâtir.

CHESSY, s. m. Com. du dép. de Seine-et-Marne, cant. de Lagny, arr. de Meaux. = Lagny.

CHESTRES, s. m. Com. du dép. des Ardennes, cant. et arr. de Vouziers. = Vouziers.

CHÉTIF, IVE, adj. Vil, méprisable. —, faible, maigre, malade; mine chétive. —, petit, mauvais dans son espèce; agneau chétif; récolte chétive.

CHÉTIVEMENT, adv. D'une manière chétive.

CHÉTIVETÉ, s. f. Etat, qualité de ce qui est chétif, misérable. T. inus.

CHETOCÈRES ou SÉTICORNES, s. m. pl. Famille d'insectes lépidoptères. T. d'hist. nat.

CHÉTOCHILE, s. m. Arbrisseau du Brésil. T. de bot.

CHÉTODIPTÈRE, s. m. Poisson thoracique. T. d'hist. nat.

CHETODON, s. m. Genre de poissons thoraciques, à petite bouche garnie de nombreuses dents. T. d'hist. nat.

CHÉTOLIER, s. m. Cultivateur qui prend des bestiaux à cheptel.

CHETRON, s. m. Layette; tiroir d'un coffre.

CHEU, s. m. Com. du dép. de l'Yonne, cant. de St.-Florentin, arr. d'Auxerre. = St.-Florentin.

CHEUBY, s. m. Com. du dép. de la Moselle, cant. de Verny, arr. de Metz. = Metz.

CHEUBY, s. m. Com. du dép. de la Moselle, cant. de Vigy, arr. de Metz. = Metz.

CHEUGE, s. m. Com. du dép. de la Côte-d'Or, cant. de Mirebeau, arr. de Dijon. = Mirebeau-sur-Baise.

CHEUQUE, s. m. Espèce d'autruche de l'Amérique méridionale. T. d'hist. nat.

CHEUST, s. m. Com. du dép. des Hautes-Pyrénées, cant. de Lourdes, arr. d'Argelès. = Lourdes.

CHEUX, s. m. Com. du dép. du Calvados, cant. de Tilly-sur-Seulles, arr. de Caen. = Tilly-sur-Seulles.

CHEVAGE, s. m. Droit qu'on percevait sur les étrangers qui désiraient avoir un permis de séjour dans le royaume.

CHEVAGNE, s. f. Com. du dép. de l'Allier, chef-lieu de cant. de l'arr. de Moulins. Bur. d'enregist. = Moulins.

CHEVAGNY-LES-CHEVRIÈRES, s. m. Com. du dép. de Saône-et-Loire, cant. et arr. de Mâcon. = Mâcon.

CHEVAGNY-SUR-GUYE, s. m. Com. du dép. de Saône-et-Loire, cant. de Guiche, arr. de Charolles. = Joncy.

CHEVAIGNÉ, s. m. Com. du dép. d'Ille-et-Vilaine, cant. de St.-Aubin-d'Aubigné, arr. de Rennes. = Rennes.
Exploitation de carrières de marbre noir, propre à faire de la chaux.

CHEVAIGNÉ, s. m. Com. du dép. de la Mayenne, cant. de Couptrain, arr. de Mayenne. = le Ribay.

CHEVAIN (le), s. m. Com. du dép. de la Sarthe, cant. de St.-Pater, arr. de Mamers. = Alençon.

CHEVAL, s. m. Quadrupède à longue crinière qui hennit; mammifère monogastrique qui forme, avec l'âne, le mulet, etc., le genre des solipèdes. —, homme laborieux, robuste; il travaille comme un cheval. —, homme grossier, brutal. Fig. Fièvre de —, très forte. — de trompette, personne que le bruit n'effraie pas. — de bataille, raisonnement qu'on emploie en toute occasion. Ecrire une lettre à —, écrire cavalièrement, sans ménager les expressions. —, trou rempli de terre dans un bloc; siège d'ardoisier. —, pl. Cavaliers; deux cents chevaux.

CHEVAL-BLANC, s. m. Com. du dép. de Vaucluse, cant. de Cavaillon, arr. d'Avignon. = Avignon.

CHEVAL-CERF, s. m. Espèce de cerf de la Chine. T. d'hist. nat.

CHEVAL DE BOIS, s. m. Image grossière d'un cheval sur lequel les jeunes gens montent fièrement pour voltiger et jouer aux bagues.

CHEVAL DE FRISE, s. m. Grosse pièce de bois hérissée de pointes de fer. T. d'artill.

CHEVALÉ, E, part. Etayé.

CHEVALEMENT, s. m. Sorte d'étai pour reprendre en sous-œuvre.

CHEVALER, v. a. Se servir du chevalet, étayer une maison, un mur pour y faire des réparations. —, v. n. Croiser. T. de couvr. —, aller et venir pour des affaires. (Vi.)

CHEVALERESQUE, adj. Grand, généreux, qui tient aux usages de l'ancienne chevalerie.

CHEVALERIE, s. f. Dignité, grade, ordre, état des chevaliers. —, extraction, noblesse d'origine.

CHEVALET, s. m. Cheval de bois sur lequel on hissait un condamné. —, petit morceau de bois blanc qui sert de support aux cordes d'un violon. —, espèce de pupitre sur lequel les peintres posent leur toile. —, banc, siége, étau de treillageur. —, machine avec un rouleau servant à passer les câbles d'un endroit à l'autre. T. de mar. —, tout ce qui tient l'ouvrage à la hauteur convenable. T. d'arts et mét.

CHEVAL-FONDU, s. m. Jeu d'écoliers qui sautent sur le dos l'un de l'autre.

CHEVALIER, s. m. Membre du corps des chevaliers qui tenait le second rang dans la république romaine. —, au temps de la chevalerie, gentilhomme qui embrassait la carrière des armes et qui, après des preuves de bravoure, recevait le titre de chevalier; preux chevalier. —errant, Don Quichotte, espèce de spadassin qui courait le monde pour chercher des aventures. —, titre de noblesse au-dessus de celui d'écuyer; membre d'un ordre de chevalerie; chevalier de St.-Louis, chevalier de la légion-d'honneur. —, pièce du jeu d'échecs. —, oiseau aquatique du genre du bécasseau. T. d'hist. nat. —d'industrie, escroc qui vit d'adresse.

CHEVALINE, adj. f. Cheval ou jument; bête chevaline. T. de prat. (Vi.)

CHEVALIS, s. m. Passage praticable dans une rivière dont les eaux sont basses.

CHEVALLIER (l'île), s. m. Cette île, située dans l'Océan atlantique, fait partie du dép. du Morbihan, arr. de Quimperlé; elle a environ 1 l. de tour, et renferme plusieurs petits villages.

CHEVANCE, s. f. Héritage de ses pères; ce qu'on a de son chef, de son côté. (Vi.)

CHEVANCEAU, s. m. Com. du dép. de la Charente-Inférieure, cant. de Montlieu, arr. de Jonzac. = Montlieu.

CHEVANNAY, s. m. Com. du dép. de la Côte-d'Or, cant. de Vitteaux, arr. de Semur. = Vitteaux.

CHEVANNE ou **CHEVESNE**, s. f. Poisson d'eau douce du genre du cyprin.

CHEVANNE, s. f. Com. du dép. de la Côte-d'Or, cant. de Gevrey, arr. de Dijon. = Nuits.

CHEVANNES, s. f. Com. du dép. du Loiret, cant. de Ferrières, arr. de Montargis. = Egreville.

CHEVANNES, s. f. Com. du dép. de la Nièvre, cant. de Brinon, arr. de Clamecy. = Nevers.

CHEVANNES, s. f. Com. du dép. de Seine-et-Oise, cant. et arr. de Corbeil. = Corbeil.

CHEVANNES, s. f. Com. du dép. de l'Yonne, cant. et arr. d'Auxerre. = Auxerre.

CHEVAUCHANTES, adj. f. pl. Se dit de feuilles pliées en gouttière et appliquées les unes sur les autres; feuilles chevauchantes. T. de bot.

CHEVAUCHÉE, s. f. Tournée que devaient faire à cheval les officiers de justice. (Vi.)

CHEVAUCHEMENT, s. m. Déplacement des fragmens d'un os fracturé qui se trouvent à côté l'un de l'autre. T. de chir.

CHEVAUCHER, v. n. Aller à cheval. (Vi.) —, aller de travers; enjamber les unes sur les autres; se dit des lignes. T. d'impr. —, se croiser. T. de couvr. —, s'élever par saccade au-dessus du vent. T. de fauc.

CHEVAUCHEUR, s. m. Cavalier; maître de poste (Vi.)

CHEVAUCHONS (à), adv. A califourchon. (Vi.)

CHEVAU-LÉGER, s. m. Cavalier faisant partie d'un corps de chevau-légers; cavalerie légère, comme l'indique ce mot.

CHEVÉ, E, part. Poli, rendu concave en parlant des pierres fines.

CHEVECERIE, s. f. Dignité de chevecier.

CHEVÊCHE, s. f. Voy. CHOUETTE.

CHEVECHETTE, s. f. Chouette d'Afrique. T. d'hist. nat.

CHEVECIER, s. m. Dignitaire d'une église auquel était confié l'argent, et qui était chargé de la dépense.

CHEVELÉE, adj. f. Qui a les cheveux d'un autre émail. T. de blas.

CHEVELU, E, adj. Qui a beaucoup de cheveux. —, se dit en poésie des animaux à longue crinière, des arbres qui ont beaucoup de feuilles, des montagnes couvertes de forêts ; tête, cime chevelue. —, qui a beaucoup de filamens ; racine chevelue. T. de bot. —, qui répand des rayons en forme de chevelure, en parlant d'une comète. T. d'astr. —, s. m. Filamens des racines des plantes.

CHEVELURE, s. f. Cheveux qui couvrent la tête. —, feuilles des arbres. T. poét. — de feu, petits serpenteaux d'artifice. —, petites racines, filamens. T. de bot. —, rayons d'une comète. — de Bérénice, amas de petites étoiles entre la queue de l'ourse et celle du lion. T. d'astr.

CHEVENNES, s. f. Com. du dép. de l'Aisne, cant. de Sains, arr. de Vervins. = Marle.

CHEVENON, s. m. Com. du dép. de la Nièvre, cant. et arr. de Nevers. = Nevers.

CHEVER, v. a. Polir une pierre concave sur une roue convexe ; diminuer l'épaisseur d'une pierre pour la rendre concave et faire pâlir sa couleur. T. de lapid. —, commencer à rendre une pièce concave en la forgeant. T. d'orf.

CHEVERNY, s. m. Com. du dép. de Loir et-Cher, cant. de Contres, arr. de Blois. = Blois.

CHEVET, s. m. La tête du lit où l'on pose le traversin et l'oreiller ; traversin, long oreiller. —, billot qui soutient la culasse du canon. T. d'artill. —, garniture des bittes. T. de mar. — d'église, partie élevée d'une église derrière le maître autel.

CHEVETEAU, s. m. Pièce sur laquelle est posé le tourillon d'un arbre de moulin.

CHEVÊTRE, s. m. Licou. (Vi.) —, pièce de bois dans laquelle s'emboîtent les solives d'un plancher. T. de charp. —, bandage pour la réduction des fractures de la mâchoire inférieure. T. de chir.

CHEVÊTRIER, s. m. Support du tourillon. T. de charp.

CHEVEU, s. m. Le plus long des poils qui naissent sur le corps de l'homme et l'ornement de sa tête ; cheveux noirs, blonds, etc. Se prendre aux —, se battre.

CHEVEUGE, s. m. Com. du dép. des Ardennes, cant. et arr. de Sedan. = Sedan.

CHEVIÈRES, s. f. Com. du dép. des Ardennes, cant. de Grand-Pré, arr. de Vouziers. = Grand-Pré.

CHEVIGNEY, s. m. Com. du dép. du Doubs, cant. de Vercel, arr. de Baume. = Besançon.

CHEVIGNEY, s. m. Com. du dép. du Doubs, cant. d'Audeux, arr. de Besançon. = Besançon.

CHEVIGNEY, s. m. Com. du dép. de la Haute-Saône, cant. de Pesmes, arr. de Gray. = Gray.

CHEVIGNY, s. m. Com. du dép. du Jura, cant. de Montmirey, arr. de Dôle. = Dôle.

CHEVIGNY, s. m. Com. du dép. de la Marne, cant. de Vertus, arr. de Châlons. = Vertus.

CHEVIGNY-EN-VALIÈRE, s. m. Com. du dép. de la Côte-d'Or, cant. et arr. de Beaune. = Beaune.

CHEVIGNY-ST.-SAUVEUR, s. m. Com. du dép. de la Côte-d'Or, cant. et arr. de Dijon. = Dijon.

CHEVILLAGE, s. m. Art de cheviller les vaisseaux. T. de mar.

CHEVILLARD, s. m. Com. du dép. de l'Ain, cant. de Brenod, arr. de Nantua. = Nantua.

CHEVILLE, s. f. Morceau long et pointu de fer ou de bois pour joindre des tenons, pour boucher un trou. —, inutilité dans un vers, mot oiseux qui n'est là que pour la mesure ou la rime. — ouvrière, cheville qui joint le train à la flèche d'un carrosse. —, principal ressort d'une affaire. Fig. — du pied, malléole, éminence placée à la partie inférieure de la jambe des deux côtés de son articulation avec le pied. T. de chir. Cheval en —, devant le limonier. —, pl. andouillers. T. de véner. Autant de trous, autant de —, autant de reproches, autant d'excuses. T. fam.

CHEVILLÉ, E, part. Attaché, joint avec des chevilles. —, adj. Robuste, qui résiste aux maladies ; âme chevillée dans le corps. —, plein d'épithètes oiseuses, de chevilles ; vers chevillés. Cheval —, dont les jambes sont serrées. —, se dit des andouillers du cerf ; tête de cerf chevillée. T. de blas.

CHEVILLÉ, s. m. Com. du dép. de la Sarthe, cant. de Brûlon, arr. de la Flèche. = Sablé.

CHEVILLER, v. a. Enfoncer des chevilles ; attacher, joindre avec des chevilles. —, v. n. Tordre la soie. T. de teintur.

CHEVILLETTE, s. f. Petite cheville. —, morceau de cuivre plat et troué qu'on met sous le cousoir pour attacher les nerfs des livres qu'on relie.

CHEVILLON, s. m. Bâton tourné au dos d'une chaise ; bâton de ferrandinier pour tirer la soie de l'ourdissoir. —, morceau de bois pour lancer les manœuvres. T. de mar.

CHEVILLON, s. m. Com. du dép. du Loiret, cant. et arr. de Montargis. = Montargis.

CHEVILLON, s. m. Com. du dép. de la Haute-Marne, chef-lieu de cant. de l'arr. de Vassy, où se trouve le bur. d'enregist. = Joinville.

Carrières de pierres à bâtir.

CHEVILLON, s. m. Com. du dép. de la Moselle, cant. de Pange, arr. de Metz. = Metz.

CHEVILLON, s. m. Com. du dép. de l'Yonne, cant. de Charny, arr. de Joigny. = Joigny.

CHEVILLOTS, s. m. pl. Voy. CABILLOTS.

CHEVILLOTTE (la), s. f. Com. du dép. du Doubs, cant. et arr. de Besançon. = Besançon.

CHEVILLURES, s. f. pl. Andouillers du cerf. T. de vener.

CHEVILLY, s. m. Com. du dép. du Loiret, cant. d'Artenay, arr. d'Orléans. Bur. de poste.

CHEVILLY, s. m. Com. du dép. de la Seine, cant. de Villejuif, arr. de Sceaux. = Sceaux.

CHEVINAY, s. m. Com. du dép. du Rhône, cant. de Vaugneray, arr. de Lyon. = Lyon.

On y remarque des souterrains qu'on suppose avoir servi de retraite aux Sarrasins, et des mines de cuivre qui étaient déjà connues du temps des Romains.

CHEVINCOURT, s. m. Com. du dép. de l'Oise, cant. de Ribécourt, arr. de Compiègne. = Compiègne.

CHEVIR, v. n. Venir facilement à bout de quelqu'un. —, traiter, transiger. T. de prat. (Vi.)

CHEVIRÉ-LE-ROUGE, s. m. Com. du dép. de Maine-et-Loire, cant. et arr. de Baugé. = Baugé.

CHEVISSANCE, s. f. Transaction. (Vi.)

CHEVRAINVILLERS, s. m. Com. du dép. de Seine-et-Marne, cant. de Nemours, arr. de Fontainebleau. = Nemours.

CHEVRAUX, s. m. Com. du dép. du Jura, cant. de St.-Amour, arr. de Lons-le-Saulnier. = St.-Amour.

CHÈVRE, s. f. Femelle du bouc, quadrupède ruminant dont le lait mêlé à celui de la brebis, sert à faire du fromage. —, machine pour élever des fardeaux. —, constellation boréale. T. d'astr. Prendre la —, se fâcher, se dépiter. T. d'impr. Ménager la — et le chou, être de l'avis de tout le monde.

CHEVREAU, s. m. Cabri, petit de la chèvre.

CHÈVRE-BLEUE, s. f. matière lumineuse, composée d'ondes, accidens de l'aurore boréale. —, espèce d'antilope. T. d'hist. nat.

CHÈVREFEUILLE, s. m. Arbrisseau monopétale, grimpant, dont la fleur a une odeur fort agréable.

CHEVREGNY, s. m. Com. du dép. de l'Aisne, cant. d'Anizy-le-Château, arr. de Laon. = Chavignon.

CHEVREMONT, s. m. Com. du dép. du Haut-Rhin, cant. et arr. de Belfort. = Belfort.

CHÈVREPIED, s. et adj. m. Satyre, faune à pied de chèvre.

CHEVRERIE (la), s. f. Com. du dép. de la Charente, cant. de Villefagnan, arr. de Ruffec. = Ruffec.

CHEVRESIS-MONTCEAU, s. m. Com. du dép. de l'Aisne, cant. de Ribemont, arr. de St.-Quentin. = St.-Quentin.

CHEVRETTE, s. f. Femelle du chevreuil. — ou Crevette, petit crustacé de mer. —, petit chenet sans branche; trépied; machine pour soulever des fardeaux; outil du cirier, de paumier. —, vaisseau à bec pour les sirops. T. de pharm.

CHEVREUIL, s. m. Bête fauve, quadrupède qui tient de la chèvre et du cerf.

CHEVREUSE, s. f. Petite ville du dép. de Seine-et-Oise, chef-lieu de cant. de l'arr. de Rambouillet. Bur. d'enregist. et de poste.

Comm. de blé et de laines.

CHEVREVILLE, s. f. Com. du dép. de la Manche, cant. de St.-Hilaire-du-Harcouet, arr. de Mortain. = St.-Hilaire-du-Harcouet.

CHEVREVILLE, s. f. Com. du dép. de l'Oise, cant. de Nanteuil, arr. de Senlis. = Nanteuil.

CHEVREY, s. m. Com. du dép. de la Côte-d'Or, cant. de Nuits, arr. de Beaune. = Nuits.

CHEVRIER, s. m. Pâtre qui conduit un troupeau de chèvres.

CHEVRIÈRES, s. f. Com. du dép. des Ardennes, cant. et arr. de Réthel. = Réthel.

CHEVRIÈRES, s. f. Com. du dép. de l'Isère, cant. et arr. de St.-Marcellin. = St.-Marcellin.

CHEVRIÈRES, s. f. Com. du dép. de la Loire, cant. de St.-Galmier, arr. de Montbrison. = Chazelles.

CHEVRIÈRES, s. f. Com. du dép. de l'Oise, cant. d'Estrées-St.-Denis, arr. de Compiègne. = Verberie.

Comm. de chanvre.

CHEVRILLARD, s. m. Petit chevreuil.

CHEVROCHES, s. f. Com. du dép. de la Nièvre, cant. et arr. de Clamecy. = Clamecy.

CHEVROLIÈRE (la), s. f. Com. du dép. de la Loire-Inférieure, cant. de St.-Philbert, arr. de Nantes. = Machecoul.

CHEVROLLE, s. f. Genre de crustacés, espèce de cancre. T. d'hist. nat.

CHEVRON, s. m. Bois équarri qui porte les lattes du toit. —, galons sur les bras des militaires pour marquer leur ancienneté de service. —, laine noire d'Espagne. —, pièces plates assemblées en angle. T. de blas.

CHEVRONNÉ, E, adj. Chargé de chevrons. T. de blas.

CHEVROTAGE, s. m. Ancien droit sur les chèvres.

CHEVROTAIN, s. m. Très joli petit cerf des Indes. T. d'hist. nat.

CHEVROTAINE, s. f. Com. du dép. du Jura, cant. de Clairvaux, arr. de Lons-le-Saulnier. = Lons-le-Saulnier.

CHEVROTEMENT, s. m. Cadence formée par secousse et en tremblotant. T. de mus.

CHEVROTER, v. n. Faire ses petits, mettre bas en parlant de la chèvre. —, perdre patience, se dépiter. T. fam. —, chanter en tremblotant. T. de mus.

CHEVROTIN, s. m. Peau de chevreau corroyée.

CHEVROTINE, s. f. Plomb angulaire et alongé pour tirer le chevreuil.

CHEVROUX, s. m. Com. du dép. de l'Ain, cant. de Pont-de-Vaux, arr. de Bourg. = Pont-de-Vaux.

CHEVROZ, s. m. Com. du dép. du Doubs, cant. de Marchaux, arr. de Besançon. = Besançon.

CHEVRU, s. m. Com. du dép. de Seine-et-Marne, cant. de la Ferté-Gaucher, arr. de Coulommiers. = la Ferté-Gaucher.

CHEVRY, s. m. Com. du dép. de l'Ain, cant. et arr. de Gex. = Gex.

CHEVRY, s. m. Com. du dép. du Jura, cant. et arr. de St.-Claude. = St.-Claude.

CHEVRY, s. m. Com. du dép. du Loiret, cant. de Ferrières, arr. de Montargis. = Egreville.

CHEVRY, s. m. Com. du dép. de la Manche, cant. de Tessy, arr. de St.-Lô. = Torigny.

CHEVRY-COSSIGNY, s. m. Com. du dép. de Seine-et-Marne, caut. de Brie-comte-Robert, arr. de Melun. = Brie-Comte-Robert.

CHEVRY-EN-SERENNE, s. m. Com. du dép. de Seine-et-Marne, cant. de Lorrez, arr. de Fontainebleau. = Egreville.

CHEY, s. m. Com. du dép. des Deux-Sèvres, cant. de Chenay, arr. de Melle. = Melle.

CHEYLARD (le), s. m. Com. du dép. de la Drôme, cant. de Saillans, arr. de Die. = Saillans.

CHEYLAS (le), s. m. Com. du dép. de l'Isère, cant. de Goncelin, arr. de Grenoble. = Goncelin.

CHEYLÈTE, s. f. Genre d'insectes arachnoïdes. T. d'hist. nat.

CHEYLOGLOTTE, s. f. Plante orchidée. T. de bot.

CHEYSSIEU, s. m. Com. du dép. de l'Isère, cant. de Roussillon, arr. de Vienne. = le Péage.

CHEZ, prép. En la maison de, au logis de. —, parmi ; chez les Romains. —, au pays de ; chez les Turcs. — soi, — moi, subst. Le domicile, la maison.

CHEZABOIS, s. m. Com. du dép. du Jura, cant. et arr. de Poligny. = Sellières.

CHEZAL-BENOÎT, s. m. Com. du dép. du Cher, cant. de Lignières, arr. de St.-Amand. = Lignières.

CHÈZE, s. f. Com. du dép. des Hautes-Pyrénées, cant. de Luz, arr. d'Argelès. = Tarbes.

CHÈZE (la), s. f. Com. du dép. des Côtes-du-Nord, chef-lieu de cant. de l'arr. de Loudéac, où se trouve le bur. d'enregist. = Loudéac.

CHÈZEAUX, s. m. Com. du dép. de la Haute-Marne, cant. de Varennes, arr. de Langres. = Bourbonne.

CHÉZEAUX (les), s. m. pl. Com. du dép. de la Haute-Vienne, cant. de St.-Sulpice-les-Feuilles, arr. de Bellac. = Arnac.

CHÉZELLE, s. f. Com. du dép. de l'Allier, cant. de Chantelle-le-Château, arr. de Gannat. = St.-Pourçain.

CHEZELLES, s. f. Com. du dép. de l'Indre, cant. de Buzançais, arr. de Châteauroux. = Buzançais.

CHEZELLES, s. f. Com. du dép. d'Indre-et-Loire, cant. de l'Ile-Bouchard, arr. de Chinon. = l'Ile-Bouchard.

CHEZERY, s. m. Com. du dép. de l'Ain, cant. de Collonge, arr. de Gex. = Collonge.

CHÉZY, s. m. Com. du dép. de l'Allier, cant. de Chevagne, arr. de Moulins. = Moulins.

CHÉZY-EN-ORXOIS, s. m. Com. du dép. de l'Aisne, cant. de Neuilly-St.-

Front, arr. de Château-Thierry. = la Ferté-Milon.

CHÉZY-SUR-MARNE, s. m. Com. du dép. de l'Aisne, cant. de Charly, arr. de Château-Thierry. = Château-Thierry.

CHIANTOTOLT, s. m. Oiseau du Mexique de la grosseur de l'étourneau. T. d'hist. nat.

CHIANTZOLLI, s. f. Herbe rafraîchissante d'Amérique.

CHIAOUX, s. m. Huissier turc.

CHIASSE, s. f. Ecume des métaux; excrémens des insectes, des mouches.

CHIATRA, s. f. Com. du dép. de la Corse, cant. de Pietra, arr. de Corte. = Bastia.

CHIBOUT, s. m. Résine blanche, résolutive, d'Amérique.

CHIC, s. m. Oiseau, espèce de bruant. — ou Chique, finesse, subtilité. T. fam.

CHICA, s. m. Boisson américaine. —, danse des nègres, espèce de fandango.

CHICAL, s. m. Voy. CHACAL.

CHICAMBAULT ou CHICABAUT, s. m. Longue et forte pièce de bois qui sert d'éperon à un petit navire. T. de mar.

CHICANE, s. f. Subtilité captieuse en matière de procès; abus des procédures. —, petites difficultés, petites objections. T. fam. Guerre de —, guerre où l'on dispute le terrain pied à pied, où l'on fatigue la troupe en marches et contremarches.

CHICANE, E, part. Tourmenté par de mauvaises difficultés, par des chicanes.

CHICANER, v. a. et n. Faire un procès mal à propos; employer toutes les ruses de la chicane pour éterniser un procès. —, critiquer, reprendre mal à propos sur des bagatelles; chagriner, inquiéter. — le terrain, le disputer. T. milit. — le vent, le prendre en louvoyant. T. de mar.

CHICANERIE, s. f. Tour de chicane, mauvaise difficulté.

CHICANEUR, EUSE, s. Qui aime les procès, qui se plaît à chicaner, surtout en affaires.

CHICANIER, ÈRE, s. et adj. Plaideur, qui aime les procès. —, personne qui se plaît à contrarier, à faire de mauvaises chicanes, qui est toujours prête à ergoter.

CHICHE, adj. Avare, qui dépense le moins possible, et qui regrette ce qu'il est forcé de dépenser. —, se dit fig. d'une personne qui n'aime pas à se déranger; il est chiche de ses pas, etc. —, chétif, mesquin. Pois —, plante légumineuse, sorte de pois gris.

CHICHÉ, s. m. Com. du dép. des Deux-Sèvres, cant. et arr. de Bressuire = Bressuire.

CHICHEBOVILLE, s. f. Com. du dép. du Calvados, cant. de Bourguébus, arr. de Caen. = Croissanville.

CHICHÉE, s. f. Com. du dép. de l'Yonne, cant. de Châblis, arr. d'Auxerre. = Châblis.

CHICHEMENT, adv. Avec avarice, d'une manière chiche.

CHICHERY, s. m. Com. du dép. de l'Yonne, cant. d'Aillant, arr. de Joigny. = Bassou.

CHICHEY, s. m. Com. du dép. de la Marne, cant. de Sézanne, arr. d'Epernay. = Sézanne.

CHICHILIANNE, s. f. Com. du dép. de l'Isère, cant. de Clelles, arr. de Grenoble. = Grenoble.

CHICHY, s. m. Com. du dép. de l'Yonne, cant. de Seignelay, arr. d'Auxerre. = Brinon.

CHICON, s. m. Laitue romaine.

CHICORACÉES, s. f. pl. Famille de plantes dicotylédones, herbacées. T. de bot.

CHICORÉE, s. f. Plante potagère, genre de cynarocéphales. — blanche, endive de Zanthe. — sauvage, plante à fleur bleue, apéritive, hépatique. — de mer, coquille frisée comme la chicorée.

CHICOT, s. m. Reste d'un arbre qui sort un peu de terre, petit morceau de bois rompu. —, fragment de dent resté dans l'alvéole. — bonduc, arbre du Canada. T. de bot.

CHICOTER, v. n. Elever des contestations sur des bagatelles.

CHICOTIN, s. m. Suc amer de certaines plantes; amer comme chicotin.

CHICOURT, s. m. Com. du dép. de la Meurthe, cant. de Delme, arr. de Château-Salins. = Château-Salins.

CHIDES, s. f. Com. du dép. de la Nièvre, cant. de Luzy, arr. de Château-Chinon. = Luzy.

CHIDRAC, s. m. Com. du dép. du Puy-de-Dôme, cant. de Champeix, arr. d'Issoire. = Issoire.

CHIE-AU-LIT ou CHIE-EN-LIT, s. m. Masque vilain et malpropre. T. fam.

CHIEN NE, s. Animal domestique qui aboie et qui est susceptible du plus grand attachement pour son maître, quadrupède très docile, très intelligent, de beaucoup d'espèces; genre de carnivores mammifères, plantigrades, comprenant le chien, le loup, l'hyène, le chacal, le renard, etc. —, pièce de la batterie d'un fusil qui tient la pierre. —, sergent de tonnelier. —, caisse roulante dans les mines. —couchant, chien d'arrêt. Faire le — couchant, flatter bassement en rampant. Rompre les —, interrompre à dessein un discours qui déplaît. Vie de —, très pénible, crapuleuse. Entre — et loup, sur le soir. St.-Roch et son —, personnes inséparables. Grand et petit —, constellation boréale et australe. T. d'astr. —, adj. Mauvais, désagréable; chien de temps, chienne de goutte.

CHIEN-CRABE, s. m. Voy. Crabier.

CHIEN-DE-MER, s. m. Nom vulgaire du requin, du squale, etc.

CHIENDENT, s. m. Herbe graminée, vivace, que les chiens mangent pour se purger, et dont la racine est employée en tisane. — fossile, amiante. — marin, fucus ressemblant à la barbe de baleine.

CHIENNÉ, s. m. Com. du dép. d'Ille-et-Vilaine, cant. de St.-Aubin-du-Cormier, arr. de Fougères. = St.-Aubin-du-Cormier.

CHIENNER, v. n. Mettre bas, faire ses chiens, en parlant d'une chienne.

CHIEN-VOLANT, s. m. Grosse chauve-souris. T. d'hist. nat.

CHIER, v. n. Rendre les gros excrémens. T. bas.

CHIERMÉE, s. f. Voy. Colchique.

CHIERRY, s. m. Com. du dép. de l'Aisne, cant. et arr. de Château-Thierry. = Château-Thierry.

CHIERS (le), s. m. Rivière dont on trouve la source dans le duché de Luxembourg, à peu de distance de la frontière. Elle entre dans le dép. de la Moselle, près du village de Long-la-Ville, et se jette dans la Meuse à Remilly, dép. des Ardennes, après un cours d'environ 22 l.

CHIEULLES, s. f. Com. du dép. de la Moselle, cant. et arr. de Metz. = Metz.

CHIEUR, EUSE, s. Qui chie. T. bas.

CHIFFE, s. f. Etoffe mince et mauvaise; chiffon à papier. —, homme mou, sans caractère. T. fam.

CHIFFON, s. m. Vieux morceau de linge, d'étoffe, que les chiffonniers ramassent pour les vendre aux fabricans de papier. —, chose sans valeur. — de papier, papier froissé. —, pl. Petits ajustemens de femme. —, filles de mauvaise conduite.

CHIFFONNE, adj. f. Parasite, inutile; branche chiffonne. T. de bot.

CHIFFONNÉ, E, part. Bouchonné, froissé. —, adj. Peu régulier, mais agréable, en parlant du visage, principalement de celui d'une femme; figure chiffonnée.

CHIFFONNER, v. a. Bouchonner, froisser du linge, une étoffe. —, badiner, tourmenter une femme. Fig. et fam.

CHIFFONNIER, ÈRE, s. Celui, celle qui, pourvu d'une hotte et armé d'un petit crochet, va ramassant les chiffons de rue en rue, de borne en borne. —, bavard qui raconte sans discernement tout ce qu'il entend dire; personne vétilleuse et tracassière. T. fam. —, meuble pour serrer les morceaux de peu de valeur, les chiffons.

CHIFFRE, s. m. Caractère qui exprime un nombre. — arabe : 1, 2, 3 et 4. — romain : I, II, III et IV, etc. —, écriture, langage secret. —, lettres initiales des noms, entrelacées.

CHIFFRÉ, E, part. Exprimé par des chiffres; calculé avec des chiffres.

CHIFFRER, v. a. Marquer, écrire, exprimer un nombre par des chiffres; calculer avec des chiffres. —, v. n. Compter, écrire en chiffres.

CHIFFREUR, s. m. Celui qui chiffre, qui calcule bien au moyen des chiffres. T. fam.

CHIGNAC (St.-Pierre de), s. m. Com. du dép. de la Dordogne, chef-lieu de cant. de l'arr. de Périgueux. Bur. d'enregist. = Périgueux.

CHIGNÉ, s. m. Com. du dép. de Maine-et-Loire, cant. de Noyant, arr. de Baugé. = le Lude.

CHIGNES (St.-), s. m. Village du dép. du Lot, cant. de Gramat, arr. de Gourdon. = Gramat.

CHIGNOLLE, s. f. Dévidoir de passementier à trois ailes.

CHIGNON, s. m. Partie postérieure du cou. —, cheveux retroussés dans cette partie. Faux —, faux cheveux qui s'adaptent et qui tiennent lieu de chignon.

CHIGNY, s. m. Com. du dép. de l'Aisne, cant. de la Chapelle, arr. de Vervins. = Guise.

CHIGNY, s. m. Com. du dép. de la Marne, cant. de Verzy, arr. de Reims. = Reims.

CHIGOMIER, s. m. Plante myrtoïde. T. de bot.

CHIGY, s. m. Com. du dép. de l'Yonne, cant. de Villeneuve-l'Archevêque, arr. de Sens. = Villeneuve-l'Archevêque.

CHILHAC, s. m. Com. du dép. de la Haute-Loire, cant. de la Voûte-Chilhac, arr. de Brioude. = Brioude.

CHILI, s. m. Grande province de l'Amérique méridionale, au midi du Pérou, s'étend de la mer du Sud jusqu'au pays des Patagons. La chaîne des Cordillières la traverse du nord au sud.

Ce pays, fort riche en mines d'or, d'argent, de diamans, et très fertile, forme aujourd'hui un Etat indépendant.

CHILIADE, s. f. Choses réunies mille par mille. T. inus.

CHILIARQUE, s. m. Commandant de mille hommes.

CHILIOGONE, s. m. Figure pleine et régulière à mille angles et mille côtés. T. de géom.

CHILIOMBE, s. m. Sacrifice de mille bœufs. T. d'antiq.

CHILLAC, s. m. Com. du dép. de la Charente, cant. de Brossac, arr. de Barbezieux. = la Graulle. Comm. de bestiaux.

CHILLAS, s. m. Toile de coton des Indes.

CHILLE, s. f. Com. du dép. du Jura, cant. de Conliége, arr. de Lons-le-Saulnier. = Lons-le-Saulnier.

CHILLEURS, s. m. Com. du dép. du Loiret, cant. et arr. de Pithiviers. = Pithiviers.

CHILLEY, s. m. Com. du dép. du Jura, cant. de Salins, arr. de Poligny. = Salins.

CHILOCHLOÉ, s. m. Genre de plantes graminées. T. de bot.

CHILODIE, s. f. Arbrisseau de la Nouvelle-Hollande, de la famille des labiées. T. de bot.

CHILON, s. m. Tuméfaction des lèvres. T. de méd.

CHILOU (le), s. m. Com. du dép. des Deux-Sèvres, cant. de St.-Loup, arr. de Parthenay. = Airvault.

CHILY, s. m. Com. du dép. des Ardennes, cant. et arr. de Rocroi. = Mézières.

CHILY, s. m. Com. du dép. du Jura, cant. et arr. de Lons-le-Saulnier. = Lons-le-Saulnier.

CHILY, s. m. Com. du dép. de la Somme, cant. de Rosières, arr. de Montdidier. = Lihons.

CHILY-MAZARIN, s. m. Com. du dép. de Seine-et-Oise, cant. de Longjumeau, arr. de Corbeil. = Longjumeau.

CHIM, s. m. Nid d'oiseau de la Chine qui offre, dit-on, un mets fort délicat.

CHIMAPHILE, s. f. Plante de l'Amérique du nord. T. de bot.

CHIMARRHIS, s. m. Plante de la famille des rubiacées. T. de bot.

CHIMÈRE, s. f. Montagne de la Lycie, au sommet de laquelle il y avait un volcan. On en fit un monstre, composé de la tête d'un lion, parce qu'on voyait rôder des lions sur le sommet de cette montagne ; du corps d'une chèvre, parce qu'il y avait au milieu des pâturages où paissaient les chèvres, et de la queue d'un serpent, parce qu'il en existait un grand nombre au pied. Ce monstre, c'est-à-dire les lions et les serpens, furent exterminés par Bellerophon. T. de myth. —, fable, rêve, idée fantastique, vain projet, fol espoir. —, genre de poissons et de mollusques. T. d'hist. nat.

CHIMÉRIQUE, adj. Fabuleux, insensé, vain, impraticable, bâti sur des chimères, sur des rêves. Projet —, sans fondement.

CHIMÉRIQUEMENT, adv. D'une manière chimérique.

CHIMÉRISER, v. n. Faire des projets en l'air, se repaître de chimères. T. inus.

CHIMIATRE, s. m. Médecin qui s'occupe de la chimie appliquée à son art.

CHIMIATRIE, s. f. Chimie médicale.

CHIMIE, s. f. Art de décomposer et de recomposer les corps, d'analyser leurs principes et de déterminer leurs propriétés ; connaissance exacte de l'action intime et réciproque de ces corps les uns sur les autres.

CHEMILLIN-D'AOSTE, s. m. Village du dép. de l'Isère, cant. de Pont-de-Beauvoisin, arr. de la Tour-du-Pin. = Pont-de-Beauvoisin.

CHIMIQUE, adj. Qui tient à la chimie.

CHIMISTE, s. m. Professeur de chimie ; celui qui étudie, qui cultive cette science, qui fait des opérations chimiques.

CHIMOINE, s. m. Ciment de pierres calcaires et de coquilles imitant la blancheur et le poli du marbre.

CHIMPANZÉ, s. m. Jocko, singe brun. T. d'hist. nat.

CHINA, s. f. Voy. SQUINE.

CHINAN-BABAU (St.-), s. m. Village du dép. de l'Hérault, cant. de St.-Chinian, arr. de St.-Pons. = St.-Chinian.

CHINCAPIN, s. m. Châtaignier nain de la Virginie. T. de bot.

CHINCHE, s. m. Espèce de mouffette dont la peau est très recherchée, et qui, quand elle est poursuivie, lance par derrière une huile verdâtre d'une fétidité insupportable. T. d'hist. nat.

CHINCHILA ou CHINCILLA, s. m. Quadrupède du Pérou, espèce de hamster dont la fourrure est très estimée. T. d'hist. nat.

CHINCOU, s. m. Espèce de vautour dont le plumage est noir dans la première année de sa naissance. T. d'hist. nat.

CHINE (la), s. f. Vaste royaume situé à l'extrémité orientale de l'Asie, entre le 18° et le 42° degrés de latitude septentrionale, et le 95° et le 121° de longitude orientale. Ce royaume est borné au N. par une grande muraille qui le sépare de la Tartarie; à l'E., par la mer Orientale; au S., par la presqu'île du Gange et une partie de la mer Orientale, et à l'O., par la Tartarie indépendante. La pop. de la Chine est considérable; mais on ne peut l'évaluer que par approximation, les Chinois ne laissant pénétrer aucun Européen dans l'intérieur de leur pays. —, s. m. Bois dur. Voy. SERPENTIN.

CHINÉ, E, part. Nuancé. Bas —, de différentes couleurs.

CHINER, v. a. Nuancer, disposer les fils de manière à former un dessin. T. de manuf.

CHINFRENEAU, s. m. Coup de sabre ou de bâton à travers le visage. T. fam.

CHINIAN (St.-), s. m. Petite ville du dép. de l'Hérault, chef-lieu de cant. de l'arr. de St.-Pons. Bur. d'enregist. et de poste.
Manuf. de draps pour le Levant, de bas de laine et de coton; filature de laine.

CHINOIS, E, s. et adj. Habitant de la Chine; qui a été fabriqué en Chine; qui vient de ce pays; qui est dans le goût des ouvrages de la Chine.

CHINON, s. m. Ville du dép. d'Indre-et-Loire, chef-lieu de sous-préf. et de cant.; trib. de 1re inst.; conserv. des hypoth.; direct. des contrib. indir.; recev. part. des finances; bur. d'enregist. et de poste.
Cette ville, située sur la rive droite de la Vienne, est entourée de murailles, et était autrefois fortifiée. On y remarque encore les ruines du château où Jeanne d'Arc vint offrir ses services à Charles VII. Henri II, roi d'Angleterre, mourut dans ce château, en 1189.
Fab. de serges, droguets, étamines, poterie de terre, salpêtre. Comm. de bestiaux, grains, vins, eaux-de-vie, huile de noix, cire, miel, et de pruneaux, dits de Tours, qui se préparent dans les environs, et s'expédient sur tous les points de la France et à l'étranger.

CHINQUAPINE, s. m. Châtaignier des Etats-Unis. T. de bot.

CHINQUIS, s. m. Paon du Thibet, très bel oiseau. T. d'hist. nat.

CHINURE, s. f. Dessin chiné.

CHIO, s. m. Pièce fixée à l'ouverture du fourneau des glaces pour les scories.

CHIOCOQUE, s. f. Plante rubiacée. T. de bot.

CHIONANTHE, s. m. Plante jasminée. T. de bot.

CHIONIS, s. m. Genre d'oiseaux échassiers. T. d'hist. nat.

CHIOURME, s. f. Les rameurs d'une galère, les forçats.

CHIPAGE, s. m. Apprêt que les tanneurs donnent à certaines peaux.

CHIPÉ, E, part. Volé, dérobé.

CHIPEAU, s. m. Espèce de canard d'Amérique. T. d'hist. nat.

CHIPER, v. a. Soustraire, voler, dérober. T. fam. —, donner le chipage aux peaux. T. de tann.

CHIPILLY, s. m. Com. du dép. de la Somme, cant. de Bray, arr. de Péronne. = Albert.

CHIPOLIN, s. m. Détrempe vernie, polie.

CHIPOTER, v. n. Faire peu à peu et lentement; tracasser, barguigner pour des vétilles. T. fam.

CHIPOTIER, s. m. Tracassier, qui chipote, qui aime à chipoter. T. fam.

CHIQUE, s. f. Insecte de l'Amérique méridionale, ciron qui entre dans la peau, et dont la morsure est très venimeuse; coton défectueux; petite tasse; petite bille de marbre pour jouer; petite portion de tabac en feuille que les militaires et les marins mettent dans leur bouche pour mâcher.

CHIQUÉ, E, part. Mâché, en parlant du tabac.

CHIQUENAUDE, s. f. Coup du doigt du milieu, plié et raidi contre le pouce, puis lâché sur le nez.

CHIQUER, v. a. Mâcher du tabac. —, v. n. Manger, goinfrer, bouffer. T. fam.

CHIQUET, s. m. Petite partie. — à —, adv. Peu à peu, petit à petit. —, petit morceau de cuir pour renforcer le talon d'un soulier. T. de cordonn.

CHIQUETÉ, E, part. Démêlé. T. de card. —, marqueté. T. de peint. en décors.

CHIQUETER, v. a. Démêler la laine. T. de card. —, faire des raies sur la pâte. T. de pâtiss. —, marqueter à l'aide d'un gros pinceau. T. de peint. en décors.

CHIQUICHIQUI, s. m. Palmier d'Amérique. T. de bot.

CHIRAC, s. m. Com. du dép. de la Corrèze, cant. de Neuvic, arr. d'Ussel. = Ussel.

CHIRAC, s. m. Com. du dép. de la Lozère, cant. de St.-Germain-du-Theil, arr. de Marvejols. = Marvejols.
Fab. de serges et étoffes légères de laine.

CHIRAGRE, s. f. Goutte aux articulations des mains. —, s. Celui, celle qui a la goutte aux mains. T. de chir. —, s. f.

Goutte aux pattes des oiseaux. T. d'hist. nat.

CHIRASSIMONT, s. m. Com. du dép. de la Loire, cant. de St.-Symphorien-de-Lay, arr. de Roanne. = St.-Symphorien-de-Lay.

CHIRAT, s. m. Com. du dép. de la Charente, cant. de Chabanais, arr. de Confolens. = Chabanais.

CHIRAT-L'EGLISE, s. m. Com. du dép. de l'Allier, cant. d'Ebreuil, arr. de Gannat. = Montmarault.

CHIRAYITA, s. f. Gentiane de l'Amérique, fébrifuge. T. de bot.

CHIRÉ-EN-MONTREUIL, s. m. Com. du dép. de la Vienne, cant. de Vouillé, arr. de Poitiers. = Poitiers.

CHIRENS, s. m. Com. du dép. de l'Isère, cant. de Voiron, arr. de Grenoble. = Voiron.

Fab. de tuiles et de briques.

CHIRIA, s. f. Com. du dép. du Jura, cant. et arr. de St.-Claude. = St.-Claude.

CHIRPA, s. m. Palmier des bords de l'Orénoque, fleuve de l'Amérique méridionale. T. de bot.

CHIRITE, s. f. Stalactite ayant la forme d'une main. T. d'hist. nat.

CHIRMONT, s. m. Com. du dép. de la Somme, cant. d'Ailly-sur-Noye, arr. de Montdidier. = Amiens.

CHIROGRAPHAIRE, s. et adj. Créancier en vertu d'un acte sous-seing privé, d'un billet.

CHIROLOGIE, s. f. Art d'exprimer sa pensée par le mouvement des mains, comme font les sourds-muets.

CHIROMANCIE, s. f. Jonglerie, impudence des diseurs de bonne aventure qui prétendent trouver l'avenir dans le creux de la main.

CHIROMANCIEN, NE, s. Diseur de bonne aventure.

CHIRON, s. m. Centaure, fils de Saturne et de Philire. Il devint, par la connaissance des simples, le plus grand médecin de son temps. Il enseigna la médecine à Esculape, l'astronomie à Hercule et fut gouverneur d'Achille. Ayant, comme Philoctète, laissé tomber sur son pied une flèche d'Hercule, trempée dans le sang de l'Hydre de Lerne, les horribles souffrances qu'il éprouvait lui firent demander la mort avec tant d'instance, que les Dieux la lui accordèrent et le placèrent parmi les douze signes du zodiaque, où il a le nom de sagittaire. T. de myth. —, ver des olives. T. d'hist. nat.

CHIRONE, s. f. Gentiane.

CHIRONECTE, s. m. Petite loutre de la Guiane, mammifère carnassier. T. d'hist. nat.

CHIRONIEN, adj. m. Qui est relatif à Chiron. Ulcère —, malin et invétéré comme celui dont Chiron fut attaqué. T. de méd.

CHIRONOME, s. m. Genre d'insectes diptères. T. d'hist. nat.

CHIRONOMIE, s. f. Espèce de pantomime; art de s'exprimer par des gestes.

CHIRONOMISTE, s. m. Saltateur qui enseigne la chironomie. T. d'antiq.

CHIRONOMONTES, s. m. pl. Ecuyers tranchans qui découpaient les viandes en cadence, au son des instrumens. T. d'antiq.

CHIROTONIE, s. f. Action d'étendre la main pour donner son suffrage. T. d'antiq. —, imposition des mains. T. de théol.

CHIROUBLES, s. m. Com. du dép. du Rhône, cant. de Beaujeu, arr. de Villefranche. = Beaujeu.

CHIRURGICAL, E, adj. Qui appartient, qui a rapport à la chirurgie.

CHIRURGIE, s. f. Partie la plus intéressante et la plus claire de l'art de guérir, puisque tout ce qui est de son ressort se pratique à l'extérieur, et que chacun peut juger de ses résultats. L'anatomie, la physiologie, la pathologie, l'hygiène, la thérapeutique, etc., entrent dans le domaine de cette science.

CHIRURGIEN, s. m. Opérateur qui doit joindre à la dextérité, à la justesse du coup d'œil, à la délicatesse du toucher, non seulement une connaissance approfondie de l'anatomie, de la physiologie et de la médecine, mais encore celle de tous les instrumens et des bandages dont on a reconnu la supériorité. —, poisson du genre du chétodon; jacana. T. d'hist. nat.

CHIRURGIQUE, adj. Voy. CHIRURGICAL.

CHIRY, s. m. Com. du dép. de l'Oise, cant. de Ribécourt, arr. de Compiègne. = Noyon.

CHIS, s. m. Com. du dép. des Hautes-Pyrénées, cant. et arr. de Tarbes. = Tarbes.

CHISE, s. f. Poivre du Mexique. T. de bot.

CHISMOBRANCHES, s. m. pl. Mollusques céphalopodes. T. d'hist. nat.

CHISSAY, s. m. Com. du dép. de Loir-et-Cher, cant. de Montrichard, arr. de Blois. = Montrichard.

CHISSEAUX, s. m. Com. du dép. d'Indre-et-Loire, cant. de Bléré, arr. de Tours. = Amboise.

CHISSÉRIA, s. f. Com. du dép. du Jura, cant. d'Arinthod, arr. de Lons-le-Saulnier. = Orgelet.

CHISSEY, s. m. Com. du dép. du Jura, cant. de Montbarrey, arr. de Dôle. = Dôle.

CHISSEY, s. m. Com. du dép. de Saône-et-Loire, cant. de St.-Gengoux-le-Royal, arr. de Mâcon. = Cluny.

CHISSEY-EN-MORVANT, s. m. Com. du dép. de Saône-et-Loire, cant. de Lucenay-l'Evêque, arr. d'Autun. = Lucenay-l'Evêque.

CHISSIGNIES, s. f. Com. du dép. du Nord, cant. du Quesnoy, arr. d'Avesnes. = le Quesnoy.

CHISTE, s. m. Voy. KYSTE.

CHITARONNE, s. f. Instrument de musique, espèce de théorbe.

CHITENAY, s. m. Com. du dép. de Loir-et-Cher, cant. de Contres, arr. de Blois. = Blois.

CHITERDE, s. f. Guitare à cinq rangs de cordes.

CHITES, s. f. pl. Toiles des Indes.

CHITOME, s. m. Chef de la religion de certains nègres.

CHITON, s. m. Sorte de coquille. T. d'hist. nat.

CHITONÉE, s. f. Surnom de Diane en l'honneur de laquelle on célébrait des fêtes appelées Chitonies; danse; air de cette danse. T. de myth.

CHITONISQUE, s. m. Tunique de laine, des Grecs et des Romains. T. d'antiq.

CHITRAY, s. m. Com. du dép. de l'Indre, cant. de St.-Gaultier, arr. du Blanc. = Argenton.

CHITRY, s. m. Com. du dép. de l'Yonne, cant. de Chablis, arr. d'Auxerre. = St.-Bris.

CHITRY-LA-MINE, s. m. Com. du dép. de la Nièvre, cant. de Corbigny, arr. de Clamecy. = Corbigny.

CHIT-SÉ, s. m. Arbre de la Chine, dont le fruit est très estimé. T. de bot.

CHIURE, s. f. Excrémens de mouches, d'insectes.

CHIVAFOU, s. m. Epine-vinette. T. de bot.

CHIVEF, s. m. Figuier des Indes. T. de bot.

CHIVERNY, s. m. Village du dép. de Loir-et-Cher, cant. de Contres, arr. de Blois. = Blois.

CHIVES, s. m. Com. du dép. de la Charente-Inférieure, cant. d'Aunay, arr. de St.-Jean-d'Angely. = Aunay.

CHIVRES, s. m. Com. du dép. de l'Aisne, cant. de Vailly, arr. de Soissons. = Soissons.

CHIVRES, s. m. Com. du dép. de la Côte-d'Or, cant. de Seurre, arr. de Beaune. = Seurre.

CHIVRES-ET-MACHECOURT, s. m. Com. du dép. de l'Aisne, cant. de Sissonne, arr. de Laon. = Laon.

CHIVY-LES-ÉTOUVELLES, s. m. Com. du dép. de l'Aisne, cant. et arr. de Laon. = Laon.

CHIZÉ, s. m. Com. du dép. des Deux-Sèvres, cant. de Brioux, arr. de Melle. Bur. d'enregist. = Melle. Comm. de bois, charbon, sabots et boissellerie.

CHLAINE, s. f. Vêtement grec et romain qu'on portait sur la tunique. T. d'antiq.

CHLAMYDE, s. f. Manteau retroussé sur l'épaule; habit militaire des patriciens qui portaient la toge dans Rome. T. d'antiq. —, insecte coléoptère. T. d'hist. nat.

CHLÉNACÉES, s. f. pl. Espèces de malvacées. T. de bot.

CHLOANTES, s. m. pl. Plantes personnées de la Nouvelle-Hollande. T. de bot.

CHLORACIDES, s. m. pl. Acides dans lesquels le chlore est principe acidifiant. T. de chim.

CHLORATE, s. m. Sel neutre résultant de la combinaison de l'acide chlorique avec une base. T. de chim.

CHLORE, s. m. Acide muriatique oxygéné. T. de chim. —, plante gentianée d'Europe et d'Amérique. T. de bot.

CHLOREUX, s. m. Oxyde de chlore; acide chloreux.

CHLORIOUS, s. m. pl. Insectes hyménoptères. T. d'hist. nat.

CHLORIQUE, adj. m. Se dit de l'acide muriatique hyperoxygéné; acide chlorique. T. de chim.

CHLORIS, s. m. Oiseau du genre du pinson. T. d'hist. nat. —, genre de graminées. T. de bot.

CHLORITE, s. f. Pierre factice, verte, talc vert. T. d'hist. nat.

CHLORO-CYANATE, s. m. Nom générique des sels formés de l'acide prussique oxygéné avec une base.

CHLOROPHANE, s. f. Spath fluor de Sibérie. T. d'hist. nat.

CHLOROSE, s. f. Jaunisse, pâle couleur. T. de méd.

CHLORURE, s. m. Nom générique des combinaisons du chlore.

CHOC, s. m. Rencontre de deux corps qui se heurtent avec force; attaque de deux corps d'armées qui se précipitent l'un contre l'autre; tout ce qui attaque la fortune, les opinions, la santé. Fig. —, outil de chapelier.

CHOCARD, s. m. Corbeau des Alpes. T. d'hist. nat.

CHOCOLAT, s. m. Pâte solide composée de cacao, de sucre et de cannelle; dissolution de cette pâte qu'on sert à déjeuner.

CHOCOLATIER, s. m. Fabricant et marchand de chocolat.

CHOCOLATIÈRE, s. f. Vase où l'on fait fondre et bouillir le chocolat.

CHŒUR, s. m. Morceau d'harmonie complet, à quatre parties ou plus, chanté à la fois par toutes les voix, et joué par la totalité de l'orchestre; troupe de musiciens et d'acteurs chantant ensemble. —, partie de l'église où se trouvent le maître-autel, le célébrant et les chantres. —, ordre des esprits célestes; le chœur des anges. —, chez les Grecs, personnages intéressés à l'action qui, dans le cours de la pièce, ou pendant les entr'actes, chantaient ou parlaient comme acteurs. Enfant de —, qui sert la messe et chante au chœur.

CHOGRAMME, s. m. Serrure mécanique, à secrets.

CHOI-DUC, s. m. Arbrisseau de la Cochinchine. T. de bot.

CHOIGNES, s. m. Com. du dép. de la Haute-Marne, cant. et arr. de Chaumont. = Chaumont-en-Bassigny.

CHOILLEY, s. m. Com. du dép. de la Haute-Marne, cant. de Prauthoy, arr. de Langres. = Langres.

CHOIN, s. m. Plante cypéroïde. —, ou Pierre-de-Choin, marbre coquillier. T. d'hist. nat.

CHOIR, v. n. Tomber. Il ne s'emploie qu'à l'inf. et au partic.

CHOISEL, s. m. Com. du dép. de Seine-et-Oise, cant. de Chevreuse, arr. de Rambouillet. = Chevreuse.

CHOISEUL, s. m. Com. du dép. de la Haute-Marne, cant. de Clefmont, arr. de Chaumont. = Montigny-le-Roi.

CHOISEY, s. m. Com. du dép. du Jura, cant. et arr. de Dôle. = Dôle.

CHOISI, E, part. Elu, préféré.

CHOISIES, s. f. Com. du dép. du Nord, cant. de Solre-le-Château, arr. d'Avesnes. = Solre-le-Château.

CHOISIR, v. a. Elire, préférer une personne, une chose à une autre; faire un choix.

CHOISY-AU-BAC, s. m. Com. du dép. de l'Oise, cant. et arr. de Compiègne. = Compiègne.

CHOISY-EN-BRIE, s. m. Com. du dép. de Seine-et-Marne, cant. de la Ferté-Gaucher, arr. de Coulommiers. = la Ferté-Gaucher.

CHOISY-LA-VICTOIRE, s. m. Com. du dép. de l'Oise, cant. et arr. de Clermont. = Pont-Ste.-Maxence.

CHOISY-LE-ROI, s. m. Com. du dép. de la Seine, cant. de Villejuif, arr. de Sceaux. Bur. de poste de la banlieue de Paris.

Fab. de faïence fine, façon anglaise; savon, maroquin, toiles cirées, et produits chimiques; distillerie de bois pour la fabrique des acides acéteux et pyroligneux; comm. de vins, bois et charbon de terre.

CHOIX, s. m. Action de choisir; élection, préférence; faire un bon choix.

CHOLAGOGUE, s. m. et adj. Purgatif qui fait couler la bile par bas. T. de méd.

CHOLÉDOGRAPHIE ou **CHOLÉDOLOGIE**, s. f. Dissertation, discours, traité sur la bile. T. de méd.

CHOLÉDOQUE, adj. Se dit d'un canal qui conduit la bile dans le duodénum. T. de méd.

CHOLÉRA-MORBUS, s. m. Evacuation de la bile par haut et par bas; phlegmasie des membranes muqueuses, entérite. T. de méd.

CHOLÉRIQUE, s. et adj. Qui est attaqué du choléra-morbus.

CHOLLET, s. m. Ville du dép. de Maine-et-Loire, chef-lieu de cant. de l'arr. de Beaupréau. Trib. de comm.; chambre consultative des manuf.; conseil de prud'hommes; bur. d'enregist. et de poste.

Manuf. de toiles, dites chollettes, de mouchoirs de coton, de siamoises, flanelles, calicots, etc.; comm. de bestiaux et de bœufs gras.

CHOLONGE, s. f. Com. du dép. de l'Isère, cant. de la Mure, arr. de Grenoble. = la Mure.

CHOLOY-ET-VAL-DE-PASSEY, s. m. Com. du dép. de la Meurthe, cant. et arr. de Toul. = Toul.

On y trouve une belle pépinière d'arbres fruitiers, qui fournit annuellement environ 15,000 pieds d'arbres.

CHÔMABLE, adj. Qui doit être chômé.

CHÔMAGE, s. m. Privation de travail.

CHÔMÉ, E, part. Fêté, célébré.

CHOMEL, s. m. Arbrisseau des montagnes du Mexique. T. de bot.

CHOMELIX, s. m. Com. du dép. de la Haute-Loire, cant. de Craponne, arr. du Puy. = Craponne.

CHÔMER, v. a. Célébrer, solenniser une fête en cessant de travailler. —, v. n.

Manquer de travail, se reposer, n'avoir rien à faire; manquer de quelque chose; le moulin chôme; il ne tourne pas, faute de grain, d'eau ou de vent.

CHOMÉRAC, s. m. Com. du dép. de l'Ardèche, chef-lieu de cant. de l'arr. de Privas, où se trouve le bur. d'enregist. = Privas.

Comm. de soie.

CHOMETTE (la), s. f. Com. du dép. de la Haute-Loire, cant. de Paulhaguet, arr. de Brioude. = Brioude.

CHONAS, s. m. Com. du dép. de l'Isère, cant. et arr. de Vienne. = Vienne.

CHONCAR ou CHUNGAR, s. m. Oiseau de proie qui tient du héron et du butor. T. d'hist. nat.

CHONDRILLE, s. f. Plante chicoracée, apéritive, rafraîchissante. T. de bot.

CHONDROGRAPHIE ou CHONDROLOGIE, s. f. Description des cartilages. T. d'anat.

CHONDROPTÉRYGIENS, s. m. pl. Amphibies, poissons cartilagineux. T. d'hist. nat.

CHONDROTOMIE, s. f. Dissection des cartilages. T. d'anat.

CHON-KUI, s. m. Bel oiseau de Tartarie. T. d'hist. nat.

CHONOT-CHATENAY ou CHANOZ, s. m. Com. du dép. de l'Ain, cant. de Châtillon-les-Dombes, arr. de Trévoux. = Châtillon-les-Dombes.

CHONVILLE, s. f. Com. du dép. de la Meuse, cant. et arr. de Commercy. = Commercy.

CHOOZ, s. m. Com. du dép. des Ardennes, cant. de Givet, arr. de Rocroi. = Givet.

CHOPINE, s. f. Mesure de liquides; son contenu; demi-litre.

CHOPINER, v. n. Boire chopine à chopine, boire souvent. T. fam.

CHOPINETTE, s. f. Contenu d'une chopine. —, cylindre de pompe sous le piston. T. de mar.

CHOPPEMENT, s. m. Faux pas. (Vi.)

CHOPPER, v. n. Faire un faux pas en heurtant du pied contre quelque chose. —, faire une faute grossière. Fig. (Vi.)

CHOQUANT, E, adj. Offensant, désagréable, déplaisant.

CHOQUART, s. m. Voy. Chocart.

CHÔQUE, s. f. Outil de cuivre pour donner au feutre la forme du chapeau. T. de chap.

CHOQUÉ, E, part. Heurté; offensé.

CHOQUER, v. a. Donner un choc, heurter; déplaire, offenser. Fig. —, blesser, être contraire; choquer la vue, l'oreille. —, v. n. Boire ensemble, trinquer. Se —, v. pron. et récip. Se heurter, se charger, en parlant de deux armées. Se — de quelque chose, s'en offenser.

CHOQUES, s. f. Com. du dép. du Pas-de-Calais, cant. et arr. de Béthune. = Béthune.

CHOQUEUR, s. m. Navire qui en choque un autre.

CHOQUEUSE-LES-BERNARD, s. f. Com. du dép. de l'Oise, cant. de Crèvecœur, arr. de Clermont. = Crèvecœur.

CHORAÏQUE, adj. Se dit d'un vers grec ou latin dans lequel il y a des chorées.

CHORANCHE, s. f. Com. du dép. de l'Isère, cant. de Pont-en-Royans, arr. de St.-Marcellin. = Pont-en-Royans.

CHORAS, s. m. Grand babouin qui a le nez rouge. T. d'hist. nat.

CHORAUX, s. m. pl. Enfans de chœur.

CHORDASPE, s. m. Colique violente, entérite; iléus. Voy. ce mot. T. de méd.

CHORÉE, s. m. Pied de vers grec ou latin, une longue et une brève. T. de poés. —, danse de St.-Guy, affection spasmodique. T. de méd.

CHORÈGE, s. m. Directeur de spectacle qui conduisait le chœur chez les Grecs. T. d'antiq.

CHORÉGRAPHE, s. m. Directeur et auteur de ballets.

CHORÉGRAPHIE, s. f. Art de composer des chœurs, des ballets.

CHORÈTRE, s. m. Plante de la Nouvelle-Hollande. T. de bot.

CHORÉVÊQUE, s. m. Prélat qui remplissait les fonctions épiscopales à la campagne. (Vi.)

CHOREY, s. m. Com. du dép. de la Côte-d'Or, cant. et arr. de Beaune. = Beaune.

CHORGES, s. f. Petite ville du dép. des Hautes-Alpes, chef-lieu de cant. de l'arr. d'Embrun. Bur. d'enregist. à Remollon. = Embrun.

CHORIAMBE, s. m. Pied de vers grec ou latin, deux brèves entre deux longues. T. de poés.

CHORION, s. m. Membrane qui sert d'enveloppe au fœtus. T. d'anat.

CHORIQUE, s. f. Flûte pour accompagner les dithyrambes. T. d'antiq.

CHORISTE, s. m. Chantre du chœur ou dans les chœurs. —, instrument pour donner le ton et accorder les autres. T. de mus.

CHORIZÈME, s. m. Arbuste légumineux. T. de bot.

CHORLITE, s. f. Genre d'échassiers.

T. d'hist. nat. —, genre d'arbrisseaux d'Asie et d'Afrique. T. de bot.

CHOROBATE, s. m. Niveau d'eau des anciens; double équerre en forme de T.

CHORODIDASCALE, s. m. Maître du chœur. T. d'antiq.

CHORODIE, s. f. Musique exécutée par le chœur. T. d'antiq.

CHOROGRAPHIE, s. f. Description d'un pays.

CHOROGRAPHIQUE, adj. Qui a rapport à la chorographie.

CHOROÏDE ou UVÉE, s. et adj. Seconde enveloppe du globe de l'œil, ainsi nommée parce qu'elle est parsemée de vaisseaux comme le chorion, membrane qui enveloppe le fœtus. T. d'anat.

CHOROK, s. m. Espèce de martre de Sibérie. T. d'hist. nat.

CHORUS, s. m. Chœur. T. inus. Faire —, chanter ensemble; dire la même chose, émettre la même opinion. Fig.

CHORYSÈME, s. m. Plante légumineuse. T. de bot.

CHOSE, s. f. Ce qui est, en général. —, tout être inanimé, soit réel, soit idéal; l'opposé de personne; terme vague dont le sens n'est déterminé que par celui des mots qui l'accompagnent. —, possession, bien; veiller à sa chose. La — publique, l'état. Etre quelque —, avoir un état, un rang dans la société. Quelque —, employé comme un seul mot, est masculin.

CHOU, s. m. Plante potagère, genre de crucifères. Faire ses — gras, faire de grands profits. Aller au travers des —, agir en étourdi. Aller planter ses —, se retirer à la campagne.

CHOUAIN, s. m. Com. du dép. du Calvados, cant. de Balleroy, arr. de Bayeux. = Tilly-sur-Seulles.

CHOUAN, s. m. Hibou; nom donné aux insurgés vendéens. —, semence inconnue, du Levant, qui ressemble au semen contra, et qui entre dans la composition du carmin.

CHOUASTRAC, s. m. Village du dép. de Tarn-et-Garonne, cant. de Monclar, arr. de Montauban. = Montauban.

CHOU-BROCOLIS, s. m. Chou qui diffère du chou-fleur par sa grosseur et ses feuilles découpées.

CHOUC, s. m. Espèce de corbeau. T. d'hist. nat.

CHOU-CABUS, s. m. Voy. CABUS.

CHOUCADOR, s. m. Espèce de merle. T. d'hist. nat.

CHOU-CARAÏBE, s. m. Colocasie d'Egypte, espèce d'arum.

CHOUCARI, s. m. Corbeau de la nouvelle Guiane. T. d'hist. nat.

CHOUCAS, s. m. Espèce de corbeau. T. d'hist. nat.

CHOU-CAVALIER, s. m. Chou vert en arbre.

CHOU-CHOU, s. m. Enfant gâté. T. fam.

CHOU-COLZA, s. m. Voy. COLZA.

CHOUCOU, s. m. Chat-huant du Cap. T. d'hist. nat.

CHOUCOUHOU, s. m. Chouette du cap de Bonne-Espérance. T. d'hist. nat.

CHOUCROUTE, s. f. Choux fermentés.

CHOUDAY, s. m. Com. du dép. de l'Indre, cant. et arr. d'Issoudun. = Issoudun.

CHOU-DE-CHIEN, s. m. Mercuriale sauvage, purgative.

CHOUE, s. f. Com. du dép. de Loir-et-Cher, cant. de Montdoubleau, arr. de Vendôme. = Montdoubleau.

CHOUETTE, s. f. Oiseau de nuit du genre du chat-huant. Faire la —, être seul contre deux. T. de jeu. Etre la — d'une société, être l'objet des railleries. T. inus.

CHOU-FLEUR, s. m. Chou à tige en masse mamelonnée.

CHOUGNY, s. m. Com. du dép. de la Nièvre, cant. de Châtillon, arr. de Château-Chinon. = Château-Chinon.

CHOUILLY, s. m. Com. du dép. de la Marne, cant. et arr. d'Epernay. = Epernay.

CHOU-MARIN, s. m. Plante vivace, crucifère. T. de bot.

CHOU-NAVET, s. m. Espèce de chou qui tient du navet.

CHOU-PALMISTE, s. m. Moelle, fruit d'une sorte de palmier.

CHOUPILLE, s. m. Chien de chasse qui bute et n'arrête pas. —, là! pille! interj. pour exciter un chien.

CHOUPPES, s. f. Com. du dép. de la Vienne, cant. de Moncontour, arr. de Loudun. = Mirebeau.

CHOUQUET, s. m. Gros billot de bois qui sert à emboîter les mâts. T. de mar.

CHOU-RAVE ou CHOU-DE-SIAM, s. m. Plante potagère à tête en chair comme la rave.

CHOURGNAC, s. m. Com. du dép. de la Dordogne, cant. d'Hautefort, arr. de Périgueux. = Exideuil.

CHOUSSET, s. m. Sorte de boisson turque.

CHOUSSY, s. m. Com. du dép. de Loir-et-Cher, cant. de St.-Aignan, arr. de Blois. = St.-Aignan.

CHOU-TURNEPS, s. m. Espèce de chou-rave.

CHOU-VACHE, s. m. Chou très élevé dont les feuilles servent de fourrage.

CHOUVIGNY, s. m. Com. du dép. de l'Allier, cant. d'Ebreuil, arr. de Gannat. = Gannat.

CHOUX, s. m. Com. du dép. du Jura, cant. des Bouchoux, arr. de St.-Claude. = St.-Claude.

CHOUY, s. m. Com. du dép. de l'Aisne, cant. de Neuilly-St.-Front, arr. de Château-Thierry. = Neuilly-St.-Front.

CHOUZELOT, s. m. Com. du dép. du Doubs, cant. de Quingey, arr. de Besançon. = Quingey.

CHOUZÉ-SUR-LOIRE, s. m. Com. du dép. d'Indre-et-Loire, cant. de Bourgueil, arr. de Chinon. Bur. de poste. Comm. de vins, fruits, pruneaux, dits de Tours, etc.

CHOUZY, s. m. Com. du dép. de Loir-et-Cher, cant. d'Herbault, arr. de Blois. = Blois.

CHOYE, s. f. Com. du dép. de la Haute-Saône, cant. de Gy, arr. de Gray. = Gy.

CHOYÉ, E, part. Ménagé, conservé avec soin.

CHOYER, v. a. Etre aux petits soins; caresser, avoir des ménagemens. —, ménager, conserver. Se —, v. pron. Ménager sa petite santé, prendre ses aises, se dorloter.

CHOYNE, s. m. Arbre du Brésil qui ressemble au laurier. T. de bot.

CHOZEAU, s. m. Com. du dép. de l'Isère, cant. de Crémieu, arr. de la Tour-du-Pin. = Crémieu.

CHRÊME, s. m. Huile sacrée pour l'administration des sacremens.

CHRÊMEAU, s. m. Petit bonnet qu'on met sur la tête de l'enfant après l'onction du saint chrême.

CHRESMÉLÉ, E, part. Oint.

CHRESMÉLER, v. a. Oindre avec les saintes huiles, le saint chrême.

CHRÉTIEN, NE, s. et adj. Qui est baptisé et professe la foi de Jésus-Christ; qui appartient à la religion chrétienne; qui est conforme à ses préceptes, à son esprit. —, homme doux, patient, humain, charitable. Bon —, s. m. Sorte de grosse poire d'été et d'hiver.

CHRÉTIENNEMENT, adv. D'une manière chrétienne.

CHRÉTIENTÉ, s. f. Tous les pays où l'on professe la religion chrétienne; tous les chrétiens. Marcher sur la —, pieds nuds, avec des souliers percés.

CHRIE, s. f. Amplification qu'on donne pour devoir à des écoliers.

CHRISMATION, s. f. Action d'imposer les saintes huiles.

CHRISME, s. m. Monogramme de Jésus-Christ, composé d'un P et d'une croix de Saint-André.

CHRIST, s. m. Jésus-Christ, le Messie; sa représentation sur la croix.

CHRIST (St.-), s. m. Com. du dép. de la Somme, cant. de Nesle, arr. de Péronne. = Péronne.

CHRISTAU (St.-), s. m. Com. du dép. du Gers, cant. de Montesquiou, arr. de Mirande. = Mirande.

CHRISTAUD, s. m. Com. du dép. de la Haute-Garonne, cant. de Cazères, arr. de Muret. = Rieux.

CHRISTE-MARINE, s. f. Fenouil marin, salicot, plante marine apéritive. T. de bot.

CHRISTIANISME, s. m. Loi et religion de Jésus-Christ. —, l'esprit de cette religion, ses préceptes.

CHRISTICOLE, adj. Adorateur de Jésus-Christ.

CHRISTIE (Ste.-), s. f. Com. du dép. du Gers, cant. de Nogaro, arr. de Condom. = Nogaro.

CHRISTIE (Ste.-) s. f. et CASTEL-JALOUX, s. m. Com. du dép. du Gers, cant. et arr. d'Auch. = Auch.

CHRISTINE, s. f. Nom d'une reine de Suède; pièce de monnaie suédoise valant 75 cent.

CHRISTINE (Ste.-), s. f. Com. du dép. de Maine-et-Loire, cant. de Chemillé, arr. de Beaupréau. = Beaupréau.

CHRISTINE (Ste.-), s. f. Com. du dép. du Puy-de-Dôme, cant. de St.-Gervais, arr. de Riom. = Montaigut.

CHRISTINE (Ste.-), s. f. Com. du dép. de la Vendée, cant. de Maillezais, arr. de Fontenay. = Fontenay-le-Comte.

CHRISTODIN, s. m. Calviniste; pauvre, simple chrétien.

CHRISTO-EN-CHÂTELUS (St.-), s. m. Com. du dép. de la Loire, cant. de St.-Héand, arr. de St.-Etienne. = St.-Chamond.

CHRISTO-EN-FONTANES (St.-), s. m. Com. du dép. de la Loire, cant. de St.-Héand, arr. de St.-Etienne. = St.-Chamond.

CHRISTO-EN-JARRET (St.-), s. m. Com. du dép. de la Loire, cant. de St.-Héand, arr. de St.-Etienne. = St.-Chamond.

CHRISTOL (St.-), s. m. Com. du

dép. de l'Ardèche, cant. du Chaylard, arr. de Tournon. = le Chaylard

CHRISTOL (St.-), s. m. Com. du dép. du Gard, cant. et arr. d'Alais. = Alais.

CHRISTOL (St.-), s. m. Com. du dép. de l'Hérault, cant. de Lunel, arr. de Montpellier. = Lunel.

CHRISTOL (St.-), s. m. Com. du dép. de Vaucluse, cant. de Sault, arr. de Carpentras. = Apt.

CHRISTO-LACHAL-VAL-FLEURY (St.-), s. m. Com. du dép. de la Loire, cant. de St.-Chamond, arr. de St.-Etienne. = St.-Chamond.

CHRISTOL-DE-RODIÈRES (St.-), s. m. Com. du dép. du Gard, cant. du Pont-St.-Esprit, arr. d'Uzès. = le Pont-St.-Esprit.

CHRISTOLITES, s. m. pl. Hérétiques qui n'admettent pas que J.-C. se soit fait homme.

CHRISTOLY (St.-), s. m. Com. du dép. de la Gironde, cant. de St.-Savin, arr. de Blaye. = Blaye.

CHRISTOLY-ET-CONQUÈQUES (St.-), s. m. Com. du dép. de la Gironde, cant. et arr. de Lesparre. = Lesparre.

CHRISTOMAQUES, s. m. pl. Hérétiques qui ont erré sur la nature de J.-C.

CHRISTOPHE (St.-), s. m. Com. du dép. de l'Allier, cant. et arr. de la Palisse. = Cusset.

CHRISTOPHE (St.-), s. m. Com. du dép. de l'Aube, cant. de Brienne-le-Château, arr. de Bar-sur-Aube. = Brienne-le-Château.

CHRISTOPHE (St.-), s. m. Com. du dép. de l'Aveyron, cant. de Rignac, arr. de Rodez. = Rignac.

CHRISTOPHE (St.-), s. m. Village du dép. de l'Aveyron, cant. de St.-Sernin, arr. de St.-Affrique. = St.-Sernin.

CHRISTOPHE (St.-), s. m. Com. du dép. du Calvados, cant. et arr. de Falaise. = Falaise.

CHRISTOPHE (St.-), s. m. Com. du dép. du Cantal, cant. de Pléaux, arr. de Mauriac. = St.-Martin-Valmeroux. Mine de houille.

CHRISTOPHE (St.-), s. m. Com. du dép. de la Charente, cant. de Chalais, arr. de Barbezieux. = la Graulle.

CHRISTOPHE (St.-), s. m. Com. du dép. de la Charente, cant. et arr. de Confolens. = Confolens.

CHRISTOPHE (St.-), s. m. Com. du dép. de la Charente-Inférieure, cant. de la Jarrie, arr. de la Rochelle. = la Rochelle.

CHRISTOPHE (St.-), s. m. Com. du dép. du Cher, cant. de Château-Meillant, arr. de St.-Amand. = Château-Meillant.

CHRISTOPHE (St.-), s. m. Com. du dép. de la Drôme, cant. du Grand-Serre, arr. de Valence. = St.-Vallier.

CHRISTOPHE (St.-), s. m. Com. du dép. d'Eure-et-Loir, cant. et arr. de Châteaudun. = Châteaudun.

CHRISTOPHE (St.-), s. m. Village du dép. de l'Indre, cant. et arr. de Châteauroux. = Châteauroux.

CHRISTOPHE (St.-), s. m. Com. du dép. d'Indre-et-Loire, cant. de Neuvy-le-Roi, arr. de Tours. = Château-du-Loir. Faïencerie.

CHRISTOPHE (St.-), s. m. Com. du dép. du Jura, cant. d'Orgelet, arr. de Lons-le-Saulnier. = Orgelet.

CHRISTOPHE (St.-), s. m. Village du dép. de Lot-et-Garonne, cant. de Puymirol, arr. d'Agen. = la Magistère.

CHRISTOPHE (St.-), s. m. Com. du dép. de la Mayenne, cant. d'Evron, arr. de Laval. = Evron.

CHRISTOPHE (St.-), s. m. Village du dép. du Morbihan, cant. et arr. de Lorient. = Lorient.

CHRISTOPHE (St.-), s. m. Com. du dép. de l'Orne, cant. de Tinchebray, arr. de Domfront. = Tinchebray.

CHRISTOPHE (St.-), s. m. Com. du dép. du Rhône, cant. de Monsol, arr. de Villefranche. = Villefranche.

CHRISTOPHE (St.-), s. m. Com. du dép. de Saône-et-Loire, cant. de St.-Germain-du-Plain, arr. de Châlons. = Châlons.

CHRISTOPHE (St.-), s. m. Village du dép. du Tarn, cant. de Monestiés, arr. d'Albi. = Albi.

CHRISTOPHE (St.-), s. m. Village du dép. de Tarn-et-Garonne, cant. et arr. de Moissac. = Moissac.

CHRISTOPHE (St.-), s. m. Village du dép. de Tarn-et-Garonne, cant. de Molières, arr. de Montauban. = Montauban.

CHRISTOPHE (St.-), s. m. Com. du dép. de la Vienne, cant. de Leigné-sur-Osseau, arr. de Châtellerault. = Richelieu.

CHRISTOPHE-A-BERRY (St.-), s. m. Com. du dép. de l'Aisne, cant. de Vic-sur-Aisne, arr. de Soissons. = Vic-sur-Aisne.

CHRISTOPHE-D'ALLIER (St.-), s. m. Com. du dép. de la Haute-Loire, cant. de Saugues, arr. du Puy. = Langeac.

CHRISTOPHE-DE-DOUBES (St.-), s. m. Com. du dép. de la Gironde, cant.

de Coutras, arr. de Libourne. = Coutras.

CHRISTOPHE - DE - LA - COUPERIE (St.-), s. m. Com. du dép. de Maine-et-Loire, cant. de Champtoceaux, arr. de Beaupréau. = Chollet.

CHRISTOPHE-DE-PEYRE (St.-), s. m. Com. du dép. de l'Aveyron, cant. et arr. de Milhau. = Milhau.

CHRISTOPHE-DES-BARDES (St.-), s. m. Com. du dép. de la Gironde, cant. de Lussac, arr. de Libourne. = Libourne.

CHRISTOPHE-DES-BOIS (St.-), s. m. Com. du dép. d'Ille-et-Vilaine, cant. et arr. de Vitré. = Vitré.

CHRISTOPHE-DE-VALAINS (St.-), s. m. Com. du dép. d'Ille-et-Vilaine, cant. de St.-Aubin-du-Cormier, arr. de Fougères. = Fougères.

CHRISTOPHE-DU-BOIS (St.-), s. m. Com. du dép. de Maine-et-Loire, cant. de Chollet, arr. de Beaupréau. = Chollet.

CHRISTOPHE-DU-FOC (St.-), s. m. Com. du dép. de la Manche, cant. des Pieux, arr. de Cherbourg. = Cherbourg.

CHRISTOPHE-DU-JAMBET (St.-), s. m. Com. du dép. de la Sarthe, cant. de Beaumont, arr. de Mamers. = Beaumont-le-Vicomte.

CHRISTOPHE-DU-LIGNERON (St.-), s. m. Com. du dép. de la Vendée, cant. de Palluau, arr. des Sables-d'Olonne. = Challans.

CHRISTOPHE-EN-BAZELLE (St.-), s. m. Com. du dép. de l'Indre, chef-lieu de cant. de l'arr. d'Issoudun. Bur. d'enregist. à Poulaines. = Valançay.

CHRISTOPHE-EN-BOUCHERIE (St.-), s. m. Com. du dép. de l'Indre, cant. et arr. de la Châtre. = la Châtre.

CHRISTOPHE-EN-BRIONNAIS (St.-), s. m. Com. du dép. de Saône-et-Loire, cant. de Semur-en-Brionnais, arr. de Charolles. = la Clayette.

CHRISTOPHE - EN - CHAMPAGNE (St.-), s. m. Com. du dép. de la Sarthe, cant. de Brûlon, arr. de la Flèche. = Sablé.

CHRISTOPHE-EN-DOGNON (St.-), s. m. Com. du dép. de la Haute-Vienne, cant. de St.-Léonard, arr. de Limoges. =St.-Léonard.

CHRISTOPHE-EN-OISANS (St.-), s. m. Com. du dép. de l'Isère, cant. de Bourg-d'Oisans, arr. de Grenoble. = Bourg-d'Oisans.

CHRISTOPHE-ENTRE-DEUX-GUIERS (St.-), s. m. Com. du dép. de l'Isère, cant. de St.-Laurent-du-Pont, arr. de Grenoble.=Pont-de-Beauvoisin.

CHRISTOPHE - LA - CHARTREUSE (St.-), s. m. Com. du dép. de la Vendée, cant. de Roche-Servières, arr. de Bourbon-Vendée. = Montaigu.

CHRISTOPHE-SUR-DOLAISON (St.-), s. m. Com. du dép. de la Haute-Loire, cant. de Solignac-sur-Loire, arr. du Puy. = le Puy.

CHRISTOPHE-SUR-ROC (St.-), s. m. Com. du dép. des Deux-Sèvres, cant. de Champdeniers, arr. de Niort. = St.-Maixent.

CHROMATE, s. m. Combinaison de l'acide chromique avec des bases salifiables. T. de chim.

CHROMATIQUE, s. et adj. Qui procède par semi-tons. T. de mus. —coloré. T. d'opt.

CHROME, s. m. Demi-métal très fragile, qui se cristallise et se combine avec beaucoup de couleurs. T. de chim. —, dièze. T. de mus.

CHROMIQUE, adj. Se dit d'une combinaison dont le chrome est la base.

CHRONIQUE, s. f. Histoire selon l'ordre des temps ; annales. — scandaleuse, bruit répandu, accrédité sur la conduite scandaleuse de quelqu'un ; médisance. —, adj. Stationnaire, qui n'est plus douloureux, qui parcourt lentement ses périodes, en parlant d'une maladie qui, d'abord aiguë, a passé à l'état d'indolence. T. de méd.

CHRONIQUEUR, s. m. Auteur de chroniques. (Vi.)

CHRONISER, v. n. Écrire des chroniques. (Vi.)

CHRONOGRAMME ou CHRONOGRAPHE, s. m. Qui écrit sur la chronologie. —, inscription en chiffres, ou dont les lettres offrent la date de l'événement rapporté.

CHRONOGRAPHIE, s. f. Description qui caractérise l'époque d'un événement par les circonstances qui l'ont accompagné.

CHRONOGUNÉE, s. f. Menstruation. T. de méd.

CHRONOLOGIE, s. f. Science, doctrine, ordre des temps.

CHRONOLOGIQUE, adj. Qui a rapport à la date des événemens, qui concerne l'ordre des temps.

CHRONOLOGISTE, s. m. Qui sait, enseigne la chronologie; qui écrit sur cette partie intéressante de l'histoire.

CHRONOLOGUE, s. m. Chronologiste. (Vi.)

CHRONOMÈTRE, s. m. Nom générique des instrumens qui servent à mesurer le temps ; pendule, montre, etc.

CHRONOSCOPE, s. m. Chronomètre, pendule, machine pour mesurer le temps.

CHRYSALIDE, s. f. Transformation, métamorphose ; état d'une chenille, d'un insecte renfermé dans sa coque avant de se changer en papillon, en mouche, etc.

CHRYSALIDER (se), v. pron. Se changer en chrysalide.

CHRYSANTHÈME, s. f. Genre de plantes corymbifères, dont la fleur est d'un très beau jaune. T. de bot.

CHRISANTIN, s. m. Bourre de soie.

CHRISASPIDE, s. m. Soldat romain armé d'un bouclier d'or. T. d'antiq.

CHRYSIS, s. m. ou CHRYSIDE, s. f. Insecte pupivore ; guêpe dorée. T. d'hist. nat.

CHRYSISTICE, s. f. Genre de plantes graminées du cap de Bonne-Espérance. T. de bot.

CHRYSITE, s. f. Pierre de touche. (Vi.) —, insecte lépidoptère. T. d'hist. nat.

CHRYSITRICE, s. f. Plante graminée. T. de bot.

CHRYSOBATE, s. f. Dendrite artificielle formée par une végétation d'or renfermée entre deux cristaux soudés au feu. T. de chim.

CHRYSOBÉRIL, s. m. Pierre précieuse, chatoyante. T. d'hist. nat.

CHRYSOCALQUE, s. m. Métal imitant le vermeil, l'argent doré.

CHRYSOCHLORE, s. f. Mammifère insectivore. T. d'hist. nat.

CHRYSOCOLLE, s. f. Borate sursaturé de soude ou borate du commerce propre à souder l'or ; pierre précieuse. T. d'hist. nat.

CHRYSOCOME, s. f. Plante corymbifère. T. de bot.

CHRYSOGON, s. m. Financier. T. inus.

CHRYSOGRAPHE, s. m. Qui écrit en lettres d'or.

CHRYSOLAMPE, s. f. Pierre précieuse, éclatante la nuit ; insecte pupivore. T. d'hist. nat.

CHRYSOLITHE, s. f. Pierre précieuse, transparente, d'un jaune d'or mêlé d'une légère teinte de vert ; cristal topaze. T. d'hist. nat.

CHRYSOLOGUE, adj. Fort éloquent.

CHRYSOMÈLE, s. f. Genre d'insectes coléoptères herbivores et de couleurs très brillantes. T. d'hist. nat.

CHRYSOPÉE, s. f. Art de faire de l'or. T. d'alchim.

CHRYSOPIE, s. f. Grand arbre de Madagascar. T. de bot.

CHRYSOPRASE ou CHRYSOPTÈRE, s. f. Espèce d'émeraude vert de poireau qui renferme des paillettes d'or. T. d'hist. nat.

CHRYSOPRASIN, s. m. Pierre précieuse verdâtre. T. d'hist. nat.

CHRYSOSTOME, s. et adj. Bouche d'or. Epithète donnée à St.-Jean, patriarche de Constantinople à cause de son éloquence.

CHRYSOSTOSE, s. m. Poisson thoracique. T. d'hist. nat.

CHRYSOSTROME, s. m. Poisson jugulaire. T. d'hist. nat.

CHRYSULÉE, s. f. Acide nitrique muriaté, eau régale qui dissout l'or.

CHUCHETER, v. n. Crier comme le moineau.

CHUCHOTEMENT, s. m. Chuchoterie, action de chuchoter.

CHUCHOTER, v. n. Parler bas, à l'oreille.

CHUCHOTERIE, s. f. Action de chuchoter, de parler à l'oreille.

CHUCHOTEUR, EUSE, s. Celui, celle qui a la mauvaise habitude de chuchoter.

CHUELLES, s. f. Com. du dép. du Loiret, cant. de Château-Renard, arr. de Montargis. = Courtenay.

CHUFFILLY, s. m. Com. du dép. des Ardennes, cant. d'Attigny, arr. de Vouziers. = Attigny.

CHUIGNES, s. f. Com. du dép. de la Somme, cant. de Chaulnes, arr. de Péronne. = Péronne.

CHUIGNOLLES, s. f. Com. du dép. de la Somme, cant. de Bray, arr. de Péronne. = Corbie.

CHUISNES, s. f. Com. du dép. d'Eure-et-Loir, cant. de Courville, arr. de Chartres. = Courville.

CHUNCO, s. m. Arbre du Pérou, voisin des badamiers. T. de bot.

CHUNGAR, s. m. Voy. CHONCAR.

CHUNGER, s. m. Oiseau de la Grande-Tartarie. T. d'hist. nat.

CHUQUÉLAS, s. m. Etoffe de soie et coton des Indes.

CHUQUIRAGA, s. m. Plante corymbifère du Pérou. T. de bot.

CHURAH, s. m. Pie-grièche rousse du Bengale. T. d'hist. nat.

CHURGE, s. m. Outarde des Indes. T. d'hist. nat.

CHURI, s. m. Autruche de Magellan, pays qui occupe toute la pointe méridionale de l'Amérique, habitée par les Patagons. T. d'hist. nat.

CHUSCLAN, s. m. Com. du dép. du Gard, cant. de Bagnols, arr. d'Uzès. = Bagnols.

CHUT! interj. Paix! silence.

CHUTE, s. f. Action de tomber, mouvement de ce qui tombe. —, disgrâce, malheur, décadence, ruine; faute commise envers Dieu. —, revers qu'éprouve un auteur, une pièce de théâtre. —, pensée qui termine une période, une pièce de vers. — des feuilles; l'automne, saison où elles tombent. —, bouquets pendans. T. d'archit.—, raccordement de terrains inégaux. T. de jard. —, pièce qui entre dans les dents d'une roue. T. de mécan. —, source où les bécasses, les canards, etc. tombent à l'entrée de la nuit. — d'eau, pente du courant où l'on établit les usines; petite cascade.— de la luette, du rectum; relâchement de ces organes. T. de chir.

CHUYER, s. m. Com. du dép. de la Loire, cant. de Pélussin, arr. de St.-Etienne. = Condrieu.

CHYLE, s. m. Suc des alimens, liqueur d'un blanc opaque, séparée dans les intestins grêles, absorbée par les vaisseaux lymphatiques et portée dans la veine sous-clavière par le réservoir de pecquet et le canal thoracique. T. d'anat.

CHYLEUX, EUSE, adj. Qui appartient au chyle.

CHYLIFERE ou CHYLIDOQUE, adj. Se dit des vaisseaux qui portent le chyle dans le canal thoracique.

CHYLIFICATION, s. f. Conversion des alimens en chyle à l'aide duquel se réparent chaque jour les dépenses de l'économie animale.

CHYME, s. m. Sorte de bouillie grisâtre formée par la coction des alimens dans l'estomac. T. d'anat.

CHYMIFICATION, s. f. Transformation des substances alimentaires en chyme.

CHYPRE (Ile de), s. f. Ile de la Méditerranée, située dans la Turquie d'Asie, au S. de la Caramanie, à l'O. de la Syrie, et au N. N.-E. de l'Egypte. Son sol est très fertile, mais l'agriculture y est fort négligée: on y récolte des vins et des fruits très estimés.

CI, adv. de lieu. Se met après les noms et pronoms, avant les adj. et les adv. et désigne la personne ou la chose la plus voisine; celui-ci, cet homme-ci; ci-joint, ci-dessus. Par--, par-là; en divers endroits, etc. —gît, ici repose; ci-devant, ci-après.

CIACALE, s. m. Quadrupède qui tient du loup et du renard. T. d'hist. nat.

CIADOUX, s. m. Com. du dép. de la Haute-Garonne, cant. de Boulogne, arr. de St.-Gaudens. = Boulogne.

CIAMANACCIE, s. f. Com. du dép. de la Corse, cant. de Zicavo, arr. d'Ajaccio. = Ajaccio.

CIBAGA, s. m. Sorte de pin des Indes. T. de bot.

CIBARD (St.-), s. m. Com. du dép. de la Gironde, cant. de Lussac, arr. de Libourne. = Coutras.

CIBATION, s. f. Procédé pour consolider une substance molle. T. de chim.

CIBAUDIÈRE, s. f. Espèce de filet de mer. T. de pêch.

CIBE ou CIBLE, s. f. Planche ou but contre lequel on tire pour s'exercer à mirer juste; tirer à la cible.

CIBITS, s. m. Com. du dép. des Basses-Pyrénées, cant. d'Iholdy, arr. de Mauléon. = St.-Palais.

CIBOIRE, s. m. Vase sacré dans lequel sont renfermées les hosties.

CIBOULE, s. f. Plante potagère du genre de l'oignon.

CIBOULETTE, s. f. Petite ciboule.

CIBOUR, s. m. Com. du dép. des Basses-Pyrénées, cant. de St.-Jean-de-Luz, arr. de Bayonne. = St.-Jean-de-Luz.

CIBRANET (St.-), s. m. Com. du dép. de la Dordogne, cant. de Domme, arr. de Sarlat. = Sarlat.

CICADAIRES, s. m. pl. Famille des insectes hémiptères. T. d'hist. nat.

CICADELLES, s. f. pl. Hémiptères semblables aux cigales, mais plus petits. T. d'hist. nat.

CICATRICE, s. f. Réunion parfaite des bords d'une plaie ou d'un ulcère; marque plus ou moins prononcée qui indique que les parties ont été séparées. T. de chir. —, souvenir d'une injure, d'une calomnie. Fig.

CICATRICULE, s. f. Petite cicatrice; petite tache blanche sur la membrane qui enveloppe le jaune de l'œuf.

CICATRISANT, E, s. et adj. Remède propre à sécher et consolider le fond et le bord des plaies. T. de méd.

CICATRISATION, s. f. Action de cicatriser; état d'une chose qui se cicatrise. T. de méd.

CICATRISÉ, E, part. Fermé, se dit d'une plaie ou d'un ulcère. T. de méd.

CICATRISER, v. a. Faire des cicatrices. Se —, v. pron. Se fermer, en parlant des bords d'une plaie. T. de méd.

CICCUS, s. m. Sauterelle; oie sauvage. T. d'hist. nat.

CICÉRO, s. m. Caractère entre la philosophie et le saint-augustin. T. d'impr.

CICÉRON, s. m. Le plus grand des

orateurs romains, le prosateur le plus élégant et le plus correct des auteurs classiques latins qui, étant consul, sauva la république des fureurs de Catilina par la force de son éloquence.

CICERONE, s. m. Guide des étrangers en Italie pour voir les curiosités.

CICÉRONIEN, NE, adj. Qui tient de la richesse du style et de l'éloquence de Cicéron.

CICÉRONISÉ, E, part. Imité de Cicéron.

CICÉRONISER, v. a. Imiter la manière d'écrire de Cicéron, prendre son style pour modèle.

CICHE, s. m. Plante légumineuse.

CICINDÈLE, s. f. Coléoptère insectivore. T. d'hist. nat.

CICLAMOR, s. m. Bordure, orle. T. de jard.

CICUTAIRE, s. f. Ciguë aquatique, plante inodore dont le suc est très dangereux. T. de bot.

CICUTÉ, E, adj. Dans lequel il entre de la ciguë.

CID, s. m. Chef, commandant; mot arabe. — (le), tragédie de Corneille contre laquelle se ligua le cardinal de Richelieu.

CIDARIS, s. m. Tiare du grand-prêtre des Hébreux; coiffure des rois de Perse.

CIDEVILLE, s. f. Com. du dép. de la Seine-Inférieure, cant. d'Yerville, arr. d'Yvetot. = Yvetot.

CIDRAILLER, v. n. Boire souvent et long-temps du cidre.

CIDRE, s. m. Boisson faite avec du jus de pomme ou de poire.

CIDROINE (St.-), s. m. Com. du dép. de l'Yonne, cant. et arr. de Joigny. = Joigny.

CIE, s. f. Gomme de la Chine.

CIEL, s. m.; pl. CIEUX. Orbe azuré et diaphane qui environne notre globe et dans lequel semblent se mouvoir les astres; espace qui se trouve entre notre globe et les régions les plus éloignées des étoiles fixes; les astres, leur influence. —, séjour de Dieu, des bienheureux; le paradis. —, Dieu, la Providence; la volonté divine. —, l'air, l'atmosphère; ciel pur, serein. —, climat; le beau ciel d'Italie. —, pl. CIELS, haut d'un lit, dais; première couche d'une carrière. —, fond d'un tableau qui représente l'air. T. de peint.

CIEL, s. m. Com. du dép. de Saône-et-Loire, cant. de Verdun-sur-le-Doubs, arr. de Châlons. = Verdun-sur-le-Doubs.

CIER-DE-LUCHON, s. m. Com. du dép. de la Haute-Garonne, cant. de Bagnères-de-Luchon, arr. de St.-Gaudens. = Bagnères-de-Luchon.

CIER-DE-RIVIÈRE, s. m. Com du dép. de la Haute-Garonne, cant. de St.-Bertrand, arr. de St.-Gaudens. = Montrejeau.

CIERGE, s. m. Grande chandelle de cire pour les cérémonies du culte catholique. Droit comme un —, très droit. —, cactiers, famille de plantes grasses. T. de bot.

CIERGE (St.-), s. m. Com. du dép. de l'Ardèche, cant. du Chaylard, arr. de Tournon. = le Chaylard.

CIERGE-DU-PÉROU, s. m. Plante épineuse du Pérou qui croît dans les rochers qui bordent les côtes. T. d'hist. nat.

CIERGE-LA-SERRE (St.-), s. m. Com. du dép. de l'Ardèche, cant. de la Voulte, arr. de Privas. = la Voulte.

CIERGE-PASCAL, s. m. Gros cierge qu'on allume pendant les fêtes de Pâques, et sur lequel on voit cinq grains d'encens en forme de croix. —, coquille univalve. T. d'hist. nat.

CIERGES, s. m. Com. du dép. de l'Aisne, cant. de Fère-en-Tardenois, arr. de Château-Thierry. = Fère-en-Tardenois.

CIERGES, s. m. Com. du dép. de la Meuse, cant. de Montfaucon, arr. de Montmédy. = Varennes-en-Argonne.

CIERGIER, s. m. Fabricant et marchand de cierges.

CIERGUES (St.-), s. m. Com. du dép. de la Haute-Marne, cant. et arr. de Langres. = Langres.

CIERNAT, s. m. Com. du dép. de l'Allier, cant. de Varennes, arr. de la Palisse. = St.-Gérand.

CIERP, s. m. Com. du dép. de la Haute-Garonne, cant. de St.-Béat, arr. de St.-Gaudens. = St.-Béat.

CIERREY, s. m. Com. du dép. de l'Eure, cant. de Pacy, arr. d'Evreux. = Pacy-sur-Eure.

CIERS (St.-), s. m. Com. du dép. de la Charente, cant. de Manles, arr. de Ruffec. = Manles.

CIERS-CHAMPAGNE (St.-), s. m. Com. du dép. de la Charente-Inférieure, cant. d'Archiac, arr. de Jonzac. = Jonzac.

CIERS-D'ABZAC (St.-), s. m. Com. du dép. de la Gironde, cant. de Guîtres, arr. de Libourne. = Coutras.

CIERS-DE-CANESSE (St.-), s. m. Com. du dép. de la Gironde, cant. de Bourg, arr. de Blaye. = Bourg.

CIERS-DU-TAILLON (St.-), s. m. Com. du dép. de la Charente-Inférieure, cant. de Mirambeau, arr. de Jonzac. = Mirambeau.

CIERS-LA-LANDE (St.-), s. m. Com. du dép. de la Gironde, chef-lieu de cant. de l'arr. de Blaye. Bur. d'enregist. = Bourg-sur-Garonne.

CIERS-LES-AVENIÈRES, s. m. Village du dép. de l'Isère, cant. de Morestel, arr. de la Tour-du-Pin. = la Tour-du-Pin.

CIERZAC, s. m. Com. du dép. de la Charente-Inférieure, cant. d'Archiac, arr. de Jonzac. = Pons.

CIEURAC, s. m. Com. du dép. du Lot, cant. de Lalbenque, arr. de Cahors. = Cahors.

CIEURAC, s. m. Village du dép. du Lot, cant. de Souillac, arr. de Gourdon. = Souillac.

CIEUTAT, s. m. Com. du dép. des Hautes-Pyrénées, cant. et arr. de Bagnères. = Bagnères-de-Bigorre.

CIEUX, s. m. Com. du dép. de la Haute-Vienne, cant. de Nantiat, arr. de Bellac. = Bellac.

CIEZ, s. m. Com. du dép. de la Nièvre, cant. de Donzy, arr. de Cosne. = Donzy.

CIGALE, s. f. Insecte hémiptère dont le mâle, au moyen de deux membranes élastiques qu'il frotte contre les aspérités de son ventre, produit ce bruit monotone qu'on appelle chant. — de mer, squille ciselée, bonne à manger. T. d'hist. nat.

CIGALER, v. n. Chanter comme la cigale.

CIGARE, s. m. Tabac de l'île de Cuba; feuille de tabac roulée, propre à fumer.

CIGNÉ, s. m. Com. du dép. de la Mayenne, cant. d'Ambrières, arr. de Mayenne. = Mayenne.

CIGOGNE, s. f. Gros oiseau de passage de l'ordre des échassiers, qui a le cou d'une longueur démesurée, le corps blanc, le bec et les pattes rouges. Contes de la —, inventés à plaisir.

CIGOGNE, s. f. Village du dép. de la Nièvre, cant. de St.-Benin-d'Azy, arr. de Nevers. = Nevers.

CIGOGNÉ, s. m. Com. du dép. d'Indre-et-Loire, cant. de Bléré, arr. de Tours. = Cormery.

CIGOGNEAU, s. m. Petit de la cigogne.

CIGUË, s. f. Plante ombellifère, froide et vénéneuse, qui ressemble au persil et au cerfeuil sauvage, dont elle se distingue par une odeur fétide et par les taches noirâtres de sa tige. —, suc de cette plante, avec lequel fut empoisonné Socrate, le plus grand des sages de la Grèce.

CIHIGUE, s. f. Com. du dép. des Basses-Pyrénées, cant. de Tardets, arr. de Mauléon. = Mauléon.

CILIAIRE, adj. Se dit de tout ce qui a rapport aux cils.

CILICE, s. m. Tissu de crin, de poil rude, que d'austères ermites portaient sur la peau par mortification.

CILIÉ, E, adj. Garni de cils. —, s. f. Espèce de persègue. T. d'hist. nat.

CILIER, s. m. Poisson du genre du chétodon. T. d'hist. nat.

CILLEMENT, s. m. Action de lever et d'abaisser la paupière supérieure pour diminuer l'impression de la lumière sur les yeux; contraction involontaire des paupières.

CILLER, v. a. Fermer les paupières et les rouvrir dans le moment. —, coudre les paupières de l'oiseau. T. de fauc. —, v. n. Blanchir, en parlant des cils et du sourcil des chevaux. N'oser — devant quelqu'un, n'oser remuer.

CILLOSE, s. f. Tremblement continuel de la paupière supérieure.

CILLY, s. m. Com. du dép. de l'Aisne, cant. de Marle, arr. de Laon. = Marle.

CILS, s. m. pl. Petits poils qui naissent sur le bord des deux paupières, le long des tarses, courbés, ceux de la paupière supérieure en dehors, et ceux de la paupière inférieure en sens contraire. —, poils sur une seule ligne au bord quelconque d'une plante. T. de bot.

CIMAISE, s. f. Voy. CYMAISE.

CIMBALAIRE, s. f. Voy. CYMBALAIRE.

CIMBALÉE, s. f. Partie du plein jeu de l'orgue.

CIMBRE, s. m. Espèce de gade. T. d'hist. nat. —, pl. Peuples du nord de l'Europe qui habitaient le Danemarck et le Holstein.

CIME, s. f. Sommet, partie la plus élevée d'un arbre, d'un rocher, d'une montagne.

CIMENT, s. m. Brique, tuile pilée qu'on mêle avec la chaux pour en faire un mortier. —, lien d'amitié. Fig. Bâtir à chaux et à —, solidement.

CIMENTÉ, E, part. Uni, consolidé.

CIMENTER, v. a. Joindre, lier, faire adhérer ensemble avec du ciment. —, affermir, consolider; cimenter la paix, une alliance. Fig.

CIMENTIER, s. m. Ouvrier qui broie des tuileaux pour faire du ciment.

CIMETERRE, s. m. Sorte de sabre recourbé.

CIMETIÈRE, s. m. Lieu de sépulture, enceinte vénérée où repose la cendre des morts. —, contrée désolée par une épidémie, où règne une grande mortalité.

—, champ de bataille où des armées entières trouvèrent leur tombeau ; cimetière des Bourguignons.

CIMEUX, EUSE, adj. Disposé en cime.

CIMICAIRE, s. f. Plante de la famille des renoncules qui a une odeur de punaise. T. de bot.

CIMIER, s. m. Ornement sur le faîte du casque. —, croupe du bœuf, du cerf, du daim, du chevreuil. —, figure sur le timbre. T. de blas.

CIMOLÉE, adj. f. Se dit d'une matière que déposent les meules à repasser les instrumens tranchans.

CIMOLITHE ou CIMOLÉE, s. f. Terre bolaire, blanchâtre et rougeâtre, qui vient de Cimolis, l'une des Cyclades, îles de la Grèce.

CINABRE, s. m. Minéral rouge, composé de soufre et de mercure.

CINAIS, s. m. Com. du dép. d'Indre-et-Loire, cant. et arr. de Chinon. = Chinon.

CINANCHINE, s. f. Aspérule, petite garance. T. de bot.

CINAROCÉPHALES, s. m. pl. Famille des artichauts, plantes dicotylédones, monopétales. T. de bot.

CINCENELLE, s. f. Cordage qui sert à remonter les bateaux.

CINCHONINE, s. f. Substance extraite du quinquina gris.

CINCLE, s. f. Alouette de mer. T. d'hist. nat.

CINDRE, s. m. Outil de charpentier.

CINDRÉ, s. m. Com. du dép. de l'Allier, cant. de Jaligny, arr. de la Palisse. = la Palisse.

CINDULISME, s. m. Jeu du bâtonnet.

CINÉFACTION, s. f. Action de réduire en cendre.

CINÉRAIRE, s. f. Fort belle plante corymbifère qu'on trouve sur les bords de la Méditerranée. T. de bot. —, adj. Se dit de l'urne qui renferme les cendres d'un mort dont le cadavre a été brûlé.

CINÉRATION, s. f. Cinéfaction. Voy. Incinération.

CINETE, s. f. Insecte pupivore. T. d'hist. nat.

CINGAL, s. m. Com. du dép. du Calvados, cant. de Bretteville-sur-Laise, arr. de Falaise. = Harcourt.

CINGLAGE, s. m. Chemin que fait ou peut faire un navire en vingt-quatre heures. —, gages des marins ; prix convenu pour les engagemens. T. de mar.

CINGLEAU, s. m. Cordeau pour calculer la diminution des colonnes.

CINGLER, v. n. Voguer à pleines voiles. T. de mar. —, v. a. Frapper avec quelque chose de souple ; cingler un coup de fouet. —, fouetter ; se dit du vent, de la neige, de la pluie, etc.

CINIPS ou CYNIPS, s. m. Genre d'insectes hyménoptères. T. d'hist. nat.

CINNA, s. f. Plante graminée du Canada. T. de bot. —, s. m. Petit-fils de Pompée. Il conspira contre la vie d'Auguste qui, soit par politique, soit par générosité, lui pardonna et le nomma consul. —, tragédie de Pierre Corneille, qui a célébré la clémence de l'Empereur romain.

CINNAMOME, s. m. Aromate des anciens, la cannelle.

CINQ, s. et adj. Chiffre 5 ; carte, dés, marqués de ce chiffre ; cinq de cœur. —, cinquième du nom ; Henri cinq.

CINQ-ÉPINES, s. m. Poisson du genre du labre. T. d'hist. nat.

CINQ-LIGNES, s. m. Poisson du genre du persègue. T. d'hist. nat.

CINQ-TACHES, s. m. Poisson du genre du coryphène. T. d'hist. nat.

CINQUAIN, s. m. Ordre de bataille de cinq bataillons. T. d'art milit.

CINQUANTAINE, s. f. Nombre de cinquante ; une cinquantaine d'écus.

CINQUANTE, adj. numéral. Cinq fois dix.

CINQUANTENIER, s. m. Officier d'une garde de police qui commande cinquante hommes.

CINQUANTIÈME, adj. Nombre ordinal qui désigne l'unité qui vient après quarante-neuf. —, s. m. Cinquantième partie.

CINQ-AUTELS, s. m. Com. du dép. du Calvados, cant. de Bourguébus, arr. de Caen. = Caen.

CINQ-MARS, s. m. Com. du dép. d'Indre-et-Loire, cant. de Langeais, arr. de Chinon. = Langeais.

CINQUÉTRAL, s. m. Com. du dép. du Jura, cant. et arr. de St.-Claude. = St.-Claude.

CINQUEUX, s. m. Com. du dép. de l'Oise, cant. de Liancourt, arr. de Clermont. = Liancourt.

CINQUIÈME, adj. Nombre ordinal qui marque l'unité qui fait suite à quatre. —, s. f. Cinquième classe d'un collége. —, s. m. Écolier qui étudie dans cette classe.

CINQUIÈMEMENT, adv. En cinquième lieu.

CINTEAUX, s. m. Com. du dép. du Calvados, cant. de Bretteville-sur-Laise, arr. de Falaise. = Falaise.

CINTEGABELLE, s. f. Petite ville

du dép. de la Haute-Garonne, chef-lieu de cant. de l'arr. de Muret. Bur. d'enregist. à Auterive. = Auterive.

CINTRAGE, s. m. Toutes les cordes qui lient, entourent quelque chose. T. de mar.

CINTRAT, s. m. Com. du dép. de l'Allier, cant. de Chantelle-le-Château, arr. de Gannat. = St.-Pourçain.

CINTRAY, s. m. Com. du dép. de l'Eure, cant. de Breteuil, arr. d'Evreux. =Verneuil.
Fab. de quincailleries.

CINTRAY, s. m. Com. du dép. d'Eure-et-Loir, cant. et arr. de Chartres. = Chartres.

CINTRE, s. m. Forme demi-circulaire; courbure d'une voûte. —, arcade de bois pour construire une voûte. T. de charp. —, règle de bois pour cintrer.

CINTRÉ, E, part. Courbé en demi-cercle, voûté. —, adj. Entouré d'un demi-cercle. T. de blas.

CINTRÉ, s. m. Com. du dép. d'Ille-et-Vilaine, cant. de Mordelles, arr. de Rennes. = Montfort.

CINTRER, v. a. Faire un cintre, construire un cintre. T. d'archit. —, établir la charpente d'une voûte. T. de charp. —, entourer un vaisseau de câbles. T. de mar.

CINTREY, s. m. Com. du dép. de la Haute-Saône, cant. de Vitrey, arr. de Vesoul. Bur. de poste.

CIOCOQUE, s. f. Plante rubiacée. T. de bot.

CIOTAT (la), s. f. Petite ville maritime du dép. des Bouches-du-Rhône, chef-lieu de cant. de l'arr. de Marseille; trib. de comm. Bur. d'enregist. et de poste.
Cette ville est située dans une campagne fertile, et couverte d'oliviers, de grenadiers et d'orangers. Elle possède, sur la Méditerranée, un petit port abrité par deux môles.
Filat. de coton; construction de navires de comm. de toutes grandeurs. Comm. de vins muscats, fruits secs renommés, huile d'olives, amandes, etc. Armemens pour la pêche, cabotage.
Dist. de Paris, 215 l.
—, espèce de raisin, chasselas.

CIPIÈRES, s. f. Com. du dép. du Var, cant de Coursegoules, arr. de Grasse. = Grasse.

CIPOLLIN, s. m. Espèce de marbre verdâtre d'Italie.

CIPORÈME, s. f. Arbre du Brésil; espèce d'ail. T. de bot.

CIPPE, s. m. Demi-colonne sans chapiteau. —, instrument de supplice des anciens.

CIPURE, s. f. Plante herbacée de la famille des iris. T. de bot.

CIRAGE, s. m. Préparation pour cirer les bottes, les souliers. —, tableau en camaïeu et en jaune.

CIRAL, s. m. Com. du dép. de l'Orne, cant. de Carrouges, arr. d'Alençon. = Carrouges.

CIRAN, s. m. Com. du dép. d'Indre-et-Loire, cant. de Ligueil, arr. de Loches. = Loches.

CIRCAÈTE, s. m. Oiseau accipitre, appelé aussi jean-le-blanc. T. d'hist. nat.

CIRCASSIE (la), s. f. Pays qui s'étend de la mer Noire à la mer Caspienne, et se trouve entre les monts Caucase et le gouvernement russe de ce nom. Ce pays, tributaire de la Russie, s'il ne lui appartient pas encore, est divisé en petites tribus indépendantes. Les femmes de ce pays ont la réputation d'être fort belles.

CIRCATEUR, s. m. Espèce d'inspecteur dans certains couvens.

CIRCÉE, s. f. Fameuse magicienne qui, pour retenir Ulysse dans son île, changea ses compagnons en ours, en loups, etc., au moyen d'une certaine liqueur qu'elle leur fit boire. T. de myth. — ou Herbe-aux-Magiciens, plante résolutive, vulnéraire. T. de bot.

CIRCINAL, E, adj. Roulé, recoquillé. T. de bot.

CIRCIO, s. m. Oiseau babillard des Indes auquel on apprend aisément à parler. T. d'hist. nat.

CIRCOMPOLAIRE, adj. Qui entoure le pôle; terre, mer circompolaire.

CIRCONCIRE, v. a. Couper la peau du prépuce.

CIRCONCIS, E, part. Coupé autour, en parlant du prépuce. —, s. m. Qui a le prépuce coupé.

CIRCONCISEUR, s. m. Celui qui opère la circoncision.

CIRCONCISION, s. f. Opération qui consiste à retrancher une partie de la peau du prépuce. —, fête en l'honneur de la circoncision de J.-C.; tableau qui représente cette solennité. — des lèvres, du cœur; retranchement des mauvaises pensées, des mauvais discours. Fig.

CIRCONCISSE, adj. Qui s'ouvre transversalement; capsule circoncisse. T. de bot.

CIRCONFÉRENCE, s. f. Ligne courbe qui renferme un cercle; tour d'un cercle. —, toute sorte d'enceinte, encore bien qu'elle ne soit pas parfaitement ronde; circonférence d'une ville.

CIRCONFLEXE, adj. Qui indique qu'une syllabe est longue; accent circonflèxe. — du palais, muscle péristaphylin externe. T. d'anat.

CIRCONJACENT, E, adj. Environnant. T. inus.

CIRCONLOCUTION, s. f. Circuit de paroles, périphrase.

CIRCONSCRIPTION, s. f. Ce qui limite la circonférence; contour entier des feuilles. T. de bot.

CIRCONSCRIRE, v. a. Borner, limiter. Prop. et fig. —, tracer dans un cercle une figure qui le touche. T. de géom.

CIRCONSCRIT, E, part. Borné, limité. Prop. et fig.

CIRCONSPECT, E, adj. Discret, prudent, reservé, qui n'agit et ne parle qu'après mûre réflexion.

CIRCONSPECTION, s. f. Sagesse, prudence, réserve, discrétion dans ses actions comme dans ses discours et ses écrits.

CIRCONSTANCE, s. f. Particularité qui accompagne un fait, une nouvelle; occasion, conjoncture, occurrence. Ouvrage de —, ouvrage que l'événement du jour a fait éclore.

CIRCONSTANCIÉ, E, part. Raconté en détail en n'omettant aucune des circonstances.

CIRCONSTANCIEL, LE, adj. Qui indique les modifications du verbe. T. de gramm.

CIRCONSTANCIER, v. a. Expliquer, raconter un événement avec toutes les particularités qui l'accompagnent.

CIRCONVALLATION, s. f. Ligne de fortification que les assiégeans forment autour de leur camp pour être à même de repousser les attaques du dehors, et intercepter les vivres que l'on essaierait d'introduire dans la place.

CIRCONVENIR, v. a. Tromper artificieusement par des détours, égarer, faire prendre le change.

CIRCONVENTION, s. f. Artifice pour s'emparer des dispositions d'une personne, pour égarer son opinion, la tromper.

CIRCONVENU, E, part. Egaré, trompé par des artifices.

CIRCONVOISIN, E, adj. Qui est auprès, autour, dans les environs; lieux, peuples circonvoisins.

CIRCONVOLANT, s. et adj. m. Qui vole autour. (Vi.)

CIRCONVOLUTION, s. f. Tour de spirale; révolution d'une ligne; tours faits autour d'un centre commun. —, pl. Contours que décrivent les intestins renfermés dans l'abdomen; saillies sinueuses de la surface du cerveau et du cervelet. T. d'anat.

CIRCOURT, s. m. Com. du dép. de la Moselle, cant. d'Audun-le-Roman, arr. de Briey. = Briey.

CIRCOURT, s. m. Com. du dép. des Vosges, cant. de Dompaire, arr. de Mirecourt. = Mirecourt.

CIRCOURT, s. m. Com. du dép. des Vosges, cant. et arr. de Neufchâteau. = Neufchâteau.

CIRCUIT, s. m. Enceinte, tour. — de paroles, préambule, ce qu'on dit avant d'arriver au fait. Fig.

CIRCULAIRE, adj. Rond; qui va en rond. —, s. et adj. Lettre par laquelle on informe plusieurs personnes d'une même chose.

CIRCULAIREMENT, adv. En rond, en forme de cercle.

CIRCULANT, E, adj. Qui circule; qui est en circulation; en parlant des espèces.

CIRCULATEUR, s. m. Bateleur, charlatan. (Vi.) —, partisan de la circulation du sang qui ne fut découverte, par Harvée, médecin anglais, qu'en 1628, époque à laquelle la médecine fut divisée sur l'importance de cette question.

CIRCULATION, s. f. Mouvement de ce qui va et vient, de ce qui circule, en parlant du sang, de l'argent, de la sève, des grains, etc. —, distillation réitérée. T. de chim.

CIRCULATOIRE, adj. Se dit des vaisseaux qui servent à la circulation. T. de chir.

CIRCULÉ, E, part. Distillé.

CIRCULER, v. a. Distiller. —, v. n. Aller et venir, se mouvoir circulairement, passer de main en main. Faire — des billets, leur donner cours sur la place.

CIRCUMINCESSION, s. f. La trinité, existence de trois personnes en une seule.

CIRCUS, s. m. Oiseau de proie qui tournoie dans l'air comme la bondrée. T. d'hist. nat.

CIRE, s. f. Substance jaune, molle, compacte, inflammable, fruit du travail des abeilles. —, bougie, cierge. —, luminaire d'une église. —, cirage. —, humeur jaune et visqueuse des oreilles. — vierge, cire telle qu'on la retire de la ruche. — d'Espagne, composition de laque pour cacheter les lettres. Aller comme de —, s'appliquer, convenir parfaitement, se dit des vêtemens.

CIRÉ, E, part. Enduit de cire.

CIRÉ, s. m. Com. du dép. de la Charente-Inférieure, cant. d'Aigrefeuille, arr. de Rochefort. = Surgères.

CIRER, v. a. Enduire de cire; appliquer du cirage; cirer un meuble, cirer des bottes.

CIRES, s. m. Com. du dép. de la Haute-Garonne, cant. de Bagnères-de-Luchon, arr. de St.-Gaudens. = Bagnères.

CIRES-LEZ-MELLO, s. m. Com. du dép. de l'Oise, cant. de Neuilly-en-Thelle, arr. de Senlis. = Creil. Fab. de calicots et de bonneterie de coton.

CIREY, s. m. Com. du dép. de la Côte-d'Or, cant. de Nolay, arr. de Beaune. = Nolay.

CIREY, s. m. Com. du dép. de la Côte-d'Or, cant. de Pontailler-sur-Saône, arr. de Dijon. = Pontailler.

CIREY, s. m. Com. du dép. de la Meurthe, cant. de Lorquin, arr. de Sarrebourg. = Blamont.
Verrerie et papeterie.

CIREY-LES-MARCILLES, s. m. Com. du dép. de la Haute-Marne, cant. d'Andelot, arr. de Chaumont. = Andelot.

CIREY-MARLOT-ET-LES-NEUVES-GRANGES, s. m. Com. du dép. de la Haute-Saône, cant. de Rioz, arr. de Vesoul. = Rioz. Forges.

CIREY-SUR-BLAISE, s. m. Com. du dép. de la Haute-Marne, cant. de Doulevant, arr. de Vassy. = Doulevant.

CIRFONTAINES, s. f. Com. du dép. du Calvados, cant. et arr. de Lisieux. = Lisieux.

CIRFONTAINES, s. f. Com. du dép. de la Haute-Marne, cant. de Châteauvilain, arr. de Chaumont. = Châteauvilain.

CIRFONTAINES, s. f. Com. du dép. de la Haute-Marne, cant. de Poissons, arr. de Vassy. = Joinville.

CIRGUE (St.-), s. m. Com. du dép. du Tarn, cant. de Valence, arr. d'Albi. = Albi.

CIRGUES (St.-), s. m. Com. du dép. de la Corrèze, cant. de Servières, arr. de Tulle. = Argentat.

CIRGUES (St.-), s. m. Com. du dép. du Lot, cant. de la Tronquière, arr. de Figeac. = Figeac.

CIRGUES (St.-), s. m. Com. du dép. de la Haute-Loire, cant. de Lavoûte-Chilhac, arr. de Brioude. = Brioude.

CIRGUES (St.-), s. m. Com. du dép. du Puy-de-Dôme, cant. de Champeix, arr. d'Issoire. = Issoire.

CIRGUES-DE-JORDANNE (St.-), s. m. Com. du dép. du Cantal, cant. et arr. d'Aurillac. = Aurillac.

CIRGUES-DE-MALBERT (St.-), s. m. Com. du dép. du Cantal, cant. de St.-Cernin, arr. d'Aurillac. = St.-Martin-Valmeroux.

CIRGUES-DE-PRADES (St.-), s. m. Com. du dép. de l'Ardèche, cant. de Thueyts, arr. de Largentière. = Largentière.

CIRGUES-EN-MONTAGNE (St.-), s. m. Com. du dép. de l'Ardèche, cant. de Montpezat, arr. de Largentière. = Thueyts.

CIRICE (St.-), s. m. Com. du dép. des Hautes-Alpes, cant. d'Orpierre, arr. de Gap. = Serres.

CIRICE (St.-), s. m. Village du dép. du Lot, cant. et arr. de Cahors. = Cahors.

CIRICE (St.-), s. m. Village du dép. de Lot-et-Garonne, cant. de Francescas, arr. de Nérac. = Nérac.

CIRICE (St.-), s. m. Com. du dép. de Tarn-et-Garonne, cant. d'Auvillars, arr. de Moissac. = Valence-d'Agen.

CIRIER, s. m. Ouvrier qui prépare la cire, qui fait de la bougie, des cierges. —, arbrisseau de l'Amérique dont les fruits fournissent une substance analogue à la cire, et qui est propre à faire de la bougie. T. de bot.

CIRIÈRE, s. f. Com. du dép. des Deux-Sèvres, cant. de Cerizay, arr. de Bressuire. = Bressuire.

CIR-LES-CHAMPAGNES (St.-), s. m. Com. du dép. de la Dordogne, cant. de la Nouaille, arr. de Nontron. = Exideuil.

CIROÈNE, s. m. Emplâtre dans la composition duquel il entre de la cire. T. de pharm.

CIROGRAPHE, s. m. Papier coupé en deux parties pour être rapprochées, afin de s'assurer de l'identité.

CIRON, s. m. Insecte aptère, presque imperceptible, qui pénètre entre cuir et chair, et occasionne une petite ampoule. —, espèce d'acarus.

CIRON, s. m. Com. du dép. de l'Indre, cant. et arr. du Blanc. = le Blanc.

CIRON (le), s. m. Rivière qui prend naissance dans la lande de Lubon, dép. des Landes, arr. de Mont-de-Marsan, et se jette dans la Garonne, près de Barsac, dép. de la Gironde, après un cours d'environ 18 l. Elle est flottable en trains depuis la Trave jusqu'à son embouchure.

CIRQ (St.-), s. m. Com. du dép. de l'Aveyron, cant. de Requista, arr. de Rodez. = Rodez.

CIRQ (St.-), s. m. Com. du dép. de la Dordogne, cant. du Bugue, arr. de Sarlat. = le Bugue.

CIRQ (St.-), s. m. Com. du dép. de Tarn-et-Garonne, cant. de Caussade, arr. de Montauban. = Caussade.

CIRQ-BEL-ARBRE (St.-), s. m. Village du dép. du Lot, réuni à la Com. de Souilhaguet, cant. et arr. de Gourdon. = Gourdon.

CIRQ-LAPOPIE (St.-), s. m. Com. du dép. du Lot, cant. de St.-Gery, arr. de Cahors. = Cahors.

CIRQUE, s. m. Vaste enceinte destinée aux jeux publics, aux courses de chars, aux combats de gladiateurs, dans les beaux jours de la puissance romaine.

CIRQUINÇON, s. m. Tatou à dix-huit bandes. T. d'hist. nat.

CIRRHE, s. m. Filament en forme de tire-bouchon, avec lequel la vigne et quelques autres plantes s'attachent aux corps qui les environnent. T. de bot. —, appendices aux mâchoires des poissons, aux tentacules des zoophites. T. d'hist. nat.

CIRRHÉ, E, adj. En forme de cirrhe.

CIRRHEUX, EUSE, adj. Terminé en cirrhe. T. de bot.

CIRRHIFÈRE, adj. Qui porte des cirrhes. T. de bot.

CIRRHITE, s. m. Poisson de la mer des Indes. T. d'hist. nat.

CIRRITES, s. m. pl. Pierres qui se trouvent dans l'estomac de l'épervier.

CIRSAKAS, s. m. Etoffe des Indes, de soie et coton.

CIRSE ou CIRSION, s. m. Plante rangée parmi les chardons, qui calme la douleur des varices. T. de bot.

CIRSOCÈLE, s. f. Hernie variqueuse, tumeur des testicules et du cordon des vaisseaux spermatiques, causée par des varices qui forment des espèces de nœuds. T. de chir.

CIRSOMPHALE, s. m. Varice du nombril. T. de méd.

CIRSOPTHALMIE, s. f. Ophtalmie variqueuse. T. de méd.

CIRURE, s. f. Enduit de cire préparée.

CIRY, s. m. Com. du dép. de Saône-et-Loire, cant. de Toulon-sur-Arroux, arr. de Charolles. = Perrecy.

CIRY-SALSOGNE, s. m. Com. du dép. de l'Aisne, cant. de Braisne, arr. de Soissons. = Braisne.

CISAILLE, s. f. Rognure de métal, de monnaie fabriquée. —, pl. Grands ciseaux pour couper des plaques de métal.

CISAILLÉ, E, part. Coupé avec des cisailles.

CISAILLER, v. a. Couper avec des cisailles.

CISAI-ST.-AUBIN, s. m. Com. du dép. de l'Orne, cant. de Gacé, arr. d'Argentan. = Gacé.

CISALPIN, E, adj. Qui est en deçà des Alpes.

CISE, s. f. Com. du dép. du Jura, cant. de Champagnole, arr. de Poligny. = Champagnole.

CISEAU, s. m. Instrument plat et tranchant pour travailler le bois, le marbre, les métaux, etc. —, talent du sculpteur; ciseau habile. Fig. —, pl. Instrument d'acier, composé de deux branches égales, tranchantes en dedans et jointes ensemble par une vis autour de laquelle tourne une de ces branches, tandis que l'autre reste immobile.

CISELÉ, E, part. Orné de ciselures.

CISELER, v. a. Faire des figures, des ornemens avec le ciselet, sur l'or, l'argent, le cuivre, etc.

CISELET, s. m. Petit ciseau, petit outil d'acier pour ciseler les métaux.

CISELEUR, s. m. Ouvrier qui cisèle.

CISELURE, s. f. Art du ciseleur. —, chose ciselée; ce qu'on fait sur les métaux avec le ciselet.

CISERY, s. m. Com. du dép. de l'Yonne, cant. de Guillon, arr. d'Avallon. = Avallon.

CISMONTAIN, E, adj. Qui est d'en deçà les monts.

CISOIR, s. m. Outil pour graver les poinçons. —, pl. Gros ciseaux montés en pied pour couper les métaux.

CISPADAN, E, adj. Qui est en deçà du Pô, rivière du Piémont qui sort des Alpes.

CISSAC, s. m. Com. du dép. de la Gironde, cant. de Pauillac, arr. de Lesparre. = St.-Laurent.

CISSÉ, s. m. Com. du dép. de la Vienne, cant. de Neuville, arr. de Poitiers. = Poitiers.

CISSEY, s. m. Com. du dép. de l'Eure, cant. de St.-André, arr. d'Evreux. = Evreux.

CISSITIS, s. m. Pierre blanche qui représente des feuilles de lierre. T. d'hist. nat.

CISSOÏDAL, E, adj. Qui appartient à la cissoïde. T. de géom.

CISSOÏDE, s. f. Ligne courbe imitant la feuille de lierre. T. de géom.

CISSOTOMIES, s. f. pl. Fêtes en l'honneur d'Hébé, où des jeunes gens dansaient couronnés de lierre. T. de myth.

CISTE, s. m. Plante rosacée dont quelques espèces croissent dans nos pays méridionaux. T. de bot.

CISTÈLE, s. f. Genre d'insectes coléoptères qui vivent sur les fleurs. T. d'hist. nat.

CISTERNE-LOMBAIRE, s. f. Vésicule du chyle.

CISTERNES-LA-FORÊT, s. f. Com. du dép. du Puy-de-Dôme, cant. de Pontgibaud, arr. de Riom. = Clermont-Ferrand.

CISTOÏDES, s. f. pl. Famille de plantes dicotylédones, polypétales, à étamines hypogynes. T. de bot.

CISTOPHORE, s. m. Médaille où l'on voit des corbeilles. T. d'antiq.

CISTRE, s. m. Voy. SISTRE.

CISTRIÈRES, s. f. Com. du dép. de la Haute-Loire, cant. de la Chaise-Dieu, arr. de Brioude. = Brioude.

CISTROLE, s. m. Tubercule creux sur les lichens. T. de bot.

CITADELLE, s. f. Forteresse qui commande à une ville.

CITADIN, E, s. Bourgeois, habitant d'une cité, ne se dit guère que des habitans de quelques villes d'Italie, pour les distinguer des nobles. —, s. f. pl. Fiacres qui appartiennent à une administration particulière.

CITATEUR, s. m. Ecrivain qui fait des citations.

CITATION, s. f. Allégation d'un fait, d'un passage, d'une autorité. —, assignation. T. de procéd.

CITATOIRE, adj. Qui concerne la citation. T. de procéd.

CITÉ, s. f. Ville entourée de murs. —, partie la plus ancienne de quelques villes; corps des citoyens d'une ville libre.

CITÉ, E, part. Allégué; indiqué, nommé.

CITÉ (la), s. f. Com. du dép. de la Dordogne, cant. et arr. de Périgueux. = Périgueux.

CITEAUX, s. m. Village du dép. de la Côte-d'Or, cant. de Nuits, arr. de Beaune. = Nuits.

Ce village, entouré de bois, était autrefois célèbre par une abbaye de Bernardins, fondée par un duc de Bourgogne, sur la fin du onzième siècle; abbaye qui relevait immédiatement du Saint-Siége, et était le chef-lieu de trois mille six cents couvens des deux sexes.

CITER, v. a. Alléguer un fait, une autorité, l'opinion d'un auteur célèbre. —, donner assignation. T. de procéd.

CITÉRIEUR, E, adj. En deçà, de notre côté, près de nous.

CITERNE, s. f. Réservoir souterrain d'eau de pluie. — flottante, barque où se trouve l'eau douce pour l'approvisionnement d'un vaisseau. T. de mar.

CITERNE, s. f. Com. du dép. de la Somme, cant. d'Hallencourt, arr. d'Abbeville. = Abbeville.

CITERNEAU, s. m. Petite citerne où l'eau s'épure avant de passer dans la grande.

CITERS, s. m. Com. du dép. de la Haute-Saône, cant. de Luxeuil, arr. de Lure. = Luxeuil.

CITEY, s. m. Com. du dép. de la Haute-Saône, cant. de Gy, arr. de Gray. = Gy.

CITHARE, s. f. Lyre à sept ou neuf cordes dont se servaient les Hébreux et les Grecs; sistre des Italiens.

CITHARISTIQUE ou CITHAROÏDE, s. f. Genre de musique et de poésie approprié à la cithare.

CITHÈRE, s. f. Voy. CYTHÈRE.

CITISE ou CYTISE, s. m. Arbrisseau légumineux à feuilles en trèfle. T. de bot.

CITOLE, s. f. Ancien instrument de musique.

CITOU, s. m. Com. du dép. de l'Aude, cant. de Peyriac-Minervois, arr. de Carcassonne. = Carcassonne.

CITOYEN, NE, s. Habitant d'un pays libre, d'une république.

CITRATE, s. m. Nom générique des sels formés par la combinaison de l'acide citrique avec une base. T. de chim.

CITRIN, E, adj. De couleur citron; onguent citrin.

CITRIQUE, adj. Extrait de citron; acide citrique. T. de chim.

CITRON, s. m. Fruit du citronnier, ovale, d'un jaune pâle, et rempli d'un jus acide; son jus, sa couleur. —, papillon de jour. T. d'hist. nat.

CITRONNAT, s. m. Confiture dans laquelle entre l'écorce de citron.

CITRONNÉ, E, part. Imbibé de jus de citron; qui sent le citron.

CITRONNELLE, s. f. Sorte de liqueur faite avec de l'eau-de-vie, du citron, etc. —, surnom de l'aurone et de la mélisse officinale.

CITRONNER, v. a. Imbiber de jus de citron; faire de la limonade.

CITRONNIER, s. m. Arbre des climats méridionaux, toujours vert, du genre de l'oranger, qui produit le citron.

CITROSINES, s. f. pl. Plantes campanulées. T. de bot.

CITROSOME, s. m. Arbrisseau du Pérou. T. de bot.

CITROUILLE, s. f. Plante potagère, annuelle, rampante, qui produit un fruit énorme. —, fruit insipide au goût, qui n'a pas de jus. Fig.

CITRY, s. m. Com. du dép. de Seine-et-Marne, cant. de la Ferté-sous-Jouarre, arr. de Meaux. = la Ferté-sous-Jouarre.

CIVADE, s. f. Crangon vulgaire, espèce de crustacé. T. d'hist. nat. —, variété d'avoine. T. de bot.

CIVADIÈRE, s. f. Voile du mât de beaupré. T. de mar.

CIVAUX, s. m. Com. du dép. de la Vienne, cant. de Lussac, arr. de Montmorillon. = Chauvigny.
On remarque encore dans les environs de Civaux un grand nombre de tombeaux de pierres, que l'on prétend être les sépultures des Français tués à la bataille de Vouillé, où Clovis défit les Visigoths, en 507.

CIVE, s. f. Voy. CIVETTE.

CIVENS, s. m. Com. du dép. de la Loire, cant. de Feurs, arr. de Montbrison. = Feurs.

CIVET, s. m. Ragoût de lièvre.

CIVETTE, s. f. Quadrupède carnivore qui a la langue rude, un museau semblable à celui du renard, et deux poches sous l'anus, d'où l'on tire une huile odoriférante. — ou Cive, plante potagère dont les racines en bulbes se mangent dans la salade.

CIVIÈRE, s. f. Brancard pour porter le fumier, etc.

CIVIÈRES, s. f. Com. du dép. de l'Eure, cant. d'Ecos, arr. des Andelys. = Vernon.

CIVIL, E, adj. Qui concerne les citoyens, qui touche à leurs intérêts. —, opposé à criminel et à militaire. Il se prend souvent subst. Le civil et le criminel, le civil et le militaire. —, prévenant, poli, honnête, bien élevé.

CIVILEMENT, adv. En matière civile; avec politesse.

CIVILISATION, s. f. Diffusion des lumières, adoucissement des mœurs et des coutumes barbares; amélioration, progrès dans les institutions d'un pays; tout ce qui tend à étendre les bienfaits de l'instruction, et à propager la morale et la religion.

CIVILISÉ, E, part. Instruit, rendu sociable, doux, poli, honnête.

CIVILISER, v. a. Instruire, répandre les usages, les mœurs, la religion et les lois des nations civilisées; les Grecs et les Romains ont civilisé le monde. —, rendre civile une affaire criminelle. Se —, v. pron. Faire des progrès dans la civilisation; la Russie se civilise.

CIVILITÉ, s. f. Manière polie de se présenter dans le monde et de s'exprimer dans la conversation. —, livre qui contient des règles de civilité. Il n'a pas lu la —, il est grossier. —, pl. Complimens, formules insignifiantes; je vous prie d'agréer mes civilités.

CIVIQUE, adj. Qui appartient à la qualité de citoyen; vertu civique, carte civique. Couronne —, récompense accordée par les Romains à celui qui avait sauvé les jours d'un citoyen.

CIVISME, s. m. Zèle éclairé, patriotisme d'un citoyen; caractère, vertu du vrai citoyen.

CIVITA-VECCHIA, s. f. Ville maritime et fortifiée des états romains qui possède un port très commerçant.

CIVRAC, s. m. Com. du dép. de la Gironde, cant. de St.-Savin, arr. de Blaye. = Bourg-sur-Gironde.

CIVRAC, s. m. Com. du dép. de la Gironde, cant. et arr. de Lesparre. = Lesparre.

CIVRAC-DE-DORDOGNE, s. m. Com. du dép. de la Gironde, cant. de Pujols, arr. de Libourne. = Castillon.

CIVRAN, s. m. Com. du dép. de l'Indre, cant. de St.-Benoît-du-Sault, arr. du Blanc. = St.-Benoît-du-Sault.

CIVRAY, s. m. Com. du dép. du Cher, cant. de Charost, arr. de Bourges. = Issoudun.

CIVRAY, s. m. Com. du dép. d'Indre-et-Loire, cant. de la Haye, arr. de Loches. = Loches.

CIVRAY, s. m. Com. du dép. d'Indre-et-Loire, cant. de Bléré, arr. de Tours. = Amboise.

CIVRAY, s. m. Petite ville du dép. de la Vienne, chef-lieu de sous-préf. et de cant.; trib. de 1re inst.; société d'agric.; conserv. des hypoth.; direct. des contrib. indir.; recev. part. des finances; bur. d'enregist. et de poste.
Cette ville, située sur la Charente, est très ancienne. Son église, par sa construction et ses sculptures, paraît antérieure à l'établissement du christianisme dans les Gaules.
Fab. d'étoffes de laines; comm. de grains, vins et châtaignes.

CIVRIA, s. f. Com. du dép. du Jura, cant. de St.-Julien, arr. de Lons-le-Saulnier. = St.-Amour.

CIVRIEUX, s. m. Com. du dép. de l'Ain, cant. et arr. de Trévoux. = Trévoux.

CIVRIEUX-D'AZERGUE, s. m.

Com. du dép. du Rhône, cant. de Limonest, arr. de Lyon. = Lyon.

CIVRY, s. m. Com. du dép. d'Eure-et-Loir, cant. et arr. de Châteaudun. = Châteaudun.

CIVRY, s. m. Com. du dép. de l'Yonne, cant. de l'Isle-sur-le-Serein, arr. d'Avallon. = Lucy-le-Bois.

CIVRY-EN-MONTAGNE, s. m. Com. du dép. de la Côte-d'Or, cant. de Pouilly-en-Auxois, arr. de Beaune. = Sombernon.

CIVRY-LA-FORÊT, s. m. Com. du dép. de Seine-et-Oise, cant. de Houdan, arr. de Mantes. = Houdan.

CIZANCOURT, s. m. Com. du dép. de la Somme, cant. de Nesle, arr. de Péronne. = Péronne.

CIZAY, s. m. Com. du dép. de Maine-et-Loire, cant. de Montreuil-Bellay, arr. de Saumur. = Doué.

CIZÉ, s. m. Com. du dép. de l'Ain, cant. de Céseriat, arr. de Bourg. = Bourg-en-Bresse.

CIZELY, s. m. Com. du dép. de la Nièvre, cant. de St.-Benin-d'Azy, arr. de Nevers. = Nevers.

CIZI (St.-), s. m. Com. du dép. de la Haute-Garonne, cant. de Cazères, arr. de Muret. = Martres.

CIZOS, s. m. Com. du dép. des Hautes-Pyrénées, cant. de Castelnau-Magnoac, arr. de Bagnères. = Castelnau-Magnoac.

CLABAUD, s. m. Chien de chasse à longues oreilles, criard, étourdi, qui se trompe et donne de la voix mal à propos. —, homme stupide et bavard. Fig. et fam.

CLABAUDAGE, s. m. Cris du clabaud. —, vaines paroles, criailleries ennuyeuses et sans motifs. Fig. et fam.

CLABAUDER, v. n. Aboyer souvent et presque toujours sans être sur la voie. —, crier, faire du bruit mal à propos. Fig.

CLABAUDERIE, s. f. Vaines criailleries.

CLABAUDEUR, EUSE, s. Qui crie beaucoup et sans sujet, qui clabaude.

CLACY-ET-TIERRET, s. m. Com. du dép. de l'Aisne, cant. et arr. de Laon. = Laon.

CLADECH, s. m. Com. du dép. de la Dordogne, cant. de Belvès, arr. de Sarlat. = Belvès.

CLAIE, s. f. Tissu d'osier, de branchages, large et plat, pour passer du sable, etc. —, faux plancher à jour ; grillage sous l'établi des bijoutiers, des orfèvres, etc.

CLAIN (le), s. m. Rivière dont on trouve la source au village de Jessé, dép. de la Charente, arr. de Confolens, et qui se jette dans la Vienne, au-dessous de Cernon. Son cours est d'environ 25 l.

CLAIR, s. m. Clarté, lumière ; il fait un beau clair de lune. Il fait —, il fait jour. —, pl. Les jours, les parties éclairées d'un tableau ; ce qui rehausse les teintes. T. de peint. —, adv. Clairement, distinctement; de loin en loin; semer clair.

CLAIR, E, adj. Eclatant, lumineux ; luisant, poli. —, qui jette, reçoit, transmet beaucoup de lumière ; chambre claire, etc. —, transparent ; verre clair. — faible, peu foncé ; couleur claire. —, pur, serein ; temps clair. —, peu serré ; canevas, tissus clair. —, sans consistance; sirop clair. —, qui n'est pas trouble; eau claire. —, intelligible, facile à comprendre ; évident, manifeste. Fig. Cela n'est pas —, cela est louche, équivoque. Argent —, qui vous revient infailliblement.

CLAIR (St.-), s. m. Com. du dép. de l'Ardèche, cant. d'Annonay, arr. de Tournon. = Annonay.

CLAIR (St.-), s. m. Com. du dép. de l'Isère, cant. et arr. de la Tour-du-Pin. = la Tour-du-Pin.

CLAIR (St.-), s. m. Com. du dép. de l'Isère, cant. de Roussillon, arr. de Vienne. = le Péage.

CLAIR (St.-), s. m. Com. du dép. du Lot, cant. et arr. de Gourdon. = Gourdon.

CLAIR (St.-), s. m. Com. du dép. de la Manche, chef-lieu de cant. de l'arr. de St.-Lô, où se trouve le bur. d'enregist. = St.-Lô.

CLAIR (St.-), s. m. Village du dép. du Rhône, réuni à la com. de la Croix-Rousse, cant. de Neuville, arr. de Lyon. = Lyon.

CLAIR (St.-), s. m. Com. du dép. de la Seine-Inférieure ; cant. de Criquetot-l'Esneval, arr. du Havre. = Fécamp.

CLAIR (St.-), s. m. Com. du dép. de Tarn-et-Garonne, cant. de Valence, arr. de Moissac. = Valence.

CLAIR (St.-), s. m. Com. du dép. de la Vienne, cant. de Moncontour, arr. de Loudun. = Loudun.

CLAIRA, s. f. Com. du dép. des Pyrénées-Orientales, cant. de Rivesaltes, arr. de Perpignan. = Perpignan.

CLAIRAC, s. m. Village du dép. de l'Hérault, cant. de Servian, arr. de Béziers. = Béziers.
Fonderie de cuivre.

CLAIRAC, s. m. Petite ville du dép. de Lot-et-Garonne, cant. de Tonneins, arr. de Marmande. Bur. de poste.
Comm. de vins, d'eau-de-vie et de tabac.

CLAIRAN, s. m. Voy. CLARINE.

CLAIRAVAUT, s. m. Com. du dép. de la Creuse, cant. de la Courtine, arr. d'Aubusson. = Felletin.

CLAIR-D'ARCEY (St.-), s. m. Com. du dép. de l'Eure, cant et arr. de Bernay. = Bernay.

CLAIR-DE-BASSENEVILLE (St.-), s. m. Com. du dép. du Calvados, cant. de Dives, arr. de Pont-l'Evêque. = Dozuley.

CLAIR-DE-BEAUVILLE (St.-), s. m. Com. du dép. de Lot-et-Garonne, cant. de Beauville, arr. d'Agen. = Agen.

CLAIR-DE-HALOUSE (St.-), s. m. Com. du dép. de l'Orne, cant. et arr. de Domfront. = Domfront.

CLAIRE, s. f. Cendres lavées, os calcinés servant à faire des coupelles pour l'affinage.

CLAIREFONTAINE, s. f. Com. du dép. de Seine-et-Oise, cant. de Dourdan, arr. de Rambouillet. = Rambouillet.

CLAIRE-FOUGÈRE, s. f. Com. du dép. de l'Orne, cant. de Tinchebray, arr. de Domfront. = Tinchebray.

CLAIREGOUTTE, s. f. Com. du dép. de la Haute-Saône, cant. de Champagney, arr. de Lure. = Lure.
Fab. de clous et d'instrumens aratoires.

CLAIREMENT, adv. D'une manière claire; nettement, distinctement.

CLAIRE-SOUDURE, s. f. Sorte d'étain.

CLAIRET, s. m. Petit vin clair, paillet. —, pierre dont la couleur est trop faible. T. de joail.

CLAIRE-VOIE, s. f. Ouverture dans le mur d'un parc ou d'un jardin, fermée par une grille ou par un saut de loup. A —, adv. Loin l'un de l'autre, peu serré. Semer à —, peu épais. Panier à —, panier à salade.

CLAIRFAITS, s. m. Com. du dép. du Nord, cant. de Solre-le-Château, arr. d'Avesnes. = Solre-le-Château.

CLAIRFONTAINE, s. f. Com. du dép. de l'Aisne, cant. de la Capelle, arr. de Vervins. = la Capelle.

CLAIRIER, s. m. Levain couvert de mousse.

CLAIRIÈRE, s. f. Endroit d'un bois, d'une forêt, où il n'y a pas d'arbres, où ils sont clair semés. —, défaut dans le tissu du drap. T. de manuf.

CLAIRMARAIS, s. m. Com. du dép. du Pas-de-Calais, cant. et arr. de St.-Omer. = St.-Omer.

CLAIR-OBSCUR, s. m. Art de distribuer la lumière et les ombres. T. de peint. —, mélange de science et d'ignorance, de lumière et d'obscurité. Fig.

CLAIROIX, s. m. Com. du dép. de l'Oise, cant. et arr. de Compiègne. = Compiègne.

CLAIRON, s. m. Sorte de trompette dont le son est aigu et perçant. —, jeu de l'orgue à l'octave de la trompette. —, beau coléoptère qui se nourrit de la larve des abeilles au milieu de la ruche. T. d'hist. nat.

CLAIRON, s. m. Village du dép. du Lot, cant. et arr. de Figeac. = Figeac.

CLAIRONADE, s. f. Scène pathétique, bien rendue, à la manière de Mlle Clairon, célèbre actrice du Théâtre-Français.

CLAIR-SEMÉ, E, adj. Qui n'est pas bien dru, qui n'est pas semé près l'un de l'autre. —, beaux traits épars çà et là. T. de litt.

CLAIR-SUR-EPTE (St.-), s. m. Com. du dép. de Seine-et-Oise, cant. de Magny, arr. de Mantes. = Magny.

CLAIR-SUR-GALAURE (St.-), s. m. Com. du dép. de l'Isère, cant. de Roybon, arr. de St.-Marcellin. = St.-Marcellin.

CLAIR-SUR-LES-MONTS (St.-), s. m. Com. du dép. de la Seine-Inférieure, cant. et arr. d'Yvetot. = Yvetot.

CLAIRVAUX, s. m. Ville du dép. de l'Aube, réuni à la com. de Ville-sous-la-Ferté, cant. et arr. de Bar-sur-Aube. Bur. de poste.
Clairvaux possédait autrefois une célèbre abbaye de l'ordre de Citeaux, fondée par saint Bernard et par Hugues, comte de Champagne, en 1115. Les vastes bâtimens de cette abbaye ont été convertis en une maison centrale de détention où l'on fabrique draps, mérinos, tissus en soie et en paille; des couvertures de laine et de coton. Manuf. de toiles de coton, percale, calicot, madapolam, droguets, gants de peau ; filature de laine, de coton et de fil.

CLAIRVAUX, s. m. Com. du dép. de l'Aveyron, cant. de Marcillac, arr. de Rodez. = Rodez. Fabriques de toiles et de serges.

CLAIRVAUX, s. m. Com. du dép. du Jura, chef-lieu de cant. de l'arr. de Lons-le-Saulnier. Bur. d'enregist. = Lons-le-Saulnier.
Forges et papeteries.

CLAIRVOIR, s. m. Sculpture à jour aux buffets d'orgue.

CLAIRVOYANCE, s. f. Sagacité, pénétration d'esprit dans les affaires. (Vi.)

CLAIRVOYANT, E, adj. Intelligent,

éclairé, qui pénètre, qui voit d'un coup d'œil les difficultés d'une affaire.

CLAIRY, s. m. Com. du dép. de la Somme, cant. de Molliens-Vidame, arr. d'Amiens. = Amiens.

CLAIRY, s. m. Com. du dép. de la Somme, cant. et arr. de Péronne. = Péronne.

CLAIS, s. m. Com. du dép. de la Seine-Inférieure, cant. de Londinières, arr. de Neufchâtel. = Neufchâtel.

CLAISE (la), s. f. Rivière dont on trouve la source au-dessous de Luant, dép. de l'Indre, arr. de Châteauroux, et qui se jette dans la Creuse entre la Haye et la Guerche, après un cours d'environ 18 l.

CLAIX, s. m. Com. du dép. de la Charente, cant. de Blanzac, arr. d'Angoulême. = Blanzac.

CLAIX, s. m. Com. du dép. de l'Isère, cant. de Vif, arr. de Grenoble. = Grenoble.

Ce village est situé près du Drac que l'on traverse sur un pont d'une seule arche, qui a 140 pieds d'ouverture d'une culée à l'autre, et 120 pieds de hauteur. Fabrique de porcelaine.

CLAM, s. m. Com. du dép. de la Charente-Inférieure, cant. de St.-Genis, arr. de Jonzac. = Jonzac.

CLAMANGES, s. m. Com. du dép. de la Marne, cant. de Vertus, arr. de Châlons. = Vertus.

CLAMART, s. m. Com. du dép. de la Seine, cant. et arr. de Sceaux. = Meudon. Pépinière; carrière de plâtre.

CLAMECY, s. m. Com. du dép. de l'Aisne, cant. de Vailly, arr. de Soissons. = Soissons.

CLAMECY, s. m. Petite ville du dép. de la Nièvre, chef-lieu de sous-préf. et de cant.; trib. de 1re inst. et de comm.; société d'agric.; conserv. des hypoth.; direct. des contrib. indirect.; receveur part. des finances. Bur. d'enregist. et de poste.

Cette ville est dans une situation agréable sur le penchant d'une colline, au confluent du Beuvron et de l'Yonne qui commence à y être navigable.

Fabriques de draps; faïencerie; moulin à foulon.

CLAMENS (St.-), s. m. Com. du dép. du Gers, cant. et arr. de Mirande. = Mirande.

CLAMENSANE, s. f. Com. du dép. des Basses-Alpes, cant. de la Motte-du-Caire, arr. de Sisteron. = Sisteron.

CLAMEREY, s. m. Com. du dép de la Côte-d'Or, cant. de Précy-sous-Thil, arr. de Semur. = Vitteaux.

CLAMEUR, s. f. Plainte, cri public, rumeur. — de haro, citation devant le juge dans l'ancienne coutume de Normandie.

CLAMEUSE, adj. f. Se dit d'une chasse qui se fait avec grand bruit. T. de véner.

CLAMP, s. m. Pièce de bois pour étayer un mât. T. de mar.

CLAMPONIER ou CLAPONIER, s. m. et adj. Cheval qui a les paturons longs, effilés et trop plians.

CLAN, s. m. Tribu guerrière des montagnes d'Ecosse. —, pl. Bouts de pièces de bois qui sont sous les portelots du bateau foncet. T. de charp.

CLANDESTIN, E, adj. Caché, secret, fait en cachette, au mépris des lois; écrit, mariage clandestin.

CLANDESTINE, s. f. Plante parasite dont les feuilles sont en partie cachées dans la terre. T. de bot.

CLANDESTINEMENT, adv. D'une manière clandestine.

CLANDESTINITÉ, s. f. Vice de ce qui se fait clandestinement.

CLANS, s. m. Com. du dép. de la Haute-Saône, cant. de Scey-sur-Saône, arr. de Vesoul. = Vesoul.

CLANSAYE, s. f. Com. du dép. de la Drôme, cant. de Pierrelatte, arr. de Montélimar. = Pierrelatte.

CLAON (le), s. m. Com. du dép. de la Meuse, cant. de Clermont, arr. de Verdun. = Clermont-en-Argonne.

CLAPEMENT, s. m. Sorte de prononciation particulière à la langue des Hottentots.

CLAPER, v. n. Prononcer à la manière des Hottentots.

CLAPET, s. m. Petite soupape qui se meut au moyen d'une charnière.

CLAPIER, s. m. Cabane où l'on élève les lapins domestiques; lapin élevé dans ces cabanes. —, foyer purulent qui se trouve le long du trajet des fistules. T. de chir.

CLAPIER (le), s. m. Com. du dép. de l'Aveyron, cant. de Cornus, arr. de St.-Affrique. = St.-Affrique.

CLAPIERS, s. m. Com. du dép. de l'Hérault, cant. de Castries, arr. de Montpellier. = Montpellier.

CLAPIR, v. n. Crier, en parlant du lapin. Se —, v. pron. Se terrer, se blottir, se tapir dans un trou.

CLAPOTAGE, s. m. Effet de la mer légèrement agitée. T. de mar.

CLAPOTEUX, EUSE, adj. Se dit de la mer lorsqu'elle est agitée et qu'on voit de petites lames arriver de divers côtés. T. de mar.

CLAPOTIS, s. m. Légère agitation de

la mer dont la surface commence à se rider. T. de mar.

CLAQUE, s. m. Oiseau gros comme le mauvis; chapeau plat qu'on met sous le bras. —, s. f. Coup du plat de la main; espèce de sandale qu'on met par-dessus le soulier. —, cabale de théâtre, applaudissemens payés par les auteurs et acteurs; la bande des claqueurs.

CLAQUÉ, E, part. Applaudi; qui a reçu des claques.

CLAQUEBOIS, s. m. Instrument de musique à clavier que l'on frappe avec des baguettes.

CLAQUEDENT, s. m. Malheureux sans vêtement qui est transi de froid, qui grelotte. —, braillard. T. fam.

CLAQUEMENT, s. m. Bruit des dents, des mains qui s'entre-choquent.

CLAQUEMURÉ, E, part. Enfermé, retenu dans une étroite prison.

CLAQUEMURER, v. a. Emprisonner. Se —, v. pron. Se renfermer chez soi.

CLAQUE-OREILLE, s. m. Chapeau à bords pendans; celui qui en est coiffé. T. fam.

CLAQUER, v. a. Donner des claques; applaudir des mains. —, v. n. Faire un bruit aigu et éclatant; claquer des mains, des dents. Faire — son fouet, se prévaloir de son crédit, se vanter.

CLAQUET, s. m. Petite latte qui bat sur la trémie du moulin.

CLAQUETER, v. n. Crier, en parlant de la cigale.

CLAQUEUR, s. m. Valet aux gages d'un auteur ou d'un acteur; maltôtier qui végète aux dépens de la médiocrité.

CLAR (St.-), s. m. Petite ville du dép. du Gers, chef-lieu de cant. de l'arr. de Lectoure. Bur. d'enregist. et de poste.
Fab. de rubans de fil de toutes dimensions.

CLAR (St.-), s. m. Com. du dép. de la Haute-Garonne, cant. et arr. de Muret. = Muret.

CLARA, s. f. Com. du dép. des Pyrénées-Orientales, cant. et arr. de Prades. = Prades.

CLARAC, s. m. Com. du dép. du Gers, cant. de Jegun, arr. d'Auch. = Auch.

CLARAC, s. m. Com. du dép. de la Haute-Garonne, cant. de Montrejeau, arr. de St.-Gaudens. = St.-Gaudens.

CLARAC, s. m. Com. du dép. des Basses-Pyrénées, chef-lieu de cant. de l'arr. de Pau. Bur. d'enregist. à Nay. = Pau.

CLARAC, s. m. Com. du dép. des Hautes-Pyrénées, cant. de Tournay, arr. de Tarbes. = Tarbes.

CLARACQ, s. m. Com. du dép. des Basses-Pyrénées, cant. de Thèze, arr. de Pau. = Pau.

CLARBEC, s. m. Com. du dép. du Calvados, cant. et arr. de Pont-l'Evêque. = Pont-l'Evêque.

CLARENS, s. m. Com. du dép. du Gers, cant. de Nogaro, arr. de Condom. = Nogaro.

CLARENS, s. m. Com. du dép. du Gers, cant. de Masseube, arr. de Mirande. = Auch.

CLARENS, s. m. Com. du dép. des Hautes-Pyrénées, cant. de Lannemezan, arr. de Bagnères. = Tarbes.

CLARENSAC, s. m. Com. du dép. du Gard, cant. de St.-Mamert, arr. de Nismes. Bur. d'enregist. = Calvisson.
Fab. de cadis; distilleries d'eau-de-vie de fruits.

CLAREQUET, s. m. Pâte transparente de pommes, coings, etc. T. de confis.

CLARET, s. m. Com. du dép. des Basses-Alpes, cant. de la Motte-du-Caire, arr. de Sisteron. = Sisteron.

CLARET, s. m. Com. du dép. de l'Hérault, chef-lieu de cant. de l'arr. de Montpellier. Bur. d'enregist. à St.-Martin-de-Londres. = Sauve.

CLARETTE, s. f. Espèce de vin mousseux.

CLARICORDE, MANICORDE ou MANICHORDION, s. m. Ancien instrument à cordes et à touches.

CLARIFICATION, s. f. Action de clarifier un liquide.

CLARIFIÉ, E, part. Rendu clair, passé à la chausse, etc.

CLARIFIER, v. a. Passer à la chausse, épurer, rendre clair une liqueur, un sirop. Se —, v. pron. Se reposer, devenir clair, en parlant du vin, etc.

CLARINE, s. f. Clochette pendue au cou des bestiaux qui paissent dans les bois.

CLARINÉ, E, adj. Qui porte une clochette à son cou; animal clariné. T. de blas.

CLARINETTE, s. f. Instrument de musique, sorte de haut-bois; celui qui joue de cet instrument.

CLARQUES, s. m. Com. du dép. du Pas-de-Calais, cant. d'Aire, arr. de St.-Omer. = Aire-sur-la-Lys.

CLARTÉ, s. f. Effet de la lumière qui fait distinguer les objets; la clarté du jour, du soleil, d'une lampe. —, transparence; la clarté du verre. —, netteté de l'esprit, des idées, du style. Fig.

CLARY, s. m. Com. du dép. du Nord, chef-lieu de cant. de l'arr. de Cambrai. Bur. d'enregist. au Catteau. = Cambrai.

CLAS, s. m. Voy. GLAS.

CLASSE, s. f. Ordre, rang de personnes ou de choses. —, rang assigné au mérite comparé dans certains arts, certaines sciences. —, principale division dans les systèmes ou dans les méthodes de classification des objets qui font l'étude d'une science; les êtres qui s'y trouvent compris. —, salle de collége; leçon du professeur; temps que dure cette leçon; nombre d'écoliers sous un maître; faire ses classes, aller en classe. Sortir de —, avoir fini ses études. —, pl. Enrôlement de matelots. T. de mar.

CLASSÉ, E, part. Rangé, distribué par classes.

CLASSEMENT, s. m. Action de classer; état de ce qui a été, est ou doit être classé; distribution par ordre.

CLASSER, v. a. Ranger, distribuer par classes. —, enrôler. T. de mar.

CLASSIFICATION, s. f. Manière de classer et d'assigner à chaque chose la place qui lui convient; ordre, distribution par classes.

CLASSIQUE, adj. Qui a rapport à l'enseignement, aux études. Livre —, à l'usage des classes. Auteur —, auteur du premier ordre qui sert de modèle, dont les écrits sont approuvés et font autorité. Terre —, la Grèce, l'Italie. Format —, format in-12.

CLASSUN, s. m. Com. du dép. des Landes, cant. d'Aire, arr. de St.-Sever. = Aire-sur-l'Adour.

CLASTRES, s. m. Com. du dép. de l'Aisne, cant. de St.-Simon, arr. de St.-Quentin. = St.-Quentin.

CLASVILLE, s. f. Com. du dép. de la Seine-Inférieure, cant. de Cany, arr. d'Yvetot. = Cany.

CLAT (le), s. m. Com. du dép. de l'Aude, cant. de Roquefort-de-Sault, arr. de Limoux. = Quillan.

CLATHRE, s. m. Plante cryptogame, genre de champignons. T. de bot.

CLATIR, v. n. Aboyer plus fort en approchant du gibier. T. de vener.

CLAUD (St.-), s. m. Com. du dép. de la Charente, chef-lieu de cant. de l'arr. de Confolens. Bur. d'enregist. et de poste.
Comm. de grains et de bestiaux; forges.

CLAUDE, s. m. Empereur romain. Après la mort de Caligula, un soldat l'ayant aperçu dans un coin où il s'était caché, Claude, frère de Germanicus, fut proclamé empereur, quoiqu'il fût en quelque sorte en enfance. Il eut quatre femmes, entre autres deux qui jouissent d'une grande célébrité, Messaline et Agrippine. En un mot, cet empereur était gros, gras, bête, et tout-à-fait incapable de régner. —, s. et adj. Sot, niais, imbécile comme l'empereur romain. T. fam.

CLAUDE (St.-), s. m. Ville du dép. du Jura, chef-lieu de sous-préf. et d'un cant.; trib. de 1re inst.; évêché; société d'agric.; conserv. des hypoth.; sous-inspect. des forêts; direct. des contrib. indir.; recev. part. des finances; bur. d'enregist et de poste.
Cette ville, enfoncée dans une vallée profonde, est dominée par des montagnes couvertes de bois, et par les rochers arides du mont Jura. Elle se trouve au confluent de la Bienne et du Lizon qui, s'égarant au milieu des montagnes, ajoutent encore aux charmes pittoresques du paysage.
Fab. renommée de toutes sortes d'ouvrages en bois, corne, écaille, os et ivoire; de quincaillerie, de clous d'épingles; filature de coton; tannerie.

CLAUDE (St.-), s. m. Com. du dép. de Loir-et-Cher, cant. et arr. de Blois. = Blois.

CLAUDE-FROIDMENTEL (St.-), s. m. Com. du dép. de Loir-et-Cher, cant. de Morée, arr. de Vendôme. = Cloyes.

CLAUDICATION, s. f. Action de boiter.

CLAUDON, s. m. Com. du dép. des Vosges, cant. de Monthureux-sur-Saône, arr. de Mirecourt. = Darney.

CLAUNAY, s. m. Com. du dép. de la Vienne, cant. et arr. de Loudun. = Loudun.

CLAUNHAC, s. m. Com. du dép. de l'Aveyron, cant. d'Asprières, arr. de Villefranche. = Villefranche.

CLAUSE, s. f. Disposition particulière d'un traité, d'un contrat, de tout acte public ou privé; clause expresse, de rigueur.

CLAUSE (la), s. f. Village du dép. de l'Aveyron, cant. de Requista, arr. de Rodez. = Rodez.

CLAUSÈNE, s. f. Plante hespéridée. T. de bot.

CLAUSEVIGNES, s. f. Com. du dép. de l'Aveyron, cant. de Marcillac, arr. de Rodez. = Rodez.

CLAUSILIES, s. f. pl. Coquilles univalves. T. d'hist. nat.

CLAUSION, s. f. Appointement. T. de procéd.

CLAUSOIR, s. m. Petit carreau qui ferme une assise. T. de maç.

CLAUSONNE, s. f. Com. du dép. des Hautes-Alpes, cant. de Veynes, arr. de Gap. = Veynes.

CLAUSTRAL, E, adj. Qui appartient au cloître.

CLAUX, s. m. Village du dép. des Basses-Alpes, cant. et arr. de Murat. = Murat.

CLAVAIRE, s. m. Gardien de titres, archiviste. —, s. f. Genre de champignons. T. de bot.

CLAVALIER, s. m. Plante du genre des térébinthacées. T. de bot.

CLAVANS, s. m. Com. du dép. de l'Isère, cant. de Bourg-d'Oisans, arr. de Grenoble. = Bourg-d'Oisans.

CLAVAS, s. m. Village du dép. de la Haute-Loire, cant. de Montfaucon, arr. d'Yssingeaux. = Yssingeaux.

CLAVATULE, s. f. Coquille voisine des vis. T. d'hist. nat.

CLAVE, s. m. Com. du dép. des Deux-Sèvres, cant. de Mazières, arr. de Parthenay. = St.-Maixent.

CLAVÉ, E ou CLAVIFORME, adj. Qui ressemble à une massue. T. de bot.

CLAVEAU, s. m. Pièces du milieu d'une arcade en menuiserie. —, pierres qui ferment les voûtes. Voy. CLAVELÉE.

CLAVECIN, s. m. Instrument de musique à un ou plusieurs claviers, dont les cordes sont de métal et doubles.

CLAVECINISTE, s. m. Celui qui touche du clavecin.

CLAVEISOLLES, s. f. Com. du dép. du Rhône, cant. de St.-Nizier-d'Azergues, arr. de Villefranche. = Beaujeu.

CLAVEL, s. m. Soude de qualité inférieure.

CLAVELÉ, E, adj. Qui a la clavelée, qui est atteint de cette maladie.

CLAVELÉE, s. f. Maladie éruptive et contagieuse des bêtes à laine.

CLAVÉLISATION, s. f. Inoculation de la clavelée.

CLAVETTE, s. f. Sorte de clou plat qu'on passe dans une ouverture faite au bout d'une cheville, d'un bâton, pour les arrêter.

CLAVETTE, s. f. Com. du dép. de la Charente-Inférieure, cant. de la Jarrie, arr. de la Rochelle. = la Rochelle.

CLAVEYSON, s. m. Com. du dép. de la Drôme, cant. de St.-Vallier, arr. de Valence. = St.-Vallier.

CLAVICORDE, s. m. Espèce de clavecin monocorde.

CLAVICORNES, s. m. pl. Genre d'insectes coléoptères. T. d'hist. nat.

CLAVICULAIRE, adj. Qui a rapport à la clavicule. T. d'anat.

CLAVICULE, s. f. Os situé transversalement et un peu obliquement à la partie supérieure de la poitrine, entre le sternum et l'omoplate. T. d'anat. —, petite clef. — de Salomon, livre qui lui est faussement attribué.

CLAVICULÉ, E, adj. Pourvu de clavicules.

CLAVI-CYLINDRE, s. m. Clavecin avec un cylindre de verre qui frotte les cordes.

CLAVIER, s. m. Chaîne, anneau pour tenir les clefs. —, rang de touches d'un forte-piano, d'un clavecin, etc.

CLAVIÈRE, s. f. Espèce de labre. T. d'hist. nat.

CLAVIÈRES, s. f. Com. du dép. du Cantal, cant. de Ruines, arr. de St.-Flour. = St.-Flour. Fab. de grosses étoffes de laine.

CLAVIERS, s. m. Com. du dép. du Var, cant. de Callas, arr. de Draguignan. = Draguignan.

CLAVIJE, s. f. Arbrisseau du Pérou. T. de bot.

CLAVILLE, s. f. Com. du dép. de l'Eure, cant. et arr. d'Evreux. = Evreux. Fab. de coutils.

CLAVILLE-MOTTEVILLE, s. f. Com. du dép. de la Seine-Inférieure, cant. de Clères, arr. de Rouen. = Rouen.

CLAVI-NARBY, s. m. Com. du dép. des Ardennes, cant. de Signy-l'Abbaye, arr. de Mézières. = Mézières.

CLAYDAS, s. m. Barrière ou porte treillissée.

CLAYE, s. f. Com. du dép. de Seine-et-Marne, chef-lieu de cant. de l'arr. de Meaux. Bur. d'enregist. et de poste. Manuf. d'indiennes et de schalls.

CLAYE (la), s. f. Com. du dép. de la Vendée, cant. de Mareuil, arr. de Fontenay-le-Comte. = Luçon.

CLAYER, s. m. Grosse claie.

CLAYES, s. f. Com. du dép. d'Ille-et-Vilaine, cant. et arr. de Montfort. = Montfort.

CLAYES (les), s. f. pl. Com. du dép. de Seine-et-Oise, cant. de Marly-le-Roi, arr. de Versailles. = Versailles.

CLAYETTE (la), s. f. Com. du dép. de Saône-et-Loire, chef-lieu de cant. de l'arr. de Charolles. Bur. d'enregist. et de poste. Fab. de tissus de coton.

CLAYEURES, s. f. Com. du dép. de la Meurthe, cant. de Bayon, arr. de Lunéville. = Lunéville.

CLAYON, s. m. Petite claie pour mettre égoutter les fromages.

CLAYONNAGE, s. m. Claie de pieux, de branches d'arbres, pour soutenir les terres.

CLAYTONE, s. f. Plante de la famille des pourpiers. T. de bot.

CLAZAY, s. m. Com. du dép. des Deux-Sèvres, cant. et arr. de Bressuire. = Bressuire.

CLECHÉ, E, adj. Ouvert à jour. T. de blas.

CLÉCY, s. m. Com. du dép. du Calvados, cant. de Thury-Harcourt, arr. de Falaise. = Harcourt.
Fab. de dentelles et de tissus de coton.

CLÉDEN-CAP-SIZUN, s. m. Com. du dép. du Finistère, cant. de Pontcroix, arr. de Quimper. = Pontcroix.

CLÉDEN-POHER, s. m. Com. du dép. du Finistère, cant. de Carhaix, arr. de Châteaulin. = Carhaix.

CLÉDER, s. m. Com. du dép. du Finistère, cant. de Plouzévédé, arr. de Morlaix. = St.-Pol-de-Léon.

CLEDES, s. f. Com. du dép. des Landes, cant. de Geaune, arr. de St.-Sever. = St.-Sever.

CLÉDOMANCIE, s. f. Divination par des clefs.

CLÉDONISME, s. m. Divination par des paroles qui, prononcées ou entendues en quelques circonstances, étaient d'un bon ou d'un mauvais augure. T. de myth.

CLÉEBOURG, s. m. Com. du dép. du Bas-Rhin, cant. de Wissembourg, arr. de Haguenau. = Wissembourg.

CLEF, s. f. Instrument de fer ou d'acier pour ouvrir et fermer une serrure. Fermer à —, avec la clef. —, introduction à une science, à l'intelligence d'un système, d'un ouvrage ; explication de ce qui est énigmatique, difficile à comprendre ; interprétation des initiales, des noms supposés que renferme un livre. —, ce qui sert à monter, démonter, mouvoir, tourner, etc. T. de mét. —, place forte sur la frontière ; pierre qui ferme une voûte. —, signe qui indique l'intonation ; clef de fa, clef de sol. — de chiffre, alphabet convenu pour entretenir une correspondance secrète. — du trépan, instrument dont on se sert pour monter et démonter la pyramide du trépan couronné. — du crâne, os surnuméraires du crâne. — de Garangeot, instrument pour arracher les dents. — de saint Pierre, pl., autorité du saint-siége.

CLEFEY, s. m. Com. du dép. des Vosges, cant. de Fraize, arr. de St.-Dié. = St.-Dié.

CLEFMONT, s. m. Com. du dép. de la Haute-Marne, chef-lieu de cant. de l'arr. de Chaumont. Bur. d'enregist. = Bourmont.

CLEFS, s. f. Com. du dép. de Maine-et-Loire, cant. et arr. de Baugé. = Baugé.

CLEGUER, s. m. Com. du dép. du Morbihan, cant. de Pontscorff, arr. de Lorient. = Hennebon.

CLÉGUÉREC, s. m. Com. du dép. du Morbihan, chef-lieu de cant. de l'arr. de Pontivy, où se trouve le bur. d'enregist. = Pontivy.

CLEISAGRE, s. f. Goutte fixée vers l'articulation du sternum avec la clavicule. T. de méd.

CLEIZIEU, s. m. Com. du dép. de l'Ain, cant. de St.-Rambert, arr. de Belley. = St.-Rambert.

CLELLES, s. f. Com. du dép. de l'Isère, chef-lieu de cant. de l'arr. de Grenoble. Bur. d'enregist. à Mens. = Grenoble.

CLÉMATÈRES, s. m. pl. Vases ornés de sarmens, sans pieds ni anses. T. d'antiq.

CLÉMATITE, s. f. Plante grimpante, genre de renonculacées. T. de bot.

CLÉMENCE, s. f. Pardon des offenses, vertu chrétienne qu'il n'appartient qu'aux hommes supérieurs, qu'aux gouvernemens légitimes solidement assis, de pouvoir pratiquer ; la clémence d'un peuple, d'un souverain, d'un vainqueur.

CLÉMENCE-D'AMBEL, s. m. Com. du dép. des Hautes-Alpes, cant. de St.-Firmin, arr. de Gap. = Corps.

CLÉMENCEY, s. m. Com. du dép. de la Côte-d'Or, cant. de Gevrey, arr. de Dijon. = la Baraque.

CLÉMENSAT, s. m. Com. du dép. du Puy-de-Dôme, cant. de Champeix, arr. d'Issoire. = Issoire.

CLÉMENT, E, adj. Puissant et généreux, qui pardonne, qui aime à pardonner.

CLÉMENT (St.-), s. m. Com. du dép. de l'Aisne, cant. d'Aubenton, arr. de Vervins. = Aubenton.

CLÉMENT (St.-), s. m. Com. du dép. de l'Allier, cant. de Mayet-de-Montagne, arr. de la Palisse. = Cusset.

CLÉMENT (St.-), s. m. Com. du dép. de l'Ardèche, cant. de St.-Martin-de-Valamas, arr. de Tournon. = le Chaylard.

CLÉMENT (St.-), s. m. Com. du dép. des Ardennes, cant. de Machault, arr. de Vouziers. = Vouziers.

CLÉMENT (St.-), s. m. Village du dép. de l'Aveyron, cant. de St.-Rome-du-Tarn, arr. de St.-Affrique. = St.-Affrique.

CLÉMENT (St.-), s. m. Com. du dép. du Calvados, cant. d'Isigny, arr. de Bayeux. = Isigny.

CLÉMENT (St.-), s. m. Com. du dép. du Cantal, cant. de Vic, arr d'Aurillac. = Vic-sur-Cère.

CLÉMENT (St.-), s. m. Com. du dép. de la Charente-Inférieure, cant. de Tonnay-Charente, arr. de Rochefort. = Tonnay-Charente.

CLÉMENT (St.-), s. m. Com. du dép. de la Corrèze, cant. de Seilhac, arr. de Tulle. = Tulle.

CLÉMENT (St.-), s. m. Com. du dép. de la Dordogne, cant. de Thiviers, arr. de Nontron. = Thiviers.

CLÉMENT (St.-), s. m. Com. du dép. du Gard, cant. de Sommières, arr. de Nismes. = Sommières.

CLÉMENT (St.-), s. m. Com. du dép. des Hautes-Alpes, cant. de Guillestre, arr. d'Embrun. = Mont-Dauphin.

CLÉMENT (St.-), s. m. Com. du dép. de l'Hérault, cant. des Matelles, arr. de Montpellier. = Montpellier.

CLÉMENT (St.-), s. m. Com. du dép. de la Haute-Loire, cant. de Pradelles, arr. du Puy. = le Puy.

CLÉMENT (St.-), s. m. Com. du dép. de la Manche, cant. et arr. de Mortain. = Mortain.

CLÉMENT (St.-), s. m. Com. du dép. de l'Oise, cant. de Crépy, arr. de Senlis. = Crépy.

CLÉMENT (St.-), s. m. Com. du dép. du Puy-de-Dôme, cant. de St.-Anthème, arr. d'Ambert. = Ambert.

CLÉMENT (St.-), s. m. Com. du dép. du Rhône, cant. de St.-Laurent-de-Chamousset, arr. de Lyon. = l'Arbresle.

CLÉMENT (St.-), s. m. Com. du dép. du Rhône, cant. de Tarare, arr. de Villefranche. = Tarare.

CLÉMENT (St.-), s. m. Com. du dép. de l'Yonne, cant. et arr. de Sens. = Sens.

CLÉMENT-DE-LA-PLACE (St.-), s. m. Com. du dép. de Maine-et-Loire, cant. de Louroux-Béconnais, arr. d'Angers. = Angers.

CLÉMENT-DE-RÉGNAT (St.-), s. m. Com. du dép. du Puy-de-Dôme, cant. de Randan, arr. de Riom. = Aigueperse.

CLÉMENT-DES-LEVÉES (St.-), s. m. Com. du dép. de Maine-et-Loire, cant. et arr. de Saumur. = les Rosiers.

CLÉMENT-DE-TRÈVES, s. m. Village du dép. de Maine-et-Loire, cant. des Rosiers, arr. de Saumur. = les Rosiers.

CLÉMENT (St.-) et LARONXE, s. m. Com. du dép. de la Meurthe, cant. et arr. de Lunéville. = Lunéville.

CLÉMENTIN (St.-), s. m. Com. du dép. des Deux-Sèvres, cant. d'Argenton-Château, arr. de Bressuire. = Argenton-Château.

CLÉMENTIN (St.-), s. m. Com. du dép. de la Vienne, cant. et arr. de Civray. = Civray.

CLÉMENTINES, s. f. pl. Décrétales du pape Clément V. —, adj. Se dit des lettres apocryphes de saint Clément; lettres clémentines.

CLÉMENT-LES-MÂCON (St.-), s. m. Com. du dép. de Saône-et-Loire, cant. et arr. de Mâcon. = Mâcon.

CLÉMENT-SUR-GUYE (St.-), s. m. Com. du dép. de Saône-et-Loire, cant. de Mont-St.-Vincent, arr. de Châlons. = Joncy.

CLÉMERY, s. m. Com. du dép. de la Meurthe, cant. de Nomeny, arr. de Nancy. = Pont-à-Mousson.

CLÉMONT, s. m. Com. du dép. du Cher, cant. d'Argent, arr. de Sancerre. = Aubigny.

Comm. de chanvre, laine et cire.

CLÉNAY, s. m. Com. du dép. de la Côte-d'Or, cant. et arr. de Dijon. = Dijon.

CLENCHE, s. f. Loquet de porte.

CLENCLEU, s. m. Com. du dép. du Pas-de-Calais, cant. de Hucqueliers, arr. de Montreuil. = Montreuil-sur-Mer.

CLÉON, s. m. Com. du dép. de la Seine-Inférieure, cant. d'Elbœuf, arr. de Rouen. = Elbœuf.

CLÉON-DANDRAN, s. m. Com. du dép. de la Drôme, cant. de Marsanne, arr. de Montélimar. = Montélimar.

CLEPPÉ, s. m. Com. du dép. de la Loire, cant. de Boën, arr. de Montbrison. = Feurs.

CLEPSYDRE, s. f. Horloge dont le principal moteur est une boule remplie d'eau, machine hydraulique des anciens; vaisseau pour les opérations chimiques.

CLÉRAC, s. m. Com. du dép. de la Charente-Inférieure, cant. de Montguyon, arr. de Jonzac. = Montlieu.

CLÉRAGRE, s. m. Espèce de goutte qui se fixe aux ailes des oiseaux de proie. T. de fauc.

CLERAI, s. m. Com. du dép. de l'Orne, cant. de Sées, arr. d'Alençon. = Mortrée.

CLERC, s. m. Séminariste tonsuré qui se destine à l'état ecclésiastique; jeune homme qui travaille, soit dans une étude de notaire, soit dans celle d'un avoué, soit chez un huissier. Pas de —, étourderie, faute commise par inadvertance. Compter de — à maître, ne rendre compte que de la recette et de la dépense.

CLÉRÉ, s. m. Com. du dép. d'Indre-et-Loire, cant. de Langeais, arr. de Chinon. = Langeais.

CLÉRÉ, s. m. Com. du dép. de Maine-et-Loire, cant. de Vihiers, arr. de Saumur. = Vihiers.

CLÉRÉ-DU-BOIS, s. m. Com. du dép. de l'Indre, cant. de Mézières-en-Brenne, arr. du Blanc. = Châtillon-sur-Indre.

CLÉRES, s. m. Com. du dép. de la Seine-Inférieure, chef-lieu de cant. de l'arr. de Rouen. Bur. d'enregist. à Cailly. = Rouen.

CLÉREY, s. m. Com. du dép. de l'Aube, cant. de Lusigny, arr. de Troyes. = Troyes.

CLÉREY, s. m. Com. du dép. de la Meurthe, cant. de Vézelise, arr. de Nancy. = Vézelise.

CLÉREY-LA-CÔTE, s. m. Com. du dép. des Vosges, cant. de Coussey, arr. de Neufchâteau. = Neufchâteau.

CLERGÉ, s. m. La religion, l'église, le corps des ecclésiastiques, l'autorité spirituelle.

CLERGOUX, s. m. Com. du dép. de la Corrèze, cant. de Laroche, arr. de Tulle. = Tulle.

CLÉRICAL, E, adj. Qui concerne l'état ecclésiastique, qui a rapport au clergé, à ses fonctions.

CLÉRICALEMENT, adv. Selon le devoir des clercs, des ecclésiastiques.

CLÉRICAT, s. m. Office de clerc à Rome.

CLÉRICATURE, s. f. Etat, condition du clerc, de l'ecclésiastique ; durée des études d'un clerc de notaire, d'avoué, etc.

CLÉRIEUX, s. m. Com. du dép. de la Drôme, cant. de Romans, arr. de Valence. = Romans.

CLÉRIMOIS (les), s. m. pl. Village du dép. de l'Yonne, cant. de Villeneuve-l'Archevêque, arr. de Sens. = Villeneuve-l'Archevêque.

CLERJUS (le), s. m. Com. du dép. des Vosges, cant. de Xertigny, arr. d'Épinal. = Bains.

CLERMAIN, s. m. Com. du dép. de Saône-et-Loire, cant. de Tramayes, arr. de Mâcon. = Mâcon.

CLERMONT, s. m. Com. du dép. de l'Aisne, cant. de Rozoy-sur-Serre, arr. de Laon. = Montcornet.

CLERMONT, s. m. Com. du dép. de l'Ariège, cant. et arr. de St.-Girons. = St.-Girons.

CLERMONT, s. m. Com. du dép. de l'Aude, cant. de St.-Hilaire, arr. de Limoux. = Limoux.

CLERMONT, s. m. Com. du dép. du Calvados, cant. de Cambremer, arr. de Pont-l'Evêque. = Dozuley.

CLERMONT, s. m. Com. du dép. du Gers, cant. de l'Ile-Jourdain, arr. de Lombez. = l'Ile-Jourdain.

CLERMONT, s. m. Com. du dép. de la Haute-Garonne, cant. de Castanet, arr. de Toulouse. = Toulouse.

CLERMONT, s. m. Com. du dép. des Landes, cant. de Montfort, arr. de Dax. = Dax.

CLERMONT, s. m. Petite ville du dép. de l'Oise, chef-lieu de sous-préf. et de cant. ; trib. de 1re inst. ; conserv. des hypoth. ; direct. des contrib. indirect. ; recev. part. des finances. Bur. d'enregist. et de poste.

Cette ville est dans une situation agréable, sur une montagne, près de la rivière de la Bresche ; elle est dominée par un ancien château, d'où l'on peut découvrir tous les environs. Clermont se glorifie d'avoir vu naître Philippe-le-Bel, 46e roi de France, et Cassini, célèbre géographe, auteur d'une carte de France qui porte son nom. Manuf. de toiles, calicots, indiennes ; filatures de coton, raffineries de salpêtre, etc. Comm. de grains, fruits rouges, lins, toiles dites mi-hollande, chevaux, bestiaux.

CLERMONT, s. m. Com. du dép. de la Sarthe, cant. et arr. de la Flèche. = la Flèche.

CLERMONT, s. m. Com. du dép. du Var, cant. du Bar, arr. de Grasse. = Grasse.

CLERMONT-DE-BEAUREGARD, s. m. Com. du dép. de la Dordogne, cant. de Villamblard, arr. de Bergerac. = Bergerac.

CLERMONT-DERRIÈRE, s. m. Com. du dép. du Gers, cant. et arr. de Mirande. = Mirande.

CLERMONT-DESSOUS, s. m. Com. du dép. de Lot-et-Garonne, cant. de Port-Ste.-Marie, arr. d'Agen. = Port-Ste.-Marie.

CLERMONT-DESSUS, s. m. Com. du dép. de Lot-et-Garonne, cant. de Puymirol, arr. d'Agen. = la Magistère.

CLERMONT-D'EXIDEUIL, s. m. Com. du dép. de la Dordogne, cant. d'Exideuil, arr. de Périgueux. = Exideuil.

CLERMONT-EN-ARGONNE, s. m. Petite ville du dép. de la Meuse, chef-lieu de cant. de l'arr. de Verdun. Bur. d'enregist. et de poste. Cette ville, agréablement située près de belles et vastes forêts, était fortifiée ; mais elle fut démantelée sous le règne de Louis XIV.

Fabr. de faïence. Comm. de bois, fer, clouterie.

CLERMONT-FERRAND, s. m. Ville et chef-lieu du dép. du Puy-de-Dôme, d'une sous-préf. et de quatre cant., du 15me arr. forestier; trib. de 1re inst. et de comm.; évêché; école secondaire de médecine; biblioth. publ., cabinet d'hist. natur. et de phys.; jardin botanique; société des lettres, sciences et arts; ingénieur en chef des ponts-et-chaussées; direct. de l'enregist. et des domaines, 2e classe; conserv. des hypoth.; direct. des contrib. dir. et indir.; bur. de garantie des matières d'or et d'argent; recev. général des finances; payeur du dép.; bur. d'enregist. et de poste. Pop. 30,000 hab. environ.

Clermont, avant la conquête des Gaules par César, était déjà une ville importante; mais elle le devint plus encore sous le règne d'Auguste, qui la jugea digne de sa munificence, et l'accrut considérablement. Il suffit d'ajouter qu'elle fut réunie à la couronne de France, en 1212, sous le règne de Philippe-Auguste. Cette ville, située au pied des montagnes du Puy-de-Dôme, est l'entrepôt de la Provence et du Languedoc pour Paris, et celui du commerce de Bordeaux pour Lyon. On y remarque plusieurs fontaines publiques; l'obélisque élevé aux mânes de Desaix, mort à Marengo; le jardin de botanique; la cathédrale, fort bel édifice gothique qui n'a point été terminé; les salles de spectacle, et la fontaine de Ste.-Alyre qui se trouve dans l'un des faubourgs. Distance de Paris, 98 l. Parmi les hommes illustres que Clermont a vu naître, nous citerons Pascal, Champfort, auteur dramatique, et l'historien Dulaure.

Filatures de coton et de chanvre; fab. de bas de soie, papiers peints, cartes à jouer, etc.; comm. considérable de toiles, draperies, chanvres, laines, cuirs, vins, huiles, fromages, liqueurs de table, de chocolat, de confitures sèches, parmi lesquelles on distingue surtout la pâte d'abricots, celle de coings, de pommes, etc.

CLERMONT-LODÈVE, s. m. Petite ville du dép. de l'Hérault, chef-lieu de cant. de l'arr. de Lodève. Trib. de comm.; conseil de prud'hommes; bur. d'enregist. et de poste.

Manuf. de draps londrins, d'eaux-de-vie, et de vert-de-gris.

On y remarque l'église de St.-Paul, superbe édifice du treizième siècle. Dist. de Paris, 190 l.

CLERMONT-PROPRE, s. m. Com. du dép. du Gers, cant. et arr. de Mirande. = Mirande.

CLÉRODENDRON, s. m. Arbre de la famille des gatiliers. T. de bot.

CLÉROMANCIE, s. f. Divination en consultant le sort avec des dés. T. de myth.

CLÉRON, s. m. Com. du dép. du Doubs, cant. d'Amancey, arr. de Besançon. = Ornans.

CLERQUES, s. f. Com. du dép. du Pas-de-Calais, cant. d'Ardres, arr. de St.-Omer. = Ardres.

CLERVAL, s. m. Petite ville du dép. du Doubs, chef-lieu de cant. de l'arr. de Baume. Bur. d'enregist. = Baume.

CLÉRY, s. m. Com. du dép. de la Côte-d'Or, cant. de Pontailler-sur-Saône, arr. de Dijon. = Pontailler-sur-Saône.

CLÉRY, s. m. Com. du dép. du Loiret, chef-lieu de cant. de l'arr. d'Orléans. Bur. d'enregist. à Beaugency. = Meung.

CLÉRY, s. m. Com. du dép. de Seine-et-Oise, cant. de Marines, arr. de Pontoise. = Pontoise.

CLÉRY-LE-GRAND, s. m. Com. du dép. de la Meuse, cant. de Dun, arr. de Montmédy. = Dun-sur-Meuse.

CLÉRY-LE-PETIT, s. m. Com. du dép. de la Meuse, cant. de Dun, arr. de Montmédy. = Dun-sur-Meuse.

CLESLES, s. m. Com. du dép. de la Marne, cant. d'Anglure, arr. d'Epernay. = Méry-sur-Seine.

CLESSÉ, s. m. Com. du dép. de Saône-et-Loire, cant. de Lugny, arr. de Mâcon. = St.-Oyen.

CLESSÉ, s. m. Com. du dép. des Deux-Sèvres, cant. de Moncoutant, arr. de Parthenay. = Bressuire.

CLESSY, s. m. Com. du dép. de Saône-et-Loire, cant. de Gueugnon, arr. de Charolles. = Paray-le-Monial.

CLET (St.-), s. m. Com. du dép. des Côtes-du-Nord, cant. de Pontrieux, arr. de Guingamp. = Pontrieux.

CLÉTY, s. m. Com. du dép. du Pas-de-Calais, cant. de Lumbres, arr. de St.-Omer. = St.-Omer.

CLEURIE, s. f. Com. du dép. des Vosges, cant. et arr. de Remiremont. = Remiremont.

CLEUVILLE, s. f. Com. du dép. de la Seine-Inférieure, cant. d'Ourville, arr. d'Yvetot. = Fauville.

CLEVILLE, s. f. Com. du dép. du Calvados, cant. de Troarn, arr. de Caen. = Croissanville.

CLÉVILLE, s. f. Com. du dép. de la Seine-Inférieure, cant. de Fauville, arr. d'Yvetot. = Fauville.

CLÉVILLIERS-LE-MOUTIERS, s. m. Com. du dép. d'Eure-et-Loir, cant. et arr. de Chartres. = Chartres.

CLÉYÈRE, s. f. Arbuste du Japon. T. de bot.

CLEYRAC, s. m. Com. du dép. de la Gironde, cant. de Sauveterre, arr. de la Réole. = la Réole.

CLÉZANTAINE, s. f. Com. du dép. des Vosges, cant. de Rambervillers, arr. d'Epinal. = Rambervillers.

CLIBADIE, s. f. Plante de Surinam. T. de b.

CLIBANAIRE, s. m. Cavalier persan, couvert d'une cuirasse cintrée en forme de voûte. T. d'antiq.

CLICHAGE, s. m. Action de clicher; son effet. T. d'impr.

CLICHÉ, E, part. Se dit d'une empreinte de caractères mobiles, tirée sur le métal en fusion. —, s. m. Matrice, planche, forme solide qui épargne les frais de composition. T. d'impr.

CLICHER, v. a. Tirer sur le métal en fusion, avec ou sans moule, une empreinte de caractères mobiles. T. d'impr.

CLICHY, s. m. Com. du dép. de Seine-et-Oise, cant. de Gonesse, arr. de Pontoise. = Gonesse.

CLICHY-LA-GARENNE, s. m. Com. du dép. de la Seine, cant. de Neuilly, arr. de St.-Denis. Bur. de poste de la banlieue de Paris.

Ce village est agréablement situé sur la rive gauche de la Seine, et possède un grand nombre de jolies maisons de campagne.

Fab. de céruse de sel ammoniac et autres produits chimiques, de colle-forte, de cordes-à-boyaux. Comm. d'eaux-de-vie.

CLIENT, E, s. Celui qui charge un homme de loi de ses affaires ; client d'un avocat, d'un avoué, d'un notaire, etc. —, à Rome, protégé d'un citoyen puissant.

CLIENTÈLE, s. f. Les cliens d'une étude. —, les protégés d'un sénateur, d'un citoyen puissant, chez les Romains.

CLIFFORTE, s. f. Plante rosacée. T. de bot.

CLIFOIRE, s. f. Seringue faite avec du sureau.

CLIGNÉ, E, part. Fermé à demi ; se dit de l'œil.

CLIGNEMENT, s. m. Mouvement des paupières.

CLIGNE-MUSETTE, s. f. Jeu d'enfans qui se cachent, et se font chercher par l'un d'entre eux auquel on a momentanément bandé les yeux avec un mouchoir.

CLIGNER, v. a. Fermer un œil pour ajuster un fusil avec l'autre ; fermer les yeux à demi.

CLIGNON, s. m. Village du dép. des Basses-Alpes, cant. de Colmars, arr. de Castellanne. = Colmars.

CLIGNOT, s. m. Oiseau d'Amérique à plumage noir. T. d'hist. nat.

CLIGNOTANT, E, adj. Qui clignote. Membrane —, membrane des oiseaux, qui se trouve entre le globe de l'œil et les paupières, et qui se tire comme un rideau pour garantir l'animal des impressions de la lumière.

CLIGNOTEMENT, s. m. Mouvement rapide, continuel et involontaire des paupières.

CLIGNOTER, v. n. Remuer involontairement les paupières.

CLIMAT, s. m. Région, pays, eu égard à la température de l'air ; climat tempéré, climat froid. —, partie du globe entre deux cercles parallèles à l'équateur ; état habituel de l'atmosphère dans cette partie. T. de géogr.

CLIMATÉRIQUE, adj. Qui appartient à la nature du climat. —, chaque septième année de la vie humaine, et particulièrement la soixante-troisième que l'on croyait plus difficile à passer parce qu'elle se rapproche de la vieillesse.

CLIMAX, s. m. Figure de rhétorique, gradation dans le discours.

CLIMBACH, s. m. Com. du dép. du Bas-Rhin, cant. et arr. de Wissembourg. = Haguenau.

CLIN, s. m. Bordage à recouvrement; border à clin. T. de mar.

CLINANTHE, s. m. Réceptacle des fleurs composées, continuité du pédoncule. T. de bot.

CLINCART, s. m. Bateau plat dont on se sert dans les mers du Nord. T. de mar.

CLINCHAMP, s. m. Com. du dép. de la Haute-Marne, cant. de Bourmont, arr. de Chaumont. = Bourmont.

CLINCHAMPS, s. m. Com. du dép. du Calvados, cant. de Bourguébus, arr. de Caen. = Caen.

CLINCHAMPS, s. m. Com. du dép. du Calvados, cant. de St.-Sever, arr. de Vire. = Vire.

CLINCHE, s. f. Pièce d'une serrure. Voy. CLENCHE.

CLIN-D'ŒIL, s. m. Mouvement spontané de la paupière qu'on baisse et qu'on relève au même instant. En un —, en un instant, à la minute. Fig.

CLIN-FOC, s. m. Petite voile triangulaire. T. de mar.

CLINIQUE, adj. Qui reçoit le baptême à son lit de mort. Médecine —, exercée au lit des malades. Cours de —, cours que fait, dans un hôpital, un professeur de l'école de médecine.

CLINOÏDES, adj. f. pl. Se dit de quatre apophyses situées à la partie supérieure de l'os sphénoïde. T. d'anat.

CLINOPODE, s. m. Plante labiée, faux basilic. T. de bot.

CLINQUANT, s. m. Petite lame de cuivre doré ou argenté qu'on met sur les broderies. —, faux brillant, éclat trompeur, se dit des ouvrages d'esprit. Fig.

CLINQUANTÉ, E, part. Chargé de clinquant.

CLINQUANTER, v. a. Charger une broderie de clinquant. —, broder, en parlant du style. Fig.

CLIO, s. f. Fille de Jupiter et de Mnémosyne, est celle des neuf muses qui présidait à l'histoire. T. de myth. —, genre de mollusques gastéropodes. T. d'hist. nat.

CLION, s. m. Com. du dép. de la Charente-Inférieure, cant. de St.-Genis, arr. de Jonzac. = Jonzac.

CLION, s. m. Com. du dép. de l'Indre, cant. de Châtillon, arr. de Châteauroux. = Châtillon-sur-Indre.

CLION, s. m. Com. du dép. de la Loire-Inférieure, cant. de Pornic, arr. de Paimbœuf. = Pornic.

CLIOUSCLAT, s. m. Com. du dép. de la Drôme, cant. de Loriol, arr. de Valence. = Loriol.

CLIPONVILLE, s. f. Com. du dép. de la Seine-Inférieure, cant. de Fauville, arr. d'Yvetot. = Fauville.

CLIQUART, s. m. Pierre à bâtir fort estimée.

CLIQUE, s. f. Gens méprisables qui forment une cabale contre quelqu'un, qui sont toujours disposés à mal faire.

CLIQUET, s. m. Petit levier pour faire tourner une roue dans un sens et lui empêcher de se mouvoir dans une direction contraire. T. d'horlog. —, partie supérieure de la brisure qui entre dans une charnière. T. d'orfév. Voy. CLAQUET.

CLIQUETER, v. n. Imiter le bruit du cliquet ou claquet de la bluterie de moulin.

CLIQUETIS, s. m. Bruit d'armes qui se choquent; pierre attachée au verveux. T. de pêch. —, crépitation des fragmens d'un os. T. de chir.

CLIQUETTE, s. f. Joujou composé de deux os ou de deux planchettes que les écoliers mettent entre leurs doigts pour battre des marches. —, lattes attachées à une longue corde pour chasser le poisson dans le filet.

CLIRON, s. m. Com. du dép. des Ardennes, cant. de Renwez, arr. de Mézières. = Mézières.

CLISEOMÈTRE, s. m. Instrument pour mesurer le degré d'inclinaison du bassin. T. de chir.

CLISSE, s. f. Clayon d'osier ou de jonc pour mettre égoutter les fromages. —, bande solide pour maintenir les os fracturés. Voy. ECLISSE. T. de chir.

CLISSÉ, E, part. Garni de clisses.

CLISSE (la), s. f. Com. du dép. de la Charente-Inférieure, cant. de Saujon, arr. de Saintes. = Saujon.

CLISSER, v. a. Garnir de clisses.

CLISSON, s. m. Petite ville du dép. de la Loire-Inférieure, chef-lieu de cant. de l'arr. de Nantes. Bur. d'enregist. et de poste.

On y remarque le vaste et antique château de Clisson, situé sur un roc qui domine la ville et ses environs.

Cette petite ville se glorifie d'avoir vu naître les Clisson, les Duguesclin et les la Gallissonnière qui, les premiers, délivrèrent la France du joug des Anglais.

Manuf. de toiles, mouchoirs, étoffes et papiers. —, toile de lin fabriquée dans cette ville.

CLISSUS DE NITRE, s. m. Potasse chargée d'acide carbonique. T. de chim.

CLISTÉ, E, part. Garni, en parlant du fourneau et des platines. T. de sal.

CLISTER ou CLISTRER, v. a. Garnir le fourneau, les platines. T. de sal.

CLITIE, s. f. Anémone peluchée. T. de fleur.

CLITORE, s. f. Plante légumineuse. T. de bot.

CLITORIS, s. m. Prééminence située au-dessous de la commissure supérieure des grandes lèvres de la vulve. T. de chir.

CLITOURPS, s. m. Com. du dép. de la Manche, cant. de St.-Pierre-Eglise, arr. de Cherbourg. = Valognes.

CLIVÉ, E, part. Fendu en deux, se dit d'un diamant, d'une pierre fine. T. de lapid.

CLIVER, v. a. Fendre avec adresse un diamant, une pierre fine au lieu de les scier.

CLOAQUE, s. m. Aqueduc souterrain pour recevoir les immondices; égout. —, maison sale, malsaine d'où s'exhalent de mauvaises odeurs. —, maison de débauche; personne immorale, livrée aux déportemens du vice. —, poche formée par l'extrémité du canal intestinal et dans laquelle se trouvent les excrémens des oiseaux, des poissons et des reptiles. T. d'anat. comparée.

CLOCHE, s. f. Instrument de métal, creux, évasé, en forme de cône, au milieu duquel est suspendu un batant pour sonner; en général, ce qui ressemble à cet instrument. —, vase de verre pour couvrir les plantes et hâter la végétation. T. de jard.; ustensile de cuisine pour couvrir les mets. —, vase cylindrique servant de ricipient. T. de chim. —, calice de fleur. T. de bot. —, ampoule, pustule. T. de chir. Fondre la —, prendre une détermination. Entendre les deux —, entendre les deux parties, le pour et le contre.

CLOCHEMENT, s. m. Action de clocher, de boiter.

CLOCHE-PIED, s. m. Sorte d'organsin. A —, adv. Sur un seul pied.

CLOCHER, s. m. Bâtiment plus ou moins élevé au-dessus d'une église où sont renfermées les cloches. —, paroisse. Fig.

CLOCHER, v. a. et n. Mettre sous cloche; boiter en marchant. —, être défectueux; cette comparaison cloche. —, n'être pas juste, n'avoir pas la mesure; ce vers cloche, il lui manque un pied.

CLOCHER-CHINOIS, s. m. Petit coquillage univalve de la famille des vis. T. d'hist. nat.

CLOCHETON, s. m. Petit clocher.

CLOCHETTE, s. f. Petite cloche portative; sonnette. —, fleur jaune. T. de fleur.

CLOHARS, s. m. Com. du dép. du Finistère, cant. de Fouesnant, arr. de Quimper. = Quimper.

CLOHARS-CARMOËT, s. m. Com. du dép. du Finistère, cant. et arr. de Quimperlé. = Quimperlé.

CLOISON, s. f. Séparation en bois dans l'intérieur d'un appartement. —, membrane qui sépare une cavité; cloison de la verge, de l'hymen, des narines, du cervelet, du palais, etc. T. d'anat. —, lame qui sépare la cavité séminifère d'un fruit. T. de bot.

CLOISONNAGE, s. m. Construction d'une cloison.

CLOISONNÉ, E, part. Séparé par une cloison.

CLOISONNER, v. a. Construire une cloison, séparer une pièce d'appartement par une cloison.

CLOÎTRE, s. m. Monastère, couvent. —, galerie carrée d'un monastère autour d'une cour, d'un jardin; enceinte des maisons de chanoines.

CLOÎTRÉ, E, part. Enfermé dans un monastère.

CLOÎTRE (le), s. m. Com. du dép. du Finistère, cant. de Pleyben, arr. de Châteaulin. = Châteaulin.

CLOÎTRE (le), s. m. Com. du dép. du Finistère, cant. de St.-Thegonnec, arr. de Morlaix. = Morlaix.

CLOÎTRER, v. a. Jeter dans un cloître, enfermer sous la grille, forcer à prendre l'habit de religieux, à faire des vœux. —, enfermer, empêcher de sortir. Fig.

CLOÎTRIER, ÈRE, s. Religieux cloîtré, fixé dans un cloître.

CLOMOT, s. m. Com. du dép. de la Côte-d'Or, cant. d'Arnay-le-Duc, arr. de Beaune. = Arnay-le-Duc.

CLOMPAN, s. m. Arbrisseau légumineux des îles Moluques et de la Guiane. T. de bot.

CLONAS, s. m. Com. du dép. de l'Isère, cant. de Roussillon, arr. de Vienne. = le Péage.

CLONIQUE, adj. Tumultueux, spasmodique. T. de méd.

CLONISSE ou **COUTOIR**, s. m. Coquillage bivalve de la famille des cames. T. d'hist. nat.

CLOPEUX, s. m. Battoir d'affineur de sucre.

CLOPIN-CLOPANT, adv. En clopinant. T. fam.

CLOPINER, v. n. Marcher avec difficulté, en boitant un peu.

CLOPORTE, s. m. Genre d'insectes aptères, à quatorze pattes et à corps ovale un peu aplati, qui vit dans les lieux humides, dans les caves, et qui entre dans la composition de beaucoup de médicamens, entre autres de ceux qu'on administre dans l'hydropisie et les affections scorbutiques.

CLOPOTEUX, EUSE, adj. Voy. CLAPOTEUX.

CLOQUE, s. f. Maladie de la feuille du pêcher, piquée par les pucerons et boursouflée. T. de jard.

CLOQUÉE, adj. f. Boursouflée, attaquée de la cloque; feuille cloquée. T. de jard.

CLOQUETIER, s. m. Bois pour attacher l'archet du briquetier.

CLOROPHANE, s. f. Substance phosphorique, violette, répandant une lumière d'un vert d'émeraude.

CLORRE, v. a. et n. Fermer ce qui était ouvert; enfermer, entourer, environner de murs, de haies, de fossés, etc.; clorre un jardin. —, conclure, terminer une affaire, un compte, une assemblée, une session. — l'œil, dormir. — la bouche, réduire au silence. Fig.

CLOS, s. m. Enclos; espace de terre

cultivé, planté et entouré de murs, de haies, etc.

CLOS, E, part. Fermé, entouré de murs. Champ —, lice, enceinte pour le combat. A huis —, à portes fermées. Voy. HUIS.

CLOSEAU, s. m. ou CLOSERIE, s. f. Petit jardin clos de haies.

CLOSFONTAINE, s. f. Com. du dép. de Seine-et-Marne, cant. de Mormant, arr. de Melun. = Nangis.

CLOSIER, s. m. Petit fermier.

CLOSOIR, s. m. Planche qui soutient les branches. T. de vann.

CLOSSEMENT, s. m. Voy. GLOUSSEMENT.

CLOSSER, v. n. Voy. GLOUSSER.

CLOTHO ou CLOTHON, s. f. L'une des trois Parques, filles de l'Erèbe et de la Nuit, qui filaient la trame de nos jours. T. de myth. —, arachnide tubitèle. T. d'hist. nat.

CLOTHONIE, s. f. Reptile ophidien. T. d'hist. nat.

CLOTTE (la), s. f. Com. du dép. de la Charente-Inférieure, cant. de Montguyon, arr. de Jonzac. = Montlieu.

CLOTTES, s. f. Com. du dép. de la Dordogne, cant. de Beaumont, arr. de Bergerac. = Bergerac.

CLÔTURE, s. f. Enceinte de murs, de haies; vœu d'une religieuse de ne point sortir du couvent. —, arrêté de compte. —, dernière représentation d'un spectacle, d'une assemblée. —, bâillon dont se servent les majorités pour empêcher la manifestation des vérités utiles, pour escamoter une discussion.

CLÔTURÉ, E, part. Arrêté, clos.

CLÔTURER, v. a. Clorre, arrêter; clôturer un procès-verbal. T. de procéd.

CLÔTURIER, s. m. Commis qui clôt les registres. —, vannier qui ne fait que l'ouvrage battu.

CLOU, s. m. Petit morceau de métal qui a une tête d'un côté, une pointe de l'autre, pour attacher, suspendre, etc. Tenir à fer et à —, être bien attaché, scellé. River le —, répondre vertement. Fig. —, nœud dans la pierre. T. de maç. —, pince qui fait tourner l'ensuble. T. de manuf. —, furoncle. T. de chir. — d'épingle, petit clou long, à tête plate. — de girofle, fruit du giroflier, épice.

CLOUANGE, s. f. Com. du dép. de la Moselle, cant. et arr. de Thionville. = Thionville.

CLOUCOURDE, s. f. Herbe gris-de-lin qui croît dans les blés.

CLOUD (St.-), s. m. Com. du dép. de Seine-et-Oise, cant. de Sèvres, arr. de Versailles. Bur. de poste.

Ce joli village, bâti en amphithéâtre sur un coteau qui domine la Seine, possède une résidence royale et un très beau parc d'environ quatre lieues d'étendue, qui fut planté par le célèbre Lenôtre sous le règne de Louis XIV. C'est dans le château de St.-Cloud que Henri III fut assassiné par Jacques Clément, en 1589; c'est là que le général Bonaparte, après avoir dispersé le conseil des Cinq Cents, qui y tenait sa séance, fut nommé premier consul le 18 brumaire an 8, 9 novembre 1799; enfin, c'est encore là que, après les événemens de juillet, Charles X, entouré de conseillers incapables ou perfides, prit la résolution d'abandonner son trône sans coup férir.

CLOUD (St.-), s. m. Com. du dép. du Calvados, cant. et arr. de Pont-l'Evêque. = Pont-l'Evêque.

CLOUD (St.-), s. m. Com. du dép. d'Eure-et-Loir, cant. et arr. de Châteaudun. = Châteaudun.

CLOUÉ, E, part. Attaché, fixé avec des clous.

CLOUÉ, s. m. Com. du dép. de l'Indre, cant. d'Ecueillé, arr. de Châteauroux. = Levroux.

CLOUÉ, s. m. Com. du dép. de la Vienne, cant. de Lusignan, arr. de Poitiers. = Lusignan.

CLOUER, v. a. Enfoncer des clous, attacher. —, fixer, attacher. Fig.

CLOUÈRE, s. f. Petite enclume.

CLOUET, s. m. Petit ciseau mousse de tonnelier.

CLOUIÈRE ou CLOUTIÈRE, s. f. Moule pour faire la tête des clous.

CLOUTÉ, E, part. Garni de clous.

CLOUTER, v. a. Garnir, orner de clous; clouter un fauteuil.

CLOUTERIE, s. f. Fabrique, commerce de clous.

CLOUTIER, ÈRE, s. Fabricant et marchand de clous.

CLOUZEAUX (les), s. m. pl. Com. du dép. de la Vendée, cant. et arr. de Bourbon-Vendée. = Bourbon-Vendée.

CLOYÈRE, s. f. Panier contenant de vingt-cinq à vingt-six douzaines d'huîtres.

CLOYES, s. f. Petite ville du dép. d'Eure-et-Loir, chef-lieu de cant. de l'arr. de Châteaudun. Bur. d'enregist. et de poste.

CLOYES, s. f. Com. du dép. de la Marne, cant. de Thiéblemont, arr. de Vitry. = Vitry-le-Français.

CLOZET, s. m. Filet à mailles de dix-huit lignes carrées. T. de pêch.

CLUB, s. m. Assemblée de citoyens

qui se réunissent à jour fixe pour s'occuper des affaires politiques.

CLUBISTE, s. m. Membre d'un club.

CLUCY, s. m. Com. du dép. du Jura, cant. de Salins, arr. de Poligny. = Salins.

CLUDIFORME, adj. Qui a la forme d'un clou.

CLUGNAT, s. m. Com. du dép. de la Creuse, cant. de Châtelus, arr. de Boussac. = Boussac.

CLUIS, s. m. Com. du dép. de l'Indre, cant. de Neuvy-St.-Sépulcre, arr. de la Châtre. = Argenton-sur-Creuse. Comm. de vins blancs estimés et de bestiaux. Forges et hauts-fourneaux.

CLUMANC, s. m. Com. du dép. des Basses-Alpes, cant. de Barrême, arr. de Digne. = Digne.

CLUMENT-NOTRE-DAME, s. m. Village du dép. des Basses-Alpes, cant. de Barrême, arr. de Digne. = Digne.

CLUNÉSIE, s. f. Abcès à l'anus. T. inus.

CLUNIPÈDE, s. m. Oiseau qui a les pieds cachés près de l'anus. T. d'hist. nat.

CLUNY, s. m. Petite ville du dép. de Saône-et-Loire, chef-lieu de cant. de l'arr. de Mâcon. Bur. d'enregist. et de poste. Cluny n'était originairement qu'un très petit village, et dut son agrandissement à une abbaye qui fut supprimée comme tous les ordres religieux, au commencement de la révolution de France. L'église et la bibliothèque, aujourd'hui détruites, étaient dignes d'admiration. Fabr. de droguets, ouvrages en osier ; filature de coton et de laine, etc. Comm. de vins, bois et poterie de terre.

CLUPÉ, s. m. Poisson abdominal, hareng, sardine, alose, etc. T. d'hist. nat.

CLUSE, s. f. Cri du fauconnier à ses chiens pour les exciter à chercher la perdrix dans un buisson. T. de véner.

CLUSÉ, E, part. Excité, se dit des chiens qu'anime le fauconnier.

CLUSE (la), s. f. Com. du dép. des Hautes-Alpes, cant. de St.-Etienne-en-Dévoluy, arr. de Gap. = Veyne.

CLUSE (la) ET MYOUX, s. f. Com. du dép. du Doubs, cant. et arr. de Pontarlier. = Pontarlier. Carrières de marbre jaspe-agathe.

CLUSER, v. a. Animer les chiens, les exciter à chercher la perdrix dans un buisson où elle s'est jetée pour échapper aux serres du faucon.

CLUSIER, s. m. Arbre parasite des Antilles, de la famille des guttifères. T. de bot.

CLUSSAIS, s. m. Com. du dép. des Deux-Sèvres, cant. de Sauzé-Vaussais, arr. de Melle. = Sauzé-Vaussais.

CLUTE, s. f. Houille de qualité inférieure.

CLUTELLE, s. f. Arbrisseau tithymaloïde. T. d'hist. nat.

CLUX, s. m. Com. du dép. de Saône-et-Loire, cant. de Verdun-sur-le-Doubs, arr. de Châlons. = Seurre.

CLUZE-ET-PAQUIER, s. f. Com. du dép. de l'Isère, cant. de Vif, arr. de Grenoble. = Grenoble.

CLYMÈNE, s. f. Plante qui tient de l'épurge. T. de bot.

CLYPÉARIA, s. m. Arbre légumineux de l'Inde. T. de bot.

CLYPÉASTRE, s. m. Ver échinoderme, oursin. T. d'hist. nat.

CLYPÉIFORME, adj. En forme de bouclier.

CLYPÉOLE, s. f. Plante crucifère. T. de bot.

CLYSSE, s. f. Esprit acide tiré de l'antimoine, du nitre et du soufre mêlés. T. de chim.

CLYSTÈRE, s. m. Lavement, remède qu'on prend par en bas. (Vi.)

CLYSTÉRISÉ, E, part. A qui l'on a donné des clystères.

CLYSTÉRISER, v. a. Donner des clystères. Se —, v. pron. Prendre des lavemens. T. inus.

CLYTRE, s. f. Genre d'insectes coléoptères. T. d'hist. nat.

CNESME, s. m. Démangeaison, prurit. T. de méd.

CO, s. m. Herbe de la Chine, espèce de corette avec laquelle on fait de la filasse. T. de bot.

COA, s. m. Arbrisseau d'Amérique. T. de bot.

COACCUSÉ, E, adj. Accusé avec d'autres.

COACTEUR, s. m. Commis de la douane. T. inus.

COACTIF, IVE, adj. Qui a le droit de contraindre, dont on se sert pour contraindre ; moyen coactif.

COACTION, s. f. Contrainte, violence qui prive de la liberté du choix.

COADJUTEUR, TRICE, s. Adjoint à un prélat, à une abbesse, choisi pour lui succéder.

COADJUTORERIE, s. f. Dignité de coadjuteur ou de coadjutrice.

COADNÉES, adj. f. pl. En paquet, sans se toucher à la tige ; feuilles coadnées. T. de bot.

COADOUT, s. m. Com. du dép. des

Côtes-du-Nord, cant. et arr. de Guingamp. = Guingamp.

COAGULANT, E, adj. Qui coagule, qui fait cailler les liquides, qui les épaissit, leur donne de la consistance.

COAGULATION, s. f. Action de se coaguler, état d'une chose coagulée.

COAGULÉ, E, part. Figé, caillé.

COAGULER, v. a. Figer, cailler. Se —, v. pron. Se figer, se cailler; le sang se coagule dans le choléra.

COAGULUM, s. m. Substance acide qui sert à faire cailler le lait.

COAILLE ou QUOAILLE, s. f. Laine grossière qu'on tire de la queue et des pattes.

COAILLER, v. n. Quêter la queue haute, sur les voies bonnes ou mauvaises. T. de vèner.

COAÏTA, s. m. Grand sapajou à face et oreilles nues. T. d'hist. nat.

COAK, s. m. Poussier de houille dépouillé de son gaz et réuni en forme de briques.

COALESCENCE, s. f. Union, adhérence des parties auparavant séparées. T. de méd. inus.

COALISÉ, E, part. Réuni dans un même but avec une ou plusieurs personnes.

COALISER, v. a. Former une coalition, une ligue pour attaquer ou pour se défendre. Se —, v. pron. Se confédérer, entrer dans une coalition.

COALITION, s. f. Alliance offensive et défensive, ligue de plusieurs puissances. —, combinaison d'une substance; réunion de parties séparées. T. de phys.

COAPTATION, s. f. Action de rapprocher les fragmens d'un os fracturé, de remettre à sa place un os luxé. T. de chir.

COARCTATION, s. f. Rétrécissement de l'urètre; petitesse du pouls. T. de méd.

COARRAZE, s. f. Com. du dép. des Basses-Pyrénées, cant. de Clarac, arr. de Pau. = Pau.
Fab. d'étoffes de laine, et de couvertures.

COASE, s. f. Petit quadrupède d'amérique, espèce de Moufette. T. d'hist. nat.

COASSEMENT, s. m. Cri des grenouilles.

COASSER, v. n. Crier, en parlant des grenouilles.

COASSOCIÉ, E, s. et adj. Associé avec d'autres; membre d'une société.

COATASCOM, s. m. Com. du dép. des Côtes-du-Nord, cant. de la Roche-Derrien, arr. de Lannion. = Pontrieux.

COATI, s. m. Mammifère carnassier d'Amérique de la famille des ours, et de la grosseur de la fouine dont il a les habitudes. T. d'hist. nat.

COATMÉAL, s. m. Com. du dép. du Finistère, cant. de Plabennec, arr. de Brest. = Brest.

COATREVEN, s. m. Com. du dép. des Côtes-du-Nord, cant. de Tréguier, arr. de Lannion. = Tréguier.

COBALT ou COBOLT, s. m. Substance minérale, dure, pesante, friable, qui fournit le soufre, l'arsenic, et colore le vert en bleu. T. de chim.

COBE, s. f. Bouts de corde joints à la ralingue de la voile. T. de mar.

COBÉE, s. f. Plante grimpante originaire de l'Amérique méridionale. T. de bot.

COBEL, s. m. ou COBELLE, s. f. Couleuvre d'Amérique. T. d'hist. nat.

COBITE, s. m. Espèce de goujons. T. d'hist. nat.

COBLENTZ, s. m. Ville de Prusse dans la province du Bas-Rhin, au confluent du Rhin et de la Moselle. Cette ville, à l'époque de l'émigration, devint comme le rendez-vous de tous ceux que la mode, beaucoup plus que l'intérêt de la monarchie, entraîna sur les pas des princes.

COBONNE, s. f. Com. du dép. de la Drôme, cant. de Crest, arr. de Die. = Crest.

CO-BOURGEOIS, s. m. Qui a un intérêt dans un navire marchand. T. de mar.

COBRA-CAPELLO, s. m. Serpent des Indes très venimeux. T. d'hist. nat.

COBRE, s. m. Pâte effiloquée et gardée. T. de papet.

COBRIEUX, s. m. Com. du dép. du Nord, cant. de Cysoing, arr. de Lille. = Lille.

COCA ou CUCA, s. m. Arbrisseau du Pérou. T. de bot.

COCAGNE, s. f. Petit pain de pastel dont on se sert dans la peinture. Mât de —, Mât fort élevé, gros, rond et savonné, au faîte duquel il faut arriver pour détacher un des objets suspendus à un cercle. Pays de —, pays fertile, où l'on fait bonne chère.

COCAOTE, s. f. Pierre des Indes qui, étant échauffée, éclate et imite le bruit du tonnerre.

COCARDE, s. f. Nœud de ruban qu'on plaçait au chapeau des miliciens. —, morceau d'étoffe ou de tôle vernie, aujourd'hui tricolore, que les militaires portent à leur coiffure. —, signe de ralliement des partis; la cocarde blanche, la cocarde tricolore. Prendre la —, entrer au service militaire.

COCASSE, adj. Qui fait des choses plaisantes, ridicules. T. fam.

COCATRIX, s. m. Espèce de basilic qu'on trouve dans les puits.

COCCIGRUE, s. f. Pezize lenticulaire, espèce de champignon. T. de bot.

COCCINELLE, s. f. Genre d'insectes coléoptères, petit scarabée fort commun qui vit de pucerons. T. d'hist. nat.

COCCIS, s. m. Faux ipécacuanha, plante vomitive. T. de bot. Voy. Coccyx.

COCCODÉE, s. f. Algue iliadée. T. de bot.

COCCOLITHE, s. f. Minéral d'un vert foncé, formé d'un assemblage de grains. T. d'hist. nat.

COCCOTHRAUSTE, s. m. Gros bec, oiseau qui brise les noyaux de cerise. T. d'hist. nat.

COCCUS, s. m. Kermès; chêne vert qui le produit. T. de bot.

COCCYGIEN, adj. m. Qui appartient au coccyx.

COCCYX, s. m. Appendice de l'os sacrum, ainsi nommé, parce qu'il a paru avoir la forme d'un bec de coucou. T. d'anat.

COCHE, s. m. Guimbarde, longue voiture de voyage, ou bateau servant de messagerie. —, s. f. Truie vieille et grasse; femme très grasse. T. fam. Outil de chapelier pour mouvoir l'arçon. Porter les hunes en —, en haut du mât. T. de mar. —, entaille. — d'une arbalète, où s'arrête la corde quand on la bande.

COCHÉ, E, part. Couvert, fécondé, se dit de la femelle des oiseaux. —, adj. Trop profond; trait coché, ombre cochée. T. de peint. —, adj. f. Se dit de pilules purgatives; pilules cochées. T. de pharm.

COCHELITHE, s. f. Pierre qui offre la figure d'une cuillère. T. d'hist. nat.

COCHELIVIER, s. m. Allouette des bois.

COCHEMAR, s. m. Voy. Cauchemar.

COCHÊNE, s. m. Cormier sauvage. T. de bot.

COCHENILLAGE, s. m. Action de teindre avec la cochenille; décoction de cochenille pour teindre en écarlate.

COCHENILLE, s. f. Insecte hémiptère du Mexique, d'une couleur pourpre noirâtre, marqué de raies transversales et parsemé d'une poussière argentine, dont le suc fournit la belle couleur écarlate.— de Pologne, hémiptère dont on se sert également pour la teinture. Voy. Kermès.

COCHENILLÉ, E, part. Teint avec la cochenille.

COCHENILLER, v. a. Teindre avec la cochenille.

COCHENILLIER, s. m. Voy. Nopal, Opuntia.

COCHER, s. m. Celui qui conduit un coche ou un carrosse, etc. — ou Charretier, constellation Nord. T. d'astr.

COCHER, v. a. Couvrir une femelle, féconder ses œufs, se dit des oiseaux.

COCHÈRE(la), s. f. Com. du dép. de l'Orne, cant. d'Exme, arr. d'Argentan. = Nonant.

COCHEREL, s. m. Com. du dép. de Seine-et-Marne, cant. de Lizy, arr. de Meaux. = Lizy.

COCHEREN, s. m. Com. du dép. de la Moselle, cant. de Forbach, arr. de Sarreguemines. = Forbach.

COCHET, s. m. Jeune coq; sorte de robinet.

COCHEVIS, s. m. Grosse allouette hupée.

COCHICAT, s. m. Toucan à collier du Mexique.

COCHINCHINE, s. f. Contrée d'Asie qui forme la partie orientale de la presqu'île au-delà du Gange.

COCHLÉARIA, s. m. Herbe aux cuillers, plante crucifère antiscorbutique. T. de bot.

COCHLÉIFORME, adj. Qui a la forme d'un limaçon. Feuille —, qui s'enveloppe en spirale comme la fougère. T. de bot.

COCHLITES, s. f. pl. Coquilles univalves, fossiles, du genre des limaçons. T. d'hist. nat.

COCHOIR, s. m. Outil de tonnelier pour faire des coches sur les cercles.

COCHOIS, s. m. Outil de cirier.

COCHON, s. m. Porc, pourceau, animal domestique à pied fourchu: mammifère pachyderme. —, homme malpropre, qui dit des obscénités. —, ouvrier maladroit. T. fam. et bas. —, mélange de métal et de scorie qui bouche les fourneaux; gonflement des cendres dans la coupelle. — cerf, espèce de cabiai. — cuirassé, tatou d'Amérique. — de fer, porc-épic du cap de Bonne-Espérance. — de la Chine ou de Siam, qui ressemble en petit au sanglier. — marron, cochon devenu sauvage. — de mer, espèce de phoque. — d'inde, animal domestique un peu plus gros qu'un rat, noir, jaune et blanc.

COCHONNÉE, s. f. portée d'une truie.

COCHONNER, v. n. Faire ses petits, en parlant de la truie. —, v. a. Faire grossièrement un ouvrage. T. fam.

COCHONNERIE, s. f. Malpropreté,

saleté ; action, parole inconvenante, contraire aux bonnes mœurs, à la délicatesse ; ouvrage grossièrement fait. T. fam. et bas.

COCHONNET, s. m. Boule à douze faces et numérotée depuis un jusqu'à douze ; jouer au cochonnet. —, petite boule qui sert de but au jeu de boules.

COCLOIS, s. m. Com. du dép. de l'Aube, cant. de Ramerupt, arr. d'Arcis-sur-Aube. = Arcis-sur-Aube.

COCO, s. m. Fruit du cocotier, dont la noix produit à la fois une liqueur, une huile, et de la bourre que l'on file. —, tisane, infusion de reglisse que l'on vend dans les rues.

COCOMBRE, s. m. Arbre odoriférant de l'île de Madagascar. T. de bot.

COCON, s. m. Coque de ver à soie qui a cessé de filer, et s'est changé en chrysalide.

COCONIÈRE, s. f. Lieu où l'on élève des vers à soie.

COCOTIER, s. m. Arbre qui produit la noix de coco ; espèce de palmier dont les feuilles servent de nates, de voiles, de papier, et dont le bois, d'où il découle une liqueur avec laquelle on fait l'arack et du sucre noir, est propre aux constructions.

COCOTZIN, s. m. Petite tourterelle du Mexique. T. d'hist. nat.

COCQUAINVILLIERS, s. m. Com. du dép. du Calvados, cant. de Blangy, arr. de Pont-l'Evêque. = Pont-l'Evêque.

COCRÈTE, s. f. Plante pédiculaire, monopétale et personnée. T. de bot.

COC-SIGRUE, s. f. Sauterelle aquatique.

COCTION, s. f. Action de faire cuire dans l'eau bouillante ; effet de cette action ; digestion des alimens dans l'estomac ; élaboration des métaux dans le sein de la terre.

COCU, s. m. Mari dont la femme est coupable d'infidélité. T. fam.

COCUAGE, s. m. Piteux cas du cocu. T. iron.

COCUMONT, s. m. Com. du dép. de Lot-et-Garonne, cant. de Meilhan, arr. de Marmande. Bur. d'enregist. = Marmande.

COCURAL, s. m. Com. du dép. de l'Aveyron, cant. de St.-Amans, arr. d'Espalion. = Mur-de-Barrez.

COCURES, s. f. Com. du dép. de la Lozère, cant. et arr. de Florac. = Florac.

COCYTE, s. m. Fleuve d'enfer qui entoure le Tartare, et ne grossit que des larmes des méchans. T. de myth. Douleur causée par l'introduction d'un animalcule sous la peau.

CODALET, s. m. Com. du dép. des Pyrénées-Orientales, cant. et arr. de Prades. = Prades.

CODE, s. m. Recueil, compilation de lois, de constitutions, d'ordonnances, etc. ; code civil, de procédure, de commerce, etc.

CODÉCIMATEUR, s. m. Copropriétaire de la dîme, qui partageait cet impôt avec un autre.

CODÉTENTEUR, s. m. Fauteur d'une spoliation, qui s'entend avec un autre pour retenir la propriété d'autrui.

CODEX, s. m. Recueil de formules adoptées par la faculté de médecine.

CODICILLAIRE, adj. Contenu dans un codicille.

CODICILLE, s. m. Addition, changement dans les dispositions d'un testament.

CODIE, s. f. Plante exotique polypétalée. T. de bot.

CODILLE, s. m. Joueur qui gagne sans avoir fait jouer. T. de jeu d'hombre, de quadrille, etc.

CODLINGUE, s. f. Petite morue. T. d'hist. nat.

CODOGNAN, s. m. Com. du dép. du Gard, cant. de Vauvert, arr. de Nismes. = Lunel.

CODOK, s. m. Coquillage bivalve. T. d'hist. nat.

CODOLET, s. m. Com. du dép. du Gard, cant. de Bagnols, arr. d'Uzès. = Bagnols.

CODON, s. m. Plante solannée. T. de bot.

CODONATAIRE, s. et adj. Personne comprise dans une donation, avec un ou plusieurs autres.

CODOPAIL, s. m. Plante aquatique d'Asie et d'Amérique. T. de bot.

CŒCAL, E, adj. Qui appartient au cœcum. T. d'anat.

CŒCUM, s. m. Le premier des gros intestins. T. d'anat.

COEFFICIENT, s. m. Nombre qui est devant une quantité algébrique, et qui la multiplie.

COÉGAL, E, adj. Entièrement égal avec un autre.

CŒLESTINE, s. f. Sulfate de strontiane de couleur bleu céleste. T. d'hist. nat.

CŒLIAQUE, adj. Voy. CÉLIAQUE.

CŒLICOLE, s. et adj. Voy. CÉLICOLE.

CŒLOMA, s. m. Espèce d'ulcère plus large, mais moins profond que le bothrion qui se forme sur la cornée transparente. T. de méd.

COEMPTION, s. f. Acquisition réciproque.

COENDOU, s. m. Mammifère carnassier; porc-épic de l'Amérique. T. d'hist. nat.

CŒNOLOGIE, s. f. Consultation signée par plusieurs médecins. T. de méd.

CŒNOPTÈRE, s. f. Fougère d'Amérique, dont les feuilles prennent racine. T. de bot.

COERCIBLE, adj. Qui peut être contraint. —, qui peut être rassemblé et retenu dans un certain espace comme la vapeur. T. de phys.

COERCITIF, IVE, adj. Qui a le droit et le pouvoir de contraindre.

COERCITION, s. f. Action, droit, pouvoir de contraindre au devoir, à l'exécution d'un jugement.

CŒSDŒS, s. m. Mammifère ruminant du genre des antilopes. T. d'hist. nat.

COESMES, s. f. Com. du dép. d'Ille-et-Vilaine, cant. de Rhétiers, arr. de Vitré. = la Guerche.

CO-ÉTAT, s. m. Etat dont la souveraineté est partagée.

COÉTE, s. f. Chantiers sur lesquels on dépose une glace en sortant du four de cuisson.

COÉTERNEL, LE, adj. Qui existe de toute éternité avec un autre, le Père, le Fils et le Saint-Esprit.

COETMIEUX, s. m. Com. du dép. des Côtes-du-Nord, cant. de Lamballe, arr. de St.-Brieuc. = Lamballe.

CŒUR, s. m. Viscère musculeux renfermé dans la cavité de la poitrine, premier organe de la vie, et le centre de la circulation du sang. —, vulgairement, l'estomac; avoir mal au cœur. —, considéré comme le siége des passions; cœur oppressé de tristesse, enflammé de colère. —, inclination de l'âme; bon, mauvais cœur. —, force, vigueur; avoir le cœur bon. —, courage, bravoure, intrépidité; avoir du cœur. —, honneur, délicatesse, susceptibilité; n'avoir pas de cœur. —, conscience; avoir le cœur net. —, pensées secrètes; lire dans le cœur. —, affection; gagner le cœur. —, intérieur, milieu d'une chose; cœur d'un fruit, d'une ville, d'un état, et fig. de l'été, de l'hiver, etc. —, une des quatre couleurs du jeu de carte. Aller de tout —, employer tous ses moyens: prendre à —, tâcher, s'efforcer. Avoir à — une chose, désirer son succès. Avoir sur le —, conserver du ressentiment, du regret, un souvenir pénible. Avoir le — gros, être affligé. Ouvrir son —, dire ce qu'on pense. L'ami du —, l'ami le plus cher. Par —, adv., de mémoire. A contre —, malgré soi. De bon —, volontiers. A — ouvert, franchement.

CŒUR DE BŒUF, s. m. Coquille bivalve, en forme de cœur. T. d'hist. nat. —, fruit du corrosolier. T. de bot.

CŒUR DE ST.-THOMAS, s. m. Fruit de l'acacia, liane à bœuf.

CŒURS-UNIS, s. m. pl. Groupe mamelonné de deux animaux marins, qui ressemblent à deux cœurs réunis. T. d'hist. nat.

CŒUVRES, s. f. Petite ville du dép. de l'Aisne, cant. de Vic-sur-Aisne, arr. de Soissons. = Soissons.

CO-ÉVÊQUE, s. m. Evêque qui partage les fonctions épiscopales avec un autre.

COEX, s. m. Com. du dép. de la Vendée, cant. de St.-Gilles, arr. des Sables-d'Olonne. = St.-Gilles-sur-Vic.

CO-EXISTANT, E, adj. Contemporain, qui existe dans le même temps.

CO-EXISTENCE, s. f. Existence de plusieurs choses à la même époque.

CO-EXISTER, v. n. Exister en même temps.

COFFIN, s. m. Petit panier d'osier, haut et rond, avec une anse et sans couvercle.

COFFINE, adj. f. Un peu voûtée; ardoise coffine.

COFFINER (Se), v. pron. Se courber, se voûter. T. de menuis. Se —, se friser, en parlant des œillets. T. de jard.

COFFINHAL, s. m. Village du dép. de la Haute-Garonne, cant. de Revel, arr. de Villefranche. = Revel.

COFFRE, s. m. Meuble en forme de caisse, garni d'un couvercle, d'une serrure, etc., pour serrer les habits et l'argent. — fort, coffre d'un bois épais, garni de fer en dedans, pour serrer l'argent. —, cavité de la poitrine; corps d'une bête fauve, et en général capacité du corps d'un animal. Fig. —, bois qui enchâsse. T. d'arts et mét. —, fourneau de la mine. T. d'artill. —, logement pratiqué dans le fond d'un fossé. T. de fortif. — de presse, bois dans lequel est enchâssé le marbre. T. d'impr. Raisonner comme un —, fort mal. Rire comme un —, à gorge déployée. Fig. et fam. Belle au —, laide, mais riche. T. fam.

COFFRÉ, E, part. Mis dans un coffre; enfermé.

COFFRER, v. a. Serrer dans un coffre. —, mettre en prison. T. fam.

COFFRET, s. m. Petit coffre. —, rond de bois sur lequel on appuie les empeignes. T. de cord.

COFFRETIER, s. m. Ouvrier qui fait et vend des coffres.

COGES, s. f. Com. du dép. du Jura, cant. de Bletterans, arr. de Lons-le-Saulnier. = Lons-le-Saulnier.

COGGIA, s. f. Com. du dép. de la Corse, cant. de Vico, arr. d'Ajaccio. = Ajaccio.

COGLES, s. f. Com. du dép. d'Ille-et-Vilaine, cant. de St.-Brice, arr. de Fougères. = Fougères.

COGNA, s. m. Com. du dép. du Jura, cant. de Clairvaux, arr. de Lons-le-Saulnier. = Lons-le-Saulnier.

COGNAC, s. m. Petite ville du dép. de la Charente, chef-lieu de sous-préf. et de cant.; trib. de 1re inst. et de comm.; conserv. des hypoth.; direct. des contrib. indir.; recev. part. des finances; bur. d'enregist. et de poste.
Cette ville est située dans une contrée délicieuse sur la Charente, qui y est navigable. Elle est dominée par les ruines d'un château où naquit François 1er, en 1494.
Manuf. de faïence, papeterie; comm. de vins, esprits, graine de lin, genièvre, et surtout d'excellentes eaux-de-vie, dont on fait des expéditions immenses dans toutes les parties de l'Europe.
—, eau-de-vie de Cognac.

COGNAC, s. m. Com. du dép. de la Haute-Vienne, cant. de St.-Laurent-sur-Gorre, arr. de Rochechouart. = St.-Junien.

COGNASSE, s. m. Coing sauvage.

COGNASSIER, s. m. Arbre qui produit les coings, les coguasses; espèce de poirier dont les feuilles sont blanchâtres.

COGNAT, s. m. Parent, surtout du côté des femmes. T. de jurisp. (Vi.)

COGNAT, s. m. Com. du dép. de l'Allier, cant. d'Escurolles, arr. de Gannat. = Gannat.

COGNATION, s. f. Parenté entre tous les descendans d'une même souche. T. de jurisp.

COGNATIQUE, adj. Où les femmes parviennent à défaut d'héritiers mâles; succession cognatique. T. de jurisp.

COGNÉ, E, part. Frappé pour faire entrer; battu. T. fam.

COGNÉE, s. f. Espèce de hache dont se servent les charrons, les charpentiers, pour équarrir le bois. Jeter le manche après la —, désespérer du succès, abandonner une entreprise. Aller au bois sans —, former une entreprise sans moyen d'exécution. Mettre la — à l'arbre, entamer une affaire.

COGNE-FÉTU, s. m. Celui qui se donne beaucoup de peine sans profit. T. fam.

COGNEHORS, s. m. Com. du dép. de la Charente-Inférieure, cant. et arr. de la Rochelle. = la Rochelle.

COGNER, v. a. Frapper pour enfoncer, faire joindre; cogner un clou. —, battre, rosser. T. fam. —, v. n. Heurter; cogner à la porte. Se —, se heurter contre. Se — la tête contre un mur, entreprendre une chose impossible. Fig. Se —, v. récip. S'entrebattre. T. fam.

COGNERS, s. m. Com. du dép. de la Sarthe, cant. et arr. de St.-Calais. = St.-Calais.

COGNET, s. m. Rôle de tabac en forme de pain de sucre, en cône.

COGNET, s. m. Com. du dép. de l'Isère, cant. de la Mure, arr. de Grenoble. = la Mure.

COGNEUX, s. m. Outil de fondeur pour préparer le sable avec lequel on fait les moules. T. de fond.

COGNIÈRES, s. f. Com. du dép. de la Haute-Saône, cant. de Montbozon, arr. de Vesoul. = Vesoul.

COGNIN-ET-MALLEVAL, s. m. Com. du dép. de l'Isère, cant. de Vinay, arr. de St.-Marcellin. = St.-Marcellin.

COGNITIF, IVE, adj. Capable de connaître. T. inus.

COGNITION, s. f. Faculté de connaître.

COGNOCOLI-ET-MONTICCHI, s. m. Com. du dép. de la Corse, cant. de Ste.-Marie, arr. d'Ajaccio. = Ajaccio.

COGNOIR, s. m. Instrument de bois dur pour chasser les coins qui serrent la forme. T. d'impr.

COGNY, s. m. Com. du dép. du Cher, cant. de Dun-le-Roi, arr. de St.-Amand. = Dun-le-Roi.

COGNY, s. m. Com. du dép. du Rhône, cant. et arr. de Villefranche. = Villefranche.

COGOLIN, s. m. Com. du dép. du Var, cant. de Grimaud, arr. de Draguignan. = le Luc.

COGUENOSCO, s. m. Mastic composé de résine, de suif et de goudron. T. de mar.

COGULOT, s. m. Com. du dép. de la Dordogne, cant. d'Eymet, arr. de Bergerac. = Bergerac.

COHABITATION, s. f. Etat du mari et de la femme qui vivent ensemble.

COHABITER, v. n. Habiter ensemble, vivre comme mari et femme.

COHAN, s. m. Com. du dép. de l'Aisne, cant. de Fère-en-Tardenois, arr. de Château-Thierry. = Fère-en-Tardenois.

COHARTILLE-ET-FROIDEMONT, s. f. Com. du dép. de l'Aisne, cant. de Marle, arr. de Laon. = Montcornet.

COHEL, s. m. Préparation d'étain brûlé et de noix de galle pour noircir les sourcils, etc.

COHEM, s. m. Com. du dép. du Pas-de-Calais, cant. d'Aire, arr. de St.-Omer. = Aire-sur-la-Lys.

COHÉREMMENT, adv. Avec cohérence.

COHÉRENCE, s. f. Connexion entre deux choses; liaison, union entre les parties; adhérence.

COHÉRENT, E, adj. Qui se lie, qui a de la cohérence, au prop. et au fig.

COHÉRITIER, ÈRE, s. Qui hérite avec un ou plusieurs autres.

COHÉSION, s. f. Adhérence, force qui unit, rend compactes les corps, leurs parties. T. de phys.

COHÉSIONNÉ, E, part. Uni, rendu cohérent.

COHÉSIONNER, v. a. Opérer la cohésion, l'adhérence; rendre cohérent.

COHIBITION, s. f. Empêchement, cessation d'une action contre la volonté. T. inus.

COHIER, s. m. Espèce de chêne.

COHINE, s. f. Calebassier. T. de bot.

COHINIAC, s. m. Com. du dép. des Côtes-du-Nord, cant. de Châtelaudren, arr. de St.-Brieuc. = Châtelaudren.

COHOBATION, s. f. Distillation réitérée de la même substance. T. de chim.

COHOBÉ, E, part. Distillé plusieurs fois.

COHOBER, v. a. Distiller plusieurs fois une liqueur pour augmenter sa force. T. de chim.

COHONS, s. m. Com. du dép. de la Haute-Marne, cant. de Longeau, arr. de Langres. = Langres.

COHORTE, s. f. Corps d'infanterie, composé de cinq à six cents hommes, dans les armées romaines. —, pl. Bataillons. T. poét.

COHUE, s. f. Audience des petites justices dans les provinces. —, réunion tumultueuse et bruyante. Fig.

COHULET, s. m. Com. du dép. de l'Aveyron, cant. et arr. d'Espalion. = Espalion.

COÏ, s. m. Instrument en bois pour vider et nettoyer les marais salans.

COI, TE, adj. Tranquille, paisible, qui se tient à l'écart; demeurer coi. T. fam.

COIAUX, s. m. pl. Pièces de bois au pied des chevrons d'un comble. T. de charp.

COÏER, s. m. Pièce de bois qui va du poinçon à l'arbalètrier. T. de charp.

COIFFE, s. f. Vêtement de tête, bonnet de femme. —, toile, réseau dont on garnit le dedans d'un chapeau, d'une perruque. —, membrane sur la tête de quelques nouveaux nés. T. d'anat. —, enveloppe membraneuse qui recouvre l'urne où sont renfermés les organes de la fructification des mousses. T. de bot.

COIFFÉ, E, part. Paré, orné, ajusté. Se dit des cheveux et de la coiffure. —, adj. Entiché, épris; coiffé d'une personne, d'une opinion. Chien bien —, à longues oreilles. Né —, avec la membrane qu'on appelle coiffe, sous une bonne étoile. Fig. et fam.

COIFFER, v. a. Friser, couvrir, parer, orner la tête; coiffer une dame. —, enivrer. Fig. et fam. — une bouteille, mettre une enveloppe sur le bouchon. —, prendre un sanglier aux oreilles, en parlant des chiens. T. de véner. —, recouvrir, garnir, en parlant de la voile qui se colle contre le mât. T. de mar. —, v. n. Aller bien ou mal; ce bonnet coiffe bien. Se —, v. pron. Arranger ses cheveux, mettre son chapeau. Se — de quelqu'un ou de quelque chose, s'y attacher, s'engouer.

COIFFEUR, EUSE, s. Perruquier qui coiffe les dames.

COIFFURE, s. f. Tout ce qui sert à couvrir la tête, à l'orner; manière d'arranger les cheveux, de les friser.

COIFFY-LE-BAS, s. m. Com. du dép. de la Haute-Marne, cant. de Varennes, arr. de Langres. = Bourbonne.

COIFFY-LE-HAUT, s. m. Com. du dép. de la Haute-Marne, cant. de Bourbonne, arr. de Langres. = Bourbonne.

COIGNAGES, s. m. pl. Portion de la maçonnerie d'un fourneau de grosses forges.

COIGNAX, s. m. Com. du dép. du Gers, cant. et arr. d'Auch. = Auch.

COIGNEUX, s. m. Com. du dép. de la Somme, cant. d'Acheux, arr. de Doullens. = Albert.

COIGNIÈRES, s. f. Com. du dép. de Seine-et-Oise, cant. de Chevreuse, arr. de Rambouillet. = Trappes.

COIGNY, s. m. Com. du dép. de la Manche, cant. de la Haye-du-Puits, arr. de Coutances. = Carentan.

COILLE, s. f. Tabac en poudre tamisé.

COIMBRE, s. f. Grande ville de Portugal, capitale de la province de Baïra, sur le Mondego, à 40 l. de Lisbonne. Elle possède une université, la seule qui existe dans ce royaume; une fort belle cathédrale, un riche musée, une bibliothèque et un jardin botanique, etc. C'était autrefois la résidence des rois de Portugal.

COIMENT, adv. Tranquillement. (Vi.)

COIMÈRES, s. f. Com. du dép. de la Gironde, cant. d'Aurot, arr. de Bazas. = Bazas.

COIN, s. m. Angle, rencontre de deux lignes, de deux surfaces; endroit où s'opère la rencontre intérieurement ou extérieurement; coin d'un champ, d'un mur. —, extrémité; les quatre coins du monde. —, réduit isolé, caché. —, morceau de bois ou de fer en angle pour fendre; morceau d'acier gravé et trempé pour frapper la monnaie. —, ce qui en a la forme; outil pour dorer le cuir. T. d'arts et mét. Tenir son — dans une société, s'y distinguer. Marqué au bon —, bien écrit, bien peint, bien exécuté et digne d'éloges.

COINCES, s. f. Com. du dép. du Loiret, cant. de Patay, arr. d'Orléans. = Orléans.

COINCHE, s. f. Com. du dép. des Vosges, cant. et arr. de St.-Dié. = St.-Dié.

COÏNCIDENCE, s. f. Etat de choses qui coïncident, qui se rapprochent.

COÏNCIDENT, E, adj. Qui coïncide, tombe au même point; qui se manifeste en même temps. T. de méd.

COÏNCIDER, v. n. S'ajuster l'un sur l'autre; arriver en même temps, se rapporter, en parlant des événemens.

COINCOURT, s. m. Com. du dép. de la Meurthe, cant. de Vic, arr. de Château-Salins. = Moyenvic.

COINCY, s. m. Com. du dép. de l'Aisne, cant. de Fère-en-Tardenois, arr. de Château-Thierry. = Oulchy.

COINCY, s. m. Com. du dép. de la Moselle, cant. de Pange, arr. de Metz. = Metz.

COÏNDICANS, adj. m. pl. Qui concourt à indiquer le caractère de la maladie, comme l'âge, la saison, le pays, les habitudes du malade. T. de méd.

COÏNDICATION, s. f. Indication jointe à d'autres, observation nouvelle qui corrobore celles précédemment faites. T. de méd.

COING, s. m. Fruit du cognassier, espèce de grosse poire d'un jaune pâle, dont la peau est couverte d'un léger duvet. Jaune comme un —, teint très jaune.

COINGS, s. m. Com. du dép. de l'Indre, cant. et arr. de Châteauroux. = Châteauroux.

COINGT, s. m. Com. du dép. de l'Aisne, cant. d'Aubenton, arr. de Vervins. = Aubenton.

COIN-LES-CUVRY, s. m. Com. du dép. de la Moselle, cant. de Verny, arr. de Metz. = Metz.

COINQUINATION, s. f. Souillure. —, diffamation. T. inus.

COINQUINÉ, E, adj. Souillé, déshonoré; diffamé. T. inus.

COIN-SUR-SEILLE, s. m. Com. du dép. de la Moselle, cant. de Verny, arr. de Metz. = Metz.

COINT, E, adj. Prévenant, affable; beau, paré. (Vi.)

COINTERIE ou COINTISE, s. f. Afféterie, parure, manière élégante et recherchée. (Vi.)

COINTICOURT, s. m. Com. du dép. de l'Aisne, cant. de Neuilly-St.-Front, arr. de Château-Thierry. = Neuilly-St.-Front.

COINTISER (Se), v. pron. Se parer, s'attifer comme une vieille coquette. (Vi.)

COÏON, s. m. Lâche, poltron, qui a le cœur bas, qui souffre qu'on le méprise, qu'on l'insulte. T. fam.

COÏONNÉ, E, part. Traité en coïon, en lâche. T. fam.

COÏONNER, v. a. Persifler, se moquer, traiter en coïon. —, v. n. Dire des coïonneries. T. fam.

COÏONNERIE, s. f. Poltronnerie, lâcheté; raillerie, badinerie. T. fam.

COIRAC, s. m. Com. du dép. de la Gironde, cant. de Sauveterre, arr. de la Réole. = Cadillac.

COISE, s. f. Com. du dép. du Rhône, cant. de St.-Symphorien-sur-Coise, arr. de Lyon. = Chazelles.

COISERETTE, s. f. Com. du dép. du Jura, cant. de Bouchoux, arr. de St.-Claude. = St.-Claude.

COISEVAUX, s. m. Com. du dép. de la Haute-Saône, cant. de Héricourt, arr. de Lure. = Belfort.

COISIA, s. f. Com. du dép. du Jura, cant. d'Arinthod, arr. de Lons-le-Saulnier. = Orgelet.

COISY, s. m. Com. du dép. de la Somme, cant. de Villers-Bocage, arr. d'Amiens. = Amiens.

COÏT, s. m. Union des sexes.

COIVERT, s. m. Com. du dép. de la Charente-Inférieure, cant. de Loulay, arr. de St.-Jean-d'Angely. = St.-Jean-d'Angely.

COIVREL, s. m. Com. du dép. de l'Oise, cant. de Maignelay, arr. de Clermont. = St.-Just.

COIX, s. m. Plante graminée. T. de bot.

COIZARD, s. m. Com. du dép. de la Marne, cant. de Montmort, arr. d'Epernay. = Sézanne.

COL ou COU, s. m. Partie du tronc qui se trouve entre la tête et la poitrine. —, d'un os, étranglement qui se trouve dans les os longs et qui sépare la tête de l'os d'avec le corps ; le col du fémur.—, embouchure, passage ; le col de la vessie. T. d'anat. —, partie supérieure d'une chemise, d'un vêtement, qui entoure le col ; sorte de cravate avec une boucle. —, goulot d'un vase ; le col d'une bouteille. —, passage étroit entre des montagnes. T. de géogr.

COLA, s. f. Aloze. T. d'hist. nat.

COLACHON, s. m. Sorte de luth à long manche, instrument de musique.

COLAGNE (la), s. f. Petite rivière qui prend naissance près de Rieutort, dép. de la Lozère, arr. de Mende, et se jette dans le Lot après un cours de 8 l.

COLAGNIES, s. f. Com. du dép. de l'Oise, cant. de Formerie, arr. de Beauvais. = Grandvilliers.

COLANCELLE (la), s. f. Com. du dép. de la Nièvre, cant. de Corbigny, arr. de Clamecy. = Corbigny.

COLANDRE, s. m. Com. du dép. du Cantal, cant. de Riom, arr. de Mauriac. = Massiac.

COLAO, s. m. Ministre d'état chinois.

COLAPHISÉ, E, part. Souffleté. T. burl.

COLAPHISER, v. a. Souffleter. T. burl.

COLARIN, s. m. Frise du chapiteau des colonnes toscane et dorique. T. d'archit.

COLASPE, s. m. Insecte coléoptère. T. d'hist. nat.

COLATURE, s. f. Filtration ; liqueur filtrée. T. de pharm.

COLBACK, s. m. Bonnet à poil que portent les compagnies d'élite dans les régimens de cavalerie légère.

COLCHICON, s. m. Bulbe sauvage dont le suc est un poison.

COLCHIQUE, s. m. Tue-chien, plante bulbeuse, liliacée, vivace, dont la fleur ressemble à celle du safran. T. de bot.

COLCOTHAR, s. m. Résidu de l'huile de vitriol distillée. —, fossile, terre vitriolique ferrugineuse, styptique, astringente, qui entre dans la composition de la thériaque.

COLDOR, s. m. Fauvette d'Afrique. T. d'hist. nat.

COLEMBERT, s. m. Com. du dép. du Pas-de-Calais, cant. de Desvres, arr. de Boulogne. = Boulogne.

COLENICUI, s. m. Gallinacée, caille du Mexique. T. d'hist. nat.

COLÉOPTÈRES, s. m. pl. Insectes ovipares dont les ailes sont recouvertes par une espèce d'étui, comme le hanneton. T. d'hist. nat.

COLÉOPTILE, s. m. Etui qui enveloppe la plumule de la graine des liliacées au commencement de la germination. T. de bot.

COLÉORAMPHES, s. m. pl. Oiseaux échassiers. T. d'hist. nat.

COLERA-MORBUS, s. m. Voy. CHOLERA-MORBUS.

COLÈRE, s. f. Violente émotion de l'âme ; emportement causé par une offense ; haine violente, mais passagère ; accès momentané de fureur. Se dit de certains animaux, du ciel, de la mer. Fig. —, adj. Sujet à s'emporter, à se mettre en colère.

COLERET, s. m. Filet étroit par les bouts, traîné par deux pêcheurs. T. de pêch.

COLERETTES, s. f. pl. Courtines volantes. T. de pêch.

COLÉRIQUE, adj. Enclin à la colère.

COLETES, s. f. pl. Toiles de Hollande.

COLÉTITE, s. f. Liqueur corrosive pour éprouver l'or.

COLIA, s. m. Poisson qui ressemble au maquereau. T. d'hist. nat.

COLIADES, s. m. pl. Genre d'insectes lépidoptères ; papillons du nord de l'Europe et des pays montagneux. T. d'hist. nat.

COLIART, s. m. Espèce de raie cendrée. T. d'hist. nat.

COLIBRI, s. m. Très joli petit oiseau d'Amérique. —, petite personne frivole. Fig. et fam.

COLIFICHET, s. m. Petit gâteau sec pour les oiseaux. —, babiole, bagatelle, objet de fantaisie. —, ornemens mesquins, déplacés, dans les ouvrages de littérature et d'arts. —, instrument pour écouaner les espèces. T. de monn.

COLIGNY, s. m. Com. du dép. de l'Ain, chef-lieu de cant. de l'arr. de Bourg. Bur. d'enregist. = St.-Amour.

COLIMAÇON, s. m. Voy. LIMAÇON.

COLIN, s. m. Espèce de caille ou de perdrix du Mexique ; morue noire. —, noir, poule d'eau.

COLINÉE, s. f. Com. du dép. des Côtes-du-Nord, chef-lieu de cant. de l'arr. de Loudéac. Bur. d'enregist. à Merdrignac. = Moncontour.

COLIN-MAILLARD, s. m. Jeu où l'un des joueurs, qui a les yeux bandés et qui se nomme colin-maillard, cherche à saisir l'un de ses adversaires qu'il est obligé de reconnaître au toucher et de nommer pour lui faire prendre sa place.

COLIN-TAMPON, s. m. Son du tambour suisse. S'en moquer comme de —, comme d'un vain bruit.

COLIOU, s. m. Genre de passereaux d'Afrique et d'Amérique. T. d'hist. nat.

COLIQUE, s. f. et adj. Se dit de tout ce qui concerne l'intestin colon, soit artère ou veine, soit affection; artères, veines coliques. —, douleur plus ou moins aigue dans le bas-ventre, dans le colon; colique bilieuse, venteuse, vermineuse, etc.

COLIR ou **COLI**, s. m. Officier de police de la Chine, espèce d'inquisiteur, de censeur, qui a le droit de s'introduire dans le domicile des particuliers.

COLISÉE, s. m. Amphithéâtre célèbre dans l'ancienne Rome; salle de spectacle, salle de danse à Paris.

COLISSE, s. f. Mailles entre lesquelles passent les fils de la chaîne. T. de manuf.

COLITE, s. f. Inflammation du canal intestinal, du colon. T. de méd.

COLLABESCENCE, s. f. Affaissement. T. inus.

COLLABORATEUR, TRICE, s. Qui travaille avec un autre, ou plusieurs autres à la composition d'un ouvrage, d'un livre.

COLLABORATION, s. f. Coopération, communauté de travail.

COLLADOA, s. m. Plante graminée. T. de bot.

COLLAGE, s. m. Action de coller, ses effets. —, dernière préparation du papier, en l'imprégnant de colle de peaux.

COLLAN, s. m. Com. du dép. de l'Yonne, cant. et arr. de Tonnerre. ⸺ Tonnerre.

COLLANDRES, s. m. Com. du dép. de l'Eure, cant. de Conches, arr. d'Evreux. ⸺ Conches.

COLLANGES, s. f. Com. du dép. du Puy-de-Dôme, cant. de St.-Germain-Lembron, arr. d'Issoire. ⸺ Issoire.

COLLANT, E, adj. Gluant, qui colle.

COLLAPSUS, s. m. Diminution de l'activité du cerveau. T. de méd.

COLLAT, s. m. Com. du dép. de la Haute-Loire, cant. de Paulhaguet, arr. de Brioude. ⸺ Brioude.

COLLATAIRE, s. m. Possesseur d'un bénéfice.

COLLATÉRAL, E, s. et adj. Qui concerne la parenté hors de la ligne directe. —, points collatéraux, qui se trouvent entre deux points cardinaux, N.-E., S.-O. —, s. m. Parent collatéral.

COLLATEUR, s. m. Celui qui confère un bénéfice.

COLLATIF, IVE, adj. Qui se confère, en parlant des bénéfices.

COLLATION, s. f. Droit de conférer un bénéfice. —, action de collationner une expédition, une copie, de vérifier si elle est conforme à la minute, au texte. —, léger repas entre le dîner et le souper.

COLLATIONNAGE, s. m. Voy. Collation.

COLLATIONNÉ, E, part. Lu, examiné, vérifié.

COLLATIONNER, v. a. Lire une copie, un imprimé, pour s'assurer s'il est conforme au texte; examiner, vérifier la pagination d'un livre. —, v. n. Faire une collation, un goûter.

COLLE, s. f. Matière gluante et tenace avec laquelle on réunit deux surfaces. —, bourde, mensonge, nouvelle controuvée. T. fam.

COLLE (la), s. f. Com. du dép. du Var, cant. de Vence, arr. de Grasse. ⸺ Draguignan.

COLLÉ, E, part. Enduit de colle; joint avec la colle.

COLLECTE, s. f. Levée des impositions. —, quête pour les pauvres. —, oraison que dit le prêtre à la messe, avant l'épître.

COLLECTEUR, s. m. Percepteur des impositions. —, instrument pour recueillir et condenser l'électricité. T. de phys.

COLLECTIF, IVE, adj. Se dit des mots qui désignent l'assemblage de plusieurs individus d'une même espèce; armée, peuple, etc.

COLLECTION, s. f. Recueil de passages, de dessins, de plantes; compilation de choses analogues.

COLLECTIVEMENT, adv. Dans un sens collectif; l'homme pour les hommes.

COLLÉGATAIRE, s. Légataire conjointement avec d'autres.

COLLÉGE, s. m. Compagnie de personnes qui possèdent la même dignité; collège électoral. —, maison d'éducation où l'on enseigne les langues, les lettres, etc.

COLLÉGE (le), s. m. Village du dép. de l'Aveyron, cant. et arr. de Villefranche. ⸺ Villefranche-de-Rouergue.

COLLÉGIAL, E, adj. Qui est relatif au collège; église collégiale. —, s. f. Chapitre de chanoines, sous-siège épiscopal.

COLLÉGIAT, s. m. Fils d'un député ou d'un fonctionnaire public, élevé aux dépens des contribuables dans un collége; boursier.

COLLÉGIEN, s. m. Com. du dép. de Seine-et-Marne, cant. de Lagny, arr. de Meaux. = Lagny.

COLLÈGUE, s. m. Compagnon en dignité, en magistrature, en fonction.

COLLEIGNES, s. f. Com. du dép. de Lot-et-Garonne, cant. de Port-Ste.-Marie, arr. d'Agen. = Aiguillon.

COLLEMIERS, s. m. Com. du dép. de l'Yonne, cant. et arr. de Sens. = Sens.

COLLER, v. a. Enduire de colle; joindre avec la colle. — du vin, mettre dans le tonneau ou de la colle de poisson ou du blanc d'œuf battu pour le clarifier. — une bille, la mettre sous bande. T. de jeu de billard. —, être trop juste, trop étroit, en parlant d'un habit. Se —, v. pron. S'attacher, se joindre, s'adapter au moyen de la colle. Se —, se tenir droit; il semble être collé sur son cheval, contre le mur, etc.

COLLERAGE, s. m. Ancien droit sur le vin.

COLLERET, s. m. Com. du dép. du Nord, cant. de Maubeuge, arr. d'Avesnes. = Maubeuge.

COLLERETTE, s. f. Parure de dame, sorte de collet, de guimpe, qui couvre la gorge et les épaules.

COLLE-ST.-MICHEL (la), s. f. Com. du dép. des Basses-Alpes, cant. de St.-André, arr. de Castellanne. = Castellanne.

COLLET, s. m. Partie supérieure d'un habit qui est autour du cou. —, rabat. Petit —, abbé, ecclésiastique. —, lacs en laiton pour prendre des lapins, des lièvres. — de mouton, de veau, partie inférieure du cou, morceau peu estimé. —, ce qui en a la forme. T. d'arts et mét. —, partie d'un canon voisine du bourrelet. T. d'artill. —, partie de la plante où finit la racine et commence la tige; couronne à la feuille des graminées, au pédicule des agarics. T. de bot. Sauter au —, prendre à la gorge, contraindre, etc.

COLLET-DE-DÈZE, s. m. Com. du dép. de la Lozère, cant. de St.-Germain-de Calberte, arr. de Florac. = Villefort.

COLLÈTE, s. f. Insecte hyménoptère. T. d'hist. nat.

COLLETÉ, E, part. Saisi au collet. —, adj. Qui porte un collier. T. de blas.

COLLETER, v. a. Prendre au collet pour terrasser. —, v. n. Tendre des collets, des lacs. Se —, v. récip. Se prendre au collet, se battre.

COLLETEUR, s. m. Braconnier qui tend des collets.

COLLETIER, s. m. Faiseur de collets.

COLLETIN, s. m. Pourpoint sans manches; collet de pèlerin orné de coquilles.

COLLÉTIQUE, adj. Agglutinatif. T. inus. de méd.

COLLETOT, s. m. Com. du dép. de l'Eure, cant. et arr. de Pont-Audemer. = Pont-Audemer.

COLLEUR, s. m. Ouvrier en bâtiment qui colle le papier dans les appartemens.

COLLEVILLE, s. f. Com. du dép. du Calvados, cant. de Douvres-la-Délivrande, arr. de Caen. = Caen.

COLLEVILLE, s. f. Com. du dép. du Calvados, cant. de Trevières, arr. de Bayeux. = Bayeux.

COLLEVILLE, s. f. Com. du dép. de la Seine-Inférieure, cant. de Valmont, arr. d'Yvetot. = Valmont.

COLLIAS (MONTPEZAT-DE-), s. m. Com. du dép. du Gard, cant. de Remoulins, arr. d'Uzès. = Uzès.

COLLIER, s. m. Bijou plus ou moins riche que les dames portent autour du cou pour en faire admirer la blancheur; chaîne autour du cou. —, partie du harnais d'un cheval de trait; lanière de cuir maroquiné, ou cercle de cuivre, etc., autour du cou d'un chien. —, ce qui a la forme d'un collier; raie de couleur tranchante autour du cou de certains oiseaux. —, cordon d'étamines aux anémones. T. de fleur. —, serpent à trois points bleus sur le col. T. d'hist. nat. Franc du —, cheval qui tire bien. Etre franc du —, aimer à rendre service, agir avec zèle, avec franchise, en toute occasion. Donner un coup de —, faire un nouvel effort. — de misère, occupation pénible et peu lucrative.

COLLIÈRE, s. f. Perche ou chantier servant de fondement aux traius de bois.

COLLIGÉ, E, part. Compilé.

COLLIGER, v. a. Compiler; prendre des notes, recueillir les passages remarquables d'un livre. (Vi.)

COLLIGIS, s. f. Com. du dép. de l'Aisne, cant. de Craonne, arr. de Laon. = Laon.

COLLIGNY, s. m. Com. du dép. de la Moselle, cant. de Pange, arr. de Metz. = Metz.

COLLIGNY, s. m. Com. du dép. de la Marne, cant. de Vertus, arr. de Châlons. = Vertus.

COLLIMATION, s. f. Ligne par laquelle on vise à un objet par les pinnules d'un graphomètre; axe optique de la lunette. T. d'astr.

COLLINE, s. f. Petite montagne ; hauteur en pente douce qui domine un vallon. Double —, le Parnasse, mont consacré aux muses.

COLLINE-BEAUMONT, s. f. Com. du dép. du Pas-de-Calais, cant. et arr. de Montreuil. = Montreuil.

COLLINSONNE, s. f. Plante labiée. T. de bot.

COLLIOURE, s. f. Ancienne et forte ville maritime du dép. des Pyrénées-Orientales, cant. d'Argelès, arr. de Céret; bur. d'enregist. et de poste; place de guerre de 4e classe.
Cette ville, assise au bord de la Méditerranée, possède un port assez commerçant qui ne peut admettre que de petits bâtimens. Elle est défendue par un château qui la rend inabordable.
Fab. de liége; pêche du thon et de la sardine. Comm. de vins et de laine.

COLLIQUATIF, IVE, adj. Qui dissout les humeurs, les fait évacuer. T. de méd.

COLLIQUATION, s. f. Dissolution, écoulement, flux des humeurs. T. de méd.

COLLISION, s. f. Choc de deux corps. T. de phys.

COLLITIGANS, s. m. pl. Parties adverses qui plaident l'une contre l'autre.

COLLIURE, s. m. Coléoptère carnassier T. d'hist. nat.

COLLOBRIÈRES, s. f. Com. du dép. du Var, chef-lieu de cant. de l'arr. de Toulon. Bur. d'enregist. à Hières. = Cuers.

COLLOCASIE, s. f. Voy. Arum.

COLLOCATION, s. f. Ordre pour le paiement des créanciers, suivant la nature de leurs créances. — utile, qui se trouve au rang des créances qui doivent ou qui peuvent être payées.

COLLOMBELLES, s. f. Com. du dép. du Calvados, cant. de Troarn, arr. de Caen. = Caen.

COLLOMBIER-EN-BRIONNAIS, s. m. Com. du dép. de Saône-et-Loire, cant. de la Clayette, arr. de Charolles. = la Clayette.

COLLONDANNES, s. f. Com. du dép. de la Creuse, cant. de Dun, arr. de Guéret. = Argenton-sur-Indre.

COLLONGE, s. f. Com. du dép. de l'Ain, chef-lieu de cant. de l'arr. de Gex. Bur. d'enregist. et de poste.

COLLONGE-EN-CHAROLLAIS, s. f. Com. du dép. de Saône-et-Loire, cant. de la Guiche, arr. de Charolles. = Joncy.

COLLONGES, s. f. Com. du dép. de la Corrèze, cant. de Meyssac, arr. de Brive. = Brive.

COLLONGES-LES-BÉVY, s. f. Com. du dép. de la Côte-d'Or, cant. de Gevrey, arr. de Dijon. = Nuits.

COLLONGES-LES-PREMIÈRES, s. f. Com. du dép. de la Côte-d'Or, cant. de Genlis, arr. de Dijon. = Genlis.

COLLONGUE, s. f. Village du dép. des Bouches-du-Rhône, cant. de Gardanne, arr. d'Aix. = Aix.

COLLONGUE, s. f. Com. du dép. du Var, cant. de St.-Auban, arr. de Grasse. = Grasse.

COLLONGUES, s. f. Com. du dép. des Hautes-Pyrénées, cant. de Pouyastruc, arr. de Tarbes. = Tarbes.

COLLOQUE, s. m. Entretien entre deux ou plusieurs personnes. —, conférence de deux partis opposés; le colloque de Poissy, qui eut lieu dans cette ville entre les catholiques et les calvinistes; le colloque d'Erasme, etc.

COLLOQUÉ, E, part. Admis dans un ordre de créanciers.

COLLOQUER, v. a. Ranger des créanciers dans l'ordre où chacun d'eux a droit de prétendre en vertu de ses titres.

COLLOREC, s. m. Com. du dép. du Finistère, cant. de Châteauneuf, arr. de Châteaulin. = Carhaix.

COLLORGUES, s. f. Com. du dép. du Gard, cant. de St.-Chaptes, arr. d'Uzès. = Uzès.

COLLUDANT, E, adj. Qui prend part à une collusion, à une fourberie.

COLLUDER, v. n. Prétexter un procès, être d'intelligence avec un tiers pour frauder ses créanciers, et soustraire son avoir, ses biens; tromper, commettre une fraude. T. de jurisp.

COLLUSION, s. f. Intelligence entre plusieurs personnes au préjudice d'un tiers.

COLLUSOIRE, adj. Fait par collusion, par fraude. T. de jurisp.

COLLUSOIREMENT, adv. D'une manière frauduleuse. T. de jurisp.

COLLUTOIRE, s. m. Liqueur odontalgique pour se laver la bouche.

COLLYRE, s. m. Remède externe, sec ou liquide, pour les maladies des yeux. T. de méd.

COLMA, s. m. Oiseau de la Guiane qui vit de fourmis. T. d'hist. nat.

COLMAR, s. m. Ville du dép. du Haut-Rhin; chef-lieu de préf., d'une sous-préf., d'un cant. et du 7e arr. forestier; cour royale; trib. de 1re inst. et de comm.; biblioth. publique; cabinets de physique, de chimie et d'histoire naturelle; ingén. en chef des ponts-et-chaussées; ingén. des mines; direct. de l'enregist. et des domaines, 2° classe; conserv. des hypoth.; direct. des contrib. dir. et indir.; bur. de garantie des matières d'or et d'argent; recev. gén. des finances; payeur du dép.; bur. d'enregist. et de poste. Pop., 15,470 hab. environ.

Cette ville, située au pied des Vosges, fut cédée à la France par le traité de Munster, et démantelée par ordre de Louis XIV. Elle est bien bâtie, et environnée de fort jolis paysages.

Fab. de draps, siamoises, toiles peintes; impressions sur soie; filatures de coton et papeterie. Comm. de grains, vins, épiceries, drogueries, etc.

On remarque à Colmar, l'Orangerie et la Pépinière départementale, l'Hôtel-de-Ville, celui de la préf., ainsi que les promenades. Dist. de Paris, 123 l.

COLMARE, s. m. Com. du dép. de la Seine-Inférieure, cant. de Clères, arr. de Rouen. = Rouen.

COLMARS, s. m. Petite ville du dép. des Basses-Alpes, chef-lieu de cant. de l'arr. de Castellanne. Bur. d'enregist. et de poste.

Fab. et comm. de peaux blanches.

On trouve aux environs de Colmars, une fontaine intermittente, dont l'eau tarit et coule de 7 en 7 minutes.

COLME (la), s. f. Petit bras de la rivière d'Aa, dép. du Nord. Il s'en sépare au Sas-de-Wate, et se jette dans le canal de Bergues à Furnes (Pays-Bas).

COLMEN, s. m. Com. du dép. de la Moselle, cant. de Bouzonville, arr. de Thionville. = Bouzonville.

COLMERY, s. m. Com. du dép. de la Nièvre, cant. de Donzy, arr. de Cosne. = Donzy.

COLMESNIL ou MANNEVILLE, s. m. Com. du dép. de la Seine-Inférieure, cant. d'Offranville, arr. de Dieppe. = Dieppe.

COLMEY, s. m. Com. du dép. de la Moselle, cant. de Longuion, arr. de Briey. = Longuion.

COLMIER-LE-BAS, s. m. Com. du dép. de la Haute-Marne, cant. d'Auberive, arr. de Langres. = Langres.

COLMIER-LE-HAUT, s. m. Com. du dép. de la Haute-Marne, cant. d'Auberive, arr. de Langres. = Langres.

COLNUD, s. m. Espèce de cotinga noir, à bec blanc. T. d'hist. nat.

COLOBE, s. m. Espèce de singe. T. d'hist. nat.

COLOGNAC, s. m. Com. du dép. du Gard, cant. de la Salle, arr. du Vigan. = St.-Hippolyte-du-Fort.

COLOGNE, s. f. Ville grande, riche et très peuplée du royaume de Prusse, sur la rive gauche du Rhin. Cette ville, très ancienne, a vu naître la fameuse Agrippine, mère de Néron; l'empereur Agrippa, et les peintres immortels Rembrandt et Rubens. Pop. 50,000 hab.

COLOGNE, s. f. Petite ville du dép. du Gers, chef-lieu de cant. de l'arr. de Lombez. Bur. d'enregist. à l'Ile-Jourdain. = Gimont.

COLOMB (St.-), s. m. Village du dép. d'Ille-et-Vilaine, cant. de Cancale, arr. de St.-Malo. = St.-Malo.

COLOMBACÉ, E, adj. Qui tient de la colombe. T. d'hist. nat.

COLOMBAGE, s. m. Rang de solives posées à plomb dans une cloison de charpente. T. de charp.

COLOMBE, s. f. Pigeon; espèce particulière de pigeon. —, solive placée à-plomb. T. de charp. —, espèce de grande varlope renversée. T. de tonnel. —, constellation Sud. T. d'astr.

COLOMBE, s. f. Com. du dép. de l'Isère, cant. de Lemps, arr. de la Tour-du-Pin. = Lemps.

COLOMBE (la), s. f. Com. du dép. de Loir-et-Cher, cant. d'Ouzouer-le-Marché, arr. de Blois. = Cloyes.

COLOMBE (la), s. f. Com. du dép. de la Manche, cant. de Percy, arr. de St.-Lô. = Villedieu.

COLOMBE (Ste.-), s. f. Com. du dép. des Hautes-Alpes, cant. d'Orpierre, arr. de Gap. = Serres.

COLOMBE (Ste.-), s. f. Com. du dép. de la Charente, cant. de Manles, arr. de Ruffec. = Manles.

COLOMBE (Ste.-), s. f. Com. du dép. de la Charente-Inférieure, cant. de Montlieu, arr. de Jonzac. = Montlieu.

COLOMBE (Ste.-), s. f. Com. du dép. de la Côte-d'Or, cant. de Vitteaux, arr. de Semur. = Vitteaux.

COLOMBE (Ste.-), s. f. Com. du dép. du Doubs, cant. et arr. de Pontarlier. — Pontarlier.

COLOMBE (Ste.-), s. f. Com. du dép. de l'Eure, cant. et arr. d'Evreux. = Neufbourg.

COLOMBE (Ste.-), s. f. Com. du dép. de l'Eure, cant. de Vernon, arr. d'Evreux. = Vernon.

COLOMBE (Ste.-), s. f. Com. du dép. de la Gironde, cant. de Castillon, arr. de Libourne. = Castillon.

COLOMBE (Ste.-), s. f. Com. du dép. d'Ille-et-Vilaine, cant. de Rethiers, arr. de Vitré. = la Guerche.

COLOMBE (Ste.-), s. f. Com. du dép.

de l'Indre, cant. de Levroux, arr. de Châteauroux. = Levroux.

COLOMBE (Ste.-), s. f. Com. du dép. des Landes, cant. de Hagetmau, arr. de St.-Sever. = St.-Sever.

COLOMBE (Ste.-), s. f. Com. du dép. de la Loire, cant. de Néronde, arr. de Roanne. = St.-Symphorien-de-Lay.

COLOMBE (Ste.-), s. f. Com. du dép. du Lot, cant. de la Capelle, arr. de Figeac. = Figeac.

COLOMBE (Ste.-), s. f. Com. du dép. de Lot-et-Garonne, cant. de la Plume, arr. d'Agen. = Agen.

COLOMBE (Ste.-), s. f. Com. du dép. de la Lozère, cant. de Grandrieu, arr. de Mende. = Langogne.

COLOMBE (Ste.-), s. f. Com. du dép. de la Manche, cant. de St.-Sauveur-le-Vicomte, arr. de Valognes. = Valognes.

COLOMBE (Ste.-), s. f. Com. du dép. de la Nièvre, cant. de Donzy, arr. de Cosne. = Donzy.

COLOMBE (Ste.-), s. f. Com. du dép. des Pyrénées-Orientales, cant. de Thuir, arr. de Perpignan. = Perpignan.

COLOMBE (Ste.-), s. f. Com. du dép. de la Sarthe, cant. et arr. de la Flèche. = la Flèche.

COLOMBE (Ste.-), s. f. Petite ville du dép. du Rhône, chef-lieu de cant. de l'arr. de Lyon. Bur. d'enregist. = Vienne.

COLOMBE (Ste.-), s. f. Com. du dép. de la Seine, cant. de Nanterre, arr. de St.-Denis. = Neuilly-sur-Seine.

Fab. de colle-forte, et d'épuration d'huile.

COLOMBE (Ste.-), s. f. Com. du dép. de Seine-et-Marne, cant. et arr. de Provins. = Provins.

COLOMBE (Ste.-), s. f. Com. du dép. de la Seine-Inférieure, cant. de St.-Valery, arr. d'Yvetot. = St.-Valery-en-Caux.

COLOMBE (Ste.-), s. f. Com. du dép. de l'Yonne, cant. de St.-Sauveur, arr. d'Auxerre. = St.-Fargeau.

COLOMBE (Ste.-), s. f. Com. du dép. de l'Yonne, cant. de l'Isle-sur-le-Serein, arr. d'Avallon. = Lucy-le-Bois.

COLOMBE-DE-DURAS (Ste.-), s. f. Com. du dép. de Lot-et-Garonne, cant. de Duras, arr. de Marmande. = Marmande.

COLOMBE-DE-LANCEY (la), s. f. Com. du dép. de l'Isère, cant. de Domène, arr. de Grenoble. = Grenoble.

COLOMBE-DE-PEYRE (Ste.-), s. f. Com. du dép. de la Lozère, cant. d'Aumont, arr. de Marvejols. = St.-Chély.

COLOMBE-DE-VILLENEUVE (Ste.-), s. f. Com. du dép. de Lot-et-Garonne, cant. et arr. de Villeneuve. = Villeneuve.

COLOMBE-ET-ESSERNAY, s. f. Com. du dép. de la Haute-Saône, cant. de Noroy-le-Bourg, arr. de Vesoul. = Vesoul.

COLOMBÉ-LA-FOSSE, s. m. Com. du dép. de l'Aube, cant. de Soulaines, arr. de Bar-sur-Aube. = Bar-sur-Aube.

COLOMBE-LA-PETITE (Ste.-), s. f. Com. du dép. de l'Orne, cant. de Courtomer, arr. d'Alençon. = Sées.

COLOMBE-LES-BITHAINE, s. f. Com. du dép. de la Haute-Saône, cant. de Saulx, arr. de Lure. = Lure.

COLOMBÉ-LE-SEC, s. m. Com. du dép. de l'Aube, cant. et arr. de Bar-sur-Aube. = Bar-sur-Aube.

COLOMBELLE, s. f. Jeune colombe. (Vi.) —, filet entre deux colonnes. T. de typogr. —, genre de coquilles univalves. T. d'hist. nat.

COLOMBE-SUR-GUETTE, s. f. Com. du dép. de l'Aude, cant. de Roquefort-de-Sault, arr. de Limoux. = Quillan.

Fab. de peignes de buis et de corne; forges.

COLOMBE-SUR-LERS (Ste.-), s. f. Com. du dép. de l'Aude, cant. de Chalabre, arr. de Limoux. = Quillan.

Fab. de peignes de buis et de corne; forges.

COLOMBE-SUR-RILLE (Ste.-), s. f. Com. du dép. de l'Orne, cant. du Merlerault, arr. d'Argentan. = Moulins-la-Marche.

COLOMBE-SUR-SEINE (Ste.-), s. f. Com. du dép. de la Côte-d'Or, cant. et arr. de Châtillon-sur-Seine. = Châtillon-sur-Seine.

COLOMBEY, s. m. Com. du dép. de la Meurthe, chef-lieu de cant. de l'arr. de Toul. Bur. d'enregist. et de poste.

Fab. d'huile; culture du pavot; comm. de bois.

COLOMBEY, s. m. Com. du dép. de la Moselle, cant. de Pange, arr. de Metz. = Metz.

COLOMBEY-LES-CHOISEUL, s. m. Com. du dép. de la Haute-Marne, cant. de Clefmont, arr. de Chaumont. = Montigny.

COLOMBEY-LES-DEUX-ÉGLISES, s. m. Com. du dép. de la Haute-Marne, cant. de Juzennecourt, arr. de Chaumont. = Bar-sur-Aube.

COLOMBIE (la), s. f. République de l'Amérique méridionale fondée par Bolivar, en 1819. Digne émule de Wasington, ce général devint le président du nouvel état; mais bientôt, soupçonné de vouloir envahir l'autorité suprême, il abdiqua le pouvoir, et se retira en Angleterre, où il vit en ce moment.

COLOMBIEN (St.-), s. m. Com. du dép. de la Loire-Inférieure, cant. de St.-Philbert, arr. de Nantes. = Machecoul.

COLOMBIER, s. m. Pigeonnier. Attirer les pigeons au —, attirer les chalands. —, sorte de papier. —, pl. Espaces trop grands entre les mots. T. d'impr. —, pièces de bois endentées pour mettre un navire à flots. T. de mar.

COLOMBIER, s. m. Com. du dép. de l'Allier, cant. de Montmarault, arr. de Montluçon. = Montluçon.
Mine de houille.

COLOMBIER, s. m. Com. du dép. de la Côte-d'Or, cant. de Bligny-sur-Ouche, arr. de Beaune. = Beaune.

COLOMBIER, s. m. Com. du dép. de la Dordogne, cant. d'Issigeac, arr. de Bergerac. = Bergerac.

COLOMBIER, s. m. Com. du dép. de la Loire, cant. de Bourg-Argental, arr. de St.-Etienne. = Annonay.

COLOMBIER (le), s. m. Village du dép. de Tarn-et-Garonne, cant. de Caussade, arr. de Montauban. = Caussade.

COLOMBIER-CHÂTELOT, s. m. Com. du dép. du Doubs, cant. de l'Ile-sur-le-Doubs, arr. de Baume. = l'Ile-sur-le-Doubs.

COLOMBIÈRES, s. f. Com. du dép. du Calvados, cant. de Trevières, arr. de Bayeux. = Bayeux.

COLOMBIÈRES, s. f. Com. du dép. du Cher, cant. et arr. de St.-Amand. = St.-Amand.

COLOMBIÈRES, s. f. Com. du dép. de l'Hérault, cant. d'Olargues, arr. de St.-Pons. = St.-Pons.

COLOMBIER-ET-COMBERJON, s. m. Com. du dép. de la Haute-Saône, cant. et arr. de Vesoul. = Vesoul.

COLOMBIER-ET-SAUGNIEU, s. m. Com. du dép. de l'Isère, cant. de la Verpillière, arr. de Vienne. = la Verpillière.

COLOMBIER-FONTAINE, s. m. Com. du dép. du Doubs, cant. de Pont-de-Roide, arr. de Montbéliard. = l'Ile-sur-le-Doubs.

COLOMBIER-LE-CARDINAL, s. m. Com. du dép. de l'Ardèche, cant. de Serrières, arr. de Tournon. = Annonay.

COLOMBIER-LE-JEUNE, s. m. Com. du dép. de l'Ardèche, cant. et arr. de Tournon. = Tournon.

COLOMBIER-LE-VIEUX, s. m. Com. du dép. de l'Ardèche, cant. de St.-Félicien, arr. de Tournon. = Tournon.

COLOMBIERS, s. m. Com. du dép. de la Charente-Inférieure, cant. et arr. de Saintes. = Pons.

COLOMBIERS, s. m. Com. du dép. de l'Hérault, cant. et arr. de Béziers. = Béziers.

COLOMBIERS, s. m. Com. du dép. de la Mayenne, cant. de Gorron, arr. de Mayenne. = Mayenne.

COLOMBIERS, s. m. Com. du dép. de l'Orne, cant. et arr. d'Alençon. = Alençon.

COLOMBIERS, s. m. Com. du dép. de la Vienne, cant. et arr. de Châtellerault. = Châtellerault.

COLOMBIERS-SOUS-UXELLES, s. m. Com. du dép. de Saône-et-Loire, cant. de Sennecey-le-Grand, arr. de Châlons. = Buxy.

COLOMBIERS-SUR-SEULLES, s. m. Com. du dép. du Calvados, cant. de Ryes, arr. de Bayeux. = Bayeux.

COLOMBIÉS, s. m. Com. du dép. de l'Aveyron, cant. de Sauveterre, arr. de Rodez. = Rodez.

COLOMBIN, s. m. Mine de plomb pur; substance minérale tirée du plomb. —, bassin de la fritte. T. de faïenc.

COLOMBIN, E, adj. Se dit d'une couleur rouge et violet, comme la gorge du pigeon,

COLOMBINE, s. f. Fiente de pigeon, le plus chaud des engrais. —, variété d'anémones. T. de fleur. —, nom d'un personnage de la comédie italienne, amante de l'arlequin.

COLOMBINS, s. m. pl. Oiseaux anisodactyles. T. d'hist. nat.

COLOMBITE ou COLOMBIUM, s. m. Substance métallique d'un gris noirâtre, espèce de chromate de fer.

COLOMBO, s. m. Plante des Indes, amère et astringente. T. de bot.

COLOMBOTTE, s. f. Com. du dép. de la Haute-Saône, cant. de Noroy-le-Bourg, arr. de Vesoul. = Vesoul.

COLOMBY, s. m. Com. du dép. de la Manche, cant. de St.-Sauveur-le-Vicomte, arr. de Valognes. = Valognes.

COLOMBY-SUR-THAN, s. m. Com. du dép. du Calvados, cant. de Creuilly, arr. de Caen. = Caen.

COLOMIERS, s. m. Com. du dép. de la Haute-Garonne, cant. et arr. de Toulouse. = Toulouse.

COLOMIEU, s. m. Com. du dép. de l'Ain, cant. et arr. de Belley. = Belley.

COLOMME (Ste.-), s. f. Com. du dép. des Basses-Pyrénées, cant. d'Arudy, arr. d'Oloron. = Oloron.

COLOMNÉE, s. f. Plante personnée. T. de bot.

COLON, s. m. Habitant des colonies, cultivateur. —, le second des gros intestins. T. d'anat.

COLONAGE, s. m. Exploitation d'un colon, d'un cultivateur aux colonies.

COLONARD, s. m. Com. du dép. de l'Orne, cant. de Nocé, arr. de Mortagne. = Bellême.

COLONEL, s. m. Officier supérieur qui commande un régiment.

COLONELLE, s. et adj. Première compagnie d'un régiment, commandée par le colonel qui en était le capitaine.

COLONFAY, s. m. Com. du dép. de l'Aisne, cant. de Sains, arr. de Vervins. = Guise.

COLONGES, s. f. Com. du dép. de la Corrèze, cant. de Meyssac, arr. de Brive. = Brive.

COLONGES, s. f. Com. du dép. du Rhône, cant. de Limonest, arr. de Lyon. = Lyon.

COLONGES-LA-MADELAINE, s. f. Com. du dép. de Saône-et-Loire, cant. d'Epinac, arr. d'Autun. = Nolay.

COLONIAL, E, adj. Qui concerne les colonies, qui en vient; marchandises coloniales.

COLONIE, s. f. Conquête, possession d'un gouvernement européen au-delà des mers où, sous la protection de la métropole, des spéculateurs, des émigrans se sont fixés pour en cultiver le sol, et former des établissemens commerciaux.

COLONISATION, s. f. Etablissement d'une colonie, envoi de personnes et de choses nécessaires à la fondation d'un semblable établissement. —, primes, encouragemens accordés à ceux qui vont hasarder leurs capitaux et leur industrie dans une nouvelle colonie.

COLONISÉ, E, part. Organisé en colonie.

COLONISER, v. a. Organiser, fonder une colonie.

COLONNADE, s. f. Rangée de colonnes servant d'ornement à un grand édifice; la colonnade du Louvre.

COLONNAILLES, s. f. pl. Gros brins d'osier dans un ouvrage de vannier.

COLONNE, s. f. Pilier de forme cylindrique qui sert de soutien et d'ornement à un édifice; monument triomphal élevé au milieu d'une place publique; la colonne Trajanne, la colonne Napoléonienne de la place Vendôme. —, ce qui a la forme d'une colonne; pilier d'un lit. — d'un journal, page séparée par un filet perpendiculaire. —, appui d'une nation, son conseil, son défenseur. —, division d'une armée en lignes qui ont peu de front et beaucoup d'épaisseur. T. d'art milit. Division d'une flotte dont les bâtimens se suivent au lieu de marcher de front. T. de mar. —, masse de fluide en forme de cylindre. T. de phys. — du nez, cartilage qui sépare les deux narines. — vertébrale, assemblage de toutes les vertèbres posées les unes sur les autres.

COLONNE, s. f. Com. du dép. du Jura, cant. et arr. de Poligny. = Sellières.

COLONZELLE, s. f. Com du dép. de la Drôme, cant. de Crignan, arr. de Montélimar. = Taulignan.

COLOPHANE, s. f. Sorte de résine pour frotter et dégraisser le crin de l'archet d'un violon.

COLOPHONITE, s. f. Variété de grenat d'un jaune roussâtre ou brun. T. d'hist. nat.

COLOPOON, s. m. Arbre du cap de Bonne-Espérance. T. de bot.

COLOQUINELLE, s. f. Fausse coloquinte.

COLOQUINTE, s. f. Plante annuelle, cucurbitacée, espèce de concombre du levant, dont la pulpe très amère est un violent purgatif.

COLORANT, E, adj. Qui colore, donne de la couleur.

COLORÉ, E, part. Se dit d'un objet auquel on a donné de la couleur; vin coloré. Feuille —, feuille de toute autre couleur que la couleur verte. T. de bot.

COLORER, v. a. Donner la couleur ou de la couleur. —, donner une belle apparence à ce qui est mauvais, répréhensible; colorer une injustice. Se —, v. prón. Prendre de la couleur.

COLORIÉ, E, part. Enrichi de couleurs.

COLORIER, v. a. Employer, distribuer, fondre des couleurs dans un tableau, dans une miniature. —, enluminer une gravure.

COLORIFIQUE, adj. Qui produit la couleur. T. inus.

COLORIS, s. m. Manière d'employer les couleurs, résultat de l'emploi et de la distribution des couleurs dans un tableau; beau coloris, savant coloris. Se dit du teint, des fruits, des fleurs, etc., et fig. du style.

COLORISATION, s. f. Changement de couleur des substances. T. de chim.

COLORISTE, s. m. Peintre qui connaît parfaitement l'effet des couleurs, qui sait marier, fondre les teintes et produire un éclat harmonieux. T. de peint.

COLOSSAL, E, adj. D'une grandeur démesurée; statue colossale. —, se dit fig. de la fortune, du pouvoir, etc.; fortune colossale.

COLOSSE, s. m. Statue d'une grandeur démesurée; le colosse de Rhodes. —, homme d'une taille et d'une grosseur extraordinaires. Fig. et fam. —, qui surpasse de beaucoup les bornes communes; colosse de gloire, etc.

COLOSTRATION, s. f. Tranchée des enfans pendant qu'ils tètent le premier lait de leur mère. T. inus.

COLOSTRE, s. m. Premier lait d'une femme qui vient d'accoucher. —, émulsion de térébenthine avec un jaune d'œuf. T. de pharm.

COLPOCÈLE, s. f. Hernie vaginale. T. de chir.

COLPORTAGE, s. m. Action, métier du colporteur.

COLPORTÉ, E, part. Porté çà et là.

COLPORTER, v. a. Porter çà et là, débiter, vendre dans les lieux publics des merceries, des livres, etc. —, répandre, raconter partout; colporter une histoire scandaleuse.

COLPORTEUR, s. m. Crieur des rues, qui vend des journaux, des imprimés; marchand ambulant.

COLROY-LA-GRANDE, s. m. Com. du dép. des Vosges, cant. de Saales, arr. de St.-Dié. = St.-Dié.

COLROY-LA-ROCHE, s. m. Com. du dép. des Vosges, cant. de Saales, arr. de St.-Dié. = St.-Dié.

COLTAINVILLE, s. f. Com. du dép. d'Eure-et-Loir, cant. et arr. de Chartres. = Chartres.

COLTI, s. m. Retranchement au bout du château d'avant d'un vaisseau. T. de mar. —, cabinet au bout d'un édifice.

COLTINES, s. f. Com. du dép. du Cantal, cant. et arr. de St.-Flour. = St.-Flour.

COLUBRIN, s. m. Serpent panaché de blanc et de roux. T. d'hist. nat.

COLUBRINE, s. f. Espèce de pierre ollaire. T. d'hist. nat. —, serpentaire de Virginie. T. de bot.

COLUMBAIRE, s. m. Mausolée destiné à renfermer les cendres d'une famille. T. d'antiq.

COLUMELLE, s. f. Axe intérieur d'une coquille. T. d'hist. nat. —, axe vertical de quelques fruits; cylindre qui contient la poussière séminale des mousses; arbrisseau grimpant qui croît à la Cochinchine. T. de bot.

COLUMELLÉ, E, adj. Pourvu d'une columelle. —, s. f. Plante corymbi-fère du cap de Bonne-Espérance. T. de bot.

COLUMNIFÈRE, adj. Qui porte des colonnes.

COLURE, s. f. Chacun des deux grands cercles qui coupent l'équateur à angles droits. T. d'astr.

COLUTHÉA, s. m. Baguenaudier. T. de bot.

COLUVRINE DE VIRGINIE, s. f. Espèce d'aristoloche dont la racine est alexipharmaque. T. de bot.

COLY, s. m. Com. du dép. de la Dordogne, cant. de Terrasson, arr. de Sarlat. = Terrasson.

COLYBES, s. m. pl. Pâte de légumes et de grains qu'on offre dans l'église grecque, en l'honneur des saints et en mémoire des morts.

COLYDIE, s. f. Coléoptère tétramère. T. d'hist. nat.

COLZA ou COLZAT, s. m. Sorte de chou sauvage, cultivé en Flandre, dont la graine fournit une sorte d'huile à brûler.

COMA, s. m. Maladie soporeuse, assoupissement, sommeil profond. T. de méd.

COMARET, s. m. Plante rosacée. T. de bot.

COMATEUX, EUSE, adj. Qui a rapport au coma; symptôme qui l'indique.

CO-MAY, s. m. Plante graminée de la Chine. T. de bot.

COMBAILLAUX, s. m. Com. du dép. de l'Hérault, cant. de Matelles, arr. de Montpellier. = Montpellier.

COMBAR, s. m. Com. du dép. du Gard, cant. de Sommières, arr. de Nismes. = Sommières.

COMBASOU, s. m. Oiseau du genre du moineau. T. d'hist. nat.

COMBAT, s. m. Action de Combattre, d'attaquer et de se défendre; combat entre des divisions d'armées ennemies; combat naval, combat de taureaux, etc. —, état d'agitation, de trouble et de souffrance; efforts de l'âme pour résister aux revers, aux chagrins. —, dispute, contestation. — de civilité, de politesse, échange de prévenances, de complimens. Fig. —, opposition; combat des élémens, des passions, etc. —, pl. Jeux publics des anciens.

COMBATTABLE, adj. Qui peut être combattu avec succès. T. inus.

COMBATTANT, s. m. Soldat qui fait partie d'une armée en campagne; soldat en état de combattre. —, oiseau de passage, espèce de vanneau. T. d'hist. nat.

COMBATTRE, v. a. et n. Echanger des coups de fusil, de sabre, de canon; attaquer, riposter, se défendre; affronter la mort, lutter avec intrépidité pour soutenir la gloire de son drapeau. —, s'opposer, résister, disputer, réprimer. Fig.

COMBATTU, E, part. Qui a éprouvé de la résistance.

COMBAULT, s. m. Com. du dép. de Seine-et-Marne, cant. de Tournan, arr. de Melun. = Boissy.

COMBBIRD ou OISEAU-PEIGNE, s. m. Outarde, oiseau du Sénégal. T. d'hist. nat.

COMBE, s. m. Mesure de grains en Angleterre. —, grotte. (Vi.)

COMBEAU-FONTAINE, s. m. Com. du dép. de la Haute-Saône, chef-lieu de cant. de l'arr. de Vesoul. Bur. d'enregist. à Scey-sur-Saône; bur. de poste.

COMBEBONNET, s. m. Com. du dép. de Lot-et-Garonne, cant. de Beauville, arr. d'Agen. = Agen.

COMBEFA, s. f. Com. du dép. du Tarn, cant. de Monestiés, arr. d'Albi. = Albi.

COMBEJAC, s. m. Village du dép. du Tarn, cant. de Vabre, arr. de Castres. = Castres.

COMBERANCHE-ET-ÉPELUCHES, s. f. Com. du dép. de la Dordogne, cant. et arr. de Ribérac. = Ribérac.

COMBEROUGER, s. m. Com. du dép. de Tarn-et-Garonne, cant. de Verdun, arr. de Castel-Sarrasin. = Grisolles.

COMBERTAULT, s. m. Com. du dép. de la Côte-d'Or, cant. et arr. de Beaune. = Beaune.

COMBES (les), s. f. pl. Com. du dép. du Doubs, cant. de Morteau, arr. de Pontarlier. = Morteau.

COMBES, s. f. Com. du dép. de l'Hérault, cant. de St.-Gervais, arr. de Béziers. = Bédarieux.

COMBIEN, adv. de quantité. Quel nombre, quelle quantité, quelle durée; combien d'hommes, de choses, de temps faut-il? —, de quel prix; combien coûte cela? —, quel degré, combien de bonté, de douceur! —, à quel point; nous savons tous combien la France est heureuse. —, s. m. Le combien, la mesure, le prix.

COMBIERS, s. m. Com. du dép. de la Charente, cant. de la Valette, arr. daAngoulême. = Angoulême.

'Mine de fer, forges, fonderies; fab. de poterie, chaudières, grilles, pièces de mécaniques, etc.

COMBINABLE, adj. Qui peut être combiné.

COMBINAISON, s. f. Disposition de plusieurs choses d'après un plan; combinaison de chiffres, de lettres, d'idées. —, manière de prendre des données mathématiques; union intime des parties qui forment un composé. T. de chim.

COMBINATOIRE, adj. Se dit de l'art de comparer divers objets.

COMBINÉ, E, part. Disposé, arrangé d'après un plan; armée combinée. —, s. m. Mélange, composition. T. de chim.

COMBINER, v. a. Disposer, arranger d'après un plan; faire, opérer une combinaison. —, mélanger avec ordre. T. de chim.

COMBLANCHIEN, s. m. Com. du dép. de la Côte-d'Or, cant. de Nuits, arr. de Beaune. = Nuits.

COMBLAVILLE, s. f. Com. du dép. de Seine-et-Marne, cant. de Brie-Comte-Robert, arr. de Melun. = Brie-Comte-Robert.

COMBLE, s. m. Ce qui dépasse une mesure, un vase plein de solides; faîte d'un bâtiment. —, dernier surcroît; dernier période; le plus haut degré, le plus haut point; au comble de la gloire, des honneurs. Pour — de malheur, pour surcroît de malheur. De fond en —, adv., entièrement. —, adj. Plein, par-dessus les bords. —, bien rempli; la salle était comble. Chef —, rétréci. T. de blas.

COMBLÉ, E, part. Rempli au-dessus des bords. —, adj. Se dit d'une personne à laquelle on a prodigué les attentions les plus délicates; il a été comblé dans cette maison.

COMBLEAU, s. m. Cordage pour tirer le canon. T. d'artill.

COMBLEMENT, s. m. Action de combler. T. inus.

COMBLER, v. a. Remplir une mesure par-dessus les bords, jusqu'au comble. —, remplir un creux; combler un fossé. —, prodiguer; combler d'éloges, d'honneurs. — la mesure, se rendre indigne de pardon en commettant de nouvelles fautes.

COMBLES, s. f. Com. du dép. de la Meuse, cant. et arr. de Bar-le-Duc. = Bar-le-Duc.

COMBLES, s. f. Com. du dép. de la Somme, chef-lieu de cant. de l'arr. de Péronne. Bur. d'enregist. = Péronne.

COMBLESSAC, s. m. Com. du dép. d'Ille-et-Vilaine, cant. de Maure, arr. de Redon. = Plélan.

COMBLETTE, s. f. Fente qui se trouve au milieu du pied d'un cerf. T. de véner.

COMBLEUX, s. m. Com. du dép. du

Loiret, cant. et arr. d'Orléans. = Orléans.

COMBLIZY, s. m. Com. du dép. de la Marne, cant. de Dormans, arr. d'Epernay. = Dormans.

COMBLOT, s. m. Com. du dép. de l'Orne, cant. et arr. de Mortagne. = Mortagne.

COMBON, s. m. Com. du dép. de l'Eure, cant. de Beaumont, arr. de Bernay. = Beaumont-le-Roger.

COMBOURG, s. m. Com. du dép. d'Ille-et-Vilaine, chef-lieu de cant. de l'arr. de St.-Malo. Bur. d'enregist. et de poste.
C'est dans ce village qu'est né le vicomte de Châteaubriant, l'un des grands écrivains de notre époque, et le seul de nos hommes d'état qui, en restant fidèle à ses principes, ait conservé l'affection du peuple.

COMBOURGEOIS, s. m. Voy. Cobourgeois.

COMBOURTILLÉ, s. m. Com. du dép. d'Ille-et-Vilaine, cant. et arr. de Fougères. = Fougères.

COMBOVIN, s. m. Com. du dép. de la Drôme, cant. de Chabeuil, arr. de Valence. = Valence.

COMBRADET, s. m. Com. du dép. de l'Aveyron, cant. de Requista, arr. de Rodez. = Rodez.

COMBRAILLE, s. f. Petit pays compris autrefois dans la province d'Auvergne, et qui fait aujourd'hui partie du dép. de la Creuse.

COMBRAILLE, s. f. Com. du dép. de la Creuse, cant. de Chambon, arr. de Boussac. = Chambon.

COMBRAILLE, s. f. Com. du dép. du Puy-de-Dôme, cant. de Pontaumur, arr. de Riom. = Clermont.

COMBRAND, s. m. Com. du dép. des Deux-Sèvres, cant. de Cerizay, arr. de Bressuire. = Châtillon-sur-Sèvres.

COMBRAY, s. m. Com. du dép. du Calvados, cant. de Thury-Harcourt, arr. de Falaise. = Thury-Harcourt.

COMBRE, s. m. Com. du dép. de la Loire, cant. de Perreux, arr. de Roanne. = St.-Symphorien-de-Lay.

COMBRECELLE, s. f. Sorte d'échelle que l'on fait à quelqu'un en lui prêtant les mains d'abord, puis les épaules pour monter sur un mur.

COMBRÉE, s. f. Com. du dép. de Maine-et-Loire, cant. de Pouancé, arr. de Segré. = Segré.

COMBRES, s. f. Com. du dép. d'Eure-et-Loir, cant. de Tiron-Gardais, arr. de Nogent-le-Rotrou. = Nogent-le-Rotrou.

COMBRES, s. f. Com. du dép. de la Meuse, cant. de Fresnes-en-Wœvre, arr. de Verdun. = Verdun.

COMBRET, s. m. Petite ville du dép. de l'Aveyron, cant. de St.-Sernin, arr. de St.-Affrique. = St.-Sernin.

COMBRET, s. m. Com. du dép. de l'Aveyron, cant. de Marcillat, arr. de Rodez. = Rodez.

COMBRET, s. m. Com. du dép. de la Lozère, cant. de Villefort, arr. de Mende. = Villefort.

COMBREUX, s. m. Com. du dép. du Loiret, cant. de Châteauneuf, arr. d'Orléans. = Châteauneuf-sur-Loire.

COMBRIÈRE, s. f. Filet pour prendre le thon et autres gros poissons. T. de pêch.

COMBRIT, s. m. Com. du dép. du Finistère, cant. de Pont-l'Abbé, arr. de Quimper. = Quimper.

COMBRONDE, s. f. Com. du dép. du Puy-de-Dôme, chef-lieu de cant. de l'arr. de Riom. Bur. d'enregist. = Riom.

COMBROSSOL, s. m. Com. du dép. de la Corrèze, cant. de Meymac, arr. d'Ussel. = Ussel.

COMBROUZE, s. f. Com. du dép. de l'Aveyron, cant. de Sauveterre, arr. de Rodez. = Rignac.

COMBUGÉ, E, part. Imbibé. Se dit des tonneaux, des futailles.

COMBUGER, v. a. Mettre de l'eau dans une futaille pour l'imbiber et resserrer les pores du bois.

COMBUSTIBILITÉ, s. f. Propriété des corps de s'unir à l'oxygène qui les rend combustibles. T. de chim.

COMBUSTIBLE, s. m. Bois, charbon; tout ce qui sert à faire du feu, à se chauffer. —, adj. Qui a la propriété de brûler. —, susceptible de se combiner avec l'oxygène. T. de chim.

COMBUSTION, s. f. Action de brûler entièrement; entière décomposition par l'action du feu. —, tumulte, grand désordre dans le peuple, dans une assemblée. —, combinaison d'un corps combustible avec l'oxygène. T. de chim. —, conjonction d'une planète avec le soleil. T. d'astr.

COME, s. f. Ville du Milanais, en Italie, sur le lac de ce nom, fut fondée par les Gaulois.
Cette ville a vu naître Célius, les deux Pline, les papes Clément XIII et Innocent XI, Volta et Canova. Elle possède de très beaux édifices.

COME ou COMME, s. m. Bas-officier de galère, qui commande la chiourme.

COME (St.-), s. m. Petite ville du dép. de l'Aveyron, cant. et arr. d'Espalion. = Espalion.
Fab. de flanelle.

COME (St.-), s. m. Com. du dép. du Haut-Rhin, cant. de Fontaine, arr. de Belfort. = Belfort.

COME (St.-), s. m. Com. du dép. de la Gironde, cant. et arr. de Bazas. = Bazas.

COME (St.-), s. m. Village du dép. de Lot-et-Garonne, cant. de Port-Ste.-Marie, arr. d'Agen. = Port-Ste.-Marie.

COME-DE-FRESNE (St.-), s. m. Com. du dép. du Calvados, cant. de Ryes, arr. de Bayeux. = Bayeux.

COMÉDIE, s. f. Pièce de théâtre dans laquelle est retracée une action ordinaire de la vie, au moyen d'une intrigue qui marche de surprise en surprise, et qui fait ressortir le caractère des principaux personnages, leurs faiblesses, leurs ridicules, etc., pour le plaisir et l'instruction des spectateurs. —, théâtre, quel que soit le genre de pièces qu'on y joue. —, hypocrisie, feinte. Fig. —, actions plaisantes ou ridicules. Donner la —, se donner en spectacle.

COMÉDIEN, NE, s. Acteur qui joue la comédie sur un théâtre public, et qui est engagé dans une troupe. —, hypocrite qui feint avec art des sentimens qu'il n'a pas; traître qui proteste de sa fidélité alors même qu'il aiguise des poignards pour vous percer le sein. Fig.

COME-DU-MONT (St.-), s. m. Com. du dép. de la Manche, cant. de Carentan, arr. de St.-Lô. = Carentan.

COME (St.-) et MARUÉJOLS, s. m. Com. du dép. du Gard, cant. de St.-Mamert, arr. de Nismes. = Calvisson.

COMELLE-SOUS-BEUVRAY, s. f. Com. du dép. de Saône-et-Loire, cant. de St.-Léger-sous-Beuvray, arr. d'Autun. = Autun.

COMÉPHORES, s. m. pl. Poissons apodes. T. d'hist. nat.

COMES, s. m. Com. du dép. des Pyrénées-Orientales, cant. et arr. de Prades. = Prades.

COMES (St.-), s. m. Com. du dép. de Saône-et-Loire, cant. et arr. de Châlons. = Châlons.

COMESPERME, s. f. Plante rhinantoïde. T. de bot.

COMESTIBLE, s. et adj. Se dit de toutes les substances alimentaires qui font la nourriture de l'espèce humaine. —, s. m. pl. Vivres, subsistances.

COMÉTAIRE, adj. Qui est relatif aux comètes.

COMÈTE, s. f. Corps céleste de la nature des planètes, qui décrit autour du soleil une ellipse très excentrique et très alongée, et qui paraît à de longs intervalles avec une traînée lumineuse qu'on appelle queue ou chevelure. —, sorte de fusée; espèce de jeu de cartes; ruban étroit. —, étoile à queue. T. de blas. —, petite plante des Indes. T. de bot.

COMETÉ, E, adj. Qui a des rayons ondoyans comme une comète. T. de blas.

COMÉTITES, s. f. pl. Astroïtes fossiles à étoiles chevelues. T. d'hist. nat.

COMÉTOGRAPHIE, s. f. Traité sur les comètes. T. d'astr.

COMIAC, s. m. Com. du dép. du Lot, cant. de Bretenoux, arr. de Figeac. = St.-Céré.

COMIAC-DE-FLORIAU, s. m. Com. du dép. du Gard, cant. de Sauve, arr. du Vigan. = Sauve.

COMICES, s. m. pl. Assemblées électorales du peuple romain qui se tenaient dans le Champ-de-Mars.

COMIERS (NOTRE-DAME-DE-), s. m. Com. du dép. de l'Isère, cant. de Vizille, arr. de Grenoble. = Vizille.

COMIGNE, s. f. Com. du dép. de l'Aude, cant. de Capendu, arr. de Carcassonne. = Carcassonne.

COMINES, s. f. Petite ville du dép. du Nord, cant. de Quesnoy-sur-Deule, arr. de Lille. = Lille. Cette ville est située sur l'extrême frontière du royaume des Pays-Bas. On y trouve le bur. des douanes. Fab. de rubans de fil et de coton.

COMINGE, s. m. Sorte de grosse bombe.

COMINGES ou COMENGES, s. f. Petit pays compris autrefois dans la Gascogne, et qui fait aujourd'hui partie du dép. de la Haute-Garonne.

COMIQUE, s. m. Genre, style, auteur comique. —, acteur qui joue les rôles de valets, qui remplit l'emploi de Préville et de Dugazon, célèbres comédiens du Théâtre-Français. —, adj. Qui appartient à la comédie. —, plaisant, risible; aventure comique.

COMIQUEMENT, adv. D'une manière comique, plaisante.

COMIRS, s. m. pl. Bateleurs qui chantaient les poésies des troubadours.

COMITE, s. m. Argousin, préposé à la garde des forçats. Voy. COME.

COMITÉ, s. m. Réunion de quelques membres d'une assemblée pour l'examen d'une affaire. —, assemblée de comédiens; le comité de la Comédie-Française. Petit —, réunion d'amis; dîner en petit comité.

COMITIVE, adj. Qui appartient à la qualité, au rang de comte; noblesse comitive.

COMMA, s. m. Différence du ton majeur au ton mineur. T. de mus. —, deux-points (:). T. d'impr. —, oiseau d'Afrique qui a le cou vert, les ailes rouges et la queue noire. T. d'hist. nat.

COMMANA, s. f. Com. du dép. du Finistère, cant. de Sizun, arr. de Morlaix. = Landivisiau.

COMMAND., s. m. Pouvoir donné à un tiers pour enchérir Déclaration de —, qui se fait ordinairement au moment de l'adjudication. T. de procéd.

COMMANDANT, E, s. et adj. Officier supérieur qui commande des troupes ; commandant de bataillon, commandant de place.

COMMANDE, s. f. Commission qu'on donne à un fabricant, à un marchand, pour faire ou fournir, dans un temps déterminé, une certaine quantité de marchandises, pour acheter ou vendre. T. de comm. Maladie de —, maladie supposée.

COMMANDÉ, E, part. Prescrit, ordonné.

COMMANDEMENT, s. m. Ordre, injonction ; autorité, pouvoir, manière de commander. —, signification de la grosse d'une obligation ou d'un jugement, avec sommation de payer, etc. —, loi, précepte ; les commandemens de Dieu et de l'Église.

COMMANDER, v. a. Prescrire, ordonner, enjoindre. —, être chef d'un corps ; commander un bataillon. —, avoir l'empire, le commandement. —, faire une commande. T. de comm. —, dominer sur, ou à l'entour, en parlant d'une forteresse. —, avoir autorité, gouverner ; commander dans une place de guerre. — à ses passions ; les vaincre. Fig.

COMMANDERIE, s. f. Bénéfice affecté à un ordre militaire.

COMMANDERIE (la), s. f. Com. du dép. de Loir-et-Cher, cant. de Menneton, arr. de Romorantin. = Romorantin.

COMMANDEUR, s. m. Chevalier qui possède une commanderie. —, chef de nègres, intendant d'une habitation. —, oiseau de l'Amérique du nord, gros comme un merle, d'un noir lustré ; espèce de loriot qui vit d'insectes et de fruits. T. d'hist. nat.

COMMANDITAIRE, s. m. Associé en commandite.

COMMANDITE, s. f. Société dans laquelle l'un des associés met son argent et l'autre son industrie.

COMMARIN, s. m. Com. du dép. de la Côte-d'Or, cant. de Pouilly-en-Auxois, arr. de Beaune. = Sombernon.

COMME, adv. de comparaison. De même que ; ainsi que ; par exemple ; presque, en quelque façon ; de quelle manière. —, conj. parce que ; attendu que, etc. —, comment ; voici comme les choses se sont passées. — si, de même que si. — aussi, pareillement. — cela, ni bien, ni mal.

COMMEAUX, s. m. Com. du dép. de l'Orne, cant. et arr. d'Argentan. = Argentan.

COMMELINE, s. f. Jolie plante d'Afrique et d'Amérique, de la famille des joncs. T. de bot.

COMMELLE, s. f. Com. du dép. de l'Isère, cant. de la Côte-St.-André, arr. de Vienne. = la Côte-St.-André.

COMMELLE, s. f. Com. du dép. de la Loire, cant. de Perreux, arr. de Roanne. — Roanne.

COMMÉMORAISON ou **COMMÉMORATION**, s. f. Mémoire que l'Église fait d'un saint le jour où elle célèbre la fête d'un autre. —, prière pour les morts.

COMMÉMORATIF, IVE, adj. Qui rappelle un souvenir.

COMMENAILLES, s. f. Com. du dép. du Jura, cant. de Chaumergy, arr. de Dôle. = Sellières.

COMMENÇANT, s. m. Qui commence, qui en est aux premiers élémens d'un art, d'un métier.

COMMENCÉ, E, part. Mis en train, ébauché, entamé.

COMMENCEMENT, s. m. Principe, origine, cause première. —, temps où l'on commence, où une chose commence. —, premiers temps ; le commencement du monde. —, première partie ; le commencement d'un poëme. —, pl. Premières études. Au —, adv. Dans le premier temps.

COMMENCER, v. a. et n. Donner naissance, origine. —, faire ce qui doit être fait d'abord ; mettre en train, entamer, ébaucher ; commencer un procès. —, donner, prendre les premières leçons ; débuter. —, v. n. Être au commencement ; commencer l'année. —, prendre commencement ; le jour commence. —, v. impers. Il commence à pleuvoir.

COMMENCHON, s. m. Com. du dép. de l'Aisne, cant. de Chauny, arr. de Laon. = Chauny.

COMMENDATAIRE, adj. Qui possède une commende, un bénéfice ; abbé commendataire.

COMMENDE, s. f. Titre d'un bénéfice régulier accordé par le pape à un ecclésiastique séculier pour la jouissance usufruitière.

COMMENSACQ, s. m. Com. du dép. des Landes, cant. de Sabres, arr. de Mont-de-Marsan. = Lipostey.

COMMENSAL, adj. Qui mange à la table de quelqu'un; qui vit aux dépens d'un autre. —, pl. Commensaux. Officiers, domestiques du roi, nourris par sa cuisine.

COMMENSALITÉ, s. f. Droit des commensaux de la maison du roi.

COMMENSURABILITÉ, s. f. Rapport de nombre entre deux grandeurs qui ont une mesure commune. T. de math.

COMMENSURABLE, adj. Se dit de deux grandeurs en rapport de nombre ou d'une mesure commune. T. de math.

COMMENSURATION, s. f. Action de mesurer deux choses ensemble.

COMMENT, adv. De quelle sorte, de quelle manière? —, pourquoi? d'où vient que? —, marque le doute. Comment? que dites-vous? —, interj. Eh quoi! est-il possible! —, s. m. Le comment, la manière dont une chose est arrivée.

COMMENTAIRE, s. m. Interprétation, éclaircissement; remarque, observation sur un livre. —, interprétation malveillante donnée aux discours ou aux actions d'autrui. —, pl. Mémoires historiques; les Commentaires de César.

COMMENTATEUR, s. m. Traducteur qui commente un livre; auteur qui écrit des commentaires.

COMMENTÉ, E, part. Qui a été le sujet d'un commentaire.

COMMENTER, v. a. Faire un commentaire; amplifier, ajouter à une nouvelle; broder un récit. —, v. n. Dénaturer les faits, les présenter du mauvais côté.

COMMENTRY, s. m. Com. du dép. de l'Allier, cant. de Montmarault, arr. de Montluçon. = Montluçon.

COMMENY, s. m. Com. du dép. de Seine-et-Oise, cant. de Marines, arr. de Pontoise. = Magny.

COMMEQUIERS, s. m. Petite ville du dép. de la Vendée, cant. de St.-Gilles, arr. des Sables-d'Olonne. = St.-Gilles.

COMMER, v. n. Faire des comparaisons. (Vi.)

COMMER, s. m. Com. du dép. de la Mayenne, cant. et arr. de Mayenne. = Mayenne.

COMMÉRAGE, s. m. Caquetage, propos et conduite de commère. T. fam.

COMMERÇABLE, adj. Négociable, qui peut être placé dans le commerce.

COMMERÇANT, E, s. Qui vend et achète, qui fait le commerce. —, adj. Se dit d'un pays où le commerce est très actif, etc.; Bordeaux est commerçant.

COMMERCE, s. m. Achat et vente de marchandises, négoce. —, le corps des commerçans; le commerce de Lyon, de Paris. —, relation de société, correspondance intime, liaison. Etre d'un — agréable en société, y apporter de la complaisance, des manières douces et polies. Entretenir un — de lettres avec quelqu'un, le tenir au courant de tout ce qui peut l'intéresser et lui plaire. —, intrigue, manœuvre frauduleuse, tripotage en affaires; commerce scandaleux.

COMMERCER, v. n. Faire le commerce, acheter, vendre, trafiquer, négocier.

COMMERCIAL, E, adj. Qui est relatif au commerce, qui lui appartient.

COMMERCY, s. m. Petite et jolie ville du dép. de la Meuse, chef-lieu de sous-préf. et de cant.; trib. de 1re inst. à St.-Mihiel; direct. des contrib. indir.; recev. part. des finances; bur. d'enregist et de poste.

Cette ville, située sur la rive gauche de la Meuse, possède un superbe château qui fut bâti par le roi Stanislas, et qui est maintenant occupé par un régiment de cavalerie.

Fab. de toiles de coton; filatures de coton; forges, hauts-fourneaux et martinets à fer. Comm. de vins, grains, huiles, chanvres, cuirs, bois, bestiaux, etc.

COMMÈRE, s. f. Marraine, femme qui remplace la mère, qui tient ou qui a tenu un enfant sur les fonts de baptême. —, curieuse, bavarde, qui sait toutes les nouvelles du quartier, et qui en parle à tort et à travers. —, femme rusée, hardie, entreprenante. C'est une vigoureuse —, c'est une femme capable de faire le coup de poing.

COMMERVEIL, s. m. Com. du dép. de la Sarthe, cant. et arr. de Mamers. = Mamers.

COMMES, s. m. Com. du dép. du Calvados, cant. de Ryes, arr. de Bayeux. = Bayeux.

COMMETTAGE, s. m. Action de tordre plusieurs fils. T. de mar.

COMMETTANT, s. m. Celui qui donne commission, qui charge un correspondant d'acheter ou de vendre pour son compte; qui confie une affaire à quelqu'un.

COMMETTRE, v. a. Faire, exécuter, consommer; commettre un crime, un péché, une faute. —, donner commission; commettre un juge pour rapporteur. —, compromettre, exposer; gardez-vous de commettre votre fortune dans une opération de bourse. —, confier aux soins. Se —, v. pron. Se compromettre, s'exposer.

COMMIER, s. m. Arbre de la Cochinchine. T. de bot.

COMMINATION, s. f. Figure de rhétorique qui a pour but d'intimider celui de qui l'on parle par la peinture des maux qui le menacent. Fig.

COMMINATOIRE, adj. Qui renferme une clause pénale en cas de contravention ; sentence comminatoire. T. de jurisp.

COMMINER, v. n. Menacer, censurer. T. inus.

COMMINUTION, s. f. Fracture d'un os qui présente un grand nombre d'esquilles. T. de chir. —, action de pulvériser, de réduire en très petites particules. T. de phar.

COMMINUTIVE, adj. Se dit d'une fracture dans laquelle l'os se trouve broyé, et n'offre que des fragmens ; fracture comminutive. T. de chir.

COMMIS, s. m. Employé subalterne et amovible dans une administration quelconque ; commis de bureau, commis marchand, commis voyageur. —, préposé des droits réunis ; commis à cheval, etc. —, préposé, employé, chargé de commission.

COMMIS, E, part. Consommé, exécuté ; crime commis.

COMMISE, s. f. Au temps de la féodalité, confiscation d'un fief dont le tenancier refusait de prêter foi et hommage.

COMMISÉRATION, s. f. Pitié, compassion.

COMMISSAIRE, s. m. Officier de police judiciaire, délégué, commis par la justice ou l'administration pour exercer une fonction, régir un sequestre, informer, interroger, surveiller, etc.; commissaire de police, commissaire des guerres.

COMMISSEY, s. m. Com. du dép. de l'Yonne, cant. de Cruzy, arr. de Tonnerre. = Tonnerre.

COMMISSION, s. f. Action, faute commise ; péché de commission, par opposition à péché d'omission. —, mandement, ordonnance qui commet ; charge, office, emploi, titre, brevet ; donner, révoquer une commission. — militaire, tribunal temporaire composé de juges militaires pour des cas déterminés par le code qui régit l'armée ; tribunal dont les décisions sont exécutoires vingt-quatre heures après le jugement de révision, prononcé par d'autres juges également militaires. —, charge donnée à quelqu'un de faire ou de dire quelque chose ; ce valet fait bien les commissions. —, courtage ; faire la commission.

COMMISSIONNAIRE, s. m. Directeur d'une maison de commission, entremetteur qui vend et achète pour le compte des tiers, moyennant une remise pour sa commission. —, mercenaire qui fait des commissions pour le public.

COMMISSIONNÉ, E, part. Chargé d'une commission.

COMMISSIONNER, v. a. Donner une commission.

COMMISSOIRE, adj. Se dit d'une clause dont l'inobservation emporte la nullité du contrat ; clause commissoire.

COMMISSURE, s. f. Jonction, point de réunion de deux parties ; commissure des lèvres. T. d'anat.

COMMITTIMUS, s. m. Mot latin. Attribution de certaines causes à un tribunal. Lettres de —, lettres de chancellerie accordées par le Roi à ceux qui avaient leurs causes commises aux requêtes du Châtelet. T. de procéd.

COMMITTITUR, s. m. Mot latin. Ordonnance pour commettre un rapporteur. T. de procéd.

COMMODAT, s. m. Prêt gratuit d'une chose qu'on s'oblige à rendre à une époque fixée. T. de jurisp.

COMMODATAIRE, s. m. Emprunteur à titre de commodat. T. de jurisp.

COMMODE, adj. D'un usage utile et facile ; voiture commode. —, propre, convenable ; appartement commode. —, d'une société douce, aisée ; humeur commode, fig. —, trop indulgent ; mari commode. —, relâché ; morale commode, etc. —, s. f. Meuble à tiroirs dans lequel on serre le linge.

COMMODÉMENT, adv. D'une manière commode.

COMMODITÉ, s. f. Chose, état, moyen, situation commode ; occasion, temps favorable à faire quelque chose ; vous lirez cette brochure à votre commodité. —, pl. Toutes les choses nécessaires pour être à son aise ; les commodités de la vie. —, lieux d'aisances, latrines.

COMMODORE, s. m. Chef d'escadre dans la marine anglaise. T. de mar.

COMMOTION, s. f. Secours, agitation ; ébranlement violent causé par une chute, par un coup, etc. —, effervescence des esprits, soulèvement des masses.

COMMOTIQUE, s. f. Art des valets de chambre, des coiffeurs, des modistes, etc., de masquer les difformités de la figure et de la taille, de donner à une personne laide l'apparence d'une belle.

COMMUABLE, adj. Qui peut être commué.

COMMUÉ, E, part. Changé.

COMMUER, v. a. Changer; commuer la peine de mort en celle de bannissement.

COMMUN, s. m. Ce qui est la propriété de plusieurs. Vivre sur le —, vivre sur les produits d'un fonds en communauté; dérober çà et là, vivre aux dépens de tout le monde. T. fam. —, la plus grande partie des hommes, le plus grand nombre. —, vulgaire, médiocre, qui n'offre rien de remarquable; homme commun, drap commun, écrivain commun. Le — des apôtres, des martyrs, etc.; l'office général des uns et des autres. Le — des martyrs, la masse du peuple. En —, adv. En société.

COMMUN, E, adj. Se dit d'une chose à laquelle tout le monde a droit de participer, comme l'air, le soleil. —, dont la jouissance appartient à plusieurs personnes; puits commun. —, qui intéresse tout le monde; l'ennemi commun. —, général, universel; l'opinion commune. —, qui arrive fréquemment; aventure commune. —, abondant, ce qui n'est pas rare. —, usité, trivial, vulgaire, bas; expression commune, air commun. Marchandise —, de peu de valeur, médiocre. Année —, l'une portant l'autre. Sens —, faculté supposée commune de juger sainement.

COMMUNAILLES, s. f. Com. du dép. du Jura, cant. de Nozeroy, arr. de Poligny. ⚭ Champagnole.

COMMUNAL, E, adj. Se dit d'une propriété dont la jouissance appartient à la commune, et en général de tout ce qui est relatif à l'administration municipale.

COMMUNAUTÉ, s. f. Couvent, société de personnes qui vivent ensemble et qui se sont soumises à de certaines règles. —, autrefois certaines corporations; communauté de notaires, de procureurs; aujourd'hui chambre des avoués, des notaires. —, apport des époux.

COMMUNAUX, s. m. pl. Biens communaux, bois, pâturages dans lesquels un ou plusieurs villages ont la faculté de mener paître leurs bestiaux.

COMMUNAY, s. m. Com. du dép. de l'Isère, cant. de St.-Symphorien-d'Ozon, arr. de Vienne. ⚭ St.-Symphorien-d'Ozon.

COMMUNE, s. f. Village, division d'un canton; corps des habitants d'une ville, d'un village; maison commune. —, pl. Biens communaux. Chambre des —, seconde des deux chambres du parlement d'Angleterre, dont les députés sont nommés par les communes, par le peuple.

COMMUNÉMENT, adv. Ordinairement, généralement, selon l'opinion commune.

COMMUNIANT, s. m. Celui qui communie, qui est en âge, en état de communier.

COMMUNICABILITÉ, s. f. Disposition à communiquer; qualité de ce qui est communicable.

COMMUNICABLE, adj. Qui peut se communiquer, dont on peut faire part. —, qui peut se joindre par un canal; rivière communicable.

COMMUNICANT, E, adj. Qui communique, qui établit une communication; artères communicantes. T. d'anat.

COMMUNICATIF, IVE, adj. Confiant, expansif, qui se lie facilement, qui aime a communiquer ses idées.

COMMUNICATION, s. f. Action de communiquer; effet de cette action; commerce, familiarité, correspondance. —, ouverture au moyen de laquelle deux appartemens communiquent; porte de communication. —, figure de rhétorique par laquelle l'orateur semble consulter ses auditeurs et leur demander conseil. — de pièces, remise d'un dossier entre les mains de l'avocat de la partie adverse. Lignes de —, chemins en forme de tranchées pour joindre les différentes parties d'une attaque. T. d'art milit.

COMMUNIER, v. n. Recevoir l'Eucharistie.

COMMUNIER, s. m. Habitant copropriétaire de biens communaux.

COMMUNION, s. f. Union dans une même foi; assemblée des fidèles; action de communier. —, antienne chantée pendant la communion du prêtre.

COMMUNIQUANT, E, adj. Voy. COMMUNICANT.

COMMUNIQUÉ, E, part. Transmis.

COMMUNIQUER, v. a. Rendre commun à, transmettre; communiquer le mouvement. —, faire part de ses idées, en donner communication. —, v. n. Avoir commerce, relation; communiquer avec les savans. —, aboutir d'un dans l'autre; l'Oise communique avec la Seine; les Tuileries communiquent avec le Louvre. Se —, v. pron. Etre familier, communicatif.

COMMUTATIF, IVE, adj. Qui concerne le commerce, les transactions commerciales.

COMMUTATION, s. f. Changement. — de peine, grâce du souverain; adoucissement d'une peine. —, métaplasme. T. de gramm.

COMOCLADE, s. f. Plante de la famille des balsamines. T. de bot.

COMPACITÉ, s. f. Qualité de ce qui est compacte.

COMPACT, s. m. Convention faite avec le pape ou confirmée par lui. T. de droit canon.

COMPACTE, adj. Dense, solide, dont les parties sont fort serrées; substance compacte.

COMPAGNE, s. f. Fille, femme liée, employée avec une autre de même condition; femme qui accompagne. —, épouse. —, femelle d'oiseau, de tourterelle. Fig. —, chose qui vont ordinairement ensemble; la modestie est la compagne du vrai mérite.

COMPAGNIE, s. f. Réunion de personnes qui sont reçues dans une maison pour y passer agréablement la soirée, société; cette maison est ouverte à la bonne compagnie. —, corporation de magistrats, d'administrateurs, de gens de lois, de personnes d'un même état; la compagnie des avocats, des notaires. —, spéculation commerciale, association financière; compagnie des Indes; compagnie d'assurance. —, bande; compagnie de perdreaux. —, partie d'un bataillon d'infanterie ou d'un régiment de cavalerie commandée par un capitaine. De —, adv. Ensemble.

COMPAGNON, s. m. Ami, camarade; compagnon d'études. —, associé qui partage les travaux, la gloire; Thésée fut l'ami, le compagnon d'Hercule. —, bon drille, gaillard, éveillé; ouvrier qui a fait son apprentissage et qui travaille dans un atelier.

COMPAGNONNAGE, s. m. Société de compagnons; les compagnons du devoir. —, le temps qu'on passe à travailler chez les maîtres.

COMPAINS, s. m. Com. du dép. du Puy-de-Dôme, cant. de Besse, arr. d'Issoire. = Besse.

COMPAINVILLE, s. f. Com. du dép. de la Seine-Inférieure, cant. de Forges, arr. de Neufchâtel. = Forges.

COMPAIR, adj. m. Se dit d'un ton correspondant qui en accompagne un autre. T. de mus.

COMPAN, s. m. Monnaie des Indes, 47 c.

COMPANS, s. m. Com. du dép. de Seine-et-Marne, cant. de Claye, arr. de Meaux. = Claye.

COMPARABLE, adj. Susceptible de comparaison, qui peut la soutenir.

COMPARAISON, s. f. Partie du discours; figure de rhétorique dans laquelle l'orateur compare les faits pour faire ressortir la preuve de son argument; similitude. —, action de comparer; parallèle. —, vérification d'écritures. T. de jurisp. En — de, au prix, à l'égard de.

COMPARAÎTRE, v. n. Paraître en personne devant la justice, en matière criminelle et de police correctionnelle; faire occuper pour soi en matière civile et commerciale; se présenter devant un magistrat, un juge, obéir aux ordres de la justice. T. de procéd.

COMPARANT, E, adj. Qui comparaît ou se fait représenter à l'audience. T. de procéd.

COMPARATIF, s. m. Degré de comparaison entre le positif et le superlatif; bon, meilleur, mauvais, pire, plus, moins, aussi, autant, etc. T. de gramm.

COMPARATIF, IVE, adj. Qui exprime, offre une comparaison; qui établit une comparaison, un parallèle, qui est comparé; les forces comparatives de deux armées. Conjonction —, qui marque la convenance, le rapport, la parité; comme, de même que, ainsi que. Adverbe comparatif, qui exprime le degré entre le positif et le superlatif.

COMPARATIVEMENT, adv. Par comparaison.

COMPARÉ, E, part. Examiné, jugé, en parlant du rapport qu'ont entre elles les personnes et les choses.

COMPARER, v. a. Rapprocher deux ou un plus grand nombre d'objets, les examiner, juger de la ressemblance ou de la différence qui existe entre eux. —, juger égal, mettre sur la même ligne; on ne peut comparer la honte à la gloire. —, faire une comparaison, une similitude. T. de littér. — des équations, réduire plusieurs équations en une seule. T. de math.

COMPAROIR, v. n. Voy. COMPARAITRE.

COMPARSE, s. f. Entrée des quadrilles dans un carrousel. —, pl. Personnage muet, figurant sur la scène.

COMPARTI, E, part. Assemblé symétriquement, en parlant des figures et des ornemens.

COMPARTIMENT, s. m. Assemblage symétrique de figures et d'ornemens. —, pl. Dorures à petit fer sur la couverture ou sur le dos d'une reliûre.

COMPARTIR, v. a. Faire des compartimens. T. inus.

COMPARTITEUR, s. m. Juge d'un avis contraire à celui du rapporteur auquel il enlève une partie des suffrages.

COMPARUIT, s. m. Mot lat. Certificat de comparution. T. de procéd.

COMPARUTION, s. f. Action de comparaître en justice ou de constituer avoué pour répondre aux fins d'une demande. T. de procéd.

COMPAS, s. m. Instrument de mathématiques à deux branches réunies, mobiles et pointues, qui sert à décrire des cercles et à mesurer la distance qui existe entre deux points; boussole. —, outil de relieur pour dorer. — de proportion, règles plates réunies avec une charnière. Agir par — et par mesure, avec beaucoup de circonspection. Avoir le — dans l'œil, trouver la mesure juste à vue d'œil.

COMPAS (le), s. m. Com. du dép. de la Creuse, cant. d'Auzances, arr. d'Aubusson. = Auzances.

COMPASSÉ, E, part. Mesuré au compas; exact; réglé dans ses actions et ses discours; discours —, sec et froid, régulier mais ennuyeux.

COMPASSEMENT, s. m. Action de compasser; effet de cette action. —, régularité froide et affectée.

COMPASSER, v. a. Mesurer au compas, proportionner. —, entrer dans les plus minces détails, ranger toutes choses dans les plus exactes proportions. —, peser, examiner sous tous les rapports, méditer long-temps avant que de prendre une détermination; compasser ses actions, ses discours.

COMPASSEUR, s. m. Homme minutieux qui mesure tout au compas.

COMPASSION, s. f. Pitié, commisération, vive émotion de l'âme qui vous rend sensible aux souffrances d'autrui. Faire —, inspirer des sentimens de commisération; en mauvaise part, être pitoyable, méprisable. T. fam.

COMPATERNITÉ, s. f. Alliance spirituelle entre le parrain, la marraine et les parens de l'enfant.

COMPATIBILITÉ, s. f. Qualité, état de ce qui est compatible, de ce qui peut se concilier, s'accorder; convenance, accord, harmonie. Prop. et fig.

COMPATIBLE, adj. Qui peut convenir, s'accorder avec un autre; les fonctions de législateur ne sont pas compatibles avec celles de juges.

COMPATIR, v. n. Être vivement affligé à la vue des souffrances qu'éprouvent ses semblables, être touché de compassion; soulager l'infortune, pardonner les faiblesses avec indulgence. —, convenir ensemble, s'accorder. En ce sens il s'emploie avec la négative; il ne peut compatir avec personne.

COMPATISSANT, E, adj. Humain, généreux, sensible, qui se pénètre des maux d'autrui, qui se plaît à les soulager.

COMPATRIOTE, s. et adj. Qui est enfant de la même patrie, qui est né dans le même pays qu'une autre personne.

COMPEDES, s. m. pl. Oiseaux palmipèdes. T. d'hist. nat.

COMPEIX (le), s. m. Com. du dép. de la Creuse, cant. de Royère, arr. de Bourganeuf. = Bourganeuf.

COMPENDIAIRE, s. m. Auteur d'abrégés. T. inus.

COMPENDIEUSEMENT, adv. en abrégé.

COMPENDIUM, s. m. Mot lat. Abrégé.

COMPENSABLE, adj. Qui peut ou qui doit être compensé.

COMPENSATEUR, TRICE, s. et adj. Qui offre compensation.

COMPENSATION, s. f. Réparation, dédommagement, action de compenser, de rétablir l'équilibre. Système de —, système d'Azaïs, auteur qui a fait un livre pour nous prouver qu'ici bas les biens et les maux sont répartis dans une égale proportion.

COMPENSÉ, E, part. Balancé; réparé.

COMPENSER, v. a. Etablir le prix d'une chose pour en donner une autre de même valeur; balancer le désavantage, réparer le dommage; sous l'empire, du moins, la gloire compensait la perte de la liberté.

COMPÉRAGE, s. m. Alliance entre le parrain, la marraine, le filleul et ses père et mère.

COMPÈRE, s. m. Protecteur de l'enfant, son second père; titre que se donnent le parrain, la marraine, le père et la mère de l'enfant. —, rusé matois, adroit fripon qui est d'intelligence avec un empirique pour vanter l'excellence de son baume, etc.; qui s'entend avec un joueur pour lui faire connaître le jeu de ses adversaires. —, homme gai, réjoui, bon vivant. Tout se fait aujourd'hui par — et par commère, par faveur, par protection.

COMPERNES, s. f. pl. Statues dont les pieds sont joints ensemble.

COMPERSONNIERS, s. m. pl. Associés dans un ménage où chacun apporte ses biens dans la communauté, comme l'entendent les St.-Simoniens.

COMPERTRIX, s. m. Com. du dép. de la Marne, cant. et arr. de Châlons. = Châlons-sur-Marne.

COMPÉTEMMENT, adv. D'une manière compétente.

COMPÉTENCE, s. f. Juridiction, ressort d'un tribunal, d'un juge. Cela n'est pas de votre —, vous n'êtes pas en état de juger.

COMPÉTENT, E, adj. Qui appartient, qui est dû; portion compétente. —, suffisant, convenable, requis ; âge compétent. Tribunal —, qui a droit de connaître d'une affaire; qui a des connaissances assez étendues pour juger d'une chose. Fig.

COMPÉTER, v. n. Appartenir, être de la compétence. T. inus.

COMPÉTITEUR, s. m. Qui sollicite un emploi brigué par d'autres; concurrent.

COMPEYRE, s. m. Com. du dép. de l'Aveyron, cant. et arr. de Milhau. = Milhau.

COMPIÈGNE, s. f. Ville du dép. de l'Oise, chef-lieu de sous-préf. et de cant.; trib. de 1re inst. et de comm.; biblioth. publique; conserv. des hypoth.; direct. des contrib. indir.; recev. part. des finances; bur. d'enregist. et de poste.

Cette ville, située sur la rive gauche de l'Oise, qui y est navigable, fut bâtie par Charles-le-Chauve, 26e roi de France; elle possède un château royal qui fut restauré avec magnificence par l'empereur Napoléon qui, pour se délasser des fatigues du cabinet, y allait courre le cerf dans la vaste forêt qui en dépend. C'est au siége de cette ville que Jeanne-d'Arc fut prise par les Anglais, en 1430.

Fab. de bonneterie, sabots, boissellerie; filatures de coton; construction de bateaux pour la navigation de l'Oise, de l'Aisne et de la Seine; tuileries, briqueterie et poterie de terre; comm. de grains, bois, laines, toiles, etc.

COMPIGNY, s. m. Com. du dép. de l'Yonne, cant. de Sergines, arr. de Sens. = Pont-sur-Yonne.

COMPILATEUR, s. m. Auteur d'une compilation; écrivain qui a l'habitude de compiler, plagiaire.

COMPILATION, s. f. Recueil de morceaux pris çà et là et réunis en corps d'ouvrage.

COMPILÉ, E, part. Copié, pris çà et là dans les livres.

COMPILER, v. a. et n. Copier des passages dans plusieurs ouvrages pour en composer un; faire une compilation ou des compilations.

COMPITALES, s. f. pl. Fêtes que célébraient les Romains en l'honneur des Dieux lares. T. de myth.

COMPLAIGNANT, E, s. Qui rend plainte en justice.

COMPLAINTE, s. f. Plainte en justice. (Vi.) —, chanson plaintive, récit lamentable. —, pl. Lamentations, jérémiades.

COMPLAIRE, v. n. Se rendre agréable, se conformer au goût, à l'humeur de quelqu'un pour lui plaire; acquiescer à ses volontés, à ses caprices. Se —, v. pron. Avoir la plus haute idée de sa personne et de ses moyens ; se trouver beau, bien fait, spirituel, aimable; s'admirer.

COMPLAISAMMENT, adv. Avec complaisance.

COMPLAISANCE, s. f. Souplesse de caractère, soumission, inclination à condescendre aux avis, aux désirs des autres, à leur sacrifier ses goûts, ses opinions pour leur être agréable. —, amour-propre; se regarder avec complaisance. —, pl. Effets, marques de complaisance, attentions; avoir mille complaisances pour une femme. —, amour, affection; selon la Bible, Dieu a mis toutes ses complaisances en son fils.

COMPLAISANT, s. m. Etre vil, homme sans principes, sans honneur, sans délicatesse, qui est prêt à tout entreprendre pourvu qu'il y trouve son compte.

COMPLAISANT, E, adj. Qui a de la complaisance pour les autres. —, assidu auprès de quelqu'un, qui s'attache à plaire dans des vues intéressées, qui cherche plus ce qui est avantageux que ce qui est honnête.

COMPLANT, s. m. Terres plantées de vignes et d'arbres à fruits.

COMPLANTÉ, E, part. Qui est planté de vignes et d'arbres.

COMPLANTER, v. a. Planter à la fois et des vignes et des arbres à fruits.

COMPLÉMENT, s. m. Addition nécessaire à une chose pour la rendre complète. —, ce qu'on ajoute à un mot pour achever d'en déterminer la signification. T. de gramm. —, portion d'un arc de 90 ou de 180° qui manque à un angle. T. de géom. — d'un intervalle, la quantité qui lui manque pour arriver à l'octave. T. de mus.

COMPLÉMENTAIRE, adj. Qui sert à compléter. —, pl. Jours complémentaires, les cinq derniers jours de l'année républicaine qui complète l'année solaire.

COMPLET, ÈTE, adj. Entier, achevé, parfait, auquel il ne manque rien de ce qui est nécessaire ; ouvrage achevé, victoire entière, complète. —, s. m. Complément, totalité; le complet d'un régiment.

COM 636 COM

COMPLÉTÉ, E, part. Rendu complet, formé en totalité.

COMPLÉTEMENT, s. m. Action d'ajouter ce qui manque, de rendre complet. —, adv. d'une manière complète, entièrement.

COMPLÉTER, v. a. Ajouter ce qui manque pour compléter, pour former un tout.

COMPLÉTIF, IVE, adj. Qui sert à compléter, à caractériser un complément.

COMPLEXE, adj. Qui est composé, qui embrasse plusieurs choses, par opposition à simple; idée complexe. —, Voy. COMPLEXUS.

COMPLEXION, s. f. Constitution, tempérament; bonne, mauvaise complexion. —, humeur, inclination; complexion gaie, triste.

COMPLEXIONNÉ, E, part. Se dit de la complexion, du tempérament; ce malade est bien —, il a un bon tempérament. T. de méd.

COMPLEXIONNER, v. a. Former le tempérament, rétablir la complexion.

COMPLEXITÉ, s. f. Qualité de ce qui est complexe.

COMPLEXUS, s. m. C'est ainsi qu'on nomme deux muscles extenseurs de la tête, parce qu'ils se croisent et qu'ils paraissent très compliqués; ils servent à l'extension de la tête et à la soutenir. Petit —, muscle que l'on trouve ordinairement à côté du cou et qu'on nomme encore mastoïdien latéral, à cause d'une de ses attaches. T. d'anat.

COMPLICATION, s. f. Embarras, concours ou réunion de choses de différentes natures; complication d'affaires, d'intérêts. —, existence simultanée de plusieurs maladies graves.

COMPLICE, s. et adj. Coupable qui a commis un crime avec d'autres, ou qui en a facilité l'exécution.

COMPLICITÉ, s. f. Participation au crime.

COMPLIES, s. f. pl. Dernière partie de l'office divin qui fait suite aux vêpres.

COMPLIMENT, s. m. Discours solennel adressé à une personne élevée en dignité; félicitations; formules obligeantes, affectueuses : éloge, cérémonie, politesse. —, s'emploie en mauvaise part; propos fâcheux, grossier, désobligeant; sot compliment. Faire —, féliciter. Sans —, adv. Franchement, ouvertement. Payer en —, éconduire poliment ses créanciers.

COMPLIMENTAIRE, s. m. Négociant qui a la raison et la signature d'une maison de commerce, au nom duquel se font toutes les affaires. T. de comm.

COMPLIMENTÉ, E, part. Qui a reçu des complimens.

COMPLIMENTER, v. a. et n. Débiter un compliment, haranguer, faire compliment ou des complimens.

COMPLIMENTEUR, EUSE. s. Personne trop cérémonieuse, qui fait trop de complimens.

COMPLIQUÉ, E, part. Mêlé avec d'autres; maladie compliquée. —, embrouillé; affaire compliquée. —, adj. Complexe; proposition compliquée. Machine —, qui n'est pas simple. Action —, surchargée d'intrigues, d'évenemens. T. de littér. dram.

COMPLIQUER, v. a. Brouiller, mêler, réunir ensemble plusieurs choses embarrassantes.

COMPLOT, s. m. Conjuration contre la sûreté ou la tranquillité d'un état; concert, intelligence entre plusieurs personnes pour exécuter une action coupable, pour causer préjudice, pour faire des dupes.

COMPLOTÉ, E, part. Concerté, conspiré.

COMPLOTER, v. a. Conspirer, concerter un attentat, un crime, une friponnerie; former un complot.

COMPOLIBAT, s. m. Com. du dép. de l'Aveyron, cant. de Rieuperoux, arr. de Villefranche. = Villefranche-de-Rouergue.

COMPONCTION, s. f. Vif regret, douleur d'avoir offensé Dieu.

COMPONÉ, adj. Composé de pièces carrées, d'émaux alternés. T. de blas.

COMPONENDE, s. f. Composition avec la cour de Rome pour l'obtention des dispenses; bureau pour la perception de ce droit.

COMPONS, s. m. pl. Carrés. T. de blas. Voy. COMPONÉ.

COMPORTÉ, E, part. Permis, toléré, souffert.

COMPORTEMENT, s. m. Manière d'agir, de se comporter; conduite. (Vi.)

COMPORTER, v. a. Permettre, tolérer, souffrir. — v. n., être en proportion, en rapport; s'emploie souvent avec la négative. Sa dignité ne comporte pas des démarches équivoques; ce sujet ne comporte pas d'aussi grands détails. Se —, v. pron. Se conduire bien ou mal, en user d'une manière quelconque. Se —, exister en tel état. Acheter une propriété telle qu'elle se comporte, telle qu'elle est. Se —, voguer, naviguer. T. de mar.

COMPOSANT, adj. m. Qui compose. T. de chim.

COMPOSÉ, s. m. Résultat du mélange, de l'union de plusieurs parties.

COMPOSÉ, E, part. Formé de plusieurs parties. —, adj. Qui affecte de la gravité, de la circonspection ; homme, visage, air, maintien composé. Mot —, formé de plusieurs mots. T. de gramm. Sens —, résultant de tous les termes d'une proposition. T. de logique. Intervalle —, qui dépasse l'octave. T. de mus. Racine, tige, feuille, fleur —, formée de plusieurs radicules, de plusieurs branches, de plusieurs folioles, de plusieurs fleurons. T. de bot.

COMPOSER, v. a. Rassembler des parties pour en former un tout, des substances pour en former un remède, etc. —, faire un ouvrage de littérature et d'arts ; composer une comédie, un tableau, la musique d'un opéra. —, concourir en thème, en version. —, lever les lettres, les ranger l'une après l'autre dans le compositeur pour former des mots, des lignes, des pages. T. d'impr. —, v. n. Traiter, capituler, transiger, s'accommoder. Se —, v. pron. Accommoder son air, son visage, ses discours selon les circonstances pour arriver au but qu'on se propose. Se —, consister, être ; sa fortune se compose de biens fonds ; elle consiste en immeubles.

COMPOSITE, s. m. et adj. Se dit d'un ordre d'architecture, composé du corinthien et de l'ionique. T. d'arch.

COMPOSITEUR, s. m. Typographe, ouvrier d'imprimerie qui lève les lettres, compose, met en page, etc. T. d'impr. —, musicien qui compose la musique des pièces de théâtres, des chants d'église, etc. T. de mus. Amiable —, arbitre. T. de procéd.

COMPOSITION, s. f. Action de composer quelque chose, son résultat ; préparation pour faire un médicament, pour imiter un métal, des pierreries, etc. —, rédaction d'un ouvrage de littérature, de science ; thème, amplification, version. —, travail des compositeurs, leurs fonctions. T. d'impr. —, dessin d'un tableau ; disposition du sujet. T. de peint. —, accommodement, transaction. T. de jurisp. —, conventions pour la reddition d'une place de guerre, capitulation. T. d'art milit. Personne de bonne —, très accommodante, fort traitable.

COMPOSTELLE (St.-Jacques de), s. m. Ville archi-épiscopale d'Espagne, dans la Galice, est célèbre par les pèlerinages qu'on y faisait autrefois de tous les lieux de la chrétienté.

COMPOSTEUR, s. m. Régulateur sur lequel le compositeur range les lettres au fur et à mesure qu'il les prend dans la casse pour composer les mots. T. d'impr. —, baguette pour passer les portées de la chaîne de soie. T. de manuf.

COMPOTATEUR, s. m. Pilier de cabaret, qui boit avec d'autres. T. inus.

COMPOTE, s. f. Fruits cuits avec du sucre et de la cannelle, etc. ; ragoût de pigeons. Chair en —, trop cuite. Figure en —, meurtrie. Fig.

COMPOTIER, s. m. Vase pour servir les compotes.

COMPRÉHENSIBLE, adj. Concevable, intelligible ; il ne s'emploie qu'avec la négative.

COMPRÉHENSION, s. f. Faculté de comprendre, de concevoir ; intelligence ; compréhension facile, pénible. —, connaissance entière et parfaite. —, totalité des idées renfermées sous un nom appellatif ou générique. T. de log. —, synecdoche, trope dans lequel on prend la partie pour le tout, et ce dernier pour la partie, le genre pour l'espèce, etc. T. de rhét.

COMPREIGNAC, s. m. Com. du dép. de la Haute-Vienne, cant. de Nantiat, arr. de Bellac. = Bellac.

COMPRENDRE, v. a. Contenir, renfermer en soi, au moral comme au physique. —, faire entrer une partie dans un tout. —, faire mention ; comprendre un article dans un compte. —, concevoir ; je ne puis comprendre les hommes de notre temps. —, saisir l'enchaînement des idées dans un jugement, la liaison des propositions dans un syllogisme. Se —, v. pron. S'entendre, se concevoir soi-même. Se —, v. récip. S'entendre mutuellement.

COMPRESSE, s. f. Morceau de linge plié en plusieurs doubles pour couvrir les parties malades et faciliter la compression ; compresse circulaire, longitudinale, oblique, ronde, carrée ; compresse expulsive, graduée. T. de chir.

COMPRESSEUR, s. m. Muscle prostatique supérieur. T. d'anat.

COMPRESSIBILITÉ, s. f. Qualité de ce qui peut être comprimé, de ce qui est compressible.

COMPRESSIBLE, adj. Qui peut être comprimé, resserré dans un moindre espace.

COMPRESSIF, IVE, adj. Qui comprime, qui sert à comprimer.

COMPRESSION, s. f. Action qu'exerce une puissance qui tend à rapprocher les parties constituantes d'un corps, ou à diminuer le volume de ce corps en augmentant sa densité. T. de phys. —, lésion des vaisseaux ou des organes, occasionnée par une tumeur qui interrompt les fonctions ; compression du cerveau. —, action de comprimer une partie malade, au moyen d'un appareil, d'un bandage. T. de chir.

COMPRIGNAC, s. m. Com. du dép. de l'Aveyron, cant. et arr. de Milhau. = Milhau.

COMPRIMÉ, E, part. Resserré, maintenu au moyen d'un bandage. —, adj. Se dit de toutes les parties des plantes dont la largeur des côtes excède l'épaisseur. T. de bot.

COMPRIMER, v. a. Rapprocher avec force, resserrer. — une faction, l'étouffer, la mettre dans l'impossibilité d'éclater.

COMPRIS, E, part. Contenu, renfermé; entendu, conçu.

COMPROMETTRE, v. a. Mettre dans l'embarras, exposer à des désagrémens, à des interprétations fâcheuses; compromettre la liberté, la réputation de quelqu'un. —, v. n. Faire un compromis, nommer des arbitres. Se —, v. pron. S'exposer inconsidérément, prendre part à une action répréhensible; faire ou dire des choses blâmables; fréquenter des sociétés dangereuses.

COMPROMIS, E, part. Embarqué dans une mauvaise affaire; exposé à des désagrémens. —, s. m. Acte par lequel des parties nomment des arbitres pour prononcer sur leurs contestations.

COMPROTECTEUR, s. m. Second protecteur qui est d'accord avec un autre pour protéger.

COMPROVINCIAL, E, adj. De la même province.

COMPS, s. m. Com. du dép. de l'Allier, cant. du Montet, arr. de Moulins. = le Montet.

COMPS, s. m. Com. du dép. de l'Aveyron, cant. de Cassagnes-Bégonhès, arr. de Rodez. = Rodez.

COMPS, s. m. Com. du dép. de la Drôme, cant. de Dieu-le-Fit, arr. de Montélimar. = Dieu-le-Fit.

COMPS, s. m. Com. du dép. du Gard, cant. d'Aramon, arr. de Nismes. = Beaucaire.

COMPS, s. m. Com. du dép. de la Gironde, cant. de Bourg, arr. de Blaye. = Bourg-sur-Gironde.

COMPS, s. m. Com. du dép. du Puy-de-Dôme, cant. de Manzat, arr. de Riom. = Riom.

COMPS, s. m. Petite ville du dép. du Var, chef-lieu de cant. de l'arr. de Draguignan. Bur. d'enregist. à Fayence. = Draguignan.

COMPTABILITÉ, s. f. Manière d'établir et de rendre un compte. —, obligation, devoir du comptable; ordre dans les comptes. —, bureau dans lequel se tient la comptabilité.

COMPTABLE, s. m. et adj. Receveur des contributions, etc. —, qui est obligé à rendre compte; agent, emploi comptable. —, qui sert à rendre compte; pièces comptables.

COMPTANT, s. m. Espèces sonnantes; billets de banque. —, adj. m. Réel, effectif; qu'on donne ou qu'on reçoit sur-le-champ; argent comptant. —, adv. Payer —, payer en espèces, sur-le-champ.

COMPTE, s. m. Balance de dépenses et de recettes, du passif et de l'actif; nombre, calcul; note de fournitures faites ou reçues. —, avantage, profit. —, rapport; récit de ce qu'on a fait, vu et entendu; rendre compte de sa mission. —, supposition. D'après votre —, d'après ce que vous supposez. Donner son — à un domestique, le renvoyer. Prendre sur son —, sur sa responsabilité. Mettre un tort sur le — de quelqu'un, le lui attribuer. Etre loin de —, être loin de s'entendre. Au bout du —, enfin, après tout. A —, somme payée sur ce que l'on doit; donner un à-compte. — rond, par dizaine, sans fraction.

COMPTÉ, E, part. Calculé, supputé ; soldé, payé.

COMPTE-PAS, s. m. Voy. ODOMÈTRE.

COMPTER, v. a. Nombrer, calculer, supputer, faire des comptes. —, faire entrer en compte. —, solder, payer. — parmi, trouver dans le nombre; compter des héros parmi nos soldats. — pour, réputer, estimer. — ses pas, marcher lentement. — les momens, attendre avec impatience. —, v. n. Venir à compte; arrêter un compte et le solder; compter avec quelqu'un. —, croire, se proposer; je compte aller à la chasse. — sur quelqu'un, sur sa générosité; c'est folie d'y compter.

COMPTEUR, s. m. Celui qui compte. —, détente d'une sonnerie, roue dont l'axe porte une aiguille. T. d'horl.

COMPTEUSE, s. f. Femme qui compte les feuilles de papier qui doivent entrer dans une main. T. de papet.

COMPTOIR, s. m. Longue table à tiroirs sur laquelle un marchand étale sa marchandise et compte l'argent qu'on lui verse chaque jour. —, bureau du caissier dans une maison de banque. —, établissement des nations européennes dans les Indes orientales, factorerie; le comptoir des Anglais dans l'Inde.

COMPTONIE, s. f. Arbrisseau amintacé de l'Amérique du nord. T. de bot.

COMPTORISTE, s. m. Habile teneur de livres. T. inus.

COMPULSÉ, E, part. Lu, examiné, vérifié. Se dit d'un registre, de papiers dont on a dû prendre connaissance. T. de procéd.

COMPULSER, v. a. Lire, examiner, vérifier le registre d'un officier public en vertu de l'ordonnance d'un juge. T. de procéd.

COMPULSEUR, s. m. Vérificateur qui est chargé d'examiner un registre, et de rendre compte au tribunal de l'état dans lequel il l'a trouvé.

COMPULSOIRE, s. m. Ordonnance du juge, en vertu de laquelle on est autorisé à se faire représenter le registre qui est devenu l'objet des investigations de la justice.

COMPUT, s. m. Supputation des temps pour le calendrier ecclésiastique.

COMPUTISTE, s. m. Celui qui travaille au comput, au calendrier; officier qui reçoit les revenus du sacré collège.

COMTAL, E, adj. Qui appartient à un comte.

COMTAT, s. m. Comté. — d'Avignon, pays qui, avec le comtat Venaissin, appartenait au pape avant la révolution. Ce pays, qui forme aujourd'hui la majeure partie du dép. de Vaucluse, fut réuni à la France par un décret de l'assemblée constituante, du 14 septembre 1791.

COMTE, s. m. Gentilhomme qui possédait un comté; titre purement honorifique au-dessus de celui de baron.

COMTÉ, s. m. Titre d'une terre qui donnait à son propriétaire la qualité de comte.

COMTÉ (la), s. f. Com. du dép. du Pas-de-Calais, cant. d'Aubigny, arr. de St.-Pol. = St.-Pol.

COMTESSE, s. f. Epouse d'un comte; autrefois, dame qui possédait un comté.

COMTOIS, E, s. et adj. Qui appartient à la Franche-Comté, qui est de cette ancienne province de France conquise par Louis XIV.

COMUS, s. m. Com. du dép. de l'Aude, cant. de Belcaire, arr. de Limoux. = Quillan.

CONAC (St.-), s. m. Com. du dép. de l'Ariège, cant. des Cabannes, arr. de Foix. = Tarascon.

CONAMI, s. m. Arbrisseau de Cayenne dont la feuille enivre le poisson. T. de bot.

CONAN, s. m. Com. du dép. de Loir-et-Cher, cant. de Marchénoir, arr. de Blois. = Blois.

CONAN (St.-), s. m. Com. du dép. des Côtes-du-Nord, cant. de Bothoa, arr. de Guingamp. = Guingamp.

CONASSIÈRE, s. f. Penture du gouvernail. T. de mar.

CONAT, s. m. Com. du dép. des Pyrénées-Orientales, cant. et arr. de Prades. = Prades.

CONCA, s. f. Com. du dép. de la Corse, cant. de Porto-Vecchio, arr. de Sartène. = Ajaccio.

CONCAMÉRATION, s. f. Cloison détachée des coquillages, des nautiles. T. d'hist. nat.

CONCARNEAU, s. m. Petite ville forte et maritime du dép. du Finistère, chef-lieu de cant. de l'arr. de Quimper. Bur. d'enregist. et de poste.

Cette ville, située sur un îlot, au fond d'une baie formée par l'Océan, possède un petit port; elle est entourée de murailles flanquées de tours, et communique avec le continent à l'aide d'un bac.

Comm. de sardines, à la pêche desquelles 400 bâtimens sont occupés continuellement.

CONCASSÉ, E, part. Cassé en petites parties.

CONCASSER, v. a. Briser et réduire en petits morceaux avec le pilon, le marteau.

CONCATÉNATION, s. f. Enchaînement, liaison. T. didact. —, gradation. Figure de rhétorique.

CONCAVE, adj. Creux et rond; miroir concave.

CONCAVITÉ, s. f. Etat de ce qui est concave.

CONCAVO-CONCAVE, adj. Se dit des verres qui sont concaves des deux côtés.

CONCAVO-CONVEXE, adj. Qui est concave d'un côté et convexe de l'autre.

CONCÉDÉ, E, part. Accordé, octroyé.

CONCÉDER, v. a. Faire une ou des concessions; accorder, octroyer une grâce, des droits, des priviléges.

CONCÉDON, s. m. Seconde chambre des bourdigues. T. de pêch.

CONCÉLÉBRÉ, E, part. Célébré en commun.

CONCÉLÉBRER, v. a. Célébrer en commun; célébrer deux fêtes ensemble. T. inus.

CONCENTRATION, s. f. Action de concentrer, de réduire en moindre volume, de rendre un sel plus actif par l'évaporation. —, centralisation, réunion de tous les pouvoirs sous la main du gouvernement. Fig.

CONCENTRÉ, E, part. Réuni au centre. —, adj. Taciturne, mélancolique. Acide —, très fort. T. de chim.

CONCENTRER, v. a. Réunir au centre, à un centre, en un ou sur un seul objet ; le grand froid concentre la chaleur naturelle. — sa douleur, sa colère ; la cacher, ne pas la laisser éclater. —, rendre plus actif, plus fort ; concentrer un sel. T. de chim. Se —, v. pron. Se renfermer chez soi avec ses chagrins, sa tristesse ; être continuellement rêveur, mélancolique.

CONCENTRIQUE, adj. Se dit des cercles qui ont un centre commun.

CONCENTRIQUEMENT, adv. Avec le même centre.

CONCEPT, s. m. Idée, simple vue de l'esprit. T. didact.

CONCEPTACLE, s. m. Partie close qui contient la fructification des plantes privées d'organes sexuels ; cupule, ou organes des lichens. T. de bot.

CONCEPTION, s. f. Résultat de la copulation, naissance de l'embryon. —, faculté de concevoir, de comprendre ; conception vive. —, pensée, idée que l'esprit crée ; conception neuve et riche, rare, plaisante, ridicule, fig. —, fête de la conception de la Vierge.

CONCEPTIONNAIRE, s. m. Partisan de l'immaculée conception.

CONCEPTIVE, adj. Se dit de la faculté de concevoir.

CONCERNANT, part. indécl. toujours précédé d'un subst. Qui concerne ; sur ; touchant ; au sujet de ; ordonnance concernant l'émeute.

CONCERNER, v. a. Appartenir, regarder, avoir rapport à.

CONCERT, s. m. Harmonie de voix et d'instrumens de musique ; salle où se donne le concert, les musiciens qui l'exécutent. —, intelligence, union de personnes et de choses qui tendent à un même but ; concert de louanges. De —, adv. D'intelligence, unanimement.

CONCERTANT, s. m. Musicien qui fait sa partie dans un concert.

CONCERTÉ, E, part. Fait, exécuté de concert, résolu. —, adj. Etudié, affecté ; ajusté, composé ; air concerté. Fig.

CONCERTER, v. a. Conférer pour l'exécution d'un projet, la réussite d'une affaire. —, v. n. Répéter ensemble un morceau de musique, faire un concert. Se —, v. récip. S'entendre ensemble sur les moyens qu'on doit employer pour assurer la réussite d'une affaire.

CONCERTO, s. m. Symphonie exécutée par un orchestre, à l'exception de quelques passages joués par un seul instrument, avec un simple accompagnement. T. de mus.

CONCESSION, s. f. Acte émané de la volonté d'un souverain légitime qui, dans sa sagesse, juge nécessaire d'accorder une faveur, une grâce, de concéder des biens, des droits. —, figure de rhétorique, dans laquelle l'orateur, pour donner une idée avantageuse de sa cause, accorde à son adversaire ce qu'il serait en droit de lui contester. Fig.

CONCESSIONNAIRE, adj. Celui, celle qui a obtenu une concession, une faveur, une grâce.

CONCETTI, s. m. pl. Pensées brillantes, mais fausses. Ce mot italien ne prend point d's au pl.

CONCEVABLE, adj. Qui peut se concevoir, se comprendre.

CONCEVEIBE, s. f. Espèce d'euphorbe. T. de bot.

CONCEVOIR, v. a. et n. Devenir enceinte, en parlant d'une femme ; être fécondée, en parlant de la femelle d'un animal. —, recevoir une impression quelconque ; concevoir de l'espérance, de l'amour, de l'estime, etc. —, avoir une juste idée de quelque chose, en parler d'une manière claire. —, comprendre ; je conçois le mécontentement d'un peuple qu'on a outragé. —, inventer, arranger dans son esprit, dans sa tête ; concevoir un projet, un plan. Se —, v. pron. Etre facile à comprendre, de nature à être compris.

CONCEVREUX, s. m. Com. du dép. de l'Aisne, cant. de Neufchâtel, arr. de Laon. = Fismes.

CONCÈZE, s. f. Com. du dép. de la Corrèze, cant. de Juillac, arr. de Brive. = Brive.

CONCHE, s. f. Second réservoir des marais salans.

CONCHE (la), s. f. Petite rivière du dép. d'Eure-et-Loir qui se jette dans l'Eure, près d'Anet.

CONCHES, s. f. Petite ville du dép. de l'Eure, chef-lieu de cant. de l'arr. d'Evreux. Bur. d'enregist. et de poste.

Fab. d'outils aratoires ; clouteries, forges et fonderies ; papeterie, moulins à huile et à tan. Comm. de fer, poterie, fontes, toiles, etc.

CONCHES, s. f. Com. du dép. de Seine-et-Marne, cant. de Lagny, arr. de Meaux. = Meaux.

CONCHEZ, s. m. Com. du dép. des Basses-Pyrénées, cant. de Garlin, arr. de Pau. = Pau.

CONCHI, s. m. Sorte de cannelle.

CONCHIFÈRES, s. m. pl. Mollusques acéphales. T. d'hist. nat.

CONCHIL, s. m. Village du dép. du Pas-

www.ingramcontent.com/pod-product-compliance
Lightning Source LLC
Chambersburg PA
CBHW050129240426
43673CB00043B/1611